《中国教育年鉴》编辑部

主　　编　宋德民　李曜升

副 主 编　殷忠民　张新洲　夏　越　韦志榕　吕本新　陈　昆

编辑部主任　韩廷斌

编　　辑　李　挥　刘　宁　刘　洋

中国教育年鉴

（2014）

《中国教育年鉴》编辑部　编

人民教育出版社
·北京·

图书在版编目（CIP）数据

中国教育年鉴．2014/《中国教育年鉴》编辑部编．—北京：人民教育出版社，2015.6

ISBN 978-7-107-29927-8

Ⅰ．①中…　Ⅱ．①中…　Ⅲ．①教育事业—中国—2014—年鉴　Ⅳ．①G52-54

中国版本图书馆 CIP 数据核字（2015）第 154709 号

人民教育出版社 出版发行

网址：http://www.pep.com.cn

山东德州新华印务有限责任公司印装　全国新华书店经销

2015 年 6 月第 1 版　2015 年 8 月第 1 次印刷

开本：890 毫米×1 240 毫米　1/16　印张：68.75　插页：76

字数：2 140 千字　　印数：0 001～1 000 册

定价：289.00 元

如发现印、装质量问题，影响阅读，请与本社出版科联系调换。

（联系地址：北京市海淀区中关村南大街 17 号院 1 号楼　邮编：100081）

编 辑 说 明

《中国教育年鉴》是教育部组织编纂的按年度向国内外发布中国教育改革和发展情况的专业性年鉴。它是各级教育行政部门、各级各类学校执行党和国家的教育法律法规与方针政策、做好教育工作的经验总结，是中国教育事业发展进程的真实记录。编纂本年鉴是为教育管理决策、教育科研提供参考，为教育战线沟通信息、交流经验开辟园地，为宣传交流中国教育改革与发展成就设立窗口，为热心关注和研究中国教育的相关部门及读者提供信息资料。

《中国教育年鉴（2014）》的基本内容有：党和国家领导人出席重要教育活动的报道或综述，教育部领导关于教育工作的重要讲话或专文，年度教育工作要点，党的群众路线教育实践活动，教育发展统计，教育综合管理，教育人事管理，教育财务与审计，基础教育，职业教育与成人教育，高等教育，民族教育，教师工作，学校体育、艺术与国防教育，教育考试，教育信息化建设与远程教育，语言文字工作，国际与港、澳、台教育合作与交流，教育科研与学术活动，教育出版产业，教育新闻媒体，各省、自治区、直辖市教育，港、澳、台教育情况简介，教育部直属高校教育情况，教育工作文件选编，教育大事记，等等。

按目前国际、国内通例，当年的教育年鉴反映的是上一年教育改革和发展的基本情况。某些需要多年才能完成的工作，当年的年鉴主要记述的是上一年此项工作的进展情况。

本年鉴发布的统计数据除计划单列市数据由计划单列市教育部门提供外，其余数据均由教育部发展规划司统计处提供，引用应以此为准。但某些条目的数据由于统计口径不一，可能有不尽一致的地方，请读者使用时注意。全国综合数字，目前未包括香港、澳门特别行政区和台湾省。

在年鉴的编纂过程中，编辑部虽力求做到内容全面系统、资料准确无误、文字简明精练，但由于我们水平有限，仍有一些需要改进之处，欢迎广大读者批评、指正。

《中国教育年鉴》编辑部

2014 年 12 月

目 录

Contents

深化教育领域综合改革 加快推进教育治理体系和治理能力现代化

——在2014年全国教育工作会议上的讲话

袁贵仁

2014年全国教育工作会议的主要任务是：深入学习贯彻党的十八大和十八届二中、三中全会精神，深入学习贯彻习近平总书记系列重要讲话精神，总结2013年工作，分析当前教育改革发展形势，安排部署2014年工作。

刚刚过去的2013年，在党中央、国务院的坚强领导下，各级党委、政府大力支持，全社会共同努力，教育系统艰苦奋斗、锐意进取，着力促教育公平、调教育结构、提教育质量，工作有进展、有突破，为经济社会发展提供了有力的人才保障和智力支持。在改善民生、促进公平方面，启动实施教育扶贫工程，启动实施乡村教师生活补助政策；进城务工人员随迁子女在流入地升学考试开始破题，26个省份随迁子女在流入地参加中考，12个省份4 440名考生参加高考；支援中西部地区招生协作计划达18.5万人，贫困地区定向招生专项计划由1万人扩大到3万人；营养改善计划惠及3 000多万名农村贫困地区义务教育阶段学生。在深化改革、转变职能方面，建成全国中小学生学籍信息管理系统，实现全国范围内学籍管理的无缝衔接和互联共享；首批认定14个国家协同创新中心，产学研深度结合有了体制机制保障；全面启动高校章程制定，教育部首批核准公布6所高校章程；基本实现中小学校挂牌督导全覆盖，293个县（市、区）通过义务教育发展基本均衡县国家认定；职业教育产教融合深入推进，就业率进一步提高。在改进作风、维护稳定方面，坚决贯彻落实中央政治局关于改进工作作风、密切联系群众八项规定、六项禁令、党政机关厉行节约规定；深入推进“爱学习、爱劳动、爱祖国”和“我的中国梦”主题教育活动，扎实开展第一批群众路线教育实践活动，继续保持教育系统和谐稳定。

2014年是贯彻落实党的十八届三中全会精神、全面深化改革的第一年，是全面完成“十二五”规划目标任务的关键之年，实施教育规划纲要开始进入第二个三年。做好今年的工作，总的要求是深入学习贯彻党的十八大和十八届二中、三中全会精神，深入学习贯彻习近平总书记系列重要讲话精神，坚定方向、保持定力，统筹兼顾、突出重点，深化改革、狠抓落实，积极稳妥、务求实效。坚定方向、保持定力，就是要坚持党的领导，坚持马克思主义指导，坚持社会主义办学方向，全面贯彻党的教育方针，坚定不移地走中国特色社会主义教育发展道路。统筹兼顾、突出重点，就是要针对制约教育科学发展的重点问题和人民群众关心的热点问题，着力促进教育公平，着力优化教育结构，着力提高教育质量，切实增强服务经济社会发展、服务人的全面发展的能力。深化改革、狠抓落实，就是要以综合改革的思路破解深层次的体制机制障碍，以求真务实、真抓实干的作风，努力把中央的部署变成方案、把方案变成现实。积极稳妥、务求实效，就是胆子要大、步子要稳，先易后难、循序渐进，凝聚共识、形成合力，不做表面文章，不求轰动效应，为适应国家需求、回应人民期待，扎扎实实地做几件实实在在的事情，不断创造经得起实践、人民和历史检验的业绩。

党的十八届三中全会明确提出，全面深化改革的总目标是完善和发展中国特色社会主义制度，推进国家治理体系和治理能力现代化。这是国家改革的总目标，也是各领域改革的总要求。教育改革作为全面深化改革的重要领域，一切改革的举措和行动，毫无疑义都要自觉围绕这一总目标，落实这一总要求，从教育部门自身改起，完善科学规范的教育治理体系，形成高水平的教育治理能力。具体来说，就是要围绕教育治理体系建设、教育治理能力提高，深化教育领域综合改革；通过深化教育领域综合改革，实现教育事业科学发展；通过教育事业科学发展，更好地促进教育公平、优化教育结构、提高教育质量；通过促进公平、优化结构、提高质量，更好地为打造中国经济升级版、全面建成小康社会提供坚强有力的人才支撑和智力支持。

一、加快推进教育治理体系和治理能力现代化的重大意义

党的十八届三中全会对全面深化改革做出总体部署，对深化教育领域综合改革提出明确要求。落实三中全会精神，是当前和今后一个时期教育系统的重大政治任务。作为教育部门的负责同志，要在思想上、政治上、行动上与党中央保持高度一致，必须带头学习贯彻三中全会精神，深刻认识加快推进教育治理体系和治理能力现代化的重大意义。

（一）落实中央决策部署，必须加快推进教育治理体系和治理能力现代化

三中全会把完善和发展中国特色社会主义制度、推进国家治理体系和治理能力现代化化作为全面深化改革的总目标，明确了改革朝什么方向奋斗、在什么地方聚焦、于什么环节着力。过去我们习惯讲管理，现在强调治理；过去我们常说四个现代化，现在提出治理现代化。这反映了新形势下我们党对治国理政理念和治国理政方式规律性认识的深化，是重大理论创新。

加快推进治理体系和治理能力现代化，是三中全会的重大部署，也是新一届党中央、国务院的重大实践，是理论创新和实践创新的结晶。一年多来，党中央把改进作风放在突出位置，在全党开展为民务实清廉群众路线教育实践活动；新一届政府把转变职能作为开门办的第一件大事，以壮士断腕的决心推进行政审批制度改革。中央坚持改作风、转职能，实质上都是在完善治理体系，提高治理能力。国家全面深化改革为教育改革开启了新的窗口，各级教育部门一定要深刻理解中央精神、自觉遵循中央要求，抢抓机遇、乘势而上，切实加快推进教育治理体系和治理能力现代化。

（二）适应教育形势变化，必须加快推进教育治理体系和治理能力现代化

当前，教育形势发生了深刻变化。我国举办着世界最大规模的教育，2.6 亿名学生、1 600 万名教师、52 万所学校，各级各类学校组织的复杂化、结构的多样化、水平的差异化以及人民群众教育诉求的个性化都在不断增强。教育规模扩大后，各方面更加关注教育质量和水平；教育经费投入增多，各方面更加关注教育公平和效益；接受高等教育人数不断增长，各方面更加重视教育结构和布局；城镇化加速推进，教育人口出现了前所未有的迁移流动；经济全球化日益深化，国际竞争异常激烈，加强对外交流合作日益紧迫；信息化的飞速发展，对教育理念和方式带来多方位的冲击。教育作为社会的一个子系统，随着形势的发展变化，迫切需要我们加快实现由办教育向管教育转变，由微观管理走向宏观管理，由直接管理走向间接管理，由教育管理走向教育治理。

（三）破解热点、难点问题，必须加快推进教育治理体系和治理能力现代化

改革开放 35 年来，特别是教育规划纲要颁布实施 3 年来，我国教育改革发展取得显著成绩，一个重要原因是，我们在不断推进教育管理方式的改革和管理水平的提高。当前，教育工作还存在不少问题，比如，学生创新精神、实践能力还不足，办学活力还不够，教育与经济社会发展的联系还不紧，国际竞争能力还不强等。这些问题，原因有很多，究其根本，不在学生、不在教师，也主要不在书记、校长，而在教育管理部门，在于我们的管理理念落后、管理体制落后，以及由此带来的管理方式落后、管理能力落后：政府、学校、社会之间的关系没有理顺，政府缺位、越位、错位的现象时有发生，制约了学校办学的积极性、社会参与的积极性；不同层级政府之间教育权责交叉，上级部门管得过多、过细、过于简单，制约了基层创造性工作的开展；管理方式单一，习惯于用分数管学生、用升学率管教师，制约了学生和教师创造性的发挥；等等。这些问题如果不能有针对性地破解，教育管理体制机制就不能实现很好的转变，我们的工作就难免事倍功半，甚至可能事与愿违。

实现国家现代化，教育要率先现代化。党的十八大明确提出，到 2020 年基本实现教育现代化。再用 7 年时间，让世界最大教育体系整体进入现代化，任务十分艰巨。实现教育现代化，教育治理要率先现代化。如果不能尽快实现教育治理体系和教育治理能力现代化，教育现代化的目标就不可能如期实现。我们必须充分认识推进教育治理体系和治理能力现代化的重要性、必要性、紧迫性，以更加清醒的认识、更加主动的姿态、更加执着的努力，完成好我们这一代人必须面对、必须回答的时代课题，交出一份合格的答卷。

二、加快推进教育治理体系和治理能力现代化的重点任务

推进教育治理体系和治理能力现代化，就是要适应国家治理体系和治理能力建设，根据教育发展的自身规律和教育现代化的基本要求，以构建政府、学校、社会新型关系为核心，以推进管办评分离为基本要求，以转变政府职能为突破口，建立系统完备、科学规范、运行有效的制度体系，形成政府宏观管理、学校自主办学、社会广泛参与的格局，更好地调动中央和地方两个积极性，更好地激发每所学校的活力，更好地发挥全社会的作用。

政府宏观管理，就是要转变职能、简政放权、创新方式，把该放的放掉，把该管的管好，做到不缺位、不越位、不错位。学校自主办学，就是要落实学校办学主体地位，明确权利责任，自我管理、自我约束、自我发展。社会广泛参与，就是教育质量要接受社会评价、教育成果要接受社会检验、教育决策要接受社会监督，最大限度地吸引社会资源进入教育领域。政府、学校、社会，管、办、评三者之间，权责边界既应当是清晰的，又一定是相对的，既相互制约又相互支持，由此形成现代教育治理体系，不断提升现代教育治理能力。

（一）把方向，落实好立德树人根本任务

把握办学方向，是政府的首要职责。全面贯彻党的教育方针，坚持社会主义办学方向，做好立德树人、教书育人的工作，始终是教育第一位的要求。当前的关键，是要把党的教育方针和社会主义核心价值观细化、实化、具体化，转化为学生的核心素养和学业质量，体现到课程标准、教材编写以及考试评价之中。

培育和践行社会主义核心价值观。最近，中央办公厅印发了《关于培育和践行社会主义核心价值观的意见》，明确提出要把培育和践行社会主义核心价值观融入国民教育全过程。要抓好主题教育活动。深入开展爱学习、爱劳动、爱祖国“三爱”教育，创造有效形式，形成长效机制。在各级各类学校全面开展节粮、节水、节电“三节”活动。特别是节约粮食工作，要从餐桌抓起，从食堂抓起，从各级各类学校抓起，营造劳动光荣、节约光荣的浓厚校园文化氛围。要突出诚信教育重点。在教育系统大力开展诚信教育，将学生诚信表现纪实性写进成长记录，建立守信激励和失信惩戒有效机制，广泛形成守信光荣、失信可耻的价值观念和制度保障。要用铁的手腕治理考试招生违规违纪问题，用铁的纪律维护考试招生公平公正，坚决守住教育考试招生这块净土。要从中华优秀传统文化中汲取营养。出台《完善中华优秀传统文化教育指导纲要》，创新教学方法，分学段有序推进，打牢培育和践行社会主义核心价值观的思想文化根基。要坚持知行统一原则。完善“青少年志愿服务制度”，明确学生在学期间参加志愿服务的要求，以纪实方式纳入学校教育质量综合评价体系，纳入学生综合素质评价指标。

加强和改进体育、美育工作。要牢固树立健康第一的教育理念，强化体育课和课外锻炼，通过多种形式，保障学生体育活动时间，教会学生掌握一两项终身受益的运动技能，养成锻炼身体的良好习惯。推进体质健康测试，学生测试结果通知家长，学校测试结果向社会公开。要改进美育教学，充分发掘传统艺术资源，因地因校制宜，教会学生使用一两种乐器、培养一两项艺术爱好，提高学生审美情趣和人文素养。

部署和推进各类课程改革。出台实施《全面深化课程改革落实立德树人根本任务的意见》。研制学生发展核心素养体系和学业质量标准，对各学段育人目标和各学科内容设计提出具体要求。修订课程标准，启动普通高中课程标准修订工作，修订中等职业学校课程教学大纲，研究提出大学相关教材修订和使用意见。做好教材编写工作，全面修订义务教育各年级各学科教材，完成义务教育德育、语文、历史三科起始年级统编教材审定；组织修订中等职业教育教材；修订高校思想政治理论课教材，高质量编写马克思主义理论研究和建设工程重点教材，确保其政治性和学术性的高度统一。

（二）促公平，推进基本公共教育服务均等化

公平正义是社会主义的本质要求，教育公平是社会公平的重要基础。要在教育公平上多想办法、多做实事，用教育公平重新审视体制机制，重新评估政策措施，通过规则调整和制度创新，不断提高教育公平水平。

兜底线，保障每一个孩子都有学上。要抓好贫困地区教育。治贫先治愚，扶贫先扶智，紧紧扭住教育这个脱贫致富的根本之策，保证贫困家庭孩子平等接受教育。研究实施“国家贫困地区儿童发展规划”，编织贫困地区儿童成长安全网，增强脱贫致富能力和可持续发展能力。要重视农民工子女教育，把农民工随迁子女义务教育纳入流入地教育发展规划和财政保障范畴，努力保证他们能在当地就读，完全由公办学校接收暂时有困难的，可以采取向民办学校购买服务的方式解决。努力做好随迁子女在当地升学考试工作，扩大进一步接受更高一级教育的机会。要支持发展农村学前教育。启动实施第二期学前教育行动计划，提高公办幼儿园和普惠性民办幼儿园的覆盖率。要健全农村留守儿童关爱服务体系。抓紧完善相关政策措施，密切会同相关部门，紧紧围绕留守儿童安全、学习、情感等提供有效服务。要高度重视残疾人教育，全面部署实施《特殊教育提升计划》。

保基本，使每一所学校都达到基本办学条件。要统筹城乡义务教育资源均衡配置。加快发展农村教育，改善办学条件，提高教育质量。增加对农村义务教育薄弱学校改造资金投入，提高农村中小学生均公用经费基准定额。落实《关于全面改善贫困地区义务教育薄弱学校基本办学条件的意见》，使贫困地区学校教学设施、生活设施符合安全、学习和生活的基本需要。对确有需要的村小和教学点，不仅要坚持办，而且要办好。教育部将会同相关部门，将各地办学条件达标情况列入督导，全面普查，纳入学校管理信息系统，并向社会公开。要多策并举，切实加强农村教师队伍建设。认真抓好2013年启动实施的乡村学校和教学点教师生活补助政策，使优秀教师下得去、留得住、教得好。

上水平，不断扩大优质教育资源覆盖面。要优化学校布局。学校布局规划要纳入新型城镇化和社会主义新农村建设规划，从严控制农村学校撤并行为，调整须经省级政府批准。创新学校管理模式，鼓励强校带弱校，组建教育联盟，推行学区一体化管理，探索学校托管，实行公办学校标准化建设，加大校长、教师交流轮岗力度，不设重点学校、重点班，破解择校难题。要进一步提高农村学生进入重点大学的比例。继续实施“支援中西部地区招生协作计划”，扩大“农村贫困地区定向招生专项计划”规模，调整完善招生规则，让更多部属及省属优质高等教育资源惠及农村学生，促进社会纵向流动，形成巨大的人才红利。各地、各高校都要建立健全逐步提高招收农村学生比例的长效机制，并将每年招收农村学生比例向社会公布。要提升中西部地区教育水平。教育资源要继续向中西部倾斜，加强东中西部教育协作，鼓励优秀教师以多种形式到中西部服务，强化国家重点高校服务国家战略的意识，为中西部经济社会发展多做贡献。要充分利用教育信息化扩大优质教育资源覆盖面，为促进教育公平、提高教育质量做出贡献。今年，全国80%以上中小学校要实现“宽带网络校校通”，奠定教育信息化基础。推进“优质资源班班通”，使优质数字教育资源通达具备条件的每一个班级，促进信息技术与教学活动深度融合。加快教育管理信息化

建设与应用，在2013年1.5亿名学生数据入库的基础上，实现全国各级各类学校学生学籍全覆盖。

（三）调结构，促进各级各类教育协调发展

不断调整优化教育结构，是适应经济社会发展、推动经济转型升级的要求，也是政府教育宏观调控的重要内容。当前应着力在发展职业教育和民办教育上多下功夫。

加快构建现代职业教育体系。要从完善基本制度入手，加快形成适应经济社会发展需求、校企紧密合作、产教深度融合、中高职衔接、职普沟通，体现终身教育理念，具有中国特色、世界水平的现代职业教育体系。今年将召开全国职业教育工作会议，全面部署推动我国职业教育改革发展。要紧密结合市场需求，加强农村职业教育和技能培训，实施农民工职业技能提升计划。

鼓励社会力量兴办教育。要全面清理各类歧视性政策，创造统一开放、公平竞争的发展环境，进一步激发民间投资活力。在2012年《关于鼓励和引导民间资金进入教育领域促进民办教育健康发展的实施意见》的基础上，出台关于进一步鼓励社会力量兴办教育的若干意见，进一步解决民办学校分类管理、法人属性、产权归属、教师保障、财政扶持等问题。要根据三中全会要求，积极探索运用政府补贴、政府购买服务、助学贷款、基金奖励、捐资激励等制度，鼓励社会力量兴办教育，推动民间资本进入教育领域。

（四）抓改革，积极稳妥破解考试招生制度难题

推进改革是教育工作的重要内容，是教育事业发展的强大动力。当前，教育改革任务艰巨繁重，三中全会做了全面部署，我们要一项一项地抓好落实。今年的重中之重是推进考试招生制度改革。

出台实施方案。教育部将出台“总体方案”和关于高考、外语一年多考、高中学业水平考试、综合素质评价、考试招生违规处理等配套“实施意见”。各省（区、市）要根据教育部总体方案和实施意见，结合本地实际，出台改革“实施方案”。

开展改革试点。在有意愿、有条件的若干省份和高校开展改革试点。改革试点包括综合改革和专项改革试点。改革试点省份和高校要出台试点“实施办法”。

改进考试内容。抓紧研究统一高考的语文、数学、外语等课程考试内容改革，完善国家考试题库。高等职业教育推广“文化素质＋职业技能”的考试方式。

确保公平公正。这是社会各界最为关心的问题。确保公平公正，最重要的是理清责任、落实责任。要抓紧完善并严格执行责任追究办法，健全责任分解、检查监督、倒查追究的完整链条，有错必纠，有责必问。调整高校招生委员会人员构成，增加教师、学生及校友代表。建立校长作为法人代表签发（或授权签发）录取通知书制度，公布各校录取通知书签发人名单。对学生作弊、作假，经查实除按规定处罚外，记入学生综合素质评价档案，供就学、就职单位了解。进一步清理规范和逐步减少各类加分政策。

加强宣传引导。要加强改革举措的可行性论证，加强改革的风险评估。充分考虑教育的周期性，按照“三年早知道”原则，提前公布高考改革实施办法。要加强对改革办法和政策的宣传解读，确保改革平稳有序推进。

（五）转职能，改进教育管理方式

政府是社会治理的重要主体，在“管办评分离”中，政府管理的改革是前提、基础。推进政府管理改革，核心要义是加快转变职能，进一步简政放权，同时督促基层和学校把权接住、管好，确保放而不乱。

积极简政放权。“善政必简。”只有该简的简，该放的放，才能激发学校和社会的需求潜力和发展动力，才能从名目繁多、烦琐细碎的评估、评审、评比中解脱出来，有足够的时间和精力抓大事、议长远、谋全局，做好该做的事、能做的事。要加大行政审批改革力度。按国务院统一部署，继续取消和下放行政审批事项。对已经明令取消的，要不折不扣地放给学校、放给社会，不能变相保留。对保留的项目，要抓紧清理审批流程，公开审批的标准、程序和结果。要统筹整合专项资金。根据财税体制改革要求，整合农村义务教育改善办学条件专项资金，统筹高等学校重点学科建设资金，扩大基层和学校资金统筹使用权，提高资金使用的整体效益。要减少各种检查活动。建立检查工作归口管

理，整合各种常规性和临时性检查，给学校创造一个安心静心办学的环境。简政放权，当前重点是扩大省级政府教育统筹权和学校办学自主权。目前，教育部按照三中全会的要求，研究制定了扩大省级政府教育统筹权和高校办学自主权的意见。原则上凡是由省级管理更方便有效的事项一律下放省级管理，凡是由学校能自主决定的事项一律下放到学校。

加强标准建设。标准具有普遍的约束力。要依据标准进行规范化管理，用标准加大投入、加强监督、加强约束，从根本上减少管理中的随意性。这些年，我国相继出台实施了一系列教育标准，但目前一些领域仍然空白，有的已经不合时宜，有的甚至相互矛盾。2013 年，教育部制定了《教育标准与指南》发布规程，强化了对国家教育标准体系的顶层设计。要加快对一些标准的废止、修改，研制学校建设、经费投入、教师编制、教育质量、仪器设施、专业教学、语言文字等标准，加快形成富有中国特色的教育标准体系。特别是要推动健全各级教育生均拨款制度，提高义务教育生均公用经费标准，完善职业教育、普通高中生均拨款制度，研究学前教育、高等教育成本分担与运行保障机制，健全教育财政投入稳定增长的长效机制。要优化教育投入结构，坚持向农村、边远、贫困和民族地区倾斜，向义务教育、职业教育和学前教育倾斜，向教师队伍建设倾斜。要加强教育经费监管，提高经费使用效益，严防违规违纪行为和铺张浪费现象。

推进法治建设。“政贵有恒。”法治是现代教育治理的基本特征，对教育事业科学发展具有稳定持久的保障作用。要推动教育法、高等教育法、教师法和民办教育促进法 4 部法律一揽子修订工作，抓紧职业教育法和残疾人教育条例修订工作，不断健全教育法律制度体系。要普遍建立法律顾问制度，完善规范性文件、重大决策合法性审查机制，健全规范性文件备案审查制度。

强化教育督导。推进教育治理体系和治理能力现代化，既要简政放权，也要加强监督监管。教育督导是政府加强宏观管理的基本手段，也是决策、执行、监督三者相互协调中不可或缺的重要环节。要进一步完善督学、督政、监测三位一体的教育督导体系。推进国家、省、市、县四级人民政府教育督导机构和队伍建设。印发深化教育督导改革、转变教育管理方式的意见，加强教育督导机构建设，充实教育督导队伍力量。研究制定督学管理办法，提高督导工作规范化、专业化水平。做好督导重点工作。督政方面，继续开展义务教育发展基本均衡县（市、区）省级督察、国家认定工作，探索建立义务教育均衡发展监测和复查制度，印发地方政府履行教育职责督导办法、省级政府发展义务教育督导考核办法，加强对地方政府履行教育职责的监督检查。督学方面，完善中小学校责任督学挂牌督导制度，实现全国中小学责任督学挂牌督导全覆盖，推进学校规范办学行为。制定学校素质教育督导评估办法，推动学校办出特色，扎实实施素质教育。质量监测方面，研制发布全国义务教育质量监测工作方案，开展全国义务教育质量监测，科学评价义务教育阶段学生学业质量，为改进教学和科学决策提供支撑。制定教育督导报告发布办法，完善教育督导报告发布和限期整改制度，加大复查和问责力度。

（六）发挥学校主体作用，加快建设现代学校制度

教育有没有活力，关键要看学校有没有活力。推进教育治理体系和治理能力现代化，必须把学校作为基本立足点，建立以学校持续健康发展为导向的工作机制，最大可能地激发学校作为教育“细胞”的活力。

完善内部治理结构。形成自我约束、自我规范的内部管理体制和监督制约机制，是政府放权的制度前提。对公办普通高校，党委领导下的校长负责制是根本制度，要进一步健全和落实党委常委会、校长办公会议事范围和规则。落实教职工代表大会的民主参与机制、理事会（董事会）的社会联系和合作机制。加强高校学术委员会建设，出台高校学术委员会规程，规范学术委员会的组成、权责和运行规则。章程是明确学校内外部权利义务关系、促进高校完善内部治理结构的重要载体。要按照统一部署，加快推进高校章程制定和核准工作。对民办高校，要加强党的基层组织建设，充分发挥党组织在学校中的政治核心作用。完善理事会（董事会）

结构，规范决策程序。完善教职工代表大会等制度，保障校长、教职工特别是学生等相关主体的权利。对中小学，主要是加强党组织建设，实行好校长负责制，加快推进教职工代表大会和家长委员会建设。

推进依法办学。教育部根据《全面推进依法治校实施纲要》，正在研究制定依法治校指标体系，形成依法办学的考核标准、考核办法，为政府、社会、家长监督评价学校办学行为和管理活动提供依据。要把依法治校的能力和成效作为评价学校领导管理水平、治校水平的重要内容，切实推动学校管理观念的转变。教育部门要把更多精力放在对学校办学活动合法性的监管上，提高学校管理的法制化水平，坚决杜绝任何学校出现有悖于法治原则的管理手段和规定。要建立和完善教师申诉、学生申诉制度，让每一个受教育者和教育工作者在学校管理中都能直接感受到法治的力量。要建立教育领域公益性法律服务机制、学校安全事故依法调解制度，完善保障学校依法办学的制度环境。

坚持面向社会。学校只有主动面向社会、服务社会，不断提高服务意识、服务能力、服务水平，才能实现持续健康发展。教育部将出台关于引导地方本科高校转型发展的指导意见，引导一批本科高校在办学思路、模式、方法上向应用技术大学转变。继续实施“2011计划”，通过机制创新，推进产学研结合，提高人才培养、科学研究水平和社会服务能力。当前，青年教师住房存在困难，要主动协调学校与当地政府、社会，因地制宜，努力加以解决。

（七）发挥社会评价作用，动员社会参与、支持、监督教育

在“管办评分离”中，评价是反馈环节，具有重要的导向作用。客观、科学、公开、公正的评价，是增强教育工作针对性、有效性的前提，可以为政府决策提供参考，为学校改进工作提供依据。治理模式下的“社会评教育”，实质是要把评价权和监督权更多交给社会、回归社会，在“管”与“办”的互动中，保持相对独立性，成为教育治理体系的一个重要方面。

发挥行业企业作用。在市场对资源配置起决定性作用的体制下，教育所提供的课程专业、所培养的人才、所创造的科研成果，最终都要接受市场和社会的检验。这不仅要求我们的办学理念、办学方式和培养模式做出调整，也要求我们的评价主体、评价方式相应变革。行业企业是教育的主要服务对象，是毕业生最终的去向。无论是职业院校，还是普通院校，都要加快建立行业企业评价机制，吸收行业企业参加教育质量评估，把行业企业的评价作为衡量办学质量的一项重要指标。

重视行业企业评价，一个很重要的方面是毕业生就业状况。就业是个试金石，高校办得好不好，归根到底要看学生就业能力强不强、创业水平高不高。今年高校毕业生727万人，这都是国家的宝贵人才。做好毕业生就业工作，学校责无旁贷，教育部门义不容辞。要积极配合有关部门，加大工作力度，在开发就业岗位、政府购买服务、鼓励基层就业、激励自主创业等方面，出台更多具体政策，解决毕业生就业创业中的具体困难。要加大学科专业结构调整力度，深化人才培养机制改革，把学生创新创业能力、毕业生就业创业状况作为高校评估重要内容。实行高校学生学籍信息和就业信息贯通，及时、准确、客观地反映和把握各校各专业毕业生就业状况，并向社会公布。

强化专业组织评价功能。教育评价具有很强的专业性。正确发挥评价的监测、诊断、指导功能，专业机构不可替代。要支持现有专业机构建设，发挥专业学会、行业协会、基金会等各类社会组织在教育公共治理中的作用。要加快培育独立于教育部门的专业教育服务机构，不断提高其评估监测水平。要引入竞争机制，推广政府购买服务，通过合同、委托等多种方式向专业组织购买高质量的服务。

2014年，将加快整合国家教育监测评估机构和资源，为开展专业化监测评价提供支撑。加大力度推进一些机关职能向直属单位和社会组织转移，原则上各司局不再直接组织评估评价评审等具体事项。委托第三方全面启动“教育现代化进程监测评价”和“教育满意度测评”两项监测评估工作。通过测评，及时发现问题，准确找出差距，切实提高各级政府和各级各类学校做好工作的自觉性、针对

性，提高教育现代化水平和教育满意度。

重视社会公众监督。社会监督是教育治理体系和治理能力现代化的重要组成部分。阳光是最好的防腐剂。要推行教育部门、高校权力清单制度，让权力在阳光下运行，让社会各界在公开中监督。要通过信息公开，确保社会公众及时、便捷、有效地获取各类教育信息，这是社会监督不可或缺的环节和基础。强化社会评价，首先要求各级教育部门、各级各类学校主动加强信息公开，主动让社会了解，提高政务和校务公开的水平，提高政府和学校的公信力。对各级教育部门，要按照中央关于推进政务公开的要求，坚持以“公开为原则，不公开为例外”的要求，把各项政策和重要事项依法、及时、全面、准确地向社会公开。进一步加强职能公开、依据公开、程序公开、结果公开、监督公开。重要改革方案、重大政策措施、重点工程项目在决策前都要公开征求意见，并以适当方式公布意见采纳情况。要加大行政审批公开力度，及时公布行政审批项目目录、办理程序和审批结果。大力推进工作过程公开，及时发布重大教育项目和工程实施情况。大力推进工作结果公开，推动教育质量标准、教育质量监测结果和教育督导报告向社会公开。要公开违法违规事件查处结果。对各级各类学校，要把办学条件能力、质量水平等信息向社会公开，让社会了解。2014 年，要进一步推动本科院校向社会发布教学质量年度报告。积极公开群众关注的信息，对学校重大决策、政策及时宣传，赢得社会理解；对突发事件要及时回应，掌握舆论主动权，树立和维护学校的良好形象和声誉。当前，特别要加大高校招生和财务信息公开力度，细化公开内容、规范公开程序、扩大公开范围，切实加强师生和社会对招生、财务工作的监督。信息公开，核心是“公开”，关键在“真实”，根本在“监督”。没有“监督”的公开，就可能是不公开、半公开，甚至是假公开。2014 年，要改革信息公开监督检查机制，引进第三方参与教育信息公开监督。

三、加快推进教育治理体系和治理能力现代化的基本要求

加快推进教育治理体系和治理能力现代化，是我们面临的时代命题，是必须完成的崭新课题，也是十分艰巨的历史任务。完成好这一任务，无论思想观念、精神状态，还是知识储备、工作方法，我们都还有许多不适应之处，能力不足、本领恐慌的问题现实地摆在每一个教育管理者的面前。我们要以强烈的使命意识、责任意识、危机意识，切实提高认识、增强本领，打好深化教育领域综合改革这场攻坚战，实现推进教育治理体系和治理能力现代化的总目标。

（一）深化学习领会，进一步坚定理想信念

理想信念是我们共产党人精神上的“钙”，理想信念不坚定，就会得“软骨病”。坚定理想信念，提高党性修养、思想觉悟、道德水平，必须深入学习、深刻领会、身体力行。要把学习贯彻习近平总书记系列重要讲话精神作为重大政治任务，作为推动教育改革发展的现实要求，作为统一思想、凝聚力量的强大思想武器。教育部门各级党员干部要带头学习。要真心实意学，以强烈的政治责任感认认真真地学习原文，全面系统领会讲话基本精神，着力把握讲话的新思想、新观点和新要求。要联系实际学，紧密联系教育改革发展实际，更好地用讲话精神武装头脑、指导实践、推动工作。要抓住精髓学，坚持把思想方法搞对头，更加自觉地运用辩证思维、系统思维、创新思维、战略思维、底线思维来思考问题、谋划思路、改进工作。要认真学习各方面知识，丰富知识储备，完善知识结构，打牢履职尽责的素质能力基础。

（二）增强担当意识，统筹推进教育综合改革

“为官避事平生耻。”担当体现着干部的胸怀、勇气、品格。教育部门管理干部一定要牢记对民族的责任、对人民的责任、对事业的责任，勇于负责、敢于担当。当前，教育改革已进入“深水区”，利益格局错综复杂，改革难度和风险都在不断加大。责任重于泰山。打好教育领域综合改革这场攻坚战，缺乏担当意识不行，担当意识不强也不行。我们要敢于旗帜鲜明、较真碰硬，勇于尽心竭力、攻坚克难，善于为党分忧、为民解难。要正确推进改革。牢牢把握改革的正确方向，坚持正确推进策略，确保改革取得可预期成果。要准确推进改革。吃透中央精神，立足基本国情，更加富有成效地把教育改革推向前进。要有序推进改革。该国家统一

安排的不抢跑，该尽早推进的不要等，该试点的要先行试点积累经验，该得到法律授权的不要超前推进。尊重基层首创精神，及时总结推广基层教育部门、学校、师生创造的新鲜经验。加大国外先进理念、经验和资源的引进力度，以教育开放促进教育改革、推动教育发展。要协调推进改革。在教育内部，统筹推进各级各类教育改革，统筹推进课程、教学、考试、招生改革。在教育外部，加强与有关部门的沟通、有关环节的衔接，主动会商解决重大问题。要务求改革实效，从人民群众和广大师生最期盼的事项改起，从各个部门、社会各界、师生员工拥有共识的环节改起，从制约教育公平、质量最突出的问题改起，让教育改革取得扎扎实实的成效，让人民群众得到实实在在的好处。

（三）强化为民情怀，全心全意服务师生群众

加快推进教育治理体系和治理能力现代化，最终是要让教育成果更多更公平地惠及全体人民。必须把促进社会公平正义、增进人民福祉作为改革的出发点和我们一切工作的落脚点。必须养成真挚为民的情怀，把群众冷暖放在心上，把师生需求贯穿工作始终，调研要深入群众，决策要吸纳群众，执行要依靠群众，监督要动员群众。教育部门的党员干部一定要努力在教育改革发展实践中解决好“为了谁、依靠谁、我是谁”的问题，立身不忘做人之本，为政不移公仆之心，用权不谋一己之私。坚决反对和克服形式主义、官僚主义、享乐主义和奢靡之风，永远保持为民、务实、清廉本色。要深入基层和学校调查研究。了解群众师生的想法，发现问题的症结，找到解决的办法。要完善民主科学决策机制。与师生利益密切相关的事项，要做好公示、听证，增强决策的透明度，扩大公众的参与权。要善始善终抓好群众路线教育实践活动。做好第一批教育实践活动总结工作，强化整改落实，推进建章立制。及早谋划第二批教育实践活动，努力将两批活动有机衔接、深入推进，以严的标准、严的程序、严的要求，全面加强作风建设，着力解决人民群众关心的热点、难点问题。

（四）坚决守住阵地，切实维护好教育系统和谐稳定

保持校园和谐稳定，是加快推进教育治理体系和治理能力现代化的必然要求。没有和谐稳定，一切都无从谈起。两亿多名大中小学生，其中大部分还是未成年人，确保他们安全上学下学、安心学习生活、健康成长进步是我们的头等大事。要加强组织领导，强化阵地意识，牢牢掌握意识形态工作领导权、管理权、话语权。要注重形成合力，发挥政府主导作用，动员社会力量共同参与，健全畅通有序的诉求表达、矛盾调处、权益保障、心理干预机制，切实抓好日常管理，做到发现在早、防范在先、处置在小。要坚持源头治理，认真解决师生关心的实际问题和信访反映的突出问题，把他们合理合法的利益诉求解决好。要完善应急预案，根据可能发生的突发事件，事先研究制订应对计划和方案，做到全覆盖、能操作、有演练、常更新。教育部将发布中小学幼儿园应急疏散演练指南，各地各校要认真加以落实。

（五）加强舆论引导，努力为教育改革发展营造良好氛围

这既是提高教育治理能力的重要内容，也是树立教育系统良好形象的现实需要。要在把握正确舆论导向上下功夫。舆论氛围好不好，关键在引导。要更好地唱响主旋律、提振精气神、激发正能量。准确解读教育改革政策措施，理性分析教育改革焦点难点，提高宣传报道的权威性和公信力。要在扩大新闻宣传覆盖面上下功夫。建立覆盖报刊、广播、电视、新兴媒体在内的教育新闻宣传大格局。把网络舆论工作作为教育宣传工作的重中之重，培育健康向上的网络舆论生态。发挥微博、微信、社交网络和移动多媒体等新媒体的独特优势，研究网络传播的特点和规律，加强网络信息内容建设，让更多主流舆论和正面信息上网传播，营造良好网络舆论氛围。要在提高舆情应对能力上下功夫。对重大突发公共事件，一定要按照“及时准确、公开透明、有序开放、有效管理、正确引导”的要求，及时发布权威信息，尽早发出正面声音，争取第一落点。通过扎实有效的舆论引导，最大限度地凝聚改革的正能量。

同志们，深化教育领域综合改革、加快推进教育治理体系和治理能力现代化赋予我们崇高的使命、重大的责任。让我们在以习近平同志为总书记

的党中央坚强领导下，按照党中央、国务院的决策部署，锐意进取、攻坚克难，加快推进教育治理体系和治理能力现代化，谱写教育改革的新篇章，开创教育发展的新局面，为全面建成小康社会、实现中华民族伟大复兴的中国梦做出新的更大贡献！

（2014 年 1 月 15 日）

在中管高校书记校长研讨班结业式上的讲话

杜玉波

“中管高校书记校长研讨班”圆满完成了各项任务，今天就要结束了。这次研讨班围绕“深入学习贯彻党的十八大精神，推动高等教育内涵式发展，推进中国特色世界一流大学建设”的主题，安排了9场专题报告、4个主题论坛、2场结构化研讨、2次现场教学，还召开了3场座谈会。中央领导同志对举办这次研讨班高度重视，国务院副总理刘延东亲自主持召开了2场座谈会，中央组织部部长赵乐际亲自审定了办班计划。中组部、教育部、国家行政学院精心组织安排，中央组织部常务副部长陈希、教育部部长袁贵仁等亲临授课。各位书记、校长一起交流讨论，有很多共同的感受和领悟，做到了学有所思、学有所获，达到了高举旗帜、凝聚共识、改进作风、增强能力的目的。刚才4位同志的发言，充分体现了这次研讨班取得的成果。下面，我再讲几点共识与思考，与大家交流，也算做个总结。

一、加快一流大学建设必须主动适应我国经济转型升级的需要

始终与国家发展和民族振兴同向同行，这是大学发展的规律，也是世界一流大学建设的经验。党的十八大提出了“两个百年”的奋斗目标、“五位一体”的总体布局和“四化同步”的发展路径，到2020年基本实现教育现代化，推动高等教育内涵式发展。习近平总书记指出，中国这么多人，教育上去了，将来人才就会像井喷一样涌现出来，这是最有竞争力的。李克强总理指出，没有高素质的人才资源，实现转型升级全面建成小康社会就缺乏根基。在这次研讨班上，书记、校长们谈论得最多的话题是，一流大学建设在实现中华民族伟大复兴的“中国梦”历史进程中，处在什么样的位置、扮演什么样的角色。毫无疑问，建设中国特色世界一流大学这个“教育梦”，是“中国梦”不可或缺的重要内容，更是实现“中国梦”的重要战略支撑。特别是在当前，我国正处在经济转型升级的关键时期，要打造中国经济的升级版，必然要以中国教育的升级版为基石。从当前我们国家经济社会发展的形势看，建设一流大学已经进入到一个十分重要和紧迫的阶段。在这次研讨班上，我们大家在以下两个方面都有共同的感受。

第一，没有一流大学就难以实现我国经济转型升级。当前，国际金融危机背景下全球经济的不确定性、不稳定性与国内发展的不平衡、不协调、不可持续的问题交织在一起，我国经济发展下行压力增大，使调结构、转方式面临十分严峻的挑战。一方面国内人口资源环境约束日益加大，国际竞争低成本优势也在逐渐减弱；另一方面产业技术水平、创新能力和人力资源仍有相当大的差距，核心技术受制于人，迫切需要依靠创新驱动为未来发展谋求新的出路、开辟新的空间。无论是制造业的转型升级、战略性新兴产业的振兴、现代服务业的发展、全球资本和金融竞争、对外贸易方式的转变，创新是最核心的动力，人才是最核心的资源，特别是拔尖创新人才和重大创新成果，对经济转型升级起着促进、引领甚至突破的作用。2004—2012年，共有近30个一流大学建设计划在全世界范围内展开，既包括德国、法国等发达国家，也包括印度等发展中国家，还有日本、韩国等周边国家，这充分说明了一流大学在全球产业竞争中的战略性作用。因此，为经济转型升级提供高层次人才和高水平科研的支撑，是一流大学建设最重要的历史使命和战略任务。这个任务完成得好，我国经济转型升级之日，就是一批一流大学涌现之时；这个任务完成得不好，我国经济转型升级就会遇到阻碍，一流大学建设就会失去目标和方向。加快建设一流大学、加快经济转型升级，这两个“加快”必须是同步的，是互为支撑的，是相互促进的，这是经济社会发展的规律决定的。对此，我们既要有坚定的决心和信心，更要清醒地认识到这个责任的艰巨性和紧迫性。

第二，建设一流大学关键是要通过改革释放活力。经过“211 工程”“985 工程”等一系列国家重点建设项目的接续支持，我国高水平大学建设取得了历史性成就，更加坚定了我们走中国特色世界一流大学道路的自信。按照英国世界大学排名和世界大学学术排名，我国有 7 所大学进入世界前 200 强，入围世界 500 强的高校由 2004 年的 8 所增加到 2012 年的 27 所。近 3 年，高校作为第一完成单位获国家科技奖三大奖的通用项目占 54%，各类哲学社会科学奖占 80%。改革开放以来，不管是在重大科技创新领域还是在政府、企业和各项社会事业中，涌现出来的无数杰出人才主要还是由我国高水平大学自己培养的。可以说，没有我国高水平大学的贡献，就不可能支撑改革开放以来我国经济社会的迅速发展，这是一个谁也无法否认的客观事实，我们完全不必妄自菲薄。但要清醒地看到，与世界一流大学相比，我们仍然有着相当大的差距。这个差距，不仅表现在学科、论文和科研水平上，更表现在对区域经济社会发展的引领力、重大科技创新的贡献力、思想文化领域的引导力和高层次人才的影响力上的差距上，深层次的是办学理念、体制、机制上的差距。其中最核心的问题，是一流大学的建设与国家经济社会发展的战略需求结合不紧。例如，在治理结构上封闭化、行政化，在学科专业布局上贪大求全、盲目铺摊子，课程内容脱离科技进步和社会发展，科学研究重论文数量不重实际贡献，等等。一流大学建设没有国家的投入不行，但再多的钱也堆不出一流大学。加快一流大学建设首先要加快的是改革步伐。我们必须坚定不移地走改革创新之路，就是要根据国家对一流大学建设的战略需求，倒逼学校治理结构、管理体制、学科结构、创新机制和人才培养模式的改革。我国的 GDP 总量已居世界第二位，产业转型升级对创新人才和科技创新提出了前所未有的需求，这是一流大学建设最大、最有活力的舞台。挑战和机遇摆在我们面前，改革创新、迎接挑战，才能抓住学校发展的最大机遇；坐等观望、犹豫徘徊，必将成为一流大学建设的落伍者、失意者。根据新的形势和要求，今后建设一流大学应该是“转型不转向”，也就是说，建设一流大学是必须坚持的国家战略，要通过重点支持，促进内涵发展，打造更高水平的学科、培养更多创新人才、建设更有竞争力的队伍、产生更高质量的成果。但是，一流大学重点建设的模式应该适时进行改革，要用创新的体制机制确保建设目标如期实现。当前，我们必须坚持立德树人、内涵发展这一根本方向，围绕提高质量这一核心任务，以加倍的勇气和智慧，把改革推向深入。要从“单项改革”转向更加注重“综合改革”，健全政策保障机制。也就是改革必须运用综合的、辩证的思维，坚持综合施策、整体推进，特别要处理好现有政策和政策突破的关系，让改革成效突出的转为示范，让改革不力的退出。要从“增量改革”转向更加注重“存量改革”，建立优化调整机制。也就是用壮士断腕的决心和勇气，从习惯增加资源、增加编制和扩大规模的常用办法，转到更多用调整既有利益格局来解决发展问题的改革办法上来，转变资源配置方式，提高资源利用效率，着力做好存量改革。要从“一般性改革”转向更加注重体制机制突破性改革，健全改革的长效机制。也就是说，这几年好改的、容易改的都改得差不多了，真正的突破性改革不多，现在改革的关键是突破体制机制障碍和“瓶颈”，并将改革成果制度化，形成推进高校内涵式发展的长效机制。

二、加快一流大学建设必须围绕“四化”同步发展战略，建设一流学科

在研讨过程中大家一致认为，学科是大学的基本元素，学科水平是世界一流大学核心竞争力的集中体现。加强一流学科建设，首要的是与我国“四化”发展战略紧密结合。“211 工程”实施 18 年、“985 工程”实施 15 年来，我国重点学科建设取得显著成效，一大批学科跨入世界先进行列。我国高校进入美国基本科学指标数据库（ESI）世界排名1%的学科数超过400个，位列全球第六，其中50余个学科进入世界前100名，生命科学、物理学、化学等基础学科，已经具备在前沿问题上持续做出重大原创性成果的能力。比如，清华大学物理系和中国科学院物理研究所联合组成的团队在实验中首次发现量子反常霍尔效应，被称之为“诺贝尔奖级”的科研成果。应该说，我国高水平大学已经具备了向世界一流大学冲刺的基础和实力。但是，重点学科建设与世界一流大学相比还存在明显差距，突出表现在：适应国家“四化”同步发展战略、优化学科结构的主动性不强；传统学科多，交叉学科少；学科特色不鲜明，影响力不强，优势学科少。我们必须把学科建设作为高水平科学研究的基础，作为培养拔尖创新人才的平台，摆在建设世界一流大学的战略基础地位。研讨中，大家认为应从以下两个方面扎实推进。

第一，以社会需求为导向，优化学科结构。《高等教育法》第11条规定：“高等学校应当面向社会，依法自主办学。”面向社会是经济社会发展对大学的要求。蒙着头、关着门，脱离社会需求是办不好大学的。建设一流大学，必须坚持需求导向，主动适应经济社会发展需求特别是围绕“四化”同步发展战略，做好学科结构的优化调整。推进工业化、信息化、城镇化、农业现代化同步发展，是党的十八大做出的重大战略部署，是加快完善社会主义市场经济体制和加快转变经济发展方式的重大举措。推进“四化”同步发展，人才是关键，学科是基础，我们要从两个方面着手优化学科结构。一是要增量优化。这就是要主动适应推动信息化和工业化深度融合、工业化和城镇化良性互动、城镇化和农业现代化相互协调的需要，瞄准制约转变经济发展方式的“瓶颈”，主动调整学科设置，为战略性新兴产业的兴起提供引领，为传统产业改造提供支持。最近，美国作家出了一本书，提出“第三次工业革命”，其中一个重要内容是新能源、新材料与网络技术相结合，形成新的产业革命。这不无道理。从我国来讲，最大的“瓶颈”制约还是能源。能源是动力、基础，特别是工业化的动力和基础。在这方面，我们要集中力量，打造世界一流的新能源学科，以寻求战略性新兴产业的突破。二是要存量调整。这就是要根据学校现有学科格局，有选择性地建设重点学科，盘活存量，克服贪多求全等问题。高校设置学科不在多、不在全，要根据自身定位、条件和学科现状，统筹规划重点学科建设，特别要突出三类学科建设：对瞄准学科前沿，又兼顾国家重大需求，已经达到或接近世界一流水平的学科进行重点支持；对极具上升潜力的高水平学科，作为世界一流学科建设后备力量大力支持、重点培育；对自然科学、社会科学、人文科学等不同领域的新型交叉学科大力支持，产生新的学科增长点。事实上，世界一流大学中没有一所能覆盖所有学科，按美国教育部学科专业目录统计，麻省理工学院、普林斯顿大学、斯坦福大学的学科覆盖率分别为54.2%、62.5%、70.8%。所以，我们的学科建设一定要有选择性地发展。

第二，聚焦特色优势学科，走特色发展之路。特色就是水平、特色就是质量，学科特色是一流大学最重要的特色。建设一流大学必须优化资源配置，集中把优势学科办出特色、办出水平、争创一流，以学科特色构筑学校核心竞争力，走特色发展之路。大家普遍感到，要在“优”和“新”两个字上下功夫。学科建设不只是“人无我有”，更重要的是“人有我优”或“人优我新”，凸显学科影响力。像哈佛大学的社会科学、临床医学、经济学与商学等学科，麻省理工学院的工程学、计算机科学等学科，斯坦福大学的数学学科都是世界领先的学科，也是最能反映学校办学水平和综合实力的最重要体现。要在“集成整合”上做文章。近20年来，我们以“211工程”“985工程”等重大项目推进世界一流大学和一流学科建设，大力提升了我国高等教育的整体水平，产生了巨大的国际影响。但同时也出现了身份固化、竞争缺失、整合不够等方面的问题，需要引起我们的重视和思考。如何统筹这些高等教育重大项目资源，采取集成整合方式，建立开放平台，引入竞争机制，改进管理模式，集中力量建设一批适应国家需要、体现世界水平的一流学科，加快聚集一流教师、培养一流人才、产生一流成果，这个问题我们正在研究，也请大家多出好主意。

三、加快一流大学建设必须服务创新驱动战略，完善协同创新机制

党的十八大报告提出要实施创新驱动发展战略，并强调要更加注重协同创新。高校作为科技第一生产力和人才第一资源的重要结合点，如何在实施创新驱动发展战略中有所作为、有大作为，大家感受最深的是抓住实施“高等学校创新能力提升计划”，也就是“2011 计划”这一重大机遇，统筹谋划，精心培育，着力促进人才、学科、科研三位一体的创新能力提升。这次研讨班上，大家围绕协同创新也进行了专题研讨，形成了一些更深层的思考。

第一，要面向国家需求，围绕体制机制改革推进协同创新。大家越来越深刻地认识到，协同创新不是一般意义上的简单组合，而是具有充分协同创新基础、条件和内在需求的主体间的深度融合，是产学研合作的深化与升华。实施“2011 计划”，要重点把握“三个来源于”：解决的问题来源于国家重大需求，来源于区域发展的重大问题，来源于行业企业的重大任务。要重点把握“三位一体”创新能力提升，不仅是个科研计划，而且是人才、学科、科研三位一体的创新能力提升计划。要重点把握“三个转变”：促进创新活动从个体、封闭方式向流动、开放的方向转变，促进创新要素从孤立、分散的状态向汇聚、融合的方向转变，促进知识、技术、产品创新的分割状态向科技工作的上、中、下游联合贯通的方向转变。要重点把握“三个统一”：抓住实施这一计划的契机，把高校自身发展需求与国家需求统一起来，把对外开展创新合作与对内深化体制机制改革统一起来，把科研创新与人才培养统一起来。我们认为，只要准确把握了推进协同创新的内涵和实质，实施“2011 计划”就不会偏离大方向，也就会真正取得实效，更好地融入国家创新体系建设。

第二，要不懈努力，持续加强协同创新中心前期培育工作。自“2011 计划”启动实施以来，各地各高校积极推进协同创新中心的培育和建设。按照“数量从严、质量从优”的原则，“2011 协同创新中心”首批已认定了 14 个。这只是第一步的探索，刚刚开头，问题还不少。一些高校在培育组建协同创新中心的过程中，依然存在着一些认识上的误区。有的对协同创新中心的功能认识不全面，更多地关注科研基地、科研平台，缺乏对人才、学科、科研三位一体整体创新能力提升的顶层设计。有的还是按照做项目的方式，在校内进行任务分解，定指标分名额，希望能获得更多的国家经费支持。有的机制体制改革停留在纸面上，对于整体改什么、怎么改，缺乏实质性操作。有的搞形式上的协同，表面上的大合作、大联盟，聚集庞大的队伍，但对各参与单位如何发挥作用、提高整体协同创新能力考虑不够。下一步做好协同创新中心培育工作，要进一步提高认识，理清思路，以协同创新中心未来发展的重大任务为主线，确定协同创新的目标与实施路线，明晰协同创新参与各方的职责与分工，建立协同创新的有效平台，进行创新核心要素的有机结合，完善可持续的长效机制，形成 1＋1＞2 的协同创新效果。“2011 协同创新中心”的产生，不是看方案、看思路，也不是先申请、然后再去做，而是扎扎实实完成了前期培育，有基础、有成效，形成了新机制，前景就会看好。我们一定要坚定信心，努力做下去。

四、加快一流大学建设必须以培养青年领军人才为重点加强教师队伍建设

在座谈讨论中，很多同志都谈到学校的根本是教师，没有高素质、高水平的教师，建设一流大学就根本不可能。刚才有的同志还提到，教授就是大学，没有一流的教授就没有一流的大学。近年来，我们的教师队伍建设取得了很大成绩，但与建设一流大学的要求相比仍有明显差距，主要问题是：学术大师和青年领军人才紧缺；引育高层次人才的机制不活；个别教师师德不高，缺乏教书育人的荣誉感和责任感。怎样解决这些问题？大家一致认为，必须把青年领军人才作为重点，坚持师德为先、教学为要、科研为基，提升教师队伍整体素质和水平，实现“大楼、大师、大爱”三者同步提升。

第一，坚持“引育并举”，加强青年领军人才队伍建设。在我国要建成一批世界一流大学，高层次领军人才特别是青年领军人才紧缺是一个短板。有关学者对 16 世纪以来的 1 200 多位世界杰出自然科学家，以及1 900多项重大科技成果研究分析后发现，自然科学发明的最佳年龄段是25岁至45岁，峰值是37岁。这表明，谁拥有充满创新创造活力的青年英才，谁就能占领未来发展的制高点。青年领军人才是一流大学发展的潜力所在，是一流大学的希望和未来。要坚持“引育并举”的原则，重点培养造就青年领军人才，为世界一流大学建设提供有力保障。一是要放开胸襟积极“引”。既可以利用“青年千人计划”“青年拔尖人才支持计划”“长江学者奖励计划”等重大人才队伍建设项目，又可以自主制定相关政策，从海外引进一批国家和学校急需的青年领军人才。当然，对引进青年领军人才一定要全面深入考察，严格人才引进机制，健全学术评价机制，坚持高质量，防止引进的人学术水平不高、学术行为不端。二是要放开视野主动“育”。既可以利用国家公派留学“高等学校青年骨干教师出国研修项目”，又可以依托学校重点学科、研究基地、重大科研项目等自主培养一批创新思维活跃、学术视野宽阔、发展潜力大的青年骨干教师和学科带头人。三是要放开手脚大胆“用”。要破除对青年骨干教师论资排辈、求全责备等思想，对他们多一分理解、多一分支持、多一分关爱。要搭建青年骨干教师成长平台，更多地参与项目决策管理、承担重大课题和重大工程，让他们在教学科研中挑大梁。要进一步完善青年教师考核评价机制，创新薪酬激励机制，建立流转退出机制，鼓励青年教师将精力投入人才培养，激发青年教师队伍的生机和活力。

第二，牢牢抓住师德和创新实践两个关键环节。不少同志提到，在重点抓好青年领军人才队伍建设的同时，还要遵循教育规律和教师成长发展规律，抓住师德和创新实践这两个关键环节，把整个教师队伍的素质和水平搞上去。怎么看教师的师德？师德是社会道德的重要标杆。教师教育学生，一是知识，二是方法，三是品格，其中品格是最高层次。教师要将爱国精神、事业心、责任感、团队意识、认真刻苦等品格融入课堂、融入课题、融入文章，以高尚师德、人格魅力、学识风范教育感染学生，做学生健康成长的指导者和引路人。教育部已颁布了《高等学校教师职业道德规范》，对教师提出了爱国守法、敬业爱生、教书育人、严谨治学、服务社会、为人师表六个方面的要求。2013年，教育部党组又会同中组部、中宣部联合印发了《关于加强和改进高校青年教师思想政治工作的若干意见》。高校要贯彻落实好这两个文件，建立健全师德考评和奖惩制度，把师德表现作为教师绩效考核、聘用和奖惩的首要标准，师德有问题的人不能做教师。怎么加强创新实践？要建立中青年教师社会实践制度，促进与中青年教师专业特长、职业发展、服务社会等相结合，积极搭建平台，组织他们开展调查研究、学习考察、志愿服务，进一步了解国情社情民情，正确认识国家前途命运，正确认识自身社会责任。要建立中青年教师校外兼职或挂职制度，有重点、分层次、多渠道地选派中青年骨干教师到有关部门、科研院所、行业企业兼职或挂职，参与产学研结合项目，推进教学与实践的结合。要完善中青年教师访学制度，选派他们到国内外高水平大学、科研院所访学以及在职研修等，促进他们在教学科研的实践中锻炼成长。

五、加快一流大学建设必须建立和完善现代大学制度

通过这次研讨班的交流学习，大家越来越清楚地认识到，一流的大学必然是有着完善制度基础的现代大学，大学制度建设对迈向一流大学具有关键性意义。同时，大家也意识到，大学内部治理结构不完善和政府对高等教育管理不到位的问题依然存在。建设现代大学制度，需要政府和高校一起努力。对政府来说，要进一步简政放权，更多地采取宏观调控而非直接管理的手段，落实和扩大高校办学自主权。对高校来说，要构建科学的治理结构，依法自主办学，确保在自主办学的同时做到自我约束、自我发展。回顾过去一个时期，建设现代大学制度不仅逐步成为政府和高校共同的理念，也成为共同推进的重要任务。在国家层面，教育规划纲要对建设现代大学制度做出了顶层设计，提出了“依法办学、自主管理、民主监督、社会参与”的十六字目标，明确了“完善治理结构、加强章程建设、扩大社会合作、推进专业评价”的工作思路。国家教育体制改革试点将建设中国特色现代大学制度作为重点项目，确定北京大学等27所高校作为试点单位，使现代大学制度从学校自发探索进入了国家主导的试点推进阶段。在学校层面，我们欣喜地看到，很多高校的关注点从注重争取资源、扩展硬件逐渐向创新制度、优化制度转变，有的学校搜集、汇总了国外几十所顶尖高校的制度成果，认真对比，找差距、找问题，结合校情、立足国情、放眼世情、遵循规律，积极探索现代大学制度的实现形式。在这次研讨班上，我听到大家对现代大学制度建设有两个问题关注比较多。

第一，要进一步完善高校内部治理结构。完善内部治理结构，是现代大学制度的管理基础。我认为，有两个突出问题要解决。一是要把党委领导下的校长负责制这一领导体制运行好，发挥体制优势。党委重在谋划和决策，发挥好在学校改革发展稳定中的领导核心作用；校长重在管理和指挥，发挥好在学校行政工作中的组织领导作用。要特别注意把握好“集体领导、科学决策、党政合作”这三个关键点。书记、校长要做社会主义政治家、教育家，都要自觉地贯彻民主集中制，要有这样的政治觉悟，要有这样的职业操守，要有这样的个人修炼。书记、校长最好的状态是“性格相容、理念相通、坦诚相待、高度信任”，概括起来就是“容、通、诚、信”四个字。书记、校长很团结，给大学带来的是福音，不团结给大家带来的是灾难。搞好一所大学要靠历届班子、几代人的努力，搞垮一所大学，一届班子、书记和校长两个人就够了。二是学术组织要加强。办好一所大学，必须要有比较成熟的学术组织和一批潜心做学问的教授，充分发挥学术委员会在学科建设、学术评价、学术发展中的作用，充分发挥教授在教学、学术研究和学校管理中的作用。要注重整合校内学术组织，扩大学术组织在学科建设、专业设置、制定学术规则、分配学术资源、处理学术争议等方面的权力，处理好学术委员会和职能部门的关系，研究制定学术委员会和教授委员会的议事规则和工作办法。重视发挥学术委员会作用，对教授高看一眼、厚爱一分的学校领导是高明的领导。特别是书记、校长要和教授交朋友、交诤友，手里要有教授和科研团队这张王牌。

大学去行政化就是要把“如何办好一所大学”的问题交给学校，让学校按照教育规律办学，让所有人崇尚学术、维护学术权威，核心是要解决办大学以学生为本、以教师为本的问题。校长要以学校管理工作为主，要当学生的校长，校长心中有学生，这所大学就有希望。教授要以学术为主，特别是学生的事不能耽误，教授心中有学生，这所大学才能办好。在大学工作，要对学生和教师有感情，要把培养学生作为事业来做，要把关爱学生作为本能来体现。需要明确：去行政化不等于不要行政管理，主要是防止行政权力凌驾于学术权力之上，而不是去必要的行政管理。现在出现的很多问题恰恰就在于大学管理的弱化。去行政化更不能动摇党委领导下的校长负责制，这是一个原则问题。

当然，完善现代大学的内部治理结构还有很多问题要解决。比如，民主管理的问题、社会参与的问题、权力监督机制的问题，等等，都需要各位校长、书记在实践中不断探索经验。

第二，要做好落实和扩大高校办学自主权这篇大文章。关于这个问题，袁贵仁同志做了专题报告，同志们也进行了很多讨论。对高校的自主权放得多了还是少了，快了还是慢了，哪些该收、哪些该放，还存在不少争论。但是，有两个基本判断我认为大家还是一致的。一是这些年高校办学自主权在不断落实和扩大，但与当前高等教育内涵发展的新任务、新要求相比，政府部门还需要进一步转变职能，简政放权。在教育部权限范围内的要坚决简政放权，对涉及其他部委的事项，教育部将积极协调解决。要看到这里面既有“减”的问题，也有“转”的问题。所谓“减”，主要是减少行政审批，减少微观管理、直接管理，减少专项，减少检查评估。能取消的坚决取消，能下放的坚决下放，能由学校自主决策管理的尽量交给高校。要给高校创造更大空间、提供更多方便，最大限度地减少不必要的干预干扰。所谓“转”，就是要转变管理方式，从微观管转向宏观管，从事前管转向事中、事后管。放权绝不是放松，更不是放任，而是在放的同时加强监管。做好“转”的工作对教育部门是一个很大的考验和挑战，比如，怎么建立一套科学完整的标准作为评价和监管的基本依据，怎么完善“管办评”分离的教学评估制度，等等，不仅仅是教育部门的事，还需要大家共同参与和谋划。二是有权必有责，权力也是责任，政府有决心放权，高校也要有能力用好权，要不断提高自我定位、自我约束、自我监督的能力。高校要确保用好自主权，首先要依法用权。前不久，教育部成立了高校章程核准委员会，推动高校根据国家法律和自身特色制定章程，把学校权责、决策程序和工作规则在章程中明确下来，依法治校，从严治教。另外，高校还要做好信息公开工作，特别要落实好国务院最近关于政府信息公开重点工作的要求，进一步扩大高校招生信息公开范围，加大高校财务信息公开力度，让师生员工和社会公众共同监督权力运行。

以上五个方面的总结尽管还不够全面，但是反映了大家在这次研讨班上以及此前对建设一流大学的一些共同思考和认识。当前，我们要把以为民、务实、清廉为主要内容的党的群众路线教育实践活动与一流大学建设的各项工作紧密结合起来，把教育实践活动的目标任务转化为推动学校改革发展的实际行动，真正凝聚起推进一流大学建设的共识和力量。

（2013 年 7 月 18 日）

推进民办教育健康发展

鲁　昕

党的十八届三中全会对我国全面深化改革做出了系统部署，明确要求“深化教育领域综合改革”，特别提出要“健全政府补贴、政府购买服务、助学贷款、基金奖励、捐资激励等制度，鼓励社会力量兴办教育”。作为教育事业重要组成部分的民办教育，迎来了难得的发展机遇。

一、十八届三中全会为民办教育改革指明了制度性方向

党的十八届三中全会通过的《中共中央关于全面深化改革若干重大问题的决定》（简称《决定》）指出，经济体制改革是全面深化改革的重点，核心是处理好政府和市场的关系。《决定》关于全面深化改革的战略部署对民办教育发展具有很强的指导作用，为民办教育改革指明了制度性方向。

（一）充分发挥市场对民办教育资源配置的作用。《决定》指出，要发挥市场在资源配置中的决定性作用。民办教育领域也要更多地发挥市场对民办教育资源配置的作用。一方面，政府要为民间资金兴办教育创造良好条件，充分发挥社会力量办学兴教的积极性；另一方面，民办学校也要密切关注市场需要和群众需求，特别是民办高等院校和职业学校，要按照区域产业发展设置和调整专业。要树立市场优胜劣汰意识，为人民群众提供质量优良、形式多样、收费合理的服务，不断提高持续竞争的教育活力。

（二）明确民办教育在我国教育事业中的重要地位。《决定》指出，公有制经济和非公有制经济都是社会主义市场经济的重要组成部分，都是我国经济社会发展的重要基础。社会力量举办的民办教育同样是国家教育事业的重要组成部分。目前，全国各级各类民办学校达 14 万所，在校生 3 911 万人。民办教育在各级教育的在校生比例，学前教育达 50％、普通小学达 6％、普通初中达 10％、中等职业学校达 11％、普通高中达 10％、高等教育已达 22％。民办教育在丰富教育资源供给、提供多元选择、缓解财政压力、激发教育活力等方面发挥了重要作用。因此，必须毫不动摇地发展民办教育，促进形成民办教育与公办教育共同发展的良好格局。

（三）鼓励多元主体多种形式办学。《决定》指出，混合所有制经济是我国基本经济制度的重要实现形式，有利于各种所有制资本取长补短、相互促进、共同发展。积极发展混合所有制经济，对社会力量举办教育具有重要指导意义。要积极支持各类办学主体通过独资、合资、合作、股份制等多种方式举办民办教育。探索建立混合所有制学校法人资产结构，允许学校管理者、骨干教师等以知识、技术、管理、资本等多种方式参与举办民办学校，鼓励民办学校师生创造的专利等成果经评估后成为学校的出资。进入 21 世纪以来，独立学院的快速发展为高等教育大众化做出了贡献，这种优质公办高校与社会力量合作的办学形式带有混合所有制的基本特征，要鼓励具备独立的法人、校园、教学、财务、招生、颁发毕业证书和学位证书等条件的独立学院，积极探索混合所有制学校的实现形式。鼓励行业、企业等社会力量参与公办学校办学，也鼓励公办学校、民办学校通过相互购买服务等多种方式互相支持，合作办学。探索委托管理等办学形式。鼓励中外合作办学。

（四）落实民办学校与公办学校的平等地位。

《决定》要求坚持权利平等、机会平等、规则平等，废除对非公有制经济各种形式的不合理规定，消除各种隐性壁垒。这对优化民办教育发展环境起到有力的作用。教育部于2012年出台了《关于鼓励和引导民间资金进入教育领域促进民办教育健康发展的实施意见》，在教育内部落实了民办学校与公办学校的同等待遇，但教育外部的法人属性、税费优惠、产权归属、教师保障等方面，仍存在不少政策和法律障碍，导致事实上存在对民办教育的歧视现象。要按照《决定》精神，坚决消除并纠正对民办学校的各项歧视性政策，从制度上保障民办学校与公办学校的平等地位。

（五）构建民办学校教师多层次的社会保障体系。《决定》指出，要加快发展企业年金、职业年金、商业保险，构建多层次社会保障体系。教师是民办学校发展提高的关键。当前民办学校教师队伍不稳定，总体素质不尽如人意，一个重要原因是社会保障水平与公办学校教师相比差距较大。落实《决定》精神，要逐步健全民办学校教职工多层次的社会保障机制，使民办学校与同级同类公办学校的教职工在医疗、住房、养老等方面保障水平基本相当。

（六）加强政府对民办教育的指导服务。《决定》指出，政府要加强发展战略、规划、政策、标准等的制定和实施，加强市场活动监管，加强各类公共服务提供，全面正确履行政府责任，更好地发挥政府作用。因此，要加强民办教育规划研制、政策完善、标准执行，加强对民办教育的指导服务，引导民办学校坚持立德树人的根本任务，坚持社会主义办学方向，全面贯彻党的教育方针，适应经济社会发展需求，创新人才培养模式，提高民办教育整体办学质量和水平。

（七）深化民办教育领域综合改革。《决定》指出，加强顶层设计和摸着石头过河相结合，整体推进和重点突破相促进，必须更加注重改革的系统性、整体性、协同性。民办教育在改革内容上，涉及招生考试、培养模式、课程学制、内部管理等方面；在外部环境上，涉及登记、产权、税费、社保等政策法规；在管理职能上，涉及教育、人力资源和社会保障、编制、发展改革、民政、财政、税务、工商等众多部门。因此，推进民办教育改革，要加强统筹协调，使相关部门团结协作，形成合力，共同支持民办教育发展；要坚持综合改革，使各环节、各领域的政策衔接一致，协同推进民办教育发展。

二、加强促进民办教育健康发展的制度建设

制度创新是民办教育健康发展的动力。要促进民办教育持续健康发展，就要破解制约民办教育发展的体制机制障碍，解放思想，更新观念，大胆探索，进行制度创新。

（一）建立分类管理制度。分类管理是民办教育健康发展的重要保障，也是世界各国的普遍做法。教育规划纲要提出了“积极探索营利性和非营利性民办学校分类管理”的工作任务，教育部在开展分类研究的基础上，进行了分类管理改革试点，取得了初步成效。今后要加快推进分类管理制度的建立，完善非营利性和营利性民办学校差异化扶持政策体系。非营利性民办学校享受与公办学校同等的法律地位，营利性民办学校按照企业机制办学。

（二）健全政府扶持制度。要在完善税收、土地等优惠政策的同时，按照《决定》要求，健全政府补贴、政府购买服务、助学贷款、基金奖励、捐资激励等制度，形成政府扶持民办教育发展的长效机制。政府补贴是各级财政主要的扶持形式，可以差额补助、定额补助、项目补助、奖励性补助等方式，在学校建设、学生培养、教师培训、贷款融资等方面给予经费补助。政府购买服务是国家支持民办教育的新型方式，政府可以通过委托、承包、采购等形式，向民办学校购买就读学位、教师培训、优质课程、科研成果、政策咨询等服务。助学贷款是政府利用金融手段完善普通高校资助政策的举措，目前已覆盖到国家承认学历的民办高校。基金奖励和捐资激励是依据《教育法》和《义务教育法》鼓励社会公益办学的激励措施。要建立健全这五种扶持制度，形成扶持民办教育发展的公共财政支持制度。

（三）建立现代学校制度。《决定》鼓励企业、事业单位建立现代企业制度，民办学校也应建立现代学校制度。民办学校要摒弃家族式、家长式、经验式管理模式，充分发挥学校章程在规范内部管理中的作用，健全法人治理结构，完善董事会、监事会制度，规范董事会、监事会的职责、组成和运行。实行董事会领导下的校长负责制，保障校长独立行使职权，完善教职工代表大会制度，推进科学管理和民主管理。加强党团组织建设，发挥督导专员的作用。落实民办学校招生、收费、课程、管理等方面的办学自主权，保障民办学校依法依规独立自主的发展空间。

（四）健全规范管理制度。要完善政府的管理职能，健全民办教育的管理机构，提高指导管理科学化水平。要重点加强民办教育的质量监控，健全质量保障体系。加强财务监管，完善民办学校财务会计制度和审计监督制度。要加强对民办教育的督导，实行年检制度，推行年度报告制度，开展办学水平评估，规范民办学校办学行为，提高民办学校办学水平。要健全法人变更机制，探索民办学校退出机制。要加强民办教育行业协会等社会组织建设。加强民办教育研究机构建设，提高科研水平，为民办教育改革发展提供理论支撑。

（五）建立改革试点制度。改革试点是确保改革积极稳妥推进的重要方式。为推进民办教育改革，教育部从2011年开始在全国各地开展了12项改革试点。浙江省温州市开展非营利性和营利性民办学校分类管理改革试点，出台了“1＋14”的政策体系，近3年，共吸引了45亿元社会资金。上海、深圳等地建立财政扶持长效机制。近3年，全国23个省份出台了促进民办教育发展的政策措施。据不完全统计，全国共吸引500多亿元社会资金进入教育领域。要加强对改革试点的总结和提炼，不断将地方成熟做法和有益经验上升为国家政策。

（六）建立示范带动制度。目前，总体上民办教育在社会上的认可度还需要进一步提高。要加快建设一批具有引领示范作用的高水平、有特色的民办学校，引导民办学校狠抓内涵建设，不断提高办学质量和特色。支持建立非营利性民办高校联盟，搭建高水平民办高校示范平台，将一批坚持非营利办学，定位准确、管理规范、质量优良、特色鲜明的民办高校组织起来，起到带头示范作用，树立民办教育的良好形象。

党的十八届三中全会对民办教育的新部署、新要求，为民办教育改革发展提供了良好的机遇和广阔空间。我们要树立强烈的机遇意识、责任意识、进取意识，全面深化改革，完善促进民办教育发展的政策制度，营造民办教育健康发展的良好环境，努力开创民办教育改革发展新局面。

加强反腐败体制机制创新和制度保障为深化教育领域综合改革提供坚强保证

王立英

党的十八届三中全会通过的《中共中央关于全面深化改革若干重大问题的决定》（简称《决定》）立足新形势、新要求，就加强反腐败体制机制创新和制度保障做出了一系列重大部署，对于深入推进教育领域党风廉政建设和反腐败工作、保证教育改革发展事业顺利实施具有重要的战略意义。

一、全面深化改革对教育系统党风廉政建设提出了新要求

反腐败关系改革发展，关系党和国家生死存亡。《决定》是进入21世纪以来我们党提出的第一个全面深化改革的文件，明确了改革的路线图和时间表。这是包括伟大事业和伟大工程的改革，也是涉及深层次矛盾和问题、突破利益固化藩篱的改革，复杂程度、敏感程度、艰巨程度前所未有，更加需要把党风廉政建设和反腐败工作全面深度融入改革，不留真空地带。

（一）推进国家治理体系和治理能力现代化，对教育系统党风廉政建设和反腐败工作提出了新要求。完善和发展中国特色社会主义制度，推进国家治理体系和治理能力现代化是全面深化改革的总目标。教育的特殊地位和作用决定了教育治理体系和治理能力在国家治理体系和治理能力中的基础性、先导性地位。党的十八大明确提出，到2020年，教育现代化基本实现。比国家现代化要提前约30年，这充分体现了以教育现代化引领国家现代化的战略要求。教育公平是社会公平的基石，具有起点公平的意义，是“人民最关心、最直接、最现实”的利益问题，《决定》将教育领域综合改革放在推进社会事业改革创新的第一位。同时，大量事实表明，廉洁是治理体系和治理能力的重要支柱和底线要求。教育系统党风廉政建设和反腐败工作是国家治理体系的重要组成部分，也是实现国家和教育治理体系和治理能力现代化的重要保证，必须以规范权力运行为核心，加快构建决策科学、执行坚决、监督有力的权力运行体系，加快完善体现教育特点的惩治和预防腐败体系；必须以建设廉洁政治为目标，大力推进教育系统干部清正、政府清廉、政治清明，大力营造风清气正的教育环境；必须以维护公平正义为出发点和落脚点，促进建立以权利公平、机会公平和规则公平为主要内容的教育公平保障体系，促进社会和谐稳定。

（二）加强反腐败体制机制创新和制度保障，对教育系统党风廉政建设和反腐败工作提出了新要求。习近平总书记在党的十八届三中全会上指出：“反腐败问题一直是党内外议论较多的问题。目前的问题主要是，反腐败机构职能分散、形不成合力，有些案件难以坚决查办，腐败案件频发却责任追究不够。”为此，《决定》以强化权力运行制约和监督体系为统领，提出加强反腐败体制机制创新和制度保障的改革举措，抓住了当前党风廉政建设和反腐败工作的要害。从教育系统情况看，近年来，党风廉政建设取得明显成效，发生在教育系统的职务犯罪案件数占全国职务犯罪案件总数的比例呈下降状态，但必须清醒地看到，一些重点领域和部位违纪违法案件还没有从根本上得到遏制，群众对有些问题反映还很强烈。实现标本兼治，迫切需要在体制机制和制度上深化改革，从而增强合力、精准发力。加强反腐败体制机制创新和制度保障，是教育系统党风廉政建设和反腐工作取得新成效、新突破的内在要求，必须科学把握反腐败体制、机制、制度的内涵特征，推动形成科学合理的体制、运行良好的机制和保障有力的制度，促进三者协同配合；必须加强教育纪检监察工作体制机制创新，坚持执好纪、问好责、把好关；必须不断完善教育系统廉政风险防控、防止利益冲突等具体制度，使之更加成熟、更加定型，既给权力套上“制度的笼子”，又使权力发挥应有作用，促进教育事业科学发展。

（三）深化教育领域综合改革，对教育系统党风廉政建设和反腐败工作提出了新要求。《决定》明确了教育领域综合改革攻坚方向和重点举措，对全面贯彻党的教育方针、坚持立德树人基本导向、推进考试招生制度改革、加快职能转变和简政放权等做出了一系列重大部署。教育改革的广度、深度和难度显著增强，随着改革全面深化，资源浪费、资产流失等问题会凸显，资金使用、资源配置中的风险和不廉洁因素也会随之增加，群众对教育公平正义的期盼更为强烈。深化教育综合改革，本身就是最大限度减少体制机制缺陷和制度漏洞的举措，也对反腐败提出了新的更高要求。加强教育系统党风廉政建设和反腐败工作，是教育综合改革的重要保证，必须深度融入改革，促进教育体系自我净化、自我完善，通过深化改革不断铲除腐败现象滋生蔓延的土壤；必须加强对教育系统贯彻落实中央决策部署情况的监督检查，有效防范教育综合改革中的廉政风险，为改革保驾护航，维护中央政令畅通；必须以转变职能和简政放权为契机，加快推进现代学校制度建设，确保“放”和“管”两个轮子协同转动。

二、在新起点上深入推进教育系统党风廉政建设

当前，教育系统党风廉政建设和反腐败工作站在了全面深化改革的新起点上，有难得的机遇和强劲的动力，也面临复杂的形势和严峻的挑战。关键是要着眼大局和大势，立足教育实际，聚焦重点任务，以加强反腐败体制机制创新和制度保障深化反腐败各项工作。

（一）以严明纪律持之以恒改进作风。教育系统严明纪律，既要强调对党员干部的普遍要求，严格执行党的政治纪律、组织纪律、财经纪律、工作纪律和生活纪律等各项纪律，也要突出教育特点，全面贯彻落实党的教育方针，加强社会主义核心价值体系教育，把纪律要求贯穿立德树人根本任务，保证正确的办学方向和育人方向。严明纪律的核心要求是在思想上、政治上、行动上同党中央保持高度一致，不折不扣地落实中央重大决策部署，决不允许有令不行、有禁不止，决不允许各自为政、阳奉阴违，坚决克服组织涣散、纪律松弛的问题。进一步明确、细化教育部直属高校党员干部遵守政治纪律的要求，强化党委执纪意识，促进领导干部带头坚定政治信仰、维护中央权威。深入落实中央政治局关于改进工作作风、密切联系群众的八项规定和教育部党组20项措施，巩固教育实践活动成果，健全改进作风常态化制度，严格执行《党政机关厉行节约反对浪费条例》，坚决整治教育领域不正之风，坚决纠正“四风”。加大执纪检查力度，抓住容易滋生不正之风的部位和环节，一个时间节点一个时间节点地抓，一步步向前推进，确保踏石留印、抓铁有痕。纪委监督部门要铁面执纪，严肃查处和通报违反党纪党规的行为，保证纪律刚性约束。

（二）以严肃惩治坚定不移反对腐败。贪污腐败问题得不到及时有效查处，对党、对党员干部都是一种极大隐患和危害，早发现、早查处是对党的事业和当事人的一种担当、负责和保护。健全查办案件组织协调机制，加强部地、教检合作，切实发挥财务审计、人事监督、纪检监察等各方面作用，整合办案力量，聚指成拳发力。聚焦办案重点，严肃查处滥用行政权力干预职称评定、科研经费使用、研究生名额分配等学术资源配置的问题和利用职务插手教材教辅选用、基建工程、校办企业、招标采购等领域的问题，推进阳光治校。改革信访制度，实行网上受理信访制度，健全及时就地解决群众合理诉求机制，加强信访举报综合分析，及时发现集中性、倾向性、潜在性问题，注意掌握党员干部思想、工作、生活情况，防止小问题酿成大错误。健全问题线索管理机制，坚持和完善案件线索集中管理、集体排查、分层督办制度。

（三）以严格监管不断规范权力运行。权力是社会政治生活的核心，运行是否科学有效，是一个国家政治文明和发展水平的重要标志。做到有权力就必有制约和监督，坚持用制度管权、管事、管人，把惩治和预防腐败体系建设与深化教育综合改革相融合，加强顶层设计和政策引导，编好“制度的笼子”。强化党内监督，加强民主监督、法律监督和舆论监督，严格执行《党内监督条例》，严肃党内生活，把教育实践活动中专题民主生活会的有效做法制度化、规范化，认真落实“三重一大”决策制度，加强领导干部兼职行为的管理，规范领导干部述职述廉、扩大群众参与，抽查核实领导干部报告个人有关事项情况。大力推进党务、政务、校务公开，加强决策公开、管理公开、服务公开、结果公开，促进真公开，让权力在阳光下运行。加强高校国有资产风险防控，推进高校校办企业管理体制和管理方式创新。加强科研项目、科研经费、科研行为管理3个《意见》执行情况的监督检查，着力解决高校科研经费管理使用中的突出问题，努力推动国家层面创新和完善科研经费管理政策法规，为科研人员潜心研究营造良好的制度环境。

（四）以深化治理坚决维护教育公平。纠正教育领域不正之风是促进教育公平的迫切要求，是检验教育治理体系和治理能力的重要指标，必须抓住热点、难点问题，深化专项治理，更好地在深化改革上找到最大公约数。坚决治理自主招生、特殊类型招生中的违规违纪问题，梳理完善招生政策，全面开展高校自主招生实施情况检查，总结经验，查堵缺陷，完善制度。深化教育乱收费治理，落实义务教育免试就近入学原则，严禁招收条子生、掐尖生和收费生，限制跨区域入学比例，禁止以捐资助学、借读等名义变相择校乱收费。推动统筹城乡义务教育资源均衡配置，推进公办学校标准化建设和校长教师交流轮岗，试行学区制和九年一贯制招生，着力从根本上破解择校难题。压缩高中“三限”生比例，推动有条件的省份取消择校生招生。推进完善以“一科一辅”为核心的教辅材料管理机制，严肃查处违背自愿原则、在评议目录外订购教辅材料等行为。加强规范研究生收费，严禁违规提高收费标准。加大教师从业行为监管力度，按照减轻学生课业负担的改革要求出台治理措施，规范教师兼职行为，严格落实《中小学教师违反职业道德行为处理办法》，引导教师把主要精力放在教书育人上。完善教育行风建设责任落实机制，加大责任追究和行政问责力度。

三、全面落实党风廉政建设责任制

深入推进教育系统党风廉政建设和反腐败工作，必须党员领导干部带头和全系统动手并举，全面落实党风廉政建设责任制，确保党风廉政建设责任制的实效性和权威性。

（一）全面落实党委主体责任。教育系统各级党委要从巩固党的执政地位的战略高度，按照党要管党、从严治党的方针，落实党风廉政建设主体责任。党委主要负责人要切实担负起第一责任，加强对党风廉政建设的统一领导，健全领导体制和工作机制，把反腐倡廉工作纳入本系统、本单位总体工作，统一部署落实、统一检查考核，增强执行党风廉政建设责任制的政治自觉。领导班子所有成员要坚持分工负责、“一岗双责”，落实反腐倡廉任务，分解责任要明确、检查考核要严格、责任追究要到位，形成齐抓共管的格局。组织人事、财务规划、教学科技等部门要把党风廉政建设和反腐败任务融入各自工作，坚持“两手抓两手硬”。推进党风廉政建设责任制全面覆盖，做到一级抓一级，确保党风廉政建设各项工作在教学科研、管理服务一线全面延伸和有效落实。

（二）全面履行纪委监督责任。教育纪检监察部门要履行好协助党委加强党风廉政建设和组织协调反腐败工作的职责，并认真履行监督责任，不仅要分解、考核任务，更要严格追究责任。按照“推进党的纪律检查工作双重领导体制具体化、程序化、制度化，强化上级纪委对下级纪委的领导”的总体要求，根据教育系统实际，探索建立直属高校、直属单位纪委向纪检组和监察局报告工作、定期述职、约谈汇报等有关制度，促进纪委增强组织协调、监督检查、信访办案等能力，更好履职尽责。

（三）全面实施责任追究制度。有严格的责任追究，才有可靠的责任落实。要完善教育系统党风廉政建设责任制执行情况检查考核评价标准体系和责任追究制度，党委、纪委、职能部门、领导干部都要对具体承担的责任行为进行“签字背书”，不正确履行党风廉政建设责任的干部不得提拔使用，对敷衍塞责、不抓不管而造成不良后果和恶劣影响的要严肃追究责任。对发生重大腐败案件和严重违纪行为的部门和单位，实行“一案双查”制度，既追究当事人责任，又倒查追究相关人员的领导责任。

（2013 年 12 月 17 日）

深入学习贯彻三中全会精神 深化哲学社会科学科研领域综合改革

李卫红

哲学社会科学工作始终与党和国家工作大局紧密联系在一起。党的十八届三中全会通过的《中共中央关于全面深化改革若干重大问题的决定》（简称《决定》），对高校哲学社会科学发展提出了新的更高要求，也提供了难得的发展机遇。

一、准确把握三中全会对高校哲学社会科学提出的新要求

全面深化改革，实现中央决策部署，对于加快推进中国特色新型高校智库建设，为改革发展提供高质量智力支持提出了新的更高要求。三中全会《决定》提出，全面深化改革的总目标是完善和发展中国特色社会主义制度，推进国家治理体系和治理能力现代化。强调要加强中国特色新型智库建设，建立健全决策咨询制度。全面深化改革是关系党和国家事业发展全局的重大战略部署，中央决心之大、变革之深、影响之广前所未有，举世瞩目。三中全会在15个领域提出了60个具体改革任务。如何坚定走中国特色社会主义道路，如何始终确保改革正确方向，如何进一步形成公平竞争的发展环境，如何进一步增强经济社会发展活力，如何进一步提高政府效率和效能，如何进一步实现社会公平正义，如何进一步促进社会和谐稳定，如何进一步提高党的领导水平和执政能力，这些摆在全党全国人民面前的重大课题，迫切需要高校以更加强烈的使命感和责任感，发挥人才荟萃、智力密集优势进行深入研究，为中央科学决策提出具有前瞻性、战略性、可操作性的咨询服务，为推动经济社会又好又快发展提供学理支撑。当前，我们要按照习近平总书记关于中国特色新型智库建设的重要批示和刘延东副总理在“繁荣发展高校哲学社会科学推动中国特色新型智库建设座谈会”上的重要讲话精神，紧密结合高校实际，创新体制机制，汇聚优质资源，扎实推进高校智库建设，努力培养一批拔尖应用型人才、推出一批精品力作、打造一批国家级智库，为全面深化改革，实现中华民族伟大复兴的“中国梦”提供有力的智力支持和人才保障，切实发挥思想库和智囊团作用。

深化科技体制改革，建设国家创新体系，对于加快推进高校哲学社会科学创新体系建设，实现创新型国家战略目标提出了新的更高要求。三中全会《决定》强调：加快转变经济发展方式，加快建设创新型国家；建立健全鼓励原始创新、集成创新、引进消化吸收再创新的体制机制；建立产学研协同创新机制，建设国家创新体系。哲学社会科学创新体系是国家创新体系的有机组成部分。中办、国办转发的《教育部关于深入推进高等学校哲学社会科学繁荣发展的意见》（简称《繁荣发展意见》）提出，到2020年，基本建成高等学校哲学社会科学创新体系，为国家哲学社会科学创新体系建设提供有力支撑。全面启动新一轮“高校哲学社会科学繁荣计划”以来，各地、各高校抢抓机遇，乘势而上，认真贯彻落实，推出政策规划，目前绝大多数省（区、市）教育管理部门、直属高校都出台了繁荣发展哲学社会科学的中长期规划，发展态势良好。学习贯彻三中全会精神，我们要进一步增强行动自觉，以改革为动力，以改革促发展，在完善理论联系实际、统筹推进协同创新、科研评价、科研创新与人才培养互动、科研管理创新、扩大对外交流等方面，进一步解决制约发展的突出矛盾和问题，为推进国家创新体系建设，实现创新型国家战略目标做出高校应有的贡献。

深化文化体制改革，建设社会主义文化强国，对于加快发展高校哲学社会科学，增强国家文化软实力提出了新的更高要求。三中全会《决定》对推进文化体制机制创新进行了部署，强调必须坚持社会主义先进文化前进方向，坚持中国特色社会主义文化发展道路，培育和践行社会主义核心价值观，巩固马克思主义在意识形态领域的指导地位，巩固全党全国各族人民团结奋斗的共同思想基础。哲学社会科学是国家文化软实力和综合国力的重要构成，发展哲学社会科学是文化强国建设的重要方面。如何深化中国特色社会主义和“中国梦”的研究阐释、加强重大理论和现实问题研究，如何不断推进学科体系和科研方法创新、提高创新能力和服务水平，如何推动优秀成果和优秀人才“走出去”、提升学术话语权，等等，这些问题都是高校哲学社会科学面临的重大课题和紧迫任务。我们要以更大的决心、更加有力的举措，推动哲学社会科学学术话语体系创新，增强中国学术的国际影响力，为建设社会主义文化强国提供有力支撑。

深化教育领域综合改革，办好人民满意教育，对于推动哲学社会科学教育教学改革，培养社会主义建设者和接班人提出了新的更高要求。三中全会《决定》把深化教育领域综合改革摆在突出位置，提出要全面贯彻党的教育方针，坚持立德树人，加强社会主义核心价值体系教育，完善中华优秀传统文化教育，形成爱学习、爱劳动、爱祖国活动的有效形式和长效机制，增强学生的社会责任感、创新精神、实践能力。当前，教育规划纲要已实施三周年，我国正在从人力资源大国向人力资源强国迈进，教育发展正处在重要战略机遇期，高校哲学社会科学要主动适应经济社会发展需要，自觉遵循教育规律和人才成长规律，为深化教育改革、培养各类优秀人才注入新的活力、动力。要坚持把立德树人作为教育的根本任务，进一步强化哲学社会科学育人功能，以中国特色社会主义和“中国梦”进教材、进课堂、进学生头脑为重点，把社会主义核心价值体系融入教育教学全过程；把科学研究与人才培养紧密结合起来，抓好马克思主义理论研究和建设工程重点教材的编写和使用，推动思想政治理论课教材、教法、教师、学科、宏观管理等方面的综合改革，把改革不断引向深入。

二、着力推进哲学社会科学科研体制机制创新

科研要发展，根本靠改革。当前，高校哲学社会科学贯彻落实好三中全会精神最为重要而紧迫的任务，就是要深化科研领域综合改革，按照以改革推动发展、提高质量、增强活力的总体思路，坚决破除各方面体制机制弊端，进一步解放和发展科研生产力，推进科研体系和管理体系现代化。到2020年，形成科学规范、运行高效的现代科研制度，为高校哲学社会科学创新体系建设提供制度保障。

深化科研领域综合改革是一项系统工程，需要做的工作千头万绪，但最为重要的深化改革是建立健全体制机制，实现在重点领域和关键环节上的突破。为此，要重点做好以下几个方面的工作。

完善理论联系实际机制。理论联系实际是增强哲学社会科学活力的根本途径。当前，制约哲学社会科学发展的最大问题就是理论与实际相脱离，许多教师对现实问题关心不够、知之不多。要以党的群众路线教育实践活动为契机，扎实推进理论联系实际作风在高校社科界的弘扬和发展。要积极创造条件，在高校和政府、社会之间搭建起桥梁和纽带，探索服务需求对接新模式。要密切关注、全程跟踪党和政府重大决策，及时提供动态监测、效果评估和信息反馈，形成全程参与的服务决策机制。支持高校与地方政府、厂矿企业、社区农村联合建设社会调研基地，把深入实践、了解国情作为师生培养培训的重要环节，建立健全教师实践考察、社会调研等制度，增强理论联系实际的能力。

推进协同创新机制。协同创新是提升高校创新能力的重要手段和战略选择，是全面提高高等教育质量的着力点。2012年开始，教育部启动实施“2011计划”，地方和高校积极响应，在深化体制机制改革方面创造了很多好的经验，需要我们认真研究总结，把各项改革举措落到实处。进一步深化高校人文社会科学重点研究基地运行和管理体制改革，实行“有进有退、优胜劣汰”的动态管理和弹性经费制度，推动重点研究基地从整体上向问题导向转型，提升服务社会能力。重点建设一批社会调查、统计分析、案例集成等专题数据库，为高校科研提供有力的数据和方法支撑。

深化科研评价综合改革。评价具有重要的导向和激励功能。积极推进科研评价综合改革，完善以创新与质量为导向的科研评价机制，必须牢固树立质量第一的评价导向，实施科学合理的分类评价。要把解决国家重大需求的实际贡献作为核心标准，完善绩效评估办法，针对应用研究成果建立以政府、企业、社会等用户为主的评价机制。积极开展科研评价综合改革试点，重点推进人事分配制度配套改革，健全人才选拔和激励机制。协调推进科研评价与学科评审、人才培养、机构评定、课题立项、成果评奖等方面的综合改革，加大绩效评价权重，坚决改变单纯以著作、论文为主的评价方式，将咨询报告、专家建议、普及读物等成果纳入评价体系。

促进科学研究与人才培养的深层互动机制。科教结合，相互促进是大学科研最显著的特点。要以高水平的科学研究支撑高质量的高等教育，以高质量的高等教育支撑自主创新能力的持续提升，形成科学研究与人才培养有机结合、相互促进的新机制。要积极吸纳学生参与课题和实验室研究，加入创新团队，提高学生的动手能力和创新本领，做到寓教于研、研中有教、教学相长。要拓展社会服务，加强实践锻炼。把社会实践作为“第二课堂”纳入教学计划，大力开展课外学术活动、科技活动和创新创业，确保学生参与有质量、有内容的社会实践。

完善扩大对外学术交流机制。哲学社会科学“走出去”，是中华文化“走出去”的重要组成部分。要坚持“走出去”和“请进来”相结合，加强统筹规划，拓展交流途径，健全合作机制，有选择、有步骤、有层次地推进高校哲学社会科学走向世界。加强金融危机、网络安全、资源环境、反恐维和等全球性重大问题以及区域和国别问题研究。探索合作建立海外中国学术研究中心，支持高校参与和设立国际学术组织、举办高层智库论坛和高水平国际学术会议，发出中国声音；翻译出版一批代表国家水准的精品力作；建设一批国际知名的学术期刊和外文网站。通过多形式、多层次的国际交流与合作，促进中外人文交流，增进国际理解，提升国际话语权和舆论主导权。

创新科研管理机制。管理是科学，也出生产力。要积极探索哲学社会科学的特点和规律，在组织管理、机构建设、人员评聘等方面赋予高校更大自主权，建立健全政策指导到位、保障措施得力、责权关系明确、有利于激发科研活力的管理新机制。要完善科研规划、评审立项制度，围绕学术前沿和国家重大需求确定科研项目选题，采取招标制和定向委托相结合的立项模式，提高项目设置的针对性、实用性。强化绩效管理，以提升研究质量和实际效果为目标，加强项目全过程管理和跟踪服务。优化科研资源配置，加强科研经费监管和审计，提高资金使用效益。强化成果转化意识，拓展成果转化渠道，充分发挥优秀成果的社会效益。

三、着力推进科研领域综合改革工作落到实处

认真学习领会、全面贯彻落实三中全会精神是当前和今后一个时期的首要政治任务。高校社科界要统一思想，凝聚共识，把学习全会精神转化为推进科研领域综合改革的强大能力和实际行动，全力以赴抓落实，坚定不移实现中央改革决策部署和目标。

学习宣传研究全会精神。高校社科界要充分认识学习贯彻落实全会精神的重要性和紧迫性，抓好全会精神的深入学习工作，带头学习好、领会好、掌握好、贯彻好全会精神，力求先学多学，学深一点、学透一点，发挥表率作用。发挥高校社科界的理论宣传优势，抓好全会精神的宣传解读工作，组织推出一批理论文章，编写一批通俗读物，形成学习贯彻的良好舆论氛围；组织社科专家学者进行学习宣讲，推动全党全社会把思想和行动统一到全会精神上来，最大限度凝聚深化改革的高度共识。围绕《决定》提出的一系列新思想、新观点、新措施，列出一批重点选题，积极组织开展联合攻关，努力推出一批有价值有分量的研究成果和对策建议。

牢牢把握改革方向。三中全会《决定》强调，必须坚定走中国特色社会主义道路，始终确保改革正确方向。在哲学社会科学改革方向问题上，我们头脑必须十分清醒。为深入贯彻落实全国宣传思想工作会议、中央 9 号文件、18 号文件和习近平总书记一系列的重要讲话精神，2013 年以来，教育部多次召开党组会和专题办公会，对加强高校意识形态管理工作进行研究和部署。近期教育部正进行综合调研，组织筹备召开全国高校党建会议。我们要始终坚持一手抓科学发展，一手抓管理引导，敢抓敢管、敢于亮剑，切实管好课堂、管好阵地、管好队伍，积极应对西方自由主义渗透，巩固马克思主义在高校意识形态领域的指导地位，牢牢掌握高校意识形态工作的领导权、管理权和话语权。

制定改革配套措施。改革是复杂的社会系统工程，深化科研领域综合改革，重点在“深化”，关键在“综合”。要用系统思维、全局意识认识改革，用普遍联系观点设计改革，用统筹兼顾办法推进改革，进一步增强改革的系统性、整体性、协同性、操作性。各地和各高校要切实履行改革责任，将推动科研领域综合改革工作作为推动高等教育改革发展的一项重要任务，统筹协调好人事制度、分配制度、内部管理制度等各项改革。加强规划，完善配套措施，从政策、经费、体制、机制等方面狠抓落实，形成改革合力，使各项改革举措在政策取向上相互配合、在实施过程中相互促进、在实际成效上相得益彰。

明确改革的路线图和时间表。深化科研领域综合改革，必须立足基本国情，充分发挥各地和各高校的积极性、主动性、创造性，鼓励大胆探索。根据三中全会《决定》总结的“加强顶层设计和摸着石头过河相结合，整体推进和重点突破相促进”的改革重要经验，沿着系统设计、整体推进、重点突破、试点先行的改革路径，按照《繁荣发展意见》提出的到 2020 年基本建成高校哲学社会科学创新体系的时间表，建立检查工作机制，对科研领域改革试点进行整体评估，形成新的改革方案，加强统筹协调，以点带面，扎实推进。

推进教育信息化的目标、部署和认识

杜占元

20世纪90年代中期，互联网开始蓬勃兴起，以网络信息技术为基础的教育信息化事业也在中国开始起步。进入21世纪以来，随着计算机网络的普及与技术升级，对教育信息化的重视程度不断提升。2010颁布的教育规划纲要把教育信息化摆在非常重要的位置，强调“信息技术对教育发展具有革命性影响”，并提出了“加快教育信息基础设施建设”“加强优质教育资源开发与应用，强化信息技术应用”“构建国家教育管理信息系统”的总体建设目标。2012年，教育部进一步出台了《教育信息化十年发展规划（2011—2020年）》，确定中国推进教育信息化的目标为：到2020年，全面形成与国家教育现代化发展目标相适应的教育信息化体系，基本建成人人可享有优质教育资源的信息化学习环境，基本形成学习型社会的信息化支撑服务体系，基本实现所有地区和各级各类学校宽带网络的全面覆盖，教育管理信息化水平显著提高，信息技术与教育融合发展的水平显著提升。教育信息化整体上接近国际先进水平，对教育改革和发展的支撑与引领作用充分显现。

根据以上目标，对教育信息化进行了两个层次的部署。

第一个层次，是中长期的部署。明确了推进教育信息化工作的指导思想、发展任务和行动路线图。提出了各级各类教育推进教育信息化的根本任务：基础教育信息化重在缩小区域、城乡和学校之间的数字化差异，推动优质资源共享，促进教育均衡发展；职业教育信息化重在开发优质资源和关键应用，提升实践教学水平；高等教育信息化重在创新信息环境下的人才培养模式，促进教育质量全面提高；继续教育信息化重在推进网络环境下的终身学习公共服务体系建设；教育管理信息化重在整合信息资源，建设教育管理基础数据库和教育管理信息系统，在各级教育行政部门和各级各类学校实现管理信息化。

第二个层次，是“十二五”期间的部署。将“十二五”期间教育信息化的核心目标和任务进一步概括为“三通两平台”，即宽带网络校校通、优质资源班班通、网络学习空间人人通、教育资源公共服务平台和教育管理公共服务平台。其中“宽带网络校校通”主要是解决各级各类学校的信息基础设施建设问题，一是宽带接入，二是校内网络学习环境。“优质资源班班通”主要是要推动信息技术和优质数字教育资源在课堂教学中的普遍应用，并以此提高教学质量和促进教育均衡发展。在这方面已出现不少先行探索的案例。例如，四川省成都市利用网络技术组织城市的学校为缺少优秀师资的农村地区、民族地区学校提供“专递课堂”，使城市和农村的学校实现“同时授课、同时作业、同时考试”，提高了农村学校的教育质量。“网络学习空间人人通”则是面向教育信息化未来发展的，主要是在信息社会条件下，为学生、教师甚至所有公民构建一个教学、教研、学习的网络支持与服务环境。在“网络学习空间人人通”方面，湖南省在职业教育领域进行了探索，并基本形成了依托网络学习空间作为基本教学或学习平台的教学方式与学习方式变革的有效模式，丰富了教育内容，改进了教学方法与学习方式。目前，“网络学习空间人人通”已由职业教育向基础教育延伸，今年全国教师学生的网络学习空间由2012年不到60万个增加到600万个。国家教育资源公共服务平台和国家教育管理公共服务平台主要是为支撑“三通”服务的，是由国家级平台及省级平台共同构成的服务体系。目前，国家级的教育资源公共服务平台和教育管理公共服务平台都已开通服务。

在大力推进教育信息化进程中，大家更进一步加深了对教育信息化的以下四点认识。

一、信息技术与教育教学深度融合是教育信息化的核心理念

经过10余年的实践与总结，提出了“信息技术与教育教学深度融合”这一推进教育信息化的核心理念。

教育信息化的根本目的是促进教育的改革与发展。要实现这一根本目的，仅仅拥有先进的信息技术基础设施和在教育教学过程中使用一些信息技术手段是不够的。当今信息技术的飞速发展，对教育的影响不仅表现在新的技术和手段的运用上，而且对教育的发展带来更新的理念和动力，使教育内容、方法和模式发生深刻变革。因此，教育信息化的关键在于要将信息技术融入教育教学的全过程，运用信息技术逐步改变原有的教育教学过程与模式，实现以知识传授为主的教学方式向以能力素质培养为主的教学方式的转变，并根据社会发展和学习者的需求，在全国乃至世界的范围内选择最优质的教育资源，进一步突破传统教学活动的时空限制，提升教育教学的效率与质量。这一变革的过程就是信息技术与教育教学融合的过程，只有融合才能体现出信息技术对教育改革与发展的作用，这才是教育信息化的本质。

“融合”不是一般的技术应用，而是信息技术与教育教学的相互促进。一方面，信息技术要进入教育教学过程，改变教育教学模式，形成新的教学方法和模式，发挥信息技术对教育教学改革的推动作用。另一方面，要实践新的教育教学理念和模式，必须有与之相适应的信息技术提供支撑，同时也为信息技术的发展提供了新的方向。近年来，美国可汗学院和斯坦福大学等著名高等学校正在引领的美国大规模公开网络课程（MOOC）的热潮，可以说都是信息技术与教育结合的不断深化。其改革不仅是把优质课程资源通过网络实现世界范围内的共享，更重要的是应用信息技术改进课程设计和课堂教学，变革了传统的教学组织方式，大大激发和提高了学生对学习的兴趣和积极性。由于信息技术和教育教学的融合，较好地实现了教师与学生之间、学生与学生之间的互动和质量控制，使学习者的学习变得更加主动和个性化。从这些案例看出，信息技术与教育教学的融合给教育带来的不是简单的技术或方法的改进，而是一场深刻的教与学的革命。

二、应用驱动是推动信息技术与教育教学融合的基本思路

要实现信息技术与教育教学的融合，必须坚持应用驱动的基本思路，也就是要从教育教学的目标要求和学习者的需求出发，以促进信息技术在教育教学中的应用、教学模式和学习方式的变革为目标来安排教育信息化工作。只有聚焦信息技术在教育教学中的应用，尤其是课堂教学中的应用，为学习者提供高质量的学习体验，才能找到信息技术与教育教学的融合点，才能真正体现融合对于促进教学改革、提高教学质量的强大支撑作用。

在总结过去的经验时发现，推动教育信息化不能简单地搞硬件驱动，而忽视课堂教学应用，基本思路就是采取应用驱动。一是要着眼于解决教育改革与发展中的问题，在教与学的主战场中开展应用。这种应用应该是师生广泛参与的日常教与学的活动，应该贯穿于教学活动的始终，应该是对即有教学方法的改造与提升。二是要在教育教学改革与发展的过程中不断提出新的应用、实现新的应用。

信息技术在教育教学中的应用是永无止境的，技术的不断创新会给应用提供新的动力和条件，教育的需求和发展也会给信息技术的发展提出新的要求。促进信息技术在教育教学中的应用，特别是在课堂日常教学中的应用，使学习者学习方式便捷化、学习支持个性化，从而获得高质量的学习结果，是教育信息化发展的方向和本质，而且具有无限的发展潜力，是教育信息化的希望所在。

“十二五”期间，“三通两平台”的核心目标与任务就是按照应用驱动的基本思路提出的。“宽带网络校校通”虽属于信息基础设施建设范畴，但强调应用环境的建设；“优质资源班班通”和“网络学习空间人人通”都是从不同侧面强调推进信息技术在教育教学中的应用。“班班通”强调的是数字优质教育资源的广泛共享与信息技术在课堂教学过程中的深入普遍应用。我们提出了以建设“专递课堂”“名师课堂”“名校网络课堂”三种主要形式来扩展“班班通”。“人人通”就是利用云技术为学习者提供网络服务空间与环境，努力使每个学生或教师都可以拥有一个网络上的个人学习与管理平台，逐步实现课内、课外的教学、学习与交流功能。“人人通”是面向教育信息化未来的发展方向，强调以网络为载体，着重探索信息时代教学模式、学习方式及师生之间、学生之间互动的新模式。

三、机制创新是实现教育信息化可持续发展的基本保障

教育信息化要推动改变的是传统的教育教学模式，将催生新的教育教学形态、新的教育教学组织方式。从这个意义上说，教育信息化还是一个新生事物。同时，教育信息化又是一项涉及面广的复杂系统工程，包括基础设施、数字教育资源、硬件及软件运营维护、教师培训、教育教学方法改革等多个环节。要保证这样一项新生事物的健康持续发展，必须进一步解放思想，创新机制。只有根据教育信息化的实际需求，不断创新机制，形成与工作要求相适应的制度，才能实现教育信息化可持续发展。其具体包括：从工作的组织管理上，政府部门必须担负起明确发展方向、统筹协调推进的责任，建立起教育信息化工作各相关部门的协同配合机制，凝聚各方力量共同推进。在调动社会各利益相关方参与教育信息化的积极性上，必须通过体制机制创新，形成保护与引导社会各方参与教育信息化工作正当利益的制度安排，充分发挥社会各方在推进教育信息化工作中的作用，把市场配置资源的优势充分发挥出来，把企业等机构专业化服务的优势发挥出来，使大家能够在推进教育信息化事业中共同发展。尤其是在信息基础设施建设与运用维护方面，探索“政府政策支持、企业投资建设、学校持续使用”的模式，使学校能够从基础设施建设运营和维护等工作中解放出来，专心聚焦于应用这一教育信息化的核心任务。在学校内部，要充分引导、鼓励教师、学生、管理人员对教育信息化的全面参与。只有学校专心于应用，教师、学生主动参与应用，教育信息化价值与作用才能够得以体现，教育信息化的健康持续发展才能够得以保障。

四、推进教育公平、提高教育质量是教育信息化最大的价值追求

推进教育公平、提高教育质量是教育发展和改革的根本任务，也是教育信息化最大的价值追求。中国是一个人口众多的发展中国家，虽然 30 多年来中国的经济有了很大发展，人民生活水平也有了显著提高，但地区之间、城乡之间发展不平衡的问题仍然比较突出。中国目前拥有 30 多万所中小学，这些学校大部分都在农村，在地理位置、学校条件、师资水平、教育质量等方面与城市学校有很大的差距。我国还有 6 万多个地处边远山区的教学点。教育信息化的推进为优质教育资源共享，缩小地区之间的差距，促进教育公平提供了强有力的手段。

为促进教育公平，提高教育质量，作为“优质资源班班通”的一个特殊案例，2012 年，教育部启动实施了“教学点数字教育资源全覆盖”项目。在中央财政支持下，在不到两年时间内将实现为全国 6 万多个地处偏远农村地区的教学点配备资源接收设备和提供优质数字教育资源，并以乡镇中心校为核心，组织指导邻近的教学点利用优质数字教育资源开展教学，使偏远农村孩子在有学上的基础上进一步提高接受教育的质量，在较高层次上进一步推进教育的公平。2012 年，批准设立国家开放大学和北京、上海、江苏、广东、云南 5 所地方开放大学。开放大学以网络教学为基本支撑，探索以信息化手段为载体的教学机制与育人模式，使教学突破时空限制，覆盖全国城乡的不同学习群体，努力实现人人皆学、时时能学、处处可学的学习理想，为全体社会成员提供更多的终身学习的机会，促进全社会的教育公平和学习型社会建设。

近十几年来，我国的教育信息化有了较大发展，但总体来说，我们的起步比较晚，积累的成功实践经验还有限。当前，国际教育信息化的发展非常迅猛，对教育的“革命性影响”正日益显现。比如，在美国兴起的 MOOC，就给高等教育带来了新的机遇与挑战，值得我们在战略层面上进行深入的思考。目前，我们正在认真研究借鉴国外教育信息化的先进经验，并从中国的实际出发，努力进行研究、探索和实践。教育信息化是一项开放的事业，更是一项需要不断探索创新的事业，迫切需要加强国际的交流与合作，共享成功的经验。

进一步落实和扩大高校办学自主权

郝　平

高校办学自主权问题各方面都十分关注。党的十八届三中全会通过的《关于全面深化改革若干重大问题的决定》提出，要扩大学校办学自主权，完善学校内部治理结构。这是深化教育综合改革、进一步理顺政府与高校关系的重要举措，必将有力推进高等教育科学发展。

进一步落实和扩大高校办学自主权，是完善中国特色现代大学制度、激发高校办学活力、全面提高高等教育质量的重要基础，是教育部门加快职能转变、继续简政放权的重要体现。落实三中全会重要部署，必须切实转变政府教育管理职能，在落实和扩大高校办学自主权方面取得积极进展。

改革开放以来，我国高等教育管理体制改革不断深化，高校办学自主权不断扩大。1998 年颁布的《高等教育法》规定，高校享有招生、学科专业设置、教育教学、科学研究与社会服务、国际交流合作、机构设置与人事管理、财产管理与使用七个方面的自主权。2010 年颁布的教育规划纲要对落实和扩大高校办学自主权做了进一步明确。教育规划纲要颁布实施以来，高校在选拔录取、本科专业设置、自行审核一级学科博士点、设置研究生院、招聘人才、校长公开选拔、资产管理等方面获得了更多的自主权，促进了高等教育健康发展。

当前，随着我国高等教育进入以提高质量为核心、走内涵式发展道路的新阶段，现行的管理方式存在许多不适应的地方：政府与高校关系尚未完全理顺，职能越位缺位问题尚未很好解决；管理方式单一，综合运用立法、拨款、规划、信息服务的意识不强、能力不足；一些高校内部治理不够完善，自律机制建设薄弱，影响了自主权的有效行使。这些问题一定程度上束缚了高校发展的生机活力，制约了高校功能的充分发挥，必须加快解决。

落实和扩大高校办学自主权，要围绕《高等教育法》规定的七个方面的办学自主权，以转变职能和简政放权为重点，加强部门协同，确保放权到位。具体来说，要深化考试招生制度改革，支持高校科学选拔适合培养需要的学生；支持高校特色办学，根据经济社会发展需求自主调整优化学科专业；支持高校自主开展教育教学，促进学生更好地成长成才；扩大高校人事管理权限，发挥各类人才的积极性、创造性；为高校自主开展科学研究、技术开发和社会服务创造更好条件，不断提高科研水平；扩大高校管理使用财产经费权限，发挥经费最大效益；支持高校开展国际交流合作，提高国际化水平。

落实和扩大高校办学自主权，要坚持放权与监管同步，避免“一放就乱，一乱就收”。在加大放权力度的同时，政府要探索建立新的管理体制和工作机制，创新管理方式，更多地运用法律法规、政策、标准、拨款、信息服务等手段，加强和改善宏观管理，确保放而不乱。高校要相应地改革管理体制，完善内部治理结构，要坚持和完善党委领导下的校长负责制，加快高校章程建设，加强学术组织和教职工代表大会建设，不断健全自主权有效行使的自律机制。要强化社会对高校的监督，通过深化校务公开、完善高等学校质量年度报告发布制度、成立理事会或董事会、专业机构实施评估等手段，确保高校权力在阳光下运行。

深化教育领域综合改革，加快推进高等教育管理方式转变，必须要进一步落实和扩大高校办学自主权。我们将按照十八届三中全会部署，研究制定政策措施，努力构建政府、高校、社会新型关系，更好地发挥高校办学主体地位，促进高校办出特色、办出水平。

总结经验　突出重点
扎实推进义务教育均衡发展

——在全国义务教育均衡发展现场经验交流和工作推进会上的讲话

刘利民

这次会议的主要任务是深入贯彻落实党的十八大精神，认真总结教育规划纲要实施三年来各地推进义务教育均衡发展的有效做法，交流工作经验，对下一阶段推进义务教育均衡发展工作做出部署。刚才，山西、天津、河南、新疆、青岛市、惠州市、晋中市、北京市顺义区、河北省曲周县等地介绍了推进义务教育均衡发展的经验和做法，讲得很好，希望大家学习借鉴。下面，我讲三点意见。

一、成效显著，义务教育均衡发展取得了积极进展

党和国家坚持把促进教育公平作为国家基本教育政策，高度重视义务教育均衡发展，采取了一系列政策措施，实施了一大批重大工程项目，进一步加大了经费投入力度，大幅度提高了生均公用经费标准，推动教育资源向农村、边远、民族、贫困地区倾斜，全面实现了城乡免费义务教育。各地将均衡发展作为义务教育的战略性任务，按照优先发展、育人为本、改革创新、促进公平、提高质量的总体要求，制订了义务教育均衡发展总体规划，提出了目标任务、实施步骤和政策措施，做了大量卓有成效的工作，涌现出一批先进地区和典型经验，形成了上下联动、协同推进的良好局面，城乡之间、区域之间、校际之间教育发展差距得到有效缩小，人民群众平等接受义务教育的权利得到切实保障，教育公平迈出重大步伐。

一是形成了义务教育均衡发展有效推进机制。2011 年和 2012 年，教育部分三批与 31 个省（区、市）和新疆生产建设兵团签署了义务教育均衡发展备忘录，构建了中央部门和省级人民政府共同推进义务教育均衡发展的机制。各地认真履行备忘录有关内容，切实承担均衡发展的法定责任，加强省级统筹力度，积极研制出台本地义务教育均衡发展指导意见、义务教育办学基本标准、义务教育学校标准化建设规划等。北京、河北、河南、福建、湖北、广西、贵州、海南、新疆等省（区、市）采取省级政府与辖区内市级或县级政府签署义务教育均衡发展责任书等形式，将本省份确定义务教育均衡发展的目标、任务和责任层层分解、逐级落实，明确了县域义务教育基本均衡发展时间表、路线图和任务书。

二是改善了义务教育学校办学条件。国家不断加强农村学校基础设施建设，缩小城乡发展差距，完成了全国中小学校舍安全工程三年改造任务，中央投入 300 亿元，带动地方投入 3 000 多亿元。近年来，又启动了中西部农村初中校舍改造工程、农村义务教育薄弱学校改造计划等工程项目，为农村薄弱学校配置图书、多媒体远程教学设备，改善农村寄宿制学校附属生活设施，扩容改造县镇学校。天津市实施义务教育学校现代化建设工程，已有 1 190 所义务教育学校全部通过了达标验收。在此基础上，天津市又研制了2013—2015年新的建设标准，推动更高水平均衡发展。浙江省为全省欠发达地区农村学校、教学点及外来务工人员子女学校更新、配备班级多媒体和学习工具书，建设和改造科学实验室、音乐教室和美术教室。山西、辽宁、黑龙江、山东、广东、湖南、陕西等地进一步完善义务教育学校办学标准，大力推进学校标准化建设，努力改善农村地区、贫困地区薄弱学校基本办学条件。

三是提升了中小学教师队伍整体素质。国家启动实施了“特岗计划”“国培计划”“免费师范生培养计划”等项目，加强教师全员培训，吸引优秀教师到农村学校任教，提高农村教师队伍整体素质和业务水平。湖北省实施“农村教师资助行动计划”和“农村学校启明星计划”，在继续推动区域内教师交流的同时，每年在全省范围内从城镇学校选派500名左右优秀干部和骨干教师组成150个左右启明星团队，到农村乡镇以下学校任职任教，取得了良好成效。江苏省建立校长和教师定期交流制度，规定校长在同一学校连任不得超过两届，教师按照每年不低于专任教师总数15%、骨干教师按照每年不低于骨干教师总数15%的比例进行交流。广东省惠州市实行教师“镇有校用”或“县有校用”的无校籍管理，让信息技术、英语、音乐、体育、美术等教师“一师任课多校”。大连、武汉、浙江嘉善等地建立起完善的制度，引导校长、教师在城乡之间、校际之间合理流动，促进了教师资源的均衡配置。

四是扩大了优质教育资源覆盖范围。在推进义务教育均衡发展工作中，各地注重发挥优质教育资源的辐射带动作用，鼓励建立学校联盟，探索集团化办学，开展对口帮扶，实施学区化管理，整体提升学校办学水平和教育质量。上海市通过新优质学校推进等项目，形成一批办学思想先进，学校管理规范，“轻负担、高质量、有特色”的义务教育学校，郊区局部地区义务教育资源紧缺现象得到有效缓解。西安市推进“大学区管理制”改革试点，由一所优质学校带动几所成员学校组建成大学区，由学区长学校示范引领，实现区域内基础教育资源的高水平均衡。黑龙江省牡丹江市实施“学区制”办学模式改革，让优质学校和薄弱学校“结盟”，统一管理和调配办学资源，有效缓解“大班额”和“择校热”现象。河北衡水、河南新郑、山西晋中等地通过高中招生名额分配到区域内初中，有效引导了生源合理流动，促进了区域内优质教育资源共享。

五是缓解了义务教育阶段存在的突出问题。教育部将规范办学行为、减轻学生过重课业负担作为促进义务教育均衡发展的重要举措。2013年3月，教育部启动了“减负万里行”活动，推动各地从加强招生管理、规范教育教学活动、推动行业自律、完善考评体系、保证学生休息时间等方面入手，减轻中小学课业负担。目前，减负工作取得了阶段性成效，一些不符合素质教育要求、违背教育规律的问题正在逐步得到纠正。北京市2013年出台8条新规，从新学期开始全市所有中小学将在学校课时、作业量和考试评价等方面量化减轻学生负担。河北省从课程计划、在校学习时间、家庭作业、违规补课、教辅用书、考试评价、招生和竞赛等方面，为减轻学生过重课业负担提出明确要求。山东省出台责任追究办法，对违反教育及相关法律、法规、规章和政策规定的办学行为，将依法追究其责任。重庆、上海等地明确规定学生参加各类竞赛活动的成绩和考级证书等，不得作为入学、分班和评优评先的依据。江苏、河南、安徽、四川、贵州、宁夏、新疆、内蒙古、新疆生产建设兵团以严格规范中小学办学行为为突破口推动减负。

六是保障了农民工子女接受义务教育的权利。各地高度重视进城务工人员随迁子女义务教育，通过扩大公办教育资源、购买民办学位等渠道，确保所有符合条件的随迁子女平等接受义务教育，确保经费到位、保障到位，基本形成了以公办学校为主接收随迁子女就学的格局。合肥市突破进城务工人员随迁子女中考政策，随迁子女百分之百同等标准同等收费录取到省市示范高中学校就读，入学后实行统一管理、统一编班、统一教学、统一安排，保障其平等接受教育的权利。南京市逐步实现进城务工人员子女就学的“三个延伸”，即从义务教育向非义务教育延伸，从关怀学生向关注家庭延伸，从机会保障向文化融合延伸，确保2015年进城务工人员随迁子女90%以上在公办小学就读，100%在公办初中就读。

2011年，教育部召开了全国留守儿童工作经验交流会，总结推广各地的经验做法。2013年年初，又联合有关部门下发了加强农村留守儿童关爱和教育工作的指导性意见，推动各地把留守儿童工作纳入地方经济社会发展总体规划和社会管理创新体系之中，建立有效的关爱服务模式。安徽省、重庆市把农村留守儿童教育列为区县政府教育工作督导评估的重要内容，实施关爱农村留守儿童一系列行动计划。陕西省建立健全政府主导、社会共同参与的农村留守儿童关爱和服务体系，健全动态监测机制，为农村留守儿童创设优良的教育环境。江苏省发挥“五老”优势，多措并举做好农村留守儿童关爱工作，取得了较好成效。

七是探索了义务教育均衡发展有效途径。教育部特别强调了推进均衡发展要因地制宜、改革创新，建立推动有力、检查到位、考核严格、奖惩分明、公开问题的均衡发展责任机制，探索推进义务教育均衡发展的有效途径。江苏省开展义务教育优质均衡改革发展示范区创建工作，要求示范区通过三年努力，在入学机会、办学条件、教育质量、师资队伍、管理水平等方面实现优质均衡，教育公平度和满意度大幅度提高。山西省建立义务教育均衡发展工作情况年报制度，通报各市推进义务教育均衡发展工作情况，督促各地认真贯彻落实有关政策措施。福建、重庆、黑龙江等地建立义务教育均衡发展督导评估制度，将义务教育均衡发展作为对县级人民政府教育工作督导评估的重要内容。辽宁、陕西、河南、安徽、四川、广西等地建立义务教育均衡发展表彰奖励制度，通过评先表优、典型引路等方式，调动基层政府推进义务教育均衡发展工作的积极性。

各地以高度的责任感、使命感，克服困难，以改革的思路、创新的办法、扎实的作风，对义务教育均衡发展倾注更多精力，投入更大财力，推动均衡发展取得了显著成绩，涌现了许多好的典型，山西晋中就是其中一个代表。晋中市强化统筹，多措并举，形成了规范有序、均衡协调、充满活力的教育生态，实现了义务教育基本均衡发展，得到了群众的认可，也得到了中央领导同志的肯定。我国义务教育均衡发展取得的成绩归功于党中央、国务院的正确领导，归功于地方各级党委、政府的大力支持，归功于各级教育行政部门和广大教育工作者的辛勤工作。在此，我代表教育部向同志们表示崇高的敬意和衷心的感谢！

在充分肯定成绩的同时，我们还要清醒地看到当前教育改革进入了深水区、攻坚期，一些深层次矛盾和问题破解难度更大。同时，义务教育承载着群众对公平教育和优质教育的双重期待，涉及面更广、社会关注度更高，面临的形势和任务也更加复杂。深入推进义务教育均衡发展还存在着一些困难和问题。一是一些地区在认识上还不到位，没有真正把推进义务教育均衡发展放在战略性位置，工作进展不平衡。一些地方改革创新意识不强，对教师交流、指标分配、集团化办学等涉及体制机制改革的政策措施，瞻前顾后、畏首畏尾，工作积极性不高。二是保障水平仍待提高，一些地方农村义务教育经费投入不足，改善农村学校教学设施、生活设施存在较大经费缺口，农村教师队伍总体上素质不高，结构性缺编突出，农村教师职业吸引力不强，难以吸引优秀教师长期从教。三是城镇化进程加快带来城乡之间人口大量流动，对教育资源分布提出了新的挑战和要求，现有教育资源配置方式等还存在很多不足。四是择校、减负、大班额等一些热点、难点问题还没有得到很好解决，与人民群众接受优质教育资源的要求还有一定差距。这些问题都需要我们给予高度重视，科学进行分析，认真加以解决。

二、突出重点，深入推进义务教育均衡发展

义务教育是国家提供并予以保障的基本公共服务，是教育公平最重要的领域。衡量教育公平的主要标志之一，就是义务教育均衡发展情况。党的十八大把教育放在了改善民生和加强社会建设之首，明确指出教育是民族振兴和社会进步的基石，要“均衡发展九年义务教育”，要“大力推进教育公平”，体现了党中央对教育事业的高度重视和推进义务教育均衡发展的坚定决心。2013年4月，刘延东副总理在农村义务教育座谈会上的讲话中提出，本届政府内，要实现义务教育办学条件改善、教育质量提升、城乡差距缩小。2012年，国务院专门印发了《关于深入推进义务教育均衡发展的意见》，对下一阶段均衡发展工作进行了全面部署，提出了明确的目标任务：到2015年，全国义务教育巩固率达到93%，实现基本均衡的县（市、区）比例达到65%；到2020年，全国义务教育巩固率达到95%，实现基本均衡的县（市、区）比例达到95%。希望同志们切实增强责任感和使命感，进一步突出工作重点，提高工作的前瞻性和针对性，不断把义务教育均衡发展推向深入。

一要加快推进农村义务教育学校标准化建设。学校标准化是推进义务教育均衡发展的基础，是教育规划纲要提出的任务。当前区域内城乡之间教育办学条件总体上差距还很明显，大力改善农村学校办学条件，实现农村义务教育学校标准化，对于整体提升义务教育质量和水平、促进城乡义务教育均衡发展具有十分重要的意义。刘延东副总理提出要力争用5年左右的时间基本消除农村地区义务教育薄弱学校，逐步让农村孩子也能享受和城里孩子一样的教学环境和生活条件。各地要充分考虑区域内学生流动、人口出生和学龄人口变化等情况，科学谋划学校布局，因地制宜推进农村义务教育学校标准化建设，按国家或省定相关标准建设、改造、装备农村义务教育学校。校园建设要体现育人功能，突出安全环保，反对奢侈浪费，倡导勤俭节约办教育。要改善农村学校教学设施，着重解决镇区大班额突出和专用教室不足的问题，加大镇区学校扩容改造力度。要改善农村学校生活设施，着重解决宿舍拥挤、食堂简陋、厕所条件差等问题。按照节约用地、资源共享的原则设置体育运动场地，满足体育教学和每天锻炼一小时的场地需求。

二要进一步完善教师资源均衡配置机制。义务教育均衡发展的关键是学校均衡，学校均衡的关键是教师均衡，有了好的教师，才会有好的教育。当前农村教师队伍面临的突出问题是“下不去”“留不住”“提不高”，怎样让农村教师能够扎根农村，安心从教，并得到不断提升的空间，是今后一个时期教师工作的重点。要改善教师的初次配置，鼓励新招聘的优秀大学毕业生到农村学校任教，动员一批高素质人才应聘农村教师，逐步实行城镇乡统一的中小学编制标准，对村小学和教学点予以倾斜。要继续完善农村中小学教师补充和培养机制，着重加强音体美、科学、综合实践、信息技术等农村紧缺薄弱学科课程教师和民族地区双语教师培训。要建立县域内公办学校校长、教师交流制度。目前，一些地区教师交流工作阻力较大、交流比例不高，各地要加大工作力度，完善政策措施，积极鼓励、引导城镇学校校长教师到农村学校或城市薄弱学校任职任教，在工资待遇、职称评定等方面给予倾斜。

三要不断扩大优质教育资源覆盖范围。推进义务教育均衡发展不仅要补短板、强基础，关注农村学校和城市薄弱学校改造，同时也要注重发挥优质学校的辐射带动作用，通过体制机制创新，让优质学校引领一批学校成长为新优质学校，让以前名不见经传的学校变成身边的好学校，让群众就近就能享受好的教育资源。要鼓励开展义务教育阶段集团化办学。集团化办学是扩大优质教育资源，缩小学校发展差距，提高薄弱学校办学水平的一种行之有效的做法。各地可采取优质校带动薄弱校、城市校带动农村校、学区内学校一体化管理等多种形式，形成学校联盟、发展共同体等，带动集团内学校整体水平的提高。同时也要注重集团内不同学校的办学特色和校园文化的传承和发扬，不能简单复制优质校的办学理念和方式，避免办学同质化倾向。

信息化是加强农村义务教育的重要支撑，对实现资源共享、促进教育公平和提高教育质量具有深刻影响。2013年，国家将为所有农村教学点配备数字教育资源接收和播放设备，配送优质数字教育资源，发挥中心校作用，以县域为单位组织教学点运用数字资源开展教学，帮助村小和教学点开好国家规定课程。各地要结合“三网融合”进程，加快农村学校信息化步伐，为农村学校接入宽带网络，建成网络条件下基本教学环境，使边远地区师生零距离使用优质教育资源。

四要不断提高义务教育管理水平。刘延东副总理在农村义务教育座谈会上的讲话中，明确提出要树立以人为本的现代管理理念，在学生、教师、财务等方面形成完善的管理制度，提升管理服务的科学化水平。各地、各校要建立健全学校办学章程和学校资产、财务管理、安全管理等各项管理制度，完善教职工代表大会制度和家长委员会制度，推动建立现代学校制度，促进学校规范化、精细化、科学化管理。2013年秋季，将初步建成全国统一的中小学生电子学籍信息管理系统，并实现全国联网。要强化学籍系统的应用，动态跟踪学生流动，全面、及时掌握中小学生的准确情况，为控辍保学、经费监管、学生资助、学生营养改善计划实施和学生上下学交通安全管理等工作提供支撑。

五要切实保障农民工子女平等接受义务教育。党的十八大进一步强调，积极推动农民工子女平等接受教育，让每个孩子都能成为有用之才。各地要切实落实流入地政府职责，根据随迁子女数量和分布，规划好学校布局，提早做好相关部署，简化入学手续，接收符合条件的随迁子女入学，切实保障他们与当地学生享受同等待遇，能够尽快适应城市的学习和生活。要把留守儿童工作纳入地方经济社会发展总体规划和社会管理创新体系之中，形成有效的留守儿童关爱服务模式，优先满足双亲均不在家的留守儿童寄宿、用餐、交通需求。加强心理辅导和健康教育，要让学校成为留守儿童温暖的家，老师成为最亲近的人，让留守儿童学习有劲头、生活更快乐。特别要重视与相关部门的配合，一起做好留守儿童关爱与教育工作。

六要推动解决义务教育热点难点问题。义务教育招生入学工作关系着教育公平和人民群众对教育的满意度，伴生了“择校”等热点难点问题，群众关注度高、社会影响大。规范入学招生秩序、缓解择校问题是一项系统工作，要坚持标本兼治、综合施策，核心是加快薄弱学校改造，缩小校际发展差距，重点是规范大城市入学工作。要推行阳光招生入学，小学入学和小升初严禁举办任何形式的选拔生源考试。各地要严格执行免试就近入学，合理划定每所公办学校的招生范围；推进九年一贯制学校建设，支持初中与高中分设办学；提高优质高中招生名额合理分配到区域内各初中的比例。特别要坚决治理“择校”乱收费，坚决斩断“占坑班”和“奥数”与招生挂钩的利益链，要让有意违规违纪者打消念头，心无侥幸。

要大力推进减负工作。减负不是一朝一夕可以解决的，要通过“减负万里行”活动，改革考核评价方式，建立中小学教育质量综合评价指标体系。要推进中考高考改革，完善学生综合素质评价，减少考试课程内容。要控制书面家庭作业，保证学生睡眠时间，严格教辅资料管理。通过“减负”让学生有更多的时间走出校园，接触自然，开展综合实践活动，增强动手能力；通过“减负”让学生有更多的时间参加阳光体育活动，每天锻炼一小时，提升身体素质。

三、加强领导，确保义务教育均衡发展目标按时实现

一要把义务教育均衡发展摆在教育工作更加突出的位置。各地要根据党的十八大总体部署，把义务教育均衡发展作为本地经济社会和教育发展的重要内容，进一步明确工作目标，在制订教育规划时优先考虑、在安排教育经费时优先保障、在配置教育资源时优先倾斜，以实现县域基本均衡为工作重点，建立健全义务教育均衡发展工作保障机制，按照备忘录既定的时间表和路线图深入推动义务教育均衡发展。要采取省（区、市）与市、县签署责任书等形式，将目标任务层层分解、逐级落实，形成上下协同推进的有效机制。4%的目标实现后，各地要抓住机遇，完善公共财政支持体系，明确划分省（区、市）、市、县三级政府在义务教育均衡发展中的投入责任，落实好“三个增长”要求，不断增加义务教育投入，优先保障义务教育均衡发展。有关部门要各负其责，密切配合，形成合力，及时帮助解决义务教育均衡发展存在的突出问题。

二要加强对义务教育均衡发展督导评估认定。2013年5月，教育部正式启动了全国县域义务教育均衡发展评估认定工作。督导评估认定是推进义务教育均衡发展的重要抓手，是总结“两基”国检经验、深化职能转变、推进依法治教的新举措，关键是要坚持标准、公开公正、群众认可。各级教育督导部门要科学、严格、有序开展督导评估认定工作，并在评估认定过程中，根据均衡发展情况的变化，不断分析、研究、探索建立义务教育质量常规监测制度、义务教育均衡发展考核制度和地方政府履行教育职责评价制度，逐步形成义务教育均衡发展督导评估长效机制。要建立健全义务教育均衡发展督导机制及配套措施，率先实现县域内均衡，积极稳妥地逐步扩大到地市级、省级区域内均衡。

三要深入推进义务教育均衡发展改革试点。国家教育体制改革义务教育均衡发展试点项目实施以来，总体上来看，各地试点工作有序推进，进展顺利，为破解一些热点、难点问题探索了一些好的经验和做法。党的十八大报告提出深化教育领域综合改革，是对教育改革提出的新要求，重点在深化，关键在综合。下一步要深化义务教育均衡发展试点改革，进一步增强改革的系统性、整体性和协同性，完善工作机制，落实改革措施，切实保障和加大各项投入，力争在管理体制、运行机制、关键环节、配套条件等方面形成典型经验与政策创新，探索新形势下推进义务教育均衡发展的新思路和新举措。要密切关注改革试点工作进展，研究新情况、新问题，对发现的问题采取有效措施加以解决。对于行之有效的办法经验要及时上升为政策措施，在更大范围内推广，充分发挥以点带面的示范作用。

四要营造义务教育均衡发展的良好氛围。要加强对社会反映热点问题的研究，及时向公众介绍各地义务教育均衡发展工作进展情况、采取的措施和取得的成效，交流在解决热点、难点问题方面的好经验、好做法、好成果，让人民群众切实感受到义务教育改革发展带来的实实在在变化。坚持正确舆论导向，合理引导社会预期，多做政策宣传、解疑释惑的工作，多做增进共识、统一思想的工作，多做典型报道、示范引导的工作，努力营造全社会关心、重视、支持义务教育均衡发展的良好氛围。

此外，当前还要重点抓好以下两个方面的工作。

一是深入开展好“中国梦”主题教育活动。党的十八大报告提出，“把立德树人作为教育的根本任务，培养德智体美全面发展的社会主义建设者和接班人”。2013年“六一”儿童节，习近平总书记在北京市少年宫参加“快乐童年放飞希望”主题队日活动时，提出少年儿童从小就要立志向、有梦想，爱学习、爱劳动、爱祖国，德智体美全面发展，长大后做对祖国建设有用的人才。

各地教育部门和中小学校要将“中国梦”主题教育活动作为当前德育工作的重中之重，认真组织、精心策划，采用学生喜闻乐见的活动方式，科学安排好活动的各项内容，使主题教育活动与学校的日常教育教学有机融合，既要主题鲜明，也要实实在在；既要轰轰烈烈，也要润物无声；既要强调集体教育，也要突出个体感受。要组织好课堂教学，让“中国梦”教育进教材、进课堂、进学生头脑。要指导中小学充分挖掘各学科中的知识点，特别是在政治、品德、语文、历史、地理等学科的教学过程中有机渗透“中国梦”教育。要组织丰富多彩的以“中国梦”为主题的校园文化活动，利用校园板报、校报校刊开辟“中国梦”教育宣传专栏，有条件的学校要通过校园网络、广播、电视制作播放“中国梦”教育的宣传片。要积极安排以“中国梦”为主题的社会实践活动，充分利用各种社会实践基地和校外活动场所，开展历史、传统文化、自然环境、国防安全等方面的教育。引导广大青少年学生将个人梦想和“中国梦”结合起来，以更加奋发有为、昂扬向上的精神风貌，为实现国家富强、民族复兴、人民幸福的伟大“中国梦”而发奋学习、不懈奋斗。

二是切实保障好广大中小学生幼儿生命安全。保障广大中小学生的生命安全是人民群众最直接、最关心、最现实的利益问题。习近平总书记在视察芦山灾区时指出，不管是什么情况，不论是什么天灾人祸，一定不要让下一代受到伤害，这是我们的责任。总体上看，近年来我国少年儿童安全工作特别是中小学幼儿园安全工作取得了显著成效，但形势不容乐观。

各地要从讲政治的高度出发，切实担负起做好少年儿童安全工作的政治责任，把加强少年儿童安全工作与“为民、务实、清廉”的群众路线教育实践活动相结合，把少年儿童安全工作抓紧抓好。要理顺安全管理体制，把责任落实到各级人民政府、各有关部门、各乡镇、街道和社区、村委会、治保会等基层组织，落实到每一所学校、幼儿园和工作的每一环节。要加强安全教育，提高避险能力，开展隐患排查，强化责任追究，全力抓好预防溺水、校园安全防范、校园周边综合治理等重点工作。要按照职责分工，发挥职能部门作用，密切协作配合，形成工作合力。要开展中小学生安全工作拉网式排查，及时消除安全隐患，为孩子们编制一张平安健康成长的网络。

义务教育均衡发展意义重大，使命光荣，责任崇高，任重道远。让我们紧密团结在以习近平同志为总书记的党中央周围，解放思想，实事求是，改革创新，扎实工作，深入推进义务教育均衡发展，加快推进教育现代化步伐，大力促进教育公平，努力办好人民满意的教育，为全面建成小康社会、实现中华民族伟大复兴的“中国梦”做出更大贡献！

（2013 年 6 月 24 日）

综　述

习近平同全国各族少年儿童代表共庆“六一”国际儿童节

2013年5月29日下午，中共中央总书记、国家主席、中央军委主席习近平来到北京市少年宫，同来京参加交流体验活动的全国56个民族、革命老区、灾区、患有先天性心脏病的少年儿童和农民工子女，以及首都城乡少年儿童代表1 600多人，一起参加“快乐童年放飞希望”主题队日活动，以一个“大朋友”的名义向全国广大少年儿童祝贺节日。

下午3时许，习近平来到少年宫门前，身着民族服装的各族少先队员和首都少年儿童代表迎上前来问好，一名少先队员为习近平系上鲜艳的红领巾。他向孩子们问好，并高兴地同孩子们交谈。

习近平沿途看到一些少年儿童正兴致勃勃地开展“趣味足球”“跳花筋”“抖空竹”等特色活动，他向孩子们挥手致意，并加入到孩子们中间共同抖起“欢乐伞”，孩子们欢呼着表达他们的兴奋之情。

植物园农作物区，一畦畦番茄、芥蓝、芹菜等长势喜人，少年儿童正在从事整地、播种、移栽、松土、蔬菜采收等活动。习近平走过去，观看孩子们劳动，并蹲下身同移栽人参果苗的两个孩子交谈，询问人参果主要产自哪里、生长期多长、适合什么样的水土，孩子们一一作答。习近平对孩子们说，生活靠劳动创造，人生也靠劳动创造。你们从小就要树立劳动光荣的观念，自己的事自己做，他人的事帮着做，公益的事争着做，通过劳动播种希望、收获果实，也通过劳动磨炼意志、锻炼自己。

经过“阅读木化石”活动区，习近平认真察看。到了城市生态系统观测站，少年儿童正在教师指导下用仪器读取各种环境因子数据。习近平上前向孩子们询问情况，同孩子们交流对环保的认识和理解，听孩子们讲他们掌握的关于好天气的主要指标、PM2.5的具体危害等方面的知识。他说，大自然充满乐趣、无比美丽，热爱自然是一种好习惯，保护环境是每个人的责任，少年儿童要在这方面发挥小主人作用。

随后，习近平前往少年宫主楼，沿途看到一些女孩子正在练习足球，他招呼她们过来，观看了她们的基本功操演。在主楼一层共享大厅，一棵心愿树上挂满了孩子们的心愿卡，一些来自革命老区的少年儿童和农村留守儿童、进城务工人员随迁子女向总书记诉说着自己的心愿。习近平频频点头，并说我此刻的心愿就是你们都能心想事成。

习近平来到主楼二层的“传统艺术”区，看望了正在进行手工制作的几名先天性心脏病治愈儿童。他们都是民政部门邀请来北京接受免费治疗的，看到总书记过来，争着展示自己的作品。习近平关切地询问他们的治疗情况，祝他们过上更幸福的生活。

设在主楼三层的“能想象能创造”实践活动吸引了不少少年儿童参与。得知正在进行“美好家园创意搭建”的是来自汶川、玉树、舟曲、芦山等灾区的少年儿童，习近平走过去听孩子们介绍，肯定他们建设美好家园的决心和信心，称赞他们体现先进建筑理念的创新创造意识。习近平对孩子们说，想象力、创造力从哪里来？要从刻苦的学习中来。知识越学越多，知识越多越好，你们要像海绵吸水一样学习知识。既勤学书本知识，又多学课外知识，还要勤于思考，多想想、多问问，这样就能培养自己的创造精神。

在三层的露台，一些残疾儿童正在玩“蚂蚁搬家”等游戏，习近平勉励他们自立自强，在社会关怀下健康成长。

最后，习近平牵着孩子们的手，来到一层大厅中央，观看各族少年儿童“手拉手、心连心”联欢活动，为他们的文艺表演鼓掌加油。他对簇拥过来的孩子们说，每个人都是从孩子长大的。实现我们的梦想，靠我们这一代，更靠下一代。少年儿童从小就要立志向、有梦想，爱学习、爱劳动、爱祖国，德智体美全面发展，长大后做对祖国建设有用的人才。

习近平强调，孩子们成长得更好是我们最大的心愿。党和政府要始终关心各族少年儿童，努力为他们学习成长创造更好的条件。教师、家长要承担起教育引导少年儿童成长成才的责任。少先队组织要更好地为少年儿童服务。全社会都要关心少年儿童成长，支持少年儿童工作。对损害少年儿童权益、破坏少年儿童身心健康的言行，要坚决防止和依法打击。

听了总书记的话，在场的孩子和少先队辅导员、校外教育工作者深受感动，大厅里响起阵阵热烈的掌声。习近平同孩子们和少年宫老师们合影留念，快乐洋溢在他们的脸上。

离开前，习近平观看了孩子们表演的手风琴合奏和童声合唱，在《歌声与微笑》的旋律中，习近平同孩子和教师们告别，歌声在操场上久久回荡。

王沪宁、刘延东、李源潮、栗战书、郭金龙、沈跃跃以及教育部、共青团中央、北京市委和市政府负责同志陪同参加活动。

习近平向全国教师致慰问信

2013年9月9日，正在乌兹别克斯坦进行国事访问的中共中央总书记、国家主席、中央军委主席习近平向全国广大教师致慰问信。慰问信全文如下。

全国广大教师们：

第二十九个教师节到来之际，我正在遥远的乌兹别克斯坦进行国事访问。首先，我代表党中央、国务院向全国1 400万名教师致以诚挚的问候和崇高的敬意！祝大家节日快乐！

长期以来，我国广大教师认真贯彻党的教育方针，默默耕耘、无私奉献，用爱心、知识、智慧点亮学生心灵，培养了一批又一批优秀人才，为我国教育事业发展、为国家发展和民族振兴做出了突出贡献。

百年大计，教育为本。教师是立教之本、兴教之源，承担着让每个孩子健康成长、办好人民满意教育的重任。希望全国广大教师牢固树立中国特色社会主义理想信念，带头践行社会主义核心价值观，自觉增强立德树人、教书育人的荣誉感和责任感，学为人师，行为世范，做学生健康成长的指导者和引路人；牢固树立终身学习理念，加强学习，拓宽视野，更新知识，不断提高业务能力和教育教学质量，努力成为业务精湛、学生喜爱的高素质教师；牢固树立改革创新意识，踊跃投身教育创新实践，为发展具有中国特色、世界水平的现代教育做出贡献。

各级党委和政府要把加强教师队伍建设作为教育事业发展最重要的基础工作来抓，提升教师素质，改善教师待遇，关心教师健康，维护教师权益，充分信任、紧紧依靠广大教师，支持优秀人才长期从教、终身从教。

全社会要大力弘扬尊师重教的良好风尚，使教师成为最受社会尊重的职业。

祝全国广大教师身体健康、工作顺利、生活幸福！

习近平

2013年9月9日

习近平到中南大学调研科技创新

2013年11月4日，中共中央总书记、国家主席、中央军委主席习近平来到中南大学国家重金属污染防治工程技术研究中心，观看了重金属废水生物制剂深度净化和回用系统演示，了解运用生物技术手段治理重金属污染情况。在粉末冶金国家重点实验室，他听取了粉末冶金特种材料研发应用介绍，同数十位研发人员一一握手，肯定了他们的成绩。

中南大学国家重金属污染防治工程技术研究中心重点围绕重金属清洁生产源头减污、重金属“三废”污染物治理等关键技术开展研究。中心发明的重金属废水生物制剂深度净化和回用技术，使废水回用率由50%左右提高到90%以上，在30多家大型重金属生产企业推广应用，年回用废水4 000多万立方米。

中南大学粉末冶金国家重点实验室则主要开展粉末冶金特种材料、轻质难熔金属材料等基础科学和创新技术研究。该实验室曾为我国第一颗原子弹和第一艘载人飞船等提供上百种特种粉末冶金材料。其研制的航空制动产品成功应用于大型飞机。

习近平视察国防科学技术大学

2013年11月5日，中共中央总书记、国家主席、中央军委主席习近平在视察国防科学技术大学时强调，要深入贯彻落实党在新形势下的强军目标，全面提高教学科研水平和人才培养质量，加快建设具有我军特色的世界一流大学，努力把国防科大办成高素质新型军事人才培养高地、国防科技自主创新高地，为实现中国梦、强军梦提供强有力的人才和科技支持。

上午9时，习近平来到学校，首先检阅了干部和学员方队。在雄壮的阅兵曲中，习近平登上敞篷车，受阅官兵军容严整，精神抖擞。习近平以洪亮的声音向每个方队的官兵致以问候，官兵们响亮作答。在军体文化活动中心，习近平接见了学校师以上领导干部和正高职专业技术干部，并同大家合影留念。

随后，习近平参观了学校科研成果展。在一个个展台、一件件实物、一幅幅图表前驻足观看，向学校负责人和科研人员详细了解项目研发和应用情况。他对学校坚持以我为主、勇于自主创新取得的丰硕成果表示赞赏。习近平接见了学校科技创新团队的代表，同他们一一握手、亲切交谈，询问教学科研和生活情况，肯定他们为国家和军队做出的特殊贡献，勉励他们埋头苦干、再接再厉，在新的起点上不断取得更大成绩。

下午，习近平听取了学校的工作汇报，对近年来学校建设取得的成绩给予充分肯定。他指出，要牢牢扭住思想政治建设这个根本建设，紧紧围绕强军目标来进行，使思想政治建设成为实现这一目标的强大推力和助力。要把强军目标贯穿到学校建设全过程和各领域，着力在深化、具体化上下功夫。要毫不动摇地坚持党对军队绝对领导的根本原则和制度，加强军魂教育，强化官兵的政治意识、政权意识，增强思想政治工作的主动性、针对性、实效性，做到始终同党中央、中央军委保持高度一致，坚决听从党中央、中央军委指挥。

习近平强调，要牢牢扭住培养高素质新型军事人才这个中心任务，深入研究现代军事教育特点和规律，坚持走以提高质量为核心的内涵式发展道路，努力培养造就能够担当强军重任的优秀军事人才。要坚持面向战场、面向部队，围绕实战搞教学、着眼打赢育人才，使培养的学员符合部队建设和未来战争的需要。要更新教育理念，创新培养模式，全面提高师资队伍整体素质，走出一条有利于高端军事人才成长的新路子。

习近平指出，要牢牢扭住国防科技自主创新这个战略基点，大力推进科技进步和创新，努力在前瞻性、战略性领域占有一席之地。要继续抓好基础研究这项打基础、利长远的工作，为国防科技和武器装备持续发展增强后劲。要紧贴实战、服务部队，使科技创新同部队建设发展接好轨、对好焦。要加强自主创新团队建设，搞好科研力量和资源整合，形成推进科技创新的整体合力。

习近平强调，要牢牢扭住培育优良校风这个基础工程，坚持从严治校、从严治教、从严治学，使官兵做到德智体美全面发展。要坚持高标准抓好党的群众路线教育实践活动，提高领导班子发现和解决自身问题的能力，发扬“钉钉子”精神，紧紧抓住纠治“四风”问题不放松，立行立改，不断取得新成效。广大教员要切实肩负起立德树人、教书育人的光荣职责，做学员健康成长的指导者和引路人。

范长龙、许其亮、王沪宁、栗战书和孙建国、贾廷安、秦银河、李安东、徐守盛、杜家毫、杨学军、王建伟等参加有关活动。

李克强主持召开国家科技教育领导小组第一次全体会议

2013年8月29日，中共中央政治局常委、国务院总理、国家科技教育领导小组组长李克强主持召开国家科技教育领导小组第一次全体会议。

会上，教育部、科技部主要负责人分别做了汇报，领导小组成员单位负责人围绕下一阶段教育、科技发展和改革进行了深入讨论。李克强对近年来教育、科技工作取得的显著成就给予充分肯定，强调要始终把教育和科技放在全局性、战略性的位置，予以高度重视。

李克强说，教育是民生改善的来源，传承文明的载体。让孩子受教育并且受到良好教育，是几乎每个家庭的共同愿望。掌握知识让人们拥有更多的发展机会，也有利于社会文明得以延续、道德规范得以遵循。持续发展经济、不断改善民生、促进社会公正是本届政府的三大任务，教育公平具有起点公平的意义，是社会公平的重要基础，可以使人们通过自身努力，提升参与平等竞争的能力，这有助于促进社会纵向流动。要缩小中国发展中存在的城乡和区域这两个最大的差距，就要培养更多服务中西部和农村的人才。教育资源要向中西部和广大农村地区倾斜，提升中西部地区教育水平。要加强东中西部教育协作，尤其是国家重点高校，要强化服务国家战略的意识，鼓励优秀教师以多种方式到中西部服务。运用现代信息技术，让贫困地区的孩子共享优质教育资源。在教育公平上要多想办法、多做实事。东部地区要创新理念和模式，在提高教育质量上发挥示范引领作用。

李克强指出，发挥科技第一生产力作用，关键是促进科技和经济社会深度融合，并以创新和创业为导向。要增强科技创新实力，提升产业核心竞争力，就必须围绕大局，瞄准世界科技与产业革命的大趋势和我国经济社会发展需要，紧扣结构调整和转型升级的要求，通过创新体制机制，充分发挥企业的主体作用，使广大科研人员的创造活力、创新能力迸发出来，使创新成果转化为实实在在的经济社会效益，让科技造福人民。应用研究和基础研究都要沿着这个方向加大力度。

李克强强调，无论是推进教育公平，还是促进科技与经济社会深度融合，关键还得靠改革。改革是最大的红利。当年从恢复高考入手抓教育，就是一项改变千百万人命运、深刻影响国家发展的重大改革举措。当前深化教育和科技领域改革，仍然要抓住牵一发而动全身的突破口和切入点，抓紧推出既利当前更利长远的重要改革举措，务求取得更大成效。

李克强最后指出，打造中国经济升级版，促进社会进步，建设富强民主文明和谐的社会主义现代化国家，实现中华民族伟大复兴的中国梦，要从我国国情出发，在今后相当长的时间内，继续用好“人口红利”，更加注重依靠“人才红利”。这就必须一靠教育、二靠科技，两者有机结合，使中国创造财富的能力得到巨大提升，推动社会文明进步。他要求加快推进教育科技领域的重大任务，围绕完善投入体制、提高资金使用效率、鼓励社会资金参与、推动资源开放共享、改革人才培养模式、推广科技人员创新激励政策等，提出措施、抓好落实，使全社会创业创新能力显著增强。

中共中央政治局委员、国务院副总理、国家科技教育领导小组副组长刘延东出席会议并讲话。国务委员兼国务院秘书长杨晶出席会议。

李克强考察甘肃省定西、兰州

2013 年 8 月 17—19 日，中共中央政治局常委、国务院总理李克强到甘肃省定西市、兰州市考察。

李克强十分关心尚未就业的学生现在的状况。他来到兰州大学就业促进中心，与正在找工作的学生们交谈，了解他们的打算，给他们鼓劲打气。他说，大学生是社会的宝贵财富，对你们的求职就业，政府、学校都会关心到底。得知学校鼓励毕业生留在西部特别是到基层就业，李克强说，这是很好的磨炼，会大有作为。听到有的学生有创业的打算，李克强赞扬道，大学生要敢于创业、勇于创新，这也是国家发展的希望所在。高校要积极培养创业和创新型人才，社会要大力提倡“双创”精神，使年轻人更好地运用自己的“知识本钱”服务社会、创造财富。

李克强在大连考察学校并与基层教师座谈

2013年9月9日上午，在第29个教师节来临之际，中共中央政治局常委、国务院总理李克强在大连考察并看望师生，与基层教师座谈。

大连二十中安静的校园里，学生们正在上课。李克强走进教师办公室，教师们纷纷围拢过来。李克强说，教师永远是天底下最受人尊敬的职业，广大教师燃烧自己、照亮别人，为国家和民族的未来带来希望，尊师重教是社会文明进步的标志。当听说二十中是首批承办内地新疆班的学校时，李克强高兴地对身边的各族教师说，孩子们远离家乡，你们是他们知识的导师、生活的父母，你们这个集体是支持西部教育、促进民族团结的生动见证。他鼓励学校把新疆班办出品牌、办出经验，让教育资源相对丰厚的沿海和东部更多支援中西部。

在学校会议室，李克强同教师代表座谈。他说，明天是你们的节日，我代表党中央、国务院向在座各位并向全国的教育工作者致以节日问候，衷心感谢大家为教育事业付出的辛劳和心血。曾参加援疆援藏支教、从事新疆班教学和从贵州、新疆等地来进修的教师们争相发言，谈自己的体会和感受。援藏教师还给总理送上一张反映支教生活的光盘，李克强愉快地收下，并表示会好好看。他说，你们怀着一颗热爱教育的心，为边远贫困地区的孩子带去知识和希望，汇聚起促进教育公平的积极力量。要鼓励更多人才到西部支教，让更多西部教师到东部培训，这不仅可以提高西部教育水平，更是扬起了一面旗帜，放飞了希望，让贫困地区的孩子感到有前途、有奔头。

座谈中，李克强请教师们就促进教育公平提建议、献良策，他把教师们反映的东西部教育差距归纳为教育资源特别是师资力量、教学方法、学生求学愿望三个方面。他指出，教育是建设中国特色社会主义的有力支撑。教育公平是社会公平的重要基础，具有起点公平的意义。要缩小城乡和区域这两个最大的差距，就必须缩小教育差距、促进教育公平，这样才能使发展更均衡、社会更和谐。他特别强调，重视教育、关心教师是各级党委政府的神圣职责。教育资源要向中西部特别是农村、边远、贫困、民族地区倾斜，不仅要均衡发展九年义务教育，还要发展好职业教育和高等教育。最重要的教育资源不是楼房、不是课桌，而是教师。促进教育公平、提高教育质量，都需要更多优秀人才长期从教，特别是到农村、边远贫困地区从教，使他们成为孩子们知识的授予者、人生的引路者、文明的传承者、道德的示范者。他希望广大教师增强责任感，努力提高师德修养和教学水平，真正做到为人师表、授业解惑。

在计算机教室，学生们正在学习多媒体技术应用。李克强饶有兴致地观看，鼓励他们努力掌握现代信息技术。在音乐和舞蹈教室，李克强观看了少数民族学生自编自导的歌舞，称赞他们的歌声和舞姿不仅有民族特色，还有专业水平，充满青春气息。李克强走进学生宿舍，与刚入学的少数民族学生围坐床沿，关切询问他们学习适应不适应、生活习惯不习惯、想不想家。离开学校时，校园道路两旁挤满了闻讯赶来的师生，一些学生向总理送上自己制作的维吾尔族小花帽，表达师生们的美好祝愿。李克强对学生们说，知识是脱贫的根本力量，知识和广大的青少年结合起来，就会迸发出巨大的超物质能量。西部是国家未来发展最大的回旋余地。希望同学们珍惜机会，掌握知识、用好知识，将来把家乡、把西部、把国家建设得更好。

中央书记处书记、国务委员杨晶参加上述活动。

刘延东考察中国教育报刊社

2013年2月16日，中共中央政治局委员、国务委员刘延东来到中国教育报刊社考察调研，看望慰问编辑记者，并向广大教育工作者致以新春问候。她强调，教育新闻宣传战线要深入学习贯彻党的十八大精神、习近平同志一系列重要讲话精神以及全国宣传部长会议精神，以推动教育规划纲要落实为重点，高举旗帜、凝聚力量，为教育改革发展营造良好的舆论氛围。

刘延东考察了中国教育报新闻编辑出版中心和中国教育报刊社新媒体平台，并召开座谈会听取报刊社主要负责人工作汇报。她指出，长期以来，报刊社全面深入报道我国教育改革发展，在新闻传播、政策指导、典型交流等方面做了大量卓有成效的工作。新形势下，迫切需要教育新闻宣传工作发挥动员引领作用，加强政策解读，推广改革经验，回应社会关切，为教育事业争取更有利的发展条件。

刘延东希望，教育新闻战线要坚持正确导向，充分发挥思想舆论引领作用，把党和政府的声音传播好，把改革发展的主流展示好，把人民群众的心声反映好。要深入践行“走转改”，心里时刻装着群众，深入基层，眼睛向下，俯下身子，感知群众冷暖、感受时代脉搏、打开报道视野，切实提高教育新闻宣传的吸引力和感染力。要创新报道视角和方式，善于以全局视野、时代要求和民生角度开展报道。要建设高水平教育新闻宣传队伍，让更多的名编辑、名记者在实践中锻炼成长。要构建齐抓共管多方参与的教育新闻宣传格局，引导鼓励全社会关心教育、支持教育。

教育部部长袁贵仁主持座谈会。教育部新闻宣传工作领导小组负责人参加调研。

刘延东主持召开繁荣发展高校哲学社会科学推动中国特色新型智库建设座谈会

2013年5月30日，中共中央政治局委员、国务院副总理刘延东在主持召开繁荣发展高校哲学社会科学推动中国特色新型智库建设座谈会时强调，要深入贯彻落实党的十八大精神和中央领导同志有关要求，充分发挥高校学科齐全、人才密集的优势，繁荣发展高校哲学社会科学，为建设中国特色新型智库做出贡献。

刘延东指出，建设中国特色新型智库是服务党和政府科学民主决策、破解发展难题的迫切需要，对于坚持和发展中国特色社会主义、提升国家软实力、全面建成小康社会具有重要意义。高校作为我国哲学社会科学事业的生力军和各学科人才聚集的高地，是建设中国特色新型智库的重要力量，要以服务决策为导向，以提升能力为核心，以改革创新为动力，以哲学社会科学繁荣发展为依托，努力打造一批在国内外具有重要影响的高端智库。

刘延东强调，高校要聚焦重大问题，服务国家战略，坚持求真务实、奋发有为，多出具有前瞻性、战略性和针对性、可操作性的研究成果，为党和政府科学决策提供高质量的智力支持，努力做改革发展决策方案的建言者、政策效果的评估者、社会舆论的引导者。要创新体制机制，加强平台建设，强化协同创新，增强内生动力，推动形成特色鲜明、结构合理、形式多样的智库发展新格局。要深化对外交流，积极参与全球性问题国际合作研究，提升中国话语权，为世界和平发展和人类文明进步贡献中国智慧。

刘延东出席全国研究生教育工作暨国务院学位委员会第三十次会议

2013年7月10日，中共中央政治局委员、国务院副总理、国务院学位委员会主任委员刘延东在出席全国研究生教育工作暨国务院学位委员会第三十次会议时强调，要深化综合改革，创新人才培养模式，健全质量保障体系，促进研究生教育质量提升和内涵发展，为全面建成小康社会提供高端人才支撑。

刘延东指出，改革开放以来，我国研究生教育在改革中发展，培养能力持续提升，应用型与学术型人才并重的培养格局初步形成，共培养博士49万人、硕士426万人，已成为各行各业的骨干力量。

刘延东强调，实现中国梦，基础在教育，关键在人才。研究生教育是创新型人才的主要来源和建设创新型国家的重要领域，要以服务国家需求为导向，以提高培养质量为核心，优化规模、布局和学科结构，坚持分层次办学和特色发展。要分类推进培养模式改革，实现知识学习和能力培养并重，学术学位与专业学位协调发展，完善质量监督体系，健全导师责权机制，强化研究生社会责任感、科学精神和创新实践能力培养，全面提高培养质量。要深化高校与科研院所、企业的合作，广泛开展国际合作交流，不断提升研究生教育开放办学水平。要统筹协调，加快职能转变，形成中央、地方、培养单位各负其责，招生、培养、评价各环节系统配套的研究生教育综合改革格局。

刘延东出席教育部直属高校工作咨询委员会第二十三次全体会议

2013年8月23日，中共中央政治局委员、国务院副总理刘延东在出席教育部直属高校工作咨询委员会第二十三次全体会议时强调，要以党的十八大精神为指导，加快建设中国特色现代大学制度，推进高等教育现代化，促进高校深化改革，提高质量，内涵发展，培养千百万合格建设者和优秀接班人，在建设中国特色社会主义伟大事业、实现“两个百年”目标和“中国梦”的历史进程中贡献更大力量。

刘延东指出，建设中国特色现代大学制度，要转变政府职能，处理好政府、学校、社会的关系。要强化政府统筹指导、宏观布局和质量监督功能，推动高校面向社会、依法自主办学、实行民主管理，发挥社会力量在高校公共治理、评估评价等方面的作用，为高校发展创造良好的外部环境。

刘延东强调，高校要完善内部治理结构，坚持和完善党委领导下的校长负责制，充分发挥学术组织作用，拓宽师生参与民主管理和监督的渠道，构建以大学章程为龙头的制度体系，深化人才培养、人事制度、科研及院系管理体制改革，增强高校健康发展的内生动力。高校领导班子要把握正确的办学方向，掌握意识形态工作主导权，深入开展党的群众路线教育实践活动，潜心办学，开拓创新，勇于担当，不断提高治校办学水平，努力办好人民满意的高等教育。

刘延东考察北京市盲人学校

2013年9月2日，中共中央政治局委员、国务院副总理刘延东在考察北京市盲人学校时强调，特殊教育是一项神圣的事业，要大力促进教育公平，使残疾孩子享受公平良好的教育。各级党委政府和社会各界要关心支持特殊教育发展，为残疾孩子的健康成长、全面发展，更有尊严地生活工作、实现梦想提供保障。

刘延东指出，特殊教育是促进残疾人全面发展、帮助残疾人更好融入社会的基本途径，是推进教育公平、改善民生的重要领域和体现社会文明的重要标准。要进一步加大支持力度，特教特办，努力完善特殊教育体系，健全保障机制，改善办学条件，不断满足残疾学生的学习需求。要深化课程教材改革，创新教育手段和方式，有针对性地进行缺陷补偿和潜能开发，提高残疾学生综合素质。要结合社会需求，加强面向残疾人的职业教育培训，帮助他们掌握一技之长，提高就业创业能力。要动员全社会力量关心特殊教育，支持和推动特殊教育事业加快发展。

刘延东强调，特殊教育教师常年坚守在特教岗位一线，播撒爱心，无私奉献，倾心育人，值得全社会学习和尊敬。要加大对优秀特教教师的宣传力度，强化培养培训，落实好工资待遇倾斜政策，鼓励和吸引更多优秀人才投身特殊教育事业。在与盲人学生互动交流时，刘延东勉励他们树立崇高理想，锤炼意志品质，积极面对人生，练就过硬本领，成为生活的强者，努力谱写精彩人生，在个人圆梦的过程中为实现中国梦做出积极贡献。

刘延东要求，各地各校要认真做好开学各项工作，组织好中国梦主题教育活动，全面落实教育教学计划安排，着力解决师生实际困难，确保教学活动有序开展和校园和谐稳定。

刘延东与2013年度全国教书育人楷模座谈

2013年9月9日，中共中央政治局委员、国务院副总理刘延东在北京与获得2013年度全国教书育人楷模称号的教师座谈，并向全国广大教师和教育工作者致以节日的问候。

刘延东指出，全国1 463万名专任教师工作在53万所学校的教学和科研一线，教育影响着2.7亿名在校学生。长期以来，广大教师以立德树人为己任，辛勤耕耘、默默奉献，涌现一大批师德高尚、业务精湛、学生爱戴的优秀教师，为教育事业发展和现代化建设做出了重要贡献。

刘延东强调，教师是立教之本、兴教之源。要把教师队伍建设作为教育事业发展最重要的基础性工作抓实抓好，大力宣传优秀教师先进事迹，营造尊师重教的良好氛围。要强化师德师风建设，完善专业标准体系，加强教师培养培训，提高教师整体素质。要完善医疗、养老、住房等社会保障，依法维护教师特别是农村教师地位与合法权益，落实乡、村学校和教学点教师生活补助政策，为教师教书育人创造良好环境。

刘延东希望广大教师弘扬高尚师德，增强专业素质，努力成为实现中国梦的弘扬者、潜心育人的传承者、教育改革发展的奋进者、高尚品德的先行者，为现代化建设和民族振兴培养更多优秀人才。

国务院常务会议决定进一步提高重点高校招收农村学生比例

2013年5月15日，国务院总理李克强主持召开国务院常务会议，研究做好2013年高校毕业生就业工作，决定进一步提高重点高校招收农村学生比例。

会议指出，2013年高校应届毕业生达699万人，就业压力明显增大。做好高校毕业生就业工作，关乎经济升级、民生改善和社会稳定。要采取有效措施，切实保障应届毕业生就业水平不降低、有提高。一要落实现有政策。对高校毕业生就业政策落实情况开展集中检查。二要拓宽就业渠道。开发更多岗位，引导毕业生到中小企业、非公经济和基层就业。实施离校未就业毕业生的“就业促进计划”，为他们提供持续的就业帮扶。三要鼓励自主创业。落实创业培训补贴、小额担保贷款及贴息、税费减免等政策，降低自主创业门槛。四要完善就业服务。各地可将校园招聘活动纳入公共就业服务适当支持。毕业生异地求职，可按规定享受当地免费公共就业服务和就业扶持政策。五要开展就业帮扶。对城乡低保家庭的应届高校毕业生，从2013年起给予一次性求职补贴。适当提高毕业生就业见习基本生活补助标准。六要促进就业公平。严防招聘过程中出现性别、民族、残疾等方面的歧视。加强国有企业招聘活动监管，切实做到招聘信息、过程、结果“三公开”，鼓励国有企业、科研机构吸纳更多高校毕业生就业。

根据国务院第一次全体会议关于促进教育公平的部署和要求，会议决定，提高重点高校招收农村学生比例，让更多勤奋好学的农村孩子看到更多的希望。2013年，要扩大农村贫困地区定向招生专项计划，将2012年面向集中连片特困地区的1万名重点高校招生计划增至3万名，招生区域包括所有国家级扶贫开发重点县，招生高校覆盖所有“211工程”高校和中央部属高校特别是知名高校。按照高考程序和确定的标准，将2013年新增的本科招生计划主要用于高等教育资源相对缺乏、升学压力大、农村考生多的中西部省份。继续实施“支援中西部地区招生协作计划”，在全国高校招生计划中专门安排18.5万个名额，由东部高校招收中西部考生。多措并举，使更多优质高等教育资源惠及农村、边远、贫困、民族地区的农家子弟。

国务院常务会议部署全面改善贫困地区义务教育薄弱学校基本办学条件

2013年12月4日，国务院总理李克强主持召开国务院常务会议，部署全面改善贫困地区义务教育薄弱学校基本办学条件。

会议指出，贫困地区学校是我国教育事业发展的“短板”。治贫先重教，发展教育是减贫脱贫的根本之举。改善贫困地区义务教育薄弱学校基本办学条件，不让贫困家庭的孩子输在成长“起点”，既是守住“保基本”民生底线、推进教育公平和社会公正的有力措施，也是增强贫困地区发展后劲、缩小城乡和区域差距的有效途径，关乎国家长远发展。

会议确定，以中西部农村贫困地区尤其是集中连片特困地区为主，兼顾其他国家扶贫开发重点地区、民族地区、边境地区和东部部分困难地区，按照勤俭办学的原则，把满足基本需要放在首位，调整中央和省级财政教育支出结构，最大限度向贫困地区义务教育薄弱环节倾斜，由省级政府统筹使用资金，因地制宜、分步逐校实施。力争经过3—5年，使学校教室坚固适用，符合抗震、消防等安全要求，桌椅、图书、实验仪器、运动场地等满足基本教学需要，学校宿舍、厕所、食堂、饮水、洗浴等设施满足基本生活需求，教师队伍素质、结构等基本满足义务教育要求，办好必要的教学点，解决县镇学校大班额问题，提升农村教育信息化水平。

会议强调，改善贫困地区义务教育薄弱学校基本办学条件，要坚持“阳光操作”、精打细算，并与村镇调整、新型城镇化相结合，严防资金浪费或被套取、挪用、截留，切实把宝贵资金用在“刀刃”上，真正造福贫困地区4 000多万名孩子，托起他们创造未来美好人生的希望。

教育部2013年工作要点

2013年教育工作的总体要求是：高举中国特色社会主义伟大旗帜，深入学习贯彻党的十八大精神，坚持以邓小平理论、“三个代表”重要思想、科学发展观为指导，全面落实教育规划纲要，全面贯彻党的教育方针，全面推进素质教育，把立德树人作为根本任务，把教师队伍建设作为重点内容，把转变作风作为重要保证，加快教育领域综合改革，加快转变教育发展方式，加快推进教育现代化，着力促进公平公正，着力提高质量效益，着力维护和谐稳定，努力办好人民满意的教育，为全面建成小康社会、夺取中国特色社会主义新胜利提供人才保障和智力支撑。

一、深入学习贯彻党的十八大精神，全面加强教育系统党的建设

1. 深刻领会党的十八大精神实质。在全国教育系统掀起学习宣传贯彻党的十八大精神的热潮。开展形式多样、内容丰富的“中国梦”的宣传教育。组织专家学者加大对党的十八大精神的研究力度，推进马克思主义中国化时代化大众化。坚持育人为本、德育为先，着力培养学生社会责任感、创新精神、实践能力，促进学生德智体美全面发展。

2. 推进党的十八大精神进教材进课堂进头脑。把学习贯彻党的十八大精神作为高校思想政治教育和哲学社会科学教学的重要内容，纳入高校党课团课和校园文化建设。把社会主义核心价值体系融入国民教育全过程，培育和践行社会主义核心价值观。组织修订高校思想政治理论课和哲学社会科学教材。继续推进马克思主义理论研究和建设工程重点教材的编写和推广工作。参与举办高校教师学习贯彻党的十八大精神专题研讨培训班。围绕深入学习贯彻党的十八大精神，实施全国教育干部培训五年规划。

3. 开展以为民务实清廉为主要内容的党的群众路线教育实践活动。按照中央要求部署，制订工作方案。深入做好对广大师生员工的组织、宣传、教育、服务工作。

4. 切实加强学校党的建设。全面贯彻党的教育方针，坚持中国特色社会主义教育发展道路。贯彻落实第二十一次全国高校党建工作会议精神。深入落实《中国共产党普通高等学校基层组织工作条例》。切实提高大学生党员发展质量，设立高校党建工作培训基地，举办全国大学生新党员培训示范班。重视在青年教师中发展党员工作。加强民办高校党的建设，推动中外合作高校党建工作。加强和改进中小学校党建工作。

5. 加强反腐倡廉建设。加强对政治纪律执行情况和中央重大教育政策贯彻落实情况的监督检查。改进和完善巡视工作。完善惩治和预防腐败体系，研究制订教育系统惩防体系建设五年工作规划。深化党务、政务、校务公开，全面推进高校“阳光治校”，重点加强科研经费、学术诚信、基建和各种重大项目的监督检查。加强对人民群众反映强烈的热点问题的专项治理。加大对重大案件的查办力度。

二、深化教育领域综合改革，推动重点领域和关键环节取得实质性突破

6. 完善整体推进教育改革的工作机制。加强国家和地方整体推进教育领域综合改革的制度建设，强化国家教育体制改革领导小组办公室的综合协调职能，充分发挥国家教育咨询委员会、国家教育考试指导委员会等咨询机构和咨询专家的作用，注重与相关部门协调推进改革。做好教育综合改革

的顶层设计与尊重基层首创精神的结合，研究提出教育综合改革的总体方案、路线图和时间表。加强对地方教育改革试点的指导，根据各地区差异，分类推进教育综合改革，指导各地服务教育发展全局。做好典型宣传和舆论引导，有效凝聚社会共识，为改革有力有序推进营造良好氛围。更好发挥教育领域学会、协会在教育综合改革中的作用。

7. 深化人才培养模式改革。探索贯穿各级各类教育的创新人才培养途径，支持有条件的中学与高校、科研院所开展创新人才培养研究和试验，建立创新人才培养基地。大力推进职业教育产教融合、校企合作，建立技术技能人才培养“立交桥”。继续实施好基础学科拔尖学生培养实验计划和系列卓越计划，组织实施科教结合协同育人行动计划，落实双千互聘计划。加强国际传播后备人才培养。开展地方高校技能型人才培养试点。支持试点学院改革探索。全面启动研究生教育综合改革，大力推进培养模式改革。

8. 改革考试招生制度。研究制定高考改革的总体目标和基本框架。积极推进普通本科与高等职业教育分类考试。深化高校自主选拔录取改革试点工作。开展高中学业水平考试试点及综合素质评价改革、高校招生考试综合评价改革试点。积极推进研究生招生改革试点，建立博士生招生计划分类指导和动态调节机制。加强和改进普通高校艺术类专业考试招生工作。完成高考加分政策清理和规范工作。督促各地落实好进城务工人员随迁子女接受义务教育后在当地参加升学考试的方案。推进普通高中考试招生制度改革。深入实施高校招生阳光工程，加强国家教育考试安全工作，坚决从严治理破坏考试秩序的违法犯罪行为。

9. 加快建设现代学校制度。落实《全面推进依法治校实施纲要》，开展依法治校示范校创建工作。研究制定高等学校学术委员会规则，明确教授治学的范围和途径。2013年所有试点高校都要制定章程，核准一批高校章程。加强教职工代表大会制度建设。完善推进家庭教育的工作机制，建立健全家长委员会。印发加强家庭教育的指导意见。探索建立职业院校集团化办学产权制度。会同相关部门研究制定高校党委领导下的校长负责制实施意见。扩大公开选拔大学校长试点，完善高校党委书记、校长的选拔任用机制。完善直属高校总会计师委派制度。积极推进高校干部交流任职。印发加强直属高校领导班子建设若干意见。深化直属高校人事制度改革。完善高校后勤社会化改革配套措施。落实事业单位改革总体要求，完成部直属事业单位分类工作，深化教育系统事业单位分类改革。

10. 鼓励引导社会力量兴办教育。召开全国民办教育工作会议。印发民办教育专题规划和促进民办教育发展的若干意见。总结营利性和非营利性民办学校分类管理的试点经验。推进公办学校办学体制改革，研究制定推进公办学校多种形式办学、体制改革和扩大优质教育资源覆盖面的意见。推进独立学院规范发展。

11. 扩大省级政府教育统筹权。进一步明确地方政府的教育权责，推进向地方、学校放权，扩大省级政府教育统筹权。开展省级政府履行教育职责评价。指导各地统筹编制符合国家要求和本地实际的办学条件、教师编制等基本标准。统筹建立健全以政府投入为主、多渠道筹集教育经费、保障教育投入稳定增长的体制机制。进一步转变管理方式，强化规划、标准的制订与实施，综合运用法规、政策、公共财政、信息服务等多种手段。

12. 全方位提高教育对外开放水平。稳妥推进教育国际合作交流综合改革试验区建设。扩大省级教育行政部门在教育涉外管理方面职权。加强人文交流高层磋商机制建设，完善多边和双边教育交流机制。提高公派出国留学质量与效益，加强自费出国留学服务管理。采取措施吸引境外学生来华留学，扩大来华留学规模。引进一批境外高水平大学来华合作办学。加大引进国外专家工作力度。实施“走出去”战略，全面实施《孔子学院发展规划(2012—2020年)》，研究制定高校赴境外办学的指导意见。加强与联合国教科文组织等国际组织的合作，积极参与教育国际规则制定。加强与港澳台地区的教育合作与交流。

三、加快转变教育发展方式，推进各级各类教育协调发展

13. 办好学前教育。着力扩大普惠性学前教育资源，加强对各地实施国家学前教育重大项目和学前教育三年行动计划的督导检查。推动落实《3—6岁儿童学习与发展指南》，办好全国学前教育宣传月活动。修订幼儿园工作规程，出台幼儿园玩教具配备标准。完善全国学前教育管理信息系统。开展0—3岁婴幼儿早期教育试点。推动各地制定和完善扶持普惠性幼儿园的政策。

14. 均衡发展九年义务教育。指导各地出台推进义务教育均衡发展的配套政策。印发加强义务教育阶段农村留守儿童工作的指导意见。建立中小学校舍安全保障长效机制。开展义务教育标准化建设示范县（市、区）创建工作。开展义务教育基本均衡县（市、区）评估认定工作。研究制定省级义务教育均衡发展工作考核评价暂行办法，开展对省级政府义务教育均衡发展工作的考核评价。修订义务教育课程设置实验方案。制定义务教育闲置校园校舍综合利用的指导意见。出台义务教育学校学生学籍管理办法，初步建成电子学籍管理系统。研究制定解决大城市中小学“择校热”的措施。印发中小学教材选用管理办法。进一步加强对中小学教辅材料的管理。

15. 推动普通高中多样化发展。加快普及高中阶段教育，确保中等职业教育招生规模与普通高中大体相当。印发普通高中学生发展指导纲要和普通高中教育专题规划。指导各地推动普通高中多样化发展，加强高中学校特色建设。修订普通高中课程方案（实验）及课程标准。实施好普通高中改造计划、民族地区教育基础薄弱县普通高中建设等项目。

16. 加快发展现代职业教育。印发现代职业教育体系建设规划，全面推进建设现代职教体系。制订中高职教育衔接计划。研究职业院校学历教育与职业培训相互沟通的制度。启动现代学徒制试点。制定职业教育校企合作促进办法。印发推进职业教育集团化办学的指导意见。修订国家级重点中职学校评估指标体系，研究国家级重点学校持续发展和动态调整机制。印发首批中职专业教学标准。修订高职专业目录，发布高职专业设置管理办法。制订部分中高职衔接专业教学标准，推进课程体系建设。规范职业教育教材管理。印发并实施全国职业院校技能大赛规划（2013—2015年）。印发职业学校学生顶岗实习管理规定。研究制订职业院校管理水平评估方案。继续开展职业教育与产业发展对话活动，加强行业职业教育教学指导委员会建设。加强职业教育基础能力建设，继续推进国家示范高职、中职学校建设，继续实施职业院校实训基地建设计划，加强示范性职业教育集团建设。加快发展面向农村的职业教育，培育新型职业农民，继续开展国家级农村职业教育和成人教育示范县（市、区）创建活动。

17. 推动高等教育内涵式发展。优化学科专业、人才培养类型、层次结构以及高等教育区域布局。完善学校建设标准体系，引导不同类型高校科学定位。制订专科学历教育高等学校设置标准。加强对“985工程”“211工程”建设的分类管理和指导，继续推进优势学科创新平台和特色重点学科项目建设，加快建设一流大学和重点学科。部署一批国家战略性新兴产业发展和改善民生急需的相关学科专业。继续实施好本科教学工程，建设国家级教师教学发展示范中心、大学生校外实践教育基地、实验教学示范中心，实施大学生创新创业训练项目。贯彻普通高等学校本科专业设置管理规定及目录（2012年）。发布实施关于深化改革提高研究生教育质量的意见。实施服务国家特殊需求的人才培养项目。建立学位授权点动态调整制度。大力推动临床医学硕士等一批专业学位研究生教育与职业资格的有机衔接。完善研究生分流制度，建立完善学位授权点合格评估、博士学位论文抽检制度。

18. 全面提升高校科学研究水平。深化高校科技体制改革，推动科研评价改革试点，持续推进科教结合。实施高等学校“十二五”科学和技术发展规划。发展前沿交叉学科和新兴学科，建立若干交叉学科研究中心。建立一批科学家工作室。鼓励并引导高校参与区域创新体系建设。深入实施新一轮高校哲学社会科学繁荣计划，加快推进高校哲学社会科学创新体系建设。启动实施哲学社会科学“走出去”计划、基础研究中长期重大专项、普及读物项目、专题数据库建设计划等。加强境外基金会资助国内哲学社会科学研究管理。开展第六届高等学校科学研究优秀成果奖（人文社会科学）评选表彰活动。

19. 组织实施好“2011计划”。认定一批“高起点、高标准、有特色”的协同创新中心。深入推进科研评价、人员聘用、人才培养模式、科研组织等方面的改革。加强对地方和学校协同创新中心培育工作的组织和指导，积极探索有效运行模式和协同创新绩效评价机制。结合计划的实施，进一步推动高校学科、人才、科研三位一体的创新体系建设。

20. 积极发展继续教育。印发继续教育专题规划和推进社区教育的指导意见。开展高等学校继续教育综合改革与创新试点工作。提高现代远程教育质量。推进开放大学建设试点。完善高等教育自学考试制度。建立健全继续教育服务机制。积极推进继续教育学习成果认证、积累与转换制度的研究与实践。积极推进高等学校继续教育数字化学习资源开放联盟、大学与企业继续教育联盟、继续教育城市联盟建设。加强社区教育体系建设，推动创建各类学习型组织，创新社区教育课程体系。办好全民终身学习活动周。与联合国教科文组织联合举办全球首届学习型城市大会。

21. 支持特殊教育。继续实施好特殊教育重大项目。启动实施残疾儿童少年义务教育攻坚计划。启动特殊教育重点建设项目，支持薄弱特殊教育学校基本配足配齐教学康复仪器，支持普通学校残疾学生随班就读资源教室（中心）建设。印发盲、聋和培智三类特殊教育课程标准，启动三类特殊教育教材编写和课程资源建设工作。继续开展“医教结合”实验。改革特殊教育教学方法。

四、把立德树人作为教育工作的根本任务，着力提高教育质量

22. 整体提高大中小学德育的实效。在高校学生中广泛开展党的十八大精神主题学习实践活动和校园文化活动。着力加强理想信念教育。深入推进立德树人工程。研究制订高校辅导员职业能力标准，印发实施普通高等学校辅导员培训规划（2013—2017年）。加强高校网络思想政治教育。启动实施大学生思想政治教育质量提升工程。启动大学生思想政治教育测评工作。组织修订普通高中德育课程标准，探索语文、历史等骨干学科渗透德育的途径。印发中等职业学校德育大纲。支持建设乡村学校少年宫和示范性综合实践基地。拓展爱国主义教育基地覆盖范围。

23. 全面提高学生体质健康水平。深入落实《国务院办公厅转发教育部等部门关于进一步加强学校体育工作若干意见的通知》。在上好体育课基础上切实保证学生每天一小时校园体育活动。建立学生体质健康监测、学校体育工作评估和地方年度报告制度。开展义务教育学生课业负担情况及体育课和学生体质健康专项调查，开展“学校减负万里行”活动。开展规范社会补习机构和补习行为的探索。落实中小学心理健康教育指导纲要。实施大学生心理健康素质提升计划。

24. 全面推进学校艺术教育。印发全国学校艺术教育发展规划（2013—2020年）。研究制定加强学校艺术教育的若干意见，开展全国农村学校艺术教育实验县工作，继续大力开展高雅艺术进校园活动，继续推进高校音乐学、美术学（师范教育类）本科专业教学改革。开展全国中小学生、大学生艺术展演活动。

25. 着力提高教师师德水平和业务能力。贯彻落实《国务院关于加强教师队伍建设的意见》及其配套文件。探索建立国家教师荣誉制度。继续推选全国教书育人楷模，深化对张丽莉等重大典型的宣传。研究制定科学合理的师德考评方式。全面加强和改进高等学校学风建设，深入开展高校学风建设专项教育和治理行动。探索开展教师心理辅导和职业生涯发展指导。采取措施坚决防止个别教师体罚、变相体罚学生的行为。扩大教师资格考试改革和定期注册试点。出台幼儿园教职工配备标准，研究制订城乡统一的中小学编制标准。出台义务教育学校校长专业标准，研究制订中等职业学校、高等学校、特殊教育学校教师专业标准。继续实施师范生免费教育，启动实施卓越教师培养计划。继续实施好幼儿园和中小学教师国家级培训、职业院校教师素质提高计划、职业院校校长能力提升计划。启动实施中小学校长（幼儿园园长）国家级培训计划、中小学名师名校长培养工程。启动中小学幼儿园教师培养培训基地建设工作。制定职业学校教师企业实践规定。推进中小学、中等职业学校教师职称制度改革，推广中小学教师晋升高级职务前到农村学校实践的经验。深入实施长江学者奖励计划，参与实施千人计划和万人计划，重点做好教学名师评选工作。研究制定高校高层次创新人才队伍建设的意见。研究高校离退休教授在教学科研活动中发挥作用的途径和方法。深入实施中小学校长和教师交流改革试点。

26. 以教育信息化扩大优质教育资源共享。完成教学点数字教育资源全覆盖、启动实施“宽带网络校校通”，加快推进“优质资源班班通”和“网络学习空间人人通”。推进国家教育管理信息系统与公共服务平台建设，初步建成教育机构与学生基础数据库并提供服务。建立教育信息化专家咨询机制，完善教育信息化标准体系，建立教育信息化督导机制。总结推广首届全国中小学信息技术教学应用展演活动优秀成果。制定中小学教学信息化指导纲要。加快推进职业教育信息化建设，提高职业院校数字校园建设水平。加快建设高等学校精品视频公开课和精品资源共享课。加快继续教育信息化建设。加强教育装备和条件建设。

27. 加强教育质量监督评估。开展基础教育、职业教育、高等教育国家级教学成果奖评选活动。开展基础教育学业质量标准研究制订工作。组织开展中小学教育质量综合评价改革试点。推广中小学“绿色评价”。制定基础教育质量监测指标体系，发布教育质量监测报告。开展素质教育示范校评估工作，改进和加强实验教学。积极参与 OECD 国家学生评估。发布高等职业教育质量年度报告。研究制订本科各专业类教学质量国家标准，加强本科教学质量保障体系建设。编制发布本科教学质量年度报告。开展本科院校分类评估，做好新建本科院校教学工作合格评估，稳步推进普通高校本科教学工作审核评估。继续推进工程教育专业认证、医学教育认证。加强学位与研究生教育质量保证和监督体系建设，建设学位与研究生教育质量信息平台。加强教育质量监测评估机构建设。

28. 全面发展语言文字事业。贯彻实施《国家中长期语言文字事业改革和发展规划纲要（2012—2020 年）》。发布实施通用规范汉字表。加强语言文字规范标准建设和语言生活监测。办好第 16 届全国推广普通话宣传周。开展普通话、汉字应用水平和汉语能力测试，提高国民语言文字素养和应用能力。指导各地推动城市和区域语言文字工作评估，加强语言文字社会应用的监督检查。加强外文规范使用，制定公共服务领域英文译写规范、外国语言文字使用管理规定。印发中小学书法教育指导纲要。

五、大力促进教育公平，让每个孩子都能成为有用之才

29. 加快发展农村教育。合理配置教育资源，重点向农村、边远、贫困、民族地区倾斜。探索建立农村学前教育可持续发展机制。督促各地出台规范农村义务教育学校布局调整的配套政策，做好农村义务教育学校布局规划的制订和报备工作，因地制宜办好乡村小学和必要的教学点。落实好农村中等职业教育免学费政策。实施针对 14 个集中连片特困地区的教育扶贫工程。加大对中西部集中连片特困地区普通高中教育的扶持力度。配合做好“绿色电脑进西部”和西部开发助学工程。实施中西部高等教育振兴计划，大力推进中西部高校基础能力建设和综合实力提升工作。继续实施好国家扶贫定向招生专项计划。扩大实施支援中西部地区招生协作计划。继续实施对口支援西部高校计划。继续做好农村订单定向免费医学教育。认真做好定点联系滇西边境山区工作。启动实施边远贫困地区、边疆民族地区和革命老区人才支持计划教师专项计划。研究制订集中连片特困地区乡村教师补助计划。完善农村教师特岗计划。

30. 深入推进民族教育发展。召开第六次全国民族教育工作会议。修订印发中小学民族团结教育工作指导纲要，完成中小学民族团结教育教材修订。印发加强少数民族双语教育工作的指导意见。开展民族地区基础教育阶段民族团结教育、双语教育、理科教育和“双语双师”型教师培养培训改革。研究制订内地培养少数民族人才五年规划。启动少数民族高端人才计划。深化内地民族班教学改革。印发进一步加强教育对口支援西藏工作的意见。支持新疆高校学科专业结构和招生结构调整。制订新疆双语教师队伍建设五年行动计划。

31. 进一步完善学生资助政策。推动各地落实好学前教育资助制度。继续实施好农村义务教育学生营养改善计划。逐步扩大义务教育家庭经济困难寄宿生生活补助政策范围。扩大普通高中家庭经济困难学生资助范围。落实中等职业教育免学费、助学金和研究生国家奖学金政策。建立国家奖助学金补助标准动态调整机制。完善国家助学贷款管理制度。基本建成覆盖学前教育至高等教育的全国学生资助信息管理系统。

32. 推动实现更高质量的毕业生就业。会同有关部门落实完善鼓励高校毕业生到城乡基层、中小企业、中西部地区、艰苦边远地区就业的优惠政策，开辟毕业生到战略性新兴产业、先进制造业、现代服务业等就业渠道。配合有关部门落实完善创业政策，鼓励大学生自主创业，促进创业带动就业。完善就业服务体系，加强毕业生就业市场建设和就业信息服务，开展富有针对性的就业指导和服务，对困难毕业生群体实行重点帮扶。

六、切实改进工作作风，全面保障教育事业持续健康发展

33. 切实转变机关工作作风。下决心转变会风、文风，精简会议活动、精简文件简报，推进“短实新”文风；少开会、开短会、讲实话。厉行勤俭节约。完善科学决策民主决策制度建设。加大教育政务信息公开力度。全面提升教育统计服务水平。深入推进学习型、服务型、创新型党组织建设。推进创先争优常态化、长效化。深入推进干部选任制度改革，实施部机关干部能力提升计划。加强基层调查研究制度化。完善领导干部接待群众来访制度。全面做好离退休干部工作。支持关心下一代工作。

34. 做好教育经费筹措、使用和管理工作。进一步巩固4%成果，保障教育经费稳定来源和增长。做好重大项目资金使用管理工作。完善监管体系，加强教育经费使用绩效评价和审计监督，严格国有资产使用和处置管理。推动各地建立高等职业学校生均拨款制度。推进研究生投入机制改革。完善中央支持地方高校发展投入政策。完善国家教育经费统计公告制度。

35. 大力推进依法治教。加强教育系统领导干部法制教育，提高依法决策能力和执行能力。加快推进职业教育法修订、一揽子教育法律修订进程。研究起草学前教育法、国家教育考试条例。启动终身学习法研究工作。完成残疾人教育条例修订工作。启动教师资格条例修订工作。发布教学成果奖励条例实施办法等规章。改进和加强教育行政执法，研究制定加强教育行政执法机制改革的意见，做好取消和下放行政审批事项的后续配套工作。印发加强青少年学生法制教育的文件，建设好教育部全国青少年普法网站。做好教师和学生申诉、行政复议等工作。

36. 贯彻落实好《教育督导条例》。推动各地完善配套实施办法。加强督学队伍建设，依法赋予督学职权，加强督学责任区建设。制定完善学前教育、义务教育、普通高中教育、职业教育、高等教育及特殊教育等督导评估与质量监测指标体系和办法。全面启动教育质量督导评估。

37. 切实维护学校和谐稳定。改进和创新思想政治工作，维护师生切身利益。加大舆论引导力度，营造良好氛围和社会预期。加强高校课堂讲座、校报校刊、校内广播电视和校园网管理。加强研讨会报告会和论坛讲座管理。贯彻落实好《校车安全管理条例》。印发创新校园安全管理和深化平安学校建设的意见，集中开展学校及周边治安秩序专项整治行动，持续净化校园及周边环境。制定校园技防、交通和安全保卫工作队伍建设的指导意见。加强学校卫生防疫和食品安全管理，加强农村义务教育学生营养改善计划的食品安全管理、营养科普知识宣传及营养健康状况监测工作。

党的群众路线教育实践活动

教育部党组学习贯彻党的群众路线教育实践活动工作会议精神

2013年6月20日，教育部先后召开机关司局级干部大会和党组会，传达学习党的群众路线教育实践活动工作会议精神，研究部署教育部党组深入开展教育实践活动有关工作。教育部党组书记、部长袁贵仁主持会议并讲话。他强调，要认真学习、深刻领会习近平总书记等中央领导同志重要讲话精神，以高度的思想自觉和行动自觉扎实开展教育部党组和教育系统教育实践活动，以作风建设新成效，为推动教育事业科学发展提供坚强保证。

袁贵仁指出，在全党深入开展以为民务实清廉为主要内容的群众路线教育实践活动，是党的十八大做出的战略部署，是以习近平同志为总书记的党中央，坚持从严治党、加强党的建设的重大决策。习近平总书记在教育实践活动工作会议上的重要讲话，站在我们党90多年光辉历史和实现中华民族伟大复兴中国梦的高度，深刻阐释了党的群众路线教育实践活动的深远意义，指明了开展这一教育实践活动的指导思想和目标要求。讲话思想深邃、鞭辟入里，有很强的政治性、指导性、针对性，反映了党适应时代发展要求、保持先进性纯洁性的高度自觉，体现了党要管党、从严治党的坚定决心，是党在新时期坚持群众路线的重要遵循，是新形势下做好群众工作的科学指南。

袁贵仁强调，在教育系统开展教育实践活动，对于增强广大党员干部的宗旨意识和群众观念，增强教育系统党组织的凝聚力创造力战斗力，在教育系统凝聚起实现中国梦和教育强国梦的强大力量，具有十分重要的意义。要科学谋划、精心实施，确保教育实践活动扎实推进、取得实效。一是深刻学习领会，把握精神实质。要认真学习习近平总书记等中央领导同志重要讲话精神，深刻领会开展这次教育实践活动的重要性和紧迫性，准确把握教育实践活动的目标任务、总体要求、方法步骤，为参加活动做好思想准备、打牢思想基础。二是成立工作机构，提供组织保证。教育部党组已于6月9日成立了深入开展党的群众路线教育实践活动领导小组，统一领导部署教育实践活动。抓紧督导组组建及培训工作，有效开展对机关司局、直属单位、非中管高校教育实践活动的督导检查。三是制订实施方案，统筹安排工作。部党组带头，以身作则，各司局、直属单位党组织都要按照中央精神结合各自实际，认真研究制订实施方案，提出具体、务实、可行的工作举措。要统筹兼顾，把握节奏，协调安排好学习教育、听取意见，查摆问题、开展批评，整改落实、建章立制等各环节工作。四是密切联系实际，务求取得实效。要把开展此次教育实践活动作为全面贯彻落实党的十八大对教育工作提出各项任务的有利契机，与当前转变职能、转变作风结合起来，与教育规划纲要实施总结结合起来，坚持边学边改、边查边改、边整边改，确保活动扎实开展，务求取得实效。

教育部党的群众路线教育实践活动督导培训工作会议召开

2013年6月28—29日，教育部党的群众路线教育实践活动督导培训工作会议在京召开。会议深入学习中央领导同志在党的群众路线教育实践活动工作会议上的重要讲话精神，对教育部机关、直属单位、非中管直属高校教育实践活动11个督导组全体成员进行了思想动员和工作培训。教育部党组书记、部长袁贵仁出席会议并讲话。他强调，要深刻认识开展党的群众路线教育实践活动的重大意义和现实紧迫性，高度重视对活动的督促检查和指导，全面履行督导组工作职责，认真把握好督导工作基本要求，按照中央统一部署，扎实推动教育实践活动有序开展，确保取得让群众满意的实效。

袁贵仁指出，加强督导是中央的明确要求，是实践活动取得实效的保证，也是活动分类推进的需要。督导组成员要深刻认识所肩负的职责和使命，充分发挥部党组和各单位、各高校的桥梁纽带作用，努力成为中央精神的传达者，各单位情况的了解者，领导小组有效领导、正确决策的参谋者，活动顺利开展的促进者。

袁贵仁强调，要全面履行督导工作主要职责。一是坚持了解情况与提出建议并重，发现有与中央精神不符的，需要引起重视的，及时指出、及时提醒。二是全程参与、指导开好高质量的民主生活会，督促抓好整改措施落实。三是敢于动真碰硬，提出问题不留情面，督促整改一抓到底。四是注重发现总结典型，要宣传开展活动的典型，宣传为民务实清廉的典型，也要剖析反面典型。五是及时传递信息，反映情况，当好参谋助手，确保教育实践活动有序进行。

袁贵仁强调，要认真把握做好督导工作的具体要求。一要把“从严”和“务实”的要求贯彻到督导工作中去，广泛听取意见，坚持一抓到底，巩固活动成果，督促找准问题、解决问题、建立机制。二要注重把握各环节特点，重点做好参加动员大会、了解各方意见，审阅对照检查材料、全程参与民主生活会，督促整改措施落实、提出正风肃纪意见等工作。三要注重沟通协调，及时向教育实践活动领导小组报告，加强与督导单位沟通联络，形成工作合力。四要注重改进工作作风，带头树立为民务实清廉形象，以坚强党性和优良作风做好督导工作。

教育部党组成员、中纪委驻教育部纪检组组长王立英主持会议并传达了中央领导同志重要讲话精神。教育部教育实践活动督导组全体成员、非中管直属高校党委书记、教育部学习实践活动领导小组办公室有关成员参加会议。

教育部党的群众路线教育实践活动全面启动

2013年7月8日上午，教育部党的群众路线教育实践活动动员大会召开，教育部党组书记、部长袁贵仁在会上强调，教育部党的群众路线教育实践活动要全面贯彻落实党的十八大和习近平总书记重要讲话精神，以“坚持党的群众路线，办好人民满意教育”为主题，以为民务实清廉为主要内容，以解决“四风”为主要任务，突出作风建设和职能转变，着力解决人民群众反映强烈的突出问题，提高服务基层、服务师生的能力，保持与广大师生、干部群众的密切联系，推动教育事业科学发展。中央党的群众路线教育实践活动第25督导组组长张基尧代表督导组讲话。

袁贵仁指出，要充分认识开展党的群众路线教育实践活动的重大意义，把思想和行动统一到中央的决策部署上来，以更加坚定的决心、更加务实的态度、更加有力的举措，推动教育实践活动扎实有效开展。要通过教育实践活动，强化宗旨意识、树立群众观点，改进工作作风、转变管理职能，营造风清气正、心齐气顺的教育环境，进一步提振人民群众对教育改革发展的信心。

袁贵仁强调，教育实践活动要抓好部党组及机关司局、直属单位、直属高校领导班子和处级以上领导干部，聚焦作风建设，不“走神”，不“散光”，认真查摆、集中解决在“四风”上存在的突出问题。要与中心工作紧密结合，把教育实践活动的目标任务转化为推进教育事业科学发展的优良作风、实际行动和政策举措。在教育实践活动中，必须加强正面教育，促进党员、干部树立宗旨意识；必须把握精神实质，以整风精神开展批评与自我批评；必须坚持开门搞活动，让群众来参与、来监督、来评判；必须加强分类指导，防止“一刀切”；必须坚持领导带头，首先是部党组带头，发挥领导干部的示范作用。

袁贵仁要求，要严格落实教育实践活动方法步骤，扎实推进每一环节工作。坚持边学边改、边查边改、边整边改，做到基本环节不能少、规定动作不变通、重点要求不打折，确保教育实践活动“不虚”“不空”“不偏”。一是抓好学习教育、听取意见这一基础环节。学习教育要入脑、入心，原原本本地学、结合实际地学。听取意见要明确重点，广开言路。二是抓好查摆问题、开展批评这一关键环节。查摆问题要挖根源、触灵魂，对照检查，追根溯源。开展批评要敢碰硬、敢交锋，用好批评和自我批评，开好民主生活会。三是抓好整改落实、建章立制这一根本环节。整改落实要出实招、见实效，针对作风方面存在的问题，制订整改落实方案。要认真梳理、建立健全的规章制度并严格落实，确保制度建设抓根本、管长远。

袁贵仁强调，开展群众路线教育实践活动，是当前教育部紧迫而重大的政治任务，要加强组织领导、抓好统筹安排、重视宣传引导，充分发挥各级党组织的主体作用，充分调动党员、干部的积极性主动性，扎扎实实予以推进，确保活动取得实效。

张基尧在讲话中全面传达了中央开展教育实践活动的基本要求，充分肯定了教育部党组对教育实践活动的高度重视和所做的准备工作，并对教育部开展教育实践活动提出了明确要求。他指出，要坚持按照中央部署和要求扎实开展教育实践活动。要始终贯彻“照镜子、正衣冠、洗洗澡、治治病”的总要求；聚焦作风建设，坚决反对“四风”；以整风精神开展批评和自我批评；坚持领导带头；注重建立长效机制。他强调，要学习领会中央精神，把思想和行动统一到习近平总书记重要讲话精神上来。要保持良好的精神状态，切实增强思想自觉和行动自觉，积极参加教育实践活动，以改进作风的实际成效取信于民。要采取务实管用的措施，按照中央明确的方法步骤，把规定动作抓到位，同时结合实际，加强分类指导，在解决突出问题上下功夫，把自选动作抓扎实。要坚持两手抓两促进，把开展教育实践活动同做好教育改革发展各项工作紧密结合起来，统筹兼顾，合理安排。张基尧还对中央督导组的职责和有关工作做了说明，他表示，督导组将按照中央要求，履职尽责，积极作为，认真做好督导工作。

教育部党组副书记、副部长杜玉波主持会议。中央党的群众路线教育实践活动第25督导组相关负责人，教育部党组成员、老部长，直属机关党的十八大代表、全国人大代表、全国政协委员出席会议，教育部机关全体党员、直属单位党委主要负责人和机关离退休干部党支部书记等参加会议。会后，与会党员进行了民主评议。

教育部公布《深入开展党的群众路线教育实践活动实施方案》

2013年7月8日，教育部公布了《教育部深入开展党的群众路线教育实践活动实施方案》（简称《实施方案》），阐述了教育实践活动的指导思想、目标要求，提出了在“四风”上要集中解决的突出问题，明确了方法步骤、组织领导，宣示了教育实践活动即将在教育战线深入开展。

按照中央统一部署，教育部党组及机关司局、直属单位、直属高校参加第一批教育实践活动。教育实践活动在全体党员中开展，以教育部党组及机关司局、直属单位、直属高校领导班子和处级以上党员领导干部为重点。

《实施方案》提出，以“坚持党的群众路线，办好人民满意教育”为主题，以为民务实清廉为主要内容，把贯彻落实中央政治局关于改进工作作风、密切联系群众的八项规定精神作为切入点，突出作风建设和职能转变，着力解决人民群众反映强烈的突出问题。要紧密联系教育工作和党员干部思想实际，认真贯彻落实“照镜子、正衣冠、洗洗澡、治治病”的总要求，坚持正面教育为主、坚持批评和自我批评、坚持讲求实效、坚持分类指导、坚持教育部党组和领导干部带头，认真查摆、集中解决在形式主义、官僚主义、享乐主义和奢靡之风方面存在的突出问题。

在实施的方法步骤上，教育部党组要学习在前、调研在前、剖析在前、整改在前。教育部党组与机关司局、直属单位衔接紧凑、有序推进、有分有合、压茬进行，主要集中在7—11月开展，活动告一段落后继续抓好整改落实，巩固扩大活动成果。各非中管直属高校在教育部督导组指导下进行。要把边学、边查、边改贯穿教育实践活动始终，并着力抓好学习教育、听取意见，查摆问题、开展批评，整改落实、建章立制三个重点环节。每个环节都要专门制订具体实施计划。

《实施方案》要求，各单位要高度重视，成立相应的领导机构和工作机构，结合本单位实际，认真研究制订并精心组织落实具体实施方案，党组织主要负责人要承担第一责任人的责任。要用好的作风组织开展教育实践活动，力戒形式主义，不得走过场，务求实效。活动中，既要认真落实中央统一部署，把“规定动作”做到位；又要结合教育工作实际，灵活安排各个环节的工作，使“自选动作”有特色。集中教育实践活动告一段落后，要继续抓好整改措施的落实，巩固扩大活动成果。

教育部党的群众路线教育实践活动领导小组已向机关司局派出联络员，向直属单位、非中管直属高校派出11个督导组，全程联络、督导相关单位的教育实践活动。

教育部召开直属机关党的群众路线教育实践活动培训推进会

2013年7月11日下午，教育部召开直属机关党的群众路线教育实践活动培训推进会。部党组成员、副部长李卫红出席会议并讲话。

李卫红指出，直属机关肩负着推动和服务教育事业科学发展的重任。要深刻认识教育实践活动的重大意义，防止和克服轻视的思想、观望的心理、敷衍的态度、担心的情绪，下定决心、动真格，从思想根源入手，以强烈的责任感紧迫感抓好教育实践活动。

李卫红要求，直属机关教育实践活动要紧密结合工作实际和党员干部思想实际，进一步突出作风建设和职能转变，找准“四风”的突出问题，加紧整改长期以来基层群众反映强烈的问题，深入研究一些制度建设的问题。当前要制订好本单位教育实践活动工作方案，进行深入细致的动员部署，要扎实开展学习教育，广泛听取意见建议，切实做到边学边查边改。

李卫红强调，教育实践活动是一项紧迫而重大的政治任务。各司局、各直属单位领导班子成员特别是“一把手”要发挥带头作用，全力以赴抓落实。要努力把关乎群众切身利益的事情办实办好，把教育实践活动的成果转化为教育事业科学发展的成果。

教育部直属机关党组织主要负责人及教育实践活动工作机构负责人，直属单位教育实践活动督导组全体成员、机关司局教育实践活动联络员，教育部教育实践活动领导小组办公室有关工作组成员参加会议。

教育部教育实践活动首场集体学习报告会举行

2013 年 7 月 11 日，教育部举行党的群众路线教育实践活动首场集体学习报告会，中共中央文献研究室主任冷溶做了《坚持党的群众路线》的专题报告。教育部党组书记、部长袁贵仁出席会议并讲话。

报告会上，冷溶围绕党的群众路线，系统梳理了党的十八大以来，习近平总书记关于坚持和贯彻党的群众路线的重要论述，阐述了实现中国梦与坚持群众路线的关系，论述了党的群众路线的理论来源和内涵。报告按照红军时期、抗日战争时期、新中国成立后和改革开放新时期的时间脉络，深入浅出地阐述了党的群众路线形成发展过程。此外，报告还对党的历史上对群众路线三次系统总结和概括做了凝练和解读，并结合理论思考和实践探索畅谈了学习心得和体会。

袁贵仁指出，冷溶同志的报告具有很强的思想性、理论性，是一堂很好的马克思主义群众观点和党的群众路线教育课。他强调，抓好学习教育，加强思想理论武装，是开展教育实践活动第一位的任务。我们要结合报告，在学深、学透、学好习总书记对党的群众路线的重要论述上下功夫，用科学理论武装头脑，牢固树立一切为了人民群众、一切依靠群众的思想观念和从群众中来、到群众中去的工作路线，把人民群众期盼作为努力的根本方向，把人民群众满意作为工作最高标准，把人民群众支持作为最强大的动力源泉，以高度的思想自觉、行动自觉参加教育实践活动，为扎实推进教育实践活动取得显著成效打下坚实的思想基础。

教育部党组成员、机关处级以上党员干部、直属单位党员领导班子成员参加报告会。

教育部教育实践活动第二场集体学习报告会举行

2013年7月15日，教育部党的群众路线教育实践活动第二场集体学习报告会举行，中纪委案件审理室主任耿文清做了《遵守廉政准则，做廉政自律模范》的专题报告。教育部党组书记、部长袁贵仁主持会议并讲话。

报告会上，耿文清围绕共产党员要做廉洁自律的模范，结合理论思考和多年工作实践，全面阐释了廉洁自律的深刻含义、出发点、哲学思考和理论依据，并结合典型案例，从主观认识和实际行动两个层面，提出要把握5个方面和过好10个关口。5个方面是深刻认识反腐败斗争的伟大意义、从自己做起带头净化社会环境、守住底线、克服侥幸心理、敬畏法规。10个关口是金钱关、权力关、信仰关、美色关、交友关、亲情关、面子关、生活情趣关、俭奢关、作风关。

袁贵仁指出，深入开展以为民务实清廉为主要内容的群众路线教育实践活动，就是要解决“四风”问题。耿文清同志的报告，对于我们进一步深化认识“四风”问题的具体表现和严重危害，具有重要的警示和教育作用，对我们查摆“四风”方面的问题有很强的指导和帮助作用。我们要结合报告，在教育实践活动中，对照党章，对照廉政准则、对照改进作风要求、对照群众期盼、对照先进典型，认真查摆问题，结合自身实际，着力解决“四风”问题，进一步强化宗旨意识，树立群众观点，不断增强廉洁从政的自觉性和主动性。要严格遵守有关规定，在监督下履职、在阳光下用权，始终保持共产党员的政治本色，努力成为廉洁自律、廉洁从政的模范。

教育部党组成员、机关处级以上党员干部、直属单位党员领导班子成员参加报告会。

教育部党组召开首场座谈会听取中管高校书记校长意见建议

2013年7月17日，教育部党组召开首场党的群众路线教育实践活动听取意见座谈会，就教育部党组、机关司局、直属单位服务高等学校改革发展情况，特别是在形式主义、官僚主义、享乐主义和奢靡之风等方面存在的问题，听取部分中管高校书记校长的意见建议。教育部党组书记、部长袁贵仁主持会议。

会上，17位正在参加学习贯彻党的十八大精神研讨班的中管高校书记、校长，分别结合各自学校实际和工作体会，就缩短行政审批周期、落实和扩大办学自主权、减少评估检查、加强统筹协调、健全重大事项决策评估机制等问题，提出了意见建议。

在认真听取大家发言后，袁贵仁表示，各位书记、校长立足深化高等教育综合改革、推动学校内涵式发展，针对教育部党组、机关司局单位在服务高校发展方面存在的问题，提出了很好的意见和建议。我们将认真梳理、查摆、找准这些主要问题，充分吸收大家的建议，提出解决对策，采取有效措施，进一步转变职能、改进作风，进一步加强沟通、协调、互动，扎扎实实推进整改落实。

教育部副部长杜玉波、李卫红、杜占元以及教育部党的群众路线教育实践活动领导小组办公室有关同志参加会议。

教育部教育实践活动第三场集体学习报告会举行

2013年7月22日，教育部党的群众路线教育实践活动第三场集体学习报告会举行，国务院参事室主任、党组书记陈进玉做了《改进会风文风与调查研究》的专题报告。教育部党组副书记、副部长杜玉波主持会议并讲话。

报告会上，陈进玉结合理论思考和工作实践，联系教育规划纲要实施3年来面临的新形势和新任务，阐释了教育系统大兴调查研究之风非常重要，教育调查要查实情、听真话、找亮点，特别是要抓好调查主题的选择、调查范围的确定、调查提纲的制定、调研力量的组织、调查过程的实施和调查报告的撰写6个环节。他还提出，改进会风文风，贵在领导干部亲自动手。

杜玉波指出，陈进玉同志的报告观点鲜明、道理深刻，对我们改进会风文风和搞好调查研究很有帮助。我们要进一步深入实际、深入基层、深入群众，坚持接地气、通下情，虚心向群众学习，诚心接受群众监督。要进一步树立求真务实真抓实干的作风，通过深入细致的调查研究，找到解决教育热点难点问题的办法，查实情、出实招、办实事、求实效，切实提高推动教育事业科学发展和办好人民满意教育的工作能力。

教育部党组成员、机关全体党员干部、直属单位党员领导班子成员参加报告会。

教育部党组召开党的群众路线专题学习讨论会

根据党的群众路线教育实践活动第一环节实施安排，在前一段学习教育、听取意见的基础上，2013年8月1日，教育部党组召开扩大会，围绕坚持党的群众路线进行专题学习讨论。教育部党组书记、部长袁贵仁主持会议时强调，要紧紧围绕树立宗旨意识、强化群众观点，进一步聚焦反对“四风”，加强学习教育，深入听取意见，提高思想认识，切实做到边学边查边改，切实做到不虚不空不偏，确保教育实践活动扎实推进、取得实效。

会上，部党组成员结合前一段参加学习、听取意见情况，结合各自工作、思想实际，深入交流了自己学习贯彻党的群众路线的认识体会，认真查摆了“四风”在部机关和自身的主要表现，并就下一步加强整改落实、建章立制提出了初步意见。大家表示，经过一段时间的学习教育、听取意见，思想认识水平有了明显提升，更加深刻地认识到，群众路线是我们党的生命线和根本工作路线，在全党深入开展以为民务实清廉为主要内容的党的群众路线教育实践活动，是党的十八大做出的重大部署，是我们党在新形势下坚持党要管党、从严治党的重大举措。党员干部要坚定立场、真抓实干，将教育实践活动作为改进作风、转变职能的重要机遇，作为落实教育规划纲要、推动教育改革发展的强大动力。要正视问题、找准问题、解决问题，始终把努力办好人民满意教育作为教育实践活动的出发点和落脚点，努力提高新形势下服务基层、服务师生的能力，为基本实现教育现代化、全面建成小康社会、实现中华民族伟大复兴的中国梦做出更大贡献。

会议指出，开展教育实践活动，解决“四风”问题，从根本上讲，就是要解决理想信念、宗旨意识问题，更好地理解和回答“相信谁、依靠谁、为了谁”。会议强调，部党组成员要坚持带头示范、做好表率，真正实现认识高一层、学习深一步、实践先一着、剖析解决突出问题好一筹。要坚定政治方向，以政治家办教育、教育家办教育的标准要求自己、提高自己；要树立为民情怀，坚持一切为了群众，一切依靠群众，从群众中来，到群众中去，发扬密切联系群众之风；要弘扬担当精神，强化责任意识，敢于说真话、敢于坚持原则；要发扬务实作风，实事求是、求真务实、真抓实干；要保持清廉形象，严格执行廉政准则，严格规范权力行使，主动接受群众监督。

会议要求，下一步要继续夯实学习教育、听取意见这一基础环节。一是深入学习教育。坚持把学习教育贯彻始终，继续认真学习，进一步增强思想自觉和行动自觉。二是深入听取意见。认真进行调查研究，真正把群众的呼声反映上来。继续查找在“四风”上的具体表现，为对照检查和整改建制做好准备。三是深入推进整改落实。坚持边学边查边改，对能改的问题，抓紧整改，切实解决一些“四风”突出问题，让干部群众看到成效。四是深入一线指导。进一步加强对机关司局、直属单位、直属高校教育实践活动的联系和指导。

中央第25督导组组长张基尧出席会议并讲话。他充分肯定教育部教育实践活动准备充分、开局良好、进展顺利，党组成员发挥了示范带头作用。张基尧希望教育部党组继续严格按照中央统一部署，扎实推进教育实践活动健康深入开展。一是凝神聚力，把思想行动统一到中央部署要求上。进一步统一思想、形成共识，把中央精神学习好、领会好、贯彻好，以强烈的责任感使命感抓好教育实践活动。二是结合实际，把学习教育融入思想行动中。要紧密结合自身实际学习，让情感受触动、心灵受震撼、思想受洗礼，切实增强贯彻群众路线、改进工作作风的自觉性坚定性。三是严字当头，把查找“四风”聚焦到群众关心的突出问题上。要广泛听取教育系统特别是社会上对教育部作风及教育工作的意见建议，认真梳理群众反映最强烈的教育问题，通过开展教育实践活动，在一些难点热点上力争有所突破，给人民群众信心。四是突出特色，把领导带头贯穿到教育实践活动全过程中。更好地发挥党组成员在教育实践活动中的示范带头作用，形成一级抓一级、层层抓落实的工作格局。

中央第25督导组有关同志、教育部教育实践活动领导小组办公室各成员单位及相关司局主要负责人参加会议。

教育部党的群众路线教育实践活动自2013年7月8日全面启动以来，部机关司局、直属单位、直属高校迅速行动，全部制订实施方案，完成动员部署工作。目前，正根据第一环节实施计划，扎实开展教育实践活动。在学习教育方面，专门制订集体学习计划，统一下发、编印学习资料，已组织3场集体学习报告，部党组成员主持分管司局开展集体学习交流。在听取意见方面，部党组成员深入基层联系点调研听取意见，并组织召开座谈会，发放征求意见问卷，收集各方面意见建议，初步梳理了“四风”问题在部机关和直属高校的具体表现。在边学边查边改方面，确定了一批重点调研整改任务，部党组成员分工负责，带着问题集中开展调查研究和专题研讨，制定更加细化、管用、严格、有效的规章制度。

教育部教育实践活动第四场集体学习报告会举行

2013年8月19日，教育部党的群众路线教育实践活动第四场集体学习报告会举行，教育部原党组副书记、副部长张保庆做了主题为《世界、中国和人生》的专题报告。教育部党组成员、副部长李卫红主持会议并讲话。

报告会上，张保庆同志结合自己渊博的学识、丰富的人生经历，从国际大形势、国内发展状况讲到加强执政党建设的迫切任务，最后落脚点是怎样对待人生，怎样看待价值观、理想信念，怎样看待人民群众。

李卫红指出，张保庆同志给大家上了精彩的一课。他结合世情、国情、党情，特别是结合这次以为民务实清廉为主要内容的党的群众路线教育实践活动，怀着对教育改革发展和队伍建设深厚的感情和高度负责的精神，讲了自己的观点、看法、主张，讲了人生观、世界观、价值观，报告针对性强、观点鲜明、分析客观，对于我们清醒地认识这个世界、认识中国、认知人生，具有重要启示。

教育部党组成员、机关全体党员干部、直属单位党员领导班子成员参加报告会。

教育部召开直属机关党的群众路线教育实践活动工作交流会

2013年8月26日，教育部召开直属机关党的群众路线教育实践活动工作交流会，交流学习教育、听取意见环节工作进展情况，对做好向查摆问题、开展批评环节过渡工作提出明确要求。教育部党组书记、部长、部教育实践活动领导小组组长袁贵仁出席会议并讲话。他强调，要把开展党的群众路线教育实践活动作为教育部改进作风、转变职能的重要机遇，作为办好人民满意教育的强大动力，继续深化学习教育、听取意见，认真抓好查摆问题、开展批评的准备，打牢学习教育和查摆问题两个基础，推动教育实践活动深入有效开展。

袁贵仁指出，教育部党的群众路线教育实践活动开展以来，直属机关各单位普遍高度重视，认真贯彻落实中央部署和部党组要求，结合各自实际，切实加强领导，精心组织实施，教育实践活动开局良好、进展顺利、不断深入。特别是第一环节各项工作部署及时、领导带头、重点突出、聚焦“四风”、务求实效、督导到位，为整个教育实践活动奠定了重要基础。

袁贵仁强调，我们必须清醒地看到，各司局、直属单位工作进展不平衡，要全面开展一次“回头看”，有针对性地克服有的单位存在的思想认识不到位、领导重视不够、“四风”问题找得不准、业务工作和教育实践活动“两张皮”现象等问题，把学习教育、听取意见工作做扎实，确保教育实践活动健康深入开展。一是进一步提高思想认识，增强思想自觉和行动自觉。进一步深化学习教育、加强研讨交流，以知促行、以行促知、知行合一。要把学习教育贯穿始终，坚持联系实际学、带着问题学、深入思考学，把思想认识提高落实到行动上来。二是继续深化听取意见，找准找实“四风”具体表现。要进一步通过多种形式做好听取意见工作，把深化听取意见与面对面深入开展谈心交心紧密结合起来。要在听取意见过程中，突出重点，聚焦“四风”，有针对性地查找问题，系统梳理“四风”问题具体表现。三是突出重点，切实做到边学边查边改。要即知即改，凡是群众不满意的就改，凡是群众期盼的就做，定下的规矩立即执行，做出的承诺坚决兑现。要注意推进长效机制建设，明确的重点整改任务，尽快出台有关制度办法和工作举措，形成解决人民反映强烈的教育热点难点问题的新思路、新举措，切实从源头和根本上落实整改。四是切实落实“一把手”责任，以树立标杆、向我看齐的态度推动领导班子认真贯彻中央精神，发挥示范带头作用。五是督导组要以严的标准、严的程序、严的要求，认真履职尽责，加强审核把关，强化督导措施，提高督导质量。

教育部党组副书记、副部长、部教育实践活动领导小组副组长兼办公室主任杜玉波主持会议，部党组成员、副部长、部教育实践活动领导小组副组长李卫红出席会议。部人事司、财务司、基础一司、职成司、国家汉办、信息中心、报刊社、出版传媒集团 8 个司局单位做交流发言。教育部机关各司局、各直属单位主要负责人、部领导小组办公室有关负责同志参加会议。

教育部教育实践活动第五场集体学习报告会举行

2013 年 8 月 29 日，教育部党的群众路线教育实践活动第五场集体学习报告会举行，全国道德模范、江苏省信访局原巡视员张云泉做了题为《居安思危为党分忧，务实清廉为民奉献》的专题报告。教育部党组书记、部长袁贵仁主持会议并讲话。

报告会上，张云泉结合几十年的信访工作实践和亲身感受，深入浅出地阐述了对于党的群众路线和做群众工作的感悟。以发自内心的真情实感、朴实无华的语言和生动鲜活的事例，全面深刻地阐释了做好群众工作需要具备的一身真本事、需要倾注的一腔真感情、需要始终保持的高境界。现场不时响起热烈的掌声。

袁贵仁指出，张云泉同志的报告既有理论高度，又有实践深度，对我们在办好人民满意教育的实践中，切实做好群众工作，不断提高服务基层的能力具有很强的教育作用。中央提出按照“五个对照”查摆“四风”问题，其中，对照先进典型是重要一项。我们都要对照先进典型这面镜子，向先进典型看齐，以先进典型为标杆、为榜样，来净化思想、提高标准、查找差距。我们要以张云泉同志为榜样，学习他几十年如一日，为党分忧、为民奉献的高尚情怀和精神境界，在思想深处进一步解决好为了谁、依靠谁、我是谁这一重要问题。袁贵仁强调，教育实践活动即将进入查摆问题、开展批评环节，我们要围绕为民务实清廉的要求，把自己摆进去，把问题摆出来，扎扎实实推进教育实践活动深入开展。

教育部党组成员、机关全体党员干部、直属单位党员领导班子成员参加报告会。

教育部召开直属机关“四风”问题查摆情况交流会

2013年9月16日，教育部分别召开机关司局和直属单位“四风”问题查摆情况交流会，重点交流各单位听取意见情况、存在的“四风”问题和查摆问题、开展批评环节活动的具体安排。教育部党组书记、部长、部教育实践活动领导小组组长袁贵仁主持会议并讲话。他强调，要继续深入扎实推进教育实践活动，把查摆问题、开展批评这一承上启下的关键环节抓紧抓好抓细，把“四风”问题查准找实挖透，以整风精神开展批评与自我批评，确保教育实践活动不走过场、取得实效。

袁贵仁指出，教育部党的群众路线教育实践活动开展以来，直属机关各单位通过基层调研、座谈访谈、发放征求意见函、个别走访等多种方式听取意见，认真查摆“四风”问题，工作总体是扎实有效的，但有的单位也还存在查找不够深入、不够准确、不够到位问题。教育实践活动进入查摆问题、开展批评环节后，要更加聚焦“四风”问题，更加注重把听取意见、查摆问题、改进工作有机结合，为召开高质量的专题民主生活会夯实基础。

袁贵仁强调，查摆问题是学习教育、听取意见环节的延续，是开展批评的基础，也是整改落实、建章立制环节的准备，要扎实有效抓好查摆问题工作，确保不偏、不空、不虚。一是要将学习教育贯穿始终。认真学习贯彻习近平总书记系列重要讲话、教师节慰问信精神，将思想认识统一到中央要求上来，进一步增强大局意识、政治意识、责任意识、忧患意识、底线意识。二是要将听取意见贯穿始终。既要听“四风”具体表现的意见，也要听如何破除“四风”的建议，既要“号脉”，更要“开药方”。三是要将整改落实贯穿始终。坚持边学边改、边查边改、边整边改，积极推动教育热点难点问题的解决，以教育实践活动的实效取信于民。

袁贵仁要求，各单位要以极端认真、极端负责的态度抓实查摆问题、开展批评这一关键环节，切实做到高标准、严要求。一是把谈心交心落实到位。要聚焦主要问题，深入交流思想，把问题谈全、谈深、谈透，防止讲情面、当老好人，力戒一团和气、不痛不痒。二是把查摆问题落实到位。要切实把自己摆进去，突出重点，不要散光，既要讲共性问题，又要讲个性问题；既要讲总体表现，又要讲具体表现。三是把对照检查落实到位。紧密联系工作实际，认真撰写对照检查材料，讲真话、讲实话、讲心里话，正面回应问题，深挖思想根源，拿出整改措施。四是把开好专题民主生活会落实到位。要充分利用好批评与自我批评这个利器，开展积极健康的思想斗争，敢于动真碰硬、揭短亮丑，确保召开一次高质量的民主生活会。

教育部党组成员、中纪委驻教育部纪检组组长、部教育实践活动领导小组副组长王立英，教育部党组成员、副部长、部教育实践活动领导小组副组长李卫红出席会议。会上，27个司局和32个直属单位紧密结合工作实际进行了交流发言。

教育部召开会议学习贯彻习近平总书记指导河北省委常委班子专题民主生活会重要讲话精神

2013年9月29日，教育部召开司局级以上干部集体学习会，传达学习习近平总书记指导河北省委常委班子党的群众路线教育实践活动专题民主生活会重要讲话精神，传达学习中央党的群众路线教育实践活动简报第70期《河北省委常委会召开高质量专题民主生活会》和中央督导组有关要求，对下一步深入开展教育实践活动做出部署。教育部党组书记、部长、部教育实践活动领导小组组长袁贵仁主持会议并讲话。

袁贵仁指出，习近平总书记安排4个半天时间参加河北省委常委班子专题民主生活会并做重要讲话，充分体现了党中央对搞好教育实践活动的高度重视和坚定决心。总书记的重要讲话思想深刻、内涵丰富，对坚持用好批评和自我批评的武器，提高领导班子解决自身问题能力提出明确要求，为召开高质量的专题民主生活会提供了重要遵循，为深入推进教育实践活动注入了强大动力，为严格党内生活、加强党的建设明确了方向。要深刻学习领会习近平总书记重要讲话精神，认真学习借鉴河北省委的经验，进一步提高开展批评和自我批评的自觉性，认真筹备召开好专题民主生活会，确保教育实践活动扎实推进、不走过场。

袁贵仁强调，深入开展谈心谈话，认真撰写对照检查材料，是开好专题民主生活会的重要基础。一是进一步扩大谈心谈话范围，深化谈话内容。重点抓住双方沟通“提什么”、一把手把关“行不行”、大家评价“够不够”这三个问题，着力提高谈心谈话质量，把问题谈全、谈深、谈透。二是认真撰写好对照检查材料，着力在“准”“深”“诚”“实”四个方面下功夫，真正做到查准“四风”问题，深刻剖析思想根源，以真诚态度联系实际讲真话、讲实话、讲心里话，提出实实在在、具体明确的整改措施。三是坚持时间服从质量，切实组织开好专题民主生活会。部领导和督导组要切实把好“四风”问题查摆关，把好谈心谈话关，把好对照检查材料审核关，把好批评与自我批评关，勇于揭短亮丑自我批评，以真诚帮助的态度开展相互批评，将民主生活会开成共同受到教育、受到警示的会，达到促进工作和增进团结的目的。

袁贵仁要求，要把学习教育贯穿始终，不断深化思想认识；继续坚持边查边改，认真落实部党组确定的重点整改任务；一把手要切实负起第一责任，坚持带头示范；督导组要切实履行职责，以强有力的督导工作推动教育实践活动健康发展。

教育部党组成员、机关司局级干部和直属单位主要负责人参加了集体学习。

教育部党组召开专题民主生活会

2013年10月28日，按照中央统一部署和教育部党的群众路线教育实践活动总体安排，教育部党组用2个半天和1个晚上的时间，召开专题民主生活会，认真学习贯彻习近平总书记参加河北省委常委班子专题民主生活会时重要讲话精神，按照“照镜子、正衣冠、洗洗澡、治治病”的总要求，坚持严肃认真、实事求是、民主团结、触及灵魂，开展积极健康的批评和自我批评，认真查摆“四风”方面的突出问题，深刻剖析产生问题的原因，明确提出整改方向和措施。中央第25督导组组长张基尧出席会议指导并讲话，教育部党组书记、部长、部教育实践活动领导小组组长袁贵仁主持会议。

为开好高质量的专题民主生活会，教育部党组高度重视、充分准备，认真做好学习教育、听取意见，查摆问题、开展批评各项工作。一是精心组织学习教育。坚持把学习教育贯穿活动始终，安排10次集体学习专题报告会，重点学习中国特色社会主义理论体系、党章、党的十八大报告和习近平总书记及中央领导同志的一系列重要讲话。召开教育部党组扩大会议集中学习交流，召开直属机关学习交流会，进一步增强宗旨意识和群众观念。二是广泛深入征求意见。教育部党组召开16场座谈会，分别听取“两代表一委员”、服务对象、新闻媒体意见。每位党组成员确定2个基层联系点，听取直属单位和直属高校意见；深入边远贫困地区调研，在19个省份召开基层座谈会31场。经梳理归纳，共收集到各类意见建议1 274条。三是查实找准“四风”问题。召开5次党组会、7次专题讨论会，对“四风”方面的问题及具体表现进行认真审议查摆，剖析产生问题的思想根源，共查摆出28个方面的问题。坚持边学边查边改，针对社会反映强烈的教育热点问题及时提出整改举措。四是认真开展谈心谈话。党组成员之间、党组成员与老领导、机关司局负责同志、直属单位主要负责同志谈心谈话达252人次。谈话前做好准备，谈心中敞开心扉，既谈自己“四风”方面存在的问题，征求对方意见，又诚恳地给对方提出意见建议。五是用心撰写对照检查材料。袁贵仁亲自主持起草党组对照检查材料，每位党组同志都自己动手撰写个人对照检查材料，进行触及思想和灵魂的自我剖析。对党组对照检查材料进行多次讨论和审议，做了30多次修改完善；党组成员个人对照检查材料数易其稿，平均修改不下5次。中央教育实践活动领导小组办公室和中央第25督导组对教育部党组和党组成员个人对照检查材料进行了严格审核把关。这些都为专题民主生活会的成功召开奠定了坚实基础。

会上，袁贵仁代表教育部党组报告了班子遵守党的政治纪律、贯彻中央八项规定精神、转变作风等方面的情况，对照检查了班子在“四风”方面存在的14个突出问题。在形式主义方面，主要是工作推进不实不狠，一些会议文件、工程项目、检查评估存在形式大于内容现象；有的大事议得不深不透，举措不实；有的工作督察不力、抓深入落实不够。在官僚主义方面，主要是存在一些脱离实际、脱离群众问题；直接联系群众渠道不畅，服务师生、服务群众、服务教育战线的观念较弱，解决群众反映的热点问题不够及时；还存在门难进、脸难看、事难办的现象。在享乐主义方面，主要是思想有惰性，精神有懈怠，对教育形势缺乏足够的忧患意识和只争朝夕的使命意识，存在工作图省事、图方便现象，推进教育改革发展的责任感和担当意识还不够强。对新情况、新要求和一些重大教育问题研究得不够深、思考得不够透，敢于攻坚克难、解决教育热点难点问题的决心和力度也不够。在奢靡之风方面，主要是艰苦奋斗精神弱化、勤俭节约意识不强，一些工作成本偏高、效益偏低，针对相关单位、学校出现的办学贪大求全、校庆多、论坛多，坚持勤俭节约的要求不严，对奢靡浪费查处不力。针对这些问题，党组班子深刻剖析了理想信念、宗旨意识、党性修养、作风建设等方面的深层原因，在整改措施中列出了5个方面、15个项目的逐条具体整改措施。一是坚持以学习教育提升思想政治水平和战略思维能力。重点是完善学习制度、遵守政治纪律制度，加强对教育系统思想政治工作的领导。二是坚持以求真务实克服形式主义。重点是转变会风文风、简化接待，减少检查评估，改进项目管理方式，提高政策执行力，提升干部队伍工作科学化水平。三是坚持以为民服务克服官僚主义。重点是改进调查研究，提升服务意识和服务能力，加强系统内外沟通联系，转变政府职能、简政放权，强化分类指导。四是坚持以真抓实干克服享乐主义。重点是加大综合改革力度，有效破解群众反映强烈的教育热点问题。五是坚持以节俭清正克服奢靡之风。重点是严格执行中央政治局关于改进工作作风、密切联系群众的八项规定和教育部《贯彻落实中央改进工作作风密切联系群众〈八项规定〉和〈实施细则〉的实施办法》，加强教育经费监管，推动节约型机关和节约型校园建设，强化党风廉政纪律约束。

党组成员本着对自己、对同志、对班子、对党、对事业高度负责的精神，紧密联系思想实际、岗位职责和工作经历，紧密结合征求到的意见建议，认真开展批评和自我批评。袁贵仁带头发言，深入剖析自身存在问题并恳请其他同志提出批评意见。各位党组成员对自身和其他同志存在的问题敢于揭短亮丑，不回避、不掩饰，会场充满严肃、坦诚、和谐、团结的氛围。有的同志说，有的工作出现了有措施、没落实，有部署、没检查的情况，存在抓而不紧、抓而不实、抓而不细的问题。有的同志谈到，在办公室和会议室研究部署工作多，围绕领导批示和媒体舆情开展工作多，主动深入基层和学校调研少，存在不接地气、不能全面准确把握群众所思所想的问题。有的同志坦言，习惯于固守现有的工作格局，种好责任田、忙乎分管事，在开放视野、主动沟通、形成协同上存在着差距。有的同志表示，敢于担当的精神不够，一些重大教育改革事项没有找到突破口和切入点，有些复杂问题不敢及时决断、果断拍板，政策突破或制度创新不够，工作中有时怕冒风险，怕承担责任。有的同志讲到，面对工作中的各种矛盾和难题，有时顾虑较多，存在瞻前顾后和一定的畏难情绪，甚至产生不愿触及矛盾和问题的想法。有的同志坦承，在中央八项规定出台前，有时出差存在超标准接待现象。大家从世界观、人生观、价值观上深刻剖析了产生这些问题的思想根源，并提出了努力方向和改进措施。大家一致认为，此次民主生活会质量高、触动深、收获大，在批评和自我批评中相互教育、相互启发、相互警醒，真正荡涤了灵魂、强化了党性，接受了一次及时深刻的马克思主义群众观教育，经受了一次积极健康的党内政治生活洗礼，对于推动作风转变和工作开展具有重要意义。

张基尧在讲话中对教育部党组围绕这次专题民主生活会所做的充分准备给予肯定。他指出，教育部党组同志在会上围绕“为民务实清廉”的主题，以反对“四风”为重点，结合教育工作实际和作风实际，大胆面对自己的缺点和不足，深刻剖析思想根源和认识根源，开诚布公、畅所欲言，进行观点上的交流和思想上的碰撞，做到了开门见山、直面问题，找到症结、深挖根源，敢于批评、注意团结，自觉整改、方向明确，面向未来、增强信心，起到了照镜整容、洗澡除尘、祛病健身的初步效果，为下一环节的整改落实固化成果做好了准备。

张基尧强调，这次民主生活会后，要扎实抓好整改落实、建章立制，把落脚点放在解决问题上。一是做好民主生活会情况通报。重点通报听取意见、查找问题、开展批评和自我批评的情况，让干部群众来监督和评判。二是抓紧制订整改方案。对查摆出的问题，要逐项研究，深化专项治理，细化整改工作方案。注重从体制机制上解决问题，推动改进工作作风、密切联系群众常态化、长效化。三是坚持不懈搞好活动。要保持良好精神状态，牢记对照检查中党组班子和个人的庄严承诺，继续聚气凝神搞好下一环节各项工作，对干部群众提出的问题一个一个加以整改，切实巩固教育实践活动的成果，实现“四风”的根本好转和教育部各项工作水平大幅提高。

袁贵仁在总结讲话时说，经过大家认真准备，这次专题民主生活会取得了较好效果，起到了“红红脸、出出汗，加加油、鼓鼓劲”的作用，达到了“团结—批评—团结”的目的。我们进一步找到了自身存在的差距和思想根源，进一步增强了宗旨意识和群众观点，进一步明确了努力方向和整改措施。要深入学习贯彻习近平总书记在参加河北省委常委班子专题民主生活会时的重要讲话精神，切实防止“闯关”思想，在继续保持学习教育和查摆问题“两个不放松”的基础上，坚持高标准、严要求，持续不懈努力，把正确的认识落实到行动上，巩固好这次专题民主生活会的成果，确保教育实践活动善始善终、善做善成。

袁贵仁强调，专题民主生活会既是教育实践活动前两个环节成果的具体体现，更是整改落实、改进作风的新起点。下一阶段要重点抓好四个方面的工作。一要深入学习贯彻习近平总书记一系列重要讲话精神，切实解决好世界观、人生观、价值观这个“总开关”问题。坚持不懈地把理论武装摆在首位，深入学习贯彻中国特色社会主义理论体系和习近平总书记一系列重要讲话，切实做到真学真懂、真信真用。要始终筑牢思想防线，坚定理想信念，严守政治纪律，在思想上、政治上、行动上自觉与以习近平同志为总书记的党中央保持高度一致。二要发扬钉钉子的精神，以踏石留印、抓铁有痕的作风全力推进整改落实。要结合前段工作“回头看”，对查摆剖析出来的问题特别是专题民主生活会上查找出来的问题，进行再梳理、再归纳，在此基础上制订好教育部党组整改方案、专项整治方案和制度建设计划。对各项整改任务，要一条条兑现、一项项落实。要坚持开门整改，让群众提意见、来评判。三要坚持两手抓、两促进，以活动的实际成效促进中心工作。坚持统筹兼顾，把搞好教育实践活动同做好当前各项工作、推动教育事业科学发展有机结合起来。要抓紧推进机关职能转变，并切实加强放权后的宏观监管、监测和评估工作；在提高教育质量、促进教育公平、维护校园稳定上取得实质性突破；周密谋划和推进教育领域综合改革；提前谋划好明年的工作安排。四要坚持不懈地加强自身建设，确保党组班子成为坚强的领导集体。要加强党组班子思想政治建设，带头遵守廉洁从政各项规定，继续做好谈心谈话、沟通交流，用好批评和自我批评武器，在坚持党性原则的基础上，形成能够掏心见胆、并肩奋斗的真团结。

袁贵仁强调，要认真组织好情况通报，让广大干部群众看到教育部党组正视问题、解决问题的决心，看到采取的措施、取得的成效。组织开展好直属机关、直属高校的专题民主生活会和整改落实工作，搞好督促检查，从严从实把关，确保活动不虚、不偏、不空，不走过场，取得实实在在的成效。

中央第25督导组、中组部、中央国家机关工委有关同志出席会议。

教育部教育实践活动第六场集体学习报告会举行

2013年10月31日，教育部举行党的群众路线教育实践活动第六次集体学习，上海市教科院院长陈国良做了题为《教育现代化和决策服务系统》的专题报告。教育部党组书记、部长袁贵仁主持会议并讲话。

报告中，陈国良以翔实的数据，从总体框架、国际比较、综合评价多层面对教育现代化研究成果做了重点解读，对决策服务系统的主要功能和已开展的工作做了详细介绍，为机关干部上了一堂推进教育现代化、改进政府宏观管理的展示课。

袁贵仁在讲话中指出，设计一套具有中国特色、国际可比的教育现代化监测评价指标体系，是今后我国教育改革发展的重要战略抓手，是推进教育部转变职能、改进宏观管理的重要途径，也是党的群众路线教育实践活动的重要成果。陈国良同志的报告，对我们充分认识推进教育现代化的重要性和紧迫性，改进工作作风，实现科学决策、科学管理，加快调整教育结构，推动教育健康协调发展，努力办好人民满意的教育，具有很强的指导和帮助作用。

袁贵仁通报了教育部党组专题民主生活会有关情况。他强调，当前教育实践活动正处在开好专题民主生活会这一重要节点。各司局单位要认真组织开好专题民主生活会，并以此作为新的开端，继续深入学习贯彻习近平总书记一系列重要讲话精神，全力推进整改落实，抓好建章立制，以活动实际成效促进中心工作。

教育部党组成员、机关全体党员干部、直属单位党员领导班子成员参加报告会。

教育部召开党组专题民主生活会情况通报会

2013年11月8日，教育部召开党的群众路线教育实践活动党组专题民主生活会情况通报会。教育部党组书记、部长、部教育实践活动领导小组组长袁贵仁代表党组通报了民主生活会情况。他强调，要认真学习贯彻习近平总书记系列重要讲话精神，按照中央部署要求，将开展教育实践活动与学习贯彻党的十八届三中全会精神紧密结合，以专题民主生活会为新的开端，大力弘扬改革创新精神，切实做好整改落实、建章立制工作，以作风建设新成效凝聚起推动教育事业科学发展的强大力量。

袁贵仁从民主生活会前期准备情况、会议召开情况、整改方向和措施、中央第25督导组点评意见、下一步工作打算五个方面，全面通报了党组专题民主生活会情况。他指出，这次专题民主生活会上，党组成员紧密联系自己的思想和工作实际，聚焦反对“四风”，以整风精神开展了严肃认真、积极健康的批评和自我批评，着力查找问题，深入剖析原因，明确整改方向。要紧紧围绕“为民务实清廉”要求，抓住整改落实和建章立制两个关键，突出工作重点，做到立行立改、开门整改、真转真改，确保教育实践活动善始善终、善做善成、取信于民。

袁贵仁强调，针对查摆出来的“四风”问题及其思想根源，要按照整改方向和措施，下大力气抓好落实。一是坚持以学习教育提升思想政治水平和战略思维能力。重点是完善学习制度、遵守政治纪律制度，加强对教育系统思想政治工作的领导。二是坚持以求真务实克服形式主义。重点是转变会风文风、简化接待，减少检查评估，改进项目管理方式，提高政策执行力，提升干部工作科学化水平。三是坚持以为民服务克服官僚主义。重点是改进调查研究，提升服务意识和服务能力，加强系统内外沟通联系，转变政府职能、简政放权，强化分类指导。四是坚持以真抓实干克服享乐主义。重点是加大综合改革力度，有效破解群众反映强烈的教育热点问题。五是坚持以节俭清正克服奢靡之风。重点是严格执行中央八项规定和教育部20条实施办法，加强教育经费监管，推动节约型机关和节约型校园建设，强化党风廉政纪律约束。

袁贵仁指出，教育实践活动下一步要着力做好五个方面工作。一是继续保持学习教育和查摆问题“两个不放松”。要深入学习贯彻习近平总书记一系列重要讲话精神，坚持不懈把理论武装摆在首位，始终筑牢思想防线，坚定理想信念，严守政治纪律。要把谈心交心作为日常工作手段、把批评和自我批评作为常规“武器”，坚持发现问题，认真解决问题。二是全力推进各项问题的整改落实。针对群众反映的问题和专题民主生活会上查摆出来的问题，要制订整改方案，提出有针对性的整改措施。要注重从体制机制上解决问题，坚持标本兼治，坚持开门整改。三是切实抓好建章立制工作。研究制订教育部加强贯彻党的群众路线制度建设计划，注重运用制度和法治的方法推进作风建设，加强对权力的规范制约监督，形成便于遵循、落实、检查的制度体系，实现作风建设制度化、规范化、常态化。四是坚持以活动实际成效促进工作。坚持统筹兼顾，把做好群众路线教育实践活动各项工作与贯彻落实党的十八届三中全会精神和谋划明年主要工作结合起来，在推进机关职能转变、提高教育质量、促进教育公平、维护校园稳定、深化教育领域综合改革等方面取得实质性突破，切实推动教育事业科学发展。五是确保教育实践活动取得实效。要坚持不懈地加强党组班子自身建设，继续聚气凝神搞好下一环节各项工作，切实巩固教育实践活动的成果，实现“四风”的根本好转和教育部各项工作水平大幅提高。

中央第25督导组有关同志，直属机关党的十八大代表、全国人大代表、全国政协委员，部分离退休老领导，机关全体党员干部，直属单位领导班子成员，机关离退休党支部书记和派往直属单位督导组成员参加通报会。

教育部教育实践活动第七场集体学习报告会举行

2013年11月19日，教育部举行党的群众路线教育实践活动第七场集体学习报告会，全国人大内务司法委员会副主任委员、中国社会科学院党组原副书记、原副院长李慎明做了题为《中国梦与中国特色社会主义》的专题报告。教育部副部长杜占元主持会议并讲话。

报告会上，李慎明阐释了中国梦这一重要战略思想的由来、内涵和精神实质；通过对中国特色社会主义四个关键问题的梳理，指出了实现中国梦的关键是坚持和发展中国特色社会主义。他全面系统地解读了实现中国梦所面临的国内外机遇和挑战，特别强调了坚持和发展中国特色社会主义必须反对两种错误倾向，并从全党全国和党员个人两个层面提出了建议。

杜占元指出，李慎明同志的报告既是一堂关于如何实现中国梦和中国特色社会主义的生动教育课，也是一场十分重要的学习十八届三中全会精神的辅导报告。我们要结合专题报告，不断加深对全面深化改革重要性的认识，牢固树立进取意识、机遇意识、责任意识，积极筹划下一步各项工作，做到“三结合”。一要把深入学习领会三中全会精神和深刻领会教育领域综合改革的重大部署结合起来。二要把贯彻落实三中全会精神与扎实推进教育实践活动整改落实工作紧密结合起来。三要把贯彻落实三中全会各项目标任务要求和认真抓好岁末年初工作结合起来，牢牢掌握工作的主动权，继续保持教育改革发展的良好态势。

教育部党组成员、机关全体党员干部、直属单位党员领导班子成员参加报告会。

以事业发展群众满意为最高标准

——教育部领导赴教育实践活动联系点及基层单位调研综述

“学校活了，教育自然就活了。如何为学校服务，是我们的任务。你们提出来的问题，抓住了教育改革发展的重点，坚定了我们的决心和信心。”2013年8月2日，教育部党组书记、部长袁贵仁与天津大学师生座谈时，语重心长地说。

为深入开展教育实践活动，教育部专门制订了部党组成员基层联系点调研方案，每位党组成员分别到两个基层联系点调研。7月中旬至8月中旬，在北京、石家庄、郑州、合肥等地，在教育部、直属单位、直属高校、基层教育行政部门、广大中小学等单位，通过面对面交谈、实地参观考察、走访贫困学生家庭，教育部党组成员深入20个联系点和19个省份及26个其他基层单位调研指导，听取基层单位对部党组及部机关作风建设和教育工作的意见建议，指导基层单位深入开展教育实践活动，了解基层单位改革发展情况及面临的困难问题。

深入调研，真心诚意听取意见建议

8月7—10日，袁贵仁来到云南玉龙纳西族自治县等地，就民族贫困地区义务教育、职业教育、民办教育等问题开展调研，除了实地走访各级各类学校和贫困学生家庭外，还召开了4场座谈会，与当地教育部门、师生代表、企业代表面对面交流。

在家住半山腰的黎明乡堆美村纳西族杨姓村民家里，袁贵仁拉着老奶奶的手，唠起了日常生活和孩子上学情况。得知其孙女今年初中毕业不能继续就学，袁贵仁介绍了农村中职免学费政策，嘱咐当地教育部门一定帮助女孩继续读职高，掌握一门技术。温暖在流动、真情在传递，老奶奶和孙女感动得热泪盈眶。

同一时间段，教育部党组副书记、副部长杜玉波在长春开展重点任务专项调研，就规范减少对高校的评估评审评价以及改进会风文风等，听取长春部分高校代表的意见建议。吉林大学介绍了学校做的一项统计，认为教育部在改进会风文风方面确实有很多实际变化，视频会议增加了、发文数量减少了，希望能使之成为常态。

7月27日，杜玉波在华南理工大学调研时，学校提出希望教育部有关会议尽可能通过视频召开，免去偏远地区学校路途奔波之苦。杜玉波认真倾听了学校提出的意见建议后说，我们要以教育实践活动为契机，凝聚推动改革发展的共识和力量，切实转变作风。要用好的作风来开展活动，防止讲泛泛的话、不解决问题的话，防止以形式主义反对形式主义。

7月29日，部党组成员、副部长刘利民来到教育部基础教育课程教材发展中心，征询中心干部、群众对改进工作作风、转变职能等的意见建议。有的同志提出，应进一步发挥中心对政府行政的专业支持保障作用，统筹安排更多常规性的专业工作。刘利民听后表示，将对这些意见建议进行认真研究，希望通过教育实践活动推动中心事业的科学发展。

去基层调研的部领导们，一路轻车简从，带着把自己摆进去、把问题找出来的决心，虚心听取基层意见建议。8月14—16日，部党组成员、部长助理陈舜到长沙、株洲等地，分别就湖南大学开展教育实践活动、长沙株洲等地推进教育督导体制改革和教育公平等情况进行调研。陈舜先后考察了大中小学校，并主持召开5场座谈会，广泛听取基层群众意见建议。为增强针对性和实效性，调研组还事先向湖南省教育厅印送了调研提纲和6个方面的具体问题，最终归纳整理出14条宝贵的意见建议。

活动开展要和推进事业发展相结合

党的群众路线教育实践活动开展得好不好，关键是看有没有走过场，能不能让广大师生和人民群众满意。

不虚、不空、不偏、不走过场，部领导所到之处，干部群众提出的很多意见建议，也正是事业发展迫切需要解决的问题，表达了结合教育实践活动，实现改革促发展的迫切希望。8月3日，袁贵仁来到中国矿业大学。在座谈会上，当听到大家都比较关心办学自主权问题时，袁贵仁说："办学自主权和省级统筹的改革，一条一条必须磨下来。"

8月12日，部党组成员、副部长鲁昕赴河南调研，深入了解职业教育改革情况，对现代职业教育体系建设取得的突破给予肯定，并对如何进一步深化改革加以指导。她指出，今后要围绕中原经济区建设战略，以中职为重点普及高中阶段教育，积极推进中高职衔接，加快地方本科院校转型发展，加快发展现代农业职业教育，服务现代产业和城镇化战略。

如何结合教育实践活动推动教育事业发展，是部领导调研中始终关心的一个问题。8月12—14日，部党组成员、副部长郝平赴福建和广东，就加强省级政府教育统筹、进一步落实和扩大高校办学自主权等重点项目展开调研。郝平对两地、校开展教育实践活动的做法和在推进省级政府教育统筹等方面的成绩给予肯定，感谢两地、校提供的情况和所提的意见建议，并就有关中外合作办学审批事项，当场进行了协调，提出要将其作为教育实践活动边学边改的一个实际成果。

7月23—24日，部党组成员、副部长杜占元来到上海市教委、同济大学等单位展开调研。对于大家热烈讨论的科研评价问题，杜占元说，政府和主管部门重在导向，教育部正在抓紧制定新形势下的科技评价改革指导意见。目前，科技评价活动过多过频，下一步要精简评价，要以科学、高效、权威的方式开展评价。

既要找准穴位，又要下狠手解决问题

了解基层联系点和其他基层单位教育实践活动开展的情况，并给予具体的指导，是教育部党组成员调研的一项重要工作。

8月2—3日，袁贵仁在天津大学和中国矿大进行调研后，对学校开展教育实践活动的做法给予肯定，认为两所学校的活动准备充分、富有特色。对如何继续深化教育实践活动，袁贵仁指出，伤其十指不如断其一指，要集中解决几个重点难点问题，确保取得实效，让群众看到实惠、树立信心。要进一步突出重点，完善体制机制，对现有制度，该废的就废，该改的就改，该立的尽快建立健全。

8月8日，部党组成员、中纪委驻教育部纪检组组长王立英到联系点东北大学调研，深入师生和企业员工中间，与一线干部、师生员工面对面、心连心交流。王立英说，领导干部作风关系到一所学校的形象，体现了一所高校的精神状态和创新能力，影响高校的发展速度和质量，开展教育实践活动是推进内涵式发展的重要内容和有力保障。对于如何进一步深化教育实践活动，她提出深化认识、深化实践、深化调研、深化班子建设四点要求。

教育实践活动开展至今，教育部领导所到之处，对基层单位的指导从未放松。西南财经大学是部党组成员、副部长李卫红调研的一站，7月29日，学校代表向李卫红介绍了教育实践活动开展情况，比如，学校针对“三个不同层面”党员干部的特点，梳理存在的问题，聚焦“十个突出问题”。李卫红听后说，学校党委高度重视、组织得力，活动实现了良好开局。今后，要进一步加强学习，进一步开门整风，以边学边查边改为抓手，加强统筹，精心组织，以好的作风推进教育实践活动。

8月18—19日，部党组成员、部长助理林蕙青到浙江大学调研时，正值新生报到，她深入到新生报到大厅和新生宿舍，与新生及家长亲切交流。对于学校教育实践活动开展情况，林蕙青给予了肯定，并提出进一步抓好学习、找准问题，坚持边学边查边改、坚持领导带头，做好两手抓、两不误、两促进等建议。

20个联系点、19个省份、26个其他基层单位，留下了部党组成员坚实的脚印。党组成员坚持带着问题，利用休假时间，深入基层、深入学校、深入师生，特别是边远贫困和农村地区，与一线干部职工、校长、师生和家长面对面广泛听取意见、问需问计问策，召开座谈会31场，共567人参加，提交调研报告31篇。

教育部党的群众路线教育实践活动整改方案

根据中央总体部署，按照党的十八届三中全会关于深化教育领域综合改革的精神，结合教育部关于抓好整改落实、建章立制环节的实施计划，在前一阶段学习教育、听取意见，查摆问题、开展批评基础上，为确保教育实践活动取得实效，制订本整改方案。

一、总体思路和目标任务

1. 总体思路。全面贯彻党的十八大和十八届三中全会精神，高举中国特色社会主义伟大旗帜，紧紧围绕保持党的先进性和纯洁性，按照习近平总书记系列重要讲话精神，针对查摆出来的“四风”问题及其思想根源，切实把握精神实质，坚定理想信念，强化宗旨意识，增强责任感、使命感，树立正确的权力观、政绩观、群众观。密切联系教育实际，坚持教育为社会主义现代化建设服务、为人民服务，不断强化勇于攻坚克难的精神、敢于大刀阔斧改革的担当精神、善于引领改革发展的能力。勇于直面、敢于担责，坚持从自身做起、从现在改起，坚决摒弃“四风”，以坚强的党性、过硬的作风、扎实的举措，切实推动作风建设迈上新台阶，为办好人民满意教育注入强大动力。

2. 目标任务。紧紧围绕为民务实清廉要求，以改革精神抓好整改落实和建章立制两个关键，与学习贯彻党的十八届三中全会精神相结合、与贯彻执行《党政机关厉行节约反对浪费条例》相结合，重点围绕部党组及各司局、各直属单位领导班子和领导干部“四风”方面存在的突出问题，对准焦距、找准穴位，明确时间、责任到人，加强专项整治，强化正风肃纪，切实抓好整改落实；深入分析产生“四风”问题的深层次原因，进一步建立健全反对“四风”、改进作风的各项规章制度，形成作风建设长效机制，切实巩固教育实践活动成果。

二、及时组织“回头看”

认真对照中央关于教育实践活动学习教育、听取意见和查摆问题、开展批评环节的要求，通过对专题民主生活会通报情况的意见收集和党员组织生活会，通过整改方案的研究制订，吸纳基层单位和党员群众的意见，及时组织“回头看”。一是看学习教育是否扎实。主要看是否认真学习了中央规定的学习材料，是否增强了反对“四风”的思想自觉和行动自觉。二是看查摆问题是否聚焦。主要看征求意见是否深入，是否紧密联系实际。三是看对照检查是否深刻。主要看查摆问题准不准、原因分析透不透、整改措施实不实。特别是对群众反映强烈的车轮上的铺张、人情消费、职务消费、“三公”经费开支过大、违规配备秘书、违规占用住房和办公用房等问题是否进行了深入查摆。四是看谈心交心是否充分。主要看领导干部是否按照规定的人员范围认真坦诚地进行了谈心交心。五是看开展批评是否认真。主要看专题民主生活会上领导班子成员自我批评是否揭短亮丑，相互批评是否动真碰硬，对待批评意见是否虚心接受，是否回应了群众反映的问题。六是看边查边改是否见效。主要看对存在的问题是否提出了实质性的整改举措，是否做到了立行立改、真转真改。针对“回头看”中看出的问题、找到的差距，要认真进行“补课”。

三、整改方向和整改举措

针对《党的群众路线教育实践活动教育部党组对照检查材料》中查找剖析出来的问题，特别是专题民主生活会查找出来的问题，逐项研究，逐条整改，明确提出解决的措施和办法。

（一）着力加强思想政治建设。

1. 进一步严明党的政治纪律。制定直属机关党员干部遵守党的政治纪律的规定，促进党员干部始终做到在思想上政治上行动上自觉同党中央保持高度一致，牢固树立政治意识、大局意识、责任意识和忧患意识，坚定政治信仰、维护中央权威，敢于政治担当、坚持组织原则、履行政治责任，在实际工作中，从政治上严格政策把关，严格教材审查，严格教学、科研、媒体、外事管理。

2. 加强党组自身建设。围绕提高科学执政、民主执政、依法执政水平，深化党组建设制度改革，加强民主集中制建设，完善党组领导方式。一是改进党组会安排。科学安排议题，规范会议程序，提高决策效率。二是完善党组中心组学习制度。坚持每年制订党组中心组学习计划，精心筹划、周密实施。党组每月至少组织一次集体学习，党组成员带头抓好理论学习。三是扎实推进学习型党组织建设，实施干部素质能力提升计划，大力提高干部队伍整体素质。

3. 加强对教育系统思想政治工作领导。一是深入开展中国特色社会主义和中国梦宣传教育。坚持立德树人，加强社会主义核心价值体系教育，完善中华优秀传统文化教育。广泛开展中国梦主题宣讲和摄影、微电影创作等网络文化活动，增强学生社会责任感、创新精神、实践能力。二是筹备召开第二十二次全国高校党建工作会议。深入学习贯彻习近平总书记系列重要讲话和全国宣传思想工作会议精神，制定进一步加强和改进新形势下高校意识形态工作的意见，牢牢把握意识形态工作领导权、管理权、话语权，负起政治责任和领导责任，抓好队伍、守住阵地，旗帜鲜明地抵制和批驳错误观点和错误倾向，全面推进高校党的建设。三是在各级各类学校深入开展“爱学习、爱劳动、爱祖国”教育和节粮、节水、节电活动，拓展活动的有效形式，建立长效机制。四是继续深入推进马克思主义理论研究和建设工程相关工作，加强工程组织领导，做好义务教育和普通高中德育等教材编写修订工作，修订《中等职业学校德育大纲》《高校思想政治理论课建设标准》，使用好新修订的高校思想政治理论课教材，推动中国特色社会主义理论体系进教材进课堂进头脑。五是加强网络思想政治教育。组织开展高校校园网络文化建设专项试点，启动实施“易班”推广行动计划、中国大学生在线引领工程。加强网络思想文化阵地建设、网络内容建设和网络队伍建设。加强网络舆情工作，统筹规划教育网络舆情平台建设工作，形成教育网络舆情快速反应机制。六是维护高校政治安全。研究制定关于加强高校重点人教育管理工作的若干意见，召开维护高校政治安全的专题工作会议。研究制定关于加强高校出版管理工作的意见，召开高校出版管理工作会议。七是加强师生安全教育和平安校园建设，完善学校突发事件应急管理机制，切实维护教育系统和谐稳定。

（二）着力整改“四风”方面存在的问题。

在反对形式主义方面，坚持以求真务实克服形式主义，重点是转变会风文风、简化接待，提高政策执行力，提升干部队伍工作科学化水平。

1. 转变会风文风。进一步完善机关作风评议、公文处理、会议管理制度。采取硬措施，制定硬指标，大幅度精简会议、文件，改进会风文风，厉行节约，提高质量和效率。

2. 改进评审评价评估工作。深入推进管办评分离。推进高等教育教学评估制度建设。出台教育部项目设置和评审工作管理办法，针对项目评审、人才评价、工作评估，在全面摸底排查基础上予以清理改进。大力精简合并，明确设立依据，健全审批制度；相对集中时间，缩短周期，提高效率；创新方式手段，充分运用信息技术，减轻学校和师生负担；完善指标体系，针对不同对象，建立多元、科学的评价指标；健全工作机制，完善专家构成，规范工作程序，推进结果共享和应用，加强信息公开。加强对教育部各司局及直属单位各类评审评比活动的监督，切实做到公平公正。

3. 提高决策执行力。注重典型示范，坚持重大政策实施的前期试点工作，结合教育改革试点实施三周年中期检查，做好基层经验总结推广，探索最佳实施方式。严格落实政策实施制度，加强政策落实指导。坚决维护制度的严肃性和权威性，坚决纠正有令不行、有禁不止的行为，使制度真正成为部党组联系和服务群众的硬约束。

4. 进一步提高干部工作科学化水平。坚持民主推荐、竞争性选拔、转任、调任多种方式选拔任用干部。完善竞争性选拔工作，规范竞争性选拔的范围、方式、规模，合理确定领导班子成员、组织人事部门的权重和责任，提高竞争性选拔质量。改进干部考核评价，修订完善《部机关干部考核办法》《直属单位干部考核办法》。实行干部定期交流制度，出台《教育部机关干部交流暂行办法》，推进机关与直属系统干部队伍的交流。落实好机关、直属单位、驻外干部队伍建设和干部培训四个文件，出台加强直属高校领导班子和领导干部队伍建设意见，促进干部工作制度化和科学化。制定加强人员借调工作规范管理的规定，控制借调人员数量。

在反对官僚主义方面，坚持以为民服务克服官僚主义，重点是提升服务意识和服务能力，加强系统内外沟通联系，强化分类指导。

1. 改进调查研究。一是制定改进调查研究、密切联系群众若干规定。建立和完善基层联系点制度，部党组成员每年下基层调研一般不少于30天。加强前瞻性问题专题调研、问需性走访调研和指导性跟踪调研。更多到农村、偏远、贫困、民族地区调研，更多深入基层一线、深入实际，融入群众、蹲点体验，掌握一手材料，做到有的放矢。改进国外调研方式，将国外调研与国内研究机构的课题式调研结合起来。二是建立科学决策机制，健全重大政策和措施制定、实施、评估过程中公众参与、专家咨询、风险评估、合法性和廉洁性审查和集体讨论决定的决策机制，完善数据信息支撑系统。

2. 提升服务意识和服务能力。一是进一步规范服务行为，提升服务效率。建立“首问负责制”，及时受理或回复基层群众问题。加快对基层申报事项的办理进度，完善限时办理制度，提升服务效率。加强对窗口服务部门监管，狠抓窗口服务部门的服务规范、服务形象、服务能力。二是建立干部交流制度，推动部机关干部和地方教育部门、高校干部双向交流锻炼，直接体验对方工作，增强部机关服务基层服务群众的主动性和针对性。

3. 切实转变职能、简政放权，做好放权后监管工作。一是研究制订教育部机关职能转变方案，优化机构设置、职能配置、工作流程，完善决策权、执行权、监督权既相互制约又相互协调的行政运行机制。加大行政审批清理力度，拟再取消、下放一批行政审批事项。二是推进直属事业单位改革。逐一明确事业单位职能定位。制定充分发挥事业单位服务教育事业改革发展作用的意见，推动事业单位理顺关系和去行政化，逐步取消学校、科研院所等单位行政级别。加大政府购买公共服务力度。三是出台加强省级政府教育统筹的指导意见。支持省级政府根据本地实际和经济社会发展需要，自主设置专科层次学校，优化学科专业设置，统筹学位点布局，确定学校招生规模，审批本科以下中外合作办学机构和项目。四是出台落实和扩大高校办学自主权的意见。在考试招生、专业设置、教育教学、人才选聘、科学研究、经费管理、国际交流合作等方面给予高校更多的自主安排空间。五是制定中国教育现代化进程监测评价指标体系，开展教育现代化进展情况监测和教育满意度测评。六是强化国家教育督导。推动完善各级教育督导机构，健全各级各类教育督导评估制度，建设专兼职结合的督学队伍。做好县域义务教育均衡发展督导评估认定，促进义务教育均衡发展。建立地方政府履行教育职责督导评估制度，推动地方政府优先发展教育事业，建立完善督学责任区制度。出台中小学责任督学挂牌督导工作规程，做好中小学校责任督学挂牌督导工作。针对群众关心的学生身心健康、课业负担过重、择校乱收费等热点问题开展专项督导，督导结果向社会公开，接受社会监督。健全各级各类教育质量监测制度。七是加强和改进巡视工作。按照中央巡视工作新要求，切实加强对领导班子及其成员特别是主要负责人的监督，实现直属高校、直属单位和驻外教育机构巡视工作全覆盖，强化巡视成果运用。

4. 强化系统内外沟通联系。一是改进与地方教育部门和学校的工作联系，重要政策出台前主动听取地方和学校意见，开展地方和学校评议机关工作。二是加强与其他部门的沟通协调。在国家科教领导小组、国家教育体制改革领导小组领导下，充分发挥国务院教育督导委员会、国务院学位委员会、国家语委、国家教育咨询委员会、职业教育部际联席会、加强青少年体育部际联席会等组织机构作用。三是修订新闻宣传和舆情应对规程，加强正面宣传和引导，增强舆情应对，提高教育新闻宣传实效。四是加大信息公开力度，更加积极主动接受社会监督。

在反对享乐主义方面，坚持以真抓实干克服享乐主义，重点是加大综合改革力度，有效破解群众反映强烈的教育热点问题。

1. 切实解决教育民生突出问题。一是大力发展学前教育。启动实施第二期学前教育三年行动计划，基本解决“入园难”“入园贵”问题。二是完善义务教育阶段学生减负及缓解大城市“择校”机制。研究制定小升初就近入学实施办法，出台切实减轻学生过重课业负担的意见。联合工商、公安等部门，对社会违规办班、乱收费等问题集中开展清理清查。三是大力促进教育公平。健全家庭经济困难学生资助体系。逐步扩大中职学生免学费范围，提高家庭经济困难学生资助水平。构建利用信息化手段扩大优质教育资源覆盖面的有效机制，逐步缩小区域、城乡、校际差距。加大对农村地区和中西部地区教育支持力度。制定巩固提高农村贫困地区义务教育发展水平的政策措施，对在集中连片特困地区的乡、村学校和教学点工作的教师给予生活补助，针对中西部贫困地区实施教育扶贫计划，加强教育对口支援，制订国家贫困地区儿童发展规划，扩大支援中西部地区招生协作计划和农村贫困地区定向招生专项计划规模，提高农村学生进入重点高校比例。实施中西部高等教育振兴计划，加大东部高校对西部高校对口支援力度。实施中西部高校基础能力建设工程和综合实力提升工作，加强中西部高校建设。四是强化体育课和课外锻炼，促进青少年身心健康、体魄强健。实施国家青少年体质健康促进计划，广泛深入推进阳光体育活动。五是推动改进美育教学，完善课堂教学、课外活动、校园文化建设三位一体的美育推进机制，提高学生审美和人文素养。六是支持民族教育发展。研究制定促进民族教育发展的特殊支持政策，全面提高民族地区和少数民族教育发展水平。七是加快推进特殊教育发展。启动实施特殊教育提升计划，大力提升特殊教育普及水平、经费保障能力和教育教学质量，全面推进全纳教育。八是促进高校毕业生就业创业。推进高校创业教育，加大就业困难群体帮扶力度，引导鼓励大学生自主创业。九是加强政风行风学风建设。制定中小学教师违反职业道德行为处理办法，坚决查处教师违反职业道德行为。深入开展学风建设专项教育和治理行动，严厉打击学术造假行为。切实加强高校科研经费管理，严肃查处违法违纪套取科研经费的案件。全面推动招生政策公开，从严查处“点招”行为，进一步规范特殊类型招生、自主招生行为，进一步清理高考加分政策。

2. 打好教育综合改革攻坚战。一是推进考试招生制度改革。探索招生和考试相对分离、学生考试多次选择、学校依法自主招生、专业机构组织实施、政府宏观管理、社会参与运行的监督机制，从根本上解决一考定终身的弊端。制订总体方案和相关配套改革方案，完善义务教育免试入学制度，试行学区制和九年一贯制对口招生；探索实施初高中学业水平考试和综合素质评价制度，在考查学生体质健康、基础知识和基本能力达标情况、水平等级的同时，注重考查学生的社会责任感、创新精神和实践能力，作为初高中生毕业和升学重要依据；探索建立基于统一高考和高中学业水平考试成绩的综合评价录取制度；加快推进职业院校分类招考或注册入学。探索全国统考减少科目、不分文理科、外语等科目社会化考试一年多考。二是创新高校人才培养机制。重点深化农林、医学、法律和新闻传播领域综合改革，推进协同育人。召开全国高等农林教育改革工作会议，出台相关文件；制定并实施关于医教协同深化临床医学人才培养改革工作的意见；召开地方党委宣传部门与高等学校共建新闻学院现场会，签署共建协议；建设若干新闻传播人才教育培养基地；继续实施高校与法律实务部门人员互聘双千计划。三是深化专业学位研究生教育改革。优化专业结构，推进改革试点，制订部分学科考试招生改革方案。四是提高教育信息化水平。加快推进“三通两平台”建设和在教学与管理中的应用，扩大优质教育资源覆盖面；加快建设全国大中小学生学籍信息管理系统，推进学生学籍一人一号，终身不变，促进教育管理的科学化、信息化。五是加快现代职业教育体系建设。研制加快发展现代职业教育的决定和现代职业教育体系建设规划，深化产教融合、校企合作，培养高素质劳动者和技能型人才，推动各部门切实出台支持职业教育改革与发展的政策。六是加大对院校设置、专业布局的宏观调控。推动地方普通高校特色发展，引导和支持一批地方本科高校实行综合改革向应用技术类型高校转型发展。加快建立高等教育分类设置、评价、指导、评估、拨款制度。按照办学层次、办学效益划拨教育经费。更加重视地方高校的改革发展。七是深入实施“2011 计划”。大力推进校校协同、校所协同、校企（行业）协同、校地（区域）协同和国际合作，创新产学研合作机制，提升高校创新能力。八是推动高校建立现代大学制度。研究制定高等学校学术委员会规程，推动“985 工程”高校于 2014 年 6 月前完成章程制定，中央部门所属高校 2015 年年底前全部完成章程制定。九是鼓励社会力量兴办教育。出台进一步促进民办教育发展的意见，探索建立非营利性和营利性民办学校分类管理的体制机制，健全政府补贴、购买服务、助学贷款、基金奖励、捐资激励等制度，办好一批高水平民办学校。

在反对奢靡之风方面，坚持以节俭清正克服奢靡之风，重点是严格执行中央八项规定和教育部 20 条实施办法，进一步完善管理制度，加强教育经费监管，推动节约型机关和节约型校园建设，强化党风廉政纪律约束。

1. 坚持厉行勤俭节约。一是实施全面规范、公开透明的预算制度。二是制定关于加强部机关“三公”经费管理的实施办法，在“三公”经费预算零增长基础上再压缩 3%—5%。三是实施教育经费全过程监管。四是进一步规范外事接待，外事宴请原则上安排在机关食堂，外事礼品以学生作品为主，从严审批出国团组。五是建设节约型节能型机关，创新工作方式，加快机关电子政务建设和机关保密网应用工作，加速推进“二网合一”，积极利用信息化手段，推行无纸化办公，减少一次性办公用品消耗。杜绝会议安排、文件材料、公务接待、水电、用车、餐饮浪费，改进食堂管理方式，从严控制成本；大力开展“节粮、节水、节电”活动，总结推广各地各校典型经验。六是出台直属单位、直属高校公务用车配置、购买、日常管理的办法和标准。七是制定规范管理意见，从严控制各类节庆活动。

2. 强化党风廉政纪律约束。一是认真落实党风廉政建设责任制。建立健全符合教育规律和特点的惩治和预防腐败体系，建立直属机关廉政风险防控体系，坚持标本兼治、综合治理、惩防并举、注重预防的方针，从源头上防治腐败。二是强化制度约束。加强对干部选拔任用、资金使用、行政审批、项目安排等方面的机制创新与监督，确保各项权力运行公开透明。三是加大违规违纪问题查处力度，对顶风违纪者依法依纪坚决从严惩处。

（三）着力抓好“四风”突出问题专项整治。

认真贯彻执行《党政机关厉行节约反对浪费条例》，针对群众最反感、反映最强烈的“四风”问题和损害群众利益的不正之风，全面开展专项整治行动，一项一项整治、一个一个攻坚，以重点突破推动作风整体好转。

强化正风肃纪，制订专门的专项整治工作方案。通过规范公文处理简报编发、严格会议管理、规范部领导公务活动、改进评审评价评估工作等举措，整治文山会海、检查评比泛滥。通过提升服务意识和服务能力、进一步完善机关作风评议、建立干部交流体验制度等举措，整治“门难进、脸难看、事难办”。通过严禁公款送礼、从严控制公务接待、大力推进节约型机关建设、在教育系统深入开展“节粮、节水、节电”活动等举措整治公款送礼、公款吃喝、奢侈浪费。通过严格执行中央关于公务用车配备管理相关规定、集中清理多占办公用房等举措整治超标准配备公车、多占办公用房。通过加强“三公”经费管理、完善公务接待制度、规范因公出国（境）管理等举措整治“三公”经费开支过大。通过从严查处危害群众利益的失范行为、加大对行业不正之风监管力度等举措整治侵害群众利益行为。

四、加强制度建设

按照体现群众意愿、体现改进作风、体现提高效率、体现工作规律的要求，以建立健全工作制度、管理制度、考核制度和督促检查制度作为工作重点，在前段工作基础上，重点围绕以下六个方面，进一步对贯彻党的群众路线制度建设情况进行全面梳理，明确列出哪些制度需要完善、哪些制度需要重新制定、哪些制度需要废止，认真做好制度废改立工作，在作风建设以及教育工作重点领域、关键环节形成系统完备、科学规范、运行有效的制度体系，使各方面的制度更加成熟、更加定型，促进作风建设常态化。

1. 建立完善密切联系群众制度。重点是部党组成员及机关党员干部定点联系基层、联系师生制度，加强和改进调查研究若干规定，开学检查指导制度，畅通群众诉求反映渠道制度，窗口单位履职尽责制度。

2. 建立完善党内生活制度和领导班子民主集中制。重点是党组中心组和党员干部理论学习制度、“三会一课”和领导班子民主生活会制度，重大决策征求意见制度、科学民主决策机制和工作落实机制。

3. 建立完善教育政风、行风、学风制度。重点是机关职能转变实施方案，加强省级政府教育统筹、落实和扩大高校办学自主权制度，干部培养选拔任用和考核评价体系、机关作风评议制度，直属高校和直属单位反对“四风”有关规定，规范办学行为制度，小学生减轻课业负担规定，检查评估、达标评比表彰制度，治理教育乱收费制度，教育行风评议制度，师德师风建设制度，预防和惩治学术不端行为制度，学会协会管理规定。

4. 建立完善厉行节约、反对浪费规定。重点是会议、文件、简报、活动管理办法，“三公”经费预算管理和公开制度、机关通用办公设备配置管理办法、机关节能管理实施细则、因公出国（境）管理制度、国内公务接待和外事接待管理规定，校庆、论坛、展会、体育运动会等方面的管理规定。

5. 建立完善遵守政治纪律制度和廉政风险防控体系。重点是直属机关党员干部遵守党的政治纪律的规定，规范领导干部住房、用车、办公用房、医疗、秘书配备等方面的工作生活待遇规定，教育重大项目管理制度、规范行政审批制度、财务管理和学校会计制度、高校科研经费监管制度，完善廉政风险防控体系、教育巡视制度。

6. 建立完善推进教育改革发展的制度。重点是教育现代化指标体系、教育满意度测评体系，深化课程改革、落实立德树人根本任务的意见，进一步提高大学生思想政治教育针对性实效性制度体系，考试招生制度改革方案，各级各类学校办学基本标准、生均经费拨款标准，中小学教材选用管理制度、教师队伍建设标准，教育质量监测评估制度，政务校务公开制度，现代学校制度，教育经费投入保障机制。

五、做好整改工作的要求

大力弘扬改革精神，牢固树立关键在落实的思想，严格落实工作责任制，坚持一抓到底，用过硬的措施、管用的办法、创新的机制，高标准、高质量地推进整改工作。

1. 高度重视，切实负起领导责任。整改落实、建章立制，是教育实践活动取得实效的关键所在，对于形成贯彻落实中央八项规定精神、解决“四风”方面的突出问题、形成践行党的群众路线的长效机制、推进教育事业科学发展至关重要。部党组成员和各单位领导班子成员要身体力行，带头制定落实个人整改措施，做到直面问题，真整真改，树立标杆。各项整改任务负责人、牵头单位、配合单位要切实履行责任，保质保量按时完成各项整改任务。需要与外单位协调的整改任务，建立联席会议制度，加强沟通联络，形成整改合力。

2. 开门整改，让群众参与和监督。整改工作要敞开大门，全过程置于群众监督之下。整改方案在一定范围内公示，征询群众意见，接受群众监督。提出整改任务、出台有关制度都要请群众参与，特别是对涉及群众切身利益的问题要充分听取群众意见。整改的内容、目标、时限、责任和进展情况，要通过一定方式向群众公开。要通过民主评议、民意调查等方式让群众评判，绝不能用自我感觉代替群众评价。

3. 统筹布局，围绕重点攻坚克难。整改落实既要总体规划，又要突出重点，既要立足当前边整边改、立竿见影，又要着眼长远、规范长效。要围绕群众反映强烈的“四风”突出问题，着力从根源和机制上深入解决。要抓好统筹兼顾，把整改落实、建章立制工作与筹备召开全国职业教育会议、全国高校党建会议以及谋划和做好2014年主要工作等重点任务结合起来，确保两手抓、两不误、两促进，以教育事业改革发展的成果来检验教育实践活动的成效。

4. 加强协调，确保整改工作系统推进。整改落实工作涉及方方面面，需要部党组以及各司局、各直属单位相互配合、合力攻关。各项整改任务，在有关部领导指导下，牵头单位要切实负起牵头责任，配合单位要积极主动，加强协调，形成合力。坚持上下联动、整体推动，从部机关改起，从领导干部改起，形成一级带一级、层层抓整改的工作格局。

5. 强化监督，保障整改工作务求实效。建立整改落实情况半月报告制度、重点整改任务台账销号制度和通报制度。加强督察督办，把整改任务落实情况列入领导班子和领导干部考核的重要内容，加强检查评估和监督问责，确保整改方案落实到位，取得明显实效。强化纪律监督、效能监察和专项审计，加大监督查处力度。要认真总结、宣传和交流整改落实、建章立制的好经验好做法，切实做好宣传引导工作。

6. 总结提升，形成指导发展的理论成果。认真总结凝练教育实践活动的理论成果、实践成果、制度成果，2014年上半年，召开全国高校党的群众路线理论研讨会，为丰富发展党的群众路线理论提供建设性的意见建议。

“四风”突出问题专项整治工作方案

根据中央统一部署，按照《教育部党的群众路线教育实践活动整改方案》要求，结合教育部工作实际，制订专项整治工作方案。

一、专项整治工作思路

全面贯彻落实党的十八大和十八届三中全会精神，认真执行《党政机关厉行节约反对浪费条例》，强化正风肃纪，针对群众最反感、反映最强烈的“四风”问题和损害群众利益的不正之风，全面开展专项整治行动，一项一项整治、一个一个攻坚，以重点突破推动作风整体好转。

二、专项整治推进举措

（一）整治文山会海、检查评比泛滥。

1. 集中整治文山会海（办公厅牵头，财务司配合）。制定出台《教育部公文处理规定》《教育部工作会议管理办法》《部领导公务活动安排规程》《教育部简报编发工作规定》《教育部办公厅关于正式启用教育电子公文信息交换系统的通知》等制度文件。

严格执行《教育部公文处理规定》，认真落实公文审核制度、退文制度和优秀公文评比制度，健全公文质量保障体系，开通教育系统电子公文发送平台，除涉密或少量存档公文外，不再印发纸质文件。倡导“短实新”文风，公文一般不超过 3 000 字，重要文稿最长不超过 5 000 字，上报上级领导机关的请示和报送中央领导同志的报告一般不超过 1 500 字。大幅精简各类简报，除经中办、国办批准备案的《教育部简报》《教育体制改革简报》外，其他简报不得报送中央领导同志。各司局原则一律不编发简报。

严格会议审批，实行司局会议年度定量控制和集中审批制度。减少会议数量，可不开的会议坚决不开，能合并召开的会议必须合并，能套开的会议尽量套开。改进会议形式，除保密会议外，尽可能多地以视频方式召开会议。限定开会地点，除确需安排的现场会外，会议地点原则上安排在北京，一般安排在部机关，充分利用机关会议室开会。控制会议规格，会议只安排与会议内容密切相关的单位及人员参加。司局级会议原则上不得要求厅（局）级领导参加，各类会议不得要求高校党政一把手同时参加；压缩会议规模，严格执行国家关于部级和司局级会议规模的相关规定，涉及直属高校的会议规模也要从严控制。严格会议费报销管理，未经备案和审批的会议，不报销会议经费，并视情况予以通报。严控仪式性活动，机关干部一律不出席地方、学校自行举办的表彰庆祝活动，教育部一律不作为同贺单位。制定规范管理意见，从严控制各类节庆活动。

2. 改进评审评价评估工作（政法司牵头，高教司、人事司、科技司、监察局、评估中心配合）。深入推进管办评分离。推进高等教育教学评估制度建设。出台教育部项目设置和评审办法，针对项目评审、人才评价、工作评估检查，在全面摸底排查基础上予以清理改进。大力精简合并，明确设立依据，健全审批制度；相对集中时间，缩短周期，提高效率；创新工作手段，充分运用信息技术，减轻学校和师生负担；完善指标体系，针对不同对象，建立多元、科学的评价指标；健全工作机制，完善专家构成，规范工作程序，推进结果共享和应用，加强信息公开。加强对教育部各司局及直属单位系统各类评审评比活动的监督，切实做到公平公正。

（二）整治“门难进、脸难看、事难办”。

1. 提升服务意识和服务能力（办公厅牵头）。建立“首问负责制”，对于群众的政策咨询、意见建议、举报投诉，能解决的及时解决。加快对基层申报事项的办理进度，完善限时办理制度，提高服务效率。在公布统一的教育部监督举报电话和邮箱基础上，健全接听受理工作机制，及时回复群众意见。加强对窗口服务部门的服务监管，狠抓窗口服务部门的服务规范、服务形象、服务能力。加大信息公开力度，更加积极主动接受社会监督。

2. 进一步完善机关作风评议（机关党委牵头）。树立以好的作风开展作风评议的导向，研制《教育部机关作风评议实施方案》并认真组织落实，将原来书面填表评议改为网上直接评议，最大限度地方便参评者自主选择评议对象，有效增强作风评议的针对性、有效性、科学性，发挥好作风评议对加强机关作风建设的促进作用，同时，降低工作成本，减轻基层负担，提高工作效率。

3. 建立干部交流制度（人事司牵头）。推动部机关干部和直属单位、地方教育部门、高校干部双向交流锻炼，体验对方工作状态，增强部机关服务基层服务群众的主动性和针对性。

（三）整治公款送礼、公款吃喝、奢侈浪费。

1. 狠刹公款送礼、公款吃喝风（监察局牵头，机关纪委配合）。贯彻落实中共中央纪委发出的《关于严禁公款购买印制寄送贺年卡等物品的通知》，除涉及外事、港澳台事务、侨务等工作需要外，严禁用公款购买、印制、邮寄、赠送贺年卡、明信片、年历等物品。从严控制公务接待活动，严禁在公务活动中赠送或接受礼品、礼金和各种有价证券、支付凭证，严禁用公款大吃大喝或安排与公务无关的宴请。

2. 大力推进节约型机关建设（办公厅牵头）。认真落实《党政机关厉行节约反对浪费条例》，制定建设节约型节能型机关办法，采取有效措施，从严控制会议安排，文件印制，公务接待，公务用车，邮寄费和医药费等费用支出，从严控制成本；认真落实机关通用办公设备配置管理办法，实行设备定额管理、预算管理、最低年限管理。

3. 在教育系统深入开展“节粮、节水、节电”活动（规划司、基础一司分别牵头）。认真落实《关于勤俭节约办教育建设节约型校园的通知》《关于在中小学幼儿园广泛深入开展节约教育的意见》《关于在高等学校开展反对餐桌浪费专项行动的通知》，全面开展“三节”教育，引导广大师生员工和幼儿园幼儿，从我做起，从身边做起、从点滴做起，厉行勤俭节约。

（四）整治超标准配备公车、多占办公用房。

1. 整治超标准配备使用公车（办公厅牵头）。严格执行国家关于公务用车统一配备标准，对于超编车、超标车，一律先收缴封存，统一调配使用。切实加强公车使用管理，严禁向企业、事业单位或下属单位调换、借用车辆，严禁公车私用，严禁向管理和服务对象摊派车辆运行费用，严禁以车辆管养费用支出名义报销其他费用。

2. 集中清理多占办公用房（办公厅牵头）。严格对照办公用房标准检查办公用房使用情况。对于一人占用多处办公用房的，限期清理腾退，只保留一处办公用房。对于办公用房超过使用面积的，具备隔断或打通等改造条件的，改造后调剂使用，不具备改造条件的原则统一调剂使用。

（五）整治“三公”经费开支过大。

1. 加强部机关“三公”经费管理（办公厅牵头，财务司、国际司配合）。制定关于加强部机关“三公”经费管理的实施办法，在“三公”经费预算零增长基础上再压缩3%—5%，争取“三公”经费逐年下降。针对审计提出的近三年预算执行、会议费和出国费管理等方面的问题，进一步强化整改落实。

2. 完善公务接待制度（办公厅牵头）。制定《教育部机关公务接待费管理办法》，规范部机关公务接待活动。公务接待实行先审批、后接待，先预算、后报销。国内省部级以上干部及重要人士来访公务接待由办公厅主要负责人审批，司局级以下干部接待由承接的司局主要负责人审批；外事接待由国际司按程序审批。公务接待优先安排在部机关或具备条件的直属单位、部属高校内部宾馆，按标准结算；外事接待按照质优价廉原则询价，确定定点协议酒店。国内公务接待用餐一般安排在部机关餐厅，原则上安排自助工作餐；外事接待宴请一般安排在部机关餐厅或定点协议酒店，用餐一律不上高档菜肴、酒水。严格执行中央有关规定和接待纪律，不得以任何名义赠送礼金、有价证券、贵重礼品；外事接待中，礼品赠送以学生作品为主。

3. 规范因公出国（境）管理（国际司牵头）。严格控制出访，实行经费预算审批和出国（境）任务审批联动制度，根据教育改革发展重点难点问题确定出访主题，“因事定人”，不搞平衡或照顾性出访，凡可以通过驻外教育处（组）完成的工作任务，不再安排出访团组。认真执行中央统一规定，除部长和分管外事的部领导外，其他部领导一个任期内出国不超过两次或两年内出国不超过一次，依此从严控制司局级以下人员因公临时出国。部级团组人数不超过 6 人，其中司局级人员不超过 2 人，一般团组总人数压缩到不超过 5 人。规范出访安排，严格按照标准食宿和交通，严禁超规格、超标准接待。

（六）整治侵害群众利益行为。

1. 从严查处危害群众利益的失范行为（监察局牵头，教师司、科技司、学生司、财务司、社科司配合）。制定中小学教师违反职业道德行为处理办法，坚决查处教师违反职业道德行为。深入开展学风建设专项教育和治理行动，严厉打击学术造假行为。切实加强高校科研经费管理，严肃查处违法违纪套取科研经费的案件。全面推动招生政策公开，从严查处“点招”行为，加强对自主招生、特殊类型招生监督，进一步落实清理高考加分政策。联合工商、公安等部门，对社会违规办班、乱收费等问题集中开展清理清查。

2. 加大对行业不正之风监管力度（监察局、基础二司分别牵头）。针对滥用行政权力干预职称评定、科研经费使用、研究生名额分配和利用职务插手教材教辅选用、基建工程、校办企业、招标采购等侵害群众利益行为，加强监管指导，推动逐项整改落实。出台《中小学教材选用管理办法》，规范中小学教材选用。

三、专项整治工作要求

1. 精心组织实施。专项整治工作涉及范围广、影响面大，需要各部门、各直属单位相互配合、合力攻关。各项任务牵头单位要切实负责牵头责任，配合单位要积极主动，加强协调。各项任务牵头单位和配合单位主要负责同志作为任务的直接责任人，要切实负起领导责任，身体力行、精心组织。需要与外单位协调的专项整治任务，建立联席会议制度，加强沟通联络，形成整改合力。

2. 做好统筹推进。一是将专项整治与整改落实举措相结合。专项整治作为整改落实举措的重要组成部分，要在整体整改落实方案指导下抓紧抓好，注重整体推进和重点突破相促进。二是将专项整治与建章立制相结合。专项整治既要立足当前边整边改、立竿见影，又要着眼长远、规范长效，要注意在专项整治中建立健全制度体系。三是将专项整治与推进重点工作相结合。专项整治针对的“四风”问题是影响教育事业科学发展的突出问题，要注意抓好专项整治和重点业务工作的统筹兼顾。

3. 坚持开门整治。专项整治工作要敞开大门，全过程置于群众监督之下。专项整治方案在一定范围内公示，征询群众意见，接受群众监督。提出专项整治任务、出台有关制度都要请群众参与，特别是对涉及群众切身利益的问题要充分听取群众意见。专项整治的内容、目标、时限、责任和进展情况，要通过一定方式向群众公开。要通过民主评议、民意调查等方式让群众评判，绝不能用自我感觉代替群众评价。

4. 强化监督问责。建立专项整治情况报告制度、专项整治任务台账及盘点销号制度、通报制度。加强督导督办，把专项整治任务完成情况列入领导班子和领导干部考核的重要内容，加强检查评估和监督问责，确保专项整治任务落实到位，取得明显实效。强化纪律监督、效能监察和专项审计，加大监督查处力度。

教育部党的群众路线教育实践活动制度建设计划

按照体现群众意愿、体现改进作风、体现提高效率、体现工作规律的要求，以建立健全工作制度、管理制度、考核制度和督促检查制度作为工作重点，进一步对贯彻党的群众路线制度建设情况进行全面梳理，认真做好制度废改立工作，在作风建设以及教育工作重点领域、关键环节形成系统完备、科学规范、运行有效的制度体系，使各方面的制度更加成熟更加定型。加大制度执行力度，确保制度得到落实。

一、全面梳理制度

对贯彻党的群众路线已有制度和做法进行认真总结梳理，进行一次全面梳理，列出清单，认真做好废改立工作。对于实践证明行之有效、群众认可的制度，予以重申，抓好落实；对不适应密切联系群众、加强作风建设要求，与现行法规制度相抵触、不一致，不适应教育新形势新任务要求的规章制度，列出清单，予以废止；对于制度缺位的，抓紧研究建立新制度，切实形成便于遵循、便于落实、便于检查的制度体系。

二、建立健全相关制度

（一）建立完善密切联系群众制度。

1. 加强和改进调查研究。研究制定《改进调查研究密切联系群众的若干规定》，对调研内容、时间、方式以及调研成果运用、转化、评价、激励等做出详细规定。完善部党组成员及机关党员干部定点联系基层、联系师生制度，部党组成员每年下基层调研一般不少于 30 天。（机关党委牵头）

2. 完善开学检查指导制度。规范每年春秋两季开学检查指导工作，明确检查指导时间、人员、工作内容，完善部党组成员联系和指导学校制度。（办公厅牵头）

3. 完善畅通群众诉求反映渠道制度。法律法规修订、重大政策制定面向社会公开征求意见，公布统一的 24 小时监督举报电话和邮箱，依法受理涉及教育的信访举报、检举控告、申诉，对查处的典型问题进行公开通报。建立健全部党组成员和机关司局负责同志直接处理、接待来信来访群众机制。（办公厅牵头）

4. 完善窗口单位服务规范和管理制度。建立首问负责制，完善限时办理制度，提升服务效率。加强对窗口服务部门的服务监管，狠抓窗口服务部门的服务规范、服务形象、服务能力。（办公厅牵头）

（二）建立完善党内生活制度和领导班子民主集中制。

5. 完善中心组和党员干部理论学习制度。研究制定《深化理论武装加强理论学习的意见》，对学习主题、内容、实践、方式和考核等做出具体规定。（机关党委牵头）

6. 完善“三会一课”和领导班子民主生活会制度。制定基层党组织“三会一课”实施办法和领导班子民主生活会规则。制定直属机关党建工作责任制考评办法，推动直属机关基层党组织落实“三会一课”制度和党支部工作规则、重点党建工作任务相关要求。（机关党委牵头）

7. 完善重大决策征求意见制度。健全重大政策和措施制定、实施、评估过程中公众参与、专家咨询、风险评估、合法性审查和集体讨论决定的决策机制，完善数据信息支撑系统。（政法司牵头）

8. 完善科学民主决策机制和工作落实机制。完善制定部党组会安排规程，明确会议定位，规范议题提出和审定方式，做好上会事项准备，规范会议汇报与说明，充分讨论发言，完善会议请假规定，加强对议定事项的落实及报告。（办公厅牵头）

（三）建立完善教育政风、行风、学风制度。

9. 完善会议、文件、简报、活动管理办法。制定出台《教育部公文处理规定》《教育部工作会议管理办法》《部领导公务活动安排规程》《教育部简报编发工作规定》《教育部办公厅关于正式启用教育电子公文信息交换系统的通知》等制度文件。（办公厅牵头）

10. 研究制订教育部机关职能转变实施方案。优化机构设置、职能配置、工作流程，完善决策权、执行权、监督权既相互制约又相互协调的行政运行机制。加大行政审批清理力度，拟再取消、下放一批行政审批事项。（人事司、政法司分别牵头）

11. 出台加强省级政府教育统筹的指导意见。支持省级政府根据本地实际和经济社会发展需要，自主设置专科层次学校，优化学科专业设置，统筹学位点布局，确定学校招生规模，审批本科以下中外合作办学机构和项目。（政法司牵头）

12. 出台进一步落实和扩大高校办学自主权的意见。在考试招生、专业设置、教育教学、人才选

聘、科学研究、经费管理、国际交流合作等方面给予高校更多的自主安排空间。（政法司牵头）

13. 完善干部培养选拔任用和考核评价体系。研究制定关于深化直属单位人事制度改革的指导意见，深化干部选任制度改革。研究制定《教育部机关干部交流暂行办法》《驻外干部选拔办法》《教育部干部教育培训经费管理办法》，加强和改进干部教育培训，实行干部定期交流制度，统筹教育部直属系统四支干部队伍的交流和培养。出台《教育部党组关于进一步加强直属高校领导班子建设的若干意见》《教育部直属高校人事制度改革指导意见》《教育部关于深化直属单位人事制度改革实施意见》《关于进一步加强和规范高校人才引进工作的若干意见》，贯彻好干部队伍建设和干教规划相关文件。（人事司牵头）

14. 完善机关作风评议制度。完善《教育部机关作风评议实施方案》，将原来书面填表评议改为网上直接评议，有效增强作风评议的针对性、有效性、科学性，同时，降低工作成本，减轻基层负担，提高工作效率。（机关党委牵头）

15. 直属高校和直属单位反对“四风”有关规定。分别制定直属高校反对“四风”有关规定和直属单位反对“四风”有关规定，对直属高校和直属单位在反对“四风”方面提出明确要求。（直属高校由监察局牵头，巡视办配合，直属单位由机关党委牵头）

16. 出台小学生减轻课业负担规定。出台小学生减负十条规定，在招生入学，均衡编班、“零起点”教学、减少作业、每天锻炼 1 小时、规范考试、等级评价、一科一辅、严禁违规补课、严加督导等方面加强规范，率先减轻小学生过重课业负担，适当增加学生文体活动时间。（基础一司牵头）

17. 完善检查评估、达标评比表彰制度。出台教育部项目设置和评审办法，针对项目评审、人才评价、工作评估，在全面摸底排查基础上予以清理改进。大力精简合并，明确设立依据，健全审批制度；相对集中时间，缩短周期，提高效率；创新工作手段，充分运用信息技术，减轻学校和师生负担；完善指标体系，针对不同对象，建立多元、科学的评价指标；健全工作机制，完善专家构成，规范工作程序，推进结果共享和应用，加强信息公开。加强对教育部各司局及直属单位系统各类评审评比活动的监督，切实做到公平公正。（政法司牵头，高教司、监察局配合）

18. 完善治理补课乱收费制度。研究制定《教育部关于深化中小学补课乱收费专项治理的通知》，以治理课堂内容课外补、公办教师在校外培训机构兼职补课、学校组织集体补课乱收费为重点，开展补课乱收费问题专项治理。（监察局牵头，教师司配合）

19. 完善教育行风建设责任落实机制。研究制定《教育系统行风建设责任制和责任追究办法》，落实“谁主管谁负责”“管行业必须管行风”原则，建立教育系统行风建设责任落实机制，强化责任追究。（监察局牵头）

20. 完善师德师风建设制度。印发《关于建立健全中小学师德建设长效机制的意见》，建立健全教育、宣传、考核、激励、监督、惩处、保障等师德建设长效机制。印发《中小学教师违反职业道德行为处理办法》，明确中小学教师不可触犯的师德禁行行为和相应处理程序，研究制定关于新时期加强师德建设的意见。坚决查处教师违反职业道德行为，为学校及地方教育部门处理严重违反师德的教师提供依据和指导。（教师司牵头，监察局配合）

21. 预防和惩治学术不端行为制度。深入开展学风建设专项教育和治理行动，严厉打击学术造假行为。（科技司牵头，社科司、教师司、监察局配合）

（四）建立完善厉行节约、反对浪费规定。

22. 完善部机关“三公”经费预算管理和公开制度。制定关于加强部机关“三公”经费管理的实施办法，在“三公”经费预算零增长基础上再压缩 3%—5%，争取“三公”经费逐年下降。针对审计提出的近三年预算执行、会议费和出国费管理等方面的问题，进一步强化整改落实。（办公厅牵头，财务司、国际司配合）

23. 完善节约型机关建设制度。制定机关通用办公设备配置管理办法、制定建设节约型节能型机关办法，认真落实机关印刷费管理办法，严格控制印刷种类和数量，实行印刷费集中管理、统一核算；认真落实机关通用办公设备配置管理办法，实行设备定额管理、预算管理、最低年限管理，杜绝会议安排、文件材料、水电、用车、餐饮浪费，从严控制成本。（办公厅牵头）

24. 完善因公出国（境）管理制度。制定《教育部机关出国（境）经费管理办法》，加强因公出国（境）费管理；改进出国（境）费预算管理，出国（境）团组年初统一申报预算。严格控制出访，实行经费预算审批和出国（境）任务审批联动制度，对因公出国（境）出访主题、团组安排、团组规模、参团人数和级别、出访安排等做出规范。（国际司牵头）

25. 完善国内公务接待和外事接待管理规定。制定《教育部机关公务接待费管理办法》，规范部机关公务接待活动。制定《教育部关于进一步做好教育外事管理工作的意见》，严格规范外事接待活动。（办公厅、国际司分别牵头）

26. 完善校庆、论坛、展会、体育运动会等管理规定。研究制定校庆、论坛等活动规范管理意见，从严控制各类节庆活动。（办公厅牵头，政法司、规划司、财务司、体卫艺司配合）

（五）建立完善遵守政治纪律制度和廉政风险防控体系。

27. 制定党员干部遵守党的政治纪律规定。研究制定《教育部直属机关党员干部遵守党的政治纪律的规定》，对党员干部的政治方向、政治立场、政治言论、政治行为进行规范。（机关党委牵头）

28. 建立廉政风险防控体系。认真落实《教育部直属机关廉政风险防控工作方案》，建立直属机关廉政风险防控体系。研究制定《教育部直属高校基本建设廉政风险防控手册》，梳理并研制直属高校基本建设领域关键管控点的监督检查工作方案，通过查找基本建设领域廉政风险点、加强对关键环节的监督、强化相关人员廉政培训。（机关纪委、规划司分别牵头）

29. 规范领导干部工作生活待遇规定。研究制定部机关和直属单位住房、用车、办公用房、医疗、秘书配备等方面的具体规定。（办公厅牵头）

30. 规范财务管理和完善学校会计制度。印发《教育系统财会人员培训规划》《出国留学经费管理办法》《"2011计划"专项资金管理办法》，修订《高等学校会计制度》《中小学校会计制度》。（财务司牵头）

31. 完善高校科研项目和经费等监管制度。认真贯彻落实《教育部关于进一步加强高校科研项目管理的意见》《教育部关于进一步规范高校科研行为的意见》，根据科技部、财政部有关文件精神，进一步修改完善《高校科研经费管理办法》。（科技司、财务司、监察局分别牵头）

32. 完善教育巡视制度。编制《巡视工作规程》，完善《巡视监督评价指标体系》。（巡视办牵头）

（六）建立完善推进教育改革发展的制度。

33. 建立教育现代化指标体系。发布《教育现代化进程监测评价指标体系》，建立教育现代化监测评价机制，对各地教育现代化水平、进步程度、努力程度进行监测分析，诊断和发现存在的问题、找出差距，促进教育公平、提高教育质量。（规划司牵头）

34. 建立教育满意度测评体系。发布教育满意度测评报告，开展教育满意度测评。（教科院牵头）

35. 制定深化课程改革、落实立德树人根本任务的意见。印发《教育部关于进一步深化课程改革落实立德树人根本任务的意见》和《进一步加强新时期中华传统文化教育的实施纲要》，修订颁布《中等职业学校德育大纲》，制定《职业院校学生实习管理规定》。（基础二司、社科司、职成司分别牵头）

36. 完善进一步提高大学生思想政治教育针对性、实效性制度体系。研制《关于加强和改进高校基层党支部建设的意见》《高校学生党建工作标准》，充分发挥在大学生思想政治教育中的重要作用。研制《普通高校辅导员职业能力标准》《大学生心理健康测评指标体系》，整体推进和重点突破相结合，全面提高大学生思想政治教育质量。（思政司牵头）

37. 完善考试招生制度。研究制定《关于进一步做好小学升入初中免试就近入学工作的实施意见》《关于进一步做好重点大城市小学升入初中免试就近入学的通知》，健全科学明晰的小升初制度，规范招生入学行为。根据《深化考试招生制度改革总体方案》，研究制定《关于普通高中学业水平考试制度的实施意见》《关于加强和改进中小学生综合素质评价的实施意见》《关于进一步推进中考改革的实施意见》《关于深化普通高校考试招生制度改革的实施意见》。制定《关于进一步加强高校招生信息公开工作的通知》，扩大高校招生信息公开范围，规范公开程度，增强公开实效。（学生司、基础二司、基础一司分别牵头）

38. 制订完善义务教育学校办学基本标准。研究制定《关于全面改善贫困地区薄弱学校基本办学条件的通知》，增加对贫困地区薄弱学校的经费投入，加强教学设施、生活设施、文体活动场地等方面建设，巩固提高贫困地区义务教育发展水平。研制《义务教育学校管理标准》，规范义务教育学校管理工作，推动义务教育阶段学校管理的法治化、规范化、科学化和精细化。研制《中小学校园安全管理标准》，规范中小学校园安全管理。（基础一司牵头）

39. 完善中小学学籍管理。印发《中小学生学籍管理办法》，对基础教育阶段学生学习资格、隶属关系、学习经历等基本要素信息建立、审核、转接和监管提出规范性要求，确立省级统筹、属地管理，一人一籍、籍随人走，动态监管、全程跟踪的基本原则。（基础一司牵头）

40. 落实预防少年儿童遭受性侵的意见。落实《关于做好预防少年儿童受性侵工作的意见》，从科学做好预防性侵犯教育、定期开展摸底排查、全面落实日常管理制度、从严管理女生宿舍、加强教职员工管理等方面对进一步加强少年儿童保护工作、切实预防性侵犯少年儿童案件的发生提出要求。（基础一司牵头）

41. 完善学校体育活动风险管理制度。制定印发《学校体育活动安全风险管理办法》，以确保学生安全有序参加体育课和体育锻炼，增强体质健康和提高运动技能为目标，明确体育课程、课外锻炼、体质测试、技能考核和项目比赛等各类体育活动的组织管理要求，规范体育活动安全风险的甄别、预防、监控和处理程序，主动排查和降低体育场地、器材、设施、设备等风险隐患，健全保险、调解等体育活动安全伤害处理机制，引导学校明确责任，加强管理，科学开展体育活动。（体卫艺司牵头，政法司配合）

42. 完善中小学教材选用管理制度。研究出台《中小学教材选用管理办法》，规范中小学教材选用。（基础二司牵头）

43. 建立健全内地民族班科学管理机制。制定《教育部关于内地民族班科学管理指导意见》，召开内地民族班管理工作会议，建立学生管理电子档案，编制内地班年度发展报告。（民族司牵头）

44. 构建教师队伍建设标准体系。出台幼儿园园长、普通高中校长、中等职业学校校长专业标准，会同相关部委出台城乡统一的中小学教职工编制标准，颁布中小学教师校长信息技术应用能力标准、中小学教师校长培训课程标准、师范类专业认证标准和中小学教师队伍督导标准，研制高校教师、特殊教育学校教师专业标准，推进教师队伍建设制度化规范化。（教师司牵头）

45. 制定地方政府履行教育职责和教育质量监测评估制度。研究制定地方政府履行教育职责评价暂行办法，建立地方政府履行教育职责评价制度；研究制定省级义务教育均衡发展工作考核评估暂行办法，对省级政府统筹义务教育均衡出台政策、推动发展、取得成效情况考核评估；研究制定全国义务教育质量监测制度，完善义务教育质量监测标准和工作，开展义务教育阶段学生学业水平监测。（督导办牵头）

46. 完善政务校务公开制度。出台《教育部政府信息公开工作规定》，加大信息公开力度，更加积极主动接受社会监督。推动高等学校校务公开。（办公厅牵头，财务司、学生司配合）

47. 推动高校建立现代大学制度。研究制定高等学校学术委员会规程。认真落实《高等学校章程制定暂行办法》，推动“985 工程”高校于 2014 年 6 月前完成章程制定，中央部门所属高校 2015 年年底前全部完成章程制定。（政法司牵头）

48. 完善语言文字工作机制。印发《关于开展中小学语言文字工作督导评估的通知》，建立国家级语言文字督导评估机制。加强语言文字规范标准建设，制发《语言文字规范标准修订规划》，印发

《教育部等十二部门关于贯彻〈通用规范汉字表〉的通知》，修订《国家语委语言文字规范标准管理办法》。（语用司、语信司分别牵头）

49. 完善教育经费投入保障机制。印发《教育部财政部关于落实 2013 年中央 1 号文件要求对连片特困地区工作的乡村教师给予生活补助的通知》《教育部等部门关于建立中小学校舍安全保障长效机制意见的通知》。（财务司牵头）

50. 扩大教育国际交流与合作。制定《教育部关于进一步扩大教育对外开放的若干意见》，推动教育对外开放。印发《国家公派出国留学工作管理规定》《教育部关于进一步加强中外合作办学质量保障的意见》《教育部关于普通高中涉外办学工作的指导意见》。修订《国际学生管理规定》《教育部关于外籍人员子女学校的管理意见》《高等学校赴境外办学管理办法》。（国际司牵头，政法司、基础二司、高教司、学位办配合）

三、加大制度执行力度

坚持一手立规矩、定制度，一手抓整改、抓落实，使制度真正成为党员、干部联系和服务群众的硬约束，使贯彻党的群众路线真正成为党员、干部的自觉行动。

1. 加强制度公开和宣传。增强制度公开力度，扩大制度公开范围，拓展制度公开途径，使制度真正覆盖到更广泛群体。要重视宣传舆论工作，充分运用各类媒体，认真总结、宣传和交流建章立制的好经验好做法，切实做好政策的宣传引导工作。

2. 加大监督检查力度。建立制度建设情况报告制度、制度建设任务台账及盘点销号制度、通报制度。加强检查评估和监督问责，把贯彻党的群众路线制度执行情况纳入领导班子和领导干部年度考核和党风廉政建设责任制考核的重要内容，作为领导干部选拔任用、奖励惩处的重要依据。强化纪律监督、效能监察和专项审计，加大监督查处力度，充分履行监督检查职责，切实督促制度落实，采取日常督察和专项检查等方式掌握制度执行情况，及时发现和解决问题。

3. 进一步畅通群众监督渠道。坚持阳光执行制度，畅通信访、新闻、网络、电话等多种监督渠道，让群众监督制度执行情况。

4. 严查违规行为。坚持制度面前人人平等、执行制度没有例外，坚决维护制度的严肃性和权威性，坚决纠正有令不行、有禁不止的各种行为，对违反制度规定的，发现一起、查处一起，依纪依法严肃处理；对顶风违纪的，要从严从快处理，绝不允许有令不行、有禁不止。

教育发展统计

2013年全国教育事业发展统计公报

2013年，在党中央、国务院的坚强领导下，教育优先发展战略地位进一步落实，教育系统全面贯彻落实教育规划纲要，努力推进教育事业健康持续发展，着力促进教育公平、调整教育结构、提高教育质量，在培养优秀人才、服务经济社会发展等方面取得了新成绩，为经济社会发展提供了有力的人才保障和智力支持。

学前教育

全国共有幼儿园19.86万所，比上年增加1.73万所。在园幼儿（包括附设班）3 894.69万人，比上年增加208.93万人。幼儿园园长和教师共188.51万人，比上年增加20.76万人。学前教育毛入园率达到67.5%，比上年提高3个百分点。

义务教育

全国共有义务教育阶段学校26.63万所，比上年减少1.55万所。全国义务教育阶段共招生3 191.44万人，在校生1.38亿人，专任教师906.56万人，九年义务教育巩固率92.3%。

1. 小学

全国共有小学21.35万所，比上年减少1.51万所；招生1 695.36万人，比上年减少19.31万人；在校生9 360.55万人，比上年减少335.35万人；毕业生1 581.06万人，比上年减少60.50万人。小学学龄儿童净入学率达到99.71%；其中，男女童净入学率分别为99.70%和99.72%，女童高于男童0.02个百分点。

小学教职工549.49万人，比上年减少4.36万人；专任教师558.46万人，比上年减少823人。专任教师学历合格率为99.83%，比上年提高0.02个百分点。生师比16.76∶1，与上年的17.36∶1有所改善。

普通小学（含教学点）校舍建筑面积62 064.85万平方米，比上年增长3 002.92万平方米。设施设备配备达标的学校比例情况分别为：体育运动场（馆）面积达标学校比例51.44%，体育器械配备达标学校比例52.13%，音乐器械配备达标学校比例50.13%，美术器械配备达标学校比例50.09%，数学自然实验仪器达标学校比例54.19%。

2. 初中

全国共有初中学校5.28万所（其中职业初中40所），比上年减少412所。招生1 496.09万人，比上年减少74.68万人；在校生4 440.12万人，比上年减少322.94万人；毕业生1 561.55万人，比上年减少99.23万人。初中阶段毛入学率为104.1%，比上年提升2.0个百分点。初中毕业生升学率为91.2%，比上年提高2.8个百分点。

初中教职工392.88万人，比上年减少1.03万人；专任教师348.10万人，比上年减少2.34万人。初中专任教师学历合格率为99.28%，比上年提高0.16个百分点。生师比12.76∶1，比上年的

13.59∶1有所改善。

初中校舍建筑面积50 079.41万平方米，比上年增长2 497.35万平方米。设施设备配备达标的学校比例情况分别为：体育运动场（馆）面积达标学校比例为69.68%，体育器械配备达标学校比例为72.84%，音乐器械配备达标学校比例为70.34%，美术器械配备达标学校比例为70.04%，理科实验仪器达标学校比例为77.57%。

3. 进城务工人员随迁子女和农村留守儿童

全国义务教育阶段在校生中进城务工人员随迁子女共1 277.17万人。其中，在小学就读930.85万人，在初中就读346.31万人。

全国义务教育阶段在校生中农村留守儿童共2 126.75万人。其中，在小学就读1 440.47万人，在初中就读686.28万人。

特殊教育

全国共有特殊教育学校1 933所，比上年增加80所；特殊教育学校共有专任教师4.57万人。全国共招收特殊教育学生6.60万人，比上年增加278人；在校生36.81万人，比上年减少1.06万人。其中，视力残疾学生4.01万人，听力残疾学生8.92万人，智力残疾学生18.50万人，其他残疾学生5.38万人。特殊教育毕业生5.07万人，比上年增加0.21万人。

普通小学、初中随班就读和附设特教班招收的学生3.50万人，在校生19.08万人，分别占特殊教育招生总数和在校生总数的53.12%和51.84%。

高中阶段教育

全国高中阶段教育共有学校2.62万所，比上年减少643所；招生1 497.45万人，比上年减少101.29万人；在校学生4 369.92万人，比上年减少225.36万人。高中阶段毛入学率为86.0%，比上年提高1.0个百分点。

1. 普通高中

全国普通高中1.34万所，比上年减少157所；招生822.70万人，比上年减少21.91万人，降低2.59%；在校生2 435.88万人，比上年减少31.29万人，降低1.27%；毕业生798.98万人，比上年增加7.47万人，增长0.94%。

普通高中教职工247.36万人，比上年增加1.10万人；专任教师162.90万人，比上年增加3.40万人，生师比为14.95∶1，比上年的15.47∶1有所改善；专任教师学历合格率为96.80%，比上年提高0.36个百分点。

普通高中共有校舍建筑面积43 560.14万平方米，比上年增长1 313.49万平方米。普通高中设施设备配备达标的学校比例情况分别为：体育运动场（馆）面积达标学校比例82.86%，体育器械配备达标学校比例为84.67%，音乐器械配备达标学校比例为82.52%，美术器械配备达标学校比例为82.94%，理科实验仪器达标学校比例为86.02%。

2. 成人高中

全国成人高中611所，比上年减少85所；在校生11.07万人，比上年减少3.35万人；毕业生10.40万人，比上年减少1.23万人。成人高中教职工6 061人，比上年减少1 282人；专任教师4 618人，比上年减少1 183人。

3. 中等职业教育

全国中等职业教育共有学校1.23万所，比上年减少401所。其中，普通中等专业学校3 577所，比上年减少104所；职业高中4 267所，比上年减少250所；技工学校2 882所，比上年减少19所；成人中等专业学校1 536所，比上年减少28所。

中等职业教育招生674.76万人，比上年减少79.38万人，占高中阶段教育招生总数的45.06%。其中，普通中专招生271.47万人，比上年减少5.89万人；职业高中招生183.53万人，比上年减少30.37万人；技工学校招生133.50万人，比上年减少23.56万人；成人中专招生86.26万人，比上年减少19.55万人。

中等职业教育在校生1 922.97万人，比上年减少190.72万人，占高中阶段教育在校生总数的44.00%。其中，普通中专在校生772.18万人，比上年减少40.38万人；职业高中在校生534.22万人，比上年减少88.83万人；技工学校在校生

386.59 万人，比上年减少 37.22 万人；成人中专在校生 229.98 万人，比上年减少 24.29 万人。

中等职业教育毕业生 674.44 万人，比上年减少 4 550 人。其中，普通中专毕业生 265.21 万人，比上年减少 1 053 人；职业高中毕业生 204.52 万人，比上年减少 12.92 万人；技工学校毕业生 116.88 万人，比上年减少 3.63 万人；成人中专毕业生 87.83 万人，比上年增加 16.20 万人。

中等职业教育学校共有教职工 115.34 万人，比上年减少 3.60 万人。其中，普通中等专业学校教职工 41.93 万人，比上年减少 1.13 万人；职业高中教职工 37.54 万人，比上年减少 1.89 万人；技工学校教职工 26.94 万人，比上年增加 1 337 人；成人中等专业学校教职工 7.27 万人，比上年减少 4 767 人。

中等职业教育学校共有专任教师 86.79 万人，比上年减少 1.30 万人，生师比为 22.97∶1，比上年的 24.19∶1 有所改善。其中，普通中等专业学校专任教师 30.36 万人，比上年减少 1 979 人；职业高中专任教师 30.14 万人，比上年减少 1.03 万人；技工学校专任教师 19.92 万人，比上年增加 2 298 人；成人中等专业学校专任教师 5.20 万人，比上年减少 2 186 人。

高 等 教 育

全国各类高等教育在学总规模达到 3 460 万人，高等教育毛入学率达到 34.5%。全国共有普通高等学校和成人高等学校 2 788 所，比上年减少 2 所。其中，普通高等学校 2 491 所（含独立学院 292 所），比上年增加 49 所；成人高等学校 297 所，比上年减少 51 所。普通高校中本科院校 1 170 所，比上年增加 25 所；高职（专科）院校 1 321 所，比上年增加 24 所。全国共有培养研究生单位 830 个，其中普通高校 548 个，科研机构 282 个。

研究生招生 61.14 万人，比上年增加 2.17 万人，增长 3.68%；其中，博士生招生 7.05 万人，硕士生招生 54.09 万人。在学研究生 179.40 万人，比上年增加 7.41 万人，增长 4.31%；其中，在学博士生 29.83 万人，在学硕士生 149.57 万人。毕业研究生 51.36 万人，比上年增加 2.72 万人，增长 5.59%；其中，毕业博士生 5.31 万人，毕业硕士生 46.05 万人。

普通高等教育本专科共招生 699.83 万人，比上年增加 11.00 万人，增长 1.60%；在校生 2 468.07 万人，比上年增加 76.76 万人，增长 3.21%；毕业生 638.72 万人，比上年增加 13.99 万人，增长 2.24%。

成人高等教育本专科共招生 256.49 万人，比上年增加 12.54 万人；在校生 626.41 万人，比上年增加 43.30 万人；毕业生 199.77 万人，比上年增加 4.34 万人。

全国高等教育自学考试学历教育报考 766.30 万人次，取得毕业证书 73.42 万人；非学历教育报考 958.7 万人次。

普通高等学校本科、高职（专科）全日制在校生平均规模 9 814 人，其中，本科学校 14 261 人，高职（专科）学校 5 876 人。

普通高等学校教职工 229.63 万人，比上年增加 4.19 万人；专任教师 149.69 万人，比上年增加 5.66 万人。普通高校生师比为 17.53∶1。成人高等学校教职工 5.64 万人，比上年减少 9 195 人；专任教师 3.36 万人，比上年减少 5 746 人。

普通高等学校校舍总建筑面积 84 154.95 万平方米，比上年增加 3 094.53 万平方米；教学科研仪器设备总值 3 309.58 亿元，比上年增加 374.21 亿元。

成人培训与扫盲教育

全国接受各种非学历高等教育的学生 678.56 万人次，当年已结业 933.77 万人次；接受各种非学历中等教育的学生达 4 914.65 万人次，当年已结业 5 340.34 万人次。

全国职业技术培训机构 11.23 万所，比上年减少 1.15 万所；教职工 48.22 万人，专任教师 27.43 万人。

全国有成人小学 2.18 万所，在校生 124.26 万人，教职工 4.36 万人；其中，专任教师 2.26 万人。成人初中 1 768 所，在校生 48.23 万人，教职工 7 281 人；其中，专任教师 5 833 人。

全国共扫除文盲 50.59 万人，比上年减少 7.99 万人；另有 61.92 万人正在参加扫盲学习，比上年减少 6.98 万人。扫盲教育教职工 3.27 万人，比上年减少 5 607 人；专任教师 1.54 万人，比上年减少 2 402 人。

民办教育

全国共有各级各类民办学校（教育机构）14.90 万所，比上年增加 9 057 所；招生 1 494.52 万人，比上年增加 44.49 万人；各类教育在校生达 4 078.31 万人，比上年增加 167.29 万人。其中：

民办幼儿园 13.35 万所，比上年增加 8 813 所；入园儿童 907.96 万人，比上年增加 42.34 万人；在园儿童 1 990.25 万人，比上年增加 137.51 万人。

民办普通小学 5 407 所，比上年增加 194 所；招生 111.28 万人，比上年增加 6.85 万人；在校生 628.60 万人，比上年增加 30.75 万人。

民办普通初中 4 535 所，比上年增加 202 所；招生 162.11 万人，比上年增加 4.31 万人；在校生 462.35 万人，比上年增加 10.94 万人。

民办普通高中 2 375 所，比上年增加 4 所；招生 79.82 万人，比上年减少 2.31 万人；在校生 231.64 万人，与上年减少 3.31 万人。

民办中等职业学校 2 482 所，比上年减少 167 所；招生 73.16 万人，比上年减少 10.60 万人；在校生 207.94 万人，比上年减少 32.94 万人。另有非学历教育学生 30.23 万人。

民办高校 718 所（含独立学院 292 所），比上年增加 11 所；招生 160.19 万人，比上年减少 949 人；在校生 557.52 万人，比上年增加 24.34 万人。其中，硕士研究生在校生 335 人，本科在校生 361.64 万人，专科在校生 195.85 万人；另有自考助学班学生、预科生、进修及培训学生 25.84 万人。民办的非学历高等教育机构 802 所，各类注册学生 87.99 万人。

另外，还有其他民办培训机构 2.01 万所，943.56 万人次接受了培训。

2013 年全国各级各类教育发展基本情况

全国各级各类学校校数、教职工、专任教师情况

	学校数（所）	教职工数（人）	专任教师数（人）
一、高等教育			
（一）研究生培养机构（不计校数）	830		
1. 普通高校	548		
2. 科研机构	282		
（二）普通高等学校	2 491	2 296 262	1 496 865
1. 本科院校	1 170	1 657 517	1 055 036
其中：独立学院	292	186 262	138 815
2. 高职（专科）院校	1 321	630 044	436 561
3. 其他普通高教机构（不计校数）	33	8 701	5 268
（三）成人高等学校	297	56 417	33 647

续表

	学校数（所）	教职工数（人）	专任教师数（人）
（四）民办的其他高等教育机构	802	28 394	13 350
二、中等教育	80 797	7 569 100	5 988 381
（一）高中阶段教育	26 225	3 633 057	2 501 569
1. 高中	13 963	2 479 655	1 633 626
普通高中	13 352	2 473 594	1 629 008
完全中学	5 861	1 061 968	521 094
高级中学	6 591	1 243 624	1 065 888
十二年一贯制学校	900	168 002	42 026
成人高中	611	6 061	4 618
2. 中等职业教育	12 262	1 153 402	867 943
普通中专	3 577	419 315	303 585
成人中专	1 536	72 715	52 021
职业高中	4 267	375 370	301 440
技工学校	2 882	269 443	199 189
其他中职机构（不计校数）	451	16 559	11 708
（二）初中阶段教育	54 572	3 936 043	3 486 812
1. 初中	52 804	3 928 762	3 480 979
初级中学	38 747	2 894 926	2 587 399
九年一贯制学校	14 017	1 032 777	449 797
十二年一贯制学校			42 848
完全中学			399 952
职业初中	40	1 059	983
2. 成人初中	1 768	7 281	5 833
三、初等教育	235 369	5 538 480	5 607 283
（一）普通小学	213 529	5 494 877	5 584 644
小学	213 529	5 494 877	5 096 634
九年一贯制学校			449 126
十二年一贯制学校			38 884
（二）成人小学	21 840	43 603	22 639
其中：扫盲班	15 104	32 658	15 399
四、工读学校	78	2 687	1 851
五、特殊教育	1 933	55 096	45 653
六、学前教育	198 553	2 826 753	1 663 487

注：①完全中学的学校数和教职工数计入高中阶段教育，九年一贯制学校的校数和教职工数计入初中阶段教育，十二年一贯制学校的校数和教职工数计入高中阶段教育，专任教师是按照教育层次进行归类；②技工学校数据为 2012 年数据；③“（ ）”内数据为不计校数。

全国各级各类学历教育学生情况

单位：人

	毕业生数	招生数	在校生数
一、高等教育			
（一）研究生	513 626	611 381	1 793 953
博士	53 139	70 462	298 283
硕士	460 487	540 919	1 495 670
（二）普通本专科	6 387 210	6 998 330	24 680 726
本科	3 199 716	3 814 331	14 944 353
专科	3 187 494	3 183 999	9 736 373
（三）成人本专科	1 997 729	2 564 934	6 264 145
本科	811 159	1 038 158	2 654 596
专科	1 186 570	1 526 776	3 609 549
（四）其他各类高等学历教育			
1. 在职人员攻读硕士学位		167 576	558 730
2. 网络本专科生	1 560 762	2 200 729	6 146 406
本科	536 702	804 378	2 175 100
专科	1 024 060	1 396 351	3 971 306
二、中等教育	30 887 540	29 935 409	88 582 754
（一）高中阶段教育	14 838 197	14 974 542	43 699 228
1. 高中	8 093 801	8 226 961	24 469 522
普通高中	7 989 789	8 226 961	24 358 817
完全中学	2 551 466	2 689 932	7 914 286
高级中学	5 242 878	5 308 309	15 814 322
十二年一贯制学校	195 445	228 720	630 209
成人高中	104 012		110 705
2. 中等职业教育	6 744 396	6 747 581	19 229 706
普通中专	2 652 082	2 714 716	7 721 842
成人中专	878 323	862 591	2 299 806
职业高中	2 045 182	1 835 317	5 342 194
技工学校	1 168 809	1 334 957	3 865 864
（二）初中阶段教育	16 049 343	14 960 867	44 883 526
1. 初中	15 615 452	14 960 867	44 401 248
初级中学	11 559 429	10 863 869	32 340 393

续表

	毕业生数	招生数	在校生数
九年一贯制学校	1 760 777	1 804 465	5 256 281
十二年一贯制学校	206 450	231 841	666 538
完全中学	2 081 587	2 057 158	6 127 520
职业初中	7 209	3 534	10 516
2. 成人初中	433 891		482 278
三、初等教育	16 988 501	16 953 556	94 848 050
（一）普通小学	15 810 583	16 953 556	93 605 487
小学	14 315 683	15 451 429	84 998 824
九年一贯制学校	1 372 707	1 381 950	7 920 436
十二年一贯制学校	122 193	120 177	686 227
（二）成人小学	1 177 918		1 242 563
其中：扫盲班	505 877		619 228
四、工读学校	3 596	3 891	9 307
五、特殊教育	50 739	65 977	368 103
六、学前教育	14 917 314	19 700 271	38 946 903

注：①完全中学、九年一贯制学校和十二年一贯制学校的学生数按教育层次分别计入对应教育阶段的学生数中；②特殊教育学生数中包括义务教育阶段随班就读的学生、其他学校附设特教班。

全国各级各类非学历教育学生情况

单位：人

	结业生数	注册学生数
总计	62 741 102	55 932 104
一、高等教育	9 337 748	6 785 562
（一）研究生课程进修班	48 329	69 321
（二）自考助学班	194 882	405 329
（三）普通预科生		42 514
（四）进修及培训	9 094 537	6 268 398
其中：资格证书培训	2 351 305	1 979 966
岗位证书培训	2 504 684	1 713 103
二、中等职业教育	53 403 354	49 146 542
其中：资格证书培训	8 693 004	8 028 370
岗位证书培训	12 781 963	11 670 337

续表

	结业生数	注册学生数
（一）中等职业学校	6 247 386	3 986 943
其中：资格证书培训	2 467 512	1 757 692
岗位证书培训	2 048 427	1 182 845
（二）职业技术培训机构	47 155 968	45 159 599
其中：资格证书培训	6 225 492	6 270 678
岗位证书培训	10 733 536	10 487 492

全国各级各类民办教育基本情况

	学校数（所）	毕业生数（人）	招生数（人）	在校生数（人）	教职工数（人）	专任教师数（人）	另有其他学生数（人）
一、民办高等教育							
（一）民办高校	718	1 332 720	1 601 879	5 575 218	398 400	281 415	258 426
硕士			181	335			
本科学生		719 535	921 391	3 616 363			
专科学生		613 185	680 307	1 958 520			
其中：独立学院	292	593 397	688 917	2 758 465	186 262	138 815	28 956
本科学生		543 697	641 025	2 608 259			
专科学生		49 700	47 892	150 206			
（二）民办其他高等教育机构	（802）				28 394	13 350	879 922
二、民办中等教育							
（一）高中阶段教育	4 857	1 538 303	1 529 785	4 395 853	446 456	318 307	
1. 民办普通高中	2 375	747 589	798 192	2 316 445	328 642	240 426	
2. 民办中等职业教育	2 482	790 714	731 593	2 079 408	117 814	77 881	302 303
（二）初中阶段教育	4 535	1 384 917	1 621 113	4 623 482	337 166	258 662	
1. 民办普通初中	4 535	1 384 917	1 621 113	4 623 482	337 166	258 662	
三、民办普通小学	5 407	1 008 291	1 112 846	6 286 015	204 861	151 800	
四、民办幼儿园	133 451	6 347 047	9 079 575	19 902 536	1 848 754	1 020 215	
另有：民办培训机构（不计校数）	（20 104）				229 537	129 634	9 435 604

注：①“另有其他学生数”包括自考助学班学生、预科生、进修及培训学生数；②民办普通高中的教职工数和专任教师数中包含民办普通初中的教职工数和专任教师数；③民办中等职业教育数据中未含技工学校数据；④“（ ）”内数据为不计校数。

1990—2013 年全国各级学校毕业生升学率情况

单位:%

年份	小学升初中	初中升高级中学	高中升高等教育
1990	74.6	40.6	27.3
1991	77.7	42.6	28.7
1992	79.7	43.6	34.9
1993	81.8	44.1	43.3
1994	86.6	47.8	46.7
1995	90.8	50.3	49.9
1996	92.6	49.8	51.0
1997	93.7	51.5	48.6
1998	94.3	50.7	46.1
1999	94.4	50.0	63.8
2000	94.9	51.2	73.2
2001	95.5	52.9	78.8
2002	97.0	58.3	83.5
2003	97.9	59.6	83.4
2004	98.1	63.8	82.5
2005	98.4	69.7	76.3
2006	100.0	75.7	75.1
2007	99.9	80.5	70.3
2008	99.7	82.1	72.7
2009	99.1	85.6	77.6
2010	98.7	87.5	83.3
2011	98.3	88.9	86.5
2012	98.3	88.4	87.0
2013	98.3	91.2	87.6

注：高中升学率为普通高校招生数与普通高中毕业生数之比。

全国各级各类学校女学生情况

单位：人

	合计	男学生数	女学生数	女学生占学生总数的比重（%）
一、高等教育				
（一）研究生	1 793 953	915 469	878 484	48.97
博士	298 283	188 207	110 076	36.90
硕士	1 495 670	727 262	768 408	51.38
（二）普通本专科	24 680 726	11 911 527	12 769 199	51.74
本科	14 944 353	7 206 309	7 738 044	51.78
专科	9 736 373	4 705 218	5 031 155	51.67
（三）成人本专科	6 264 145	2 801 387	3 462 758	55.28
本科	2 654 596	1 159 003	1 495 593	56.34
专科	3 609 549	1 642 384	1 967 165	54.50
（四）其他各类高等学历教育				
1. 在职人员攻读硕士学位	558 730	379 343	179 387	32.11
2. 网络本专科生	6 146 406	3 130 417	3 015 989	49.07
本科	2 175 100	1 035 577	1 139 523	52.39
专科	3 971 306	2 094 840	1 876 466	47.25
二、中等教育	88 954 941	46 862 508	42 092 433	47.32
（一）高中阶段教育	44 071 415	23 037 086	21 034 329	47.73
1. 高中	24 469 522	12 295 090	12 174 432	49.75
普通高中	24 358 817	12 239 917	12 118 900	49.75
完全中学	7 914 286	3 997 003	3 917 283	49.50
高级中学	15 814 322	7 893 981	7 920 341	50.08
十二年一贯制学校	630 209	348 933	281 276	44.63
成人高中	110 705	55 173	55 532	50.16
2. 中等职业教育	19 601 893	10 741 996	8 859 897	45.20
普通中专	7 721 842	3 584 853	4 136 989	53.58
成人中专	2 299 806	1 263 725	1 036 081	45.05
职业高中	5 342 194	2 868 899	2 473 295	46.30

续表

	合计	男学生数	女学生数	女学生占学生总数的比重（%）
技工学校	4 238 051	3 024 519	1 213 532	28.63
（二）初中阶段教育	44 883 526	23 825 422	21 058 104	46.92
1. 初中	44 401 248	23 564 942	20 836 306	46.93
初级中学	32 340 393	17 028 783	15 311 610	47.35
九年一贯制学校	5 256 281	2 880 110	2 376 171	45.21
十二年一贯制学校	666 538	392 980	273 558	41.04
完全中学	6 127 520	3 257 526	2 869 994	46.84
职业初中	10 516	5 543	4 973	47.29
2. 成人初中	482 278	260 480	221 798	45.99
三、初等教育	94 848 050	50 868 566	43 979 484	46.37
（一）普通小学	93 605 487	50 292 799	43 312 688	46.27
小学	84 998 824	45 521 537	39 477 287	46.44
九年一贯制学校	7 920 436	4 366 870	3 553 566	44.87
十二年一贯制学校	686 227	404 392	281 835	41.07
（二）成人小学	1 242 563	575 767	666 796	53.66
其中：扫盲班	619 228	286 616	332 612	53.71
四、工读学校	9 307	8 042	1 265	13.59
五、特殊教育	368 026	235 536	132 490	36.00
六、学前教育	38 946 903	20 964 619	17 982 284	46.17

全国各级各类学校女教职工、女专任教师情况

单位：人

	教职工合计	其中：女教职工		专任教师合计	其中：女专任教师	
		人数	占教职工总数的比重（%）		人数	占专任教师总数的比重（%）
一、高等教育						
（一）研究生培养机构（不计校数）						
1. 普通高校						
2. 科研机构						

续表

	教职工合计	其中：女教职工		专任教师合计	其中：女专任教师	
		人数	占教职工总数的比重（%）		人数	占专任教师总数的比重（%）
（二）普通高等学校	2 296 262	1 070 126	46.60	1 496 865	714 450	47.73
1. 本科院校	1 657 517	757 592	45.71	1 055 036	487 868	46.24
其中：独立学院	186 262	93 880	50.40	138 815	69 391	49.99
2. 高职（专科）院校	630 044	308 885	49.03	436 561	224 345	51.39
3. 其他普通高教机构（不计校数）	8 701	3 649	41.94	5 268	2 237	42.46
（三）成人高等学校	56 417	27 364	48.50	33 647	17 769	52.81
（四）民办的其他高等教育机构	28 394	14 936	52.60	13 350	6 777	50.76
二、中等教育	7 567 763	3 769 797	49.81	5 986 083		
（一）高中阶段教育	3 631 720	1 786 183	49.18	2 499 271		
1. 高中	2 479 655	1 251 277	50.46	1 633 626	813 921	49.82
普通高中	2 473 594	1 248 709	50.48	1 629 008	811 941	49.84
完全中学	1 061 968	544 547	51.28	521 094	255 322	49.00
高级中学	1 243 624	602 307	48.43	1 065 888	536 685	50.35
十二年一贯制学校	168 002	101 855	60.63	42 026	19 934	47.43
成人高中	6 061	2 568	42.37	4 618	1 980	42.88
2. 中等职业教育	1 152 065	534 906	46.43	865 645		
普通中专	419 315	199 873	47.67	303 585	154 955	51.04
成人中专	72 715	33 973	46.72	52 021	26 292	50.54
职业高中	375 370	179 125	47.72	301 440	152 069	50.45
技工学校	268 106	114 392	42.67	196 891		
其他中职机构（不计校数）	16 559	7 543	45.55	11 708	5 860	50.05
（二）初中阶段教育	3 936 043	1 983 614	50.40	3 486 812	1 801 497	51.67
1. 初中	3 928 762	1 981 096	50.43	3 480 979	1 799 565	51.70
初级中学	2 894 926	1 407 484	48.62	2 587 399	1 316 213	50.87
九年一贯制学校	1 032 777	573 175	55.50	449 797	226 333	50.32
十二年一贯制学校				42 848	25 538	59.60
完全中学				399 952	231 061	57.77
职业初中	1 059	437	41.27	983	420	42.73
2. 成人初中	7 281	2 518	34.58	5 833	1 932	33.12
三、初等教育	5 538 480	3 228 192	58.29	5 607 283	3 399 257	60.62

续表

	教职工合计	其中：女教职工		专任教师合计	其中：女专任教师	
		人数	占教职工总数的比重（%）		人数	占专任教师总数的比重（%）
（一）普通小学	5 494 877	3 209 818	58.41	5 584 644	3 388 375	60.67
小学	5 494 877	3 209 818	58.41	5 096 634	3 066 446	60.17
九年一贯制学校				449 126	291 347	64.87
十二年一贯制学校				38 884	30 582	78.65
（二）成人小学	43 603	18 374	42.14	22 639	10 882	48.07
其中：扫盲班	32 658	13 902	42.57	15 399	7 538	48.95
四、工读学校	2 687	971	36.14	1 851	711	38.41
五、特殊教育	55 096	37 685	68.40	45 653	33 079	72.46
六、学前教育	2 826 753	2 591 701	91.68	1 663 487	1 630 288	98.00

注：普通高中的教职工数中包含普通初中的教职工数。

全国各级各类学校少数民族学生情况

单位：人

	总计	少数民族学生	
		人数	占学生总数的比重（%）
一、高等教育			
（一）研究生	1 793 953	107 392	5.99
博士	298 283	17 333	5.81
硕士	1 495 670	90 059	6.02
（二）普通本专科	24 680 726	1 844 503	7.47
本科	14 944 353	1 167 597	7.81
专科	9 736 373	676 906	6.95
（三）成人本专科	6 264 145	502 741	8.03
本科	2 654 596	218 624	8.24
专科	3 609 549	284 117	7.87
（四）其他各类高等学历教育			
1. 在职人员攻读硕士学位	558 730		
2. 网络本专科生	6 146 406	371 979	6.05
本科	2 175 100	129 788	5.97
专科	3 971 306	242 191	6.10

续表

	总计	少数民族学生	
		人数	占学生总数的比重（%）
二、中等教育			
（一）高中阶段教育			
1. 高中			
普通高中	24 358 817	2 109 133	8.66
完全中学	7 914 286	661 098	8.35
高级中学	15 814 322	1 415 457	8.95
十二年一贯制学校	630 209	32 578	5.17
成人高中	592 983	36 007	6.07
2. 中等职业教育			
普通中专	7 721 842	648 968	8.40
成人中专	2 299 806	191 944	8.35
职业高中	5 342 194	373 246	6.99
技工学校			
（二）初中阶段教育			
1. 初中	44 401 248	4 710 203	10.61
初级中学	32 340 393	3 555 055	10.99
九年一贯制学校	5 256 281	515 925	9.82
十二年一贯制学校	666 538	33 850	5.08
完全中学	6 127 520	601 916	9.82
职业初中	10 516	3 457	32.87
2. 成人初中			
三、初等教育			
（一）普通小学	93 605 487	10 409 488	11.12
小学	84 998 824	9 580 668	11.27
九年一贯制学校	7 920 436	789 653	9.97
十二年一贯制学校	686 227	39 167	5.71
（二）成人小学	1 242 563	132 102	10.63
其中：扫盲班			
四、工读学校			
五、特殊教育	368 026	28 534	7.75
六、学前教育	38 946 903	3 155 937	8.10

注：成人高中数据包括成人初中数据。

全国各级各类学校少数民族教职工、专任教师情况

单位：人

	教职工合计	少数民族教职工		专任教师合计	少数民族专任教师	
		人数	占教职工总数的比重（%）		人数	占教职工总数的比重（%）
一、高等教育						
（一）研究生培养机构（不计校数）						
1. 普通高校						
2. 科研机构						
（二）普通高等学校	2 296 262	122 644	5.34	1 496 865	79 439	5.31
1. 本科院校	1 657 517	90 272	5.45	1 055 036	57 539	5.45
其中：独立学院	186 262	6 842	3.67	138 815	4 680	3.37
2. 高职（专科）院校	630 044	31 948	5.07	436 561	21 668	4.96
3. 其他普通高教机构（不计校数）	8 701	424	4.87	5 268	232	4.40
（三）成人高等学校	56 417	3 161	5.60	33 647	1 826	5.43
（四）民办的其他高等教育机构	28 394	252	0.89	13 350	136	1.02
二、中等教育						
（一）高中阶段教育						
1. 高中	2 486 936	184 345	7.41	1 639 459	121 459	7.41
普通高中	2 473 594	183 921	7.44	1 629 008	121 170	7.44
完全中学	1 061 968	83 280	7.84	521 094	38 484	7.39
高级中学	1 243 624	92 187	7.41	1 065 888	80 345	7.54
十二年一贯制学校	168 002	8 454	5.03	42 026	2 341	5.57
成人高中	13 342	424	3.18	10 451	289	2.77
2. 中等职业教育						
普通中专	419 315	25 523	6.09	303 585	18 487	6.09
成人中专	72 715	3 973	5.46	52 021	3 002	5.77
职业高中	375 370	18 447	4.91	301 440	14 310	4.75
技工学校						
其他中职机构（不计校数）	16 559	386	2.33	11 708	265	2.26
（二）初中阶段教育						
1. 初中	3 928 762	353 776	9.00	3 480 979	311 437	8.95
初级中学	2 894 926	259 125	8.95	2 587 399	233 306	9.02
九年一贯制学校	1 032 777	94 373	9.14	449 797	40 747	9.06

续表

	教职工合计	少数民族教职工		专任教师合计	少数民族专任教师	
		人数	占教职工总数的比重（%）		人数	占教职工总数的比重（%）
十二年一贯制学校				42 848	2 400	5.60
完全中学				399 952	34 727	8.68
职业初中	1 059	278	26.25	983	257	26.14
2. 成人初中						
三、初等教育						
（一）普通小学	5 494 877	588 411	10.71	5 584 644	589 984	10.56
小学	5 494 877	588 411	10.71	5 096 634	543 760	10.67
九年一贯制学校				449 126	43 732	9.74
十二年一贯制学校				38 884	2 492	6.41
（二）成人小学	43 603	3 544	8.13	22 639	1 175	5.19
其中：扫盲班						
四、工读学校						
五、特殊教育	55 096	4 070	7.39	45 653	3 356	7.35
六、学前教育	2 826 753	158 839	5.62	1 663 487	102 672	6.17

注：①普通高中少数民族教职工数包括普通初中少数民族教职工数；②成人高中少数民族教职工数和专任教师数包括成人初中少数民族教职工数和专任教师数。

1965—2013年全国小学学龄儿童入学率情况

单位：万人

年份	全国学龄儿童数	已入学学龄儿童数	净入学率（%）
1965	11 603.2	9 829.1	84.7
1980	12 219.6	11 478.2	93.0
1985	10 362.3	9 942.8	95.9
1990	9 740.7	9 529.7	97.8
1999	12 991.4	12 872.8	99.1
2000	12 445.3	12 333.9	99.1
2001	11 766.4	11 561.2	99.1
2002	11 310.4	11 150.0	98.6
2003	10 908.3	10 761.6	98.7
2004	10 548.1	10 437.1	98.9
2005	10 207.0	10 120.3	99.2
2006	10 075.5	10 001.5	99.3

续表

年份	全国学龄儿童数	已入学学龄儿童数	净入学率（%）
2007	9 947.9	9 896.8	99.5
2008	9 772.0	9 727.1	99.5
2009	9 606.6	9 548.6	99.4
2010	9 501.5	9 473.3	99.7
2011	9 522.4	9 502.5	99.8
2012	9 296.8	9 282.7	99.9
2013	8 962.1	8 935.7	99.7

注：1991 年以前的净入学率是按 7—11 周岁统一计算的，从 1991 年起净入学率是按各地不同入学年龄和学制分别计算的。

各省（区、市）小学净入学率情况

单位：人

地区	合计			其中：女生		
	校内外学龄人口总数	在校学龄人口总数	净入学率（%）	校内外学龄人口总数	在校学龄人口总数	净入学率（%）
合计	89 621 060	89 357 005	99.71	41 535 992	41 418 251	99.72
北京	776 972	776 908	99.99	359 300	359 267	99.99
天津	522 436	522 436	100.00	242 654	242 654	100.00
河北	5 316 724	5 294 914	99.59	2 491 628	2 481 092	99.58
山西	2 266 464	2 262 453	99.82	1 087 192	1 085 388	99.83
内蒙古	1 256 247	1 254 535	99.86	600 326	599 578	99.88
辽宁	1 916 429	1 915 125	99.93	908 557	907 998	99.94
吉林	1 303 668	1 299 179	99.66	621 433	619 066	99.62
黑龙江	1 455 758	1 455 431	99.98	700 770	700 551	99.97
上海	770 697	770 693	100.00	353 757	353 757	100.00
江苏	4 282 583	4 282 883	100.01	1 956 110	1 956 245	100.01
浙江	3 409 690	3 409 677	100.00	1 573 786	1 573 780	100.00
安徽	4 014 755	4 002 854	99.70	1 825 348	1 820 089	99.71
福建	2 536 411	2 535 975	99.98	1 164 818	1 164 465	100.00
江西	3 891 409	3 891 376	100.00	1 754 495	1 754 442	100.00
山东	6 130 784	6 122 186	99.86	2 845 794	2 841 967	99.87
河南	9 132 361	9 120 560	99.87	4 189 855	4 184 836	99.88

续表

地区	合计			其中：女生		
	校内外学龄人口总数	在校学龄人口总数	净入学率（%）	校内外学龄人口总数	在校学龄人口总数	净入学率（%）
湖北	3 204 798	3 204 132	99.98	1 465 634	1 465 281	99.98
湖南	4 245 547	4 243 929	99.96	1 955 959	1 955 288	99.97
广东	7 683 306	7 680 966	99.97	3 442 466	3 441 626	99.98
广西	4 077 584	4 061 275	99.60	1 903 177	1 896 059	99.63
海南	723 665	719 229	99.39	319 555	316 923	99.18
重庆	1 876 054	1 875 668	99.98	886 456	886 029	99.95
四川	4 954 883	4 924 194	99.38	2 364 442	2 349 199	99.36
贵州	3 276 674	3 253 550	99.29	1 515 684	1 512 440	99.79
云南	3 547 034	3 529 369	99.50	1 668 856	1 659 911	99.46
西藏	279 876	278 739	99.59	136 273	135 815	99.66
陕西	2 203 375	2 188 934	99.34	1 024 860	1 017 930	99.32
甘肃	1 831 573	1 753 822	95.75	863 498	826 713	95.74
青海	429 263	428 119	99.73	206 079	205 642	99.79
宁夏	547 061	544 331	99.50	261 359	260 043	99.50
新疆	1 756 979	1 753 563	99.81	845 871	844 177	99.80

全国高等教育学校（机构）学生数

单位：人

	毕(结)业生数	授予学位数	招生数				在校生数	预计毕业生数
			合计	其中				
				应届生	春季招生	预科生转入		
研究生	513 626	509 520	611 381	409 567			1 793 953	665 984
博士	53 139	51 714	70 462	30 252			298 283	146 941
硕士	460 487	457 806	540 919	379 315			1 495 670	519 043
普通本专科	6 387 210	3 130 415	6 998 330	6 469 438	7 670	36 349	24 680 726	6 737 474
本科	3 199 716	3 130 415	3 814 331	3 413 912	5 884	34 441	14 944 353	3 497 450
专科	3 187 494		3 183 999	3 055 526	1 786	1 908	9 736 373	3 240 024
成人本专科	1 997 729	126 057	2 564 934				6 264 145	2 362 194
本科	811 159	126 057	1 038 158				2 654 596	940 037

续表

	毕(结)业生数	授予学位数	招生数				在校生数	预计毕业生数
			合计	其中				
				应届生	春季招生	预科生转入		
专科	1 186 570		1 526 776				3 609 549	1 422 157
网络本专科生	1 560 762	40 267	2 200 729		1 134 022		6 146 406	
本科	536 702	40 267	804 378		413 513		2 175 100	
专科	1 024 060		1 396 351		720 509		3 971 306	
在职人员攻读硕士学位		103 468	167 576				558 730	
自考助学班	194 882						405 329	
普通预科生							42 514	
研究生课程进修班	48 329						69 321	
进修及培训	9 094 537						6 268 398	
留学生	91 251	19 025	106 448		31 008		174 806	

全国在职人员攻读硕士学位分学科学生数

单位：人

	授予学位数	招生数	在校生数
总计	103 468	167 576	558 730
其中：女	37 850	56 398	179 387
学术型学位	7 741	7 677	30 363
专业学位	95 727	159 899	528 367
哲学	37	3	36
经济学	535	287	901
法学	6 856	7 013	21 367
教育学	11 866	21 475	53 798
文学	937	428	1 868
历史学	26	4	54
理学	401	106	721
工学	51 636	98 496	337 701
农学	7 907	12 830	46 367
医学	3 092	5 245	18 796
军事学	1		
管理学	18 500	19 546	72 040

全国普通本科分学科学生数

单位：人

	毕业生数	招生数	在校生数	预计毕业生数
总计	3 199 716	3 814 331	14 944 353	3 497 450
其中：女	1 623 403	2 090 027	7 738 044	1 710 277
哲学	2 034	2 930	9 205	2 104
经济学	193 530	223 473	882 890	210 209
法学	122 676	138 050	535 423	132 181
教育学	104 691	139 887	517 344	115 184
文学	355 662	366 416	1 479 974	366 583
其中：外语	200 312	199 856	813 777	202 609
历史学	15 773	18 370	70 836	17 129
理学	248 790	277 254	1 076 027	263 721
工学	1 058 768	1 274 915	4 953 334	1 171 858
农学	58 752	68 658	259 837	61 125
医学	192 344	238 919	1 064 363	211 467
管理学	575 152	697 484	2 750 404	645 874
艺术学	271 544	367 975	1 344 716	300 015
总计中：师范生	342 076	351 062	1 436 507	358 307

全国普通专科分学科学生数

单位：人

	毕业生数	招生数	在校生数	预计毕业生数
总计	3 187 494	3 183 999	9 736 373	3 240 024
其中：女	1 650 653	1 753 198	5 031 155	1 578 155
农林牧渔大类	56 295	55 578	169 938	56 624
交通运输大类	137 055	160 095	466 262	146 030
生化与药品大类	78 844	68 115	217 477	76 659
资源开发与测绘大类	48 329	45 210	145 409	49 821
材料与能源大类	45 039	39 379	125 455	44 049
土建大类	313 035	398 400	1 138 612	364 240
水利大类	12 388	14 678	42 744	13 879
制造大类	422 106	403 256	1 242 864	416 867

续表

	毕业生数	招生数	在校生数	预计毕业生数
电子信息大类	325 817	290 916	892 212	303 281
环保、气象与安全大类	15 114	14 778	44 913	15 508
轻纺食品大类	57 604	51 005	159 004	55 774
财经大类	668 469	676 475	2 078 204	688 711
医药卫生大类	308 106	324 759	995 420	319 456
旅游大类	104 287	107 128	320 920	104 995
公共事业大类	32 218	32 966	96 907	31 477
文化教育大类	358 222	297 318	992 417	348 263
艺术设计传媒大类	154 159	156 091	457 030	151 469
公安大类	9 514	11 259	34 675	12 871
法律大类	40 893	36 593	115 910	40 050
总计中：师范生	176 354	151 276	521 576	183 392

全国成人本科分学科学生数

单位：人

	毕业生数	招生数	在校生数	预计毕业生数
总计	811 159	1 038 158	2 654 596	940 037
其中：女	456 202	591 686	1 495 593	489 118
哲学	54	66	100	1
经济学	27 596	29 128	86 284	32 831
法学	48 444	48 182	125 062	51 175
教育学	43 508	60 957	147 477	57 629
文学	100 780	83 162	236 314	99 187
其中：外语	30 754	24 519	73 552	30 667
历史学	1 851	1 613	4 465	1 780
理学	23 938	21 199	55 288	23 324
工学	186 133	253 886	659 393	227 075
农学	13 162	16 774	40 527	14 641
医学	153 016	225 261	544 416	173 409
管理学	197 677	280 424	700 896	241 429
艺术学	15 000	17 506	54 374	17 556
总计中：师范生	107 107	108 195	272 166	111 467

全国成人专科分学科学生数

单位：人

	毕业生数	招生数	在校生数	预计毕业生数
总计	1 186 570	1 526 776	3 609 549	1 422 157
其中：女	624 032	842 233	1 967 165	730 249
农林牧渔大类	24 920	26 878	60 889	24 961
交通运输大类	39 018	48 229	121 102	48 858
生化与药品大类	15 572	12 257	34 645	14 415
资源开发与测绘大类	31 401	43 451	110 888	41 786
材料与能源大类	13 954	11 163	33 688	14 989
土建大类	79 967	120 555	274 092	104 217
水利大类	6 100	6 061	14 134	6 181
制造大类	151 477	175 476	420 650	172 139
电子信息大类	93 990	94 988	229 481	99 186
环保、气象与安全大类	2 434	2 281	5 670	2 419
轻纺食品大类	6 920	7 067	18 008	7 518
财经大类	330 069	388 347	904 179	375 361
医药卫生大类	166 766	233 817	594 172	189 028
旅游大类	21 521	26 447	58 665	24 281
公共事业大类	36 162	55 051	117 725	44 977
文化教育大类	120 689	219 231	478 814	193 228
艺术设计传媒大类	29 488	37 372	88 520	39 732
公安大类	1 646	1 492	5 662	2 418
法律大类	14 476	16 613	38 565	16 463
总计中：师范生	65 798	136 518	286 098	115 583

全国网络本科分学科学生数

单位：人

	毕业生数	招生数	在校生数
总计	536 702	804 378	2 175 100
其中：女	297 952	425 359	1 139 523
哲学			
经济学	29 375	35 464	109 499
法学	58 168	72 513	225 293
教育学	20 553	31 570	72 766

续表

	毕业生数	招生数	在校生数
文学	47 233	44 643	152 240
其中：外语	9 744	7 977	37 766
历史学	538	544	1 079
理学	7 124	6 838	17 208
工学	92 626	180 650	418 498
农学	3 493	6 936	13 698
医学	44 579	67 680	160 369
管理学	231 162	354 393	993 794
艺术学	1 851	3 147	10 656
总计中：师范生	21 112	23 171	53 200

全国网络专科分学科学生数

单位：人

	毕业生数	招生数	在校生数
总计	1 024 060	1 396 351	3 971 306
其中：女	501 241	656 091	1 876 466
农林牧渔大类	57 671	61 434	213 440
交通运输大类	22 114	37 035	84 336
生化与药品大类	3 381	4 638	11 543
资源开发与测绘大类	10 773	20 426	39 718
材料与能源大类	5 254	5 718	10 287
土建大类	83 221	150 051	355 818
水利大类	4 910	6 646	20 089
制造大类	45 993	77 157	190 592
电子信息大类	43 146	53 304	172 766
环保、气象与安全大类	1 908	3 331	8 222
轻纺食品大类	877	1 305	3 646
财经大类	315 424	403 331	1 215 227
医药卫生大类	49 849	62 550	163 984
旅游大类	4 049	6 566	21 322
公共事业大类	193 084	281 682	785 008
文化教育大类	101 149	134 603	388 541
艺术设计传媒大类	5 203	6 759	31 034
公安大类	848	935	2 036
法律大类	75 206	78 880	253 697
总计中：师范生	16 450	20 392	40 480

全国高等教育学校（机构）教职工情况

单位：人

	合计	校本部教职工数											科研机构人员	校办企业职工	其他附设机构人员
		合计	专任教师						行政人员	教辅人员	工勤人员				
			小计	正高级	副高级	中级	初级	未定职级							
总计	2 352 679	2 235 200	1 530 512	182 982	442 685	611 226	209 963	83 656	323 388	211 969	169 331		29 918	31 076	56 485
其中：女	1 097 490	1 047 550	732 219	53 118	195 330	320 996	118 270	44 505	149 109	115 630	50 592		11 166	9 163	29 611
普通高校	2 296 262	2 179 314	1 496 865	181 501	432 356	596 954	203 713	82 341	312 606	205 280	164 563		29 789	30 864	56 295
成人高校	56 417	55 886	33 647	1 481	10 329	14 272	6 250	1 315	10 782	6 689	4 768		129	212	190

全国研究生指导教师情况

单位：人

	合计	29 岁及以下	30—34 岁	35—39 岁	40—44 岁	45—49 岁	50—54 岁	55—59 岁	60—64 岁	65 岁及以上
总计	315 815	1 456	24 808	52 398	65 994	77 822	50 099	29 752	7 501	5 985
其中：女	90 872	444	7 825	18 009	22 274	22 163	12 091	6 167	1 195	704
分职称：正高级	154 515	52	1 714	8 432	23 959	47 877	36 554	23 872	6 596	5 459
副高级	146 731	592	16 346	39 633	40 409	29 309	13 294	5 779	870	499
中级	14 569	812	6 748	4 333	1 626	636	251	101	35	27
分指导关系：博士导师	18 280	3	264	1 135	2 370	4 756	3 863	2 745	1 293	1 851
其中：女	2 675		34	192	467	768	497	390	170	157
硕士导师	241 200	1 407	22 978	46 257	54 510	57 115	34 322	19 191	3 739	1 681
其中：女	78 448	434	7 525	16 836	19 895	18 468	9 742	4 567	711	270
博士、硕士导师	56 335	46	1 566	5 006	9 114	15 951	11 914	7 816	2 469	2 453
其中：女	9 749	10	266	981	1 912	2 927	1 852	1 210	314	277

全国高校专任教师、聘请校外教师学历情况

单位：人

	合计	博士	硕士	本科	专科及以下
1. 专任教师	1 530 512	286 148	542 792	678 793	22 779
其中：女	732 219	96 773	296 439	330 925	8 082
正高级	182 982	85 298	35 096	61 017	1 571
副高级	442 685	108 988	107 193	221 028	5 476
中级	611 226	81 587	269 027	252 289	8 323
初级	209 963	1 772	91 864	112 219	4 108
未定职级	83 656	8 503	39 612	32 240	3 301
2. 聘请校外教师	442 176	62 778	143 739	212 387	23 272
其中：女	170 703	16 123	60 605	86 454	7 521
外籍教师	14 945	5 812	4 296	4 745	92
其他高校教师	123 654	25 164	50 908	45 737	1 845
正高级	78 108	31 324	23 169	22 542	1 073
副高级	135 871	17 881	43 530	69 789	4 671
中级	144 400	10 271	49 926	75 790	8 413
初级	39 411	817	13 955	21 786	2 853
未定职级	44 386	2 485	13 159	22 480	6 262

注：不包含民办的其他高等教育机构数据。

全国高校专任教师年龄情况

单位：人

	合计	29岁及以下	30—34岁	35—39岁	40—44岁	45—49岁	50—54岁	55—59岁	60—64岁	65岁及以上
总计	1 530 512	241 669	371 099	272 111	223 718	200 389	123 541	70 470	16 983	10 532
其中：女	732 219	144 204	204 341	134 114	100 939	82 214	44 100	16 768	3 979	1 560
正高级	182 982	47	1 307	8 274	27 332	55 502	44 064	31 459	9 061	5 936
副高级	442 685	1 258	31 387	91 584	114 678	103 778	59 366	29 962	6 476	4 196
中级	611 226	64 401	255 778	152 945	73 925	37 121	17 844	7 600	1 257	355
初级	209 963	117 593	65 929	15 304	5 873	2 864	1 538	807	46	9
未定职级	83 656	58 370	16 698	4 004	1 910	1 124	729	642	143	36

注：不含民办的其他高等教育机构数据。

全国普通高中校数、班数

	学校数（所）				班数（个）
	合计	完全中学	高级中学	十二年一贯制学校	
总计	13 352	5 861	6 591	900	443 170
教育部门办	10 788	4 834	5 736	218	395 096
其他部门办	176	65	70	41	3 415
地方企业办	13	6	3	4	201
民办	2 375	956	782	637	44 458
城区	6 348	2 774	3 026	548	211 249
教育部门办	4 851	2 178	2 526	147	185 399
其他部门办	85	32	32	21	1 615
地方企业办	7	4	3		96
民办	1 405	560	465	380	24 139
其中：城乡结合区	917	333	457	127	32 056
教育部门办	617	235	370	12	26 713
其他部门办	8	1	4	3	96
地方企业办	2	1	1		24
民办	290	96	82	112	5 223
镇区	6 296	2 722	3 294	280	216 618
教育部门办	5 404	2 369	2 982	53	197 469
其他部门办	85	30	38	17	1 710
地方企业办	6	2		4	105
民办	801	321	274	206	17 334
其中：镇乡结合区	1 592	592	903	97	55 663
教育部门办	1 301	484	806	11	49 351
其他部门办	2		1	1	47
地方企业办	1			1	9
民办	288	108	96	84	6 256
乡村	708	365	271	72	15 303
教育部门办	533	287	228	18	12 228
其他部门办	6	3		3	90
地方企业办					
民办	169	75	43	51	2 985
总计中：其他学校附设班					2 015
独立设置少数民族学校	474	284	158	32	10 921

全国中等职业学校（机构）数

单位：所

	合计	中央部门	地方				民办
			合计	教育部门	其他部门	地方企业	
中等职业学校	9 380	23	6 875	5 378	1 412	85	2 482
其中：普通中等专业学校	3 577	18	2 667	1 655	981	31	892
成人中等专业学校	1 536	3	1 384	1 116	242	26	149
职业高中学校	4 267	2	2 824	2 607	189	28	1 441
其他机构（教学点）（不计校数）	451	2	385	277	102	6	64
附设中职班（不计校数）	1 160	3	939	588	334	17	218

全国成人高中基本情况

单位：人

	学校数（所）	教学班（点）（个）	毕(结)业生数		注册学生数		教职工数		专任教师数		聘请校外教师数
			合计	其中：女	合计	其中：女	合计	其中：女	合计	其中：女	
合计	611	1 588	104 012	49 086	110 705	55 532	6 061	2 568	4 618	1 980	4 111
职工高中	146	450	44 646	20 403	57 552	27 947	2 047	983	1 629	791	896
农民高中	465	1 138	59 366	28 683	53 153	27 585	4 014	1 585	2 989	1 189	3 215

全国初中阶段校数、班数

	学校数（所）				班数（个）				
	合计	初级中学	九年一贯制学校	职业初中	合计	一年级	二年级	三年级	四年级
总计	52 804	38 747	14 017	40	909 570	305 192	300 677	293 544	10 157
教育部门办	47 693	37 181	10 473	39	811 117	270 727	268 125	263 079	9 186
其他部门办	552	187	364	1	6 726	2 186	2 160	2 151	229
地方企业办	24	5	19		385	133	126	125	1

续表

	学校数（所）				班数（个）				
	合计	初级中学	九年一贯制学校	职业初中	合计	一年级	二年级	三年级	四年级
民办	4 535	1 374	3 161		91 342	32 146	30 266	28 189	741
城区	11 124	7 533	3 587	4	293 969	98 836	96 376	92 716	6 041
教育部门办	8 843	6 860	1 980	3	242 853	80 859	79 483	77 193	5 318
其他部门办	144	71	72	1	2 098	687	689	685	37
地方企业办	11	2	9		179	66	55	57	1
民办	2 126	600	1 526		48 839	17 224	16 149	14 781	685
其中：城乡结合区	2 390	1 466	923	1	47 908	16 519	15 809	14 913	667
教育部门办	1 760	1 349	410	1	36 439	12 273	11 980	11 559	627
其他部门办	24	14	10		241	74	80	78	9
地方企业办	1		1		22	14	4	4	
民办	605	103	502		11 206	4 158	3 745	3 272	31
镇区	23 195	18 437	4 737	21	437 638	146 930	145 089	142 709	2 910
教育部门办	21 150	17 784	3 345	21	398 281	133 274	132 081	130 240	2 686
其他部门办	342	96	246		4 072	1 315	1 286	1 279	192
地方企业办	10	2	8		199	65	68	66	
民办	1 693	555	1 138		35 086	12 276	11 654	11 124	32
其中：镇乡结合区	6 047	4 777	1 264	6	110 648	37 677	36 719	35 565	687
教育部门办	5 387	4 577	804	6	97 664	33 033	32 402	31 559	670
其他部门办	16	8	8		160	70	45	43	2
地方企业办					12	4	4	4	
民办	644	192	452		12 812	4 570	4 268	3 959	15
乡村	18 485	12 777	5 693	15	177 963	59 426	59 212	58 119	1 206
教育部门办	17 700	12 537	5 148	15	169 983	56 594	56 561	55 646	1 182
其他部门办	66	20	46		556	184	185	187	
地方企业办	3	1	2		7	2	3	2	
民办	716	219	497		7 417	2 646	2 463	2 284	24
总计中：四年制					41 642	10 556	10 594	10 341	10 151
其他学校附设班					5 535	1 839	1 849	1 802	45
独立设置少数民族学校					28 732	9 961	9 460	9 266	45

全国成人初中基本情况

	学校数（所）	教学班（点）（个）	毕（结）业生数（人）		注册学生数（人）		教职工数（人）		专任教师数（人）		聘请校外教师数（人）
			合计	其中：女	合计	其中：女	合计	其中：女	合计	其中：女	
合计	1 768	3 783	433 891	214 341	482 278	221 798	7 281	2 518	5 833	1 932	5 364
职工初中	208	372	22 344	11 457	37 923	17 276	1 388	522	1 259	470	939
农民初中	1 560	3 411	411 547	202 884	444 355	204 522	5 893	1 996	4 574	1 462	4 425

全国幼儿园园数、班数

	园数（所）		班数（个）
	合计	其中：少数民族幼儿园	
总计	198 553	4 339	1 343 042
教育部门办	45 037	3 644	499 800
其他部门办	1 854	29	20 589
地方企业办	1 413		11 216
事业单位办	3 364	34	19 060
部队办	491	1	4 088
集体办	12 943	49	64 743
民办	133 451	582	723 546
城区	61 239	339	471 208
教育部门办	7 455	133	90 766
其他部门办	1 155	3	15 094
地方企业办	1 142		9 408
事业单位办	999	17	7 835
部队办	465	1	3 957
集体办	3 861	17	26 947
民办	46 162	168	317 201
其中：城乡结合区	12 067	63	80 927
教育部门办	1 293	45	14 333
其他部门办	53		498

续表

	园数（所）		班数（个）
	合计	其中：少数民族幼儿园	
地方企业办	78		578
事业单位办	128	1	655
部队办	11		70
集体办	1 682	3	9 569
民办	8 822	14	55 224
镇区	67 436	836	463 356
教育部门办	15 879	570	178 812
其他部门办	569	11	4 797
地方企业办	222		1 561
事业单位办	952	10	5 857
部队办	12		67
集体办	2 824	10	17 859
民办	46 978	235	254 403
其中：镇乡结合区	21 248	194	136 362
教育部门办	4 637	138	51 379
其他部门办	54	1	464
地方企业办	47		298
事业单位办	247	1	1 481
部队办	1		6
集体办	1 450	6	7 495
民办	14 812	48	75 239
乡村	69 878	3 164	408 478
教育部门办	21 703	2 941	230 222
其他部门办	130	15	698
地方企业办	49		247
事业单位办	1 413	7	5 368
部队办	14		64
集体办	6 258	22	19 937
民办	40 311	179	151 942
合计中：独立设置幼儿园			1 103 844
附设幼儿班			239 198

各省（区、市）高中阶段学生数

单位：人

地区	毕业生数	招生数	在校生数
合计	14 838 197	14 974 542	43 699 228
北京	147 581	132 293	395 615
天津	107 749	97 812	293 449
河北	790 135	646 594	2 000 673
山西	483 317	468 679	1 398 103
内蒙古	262 890	255 846	758 838
辽宁	384 086	367 189	1 114 349
吉林	259 428	234 785	691 127
黑龙江	389 334	321 887	1 018 908
上海	101 183	97 469	311 400
江苏	815 675	700 084	2 168 796
浙江	530 650	494 054	1 581 225
安徽	759 318	768 145	2 272 004
福建	438 157	390 218	1 252 337
江西	441 059	521 090	1 502 463
山东	1 009 791	1 096 609	3 111 885
河南	1 230 289	1 183 784	3 359 170
湖北	626 875	486 352	1 506 788
湖南	594 065	643 259	1 856 858
广东	1 339 050	1 478 673	4 490 740
广西	541 490	644 467	1 745 067
海南	99 726	120 329	341 181
重庆	350 048	394 205	1 174 636
四川	930 504	1 040 618	2 824 518
贵州	317 411	599 259	1 373 574
云南	447 701	487 056	1 332 702
西藏	21 146	26 119	70 583
陕西	575 170	513 686	1 505 795
甘肃	368 420	334 149	1 043 549
青海	62 395	75 535	208 475
宁夏	83 194	88 056	265 063
新疆	226 348	266 241	729 357

各省（区、市）普通高中学生数

单位：人

地区	毕业生数	招生数	在校生数					预计毕业生数
			合计	其中：女	一年级	二年级	三年级	
总计	7 989 789	8 226 961	24 358 817	12 118 900	8 233 790	8 084 933	8 040 094	8 040 094
北京	58 072	59 983	187 586	96 621	60 357	63 665	63 564	63 564
天津	61 167	55 116	175 144	90 621	55 125	58 789	61 230	61 230
河北	404 522	375 572	1 092 815	574 005	375 625	354 327	362 863	362 863
山西	286 103	288 826	848 464	435 434	288 839	285 853	273 772	273 772
内蒙古	161 587	164 232	494 243	255 412	164 232	167 991	162 020	162 020
辽宁	231 626	222 938	681 460	352 310	222 966	226 234	232 260	232 260
吉林	157 117	151 131	453 171	234 830	151 173	147 528	154 470	154 470
黑龙江	206 088	193 979	589 379	307 281	193 980	195 220	200 179	200 179
上海	52 675	53 092	156 817	82 099	53 380	52 306	51 131	51 131
江苏	425 924	341 417	1 109 899	530 825	341 589	369 904	398 406	398 406
浙江	296 105	265 198	839 755	425 533	265 337	276 586	297 832	297 832
安徽	416 723	380 526	1 255 132	584 105	381 717	441 119	432 296	432 296
福建	231 800	209 370	656 488	322 774	209 493	215 467	231 528	231 528
江西	240 907	310 514	876 722	372 187	310 829	289 401	276 492	276 492
山东	509 383	588 897	1 705 043	856 406	588 900	572 835	543 308	543 308
河南	631 289	661 063	1 892 306	935 079	661 065	624 122	607 119	607 119
湖北	391 211	316 471	988 159	449 170	316 553	319 321	352 285	352 285
湖南	316 720	373 754	1 041 044	509 338	373 804	346 907	320 333	320 333
广东	723 659	730 784	2 204 473	1 084 546	731 806	739 229	733 438	733 438
广西	241 922	297 665	818 878	432 602	298 440	265 359	255 079	255 079
海南	53 651	60 171	179 047	84 980	60 188	60 738	58 121	58 121
重庆	214 128	221 024	661 384	339 700	221 306	217 580	222 498	222 498
四川	485 487	511 492	1 516 027	772 875	511 746	497 023	507 258	507 258
贵州	210 409	330 212	857 077	425 058	330 244	287 005	239 828	239 828
云南	209 987	267 407	737 426	392 372	267 613	246 906	222 907	222 907
西藏	14 734	19 648	53 092	28 448	19 678	17 097	16 317	16 317
陕西	317 569	299 383	899 424	437 403	299 437	295 267	304 720	304 720
甘肃	216 530	218 143	666 556	318 414	218 151	221 128	227 277	227 277
青海	33 081	39 592	109 026	55 978	40 091	35 547	33 388	33 388
宁夏	49 770	55 779	165 240	87 167	55 793	53 805	55 642	55 642
新疆	139 843	163 582	447 540	245 327	164 333	140 674	142 533	142 533

全国中等职业学校（机构）各类学生数

单位：人

	毕业生数		招生数				在校生数					预计毕业生数	
	合计	其中：获得职业资格证书	合计	其中：应届毕业 合计	其中：应届毕业 其中：初中毕业生	其中：五年制高职中职段	合计	一年级	二年级	三年级	四年级及以上	合计	其中：五年制高职中职段
一、中职学生总计	5 575 587	4 336 937	5 412 624	4 631 934	4 446 788	371 335	15 363 842	5 418 413	5 028 833	4 817 693	98 903	5 392 971	254 986
其中：中职全日制学生	4 889 729	3 874 625	4 671 192	4 332 415	4 187 378	371 238	13 469 039	4 674 917	4 423 092	4 279 772	91 258	4 518 852	254 100
中职非全日制学生	685 858	462 312	741 432	299 519	259 410	97	1 894 803	743 496	605 741	537 921	7 645	874 119	886
其中：普通中专学生	2 652 082	1 982 561	2 714 716	2 501 162	2 397 610	342 770	7 721 842	2 716 550	2 524 646	2 400 163	80 483	2 537 549	237 489
成人中专学生	878 323	596 059	862 591	397 783	352 537	2 254	2 299 806	865 279	757 926	667 977	8 624	1 031 010	2 449
职业高中学生	2 045 182	1 758 317	1 835 317	1 732 989	1 696 641	26 311	5 342 194	1 836 584	1 746 261	1 749 553	9 796	1 824 412	15 048
二、培训学生	6 247 386						3 986 943						
三、外国留学生	1 423						1 837						

全国中等职业学校（机构）学生分科类情况

单位：人

	毕业生数		招生数			在校生数	预计毕业生数
	合计	其中：获得职业资格证书	合计	其中：应届毕业生			
				小计	其中：初中毕业生		
总计	5 575 587	4 336 937	5 412 624	4 631 934	4 446 788	15 363 842	5 392 971
其中：女	2 756 207	2 105 777	2 634 661	2 278 446	2 195 851	7 646 365	2 601 593
农林牧渔类	757 877	544 841	467 279	296 524	278 289	1 722 323	728 156
资源环境类	46 648	35 561	33 843	24 760	22 623	90 803	39 219
能源与新能源类	29 177	23 213	20 704	18 051	16 610	68 184	26 279
土木水利类	181 180	140 428	240 140	207 203	197 368	624 010	213 117
加工制造类	903 618	773 784	791 948	698 053	674 385	2 306 826	819 663
石油化工	40 030	31 421	35 046	31 347	29 373	107 439	39 630
轻纺食品	67 322	56 777	58 300	46 849	45 263	152 038	61 433
交通运输类	327 376	273 548	457 839	406 793	389 459	1 135 676	339 925
信息技术类	1 030 628	840 227	926 561	801 138	769 299	2 590 293	938 807
医药卫生类	500 063	309 022	519 612	461 249	442 876	1 470 917	463 608
休闲保健类	25 532	20 132	30 861	27 448	26 271	81 875	26 619
财经商贸类	634 290	480 596	596 711	518 802	499 293	1 673 386	591 422
旅游服务类	227 547	187 459	261 323	224 617	216 804	689 918	218 721
文化艺术类	247 456	189 396	260 997	227 955	218 037	748 355	246 907
体育与健身	37 920	23 140	44 709	40 681	39 029	121 871	34 377
教育类	365 377	295 739	511 258	470 615	457 289	1 396 498	462 045
司法服务类	23 814	15 887	22 697	18 487	17 049	62 428	25 960
公共管理与服务类	69 921	49 224	69 000	52 835	50 747	180 621	72 223
其他	59 811	46 542	63 796	58 527	56 724	140 381	44 860

全国工读学校基本情况

	学校数（所）	班数（个）	离校人数（人）	入校人数（人）	在校生数（人）	教职工数（人）	
						合计	其中：专任教师
合计	78	373	3 596	3 891	9 307	2 687	1 851
其中：女			480	436	1 265	971	711

全国中学（初级中学、九年一贯制学校、职业初中、完全中学、高级中学、十二年一贯制学校）学校教职工数

单位：人

	教职工数						代课教师数	兼任教师数
	合计	专任教师	行政人员	教辅人员	工勤人员	校办企业职工		
总计	6 402 356	5 597 997	231 675	270 626	298 012	4 046	81 802	20 900
其中：女	3 229 805	2 933 435	56 442	127 010	111 368	1 550	50 189	10 606
少数民族	537 697	478 831	17 126	19 802	21 811	127	4 355	3 428
教育部门办	5 665 009	5 041 100	192 696	236 855	192 077	2 281	57 739	13 245
其他部门办	68 052	54 917	3 913	2 800	6 394	28	1 248	277
地方企业办	3 487	2 892	176	167	252		41	4
民办	665 808	499 088	34 890	30 804	99 289	1 737	22 774	7 374
城区	2 327 960	1 993 435	105 457	112 720	114 451	1 897	33 203	8 384
教育部门办	1 938 616	1 698 010	83 052	94 005	62 596	953	24 400	4 042
其他部门办	19 391	15 954	1 205	1 129	1 098	5	292	198
地方企业办	1 669	1 264	89	113	203		12	4
民办	368 284	278 207	21 111	17 473	50 554	939	8 499	4 140
其中：城乡结合区	394 094	336 734	15 366	17 157	24 547	290	4 524	1 387
教育部门办	294 418	262 152	10 028	12 880	9 300	58	2 944	358
其他部门办	2 313	1 911	116	72	214		8	5
地方企业办	349	238	24	19	68			2
民办	97 014	72 433	5 198	4 186	14 965	232	1 572	1 022
镇区	3 052 946	2 680 712	93 677	131 273	145 500	1 784	34 789	8 120
教育部门办	2 767 143	2 464 100	80 388	119 026	102 454	1 175	22 844	5 366
其他部门办	43 545	34 649	2 459	1 523	4 904	10	904	50
地方企业办	1 757	1 569	85	54	49		13	
民办	240 501	180 394	10 745	10 670	38 093	599	11 028	2 704
其中：镇乡结合区	779 219	682 838	23 882	32 837	38 739	923	9 751	2 100
教育部门办	688 194	614 484	19 548	29 021	24 440	701	6 290	1 144

续表

	教职工数						代课教师数	兼任教师数
	合计	专任教师	行政人员	教辅人员	工勤人员	校办企业职工		
其他部门办	1 153	966	50	76	61		20	33
地方企业办	141	141					2	
民办	89 731	67 247	4 284	3 740	14 238	222	3 439	923
乡村	1 021 450	923 850	32 541	26 633	38 061	365	13 810	4 396
教育部门办	959 250	878 990	29 256	23 824	27 027	153	10 495	3 837
其他部门办	5 116	4 314	249	148	392	13	52	29
地方企业办	61	59	2				16	
民办	57 023	40 487	3 034	2 661	10 642	199	3 247	530

全国中等职业学校（机构）教职工数

单位：人

	教　职　工　数								聘请校外教师数
	合计	校本部教职工					校办企业职工	其他附设机构人员	
		小计	专任教师	行政人员	教辅人员	工勤人员			
总计	883 959	874 171	668 754	82 651	57 700	65 066	5 378	4 410	96 619
其中：女	420 514	415 993	339 176	28 775	27 485	20 557	2 321	2 200	39 789
正高级	4 862	4 835	3 383	1 236	181	35	8	19	3 021
副高级	182 792	182 546	155 455	20 866	5 559	666	50	196	20 639
中级	313 249	312 266	268 628	22 941	19 044	1 653	157	826	37 918
初级	218 642	217 544	182 596	14 604	18 489	1 855	218	880	16 248
未定职级	164 414	156 980	58 692	23 004	14 427	60 857	4 945	2 489	18 793
总计中：聘任制	170 078	168 612	130 724	14 182	11 079	12 627	521	945	265
其中：女	80 961	80 136	64 508	5 428	5 397	4 803	211	614	59
正高级	1 262	1 261	943	271	46	1		1	2
副高级	29 006	28 987	25 303	2 743	859	82	3	16	31
中级	56 813	56 662	49 927	3 525	2 980	230	11	140	104
初级	45 335	44 858	38 411	2 606	3 480	361	26	451	55
未定职级	37 662	36 844	16 140	5 037	3 714	11 953	481	337	73

全国职业技术培训机构基本情况

	学校数（所）	教学班（点）（个）	结业生数（人）		注册学生数（人）		教职工数（人）		聘请校外教师数（人）
			合计	其中：女	合计	其中：女	合计	其中：专任教师	
总计	112 293	536 037	47 155 968	22 563 938	45 159 599	21 759 819	482 211	274 311	272 832
职工技术培训学校（机构）	2 982	36 513	2 945 587	1 244 481	3 055 051	1 315 952	62 083	45 591	17 848
教育部门办	1 172	16 716	1 424 911	712 736	1 449 522	734 007	39 387	31 017	9 183
其他部门办	1 145	14 465	1 246 713	397 693	1 301 886	416 886	12 464	7 942	4 968
民办	665	5 332	273 963	134 052	303 643	165 059	10 232	6 632	3 697
农村成人文化技术培训学校（机构）	89 014	265 130	34 160 351	16 402 966	30 430 375	14 535 051	167 308	90 112	159 048
教育部门办	85 245	246 526	31 890 903	15 259 442	28 693 051	13 632 347	156 599	84 250	149 314
其中：县办	2 349	23 296	3 094 009	1 454 312	3 006 223	1 416 835	20 098	14 885	15 452
乡办	14 306	95 125	15 769 477	7 354 948	14 119 215	6 523 421	58 825	34 405	60 977
村办	68 590	128 105	13 027 417	6 450 182	11 567 613	5 692 091	77 676	34 960	72 885
其他部门办	2 721	8 933	2 001 394	1 008 754	1 453 188	759 392	6 083	3 142	8 200
民办	1 048	9 671	268 054	134 770	284 136	143 312	4 626	2 720	1 534
其他培训机构（含社会培训机构）	20 297	234 394	10 050 030	4 916 491	11 674 173	5 908 816	252 820	138 608	95 936
教育部门办	776	9 249	1 116 926	577 116	1 185 610	620 562	12 943	8 731	5 760
其他部门办	1 130	12 846	1 527 813	830 841	1 640 738	862 339	25 198	9 595	14 137
民办	18 391	212 299	7 405 291	3 508 534	8 847 825	4 425 915	214 679	120 282	76 039
总计中：少数民族	9	63	3 577 441	1 620 205	3 577 700	1 645 028	11 295	4 516	7 356
培训形式：资格证书培训	228	2 404	6 225 492	2 712 592	6 270 678	2 810 590	2 551	1 684	1 289
岗位证书培训	354	4 674	10 733 536	4 869 871	10 487 492	4 734 469	3 211	1 821	1 712

续表

	学校数（所）	教学班（点）（个）	结业生数（人）		注册学生数（人）		教职工数（人）		聘请校外教师数（人）
			合计	其中：女	合计	其中：女	合计	其中：专任教师	
按产业结构分：第一产业类培训	418	4 232	19 442 773	9 197 418	18 037 123	8 478 907	1 882	1 315	1 116
第二产业类培训	80	1 336	7 317 079	3 247 600	6 685 435	2 905 170	854	615	685
第三产业类培训	1 028	13 446	20 396 116	10 118 920	20 437 041	10 375 742	11 938	6 920	5 167
按培训时间分：									
一个月以内	604	5 471	29 686 597	14 127 062	26 258 458	12 366 615	2 931	1 937	1 685
一个月至三个月以内	339	4 725	7 272 658	3 504 302	7 838 021	4 018 771	4 499	2 414	1 761
三个月至半年以内	285	3 360	4 392 090	2 188 497	4 757 267	2 278 986	2 792	1 739	1 126
半年至一年以内	291	3 284	4 847 142	2 283 374	4 800 622	2 329 667	2 962	1 848	1 030
一年及以上	122	1 479	957 481	460 703	1 505 231	765 780	1 663	1 019	1 489

全国特殊教育基本情况

	学校数（所）	班数（个）	毕业生数（人）	招生数（人）	在校生数（人）														
					合计	其中女	小学阶段						初中阶段				高中阶段		
							一年级	二年级	三年级	四年级	五年级	六年级	一年级	二年级	三年级	四年级	一年级	二年级	三年级及以上
总计	1 933	18 909	50 739	65 977	368 103	132 523	45 138	45 848	43 204	42 693	42 086	40 098	32 948	32 625	31 574	1 894	3 803	3 232	2 960
女			17 409	24 163	132 523		16 539	16 444	15 402	15 072	14 707	13 888	12 242	11 908	11 480	698	1 525	1 371	1 247
少数民族学生			3 097	5 940	28 536	11 449	4 477	3 944	3 555	3 407	3 090	3 033	2 129	2 171	2 203	29	183	153	162
寄宿生			11 313	21 101	125 797	48 712	15 769	15 181	13 458	12 586	12 444	11 588	13 334	12 728	12 131	393	2 363	2 013	1 809

续表

	学校数（所）	班数（个）	毕业生数（人）	招生数（人）	在校生数（人）														
					合计	其中女	小学阶段						初中阶段				高中阶段		
							一年级	二年级	三年级	四年级	五年级	六年级	一年级	二年级	三年级	四年级	一年级	二年级	三年级及以上
特殊教育学校中：寄宿生			7 362	15 299	101 322	39 257	14 989	14 146	12 174	10 997	10 430	9 292	8 293	7 485	6 939	392	2 363	2 013	1 809
职业技术班			1 081	895	4 114	1 271	15	27	47	61	61	62	178	156	209	20	1 110	1 076	1 092
视力残疾	32	1 098	7 024	8 681	40 094	14 962	2 957	3 372	3 416	3 889	3 876	3 945	5 898	5 625	5 784	50	465	409	408
听力残疾	446	7 720	14 332	13 419	89 173	36 864	10 096	10 303	9 595	9 566	9 414	9 118	8 133	8 155	7 959	383	2 303	2 134	2 014
智力残疾	428	9 635	22 376	32 551	185 047	62 976	26 217	25 965	24 317	23 476	22 900	20 895	13 039	12 762	11 886	1 356	1 031	680	523
其他残疾	1 027	456	7 007	11 326	53 789	17 721	5 868	6 208	5 876	5 762	5 896	6 140	5 878	6 083	5 945	105	4	9	15
特殊教育学校		18 337	21 557	30 894	177 195	68 106	27 947	24 577	21 114	19 232	17 774	15 722	14 265	13 000	12 264	1 362	3 788	3 190	2 960
视力残疾		1 076	1 491	1 668	8 860	3 161	1 014	910	976	931	851	855	747	626	635	33	465	409	408
听力残疾		7 668	11 591	10 255	71 614	31 122	8 342	8 094	7 413	7 313	7 141	7 098	6 651	6 437	6 327	347	2 303	2 134	2 014
智力残疾		9 193	8 057	18 037	92 870	32 481	17 712	14 957	12 225	10 621	9 413	7 491	6 535	5 727	5 084	928	1 016	638	523
其他残疾		400	418	934	3 851	1 342	879	616	500	367	369	278	332	210	218	54	4	9	15
小学附设特教班		532	469	468	3 150	1 226	611	505	427	445	542	508	63	12	37				
视力残疾		21	3	28	76	33	29	19	3	10	6	9							
听力残疾		46	26	88	333	157	90	59	52	53	42	24	13						
智力残疾		409	408	315	2 490	934	460	345	336	361	457	433	50	12	36				
其他残疾		56	32	37	251	102	32	82	36	21	37	42			1				
小学随班就读			14 238	16 093	129 508	42 750	16 563	20 750	21 634	22 996	23 722	23 843							
视力残疾			1 708	1 866	15 837	5 502	1 914	2 443	2 432	2 948	3 019	3 081							
听力残疾			1 260	1 608	12 334	3 927	1 655	2 145	2 125	2 192	2 224	1 993							
智力残疾			8 389	7 764	68 846	22 794	8 037	10 652	11 737	12 482	12 989	12 949							
其他残疾			2 881	4 855	32 491	10 527	4 957	5 510	5 340	5 374	5 490	5 820							
初中附设特教班		40	23	6	147	47	6	11	29	16	48	25	11		1				

续表

	学校数（所）	班数（个）	毕业生数（人）	招生数（人）	在校生数（人）														
					合计	其中女	小学阶段						初中阶段				高中阶段		
							一年级	二年级	三年级	四年级	五年级	六年级	一年级	二年级	三年级	四年级	一年级	二年级	三年级及以上
视力残疾		1				5	1			5									
听力残疾		6	4	4	32	10	4	5	5	8	7	3							
智力残疾		33	19	2	110	36	2	6	19	8	41	22	11		1				
其他残疾																			
初中随班就读			14 422	18 482	58 026	20 361							18 609	19 613	19 272	532			
视力残疾			3 822	5 119	15 316	6 265							5 151	4 999	5 149	17			
听力残疾			1 451	1 460	4 855	1 645							1 469	1 718	1 632	36			
智力残疾			5 473	6 403	20 659	6 701							6 443	7 023	6 765	428			
其他残疾			3 676	5 500	17 196	5 750							5 546	5 873	5 726	51			
其他学校附设特教班		695	30	34	77	33	11	5		4							15	42	
视力残疾		34																	
听力残疾		74		4	5	3	5												
智力残疾		525	30	30	72	30	6	5		4							15	42	
其他残疾		62																	
城区	942	11 257	22 003	26 340	155 918	57 984	18 552	17 325	17 164	16 672	16 884	15 593	14 623	14 331	14 158	1 563	3 446	2 876	2 731
其中：城乡结合区	135	1 685	3 254	4 705	25 213	9 346	3 154	2 992	2 743	2 726	2 574	2 486	2 625	2 604	2 380	75	377	281	196
镇区	872	6 677	20 164	26 694	139 421	50 618	17 468	18 179	16 141	16 117	15 181	14 848	13 738	13 782	12 930	260	309	266	202
其中：镇乡结合区	293	2 141	4 723	7 431	38 335	13 667	5 357	5 749	4 881	4 697	4 226	4 025	3 153	3 008	2 879	75	109	84	92
乡村	119	975	8 572	12 943	72 764	23 921	9 118	10 344	9 899	9 904	10 021	9 657	4 587	4 512	4 486	71	48	90	27

各省（区、市）每十万人口各级学校平均在校生数情况

单位：人

地区	高等教育	高中阶段	初中阶段	小学	学前教育
合计	2 418	3 227	3 279	6 913	2 876
北京	5 469	1 912	1 501	3 815	1 685
天津	4 346	2 077	1 845	3 907	1 651
河北	2 108	2 745	2 866	7 495	2 922
山西	2 474	3 872	3 576	6 359	2 635
内蒙古	2 137	3 048	2 765	5 263	2 070
辽宁	2 903	2 539	2 409	4 657	1 951
吉林	3 033	2 513	2 345	4 952	1 607
黑龙江	2 529	2 658	2 433	4 017	1 410
上海	3 421	1 308	1 835	3 330	2 105
江苏	2 814	2 738	2 345	5 497	2 927
浙江	2 363	2 887	2 707	6 383	3 412
安徽	2 203	3 794	3 335	6 834	2 805
福建	2 435	3 341	2 957	6 933	3 823
江西	2 381	3 336	3 895	9 061	3 471
山东	2 304	3 213	3 283	6 463	2 710
河南	2 114	3 571	4 094	9 993	3 689
湖北	3 144	2 607	2 567	5 680	2 550
湖南	2 106	2 797	3 228	7 046	2 880
广东	2 199	4 239	3 821	7 626	3 347
广西	1 939	3 727	4 167	9 104	3 881
海南	2 253	3 846	3 910	8 345	3 368
重庆	2 894	3 989	3 455	6 754	3 033
四川	2 140	3 497	3 365	6 513	2 866
贵州	1 535	3 943	6 036	10 205	3 093
云南	1 662	2 860	4 023	8 416	2 555
西藏	1 528	2 292	4 095	9 571	2 383
陕西	3 612	4 012	3 202	6 057	3 387
甘肃	2 193	4 048	4 018	7 243	2 133
青海	1 162	3 638	3 632	8 283	2 909
宁夏	2 195	4 097	4 401	9 335	2 613
新疆	1 681	3 266	4 113	8 484	3 220

注：①高等学校包括普通高等学校和成人高等学校；②高中阶段合计数据包括普通高中、成人高中、普通中专、职业高中、技工学校和成人中专；③初中阶段包括普通初中和职业初中。

各省（区、市）各级学校生师比情况

地区	小学	初中	普通高中	中等职业学校	普通高校		
					全国	本科院校	高职（专科）院校
合计	16.76	12.76	14.95	22.64	17.53	17.71	17.11
北京	14.36	9.75	9.00	22.47	15.58	15.68	14.64
天津	14.42	10.04	11.24	13.41	17.29	17.27	17.33
河北	17.13	12.67	13.28	16.76	17.54	17.73	17.13
山西	12.72	11.00	14.16	17.49	17.73	17.79	17.60
内蒙古	11.85	11.12	14.94	15.07	17.87	19.07	16.04
辽宁	14.33	10.64	14.10	15.68	17.28	17.64	16.06
吉林	11.83	9.65	16.47	10.36	17.33	17.63	15.82
黑龙江	11.28	9.60	14.03	19.32	16.19	16.45	15.37
上海	15.92	12.11	9.45	18.06	17.14	17.26	16.44
江苏	16.86	10.50	11.41	18.80	15.48	16.29	14.21
浙江	19.05	12.58	12.92	17.71	17.02	16.92	17.25
安徽	17.18	12.63	17.00	26.49	18.78	18.97	18.46
福建	16.82	11.43	12.72	32.74	17.31	17.53	16.83
江西	19.70	14.44	17.62	22.85	17.74	18.16	16.88
山东	16.16	12.08	14.33	19.98	17.31	17.28	17.39
河南	19.01	13.75	17.51	23.23	17.70	18.63	16.00
湖北	16.70	10.94	14.17	18.72	17.96	17.99	17.88
湖南	19.00	12.68	15.44	24.62	18.57	18.72	18.33
广东	18.47	14.63	15.23	34.64	19.09	19.38	18.60
广西	19.77	16.68	17.52	37.10	17.69	17.96	17.13
海南	14.67	13.73	15.65	28.35	19.10	20.03	17.39
重庆	17.27	13.36	17.54	25.29	17.60	17.78	17.21
四川	17.21	13.41	16.85	28.34	18.33	18.52	17.88
贵州	18.43	18.23	18.25	31.52	18.15	17.74	18.90
云南	17.03	15.38	15.60	23.90	18.19	18.16	18.26
西藏	15.65	13.92	13.72	26.83	15.69	14.72	18.02
陕西	13.96	10.88	15.79	22.85	18.07	17.85	18.86
甘肃	13.30	12.28	15.70	20.04	18.38	18.30	18.60
青海	17.60	13.34	13.64	23.14	15.13	15.03	15.37
宁夏	17.70	14.68	16.51	25.27	17.30	17.19	17.58
新疆	13.48	10.67	12.78	16.38	17.35	16.84	18.19

全国高等教育学校（机构）数

单位：所

	合计	中央部门			地方				民办
		小计	教育部	其他部门	小计	教育部门	其他部门	地方企业	
（一）研究生培养机构	830	348	73	275	477	412	64	1	5
1. 普通高校	548	107	73	34	436	411	25		5
2. 科研机构	282	241		241	41	1	39	1	
（二）普通高等学校	2 491	113	73	40	1 661	1 015	598	48	717
1. 本科院校	1 170	110	73	37	668	601	67		392
其中：独立学院	292								292
2. 高职（专科）院校	1 321	3		3	993	414	531	48	325
（三）成人高等学校	297	13	1	12	283	96	146	41	1
（四）民办的其他高等教育机构	802								802

2013年全国教育基本建设投资完成情况

全国教育基本建设投资完成情况

学校类别	投资合计（万元）	本年完成投资按资金来源分（万元）							本年竣工建筑面积（平方米）			
		国家预算内			自筹资金			其他	合计	教学及辅助用房	行政办公用房	其他用房
		合计	中央	省级	合计	其中						
						学校自筹	个人捐资					
总计	29 894 421	21 239 830	4 485 910	16 753 920	7 972 931	7 603 228	369 703	681 660	138 452 396	83 309 854	4 167 346	50 975 196
高等教育学校	8 420 909	2 245 594	292 059	1 953 535	6 009 059	5 706 129	302 930	166 257	25 454 292	12 892 782	717 087	11 844 423
中等职业学校	1 930 228	1 552 064	263 688	1 288 377	345 264	328 334	16 929	32 900	7 184 297	4 339 058	311 109	2 534 130
普通中学	9 361 045	8 225 321	1 621 561	6 603 759	878 555	856 006	22 550	257 169	47 256 954	26 445 747	1 575 204	19 236 003
职业初中	19 506	16 568	2 604	13 963	2 938	2 938	0	0	37 301	28 083	500	8 718
小学	6 787 572	6 268 548	1 506 538	4 762 010	359 635	342 348	17 287	159 389	36 642 427	23 367 738	1 135 049	12 139 640
特殊教育学校	128 363	125 534	27 294	98 240	2 147	2 147	0	682	455 706	288 890	16 818	149 998
幼儿园	2 449 232	2 117 450	657 196	1 460 254	273 155	263 281	9 874	58 628	17 981 761	13 765 353	336 563	3 879 845
其他	797 566	688 752	114 970	573 782	102 179	102 045	134	6 635	3 439 658	2 182 203	75 016	1 182 439

各省（区、市）教育基本建设投资完成情况

省份	投资合计（万元）	本年完成投资按资金来源分（万元）							本年竣工建筑面积（平方米）			
		国家预算内			自筹资金			其他				
		合计	中央	省级	合计	其中：学校自筹	其中：个人捐资		合计	教学及辅助用房	行政办公用房	其他用房
合计	29 894 421	21 239 830	4 485 910	16 753 920	7 972 931	7 603 228	369 703	681 660	138 452 396	83 309 854	4 167 346	50 975 196
北京	649 296	594 289	17 255	577 034	55 008	55 008	0	0	800 814	450 260	57 269	293 285
天津	398 529	183 162	12 800	170 362	214 867	214 867	0	500	761 160	445 046	72 087	244 027
河北	556 679	480 804	125 398	355 405	60 218	56 577	3 641	15 658	3 540 013	2 416 712	103 361	1 019 940
山西	632 729	187 832	55 427	132 405	430 841	421 741	9 100	14 057	1 042 716	475 044	3 000	564 672
内蒙古	630 082	461 861	48 429	413 432	158 179	158 179	0	10 041	1 923 374	1 272 325	47 965	603 084
辽宁	706 570	461 713	29 744	431 969	242 933	242 933	0	1 925	3 193 409	1 896 338	99 105	1 197 966
大连	98 287	96 857	0	96 857	1 430	1 430	0	0	592 408	393 746	37 446	161 216
吉林	361 708	207 891	50 210	157 681	142 682	142 682	0	11 135	2 059 823	1 389 573	74 149	596 101
黑龙江	438 424	331 862	58 566	273 296	100 451	100 351	100	6 112	2 066 553	1 612 848	85 783	367 922
上海	1 026 080	587 522	7 142	580 380	426 724	426 724	0	11 834	1 695 039	1 354 129	232 440	108 470
江苏	2 360 043	1 851 095	4 982	1 846 113	413 529	413 476	53	95 419	8 786 215	6 703 305	397 536	1 685 374
浙江	1 565 112	1 202 962	7 163	1 195 799	341 173	341 173	0	20 977	4 337 865	2 817 656	201 611	1 318 598
宁波	240 131	216 801	0	216 801	23 330	22 585	745	0	457 367	335 886	23 088	98 393
安徽	1 286 524	959 774	305 868	653 906	325 539	325 539	0	1 211	7 109 624	4 399 903	188 622	2 521 099
福建	552 920	302 602	17 993	284 609	208 542	208 542	0	41 776	2 506 663	1 847 713	40 881	618 069
厦门	106 299	104 162	0	104 162	2 137	2 137	0	0	643 794	323 472	3 620	316 702

续表

省份	投资合计（万元）	本年完成投资按资金来源分（万元）							本年竣工建筑面积（平方米）			
		国家预算内			自筹资金			其他				
		合计	中央	省级	合计	其中			合计	教学及辅助用房	行政办公用房	其他用房
						学校自筹	个人捐资					
江西	892 787	742 736	214 171	528 565	141 537	139 414	2 123	8 514	5 871 764	3 727 243	121 700	2 022 821
山东	1 671 478	1 146 295	102 277	1 044 018	415 215	414 055	1 160	109 968	9 533 260	6 980 043	326 098	2 227 119
青岛	276 821	268 983	0	268 983	5 258	5 258	0	2 580	1 011 704	703 139	120 439	188 126
河南	1 810 401	927 804	402 484	525 319	841 219	784 459	56 760	41 379	10 528 635	5 427 357	389 554	4 711 724
湖北	1 007 892	782 417	228 316	554 101	206 121	205 668	453	19 354	5 893 414	3 793 271	147 696	1 952 447
湖南	735 260	559 663	201 200	358 463	171 772	171 772	0	3 825	4 722 615	2 832 712	58 575	1 831 328
广东	1 720 439	1 295 264	7 067	1 288 197	358 761	327 603	31 158	66 414	6 822 706	4 265 784	232 225	2 324 697
深圳	325 413	318 265	600	317 665	7 148	7 148	0	0	478 164	388 913	35 419	53 832
广西	1 283 127	903 077	375 585	527 493	347 315	305 600	41 716	32 734	11 492 598	5 845 719	127 760	5 519 119
海南	407 215	332 227	64 457	267 771	74 988	74 988	0	0	1 541 679	948 016	45 210	548 453
重庆	702 530	418 129	149 126	269 003	258 873	251 773	7 100	25 529	2 774 543	1 302 708	86 504	1 385 331
四川	1 116 070	828 221	389 322	438 899	257 347	257 311	36	30 503	6 496 600	3 668 974	151 926	2 675 700
贵州	2 023 201	1 435 053	436 290	998 763	570 738	570 716	22	17 410	9 698 715	5 202 343	135 323	4 361 049
云南	357 602	159 940	73 823	86 117	186 769	186 769	0	10 893	2 111 106	1 142 087	59 896	909 123
西藏	234 759	232 671	213 744	18 927	2 029	2 029	0	60	838 454	382 249	4 733	451 472
陕西	1 252 945	754 681	162 412	592 269	473 847	370 697	103 150	24 418	6 504 878	3 041 008	198 914	3 264 956
甘肃	584 686	450 567	222 602	227 965	132 785	106 099	26 686	1 333	2 689 289	1 588 494	75 915	1 024 880
青海	456 599	416 641	61 251	355 390	39 958	39 958	0	0	1 351 192	623 418	65 728	662 046
宁夏	307 743	270 619	89 650	180 969	37 124	37 124	0	0	1 052 937	672 040	22 494	358 403
新疆	1 035 302	687 076	290 740	396 336	292 250	206 550	85 701	55 976	4 769 620	2 141 626	78 941	2 549 053
新疆生产建设兵团	82 738	78 314	59 817	18 497	4 297	4 297	0	127	751 686	498 754	14 333	238 599

2013 年全国高校科研活动基本情况

全国普通高等学校科技人力情况

单位：人

	教学与科研人员		研究与发展人员		研究与发展全时人员		成果应用及科技服务人员		成果应用及科技服务全时人员	
	合计	其中：科学家和工程师	合计	其中：科学家和工程师	合计	其中：科学家和工程师	合计	其中：科学家和工程师	合计	其中：科学家和工程师
合计	890 798	855 522	359 884	351 886	215 908	211 129	44 187	43 366	26 498	25 998
按学校规格分										
“211”及省部共建高等学校	310 860	295 391	154 073	149 278	92 439	89 565	24 282	23 692	14 574	14 214
其他本科院校	502 066	484 791	195 332	192 250	117 182	115 348	18 086	17 874	10 836	10 710
高等专科学校	77 872	75 340	10 479	10 358	6 287	6 216	1 819	1 800	1 088	1 074
按学校隶属分										
部委院校	31 265	30 011	19 578	19 216	11 745	11 529	2 194	2 133	1 315	1 280
教育部直属院校	223 364	211 313	110 360	106 635	66 215	63 983	18 490	18 063	11 098	10 838
地方院校	636 169	614 198	229 946	226 035	137 948	135 617	23 503	23 170	14 085	13 880
按学校类型分										
综合大学	274 294	260 528	115 718	112 184	69 421	67 306	16 839	16 354	10 105	9 811
工科院校	279 218	272 380	120 224	118 692	72 127	71 215	20 437	20 221	12 243	12 114
农林院校	49 293	47 127	22 146	21 586	13 282	12 949	3 071	3 018	1 850	1 813
医药院校	212 212	201 651	69 819	67 918	41 883	40 749	1 278	1 255	764	751
师范院校	59 542	58 093	25 797	25 400	15 486	15 244	2 143	2 102	1 286	1 261
其他院校	16 239	15 743	6 180	6 106	3 709	3 666	419	416	250	248

全国普通高等学校科技经费情况

单元：千元

	拨入				支出				
	合计	政府资金	企事业单位委托	其他	合计	劳务费	业务费	转拨外单位经费	其他
合计	122 269 046	72 793 677	42 041 437	7 433 932	111 816 319	2 863 223	3 049 897	9 522 205	93 184 879
按学校规格分									
“211”及省部共建高等学校	83 661 332	50 841 503	30 036 310	2 783 519	76 027 052	2 392 474	2 388 617	7 693 717	61 651 186
其他本科院校	37 658 270	21 442 864	11 744 397	4 471 009	34 898 466	463 043	641 486	1 793 093	30 765 960
高等专科学校	949 444	509 310	260 730	179 404	890 801	7 706	19 794	35 395	767 733
按学校隶属分									
部委院校	14 878 913	9 340 747	5 274 445	263 721	13 309 789	186 106	390 799	1 223 135	10 918 774
教育部直属院校	61 064 021	36 897 308	22 106 328	2 060 385	55 349 271	2 026 866	1 969 165	6 184 864	44 038 781
地方院校	46 326 112	26 555 622	14 660 664	5 109 826	43 157 259	650 251	689 933	2 114 206	38 227 324
按学校类型分									
综合大学	39 724 883	25 620 273	11 880 559	2 224 051	36 122 258	1 320 516	734 091	3 215 604	30 045 935
工科院校	61 697 611	31 351 457	27 405 514	2 940 640	56 543 111	1 064 638	2 068 672	4 830 326	46 428 755
农林院校	7 787 924	6 042 523	1 368 006	377 395	7 363 353	286 445	174 575	940 943	6 022 657
医药院校	6 622 592	5 389 257	322 825	910 510	5 912 679	129 289	36 832	379 343	5 288 488
师范院校	5 503 261	3 793 237	863 104	846 920	5 017 035	60 088	34 487	150 090	4 603 039
其他院校	932 775	596 930	201 429	134 416	857 883	2 247	1 240	5 899	796 005

全国普通高等学校研究与发展课题、成果情况

	科技课题			出版科技专著(部)	发表学士论文(篇)	成果获奖（项）		技术转让		知识产权授权数	专利出售	
	课题数（项）	投入人数	实际支出（千元）			合计	其中：国家奖	合同数	收入（千元）		项数	实现金额（千元）
合计	458 307	269 307	79 036 497	11 493	808 666	5 144	274	10 534	2 722 576	79 926	2 310	751 585
按学校规格分												
“211”及省部共建高等学校	230 835	118 894	56 111 626	3 155	377 788	2 619	216	5 945	1 931 761	40 447	1 126	591 226
其他本科院校	215 775	142 230	22 452 470	5 858	394 484	2 466	58	4 515	779 272	34 941	1 142	159 690
高等专科学校	11 697	8 183	472 401	2 480	36 394	59	0	74	11 543	4 538	42	669
按学校隶属分												
部委院校	28 178	14 512	9 719 249	469	44 368	255	27	384	95 215	5 421	132	92 483
教育部直属院校	172 578	85 892	41 046 552	2 139	279 420	2 010	177	4 484	1 635 480	29 498	778	453 996
地方院校	257 551	168 904	28 270 696	8 885	484 878	2 879	70	5 666	991 881	45 007	1 400	205 106
按学校类型分												
综合大学	141 008	88 355	24 770 552	2 456	255 497	1 458	96	3 080	716 476	22 687	661	214 108
工科院校	188 341	93 747	42 617 589	4 778	309 632	2 172	131	5 460	1 628 955	43 808	1 285	431 415
农林院校	34 978	16 808	5 222 542	1 040	51 693	456	28	1 290	217 753	5 364	152	49 228
医药院校	51 984	47 385	3 072 131	2 318	120 105	767	12	147	80 601	2 335	21	22 155
师范院校	35 483	18 620	2 904 820	625	58 487	225	6	434	60 336	3 890	165	25 223
其他院校	6 513	4 392	448 863	276	13 252	66	1	123	18 455	1 842	26	9 456

全国普通高等学校人文、社会

		学校数(所)	拨入								
			合计	科研活动经费	科技活动人员工资	科研基建费	企事业单位委托项目经费	金融机构贷款	自筹经费	国外资金	其他收入
合计		1 147	107 831 657	45 997 248.23	16 182 906.56	521 788	28 852 785.6	67 852.24	13 822 067.03	1 434 220.92	952 788.39
按学校隶属关系分	教育部直属院校	73	44 805 147	21 252 884.85	3 489 050.57	22 000	14 503 411	0	3 917 076.88	1 227 781.1	392 942.6
	其他部委院校	34	4 610 003.3	1 960 303.53	689 542.91	80 000	936 445.01	0	908 826.92	28 378.12	6 506.81
	地方院校	1 040	58 416 506.7	22 784 059.85	12 004 313.08	419 788	13 412 929.6	67 852.24	8 996 163.23	178 061.7	553 338.98
按学校规格分	本科院校	784	105 428 434	45 360 256.04	15 186 961.9	517 534	28 559 697.4	67 852.24	13 368 772.92	1 433 490.92	933 868.64
	专科院校	363	2 403 222.87	636 992.19	995 944.66	4 254	293 088.16	0	453 294.11	730	18 919.75
按学校类型分	综合大学	232	40 377 578.8	17 499 707.07	5 164 387.97	22 646	11 488 631.5	1 425	5 024 631.08	718 941.12	457 209.08
	理工农医院校	508	26 060 849.3	9 850 382.42	4 431 153.47	7 370	8 793 280.4	800	2 418 571.8	410 570.48	147 720.74
	师范院校	158	17 405 921.7	7 196 876.47	3 010 893.01	103 800	4 007 571.61	0	2 764 460.57	144 148.69	178 171.39
	语文院校	27	2 722 933.03	891 995.93	442 806.81	32 000	488 749.49	0	757 844.97	30 855.83	78 680
	财经院校	106	11 387 420.2	5 269 748.4	1 892 415.33	54 500	2 330 649.51	65 627.24	1 698 361.91	30 503.38	45 614.42
	政法院校	41	3 118 769.71	1 709 758.12	458 307.91	40 158	345 718.53	0	479 234.51	80 459.6	5 133.04
	体育院校	18	1 637 366.29	980 181.18	263 148.7	120 900	121 799.8	0	148 377.61	1 729	1 230
	艺术院校	42	3 918 690.52	1 980 804.59	271 782.76	140 414	1 211 668.78	0	276 281.39	3 800	33 939
	民族院校	15	1 202 127.39	617 794.05	248 010.6	0	64 716.01	0	253 303.19	13 212.82	5 090.72

科学研究与发展经费情况

单位：百元

支出										转拨给外单位经费
合计	内部支出									
	小计	科研人员费	业务费	科研基建费	仪器设备费	图书资料费	管理费	其他		
99 890 238.04	98 783 930.66	21 250 912.45	47 306 237.3	480 775.19	8 292 758.37	11 592 915.43	2 973 683.38	6 886 648.54	1 106 307.4	
40 825 796.08	40 352 209.65	5 279 367.24	22 185 786.38	29 056.12	3 383 420.97	4 824 588.12	1 470 019.55	3 179 971.27	473 586.43	
4 470 221.58	4 436 021.27	731 027.72	2 509 299.52	80 000	323 873.85	450 032.36	109 475.32	232 312.5	34 200.31	
54 594 220.38	53 995 699.74	15 240 517.49	22 611 151.4	371 719.07	4 585 463.55	6 318 294.95	1 394 188.51	3 474 364.77	598 520.64	
97 665 587.71	96 593 260.22	20 128 017.1	46 669 682.43	472 743.7	8 214 341.76	11 440 844.28	2 932 168.21	6 735 462.74	1 072 327.5	
2 224 650.33	2 190 670.44	1 122 895.35	636 554.87	8 031.49	78 416.61	152 071.15	41 515.17	151 185.8	33 979.89	
37 444 426.35	37 190 110.61	7 275 577.31	17 508 819.49	48 615	3 359 321.34	4 740 176.45	1 137 224.51	3 120 376.51	254 315.74	
23 805 885.18	23 233 587.68	5 391 701.29	11 445 060.59	16 719.69	1 351 497.38	7 105 156.41	2 172 637.49	4 748 592.3	572 297.5	
16 259 313.72	16 171 912.66	3 721 588.5	7 132 358.3	130 570	1 679 204.61	9 410 884.79	2 575 273.9	5 548 418.76	87 401.06	
2 818 750.5	2 812 380.7	702 154.02	1 346 721.5	24 530.7	292 336.59	9 670 995.12	2 610 899.36	5 699 320.86	6 369.8	
10 436 676.81	10 334 435.5	2 530 353.98	4 907 966.15	52 765.3	713 778.35	10 838 123.85	2 827 990.15	6 444 673.06	102 241.31	
3 054 111.5	2 989 658.67	618 752.72	1 694 416.74	41 423	197 772.41	11 083 155.86	2 870 880.36	6 594 044.64	64 452.83	
1 541 520.29	1 534 319.15	321 057.14	601 630.75	127 800	284 341.65	11 234 372.41	2 900 281.63	6 612 916.43	7 201.14	
3 336 766.95	3 328 238.95	390 958.82	2 192 486.33	38 351.5	292 038.48	11 403 966.09	2 944 443.61	6 813 564.59	8 528	
1 192 786.74	1 189 286.74	298 768.67	476 777.45	0	122 467.56	11 592 915.43	2 973 683.38	6 886 648.54	3 500	

全国普通高等学校人文、社会科学人力情况

		学校数（所）	社科活动人员（人）					研究与发展人员（人）						研究与发展人员（人/年）					
			合计	高级	中级	初级	其他人员	合计	高级	中级	初级	其他人员	研究生	合计	高级	中级	初级	其他人员	研究生
合计		1 147	501 198	192 867	221 987	81 511	4 833	355 501	146 803	123 079	30 518	5 100	50 001	85 071.3	39 324.1	28 713.8	6 401.6	919.9	9 711.9
按学校隶属关系分	教育部直属院校	73	61 813	33 633	24 225	3 654	301	75 257	31 133	15 504	1 826	1 865	24 929	19 494.6	9 891.8	4 193.1	446.8	378.4	4 584.5
	其他部委院校	34	16 004	7 098	7 097	1 709	100	12 958	5 463	4 626	719	150	2 000	3 491.4	1 579.9	1 147.8	166.2	29.4	568.1
	地方院校	1 040	423 381	152 136	190 665	76 148	4 432	267 286	110 207	102 949	27 973	3 085	23 072	62 085.3	27 852.4	23 372.9	5 788.6	512.1	4 559.3
按学校规格分	本科院校	784	439 405	176 340	1 94075	65 203	3 787	331 070	137 886	111 704	26 641	4 854	49 985	80 326.7	37 479.8	26 559.7	5 699.9	877.2	9 710.1
	专科院校	363	61 793	16 527	27 912	16 308	1 046	24 431	8 917	11 375	3 877	246	16	4 744.6	1 844.3	2 154.1	701.7	42.7	1.8
按学校类型分	综合大学	232	139 962	57 473	59 720	21 399	1 370	108 695	45 435	33 320	7 610	2 396	19 934	27 181.4	13 115.6	8 192	1 637.8	463.6	3 772.4
	理工农医院校	508	156 460	55 549	74 562	24 981	1 368	102 719	39 728	39 532	9 276	624	13 559	24 106.7	10 083.7	8 950.4	1 903.8	104.7	3 064.1
	师范院校	158	93 498	36 600	40 121	15 959	818	67 574	28 831	23 738	6 399	966	7 640	15 544.5	7 408	5 382.8	1 332.5	171.3	1 249.9
	语文院校	27	14 138	5 208	6 513	2 285	132	9 751	3 972	3 847	1 010	90	832	2 249.2	1 056.4	838.4	177.7	18.3	158.4
	财经院校	106	52 566	20 472	22 520	8 992	582	39 909	17 262	13 690	3 605	636	4 716	9 291.9	4 443.2	3 196.2	726.7	94.9	830.9
	政法院校	41	13 857	6 004	5 798	1 940	115	10 093	4 681	3 258	788	147	1 219	2 265.3	1 219.9	698.8	147.5	24.8	174.3
	体育院校	18	6 309	2 529	2 647	1 036	97	4 994	1 951	1 542	497	67	937	1 598.4	722.8	514.4	168.8	16.1	176.31
	艺术院校	42	15 053	5 170	6 167	3 473	243	5 626	2 178	1 913	788	51	696	1 480.3	638.1	481.4	189.7	8.5	162.6
	民族院校	15	9 355	3 862	3 939	1 446	108	6 140	2 765	2 239	545	123	468	1 353.6	636.4	459.4	117.1	17.7	123

全国普通高等学校人文、社会科学研究与发展课题、成果情况

		课题数（项）	当年投入人数(人年)		当年拨入经费（百元）	当年支出经费（百元）	出版专著（部）	发表论文（篇）				研究与咨询报告	
				其中：研究生				合计	国内学术刊物	国外学术刊物	港澳台刊物	合计	其中：被采纳数
合计		313 461	84 623.6	9 686.4	67 894 445.71	57 599 680.34	13 149	318 544	307 464	10 318	762	9 486	5 074
按学校隶属关系分	教育部直属院校	82 042	19 371	4 575.9	33 635 999.27	27 420 735.29	4 099	69 267	64 032	4 831	404	3 468	2 072
	其他部委院校	10 866	3 481.4	568.1	2 994 318.77	2 858 286.63	640	12 057	11 500	487	70	351	104
	地方院校	220 553	61 771.2	4 542.4	31 264 127.67	27 320 658.42	8 410	237 220	231 932	5 000	288	5 667	2 898
按学校规格分	本科院校	296 890	79 886	9 684.6	66 932 615.45	56 799 957.27	12 821	290 071	279 237	10 091	743	8 668	4 752
	专科院校	16 571	4 737.6	1.8	961 830.26	799 723.07	328	28 473	28 227	227	19	818	322
按学校类型分	综合大学	106 030	26 978.5	3 764.8	26 604 106.81	22 169 421.28	4 662	101 041	96 793	3 900	348	3 485	2 070
	理工农医院校	87 265	23 997.9	3 040.5	19 385 527.27	16 696 131.22	2 664	86 557	83 356	3 124	77	2 629	1 527
	师范院校	56 439	15 504.3	1 249	9 838 606.21	8 474 418	2 723	61 906	60 598	1 181	127	1 090	569
	语文院校	8 253	2 228.4	158.4	1 268 217.83	1 179 934.25	437	9 131	8 625	465	41	147	68
	财经院校	31 619	9 249.9	830.7	6 295 122.67	5 373 853.4	1 316	32 652	31 499	1 103	50	1 377	541
	政法院校	10 029	2 261.7	174.3	1 311 701.96	1 111 714.67	490	10 871	10 493	290	88	311	138
	体育院校	3 983	1 573.8	176.1	738 216.98	580 430.77	87	3 739	3 608	121	10	210	30
	艺术院校	5 223	1 478.8	169.6	1 728 164.53	1 374 253.91	348	6 247	6 212	28	7	115	101
	民族院校	4 620	1 350.3	123	724 781.45	639 522.84	422	6 400	6 280	106	14	122	30

教育综合管理

教育新闻宣传

〔**综述**〕　2013年，教育新闻宣传工作深入贯彻党的十八大、十八届三中全会和习近平总书记系列重要讲话精神，主动适应教育改革新形势和社会舆论新环境，紧密结合党的群众路线教育实践活动、中国梦教育宣传活动，坚持围绕中心、服务大局，坚持改革创新、完善机制，坚持统筹协调、提高实效，各项工作取得新进展，舆论环境进一步改善。全年共召开新闻发布会22次；组织中央新闻单位采访团25次；组织网络访谈19次；发布新闻稿680余篇、答记者问42篇、教育部领导专访和文章23篇（次）；受理媒体采访申请170余次；中央主要媒体刊播教育新闻报道11 000余篇，其中人民日报刊发教育部重大报道500余篇，新华社刊播700余篇，中央电视台“新闻联播”播发报道80多条，联播提要、联播头条、单条播出量均比往年有大幅提升。

〔**坚持主动策划，加强正面宣传**〕　一是做好主动策划。围绕教育改革发展重点工作及“两会”、教育规划纲要实施三周年、新学年、教师节等重大时间节点，策划宣传活动。“两会”期间，组织6场“新春新闻发布会”，新学年开学组织6场“新学年新闻发布会”；教育规划纲要颁布实施三周年协调中央媒体刊播系列综述，特别是新华社《国内动态清样》编发了16篇“教育规划纲要实施成就”系列参考报道；结合党的群众路线教育实践活动，策划组织5场“服务·倾听”系列采访活动；此外，策划组织了“中国梦·学子梦”“俭约style”“感念师恩”等网络宣传主题活动。二是做好发布解读。综合运用新闻发布会、中央新闻单位采访团、电视采访、微访谈、微博微信、答记者问、专家文章等多种形式，解读政策、回应关切。发布重大教育政策时基本都配发答记者问，被各类媒体广泛转载。教育部领导、各司局负责人积极参加微访谈，与网友互动交流。三是做好沟通协调。通过走访、通气会、策划会等形式继续与中央主要媒体、主要网站加深友谊、加强合作。修订《教育宣传工作规程》，不断提高部内各司局宣传专业化、制度化水平。

〔**优化舆情处置，提高引导水平**〕　一是完善舆情处置制度。修订《热点舆情应对规程》，从舆情监测到报送，从研判到应对，明确各方主体责任，加强工作督办考评。二是加强舆情监测通报。与专业机构合作，建立教育舆情监测系统，实时监测教育舆情。组织编写教育热点舆情日报、周报、月报、季报、年报、快报和专报7份刊物，分别供教育部党组、司局和各地各高校决策参考，同时向各地各高校通报舆情热度指数。三是做好重点舆情应对。印发《教育部司局单位受理媒体采访规程》，鼓励积极接受采访、及时回应关切。针对舆论关注的教育热点舆情，综合运用政策解读、评论引导、微博互动等多种手段妥善应对。

〔**实现新媒体全覆盖，提升传播效果**〕　成功打造教育宣传“新媒体年”。2013 年 1 月 1 日，开通教育部新闻办官方微博，一年内已有粉丝近 620 万人，发布微博 3 500 余条，转发评论总数达 40 余万次，覆盖网友近 3 亿人。12 月 1 日，开通教育部新闻办官方微信，实现了每天为近万名手机用户提供信息传播服务。12 月 31 日，开通教育部门户网站手机版和移动客户端，满足手机用户随时随地关注权威教育信息的需要。此外，还联合部分教育行政部门、高校和直属单位组成“教育系统官方微博微信联盟”，成员达 100 家。

〔**加强队伍建设，构建宣传大格局**〕　一是加大培训力度。面向教育部机关全体干部举办 5 期媒介素养讲座，面向部机关司局级领导、地方教育部门和高校有关负责人举办 3 期媒介素养专题实训班。二是成立专业机构。在中国教育学会的二级学会中新成立了教育新闻宣传分会，开展教育舆论引导规律性研究与探索。三是打造专家智库。挖掘教育系统专家资源，组建了分领域的重点专家库和核心专家库，通过撰写文章、接受采访等，解读教育的热点难点问题。

〔**2013 年教育部新闻发布会情况**〕

场次	发布时间	发布人	发布主题
1	1 月 29 日	李　军　林梦泉　王仰麟　高策理　吴晓求	发布 2012 年学科评估结果
2	2 月 20 日	葛道凯　刘建同　王扬南	介绍职业教育改革创新进展情况
3	2 月 22 日	张大良　王延觉　韩　筠	介绍西部高等教育改革发展和“2011 计划”实施进展情况
4	2 月 26 日	许　涛　殷长春　杜柯伟	介绍农村义务教育改革发展和教师队伍建设有关情况
5	2 月 28 日	张秀琴　王延觉　生建学	介绍教育对外合作与交流和教育信息化工作进展情况
6	3 月 1 日	宋德民　郑富芝　孙也刚　袁振国　张　力　王洪元　陈国良	介绍深化教育领域综合改革有关情况
7	3 月 1 日	田祖荫　任端平　石　磊　李光琳　马冠生　胡小琪　蒋建平　张　倩　陈　尧　邓　飞	介绍“学生电子营养师系统（农村版）”有关情况
8	4 月 18 日	何秀超　胡金波　吕信伟　顾月华　丁学东　郭小磊	介绍义务教育均衡发展督导评估工作有关情况
9	5 月 21 日	王扬南　刘　欣	介绍 2013 年全国职业院校技能大赛有关情况
10	6 月 5 日	田立新　周洪波　侯　敏　杨尔弘　赵小兵	发布《2012 年度中国语言生活状况报告》
11	6 月 18 日	郑富芝　刘昌亚　尹后庆　鞠振伟　辛　涛　唐盛昌　李明新	介绍中小学教育质量综合评价改革有关情况
12	6 月 26 日	张大良　石鹏建　陆国栋　杨　祥	介绍首批中国大学资源共享课上线有关情况
13	8 月 22 日	杜柯伟　罗方述	介绍全国统一中小学生学籍管理制度研究制定和学籍信息管理系统建设有关情况

续表

场次	发布时间	发布人	发布主题
14	8月22日	于长学 钱 蔚 许文广 卢晓波 田 梅 郑 敏	介绍2013年《开学第一课》节目有关情况
15	8月25日	张光明 程基伟 武马群 杨 军 彭瑞双 北京航空航天大学新生代表	介绍高校新生入学资助工作有关情况
16	8月27日	张浩明 田立新 王 宁 江蓝生 李宇明	介绍《通用规范汉字表》有关情况
17	9月3日	许 涛 殷长春	公布2013年度全国教书育人楷模推选结果，发布我国教师队伍建设政策有关情况
18	9月5日	生建学 俞立中 熊 璋 林金辉	介绍中外合作办学发展有关情况
19	9月23日	何秀超 林仕梁 张 荣 张国华 华意刚 李忆湘	介绍《中小学校责任督学挂牌督导办法》有关情况
20	10月12日	杜 越 王定东 刘建同 秦昌威	介绍国际学习型城市大会有关情况
21	11月19日	许 涛 葛振江 殷长春 史蓉蓉 苏永兴 向恒林 张凤伶	介绍校长教师交流轮岗、在集中连片特殊困难地区实施乡村教师生活补助等教师队伍建设相关政策
22	11月28日	孙霄兵 王利明 林萍华 徐明稚 曹德明 张清杰 黄晓玫	介绍高校章程建设情况

撰稿 陈 星
审核 续 梅

教育政务公开

〔**综述**〕 2013年，教育部深入落实党的十八大和十八届二中、三中全会精神及《政府信息公开条例》，在国务院办公厅的指导下，以党的群众路线教育实践活动为契机，进一步转变职能和工作作风，深入推进部机关政府信息公开，着力推动高校重点领域信息公开，加强政策发布解读，积极回应群众关切，不断提高工作透明度，教育系统信息公开工作取得明显进展。在中国社会科学院发布的《中国政府透明度指数报告》中，教育部政府透明度指数在55家受评估的国务院部门中位列第一。

〔**教育部政府信息公开工作**〕 2013年，主要从完善公开制度、加大主动公开力度、提高依申请公开工作水平三个方面推动政府信息公开工作。

一、进一步完善信息公开制度

一是制定了《教育部政府信息公开工作规定》，进一步完善政府信息公开目录，细化公开内容，规范公开程序，强化公开职责。二是专门印发《关于进一步推进高校招生信息公开工作的通知》《关于进一步做好高等学校财务信息公开工作的通知》，指导推进高校招生和财务公开工作。三是印发《关于普通高等学校编制发布2012年〈本科教学质量报告〉的通知》《中共教育部党组关于进一步加强直属高校学校领导班子建设的若干意见》《教育部办公厅关于编制发布高校毕业生就业质量年度报告的通知》等文件，对高校教学、人事、就业等重点领域的信息公开提出了具体要求。

二、不断加大政府信息主动公开力度

1. 加大政策公文公开力度。2013 年，通过政府信息公开专栏公开公文类信息共计 498 条，教育部政策公文中非涉密普发下行文 70%做到了主动公开。其中位于前 5 位的信息是：干部人事人才类 140 条，占比 28.09%；发展规划类 77 条，占比 15.52%；高等教育类 77 条，占比 15.52%；教育综合管理类 56 条，占比 11.20%；基础教育类 38 条，占比 7.66%。同时，还推进 1998—2002 年 3 万件历史公文公开属性清理工作，发布应主动公开的历史公文 1 200 件。

2. 推动决策过程公开。2013 年，教育部制定的《中小学教师违反职业道德行为处理办法》《高等学校学术委员会规程》以及 6 所高校章程核准稿等 12 项重要规范性文件草案均在教育部门户网站征求意见专栏向全社会公开征求意见，对人民群众广泛关注的《小学生减负十条规定》两次征求意见。同时，按照国务院法制办公室部署，《教育法律一揽子修订草案》在教育部门户网站公开征求意见。在编制起草《教育部国家发展改革委财政部关于全面改善贫困地区义务教育薄弱学校基本办学条件的意见》《教育部办公厅关于进一步加强和规范高校人才引进的意见》《中等职业学校教师专业标准（试行）》《中小学校责任督学挂牌督导规程》等重要文件时，广泛听取了社会各方的意见建议。

3. 推进执行情况公开。一是公开教育规划纲要落实情况。在教育部门户网站开设教育规划纲要发布实施三周年专栏，公开推动协调发展、推进改革开放、提高教育质量、促进教育公平等方面改革发展的进展情况和成果。二是公开工作进展情况。在教育部门户网站开设“深化教育领域综合改革”“减负万里行”“大学生基层就业和自主创业”“我的中国梦”“高校学生资助体系”等专题专栏 49 个，向社会公布教育工作进展。三是公开政策执行结果。例如，开展学前教育三年行动计划网络巡展，集中展示各地学前教育三年行动计划取得的成果，发布三年来幼儿园数量、学前教育投入、幼儿教师队伍建设等方面的数据及变化趋势。

4. 强化财务、人事信息公开。财务信息方面，分别于 2013 年 4 月和 7 月公开了 2013 年部门预算、2012 年度部门决算、2013 年“三公经费”预算、2012 年“三公经费”决算和 2012 年行政经费支出情况，并发布了《2012 年全国教育经费执行情况统计公告》。人事信息方面，发布了 2012 年度“长江学者”特聘教授、讲座教授名单，直属高校 2013 年“国家百千万人才工程”入选人员名单，机关公务员招录工作和结果等群众广泛关注的信息。

5. 加强政策解读。综合运用新闻发布会、中央新闻单位采访团、电视采访、微访谈、微博微信、答记者问、专家文章等多种形式，加强政策解读，积极回应关切，及时释疑解惑。一是围绕深化教育领域综合改革、教师队伍建设、中外合作办学发展等教育热点和焦点举办新闻发布会、通气会，及时回应社会关切。二是重要政策文件发布时进行解读。例如，对《教育部关于开展“教育经费管理年”活动进一步用好教育经费的通知》等重要文件均配发了新闻稿，同时在人民日报、新华社、光明日报等中央主要媒体刊发 6 篇关于用好、管好 4% 教育经费的深度报道。三是积极采用图说、图解、视频等方式公开信息，方便群众阅读和理解。例如，专门制作了学生营养改善计划国家试点县工作视频展播、高校毕业生就业政策百问电子书等。

6. 增加公开渠道。一是通过新闻发布会等发布信息。召开新闻发布会 22 次，发布新闻稿 600 余篇，中央主要媒体刊播教育报道万余篇。通过播发新闻通稿、组织媒体一线采访等方式，对招生信息“十公开”政策、高校财务新制度等进行解读，做好提高重点高校招收农村学生比例政策及成效等政府信息的宣传。二是通过《教育部公报》《中国教育年鉴》公开信息。2013 年，教育部共刊发《教育部公报》12 期，公开政府信息 154 条。出版发行《中国教育年鉴（2013）》，发布 2012 年党和国家领导人出席重要教育活动的报道或综述、教育部领导关于教育工作的重要讲话或专文、年度教育工作要点、教育发展统计、教育综合管理、教育人事管理、教育财务与统计等重要文件和统计信息。三是通过新媒体公开信息。积极利用微博、微信、教育部门户网站手机版、移动客户端等新媒体，发布教育政策，分享专家观点，收集群众意见，及时回应公众。

三、提高依申请公开工作水平

1. 依法依规做好申请答复工作。2013年，教育部共收到公民、法人和其他组织通过各种形式提出的信息公开申请209件，其中有效申请196件。从申请的主体看，公民个人提出的申请190件、其他组织提出的申请6件。从申请方式看，当面申请35件，占17.86%；以电子邮件方式申请71件，占36.22%；以信函方式申请86件，占43.88%；以传真方式申请4件，占2.04%。从申请的内容看，涉及教育综合管理的52件，占26.53%；涉及招生就业的38件，占19.39%；涉及历史信息的12件，占6.12%；涉及教育统计信息的13件，占6.63%；涉及教育机构设置的7件，占3.57%；涉及教师待遇的15件，占7.65%；涉及中外合作办学的3件，占1.53%；涉及基础教育的4件，占2.04%；涉及教育财政经费的8件，占4.08%；涉及考试管理的18件，占9.18%；涉及教育收费的3件，占1.53%；其他23件，占11.92%。申请内容涉及教育部15个业务司局。

196件有效申请已全部按时答复申请人。其中“主动公开”的81件，占41.33%；“依申请公开”的12件，占6.12%；“部分公开”（主动公开+不予公开）的8件，占4.08%；“不予公开”的7件，占3.57%；“非本机关掌握”的63件，占32.14%；“信息不存在”的25件，占12.76%。

2013年，收到因政府信息公开的行政复议申请24件（其中教育部11件、省级教育行政部门11件、高校2件）。没有因政府信息公开提起行政诉讼的情况，没有因依申请公开信息收取或减免费用情况。教育部政府信息公开受理中心日均接待上门群众和咨询电话4人次，全年1 000余人次，处理教育部门户网站政府信息公开意见箱中有关信息公开的信件40余件。

2. 进一步完善复杂申请沟通研判机制。2013年，教育部依申请公开申请内容主要涉及规划司、财务司、政法司、人事司、教师司、学生司、考试中心等15个业务司局和直属单位。为提高申请办复水平，进一步完善了政务公开办公室协调推动、业务司局密切配合、会商法制办公室研判答复的复杂申请事项沟通研判机制，确保依法依规答复，为群众提供便捷有效的服务。

〔**直属单位办事公开工作**〕　2013年，教育部直属单位结合工作实际，进一步深化办事公开，着力拓展公开内容和渠道，便民服务水平进一步提升。

1. 围绕重点项目做好公开。各单位紧紧围绕重点项目加强信息公开，积极回应公众需求。国家汉办积极做好“国际汉语教材编写指南”“教师培养培训基地”“志愿者人才库”“示范孔子学院建设”“国际汉语教材工程”“汉语桥”“汉语年”“汉语日”等重大项目和重大品牌活动的信息公开，组织孔子学院网络大春晚活动，增加多语种频道和栏目，帮助世界各国汉语学习者用母语上网学习，鼓励和支持各国孔子学院开展远程教学。

2. 围绕群众关注重点做好公开。直属单位加强经费拨款、社会捐赠、人事信息、项目实施情况等群众关注的重点信息公开，进一步强化社会监督。中国教育发展基金会上网公布捐赠单位和个人、资助学生和教师、奖励学生和教师等名单，并在信息公开专栏中对历年年度工作报告和审计报告进行公布。中国教育科学研究院以人才贡献和成果服务为重点，及时公布全国教育科学规划课题结题、课题经费拨款等信息。

3. 围绕网络平台建设做好公开。开放高效的网络平台，已成为教育部直属单位办事公开的重要渠道。以中国（教育部）留学服务中心为例，该中心本着“服务全球学子，成就国际人才”的宗旨，打造了中国留学网、公派留学派出服务系统、留学存档在线服务系统、留学回国人员就业落户在线服务系统等14个网络信息服务平台，充分利用信息化手段促进办事公开，提高工作的科学化、规范化水平。

〔**学校信息公开工作**〕　2013年，各地各高校积极贯彻落实《高等学校信息公开办法》，信息公开意识普遍提高，信息公开组织机构建设、制度机制建设不断健全；主动公开信息更加规范，招生、财务、人事、物资采购与基建招投标等重点领域的信息公开逐步深入；信息公开方式多样、创新，微博、微信等新媒体在高校信息公开中的作用得到发挥。省级教育行政部门统筹推进信息公开工作，监督检查有力开展，各地各高校信息公开工作有序推进。

1. 着力提高信息公开意识。各高校均利用各种形式对学校信息公开的立法背景、基本精神、重大意义和主要制度进行学习、宣传，大部分高校利用门户网站、报纸、广播电台或宣传栏向师生和公众宣传本校信息公开工作。例如，浙江大学多次组织专题培训会议和研讨会，邀请行政法专家解读《高等学校信息公开办法》。西南交通大学专门制作了信息公开电视宣传片，由分管校领导和职能部门负责人主讲，采用答记者问的形式，分4讲阐述了信息公开的概念、意义及本校信息公开的内容、方式、平台渠道，分别在学校电视台、两校区LED显示屏播出，并纳入每年新生入学时的宣传计划。

2. 不断完善信息公开制度和机制。高校普遍制定并不断完善信息公开工作细则、公开指南和目录，建立了主动公开工作机制、依申请公开工作机制、保密审查机制和重要信息发布机制四大机制。75所教育部直属高校均制定了信息公开实施细则或管理办法，主动公开工作机制、依申请公开工作机制、保密审查机制和重要信息发布机制，其中有57所高校在门户网站公布了信息公开细则或管理办法、信息公开指南和目录。例如，重庆大学对学校信息公开内容进行了梳理，重新修订信息公开目录，在规范目录名称的基础上，新增"学生工作""收费管理""招标公告""应急预案"四个一级目录和若干二级目录，从范围和内容上拓展了信息公开的广度和深度，有力推动了学校信息公开工作的深度开展。

3. 深化重点领域信息公开。高校在公开学校基本概况、规章制度、重大改革与决策、发展规划及年度计划、教学科研等基本信息的同时，着重把招生、财务、人事、基建资产等与学校发展密切相关、涉及师生员工切身利益、容易引发矛盾和滋生腐败的信息列入学校重点信息公开条目。2013年，在"阳光高考"平台上公示保送、自主选拔录取、高水平运动员和艺术特长生招生等特殊类型招生的考生名单7.6万人；教育部直属高校均在学校网站公开了财务预决算信息，并细化至项级科目；教育部直属高校全部向社会发布信息公开年度报告，接受社会监督。例如，西南大学将校长办公会会议纪要和经过校长办公会通过的如绩效津贴分配后的配套改革问题、学科整合建设问题等重点推进落实的工作，主动发布在信息公开专网上，不仅公开责任领导、参加领导，还公开了完成时间，接受监督。华中科技大学为促进干部任免、职称评定、人才引进等干部人事工作信息公开，在公开相关规章制度、评选方案与选拔程序的同时，从初选名单、考核考察到最终结果等多个重要环节进行公开，竞争选拔干部时不仅安排教职工旁听，还尝试通过校园网直播面试现场。

4. 稳步推进依申请公开工作。依申请公开是高校根据公民、法人和其他组织的申请，依法提供所掌握信息的做法也是主动公开的重要补充。绝大部分教育部直属高校均建立了依申请公开工作机制，制定了依申请公开事项的受理程序，明确了受理条件、办理期限、收费标准、表格下载等要求。2013年，教育部直属高校共计收到申请126件，其中有效申请117件，内容主要涉及学生管理、财务、招投标等方面，均按照规定按时答复，未发生信息公开投诉或举报情况。

5. 不断创新公开渠道。随着信息公开工作的持续推进，各高校普遍构建多种信息发布平台和渠道，确保信息及时、准确发布。在通过学校网站、校报校刊、校内广播等校内媒体和报纸、杂志、广播、电视等校外媒体以及学校中层干部会、党政联席会、年度工作会、教代会、学代会、新闻发布会、"校长信箱"、校领导接待日、年鉴、会议纪要、简报、学生手册、教师工作手册等方式公开信息的同时，积极打造信息公开专门平台。教育部直属高校中，已有50所高校开设了信息公开专网，19所高校开设了信息公开专栏，专栏专网开设率达92%。例如，复旦大学信息公开网首页核心位置设立便民服务和网上互动两大板块，公示内容包括各类录取名单、资助项目、财务收费、评选结果等。同时，各高校充分利用现代科技大胆创新，利用微博、微信等新媒体及时发布信息，便捷地与师生、公众进行互动交流。例如，武汉理工大学新浪官方微博、腾讯官方微博本年度共发布信息2 683条，粉丝总数达18.55万人。

6. 着力强化监督检查。2013年8月，教育部组织开展了高校财务信息公开专项督查，重点检查教育部直属高校、部分其他中央高校和地方高校财务预决算公开情况；11月初，开展了自主招生专项检查，要求所有试点高校进行自查并上报结果；11月中旬，印发《关于开展高校信息公开工作专项监督检查的通知》，在高校自查、中央有关部门和各省督查的基础上，教育部组织5路抽查组，对部分教育部直属高校信息公开情况进行抽查，重点检查高校招生和财务信息公开情况；11月底，又对75所教育部直属高校信息公开情况进行了全面网络核查。各地、各高校都自觉按照《高等学校信息公开办法》的要求，将信息公开工作作为一项重要的政治性和政策性工作来抓，主动研究推进信息公开工作的总体部署，开展高校信息公开监督检查。例如，上海市教育委员会围绕信息公开、便民服务、网上互动、工作特色4个方面，组织开展了上海市高校信息公开评议工作，并将评议结果向各高校及社会公布。中南大学完善了信息公开监督检查制度，将二级单位信息公开情况在校园网主页通报并要求整改。

撰稿　詹清华
审稿　孙海波

全国人大代表、全国政协委员提案、议案和建议承办工作

〔**综述**〕　2013年，教育部承办全国人大代表、全国政协委员建议810件，约占建议总数的10.7%；承办提案824件，约占提案总数的14.6%。承办总量在所有承办单位中位列第三，所有建议和提案全部按期办结。代表委员所提教育建议和提案涉及教育的方方面面，内容主要集中在促进教育公平、推进素质教育、深化教育改革、加强教师队伍建设、建设现代职业教育体系、发展学前教育六个方面。

〔**进一步强化建议和提案办理协商机制**〕　教育部加强与代表委员的沟通和联系，着重从三个方面提升建议和提案办理工作的实效。一是领导重视，司局各负其责。教育部党组高度重视建议和提案的办理工作，把建议和提案办理列为部党组年度重点工作，听取专题汇报，研究落实措施。明确由部长负总责，副部长对分管领域的建议和提案办理负责把关审核。2013年，7位部领导分别主持召开10个专题座谈会，邀请37位人大代表和39位政协委员出席。办公厅领导亲自协调建议和提案的办理工作，走访代表委员。各承办单位坚持办理工作四级负责机制，有的司局还将建议和提案办理列为月度重点工作的第一项任务。二是严把关键环节，创新办理机制。严把交办环节，及时对建议和提案进行认真归纳、分类，合理确定牵头单位。严把督办环节，每一份建议和提案都必须与代表委员深入沟通，充分运用网络督办、发文督办、电话督办、当面督办等多种形式，强化对办理工作的全程督办。严把审结环节，对办理质量不高或与代表委员沟通不充分的，退回承办单位重新办理；对办理过程中的好做法、好经验及时总结交流。三是突出办理实效，推进教育事业科学发展。对建议和提案进

行分析，掌握建议和提案的办理情况和取得的成效，跟踪重点建议和提案的办理，助力教育事业发展，改进教育管理，是建议和提案工作办公室积累的主要工作经验。代表委员紧紧围绕教育重点、热点和难点问题建言献策，提供了许多针对性和可操作性都很强的建议和提案，拓宽了工作思路、开阔了工作视野，有力地推动了相关政策举措及时出台。据不完全统计，在代表委员集中关注的促进教育公平等六个方面，教育部出台或即将出台的政策文件达 17 个。

2013 年，教育部建议和提案办理工作受到全国人大、全国政协的充分肯定。12 月 25 日，在全国人大常委会第六次会议全体会议上，部长袁贵仁专题汇报了教育部关于第十二届全国人民代表大会第一次会议代表建议、批评和意见办理情况；在全国政协提案办理协商工作座谈会上，教育部办公厅负责人多次做交流发言。

撰稿　蔡明才

审稿　鞠传进　郑志强

教育法制建设

〔教育部首次核准 6 所高校章程〕 2013 年，为进一步完善现代大学制度，深入推进高等教育综合改革，根据《高等教育章程制定暂行办法》，教育部遴选了中国人民大学等 12 所高校作为章程建设试点学校，并成立了教育部高校章程核准委员会。

中国人民大学、东南大学、上海外国语大学、东华大学、华中师范大学、武汉理工大学率先完成了章程校内起草和审议程序，形成章程核准稿报送教育部。7 月 11 日，教育部高校章程核准委员会召开第一次会议，原则上审议通过了 6 所高校章程核准稿，并提出了修改意见。8 月 12 日，教育部网站公布了 6 所高校修订后的章程核准稿（征求意见稿），向社会公开征求意见。10 月 8 日，教育部第 33 次党组会审议通过了 6 所高校章程核准稿。11 月 16 日，教育部部长袁贵仁签发了 6 所高校章程核准书，正式核准了第一批 6 所高等学校章程。

根据国务院副总理刘延东在教育部直属高校工作咨询委员会第二十三次全体会议上的要求，9 月 22 日，教育部印发了《中央部委所属高等学校章程建设行动计划（2013—2015 年）》，进一步明确了教育部及中央部门所属的 114 所高等学校章程建设的目标任务与时间要求。

〔大力推进教育行政审批制度改革〕 2013 年 5 月，《国务院关于取消和下放一批行政审批项目等事项的决定》（国发〔2013〕19 号）宣布取消“中外合作办学机构以及内地与港澳台地区合作办学机构聘任校长或者主要行政负责人核准”“高等学校部分特殊专业及特殊需要的应届毕业生就业计划审批”。为贯彻落实国务院决定，推进职能转变和加强后续监管，7 月，印发了《教育部关于贯彻落实国务院取消两项教育行政审批项目决定的通知》（教政法函〔2013〕13 号）。同年 11 月，《国务院关于取消和下放一批行政审批项目的决定》（国发〔2013〕44 号）宣布取消“民办学校聘任校长核准”“省级人民政府自行审批、调整的高等职业学校使用超出规定的命名范围的学校名称审批”。

为全面规范教育行政审批，进一步推进教育部机关职能转变，9 月，教育部印发了《教育部机关实施行政审批工作规程》。

〔五部门联合发布《关于进一步加强青少年学生法制教育的若干意见》〕 6 月 13 日，教育部、司法部、中央社会管理综合治理委员会办公室、共青团中央和全国普法办公室联合发布了《关于进一步加强青少年学生法制教育的若干意见》（教政法〔2013〕12 号）（简称《意见》）。

《意见》指出，国家实施普法规划以来，各地、各学校越来越重视青少年学生法制教育工作，广大青少年学生法律素质有了明显提高。但从总体上看，青少年学生法制教育仍然存在定位不够明确、思想认识不够到位、教育内容不够系统、保障条件不够有力等问题，直接影响了青少年学生法制教育的效果。要深刻认识整体提升青少年学生法律素质的重要性和紧迫性，把青少年学生法制教育放在基础性、全局性、战略性地位，切实提高思想认识，完善工作机制，加大工作力度，全面提升青少年学生法制教育工作水平。

《意见》进一步明确了青少年学生法制教育的总体要求，指出要以弘扬社会主义法治精神，树立社会主义法治理念，培养知法遵法守法用法的合格公民为根本目标；要自觉遵循青少年学生成长规律和法制教育规律，坚持规则教育、习惯养成与法治实践相结合，坚持课堂教学主渠道，积极开拓第二课堂，深入开展“法律进学校”活动，统筹发挥学校、家庭、社会各方作用。

《意见》还对落实法制教育相关课程和活动、加强法制教育资源建设、增强法制教育的实践性、加强法制教育工作力量等工作做出了具体部署。

为落实《意见》，教育部全国教育普法领导小组办公室于2013年启动了中小学校长和教师全员法制培训。通过国家和地方分级培训的方式，力争用3年时间，推动全体中小学校长和教师接受不同层次、不同形式的法制培训。首批培训于11—12月委托国家教育行政学院等5所学校承办，1 000名来自全国各地的中小学校长和教师参加了培训，集中学习依法治国、依法治教有关理论和教育法律规范。

〔教育部全国青少年普法网正式建立〕　1月，为充分利用现代信息技术推进青少年法制教育工作，根据《全国教育系统开展法制宣传教育的第六个五年规划（2011—2015年）》相关要求，教育部设立开通了“教育部全国青少年普法网”（www.qspfw.edu.cn）。9月，普法网正式上线。

普法网由教育部全国教育普法领导小组办公室主办，北京外国语大学及外语教学与研究出版社承办，是专门针对青少年学生进行法制宣传教育的公益性网站。网站将根据青少年学生的认知特点和习惯，致力于汇集全国各类优秀法制教育资源，为青少年提供喜闻乐见的精神文化作品；构建全国性教育普法网络，发布各地法制教育信息，推广各地依法治教、依法治校的成功做法和典型经验。

9月13日，教育部普法办印发了《关于推广运用教育部全国青少年普法网创新方式、深入推进青少年学生法制宣传教育工作的通知》（教普法办〔2013〕4号），要求各地高度重视新形势下利用网络开展青少年学生普法的重要性与必要性，进一步创新工作方式，丰富青少年学生法制教育的内容与形式，最大限度地发挥网络正面资源、有益信息的引导教育作用。

〔中国教育发展战略学会教育法制专业委员会成立〕　11月30日，中国教育发展战略学会教育法制专业委员会第一届代表大会暨第一次理事会成立大会在北京召开。教育部副部长郝平、中国教育发展战略学会执行会长闵维方及全国人大教科文卫委员会、全国人大常委会法制工作委员会行政法室、司法部、共青团中央、全国妇联、中华全国总工会等单位有关部门领导出席了会议，180余名代表参加会议。这标志着第一个全国性教育法制专业社会组织的正式成立。

教育法制专业委员会是中国教育发展战略学会在全国范围开展有关教育法制活动的唯一专业委员会，是整合教育行政部门与高校、科研机构和各方面专家力量，从理论和实践层面综合推动教育法制工作的专业学术组织，也是促进教育法制工作交流与合作的重要工作平台。

委员会秘书处设在北京外国语大学，致力于推动和组织教育法制建设战略性、全局性、综合性问题的研究与交流，为国家和地方开展教育立法、制定重大教育政策和教育规划提供咨询服务，参与教育法律法规的起草与修订等。

撰稿　夏　娟　王大泉　韩燕凤　舒刚波
审稿　孙霄兵　黄兴胜

教育信访工作

〔**信访基本情况**〕 2013 年，教育部信访办公室办理群众来信 6 280 封，同比减少 3.52%。其中寄送部长袁贵仁的信件 3 413 封，同比增加 20.8%。接待来访群众 4 129 人次，其中集体访 122 批次，同比减少 9.4%。办公厅、教师司、人事司、学生司、规划司等业务司局共接待来访群众 19 件次，同比增加 85%。

〔**群众信访反映的主要问题**〕 原民办教师和代课人员反映待遇及退养问题，北京城市学院部分职工反映划转后待遇问题，国有企业办学改革后教师待遇问题，教师权益被侵害、学生伤害等事件，检举揭发教育系统违纪违规问题，各级各类学校招生问题，对教育改革的意见和建议。

〔**信访工作概况**〕 (1) 创新方法，深入基层问计于民。2013 年 10—11 月，教育部信访办公室结合教育督导组关注的信访案件，分别赴黑龙江省教育厅和省信访局、哈尔滨市教育局，吉林大学，重庆市教委、重庆市南岸区教育局，重庆大学，贵州省教育厅、贵州师范大学开展调研工作，深入一线了解重复访、进京访等信访事项的起因，积极探索疑难信访案件解决办法，听取并学习地方政府和教育部门关于领导接访、领导包案制、决策风险评估等方面的好做法，主动吸收鲜活经验。及时发现和重点掌握一些苗头性、隐患性以及可能引起群体性信访的潜在问题。比如，公办幼儿园中存在的临聘教师现象；非义务教育阶段的幼儿园教师和高中教师没有享受到义务教育阶段教师享受的绩效工资待遇等潜在信访问题。(2) 集中精力，推动信访积案化解。2013 年，教育部办公厅信访处积极化解北京城市学院部分职工持续信访事项和推动化解复旦大学李俊士“三跨三分离”信访积案，将这两起信访积案列为重点办理信访事项，教育部领导和办公厅主要领导、主管厅领导高度重视，亲自过问、亲自接待、亲自协调、亲自督办。这两起积案的化解工作得到了北京市、上海市、陕西省、国家信访局等单位及相关部门的大力支持和积极配合，化解工作已进入实质落实阶段。(3) 提前研判，强化敏感期信访工作。十二届全国人大一次会议、全国政协十二届一次会议和十八届三中全会期间，教育部办公厅信访处积极应对，主动排查，对可能引发大规模群体访的信访事项和教育热点难点问题，提前分析研判，制订相应处置方案，明确任务，强化责任，狠抓落实。同时，进一步充实接访力量，完善接访方式，延长接待时间，加强值班工作，做到职责清晰、责任明确、工作到位、服务周到。

撰稿　蔡明才

审稿　鞠传进　郑志强

综 合 改 革

〔**印发《教育部关于 2013 年深化教育领域综合改革的意见》**〕 为落实党的十八大关于“深化教育领域综合改革”的要求和部署，研究起草了《教育部关于 2013 年深化教育领域综合改革的意见》(教改〔2013〕1 号，简称《意见》)。经国家教育体制改革领导小组第七次全体会议审议后，以教育部名义印发。《意见》明确了2013年教育改革的重点任务。一是围绕考试招生、课程内容、创新人才培养、职业教育人才培养等方面，推进人才培养模式改革。二是围绕改善民办教育发展环境、完善职业教育产教融合制度、落实高校办学自主权、扩大教育对外开放等方面，推进办学体制改革。三是围绕完善均衡发展义务教育机制、落实省级政府教育统筹、改革教育监测评价机制、推进教育督导体制改革、完善高校治理结构等方面，推进管理体制改革。四是围绕教师管理制度改革、完善投入保障机制、改进教育信息化推进策略等方面，推进保障机制改革。

〔组织开展国家教育体制改革试点阶段总结〕 根据国家教育体制改革领导小组的统一部署，5—10月，启动对国家教育体制改革试点的阶段总结工作。国家教育咨询委员、国家教育体制改革领导小组办公室成员单位有关负责人等各方力量广泛参与。教育部党组成员根据分工，围绕改革试点的重点任务，召开了12次座谈会，广泛听取基层同志、国家教育咨询委员和有关专家的意见建议。教育部党组召开扩大会议，分15个专题分别进行总结交流，专门听取了30多名国家教育咨询委员的意见建议。在此基础上，形成了四个方面的总结材料。一是每一个改革试点项目实施情况总结意见。二是各省（区、市）、新疆生产建设兵团和78所高校改革试点总结。三是15个分领域改革试点总结。四是国家教育体制改革试点总结总报告。10月下旬，国家教育体制改革领导小组办公室以通报形式，正式印发了各地各校改革试点典型做法和经验，提供给各地相互学习借鉴。通过全面深入开展阶段总结，对各地各校改革试点进行了有力督促，扩大了试点面上效应。

〔向国家科教领导小组汇报教育改革发展重点工作〕 根据国务院的要求，对教育规划纲要贯彻落实情况进行全面深入总结，对未来几年教育重点工作进行了深入研究。在此基础上，起草了《关于教育改革发展重点工作的汇报》。8月29日，教育部部长袁贵仁代表教育部在国家科技教育领导小组会议上做了汇报，国务院总理李克强专门听取汇报。国家科技教育领导小组会议原则通过教育部的汇报。据汇报，未来几年将重点推进以下四个方面的工作。一是补齐“短板”，兜住教育公平的底线。二是优化结构，提升服务经济社会发展能力。三是提高效益，用好管好教育经费。四是转变职能，激发教育发展活力。

撰稿　赵应生
审稿　王洪元

教 育 督 导

〔国务院教育督导委员会第一次会议召开〕 2013年7月26日，国务院副总理、国务院教育督导委员会主任刘延东主持召开国务院教育督导委员会第一次会议，研究深化教育督导体制改革，转变教育管理职能等问题，部署下一阶段教育督导工作。国务院副秘书长江小涓，督导委员会成员和中央编办负责人出席会议。

会议强调，深化教育督导体制改革是转变政府职能的必然要求，也是提高教育质量的有力保障和解决教育热点、难点问题的重要抓手。要按照党的十八大提出的“构建系统完备、科学规范、运行有效的制度体系”要求，建立健全“管、办、评”相分离的教育管理体制，完善督政、督学和监测工作体系，加强监督指导、监测评估和考评问责，引导地方政府依法履行教育职责，促进各级各类学校规范办学，推动教育质量全面提高。会议研究议定：抓紧修改印发《国务院教育督导委员会工作规则（草案）》《关于深化教育督导体制改革转变教育管理职能的意见（稿）》《关于近期教育督导重点工作的安排（稿）》，科学开展教育质量监测评估，有效开展督学工作，完善对地方政府履行教育职责的督导评价机制，加强专兼职督学队伍建设，健全督导委员会工作机制。

根据会议要求，《国务院教育督导委员会工作规则》《深化教育督导改革转变教育管理方式的意见》等文件相继印发，督学、督政、质量监测工作深入开展，教育督导机构和队伍建设进一步加强，教育督导改革取得积极进展。截至 2013 年年底，天津、安徽、贵州、江西、西藏、湖北、青海、陕西、广东、宁夏、云南、江苏、四川、山东、海南、黑龙江 16 个省（区、市）相继成立了人民政府教育督导委员会。

〔实施中小学校责任督学挂牌督导制度，开展经常性督导工作〕 9 月 17 日，国务院教育督导委员会办公室印发了《中小学校责任督学挂牌督导办法》（简称《办法》）。要求各地全面实施中小学校责任督学挂牌督导制度。《办法》共 12 条，分别对中小学校挂牌督导的性质、责任督学的选聘配备、职责任务、工作要求、培训与考核以及工作条件保障和督导结果运用等方面做了具体规定。要求县级教育督导部门根据区域内中小学校布局和在校生规模等，按 1 人负责 5 所左右学校的标准配备责任督学。12 月 18 日，国务院教育督导委员会办公室又印发了《中小学校责任督学挂牌督导规程》《中小学校责任督学工作守则》，同时组织了全国中小学校责任督学骨干培训，进一步推动了各项工作的贯彻落实。

〔开展全国义务教育阶段学生语文阅读与写作学习质量抽样监测〕 为进一步掌握义务教育阶段学生学习质量的基本状况及其影响因素，为各级教育行政部门科学决策提供依据，教育部于 9 月在全国开展了义务教育阶段四年级、八年级学生语文阅读与写作学习质量监测。本次监测在充分考虑各地的地理位置、城乡学生比例、教育经济发展状况、学校类型等因素的基础上，采用三阶段分层不等概率抽样方法，在全国 31 个省（区、市）及新疆生产建设兵团抽取了 104 个县（市、区）、1 321 所小学、618 所初中，共对 38 226 名四年级学生、37 749名八年级学生进行了测试和问卷调查，并对 6 114 名语文教师、7 878 名班主任、1 939 名校长进行了问卷调查。抽取样本代表全国义务教育阶段四年级、八年级学生的整体状况。监测结束后，教育部督导办和基础教育质量监测中心组织专家，按照严格、科学的流程和程序，采用国际上通用的数据分析模型、技术和方法，对数据进行多项处理和深入分析。在此基础上，参考国际大型监测项目的模式和做法，依据本次监测数据和历次试测的相关结果，撰写了监测报告。监测报告将为各级政府和教育行政部门提供决策参考。

〔针对制约教育发展的重点问题和人民群众关心的热点问题组织开展专项督导〕 7 月 22 日，甘肃省定西市岷县、漳县交界处发生 6.6 级地震，给当地教育事业造成重大损失。为保障受灾地区学校秋季按时开学，根据《教育督导条例》，国务院教育督导委员会办公室首次派出专项督导组，对地震损害、恢复重建、开学复课等工作进行专项督导。按照督导要求，甘肃省有关部门对灾区学校秋季开学情况进行了自查。8 月 28—31 日，甘肃省教育督导部门对 13 个受灾县的 1 326 所学校开学复课情况进行了全面督查。9 月 1—3 日，由国家督学和有关专家组成的国家督导组，深入岷县、漳县、陇西县、渭源县等受灾地区，重点督查了 39 所学校。通过教育行政部门自查、地方教育督导部门全面检查和国家教育督导部门重点督查，形成了对地震灾区学校开学复课情况的督导报告并对外发布，为督促地方政府切实履行职责，确保受灾学校按时开学，尽早恢复正常教育教学秩序起到了推动作用。

11 月 1 日，国务院教育督导委员会办公室根据《教育督导条例》，向北京、天津、河北、山西、内蒙古、辽宁、吉林、黑龙江、江苏、安徽、山东、河南、西藏、陕西、甘肃、青海、宁夏、新疆 18 个省（区、市）和新疆生产建设兵团印发《关于开展北方地区中小学校冬季取暖专项督导工作的通知》，决定开展中小学校冬季取暖专项督导。按照督导要求，相关省（区、市）和新疆生产建设兵团于11月上旬组织有关部门对本省（区、市）中小学校冬季取暖工作进行自查，针对发现的问题提出整改要求并督促落实，并上报了自查整改报告。11月13—19日，国务院教育督导委员会办公室派出8个专项督导组，由国家督学带队，分赴北京、天津、河北、山西、内蒙古、江苏、安徽、山东、河南、陕西、甘肃、青海、宁夏13个省（区、市），随机重点督查了26个县（市、区、旗）104所中小学校（含教学点）冬季取暖工作情况，督促地方政府加大投入保障力度，提升取暖工作水平，确保广大师生温暖、安全过冬。

11月6日，国务院教育督导委员会办公室印发《关于开展财政教育投入的使用管理专项督导工作的通知》，决定开展教育财政投入的使用管理情况专项督导。各地按照通知要求，由发改委、财政、教育、审计等部门联合开展自查，形成自查报告并上报。12月9—18日，国务院教育督导委员会办公室根据各地自查情况，派出由国家督学和专家组成的6个督导组，对北京、山西、内蒙古、辽宁、吉林、上海、江苏、安徽、江西、湖北、陕西、青海、宁夏13个省（区、市）进行了实地督导检查，共涉及52个县（市、区、旗）105所学校。督导组通过听取政府汇报，现场质询，召开人大、政协和教师代表座谈会，查阅财政教育预算报表、财政收支月报及管理使用规章制度档案资料，查看学校收支账目等方式，了解当地财政教育投入使用管理的基本情况，提出了督导意见，为督促地方政府加强财政教育投入的使用管理，提高使用效益，保证2013年财政教育支出预算能执行到位起到了积极作用。

针对媒体报道的河南省台前县中小学校办学条件问题，国务院教育督导委员会办公室于11月13—15日派出督导组赴台前县城镇中学，对媒体报道的有关情况进行核实，并通过随机抽查的方式，对台前县其他8所农村、乡镇中小学校的办学条件进行了专项督导，督促当地政府对城镇中学投入20余万元，妥善解决了该校学生住宿条件差、存在安全隐患等问题。印发《台前县义务教育学校布局调整规划的通知》，在限定期限内落实督导意见，改善全县中小学校办学条件。

〔启动并开展全国义务教育发展基本均衡县（市、区）督导评估认定工作〕 2013年，国务院教育督导委员会办公室依据教育部印发的《县域义务教育均衡发展督导评估暂行办法》（简称《办法》），提出了具体实施方案和督导规程。4月，召开全国义务教育均衡发展督导评估认定新闻发布会，把2013年定为全国义务教育发展基本均衡县（市、区以下简称县）督导评估认定启动年。5月，在江苏省张家港市召开全国县域义务教育均衡发展督导评估认定现场会，全面启动了全国义务教育发展基本均衡县督导评估认定工作。教育部部长袁贵仁到会并做重要讲话，他高度评价了此次现场会是“中国教育史上具有重要历史意义的会议”，并指出：“正式启动全国县域义务教育均衡发展评估认定工作，这标志着中国义务教育事业进入一个新的时期，开始新的征程，面临新的目标任务。”2013年，国务院教育督导委员会办公室共对22个省份申报的325个县进行了材料审核和现场督导评估，其中293个县基本达到国家对义务教育发展基本均衡县的要求。

督导评估机制的建立，有效调动了地方政府积极性，义务教育均衡发展工作快速推进，取得了明显成效。一是通过督导评估，强化了政府责任，系统设计了督导评估制度，完善经费保障机制。二是通过督导评估，督促各地将标准化建设作为推进义务教育均衡发展的基础性工程，学校办学条件得到很大改善。三是通过督导评估，督促各地积极创新机制，合理配置教师资源，整体提升素质。四是通过督导评估，督促各地完善特殊群体平等接受义务教育保障制度和关爱体系。五是通过督导评估，督促各地将内涵发展纳入均衡发展的重要内容，规范办学行为，形成办学特色，提高教育质量。六是通过督导评估，督促各地探索多种形式的办学体制和管理模式改革，缩小县域内差距，校际间均衡程度不断提高。

附件：

2013年全国义务教育发展基本均衡县（市、区）名单

天津市（11个）

河东区　河北区　红桥区　西青区　津南区　北辰区　武清区　滨海新区　蓟县　宁河县　静海县

河北省（10个）

石家庄市：桥西区　藁城市　鹿泉市　井陉县　栾城县

秦皇岛市：山海关区

唐山市：丰南区　迁安市

邯郸市：丛台区　邯山区

山西省（1个）

太原市：迎泽区

辽宁省（7个）

沈阳市：和平区　铁西区

大连市：西岗区　中山区　沙河口区　甘井子区　金州区

黑龙江省（5个）

哈尔滨市：平房区

伊春市：乌马河区　带岭区

鸡西市：麻山区

森工总局：牡丹江林业管理局

江苏省（65个）

南京市：玄武区　建邺区　浦口区　六合区　雨花台区　江宁区　高淳区

徐州市：云龙区　鼓楼区　贾汪区　泉山区　铜山区　沛县

连云港市：新浦区　连云区　赣榆县　灌南县

宿迁市：宿城区

淮安市：清浦区　盱眙县　洪泽县

盐城市：盐都区　东台市　大丰市　建湖县

扬州市：邗江区

泰州市：靖江市　兴化市

南通市：崇川区　港闸区　通州区　海门市　启东市　如皋市　如东县　海安县

镇江市：京口区　润州区　扬中市　丹阳市　句容市

常州市：新北区　钟楼区　天宁区　戚墅堰区　武进区　金坛市　溧阳市

无锡市：崇安区　南长区　北塘区　滨湖区　惠山区　锡山区　江阴市　宜兴市

苏州市：姑苏区　虎丘区　吴中区　相城区　吴江区　昆山市　太仓市　常熟市　张家港市

浙江省（33个）

杭州市：拱墅区　上城区　下城区　江干区　西湖区　滨江区　余杭区　萧山区　建德市

湖州市：德清县

嘉兴市：南湖区　秀洲区　平湖市　海宁市　桐乡市　嘉善县　海盐县

舟山市：普陀区　岱山县　嵊泗县

宁波市：海曙区　江东区　江北区　北仑区　镇海区　鄞州区　象山县

绍兴市：越城区　上虞区　柯桥区

台州市：椒江区

温州市：龙湾区　洞头县

安徽省（6个）

合肥市：蜀山区　庐阳区　包河区

铜陵市：铜官山区　狮子山区　郊区

福建省（21个）

福州市：鼓楼区　台江区　晋安区　福清市　罗源县

三明市：梅列区　三元区

莆田市：湄洲岛国家旅游度假区

泉州市：丰泽区　鲤城区　洛江区　泉港区　石狮市　晋江市　泉州经济技术开发区

厦门市：思明区　海沧区　集美区　同安区

漳州市：常山华侨经济开发区

宁德市：东侨经济技术开发区

山东省（21个）

济南市：市中区　历下区　槐荫区　章丘市

淄博市：临淄区

潍坊市：昌邑市　高密市　诸城市　寿光市
烟台市：莱山区　莱州市
威海市：环翠区　荣成市　乳山市　文登市
青岛市：市南区　市北区　崂山区　李沧区
泰安市：肥城市　宁阳县

河南省（18个）

郑州市：二七区　新郑市　新密市　荥阳市
三门峡市：灵宝市
洛阳市：吉利区　新安县
焦作市：孟州市　沁阳市　温县
鹤壁市：淇滨区　宦山区　淇县
安阳市：殷都区　安阳县
平顶山市：卫东区　湛河区
信阳市：罗山县

湖北省（29个）

武汉市：江岸区　硚口区　汉阳区　武昌区
十堰市：丹江口市
襄阳市：樊城区　宜城市
荆门市：东宝区　钟祥市
孝感市：孝南区　汉川市　云梦县
黄冈市：黄州区　罗田县
咸宁市：赤壁市
荆州市：松滋市
宜昌市：西陵区　伍家岗区　点军区　猇亭区　夷陵区　宜都市　兴山县　长阳土家族自治县　五峰土家族自治县
随州市：曾都区
省直辖县行政单位：天门市
恩施土家族苗族自治州：恩施市
其他县级单位：江汉油田教育实业集团

湖南省（16个）

长沙市：岳麓区　芙蓉区　天心区　开福区　雨花区　望城区　浏阳市　长沙县　宁乡县
株洲市：天元区　荷塘区　芦淞区　醴陵市　茶陵县　炎陵县
郴州市：桂东县

广西壮族自治区（3个）

桂林市：龙胜各族自治县
梧州市：蒙山县
来宾市：合山市

海南省（4个）

海口市：龙华区
省直辖县行政单位：文昌市　琼海市
其他县级单位：洋浦经济开发区

重庆市（4个）

沙坪坝区　南岸区　北部新区　万盛经济技术开发区

四川省（19个）

成都市：武侯区　青羊区　锦江区　金牛区　成华区　龙泉驿区　青白江区　新都区　温江区　都江堰市　彭州市　邛崃市　崇州市　金堂县　双流县　郫县　大邑县　蒲江县　新津县

西藏自治区（2个）

拉萨市：曲水县
山南地区：乃东县

陕西省（5个）

延安市：志丹县
宝鸡市：太白县
安康市：旬阳县
商洛市：丹凤县　柞水县

青海省（5个）

西宁市：城中区　城西区
海西蒙古族藏族自治州：茫崖行政委员会　冷湖行政委员会　大柴旦行政委员会

宁夏回族自治区（3个）

银川市：灵武市　贺兰县
石嘴山市：大武口区

新疆维吾尔自治区（5个）

乌鲁木齐市：头屯河区
克拉玛依市：克拉玛依区　独山子区　白碱滩区　乌尔禾区

撰稿　张健铭　张　珣　黄福平　马书义
审稿　何秀超　林仕梁

直属高校巡视工作

〔印发《中共教育部党组关于进一步加强和改进巡视工作的意见》〕 2013年3月，教育部党组下发《中共教育部党组关于进一步加强和改进巡视工作的意见》(教党〔2013〕3号)，以贯彻落实党的十八大精神为主线，统筹规划巡视工作任务，为教育巡视工作提供依据和指导。

〔加强和改进教育巡视工作〕 巡视工作办公室坚持贯彻落实中央关于巡视工作的新精神、新要求和教育部党组的工作部署，以党风廉政建设和反腐败工作为中心，加强和改进教育巡视工作，完成了对中国政法大学、湖南大学、陕西师范大学、西南交通大学、对外经济贸易大学、长安大学、东北林业大学、合肥工业大学8所直属高校和教育部学位中心、考试中心、学生体育协会联合秘书处、中国高等教育学会4家教育部直属单位的巡视，在发现问题、形成震慑上取得了明显成效。通过巡视，发现了直属高校和直属单位在党风廉政建设、干部选拔任用、领导班子建设等方面存在的一些突出问题。8个直属高校巡视组向被巡视高校提出整改意见38条，2个直属单位巡视组向被巡视单位提出整改意见17条。同时，积极配合中央巡视组做好对中国人民大学的巡视整改落实督促工作，逐项落实中央巡视组对教育部党组提出的意见建议，督促相关司局及时办理。针对中央巡视组巡视中国人民大学发现的有关问题，下发了《中共教育部党组关于针对巡视中发现的问题开展专项查摆的通知》(教党函〔2013〕23号)，要求其他直属高校引起高度重视和警醒，结合党的群众路线教育实践活动开展专项查摆并形成专项报告，报中央巡视工作领导小组。专项查摆工作受到中央领导同志的高度肯定。

撰稿　蔡新宇
审稿　贾德永

教育纪检监察

〔综述〕 2013年，教育系统各级党组织认真落实中央决策部署，坚持有腐必反、有贪必肃，旗帜鲜明反对腐败；坚持为民务实清廉，贯彻整风精神，坚决纠正“四风”；坚持用制度管权管事管人，强化监督检查，规范权力运行，党风廉政建设和反腐败工作取得新成效。

〔坚决纠正“四风”，树立新风正气〕 教育部党组带头改进作风、以上带下，出台了落实中共中央政治局关于改进工作作风、密切联系群众的八项规定的20条措施，抓住重要节点，狠刹不正之风。按照中央统一部署，扎实推进群众路线教育实践活动，边学边查边改。广泛开展“三爱”“三节”专题教育活动。2013年，教育部机关会议费同比下降47%，“三公”经费支出同比下降23%。

〔坚决查处腐败案件，形成有力震慑〕 建立教育系统信访举报受理平台，及时受理和核查群众反映的问题线索，严肃查处违纪违法行为。2013年，全国教育纪检监察部门受理信访39 438件，立案 4 046 件，结案 3 867 件，涉案人数 4 905 人，给予党政纪处分 3 837 人，涉嫌犯罪被移送司法机关处理 284 人。涉案金额共计 1.94 亿元，挽回经济损失 1.56 亿元。

〔**注重解决损害群众利益的问题，维护教育公平**〕　加大对重点大城市义务教育阶段择校乱收费问题的治理力度，开展《治理义务教育阶段择校乱收费的八条措施》和教辅材料使用管理规定执行情况专项检查。加强高考招生监管，严格执行招生工作“六不准”“十严禁”，严肃查处违规“点招”问题。2013 年，查处教育乱收费涉案金额 1.62 亿元，3 218 人受到党纪政纪处分，教育部通报曝光 30 起群众反映强烈的典型案件。治理成效得到人民群众的认可，全国治理教育乱收费部际办公室受理相关举报下降 31.1%。

〔**加强巡视工作，着力发现问题**〕　认真贯彻中央巡视工作的新要求，把发现问题、形成震慑作为主要任务，强化对领导班子及其成员的监督。启动新一轮巡视工作，对 8 所直属高校和 4 个直属单位进行巡视，发现问题线索 28 件，提出整改意见建议 80 条。结合教育实践活动，对中央第十巡视组发现的高校管理中存在的普遍性问题进行全面清查，查摆发现问题 550 个。

〔**加强监督预防，规范权力运行**〕　把维护党的政治纪律放在首位，加强纪律执行情况监督。开展“教育经费管理年”活动，对 38 所直属高校科研经费管理使用情况进行检查，召开 75 所直属高校分管科技、财务工作的副校长座谈会，约谈 6 所高校的分管领导，强化科研经费管理。会同财政部、科技部等部门改进和完善科研经费管理政策措施。深化科学道德和学风建设宣讲活动，严肃查处 51 起学术不端问题。召开学习贯彻党的十八届三中全会精神暨高校廉政理论研讨会，举办第二届全国高校廉政文化作品大赛，推进廉洁教育和廉政文化建设。开展“我的中国梦”主题教育活动。

撰稿　柯　斌
审稿　杨火林

离退休干部工作

〔**综述**〕　2013 年，教育部离退休干部局在部党组的领导下，认真学习贯彻党的十八大、十八届三中全会和习近平总书记系列重要讲话精神，扎实开展以为民务实清廉为主要内容的党的群众路线教育实践活动，按照“全面做好离退休干部工作”的总要求，围绕中心、服务大局，转变作风、创新进取，推动各项工作取得新进展、新成绩。

〔**开展党的群众路线教育实践活动**〕　2013 年，按照教育部教育实践活动领导小组统一部署，结合离退休局干部工作实际，深入扎实、创造性地开展三个环节的各项活动。（1）学习教育，贯穿始终。深刻认识教育实践活动的重大意义和目标要求，研究制订教育实践活动实施方案以及各环节计划安排。（2）深入调研，听取意见。通过召开座谈会、到老同志家走访、赴活动站调研、设置意见箱等方式，广泛听取老同志和在职干部职工对离退休干部局领导班子“四风”问题和离退休干部工作的意见建议。（3）边学边查，边整边改。局领导班子带头，处级以上党员干部聚焦“四风”问题，查找自身不足，深刻剖析根源，认真撰写对照检查材料，制订个人整改方案。在深入开展谈心活动的基础上，开好局领导班子专题民主生活会；针对查摆出的问题，制订整改落实方案，对老同志反映突出的问题，提出专项整治方案；修订完善《离退休干部局制度汇编（试行）》。认真组织“回头看”，对查找出的问题，结合制订整改落实方案立行立改。

〔召开教育部机关离退休干部工作领导小组会议〕 1月17日，教育部部长袁贵仁主持召开教育部离退休干部工作领导小组会议，副部长李卫红出席。教育部办公厅、人事司、财务司、职成司、直属机关党委、离退休干部局、机关服务中心主要负责人及离退休干部代表参加会议。

会议听取了离退休干部局主要负责人工作汇报，并就进一步做好教育部机关离退休干部工作进行了研商。

会议强调，全面做好离退休干部工作是教育部党组和各司局的共同责任。一要加强领导，健全机制，要在教育部党组领导下，形成由离退休干部局牵头，各司局协同配合、齐抓共管的工作格局。二要落实分工联系和走访慰问制度，形成机制，教育部各司局要加强与本单位离退休干部的联系，真心实意地尊重、关心、服务老同志。三要完善离退休干部困难帮扶机制，大力倡导互帮互助之风，在帮扶政策上要向有特殊困难的离退休干部倾斜，积极为老同志排忧解难。四要切实做好离退休干部服务管理工作，为他们老有所养、老有所医、老有所教、老有所学、老有所乐提供更好条件。五要充分发挥离退休干部的独特优势，为他们在教育改革发展中发挥作用创造条件，搭建平台。六要加强离退休干部党建工作，创新方式，加强思想政治建设和党支部建设，创建学习型、服务型、创新型党组织，引导老同志将思想认识和行动统一到党的十八大精神上来，保持队伍稳定。

会议议定：①办公厅2013年安排35万元专项经费，用于帮扶有一定困难的老同志；②教育部机关关爱救助金每年可支配金额的2/3要用于帮扶有特殊困难的老同志；③整体搬迁离退休干部局东面的机关修缮处，腾退出的场地及建筑用于扩大老干部活动场地，挂牌成立教育部机关老年大学，由离退休干部局管理；④积极争取国家机关事务管理局支持，全面整修逸仙堂、和乐堂；⑤争取在京高校的支持，向教育部机关老同志开放其老年活动中心，为老同志就近就便参加活动提供便利条件；⑥积极争取结合国家机关事务管理局组织实施的老旧小区改造工程，解决机关产权宿舍上下水管道漏水、渗水，电路老化等问题；⑦加强离退休干部工作信息化建设，积极争取有关方面支持，使用现代技术手段为老同志提供更好的服务；⑧由中国教育报刊社向每一位离退休干部赠送一份《中国教育报》，并想办法及时送到老同志手中。

〔加强离退休干部党建工作〕 （1）6月27日，召开教育部机关老同志第十五次党建工作会议，表彰了12个离退休干部先进党支部、34名优秀共产党员和19名优秀党务工作者，交流了教育部机关各司局认真做好离退休干部工作的经验和做法。教育部副部长李卫红出席并讲话。

李卫红指出，教育部党组高度重视离退休干部工作，认真落实党的十八大提出的“全面做好离退休干部工作”要求，着力完善制度机制建设，努力为老干部办实事、解难事，取得了新进展、新突破。充分肯定机关各司局带着感情为本司局老同志做好服务工作的好经验、好做法。

中央组织部老干部局有关负责人出席会议并讲话。受表彰的先进支部和优秀个人代表、教育部人事司和国际司主要负责人先后发言。机关各司局负责人及离退休工作联络员、离退休干部局党委委员、老同志党支部书记、委员以及受表彰的先进支部和优秀个人等参加会议。

（2）6月20日，组织举办教育部在京老同志文艺会演，庆祝中国共产党成立92周年。教育部副部长李卫红出席并讲话。来自24所直属高校、5个直属单位、教育部机关和北京老教授舞蹈队的600多位老同志演出了精彩节目。

（3）9月27日，离退休干部理论学习小组到国家汉办（孔子学院总部）参观学习。国家汉办有关负责人向老同志介绍了汉办的主要工作和近年来全球孔子学院的发展概况。参观结束后，理论学习小组在国家汉办召开学习讨论会，围绕习近平总书记在全国宣传思想工作会议上的讲话精神进行了深入学习讨论。

（4）12月11—12日，在国家教育行政学院举办离退休干部党支部书记、委员培训班。离退休干部局党委委员、老同志党支部书记和委员近70人参加培训。培训班邀请十八届三中全会《决定》起草组成员、教育部教育发展研究中心主任张力做了题为《学习十八届三中全会精神深化教育领域综合改革》的辅导报告；组织观看了有关纪录片；研讨、交流了学习党的十八届三中全会精神和新形势下如何做好党支部工作的认识体会。

〔开展“离退休干部大讲堂”活动〕　（1）3月26日，召开教育部老同志学习传达“两会”精神报告会。全国人大代表、教育部党组成员顾海良，全国政协委员、教育部副部长李卫红分别向部机关和部分在京直属高校老同志传达了十二届全国人大一次会议和全国政协十二届一次会议精神。

（2）4月26日，中纪委驻教育部纪检组组长、党组成员王立英向教育部机关老同志通报了2012年教育部干部人事工作情况。王立英分析了教育部机关、直属单位、直属高校、驻外干部四支队伍建设取得的新进展，面临的新挑战，需要解决的新问题。从统筹四支干部队伍建设、加大干部培训工作力度、分类推进事业单位改革、加强高层次人才队伍建设等方面介绍了2013年推进干部人事工作改革的思路。离退休干部局党委委员，各离退休党支部书记、委员及离退休干部局在职干部100多人参加会议。

（3）9月11日，邀请中国社会科学院原副院长、党组副书记，世界社会主义研究中心主任李慎明为老同志做《正确认识当前意识形态领域形势坚持和发展中国特色社会主义》专题报告。教育部机关离退休干部、在京直属高校部分老同志、离退休干部局在职干部等150多人参加报告会。

〔启动“银龄温暖工程·资源共享平台建设”〕　5月9日，教育部“银龄温暖工程·资源共享平台建设”启动仪式在北京邮电大学举行。教育部副部长李卫红出席并讲话，中央组织部和中央国家机关工委有关部门负责人、在京相关直属高校和直属单位、教育部机关相关司局有关负责人、部分老同志、大学生志愿者代表共计200多人参加启动仪式。

李卫红指出，开展银龄温暖工程、建设资源共享平台是新形势下拓展离退休干部工作渠道、加强大学生思想政治工作的一项有益尝试，一定要把相关工作做实、做细、做好。一是站在讲政治的高度，根据新形势、新要求不断开拓创新，进一步提高离退休干部工作的科学化水平。二是积极引导，促进老同志与大学生的交流。要把资源共享平台作为推进离退休干部工作的重要着力点，作为新时期加强改进大学生思想政治工作和校园文化建设的有效载体。三是加强领导，求真务实。建设资源共享平台要达到双方共赢、共享、共用、共促的目的。通过资源共享平台建设，全面带动银龄温暖工程开展，使活动办出特色、形成品牌。

会上，北京邮电大学聘请10位教育部机关德高望重的离退休老同志担任大学生校外辅导员并颁发聘书，老同志代表、大学生志愿者代表做了发言。会后，老同志校外辅导员与班级学生见面对接，部分老同志参观了北京邮电大学图书馆、体育馆等设施。

启动仪式后，北京邮电大学、北京师范大学、北京外国语大学等高校为在学校附近居住的117位教育部机关老同志办理了校园“一卡通”，开放图书馆、体育馆等服务设施，并欢迎参加学校老同志相关活动；北京邮电大学牵头的大学生志愿者团队组织北京语言大学、中国政法大学等高校大学生志愿者，开办“夕阳再晨”电脑、手机培训班，利用周末时间在老同志活动站开办17班次，培训老同志260多人次；10位老同志校外辅导员通过与在校大学生座谈、举行专题报告会等形式，指导大学生设计人生规划，促进大学生思想政治教育。

〔开展教育部机关老同志“银龄园丁行动”〕　10月22—23日，组织教育部机关30位离退休干部代表到河北省阳原县化稍营中学开展2013年度“银龄园丁行动”捐资助学活动。座谈会上，老同志代表将饱含教育部机关600多名离退休干部和离退休干部局在职干部爱心的3万元捐助款送到30名家庭经济困难学生的手中，并向学校捐赠了20副羽毛球拍、乒乓球拍等体育器材；教育部学生体育协会还捐赠了篮球架和60个篮球、足球、排球；人民教育出版社捐赠了300多册图书。

〔**加强在职干部队伍建设**〕 （1）形成学习交流制度。重点学习党的十八大和十八届三中全会精神，学习习近平总书记一系列重要讲话，召开“深入学习十八大精神，为实现中国梦、教育梦做贡献”学习汇报交流会等。（2）4月20日，组织离退休干部局在职党员干部赴河北省西柏坡开展主题党日活动，参观西柏坡纪念馆和中共中央旧址，重温入党誓词，观看革命影像资料，缅怀革命先烈的丰功伟绩，进行坚持“两个务必”等革命传统教育。（3）坚持党建带团建，指导团支部开展“新青年·新视点——我说新闻活动”，每月请一位青年干部就经济社会发展、教育改革、党建、社会热点问题等做专题讲座，邀请教育部办公厅有关人员就公文处理、公文归档等做专题讲座，共举办13期。（4）11—12月，以“参与、健康、娱乐、和谐”为主题，组织离退休干部局在职人员开展趣味运动比赛。

〔**加强对直属高校、直属单位离退休干部工作指导**〕 （1）4月17日，召开在京直属高校、部分直属单位离退休工作通气会。传达全国老干部局长会议精神和教育部离退休干部工作领导小组会议精神，并通报2012年直属高校参加中央组织部组织的纪念干部离退休制度建立30周年征文获奖情况等。（2）7月19日，教育部离退休干部局有关负责人出席在乌鲁木齐市召开的教育部西北地区高校离退休工作研讨会。（3）10月12日，教育部离退休干部局主要负责人出席中南大学重阳节庆祝活动暨离退休工作八位一体信息化平台启动仪式。（4）11月28日，配合中央组织部老干部局在教育部召开老干部座谈会，围绕“我看这一年”，就党的十八大以来中国经济、政治、社会和党的建设等方面的发展变化，听取了教育部机关和北京大学、清华大学、北京师范大学、中国农业大学、中国政法大学5所高校司局级（及以上）离退休干部代表的感受、看法及意见建议。（5）12月6日，在中国政法大学召开在京直属高校、直属单位离退休工作现场参观学习会，全国老龄工作委员会办公室副主任吴玉韶做了题为《我国老龄化形势与应对策略》的辅导报告。

〔**开展“敬老月”系列活动**〕 认真学习宣传新修订实施的《中华人民共和国老年人权益保障法》，迎接中国第一个法定老年节（重阳节），组织开展形式多样的敬老活动。（1）10月10日，举办离退休干部局在职干部学习《老年法》专题讲座；组织参加中国老年报组织的知识问答活动并获优秀组织奖。（2）建立局网页、手机、短信“三位一体”的离退休干部服务平台。更新完善局网页；向教育部机关640多位老同志每人赠送一部智能手机，为有需要的老同志办理中国移动手机号码150多个，开通中国移动手机虚拟网，实现入网手机号码互相接打电话免费或优惠；联系中国移动开通企信通短信平台。（3）9月16日和10月14日，分两批组织一年一度的老同志秋游活动，340多位老同志参观游览了北京园博园及北京国际鲜花港。（4）10月11日，举办第六届教育部机关离退休干部趣味运动会，248位老同志参加了2个集体项目和9个个人项目的比赛。教育部副部长李卫红出席开幕式并致辞。（5）10月18日，组织70岁以上逢五逢十的老同志集体生日活动，安排老同志参观国家大剧院，举办生日午宴，20多位老同志参加。（6）10月30日，邀请著名播音艺术家方明做“朗诵与说话艺术”的专题讲座，离退休老同志和青年干部100多人聆听讲座。（7）开展“银龄温暖工程·青年阳光敬老行动”，离退休干部局14位青年干部对首批8位在京无子女、生活上存在特殊困难的老同志实行长期定向结对帮扶。（8）首次召开以“促角色转变·迎幸福晚年”为主题的2013年教育部机关新退休干部座谈会，新退休的26位老同志参加。（9）继续为多位75岁以上有需求的老同志家中安装“一键通”多功能应急电话及卫生间扶手，加强与相关医院沟通联系，帮助解决多位急重病老同志住院难问题。

〔**加强老同志活动站建设，积极筹建教育部机关老年大学**〕 （1）完善活动站日常管理制度及设备管理制度；补充及更新活动站设备；完成北京海淀区白石桥活动站装修改造工程。（2）筹建教育部机关老年大学。参观考察水利部老年大学，完成逸仙堂、和乐堂殿顶和四周墙壁修葺工程，为老年大学的建立创造条件。

〔纪念毛泽东同志诞辰 120 周年〕 （1）12 月 18 日，召开教育部机关老同志纪念毛泽东同志诞辰 120 周年座谈会，老干部理论学习小组的 30 多名老同志深切缅怀毛泽东同志的丰功伟绩。（2）12 月 20 日，举办纪念毛泽东同志诞辰 120 周年文艺演出。来自 7 个离退休党支部的 200 多名老同志通过歌曲、舞蹈、朗诵等多种形式，充分表达对毛泽东同志的怀念和敬仰之情。

〔做好春节前走访慰问部机关离退休干部工作〕 （1）2013 年春节前夕，教育部部长袁贵仁及全体党组成员分别走访慰问了 40 位老部长、老红军、部分离休老同志和知名老专家，为他们送上新春美好祝福。1 月 31 日，袁贵仁在办公厅、离退休干部局主要负责人的陪同下，慰问了何东昌、杨海波、朱开轩同志，代表教育部党组向老领导们致以节日的问候和新春的祝福，感谢他们为教育事业做出的重要贡献和对教育工作的支持，简要介绍了教育改革和发展情况，并听取了他们的意见和建议。教育部副部长杜玉波看望了年近百岁的老部长高沂，祝愿他保重身体，健康长寿。教育部党组成员鲁昕、王立英、李卫红、杜占元、郝平、刘利民、顾海良、林蕙青、陈舜也分别走访慰问了其他老领导、老同志。

（2）教育部机关党委、离退休干部局主要负责人陪同中央国家机关工委有关领导，慰问了教育部离休干部李春华和多年捐资助学的退休干部王盛水。离退休干部局领导班子成员及各处室分别走访慰问离休干部、部分身患重病及家庭困难的老同志 150 多位。机关各司局采取多种方式看望慰问部机关老同志 690 多人次，首次实现了全覆盖。

（3）1 月 25 日，举办 2013 年教育部在京老干部春节京剧招待会。教育部副部长李卫红出席并致辞。教育部办公厅、人事司、机关党委、离退休干部局有关负责人陪同。来自教育部机关、直属单位、直属高校约 1 100 位老同志观看了演出。

（4）1 月 29 日，举办教育部机关老同志迎春联欢会。教育部副部长李卫红出席并致辞。教育部办公厅、人事司、机关党委有关负责人陪同。5 位退休老部长、离退休干部局党委委员、各离退休党支部书记和支委，老同志合唱团、舞蹈队、书画摄影兴趣班学员以及离退休干部局在职干部等 200 多人欢聚一堂，共庆新春佳节。

撰稿 关　培　陈玉林　王　澎　王恩志
邹东海　刘炳来　付先锋
审稿 安钰峰　谢志敏

关心下一代工作

〔深入学习贯彻十八大精神，扎实开展党的群众路线教育实践活动〕 1. 抓好上级精神的学习宣传贯彻。2013 年，教育部关心下一代工作委员会先后 3 次召开常务主任办公会，专题学习传达党的十八大、十八届三中全会及中共中央政治局关于改进工作作风、密切联系群众的八项规定（简称“八项规定”）精神，结合工作实际研究落实举措，对教育系统关工委学习传达贯彻会议文件精神做出部署。就贯彻落实中央“八项规定”和《教育部贯彻落实中央改进工作作风密切联系群众〈八项规定〉和〈实施细则〉的实施办法》，教育部关工委研究制定了 10 条具体措施，对文件简报、会议活动、调查研究等方面做出明确规定。4 月，在国家教育行政学院举办全国教育系统关工委领导干部学习班，对来自全国教育系统关工委的 150 余位负责人集中进行了党的十八大精神的学习辅导。

2. 抓好中央和教育部领导批示精神的学习贯彻。2013 年，10 位中央领导对中国关工委工作做出批示，7 位教育部领导对教育关工委工作做出批示。教育部关工委及各地关工委通过主任办公会、培训班、座谈会、视频会等多种形式，深入学习宣传中央领导和教育部领导批示精神，引导广大“五老”（老干部、老战士、老专家、老教师、老模范）把领导的鼓励和鞭策化作积极工作的动力，推进教育关工委工作深入发展。

3. 转变作风，在实际工作中践行群众路线。教育部关工委认真贯彻“围绕中心、配合补充，因地制宜、量力而为，立足基层、注重实效”的工作方针，坚持在实际工作中落实“八项规定”，践行党的群众路线。2013 年，教育部关工委先后到 12 个省（区、市）开展工作调研，与 20 多个省（区、市）教育关工委领导、70 多所学校领导、关工委负责人和部分老同志、师生代表座谈，还深入学校、社区、家庭，进教室、食堂、宿舍，直接与“五老”、教师、学生对话。在重要工作部署前、重要活动启动时，注意听取各地各校意见。在组织开展全国高校关工委工作品牌评选活动中，教育部关工委先后 5 次征求省级教育关工委和部分高校关工委意见。

〔围绕“我的中国梦”主题教育活动，深入开展社会主义核心价值体系教育〕 1. 丰富现有平台。2013 年，在已有的主题教育活动中注入“中国梦”元素。组织好第 16 届五好小公民“复兴中华，从我做起”主题教育活动，引导广大青少年通过读书、写作、演讲比赛、实践活动等形式，诠释自己对复兴中华伟大梦想的理解，树立远大理想，激励自己为实现理想而奋斗。第 11 届“中小学信息技术创新与实践活动”新增了“人生因梦想而美丽”“我的未来，我的梦”等“中国梦”系列主题征文活动。

2. 挖掘独有优势。组织开展“老少共话中国梦”活动，充分发挥教育关工委“五老”队伍独有优势。教育部关工委网站开辟了“老少共话中国梦”专栏，集中宣传展示各地各校活动案例，并开展了“老少共话中国梦”百优案例评选。各地教育关工委按照教育部关工委的部署要求，结合本地实际情况，积极组织“五老”通过书信、微博、座谈、访谈、讨论、征文、编读本、同植希望林等各种形式，引导青少年寻梦、筑梦、追梦、圆梦。

3. 关注特殊群体。动员社会力量，依托中国下一代教育基金会，积极做好老少边穷地区困难儿童、留守儿童等特殊困难群体的关爱工作。与教育部基础教育一司联合编写了《勤俭节约伴我行》读本，中国下一代教育基金会低碳教育基金出资 100 万元免费赠送中西部贫困地区中小学校。联合中国关工委启动了“中华魂捐书助学献爱心”援建活动，首批帮助云南、江西两省建 10 个“中华魂爱心书屋”、3 个“中华魂多媒体互动阅读室”。中国下一代教育基金会设立“留守儿童救助项目”，在云南、广西、四川等地建立 23 个“留守儿童教育帮扶中心”；开展“蝌蚪见妈妈行动”，资助甘肃、河南、广西等地留守儿童与父母在打工城市见面；向贵州、云南两省捐赠了 3 万套价值 2 940 万元的“快乐园丁”数字课本，向四川雅安等重灾区中小学生捐赠价值 400 万元的低碳礼包。各地教育关工委一如既往发挥作用，募款捐物、助学帮困，组织开展了捐赠军训服装，与贫困学生、留守儿童结成帮学对子，为中西部贫困大学生发放救助金，为农村学校师生募集资金、捐助图书等活动。

4. 延伸关爱领域。2013 年，教育部关工委对家庭教育中心的职能和机构做出调整，进一步整合家庭教育资源和力量，加强对家庭教育工作的指导。总结全国家长学校教育实验区实验成果，编辑出版《家长学校建设理论与实践》，组织开展实验区验收工作。在四川、广东、山东青岛等地开展的优秀家长学校实验基地创建活动进一步规范，受到了学校和家长的欢迎。各地教育关工委积极探索具有地方特色的家庭教育实践模式，通过组织召开家庭教育工作经验交流会、成立省市家庭教育中心、家庭教育指导组、家长学校研究会、创办家长函授学校、开办家长学校网校和开设家长手机课堂以及组织专家编写家庭教育读本、与妇联联合开展“送家教下基层”等活动，进一步丰富创新了家庭教育的形式和内涵。

5 月，教育部关工委在重庆市组织召开了全国教育系统关工委社区教育研讨会，交流了教育关工委在社区青少年思想道德品质教育、文化素质教育、心理疏导和扶贫帮困等工作中的经验，明确了“整合队伍、完善机制，突出特色、打造品牌，加强调研、探索规律”的工作思路，为社区教育的持续深入发展奠定了坚实基础。

〔努力打造高校关工委工作品牌，推动高校关工委工作新发展〕　1. 开展全国高校关工委工作品牌评选活动。4—10月，组织开展了全国高校关工委工作品牌评选活动。经过各省级教育关工委推荐海选、教育部关工委常务主任办公会研究和征求各地各校意见，确定了12个候选品牌。经过网络公开投票、省级教育关工委和高校关工委网下投票，最终确定特邀党建组织员、“五老”报告团、主题教育活动、青蓝工程、校园文化传承、社团指导、大学生涯导航、老少共话、帮困助学、专题调研为高校关工委十大品牌，在全国高校关工委工作经验交流会上发布。此次评选活动共有28个省级教育关工委和1 035所高校关工委参与了投票，10余万人次浏览了评选活动网页，7万多人次参与了网络投票。教育部部长袁贵仁、副部长杜玉波都在品牌活动总结报告上做出批示，指出高校关工委工作“形成‘十大品牌’，实属不易，十分可贵”。

2. 召开全国高校关工委工作经验交流会。会议分析了意识形态领域斗争的形势、高校大学生的思想状况和高校关工委工作发展形势，总结了高校关工委积极争取领导重视、充分发挥“五老”优势、在服务决策中主动作为、努力搭平台创品牌、不断推进长效机制建设的五条基本规律，提出了坚持“一条主线”、立足“两个面向”、把握“三线交一”、发挥“五大优势”、推广深化“十大品牌”的“12350”工作思路。北京市委教育工委、上海市教卫党委、江苏省教育系统关工委、华东师范大学等17个单位做大会交流，70多个单位做书面交流。中国关工委主任顾秀莲、教育部副部长李卫红等领导出席会议并讲话，对教育行政部门和高校党政、高校关工委提出了具体要求。会后，各地各高校关工委以会议、文件等形式学习传达了会议精神，对各自高校关工委工作进行部署。

〔以教育部党组20号文件自查为契机，大力推进基层关工委建设〕　1. 组织开展教育部党组20号文件贯彻落实情况自查。2013年年初，教育部办公厅下发文件，要求各级教育行政部门和直属高校党委开展教育部党组20号文件落实情况自查。各级教育行政部门和高校党委高度重视自查工作，通过召开会议或印发文件进行专门部署。从各地上报的自查报告看，此次自查对加强关工委领导、健全关工委组织、完善关工委制度和解决关工委工作存在的实际问题作用明显，有力促进了基层关工委建设。9月，中国关工委总结表彰五好基层关工委，教育系统关工委有14个单位获创建五好基层关工委优秀组织奖，257个单位获五好基层关工委先进集体荣誉。

2. 继续推进职业院校关工委建设。加强对职业院校联系点的建设和指导，教育部关工委分别在贵阳护理职业学院和营口市农业工程学校召开高等职业院校联系点和中等职业学校联系点工作会议，听取联系点院校工作汇报，交流经验体会，并就新形势下加强职业院校关工委工作进行研讨。2013年，教育部关工委主动与教育部职成司协调，参与举办第10届全国中等职业学校文明风采竞赛活动，进一步拓展了职业院校关工委参与学校德育工作的渠道。各地通过召开会议、成立教育系统关工委中职学校分会等形式，积极推进职业院校关工委建设。截至2013年年底，教育系统所属职业院校建立关工委组织的超过了80%，一些省市已经实现了100%。

〔加强自身建设，不断提升教育关工委影响力〕

1. 加强调查研究。教育部关工委申报的全国教育科学规划教育部重点课题“新时期家庭教育的特点、理念、方法研究”总课题和200余项子课题于2013年圆满结题。教育部关工委理论研究中心在对17个省（区、市）100多所学校的10 000多份问卷的统计分析基础上，完成了中国下一代教育基金支持课题——“关工委对青少年进行社会主义核心价值体系教育工作研究”。东北林业大学、西南财经大学关工委也完成了教育部人文社会科学研究高校党建项目的课题研究。各地教育关工委把开展调研工作作为工作的重要抓手，研究领域涉及大学生思想政治教育、高校党建、学校改革发展、关工委自身建设、社区教育等多个方面，为领导决策提供了参考，得到了领导的批示和肯定，编辑出版了一批理论研究成果。

2. 加大宣传力度。组织开发了新的教育部关工委官网，建立了教育系统关工委网站群，设立关工资讯、特色工作和专题学习三个板块，开设工作动态、领导讲话、“五老”风采、地方动态、高教动态、“中国梦”主题教育活动等24个栏目，使之成为教育关工委宣传工作的主阵地。各地踊跃响应，积极开展网站建设，加大信息宣传力度。截至2013年年底，已有20余个省（区、市）教育系统关工委建立了自己的网站，并进入教育部关工委网站群。部分省（区、市）还建立了本省（区、市）高校关工委网站群。2013年，中国教育报、中国教育电视台5次报道教育关工委工作动态；2013年10月30日，中国教育报用整版宣传高校关工委工作，《教育部通报》、教育部门户网刊发了教育部副部长李卫红在全国高校关工委工作经验交流会上的讲话，教育关工委宣传工作成果显著。

3. 加强沟通交流。4月，教育部关工委召开省级教育系统关工委秘书长工作会，组织开展工作研讨，进行网站建设培训。继续坚持协作组制度，把地方和直属高校关工委协作组作为加强工作研讨交流的有效载体。天津、山东、新疆生产建设兵团、北京交通大学、上海交通大学、中山大学、西南财经大学分别承担了2013年协作组会议。很多省（区、市）也坚持协作交流制度，通过片会、座谈会、专题会等形式，开展内部交流。一些省（区、市）还加强横向交流，通过省（区、市）之间的交流互动，互相提高和促进。

撰稿 张 惠
审稿 张 勇

全国学生资助管理工作

〔**完善学生资助政策体系**〕 2013年，教育部会同财政部等有关部委按照教育规划纲要的部署，进一步完善家庭经济困难学生资助政策体系。

1. 设立研究生学业奖学金。8月，财政部、教育部联合印发《研究生学业奖学金管理暂行办法》（财教〔2013〕219号）。《办法》自2014年秋季学期起开始执行。中央财政对中央高校研究生学业奖学金所需资金，按照博士研究生每生每年10 000元、硕士研究生每生每年8 000元的标准以及在校生人数的一定比例给予支持。地方财政对地方高校研究生学业奖学金所需资金给予支持。

2. 设立研究生国家助学金。8月，财政部、教育部联合印发《研究生国家助学金管理暂行办法》（财教〔2013〕220号），决定将研究生普通奖学金调整为研究生国家助学金。《办法》自2014年秋季学期起开始执行。博士研究生资助标准不低于每生每年10 000元、硕士研究生资助标准不低于每生每年6 000元。中央高校博士研究生资助标准为每生每年12 000元、硕士研究生资助标准为每生每年6 000元。中央高校研究生国家助学金所需资金全部由中央财政承担，地方高校研究生国家助学金所需资金由中央财政与地方财政参照普通本专科生国家助学金资金分担办法共同承担。

3. 进一步完善高校学生应征入伍服义务兵役国家资助政策。8月，财政部、教育部、总参谋部联合印发《高等学校学生应征入伍服义务兵役国家资助办法》（财教〔2013〕236号），进一步调整、完善了普通高校学生应征入伍服义务兵役国家资助政策。

〔**健全学生资助工作机制**〕 教育部、财政部等有关部委进一步健全学生资助工作机制，不断提升学生资助工作管理水平。

1. 出台中等职业学校国家免学费补助资金管理办法。6月，财政部、教育部、人力资源和社会保障部印发《中等职业学校免学费补助资金管理办法》（财教〔2013〕84号），明确了中央财政每年预、决算时间，并加大对弄虚作假、套取骗取或挤占、挪用、滞留和截留国家财政资金等行为的惩罚力度。

2. 出台中等职业学校国家助学金管理办法。6月，财政部、教育部、人力资源和社会保障部印发《中等职业学校国家助学金管理办法》（财教〔2013〕110号），明确了中央财政每年预、决算时间，规范了国家助学金的申请、审核、管理、发放的方式和程序。

〔**落实学生资助政策**〕　2013年，普通高校、普通高中、中等职业学校、义务教育和学前教育国家资助政策全面落实。

1. 普通高校国家奖助学金。2013年，国家奖学金奖励本专科学生5万人、研究生4.5万人，奖励金额14亿元；国家励志奖学金奖励本专科学生71.6万人，奖励金额35.8亿元；国家助学金资助本专科学生超过484万人，资助金额141.9亿元。

2. 普通高校国家助学贷款。2013年，国家助学贷款共发放金额149.84亿元，资助学生264.85万人。

3. 中央部属高校毕业生基层就业学费补偿贷款代偿。2013年，中央所属高校共1.3万名毕业生赴中西部地区基层就业并享受学费补偿贷款代偿，资助金额2.2亿元。

4. 普通高校学生应征入伍服义务兵役国家资助。2013年，共受理普通高校学生应征入伍服义务兵役国家资助5.3万人，资助金额6.5亿元。

5. 普通高校退役士兵学费资助。2013年，考入普通高校的退役士兵享受学费资助3 930人次，资助金额1 929.78万元。

6. 普通高校新生入学资助。2013年，中西部地区共有18.56万名考入普通高校的家庭经济困难新生享受新生入学资助，资助金额1.2亿元。

7. 普通高校新生“绿色通道”。2013年秋季学期，全国共有67.45万名家庭经济困难新生通过“绿色通道”办理入学手续，约占报到新生总数的9.7%。

8. 普通高中国家助学金。2013年，国家助学金资助普通高中学生约490万人。

9. 中等职业学校国家免学费。2013年，国家免学费资助中等职业学校学生约954万人。

10. 中等职业学校国家助学金。2013年春季学期，国家助学金资助中等职业学校学生约480万人，秋季学期资助约350万人。

11. 义务教育国家免费教科书。2013年，约1.3亿名义务教育阶段学生享受国家免费教科书。

12. 义务教育寄宿生生活补助。2013年，约1 600万名义务教育阶段家庭经济困难寄宿生享受生活补助。

13. 学前教育政府资助。2013年，超过400万名幼儿享受学前教育政府资助。

〔**发布《2012年中国学生资助发展报告》**〕　2013年，全国学生资助管理中心向社会发布了《2012年中国学生资助发展报告》，并通过*China Daily*（《中国日报》）首次发布了英文版。该报告反映了中国现行国家学生资助政策体系的主要内容以及2012年学生资助统计数据。

〔**开展“国家资助助我飞翔”优秀学生典型评选活动**〕　全国学生资助管理中心在全国范围内组织开展“国家资助助我飞翔”全国励志成长成才优秀学生典型评选活动。共评选出高等学校、中等职业学校、普通高中及义务教育阶段优秀学生典型100名，并与中国青年报合作，对学生典型进行专版宣传，展现国家资助政策的实施成效，为家庭经济困难学生树立自强自立、感恩奉献的榜样。

〔**开展“助学·筑梦·铸人”主题征文活动**〕　全国学生资助管理中心联合中国银行、中国青年报开展全国高校学生“助学·筑梦·铸人”主题征文活动。全国1 200多所高校的师生参与并提交征文近7万篇。征文活动共评选出特别奖1名、杰出奖20名、励志奖50名、优秀奖100名。为扩大征文活动影响，彰显国家资助政策“助学·筑梦·铸人”的成果，先后在全国11所高校举办了青春励志宣讲会，教育部原副部长张保庆、北京新东方教育科技集团有限公司董事长俞敏洪等11位名人名家讲述自身奋斗经历，激励高校学子自强不息。

撰稿 喻小明 周春树 李红翔 左 涛 王 澜 盛 莉 丁 华 焦 旭

审稿 张光明 马建斌 涂义才 刘 宜

教育人事管理

综 合 管 理

〔**教育部机关及直属单位机构编制调整**〕 2013年，根据工作需要，办公厅等有关司局处室设置调整如下。

1. 办公厅。合并机关行政管理处、社团管理与安全保卫处，组建机关行政与保卫处；设立督查处；档案处更名为电子政务与档案处。

2. 财务司。设立审计处；预算与审计处更名为预算处；撤销外资利用处，相关业务划入外事财务处。

3. 国际合作与交流司。对外汉语教学与专家工作处更名为涉外办学管理处，原对外汉语教学和专家工作的相关职能并入政策规划处。

4. 机关党委。办公室更名为综合宣传处，组织宣传处更名为组织工作处，增设机关纪委专职副书记（正处级）。

根据全面贯彻落实教育规划纲要的需要，经教育部党组研究决定并报中央编制委员会办公室批准，中央广播电视大学更名为国家开放大学、教育部教学仪器研究所更名为教育部教育装备研究与发展中心。

〔**议事协调机构调整**〕 因工作任务完成或发生转移，经国务院常务会议审议通过，撤销国家中长期教育改革和发展规划纲要领导小组，撤销后的工作由国家教育体制改革领导小组承担；撤销全国中小学校舍安全工程领导小组，撤销后的工作由教育部牵头，相关部门按职责共同承担。

〔**分类推进直属事业单位改革**〕 按照中央分类推进事业单位改革部际联席会议统一部署和中央编办具体安排，教育部积极推进直属事业单位改革，在充分沟通并研究论证的基础上，根据各单位在全面贯彻落实教育规划纲要中的职责任务及发展方向，提出教育部直属事业单位划分公益类型方案，经教育部党组审议通过后，报中央机构编制委员会办公室。

〔**推进教育部职能转变**〕 根据国务院机构改革和职能转变精神，教育部积极推动职能转变。坚持简政放权，深化行政审批制度改革，取消下放一批职责；推进管办评分离，将专业性、辅助性、事务性工作委托直属事业单位和相关行业协会、社会组织承担；减少微观管理，精简“评审、评估、评价”项目；理顺职责分工、优化职能配置，大幅精简议事协调机构；转变管理方式，改善和加强宏观管理。

〔**印发《中共教育部党组关于进一步加强驻外干部队伍建设的意见》**〕 为全面加强驻外干部队伍建设，教育部人事司会同国际司、财务司着手起草《关于进一步加强驻外干部队伍建设的意见》（简称《意见》）。经过一年多的调研、起草、征求意见和反复修改，2013年5月8日，《意见》提交第13次教育部党组会审议并原则通过。5月31日，以教育部党组名义在部机关各司局、直属单位、直属高校和驻外教育处组范围正式印发。

《意见》共六部分、25条。《意见》强调，要“努力办好人民满意的教育，深化教育改革开放，必须把教育驻外干部队伍和教育处组建设放在更加突出的位置”，提出了进一步加强驻外干部队伍建设的指导思想、主要目标和总体要求。总体考虑有三点。一是根据统筹四支干部队伍建设的总体要求，树立鼓励和支持优秀干部驻外工作的导向，强调既要把驻外干部队伍和教育处组建设放在更加突出的位置，又要把驻外岗位作为培养锻炼年轻干部的重要平台。二是按照更加注重体现导向、更加注重制度创新、更加注重以人为本、更加注重宏观统筹的要求，进一步加强和改进驻外干部工作和处组建设。三是在全面提高选派质量，优化参赞配备和队伍结构的基础上，加大驻外后备干部的培养和储备，全面推进驻外干部队伍建设可持续发展。

〔开展教育系统领导干部“一报告两评议”工作〕　在教育部直属高校和设有党委的直属事业单位首次开展了“一报告两评议”工作。各单位高度重视，精心组织，整体工作平稳、顺利，效果良好。75所教育部直属高校、13个有用人权直属单位，共计9 952名教职员工代表参加，对4 977名新提任、交流的中层领导干部进行民主评议。从评议结果看，各直属高校和事业单位党委高度重视干部选拔任用工作，严把选人用人标准，坚持正确的用人导向，选人用人总体评价较好，直属高校民主评议四项内容的满意率和基本满意率的平均值分别为90.03％和84.59％。

〔牵头开展达标评比表彰活动清理规范工作〕　为加快转变政府职能，进一步简政放权，按照国务院的统一部署，经报教育部党组批准，由教育部人事司牵头，对机关司局及所属单位举办的各类达标、评比（含表彰）、评估和相关检查活动进行了全面、细致的清理规范。

2013年4月，根据《关于开展清理达标评比评估和相关检查活动的通知》（人社厅函〔2013〕159号）要求，各单位自查上报活动91项。经与国家表彰奖励办公室进行确认，属于此次清理范围的活动共有24项，同时按照“除有法律、行政法规或党中央、国务院明确规定外，其余活动一律取消”的原则，经认真审查核对，建议保留14项，取消10项，经教育部领导批准后将清理自查结果报国家表彰奖励办公室。

5月，国家表彰奖励办公室对教育部清理自查报告进行批复，并提出清理规范的具体意见。经认真研究并报教育部领导批准，复函国家表彰奖励办公室，提出除“特级教师评选”活动建议保留外，其余23项活动均同意相应的清理规范意见。

9月，国务院下发《关于取消76项评比达标表彰评估项目的决定》（国发〔2013〕34号），公布教育部“全国教育技术装备与实验教学优秀论文评选”“优秀教学案例评选”“计算机辅助普通话水平测试特别贡献奖”“全国电教系统表彰”“全国教育门户网站评选”“优秀研究生校园媒体评选”“非全日制攻读硕士学位全国考试考务工作先进单位和先进工作者评选”7项活动正式取消。

撰稿　范贤睿　卢波辉　纪权凌　马贵生
　　　侯　健　陈向阳　潘　逵　王　磊
　　　潘永君
审稿　赵丹龄　吕　杰　廖舒力

人事任免

〔教育部机关干部任免名单〕

办公厅

鞠传进　3月26日　任巡视员

高聚慧　3月26日　免副主任

张　岩　5月10日　任秘书处副调研员
纪　智　5月30日　任秘书处处长
苏大林　7月18日　任总值班室副主任
刁　强　7月26日　任督查处处长，免信访处处长
郑志强　7月26日　任信访处处长，免社团管理与安全保卫处处长
蔺海波　7月26日　任电子政务与档案处处长，免档案处处长
孔祥彬　7月26日　任行政与保卫处处长，免机关行政管理处处长
吴培红　11月5日　任秘书处副处长，免信息处副处长
陈　昆　12月18日　任秘书处调研员，免信息处调研员
赵佳惠　12月18日　任秘书处调研员，免机关行政管理处调研员

政策法规司

王　猛　3月29日　任综合研究处副处长
舒刚波　10月28日　任办公室副主任
韩燕凤　10月28日　任法制办副主任（副处级）
夏　娟　12月19日　任办公室主任，免法制办副主任

发展规划司

楼旭庆　6月22日　任副巡视员
江　梦　5月30日　任直属基建处调研员
王长树　5月30日　任直属基建处调研员
吴延磊　6月13日　任综合处副处长
龚卫华　6月13日　任民办教育管理处副处长
徐小强　12月12日　任事业计划处处长
龚卫华　12月12日　任事业计划处副处长，免民办教育管理处副处长

综合改革司

赵应生　7月18日　任副调研员

人事司

朱小杰　6月22日　任副巡视员
青格勒图　7月18日　任高校领导干部一处副调研员
周茂兴　7月18日　任干部教育处副调研员
王　磊　11月15日　任办公室（综合调研处）主任，免综合调研处处长
张国辉　11月15日　任公务员处处长，免办公室主任
杨　鸿　11月15日　任干部教育处处长，免编制调配劳资处处长
范贤睿　11月15日　任编制调配劳资处处长，免直属单位干部处处长
董凤玲　11月15日　任干部监督处调研员
吴　强　11月15日　任高校领导干部二处调研员
张　旭　11月15日　任高校领导干部一处副处长，免人才与专家工作处副处长
李雪明　11月15日　任直属单位干部处副处长，免办公室副主任
潘　逴　11月15日　任直属单位干部处副处长，免干部监督处副处长
熊双林　11月15日　任高校领导干部二处副处长
杨博宇　11月15日　任人才与专家工作处副处长

财务司

徐孝民 12月14日 免副司长

王卫忠 5月30日 任办公室主任

魏秦歌 5月30日 任综合处处长

沈志超 7月18日 任审计处处长

何俏梅 7月18日 任办公室调研员

王 俊 7月18日 任高教财务处调研员

陈淑梅 7月18日 任预算处副处长

吕东伟 7月18日 任综合处副处长

彭 莉 8月21日 任预算处副处长

基础教育一司

杜柯伟 6月3日 任副司长

李静波 7月18日 任办公室副主任

王 岱 10月11日 任综合处处长，免办公室主任

基础教育二司

韩春勇 5月30日 任办公室主任

曾 阳 5月30日 任幼儿教育处处长

潘俊强 5月30日 任课程发展处处长，免办公室主任

李 明 5月30日 任课程发展处调研员

秦 伟 10月11日 任教材管理处处长

袁 磊 12月19日 任技术装备处调研员，免办公室调研员

职业教育与成人教育司

葛维威 6月22日 任副巡视员

任占营 4月25日 任高职与高专教育处副处长

张 磊 4月25日 任教学与教材处副处长

王 立 4月25日 任办公室副主任

宁 锐 5月30日 任综合处副处长

黄 辉 5月30日 任成人教育培训处处长

王 立 11月5日 任远程与继续教育处副处长，免办公室副主任

蔡 妍 12月12日 任成人教育培训处调研员

林 宇 12月19日 任高职与高专教育处处长，免教产合作处处长

许 建 12月19日 任办公室调研员

高等教育司

武世兴 5月30日 任综合处处长

马 杰 7月18日 任高等教育评估处调研员

教育督导团办公室

程锦慧 1月16日 免副巡视员

教师工作司

王 薇 2月4日 任教师培养处副处长

焦江方 7月18日 任综合处副处长

王炳明 8月21日 任教师培训处副处长

体育卫生与艺术教育司

柴海鹰 7月18日 任卫生与健康教育处调研员

赵长涛 8月21日 任综合处副处长

许 弘 8月21日 任体育处副调研员

社会科学司

张东刚 6月3日 任司长

杨 光 6月3日 免司长

徐维凡 8月21日 免巡视员

高校学生司

平 伟 2月8日 任本专科招生处副处长

苟人民 5月30日 任综合处处长

范卫宏 5月30日 任本专科招生处处长

蔺为民 7月18日 任本专科招生处副调研员

唐小平 7月18日 任学籍学历管理处副调研员

学位管理与研究生教育司（国务院学位委员会办公室）

张 艳 8月31日 任行政秘书处副处长

朱 瑞 8月31日 任重点建设处副处长

国际合作与交流司

刘宝利 12月23日 免巡视员

方 军 12月31日 任副巡视员

鄢智勇 1月22日 任出国留学工作处副处长

朱 莉 1月22日 任亚非处副处长

王 义 3月27日 任涉外办学管理处副处长，免政策规划处副处长

申玉彪 4月23日 任政策规划处副处长

毛冬敏 4月23日 任来华留学工作处副处长

闫炳辰 5月30日 任涉外办学管理处处长

刘 晓 6月9日 任美大处副处长

刘海峰 7月4日 任出国留学工作处副处长

李旭东 7月18日 任亚非处副处长

郭 军 10月11日 任办公室主任

机关党委

郭宇光 10月11日 任组织工作处处长，免组织宣传处处长

张 静 10月11日 任机关纪委专职副书记（正处长级），免办公室主任

王日春 12月12日 任综合宣传处处长

离退休干部局

戴 穗 1月22日 任办公室副调研员

李建静 4月28日 任保健处调研员

关 培 7月2日 任办公室主任

钟 亮 7月2日 任老部长秘书室副处长

中国联合国教科文组织全国委员会秘书处

薛　莲　4月12日　任科学文化处副处长

〔**直属单位司局级干部任免名单**〕

机关服务中心

孟庆芬　3月12日　免副主任

郝广钧　3月12日　免文印中心主任

国家教育行政学院

袁贵仁　5月15日　兼任院长

顾海良　5月15日　免院长

韩　旭　6月22日　任副司级干部

中国教育科学研究院

袁振国　7月29日　不再担任院长

国家汉办（孔子学院总部）

王永利　12月31日　任副主任（正司级）

夏建辉　12月31日　任副主任

中国教育电视台

陈　力　8月21日　免副台长、总编辑

国家留学基金管理委员会秘书处

张　宁　12月31日　任副秘书长

民族教育发展中心

郭　岩　5月15日　任副主任

留学服务中心

孙建明　12月31日　任主任

车伟民　12月31日　任副主任

白章德　12月31日　免主任

全国高等学校学生信息咨询与就业指导中心

张继栋　12月14日　任副主任（正司级）

高等教育教学评估中心

吴　岩　2月19日　任主任

季　平　2月19日　免主任

周爱军　12月31日　任副主任

中国教育出版传媒集团

冯云生　1月28日　任监事会主席、党组成员

崔邦焱　1月28日　免监事会主席、党组成员

杨　光　5月2日　任董事长、党组副书记

李志军　5月2日　免董事长、党组副书记

中国教育国际交流协会秘书处

邵　巍　1月16日　任秘书长

杨　孟　12月14日　免副秘书长

中国高等教育学会秘书处

王小梅　12 月 14 日　任副秘书长

康　凯　12 月 31 日　任副秘书长，免高等教育司副巡视员

中国教师发展基金会秘书处

陈希原　12 月 14 日　任秘书长

杨春茂　12 月 14 日　免秘书长

中国教育发展基金会秘书处

黄国群　12 月 14 日　免副秘书长

〔直属高校领导干部任免名单〕

北京大学

王恩哥　3 月 20 日　任校长（副部长级）

周其凤　3 月 20 日　免去校长职务

王　杰　5 月 8 日　任副校长（正局级）

鞠传进　5 月 8 日　免去副校长职务

吴志攀　9 月 10 日　任常务副校长（连任）

柯　杨　9 月 10 日　任常务副校长（连任）

刘　伟　9 月 10 日　任常务副校长（正局级）

张　彦　9 月 10 日　任副校长（连任）

王　杰　9 月 10 日　任副校长（连任）

李岩松　9 月 10 日　任副校长（连任）

高　松　9 月 10 日　任副校长

陈十一　9 月 10 日　任副校长

王仰麟　9 月 10 日　任副校长

海　闻　9 月 10 日　免去副校长职务

清华大学

程建平　5 月 16 日　任常务副校长（正局级）

谢维和　5 月 16 日　任副校长（连任）

袁　驷　5 月 16 日　任副校长（连任）

邱　勇　5 月 16 日　任副校长（连任）

姜胜耀　5 月 16 日　任副校长（连任）

薛其坤　5 月 16 日　任副校长

吉俊民　5 月 16 日　任副校长

康克军　5 月 16 日　免去副校长职务

张凤昌　5 月 16 日　免去副校长职务

胡和平　11 月 7 日　免去党委书记职务

陈　旭　12 月 19 日　任党委书记（副部长级）

中国人民大学

靳　诺　4 月 11 日　任党委书记

程天权　4 月 11 日　免去党委书记职务

中国农业大学

姜沛民　6月27日　任党委书记（副部长级）

瞿振元　6月27日　免去党委书记职务

天津大学

谭　欣　7月3日　任副校级干部（援藏）

大连理工大学

邵龙潭　5月8日　免去党委副书记、副校长职务

申长雨　12月29日　免去校长职务

吉林大学

张晓林　9月10日　免去副校长职务

复旦大学

朱之文　9月27日　当选党委书记（第十四次党代会，连任）

陈立民　9月27日　当选党委副书记（第十四次党代会连任）

袁正宏　9月27日　当选党委副书记、纪委书记（第十四次党代会）

刘承功　9月27日　当选党委副书记（第十四次党代会）

尹冬梅　9月27日　当选党委副书记（第十四次党代会）

刘建中　9月27日　不再担任党委副书记、纪委书记职务（第十四次党代会）

王小林　9月27日　不再担任党委副书记职务（第十四次党代会）

上海交通大学

朱　健　3月6日　任党委副书记

梅　宏　3月6日　任副校长（试用期一年）

张安胜　3月6日　任副校长（试用期一年）

张安胜　7月1日　任党委副书记、纪委书记

胡　近　7月1日　任党委副书记

徐学敏　7月1日　任副校长

苏　明　7月1日　免去党委常务副书记职务

潘国礼　7月1日　免去党委副书记、纪委书记职务

徐　飞　11月27日　免去副校长职务

姜斯宪　12月19日　任党委书记

马德秀　12月19日　免去党委书记职务

同济大学

周祖翼　7月6日　当选党委书记（第十次党代会，连任）

马锦明　7月6日　当选党委副书记（第十次党代会，连任）

姜富明　7月6日　当选党委副书记、纪委书记（第十次党代会连任）

李　昕　7月6日　当选党委副书记（第十次党代会，连任）

方守恩　7月6日　当选党委副书记（第十次党代会，连任）

葛均波　12月24日　任副校长（试用期一年）

李　昕　12月24日　免去党委副书记职务

郑惠强　12月24日　免去副校长职务

董　琦　12月24日　免去副校长职务

南京大学

张　荣　10 月 11 日　免去常务副校长职务

东南大学

林萍华　3 月 6 日　任副校长（正厅级）

黄大卫　3 月 6 日　任副校长

左　惟　5 月 8 日　免去党委常务副书记职务

丁　辉　8 月 6 日　任总会计师（正式任职，任职时间从 2012 年 4 月 10 日起计算）

刘京南　12 月 24 日　任党委常务副书记（正厅级）

刘鸿健　12 月 24 日　任党委副书记

浙江大学

杨　卫　2 月 19 日　免去校长职务

来茂德　3 月 27 日　免去副校长职务

林建华　6 月 24 日　任校长

严建华　7 月 1 日　任党委副书记

罗建红　7 月 1 日　任副校长

夗健敏　7 月 1 日　免去副校长职务

厦门大学

杨振斌　6 月 20 日　当选党委书记（第十次党代会，连任）

李建发　6 月 20 日　当选党委副书记（第十次党代会，连任）

赖虹凯　6 月 20 日　当选党委副书记、纪委书记（第十次党代会连任）

林东伟　6 月 20 日　当选党委副书记（第十次党代会，连任）

韩景义　12 月 24 日　免去副校长职务

山东大学

张　运　3 月 18 日　免去副校长职务

陈子江　5 月 16 日　任副校长

李守信　6 月 22 日　当选党委书记（第十三次党代会，连任）

李建军　6 月 22 日　当选党委常务副书记（第十三次党代会，连任）

仝兴华　6 月 22 日　当选党委副书记（第十三次党代会，连任）

尹作升　6 月 22 日　当选党委副书记、纪委书记（第十三次党代会，连任）

方宏建　6 月 22 日　不再担任党委副书记、纪委书记职务（第十三次党代会）

曹升元　8 月日　任总会计师（正式任职，任职时间从 2012 年 4 月 10 日起计算）

张　荣　10 月 17 日　任校长（副部长级）

徐显明　10 月 17 日　免去校长职务

武汉大学

韩　进　2 月 7 日　任党委书记（副部长级）

李　健　2 月 7 日　免去党委书记职务

应惟伟　8 月 26 日　任总会计师（副厅级，试用期一年）

舒红兵　8 月 27 日　任副校长

周创兵　8 月 27 日　免去副校长职务

韩　进　12 月 21 日　当选党委书记（第八次党代会，连任）

王传中　12 月 21 日　当选党委副书记（第八次党代会，连任）
骆郁廷　12 月 21 日　当选党委副书记（第八次党代会，连任）
黄泰岩　12 月 21 日　当选党委副书记（第八次党代会，连任）
蒋昌忠　12 月 21 日　当选党委副书记、纪委书记（第八次党代会，连任）

华中科技大学

林萍华　3 月 6 日　免去常务副校长职务
丁汉初　7 月 26 日　任党委常务副书记，免去常务副校长职务
邵新宇　7 月 26 日　任常务副校长（正厅级）
罗　俊　7 月 26 日　任常务副校长（正厅级）
周建波　7 月 26 日　任党委副书记
马建辉　7 月 26 日　任党委副书记
欧阳康　7 月 26 日　免去党委副书记职务
张　晋　7 月 26 日　免去党委副书记、副校长职务
湛毅青　8 月 6 日　任总会计师（正式任职，任职时间从 2012 年 4 月 10 日起计算）

中南大学

李　亮　9 月 22 日　任党委副书记、纪委书记
陈春阳　9 月 22 日　任副校长（正厅级）
郭乃正　9 月 22 日　免去党委副书记、纪委书记职务

中山大学

徐安龙　3 月 27 日　免去副校长职务
国亚萍　7 月 26 日　任党委副书记、纪委书记
朱孔军　7 月 26 日　任副校长
李善民　7 月 26 日　任副校长
朱熹平　7 月 26 日　任副校长
许家瑞　7 月 26 日　免去常务副校长职务
喻世友　7 月 26 日　免去党委副书记、纪委书记职务

四川大学

侯太平　7 月 3 日　任副校级干部（援藏）

重庆大学

杨天怡　4 月 3 日　免去副校长职务
周绪红　6 月 24 日　任校长
林建华　6 月 24 日　免去校长职务

西北农林科技大学

梁　桂　5 月 9 日　任党委书记（副部长级）
张光强　5 月 9 日　免去党委书记职务

兰州大学

钟福国　5 月 8 日　任党委副书记
潘保田　5 月 8 日　任副校长
高新才　5 月 8 日　任副校长
李恒滨　5 月 8 日　免去党委副书记职务

王　乘　6月24日　任校长（副部长级）

周绪红　6月24日　免去校长职务

上海财经大学

丛树海　7月9日　当选党委书记（第七次党代会，连任）

刘永章　7月9日　当选党委副书记（第七次党代会，连任）

陈　宏　7月9日　当选党委副书记（第七次党代会，连任）、纪委书记（第七次党代会）

蒋传海　12月20日　任党委常委、副校长

王洪卫　12月20日　免党委常委、委员、副校长

华东师范大学

曹文泽　6月13日　任党委委员、常委、常务副书记（正局级）

梅　兵　7月26日　任副校长

陆　靖　7月26日　免党委常委、委员、副校长

上海外国语大学

林学雷　8月26日　任党委委员、常委、总会计师（试用期一年）

姜　锋　12月9日　任党委委员、常委、书记

吴友富　12月9日　免党委书记、常委

中国矿业大学

刘炯天　7月26日　免党委常委、委员、副校长

李　强　12月20日　任党委常委、副校长

河海大学

郭继超　6月5日　任党委常委、副书记

王　超　6月5日　任党委常委、副校长

陈星莺　6月5日　任副校长

李乃富　6月5日　免党委常委、副校长

徐　辉　9月5日　任党委委员、常委、校长

王　乘　9月5日　免党委常委、委员、校长

徐卫亚　9月5日　免党委常委、委员、副校长

南京农业大学

左　惟　4月22日　任党委委员、常委、书记

管恒禄　4月22日　免党委书记、常委

中国药科大学

来茂德　1月24日　任党委委员、常委、校长（试用期一年）

吴晓明　1月24日　免党委常委、校长

姚文兵　7月9日　任副校长（连任）

陆　涛　7月9日　任党委委员、常委、副校长

孔令义　7月9日　任党委常委、副校长

王正华　7月9日　任党委常委、副校长

王广基　7月9日　免党委常委、副校长

张效联　7月9日　免党委常委、副校长

吴应宇　8月26日　任党委委员、常委、总会计师（试用期一年）

徐　慧　12月28日　当选党委书记（第九次党代会，连任）
张福珍　12月28日　当选党委副书记（第九次党代会，连任）
张志坤　12月28日　当选党委副书记、纪委书记（第九次党代会，连任）

江南大学

武贵龙　1月20日　当选党委书记（第三次党代会，连任）
周小浦　1月20日　当选党委副书记、纪委书记（第三次党代会，连任）
符惠明　1月20日　当选党委副书记（第三次党代会，连任）
冯　骉　12月20日　免党委常委、副校长

合肥工业大学

闫　平　8月26日　任党委委员、常委、总会计师（试用期一年）
朱大勇　12月20日　任党委副书记
梁　樑　12月20日　任党委委员、常委、副校长（试用期一年）

中国海洋大学

王剑敏　8月6日　任总会计师（正式任职，任职时间从2012年4月10日算起）
卢光志　12月20日　任党委副书记、纪委书记
陈　锐　12月20日　任党委常委、副书记、副校长
李耀臻　12月20日　免党委副书记、常委
刘贵聚　12月20日　免党委副书记、常委、纪委书记
于宜法　12月20日　免党委常委、副校长

武汉理工大学

夏江敬　4月17日　任纪委委员、纪委书记
邱观建　4月17日　免党委副书记、常委、纪委书记

华中农业大学

李忠云　4月29日　当选党委书记（第九次党代会，连任）
李名家　4月29日　当选党委副书记、纪委书记（第九次党代会，连任）
唐　峻　4月29日　当选党委副书记（第九次党代会，连任）

中南财经政法大学

王建鸿　8月26日　任党委委员、常委、总会计师（试用期一年）

湖南大学

章　兢　7月1日　免党委常委、委员、副校长

华南理工大学

李　琳　6月5日　免党委副书记、常委、委员
杜小明　6月22日　当选党委书记（第十六次党代会，连任）
张振刚　6月22日　当选党委副书记（第十六次党代会，连任）
刘琪瑾　6月22日　当选党委副书记、纪委书记（第十六次党代会，连任）
余其俊　6月22日　当选党委副书记（第十六次党代会）

西南交通大学

张　兵　8月26日　任党委委员、常委、总会计师（试用期一年）
徐　飞　9月5日　任党委委员、常委、校长
陈春阳　9月5日　免党委常委、委员、校长

电子科技大学

李言荣　4月17日　任校长，免党委副书记

汪劲松　4月17日　免党委常委、委员、校长

申小蓉　8月29日　任党委常委、副书记

西南财经大学

张宗益　4月7日　任校长（正式任职，任职时间从2012年4月10日算起）

北京邮电大学

乔建永　8月26日　任党委委员、常委、校长

任晓敏　8月26日　任副校长（连任）

杨放春　8月26日　任副校长（连任）

温向明　8月26日　任副校长（连任）

郭　军　8月26日　任副校长（连任）

方滨兴　8月26日　免党委常委、校长

北京交通大学

宁　滨　5月14日　任校长（连任）

陈　峰　5月14日　任副校长（连任）

张星臣　5月14日　任副校长（连任）

孙守光　5月14日　任副校长（连任）

关忠良　5月14日　任副校长（连任）

刘　军　5月14日　任副校长（连任）

余祖俊　5月14日　任副校长（连任）

北京科技大学

张欣欣　1月24日　任校长（试用期一年）

徐金梧　1月24日　免党委常委、校长

北京化工大学

查道林　8月26日　任党委委员、常委、总会计师（试用期一年）

北京中医药大学

徐安龙　1月24日　任党委委员、常委、校长（试用期一年）

高思华　1月24日　免党委常委、校长

陶晓华　7月3日　任副校级干部

徐　孝　11月30日　任党委副书记、纪委书记，免副校长

靳　琦　11月30日　任党委副书记，免副校长

谷晓红　11月30日　任副校长，免党委副书记

郐国强　11月30日　任党委委员、常委、副校长（试用期一年）

翟双庆　11月30日　任党委委员、常委、副校长（试用期一年）

王　伟　11月30日　任党委委员、常委、副校长（试用期一年）

常　江　11月30日　免党委副书记、常委、纪委书记

王庆国　11月30日　免党委常委、副校长

中央财经大学

蔡艳艳　8月26日　任党委委员、常委、总会计师（试用期一年）

陈　明　12月23日　任党委副书记、纪委书记，免副校长

袁　东　12月23日　免党委副书记、常委、委员、纪委书记

对外经济贸易大学

陈建香　9月16日　任纪委书记

文　君　9月16日　任党委委员、常委、副书记

杨长春　9月16日　任党委常委、副校长

杨逢华　9月16日　免党委常委、副书记、纪委书记

胡福印　9月16日　免副校长

中国政法大学

李树忠　12月17日　任副校长（正式任职，任职时间从2012年3月13日算起）

北京外国语大学

彭　龙　9月22日　任副校长（连任）

赵　旻　9月22日　任党委委员、常委、副书记

闫国华　9月22日　任党委委员、常委、副校长

贾德忠　9月22日　任党委委员、常委、副校长

贾文键　9月22日　任党委委员、常委、副校长

曹文泽　9月22日　免党委副书记、常委、委员、副校长

文　君　9月22日　免党委副书记、常委、委员

钟美荪　9月22日　免党委常委、副校长

金　莉　9月22日　免副校长

北京语言大学

曹志耘　4月10日　任副校长（正式任职，任职时间从2011年9月5日算起）

戚德祥　4月10日　任副校长（正式任职，任职时间从2011年9月5日算起）

董立均　4月10日　任副校长（正式任职，任职时间从2011年9月5日算起）

赵　旻　9月22日　免党委副书记、常委、委员、纪委书记

中央戏剧学院

陈志坚　8月6日　任总会计师（正式任职，任职时间从2012年4月10日算起）

中国传媒大学

吕学武　3月25日　免党委副书记、常委、委员

华北电力大学

王增平　7月25日　任副校长（正式任职，任职时间从2012年5月29日算起）

中国地质大学（北京）

王鸿冰　1月21日　当选党委书记（第十次党代会，连任）

刘志方　1月21日　当选党委副书记（第十次党代会，连任）

张　丽　1月21日　当选党委副书记（第十次党代会，连任）、纪委书记（第十次党代会）

东北大学

张国臣　2月17日　任副校长（正式任职，任职时间从2011年11月28日算起）

芦延华　8月6日　任总会计师（正式任职，任职时间从2012年4月10日算起）

东北师范大学

刘益春　5月28日　任校长（正式任职，任职时间从2012年4月10日算起）

杨晓慧　6月14日　任党委书记，免副校长
张治国　6月14日　任副校长（连任）
马　尚　6月14日　任副校长，免党委副书记
苏忠民　6月14日　任副校长（连任）
王　延　6月14日　任党委副书记
张君辉　6月14日　任党委常委、副校长
李忠军　6月14日　任党委常委、副书记、副校长
冯　江　6月14日　任党委常委、副校长
盛连喜　6月14日　免党委书记、常委
薛　康　6月14日　免副校长
柳海民　6月14日　免党委常委、副校长
赵　鑫　6月14日　免党委常委、副校长
张绍杰　6月14日　免党委常委、副校长

东北林业大学

周宏力　7月3日　任副校级干部
伍海泉　8月26日　任党委委员、常委、总会计师（试用期一年）

西安电子科技大学

刘延平　8月26日　任党委委员、常委、总会计师（试用期一年）

长安大学

杜向民　8月26日　任党委书记
雷　达　8月26日　免党委书记、常委
杜向民　12月23日　当选党委书记（第三次党代会，连任）
董小林　12月23日　当选党委副书记（第三次党代会，连任）
白　华　12月23日　当选党委副书记（第三次党代会，连任）
孟德勇　12月23日　当选党委副书记（第三次党代会，连任）、纪委书记（第三次党代会，连任）

〔驻外干部任免名单〕

驻大阪总领馆教育组

李春生　2013年1月　任参赞衔领事（正处级），2013年11月晋升副司级

常驻联合国教科文组织代表团

钟　燕　2013年3月　任参赞（副司级）

驻法国使馆教育处

马燕生　2013年3月　任公使衔参赞（正司级）

驻新加坡使馆教育处

郁云峰　2013年3月　任参赞（副司级）

驻比利时使馆教育处

陶洪建　2013年5月　任参赞（副司级）

驻瑞典使馆教育处

窦春祥　2013年7月　任参赞（副司级）

驻洛杉矶总领馆教育组

袁　东　2013年8月　任参赞衔领事（副司级）

驻多伦多总领馆教育组

徐卫亚　2013年9月　任参赞衔领事（副司级）

驻韩国使馆教育处

艾宏歌　2013年10月　任参赞（正处级）

驻芝加哥总领馆教育组

覃菊华　2013年11月　任参赞衔领事（副司级）

驻德国使馆教育处

董　琦　2013年12月　任公使衔参赞（副司级）

撰稿　张国辉　刘志斌　李雪明　董凤龄
郑晓辉　胡　炜　方永生　吴　强
朱保江　熊双林　马贵生　侯　健
青格勒图
审稿　吕　杰　魏士强　彭　实　廖舒力

高层次人才培养

〔**加强和规范高校人才引进工作**〕　2013年，根据中央领导同志批示要求，教育部配合中央组织部开展高校人才引进工作调研，在总结高校人才引进工作取得成效的同时，深入分析高校高端人才引进存在的突出问题和原因，并提出政策建议。12月23日，教育部办公厅印发《关于进一步加强和规范高校人才引进工作的若干意见》，针对高校人才引进中缺乏引才规划、程序不健全以及少数高端人才流动过于频繁、到岗不足、兼职过多等问题，提出了以下明确要求。

一是加强引才统筹规划。突出“高、精、尖、缺”引才导向，注重引进学科领军人才、青年拔尖人才和高水平创新团队，以及新兴学科、交叉学科和重点领域急需紧缺人才，优先保证国家实验室、国家大科学工程、协同创新中心等重大平台的人才需求。

二是规范招才引才行为。全面实行公开招聘制度，严格按照国家有关规定和程序办理人才引进手续，禁止采取“不要人事档案、不要户口、不要流动手续”或另建人事档案的违规做法招揽和引进全职人才，支持高层次人才向中西部高校流动。

三是严格引进人才审核。加强审核工作，全方位核准核实引进人才的教育背景、工作经历、任职资格、师德师风、学术业绩、学术道德、政治方向和政治立场等。明确审核责任主体、工作规则和审核程序，健全人才引进审核工作责任追究制和风险防范机制。

四是规范兼职兼薪行为。禁止全职引进人才从事影响教学科研工作的兼职，“千人计划”国家特聘专家、“长江学者”特聘教授等在同一时间内应只有一个全职工作岗位，“长江学者”特聘教授在国家资助聘期内不得担任学校领导职务或调离受聘岗位。

五是加强聘用合同管理。改进和完善聘期考核制度，对引进人才到岗时间和工作进展情况进行严格考核，对学术不端、违反师德规范行为实行一票否决。强化法制意识和契约意识，高校要与引进人才签订并严格执行聘用合同。

六是做好服务支撑工作。既要待遇留人，更要事业留人、感情留人。合理确定引进人才薪酬标准，加强配套条件保障和团队建设，帮助引进人才解决好住房、医疗等方面的实际困难，关心其配偶工作、子女入学等问题，解除人才后顾之忧。

〔**实施“长江学者奖励计划”**〕 2013年，经学校推荐、专家评审，从全国277所高校申报的1 940名候选人中，遴选支持93所高校聘任2012年度“长江学者”210人，其中特聘教授163人、讲座教授47人。

一是强化政策导向，优化人选结构布局。坚持突出高端，实行“同条件、同平台、同标准”评审的同时，向中西部高校特别是地方高校倾斜、向人文社科领域倾斜政策。在部署申报工作时，明确要求各高校从海外、校外招聘或近三年回国的特聘教授候选人申报比例不低于20%，强调东部高校不得到中西部高校招聘候选人。在评审工作中，进一步强调向中西部高校特别是“一省一校”倾斜、向东部到西部地区应聘人选以及海外引进人才倾斜，加大人文社科领域名额分配比例。

二是改进评审管理，提高工作科学化水平。转变工作职能，通信评审工作继续委托教育部科技发展中心进行。充实完善评审专家库，细化专家评审学科方向，新增海内外评审专家近3 000人，评审专家库达1.5万人，以满足各学科同行评审需要。改造升级通信评审管理系统，用技术手段屏蔽候选人及评审专家姓名等相关信息，严防评审过程中跑风漏气，确保公平竞争。评审专家和参评候选人对这种“双盲”评审形式都给予了高度肯定。

三是加强政策研究，建立专家咨询制度。会议评审结束后，分别从人选水平、政策导向、评审机制和会议组织等方面征询评审专家意见，汇总后提交“长江学者”评审委员会讨论审议，为改进完善下一年度实施工作提供政策咨询。

四是严肃评审纪律，保证评审公平公正。严格实行专家回避制度，进一步扩大评审专家规模，坚持专家独立投票；进一步修改完善专家和工作人员行为准则，强调评审纪律，同时要求高校和候选人不得开展干扰评审工作的活动，收到较好的效果。

2013年，“长江学者奖励计划”的实施工作较好地体现出国家计划的政策导向性作用，达到了预期的效果。一是高校覆盖面进一步扩大，由2012年的75所增加到94所，其中地方高校29所，覆盖20个省份，特别是贵州、青海、吉林3个省份实现了特聘教授零的突破。截至2013年年底，“长江学者”已覆盖除海南省外的全国30个省（区、市）、166所高校。二是中西部高校人选比例进一步提高，人数达73人，占34.8%，比2012年提高4个百分点。三是人文社科领域人选比例进一步提高，入选比例达31%，比“新长江学者奖励计划”实施前提高近10个百分点。同时，人文社科领域学科覆盖面进一步扩大，新闻学、思想政治教育等一些二级学科领域（方向）填补了尚无特聘教授的空白。四是特聘教授中具有海外留学或工作经历的达141人，占84.9%，讲座教授全部从海外应聘。五是人选质量整体较高，均为本学科领域的带头人。在自然科学特聘教授人选中，有三分之二是国家科技三大奖二等奖排名第一或一等奖排名前二的获得者、“973”计划首席科学家、国家重点实验室（工程中心）负责人及国家杰出青年基金获得者。

附件：

2012年度“长江学者”特聘教授、讲座教授名单

一、特聘教授（163人）

推荐单位	姓名	岗位名称
北京大学	段志生	力学系统与控制
北京大学	龚六堂	国民经济学

续表

推荐单位	姓名	岗位名称
北京大学	胡　敏	环境科学
北京大学	李　彦	无机化学
北京大学	钱志熙	中国古代文学
北京大学	孙庆丰	凝聚态物理
北京大学	王浦劬	政治学理论
北京大学	王　韵	神经生物学
北京大学	王中江	中国哲学
北京大学	张　锦	纳米材料
北京大学	张泽民	生物信息学
北京大学	赵跃辉	经济学
北京大学	周德敏	药学
北京大学	周晓林	基础心理学
清华大学	李路明	人机与环境工程
清华大学	林元华	材料学
清华大学	任天令	微电子学与固体电子学
清华大学	史元春	计算机应用技术
清华大学	徐迎庆	设计学
清华大学	杨大文	水文学及水资源
中国人民大学	包伟民	中国古代史
中国人民大学	刘建军	思想政治教育
中国人民大学	刘元春	世界经济
中国人民大学	卢仲毅	凝聚态物理
中国人民大学	王化成	会计学
北京师范大学	董文杰	气候变化
北京师范大学	方维规	比较文学
北京师范大学	赖德胜	应用经济学
北京师范大学	刘　嘉	基础心理学
北京师范大学	刘彦随	土地资源管理
中国农业大学	刘金华	预防兽医学
北京化工大学	仲崇立	化学工程
北京交通大学	赵　耀	计算机科学与技术
中国地质大学（北京）	朱弟成	地质学
中国石油大学（北京）	邱楠生	矿产普查与勘探
北京林业大学	李建章	木材科学与技术
中国传媒大学	高晓虹	新闻学

续表

推荐单位	姓名	岗位名称
对外经济贸易大学	汤谷良	会计学
华北电力大学	徐进良	工程热物理
南开大学	Mark Bartlam	生物化学与分子生物学
南开大学	崔春明	有机化学
南开大学	盛　斌	世界经济
南开大学	张玉利	企业管理
天津大学	李敏强	信息管理与信息系统
天津大学	王树新	机械设计及理论
天津大学	夏开文	岩土工程
大连理工大学	陈景文	环境科学
大连理工大学	郭　旭	固体力学
大连理工大学	贺高红	化学工程
吉林大学	韩志武	机械设计及理论
东北师范大学	邬志辉	农村教育学
复旦大学	黄　洋	世界史
复旦大学	刘智攀	物理化学
复旦大学	钦伦秀	肿瘤学
复旦大学	孙笑侠	法学理论
复旦大学	王红艳	医学遗传学
复旦大学	周　俭	外科学
上海交通大学	崔　勇	无机化学
上海交通大学	江志斌	管理科学与工程
上海交通大学	蒋欣泉	口腔临床医学
上海交通大学	刘河洲	材料学
上海交通大学	师咏勇	遗传学
上海交通大学	苏翼凯	电子科学技术
上海交通大学	叶必丰	宪法学与行政法学
同济大学	黄宏伟	岩土工程
同济大学	孙周兴	外国哲学
华东师范大学	方　勇	中国古代文学
华东理工大学	龙亿涛	分析化学
上海财经大学	冯帅章	劳动经济学
南京大学	李维勤	重症医学
南京大学	刘向阳	计算机系统结构
南京大学	盛　利	凝聚态物理

续表

推荐单位	姓名	岗位名称
南京大学	王跃堂	会计学
南京大学	吴吉春	地质工程
南京大学	吴　俊	中国语言文学
中国矿业大学	鞠　杨	采矿工程
河海大学	高玉峰	岩土工程
江南大学	陈　卫	食品科学
南京农业大学	朱　晶	农林经济管理
浙江大学	陈　忠	药理学
浙江大学	沈模卫	应用心理学
浙江大学	苏宏业	控制理论与控制工程
浙江大学	童利民	光学工程（光电子学）
浙江大学	郁建兴	政治学理论
山东大学	傅有德	宗教学
武汉大学	姜卫平	大地测量学与测量工程
武汉大学	尚永亮	中国古代文学
武汉大学	沈壮海	思想政治教育
武汉大学	汪习根	法理学
武汉大学	谢丹阳	西方经济学
武汉大学	张先正	材料学
华中科技大学	文劲宇	电力系统及其自动化
华中科技大学	徐顺清	公共卫生与预防医学
华中科技大学	张国军	机械制造及其自动化
华中科技大学	郑俊杰	岩土工程
武汉理工大学	尤　为	材料物理与化学
华中师范大学	朱　英	中国史
华中农业大学	郭文武	果树学
华中农业大学	何正国	微生物学
中南大学	郭学益	有色金属冶金
中山大学	黄仕忠	古典文献学
中山大学	李仲飞	金融工程与风险管理
中山大学	张　军	计算机软件与理论
华南理工大学	张广照	材料学
重庆大学	蔡开勇	生物医学工程
西南大学	罗凌飞	发育生物学
四川大学	石　硕	民族学（藏学）

续表

推荐单位	姓名	岗位名称
四川大学	王琼华	物理电子学
四川大学	徐泽水	管理科学与工程
四川大学	杨胜勇	药物化学
四川大学	余　睽	材料物理与化学
四川大学	张　旭	应用数学
四川大学	左卫民	诉讼法学
电子科技大学	刘　永	微电子学与固体电子学
西安交通大学	苏光辉	核科学与技术
西安交通大学	王秋旺	工程热物理
西安电子科技大学	高新波	信号与信息处理
北京航空航天大学	康　锐	系统工程
北京航空航天大学	孙志梅	材料学
北京航空航天大学	王少萍	机械电子工程
北京航空航天大学	王云鹏	交通信息工程及控制
北京理工大学	龙　腾	信号与信息处理
北京理工大学	姚裕贵	计算物理与凝聚态理论
哈尔滨工程大学	段文洋	船舶与海洋结构物设计制造
哈尔滨工业大学	李立毅	电气工程
哈尔滨工业大学	张幸红	材料学
哈尔滨工业大学	赵　杰	机械电子工程
南京航空航天大学	姜　斌	控制理论与控制工程
南京航空航天大学	袁慎芳	机械电子工程
南京理工大学	栗保明	兵器发射理论与技术
西北工业大学	刘　峰	材料加工工程
西北工业大学	周　洲	飞行器设计
中国科学技术大学	麻希南	基础数学
中国科学技术大学	汪毓明	空间物理
第二军医大学	程树群	普通外科学
第二军医大学	张卫东	药物化学
第二炮兵工程大学	胡昌华	导航制导与控制
第四军医大学	武胜昔	人体解剖与组织胚胎学
天津中医药大学	邱　峰	中药学
燕山大学	高发明	应用化学
山西大学	肖连团	光学
沈阳建筑大学	张　珂	机械制造及其自动化

续表

推荐单位	姓名	岗位名称
中国医科大学	王振宁	外科学（普外）
长春理工大学	佟首峰	光学工程
哈尔滨医科大学	刘连新	外科学
黑龙江大学	杜桂萍	中国古代文学
上海大学	张文宏	社会学
南京工业大学	黄　和	生物化工
南京师范大学	谭桂林	中国现当代文学
南京医科大学	孙倍成	外科学
苏州大学	金太军	政治学理论
浙江师范大学	眭依凡	高等教育学
福建师范大学	王晓德	世界史
福州大学	杨黄浩	分析化学
南昌大学	刘耀彬	区域经济学
华南农业大学	廖　红	植物营养学
四川农业大学	吴　德	动物营养与饲料科学
贵州大学	杨　松	农药学
云南大学	唐年胜	概率论与数理统计
西北大学	董云鹏	构造地质学
西北师范大学	卢小泉	化学
青海大学	马宏伟	土木工程
石河子大学	郭旭虹	能源化学工程

二、讲座教授（47人）

推荐单位	姓名	岗位名称
北京大学	胡振江	计算机软件与理论
北京大学	章　云	摄影测量与遥感
清华大学	Daren Chen	环境工程
清华大学	Johan van Benthem	逻辑学
清华大学	吴建中	化学工程
北京外国语大学	Alister Cumming	英语语言文学
中国传媒大学	Heinderyckx Francois	传播学
天津大学	J. George Shanthikumar	工业工程
东北师范大学	熊文诚	细胞生物学
复旦大学	钱震超	社会学
上海交通大学	钱永忠	粒子物理与原子核物理

续表

推荐单位	姓名	岗位名称
上海交通大学	孙少聪	免疫学
上海交通大学	杨　涛	应用经济学
同济大学	韩　杰	岩土工程
同济大学	林　欣	免疫学
华东理工大学	林参（James Lam）	控制理论与控制工程
华东师范大学	张华华	教育技术学
东南大学	陆　勇	防灾减灾工程及防护工程
中国矿业大学	张　丹	机械设计与理论
合肥工业大学	梁玉堂（Joseph Y-T. Leung）	管理科学与工程
浙江大学	黄铭钧	计算机软件与理论
山东大学	杰罗姆·波雷	文艺学
山东大学	王　宏	计算数学
华中科技大学	陆永枫	电子科学与技术
华中科技大学	Viswanathan Kumar	企业管理
中国地质大学（武汉）	朱露培	地球物理学
华中农业大学	Staffan Persson	作物遗传育种
中南财经政法大学	林　晨	金融学
湖南大学	刘桂荣	工程力学
中南大学	刘振启	内科学内分泌与代谢病
中山大学	朱鸿林	中国古代史
四川大学	查　涛	数量经济学
电子科技大学	Rick S. Blum	信号与信息处理
电子科技大学	Alexander Govorov	材料物理与化学
西安交通大学	James Crawford	国际法学
西安交通大学	K. J. Badcock	飞行器设计
西安交通大学	Nick Quirke	高电压与绝缘技术
西安交通大学	韩渭敏	计算数学
西北农林科技大学	王明波	植物病理学
陕西师范大学	Kevin Belfield	物理化学
北京航空航天大学	陈文华	导航、制导与控制
北京理工大学	肖益民	概率论与数理统计
第四军医大学	毛子旭	神经生物学
福建农林大学	明瑞光	作物遗传育种学
武汉科技大学	William Carl Skarnes	生物学
广州中医药大学	Ah-Ng Tony Kong	中药学
泸州医学院	徐建明	病理学与病理生理学

〔**参与实施“千人计划”**〕 2013年，教育部按照中央组织部的统一安排部署，积极参与实施“千人计划”，采取一系列措施，全力支持高等学校抓住机遇、引进用好海外高层次人才。一是统筹部署高校开展第十批“千人计划”相关平台人选申报推荐工作。会同科技部做好重点学科重点实验室平台人选评审工作，并择优向中央组织部推荐人选，提交专家咨询顾问组会议审定。二是加强管理服务。按照中组部有关要求，做好第一批至第九批“千人计划”入选者到岗情况调查等管理服务工作。三是加强配套支持。协调落实博士研究生招生指标向“千人计划”专家所在高校、科研院所倾斜的政策。按照“增量倾斜、存量调整、共同支持”的原则，安排“千人计划”专项博士生计划总规模达2 944名，长期项目专家人均招生名额近3名。

2013年，全国高校新入选第十批“千人计划”464人，其中“青年千人计划”305人，分别占全国引进创新人才、“青年千人计划”总数的60.7%、77.0%。截至2013年年底，高校共引进“千人计划”专家2 164名，其中“青年千人计划”863人，分别占全国引进创新人才、“青年千人计划”总数的62.0%、77.3%。

〔**直属高校院士增选工作**〕 按照“坚持标准、宁缺毋滥、客观公正、公开透明”的工作要求，完善评审办法和工作程序，提高评审科学化水平，从41所高校申报的175名候选人中遴选推荐了104名有效候选人参选。同时，做好候选人材料公示、投诉调查以及“改进和完善院士制度”相关研究工作。据2013年两院院士增选结果，高校共增选院士47人，占总数的45.2%。其中直属高校增选34人，占高校增选总数的72.3%；分别有22名“长江学者”和9名直属高校领导当选院士。截至2013年年底，全国高校共有院士693人，占总数的45.1%。

附件：

2013年高校新当选中国科学院院士、中国工程院院士名单

一、2013年高校新当选中国科学院院士名单（共27人）

姓名	学部	工作单位
陈十一	数学物理学部	北京大学
陈恕行	数学物理学部	复旦大学
励建书	数学物理学部	香港科技大学
欧阳颀	数学物理学部	北京大学
孙　鑫	数学物理学部	复旦大学
赵政国	数学物理学部	中国科学技术大学
方维海	化学部	北京师范大学
冯小明	化学部	四川大学
谢　毅	化学部	中国科学技术大学
程和平	生命科学和医学学部	北京大学
韩家淮	生命科学和医学学部	厦门大学
金　力	生命科学和医学学部	复旦大学
施一公	生命科学和医学学部	清华大学

续表

姓名	学部	工作单位
赵继宗	生命科学和医学学部	首都医科大学
陈　骏	地学部	南京大学
王成善	地学部	中国地质大学（北京）
吴立新	地学部	中国海洋大学
龚旗煌	信息技术科学部	北京大学
郝　跃	信息技术科学部	西安电子科技大学
吕　建	信息技术科学部	南京大学
丁　汉	技术科学部	华中科技大学
方岱宁	技术科学部	北京大学
高德利	技术科学部	中国石油大学（北京）
何满潮	技术科学部	中国矿业大学（北京）
李应红	技术科学部	中国人民解放军空军工程大学
邱　勇	技术科学部	清华大学

二、2013 年高校新当选中国工程院院士名单（共 22 人）

姓名	学部	工作单位
蒋庄德	机械与运载工程学部	西安交通大学
杨华勇	机械与运载工程学部	浙江大学
尤　政	机械与运载工程学部	清华大学
张　军	机械与运载工程学部	北京航空航天大学
桂卫华	信息与电子工程学部	中南大学
何　友	信息与电子工程学部	海军航空工程学院
张广军	信息与电子工程学部	北京航空航天大学
赵沁平	信息与电子工程学部	教育部
丁文江	化工、冶金与材料工程学部	上海交通大学
蹇锡高	化工、冶金与材料工程学部	大连理工大学
李元元	化工、冶金与材料工程学部	吉林大学
蔡美峰	能源与矿业工程学部	北京科技大学
杜彦良	土木、水利与建筑工程学部	石家庄铁道大学
聂建国	土木、水利与建筑工程学部	清华大学
宋君强	环境与轻纺工程学部	国防科学技术大学
俞建勇	环境与轻纺工程学部	东华大学
朱蓓薇	环境与轻纺工程学部	大连工业大学
李德发	农业学部	中国农业大学
韩德民	医药卫生学部	首都医科大学北京同仁医院

续表

姓名	学部	工作单位
王广基	医药卫生学部	中国药科大学
夏照帆	医药卫生学部	第二军医大学长海医院
杨善林	工程管理学部	合肥工业大学

撰稿 沈国华 邬平清
审稿 廖舒力

干部教育培训

〔**综述**〕 2013 年，干部教育培训工作深入贯彻中央有关要求，认真落实教育部干部培训年度计划安排，以党的十八大精神为统领，印发实施《全国教育系统干部培训规划（2013—2017 年）》，召开全国教育系统干部培训工作视频会议，大力推动教育系统新一轮大规模干部培训；较好地完成了处级以上干部学习贯彻党的十八大精神集中轮训等各项干部培训工作，全年选派 146 人次干部参加中央调训、中央选学，举办各类培训班次 75 个，面向教育系统调训 10 290 人次；开通中国教育干部网络学院并通过网络培训达 295 073 人次；选派和安排 134 名干部参加援派挂职锻炼；在干部培训和援派工作基础建设和工作创新中取得新的进展，培训能力建设和工作科学化水平进一步提高。

〔**全面落实党的十八大精神集中轮训任务**〕 2 月 20—22 日、25—27 日，举办两期“教育部直属机关学习贯彻党的十八大精神集中培训班”，近千名直属机关处级以上干部参训。同时，在教育部机关干部网络学院开设“学习贯彻党的十八大精神”专题教学模块，组织直属机关 9 164 人次参加了在线学习。另外，与中央组织部联合举办中管高校书记、校长学习贯彻党的十八大精神专题研讨班，开展了直属高校领导学习贯彻党的十八大精神培训。受中央组织部委托，举办了“努力办好人民满意的教育”地（市）政府分管教育副市长专题研究班等。

〔**印发实施《全国教育系统干部培训规划（2013—2017 年）》**〕 5 月 16 日，教育部召开全国教育系统干部培训工作会议，全国各地 4 300 多人通过视频网络方式与会，规模空前。教育部党组高度重视，教育部党组成员王立英主持会议，教育部部长袁贵仁亲自动员部署，要求牢牢把握教育干部培训工作的正确方向，全面落实大规模培训干部战略任务，分类分级开展办学治教骨干培训，不断深化教育干部培训改革创新。会前，教育部党组印发了《全国教育系统干部培训规划（2013—2017 年）》，从指导思想、工作原则、对象范围、重点计划、组织保障等方面，全面规划了未来五年教育系统干部培训蓝图。

〔**实施教育部机关干部能力提升计划**〕 2013 年，进一步完善组织调训和自主选学相结合的参训机制，继续实施“教育部机关干部能力提升计划”，建立干部培训学习档案，建立健全干部学习培训考核评价机制和激励约束机制，实行机关干部教育培训学分制管理。大力开展机关干部选学。2013 年，委托北京大学、清华大学、中国人民大学和北京师范大学开设了14个专题班，直属机关1 100余人报名参学。举办教育部直属机关司局级领导干部媒介素养专题培训班、教育部直属机关处长任职培训班和新录用公务员入职培训班、直属机关青年干部外语强化班。启动实施教育部直属机关干部境外培训项目，组织实施“PCL”等境外培训项目，选派19名直属机关优秀中青年干部到英国、日本、新加坡、美国等国家的知名大学参加培训学习。

〔落实中央援派工作要求，加强干部实践锻炼〕 根据中央要求，教育部认真落实中央组织部关于选派干部支援西藏、青海以及西部地区、老工业基地、革命老区等援派任务，把干部援派作为对口联系支援滇西的重要举措。2013年，教育部共落实援派干部1 134名，援派工作成为推动干部到基层和艰苦地区锻炼成长的重要渠道。

撰稿　杨　鸿　廖晓衡
审稿　廖舒力

国家教育行政学院培训工作

〔教育管理干部和教师培训工作迈出新步伐〕 2013年，学院秉承“强化办学特色，精心打造品牌，加强软实力建设，走内涵发展道路”的思路，稳步推进教育管理干部和教师培训工作。根据教育部对教育干部培训工作的部署，全年共举办面授培训班96个，培训学员约12 107人次，共计142 533人天，参训人天比2012年增加24.3%。其中培训高校领导干部1 100人次、高校中青年干部1 464人次、教育行政干部6 673人次、政府分管教育工作领导134人次、普通中小学校长1 583人次、职业学校校长494人次、高校思想政治课骨干教师627人次。

学院持续推进教学改革，在教育管理干部和教师培训工作上迈出新步伐。具体表现在以下三个方面。(1) 完善课程设计，增强培训的科学性、针对性和时效性。2013年，学院以学习贯彻党的十八大、十八届三中全会精神为指导，及时调整完善培训内容，进一步明确主题、突出主线，加强党性修养和能力建设课程开发。设计学习贯彻党的十八大精神研修专题，完成了对教育部直属机关领导干部近千人的轮训；及时邀请权威专家，面向在训学员做了学习贯彻党的十八届三中全会精神辅导报告，保证学员学习的及时性。(2) 不断创新培训模式，改进培训方法，提升培训工作科学化、专业化水平。加大案例教学的比重，提升教学的实践性；以参与性、反思性和实践性为特点的小班教学在各培训项目中普遍开展，成为学院培训模式新亮点；探索应用情景模拟教学法，组织实施媒体素养培训课程，受到学员的好评。(3) 加强制度建设，细化管理流程，提高培训工作规范化、精细化水平。制定《培训关键环节组织规范》《培训（研修）班班委会组成及职责》等规章制度，进一步修订了《学员守则》和《学员考勤管理办法》，使培训管理工作更加专业化、科学化。

〔全国教育系统干部培训工作视频会议召开〕 5月16日，全国教育系统干部培训工作视频会议在北京召开。中纪委驻教育部纪检组组长王立英主持会议，教育部部长袁贵仁，教育部党组成员、国家教育行政学院院长顾海良出席会议，教育部各司局和直属单位主要负责人、在京的干训基地负责人、各省级教育部门和高等学校主要负责人等4 000余人分别在主会场和分会场参加会议。袁贵仁对于做好全国教育系统干部培训工作进行了部署和动员。浙江省教育厅、重庆市教委、清华大学和国家教育行政学院做了交流发言。会上，宣布正式成立并由袁贵仁点击开通了中国教育干部网络学院。会前，教育部党组印发了《全国教育系统干部培训规划（2013—2017 年）》，对今后五年干部培训工作做出全面部署和安排。学院在会议筹备和举办过程中完成了多项重要工作，展现了学院在全国教育干部培训系统的龙头与示范作用。

〔**远程干部培训取得新进展**〕 学院在中国教育干部培训网的基础上，正式开通了中国教育干部网络学院。中国教育干部网络学院对网络培训平台进行了升级改造，着力打造集教育干部网络培训功能和教育干部培训信息管理功能于一体的平台系统。实现教育干部培训数据库和培训档案信息库同步更新，促进全国教育干部培训信息管理数字化、系统化，推动教育干部培训向纵深发展。2013 年，中国教育干部网络学院共接受近 50 多个地方教育局或培训机构、400 多所高校委托开展的远程培训项目。远程培训平台注册人数为 109 000 余人，参训 16 万余人次，比 2012 年增长 56.7%。为适应党和国家对教育干部能力素养的新要求，网络学院设计开展了“学习十八大精神”“党的群众路线教育实践活动”“反腐倡廉”“中西部地区中小学校长远程培训”等专题专项培训。同时，还配合教育部人事司在教育部机关干部网络学院平台上，面向教育部机关全体干部及直属单位副处级以上干部，组织开展“学习贯彻十八大精神网络培训”项目。

〔**涉外培训事业和教育国际交流稳步发展**〕 承办教育部、国家外国专家局联合举办的“高校领导海外培训项目”赴美国团，参训学员 22 人。承办教育部、李兆基基金会、香港培华教育基金会联合举办的“千名中西部大学校长海外研修计划”，全年组织 8 个团组分赴美国、德国、英国、澳大利亚等国家进行学习考察，参训人数 167 人。加强国际交流成果开发，编辑整理《博采众长追求卓越——千名中西部大学校长海外研修计划成果专辑》第一期和第二期。接待两批泰国国家教师与行政人员发展学院的教育行政人员来院培训，共计 90 人。首次开展引智培训，承办教育部—密歇根大学“高校教师发展高级研修班”，参训学员 163 人。与英国大使馆文化教育处合作举办“信息技术与高等教育”国际研讨会，邀请 8 位国外及我国香港地区的专家学者与在学院培训的 100 多位高校领导进行了研讨与交流。全年接待国外著名大学校长和代表来访 21 人次，安排 6 位国外大学校长为学院在训学员做报告。在事业规模扩大的同时，学院不断提高工作的成熟度。编印《涉外培训部（外事处）工作手册》，制定学院《外事工作规定》《涉外培训学员守则》《涉外培训工作人员职责》等规章制度，进一步加强涉外培训的规范化、标准化管理，在所有海外培训项目中实施“全面质量管理”，以“顾客”满意为宗旨，将“质量”意识贯穿于项目管理的“全员”和“全过程”，致力于打造成熟高端的国际培训项目。

〔**加强支困扶贫，推进落后地区教育干部培训**〕 学院研制了《滇西边境山区教育干部培训规划（2013—2017 年）》，并策划举办了“国家教育行政学院扶贫支教项目：楚雄州基础教育改革专题培训班”，培训学员 340 人，得到了云南省教育厅以及楚雄州广大教育干部的肯定。

〔**举办“办好人民满意的教育”市长专题研究班**〕 根据中央组织部部署，在教育部人事司协调和指导下，9 月 1—7 日，举办了主题为“努力办好人民满意的教育”2013 年市长专题研究班。来自全国各地的 36 名地市级分管教育工作的副市长参加了培训班。培训班围绕主题设置了 12 个单元，采取教育部领导做专题报告、案例教学、学员小班研讨、与教育部司局领导座谈交流、参观考察和媒体素养模拟教学等多样化教学方式，完成了培训任务。

〔**教育部—中国移动中小学校长培训项目日趋成熟**〕 继 2009—2011 年中国移动中小学校长培训项目之后，教育部和中国移动通信集团公司在 2012—2015 年继续实施中国移动中小学校长培训项目。中国移动通信集团公司 4 年资助 2 400 万元，通过“影子培训”和远程培训，每年培训 1.1 万名中小学校长。2013 年，学院组织各省（区、市）承办单位完成了 1 000 人的“影子培训”任务和 10 000 人的远程培训任务。为进一步做好“影子培训”工作，在总结之前经验的基础上，学院组织专家研制了“影子培训质量管理标准”，为保障培训质量奠定了基础。

〔**举办春季和秋季论坛**〕　3月和9月，学院分别举办了2013年春季和秋季论坛。春季论坛以“聚焦国家教育体制改革试点”为主题，总结交流了试点的经验和成果。教育部党组成员、国家教育行政学院院长顾海良出席论坛开幕式并致辞，江苏省、广东省、山东省教育厅的有关负责人出席论坛并做主旨演讲，中央财经大学和东南大学做经验交流，学院500多名学员参加了论坛。秋季论坛以“为了人民的满意——聚焦教育改革发展新探索”为主题，设立主旨论坛和“推动教育公平，促进社会和谐”“深化教育改革，提升教育质量”“行政职能转换与教育管理创新”三个平行论坛。来自北京理工大学、中国农业大学、山西省教育厅、成都市教育局等不同领域的专家学者及学院在训学员约500余人参加了论坛。

〔**国家重点课题“国家教育体制改革试点研究”开题**〕　3月8日，学院承担的国家重点课题“国家教育体制改革试点研究”开题。为使课题顺利推进，3月25日，学院组织了课题进展会。11月5日，学院召开课题工作会，各子课题根据会议精神，修改完善了阶段性报告。

〔**举办两个学术年会，获中国高教学会多项表彰**〕　在学院的组织协调下，中国高等教育学会高教管理研究会2013年学术年会在东北师范大学举办。近200位高教管理领域的专家学者参加年会，收集论文60余篇，编印年会论文集一部。中国教育学会教育行政专业委员会第四届学术年会于10月16—18日在山西省晋中市举办。来自山西省各县市的教育局长、学院在训学员和全国各地的代表共400余人参加了年会。本届年会围绕“义务教育均衡发展的实践探索”的主题，邀请多位教育行政官员介绍当地推进义务教育均衡发展的实践经验，重点探讨并实地考察了“晋中模式”。

中国高教学会为纪念学会成立三十周年，举办了多个奖项的评选表彰。由学院担任秘书单位的高教管理研究会由于多年来学术交流工作规范和有效受到表彰，收获了“从事高等教育工作三十年高教研究有重要贡献学者”奖、先进团体和优秀工作者奖，送评的研究成果获一等奖2项、二等奖3项、三等奖2项、优秀奖1项。

〔**参与教育干部培训系统建设**〕　筹备并组织举办了国家级教育干部培训机构联席会，组织力量研究起草了《教育系统干部培训质量评估办法（试行）》等相关文件。参与教育部人事司关于教育系统干部培训有关文件的起草，包括《教育系统干部培训经费管理办法》《教育系统干部分类培训大纲研制工作方案》《教育系统2013年干部教育培训工作总结》《2014年教育系统干部国家重点培训办班计划》等，进一步提升了学院在教育干部培训系统中的影响力。

〔**认真组织党的群众路线教育实践活动**〕　7—12月，学院组织了第一批党的群众路线教育实践活动。学院党委认真贯彻落实教育部教育实践活动领导小组的工作部署，在教育部直属单位第四督导组的指导下，在全体党员干部和教职工的共同努力下，教育实践活动取得了显著成绩，完成了各项工作任务。同时，还结合学院实际，形成了自己的特色和亮点。在学习阶段，通过专题学习、集中学习、体验式学习和自主学习等多种方式，加强对党的群众路线意义和内涵的理解；在查摆问题、开展批评与自我批评阶段，深入基层听取意见，实行开门批评监督；在整改落实、建章立制阶段开展“回头看”，针对查摆出的问题，出台了《开展党的群众路线教育实践活动整改落实方案》《开展党的群众路线教育实践活动专项整治方案》《开展党的群众路线教育实践活动规章制度建设计划》。

撰稿　薛　珊

审稿　黄百炼　李　冬

教育财务与审计

教育部　国家统计局　财政部关于2012年全国教育经费执行情况统计公告

〔全国教育经费情况〕　2012年，全国教育经费总投入为27 695.97亿元，比2011年的23 869.29亿元增长16.03%。其中国家财政性教育经费（主要包括公共财政预算教育经费、各级政府征收用于教育的税费、企业办学中的企业拨款、校办产业和社会服务收入用于教育的经费等）为22 236.23亿元，比2011年的18 586.70亿元增长19.64%。

〔落实《教育法》规定的“三个增长”情况〕1. 全国公共财政教育支出（包括公共财政预算教育事业费拨款、基建拨款、教育费附加）为20 314.17亿元，比2011年的16 149.47亿元增长25.79%。其中中央财政教育支出3 781.55亿元，按同口径比较，比2011年增长15.7%，高于中央财政经常性收入的增长幅度。

2. 各级教育生均公共财政预算教育事业费支出增长情况。2012年，全国普通小学、普通初中、普通高中、中等职业学校、普通高等学校生均公共财政预算教育事业费支出情况如下。

（1）全国普通小学为6 128.99元，比2011年的4 966.04元增长23.42%。其中农村为6 017.58元，比2011年的4 764.65元增长26.30%。普通小学增长最快的是贵州省（47.35%）。

（2）全国普通初中为8 137.00元，比2011年的6 541.86元增长24.38%。其中农村为7 906.61元，比2011年的6 207.10元增长27.38%。普通初中增长最快的是陕西省（41.49%）。

（3）全国普通高中为7 775.94元，比2011年的5 999.60元增长29.61%。增长最快的是湖北省（54.05%）。

（4）全国中等职业学校为7 563.95元，比2011年的6 148.28元增长23.03%。增长最快的是湖南省（69.54%）。

（5）全国普通高等学校为16 367.21元，比2011年的13 877.53元增长17.94%。增长最快的是云南省（113.87%）。

3. 各级教育生均公共财政预算公用经费支出增长情况。2012年，全国普通小学、普通初中、普通高中、中等职业学校、普通高等学校生均公共财政预算公用经费支出情况如下。

（1）全国普通小学为1 829.14元，比2011年的1 366.41元增长33.86%。其中农村为1 743.41元，比2011年的1 282.91元增长35.89%。普通小学增长最快的是陕西省（86.79%）。

（2）全国普通初中为2 691.76元，比2011年的2 044.93元增长31.63%。其中农村为2 602.13元，比2011年的1 956.66元增长32.99%。普通初中增长最快的是黑龙江省（88.91%）。

（3）全国普通高中为2 593.15元，比2011年的1 687.54元增长53.66%。增长最快的是黑龙江省（161.96%）。

（4）全国中等职业学校为 2 977.45 元，比 2011 年的 2 212.85 元增长 34.55%。增长最快的是湖南省（213.65%）。

（5）全国普通高等学校为 9 040.02 元，比 2011 年的 7 459.51 元增长 21.19%。增长最快的是江西省（205.07%）。

〔公共财政教育支出占公共财政支出比例情况〕 2012 年，全国公共财政教育支出占公共财政支出 125 952.97 亿元的比例为 16.13%，比 2011 年的 14.78%增加了 1.35 个百分点。

〔国家财政性教育经费占国内生产总值比例情况〕 据统计，2012 年全国国内生产总值为 518 942.11亿元，国家财政性教育经费占国内生产总值比例为 4.28%，比 2011 年的 3.93%增加了 0.35 个百分点。

附件：2012 年全国教育经费执行情况统计表。

注：①公告中所涉及的全国性统计数据，均不包括台湾省、香港特别行政区、澳门特别行政区；②公告中的 2012 年全国国内生产总值 518 942.11 亿元和公共财政支出 125 952.97 亿元等数据来源于《中国统计年鉴（2013）》。

附件：

2012 年全国教育经费执行情况统计表

表一　2012 年公共财政教育支出增长与财政经常性收入增长比较

地区	公共财政教育支出 2012 年比 2011 年增长（%）	财政经常性收入 2012 年比 2011 年增长（%）	增长幅度比较
北京	15.85	14.28	1.57
天津	25.04	18.20	6.84
河北	33.82	18.15	15.67
山西	18.67	17.94	0.73
内蒙古	12.58	11.61	0.97
辽宁	34.06	18.27	15.79
吉林	35.66	22.82	12.84
黑龙江	48.74	13.87	34.87
上海	11.53	7.48	4.05
江苏	23.08	14.89	8.19
浙江	15.63	14.14	1.49
安徽	27.30	17.08	10.22
福建	33.22	13.52	19.70
江西	29.91	12.40	17.51
山东	25.11	14.10	11.01
河南	28.82	13.06	15.76
湖北	25.80	16.84	8.96
湖南	43.24	16.25	26.99

续表

地区	公共财政教育支出2012年比2011年增长（%）	财政经常性收入2012年比2011年增长（%）	增长幅度比较
广东	20.88	11.22	9.66
广西	29.74	15.52	14.22
海南	27.04	16.57	10.47
重庆	36.36	8.49	27.87
四川	44.21	15.10	29.11
贵州	37.05	25.04	12.01
云南	38.63	16.69	21.94
西藏	20.79	20.95	—0.16
陕西	32.61	24.75	7.86
甘肃	32.85	18.98	13.87
青海	28.62	26.60	2.02
宁夏	5.66	8.09	—2.43
新疆	15.73	12.15	3.58

注：公共财政教育支出包括教育事业费拨款、基建拨款、教育费附加。

表二　2012年公共财政教育支出占公共财政支出比例情况

地区	公共财政教育支出（亿元）			公共财政教育支出占的比例（%）		
	2011年	2012年	增长比例（%）	2011年	2012年	增减百分点
全国	16 149.74	20 314.17	25.79	14.78	16.13	1.35
北京	528.20	611.92	15.85	16.28	16.60	0.32
天津	302.90	378.75	25.04	16.86	17.67	0.81
河北	594.69	795.83	33.82	16.81	19.51	2.70
山西	413.15	490.29	18.67	17.48	17.77	0.29
内蒙古	373.29	420.23	12.57	12.49	12.27	—0.22
辽宁	539.00	722.57	34.06	13.80	15.85	2.05
吉林	332.50	451.05	35.65	15.10	18.25	3.15
黑龙江	361.39	537.53	48.74	12.93	16.95	4.02
上海	547.63	610.75	11.53	13.99	14.60	0.61
江苏	1 026.42	1 263.36	23.08	16.50	17.98	1.48
浙江	727.66	841.38	15.63	18.94	20.22	1.28
安徽	561.98	715.42	27.30	17.01	18.06	1.05
福建	399.84	532.66	33.22	18.19	20.43	2.24
江西	474.42	616.33	29.91	18.72	20.41	1.69
山东	1 047.94	1 311.11	25.11	20.95	22.21	1.26

续表

地区	公共财政教育支出（亿元）			公共财政教育支出占的比例（%）		
	2011 年	2012 年	增长比例（%）	2011 年	2012 年	增减百分点
河南	816.00	1 051.17	28.82	19.21	21.00	1.79
湖北	437.88	550.84	25.80	13.62	14.65	1.03
湖南	497.36	712.44	43.24	14.13	17.30	3.17
广东	1 171.05	1 415.52	20.88	17.45	19.16	1.71
广西	454.60	589.78	29.74	17.86	19.76	1.90
海南	117.51	149.28	27.04	15.09	16.37	1.28
重庆	306.18	417.50	36.36	11.91	13.70	1.79
四川	681.90	983.40	44.21	14.59	18.04	3.45
贵州	365.52	500.94	37.05	16.25	18.18	1.93
云南	479.01	664.07	38.63	16.35	18.59	2.24
西藏	75.61	91.33	20.79	9.97	10.09	0.12
陕西	490.32	650.24	32.62	16.73	19.56	2.83
甘肃	272.62	362.18	32.85	15.22	17.59	2.37
青海	129.91	167.08	28.61	13.43	14.42	0.99
宁夏	97.38	102.89	5.66	13.79	11.90	−1.89
新疆	399.83	462.72	15.73	17.50	17.01	−0.49

表三（1）　2012 年各级教育生均公共财政预算教育事业费增长情况

单位：元

地区	普通小学			普通初中			普通高中		
	2011 年	2012 年	增长率(%)	2011 年	2012 年	增长率(%)	2011 年	2012 年	增长率(%)
全国	4 966.04	6 128.99	23.42	6 541.86	8 137.00	24.38	5 999.60	7 775.94	29.61
北京	18 494.11	20 407.62	10.35	25 828.16	28 822.01	11.59	28 533.85	31 883.79	11.74
天津	13 398.02	14 718.04	9.85	17 716.32	20 796.76	17.39	15 941.80	17 666.55	10.82
河北	4 233.89	4 785.98	13.04	6 217.00	7 252.09	16.65	4 961.13	7 040.76	41.92
山西	5 057.71	5 815.94	14.99	5 843.14	6 638.19	13.61	5 432.50	7 358.44	35.45
内蒙古	8 295.77	8 896.05	7.24	9 115.00	10 207.12	11.98	8 082.87	10 068.71	24.57
辽宁	6 929.15	8 067.13	16.42	9 437.10	11 489.26	21.75	6 950.89	8 979.98	29.19
吉林	7 285.90	8 694.48	19.33	8 442.78	10 515.17	24.55	5 625.00	7 582.79	34.81
黑龙江	6 271.38	7 893.87	25.87	6 564.23	8 689.44	32.38	5 261.21	7 518.25	42.90
上海	17 397.94	18 543.78	6.59	22 076.15	23 771.86	7.68	23 676.36	27 271.01	15.18
江苏	8 479.50	9 548.08	12.60	10 175.05	12 479.57	22.65	7 606.20	10 793.22	41.90
浙江	7 468.67	8 197.65	9.76	10 027.27	11 500.02	14.69	7 683.51	9 869.79	28.45
安徽	4 503.39	5 587.19	24.07	5 645.98	7 457.25	32.08	4 601.11	6 685.41	45.30

续表

地区	普通小学			普通初中			普通高中		
	2011年	2012年	增长率(%)	2011年	2012年	增长率(%)	2011年	2012年	增长率(%)
福建	5 766.51	6 747.47	17.01	7 350.81	9 231.83	25.59	6 318.66	7 617.38	20.55
江西	3 731.28	4 848.60	29.94	4 868.08	6 536.06	34.26	4 991.60	7 269.71	45.64
山东	5 071.92	6 094.82	20.17	7 762.13	9 308.07	19.92	7 121.87	8 726.34	22.53
河南	2 736.91	3 458.02	26.35	4 563.99	5 761.78	26.24	4 025.99	5 312.60	31.96
湖北	3 670.29	4 817.88	31.27	5 410.53	7 328.46	35.45	3 424.26	5 275.12	54.05
湖南	3 619.25	4 892.59	35.18	5 941.36	8 145.90	37.10	4 143.45	6 142.89	48.26
广东	4 731.13	5 681.33	20.08	4 907.10	6 116.61	24.65	6 418.50	7 253.20	13.00
广西	4 003.29	4 863.70	21.49	5 359.96	6 361.27	18.68	4 681.61	6 030.98	28.82
海南	6 573.20	7 358.93	11.95	7 563.04	8 850.70	17.03	7 334.92	10 901.61	48.63
重庆	4 773.15	6 378.25	33.63	5 604.96	7 422.55	32.43	5 399.50	6 980.82	29.29
四川	4 164.05	6 107.61	46.67	5 210.02	7 024.97	34.84	4 033.74	5 882.14	45.82
贵州	3 419.25	5 038.12	47.35	4 134.17	5 403.22	30.70	4 867.87	6 184.97	27.06
云南	3 704.84	4 979.84	34.41	4 872.34	6 131.55	25.84	5 151.78	6 474.77	25.68
西藏	10 382.40	11 727.54	12.96	9 593.73	10 632.87	10.83	11 421.82	13 513.53	18.31
陕西	5 996.96	8 747.40	45.86	7 422.63	10 502.62	41.49	6 164.45	8 303.28	34.70
甘肃	4 113.89	5 371.52	30.57	5 020.27	6 411.44	27.71	4 723.55	5 868.51	24.24
青海	6 518.71	8 037.07	23.29	8 331.43	10 062.21	20.77	9 394.02	10 634.95	13.21
宁夏	4 226.33	5 312.20	25.69	6 903.36	7 886.81	14.25	7 428.42	7 771.25	4.62
新疆	7 639.92	9 094.62	19.04	10 182.63	12 022.20	18.07	9 720.11	10 852.88	11.65

表三（1） 2012年各级教育生均公共财政预算教育事业费增长情况（续）

单位：元

地区	中等职业学校			普通高等学校		
	2011年	2012年	增长率(%)	2011年	2012年	增长率(%)
全国	6 148.28	7 563.95	23.03	13 877.53	16 367.21	17.94
北京	18 673.53	21 700.90	16.21	44 073.80	47 623.53	8.05
天津	12 953.81	17 175.20	32.59	19 142.80	21 873.01	14.26
河北	4 898.12	5 942.47	21.32	8 676.09	16 374.54	88.73
山西	6 358.81	8 019.75	26.12	9 372.53	14 196.77	51.47
内蒙古	10 479.40	11 784.04	12.45	13 783.79	14 678.16	6.49
辽宁	8 499.91	8 027.38	−5.56	10 248.38	13 145.78	28.27
吉林	8 634.98	11 103.10	28.58	15 202.95	16 992.46	11.77
黑龙江	7 081.82	9 411.16	32.89	10 912.73	12 958.10	18.74
上海	14 653.93	17 879.89	22.01	29 560.09	30 116.56	1.88

续表

地区	中等职业学校			普通高等学校		
	2011 年	2012 年	增长率(%)	2011 年	2012 年	增长率(%)
江苏	6 012.15	8 522.50	41.75	12 042.91	14 835.94	23.19
浙江	7 896.09	9 555.28	21.01	12 014.80	12 938.29	7.69
安徽	4 391.53	6 420.71	46.21	8 886.74	12 152.91	36.75
福建	5 526.14	7 205.94	30.40	7 555.33	13 426.34	77.71
江西	5 628.39	5 861.06	4.13	8 724.98	17 991.99	106.21
山东	7 205.32	9 493.04	31.75	10 705.95	13 437.80	25.52
河南	4 956.20	5 562.02	12.22	8 699.04	11 007.33	26.54
湖北	3 776.78	5 072.43	34.31	8 973.36	11 254.58	25.42
湖南	4 419.99	7 493.77	69.54	10 168.37	13 384.89	31.63
广东	5 081.85	5 886.86	15.84	11 837.00	13 225.21	11.73
广西	5 903.56	5 722.84	−3.06	10 208.52	12 450.49	21.96
海南	6 148.72	7 613.22	23.82	9 128.91	12 176.44	33.38
重庆	4 917.11	6 332.86	28.79	12 660.96	13 976.43	10.39
四川	4 806.77	7 198.93	49.77	9 001.27	12 622.00	40.22
贵州	4 921.87	6 960.62	41.42	10 140.61	12 005.79	18.39
云南	6 223.29	5 922.11	−4.84	10 592.02	22 653.06	113.87
西藏	11 686.35	13 427.89	14.90	24 618.68	25 106.51	1.98
陕西	6 827.21	7 405.40	8.47	12 205.33	12 811.57	4.97
甘肃	5 151.84	6 152.75	19.43	9 347.65	11 235.89	20.20
青海	6 857.32	8 031.31	17.12	19 995.63	19 702.95	−1.46
宁夏	5 695.77	6 338.02	11.28	28 444.17	20 698.16	−27.23
新疆	10 703.42	11 932.11	11.48	15 696.38	14 557.47	−7.26

表三（2） 2012 年各级教育生均公共财政预算公用经费增长情况

单位：元

地区	普通小学			普通初中			普通高中		
	2011 年	2012 年	增长率(%)	2011 年	2012 年	增长率(%)	2011 年	2012 年	增长率(%)
全国	1 366.41	1 829.14	33.86	2 044.93	2 691.76	31.63	1 687.54	2 593.15	53.66
北京	8 719.44	8 731.79	0.14	11 241.78	11 268.46	0.24	13 612.11	13 660.11	0.35
天津	2 272.52	3 353.70	47.58	2 983.13	4 477.88	50.11	3 099.90	3 748.96	20.94
河北	1 213.72	1 362.87	12.29	1 854.38	2 049.95	10.55	1 136.10	2 193.12	93.04
山西	1 378.64	1 570.29	13.90	1 912.92	2 176.08	13.76	1 355.84	2 677.24	97.46
内蒙古	1 895.02	2 099.11	10.77	2 574.48	3 014.58	17.09	2 449.45	3 669.76	49.82
辽宁	2 546.71	2 638.00	3.58	3 640.65	4 211.94	15.69	2 346.26	3 551.91	51.39

续表

地区	普通小学			普通初中			普通高中		
	2011 年	2012 年	增长率(%)	2011 年	2012 年	增长率(%)	2011 年	2012 年	增长率(%)
吉林	1 822.88	2 317.97	27.16	2 511.20	3 109.61	23.83	1 488.65	2 764.13	85.68
黑龙江	1 362.11	2 442.87	79.34	1 814.22	3 427.29	88.91	1 167.68	3 058.82	161.96
上海	5 369.22	6 021.19	12.14	6 837.76	7 795.08	14.00	6 695.11	8 958.97	33.81
江苏	1 594.33	1 964.23	23.20	1 817.68	2 274.23	25.12	1 262.62	2 023.48	60.26
浙江	1 048.20	1 333.16	27.19	1 614.83	1 981.05	22.68	1 544.26	1 990.31	28.88
安徽	1 640.86	2 123.60	29.42	2 285.29	3 097.05	35.52	1 645.67	3 068.11	86.44
福建	1 369.49	1 625.04	18.66	1 845.58	2 342.52	26.93	1 115.55	1 374.86	23.25
江西	1 290.39	1 895.81	46.92	1 902.14	2 795.00	46.94	1 725.93	3 397.67	96.86
山东	1 370.52	1 837.41	34.07	2 451.19	3 162.28	29.01	2 125.43	2 963.56	39.43
河南	1 135.09	1 605.39	41.43	2 104.78	2 821.16	34.04	1 625.56	2 521.28	55.10
湖北	889.56	1 451.44	63.16	1 355.03	2 089.54	54.21	706.83	1 574.66	122.78
湖南	1 346.32	2 032.48	50.97	2 141.89	3 481.31	62.53	878.30	2 292.01	160.96
广东	974.28	1 264.24	29.76	1 175.52	1 638.59	39.39	1 833.83	1 915.62	4.46
广西	994.53	1 339.14	34.65	1 676.50	2 222.64	32.58	1 563.94	2 170.94	38.81
海南	1 767.55	2 398.93	35.72	2 979.70	3 903.29	31.00	2 637.13	5 765.19	118.62
重庆	1 501.87	2 219.34	47.77	1 966.78	2 684.50	36.49	1 759.63	2 739.88	55.71
四川	1 020.36	1 716.83	68.26	1 508.40	2 125.02	40.88	742.70	1 627.82	119.18
贵州	834.21	1 235.95	48.16	1 371.62	1 739.74	26.84	1 121.61	1 651.06	47.20
云南	979.16	1 460.56	49.16	1 454.77	1 929.46	32.63	1 229.16	2 157.69	75.54
西藏	3 040.30	3 257.80	7.15	2 453.46	2 575.82	4.99	2 445.79	3 529.71	44.32
陕西	1 570.87	2 934.22	86.79	2 757.54	3 989.34	44.67	2 283.26	3 451.69	51.17
甘肃	1 167.53	1 394.72	19.46	1 645.70	1 997.89	21.40	1 158.43	1 666.13	43.83
青海	2 505.72	3 033.09	21.05	3 271.74	4 211.74	28.73	3 702.47	4 577.76	23.64
宁夏	1 710.68	1 960.89	14.63	3 408.41	3 611.17	5.95	3 321.29	2 904.07	−12.56
新疆	1 948.48	2 071.50	6.31	3 768.21	4 069.48	8.00	2 998.03	3 146.80	4.96

表三（2） 2012 年各级教育生均公共财政预算公用经费增长情况（续）

单位：元

地区	中等职业学校			普通高等学校		
	2011 年	2012 年	增长率(%)	2011 年	2012 年	增长率(%)
全国	2 212.85	2 977.45	34.55	7 459.51	9 040.02	21.19
北京	9 096.94	9 149.75	0.58	26 465.43	26 618.30	0.58
天津	2 981.70	4 054.30	35.97	10 850.65	13 264.04	22.24
河北	1 236.55	1 539.01	24.46	4 253.09	11 211.86	163.62

续表

地区	中等职业学校			普通高等学校		
	2011 年	2012 年	增长率(%)	2011 年	2012 年	增长率(%)
山西	1 958.95	2 915.80	48.85	3 557.44	7 136.47	100.61
内蒙古	4 031.96	4 773.80	18.40	7 911.96	6 929.95	−12.41
辽宁	4 623.94	3 315.51	−28.30	4 906.86	7 100.87	44.71
吉林	2 089.34	3 413.93	63.40	8 622.94	9 630.00	11.68
黑龙江	1 560.81	3 957.57	153.56	5 682.06	6 346.79	11.70
上海	5 394.17	7 051.29	30.72	23 492.42	23 539.75	0.20
江苏	1 683.66	2 698.15	60.26	7 196.70	7 891.87	9.66
浙江	2 199.65	2 758.64	25.41	4 771.38	5 501.66	15.31
安徽	1 865.38	3 486.04	86.88	5 153.64	7 974.84	54.74
福建	1 375.21	1 902.10	38.31	4 006.27	8 177.45	104.12
江西	2 820.84	2 877.39	2.00	4 086.06	12 465.36	205.07
山东	2 290.00	4 070.44	77.75	5 675.75	7 416.75	30.67
河南	2 190.87	2 380.14	8.64	4 768.50	6 571.27	37.81
湖北	1 126.31	1 590.12	41.18	4 888.00	6 017.02	23.10
湖南	1 151.22	3 610.80	213.65	5 699.85	8 439.79	48.07
广东	2 072.85	2 320.70	11.96	5 418.52	5 231.33	−3.45
广西	2 918.25	2 279.14	−21.90	5 745.81	7 375.80	28.37
海南	2 495.68	3 507.76	40.55	3 842.52	6 822.72	77.56
重庆	1 914.20	3 188.11	66.55	9 073.88	9 778.93	7.77
四川	1 623.48	2 948.12	81.59	4 110.93	7 507.03	82.61
贵州	1 641.77	3 173.51	93.30	4 330.00	4 754.65	9.81
云南	1 907.77	2 471.40	29.54	5 877.00	17 410.44	196.25
西藏	5 615.89	6 319.65	12.53	12 869.62	12 999.21	1.01
陕西	3 084.41	3 112.10	0.90	8 505.62	8 883.51	4.44
甘肃	1 347.50	2 145.08	59.19	5 125.06	6 476.31	26.37
青海	3 599.94	4 423.78	22.88	10 851.65	10 711.45	−1.29
宁夏	2 656.40	2 969.57	11.79	21 374.01	13 078.81	−38.81
新疆	4 610.78	5 582.81	21.08	8 008.89	6 651.82	−16.94

〔开展“教育经费管理年”活动〕　2013 年，为推动、指导各地进一步用好管好教育经费，促进教育事业科学发展，印发了《教育部关于开展“教育经费管理年”活动进一步用好管好教育经费的通知》（教财〔2013〕3 号），对各地提出了具体要求。各地也都就加强教育经费管理印发了文件，制订了工作计划，开展了督查和宣传。

〔召开全国教育财务工作暨“教育经费管理年”现场推进会〕　9 月 12 日，在云南省昆明市召开了全国教育财务工作暨“教育经费管理年”现场推进会，各省（区、市）、新疆生产建设兵团及计划单列市教育财务负责人，财政部、审计署有关负责人参加了会议。教育部副部长杜玉波做了题为《依法投入科学理财提高保障和管理水平》的讲话，明确指出巩固4%成果是教育财务工作的首要任务，要紧紧抓住法定增长、新开辟的财政投入渠道、生均拨款标准和监测评价这四个“抓手”，进一步优化存量、用好增量，确保各级政府教育支出占财政支出的比例不降低，确保财政性经费占GDP比例不降低。

〔印发《全国教育系统财务管理干部培训实施方案（2014—2017年）》〕 12月27日，教育部印发了《全国教育系统财务管理干部培训实施方案（2014—2017年）》（简称《方案》）。《方案》提出，用4年左右时间，建立规范化的教育系统财务管理干部培训制度，实现对教育系统全体财务、审计、资产管理人员轮训一遍，培养一批教育财务骨干人才队伍。并明确了培训体制、培训机制和教育部重点培训计划等内容。

〔落实连片特困地区乡村教师生活补助政策〕 根据《中共中央国务院关于加快发展现代农业进一步增强农村发展活力的若干意见》（中发〔2013〕1号）中关于“对在连片特困地区乡、村学校和教学点工作的教师给予生活补助”的要求，经深入调研，充分论证，报国务院同意后，于9月印发了《关于落实2013年中央1号文件要求对在连片特困地区工作的乡村教师给予生活补助的通知》（教财函〔2013〕106号），中央财政对实施乡村教师生活费补助政策的连片特困地区给予综合性奖补。这一政策，对于进一步提高农村教师生活待遇，加强农村教师队伍建设，促进义务教育均衡发展有着重要意义。为规范管理，于12月印发了《教育部关于加强乡村教师生活补助经费管理有关工作的通知》（教财函〔2013〕153号），要求各地实行实名制管理，严格“以岗定补”、坚持阳光操作、加强全过程监督、完善配套措施、按时报告实施情况和工作计划。2013年，中央财政对已实施了乡村教师补助的205个县给予了综合性奖补，共安排资金9.15亿元。

〔进一步完善义务教育经费保障机制〕 提高农村义务教育学校生均公用经费基准定额。中西部地区由年生均小学500元提高到560元、初中由700元提高到760元；东部地区由年生均小学550元提高到610元、初中由750元提高到810元；结合不同地区的取暖期长短、财力状况等实际情况，实现北方地区学校取暖费分省核定。

〔继续实施农村义务教育学生营养改善计划〕 印发《关于切实做好农村义务教育学生营养改善计划地方试点有关工作的通知》（全国学生营养办〔2013〕1号）、《关于进一步明确在营养改善计划国家试点学校建立膳食委员会的通知》（全国学生营养办函〔2013〕1号）、《关于建立营养改善计划通报制度的通知》（全国学生营养办函〔2013〕7号）、《关于建立农村义务教育学生营养改善计划志愿者服务制度的通知》（全国学生营养办〔2013〕2号）和《关于切实解决好当前营养改善计划实施中五个突出问题的通知》（全国学生营养办〔2013〕3号）等文件，管理更加规范。

〔做好村小学和教学点经费保障工作〕 印发《教育部关于进一步做好村小学和教学点经费保障工作的通知》（教财函〔2013〕147号），对各地做好村小学和教学点经费保障工作提出明确要求，为切实提高村小学和教学点运转水平提供了政策保障。

〔继续实施学前教育资助制度〕 2013年，中央财政安排学前教育资助资金8.2亿元，资助幼儿约390万人，基本保障了家庭经济困难儿童、孤儿和残疾儿童接受普惠性学前教育。

〔继续实施普通高中国家助学金政策〕 2013年，中央财政安排普通高中国家助学金46.467 8亿元，资助困难学生近500万人，资助面约占全国普通高中在校生的20%。

〔继续实施普通高中改造计划〕 2013年，中央财政安排补助资金20亿元，带动地方投入5亿元，对中西部集中连片特困地区的486所普通高中学校进行了改扩建。新增校舍建筑面积130万平方米，体育场（馆）面积128万平方米，图书及仪器设备价值2.18亿元，惠及158万名普通高中学生。

〔建立中小学校舍安全保障长效机制〕 11月，国务院办公厅转发了教育部等部门《关于建立中小学校舍安全保障长效机制的意见和通知》（国办发〔2013〕103号），要求各地加强校舍年检、安全预警、信息发布、隐患排除、项目管理、责任追究6个方面的制度建设，构建保障中小学校舍安全的制度体系，用制度来落实校舍安全责任，规范校舍安全建设和管理，通过坚持不懈的努力，不断提高中小学校舍防震减灾能力，实现安全达标。

〔新修订的《中小学校财务制度》正式施行〕 为进一步规范中小学校的财务行为，促进中小学校事业健康发展，根据《事业单位财务规则》和国家有关法律制度，教育部会同财政部对《中小学校财务制度》进行了修订，并自2013年1月1日起正式施行。修订内容主要体现在进一步突出了中小学校的公益属性，强化了校长在财务管理中的责任地位和主导作用，完善和规范了预算管理，加强了经费监管和绩效管理。与原制度相比，新制度适用范围更加明确，管理责任更加清晰，管理要求更加细化，财务监督更加严格，财务风险防控机制更加健全。

〔印发《教育规划纲要重大项目资金使用监督检查办法》〕 为贯彻落实教育规划纲要，规范重大项目资金的使用管理，提高财政资金使用效益，确保有针对性地做好监督检查工作，3月6日，教育部、国家发展和改革委、财政部联合印发了《教育规划纲要重大项目资金使用监督检查办法》（教财〔2013〕2号），从监督检查的原则、内容、方式、程序、奖惩措施和组织实施等方面，对监督检查教育规划纲要确定的重大项目工程做出了明确的规定。

〔推进研究生教育投入机制改革〕 为进一步加大研究生教育投入力度，提高研究生培养质量，经国务院批准，财政部、国家发展和改革委、教育部于2月联合印发了《关于完善研究生教育投入机制的意见》（财教〔2013〕19号），提出了完善研究生教育的财政拨款制度、完善奖助政策体系、建立健全收费制度等“三位一体”政策措施。为将各项政策落到实处，先后印发了《关于加强研究生教育学费标准管理及有关问题的通知》《研究生学业奖学金管理暂行办法》《研究生国家助学金管理暂行办法》等配套政策文件。

〔建立健全中央高校发展长效补助机制〕 为促进中央高校持续健康发展，加大投入支持高校解决制约发展的突出问题和紧迫问题，教育部会同财政部印发了《关于建立健全中央高校发展长效补助机制的通知》（财教〔2013〕178号），决定从2013年起，在中央高校建立发展长效补助机制专项经费，并组织完成了2013年度直属高校长效补助机制项目的申报和批复，共下达42所高校经费预算29亿元。

〔解决直属高校无中央财政预算户头的附属中小学办学经费问题〕 为从根本上理顺管理体制，规范无户头附属中小学的办学行为，提升办学质量，经与财政部协商，拟订了无户头附属中小学逐校核定改革方案和对符合条件的中小学给予财政补助的方案。财政部同意将23所高校的43所附属中小学的办学补助经费作为基本支出纳入2014年预算，并下达经费预算3.36亿元。

〔建立对直属高校重点文物保护投入的新机制〕 经商财政部、国家文物局，决定从6月起，将直属高校全国重点文物保护单位的维修、保护与展示以及馆藏一、二、三级珍贵文物的保护，纳入中央财政文物保护专项资金补助支持范围。2013年，安排重点文物保护专项补助资金1.34亿元。

〔教育部所属高校主动向社会公开预决算信息〕 2013年，教育部所属高校全部主动向社会公开了预算和决算信息，并细化至项级科目。这是中国高校第一次以规范的方式公开学校财务信息，是高校贯彻政府信息公开条例和高校信息公开办法的实际行动，具有十分重要的意义。

〔**印发《高等学校会计制度》**〕 新的《高等学校财务制度》发布后，教育部配合财政部加快修订《高等学校会计制度》，以通过改进和完善高等学校的日常会计核算，使财务制度的各项规定真正落到实处。修订的会计制度新增与国库集中支付、政府收支分类、部门预算、国有资产管理等财政改革相关的会计核算内容；要求计提固定资产折旧，并创新性引入“虚提”折旧方法；明确基建数据定期并入高校会计大账；进一步规范非财政补助结转、结余及其分配的会计核算；全面完善会计科目体系和会计科目使用说明；系统改进了资产负债表和收入支出表的结构，增加了财政补助收入支出表。

〔**印发《教育部直属高等学校、直属单位国有资产管理工作规程（暂行）》**〕 6月9日，印发《教育部直属高等学校、直属单位国有资产管理工作规程（暂行）》（教财函〔2013〕55号，简称《规程》）。《规程》进一步完善了国有资产管理配套制度，明确办事流程和要求，简化办事手续，对事业资产的使用、处置、清查和核实、评估及备案、产权登记以及单位所办企业国有资产管理等事项的办理流程、申报材料和工作要求，提出了更具规范性和可操作性的制度规定，推进国有资产管理的规范化、科学化和精细化。

〔**召开教育部直属高校、直属单位国有资产管理工作视频会议**〕 11月29日，组织召开教育部直属高校、直属单位国有资产管理工作视频会议。教育部副部长杜玉波在会上要求各直属高校、直属单位高度重视国有资产管理工作，健全管理机构，完善管理制度，加强队伍建设，强化监督管理，坚持勤俭办学，反对铺张浪费，确保国有资产安全完整、使用规范和配置有效，全面提高国有资产管理水平，理顺国有资产管理体制、规范国有资产管理程序。

〔**出国与来华留学经费投入显著增加**〕 2013年，出国留学生经费总量为33.5亿元，比2012年增加4.5亿元，增幅达15.52%。2013年，来华留学生经费总量为18亿元，比2012年增加2.5亿元，增幅达16.13%。

〔**印发《出国留学经费管理办法》**〕 11月2日，财政部、教育部印发《出国留学经费管理办法》（财教2013〔411〕号，简称《办法》）。《办法》以出国留学事业的“选、派、管、回”为主线，明确了出国留学经费管理各单位职责、资助对象和开支范围，并对预算管理、结转和结余资金管理、资产管理等提出了管理要求。这是财政体制改革后，第一次专门就出国留学经费出台的管理办法。

教育审计

〔**建立制度**〕 建立领导干部任中经济责任审计制度、审计发现问题整改检查工作制度。

〔**开展审计**〕 开展了领导干部经济责任审计18项。其中教育部直属高校校长离任经济责任审计8项、任中经济责任审计8项、直属事业单位负责人任中经济责任审计2项。完成了12所高校审计发现问题整改落实情况的检查，促进了高校内部管理水平的不断提高。

撰稿 魏秦歌 吕东伟 韩冬升 杨 宇 刘 景 王 征 华成刚 王 俊 赵建军 彭 莉 迟玉收 陈 舒 徐 薇 潘宝松 沈志超

审稿 田祖荫 郭 鹏 胡延品

基础教育

学前教育

〔**学前教育三年行动计划完美收官**〕　2013年，在各级政府和有关部门的共同努力下，完成学前教育三年行动计划各项目标任务，学前教育改革发展取得了历史性成就。一是普惠性学前教育资源快速增加。截至2013年年底，全国有幼儿园19.86万所，在园幼儿3 895万人，分别比2010年增加4.82万所、918万人，分别增长32%和31%，在园幼儿增量相当于过去10年增量的总和。全国学前三年毛入园率达67.5%，比2010年提高10.9个百分点，“入园难”问题得到初步缓解。二是学前教育投入大幅增长。2011—2013年，中央财政学前教育项目投入500亿元，带动地方各级财政投入1 600多亿元。全国财政性教育经费中学前教育占比从1.7%提高到3.4%。三是幼儿园教师队伍持续壮大。各地通过“特岗计划”、小学教师培训后转岗、接收免费师范生、公开招聘等多种途径，充实幼儿园教师队伍。2013年，全国幼儿园教职工达283万人，比2010年增加98万人，增长了53%。四是幼儿园管理制度不断完善。国家出台《幼儿园收费管理暂行办法》《3—6岁儿童学习与发展指南》，教育部组织修订《幼儿园工作规程》《幼儿园建设标准》《幼儿园玩教具配备标准》。各地积极加强幼儿园准入、收费、安全、卫生等方面的管理，深入贯彻落实《指南》，提高保教质量。

〔**国家学前教育重大项目取得显著成效**〕　为支持各地实施好学前教育三年行动计划，教育部会同国家发改委实施了农村学前教育推进工程，会同财政部实施了4大类7个国家学前教育重大项目，3年共投入500亿元，重点支持中西部农村地区和薄弱环节。一是校舍建设类项目。中央财政投入382亿元，支持中西部地区新建乡村幼儿园4 500余所，利用农村闲置校舍改建幼儿园和增设小学附属幼儿园约8万所，在中西部13个省区农村偏远地区开展巡回支教试点1 500个，以上项目受益幼儿超过1 000万人。二是综合奖补类项目。中央财政投入91亿元，对各地扶持城市企事业单位、集体办园，解决进城务工人员随迁子女入园和扶持普惠性民办园进行奖补，3年来扶持约6.9万所次，受益幼儿超过1 000万人次，其中进城务工人员随迁子女300多万人次。三是幼师国家级培训项目。中央财政投入11亿元，培训中西部农村幼儿园骨干教师、小学转岗教师29.6万人次。四是幼儿资助项目。中央财政投入16亿元，对各地资助家庭经济困难幼儿、孤儿和残疾幼儿入园予以奖补，受益幼儿超过400万人次。

〔**教育部举办2013年全国学前教育宣传月活动**〕　为深入落实《3—6岁儿童学习与发展指南》（简称《指南》），在全社会树立科学的儿童观、教育观，2013年宣传月的主题确定为“学习《指南》，了解孩子”。5月20日至6月20日宣传月期间，教育部采取多种措施支持各地开展宣传月活动，收到良好效果。一是与重庆市人民政府共同在重庆市江津区举办2013年全国学前教育宣传月启动仪式，对宣传月活动进行部署和动员。二是与联合国儿童基金会共同组织拍摄了学前教育公益宣传片，向各地捐赠《指南》读本、挂图、家长宣传册及主题海报共13万册（套）。三是开发“科学育儿一点通”信息查询系统，捐赠给中西部地区幼儿园，支持其面向社区和家长开展科学育儿服务活动。四是联合中国学前教育研究会、中国教育报开展“倾听孩子，共同成长”主题征文活动，面向幼儿园教师和家长征集学《指南》、用《指南》的切身感受和经验。五是开通全国学前教育三年行动计划网络巡展，通过图表、图片、视频、动画等多种形式，系统展示各地实施学前教育三年行动计划的重要进展和成效，为各地交流做法和经验搭建了有效平台。

综合管理

〔**高中基本情况**〕 2013年，全国普通高中共有1.34万所，比2012年减少157所；招生822.7万人，比2012年减少21.91万人，下降2.59%；在校生2 435.88万人，比2012年减少31.29万人，下降1.27%。其中民办普通高中2 375所，招生79.82万人，在校生231.64万人。高中阶段毛入学率由2012年的85%上升到86%，初中毕业生升学率由88.4%上升91.2%。全国普通高中有专任教师162.9万人，比2012年增加3.4万人，增长2.13%；生师比为14.95∶1，比2012年有所改善；专任教师学历合格率为96.8%，比2012年提高0.36个百分点。普通高中共有校舍43 560.14万平方米。设施设备配备达标的学校比例情况分别为：体育运动场（馆）82.86%，体育器械84.67%，音乐器材82.52%，美术器材82.94%，理科实验仪器86.02%。建有校园网的学校比例为80.92%，比2012年提高0.63个百分点。

〔**推进中小学教育质量综合评价改革**〕 6月，教育部印发《关于推进中小学教育质量综合评价改革的意见》，提出了包括学生品德发展水平、学业发展水平、身心发展水平、兴趣特长养成、学业负担状况5个方面和20个关键性指标的中小学教育质量综合评价指标框架，着力构建体现素质教育要求、以学生发展为核心、科学多元的中小学教育质量评价制度，努力扭转单纯以学生学业考试成绩和学校升学率评价中小学教育质量的倾向，促进学生健康成长、全面而有个性地发展。12月，教育部办公厅印发《关于做好中小学教育质量综合评价改革实验工作的通知》，确定上海市、浙江省、北京市东城区和海淀区、石家庄市、沈阳市、大连市、常州市、安庆市、抚州市、青岛市、潍坊市、郑州市、新乡市、武汉市、孝感市、宜昌市、长沙市、株洲市、广州市、深圳市、玉林市、重庆市北碚区、成都市、泸州市、贵阳市、玉溪市、西安市、银川市、克拉玛依市作为国家实验区开展评价改革实验。

〔**实施“普通高中改造计划”和“民族地区教育基础薄弱县普通高中建设项目”**〕 2013年，教育部和财政部继续实施“普通高中改造计划”，当年中央财政安排20亿元专项资金，支持集中连片特困地区普通高中校舍改扩建、配置图书和教学仪器以及体育运动场等附属设施建设。同时，教育部与国家发改委组织实施民族地区教育基础薄弱县高中建设项目，当年中央财政投入近10亿元，支持民族地区教育基础薄弱县改扩建普通高中学校，改善办学条件。

〔**举办全国青少年高校科学营活动**〕 为促进高校与普通高中合作育人，创新人才培养模式，教育部与中国科学技术协会共同组织开展了2013年全国青少年高校科学营活动。暑期，共有 1 500 所高中的 11 495 名学生走进 48 所高校，聆听专家科普报告、参观重点实验室、参加主题科技实践活动等。

〔编制《特殊教育提升计划（2014—2016年）》〕 2013 年，为贯彻落实党的十八大和十八届二中、三中全会精神，深入实施教育规划纲要，按照国务院领导的指示要求，教育部在系统调研、广泛听取有关意见建议的基础上，会同国家发改委、民政部、财政部、人力资源和社会保障部、国家卫生和计划生育委员会及中国残疾人联合会，起草编制了《特殊教育提升计划（2014—2016 年）》（简称《提升计划》）。《提升计划》于 9 月 10 日经第八次国家教育体制改革领导小组审议原则通过。

《提升计划》确定了中国特殊教育发展的总体目标、重点任务和主要措施。总体目标：全面推进全纳教育，使每一个残疾孩子都能接受合适的教育。到 2016 年，基本普及残疾儿童少年义务教育，全国视力、听力、智力残疾儿童少年义务教育入学率达 90%以上。其他残疾人受教育机会明显增加。重点任务：提升特殊教育普及水平，提升经费保障能力和提升教育教学质量。主要措施：扩大残疾儿童少年义务教育规模，积极发展非义务教育阶段特殊教育，加大特殊教育经费投入力度，加强特殊教育基础能力建设，加强特殊教育教师队伍建设和深化特殊教育课程教学改革。

〔印发《中小学书法教育指导纲要》，进一步加强中小学书法教育〕 1 月，教育部印发了《中小学书法教育指导纲要》（简称《指导纲要》）。

《指导纲要》明确提出，中国书法是中华民族的文化瑰宝，中小学开展书法教育对培养学生的书写能力、审美能力、传承中华民族优秀文化具有重要作用。明确了“中小学书法教育以语文课程中识字和写字教育为基本内容，以提高汉字书写能力为基本目标，以书写实践为基本途径，适度融入书法审美和书法文化教育”的定位。提出“面向全体，让每一个学生写好汉字；硬笔与毛笔兼修，实用与审美相辅；遵循书写规范，关注个性体验；加强技能训练，提高文化素养”4 个基本理念。明确了中小学书法教育的总体目标。本着“重视学写毛笔，但不忽视硬笔”的精神，简要明确提出硬笔学习的目标与内容要求，分年段较详细提出毛笔学习的目标与内容要求。规定了“义务教育阶段书法教育以语文课为主，也可在其他学科课程、地方和校本课程中进行。其中，小学三至六年级每周安排一课时用于毛笔字学习。普通高中可开设书法选修课”。按照儿童书法学习的基本规律和减轻学生负担的要求，提出了教学和评价建议，书法教学的文字使用、发挥教师的示范作用等要求。简要提出了教学用书编写建议。

为将工作落到实处，教育部及各地开展了一系列培训与研究活动。一是组织培训。8 月 5—8 日，在国家教育行政学院举办了首期“全国中小学书法教育骨干教研员培训班”，对各省（区、市）具有一定书法和写字教学经验、能承担省内培训任务的教研员共 200 人进行了培训。在国家级培训的基础上，湖北、吉林等省先后组织了教师培训，提高教师的专业水平。二是开展教育教学研究。要求地方各级教研部门深入学校，与教师共同研究，提高书法教育质量。协调中国教育学会书法教育专业委员会等专业机构，到中小学校指导书法教育活动。

各地根据教育部加强书法教育的要求，采取典型引路、区域推进、专业团体引领、争取社会支持等多项措施，稳步推进书法教育，有效提升了书法教育的整体水平。

〔修订义务教育国家课程教材〕 为落实 2011 版国家课程标准要求，进一步提升中小学教材的质量和水平，2011 年教育部全面启动了义务教育课程标准实验教材的修订工作。修订的目标是使教材的内容更能满足学生终身发展的需要，科学性得到进一步提高，德育内容的渗透更具针对性和实效性，编排与呈现方式更加符合学生身心发展规律，印制更加规范。教材修订分两个阶段进行。第一阶段从 2011 年 5 月开始，修订依据 2001 年颁布的义务教育课程设置实验方案和课程标准编写的小学阶段的数学、音乐、美术、艺术、英语、体育与健康（教师用书）6 个学科和初中阶段的数学、物理、化学、生物、科学、地理、历史与社会、外语（英语、日语、俄语）、音乐、美术、艺术、体育与健康12个学科的所有教材。第二阶段从2013年7月开始修订德育、语文、历史3科教材（小学科学学科另做安排），五四制教材同步修订。教材修订的基本要求是：全面贯彻党的教育方针，遵循国家的有关法律、法规和政策，符合修订后的义务教育课程标准的要求；体现社会主义核心价值体系，注重培养学生社会责任感、创新精神、实践能力；全面落实教育要面向现代化、面向世界、面向未来的要求，体现时代发展新要求、社会新变化和科学技术新进展，与时俱进，及时更新教材内容；符合学生身心发展的规律，联系学生的生活经验，关注学生不同的生活和文化背景，突出各套教材的风格和特色；精选教材内容，调整教材中存在的学习内容过多、要求过高、难度过深、练习量过大的部分，减轻学生过重的课业负担；规范教材编印，提高循环使用学科教材的印制质量。第一阶段修订教材的审查工作分两步进行：第一步于2012年3月审查修订的起始年级教材，第二步于2013年3月审查修订的起始年级以外的教材。

〔实施“教学点数字教育资源全覆盖项目”〕 “教学点数字教育资源全覆盖项目”由教育部和财政部联合启动实施，面向全国农村义务教育学校布局调整中确需保留和恢复的5.8万个教学点。通过为教学点配备数字教育资源接收和播放设备、传送优质数字教育资源、开展教师应用能力培训，支持农村边远地区教学点利用项目设备和资源，开齐开好国家规定课程，满足适龄儿童就近接受良好教育的需要。

针对教学点特点，教育部组织有关专家、一线优秀教师和学科编辑，在国家基础教育资源中心现有资源基础上，制作完成了覆盖人民教育出版社新版教材小学1—3年级语文、数学、英语、品德与生活（品德与社会）、科学、音乐、美术、体育8门学科的资源系列，于2013年9月秋季开学后结合教学进度，通过卫星和项目网站及时向各教学点推送，以满足教学点教师上课、学生自学和教师备课的需要。截至2013年年底，全国已有4.8万个教学点实现利用项目设备和资源开展教学，17.6万名教学点教师接受了项目培训。

撰稿　王正科　马嘉宾　章空尽　黄　伟
　　　潘俊强　沈白榆　杨秀梅　乔玉全
　　　徐文菁
审稿　李天顺　姜　瑾　刘昌亚　申继亮

〔国务院部署改善贫困地区义务教育薄弱学校工作〕 2013年12月4日，国务院总理李克强主持召开第三十二次国务院常务会议，部署全面改善贫困地区义务教育薄弱学校基本办学条件工作。李克强指出，贫困地区学校是中国教育事业发展的“短板”，治贫先重教，发展教育是减贫脱贫的根本之举。为此，国务院确定，以中西部农村贫困地区尤其是集中连片特困地区为主，兼顾其他国家扶贫开发重点地区、民族地区、边境地区和东部部分困难地区，调整中央和省级财政教育支出结构，最大限度向贫困地区义务教育薄弱环节倾斜，实施全面改善贫困地区义务教育薄弱学校基本办学条件计划。要求坚持“阳光操作”、精打细算，严防资金浪费或被套取、挪用、截留，真正造福贫困地区4 000多万名孩子。经国务院同意，教育部、国家发改委、财政部在广泛调研和征求意见的基础上，起草了《关于全面改善贫困地区义务教育薄弱学校基本办学条件的意见》（简称《意见》），于12月31日印发各省（区、市）人民政府。

《意见》明确了全面改善贫困地区义务教育薄弱学校基本办学条件工作的重点任务。一是保障基本教学条件。教室应符合有关规范要求。要配备必要的教学仪器设备、器材、图书和合格的课桌椅，因地制宜地建设运动场地和体育设施。二是改善学校生活设施。保障寄宿学生每人1个床位。根据实际需要配备必要的洗浴设施和条件。食堂或伙房满足就餐需要。设置开水房或安装饮水设施，厕所要有足够厕位。北方和高寒地区学校配备冬季取暖设施。设置必要安全设施，维护师生安全。三是办好必要的教学点。对确需保留的教学点，要配备必要设施，满足教学和生活基本需求。由中心学校统筹教学点课程和教师安排，保障教学质量。在教师配置、教师职称晋升和绩效工资分配、教师周转宿舍建设使用、公用经费核定等方面，对教学点进行倾斜支持。四是妥善解决县镇学校大班额问题。通过科学规划学校布局、加强新建住宅区配套学校建设、采取新建、扩建、改建等措施，首先解决超大班额问题，逐步消除大班额现象。对于大班额严重的学校，合理分流学生，限制招生人数。五是推进教育信息化。稳步推进农村学校宽带网络、数字教育资源、网络学习空间建设，逐步提升农村学校信息化基础设施与教育信息化应用水平，同时加快学籍管理等教育管理信息系统应用。六是提高教师队伍素质。完善农村教师补充机制，实行公办学校校长教师交流轮岗。改革教师培养模式，面向乡镇以下农村学校培养能承担多门学科教学任务的小学教师和“一专多能”的初中教师。加强农村学校教师和校长培训。保障农村学校教师职称晋升比例，落实对在连片特困地区的乡、村学校和教学点工作的教师给予生活补助的政策。

〔全国人大常委会开展《义务教育法》执法检查〕　2013 年上半年，全国人大教科文卫委员会赴浙江、江西、四川、陕西 4 省就开展义务教育法执法检查进行工作调研。9 月，检查组召开第一次全体会议，听取了教育部、国家发改委、财政部、人力资源和社会保障部、国家审计署关于贯彻实施《义务教育法》情况汇报，国家民委、公安部、中央编制办做了书面汇报。同时委托 19 个省（区、市）人大常委会对本行政区域内《义务教育法》的实施情况进行检查。

9—11 月，检查组由全国人大常务委员会副委员长王晨任组长，严隽琪、艾力更・依明巴海、陈竺副委员长为副组长，分四路赴山西、吉林、河南、广东、重庆、云南、青海、新疆 8 省（区、市）开展检查。重点检查四个方面：义务教育经费保障、管理及使用情况；农村教师队伍建设情况；促进义务教育均衡发展情况；贯彻教育方针、实施素质教育，提高教育质量情况。各检查组听取了省（区、市）、市、县政府及有关部门的汇报，召开 24 次校长、教师座谈会，实地考察 63 所不同类型的义务教育学校。检查报告认为：义务教育事业取得了重大成就，2011 年，全国所有省（区、市）通过了国家“普九”验收，人口覆盖率达 100%；全面普及了城乡免费义务教育；2012 年，九年义务教育巩固率为 91.8%。“十一五”期间，财政性教育经费中，义务教育约占 53%，居于各级各类教育的首位。

〔全国统一的中小学生学籍信息管理制度基本建立〕　8 月 11 日，教育部印发《中小学生学籍管理办法》（简称《办法》），这是中国首部全国性的中小学生学籍管理办法。《办法》分为总则、学籍建立、学籍变动管理、保障措施、附则五章 30 条，对基础教育阶段学生学籍的建立、审核、转接和监管提出了规范性要求。《办法》明确了每个学生拥有唯一学籍号，实行“籍随人走、终身不变”的原则。学籍号以学生居民身份证号为基础，从幼儿园入园或小学入学初次采集学籍信息后开始使用。《办法》还确立了学籍管理省级统筹、属地管理，动态监管、全程跟踪等基本原则。要求全国 31 个省份和新疆生产建设兵团根据《中小学学籍管理办法》制定学籍管理实施细则。

《办法》要求，全面应用全国中小学生学籍信息管理系统开展日常学籍管理工作。3 月 29—30 日，全国中小学生学籍信息管理系统建设启动现场会在试点省贵州召开，全国联网的中小学生电子学籍管理系统建设全面启动。7 月 31 日，全国教育管理信息化电视电话会议在北京召开，教育部部长袁贵仁做重要讲话，基础教育一司司长王定华对加快推进电子学籍系统建设做了系统部署。截至 2013 年年底，全国 31 个省份和新疆生产建设兵团已全部完成系统的安装部署，各省份系统运行稳定，1.58 亿名中小学生的学籍信息采集入库，标志着中小学生学籍信息管理系统基本建成并实现全国联网试运行。12 月 30 日，教育部下发《关于通过全国中小学生学籍信息管理系统做好跨省转学等学籍管理工作的通知》，标志着中小学生学籍信息管理系统进入全面应用阶段。

〔农村义务教育薄弱学校改造计划校舍改造类项目取得明显成效〕　校舍改造类项目是教育部、

财政部从2010年开始在中西部地区和东部的辽宁、山东、福建3省实施农村义务教育薄弱学校改造计划的主要内容。截至2013年年底，中央财政已投入校舍改造资金399亿元。

2013年，教育部继续指导各地加快工作进度，确保工程质量和实施效果，利用全国中小学校舍信息管理系统提高项目管理水平。一是部署开展省内交叉检查。要求查到每个项目县、项目学校和项目单体。各地采取市县交叉检查、省级督查抽查，采用现场核查、集中审计、跟踪督办等有效方式狠抓落实。二是逐省进行会商。教育部分别与26个项目省份通过校舍信息系统，研究项目实施进展情况和存在的问题，进一步强化校舍信息系统作为了解项目实施进展的窗口、保障工程质量的抓手、提高校舍管理水平的支撑、学校标准化建设的基础和教育事业统计依据的重要作用，确保质量达标、资金安全、信息记录全面准确三条底线。三是继续实行通报制度。对项目建设的关键指标进行排名，督促解决问题，切实推动工作。

〔**加强留守儿童关爱和教育工作**〕 2013年，全国义务教育阶段学生中，农村留守儿童达2 126.75万人。中部地区约占全国的一半，最多的5个省份是河南、湖南、四川、安徽、江西。

1月4日，为加强农村留守儿童工作，明晰留守儿童工作总的思路，教育部、全国妇女联合会、中央社会管理综合治理委员会办公室、共青团中央、中国关心下一代工作委员会联合印发了《关于加强义务教育阶段农村留守儿童关爱和教育工作的意见》，明确了留守儿童关爱和教育工作的基本原则及主要任务，并积极抓好贯彻落实。一是做好部署。4月18—19日，教育部会同全国妇女联合会在江苏省常州市召开全国农村留守流动儿童关爱服务体系试点工作总结推进会，来自19个试点省（区、市）的教育部门、妇联的负责人以及40个试点地区党政领导参加了会议。会议总结交流了2011年开展试点工作以来的情况和经验，研究部署了深化试点工作的任务和要求。二是加强管理。将留守儿童关爱和教育工作纳入全国电子学籍系统建设、学校规范管理、预防性侵和加强心理教育工作中。三是项目支撑。实施农村薄弱学校改造计划、农村义务教育学生营养改善计划等重大项目，对留守儿童集中地区给予适当倾斜，充分贯彻留守儿童优先原则，夯实物质基础。四是健全机制。不断创新关爱服务载体，切实加强留守儿童法制、安全教育，充分发挥家校联动作用，帮助做好社区关爱服务与社会关爱活动，逐步构建社会关爱服务机制。

各地结合实际认真贯彻、狠抓落实，留守儿童工作有了新进展、新做法、新经验。一是改善了留守儿童教育条件。通过实施基建项目，山西、福建、河南等地农村寄宿制学校的宿舍、食堂、厕所、浴室等办学条件得到明显改善。辽宁、江苏、青海等地提高了农村寄宿制学校公用经费标准。山西、云南等地为寄宿制学校配备了生活教师。集中连片特殊困难地区699个县，普遍建立了留守儿童用餐登记台账和营养状况档案。浙江省德清、嘉善，山东省威海、滨州等地为留守儿童上下学提供了交通条件。二是提高了留守儿童教育水平。安徽省宣城、山东省曲阜等地对学习困难的留守儿童进行有针对性的辅导。湖南省益阳、重庆等地采取各种措施，增强留守儿童自救自护、应急避险能力。河南省许昌、四川省达州、贵州省安顺等地开展法制宣传，预防留守儿童违法犯罪发生。贵州省吸取毕节市5名儿童在垃圾箱中闷死事件的教训，利用全国电子学籍系统对全体留守儿童进行实时监管，提高了控辍保学和安全管理工作水平。三是构建了留守儿童关爱机制。浙江、安徽、重庆等地教育、妇联、综合治理等部门密切配合，创造出新的工作模式。湖南、广西等地整合妇女儿童之家、青少年校外活动中心、乡村少年宫资源，发挥了综合效益。江苏、江西等地倡导邻里互助，认真选择有意愿、负责任的家庭照料留守儿童。各地普遍建立了亲情聊天室，方便外出务工家长和留守儿童的联系。

〔**开展义务教育学校“减负万里行”活动**〕 3月20日，印发《教育部办公厅关于开展义务教育阶段学校“减负万里行”活动的通知》。从开展专项督查、加强招生管理、完善培训管理、探索科学评价、推广典型经验等方面，在全国范围内部署开展以“宣传典型经验、规范办学行为、更新教育观念、营造良好氛围”为主题的义务教育阶段学校“减负万里行”活动。

为扩大“减负万里行活动”的社会影响，拍摄了“减负”公益视频，选择招生、开学、放假等关键时间节点，在中央电视台新闻频道滚动播出，引导社会更新教育观念。开展“身边的好学校”主题推介活动，联合各大城市利用都市媒体和微博等新媒体宣传有办学特色、无择校情况的学校，新浪网、腾讯网广泛推出了相关微话题和微活动。在教育部门户网站和中国教育报开辟专栏，解读部分大城市义务教育招生入学政策，接受社会广泛监督，推进招生公正。同时，通过中国移动、电信手机平台发出温馨短信，引导家长更新教育观念，减少盲目择校，科学安排学生课业内容，缓解升学压力给学生造成的过重课业负担。

在各地自查的基础上，5月底至6月中旬，教育部分8路对河北、内蒙古、黑龙江、江苏、福建、山东、湖南、广西8个省（区）义务教育学校规范办学行为工作进行督导检查。6—7月，派出10个专项检查组，对全国31个省（区、市）落实《治理义务教育阶段择校乱收费的八条措施》情况和治理教辅材料散滥情况进行全面检查。10月，以教育部办公厅名义对各地开展义务教育阶段学校规范办学行为的督查情况进行通报。督查发现了一批典型，查处了一些违规办学行为，营造了强大声势，进一步推动了各地减负工作。

〔**航天员太空授课**〕　6月20日，教育部与中国载人航天工程办公室、中国科学技术协会共同主办神舟十号航天员太空授课活动。在大约40分钟的授课中，航天员通过质量测量、单摆运动、陀螺运动、水膜和水球5个基础物理实验，展示了失重环境下物体运动特性等物理现象，并通过视频与设在中国人民大学附属中学的地面课堂进行互动交流。包括少数民族学生、进城务工人员随迁子女及港澳台地区学生代表在内的330余名中小学生参加了地面课堂活动。按照教育部办公厅要求，全国6 000余万名中小学生通过电视直播同步收看，其余学生通过教育网视频收看。

这次太空授课是中国首次把学校讲台搬上了太空，实现了宇航员“老师”与全国学生的实验互动，创造了全新的教育形式，是中国乃至人类教育史上的奇迹。

为做好此次太空授课活动，教育部与中国载人航天工程办公室密切协作，进行了认真细致的准备工作。推荐和选派优秀教师协助航天员备课，联合组织了7次协同演练；周密安排地面课堂的布置方案、参与人员、实施流程和保障措施；专门发出通知，布置各地组织中小学生收看。在教育部门户网站设立“太空授课活动”专区，组织有关媒体发表评论文章，加强宣传引导，让广大师生深刻认识活动的重大意义，从中汲取正能量，并转化为日常学习工作的实际行动。

撰稿　封留才　宋师亮　王　岱　马震华
俞伟跃　徐　攀

审稿　杜柯伟　王定华

职业教育与成人教育

〔综述〕 2013年，职业教育与继续教育工作以邓小平理论、“三个代表”重要思想、科学发展观为指导，深入学习宣传贯彻党的十八大和十八届三中全会精神，牢牢把握加快发展现代职业教育、积极发展继续教育的核心要求，全面落实立德树人和让每个孩子都能成为有用之才的根本任务，以深化综合改革、转变发展方式、强化内涵建设为主线，加快推进现代职业教育体系建设，积极推进继续教育改革创新，着力提高质量，着力促进公平，进一步提升了服务全面建成小康社会的能力和水平。

学习贯彻党的十八大精神

〔**印发《中等职业学校德育课贯彻党的十八大精神教学指导纲要》**〕 2013年3月，教育部印发《中等职业学校德育课贯彻党的十八大精神教学指导纲要》(简称《纲要》)。

《纲要》主要分为两部分。总论部分简要介绍党的十八大总体精神，提出贯彻落实的目标要求；分论部分将党的十八大相关新精神、新内涵、新要求与《经济政治与社会》《哲学与人》《职业道德与法律》《职业生涯规划》《心理健康》的教学结合起来，提出具体教学建议。要求根据学生的身心发展特点和认知水平，结合具体教学帮助学生领会党的十八大的主题；领会过去10年党和国家事业取得的新的历史性成就；领会科学发展观的历史地位和指导意义；领会中国特色社会主义的丰富内涵；领会夺取中国特色社会主义新胜利的基本要求；领会全面建成小康社会和全面深化改革开放的目标；领会建设中国特色社会主义的总依据、总布局、总任务；领会社会主义经济建设、政治建设、文化建设、社会建设、生态文明建设等方面的重大部署；领会全面提高党的建设科学化水平；领会党坚定不移反对腐败的决心；领会党对教育工作的要求；体会党对青年一代的关爱。要求将学习宣传贯彻工作与校园文化建设、社会实践活动等结合起来，增强针对性和实效性，切实把党的十八大精神落到实处。

政策制度建设

〔**高等职业教育考试招生制度改革**〕 2013年4月15日，教育部印发了《关于积极推进高等职业教育考试招生制度改革的指导意见》（简称《意见》）。《意见》按照有利于科学选拔人才、促进学生健康发展和维护社会公平的原则，提出逐步使高等职业教育考试招生与普通本科考试分离，重点探索“知识＋技能”的考试评价办法，为学生提供多样化入学形式；逐步形成省级政府为主统筹管理，学生自主选择、学校多元录取、社会有效监督的中国特色高等职业教育考试招生制度。《意见》同时提出了基于高考的“知识＋技能”招生、单独考试招生、综合评价招生、对口招生、中高职贯通招生、技能拔尖人才免试招生 6 种招生方式。2013 年，招生改革工作取得积极进展，高职分类考试招生达 144 万人，较 2012 年增加 11 万人，占高职招生计划总量的 43%。

〔积极引导地方协同推进职业教育体制改革〕 结合职业教育改革重点和区域发展需求，完善职业教育改革试验区布局。与广西续签共建国家民族地区职业教育综合改革试验区协议，新建浙江省宁波“职业教育与产业协同创新试验区”，指导山东省潍坊国家职业教育创新发展试验区完善实施方案，推进重庆市“现代职业教育体系国家制度建设试验区”、甘肃省“经济欠发达地区职业教育助推城镇化建设改革试验区”筹建工作。建立国家职业教育改革试验区工作动态定期报送和通报制度，分类指导各试验区落实共建协议，积极先行先试。

学生管理工作

〔启动全国中等职业学校学生管理信息系统建设〕 2013 年，根据《教育部等九部门关于加快推进教育信息化当前几项重点工作的通知》和《教育部财政部人力资源和社会保障部关于进一步加强教育管理信息化工作的通知》（教技〔2013〕2 号）精神，教育部启动了全国中等职业学校学生管理信息系统建设工作（简称全国中职学生系统）。该项目被教育部、财政部列为 2013 年教育管理信息化重点建设项目。

全国中职学生系统采取“两级部署，五级应用”的建设思路，建成后将覆盖全国各级教育行政管理部门和每一所中职学校，通过采取统一的信息系统平台和标准，分级规划用户数据维护和管理权限，实现中职学校学生学籍、实习实训、毕业就业等环节的信息化管理。系统建成后将与普通中小学学籍系统、高校学生系统等进行数据有效衔接，有助于推动全国范围内各类中职学校学生学籍共享和职普信息融通，有利于为学生资助、中职学校经费保障、日常管理、事业统计和科学决策等提供全面、真实、客观的动态数据，对促进教育公平、提高教育质量、提升管理和服务水平具有重要意义。

7 月 4 日，全国中职学生系统召开项目启动会；8 月，完成需求调研。在调研基础上，完成了建设方案的设计、申报及政府采购招标和系统组织开发等工作；11 月，完成项目一期开发任务；12 月中旬，完成辽宁省试点上线。

教育教学改革

〔举办第十届全国中等职业学校“文明风采”竞赛〕 2013 年是全国中等职业学校“文明风采”竞赛活动举办的第十年。本届“文明风采”竞赛活动由教育部、中央精神文明建设指导委员会办公室、共青团中央、中华全国妇女联合会、中国关心下一代工作委员会和中华职业教育社联合举办。活动的主题是“我的中国梦”。本届竞赛活动具有如下特点。一是赛项设置更加优化，贯彻落实党的十八大和十八届二中、三中全会精神，以“我的中国梦”为主题，共设5类13个赛项，比上届增加了赛项。二是贯彻落实中央政治局关于改进工作作风、密切联系群众的八项规定，简化参赛环节，组织方式更加完善，学校、学生参与面再创新高，有2 856所学校、117.5万名学生、102.2万份作品参加了学校初赛，2 530所学校、36.4万名学生、25.8万份作品参加了省级复赛，近5 000份作品参加全国决赛。三是作品质量大幅提升，决赛评选出一等奖151个、二等奖315个、三等奖445个、优秀奖3 870个、指导教师奖651名、学校组织奖409个、省级复赛组委会贡献奖24个、十年成就奖10个。12月20日，在北京昌平职业学校举办了总结颁奖典礼。经过十年的努力，竞赛活动已经成为展示中职学生精神风貌的舞台和促进学生全面发展的有效载体，在社会上赢得了“武有技能大赛，文有文明风采”的良好评价。

〔召开全国职业教育教学改革创新工作视频会议〕　4月12日，教育部召开全国职业教育教学改革创新工作视频会议，教育部副部长鲁昕出席会议并讲话。会议具有三个特点。一是系统部署职业教育教学改革。第一次将中等和高等职业教育教学改革创新工作统筹研究、统一部署、系统推进。二是突出一线教学实践引领。通过视频介绍了广东、上海、山东、湖南、重庆等省市和温州职业技术学院的教育教学改革创新案例。三是体现产教深度融合。会议交流发言单位全部为行业企业，国家粮食局、中国邮政集团公司、招商局物流集团、中国铝业公司详细介绍了推进行业指导、企业参与职业教育教学改革的经验和做法。

会议总结了近年来各地推进职业教育教学改革创新，构建现代职业教育体系的经验和做法；研究确定了新形势下系统培养技术技能人才的目标、任务、政策与措施，要求各地积极采取措施，推进中高职人才培养衔接，实现人才培养系统化；制订并实施专业教学标准，推进教育教学规范化；分行业领域深化产教融合，增强人才培养针对性；推进课程、教材、教法改革，提升教学效果有效性。

〔推进职业院校民族文化传承与创新工作〕　5月，教育部联合文化部、国家民族事务委员会印发《关于推进职业院校民族文化传承与创新工作的意见》（简称《意见》）。《意见》提出，通过推进民族文化传承与创新，提高职业院校学生的民族文化素养，进一步提升学校服务社会主义文化发展的能力；创新人才培养模式，促进民族地区学生更高质量的就业；推动职业教育专业结构调整，优化专业布局，促进民族地区职业教育特色发展；推动职业教育与非物质文化遗产传承人才培养相结合；借民族文化之力，培养高素质技术技能人才，为民族特色产业、文化产业发展提供人才支撑。《意见》同时明确了“推动民间传统手工艺传承模式改革、加强非物质文化遗产传承人才培养”等5项重点任务以及工作措施、组织保障等。

教育部会同文化部、国家民族事务委员会遴选了首批100个职业院校民族文化传承与创新示范专业点进行重点建设。示范专业点涉及“传统手工技艺”“民间美术工艺”“民族表演艺术”三个类别，涵盖了14个世界级非物质文化遗产和71个国家级非物质文化遗产，大部分的专业带头人都是非物质文化遗产传承人和技艺大师。

〔高职院校专业服务产业发展能力项目完成国家验收〕　12月31日，教育部办公厅、财政部办公厅印发《关于公布高等职业学校提升专业服务产业发展能力项目验收结果的通知》。验收结果显示，项目实施明显促进了高等职业教育的专业布局与优化、人才培养质量提升、社会服务能力提高、师资队伍建设、实践教学条件改善，整体提升了高职院校的专业发展水平和社会服务能力。一是中央财政拉动效果明显。项目自2011年9月启动以来，中央财政共投入40亿元，带动地方政府、行业企业、高职院校共计投入34.28亿元。二是项目专业布局与产业结构契合度高。项目建设专业中，三类产业相关专业占比分别为5.3%、32.2%和62.5%，建设专业与区域产业布局结合紧密，契合度高。三是人才培养质量持续提升。相比 2011 年，项目专业 2013 年新生报到率提高超过 2 个百分点；“双证书”获取率提高近 9 个百分点；毕业生初次就业率提高近 8 个百分点。四是社会服务能力显著增强。2013 年，项目专业教师社会服务总收入 11.7 亿元，相比 2011 年增长 120.75%；校企合作“订单”培养学生比例达 29.54%，比 2011 年提高近 8 个百分点。五是教师队伍结构进一步优化。“双师型”教师比例大幅提高，2013 年比 2011 年增长 12.8 个百分点，“双师型”专任教师增长率超过专任教师增幅。六是实践教学条件得到有效改善。相比 2011 年，2013 年生均实践教学设备值提高近 6 000 元；专业实践教学课时占总学时比例提高 5 个百分点。

〔举办 2013 年全国职业院校技能大赛〕　为贯彻党的十八大精神，落实教育规划纲要和《国家教育事业发展第十二个五年规划纲要》，结合“现代农业”“工业转型升级”“现代服务业科技发展”等产业专项规划对技术技能人才的需求，教育部于 1 月 21 日发布了《全国职业院校技能大赛三年规划（2013—2015 年）》（简称《规划》）。《规划》强调，要对接行业标准和企业技术发展水平，更新竞赛项目的内容和标准；提出了进一步提升技能大赛社会影响、完善办赛机制，提升大赛与产业发展相同步水平的规划目标；明确了构建大赛体系、完善赛事制度、提升赛项水平和健全赛事组织的主要任务。要求把全国大赛办成面向职业院校在校学生、基本覆盖职业院校主要专业群，对接产业需求、反映国家职业教育水平，国内一流、国际有影响的学生技能赛事。

5 月 28 日至 6 月 29 日，由教育部、天津市人民政府等 31 个单位、部门、行业联合主办的 2013 年全国职业院校技能大赛在天津市主赛区和河北、山西、吉林、江苏、浙江、安徽、福建、山东、河南、广东、贵州、甘肃、广西、大连、宁波 15 个分赛区举办。全国 4 000 余支代表队、6 000 余名指导教师、9 183 名选手参加了 14 个专业大类 100 个比赛项目，最终 6 159 人次获奖。天津市主赛区同期还举办了“我的中国梦”主题演讲会、全国职业院校学生技能作品展洽会、2013 年民族地区职业院校学生才艺展演、全国职业院校技能大赛成果展、技能大赛获奖选手招聘会等系列活动。6 月 27—28 日，国务院副总理刘延东考察了部分技能大赛比赛项目，并在大赛闭幕式上发表了题为《加快发展现代职业教育为实现中国梦提供人才支撑》的重要讲话。

〔全国民族地区职业院校学生技艺比赛展演〕
6 月 26—28 日，2013 年全国民族地区职业院校学生技艺比赛展演活动在天津市举行。本次活动将原“全国民族地区职业院校教学成果展演活动”主要内容第一次列为全国职业院校技能大赛赛项，即民族技艺比赛赛项。民族技艺比赛由“艺术比赛”和“技艺比赛”两个分项组成。来自天津、内蒙古、西藏、新疆等 19 个省（区、市）的 75 所学校 34 个民族的 600 余人参加比赛展演活动。台湾地区职业教育少数民族代表队首次参加了比赛展演活动。

根据《2013 年全国民族地区职业院校教学成果展演活动评奖办法》，组委会专家评审组本着公开、公平、公正的原则，进行了认真评选，共选评出民族艺术比赛一、二、三等奖和优秀奖、特别贡献奖 42 项，民族技艺比赛一、二、三等奖和优秀奖、特别贡献奖 33 项。

国务院副总理刘延东、天津市委书记孙春兰、国家民族事务委员会主任王正伟、教育部部长袁贵仁等亲临民族技艺比赛现场，对比赛展演活动给予高度评价，对进一步办好民族地区职业教育提出了新的更高的要求。本次展演活动由教育部、国家民族事务委员会、中央统战部、中央新疆协调工作领导小组、天津市人民政府共同主办，国家民族事务委员会教育科技司、教育部职业教育与成人教育司和民族教育司、天津市教育委员会承办，中国职业教育学会少数民族职业技术教育专业委员会、全国民族技艺职业教育教学指导委员会、天津海运职业学院协办。

农村职业教育工作

〔**国家级农村职业教育和成人教育示范县创建工作**〕 2013年年初，征得国家发改委、财政部等8部门同意，教育部印发了《关于开展国家级农村职业教育和成人教育示范县创建工作的通知》（教职成〔2013〕1号），对示范县创建工作的目标任务、创建范围、组织实施及工作要求做出部署，公布了示范县创建申报书。3月，印发《关于开展第一批国家级农村职业教育和成人教育示范县创建工作的通知》（教职成司函〔2013〕42号），启动国家级示范县创建工作，提出年度创建工作具体要求和进度安排。4月，举办了示范县创建工作培训班，对示范县创建工作进行动员，推介了北京市、黑龙江省和陕西省的经验和做法。9月，印发《关于转发部分省市国家级农村职业教育和成人教育示范县创建评估细则的函》（教职成司函〔2013〕203号），发布了4个具有代表性省市的国家级示范县实施方案和评估指标体系，进一步推动各地积极做好示范县创建工作，要求各地结合实际情况，研制本省（区、市）的示范县创建工作实施方案和评估细则，按时保质保量完成工作任务。截至2013年年底，共收到28个省份推荐的98套国家级农村职业教育和成人教育示范县创建申报材料，组织专家开展评审工作，按程序报送教育部领导审批后，公布首批国家级示范县创建入围名单。

〔**职业教育扶贫**〕 按照国务院扶贫开发领导小组办公室的要求，教育部职业教育与成人教育司协助教育部办公厅组织“春节送温暖”活动，由中国教育出版传媒集团有限公司提供资金支持，共筹集人民币30万元，赴河北省青龙县、新河县和威县慰问贫困户和困难教师。经与河北省教育厅协商，筹集39万元定点扶贫资金，在青龙县、新河县和威县3个定点扶贫县开展扶贫项目试点工作。

协调相关企业向河北省的阜平职业技术教育中心、涞源县职业技术教育中心、石家庄工程技术学校、邯郸市职业技术教育中心、新河县职业技术教育中心和威县职业技术教育中心捐赠了价值为31.9万元的汽车维修工具和24.3万元的发动机及台架；协调广汽丰田汽车有限公司向河北省赞皇县和平山县、安徽省大别山、山东省临沭县、广西壮族自治区宜州市和江西省上犹县赠送6台教具车，供学生实习使用。协调相关部门和企业支持安徽省金寨县大别山中等职业学校建设。与相关部门研究制订了对口支援江西省上犹县工作实施方案。

基础能力建设

〔**国家中等职业教育改革发展示范学校建设项目取得阶段性成果**〕 2013年，继续深入推进国家中等职业教育改革发展示范学校建设计划。

4月11日，教育部办公厅、人力资源和社会保障部办公厅、财政部办公厅印发《关于下达“国家中等职业教育改革发展示范学校建设计划”第三批项目学校建设方案及任务书的通知》（教职成厅〔2013〕11号），341所项目学校获准启动建设。8月27日，教育部办公厅、人力资源和社会保障部办公厅、财政部办公厅印发《关于下达“国家中等职业教育改革发展示范学校建设计划”第三批补充项目学校建设方案及任务书的通知》，12所补充立项建设项目学校获准批复启动建设。截至2013年年底，1 000所项目学校布点全部完成，建设工作全面展开。

7月25日，按照教育部办公厅、人力资源和社会保障部办公厅、财政部办公厅印发的《关于做好“国家中等职业教育改革发展示范学校建设计划”检查验收工作的通知》（教职成厅函〔2013〕5号）的要求，对第一批276所项目学校进行了检查验收。验收情况表明，首批项目学校突出改革创新、提高质量、办出特色，重点建设了1 103个专业点和430个特色项目，牵头组建了241个职业教育集团，毕业生初次就业率达98.06%，面向企业和社区开展职业培训近1 000万人日，建成了一批优质资源和职业教育品牌，成为职业教育改革的试验田和先行军，为区域经济转型升级和新型城镇化建设提供了重要支撑。

12月23—24日，国家中等职业教育改革发展示范学校建设现场交流会在上海市召开。会议围绕贯彻落实中央关于加快现代职业教育体系建设的战略部署，总结交流了第一批项目学校取得的成绩与经验，研究部署深化项目成果、推进改革创新的工作任务。

〔启动国家骨干高等职业院校项目验收工作〕 经过3年建设，教育部、财政部启动了对国家骨干高等职业院校建设项目验收工作。10月，完成首批项目验收并下发《关于公布“国家示范性高等职业院校建设计划”骨干高职院校建设项目2013年验收结果的通知》。验收结果显示，国家示范（骨干）院校建设成效显著。一是保障水平明显提高。中央财政对39所院校共投入专项建设资金7.62亿元，带动地方政府、行业企业累计投入25.6亿元，项目院校生均预算内拨款水平达到本地区同类型普通本科院校标准，惠及重点专业及辐射带动其他专业在读学生35.99万人。二是政策环境大幅改善。相关地方不断优化高职教育改革发展环境，实施地方税收优惠、实习实训安全责任分担等政策，健全了教师专业技术职务评聘办法与培训制度、企业兼职教师教学系列专业技术职务评聘办法、顶岗实习工伤保险补贴制度、兼职教师课时费补贴制度、实训耗损补贴制度等。三是校企合作不断深化。国家示范（骨干）院校建设期间，39所项目院校共新增校企合作组织456个，新增仪器设备值14.5亿元（生均增加4 105元）。四是社会服务成效明显。面向社会技术服务到款额3年累计达77 230万元。五是人才培养质量稳步提升。项目院校毕业生就业率从95.90%提高到97.75%，毕业生签约率从81.37%提高到84.99%，就业质量明显提高，毕业生初次就业平均月薪从1 478元提高到2 351元。

推进继续教育改革发展

〔推进继续教育体制机制建设〕 推进高等院校继续教育资源开放联盟、大学与企业继续教育联盟、继续教育城市联盟建设。推进高等学校继续教育示范基地和中央电视大学终身学习公共服务平台建设与示范建设。推进国家级网络精品资源面向社会开放，新增学历及非学历教育课程1 433门，修改3 752门；新增微课程资源3 616条、媒体资源4 598条；启动2013年国家级网络精品资源共享课建设与遴选工作，49所高校申报了124门网络课程。

〔积极推进继续教育改革创新〕 组织91所高校的47名校长、61名院长参加继续教育校、院长培训班，研讨高校继续教育改革发展。开展现代远程教育试点高校网络教育2012、2013年度年报年检工作，部署对普通高校现代远程教育项目试点的验收评估工作。推进“终身学习服务体系的建设与示范”系列项目，推进大学与企业建立联盟，推进百所高校进一步向社会开放数字化继续教育资源，推进15所广播电视大学依托终身学习服务平台开展示范应用。推进开放大学建设，研究推进普通高校和广播电视大学战略转型。指导开展统考相关工作，组织网考办开展了3次1 844 777科次、147.6万报名人次的考试。推进网络信息化监管系统的建设和阳光招生服务平台建设，初步形成了试点高校年报年检、教育行政部门办学监控、督导专家组教学监测等多方位、立体化、信息化的质量监管体制。

〔继续推进社区教育实验区、示范区工作〕 1. 遴选全国社区教育实验区、示范区。教育部职业教育与成人教育司组织开展了第五批全国社区教育实验区和第三批全国社区教育示范区遴选工作。在各地推荐的基础上，根据相关专家对各地申报材料的审核情况，公布了第五批45个全国社区教育实验区和第三批22个全国社区教育示范区。

2. 开展社区教育实验项目工作。5月，在全国社区教育示范区、实验区中布置开展社区教育实验项目建设。要求各实验区、示范区从解决工作中的实际问题入手，选择3—5个符合本地社区教育实际的项目开展实验工作。在各地申报的基础上，经专家遴选，最终确定422个项目。9月，印发《关于公布2013—2014年全国社区教育实验项目名单的通知》，对实验项目的实施、指导和验收提出了具体要求。

3. 完成2012年社区教育情况统计工作并发布统计结果。教育部职业教育与成人教育司组织开展了2012年全国社区教育实验区、示范区工作情况调查统计工作，29个省（区、市）的68个实验区和68个示范区参与了此项工作，共计回收有效调查统计表122份。

统计数据表明，2012年，在所调查的社区教育实验区、示范区范围内，接受教育培训的社区居民5 426.5万人，占到了社区居民总数的52.06%。其中青少年参加校外素质培训的为841.5万人，培训率达72.51%；外来务工人员参加培训的为1 088.3万人，培训率达38.15%；老年人参加教育培训的为882.2万人，培训率达9.5%。

〔组织实施2012年全国职工教育统计工作〕 根据《教育部办公厅关于做好2012年全国职工教育统计工作的通知》要求，29个省（区、市）以及钢铁、机械、煤炭、水利、铁道、有色金属等6个试点部门（行业）组织实施并完成了2012年的职工教育统计工作。

本次统计工作继续采用抽样统计方法，全国共抽样统计职工4 634.28万人，其中参加学历教育和各类培训人数分别为351.43万人和2 271.50万人，全员培训率为56.60%。

〔举办2013年全民终身学习周〕 10月13日，由教育部职业教育与成人教育司、中国联合国教科文组织全国委员会秘书处、中国成人教育协会联合主办的第九届全民终身学习活动周全国总开幕式在天津市举行。活动周的主题是“为实现中国梦——终身学习·人人成才”。教育部职业教育与成人教育司领导在开幕式上宣读了教育部副部长鲁昕的书面讲话。

鲁昕在书面讲话中指出，发展继续教育、促进终身学习，一是要加快建设学习型城市。加快终身学习立法步伐，研究制订学习型城市建设标准，加强队伍建设，落实经费保障，完善体制机制。二是要加快发展继续教育。大力发展非学历继续教育，稳步发展学历继续教育，创新继续教育人才培养模式，促进继续教育与职业教育、普通高等教育的沟通衔接。广泛开展城乡社区教育，满足群众的多元学习需求。三是要加强国际交流与合作。推进更多的城市把继续教育作为国际交流合作的重要内容，共建共享优质学习资源，为经济社会发展做出更大贡献。四是要营造良好氛围。各地要因地制宜，面向不同群体积极开展主题突出、特色鲜明、形式多样、内容丰富的学习活动。广泛宣传“百姓学习之星”等典型人物的事迹，用身边的人、身边的事去吸引人、鼓舞人、激励人，传递正能量，不断提高全民终身学习活动周的社会参与率。

活动周总开幕式上展示了100余名“百姓学习之星”的学习风采和成果，推出了70多种“第二届全国社区教育特色课程（通识课程）”优秀教学资源，面向社区居民举办了摄影、书法篆刻作品、茶具创意设计、音乐活动、中国画、百姓理财等竞赛活动，同时举办了“为实现中国梦——终身学习、人人成才”主题报告会。

据不完全统计，全年全国共有 27 个省（区、市）的 890 个县（市、区）围绕“中国梦”的主题，结合各自实际，陆续开展了一系列全民终身学习宣传活动，比 2012 年增加了 316 个城市。

〔**推进学习型城市建设**〕　1. 发布《中国学习型城市建设发展报告》和《中国学习型城市建设案例》。2013 年，教育部职业教育与成人教育司会同中国成人教育协会和中国教育发展战略学会组织编写了《中国学习型城市建设发展报告》《中国学习型城市建设案例》（第一辑）。《报告》阐述了中国学习型城市建设的基本情况，推进学习型城市建设的意义；通过对近几年发展起来的学习型城市案例进行归纳和总结，介绍了不同地域的学习型城市建设的特色、经验和研究成果。《案例》汇集了 16 个城市的案例材料，集中展示了学习型城市建设的成果。

2. 组织首届学习型城市大会。10 月，由教育部、联合国教科文组织和北京市政府联合举办了首届国际学习型城市大会，来自 100 多个国家的代表参加会议。大会形成了《北京宣言》和《学习型城市主要特征》两大成果。国务院副总理刘延东代表中国政府讲话，教育部副部长鲁昕代表教育部做主旨发言，常州市在亚太分论坛上做交流发言。

3. 支持成立学习型城市建设联盟。支持中国成人教育协会建立全国学习型城市建设联盟。联盟以总结交流学习型城市创建经验、分享建设成果、深化内涵发展、共同推动学习型社会建设的进程为主要任务。联盟成立大会于 7 月 8 日在北京召开，33 个地级以上城市为首批成员单位。

〔**实施成人教育培训标准化建设**〕　1 月，教育部职业教育与成人教育司印发《关于做好成人教育培训服务等三项国家标准贯彻实施有关工作的通知》（三项标准是《成人教育培训服务术语》《成人教育培训工作者服务能力评价》《成人教育培训组织服务评价通则》），对相关工作做出部署、提出要求，并与国家标准化管理委员会、教育服务标准技术委员会联合召开了三项标准的宣传贯彻会，加大宣传力度，营造成人教育培训机构标准化建设的良好氛围。

为加强对贯彻实施成人教育培训服务三项国家标准工作的指导，推动试点工作的开展，教育部职业教育与成人教育司支持中国成人教育协会成立专项协调指导小组，启动三项国家标准的试点工作，并举办了三项标准宣讲员培训班。

国际交流与合作

〔**职业教育国际交流与合作取得新进展**〕　2013 年，职业教育积极扩大职业教育国际交流与合作，在建立对话机制、实施合作项目、扩大国际影响等方面取得新的成果。

实施中英职业教育“影子校长”、现代学徒制等合作项目，完成两批“影子校长”互访；召开中英职业教育现代学徒制研讨会，启动物流、汽车两个专业的学徒制试点。深化中德职业教育合作，召开中德职业教育质量研讨会，推动青岛市、天津市建立中德职业教育合作示范基地；继续实施中德职业教育汽车机电合作项目、中德职业教育人员联合培训项目；与西门子（中国）有限公司研究实施“高职教师西门子实践计划”“西门子高职实习生计划”；启动实施“国际职业教育学”赴德国长期研修（奖学金）项目。举办中荷职业教育政策对话活动，签署合作意向书，推动双方学校结对合作。举办 2013 中国—东盟职业教育联展暨论坛。与亚洲开发银行联合实施校企合作政策研究项目。启动

2013—2014 年度华夏基金会职业教育项目，协调中国职业技术教育学会成立“中国职业技术教育学会华夏基金会项目学校协作会”，并举办了第一届第一次年会。

撰稿 董振华 林 宇 刘宏杰 白 维
郝雅梅 张 磊 娄权鑫 白汉刚
杨 健 陈亚伟 刘 英 王 林
黄 辉 韩 梅
审稿 王继平 周 为 刘建同 王扬南

高等教育

教育教学管理

〔启动实施中西部高等教育振兴计划〕 2013年2月20日，教育部、国家发展和改革委、财政部联合印发《中西部高等教育振兴计划（2012—2020年）》（简称《计划》），确定了中西部高等教育总体发展目标：到2020年，中西部高等教育结构更加合理，特色更加鲜明，办学质量显著提升，建成一批有特色、高水平的高等学校，为整体提升中国高等教育发展水平、建设高等教育强国奠定坚实基础。《计划》细化为加强优势特色学科专业建设、加强人才队伍建设、深化教育教学改革、提升科研创新水平、增强社会服务能力、促进优质资源共享、扩大中西部学生入学机会、优化院校布局结构、加强交流与合作、健全投入机制10个方面26项主要任务。明确了中西部高校在办学条件、人才队伍、学科专业、人才培养、科学研究、社会服务、文化传承创新等方面的具体改革目标，包括"中西部高校基础能力建设工程""中西部高校提升综合实力工程""对口支援西部地区高等学校计划"等内容。2月16日，教育部、国家发展和改革委印发了《中西部高校基础能力建设工程规划》，在2012—2015年，支持24个中西部省区100所地方本科高校基础能力建设，主要加强面向本科生的教学实验室、综合实验训练中心、图书馆等设施建设和配置必要的设备，以提高本科教学的实验基础能力。4月18日，教育部、财政部印发了《关于中西部高校提升综合实力工作的实施意见》，按照"一省一校""一校一案"原则，在13个没有教育部直属高校的中西部省区和新疆生产建设兵团，各支持1所有特色、高水平的地方大学建设，全面提升综合实力，有效增加区域优质高等教育资源，更好地满足人民群众接受优质高等教育的现实需求，为中西部地区经济社会发展做出更大贡献。2013年，"对口支援西部地区高等学校计划"的实施取得新进展，受援高校增加到75所、支援高校增加到100所。支援高校共接收受援高校647名教师和管理干部进修锻炼，实际录取受援高校定向培养博士研究生367名、硕士研究生139名。

〔加强本科专业设置与管理工作〕 对照《普通高等学校本科专业目录（2012年）》，完成现设本科专业整理工作。本次整理对大多数专业点进行了"一一对应"，各学科比例变化较为一致，保持了专业设置相对稳定，体现了专业管理工作的政策延续性和专业设置的可操作性。经过整理，高校新增了1 800多个适应经济社会发展需要的相关专业，撤销了717个就业比较困难和布点过多的专业点，进一步优化了专业结构，更加适应经济社会发展需要。首次通过"普通高等学校本科专业公共信息服务与管理平台"，增设网上公示环节，扩大高校自主权，开展2012年度新增专业申报工作。根据《国务院对确需保留的行政审批项目设定行政许可的决定》《普通高等学校本科专业设置管理规定》等文件精神，以及第三届教育部学科发展与专业设置专家委员会第四次评议会议意见，公布了2012

年度普通高等学校本科专业设置备案或审批结果，新增3 304个经教育部备案的专业、52个经教育部审批同意设置的国家控制布点的专业、7个经教育部审批同意设置的新专业以及2个新增第二学士学位专业。

〔继续推进试点学院综合改革〕 对照《教育部关于推进试点学院改革的指导意见》，整理了17所高校试点学院综合改革工作方案，编制了工作方案汇总表、政策采用统计表，汇总了各试点学院在“三改革、一完善”（改革人才招录与选拔方式，改革人才培养模式，改革教师遴选、考核和评价制度，完善学院内部治理结构）等方面的主要任务和改革举措。4月12日，组织召开试点学院综合改革推进会，教育部副部长杜玉波在会上做了题为《锐意改革大胆创新扎实推进试点学院综合改革》的重要讲话，会议总结了阶段成果，部署了工作任务，搭建了交流平台，人民网、中央电视台、中央人民广播电台等10余家新闻媒体进行了相关报道。5—6月，在中国教育报开辟“试点学院改革进行时”专栏，连续5周摘编刊发有关高校试点学院的改革经验和做法，同时通过《教育部简报》《教育体制改革简报》《中国高等教育》等进行了相关综合报道。8月，按照国家教育体制改革的总体部署，组织对17所试点学院改革工作进行了中期评估和实地调研。

〔继续实施“本科教学工程”建设〕 立项建设了90个部委所属和550个地方高校专业综合改革试点、150门精品视频公开课、1 000门精品资源共享课、80个部委所属和538个地方高校校外大学生实践教育基地、100个实验教学示范中心、30个教师教学发展示范中心，实施了9 000个大学生创新创业训练项目。按照整合优化本科教学工程的总体思路，开展了转变项目管理方式专项调研，同时梳理了相关项目的建设进展情况和经费使用情况。从总体上基本形成了国家、地方、高校三级本科教学工程项目建设体系，进一步发挥了国家级本科教学工程项目的示范引领作用。

〔加强高等学校实验室建设〕 批准建立100个国家级虚拟仿真实验教学中心，推动优质实验教学资源共享，加强信息化实验教学资源建设，进一步提高教学能力，拓展实践领域，丰富教学内容，降低成本和风险，开展绿色实验教学。协调推进高等学校仪器设备和优质资源共享系统（CERS）建设工作，启动了包括大型仪器设备共享、共享服务软硬件平台和共享服务体制三大类共106个项目的建设，努力建立多层次的高等学校仪器设备、优质资源共享系统和服务环境，进一步提高优质资源使用效率。

〔继续推进国家精品开放课程和数字图书馆建设〕 上网视频公开课300门，其中260门为精品视频公开课。截至2013年年底，精品视频公开课上网486门。基本完成原国家精品课程升级改造为国家级精品资源共享课建设任务，并分4批建设了本科、高职、网络和教师教育课程2 911门，其中1 001门已上网向社会免费开放。国家精品开放课程展示和学习平台“爱课程”网建设成果显著，荣获第三届中国出版政府奖。网易和“爱课程”网联合开展“2013我最喜爱的中国大学视频公开课评选活动”，社会反响良好。开展大规模在线开放课程（MOOCs）研究工作，各省级教育行政部门和广大高校通过校际、区域乃至国际的协同合作构建联盟，开展网上开放课程建设与共享教学实践，紧跟世界网络高等教育发展的时代步伐。

高等教育数字图书馆“高等教育文献保障体系”项目通过国家发展和改革委委托的中国国际工程咨询公司后评估局的进校评估，项目成就得到充分肯定。“中国高等教育文献保障系统”（简称CALIS）继续坚持“普遍服务”方针，在提升与上海图书馆、国家科技图书文献中心协同服务的基础上，开通了与国家图书馆合作共建的CALIS国家图书馆馆际借书服务，成立了军队院校共享域、师范院校联盟、深圳城市共享域，为下一步深化服务打好基础。全国共有1 130所院校获得了“大学数字图书馆国际合作计划”（简称CADAL）资源服务。CALIS、CADAL积极开展与境外图书馆的合作，CALIS管理中心举办了“国际图联第十三届馆际互借与文献提供会议”，CADAL 获赠美国合作方 Internet Archive（IA）70 万册英文图书。与德国柏林国家图书馆以及美国哈佛大学、斯坦福大学等 8 所名校签订了共享协议，建立了香港地区 CADAL 项目合作中心。

〔公办高校全面实行本科教学质量年度报告制度〕　10 月 14 日，教育部办公厅印发了《关于普通高等学校编制发布 2012 年〈本科教学质量报告〉的通知》，首次在全国所有公办高校开展本科教学质量年度报告编制发布工作。本次质量年度报告编制发布工作实行属地化管理，加强省级教育行政部门统筹，由各省级教育行政部门分别组织完成本地区公办高校本科教学质量报告编制发布工作，鼓励民办高校积极参与。发布内容包括本科教学基本情况、师资与教学条件、教学建设与改革、质量保障体系、学生学习效果、学校特色发展、需要解决的问题等，并要求在质量报告中体现 25 项支撑数据。

〔组建 2013—2017 年普通高校本科教学工作评估专家委员会〕　6 月 5 日，教育部印发了《关于成立 2013—2017 年普通高等学校本科教学工作评估专家委员会的通知》，组建了新一届普通高等学校本科教学工作评估专家委员会。专家委员会任期五年，受教育部委托，负责对普通高等学校本科教学评估工作进行研究、咨询、指导和服务。9 月 13 日，教育部组织召开了专家委员会成立暨第一次会议，对 2009—2012 年参加合格评估的 80 所新建本科院校专家组进校考察评估报告进行了审议，做出了最终评估结论，并对审核评估方案提出了咨询意见。

〔启动开展普通高等学校本科教学工作审核评估〕　12 月 5 日，教育部印发了《关于开展普通高等学校本科教学工作审核评估的通知》，决定于 2014—2018 年开展普通高等学校本科教学工作审核评估。审核评估实行中央和省级政府分级负责，按照管办评分离的原则组织实施，中央部委所属高校的审核评估由教育部高等教育教学评估中心负责实施，地方所属院校的审核评估由省级教育行政部门负责。审核评估坚持“以评促建、以评促改、以评促管、评建结合、重在建设”的方针，突出内涵建设、特色发展，强化办学合理定位、人才培养中心地位、质量保障体系建设。评估的核心是对学校人才培养目标与培养效果的实现状况进行评价。重点考察办学定位和人才培养目标与国家和区域经济社会发展需求的适应度、教师和教学资源条件的保障度、教学和质量保障体系运行的有效度以及学生和社会用人单位的满意度。

〔继续推进“基础学科拔尖学生培养试验计划”〕　2013 年，新增 1 000 名学生进入“基础学科拔尖学生培养试验计划”。截至 2013 年年底，已有 4 500 名优秀学生得到支持。首批 500 名本科生顺利毕业，其中 95% 进入国内外高水平大学继续深造。拔尖学生在批判性思维能力、知识整合能力、相互协作能力等方面表现突出，部分学生已在学术领域崭露头角，在世界顶尖学术期刊上发表论文，在国际大赛上表现优异。国际一流学者认为，该计划拥有“最优秀的本科生和最优秀的本科教育”，“领跑者的示范作用突出”。教育部组织开展了“拔尖计划”阶段性总结评价，召开了创新高校人才培养机制座谈会，总结“拔尖计划”实施 4 年来的成效和经验，发挥该计划对创新高校人才培养机制的示范辐射作用。

〔继续推进科教结合协同育人行动计划〕　健全协同工作机制，与中国科学院联合成立领导小组，制订总体工作规划；成立工作组，具体负责工作过程中的协调指导和实施。有关高校和科研院所相互配合，探索优势互补、资源共享、协同培养创新人才的新机制。参与科技结合协同育人行动计划的高校近 350 所、科研院所近 120 家，已经覆盖全国所有省区市，其中正式签署“联合培养本科生计划”协议的有 40 所高校以及 43 家科研院所。各科研院所委派专家到相关高校授课或讲座已达 1 400 余人次，每年从该计划中受益学生超过 15 万人次。

〔加快经济社会发展紧缺人才培养〕　主动适

应国家产业结构优化升级和战略性新兴产业需求，探索与行业企业共同推进重点领域紧缺人才培养机制。筹备示范性微电子学院建设，组织专家组调研并起草《关于示范性微电子学院建设的政策建议》，争取相关部门的政策支持。推进示范性软件学院深化改革，加强软件工程实习实训基地建设，促进校企合作和国际化。加强服务外包人才培养，与商务部联合起草《关于创新服务外包人才培养机制提升服务外包产业发展能力的意见》。开展信息安全人才培养需求、现状专题调研，贯彻落实中央领导人关于网络安全防控工作的批示精神，教育部、工业和信息化部联合发布了《关于开展信息安全人才培养情况调查的通知》。

〔**深入推进大学生创新创业训练计划**〕 建立国家、地方、高校三个层次的大学生创新创业训练体系，按照“兴趣驱动，自主实验，重在过程”的原则，支持在校大学生开展研究性学习和创新性实验，开展创业计划设计、企业运作可行性研究、模拟企业运行和真实创业等实践活动。2013 年，116 所部属高校共报送 9 221 个项目，其中创新训练项目 8 109 项、创业训练项目 918 项、创业实践项目 194 项；31 个地方教育主管部门共报送 620 所高校的 14 084 个项目，其中创新训练项目 11 632 项、创业训练项目 1 669 项、创业实践项目 783 项。成立地方高校专家参与的大学生创新创业训练计划协作组，交流各地的实施情况。6 月 14 日，教育部在北京召开高等学校创业教育和大学生自主创业工作视频会议，总结交流各地各高校创业教育和大学生自主创业工作经验和做法，推动《普通本科学校创业教育教学基本要求（试行）》的贯彻落实。教育部副部长杜玉波在讲话中充分肯定了党的十七大以来特别是教育规划纲要颁布实施 3 年来，中国高校创业教育和大学生自主创业工作取得的显著成绩，强调要从提认识、加快高校创业教育和大学生自主创业工作发展步伐，抓质量、推动高校创业教育科学化制度化规范化建设，强实践、着力培养大学生的创业能力入手，在进一步加强领导、强化特色、加强教材建设、加强教师队伍建设、搭建平台上下功夫，努力开创高校创业教育和大学生自主创业工作新局面。教育部部长助理林蕙青主持会议。辽宁省教育厅、江苏省教育厅、北京交通大学、黑龙江大学、江南大学、温州大学做会议交流发言。教育部有关司局和直属单位、各省级教育部门和高校负责人以及教育部直属高校创业教育教师代表等 4 500 余人在主会场和分会场参加会议。此外，还以教育部高等教育司的名义组织专家学者编写出版了《创业基础》示范教材，委托北京航空航天大学对全国 110 所高校的 232 名创业教育骨干教师进行了培训。11 月 16—17 日，教育部、科技部共同举办了第六届全国大学生创新创业年会。

〔**继续实施卓越工程师教育培养计划**〕 2013 年，新批准北京交通大学交通工程等 433 个本科专业、清华大学集成电路工程等 126 个研究生层次学科领域加入卓越工程师教育培养计划。教育部、中国工程院联合发布《卓越工程师教育培养计划通用标准》，引导行业根据行业特点建立行业标准、高校根据办学定位和办学特色建立专业标准。召开“卓越计划”专家工作组 2013 年工作会议，明确推进“卓越计划”实施的工作思路，组织专家组和工程认证专家共同研讨“卓越计划”专业认证方案，并在华南理工大学的电气工程及自动化专业、太原理工大学的机械设计制造及自动化专业开展试点。与中国人民解放军总参谋部、总政治部、总后勤部和总装备部共同实施国防生“卓越计划”。编辑出版《卓越工程师教育培养计划进展报告（2010—2012 年）》，促进“卓越计划”参与高校之间的交流。

〔**继续实施卓越法律人才教育培养计划**〕 10 月 16 日，教育部在中国政法大学召开卓越法律人才教育培养计划工作推进会，总结该计划实施的经验和做法，对把卓越法律人才教育培养计划的实施引向深入做出部署。教育部副部长杜玉波在讲话中充分肯定了卓越法律人才教育培养计划实施以来，在协同推进人才培养工作机制、分类培养卓越法律人才战略布局、促进社会主义法治理念教育进教材、进课堂、进头脑等方面取得的成绩，强调各高校应提高认识、加快卓越法律人才教育培养计划实施步伐，推动改革、实现高等法学教育领域综合改革新突破，加强实践、提高学生解决实际法律问题的能力，特别要在计划推进过程中，坚持正确的改革方向，加强领导、加强协同、加强保障，进一步将卓越法律人才教育培养计划引向深入。西南政法大学、北京师范大学、中国政法大学、中国人民大学、新疆大学、武汉大学、西北政法大学等高校相关负责人就卓越法律人才教育培养经验和做法进行了大会交流发言。7 月 19 日，教育部、中央政法委员会、最高人民法院、最高人民检察院、公安部、司法部联合印发《关于实施高等学校与法律实务部门人员互聘“双千计划”的通知》。计划于 2013—2017 年，选聘 1 000 名左右有较高理论水平和丰富实践经验的法律实务部门专家到高校法学院系兼职或挂职任教，承担法学专业课程教学任务；选聘 1 000 名左右高校法学专业骨干教师到法律实务部门兼职或挂职，参与法律实务工作。10 月 30 日，中央政法委员会、教育部在西北政法大学召开法律人才互聘“双千计划”现场会，中央政法委员会副秘书长姜伟出席会议并讲话。教育部副部长杜玉波在讲话中强调，各地各高校要把“双千计划”作为卓越法律人才教育培养计划实施的聚焦点、着力点，进一步加强协同、建立健全互利多赢的协同机制，进一步加强保障特别是组织保障、政策保障，做好典型引导，抓紧抓实抓好“双千计划”的各项工作。中央政法单位政治部负责人、地方政法单位代表、高校代表和互聘代表做了发言，交流了“双千计划”实施以来的初步做法和有益经验。组织法学教育领域知名专家学者撰写关于实施卓越法律人才教育培养计划的笔谈，在《中国高等教育》上刊发。会同国家留学基金委员会研究了卓越法律人才教育培养基地教师和学生海外进修、留学派遣资助办法，将卓越法律人才教育培养基地学生列入国家留学基金委员会“优秀本科生国际交流项目”中优先选派。

〔启动实施卓越新闻人才教育培养计划〕　教育部、中央宣传部印发《关于加强高校新闻传播院系师资队伍建设实施卓越新闻传播人才教育培养计划的意见》（简称《意见》）。《意见》提出了加强马克思主义新闻观教育、加强人才培养基地建设、推动高校与新闻单位从业人员互聘、推动人才培养模式改革创新、推动优质教学资源共建共享等五方面的改革措施。启动实施了高等学校与新闻单位从业人员互聘“千人计划”。2013 年，从新闻单位选聘 214 名编辑记者、从相关高校选聘 100 名骨干教师进行互聘。印发《关于地方党委宣传部门与高等学校共建新闻学院的意见》，在上海市召开现场会，总结推广上海市委宣传部与复旦大学共建新闻学院的做法和经验，指导 10 个省级党委宣传部门与高等学校签署共建协议。

〔继续实施卓越医生教育培养计划〕　教育部会同国家卫生和计划生育委员会研究制定深化临床医学人才培养改革意见，加快构建“5＋3”医学人才培养体系，改革临床医学本科教育和长学制医学教育，促进院校教育与毕业后教育的有效衔接。深化面向基层的医学教育改革，继续实施农村“订单”定向医学生免费培养工作，支持中西部地区 22 个省（区）、63 所高等医学院校招收免费本科医学生 5 300 多人。推进医学教育专业认证工作，修订完善临床医学专业认证标准，健全临床医学专业认证工作机制，完成涉及 18 所高校的临床医学、中医学、口腔医学、护理学等 4 个专业的认证工作。

〔启动实施卓越农林人才教育培养计划〕　教育部加强与农业部、国家林业局合作，共同召开全国高等农林教育改革工作视频会议，联合印发了《关于推进高等农林教育综合改革的若干意见》和《关于实施卓越农林人才教育培养计划的意见》，针对高等农林教育改革发展面临的主要问题，提出了高度重视高等农林教育发展、着力办好一批涉农专业、加强创新创业能力培养等推动高等农林教育综合改革 10 项具体举措。通过共同实施卓越农林人才教育培养计划，重点建立农科教合作长效机制，建设高校与科研院所、农业企业战略合作联盟，推进拔尖创新型、复合应用型、实用技能型三类人才培养模式改革，进一步提升高等农林人才培养质量。

〔**建立中国工程教育专业认证体系，加入《华盛顿协议》**〕 6月19日，在韩国首尔召开的国际工程联盟大会上，《华盛顿协议》全会一致通过接纳中国为该协议签约成员，标志着中国工程教育及其质量保障迈出重大步伐，国务院副总理刘延东对此做了重要批示。按照政府职能转变的要求和管办评分离的原则，改组专家认证委员会，筹备组建全国工程教育专业认证协会。2013年，成立地质类专业认证试点工作组，改组成立了电子信息与电气工程类专业认证分委员会。全年共受理认证专业103个，实际完成58所学校95个专业的专家进校考查工作，认证规模稳步扩大。

〔**继续实施马克思主义理论研究和建设工程重点教材编写推广工作**〕 贯彻落实中央关于深入实施马克思主义理论研究和建设工程的新决策、新部署，组织召开教育部马克思主义理论研究和建设工程重点教材编写工作座谈会，教育部部长袁贵仁对加快教育部负责的马克思主义理论研究和建设工程重点教材编写审议做出部署，教育部副部长杜玉波、李卫红出席会议。完善教材审议机制，实施学科专家组审议和审议委员会审定两级审议制度，组织召开教育部马克思主义理论研究和建设工程重点教材审议委员会第一次审议会，审议通过《比较文学概论》等3种工程重点教材。加强工程重点教材推广使用，会同中宣部制定印发文件，对工程重点教材统一使用提出明确要求。加强教师培训，会同中央宣传部联合举办《中国近代史》《中华人民共和国史》等4种新出版工程历史教科书示范培训班，培训骨干教师500余人，中央宣传部副部长王晓晖、教育部副部长李卫红出席开班式并讲话。同时，指导各地各高校开展相关任课教师的全员培训工作。

〔**组建新一届高等学校教学指导委员会**〕 2013年，教育部启动了新一届高等学校教学指导委员会组建工作。在地方教育行政部门、中央部门所属高校、有关行业部门推荐委员候选人的基础上，教育部于4月9日印发了《关于成立2013—2017年教育部高等学校教学指导委员会的通知》，组建成立了109个教学指导委员会、29个教学指导分委员会。5月30日，召开2013—2017年教育部高等学校教学指导委员会成立视频会议，教育部副部长杜玉波对新一届教学指导委员会工作做出总体部署，部长助理林蕙青主持会议。各省级教育行政部门、直属高校的有关负责人以及各教学指导委员会委员共计5 000余人分别在主会场和分会场参加了会议。

〔**举办“五月的鲜花——我们的中国梦”全国大学生校园文艺会演**〕 5月4日，由中央宣传部、教育部、共青团中央联合主办，中央电视台承办的“五月的鲜花——我们的中国梦”2013年全国大学生校园文艺会演，在中央电视台综合频道现场直播。中央宣传部副部长翟卫华、教育部副部长杜玉波、共青团中央书记处书记周长奎等与首都高校学生代表一同观看演出。来自全国50余所高校的1 500名大学生参加演出。演出紧扣“我们的中国梦”的主题，分为传承中国梦、美丽中国梦、青春中国梦、奋斗中国梦和我们的中国梦五个篇章，热情歌颂了中国共产党领导人民在奋力实现中华民族伟大复兴历史征程中的丰功伟绩，鲜明宣示了当代大学生对中国特色社会主义的道路自信、理论自信、制度自信，生动展示了当代大学生在党的十八大精神指引下，志存高远、增长知识、锤炼意志，为实现国家富强、民族振兴、人民幸福的“中国梦”而努力奋斗的青春光彩。

教育部直属高校工作

〔**召开教育部直属高校咨询委员会第二十三次全体会议**〕 8月23—24日，教育部直属高校咨询委员会第二十三次全体会议在北京召开。与会代表围绕“深化高等学校管理体制改革，建设中国特色现代大学制度”这一主题，按照加强章程建设、完善高校领导体制、健全学术组织、强化民主管理监督、拓展社会合作、深化评价机制改革、落实和扩大办学自主权7个专题，开展了深入交流、研讨、咨询。国务院副总理刘延东出席会议并发表了题为《加快建设中国特色现代大学制度为实现“两个百年”目标做出新贡献》的重要讲话，对扎实推动高等教育提高质量、内涵发展，努力建设中国特色现代大学制度提出了明确要求。教育部部长袁贵仁主持会议并讲话。教育部副部长杜玉波做了应询讲话。教育部直属高校的咨询委员和直属高校的书记、校长参加了会议，非教育部直属“985工程”高校、其他部委和地方所属“211工程”高校、省部共建高校主要负责人受邀列席会议，全体教育部领导和相关司局、直属单位负责人参加会议。

〔继续推进教育部与地方政府、行业部门共建相关高校工作〕 2013年，在共建直属高校方面，完成了与住房和城乡建设部共建长安大学、与工业和信息化部和安徽省共建合肥工业大学。在部部共建方面，完成了与外交部共建外交学院。在省部共建方面，完成了与上海市共建上海大学、与湖北省共建湖北大学、与安徽省共建安徽大学和安徽师范大学、与四川省共建西南科技大学、与云南省共建云南师范大学。在省部部共建方面，完成了与北京市、国家广电总局共建北京电影学院，与江西省、工业和信息化部共建江西理工大学，与湖北省、宝钢集团有限公司、鞍钢集团公司、武汉钢铁（集团）公司、首钢总公司、中国冶金科工集团有限公司、中国中钢集团公司共建武汉科技大学。

撰稿 武世兴 江 河 吴英策 吴文哲 范海林 刘永强 魏中华 白文宏 高东锋 毛昌杰 李 静 孙丽为 董甲庆 吴爱华 陈精锋 刘晓宇 宁 宁 吴 燕 施永川 吴 昭 武美萍 朱蓓蓓 刘向虹 衡旭辉 王启明 王立祥 董 岳 李轶群 杨华杰

审稿 张大良 韩 筠 刘 桔 石鹏建 刘贵芹

高校思想政治工作

〔深入开展“我的中国梦”主题教育活动〕 2013年2月22日，教育部党组印发《关于在全国各级各类学校深入开展“我的中国梦”主题教育活动的通知》，专门部署了“我的中国梦”征文大赛、主题宣讲、主题校园文化建设、主题社会实践活动、主题摄影及微电影创作大赛、主题网络文化和书信文化活动、培育选树学生先进典型等7类重点活动。3月25日、27日和4月2日，教育部分别召开高等教育、基础教育、职业教育系统“中国梦”教育活动3个座谈会，针对不同教育领域、不同阶段学生的特点，分类推进宣传教育活动。4月10日，教育部党组印发《关于在“五四”期间深入开展中国梦宣传教育活动的通知》，要求抓住重要时间节点，在突出思想内涵、增强认知认同上下功夫，在把握实践要求、推动实际工作上下功夫，引导青少年积聚青春正能量、同心共筑中国梦。7—11月，与中宣部联合主办10场“中国特色社会主义和中国梦宣传教育报告会”。联合光明日报、人民网组织开展“我的中国梦”主题征文活动。联合中国大学生在线开展“传递青春梦想，共话民族复兴——百万大学生网上接力活动”。组织编写出版《中国梦青少年教育读本》等通俗理论读物。9月，与中宣部共同举办“中国梦网上系列谈”第6场座谈会，遴选大学生代表围绕“中国梦”进行网上座谈。

〔**深入开展“爱学习、爱劳动、爱祖国”教育**〕 8月31日，教育部党组印发《关于在全国各级各类学校深入开展“爱学习、爱劳动、爱祖国”教育的意见》（简称《意见》）。《意见》指出，爱学习、爱劳动、爱祖国，简明清新地明确了青少年健康成长的要求，充分体现了以习近平为总书记的党中央对青少年的亲切关怀和殷切希望。10月，教育部在天津市召开“三爱”教育座谈交流会，围绕推进“三爱”教育，进一步研讨工作思路，交流工作经验。

〔**大学生思想政治教育质量提升工程**〕 9月23日，中宣部、教育部印发《关于开展〈全国大学生思想政治教育工作测评体系（试行）〉贯彻执行情况自测自评工作的通知》，制定《全国大学生思想政治教育工作测评操作手册》，部署实施大学生思想政治教育质量测评工作。连续22年开展高校师生思想政治状况滚动调查，研究起草调查报告并上报中央。

〔**高校辅导员队伍专业化建设**〕 5月3日，教育部党组印发《普通高等学校辅导员培训规划（2013—2017年）》，指导构建内容完善、形式多样、科学合理的国家、省级、高校三级培训体系。研究起草《高等学校辅导员职业能力标准》（征求意见稿），对辅导员的职业能力提升和职业发展政策进行规范。指导全国高校辅导员工作研究会与中国教育报共同主办“第五届全国高校辅导员年度人物”评选活动。召开全国辅导员工作现场会，教育部副部长杜玉波出席会议，为高校辅导员年度人物颁奖并做重要讲话。会议发布了《高校辅导员誓词》。7月，召开教育部高校辅导员培训和研修基地工作会议，开展基地工作实绩考核。全年共举办24期全国高校辅导员示范培训班，培训辅导员2 400余人。招收100名辅导员骨干在职攻读思想政治教育专业博士学位。选派110余名学生工作骨干赴海外高校访学研修。组织开展高校辅导员工作精品项目建设，共有35个项目入选建设计划，引导和支持辅导员开展学术研究，推动成果转化和应用。发挥全国高校辅导员工作研究会的作用，指导举办“第六届全国高校辅导员工作创新论坛”，指导举办第二届全国高校辅导员职业能力大赛。12月16日，印发《教育部办公厅关于加强高校辅导员基层实践锻炼的通知》，对加强辅导员基层实践锻炼进行部署。

〔**高校实践育人工作**〕 1—2月，会同共青团中央联合开展“走基层，看变化，学习宣传党的十八大精神”大学生主题寒假社会实践活动。6—8月，开展“我的中国梦”大学生主题暑期社会实践活动，组织数百万名大学生深入基层、深入农村、深入西部。会同中宣部、中央文明办、共青团中央联合推进青年志愿者活动、全国大中专学生志愿者暑期文化科技卫生“三下乡”社会实践活动和大学生志愿服务西部计划。深化学雷锋活动。9月20日，教育部党组印发《关于在教育系统深入开展学习宣传全国道德模范活动的通知》。研究制定《学生志愿服务管理办法》，推动完善志愿服务记录、评价、考核机制，将志愿服务情况作为评奖评优和招生录取的重要依据。12月8日，组织召开教育系统学习贯彻习近平总书记给华中农业大学“本禹志愿服务队”回信精神座谈会，教育部副部长杜玉波出席会议并讲话，要求扎实推动青少年志愿服务制度化、常态化。

〔**大学生心理健康素质提升计划**〕 3月，召开2013年全国大学生心理健康教育工作会议，部署推动全年工作。成立中国高等教育学会大学生心理健康教育工作研究分会筹备委员会，加强理论探索和学术研究，促进工作交流。研制完善《中国大学生心理健康测评系统》，编制修订《中国大学生心理健康量表》，开发基于云计算平台的网络测评系统。组织开展全国高校心理健康教育示范中心培育建设试点工作，北京大学、清华大学等6所高校心理健康教育中心入选首批试点。12月，召开全国高校心理健康教育示范中心培育建设推进研讨会，研讨和梳理示范中心培育建设工作的方式方法和路径载体。组织编写出版《大学生心理健康》，加强心理健康教育课程体系建设。

〔**高校校园文化建设**〕 6月，召开高校校园文化建设优秀成果表彰暨专题工作研讨会，总结2012年度高校校园文化建设成果，编辑出版《高校校园文化建设理论与实践》。组织评选第七届高校校园文化建设优秀成果，31个省（区、市）及新疆生产建设兵团共推荐6个类别705项成果参评。会同国家海洋局、共青团中央等部门联合开展第六届全国大学生海洋知识竞赛；会同国家林业局、共青团中央继续组织开展国家生态文明教育基地创建活动；组织协调首都高校师生参加“最美基层干部”菊美多吉事迹报告会、杭州市“最美现象”思想道德建设先进经验报告会和“百名法学家百场报告会”等法治宣传活动。

〔**先进典型培育宣传工作**〕 会同中宣部、共青团中央、人民日报社联合指导“2012中国大学生年度人物评选活动”，北京大学雷声等10名学生获评为年度人物。5月4日，习近平总书记亲切接见了包括第五届全国高校辅导员年度人物和2012年中国大学生年度人物在内的优秀青年代表，并发表重要讲话。5月4日下午，教育部组织参加座谈的全国大学生及高校辅导员年度人物畅谈对习近平总书记重要讲话的体会感想，教育部副部长杜玉波出席并讲话。5月5日，教育部党组印发《关于教育系统学习贯彻习近平总书记五四重要讲话精神的通知》。5月6日，召开教育系统学习贯彻习近平总书记五四重要讲话精神座谈会，教育部副部长杜玉波主持会议并讲话，副部长刘利民出席会议。会议要求，把学习贯彻工作与加强青年师生工作紧密结合起来，激励引导广大青年师生在中国特色社会主义伟大实践中同心共筑中国梦。7月，举办“我的中国梦”2012中国大学生年度人物先进事迹报告研讨会，组织召开“今日中国需要什么样的青年”理论研讨会，深入研讨先进典型培育工作，从不同视野挖掘青年成长成才规律。

〔**第二十一次全国高校党的建设工作会议**〕 1月8—9日，中组部、中宣部、教育部党组在北京召开第二十一次全国高校党的建设工作会议。会议的主要任务是：深入学习贯彻党的十八大精神和习近平总书记系列讲话精神，全面推进高校党的建设，为促进高等教育事业科学发展、办好人民满意的高等教育提供坚强保证。国务委员刘延东主持会议，中宣部部长刘奇葆出席会议，中组部部长赵乐际出席会议并讲话，教育部部长袁贵仁做会议总结。江苏省委教育工委、四川省委教育工委、北京师范大学党委、天津大学党委、南京航空航天大学党委、新疆农业职业技术学院党委、武汉生物工程学院党委、宁波诺丁汉大学党委主要负责人在会上做交流发言。会议讨论了中组部、中宣部、教育部党组《关于进一步加强高校学生党员发展和教育管理服务工作的若干意见》《关于加强和改进高校基层党支部建设的意见》《关于加强和改进高校青年教师思想政治工作的若干意见》3个文稿。

〔**高校青年教师思想政治工作**〕 5月4日，中组部、中宣部、教育部党组印发《关于加强和改进高校青年教师思想政治工作的若干意见》（简称《意见》）。《意见》强调，各地各高校要切实把加强青年教师思想政治工作摆到更加突出的位置，通过政治上主动引导、专业上着力培养、生活上热情关心，促进广大青年教师全面提高思想政治素质和业务能力。《意见》要求，切实加强青年教师思想教育引导，推进青年教师师德师风建设，加大青年教师党员队伍建设力度，拓宽青年教师思想政治工作途径，着力解决青年教师实际问题，构建齐抓共管的工作机制，全面提高高校青年教师思想政治工作科学化水平。

〔**高校学生党员发展和教育管理服务工作**〕 7月2日，中组部、中宣部、教育部党组印发了《关于进一步加强高校学生党员发展和教育管理服务工作的若干意见》（简称《意见》）。《意见》要求，以提高发展学生党员质量为核心，以加强教育培养为重点，以完善管理服务为基础，严格坚持标准，加强教育培养，健全管理机制，完善服务机制，努力建设一支信念坚定、素质优良、规模适度、结构合理、纪律严明、作用突出的高校学生党员队伍。截至2013年6月30日，全国高校在校学生党员总数为316.26万人，占全国高校学生总数的12.08%，比2012年降低1.42%。学生党员发展速度放缓，但结构不断优化。全国高校硕士、博士研究生党员总数达76.48万人，占高校学生党员总数的24.18%，比2012年提高1.38%。

〔**高校党建和统战工作专题培训**〕 4月8—20日，分别在井冈山大学、延安大学举办了高校院系分党委（党总支）书记培训班、高校党建组织员培训班。教育部直属高校、其他部委属15所高校及部分地方属高校的院系分党委（党总支）书记、党建组织员代表229人参加了培训。5月31日至6月4日，联合中央统战部在中央社会主义学院举办全国高校统战部长培训研讨班。教育部直属高校、其他部委属部分高校、部分地方属高校党委统战部长近130人参加培训，征集典型工作案例105个。

〔**第二届全国高校廉政文化作品大赛**〕 联合中央纪委驻教育部纪检组监察局共同举办第二届全国高校廉政文化作品大赛，全国31个省（区、市）和新疆生产建设兵团1 500多所高校经初赛、复赛，共选送了1 080项作品参加全国决赛，最终产生表演艺术类、书画摄影类、艺术设计类、网络新媒体类4个类别一、二、三等奖328项和优秀组织奖15个。

〔**推进高校博物馆育人联盟建设**〕 4—10月，指导开展“人民科学家钱学森”全国巡展，在北京、昆明、成都、武汉、兰州、呼和浩特6市进行巡回展出。开展全国高校博物馆优秀育人项目评选、“中国梦·文化梦·育人梦”主题征文、联盟标志征集等活动。9月15日，在四川大学召开全国博物馆育人联盟第二次会员大会，教育部副部长杜玉波出席会议并讲话。会上，联盟门户网站正式上线，并发行了联盟画册《走进高校博物馆》。

〔**第二十二次全国高校党的建设工作会议**〕 12月24—25日，中组部、中宣部、教育部党组在北京召开第二十二次全国高校党的建设工作会议。会议的主要任务是：深入学习贯彻党的十八大和十八届二中、三中全会精神，深入学习贯彻习近平总书记系列讲话精神，总结工作，分析形势，研究部署高校思想理论建设，加强意识形态工作，推动高校党的建设工作上台阶、上水平。国务院副总理刘延东主持会议，中宣部部长刘奇葆出席会议并讲话，中组部部长赵乐际出席会议，中组部常务副部长陈希做会议总结。北京市委教育工委、上海市委教卫党委、北京大学党委、中南大学党委、西北工业大学党委、新疆大学党委、浙江金融职业学院党委、云南工商学院党委主要负责人做交流发言。

〔**校园及周边治安综合治理**〕 3月27日，中央社会管理综合治理委员会校园及周边治安综合治理专项组办公室主任会议在北京召开。会议贯彻落实中央综治委工作部署，总结2012年全国校园及周边治安综合治理工作，对2013年工作进行研究部署。教育部副部长杜玉波出席会议并代表专项组讲话。会议指出，党的十七大以来，专项组充分发挥综合治理工作的优势，教育在先，创建平安，落实防控，整治隐患，持续维护学校安全稳定的良好环境。强调要用党的十八大精神引领校园及周边治安综合治理工作的创新，以顶层设计统筹平安校园建设，以服务型管理深化平安校园建设，以建设为导向推进平安校园建设，以长效机制巩固平安校园建设。要把握学校特点，以师生的安全需求为导向，集成发挥各系统对师生进行安全法制教育的资源优势，构建学生安全和学校稳定的综合防控体系，常态推进专项整治和巩固成果工作。要从齐抓共管的角度强化考核保障，通过完善考核指标、组织督导检查，切实把齐抓共管落到实处。《2013年全国校园及周边治安综合治理工作要点》经会议审议通过，于3月27日印发。

〔**进一步加强高校网络建设和管理工作**〕 8月16日，教育部、国家互联网信息办公室印发《关于进一步加强高等学校网络建设和管理工作的意见》（简称《意见》）。《意见》要求，高度重视高校网络建设和管理工作，按照积极利用、科学发展、依法管理、确保安全的方针，加强高校网络文化供给与服务，构筑高校网络思想文化阵地，加强高校网络信息安全管理，提高高校网络舆论引导能力，统筹推进队伍建设，推进激励评价机制改革，大力开展师生网络素养教育，加强高校网络建设和管理组织领导。9 月 16 日，教育部副部长杜玉波赴成都市就高校网络建设和管理工作进行调研，强调要深入学习贯彻全国宣传思想工作会议精神，抓好《意见》贯彻落实工作，把高校网络建设和管理作为重中之重，建好网、用好网、管好网，牢牢掌握高校网络文化工作中的育人主动权、舆论话语权和管理主导权。

〔**启动高校校园网络文化建设专项试点**〕 10 月 24 日，教育部在北京召开高校校园网络文化建设专项试点工作启动部署会。教育部副部长杜玉波出席会议并讲话，强调各试点高校要加强组织领导，理顺工作机制，完善试点方案，强化条件保障，精心组织实施。教育部在清华大学、上海交通大学、南京大学、天津大学、中山大学、电子科技大学和中国传媒大学 7 所高校启动实施高校校园网络文化建设专项试点工作，培育网络名编名师，开办网络名站名栏，创作网络名篇名作。试点高校将着力建立激励评价机制，探索建立优秀网络文章纳入科研成果统计、列为职务（职称）评聘条件的办法；探索建立对网上成果发放薪酬、给予奖励的办法；探索建立将网络文化育人工作情况列入师德先进、优秀教师等评选条件的办法。11 月 1 日，教育部办公厅印发《关于开展高校校园网络文化建设专项试点工作的通知》。

〔**全国高校校园网站联盟成立**〕 12 月 12 日，全国高校校园网站联盟成立会议在北京召开，教育部副部长杜玉波出席会议并讲话。会议审议通过了联盟章程，选举产生了以中国人民大学党委书记为理事长，由 143 所高校和教育系统有关单位负责人组成的第一届联盟理事会。同时，对中国大学生在线理事会进行了换届，由联盟理事会作为中国大学生在线理事会。联盟搭建起全国高校校园网络资源共享、工作协作和信息交流平台，努力成为高校校园网络信息资源的集散库、思想文化的策源地和宣传舆论的风向标，共同传播网络正能量，协作应对网络负面舆论。

〔**全国大学生摄影及微电影创作大赛**〕 5—11 月，由教育部思想政治工作司、国家互联网信息办公室网络新闻宣传局共同指导，文汇报、人民网、中国大学生在线、易班网、湖南教育电视台共同主办了“我的中国梦·最美中国”全国大学生摄影及微电影创作大赛。5 月 13 日，大赛启动仪式在北京举行。教育部副部长李卫红出席仪式并讲话，强调大赛与深入贯彻落实习近平总书记“五四”重要讲话精神紧密结合，与建设中国特色社会主义先进大学文化紧密结合，与推进网络思想政治教育方式创新紧密结合，切实推进中国梦和中国特色社会主义在大学生中的弘扬传播。700 余所高校、数百万大学生参与大赛，报送摄影作品 129 307 幅（组），微电影作品 2 332 部。45 幅（组）优秀摄影作品和 30 部优秀微电影作品分获各类奖项。

〔**“弘扬雷锋精神”微博行动**〕 3 月 4—31 日，由教育部指导，中国大学生在线、易班网和新浪微博共同主办了“弘扬雷锋精神微博行动”网上主题实践活动。1 400 多所国内高校、41 所国外高校的 300 余万名大学生发布微博，传递正能量并领取雷锋勋章，发帖总量超过 350 万。1 400 多所中小学校的学生主动参与活动。

撰稿　肖文旭　王伟国　李丽鹏　许高勇
审稿　冯　刚

高校社会科学研究

〔**刘延东主持召开高校智库建设座谈会**〕 2013年5月30日，教育部召开“繁荣发展高校哲学社会科学推动中国特色新型智库建设座谈会”。国务院副总理刘延东主持座谈会并强调，要深入贯彻落实党的十八大精神和中央领导同志有关要求，充分发挥高校学科齐全、人才密集的优势，繁荣发展高校哲学社会科学，努力打造一批在国内外具有重要影响的高端智库。

刘延东指出，建设中国特色新型智库是服务党和政府科学民主决策、破解发展难题的迫切需要，对于坚持和发展中国特色社会主义、提升国家软实力、全面建成小康社会具有重要意义。高校作为中国哲学社会科学事业的生力军和各学科人才聚集的高地，是建设中国特色新型智库的重要力量，要以服务决策为导向，以提升能力为核心，以改革创新为动力，以哲学社会科学繁荣发展为依托，努力打造一批在国内外具有重要影响的高端智库。

刘延东强调，高校要聚焦重大问题，服务国家战略，坚持求真务实、奋发有为，多出具有前瞻性战略性和针对性可操作性的研究成果，为党和政府科学决策提供高质量的智力支持，努力做改革发展决策方案的建言者、政策效果的评估者、社会舆论的引导者。要创新体制机制，加强平台建设，强化协同创新，增强内生动力，推动形成特色鲜明、结构合理、形式多样的智库发展新格局。要深化对外交流，积极参与全球性问题国际合作研究，提升中国话语权，为世界和平发展和人类文明进步贡献中国智慧。

2013年下半年，教育部研究出台了《中国特色新型高校智库建设推进计划》，从主攻方向、机构和队伍建设、体制机制改革等方面对高校智库建设进行了总体规划，提出了一系列重点举措。各地各高校努力深化社会科学领域综合改革，积极探索新型高校智库的组织模式和管理方式，在提升咨政服务能力方面取得了新进展。

〔**印发《普通高等学校思想政治理论课教师队伍培养规划（2013—2017年）》**〕 为落实《中宣部教育部关于加强高等学校思想政治理论课教师队伍建设的意见》精神，切实加强高校思想政治理论课教师队伍的培养培训，教育部于6月印发了《普通高等学校思想政治理论课教师队伍培养规划（2013—2017年）》（简称《规划》），提出通过全员培训、骨干研修、在职攻读学位、国内考察、国外研修、课题支持等多种途径，努力造就数百名政治坚定、理论功底扎实、善于联系实际、具有较高教学水平和科研能力的领军人物、中青年学术带头人，培养数千名思想政治理论素质高、业务精湛、具有发展潜力的教学一线骨干教师，建设数万名坚持正确方向、业务熟练、师德高尚、结构合理的专业化教师队伍。

《规划》总结了思想政治理论课教师队伍培养培训工作经验，凝练了行之有效的做法，力求形成制度，长期坚持。同时根据新形势新要求，进一步拓展思路，创新举措，增强培养培训工作的针对性、实效性。《规划》提出了思想政治理论课教师队伍培养的三方面途径。一是实施培训计划。强调在继续做好已有的骨干研修、全员示范培训、在职攻读博士学位、社会考察等工作的基础上，实施专项研修计划，围绕一个特定主题或针对不同层次、不同类别高校思想政治理论课教师开展专项培训。二是完善项目资助计划。提出实施思想政治理论课教学研究项目、优秀中青年人才择优资助项目、拔尖教师国内高级访学资助项目、“马克思主义理论教学与研究文库”出版资助项目。三是宣传推广典型。提出实施先进单位、教学团队宣传推广和教学展示活动，进一步推动各地高校重视思想政治理论课建设。

〔**召开全国高校思想政治理论课教学方法改革现场经验交流会议**〕 11月5—6日，教育部在东北师范大学召开全国高校思想政治理论课教学方法改革现场经验交流会议。教育部副部长李卫红出席会议并讲话。会议还对高校思想政治理论课教学方法改革项目“择优推广计划”实施工作进行了部署。李卫红指出，加强思想政治理论课建设是加强理论武装，深入推进中国特色社会主义理论体系“三进”的主渠道，要树立“四强意识”，即领导要强、教学科研机构要强、教师队伍要强、马克思主义理论学科要强。要以思想政治理论课标准化建设、完善教材体系建设、强化马克思主义理论学科支撑和教师队伍培养为重点，实现统筹协调、分类指导、整体推进、突破难点，推进中国特色社会主义理论体系不折不扣进课堂、始终不移进头脑。要求省级教育部门和高校高度重视，加强协调统筹，提供必要的条件和保障。希望教师一要有学问，二要从读懂学生的角度认识和研究教学规律，提高教学水平。高校思想政治理论课教育战线要以此次会议为起点，不断改进教学方法，提高教学质量，掀起新一轮教学方法改革的热潮。

〔**教育部、中央党史研究室联合设立“高等学校中国共产党革命精神与文化资源研究中心”**〕 6月25日，教育部、中央党史研究室联合发文，批准设立复旦大学、嘉兴学院、湘潭大学、井冈山大学、赣南师范学院、遵义师范学院、延安大学、河北师范大学8个高等学校中国共产党革命精神与文化资源研究中心，纳入教育部高等学校人文社会科学重点研究基地建设计划。7月25日，教育部、中央党史研究室在北京召开建设工作会议。中央党史研究室主任欧阳淞出席会议，中央党史研究室副主任高永中、教育部副部长李卫红出席会议并讲话。研究中心理事会、专家指导委员会成员参加会议。

〔**邓小平“三个面向”教育思想暨教育改革发展研讨会召开**〕 9月24日，邓小平“三个面向”教育思想暨教育改革发展研讨会在四川省广安市召开。研讨会由中共中央文献研究室、教育部、四川省人民政府联合主办，纪念邓小平同志“教育要面向现代化，面向世界，面向未来”题词发表30周年。来自全国理论、教育战线的专家学者和大中小学代表等近200人参加会议。

会议深入研究了邓小平“三个面向”教育思想的科学内涵和重大意义，深入总结了邓小平“三个面向”教育思想在教育改革发展中的生动实践和新鲜经验，分析探讨了新时期怎样继续贯彻邓小平“三个面向”教育思想的新情况、新问题。

会议强调，邓小平“三个面向”教育思想反映了社会主义现代化建设的迫切需要，把握了世界教育发展的客观趋势，开辟了教育现代化的中国道路，具有丰富的科学内涵，是邓小平教育理论的突出特色和中国教育事业取得伟大成就的重要思想保证。必须坚持以邓小平“三个面向”教育思想为指导，坚持落实教育优先发展战略地位，进一步深化教育事业的改革发展，紧紧把握好立德树人这个根本任务，努力办好人民满意教育，不断开创中国教育改革发展的新局面。

〔**全面修订高校思想政治理论课本专科教材和研究生教学大纲**〕 为深入推进党的十八大精神“进教材、进课堂、进头脑”，教育部会同中宣部全面修订了思想政治理论课教材和教学大纲。2月26日至3月15日，在北京、上海、哈尔滨、广州、成都等地连续召开10个调研座谈会，来自全国27个省（区、市）不同高校的220余名一线教师和学生参加座谈会，相应课题组首席专家和主要成员当面听取师生的意见。本专科3本教材和研究生5本教学大纲已经修订完成并正式出版供秋季开学使用。《毛泽东思想和中国特色社会主义理论体系概论》教材结构做了较大调整，按计划于2014年春季使用。

为做好新修订教材的使用工作，8月28日至9月1日，教育部举办了高校思想理论课2013年新修订教材和教学大纲示范培训班，分两期分别培训本科3门课和研究生5门课560名骨干教师。教育部副部长李卫红出席开班式，并做了动员讲话。课题组首席专家全面解读了教材修订的主要精神、主要内容和教学要求。在部级示范培训工作结束后，将教学课件、专家讲稿等资料通过“高校思想政治理论课程网站”及《思想理论教育导刊》等渠道提供教师参考。在抓好部级示范培训的同时，全面部署各地各高校的全员培训工作。全国各地各高校以骨干教师培训、集体备课、新任教师培训等方式对教师进行了全面培训。

〔**高校思想政治理论课教学方法改革项目“择优推广计划”启动实施**〕　为推进高校思想政治理论课教学方法改革，提高思想政治理论课教学水平和质量，教育部社科司于9月启动实施了思想政治理论课教学方法改革项目“择优推广计划”。“计划”提出，从2013年开始，用5年左右的时间，遴选和培育100项教学方法新、教学效果好、受学生欢迎的优秀思想政治理论课教学方法改革项目。通过这些项目，培养一批创新教学方法的优秀教师典型和教学团队，深入推动高校思想政治理论课教师队伍树立先进教学理念，增强改革创新意识，提高教学创新能力，切实增强思想政治理论课的吸引力、感染力。“计划”的遴选工作坚持公开、公平、公正的原则，包括各地推选、专家书面评审、集中评议、面向社会公示等。重点评审推选项目的教学理念、教学设计、教学创新能力、教学团队组成、体制机制保障、工作组织实施等方面情况。“计划”实行动态管理，引入退出机制，定期进行面谈和检查，立项一年后验收入选项目，对建设成效明显、具有推广价值的项目予以进一步支持。2013年，教育部社科司从138个推选项目中遴选了20个入选项目和30个培育项目，并提出了明确要求。入选项目要不断完善，强化实践，加强总结提炼，形成更为成熟的经验和做法，供全国学习、借鉴。培育项目要深入探索，进一步凝练方向、聚焦重点、抓住关键，不断增强项目的创新性、应用性、理论性和影响力，努力建设成为“择优推广计划”入选项目。

〔**教育部高校哲学社会科学学报名栏建设第三批25个建设栏目**〕　为加强高校哲学社会科学学报建设，繁荣发展哲学社会科学研究，教育部启动了高校哲学社会科学学报第三批名栏建设工作，在各单位申报、资格审查、基础材料打分、编校质量检查的基础上，组织专家会议评审，根据投票推选及公示情况，产生了第三批25个建设栏目，分别是：《财经研究》公共经济与管理、《云南师范大学学报》（哲学社会科学版）中国边疆学研究、《湘潭大学学报》（哲学社会科学版）毛泽东思想研究、《邯郸学院学报》赵文化研究、《安徽大学学报》（哲学社会科学版）徽学、《上海交通大学学报》（哲学社会科学版）科学文化、《苏州大学学报》（哲学社会科学版）明清近代诗文研究、《中国人民公安大学学报》（社会科学版）犯罪研究、《南京农业大学学报》（社会科学版）农村·农民·农业研究、《经济理论与经济管理》经济热点、《许昌学院学报》魏晋史研究、《赤峰学院学报》（哲学社会科学版）红山文化·契丹辽文化研究、《暨南学报》（哲学社会科学版）海外及台港澳华文文学研究、《云梦学刊》当代学术史研究、《湖北工程学院学报》中华孝文化研究、《河北师范大学学报》（教育科学版）教育史研究、《中华女子学院学报》女性与法律、《河南大学学报》（社会科学版）编辑学研究、《渭南师范学院学报》司马迁与《史记》研究、《湖北大学学报》（哲学社会科学版）价值论与伦理学研究、《嘉兴学院学报》嘉兴名人与嘉兴文化、《中南民族大学学报》（人文社会科学版）民族理论与政策、《语言教学与研究》对外汉语教学、《思想教育研究》学科建设、《东北亚论坛》东北亚区域合作。

撰稿　陈　矛　陈　睿　段洪波　刘成荫　王仕行　姜　伟

审稿　张东刚　徐艳国

高校科技及产业

〔**高校科技工作主要数据**〕 2013年，全国高校理工农医学科领域科技工作主要数据指标如下（不含西藏数据）。

1. 科技人力。2013年，全国高校从事科技活动的人数为88.92万人，其中科学家和工程师85.5万人，占96.04%；研究与发展人员35.95万人，其中科学家和工程师35.14万人，占97.75%；全时研究与发展人员28.75万人，其中科学家和工程师28.12万人，占97.78%。

2. 科技经费。2013年，全国高校通过各种渠道共获得科技经费1 221.11亿元，比2012年增长4.34%。经费主要来自国家各类科技计划以及地方、部门和企事业单位委托项目等。

3. 研究与发展机构。2013年，全国高校上级主管部门批准的研究与发展机构6 569个，机构中从事研究与发展人员9.55万人年，其中高级职务人员折合5.48万人年，培养研究生29.44万人。

4. 科技课题。2013年，全国高校共承担各类科技课题45.80万项，其中研究与发展课题39.71万项，非研究与发展课题6.09万项。当年投入课题经费977.84亿元，其中基础研究经费占28.54%，应用研究经费占41.92%，试验发展研究经费占12.27%。

5. 国际科技交流。2013年，高校开展了广泛的国际科技交流活动。全年有15.94万人次出席国际学术会议，交流学术论文9.7万篇。当年派遣进修访问学者4.10万人次，接收进修访问学者3.78万人次。

6. 科技成果及技术转让。在2013年度国家科学技术奖授奖项目中，全国高等学校获国家自然科学奖58项；国家技术发明奖57项；国家科学技术进步奖159项（以上统计不包含专用项目）。

2013年，全国高校共出版科技专著3 325部，在国外学术刊物上发表学术论文23.93万篇，鉴定科技成果8 609项，签订技术转让合同10 534项，当年实际收入27.23亿元。

2013年，高校申请专利近128 963件，比2012年增长20.85%；获专利授权79 871件，比2012年增长15.8%，其中获国外专利授权491件。

〔**高等学校创新能力提升计划（“2011计划”）**〕 2013年1月中旬开始到4月底，经专家初审、会议答辩、现场考察、综合咨询、社会公示和领导小组审议等环节，完成“2011计划”首批14个协同创新中心认定工作。认定工作向社会进行了开放，国内主要媒体全程跟踪和采访了现场考察工作。

为扎实推进“2011计划”组织实施工作，先后召开了“2011协同创新中心”发展规划编制研讨会、“2013年度‘2011计划’现场推进座谈会”、首批“2011协同创新中心”工作推进与实地考察会等。完善计划实施管理体系，出台了《2011协同创新中心建设发展总体规划》《教育部财政部关于2011协同创新中心政策支持的意见》《2011协同创新中心认定暂行办法》等。

〔**推进高校科技体制改革**〕 深入贯彻落实中央6号文件。一是结合“高等学校创新能力提升计划”，促进高校科教结合和人才培养体制机制改革。二是按照国务院办公厅要求和任务分工，围绕教育部牵头承担的5项任务以及参与配合的28项任务形成了工作计划和牵头任务分解方案，并形成《教育部贯彻落实中央6号文件进展情况和2014年工作要点报告》。三是在多次调研的基础上，形成《教育部关于深化高等学校科技评价改革的意见》（教技〔2013〕3号）（简称《意见》），并于12月3日正式印发。《意见》的总体思路是：“鼓励创新、服务需求、科教结合、特色发展”，倡导与科技、教育、经济规律相适应的评价体系和开放、公正、长效的评价机制，舆论反应积极。四是继续抓好体制机制改革试点，稳步推进基础研究特区建设的工作。

〔**加强高校科研经费管理工作**〕　继续深入开展关于加强高校科研经费管理专项工作。组织开展对2012年出台的《教育部关于进一步加强高校科研项目管理的意见》《教育部财政部关于加强中央部门所属高校科研经费管理的意见》《教育部关于进一步规范高校科研行为的意见》的宣传和贯彻落实工作。深入5所试点高校调研，推进国家相关宏观政策的完善。

与教育部财务司、监察局共同组织75所教育部直属高校对科研项目和经费管理状况开展全面自查自纠和专项检查。

〔**中央高校基本科研业务费专项资金**〕　继续深入实施中央高校基本科研业务费，进一步引导高校准确把握资金定位，强化对青年人才的培养，提高执行力度。坚持动态预算制度，将学校管理和执行情况与经费预算直接挂钩。2013年，共有101所中央高校获得支持，总经费额度由25亿元提高到30亿元，其中71所获得资助的教育部直属高校，共获24.5亿元经费资助。

加强中央高校基本科研业务费的常态化规范化管理，建立调整基本科研业务费信息管理平台，组织对存在的问题进行调研和交流，完善管理机制，增强使用效益。

〔**产学研合作机制**〕　参与《科技成果转化法》修订工作，形成了《高校促进科技成果转化调查分析报告》《高校促进科技成果转化调查问卷统计分析报告》《关于高校科技成果处置权和收益分配的专题研究报告》，完成了以《以科技成果转化为抓手，推动高校服务经济社会发展》为题的调研报告；督促12个教改项目加快进展，完成了《国家教育体制改革试点分领域总结报告》；会同科技部开展了推进科技成果转化和技术转移2个文件的制定工作，与教育部科技发展中心联合启动了《关于加强高校产学研合作中知识产权指导意见》制定工作；完成了国家知识产权战略纲要五年目标执行情况自查评估，完成了《国家知识产权战略实施五年阶段性总结报告》《国家知识产权战略实施工作总结报告》。

〔**高校技术创新基地**〕　组织推荐中国农业大学农田水利工程技术研究中心等4家单位申报国家工程技术研究中心；组织高校参加年度国家工程技术研究中心立项专家评审工作，在18个公益类单位中，高校牵头的共计15个；组织完成了3项信息化领域国家工程实验室的申报、资金申请报告编制和工程咨询等工作并获国家发改委立项批复；针对轨道交通、资源环境领域，组织高校提炼重大需求，将教育部主要意见纳入国家发改委制定的2014年建设指南；组织专家对70余家医药、节能减排等领域教育部工程研究中心进行评审，完成23家教育部工程研究中心部内审批程序；修订《教育部工程研究中心管理办法》，制定并发布《教育部工程研究中心评估规程》；同科技部联合启动了技术创新联盟工作，组织推荐了西安电子科技大学等3所高校牵头的3个产业技术创新战略联盟为2013年度试点单位；落实上海交通大学船舶设计2期建设方案并启动下达经费；会同国家发改委，组织编制北京交通大学评估中心和培训中心建设规划。

〔**国家大学科技园**〕　针对新时期发展要求，对60余家大学科技园进行实地考察和问卷调查，组织研讨新时期大学科技园发展方向与模式，形成了《新时期大学科技园的发展方向和机制研究》专题调研报告。经商财政部、国家税务总局，将大学科技园税收优惠政策延续至2015年。指导2家国家大学科技园整改并通过复评。会同科技部调研了无锡传感网大学科技园建设情况。

〔**高校学生科技创业实习基地**〕　为进一步发挥大学科技园、高新区等园区在创新创业人才培养方面的作用，“以创业带动就业”，教育部、科技部组织开展了2013年度高校学生科技创业实习基地认定工作。

〔**仪器开放共享**〕　为促进高等学校科技资源开放共享，提高大型科学仪器设备利用水平，遴选了10所高校为大型科学仪器平台的开放共享试点，先行启动。与科技部联合下发《关于开展高校大型科学仪器设备（设施）开放共享试点工作的通知》，指导试点高校拟定、完善试点方案，开展试点工作。同时，为创造推进高校大型仪器开放共享的政策环境，设立战略研究类项目，组织力量开展战略研究。

〔**高校基础研究改革试点**〕　清华大学、北京大学“生命科学研究与人才培养改革试点”基础设施建设稳步推进，在经费、人才、机制等方面开展了一体化系统改革，基本建立起一套行之有效的管理制度和日常运行机制。

复旦大学上海数学中心加快建设，基础设施建设稳步推进，人员聘用、人才培养等改革措施陆续出台，并取得了一批阶段性科研成果。

〔**实验室建设与管理**〕　1. 国家重点实验室。工程材料领域国家重点实验室评估工作完成，在评估结果优秀的16个国家重点实验室中，依托直属高校的有14个。引导和指导高校加强国家重点实验室培育组建工作，争取立项建设。

2. 教育部重点实验室。共有30个教育部重点实验室通过验收。18个化学领域教育部重点实验室参加评估。组织修订教育部重点实验室管理办法、拟制未来发展规划。

〔**重大项目的前期组织**〕　针对高技术船舶、民用飞机专项、海洋工程装备等重大项目，广泛征集重大科技项目的指南建议，组织高校积极参与项目的前期谋划，完成了2014年度国家科技计划项目申报工作。针对物联网、5G、大数据等国际科技和产业热点，发挥高校优势，组织高校进行研究，向科技部提出项目建议，推荐高校专家进入专家组，组织谋划重大项目，为新技术的研发和产业的发展提供了有力的支撑作用。

〔**国家重大科技基础设施建设**〕　依托上海交通大学的转化医学重大科技基础设施在项目建议书批复后，已作为试点先行启动。依托华中科技大学的精密重力测量和依托四川大学的华西转化医学两个重大科技基础设施已形成建设方案并报送国家发改委。模式动物表型与遗传、海底观测网、地球系统数值模拟、燃气轮机四个项目经专家论证、用户咨询后，进一步完善了项目建议书。

“十一五”立项建设的脉冲强磁场项目已完成建设任务，通过了各专业组预验收，经由国际著名强磁场专家组成的国家评估专家组评估，该装置已成为国际最好的脉冲强磁场装置之一，在电源设计与磁体技术方面达到国际顶尖水平。材料安全服役评价设施项目已完成基本建设，全面开展了装置与平台的搭建工作。

〔**国家重大科学仪器设备专项**〕　1. 国家重大科研仪器设备研制专项。高校在承担仪器研制专项项目方面取得新突破，国家批复立项的9个重大项目全部由高校牵头。组建了2011—2013年立项的13个项目的监理组，推动项目顺利实施。指导高校培育具有原创性思想的探索性科研仪器研制，着力支持原创性重大科研仪器设备研制工作，为科学研究提供更新颖的手段和工具。

2. 国家重大科研仪器设备开发专项。深入落实《关于深化科技体制改革加快国家创新体系建设的意见》要求，结合专项特点和定位，教育部推荐的12项建议中，已有5项得到批复立项。组建了2012年立项的6个项目的监理组，推动项目顺利实施。

〔**国家重点基础研究发展计划（“973计划”）和重大科学研究计划**〕　在农业、能源、信息学、资源环境、健康、材料等9个领域，国家共批准91个“973计划”项目立项。其中高校专家担任首席科学家的58项（占63.73%）。

在量子调控研究、纳米研究、蛋白质研究、发育与生殖研究、干细胞研究和全球变化研究6个领域，国家共批准40个重大科学研究计划项目立项。其中高校专家担任首席科学家的23项（占57.5%）。

〔**国家高技术研究发展计划和国家科技支撑计划**〕 根据国家科技计划项目指南，以高校牵头申报的项目共150项，通过形式审查143项。经过评审最终确定推荐40个项目，通过答辩共有20项入库。2013年，高新技术领域经批复立项由高校承担的高技术研究发展计划（“863计划”）课题共计35项，国家拨付经费约2.08亿元；国家科技支撑计划课题35项，国家拨付经费约3.45亿元。完成1项科技支撑计划项目验收、3项科技支撑计划项目中期检查。

〔**组织高校积极参与嫦娥三号任务**〕 教育部科技司积极组织高校在嫦娥三号任务实施中做了大量工作。一方面积极遴选推荐学校专家参与嫦娥三号工程论证及指南编写，为任务的实施建言献策，发挥了重要的作用。另一方面，充分发挥高校在基础研究、人才等方面的优势，主动承担并出色完成了嫦娥三号的相关研制任务，包括“四轮三轴”月球车（自主研发）、嫦娥三号全自动模拟车系统及遥操作机械臂、AOTF（声光可调谐滤光器）成像光谱仪原理样机（首次提出并成功研制）等。

〔**创新团队发展计划和新世纪优秀人才支持计划**〕 2013年，继续实施创新团队发展计划和新世纪优秀人才支持计划。经过专家评审，实地考察和网上公示，共支持创新团队102个，其中自然科学领域96个、人文社科领域6个。经过专家评审和网上公示，共遴选支持新世纪优秀人才支持计划1 069名，其中自然科学领域739名、人文社科领域330名。

〔**高等学校学科创新引智计划（“111计划”)**〕 落实“十二五”规划，推进高等学校学科创新引智计划的深入实施，充分有效利用海外智力等资源，更好地发挥引智基地在科技创新、学科建设、人才培养、团队建设等方面的积极作用，联合国家外国专家局组织实施“111引智基地”的新建工作，44个引智基地获批立项。

〔**战略研究**〕 1. 围绕重大问题开展战略咨询。一是资助了14个战略研究重大课题，总拨款经费达205万元。二是承担了科技部与中国科学技术协会的两个战略研究课题，提交了结题报告和47篇专家建议。

2. 组织教育部科学技术委员会的专家参加高等学校创新能力提升（“2011计划”）政策咨询和评审。一是组织专家参加评审。二是组建专家咨询委员会。三是在2013年教育部科学技术委员会年会上邀请3个首批认定的“2011协同创新中心”负责人做实施进展的经验交流和咨询。

3. 为国家新政策的制定开展战略研究。一是教育部科学技术委员会各学部围绕“高校科技评价”举行专题论坛。二是组织转基因技术和科技体制改革专题研讨会。

4. 撰写《专家建议》，为国家决策提供智力支撑。2013年，编印22期《专家建议》上报国务院领导及有关部委。

5. 加强基地建设，提高战略研究能力。教育部科学技术委员会新批“北京理工大学国防科技创新与教育发展战略研究中心”和“北京工业大学地方高水平大学发展战略研究中心”为教育部战略研究培育基地。

〔**学风建设**〕 1. 继续抓好学风建设“三落实、三公开”。教育部科学技术委员会认真落实《教育部关于切实加强和改进高等学校学风建设的实施意见》，督促116个单位完成了学风建设“三落实、三公开”。

2. 扎实推进科学道德和学风建设宣讲。一是对学部“集中宣讲”和委员“属地宣讲”提出明确要求。全年各学部开展12次集中宣讲，组织专家宣讲60次，直接听众约3万余人次。二是各高校将学风宣讲纳入新生入学培训、新入职教师岗前培训、新聘教授导师培训等日常工作中，形成学风宣讲常态化和制度化。

3. 开展高校学风建设专项巡视。教育部科学技术委员会共选派7名工作人员参加教育部巡视组，形成7份学风建设专项巡视报告提交教育部党组。

4. 开展学风建设战略研究。教育部科学技术委员会向国务院及有关部委提交了3份学风建设系列《专家建议》。在《关于2013年教育部科技委战略研究重大课题申请指南的通知》中，设立了“学风建设”战略研究重大专项。

〔**2013年度“中国高等学校十大科技进展”**〕2013年，从47所高校推荐的71个参选项目中评选出2013年度“中国高等学校十大科技进展”，入选项目见下表。

序号	项目名称	项目负责人	主持单位	主要合作单位
1	化学小分子诱导体细胞重编程为多潜能性干细胞	邓宏魁	北京大学	北京大学深圳研究生院 北京维通达生物技术有限公司
2	昼夜不对称增温对北半球陆地生态系统的影响研究	朴世龙	北京大学	中国科学院青藏高原研究所 法国 Laboratoire des Science du Climat et de l'Environnement 美国 Boston University 和 Princeton University 荷兰 University Amsterdam 比利时 University of Antwerp 西班牙 Cerdanyola del Valles 河南大学
3	高速铁路跨区间无缝线路理论体系、关键技术及工程应用	高　亮	北京交通大学	西南交通大学 中铁第四勘察设计院集团有限公司 中铁第一勘察设计院集团有限公司 铁道第三勘察设计院集团有限公司
4	天河二号超级计算机系统	廖湘科	国防科学技术大学	中山大学 浪潮集团有限公司 国家超级计算广州中心 湖南大学
5	空间机械臂技术	刘　宏	哈尔滨工业大学	/
6	星地激光链路试验	马　晶	哈尔滨工业大学	/
7	量子反常霍尔效应的实验观测	薛其坤	清华大学	中国科学院物理研究所
8	过渡金属导致物质从反芳香性向芳香性的突变	夏海平	厦门大学	佐治亚大学
9	纳米孪晶结构极硬立方氮化硼	田永君	燕山大学	吉林大学 芝加哥大学 新墨西哥大学 河北工业大学
10	H7N9禽流感的病原学及临床诊治研究	李兰娟	浙江大学	香港大学

注：入选项目名单按主持单位拼音顺序排序，排名不分先后。

〔**2013年教育部科学技术委员会年会**〕2013年，教育部科学技术委员会年会于12月25日在北京召开，近150人参加了会议。教育部副部长杜占元出席会议并发表重要讲话。第六届科技委主任钟

掘做工作报告。教育部科技司司长王延觉、财务司副巡视员郭鹏应邀在会上做了报告。年会还邀请3个战略研究基地负责人做咨询报告，3个首批认定的“2011协同创新中心”负责人做了实施进展的经验交流和咨询。

〔**“教学点数字教育资源全覆盖”项目成效显著**〕 截至2013年年底，全国5.5万多个项目教学点完成数字资源接收播放设备招标，占总数的95%，其中4.7万个教学点已用项目提供的数字资源开出国家规定课程；为教学点项目定制开发了1—3年级8门国家规定课程的数字教育资源，于9月起通过网络和卫星两种形式向所有教学点传送；国家级培训为项目省份培训1 000名骨干培训者，各地组织培训教学点教师13.8万人。

〔**“宽带网络校校通”快速推进**〕 截至2013年年底，全国中小学实现网络接入的比例由2011年不足25%上升到57%，其中实现10M宽带接入学校的比例已达35%。全国义务教育阶段学校已建设多媒体教室160多万间，近50%的学校实现了至少拥有一间多媒体教室。省会等中心城市已基本实现校内网络教学设施齐备。

〔**“优质资源班班通”进展明显**〕 4月，教育部公布2012年度优秀网络课程及资源征集活动评审结果；8月，启动优质数字教育资源集中展示活动；9月，启动2013年度优质数字教育资源征集活动。各地积极探索“专递课堂、名师课堂、名校网络课堂”等形式，推动优质数字教育资源在教育教学过程中的应用，使农村、边远地区的孩子能通过信息化手段就近接受良好教育。

〔**“网络学习空间人人通”取得新突破**〕 截至2013年年底，师生开通实名网络学习空间的数量由2012年的60万个增加到600多万个，增长了10倍；应用范围从职业教育扩展到基础教育和高等教育领域。

〔**国家教育资源公共服务平台2.0版开通上线**〕 10月，国家教育资源公共服务平台2.0版开通运行，具备为1万所学校、100万名教师和1 000万名学生提供网络学习空间和数字教育资源服务的能力。依托国家平台开展的规模化应用试点达4 000多所学校、40多万名教师和600多万名学生，并以“教师空间”“学生空间”应用带动“优质资源班班通”，为促进信息技术与教育教学深度融合奠定了坚实基础。

〔**全国教育管理信息化工作视频会议召开**〕 7月，教育部、财政部、人力资源和社会保障部联合召开全国教育管理信息化工作视频会议，并印发《关于进一步加强教育管理信息化工作的通知》，全面部署教育管理信息化工作。

〔**教育管理公共服务平台建设取得重大进展**〕 8月，教育部印发《中小学生学籍管理办法》，启动电子学籍管理。全国中小学生学籍信息管理系统在各省部署完毕，已完成1.5亿名学生数据入库，入库比例超过85%。构建国家教育决策支持统计服务系统，充分挖掘相关教育数据的作用，为教育管理和决策提供信息化支撑。

〔**举办“教育局长教育信息化专题培训班”**〕 2013年，教育部举办7期“教育局长教育信息化专题培训班”，培训地市、县区级教育局长近1 000人。

〔**教育部与中国电信、中国联通签署战略合作协议**〕 教育部分别于1月5日、12月25日与中国电信集团公司、中国联合网络通信集团有限公司在北京签署战略合作框架协议，全面开展战略合作。截至2013年年底，中国移动、中国电信、中国联通三大电信运营企业共同参与支持教育信息化的格局已形成。

〔**2013亚太地区教育信息化高层专家会议召开**〕 11月26—28日，教育部、联合国教科文组织亚太地区办事处、深圳市政府在深圳联合举办2013亚太地区教育信息化高层专家会议，教育部

代表中国介绍了教育信息化进展情况和经验。

〔举办全国基础教育信息化教学现场观摩活动〕 9月24日，教育部在黑龙江省哈尔滨市举办全国基础教育信息化教学现场观摩活动，向全国推广哈尔滨香滨小学等学校探索信息化课堂教学、有效推进素质教育的典型经验。

〔“211工程”三期CERNET建设项目通过验收〕 12月31日，“211工程”三期全国高等教育公共服务体系建设项目“中国教育和科研计算机网主干网和重点学科信息服务体系升级扩容工程”通过验收。该项目建成了40X100G高速传输网、100G主干网、信息资源总量达10TB的重点学科信息服务系统，全面提高了CERNET的技术水平和服务能力。

〔2013年度“教育部—中国移动科研基金”项目立项〕 教育部与中国移动通信集团公司联合设立的“教育部—中国移动科研基金”项目2013年度共立项34个，资助总金额3 226万元。

撰稿 李人杰 李 楠 明 炬 郑 伟
朱小萍 张建华 于长福 陈立永
王人可 邹 晖 明 媚 邰忠智
刘昆鹏 薛 峰 舒 华 张拥军
审稿 高润生 王延觉 娄 晶 雷朝滋

〔高校校办产业统计〕 组织全国高校校办产业2012年度统计工作，编辑出版《2012年度中国高等学校校办产业统计报告》。截至2012年年底，全国高校校办企业资产总额3 190.26亿元，负债总额1 902.73亿元，所有者权益1 287.53亿元，归属于学校方股东的所有者权益633.92亿元。2012年度，全国高校校办企业收入总额2 086.07亿元，利润总额108.44亿元，支付给学校方股东的利润或股利12.81亿元，向国家缴纳税金总额161.19亿元。

截至2012年年底，教育部直属高校校办企业的资产总额2 702.03亿元，负债总额1 619.89亿元，所有者权益1 082.14亿元，归属于学校方股东的所有者权益477.14亿元。2012年度教育部直属高校校办企业收入总额1 806.89亿元，利润总额89.99亿元，支付给学校方股东的利润或股利8.42亿元，向国家缴纳税金总额135.36亿元。

〔促进高校科技产业发展〕 指导联系中国高校校办产业协会，充分利用协会的平台，开展各个理事单位之间的互访和经验交流，促进各高校科技产业的发展。利用召开中国高校校办产业协会年会的机会，邀请专家为全体代表做党的十八届三中全会报告专题辅导，全面分析宏观经济形势面临的新机遇、新挑战，并详细解读了党的十八届三中全会报告涉及的经济领域各项改革任务。

组织部分常务理事、理事赴长三角地区考察，与有关单位就产学研合作、科技成果转化、科技型企业孵化等方面的问题进行交流沟通。推进校办企业与中央企业的产学研战略合作，举办“绿色建材设计研讨会暨校企央企战略合作座谈会”，近20家高校的建筑设计院、相关校办企业与北新集团建材股份有限公司共同聚焦绿色建筑产业发展方向，探讨校企、央企战略合作模式，达成了校企、央企合作共识。组织“校办企业税务问题研讨沙龙”，邀请有关部门专家讲解分析企业并购重组涉及的企业所得税、个人所得税、增值税、营业税、契税、印花税等相关税收政策规定，就校办企业重组过程中遇到的无偿划转、股权奖励、税收优惠以及税收政策对科技成果转化的促进作用等问题进行了探讨。

〔高校校办产业队伍建设〕 组织2013年度高校资产公司管理骨干培训班、2013年度高校企业财务审计人员专题研修班。邀请有关专家讲解中央企业集团业绩考核实践与创新、高校企业对接多层次资本市场、高校科技成果产业化及风险投资、企业内部审计操作实务与技能提升、企业内部控制设计与财务风险防范、企业最新税收政策解析与税务安排等专题讲座。研修内容从政策指导到实战案例，从专业知识到操作技能，紧扣实际需求，具有很强的操作性。

〔**高等学校博士学科点专项科研基金**〕 2013年，完成博士学科点专项科研基金申请课题的受理和评审工作，共有228所高校申报课题9 914项，其中博导类课题4 351项、新教师类课题4 981项、优先发展领域课题525项、与香港研究资助局合作项目课题57项。经形式审查，合格的申请课题达9 675项。

基金评审工作采取网络通信评审和专家会议评审的方式进行。网络通信评审共遴选164所高校的5 585位专家参与评审，评审总项次49 493次，平均每位专家评审8项课题。截至评审结束，评审专家反馈评审意见和打分47 629项次，评审反馈率为96.23%。

对于博导类课题和新教师类课题，在第一轮网络通信评审结束后，进行了专家组复评。复评工作分成24个评审组进行，共有74所高校的168位同行专家参与了复评工作。复评采取网上投票的方式进行，投票完成后，再将各个评审组的投票情况进行汇总排序。根据专家网络通信评审和学科组网络复评两级评审结果，按照各个学科的资助比例确定资助课题。

对于优先发展领域课题，在第一轮网络通信评审结束后对评审结果整理汇总，共选出327项课题进行会议评审，占参评课题的64.75%。来自全国49所高校的80位专家参加了评审会，评审专家在充分讨论的基础上进行打分和投票，评审工作顺利完成。

与香港研究资助局合作项目课题，按照双方的协议，内地和香港分别进行评审，双方交换评审结果后，共同协商确定资助课题。

2013年，博士点基金资助博导类课题1 325项，资助比例为30.45%；资助新教师类课题1 546项，资助比例为31.04%；资助优先发展领域课题166项，资助比例为31.62%；资助香港合作项目课题13项，资助比例为22.81%。

2013年，博士点基金批准地方高校164项博导类课题和164项新教师类课题为联合资助课题。加上联合资助，博导类课题的资助率为34.22%，新教师类课题的资助率为34.33%。

〔**霍英东教育基金会高等院校青年教师基金及青年教师奖**〕 霍英东教育基金会2013年（第十四届）高等院校青年教师基金及青年教师奖申报工作3月开始，截至4月中旬，共收到254所高校申报的基金课题和奖项1 151项，其中基础性研究课题604项、应用研究课题313项、青年教师奖234项。

经过形式审查，有9个项目不符合申报条件，符合申报条件的1 142个项目进入评审程序。其中基础性研究课题599项、应用研究课题311项、青年教师奖232项。符合申报条件的1 142项的申报课题或被推荐人中，按学位统计：具有博士学位的有1 122人，占申请人数的98.25%；具有硕士学位的20人，占申请人数的1.75%。按职称统计：具有高级职称的有236人，占申请人数的20.67%；具有副高职称的660人，占总申请人数的57.79%；具有中级及以下职称的有246人，占申请人数的21.54%。按年龄统计：30岁以下的有146人，占申请人数的12.78%，31—35岁的有996人，占申请人数的87.22%。按性别统计：男性884人，占申请人数的77.41%；女性258人，占申请人数的22.59%。

7—8月，教育部科技发展中心组织同行专家对青年教师基金及青年教师奖申报材料进行网络通信评审，共遴选138所高校的1 538位三级学科同行专家进行评审。1 142项参评课题共送审6 332项次。截至评审结束，专家反馈评审结果5 890项次，专家评审结果的回收率达93.02%。

霍英东教育基金会理事会暨顾问委员会联席会议在网络通信评审结果的基础上进行了评议和讨论，最终确定第十四届资助基金课题和获奖人名单。青年教师基金基础性研究课题共资助120项；青年教师基金应用研究课题共资助27项；青年教师奖共奖励103人，其中一等奖5人、二等奖15人、三等奖83人。

〔**专利工作与科技成果管理**〕 2013年，全国高校共申请专利167 656件，比2012年增长26.4%；申请发明专利98 509件，占申请总数的58.8%。2013年，全国高校共获授权专利85 038

件，比2012年增长10%。其中发明专利获授权33 309件。截至2013年年底，全国高校持有有效专利220 610件，其中有效发明专利116 337件。

2013年，进行科技成果登记1 213项，受理办理科技成果鉴定申请134项，其中社会鉴定项目19项。

2013年，表彰科技查新先进集体15家、先进个人50名；7月底，在浙江省宁波市组织召开高校科技查新工作研讨；分别于5月初在云南省昆明市、7月底在黑龙江省哈尔滨市举办了两期查新人员培训班，培训查新员600多人。完成对教育部科技查新站的年检及实地年检工作。在认真分析总结的基础上，组织专家对四川大学等3所查新站进行实地年检和交流座谈。完成对《教育部科技查新站查新报告撰写规范》（试行稿）的修订工作。

2013年度，84所科技查新站共完成查新报告41 931件，每所查新站平均完成科技查新报告499件。其中为校内科研服务占39.4%、为校外高校及企业服务占60.6%；为省部以上课题查新服务占65.8%；服务于科研立项占60.1%；成果评价占21.3%。

〔**高校科技奖励工作**〕 组织2013年度高等学校科学研究优秀成果奖（科学技术）的申报、推荐、材料回收整理、形式审查、通信评审、专家会议评审及审核公示等工作。6月，开始组织2013年度教育部科技奖励工作。9月4日，纸质材料申报结束。接收270所高校申报的教育部奖励项目1 239项。经形式审查，有48项不符合教育部科技奖励政策。形式审查合格项目共计1 191项，含直报国家奖励项目80项。其中自然奖27项、发明奖15项、进步奖38项。教育部奖励项目1 111项，其中自然奖372项、发明奖176项、进步奖554项、推广类奖35项、专利奖9项。

第一级：通信评审。9月16—30日，对每份申请项目由计算机系统按照项目所报学科自动选取7—9位同行专家（每位专家评审7—9份材料）进行通信评审，通信评审完全通过网络完成，材料回收率达99.8%。

第二级：专家会议评审会。10月19—22日，由贵州大学承办的2013年度高等学校科学研究优秀成果奖（科学技术）专家评审会在贵州省贵阳市召开。会议邀请了来自全国80所高校相关领域的专家共计159人参加评审，专家由院士、国家奖评委、重点学科学术带头人组成，每年轮换1/3至1/2专家，分成21个学科评审组，对通信评审专家评分（去掉最高分和最低分后的平均值）在前65%的项目进行会议评审，通过讨论由专家通过不记名评分、投票，产生拟授奖项目315项。

经奖励委员会审核、为期一个月的网上公示及异议处理，教育部批准2013年度高等学校科学研究优秀成果奖（科学技术）授奖项目311项，其中一等奖117项、二等奖194项。在全部授奖项目中，自然科学奖120项（一等奖42项、二等奖78项），技术发明奖58项（一等奖28项、二等奖30项），科技进步奖124项（一等奖47项、二等奖77项），推广奖8项（二等奖8项），专利奖1项（二等奖1项）。

组织、推荐高校申报2013年度国家科学技术奖。2013年度，全国高校获国家科技奖励情况：自然科学奖36项，占66.7%；技术发明奖38项（2项一等奖均为高校获得），占通用项目总数的69.1%；科技进步奖95项，占通用项目总数的69.3%。2013年度，全国高校获国家科学技术奖三大奖项目共169项，占通用项目总数的68.7%。

〔**教育部科技奖励改革**〕 研制教育部科技奖励改革调研提纲、调查问卷；开展对教育部科技奖励工作总结，组织撰写教育部科技奖励工作总结及改革发展思路的汇报材料并报教育部领导；组织召开院士、高校领导等专家参加的教育部科技奖励改革专家座谈会；在北京、南京、成都、广州等市分别组织召开科技奖励改革高校座谈会；组织开展科技奖励改革书面调查问卷工作，106所高校2 285名高校教师和科研人员参加了问卷调查。7月底，完成教育部科技奖励改革报告、教育部科技奖励改革方案，并报教育部领导批准。

根据教育部领导批准的教育部科技奖励改革方案，组织开展对《高等学校科学研究优秀成果奖（科学技术）奖励办法》的修订工作。制定调研提纲及调查问卷，组成 3 个小组，分别赴南京、西安、成都、上海、天津等市召开座谈会及访谈；在 85 所高校开展问卷调查，2 237 名科研人员参加了问卷调查。

〔**继续实施“蓝火计划”，服务地方经济社会发展**〕 2013 年，启动实施“蓝火计划”地方协调员试点工作，分别从成都理工大学、厦门大学和上海海事大学选派人员到徐州市、龙岩市、泉州市高校技术转移中心地方分中心挂职，专职为高校在当地开展产学研合作提供专业服务。组织江苏省徐州市铜山区 10 余家钢铁企业赴北京科技大学开展冶金行业专题对接活动；对福建省龙岩市经济技术开发区和新罗区龙州工业园两个板块 46 家企业进行调研，共收集企业信息 100 余项，从产业、技术、市场等多角度进行综合判断，提高校企合作的针对性和有效性。在福建省泉州市达成高校—企业合作项目 40 余项，推动民营企业与高校共建通信与导航联合实验室、GPS/北斗卫星导航综合教学实验平台；在福建省晋江市共建纺织鞋服产业、光电产业、装备制造产业等产业技术公共服务平台。

〔**组织高校参加大型展会活动，推动高校科技成果转化**〕 2013 年，组织国内百余所高校参加北京国际科技产业博览会、中国·海峡项目成果交易会和上海国际工业博览会等大型展会活动，高校推荐参展项目达 8 000 余项。上海国际工业博览会高校展区共有 66 所高校参展，其中沪外高校 38 所、在沪高校 17 所、境（国）外高校 11 所。参展项目 660 项，其中获国家科技进步奖、国家技术发明奖、国家自然科学奖二等奖以上和省部级科技进步、技术发明一等奖以上的重大技术成果项目 57 项；科技含金量高、技术成熟、应用性强、可转化为产业化的项目 603 项。北京国际科技产业博览会邀请 19 所高校、4 所中国科学院所属研究所以及中国计量科学研究院参展，展示项目 150 多个。中国·海峡项目成果交易会共 39 所“985 工程”重点建设大学及 50 多所省内外高校参展，提供项目成果 7 000 余项。

〔**推动中关村自主创新示范区相关工作**〕 参加北京中关村自主创新示范区政策先行先试工作组相关会议。参加北京市财政局、北京市教育委员会组织的相关课题专家研讨会。参加北京市“京校十条”政策研讨活动，对深化中关村先行先试政策效果、进一步加强高校科技成果转化和科技创新工作提出建议。

〔**推动科研信息化，促进高校科技创新活动**〕 设计、开发了“科技评价与科技管理综合服务平台”，整合专家信息资源管理系统、博士点基金申报与评审系统、霍英东基金申报与评审系统、高等学校科学研究优秀成果奖（科学技术）申报与评审系统、全国高校产业统计系统等相关业务系统，形成统一的管理和服务平台。

组织召开“2013 年高等教育信息化创新论坛”，邀请知名专家学者对未来大学的教育信息化创新和发展进行前瞻性分析和评述；组织召开“高校科研信息化暨专利信息服务与开放存取研讨会”，围绕高校科研创新、项目管理、专利申请、科研信息化等话题进行探讨和交流。开展“全国高校互联网应用创新大赛”，以推动创新型科研与教学改革，提升互联网创新人才培养质量，制定进行大赛章程和大赛组织程序等，启动 2013—2014 年度的物联网和 SDN 两个赛项。

〔**科研环境建设**〕 2013 年，“中国学术会议在线”共预告学术会议 9 260 场、发布会议新闻 7 446 条、转播学术会议 58 场、录制会议报告 1 938 部。截至 2013 年年底，中国学术会议在线共发布学术视频报告 19 093 部。在学术讲座资源部分中新增北大讲座 1 000 部。

继续加强“中国科技论文在线”栏目编辑工作，严格控制论文质量：对首发论文栏目进行了功能、流程、内容及布局上的优化，研制和实践在线发表论文的企业标准，编制《中国科技论文在线电子版权授让协议》，完成《中国科技论文在线学术监督管理办法》的修订工作。发布“网络时代的科技论文快速共享（2013）”专项研究课题指南。完成《中国科技论文在线精品论文》电子期刊第 6

卷，共24期的编辑出版工作。开展“中国科技论文在线”创建10周年系列庆祝活动，制作报道专题，从推行先发后审模式、评价机制变革、版权推动、开放存取运动等方面介绍了“中国科技论文在线”的主要进展以及给中国学术界带来的不同气象。

截至2013年年底，“中国科技论文在线”发表论文71 932篇；知名学者栏目为8 265名优秀学者建立了学术专栏；自荐学者栏目为3 326名学者建立学术专栏；名家荐精品栏目论文9 361篇；科技期刊栏目收录721家学报的952 748篇论文。论文总数已达1 143 930篇。

全年共送审论文6 998篇（9 966篇次），对回收的6 488条评审意见进行审核处理，确定并公布论文星级，审核、整理和发布专家评语；对全年2 473名参与评审的专家数据进行统计整理。根据规则，按比例评选出优秀评审专家250名进行通报表彰。

2013年度，《中国科技论文》共刊出学术论文277篇，其中有基金支持的稿件264篇，基金支持率95.3%。根据《中国学术期刊影响因子年报（自然科学与工程技术·2013版）》统计，《中国科技论文》2012年部分指标如下：复合影响因子为0.981，列综合性科学技术类期刊第12位；期刊综合影响因子为0.407，列综合性科学技术类期刊第70位；技术研究类影响因子为0.377，列技术研究类期刊24位；基金论文比为0.91。

〔高校实验室资质认定〕 2013年，高校计量认证评审组从规范入手，开展以下工作。①加强评审员队伍建设，培训国家级评审员60人，实验室内审员350人。②新获证实验室2家，高校通过国家级计量认证的实验室达66家。③加强对食品检测实验室的法律法规宣传贯彻及检查。④开展实验室之间比对，针对高校特色开展了未知物的化学、物相、形貌分析3个实验室比对项目，对不达标实验室提出整改要求，将比对合格实验室名单上报国家认证认可监督管理委员会并向社会公布，共有52所高校实验室参加了比对活动。

2013年，教育部科技发展中心门户网站运用宣传、报道和服务三大功能，继续为高校科技管理及科研人员提供有价值的资讯服务。截至2013年年底，中心网站有一级栏目57个、子栏目248个、后台功能80个。2013年度，网站栏目信息更新总数为3 429条，各处室提供信息234条，制作及发布大学排行榜56个。全年网站访问总量为156万次，日均访问量4 290次，最高月访问16万余次。

〔中国教育和科研计算机网建设进展〕 截至2013年年底，中国教育和科研计算机网CERNET传输网干线光纤超过32 000公里，其中安装40×100G密集波分复用（DWDM）传输设备的线路总长为22 000公里。CERNET主干网连接38个核心节点，分布在全国31个省（区、市）的36个城市，主干带宽达10—100 Gbps。CERNET与国内其他互联网的互联带宽达到90 G以上，与国外和港澳地区网络的互联带宽达到30 G以上。CERNETIP地址数约为1 717万个，EDU.CN域名数为4 150个。CERNET主干网通达全国200多座城市，联网的大学、教育机构和科研等单位超过2 900个，用户超过2 000万人。CERNET主干网是世界上规模最大的100 G学术网络，已成为世界上最大的国家级公益性计算机互联网。

2013年年底，“211工程”三期“中国教育和科研计算机网CERNET主干网和重点学科信息服务体系升级扩容工程”通过了国家级项目验收，在四个方面取得了显著成效。一是建成了世界先进的40×100G CERNET高速传输网，在国内率先开通覆盖全国21个城市的单波100G传输业务，为下一代互联网及未来网络技术创新提供了必要的传输基础。二是建成了世界先进的100G CERNET主干网，为高等教育和科技创新提供了先进的信息基础设施。三是基本建成了高性能运行服务保障系统，保证了主干网的安全可靠运行。四是建成了信息资源总量达10TB的重点学科信息服务系统，为国家重点学科建设、人才培养和科学研究提供了有力支持。

在国家推进下一代互联网规模商用、保障下一代互联网安全的发展进程中，CERNET组织相关高校继续发挥技术先锋队作用，在可信任互联网、下一代互联网过渡等方面取得研究成果的基础上，积极落实国家对“网络安全和信息化”工作的指导精神，深入开展网络科学和网络空间等方面的技术创新和应用示范工作。在下一代互联网体系结构基础研究方面，牵头承担国家“973”项目，提出基于适应能力的互联网体系结构可演进性评估框架模型，研究跨域网络管理模型、数据中心网络、未来互联网体系结构等。在下一代互联网关键技术研究方面，“互联网真实源地址验证关键技术及其应用”获2012年度高等学校技术发明一等奖，主导形成国际标准2项；“下一代互联网4over6过渡技术及其应用”获2012年“通信学会科学技术一等奖”、2012年度中国信息产业重大技术发明奖和2013年度国家技术发明二等奖，主导形成国际标准4项；IVI无状态翻译过渡技术，主导形成国际标准5项。在网络运行管理技术方面，发现并解决了全球DNS解析存在的“鬼域”问题，在国际上产生重大影响。在突破下一代互联网关键技术的基础上，积极与国内厂商合作，推进上述研究成果的产业化，已在CNGI-CERNET2主干网和部分学校的校园网得到应用，并在中国电信的下一代互联网试验网中投入试运行。

撰稿　孙　燕　刘昕民　杨健安　刘　爽
刘红斌　贾一伟　范　杰　万　猛
曾　燕　林　烨　李洁莹　曹　林
审稿　周　静　李建聪　李志民

高校学生工作

〔**2013年本专科招生基本情况**〕　2013年，全国普通高等学校招生报名912万人，高校新生入学注册约704万人，其中本科377万人。全国共设考点7 410个，考场30万个，试卷保密室3 114个，监考人员83万人。教育部采取措施，综合治理考试环境。会同国家教育统一考试工作部际联席会议成员单位，召开全国考试安全工作电视电话会议，进行全面系统部署；采取多项新措施强化命题、试卷安全管理，组成多个联合督查组，加强各地安全保密检查；与各省级高校招生委员会签订安全责任书，明确强化责任，集中开展专项治理行动，严厉打击涉考犯罪活动；指导和帮助四川省确保芦山地震灾区高考和录取顺利进行。各地全力以赴，狠抓各项措施落实，同时以考生为本，优化考生服务，加强综合服务保障，实现了平安高考的工作目标。

〔**完成学籍学历三大电子注册工作**〕　2013年，完成学籍学历三大电子注册。继续推进各学历类型和学历层次证书的即时注册，实现高校学生毕业即可上网查询学历证书电子注册信息的零时差。2013年，全国普通高校毕业生学历证书电子注册694.3万人，其中研究生49.1万人、本专科645.2万人；成人教育毕业生电子注册277.5万人，网络教育学历证书电子注册76.4万人。2013年，全国普通高校入学新生共注册792.5万人，其中研究生61.9万人、普通本专科730.6万人；成人教育新生电子注册328.6万人，网络教育新生123.5万人，开放教育56.3万人。

〔**2013年研究生招生工作**〕　2013年，全国共有硕士生招生单位883个（不含军队招生单位，下同），其中普通高等学校574所、科研机构294个、中央党校及地方党校15所；共有博士生招生单位423个，其中普通高校292所、科研机构130个及中央党校1所。

2013年，全国硕士研究生招生考试报考174万人，比2012年增长6.1%。其中应届本科毕业生105.8万人，占报考人数的60.8%；全国博士研究生报考18.8万人，比2012年增长0.5%。2013年，全国共录取研究生61.3万人，其中硕士研究生 54.3 万人、博士研究生 7.1 万人。

2013 年，面向香港、澳门、台湾地区招收研究生入学考试报考 1 839 人，其中报考硕士研究生 1 196 人、报考博士研究生 643 人；录取 1 457 人，其中硕士研究生 930 人、博士研究生 527 人。

2013 年，全国研究生招生工作有以下几个特点。

一是进一步加强考试安全。①逐级制订全国硕士研究生招生考试安全工作方案，进一步完善研究生考试安全工作责任体系，层层签订考试安全责任书，明确各级人员的责任。②充分发挥国家教育考试部际联席会议制度的作用，加强同公安、工信、安全、监察、工商、保密、武警等部门的联系与合作，形成各司其职、相互配合、联防联控、齐抓共管的工作局面。③打击和清理非法考试辅导培训机构和销售作弊器材活动，净化涉考网络环境和考点周边环境。④提高硬件设施和技术保障水平，全面启用标准化考点，配足配齐金属探测仪、身份证识别仪等能够有效防范舞弊的设备等，防止考场舞弊。⑤加大教育培训力度，强化对考务工作人员、特别是涉密人员的业务培训和法制警示教育，进一步完善应急处理预案。⑥组织联合检查组对全国硕士研究生招生考试考前准备工作进行检查，督促各地进一步完善考试安全管理制度，强化关键岗位和薄弱环节监管，排除考试中存在的安全隐患，将考前准备工作做实、做细，确保研究生招生考试安全平稳。

二是进一步调整优化硕士研究生教育结构。加快研究生教育结构调整，大力发展专业学位研究生教育，积极适应中国经济建设和社会发展对高层次应用型人才的迫切需要。2013 年，专业学位硕士研究生录取 22.5 万人，占硕士研究生录取总人数的 41.4%。

三是加强信息公开，确保研究生招生考试公平公正。进一步强化信息公开工作，要求各招生单位要加强信息公开制度建设，对招生章程、招生计划、复试办法、复试名单、复试成绩、录取名单等重要信息进行及时、充分、规范的公开公示；各省级教育行政部门、招生考试管理机构要建立健全信息公开工作监督机制，对本地所有招生单位的招生工作进行监督管理。

〔全国普通高校毕业生就业工作〕　2013 年，全国普通高校毕业生达 699 万人。党中央、国务院高度重视高校毕业生就业工作，国家主席习近平、国务院总理李克强等中央领导对高校毕业生就业工作做出一系列重要指示，并到天津、石家庄、兰州等地实地考察高校毕业生就业情况。国务院召开常务会议和电视电话会议，下发《国务院办公厅关于做好 2013 年全国普通高等学校毕业生就业工作的通知》（国办发〔2013〕35 号），研究、部署、推动高校毕业生就业工作。教育系统认真贯彻落实中央精神，把做好高校毕业生就业工作作为政治责任和民生工程，会同有关部门综合施策、全力推动，各地各高校迎难而上、狠抓落实。2013 年，高校毕业生就业工作总体平稳顺利，高校毕业生就业局势保持基本稳定。截至 2013 年 9 月 1 日，全国普通高校毕业生就业率为 77.4%，同比下降 0.7 个百分点；实现就业（含升学）人数 541 万人，同比增加 10 万人。

一是狠抓落实，政策效应进一步显现。教育部单独和配合中央有关部门出台了 8 个文件，在基层就业、自主创业、就业服务、就业帮扶等方面加大政策落实力度。各地各高校认真抓落实，政策效应逐步显现，为促进高校毕业生就业提供了有力保障。

二是强化服务，就业渠道进一步拓宽。教育部会同国务院国有资产监督管理委员会发出通知，鼓励国有企业吸纳高校毕业生就业；会同商务部、工业和信息化部、科技部等部门积极拓展就业领域，新增战略性新兴产业、现代服务业、信息技术产业等重点行业招聘活动。此外，大力引导毕业生到基层就业，会同财政部等部门启动实施中西部农村偏远地区学前教育巡回支教、农业技术特设岗位计划等试点工作。中央和地方共实施大学生基层就业项目 150 余个，共招募高校毕业生 26.9 万人。

三是多措并举，自主创业取得新突破。教育系统加大激励创业工作力度，会同有关部门大力扶持自主创业。各地各高校设立创业资金 27 亿元，建设创业孵化和实践基地 4 600 余个，总面积达

3 847 万平方米；举办创业培训、讲座等活动 3.2 万多场。全年参与创业的大学生达 31 万人，比 2012 年增加 8 万人。

四是超常规组织发动，大学生征兵工作取得新进展。根据国务院、中央军委对征兵时间做出的重大调整，在时间紧、任务重的情况下，教育系统采取有力措施，与有关部门出台了高校学生应征入伍服义务兵役国家资助办法、应征入伍普通高校录取新生保留入学资格及退役后入学办法等 3 个文件，超过 30 万名高校学生报名应征，征集入伍的高校学生大幅度增加。

五是以生为本，就业指导服务取得新成效。教育部联合有关部门，结合网上网下服务，举办了 24 场全国大型网络招聘会，各地各高校组织了 1.6 万场招聘活动，全国大学生就业公共服务立体化平台全网累计收集发布信息 229 万条，有力地促进了高校毕业生就业。同时，针对媒体反映的就业歧视和就业率作假等现象，突出强调了“三严禁”“四不准”，明确要求高校严禁任何形式的就业歧视，对就业率造假“零容忍”，旗帜鲜明地反对就业歧视。

六是加大帮扶力度，对就业困难群体实施新政策。教育、人力资源和社会保障、财政等部门和各地积极落实新出台的“求职补贴”政策，15 个省的补贴标准超过每人 1 000 元，5 个省份将补贴政策更多惠及少数民族、残疾和就业困难毕业生。各高校实施“一对一”帮扶，对家庭经济困难和就业困难毕业生实行重点服务、重点推荐，帮助他们解决实际困难。

七是实施离校未就业毕业生就业促进计划，对离校未就业毕业生关心到底。教育部积极配合实施“离校未就业毕业生就业促进计划”。2013 年 7—9 月，各地教育部门的高校毕业生就业常设市场每周举办招聘活动，通过“全国大学生就业信息一体化系统”，为注册登记的未就业毕业生及时提供就业信息，帮助 29 万名未就业毕业生实现就业。

〔深化高校考试招生制度改革〕 按照党的十八届三中全会精神，教育部以重大问题为导向，围绕人民群众对高考反映强烈的热点难点问题，着力推动解决高考制度中存在的突出矛盾和问题。一是进行系统调查研究。针对考试招生制度改革所涉及的一些重大问题，开展了一系列专题调研。二是先行改革探索。根据教育规划纲要的要求，边研究、边探索、边总结，推动有条件的地方和高校在一些重点领域进行改革试验，并取得了宝贵经验。三是广泛听取意见。就高考改革的有关问题多次召开座谈会、研讨会，分别听取国家教育考试指导委员会、国家教育咨询委员会委员以及有关省（区、市）教育行政部门、考试招生机构、大中学校负责人、专家和学生的意见，研究起草深化考试招生制度改革的有关文件。

〔加快推进职业院校分类招考或注册入学〕 2013 年，教育部印发《关于积极推进高等职业教育考试招生制度改革的指导意见》（简称《指导意见》）。总体要求是：逐步使高等职业教育考试招生与普通本科考试分离，重点探索“知识＋技能”的考试评价办法，为学生提供多样化入学形式；逐步形成省级政府为主统筹管理，学生自主选择、学校多元录取、社会有效监督的中国特色高等职业教育考试招生制度。

《指导意见》提出，建立和完善多样化高等职业教育考试招生方式。一是建立以高考为基础的考试招生办法。对报考高职院校考生增加技能考查内容，并依据考生高考成绩和技能成绩参考综合素质评价，择优录取。二是改革单独考试招生办法。国家、省级示范性高职院校和现代学徒制试点学校等，可单独组织文化素质和职业技能测试，择优录取。三是探索综合评价招生办法。办学定位明确、管理规范的高职院校的农林、水利、地矿等行业特色鲜明且社会急需的专业，可依据考生普通高中学业水平考试成绩和其他反映学生综合素质的材料，择优录取。四是完善面向中职毕业生的技能考试招生办法。中职学校学生对口升入高职的，可主要依据职业技能测试成绩进行录取。五是规范中高职贯通的招生办法。以艺术、体育、护理、学前教育以及技术含量高、培养周期长的专业为主，完善中高职贯通的招生办法。六是实施技能拔尖人才免试招生办法。对于获得符合规定的技能大赛奖项和具有高级工或技师资格、获得县级劳动模范先进个人称号的在职在岗中职学校毕业生，由高职学校免试录取。

2013 年，高职分类考试招生达 144 万名，占高职招生计划总量的 43%。

〔进一步规范高水平大学自主选拔录取〕 2013 年，教育部下发《教育部办公厅关于进一步加强高校自主选拔录取改革试点管理工作的通知》，进一步加强自主选拔录取改革试点工作管理。一是加强对自主选拔录取工作的领导。要求试点高校充分发挥“集体议事、集体决策”作用，完善组织领导机构，建立健全议事规则和程序。二是明晰自主选拔录取工作定位。要求试点高校主要招收具有学科特长和创新潜质的优秀学生，严禁变相将艺术体育类专业及艺术特长生、高水平运动员等类型考生纳入自主选拔录取范围，严禁偏离试点定位开展恶性生源竞争。三是加强自主选拔录取管理制度建设。要求试点高校要制定规章制度，明确工作职责，规范招生程序，完善工作流程，强化薄弱环节和关键岗位的管理。四是完善自主选拔录取综合评价体系。要求试点高校完善高考、试点高校考核和普通高中学业水平考试、综合素质评价等相结合的人才选拔综合评价体系，以面试为主，充分发挥学科专家的作用。五是严格自主选拔录取过程管理。要求试点高校命题工作参照国家教育考试保密规定及有关命题人员管理要求执行，面试过程须全程录像。严禁突破规定的招生人数录取，严禁更改入选专业，严禁临时降低学校自定标准破格录取，严禁在发放新生录取通知书和新生入学报到环节调整考生录取专业。六是加强自主选拔录取监督约束。要求试点高校要健全纪检监察部门全程参与本校自主选拔录取工作的监督约束机制，加强过程监督，严格遵守“六不准”“十严禁”等招生工作纪律，深入实施高校招生阳光工程，及时公开学校招生简章、报考条件、招生专业、招生计划、报名考生名单、考核程序、考核评价规则、考核合格考生名单、录取优惠政策、录取结果、考生咨询及申诉渠道、违规处理结果及新生复查结果等全部信息。

2013 年，90 所试点高校自主选拔录取新生 2.2 万名，占试点高校招生总数的 5%。

〔提高重点高校招收农村学生比例〕 为贯彻落实 2013 年 5 月 15 日国务院常务会议精神，进一步提高重点高校招收农村学生比例，教育部会同有关部门综合施策，继续加大招生计划宏观调控，完善招生规则，以多种形式向农村、边远、贫困、民族地区倾斜，努力促进高考考生城乡及区域入学机会公平。

一是招生计划增量向中西部倾斜。在全国 9 万名招生计划增量中，安排给中西部省份高校 6.1 万名，占全国总增量的 68%。

二是扩大“支援中西部地区招生协作计划”。共安排协作计划 18.5 万名，较 2012 年增加 1.5 万名，相当于在中西部地区建设了 74 所每年招生 2 500 人的公办普通高校。

三是优质高等教育资源向中西部倾斜。教育部直属高校在中西部省份计划增幅 6.2%。

四是扩大实施面向贫困地区定向招生专项计划。招生规模由 2012 年的 1 万名增至 3 万名，实施区域由 2012 年的 680 个集中连片特殊困难县，扩大到 832 个贫困县（覆盖所有国家级扶贫开发重点县和新疆生产建设兵团在新疆南疆三地州的 22 个团场），以及重点高校录取比例相对较低的 10 个省区。高校范围扩大至所有“211 工程”高校和 108 所中央部属高校。

2013 年，面向贫困地区定向招生专项计划覆盖省份农村学生上重点高校人数较 2012 年增加了 8.5%。

〔推进高校招生信息公开〕 2013 年，按照《国务院办公厅关于印发当前政府信息公开重点工作安排的通知》要求，教育部进一步扩大高校招生信息公开范围，重点加强招收保送生、具有自主选拔录取资格考生、高水平运动员、艺术特长生等有关政策和信息的公开工作，加大对考生资格及录取结果的公开公示力度，取得了积极成效。

一是高度重视，认真部署。要求各级教育行政部门、招生考试机构和高校，认真落实深入实施高校招生阳光工程有关意见，进一步规范信息公开内容、拓展信息公开渠道、增强信息公开实效。同时，为进一步加大信息公开力度，形成长效机制，结合党的群众路线教育实践活动，印发《关于进一步推进高校招生信息公开工作的通知》，提出了高校招生政策、高校招生资格、高校招生章程、高校招生计划、考生资格、录取程序、录取结果、咨询及申诉渠道、重大违规事件及处理结果、录取新生复查结果等信息“十公开”的要求。

二是细化内容，分级负责。教育部通过阳光高考信息平台公布高校招生政策、招生来源计划及学校招生章程，重点加强对特殊类型考试招生的考生资格及测试结果的公示。省级招生办公室公开本地有关招生政策、招生计划安排及未完成计划征集、录取工作时间安排、录取结果查询等考生应知须知的信息，公示本省份申请加分照顾的考生及参加特殊类型招生的考生资格名单。高校公布招生章程、招生计划、录取结果查询办法等内容，公示参加本校特殊类型招生测试的考生资格及测试结果。县级招生办公室、中学公示本地区、本校申请加分照顾的考生及参加特殊类型招生的考生资格名单。

三是突出重点，注重实效。加大对特殊类型招生政策及有关考生信息的公开力度。各有关单位按要求完成了对申请加分照顾考生、保送生、自主选拔录取学生、高水平运动员、艺术特长生等考生资格及有关测试结果的公示。教育部“阳光高考”平台2013年累计公示7.6万人，其中保送生资格考生10 581人、保送生拟录取考生8 056人、自主选拔拟录取资格考生39 706人、艺术特长生拟录取考生8 313人、高水平运动员拟录取考生9 790人；会同国家体育总局增加对580名优秀退役运动员免试招生录取情况的公示。各省级招生办公室均设立了招生信息网站、录取现场咨询及信访窗口，各招生院校均在学校网站开通了招生专栏和各类信访举报渠道，落实高校招生阳光工程信息公开要求。

四是畅通渠道，社会监督。各有关单位在公示有关信息的同时，提供举报电子信箱、电话号码、受理举报的单位和通讯地址，并按照国家有关信访规定对举报事项及时调查处理，查处结果予以公开。

撰稿　范卫宏　白丽新　彭莉君　冯　佳
　　　解汉林
审稿　王　辉　荆德刚

〔**提升高校学生信息服务水平**〕　2013年，为进一步提升高校学生信息服务水平，根据全国高等学校学生信息咨询与就业指导中心的工作规划，对内加强内部信息资源整合和管理信息化，对外以信息服务多样化、人性化为重点，不断提升阳光高考、研究生招生、征兵报名、学籍学历查询验证等服务的信息化服务水平，同时加强数据的统计分析工作，为相关政策分析和改革方案提供数据服务。

继续做好学籍学历电子注册工作。完善来华留学生学历注册和自考专升本专科资格审核，完成了年度的学籍注册、学年注册和学历注册工作。2013年，各类高等教育共注册新生学籍1 316万人、在校生学籍4 558万人、学历1 139万人，累计注册1991年以来的学历达1.19亿份。

改进完善高校招生信息咨询服务工作。完成高考招生信息公示和招生宣传咨询工作，举办第十一届高考网上咨询周，进一步扩大专场咨询，从2012年的2个专场增加到2013年的10个专场。完善研究生招生信息服务功能，开通调剂意向采集系统，完成硕士研究生网上报名、调剂和录取检查工作。完成2013年台湾对大陆学生招生服务工作。

加强高校学生数据挖掘和统计分析。自2010年起，依托学信网学信档案，对实名注册的大学生开展院校满意度、专业教学质量满意度、就业满意度、毕业生图像采集工作满意度等多项调查，经过对两年多积累数据的统计分析，于2013年形成了《大学生院校满意度调查报告》和《大学生教学质量满意度调查报告》，被评为教育部2013年度优秀调研报告三等奖，已列入《中国教育报告·发展与质量》立项计划。按照教育部领导的指示抄送部内相关司局，同时加工整理后提供给各省教育厅领导、教育考试院、学籍学历管理部门和毕业生就业部门，后续还将进一步建设反馈通道，让高校也能看到学生对本校的满意度。

加强学历认证管理及信息安全，杜绝“学历套证现象”。学历认证系统平台实现数字证书登录管理，认证系统各环节操作实现有效身份验证。认证报告增加二维码，通过扫描直接链接到中国高等教育学生信网查询验证报告真伪，实现报告移动验证和照片比对，最大程度上杜绝了“套证”的可能。

〔宣传高校学生信息咨询服务经验，促进国际化交流〕　针对中国学历学位并存的教育文凭模式，积极拓展宣传领域，加强国际交流与合作，致力于推动学历互认和共享教育信息，加快推进中国学籍学历数字化工作国际进程。4月，全国高等学校学生信息咨询与就业指导中心在北京组织召开“全球学生信息存储国际研讨会2013年北京会议”，吸引了18个国家及地区的70多名代表参加。会上重点宣传了中国10年来在学籍学历管理工作领域取得的成绩、经验和做法，提升了中国高等教育学生管理与公共信息服务的国际形象。

〔提高就业信息服务水平，全力推进就业信息化建设〕　依托就业服务一体化系统，实现与31个省级高校毕业生就业平台、2 376所高校就业网站实时互联互通。截至2013年年底，系统累计注册单位总数超过15.6万家、学生注册数228.8万人、发布岗位信息266.8万个。全年举办24场大型网络招聘会，共计收集发布近100万个岗位信息。重点新增加了“战略性新兴产业”“电子商务行业”“服务外包企业”“新一代信息技术产业”招聘会。

〔全力配合实施国家重大就业政策项目，引导鼓励高校毕业生应征入伍、到基层就业，为毕业生开辟更多的就业渠道〕　根据2013年应征入伍政策变化，第一时间发布国家鼓励大学生应征入伍服义务兵役政策及应征入伍公告等；举办“2013年高校毕业生应征入伍政策网上咨询周活动”，解答2 286个提问。

配合教育部教师工作司，优化特岗教师招录管理系统，贵州、宁夏、甘肃、陕西、广西、河北、山西、安徽、海南9个设岗省区使用该招录系统招录，共吸引16.8万人报名，招录6.4万人。重新设计开发了特岗教师管理信息系统，系统数据作为财政对各地特岗教师拨款的依据。全面开通使用教育部直属师范大学免费师范毕业生履约管理系统。策划“支持中西部农村偏远地区开展学前教育巡回支教试点工作”宣传工作，并在新职业网发布。

〔实施“启明星万名大学生就业能力提升计划”〕　开展“启明星万名大学生就业能力提升计划”，面向大学生开展就业能力公益培训，为期五年，试点一年。11月5日、12月21日分别在华北电力大学、河北科技师范学院开班授课。

〔以提高大学生创业意识与创业能力为目标，推动建立大学生创业指导服务体系〕　以创业网改版升级为契机，深入挖掘优质资源，突出创业证、创业基金等优势服务，进一步完善创业网、创业证、创业基金、创业教师大赛、创业模拟实训“五位一体、整体推进”创业服务格局。从2011年开始，毕业年度内在校期间创业的高校毕业生，可向高校申请领取《高校毕业生自主创业证》，让在校创业大学生提前半年享受到税费减免政策。截至2013年年底，已累计审核发放《高校毕业生自主创业证》8万多本，其中2013年发放2.8万余本。

4月，启动以“传创业梦想，促教学相长”为主题的首届创业指导教师课程大赛，共有27个省市、749所高校4 328名教师报名参赛。经过高校初赛、省级复赛，于12月11—13日在郑州市举行现场决赛。期间，教育部副部长杜玉波亲自到全国高等学校学生信息咨询与就业指导中心听取大赛专题汇报，对大赛给予充分肯定。

完成第二期华图教育大学生创业基金评选，通过对全国30个省（区、市）、482所高校申报的795项创业项目的评选，最终有10个省12所高校的18个优秀大学生创业项目胜出，获基金总额为240万元的创业天使资金支持。

〔以打造国家级就业信息权威发布平台为目标，联合中央电视台、教育部门户网、新媒体等实现宣传新突破〕　5—8月，配合中央电视台“大学生就业季”大型报道，为《新闻联播》《新闻直播间》《朝闻天下》等专题节目提供40余条新闻报道素材。《朝闻天下》栏目持续1个多月对全国大学生就业公共服务立体化平台每日招聘信息统计分析进行连续报道。6月至7月底，与中央电视台新闻中心、《新闻1+1》栏目及央视网共同推出“就业有‘位’来——2013大学生就业公益行动”，为高校毕业生提供就业指导、招聘职位等信息。加强专题宣传，联合教育部门户网推出政策解读、大学生应征入伍等专题。

〔开展更有针对性的就业创业指导教师培训〕 为提升就业指导教师业务水平，继续实施万名就业指导教师系统培训。开展“职业适应指导”“职业测评应用”等就业指导专题培训。重点推进创业指导教师培训，培训采取小班化、参与式教学方式，增加到新创企业调研的教学环节，突出实操性和实践性，全年共举办10期培训班，培训728名教师。

〔开通高校职业指导教师服务网，实现资源共享、互动成长〕 开通全国高校职业指导教师服务网，为职业指导教师提供培训认证、示范课程、专业资源、大赛活动、交流园地等支持，实现资源共享、互动交流、专业成长。10月，举办2013年高校职业发展教育和生涯辅导服务国际学术研讨会，为高校就业指导教师提供更多的学习和交流机会。

〔组织职业发展与就业指导示范课程评选工作〕 职业发展与就业指导示范课程评选工作旨在为全国各高校就业指导课程设定标准，从而推动就业指导课程建设。在全国推荐的近150门课程中，最终确定45门优秀课程为示范课程，并从中优选3门课程列入国家精品开放课。

〔就业总结宣传工作取得较好成效〕 2013年，继续开展高校毕业生就业总结宣传工作。经过专家初选、社会调查和实地调研等环节，于5月推出2012—2013年度50所就业典型经验高校。6月26日，典型经验高校座谈会在北京召开，教育部副部长刘利民出席会议并讲话。总结宣传领导小组成员为50所高校授牌。武汉理工大学、宁波大学等4所高校做典型发言。

四年一度的总结宣传工作已完成第一轮，共推出优秀典型经验高校200所，得到中央和教育部领导充分肯定，受到就业战线高度重视，赢得社会积极评价，起到了示范带头作用。

〔全国高校毕业生就业服务体系建设课题研究工作进展顺利〕 全国高校毕业生就业服务体系建设课题研究工作立项为教育部哲学社会科学研究重大委托项目。后经课题领导小组及专家组研究决定，总课题被分解为18个子课题。2013年12月，课题研究中期报告会在南京市召开，各子课题负责人汇报了研究进展情况并明确下一步研究方向。

〔推进就业创业课题系列研究工作深入开展〕 全国高等学校学生信息咨询与就业指导中心启动了高校毕业生就业创业课题研究工作。2013年，就业指导中心和教育部学生司联合发布了12个研究课题，涵盖就业质量评价、人才培养模式改革、就业观念引导、基层就业项目实施、就业保障制度研究等方面。在全国177个申报单位中，经过专家评审，确定14家单位承接上述课题并开展深入研究，就业指导中心给予一定经费资助。

〔深入开展大学生就业现状调查工作〕 根据2013年就业工作的特点和上级主管部门的工作要求，全国高等学校学生信息咨询与就业指导中心于6月开展了“2013中国大学生就业状况网上调查”。本次调查最终共获取有效问卷109 998份，覆盖全国31个省（区、市）。根据调查结果，与中央财经大学合作完成了《2013年中国大学生就业状况调查报告》《高校毕业生实际就业差异性分析》《高校毕业生就业流动性分析》《未就业毕业生状况及问题分析》等分报告。

〔继续办好《中国大学生就业》杂志〕 2013年，《中国大学生就业》杂志围绕就业宣传工作，调整栏目和设计风格，按照就业工作进展情况，分时段推出策划重点。

〔**出版《大学生就业创业优秀论文选编》**〕 以2012年“大学生就业创业优秀论文征文评比活动”获奖论文为基础，邀请全国就业创业研究领域专家从中遴选39篇优秀文章，分为“人才培养与就业”“职业发展”“就业指导”“创新与创业”4个篇章。在形式上尝试创新，增加了每篇论文点评及篇章序言。全书共28万字，已于3月出版。

〔**召开全国大学生就业媒体联席会议**〕 5月，在青岛市召开了第二届全国大学生就业媒体联席会议，以推动开展高校毕业生就业宣传工作为主题，促进高校就业媒体之间的交流与合作，探讨高校就业媒体整合宣传的功能。76个单位的109名代表参加会议。

〔**举办大学生基层就业和自主创业大型宣传报道活动**〕 从4月开始，《中国大学生就业》杂志推出“梦想起飞——大学生基层就业和自主创业大型报道”。收集到高校和理事单位最近5年来大学生基层就业和自主创业典型事迹材料共281篇，在《中国大学生就业》杂志和全国高等学校学生信息咨询与就业指导中心网站持续登出。

撰稿 余 舰 孙长缨

审稿 张凤有 张继栋

学位工作与研究生教育

〔**深入推进专业学位研究生培养模式改革**〕 一是加强专业学位授权体系建设。根据国务院学位委员会第30次会议的有关决议，2013年开展增列硕士专业学位授权点审核工作。此次授权审核工作以“服务需求、深化改革、动态调整、保证质量”为基本原则，改革评审标准和办法，实施能上能下的动态调整机制，从源头推进专业学位研究生培养模式改革。二是深化专业学位研究生培养模式改革。4月，会同国家卫生计生委等部门印发《关于做好临床医学（全科）硕士专业学位授予和人才培养工作的意见（试行）》，推进临床医学（全科）硕士专业学位研究生教育与住院医师规范化培训制度的有机衔接。9月，召开全国专业学位研究生培养模式改革推进会。11月，下发《教育部人力资源和社会保障部关于深入推进专业学位研究生培养模式改革的意见》，加快建立以职业需求为导向，以实践能力培养为重点，以产学结合为途径，与经济社会发展相适应、具有中国特色的专业学位研究生培养模式。三是专业学位研究生教育综合改革试点工作取得成效。委托相关专业学位研究生教育指导委员会对教育部专业学位研究生教育综合改革试点项目进行验收，总结试点单位在加强组织建设和制度建设，提高生源和课堂教学质量，提升实践教学质量，加强实践基地建设和“双师型”教师队伍建设，推进国际化等方面所取得的改革成效。在此基础上，编辑出版了《专业学位研究生教育综合改革试点项目成果汇编》，并在相关报刊及工作会议上宣传试点工作的典型经验。四是加强专业学位研究生教育指导委员会建设。设立专业学位研究生教育指导委员会（简称教指委）建设项目，支持各教指委在联合培养实践基地、师资培训、课程建设和案例教学推广、培养方案修订等方面加强研究、指导和规范。同时，根据《专业学位研究生教育指导委员会工作规程》，对工商管理、工程、教育和社会工作4个教指委进行换届。

〔**在职人员攻读硕士学位工作**〕 一是规范在职人员攻读硕士专业学位工作。根据《国务院学位委员会教育部国家发展改革委关于进一步加强在职人员攻读硕士专业学位和授予同等学力人员硕士、博士学位管理工作的意见》，改革在职人员攻读硕士学位招生、录取办法，对示范性软件学院软件工程领域工程硕士和高级管理人员工商管理硕士（EMBA）招生、录取工作进行统筹管理；要求培养单位招生前办理收费报批手续，上传培养方案等信息，公开招生录取办法、学习方式、收费标准等信息，主动接受社会监督；规定在职研究生在校学习时间不少于半年或500学时。二是做好在职人员攻读硕士专业学位全国联考工作。2013年，在职人员攻读硕士学位全国联考于10月27日举行，报名人数304 179人，共录取128 256人。为强化考试安全意识，严肃考风考纪，国务院学位委员会办公室在考前专门下发《关于做好2013年在职人员攻读硕士学位全国联考考试安全工作的通知》，加强考试安全风险防范，确保2013年全国联考平稳、顺利进行。三是启动在职人员攻读硕士专业学位招生改革。根据教育部、国家发改委、财政部《关于深化研究生教育改革的意见》（教研〔2013〕1号）中关于"加强和改进招生计划管理，对全日制和非全日制研究生招生计划实行统一管理"的要求，会同教育部发展规划司、学生司、财务司等部门就在职人员攻读硕士学位改革事宜进行调研。

〔批准新增博士、硕士学位授予单位及其授权学科〕 根据国务院学位委员会第25次会议决议，国务院学位委员会于2008年启动了2008—2015年新增博士、硕士学位授予单位的审核工作。经过规划、立项建设、中期检查、验收等各阶段工作，2013年拟新增的学位授予单位及其授权学科提交国务院学位委员会第30次会议审议。经过审议，共批准新增53个博士学位授予单位及其135个授权学科、30个硕士学位授予单位及其80个授权学科。

本次审核改变了以往"定期申报审核"的做法，采取国务院学位委员会实行分类指导和限额控制、各省（区、市）负责统筹规划和立项建设、国务院学位委员会组织检查验收并批准授权的办法进行。新的审核办法进一步落实了省级人民政府对本地区各类学位授予单位及其授权学科的规划、投入和建设责任，有力推动了学位授予单位建设工作，区域学位授权体系规模结构与经济社会发展需求更加协调，单位整体条件和学科水平得到显著提高。

〔全国研究生学术交流平台〕 2013年，继续组织实施全国研究生学术交流平台项目。全年共批准举办学术交流平台项目115个，其中全国博士生学术论坛61个、全国研究生暑期学校54个。国家自然科学基金委员会对25个暑期学校给予了资助。

〔全国优秀博士学位论文评选〕 根据《全国优秀博士学位论文评选办法》，经学位授予单位推荐、省级初选、同行专家通信评议、专家复审和网上公示后，教育部和国务院学位委员会批准了2013年全国优秀博士学位论文名单（100篇，见附件）和提名论文名单（273篇），向优秀论文的作者及其指导教师颁发了证书。根据《高等学校全国优秀博士学位论文作者专项资金资助办法》，教育部对在高等学校工作的优秀论文作者给予了专项资金资助。

附件：

2013年全国优秀博士学位论文名单

编号	论文题目	作者	指导教师	学位授予单位
2013001	《中观心论》及其古注《思择炎》对外道思想批判的研究	何欢欢	姚卫群	北京大学
2013002	WTO争端解决机制不对称性研究——系统与结果如何向原告倾斜	陈儒丹	邵景春	北京大学

续表

编号	论文题目	作者	指导教师	学位授予单位
2013003	对听感觉运动门控自上而下调节的动物模型和神经机制	杜　忆	李　量	北京大学
2013004	重夸克偶素在高能对撞机上产生机制的研究	马滟青	赵光达	北京大学
2013005	表面等离激元纳米结构制备与近场光学表征	方哲宇	朱　星	北京大学
2013006	稀土单离子磁体的设计、合成与磁性	蒋尚达	高　松	北京大学
2013007	太阳过渡区结构与太阳风起源的观测研究	田　晖	涂传诒	北京大学
2013008	抗病毒天然免疫信号通路调控机制研究	游富平	蒋争凡	北京大学
2013009	镁基材料的体液降解与生物相容性研究	顾雪楠	郑玉峰	北京大学
2013010	新型纳米 MOS 器件研究	诸葛菁	王阳元	北京大学
2013011	掺硼金刚石膜电极电化学氧化难降解有机污染物机理及废水处理研究	朱秀萍	倪晋仁	北京大学
2013012	半导体中与自旋相关的新奇量子现象	王　靖	朱邦芬	清华大学—北京协和医学院（清华大学医学部）
2013013	超两亲分子的可控自组装与解组装	王　朝	张　希	清华大学—北京协和医学院（清华大学医学部）
2013014	大肠杆菌膜蛋白 UraA 和 AdiC 的结构和转运机制	鲁斐然	施一公	清华大学—北京协和医学院（清华大学医学部）
2013015	软物质材料的表面失稳研究	李　博	冯西桥	清华大学—北京协和医学院（清华大学医学部）
2013016	端泵高重频 MOPA 激光器模式特性及非线性频率变换	闫兴鹏	王东生	清华大学—北京协和医学院（清华大学医学部）
2013017	多相磁电复合材料的研究及原型器件探索	马　静	南策文	清华大学—北京协和医学院（清华大学医学部）
2013018	遗传变异与食管癌和小细胞肺癌易感性及临床疗效的全基因组关联研究	吴　晨	林东昕	清华大学—北京协和医学院（清华大学医学部）
2013019	子宫颈癌筛查方法及策略的研究	赵方辉	乔友林	清华大学—北京协和医学院（清华大学医学部）
2013020	波导耦合金属和介电材料光子晶体光谱学特征研究	冯胜飞	张新平	北京工业大学
2013021	碳纳米管监测复合材料微观损伤的表征方法与其机理研究	高丽敏	张佐光	北京航空航天大学
2013022	多模式卫星接收机中的同步技术研究	武　楠	匡镜明	北京理工大学
2013023	准一维氧化锌纳米材料的力电性能与器件基础	杨　亚	张　跃	北京科技大学
2013024	汉语方言声调分化研究	王莉宁	曹志耘	北京语言大学
2013025	弦支穹顶结构施工控制理论与温度效应研究	刘红波	陈志华	天津大学
2013026	酵母对纤维素水解液中复合抑制剂耐受的系统分析与解耦	丁明珠	元英进	天津大学
2013027	纵弯模态超声电机理论与实验研究	刘英想	陈维山	哈尔滨工业大学

续表

编号	论文题目	作者	指导教师	学位授予单位
2013028	非线性系统中时滞及丢包问题的模糊控制研究	赵　燕	高会军	哈尔滨工业大学
2013029	西汉侯国地理	马孟龙	葛剑雄	复旦大学
2013030	Salmonella enterica 中心代谢关键酶的赖氨酸可逆乙酰化修饰研究	王启军	赵国屏	复旦大学
2013031	抑制 p53 与 MDM2 结合的抗肿瘤多肽设计与靶向递送	李　翀	陆伟跃	复旦大学
2013032	新型介观晶体结构及形成机理的电子显微学研究	韩　璐	车顺爱	上海交通大学
2013033	国际外包承接与中国产业结构升级和转型	郑若谷	干春晖	上海财经大学
2013034	马克思再生产理论研究	孙乐强	唐正东	南京大学
2013035	S^n 上的预定纯量曲率问题的几何流方法	陈学长	尹会成	南京大学
2013036	双星系统中行星的形成及动力学	谢基伟	周济林	南京大学
2013037	演化计算理论分析与学习算法的研究	俞　扬	周志华	南京大学
2013038	共轭分子设计合成及其电存储性能研究	李　华	路建美	苏州大学
2013039	气固流化床非球异质颗粒介观混合特性的实验研究与三维 DEM 直接数值模拟	张　勇	金保昇	东南大学
2013040	变换光学及其应用	蒋卫祥	崔铁军	东南大学
2013041	利用统计信道状态信息的 MIMO 闭环传输理论研究	李　潇	高西奇	东南大学
2013042	现世的乌托邦——基于“中介”（In-between）视角的“十次小组”（Team 10）城市建筑理论研究	朱　渊	王建国	东南大学
2013043	以减阻增升减振为目标的尾流的电磁优化控制	张　辉	范宝春	南京理工大学
2013044	预热烧蚀瑞利—泰勒不稳定性射流状尖钉形成机制	王立锋	李英骏	中国矿业大学
2013045	氮素营养对水稻光合作用与光合氮素利用率的影响机制研究	李　勇	郭世伟	南京农业大学
2013046	小说中的“文革”：当代小说对“文革”的叙事流变史（1977—2009）	沈杏培	朱晓进	南京师范大学
2013047	复杂两相流动中颗粒碰撞的 DEM-LES/DNS 耦合模拟研究	桂　南	樊建人	浙江大学
2013048	远程量子通信的实验研究	金贤敏	潘建伟	中国科学技术大学
2013049	量子点光学性质的经验赝势计算	龚　明	郭光灿	中国科学技术大学
2013050	纳米纤维宏观组装体的制备及功能化研究	梁海伟	俞书宏	中国科学技术大学
2013051	基于新导向基拓展的 Pd 催化 C-H 键官能团化	肖　斌	郭庆祥	中国科学技术大学
2013052	生物电化学系统中的强化生物与化学催化	刘贤伟	俞汉青	中国科学技术大学
2013053	中国人群白癜风全基因组关联分析研究	权　晟	张学军	安徽医科大学
2013054	中国历史上的“高考移民”：清代科举冒籍研究	刘希伟	刘海峰	厦门大学
2013055	Navier-Stokes 方程的自由边界问题与 Vlasov-Boltzmann 方程的流体极限	王焰金	谭　忠	厦门大学

续表

编号	论文题目	作者	指导教师	学位授予单位
2013056	氯稳定化的非 IPR 富勒烯	谭元植	郑兰荪	厦门大学
2013057	核壳结构纳米粒子增强拉曼光谱	李剑锋	田中群	厦门大学
2013058	超大面积石墨烯化学气相沉积生长、性质及应用研究	陈珊珊	康俊勇	厦门大学
2013059	表面等离子体增强 AgX(X=Cl，Br，I) 及其复合材料的制备、表征和光催化性能研究	王　朋	黄柏标	山东大学
2013060	细胞抗病毒天然免疫信号转导的调控机制	李　颖	舒红兵	武汉大学
2013061	高效有机电致磷光双极传输主体材料的合成与性能研究	陶友田	杨楚罗	武汉大学
2013062	基于网络引证关系的知识交流规律研究	杨思洛	邱均平	武汉大学
2013063	流域梯级电站群多目标联合优化调度与多属性风险决策	覃　晖	周建中	华中科技大学
2013064	用于绘制高分辨小鼠全脑图谱的断层成像系统研究	李安安	骆清铭	华中科技大学
2013065	盆地含水系统与地下水流动系统特征	蒋小伟	万　力	中国地质大学
2013066	番茄 *Wo* 基因调控表皮毛形成和胚胎发育的机理解析	杨长宪	叶志彪	华中农业大学
2013067	真核生物非逆转录病毒内生化与进化基因组学研究	刘慧泉	姜道宏	华中农业大学
2013068	民主学步：农民的民主能力建设——以“南农实验”为例	马　华	徐　勇	华中师范大学
2013069	中国现代诗歌节奏原理与形态研究	王雪松	王泽龙	华中师范大学
2013070	稳定硫叶立德和缺电子组分的串联反应研究	陆良秋	肖文精	华中师范大学
2013071	农药合理设计的分子基础研究	郝格非	杨光富	华中师范大学
2013072	岳麓书院藏秦简《数》研究	肖　灿	朱汉民	湖南大学
2013073	高效无功与谐波动态控制方法及应用研究	帅智康	罗　安	湖南大学
2013074	首发未服药青年重性抑郁症脑网络连接的磁共振成像研究	朱雪玲	姚树桥	中南大学
2013075	质料先天与人格生成——对舍勒现象学的质料价值伦理学的系统研究	张　伟	倪梁康	中山大学
2013076	Alexandrov 空间上的 Ricci 曲率	张会春	朱熹平	中山大学
2013077	农林生物质半纤维素分离纯化、结构表征及化学改性的研究	彭　锋	孙润仓	华南理工大学
2013078	糖生物安全中葡萄球菌生物被膜行为的致毒及耐药分子机制研究	徐振波	李　琳	华南理工大学
2013079	肿瘤激光免疫疗法的免疫调控机制及应用研究	周非凡	邢　达	华南师范大学
2013080	HDAC1/2 在少突胶质细胞分化发育中的作用和机制研究	叶　丰	步　宏	四川大学

续表

编号	论文题目	作者	指导教师	学位授予单位
2013081	手性仲胺催化的不对称碳—碳键构建以及环加成反应研究	韩　波	陈应春	四川大学
2013082	基于纹波的开关功率变换器控制技术及其动力学行为研究	周国华	许建平	西南交通大学
2013083	低相关序列设计及其相关编码研究	周正春	唐小虎	西南交通大学
2013084	基于四维天线理论和强互耦效应的阵列天线技术研究	陈益凯	杨仕文	电子科技大学
2013085	在胚珠表皮中时空调控生长素的生物合成提高转基因棉花的纤维产量和品质	张　觅	裴　炎	西南大学
2013086	中国劳动者收入不平等的演化——技术进步与高校扩招政策的影响	徐　舒	甘　犁	西南财经大学
2013087	流动与传热的介观格子 Boltzmann 方法基本模型研究及其应用	李　庆	何雅玲	西安交通大学
2013088	空天目标逆合成孔径雷达成像新方法研究	白雪茹	保　铮	西安电子科技大学
2013089	ATGL 肝脏组织特异性敲除小鼠的产生及其引起的渐进性脂肪肝机理研究	吴江维	杨公社	西北农林科技大学
2013090	无线传感器网络拓扑识别与构建技术研究	董德尊	廖湘科	国防科学技术大学
2013091	临近空间高超声速飞行器内外流一体化设计及飞行性能研究	黄　伟	王振国	国防科学技术大学
2013092	演化学习型智能优化方法及其应用研究	邢立宁	陈英武	国防科学技术大学
2013093	军人工资关系研究	王　刚	熊友存	军事经济学院
2013094	利益、财权与制度安排——军队财务改革的逻辑分析框架	张　巍	李英成	军事经济学院
2013095	MHC I 类分子和白细胞介素 17 对天然免疫应答的调控作用及其机制研究	徐　胜	曹雪涛	第二军医大学
2013096	肝细胞核因子 4α 诱导分化治疗实验性肝癌	尹　川	谢渭芬	第二军医大学
2013097	心室辅助装置治疗儿童终末期心衰的临床疗效分析和心衰继发肺动脉高压的治疗及相关机制的实验研究	范　晔	肖颖彬	第三军医大学
2013098	两种促神经损伤修复电刺激模式的建立及机制研究	黄景辉	罗卓荆	第四军医大学
2013099	Notch 信号通路在脉络膜新生血管发生发展中的作用	窦国睿	王雨生	第四军医大学
2013100	TiO_2 纳米管抗菌与生物活性双功能种植体涂层的构建与评价	赵领洲	吴织芬	第四军医大学

〔**开展科学道德和学风建设宣讲教育**〕　根据党的十八届三中全会和中央领导的批示精神，教育部会同中国科学技术协会、中国科学院、中国社会科学院、中国工程院五部门按照“全覆盖，制度化，重实效”的总体要求继续开展宣讲教育。6月，五部门联合召开了全国科学道德和学风建设宣讲教育工作电视电话会议，要求 2013 年的宣讲教育工作按照“两个拓展、两个结合”的要求，以

“健全制度、形成机制”为重点，深入推进科学道德和学风建设宣讲教育。

9月24日，五部门在人民大会堂举办了“2013年首都高校科学道德和学风建设宣讲教育报告会”，中国物理学家郑哲敏、明清史研究专家张海鹏和应用物理学专家杜祥琬为首都近6 000名研究生新生进行了宣讲教育。31个省（区、市）共举办了各类宣讲教育活动1.8万场。全国538所高校和97所科研院所通过集中宣讲、专题讲座、入学教育等多种形式开展了宣讲教育。据统计，全年接受宣讲教育的研究生达219万人次、本科生达301万人次、教师近26万人次。

11月，会同中国科学技术协会举办“高校科学道德和学风建设宣讲教育专题研究班”，就进一步巩固宣讲教育成果，建立长效机制，提高高校科学道德和学风建设能力等问题进行研讨。中国科学院院士杨卫等专家分别从不同角度做了精彩报告。

〔发布一级学科博士、硕士学位基本要求〕 国务院学位委员会、教育部委托国务院学位委员会第六届学科评议组根据《中华人民共和国学位条例》及其暂行实施办法的有关规定，按一级学科制定了《博士硕士学位基本要求》，目的是为研究生培养单位制订培养方案和学位授予标准提供依据，为导师指导研究生提供参考，为教育行政部门开展质量监督和评估工作提供标准。

《博士硕士学位基本要求》从学科前沿、社会需求、知识结构、综合素养与能力等方面提出了110个一级学科研究生在获得博士或硕士学位时必须达到的要求，具有较强的指导性。同时也为学位授予单位开展有特色、高水平的人才培养留有空间。各学位授予单位可在《博士硕士学位基本要求》的基础上，研制体现本单位办学水平和特色的《博士硕士学位基本标准》。印发和实施《博士硕士学位基本要求》对保证中国研究生教育质量，推进研究生教育分类评价，提高学科建设水平和促进学术交流具有重要作用。

〔完成“985工程”（2012—2013年）阶段检查〕 2013年是“985工程”（2010—2013年）阶段建设的最后一年。为贯彻落实党的十八大精神，深入实施教育规划纲要，推动改革创新，加快世界一流大学和高水平大学建设，根据《教育部财政部关于加快推进世界一流大学和高水平大学建设的意见》（教重〔2010〕2号）和《教育部财政部关于印发〈“985工程”建设管理办法〉的通知》（教重〔2013〕1号）的有关规定，教育部、财政部组织对“985工程”高校进行了阶段检查。

阶段检查采取学校自查为主、学校间互评相结合的方式进行。重点检查阶段建设目标和任务完成情况、改革方案的实施情况、资金使用管理情况、项目管理情况以及建设中存在的问题等。

阶段检查与以往验收不同，此次专家不进校，不组织会议集中汇报答辩，而是遵循公开透明、突出绩效，自查为主、接受监督的原则，在阶段检查过程中，主管部门公开检查要求和内容、公开检查方式和互评分组等信息，同时在信息平台上公布各高校阶段建设情况的报告、改革方案实施情况的报告、标志性成果简介等，促进学校之间的相互学习和监督，引导高校更加注重提高管理水平，更加注重建设实效。

阶段检查中互评环节的评审结果和意见建议已于阶段检查结束后反馈给相关学校，供学校在今后制定规划和重点建设中参考。

〔名誉博士授予情况〕 2013年，国务院学位委员会批准有关高校授予12位境外著名专家学者、政治家和社会活动家名誉博士学位（见附件），对中国教育、科技、文化等事业的国际交流与合作以及服务国家需要起到了积极的推动作用。

附件：

2013年批准授予名誉博士学位名单

授予人士	国别或地区	授予单位
李国能	中国香港	清华大学
徐立之	加拿大	复旦大学
彼得·沙洛维	美国	上海交通大学
林贝聿嘉	中国香港	上海理工大学
乌弗·哈格若夫	丹麦	华东师范大学
唐翔千	中国香港	上海大学
苏布拉·苏雷什	美国	浙江大学
里克·雷斯特	美国	中国科学技术大学
彼得·萨奈克	美国	山东大学
约瑟夫·奈	美国	
饶宗颐	中国香港	
凯末尔·科勒齐达奥卢	土耳其	新疆大学

〔召开全国研究生教育工作会议暨国务院学位委员会第三十次会议〕 7月10—11日，全国研究生教育工作会议暨国务院学位委员会第三十次会议在北京召开。会议的主要任务是贯彻落实党的十八大精神和教育规划纲要，全面深化研究生教育综合改革。出席会议的有第七届国务院学位委员会委员及有关部委、在北京的中央部委所属部分高校和科研机构的代表共102人。此外，会议在各省级教育行政部门和教育部直属高校设立了106个分会场，有关部门和培养单位校、系（所）负责人和导师代表约6 000余人参加。

国务院副总理、国务院学位委员会主任委员刘延东出席会议并发表重要讲话。她充分肯定了近年来学位与研究生教育改革发展取得的重大成就和宝贵经验，系统分析了新形势下深化研究生教育改革的紧迫性。刘延东强调，中国综合改革面临前所未有的良好环境，要抓住机遇，乘势而上。一要坚持以服务国家需求为导向，调整结构、优化布局。二要坚持以提高质量为核心，改革培养模式、完善评价机制。三要坚持以立德树人为根本，强化全过程、全方位育人。四要坚持扩大对外开放，深化国际交流合作。五要坚持统筹协调，加快职能转变。

7月11日，国务院学位委员会第三十次会议审议通过了《秘书长报告》《国务院学位委员会议事规则（修订稿）》《关于加强学位与研究生教育质量保证和监督体系建设的意见（送审稿）》《关于“军事学”一级学科更名为“军事管理学”的论证报告》《立项建设验收通过的博士、硕士学位授予单位及其授权学科名单》《关于开展博士、硕士学位授权点和专业学位授权类别动态调整试点工作的意见》《国务院学位委员会2013年工作要点》。

撰稿　陆　敏　马　玲　张　艳　林晓青　唐广军　张　帅
审稿　郭新立　孙也刚　黄宝印　梁国雄

〔学科评估工作新突破〕 2013年1月29日，教育部发布2012年全国学科评估结果，引起学校、社会、有关政府部门广泛关注，80余家报纸刊登了专题报道，近百家新闻媒体给予正面评价，宣传展示了中国研究生教育学科建设的改革成果。学位与研究生教育发展中心深度挖掘评估信息，开展学科诊断分析服务，为 4 600 个学科提供分析报告，向 100 余所高校和有关部委、部分省市教育主管部门提供学科整体研究报告，为高校学科内涵建设和省级政府对学科发展进行地区统筹与动态调整提供了参考，成为政府对学科建设绩效拨款的重要依据，为政府、高校和社会提供了有效的服务。

〔**中外合作办学评估新进展**〕 受教育部委托，教育部学位与研究生教育发展中心负责对依法批准设立和举办的实施本科以上高等学历教育的中外合作办学机构和项目，以及实施境外学士学位以上教育的中外合作办学机构和项目进行合格性评估。2013 年，学位中心完成了对北京等 24 个省份 143 个办学单位的 346 个机构和项目的评估工作。通过积极宣传中外合作办学政策、创新评估工作机制，增强了办学单位的自律意识，初步形成了自我退出机制，营造了良好的中外合作办学质量保障氛围，维护了学生及其他相关主体的合法权益。

〔**“中国高质量 MBA 教育认证”工作**〕 为促进专业学位教育质量全面持续提升，教育部学位与研究生教育发展中心与全国 MBA 教育指导委员会共同开展“中国高质量 MBA 教育认证工作”，首次发布清华大学等 5 所单位的 MBA 认证结果，标志着中国专业学位管理学领域自主品牌认证工作的正式确立。

〔**依法治考，完善考务管理制度**〕 2013 年，同等学力人员申请硕士学位全国统一考试和在职人员攻读硕士学位全国联考安全平稳进行。进一步加强法制观念，根据依法办事的原则，不断完善考务管理制度，及时发布考试违规处理相关文件，严格执行采集违规证据程序，反复核实违规事实，认真履行告知义务，保证违规考生申诉渠道畅通，保证违规处理环节公平公正。

2013 年，同等学力人员申请硕士学位全国统一考试报名达到 191 319 科次，比 2012 年增长 3.06 万科次，增长 19%；在职人员攻读硕士学位全国联考共有 304 179 人报名考试，较 2012 年增加 23 809 人，首次突破 30 万人大关，增长 8.5%，均创历史新高。

〔**文凭认证工作**〕 2013 年，认证申请数量比 2012 年增长 27.7%，共为 15 万余名申请人提供了中国学位与教育文凭认证服务，为中国政府加强留学市场监管，保证人员跨境流动健康、有序发展发挥了重要作用。中国学位与教育文凭认证新系统正式投入运行，实现认证申请材料无纸化提交，认证工作信息化水平更高，认证服务更加便捷、高效。中外教育文凭对比业务研究工作取得重要进展，尝试在特定认证报告中加入文凭对等关系评估内容，提升认证报告的质量和内涵。

〔**推出学位证书网上查询服务**〕 国务院学位委员会办公室委托教育部学位与研究生教育发展中心面向社会开展学位证书网上查询工作。5 月 28 日，在中国学位与研究生教育信息网开通学位查询服务，正式面向社会提供 2008 年 9 月 1 日以来授予的博士、硕士、学士学位证书网上查询服务。

〔**组织编写出版年度报告**〕 受国务院学位委员会办公室委托，教育部学位与研究生教育发展中心承担《中国学位与研究生教育发展年度报告》的组织编研工作。2013 年，学位中心组织相关高校专家组成编研工作组，编写出版了《中国学位与研究生教育发展年度报告（2013）》，向社会公布中国学位与研究生教育统计数据，介绍中国学位与研究生教育 2012 年度发展情况，解读学位与研究生教育相关政策，阐述中国学位与研究生教育发展趋势。

〔**国际交流与合作**〕 5 月，第四届亚欧教育部长会议在马来西亚吉隆坡召开。教育部学位与研究生教育发展中心在会上提出的全部倡议，即牵头成立落实《亚欧会议框架下相互承认高等教育资历协作宣言》（简称《北京宣言》）工作组、建立亚洲国家信息中心协作网络组织网站、建立亚欧跨境高等教育质量保障协作网络（CBQAN）、参与亚欧跨境区域学分转换机制专家工作组全部作为会议决议内容写入了《第四届亚欧教育部长会议主席声明》。6 月，教育部国际合作与交流司发文《关于落实第四届亚欧教育部长会议后续工作的函》（教外司际〔2013〕986 号），将上述任务委托学位中心负责具体落实。7 月，学位中心举办“学位中心—东盟日”活动；9 月，举办“中国—东盟教育一体化·资历互认与质量保障研讨会”；12 月，组织召开亚欧高等教育资历互认协作工作组成立暨工作组第一次会议，会议通过了《亚欧高等教育资历互认协作工作组章程》和落实《北京宣言》三个行动计划，即建立亚洲国家信息中心协作网络组织网站行动计划，制订《亚欧资历互认合作原则指南和操作手册》行动计划和筹建亚欧跨境教育质量保障协作网络行动计划。会议还为落实行动计划制定了路线图和时间表。

〔建立校园媒体〕 开展《中国研究生》杂志创刊十周年系列纪念活动，推动研究生校园文化建设，助力研究生自办媒体的发展；《中国研究生》杂志网站上线，新开通了微信公众账号和“研友信箱”，加强编读之间、读者之间多层次、多面向的互动。

〔开展学位与研究生教育质量保障新服务〕 2013 年，教育部学位与研究生教育发展中心自主创建“学位论文送审服务平台”，为学位授权单位打造具有特色的外部监控、内部分析的学位论文质量自律机制，全年完成送审论文 8 000 余篇；面向各省级研究生教育主管部门提供科学、公正的学位论文评审服务，全年完成了 3 400 余篇省级博士、硕士学位论文的评优和抽检工作，有效促进了研究生教育质量的提升。

撰稿　林梦泉　王崇东　李　屏　周学军　曹宏波　关长空

审稿　李　军　王立生　王洪歧　赵　瑜

民族教育

〔**综述**〕　2013 年，民族教育战线认真学习贯彻落实党的十八大、十八届三中全会和习近平总书记系列重要讲话精神，不断加强学校民族团结教育，积极稳妥推进双语教育，不断提高少数民族人才培养质量，全力维护内地民族班稳定，加快推进民族教育事业改革发展，各项工作取得显著进展。

截至 2013 年年底，全国各级各类学校中少数民族在校学生总数为 2 425.02 万人，占在校学生总数的 9.64%。其中普通本专科少数民族在校生 184.45 万人，占普通本专科在校生总数的 7.47%；高中阶段（不含技工学院）少数民族在校生 335.93 万人，占 8.33%；初中阶段教育少数民族在校生 471.02 万人，占 10.61%；普通小学少数民族在校生 1 040.95 万人，占 11.12%；学前教育阶段少数民族幼儿在园人数 315.59 万人，占 8.10%。全国各级各类学校中少数民族专任教师 124.71 万人，占专任教师总数的 8.53%。

〔**印发《民族中小学汉语课程标准（义务教育）》**〕　为提高少数民族汉语教学质量，教育部组织专家修订并于 2013 年 12 月印发了《民族中小学汉语课程标准（义务教育）》。

〔**着力推进教育对口援藏工作**〕　教育部、中央统战部、国家民族事务委员会印发了《关于落实教育对口支援西藏工作的意见》，进一步落实 17 个省市和 15 个教育部直属单位援藏工作任务。牵头组织了西藏和四川、云南、甘肃、青海藏区教育专项调研。成立了中央西藏工作协调小组教育组，召开了第一次全体会议，明确了教育组的工作职责和工作制度。

〔**召开教育援疆工作部署会议**〕　中央新疆工作协调小组教育组召开第四次推进新疆教育跨越式发展工作会议暨教育援疆工作部署会议，传达落实第四次对口支援新疆工作会议及中央领导同志重要讲话精神，研究部署下一步教育援疆重点工作。

〔**稳步推进新疆教育发展**〕　指导新疆巩固提高双语教育覆盖面和衔接率，积极推进现代信息技术在教学中的应用，做好双语教育质量监测工作。扩大南疆初中毕业生升学规模，实现了 2013 年南疆三地州初中毕业生升学率达 70%的目标。指导新疆加强双语教师队伍建设，做好 2013 年新疆双语“特岗教师”招聘工作和各类双语教师培训项目，落实乡村教师生活补助。

〔**推进教育援疆工作深入开展**〕　指导 19 个省市加强软件建设和内涵式发展，帮助受援地区巩固提高学前和中小学双语教育普及率，提高高中阶段入学率，加强双语教师培养培训。协调援疆省市面向全新疆开放优质教育资源。进一步完善“教育援疆项目直报系统”，完善教育援疆监督评估机制。

〔**加强少数民族人才培养**〕　稳步扩大少数民族人才培养规模，完成内地西藏班、新疆班、高校预科班、民族班和民族骨干计划研究生招生任务 8.3 万人，比 2012 年增长 9%。其中内地西藏班、新疆班 1.75 万人；普通高等学校招收少数民族预科、民族班学生 5.3 万人；普通高等学校招收内地西藏、新疆高中班毕业生 7 000 余人，招收少数民族高层次骨干人才硕士、博士研究生 5 000 人。同时，内地高校继续招收非西藏生源定向西藏就业学生，继续为新疆定向培养培训文化艺术人才。

〔**实施“三区”人才计划教师专项计划**〕2013年，教育部会同中央组织部、财政部、人力资源和社会保障部、国务院扶贫开发领导小组办公室启动实施了《边远贫困地区、边疆民族地区和革命老区人才支持计划教师专项计划实施方案》，并建立了相关工作制度。2013年，选派支教教师1.97万人次。

撰稿 田晓勤 赵 卫 李 彬 申春善
审稿 何光彩 张 强

教师工作

〔**综述**〕 2013年，全国培养本专科层次师范生的师范院校168所，其中教育部属师范大学6所，省属师范大学37所、师范学院70所、师专55所。同时，举办教师教育的非师范院校337所，其中综合大学56所、地方综合性学院154所、高职高专87所、独立学院34所、其他院校6所。培养中专层次师范生的中等师范学校110所。

2013年，全国普通院校师范类毕业生总计57.78万人，其中本科34.21万人、专科17.64万人、中师5.94万人；招生总计58.65万人，其中本科35.11万人、专科15.13万人、中师8.42万人；在校生218.87万人，其中本科143.65万人、专科52.16万人、中师23.07万人。非师范院校培养的本专科师范生约占49.2%。

2013年，全国各级各类学校专任教师1 476.82万人，其中幼儿园专任教师166.35万人、特殊教育学校专任教师4.57万人、工读学校专任教师1 851人、普通小学专任教师558.46万人、初中专任教师348.10万人、普通高中专任教师162.90万人、中等职业学校专任教师86.56万人、普通高等学校专任教师149.69万人。

2013年，全国幼儿园专任教师学历合格率为97.17%，比2012年增加0.21个百分点；幼儿园专任教师具有专科以上学历的比例为68.15%，比2012年提高3.02个百分点。

义务教育阶段，普通小学专任教师学历合格率为99.83%，比2012年提高0.02个百分点；普通小学专任教师具有专科以上学历的比例为87.33%，比2012年提高2.42个百分点。普通初中专任教师学历合格率为99.28%，比2012年提高0.16个百分点；普通初中专任教师具有本科以上学历的比例为74.87%，比2012年提高3.24个百分点。

普通高中专任教师学历合格率为96.80%，比2012年提高0.36个百分点；普通高中专任教师具有研究生学历的比例为5.75%，比2012年提高0.74个百分点。

中等职业学校专任教师学历合格率为87.94%，比2012年提高0.99个百分点；中等职业学校专任教师具有研究生学历的比例为5.73%，比2012年提高0.58个百分点。

普通高校专任教师学历合格率为98.59%，比2012年提高0.01个百分点；普通高校专任教师具有研究生学历的比例为54.86%，比2012年提高1.52个百分点。

〔**启动实施教师队伍建设示范项目**〕 为深入贯彻落实全国教师工作会议和《国务院关于加强教师队伍建设的意见》（国发〔2012〕41号）精神，切实破解教师工作体制机制障碍，在自愿申报、专家评审的基础上，教育部遴选了136个地区和高校实施45大类308个教师队伍建设示范项目，覆盖教师培养、培训、管理、待遇保障及师德建设等各个领域，全面推进教师队伍领域综合改革。

为确保项目顺利推进、取得实效，采取了一系列措施。一是加强顶层推动。通过举办研讨班等，整体部署各地各校改革试点工作，防止改革碎片化。二是加强协同创新。建立大类项目协同推进机制，45大类项目牵头单位分别组织该类项目其他承担单位建立联席会议制度或协调机构，聚集各单位的创新优势和资源，构建协同创新新模式，形成强强联合、优势互补、资源共享的工作机制；研究提出协同推进工作方案，包括实施目标、协同推进方式、工作计划等；定期召开会议，交流做法和经验。三是加强专家指导。邀请有关专家学者通过实地调研等多种方式对项目承担单位进行指导。

为提高项目管理效率，研发了示范项目信息管理平台，建设了网络视频会议系统，实现了网上对示范项目的全过程管理和在线服务。

〔**实施连片特困地区乡村教师生活补助**〕《中共中央国务院关于加快发展现代农业进一步增强农村发展活力的若干意见》（中发〔2013〕1号）提出："设立专项资金，对在连片特困地区乡、村学校和教学点工作的教师给予生活补助。"为落实中央1号文件要求，教育部在前期组织专家开展课题研究和深入调研全国农村教师补贴情况的基础上，形成了实施乡村教师生活补助的初步方案，并召开专题研讨会，听取湖南、江西、河北等农村教师补贴实施省份的经验介绍；会同财政部赴河北、湖南等省农村学校调研；多次与财政部沟通协调，研讨乡村教师生活补助方案。在充分调研、反复研讨、广泛听取意见的基础上，进一步完善连片特困地区乡村教师生活补助方案，并上报国务院。9月13日，经国务院同意，印发《教育部财政部关于落实2013年中央1号文件要求对在连片特困地区工作的乡村教师给予生活补助的通知》（教财函〔2013〕106号）（简称《通知》）。《通知》明确了实施乡村教师生活补助要坚持"地方自主实施、中央综合奖补"的原则，地方是落实乡村教师生活补助政策的责任主体，各地结合实际情况确定具体实施时间、补助范围和对象、补助标准和资金来源，中央财政在农村义务教育经费保障机制改革经费中增列综合奖补资金，对已经实施这一政策的地方给予奖补。同时明确生活补助是针对乡村教师工作岗位的补助，教师在岗时享有，离岗（包括退休）后自然取消。为推动各地尽快落实，10月，召开专题培训班，对有连片特困地区县的省级教育行政部门相关负责人进行集中培训，详细解读乡村教师生活补助政策。11月，召开新闻发布会，全面介绍连片特困地区乡村教师生活补助政策，并策划在教育部官方网站开设乡村教师生活补助宣传专栏，加强宣传。12月，下发《教育部关于加强乡村教师生活补助经费管理有关工作的通知》（教财函〔2013〕153号），要求各地规范管理，加强监督，并委托中国教育经济信息网开发"乡村教师生活补助信息报送平台"，规范实施情况报送工作。

〔**建立健全师德建设长效机制**〕 2013年，媒体集中报道极个别中小学教师严重违反师德和法律的事件后，引起社会高度关注。教育部一方面及时回应舆论关切，亮出依法处罚、从严管理的鲜明态度；另一方面，建立健全相关制度，从根本上解决师德建设领域存在的突出问题。一是印发《关于建立健全中小学师德建设长效机制的意见》（教师〔2013〕10号），提出建立健全教育、宣传、考核、激励、监督、惩处、保障七大师德建设长效机制。二是研制国家层面的《中小学教师违反职业道德行为处理办法》，明确中小学教师不可触犯的师德禁行行为和相应处理程序，为学校及地方教育部门处理严重违反师德的教师提供依据和指导。三是建立重大舆情响应工作机制，对师德先进典型大力宣传表彰，对违反师德特别是恶性犯罪事件依法依规从重、从快查处。四是创新师德教育，将"寻找身边的张丽莉"大型公益活动中推选出的400名师德表现优秀的教师纳入"国培计划"师德教育专家库，请他们走进课堂言传身教，生动诠释师德内涵。

〔**创新策划教师节系列宣传庆祝活动**〕 9月9日，正在乌兹别克斯坦进行国事访问的中共中央总书记、国家主席习近平发回慰问信，向全国广大教师致以节日的问候。国务院总理李克强在大连考察并看望师生，与基层教师座谈。这充分展示了新一届中央领导集体对教育工作的高度重视，对教师队伍的亲切关怀。教育部及时组织教育系统学习贯彻习近平总书记9月9日致全国广大教师慰问信精神，印发通知进行全面部署，在教育媒体和教育部门户网站开设专题专栏，推动各地迅速掀起学习贯彻的热潮，出台加强教师队伍建设的政策措施。同时，统筹组织教师节重点活动。一是协助中央媒体举办全国教书育人楷模推选活动。国务院副总理刘延东在中南海与推选出的2013年全国教书育人楷模和特别奖获得者——四川芦山抗震救灾优秀教师群体座谈。二是联合中国教科文卫体工会开展全国职工职业道德建设先进（师德标兵）评选表彰活动，支持中央电视台举办“寻找最美乡村教师”活动。三是召开庆祝教师节新闻发布会，协调50多家媒体开展全方位、立体化、大规模宣传报道，协助举办电影《张丽莉老师的故事》首映式等。

〔印发《义务教育学校校长专业标准》〕 2月，印发《教育部关于印发〈义务教育学校校长专业标准〉的通知》（教师〔2013〕3号），首次系统提出了义务教育学校校长的6项专业职责和60条专业要求，对于提升校长专业素质，规范校长办学行为，推进义务教育领域相关突出问题的解决具有重要意义。

〔《中等职业学校教师专业标准（试行）》颁布实施〕 9月，教育部颁布实施《中等职业学校教师专业标准（试行）》（教师〔2013〕12号）（简称《标准》）。《标准》包括基本理念、基本内容和实施要求三大部分，是国家对合格中等职业学校教师专业素质的基本要求，是中等职业学校教师开展教育教学活动的基本规范，是引领中等职业学校教师专业发展的基本准则，是中等职业学校教师培养、准入、培训、考核等工作的基本依据。这是新中国成立以来第一次针对中等职业学校教师制订的专业标准。

〔确立中小学教师资格考试和定期注册基本制度规范，率先完成改革试点任务，进入分步全面推广试点经验的新阶段〕 8月15日，教育部印发《教育部关于印发〈中小学教师资格考试暂行办法〉和〈中小学教师资格定期注册暂行办法〉的通知》（教师〔2013〕9号）、《教育部关于扩大中小学教师资格考试与定期注册制度改革试点的通知》（教师函〔2013〕2号），确立了中小学教师资格考试和定期注册的基本制度规范，明确了分步全面实施中小学教师资格考试和定期注册制度的时间表和路线图，为扩大试点直至全面实施奠定了基础，标志着改革进入依法依规逐步全面实施的新阶段。

2013年，新增山东、山西、安徽和贵州4个试点省，试点省已达10个。8月27日，在北京召开扩大试点工作部署会，明确了工作重点和要求。全年组织了两次全国性考试，374 327人参加考试；共有上海、河北、海南3个省（市）的37个区县1 567所中小学的103 436名教师申请首次注册，通过率达99.61%，不予注册或暂缓注册了一批不合格教师。严格教师资格认定管理工作，全年有113.52万人进行网上申报获得教师资格（其中小学资格15.20万人、初中资格21.10万人、高中资格45.36万人、中职资格3.11万人、中职实习指导教师资格1 117人、高校资格8.19万人）。

〔继续实施“特岗计划”，农村教师得到进一步补充〕 2013年，教育部、财政部等四部委继续实施并完善“特岗计划”，全年招聘特岗教师64 991人，比2012年增加3 432人。贵州等4省区教师招聘数均超过5 000人，其中贵州省招聘10 912人、云南省招聘6 465人、河南省招聘6 020人、广西壮族自治区招聘5 587人。具有本科及以上学历的特岗教师47 960人，占73.8%，较2012年增加3 243人。音、体、美等紧缺学科教师比往年都有明显增加，其中招聘音乐特岗教师4 293人、体育特岗教师5 090人、美术特岗教师4 195人、信息技术特岗教师1 982人。招聘的特岗教师中有62 270人到乡镇以下学校任教，占95.8%，较2012年增加0.2个百分点。服务期满特岗教师留任率达90%，比2012年增加2个百分点。2013年，有44所高校录取2 413名服务期满的特岗教师免试攻读教育硕士，比2012年增加1 409名。

“特岗计划”的实施受到社会各界的广泛关注和一致好评，主要取得了以下显著成效。一是补充了大批高素质农村教师。有效缓解了农村地区特别是“两基”攻坚县和国家级贫困县教师紧缺和结构性矛盾，为巩固“普九”成果、推进义务教育均衡发展提供了师资保障。二是增强了农村教育的生机活力。特岗教师年龄一般都在30岁以下，改善了农村中小学教师年龄老化的状况。音、体、美等紧缺学科教师比往年都有明显增加，缓解了中西部农村学校因缺乏教师而无法开足开齐规定课程的矛盾。三是创新了教师补充机制。由中央财政支持实施“特岗计划”，解决了部分地方受财力影响有编难补的困难，打破了一些地区长期不补充合格新教师的局面。采取省级统筹、公开招聘的办法，严格了用人标准和程序，从源头上保证了教师队伍整体素质。四是发挥了引领示范作用。河北、吉林等14个省在中央“特岗计划”引领下，积极推进地方“特岗计划”，招聘教师到省级贫困县农村学校任教。五是开辟了高校毕业生到基层建功立业的渠道。

〔开展全国教职工基础信息采集工作〕 2013年，教育部开展了全国各级各类学校教职工基础信息采集工作。在调研各地教师管理信息系统建设现状和需求的基础上，经过征求有关省份、部属省属高校、高职院校、中小学校、相关司局和有关专家意见，研制了高等学校、中小学校、中等职业学校、特殊教育学校、幼儿园5类教职工基础信息采集指标体系，开发了采集模板和网络版采集工具，并在江苏、河北两省开展试点工作。9月，印发《教育部办公厅关于做好全国教职工信息采集工作的通知》（教师厅函〔2013〕10号）等文件，部署全国教职工信息采集试点工作。10—11月，各地各校按照统一部署，全面开展全国教职工基础信息采集工作。12月底，完成了基础信息采集工作，历史上首次实现全国各级各类学校1 700万名教职工基本信息入库。

〔完成中小学教师职称制度改革扩大试点工作〕 2013年，继续推进教师职称制度改革，完成中小学教师职称制度改革扩大试点工作，进一步激发了教师队伍的生机和活力。一是审核批复31个省（区、市）扩大试点地区中小学正高级教师评审结果。除西藏暂不参加扩大试点外，全国31个省（区、市）106个地级市共评聘中小学正高级教师806人，其中幼儿园12人、小学63人、中学610人（含职业高中9人）、教研机构121人；音乐教师5名、体育教师11名、美术教师3名、特殊教育教师1名。二是加强政策指导，会同人力资源和社会保障部印发函件，要求各试点省加强省级统筹，评审结果应兼顾幼儿园、小学、初中、高中不同学段的教师，坚持向农村艰苦边远地区一线教师倾斜。三是加强对各地推进改革的跟踪指导。在济南市举办第二期深化中小学教师职称制度改革扩大试点工作培训研讨班；对山东省全面实施中小学教师职称改革工作进行现场指导；对在陕西省的部属高校附属中小学参加职称改革的相关政策提出指导意见。四是开展全国中等职业学校教师职称制度改革调研，通过调查问卷等形式开展课题研究，为启动中职教师职称制度改革做好前期准备。

〔推进实施师范生免费教育〕 一是提高免费师范生生源质量。2013年，6所部属师范大学共录取免费师范生8 549人。免费师范生录取分数较高，平均成绩高出本地重点线52分；生源结构基本稳定，中西部生源占89.0%、农村生源占49.4%、男生占22.3%。二是确保免费师范毕业生全部到中小学任教。各有关部门认真落实编制岗位，积极组织双选活动，切实加强履约管理，12 013名2013届免费师范毕业生全部到中小学任教。其中10 715名到中西部地区省份中小学校任教，占89.0%。三是做好免费师范毕业生攻读教育硕士工作。2013年，经任教学校推荐、高校审核，6所教育部属师范大学共录取10 308名免费师范毕业生攻读教育硕士。

2013年，在教育部属师范大学师范生免费教育试点工作的示范引领下，共有22个省（区、市）采取在学免费、上岗退费两种方式实行地方师范生免费教育，每年近3万名师范生和高校毕业生享受此项政策，吸引了一批高素质大学毕业生到农村中小学和幼儿园任教。

〔推进教师培养模式改革，建立“三位一体”联合培养教师新机制〕 3月，教育部在山东省烟台市召开教师培养模式改革试点现场会。会议指出，教师培养模式改革是提高教师教育质量的关键环节，是教师教育综合改革的突破口和着力点。各地各师范院校要面向学前教育、义务教育、高中教育、职业教育、特殊教育五类教育的现实需求和长远发展，积极创新幼儿园、小学、中学、职业学校、特殊教育五类教师培养的新模式，不断深化教师教育专业、课程、教学、实践、师资五大领域改革，探索建立师范生招生、培养、评价、激励、就业五项保障制度，形成高校、地方政府、中小学“三位一体”联合培养教师的新机制，为实现“中国梦”“教育强国梦”做出积极贡献。

截至2013年年底，全国共有24个省（区、市）54所高校探索与地方政府、中小学建立“三位一体”联合培养教师的机制。陕西师范大学、西南大学、江苏师范大学等11所卓越教师培养计划示范项目试点学校积极进行探索，分类推进幼儿园、小学、中学、职业学校、特殊教育五类教师培养模式改革。

〔**推进实施教师教育国家级精品资源共享课建设计划**〕 2013年，教育部进一步推进实施教师教育国家级精品资源共享课建设计划。经有关高校申报、省级教育行政部门推荐，教育部组织专家网上评审和会议评审，教育部办公厅正式发文公布教师教育国家级精品资源共享课200门立项建设课程名单，其中幼儿园教师培养课程47门、小学教师培养课程53门、中学教师培养课程77门、中等职业学校教师培养课程23门，确定课程建设期为一年半。同时，对46门原教师教育国家精品课程经过转型升级为国家级精品资源共享课。为确保立项建设课程质量，教育部教师工作司委托全国教师教育课程资源专家委员会，于6月在南京市举办了教师教育国家级精品资源共享课立项建设课程高级研修班，对200门立项建设课程负责人进行培训。同时，加强教师教育国家级精品资源共享课信息管理系统建设，为立项建设课程的开发、交流、研讨、指导、跟踪、检查搭建服务平台。

〔**启动实施职教师资本科专业培养资源开发项目**〕 2013年，教育部办公厅印发了《职教师资本科专业培养标准、培养方案、核心课程和特色教材开发项目管理办法》（教师厅〔2013〕5号），成立了项目专家指导委员会，整体部署项目开发工作。举办职教师资培养资源开发项目高级研修班，对100个项目负责人进行项目开发培训。按照项目管理办法要求，委托项目专家指导委员会召开项目开题评审会，完成对100个职教师资本科专业培养资源开发项目的开题评审工作，项目进入全面实施建设阶段。

〔**“国培计划（2013）”实施情况**〕 2013年，中央财政加大支持力度，安排专项经费16亿元支持“国培计划”，其中“示范性项目”1亿元、“中西部项目”10亿元、“幼师国培”项目5亿元。教育部将“突出改革、精细管理”作为年度工作重点，主要开展了六方面工作。一是完善三类项目设置，“示范性项目”注重模式创新、高端引领，“中西部项目”和“幼师国培项目”加大置换脱产研修培训比例和“送教下乡”力度。二是强化绩效评估，随机抽取15万名参训学员进行网络匿名评估，向各地反馈报表1 420个，实施末位淘汰。三是加强培训者队伍建设，评选第三批500名国家级培训专家，示范性项目培训6 000名兼职培训者。四是加大培训模式创新力度，启动网络研修与校本研修整合培训、教师工作坊研修，推行混合式培训。五是大力推进实践性培训，实践性课程不少于50%。六是提升项目信息化管理水平，建立6万个学员“个人空间”。

在各地各校精心组织下，项目实施取得良好成效。2013年，358所院校（机构）承担了“国培计划”培训任务，培训中小学幼儿园教师143.5万人。其中“示范性项目”培训16.4万人（集中培训1.9万人、远程培训14.5万人），“中西部项目”培训114.4万人（置换脱产研修3.6万人、短期集中培训10.8万人、远程培训100万人），“幼师国培”项目培训12.7万人（短期集中培训6.5万人、“转岗教师”培训4.9万人、置换脱产研修1.3万人），三类项目覆盖农村教师138万人，占96.5%。

〔**“职业院校教师素质提高计划”实施情况**〕 2013年，教育部、财政部印发中等职业学校专业骨干教师国家级培训，高等职业学校专业骨干教师国家级培训，中等职业学校青年教师企业实践，职教师资本科专业培养标准、培养方案、核心课程和特色教材开发项目4个管理办法，从组织实施、过程管理、经费管理等方面提出具体要求。依托天津职业技术师范大学、同济大学和河北师范大学成立国家级培训、培养资源开发、出国进修项目管理办公室。启动中国职业教育教师培训网改版升级，国家级培训和专业点建设网络评审系统投入使用，开发出国进修项目网络管理模块，组织报名、资格审核、成果展示和训后跟踪实现网络化管理。中央财政划拨资金5.675亿元，支持中职学校专业骨干教师国家级培训1万人，从中选派400人出国进修；组织4 000名中职学校青年教师到企业实践；组织高职院校专业骨干教师企业顶岗实践5 000人、国内培训4 500人、国（境）外培训500人；完成第一批100个专业点建设，启动第二批专业点建设，支持职教师资培养培训基地更新实验实训设备，改善基地硬件条件。启动实施100个职教师资本科专业的培养标准、培养方案、核心课程和特色教材开发工作。

〔启动实施全国中小学教师信息技术应用能力提升工程〕 10月，教育部印发《关于实施全国中小学教师信息技术应用能力提升工程的意见》（教师〔2013〕13号），启动全国中小学教师信息技术应用能力提升工程。该工程围绕“应用”这一核心任务，将“培训—测评—应用”相结合，主要包括四项内容：一是建立教师信息技术应用能力标准体系；二是按照一线教师需求开展全员培训，以农村教师为重点，拟到2017年年底完成全国1 000多万名中小学（含幼儿园）教师新一轮提升培训；三是开展教师信息技术应用能力测评，以评促学，激发教师持续学习动力；四是建立推动教师主动应用信息技术的机制，推动教师在课堂教学和日常工作中有效应用信息技术。

〔继续扩大实施中西部农村偏远地区学前教育巡回支教试点工作〕 2013年，教育部和财政部在总结2012年试点工作经验的基础上，继续扩大实施中西部农村偏远地区学前教育巡回支教试点工作（简称试点工作）。下发《教育部办公厅财政部办公厅关于做好2013年巡回支教试点工作的通知》（教师厅〔2013〕4号），新增河北、内蒙古、福建、江西、广西、云南、甘肃、青海8个省份，试点范围扩大到13个省份41个县市。新增试点县聚焦在集中连片特殊困难地区、革命老区县或者民族县。2013年，13个试点省份新设支教点1 549个，新招募志愿者3 286人。截至2013年年底，共设置支教点2 136个，在岗志愿者4 011人。中央财政补助经费7 312万元。

〔继续实施教育部—中国移动中小学校长培训项目〕 2013年，继续实施“教育部—中国移动中小学校长培训项目”，中西部中小学校长10 795人参加了培训，其中参加“影子培训”1 014人、远程培训9 781人。2013年，采取的主要措施有：一是在“影子培训”方面及时调整东部施训省与中西部参训省的培训对接模式，研究制订“影子培训”质量管理标准，加强基地学校专业引导，开展项目跟踪督导检查；二是在远程培训方面，创新网络研修模式，依托中国教育干部网络学院对中小学校长进行为期3个月的培训。

该项目于2006年启动，2012年进入“2012—2015年新周期”。在新周期内计划通过“影子培训”和远程培训，培训4.4万名中西部中小学校长。

〔启动实施农村校长助力工程〕 9月，教育部印发《关于进一步加强中小学校长培训工作的意见》（教师〔2013〕11号）（简称《意见》）。

《意见》提出了中小学校长培训的总体要求：按照教育规划纲要的要求，围绕立德树人根本任务，以促进校长专业发展为主线，以提升培训质量为核心，以创新培训机制为动力，进一步提高校长培训专业化水平，努力造就一支品德高尚、业务精湛、治校有方、人民满意的中小学校长队伍。

《意见》明确了中小学校长培训的主要任务：各地要有计划地面向全体中小学校长开展任职资格培训、提高培训、高级研修和专题培训。重点加强农村地区、集中连片特殊困难地区、民族地区校长培训，加大薄弱学校校长培训力度，重视普惠性幼儿园园长培训。组织实施中小学名校长和幼儿园名园长培养计划，为优秀校长、园长的成长创造条件。

《意见》还强调了以下几点。一是在培训内容方面，要针对不同层次、类别、岗位校长的需求，丰富优化培训内容。二是在培训方式方面，要坚持以学员为主体、以问题解决为导向，采取专家讲授、案例教学、学校诊断、同伴互助、行动研究等多种方式，增强培训的吸引力、感染力。要探索建设网络研修社区，推动形成校长学习发展共同体，实现校长培训常态化。三是在培训制度方面，实行5年一周期不少于360学时的在任校长全员培训制度。建立培训学分管理制度，把完成培训学分（学时）和培训考核情况作为校长考核、任用、晋级的必备条件和重要依据。四是在培训机制方面，要探索校长自主选学机制，建设菜单式、信息化的选学服务平台，为校长提供多样化、个性化的选择机会。实行培训项目招投标机制，择优遴选具备资质的专职培训机构、高等学校、中小学承担培训任务。五是在培训监管评估方面，要采取专家实地评估、学员网络匿名评估和第三方评估等方式，加强校长培训的过程评估和绩效评估，并把评估结果作为培训任务和经费调整的重要依据。

《意见》出台后，教育部启动实施了中小学校长国家级培训项目——农村校长助力工程，从2013年起，每年遴选2 000名中西部地区国家级贫困县、集中连片特殊困难地区乡镇及以下农村义务教育学校校长参加培训。该工程按照《意见》要求，创新实行项目招投标机制，采取“集中培训＋返岗实践”的混合培训方式，帮助参训校长进一步开阔教育视野，更新办学理念，提高治校能力，受到参训校长的广泛好评。

〔实施高等学校青年骨干教师国内访问学者项目〕 2013年，全国共有99所高校的1 012名导师接受了来自738所高校的1 057名青年骨干教师国内访问学者，总人数比2012年增加6.2%。访问学者研修学科遍及12种学科门类，其中数量最多的为工学、文学和理学。访问学者平均年龄为37岁，其中40岁以下的占78.62%。具有硕士及以上学位的访问学者占91.11%，具有副高及以上职称的访问学者占55.16%。整体项目向西部和东北老工业基地等地区倾斜，来自西部和东北老工业基地的访问学者567人，占总人数的53.6%。

参加该项目的访问学者都是列入选派学校重点培养计划的学术带头人后备力量，从事教学科研工作均在5年以上。通过一年的进修学习，他们进一步加深了对专业前沿动态和学术热点的了解，提升了教育教学和科研能力水平，发表各类学术论文800余篇，其中一些访问学者独立申请到了国家级、省部级研究项目。

撰稿 刘璇璇 焦江方 唐 筠 宋 磊
张忠斌 黄小华 黄 伟 王克杰
刘建明 周 恒 王 薇 李桂兰
王炳明 刘国明 赵 健
审稿 葛振江 许 涛 殷长春

学校体育、卫生、艺术与国防教育

〔**深化学校体育工作综合改革**〕 1. 2013年，启动研制大中小学生的体育素养评价指标体系，探索以“五科融合”（品德、语文、历史、体育、艺术）为指导的学校体育课程改革思路，研究大中小学体育课程标准、课程和教材建设，推进学校体育评价机制、保障机制和推进机制建设。

2. 探索建立全国学校体育联盟。教育部从2013年3月起，以北京体育大学等高校为牵头单位，组建了若干学校体育联盟，负责开展和做好学校体育方面的教学研究、教学训练大纲、师资培训、教学成果展示、课外体育竞赛、运动技能评估等工作，全面推进和深化学校体育工作教育教学改革。

3. 制订并实施“青少年体质健康促进计划”。为引导和支持各地深化教育综合改革，全面推进素质教育，强化体育课和课外锻炼，促进学生身心健康、体魄强健，教育部于2013年3月会同有关部门启动制订并实施“青少年体质健康促进计划”。重点加强目标管理，以评价机制建设为突破口，着力提升青少年学生身体健康水平、运动技能和人格素养；重点加强过程管理，着力推进学校体育教学改革，提高学校体育教学质量；重点加强能力建设，着力提升学校体育改革发展的条件保障水平。

〔**加强配套文件研制，全面提高学生体质健康水平**〕 1. 组织研制《国务院办公厅转发教育部等部门关于进一步加强学校体育工作若干意见的通知》配套落实文件，建立学校体育评价制度。为全面贯彻落实“国办发53号”文件精神，研究制定《学生体质健康监测评价办法》《中小学校体育工作评估办法》《学校体育工作年度报告办法》。进一步建立健全学校体育评价机制，明确学生体质测试、学校体育评估和地方体育年度报告的责任、任务、程序、条件保障、人员和技术支持、奖惩措施等，着手推动各地建立省级、地市级、县级和学校的体育工作评价机制。

2. 委托中国教育装备研究与发展中心研究制订义务教育学校体育器材配备标准。

3. 推进编制学校体育三年行动计划。指导、督促各地以县（市、区）为单位编制实施三年行动计划，明确当地学校体育的任务书、路线图、时间表和责任人，重点建立逐级监测、评价和验收行动计划进展情况的工作机制，力争各地在“十二五”期间全面提高体育工作质量和学生体质健康水平。

〔**加强国家学生体质健康监测评价体系建设**〕 4—6月，教育部对山东、北京等地国家学生体质健康数据库信息系统建设工作进行调研，并完成了国家学生体质健康数据库信息系统一期建设。同时组织修订《国家学生体质健康标准》，研究新时期该《标准》的实施与管理。从9月1日开始至10月31日进行数据上报。11月，组织32所高校专业队伍按每省从小学一年级至高中（含中等职业学校）三年级每年级1 000名学生、高校（含高等职业学校）2 000名学生的样本量进行测试数据抽查复核，并组织公示各地学生体质健康测试数据上报情况、抽查复核情况和学生体质健康测试总体结果。同时，督促各地建立本地区的学生体质健康测试数据上报、审核、抽查和公示机制，形成省级、地市、县市和学校四级学生体质健康监测评价体系。

〔**大力开展全国亿万学生阳光体育运动**〕 1. 大力开展校园足球工作。继续研究和推进保障校园足球开展的政策体系和联赛体系，研究大力普及足球教育的相关扶持政策，建立并完善小学、初中、高中、大学相互衔接的校园足球四级联赛体系，研究制定《关于加强全国青少年校园足球工作的意见》。

2. 举办英格兰足球教育教学师资班培训。10月中旬，在广东省中山市委托孙中山青少年基金会举办英格兰足球教育教学师资班培训，70 余名教师参加培训。

3. 8 月 19 日，教育部和国家体育总局、共青团中央在河北省秦皇岛市联合主办全国青少年“未来之星”阳光体育节，来自全国 31 个省（区、市）和新疆生产建设兵团的近千名学生运动员参加。内容包括体育比赛、阳光体育运动展示、青少年体育科技活动、体育文化交流四个板块。

4. 11 月 7 日，以“励志从长跑开始”为主题的第七届全国亿万学生阳光体育运动冬季长跑启动仪式在天津市举行。

〔**开展学校体育和艺术教育调查研究**〕 2013 年上半年，教育部体育卫生与艺术教育司负责人带队赴天津市、上海市、江苏省、湖南省、重庆市开展学校体育和艺术教育调查研究，听取基层和群众意见、建议，破解人民群众普遍关心的学校体育和艺术教育热点难点问题。

〔**深入推进高雅艺术进校园活动**〕 2013 年的高雅艺术进校园活动呈现出新的面貌。一是增加活动场次。安排国家级艺术院团和优秀地方艺术院团赴全国 31 个省（区、市）的高校演出 296 场，组织艺术教育专家讲学团赴中西部 16 个省（区、市）高校举办 135 场艺术教育专题讲座，组织 31 个省（区、市）的地方艺术院团和高校学生艺术团赴本地高校和社区演出 450 场，学生受众累计 100 余万人。二是创新活动项目。在原有活动形式的基础上，新增与国家大剧院合作项目，组织在北京高校的近 2 万名新生走进国家大剧院参加周末音乐会、经典艺术讲堂、艺术院校舞台艺术精品展、重点剧目演出等活动，共计 100 场。三是丰富演出院团和剧目。在原有 10 余个国家级艺术院团参演的基础上，将山西省话剧院、辽宁芭蕾舞团、浙江昆剧团、陕西省戏曲研究院、安徽安庆黄梅戏艺术团等纳入活动范围，深入挖掘中华民族优秀文化艺术资源，将更多的优秀剧目送到学校。四是严格项目管理，坚持问卷调查、坚持信息反馈、坚持绩效考核，不断提高资金使用效益和公共服务水平，形成了良性互动的运行机制。

〔**举办全国第四届中小学生艺术展演活动**〕 由教育部和厦门市人民政府共同主办的全国第四届中小学生艺术展演活动于 2 月 20—26 日在厦门市举行。内容包括：开幕式，9 场艺术表演节目集中展演（声乐 2 场、器乐 2 场、舞蹈 3 场、校园剧 1 场、朗诵 1 场），学生优秀艺术作品（绘画、书法、篆刻、摄影）展，“阳光大舞台”和“文艺踩街”，“我和中艺展”征文，艺术教育科研论文报告会以及闭幕式。

本届展演活动呈现出三个特点。一是坚持育人为本，坚持面向全体学生，活动覆盖面和学生受益面不断扩大。全国参与活动的县（市）达 84.3%、地（市）达 99.4%、学校超过 80%。参加集中展演活动的有来自全国 31 个省（区、市）、新疆生产建设兵团和港澳台地区的共 726 所中小学校的 7 000 余名师生。二是创新活动内容和形式。现场集中展演期间，组织参演学生在厦门市中心街区开展“阳光大舞台”和“文艺踩街”活动，使学校艺术教育成果向社会辐射，扩大了学校艺术教育的社会影响。三是执行中央政治局关于改进工作作风、密切联系群众的八项规定，力求务实、简朴、高效。活动不设置组委会，不举行剪彩仪式，精简会议，取消仪式性活动，采取各种措施降低成本，下大力气做好展演活动的组织工作。

〔**举办首届学校体育艺术工作专题研讨班**〕 5 月 20—23 日，首届学校体育艺术工作专题研讨班在北京大学举办。专题研讨班邀请行政部门领导、高校校长、专家学者和社会知名人士授课，重点就学校体育、艺术教育和国防教育工作的相关政策法规、改革发展面临的现实和理论问题等进行深入学习研讨。教育部副部长郝平出席开班式并讲话，他着重强调了2013年学校体育和艺术教育工作的重点，要求学校体育和艺术教育要真正成为立德树人的载体，发挥其最大的育人功能。

〔启动全国农村学校艺术教育实验县工作〕 10月，教育部印发《关于开展农村学校艺术教育实验县工作的通知》（教体艺函〔2013〕6号），在全国组织开展农村学校艺术教育实验县工作，确定北京市延庆县等126个县（区、市、旗）为全国农村学校艺术教育实验县。

实验工作的目标是在全国经济和社会发展水平不同的地区，按照区域性、典型性和可行性的原则，选定一批农村学校艺术教育实验县，通过艺术教育综合改革实践，破解农村学校艺术教育师资短缺、设施设备落后、开课率不足等难题，从农村学校艺术教育观念、教学内容与形式、教学管理与评价、教师配备与培养以及教育资源配置等方面，探索推进学校艺术教育均衡发展的规律和途径，实现实验县区域内惠及全体、丰富优质的学校艺术教育，为推进全国农村学校艺术教育提供可资借鉴的经验和范例。

实验工作周期为三年，分为三个阶段。第一阶段从2013年10月到2013年12月，各实验县组建实验工作团队，确定实验项目，制订实验工作方案。第二阶段从2014年1月到2015年6月，开展调查研究，组织实施实验方案，并根据实施情况修正实验方案，边实验边推进。第三阶段从2015年6月到2016年10月，组织实验成效评估，进行研讨总结，形成实验工作报告。

〔组织开展中华优秀文化艺术传承学校阶段性工作总结〕 根据《教育部办公厅关于在中小学开展创建中华优秀文化艺术传承学校活动的通知》（教体艺厅〔2010〕6号），教育部于2011年在全国范围内确定了第一批（449所）全国中小学中华优秀文化艺术传承学校。为总结经验，发挥第一批传承学校的辐射带动作用，2013年组织开展了中华优秀文化艺术传承学校阶段性工作总结，各省（区、市）按照20%的比例报送书面总结和相关图片、视频材料近200份。

总结材料显示，传承学校创建工作有效促进了各地学校艺术教育的改革发展。各地在创建传承学校的过程中，将中华优秀传统文化艺术教育作为美育的重要组成部分融入学校教育的全过程，并与德育、智育、体育相结合，共同发挥育人功能；坚持普及和提高相结合，面向全体学生，兼顾城市和农村不同地区、不同类型、不同发展水平的学校，促进城乡学校艺术教育共同发展；坚持课堂教学和课外活动相结合，把中华优秀传统文化艺术纳入课堂教学和课外艺术活动中，因地制宜，形成地区学校艺术教育特色和传统；坚持学校与社会相结合，配合社区文化建设，充分依托当地文化馆、图书馆、博物馆、艺术馆、演出院团、文艺团体和民间艺人等艺术资源，形成社会主义精神文明建设的合力。

〔派出首批境外学校体育和艺术教育培训团〕 12月3日，派出首批赴美国学校体育艺术教育培训团。经国家外国专家局批准，2013年起组织“学校体育和艺术教育培训团”赴美国进行为期21天的培训。该团通过专题培训、对口交流等形式，全面深入了解美国学校体育和艺术教育政策发展、制度建设、管理模式、课程设置以及监督评价的策略和具体做法，积极探索中国体育艺术教师配备、器材达标的途径和方法，促进中国青少年学生全面提高体质健康水平和全面提升艺术素养。来自各地各校的18名副处级以上领导干部参加了此次培训。

〔教育部、总参谋部、总政治部印发《关于全面提高学生军事训练质量的通知》〕 9月23日，教育部、中国人民解放军总参谋部和总政治部印发《关于全面提高学生军事训练质量的通知》（教体艺〔2013〕1号）（简称《通知》）。该项工作列入教育部落实2013年《政府工作报告》第四十五条积极支持国防和军队建设重点工作，教育部副部长郝平担任责任人。《通知》从落实军事课学时学分、规范军事理论教学、科学组织军事技能训练、提升军事理论教学的德育价值、鼓励支持学生军事训练改革试点、拓展军事技能训练的深度和广度、制订学生军事训练的经费指导标准、加强学生军事训练基地管理、落实学生军事技能训练枪支弹药、解决学生军事技能训练帮训官兵10个方面，针对制约提高军训质量的突出问题和薄弱环节，提出了重大政策举措。《通知》强调，坚决杜绝单纯追求汇报演示效果，只重视队列等科目训练而偏废其他科目训练的形式主义倾向，以及消极保安全取消实弹射击训练等做法。在进行学校国防教育督查时，各地普遍反映所提政策措施切实可行、及时。

〔**开办第二届高校领导干部学校国防教育暨学生军事训练工作专题研修班**〕 9月28日，教育部办公厅印发《关于举办第二届高校领导干部学校国防教育暨学生军事训练工作专题研修班的通知》（教体艺厅〔2013〕2号）。本次研修列入2013年全国教育系统干部重点培训班次办班计划。11月7—13日，在国防大学举办了第二届专题研修班，来自全国高校65名分管学校国防教育和学生军事训练工作的副校级以上领导干部参加了研修培训。

〔**举办首届全国普通高等学校军事教学高级研修班**〕 4月23—30日，全国普通高等学校军事教学指导委员会在苏州大学举办了首届全国普通高等学校军事教学高级研修班。来自全国31个省（区、市）及新疆生产建设兵团的234名全国普通高校军事教研室主任、武装部部长、军事课教师以及省级教育行政部门业务负责人参加了研修班。

〔**开展学校国防教育暨学生军事训练工作督查和调研**〕 3月29日，教育部办公厅印发《关于开展学校国防教育暨学生军事训练工作督查和调研的通知》（教体艺厅函〔2013〕4号）。根据教育部2013年工作要点，为贯彻《中共中央国务院中央军委关于加强新形势下国防教育工作的意见》精神，决定组织开展学校国防教育暨学生军事训练工作督查和调研。调研的重点是：学生军事训练工作组织领导及规章制度建立情况；普通高等学校军事教学机构及师资配备情况；高校军事课教师参加学校国防教育和学生军事训练工作培训情况；军队派遣军官配备及管理情况；高等学校、高中阶段学校、义务教育阶段学校落实教学大纲情况；高等学校军事课和高中阶段学校学生军事训练经费和教学保障情况；安全防事故情况和开展学校国防教育活动情况；开展在校学生的人民防空教育情况等。6月前为各地自查阶段，9—10月为重点督查调研阶段。本次督查调研由教育部、中国人民解放军总参谋部和总政治部相关业务司局主要负责人带队赴各地，带着问题直接到最基层，听取意见和建议，破解人民群众普遍关心的学校国防教育和学生军事训练工作的热点难点问题，扎实做好各项工作。

撰稿 赵长涛 许 弘 陈蓓蓓
审稿 王登峰 万丽君

教育考试

考务管理

〔**综述**〕 2013年，教育部考试中心贯彻落实教育部整体工作部署和要求，以抓安全、促公平、保平稳为核心，以建规范制度、构安全体系、抓培训部署、督全面落实为重点，采取多项措施，科技引领，进一步发挥国家教育考试考务管理平台的作用，认真做好国家教育考试考务管理工作。全年各项国家教育考试总体平稳顺利。

〔**考务工作制度建设**〕 进一步完善各项考试管理规定，做到考务工作全部环节有章可循。着手研制《国家教育考试制卷工作标准》，启动编写各项考试的《考务工作手册》工作，做到考务管理规范化、程序化。

〔**实施多项措施消除隐患**〕 在认真落实2012年度各项措施的基础上，提出了强化高考安全保密的13项措施。调整研究生考试评卷方式，实行各省扫描、集中交换、分省统一网上评卷方式。研究生和成人高考继续完善“一题多卷”考试方式，打击高科技作弊。加强研究生考试疑似雷同数据的分析，对异常省份、考点加强管理。

〔**加强培训**〕 在全国建立了三级培训体系，对省级考试机构进行了4次（高考、成人高考、研究生考试、自考）示范性培训，并指导和督促省、地市县区开展第二、三级培训。制作发放《防范现代通信工具考试作弊培训光盘》等培训材料。同时以文件、会议等方式，要求各地继续全力做好安全保密和考风考纪工作。

〔**规章制度的督查落实**〕 教育部第一年与所有省级高等学校招生委员会签订《考试安全责任书》。通过国家教育考试考务管理平台，严格检查各地报告制度的执行情况并随时通报。在考前、考中、考后对一些地区试卷保密室、试卷定点印刷单位的安全保密情况、考试组织实施情况和评卷情况进行检查，对发现的问题要求立即整改，确保各项制度落实到位。

高校入学考试

〔**综述**〕 2013年，普通高考进一步加大考试内容与形式改革的力度，紧密联系实际，扩大试题素材选取范围，创设面向现实生活的问题情境，加强应用能力考查。严格执行质量标准，确保试题质量。探索制订能力化的评分方案，创新大型主观题评分方法，提高能力考查的有效性。

2013年，只有广西壮族自治区使用大纲试卷，其余30个省（区、市）高考使用课程标准试卷，其中重庆、四川、甘肃、西藏、贵州、青海6省（区、市）首次使用课程标准试卷。

〔**分省命题工作**〕 2013年，全国高考分省命题工作平稳顺利。其中北京、天津、浙江、福建、安徽、山东、广东、重庆、四川9省市命制语文、数学（文/理）、英语、文科综合、理科综合，上海、江苏2省市命制语文、数学（文/理）、英语、政治、历史、地理、物理、化学、生物，辽宁、江西、湖北、湖南4个省命制语文、英语、数学（文/理），陕西省命制数学（文/理）和英语，其他科目考试使用教育部考试中心命制的试题。高考所有小语种考试命题由教育部考试中心负责。

2013年，继续加强对分省命题的指导、业务培训、监督和评价工作。4月，召开全国高考命题工作专项会议，以“保安全，抓质量”为主题，研究命题管理新举措，确保试题安全和质量。

〔**高考试题分析与评价**〕 2013年8月，在北京召开高考试题评价会，对全国高考试题从政治性、科学性、公平性和规范性等方面进行专业分析和评价，形成《2013年全国普通高考试题评价报告》。11月，在山东省济南市召开全国高考命题工作交流与研讨会，围绕加强应用能力考查、深化考试内容与形式改革的主题进行交流与探讨，总结高考命题工作。

〔**成人高考**〕 2013年，成人高校招生全国统考共设置专科起点升本科10个科目、高中起点升本、专科9个科目的考试。全部试题均从题库中随机抽取，经过审查修改后投入使用。为满足“一题多卷”的需要，还向各省市提供了电子文档。

〔**硕士研究生入学统一考试**〕 2013年1月，全国硕士研究生入学统一考试顺利实施。教育部考试中心组织召开入闱命题会议和题库命题会议，顺利完成了统考、联考科目的命题任务和本年度研究生考试入库试题的命制任务。修订硕士研究生考试各学科《考试大纲》，编写了《2013年硕士研究生入学统一考试各学科试题评价报告》。

高等教育自学考试

〔**基本情况**〕 2013年，高等教育自学考试全年累计报考766.3万人次、1 796.4万科次，与2012年相比分别减少87.6万人次和201.6万科次，分别下降10.2%和10.1%。其中本科报考576万人次，占总人数的75.1%，专科报考190.1人次，占总人数的24.8%，无法区分专业层次有0.2万人次，占0.1%；按科次统计，本科报考1 375.7万科次，占总科次的76.5%，专科报考420.3万科次，占23.4%，无法区分专业层次有0.4万科次，占0.1%。当年首次报考的考生人数为133.4万人（不含解放军）。全年累计毕业生为73.1万人。

〔**启动高等教育自学考试综合改革**〕 7月，召开高等教育自学考试综合改革专题研讨会，确定了自考综合改革的总体思路。8月，以学科专业较多、考生规模较大的文史类专业为改革突破口，正式启动专业设置和课程体系改革。经全国考办和专业委员会研究，明确了文史类专业设置和课程体系的改革思路，在征求省考办和主考学校意见的基础上，初步形成文史类专业目录。12月，印发《关于建立高等教育自学考试综合改革实验区的通知》，在北京、吉林、江苏、浙江、广东、湖北、四川7个省市建立自考综合改革实验区。

〔**专业管理**〕 2013 年，全国考办批复 24 个省、自治区、直辖市（含解放军）申请备案或审批的 149 个专业点，其中审批新专业 5 个、备案开考 142 个专业、审核 2 个专业。同时引导各省停考社会需求萎缩的专业，停考专业点 75 个，其中专科 58 个、本科 17 个，并要求省级考试机构做好停考专业的过渡、衔接工作。2013 年，全国共开考专业 832 个，其中专科层次 433 个、本科层次 399 个；共设专业点 3 951 个，其中专科层次 1 677 个、本科层次 2 274 个。其中全国统一考试计划专业 117 个、专业方向 4 个。各省（区、市）开考专业、课程及其代码以全国高等教育自学考试办公信息网（网址：http://ste.neea.edu.cn）的公告为准。2013 年，全国高等教育自学考试指导委员会根据部门、行业人才需求和人力资源结构的变化，对部分委托、合作开考专业进行调整，其中与公安部合作开设了消防管理专业（专科）、消防工程专业（独立本科段），停考了司法部委托开考的监所管理专业（专科）、律师专业（基础科段、本科段），调整了司法部委托开考的监所管理专业（独立本科段）。

〔**自考分会工作**〕 9 月，在吉林省吉林市召开中国高等教育学会自学考试分会 2013 年年会，自考分会全国会员单位代表和吉林省自考相关工作代表共计 500 人参加了年会。12 月，在广东省韶关市召开重点课题评审会，与会专家提出 8 个重点课题的立项建议。

〔**全国高等教育自学考试命题人员业务培训会议**〕 4 月，全国高等教育自学考试命题人员业务培训会议在湖北省召开，聘请教育测量学专家、命题管理专家和优秀命题教师现场授课。

〔**全国高等教育自学考试全国统考课程命题及题库建设**〕 2013 年，全国高等教育自学考试指导委员会办公室完成了自学考试 175 套统考正式试卷的命制；组织全国 16 个自考命题中心命制了 1 月、4 月、7 月、10 月 4 次考试试卷共 1 083 套。继续推进自学考试国家题库建设，增加入库试题数量，召开 5 次题库命题会议，命制了 69 门课程 213 套试卷。

〔**改革考试内容与形式，开展命题研究，推进考试大纲建设**〕 2013 年，继续开展自学考试公共政治课、英语（一）、英语（二）、高等数学（一）等课程的考试内容与形式改革，科学把握试题难度。英语（一）、高等数学（一）课程于 2013 年 10 月开始启用新的课程考试大纲，并使用新的试卷结构和题型。2013 年，全国高等教育自学考试指导委员会办公室配合 9 个相关自学考试专业委员会修订或新编了 54 门课程的《考试大纲》。

〔**调整自学考试全国统考课程考试次数及命题布局**〕 2013 年，全国考办对自学考试全国统考课程考试次数进行调整。从 2014 年开始，由一年考四次（1 月、4 月、7 月、10 月）改为一年考两次（4 月、10 月）。还调整了全国统考课程的命题布局，根据各命题中心的力量和实际情况，合理安排，确定其承担的命题任务，以确保平稳有序地完成过渡。

2013 年，全国高等教育自学考试指导委员会办公室批准筹建了解放军自学考试命题中心，并对其命题中心的命题工作进行指导、培训和监督，还对自学考试南昌命题中心的筹备和建设情况进行了检查。

〔**社会助学组织登记备案情况**〕 2013 年度，全国共有 30 个省（区、市）自考办积极开展了社会助学组织登记和信息备案工作。经审核，共有 1 659 个社会助学组织通过备案标准，与 2012 年相比，增加了 82 个，增长率为 5.2%。其中普通高校 815 所，约占 49.1%；成人高校 45 所，约占 2.7%；民办高等教育机构 549 所，约占 33.1%；部门委托办学 44 个，约占 2.7%；其他社会助学组织 206 个，约占 12.4%。

2013 年，在上述 1 659 个社会助学组织中，参加助学的学员共有 190 万余人。按助学组织的主体类型分：普通高校助学学员 119.4 万余人，约占学员总数的 62.8%；成人高校助学学员 4.3 万余人，约占 2.3%；民办高等教育机构助学学员 49.5 万余人，约占 26%；部门委托助学学员 4.5 万余人，约占 2.4%；其他助学组织助学学员 12.3 万余人，约占 6.5%。

〔**学习服务中心试点建设工作**〕 截至 2013 年年底，经全国高等教育自学考试指导委员会办公室备案的省级学习服务中心共 120 个（涵盖天津、河北、上海、江苏、浙江、福建、江西、山东、湖北、湖南、重庆、四川、贵州、西藏、陕西 15 个省份），并从 10 个省（份）的省级学习服务中心中遴选出 25 所助学组织进行“全国示范学习服务中心”试点建设。

〔**出台《高等教育自学考试网络助学综合评价体系（试行）》**〕 2013 年，出台了《高等教育自学考试网络助学综合评价标准体系（试行）》，明晰了开展网络助学过程中相关机构的职责，详细制订了网络助学综合评价的内容设置、实施运行、课程资源和助学平台等一系列标准。年内，部分省（市、区）已按此标准启动开展自学考试网络助学工作。

5 月 8 日，全国高等教育自学考试指导委员会办公室组织召开自学考试网络助学专题研讨会，强调要继续加强对助学过程的管理、对学习过程的服务，共同推进网络助学的规范化、专业化。

社会考试

〔**全国大学英语四、六级考试（CET）**〕 2013 年，全国大学英语四、六级考试（CET）报考 1 879 万人次，较 2012 年增长 17 万人次，增幅为 0.91%。2013 年，继续实施“多题多卷”考试模式，并开展物联网技术在试卷管理中的实施与应用试点工作。

〔**全国计算机等级考试（NCRE）**〕 2013 年，全国计算机等级考试（NCRE）报考 489.0 万人，比 2012 年减少 10.9%，获证人数 191.2 万人。截至 2013 年年底，累计报考人数达 5 422.3 万人，累计获证人数达 2 067.4 万人。2013 年，全面推广新版考试体系，完成了无纸化考试改革目标。

〔**全国英语等级考试（PETS）**〕 2013 年，全国英语等级考试（PETS）在全国 31 个省（区、市）和解放军总参系统开考，全年报考达 251.9 万人次，较 2012 年增长 25.59%。

〔**全国外语水平考试（WSK）**〕 2013 年，全国外语水平考试（WSK）报考 33 213 人次，较 2012 年减少 2.09%，全国共 38 个考点开考。

〔**政法干警招录培养体制改革试点教育入学考试**〕 2013 年，政法干警招录培养体制改革试点教育入学考试在全国 27 个省（区、市）开考（包括新疆生产建设兵团共 28 个单位），报考人数 16.8 万人，其中 69 237 人报考专科层次、93 708 人报考本科层次、5 647 人报考法律硕士专业学位层次。

〔**全国计算机应用技术证书考试（NIT）**〕 2013 年，全国计算机应用技术证书考试（NIT）在全国 19 个省（区、市）开考，全年报考约 28 万人次。

〔**全国青少年计算机考试（YNIT）**〕 2013 年，全国青少年计算机考试（YNIT）在全国 5 个省（区、市）开考，全年报考 4 219 人次。

〔**全国信息技术高级人才水平考试（NIEH）**〕 2013 年，全国信息技术高级人才水平考试

(NIEH) 在全国 14 个省（区、市）开考，全年共报考 20 959 人次。

〔全国外语翻译证书考试（NAETI）〕 2013 年，全国外语翻译证书考试（NAETI）报考 5 240 人次，较 2012 年下降 32.24%，全国共 59 个考点开考。

〔全国财税专业技能等级考试（ATT）〕 2013 年全国财税专业技能等级考试（ATT）开考，报考考生 5 826 人次，共 137 个考点开考。

〔中国餐饮业职业经理人资格证书考试（CMEP）〕 2013 年，中国餐饮业职业经理人资格证书考试（CMEP）在全国 20 个省（区、市）开考，共报考 9 413 科次。

〔劳动和社会保障岗位资格证书考试（LSSEP）〕 2013 年，劳动和社会保障岗位资格证书考试（LSSEP）在全国 10 个省（区、市）开考，共报考 3 444 科次。

〔调查分析师证书考试〕 2013 年，调查分析师证书考试在全国 19 个省（区、市）开考，共报考 4 271 科次。

〔中国物流职业经理资格证书（CPLM）〕 2013 年，中国物流职业经理资格证书（CPLM）在全国 27 个省（区、市）开考，共报考 60 135 科次。

〔中国销售管理专业水平证书考试（SMAT）〕 2013 年，中国销售管理专业水平证书考试（SMAT）在全国 23 个省（区、市）开考，共报考 83 671 科次。

〔中小企业经理人证书考试〕 2013 年，中小企业经理人证书考试在全国 8 个省（区、市）开考，共报考 41 796 科次。

〔中国移动商务管理师水平证书考试〕 2013 年，中国移动商务管理师水平证书考试在全国 4 个省（区、市）开考，共报考 3 019 科次。

〔中英合作商务管理与金融管理专业基础段证书课程考试〕 2013 年，中英合作商务管理与金融管理专业基础段证书课程考试在北京、上海等 11 个省（区、市）开考，全年报考科次为 64 491 科次。为方便省级考试承办机构组考，增加 4 月考试。完成所有课程的教材重编和出版工作。

〔中英合作商务管理与金融管理专业管理段证书课程考试〕 2013 年，中英合作商务管理与金融管理专业管理段证书课程考试在北京、吉林、上海、广东、重庆和甘肃 6 个省市开考，全年报考 151 761 科次，比 2012 年增长 291.6%。9 月，教育部考试中心与剑桥大学国际考试部联合在北京、上海组织了师资培训会，引导助学机构正确开展助学。

〔中英合作采购与供应管理职业资格证书考试〕 2013 年，中英合作采购与供应管理职业资格证书考试在北京、上海等 20 个省（区、市）开考，全年共报考 67 908 科次。

〔剑桥少儿英语〕 2013 年，分别于 3 月、5 月、9 月、12 月在全国 30 个省（区、市）组织了 4 次考试，共报考 134 385 人次。2013 年，全面实施考试报名、考场编排、阅卷、证书、口试考官等考务信息化管理。10 月，召开全国省级承办机构工作会议，总结了 2008—2013 年剑桥少儿英语的各项工作。

经财政部与国家发改委同意，自 2013 年 8 月 1 日，剑桥少儿英语考试由行政事业性收费转为经营性收费，全国各省级承办机构对负责部门及相关工作人员进行了相应的调整。

〔剑桥儿童英语测评〕 2013 年，剑桥儿童英语测评的初级、高级开始试测；中级已在部分城市开考，顺利实施了 37 次考试，总报考 1 599 人次；

高级（剑桥少儿英语预备级）顺利实施了3月、5月、9月、12月4次考试，总报考17 144人次。

〔剑桥通用五级英语证书考试KET/PET〕　2013年，共有14个考点组织学生参加考试，报考总计1.6万余科次，其中KET/PET标准版5 721科次、KET/PET校园版1万余科次。

〔中国少数民族汉语水平等级考试（MHK）〕　2013年，组织9次考试，共有24.4万余名考生参加了在北京、内蒙古、吉林、四川、青海、宁夏、江西及新疆举行的考试，较2012年增长60.1%。完成《中国少数民族汉语水平等级考试考务平台》的升级和民族汉考考试大纲一、二级的修订工作。

2013年，继续在新疆等省（自治区）开展少数民族汉语教育质量监测工作，完成《新疆双语教育质量监测报告》（小学阶段和幼儿园阶段）、《青海省黄南州小学六年级汉语教育质量监测工作报告》。

〔全国音乐等级考试〕　全年报考1.9万人，比2012年增长11.24%。完成音乐基础知识初级、中级题库建设及初级证书评价报告体系。音乐基础知识考试机考在北京开考。

〔中国书画等级考试〕　2013年，组织了两次考试（5月、11月），总计报考5.9万人；组织了2次规范汉字书写测评（5月、11月），共计23.7万名中小学生和教师参加了此项活动。

〔全国中小学教师教育技术水平考试（NIT-NTET）〕　2013年，在辽宁、上海、江苏、福建、河南、广西、重庆、四川、云南、西藏、陕西、青海、新疆13个省（区、市）举行考试，共报考27.5万余人，其中21.2万人取得合格证书，合格率达76.94%。根据信息技术发展状况，对考试内容进行创新，将微博微信等最新应用融入考试模板；完善了教学人员（初级、中级）题库，初级题库数量已达标。

中小学教师资格考试

〔综述〕　中小学教师资格考试2013年试点工作在河北、上海、浙江、湖北、广西、海南6省（区、市）的基础上，新增山西、安徽、山东、贵州4省，全国试点省份已达10个。2013年，共举办2次考试，全年累计报考37.43万人次、95.85万科次，与2012年相比分别增加117.69%和148.6%。合格人数为96.43余万人，合格率达25.8%。

〔命题工作〕　2013年，组织召开5次题库命题会，完成《综合素质》《教育知识与能力》等35个笔试科目试卷124套，完成中小学语文、数学等38个学科领域试讲题、问答题、展示题、面试题等7 473道，基本满足了试点考试对试题的需求。

〔考务工作〕　对考试网站、网上报名系统、机考系统、网上评卷系统、面试测评系统、分数统计分析及成绩发布系统进行全面改造和升级，并于2013年下半年在网上报名系统中增加了在线支付功能，河北、安徽、湖北、海南和贵州5省试点取得成功。

海外考试

〔**综述**〕 2013年，海外考试考生人数达138万人，与2012年相比，考生人数增长4.2%，再创历史新高。继续扩大与国际考试机构的交流与合作。3月，在法国巴黎与法国国际教育中心（CIEP）签署了关于法语证书考试（DALF和DELF）合作协议的补充协议。6月，DALF和DELF考试正式开考。

为积极应对海外考试面临的日益严峻的安全形势，考试中心进一步加强考点管理，采取技术手段，并与外方协商建立倒查机制，维护海外考试的安全和信誉。

〔**TOEFL（英语作为外国语考试）·美国**〕 2013年，TOEFL网考考点比2012年增加13个，达117个；考场从2012年的242个增加276个。全国考位总数达11.7万个。全年考试43次，报考人数达37.25万人，比2012年增长了12.35%。

〔**GRE（研究生入学考试）·美国**〕 2013年，举行了26次一般能力测验网考；1次专业测验纸笔考试。全年考生人数72 593人，其中网考考生70 368人，比2012年增长8.33%；专业测验考生人数2 225人，比2012年度下降4.26%。

〔**GMAT（工商管理研究生入学考试）·美国**〕 2013年，举行了4 042场次考试，共有41 670名考生参加了GMAT机考考试，比2012年度下降了4.61%。

〔**LSAT（美国法学院入学考试）·美国**〕 2013年，全国3个考点共举行2次（6月、12月）考试。考生共计893人，比2012年下降了7.08%。

〔**IT（信息技术证书考试）·美国**〕 2013年，共进行了248场次考试，考生人数为7 195名，比2012年增长了31.34%。

〔**BEC（商务英语证书考试）·英国**〕 2013年，报考考生102 591人，比2012年下降了3.25%。

〔**MSE（剑桥英语主体考试）·英国**〕 2013年，MSE考试的FCE、CAE、CPE三个级别举行了2次考试。报考考生共计1 195人，比2012年增长了16.7%。

〔**IELTS（国际英语语言测试系统）·英国**〕 2013年，安排了48次考试。总计报考547 263人，比2012年增长了13.36%。

〔**LCCIIQ（伦敦工商会国际认证）·英国**〕 2013年，组织3次定期考试，共有658名考生参加了758科次的考试；组织16次即期考试，共有762名考生参加了1 200科次的考试，合计比2012年增长了18.74%。

〔**JLPT（日本语能力测试）·日本**〕 2013年，举行2次考试，总考生为223 536人，比2012年减少15 799人，下降6.6%。

〔**BJT（商务日语能力考试）·日本**〕 2013年，举行2次考试，报考人数共计1 480人，比2012年增加26人，增长1.79%。

〔**TestDaf（德福，德语作为外国语考试）·德国**〕 2013年，共举行3次考试，报考7 791人，比2012年增长了11.60%。

〔**TestAS（学习能力考试）·德国**〕 2013年，

举行了 2 次考试，共有 488 名考生参加考试，比 2012 年增长了 17.31%。

〔**TOPIK（韩国语能力考试）·韩国**〕　2013 年，举行 2 次考试，报考总人数为 39 314 人，比 2012 年增加 4 401 人，增长 12.61%。

〔**Celpe-Bras（葡萄牙语水平测试证书）·巴西**〕　2013 年，共进行了 2 次考试，共有 55 名考生参加考试，比 2012 年下降了 17.91%。

〔**DELF/DALF（法语考试）·法国**〕　2013 年 6 月 15—17 日，在北京语言大学考试中心进行了首场考试，39 名考生参加考试；11 月，举行第二次考试，208 名考生参加考试。

考试评价工作

〔**筹备实施 PISA2015**〕　按照教育部部署，考试中心筹建 PISA2015 国家中心，会同参与省（市）制定《PISA2015 工作组协商规则》《PISA2015 项目经费管理办法》等系列管理规定，召开了“5+1”工作组会议并部署 PISA2015 实施工作。依照国际项目进度要求、技术标准，完成了试题册和问卷翻译改编工作，确定了 PISA2015 参与省（市）学校抽样框和试测样本学校。开展了 PISA2015 机考测试前期的软硬件准备工作，筹备机考、纸笔两种测试形式的试测实施工作。

〔**开展 PISA2012 中国独立研究**〕　PISA2012 中国独立研究涵盖天津、河北、吉林、江苏、浙江、海南、四川、云南、宁夏和北京市房山区，涉及阅读、数学、科学和财经 4 个测试领域，共计 2 万多名考生参加测试，自主完成了 PISA2012 中国独立研究与国际可比的数据分析，撰写了结果报告及政策分析报告。

〔**高考等值、中考到高考增值研究深入**〕　教育部考试中心借鉴国际考试评价领域新技术和研究成果，结合中国国情，采用优化年度间等值的方式方法，形成了海南省、云南省高考 2010—2013 年跨度 4 年的等值成果，完成了以客观数据为支撑的 9 个科目的高考测量学分析报告；追踪并实现了海南省 5 万名同批参加 2010 年中考、2013 年高考考生在数学、语文、英语 3 个科目上的增值评价研究。

教育考试信息化

〔**国家教育考试标准化考点建设**〕　根据教育部、财政部的统一部署，全国 31 个省（区、市）考试机构陆续按规划方案目标和要求完成了国家教育考试标准化考点建设工作。截至 2013 年年底，全国实际建设完成了 1.3 万余个标准化考点（51 万余个考场）、3 514 个试卷保密室、421 个考务指挥中心（不含县级及以下）。已经建成的国家教育考试标准化考点在 2013 年高考中全部投入使用。

〔**信息化规划与顶层设计工作**〕　教育部考试中心在深入调研、广泛征求意见的基础上，印发了《信息化建设总体规划（2013—2018 年）》和《信息化建设顶层设计方案》，并于 2013 年 12 月正式发布实施。《规划》从“四层”（服务体系、应用体系、信息资源体系、基础设施体系）、“两翼”（信息安全保障体系、标准管理与制度体系）建设框架入手，全面描绘未来五年考试中心信息化建设前景，确定了八项主要任务和七大重点项目。

撰稿 陈景才 柳 博 高 升 王和军
王建民 王 伟 王 莉 余仁胜
张 进 韩 宁 王 蕾 鲁欣正
审稿 张为舟 李光明 刘军谊 刘立国
罗 民

教育信息化建设与远程教育

教育管理信息中心

〔**综述**〕　2013年，教育部教育管理信息中心在教育部党组的领导下，以党的群众路线教育实践活动为契机，认真查摆“四风”方面存在的突出问题，切实改进干部工作作风，夯实群众基础，以建设国家教育管理信息系统为抓手，全面提高教育管理信息化水平。在各项工作都取得了良好成绩的同时，也为支撑教育改革和发展奠定了良好的基础，实现了在作风建设和推动重点工作方面的双丰收。

〔**工作成果**〕　教育管理信息化作为教育信息化的基础和重要组成部分，中央和国务院领导高度重视，国务院副总理刘延东多次做出重要批示，并特别强调教育管理信息化工作的重要性和紧迫性，要求“将教育管理信息化作为教育信息化的突出重点，抓紧落实教育管理公共服务平台建设，建立基础信息数据库，以提高教育管理的科学化水平”。按照2010—2013年重点建设学生管理信息系统，初步建立全国学生、教师（职工）和教育机构（学校）数据库，充分发挥数据在教育决策和监管服务中的实质性作用这一总体安排，在教育部领导的关心和相关司局的支持下，通过全国教育信息化战线同志们的共同努力，2013年国家教育管理信息化建设工作取得了阶段性成果。

一是完成全国学前幼儿、中小学生、教职工和教育机构的数据采集工作，基本建成覆盖学前教育、中小学教育、中等职业教育、高等教育的全国学生、教职工和教育机构基础数据库，实现了全国1.5亿名中小学生、3 000多万名幼儿、1 800万名教职工和57.7万个教育机构基本信息集中入库。

二是基本完成全国学前教育管理信息系统、中小学生学籍（含营养改善计划）信息管理系统、中职学生管理信息系统、中小学校舍信息管理系统（二期）、国家学生体质健康数据管理与分析系统、教育机构代码管理信息系统、教育统计管理信息系统、教育统计决策服务系统8个系统的开发工作，并在全国范围进行部署实施。同时启动了学生资助管理信息系统、教职工管理信息系统、教育涉外监管系统、外籍教师管理信息系统、出国留学生管理信息系统、干部人事人才管理信息系统、学校建设规划地理信息系统、直属高校基建管理信息系统、高校网络监管信息系统、国家语言文字信息管理系统10个系统的开发建设工作。

三是数据集中和集成按计划完成，并能通过展示系统进行数据展示。根据教育部督查办公室的要求，在相关司局和直属单位的大力支持下，按期集中了学前幼儿、中小学学籍、中职学籍和资助、高校学籍和就业、学生体质健康、来华留学生、出国留学生、教职工、机构（学校）、中小学校舍、经费和办学条件等数据，并能通过数据展示系统进行数据展示。

四是系统应用全面展开。利用全国中小学生学籍信息管理系统为每一名中小学生建立全国唯一电子档案，开展学生入学、毕业、升级、转学等日常业务信息化管理，实行全国中小学生“一人一号、终身不变”，真正实现学生“籍随人走”，受到学校、学生、家长的欢迎和社会的广泛关注，被评为2013年教育十大新闻。利用全国中小学校舍信息管理系统对“校舍安全工程”实施过程进行全程监控，同时对“薄弱学校改造”项目提供支撑。利用系统和数据支持教育管理和决策，包括为国家和地方政府的教育经费预算安排、各项教育改革措施的出台、教育热点难点问题的研究提供数据支撑；对学生资助计划、义务教育营养餐计划、学生异地转学流动、义务教育“控辍保学”等中央高度重视、社会高度关注的重点工作和问题进行动态监管。

五是推动地方教育管理信息化建设工作。协助起草并下发了《教育部财政部人力资源社会保障部关于进一步加强教育管理信息化工作的通知》（简称《通知》）和《国家教育管理信息系统建设总体方案》（简称《方案》），筹备召开了“全国教育管理信息化工作视频会议”。《通知》从“明确建设目标，突出工作重点”“加强两级建设，推动五级应用”“强化组织领导，理顺工作机制”“做好整体设计，完善配套制度”“健全责任体系，加强队伍建设”“加大推进力度，保证经费投入”六个方面对教育管理信息化相关工作提出了明确要求。《方案》包括“序言”“建设意义与发展现状”“指导思想与建设目标”“建设任务”“总体架构与技术路线”“两级建设与五级应用体系”“组织与实施”七部分内容，对国家教育管理信息系统“十二五”期间的建设工作进行了全面详尽的描述。同时，2013年还重点推进了各省级教育数据中心的建设工作，起草并下发了《省级教育数据中心建设指南》，落实了省级数据中心建设的奖补经费，完成了全国32个省级数据中心建设方案的评审工作。

六是完成国家级（教育部）数据中心二期、应用集成门户平台、教育管理综合信息服务平台、信息安全等公共支撑保障项目的建设工作，保障国家教育管理信息系统安全、稳定运行。

七是启动《国家教育管理信息化建设与应用指南》（简称《指南》）的调研起草工作。《指南》以《国家教育管理信息系统建设总体方案》为基础，以指导地方各级教育管理部门和各类教育机构（学校）教育管理信息化建设应用、服务教育改革发展重大需求为出发点，以国家教育管理信息系统为核心，进一步明确“国家教育管理信息化体系”建设的总体目标和推进原则，对各级教育行政部门和各级各类学校（机构）在推进全国教育管理信息体系建设和应用过程中的职责分工、权利义务、重点工作和推进方式提出指导性意见。《指南》特别强调，地方教育行政部门要依托国家教育管理信息系统的建设和应用，对本地区教育管理信息化进行统筹规划和系统推进，并通过云服务模式建设区域教育管理公共服务平台，加快推进教育管理信息化的建设与广泛应用。

八是加强教育管理信息化宣传。充分利用会议、培训以及电视、报纸、杂志、互联网等媒体，大力宣传教育管理信息化在教育信息化建设中的重要地位和作用，引导全社会充分认识加强教育管理信息化建设对教育信息化的重要性和紧迫性。

撰稿　罗方述
审稿　展　涛

国家开放大学

〔**综述**〕　国家开放大学是在中央广播电视大学的基础上建立，教育部直属，以现代信息技术为支撑，面向全体社会成员开展远程开放教育的新型高等学校。国家开放大学的办学体系是由总部、分部、地方学院、学习中心和行业、企业学院共同组成的一个完整的教学和管理体系，包括国家开放大学、44所分部、约1 000所地市级学习中心、3 000多个教学点、6万多个教学班，覆盖全国城乡的远程开放教育办学网络。设有 6 个学科学院和直属学院、继续教育学院以及八一学院、总参学院、空军学院、西藏学院、残疾人教育学院。专设中国电视师范学院、中国燎原广播电视学校、中央广播电视中等专业学校。开设开放教育本科（专科起点）、专科、教育部“一村一名大学生计划”专业 109 个，其中开放教育本科（专科起点）专业 26 个、专科专业 64 个、教育部“一村一名大学生计划”专业 19 个。开放教育在校生 3 667 290 人，其中本科 1 057 802 人、专科 2 423 219 人、教育部“一村一名大学生计划”186 269 人。年内开放教育招生 1 075 787 人，其中本科 320 384 人、专科 702 880 人、教育部“一村一名大学生计划”招生 52 523 人。毕业 809 622 人，其中本科 228 951 人、专科 532 353 人、教育部“一村一名大学生计划”学生 48 318 人。国家开放大学图书馆纸质藏书 10.68 万册，电子图书 15 339.52 GB。教职工总数 513 人，其中专任教师 151 人（教授、副教授 89 人）。

〔举办成立一周年阶段性成果展示暨文化学习周活动〕　7 月 1—5 日，“国家开放大学成立一周年阶段性成果展示暨文化学习周活动”在国家开放大学五棵松校区举行。教育部副部长杜占元、中国教育发展战略学会会长郝克明等出席活动。

活动内容包括部门建设成果展、资源建设专题展、信息化专题展、学生风貌展、国家开放大学（天津）展、第二届信息技术秀和多场学术报告等。活动期间，数字化学习技术集成与应用教育部工程研究中心、国家开放大学艺术学院挂牌成立，国家开放大学门户网站、国家开放大学 5 分钟微课程专题网站、大学生村官学习网开通，《中国远程高等教育发展研究报告（2012）》新书首发，国家开放大学爱阅读社区体验中心揭幕。国家开放大学还邀请社会媒体，走进国家开放大学，让社会了解学校建设取得的阶段性成果及其为推动全民学习、终身学习和构建学习型社会做出的新贡献。

〔招生人数稳中有升〕　2013 年，国家开放大学春季招生 52.5 万人，秋季正式以国家开放大学名义招生 56.4 万人，全年共招生约 108 万人，保持了开放教育招生规模的平稳增长。

〔成立粮食学院和矿业学院〕　1 月 17 日，国家开放大学在黑龙江广播电视大学设立国家开放大学粮食学院（国开发〔2013〕1 号），在山西广播电视大学设立国家开放大学矿业学院（国开发〔2013〕2 号）。为提高行业从业人员素质、建设学习型行业服务。

〔成立 10 家行业学院〕　11 月 25 日，国家开放大学煤炭学院、社会工作学院、物流学院、纺织学院、机械工业学院、汽车学院、铸造学院、信息安全学院、循环经济学院、软件学院 10 家行业学院正式成立。国家开放大学行业学院是国家开放大学与行业、部委合作，面向行业从业人员开展非学历继续教育和学历继续教育的办学组织机构，是国家开放大学办学组织体系的重要组成部分。行业学院建设试点工作的主要目标是：通过行业学院建设的试点实践和相关课题研究，探索并构建国家开放大学与行业、部委合作，开展以提升职业能力为核心的非学历继续教育和学历继续教育的教学模式、管理模式和运行机制，实现非学历继续教育和学历继续教育的沟通和衔接，推进国家开放大学教育教学改革，为行业培养大批高素质、现代化的应用型人才，为建设学习型行业服务。

〔成立残疾人教育新疆学院〕　5 月 19 日，国家开放大学残疾人教育新疆学院正式成立，并举行首批学员开学典礼。新疆维吾尔自治区党委常委尔肯江・吐拉洪、自治区人民政府副秘书长刘华出席开学典礼。国家开放大学副校长、国家开放大学残疾人教育学院院长严冰与新疆维吾尔自治区教育工委书记、自治区教育厅党组书记赵德忠为国家开放大学残疾人教育新疆学院揭牌。

〔教育部同意国家开放大学本专科专业备案〕　9 月 26 日，教育部同意对国家开放大学开设的金融学等 26 个本科专业、金融等 75 个专科专业备案（教职成司函〔2013〕202 号）。

〔成立各地方分部〕 国家开放大学黑龙江分部（5 月 24 日）、国家开放大学西安分部（5 月 29 日）、国家开放大学广州分部（6 月 19 日）、国家开放大学甘肃分部（6 月 26 日）、国家开放大学厦门分部（7 月 8 日）、国家开放大学青岛分部（7 月 28 日）、国家开放大学海南分部（12 月 13 日）、国家开放大学江西分部（12 月 27 日）揭牌成立。

〔召开建设推进会暨 2013 年全国广播电视大学党委书记校长会〕 4 月 26—27 日，国家开放大学在贵州省贵阳市召开建设推进会暨 2013 年全国广播电视大学党委书记校长会。会议系统总结了 2012 年国家开放大学和全国广播电视大学系统对开放大学建设的认识和推进工作取得的进展，分析了远程教育及开放大学建设推进工作所面临的新形势新挑战，重点研究如何加快信息化建设和教育改革融合的步伐，全面部署开放大学建设推进工作。会议强调，要正确认识教育信息化在远程教育改革及开放大学建设中的推进作用，在进一步探索机制创新中形成共识，凝心聚力共同建设国家开放大学。

〔印发《国家开放大学三年行动计划》〕 为全面贯彻落实《国家开放大学建设方案》，确保国家开放大学各项工作在“十二五”期间取得阶段性成果，10 月 25 日，国家开放大学印发了《国家开放大学三年行动计划（2013—2015 年）》。

〔8 门课程入选“2013 年北京高等教育精品教材”〕 10 月 31 日，由北京市教委组织的 2013 年北京市高等教育精品教材、经典教材评审活动揭晓，国家开放大学共有 8 门课程的印刷教材入选“2013 年北京高等教育精品教材”。

〔鲁昕到国家开放大学调研〕 5 月 30 日，教育部副部长鲁昕到国家开放大学进行调研。鲁昕走访了国家开放大学有关部门，实地考察了国家开放大学教育信息化建设、学习平台建设、资源建设、对外汉语教学、学分银行建设工作的进展情况。国家开放大学校长杨志坚汇报了国家开放大学建设试点项目的进展情况。鲁昕对广播电视大学系统在中国现代化建设过程中做出的重要贡献给予了肯定，要求继续发挥系统办学的优势，探索优质资源共建共享机制，满足学习者多样化学习需求。推进人才培养模式改革，深化教学模式改革，提高人才培养质量。推进学分银行建设，做好学习成果认证制度设计，满足学习者幸福生活的需求。

〔成立国家开放大学质量保证委员会、学位评定委员会和学术委员会〕 9 月 13 日，国家开放大学质量保证委员会、学位评定委员会和学术委员会成立，各委员会成员从国家开放大学总部、各分部、相关高校、行业协会以及相关政府机构遴选产生。

〔推进国家继续教育学习成果认证、积累与转换制度实践项目〕 4 月 27 日，国家继续教育学习成果认证、积累与转换制度实践项目标准制订路径及方法研讨会在国家开放大学召开。会上发布了国家继续教育学习成果认证、积累与转换制度的研究与实践项目《认证标准制订指导手册》（第一版），初步提出了标准制订的路径、流程及方式方法。7 月 11 日，国家开放大学确定天津、辽宁、沈阳、安徽、江西、青岛、深圳、西安、甘肃等省级广播电视大学和上海开放大学、国家开放大学八一学院、珠海广播电视大学、宁波广播电视大学慈溪学院共 13 家单位为首批国家开放大学学习成果认证分中心（认证点）试点单位。国家开放大学认证服务体系建设正式启动。

〔大力推进骨干教师研修〕 2013 年，面向国家开放大学总部、分部和基层广播电视大学的骨干教师，国家开放大学分专业举办了 15 期骨干教师高级研修班，共有 939 人参加研修并取得结业证书，为探索和形成开放大学教师专业发展及成长机制奠定了基础。

〔学生获国家开放大学 2012 年度各类奖学金〕 7 月 17 日，2012 年度国家开放大学（中央电大）奖学金评审工作结束，共有 8 445 名开放教育学生获奖学金。其中 7 354 名学生获中央广播电视大学奖学金、579 名学生获中央电大“希望的田野”奖学金、101 名学生获中央电大残疾人教育阳光奖学金、411 名学生获中央电大士官奖学金。获得奖学金的学生来自 41 所国家开放大学分部（省级电大）和国家开放大学各学院，分布在1 446 个教学点，涵盖 68 个专业。其中本科学生3 560 人、专科学生 4 885 人，有 548 名学生是少数民族。

〔承担项目获评教育部优秀创新工作案例〕 3 月初，由国家开放大学承担的“国家继续教育学习成果认证、积累与转换制度的研究与实践项目”在教育部直属机关党委 2012 年度评选中获表彰，被评为优秀创新工作案例。优秀创新工作案例主要评选推进教育规划纲要重点分解任务落实的优秀工作方案、重要举措和有效方法。

〔“数字化学习技术集成与应用教育部工程研究中心”建设项目立项〕 6 月 30 日，教育部印发了《教育部关于下达 2013 年度教育部工程研究中心建设项目立项计划的通知》（教技函〔2013〕56 号），批准国家开放大学的《教育部工程研究中心建设项目可行性研究报告》，并将国家开放大学“数字化学习技术集成与应用教育部工程研究中心”纳入教育部工程研究中心建设计划。这是国家开放大学承建的首个省部级工程研究中心。

〔新闻网正式上线〕 5 月 13 日，国家开放大学新闻网正式上线。新闻网是国家开放大学建设的重要内容，标志着以国家开放大学新闻网为载体，由国家开放大学时讯周刊、中国网·国开在线频道、国家开放大学新闻中心微博（中国中央广播电视大学微博）组成的一刊、一网、一微博的国家开放大学新媒体“三一”宣传平台的诞生。

〔开通“滇西学习网”〕 11 月 5 日上午，国家开放大学“滇西学习网”（http://dianxi.nerc-edu.com）在云南省大理市举行开通仪式，教育部副部长鲁昕启动“滇西学习网”。

〔国家开放大学大讲堂首播〕 11 月 29 日，“国家开放大学大讲堂”在中国教育电视台一频道（CETV1）首播，“科学与中国——院士专家讲座”在节目中亮相。“国家开放大学大讲堂”是涵盖文化、科技、生活三大主题，坚持优秀、专业、适合大学属性选题原则，综合运用电视、网络、新媒体等现代传播手段，由国家开放大学集聚社会优质资源，历时两年打造的大学公开电视系列讲座课。

〔完成第一期云教室建设工作〕 2013 年，国家开放大学第一期云教室建设重点面向新疆、西藏、青海等西部地区，年内完成 63 间云教室的安装、联调测试和验收，并投入使用。截至 2013 年年底，已开展远程答辩、远程教研等活动近百次。国家开放大学体系内的教室互联，双向实时教学、远程答辩和远程教研可以通过高清视频系统进行。云教室建设增强了远程教学的情景性和现场感，改善了师生参与视频教学的体验，让边远地区的学生与大城市学生同步学习。年内，已启动第二批 100 个左右云教室建设工作。

〔建设完成 5 分钟课程达 6 000 多门〕 2013 年，国家开放大学“5 分钟课程网”已建设完成并发布“诗例的评赏”“经穴按摩”“西方经济学”等 50 个专题 6 768 门 5 分钟课程，网站总浏览量 128 725 人次，注册用户 6 303 人。网站内容涉及生活休闲、文学艺术、历史文化、语言文字、经济管理、教育体育、科学技术、农林牧渔、政治法律、哲学社会科学 10 个大类。

〔举办中国国际远程教育大会〕 11 月 21—22 日，2013 中国国际远程教育大会在北京召开。会议以“开放、融合、变革——在线学习开启终身教育新时代”为主题，聚焦在线学习发展新模式、新战略、新机遇，重点研讨在线学习推进终身教育体系构建、搭建终身学习“立交桥”的新思路、新方法、新举措。来自企业大学及国家开放大学、部分省级广播电视大学以及部分地市级广播电视大学等约 1 600 人参加大会。

〔**《中国远程高等教育发展研究报告（2012）》出版**〕 5月，中国第一部远程高等教育发展研究报告——《中国远程高等教育发展研究报告（2012）》出版发行。《报告》梳理了30多年来，特别是近10多年来中国远程高等教育的现状与规律，预测了中国远程教育的未来发展方向。《报告》由国家开放大学主编，国家开放大学现代远程教育研究所承担了主要的研究、编写工作。

〔**国际开放与远程教育理事会第25界世界大会召开**〕 10月16—18日，由国家开放大学指导，天津开放大学承办的国际开放与远程教育理事会（ICDE）第25届世界大会在天津市举行。来自五大洲49个国家、地区及全国各省（区、市）的313所高校、教育机构的千余名代表参加会议。

会议以“国际开放、灵活、远程学习的新战略”为主题，围绕开放与远程学习的文化、质量、教育技术、开放教育资源、学习支持服务、学习监管环境与战略以及残疾人教育等7个分主题，分别展开了平行会议，这是ICDE成立75年以来首次开设有关残疾人教育的平行会议。国家开放大学校长杨志坚做了题为《中国远程开放教育的新战略与新发展》的主题演讲。

撰稿　孙明博
审稿　亓彦伟

中央电化教育馆

〔**中央电化教育馆提供数字资源与支持服务，为“教学点数字教育资源全覆盖”项目取得实效提供保障**〕 中央电化教育馆高度重视“教学点数字教育资源全覆盖”项目，承担了为所有教学点提供数字教学资源与支持服务的任务，在教育部基础教育二司的指导下，组织队伍精心设计和制作，保质保量，及时为教学点提供优质资源。组织有关专家、优秀的一线教师和学科编辑一起设计确定了资源内容组织框架和界面，开发了包括“教师上课”“学生自学”“拓展资源”三大部分资源内容，用于满足教学点教师上课、学生自学和教师备课的需要。2013年度小学1—3年级语文、数学、英语等8个学科1个教材版本的资源整合开发任务全部完成，并全部通过评审。2013—2014年上学期16期每一课的教学资源均通过网络和卫星两种方式播发到教学点。

为帮助教学点教师更好地使用资源，解决应用中的难题，中央电化教育馆还组织拍摄了“教学点数字教育资源全覆盖”特别节目，提供资源试用案例；同时建设了“教学点专题网站”，提供常见问题解答。教学点教师、中心校教务人员可以通过登陆网站、拨打呼叫中心热线电话、发送邮件等方式进行资源接收、教学应用方面的咨询。2013年度，共接复电话8 560个，收复电子邮件2 064个，QQ在线咨询对话19 000多次。在教育部教师工作司的指导下，完成了1 000名教学点骨干教师面对面的培训，并组织相关省、地组成了374个培训者团队，共计完成省级和本地培训教师13万人，保证了教学点教师能够真正用好资源。

〔**承办全国中小学信息技术教学应用成果巡展**〕 9月10—28日，中央电化教育馆承办了2013年大型教育公益活动“教育梦·中国行”——全国中小学信息技术教学应用成果巡展（简称巡展）。按照教育部2013年工作部署，通过巡展等方式，进一步将首届“全国中小学信息技术教学应用展演活动”的优秀成果送到中西部地区、贫困地区和民族地区，让更多的中小学师生能够了解、体验、学习和使用这些成果，促进信息技术在教育教学中的广泛应用。

教育部副部长杜占元、刘利民参观了巡展前的教学应用成果汇报展并做指示。杜占元指出，推进教育信息化的关键在应用，主战场在课堂，要注重发挥师生和教学人员的积极性和创造性；要创新机制，做好教育信息化应用成果的总结和推广，围绕教育教学，特别是课堂教学的实际需求，进一步总结提高，要充分利用信息技术，不断增强巡展的直观性和生动性。刘利民指出，教育信息化是带动教育现代化的一个重要手段和方式。通过展演和巡展，把全国中小学在信息技术成果应用方面一些好的做法进行汇总、展示和推广，这是把优质教育资源向贫困地区、农村地区、西部地区辐射的一个重要机制，要不断完善和推进。

此次巡展分中南、中西两条线路同期举办，活动范围集中在中西部地区、贫困地区和民族地区的河北、河南、安徽、江西、山西、陕西、甘肃和四川 8 个省份。巡展的现场展示主要为展板方式，辅之以专家讲座、技术讲座和现场体验等。巡展期间，共举办专题学术报告 30 余场、技术讲座 80 余场。巡展辐射范围超过 100 个地（市）、244 个县（区），现场参观人数超过 2 万人。

为了持久地推广和宣传，不断提高和扩展实际应用效果，中央电教馆还同时开设了专题网站，在网上展示巡展的全部内容，将优秀成果、案例以及新技术、新产品在专题网站进行详细介绍，并辅之以教学应用案例专题片、专家讲座和技术应用讲座等。该网站作为“教学应用成果”长期、有效共享，并不断丰富，提供最新的成果。

〔**国家教育资源公共服务平台规模化应用试点工作全面启动**〕　10 月 24 日，国家教育资源公共服务平台规模化应用试点工作会议在北京召开，标志着试点工作的全面启动。全国 31 个省（区、市）和新疆生产建设兵团电教部门负责人、各试点地区教育行政部门和电教部门负责人参加会议。

教育部科技司司长王延觉到会并讲话。他强调，建设和应用好国家教育资源公共服务平台，是国务院副总理刘延东在 2012 年全国教育信息化工作电视电话会议上部署的教育信息化重点工作，是教育信息化“十二五”核心工作——“三通工程”（宽带网络校校通、优质资源班级通、网络学习空间人人通）的基本内容之一，在教育信息化中有着非常重要的地位和作用。各地要从学校应用、资源建设的市场机制和共建教育资源公共服务体系三个方面充分认识组织开展平台规模化应用试点的战略意义和目的，要通过试点贯彻落实新时期教育信息化工作的核心理念和基本思路，推进空间应用和资源应用，使数字教育资源和服务融入教育教学全过程，为深化教育教学改革、推进教育创新贡献智慧。

会议重点明确了国家教育资源公共服务平台的定位、国家教育资源公共服务体系的建设原则、国家教育资源公共服务平台资源汇聚和服务的机制等内容，分享了湖北省武汉市和浙江省东阳市的试点工作经验，并对下一阶段试点具体工作进行了布置。

截至 2013 年年底，国家教育资源公共服务平台注册的学校用户 5 782 所、教师用户 129 618 人、学生用户 803 564 人、家长用户 215 068 人。

〔**教育部—中国移动中小学教师信息技术能力培训项目实施**〕　2013 年教育部—中国移动中小学教师信息技术能力培训项目在全国各省（区、市）顺利开展。中央电化教育馆作为项目的具体承办单位，已与 13 个项目省份签订了合作协议并组织实施。项目实施积极探索创新机制，采取了培训课程先行策略，由国内知名专家、权威学者、优秀一线教师参与课程建设，形成了“硬件设施”“教学资源”“教学应用”“管理信息化”“教师研修”5 个领域的相关培训内容，并为学员提供了从 100 多学时的课程中选择 50 学时作为学习内容的服务，提高了教师培训的自主性和针对性。截至 2013 年年底，项目已完成 600 余名骨干辅导教师面授培训。

〔**以多种形式推进信息技术在教育领域的广泛应用**〕　2013 年，中央电化教育馆先后举办了“中国移动校讯通杯”第十四届全国中小学电脑制作活动夏令营、第二届中国国际学生信息科技创意大赛、第十七届全国教育教学信息化大奖赛、第四届“中国移动校讯通杯”全国教师论文大赛、第六届全国中小学交互式电子白板学科教学大赛、第五届 SMART 杯交互式电子白板教学应用大奖赛等。活动时间贯穿全年，范围覆盖全国各省（区、市）及部分境外国家和地区。直接参与活动的教师、学生达 32 万多人，通过网络在线等形式参与活动的超过 2 500 万人次。活动收到各种形式的作品、论文 8 万多件，课例近 5 000 节。

撰稿　黄旭光　李凤兰　张　刚　刘　峰　郭忠民

审稿　王珠珠

语言文字工作

〔宣传贯彻《国家中长期语言文字事业改革和发展规划纲要（2012—2020年）》〕 2013年，深入宣传贯彻《国家中长期语言文字事业改革和发展规划纲要（2012—2020年）》（简称《语言文字规划纲要》）。一是督促、指导各地和行业系统出台《语言文字规划纲要》实施方案和具体举措。召开国家语委全体委员会议，推动行业系统提出实施举措。召开国家语委咨询委员会议，听取各位委员为贯彻《语言文字规划纲要》，推进各项工作的指导意见。教育部语用司、语信司、语用所组成联合调研组赴湖南等8省（区）开展督导调研，检查和推动地方出台《语言文字规划纲要》实施方案。截至2013年年底，31个省（区、市）均制订了实施方案。二是广泛开展宣传培训工作。召开国家语委年度会议暨《语言文字规划纲要》培训会，举办省级语委干部专题培训班、语言文字工作中小学骨干校长培训班，赴20个省和8所高校宣讲，向各地和教育部直属高校印发《语言文字规划纲要》口袋书，扩大宣传范围。编写出版《语言文字规划纲要》辅导读本和各地贯彻《语言文字规划纲要》实施意见汇编。

〔健全完善语言文字依法管理体制机制〕 一是开展系列调研工作。赴浙江、广东等5省开展《〈国家通用语言文字法〉实施办法》（简称《实施办法》）研制前期调研工作，开展省、地市级语委干部及相关部门工作人员600余人的问卷调查，了解基层依法管理过程中的难点热点问题和对制定《实施办法》的意见建议，推动河南、青海两省加快语言文字立法工作步伐。二是召开《国家通用语言文字法》贯彻落实情况调研现场会，教育部副部长、国家语委主任李卫红和全国人大教科文卫委员会副主任委员吴恒与会指导并发表讲话。会议总结了13年来《国家通用语言文字法》贯彻落实工作取得的成绩经验，研究探讨了语言文字法制建设工作中存在的问题和困难，对语言文字依法管理、执法监督工作提出了要求。三是配合教育部法制办公室开展《外国语言文字使用管理规定》征求意见和修订工作，配合完成对国务院所属部门和相关行业协会征求意见工作，协调相关部门，研究并根据反馈意见对文稿进行修改。

〔建立学校语言文字工作督导制度〕 8月26日，教育部语言文字应用管理司与教育部督导办联合下发《关于开展中小学校语言文字工作督导评估的通知》，启动了全国中小学校语言文字工作督导评估工作。《通知》要求，将中小学校语言文字工作督导评估纳入素质教育督导评估范畴。各省（区、市）按照《中小学校素质教育督导评估办法（试行）》和《中小学校素质教育督导评估指标体系框架》制定实施细则时，要在督导评估一级指标下明确语言文字相关要求。要规范管理，加强督导队伍建设，在语言文字工作队伍中培养优秀人才并充实到督学队伍中。要加强语言文字督导评估政策研究，不断提高督导水平。

〔举办第十六届全国推广普通话宣传周〕 第十六届全国推广普通话宣传周于9月11—17日举办。本届推普周宣传主题是“推广普通话，共筑中国梦”，分别在海南省三亚市、湖北省恩施市举办开幕式和重点城市活动。教育部副部长、国家语委主任李卫红出席三亚市开幕式活动并讲话，强调要落实好党的十八大报告关于“推广和规范使用国家通用语言文字”的战略任务，要充分认识语言文字在构筑和实现中国梦进程中的作用，切实增强提高国家通用语言文字普及程度和应用水平的责任感、紧迫感和使命感，构筑语言文字中国梦。

推普周期间，各地紧扣主题，积极会同宣传、教育、人社、文化、新闻广电、共青团、少先队等部门和组织，结合实际和行业特色，认真开展系列宣传活动。活动覆盖范围进一步扩大，既包含中心大城市，也包括中小城市，很多省区采用推普大篷车等多种方式加强对农村和偏远地区的宣传工作。活动载体进一步创新，既有广播、影视、报纸、海报等传统媒体，更有网络、手机、户外显示屏、微博、微信等新型传播方式。中央电视台《新闻联播》和《整点新闻》播出了推普周新闻，公益宣传片《推广普通话共筑中国梦》在中央电视台、各地电视台和各大网站广泛播出，取得了很好的宣传效果。

〔**加强语言文字测试工作**〕　2013 年度，全国各地普通话水平测试共测试 4 903 186 人次，其中通过计算机辅助测试人员达 3 567 717 人次。总测试人数中，公务员 109 221 人次、教师 335 643 人次、学生 4 122 448 人次、广电系统 3 231 人次、社会其他人员 332 643 人次。

截至 2013 年年底，全国共建立测试站 1 543 个，其中市级测试站 418 个、高校测试站 1 078 个、行业测试站 47 个，全国有测试视导员 1 134 人、普通话水平测试员 56 531 人，其中国家级测试员 4 986 人。

2013 年，教育部语用司下发《关于开展视障人员普通话水平测试工作的通知》，正式启动视障人员普通话水平测试工作。中国有视障人员 1 233 万人，其中处于职业年龄段的约 518 万人。开展视障人员普通话水平测试工作，有利于提升视障人员语言文字应用水平，提高其平等参与社会生活的机会和能力。

2013 年，教育部语用司联合语用所、北京语言大学进一步推进汉字应用水平测试工作。已立项启动《汉字应用水平等级及测试大纲》的修订工作。汉字应用水平测试是国家语委推出的一项语言类标准化水平测试，旨在考查应试人员汉字的认读、选用、辨误、书写等实际应用能力，引导人们进一步重视提高汉字应用能力和文化素质。截至 2013 年年底，全国 14 个省（区、市）有近 16 万人参加了测试。

〔**推进城市语言文字工作评估**〕　截至 2013 年年底，分别有 75%、近 35%的省（区、市）完成了二类、三类城市评估工作。全国通过评估的二类城市达 297 个、三类城市达 749 个。已经全部完成一类、二类、三类的省（区、市）通过建立复查制度、开展“回头看”等方式，进一步提高社会语言文字规范化水平，并着力推动社会语言文字规范化工作向县乡、街道和社区延伸。

〔**举办首届“中国汉字听写大会”**〕　国家语委联合中央电视台于 2013 年暑期举办了首届“中国汉字听写大会”。首届“中国汉字听写大会”自 8 月 2 日至 10 月 18 日陆续播出后，在社会各界引起了强烈反响，得到中央领导人的高度肯定，引发了全社会对汉字传承以及汉字书写能力的广泛讨论。

9 月 6 日，由中央电视台主办的首届中国汉字书写和传承高峰论坛在北京举行，教育部副部长、国家语委主任李卫红出席会议并讲话。10 月 21 日，国家语委下发《关于开展第二届“中国汉字听写大会”参赛队伍选拔工作的通知》，并联合中央电视台对节目进行规范、优化，进一步提升节目的知识性和趣味性，使之成为推广普及国家通用语言文字、提高全民汉字书写能力的品牌栏目。12 月 4 日，李卫红率教育部语用司及中央电视台相关人员深入河北省滦平县基层学校，组织开展“中国汉字听写大会”调研和座谈。

〔**加强语言国情调查研究**〕　2013 年，教育部语用司深入基层密集开展语言国情调研工作。调研的重点是：《语言文字规划纲要》贯彻落实情况、语言文字法制建设情况、语言文字工作纳入督导评估工作、中华优秀文化传承工作、乡镇国家通用语言文字推广推行工作、民族地区双语教学情况等。调研注意覆盖重点地域，包括原中央苏区、河北省西柏坡、西部民族地区、海峡西岸经济区、广东省深圳市等改革开放前沿地区等。教育部副部长、国家语委主任李卫红带领语用司一行人前往福建、江苏、河北等地调研。

语用司努力拓宽调研渠道，采用多种形式开展调研工作。一是“走出去”，深入实地感受实情，发现问题。二是“请进来”，听取各个层面语言文字工作者的意见建议。三是登门求教，拜访国家语委老领导、部分全国政协委员，听取相关专家的意见建议。四是发放问卷。在调研过程中，将语言样本的直接采集纳入调研工作。在河北省滦平县等地，调研人员手持录音笔，深入田家农户，与七八旬老人、学龄儿童亲切交谈，收获了许多珍贵的第一手资料。

2013 年，语用司累计开展各类调研 41 次，发放问卷 860 余份，访谈超过 1 000 人次。

〔启动中华经典资源库建设〕 2013 年初，教育部语用司委托人民教育出版社启动了首期“中华经典资源库”建设工作。首期项目所选作品共 120 篇，其中国家篇目 80 篇、地方篇目 40 篇。通过诵读、书写、讲解三种表现形式，将反映中华文化传统精髓、符合社会主义核心价值体系经典篇目的精髓与内涵，全方位、多角度地呈现给中小学生和更广大的受众。

2013 年 6 月 9 日，教育部语用司会同人民教育出版社，与来自全国各地的 30 位专家和骨干教师，就资源库首期项目建设具体事项进行研讨，确定了国家篇目脚本撰写模式及篇目分工，同时对下一步建设工作进行安排部署。2013 年 8 月 27 日，教育部语用司组织召开“中华经典资源库”地方篇目建设研讨会，就项目定位、地方篇目及专家遴选情况、双语经典诗文制作、地方篇目制作实施方案等相关问题进行交流和研讨。

截至 2013 年年底，“中华经典资源库”建设进展顺利。其中 80 篇国家篇目的诵读部分前期录制已全部完成，正在进行后期剪辑；书写部分和讲解部分已完成过半；天津、江苏、安徽、西藏等地方篇目的样片已提交专家审阅。

〔加强外语中文译写规范工作，发布第一批外语词中文译名〕 9 月 13 日，外语中文译写规范部际联席会议专家委员会在北京召开。会议审议并确定将“PM2.5——细颗粒物”等 10 组外语词中文译名作为第一批向社会推荐使用的外语词中文译名；会议审议并原则通过了《关于外语词中文译名审定发布的工作机制》；与会专家还就加强外语词中文译名的宣传推广、字母词使用的监测监督和扩大译写规范工作的公众参与度提出了意见和建议。2013 年 12 月 27 日，联席会议部分专家研讨咨询会召开。与会专家针对国际组织中文名称译写原则进行了深入讨论，并逐条讨论了第二批拟推荐发布的 50 个国际组织中文译名，同时提出意见和建议。

〔开展书法名家进校园活动〕 11 月，国家语委联合中国书法家协会下发《关于开展“书法名家进校园”活动的通知》，要求各地在中小学组织开展“书法名家进校园”活动。活动旨在搭建平台，引导广大师生感受汉字和书法的魅力，激发热爱汉字、学习书写的热情，全面提升汉字书写水平。

12 月 12 日，“书法名家进校园”启动仪式暨首场活动在北京语言大学举行。全国政协副主席马飚，教育部副部长、国家语委主任李卫红，中国教育发展基金会理事长张保庆，中国书协党组书记赵长青，著名书法家欧阳中石、张飙、言恭达等出席活动。活动内容包括书法家现场创作、现场点评，指导中外学生书法作品，开展书法讲座和举办书法研讨交流会等。

〔举办齐越朗诵艺术节暨全国大学生朗诵大会〕 12 月 6 日，首次由教育部语用司与中国传媒大学联合举办的第 15 届齐越朗诵艺术节暨全国大学生朗诵大会在北京举行，教育部副部长、国家语委主任李卫红出席。大会最终评出了“齐越奖”等系列奖项，取得圆满成功，受到社会各界的广泛好评。12 月 20 日，教育部语用司、中国传媒大学、河北省教育厅、河北省语委联合组织第 15 届“齐越朗诵艺术节暨全国大学生朗诵大会”部分获奖选手以及河北省部分高校播音专业学生赴河北省沧州市开展志愿服务行动。志愿服务队先后在沧县吉庆小学和沧州师范学院为广大学生展演指导、交流互动。教育部语用司、中国传媒大学同时向沧州市捐赠了2 000套中小学生规范字典和450套中华经典诵读光盘。

〔加强语言文字政策、业务培训，提升能力〕 教育部语用司认真做好“国培计划”——2013年度少数民族双语教师普通话培训工作。在广西、西藏、新疆、内蒙古、甘肃、青海、云南、贵州、四川、海南10省（区）共培训教师1 000人，提高了教师的汉语教学水平，为上述民族地区提高教育教学质量提供了有力保障。

11月，语用司在广州市举办了语言文字工作中小学骨干校长培训班，来自全国31个省（区、市）的129位中小学校长参加培训。12月，“国培计划”——中小学经典诵读教育骨干教师培训班在江苏师范大学举行，来自全国31个省（区、市）及新疆建设生产兵团的162名学员参加培训。培训班采用专题讲座、研讨交流和集中训练等形式。在为期8天的培训中，学员们进行了朗诵技巧训练、书法教学、经典诗文阅读教学等方面的学习，开展了现场教学观摩等活动，调研了当地的用语用字情况。

〔开展两岸合编中华语文工具书第八轮会谈〕 7月10日，两岸中华语文工具书合作编纂工作第八轮会谈在北京举行。此次会谈在合作项目的扩大深入、中型语文词典的收词原则和工作进度、词典编审平台建设和两岸中华语文知识库网站建设等方面达成共识。会谈提出了共同建设两岸语料库、共同发布两岸语文报告、开展两岸青少年经典诵读夏令营活动、编纂《两岸常用差异词表》等多项新任务。还提出了要继续编写两岸中型语文词典和《两岸科学与技术常用词典》等任务。

撰稿　周道娟　胡明玥　张　艳　迟宝东　高晓琛　郭春明
审稿　姚喜双

〔国务院发布《通用规范汉字表》〕 2013年6月5日，国务院印发《关于公布〈通用规范汉字表〉的通知》。《通用规范汉字表》是贯彻《中华人民共和国国家通用语言文字法》，适应新形势下社会各领域汉字应用需要的重大汉字规范。制定和实施《通用规范汉字表》，对提升国家通用语言文字的规范化、标准化、信息化水平，促进国家经济社会和文化教育事业发展具有重要意义。《通用规范汉字表》公布后，社会一般应用领域的汉字使用应以《通用规范汉字表》为准，原有相关字表停止使用。

为宣传和贯彻实施《通用规范汉字表》，教育部、国家语委组织召开新闻发布会，开展相关宣传工作。印发了《教育部等十二部门关于贯彻实施〈通用规范汉字表〉的通知》，推动字表在相关领域贯彻实施。在南京和成都两市举办了两期字表专题培训班。

〔国家标准《公共服务领域英文译写规范第一部分：通则》发布〕 经国家质量监督检验检疫总局、国家标准化管理委员会批准，《公共服务领域英文译写规范第一部分：通则》于2013年12月31日发布，自2014年7月15日起实施。

〔发布《识字教学用通用键盘汉字字形输入系统评测规则》〕 1月6日，教育部、国家语委发布《识字教学用通用键盘汉字字形输入系统评测规则》，自2013年5月1日起实施。该《规则》规定了识字教学用通用键盘汉字字形输入系统应遵循的语言文字规范要求，以及码元键位设置和系统功能等方面的基本要求，可作为相关部门、单位选用汉字输入系统的参考依据。《规则》的发布将进一步促进符合国家语言文字规范、符合识字教学规律、符合学生认知规律的汉字输入系统在识字教学中推广使用，促进识字教学和信息技术教育相互结合、健康发展。

〔国家语委“十二五”科研2013年度立项工作完成〕 7月，国家语委召开2013年度重大科研项目选题会，并还通过函件等形式征集了国家语委委员单位及相关专家的选题建议。2013 年 8 月，下发《关于 2013 年度国家语委重大科研项目申报工作的通知》。经过评审，“中小学语文教材语言文字规范标准符合性调查研究”“国家语言志愿者人才库建设”“国家通用手语等级标准研制”等 6 个年度重大课题正式立项。

为推进地方语委科学研究、服务地方语言文字工作，教育部语言文字信息管理司下发通知，引导各地以本地语言生活中的重大理论和现实问题为主攻方向，推荐研究选题。各地语委认真组织，共有 19 个省的语委和 7 个省的民委（民语委）推荐了 47 项科研课题。经过专家严格评审、遴选，《河北省中小学规范汉字书写教育现状与对策研究》等 18 个科研课题通过专家评审，国家语委予以立项资助。

〔**中国语言资源有声数据库建设取得新进展**〕江苏完成全省数据调查工作并通过国家验收，开通“江苏语言与文化资源库”，成为全国首个建成并开通的省级语言资源库。上海、北京、辽宁、广西等省区市有声数据库建设工作和少数民族语言调查规范研制工作进展顺利。山东、河北、福建等省有声数据库建设工作启动。5 月，教育部语信司印发了《中国语言资源有声数据库建设工作规范（试行）》，以进一步提升建设工作的规范性和科学性。

中国语言资源有声数据库国家库建设技术平台研发项目获国家科技支撑计划立项支持。该项目旨在开展有声数据库技术规范研究，填补相关空白。开展汉语方言、少数民族语言和地方普通话有声语料的采集、整理、加工、保存、展示等关键技术研究，研制软件工具，实现信息技术在这一领域新的突破，为建成规模宏大、语料丰富的语言资源有声数据库打好技术基础。

〔**《文献工作——中文罗马字母拼写法》修订取得阶段性进展**〕　ISO7098《文献工作——中文罗马字母拼写法》是中文拉丁转写的国际标准，出台于 20 世纪 80 年代初，1991 年做了微调。2012 年，ISO7098 修订提案获多国支持，由国际标准化组织立项，中国、德国、美国、俄罗斯、加拿大 5 国专家组成工作组，中国专家冯志伟担任组长。2013 年 6 月，中国专家出席在法国巴黎召开的国际标准化组织会议，提交了该标准的委员会草案修订稿。11 月，该修订稿经国际标准化组织成员国投票通过，取得标准修订阶段性成果。中国在此项工作中发挥了主导作用。

〔**两岸语言文字交流与合作协调小组成立**〕　7 月，两岸语言文字交流与合作协调小组成立，全国人大常委会原副委员长许嘉璐、国家语委原副主任陈章太担任协调小组顾问，北京语言大学校务委员会主任李宇明担任协调小组组长。小组成员为大陆各相关语言文字学术团体推荐的专家。

协调小组开展交流合作主要采取民间形式，按照积极稳妥、合作共赢的基本方针，本着加强交流、增进共识、求同化异、便利应用的原则开展工作，积极推动海峡两岸语言文字交流与合作。小组成立后，研究制订了工作规划，并着手筹备第一届“两岸语言文字调查研究与语文生活”研讨会，开展两岸语言文字科学研究等。

〔**开展语言文字信息化调研**〕　5 月，语言文字信息化调研组成立，组织北京大学、清华大学、中国科学院声学研究所、安徽科大讯飞信息科技股份有限公司等 22 家机构的 30 余位专家，采用分模块调研的方式，针对汉字输入、汉字输出、文字识别、教育领域语言文字信息化等 12 个方面开展调研。9 月，调研组在汇总、整合、分析各领域报告的基础上，完成了语言文字信息化调研报告。

〔**中德语言文化政策高层论坛举办**〕　12 月 8 日，中德语言文化政策高层论坛在北京外国语大学举办。来自中国、德国的 70 余位专家学者及政府官员参加了论坛。教育部副部长、国家语委主任李卫红，德国驻华大使柯慕贤出席论坛开幕并致辞。该论坛是“中德语言年”项目的重要组成部分，由教育部、国家语言文字工作委员会和德国驻华大使馆联合举办，北京外国语大学承办。论坛以“语言——中德文化之桥”为主题，聚焦中德语言文化政策，旨在中德双方进一步加深语言和文化理解，促进两国人民的沟通和友谊。

论坛上，双方代表分别就“德国和中国的语言政策及语言推广”“语言的规范化建设”“语言的监测与研究”“语言与跨文化”等议题做了精彩报告，并通过互动交流和专家研讨等形式，围绕“中德关系中的汉语和德语——使命、挑战与发展战略”这一主题进行了深入交流。

〔**2012 年度中国语言生活状况报告发布**〕 6 月 5 日，教育部、国家语委发布了 2012 年中国语言生活状况报告。2012 年，中国语言生活健康多彩，反映着发展进步中的中国。《语言文字规划纲要》描绘语言文字事业科学发展蓝图；讲短话、讲实话、讲新话蔚然成风；国家通用语言文字推广和规范迈上新台阶；科学保护各民族语言文字取得新成就；提高国民语言能力成为社会共识；热词新词不断丰富语言生活；语言热点问题广受关注；媒体用字用语稳中有变；语言文字合作与交流深化发展。国家语言资源监测与研究中心同时发布了 2012 年度媒体和教材用字用语状况，围绕媒体用字用语状况、中文博客语言状况、哈萨克语中学语文教材用词状况等发布了调查数据。

《中国语言生活状况》英文版第 1 卷于 4 月在德国柏林和美国纽约出版，全球范围销售。在“中国学术，国际表达”方面作了成功的探索和尝试，获得了国务院新闻办“中国图书对外推广计划”支持，成为向世界宣传介绍中国语言文字工作和政策的重要窗口，为中国文化“走出去”积累了宝贵经验。

〔**“汉语盘点 2013”活动举行**〕 “汉语盘点 2013”活动于 12 月 20 日揭晓，“房”“正能量”“争”“曼德拉”分别领衔年度国内字、国内词、国际字和国际词。该项活动由国家语委建设的国家语言资源监测与研究中心、商务印书馆、央视网、山东卫视联合主办。山东卫视现场直播，多家网络媒体同步直播，中央电视台《焦点访谈》专题播报。同时揭晓的还有“2013 年度中国媒体十大流行语”“2013 年度中国媒体十大新词语”“2013 年度中国媒体十大网络用语”。2013 年度十大流行语是“三中全会”“全面深化改革”“斯诺登”“中国梦”“自贸区”“防空识别区”“曼德拉”“土豪”“雾霾”“嫦娥三号”。2013 年度十大新词语是：“中央八项规定”“棱镜门”“H7N9 禽流感”“土豪”“自贸试验区”“单独二胎”“中国大妈”“光盘行动”“女汉子”“十面霾伏”。2013 年度十大网络用语是：“中国大妈”“高端大气上档次”“爸爸去哪儿”“小伙伴们都惊呆了”“待我长发及腰”“喜大普奔”“女汉子”“土豪（金）”“摊上大事了”“涨姿势”。

撰稿 易 军

审稿 张浩明

〔**中华语文知识库网站建设**〕 2013 年度，中华语文知识库网站安全稳定运行，并通过扩充内容资源、改版网站页面等方式提升了网站质量，用户访问量上升速度较快，截至 2013 年年底，已达 540 万人次。网站于 2013 年 1 月启动了改版扩容工作，6 月底完成改版，新版已上线运行。此次改版重新设计了网站页面和信息呈现方式，以网站首页、两岸常用词典查询页和两岸科技名词查询页为重点，采用主动推送的方式，加强网站首页内容的动态变化，改进了用户体验。本年度网站与台湾合作建设了汉字标准普通话读音语音数据库，在两岸常用词典页面提供语音朗读功能，以两岸常用词典中的两岸字词形音义差异为核心，建设了呈现两岸字词差异的“每日一词”等栏目。网站根据两岸合作编纂语文工具书工作进度，及时更新词典数据，保持网站和印刷版词典内容同步一致，并加强了两岸网站的网页互联工作，与台湾的课题组协作，在两岸常用词典中加入了字词直接互联功能，使两岸网站联系更为紧密，方便海峡两岸及其他地区用户使用。

〔**第七届全国社会语言学学术研讨会暨首届跨境语言研究论坛召开**〕 11 月 21—22 日，由教育部语言文字应用研究所举办，中国民族研究团体联合会、中国民族语言学会、百色学院合办，百色学院承办的第七届全国社会语言学学术研讨会暨首届跨境语言研究论坛在百色学院召开。来自高等院校、科研院所和出版单位的100多位专家学者和30多名研究生参加了论坛。与会者集中讨论了跨境语言、少数民族语言、微观社会语言学和宏观社会语言学等问题。其中对跨境语言的研究历史与现状、基本情况与问题、类型与管理、在此背景下的延边朝鲜语教学问题以及跨境语言关系的动力学等问题成为论坛的重点。

〔语言文字应用研究所《语言舆情扫描》（内刊）创刊〕　由教育部语言文字应用研究所语言文字舆情研究中心主办的《语言舆情扫描》（内刊）于2013年创刊。该刊关注社会语言文字应用，以信息聚合技术为手段，利用语言文字舆情监测系统平台，采用日常监测和突发事件重点监测两种方式跟踪监测语言文字相关舆情，收集、汇总、筛选社会语言生活和媒体、网络中有关语言文字舆情的热点和焦点。该刊主要服务目标是为国家和地方语委及相关部门及时、准确、全面掌握语言文字相关社会舆情提供集中阅读资料，为政府决策及有关科研提供专题参考。该刊按月编辑，遇重大事件加编专辑，其内容整理和编辑以专题为板块。2013年编辑的板块有：改文风、普通话与方言、汉语与英语、语言文字教育（含书法教育）、汉字与文化、网络语言等；编辑的专辑有：两会专辑、中国梦专辑、黄秋生微博事件专辑、通用规范汉字表专辑、中国汉字听写大会专辑。

《语言舆情扫描》以电子版和纸质两种形式呈现，按不同范围分送。

〔编写《书法练习指导》教材〕　2013年，教育部语言文字应用研究所同人民出版社合作，组织语言学专家及书法专家、一线教师联合编写了中小学书法教学系列教材，包括《小学（1—2年级）硬笔书法练习入门》《书法练习指导》（3—6年级）、《初中（软硬笔）书法练习指导》《高中书法欣赏与提高》等系列教材及配套教学指导用书和练习册。

〔语言文字规范标准测查认证中心〕　2013年，国家语委语言文字规范标准测查认证中心积极组织研发力量，进行广泛深入调研、分析、规划，明确了中心的总体发展方向。

认证的终极目的是通过《语言文字规范标准》（简称《规范标准》）的普及与推广，促进社会语言文字的规范化、标准化。认证中心的工作也从简单的产品后期认证，拓展到产品研发的前期规划与产品的开发过程指导。截至2013年年底，中心已与两家公司开展横向合作，对其产品中所涉及的语言文字规范标准进行全程跟踪指导，为《规范标准》的普及推广起到了很好的推动作用。

撰稿　肖　航　郭龙生　刘靖文　王晓明
审稿　张世平

国际与港、澳、台教育合作与交流

国际合作与交流

〔**对外交流与合作**〕　截至2013年年底，中国与200多个国家和地区以及40多个国际组织建立了教育交流与合作关系，与有关国家和地区建立了46个部级、司局级磋商机制或联合工作组。

中俄、中美、中英、中欧四大人文交流机制进一步完善，对中国发展大国关系、运筹多边外交、提升中外友好的社会基础发挥了重要作用。在中俄人文合作委员会的机制下，中俄教育领域的交流与合作不断取得新进展。召开中俄人文合作委员会第十四次会议和中俄教育合作分委会第十三次会议，启动实施《中俄人文合作行动计划》，制订“中俄10万人留学计划”中方实施方案，并就办好2014—2015年“中俄青年友好交流年”活动和中俄“国家年”“语言年”教育领域机制化项目，开创中俄宽领域务实合作达成一系列共识。

第四轮中美人文交流高层磋商取得圆满成功。国家主席习近平和美国总统奥巴马分别向本轮磋商致贺信，机制双方主席——国务院副总理刘延东和美国国务卿克里签署最新中美人文交流谅解备忘录，双方在各领域达成75项重要成果，其中教育领域19个。

在中国—欧盟高级别人文交流对话机制框架下，举办中欧高等教育交流与合作平台第一次会议，正式启动“中欧高教交流与合作平台”，中欧高教合作进入一个新阶段。召开第四届中欧工程教育研讨会并正式启动了中欧可持续工程博士生院项目。启动中欧调优联合研究项目，加强中欧高等教育体系兼容性，促进人员流动。

以教育为核心的中英人文交流机制为两国关系重回正轨起到了重要的黏合剂和助推器作用，双方在汉语教学、学生交流、学者交流、基础教育、高等教育和职业教育等领域开展了一系列活动和项目。

通过多双边教育交流合作平台，巩固和发展区域全方位合作。加强与中国—东盟中心合作，积极参与东盟—中日韩（10＋3）、东亚峰会（10＋6）、大湄公河次区域、丝绸之路经济带、海上丝绸之路、孟中印缅经济走廊、中巴经济走廊等框架下的人文交流活动。举办第六届中国—东盟教育交流周和第二届中国—东盟职业教育联展暨论坛。在中国—阿拉伯平台合作框架下，召开第二届中国—阿拉伯国家大学校长论坛。积极推进“中非高校20＋20合作计划”，开展教师和学者互访、学生交流、人员培训、课程开发、学科建设，共建联合研究中心及孔子学院，进一步密切中非合作院校的合作关系。合作举办中日韩大学交流合作促进委员会第四次会议，就扩大“亚洲校园”试点项目规模、加强监管等达成共识。稳步推进上海合作组织框架内的多边教育合作，举办第六届上海合作组织成员国教育周活动。推进上海合作组织大学建设，召开上海合作组织大学校长委员会会议。指导中方项目院校与成员国伙伴院校在区域学、生态学、信息技术、纳米技术、教育学、经济学等多个领域开展教学合作，联合培养国际化人才。在中国—中东欧国家合作秘书处框架下，建立中国—中东欧教育政策对话机制，并于2013年6月召开首届会议，通过《中国—中东欧国家教育政策对话重庆共识》。中德职业教育合作联盟加强“中德联合博士生院”以及中德职业教育合作联盟建设，建设中德职业教育合作基地，开展职业教育人才培养。举办中法教育督导研讨会，与法国开展督导国际合作。

通过国际和区域性组织，进一步提升中国教育的国际影响力。教育部部长袁贵仁出席首届联合国教科文组织—金砖国家教育部长会议，倡议加强金砖国家之间的教育合作，为金砖国家合作注入新的动力；访问经济合作与发展组织（OECD）总部，积极探索参与经济合作与发展组织教育评价项目，以提高中国教育质量评估监测能力，推动招生考试制度、课程教学等改革。教育部副部长郝平当选联合国教科文组织大会主席，这是该组织成立68年来首次由中国人担任大会主席。积极参加第四届亚欧会议教育部长会议，提出推动亚欧各国资历互认和质量保障工作等倡议，引导亚欧合作进程。成功申请实施亚太经济合作组织（APEC）项目，进一步用好国际资金、专家和平台资源。

〔**外国文教专家和外籍教师工作**〕　2013年，采取切实举措，加大引进高水平人才资源。一是构建服务管理的信息化载体。外籍教师数据库及管理服务平台建设工作取得重要进展，招标确定了承建单位并已初步完成结构设计。二是发挥优秀品牌项目的效益。继续实施海外名师和学校特色等项目，高校引进优质教育资源以及地方辐射效益进一步体现，新增39个海外名师项目和49个学校特色项目，正在实施的两类项目分别达到175个和145个，惠及170余所非教育部直属高校；争取直属高校聘请外国文教专家专项经费约4.698 9亿元，较2012年增长9.1%。三是相关部门的配合与协同。教育部与外国专家局共同印发了《高校国际化示范学院推进计划》，成立工作机制和领导小组等组织架构并召开第一次工作会议。

〔**国别与区域研究**〕　组建了由中国顶级智库权威人士、资深外交家和高校学者构成的国别和区域研究专家委员会，充分发挥专家学者的引领作用，加强国别和区域研究工作的顶层设计。召开国别和区域研究培育基地第二次工作会议，强化培育基地提升服务大局的意识和能力。实施基地年度报告制度，加大评价和考核工作力度，促进各基地的良性竞争和成果产出。组织培育基地研制国别和区域研究五年规划，构建内外融通、分工合作、成果共享的工作机制。召开系列研讨会，推动基地在人才培养、科学研究、社会服务、能力建设等方面取得成效。稳步扩大基地覆盖范围，着手研究新设培育基地的布点工作。支持基地的学者、学生赴境外访问研究、交换学习和联合培养等。充分发挥国家留学基金管理委员会“区域问题及外语高层次人才培养项目”的政策牵引作用。

〔**加强教育涉外监管**〕　为帮助自费出国留学人员理性选择国外学校，系统梳理并公布国外学校名单，着力构建定位准确、功能清晰、流程规范、风险可控的名单筛选机制，着手对部分国家的学校名单进行更新调整。发布新西兰圣乔治学院被新西兰质量认证局勒令关闭的消息，提醒出国留学人员、家长和自费出国留学中介服务机构的关注。积极做好自费出国留学中介审批权下放后的监管工作，支持中国教育国际交流协会成立自费出国留学中介服务分会，推动中介服务行业自律。研究中小学赴境外研学旅行工作，制定发布《中小学学生赴境外研学旅行活动指南》。推进教育涉外监管子系统建设，对教育涉外监管信息网进行全面改版升级。

〔**中外合作办学**〕　2013年，按照“扩大开放、规范办学、依法管理、促进发展”的方针，积极引进优质教育资源，推进教育改革发展，着力提高办学水平和人才培养质量，满足人民群众高质量、多样化的教育需求。

加大中外合作办学工作的规范力度。提出“统筹规划，科学发展；分类管理，突出重点；完善制度，规范审批；典型示范，择优扶持；信息公开，强化监管”的工作思路。全面提升中外合作办学机构和项目的办学水平和质量。

稳妥推进中外合作办学审批、备案工作，切实提高中外合作办学的水平和质量。批准设立了独立法人机构昆山杜克大学，非独立法人机构中国科学院大学中丹学院、大连理工大学—立命馆大学国际信息与软件学院、鲁东大学蔚山船舶与海洋学院、河北大学中央兰开夏传媒与创意学院、中南林业科技大学班戈学院，引进了美国杜克大学、丹麦哥本哈根大学等优质教育资源。批准北京大学等“985工程”“211工程”高校举办17个中外合作办学机构和项目，占2013年获批项目总数的22%，高水平中外合作办学机构和项目逐渐增多。批准中西部地区举办中外合作办学机构和项目36个，占2013年获批项目总数的47%，有效兼顾了中外合作办学地区均衡发展。理工农医类项目48个，占拟批准项目数的66%。对商科类等办学成本小、投入少的项目严格把关。此外，还新增了医学教育、制药工程、轨道交通信号与控制、社会医疗保障、能源动力与工程、食品质量与安全等专业。

加强质量建设。出台《教育部关于进一步加强高等学校中外合作办学质量保障工作的意见》，提升高校中外合作办学质量水平，推动建立中外合作办学质量保障机制。启动2013年中外合作办学评估工作，对23个省份314个实施本科以上高等学历教育的中外合作办学机构和项目进行质量评估。建立中外合作办学颁发境外学历学位证书认证注册系统，对本科以上层次中外合作办学学生获得境外学历学位严格执行认证注册制度。

〔**境外办学**〕 在高校赴境外办学方面，批准厦门大学赴马来西亚设立分校，批准西南大学、重庆大学、湖南中医药大学赴越南、马来西亚开展教育管理、工商管理、中医药专业等境外办学项目；批准北京师范大学、大连海事大学、中国政法大学境外办学项目的延期工作。截至2013年年底，中国教育机构共举办了94个境外教育机构和项目。为更好地推动这项工作，着手修订《高等学校境外办学暂行管理办法》。

在阳光学校建设方面，为探索中国教育海外延伸的有效途径，维护中国公民接受义务教育的权益，解决中国驻外机构人员子女受教育问题，教育部和外交部密切配合，开展了多项工作。如赴有关国家开展调研，了解国民教育现状、各国通行做法、海外办学必要性与可行性及阳光学校发展情况；教育部联合外交部向中央机构编制委员会办公室、财政部、人力资源和社会保障部、商务部等部门通报情况，并就成立跨部门部际领导小组、建立司局级协调机制等达成了多项共识。

在教育援外工作方面，按照教育规划纲要关于加大教育国际援助力度的要求，召开教育部第十一次教育援外工作会议。组织“中非高校20+20合作计划”项目院校申报实施年度合作项目，促进校际务实合作。继续为亚非发展中国家举办各级、各类短期人力资源培训项目，全年共举办5期短期培训班（含1期境外班）。

撰稿 刘剑青 王晓玉 聂瑞麟 于冬冰 闫炳辰 王 义
审稿 于继海 陈盈晖

留学工作

〔**出国留学**〕 2013年度，中国各类出国留学人员总数为41.39万人，其中国家公派1.63万人、单位公派1.33万人、自费留学38.43万人。2013年度，各类留学回国人员总数为35.35万人，其中国家公派1.19万人、单位公派1.01万人、自费留学33.15万人。出国留学人数和留学回国人数均有进一步增加。出国留学人数增加1.43万人，增长了3.58%；留学回国人数增加8.06万人，增长了29.53%。主要工作概括如下。

1. 宣传贯彻习近平总书记讲话精神。2013年

10月，习近平总书记在欧美同学会成立100周年庆祝大会上提出“支持留学、鼓励回国、来去自由、发挥作用”的新时期出国留学方针。教育部及时制订学习贯彻习近平总书记讲话精神的工作方案，组织中国驻外使（领）馆教育处（组）开展学习贯彻习近平总书记讲话精神的活动，引起留学人员的热烈反响。其中全体留德学生向习近平总书记致信并通过教育部呈报中央，习近平总书记回信勉励他们将所学所得报效祖国和人民。

2. 做好留学回国人员分析研究。教育部通过多种渠道统计分析留学回国数据，为国家相关机构开展留学工作、制定留学政策提供参考，完成出国留学统计年度报告并通过媒体向社会发布。

3. 稳步推进国家公派出国留学工作。2013年，教育部会同财政部出台《出国留学经费管理办法》，明确以学费、奖学金、补贴等形式对出国人员进行资助，推动留学人才的培养工作；会同有关部门制订2014年国家公派出国留学人员计划，计划选派21 350人赴国外一流高校和科研机构学习。

4. 完善留学人员管理与服务机制。试点建立了26个“教育部出国留学培训与研究中心”，依托中心为近万名出国留学人员提供行前培训；启动“中国留学人员管理与服务系统”，在43家驻外使（领）馆教育处（组）推广使用统一的服务网站，在35家驻外使（领）馆教育处（组）推广使用统一的留学人员注册系统。

5. 营造吸引留学人才的良好环境。2013年，教育部“春晖计划”共资助包括21个回国服务团组在内的近千名在外留学人员短期回国服务；“春晖杯”中国留学人员创新创业大赛首次在旧金山设立海外赛区，大赛共评审通过192个项目，邀请项目入围者回国开展创业交流、项目洽谈等活动；通过留学回国人员科研启动基金，共立项资助1 862名留学回国人员；汇集并发布全国高校的近13 000个留学人才需求岗位信息；通过组织实施第二届中国留学人员南京国际交流与合作大会、2013中国海外学子大连创业周、第十六届中国留学人员广州科技交流会等，为留学人员回国创业搭建平台。

〔**来华留学**〕 2013年，来华留学生规模持续扩大，质量不断提升，结构逐步优化，进一步凸显了来华留学工作推动中外合作交流、展示当代中国形象的重要作用。

2013年，共有来自200个国家和地区的356 499名各类外国留学人员分布在全国31个省（区、市）的746所高等学校、科研院所和其他教育教学机构中学习。来华留学生总数、中国接收留学生单位数及中国政府奖学金生人数均创新高。2013年，接收留学生单位增加56个；中国政府奖学金生人数增加4 554人，同比增长15.83%。

生源大国位次格局基本稳定。2013年，排名前10位的生源国依次为韩国、美国、泰国、日本、俄罗斯、印度尼西亚、越南、印度、哈萨克斯坦和巴基斯坦。其中，泰国超过日本列第3位，哈萨克斯坦超过巴基斯坦列第9位，其他排序与2012年相同。非洲、欧洲、大洋洲来华留学生数增长显著。2013年，非洲、欧洲和大洋洲来华留学生数同比增长分别为23.31%、13.02%和8.09%。

中国政府奖学金生人数继续稳步增长。2013年，中国政府奖学金生为33 322人，占来华留学生总数的9.35%，较2012年同比增长15.83%，保持了稳步上升的趋势。中国政府奖学金对扩大留学生规模的拉动作用明显。北京、上海等地留学生总数继续稳步增长。2013年，接收留学生排名前10位的省（区、市）依次为北京、上海、天津、广东、浙江、江苏、辽宁、山东、湖北、福建，且人数均超过1万人。此外，黑龙江省和广西壮族自治区接受留学生人数超过1万人。

学历生增长速度继续保持高于来华留学生总数增长速度的态势。2013年，接受学历教育的外国留学生为147 890人，占当年留学生总人数的41.5%，同比增长10.77%。

主要工作情况概述如下。

一是扎实推进中国政府奖学金改革。引入学生、学校双向选择机制，鼓励市场竞争，推动学校内涵建设。大幅提高中国政府奖学金资助标准，实施货币化改革，提高来华留学吸引力。构建完善以中国政府奖学金为主，地方政府、教育机构和社会组织奖学金为辅的来华留学奖学金体系。

二是继续完善相关制度法规。积极推进《学校招收和培养国际学生规定》《高等学校国际学生勤工助学管理暂行办法》等修订或起草工作。完善来华留学经费项目体系和管理体制，会同财政部起草《来华留学经费管理暂行办法》。

三是全面实施质量工程建设。继续全面实施中国政府奖学金来华留学本科生预科教育，试行所有中国政府奖学金生预科结业统一考试。启动首批38所来华留学示范基地建设工作和150门高等教育阶段英语授课品牌课程的遴选及课程资源后续建设工作。委托高等教育学会外国留学生管理分会对52所招收英语授课临床医学专业的高等学校进行了专项评估，以评选、评估促建设和发展，以外力促改革和创新，推动高校教学、管理、师资等各方面的内涵建设和国际化发展。

四是积极打造高端项目，密切跟踪联系，进一步加强重点地区和重点行业的战略人脉建设。截至2013年年底，“发展中国家培养硕士人才项目”共有来自88个亚非发展中国家的649位学员来华学习，其中489人顺利获得学位。同时，依托教育部留学服务中心在民政部注册成立“中国留华校友工作促进会（暂定名）”，其筹备工作顺利进行。组织筹办留华毕业生系列活动，对部分重点国家驻外使（领）馆的留华毕业生工作给予指导和支持。

撰稿　高　上　毛冬敏　田露露
审稿　于继海　方　军

民间交流

〔参与多边事务，进入国际组织领导层，提升国际话语权和影响力〕　2013年，中国教育国际交流协会（简称交流协会）充分利用教育国际交流领域唯一社团组织身份和在联合国系统的特殊身份，按照中央的要求和教育部的部署，积极参与多边事务并进入国际组织领导层，提升国际话语权和影响力。

1. 向联合国新闻部提交2012年非政府组织年度审核（Annual Review），反映、宣传交流协会与联合国系统的合作与沟通；应外交部和中共中央对外联络部要求，配合联合国人权事务高级专员办事处对中国开展国别人权审查。2013年2月，以非政府组织名义向联合国人权事务高级办事处提交关于中国弱势群体受教育权的“影子报告”；6月，应外交部要求，以非政府组织名义向联合国儿童权利委员会提交关于中国少数民族儿童教育状况的“影子报告”。

2. 交流协会以“国际文化教育交流志愿者工作委员会”名义申请成为AFS国际组织的正式成员（Affiliate Partner），使交流协会取得了在AFS国际理事会的选举和被选举权，以及在中国地区开展AFS项目的区域专营权。

3. 交流协会副秘书长杨孟全票当选AFS亚太区域组织副主席并实现连任目标，巩固了中国在AFS亚太区域组织的领导地位，为中国向AFS国际组织总部领导层进军奠定了基础。

4. 交流协会作为世界职教院校联盟（WFCP）常务理事单位，承办了该组织的年度理事会议。

〔执行中外人文交流任务，开展教育交流研讨活动〕　2013年，交流协会配合教育部做好中美、中欧、中英、中俄人文交流项目的具体实施工作。协会承办了第二届中美省州教育厅长对话、美中友好志愿者项目第19批志愿者就职仪式暨在华实施20周年纪念活动、中国—中东欧国家教育政策对话、中—芬高等教育政策对话、英国志愿者来华担任语言助教项目、中国中学生赴俄罗斯夏令营、中国大学生赴莫斯科大学研修等活动。

9月13日，交流协会与中国民间组织国际交流促进会合作举办“中非共促民生发展研讨会”，非洲20个国家的70余名民间组织负责人、专家学者、政党青年领袖、媒体代表参会。

利用自身渠道，组织了中西论坛第七次会议——教育交流圆桌会议、中国—美洲大学女校长对话、第十届中日高等教育交流研讨会、2013 北京国际特殊教育研讨会、幼教高峰论坛以及与美国、加拿大、哥伦比亚、墨西哥、丹麦、冰岛、芬兰等国的双边高等教育对话等活动。

〔**办好中国国际教育年会，打造世界一流水平的中国国际教育品牌**〕 11 月 1—3 日，“2013 中国国际教育年会”在北京国家会议中心举办。年会以“全球视野，创新力量——教育现代化卓越之道”为主题，由“中国国际教育论坛”“中国国际教育展”“中外院校合作项目洽谈会”三部分构成。中国国际教育论坛以“视野、创新和教育国际化”为主题，下设国际学生流动、基础教育、职业教育、高等教育、幼儿教育、老年教育、信息技术教育、中外合作办学质量保障、绿色技能等领域的 13 个分论坛，40 余场活动。来自近 50 个国家的教育行政主管部门、有关国家驻华使节、国内外教育科研机构、服务机构的专家、学者和近千所中外院校代表参加本届年会，近万人次参加论坛，6 万多人次参观了在北京、上海、成都、武汉、西安等市举办的国际教育展。

教育部副部长鲁昕、杜占元、刘利民先后出席论坛相关活动。

〔**积极推动双边、多边交流活动，展示中国教育发展成果**〕 1. 5 月 28 日至 6 月 1 日，交流协会参与举办第二届中国（北京）国际服务贸易交易会。其中教育服务板块吸引了来自 9 个国家和地区的 80 个教育机构参展，参观人数达 3 万余人次。5 月 30 日，国务院副总理汪洋视察了教育服务板块展区。

2. 开拓与南美国家的合作。4 月，交流协会秘书长邵巍出席中国与秘鲁高等教育合作备忘录签署仪式。5 月，接待由巴西中小学全国协会组派的 88 名巴西中小学校长、主任代表团，并在北京召开“中国—巴西基础教育研讨会”。

3. “走出去”宣传介绍中国教育成就，吸引来华留学生和多领域交流合作。2013 年，赴美国参加 NAFSA 第 65 届年会及教育展、赴土耳其参加 EAIE 第 25 届年会及教育展、赴香港参加“APAIE 2013 年亚太国际教育年会暨展会”、赴德国举办“第二届中国职业教育展”等。应邀出席在巴西纳塔尔市举行的巴西高校国际事务协会年会，并在“金砖五国教育交流”研讨会上做主旨发言。

4. 积极开展青少年交流，着力培养下一代中外友好使者。通过 AFS 国际文化交流项目等重点项目，做精做实中外青少年人文交流工作。全年为 600 余名师生创造了赴国外进行跨文化交流的机会。促成“优衣库奖学金”获奖学生和“西部地区日语专业大学生赴日短期研修团”的大学生赴日本研修。

5. 完成《中国高等学校大全（英文版）》（第六版）资料汇编工作，并由高等教育出版社出版发行。由交流协会编辑出版的《国际教育交流》杂志发行量和质量不断提升，有力地配合了中国教育对外宣传工作。

〔**稳步推进分支机构建设**〕 2013 年，交流协会抓住政府简政放权、职能转变和社会组织改革发展的战略机遇，打造现代社会组织工作框架。

1. 做好顶层设计，制定管理规范。明确了发展分支机构的四项基本原则，即有核心项目或政府下放职能作依托，有比较扎实的会员基础，有服务协会中心工作的能力，有合适的主要负责人人选。确保对分支机构的设立与发展进行科学有效的管理。

研究制定《中国教育国际交流协会分支机构管理办法》，对分支机构的权利及义务、基本制度、活动管理做出规定，为分支机构科学发展提供制度保障。

2. 稳步推进分支机构建设。10 月，成立自费出国留学中介服务分会、职业技术教育国际交流分会和国际文化教育交流志愿者工作委员会 3 个分支机构。截至 2013 年年底，分支机构增至 4 个。

筹建国际青少年人文交流专项基金、中学教育国际交流分会、教育装备国际交流分会、国际特殊教育专业委员会、绿色技能与可持续发展专业委员会、教师进修分会6个分支机构。其中国际青少年人文交流专项基金制定了基金管理办法，筹集到意向性捐款100万元人民币；国际特殊教育专业委员会、中学教育国际交流分会、教师进修分会召开发起人会议，对各分支机构的职能定位、会员服务等事项进行讨论，明确了发展目标。

〔**配合政府简政放权，承接政府委托职能**〕 2013年，认真做好中外合作办学认证、自费出国留学中介组织行业自律管理、外籍教师招聘服务、涉港澳台民间教育交流、来华留学英语授课品牌课程评选等政府委托工作。

中外合作办学质量认证工作稳步开展，使服务走进教育管理的核心领域——“办教育和评教育”的关键环节。合作办学专业委员会加入美国高等教育委员会国际质量组织（CIQG），成为其正式会员，又分别与法国科研及高等教育评估署（AERES）、美国新英格兰院校协会（NEASC）、荷兰—弗兰德认证机构（NVAO）签署或续签合作协议；研发“本科层次中外合作办学项目认证标准”（试行版）等。

自费出国留学中介服务分会承接教育部划出的管理职能，协助教育部对自费出国留学中介服务行业进行引导、协调、规范和管理。通过行业自律方式，提升为自费出国留学人员的服务水平，切实维护自费留学生和中介机构的合法权益，树立自费出国留学中介服务行业形象。

研发外籍教师招聘服务管理系统，着手进行接收教育部香港中心的管理工作和加挂“海峡两岸教育交流协会”名称工作。

〔**参加社会组织等级评估**〕 6月，交流协会申请参加了民政部组织的社会组织等级评估。评估专家从基础条件、内部治理、工作绩效和财务管理四个方面对协会进行了“全面体检”。

〔**加快建设民间教育交流工作者之家**〕 2013年，交流协会秘书处结合党的群众路线教育实践活动，加快民间教育国际交流工作者之家的建设步伐，团体会员数量大幅度增加，由198个发展到333个。

1. 密切联系会员单位，了解需求。2013年，交流协会秘书处领导赴海南、河南、安徽、湖北、甘肃、陕西、上海、浙江、天津等省、市开展调研。通过走访、召开座谈会等多种形式，了解会员单位开展教育国际交流所取得的经验、存在的问题及需求，探讨解决问题的办法。

2. 支持地方协会完善组织建设。在交流协会的支持下，贵州省教育国际交流协会成立并召开了首届会员大会；江苏省教育国际交流协会召开会员代表大会；河南、海南、浙江3个省的教育国际交流协会分别召开了理事会换届大会，产生了新一届理事会领导机构。

3. 加强干部队伍能力建设。11月，交流协会举办全国外事干部培训班，参训人员60人。12月，交流协会秘书处领导为河南省教育外事干部培训班做专题辅导，宣讲党的十八届三中全会关于深化教育领域综合改革的精神。

4. 与会员单位共谋发展，助力地方教育与经济发展。与贵州省教育厅、合肥市人民政府、宁波市教育局、青岛市教育局、常州市教育局、镇江市教育局、唐山市丰南区人民政府、上海教育国际交流协会等分别签订了战略合作协议，通过开展一系列互利共赢的合作项目和资源共享，促进了当地教育国际合作事业的发展，加强了交流协会秘书处与地方会员单位的工作联系。

〔**提高团组工作质量，服务教育战线**〕 认真贯彻执行中央关于改进工作作风、密切联系群众的八项规定，加强教育外事出访团组管理，认真做好双跨团组和培训团组的信息统计和压控工作。

全年共组派42个出国团组，1 331人次。其中出国培训团组26个，952人次，涵盖高等教育管理、高校毕业生就业指导、教育经费监管、教育行政监察、大学生心理健康教育咨询、高校学生资助、教育督导评价管理、高校校园安全管理、学校体育和艺术教育、哲学社会科学与大学生素质培养、教育考试制度、高层次应用型人才教育管理等多个领域。

“高职院校领导海外培训项目”分7批137人

次，前往美国、加拿大、英国、澳大利亚和德国进行“调研式”培训。

交流协会参加国家外国专家局举办的“出国（境）培训工作管理暨持证上岗培训会议”，2人取得“从事出国（境）培训工作持证上岗资格”。

撰稿　孙家宁

审稿　邵　巍　沈雪松

与联合国教科文组织合作

〔习近平在联合国“教育第一”全球倡议行动周年纪念活动上发表视频贺词〕　2013年9月25日，在联合国总部举行的联合国“教育第一”全球倡议行动周年纪念活动上，首先播放了国家主席习近平的视频贺词，引起国际社会强烈反响。习近平在贺词中对联合国秘书长潘基文提出的“教育第一”全球倡议行动表示坚定的支持。他指出，百年大计，教育为本。教育是人类传承文明和知识、培养年轻一代、创造美好生活的根本途径。中国有2.6亿名在校学生和1 500万名教师，发展教育任务繁重。中国将坚持实施科教兴国战略，始终把教育摆在优先发展的战略位置，不断扩大投入，努力发展全民教育、终身教育，建设学习型社会，努力让每个孩子享有受教育的机会，努力让13亿人民享有更好更公平的教育，获得发展自身、奉献社会、造福人民的能力。

习近平在贺词中还表示，中国将继续响应联合国的倡议，加强同世界各国的教育交流，扩大教育对外开放，积极支持发展中国家教育事业发展，同各国人民一道努力，推动人类迈向更加美好的明天。

“教育第一”全球倡议行动是由联合国秘书长潘基文发起，联合国教科文组织牵头实施的一项重要行动，邀请了世界各大洲教育发展成就较为突出的国家担任倡导国。5月，国务院副总理刘延东复函联合国教科文组织总干事，表示中国愿应邀担任“教育第一”全球倡议行动的倡议国。

〔李克强会见联合国教科文组织总干事博科娃〕　10月22日，国务院总理李克强在北京会见了出席国际学习型城市大会的联合国教科文组织总干事伊琳娜·博科娃。他指出，中国新一届政府高度重视教育科学文化事业的发展，将优先发展教育，努力让人民享有更好更公平的教育机会。中国政府将继续重视并不断加强双方合作，加大对该组织的支持力度，不断创新合作机制，拓展多边合作渠道，共同为世界教育科学文化发展和维护世界和平做出更大贡献。

〔首届国际学习型城市大会召开〕　由教育部、联合国教科文组织、北京市人民政府共同主办的首届国际学习型城市大会于10月21—23日在北京召开。国务院副总理刘延东出席会议开幕式并致辞。来自102个国家的500余名代表参加了大会，其中包括来自世界40多个城市的市长。会议围绕“全民终身学习：城市包容、繁荣与可持续发展”的主题，从民主、民生、公平和改革的视角进行了广泛交流和深入探讨。会议通过了《建设学习型城市北京宣言》和《学习型城市主要特征》两份成果文件。

〔袁贵仁出席首届联合国教科文组织—金砖国家教育部部长会议，建立了五国教育部部长定期会商机制〕　11月5—6日，首届联合国教科文组织—金砖国家教育部部长会议在联合国教科文组织巴黎总部召开。教育部部长袁贵仁率团出席会议。会议原则同意五国（巴西、俄罗斯、印度、南非和中国）教育部共同致力于将教育议题纳入金砖国家领导人会晤议程，定期举行部长级会议，指定专门联络人，在工作层面与联合国教科文组织秘书处保持密切沟通，不断充实合作事务内容，使五国教育合作逐步机制化。

〔**袁贵仁会见滇西普洱地区教师代表**〕 12月18日，教育部部长袁贵仁会见了来北京参加“促进教师创新应用信息通信技术提升教学能力”项目专题研修活动的云南省普洱地区优秀教师。为贯彻落实《教育部云南省人民政府加快滇西边境山区教育改革和发展共同推进计划》，进一步推动滇西人力资源开发扶贫示范区建设，中国联合国教科文组织全国委员会、浙江大学和惠普公司联合举办了此次专题研修活动。在研修活动开幕式上，袁贵仁会见了普洱地区优秀教师代表，详细询问了老师们的生活工作情况，并勉励大家要扎根边疆、不断加强自身能力建设，促进普洱地区的教育和人力资源发展。袁贵仁还向来自普洱的一线教师赠送了由惠普公司捐助的新型平板电脑及 Prime 图形计算器。

〔**郝平当选联合国教科文组织大会主席**〕 11月5日，联合国教科文组织第三十七届大会第二次全体会议上，中国教育部副部长郝平作为唯一候选人当选该组织第三十七届大会主席，任期两年。大会是联合国教科文组织三大核心领导机构（大会、执行局和秘书处）之一。这是该组织成立68年来，首位由来自中国的代表担任该组织最高权力机构的主席。

〔**中国高票当选连任联合国教科文组织执行局委员**〕 11月13日，联合国教科文组织第三十七届大会就执行局委员竞选举行投票，中国以162票的高票当选，列亚太组第一。执行局是联合国教科文组织核心领导机构之一（大会、执行局和秘书处），由58个成员国组成。中国自1971年恢复在该组织席位以来，一直担任执行局委员。

〔**2013年亚太地区教育信息化高层专家会议召开**〕 教育部、联合国教科文组织亚太地区办事处和深圳市人民政府合作举办的2013年亚太地区教育信息化高层专家会议于11月26日在深圳市召开。会议的主题是“创造良好政策环境，促进可持续创新”。教育部副部长杜占元出席会议并讲话。来自亚太地区27个国家高层教育官员、教科文组织官员、教育信息技术专家和英特尔、华为、华强等企业代表约200人出席会议。会议深入交流了在教育领域广泛应用信息通信技术的政策与经验，展示了各国在教育政策与实践中对信息技术的开发、应用和监测的模式与实践。

〔**“文化：可持续发展的关键”国际会议召开**〕 5月15—17日，中国与联合国教科文组织成功举办“文化：可持续发展的关键”国际会议。国务院副总理刘延东出席开幕式并致辞。来自81个国家、6个国际组织的400多位来宾与会，其中部长级代表、前政要和部分国家常驻联合国教科文大使25位。联合国教科文组织总干事博科娃、第三十六届大会主席和执行局主席均出席了会议。各国代表在会上进行了深入广泛的交流，通过了成果文件——《杭州宣言》，中国关于文化发展的理念在其中得到了充分反映。该文件在联合国大会和联合国教科文组织引起强烈共鸣，已作为制定2015年后世界发展议程文化方面内容的重要依据。

〔**实施“中国—教科文组织援非信托基金”项目**〕 中国政府自2012年起每年投入200万美元，在联合国教科文组织设立了“中国—教科文组织援非信托基金”项目，合作帮助撒哈拉以南非洲国家培养和培训合格教师，得到受援国广泛欢迎。2012年批准的首批受援国为科特迪瓦、埃塞俄比亚、纳米比亚，中国专家会同联合国教科文组织专家共同帮助其完成了需求调查，制定了国别项目文件。2013年10月11日，在法国巴黎举办了第二阶段项目启动仪式，增加了刚果（金）、刚果（布）、利比里亚、乌干达和坦桑尼亚5个受援国。该项目赢得了广泛的国际影响和赞誉，拓展了中国对发展中国家教育援助的新渠道。

〔**实施“促进教师创新应用信息通信技术提升教学能力”项目，为地方培训了一批能在学科教学中有效应用信息技术的骨干教师**〕 中国联合国教科文组织全国委员会与联合国教科文组织、惠普公司合作，依托浙江大学，利用教科文组织专家资源在杭州市、成都市和滇西普洱市分别启动了“促进教师创新运用信息通信技术提升教学的能力”项目，编写了培训手册，为三地培训了200余名骨干教师。在服务教育信息化的同时，也为对口扶助滇西发展贡献了力量。

〔举办都江堰教育国际化论坛〕　10月25—26日，中国联合国教科文组织全国委员会与联合国教科文组织、成都市政府合作举办了以教育信息化推动教育现代化的创新与实践为主题的都江堰教育国际化论坛。来自联合国教科文组织及中国、英国、印度、澳大利亚等20余个国家和地区的120名代表出席会议，深入讨论了教育信息化面临的挑战和问题，共同探索信息化融入教学的方法和行动路径，并形成了成都共识。

〔举办第八届国家全民教育论坛，编写完成中国全民教育十年监测报告〕　中国联合国教科文组织全国委员会与联合国教科文组织北京办事处和联合国儿童基金会合作，于10月24日在北京举办了第八届国家全民教育论坛。总结回顾了2012年中国全民教育工作进展，布置了2015年全民教育监测工作。完成中国教科文全委会、联合国教科文组织、联合国儿童基金会三方合作项目——中国全民教育十年监测报告。

〔举办2013年杭州教育创新大会〕　11月29日，2013年杭州教育创新大会在杭州市召开。本届大会的主题是“国际视野，智慧课堂”。会议期间，还举办了联合国教科文组织亚太教育创新奖（文晖奖）颁奖仪式，马来西亚的“艺术创新——社区文化的多元表达方式”和柬埔寨的“柬埔寨传统艺术的振兴——大师教学项目”获奖。

〔举办创意城市北京峰会〕　10月，教育部与联合国教科文组织及北京市政府合作，举办了创意城市北京峰会。来自联合国教科文组织各个创意城市的市长，围绕“魅力创意·美丽城市”这一主题，交流了发展创意产业，推动城市可持续发展的经验和做法，共同签署发布了《北京议程》。

〔颁发第九届联合国教科文组织孔子教育奖〕　9月27—28日，第九届联合国教科文组织孔子教育奖颁奖仪式在山东省曲阜市举行。来自纳米比亚、孟加拉和科特迪瓦的获奖代表出席了颁奖仪式，参加了孔子文化节相关活动并考察了当地基础教育情况。中国教科文全委会秘书长杜越出席颁奖仪式并致辞。

〔新疆天山和红河哈尼梯田列入《世界遗产名录》〕　在联合国教科文组织第三十七届世界遗产委员会会议上，中国新疆天山和红河哈尼梯田列入《世界遗产名录》。截至2013年年底，中国世界遗产达45项，位列世界第二。

〔珠算列入联合国教科文组织《非物质文化遗产代表作名录》〕　12月4日，联合国教科文组织非物质遗产政府间委员会会议将中国的珠算列入《非物质文化遗产代表作名录》。中国非物质文化遗产已达38项，位列世界第一。

〔辽宁蛇岛老铁山加入人与生物圈项目〕　6月，联合国教科文组织人与生物圈计划确认中国辽宁蛇岛老铁山国家级自然保护区加入世界人与生物圈保护区网络。中国已有32个世界人与生物圈保护区网络成员。

〔中国相关国际机构建设取得新进展〕　2013年，中国建立国际工程科技知识中心和全球尺度地球化学国际研究中心项目获联合国教科文组织第三十七届大会审议通过，中国教科文组织二类中心达9个，位列各国前茅。同时，中国又新增了2个联合国教科文教席项目，分别是中央戏剧学院的“联合国教科文组织高等戏剧教育教席”、华东师范大学的“联合国教科文组织海洋与城市发展教席”。

〔李象益获“卡林加奖”〕　11月，联合国教科文组织“卡林加奖”授予北京市科学技术委员会特聘科普专家、中国科技馆原馆长李象益，以表彰他在科普领域的成就。“卡林加奖”由联合国教科文组织于1951年设立，每两年颁发一次。这是61

年来中国科学家首次获此殊荣。

撰稿 遇晓萍
审稿 杜 越 秦昌威 沈忆玲

留学基金管理

〔国家留学基金管理委员会第十三次全体委员会议召开〕 2013年2月5日，国家留学基金管理委员会（简称国家留学基金委）第十三次全体委员会议在北京召开。教育部副部长兼国家留学基金委主任郝平出席会议并讲话，充分肯定了国家留学基金委2012年的工作。他指出，在夺取中国特色社会主义新胜利的伟大进程中，国家公派留学工作承担着重要的历史使命和历史责任。在新的历史时期，留学工作要主动适应全面建成小康社会和全面深化改革开放的新要求，站在国家战略发展全局的高度，进一步整合资源、集成优势，探索新经验新模式，服务于教育改革，开创留学事业的新局面。

国家留学基金委秘书长刘京辉从国家留学事业总体发展、国际化人才培养等方面对国家留学基金委2012年的工作和取得的成绩进行了汇报。教育部、国家发改委、人力资源和社会保障部、外交部、公安部、中国科学院、中国社会科学院等委员单位的各位委员及代表对工作汇报进行了审议，并结合党的十八大报告提出的“必须坚持推进改革开放”的基本要求，统筹国际国内两个大局、利用两种资源，对国家留学事业未来发展提出了建设性的意见和建议。

〔公派出国留学〕 2013年，共资助38 418名留学人员在81个国家学习和进修，比2012年增长23%。其中新录取19 125人，其中高级研究学者、访问学者和博士后占46%，攻读博士、硕士学位研究生和联合培养博士生、硕士生占39%，本科生占15%。录取人员中赴美国的占44.5%，赴英国占11.7%，赴加拿大占7.2%，赴德国占5.8%，赴澳大利亚占5.3%，赴法国占4.5%，赴俄罗斯占3.4%，赴日本占3%，赴其他国家占14.6%。

2013年，工科录取比例占38%，人文社会科学领域占36%，理科占16%，医科占7%，农科占3%。

1. 加强重点项目实施工作，创新和完善公派留学机制。

（1）国家建设高水平大学公派研究生项目录取6 174人。其中博士研究生2 587人、联合培养博士生3 587人。录取的攻读博士学位研究生中，提供学费资助142人、在外自费生399人。首次要求推荐单位对联合培养博士生组织校内评审和公示后再行推荐，并采取专家通信评审方式进行录取。

（2）国家公派硕士研究生项目评审录取265人，其中攻读硕士学位189人、联合培养硕士研究生76人。

（3）青年骨干教师出国研修项目继续采取专家抽查审核方式，进一步确保选拔质量。录取2 985人，其中访问学者2 938人、博士后47人、高等教育行政管理人员出国研修班121人。录取人员中，出国研修依托承担国家级科研课题的占49%、承担省部级课题的占40%、承担校级课题的占11%。项目为加强高校教师队伍建设、配合高校高层次创新人才计划的实施提供支持。

（4）高级研究学者及访问学者（含博士后）项目要求申请时提交国外邀请信，提高选派针对性，缩短选派周期。2013年，共有4 779人申报，经资格审核、专家通信评审、专家会议评审，共录取2 462人。其中高级研究学者138人、访问学者

2 203 人、博士后 121 人，16 人为“长江学者”、全国优秀博士学位论文入选者，国家重点资助学科专业比例占 94%。

（5）结合“基础学科拔尖学生培养试验计划”和系列卓越教育培养计划，做好优秀本科生国际交流项目实施工作。2013 年，共收到 128 所高校提出的 970 个项目申请，经初审和两轮专家评审，共批准资助 719 个交流合作项目，录取 1 810 人。

（6）艺术类人才培养特别项目实施范围进一步扩大，支持成组派出。录取 59 家单位的 104 人，较 2012 年增加 215%。针对艺术类项目的特点，采取单独编班培训、单独考试的方式，有针对性地提高其外语水平，提高派出率和留学效益。

（7）西部地区人才培养特别项目录取 1 108 人，地方合作项目录取 969 人。录取人员中，以团队形式派出 560 人，占录取总数的 27%。增设“高校专业课程教师出国研修项目”。积极落实教育部滇西边境山区教育帮扶计划，设立“滇西边境山区中学英语教师出国研修项目”，项目人员通过国内 1 个月、国外 3 个月的研修，提高语言、专业能力，提升理念，创新方法，实现以观念的转变带动水平提升，带动区域教师专业能力持续均衡发展。

（8）2013 年，国际区域问题研究及外语高层次人才培养项目录取 814 人，留学以及研究国别拓展到 55 个国家和地区。

（9）继续与有关部门、大型国有企业合作开展人才培养项目，支持国家重大工程项目建设和专门人才的培养。2013 年，选派中国社会科学院 10 人、农业部 23 人、中国航天科技集团 71 人、中国航空工业集团公司 71 人、中国地震局 40 人、中国商用飞机有限责任公司 35 人、中央编译局 9 人、国家海洋局 21 人出国留学；选派 11 名优秀新闻传播硕士研究生赴新华社、中新社、人民日报、中央电视台主要媒体驻海外机构实习；继续资助国家体育总局、北京体育大学“冠军班”学员出国研修。

（10）加强项目调研、总结和评估。针对来华和出国项目实施中存在的问题及改革发展需要，加强调查研究和对项目的总结。全年组织召开 30 余场各类座谈会、咨询会及研讨会；委托北京大学对 2 万多名“国家建设高水平大学公派研究生项目”学生进行问卷调查；委托北京师范大学对“中国政府奖学金来华留学自主招生项目”和“西部地区人才培养特别项目”进行总结评估；全面梳理并总结了中外政府互换奖学金执行情况，并提出了意见和建议（截至 2013 年年底，共与 87 个国家签有政府间合作协议，向 61 个国家派遣了留学人员）。

在国外召开 16 场留学人员座谈会，其中首次召开 2 场（俄罗斯、哈萨克斯坦）中国政府奖学金来华留学毕业生座谈会。

2. 创新模式，服务改革。

（1）配合国家教育体制改革试点项目，支持北京外国语大学“探索国际组织需要的复合型人才培养模式”项目，首批选派 26 名学生出国攻读硕士学位。

（2）持续支持首个经国务院学位委员会办公室批准的北京大学—佐治亚理工大学/埃默里大学生物医学工程联合博士生培养项目，首批学生已于 2013 年毕业，获双方共同授予的博士学位。

（3）支持清华大学与美国匹兹堡大学生物医学药学实验班优秀学生赴美国留学项目，培养既是临床医生又能从事科研的“医生科学家”。

（4）与农业部合作，选派首批 23 名玉米种业科研人员赴美国学习玉米现代化商业育种技术。

（5）与中国航天科技集团公司合作开展“航天国际化创新型人才培养项目”。

3. 寓管理于服务中，提高服务和管理质量。

2013 年，共处理留学人员变更留学国别、留学单位、延长期限、生病、死亡、刑事案等各类事件 3 689 例；为 16 536 名留学人员办理了交存保证金手续，为 10 006 人办理了回国报到和提取保证金等手续；依法处理违约人员 111 人。

4. 2013 年，国家优秀自费留学生奖学金项目共确定 518 名获奖者，其中特别优秀奖 6 名。特别优秀奖每人奖励 1 万美元，其余获奖者每人奖励 6 000 美元。

〔**来华留学**〕　2013 年，共资助来自 184 个国家的 33 322 名奖学金生在华学习，比 2012 年增长 16%。亚洲学生占 53.92%，非洲学生占 21.92%，欧洲学生占 13.94%，美洲学生占 8.68%，大洋洲学生占 1.54%；学历生占学生总数的 87.1%，研究生占 58.25%。

1. 2013 年，新录取来自 172 个国家的 13 146 名新生，年度录取新生数量首次突破万人，比 2012 年增长 34.58%。

2. 认真实施奖学金年度评审。以奖学金年度评审工作为依托，规范奖学金生的日常管理，加强过程管理，提高政府奖学金使用效益。2013 年，共有 14 549 名学生通过了奖学金评审，继续享受中国政府奖学金继续在华学习；共有 210 名学生未通过奖学金评审，其中 75 名学生因考核成绩不合格或出勤率过低，被中止其享受中国政府奖学金资格 1 学年；135 名学生因严重违反校纪校规或成绩极差被取消奖学金资格。

3. 推进来华留学预科教育。中国政府奖学金来华留学本科生预科教育重点是“培养”，通过预科强化教育，使学生在汉语言知识和能力、相关专业知识以及跨文化交流能力等方面达到进入中国高等学校专业阶段学习的基本要求，解决留学生生源质量不能很好契合中国大学的教学体制的问题。根据教育规划纲要关于“实施来华留学预备教育”的要求，结合实际，修订了预科教育教学培养计划、课程教学大纲、考核大纲，组织编写并出版了预科教育系列专用教材；组织研发基础汉语、专业汉语、数学、物理、化学统一结业考试试卷，并于 6 月底组织了模拟考试，通过率达 95.3%，为实现教育部提出的“逐步实行主干课程全国统一考核标准”的目标提供了有益的经验。

4. 支持高等院校为外国留学生开设全英文课程。共有 168 所高校录取了 4 429 名学生采用全英语授课，占录取总数的 34.65%，比 2012 年增加了 1 802 名。其中博士研究生 1 012 名、硕士研究生 2 017 名、本科生 734 名、高级进修生 94 名、普通进修生 572 名。

5. 及时应对突发事件，全年受理并处理各类管理案件 1 520 例。

6. 首次举办预科学生联谊活动和博士生座谈会。来自 7 所预科院校 119 个国家的 900 余名学生参加了联谊活动。来自 24 所高校的近 70 名中国政府奖学金博士研究生参加了在北京和上海举办的首届中国政府奖学金博士生座谈会。两次活动的成功尝试为来华留学奖学金生的管理工作开辟了新的方向。学生管理工作不再局限于办公室、不再拘泥于电话、邮件，而是通过面对面的接触，缩短了学生之间、学生与管理人员之间的距离。

7. 举办中国教育展，扩大对外宣传，吸引外国留学生来华留学。2013 年，组织 5 个教育展，分别在意大利、坦桑尼亚、柬埔寨、乌克兰等 11 国家举办，访问了 13 所国外高校。同时，举办了中国—意大利、中国—欧洲大学校长交流会。

8. 来华留学合作渠道不断扩大。2013 年，利用外部资金新设立了 5 个外国政府和企业来华留学奖学金项目。分别与巴西教育部、伊朗科学研究技术部、英国文化委员会合作，接受博士生、本科生和进修生来华学习。与湖北丽源科技公司和浙江润禾化工有限公司两家民营企业合作，招收来华硕士研究生。截至 2013 年年底，利用外部资金共设立 17 个来华留学奖学金项目，累计录取学生 3 199 名。

〔国际交流与合作〕　2013 年，国家留学基金委与芝加哥大学、佐治亚理工、洛克菲勒大学、法国高师集团、柏林自由大学、澳大利亚联邦科工组织等国外一流大学和机构新签、续签协议 34 个，利用国外优质资源为中国培养人才。截至 2013 年年底，已与 160 多所国外高校和教育、科研机构签署合作协议。

在中欧、中美人文交流机制中发挥作用。4 月，在布鲁塞尔主办中国—欧盟大学校长对话，来自欧盟 20 个成员国的 31 所大学参会，为中国—欧盟高校合作搭建了平台。11 月，在第四轮中美人文交流高层磋商期间，参与了教育领域的磋商并承办中美高水平大学圆桌会议。完成了万名博士生赴美国留学计划。

〔信息化建设〕　配合派出管理改革，升级改造了信息平台派出管理模块；在线完成留学人员协议书登记、开具同意派出函工作，不再出具纸质文件；实现与 3 个留学服务机构数据互通；实现完整的在线评审，如 QQ 视频面试，通信评审、会议评审的在线评审、跟踪评审进度及系统自动汇总结果。

撰稿 王建光 卢春生
审稿 刘京辉

留学服务

〔公派出国（境）服务〕 积极配合国家留学基金管理委员会秘书处的工作，认真落实国家公派留学计划，共为12 044名各类公派留学人员办理了签证和派出手续，实现了公派留学人员行前培训全覆盖。同时，努力拓展自费留学人员行前培训的渠道。为教育部机关、事业单位和高校等出访团组办理护照1 649人次，办理短期出访人员签证5 333人次，根据中外互免签证协议，为各类出访团组开具出境证781人次，办理港澳通行证及签注304人次。

〔办理留学回国人员就业报到手续〕 为留学人员回国工作提供就业落户服务，共为14 311名各类留学回国人员办理了就业落户手续，其中非北京籍在京落户5 398人。

〔为留学人员提供户籍管理服务〕 为3 202名出国留学人员办理了出国户口存放手续，为1 605名回国留学人员办理了户口迁出手续。

〔办理国（境）外学历学位认证〕 共为113 588名各类留学人员提供了国（境）外学历学位认证服务，其中国外99 699份、港澳台7 894份、合作办学5 995份。发布了《2012年国境外学历学位认证报告》。

〔办理留学存档〕 为留学人员提供档案管理服务，共办理留学存档21 559份、档案转出9 438份、档案续存6 372份。

〔留学回国人员科研启动基金受理、评审工作〕 认真做好留学回国人员科研启动基金受理、评审工作，共受理了3 650名留学回国博士的科研启动基金申请，资助1 862人，下发资助费5 220.5万元。与2012年相比，资助人数增加了540人，资助金额增加了1 105.1万元。

〔完善留学人员回国创业三个平台建设〕 教育部留学服务中心作为“春晖杯”中国留学人员创新创业大赛的主要承办单位，负责整个大赛的组织、报名、评审、对接等工作。2013年，组织留学人员参加第八届“春晖杯”创新创业大赛、中国留学人员广州科技交流会和中国（大连）海外学子创业周，指导和参与“春晖杯”企业联盟大会和投融资对接会活动，组织“春晖杯”创新创业大赛创业环境与成果展团赴澳大利亚、新西兰、新加坡开展工作，组织扬州、无锡、张家港等地的网络视频项目对接活动，进一步完善了留学人员回国创业从项目汇聚、项目对接到项目孵化三个平台的建设。

第八届“春晖杯”中国留学人员创新创业大赛，经过对参赛项目进行初审、复审和通审，最终确定192个项目正式入围。本届大赛首次在美国旧金山设立分赛区。

〔为重点高校、科研单位和地方建设引进高层次人才服务〕 紧紧围绕高校和科研单位的高层次人才队伍建设和引进计划，通过多种渠道协助其招聘高层次留学人才。举办在京用人单位业务培训会9批（18场），2 586个在京中央企事业单位、高校、科研院所、金融机构、外资企业、民营高科技企业等参加培训会；举办两届（春季和秋季）留学回国人员招聘会暨高层次人才洽谈会；发布2012年《万名留学人员回国就业报告》。

〔推进留学服务网络信息化建设〕 中国留学网改造升级成为面向留学人员提供社会化信息服务的专业化网站。在留学业务全部实现在线服务的基础上，实现了公派留学派出系统与国家留学基金管理委员会录取系统的在线数据交换；在合作办学认证系统开发中，采用条码扫描、在线支付、短信服务和批量打印等新技术手段，提升了工作效率和服务质量，为实施各业务系统整合平台建设工作提供了技术储备。为驻外使（领）馆教育处（组）设计制作网站43家，定制开发完成自费留学人员注册服务系统33个，还为驻外使（领）馆教育处（组）提供了订阅报刊、采购礼品等大量的外宣服务保障。

〔举办“第十八届中国国际教育巡回展”和“2013年中国留学论坛”〕 “第十八届中国国际教育巡回展”于3月9—24日先后在北京、沈阳、西安、上海、合肥、福州和广州7市举行，共有来自美国、英国、澳大利亚、法国、德国、加拿大等31个国家和地区的483所高校和教育机构参展，观展人数达4万人次。3月8日，在北京举行了以“国际教育与高校能力建设”（International Cooperation: Good Practices for Capacity Building）为主题的“2013年中国留学论坛”。

〔赴国外举办“留学中国教育展”〕 组织7个“留学中国教育展”展览团，分赴15个国家的18座城市举办“留学中国教育展（论坛/说明会）”或参加国际教育展19场次，参展院校113所次，参团人数262人次，观众37 000余人次。团组出访期间，访问了25所（个）国外知名院校及高等教育机构，举办了1场留华毕业生招待会。

〔留华校友工作促进会筹备工作启动〕 教育部留学服务中心来华事务处会同教育部国际司来华处与民政部相关部门就成立留华校友工作组织（拟为留华校友工作促进会）开展了多次工作会谈，就组织成立的政策依据以及可操作性等相关议题进行了深入探讨，最终确定了留华校友工作组织的性质和定位等关键性问题。

〔新加坡奖学金项目〕 教育部留学服务中心受中国政府委托，负责“新加坡奖学金项目”的招生、录取、派出、管理等事宜。为进一步深化中新两国教育交流，扩大两国在高层次人才培养方面的合作，两国政府商定将原来的本科奖学金项目升级为硕博连读奖学金项目，新加坡政府每年向中国大学本科四年级学生提供100个全额奖学金名额，选拔优秀的本科毕业生赴新加坡国立大学、南洋理工大学和新加坡科技设计大学攻读博士学位。2013年，留学服务中心完成了“新加坡护理医科奖学金项目”的招生工作。

〔出国留学培训基地建设〕 教育部留学服务中心与国内院校合作共建了14个（新增3个）出国留学培训基地、5个（新增1个）赴俄留学培训基地、6个（新增2个）战略合作伙伴，年内共招生2 700多人。

〔承办中外合作办学项目专家评议会议〕 教育部留学服务中心受教育部委托，5月和12月，两次承办中外合作办学项目专家评议会。

撰稿 丁建国

审稿 刘剑波

国际汉语教育和推广

〔**孔子学院建设和国际汉语教育**〕 2013年，党和国家领导人对孔子学院工作做出重要批示80多次，出席孔子学院活动20多次。5月30日，国家主席习近平亲笔致信美国加州大学戴维斯分校，祝贺该校孔子学院成立。11月，党的十八届三中全会做出的《中共中央关于全面深化改革若干重大问题的决定》提出："鼓励社会组织、中资机构等参与孔子学院建设。"

2013年是全面贯彻落实《孔子学院发展规划（2012—2020年）》的开局之年。孔子学院总部理事会11个部委和各省（区、市）教育厅（委）及有关高校明确了落实《规划》的方案，各国孔子学院纷纷制订各自发展规划。

12月7—8日，第八届孔子学院大会在北京举行。来自120个国家440所孔子学院（课堂）的500名中外大学校长，750多名中外院长，77个国家驻华大使、参赞，中国各有关省（区、市）教育部门和大中小学代表共2 500人参加。大会以"回顾过去，展望未来"为主题，共举办8个"优秀办学案例论坛"和7个"校长论坛"。国务院副总理、孔子学院总部理事会主席刘延东在开幕式上致辞，并为先进孔子学院（课堂）、个人和中方合作院校颁奖。教育部部长袁贵仁主持大会开幕式。诺贝尔文学奖获得者、中国作家协会副主席、北京师范大学教授莫言做了《我想象中的孔夫子》专题文化讲座。7日上午，刘延东主持召开了孔子学院总部理事会。12月4日，刘延东主持召开专题会议，讨论研究孔子学院工作。国务院办公厅、教育部、外交部、国家发改委、财政部、商务部负责人参加。

国务院办公厅、教育部、中央外宣办、外交部、国家发改委、财政部、商务部、文化部、国家新闻出版广电总局、国务院侨务办公室、中国外文出版发行事业局、中央电视台、中国国际广播电台等孔子学院总部常务理事单位履职尽责，切实做好孔子学院建设有关工作。各省（区、市）和各高校大力支持，积极参与国际汉语推广工作。截至2013年年底，全国共29个省（区、市）260多所大学和500多所中小学参与孔子学院建设，其中已有28所高校和省教育厅建立了汉语国际教育与推广基地，107所中小学建立了"汉语国际推广中小学基地"。湖南省、云南省办好"汉语桥"世界大学生、中学生赛事，湖北等10个省市成立专门机构，北京等11个省市设立专项资金，推动孔子学院事业发展。天津、河北、广西、山东、河南、辽宁等省（区、市）加大选派汉语教师和志愿者力度，积极参与接待外国师生访华活动。

〔**全球孔子学院稳步协调发展**〕 2013年，新增孔子学院40所、孔子课堂111个，新覆盖国家12个。更加重视与周边国家合作，在新建孔子学院中，亚洲国家有7个，分布于印度孟买、巴基斯坦卡拉奇、吉尔吉斯斯坦奥什、乌兹别克斯坦撒马尔罕、巴林麦纳麦、越南河内、以色列耶路撒冷。截至2013年年底，已在120个国家和地区开设了440所孔子学院和646个孔子课堂，覆盖全球人口的89%。其中410所孔子学院和636个孔子课堂已投入运营。世界排名前200位的大学中，有80多所大学开办了孔子学院。孔子学院共有中外专兼职教师2.8万人，比2012年增长43%。注册学员达85万人，比2012年增长30%。举办各类文化活动2万多场，参加人数920万人。办学条件进一步改善，专用教学场地面积42万平方米，比2012年增长40%，平均每所学院918平方米。各国申办孔子学院（课堂）的积极性持续高涨，截至2013年年底，还有70个国家400所大学要求申办孔子学院（课堂）。

〔**孔子学院管理水平显著提升**〕 一是开展孔

子学院质量评估。2013 年，对设立 5 年以上的 155 所孔子学院开展自评估。利用片会、高端访问等机会，组织国内外专家团队对 99 所孔子学院开展现场评估。二是实施“示范孔子学院”建设，发挥辐射引领作用。落实国家主席习近平 2012 年访问爱尔兰成果，支持爱尔兰都柏林大学、肯尼亚内罗毕大学等孔子学院建设首批“示范孔子学院”。三是在美国成立孔子学院首个海外地区中心（汉办驻美代表处）。主要职能是：面向美联邦和地方政府、新闻媒体及主流社会，主动沟通信息，及时消除误解，为全美国的孔子学院（课堂）提供信息咨询服务，加强资源共享，促进各校之间的横向交流与合作。11 月，国务院副总理刘延东访美期间亲自为美国地区中心揭牌。四是召开亚洲、欧洲、美国、拉美、大洋洲等地区孔子学院联席会和孔子学院总部中外理事座谈会，宣讲解析《孔子学院发展规划》，推广各国各校典型经验，交流提高办学质量的优秀案例，就孔子学院发展面临的问题和挑战进行深入讨论。

〔加强师资队伍建设〕 一是根据《孔子学院发展规划》要求和孔子学院可持续发展的迫切需要，与厦门大学合作，启动建设“孔子学院院长学院”。二是积极开展中外院长培训，全年共组织 70 个国家 181 位外方院长来华，148 位中方院长参加岗前培训和研修，提高了院长的综合素质和管理水平。三是选拔派出院长和教师 5 800 人、志愿者 8 600 人，比 2012 年增加了 3 400 人。进行暑期师资培训，共培训了 57 个国家的 5 700 名教师。四是在全国 4 000 名优秀对外汉语教师和志愿者中挑选 300 人，组建国家汉办首批专职教师队伍。五是为加大本土教师队伍建设力度，在各国来华攻读汉语国际教育硕士学生中选拔 30 名成绩优秀者，将其聘为国家汉办正式教师，返回本国孔子学院任教，受到所在国欢迎。六是支持外国著名高校建立 10 个汉语师范专业，为孔子学院定向培养本土师资。资助 80 多所孔子学院设立核心教师岗位，稳定孔子学院本土教师队伍。

〔加大教材开发、推广力度〕 一是成立国际汉语教材指导委员会和中外专家工作组，制定教材指导委员会章程和专家工作组职责。二是着力加强教材标准建设。完成《国际汉语教材编写指南》平台开发，提供编写种类、热点素材、实用资源、评价工具等功能，并在第八届孔子学院大会期间进行展示，组织国内外专家进行试用和评定，得到广泛好评。完成《国际汉语教学通用课程大纲》修订，实现了与汉语水平考试（HSK）相统一。三是加大数字资源开发力度。“孔子学院数字图书馆”上线试运行，首期整合了近 20 万种多媒体资源。与多家国内外数字出版机构合作，开发《中华文明》《100 位中国历史文化名人》等教学和文化数字资源。四是加强赠书管理，共向 120 个国家 730 多个机构配送教材图书 63 万册。五是加大支持本土教材开发力度，向俄罗斯、西班牙、日本等 30 个国家转让教材版权 100 多种，实现了在这些国家本土出版发行。六是启动 8 套主干教材 45 个语种改编翻译工作，基本实现了所有孔子学院均有母语对照的汉语教材。

〔汉语水平考试和奖学金工作〕 考试规模不断扩大，各类考生达 502 万人，比 2012 年增长 43%。其中参加 HSK、HSKK、BCT、YCT 等考试的考生达 37.2 万人，增长 17%。考点规模不断扩大，全球考点从 2012 年的 101 个国家（地区）的 640 个发展到 104 个国家（地区）的 837 个，增长 31%。网络和计算机考试发展到美国、加拿大、韩国、日本、英国、法国等 15 个国家 233 个考点。汉语考试已初步形成全程网络化运营模式。汉语水平考试已被韩国、加拿大、爱尔兰等 9 国政府、教育机构和企业作为汉语教学和人员选聘的标准。孔子学院奖学金规模进一步扩大，着力为各国培养本土汉语教师。2013 年，共有来自 117 个国家的 6 929 名奖学金生在华学习，其中录取新生 4 140 名。其中汉语国际教育专业硕士生 1 225 名。2 900 余名毕（结）业生中，有 376 人回国任教。

〔加强网络孔子学院和《孔子学院》院刊建设〕 一是引入网络 2.0 及互联网最新技术，利用全球 CDN 网络，对网络孔子学院重新定位功能和营销对策，建设实时互动汉语教学系统，尝试采用“慕课”教学模式开展教学，走在线汉语教学和网上考试为主、文化传播为辅的路子。10 月，完成网络孔子学院整体设计和上线运行，包括新闻、在线自学、在线课堂等 9 大板块，注册用户达 45 万人。二是《孔子学院》院刊出版英、法、西、日、俄、韩、泰、阿拉伯 8 个语种，全年出版 46 期，每期发行量超过 4 万册，覆盖 117 个国家和地区，读者达 65 万余人。

〔**着力实施孔子新汉学计划**〕 国家汉办联合北京大学、复旦大学、北京师范大学等 14 所高校，招收了 30 个国家 70 名人文和社会科学类博士生。中外方高校高度重视，创新培养模式，实行开门办学，在全国聘用导师，采用国内国外学分互认措施等，开始成规模培养新一代高水平汉学家。此外，启动“全球青年领袖”来华访学项目，首批组织奥地利 23 名政治、经济、媒体等各界青年领袖访华，走进政府、企业、媒体等部门，开展深度对话和交流。

〔**积极开展文化交流活动**〕 一是在德国、比利时、奥地利、荷兰、斯洛文尼亚 5 个国家 19 所孔子学院首次试点开展“孔子学院汉语日”活动。二是举办“汉语桥”世界大中学生中文比赛和在华留学生汉语大赛，共有 90 多个国家 6 万多名青少年参加预决赛。三是接待 1.1 万名“汉语桥”大中小学校长、各国教育官员和夏（冬）令营学生来华体验中华文化。四是组织孔子学院参加“中德语言年”活动，共开展各类文化活动 800 多场，吸引 20 多万人参加。五是组织中国高校 12 个团组，分赴 16 个国家的 51 所孔子学院及周边地区演出 116 场，吸引观众 12 万人。六是“I Sing Beijing——国际青年声乐家汉语歌唱项目”音乐会在美国纽约林肯中心举办，并赴美国 5 所孔子学院巡演。七是举办“第六届全美中文大会”等活动。

〔**汉语影响力持续攀升**〕 在孔子学院的带动和影响下，全球“汉语热”持续升温。2013 年，希腊等国通过颁布政令、法令等形式，将汉语教学纳入国民教育体系。截至 2013 年年底，将汉语教学纳入国民教育体系的国家增至 44 个，为汉语教学健康发展打下了坚实的基础。2013 年，南非总统、刚果（布）总统、以色列总理、巴基斯坦总理、德国总理、特立尼达和多巴哥总理、哥伦比亚教育部长、乌兹别克斯坦总统、巴林国王、越南总理、埃塞俄比亚总统等多国元首和政要，出席孔子学院和国际汉语教育有关活动，盛赞孔子学院在增进中外人民相互了解和友谊、推动教育文化交流、促进国家关系发展所做出的积极贡献。

撰稿　樊　钉　尹冬民
审稿　许　琳　静　炜

与港、澳、台教育交流与合作

〔**综述**〕 截至 2013 年 10 月，共计 30 343 名港澳台侨学生在内地（大陆）23 个省（区、市）的 222 所高等院校和科研院所学习，较 2012 年增长 17.69%。其中香港籍学生 14 147 名、澳门籍学生 6 217 名、台湾籍学生 9 310 名、华侨学生 669 名。在香港高校就读的内地学生 26 319 人，在澳门高校就读的内地学生 10 556 人，在台湾高校就读的大陆学生 5 881 人。

2013 年，教育部接待港澳台学生达 14 760 人次，其中香港学生 10 373 人次、澳门学生 290 人次、台湾学生 4 097 人次。应邀来内地（大陆）访问、参加培训、学术会议的港澳台教师 3 024 人次，其中香港教师 1 692 人次、澳门教师 543 人次、台湾教师 789 人次。赴港澳台交流参访的教育部直属高校党委书记、校长、教育部机关及直属单位人员 593 人，其中赴香港 328 人次、赴澳门 191 人次、赴台湾 74 人。

教育部直属高校共举办 40 场两岸高校间的学术会议，直属高校聘请 26 名台湾人士来大陆任教授课。

2013 年，香港知名人士通过教育部向内地教育事业赠款超过 2 亿元人民币。

〔内地与香港地区教育交流与合作〕 1. “香港与内地高等学校师生交流计划”（“万人计划”）。在中央整体部署框架内，教育部发布了“香港与内地高等学校师生交流计划”，即从 2013 年起，国家设立专项资金，在原有“港大千人计划”的基础上，每年再邀请香港高校 9 000 名师生来内地高校学习或进行短期交流、科研和社会实践。

据统计，2013 年参与项目的内地高校 80 所，香港高校 12 所；2013 年批复交流项目 349 个，资助香港高校师生 9 695 名。

交流合作项目涉及法学、医学、历史、地理、艺术、体育、经济、生物、航空航天等多个领域和学科，项目合作以课堂学习、学术科研、社会实践、野外考察、联合实验、实习、学术竞赛等多种方式进行，极大地促进了两地校际交流和师生交流。

2. 免试招收香港中学毕业生。为落实国务院总理李克强 2011 年 8 月访港期间宣布的“自 2012 年起，试行对香港学生豁免内地普通高等学校联合招收华侨、港澳地区及台湾省学生考试（联招考试），内地部分高校可依据香港中学文凭考试成绩择优录取香港学生”的惠港政策，2013 年，内地 70 所试点高校依据香港中学文凭考试成绩择优录取香港学生 1 188 名。

3. 香港—内地教师交流协作计划。2013 年，从内地省市区共选派 50 名教师赴香港担任 2013/2014 学年教学指导工作。截至 2013 年年底，已有十批共 437 名内地中小学及幼儿园教师赴香港担任教学指导工作。

4. 香港教师内地交流协作计划。2013 年 4 月，在上海师范大学举办了第六届香港中小学教师培训活动，培训规模 100 人。

5. 中小学姊妹学校。据统计，内港中小学姊妹学校共约 440 对，其中北京 57 对、上海 46 对、广东 270 对、福建 11 对、浙江 57 对。姊妹学校合作形式为开展师生交流、轮岗教学、师资培训、教学研究、教材教辅编写等交流合作。

6. 内地与香港合作办学。内地与香港的合作办学在内地中外合作办学领域占据着很重要的分量。截至 2013 年年底，内地与香港举办了 17 个合作办学机构（本科以上 6 个、本科以下 11 个）和 50 个合作项目（内地 41 个、香港 9 个），其中具有独立法人资格的合作办学机构有 3 个。

7. 香港高校校长内地访问团。2013 年，由教育部、驻港中联办共同举办，以国庆节为契机，组织香港 10 所大学的 8 位正校长和 11 位副校长赴北京访问。其间，在人民大会堂受到国家副主席李源潮的接见，并参观访问了国家发展和改革委、中国工程院、中国科学院、国家自然科学基金委、科技部和教育部等部门。

8. 港澳教育界国庆访京团。2013 年 9 月 26 日至 10 月 1 日，港澳教育界国庆访京团共 161 人（香港 116 人、澳门 45 人）访问北京，全国人大常委会副委员长陈竺在人民大会堂接见了该团成员。以庆祝国庆节为契机，教育部组织由港澳特区教育行政部门官员、中小学校长及幼儿园园长、大中小学及幼儿园优秀教师、有关教育团体负责人组成的港澳教育界国庆访京团来北京访问。该活动自 2004 年启动，已举办了十届。

9. 华夏园丁大联欢。2013 年 12 月，内地、香港、澳门、台湾教师代表和新加坡华人教师代表共 350 人参加了“大美龙江之旅——2013 年华夏园丁大联欢”活动。该活动自 1992 年起开始，已举办了 20 届。

10. 到内地和香港的参访团组。2013 年，应邀来内地访问、培训的香港教师 680 人次。赴香港交流参访的高校负责人、学者 288 人次；教育部（含司局级）领导、工作人员赴香港 71 人次。

〔内地与澳门地区教育交流与合作〕 1. 参加首届澳门论坛。经国务院批准，应澳门前任特首、第十一届和第十二届中国政治协商会议全国委员会副主席何厚铧邀请，教育部副部长郝平于2013年3月25—27日率教育部代表团赴澳门出席首届澳门论坛。

2. 赴澳教师教学指导计划。自启动“内地优秀教师赴澳交流计划”以来，已有6批内地中小学（语文、数学）及幼儿园教师赴澳门担任为期一年的教学指导。2013年，共选派22名内地教师赴澳门。截至2013年12月，累计选派内地优秀教师122人。

3. 澳门中小学骨干教师培训项目。2013年，为澳门培训中小学教师74人。澳门中小学教师培训项目自2004年开始，先后为澳门小学语文、数学、自然、科学、地理、历史、公民品德、视觉艺术、国情教育等学科培训了大批骨干教师。截至2013年年底，共培训澳门教师714人次。

4. 接待驻澳中联办团组。2013年，应邀来内地访问、培训的澳门教师498人次。赴澳门交流参访的高校负责人、学者191人次；教育部（含司局级）领导、工作人员赴澳门30人次。

〔**祖国大陆与台湾地区教育交流与合作**〕 1. 学历互认。2013年上半年，台湾方面宣布承认的大陆普通高校学历扩大到111所，并承认大陆191所职业技术院校的专科学历。

2. 两岸高校互招学生。继续招收台湾学生来大陆就学，进一步扩大招收规模。台湾学生可继续参加内地（大陆）普通高等学校联合招收华侨、港澳地区及台湾省学生考试（联招考试）和内地（大陆）面向香港、澳门、台湾地区招收研究生统一考试。同时，台湾高中毕业生参加台湾地区“大学学科能力测验”，成绩达到“顶标级”和“前标级”的，可直接申请大陆普通高校。

2013年，户籍在北京、江苏、上海、浙江、福建、广东、辽宁、湖北8省市的大陆学生，可申请赴台湾高校就读学位课程。福建省和广东省试点开展台湾部分科技大学招收大陆专科（高职）学生赴台湾接读本科工作。2013年，共有1 822名大陆学生赴台湾高校就读，其中专升本学生75名。

3. 对台教育交流项目。2013年，委托高校规划和举办了93个对台教育交流项目，邀请近5 000名台湾青少年学生、教师及教育界人士前来参加活动。

4. 两岸中华语文知识库建设。继续积极支持《两岸常用词典》的推广使用工作。2013年7月，在北京举行两岸合编中华语文工具书第八轮工作会谈并签署相关合作协议。12月，两岸合编中华语文工具书第九轮工作会谈在台北举行，就推动两岸展开语言文化的务实合作达成新的共识。

〔**港澳台学生在内地（大陆）就学**〕 1. 在内地（大陆）就读的港澳台学生，享受与内地（大陆）学生同等的基本医疗保险待遇。经国务院批准，教育部、财政部、人社部、国务院港澳办、国务院台办联合下发《教育部等五部门关于将在内地（大陆）就读的港澳台大学生纳入城镇居民基本医疗保险范围的通知》，将在内地（大陆）就读的港澳台大学生纳入城镇居民基本医疗保险范围。要求自2013年9月起，将在内地（大陆）各类全日制普通高等学校、科研院所接受普通高等学历教育的全日制港澳台学生纳入城镇居民基本医疗保险范围。港澳台大学生在自愿的基础上，可参加就读高等教育机构所在地城镇居民基本医疗保险，按照与所在高等教育机构内地（大陆）大学生同等标准缴费，并享受同等的基本医疗保险待遇。各级财政也将对港澳台大学生参加城镇居民基本医疗保险按照与所在高等教育机构内地（大陆）大学生相同的标准给予补助。

2. 港澳台侨学生专项奖学金。为鼓励和保障港澳台学生在内地（大陆）顺利完成学业，国家专门设立“港澳台侨学生专项奖学金”。2013年，共有5 913名本科生、847名硕士研究生、636名博士研究生获得3 000—9 000元不等的奖学金。同时，在内地（大陆）就读的港澳台学生，还可与内地（大陆）大学生同等申请国家奖学金。

〔**接受香港教育捐款**〕 2013年，邵逸夫基金继续赠款2亿元港币，用于资助浙江大学邵逸夫医学研究中心和16所中西部地区高校兴建逸夫楼。

2013年，香港李兆基基金会和培华教育基金会继续捐赠 2 000 万元人民币，实施“千名中西部大学校长研修计划”，共派出 10 个班次 200 余名中西部高校校领导分赴美国、英国、澳大利亚、德国研修。

2013 年，曾宪梓基金会继续出资 630 万元人民币，资助北京大学等 38 所高校的 1 750 名优秀贫困学子。

2013 年，霍英东教育基金会继续捐赠约 260 万美元，资助内地高校青年教师从事科学研究和教学工作。

2013 年，王宽诚教育基金会出资 18 万美元，资助 30 所高校举办国际学术会议和出国参加会议项目。

2013 年，华夏基金会资助 60 万美元，支持云南滇西地区 6 所中等职业学校建设实训基地。

撰稿　曹振明　张　君　吴　娟　张　萌　余　彬　王志伟

审稿　赵灵山

教育科研与学术活动

中国教育科学研究院

〔**牵头组织全国首届教育科研工作会议**〕 2013年1月31日，由中国教育科学研究院谋划、组织的全国首届教育科研工作会议在北京召开。教育部部长袁贵仁出席会议并就“深入学习贯彻党的十八大精神，努力开创教育科学研究新局面”做重要讲话。袁贵仁强调，教育科研要在办好人民满意教育过程中发挥创新理论、服务决策、指导实践、引导舆论的重要功能，全面提升创新能力和服务水平，促进教育事业科学发展。

袁贵仁高度肯定了教育科研在新时期的重要作用。他指出，没有教育科学，就没有科学的教育。我们要发扬成绩、克服困难、增强自信，更有成效地开展教育科研工作，努力把中国教育科研提高到一个新水平。一是明确任务，突出教育科研工作的主攻方向。要深入研究中国特色社会主义教育发展规律，为教育事业科学发展提供智力支持，服务地方、学校教育改革发展，宣传先进理念，回应群众关切，为教育持续健康发展营造良好氛围。二是求真务实，不断增强教育科研能力和服务水平。要增强大局意识，坚持理论联系实际，大力推进协同创新，高度重视成果转化。三是加强领导，营造有利于教育科研事业发展的良好环境。要把教育科研作为教育改革发展重要的基础工作来抓，着力建设一支充满活力的高素质专业化教育科研队伍。

袁贵仁希望教育科研系统抓住机遇，勇于担当，努力成为探索教育规律、创新教育理论的“思想库”，成为提出政策建议、服务教育决策的“智囊团”，成为开发教育策略、服务教育实践的“设计师”，成为引导教育舆论、更新教育观念的“宣传队”，努力开创教育科学研究新局面。

教育部副部长郝平主持会议。会上印发了中国教科院编印的《全国教育科研工作会议交流材料》，江苏省教育厅厅长沈健、中国教育学会会长钟秉林、华东师范大学校长陈群、黑龙江省教科院院长吴涛、军事教科规划办主任杨隶鲁、江苏省情境教育研究所所长李吉林分别代表地方厅委局、学会、高校、教科院所、军队、中小学在会上做交流发言。此外，会议分为5组，学习袁贵仁讲话精神，并围绕教育科研工作现状与存在问题、教育科研经费投入、未来教育科研工作的方向、研究者自身定位等议题展开热烈的讨论。参加会议的有各省（区、市）教育厅（教委）负责人，教育部相关司局、直属单位负责人，各省（区、市）、计划单列市、省会城市教科院（所）和教育科学规划办公室负责人，部分高校领导及教科院（所）长以及主要教育学术社团负责人，共150余人参加会议。

〔**承担全国教育满意度测评工作**〕 1月20日，中国教科院集中全国科研力量，联合多所高校建立专项课题研究组，研究测评工作方案、工具和实施办法。2013年，根据教育部党组会议精神和部长专题会要求，在教育部综合改革司等相关司局的支持下，教育满意度测评工作顺利推进。

一是完成了文献研究，形成了满意度测评的基本思路。广泛收集整理国内外、教育系统内外关于满意度测评的研究文献、测评工具和技术方案，归纳总结各地教育满意度测评工作实践，选择部分有代表性的研究成果和实践案例，特别是系统研究了美国顾客满意度的理论和实践，形成了满意度测评的基本思路。

二是组织专家研讨、各类座谈会，并多次征求教育部司局的意见，形成全国教育满意度测评工作方案。课题组多次召开专家研讨会，邀请行业企业满意度调查、统计学、测量学、教育学等相关领域专家共同研究，初步形成全国教育满意度测评工作方案。3月，在北京、上海、四川等地召开教育行政干部、中小学校长和教师座谈会，征询工作方案和调查问卷修改意见。8月9日，在中国教科院举行了教育满意度测评专家咨询会议。教育部副部长郝平出席会议并讲话。会议由中国教科院党委书记徐长发主持，邀请国家教育咨询委员会委员、国家总督学顾问陶西平，北京大学、清华大学等6所高校及国家统计局等部门的9名专家学者就如何获得教育满意度测评总体指数、如何使抽样更加合理等问题进行了深入讨论。此外，多次征集教育部基教一司、基教二司、职成司、高教司、教师工作司、督导办等司局的意见，不断完善测评方案和工具。8月28日，教育满意度测评征求意见座谈会在北京召开。北京、上海、辽宁、广西等15个省（区、市）的教育行政部门负责人和北京大学等17所中央直属高校负责人参加了座谈会。徐长发主持会议，副院长曾天山介绍了教育满意度测评工作的进展情况。与会代表围绕如何保证教育满意度测评结果的真实可靠可信、如何合理使用教育满意度测评结果，以及对做好教育满意度测评工作应注意的问题等提出具体建议。郝平出席会议并做总结讲话，指出这项工作意义重大而艰巨，需要在充分调查研究和广泛听取意见的基础上稳步开展，感谢与会代表在指导思想、问卷题目设计、结果使用、组织实施等方面提出的宝贵意见和建议，要求课题组认真梳理、消化和吸收大家提出的意见建议，进一步完善测评工作的理论、方法和技术。

三是多次现场试测，并加强对实践经验的研究，进一步完善测评方案和工具。如课题组收集分析了中央组织部全国组织工作满意度调查，以及北京、江苏无锡、四川成都、辽宁大连、山东潍坊等地的教育满意度测评情况，组织相关专家研讨其工作措施、成效和经验教训，特别关注了实施情况。

四是举办试测工作培训会。5月30日，在中国教科院举办了教育满意度试测工作培训会，全国21个区县、16所高校的教育局长、校长出席会议。在全国多个省市进行了多轮调研试测工作的基础上，课题组按照5%的规模抽样，在全国21个区县、16所高校进行测试，以完善测评的内容和流程。

在“科学、引导、可靠、简洁”原则的指导下，课题组已研制出统一的教育满意度测评标准，编制了14套测评问卷，从学生、家长、教师和社会人士的角度出发，测评人民群众对各级各类学校和各级政府的满意程度。

〔**推进教育公平专题研究**〕　9月，教育部委托中国教科院承担国家推进教育公平总体方案的项目，具体由教育部综合改革司牵头。主要任务是研究提出各级各类教育推进公平的政策建议和项目设计。教科院11个研究部门百余名科研人员投入到研究中，经过研究与多次论证，完成了推进教育公平的如下报告：《党和国家领导人关于教育公平论述》《教育公平法律、法规、条例、规定梳理报告》《教育公平代表性政策、重大工程项目统计分析报告》《教育公平面临的困难和存在的问题分析报告》《教育公平代表性人物和理论观点梳理报告》《教育公平总体思路、重点工作、政策建议论证》《教育公平国际经验、政策举措、有效做法研究报告》《社会组织或团体组织实施的工程项目梳理报告》《推进教育公平九大项目论证报告》。

〔**组织第三次中日韩国家教育研究院（所）长会议及海峡两岸科研交流研讨活动**〕　10月28日，第三次中日韩国家教育研究院（所）长会议在中国教科院召开。中国教科院、日本国立教育政策研究所、韩国教育开发院三家机构的领导人参加了会议。三方就各自机构的管理与改革、研究重点与内容、研究方法与技术等内容做了报告。三方还就科研著作出版、研究经费来源等共同感兴趣的问题进行了交流，并讨论了合作开展课题研究的设想。

10月29日，由中国教科院主办的“国际教育政策与研究研讨会”在北京举行。来自8个国家的20位国际专家学者和80位国内专家学者参加了会议。教育部国际合作与交流司司长张秀琴在开幕式上致辞，对会议的召开表示祝贺，并向国际专家简要介绍了中国教育发展的成就和教育科研机构在促进教育事业科学发展中的作用。教科院党委书记徐长发代表主办方致辞，并向国际专家介绍了教科院的发展状况和发展目标，表达了与国际教育智库开展更深层次合作的愿望。联合国教科文组织国际教育规划研究所布宜诺斯艾利斯分所所长 Margarita Poggi 作为国际代表在开幕式上致辞，表达对会议的良好期许。

教科院副院长曾天山、韩国教育开发研究院院长白淳根、新加坡国立教育学院教育研究院院长李荣安、日本国立教育政策研究所所长尾崎春树、联合国教科文组织国际教育规划研究所布宜诺斯艾利斯分所所长 Margarita Poggi、法国教育研究院主任 Oliver Rey、印度比较教育学会会长 Jandhyala B G Tilak、意大利国家大学及科研机构评估局副局长 Ribolzi Luisa 和澳大利亚教育研究院高等教育研究中心主任 Hamish Coates 等，以教育智库建设、教育研究管理、创新与评价、比较教育研究为主题做了报告。

11月19—20日，“台湾教育研究院”副院长曾世杰一行12人到中国教科院访问。教科院领导及有关部门负责人和到访客人进行了座谈，双方围绕各自机构的管理与改革、研究重点与内容、研究方法与技术等内容做了工作交流，并确定加强在人员和信息等方面的交流，开展科研项目合作。

撰稿　杨润勇　赵小红
审稿　徐长发　曾天山

教育发展研究中心

〔研制《深化考试招生制度改革总体方案》〕 2013年2月，教育部组成专门工作小组着手开展考试招生制度改革方案的研制工作。在充分吸收国家考试指导委员会专家组前期调研成果的基础上，工作小组系统梳理了改革开放以来考试招生制度改革的历史经验，深入研究了美国、英国、日本、韩国等国家考试招生基本制度及改革趋势，总结了上海、浙江、山东、江苏等地有关考试招生制度改革的试点经验，从引导推进素质教育，完善“有教无类、因材施教、终身学习、人人成才”制度体系的要求出发，对改革进行顶层设计、整体规划，形成了考试招生制度改革的总体目标、基本思路和政策选择，形成了考试招生制度改革总体方案的基本框架。

围绕总体方案初稿，工作小组先后召开近30次咨询论证会议，听取各方面专家、代表性省市教育行政部门和考试机构、高校、中学领导的意见；多次听取国家教育考试指导委员会专家和国家教育咨询委员会部分专家的意见。10月16日，教育部部长袁贵仁主持召开国家教育考试指导委员会第三次全体会议，讨论审议总体方案。11月1日，国务院副总理刘延东主持召开国家教育体制改革领导小组全体会议，对总体方案进行讨论审议，对总体方案修改和完善提出修改意见。党的十八届三中全会后，工作小组根据全会通过的《中共中央关于全面深化改革若干重大问题的决定》对考试招生制度改革的部署，对总体方案进行了进一步修改和完善。

总体方案覆盖从义务教育到研究生教育各个阶段，强调普通教育、职业教育和继续教育各类教育的衔接沟通，针对各个教育阶段考试升学制度的关键性问题，提出了改革的方向、思路和重大政策要点，力求在引导素质教育、扭转应试教育局面、克服“一考定终身”、打破“唯分数论”、减轻学生过重课业负担等方面取得突破性进展。到2020年，建立分类考试、综合评价、多元录取的考试招生制度；健全考试与招生相对分离、学生多次选择、学校依法自主招生、专业机构组织实施、政府宏观管理、社会参与监督的运行机制；形成衔接沟通各级各类教育、认可多种学习成果的人才成长“立交桥”。

〔**2013年度国际教育政策研判会召开**〕　12月15—16日，在教育部国际合作与交流司的支持下，教育部教育发展研究中心、教育部教育管理信息中心和华东师范大学联合主办的2013年度国际教育政策研判会在华东师范大学召开。

国家教育咨询委员会委员、教育部教育发展研究中心主任张力，教育部教育管理信息中心主任展涛和华东师范大学校长陈群分别在开幕式上致辞。教育部国际合作与交流司司长张秀琴做了题为《做好国外教育调研，服务教育改革发展》的专题报告，介绍了中国在教育国际合作与交流方面的最新进展和工作的着力点。教育发展研究中心副主任杨银付代表专题组做了题为《2012—2013年国际教育政策研判》的专题汇报，分析了世界主要国家和地区以及国际组织教育发展的动向。

围绕上述专题报告和专题汇报，与会专家从不同的研究视角，从宏观、中观和微观层面剖析了2013年国外教育政策的动态和变化趋势。从地域范围看，与会者尤其关注了美国、欧盟、俄罗斯、印度、“亚洲四小龙”以及部分国际组织，如联合国教科文组织、经济合作与发展组织、世界银行等新近出台的重大教育政策、规划和战略，以及在地方和机构层面实施的创新计划与策略。与会者还从短期、中期和长期的角度探讨了这些政策、规划和战略的背景和价值取向。在主题方面，教育公平与质量、教育国际化与信息化、教育治理与政策设计、教育政策与国家竞争力的关系、教育的社会效益转化、教育质量评估、教师培训、外语教育的挑战、职业教育改革以及数据对于研究的重要性等都成为热点话题。

〔**举办2013年中国基础教育国际化研讨会**〕　12月7—8日，由教育部教育发展研究中心、四川省成都市教育局主办的2013年中国基础教育国际化研讨会在四川大学附属中学召开。

会议以“基础教育国际化：区域推进与学校实践”为主题，旨在学习贯彻党的十八届三中全会深化教育领域综合改革的精神，深入推进教育规划纲要“坚持以开放促改革、促发展，提升中国教育国际化水平”的教育对外开放战略，总结教育规划纲要颁布实施以来各地各校基础教育国际交流合作领域取得的新进展、新经验，分析基础教育国际交流面临的新机遇、新挑战，探索新时期基础教育国际化区域推进和学校实践新模式、新途径。来自美国、加拿大、英国、意大利、新加坡5个国家及全国24个省（区、市）的76个教育行政部门和教育科研院所、15所高等院校、174所中小学校及其他有关教育机构共700余位代表参加会议。

会议特邀了国家教育咨询委员会委员、教育部教育发展研究中心主任张力做了关于学习贯彻党的十八届三中全会精神、深化教育领域综合改革的专题报告。教育部国际合作与交流司副司长陈盈晖做了中国教育国际交流与合作最新政策与进展情况的专题报告。国家教育咨询委员会委员、国家总督学顾问陶西平，中国联合国教科文组织全国委员会副秘书长秦昌威、中国教育发展战略学会副会长周满生，中国教育学会副会长、国家督学、上海市教育委员会巡视员尹后庆，上海师范大学校长、上海国际学生评估（PISA）项目组组长张民选，华东师范大学党委副书记兼副校长任友群，成都市武侯区教育局局长张天劲等做主旨演讲，分别从全球、国家、国际组织、大学、省市和区县等不同角度，对世界基础教育教学改革发展态势、中国教育国际交流合作的进展、基础教育国际化的战略与实践研究、地方推进与学校探索、师范大学在基础教育国际化中的使命等进行了深入解读。

〔**举办首届地市高等职业教育服务新型城镇化研讨会**〕　12月14日，教育部教育发展研究中心在浙江省湖州市举办了“2013年地市高职教育研讨会”。来自浙江省教育厅、湖州市人民政府、光明日报、中国教育报的有关专家、领导以及浙江、江苏、安徽、山东、贵州、广东、江西等省有关高职院校的负责人出席会议。与会代表围绕地方高职教育的发展模式、发展方向、地方高职院校服务新型城镇化等议题展开了热烈讨论。

〔举办人力资源市场变化对高等教育多样性影响研讨会〕 6月6日，教育部教育发展研究中心和英国驻华使馆文化教育处在云南省昆明市联合举办“人力资源市场变化对高等教育多样性影响”的学术研讨会。中英两国20余所大学的领导和专家就如何应对人力资源市场变化、提高毕业生就业能力、加强创新创业教育、促进高等学校多样性发展等议题进行了广泛的交流。

〔开展蒲江县“现代田园教育”调查研究〕 教育部教育发展研究中心、中国人民大学、北京师范大学、东北师范大学的研究人员与四川省蒲江县人民政府相关部门共同组成“蒲江现代田园教育”调研组，以蒲江县教育作为研究样本，先后15次赴蒲江县，对其教育整体改革发展，特别是学前教育、基础教育、职业教育、社区教育和终身教育进行全面深入调查研究，取得了较为丰硕的研究成果。

撰稿　史春梦　刘承波　张家勇　高书国
审稿　杨银付　马　涛　马陆亭

高等学校社会科学发展研究中心

〔召开高校专家学者学习贯彻党的十八届三中全会精神座谈会〕 2013年11月22日，由教育部中国特色社会主义理论体系研究中心和教育部高等学校社会科学发展研究中心共同主办的“高校专家学者学习贯彻党的十八届三中全会精神座谈会”在北京大学举行。教育部副部长、教育部中国特色社会主义理论体系研究中心主任李卫红，教育部高等学校社会科学发展研究中心主任杨河，北京大学校务委员会副主任林毅夫，清华大学副校长谢维和，中国人民大学原副校长郑杭生，中国人民大学党委副书记、副校长王利明，北京师范大学副校长杨耕等专家学者参加了会议。与会专家围绕《中共中央关于全面深化改革若干重大问题的决定》提出的一系列新思想、新论断、新观点，对如何实现完善和发展中国特色社会主义制度，推进国家治理体系和治理能力现代化这个总目标所涉及的各个领域改革的若干理论和现实问题，进行了深入的讨论和阐释。人民日报、光明日报、经济日报、中国教育报等对会议进行了报道，中国教育报专版刊发专家发言摘要，光明日报刊发部分参会专家学者发言。

〔组织开展中国特色社会主义理论体系重大理论和实际问题研究〕 落实《教育部2013年工作要点》提出的“组织专家学者加大对党的十八大精神的研究力度，推进马克思主义中国化时代化大众化”的要求，围绕党的十八大和十八届三中全会精神、党的群众路线、中国特色社会主义、中国梦、教育改革发展、新型高校智库建设等主题，加强选题策划，组织专家撰写理论文章，在《求是》、人民日报、光明日报等中央主要报刊发表“教育部中国特色社会主义理论体系研究中心”署名文章14篇，推出一批质量较高的研究成果。组织开展中国特色社会主义教育道路、教育理论体系、教育制度和新型高校智库建设等专题研究。

〔成立“高等学校中国共产党革命精神与文化资源研究中心”〕 6月25日，教育部办公厅、中共中央党史研究室办公厅联合下发《关于设立“高等学校中国共产党革命精神与文化资源研究中心”的通知》。《通知》指出，根据《高等学校人文社会科学重点研究基地建设计划实施办法》、《教育部中共中央党史研究室关于开展中国共产党革命精神与文化资源研究中心建设工作的通知》精神，经有关省（市）教育厅（教委）、党史研究室推荐和相关高校申报，由专家评审组进行严格评审，教育部、中共中央党史研究室决定在复旦大学、嘉兴学院、湘潭大学、井冈山大学、赣南师范学院、遵义师范学院、延安大学、河北师范大学联合设立8个“高等学校中国共产党革命精神与文化资源研究中心”，纳入高等学校人文社会科学重点研究基地建设计划。设立“高等学校中国共产党革命精神与文化资源研究中心”，旨在发挥高校优势，整合各方面力量，推动实质性合作和协同创新，形成党史、革命精神和文化资源的研究联盟，建设党史和革命精神研究的高地、革命传统教育宣传的阵地和红色文化资源开发利用的智库，为学习研究宣传好中国共产党的历史和革命文化，挖掘中国共产党丰富的革命文化资源，促进革命文化的传承创新，推进社会主义核心价值体系建设发挥积极作用。《通知》同时公布了高等学校中国共产党革命精神与文化资源研究中心名单、研究中心理事会组成人员名单和专家指导委员会委员名单。教育部副部长李卫红任研究中心理事会理事长，中共中央党史研究室原副主任、北京大学教授沙健孙任专家指导委员会主任。理事会秘书处设在教育部社科中心，是理事会和专家指导委员会的办事机构。教育部社科中心主任杨河任秘书长。

7月25日，“高等学校中国共产党革命精神与文化资源研究中心”（简称研究中心）建设工作会议在北京召开。研究中心理事会、专家指导委员会成员参加会议。中共中央党史研究室主任欧阳淞出席会议，中共中央党史研究室副主任高永中、教育部副部长李卫红出席会议并讲话。

此次会议标志着首批8个研究中心正式挂牌成立。研究中心由教育部、中共中央党史研究室合作共建，是教育部人文社会科学重点研究基地，是拟成立的中共党史教育研究会的重要工作平台，是地方教育部门、党史研究部门和依托高校在中共党史、革命精神和文化资源领域的协同创新实体。研究中心以研究宣传中国共产党革命精神与文化资源为主线，以地域优势为突破口，发挥高校优势，整合研究力量，对中国共产党“红船精神”“井冈山精神”“苏区精神”“延安精神”“西柏坡精神”等革命精神及红色文化资源开展协同研究，为推动中共党史研究宣传教育，促进哲学社会科学繁荣发展，巩固全党全国各族人民团结奋斗的共同思想道德基础做出积极贡献。研究中心成立后，秘书处积极组织研究中心编写《中国共产党革命精神史读本（新民主主义篇）》，宣传弘扬中国共产党的历史和革命精神。

〔深入开展意识形态领域重大理论和现实问题研究〕　深入学习贯彻中央宣传思想工作会议和中共中央总书记习近平“8·19”重要讲话精神，围绕思想理论领域重大理论和现实问题、哲学社会科学相关学科领域重大学术前沿问题，开展理论研究和舆情分析研判工作，报送多篇调研报告和舆情分析材料。按照有关部门委托调研函的要求，开展专题调研、报送调研报告。召开加强舆情信息联络点建设工作座谈会，不断完善舆情研判体制机制。

组织高校专家学者深入研究中国经济发展的内外形势、动力潜力及制约因素等影响中国经济安全的热点问题。7月6日，由教育部高等学校社会科学发展研究中心和云南财经大学共同主办的“中国经济安全论坛·2013”在昆明市举行。本届论坛的主题是“经济全球化新形势下的中国对外经济安全”。来自外交部、国务院发展研究中心、国家发展改革委等有关部委和中国社会科学研究院、国家行政学院、国防大学、上海社会科学研究院、北京大学、清华大学、中国人民大学、云南财经大学等有关科研院所和高校共20多家单位的近40位专家学者出席论坛。与会专家学者围绕论坛主题，从不同角度深入探讨了中国开放战略与对外经济发展方式的转变、深化改革与开放型经济体系的完善、中国国际投资模式演变与对外经济安全、周边冲突与中国经济安全、欧美国家经济政策调整与中国经济安全、沿海沿边开放与经济安全等问题。

〔不断提升马克思主义中国化时代化大众化研究质量与水平〕　贯彻党的十八大“推进马克思主义中国化时代化大众化”精神，加强课题研究顶层设计，精心组织实施教育部人文社会科学研究专项任务项目（马克思主义中国化时代化大众化）。经组织专家严格评审和面向社会公示，2013年教育部人文社会科学研究专项任务项目（马克思主义中国化时代化大众化）共批准立项课题64项。

〔加强美育研究与文化传承创新研究〕 5月22日，在中国人民大学召开以“推进高校文化传承创新，繁荣发展哲学社会科学”为主题的“高校文化传承创新研究座谈会”，教育部副部长李卫红出席会议并讲话。北京、天津等10余所高校的知名专家学者参会。在北京举行当代美育前沿问题理论研讨会暨《中国美育年鉴（2012）》出版座谈会，中华全国美学学会会长、中国社会科学院原副院长汝信、教育部社科中心主任杨河出席会议并讲话。中国教育学会美育专业委员会、中国美育网、有关高校的专家学者参加座谈并发言。

编辑出版《大学文化传承创新研究（第1辑）》《中国美育年鉴（2013）》，反映高校在文化研究领域的最新进展。

〔配合做好纪念毛泽东同志诞辰120周年有关学术活动〕 征集教育部所属高校参选“全国纪念毛泽东同志诞辰120周年学术研讨会”论文并组织评审，遴选优秀论文报送中央文献研究室。组织高等学校社会科学发展研究中心部分干部参加中央召开的纪念毛泽东同志诞辰120周年座谈会和全国纪念毛泽东同志诞辰120周年学术研讨会。

〔加强《中国高校社会科学》建设〕 经国家新闻出版总署批准，《高校理论战线》杂志更名为《中国高校社会科学》，新编国内统一连续出版物号CN10-1136/C，双月刊，每逢单月10日出版，大16开160页。《中国高校社会科学》由教育部主管、教育部社科中心主办。办刊宗旨为：坚持正确办刊方向，反映中国高校社会科学学术研究成果，重点刊载中国特色社会主义重大理论与实际问题研究、哲学社会科学基本学科学术问题研究、哲学社会科学动态研究等学术文章，为高校哲学社会科学学科建设服务。所设置的栏目主要分为哲学社会科学学科理论研究、哲学社会科学动态分析和发展研究、综述及其他等三大类。2013年5月10日，《中国高校社会科学》出版第1期。

6月26日，《中国高校社会科学》出版座谈会在北京召开。教育部副部长李卫红出席并讲话。教育部社会科学司司长张东刚，中国人民大学教授、《中国高校社会科学》编委会主任陈先达以及来自有关高校的专家学者，围绕“提高刊物质量，为繁荣发展高校哲学社会科学服务”的主题进行了座谈。教育部社科中心主任、《中国高校社会科学》总编辑杨河主持会议。北京大学、清华大学、中国人民大学、北京师范大学、中国政法大学、对外经济贸易大学等高校的专家学者20余人参加座谈会。

加强与高校学者的联系，在中国人民大学、复旦大学等高校召开《中国高校社会科学》杂志读者、作者座谈会，听取高校专家学者对办好杂志的意见和建议。

撰稿 樊泽民
审稿 杨 河

教育部职业技术教育中心研究所

〔为全国政协“现代职业教育体系建设的途径”专题研究建言献策〕 全国政协教科文卫体委员会组织承担了“现代职业教育体系建设的途径”的专题研究任务。2013年4—5月，全国政协教科文卫体委员会副主任李卫红、邢元敏、常荣军分别率调研组赴湖南、重庆和陕西进行实地调研。职业技术教育中心研究所（简称职教所）组织科研力量参与了此次调研，撰写了“关于湘渝陕现代职业教育体系的建设”的调研报告。

6月5日，全国政协在北京召开“现代职业教育体系建设的途径”协商座谈会。座谈会由全国政协常委、全国政协教科文卫体委员会主任张玉台主持。全国政协副秘书长孙怀山、张秋俭，全国政协教科文卫体委员会副主任马德秀、刘敬民、李卫红、胡振民、段世杰、常荣军出席会议。部分民主党派中央、人民团体的领导和有关部门负责人，部分全国政协委员，教育部、财政部、人力资源和社会保障部有关司局负责人及有关专家学者，地方代表及职业院校负责人共80余人参加座谈会。会上，职教所研究员姜大源做了“成立统筹职业教育发展的国家机构，建立国家职业资格框架体系”的建议发言，提出了成立统筹职业教育发展的国家机构，如职业教育总局（部/委员会），建立国家职业资格框架体系，进而构建职业学历教育与职业培训、学历证书与职业资格证书的沟通机制等建议。会后，职教所向全国政协提交了《关于建立国家资格框架的建议》和《关于建立国家职业教育局的建议》两份建议性报告。

〔中职学校教师专业标准研制完成〕 由教育部教师工作司委托职教所承担的“中等职业学校教师专业标准研究”课题5月如期结题。7月，通过专家论证。在研究过程中，课题组组建专家研究团队，对国家相关的法律和政策、国内外已有的研究成果进行了梳理和分析，特别是对中国出台的中小学教师专业标准以及美国、澳大利亚、德国、欧盟等主要发达国家和地区的职业教育教师专业标准进行了系统的研究。经过开题、调研与报告撰写、文本起草与探讨和专家审议等阶段，最终形成了《中等职业学校教师专业标准》（简称《专业标准》）文本。该文本经教育部面向全社会征求意见，于9月20日印发。

《专业标准》由“引言”“基本理念”“基本内容”“实施要求”四个部分组成，在内容和结构上突出体现中等职业学校教师“双师型”特色，提出师德为先、学生为本、能力为重、终身学习的基本理念。“基本内容”涵盖了专业理念与师德、专业知识和专业能力3个维度15个领域。

〔完成中职学校第一批95个专业教学标准的制订工作〕 2月，教育部中等职业学校专业教学标准制订工作领导小组办公室组织专家组，起草印发《关于印发中等职业学校专业教学标准编写说明的函》（职教所标〔2013〕1号），明确了专业教学标准14个条目的主要内容、编写体例和要求等。4月，印发《关于中等职业学校专业教学标准制订工作专家组与立项行指委（教指委）分工对应指导的通知》（职教所标〔2013〕2号），将专家组分为四组，分别对应指导相关行业指导委员会，确立有效的分组指导机制。8月和11月，领导小组办公室按照教育部相关要求，先后组织63位专家分批次对机械、交通等30个行业指导委员会、专业教学指导委员会提交的138个专业教学标准按照合格、基本合格和不合格三个等级进行分组审定。在分组审议基础上，领导小组办公室组织专家对各组审定结果进行复核，结果为95个专业教学标准合格、30个专业教学标准基本合格。12月，在前期审定的基础上，再次召开由全体顾问组成人员及专家组专家共33人参加的审定会，通过了95个专业教学标准作为合格专业教学标准，并完成上报教育部的工作。

中职学校专业教学标准包括14部分内容，分别是专业名称（专业代码）、入学要求、学制、培养目标、职业范围、人才规格、主要接续专业、课程结构、课程设置、教学时间安排、教学实施、教学评价、实训实习环境、专业师资。

〔完成中职学校教师职称制度改革研究〕 3—6月，“中等职业学校教师职称制度改革研究”课题组先后进行了《全国中等职业学校教师职称制度改革调研》的问卷设计、发放、回收工作和到山东、陕西等地的实地调研工作，同时启动了相关研究报告的撰写。8月，完成了《中等职业学校教师职称制度改革试点指导意见》文本初稿和《中等职业学校教师职称制度改革研究报告》。课题研究报告在系统分析中职教师职称制度发展历程与现状的基础上，提出了中职教师职称制度存在的突出问题和中职教师职称制度改革的政策建议。9—12月，经多次课题组内部讨论、向职教所所外专家征求意见以及到北京地区中等职业学校实地调研，形成了《中等职业学校教师职称制度改革试点指导意见》文本终稿。研究报告和《意见》文本已于 2013 年年底上交教育部。

〔合作成立发展中国家职业教育研究院〕　4 月 25 日，由教育部职教所、宁波市教育局和宁波职业技术学院合作成立的“发展中国家职业教育研究院”在宁波职业技术学院成立。职教所所长、教育部职成教司巡视员王继平，职教司原司长杨金土，职教所副所长高瑛，中科院院士、宁波职业技术学院院长贺贤土，宁波市教育局副局长胡赤弟等出席研究院成立暨签字仪式。来自 20 多个发展中国家的 30 多位教育界人士参加了成立仪式。王继平、高瑛和职教所国际合作与比较教育研究室主任刘育锋分别当选为研究院理事长、院长和副院长。

职教所作为“发展中国家职业教育研究院”的理事之一，为研究院搭建研究平台、提供科研力量、进行理论指导和项目支持。研究院的主要功能包括开展发展中国家职业教育的理论和实践研究、开展发展中国家职业教育官员和教师培训、组织中国职业教育优秀教材的翻译和输出；举办发展中国家职业教育论坛、向发展中国家推广中国职业教育的成功经验和做法等。发展中国家职业教育研究院院址设在宁波职业技术学院，并由该学院负责研究院的日常运作和管理。

撰稿　苏　敏
审稿　王继平

高等教育教学评估中心

〔综述〕　2013 年，教育部高等教育教学评估中心（简称评估中心）努力构建自我评估、专业认证及评估、院校评估、国际评估和状态数据常态监测的“五位一体”本科教学评估制度，正式启动高校审核评估。初步建成教学基本状态“国家数据库”，研制完成系列质量监测与评估报告。国际交流与合作取得实质性进展。在促进中国高等教育质量全面提升、完善高等教育质量保障体系建设方面迈出了坚实的步伐。

〔中国加入《华盛顿协议》，高等工程教育取得重要突破〕　6 月 19 日，在韩国首尔召开的国际工程联盟大会上，《华盛顿协议》全会一致通过接纳中国为该协议签约成员。《华盛顿协议》提出的工程专业教育标准，是国际工程界对工科毕业生能力的权威要求。加入《华盛顿协议》，表明中国高等工程教育的质量得到了国际社会的认可，意味着中国通过工程教育专业认证的学生将来可以在相关的国家或地区按照注册工程师的要求，取得工程师执业资格，获得走向世界必须具备的国际互认质量标准通行证。中国的工程教育认证由中国工程教育认证协会组织实施，协会秘书处设在教育部高等教育教学评估中心。

〔试点工作取得成功，正式启动高校审核评估〕　12 月 5 日，教育部印发《关于开展普通高等学校本科教学工作审核评估的通知》，决定从 2014 年至 2018 年开展普通高等学校本科教学工作审核评估，并公布了审核评估方案。本次审核评估坚持“以评促建、以评促改、以评促管、评建结合、重在建设”的方针；突出内涵建设，突出特色发展；强化办学合理定位，强化人才培养中心地位，强化质量保障体系建设，不断提高人才培养质量。评估的核心是对学校人才培养目标与培养效果的实现状况进行评价，重点考察办学定位和人才培养目标与国家和区域经济社会发展需求的适应度、教师和教学资源条件的保障度、教学和质量保障体系运行的有效度、学生和社会用人单位的满意度等。

〔**建设高校教学基本状态国家数据库，编制发布系列质量监测与评估报告**〕 评估中心初步组织建成了“高校教学基本状态国家数据库”（2.0版）。2013年，已采集包括全国350余所本科院校的教学状态数据，由此生成的数据分析报告在评估工作中发挥了重要作用。结合教学状态数据采集和专家评估工作，评估中心组织编制了《全国“211工程”高校本科教学质量报告（2012年度）》蓝皮书、《全国新建本科院校教学质量监测报告（2012年度）》蓝皮书、《全国新建本科院校合格评估报告（2012年度）》绿皮书等高校本科教育质量监测系列报告。报告坚持用数据和事实说话的原则，客观反映了各类相关高校本科教学质量基本情况以及在人才培养工作中存在的特色优势和共性问题，为改进和提高教育教学工作提出了具体政策建议。以教学基本状态数据常态监测为基础，构建高等教育质量保障体系和评估制度，在国际上是中国高等教育质量保障的一项开拓性举措，引起了广泛关注。

〔**国际交流中争取主动权，与主流国际组织的合作取得实质性进展**〕 积极开展与国际组织和国（境）外高水平评估机构的交流与合作，组织完成国（境）外来访团组接待任务以及实质性工作出访任务；在中日韩“亚洲校园”（CAMPUS Asia）项目中，评估中心作为委员单位，研制完成了《“亚洲校园”质量监控方案及标准》，起草了《关于加强“亚洲校园”试点项目质量监控的若干意见》，逐步推进“亚洲校园”项目质量监控工作。与经济合作与发展组织、联合国教科文组织、欧盟等加强合作，积极开展“教学质量提升”（IMHE-FQT）、“高等教育学习成果评估”（AHELO）、“全球大学多维排名”（U-Multirank）等项目的实质性合作，在国际高等教育质量保障领域，提升了中国的话语权和影响力。

撰稿　李　岩

审稿　吴　岩　王战军

教育装备研究与发展中心

〔**教育部教学仪器研究所更名为教育部教育装备研究与发展中心**〕 根据全面贯彻落实教育规划纲要的需要，经教育部党组研究决定并报中央编制委员会办公室批准，教育部教学仪器研究所自2013年2月起更名为教育部教育装备研究与发展中心（教人厅〔2013〕1号）。更名后该单位的主要职责是：从事教育装备的理论、政策研究和技术开发，承担教育装备标准化、质量检测、咨询、培训等工作；根据教育部委托，制订教育装备发展规划，指导学校装备建设，提高中国教学实验技术水平和装备水平，促进教育装备行业发展，为教育事业发展提供技术支持。

〔**成立教育部教育装备工作领导小组**〕 为落实教育规划纲要提出的“到2020年，基本实现教育现代化，基本形成学习型社会，进入人力资源强国行列”的战略目标，切实加强对教育装备工作的领导，经教育部研究决定，教育部教育装备工作领导小组于8月正式成立（教人厅〔2013〕6号）。领导小组由教育部副部长刘利民担任组长，成员单位包括教育部基础教育二司、职业教育与成人教育司、高等教育司、教育装备研究与发展中心等10个司局和直属单位，办公室设在教育装备研究与发展中心。领导小组的主要任务是：统筹规划、协调推进各级各类教育装备工作，研究解决推进过程中的重大问题。

〔**召开教育部教育装备工作领导小组第一次全体会议**〕 9月27日，教育部教育装备工作领导小组第一次工作会议在北京召开。教育部副部长、教育部教育装备工作领导小组组长刘利民在讲话中指出，新形势下加强教育装备工作刻不容缓，既是基本实现教育现代化，办好人们满意教育的必然要求，也是加快转变政府职能，创新和改善管理方式，引导教育装备健康发展的必然要求。刘利民强调，要站在新的历史起点上，重新定位教育装备的作用，要以改革创新精神，加快推进教育装备现代化。一是要建立完善领导、技术与决策支持“三位一体”教育装备工作新格局。二是要统筹规划，系统推进教育装备工作。三是要切实提高保障能力，为全面加强教育装备工作提供有力支撑。刘利民要求教育装备工作要以新的思路、新的方法、新的手段，配置好资源，激发出活力，发挥好效益，以科学的保障机制支撑教育装备事业科学发展。

会议提出了加强教育装备工作的具体措施：启动教育装备产品2013年质量抽查工作；启动教育装备公共服务平台建设；全面加强教育装备标准化工作；与高等学校及相关机构协同创新，加快教育装备研发步伐，提高研发应用水平；创新教育装备中心工作机制，提供教育装备的全方位指导和服务。

〔教育装备专家指导委员会和教育装备协同创新研究中心成立〕　12月25日，教育部办公厅下发《关于成立教育部教育装备专家指导委员会的通知》（教办厅〔2013〕9号）。教育装备专家指导委员会由有关部门负责人、专家、学者和具有教育装备工作一线实践经验的人员组成，包括宏观管理、基础教育、职业教育、高等教育四部分，主要对教育装备工作进行研究、咨询、指导、评估和服务。专家指导委员会在教育部教育装备工作领导小组的领导下开展工作，秘书处设在教育部教育装备研究与发展中心，负责处理日常事务。

12月，第一批14家教育装备协同创新研究机构在清华大学等高校（单位）设立。协同创新机构围绕教育装备发展中的重大问题、共性问题、关键问题开展研究，瞄准国际先进技术发展趋势，提高中国教育装备数字化、智能化、标准化水平，推进教育装备现代化，争取在教育装备基础研究和前沿技术领域取得实质性突破。

〔完成滇西边境山区“学前教育装备爱心园援建工程”〕　教育部教育装备研究与发展中心积极响应党中央扶贫开发战略，按照教育部党组统一部署，创新扶贫开发模式，参与教育部定点联系滇西边境山区教育扶贫工作，2013年圆满完成滇西边境山区“学前教育装备爱心园援建工程”。该工程以发展学前教育为切入点，建立了中国下一代教育基金会爱心园教育专项基金，为受捐幼儿园提供玩教具、户外游乐器材和教育教学设备，并开展相关教育装备培训。援建工程总捐赠额为2 500万元，惠及滇西边境山区10个州市56个县（市、区）的66所幼儿园，平均每所幼儿园受赠额达30万元以上。

〔组织“心系滇西，情聚宁洱”爱心捐助项目系列公益活动〕　8月25—27日，教育部教育装备研究与发展中心与中国教育发展基金会共同组织了“心系滇西，情聚宁洱”爱心捐助项目系列公益活动。项目为云南省普洱市宁洱县幼儿园、中小学和职业高中捐赠了总价值70余万元的电脑、课桌椅、幼儿园户外游乐设备及学生读书卡等。还与宁洱县教育局联合，采用“走进实验室，操作手把手”的互动教学方式，培训了150位中小学校长及小学科学、初中理科教师。

〔全国中小学学生装（校服）工作会召开〕　11月14日，教育部教育装备研究与发展中心组织召开了全国中小学学生装（校服）工作暨中小学学生装（校服）展演活动座谈会。教育部副部长、教育装备工作领导小组组长刘利民出席并讲话。教育部基础教育二司、教育装备研究与发展中心、部分省（区、市）教育厅（局）负责人，各省（区、市）和计划单列市及新疆生产建设兵团中小学学生装工作主管部门负责人参加了座谈会。

刘利民指出，党和国家高度重视中小学学生装（校服）工作，明确要求建立校服安全标准并完善招投标制度，加强监管，防止学生用品危害学生健康。要认真总结中小学学生装工作经验，进一步提高对中小学学生装工作重要性的认识，建立强有力的监管保障体系，明确职责，加强标准建设和部门合作，让全国中小学学生装（校服）管理工作更加规范有序，保证学生穿上安全、舒适、美观的学生装。

座谈会上，上海市教育委员会、山东省学校生产供应管理处、宁夏教育装备和校园风险管理中心、江苏省南京市教育装备与勤工俭学办公室等单位，围绕中小学学生装（校服）工作的组织模式、管理制度和监管流程等做交流发言。北京服装学院负责人就校服文化与校服设计做专题发言。

会后，根据教育部领导指示，教育部教育装备研究与发展中心向国务院领导上报了“关于加强校服监管工作情况的汇报”。报告经国务院副总理刘延东批转，得到了李克强总理、张高丽副总理的充分肯定。

〔启动系列数字化教育装备行业标准制订工作〕

2013年，教育部教育装备研究与发展中心在多方调研的基础上，启动了《数字化校园》《数字化教室》《数字化移动式学习终端》等的研制工作。经过广泛听取有关专家、一线教师、教育管理部门等方面的意见，初步形成了相应标准的建议稿。数字化教育装备标准的研制工作将为学校科学配备数字化教育装备打下基础，保证数字化教育装备的配备质量和采购效益。

撰稿　赵　华

审稿　陈　琳

中国教育学会

〔研制、发布《中国教育学会事业发展规划（2013—2018年）》〕　2013年，《中国教育学会事业发展规划（2013—2018年）》（简称《规划》）正式印发。《规划》分为总体思路、工作方针、工作目标、主要任务、保障条件与措施五大部分。《规划》提出的指导思想是：学术为本，服务立会，注重质量，突出特色，扩大交流，合作创新。发展的总任务是：搭建教育教学创新实践与研究的平台，促进人才培养模式的创新；搭建教研实验成果转化的平台，加强教育科研成果和实践经验的普及；搭建教育国际交流的平台，提高基础教育国际化水平；搭建教师专业发展的平台，使学会成为教育家成长的摇篮。

〔积极承接教育部委托项目〕　受教育部基础教育二司委托，由中国教育学会组织专家学者编写的《老一辈革命家的故事》丛书于1月由教育科学出版社出版。丛书以全新的视角、翔实的资料、权威的信息，精编了毛泽东、周恩来、刘少奇、朱德、陈云等100多位老一辈革命家的故事230多篇。

3月，受教育部基础教育一司委托的“中国中小学、幼儿园的安全管理及评价标准”研制工作按计划结题，并向基础教育一司做了专题汇报。中国教育学会组织专家开发研制了涵盖“安全教育课程体系、安全技能训练体系、安全活动开展体系、安全评测体系、安全教育资源库”的学校安全标准化服务体系。为推动各地利用现代信息技术手段，逐步实现学校安全教育科学化、常态化和信息化，全面提升学校安全教育工作整体水平，基础教育一司委托中国教育学会开展安全教育的相关实验和试点工作，选择适当地区建立“安全教育实验区”。截至2013年年底，已与绍兴市、成都市、青岛市、徐州市、临海市签约，覆盖学生400多万人。学校安全教育平台成功上线，已签约地区的教育局完成了工作部署和培训。

12月5日，受教育部办公厅委托，由中国教育学会和中国高等教育学会联合举办的《温家宝谈教育》学习座谈会在北京召开。会议旨在交流学习《温家宝谈教育》的体会，贯彻党的十八大和十八届三中全会精神，进一步推进教育改革和发展。教育部副部长杜玉波出席座谈会并讲话。国家教育咨询委员会委员顾明远、国务院参事李烈等 9 位来自教育领域的代表参加座谈会。

研制完成教育系统“国家高层次人才特殊支持计划”人才遴选指标及说明。

开发中小学优秀传统文化教学研究基地项目。2013 年，首批确认 40 所基地学校。

〔**面向基层教育改革，积极谋划和开展教育专业服务**〕　2013 年，启动“中国教育数字博览馆”建设（试点）项目。完成了方案修订、论证以及前期筹备工作。先后与西安市教育局、华东师范大学、成都市教育局、南京大学签署了项目研发合作协议。截至 2013 年年底，完成了《中国教育数字博览馆资源采集及数字化加工规范》《元数据规范》《试点城市工作手册》的编制工作，形成了中国教育数字博览馆网站首页设计及框架结构，出台了《项目管理办法》及《项目资金支出管理办法》。

研发与推动高端研修项目。中国教育学会先后与华东师范大学签署了“未来教育家（学前）高端研修项目”研发协议，与成都市教育局签署了“成都市未来教育家培养”项目合作协议，并明确了方案框架和基本内容。在项目研发的同时，为项目推广做了大量的市场调研，在多个城市进行了实地调研和论证。

2013 年 7 月至 2014 年 6 月，举办“首届全国基础教育科研成果网络博览会”。采取自愿申报、逐级推荐、网络初评、专家评审、组委会审核的办法，评出全国基础教育科研成果一、二、三等奖。所有推荐成果都在网上展示、博览。

启动中国大学先修课程（CAP）试点项目。2013 年，中国教育学会启动了“中国大学先修课程（CAP）试点项目”，计划在全国部分高中试行开设大学先修课程。已组成项目领导和工作小组，从课程研发、准入制度、信息管理系统建设、考试评价四方面开展试点工作。

与故宫博物院签订战略合作框架协议。根据协议，双方共同推进以下项目：利用双方的资源，联合开展针对国内外青少年、教师和其他教育工作者，以中华民族传统文化学习和欣赏为主题的长、短期教学活动，促进中国优秀传统文化在海内外的传播；联合申报并承担相关课题，共享科研成果。双方就各自学科领域所关注的如何在中小学传承中华传统文化等重大议题，联合召开学术研讨会，开展学术调研等活动；发挥双方在教育、优秀传统文化研究等方面的优势，联合开发适合学生阅读、适合教师教学的各种读物和音像制品。共同组织学生、教师到故宫博物院和相关馆所开展民族优秀传统文化教育、文化遗产教育、非物质文化遗产教育和爱国主义教育等活动；双方共同组建一个工作平台——“中国文化教育研修中心”，具体承担合作项目的组织工作。

〔**加强分支机构设立与撤（注）销等管理工作，完善内部治理体系**〕　设立新的分支机构。成立了中国教育学会教育新闻宣传分会。其主要任务为：开展学术研究，承担教育宣传理论、实践研究项目；举办教育宣传业务培训、学术活动；编写教育宣传研究图书资料等。

撤（注）销分支机构。按照《中国教育学会分支机构年度检查办法（试行）》相关规定，杨贤江教育思想研究分会、教学仪器设备分会连续两年被评定为不合格。教育机制研究分会因无明确的学科、专业或业务工作定位，所开展的业务活动与其名称不符，且与其他分支机构活动重复，不符合《中国教育学会分支机构管理办法（试行）》相关规定，经分支机构设置评审委员会第一次会议审议并投票表决，撤（注）销以上 3 个分支机构。

批准设立首批 5 个“专题研究中心”。根据《中国教育学会专题研究中心建设与管理规程（试行）》，在各地、各有关单位呈报的基础上，经专家评审组严格把关，中国教育学会批准设立首批 5 个“专题研究中心”，即中小学班主任专题研究中心、学前教育专题研究中心、可持续发展教育专题研究中心、教育生态专题研究中心和高质量学习研究中心。专题研究中心是中国教育学会内设的学术交流平台，由学会秘书处实施组织管理，学会学术委员会负责专业指导。

撰稿　张忠涛　鲍东明
审稿　杨念鲁

中国高等教育学会

〔**综述**〕 2013年，中国高等教育学会（简称高教学会）在第六届理事会领导下，贯彻落实党的十八大精神，借助开展学会成立30周年纪念活动的有利时机，积极增强本单位、本领域的可持续发展能力。

〔**总结学会建立30年经验，凝聚共识，推进社团建设**〕 2013年6月15日，在中国地质大学举行了高教学会成立30周年纪念表彰和学术交流活动。高教学会部分历届老领导和老同志、各个团体会员和分支机构负责人及兄弟学会领导等230多人出席会议。教育部副部长杜玉波出席会议并讲话，有关研究机构的知名学者，就加强社团建设的若干重要问题为大会做了学术报告。

〔**评选先进团体和优秀工作者**〕 2013年，开展了高教学会各团体会员和分支机构的先进团体和优秀工作者的评选表彰活动。有21家省级学会、44家分支机构、10家行业学会共75家单位申报。经推荐、评选，最终评选出先进团体40家、优秀工作者100名，并在6月15日高教学会成立30周年纪念会上进行了表彰。

〔**评选表彰“从事高教工作30年高教研究有重要贡献学者”奖**〕 评选表彰“从事高教工作30年高教研究有重要贡献学者”活动是高教学会在高等教育科学研究领域进行的一次重要表彰活动。共有55家单位在204位申报者中推荐了161位学者，最终以30名为限额评选出“从事高教工作30年高教研究有重要贡献学者”，并在公示后进行了表彰奖励。

〔**开展第八次优秀高教科研成果评选**〕 2013年，开展了高教学会第八次优秀高教科研成果评选。本次科研成果评选反映了高教学会科研活动特色、有关行业标准规范以及政策咨询的成果。24家省市学会和27家分支机构提交了2 131份申请材料，最终评选出100项优秀高教科研成果。其中一等奖20项、二等奖30项、三等奖50项，优秀奖70项。

〔**起草《关于加强中国高教学会建设的若干意见》**〕 根据中国高教学会第六届常务理事会第一次会议决定，高教学会组织力量召开会长及会员代表、分支机构座谈会，研究起草了《关于加强中国高教学会建设的若干意见》。

〔**组建新一届学会学术委员会**〕 在高教学会第六届常务理事会第一次会议上，表决通过了高教学会第三届学术委员会正副主任和秘书长人选。经过将近半年的酝酿，于3月22日在北京召开了第三届学术委员会成立大会。本届学术委员会共有学术委员40人，由会长担任主任委员。学术委员会除了高等教育学科的知名学者之外，还包括省市高教学会的代表和若干分支机构的代表，力图体现学会学术活动的整体覆盖。

〔**积极配合教育部重点工作，发挥群众性社团作用**〕 根据教育部统一要求，高教学会组织协调战线力量，调研起草了若干领域教育规划纲要三年实施情况分析报告，得到多位教育部领导肯定。落实教育部要求，联合中国教育学会召开了《温家宝谈教育》一书出版座谈会，联合清华大学开展了纪念蒋南翔诞辰100周年纪念活动。配合教育部办公厅开展高教领域信息公开评价分析，配合教育部高教司开展省市高教装备情况分析，配合教育部政法司开展大学章程交流培训活动，配合教育部职成司开展人才培养与行业需求对接等活动。在推进高校后勤社会化等方面，配合教育部相关司局开展工作。

〔**推动群众性科学研究活动**〕　2013 年，高教学会完成了“遵循科学发展、建设高等教育强国”重大研究课题 11 个子课题的结题及课题总报告的起草。举行了“中国特色高等教育思想体系研究”课题开题论证会。开展了高教学会“十二五”科研规划重点项目中期检查。高教学会学术部组织专家组分别在北京、上海和武汉 3 市召开中期检查汇报会。根据中期检查结果，高教学会会长办公会决定，拨款 55 万元，资助 26 项重点项目，其中 7 个项目资助力度为 3 万元。

〔**举办国际论坛等高端学术活动，推进国际合作与交流**〕　11 月 1—3 日，在浙江省宁波市举办第 13 届高等教育国际论坛和高教学会学术年会，高教研究人员、高校领导和高教管理人员、高教学科博士生及导师共 500 余人出席论坛。国际论坛主题是“改革·质量·责任：高等教育现代化”，来自中国、印度、日本、澳大利亚和经济合作与发展组织的 40 余位专家做了学术报告。8 月，高教学会和英国使馆联合召开中英在线教育双边研讨会。

〔**举办高教仪器设备展示会**〕　4 月和 10 月，高教学会分别在江西省南昌市和湖南省长沙市举办了第 41 届和第 42 届高教仪器设备展示会，教育部高教司和高教学会负责人、江西省和湖南省教育厅负责人及各地高校近万名教职工参加了展示会活动。

〔**评选表彰高等教育学优秀博士学位论文**〕　4—9 月，评选表彰了第九届高等教育学优秀博士学位论文作者和他们的导师。此次评选，14 所院校在高等教育学科 2012 年毕业博士研究生中的 162 篇论文中推荐了 31 篇优秀博士学位论文，通过评选确定表彰 5 篇高等教育学优秀博士学位论文。11 月 2 日，在北京召开的高等教育国际论坛上进行了表彰。

〔**办好会刊，提供高水平学术交流平台**〕　《中国高教研究》本着“关注大局、培育特色，做优细节、提升质量”的工作思路，突出高教学会会刊特色，在巩固已有成绩的基础上，办刊质量进一步提高。2013 年，高教学会编辑出版了 24 期《中国教育科研参考》。此外，由高教学会主管的刊物《中国现代教育装备》的学术水平和影响力也有进一步的提高。

〔**健全学会组织机构**〕　经高教学会理事会表决，2013 年增补了一名副会长，增补了香港地区 5 名常务理事、6 名理事和 2 名学术委员会委员。

撰稿　范笑仙
审稿　范文曜

中国民办教育协会

〔**认真贯彻教育规划纲要，积极落实教育部任务**〕　2013 年 1—6 月，为深入学习贯彻党的十八大会议精神，教育部发展规划司要求中国民办教育协会围绕民办教育发展情况进行深入研究分析，并为全国民办教育工作会议筹备提供背景分析材料。协会组织秘书处和各专业委员会、各部门撰写报告，并组织教育专家、学者就报告内容进行深入研讨。协会向教育部提交了《我国民办教育发展现状分析报告》。报告既反映了现实，又对改革提出建设性的意见，得到了教育部有关部门的充分肯定。

根据教育部发展规划司安排，5 月和 7 月期间，中国民办教育协会两次派员参与了《关于进一步促进民办教育发展的若干意见（征求意见稿）》的讨论修改工作以及全国民办教育改革试点项目的中期评估工作。

6月26—28日，“2013年全国职业院校学生技能作品展洽会”在天津市举行。6月29日下午，国务院副总理刘延东，教育部部长袁贵仁、副部长鲁昕和天津市市委领导参观了展会。参展期间，刘延东一行特意到中国民办高等教育成果展示区参观，询问了民办高等教育的基本状况。本次中国民办高等教育成果展是中国民办高校第一次参展，黄河科技学院、吉林华侨外国语学院等12所民办高校从不同侧面展示了中国民办高等教育30年来所取得的成就和优秀教育教学成果。

〔深入调研，积极建言献策，为政府部门决策服务〕 7月12—13日，中国民办教育协会组成调研组，由会长王佐书带队，到黑龙江省进行独立学院转制工作专项调研。教育部发展规划司副司长郭春鸣等参加了调研。调研结束后，协会将调研报告呈报教育部，并编印简报发至全体理事。

9月5日，国务院法制办公室将《教育法律一揽子修订草案（征求意见稿）》及其说明全文公布，征求社会各界意见。国务院法制办公室秘书行政司专门致函协会征求意见，协会认真组织有关部门和专家进行讨论，对此次一揽子修订4部教育法律的有关条款总体赞同，并提出了3条具体修改意见。特别是关于《民办教育促进法》第51条的修改，协会建议从考虑民办学校实际情况和鼓励民间出资兴办教育的角度出发，此条款删除关于“取得合理回报”应当极为慎重，建议在全国普遍调研的基础上再研究确定。此条建议引起了国务院法制办公室的高度重视。

9月6日，中国民办教育协会培训教育专业委员会开始通过邮件、短信告知的方式，组织所有的副理事长和常务理事单位，专门就《教育法律一揽子修订草案（征求意见稿）》发表意见，经过整理，形成8条意见并以培训教育专业委员会的名义上报国务院法制办公室。

〔开展行业自律和行业维权，促进民办教育健康发展〕 2月28日，由中国民办教育协会主办、协会培训教育专业委员会协办的《中小学生校外培训机构自律公约》签署仪式在北京举行。学大教育集团、北京新东方教育科技集团等17家培训教育机构签署了《自律公约》。《自律公约》分别从资质、服务、质量、收费、安全、竞争与合作等角度，对校外教育培训机构提出了在中小学校外培训中的自律规范要求。

〔开展多形式交流研讨活动，提升专业服务水平〕 5月18日，全国民办高职院校发展设置研讨会在江苏省南通市举行。会议由高等教育专业委员会主办、紫琅职业技术学院承办。中国民办教育协会监事会主席胡大白、副会长牟阳春等和来自全国各地近30所民办高职院校的董事长、院长参会，会议还邀请了一些已经升为本科的民办高校院校长与会交流“升本”经验。与会代表围绕“提升办学层次和服务地方经济的能力”这一议题，进行了深入探讨和交流。

5月8日，中国国际教育交流协会与巴西全国学校协会合作举办的“中国—巴西基础教育研讨会”在北京召开。中国民办教育协会在会上介绍了中国民办教育的基本情况，协会中小学专业委员会协助接待了巴西全国学校协会参观考察中国部分民办学校。

7月13—15日，由联合国教科文组织协会世界联合会等主办、中国民办教育协会中小学专业委员会协办的“2013亚欧学校道德教育论坛”在北京举行。与会代表对于新形势下如何在中小学开展道德教育进行了深入研讨。

4月20日，中国民办教育协会学前教育专业委员会在北京召开“中国第二届民办幼儿园园长大会”，表彰497名获“优秀案例”奖的幼儿教师、154名“中国优秀民办幼儿园园长”和267所“中国最具特色民办幼儿园”，授予23位民办教育工作者“中国民办幼儿园卓越领军人物”光荣称号。10月，中国民办教育协会学前教育专业委员会承办了2013年亚洲教育年会学前教育分论坛，中外70多位专家学者就多元文化在学前教育中的表现、地位与作用等问题，进行了广泛深入的交流。

5月18日，由中国民办教育协会培训教育专业委员会主办、新东方教育科技集团承办的“第三届中国民办培训教育行业发展高峰论坛”在北京举行。论坛就“民办培训教育行业面临的挑战与转型”的主题进行交流，寻求社会共识、行业共识，共谋新发展。5月19—20日，由中国民办教育协会培训教育专业委员会主办、精诚教育集团承办的“首届中国民办培训教育优秀项目展示合作交流会”在北京举行，评审出20多个优秀参展项目。11月22—23日，由中国民办教育协会培训教育专业委员会、广东省民办教育协会主办的“第二届中国民办培训教育行业校长高峰论坛”在广州市举行。论坛以“培训教育机构的合作与交流”为主题，邀请港澳台地区知名培训教育机构负责人，与国内培训教育行业人士共同交流。

〔举办海峡两岸民办（私立）大学校长论坛〕 10月11日，由中国民办教育协会、中华两岸文化教育交流学会联合主办，吉林华侨外国语学院承办的“海峡两岸民办（私立）大学校长论坛”举行。论坛主要围绕高水平大学建设的核心与途径、基于自身使命的民办（私立）大学新挑战、私立大学区别于公立大学的特殊使命、现代私立大学制度建设、海峡两岸民办（私立）大学合作交流的空间5项议题展开讨论。论坛上，举行了两岸教育合作交流和洽谈，签署了学术交流合作备忘录。来自海峡两岸的57所民办（私立）大学校长或代表参加了论坛。

〔召开第二届理事会第三次会长会议〕 3月26日，中国民办教育协会召开第二届理事会第三次会长会议。会议强调，根据教育部、民政部的有关规定和协会章程，要求各专业委员会及早部署换届工作。会议原则上通过了《协会2012年工作总结和2013年工作要点》，并依照协会章程，通过了协会内部财务管理制度和协会分支机构管理工作规程。

〔分支机构逐步完成第一届理事会换届工作〕 4月21日，中国民办教育协会学前教育专业委员会在北京召开第二次会员代表大会，完成专业委员会换届工作。11月21日，协会培训教育专业委员会在广州市召开第二次会员代表大会，完成专业委员会换届工作。成立了高等教育专业委员会换届筹备工作小组。

〔2013年全国省级民办教育协会秘书长暨中国民办教育协会信息联络员工作会议召开〕 8月6日至7日，由中国民办教育协会主办、内蒙古北方职业技术学院承办，内蒙古师范大学鸿德学院协办的“2013年全国省级民办教育协会秘书长暨中国民办教育协会信息联络员工作会议”在内蒙古呼和浩特市召开。协会各分支机构秘书长、各省级民办教育协会秘书长以及协会信息联络员共47人参加了会议。会议交流了各省市民办教育的发展情况及民办教育协会的工作情况，并提出了许多建设性建议。

〔中国民办教育发展大会暨中国民办教育协会2013年会召开〕 12月15日，由中国民办教育协会、江苏省教育厅、无锡市人民政府主办，无锡太湖学院承办，江苏省民办教育协会、无锡市民办教育协会协办的“中国民办教育发展大会暨中国民办教育协会2013年会”在江苏省无锡市召开。

大会以“深化改革，完善政策，狠抓质量”为主题。国家总督学顾问、国家教育咨询委员会委员、中国民办教育协会名誉会长陶西平，全国人大常委、民进中央副主席、中国民办教育协会会长王佐书，江苏省委常委、无锡市委书记黄莉新，江苏省副省长曹卫星，全国人大教科文卫委员会教育室主任卢干奇，教育部发展规划司副司长郭春鸣，江苏省教育厅厅长沈健等出席会议。来自全国各地的400余位代表参加会议。

王佐书致开幕词，黄莉新致欢迎词，曹卫星、沈健分别致辞。郭春鸣宣读教育部副部长鲁昕的书面讲话。

大会期间，召开了中国民办教育协会第二届理事会会议。大会审议了王佐书做的工作报告，表决通过了有关增补协会副会长和监事会副主席的人事事项。

会上，浙江省温州市副市长孔海龙介绍了温州市民办学校分类管理试点进展情况。上海市民办教育协会、云南省民办教育协会分别介绍了协会工作经验。无锡太湖学院、吉林华侨外国语学院、黑龙江东方学院、湖南都市职业学院、北京私立汇佳学校、福建小金星国际教育集团、北京市精诚文化学校分别介绍了各自的办学经验。

大会发出了“建设高水平、有特色、公益性民办学校”的倡议。陶西平在总结会上发表了讲话。

〔**为四川雅安地震灾区民办教育捐款**〕 4月，四川省雅安地区发生强烈地震，经与雅安市教育局协调，中国民办教育协会、北京民办教育协会接到的单位和个人捐款共计79万余元，全部用于雅安市雨城区民办教育的恢复、重建和事业发展。

撰稿 段 孟

审稿 王文源 张有声

中国职业技术教育学会

〔**召开中国职业技术教育学会第四次会员代表大会**〕 2013年2月23日，中国职业技术教育学会在北京召开了第四次会员代表大会。这次会议是以党的十八大精神为指导，总结了第三届理事会的工作，修改了学会章程，选举产生了中国职业教育学会第四届理事会，理事309人，其中常务理事119人；表决通过了有关事项。出席会议的有第四届理事会理事候选人和部分会员代表，教育部有关司局、地方职教学会、行业教育协会、学会分支机构和内设机构负责人，部分教育科研院所、本科院校、职业院校和企事业代表共330人。教育部部长袁贵仁、副部长鲁昕出席大会并讲话。

袁贵仁指出：“中国职业技术教育学会作为职业教育战线的群众性、学术性社会团体，是党和政府联系广大职教工作者的桥梁纽带，是社会各界热心职教事业人士的交流平台。学会成立20多年来，始终秉持‘围绕中心，服务大局，紧贴基层’的原则，广集众智，广聚众力，为推动职业教育改革发展做出了重要贡献。特别是第三届理事会成立5年来，组织开展一系列重大政策、重大理论和重大实践的调查研究，在制定实施教育规划纲要、修订职业教育法等工作中做了大量卓有成效的工作。在2012年民政部组织的评审中，职教学会被评为4A级，是教育部主管社团中唯一获此评级的全国学术性社团。”

袁贵仁强调：“希望新一届理事会继承和发扬优良传统，进一步开拓创新，扎实工作，为推动中国职业教育科学发展发挥更大的作用。要围绕中心，服务大局，紧密围绕党的十八大精神的深入贯彻，围绕教育规划纲要的全面实施，积极参与职业教育顶层设计、标准制订、监测评估等工作，深入开展科学研究，发挥好思想库和智囊团的作用。要紧贴基层，服务一线，密切联系职业院校和基层教育部门，大力宣传职业教育方针政策和典型经验，及时跟踪职业教育体制改革试点进展，努力成为基层实践创新的引导者和推动者。要加强建设，改进作风，进一步健全和完善学会的组织机构，创新工作方式，加强队伍建设，推进协同创新，不断增强学会的吸引力和凝聚力。”

鲁昕在讲话中着重谈了职业教育改革发展的形势和工作重点。一是要充分认识职业教育取得的新进展。二是推进现代职业教育体系建设要重点抓好六个方面的工作。鲁昕强调：“中国职业技术教育学会是全国性的职业教育社团组织，多年来在自身建设、服务战线方面开展了多项卓有成效的工作，形成了一批有影响力的品牌活动，为推动职业教育改革创新做出了重要贡献。希望新一届理事会按照袁贵仁同志提出的工作要求，发挥自身优势，进一步做好对地方学会和分支机构的服务，做好对职业院校的服务，做好对广大科研工作者和教师的服务，凝聚战线的力量，推动职业教育科学发展。”

学会第四届理事会对学会的工作提出了几点要

求。一是深入学习贯彻党的十八大精神，做好“加快发展现代职业教育”这篇大文章。二是加强学术研究，活跃学术氛围，提高学术水平。三是增强服务意识，提高服务能力，提升服务质量。四是拓展开放，扩大国际交流与合作，大力推进职业教育的国际性水平。五是全面提高学会自身的科学文化水平。

〔召开加快推进职业教育制度建设座谈会〕 6月6日，中国职业技术教育学会在广州市召开加快推进职业教育制度建设座谈会。20余名专家出席座谈会，并发表了各自的意见、建议。同时，学会秘书处系统整理了专家们的建议，以签报形式向教育部副部长鲁昕报告。报告主要对四个问题提出了建议：一是关于现代职业教育体系建设问题；二是关于发挥行业指导作用和建立校企合作制度问题；三是关于进一步完善我国的职业资格制度，发挥行业在职业资格制度建设中的主导作用问题；四是关于对筹备召开全国职业教育工作会议及有关文件的意见和建议。

鲁昕在报告上做了重要批示。根据批示，中国职业技术教育学会于8月6日在北京召开了专家座谈会，聘请有关专家深入研究“现代职业教育与职业资格制度”这一课题。

〔召开推进职业院校传承与创新民族文化座谈会〕 为贯彻落实“教育部、文化部、国家民委关于推进职业院校民族文化传承与创新工作的意见”精神（简称三部委文件精神），中国职业技术教育学会于8月21日在昆明市召开了“推进职业院校传承与创新民族文化座谈会”。会议邀请了教育部职业教育与成人教育司、文化部科技司、国家民委教科司和云南省教育厅、新疆维吾尔自治区教育厅等部门领导到会并做大会发言，5所职业院校进行了大会经验交流，8所职业院校进行书面交流。与会代表就贯彻落实三部委文件精神，推进职业院校传承与创新民族文化工作进行了研讨。

中国职业技术教育学会会长在总结讲话中阐述了传承与创新民族文化工作的重要意义。一是要深刻领会习近平总书记所讲的中华民族优秀传统文化是中国的软实力，要增强社会责任感，向人民群众提供更多更好的精神产品的精神。二是要在传承与创新民族文化过程中处理好古与今、中与西、雅与俗、导与疏、教与学五大关系。三是要加强学生的人文素质和社会主义核心价值观教育。四是希望各地方职业教育学会要重视加强和推进传承与创新民族文化工作。

〔召开现代职业教育校企合作制度与机制创新经验交流会〕 10月21日，中国职业技术教育学会在江苏省常州市召开“现代职业教育校企合作制度与机制创新经验交流会”。教育部职业教育与成人教育司司长葛道凯、中共常州市委常委徐光辉及学会会长等出席会议并讲话。来自全国部分地区的教育行政部门、职业院校和企业的代表共计160余人参会。会上，9位代表做典型经验交流。

〔召开2013年职业技术教育学术年会〕 12月1—2日，中国职业技术教育学会在武汉市召开了2013年学术年会。年会以深入学习贯彻党的十八届三中全会精神和科学发展观为指导，以“现代职业教育的体系构建、制度创新”为主题，总结交流广大会员的学术研究成果，探讨加快发展现代职业教育的热点问题。来自全国职教战线的代表和行业企业代表共700多人参加了会议。

中国职业技术教育学会领导致开幕词。他强调，会议要深入学习党的十八届三中全会精神，推动职教战线全面深化改革，加快发展现代职业教育。教育部职业教育与成人教育司司长葛道凯就如何贯彻落实党的十八届三中全会精神、加快发展现代职业教育做大会主旨报告。教育部教育发展研究中心主任张力做了题为《学习党的十八届三中全会精神，深化教育领域综合改革》的报告，教育部职业技术教育中心研究所所长王继平做了题为《以十八届三中全会精神为指导，深化职业技术教育改革》的专题报告，上海师范大学原校长李进做了《构建现代职业教育体系：展望与思考》的专题报告。

在专题研讨环节，来自国内外的职业院校、行业、企业专家以从“工学结合”到“产教融合”为主题，进行了经验交流和案例分享。大会设置了专家点评和代表互动环节。

大会还开设了六个专题，分别是“现代职业教育体系构建中的中高职协调发展”“现代职业教育教学改革与课程开发”“现代职业教育校企合作中的产业文化育人”“立德树人：现代职教德育和学生工作创新”“现代职业教育师资队伍建设创新与实践”“职业院校就业与创业教育模式创新”。

撰稿　陈宝泉

审稿　刘占山

中国成人教育协会

〔综述〕　2013年是中国成人教育协会的换届之年。中国成人教育协会（简称中国成协）召开了第五届理事会议，选举产生了新一届领导成员，团结带领全体会员，认真贯彻落实党的十八大、十八届二中、三中全会精神，全面贯彻教育规划纲要和2013年教育工作部署，围绕中心，服务大局，积极进取，扎实工作，认真组织开展了全民终身学习活动周、学习型城市建设、贯彻实施成人教育国家标准等重点活动。积极开展群众性的成人继续教育科学研究，产生了一批新的成果。努力加强协会自身建设和分支机构建设，增强了发展和服务能力。

〔召开中国成人教育协会第五次会员代表大会〕　2013年4月12日，中国成协第五次会员代表大会在北京召开。教育部部长袁贵仁、副部长鲁昕，中国成协顾问王明达、邹时炎，中国成协第四届理事会会长朱新均，中国成协第五届理事会会长郑树山，中国教育学会会长钟秉林，中国高等教育学会会长瞿振元，教育部职业教育与成人教育司司长葛道凯、中国联合国教科文组织全委会秘书长杜越，以及来自各省（区、市）成人教育协会、中国成协各分支机构的400多名代表参加了会议。

袁贵仁在讲话中深刻阐述了发展继续教育、成人教育的重要意义。他指出，继续教育特别是成人教育，是终身学习体系的重要组成部分。实现有教无类、因材施教、终身学习、人人成才的中国教育梦，继续教育不可或缺。我们要从国家发展战略全局出发，大力发展非学历继续教育、稳步发展学历继续教育、广泛开展城乡社区教育。要加强制度建设，扩大资源共享，强化组织领导，努力创造人人皆学、时时能学、处处可学的环境和条件，使全体人民在学有所教上持续取得新进展。

袁贵仁充分肯定了中国成协取得的成绩并对新一届理事会提出了明确要求。他指出，中国成协成立32年来，深入开展成人教育和继续教育科学研究，宣传终身教育理念，推动群众性学术交流研讨活动，为中国教育事业改革发展做出了积极贡献。希望新一届理事会发扬优良传统，开拓进取，扎实工作，认真做好积极发展继续教育这篇大文章。

会议审议通过了中国成协第四届理事会会长朱新均做的工作报告和新修订的《中国成人教育协会章程》《关于收缴会员会费的规定》《中国成人教育协会第五届理事会2013—2017年工作规划》《2013年中国成人教育协会重点工作》等文件，确定了中国成协今后五年的发展目标和主要任务。

会议选举产生了中国成协第五届理事会以及理事、常务理事和副会长。选举教育部原党组成员、部长助理、国家教育行政学院原院长、党委书记郑树山为第五届理事会会长，谢国东、张昭文为常务副会长，张昭文兼任秘书长。

郑树山代表第五届理事会讲话。他充分肯定了第四届理事会取得的成绩，并对新一届理事会提出了要求。一是认真贯彻落实党的十八大精神，牢固树立使命意识、服务意识、质量意识和改革意识。二是贯彻落实教育规划纲要，为完善终身教育体系和建设学习型社会服务。三是围绕国家成人继续教育事业发展的中心任务，努力开创协会工作新局面。四是加强自身建设，提高协会工作能力。

〔贯彻实施成人教育培训服务三项国家标准〕 1月，教育部办公厅印发《关于做好成人教育培训服务等三项国家标准贯彻实施有关工作的通知》，对贯彻实施工作提出明确要求，并委托中国成协负责协调指导各地开展试点工作。中国成协重点抓了三项工作。一是印发文件，召开会议安排落实工作。印发《关于落实教职成厅函〔2013〕2号文件精神，做好成人教育培训服务等三项国家标准宣传、试点工作的通知》，明确了工作的任务要求。4月14日，中国成协与教育部职业教育与成人教育司以及国家标准委员会共同召开了三项国家标准宣传贯彻工作会议，进一步明确了工作要求。二是加强组织领导。印发《关于成立贯彻实施成人教育培训服务三项国家标准协调指导工作小组的通知》，并于8月23日召开了工作小组第一次全体会议暨试点工作座谈会，教育部职成司副司长刘建同、中国成协常务副会长张昭文到会讲话。会议成立了由会长郑树山任组长的协调指导工作小组；讨论通过了《关于开展试点工作若干问题的意见》，交流了典型经验。各省教育厅制发了工作文件，成立了工作小组，推动试点工作全面展开。三是编写读本，培训宣讲员。编写《成人教育培训服务三项国家标准培训读本（试用）》并举办研修班，对省级宣讲员进行了培训。

〔配合教育部门组织全民终身学习活动周〕 10月13日，中国成协与教育部职业教育与成人教育司、中国联合国教科文组织全国委员会秘书处共同在天津市滨海新区举办了“2013年全民终身学习活动周总开幕式”。中国成协会长郑树山致开幕辞，对办好学习活动周提出明确要求，并动员各地成人教育协会积极工作，努力开展好各项活动。教育部职成教司司长葛道凯宣读了教育部副部长鲁昕的书面讲话。鲁昕指出，发展继续教育、促进终身学习，一是要加快建设学习型城市。加快终身学习立法步伐，研究制订学习型城市建设标准，加强队伍建设，落实经费保障，完善体制机制。二是要加快发展继续教育。三是要加强国际交流与合作。四是要营造良好氛围。各地要因地制宜，面向不同群体积极开展学习活动。广泛宣传“百姓学习之星”等典型人物的事迹，不断提高学习活动周的社会参与率。

在总开幕式上，通过举办大会展览、录像展示、现场采访、电视网络直播等形式，重点介绍了10位“百姓学习之星”的典型事迹，在群众中产生了强烈反响，成为本届学习活动周的新亮点。同时，还展示了全国社区教育特色课程优秀教学资源、社区居民摄影、书法篆刻、音乐、中国画、茶具创意设计等竞赛活动成果以及天津市全民终身学习的丰硕成果，举办了主题报告会和学习型城市建设论坛。各地教育部门、成人教育协会积极开展活动。据统计，全国共有27个省（区、市）的890个县（市、区）级以上单位开展了学习周活动，比2012年增加了3个省（区）约300个市（区、县）。据11个省（区、市）统计，有2 177万人次参加学习周的各项活动。

〔建立全国学习型城市建设联盟〕 7月8日，由中国成协与中国联合国教科文组织全国委员会秘书处共同发起的“全国学习型城市建设联盟”成立大会在北京举行。中国成协会长郑树山、中国教育发展战略学会会长郝克明、教育部职业教育与成人教育司司长葛道凯、中国成协常务副会长谢国东、张昭文、中国联合国教科文组织全委会副秘书长秦昌威、北京等省（区、市）教育厅有关负责人、首批加入“联盟”的33个城市教育部门负责人、有关方面的专家及北京市区县代表参加了会议。

葛道凯代表教育部副部长鲁昕在会上讲话，充分肯定了建设学习型城市的重要意义，提出了明确的工作要求；要求积极发挥“联盟”作用，总结探索经验，加强理论研究，研究制订学习型城市建设标准，积极承担教育部有关部门和中国成协交办的有关工作，努力推动学习型城市创建工作；注重“联盟”自身建设，使之成为推进学习型城市建设的重要平台。

会上，宣布了全国学习型城市建设联盟领导机构成员，推选鲁昕担任工作委员会主任。会议确认

33个城市加入“联盟”，审议通过了《联盟宣言》《联盟章程》《联盟2013年工作方案》。北京、上海、天津等地交流了创建学习型城市的典型经验。

首批参加全国学习型城市建设联盟的城市有北京、天津、上海、重庆、哈尔滨、齐齐哈尔、长春、沈阳、大连、包头、巴彦淖尔、邯郸、郑州、太原、济南、常州、合肥、马鞍山、杭州、宁波、温州、长沙、岳阳、武汉、深圳、广州、珠海、南宁、海口、西安、宝鸡、成都、克拉玛依。

〔参与首届国际学习型城市建设大会筹备工作〕 受中国联合国教科文组织全国委员会秘书处委托，中国成协承担了《中国学习型城市建设发展报告》的撰写任务，组织北京、天津、上海、武汉、太原、杭州、长沙、成都等城市和国家开放大学、中国教育科学院等单位有关专家共同撰写报告，并于5月在上海市召开研讨会，对报告进行了集中修改。有关专家历时9个月，15易其稿，最后经教育部领导审阅通过，作为国家报告提交首届国际学习型城市大会，向国际社会全面展示了中国创建学习型城市的经验成果，为会议做出了积极贡献。

〔积极开展群众性的科研活动〕 一是加强群众性成人教育课题研究。3月，中国成协印发《关于做好“十一五”成人教育科研规划课题结题工作的通知》，要求加强课题的组织管理，提高质量。5月，中国成协第五届学术委员会通过了2013—2017年工作规划和2013年工作计划。编印了中国成协《2013—2014年度成人教育科研规划课题指南》，组织了课题申报工作。二是开展成人教育优秀科研成果评选活动。开展了第九届全国成人教育优秀科研成果评选活动、第三届成人教育学专业研究生优秀论文评选活动，评选产生了一批新的科研成果。三是分支机构积极开展研究活动。中国成协成人高等教育理论研究委员会、科研机构委员会、社区教育委员会、企业教育委员会和中国成协“终身教育与学习研究中心”积极开展科研活动，对成人教育的理论研究和实践工作产生了积极影响。

〔加强协会自身建设〕 中国成协高度重视自身能力建设，修订完善了协会章程、重点工作计划、分支机构管理办法和会员会费收缴办法等文件；协会秘书处加强了制度、机构和人员建设，成立了人力资源教育委员会。进一步加强与教育部职业教育与成人教育司、中国联合国教科文组织全国委员会秘书处的深度合作；与高等教育出版社签署了全面合作协议；加强与中国教育电视台、中国教育报刊社、国家开放大学等单位的合作。

加强分支机构建设，完成了10个分支机构的换届工作。

撰稿　张昭文
审稿　郑树山

中国教育装备行业协会

〔中国教育装备展示会〕 2013年5月和11月，中国教育装备行业协会（简称装备行业协会）分别在湖北省武汉市和四川省成都市举办了第64届、第65届中国教育装备展示会。两届展示会展位数均超过3 000个，展出面积均达6万平方米，参观人数均超过6万人次。

为创新服务模式，扩大展示会的展示效果，结合展示会的特点和行业参展商的需求，装备行业协会打造了网络展示平台，将线下、线上展示融合，为企业打造永不落幕的展示会。线上展示会为参展商提供企业名录、产品介绍及其网站链接，提供新技术、新产品、新成果发布平台及为企业和用户提供咨询和交流平台。向全国教育装备采购商及用户推荐企业产品和服务，打破了客户源的局限性，提高了沟通效率，降低了企业营销成本。同时，装备行业协会将降低参展成本、提高服务质量作为组织展示会的重点，为确保每届展示会的顺利召开，在做好“会前会”工作的同时，投入精力做好“会后会”工作，通过多种方式追踪参展商对展示会各项工作及服务的意见和建议，并根据反馈信息对展示会进行改革。为扩大展示会影响，装备行业协会争取教育部、民政部、商务部等部委以及世界教具联合会的认可和支持，引导和资助企业参加展示和开展营销活动，将中国教育装备展示会打造成对与会者、参展商及专业观众具有更大吸引力的品牌展会。

〔举办首届全国中小学实验教学优秀案例展演〕 装备行业协会在第65届中国教育装备展示会上举办了“首届全国中小学实验教学优秀案例展演”。活动以“交流、探究和创新”为主题，全国30个省（区、市）代表团组织包括实验教学方法优秀案例、实验教学环境构成优秀案例、教育装备在实验教学中的拓展应用案例、实验教学评价方法优秀案例等在内的1 512项成果在展示会上展出，全国33名教师在活动现场进行了说课交流。经专家评审、组委会研究决定，评审出实验教学优秀案例特等奖35项、一等奖549项、二等奖20项，并颁发获奖证书。同时为北京市教育技术设备中心等20家教育装备部门颁发了“优秀组织奖”。

〔举办首届全国学校后勤装备博览会及学生装设计大赛〕 2013年8月，装备行业协会在山西省太原市举办了首届全国学校后勤装备博览会及学生装设计大赛。活动以“共享教育发展机会”为主题，吸引200多家企业参展，划分十大展区，全面展示了各级各类教育所需的校园饮食服务（营养配餐）、节约型学校建设、校园信息化服务、平安校园建设、文体设施及校园环境、学校教（宿）舍装备及办公设备、校车管理及运营、学生装、学生用品等方面的技术和产品。

为有序推进中小学学生装管理工作，装备行业协会联合中国教育报刊社策划组织了首届全国学生装设计大赛。大赛于4月启动，共收到2 000多件参赛作品，通过初评和复评，有26家企业的48套作品入围总决赛。总决赛在首届全国学校后勤装备博览会上举行，以“绿色时尚、律动校园”为主题，现场评比并颁发了中小学生夏装、中小学生冬装、中小学生运动装和中小学生制服装8个类别的金、银、铜奖，还颁发了最佳工艺制作、最佳色彩搭配、最佳环保材料应用、最佳风格、最佳创意、社会公益贡献6个单项奖以及优秀组织、特别贡献等奖项。

〔举办首届全国幼儿教育装备发展高峰论坛〕 装备行业协会联合中国教育报刊社、四川省教育厅、宁波市教育局，在第65届中国教育装备展示会上组织举办了首届全国幼儿教育装备发展高峰论坛。

论坛以“安全、环保、优质，给孩子最好的玩教具”为主题，通过“高质量的幼儿园和教师”“幼儿园教具前景思考”等报告，让现场的嘉宾了解国内外幼儿教育装备的发展现状以及如何办好高质量的幼儿园；通过经验交流和多方对话等形式，一线幼儿园园长、教育行政管理者、学前教育专家和幼教装备生产企业技术专家，围绕如何设计、生产并配备符合幼儿身心健康发展需要的、安全环保的幼儿教育教学装备进行了深入研讨。

〔推荐产品、创新产品评选及新产品鉴定工作〕 2013年，装备行业协会继续开展向各级各类学校、教育装备管理部门、采购招标单位推荐教育装备产品的活动。活动得到23个省（区、市）行业协会（教育装备部门）的支持和协助，推选出190家企业的940个产品参与评审；装备行业协会秘书处对申报产品进行严格把关筛选，并组织专家在第65届中国教育装备展示会期间进行现场审查，最终确定134家企业的521个产品获得2014年推荐产品资格，经过网上公示征求意见后，向行业发布了《中国教育装备行业协会2014年度推荐产品的通告》，请各级各类学校、教育技术装备部门、招标采购单位以及其他用户参考。为保证推荐产品质量，装备行业协会制定了《中国教育装备行业协会推荐产品质量承诺书》，并与推荐产品的生产企业签订了《关于“中国教育装备行业协会推荐产品”有关事项的认定书》。

2013 年，装备行业协会组织开展了中国教育装备产品创新奖活动，对形成一定市场份额或对行业有引领作用的教育装备新产品进行表彰和奖励。活动受到各省（区、市）和企业会员单位的积极配合和支持，共收到各地推荐的创新产品 197 个。经专家初审、复审、网上公示，最终评选出“风力发电实验模型”“双路直流稳压电源”等 28 个获奖产品，对其颁发了获奖证书及奖金。

2013 年，装备行业协会按照《教学仪器设备行业新产品新技术鉴定验收办法》，对北京新星教学装备有限公司等单位提交的液体内部压强实验器、电磁阻尼演示器（楞次定律演示器）等新产品进行了鉴定，符合新产品验收规定，为其出具了新产品鉴定报告，并颁发了鉴定证书。

〔**首次发布《中国教育装备行业蓝皮书》**〕 2 月，装备行业协会面向行业和社会首次发布《中国教育装备行业蓝皮书（2013）版》（简称《蓝皮书》）。《蓝皮书》设有“行业概述”“政策法规”“行业工作”“实验教学”“产业发展分析”“行业研究”“行业文化”“大事记”9 个栏目。该书可为政府相关管理部门提供决策参考，为科研机构和学者获取数据提供途径，为企业了解国内外政策环境、政府政策导向、市场发展趋势提供投资依据。

〔**参加社会组织评估**〕 根据《民政部关于开展 2013 年度社会组织评估工作的通知》（民函〔2013〕69 号），装备行业协会主动报名参加评估工作并成立了以秘书长为主要责任人的工作团队。根据装备行业协会的办会宗旨和业务范围，对照评估方案和评分细则的要求，逐条准备，分类整理各种资料 30 余盒、文件 1 000 余份，做好自评和参评准备工作。6 月，按期报送了评估资料。9 月，参加了现场评估，被民政部评为 4A 级社会组织。

撰稿　宋利云

审稿　夏国明

教育出版产业

中国教育出版传媒集团有限公司

〔**综述**〕 2013年，中国教育出版传媒集团有限公司深入学习贯彻落实党的十八大和十八届三中全会精神，认真开展党的群众路线教育实践活动，以高度的文化自觉和文化自信，认真研制集团公司的战略规划，着力推动企业内部改革和产业发展，取得了较好的社会效益和经济效益。2013年，集团公司全年实现销售收入69.79亿元，实现利润总额11.78亿元。

〔**荣获光荣称号**〕 2013年，集团公司获第五届“中国文化企业30强”光荣称号。

（一）中国教育出版传媒股份有限公司

〔**综述**〕 2013年，中国教育出版传媒股份有限公司将学习贯彻党的十八大和十八届三中全会精神与深入开展党的群众路线教育实践活动结合起来，全力推动公司改革发展。在深化改革层面，继续完善管理体制、加快资源整合，公司法人治理结构逐步完善，股改上市取得明显进展；在强化主业层面，服务教育的能力和水平进一步提升，教材出版国家队、主力军地位明显巩固；在创新发展层面，加快转型升级步伐，提高服务教育信息化能力，打造企业核心竞争力，企业影响力、竞争力明显增强；在海外拓展层面，积极开拓国际市场，国际化工作的动力势能明显积聚；在践行使命层面，加强导向管理，弘扬学术、繁荣文化的行业引领作用越来越显著。社会效益和经济效益实现全面提升，综合业绩再创历史新高。

〔**各方面成绩显著**〕 2013年，公司在各个方面取得了显著成绩。全年实现销售收入68.71亿元，实现利润总额10.19亿元；资产总额增长26.43%，销售额增长11.84%，利润增长14.23%，公司整体实力明显提升。中小学教材市场占有率接近60%，高等教育教材市场占有率逾25%，职业教育教材市场占有率超过30%。全年出版各级各类教材、配套教学资源类图书及其他类图书合计约2.05万种，其中新书约4 500种。数百个图书品种荣获第三届中国出版政府奖、第四届中华优秀出版物奖等各类奖项。教学仪器和图书出口、版权输出等海外业务收入约8 000万元人民币，累计输出版权304项，被商务部等部委联合授予“2013—2014年度国家文化出口重点企业”称号。

（二）人民教育出版社有限公司

〔**综述**〕 在教育部党组和中国教育出版传媒集团有限公司党组的领导下，人民教育出版社认真学习党的十八大和十八届三中全会精神，全面实施“十二五”发展规划，在教材编写与出版、市场推广与培训、版权输出、数字出版等方面进行了一系列探索和尝试，形成了全方位、多样化、系列化、立体化的出版格局。2013 年，共完成出版品种 5 758 种、生产品种 6 556 种、印制总册数 3.23 亿册。电子音像制品全年累计出版生产总量 23 670.99 万盒（片），实现了经济总量和整体实力的稳步增长。

〔**完善教材产品系列，巩固核心竞争力**〕 人民教育出版社第二批送审的义务教育教科书（小学 5 个学科 8 套教材、初中 11 个学科 13 套教材）全部审定通过，圆满完成了义务教育教科书的送审修订工作。

国家统编教材的编写和送审工作有序推进，完成了语文起始年级、品德与生活小学一年级、品德与社会小学三年级、思想品德起始年级的编写和送审工作。

继续开发品种多样、质量一流的中小学地方教材，如与新疆维吾尔自治区教育厅合作开发了语文教材与配套产品。保持在中等职业教育教材、高等师范教育教材及教师培训教材出版领域的优势。获 10 个高等职业教育文化课教材的国家规划立项。

〔**开发多种图书产品，拓宽出版领域**〕 优化产品结构，满足多样化市场需求，积极探索教辅研发与合作新模式，完成《同步解析与测评》在 20 个省份的送审工作。完成重点图书《温家宝谈教育》的编辑出版工作，启动《中国共产党党史博物馆（全景图画版）》丛书等“十二五”国家重点出版物规划项目图书的编辑出版工作。研发出版了一批高品质的辞书、儿童读物和大众图书。

〔**重视优质数字资源建设，研发数字产品**〕 推进数字出版工作，打造国内领先的数字化内容建设和数字产品研发基地。完成了义务教育阶段 9 个学科起始年级数字教材的开发，实现“人教 e 学”部分学科产品上线，在部分地区推广使用“人教数字校园”数字化校园解决方案，加强教师网络培训与服务平台等产品在服务教学方面的作用。

〔**推进课程教材研究，成立博士后科研工作站**〕 完成国家社科基金重大项目——“中国百年教科书整理与研究”年度研究计划与 4 项教育部重点课题的结题工作。加强与中小学校合作，推动课程教材改革与实验，新增 8 个实验基地。成立全国首家教育出版传媒博士后科研工作站，打造融学科教学、课程教材和教育出版研究于一体的科研平台。

〔**打造精品出版物，荣获多项大奖**〕 凭借良好的社会效益和经济效益，赢得“2013 年中国版权最具影响力企业”等多项荣誉称号。社长殷忠民获“2012—2013 年度数字出版·影响力人物”奖。

第 11 套义务教育教科书、《国粹京剧（DVD）》以及《新编小学生字典》等一批精品出版物分别获第三届中国出版政府奖和第四届中华优秀出版物奖等相关奖项。多种教育理论图书分别获“第四届三个一百原创图书奖”“中国大学出版社第三届优秀图书奖”。

〔**社会公益活动**〕 2013 年，向贫困地区的中小学、打工子弟学校、进城务工人员子女以及外交部驻外使领馆阳光学校累计捐资 225 万元。

（三）高等教育出版社有限公司

〔**教育出版主营业务收入继续保持稳定增长**〕 2013 年，高教社共完成净发货码洋 29.22 亿元，同比增长 2.1%，实现主营业务收入 19.63 亿元，创历史最高水平。

〔**精品战略、数字化战略稳步实施**〕 深入推进“马克思主义理论研究和建设工程”重点教材建设，已累计出版 30 种教材。完成思想政治理论课 3 种本专科教材和 5 种研究生课程教学大纲的改版和修订工作。新出版《中国近代史》等重点教材 4 种。《环境保护与可持续发展——大型环境教育系列片》获第三届中国出版政府奖音像电子网络出版物奖，《荒漠生物土壤结皮生态与水文学研究》获第三届中国出版政府奖装帧设计奖，《你好，中国》获第三届中国出版政府奖音像电子网络出版物提名奖。

纸质教材与优质数字化资源一体化设计、一体化研究开发、一体化生产、一体化运营与服务能力显著提升，反响良好。截至 2013 年 12 月，已有 405 门国家精品视频公开课、801 门国家级精品资源共享课上线“爱课程”网，获第三届中国出版政府奖网络出版物奖。

〔**学术出版工作取得稳步进展**〕 《中国技术前沿系列》（*Frontiers*）英文学术期刊在被国际权威检索机构收录的基础上，又有 6 种期刊入选“中国科技期刊国际影响力提升计划”；实现销售收入同比增长 25%，海外全文下载量同比增长 24%，达 33 万篇次。学术著作出版规模、业务收入等方面均有明显提升，《敦煌石窟美术史（十六国北朝卷）》《中国古代歌谣整理与研究》等一批项目获政府出版立项和国家出版基金资助，并获多个奖项。

〔**“走出去”工作再结硕果**〕 全年版权输出 187 项，同比增长 10%。分别与圣智学习出版公司、亚马逊公司等签署了 130 余种图书的电子书版权合作协议。对外汉语教材进入泰国职业教育领域，新开辟了老挝市场。

〔**“中国大学生在线”建设和运营取得积极进展**〕 “中国大学生在线”从加强与高校合作、服务学生入手，精心策划举办“传递青春梦想，共话民族复兴”大学生网上接力活动、“中国梦”摄影大赛、全国大学生简历大赛、辅导员博客评选等一系列传播正能量的网络活动，吸引了近千所高校数百万名大学生参加。Alexa 中文网站排名最高达第 5 043 位，排名上升了 9 541 位，网站影响力和舆论引导力进一步增强。

〔**全国高校教师网络培训中心项目保持快速发展**〕 2013 年，培训高校教师达 10 万人次，同比增长 92.3%，营业收入同比增长 73.8%。“教师发展在线”建设取得突破性进展，在线培训课程达 400 多门，参加自主性在线学习的教师达 8 万人，实现了翻番增长。举办全国高校微课教学比赛，吸引了 1 600 多所高校的 12 000 多名教师参赛。开展多学科、多类型的中小学教师培训，参训教师约 5 万人次，同比增长 233.3%。

（四）语文出版社有限公司

〔**综述**〕 2013 年，语文出版社以开展党的群众路线教育实践活动为契机，继续坚持“以出版为主，多业经营为辅；以教材出版为主，一般图书出版为辅”的工作方针，全力推进教材修订、新产品研发、重点项目实施以及深化改革等工作，顺利完成全年任务目标，为出版社未来可持续发展打下基础。

〔**九年义务教育教材修订**〕 2013 年年初，九年义务教材修订工作启动后，语文出版社先后成立了工作机构，制订工作方案，全力组织推进修订送审准备工作。坚持突出重点、攻克难点、凸显亮点的原则，开展教材使用情况问卷调查，组织“真语文”等专题讨论和专家咨询，参加全国教育科学规划重点课题研究，结合课程标准精神的贯彻落实，系统调整选文、练习和版式设计，按时完成送审任务。

〔**重点项目执行**〕 包括《汉字规范书写数字出版工程》在内的5个重点项目获批。每个专项分别由1名出版社领导班子成员牵头，研究制订并严格执行实施计划和资金使用方案，同时完善项目用人、资金管理、资产购置等配套措施和管理办法，对项目进行全程监管。

〔**图书出版**〕 2013年，出版图书728种，总印数约3 218万册。在努力做好教材市场维护的同时，继续开发书法、中等职业教育财经类及学前教育类专业课等教材；工具书出版稳健发展，推出《通用规范汉字表》，扩展完善《通用语言文字系列工具书》等四个系列选题开发，《现代汉语通用语典》被列入“2013—2025年国家辞书编纂出版规划”重点辞书项目，语文出版社恢复为中国辞书学会副会长单位；推出一批有影响的语文政策、语言研究、语文教育类图书，《国家中长期语言文字事业改革和发展规划纲要（2012—2020年）》《手势创造与语言起源》《21世纪语文课程学习指导丛书》等图书社会反响良好。《语言文字报》《语文建设》实行报刊合一管理和经营。围绕学习宣传报道国家语言文字工作委员会活动部署，强化出版社服务功能，推进汉语言文字传播工程，实现采编全面打通、报刊发展良性循环。

根据“找准方向，明确定位，增加效益，扩大影响”的工作方针，探索一般图书推行新机制，强化对出版社文化图书品牌、营销和人才培养以及文化软实力等方面的影响。以“中华语言文化数字化传播工程”为抓手，重点围绕“大语文”进行内容开发，完成《说话的诀窍》《蹉跎坡旧事》等图书的出版。

多个出版物获奖。《蹉跎坡旧事》获《看历史杂志》“公民写史”奖、光明日报月度好书；《中国语音学史》先后荣获第四届中华优秀出版物奖图书提名奖、第三届中国出版政府奖图书奖提名奖；《中国语法思想史》入选国家新闻出版广电总局第四届“三个一百”原创图书出版工程。

〔**管理机制和保障**〕 继续坚持管理、改革和效益三统一的标准，实施定性与定量相结合，积极推进目标量化管理。加强综合考评，激发员工工作积极性。创新用人机制，实现资源整合，实行初、高中教材一体化设计，采取项目组、跨部门形式开发书法教材，内外发行力量结合推动发行工作。强化质量管理，保证图书质量。加强员工培训，整体提升业务能力。

（五）中国教学仪器设备有限公司

〔**继续深入推进校园信息化和实验室整体建设分期付款解决方案**〕 2013年，中国教学仪器设备有限公司创新推进学校信息化和实验室建设业务模式，整合多方资源，继续深入开展统一建设、分期付款的校园信息化和实验室整体建设分期付款解决方案。帮助欠发达地区院校解决项目资金不能一次到位、教学仪器设备难以一次性整体统一配备的困难，支持院校信息化统一性建设、整体化管理。

〔**解决方案成效显著**〕 该业务模式已覆盖江苏、河北、江西、山东、四川、贵州、云南、辽宁、重庆、新疆、内蒙古等省（区、市）的38个区县教育局、院校，对改善诸如内蒙古达茂旗教育局、重庆市彭水苗族土家族自治县、云南红河学院和黑龙江科技学院、河北省涞源县、贵州省普定县等民族地区和贫困地区的教学条件，优化教育环境，促进教育公平发挥了积极作用。

截至2013年年底，“校园信息化和实验室整体建设分期付款解决方案”已帮助408所中学、1 040所小学、81所幼儿园、3所大专院校、20所职业学校完成了校园信息化、实验室整体建设和图书馆建设等项目，项目金额达11亿元人民币。

（六）中国教育图书进出口有限公司

〔**综述**〕　2013年，中国教育图书进出口有限公司以党的十八大精神为指导，通过积极开展党的群众路线教育实践活动，深入推进“做强主营业务、做好战略投资、促进企业转型”这一中心任务，紧紧围绕中国教育出版传媒集团有限公司和中国教育出版传媒股份有限公司整体发展战略，进行了二次创业，超额完成全年经营任务。

2013年，公司以提高主营业务经营质量为中心，狠抓企业内部管理，深入推进精细化管理，主营业务规模快速增长，利润总额大幅攀升；进一步加强以ERP、EDI、全球学网为重点的信息化建设，以全球学网、按需印刷、文化创意、会展服务为主的新兴业务群取得阶段性成果。

2013年，公司销售收入达8.04亿元人民币，比2012年增长1.16亿元，同比增加16.89%，创历史新高。资产规模、质量和品牌影响力进一步提升，得到众多国内外合作伙伴的好评。获全球电商巨头亚马逊颁发的唯一最佳合作奖，获全球最大教育出版集团培生颁发的唯一创新营销合作伙伴奖，获全国高校图书馆数字资源采购联盟（DRAA）综合评比第一名。

〔**新兴业务群建设取得阶段性成果**〕　2013年，围绕“资源教图、数字教图、服务教图”的发展定位，业务升级转型迈出重要步伐。

全球学网于8月正式上线运营，提升了公司主营业务的服务能力和水平，迈出了通过资源的汇聚、加工和集成提供资源服务，支持公司从传统渠道商向知识和资源服务商转变的第一步。

以“恩济美术馆”为代表的文创项目于2013年12月正式开馆，力争把中国传统文化产品推向国际市场，提高中国文化的国际影响力。

公司与上海新闻出版局等单位联合创办的首届中国上海国际童书展（CCBF）于11月7—9日在上海市举办，中外175家出版商参展，规模和效果大大超过预期。这是中国教育图书进出口公司、中国教育出版传媒集团有限公司拥有的第一个国际书展品牌。

撰稿　王　琼　李云龙　李　俏　杨嘉荣　李秋芳　宋　浩　李少华

审稿　陈晓光　黄　强　殷忠民　韦志榕　王卫权　王旭明　李　瀛　朱洪涛

教育新闻媒体

中国教育报刊社

〔综述〕 中国教育报刊社是中华人民共和国教育部直属的新闻出版机构。编辑出版两报四刊两网：中国教育报、《人民教育》杂志（半月刊）、《中国高等教育》杂志（半月刊）、《神州学人》杂志（月刊）、《中国民族教育》杂志（月刊）、中国教师报（周报）、中国教育新闻网、神州学人网站。

从1994年9月组建至今，中国教育报刊社秉承“为教育而鼓，为教师而歌”以及“开门、开放、开明”办报办刊办网理念，在宣传党和国家教育方针政策、法律法规，报道各地教育动态、教育教学改革经验，研究探讨教育热点问题、理论问题，宣传教育界先进人物等方面起到了重要的舆论导向作用和宣传指导作用。特别是在宣传党的十八大和十八届二中、三中全会精神以及教育规划纲要深入贯彻落实方面，报刊社各媒体在主流媒体中走在了前列，为新一轮教育改革发展大局创造了良好的舆论氛围。同时，报刊社各媒体及时准确地为各级教育行政部门、学校、教师、学生和关心教育的各界人士提供权威性、专业性、大容量、多角度的教育信息服务，是反映中国教育现状的重要窗口，是了解中国教育改革与发展的权威新闻机构。

〔在提高报刊质量、扩大影响力方面取得了新进展〕 中国教育报刊社两报四刊两网在提高报刊质量、扩大影响力方面取得了重要进展。2013年，报刊社按照“解放思想、锐意改革、改进文风、依法治社”的工作思路，新媒体发展开始布局，目标是打造“移动报刊社”，促进报刊社战略转型；中国教育报、《人民教育》《中国高等教育》《神州学人》《中国民族教育》等进行了改版、扩版，是报刊社历史上升级改版次数最多的一年，受到广大读者欢迎；两报四刊发行量均有增长，进一步扩大了读者覆盖面。

中国教育报刊社的改革发展得到了中央领导的高度重视和关怀。2013年2月16日，中共中央政治局委员、国务委员刘延东到中国教育报刊社考察调研。她指出，长期以来，中国教育报刊社为推动我国教育改革发展做出了重要贡献，“成为教育新闻传播的排头兵”。

撰稿 赖配根
审稿 李曜升

（一）中国教育报

〔综述〕 2013年是中国教育报创刊30周年的收获之年，也是编辑部确定的转作风改文风之年。改版工作初见成效，重大新闻报道赢得了领导、专家、读者的一致好评。国务院副总理刘延东先后两次批示，肯定中国教育报的报道和工作。2013年，教育部部长袁贵仁在中国教育报上做过

10多次批示，对中国教育报的重大报道给予了充分肯定，其中袁贵仁在2013年2月22日的中国教育报上三处批示“中国梦启示写得很好”“曝光台设得很好”“会议报道和评论配得也很及时到位”。读者反映教育报耐看了，可看了，值得看了。

〔改革求发展，创新谋发展——在改革发展战略上，创新报道思路，从报道内容、报道形式、报道方式方法、深度言论推进改革创新〕　1. 创新改版——聚精会神两年三次全面改版。在2012年3月1日全新改版、2012年9月1日再次改版和在广泛调研征求读者意见的基础上，2013年3月，再次全面改版，强化新闻，突出专业，改进版式，追求短、实、新文风，让中国教育报从内容到形式不断创新。

2. 创新报道思路——新闻报道全方位、立体化、纵深型发展。一是以新闻版为龙头，从新闻、评论、深度、基层全方位抓好重大新闻报道，打造综合性、权威性的主流教育新闻传播阵地；二是以专周刊为龙头，9大系列周刊突出专业特色、专业深度，打造教育行业专业化服务平台；三是立足教育，面向社会，在重大新闻报道、重大典型报道中，跳出教育着力向社会宣传教育，让各级领导、专家参与其中，写署名文章，借力以扩大中国教育报的影响力，打造教育新闻信息社会化传播平台。改版以来，在走进市县和重大典型报道中，邀请30多位市委书记、市长撰稿，其中无锡市、洛阳市、章丘市的报道配发当地市委书记撰写的文章后，报道全文被当地党报转载。

3. 创新报道方式——倡导“三贴近”践行“走转改”。倡导记者深入实际、深入基层、深入群众，倡导清新、生动、活泼的文风。2013年，结合党的群众路线教育实践活动，编辑部制定专门文件，建立编辑记者基层联系点和蹲点制度，先后组织7路记者深入基层蹲点，编委会成员带头建立了基层联系点。

4. 创新发展思路——开通新媒体平台。立足当前，着眼未来，立体化发展。开辟微博、微信，实行平面媒体与网络、微博、微信互动，打造教育新闻宣传全媒体平台。2013年3月1日改版以来，中国教育报着眼全媒体发展的大趋势，编委会着力推进微博、微信等新媒体发展。经过半年多努力，新媒体运营初见成效，新浪、腾讯微博拥有粉丝20多万人，微信公众平台拥有用户近4万余人，多篇新媒体报道被人民日报、央视新闻等官方微博转发，有的微博引起省领导重视，推动了教育问题的解决。

5. 重拳出击——加大批评报道和突发事件报道力度。教育报编辑部着力加大批评报道和突发事件报道力度。一是批评报道常态化。编辑部开辟“曝光台”栏目的当天，就受到教育部部长袁贵仁的批示表扬。二是建立责任追究制度。三是建立批评报道和突发事件报道奖励机制和特殊支持政策。四是突发事件报道记者第一时间到达现场。四川芦山、甘肃地震后第一时间派记者赶赴灾区。

6. 集中力量——做好重大典型报道。重大典型报道是中国教育报的优势和特色。把目光聚焦到最基层，聚焦到农村，推出独家重大典型，寻求新突破。为此，编委会特别策划开辟了“教育脊梁——人民教师风采”专栏。在记者站同志们的大力支持下，首篇甘肃、云南两个重大典型报道见报后，产生了重要影响。

7. 加强新闻评论——新闻评论异军突起。一版“中教评论”“今日微评”逐步形成品牌。评论版从三版移到二版，由每周两个增至每周三个整版。

8. 强化深度报道——深度报道形成特色品牌。三版深度报道的影响力不断增强。

〔围绕大局，服务中心——在新闻报道上，着力在三个方面下功夫，推出八大重大新闻报道行动、两项重大公益活动〕　以党的十八大精神为指引，把学习贯彻落实党的十八大精神与贯彻落实教育规划纲要紧密结合，为教育事业科学发展营造良好的舆论氛围。坚持正确舆论导向，在学习宣传贯彻党的十八大精神上下功夫；坚持典型经验引路，在贯彻落实教育规划纲要宣传报道上下功夫；坚持“三贴近”，在践行“走转改”上下功夫。开启八大重大新闻特别行动、两大公益活动。

1. 八大重大新闻报道行动。

（1）中国教育报走进市县新闻特别行动。在全力推出“落实教育规划纲要·神州行”报道并产生重大反响的基础上，把报道触角延伸到市县和基层。2013年年初，启动“走进市县新闻特别行动”，由总编辑带队，组织记者深入基层，宣传报道各市县推进教育事业科学发展的新思路、新举措、新经验，引导各市县加大改革创新的力度。截至2013年年底，共刊发38个市县推动教育改革发展的典型经验，其中报道区县较多的省份有河南、江苏、广东3省，均为6个市县。

（2）中国教育报走进高校新闻特别行动。2013年4月，启动“走进高校新闻特别行动”，组织记者深入各级各类高校，报道高校推进教育改革创新的新思路、新举措、新成就、新经验、新困难和新问题，加快推进高等教育内涵式发展，全面提高高等教育质量。截至2013年年底，共刊发21所高校推动教育改革发展的典型经验，在各地高校中产生很大影响，许多高校打来电话邀请该报到学校采访。

（3）中国教育报“贯彻落实十八大精神·典型报道”。深入基层，深入学校，发现重大典型，报道基层富有首创精神的好经验、好做法，以典型引领改革，以典型推动发展。2013年，共在新闻版开设典型报道栏目7个，刊发报道53篇。

（4）中国教育报“教育改革先锋——走进教改试点区”特别报道。从教育规划纲要提出的10个专项改革试点、10个重点项目、4个重点领域综合改革以及6个省级政府教育统筹综合改革试点中，选择重点选题，深入报道各地突破体制机制障碍，推进人才培养体制改革、办学体制改革、管理体制改革、保障机制改革等方面取得的突出经验和成效。

（5）中国教育报“服务社会引领经济——职业教育纪行”特别报道。以鲜活的事实、翔实的数据说话，通过改革前后变化的对比，全面、深入报道国家职业教育改革试验区、各地特色鲜明的中等和高等职业院校的典型办学经验。报道了河北省邢台、山东省潍坊等地推动职业教育发展的经验。

（6）中国教育报“走基层·记者新观察”。组织记者深入基层，走进校园，走进现场，报道基层教育改革发展的新思路、新举措、新变化。2013年，在新闻版开设“走基层，记者在现场”“走基层，记者新观察”“走基层，蹲点日记”“走基层，访群众”“走基层，我的新春梦想”5个“走基层”报道栏目，共刊发报道53篇。其中5名记者到基层蹲点调研，发回“走基层”报道近20篇。

（7）中国教育报走进教学点新闻特别行动。

（8）推出“教育改革新亮点”报道和“教育开放新亮点”报道。2013年，围绕中央和教育部的中心工作，开设了“我的中国梦·筑梦特别报道”“改作风见行动”“勤俭节约新风尚”“中国梦·教育梦主题征文”“党的群众路线教育实践活动”5个栏目，刊发稿件100多篇。

2. 重大公益性活动。

（1）开展“中国梦·教育梦”主题教育征文活动和“中国梦与我们的使命”大型主题教育活动。3月以来，中国教育报刊社开展的“中国梦·教育梦”大型征文活动共收到各界来稿近3 700篇，其中160篇优秀作品获奖。据统计，中国教育报编辑部收到稿件约1 800篇，刊发20余篇；《人民教育》编辑部收到稿件约590篇，刊发24篇；《中国高等教育》《神州学人》《中国民族教育》编辑部共收到稿件100余篇，刊发57篇；《中国教师报》编辑部收到稿件约1 200篇，刊发11篇。

“中国梦与我们的使命”大型主题教育活动自2013年4月启动以来，中国教育报已经邀请北京大学教授饶毅、国务院参事汤敏、中国前驻联合国大使沈国放等知名人士走进天津大学、南京大学、复旦大学、西安交通大学、武汉大学等13所高校为师生做报告，万余名高校师生现场或通过视频聆听了主题报告。高校中刮起一股“青春共筑中国梦”的社会新风。

（2）中国教育报“送报下乡”活动。在教育部的高度重视和支持下，中国教育报主要面向中西部地区偏远农村小学开展“送报下乡”活动，让中国教育报走进每一所学校，让每一位教育工作者、校长、教师都能看到中国教育报，努力实现中国教育报各级各类学校全覆盖。

撰稿　储召生
审稿　翟　博

（二）《人民教育》杂志

〔**综述**〕　2013年，《人民教育》作为教育舆论宣传的主流媒体，为学习贯彻党的十八大和习近平总书记系列讲话精神，积极营造舆论氛围，服务教育改革发展大局，紧紧围绕教育部中心工作，抓大事、抓热点，注重先进教育思想和教育实践典型的报道，努力从舆论上引领基础领域的教育理念与教育实践，不断扩大刊物的影响力。

〔**重点做好党的十八大精神宣传**〕　为进一步深入宣传党的十八大和十八届三中全会精神，《人民教育》开设了“学习贯彻党的十八大精神”专栏，约请省部级领导、教育部司局领导和专家深入解读党的十八大所确立的“两个百年”奋斗目标，特别是在有关教育改革发展的战略思想、战略目标、战略重点和战略创新方面，为读者深刻领会和整体把握中央的战略部署和任务要求提供思想和思路。

〔**做好“中国梦·教育梦”宣传**〕　2013年，《人民教育》组织了“中国梦·教育梦”大型征文活动，开办“征文选登栏目”，并以“中国梦·教育梦”为封面主题故事，强化宣传主题、激发战线士气、重温教育理想。编辑部精心挑选，认真编改征文稿件，社会各界特别是校长、教师踊跃投稿，收到了积极效果。

〔**关注社会重大事件和教育热点问题**〕　1. 重磅报道四川省芦山县抗震救灾优秀教师群体。四川省芦山县“4·20”大地震发生后，《人民教育》迅速派出3名骨干记者深入灾区进行深度采访，并在第11期上用“封面主题故事”附以大篇幅报道，以“尊严与荣光”为题，重点报道了雅安市名山一中教师陈萍、高玉华等多位普通教师的先进事迹，并配发言论赞誉了优秀教师群体。这是《人民教育》在重大事件中再一次发出的自己独特的有感染力的声音，受到业内人士和读者的高度好评。所报道的教师群体在2013年度全国教书育人楷模评选中被评为“特别奖”。

2. 引导基础教育管理中的重大和敏感问题。2013年，在教育管理领域更紧密地与教育部中心工作对接。先后策划了教师节的独家观察“师德之困”、立德树人系列重大选题，组织刊发了一批有思想有见地的文章。

2013年是教育改革进入深水区、攻坚期和综合改革的关键阶段，其中简政放权是教育综合改革的重要问题之一。《人民教育》选取了在基层实践中“简政放权”的成功经验——山东省潍坊市坊子区教育局“管办评分离”的探索，以“坊子经验”，配以“专家观点”进行报道，为基层管理者提供经验借鉴。

此外，针对2013年发生的教育热点问题，如性侵事件、临川学生杀害班主任事件、电子书包等给予了深度关注，以理性与建设性作为舆论基调。

〔**号准脉搏，紧紧围绕主旋律**〕　基础教育课程改革进入全面深化的新阶段，提高教育教学质量是改革的主题词、主旋律。《人民教育》2013年第13—14期推出特级教师刘宪华“主题阅读”专辑，第15—16期推出特级教师李吉林“情境教育”专辑。这些都是提高教育教学质量的成熟经验，具引领性和可操作性。

〔**打造《人民教育》升级版**〕　从2013年第6期开始，《人民教育》杂志进行了初步改版：一是围绕基础教育重点、热点、难点问题或突发事件聚焦；二是整合栏目；三是初步改进版面设计，改善视觉效果，为2014年的全面改版做准备。

〔**进一步增强《人民教育》的传播能力**〕　一方面，抓住课程改革、课堂教学改革等教育改革中最核心的内容不放松；另一方面，团结各方力量、争取多方支持、建强联络队伍，进一步提高了杂志的发行数量，全年平均每期发行量超过18.7万份，在纸质媒体发行量普遍下滑的大环境下，《人民教育》的发行量实现了持续增长。

撰稿　刘　然

审稿　梁伟国

（三）《中国高等教育》杂志

〔**综述**〕 2013年，《中国高等教育》杂志始终围绕中心，服务大局，坚持正确舆论导向，坚持重点选题和常规栏目两手抓，重点话题和栏目内容互动，高起点、宽视野、深层次、多角度展现高等教育改革发展的理论与实践最新成果，在全国高等教育界的影响力持续增强，在社会传播、学术评价方面取得较好反响，全年有4篇文章被《新华文摘》全文转载。杂志的发行量继续保持了全国同类期刊的领先地位。

〔**做好贯彻落实党的十八大精神的宣传报道**〕 2013年，《中国高等教育》继续开辟“特别视线”和“非常关注”专栏，组织知名高水平大学书记、校长撰写文章，宣传高校贯彻落实党的十八大精神的情况，内容涉及社会主义核心价值观、立德树人、素质教育、体制机制改革、协同创新、生态文明建设、党建科学化水平等。

〔**做好重点工作和重大节点的宣传报道**〕 围绕“中国梦·教育梦”进行了深度策划，共计发文20多篇。围绕党的群众路线教育实践活动，组织约请知名高校领导撰写理论和行动落实方面的文章。同时还注意做好重要节点的宣传报道工作，例如：在“五四”青年节前夕，刊发了“学子梦”的专题；在教师节前夕，刊发了“教师梦”的专题；在“三个面向”题词30周年之际，刊发了一组专题纪念文章。

〔**针对高等教育教学改革发展中的热点问题加强宣传策划**〕 针对读者普遍关注的热点问题，先后策划了卓越法律人才培养、培养拔尖创新人才、深化本科人才培养改革、加快建设中国特色现代大学制度、积极推进试点学院综合改革、推进高等教育综合改革、培养卓越工程人才等选题，全年刊发论述教育教学改革的文章达60余篇，著名大学校长、书记论述教育教学改革的理性思考文章20余篇，形成了推动高校科学发展、培养创新型人才的强大舆论攻势，在高教界引起良好的反响。

〔**办好品牌栏目和固定栏目，兼顾常设栏目**〕 精心打造“理性思考”“德育与党建”“教改纵横”等品牌栏目；持续办好“集思广益”“高职教育在线”“放眼世界”等固定栏目，兼顾“质量保障”“招生与就业”“实践探索”等常设栏目，使其满足相对领域读者群的实际需求。

撰稿　李石纯
审稿　徐　越

（四）《神州学人》杂志及网站

〔**综述**〕 2013年，《神州学人》编辑部认真学习和领会中国教育报刊社改革和发展的精神和思路，结合自身情况努力探索编辑部的改革与发展，力争把《神州学人》打造成一个留学和人才的顶级媒体品牌，使其成为各类中国留学人员和华裔留学人才学习、生活和事业发展不可或缺的朋友，成为留学工作界、人才工作界和其他相关业界必备的助手，实现文化、社会和经济的多重效益。

〔**《神州学人》杂志**〕 2013年，在基本办刊定位不变的情况下，杂志进行了一系列改版，打破了以往“新闻·专题”“人物”“文苑”“服务”四大板块的栏目设置模式。改版后的杂志力求淡化新闻时效性，加强对留学政策、留学工作、留学界现象和留学生在外学习生活等方面的深度报道，强化思想性和舆论引导，突出激发爱国热情、联络友情和感悟人生的人文情怀特色。

改版后的杂志包括以下主要栏目。(1) 就留学政策、留学工作、留学现象等留学热点问题设置专题，进行深度报道的特别策划、专题报道类栏目。

(2) 根据有亮点的留学人物的特色点采访成文的人物类栏目。(3) 根据最新的留学政策、留学工作、留学现象发表观点或收集近一个月内有关留学的，或出自留学人物之口的观点类栏目。(4) 包括活动类稿件、观点类稿件、文学类稿件和摄影类稿件等海外来稿的海外类栏目。遇到春节、国庆期间海外学子的大量来稿，可用大篇幅甚至以专题专刊的形式体现。(5) 包含政策解读性质的文章以及对想回国创业就业的留学生有指导意义和借鉴作用的服务类栏目。

改版后的杂志从读者的角度出发，既有贴近留学生生活的内容，也有发扬科学精神的励志文章和探讨科研方式的观点文章。深入贯彻"走群众路线教育实践活动"的办刊宗旨，让杂志内容更接地气，在宣传爱国主义精神和为国服务的指导思想不变的前提下，不再一味地强调回国和为国做贡献，而是在留学生进行方向性选择时，力图发挥媒体的舆论引导和借鉴作用。

2013 年，杂志推出的"特别策划"（封面人物）有"胡鞍钢：与中国兴盛同行""春节的海外模式""科学'她'能量""留学生·中国梦""高西庆：见证中国金融财富的增长""师从一流与科学传承""致青春·奉献""当留学遇上爱情""白春礼的新科技革命梦想""开学季的主题思考""留学，让我们从公益开始""海归梦想"。

〔神州学人网站〕　2013 年，神州学人网站在大量报道留学政策、事件、留学人员活动等各方面新闻信息的同时，更注重思想性内容的补充，加强了图片的运用，视频内容丰富程度有较大提高，原创视频制作质量不断提高。

1. 推出 2013 春节专题。分享留学世界各国的海外学子欢庆春节的各色活动、心情感受和难忘回忆，并配以饮食、娱乐等相关信息。以视频形式推出神州学人 2013 年寰球春晚联播，将各国学联组织的各具特色的春晚活动展现给全球海外学子。

2. 推出"留学生的'中国梦'畅想"专题。邀请广大留学人员撰文，结合自身的成长、教育经历，讲述心中的梦想与期待。征集到《大飞机，我的"中国梦"》《从三小时到五小时》《我的教育家之梦》《向世人描绘"中国梦"》等一批优秀作品。

3. 进一步丰富人才信息服务内容。招聘频道按市场化的用户感受进行全新改版；网络视频招聘活动在前期宣传推广及招聘活动的组织上进行了创新，参与人数大幅增加，招聘单位满意度增加。

4. 尝试开通神州学人官方微博、微信，及时捕捉留学人员最关心的问题和热点话题，以更灵活便捷的方式服务广大留学人员。

撰稿　刘晓蕾
审稿　杨亚南

（五）《中国民族教育》杂志

〔综述〕　2013 年，《中国民族教育》杂志以改革创新为动力，从第 4 期开始改版，对栏目设置和版式进行了调整，将原来的 16 个栏目整合为"视点""特色""教师""教学""文化"五大板块，并在"视点"板块设置了"特别策划"栏目，每期围绕民族教育领域的重点、热点、难点问题进行专题策划，并配发本刊编辑部言论。在版式方面，加大了字号，增加了图片，增强了杂志的视觉效果。

〔开设专栏进行重点宣传〕　1. 开设"学习贯彻党的十八大精神"专栏，引导民族教育战线深入学习和贯彻落实党的十八大精神。2013 年第 1—5 期，杂志分别刊发了《贯彻落实党的十八大精神，大力促进民族教育与全国同步发展》《对党的十八大报告中五方面重要内容的解读》《深入学习贯彻党的十八大精神，促进云南民族教育科学发展》《学习贯彻党的十八大精神，积极稳妥推进双语教育》《民族教育必须立德树人——江苏省无锡市青山高级中学学习贯彻党的十八大精神体会》《学习贯彻党的十八大精神，加强民族地区教师队伍建设》《传递正能量，教师大有作为》《发展民族教育对全面建成小康社会的重要作用》等一系列文章，深入解读党的十八大报告的重要内容，及时刊发教育部民族教育司相关指导性文章，密切关注民族教育系统学习、贯彻、落实党的十八大精神的情况，取得了比较好的宣传效果。

2. 开设“中国梦·教育梦”征文专栏，进一步深化对党的十八大精神的宣传阐释。结合杂志特点，举办了“中国梦·教育梦”征文活动，请民族地区的广大读者撰文，结合自身的经历，讲述心中的梦想与期待，使民族教育战线的读者深入领会“八个必须坚持”的基本要求和“两个百年”的奋斗目标，进一步深化对全面建成小康社会、推进社会主义现代化、实现中华民族伟大复兴的认识。在2013年第4期的“特别策划”中，以“中国梦·教育梦”为主题，编发了《中国梦·教育梦》《全国各族人民共筑中国梦》《全国人大代表和政协委员畅谈“教育梦”》《苗家山寨山花开》《让新疆班学生在自信中健康成长》等一组文章，其中既有全国人大代表和政协委员对教育梦的畅想，又有民族地区一线教师对教育梦的期待，同时还配发了两篇本刊评论员的文章，及时对“中国梦·教育梦”主题教育活动进行了宣传报道和深入分析，形成了集束宣传效应。在第5期、第6期、第7—8期“中国梦·教育梦”专栏中，刊发了《做一名幸福的教师》《云南少数民族的教育梦》《我的教师梦》等一线教师、教研员的文章。第9期“特别策划”栏目，以教师梦作为“中国梦·教育梦”征文的延伸，刊发了《做藏族学生心中永远的雪莲花》《立足心灵做教育》《勤奋助我实现教育梦》《守望乡村放飞梦想》《朝着梦想的方向前行》等一组文章，并配发了编辑部评论，取得了较好的宣传效果。

3. 开设“践行群众路线”专栏，提高民族教育工作者对党的群众路线的认识。杂志于第9期开设了“践行群众路线”专栏，刊发了《深入开展教育实践活动，加快推进民族教育科学同步发展》《深入开展教育实践活动，办好人民满意的民族高等学校》《践行群众路线，聚力内涵发展》等一组文章，在民族教育系统起到了很好的引领作用。

〔突出对热点难点问题的探讨〕 2013年第1期，在“民族团结教育栏目”刊发了《发挥区域优势，深入开展中小学民族团结教育》《牵手各族伙伴，传承中华美德——记北京市海淀区中关村三小开展民族团结教育》《让民族团结之花在校园绽放》等一组文章，介绍了北京市海淀区教育局及海淀区的两所小学开展民族团结教育的经验和做法，为民族地区积极主动挖掘民族团结教育资源、走出有学校特色的民族团结教育之路提供了借鉴，在读者中引起较大反响。2013年第11期，“特别策划栏目”积极回应党的十八大报告提出的“加快发展现代职业教育”的要求，以民族地区职业教育特色发展为主题，刊发了《构建“大宣传”工作格局，全力开展“9+3”计划》《打民族牌，走特色路——职业教育助推岭南民族走廊瑶族区域发展》《日本的学校职业教育与职业观养成》等一组文章，介绍了国内外职业教育的办学经验，为探索适合民族地区经济社会发展的职业教育发展之路提供了参考。

撰稿　钟慧笑

审稿　梁伟国　李东成

（六）中国教师报

〔综述〕 2013年，中国教师报重新定位自己的媒体价值，从关注课堂到课程，从关注教学到教育，实现了新的跨越。经过厘清概念，中国教师报再次重申自己的立场，即中国教师报不仅仅是教育改革的记录者和宣讲者，还应成为参与者和推动者、一线教育问题的解决者和方案提供者，并在改革中创造存在的价值，做中国教育的实践者、课堂教学的领导者。

〔围绕重大事件，做好重大选题策划报道〕 2013年，中国教师报迎来十年报庆。中国教师报以十年历史为纬，以“学校”“人物”“声音”为经，特别策划了《十年·立场》特刊，详细报道了中国教师报十年来的发展脉络，赢得了一线读者的好评。与此同时，推出教师节年度特刊《好课堂，好教师》，通过专家观点、一线实践、课堂实录、调查报道等方式，多角度、全方位地展示了好课堂与好教师的关系。

〔聚焦教育热点，做好教育综合改革宣传报道〕 2013年，中国教师报独家对教育部综合改革司司长宋德民进行了专访，并在此后刊发了《教育：综合改革方能整体提升》等系列报道，以期更清晰准确地解读好“综合改革”的内涵与方法，为一线教师和区域教育主政者提供思想引领和方法指导。与此同时，又先后以《我们离教育现代化有多远》《教育现代化呼唤教师现代化——江苏省师资队伍建设的五个追问》为题，关注教育现代化的发展经验。

〔做好“区域均衡”报道，助力教育公平与均衡〕 2013年，中国教师报进一步总结区域课程改革推进的新路径、新方法，推出了河南省洛阳西工区的16版报道《有一种教育叫“西工”》、8版报道《樊城教育综合改革启示录》。这些报道是课程改革向纵深发展的体现，不仅体现了从硬件均衡到软件均衡的深入转变，也实现了中国教师报与课程改革区域的合作双赢，赢得了更多、更宽广的市场。

〔深入践行“走转改”，品牌活动成规模〕 2013年，中国教师报继续开展“课改中国行”大型公益宣讲和采访活动，从北京出发，兵分多路，相继奔赴全国各地，在调研采访的同时进行课程改革理念和方法的宣讲。在所到之处都受到了各地教育局的高度重视，引起了广泛关注。与此同时，中国教师报又开启了一项全新的活动——“中国好课堂”，从河南到辽宁，从山西到湖北，这项活动受到了一线教师的热烈欢迎，为新课改名师搭建起了成长和发展的平台。

〔独辟蹊径，创特色“经营”模式〕 2013年，中国教师报摆脱传统的卖版面、卖广告的低层次经营模式，大做资源文章，通过资源叠加、整合，设计“创意项目”，转化成“客户需求”，完成“心智型经营”。从河北邯郸到河南郑州，从湖北襄阳樊城区到湖南桑植，从黑龙江尚志市到湖北武汉市洪山区和山西省襄垣县，越来越多的区域与中国教师报签订战略合作协议，共同推进区域课程改革。更值得一提的是，中国教师报的区域课程改革培训一改传统的“教授讲，学员听”的传统培训模式，“把会议开进课堂里”，利用沙龙、座谈、听课、辩课、上体验课等形式为与会者解剖经验，促进教师专业化发展。

〔规范制度，发行再上新台阶〕 2013年，中国教师报在深入各地记者站、发行代理公司进行全面调研的基础上，进行了集中检查，召开发行工作会，专门出台相关规定，加强制度建设，用制度保障发行的规范化、有序化。与此同时，发动编辑记者到老少边穷地区宣传课程改革理念，在当地推介中国教师报，让教育的新思想在当地生根发芽。2013年，中国教师报发行总量再上新台阶，达到了48万份。

撰稿　康　丽
审稿　雷振海

（七）中国教育新闻网

〔以“中国梦·教育梦”为主线，大力宣传党和国家的教育方针政策和成就〕 2013年，中国教育新闻网开设“两会”专题，围绕教育优先发展、教育综合改革、提高教育质量、教育经费支出、义务教育均衡发展、促进教育公平等六大板块，展示中国教育所取得的成就和未来发展的着力点。同时，专题聚焦了代表委员和社会关注的教育热点难点问题，解疑释惑、增进共识，合理引导社会预期，营造全社会关心、重视、支持教育改革的良好氛围。

4月，推出的“中国梦·教育梦”专题，不仅汇聚了中国教育报刊社两报四刊的相关内容，而且通过“大家谈”“各地动态”“校园活动”“媒体评论”等多个栏目，全面展示了全国教育系统开展“中国梦”相关活动的成果。“说说我心中的梦”栏目吸引了社区近10万用户的关注和参与；“晒晒我追逐的梦”在腾讯官方微博26万用户中进行了推广并受到关注。

5月，推出的“党的群众路线教育实践活动”专题，深入系统地宣传了“党的群众路线教育实践活动”的指导思想、目标要求及相关内容，并展示了教育系统深入开展“党的群众路线教育实践活动”的相关成果。

〔聚焦教育民生，宣传教育政策，树立教育典型〕 2013年，教育部再次向全国教育系统推出“全国教书育人楷模”评选活动，中国教育新闻网是教育部指定承担该评选活动的投票平台和人物宣传平台之一。截至2013年年底，中国教育新闻网已连续4年参与该评选活动。活动同期推出了“全国教书育人楷模”专题，以及“每月一星”全国教书育人楷模风采展示专题，并通过官方微博进行广泛宣传。

“聚焦随迁子女就地升学考试”专题。一方面，深入宣传国家对进城务工人员随迁子女教育的高度关注；另一方面，深入阐释教育部关于随迁子女在当地参加考试的相关政策，以及各地推出的最新实施方案。

“2013年义务教育减负万里行”专题。围绕贯彻落实党的十八大、十八届三中全会精神和教育规划纲要，切实减轻义务教育阶段学生过重课业负担，聚焦教育部启动的义务教育阶段学校“减负万里行”活动。专题分为政策举措、行动经验、各界声音、实践案例等多个栏目。在“桃李社区”板块同期推出了“谈谈你对减负的看法”等互动活动。

9月，推出“开学第一课”专题。以“聚焦平凡人的中国梦”为主题，围绕“有梦就有动力”“有梦就要坚持”“有梦就能出彩”等内容，让孩子们感受梦想的力量，并努力实现自己的中国梦。同期推出的“庆祝第29个教师节”专题，以“立德树人，同心共铸中国梦”为主题，以“习近平总书记向全国广大教师致慰问信”为切入口，勉励广大教师凝聚师者力量、树立时代新风。

四川雅安地震后，第一时间推出“心系灾区、祈福雅安”图片专题。随后通过“关注雅安芦山7.0地震特别报道”专题，全面反映党中央、国务院对受灾地区师生的关心和支持，深入报道教育部门和各地学校及群众对雅安地震灾区开展的教育援助行动，以及震区学校如何克服困难、尽快复课的情况。

〔聚焦教育改革，关注基层经验，宣传教育改革的典型经验〕 针对教育热点、难点问题，结合国家相关政策及解读，中国教育新闻网及时推出典型经验报道和相关策划。

3月，北京科技大学校长张欣欣、中国药科大学校长来茂德、北京中医药大学校长徐安龙3位教育部公选校长做客中国教育新闻网，谈深化教育领域综合改革与高校用人机制改革。

为深入解读国家关于异地高考的相关政策，特邀请厦门大学教育研究院院长刘海峰、中国人民大学公共管理学院讲师唐杰和考生家长赵琳，谈异地高考方案与城市发展、异地高考如何兼顾本地考生和进城务工人员子女利益以及异地高考方案考验各地招生计划调整等相关内容。

针对校园食品安全面临的问题和挑战，同时为营造全社会关心、关注校园食品安全的氛围，推动各主管部门、监管部门和各食品生产经营单位重视食品安全工作，特邀请教育部体育卫生与艺术司负责人，谈校园食品安全和农村学生营养改善计划的落实。

为宣传地方教育改革经验、推动国家课程改革稳步发展，先后邀请湖北省武汉市洪山区教育局副局长陈国安、洪山高级中学校长胡体树、洪山初级中学校长江思容，河北省迁安市建昌营高级中学校长刘凤军、湖南省娄底市第一中学校长范彦江、辽宁省抚顺市第四中学校长周立明等，畅谈区域课程改革，分享区域教育改革的经验。

〔**增强为用户提供教育资讯服务的能力**〕 2013年，中国教育新闻网与20余家教育出版社联系，继续向广大教师推出“全国教师暑期阅读推荐书目”，同时刊登了数百篇来自一线教师的优秀读书随笔，为推进全民阅读和书香校园建设搭建了一个平台。

为服务广大家长和考生，特别邀请了南开大学、北京师范大学、西安交通大学等11所高校的招生办公室主任做客中国教育新闻网视频演播室，为考生和家长解答最新招生政策和专业变化情况。同期推出的“2013年高考必读”“2013年具有招生资格高校名录”“2013年全国高考试题和答案”“各地高考成绩查询方式及汇总”等专题，受到读者的热烈欢迎。网站访问高峰达到了平时流量的7—10倍。

撰稿　郜云雁
审稿　翟　博

中国教育电视台

〔**综述**〕 2013年是全面贯彻落实党的十八大精神的开局之年，也是党的群众路线教育实践活动深入开展取得初步成效的一年。中国教育电视台全体干部员工在教育部党组的领导下，团结一心、积极探索、改革创新、拓展阵地，营造教育事业良好的舆论氛围。

1. 引导舆论，多媒体传播教育综合改革的成果。中国教育电视台通过电视、手机、网络、报纸等全媒体平台传播，全年累计2万余分钟动态电视新闻报道、326期教育新闻访谈系列节目、272期中国教育手机报、3万余条教育部和教育战线网络新闻，将教育部和教育战线深入基层、服务群众的理念，改善民生、促进公平的举措，深化改革、转变职能的行动，改进作风、维护稳定的成效传播到全国。

2. 挖井不止，继续打造凸显教育特色的精品力作。以《职来职往》《天才知道》为龙头的国家教育公益品牌栏目带“成长纵贯线”品牌符号初具雏形，并多次受到主管部门表扬。《职来职往》已成为全国在校学生的就业宝典；展示大学生学习风采的《天才知道》平均收视率突破0.1%，电视观众突破2亿人；填补全国低幼儿童健康的《非童小可》在由中国电视艺术家协会主办的“2013全国电视制片人创新论坛暨2013全国电视名专栏推荐表彰”会中，被评为“电视名专栏”，收视率节节攀高。弘扬社会主义核心价值观的人物传记《仰望星空》获“中国电影华表奖”最佳纪录片奖；儿童纪实电影《小人国》获第十七届北京影视春燕奖最佳纪录片奖和亚洲微电影艺术节金海棠奖；动画片《文字国历险记——浩昊三战怪怪城》获第九届美国圣地亚哥国际儿童电影节最佳动画片。

3. 与时俱进，全面优化频道建设治理模式。全面拓展和完善制播分离机制下的频道建设模式，一频道传播力和影响力进一步加强，被国家新闻出版广电总局综合评价为甲级频道；二频道专业化建设和改版全面论证实施得到教育部专题会议认可；三频道和空中课堂频道在纪录片频道探索上表现不俗，三频道全年收视排名均达第15名（全北京共有90个频道排名），获国家新闻出版广电总局颁发的最佳纪录片频道奖与TV地标最具创新纪实类频道奖。同时，三频道继续打造自制多档优秀纪录片栏目，其中《首播纪录》栏目获国家新闻出版广电总局“2011—2012年度优秀国产纪录片及创作人才扶持项目”——“优秀栏目”奖。早期教育频道加大制播分离与融资力度，精心策划6档原创节目，频道品质得到提升。

4. 走出国门，积极展示中国教育的正面形象。中国教育电视台纪录片与影视创作列入中德语言年，成为国家文化交流项目；与Discovery Education（美国探索教育公司）签署合作备忘协议，将中国教育电视台确定为独家引进探索教育科技书产品的中国机构，为国内教育引进国际优质资源谈判提供实战经验；空中课堂频道落地麒麟电视台，新平台覆盖北美、欧洲大陆、拉丁美洲、东南亚、英国等国家和地区，为华人了解中国文献记录与中国空中课堂频道、宣传中国文化开辟了新渠道；引进美国PBS节目并独家代理，在国内播出，收视良好，标志着中国教育电视台跨国交流达到新的高度；向法国第五电视台、德国、东南亚等国推介中国教育电视台优秀纪录片《我的太阳》等，在节目内容交流、网络平台资源交流方向达成合作意向。

5. 坚决反对“四风”，中国教育电视台作风建设呈现新气象。2013年，中国教育电视台按照党的群众路线教育实践活动总要求，在教育部党组领导下，扎实推进活动的开展，坚决不走过场，重点解决“四风”问题，建章立制，取得初步成效。中国教育电视台广泛深入动员，实施方案具体，不仅认真部署全过程与各个节点，还研究制订并下发6个具体方案，对每个环节的各项工作做出详细具体安排。教育部部长助理陈舜在代表教育部党组到中国教育电视台参加专题民主生活会时指出，中国教育电视台的活动整体体现了“认真”二字，教育部党的群众路线教育实践活动督导联络组也给予高度评价。中国教育电视台通过多种方式反复听取意见，开展多种形式的谈心活动，把群众在不同场合提出的298条意见及上级反馈的意见整理汇总，形成《中国教育电视台在“四风”方面存在的主要问题》，研究制订整改方案，确定了4类48项整改举措，对重点问题及时整改，取得了较好的成效，受到教育部党的群众路线教育实践活动领导小组的高度肯定。

〔**纪录片产业集群建设稳中有升**〕 以中线公司为投资主体的中国教育电视台多部作品获国家或行业奖项；多方拓宽纪录片社会化融资渠道，空中课堂频道融资工作在困境中扭转局面，继续开拓合作；新作《我的太阳》纪录片入选国家新闻出版广电总局“中国梦”题材纪录片项目扶持计划第一名，并获扶持资金；再次获奖的《三姐妹的故事》（续集）创三频道全年最高收视率；反映中国百年纪录片历程的教学片《热爱纪录片的人们》，引起社会与业内广泛关注；《大爱芦山》的播出使社会更加了解灾难面前芦山师生抗震救灾的群体事迹；续百年义务教育纪录片制播后，启动了百年师范纪录片融资制作工作；2013（第十二届）四川电视节“金熊猫”奖国际大学生影视作品评选颁奖活动暨高峰论坛在中国教育电视台高校创意总部基地举行，在纪录片行业及大学生影视作品创作领域产生热烈反响。

〔**创意产业集群建设价值凸显**〕 中国教育电视台高校创意总部以提升品牌影响力为重点，广开渠道，实现社会效益和经营效益双收获；以提升产业集群品质为宗旨，创意项目孵化和文化创意发展双双推进；以利用优势资源为抓手，早教产业平台发展全面升级；填补教育题材影视作品电视剧《乱世书香》取得播出发行许可证，得到上级主管部门的重视与支持；全国校园院线在政策支持、需求配合、运营模式探索建立等方面日益成熟，得到教育部专题会议通过并成为教育部推动高校校园文化的重要项目；吸纳社会优质资源合作推出的多部优秀影视剧，多次获政府及行业奖项；富有悬疑幽默元素的汉语教学剧《万家有宝》取得国家新闻出版广电总局播出发行许可证，为通过影视手段展示中国语言教育探索了一条新路；原创教育题材电影《留德十年》已申请教育部协助立项，纳入“中德语言年”重点文化推介项目；在电影《小人国》屡获大奖的基础上，制作了《小人国2》。

〔**教育在线产业集群建设再上台阶**〕 中国教育网络电视台正式上线，互联网世界排名108万位；中文网站世界排名5万位；整体网站总点击量约1 200万次；使用用户约100万人次；依托果实网启动为全国学校信息安全服务的“校盾计划”列入教育部信息化框架中；探索建立国际学习平台、搭建教师培训学习平台，“可汗学院”公开课中文译制版上线；果实网有效注册人数445万余人，拥有各类优质教育教学资源总量56万余个。2013年，网站PV总量3 072万，网站级别PR值为8（Google为9），已实现200万人并发；教师培训学习平台试点阶段承担“国培计划”10个省市的培训任务，2013年连续第3年获得示范性项目，在教育部教师工作司组织的匿名评估中获第二名；配合航天系统在玻利维亚发射主要用于远程教育与卫生卫星得到实施，使中国远程教育模式走出国门；代表教育部完成国家发改委《国家民用空间基础设施中长期发展规划——未来十年我国卫星通信广播基础设施发展》需求方案的修改，完成《中国教育卫星宽带传输网（CEBsat）升级改造方案》。

撰稿　孙娟妮

审稿　康　宁

北京市教育

概　　况

〔基本情况〕

北京市各级各类学校校数、教职工、专任教师情况

	学校数（所）	教职工数（人）	专任教师数（人）
一、高等教育	113	147 744	70 470
（一）研究生培养机构（不计校数）	136		
1. 普通高校	56		
2. 科研机构	80		
（二）普通高等学校	89	139 305	66 871
1. 本科院校	63	125 403	59 244
其中：独立学院	5	2 136	1 321
2. 高职（专科）院校	26	11 097	5 712
3. 其他机构（点）（不计校数）	6	2 805	1 915
（三）成人高等学校	24	3 403	1 523
（四）民办的其他高等教育机构	69	5 036	2 076
二、中等教育	766	96 108	62 106
（一）高中阶段教育	419	67 777	30 238
1. 高中	291	52 180	20 840
普通高中	291	52 180	20 840
完全中学	200	34 878	13 960
高级中学	41	6 300	4 283
十二年一贯制学校	50	11 002	2 597
成人高中			
2. 中等职业教育	128	15 597	9 398
普通中专	31	3 701	1 995

续表

	学校数（所）	教职工数（人）	专任教师数（人）
成人中专	11	572	313
职业高中	55	7 653	4 872
技工学校	31	3 671	2 218
其他机构（教学点）（不计校数）			
（二）初中阶段教育	347	28 331	31 868
1. 初中	347	28 331	31 868
初级中学	254	19 641	13 898
九年一贯制学校	93	8 690	3 079
十二年一贯制学校			2 736
完全中学			12 155
职业初中			
2. 成人初中			
三、初等教育	1 093	57 832	54 981
（一）普通小学	1 093	57 832	54 981
小学	1 093	57 832	48 726
九年一贯制学校			3 494
十二年一贯制学校			2 761
（二）成人小学			
其中：扫盲班			
四、工读学校	6	294	196
五、特殊教育	22	1 253	935
六、学前教育	1 384	53 049	28 806

注：①完全中学的学校数和教职工数计入高中阶段教育，九年一贯制学校的校数和教职工数计入初中阶段教育，十二年一贯制学校的校数和教职工数计入高中阶段教育，专任教师是按照教育层次划分归类；②“（　）”内数据为不计校数。

北京市各级各类学历教育学生情况

	毕业生数（人）	招生数（人）	在校生数（人）
一、高等教育			
（一）研究生	74 165	92 256	268 107
博士	13 809	17 962	72 204
硕士	60 356	74 294	195 903
（二）普通本专科	150 929	159 813	598 904
本科	114 149	125 282	491 776
专科	36 780	34 531	107 128
（三）成人本专科	96 416	103 705	264 444

续表

	毕业生数（人）	招生数（人）	在校生数（人）
本科	53 429	58 403	158 276
专科	42 987	45 302	106 168
（四）其他各类高等学历教育			
1. 在职人员攻读硕士学位		23 550	83 358
2. 网络本专科生	955 161	1 326 622	4 253 105
本科	287 497	422 739	1 333 806
专科	667 664	903 883	2 919 299
二、中等教育	239 954	239 019	706 183
（一）高中阶段教育	147 581	132 293	395 615
1. 高中	58 072	59 983	187 586
普通高中	58 072	59 983	187 586
完全中学	39 146	39 992	125 319
高级中学	13 139	13 267	41 963
十二年一贯制学校	5 787	6 724	20 304
成人高中			
2. 中等职业教育	89 509	72 310	208 029
普通中专	17 002	14 029	56 275
成人中专	40 786	34 392	59 871
职业高中	17 830	7 006	48 746
技工学校	13 891	16 883	43 137
（二）初中阶段教育	92 373	106 726	310 568
1. 初中	92 373	106 726	310 568
初级中学	38 607	43 855	127 530
九年一贯制学校	6 322	8 689	23 284
十二年一贯制学校	7 627	9 750	27 847
完全中学	39 817	44 432	131 907
职业初中			
2. 成人初中			
三、初等教育	111 839	165 807	789 276
（一）普通小学	111 839	165 807	789 276
小学	99 868	145 778	699 588
九年一贯制学校	6 987	11 270	52 033
十二年一贯制学校	4 984	8 759	37 655
（二）成人小学			
其中：扫盲班			

续表

	毕业生数（人）	招生数（人）	在校生数（人）
四、工读学校	346	351	748
五、特殊教育	1 706	1 156	8 348
六、学前教育	8 8322	128 106	348 681

注：特殊教育学生数中包括普通中小学随班就读的学生。

北京市各级各类非学历教育学生情况

	结业生数（人）	注册学生数（人）
总计	4 070 387	3 775 496
一、高等教育	804 723	812 272
（一）研究生课程进修班	12 980	14 982
（二）自考助学班	16 793	34 586
（三）普通预科生		2 333
（四）进修及培训	774 950	760 371
其中：资格证书培训	71 757	79 913
岗位证书培训	179 116	159 070
二、中等职业教育	3 265 664	2 963 224
其中：资格证书培训	416 024	377 293
岗位证书培训	786 604	801 142
（一）中等职业学校	63 889	34 366
其中：资格证书培训	26 419	21 128
岗位证书培训	10 118	5 037
（二）职业技术培训机构	3 201 775	2 928 858
其中：资格证书培训	389 605	356 165
岗位证书培训	776 486	796 105

北京市各级各类民办教育基本情况

	学校数（所）	毕业生数（人）	招生数（人）	在校生数（人）	教职工数（人）	专任教师数（人）	其他学生数（人）
一、民办高等教育							
（一）民办高校	15	19 079	19 865	67 943	6 642	3 378	5 020
硕士			65	105			
本科学生		8 473	10 581	40 643			
专科学生		10 606	9 219	27 195			

续表

	学校数（所）	毕业生数（人）	招生数（人）	在校生数（人）	教职工数（人）	专任教师数（人）	其他学生数（人）
其中：独立学院	5	5 554	6 027	24 111	2 136	1 321	220
本科学生		5 554	6 027	24 111			
专科学生							
（二）民办其他高等教育机构	69				5 036	2 076	104 631
二、民办中等教育							
（一）高中阶段教育	79	6 458	8 298	26 502	8 179	4 908	
1. 民办普通高中	56	4 631	7 323	20 743	6 994	4 295	
2. 民办中等职业教育	23	1 827	975	5 759	1 185	613	30
（二）初中阶段教育	20	7 882	8 905	26 515	1 252	893	
1. 民办普通初中	20	7 882	8 905	26 515	1 252	893	
2. 民办职业初中							
三、民办普通小学	61	10 502	14 120	75 238	3 046	2 245	
四、民办幼儿园	518	27 946	42 953	121 687	22 238	11 009	
另有：民办培训机构（不计校数）	1 235				35 382	12 016	1 512 380

注：①“其他学生数”包括自考助学班学生、预科生、进修及培训学生数；②民办普通高中的教职工数和专任教师数中包含民办普通初中的教职工数和专任教师数；③民办中等职业教育数据中未含技工学校数据；④“（ ）”内数据为不计校数。

〔**完善教育经费保障政策和制度**〕 2013 年，优化各级各类教育投入结构，确保重点项目的实施，重点加大对农村地区、城镇薄弱学校和城市发展新区教育事业的投入。适时调整市属高校、中专、直属单位基本经费定额标准，以及内地高中新疆班学生定额标准。设立市属高校基础设施改造定额管理项目，扩大学校项目经费分配使用的自主权。进一步改革直属单位和市教委业务处室下达项目管理模式，建立定额标准与专项经费相结合的预算管理方式。组织实施市拨教育专项经费管理和使用情况审计调查，对部分直属单位进行内部控制审计调查，切实发挥内部审计作用。

〔**规范教育收费**〕 8 月 31 日，市教委发布《关于 2013 年北京市进一步规范教育收费工作的意见》(简称《意见》)。《意见》明确提出，义务教育阶段学校不得采取或者变相采取考试、测试、面试等形式选拔学生，不得将各种竞赛成绩、奖励、证书等作为学生入学的依据，不得单独或和社会培训机构联合举办以选拔生源为目的的培训班。《意见》规定，对于在课堂上故意不完成教育教学任务，并向所教学生收取补课费的教师，可依据《中华人民共和国教师法》给予行政处分或解聘。《意见》同时对幼儿园收费行为、高校招生收费行为、中小学教辅材料管理等做出规定和说明，明确幼儿园除可按规定向幼儿家长收取保育教育费、住宿费和代办服务性收费外，不得向幼儿家长收取其他任何费用。

〔**重点加强农村教师队伍建设**〕 2013 年，全市通过建设农村中小学教师研修工作站、京郊教师“绿色耕耘”培训等项目，培训农村教师 6 000 多人次。设立 200 个农村骨干教师专项指标，补充农村中小学教师队伍的不足。4 月 3 日，市教委、市人力资源和社会保障局联合发布《北京市公开招聘农村中小学音、体、美等学科教师三年行动计划

（2013—2015年）》（简称《计划》），解决全市农村中小学音、体、美等学科教师紧缺的问题。《计划》实施范围包括门头沟、房山（含燕山）、通州、顺义、昌平、大兴、平谷、怀柔、密云、延庆10个远郊区县（含城镇中小学）以及朝阳区、海淀区、丰台区的农村地区中小学，重点招聘小学相关学科教师。

〔**评选优秀教育教学成果**〕 9月11日，市教委、市人力资源和社会保障局、市财政局发布《关于表彰北京市教育教学成果奖的决定》，开展了第七届北京市高等教育教学成果奖、第一届北京市中等职业教育教学成果奖、第四届北京市基础教育教学成果奖评选工作。依《北京市教育教学成果奖评审奖励办法》，评选出高等教育教学成果奖特等奖8项、一等奖274项、二等奖381项；中等职业教育教学成果奖一等奖29项、二等奖38项；基础教育教学成果奖一等奖40项、二等奖120项。

〔**加强学校体育工作**〕 7月4日，市政府办公厅转发市教委、市机构编制委员会办公室、市发展和改革委员会、市财政局、市人力资源和社会保障局、市卫生局、市体育局和市政府教育督导室联合制订的《北京市推进中小学校体育工作三年行动计划（2013—2015年）》（简称《计划》）。《计划》提出，通过3年左右的时间，确保北京市100%的中小学校落实学生每天1小时校园体育活动，确保85%以上的中小学生达到《国家学生体质健康标准》的目标。同时，重点实施师资队伍配备与提高、学生体质健康监测与干预、体育场馆设施共享与建设、体育工作督导与评估四项工程，推进中小学体育工作。《计划》提出，在做好中小学校及幼儿园校方责任保险的基础上，自2013年秋季学期开始，以每生每学年5元的标准，为学校投保校方无过失责任保险，控制学校组织学生参加校内外体育锻炼和实践活动的风险。制定并实施学校体育安全管理规范，健全安全应急工作预案，降低学校体育工作安全风险。

〔**创新基本公共教育服务方式**〕 2013年，制订《北京市2013—2015年基本公共教育服务行动计划》。推进"北京数字学校"体制机制建设，完成覆盖义务教育阶段全学科13 000余节数字化名师授课资源，基本建成优质视频资源库，月点击量保持在300万次以上。首次开展全市学龄人口信息采集工作，利用网络平台管理义务教育阶段学生入学工作，既能有效预测本年度适龄儿童入学总体数量和区域分布，为科学决策经费、教学等管理工作发挥作用，又能对控制跨区跨片无序流动起到限制作用。

〔**教育交流与合作**〕 2013年，全面实施《留学北京行动计划》，将外国留学生奖学金投入额度提高到7 000万元，在北京市高校和中小学就读的来华留学生达11万人。加快推进高水平中外合作办学，全年中外合作办学机构和项目达149个。开展友好城市汉语教师和外国驻华使馆教育官员培训，近3 700人参加。北京市的学校在外建设孔子学院和孔子课堂达210个。深化高校学生赴外交流项目和中华文化小使者项目，选派1 000多名高校学生和700多名中小学生赴国外开展交流活动。组织开展国际学生北京夏令营等多项学生交流活动。

〔**首届全球学习型城市大会召开**〕 10月21—23日，首届全球学习型城市大会在北京召开。会议以"全民终身学习：城市的包容、繁荣及可持续发展"为主题，由联合国教科文组织、教育部和市政府联合主办。教育部部长袁贵仁主持开幕式，国务院副总理刘延东、北京市市长王安顺、联合国教科文组织总干事伊琳娜·博科娃出席会议并致辞。会议听取题为《建设学习型城市，促进全民终身学习》的主旨发言，就学习型城市的基本特征、建设学习型城市的意义和基本战略进行了讨论交流，审议并通过《建设学习型城市北京宣言》和《学习型城市的主要特征》两个成果文件。会议同时举办"全民终身学习是城市的未来"主题市长论坛，由联合国教科文组织终身学习研究所、中国联合国教科文组织全国委员会、市教委共同承办，包括联合国教科文组织会员国代表、各国城市政府和教育官员、企业代表及专家学者、教育部、政府相关人员在内的300名国际代表、200名国内城市代表参加会议。

基础教育

〔**完成学前教育三年行动计划任务**〕 截至2013年年底，完成《北京市学前教育三年行动计划（2011—2013年）》任务。3年中，市、区（县）两级财政投入12.06亿元，完成新建133所幼儿园、改扩建73所幼儿园、村办园建设项目100余所，办园条件达标项目园138所。规范公办幼儿园收费行为，非教育部门公办园生均补贴由1 200元提高至3 600元。

〔**32所幼儿园入选市级示范幼儿园**〕 7月18日，11个区县的32所幼儿园通过评审，被认定为第八批北京市示范幼儿园，其中9所幼儿园分布在6个远郊区县。单位办园和街道幼儿园所占比例较往年有所增加。

〔**投入3.82亿元奖补幼儿园**〕 截至2013年年底，市教委投入3.82亿元，对幼儿园进行奖补。其中投入3.66亿元，用于各部门办园生均补贴，经费覆盖329所幼儿园的10万名儿童；投入1 559万元，奖补129所普惠性民办幼儿园。年内，市教委继续加大对公办幼儿园实施生均定额补贴政策，同时对考核合格的普惠性民办幼儿园采取以奖代补方式予以鼓励和支持，促进各级各类幼儿园均衡发展。

〔**减轻中小学生过重课业负担**〕 2月19日，市教委、市政府教育督导室印发《关于切实减轻中小学生过重课业负担的通知》，明确提出“八个严格”要求，即严格执行国家和北京市课程计划、严格控制学生在校学习时间、严格控制作业量、严格规范考试和评价工作、严格禁止违规补课、严格教辅用书管理、严格各类竞赛管理、严格落实工作要求。通知细化、量化各项工作标准，明确公告、检查、监督、评价制度，进一步加大减负力度，切实保障中小学生健康成长。

〔**高中教育**〕 全市高中多样化发展效果显现，在高中课程、招生考试制度、学校评价、学校管理体制和办学体制等方面寻求创新突破。修订普通高中办学条件标准细则。持续推进45所国家级高中特色发展试验校建设，重点建设30所高中开放式重点实验室。

〔**制订中小学融合教育行动计划**〕 4月25日，市政府印发《北京市中小学融合教育行动计划》（简称《计划》）。《计划》依据“以人为本、实现融合；落实责任、政策倾斜；项目带动、分步实施”的原则，完善以特殊教育支持中心为指导，以特殊教育学校为骨干，以随班就读为主体，以送教上门为补充的特殊教育办学体系，全面建设符合首都地位的现代化特殊教育。重点工作包括：特殊教育支持中心引领工程、随班就读主体工程、送教上门辅助工程、学前特殊教育服务工程和特殊教育教师队伍建设工程、特殊教育社会支持工程。

〔**加强随班就读工作**〕 1月11日，市教委、市政府教育督导室、市残疾人联合会联合印发《关于进一步加强随班就读工作的意见》，制发《北京市残疾儿童少年随班就读工作管理办法（试行）》和《北京市各类残疾类别随班就读具体标准》，并从充分认识加强随班就读工作的重要意义；完善随班就读对象的确认、入学等管理机制；以人为本，注重融合，提高随班就读教育质量；加强随班就读师资队伍建设，提高专业化水平；加强领导，落实责任，依法保障随班就读工作健康发展五个方面进一步强化对随班就读工作的规范。

〔**建设30所城乡一体化学校**〕 截至2013年年底，市教委完成30所城乡一体化学校建设，重点选择在学位紧张、优质资源紧缺的城乡接合部、中心城市人口疏解区及城市功能拓展区。市财政总投入6.18亿元，新建学校覆盖东城、朝阳、丰台等13个区县，总学位数41 610个，包括新增学位数24 881个。根据规定，资源输出学校原校区和新校区实行“一个法人、一体化管理”模式，两个校区的办学经费、教师编制通融共享。校长在两个校区拥有同等的人事、财务、教育教学安排、校园文化建设等各项权力。

〔**发布城乡新区一体化学校经费使用细则**〕 6月6日，市教委、市财政局联合印发《北京市城乡新区一体化学校经费使用细则（试行）》（简称《细则》）。《细则》对城乡新区一体化学校的建设内容和资金分配原则、职责分工、经费管理、监督检查做出相关规定。其中对优质资源输出学校每校每年市财政给予200万元经费支持，对输出学校派出教师给予交通补贴和通信补贴。其中对区县内或城六区之间输出学校派出教师交通补助每人每月不超过600元、通信补助每人每月200元；对城六区向远郊区县输出学校外派教师交通补助每人每月不超过1 000元、通信补助每人每月200元。《细则》自6月10日起施行。

〔**制订特殊教育学校办学条件标准**〕 7月31日，市教委、市发改委、市财政局、市人力资源和社会保障局、市国土局、市卫生局、市规划委、市编制办公室、市政府教育督导室、市残疾人联合会联合制订《北京市特殊教育学校办学条件标准》（简称《标准》）。标准从总则，学校选址、用地与建筑设施，教学、康复、办公及生活设备，教师和工作人员，特殊教育资源中心五个方面对特殊教育学校建设进行规范。10家单位联合向市政府各有关委办局、各市属机构、各区县政府联合印发《关于印发北京市特殊教育学校办学条件标准的通知》。

〔**发布中小学健康食堂指导准则**〕 5月20日，市疾病预防控制中心发布《北京市中小学校健康食堂十条指导准则》（简称《准则》）。该《准则》借鉴全民健康生活方式示范食堂标准，规定学校食堂应达到餐饮服务食品安全监督量化分级年度等级A级，并配备1名专（兼）职营养师；学生餐厅应具备平衡膳食等健康生活方式的支持性环境，能为不同营养状况的学生推荐相应食谱，每周提前公布食谱及营养素含量并简要描述营养成分。食堂学生餐主、副食实现粗细、荤素搭配合理，采用合理烹调方式，减少营养素损失，记录学生餐油和盐的摄入量，及时调整饭菜油盐使用量。食堂工作人员应具备合理膳食和健康烹饪知识、技能。同时要求学校对住宿学生三餐分配要合理，保证蔬菜、水果供给量。通过健康教育课、“校讯通”等形式向学生和家长传递营养和平衡膳食信息，建立学生、家长及学校和专业部门人员参与的监测评估机制。

职业教育与成人教育

〔**职业教育资源建设**〕 分三批推动21所中职学校参与国家级中职示范校建设，在中职学校新设数字媒体技术应用、物联网技术应用等26个专业，重点支持旅游服务与管理专业等15个示范专业建设，职业教育服务首都经济社会发展的水平和能力进一步增强。

〔**建立职教集团化办学沟通交流工作机制**〕 4月7日，市教委印发《关于建立本市职业教育集团化办学工作沟通交流工作机制的通知》，建立了信息工作队伍、信息月报机制、工作联席会议机制和工作信息集中发布制度。

〔**9个中职实训基地获中央财政支持**〕 7月，全市有9个中职学校实训基地建设项目（含技工学校4个）获2013年度中央财政支持。

〔**继续开展“3+2”中高职教育衔接办学试验**〕 2013年，市教委继续开展“3+2”中高职教育衔接办学试验及相关招生考试试点。经市教委组织行业企业、教育部门、人力资源和社会保障部门、教学管理和科研等方面的专家，在全市参与办学的23所中高职院校答辩汇报的基础上，研讨论证8个新增试点专业衔接办学人才培养方案，指导试点学校修改完善人才培养方案。同期，市教委组织第一批10个试点专业团队开展工作交流和总结工作。截至9月，18个试点专业共完成招生646人。

〔**举办中职学校技能比赛**〕 4月，市教委举办2013年北京市中等职业学校技能比赛暨全国职业院校技能大赛北京地区预赛。比赛设13个专业类别64个比赛项目，2.5万名学生参加比赛，评出一等奖165人、二等奖323人、三等奖470人，评出优秀指导教师139人、优秀工作者20人，特殊贡献奖42个、优秀组织奖14个。同时，从获奖选手中选拔138名中职学生代表北京市参加2013年全国职业院校技能大赛，获一等奖14个、二等奖34个、三等奖30个。

〔**举办第九届全民终身学习活动周**〕 10月26日，北京市第九届全民终身学习活动周在北京开放大学开幕。活动主题为“e学，学e”。“e”表示学习促进人的全面发展，使人终身受益，也表示数字化学习以及网络学习所带来的生活方式、思维模式的变革和对人们生活的改变。突出倡导学习新模式，塑造学习新视野，创造学习新生活。开幕式上，表彰了20个首都市民学习品牌、100名首都市民“学习之星”，并成立了“北京市学习服务网站联盟”和“北京社区教育联盟”。开幕式主会场举办了首届国际学习型城市大会成果展活动。各区县、各高校、各单位也围绕活动主题开展了丰富多彩的学习活动。进一步拓展北京学习型城市网的功能，自主开发中华文化、科学普及等系列课程。指导区县开展数字化学习社区建设，充分利用信息技术改进和服务市民终身学习。

高等教育

〔**专业建设与教学改革**〕 2013年，全市高校重点建设10个专业群，立项支持295项教学改革，评选经典教材14种、精品教材400余种。完善中央高校与市属高校结对共建机制，在北京航空航天大学率先启动“北京学院”建设项目，支持市属高校学生到中央高校访学，共享优质资源。在原有基础上，又增设5个高校专业群，提高市属高校专业建设水平。同时，推动16所中央高校与市属高校共同建设“北京市卓越工程师教育培养计划高校联盟”，针对高等工程人才培养，相互开放实验室、工程实验中心、开办暑期学校，共同提高工程人才培养质量。

〔**科研创新**〕 实施市属高校科技创新能力提升计划，在节能环保、高端装备制造等领域遴选资助53项产学研合作项目，服务北京战略性新兴产业发展。面向中央高校启动重大成果转化项目，充分发挥中央高校的资源优势，促使其重大成果在北京实现转化和产业化。新增一批北京市哲学社会科学研究基地，鼓励研究基地为政府决策服务。建设15个市属高校协同创新中心和7个北京实验室。

〔**启动市属高校章程建设工作**〕 1月11日，市委教育工委、市教委、市政府教育督导室组织召开市属“高校章程建设工作培训会”，启动市属高校章程建设工作。各市属高校150名章程建设工作负责人参加培训。

〔**29项成果获国家科技奖**〕　1月18日，在2012年度国家科学技术奖励大会上，北京高校有29项成果（通用项目）以第一完成单位（人）获国家科技奖。其中2所高校5个项目获自然科学二等奖；1所高校2个项目获科学技术发明一等奖；6所高校10个项目获科学技术发明二等奖；9所高校12个项目获科学技术进步二等奖。

〔**83个项目获教育部科技奖**〕　1月24日，教育部发布2012年度高等学校科学研究优秀成果奖（科学技术）奖励决定，北京高校作为第一完成单位的83个项目获奖。其中5所高校9个项目获自然科学一等奖，8所高校19个项目获自然科学二等奖；4所高校9个项目获技术发明一等奖，4所高校5个项目获技术发明二等奖；8所高校12个项目获科技进步一等奖，12所高校27个项目获科技进步二等奖；1所高校1个项目获科技进步（推广类）一等奖，1所高校1个项目获科技进步（推广类）二等奖。

〔**59篇论文获北京市优秀博士学位论文**〕　8月30日，市教委公布2013年北京市优秀博士学位论文评选结果。在学位授予单位推荐的基础上，经同行专家通信评议、学科评选组评审和评选专家委员会会议评审，最终评选出59篇论文获北京市优秀博士学位论文。

〔**毕业生就业工作**〕　2013年，北京地区普通高等学校和研究生培养单位共有毕业生220 865人。其中北京生源毕业生73 173人，占毕业生总数的33.13%，北京生源毕业生就业率达97%。毕业去向统计显示，升学31 090人、出国15 119人、拟继续升学695人、拟出国455人、申请暂不就业77人。扣除上述各种情况，实际参加就业人数173 429人，占毕业生总数的78.5%。按教育部统计口径，截至10月31日，全市毕业生就业率达96%，其中研究生就业率达95.9%、本科生就业率达95.7%、高职（专科）生就业率达97.2%。北京地区各高校家庭经济困难等特殊困难毕业生19 602人，就业率达96.4%，高于整体就业率。北京地区高校毕业生到西部地区就业11 312人，录用为北京村官1 912人，录用为北京社区工作者30人。

〔**制定随迁子女在京报考高等职业学校实施办法**〕　9月29日，市政府公布《2014年进城务工人员随迁子女在京参加高等职业学校招生考试实施办法》（简称《办法》）。《办法》规定，进城务工人员及其随迁子女符合5项条件可以在京报考高职院校：一是进城务工人员及其子女持有在有效期内的北京市暂住证或工作居住证，二是进城务工人员在京有合法稳定住所，三是进城务工人员在京有合法稳定职业满6年，四是进城务工人员在京连续缴纳社会保险已满6年（不含补缴），五是随迁子女具有本市学籍且在京连续就读高中阶段教育3年。经过审核以及核准资格的学生与本市户籍考生享受同等报考和招录政策。

撰稿　华　蕾　聂　荣　周晓宇
张　兰　张晓兰
审稿　李晓秋　聂　荣

天津市教育

概　　况

〔**基本情况**〕

天津市各级各类学校校数、教职工、专任教师情况

	学校数（所）	教职工数（人）	专任教师数（人）
一、高等教育	69	49 079	31 983
（一）研究生培养机构（不计校数）	18		
1. 普通高校	18		
2. 科研机构			
（二）普通高等学校	55	47 123	30 900
1. 本科院校	29	36 318	23 379
其中：独立学院	10	5 477	3 732
2. 高职（专科）院校	26	10 805	7 521
3. 其他机构（点）（不计校数）			
（三）成人高等学校	14	1 956	1 083
（四）民办的其他高等教育机构			
二、中等教育	630	65 928	50 295
（一）高中阶段教育	305	41 953	24 328
1. 高中	193	29 145	15 589
普通高中	193	29 145	15 589
完全中学	105	18 780	8 086
高级中学	82	9 151	7 161
十二年一贯制学校	6	1 214	342
成人高中			
2. 中等职业教育	112	12 808	8 739
普通中专	39	6 357	4 317

续表

	学校数（所）	教职工数（人）	专任教师数（人）
成人中专	19	679	454
职业高中	25	2 762	2 168
技工学校	29	3 010	1 800
其他机构（教学点）（不计校数）			
（二）初中阶段教育	325	23 975	25 967
1. 初中	325	23 975	25 967
初级中学	287	20 817	17 368
九年一贯制学校	38	3 158	1 220
十二年一贯制学校			278
完全中学			7 101
职业初中			
2. 成人初中			
三、初等教育	838	41 939	38 275
（一）普通小学	838	41 939	38 275
小学	838	41 939	36 668
九年一贯制学校			1 362
十二年一贯制学校			245
（二）成人小学			
其中：扫盲班			
四、工读学校	3	110	80
五、特殊教育	20	779	598
六、学前教育	1 702	20 536	12 289

注：①完全中学的学校数和教职工数计入高中阶段教育，九年一贯制学校的校数和教职工数计入初中阶段教育，十二年一贯制学校的校数和教职工数计入高中阶段教育，专任教师是按照教育层次划分归类；②“（　）”内数据为不计校数。

天津市各级各类学历教育学生情况

	毕业生数（人）	招生数（人）	在校生数（人）
一、高等教育			
（一）研究生	14 959	17 117	50 622
博士	1 708	2 036	8 014
硕士	13 251	15 081	42 608
（二）普通本专科	120 996	138 556	489 919
本科	67 160	81 851	323 170
专科	53 836	56 705	166 749
（三）成人本专科	25 634	32 791	73 572

续表

	毕业生数（人）	招生数（人）	在校生数（人）
本科	12 347	16 396	35 754
专科	13 287	16 395	37 818
（四）其他各类高等学历教育			
1. 在职人员攻读硕士学位		5 671	15 512
2. 网络本专科生	20 243	26 697	71 705
本科	7 849	12 274	32 891
专科	12 394	14 423	38 814
二、中等教育	187 409	183 627	554 159
（一）高中阶段教育	107 749	97 812	293 449
1. 高中	61 167	55 116	175 144
普通高中	61 167	55 116	175 144
完全中学	28 156	26 211	82 433
高级中学	31 644	27 397	88 038
十二年一贯制学校	1 367	1 508	4 673
成人高中			
2. 中等职业教育	46 582	42 696	118 305
普通中专	26 063	23 460	69 818
成人中专	4 376	3 191	7 440
职业高中	8 831	7 135	20 185
技工学校	7 312	8 910	20 862
（二）初中阶段教育	79 660	85 815	260 710
1. 初中	79 660	85 815	260 710
初级中学	53 147	55 823	171 565
九年一贯制学校	3 025	3 729	11 667
十二年一贯制学校	1 237	1 245	3 633
完全中学	22 251	25 018	73 845
职业初中			
2. 成人初中			
三、初等教育	86 133	107 372	552 116
（一）普通小学	86 133	107 372	552 116
小学	82 437	102 350	528 784
九年一贯制学校	3 254	4 250	20 242
十二年一贯制学校	442	772	3 090
（二）成人小学			
其中：扫盲班			

续表

	毕业生数（人）	招生数（人）	在校生数（人）
四、工读学校			
五、特殊教育	340	418	2 980
六、学前教育	80 647	93 921	233 227

注：特殊教育学生数中包括普通中小学随班就读的学生。

天津市各级各类非学历教育学生情况

	结业生数（人）	注册学生数（人）
总计	1 349 554	1 400 492
一、高等教育	183 064	159 940
（一）研究生课程进修班	1 199	1 635
（二）自考助学班	2 454	6 130
（三）普通预科生		158
（四）进修及培训	179 411	152 017
其中：资格证书培训	55 265	55 779
岗位证书培训	65 139	60 021
二、中等职业教育	1 166 490	1 240 552
其中：资格证书培训	103 191	90 121
岗位证书培训	251 846	283 768
（一）中等职业学校	44 572	27 179
其中：资格证书培训	36 876	22 156
岗位证书培训	5 237	4 369
（二）职业技术培训机构	1 121 918	1 213 373
其中：资格证书培训	66 315	67 965
岗位证书培训	246 609	279 399

天津市各级各类民办教育基本情况

	学校数（所）	毕业生数（人）	招生数（人）	在校生数（人）	教职工数（人）	专任教师数（人）	其他学生数（人）
一、民办高等教育							
（一）民办高校	11	14 200	19 719	74 397	5 806	3 947	
硕士							
本科学生		13 769	19 486	73 801			
专科学生		431	233	596			

续表

	学校数（所）	毕业生数（人）	招生数（人）	在校生数（人）	教职工数（人）	专任教师数（人）	其他学生数（人）
其中：独立学院	10	13 253	18 183	69 859	5 477	3 732	
本科学生		13 253	18 183	69 859			
专科学生							
（二）民办其他高等教育机构							
二、民办中等教育							
（一）高中阶段教育	39	6 977	5 560	18 294	2 386	1 608	
1. 民办普通高中	32	5 781	4 231	14 533	2 059	1 371	
2. 民办中等职业教育	7	1 196	1 329	3 761	327	237	1 378
（二）初中阶段教育	13	8 308	7711	22 797	599	374	
1. 民办普通初中	13	8 308	7 711	22 797	599	374	
2. 民办职业初中							
三、民办普通小学	13	1 846	2 757	13 592	296	218	
四、民办幼儿园	840	18 898	28 297	70 766	7 610	3 807	
另有：民办培训机构（不计校数）	557				12 035	5 640	734 427

注：①“其他学生数”包括自考助学班学生、预科生、进修及培训学生数；②民办普通高中的教职工数和专任教师数中包含民办普通初中的教职工数和专任教师数；③民办中等职业教育数据中未含技工学校数据；④“（ ）”内数据为不计校数。

〔**教育体制改革**〕 2013年，天津市承担了6项国家教育体制改革试点项目，组织实施了112项市级教育体制改革试点项目。天津市教育督导体制改革、义务教育均衡发展改革、职业教育综合改革试点项目取得重大突破，国务院副总理刘延东两次对天津市教育督导体制改革和改革试点推进工作做出重要批示，改革试点经验在全国推广。市教委召开教师队伍建设改革、高校人才培养模式改革、职业院校工学结合改革等一系列专题交流推动会，对改革试点工作进行指导和推动。10个单位入选第三届全国教育改革创新典型案例。教育体制改革试点项目推进工作入选市级行政管理创新奖优秀项目。开展国家教育体制改革试点项目阶段性总结工作，对试点工作进行了全面系统的梳理总结。推荐督导体制改革、职业教育综合改革等3个试点改革项目转为示范项目。依据试点项目管理办法，启动了市级改革试点项目阶段总结工作，44个市级试点项目申请转为市级示范项目，47个单位申报了81项新增市级改革试点项目。

〔**教育督导条例**〕 12月17日，天津市十六届人大常委会第六次会议审议通过了《天津市教育督导条例》（简称《条例》）。《条例》共二十二条，主要明确了以下几个方面：教育督导的范围和内容，教育督导机构及其职责，督学的相关管理制度，教育督导活动的形式、内容和程序；相关法律责任。

〔**对口支援民族教育**〕 天津师范大学为新疆培训了88名双语骨干教师，天津职业大学为新疆和田地区中等职业学校培训了74名骨干教师，培训时间均为一年。为提升和田地区天津高级中学教师队伍素质，接收2名骨干教师到天津实习。新疆双语骨干教师在天津培训项目已经开展了四轮，累计投入资金708万元。委托市语言文字测试中心，选派5名教师到新疆和田地区为35名双语教师进行了为期一周的国家通用语言培训。天津市承担了新疆和田地区未就业少数民族普通高校毕业生培训任务，439 名学员分三批到天津学习。培训内容为国家通用语言、政策法规教育和专业知识，市教委对其中作为双语师资的 313 名学员实施师范类等相关专业课程培训，并组织了教学实践活动。第二批、第三批共 235 名学员分别在天津师范大学和轻工职业技术学院完成学业。该项目累计投入资金 2 127万元。2013 年秋季开始，天津艺术职业学院为西藏自治区昌都地区培养 60 名文艺人才，累计投入资金 850 万元。协调为甘肃省甘南藏族自治州定向培养 300 名医学本科学生项目工作，天津医科大学和天津中医药大学定向招收 61 人。全市共有西藏班学校 5 所，在校生 1 088 人，累计毕业 4 991 人；新疆高中班学校 8 所，在校生 2 082 人，累计毕业 2 099 人。天津市第九十五中学、杨村第三中学于 2013 年秋季开办新疆高中班，各招收新生 43 人。天津北辰区职业中等专业学校招收新疆和田地区 143 名中职学生，学制两年，投入资金 270 万元。天津市第一百中学继续面向青海省黄南藏族自治州招收 40 名应届初中毕业生到校就读高中，累计招生 160 人，投入资金 1 000 万元。

全市首批西藏内地班 272 名学生全部毕业，返回西藏就业。

〔教育交流与合作〕　2013 年，到天津市交换交流师生近万人次。国际学生规模再创新高，外国留学生人数居全国高校第三位。在第八届全球孔子学院大会上，天津市的学校获多项殊荣，提升了天津市教育的国际知名度和影响力。通过全力推进中外合作办学、合作科研、引进“海外名师”和开展“特色引智项目”等具体工作，高等院校引智水平不断提升。加大教育外事工作的宣传力度，通过推进天津教育国际交流与合作基础信息数据库和天津教育国际交流网建设，逐步提升全市教育外事工作信息化水平。

基 础 教 育

〔启动《天津市学前教育提升计划》〕　2013 年，全面启动《天津市学前教育提升计划（2013—2015 年）》（简称《提升计划》）。8 月，市政府下发《天津市人民政府办公厅关于转发市教委拟定的天津市学前教育提升计划（2013—2015 年）的通知》。9 月，市政府召开实施《提升计划》启动大会，具体部署实施工作，各区县向市政府递交优化学前教育资源配置项目责任书。9 月底，各区县结合未来出生人口预测和资源现状，全面完成学前教育资源布局专项规划工作，为科学合理布局学前教育资源、方便幼儿就近入园奠定基础。年末，全市各区县完成了本区县《提升计划》的编制工作，各区县全面启动实施《提升计划》工作。

〔义务教育均衡发展〕　一是全市中小学特别是农村学校校舍更加牢固，设施更加完善，管理更加规范，质量更加优化，教育更加公平。二是优势特色更加突出。三是满足了百姓“上好学校、找好老师、受高水平教育”的需求，“择校热”得到初步缓解。四是进一步完善了教育管理体制，健全了工作运行机制，从制度上有效保障了义务教育均衡发展。

〔义务教育学校现代化标准建设〕　市委、市政府高度重视新一轮义务教育学校现代化达标建设工程，将其列为天津市 2013 年 20 项民心工程任务的子项目之一、市领导推进改革发展和改善民生重点工作之一，并作为全面提升教育水平、加快建设美丽天津工作之一。召开全市教育督导工作会议，正式启动了 2013—2015 年天津市义务教育学校现代化标准建设评估验收工作。9 月 23 日至 11 月 6 日，市教育督导室组织专家对各区县申报验收的

369所学校进行了评估验收，其中364所学校通过评估验收，5所学校因班额超标需要整改后进行复查。超计划完成市政府下达的2013年年底首批120所义务教育学校通过达标验收的目标任务。

〔**普通高中现代化标准建设**〕 1月，召开全市普通高中现代化标准建设启动大会，全面启动全市高中现代化标准建设工程。一是制订实施方案。根据《普通高中现代化建设标准》，组织全市各区县制订实施方案，及时向市教委申报。二是加强基础建设。组织专项调研、申请专项经费，重点支持各区县加强基础教学仪器设备、多媒体教学仪器、录播教室装备和信息技术教室的更新。三是提升农村教育"短板"。以农村高中建设为重点，突出抓好各区县普通高中布局调整，通过新建、改扩建、功能提升等方式，整体提高高中校舍和基础设施建设水平。四是做好验收准备。对督导评估专家组全体成员、全体评估验收人员以及全市普通高中学校校长分别进行了三期系统培训。五是开展评估验收。市教委督导室组织评估验收专家组，对申报的47所公办普通高中学校进行了逐校验收。

〔**学校体育三年行动计划**〕 2013年，制订《天津市加强中小学校体育工作三年行动计划(2014—2016年)》(简称《计划》)，并分别向各区县教育局分管局长、科长，中小学校校长和有关专家进行意见征询。《计划》本着政府主导和面向全体学生的原则，把"深入开展学生阳光体育运动、扎实落实让学生每天锻炼一小时"的要求作为主要任务，在强化体育课和课外锻炼的保障机制上提出了若干有针对性的措施。

〔**完成基础教育事业发展目标**〕 2013年，全市基础教育事业发展目标如期完成。一是基础教育事业继续保持稳步发展。初中学段义务教育完成率达98%以上；小升初招生免试入学率达100%，优质初中招生指标100%分配到区内所有小学；优质高中招生指标分配到校的比例为40%；高中阶段入学率达94%；普通高中择校生比例降到15%。二是全面完成义务教育学校现代化标准建设。1 190所义务教育学校全面通过达标验收，实现了城乡教育均衡发展。在学校现代化建设过程中，全市中小学新增476种、382万台（件、套）教学仪器设备。建设1 364个中小学藏书室和1 554间阅览室，配送881万册图书，小学、初中生均图书分别超过30册和40册。培养187名教育家型名师、名校长；培训200名市级、600名区级、5 000名校级农村骨干教师。三是评出第二批12所特色高中建设项目学校。涌现出一批特色发展基础较好、特色目标确定准确和措施得力的典型学校。召开两次特色高中建设项目中期推动会，及时推广特色高中建设的先进经验。四是大力推进初中免试就近入学。健全诚信制度，完善指标生推荐办法，市内六区重点中学初中部100%实行招生指标定向分配，通过制度创新巩固免试入学成果，带动区域内初中学校均衡发展，抑制了义务教育阶段择校现象。五是深入推进教育教学改革。召开"天津市高中课程建设研讨会"，印发《天津市普通高中学校课程开发的指导意见》，推广国家课程地方化实施的三级课程管理模式，提高校长的课程领导力和执行力。推进基础教育教学质量提升工程，聚焦课堂，深入开展"高效教学"的实验研究，改革教学方法，注重学法指导，有效提高课堂教学质量和效益。

〔**滨海新区教育资源优化**〕 2013年，市教委10所直属学校与滨海新区若干所学校结成校际联盟，构建"10＋X"合作模式，促进滨海新区基础教育优质协调发展。合作内容如下。一是管理提升。开发共享校本课程和建设共享精品课程，创建学校特色，加强学校文化建设，提升办学内涵。二是教研联动。共同开展教研、科研活动，定期组织教育教学经验交流，开展听课评课等活动，研究提高课堂效能的有效手段，探索减轻学生过重课业负担的途径和方法。三是资源共享。不断完善教育教学资源库建设，共同加强网络建设，通过电子网络，实现优质教育资源共享。四是教师交流。每学期为滨海新区学校选派若干名干部、教师挂职锻炼或跟岗学习提供条件，并定期选派优秀干部和骨干教师到滨海新区学校指导工作。五是学生互动。适时组织学生交流活动，共同开展学生实践活动、学生社团活动等，共同组织校园艺术、科技、文化活动等。

职业教育与成人教育

〔**经费投入**〕 实施中等职业教育“十二五”投资工作，对已经完成或正在进行布局调整的学校，启动投资项目的申报与建设工作。天津市中职教育“十二五”期间第一批项目总计投资4.34亿元，其中市财政投入资金3.466亿元、主管部门和学校配套资金8 740万元。

〔**国家示范校建设**〕 天津市机电高级技术学校、天津市第一商业学校、天津市红星职业中等专业学校、天津市第一轻工业学校、天津市电子信息高级技术学校作为全市第一批“国家中等职业教育改革发展示范学校建设计划”项目学校，已按照预期规划完成了建设任务，并全部通过教育部、财政部、人力资源和社会保障部的检查验收。在12月24日召开的“国家中等职业教育改革发展示范学校建设现场交流会”上，教育部副部长鲁昕在总结讲话中对天津市在建设国家中职示范校过程中的“建设项目资金审计”和“建立校长联席会议制度”的组织管理做法给予充分肯定。会上，天津市机电高级技术学校就“发挥校办企业桥梁作用，实现毕业生准员工过渡”的典型经验做了发言。

〔**推进高职院校建设**〕 2013年，全市独立设置的高等职业技术学院共开设专业600余个；有国家级教学团队5个、国家名师奖获得者3人。全市有国家级高职示范院校4所，全部以优秀成绩通过验收，其中天津交通职业学院以优秀成绩通过验收。

〔**开展多种形式职业教育**〕 中职学校依托行业，把加大社会培训力度作为职业教育的重点工作，积极与行业企业联合，开展多种形式的培训，全年培训44 572人。另外，全市积极推进东西部中等职业学校合作办学，通过“2＋1”“1＋2”等培养模式，在学生培养、教师培训和干部培训等方面取得了成果。

〔**全国职业院校技能大赛**〕 2013年全国职业院校技能大赛由教育部联合天津市人民政府等31个部门共同主办。大赛同期举办了“全国职业院校技能大赛成果展”“‘我的中国梦’主题演讲会”“2013年民族地区职业院校教学成果展演”“2013年全国职业院校学生技能作品展洽会”“全国职业院校技能大赛获奖选手招聘会”“第十一届现代职业技术教育装备展览”等一系列活动。

〔**市职业院校技能大赛**〕 7月23—24日，举办“2013年天津市中等职业学校信息化教学大赛”暨“2013年全国职业院校信息化教学大赛选拔赛”，推选出11件作品参加2013年全国职业院校信息化教学大赛。12月13—15日，举办2013年天津市中等职业学校“圣纳杯”技能大赛暨“2014年全国职业院校技能大赛”选拔赛，比赛的项目和参赛人数比往年有所增加。

〔**成为首批全国建设学习型城市案例城市**〕 11月，在“首届全球学习型城市大会”上，天津市成为首批被推荐的全国建设学习型城市案例城市之一。完成《天津市建设学习型城市案例》和《天津学习型城市建设发展报告》的编写工作。

〔**社区教育**〕 市教委开展了第三届市级社区教育项目的申报评审工作，对15个区县申报的85项成果进行了评审，共评出获奖项目31项。其中河西区“社区教育志愿者队伍的管理和培训”、南开区“南开区社区教育管理体制和运行机制建设”、河北区“河北区示范性社区学校实体建设的探索与实践”、蓟县“新城镇建设进程中农民培训的实践研究”4个项目获一等奖；河西区“创建市民学校班级与社团融合发展的管理模式”等10个项目获二等奖；和平区“社区未成年人主题营地建设”等17个项目获三等奖。印发《市教委关于公布第三届天津市市级社区教育获奖项目的通知》，同时筹集奖励资金56.7万余元，对市级社区教育获奖项目给予一次性奖励。2013年，全市开展示范性社区学校建设工作。2013年，北辰区、滨海新区被教育部确定为全国社区教育实验区。在全市开展了示范性社区学校建设工作。全市数字化社区建设一直走在全国前列，建有61个数字化学习中心。组织了2013年度社区教育实验项目评审工作，全市15个区县的31个实验项目分获一、二、三等奖，并被确定为2013—2014年全国社区教育实验项目（全国共422个）。天津开放大学建设纳入2013年市委、市政府年度工作要点，成立开放大学建设筹建工作小组，加强对筹建工作的领导。12月，天津开放大学举行海河教育园区新校区建设工程奠基暨开工仪式。确定了蓟县、静海县、北辰区、武清区为天津市农村职业教育和成人教育示范区县，并积极做好国家级示范区创建申报工作。充分利用成人文化技术学校宣传农民文化素质培训的重要性，完成了招生计划工作和农民学历教育毕业生补贴工作。根据“教育部终身学习法课题前期调研方案”精神，天津市承担了老年教育情况调研工作，对天津市老年人大学和17个区、县老年教育情况进行了调研，梳理出全市老年教育的重点和难点问题。

高等教育

〔**专业建设**〕　市教委召开2013年度普通高校教学工作会议暨天津市普通高校教育教学质量督导工作会议，推进本科专业建设，做好专业设置和调整工作。教育部批准天津市高校新增本科专业75个，进一步优化了高校的专业结构。对2009年、2010年21所市属高校新设置的60个本科专业进行了专业评估。天津师范大学法学专业等12个专业被批准为国家级专业综合改革试点专业，在人才培养模式等关键环节进行综合改革。

〔**本科教学工程**〕　2013年，全市继续推进高等学校本科教学质量与教学改革工程建设，继续开展“教学改革立项计划“工作，对高校“十二五”综合投资建设项目的品牌专业、战略性新兴产业相关专业、卓越人才培养计划的专业教改项目进行申报。开展第四届优秀本科毕业设计（论文）评审工作，共评审出30篇本科优秀毕业设计（论文）。

〔**精品课程建设**〕　开展第七届高等教育天津市教学成果奖评审工作，评选出市级教学成果一等奖59项、二等奖73项。加快推进精品资源课程建设，39门课程被批准为首批国家级精品资源共享课，48门课程入选第二批国家级精品资源共享课，9门课程被评为国家级精品视频公开课，2门课程入选国家级精品视频公开课专业导论类课程。组织天津师范大学和天津职业技术师范大学首次参加教师教育国家级精品资源共享课建设与申报工作。完成全市首批15门国家级精品资源共享课推荐工作，其中7门课程入选教师教育国家级精品资源共享课立项建设课程名单。

〔**师资队伍建设**〕　开展第七届天津市高等学校教学名师奖评审工作，确定32名教师为第七届教学名师奖获得者。启动天津市高等学校与法律实务部门人员互聘“双千计划”。实施卓越新闻传播人才教育培养计划。开展2013年市级教学团队及“十二五”教学创新团队评审工作，确定市级教学团队49个，遴选出“十二五”教学创新团队

36个。

〔**实验教学中心和实践基地建设**〕 强化实验教学示范中心和校外实践基地建设。天津工业大学材料科学与工程实验教学中心等6个中心被教育部批准为国家级实验教学示范中心，20所高校的45个实验中心被授予“天津市普通高等学校实验教学示范中心建设单位”。确认天津工业大学纺织虚拟仿真实验教学中心等6个中心为市级虚拟仿真实验教学中心，向教育部高教司推荐天津工业大学纺织虚拟仿真实验教学中心等3个中心参加国家级虚拟仿真实验教学中心遴选。天津科技大学—赛闻（天津）工业有限公司工程实践教育中心等14个基地被教育部确认为国家级大学生校外实践教育基地。

〔**高校协同创新中心建设**〕 2013年，高校协同创新中心建设工作被列为市领导推动的重点工作。印发《天津市“高等学校创新能力提升计划”实施方案》和《天津市“2011协同创新中心”评审认定管理办法》。市教委积极推动全市高校建立校级协同创新中心。全年重点扶持12所高校牵头组建的校级协同创新中心。

〔**启动大学生创新创业训练计划项目**〕 启动2013年大学生创新创业训练计划项目。天津体育学院等4所高校新增为国家级大学生创新创业训练项目实施单位，18所普通本科高校全部参与国家级大学生创新创业训练项目。在2013年国家级大学生创新创业计划评审中，市属高校共获批279项创新训练项目、36项创业训练项目、5项创业实践项目，争取市财政336万元经费支持。

〔**大学生学科竞赛**〕 积极开展大学生学科竞赛，组织完成2013年全国大学生数学建模竞赛天津赛区竞赛、全国大学生电子设计竞赛“TI”杯天津赛区竞赛、全国大学生工程训练综合能力竞赛、“外研社杯”全国英语演讲大赛及英语写作大赛天津赛区复赛、华北五省大学生人文知识竞赛等3项学科竞赛天津赛区竞赛、天津市大学生数学竞赛等系列学科竞赛。

〔**高等继续教育**〕 开展第七届高等教育天津市级教学成果奖励工作，成人高等教育的4项成果获一等奖、6项成果获二等奖。根据社会人才需求，对部分院校申报新专业的材料进行了专门研究和审核，同意天津商业大学等4所普通高校新增5个成人本科专业、天津职业大学等5所高职院校和成人高校新增8个成人专科专业。完成教育部部署，做好2012年全市职工教育统计工作，共有40个集团公司380个企业的23.1万人参加了统计。

撰稿　王凤树
审稿　黄永刚

河北省教育

概　　况

〔基本情况〕

河北省各级各类学校校数、教职工、专任教师情况

	学校数（所）	教职工数（人）	专任教师数（人）
一、高等教育	125	103 428	68 126
（一）研究生培养机构（不计校数）	25		
1. 普通高校	23		
2. 科研机构	2		
（二）普通高等学校	118	101 072	66 825
1. 本科院校	57	70 644	46 342
其中：独立学院	17	14 612	10 892
2. 高职（专科）院校	61	30 428	20 483
3. 其他机构（点）（不计校数）			
（三）成人高等学校	7	1 463	799
（四）民办的其他高等教育机构	36	893	502
二、中等教育	3 901	379 310	302 223
（一）高中阶段教育	1 473	193 987	137 013
1. 高中	667	122 971	83 256
普通高中	563	121 771	82 273
完全中学	186	35 368	14 382
高级中学	352	80 449	66 541
十二年一贯制学校	25	5 954	1 350
成人高中	104	1 200	983
2. 中等职业教育	806	71 016	53 757
普通中专	265	19 256	13 028

续表

	学校数（所）	教职工数（人）	专任教师数（人）
成人中专	165	7 349	5 557
职业高中	206	30 007	24 730
技工学校	170	13 204	9 546
其他机构（教学点）（不计校数）	18	1 200	896
（二）初中阶段教育	2 428	185 323	165 210
1. 初中	2 381	184 926	164 869
初级中学	1 979	151 278	132 434
九年一贯制学校	402	33 648	14 766
十二年一贯制学校			1 666
完全中学			16 003
职业初中			
2. 成人初中	47	397	341
三、初等教育	12 688	327 468	319 115
（一）普通小学	12 538	327 187	318 856
小学	12 538	327 187	303 727
九年一贯制学校			13 526
十二年一贯制学校			1 603
（二）成人小学	150	281	259
其中：扫盲班	29	46	44
四、工读学校			
五、特殊教育	155	3 582	2 956
六、学前教育	10 813	117 427	76 091

注：①完全中学的学校数和教职工数计入高中阶段教育，九年一贯制学校的校数和教职工数计入初中阶段教育，十二年一贯制学校的校数和教职工数计入高中阶段教育，专任教师是按照教育层次划分归类；②“（ ）”内数据为不计校数。

河北省各级各类学历教育学生情况

	毕业生数（人）	招生数（人）	在校生数（人）
一、高等教育			
（一）研究生	11 231	12 933	37 823
博士	412	552	2 337
硕士	10 819	12 381	35 486
（二）普通本专科	334 278	325 886	1 174 374
本科	146 201	160 751	645 385
专科	188 077	165 135	528 989
（三）成人本专科	82 102	118 385	323 818

续表

	毕业生数（人）	招生数（人）	在校生数（人）
本科	38 455	61 638	170 225
专科	43 647	56 747	153 593
（四）其他各类高等学历教育			
1. 在职人员攻读硕士学位		3 083	9 217
2. 网络本专科生			
本科			
专科			
二、中等教育	1 476 979	1 430 145	4 094 429
（一）高中阶段教育	806 307	646 594	2 000 673
1. 高中	420 694	375 572	1 112 920
普通高中	404 522	375 572	1 092 815
完全中学	79 507	60 172	183 185
高级中学	315 587	305 061	886 686
十二年一贯制学校	9 428	10 339	22 944
成人高中	16 172		20 105
2. 中等职业教育	385 613	271 022	887 753
普通中专	161 125	101 168	338 928
成人中专	38 150	31 470	99 874
职业高中	137 825	88 258	313 483
技工学校	48 513	50 126	135 468
（二）初中阶段教育	670 672	783 551	2 093 756
1. 初中	667 759	783 551	2 088 470
初级中学	522 256	604 706	1 612 007
九年一贯制学校	61 628	72 939	191 530
十二年一贯制学校	9 318	13 127	34 901
完全中学	74 557	92 779	250 032
职业初中			
2. 成人初中	2 913		5 286
三、初等教育	865 685	996 124	5 492 711
（一）普通小学	840 140	996 124	5 462 135
小学	784 088	952 637	5 158 641
九年一贯制学校	48 822	39 529	269 918
十二年一贯制学校	7 230	3 958	33 576
（二）成人小学	25 545		30 576
其中：扫盲班	1 543		2 518

续表

	毕业生数（人）	招生数（人）	在校生数（人）
四、工读学校			
五、特殊教育	1 279	2 570	13 109
六、学前教育	794 693	1 063 184	2 129 439

注：特殊教育学生数中包括普通中小学随班就读的学生。

河北省各级各类非学历教育学生情况

	结业生数（人）	注册学生数（人）
总计	2 030 691	1 444 927
一、高等教育	116 139	100 412
（一）研究生课程进修班	1 226	876
（二）自考助学班	4 543	8 740
（三）普通预科生		842
（四）进修及培训	110 370	89 954
其中：资格证书培训	33 838	35 108
岗位证书培训	10 673	10 264
二、中等职业教育	1 914 552	1 344 515
其中：资格证书培训	275 245	251 156
岗位证书培训	138 818	96 607
（一）中等职业学校	294 647	133 312
其中：资格证书培训	76 978	34 234
岗位证书培训	74 172	33 347
（二）职业技术培训机构	1 619 905	1 211 203
其中：资格证书培训	198 267	216 922
岗位证书培训	64 646	63 260

河北省各级各类民办教育基本情况

	学校数（所）	毕业生数（人）	招生数（人）	在校生数（人）	教职工数（人）	专任教师数（人）	其他学生数（人）
一、民办高等教育							
（一）民办高校	35	82 740	94 089	343 956	25 523	18 718	9 727
硕士			25	42			
本科学生		55 818	62 860	255 569			
专科学生		26 922	31 204	88 345			
其中：独立学院	17	48 552	50 497	213 018	14 612	10 892	

续表

	学校数（所）	毕业生数（人）	招生数（人）	在校生数（人）	教职工数（人）	专任教师数（人）	其他学生数（人）
本科学生		48 552	50 497	213 018			
专科学生							
（二）民办其他高等教育机构	36				893	502	8 980
二、民办中等教育							
（一）高中阶段教育	279	78 147	57 674	173 007	19 296	14 004	
1. 民办普通高中	87	34 364	30 911	84 483	12 531	9 729	
2. 民办中等职业教育	192	43 783	26 763	88 524	6 765	4 275	8 567
（二）初中阶段教育	193	67 608	90 986	235 775	16 507	12 384	
1. 民办普通初中	193	67 608	90 986	235 775	16 507	12 384	
2. 民办职业初中							
三、民办普通小学	388	63 125	46 183	369 652	15 137	10 715	
四、民办幼儿园	4 143	205 240	326 831	691 620	66 039	38 593	
另有：民办培训机构（不计校数）	535				5 333	2 817	112 425

注：①“其他学生数”包括自考助学班学生、预科生、进修及培训学生数；②民办普通高中的教职工数和专任教师数中包含民办普通初中的教职工数和专任教师数；③民办中等职业教育数据中未含技工学校数据；④“（ ）”内数据为不计校数。

〔鲁昕率工作组到河北督促检查春季开学情况〕 3月1日，教育部副部长鲁昕率工作组到河北省督促检查春季开学情况并召开座谈会。副省长许宁出席座谈会，省教育工委、省教育厅领导陪同检查。鲁昕一行先后实地考察了保定唐县高昌镇初级中学、北高昌小学、石家庄鹿泉市职教中心、正定县诸福屯成人学校和新城铺小学，深入了解当地中小学校开学、营养餐改善计划落实运行和“送教下乡”工作开展情况。

〔实行中小学校责任督学挂牌督导制〕 为认真落实《中小学校责任督学挂牌督导办法》（简称《办法》）的有关规定，省教育厅制发通知，要求全省各地要制订切实可行的实施方案，确保挂牌督导制度覆盖所有中小学校。省教育厅要求全省各地要按照《办法》要求，把中小学校挂牌督导与省督学责任区制度建设相结合，因地制宜，制定本地挂牌督导的措施和办法，建立中小学校责任督学挂牌督导制度，并对责任督学的职责、任务和要求，督学的聘任和考核做出明确规定。同时，要求加强对责任督学的管理、考核、监督和指导，不断提高责任督学的政策水准和业务能力。设置专项经费，为督学开展工作提供必要的工作条件，给予责任督学适当补贴。

〔加强教育资助体系建设〕 建立完整的学生资助政策体系，覆盖学前教育、义务教育、普通高中教育、中等职业教育和高等教育等各个教育阶段，从制度上保障学生不因家庭经济困难而失学。家庭经济困难儿童资助标准为每生每年500—1 000元，资助比例为5%—10%。继续实行城乡义务教育学生免除学杂费政策、向农村义务教育阶段学生和城市家庭经济困难学生免费提供教科书。提高农村寄宿贫困学生生活费补助标准，初中每生每年1 250元、小学每生每年1 000元。全年共安排资金4.1亿元，补助贫困寄宿生34.5万人。继续加大对普通高中家庭经济困难学生的资助力度，全年全省共安排国家助学金3.6亿元，享受国家助学金学生25.6万人。此外，全省筹措资金1.03亿元，通过学费减免、设立校内奖助学金、特殊困难补助、接受社会捐资助学等形式，资助学生19.5万人。全年全省共安排1.93亿元，用于中职生国家助学金，共资助中职学生17.9万人。安排6.17亿元，用于中等职业教育免学费工作，惠及42.8万名中职学生。全年全省安排国家奖学金1 177万元，享受奖学金学生1 472人；安排国家励志奖学金1.69亿元，享受奖学金学生3.38万人；安排国家助学金6.91亿元，资助学生24.65万人。通过特困生补助、勤工助学、校内奖学金、减免学费等形式，资助高校学生18.66万人。安排研究生国家奖学金1 900万元，享受奖学金学生908人。加大生源地助学贷款和校园地助学贷款力度，共发放贷款1.96亿元，资助家庭经济困难学生3.54万人。

〔教育扶贫对接〕　3月7日，省教育厅厅长刘教民就教育扶贫工作深入阜平县实地调研，与当地干部一起研究确定支持教育发展项目。刘教民先后考察了2个村庄和附近的中小学，确定将骆驼湾村作为省教育厅的联系点，由省教育厅投资58万元，帮助恢复重建教学点，拆除原危旧校舍，改建小幼一体的新校舍，方便1至3年级学生和适龄幼儿就近入学。针对阜平县师资严重短缺的现状，刘教民表示要积极协调省编制办公室等有关部门，统筹帮助解决教师编制问题，并委托保定市教育局对阜平县开展支教帮扶活动，从全市13个教育强县、8个市直属学校选出149名优秀教师到阜平县80所中小学任课支教，帮助学校提高教育教学水平。

〔“善行河北，立德树人”主题道德实践活动〕　5月31日，省委教育工委、省教育厅在石家庄市第五十中学召开“善行河北，立德树人”主题道德实践活动座谈会。座谈会围绕“向身边的冯秀雅老师学习”的主题展开交流。4月24日，召开全省教育系统“善行河北，立德树人”主题道德实践活动视频推进会，石家庄市第五十中学教师冯秀雅获“善行河北——2012年感动校园人物”荣誉称号。

基础教育

〔启动学前教育巡回支教试点工作〕　省教育厅、省财政厅研究决定，从2013年起，开展国家支持中西部农村偏远地区学前教育巡回支教试点工作。9月起，在张家口市尚义县、承德市平泉县、保定市曲阳县开展试点工作，共建64个巡回支教点，招聘志愿者146名，2 057名学前儿童受益。

〔规范民办幼儿园管理〕　2013年，省政府出台《关于加强和规范民办幼儿园管理的意见》（简称《意见》），对民办幼儿园管理责任、设置标准、教师队伍建设等做出明确规定。《意见》指出，民办幼儿园实行分级管理、地方负责、以县为主的管理体制。省和设区市政府负责本行政区域的民办学前教育工作，制定政策措施，加强统筹和监督指导。县级政府对本行政区域内民办学前教育负主要管理责任，要将民办幼儿园纳入县域教育事业整体发展规划，采取措施，鼓励、扶持民办学前教育发展，依法保障民办幼儿园与公办幼儿园享有同等待遇。

〔推进义务教育均衡发展〕　9月5日，召开全省推进义务教育均衡发展工作电视电话会议。副省长许宁在主会场出席会议并讲话。他强调，各地要进一步提高认识，明确目标，强化责任，突出重点，深入扎实推进全省义务教育均衡发展，努力办好人民满意的教育，为实现河北科学发展、富民强省目标做出新的更大的贡献。省政府副秘书长李靖主持会议，省教育厅、省发改委、省财政厅、省人力资源和社会保障厅以及省编制办公室有关负责人出席会议。

9月22—28日，国家教育督导检查组对全省11个县（市、区）进行义务教育发展基本均衡县检查评估认定。评估内容和标准主要包括县域义务教育学校达标情况、县域义务教育校际间均衡状况、县级政府推进义务教育均衡发展工作状况、公众对县域义务教育均衡发展的满意度四个方面。评估认定方式是逐县检查，随机抽查学校。检查组通过审核与检查认定，接受检查的11个县中，有10个县达到国家规定的义务教育发展基本均衡县评估认定标准。

〔**全省44.64万名进城务工人员子女接受义务教育**〕 省教育厅印发《关于落实省委克服“四风”问题十件实事部署进一步做好进城务工人员随迁子女义务教育就学工作的通知》，对解决进城务工人员随迁子女上学问题进行具体安排部署。截至2013年9月，全省城市（含县镇）中小学接收进城务工人员随迁子女入学达44.64万人，其中小学阶段为32万人、初中阶段为12.64万人。省教育厅提出了如下要求：一是确保符合条件的进城务工人员随迁子女有学上；二是方便进城务工人员随迁子女就近入学；三是确保进城务工人员随迁子女义务教育经费到位；四是确保进城务工人员随迁子女不因家庭经济困难失学；五是对以接收进城务工人员随迁子女为主的学校进行帮扶；六是对进城务工人员随迁子女就学工作进行专项督察，及时协调解决存在的问题。

〔**规范农村义务教育学校布局调整**〕 9月，印发《省政府办公厅关于进一步做好农村义务教育学校布局调整工作的意见》，对农村义务教育学校布局规划与撤并程序以及如何办好村小学和教学点做出明确规定。要求各县（市、区）要科学制订2013—2015年农村中小学布局专项规划，合理确定县域内教学点、村小学、中心小学、初中学校布局，以及寄宿制学校和非寄宿制学校的比例，保障学校布局与新农村建设和学龄人口居住分布相适应。人口稀少、地处偏远、交通不便的地方应保留或设置教学点，要根据不同年龄段学生的体力特征、道路条件、自然环境等因素合理确定学校服务半径，小学服务半径一般不超过2公里。

〔**减轻中小学生过重课业负担**〕 2013年，出台《河北省教育厅关于进一步规范义务教育阶段学校办学行为切实减轻中小学生过重课业负担的意见》（简称《意见》）。《意见》明确要求，从7月1日开始，全省各义务教育阶段学校要从课程计划、在校学习时间、家庭作业、违规补课、教辅用书、考试评价、招生和竞赛八个方面严格执行规定，以切实减轻中小学生过重课业负担。《意见》还要求，各地加大对违规行为的处罚力度，凡是违反“坚决禁止利用节假日集体补课”规定的，一经查实，即对学校进行全省通报批评，同时根据学校不同情况分别做出处理。

〔**学生营养改善计划**〕 省教育厅下发《关于进一步做好农村义务教育阶段学生营养改善计划有关工作的通知》，明确要求学生营养改善计划专项资金应当足额用于为学生提供等值优质的食品，不得以现金形式直接发放给学生个人和家长，更不得用于学校食堂聘用人员工资福利、食堂（伙房）建设、设施设备购置、学校公用经费开支以及开展营养改善计划的工作经费等支出。学校食堂（伙房）的水、电、煤、气等日常运行维护经费应纳入学校公用经费开支。因实施学生营养改善计划增加的运营成本、学校食堂聘用人员工资等费用，由县级财政全额负担，以确保国家规定的每生每天3元营养膳食补助全部吃进学生嘴里。省教育厅还要求，米、面、油、鸡蛋、牛奶等大宗食材由试点县政府公开招标、集中采购，肉、禽、蔬菜等新鲜食材鼓励在本地采购。有条件的地方，还可建设食材生产和供应基地，逐步实现“自产自用”或“农校对接”，稳定供货渠道，确保食品安全。

〔**中小学幼儿园安全工作**〕 省教育厅根据全国中小学幼儿园安全工作电视电话会议精神，做出具体工作部署，明确了中小学幼儿园安全工作的四个重点：一是在区域上，以农村地区为重点，提高师生和家长的安全意识及监护人意识；二是在类别上，以民办学校为重点，引导学校规范办学、完善安全防范措施；三是在层次上，以小学和幼儿园为重点，严防不法分子伤害儿童；四是在内容上，以防溺水、防食物中毒、防自然灾害为重点。

职业教育与成人教育

〔**继续加强学校基础能力建设**〕　2013 年，从“河北省中等职业学校实训基地建设项目库”中，遴选推荐 25 个中央财政支持的中职实训基地建设项目。经教育部、财政部联合评议，确定了 23 个中央财政支持的中职实训基地建设项目，涵盖现代农业、汽车运用与维修、电气技术应用、机械加工技术、机电技术应用、制药技术、数控技术应用等重点发展领域，项目建设资金达 8 280 万元，其中争取到中央财政资金 4 140 万元。配合省发改委开展中职教育基础能力建设规划（二期）项目中期评估工作。

〔**教育教学工作**〕　印发《河北省教育厅关于加快河北省现代中等职业教育骨干专业建设的意见》（冀教职成〔2013〕18 号）和《河北省教育厅关于加快河北省现代中等职业教育特色专业建设的意见》（冀教职成〔2013〕19 号），认定 100 个左右省级骨干专业和 35 个左右省级特色专业。建立健全中等职业教育质量评价体系，印发《河北省中等职业教育教学质量评价方案（试行）》（冀教职成〔2013〕15 号），举办教学校长和教学主任培训班，对中职教育教学质量评价进行解读。聘请专家对 500 余名职教一线教师进行多媒体教学软件研制和教学设计等方面的专业培训，提高教师运用信息技术的能力。对 160 余名教学校长和教学主任进行职业学校信息化建设培训。

〔**进一步深化农村职业教育改革**〕　一是认真贯彻落实全省农民工工作联席会议工作要点，积极开展“送教下乡”活动，实施“新农村建设双带头人培养工程”。加强对全省“送教下乡”教学点教学的有效管理，规范“送教下乡”和“新农村建设双带头人培养工程”办学行为。二是开展农民职业教育和实用技术培训。将农民职业教育和技术培训纳入省委、省政府实施的“农村面貌改造提升行动”计划，重点对 45 岁以下农村基层党员、村干部、返乡农民工、种养殖专业户、复转军人等在乡从业农民进行正规的中等职业教育。指导涉农中职学校紧密结合区域经济社会发展和农业产业、企业发展需要，调整涉农专业布局，优化涉农专业结构，在非涉农专业增设 1—2 门农业技术课程，培养复合型实用技术人才。会同有关部门对 300 万名农民进行农村实用技术培训，培养一大批“有文化、懂技术、会经营”的新型农民和“留得住、用得上”的实用技术人才。三是认真落实省委、省政府提出的工作要求，积极实施“专门人才培训工程”，对 6 万多名贫困家庭初、高中毕业生实行免费职业教育，并积极实施涉农职业学校为农村贫困家庭每户培养一名致富能手的工作计划，组织职业学校在乡镇、专业村或龙头企业开设分校（教学点），组织教师常年到各教学点讲课，把知识送到田间地头。四是组织开展农村职业教育与成人教育示范县创建活动。印发《河北省教育厅创建农村职业教育与成人教育示范县实施办法》和《河北省农村职业教育与成人教育示范县（市、区）建设评估标准》，初步确定 13 个省级农村职业教育与成人教育示范县，向教育部推荐 5 个县（市、区）参加国家评估验收。

〔**设立现代农村职业教育研究基地**〕　11 月 5 日，由河北省职业教育发展研究中心设立的“河北省现代农村职业教育研究基地”在邯郸市农业学校揭牌。与此同时，该中心还组织召开了以科研、教研为主题的现代农村职业教育学术研讨会。

〔**进一步规范学籍管理工作**〕 制定《河北省中等职业学校学籍管理责任书》，规定各级教育行政部门职成教处（科）长和校长是学籍管理工作第一责任人，要与学生管理部门和学籍管理部门负责人签订责任书，学生管理部门和学籍管理部门也要分别与学生管理人员、学籍管理人员签订责任书，做到学籍管理工作责任到岗、责任到人。转发教育部《关于进一步加强中等职业学校学生学籍管理工作的通知》，对学籍管理工作提出具体要求。明确提出，要严格执行学籍管理“六个严禁”。组织各地、各学校认真开展学籍核查，逐一核实学生注册信息，对核查出的问题及时纠正和处理，防止迟报、误报、漏报现象的发生，确保学籍信息及时、真实、准确、有效。对省属中职学校进行抽查，全省共检查中职学校 113 所。

〔**4 所学校入选中国职业教育百强**〕 7 月 18 日，2013 年《中国职业教育百强》评选活动结果发布，河北省南宫市职业技术教育中心、石家庄工程技术学校、武安市综合职业技术教育中心、涿州市职业技术教育中心跻身中国职业教育百强，是入选学校数量最多的省份之一。

〔**完成省培计划**〕 印发《河北省教育厅关于 2013 年度中等职业学校专业骨干教师培训需求情况调查的通知》（冀教职成函〔2013〕5 号），面向全省中职学校征集国家级和省级培训需求，制订河北省 2013 年度国家级和省级中职师资培训计划。8 月，深入河北师范大学等 9 个师资培训基地，分别召开座谈会，了解培训情况，并对培训工作进行督导检查，保证培训效果。全年全省举办中职教师培训班 4 个（期），培训教师 1 897 人，涉及专业 14 个。其中培训专业带头人 529 名、班主任 200 名、教学副校长和教务处长 168 名、信息技术教师 1 000名。

〔**加强国家和省高职高专示范（骨干）院校建设**〕 河北化工医药职业技术学院在“国家示范性高等职业院校建设计划”骨干高职院校建设项目验收工作中评为优秀，邯郸职业技术学院通过“国家示范性高等职业院校建设计划”骨干高职院校建设项目验收。石家庄铁路职业技术学院高速铁路技术专业国家教学资源库项目建设已申报国家验收。河北工业职业技术学院环境保护专业入选国家教学资源库建设，获国家经费 500 多万元。11 所省高职高专示范（骨干）院校按照建设规划实施建设，取得了阶段性成果。河北女子职业技术学院省级女性教育示范校建设项目经省教育厅批准立项建设。

〔**高职重点专业立项建设项目验收**〕 2013 年上半年，组织专家对 2011 年立项建设的 43 所学校的 86 个专业进行了中期检查。按照《教育部财政部关于做好高等职业学校提升专业服务产业发展能力项目验收工作的通知》精神，在各项目学校总结申报的基础上，省教育厅、省财政厅组织专家组对 2011 年和 2012 年全省提升专业服务产业发展能力项目立项的 46 所学校的 92 个专业进行了省级验收，并上报申请国家验收。两年共获国家建设资金 1.85 亿元，全省地方投入 1.149 亿元。

〔**高职院校单招试点招生工作**〕 2013 年，全省部分高职院校继续实行单招改革试点，与往年相比主要有以下几个变化。一是继续扩大试点院校范围，由 2012 年的 27 所扩大到 2013 年的 44 所，占全省高职专科院校数量的 61%。二是增大单独招生计划比例。2013 年，单招计划数所占招生学校计划总数的比例有所提高，未完成的单招计划可以转入普通高考招生。三是单招考试录取时间全部提前到高考之前。各单招院校到省教育考试院进行录取备案。每名考生只能报考一所院校，已被录取的考生不再参加普通高校全国统一考试及录取。

〔**加强高职实训基地建设**〕 全省 10 个高职专业被教育部确定为中央财政支持的实训基地，全省中央财政支持的实训基地总数达 66 个，建设资金达 9 390 万元。

〔**推进成人高等教育改革**〕　继续推进河北省广播电视大学成人本科教育试点和河北开放大学建设工作。积极扩大成人高等教育资源，利用省内外高校优质资源举办本专科函授教育和远程教育，新增8个远程教育校外中心点的行政审批和13个函授站、教学点。组织开展对全省247个函授站、教学点和224个远程学习中心的复评、年检工作。完成教育部网上2013年专业、教学点、函授站审批和招生计划审核工作，配合省教育考试院完成成人高校招生工作。

〔**推进终身教育**〕　省教育厅出台《关于大力推进社区教育工作的意见》（冀教职成〔2013〕3号），将社区教育作为推动全省终身教育体系构建的重要内容进行安排部署，将河北广播电视大学确立为省级社区教育指导中心，对全省社区教育进行业务指导。终身教育立法工作经省委常委会、省人大党组、省政府常委会研究，列入2013年立法计划。9月，开通了全省居民终身学习网络平台——“河北终身学习在线”。

高 等 教 育

〔**调整优化学科专业结构**〕　适应全省经济社会发展和加快转变经济发展方式的战略需要，围绕全省工业产业升级、构建现代产业体系的需要，加大学科专业布局和科类结构调整力度。上报教育部新增备案本科专业113个，教育部审批本科专业11个，设置调整专业2个；新增专科专业265个，调整备案专科专业36个，撤销专科专业64个，暂停招生专科专业152个。

〔**教育教学改革**〕　一是推进二级学院改革。遴选首批18个二级学院开展综合改革试点，以创新人才培养模式为重点，重构课程体系和教学内容，创新教育教学方式方法，与有关部门、科研院所、行业企业在联合培养人才等方面进行探索，在教师聘任、考核和评价制度、创新管理体制机制等方面取得了新突破。二是发挥专家组织和学术团体作用。指导支持省高等教育学会和各专业教学指导委员会等开展工作，通过召开会议、典型交流、设立教改项目、组织学生竞赛等形式，推进高校人才培养模式改革。三是深入开展课程建设。加强82门国家级精品课程和948门省级精品课程建设，继续推动国家级、省级精品课程的转型升级。全省有3门国家级精品视频公开课程得到国家资金支持，25门课程被确定为国家级精品资源共享课程，并拨付建设支持经费。推荐参评国家级视频公开课10门，推荐参评国家资源共享课程45门。四是加强实践实验教学。继续实施大学生创新创业训练项目，设立省级大学生创新创业训练项目856项，推荐国家级大学生创新创业训练项目264项。遴选建设20个河北省高校虚拟仿真实验教学中心。完成了2012—2013年度实验室信息统计工作。

〔**实施高校“双重工程”建设和高水平大学建设**〕　一是借力国家重大工程项目建设，推进高水平大学建设工作。指导学校做好“211工程”建设、中西部高校基础能力建设工程、中西部高校综合能力提升工程等国家重大工程项目相关工作，确保重大工程项目顺利实施。二是省部共建取得积极进展。实现省政府与国家国防科技工业局共建北华航天工业学院，省部共建高校达6所。省政府与国家国防科技工业局签署协议，支持共建石家庄铁道大学、河北大学、河北科技大学、北华航天工业学院、河北联合大学5所高校的国防重点学科实验室。三是加大投入支持力度，启动实施国家重点学科培育工程。遴选12个学科予以重点培育，培育周期为5年，平均每个学科每年获500万元经费支持。四是坚持发挥学科建设龙头作用，带动全省本科院校整体水平提升。扩大重点学科建设支持范围，完成全省重点学科和重点发展学科新增遴选工作，新增省级重点学科 55 个、重点发展学科 51 个。

〔**师资队伍建设**〕 2013 年，组织完成全省高校 2 725 名教师岗前培训，完成省会高校 64 名教师现代教育技术培训，完成 2 000 名高校教师网络在线培训，集中培训 600 人。培训高校教学管理干部 262 人。实施教育部、财政部职业院校教师素质提高计划，组织完成两批培训项目，培训 34 所高职院校教师共 224 人，其中国内培训 187 人、企业顶岗培训 23 人、国外培训 14 人，培训支出经费 158.5 万元。

〔**加强地方师范生免费教育培养模式改革**〕 截至 2013 年年底，全省共招收语文、数学、外语、物理、地理、化学、生物、历史、音乐、体育、美术、学前教育等专业免费师范生 571 人。师范生免费教育实行“独立编班、独立培养、独立管理”，重点加强课程体系和教师培养模式改革，取得了良好效果。

撰稿 刘立新 王彦怀 崔海江
审稿 刘 山 赵清海

山西省教育

概　　况

〔基本情况〕

山西省各级各类学校校数、教职工、专任教师情况

	学校数（所）	教职工数（人）	专任教师数（人）
一、高等教育	90	65 543	43 306
（一）研究生培养机构（不计校数）	13		
1. 普通高校	10		
2. 科研机构	3		
（二）普通高等学校	78	61 009	40 764
1. 本科院校	29	42 342	27 767
其中：独立学院	8	6 350	4 821
2. 高职（专科）院校	49	18 667	12 997
3. 其他机构（点）（不计校数）			
（三）成人高等学校	12	2 675	1 503
（四）民办的其他高等教育机构	49	1 859	1 039
二、中等教育	3 050	264 551	208 629
（一）高中阶段教育	1 048	135 843	91 124
1. 高中	504	93 861	59 910
普通高中	504	93 861	59 910
完全中学	223	40 832	19 486
高级中学	245	45 525	38 359
十二年一贯制学校	36	7 504	2 065
成人高中			
2. 中等职业教育	544	41 982	31 214
普通中专	92	12 239	7 943

续表

	学校数（所）	教职工数（人）	专任教师数（人）
成人中专	119	4 202	3 470
职业高中	234	16 809	13 806
技工学校	99	8 486	5 813
其他机构（教学点）（不计校数）	9	246	182
（二）初中阶段教育	2 002	128 708	117 505
1. 初中	1 991	128 622	117 434
初级中学	1 516	98 390	88 573
九年一贯制学校	475	30 232	13 633
十二年一贯制学校			1 673
完全中学			13 555
职业初中			
2. 成人初中	11	86	71
三、初等教育	8 967	180 600	180 599
（一）普通小学	8 946	180 491	180 548
小学	8 946	180 491	166 887
九年一贯制学校			12 090
十二年一贯制学校			1 571
（二）成人小学	21	109	51
其中：扫盲班	10	54	10
四、工读学校	1	84	67
五、特殊教育	56	1 613	1 385
六、学前教育	5 882	63 684	41 317

注：①完全中学的学校数和教职工数计入高中阶段教育，九年一贯制学校的校数和教职工数计入初中阶段教育，十二年一贯制学校的校数和教职工数计入高中阶段教育，专任教师是按照教育层次划分归类；②“（ ）”内数据为不计校数。

山西省各级各类学历教育学生情况

	毕业生数（人）	招生数（人）	在校生数（人）
一、高等教育			
（一）研究生	7 754	9 384	27 473
博士	320	479	2 315
硕士	7 434	8 905	25 158
（二）普通本专科	173 259	206 939	676 817
本科	76 375	110 032	390 654
专科	96 884	96 907	286 163
（三）成人本专科	53 382	62 965	188 894

续表

	毕业生数（人）	招生数（人）	在校生数（人）
本科	24 396	24 465	77 599
专科	28 986	38 500	111 295
（四）其他各类高等学历教育			
1. 在职人员攻读硕士学位		2 526	6 287
2. 网络本专科生			
本科			
专科			
二、中等教育	1 025 287	881 672	2 690 946
（一）高中阶段教育	483 317	468 679	1 398 103
1. 高中	286 103	288 826	848 464
普通高中	286 103	288 826	848 464
完全中学	90 272	96 525	278 565
高级中学	186 011	180 902	538 635
十二年一贯制学校	9 820	11 399	31 264
成人高中			
2. 中等职业教育	197 214	179 853	549 639
普通中专	69 722	64 007	182 644
成人中专	7 713	5 353	26 409
职业高中	82 314	73 583	227 340
技工学校	37 465	36 910	113 246
（二）初中阶段教育	541 970	412 993	1 292 843
1. 初中	541 457	412 993	1 291 442
初级中学	402 292	295 288	935 497
九年一贯制学校	59 116	42 445	133 107
十二年一贯制学校	9 089	7 813	23 573
完全中学	70 960	67 447	199 265
职业初中			
2. 成人初中	513		1 401
三、初等教育	477 884	394 203	2 296 993
（一）普通小学	477 274	394 203	2 296 383
小学	436 161	363 825	2 110 778
九年一贯制学校	35 544	26 159	161 016
十二年一贯制学校	5 569	4 219	24 589
（二）成人小学	610		610
其中：扫盲班	190		190

续表

	毕业生数（人）	招生数（人）	在校生数（人）
四、工读学校	100	111	296
五、特殊教育	1 023	1 069	7 146
六、学前教育	342 270	442 876	951 431

注：特殊教育学生数中包括普通中小学随班就读的学生。

山西省各级各类非学历教育学生情况

	结业生数（人）	注册学生数（人）
总计	2 300 195	2 485 713
一、高等教育	62 485	69 231
（一）研究生课程进修班		134
（二）自考助学班	3 619	6 634
（三）普通预科生		
（四）进修及培训	58 866	62 463
其中：资格证书培训	33 430	37 923
岗位证书培训	14 565	13 893
二、中等职业教育	2 237 710	2 416 482
其中：资格证书培训	526 299	586 042
岗位证书培训	964 809	1 021 730
（一）中等职业学校	166 559	58 810
其中：资格证书培训	38 672	26 838
岗位证书培训	41 623	22 652
（二）职业技术培训机构	2 071 151	2 357 672
其中：资格证书培训	487 627	559 204
岗位证书培训	923 186	999 078

山西省各级各类民办教育基本情况

	学校数（所）	毕业生数（人）	招生数（人）	在校生数（人）	教职工数（人）	专任教师数（人）	其他学生数（人）
一、民办高等教育							
（一）民办高校	15	26 327	32 288	117 815	9 123	6 763	988
硕士							
本科学生		18 007	23 983	92 994			
专科学生		8 320	8 305	24 821			

续表

	学校数（所）	毕业生数（人）	招生数（人）	在校生数（人）	教职工数（人）	专任教师数（人）	其他学生数（人）
其中：独立学院	8	18 007	20 573	85 123	6 350	4 821	
本科学生		18 007	20 573	85 123			
专科学生							
（二）民办其他高等教育机构	49				1 859	1 039	38 350
二、民办中等教育							
（一）高中阶段教育	245	82 933	79 127	221 798	27 003	18 613	
1. 民办普通高中	150	61 438	58 960	167 592	22 845	15 808	
2. 民办中等职业教育	95	21 495	20 167	54 206	4 158	2 805	2 926
（二）初中阶段教育	221	94 849	82 297	253 615	17 367	12 878	
1. 民办普通初中	221	94 849	82 297	253 615	17 367	12 878	
2. 民办职业初中							
三、民办普通小学	181	41 012	24 851	173 188	8 392	5 579	
四、民办幼儿园	2 504	126 859	168 096	365 849	33 803	20 794	
另有：民办培训机构（不计校数）	734				8 833	5 411	365 183

注：①“其他学生数”包括自考助学班学生、预科生、进修及培训学生数；②民办普通高中的教职工数和专任教师数中包含民办普通初中的教职工数和专任教师数；③民办中等职业教育数据中未含技工学校数据；④“（ ）”内数据为不计校数。

〔**教育经费收入与支出**〕 2013年，全省教育经费收入691.82亿元，较2012年增长7.2%。具体来源渠道为：公共财政预算教育经费（不含教育费附加）517.22亿元，较2012年增长3.87%；各级政府征收用于教育的税费收入达52.52亿元，较2012年增长19.10%；企业办学教育经费1.89亿元，较2012年降低10.43%；民办学校中举办者投入经费4.83亿元，较2012年增长24.48%；社会捐集资办学经费0.45亿元，较2012年降低71.69%；事业收入104.33亿元，较2012年增长18.22%，其中学杂费收入81.13亿元，较2012年增长24.45%；其他收入10.55亿元，较2012年增长48.59%。

全省地方教育和其他部门教育经费总支出615.98亿元，较2012年增长5.43%。其中人员经费支出344.33亿元，占总支出的51.91%，较2012年降低2.82个百分点；公用经费支出252.62亿元，占总支出的41.01%，较2012年降低2.23个百分点；基建支出19.03亿元，占总支出的3.09%，较2012年增长1.05个百分点。

全省普通小学生均公共财政预算教育事业费支出6 517.16元，较2012年增长12.06%，其中农村普通小学生均公共财政预算教育事业费支出为8 261.49元，比2012年增长17.57%。全省普通初中生均公共财政预算教育事业费7 765.15元，较2012年增长16.98%，其中农村普通初中生均公共财政预算教育事业费支出9 326.16元，较2012年增长20.76%。全省普通高中生均公共财政预算教育事业费支出7 121.26元，较2012年降低3.22%。全省中等职业学校生均公共财政预算教育事业费支出8 383.91元，较2012年增长4.54%。全省普通高等学校生均公共财政预算教育事业费支出10 941.96元，较2012年降低22.93%。

全省普通小学生均公共财政预算日常公用经费支出1 639.27元，较2012年增长4.39%，其中农村小学生均公共财政预算日常公用经费支出

1 924.38 元，较 2012 年增长 2.37%。全省普通初中生均公共财政预算日常公用经费支出 2 402.84 元，比 2012 年增长 10.42%，其中农村普通初中生均公共财政预算日常公用经费支出 2 857.71 元，比 2012 年增长 3.61%。全省普通高中生均公共财政预算日常公用经费支出 2 128.11 元，较 2012 年降低 20.51%。全省中等职业学校生均公共财政预算日常公用经费支出 3 117.49 元，较 2012 年增长 8.8%。全省普通高等学校生均公共财政预算日常公用经费支出 5 123.86 元，较 2012 年降低 28.2%。

〔对省政府关于实施教育改革发展规划纲要的工作报告进行测评〕 8 月，省十二届人大常委会第四次会议听取和审议了省政府关于实施教育规划纲要工作情况的报告，并进行了满意度测评。60 人出席会议，发出测评票 60 张，收回 60 张。其中满意票 59 张、基本满意票 1 张，满意率达 100%。

〔实施“6203 计划”〕 研制《教育为转型综改试验区服务行动计划（2013—2015 年）》（简称“6203 计划”），明确提出在“十二五”期间实施人才强教、布局优化、科技创新、职教振兴、均衡发展、文化引领 6 大工程，落实 20 项具体推进措施，努力提升全省教育的科技创新、服务综改、人才支撑等 3 大能力。全年扎实推进各项工程的实施，在人才强教工程推进方面，通过实施“131 领军人才工程”（引进、培养、焦聚 100 名中国科学院、中国工程院院士或院士候选人；公开面向海内外聘请、引进、遴选和资助 300 名具有国内领先水平的知名学者、学术带头人；在全省高校遴选 1 000名优秀中青年拔尖创新人才，给予重点资助和培养），共引进院士 43 名、知名学者和学术带头人 207 名，评选出优秀中青年拔尖创新人才 469 名，有力促进了办学水平的提高。在布局优化方面，适应以煤为基、多元发展的需要，推进山西能源学院筹建工作，推动中北大学、太原科技大学分别在朔州市和晋城市建立校区，实现了普通本科教育设区市全覆盖。同时，围绕全省支柱产业和产业转型升级，优化学科专业布局，重点支持高校加强建设煤炭能源类和煤层气等特色专业。主动适应全省城镇化建设和新农村建设需要，新建、改扩建一批中小学、幼儿园，基础教育学校的布局进一步优化。加强高校科研平台建设，推进科技创新，提升服务能力。职教振兴、文化引领等工程有序推进。

〔教育改革试点〕 承担的“推进义务教育学校标准化建设”“统筹推进义务教育均衡发展”“校企合作研究生培养模式改革”3 个国家级教育体制改革试点工作进展顺利，并取得初步成果。其中晋中市统筹推进义务教育均衡发展、“校企合作研究生培养模式改革”分别被《国家教育体制改革简报》刊发，并作为典型经验刊登在教育部网站教改动态栏目中。特别是“统筹推进义务教育均衡发展”试点已形成了“四化两改三保证”的晋中模式，即学校建设标准化、教师交流制度化、教育管理规范化、教学手段信息化；改造薄弱学校、改革高中招生制度；保证贫困生不失学、保证学困生不流失、保证农民工子女和城市学生享受同等待遇。人民日报、中央电视台、中国教育电视台、中国教育报等多家媒体报道了晋中市推进义务教育均衡发展的做法。全国先后有 20 多个省（区、市）的 40 多个考察团到晋中市学习交流。同时，全省 95 个省级教育体制改革试点项目也按计划扎实推进，一些试点取得了初步进展。其中晋中市整体构建中小学序列化德育体系改革试点、太原市二十七中走班教学模式与管理机制改革试点、山西师范大学顶岗实习——置换培训联动机制改革与实践的典型经验被编入中国教育改革发展丛书《教育改革典型案例》。

〔教育督导工作〕 经省政府批准，成立了省政府教育督导委员会，建立了全省中小学校责任督学挂牌督导制度。督导评估产生了 142 所 2013 年度“山西省素质教育示范学校”。9—11 月，对 2010—2012 年度使用了农村义务教育薄弱学校改造计划项目资金的 66 个县（市、区），就义务教育学校办学基本条件达标情况进行了专项部署督查。完成了对规范中小学办学行为的综合督察、对中等职业教育免学费“回头看”的验收和对 29 个县级教研室和5个县级职教中心的评估验收。启动了对20所高校为改善办学条件使用政府债券资金的跟踪督导。完成了21个营养餐试点县食堂建设情况督察任务。对全省民办中小学校、民办培训机构进行专项督察。组织太原市万柏林区、襄汾县、泽州县教育行政部门，配合国家完成了年度基础教育质量监测工作。

〔**规范办学行为**〕　配合教育部检查组完成了对山西省治理义务教育阶段择校乱收费和中小学教辅资料散滥问题执行情况专项检查。省教育厅出台《山西省中小学规范办学行为“十二条规定”》，对全省1 015所学校规范办学行为进行了全面督察。完成中职学校办学资质清查工作，全省共清查中职学校410所，其中361所学校具备中职学历教育办学资质，35所学校限期整改，取消14所学校办学资质。继续规范成人高等学历教育办学行为，对省外高校在晋的68个函授站执行教学计划、教学管理、教师管理、学生管理等方面的工作进行专项检查。完成高等学校函授站年检和新设函授站的备案工作，年检合格的函授站共149个，不合格的函授站10个，撤销函授站4个，备案新函授站15个。

〔**依法行政**〕　印发《山西省教育厅关于进一步推行教育行政执法责任制的意见》，进一步梳理了行政执法依据共140件、行政执法职权共3类51项，将行政执法职权分解到15个处室，配套制定了行政执法工作制度，编制了行政许可、行政复议、行政处罚流程图，制作了32种行政执法文书常用格式范本。编印《山西省教育厅行政执法责任制汇编》，精简行政审批事项，简化办事流程，8项行政审批项目调整为6项。全年网上批办行政审批事项107件。依法做好规范性文件审查备案工作。印发《关于加强山西省普通高中学校中外合作办学项目管理的意见》。根据省委党内法规和规范性文件清理工作要求，对21件由省教育厅负责起草、6件配合其他厅局起草并由省委省政府出台的党内法规和规范性文件进行了清理审核。

〔**完善贫困家庭学生政策资助体系**〕　2013年，共安排资金1.37亿元，对在读的家庭经济困难儿童、孤儿和残疾儿童按照每生每年1 000元的标准给予生活补助，覆盖在园儿童的15%，受助儿童约12.3万人。农村义务教育阶段小学、初中家庭经济困难的寄宿生生活补助提高到每生每天4元、每生每天5元。中等职业教育实现免费就学，职业高中每生每年提高到2 000元，普通中专每生每年提高到2 500元。体育类、艺术类专业免学费标准按每生每年4 000元。全年共资助普通高中家庭经济困难学生17.1万人。2013年，全省本、专科国家奖学金共奖励854人，国家励志奖学金共奖励1.79万人，国家助学金共资助13.14万人。2013年，共奖励博士研究生82人、硕士研究生592人。认真实施中等职业学校国家助学金政策，全省基本建立起覆盖各阶段教育的学生资助体系。加强日常监督检查，中等职业学校免学费全覆盖工作进入常态化。

〔**体育卫生艺术与国防教育**〕　7月，举办全省大中学生田径运动会。10个市和60所高校的1 831名运动员参加了比赛。全年共举办14项单项体育竞赛活动，8 000余名学生和教职工参加了比赛。全年上报《国家学生体质健康标准》测试数据学校总数增至10 845所，位居全国第9位，上报率达89.99%，全国排名提高到第18位。10—11月，对38所高校太原校区的所有新生、部分大二年级学生进行了麻疹风疹联合疫苗接种。在全国第四届中小学生艺术展演活动中，获优秀组织奖一等奖，5个表演类节目参加了全国现场展演，选送的20个艺术表演类节目全部获奖。获奖艺术作品56个，获奖艺术教育科研论文5篇。积极开展“高雅艺术进校园”活动。中国歌剧舞剧院歌剧团和中国爱乐乐团分别到山西大学、太原理工大学等8所高校演出；全国高等学校艺术教育专家讲学团的3名专家分别在山西财经大学、山西工商学院等9所高校举办讲座。12月，由教育部、中国人民解放军总参谋部和总政治部联合组成学生军训工作调研组，到山西省检查调研学生军训工作，省教育厅和省军区军训办公室向调研组汇报了山西省学生军训工作情况，受到调研组的充分肯定和鼓励。

〔**学校安全稳定工作**〕 省政府办公厅下发《关于加强中小学幼儿园安全能力建设的意见》，省教育厅下发《在全省中小学幼儿园开展“珍爱生命规避风险”安全能力建设的实施方案》，提出了“三化三建设”（安全教育课程化、安全演练常态化、安全职责全员化，建设校园安全保障体系、家校共管体系、安全工作考核体系）的工作目标和要求。在太原、晋中、阳泉三市的30所小学、28所初中进行《安全》教材试用，编写了以“十防”为主要内容的《学校安全培训与演练指导手册》，成立了山西省学校安全教育中心。进一步加强对深化“平安校园”建设工作的督促指导，加大“平安校园”考核验收力度，全省平安校园覆盖率由2012年的40%提高到52.87%。推进学校及周边治安综合治理专项整治工作，分别印发了《关于在全省教育系统继续深入开展学校安全专项整治工作的通知》《山西省集中开展学校及周边治安综合治理专项整治实施方案》，开展了专项整治活动。加强学校食堂规范化管理，与省食品药品监督管理局联合印发《山西省食堂餐饮安全规范化管理的实施方案》，全面提升学校食堂餐饮安全保障水平。进一步强化安全培训工作，组织全省高校食堂管理人员进行食品安全培训。做好重点时段和敏感时期学校安全稳定工作，教育系统保持了和谐稳定局面。

〔**深入学习贯彻党的十八大精神**〕 深入学习贯彻党的十八大和十八届二中、三中全会及习近平总书记系列重要讲话精神。年初，省高校工委与省委组织部、省委党校联合举办了两期全省省管领导干部学习贯彻党的十八大精神集中轮训班，省属高校领导班子成员230余人参加培训。1月下旬，省高校工委举办了高校领导干部学习贯彻党的十八大精神培训班，各高校、省教育厅直属中专学校共120余人参加了专题培训。邀请省直属机关工委十八大宣讲团到省教育厅机关进行宣讲，并邀请教育部专家做专题报告，安排120多名处级干部到省委党校省直分校参加党的十八大精神专题培训。

〔**开展第一批党的群众路线教育实践活动**〕 按照中央和省委的统一部署，省高校工委、省教育厅党组坚持学习教育为先、坚持开门搞活动、坚持边学边整边改、坚持领导带头，在省教育厅机关和17个直属事业单位、9所高职高专学校、3所民办高校和3所中专学校开展了教育实践活动，活动涉及1个党组、16个党委、90个党总支、278个党支部和7 421名党员。省高校工委、省教育厅在认真完成规定动作的同时，结合实际创新举措，努力使整个活动取得实效。各直属单位、高职高专、民办高校结合实际设计主题，既有规范动作，又有创新动作，完成党的群众路线教育实践活动三个环节的各项目标任务。全体党员、干部的思想认识进一步提高，作风进一步转变，有效地推动了全年各项工作任务的完成。中央第八巡回督导组对省教育厅开展党的群众路线教育实践活动给予了充分肯定。省属本科高校和其他省直属部门所属的40所高职高专院校也参加了第一批党的群众路线教育实践活动。

〔**法制宣传教育**〕 印发《山西省教育厅关于做好“六五”普法中期督导检查工作的通知》，组织开展全省“六五”普法中期检查。与省委依法治省领导组办公室、省司法厅、省综合治理委员会、团省委联合印发了《教育部司法部中央综治办共青团中央全国普法办关于进一步加强青少年学生法制教育的若干意见》，与共青团省委、省最高人民法院、省检察院、省司法厅等单位联合举办“黄河律师杯”第三届山西省大学生模拟法庭大赛，22所高校参加了大赛。组织全省教育系统开展“法律进学校主题班会”活动。印发《关于进一步加强厅机关领导干部和公务员学法用法工作的意见》。11月27—29日，组织省教育厅机关全体公务员参加了省委依法治省领导组办公室组织的无纸化普法考试，及格率达100%。印发《山西省教育厅关于全面加强教师法制教育工作的意见》（晋教法〔2013〕6号）。选派40名校长和教师参加教育部举办的全国中小学校长、骨干教师法制教育专题培训班。印发《关于做好2013年教育系统“全民禁毒宣传月”禁毒预防宣传教育工作的通知》，组织全省88所高校播放了合成毒品警示纪录片《与死神共舞》，组织各市教育局、各高校参加国家禁毒委员会办公室和中国禁毒基金会举办的全国禁毒动漫和宣传教育讲课比赛。

〔**民办教育**〕　严格民办学校行政审批制度，对民办学校行政审批项目进行进一步的规范和简化，全年共受理有关民办学校审批、变更等行政审批项目19个，其中审批通过17个、驳回2个，办理有关民办学校虚假宣传的行政处罚项目1件。严格民办学校广告备案制度，全年共有24所在晋招生的民办学校进行了招生简章（广告）备案。依法对省属民办学校中名称不规范的12所学校名称进行了统一规范。

〔**教育交流与合作**〕　2013年，与国家留学基金管理委员会启动实施国家公派出国留学地方合作项目。全年国家公派出国留学共录取97人，其中地方合作项目录取56人、面上项目录取18人、学校项目23人，省筹资金资助出国留学人员全省共录取80人。山西大学和太原理工大学成为“教育部出国留学培训与研究中心”。截至2013年年底，全省高校共有2个中外合作办学机构、26个中外合作办学项目，在校生共计4 171人。制定出台《关于加强山西省普通高中学校中外合作办学项目管理的意见》，首次批准山西省实验中学、山西大学附属中学、太原师范学院附属中学、山西省榆次第一中学、太原市第十二中学、太原市第二外国语学校6所学校试点举办高中涉外合作办学项目。2013年，各级各类学校共聘请外国专家和外籍教师164人次。全年全省高校共接收外国留学生115人，山西大学、太原理工大学成为山西省首批接收中国政府奖学金来华留学生资格的院校。共派出150人次赴美国、英国、法国、意大利等21个国家、地区进行访问和培训。全年参加国际学术会议40人次。高校有75名学生作为交流生到国外、台湾地区高校学习。共举办国际学术会议7次、接待4批48人次来访。

〔**语言文字工作**〕　制定出台《山西省贯彻〈国家中长期语言文字事业改革和发展规划纲要（2012—2020年）〉的实施意见》。完成了对灵石、寿阳、翼城、襄汾、襄垣、浮山、偏关、和顺、安泽9个县三类城市语言文字达标评估工作。验收并命名37所大中小学校为省级语言文字规范化示范校。组织举办小学生普通话语音知识大赛，全省11个市、60个县、近300所学校的26.9万人参加。

基础教育

〔**学前教育**〕　2013年，全省新（改、扩）建城镇公办标准化幼儿园216所，完成建筑面积45万平方米，新增学位近5万个，学前三年毛入园率达80.4%。同时，投入资金3亿元，在全省改扩建546所农村幼儿园，完成建筑面积37.75万平方米，可增设学位7.4万个。认真贯彻落实《3—6岁儿童学习与发展指南》，坚持科学保教，为儿童创设丰富多彩的教育环境，防止和纠正幼儿园教育“小学化”倾向。组织“实施学前教育三年行动计划先进县（市、区）、先进单位及先进个人”的评选活动，授予太原市娄烦县等31个县（市、区）“山西省实施学前教育三年行动计划先进县”称号，授予古交市教育局等100个单位“山西省实施学前教育三年行动计划先进单位”称号，授予204人“山西省实施学前教育三年行动计划先进个人”称号。

〔**义务教育法执法检查**〕　9月4—8日，全国人大常委会副委员长兼秘书长王晨率领全国人大常委会执法检查组，到山西省就《中华人民共和国义务教育法》贯彻落实情况进行检查。9月5日，检查组听取了省政府及其相关部门的汇报，省委书记、省人大常委会主任袁纯清出席汇报会并讲话。检查组还先后深入大同、晋中、临汾、运城等地的乡村城镇中小学校，实地检查《义务教育法》执行情况，并和当地政府及相关部门负责人、学校校长、教师和家长代表进行座谈。执法检查结束后，检查组对山西省贯彻执行《义务教育法》总体情况给予肯定。

〔**义务教育均衡发展**〕 加快实施农村义务教育薄弱学校改造计划，全年有35个县完成农村义务教育薄弱学校改造任务。共投入资金5.59亿元，其中中央专项资金2.24亿元、省级专项资金1.24亿元、项目县配套资金2.11亿元，集中为3 070所中小学校配备标准化教学实验仪器、音体美卫器材、图书资料等，并实现多媒体教学设备“班班通”。推进义务教育学校标准化建设工程，下发《山西省推进义务教育学校标准化建设工作实施方案》，修订《山西省义务教育学校办学基本标准（试行）》，39个县通过义务教育学校标准化建设省级检查验收，太原市迎泽区通过“全国义务教育发展基本均衡县（市、区）”认定。推进义务教育办学模式和中考招生改革，推广盟区制和联盟校等办学模式，各市优质高中招生指标分配比例达60%以上。推进义务教育学校校长、教师交流，开展交流工作的县（市、区）达87个，交流人数达8 500余人。印发《山西省基础教育信息化建设基本标准（试行）》，落实“三通两平台”任务，先后在寿阳县和芮城县召开全省教研信息化现场会和“班班通”应用现场会。

〔**普通高中教育**〕 成立山西省普通高中工作专家指导组，召开学科特色高中学校座谈会，全省初步形成普通高中多样化发展的工作思路。12月底，召开全省示范高中校长会议暨2013年普通高中课堂教学改革校长研讨会。组织全省26.9万名高二年级学生参加全省普通高中学业水平考试。全省高中阶段教育毛入学率达91%。

〔**中小学德育工作**〕 深入推进社会主义核心价值体系建设，把社会主义核心价值体系融入中小学教育全过程。推进“爱学习爱劳动爱祖国”教育活动。开展第二届美德少年评选活动，共评选出60名美德少年。组织开展优秀童谣征集活动。加强中小学幼儿园节约教育，开展“爱粮食”主题征文活动。加强学校心理健康教育，组织全省中小学心理健康教育和家校共育调研工作，支持建设11所高中心理健康教育示范校。推进青少年校外教育工作，实施青少年校外活动场所能力建设项目申报工作，争取省财政3247万元的支持资金。开展航海航天模型优秀项目评选活动。举办新建校外活动场所主任培训班。分别召开青少年校外教育太原、晋中、吕梁片区工作会和大同、朔州、忻州片区工作会。

〔**中小学教师队伍建设**〕 不断加强师德师风建设，开展全国教书育人楷模和省师德标兵学习宣传活动，全省有3名教师被评为“全国师德标兵”。继续实施农村义务教育阶段学校教师特设岗位计划，招聘“特岗教师”1 916人，安排到758所农村学校任教。启动“山西省中小学教学名师培养计划”，首批培养150名专家型名师。加强中小学校长、教师培训，全年培训中小学校长近1 000名、教师5万名。完成2013届免费师范毕业生就业工作，落实了2013届教育部直属师范大学347名免费师范毕业生就业岗位。深化中小学教师职称制度改革，评选出首批中小学正高级教师23名。积极推进全省中小学教师资格制度改革，印发《山西省中小学教师资格考试改革实施办法》《山西省中小学教师资格定期注册试点工作实施办法》。

〔**特殊教育**〕 起草《山西省特殊教育发展情况报告》。选派特教教师参加多个国家级特教培训班，举办全省特殊教育学校康复教学与心理干预培训班，在“国培计划”中安排对特殊教育骨干教师的培训项目。

职业教育与成人教育

〔**基础能力建设**〕 2013年，完成第一批8所中职示范校的省级验收工作；组织第二批11所国家级中职示范校进行中期现场交流汇报；第三批11所国家级中职示范校申报学校全部获教育部批准，获中央专项资金1.49亿元。对山西煤炭职业技术学院国家骨干高职院校建设工作进行验收，获良好等次。进一步加强实习实训基地建设，制定《职业教育实训基地建设管理暂行规定》，27所中高职学校获教育部、财政部批准立项建设职业教育实训基地，中央财政支持专项建设资金4 690万元。组织完成2013年中职省级实训基地评审工作，全年共有60个实训基地获省财政支持专项建设资金9 500万元。进一步推动县级职教中心建设，3个县级职教中心通过省级督导评估验收。

〔**人才培养工作**〕 加快建设现代职业教育体系，促进中高职衔接。扩大“五年制”中高职衔接的职业教育人才培养工作试点范围，招生人数由6 000人增加到16 000人。开展“三二分段”人才培养方案研制工作，调整修订原有人才培养方案。开展中职对口升学“知识＋技能”考试制度改革相关调研工作，初步形成试点方案。

〔**加强中职学校管理**〕 加强学校内部管理，完成全省第二轮中职学校管理星级评估认定工作，14所学校被评估认定为管理五星级学校，103所学校被评估认定为管理四星级学校，134所学校被评估认定为管理三星级学校，70所学校被评估认定为管理二星级学校，27所学校被评估认定为管理一星级学校。加强中职学生学籍管理，组织各市教育局和402所中职学校开展专业管理系统和学籍管理系统培训。

〔**中职招生**〕 2013年，全省中职学校招生164 653人，其中职业高中70 984人、普通中专48 846人、成人中专4 098人、技工学校招生21 710人，其他机构、附设中职班招生19 015人。

〔**高职院校精品课程建设及专业评审**〕 开展高职院校精品课程评审，评选出省级精品课程59门，推荐国家级精品共享课程4门。完成2013年高职院校人才培养工作状态数据采集报送工作。组织完成40所高职院校提升专业服务产业发展能力75个项目省级验收工作。优化职业院校专业设置，组织专家组对高职院校专业进行评审，撤销71个与产业相关度不高、就业率低的专业点，增加41个产业发展急需专业点。对全省涉煤高职院校的6个煤炭主体专业的人才培养方案进行了全面评审，并进行优化和完善。

〔**职业院校学生技能大赛**〕 举办山西省第七届职业院校技能大赛。组队参加2013年全国职业院校技能大赛，获9个一等奖、19个二等奖、43个三等奖，获一等奖学生的指导教师获指导教师奖。在2013年全国职业院校学生技能作品展洽会上，获1个一等奖、1个二等奖，山西省财政税务专科学校被教育部授予分赛区优秀组织奖。举办中等职业学校“中国梦，我的梦”学生作文大赛，选出120篇优秀作品结集出版。组织教师参加2013年全国职业院校信息化教学大赛，获1个二等奖、3个三等奖。组织参加第十届全国中等职业学校文明风采竞赛，获1个一等奖、3个二等奖、4个三等奖，3位教师获杰出指导教师奖、8位教师获优秀指导教师奖，4所学校获卓越组织奖、9所学校获优秀组织奖。

〔**成人高等教育**〕 加强成人高等教育学籍管理工作。2013级成人高等学历教育新生学籍注册

66 855人，注册率93.63%。推动全省成人高等学历教育网络辅助教学试点工作，网络辅助教学学习平台为师生提供16门课程446个在线课件，平台注册学生用户达6.6万人，平台访问次数超311万人次。完成成人高等学校新增招生专业备案工作。2013年，全省12所高校共申报新增成人高等教育本、专科专业56个，对太原师范学院计算机科学与技术等28个专业予以备案。

〔**全民终身学习周**〕 继续开展全民终身学习周活动，太原、长治、晋城、晋中、临汾5个市、18个县（市、区）举办了“全身终身学习活动周”，全省举办活动周的城市达18%。山西省获全民终身学习活动周工作小组、中国成人教育协会授予的“全民终身学习活动周协调组织奖”，太原市获“2013年全民终身学习活动周优秀组织奖”和“2013年全民终身学习活动周宣传贡献奖”，晋城市、长治市、临汾市及太原市万柏林区等10个县（市、区）获“2013年全民终身学习活动周成功组织奖”。

高等教育

〔**高等教育质量工程**〕 实施高等教育质量和水平提升工程，深入推进教学质量和教学改革项目建设，投入1 200万元，重点建设了38个特色专业、252项教学改革项目、414项大学生创新创业训练项目。新获批15个国家级本科专业综合改革试点专业，确定太原理工大学、山西大同大学、吕梁学院、太原理工大学阳泉学院4所高校的采矿工程等6个专业为服务转型综合配套改革试验区专项特色专业建设项目。加强本科高校教学评估，配合教育部完成了对长治学院和运城学院合格院校评估验收工作。新增太原师范学院为硕士学位授予单位、长治医学院为培养专业硕士试点单位。制定《山西省普通高等学校本科专业设置管理实施细则》，进一步规范全省普通高校本科专业的设置与管理。在山西师范大学等已有学士学位授予权的8所高校新增13个学士学位授予专业，在山西大学商务学院等5所独立学院批准9个专业具有暂行学士学位授予权。将拟新增的56个专业，拟调整学位授予门类的2个专业和拟撤销的1个专业报教育部备案。推进校企合作、协同育人的人才培养模式改革，全省共遴选建设了14个国家级大学生校外实践教育基地。组织开展大学生创新平台建设，利用政府债券3 000万元，依托并整合高校已有的国家级、省级实验教学示范中心，重点建设20个大学生创新平台，每个项目支持经费150万元。推进优质教学资源共享工作，共有6门课程被评为2013年国家级精品资源共享课立项项目。

〔**研究生教育**〕 2013年，新建12个省级校企合作研究生教育创新中心，对21个研究生教育创新中心进行年度考核，加强研究生教育创新中心管理。支持24个全省高校重点学科大型仪器设备建设项目，经费合计3 025万元。评选出研究生教育改革课题52项（其中重点项目15项）、研究生创新项目114项（其中重点项目42项）、重点学科支持项目20项。组织评选出2012学年度省级优秀博士学位论文30篇、优秀硕士学位论文73篇。

〔**高层次人才队伍建设**〕 2013年，遴选出省级高等学校优秀创新团队3个、中青年拔尖创新人才6人、优秀青年学术带头人34人。推荐67位“百人计划”候选人。组织有关高校积极申报海外高层次人才引进计划，1人入选“长江学者”计划。加大高层次人才培养力度，13人进入2013年度享受政府特殊津贴人选。评选出省级学术带头人40人、省级新兴产业领军人才8人。申报2013年度“留学人员科技活动项目择优资助经费申报”项目83项，完成选派60人参加“高等学校青年骨干教师国内访问学者项目”申报工作。实施“三晋学者”（以设立“三晋学者”特聘教授岗位为载体，用10年左右时间引进培养60名高水平人才，带动一批特色优势学科高水平发展，提升自主创新能力，强化拔尖创新人才培养）计划，评选出3名2013年度“三晋学者”。组织全省高校首届“微课”教学比赛，评审出一等奖21项、二等奖42项、三等奖21项。推荐部分优秀“微课”参加全国首届高校“微课”教学比赛，获全国二等奖1项、三等奖3项和优秀组织奖。组织开展第七届高职高专“双师型”教学名师和优秀教师评选，评出教学名师22人、优秀教师66人。

〔**科技创新**〕 建设培育20个高校创新基地。制定《山西省高等学校重点实验室建设与管理暂行办法》，共有6个实验室成为省级重点实验室。出台《山西省高等学校人文社会科学重点研究基地评估标准》，新增2个山西省高校人文社科重点研究基地。山西农业大学新农村发展研究院经过科技部、教育部立项评审。全省高校共承担2013年度国家自然科学基金项目276项，项目经费1.33亿元，占全省项目总数的92%。共承担2013年度国家社科基金46项，占全省项目总数的92%。承担教育部人文社会科学研究项目35项。组织遴选2013年度全省高等学校科技创新项目和哲学社会科学研究项目，立项支持85项科技创新项目（投入专项经费200万元）、41项人文社科重点研究基地项目（投入专项经费205万元）和89项哲学社会科学研究一般项目（投入专项经费125万元）。

〔**获重大成果奖励**〕 中北大学教授刘有智获何梁何利基金“科学与技术创新奖”，山西大学获教育部高等学校科学研究优秀成果奖（人文社会科学）4项，太原理工大学获教育部高等学校科学研究优秀成果奖（科学技术）2项。

〔**高校布局调整**〕 新增山西传媒学院、太原学院2所本科院校。2013年，中北大学朔州校区、太原科技大学晋城校区开始招生，实现了全省本科教育资源全覆盖。

〔**信息化建设**〕 指导中国教育和科研计算机网（CERNET）主干网太原核心节点建设，教育网主节点线路带宽升级为10Gbps，提高了核心节点的性能，并完善了可靠的网络运行管理和安全保障系统；实现了高校新校区与主节点裸光纤开通，具备了信息共享的基本条件，为新校区入驻高校大数据共享、网络资源合作提供了平台基础；太原理工大学、山西大学、太原科技大学、中北大学等高校，通过不同运营建设模式建成了覆盖全校主要教学科研区域的无线校园网；数字化校园建设取得新进展，构建起统一数据库平台、统一数据门户、统一身份认证平台的数字化校园信息标准；召开全省教育科研计算机网建设和高校信息化工作会议。

〔**高校党建工作**〕 5月13日，省委组织部、省委宣传部、省高校工委联合召开全省高校党的建设工作会议，传达第二十一次全国高校党建工作会议精神，提出全省贯彻落实会议精神的意见，安排部署2013年高校党建重点工作任务。加强高校干部队伍建设。制定印发《省高校工委管理的高职高专院校副校级领导干部选拔任免办法（试行）》，对高职高专院校副校级领导干部选拔任免的基本原则、选拔任用条件、程序以及免职做出了明确具体的规定。5月下旬到6月，集中对省教育厅所属6所高职高专学校副校级领导干部进行调整补充，任命了11名副校级领导干部。加强高校基层党组织建设，对全省66所高校贯彻落实《中国共产党普通高等学校基层组织工作条例》情况进行专项检查。加强高校党员队伍建设，重视新成立本科高校和高职高专学校的党员发展工作，重点做好在大学生和青年骨干教师中发展党员工作。

〔**高校章程建设**〕 加强高校章程建设，组织全省高校开展学习宣传工作，组织部分高校参加教育部政策法规司在江西省和长春市举办的培训班。2013年年初，印发了《全省高校章程制定工作的时间安排》，将全省各级各类高校章程申报核准工作排出时间表，召开高校章程制定工作推进座谈会。5月，对即将完成章程申报工作的高校进行督察，有7所高校申请章程核准。

〔**大学生思想政治教育工作**〕 启动大学生思想政治教育工作测评体系自测工作。深化高校思想政治理论课教学改革工作。在湖南大学、上海大学建立高校思想政治教育师资培训基地，举办全省高校思想政治部主任论坛暨素质能力提升研讨会、《中国近现代史纲要》教师高级研修班。完成2013年度高校思想政治理论课教学改革项目评审工作，共评选出重点项目4项、一般项目12项。制订完成全省普通高等学校思想政治理论课教师队伍培养实施方案。会同有关部门在全省建立65个青年师生社会志愿服务基地。举办首届全省高校辅导员职业能力大赛。成立高校辅导员工作委员会，建立全省高校辅导员培训基地，制订2013—2017年辅导员全员培训计划。加强大学生心理健康教育，创建全省学生心理健康教育网站，聘请10名心理教育专家开展网上心理咨询辅导。参与第七届全国高校校园文化优秀成果评选活动。开展全省首届高校大学生“创业梦、大学梦、中国梦”微电影大赛活动。建立高校大学生思想状况观测机制，确定了20个观测单位。

〔**毕业生就业工作**〕 配合省委组织部、省人力资源和社会保障厅、共青团省委等有关部门选聘了大学生村官470名、“三支一扶”人员557名，大学生西部志愿者180名。做好高校毕业生入伍工作，实际入伍高校毕业生1 114人、在校生1 084人、新生252人。做好困难毕业生的就业援助工作，为3 090名低保家庭毕业生每人发放一次性求职补贴1 000元，推荐就业1 468人。组织全省高校举办校园招聘会2 858场次，提供就业岗位9万余个。开展多种形式的网上招聘活动，建立了从全国高校毕业生就业网、山西毕业生网，到学校校园网的三级网络一体化平台。2013年，全省开展网上招聘活动近200场，招聘单位7 000余家，发布招聘职位5.9万个，网上注册求职毕业生达5.4万人。加强创业教育，鼓励高校毕业生自主创业，全省应届高校毕业生中有859人申领了《高校毕业生自主创业证》。启动实施“1+3”（“1”是指毕业生离校前的1个月时间，动员各高校集中开展各类毕业生招聘活动，在招聘场次、岗位数量、签约率上都要明显增加；“3”是指将毕业生就业服务工作延长3个月）就业工作方案。

撰稿 薛 敏
审稿 侯文一

内蒙古自治区教育

概　　况

〔基本情况〕

内蒙古自治区各级各类学校校数、教职工、专任教师情况

	学校数（所）	教职工数（人）	专任教师数（人）
一、高等教育	51	37 858	24 828
（一）研究生培养机构（不计校数）	10		
1. 普通高校	9		
2. 科研机构	1		
（二）普通高等学校	49	37 296	24 554
1. 本科院校	15	23 732	15 208
其中：独立学院	2	590	425
2. 高职（专科）院校	34	13 564	9 346
3. 其他机构（点）（不计校数）			
（三）成人高等学校	2	562	274
（四）民办的其他高等教育机构			
二、中等教育	1 341	157 243	114 058
（一）高中阶段教育	581	76 586	52 038
1. 高中	278	51 478	33 091
普通高中	277	51 467	33 080
完全中学	114	18 710	7 739
高级中学	146	30 775	24 856
十二年一贯制学校	17	1 982	485
成人高中	1	11	11
2. 中等职业教育	303	25 108	18 947
普通中专	81	6 750	4 494

续表

	学校数（所）	教职工数（人）	专任教师数（人）
成人中专	61	2 331	1 774
职业高中	122	11 028	8 487
技工学校	39	4 999	4 192
其他机构（教学点）(不计校数)	3		
（二）初中阶段教育	760	80 657	62 020
1. 初中	749	80 524	61 934
初级中学	533	60 947	47 954
九年一贯制学校	216	19 577	6 668
十二年一贯制学校			586
完全中学			6 726
职业初中			
2. 成人初中	11	133	86
三、初等教育	3 661	128 195	113 109
（一）普通小学	2 308	124 735	110 576
小学	2 308	124 735	100 752
九年一贯制学校			9 336
十二年一贯制学校			488
（二）成人小学	1 353	3 460	2 533
其中：扫盲班	1 058	3 049	2 252
四、工读学校			
五、特殊教育	42	1 317	1 121
六、学前教育	2 740	46 246	28 666

注：①完全中学的学校数和教职工数计入高中阶段教育，九年一贯制学校的校数和教职工数计入初中阶段教育，十二年一贯制学校的校数和教职工数计入高中阶段教育，专任教师是按照教育层次划分归类；②“（　）”内数据为不计校数。

内蒙古自治区各级各类学历教育学生情况

	毕业生数（人）	招生数（人）	在校生数（人）
一、高等教育			
（一）研究生	5 125	5 886	16 897
博士	175	246	1 102
硕士	4 950	5 640	15 795
（二）普通本专科	108 272	112 409	399 201
本科	50 275	58 417	230 040
专科	57 997	53 992	169 161
（三）成人本专科	33 492	54 446	115 980

续表

	毕业生数（人）	招生数（人）	在校生数（人）
本科	12 370	25 273	51 603
专科	21 122	29 173	64 377
（四）其他各类高等学历教育			
1. 在职人员攻读硕士学位		2 107	6 127
2. 网络本专科生			
本科			
专科			
二、中等教育	513 635	483 408	1 448 961
（一）高中阶段教育	263 231	255 846	758 838
1. 高中	161 928	164 232	495 096
普通高中	161 587	164 232	494 243
完全中学	31 523	37 777	108 010
高级中学	128 274	124 173	380 644
十二年一贯制学校	1 790	2 282	5 589
成人高中	341		853
2. 中等职业教育	101 303	91 614	263 742
普通中专	45 571	36 926	120 783
成人中专	10 795	7 994	19 933
职业高中	39 142	38 932	104 698
技工学校	5 795	7 762	18 328
（二）初中阶段教育	250 404	227 562	690 123
1. 初中	249 435	227 562	688 464
初级中学	201 977	181 576	551 756
九年一贯制学校	18 592	17 388	50 530
十二年一贯制学校	1 970	1 939	5 776
完全中学	26 896	26 659	80 402
职业初中			
2. 成人初中	969		1 659
三、初等教育	251 221	230 674	1 394 499
（一）普通小学	232 846	230 674	1 310 595
小学	215 374	213 900	1 216 118
九年一贯制学校	16 007	15 703	88 418
十二年一贯制学校	1 465	1 071	6 059
（二）成人小学	18 375		83 904
其中：扫盲班	10 994		24 364

续表

	毕业生数（人）	招生数（人）	在校生数（人）
四、工读学校			
五、特殊教育	353	701	4 328
六、学前教育	199 034	225 963	515 543

注：特殊教育学生数中包括普通中小学随班就读的学生。

内蒙古自治区各级各类非学历教育学生情况

	结业生数（人）	注册学生数（人）
总计	544 632	565 774
一、高等教育	64 201	67 643
（一）研究生课程进修班	70	339
（二）自考助学班		
（三）普通预科生		1 191
（四）进修及培训	64 131	66 113
其中：资格证书培训	29 044	30 389
岗位证书培训	34 871	35 573
二、中等职业教育	480 431	498 131
其中：资格证书培训	54 255	96 755
岗位证书培训	235 640	225 192
（一）中等职业学校	90 806	51 591
其中：资格证书培训	30 301	20 918
岗位证书培训	34 617	18 447
（二）职业技术培训机构	389 625	446 540
其中：资格证书培训	23 954	75 837
岗位证书培训	201 023	206 745

内蒙古自治区各级各类民办教育基本情况

	学校数（所）	毕业生数（人）	招生数（人）	在校生数（人）	教职工数（人）	专任教师数（人）	其他学生数（人）
一、民办高等教育							
（一）民办高校	10				1 210	712	3 199
硕士							
本科学生		2 204	3 543	12 224			
专科学生		3 577	3 659	9 158			

续表

	学校数（所）	毕业生数（人）	招生数（人）	在校生数（人）	教职工数（人）	专任教师数（人）	其他学生数（人）
其中：独立学院	2	2 204	3 543	12 224	590	425	
本科学生		2 204	3 543	12 224			
专科学生							
（二）民办其他高等教育机构							
二、民办中等教育							
（一）高中阶段教育	101	13 111	14 340	42 988	4 525	2 990	
1. 民办普通高中	30	3 783	4 772	13 537	2 295	1 654	
2. 民办中等职业教育	71	9 328	9 568	29 451	2 230	1 336	4 452
（二）初中阶段教育	45	10 284	10 490	29 214	2 435	1 819	
1. 民办普通初中	45	10 284	10 490	29 214	2 435	1 819	
2. 民办职业初中							
三、民办普通小学	32	6 687	5 206	29 961	958	670	
四、民办幼儿园	2 022	83 373	92 886	236 225	26 348	14 707	
另有：民办培训机构（不计校数）	242				1 402	916	35 633

注：①“其他学生数”包括自考助学班学生、预科生、进修及培训学生数；②民办普通高中的教职工数和专任教师数中包含民办普通初中的教职工数和专任教师数；③民办中等职业教育数据中未含技工学校数据；④“（ ）”内数据为不计校数。

〔**贯彻落实自治区党委、政府决策部署**〕 2013年，在全面落实自治区党委“8337”发展思路（8个发展定位：把内蒙古建成保障首都、服务华北、面向全国的清洁能源输出基地，建成全国重要的现代煤化工生产示范基地，建成有色金属生产加工和现代装备制造等新型产业基地，建成绿色农畜产品生产加工输出基地，建成体现草原文化、独具北疆特色的旅游观光、休闲度假基地，建成中国北方重要的生态安全屏障，建成祖国北疆安全稳定屏障，建成中国向北开放的重要桥头堡和充满活力的沿边经济带；3个着力：着力调整产业结构、着力壮大县域经济、着力发展非公有制经济；3个更加注重：更加注重民生改善和社会管理、更加注重生态建设和环境保护、更加注重改革开放和创新驱动；7项重点工作：推动经济持续健康发展，提高经济增长的质量和效益，做好“三农三牧”工作，推进城镇化和城乡发展一体化，改善民生和社会管理创新，深化改革开放和推动科技进步，提高党的建设科学化水平）的基础上，研究制定了《全区教育系统贯彻落实自治区党委“8337”发展思路实施意见》，明确了“两个结合”的总体要求、“十三个着力”的主要任务和“三个切实”的保障措施，用“8337”发展思路谋划教育发展、指导实践，推动工作能力和水平日益提高。结合教育系统实际，积极推进自治区党委部署实施的扶贫攻坚、创业就业、平安创建、人才强区、干部素质提升和百姓安居“六大工程”。

〔**教师队伍建设**〕 深入实施农村牧区中小学、幼儿园骨干教师“国培计划”和职业教育教师素质提高计划，积极开展民族中小学校（园）长和蒙汉双语教学各学科骨干教师自治区级免费培训，全年培训教师约4万人。印发《百名教育领域领军人才计划实施方案》，修订选拔标准，从各级各类学校选拔培养了181名教师。深入实施“草原英才工程”，推荐候选人120人、人才创新团队32个、创业基地3个。

〔**进一步加强体卫教育、语言文字和教育交流与合作工作**〕 制发《体卫艺教育“三化三高工程”三年推进方案》，并开展了首轮督导调研，按相关要求完成了《国家学生体质健康标准》测试工作和营养改善计划年度任务，修订了《全区学生体育竞赛纪律处罚规定》。起草了《学校公共卫生工作考核评估标准》和《内蒙古自治区学校食物中毒事故行政责任追究暂行规定》。起草了《贯彻〈国家中长期语言文字事业改革和发展规划纲要(2012—2020年)〉实施意见》和《计算机辅助普通话水平测试管理办法》，完成了自治区所有二类城市语言文字评估验收工作。印发《2013—2017年教育外事工作目标》和《2013—2020年孔子学院发展规划》，内蒙古大学被教育部确定为首批38所来华留学生示范基地之一，国家汉办批准呼和浩特市民族实验小学承办美国亚洲协会艾丽西亚·查康国际学校孔子课堂，填补了自治区孔子课堂的空白。

〔**教育信息化基础设施建设**〕 48所高校完成了校园网络系统建设。5个盟市和2个计划单列市建设了地区教育网，其他盟市和50%以上的旗县依托互联网实现了互联互通。57%的职业高中和21%的中小学建成不同程度的校园网，35.6%的中小学以多种形式接入地区教育网或互联网，45.5%的教学班配备了多媒体教学设备。完成自治区教育管理数据中心建设方案编制工作。开展中小学生学籍信息管理系统建设，截至2013年11月12日，完成了209.88万名中小学生学籍信息采集上传和全区教职工基础信息采集工作。

〔**学生资助、招生考试、教育科研和教学研究工作**〕 完善研究生教育资助政策，健全学生资助体系。2013年，自治区共落实各级各类资助资金29.01亿元，受助学生达108.7万人次。制定了区外务工人员随迁子女在自治区参加中考和高考的相关政策，继续深化“动态排名精确定位网报志愿”高考录取模式改革，启动实施普通高中学业水平考试和音乐类自治区统考。围绕中小学素质教育、义务教育均衡发展等内容，开展了8项教育政策和教育应用课题研究。创建“内蒙古自治区中小学学科教研网”，形成覆盖全区中小学和教研系统的教育教学网络，实现了在线教研、在线学习和在线教学。

〔**推进依法行政和政务公开工作**〕 对自治区教育厅系统制定的221份规范性文件进行全面清理，废止80份、修订35份、确认106份继续有效。办理1起行政复议事项和2起学生申诉事项。配合自治区人民代表大会开展义务教育经费“三个增长”落实情况执法调研和《义务教育法》贯彻落实情况执法检查。出台《自治区教育厅行政处罚裁量权基准》及适用规则。推进政务公开工作，通过自治区教育厅门户网站，及时向社会公开年度教育工作会议等重要会议精神、党的群众路线教育实践活动等重要活动、学前教育三年行动计划等重点工作及部门预决算等重大事项。年内，主动公开非涉密信息78件。教育招生考试信息公开力度进一步加大，增加了公开、公示和查询项目。2013年高考结束后，自治区教育厅与内蒙古人民广播电台合作制作了6期《高考面对面》节目，为考生填报志愿提供更加人性化的服务。

〔**进一步落实民族教育“优先重点”发展方针**〕 推进“民族教育人才培养模式改革试点”和“民族教育发展水平提升工程”，各盟市教育行政部门均出台了贯彻落实意见或实施细则，取得了阶段性成果。全面加强双语教育，组织审查蒙古语授课中小学教材、教辅用书和教学资源119种，审定及编译修订大中专蒙古文教材50种，完成教育部委托的蒙古文版本教育资源开发建设任务。2013年，自治区本级下达民族教育专项资金6 000万元，比2012年增加4 000万元。

〔**稳步推进特殊教育、民办教育和继续教育**〕 继续推进“中西部地区特殊教育学校建设二期工程”建设，建立了通辽市和呼和浩特市特殊教育资源中心，召开全区残疾儿童少年随班就读现场培训会议。开展了2010—2012年度自治区民办教育示范校评选活动，配合自治区财政厅出台了《内蒙古自治区民办教育专项资金管理暂行办法》。落实自治区政府“征兵入伍与函授入学相结合”和“进城务工和农民工素质提升相结合”的要求，依托内蒙古广播电视大学实施“开放教育进军营计划”，依托职业学校开展职业技能培训100万人次、农村劳动力转移培训8万人次。

〔**着力维护教育系统和谐稳定局面**〕 制定印发了《关于全面加强教育系统安全稳定工作的意见》等20多份文件，组织召开全区学校幼儿园饮食安全管理工作电视电话会议等10多次会议，开展了矛盾纠纷排查化解等多次综合检查和专项督察，与高校签订了《创建平安校园维护安全稳定校园治安综合治理工作目标责任书》。

〔**加强领导班子自身建设**〕 认真学习贯彻党的十八大、十八届二中、三中全会和自治区党委九届七次、九次全委会议精神，设立30项十八大专项研究课题并结题。开展形式多样、内容丰富的“中国梦”宣传教育活动，深入实施“将社会主义核心价值体系融入国民教育全过程行动计划”。坚持立德树人，深化教育改革，起草了《深化教育体制改革实施办法（征求意见稿）》。坚持民主集中制原则，所有重大事项一律由领导班子集体研究决定，科学决策、民主决策、依法决策的能力和水平进一步提升。全面落实党建工作责任制，深入实施“北疆基层党组织固本工程”，认真抓好自治区教育厅系统基层党组织“晋位升级”工作。结合党的群众路线教育实践活动，大力加强“学习型、创新型、效能型、廉洁型”机关建设。做好定点帮扶兴安盟科右前旗德伯斯镇代钦嘎查和帮扶鄂伦春旗、莫旗相关工作，被自治区直属机关工委评为2013年度帮扶工作先进单位。

〔**开展党的群众路线教育实践活动**〕 抓好自治区教育厅系统党的群众路线教育实践活动各环节工作，着力把“规定动作”做到位，把自选动作做精彩。全面贯彻落实中央政治局关于改进工作作风、密切联系群众的八项规定和自治区党委贯彻中央八项规定制定的二十八项具体规定精神，制定出台了《关于改进工作作风、密切联系群众的实施意见》，开展了为期3个月的严肃工作纪律，整顿工作作风专项活动，为开展教育实践活动打下了良好基础。自治区教育厅（高校工委）主要负责人认真履行第一责任人的职责，领导班子成员带头学习研讨、带头开展调研、带头征求意见、带头查摆问题、带头抓好整改，带动了教育实践活动扎实开局、有序推进。坚持开门搞活动，通过开展“六必访”和“面对面、心贴心、实打实”服务基层和联系群众等活动，广泛征求各方面的意见建议，为开展批评、整改落实提供依据。坚持以整风精神开好专题民主生活会，会前领导班子和班子成员认真撰写对照检查材料并反复修改，积极开展批评与自我批评，会后及时通报传达。坚持边学、边查、边改，突出抓好整改落实和建章立制工作，研究整改落实“两方案一计划”，明确了6个方面23项整改项目，确定了8个方面28项专项整改任务，积极推进32项制度建设，纠正“四风”、改进作风取得了积极成效。

〔**全面落实党风廉政建设责任制**〕 研究制定2013年党风廉政建设和反腐败工作任务分解意见，召开2013年度全区教育系统党风廉政建设工作会议，并与自治区纪律检查委员会联合召开全区教育系统警示教育电视电话会议，积极主动加强反腐倡廉建设。组织自治区教育厅机关全体干部和直属事业单位副处级以上领导干部观看警示教育片《失德之害——领导干部从政道德警示录》，组织全区高校开展廉政漫画创作评选活动。出台《内蒙古自治区教育考试巡视评估工作细则》。制定印发《关于切实加强治理、有效制止教育乱收费的通知》，联合相关部门出台《关于2013年规范教育收费治理教育乱收费工作的实施意见》。自治区教育厅（高校工委）主要负责人带队参加了《行风热线》直播节目和“面对面”政风行风民主评议。制定印发《进一步转变工作作风提高工作效能暂行办法》。起草了“三重一大”制度实施办法。加强对中央政治局关于改进工作作风、密切联系群众的八项规定和自治区党委贯彻中央八项规定制定的二十八项具体规定落实情况的监督检查，在公务用车、公务接待、因公出国访问方面分别提出了5个“严禁”的工作要求，清理封存2辆奥迪车，公务接待费用与2012年同期相比下降28.2%。

基础教育

〔**学前教育普及程度明显提高**〕 2013年，全区推进学前教育工作力度加大。第一轮“学前教育三年行动计划”任务全面完成，自治区苏木（乡镇）中心幼儿园建设工程、探索多种形式扩大学前教育资源改革及国家实施的各类学前教育建设项目取得积极进展，学前教育资源明显扩大，普及程度明显提高，学前三年毛入园率达74.72%，提前两年实现“十二五”末达到70%的目标，比全国平均水平高出7.22个百分点。以自治区政府名义在通辽市召开自治区学前教育工作经验交流现场会，全面总结了第一轮“学前教育三年行动计划”推进情况，交流了通辽市强力推进农村牧区和少数民族聚居区公办幼儿园建设的好经验、好做法，安排部署第二轮“学前教育三年行动计划”重点任务。

〔**加快义务教育均衡发展**〕 积极部署推进义务教育均衡发展各项工作，自治区政府与各盟市政府（行署）签订了《推进县域义务教育均衡发展责任书》。适应形势任务发展需要，调整完善了《关于深入推进义务教育均衡发展的意见》，已报自治区政府待批。统筹推进“基础教育学校标准化建设工程”和国家实施的“义务教育阶段薄弱学校改造计划”“中西部农村初中校舍改造二期工程”等工程项目，义务教育阶段学校办学条件进一步改善。继续实施优质普通高中“分招”政策，分招比例提高到60%。根据《国务院办公厅关于规范农村义务教育学校布局调整的意见》精神，研制了《全区农村牧区义务教育学校布局专项规划（2013—2015年）》，已报国家教育体制改革领导小组备案。

〔**全面加强教育督导工作**〕 协调成立自治区教育督导委员会，设立自治区教育督导评估中心。出台了《内蒙古自治区教育督导委员会关于贯彻落实〈教育督导条例〉的意见》和《内蒙古自治区督学聘任和管理办法》。修订了《内蒙古自治区县域义务教育均衡发展督导评估实施办法》，制定了《内蒙古自治区中小学校督导评估实施办法（试行）》。对盟市、旗县市区教育投入和教育督导机构建设等进行了专项督导。

〔**深化普通高中新课程改革**〕 召开自治区实施普通高中新课程现场会议，总结交流各地实施普通高中新课程的经验，安排部署重点工作。组织审查了100多册教学用书，制定印发了《2013年秋季中小学地方课程教材目录》（蒙、汉文）和《2013年中小学教学用书目录》。审核确定7所普通高中为自治区级示范高中。

职业教育

〔**职业教育办学水平进一步提升**〕 继续推进中等职业教育基础能力建设工程，落实国家和自治区建设资金 4.4 亿元，会同自治区财政厅出台了《内蒙古自治区中等职业教育基础能力建设专项资金管理暂行办法》。探索开展现代职业教育体系建设，中职对口升学人数达 1 万多人，4 所示范、骨干高职院校自主招收对口专业中职毕业生，普通高等学校对口招收中职毕业生，开展应用型本科教育，实现了大类专业全覆盖，五年制高职招生规模进一步扩大。

〔**职业教育改革稳步推进**〕　深化职业教育教学改革，试点开展工学结合、分阶段完成学业的教学模式改革试点，调整了中等职业学校部分专业学生顶岗实习的时间。出台了《关于实施自治区级示范性高等职业院校建设计划的意见》，首批确定 8 所高职院校作为自治区级示范院校建设单位。对兴安职业技术学院等 5 所高职院校人才培养工作进行了评估。

高等教育

〔**高等教育内涵建设**〕　截至 2013 年年底，高等教育毛入学率达 33.99%，比 2012 年提高了 1.77 个百分点。推进质量工程建设，组织开展 2013 年度建设项目评选工作。编制发布了 2011 年和 2012 年度《全区高校教育教学质量报告》。出台《内蒙古自治区教育厅关于高等学校实施学分制改革的若干意见》，会同自治区发改委制定出台了《内蒙古自治区高等学校学分制收费管理暂行办法》。完成了 2013 年度高等学校自治区级教学成果奖的评审工作。2013 年，新增 1 所高等学校。

〔**学科建设和科技创新**〕　重点学科建设和研究生教育进一步加强，内蒙古科技大学被国务院学位委员会批准为博士学位授予单位，内蒙古工业大学获自治区首个建筑学硕士专业学位授予权，确定 26 个一级学科作为自治区优势特色学科进行重点建设，确定 6 所高校作为硕士专业学位研究生教育综合改革单位。科技创新工作取得新进步，高等学校创新能力提升计划、高等学校哲学社会科学繁荣计划、创新平台体系建设和高水平创新人才团队建设都取得了积极成效。

〔**高校党建工作**〕　全面加强教育系统党的建设特别是高校党建工作，配合自治区党委组织部起草《加强和改进全区教育系统党建工作的指导意见（讨论稿）》，指导高校召开党员代表大会，做好党委和纪委换届工作，高校领导班子结构进一步优化、整体功能进一步增强。

〔**毕业生就业指导工作**〕　深入落实自治区政府“建立高等学校招生、培养、就业创业联动机制”的要求，从加强专业建设入手，提升高校毕业生就业创业能力。起草并以自治区政府名义出台了《关于进一步加强高等学校专业结构调整的意见》。积极协调相关部门拓宽高校毕业生就业领域，落实促进蒙古语授课毕业生就业的优惠政策，引导鼓励高校毕业生到基层就业和自主创业，深入开展就业援助和帮扶工作。截至 2013 年 9 月 1 日，全区高校毕业生初次就业率达 87.15%，同比保持基本稳定。

撰稿　格日乐图
审稿　张喜荣

辽宁省教育

概　　况

〔基本情况〕

辽宁省各级各类学校校数、教职工、专任教师情况

	学校数（所）	教职工数（人）	专任教师数（人）
一、高等教育	135	103 068	66 072
（一）研究生培养机构（不计校数）	50		
1. 普通高校	36		
2. 科研机构	14		
（二）普通高等学校	115	97 536	62 706
1. 本科院校	63	75 331	48 279
其中：独立学院	13	4 187	3 182
2. 高职（专科）院校	52	22 205	14 427
3. 其他机构（点）（不计校数）			
（三）成人高等学校	20	4 018	2 421
（四）民办的其他高等教育机构	70	1 514	945
二、中等教育	2 443	244 984	175 623
（一）高中阶段教育	871	102 858	76 261
1. 高中	416	62 883	48 320
普通高中	416	62 883	48 320
完全中学	73	9 482	4 501
高级中学	333	51 940	43 428
十二年一贯制学校	10	1 461	391
成人高中			
2. 中等职业教育	455	39 975	27 941
普通中专	120	14 847	10 397

续表

	学校数（所）	教职工数（人）	专任教师数（人）
成人中专	1	533	399
职业高中	190	14 119	9 954
技工学校	144	10 476	7 191
其他机构（教学点）（不计校数）	31		
（二）初中阶段教育	1 572	142 126	99 362
1. 初中	1 572	142 126	99 362
初级中学	1 033	86 432	72 737
九年一贯制学校	539	55 694	22 783
十二年一贯制学校			394
完全中学			3 448
职业初中			
2. 成人初中			
三、初等教育	4 631	137 661	142 656
（一）普通小学	4 631	137 661	142 656
小学	4 631	137 661	118 083
九年一贯制学校			24 148
十二年一贯制学校			425
（二）成人小学			
其中：扫盲班			
四、工读学校	10	319	226
五、特殊教育	74	2 657	2 020
六、学前教育	9 261	77 888	48 866

注：①完全中学的学校数和教职工数计入高中阶段教育，九年一贯制学校的校数和教职工数计入初中阶段教育，十二年一贯制学校的校数和教职工数计入高中阶段教育，专任教师是按照教育层次划分归类；②“（　）”内数据为不计校数。

辽宁省各级各类学历教育学生情况

	毕业生数（人）	招生数（人）	在校生数（人）
一、高等教育			
（一）研究生	28 780	32 824	93 189
博士	2 243	2 959	13 848
硕士	26 537	29 865	79 341
（二）普通本专科	241 049	271 346	968 034
本科	146 687	175 111	675 819
专科	94 362	96 235	292 215
（三）成人本专科	79 082	90 083	213 041

续表

	毕业生数（人）	招生数（人）	在校生数（人）
本科	28 631	31 338	81 634
专科	50 451	58 745	131 407
（四）其他各类高等学历教育			
1. 在职人员攻读硕士学位		6 828	21 507
2. 网络本专科生	66 645	108 705	258 143
本科	31 085	55 729	132 811
专科	35 560	52 976	125 332
二、中等教育	770 642	725 366	2 171 837
（一）高中阶段教育	384 086	367 189	1 114 349
1. 高中	231 626	222 938	681 460
普通高中	231 626	222 938	681 460
完全中学	21 984	21 335	64 772
高级中学	208 593	198 750	610 407
十二年一贯制学校	1 049	2 853	6 281
成人高中			
2. 中等职业教育	152 460	144 251	432 889
普通中专	68 035	60 734	183 128
成人中专	7 699	10 245	28 291
职业高中	52 033	47 008	138 493
技工学校	24 693	26 264	82 977
（二）初中阶段教育	386 556	358 177	1 057 488
1. 初中	386 556	358 177	1 057 488
初级中学	286 242	266 936	791 618
九年一贯制学校	85 584	74 295	216 924
十二年一贯制学校	2 045	3 072	8 811
完全中学	12 685	13 874	40 135
职业初中			
2. 成人初中			
三、初等教育	365 054	350 633	2 044 058
（一）普通小学	365 054	350 633	2 044 058
小学	301 110	297 023	1 713 333
九年一贯制学校	62 583	52 168	322 023
十二年一贯制学校	1 361	1 442	8 702
（二）成人小学			
其中：扫盲班			

续表

	毕业生数（人）	招生数（人）	在校生数（人）
四、工读学校	503	504	1 321
五、特殊教育	1 079	852	7 977
六、学前教育	290 291	342 110	856 147

注：特殊教育学生数中包括普通中小学随班就读的学生。

辽宁省各级各类非学历教育学生情况

	结业生数（人）	注册学生数（人）
总计	2 372 515	2 488 281
一、高等教育	202 125	124 392
（一）研究生课程进修班	1 637	1 634
（二）自考助学班	11 739	21 590
（三）普通预科生		1 664
（四）进修及培训	188 749	99 504
其中：资格证书培训	52 672	22 188
岗位证书培训	114 144	59 289
二、中等职业教育	2 170 390	2 363 889
其中：资格证书培训	286 752	416 049
岗位证书培训	479 503	293 394
（一）中等职业学校	317 491	121 586
其中：资格证书培训	88 538	75 969
岗位证书培训	146 387	20 653
（二）职业技术培训机构	1 852 899	2 242 303
其中：资格证书培训	198 214	340 080
岗位证书培训	333 116	272 741

辽宁省各级各类民办教育基本情况

	学校数（所）	毕业生数（人）	招生数（人）	在校生数（人）	教职工数（人）	专任教师数（人）	其他学生数（人）
一、民办高等教育							
（一）民办高校	34	41 582	53 544	186 733	13 420	10 116	1 462
硕士							
本科学生		30 539	37 683	144 537			
专科学生		11 043	15 861	42 196			
其中：独立学院	13	13 712	11 492	56 107	4 187	3 182	
本科学生		13 712	11 492	56 107			

续表

	学校数（所）	毕业生数（人）	招生数（人）	在校生数（人）	教职工数（人）	专任教师数（人）	其他学生数（人）
专科学生							
（二）民办其他高等教育机构	70				1 514	945	19 442
二、民办中等教育							
（一）高中阶段教育	177	33 284	37 432	109 549	10 133	7 496	
1. 民办普通高中	89	23 950	26 920	78 730	6 690	5 625	
2. 民办中等职业教育	88	9 334	10 512	30 819	3 443	1 871	2 030
（二）初中阶段教育	39	17 346	19 922	59 507	2 268	2 021	
1. 民办普通初中	39	17 346	19 922	59 507	2 268	2 021	
2. 民办职业初中							
三、民办普通小学	26	7 035	6 239	43 552	1 022	885	
四、民办幼儿园	6 504	137 178	172 271	504 986	51 965	32 001	
另有：民办培训机构（不计校数）	4 680				37 853	23 284	931 132

注：①“其他学生数”包括自考助学班学生、预科生、进修及培训学生数；②民办普通高中的教职工数和专任教师数中包含民办普通初中的教职工数和专任教师数；③民办中等职业教育数据中未含技工学校数据；④“（ ）”内数据为不计校数。

〔**全省教育工作会议**〕 2013 年 1 月 31 日，全省教育工作会议召开。省教育厅厅长张福昌出席会议并讲话，对 2013 年全省教育工作进行部署。一是学习贯彻落实党的十八大会议精神，二是推进各项教育事业改革，三是加强高校管理，四是规范中小学办学行为，五是做好教育民生工作。会上，对 2012 年“辽宁省基础教育强县（市、区）暨县域义务教育均衡发展”合格单位、辽宁省普通高等教育本科教学成果奖获得者和辽宁省思想道德建设示范学校进行了表彰。

〔**教育科研**〕 一是全面推进“教育决策支撑体系建设工程”：完成 10 个省级教育决策咨询团队的遴选组建工作；完成 32 个重点研究基地建设周期验收与评估；新增重点研究基地 8 个；完成 2013 年度重大决策咨询项目招标工作，共批准重大决策咨询课题 10 项；完成辽宁省青年教育科研骨干遴选工作，682 人入选“辽宁省青年教育科研骨干”；启动“教育决策咨询平台”建设项目；启动科研信息化平台开发及“基于地理信息系统的教育决策咨询软件平台”的开发工作。二是认真做好决策咨询服务工作：参与并完成政策研究、调查研究等决策咨询服务工作；完成了《老工业基地振兴 10 年的辽宁教育》等重大课题的研究工作；稳步推进“辽宁高等教育在东北亚开放格局中的战略地位与影响力提升策略研究”等重大课题的研究工作；出版 35 期《教育决策参考》，其中《加快辽宁专业学位研究生教育发展的对策建议》《进一步加强我省高校学科建设的五点建议》分别得到省领导和省教育厅领导的批示；编辑出版《国家教育体制改革简报》。三是大力推进群众性教育科研工作：完成了“十二五”规划中期优秀教育科学成果的评选工作，共评选优秀教育科学成果 190 项；完成辽宁省第二届科研兴教十强县（区）、科研兴校百强校的评选与表彰工作；开展辽宁省教育研究基本信息调查工作；完成《市、县、校三级教育科研网络建设与科研工作情况调研报告》和有关咨询建议的起草工作。

〔**教育督导**〕 4 月 22 日，省政府教育督导团印发《辽宁省中小学督学责任区建设实施方案（试行）》，全省共聘任挂牌督导责任督学 1 191 人。完成对大连市旅顺口区等 11 个县（市、区）的基础教育强县（市、区）暨义务教育发展基本均衡县验收评估工作，累计完成 22 个县（市、区）验收评估工作；沈阳市和平区和铁西区、大连市中山区、西岗区、沙河口区、甘井子区、金州新区通过了教育部义务教育发展基本均衡县督导组现场督导评估认定。11 月 15 日，在省政府教育督导团领导下，由省基础教育质量监测与评价中心组织实施了全省 14 个市、56 个城区 14.8 万名学生的语文、数学、英语、认知增值评价工作。12 月，省政府办公厅下发文件，将“辽宁省人民政府教育督导团”更名为“辽宁省人民政府教育督导委员会”，副省长贺旻任主任，并在省教育厅设立省政府教育督导室。

〔**依法治教**〕 实施教育系统“六五”普法规划，开展辽宁省学前教育条例、辽宁省职业教育条例立法调研。启动现代学校制度建设，推进大学章程制定工作。

〔**学生资助工作**〕 继续落实各项学生资助政策，发放各项资助金 15 亿元，资助学生 317 万人次。省财政厅、省教育厅、省人力资源和社会保障厅印发《辽宁省中等职业学校国家助学金管理办法》（辽财教〔2013〕499 号）、《辽宁省中等职业学校免学费补助资金管理办法》（辽财教〔2013〕500 号），进一步扩大中职教育免学费范围；省教育厅、省财政厅、省民政厅下发《关于进一步做好孤儿大学生资助工作的通知》（辽财教〔2013〕172 号），对就读辽宁省普通高校的孤儿学生实行免学费，同时全部享受国家助学金等资助。2013 年，全省学生资助工作获财政部、教育部以奖代补专项资金 3 100 万元。

〔**体育卫生与艺术教育**〕 3 月 1 日，省教育厅、省发改委、省财政厅和省体育局联合印发《辽宁省加强学校体育三年行动计划（2013—2015 年）》。3—8 月，开展全省中小学实施“体育艺术 2+1 项目”活动先进学校和先进个人评选活动。10 月下旬，对全省高校“阳光体育”案例进行评审，评出优秀案例 25 件。11 月，对全省申报的“中小学体育艺术示范区县”进行评估检查，确定沈阳市和平区、大连市西岗区等 12 个区县为首批辽宁省中小学体育艺术教育示范县（区）。3 月 4 日，省环境保护厅、省教育厅确定抚顺市第一中等职业技术专业学校等 84 所学校为第二批辽宁省环境友好学校。12 月，省教育厅下发《关于进一步加强寄宿制学校食品和卫生安全工作的通知》。10 月，开展全国农村学校艺术教育实验县评审工作，沈阳市沈北新区、营口市老边区、锦州市黑山县、沈阳市辽中县被确定为全国农村学校艺术教育实验县。开展第二批辽宁省高校大学生优秀艺术社团创建评优活动，评选出优秀艺术社团 17 个。

〔**学校安全管理**〕 1 月，沈阳市第一三四中学、大连市甘井子区特殊教育中心等 16 所学校被命名为 2012 年全国消防安全教育示范学校。4 月 9 日，省教育厅被评为 2012 年度省综合治理委员会先进成员单位。昌图县昌图镇铁北小学、沈阳市实验学校、大连医科大学、沈阳化工大学等 7 所学校入选首届平安校园建设优秀成果。6 月，省教育厅学校安全管理处被人力资源和社会保障部、中央综合治理委员会授予“全国社会管理综合治理先进集体”。加强校车安全管理，强化部门间协调配合，建立辽宁省校车安全管理联席会议制度。12 月，开展全省高校以及中小学安全教育精品课评选活动。

〔**教育信息化建设**〕 发布实施《辽宁省教育信息化三年行动计划（2013—2015 年）》。推进“三通两平台”（宽带网络校校通、优质资源班班通、网络学习空间人人通，教育资源公共服务平台、教育管理公共服务平台）建设工作。全省共有教学点 176 个，已全部完成“教学点数字资源全覆盖项目”建设工作。探索实践“政府政策支持、企业参与建设、学校持续使用”机制，组织实施“校校通”“班班通”工程建设。全省 14 个市、6 597 所中小学校中，实现宽带接入 10M 以上的学校有 2 544 所，占比 38.56%。全省中小学共有教室

105 959 间，其中多媒体教室 52 505 间，占比 49.55%。分别建设辽宁省教育资源公共服务平台之基础教育、职业教育、本科教育三个子平台，其中基础教育子平台依托省教育资源公共服务平台探索建设。辽宁省教育管理公共服务平台依托省数据中心建设，初步满足了4个国家级、4个省级管理信息系统的部署和运行。12月，全省有23家单位被确认为教育部第一批教育信息化试点单位。启动辽宁教育数据中心建设，印发《辽宁教育数据中心建设方案》，并通过教育部审核。完成全国中小学学籍信息管理系统、全国学前教育管理信息系统（一期）、全国教职工基础信息采集系统、全国中小学校舍信息管理系统、全国中等职业学校管理信息系统5个国家级信息系统的部署和建设工作；完成辽宁省高校教职工管理信息系统、辽宁省中小学骨干教师数据库、辽宁省高校基建管理系统、辽宁省教育系统通用网络评审管理系统4个省自建系统的建设和数据采集工作。继续发挥辽宁省教育信息化专家库作用，组织专家开展教育软件大赛评审、普通高等学校信息化水平评价指标体系的制定和论证工作。建立教育信息化宣传机制，印发7期《辽宁省教育信息化工作简报》，在省教育厅门户网站上开设信息化专栏，累计发布信息638条。省教育厅组织2013年“辽宁省教育软件大赛”，评选出获奖作品1 064件。开展“辽宁省教育门户网站”评选活动，有60家网站被评为优秀教育门户网站。推进全省教育系统信息安全等级保护工作，完成全省56个单位共133个第二级信息系统的信息安全等级保护行业定级审批工作。与中国电信股份有限公司辽宁分公司签署战略合作协议，组织华为技术有限公司、浪潮集团有限公司等企业支援辽宁省薄弱地区教育信息化建设。

〔**党建工作**〕　1月31日，2013年度全省高校党建工作会议召开。会议主题是：深入学习贯彻党的十八大、第二十一次全国高校党建工作会议精神，分析全省高校党建面临的新形势、新任务，研究部署加强和改进全省高校党建工作。3月，印发《关于进一步健全和完善普通高校院（系）领导体制和运行机制确保党组织政治核心作用发挥的实施意见（试行）》和《辽宁省普通高等学校党务公开工作实施办法（试行）》。加强新形势下大学生党员的思想教育工作，在全省高校毕业生党员中继续开展“树当代大学毕业生党员形象展当代大学生风采”活动，辽宁科技大学等5所高校被授予“树当代大学毕业生党员形象展当代大学生风采”活动优秀组织奖。7月，印发《辽宁省教育厅及直属单位党的群众路线教育实践活动工作方案》。8月14日，省教育厅党组印发《辽宁省教育厅机关及直属单位开展“机关转作风为民四服务”实践活动的实施方案》。

〔**特殊教育**〕　落实特殊教育学校学生生均公用经费标准，继续实施特殊教育重点建设项目。启动残疾儿童义务教育攻坚计划。宣传优秀特教教师的先进事迹，辽中县特殊教育学校苏秋颖等9名教师获“交通银行特教园丁奖”。

〔**民族教育**〕　加强内地民族班管理，组织学生参加各项主题教育活动，筹备全省少数民族教育工作会议。改善民族学校办学条件。4 800名民族考生享受高考加分、研究生定向培养政策。

〔**规范民办学校审批与管理**〕　8月28日，省教育厅出台《进一步规范民办学校审批与管理的意见》。针对全省（市、县）民办学校审批管理中存在的突出问题和薄弱环节提出6条意见，即切实履行民办教育管理职责，进一步规范民办学校审批工作，进一步规范办学许可监管，进一步规范民办学校资产和财务监管，探索无证办学治理的有效机制，培育和扶持行业协会发展。

〔**教育交流与合作**〕　组织2013年来华留学英语授课品牌课程评选，大连民族学院《国际商务》、东北财经大学《公司金融》等10门课程被评为“2013年省级来华留学英语授课品牌课程”。继续开展辽宁省来华留学示范基地评选，大连理工大学、中国医科大学、沈阳航空航天大学被评为第二批“辽宁省来华留学示范基地”。

〔**财务工作**〕 2月，省财政厅、省教育厅下发《关于切实加强义务教育经费管理的通知》，进一步加强对义务教育经费的管理。7月，省教育厅、省财政厅制定《关于开展农村中小学闲置校园校舍处置工作的指导意见》。11月，制定全省普通高中生均公用经费基准定额。

〔**各学会活动**〕 省高等教育学会获省社会科学界联合会“十个一”单项奖；组织召开以高等教育国际化为主题的学术年会；省教育学会获省社会科学界联合会先进社团和服务社会贡献奖；省教育学会召开2013年学术年会暨“学习力系统训练”教学实践成果推介会；组织开展第三届名校名师进农村活动；省职业技术教育学会组织会员单位围绕构建现代职业教育体系、职业教育多元化办学等热点问题，开展深入调研与课题研究工作；省幼儿教育委员会组织开展了科学育儿宣传和征文活动；省成人教育学会与中国成人教育协会社区教育专业委员会共同举办了全国社区教育资源建设推进会暨东北地区成人教育协作组2013年年会；省民办教育协会举办了“民办职业教育发展报告会”；省教育信息协会组织召开全省教育信息化与学校发展研讨会。

基础教育

〔**学前教育**〕 2013年1月23日，省物价局、省教育厅、省财政厅联合印发《辽宁省幼儿园收费管理暂行办法》。2月，省教育厅、省卫生和计划生育委员会印发《辽宁省幼儿园评估定级标准》。4月12日，召开农村学前教育集团化连锁发展座谈会，指导各县（市）制订推进乡村幼儿园集团化连锁发展工作实施方案。5月20日，在沈阳市举行以“学习《3—6岁儿童学习与发展指南》，了解孩子”为主题的学前教育宣传月启动仪式。8月13日，确定新民市、康平县等30个县（市）开展乡村幼儿园连锁经营集团化发展试点工作。

〔**义务教育**〕 加强义务教育学校标准化建设，推进义务教育均衡发展，1 300所学校达到国家和省定标准。开展义务教育课程改革示范校建设，进一步提升义务教育质量。加强中小学校外教育实践基地建设和管理，争取中央专项资金3 000万元，培训校外场所管理人员和骨干教师400余人。加强进城务工人员随迁子女在流入地接受义务教育工作，落实免学费、免教科书费和享受省示范性普通高中招生指标到校政策。构建农村留守义务教育学生关爱服务体系，促进留守儿童健康成长。完成“8·16”特大洪水灾区中小学校救灾重建工作，确保灾区中小学生按时顺利入学。提高义务教育学生身体素质，在辽西北扶贫开发贫困地区实施农村义务教育学生营养改善计划，并研制《关于农村义务教育学生营养改善计划试点工作实施方案》。印发《辽宁省农村义务教育学校布局调整专项规划》，并由省政府报教育部备案。指导辽宁省学校课程教材发展中心开展全省首届中小学优秀校本课程评优活动。

〔**普通高中教育**〕 沈阳经济区优质普通高中继续开展跨市招生工作。2013年，沈阳经济区跨市招生学校包括辽宁省实验中学、东北育才学校、沈阳市第二中学等12所普通高中。4月，制定《关于进一步加强普通高中学籍管理工作的意见》。6月，认定沈阳市第五中学、大连市第八中学、沈阳市第九中学等12所学校为“辽宁省特色普通高中实验学校”。9月，出台《关于加强普通高中学生社团工作的实施意见》，召开全省普通高中学生社团活动现场会。

〔**素质教育**〕 1月，辽阳石油化纤公司高级中学学生刘子铭获第十二届“明天小小科学家”称号。8月，组队参加第27届全国青少年科技创新大赛，3人获一等奖、2人获二等奖、8人获三等奖，东北育才学校获十佳科技教育创新学校称号。

〔**德育工作**〕　组织开展“学科德育精品课程”和“育人精彩瞬间”作品征集和评选活动，11门课程入选全国中小学“学科德育精品课程”、12件作品入选全国“育人精彩瞬间”。

〔**中小学教师队伍建设**〕　省教育厅、省财政厅联合印发《辽宁省边远贫困地区教师专项工作计划实施方案》，选派180余名中小学教师到15个省级扶贫开发工作重点县（市）支教。制定《关于实施全省农村中小学教师素质提升计划的意见》，投入专项资金800万元，培训农村初中专任教师近5 000人。加强中小学挂职教师和校长队伍建设，组织96名首批中小学教学名师和专家型校长培养对象、2 786名省级骨干教师人选、647名学科带头人开展专项高级研修培训，启动建设名师工作室。推进师德师风建设年活动，评选出32名辽宁省中小学师德标兵。

职业教育与成人教育

〔**示范学校建设**〕　2013年10月，省教育厅、省财政厅确定辽宁林业职业技术学院等7所高职院校和沈阳市服装艺术学校等15所中职学校为“辽宁省职业教育改革发展示范学校建设计划”第一批立项建设学校。

〔**“双师型”教师队伍建设**〕　7月15—17日，举办全省职业院校教师信息化教学大赛，来自全省109所职业院校的362名选手参加了18个学科（专业）的比赛。在2013年全国职业院校信息化教学大赛中，辽宁省代表队获11块金牌、10块银牌，并获团体总分第一名和最佳组织奖。

〔**教育信息化建设**〕　1月22日，召开全省职业教育信息化建设工作会议，会议印发《关于加快辽宁省职业教育信息化发展的实施意见》，并举行了辽宁省职业教育“效率平台”启动仪式。10月9日，省教育厅印发《辽宁省职业教育数字化教学资源建设项目管理办法的通知》。

〔**高职实训基地和示范专业建设**〕　2月25日，省教育厅、省财政厅确定辽宁信息职业技术学院的模具产品设计制造研发等101个实训基地为2012年“辽宁省职业教育创新型实训基地”立项建设项目。省教育厅、省财政厅确定辽宁省交通高等专科学校的工程测量技术等97个专业为2012年“辽宁省对接产业集群省级职业教育示范专业”立项建设项目。

〔**招生考试**〕　推进现代职业教育体系建设，搭建人才培养“立交桥”。省教育厅印发《关于2013年高职高专应、往届毕业生升入本科学校继续学习工作的通知》。继续在省内普通本科高等学校中开展“2+2”和“1+3”模式联招联考国际商学院学生试点工作。3月，在辽宁工程技术大学部分专业试行单独招收“三校生”和煤炭行业优秀青年的工作。

〔**社区教育**〕　对全省社区教育示范街道进行全面检查和评估，重新认定社区教育示范街道。丹东市振兴区入选第五批全国社区教育实验区。启动国家级农村职业教育和成人教育示范县创建工作，并向教育部推荐朝阳市建平县等4个县（市、区）申报国家级农村职业教育和成人教育示范县。

高 等 教 育

〔**学科建设**〕 组织各高校分析教育部第三轮一级学科整体水平评估结果，制订学科提升计划，对省级特色学科建设工程立项进行动态调整，建立特色学科建设工程管理机制。

〔**专业建设**〕 4月3日，省教育厅公布2012年度增设普通高等学校本科专业名单，共增设159个本科专业。5月，批准120个本科专业启动省级普通高等学校本科综合改革试点专业和人才培养模式改革试点专业建设工作，其中100个专业是与辽宁省工业产业集群等主导产业紧密衔接的专业。5月，组建机械类等14个专业类教学指导委员会，并委托教学指导委员会研制了37种专业、74个综合评价指标体系。7月，提出了在全省范围内不适宜重复设置的、建议高校暂缓增设的48种专业名单，并组织省专业设置评议委员会对省内地方高校申请设置的152个本科专业进行评议，同意102个专业报教育部备案或审批。9—12月，对省内高校开设的金融学等37种专业、522个已有三届毕业生的专业点开展了综合评价工作。专业综合评价工作覆盖的专业点占全省本科专业布点的38.81%，涉及在校生约占全省本科在校生的50%。对2013年首届学生进入毕业学年的70个新设本科专业开展评估，面向社会公布评估结果，对“不合格”和“基本合格”专业所在学校相关负责人进行了专题约谈。

〔**提升本科教学质量**〕 5月，组织省内58所高校编制了2012年度本科教学质量报告，并在省教育厅门户网站和辽宁本科教学管理平台——辽宁本科教学网同时进行了集中发布。大连理工大学《改变世界的化学（1—8讲）》、东北大学《老子的人生智慧》等9门课程入选教育部第三批“精品视频公开课”。6月18日，省教育厅下发《辽宁省教育厅关于启动省级教师教学发展示范中心建设工作的通知》，正式启动大连理工大学、东北大学、大连海事大学、中国医科大学、大连医科大学、辽宁师范大学、沈阳师范大学、东北财经大学8所高校的省级教师教学发展示范中心建设工作。6月，50名教师被授予第九届辽宁省普通高等学校本科教学名师奖。11月，大连理工大学《科学技术与工程原理（1—5讲）》等4门课程入选教育部第四批“精品视频公开课”。12月底，300余门省级资源共享课在辽宁本科教学网上线共享。

〔**研究生教育**〕 建立学位与研究生信息管理系统，加大研究生学位论文质量抽检工作力度。完成2012年辽宁省优秀博士、硕士学位论文评选工作。3月7日，省教育厅组织开展研究生教育创新计划竞赛活动，来自全省35家研究生培养单位的552支代表队参加了竞赛活动。

〔**科技创新工作**〕 2月17日，成立辽宁省高等学校科技创新工作领导小组。2月4日，公布认定丹东优耐特纺织品有限公司委托辽宁大学的“高性能阻燃制品功能整理技术”等12项科研项目为第一批高校与辽宁省重点产业集群对接项目。7月，省教育厅、省财政厅批准认定东北大学牵头的“高端医疗影像装备及应用协同创新中心”、大连理工大学牵头的“辽宁重大装备制造协同创新中心”等5个协同创新中心为省级协同创新中心。8月20日，省教育厅批准筹建辽宁大学牵头的“东北地区面向东北亚区域开放协同创新中心”、东北大学牵头的“辽宁省特种优势资源高效清洁利用协同创新中心”等10个协同创新中心为“辽宁省协同创新中心”。推进哲学社会科学繁荣发展，开展辽宁省高等学校哲学社会科学繁荣发展工作先进集体和先进个人评选工作。推进全省高等学校优质科技资源与省内100个重点工业产业集群进行对接合作，认定沈阳工业大学“辽宁省镁合金及成形技术重点实验室”等8所高校的25个科技平台为第三批辽宁省高等学校对接产业集群协同创新基地。

〔**师资队伍建设**〕 2月，大连理工大学教授吕小兵、东北大学教授樊治平、王国仁、朱苗勇入选2011年度“长江学者”特聘教授，大连理工大学教授仝立勇入选2011年度“长江学者”讲座教授。12月，大连理工大学教授陈景文、郭旭、贺高红入选2012年度“长江学者”特聘教授。6月，大连理工大学教授陈平等80人入选“辽宁省高等学校优秀科技人才支持计划”，辽宁大学教师佟静等170人入选2013年“辽宁省高等学校杰出青年学者成长计划”。10月，全省高校有45人入选教育部2013年度“新世纪优秀人才支持计划”。11月，大连理工大学教授吕小兵、大连海事大学教授匡海波、大连医科大学教授刘强、沈阳农业大学教授陈温福入选教育部2013年度“创新团队发展计划”。12月，辽宁科技大学教授姜正义、中国医科大学教授李志杰等20人入选2013年（第五批）辽宁省高等学校“攀登学者”。

〔**加强高校辅导员队伍建设**〕 举办第三期辽宁省高校思想政治工作高级研修班，依托有关高校举办8期高校辅导员骨干专题培训和新任辅导员岗前培训，共培训1 200余人；组织开展“千名辅导员万家行”活动，全省高校有5 292人参与家访，其中校级领导117人，入户走访8 616家；举办第二届辽宁省高校辅导员职业技能大赛，推进高校辅导员队伍专业化、职业化建设。4月22日，教育部思想政治工作司在辽宁省召开专题会议，推广辽宁省辅导员家访工作经验。开展高校辅导员、大学生年度人物评选活动，遴选确定了第二批高校辅导员、班主任和思想政治理论课、心理健康教育教学名师，评选表彰大学生道德楷模和励志成才优秀大学生。经推荐，大连理工大学王志伟获2012全国高校辅导员年度人物，辽宁科技大学吴大伟获2012中国大学生年度人物。5月4日，王志伟、吴大伟应邀出席优秀青年代表座谈会，受到习近平总书记的接见。

〔**加强高校思想政治理论教育**〕 把学习贯彻党的十八大精神作为全年工作的首要任务贯穿于大学生思想政治教育工作的始终。全省举办了近千场系列报告会、座谈会、研讨会，开设了专题网页，开展了主题征文、网络知识竞赛等活动，使党的十八大精神深入人心。通过主题摄影大赛、微电影大赛、主题征文活动等方式，深入开展“我的中国梦”及“爱学习、爱劳动、爱祖国”活动。举办第二届全省高校思想政治理论课青年教师教学大赛，遴选确定16名教学能手，开展优秀教师教学观摩活动，提升思想政治理论课教师的教学水平；举办思想政治理论课教研室主任培训班、新修订教材专题培训班、新任思想政治理论课教师培训班，年培训650人；遴选推荐教学方法改革推广计划项目，推进教学方法改革，提升思想政治理论课教学质量。举办首届全省高校心理健康教育青年教师教学大赛，开展教学观摩活动，推进心理健康教育课程建设；开展工作案例、优秀课件征集活动，提升心理健康教育科学化水平；开展工作测评，评估认定13所心理健康教育示范学校，推进心理健康教育规范化、科学化建设。

〔**大学生创新创业教育**〕 制定《辽宁省教育厅关于加强普通高等学校大学生创新创业教育工作的若干意见》。结合全省高等教育实际情况，提出16条意见。批准60个省级实验教学示范中心、30个大学生校外实践教育基地和21个工程实践教育中心启动建设。制定《辽宁省大学生创新创业训练计划项目管理办法》，同意2 010个项目为省级大学生创新创业训练计划项目，并对其中1 010个项目提供研究资助经费。组织辽宁省普通高等学校创新创业教育指导委员会编写《创造性思维与创新方法》《创业基础》等教材，并对180余名创新创业教育基础课教师进行了教学能力集中培训。联合省财政厅及相关行业企业，完成了机械创新设计等13项、10万余名大学生参与的省校两级创新创业竞赛。

〔**校园文化建设**〕 评选表彰大学生学雷锋先

进集体和个人。组织开展大学生“走基层，看变化，学习宣传党的十八大”社会实践活动和“喜看家乡新变化”主题征文活动，开展社会调查，促进实践成才。8 月 31 日，第十二届全国运动会在沈阳市举行。开展“迎全运，爱家乡，建辽宁”主题实践活动，通过开展新媒体创意作品大赛、“喜迎全运，微笑你我，传递真情”照片征集活动、全运 T 恤设计大赛等方式，引导大学生参与全运会，奉献全运会。加强辽宁大学生在线联盟网站建设，依托网站开展 16 项主题活动，参与师生近 300 万人次，征集确定 100 篇思想政治教育优秀博文，网上网下互动，积极推进高校网络文化建设。辽宁省高校网络文化建设的经验在 2013 年教育部思想政治工作司年度工作会议上做交流发言。评选表彰 36 项省级校园文化建设优秀成果，其中 6 项成果入选教育部校园文化建设优秀成果；遴选确定 60 项省级大学生思想政治教育精品活动，其中 1 项入选教育部辅导员工作精品项目；遴选确定 10 个主题教育示范网站、20 个大学生文明公寓、30 个大学生示范社团。

〔**开展高校管理年活动**〕　3 月，在全省高校开展高校管理年活动。在重点领域确定管理年活动的重点主题，主要处理五个方面的问题，即重点学科与人才培养引进、学科齐全与特色鲜明、办学自主权与承担责任、经费使用与管理、学校债务与基本建设。

〔**成人教育管理**〕　规范高等教育函授辅导站（包括校外教学点）的办学行为；开展对普通高校在省内设立的函授站（点）年度检查备案工作。在渤海大学、沈阳工程学院等 32 所成人高校新增 112 个专业，并于 2013 年起招生。

〔**毕业生就业工作**〕　省政府办公厅下发《关于促进高校毕业生就业有关政策的通知》，省人力资源和社会保障厅出台了《关于 2013 年全省高校毕业生就业工作专项行动实施方案》，成立了全省高校毕业生就业工作专项行动领导小组。省大学生就业指导局举办了全省首届未来职场精英挑战赛和首届高校创业指导课程教学大赛。实施“辽宁省困难家庭高校毕业生就业援助工程”“辽宁省大学生创业工程”“辽宁省农村义务教育阶段学校教师特设岗位计划”。东北大学的《职业发展与就业指导》课程入选全国高校职业发展与就业指导示范课程。

撰稿　侯月明　李丽华
审稿　周浩波

大连市教育

概　　况

〔**基本情况**〕

大连市各级各类学校校数、教职工、专任教师情况

	学校数（所）	教职工数（人）	专任教师数（人）
一、高等教育	37	28 763	23 936
（一）研究生培养机构（不计校数）	(13)		5 568

续表

	学校数（所）	教职工数（人）	专任教师数（人）
1. 普通高校	(11)		5 291
2. 科研机构	(2)		277
（二）普通高等学校	30	27 662	17 678
1. 本科院校	15	21 442	13 972
2. 专科院校	11	4 268	2 134
其中：职业技术学院	9	3 470	1 646
3. 分校、大专班（点）（不计校数）			
4. 独立学院	4	1 952	1 572
（三）成人高等学校	7	1 101	690
（四）民办的其他高等教育机构			
1. 学历文凭考试机构			
2. 非学历文凭考试机构			
二、高中阶段教育	163	15 557	12 088
（一）普通高中	79	9 341	7 706
（二）中等职业教育	84	6 216	4 382
1. 普通中等专业学校	20	1 860	1 223
2. 成人中等专业学校	(1)		
3. 职业高中（职业中专）	37	2 503	1 767
4. 技工学校	27	1 853	1 392
5. 其他机构（教学点）（不计校数）			
三、义务教育学校	787	37 022	32 381
（一）普通初中	206	16 222	14 075
（二）普通小学	569	20 300	17 942
（三）特殊教育学校	11	457	339
（四）工读学校	1	43	25
四、幼儿园	1 263	16 897	9 170
五、民办（非学历）培训机构	1 062	14 278	7 368

注：成人高等学校校数、教职工数及专任教师数，均未含普通高等学校成人教育学院校数、教职工数及专任教师数。

大连市各级各类学历教育学生情况

	毕业生数（人）	招生数（人）	在校生数（人）
一、高等教育	111 670	117 002	376 444
（一）研究生	12 342	13 527	39 294
（二）普通本专科	63 492	78 169	276 275

续表

	毕业生数（人）	招生数（人）	在校生数（人）
（三）成人本专科	21 488	25 306	60 875
（四）其他各类高等学历教育	8 020		
1. 在职人员攻读博士、硕士学位			
2. 网络本专科生			
3. 学历文凭考试	6 328		
二、高中阶段教育	54 566	58 222	167 923
（一）普通高中	33 133	32 299	97 701
（二）中等职业教育	21 433	25 293	70 222
1. 普通中等专业学校	7 190	9 067	23 199
2. 成人中等专业学校	765	1 351	3 718
3. 职业高中（职业中专）	8 549	8 002	22 565
4. 技工学校	4 929	7 503	20 740
5. 其他机构（教学点）（不计校数）			
三、义务教育学校	101 342	102 485	433 675
（一）小学	50 312	52 311	283 790
（二）初中	50 691	49 818	148 135
（三）特殊教育学校	217	198	1 552
（四）工读学校	122	158	198
四、幼儿园	39 875	37 262	134 740
五、民办（非学历）培训机构	331 040	352 266	352 266

大连市各级民办教育基本情况

	学校数（所）	毕业生数（人）	招生数（人）	在校生数（人）	教职工数（人）	专任教师数（人）
一、民办高等教育	15	19 287	27 192	88 353	6 450	4 864
（一）普通高校	15	19 287	27 192	88 353	6 450	4 864
（二）成人高校						
（三）民办的其他高等教育机构						
二、民办中等教育	49	9 953	12 119	33 778	3 013	2 187
（一）高中阶段教育	43	8 714	10 944	30 106	2 584	1 828
其中：民办普通高中	18	5 751	6 420	18 594	1 405	1 058
民办中等职业教育	25	2 963	4 524	11 512	1 179	770
（二）初中阶段教育	6	1 239	1 175	3 672	429	359

续表

	学校数（所）	毕业生数（人）	招生数（人）	在校生数（人）	教职工数（人）	专任教师数（人）
其中：民办普通初中	6	1 239	1 175	3 672	429	359
民办职业初中						
三、民办普通小学	3	593	624	3 016	233	208
四、民办幼儿园	689	20 530	15 163	68 181	9 938	5 066

〔**教育经费收入与支出**〕 2013 年，全市教育经费总投入 148.11 亿元，比 2012 年减少 5.47％，其中国家财政性教育经费 133.94 亿元，比 2012 年减少 5.29％。在国家财政性教育经费中，公共财政预算教育经费拨款 116.42 亿元，比 2012 年减少 7.15％。公共财政预算教育拨款增长低于财政经常性收入增长 19.34 个百分点。全市人均公共教育经费投入 2 509.94 元。

全市各类教育事业性经费及基本建设支出总额 145.16 亿元，比 2012 年减少 5.49％。其中事业性经费支出 137.66 亿元，比 2012 年减少 8.07％；基本建设支出 7.50 亿元，比 2012 年增加 94.30％。公共财政预算教育经费（含科研拨款及其他拨款）支出 116.37 亿元，占公共财政预算支出总额的 12.01％，比 2012 年降低 3.83 个百分点。

〔**教育民生工程**〕 2013 年，全面落实教育民生工程。从秋季学期起，中等职业教育免收学费，惠及 6.1 万余名中职学生。新建、回收公办幼儿园 12 所、开办普惠性公办幼儿园 24 所，新增学位 6 700 个。市政府专项投入 682.63 万元，为 29 所农村幼儿园增设供暖设备项目；投入 566.3 万元，为 37 所农村幼儿园配备食堂设备。市区财政落实公办幼儿园运行补贴经费 2.5 亿元，补助城乡幼儿园 657 所；落实特困家庭托保补助资金 948 万元，补助 4 600 人。为 172 所农村中小学增配食堂设备，为 68 所农村中小学实施旱厕改水厕。专用校车增至 502 辆，涉农地区 8.5 万名义务教育阶段学生上下学享受到校车接送服务。出台义务教育阶段公办学校校服配备补贴政策，7.7 万名中小学生穿上政府补贴的新式校服。弱势群体得到持续关注，13.6 万名外来务工人员子女与本地区孩子享受同等优质教育资源。

〔**完成《加快教育改革和发展行动计划》任务**〕 截至 2013 年年底，市政府在《大连市加快教育改革和发展行动计划（2011—2013 年）》中提出的十大工程（学前教育普及普惠工程、义务教育全域均衡发展促进工程、普通高中优质特色发展工程、职业教育整合提升工程、高等教育与城市互动发展工程、社区教育发展推进工程、基础教育质量提升工程、教师队伍建设工程、城乡教育信息化推进工程、教育发展优先保障工程），共 100 项教育重点任务基本完成，为全市教育开创了新局面。

基础教育

〔**学前教育管理体制改革**〕 2013 年，全市学前教育管理体制改革取得阶段性成果。在主城区探索新建住宅小区配套幼儿园运转机制改革，确立“园舍国有、教育部门主办、收费公益”的管理体制和“政府适当投入、家庭合理分担、人员事业编制加聘用、工资绩效制”的运行办法，初步形成“教育部门独立办园、公办优质园连锁办园、委托社会力量办园”等办园模式。在涉农地区推行以乡镇公办中心幼儿园为主导，村幼儿园作为分园接受中心幼儿园连锁、统筹管理为主要内容的农村学前教育体制改革试点。

〔**早期教育教师资格培训**〕　7月31日至8月12日，300名教师参加全市首期婴幼儿早期教育教师资格培训，培训内容包括早期教育的价值和策略、婴幼儿生理心理发展及评价、早教教师教学实践策略、中外早期教育的动态与信息、儿童观及其时代性转换等20个专题。经考试，除31人未合格外，其余教师均取得了由市教育行政部门颁发的早期教育教师资格培训证书并可持证上岗。培训费和学员交通费补贴近100万元，均由政府承担。

〔**义务教育发展基本均衡区建设**〕　2013年，中山区、西岗区、沙河口区、甘井子区、金州新区在2012年通过省基础教育强县（区、市）评估基础上，逐项落实国家和辽宁省有关创建全国义务教育发展基本均衡县（区、市）的整改意见，以平均97分的成绩，高标准通过教育部督导检查组分路连片检查，成为全国义务教育发展基本均衡县（区、市）。

〔**义务教育学校标准化建设**〕　2013年，全市根据省政府“到2015年，所有义务教育学校完成标准化建设任务”的总体部署，要求各区市县（先导区）着重从生均教学及辅助用房面积、体育运动场馆面积、教学仪器设备值、拥有计算机台数、图书册数、师生比、高于规定学历教师数、中级及以上专业技术职务教师数等方面，加强义务教育学校标准化建设，确保以上指标达到国家义务教育均衡发展的标准，校际间差异系数控制在小学≤0.65、初中≤0.55。年内，全市主要分布在涉农地区的190所义务教育学校完成了标准化建设，超过省政府下达的170所学校的年度建设指标。

〔**创建特色目录学校**〕　3月，全市率先开展义务教育阶段特色目录学校创建活动，通过创、评、展、学等环节，全市有40所学校跻身特色目录学校行列，其经验被广泛宣传、推广。小学和初中2 100校次、校长3 800人次、教师近万人次参与了特色目录学校的观摩学习。

〔**高中生均经费**〕　从2013年秋季学期起，全市公办普通高中生均公用经费标准由每年1 300元调整为2 800元，其中预算内生均公用经费由每年500元提高至2 000元，寄宿制学校按实际集中住宿的学生数，在此标准的基础上上浮25%。建立市、县两级共担的高中经费保障机制，对各区市县（先导区）所属高中公用经费，由市财政按预算内定额标准，参照义务教育经费保障机制承担比例给予各区市县资金补助。此政策出台后，全市普通高中公用经费总额净增1.2亿元以上，学校经费保障能力显著提高。

〔**构建高效课堂模式**〕　2013年，市教育局采取专业引领、典型示范、行政推动的措施，强力推进普通高中课堂教学模式改革。印发《关于指导构建大连市普通高中高效课堂的意见》，先后在大连市第二中学和大连海湾高级中学召开高中课堂教学改革推进会，引导各区市县、各高中探索和构建高效课堂教学模式。截至2013年年底，已有多种课堂教学模式在全市高中推行。80%以上的学校启动了课堂教学改革试点工作，30%左右的学校在一个或两个年级整体推进教学模式改革。

〔**推进高中特色建设**〕　2013年，出台《大连市教育局关于大连市普通高中学校课程建设的意见》，规范高中学校课程建设，评选高中特色优秀校本课程37门；通过提供典型案例，推广特色建设工作经验，引导学校优质特色发展；评选大连市第三批特色高中和特色项目学校8所；大连市第八中学和大连市第十一中学通过评估验收，被认定为辽宁省特色普通高中实验学校，全市省级特色高中实验学校增至4所；出台《大连市教育局关于推进高中学校文化建设的意见》，评选高中优秀学生社团20个、“社团之星”22人。

〔**城乡教育一体化发展**〕　按照“区际组团办学、全域资源共享、城乡对口帮扶、全面推进均衡”的工作思路，全市10个地区组成4个教育组团，全方位推动城乡教育一体化发展。年内，市内4区累计派出优秀教师218人到农村支教、231人次到农村学校开展跟踪教研培训，接收农村教师1 142人到城市学校跟班培训；123所主城区学校与179所农村薄弱学校结为帮扶对子，开展帮扶活动。全市各地区校际间学生学业水平差异系数全部降低。

职业教育与成人教育

〔**职业教育综合改革试点**〕　一是以职教基地建设为载体进行办学体制改革。首期进驻职教基地的2所学校一期工程开工在建，同步开展国家职业院校建设标准研究。装备制造、电子信息、现代服务业三大职教集团开始运行，成立了装备制造、信息产业、现代服务、食品餐饮、旅游服务等5个行业指导委员会，开发数控、模具、软件、电子、烹饪、旅游、金融等产学合一精品专业，加快了行业引领、企校融合、中高职衔接的格局形成。二是以立德树人为根本任务，加强人才培养模式改革。组织编写《大连市中等职业学校德育工作实施意见》和《大连市中等职业学校学生行为规范》，通过开展“一校一品”德育特色评选、德技辅导员校园巡讲、“我的中国梦”演讲比赛和学校文明风采竞赛等活动，深化了中职学校德育工作。三是以落实政策，进行保障机制改革创新。落实中职学费全免和毕业生落户政策；做好中高职衔接的前期准备工作，调整专业，进行四年制试点；实行学历教育和社会培训并重的双轮驱动，适应现代职业教育的发展趋势。大连市被确定为国家职业教育体制改革试点19个具有示范意义的推进地区之一。

〔**优质学校创建工程**〕　2013年，由市教育局、市财政局、市人力资源和社会保障局，按照国家要求对“国家级中等职业教育改革发展示范学校建设计划”第一批项目学校进行省级验收评估；组织第二批和第三批国家中等职业教育改革发展示范学校立项建设学校进行首次质量检测网上系统填报。教育部、财政部对大连市中央财政支持的职业教育实训基地建设情况进行专项预检。市教育局通过专家组评审，遴选出10所职业教育优质特色学校，启动项目建设工作。年内，推进与骨干专业配套的专业实训室和“名师工作室”建设，6个实训基地被评为中央财政支持的职业教育实训基地建设项目，4个实训基地被评为辽宁省创新型实训基地建设项目。

〔**社区教育**〕　2013年，瓦房店市、普兰店市、庄河市、长海县、大连长兴岛经济技术开发区相继创立社区学院。根据地域特点开发社区课程，金州新区整合建设8类25个子类课程近3 000门，其中数字化课程2 300多门、传统课程120门、开发新课程183门。全市有10个社区教育项目被列为2013—2014年全国社区教育实验项目。以年度学习周活动为抓手，推进终身教育的开展，巩固学习型城市建设的成果。年内，2个区被评为国家级社区教育示范区、3个区被认定为国家级社区教育实验区，103门社区教育课程达到国家级社区教育特色课程标准。大连市加入“全国学习型城市建设联盟”。

高等教育

〔**高等教育发展**〕　2013年，全市高校共有硕士学位授权一级学科点115个、二级学科点64个；博士学位授权一级学科点55个、二级学科点11个；博士后科研流动站47个。学校产权建筑面积达862.3万平方米，比2012年增加71.5万平方米。年内，中国首个专门研究海公法的机构——大连海事大学海公法研究中心揭牌；大连交通大学科技园获“国家大学科技园”认定；大连工业大学的“国家海洋食品工程技术研究中心”获准立项。

〔**推进共赢发展项目**〕　2013年，市属高校10个互动共赢发展项目，其中3个提前完成既定目标任务、6个部分完成既定目标任务、1个项目对方案进行了调整。通过问卷调查、走访调研、商谈等环节，协调推进大连理工大学等高校与城市互动发展。召开旅顺口区高校推进“区校一体化建设”工作座谈会。大连医科大学附属第二医院旅顺医疗中心建设启动。

〔**大学生思想政治教育**〕　2013年，全市各高校以“中国梦”教育为主线，全面推进大学生思想政治教育。组建学雷锋先进典型报告团，深入开展社会主义核心价值观教育。以“我的中国梦”为主题，开展征文大赛、创作大赛、主题宣讲等系列活动。用“中国梦”引导就业梦，加强毕业生就业教育。组织高校毕业生参加第十一届大连创业就业博览会，为大学生创业项目提供市场对接平台、项目支持与创业服务。通过评选表彰优秀毕业生，引导和鼓励大学生把实现个人梦想同实现“城市梦”“中国梦”有机结合起来，树立正确的择业观，积极就业创业。截至2013年年底，应届高校毕业生就业率达95%以上。

撰稿　汤启贤　武玉顺　李　赤　沙北虹
审稿　杨跃权

吉林省教育

概　　况

〔基本情况〕

吉林省各级各类学校校数、教职工、专任教师情况

	学校数（所）	教职工数（人）	专任教师数（人）
一、高等教育	72	65 899	39 805
（一）研究生培养机构（不计校数）	22		
1. 普通高校	17		
2. 科研机构	5		
（二）普通高等学校	58	63 002	38 003
1. 本科院校	37	54 380	32 342
其中：独立学院	7	5 118	3 245
2. 高职（专科）院校	21	8 622	5 661
3. 其他机构（点）（不计校数）			
（三）成人高等学校	14	2 523	1 597
（四）民办的其他高等教育机构	14	374	205
二、中等教育	1 958	165 117	117 589
（一）高中阶段教育	681	72 383	50 386
1. 高中	244	40 998	27 528
普通高中	243	40 988	27 518
完全中学	70	11 429	4 815
高级中学	167	28 500	22 445
十二年一贯制学校	6	1 059	258
成人高中	1	10	10
2. 中等职业教育	437	31 385	22 858
普通中专	54	6 277	4 508

续表

	学校数（所）	教职工数（人）	专任教师数（人）
成人中专	82	5 874	4 424
职业高中	166	11 302	8 069
技工学校	135	6 170	4 764
其他机构（教学点）（不计校数）	34	1 762	1 093
（二）初中阶段教育	1 277	92 734	67 203
1. 初中	1 200	92 285	66 821
初级中学	886	65 156	52 147
九年一贯制学校	310	27 025	10 049
十二年一贯制学校			271
完全中学			4 269
职业初中	4	104	85
2. 成人初中	77	449	382
三、初等教育	5 528	122 271	115 642
（一）普通小学	5 103	121 183	115 116
小学	5 103	121 183	102 984
九年一贯制学校			11 835
十二年一贯制学校			297
（二）成人小学	425	1 088	526
其中：扫盲班	285	984	495
四、工读学校	4	115	96
五、特殊教育	47	1 717	1 388
六、学前教育	3 808	43 080	24 904

注：①完全中学的学校数和教职工数计入高中阶段教育，九年一贯制学校的校数和教职工数计入初中阶段教育，十二年一贯制学校的校数和教职工数计入高中阶段教育，专任教师是按照教育层次划分归类；②“（　）”内数据为不计校数。

吉林省各级各类学历教育学生情况

	毕业生数（人）	招生数（人）	在校生数（人）
一、高等教育			
（一）研究生	17 489	18 942	56 992
博士	2 161	2 469	10 345
硕士	15 328	16 473	46 647
（二）普通本专科	146 379	166 248	599 526
本科	103 426	115 705	454 357
专科	42 953	50 543	145 169
（三）成人本专科	68 603	87 214	177 448

续表

	毕业生数（人）	招生数（人）	在校生数（人）
本科	29 234	35 026	81 729
专科	39 369	52 188	95 719
（四）其他各类高等学历教育			
1. 在职人员攻读硕士学位		5 987	16 294
2. 网络本专科生	36 458	59 800	115 387
本科	14 525	27 780	53 677
专科	21 933	32 020	61 710
二、中等教育	504 425	453 155	1 341 418
（一）高中阶段教育	260 737	234 785	691 127
1. 高中	158 426	151 131	454 480
普通高中	157 117	151 131	453 171
完全中学	21 945	21 004	63 042
高级中学	134 215	127 996	385 431
十二年一贯制学校	957	2 131	4 698
成人高中	1 309		1 309
2. 中等职业教育	102 311	83 654	236 647
普通中专	31 273	22 747	76 937
成人中专	12 597	10 991	30 768
职业高中	40 062	27 317	84 967
技工学校	18 379	22 599	43 975
（二）初中阶段教育	243 688	218 370	650 291
1. 初中	240 310	218 370	644 993
初级中学	186 508	170 942	503 705
九年一贯制学校	32 364	27 545	83 735
十二年一贯制学校	1 251	1 179	3 326
完全中学	18 984	18 591	53 885
职业初中	1 203	113	342
2. 成人初中	3 378		5 298
三、初等教育	240 522	217 645	1 373 934
（一）普通小学	235 930	217 645	1 361 868
小学	214 320	196 341	1 227 365
九年一贯制学校	20 708	21 024	130 894
十二年一贯制学校	902	280	3 609
（二）成人小学	4 592		12 066
其中：扫盲班	2 937		10 461

续表

	毕业生数（人）	招生数（人）	在校生数（人）
四、工读学校	154	41	284
五、特殊教育	805	740	5 610
六、学前教育	185 611	251 058	441 934

注：特殊教育学生数中包括普通中小学随班就读的学生。

吉林省各级各类非学历教育学生情况

	结业生数（人）	注册学生数（人）
总计	503 172	634 373
一、高等教育	127 775	123 391
（一）研究生课程进修班	4 806	4 868
（二）自考助学班	41 329	39 677
（三）普通预科生		1 648
（四）进修及培训	81 640	77 198
其中：资格证书培训	23 278	20 864
岗位证书培训	20 999	21 174
二、中等职业教育	375 397	510 982
其中：资格证书培训	27 719	79 069
岗位证书培训	61 804	89 080
（一）中等职业学校	30 686	18 124
其中：资格证书培训	8 738	8 792
岗位证书培训	6 222	1 244
（二）职业技术培训机构	344 711	492 858
其中：资格证书培训	18 981	70 277
岗位证书培训	55 582	87 836

吉林省各级各类民办教育基本情况

	学校数（所）	毕业生数（人）	招生数（人）	在校生数（人）	教职工数（人）	专任教师数（人）	其他学生数（人）
一、民办高等教育							
（一）民办高校	16	26 002	37 809	129 515	10 718	6 691	2 864
硕士			50	101			
本科学生		24 089	32 879	117 420			
专科学生		1 913	4 880	11 994			
其中：独立学院	7	13 864	18 231	66 205	5 118	3 245	2 182
本科学生		13 710	18 208	65 788			

续表

	学校数（所）	毕业生数（人）	招生数（人）	在校生数（人）	教职工数（人）	专任教师数（人）	其他学生数（人）
专科学生		154	23	417			
（二）民办其他高等教育机构	14				374	205	3 883
二、民办中等教育							
（一）高中阶段教育	102	19 636	15 797	49 823	7 143	4 876	
1. 民办普通高中	25	9 949	10 499	30 374	4 121	3 129	
2. 民办中等职业教育	77	9 687	5 298	19 449	3 022	1 747	2 245
（二）初中阶段教育	32	16 518	23 797	65 320	3 705	3 063	
1. 民办普通初中	32	16 518	23 797	65 320	3 705	3 063	
2. 民办职业初中							
三、民办普通小学	22	6 547	10 235	48 940	1 556	1 221	
四、民办幼儿园	3 017	69 846	114 770	238 379	27 745	14 988	
另有：民办培训机构（不计校数）	1 087				5 243	4 125	130 715

注：①“其他学生数”包括自考助学班学生、预科生、进修及培训学生数；②民办普通高中的教职工数和专任教师数中包含民办普通初中的教职工数和专任教师数；③民办中等职业教育数据中未含技工学校数据；④“（　）”内数据为不计校数。

〔**国家教育体制改革试点工作**〕　吉林省承担的义务教育均衡发展改革、开展地方政府促进高等职业教育发展综合改革、探索职业教育政企校联盟办学模式、探索非营利性民办高校办学模式、构建区域协作的教师继续教育新体制、建立高校总会计师制度6项国家教育体制改革试点工作进展顺利，取得阶段性成果。

〔**教育法制建设**〕　制定下发《吉林省教育厅学习贯彻落实〈教育部全面推进依法治校实施纲要〉的若干意见》，完成《吉林省学前教育条例（草案）》起草工作。全面验收省内10所高校和部属、省属中小学校依法治校工作，对验收合格的学校予以命名。成立吉林省高等学校章程建设工作领导小组和吉林省高等学校章程核准委员会，所有省内高校实现“一校一章程”的目标。全国人大常委会对吉林省贯彻实施《义务教育法》情况进行了执法检查，并给予充分肯定。

〔**教育督导**〕　完成了2012年省对市（州）重点工作目标管理责任制执行情况的评比表彰，制定下发了《省对市（州）2013年度教育重点工作目标管理责任制实施要点及评估指标体系》，继续将推进义务教育均衡发展作为年度教育工作目标管理责任制的重要内容。开展了对榆树市等29个县（市、区）义务教育均衡发展评估验收、对德惠市等16个县（市、区）政府教育工作督导评估、对舒兰市等22个县（市、区）学前教育三年行动计划落实情况督导评估和对长春市宽城区等10个县（市、区）中等职业教育督导评估。

〔**体育与艺术教育**〕　深入推进体育教学改革，吉林省被教育部确定为武术和足球体育项目试点省（武术是全国唯一试点省，足球是全国3个试点省之一）。举办全省高校公共艺术课优秀课录像评比、全省中小学音乐美术优秀课录像评比、全省第二届中小学校民乐、交响乐、管弦乐比赛、吉林省青少年戏剧大赛暨第十七届“中国少儿戏曲小梅花荟萃比赛”、第四届“和平杯”中国京剧小票友邀请赛、第二届吉林省幼儿艺术节以及“最美中国”主题摄影、词曲创作及视频大赛等活动。开展高雅艺术进校园活动，协调中央歌剧院、陕西省戏曲研究院到省内8所高校巡演，组织吉林省交响乐团、北华大学音乐学院到省内10所高校巡演。全省5个县（市、区）被教育部确定为全国农村学校艺术教育实验县，遴选产生105所中小学为2013年吉林省中小学艺术教育示范校。

〔**学校卫生管理**〕 联合省卫生厅、省食品药品监督管理局对全省学校食品、饮用水安全及校医院、卫生室（保健室）建设、传染病和近视眼防控工作进行督导检查。召开全省高校食品安全标兵食堂表彰会。会同省卫生厅组织专家编写了《吉林省中小学生健康知识与基本技能读本》。2013年夏天，部分县市学校因暴雨受灾，但由于加强了对学校蓄水池、学生宿舍等场所的消毒工作，确保了全省各级各类学校灾后无疫情发生。

〔**校车、校园安全管理**〕 召开三次全省校车校园安全管理工作现场会，推广基层学校的经验做法。全省共有5 343辆校车，其中3 699辆安装了安全管理信息系统，校车座位拥有率达58%，乘车覆盖率达89%。全省3 318所中小学（幼儿园）建立了校园警务室，其中990所中小学（幼儿园）建立了标准化校园警务室。全省学校共安装摄像头68 632个，60%的中小学（幼儿园）安装了一键式网络报警系统，35个县（市、区）建立了校园安全视频监控中心，共配备专（兼）职保安9 182人。

〔**民族教育**〕 加大对民族教育的扶持力度，民族学校（班）生均公用经费比2012年翻了一番。协调有关省属高校落实少数民族预科招生计划1 026人、定向阿勒泰地区招生计划271人，协调内蒙古自治区、黑龙江省和河北省落实对换培养蒙古族考生计划120人。举办民族中小学校长高级研修班、蒙古族马头琴教师、朝鲜族伽倻琴教师、朝鲜族幼儿园教师等7个培训班，共培训教师600人。组织东北师范大学附属中学、吉林省实验中学等5所名校和名幼儿园与新疆阿勒泰地区7所学校和幼儿园开展校际间对口支援工作。协助长春市希望高中、通化师范学院分院办好内地新疆高中班和内地西藏中职班。在梅河口市举办全省民族中小学第八届“三语”（蒙古族语、朝鲜族语、汉语）基本功竞赛，共有100多名少数民族师生参加决赛。

〔**教育交流与合作**〕 全省6所中国政府奖学金留学生普通高校接收120名外国留学生入学，争取涉外教育经费约480万元。2013年，东北电力大学、吉林农业大学、长春大学和长春中医药大学成为中国政府优秀外国留学生奖学金院校。根据中韩两国教育交流与合作协议，受教育部委托，全省选派100名师生赴韩国进行为期一周的交流，并接待100名韩国中学师生回访，并与省内3所中学进行友好交流。成立吉林省留学行业协会，举办吉林省第三届国际留学教育交流会。全年共接待来自美国、匈牙利、日本、韩国、新加坡等国家和我国台湾地区的教育访问团组6个，共42人次。派出12个团组、61人次出国（境）短期访问或进行学术交流活动。推荐赴美国教师志愿者17名、孔子学院中方院长1人、孔子学院（课堂）教学志愿者72人、国家公派汉语教师25人，汉语国际推广工作得到加强。

基础教育

〔**加强学前教育管理**〕 研究制定加强学前教育管理的对策和措施，探索实行幼儿分类管理。配合有关部门做好实施学前教育重大项目的业务指导。抓好《3—6岁儿童学习与发展指南》的贯彻落实，加强保育教育工作指导，有效防止和纠正“小学化”倾向。

〔扩大学前教育资源〕 新建30所幼儿园，项目覆盖延边、通化、白城、白山、松原5个市（州），规划总建筑面积6.4万平方米，总投资1.138亿元。改建270所幼儿园，项目总面积26.1万平方米。

〔幼教师资队伍建设〕 将幼儿园园长、教师的培训工作纳入全省“国培计划”，并分为4个专项进行，即示范性幼儿园园长高级研修200人、农村幼儿园园长集中培训300人、农村幼儿园骨干教师集中培训290人、幼儿园转岗教师远程培训3 000人。2013年，全省共有3 870名大中专院校学前教育专业毕业生补充到学前教育师资队伍中。

〔特殊群体义务教育〕 印发《关于做好2013年秋季开学进城务工人员随迁子女义务教育就学工作的通知》，努力保证随迁子女在流入地义务教育学校“进得来，留得住，学得好”，全省共有12.4万名进城务工人员随迁子女在流入地学校接受义务教育，其中入读公办中小学的近12万人。鼓励和指导长春、吉林两市扩大残疾儿童送教上门试点范围，进一步研究和探索送教上门工作。通过组织召开研讨会等多种形式，总结推广孤独症儿童教育的经验。召开全省残疾儿童随班就读工作经验交流会，推动全省残疾儿童随班就读工作。省教育厅与四平市政府签署了共建四平盲童学校协议，进一步加快四平盲童学校改革发展，满足了视力残疾儿童少年享受优质教育的需要。

〔普通高中教育〕 推动普通高中实验室建设，协调有关方面实施高中通用技术实践室设备招标和配备工作以及高中物理、化学、生物实验室仪器设备配备工作。下发《关于2013年吉林省初中毕业生学业考试和高级中等学校招生工作的通知》，召开中考工作视频会，协调组织有关方面做好中考命题、施考和考风考纪监督检查工作，实现了平安中考。研究高中改革发展工作，组织召开座谈会，广泛征求意见，推动相关问题的解决。深化高中学业考试改革，制定特长生学业考试加分政策，规范高中招生秩序。

〔中小学教师队伍建设〕 继续实施“国培计划”和“省培计划”项目，全省有5万余名中小学教师参加培训。继续组织名师工作室赴10个县（区）“影子学校”开展送培活动。推进实施“农村义务教育阶段学校教师特设岗位计划”，共为全省47个县（市、区）招聘特岗教师2 800名。在全省教育系统开展了“寻找身边最美教师”“寻找身边的‘张丽莉’”“师德论坛”等系列活动，向教育部推荐10名教书育人楷模，并向教育部、全国总工会推荐3名优秀教师入选第十三届全国职工职业道德建设标兵。

〔学生营养改善计划〕 为11个试点县落实农村义务教育学生营养膳食补助资金5 024.6万元（其中国家试点县2 567万元、8个地方试点县2 457.6万元），为食品质量安全提供了保障条件。结合农村义务教育学生营养改善计划试点县的实际情况，推进学校食堂建设。

〔统一义务教育公用经费标准〕 从2013年开始，全省城市义务教育公用经费标准与农村保持一致，提高到小学每生每年500元、初中每生每年700元。

职业教育与成人教育

〔开展省级专业带头人和骨干教师评选〕 组织开展全省中等职业学校省级专业带头人和骨干教师评选工作。经过学校申报、市州评选、省级审核、公示认定等环节，共评选出专业带头人102

人、骨干教师 191 人。

〔**开展首届中职教学成果奖评比**〕 省教育厅、省人力资源和社会保障厅联合组织开展全省首届中等职业教育、成人教育教学成果奖评比工作，共设立省级教学成果特等奖、一等奖、二等奖、三等奖共计 100 项。

〔**助学金和免学费工作**〕 下发《关于复查核实中职受资助学生人数的通知》（吉教贷字〔2013〕1 号）、《吉林省中等职业学校国家助学金、免学费管理实施细则（暂行）》（吉教贷字〔2013〕4 号）等一系列文件，建立资助数据上报分层负责制度，开展专项检查，加大管理工作力度。2013 年，全省符合国家政策并已免除学费的中职在校生达 11 万人，比 2012 年增长 1.43 倍。

〔**中等职业学校技能大赛**〕 在 2013 年全国职业院校技能大赛中，共获得 4 枚金牌、9 枚银牌、34 枚铜牌，实现了连续三年奖牌数量递增的目标，其中在现代制造技术赛项上取得了重大突破，电梯维修和会计手工项目进步明显。

〔**自学考试**〕 全省自学考试分别于 4 月和 10 月举行，全年共有 304 729 人报名参加考试，共计 879 715 科次，共有 37 385 人取得自学考试毕业证书（其中本科毕业生 33 415 人、专科毕业生 3 970 人）。

〔**社区教育**〕 长春市南关区被教育部批准为全国社区教育实验区，长春市成为 33 个“全国继续教育城市联盟”首批成员单位。3 个项目获教育部 2013—2014 年全国社区教育实验项目立项。在教育部主办的第二届全国社区教育成果展示活动中，吉林省报送的参赛作品获全国社区教育成果展示一等奖。长春广播电视大学申报的“社区教育数字化学习系列资源”获全国社区教育特色课程优秀资源三等奖。

〔**全民终身学习活动周**〕 落实教育部关于举办 2013 年全民终身学习活动周的要求，长春市朝阳实验小学校长杨勇华、长春汽车经济技术开发区教育局局长张岩入选全国首次评选的“百姓学习之星”。吉林省获“2013 年全民终身学习活动周”优秀组织奖。

高 等 教 育

〔**启动实施“高教强省”战略**〕 7 月 1 日，省委、省政府出台《关于建设高等教育强省的意见》。相继印发了《鼓励和支持高校引进高端人才实施办法》《吉林省“长白山学者计划”和“长白山技能名师计划”实施办法（暂行）》等配套文件。围绕全省支柱、优势、特色、战略新兴产业发展需求，大力开展高端人才引进工作，引进“千人计划”人才 7 名。学科建设、队伍建设等工作全面启动。

〔**科学研究**〕 组织实施“高校创新人才培育工程”，遴选首批 140 名高校“学科领军教授”，开展“吉林省高校新世纪优秀人才”“吉林省高校科研春苗人才培育计划”评审工作。部署了“重大需求协同创新中心”建设工作，认定 2013 年首批 7 个重大需求协同创新中心。组织申报教育部科学技术研究重点项目 3 项、高等学校博士学科点专项科研基金联合资助项目 5 项。完成 4 所新增博士、硕士授予单位首批导师遴选评审工作。组织全省优秀博士、优秀硕士学位论文评审工作，推荐 23 篇博士学位论文参评全国优秀博士学位论文。举办全省高校第二届人文社科重点研究基地成果展览，以文字、书籍、实物等形式全面展示了基地建设的最新成果。

〔**高校党建工作**〕　召开第十七次全省高校党建工作会议，在全省高校启动实施“六化建设”（基层党支部建设标准化、党务干部培训常态化、发展党员工作规范化、党员教育管理服务长效化、工作条件保障具体化、考评机制科学化）和民办高校党建预评估工作，完成《中国共产党普通高等学校基层组织工作条例》的自查和抽查工作。推动落实全省高校院（系）党政联席会议制度。开展高校基层党支部活动创新案例征集评选活动。做好党员教育、发展、管理和服务工作，开展“优秀大学生党课”评选，举办高校党委组织员培训班，全年共发展党员 1.537 万名。协助省委组织部做好省属高校领导班子的考察、选配工作，加强高校处级领导干部选任工作的监督和管理，做好中层重要岗位人选的考核、审批和备案管理工作。

〔**思想政治教育工作**〕　举办全省高校学习贯彻党的十八大精神专题研讨班、2013 年全省哲学社会科学教学科研骨干研修班（四期）、全省高校辅导员岗位培训班和高校思想政治理论课骨干教师培训班，共培训骨干教师 800 人次。组织开展首届全省高校辅导员职业技能大赛、全省高校思想政治理论课“精彩一课”评选、全省高校校园文化建设优秀成果评选和“高校思想政治教育创新”优秀论文评选等活动。召开全省高等院校新闻工作者协会第七次会员代表大会，表彰全省高校优秀校报编辑部、优秀校报工作者。遴选推荐辅导员参加“2012 全国高校辅导员年度人物”评选，1 人获“年度人物奖”。

〔**高校转设更名**〕　按照《教育部关于“十二五”期间高等学校设置工作的意见》要求，以合理调整高校类型结构为重点，统筹院校设置工作，经教育部审批同意，长春大学光华学院转设为长春光华学院，吉林农业大学发展学院转设为长春科技学院，长春师范学院更名为长春师范大学，吉林建筑工程学院更名为吉林建筑大学。

〔**招生考试**〕　2013 年，全省高考报名人数 159 834 人，共录取新生 148 114 人，录取率 92.67%。专科批次实行网上填报志愿，简化了填报志愿程序；进一步深化高职单独招生改革试点工作，招生对象从普通高中扩展到中等职业学校。2013 年，全国硕士研究生招生考试报考人数 50 660 人，招生规模 16 524 人，实际录取 16 550 人；博士研究生招生规模 2 165 人，实际录取 2 177 人。2013 年，全省成人高考报名 89 157 人，计划招生 73 415 人，实际录取 71 464 人。实行“一题多卷”考试方式，增加一题多卷考试科目，实行网上阅卷。

〔**毕业生就业**〕　2013 年，全省高校毕业生总计 168 305 人，比 2012 年增加 5 051 人。据统计，研究生毕业生就业率为 75.07%、本科生就业率为 83.34%、高职高专毕业生就业率为 84.38%。同时，依托高职院校实训平台和就业推介平台，探索开展了未就业大学生职业技能培训试点，参加试点的毕业生就业率达 100%。全省高校连续 4 年在毕业生和用人单位满意度指标评比中位于全国参评高校前 10%。

撰稿　王义海

审稿　张立军

黑龙江省教育

概　　况

〔基本情况〕

黑龙江省各级各类学校校数、教职工、专任教师情况

	学校数（所）	教职工数（人）	专任教师数（人）
一、高等教育	102	80 600	48 275
（一）研究生培养机构（不计校数）	26		
1. 普通高校	18		
2. 科研机构	8		
（二）普通高等学校	80	77 234	46 215
1. 本科院校	37	59 393	35 542
其中：独立学院	2	769	517
2. 高职（专科）院校	43	17 841	10 673
3. 其他机构（点）（不计校数）			
（三）成人高等学校	22	3 236	2 011
（四）民办的其他高等教育机构	36	130	49
二、中等教育	2 595	220 642	164 921
（一）高中阶段教育	936	94 875	67 499
1. 高中	429	59 414	42 339
普通高中	379	58 958	41 997
完全中学	104	16 401	7 567
高级中学	258	40 353	33 774
十二年一贯制学校	17	2 204	656
成人高中	50	456	342
2. 中等职业教育	507	35 461	25 160
普通中专	73	7 263	4 279

续表

	学校数（所）	教职工数（人）	专任教师数（人）
成人中专	156	6 198	4 875
职业高中	144	10 286	7 985
技工学校	134	11 671	7 987
其他机构（教学点）（不计校数）	9	43	34
（二）初中阶段教育	1 659	125 767	97 422
1. 初中	1 587	125 442	97 218
初级中学	1 139	86 519	73 939
九年一贯制学校	447	38 900	16 334
十二年一贯制学校			696
完全中学			6 229
职业初中	1	23	20
2. 成人初中	72	325	204
三、初等教育	3 493	136 733	136 695
（一）普通小学	3 261	136 461	136 481
小学	3 261	136 461	120 214
九年一贯制学校			15 811
十二年一贯制学校			456
（二）成人小学	232	272	214
其中：扫盲班	8	54	43
四、工读学校	1	23	20
五、特殊教育	74	2 253	1 850
六、学前教育	5 571	51 578	28 747

注：①完全中学的学校数和教职工数计入高中阶段教育，九年一贯制学校的校数和教职工数计入初中阶段教育，十二年一贯制学校的校数和教职工数计入高中阶段教育，专任教师是按照教育层次划分归类；②“（　）”内数据为不计校数。

黑龙江省各级各类学历教育学生情况

	毕业生数（人）	招生数（人）	在校生数（人）
一、高等教育			
（一）研究生	18 439	20 824	62 249
博士	1 893	2 467	10 570
硕士	16 546	18 357	51 679
（二）普通本专科	184 085	197 331	717 856
本科	116 544	125 341	509 894
专科	67 541	71 990	207 962
（三）成人本专科	65 283	89 413	189 337

续表

	毕业生数（人）	招生数（人）	在校生数（人）
本科	29 521	43 576	92 663
专科	35 762	45 837	96 674
（四）其他各类高等学历教育			
1. 在职人员攻读硕士学位		4 543	15 881
2. 网络本专科生	22 861	26 856	51 659
本科	5 456	9 404	18 012
专科	17 405	17 452	33 647
二、中等教育	775 661	600 970	1 955 828
（一）高中阶段教育	398 195	321 887	1 018 908
1. 高中	214 949	193 979	600 274
普通高中	206 088	193 979	589 379
完全中学	33 891	33 498	99 623
高级中学	169 645	158 105	482 479
十二年一贯制学校	2 552	2 376	7 277
成人高中	8 861		10 895
2. 中等职业教育	183 246	127 908	418 634
普通中专	37 314	40 612	119 341
成人中专	15 125	16 213	61 396
职业高中	39 344	26 436	93 283
技工学校	91 463	44 647	144 614
（二）初中阶段教育	377 466	279 083	936 920
1. 初中	373 316	279 083	932 839
初级中学	288 125	216 335	721 816
九年一贯制学校	56 983	38 471	127 005
十二年一贯制学校	2 234	2 240	7 493
完全中学	25 917	21 862	76 035
职业初中	57	175	490
2. 成人初中	4 150		4 081
三、初等教育	341 142	274 454	1 551 601
（一）普通小学	330 069	274 454	1 540 035
小学	294 505	243 999	1 367 114
九年一贯制学校	34 658	29 548	168 518
十二年一贯制学校	906	907	4 403
（二）成人小学	11 073		11 566
其中：扫盲班	1 011		205

续表

	毕业生数（人）	招生数（人）	在校生数（人）
四、工读学校	3		2
五、特殊教育	1 002	1 205	9 317
六、学前教育	260 821	304 677	540 777

注：特殊教育学生数中包括普通中小学随班就读的学生。

黑龙江省各级各类非学历教育学生情况

	结业生数（人）	注册学生数（人）
总计	1 056 530	696 414
一、高等教育	101 257	40 948
（一）研究生课程进修班		206
（二）自考助学班	1 822	2 513
（三）普通预科生		343
（四）进修及培训	99 435	37 886
其中：资格证书培训	21 159	12 854
岗位证书培训	50 532	24 329
二、中等职业教育	955 273	655 466
其中：资格证书培训	208 376	191 500
岗位证书培训	85 724	56 392
（一）中等职业学校	236 604	148 449
其中：资格证书培训	122 536	97 579
岗位证书培训	39 386	14 612
（二）职业技术培训机构	718 669	507 017
其中：资格证书培训	85 840	93 921
岗位证书培训	46 338	41 780

黑龙江省各级各类民办教育基本情况

	学校数（所）	毕业生数（人）	招生数（人）	在校生数（人）	教职工数（人）	专任教师数（人）	其他学生数（人）
一、民办高等教育							
（一）民办高校	18	25 906	28 403	104 446	8 979	5 951	3 004
硕士			15	33			
本科学生		18 231	22 303	85 180			
专科学生		7 675	6 085	19 233			
其中：独立学院	2	1 540	2 392	9 772	769	517	
本科学生		1 459	2 325	9 566			

续表

	学校数（所）	毕业生数（人）	招生数（人）	在校生数（人）	教职工数（人）	专任教师数（人）	其他学生数（人）
专科学生		81	67	206			
（二）民办其他高等教育机构	36				130	49	1 458
二、民办中等教育							
（一）高中阶段教育	95	18 881	16 509	50 439	6 025	4 250	
1. 民办普通高中	33	7 940	8 655	25 284	3 524	2 646	
2. 民办中等职业教育	62	10 941	7 854	25 155	2 501	1 604	4 478
（二）初中阶段教育	40	11 988	11 491	40 401	2 518	1 854	
1. 民办普通初中	40	11 988	11 491	40 401	2 518	1 854	
2. 民办职业初中							
三、民办普通小学	9	2 141	2 127	13 362	335	266	
四、民办幼儿园	4 219	117 064	150 814	295 205	30 256	16 292	
另有：民办培训机构（不计校数）	1 025				8 287	5 882	235 373

注：①“其他学生数”包括自考助学班学生、预科生、进修及培训学生数；②民办普通高中的教职工数和专任教师数中包含民办普通初中的教职工数和专任教师数；③民办中等职业教育数据中未含技工学校数据；④“（　）”内数据为不计校数。

〔**教育投入**〕　2013年，积极争取并加大对省本级教育经费投入力度。2013年，教育部门总收入85.70亿元，同比增长23.11%。在提高农村义务教育公用经费标准的基础上，同时提高了城市义务教育公用经费标准，缩小了城乡和区域间的差别。特殊教育学校生均公用经费补助标准提高到2 650元。加大职业教育投入力度，实训基地建设共争取中央项目22个、资金3 900万元；争取省级职业教育专项资金1.25亿元，重点建设中高职国家示范性职业院校；落实农村职业教育改革试验区专项资金1亿元，重点支持试点县项目。省属高校生均经费达国家标准。申报2013—2015年中央支持地方高校发展专项资金建设项目393个，落实中央财政资金16.96亿元。争取中央资金1.79亿元，用于国家中西部高校基础能力建设工程3所项目学校的教学设施建设。开展“教育经费管理年”活动，强化国有资产管理、教育收费管理和审计监督，开展“小金库”专项治理工作。

〔**教育法制建设**〕　全面推进依法行政，推动行政审批事项网上审批，开展省教育厅机关干部依法行政培训。举办多期依法治校讲座，学校以人为本、规范管理的能力得到提高。主动接受省人大常委会和各方面的监督，全年共答复人大代表建议和政协委员提案87件。

〔**加快职能转变和简政放权**〕　进一步转变职能、简政放权，切实把不该管的事放给地方、放给学校。对行政审批事项和检查评估、评比表彰项目进行清理规范，取消5项行政审批事项、下放1项、暂停实施1项；取消49项评估评审和评比表彰项目，保留37项。以精简机构、转变职能为目标，认真谋划省教育厅直属事业单位机构改革。加强对深化教育领域综合改革的顶层设计和宏观指导，制发《黑龙江省教育厅关于深化教育领域综合改革意见》，对国家教育体制改革试点项目进行中期评估自查。省教育厅班子成员经常深入基层调研，先后召开各层面座谈会10余次，针对教育改革发展的重点领域和关键环节征求意见、研究对策。

〔**素质教育**〕 坚持把社会主义核心价值体系融入教育教学全过程，扎实推进中国特色社会主义理论体系进教材、进课堂、进头脑。在各级各类学校开展“三爱”“我的中国梦”“厉行节约、反对浪费”等主题教育活动，弘扬先进人物和道德典范，深入开展社会实践活动和校园文化建设。持续加强高校思想政治理论课建设，依托哈尔滨师范大学建立教师培训和研修基地，制定加强改进教育教学工作的意见和教师队伍培养培训规划。加强高校学生工作队伍建设和大学生心理健康教育，1 人被评为 2012 年全国高校辅导员年度人物并代表全国辅导员在教育部组织的学习习近平总书记“五四”重要讲话精神座谈会和全国高校辅导员工作现场会上发言。黑龙江省在全国辅导员技能大赛上获团体第二名。

〔**助学工作**〕 全年共计发放各类助学资金 12.7 亿元，合计资助大中小学生 72 万人。农村中等职业教育学生免学费政策得到落实，全部农村学生、涉农专业学生和城市家庭经济困难学生都得到资助，受助学生近 10 万人。通过政府采购，免费为全省（含县镇）义务教育阶段 204 万名学生提供价值 2.54 亿元的教科书。为高校学生累计发放国家奖学金 2 491.8 万元、国家助学贷款 9 580.67 万元。

〔**信息化建设**〕 全力推进教学点数字教育资源全覆盖，共投入 557 万元，为全省 342 个教学点配备了多媒体远程教学设备。制订黑龙江省教育公共服务平台“龙学网”项目建设方案，该项目被列为教育部教育信息化专项试点项目和省工业和信息化委员会信息化重点推进项目。搭建教育信息化公共服务平台，与省电信公司、移动公司、联通公司签署战略合作框架协议。投入 1.09 亿元，完成了全省 486 所项目学校 6 685 个班级的多媒体远程教学设备配备工作。加大教师应用信息技术能力培训工作力度，共培训省级骨干教师 1 700 余名，辐射带动教师培训近 4 万人。9 月，教育部在黑龙江省举办全国信息化教学现场观摩活动，在全国宣传推广哈尔滨市香滨小学信息化教学应用的成功经验。省教育信息化工作在全国教育工作会议上做了交流发言。

〔**体育与艺术教育**〕 进一步强化学校体育和艺术教育，省政府出台意见并召开教育系统学校体育工作会议；与省文化厅、省财政厅联合下发《关于开展高雅艺术进校园活动的实施意见》，每年争取省财政投入资金 600 万元，在省属高校举办 150 场高雅艺术进校园活动。

〔**党建工作**〕 进一步加强高校党建工作，通过调整充实部分高校领导班子、举办高校书记校长培训班、建立高校干部人才管理信息库，强化高校领导班子和干部队伍建设。以党支部建设为抓手，加强高校基层党建工作，建立高校“百佳”党支部建设标准，针对支部书记队伍建设制定培训规划、开展调查研究。加强对民办高校党建工作的指导，强化向民办高校选派党委副书记兼教育督导员工作。进一步落实党风廉政建设责任制，加强廉政风险防控，强化对重点领域、重要工作的监督检查，深入实施廉政文化精品工程。高校统战工作扎实开展。

〔**党的群众路线教育实践活动**〕 按照省委的统一部署，省教育厅参加了第一批党的群众路线教育实践活动，省教育厅党组按照“照镜子、正衣冠、洗洗澡、治治病”的总要求，带头做出承诺，坚持以务实态度抓活动、以实际行动做表率、以整风精神转作风、以扎实工作惠民生，制定实施意见和活动方案，召开动员大会，组织党员干部深入开展“十个一”（召开 1 次中心组学习会，专题学；党组、党委主要领导同志做 1 次专题报告，带领学；请专家学者做 1 次专题培训，辅导学；参加 1 次“龙江讲坛”作风建设讲座，系统学；每个支部召开 1 次专题生活会，普遍学；开展 1 次“改作风、树形象、促发展”座谈会，交流学；召开 1 次处室主要负责同志汇报会，以比促学；撰写 1 篇理论文章，以文督学；开展 1 次“党的群众路线知多少”网上答题活动，以考助学；进行 1 次实地参观考察，向实践学）学习教育活动，通过多种方式共征求群众和服务对象的意见、建议535条，并全部进行认领和回复；认真查摆班子、党员领导干部在“四风”方面存在的突出问题，召开高质量的厅及处（室）、直属单位领导班子专题民主生活会，开展触动思想和灵魂的批评与自我批评；始终坚持边学习教育、边查找问题、边专项治理、边落实整改、边完善制度，省教育厅领导带头清理超标准公务用车和办公用房、取消小餐厅，全教育厅围绕“四风”方面存在的突出问题进行专项整改，加强制度建设，建立整改落实长效机制。

〔**教育和谐稳定**〕 进一步落实教育系统安全工作责任制，建立并完善教育系统应急预案体系、建立健全校车安全管理联席会议制度。深入开展安全工作大检查大整治活动，及时消除安全隐患。深入推进“平安高校”建设活动，妥善处理高校突发事件，全力做好高校维稳工作。深入开展矛盾纠纷排查化解工作，省教育厅被省政法委授予“全省社会治安综合治理先进单位”称号。

〔**教育交流**〕 进一步拓宽教育对外交流渠道，举办首届中韩中学校长论坛，新增高校专业课教师、优秀研究生导师公派留学项目。对俄交流工作不断深入，中俄师生双向交流近5 000人次。新建9所孔子课堂，孔子学院总数达6所、孔子课堂达22所。来华留学生首次突破1万人次，均提前完成“十二五”预定目标。两所高校被教育部批准为全国来华留学示范基地院校。加强教育文化交流，受教育部委托，承办第20届华夏园丁大联欢活动。

〔**民族教育**〕 53所民族学校通过标准化验收，占全省民族学校的40.1%。完成内地新疆班扩招任务，教学质量不断提高。

基础教育

〔**综述**〕 2013年，学前教育三年行动计划顺利完成，超额完成1 200所公办幼儿园建设任务。义务教育均衡发展取得新进展，5个县（区）通过了国家县域义务教育发展基本均衡评估验收。普通高中教育多样化、特色化改革深入推进。特殊教育和民族教育健康发展。中小学教师队伍素质得到提高。

〔**学前教育**〕 2013年，共有309所公办幼儿园改扩建项目开工，其中完工300所。大力提高保育教育质量，深入贯彻落实《3—6岁儿童学习与发展指南》。全省设立了32所省级培训实践基地园，加大幼儿园园长、骨干教师培训力度，学前教育教师队伍建设不断加强。全省已初步构建起覆盖城乡、布局合理的学前教育公共服务体系，“入园难”问题得到有效缓解。

〔**推进义务教育均衡发展**〕 进一步规范和加强农村义务教育学校布局调整工作，着力解决村小、教学点师资和公用经费不足等问题；省教育厅与省发展和改革委、省财政厅、省人力资源和社会保障厅、省机构编制委员会办公室联合制发了《关于进一步推进县域义务教育均衡发展的指导意见》，义务教育均衡发展保障政策不断完善。召开现场经验交流和工作推进会，总结推广牡丹江市实施学区制的经验、做法，进一步部署和推动义务教育均衡发展工作。

〔**改善农村学校办学条件**〕 对农村中小学校小火炉进行改造，与省财政厅联合下发《全省中小学学校火炉取暖改造项目实施方案》，省财政投入1.6亿元，完成946所学校小火炉改造工作，18万余名师生受益。争取中央投资8 000万元，62所学校立项建设农村教师周转宿舍，解决了1 400名教师住宿难题。加强对中小学校舍安全工程收尾工作、农村义务教育薄弱学校改造项目、农村初中工程二期在建项目、集中连片特殊困难地区普通高中扩容改造项目、营养餐食堂改造项目等工程的督办检查，确保工程进度和质量。

〔**普通高中发展**〕　继续开展普通高中多样化特色化发展试点工作，并对试点项目进行阶段总结。完成实验区和实验校的中期评估自查，启动全省中学生“英才计划”试点。高中课程改革深入推进。建成普通高中学生学籍信息化管理系统，并与全国学籍系统实现对接。截至2013年年底，全省高中阶段毛入学率达94.70%，比2012年增长0.5个百分点。

〔**中小学教师队伍建设**〕　以寻找身边“张丽莉”为契机，进一步加强师德建设。制定《关于进一步加强师德建设的若干意见》。深化人事制度改革，强化中小学、幼儿园教师岗位设置管理，启动中小学教师正高级职称评审改革试点工作。推进教师培训制度和培训模式改革创新，全面开展各级各类培训。“国培计划”共培训农村中小学、幼儿园教师6.1万名，“省培计划”共培训中小学教师2.23万人次；省级完成农村骨干教师、送教下乡、紧缺薄弱学科教师培训5 800余人次，完成义务教育阶段学校教师和班主任全员培训工作。启动“全省薄弱学校校长优先发展工程”和全省教育家型小学校长选拔培养工作。深入实施“特岗计划”，全省共招聘“特岗教师”1 025名；实施边远地区、边疆民族地区和革命老区人才支持计划年度教师专项计划。16所高校的1 500余名学生参加了师范生农村顶岗实习支教计划，农村中小学教师补充难问题得到有效缓解。

〔**规范办学行为**〕　加大力度规范中小学办学行为，严格落实学生在校时间、作业量、降低中考难度等要求，切实做好义务教育阶段招生管理等工作。在全省集中开展治理违规有偿补课专项行动，共清理违规出租出借场地6处，取缔无资质办学点（班）285个，限期整改民办学校76所，吊销9所文化补习学校的办学许可证，处理在职教师45名，给予10名学校领导干部党政纪处分，有效治理了“乱办班”“乱补课”行为。

〔**特殊教育**〕　召开特殊教育学校标准化建设现场推进会议，第二批20所特教学校通过标准化验收。继续推进“医教结合”教学模式改革，增加10所“医教结合、综合康复”实验学校，省财政给予每所学校50万元经费用于购置实验设施设备。争取中央投资1.1亿元，用于特教工程二期项目建设。不断加强特教教师培训工作。

职业教育

〔**综述**〕　2013年，全省职业教育紧紧抓住省部共建国家现代农村职业教育改革试验区的战略机遇，以试验区项目实施带动职业教育与成人教育全面发展，以综合改革创新推进职业教育体系建设，以基础能力建设和经费筹措保障事业发展，以提高技术技能人才培养质量为服务经济社会注入活力。

〔**基础能力建设**〕　14所学校获国家职业教育基础能力建设项目支持。扩大国家职业教育基础能力项目覆盖面，在原有的基础上，进一步面向县区级职业学校，重点投向省部共建职业教育试验区试点县。加强综合性、区域性、专业性实训基地建设，最大限度地保证基地建设的质量和水平。

〔**国家现代农村职业教育改革试验区建设**〕　全面推进省部共建国家现代农村职业教育改革试验

区建设项目，首批建设10个试验区试点县、9个重点培育县和7个培育县。“千亿斤粮食产能工程”人才保障和集团化办学等8个职业教育重大项目导向明确，推进有序。

〔**教师队伍建设**〕　完成新一轮职业院校教师素质提高计划，完成国家级专业骨干教师培训近300人、出国进修13人；组织完成1 359名中职学校骨干教师省级培训。全省中职学校“双师型”教师从8%提高到30%；开发20个专业师资培训核心课程教材，专门化的教师培训课程和教材体系基本形成。依托高等学校、职业院校和企业建立4个国家级职教师资培养培训基地、13个省级中职教师培养培训基地、17个省级职教教师企业实践基地，各市（地）也建立了本地职教师资培训基地，形成了以国家级基地为引领、省级基地为主体、企业实践基地为补充的中职教师培养培训体系。依托企业实践基地，开展了80名青年教师企业实践项目专题培训。首次组织建立全省中职教师信息管理系统。完成近200名中职示范校、重点校校长境内外培训。100余名国家级示范校、重点校校长参加了中职校长改革创新战略专题研究班培训。

〔**高等职业教育**〕　确立21个产学研用一体化省级高职培训基地建设项目，覆盖全省优势产业支撑专业，其中4个基地获批国家级基地，专业服务产业能力得到提升。实施涉农人才贯通培养试点项目，选定7所高职院校10个专业与35所中职学校试行中高职衔接贯通培养。6所高职（专科）院校启动了紧缺人才培养招生录取试点工作。佳木斯职业学院列入高职院校单招单考试点，绥化学院开展了残疾人高职教育工作，黑龙江煤炭职业技术学院开展了招收煤炭企业优秀青年试点工作。

〔**职业技能大赛**〕　制定《黑龙江省中等职业学校学生技能大赛获奖选手免试升学办法》，解决了参赛选手升学、参赛难以同时兼顾的问题。选派97名选手参加2013年全国职业院校技能大赛10个专业大类34个赛项的比赛（中职组），获一等奖5项、二等奖10项、三等奖21项。

高等教育

〔**综述**〕　2013年，高等教育内涵式发展实现新突破，高教综合改革不断深化，本科教学质量工程建设取得新成绩，高校科技创新能力显著提高，学科学位与研究生教育工作卓有成效。

〔**学科建设**〕　启动优势特色学科建设项目，确定38个学科为国家级重点培育学科，重点资助建设其中15个省属高校学科。完成省“十二五”重点学科中期评估工作。

〔**高等教育综合改革**〕　对首批高等教育综合改革试点项目进行结题验收。继续实施“卓越人才培养计划”，在全国率先启动了“卓越农业人才培养计划”，首批50个专业入选。6个专业入选教育部第三批“卓越工程师教育培养计划”，在8所高校建设省级对俄经贸人才培养基地，3所高校被列为教育部建设应用科技大学改革试点，启动建立教育行政部门、高等师范院校、中小学校教师教育联盟的新型教师教育人才培养培训体系，举办百余项大学生创新创业训练计划各类比赛。以大学章程建设为重点，不断完善现代大学制度建设。重点推进3所二级学院改革试点工作。

〔**本科教学质量工程**〕　在重点建设40个国家级、310个省级重点专业的基础上，加强22个国家综合改革试点专业建设。获批国家级精品开放课程30门、国家级大学生校外实践教育基地23个，新增8个国家级实验教学示范中心。进一步完善人才培养质量保障体系，完成部分高校的审核评估、合格评估和专业认证工作。高校学籍学历管理工作进一步规范。

〔**研究生教育**〕 推进研究生培养模式和机制改革，启动产学研联合培养研究生改革试点工作，稳步推进黑龙江大学中俄联合研究生学院与俄罗斯新西伯利亚国立大学联合培养研究生改革试点项目；推进研究生教育质量工程，实施“学科带头人和优秀导师海外研修计划”，在全省推行学位论文“学术不端行为检测”和“匿名送审”制度；实施研究生培养创新工程，加强研究生学术交流和省级研究生培养创新基地建设。

〔**科技创新**〕 实施“黑龙江省高等学校创新能力提升计划”，探索建立高校协同创新新机制、新模式，哈尔滨工业大学“宇航科学与技术协同创新中心”入选首批国家级协同创新中心。高校科技创新团队建设计划新增 10 个团队，启动“高校哲学社会科学学术创新团队建设计划”，首批建设 5 个团队。实施高校科技成果转化计划，择优资助 36 个项目进行产业化前期研发培育，建立高校科技成果信息库并筛选 100 个项目重点对企业和社会发布。

〔**高考招生录取改革**〕 按照省委、省政府的部署和要求，启动了高考招生录取改革。完成了考察调研、政策制定、技术保障、宣传培训、高校联络、综合协调等一系列工作。2013 年，高考同时实行了出分报志愿和平行志愿投档录取，优化了考生志愿填报方法和高考投档方式，实现了“零点招”“平安高考”“阳光招生”的目标。

〔**高校毕业生就业**〕 组织实施了“大学生志愿服务西部计划”“选调优秀高校毕业生到基层工作”“农村义务教育阶段学校教师特设岗位计划”“教育部直属师范大学师范生免费教育”“高校毕业生入伍服义务兵役”等项目。加强就业基地和协作体建设，完善毕业生就业市场体系，全年召开系列招聘会 451 场。加强就业创业教育和实践，举办“2013 年黑龙江省大学生创业高峰论坛暨创业项目对接会”等活动。做好特殊群体毕业生就业服务援助工作，建立高校困难毕业生等特殊群体就业数据库，开展“一对一”就业帮扶。2013 届毕业生初次就业率达 80.90%。

撰稿　李笑冰
审稿　廉世民　于子超

上海市教育

概　　况

〔基本情况〕

上海市各级各类学校校数、教职工、专任教师情况

	学校数（所）	教职工数（人）	专任教师数（人）
一、高等教育	83	81 364	43 253
（一）研究生培养机构（不计校数）	59		
1. 普通高校	27		
2. 科研机构	32		
（二）普通高等学校	68	73 361	40 297
1. 本科院校	36	63 830	34 680
其中：独立学院	3	1 018	694
2. 高职（专科）院校	32	9 531	5 617
3. 其他机构（点）（不计校数）			
（三）成人高等学校	15	1 610	854
（四）民办的其他高等教育机构	219	6 393	2 102
二、中等教育	882	90 343	61 036
（一）高中阶段教育	361	43 470	24 987
1. 高中	250	29 764	16 629
普通高中	243	29 725	16 600
完全中学	92	10 619	3 651
高级中学	134	16 000	12 375
十二年一贯制学校	17	3 106	574
成人高中	7	39	29
2. 中等职业教育	111	13 706	8 358
普通中专	62	9 211	5 293

续表

	学校数（所）	教职工数（人）	专任教师数（人）
成人中专	21	474	217
职业高中	28	4 021	2 848
技工学校			
其他机构（教学点）（不计校数）			
（二）初中阶段教育	521	46 873	36 049
1. 初中	519	46 873	36 049
初级中学	355	28 382	22 743
九年一贯制学校	164	18 491	7 643
十二年一贯制学校			765
完全中学			4 898
职业初中			
2. 成人初中	2		
三、初等教育	759	49 732	49 772
（一）普通小学	759	49 732	49 772
小学	759	49 732	41 366
九年一贯制学校			7 531
十二年一贯制学校			875
（二）成人小学			
其中：扫盲班			
四、工读学校	13	521	406
五、特殊教育	29	1 588	1 207
六、学前教育	1 446	51 022	32 921

注：①完全中学的学校数和教职工数计入高中阶段教育，九年一贯制学校的校数和教职工数计入初中阶段教育，十二年一贯制学校的校数和教职工数计入高中阶段教育，专任教师是按照教育层次划分归类；②“（ ）”内数据为不计校数。

上海市各级各类学历教育学生情况

	毕业生数（人）	招生数（人）	在校生数（人）
一、高等教育			
（一）研究生	35 669	46 223	134 799
博士	5 238	7 014	28 840
硕士	30 431	39 209	105 959
（二）普通本专科	133 794	137 160	504 771
本科	84 636	90 189	362 742
专科	49 158	46 971	142 029
（三）成人本专科	53 994	54 447	174 584

续表

	毕业生数（人）	招生数（人）	在校生数（人）
本科	37 571	38 243	125 403
专科	16 423	16 204	49 181
（四）其他各类高等学历教育			
1. 在职人员攻读硕士学位		9 843	37 230
2. 网络本专科生	53 096	50 338	132 038
本科	15 808	14 450	32 516
专科	37 288	35 888	99 522
二、中等教育	196 570	217 735	749 813
（一）高中阶段教育	101 662	97 469	311 400
1. 高中	53 154	53 092	158 102
普通高中	52 675	53 092	156 817
完全中学	12 115	12 794	37 073
高级中学	39 065	38 776	115 359
十二年一贯制学校	1 495	1 522	4 385
成人高中	479		1 285
2. 中等职业教育	48 508	44 377	153 298
普通中专	30 615	27 591	100 403
成人中专	7 755	6 162	20 617
职业高中	10 138	10 624	32 278
技工学校			
（二）初中阶段教育	94 908	120 266	438 413
1. 初中	94 135	120 266	436 696
初级中学	59 722	74 602	272 544
九年一贯制学校	17 603	26 210	90 617
十二年一贯制学校	1 995	2 460	9 149
完全中学	14 770	16 952	64 263
职业初中	45	42	123
2. 成人初中	773		1 717
三、初等教育	134 504	181 037	792 476
（一）普通小学	134 504	181 037	792 476
小学	112 720	150 612	662 349
九年一贯制学校	19 764	27 716	118 996
十二年一贯制学校	2 020	2 709	11 131
（二）成人小学			
其中：扫盲班			

续表

	毕业生数（人）	招生数（人）	在校生数（人）
四、工读学校	621	553	1 462
五、特殊教育	1 549	1 147	8 105
六、学前教育	157 650	166 124	501 030

注：特殊教育学生数中包括普通中小学随班就读的学生。

上海市各级各类非学历教育学生情况

	结业生数（人）	注册学生数（人）
总计	2 793 607	2 584 151
一、高等教育	772 844	785 992
（一）研究生课程进修班	2 988	5 858
（二）自考助学班	4 477	8 811
（三）普通预科生		30
（四）进修及培训	765 379	771 293
其中：资格证书培训	101 021	103 378
岗位证书培训	151 827	125 792
二、中等职业教育	2 020 763	1 798 159
其中：资格证书培训	198 479	211 700
岗位证书培训	390 829	360 953
（一）中等职业学校	107 467	74 159
其中：资格证书培训	32 530	29 271
岗位证书培训	52 031	34 827
（二）职业技术培训机构	1 913 296	1 724 000
其中：资格证书培训	165 949	182 429
岗位证书培训	338 798	326 126

上海市各级各类民办教育基本情况

	学校数（所）	毕业生数（人）	招生数（人）	在校生数（人）	教职工数（人）	专任教师数（人）	其他学生数（人）
一、民办高等教育							
（一）民办高校	21	26 318	28 814	90 989	6 663	3 972	3 872
硕士							
本科学生		7 617	10 461	38 774			
专科学生		18 701	18 353	52 215			
其中：独立学院	3	2 589	3 629	13 656	1 018	694	
本科学生		2 589	3 629	13 656			

续表

	学校数（所）	毕业生数（人）	招生数（人）	在校生数（人）	教职工数（人）	专任教师数（人）	其他学生数（人）
专科学生							
（二）民办其他高等教育机构	219				6 393	2 102	550 545
二、民办中等教育							
（一）高中阶段教育	55	6 029	5 861	16 895	5 198	3 738	
1. 民办普通高中	48	4 972	4 769	13 607	4 987	3 644	
2. 民办中等职业教育	7	1 057	1 092	3 288	211	94	
（二）初中阶段教育	55	14 472	15 912	61 572	4 248	3 164	
1. 民办普通初中	55	14 472	15 912	61 572	4 248	3 164	
2. 民办职业初中							
三、民办普通小学	178	30 018	34 781	167 028	8 913	6 735	
四、民办幼儿园	524	44 531	46 524	147 281	19 551	9 284	
另有：民办培训机构（不计校数）	572				14 271	4 808	841 090

注：①“其他学生数”包括自考助学班学生、预科生、进修及培训学生数；②民办普通高中的教职工数和专任教师数中包含民办普通初中的教职工数和专任教师数；③民办中等职业教育数据中未含技工学校数据；④“（ ）”内数据为不计校数。

〔**教育经费投入与支出**〕（1）2013 年，全市教育部门公共财政预算教育经费投入 555.61 亿元。全市普通小学生均预算内教育事业费支出 19 518.03 元（其中生均预算内公用经费 6 417.43 元），同比增长 5.25%；普通初中生均预算内教育事业费支出 25 445.47 元（其中生均预算内公用经费 8 333.24 元），同比增长 7.04%；普通高中生均预算内教育事业费支出 30 593.83 元（其中生均预算内公用经费 9 154.50 元），同比增长 12.18%；地方高等学校生均预算内教育事业费支出 30 186.34 元（其中生均预算内公用经费 23 857.38 元），同比增长 0.23%。（2）从教育费附加中安排 1.5 亿元，用于对内地西藏班、内地新疆班办学补助；安排 3.5 亿元，用于改善以招收进城务工人员随迁子女为主的民办学校办学条件；安排 1.062 1 亿元，用于实施学前教育园舍建设和改造项目，推进实施“新增 30 所幼儿园”的市政府实事项目；安排 1 亿元，用于高中生创新素养培育实验项目；安排 5.084 亿元，用于中等职业教育实训基地和品牌学校建设；安排 1.77 亿元，用于中等职业教育助学金、奖学金。（3）安排《上海市中长期教育改革和发展规划纲要（2010—2020 年）》提出的“十大工程”项目资金 30 亿元。（4）从 2013 年起，提高上海公办中等职业学校生均公用经费拨款定额标准，按专业大类划分，最低每生每年 2 250 元，最高每生每年 6 700 元。

〔**教育体制机制改革**〕（1）教育综合改革国家试验区建设。教育部与市政府联合召开部市共建国家教育综合改革试验区领导小组 2013 年工作会议，签署《上海市人民政府教育部关于共建上海大学的协议》和《教育部上海市人民政府共建教育国际合作与交流综合改革试验区协议》。市教育体制改革领导小组全年共召开 11 次会议，对“推进本市行业高校管理体制改革”等议题进行专题审议和决策。完成国家教育体制改革试点项目阶段性评估总结工作和 27 个试点项目阶段性评估总结工作，国家教育体制改革领导小组办公室印发的《国家教育体制改革试点进展情况通报》中，对上海市部分教改试点推进过程中的先进举措和经验进行介绍和通报。(2) 稳步推进教育规划编制工作。组织开展“高等教育布局结构及发展规划”“高校学科布局结构及发展规划”“现代职业教育体系及发展规划”的研制，明确改革与发展的方向。(3) 实施行业高校管理体制改革，完成6所行业高校及相关中职学校的隶属关系划转工作。(4) 深化文教结合工作。相关部门共同研究制定了全市文教结合工作的相关政策文件，健全文教结合工作领导体制和工作机制。(5) 上海科技大学建校招生。

〔**教育法制建设与依法行政**〕 (1) 教育法制建设有序开展。开展《上海市未成年人保护条例》立法修正工作，开展《上海市公共场所外文使用管理规定（草案）》《上海市民办教育促进条例》《上海市教育督导条例》等立法调研。完成《〈上海市终身教育促进条例〉释义》的编写出版。做好教育行政法制工作，发布新的《上海市行政规范性文件制定和备案规定》。开展行政许可专项清理，共梳理出涉及市教委的市政府规章5件、市政府及市政府办公厅规范性文件23件、市教委规范性文件156件。筹建上海市高校章程核准委员会，制定并印发上海市中小学校、幼儿园章程参考文本，指导各区县教育局全面推进中小学校、幼儿园“一校一章程”建设。推进教育法学会相关工作，做好《学校教职工代表大会规定》执法检查工作。(2) 教育政策研究工作不断深化。开展现代大学制度建设研究，委托复旦大学等16所高校对现代大学制度建设的若干重点问题进行深入研究，探索建立符合中国特色、上海实际及高等教育办学规律的现代大学制度。开展“上海市教委重大决策听证制度建设”研究，对重大教育决策事项范围、听证职责分工、参加听证人员、听证程序以及听证意见采纳方式等进行研究，力求构建一套完整的教育决策听证制度体系。开展上海教育与自贸区建设的合作研究。对自贸区建设对人才需求的导向以及上海教育与自贸区深入合作研究的方向与机制进行研究。

〔**德育工作**〕 (1) 大中小学德育有效衔接。整体规划大中小学德育课程，出版高校思想政治理论课教学指南，规范教育目标、内容和要求，成立上海市课程德育研究发展中心和相关学科德育研究基地。研究编写《上海高校日常思想政治教育工作指南》《上海市中小学开展课外活动教师行动指南》《上海市中小学课外活动参考手册》。设计开发大中小学德育资源数字化平台，制定《上海市大中小学德育资源平台管理办法》。推进上海市高校思想政治理论课教改试点项目建设，举办上海高校思想政治理论课“超级大课堂”活动，实施马克思主义理论学科研究生人才培养“登峰计划”，开展高校思想政治理论课教学活动月系列活动。(2) 德育师资队伍建设。推进上海高校辅导员工作室建设，举办高校辅导员职业能力大赛，开展高校辅导员工作培育项目，验收、遴选高校辅导员队伍建设特色项目，组织高校辅导员团队拓展活动，实施高校辅导员海外研修计划，评选高校优秀辅导员博客（微博）。启动上海市第二期中小学班主任带头人工作室建设。举行2013年上海市中等职业学校校长德育论坛，研究制定《上海市中职班主任队伍培训工作实施意见》。(3) 学校心理健康教育工作。组织学校心理咨询师验证和活动月特色项目评选，开通学生心理健康教育网站。组织上海市高校心理健康教育与咨询中心达标建设的验收及新一批的申报立项工作，完成首批8个区县中小学心理健康教育中心达标评估。(4) 创新德育工作形式。开展“中国梦”系列主题教育活动，开展“我们与梦想同行”“上海高校大学生年度人物评选”“魅力中职生”等主题教育活动，承办2013年全国中学“时事课堂”展示活动。培育打造“校外教育大课堂”，出台校外教育新三年行动计划。遴选第二批共17个学生社区实践指导站，扩大中小学生职业体验活动至20所中职学校实训中心的49个项目。加强“博雅网”建设，搭建线上联动交互和线下实践体验的桥梁。

〔**民办教育**〕 (1) 实施民办教育“强校工程”。对民办中小学特色校、优质幼儿园创建工作开展中期检查，督促完善创建方案、推进创建工作、规范资金使用和管理。推进非营利民办高校示范校创建工作，制定创建指标和指导意见，首批5所民办高校创建校得到专项资金资助。扶持建设高水平的民办应用技术大学，上海杉达学院被列为教育部应用技术大学试点学校。（2）实施民办高校“强师工程”（开展教师培训，预计每年培训民办高校教师600—800名，每年投入近2 000万元；切实提高民办学校教师待遇，将专职教职工收入与学校学费收入、办学结余挂钩，并设定比例要求，将其作为核定学校政府扶持专项资金的重要依据之一）。全市有920人次的民办高校教师和管理人员参加各类培训。举办上海市第一届民办高校教师教学技能大赛。指导和支持民办高校开展科研工作。提高民办高校教师待遇，规范基本养老保险缴费制度。（3）不断加大民办教育政府扶持专项资金投入力度。市本级财政民办教育专项资金总额为3.025亿元。筹备成立上海民办教育发展基金会。（4）规范民办教育办学行为。开放民办学校办学许可证公众信息查询平台，研究编制《上海市民办高等学校年度检查指标体系（试行）》。加强民办高校督导工作。建立经营性民办培训机构准入审核和注册登记制度，制定《上海市经营性民办培训机构登记暂行办法》和《上海市经营性民办培训机构管理暂行办法》，加强对民办教育培训机构的监管，组织开展对区县民办教育培训机构学杂费专用存款账户制度建设情况的专项督察。

〔**民族教育**〕 提高民族班办学质量。完成教育部关于内地民族班的扩招计划，新增上海市育才中学承办内地新疆高中班办班任务、上海市复旦中学承担内地西藏高中散插班办班任务和上海市珠峰中学承担内地西藏高中班办班任务。投入5 600多万元专项资金，用于改善内地民族班硬件设施，优化民族班办学条件。举办市级教研活动，促进内地民族班教学和思想政治工作水平不断提高。

〔**对口支援与区域合作**〕 推进教育对口支援工作。6所中职学校录取西藏自治区、新疆维吾尔自治区和青海省果洛藏族自治州应届初中毕业生386人，接收两批共计201名新疆少数民族双语骨干教师到上海参加培训。实施“教育部—中国移动中小学校长培训项目”，53名来自湖北、陕西、重庆等省市的校长参加为期15天的“影子校长”研修。支援海南省基础教育工作，两地7所结对学校互派校长、教师共计42人交流学习。上海高校教师赴新疆喀什师范学院示范授课。

开展长三角区域教育合作。探索完善长三角教育联动发展协作机制，推进长三角教育现代化课题研究及区域教育合作机制的国际比较研究。继续推动长三角研究生教育创新计划合作，举办第三期长三角研究生教育管理干部研修班和长三角“光通信—未来的光芒”研究生学术论坛。开展长三角高校大学生游学、专业辅修和图书资源共享等方面的合作，实施第三期长三角中小学名校长联合培训计划。

〔**教育交流与合作**〕 （1）中外合作办学取得新进展。指导和协助上海纽约大学办理民办非企业单位登记工作，落实财政拨款及首届本科生招生方案报批和录取工作。开展高水平中外合作办学，上海理工大学中德学院作为3个优秀老项目整合为一个新机构的范例，通过教育部评估专家评审。上海大学与加拿大温哥华电影学院签署合作备忘录。批准由上海市七宝中学与美国纽约市德怀特学校合作举办上海七宝德怀特高级中学。探索设立中外合作经营性培训机构，发布《中国（上海）自由贸易试验区中外合作经营性培训机构管理暂行办法》，促进经营性培训领域对外开放。（2）加强留学生工作。全面启用上海市外国留学生政府奖学金网上申请平台，规范与提升留学生奖学金管理水平。新增3所高校为市政府奖学金院校，截至2013年年底，市政府奖学金院校达31所。试点建立外国留学生政府奖学金本科全额奖学金制度。组织申报教育部来华留学英语授课品牌课程，立项17门，占全国总数的11%。全面启动留学生教育外语（英语）授课课程建设，77门课程列入建设范围。开展“上海市高校国际课程师资国外研修项目”，派出38名教师赴加拿大和澳大利亚研修。（3）推进外国留学生服务体系建设。4所高校被教育部评为全国首批来华留学示范基地院校。在5所高校试点实施留学生辅导员制度。加大教育对外宣传力度，继续举办“上海暑期学校”，400余名外国留学生在上海接受为期1个月的汉语和中国文化体验课程的学习。在保加利亚、匈牙利举办“2013 中国上海教育展”。完善“留学上海”网站建设。(4) 继续实施高校学生海外学习、实习项目，经申报与评审，共有 550 个项目、4 000 余人获资助。(5) 推进汉语国际教育。在意大利等国新增 4 所孔子学院。截至 2013 年年底，全市有 9 所高校、7 所中小学在 21 个国家共举办孔子学院 39 所、孔子课堂 20 个。

基础教育

〔**完善学前教育公共服务体系**〕 (1) 开展学前教育三年行动计划（2011—2013 年）总结与展示工作，研究制订新一轮学前教育三年行动计划。做好国家教育体制改革试点项目《完善学前教育政府公共职能》实施情况的总结，推进全市学前教育主题宣传活动。(2) 开展《0—3 岁婴幼儿养育与发展指南》的制定工作，推进 0—3 岁婴幼儿早期教养的试点工作。进一步推进学前教育资源库建设。开展全市幼儿园男教师沙龙活动，创设一批有利于男孩身心全面发展的游戏活动。

〔**推进基础教育课程改革**〕 (1) 推进中小学学科育人工作，印发《关于深入推进本市中小学学科育人工作的实施意见》，对全市中小学各学科课程教学落实育人功能提出具体要求。成立 8 个基础教育教学研究基地，为课程建设、教材建设、教学实施和评价等提供智力支持。(2) 开展中小学金融教育试点工作，在 3 个区近 50 多所中小学开展金融教育试点。(3) 建设各类课程资源，举办全市小学校本课程展示活动。加强和改进中小学实验教学，培养学生的动手能力和探究能力。加强中小学创新实验室建设和改造，引导学生开展探究性实验研究。加强中小学质量教育、档案教育、环保教育等社会实践基地的建设。(4) 推动教育评价观念的转变，推进小学一、二年级基于课程标准的教学与评价工作。开展中小学生学业质量自主命题测试试点工作。完成 2013 年国家语文学习质量监测。基本建成上海市基础教育质量基础数据库系统。

〔**推进城乡基础教育一体化建设**〕 (1) 完成基础教育校园校舍建设任务。完成 21 所义务教育学校的建设任务，完成新增 30 所幼儿园和 300 所郊区初中配备、更新实验设施设备实事项目。(2) 推进郊区农村义务教育学校委托管理工作。组织完成第三轮郊区农村义务教育学校委托管理绩效评估工作。启动第四轮郊区农村义务教育学校委托管理工作，50 所郊区农村义务教育学校接受托管。(3) 推进“新优质学校”建设项目。编印《上海市新优质学校建设指导手册》，推进义务教育学校“轻负担、高质量、有特色”发展。(4) 做好随迁子女教育工作。与市人力资源和社会保障局等部门共同制定《关于来沪人员随迁子女就读本市各级各类学校的实施意见》，做好以招收来沪人员随迁子女为主的民办小学规范管理工作。

〔**特色高中教育多样发展**〕 (1) 出台《上海市推进特色普通高中建设实施方案》，以课程建设为抓手，探索特色办学，将学校建设成为特色领域的课程建设高地和教师研训基地，实现高中特色课程资源的辐射共享。(2) 印发《关于开展普通高中国际课程试点工作的通知》，通过普通高中探索引进和融合国外先进课程资源的方法，完善普通高中课程体系。完成普通高中开设国际课程情况登记，对普通高中国际课程试点申请立项开展审核。(3) 印发《上海市教育委员会关于完善上海市普通高中学业水平考试制度的通知》，强化高中学业水平考试在高校自主招生中的应用，推进高校招生制度改革。

〔**人事制度改革**〕 (1) 开展教师资格制度改

革试点工作。中小学幼儿园教师资格考试改革试点进展顺利，组织两批教师资格“国考”，共笔试21 354人。中小学教师定期注册制度试点取得初步成效，确定普陀区为教师定期注册制度试点区，试点内容包括注册对象、注册程序、首次注册要求、首次注册与见习教师规范化培训衔接、组织保障等。深入推进见习教师规范化培训制度，建立见习教师规范化培训与教育硕士专业学位的衔接制度，全年共有1 215名见习教师报考2014年教育硕士。（2）深化中小学校长职级制度改革。开展特级校长评审认定工作，59名校长被评为特级校长。首次统一选派9名中心城区新晋特级校长进行区域柔性流动，引导城郊区县教育局签署特级校长区域柔性流动协议书。启动中小学校长分层分类培训方案研制工作。（3）做好教师职务评聘工作。完成中小学正高级教师任职资格评审工作，全市评出首批11位中小学正高级教师。制定深化中小学教师职务制度改革试点文件。

〔**特殊教育**〕　开展残疾儿童医教结合入学诊断、健康体检和综合评估。开展特殊教育信息通报系统运用现状与需求调研，完善系统功能。开展特殊教育资源库开发和特殊教育优秀自制教学具（玩具）评选活动。研究制订新一轮特殊教育三年行动计划。

职业教育与成人教育

〔**深化职业教育改革**〕　（1）扩大中高职教育贯通培养模式试点。新增生物制药技术、数控技术、数字媒体技术、市政工程技术等20个试点专业，试点范围首次扩大到民办高职院校。对第三批8所学校的6个中高职教育贯通培养模式试点专业开展跟踪评估。研究制定关于中高职教育贯通培养模式试点阶段学生学籍管理的操作口径，规范中高职教育贯通培养模式试点阶段学生学籍管理。（2）推进基于学分制的中高职教育衔接试点工作。推动上海医药高等专科学校、上海交通大学医学院附属卫生学校和上海市医药学校在药学专业，上海交通职业技术学院和上海市交通学校等6所学校在物流管理专业开展基于学分制的中高职教育衔接培养试点。（3）推进高等职业教育与应用本科教育的衔接和沟通。设计职业教育专本贯通人才培养方案，打通技能型人才成长发展的渠道，以课程衔接和考试制度改革为突破口，探索现代职业教育体系建设。（4）开展“双证融通”专业改革试点论证。组织对27门“双证融通”课程考核方案的论证，强化对学生职业素养、基本功和综合能力的评价，推动职业资格证书与学历证书的有效对接。（5）完成上海市首批国家中职教育改革发展示范校立项学校检查验收工作，搭建全市国家中职教育改革发展示范校交流平台，推进第二、三批国家中职教育改革发展示范校建设工作。（6）完成上海市中职教育改革发展特色示范校创建立项工作，24所改革发展特色示范校立项。

〔**提升课程与教学质量**〕　（1）建立各类专业教学标准。研制完成新一批24个职业学校专业教学标准。完成第二、三批职业教育国际水平专业教学标准的开发，启动第一批开发的6个标准的试点实施工作。（2）开展中职学校精品课程和精品特色专业建设。完成第二批中职学校精品课程评审专家初评，对申报课程进行修改和完善。开展上海市中职学校第一批精品特色专业认定评估工作。（3）开展教学质量常态评估。对26所中职学校全面开展教学质量常态评估。（4）推进公共实训资源优化工作。完成12家开放实训中心的绩效评估及新建开放实训中心的立项评审。遴选认定10家企业为首批上海市中职教师企业实践基地。

〔**推进高职院校建设**〕 （1）推进4所完成验收的国家示范性高职院校向专业特色鲜明、校企深度融合、具备国际影响的高等职业院校发展。完成上海医疗器械高等专科学校的国家骨干高职院校建设项目验收。启动上海出版印刷高等专科学校国家级骨干校项目建设，启动10所特色高职院校建设。（2）深化高职院校内涵建设。举办第三届“上海市高职高专院校重点专业建设教学设计比武”。启用上海市高职高专院校工程专项资金管理平台。完成“高等职业学校提升专业服务产业发展能力项目”验收。开展上海市高职高专院校重点专业建设中期评估。（3）完成上海市高职高专院校人才培养工作第二轮评估。制订上海164个高职重点建设专业负责人培训方案并开展培训。完成3个国家级专业教学资源库项目建设。启动市级高职院校专业教学资源库建设，推进10所市级特色高职院校50余个专业资源库建设。

〔**建立终身学习服务平台**〕 （1）推进开放大学建设。首批29所分校完成更名，启动开放大学分校系统改革与发展项目。（2）启动第二批学分银行高校网点建设，基本覆盖全市继续教育高校。开展学分银行文化休闲教育课程认证工作和重点推进区试点工作项目。（3）完善上海学习网个性化学习门户，探索建立多通道学习模式。开展课程管理机制研究，完成“课程超市”顶层设计。（4）开展“上海市民终身学习实践（体验）基地”建设项目。首批启动8个体验基地，延伸建设42个体验站点，推出95个体验项目，全年参与体验活动及受益人数达37 560余人次。推进外来务工人员文化素养提升计划。（5）在普陀、徐汇、长宁等8个中心城区20个街镇社区学校开展社区学校标准化建设试点；在闵行、嘉定等10个郊区县开展成人学校内涵建设试点工作。

〔**提升老年教育质量**〕 （1）推进老年学校标准化建设。完成市政府“扶持70所老年学校开展标准化建设”实事项目，建设休闲活动室、多功能厅、老年教育图书室等场所241个，建筑面积增至21 681平方米。完成882个居（村）委会标准化学习点建设。（2）继续推进养教结合试点。全市参与养教结合的养老机构114个，参与养教结合的老年人满意率达96%。（3）依托上海老年大学组建上海老年大学教育联盟。支持上海老年大学改建工程，推进上海老年大学黄浦分校建设，推进各分校标准化建设。（4）老年教育“教研中心、学习团队指导中心、行业企业指导中心、信息中心”等揭牌。全市老年教育支持服务体系11个指导中心全部投入运作。

高等教育

〔**推进高等教育内涵发展**〕 （1）推进上海地方本科院校“十二五”内涵建设工作。开展上海地方本科院校“十二五”内涵建设规划修改和“十二五”内涵建设绩效评价指标体系研制，制定《上海地方本科院校“十二五”内涵建设中期绩效评价指标体系》。（2）开展21所上海地方本科院校中期绩效评价工作。开展中央财政支持地方高校发展专项资金2013—2015年建设规划编制和建设项目申报，教育部同意支持23所上海地方高校23个建设规划、6个建设方案、137个建设项目（含9个特色重点学科建设项目）。（3）全面推进上海“高等学校创新能力提升计划”。推进并形成市级层面的协同架构，构建新的产学研合作机制。与市科学技术委员会形成《关于深化本市科教协同创新工作方案》、与市经济信息化委员会形成《关于建立深化产学研合作和促进经济信息化发展全面合作机制的框架协议》、与上海市张江高新技术产业开发区管理委员会形成《关于建立产学研战略合作机制的框架协议》，共建上海高校张江协同创新研究院。（4）推进一流学科建设计划。共有34个学科列入上海高校一流学科（A类）建设范围，其中国家一级重点学科17个。启动实施“上海高等学校创新能力提升计划竞争性引导项目”建设，12所高校27个项目列入计划。70个重点学科均通过市教育委员会重点学科（第五期）建设终期验收。（5）深化知识服务平台建设。确定复旦大学“长三角集成电路设计与制造协同创新中心”等8个平台为第三批上海高校知识服务平台；确定华东师范大学“周边合作与发展协同创新中心”等18个智库为首批上海高校智库；确定上海大学等9所高校技术转移中心列入上海高校技术转移中心（第一批）试点建设计划。

〔**提高本科教育教学质量**〕　（1）组织开展课程建设。完成2010年示范性全英语课程验收，完成2013年示范性全英语课程评选，立项41门。实施市教育委员会重点课程建设，立项268门。评选市级精品课程97门。完成向教育部推荐精品视频公开课6门、精品资源共享课108门。（2）实施专业建设与评估。制定上海本科专业管理实施细则，完成本科专业目录整理，组织做好市属高校年度本科新设专业申报工作。推进本科专业综合改革试点，推进实施卓越工程师教育、卓越医学教育、卓越法学教育和卓越新闻传播人才教育等人才培养计划。开展本科专业评估，对5所高校8个机械类专业开展选优评估试点，对新专业和列入预警名单的200多个专业组织专业达标评估。（3）优化完善上海高校学位授权体系。完成对24所高校39个本科专业申请增列学士学位授予专业的审核。做好上海开放大学申请增列为学士学位授予单位的相关工作。（4）推动各项教学改革。举办大学英语教师培训；改革计算机等级考试组织方式；组建松江大学园区教师发展联盟和上海市卓越医学教育教师发展中心联盟；建设上海高校课程资源共享中心，探索中国式“慕课”（在线课程开发模式）。

〔**实施研究生教育综合改革**〕　（1）推进专业学位研究生教育综合改革试验。推进临床医学硕士专业学位教育与住院医师规范化培训结合改革试验，首届研究生（住院医师）毕业。全年录取488名临床医学硕士（住院医师）专业学位研究生，完成招生计划的97.6%。推进教育硕士研究生教育与中小学见习教师规范化培训结合改革试验、艺术硕士研究生教育与乐队演奏人才培养结合改革试验。（2）实施研究生教育创新计划。开展学位点引导布局与建设培育、地方高校研究生培养机制改革试点、大文科研究生学术新人培育计划、学位点建设与人才培养模式探索和交叉学科研究生拔尖创新人才培养平台等项目建设。设立上海市研究生创新创业能力培养专项。

〔**加强师资队伍建设**〕　（1）完成2012年度“长江学者”申报工作，完成2013年国家和上海“千人计划”申报工作，完成2013年“国家特支计划”百千万工程领军人才和“百千万人才工程”国家级人选推荐工作，完成2013年上海领军人才申报工作和第五批上海领军人才中期考核，完成2013年度上海高校特聘教授（东方学者）评审工作，确定73人入选2013年度上海高校特聘教授（东方学者）岗位计划。做好上海高校高级专家延长退休年龄和提高退休费比例审批工作。（2）完成高校教师专业发展工程的评审、经费下拨工作，474名教师入选“上海高校中青年教师国外访学进修计划”，237名教师入选“上海高校青年骨干教师国内访问学者计划”，619名教师入选“上海高校教师产学研践习计划”。启动“上海高校实验技术队伍建设计划”，首批21所高校入选实验技术队伍建设计划。（3）启动首次高校新教师岗前培训工作，对市属本科高校新教师实施为期3个月的脱产岗前培训。实施“上海高校青年教师培养资助计划”。探索青年教师人才储备制度，启动实施上海高校师资博士后工作。（4）启动骨干教师教学激励计划试点。进一步明确教授、副教授、讲师、助教等教师在本科教学中应承担的职责，严格教师教学行为规范，促进教学质量和人才培养质量全面提高。

〔**招生就业**〕　（1）完善专科层次依法自主招

生改革。探索高等职业教育招生录取新办法，加强技能测试，选用高中学业水平考试成绩，推广学校联合命题，充分放权实行自主招生。（2）改革普通高中学业水平考试制度。推动高校在自主招生过程中，把高中学业水平考试相关科目成绩和附加题成绩作为学校自主招生初试的依据。（3）健全招生考试工作机制。委托上海商学院、上海大学、上海音乐学院、上海戏剧学院、上海体育学院分别建设美术类、编导类、音乐类、表演类、体育类等专业招生考试基地，保证艺体类考试的公正与公平。（4）规范高考报名审核程序，规范高校招生录取程序，严格做好录取公示工作，提高招考工作透明度。（5）加强学生就业服务与指导。截至2013年9月，全市高校毕业生就业率为95.8％，其中研究生就业率95.3％、本科生就业率95.4％、专科生就业率97.0％，与2012年同期基本持平。为开展大学生社区服务计划的试点区输送150名毕业生。配合实施“大学生村官计划”“高校毕业生三支一扶计划”“大学生志愿服务西部计划”等项目，招募659人。组织动员大学生报名应征入伍，1 700余人入伍。全市及高校举办的各类创业、培训活动800余场，10万人次参加，600多名毕业生创业。（6）做好非上海生源普通高校应届毕业生落户工作。为西藏籍高校毕业生提供上海国企、事业单位共200个工作岗位。启动“生涯工作室”和校外实践基地建设，提供就业信息，推进高校毕业生就业工作创新基地建设。

撰稿　王　磊　徐钦福　蒋侯玲　郭天和
　　　刘　捷
审稿　苏　明　袁　雯

江苏省教育

概　　况

〔基本情况〕

江苏省各级各类学校校数、教职工、专任教师情况

	学校数（所）	教职工数（人）	专任教师数（人）
一、高等教育	165	167 571	109 046
（一）研究生培养机构（不计校数）	47		
1. 普通高校	32		
2. 科研机构	15		
（二）普通高等学校	156	166 223	108 272
1. 本科院校	74	110 067	67 587
其中：独立学院	25	12 933	10 203
2. 高职（专科）院校	82	55 191	39 928
3. 其他机构（点）（不计校数）	16	965	757
（三）成人高等学校	9	1 348	774
（四）民办的其他高等教育机构			
二、中等教育	3 538	418 442	332 800
（一）高中阶段教育	1 068	204 501	155 386
1. 高中	673	132 158	98 017
普通高中	578	130 896	97 293
完全中学	157	35 107	19 562
高级中学	383	86 075	75 171
十二年一贯制学校	38	9 714	2 560
成人高中	95	1 262	724
2. 中等职业教育	395	72 343	57 369
普通中专	170	36 637	30 017

续表

	学校数（所）	教职工数（人）	专任教师数（人）
成人中专	34	2 633	1 464
职业高中	65	12 752	10 825
技工学校	126	17 816	13 205
其他机构（教学点）（不计校数）	68	2 505	1 858
（二）初中阶段教育	2 470	213 941	177 414
1. 初中	2 073	213 435	176 986
初级中学	1 702	164 664	142 349
九年一贯制学校	371	48 771	21 231
十二年一贯制学校			2 398
完全中学			11 008
职业初中			
2. 成人初中	397	506	428
三、初等教育	4 020	254 395	258 173
（一）普通小学	4 020	254 395	258 173
小学	4 020	254 395	234 767
九年一贯制学校			21 076
十二年一贯制学校			2 330
（二）成人小学			
其中：扫盲班			
四、工读学校			
五、特殊教育	107	3 901	3 170
六、学前教育	4 722	175 634	106 840

注：①完全中学的学校数和教职工数计入高中阶段教育，九年一贯制学校的校数和教职工数计入初中阶段教育，十二年一贯制学校的校数和教职工数计入高中阶段教育，专任教师是按照教育层次划分归类；②“（ ）”内数据为不计校数。

江苏省各级各类学历教育学生情况

	毕业生数（人）	招生数（人）	在校生数（人）
一、高等教育			
（一）研究生	40 287	47 985	145 947
博士	3 989	5 670	25 091
硕士	36 298	42 315	120 856
（二）普通本专科	473 843	439 506	1 684 455
本科	236 363	244 501	1 000 820
专科	237 480	195 005	683 635
（三）成人本专科	150 467	168 363	397 921

续表

	毕业生数（人）	招生数（人）	在校生数（人）
本科	68 609	83 577	208 000
专科	81 858	84 786	189 921
（四）其他各类高等学历教育			
1. 在职人员攻读硕士学位		12 617	44 759
2. 网络本专科生	16 991	26 863	53 721
本科	8 662	14 839	31 093
专科	8 329	12 024	22 628
二、中等教育	1 511 793	1 318 681	4 035 798
（一）高中阶段教育	823 620	700 084	2 168 796
1. 高中	433 869	341 417	1 114 510
普通高中	425 924	341 417	1 109 899
完全中学	94 022	75 230	242 689
高级中学	317 388	253 590	827 565
十二年一贯制学校	14 514	12 597	39 645
成人高中	7 945		4 611
2. 中等职业教育	389 751	358 667	1 054 286
普通中专	210 476	184 013	565 935
成人中专	26 951	25 731	77 182
职业高中	68 719	49 309	150 599
技工学校	83 605	99 614	260 570
（二）初中阶段教育	688 173	618 597	1 867 002
1. 初中	675 206	618 597	1 857 469
初级中学	527 613	483 316	1 456 825
九年一贯制学校	76 846	74 878	219 946
十二年一贯制学校	14 514	12 268	37 646
完全中学	56 233	48 135	143 052
职业初中			
2. 成人初中	12 967		9 533
三、初等教育	639 404	851 334	4 353 694
（一）普通小学	639 404	851 334	4 353 694
小学	582 659	774 484	3 970 783
九年一贯制学校	51 642	69 761	347 708
十二年一贯制学校	5 103	7 089	35 203
（二）成人小学			
其中：扫盲班			

续表

	毕业生数（人）	招生数（人）	在校生数（人）
四、工读学校			
五、特殊教育	3 394	3 491	23 055
六、学前教育	789 435	842 565	2 318 102

注：特殊教育学生数中包括普通中小学随班就读的学生。

江苏省各级各类非学历教育学生情况

	结业生数（人）	注册学生数（人）
总计	8 437 698	6 678 404
一、高等教育	530 611	336 169
（一）研究生课程进修班	2 354	3 097
（二）自考助学班	11 487	26 233
（三）普通预科生		78
（四）进修及培训	516 770	306 761
其中：资格证书培训	230 991	163 295
岗位证书培训	118 402	76 929
二、中等职业教育	7 907 087	6 342 235
其中：资格证书培训	1 381 775	1 049 664
岗位证书培训	2 051 811	1 633 910
（一）中等职业学校	539 167	365 668
其中：资格证书培训	215 768	127 092
岗位证书培训	207 786	155 896
（二）职业技术培训机构	7 367 920	5 976 567
其中：资格证书培训	1 166 007	922 572
岗位证书培训	1 844 025	1 478 014

江苏省各级各类民办教育基本情况

	学校数（所）	毕业生数（人）	招生数（人）	在校生数（人）	教职工数（人）	专任教师数（人）	其他学生数（人）
一、民办高等教育							
（一）民办高校	51	113 137	97 067	398 632	22 294	16 252	3 934
硕士							
本科学生		85 032	66 770	311 595			
专科学生		28 105	30 297	87 037			
其中：独立学院	25	55 596	50 319	215 979	12 933	10 203	2 747
本科学生		55 596	50 319	215 979			

续表

	学校数（所）	毕业生数（人）	招生数（人）	在校生数（人）	教职工数（人）	专任教师数（人）	其他学生数（人）
专科学生							
（二）民办其他高等教育机构							
二、民办中等教育							
（一）高中阶段教育	124	74 597	58 504	187 520	22 879	17 776	
1. 民办普通高中	101	59 673	47 909	158 731	21 083	16 489	
2. 民办中等职业教育	23	14 924	10 595	28 789	1 796	1 287	1 712
（二）初中阶段教育	158	93 089	87 373	264 581	19 421	15 565	
1. 民办普通初中	158	93 089	87 373	264 581	19 421	15 565	
2. 民办职业初中							
三、民办普通小学	84	29 830	33 529	180 979	4 670	3 856	
四、民办幼儿园	1 646	189 188	211 298	583 335	60 106	33 640	
另有：民办培训机构（不计校数）	1 501				19 191	12 688	925 139

注：①“其他学生数”包括自考助学班学生、预科生、进修及培训学生数；②民办普通高中的教职工数和专任教师数中包含民办普通初中的教职工数和专任教师数；③民办中等职业教育数据中未含技工学校数据；④“（　）”内数据为不计校数。

〔**教育投入与支出**〕　2013年，全省教育经费总收入2 166.78亿元，其中地方教育经费总收入1 986.28亿元，位居全国第二，比2012年增长8.41%。教育经费总支出2 132.33亿元，其中地方教育经费总支出1 966.56亿元，比2012年增长9.47%。在总支出中，人员经费支出1 058.45亿元，比2012年增长8.06%，人员经费支出占总支出的53.82%，比2012年减少0.7个百分点；公用经费支出904.12亿元，比2012年增长11.44%，公用经费支出占总支出的45.97%，比2012年增加0.81个百分点；基本建设支出3.98亿元，比2012年下降29.56%，基本建设支出占总支出的0.20%。全省各级各类学校校舍面积1.67亿平方米，年末固定资产总额达2 911.33亿元，其中房屋建筑物2 089.17亿元、专用设备410.95亿元。

〔**教育惠民措施**〕　教育优先发展的公共财政投入机制进一步健全，公办幼儿园、公办普通高中生均公用经费财政拨款标准出台实施，义务教育和高等教育生均财政拨款标准稳步提高，实现所有学段教育经费保障机制和生均财政拨款标准全覆盖。全面实现中职免费教育，全省特殊教育学校学前班全面实施学前三年免费教育。全省累计发放奖助学金26.3亿元，奖助211万人。全省外来务工人员随迁子女义务教育入学率达99%，其中在公办学校就读比例达87%。各地坚持义务教育阶段公办学校免试就近入学，全面推行四星级普通高中70%以上招生指标均衡分配到辖区内所有初中的政策，部分地区基本消除择校现象。全国1 471所高校在江苏省录取普通本、专科新生38.6万人，高考录取率达85.8%。截至2013年年底，全省高校毕业生总就业率达96.5%。

〔**教育改革开放**〕　中高职、本专科贯通的技术技能型人才培养改革试点全面展开。江苏开放大学正式招生，全省62所市、县（市、区）开放大学核准建设。高考录取取消5%预留计划选择性招生，执行教育部规定的1%预留计划政策。着手研制江苏省2013年普通高校招生考试方案。新增15所公办高职院校实行注册入学。自学考试综合改革取得进展。高等教育资源配置和区域布局结构进一步优化，一批高校升格、改制、筹建、更名或迁址办学。高校章程审核工作启动实施。教育交流与合作进一步加强，昆山杜克大学正式设立，全省新增中外合作办学项目 28 个，总数达 279 个，占全国 14.3%。1 848 人获国家和省资助公派留学。首批选派 319 名大学生赴国外知名大学学习。10 所高职院校启动招收外国留学生工作。全年在省内学校学习的外国学生达 1.87 万人，同比增长 8%。新增 4 所孔子学院和 12 所孔子课堂。

〔**师资队伍建设**〕 全省高校新增中国科学院院士和中国工程院院士 4 人、“长江学者”19 人、国家杰出青年科学基金获得者 12 人，新聘“江苏特聘”教授 50 人，新增其他省部级高层次人才 915 人、科技创新团队 52 个。10 名辅导员入选“2012 年江苏高校辅导员年度人物”。省级培训教师和校长 12 万人次，全省招收免费男幼师生 578 名（免费在培男幼师生达 1 717 名）。举办基础教育青年教师和师范生教学基本功大赛。大力宣传张丽莉式优秀教师先进事迹，涌现出泰州实验学校教师杨向明、常州市武进区漕桥初级中学退休教师孙国华等新的优秀教师典型。启动中职学校正高级讲师评审试点工作。全省认定各级各类学校教师资格 3.6 万人。全省高校引进海内外高层次人才 1 915 名。

〔**民办非学历教育机构管理**〕 对 40 所省管民办非学历教育机构 2012 年度工作开展情况进行抽查，责成 4 所非学历教育机构进行整改。为 78 所非学历教育机构换发了办学许可证，为 40 所非学历教育机构办理了注册资金等有关事项变更。对全省 2 599 所非学历教育机构信息进行汇总和核实，并在“江苏学习在线”网站集中公布。

基 础 教 育

〔**公办幼儿园机构编制管理制度**〕 配合省编制委员会办公室、省财政厅发布《江苏省公办幼儿园机构编制标准（试行）》，对公办幼儿园保育教育规模、班级规模做出了明确规定，同时规定公办幼儿园事业编制按师生比 1∶16 核定，主要用于配备管理人员和骨干教师。核增 5%的调节编制，用于农村地区、寄宿制以及有特殊需要的公办幼儿园。同时，明确了政府应对民办幼儿园和公办幼儿园聘用的教师给予补助的政策。

〔**学前教育办学条件**〕 按照省政府民生十件实事要求，全省计划新建 412 所、扩建 257 所、改建 131 所幼儿园，全年共开工新建、改扩建农村幼儿园 930 所，超额完成建设目标，建设资金投入达 70 多亿元。

〔**省级优质幼儿园评估**〕 组织省级幼儿园评估工作，对新申报的 433 所幼儿园进行材料评审，对 379 所幼儿园进行现场考察，对 442 所幼儿园的整改情况进行审核，认定 370 所幼儿园为省级优质幼儿园，全省省级优质幼儿园累计达 2 869 所。修订省级优质幼儿园评估标准，起草省级优质幼儿园复审评估办法。

〔**学前教育改革发展示范区评估**〕 完成首批 20 个县（市、区）学前教育改革发展示范区评估工作，省政府办公厅印发《关于命名无锡市滨湖区等 20 个县（市、区）为江苏省学前教育改革发展示范区的通知》。推进第二批学前教育改革发展示范区创建，完成 26 个县区的学前教育改革发展示范区材料评审工作，对其中 11 个县区进行了现场评估。

〔**小学特色文化建设工程**〕 会同省财政厅联

合发布《关于推进小学特色文化建设工程的意见》，实施小学特色文化工程，共遴选2013年小学特色文化建设项目33个、培育项目5个。

〔**薄弱初中质量提升工程**〕 组织第二批薄弱初中课程建设项目评审工作，共遴选2013年薄弱初中课程建设项目66个、培育项目6个。对2012年50个薄弱初中建设项目开展专项检查和视导，着力提升以农村薄弱初中为重点的学校教育质量和办学水平，缩小区域、城乡、学校之间的差距。

〔**普通高中经费保障机制建设**〕 制定公办普通高中生均公用经费财政拨款标准。从2013年春季学期起，各地公办普通高中年生均公用经费财政拨款标准不低于500元，并推动建立了与办学成本、物价水平、财力情况联动的稳定增长机制。

〔**普通高中课程基地建设**〕 组织第三批普通高中课程基地建设项目评审工作，遴选2013年普通高中课程基地建设项目48个、培育项目6个。对2012年50个高中建设项目开展专项调研视导，不断提高建设水平，切实发挥好课程基地在深化课程和教学改革中的作用。

〔**星级高中评估工作**〕 结合普通高中多样特色发展的新要求，适时调整评估细则。全年申报晋评学校25所，对19所学校开展现场考察，复评学校35所。

〔**中小学德育**〕 根据教育部党组统一部署，在全省中小学开展“我的中国梦”主题教育活动和“我的梦·中国梦”青少年书信文化活动，评选优秀作品200件参加国家级评选。组织中小学生参加“科普宣传周”活动。承办长三角地区中小学班主任基本功大赛，来自江苏、上海、浙江和安徽等省市的60名优秀中小学班主任参加了比赛。表彰普通高中省级三好学生和优秀学生干部，授予1 152名学生“江苏省三好学生”称号、266名学生“江苏省优秀学生干部”称号。

〔**基础教育质量和管理**〕 研制《江苏省义务教育学籍管理规定》《江苏省学前教育学籍管理规定》《江苏省普通高中学籍管理规定》《江苏省中小学电子学籍管理操作办法》《江苏省学前教育信息系统操作管理办法》。完成全国学前教育信息管理系统数据采集工作、全国中小学学籍管理系统数据采集和上报工作。组织省、市两级义务教育阶段学生学业质量测试结果的分析与反馈活动，全省10个县（市、区）的8 342名学生参加全国数学和科学两个科目的测试，达标及优秀水平均高于全国均值。

〔**校外教育、专题教育和专项管理**〕 组织未成年人校外活动保障和能力提升项目评审，共实施51个校外活动场所能力提升项目，省财政下达补助资金8 280万元。举办全省青少年校外活动场所语言表演、科技、书法、声乐教师培训班等4期校外活动场所专业教师培训班，培训校外骨干教师320余人，省财政下达校外活动保障补助经费5 089万元。配合有关部门组织实施第28届全国青少年科技创新大赛，制定并下发《关于加强青少年科技创新工作的意见》和《关于加强青少年科技辅导员队伍建设的意见》。

〔**民族教育**〕 督促各地积极落实内地民族班的各项办班政策。推动有关方面签订协议，进一步规范与青海省海南藏族自治州联合办班工作。协助新疆维吾尔自治区教育厅完成对全省新疆内地高中班办班学校开展党的十八大精神宣讲工作，组织新疆内地高中班家庭贫困学生的家长代表到江苏省办班学校参观考察。与省民族宗教事务委员会共同开展民族教育专题调研，推动内地民族班、民族学校的发展。

〔**特殊教育**〕 启动特殊教育发展工程，与省财政厅联合下发《关于组织实施特殊教育发展工程的通知》，确定39所学校为首批特殊教育发展工程资助建设对象。

职业教育与成人教育

〔**现代职业教育体系建设**〕 2013年，省教育厅印发《关于继续做好江苏省现代职业教育体系建设试点工作的通知》，进一步扩大现代职业教育体系建设试点范围和招生规模，29所本科院校、43所高职院校和83所中职学校开设了215个试点项目，合计招生1万多人。2013年，安排普通高校对口单独招生计划2.5万人，其中公办职业院校招生计划2.4万人、本科招生计划0.57万人；实际录取25 489人，其中本科招生5 777人，录取率85.4%，比2012年提高8.5%。扩大中职学校毕业生注册入学高职院校规模，招生8 900人，比2012年增加102.2%。

〔**高水平现代化职业学校建设计划**〕 根据省教育厅、省财政厅联合印发的《关于做好江苏省高水平现代化职业学校建设工作的通知》（苏教职〔2012〕35号），组织开展高水平现代化职业学校申报工作，立项建设107所职业学校为省级高水平现代化职业学校、6所学校列为省级高水平现代化职业学校培育学校。

〔**专业结构调整**〕 联合省发展和改革委、省经济和信息化工作委员会、省财政厅开展第二轮职业学校专业结构与产业结构吻合度情况调研，鼓励职业学校建设品牌专业和特色专业。认定110个中职教育品牌特色专业和32个五年制高职教育品牌特色专业。

〔**领军人才培养工程**〕 组织第三届职业教育领军人才高级研修班学员遴选和培养工作，确定了70位领军人才高级研修班学员（其中校长班30人、教师班40人）。

〔**首批国家中职教育改革发展示范校验收**〕 11月，教育部、财政部、人力资源和社会保障部对全省17所首批立项的国家中职改革发展示范校进行了抽查验收，镇江高等职业技术学校和无锡机电高等职业技术学校接受了国家级检查验收，其他学校向专家组集中汇报了项目建设的整体情况。全省三批国家示范中职学校全部一次性通过国家评审、立项；首批立项建设学校全部一次性通过国家终期验收。

〔**高水平示范性实训基地建设**〕 重点推进21个中央财政支持的职业教育实训基地建设，建设44个省级高水平示范性实训基地建设。对2011年至2012年度立项建设的187个国家级、省级实训基地进行了视导，其中156个基地建设合格、31个基地需整改。

〔**首次评出职业教育教学成果奖**〕 省政府办公厅发布《江苏省教学成果奖励办法》，在全国率先将教学成果奖评奖范围从高等教育扩大到基础教育、职业教育。共评出职业教育教学成果奖150项，其中特等奖10项、一等奖38项、二等奖102项。

〔**成立江苏开放大学**〕 1月28日，江苏广播电视大学更名为江苏开放大学。4月22日，江苏开放大学建设领导小组办公室印发《关于建设市、县（市、区）开放大学的指导意见》，要求全省在各地广播电视大学的基础上设立市、县（市、区）开放大学，与江苏开放大学共同形成全省开放大学办学系统。8月28日，江苏开放大学正式招生。12月9日，省政府办公厅印发《关于同意部分市县开放大学建设方案的通知》，同意南京市等12个市、江阴市等50个县（市、区）开放大学建设方案。12月9日，省教育厅印发《江苏省终身教育学分银行管理办法（试行）》，就学分银行的组织架构、账户注册、学分管理、学分应用等做出明确规定。

〔**示范高职院校建设**〕　教育部、财政部公布“国家示范性高等职业院校建设计划”骨干高职院校建设项目2013年验收结果，江苏农牧科技职业学院、南通航运职业技术学院均以“优秀”等级通过验收。

〔**职业院校技能大赛**〕　组团参加2013年全国职业院校技能大赛，获122个一等奖（其中中职组80个、高职组42个），中职组、高职组再获一等奖总数第一的好成绩。

〔**职业院校信息化教学大赛**〕　7月21—22日，2013年全省职业学校信息化教学大赛举行。全省共193件作品参加比赛，评选出一等奖23名、二等奖32名、三等奖53名。10月19—21日，2013年“凤凰创壹杯”全国职业院校信息化教学大赛在南京高等职业技术学校举办，江苏省代表团中职组共获9个一等奖、2个二等奖、2个三等奖，名列全国第一。

〔**农民教育培训工作**〕　一是继续实施农村人才工程和现代农民教育培训工程。组织全省约500所社区教育机构开展农村劳动力转移培训，全年培训农村劳动力近31.2万人次；积极开展农村实用技术培训，全年培训158.5万人次；积极参与组织农民创业培训，全年共开展农民创业培训5.3万人次。二是切实加强高水平农科教结合富民示范基地建设。11月底，联合省农业委员会对2012年13个试点建设基地和2013年15个新申报基地进行了现场考核验收。

〔**社区教育**〕　2013年，新增全国社区教育示范区2个、全国社区教育实验区6个，总数均位居全国前列。新增标准化社区学院5所、标准化社区教育中心70个、标准化居民学校802所。各级社区教育机构举办新型职业农民培训、创业培训、农村劳动力转移培训、社区讲堂、文化休闲娱乐和主题教育等活动，全省参加社区教育培训活动的居民约300万人次。

〔**全民终身学习活动周系列活动**〕　11月8日，在连云港市举办江苏省暨连云港市2013年全民终身学习活动周总开幕式，并依托新华网江苏频道在全国首次实现网络图文直播。全省13个省辖市、56个县（市、区）、400多个乡镇（街道）开展了形式多样、内容丰富的终身学习系列活动，参与人数达60余万人次。首批筹建的各市、县（区）开放大学在学习活动周期间举办各类市民讲座、录制视频，并通过“江苏学习在线”进行展播。

高等教育

〔**学科建设**〕　组织开展“十二五”江苏省重点学科中期检查。在188个参评学科中，等级为“优秀”的学科有14个（其中部属高校8个、省属高校6个），等级为“良好”的学科有172个（其中部属高校50个、省属高校122个），等级为“合格”的学科有2个（均为省属高校），没有“不合格”的学科。

〔**专业建设**〕　制定印发《江苏省普通高等学校本科专业设置管理实施细则》，对专业设置的基本要求、设置和调整程序、监督检查与评估等方面做出了一系列管理规范。2013年，全省高校新增147个本科专业点。根据教育部要求，完成高职高专拟招生专业备案工作。完成教育部、财政部“高等职业学校提升专业服务产业发展能力项目”省级验收，共有57所高职院校的106个专业通过验收，9个项目因建设不力暂缓通过。

〔**本科人才培养模式改革试点**〕　组织开展江苏省卓越工程师（软件类）教育培养计划首轮检查，全省34所高校的119个卓越工程师（软件类）教育培养计划专业均通过了本轮检查，其中26个专业检查结果为优秀。启动江苏省卓越工程师（机械动力类）教育培养计划。推动高校人才培养工作更好地适应高端装备制造产业发展的战略需求，与省经济和信息化委员会、省机械工业联合会筹备成立江苏省机械动力类卓越工程师教育培养联盟，组建江苏省机械动力类卓越工程师教育培养计划专家委员会。推进南京仙林大学城本科高校教学联盟工作，联合开展大学生科研创新训练成果展示活动，继续面向长三角地区实施省际学生交流计划，推进联盟校之间的教师交流，部署联合举办暑期学校和开放暑期课程。继续推进软件人才培养工作，指导有关高校开展与印度NIIT（印度国家信息学院）的第二轮合作。国家综合改革试点学院苏州大学纳米科学技术学院人才培养改革深度推进，在教育部国家试点学院座谈会上做经验交流。淮海工学院东港学院全面实行学分制改革试点取得初步成效，试点项目通过了省级验收。

〔**研究生培养工作**〕　实施2013年度“江苏省研究生创新工程”项目，共产生研究生科研创新资助项目1 997项、教育教学改革研究与实践项目210项、研究生创新与学术交流中心特色活动项目11个、省优秀博士学位论文100篇、省优秀硕士学位论文200篇。推进江苏省企业研发机构建设。3月，省教育厅、省科技厅联合印发《关于进一步加强江苏省企业研究生工作站建设与管理的意见》，将企业研究生工作站纳入江苏省企业研发机构进行建设，新增企业研究生工作站594家。9月，教育部在宜兴“南京农业大学—新天地有机肥料责任有限公司”研究生工作站召开了全国专业学位研究生培养模式改革现场推进会。落实“长三角研究生教育创新计划合作协议”。与浙江、上海、安徽等省市协作，共举办8个相互开放的“长三角研究生论坛”和“第三期长三角研究生教育管理干部研修班”。

〔**学位管理**〕　加强博士、硕士授权单位建设，制定相应的配套支持政策，加大投入和监督检查力度。7月，南通大学、徐州医学院获批博士学位授予单位，南京审计学院、淮海工学院获批硕士学位授予单位。继续加强对高校设置学士学位授权专业的管理。6月，省学位委员会组织开展了学士学位授权专业的审核工作，根据会议评审和实地评审，苏州大学等51所高校的110个专业被增列为学士学位授权专业。

〔**教学质量保障体系建设**〕　355人入选2013—2017年全国高等教育教学指导委员会委员（简称教指委），其中主任委员13人、副主任委员60人、秘书长13人、普通委员269人，355名委员分布在98个教指委，覆盖率达90%；主任委员与副主任委员分布在61个教指委，覆盖率达56%。全省教指委委员总数、主任委员数均居全国第二。初步完成普通高等学校本科教学审核评估《评估规划》《实施办法》《评估指标体系》等。编制发布2011年、2012年江苏省普通高校本科教学质量报告和2012年、2013年江苏省高等职业教育人才培养质量报告。组织完成对10所高职院校人才培养评估工作。承担教育部下一轮高职院校评估方案的研制工作。研制《江苏省普通高等学校毕业设计（论文）工作管理暂行规定》，推进毕业设计（论文）管理工作的制度化、规范化、信息化、科学化，分别完成本科和专科的评优与抽检指标体系的修订工作。组织开展2012年、2013年普通高校大学生毕业设计（论文）评优与抽检工作，评选出2012年单篇和团队优秀毕业设计（论文）共745篇、抽检50所普通高校和25所独立学院共750篇毕业设计（论文）。

〔**教学改革研究**〕　印发《江苏省高等教育教学改革研究课题实施方案》和《2013年江苏省高等教育教改研究课题立项指南》。立项建设2013年江苏省高等教育教学改革研究课题535项，组织遴选汇编江苏省高等教育教学改革研究课题优秀研究成果。

〔**优质教学资源建设**〕　15门课程入选教师教育国家级精品资源共享课，112门课程（本科77门、高职35门）入选第二批国家级精品资源共享课，145门课程（本科102门、高职43门）入选第三批国家级精品资源共享课，总入选数量达272门，居全国高校第二。立项建设276部江苏省高等学校重点教材。对全省高等学校数字图书馆三期工程项目进行验收。遴选江苏省优秀多媒体教学一类课件100项、二类课件200项。优秀多媒体教学课件通过江苏高等教育优质教学资源服务共享网络平台，面向全省高校开放。

〔**高校科技创新**〕　2013年，全省高校拥有科技人力资源65 116人，其中科学家和工程师64 120人；通过各种渠道争取科技经费133.95亿元，比2012年增长10.57%。其中科研事业费5.53亿元、主管部门专项费20.84亿元、国家发展和改革委、科技部专项费11.54亿元、国家自然科学基金13.98亿元、国务院其他部门专项费7.25亿元、省级专项费9.08亿元、企事业单位委托经费57.53亿元。全省高校共拥有上级主管部门批准的科技活动机构643个（其中R&D即研究发展机构557个），比2012年增长17.55%；从各种渠道争取到科技项目37 596项，比2012年增长12.26%。其中"973"计划536项、国家科技支撑计划243项、"863"计划279项、科技部重大专项231项、国家自然科学基金项目6 320项、省部级科技项目10 263项、企事业单位委托项目16 804项。全省高校共申请专利23 473项（其中发明专利13 982项、实用新型专利7 061项、外观设计专利2 430项），比2012年增长14.76%；授权14 022项（其中发明专利4 956项、实用新型专利5 850项、外观设计专利3 216项），比2012年增长9.56%，其中发明专利申请量和授权量分别比2012年增加26.05%和10.97%。全省高校共有138个国家级项目通过验收、547项科技成果通过鉴定。实现技术转让1 703项（其中专利出售429项），合同金额5.85亿元，全年实际收入3.83亿元。

全省高校出版科技著作275部、大专院校教科书833部、编著173部。发表学术论文79 321篇，其中SCIE收录论文16 414篇、EI收录论文13 479篇、ISTP收录论文2 408篇。全年出席国际学术会议12 001人次，提交论文10 645篇，特邀报告2 174篇。全省高校获2013年度国家科学技术奖31项，其中主持完成16项，占全国高校主持完成获奖总数的13%，数量位居全国高校第二。16项主持完成的获奖项目中，国家自然科学奖3项、国家技术发明奖7项、国家科技进步奖6项，分别占全国高校获奖总数的8%、19%和14%。全省高校获2013年度高校科学研究优秀成果奖（科学技术）60项，占全国高校获奖总数的19%，名列全国高校第二。获奖成果中一等奖21项，占全国高校一等奖总数的18%。60项获奖成果中，自然科学奖23项（一等奖7项）、技术发明奖13项（一等奖5项）、科技进步奖24项（一等奖9项），分别占同类奖项总数的19%、22%和19%。主持完成的科研成果共53项，占60项获奖总数的88%。全省高校获2013年度江苏省科学技术奖一等奖和二等奖共55项，占全省高校获奖总数的70.5%，比2012年度增长5个百分点。17项成果获一等奖（主持完成15项），占江苏省一等奖总数的85%（主持占比75%）。全省高校共有3名教授获2013年度何梁何利奖，其中中国人民解放军理工大学教授钱七虎获科学与技术进步奖，江南大学教授陈坚、南京工业大学教授邢卫红获科学与技术创新奖。82名（省属高校12名）中青年学术骨干入选教育部2013年度"新世纪优秀人才支持计划"，入选数量位居全国第二。9个创新团队入选教育部2013年度"创新团队发展计划"，入选数量位居全国第二。

〔**协同创新计划**〕　启动实施江苏高校协同创新计划，公布首批立项建设的29个协同创新中心、11个培育建设的协同创新中心名单。积极组织申报国家高等学校创新能力提升计划，南京大学、苏州大学、南京工业大学牵头的3个协同创新中心分别入选国家首批认定的14个协同创新中心，占全国首批协同创新中心总数的21%，全省高校入选数量位居全国省市第二。鼓励高校科技人员创新创业，省教育厅会同省科技厅、南京市委、市政府与部分在宁高校，共同研究制定《深化南京国家科技体制综合改革试点城市建设，打造中国人才与创业创新名城的若干政策》实施细则，吸引了一大批高校科技人员投身创业创新。

〔**实验教学示范中心和实训基地建设**〕 2013年，申报首批11个国家级虚拟仿真实验教学中心，占全国总数的11%；新获批5个国家级实验教学示范中心，全省国家级实验教学示范中心总数达52个；新获批29个国家级大学生校外实践教育基地，全省高校先后建成国家级大学生校外实践教育基地60个。遴选72个省级实验教学与实践教育中心，继续推动江苏省实验教学与实践教育中心联席会各学科组的建立，构建省级实验教学与实践教育中心共享平台，为全省实验教学示范中心的资源共享服务。新获批中央财政支持的高职实训基地建设项目17个，全省国家级高职教育实训基地总数达98个。新启动省级高职实训基地建设项目16个，总数达153个。

〔**高校知识产权创造运用**〕 全省高校有3项专利获第十五届中国专利优秀奖，5所高校的7个项目入选第八届江苏省专利项目奖。教育部发布了2013年度高校获发明专利授权量情况统计，江苏省8所高校发明专利授权量进入全国高校前50名，共获发明专利授权2 564项。

〔**大学生创新创业训练计划实施体系建设**〕 在全省立项资助省级大学生创新创业训练计划4 844项的基础上，从36所省属高校择优遴选1 131项，推荐申报国家级大学生创新创业训练计划立项项目，其中创新训练计划项目1 097项、创业训练计划项目34项（含创业训练项目19项、创业实践项目15项），参与学生达19 927人。搭建省级大学生实践创新训练计划平台，集项目申报、过程管理、成果展示和交流共享为一体。

〔**各类大学生学科竞赛**〕 组织开展2013年第十三届“挑战杯”全国大学生课外学术科技作品竞赛、第二届“中国软件杯”大学生软件设计大赛、第九届全国周培源大学生力学竞赛“基础力学实验”团体赛、全国大学生电子设计竞赛、全国大学生数学建模竞赛、第三届全国大学生工程训练综合能力竞赛、第五届全国大学生广告艺术大赛等全国竞赛江苏赛区的竞赛。江苏赛区高校参赛规模位居全国前列，多项竞赛成绩名列全国第一，多次获赛区组织奖。组织全省高职院校技能大赛，共有92所高职院校（含江苏联合职业技术学院分院）、439个代表队、1 235名选手参加比赛。组织参加2013年全国职业院校技能大赛（高职组），实现一等奖总数“五连冠”。

〔**成人高等教育规范管理工作**〕 开展第三批江苏省成人高等教育特色专业建设点验收工作，验收结果为：优秀11个、良好37个、合格6个、不合格2个。组织2013年成人高等教育新增专业（办学形式）申报与评审工作，新增110个专业（办学形式）。开展2012年高等学校成人教育校外教学点年审工作，在1 014个校外教学点中，年审合格的教学点有960个，占94.7%；撤销46个教学点，占4.5%；暂停8个教学点，占0.8%。布置开展2013年江苏省成人高等教育精品资源共享课程遴选建设工作。

撰稿 王金山 马征里
审稿 杨树兵

浙江省教育

概　　况

〔基本情况〕

浙江省各级各类学校校数、教职工、专任教师情况

	学校数（所）	教职工数（人）	专任教师数（人）
一、高等教育	111	89 000	57 866
（一）研究生培养机构（不计校数）	23		
1. 普通高校	19		
2. 科研机构	4		
（二）普通高等学校	102	85 381	56 000
1. 本科院校	56	61 806	40 199
其中：独立学院	22	10 989	8 552
2. 高职（专科）院校	46	23 159	15 621
3. 其他机构（点）（不计校数）	4	416	180
（三）成人高等学校	9	1 673	1 072
（四）民办的其他高等教育机构	22	1 946	794
二、中等教育	3 020	279 234	223 341
（一）高中阶段教育	1 239	137 824	105 155
1. 高中	836	90 027	66 056
普通高中	569	88 587	64 983
完全中学	84	11 852	4 775
高级中学	448	66 215	57 833
十二年一贯制学校	37	10 520	2 375
成人高中	267	1 440	1 073
2. 中等职业教育	403	47 797	39 099
普通中专	48	6 993	5 796

续表

	学校数（所）	教职工数（人）	专任教师数（人）
成人中专	37	1 670	1 049
职业高中	252	29 228	25 155
技工学校	66	8 877	6 321
其他机构（教学点）（不计校数）	36	1 029	778
（二）初中阶段教育	1 781	141 410	118 186
1. 初中	1 727	141 069	117 879
初级中学	1 296	107 244	97 687
九年一贯制学校	431	33 825	12 931
十二年一贯制学校			2 115
完全中学			5 146
职业初中			
2. 成人初中	54	341	307
三、初等教育	3 610	176 977	183 915
（一）普通小学	3 400	176 164	183 479
小学	3 400	176 164	165 263
九年一贯制学校			15 879
十二年一贯制学校			2 337
（二）成人小学	210	813	436
其中：扫盲班	193	782	417
四、工读学校	2	106	63
五、特殊教育	82	2 331	2 038
六、学前教育	9 209	190 186	110 251

注：①完全中学的学校数和教职工数计入高中阶段教育，九年一贯制学校的校数和教职工数计入初中阶段教育，十二年一贯制学校的校数和教职工数计入高中阶段教育，专任教师是按照教育层次划分归类；②“（ ）”内数据为不计校数。

浙江省各级各类学历教育学生情况

	毕业生数（人）	招生数（人）	在校生数（人）
一、高等教育			
（一）研究生	15 592	19 535	57 801
博士	1 661	2 346	10 038
硕士	13 931	17 189	47 763
（二）普通本专科	244 860	268 946	959 629
本科	128 186	147 532	587 410
专科	116 674	121 414	372 219
（三）成人本专科	101 082	124 118	276 578

续表

	毕业生数（人）	招生数（人）	在校生数（人）
本科	34 614	36 646	85 289
专科	66 468	87 472	191 289
（四）其他各类高等学历教育			
1. 在职人员攻读硕士学位		3 715	15 686
2. 网络本专科生	15 965	18 743	49 549
本科	12 821	13 516	37 789
专科	3 144	5 227	11 760
二、中等教育	1 112 748	1 006 455	3 135 286
（一）高中阶段教育	569 461	494 054	1 581 225
1. 高中	334 916	265 198	884 115
普通高中	296 105	265 198	839 755
完全中学	22 506	20 139	64 884
高级中学	262 334	233 235	739 882
十二年一贯制学校	11 265	11 824	34 989
成人高中	38 811		44 360
2. 中等职业教育	234 545	228 856	697 110
普通中专	36 987	32 204	100 002
成人中专	13 931	13 112	30 877
职业高中	156 354	146 189	447 644
技工学校	27 273	37 351	118 587
（二）初中阶段教育	543 287	512 401	1 554 061
1. 初中	485 774	512 401	1 482 649
初级中学	408 491	420 641	1 226 112
九年一贯制学校	44 873	56 061	154 827
十二年一贯制学校	8 797	10 215	28 723
完全中学	23 613	25 484	72 987
职业初中			
2. 成人初中	57 513		71 412
三、初等教育	550 497	607 545	3 533 739
（一）普通小学	540 378	607 545	3 495 846
小学	488 276	537 814	3 130 552
九年一贯制学校	47 076	63 078	329 739
十二年一贯制学校	5 026	6 653	35 555
（二）成人小学	10 119		37 893
其中：扫盲班	9 949		37 682

续表

	毕业生数（人）	招生数（人）	在校生数（人）
四、工读学校	67	218	291
五、特殊教育	1 777	2 812	16 327
六、学前教育	606 969	564 073	1 868 754

注：特殊教育学生数中包括普通中小学随班就读的学生。

浙江省各级各类非学历教育学生情况

	结业生数（人）	注册学生数（人）
总计	4 202 177	3 740 476
一、高等教育	785 950	508 930
（一）研究生课程进修班	1 894	4 052
（二）自考助学班	9 012	31 012
（三）普通预科生		88
（四）进修及培训	775 044	473 778
其中：资格证书培训	192 817	147 333
岗位证书培训	202 763	81 850
二、中等职业教育	3 416 227	3 231 546
其中：资格证书培训	881 461	835 729
岗位证书培训	1 038 834	917 107
（一）中等职业学校	376 348	262 537
其中：资格证书培训	174 899	127 381
岗位证书培训	125 327	91 369
（二）职业技术培训机构	3 039 879	2 969 009
其中：资格证书培训	706 562	708 348
岗位证书培训	913 507	825 738

浙江省各级各类民办教育基本情况

	学校数（所）	毕业生数（人）	招生数（人）	在校生数（人）	教职工数（人）	专任教师数（人）	其他学生数（人）
一、民办高等教育							
（一）民办高校	35	71 260	79 860	292 499	18 523	13 797	27 284
硕士							
本科学生		48 086	56 795	222 225			
专科学生		23 174	23 065	70 274			
其中：独立学院	22	40 595	43 318	173 798	10 989	8 552	352
本科学生		40 001	43 054	173 018			

续表

	学校数（所）	毕业生数（人）	招生数（人）	在校生数（人）	教职工数（人）	专任教师数（人）	其他学生数（人）
专科学生		594	264	780			
（二）民办其他高等教育机构	22				1 946	794	32 380
二、民办中等教育							
（一）高中阶段教育	255	90 640	83 509	257 866	29 271	20 980	
1. 民办普通高中	167	60 752	58 166	180 599	24 575	17 722	
2. 民办中等职业教育	88	29 888	25 343	77 267	4 696	3 258	29 550
（二）初中阶段教育	218	57 692	71 832	198 674	17 622	13 554	
1. 民办普通初中	218	57 692	71 832	198 674	17 622	13 554	
2. 民办职业初中							
三、民办普通小学	215	52 439	85 444	419 400	11 001	8 674	
四、民办幼儿园	7 053	379 693	333 698	1 182 035	118 792	66 971	
另有：民办培训机构（不计校数）	1 271				10 163	6 724	492 103

注：①“其他学生数”包括自考助学班学生、预科生、进修及培训学生数；②民办普通高中的教职工数和专任教师数中包含民办普通初中的教职工数和专任教师数；③民办中等职业教育数据中未含技工学校数据；④“（ ）”内数据为不计校数。

〔承诺为民办十件实事〕 2013年年初，省教育厅承诺为民重点办好十方面实事：全面免除符合条件的中职学校在校学生学费；通过多种方式，努力实现全省中小学、幼儿园“三防”（人防、物防、技防）配备全覆盖、中小学心理咨询室全覆盖和中小学卫生室基本覆盖；建成乡镇中心幼儿园100所，保证全省85%以上的适龄儿童进入等级幼儿园学习；资助建成16个特殊教育学校项目，建设200个特殊教育资源教室；扶持建成50个外来务工人员子女学校，为全省外来务工人员子女民办学校配备1 500套班级多媒体，使义务教育阶段民办中小学校多媒体班套比达1.5∶1；为全省义务教育阶段农村中小学配备100个计算机教室，配备建设100个标准化网络中心，实现60%的中小学网络联结千兆到校、百兆到班和宽带接入教师办公室；更新配备20万套标准化可调节课桌椅；为全省义务教育阶段中小学校建设或更新3 000个实验室和专用教室；完成对全省国家教育考试系统及监控系统、标准化考点考场的全面设施升级改造；完成省级培训中小学名师名校长400名、骨干校（园）长与学科带头人3 000人、特殊学校校长及教师500人、骨干培训者300人、中等职业学校教师2 000人，资助150名高校优秀中青年骨干教师公派出国研修；开工建设杭州祥符桥省高校人才公共租赁房项目，完成杭州下沙青年教师宿舍项目建设并交付使用。截至2013年年底，上述承诺均得到兑现。

〔行政审批制度改革〕 按照深化行政审批制度改革的要求，着力简化省教育厅原有20项行政许可和其他审批项目，取消2项，调整为其他行政管理行为1项，委托下放3项，合并2项。按照“能取消的尽量取消，能下放的尽量下放”的原则，全面梳理行政权力事项，原有62项权力事项中，保留32项、委托9项、下放6项、划转职能4项和取消11项，削减率达48.3%。同时，对省教育厅32项法定权力事项、32项行政管理服务事项进行梳理，列出各项权力清单，并在省教育厅门户网站公布了工作流程。

〔**教育公共服务平台建设**〕 截至2013年年底，浙江省教育公共服务平台（测试版）基本建成，实现基础教育资源网、职业教育资源网和高中选修课学习平台等多个业务系统的统一用户认证和单点登录。为加快推进教育管理信息化建设，按照教育部的统一部署，基本建成全省教育基础数据库，实现教师、学生和教育机构数据信息的集中存储、一站式管理与个性化服务，为信息统计与科学决策提供依据；开发建成全省中小学电子学籍管理系统，有效破解了进城务工人员随迁子女入学、规范招生、学生择校、实施爱心营养餐工程等管理难点，为教育公平提供了信息化管理途径。

〔**推进义务教育学校教师校长交流工作**〕 在总结嘉善县国家教育体制改革试点工作经验和广泛征求意见的基础上，省教育厅会同省编制办公室、省人力资源和社会保障厅、省财政厅联合印发《关于推进县（市、区）域内义务教育学校教师校长交流工作的指导意见》（简称《指导意见》）。在实现均衡、增进激励、有序流动、统筹兼顾的原则指导下，规定在同一公办学校连续任职10年的校长（副校长）和任教12年的教师，均要调到另一所学校，并随迁人事关系。《指导意见》还提出了交流方式、保障机制和暂不纳入交流的对象和范围。8月，召开全省推进义务教育学校教师校长交流工作视频会议，对推进交流工作进行了全面动员和布置；举办交流工作新闻通气会，进行政策解读。经各地推荐，全年确定23个义务教育教师校长交流工作试点县（市、区）。

〔**加强长三角地区教育交流与协作**〕 4月，第五届长三角地区教育协作会议在杭州市召开。教育部副部长杜玉波、副省长郑继伟及苏浙沪皖三省一市教育厅（教委）主要负责人参加会议。会议围绕“深化教育改革，提升教育水平，办人民满意教育”的主题，就深化长三角地区教育协作与交流展开探讨，并签署了2013—2015年长三角中小学名校长联合培训协议、长三角地区教育国际合作与交流协作框架协议、成立长三角教育协作发展研究中心协议、长三角地区高校教师培训合作协议、建立长三角地区应用型本科高校联盟协议、长三角高水平地方高校合作框架协议等6份省际合作协议；23所长三角地区高校签署了7份校际协议、长三角地区教育局签署了2份地方教育局协议。本次会议首次采用主会场、分会场的形式，并通过网络向1 200所长三角地区网络结对学校直播会议情况。

〔**实施随迁子女就地高考政策**〕 2013年，省教育厅编印了外来务工人员随迁子女就地报考手册，并免费发放20余万份。高考录取期间，对随迁子女与本地考生采取相同政策。2013年，全省随迁子女报考人数共984人，占全国12个省市同类考生的22.4%，录取率达65%。高考招生结束后，对随迁子女就地升学情况（包括参加高考和中考）进行调研，“满意度”分别达96%和84%。

〔**深化民办教育综合改革**〕 11月，出台《浙江省人民政府关于促进民办教育健康发展的意见》（简称《意见》），建立有利于促进民办学校稳定协调、可持续发展的管理体制和运行机制。《意见》规定，出资人将土地、房屋、设备等过户到学校名下并用于教育教学，可免征营业税等税费；非营利性学校在办学有结余的前提下，经一定程序可按规定比例计提，用于奖励出资人；在省、市、县三级建立民办教育专项资金，列入同级财政预算，以政府购买教育服务、安排生均教育经费、保障教师待遇和专业发展经费、补助学校教学科研经费等形式对民办学校进行公共财政扶持。《意见》就终止办学后财产所有权的归属、提高教师社保待遇、保障学生权益、设立风险基金、调整收费办法、规范土地使用权、建立产权流转制度、建立民办教育投融资体制等做了具体规定。省财政厅出台《支持市县民办教育发展专项资金管理办法》，建立经营性非学历教育培训教育机构联合检查制度，调整民办非学历高等教育机构管理体制，将省教育厅审批、省民政厅登记的35家民办非学历高等教育机构下放至各设区市教育局管理。

〔**数字化教育资源建设**〕 2013年，为配合高中新课程改革，新增选修课网络课程316门（总数达429门）；启动全省高校微课资源征集工作，推出全省首届高校微课评选大赛获奖作品200余件；丰富浙江教育资源网内容，上线发布4 500个多媒体教案及1 200节教学观摩视频课例，供全省师生免费使用；完成首批14所职业教育数字化资源建设基地学校创建工作；配合“教学点数字教育资源全覆盖”项目，遴选全省优质数字化教学资源50 G，以硬盘形式推送到欠发达地区的农村学校；开通浙江教育网络电视台（实验版），及时报道各地教育新闻。

〔开展党的群众路线教育实践活动〕　认真开展党的群众路线教育实践活动，坚持省委教育工委、省教育厅领导联系教育局和高校制度，建立省委教育工委、省教育厅领导联系直属单位制度和重点联系人制度，成立省委教育工委、省教育厅督导组；组织“五大专题”学习、“三思三观”专题学习讨论、作风建设专题党课、“最美教师”先进事迹报告会等。省委教育工委、省教育厅层面召开征求意见座谈会31次，组织开展“千名干部进校园、万名教师访家庭”走亲连心活动，征集意见、建议800余条。经过认真分析，梳理出“四风”突出问题17个，提出7大方面整改项目24个，向社会公开承诺8项。开展“六项集中行动”：一是要集中整治文山会海，切实改进文风会风；二是进一步严明政治纪律、规范公务行为；三是整治门难进、脸难看、事难办以及消极应对、不作为、乱作为等现象；四是规范领导干部工作和生活待遇；五是深化“三公”经费管理，厉行勤俭节约，坚决制止铺张浪费行为；六是围绕提振干部精气神，对软、懒、散的领导班子进行整顿，对不适宜担任现职的干部进行调整，成立“正风肃纪”工作小组，组织开展多次明察暗访。指导省教育厅各处室、直属单位和各高校开展好党的群众路线教育实践活动。

〔平安校园建设〕　2013年，全省在校学生非正常死亡人数比2012年下降29%；没有发生影响校园安全稳定的重大事件，校园安全形势总体良好。在校园安全工作推进过程中，提出校园安全管理工作四个转变，即由单点击破向系统推进转变，由以我为主向为我所用转变，由被动式管理向主动式服务转变，由静态的、粗放式的管理向动态的、精细化的管理转变；着力构建校园安全的“四个标准化”，即校园安全硬件建设标准化、校园安全教育标准化、校园安全制度建设标准化、校园安全工作检查标准化；健全省、市、县、校“四级”校园安全管理网络，层层签订安全工作目标责任书，努力做到校园安全管理工作“全程监管、全员参与”；会同省委建设平安浙江领导小组办公室、省社会治安综合治理办公室和省公安厅制定下发《关于开展等级平安校园建设工作的意见》，启动新一轮平安校园建设工作，重点关注新成立的学校及民办民工子弟学校的校园安全；组织全省教育系统集中开展为期3个月的安全生产大检查，深入排查整改消防安全、交通安全、食品安全及卫生防疫、自然灾害防范、危险化学品安全、校园治安和集体活动安全等方面的安全隐患。此外，在学生交通安全保障工程、实验室安全管理、防溺水工作、学生安全意识和自救能力教育方面也做了大量工作。

基础教育

〔推进《学前教育三年行动计划》〕　2013年，全省新开工建设乡镇中心幼儿园100所，竣工面积32.2万平方米，完成投资9.2亿元；修订《幼儿园等级标准》和《幼儿园等级评定办法》，新增等级幼儿园843所，全省入读三级以上幼儿园的幼儿比例达87.11%；师资队伍、保育教育质量全面提升，完成《学前教育三年行动计划》提出的各项目标。积极开展学前教育宣传活动，征集优秀经验，在省教育厅网站开设专栏，开展网络巡展；组织开展学前教育宣传月活动，动员各地发动高校学前教育专家、学前教育教研员和各优质幼儿园，通过多种形式向社会宣传《3—6岁儿童学习发展指南》（简称《指南》）；深化幼儿园课程改革，开展分级培训活动，培训活动覆盖全省各级教育部门学前教育行政干部、教研员和幼儿园教师；分级设立试点区和试点园，为全省各级各类幼儿园全面贯彻实施《指南》积累经验。

〔**义务教育高水平均衡发展**〕 省政府印发《关于深入推进义务教育高水平均衡发展的实施意见》，对此省教育厅采取了系列措施：召开全省推进城乡义务教育均衡发展现场会，实地观摩和推广衢州市柯城区城乡学校“一校两区”共同体建设模式，推动各地实现区域内学校间的相对均衡发展；规范“小升初”行为，规定“小升初”招生不考试。同时加强指导检查，及时对相关学校“小升初”过程中违规招生情况进行通报并责令整改；继续推行中小学“阳光招生”，使全省79个县（市、区）实行“零择校”，其余11个县（市、区）择校率降到5%以下；推动各地将50%以上的优质高中招生名额合理分配到区域内初中；配合国家义务教育基本均衡县（市、区）的创建和评估验收工作，落实省教育厅与各市政府签署的义务教育均衡发展备忘录要求，坚持进度服从质量，指导督促各县（市、区）对照创建标准查找不足，并明确整改的时间表和路线图，以评促建。

〔**33个县区通过国家义务教育均衡发展督导检查**〕 6月，国家教育督导检查组分11路对全省33个县（市、区）义务教育均衡发展情况进行了连片检查。采取随机抽样的方式检查了200多所义务教育学校，核查了大量文件资料，召开了143场座谈会，发放了1.7万余份问卷，广泛听取公众对省政府推进义务教育均衡发展的意见。6月28日，召开反馈会，通报督导检查意见，建议这33个县（市、区）通过全国义务教育发展基本均衡县（市、区）督导检查，报请教育部审定后，由国务院督导委员会认定。

〔**首批省级普通高中特色示范学校评估**〕 2013年，全面启动省级普通高中特色示范学校评估。4—5月，组织专家组分片对99所申报一级和107所申报二级的普通高中进行现场考察，重点了解学校的课程改革情况，特别是课程建设规划、校长教师对课程改革的认识、走班选课、学生的满意度等情况。10—11月，对48所普通高中进行省一级评估、对79所普通高中进行省二级评估，还对部分申报学校进行规范办学暗访。本次评估将16项指标细化为55个条目，并开发专用评估系统，统一以网络在线方式进行评议定级。

〔**创新中小学教师培训制度**〕 在广泛征求意见的基础上，制定配套文件，通过适当控制教师培训机构申报培训项目数额和办班规模、修订培训项目申报表内涵、加强专家评审把关、强化过程管理和学评教及教评学等措施，严格调控培训质量；确保教师的培训选择权，不断提高教师的实际参训率；与省财政厅联合下发《浙江省中小学（幼儿园）教师教育专项资金管理办法》，明确提出了专项资金的管理原则、因素法分配、下达渠道、使用范围、管理方法、绩效考评及追踪问效等要求。2013年，共开发教师培训项目11 262个，109.9万人次参与教师培训管理平台自主选课，完成教师自主选课培训2 086.6万学时。此外，还完成了指令性培训348.0万学时、校本培训566.6万学时，全年人均培训77学时以上。

〔**首次开展中小学正高级教师职称评审**〕 根据人力资源和社会保障部、教育部《对浙江省深化中小学教师职称制度改革试点实施方案的批复》，在宁波市、嘉兴市、衢州市进行了教师职称制度改革试点工作，制定了《浙江省中小学教师职称改革试点正高级教师评审办法》，明确了评审原则、评审范围、评审组织和程序，科学分配推荐名额，严格评审程序和环节。统一组织论文、论著代表作品进行匿名鉴定，统一组织说课、答辩和同行专家评议。在此基础上，评审产生了首批30名中小学正高级教师，其中高中教师15名、初中教师6名、中职教师3名、小学教师4名、幼儿园教师1名和特殊教育学校教师1名。

〔**中小学教育质量监测**〕 为推动教育质量综合评价改革，建构促进基础教育发展的教育质量监测实施体系，成立了浙江省中小学教育质量监测中心，形成《浙江省中小学教育质量综合评价实施方案》，从学生学习状况、综合素质和成长环境等三方面进行教育质量综合评价。与北京师范大学合作，开展了全省首轮中小学教育质量综合评价监测工作。本次测评对象为四年级和九年级学生，按全省测评年级学生总数的5%左右抽样，其中样本小学842所、样本初中504所，小学生25 112人、初中生29 967人。

〔**PISA测试**〕 根据PISA（国际学生评估项目）有关安排，全省59所学校、1 800余名15岁学生参加PISA试点测试。测试结果为学生数学、阅读、科学素养成绩在参加测试的65个国家（地区、经济体）和参加试点测试的国内10个省市中排名均居第二位。

职业教育与成人教育

〔**专业结构调整**〕 进一步优化专业结构，提高专业与产业的契合度，增强中职为地方经济社会发展特别是产业转型升级服务的能力。认真落实专业核查制度，未发生一起违规新设专业现象。突出重点，抓好海洋类、文化类、农林类及金融商贸类等专业的建设，主动为全省发展战略服务。组织专家对各地专业结构调整等工作进行专项督查，突出项目引导，把各地专业结构调整规划的实施情况作为浙江省“中职教育现代化七大工程”（中等职业教育专业结构调整推进工程、中等职业学校教师队伍素质提升工程、中等职业教育课程改革工程、中等职业学校学生综合素质提升工程、中等职业教育服务产业发展工程、成人继续教育推进工程、中等职业教育现代化示范学校建设工程）项目申报和评审的重要依据。在2013年中央财政支持建设的实训基地推荐、省级三个重点项目评审以及“市县职业教育发展挂钩考核”中，对专业结构调整做得较好的地区实行了适当倾斜。

〔**专业课程改革全覆盖**〕 随着家政、机电一体化等9个专业（或专业方向）纳入专业课程改革，全省进行课程改革的专业（或专业方向）达51个，基本涵盖了中职学校的专业；正式出版的课程改革教材达96本，其中25本教材被教育部遴选为首批（2012年）和第二批（2013年）中等职业教育改革创新示范教材，成为国家规划教材，在全国推广使用。加强课程改革的过程管理，建立了比较完善的公开征集—培训指导—中期检查和专家鉴定的课程改革管理制度；各专业课程改革的《教学指导方案》和《课程标准》均由行业专家、高校专家以及一线骨干教师联合研制；经常性举办专业课程改革研讨会，介绍各专业新的教学指导方案、课程改革新教材和教学新模式；重视中职课程改革师资培训，全年组织了数控应用技术、应用电子技术、美容美体、汽车修理、物流和办公室文员等6个专业的培训。

〔**家政服务人才培养培训**〕 根据省委、省政府的要求，优先扶持家政专业及基地建设，拓展渠道，扩大规模。全省共有15所本科高校、10所高职高专院校和12所中职学校开设了13个家政服务和护理类专业，全年招收大中专学生14 390人；培训各类家政服务和护理人员34 263人，并确定12所高职院校、30所中职学校为全省家政服务人才培养培训骨干学校，初步形成了家政服务和护理人才的教育培训网络和工作机制。推动杭州师范大学与三替集团有限公司合作，成立“杭州师范大学三替家政学院”，打造家政人才培养培训高地。会同80余家家政企业、学校和相关单位成立全省家政服务人才培养培训联盟，建立浙江省家政人才培养培训联盟网站，出版家政服务人才培养培训联盟简报，初步搭建起一个集信息交流、资源共享、政策咨询、人才培养培训于一体的跨部门、跨地区合作平台。

〔**中职学校跨区域招生试点**〕 鼓励各地积极开展跨区域招生，并结合《浙江省中等职业学校学生学籍管理规定》，对跨区域招生工作做了进一步的规范化管理。2013年，经各地共同努力，全省共完成设区市范围内跨区域招生24 329人，其中杭州、嘉兴、绍兴、衢州、舟山、台州、丽水7个试点地区完成招生16 619人，占7个设区市招生总数的13%。

〔**推进扫盲工作**〕 省教育厅召开全省扫盲工作会议，提出要肩负起责任、发挥系统优势，坚持整体推进、突出重点，明确扫盲对象，开展形式多样的扫盲教育；切实把全省文盲人口减少到全国平均水平以下，同时与11个设区市签订了扫盲工作责任书。编写并免费配送《扫盲读本》45万册；完成200名从事扫盲工作的骨干教师和管理人员的省级培训；组织3个讲师团分赴各地，分片区培训分管扫盲工作的教育局局长及中小学校长、成人技术教育学校（社区学校）校长共5 879人；重点组建19所高校的26支扫盲实践小分队共400余名大学生走访130多个社区、街道及乡村，多形式开展扫盲活动。研究制定《关于做好当前扫盲工作有关具体事项的通知》，建立扫盲工作进展情况每季度报告制度。2013年，全省完成脱盲人口45.7万人，比2013年年初制订的计划超出42.5个百分点。

高 等 教 育

〔**高等教育内涵发展**〕 以学科和专业为主要平台优化配置高等教育资源。按学科实力和国家重点学科申报条件的标准，遴选建设浙江工业大学药学等6个第二批重中之重一级学科。制定《关于落实和扩大普通高等学校专业设置管理权的指导意见》，促进高校优化专业结构，强化专业建设规划。制订并启动实施浙江省“十二五”普通本科高校新兴特色专业建设方案，遴选建设新兴特色专业300个，其中评审类专业100个（含20个国际化专业）、备案类专业200个。浙江工业大学“长三角绿色制药协同创新中心”获批国家首批“2011协同创新中心”。遴选立项建设省级协同创新中心12个。

〔**高校服务创新驱动战略**〕 为配合省委十三届三次全会提出的全面推进创新驱动发展战略，省教育厅印发《关于贯彻省委十三届三次全会精神促进高校服务创新驱动发展战略的若干意见》，围绕科技、人才和文化三个方面对高校提出了10个方面的要求。组织开展高校服务高新区产学研合作专项行动，积极引导高校围绕地方需求，提供全方位的科技服务，为地方经济转型升级提供智力支持和人才支撑。先后与金华市政府、萧山临江高新技术产业园区、绍兴袍江经济技术开发区等签订共建浙江高校产学研联盟金华中心、临江中心、袍江中心的合作协议，全年新增高校产学研联盟中心10个；成立全省高校产学研联盟委员会，加强对高校产学研工作的领导和支持；举办“高校科研成果转化知识技能培训班”，提高高校促进成果转化的能力和水平；举办高校科技成果拍卖会，拍卖高校科技成果10项，拍卖金额达1 200多万元。

〔**教师素质与科研提升计划**〕 省教育厅会同省财政厅联合印发《浙江省财政厅浙江省教育厅关于实施高等教育质量工程——教学业绩提升计划的通知》，启动实施高等教育质量工程—教师素质与科研提升计划。通过支持高等学校教师素质提升、研究生创新教育与实践、高校哲学社会科学研究等，充分发挥财政资金的导向作用，促进教育质量及学校发展水平的提高。为保障计划的实施，省财政每年安排 7 000 万元资金补助，并建立本科高校与高职高专院校考核指标体系，省财政的补助根据考核结果分配。推进高校教师教学发展中心建设，在全省 35 所本科高校建立教师教学发展中心，多形式、多渠道开展本科高校教师教学能力培训工作，积极开展校际、省际交流。

〔**教师职称实行分类评审**〕　在 2013 年教师职称评审工作中，按照教学为主型、科研为主型、教学科研并重型、社会服务与推广型 4 个类型分类评审。注重对教师教学与科研成果实践应用的考核，优先考虑长期从事公共课、基础课教学，且教学工作量大、学生评价较高的一线教师和从行业企业引进的、具有行业企业高级专业职称的教师以及长年在欠发达地区开展科技服务中做出贡献的教师和科技工作者。2013 年，共有 1 564 人申报正高级、副高级专业技术资格，其中教师系列评审中申报教学为主型 92 人、科研为主型 7 人、社会服务与推广型 14 人。同时为扩大高校办学自主权，积极推进下放高校教师专业技术资格的评审权，全年新增 19 所高校 57 个学科的副高级专业技术资格评审权，全省共有 32 所高校的 548 个学科拥有高级专业技术资格评审权。

〔**留学生比例提前实现规划目标**〕　2013 年，全省高校留学生比例首次突破在校生总数的 2%，提前 2 年实现“十二五”规划目标。2 所院校新增为中国政府奖学金来华留学生接收院校，全省同类院校达 11 所；省政府来华留学生奖学金从 500 万元扩大到 1 000 万元，修订完善《浙江省政府来华留学生奖学金管理办法》；加快培育国际化专业和外语授课的特色课程，出台《浙江省教育厅关于加强普通高等学校国际化专业及课程群建设的意见》，13 门英语授课的专业课程被教育部评为全国来华留学品牌课程；启动来华留学示范基地建设工作，浙江大学、中国美术学院成为国家首批来华留学示范基地；做好中国政府奖学金来华留学生、孔子学院奖学金来华留学生等推荐工作；大力开展留学生文化活动，组织留学生参加“留动中国——在华留学生阳光运动文化之旅”活动，举办浙江省第七届“梦行浙江”活动。

〔**举办高校书记校长读书会**〕　8 月，全省高校书记（校长）读书会在杭州市举行，省委书记夏宝龙出席读书会并讲话。会后，省委教育工委、省教育厅两次下发通知，着力抓好讲话精神的学习贯彻，还列出“增强政治意识、政权意识、阵地意识”“再塑高等教育良好形象”“改进德育课堂教育”“为师要有师德”等 8 个题目，分层分类组织专项学习讨论。

〔**文明寝室建设**〕　召开全省高校深化文明寝室建设工作推进视频会议。制定实施《浙江省普通高等学校学生公寓配置标准评估细则》，全省高校投入 5.2 亿元，改善学生公寓条件，全年有 66 所高校（单位）的学生公寓通过评估，86.6%的学生公寓被评为标准化学生公寓。制定全省教育行政部门和各级各类学校领导干部进课堂、进学生公寓的制度性文件，要求教育行政部门领导干部将进学生公寓作为下基层、进学校的一项重要内容，在落实各级各类学校干部教师联系学生寝室制度的基础上，鼓励学校领导干部定期走进寝室，联系 1—2 幢学生公寓楼。

撰稿　朱永祥
审稿　吴永良

宁波市教育

概　　况

〔基本情况〕

宁波市各级各类学校校数、教职工、专任教师情况

	学校数（所）	教职工数（人）	专任教师数（人）
一、高等教育	16	11 538	7 996
（一）研究生培养机构（不计校数）			
1. 普通高校			
2. 科研机构			
（二）普通高等学校	14	10 881	7 524
1. 本科院校	8	7 919	5 532
2. 专科院校	6	2 962	1 992
其中：职业技术学院			
3. 分校、大专班（点）（不计校数）			
（三）成人高等学校	2	657	472
（四）民办的其他高等教育机构			
1. 学历文凭考试机构			
2. 非学历文凭考试机构			
二、中等教育	352	33 734	28 917
（一）高中阶段教育	136	16 803	14 102
1. 高中			
普通高中	81	10 342	8 388
2. 中等职业教育	55	6 461	5 714
（二）初中阶段教育	216	16 931	14 815
三、初等教育	465	26 150	24 025
四、工读学校			
五、特殊教育	10	257	223
六、学前教育	1 254	31 163	16 294

宁波市各级各类学历教育学生情况

	毕业生数（人）	招生数（人）	在校生数（人）
一、高等教育	57 278	66 533	206 203
（一）研究生	911	1 412	3 929
（二）普通本专科	37 269	42 946	148 954
（三）成人本专科	19 098	22 175	53 320
（四）其他各类高等学历教育			
1. 在职人员攻读博士、硕士学位			
2. 网络本专科生			
3. 学历文凭考试			
二、中等教育	121 371	121 667	364 257
（一）高中阶段教育			
1. 高中	34 387	30 565	96 940
普通高中	34 387	30 565	96 940
成人高中			
2. 中等职业教育（不含非全日制学生）	26 502	25 707	78 345
（二）初中阶段教育			
1. 普通初中	60 482	65 395	188 972
2. 职业初中			
3. 成人初中			
三、初等教育			
（一）普通小学	70 889	84 926	486 971
（二）成人小学			
其中：扫盲班			
四、工读学校			
五、特殊教育	64	132	916
六、学前教育	86 345	80 959	275 905

宁波市各级民办教育基本情况

	学校数（所）	毕业生数（人）	招生数（人）	在校生数（人）	教职工数（人）	专任教师数（人）
一、民办高等教育	5	14 326	16 912	66 217	3 971	3 075
（一）普通高校	5	14 326	16 912	66 217	3 971	3 075
（二）成人高校						
（三）民办的其他高等教育机构						
二、民办中等教育机构	63	18 178	19 014	56 035	5 197	3 628
（一）高中阶段教育	33	9 048	7 967	24 644	2 945	1 795

续表

	学校数（所）	毕业生数（人）	招生数（人）	在校生数（人）	教职工数（人）	专任教师数（人）
其中：民办普通高中	24	7 985	6 959	21 909	2 719	1 620
民办中等职业教育	9	1 063	1 008	2 735	226	175
（二）初中阶段教育	30	9 130	11 047	31 391	2 252	1 833
其中：民办普通初中	30	9 130	11 047	31 391	2 252	1 833
民办职业初中						
三、民办普通小学	66	11 963	16 666	86 019	4 169	3 525
四、民办幼儿园	976	59 859	51 619	185 151	19 254	9 784

〔**推进教育公平**〕 2013 年，全市教育经费总投入 228 亿元，其中财政性教育经费支出 179 亿元。全年享受帮困助学政策学生达 90.6 万人次，受助金额累计 8 亿余元。中等职业教育免学费学生覆盖面扩至全市所有中职学校在校学生。全年学校食堂基础设施改造项目累计完工 318 个，完成投资 1.4 亿元。全市认定普惠性民办幼儿园 238 所，公办幼儿园和普惠性幼儿园招生覆盖面达 53%以上。年内，下达中央学前教育财政专项资金 1.07 亿元和市级学前教育财政专项资金 5 000 万元。全市完成新（改、扩）建幼儿园 88 所，其中新建乡镇公办幼儿园和小区配套公办幼儿园 30 所。新增省一级幼儿园 13 所、省二级幼儿园 31 所，省等级幼儿园招生覆盖面达 88%以上。全市学前教育专任教师持证率提升至 88%。

〔**教育改革**〕 深化普通高中招生评价制度改革，推进特色项目、保送推荐、学业水平与综合素质评价相结合的多元录取机制。中考体育分值及占中考总分比例进一步提高。出台《关于鼓励和规范我市民办中小学校的实施意见》，全市全日制民办学校生均教育事业费的补助标准，从原来按同类公办学校上年度生均教育事业费的全市平均标准给予 1/4 的财政补助提高到 1/3。制发《关于促进高等职业院校与地方共建的指导意见》《关于加强行业指导办学完善职业教育管理体制的若干意见》《关于推进中高职一体化人才培养模式改革试点的指导意见》，深入推进高职教育综合改革。

〔**师资队伍建设**〕 全市共开设各级各类教师培训项目 106 个、培训班级 119 个、培训校（园）长 7 014 人次，参训率达 99.21%，累计完成 33.5 万培训学时。16 位市级名师、省级特级教师获浙江省首批中小学校正高级教师职称，新增 114 名市级中小学学科骨干教师和 25 名市级中等职业学校优秀“双师型”教师。全市 3 万余名教师参加青年教师培养“曙光工程”（面向全市中小学、幼儿园全体青年教师，力争通过 5 年的努力，显著提高青年教师队伍的整体素质，使青年教师具有良好的师德修养、先进的教育理念、娴熟的教育教学技能和相应的教科研与创新能力，基本适应全市基础教育发展对青年教师的需求），选拔 473 名“卓越工程”（重点选拔培养 500 名左右青年骨干教师，帮助其逐步形成富有个性的教育教学艺术、较强的教科研能力、开阔的国际视野以及较高的创新意识，真正成为全市实施素质教育、开展课程改革的中坚力量，并从中造就 100 名左右掌握国际国内前沿理论，在学科专业、教改实践中具有很强教学和研究能力，并能参与国际教育交流的新一代甬城名师，其中几位在全国范围内具有一定知名度的教育教学专家）培养对象。6 147 名骨干教师参加市级及以上培训，全市中小学幼儿园教师人均完成培训 106 学时。

〔**服务地方发展**〕 高校科研水平逐步提升，全年科研经费超过 4.6 亿元，全市高校毕业生初次就业率达 98%。部分高校与北仑区、鄞州区、宁海县、杭州湾新区等签订了全面战略合作协议，服务向县域延伸。宁波市数字图书馆全年文献传递176万余篇，文献下载1 500余万篇，服务企事业单位200多家，培训企事业单位员工5 000余人次。宁波文化百科大讲堂累计举办讲座512场，受众逾10万人次。全市72所院校加入职业教育“校企通”服务平台，6 100家企业发布供求信息。举办“校企通”网上招聘会、校企合作顶岗实习招聘会和“校企通”大讲堂等活动。全年非学历培训377.19万人次。

〔开展党的群众路线教育实践活动〕　在市教育局机关、直属学校（单位）党组织和党员干部中，开展以为民、务实、清廉为主要内容的第一批党的群众路线教育实践活动，派出7个督导组指导直属学校（单位）开展党的群众路线教育实践活动，覆盖党员干部1 970人。把“办好人民满意的教育”作为总载体，认真组织开展“三正一纠”（正文风、正会风、正师风，纠行风）、“教育惠民”“优化软环境”“加强三支队伍建设”四个专项行动。

〔教育交流与合作〕　全面开展部市共建教育国际交流与合作综合改革试验区建设，制订试验区建设发展规划，建立健全部、省、市、校四级联动机制，确定2013年度教育十大改革试点项目，组织召开多次试验区项目推进会，宁波大学国际联合研究生院、“国民教育过渡班”等改革试点项目有序推进。举办首届中美区域教育交流与合作交流会、中国宁波—新西兰奥克兰教育合作交流会、欧洲·宁波周、2013甬港教育合作研讨会以及2013宁波·台北教育合作交流会，签订各类教育合作协议38项。在甬高校留学生规模达2 500人。全市新增中小学姐妹学校78对，赴国（境）外交流师生达1 533人，同比增长40%。

〔获奖情况〕　2013年，市教育局被省委、省政府评为“浙江省2004—2013年度省级平安创建工作先进单位”，被省教育厅评为“2013年度浙江省教育科学和谐发展业绩考核优秀单位”，被市委、市政府评为“2012—2013年度市级文明机关”“2013年市级社会管理综合治理工作先进单位”。获第三届全国教育改革创新优秀奖、第十届全国中等职业学校“文明风采”竞赛卓越贡献奖、2013年全国职业院校信息化教学大赛最佳组织奖、浙江省幼儿园教师职业能力大赛优胜团体奖、浙江省大中专学生暑期社会实践优秀组织奖等奖项。

基础教育

〔学前教育〕　2013年，全市学前三年净入园率巩固达99.2%以上。专任教师学历合格率达99.63%，拥有大专及以上学历的教师占80.51%。全市有省一级幼儿园123所、省等级幼儿园1 022所，省等级幼儿园招生覆盖率达88%。全市普惠性幼儿园招生覆盖率达50%以上。宁波市学前教育普惠性发展政策在世界学前教育组织第65届国际学术研讨会上进行专题交流，并获第三届“全国教育改革十大创新优秀奖”。

〔义务教育和高中教育〕　全市九年义务教育的入学率、巩固率分别达100%、99%；盲童、聋童、弱智儿童入学率达90%以上；初中升入高中的比例为99.02%；普通高校招生考试报名录取率达88.4%。有5所学校被评为浙江省首批一级特色示范高中。

〔师资队伍建设〕　截至2013年年底，全市共有123名省级特级教师；289名市级教学名师、10名市级专业首席教师；有16名教师具有中小学正高级教师职称（职务）；小学、初中教师高一级学历比例分别达97.04%、94.08%。

职业教育与成人教育

〔**职业教育教学改革**〕 实施中高职衔接改革试点工作，围绕中高职接续专业的人才培养目标，系统设计、统筹规划课程开发和教材建设，完善教学管理与评价，推进专业课程体系和教材的有机衔接。扩大“3+2”、五年一贯制等培养规模，全年总计划达3 964人。出台《宁波市职普融通育人模式改革试点实施办法（试行）》，在宁波李惠利中学、宁波第四中学、宁波市甬江职业高级中学、宁波经贸学校率先开展职普融通班级试点工作。配合国家职业教育与产业协同创新试验区建设，启动建设宁波TAFE学院。

〔**专业结构调整**〕 全市中等职业教育专业布点339个，其中主体专业137个，主体专业招生数占总招生人数的66.4%，有效实现了规模、结构、质量、效益的协调发展，学校办学水平和专业特色进一步凸显。

〔**中职示范校建设**〕 2013年，全市有10所国家级中等职业教育改革发展示范学校、6所浙江省中等职业教育改革发展示范学校；有48个省级示范专业；31个国家级、33个省级实习实训基地，并在宁波韵升（集团）股份有限公司等4家企业建立了校外实训基地。

〔**教育示范区建设**〕 2013年，慈溪市被确定为第三批全国社区教育示范区，镇海区被确定为全国社区教育实验区，江东区福明街道被确定为全国社区教育示范街镇，北仑区大碶街道等9个乡镇（街道）被确定为全国创建学习型社区示范街镇。截至2013年年底，全市已拥有4个全国社区教育示范区、3个全国社区教育实验区。评选出2012年度宁波市社区教育优秀实验项目15个，认定15个社区教育重点实验项目、25个社区教育一般辅导项目。评选出61家市级优秀学习型社区和80家学习型示范企业。

〔**开展各类教育培训**〕 全年非学历培训377.19万人次，其中企业职工岗位技能培训53.21万人次、成人“双证制”培训12 082人次、新型农民培训18.91万人次、农村劳动力转移培训2 231人次、家政培训35 149人次、退役士兵培训852人次。会同市政府农业和农村工作办公室组织选拔323位优秀农民到高校进修。推进扫盲教育工作，全市完成脱盲29 964人。成立宁波市现代服务业公共职业培训平台，采用“中心+机构+项目”的培训架构，引进了11家国内外优质培训认证资源，成立了现代物流培训中心、现代金融培训中心、文化创意培训中心等行业性培训中心，深入打造集培训、认证、信息服务、项目开发、产学研等多功能为一体的智慧型“培训产业园区”。奉化市莼湖镇成人中等文化技术学校等3所学校被认定为浙江省新型农民素质培训示范基地。依托宁波社区大学老年教育中心开展老年人教育培训工作，在读学员达2 800余人。全面完成企业职工培训项目的招投标工作，加强项目的监管和督查工作。全年投入经费4 100万元，完成企业职工培训6.1万人，获证人数达56 120人。继续开展农科教结合工作，有4个项目被市农科教结合领导小组办公室立项。

〔**开展终身学习活动**〕 完成学习型城市建设申请和《学习型宁波案例》的撰写。开通宁波终身学习公共服务平台。推进终身教育资源建设专项活动，引进10 696讲数字化资源，自建本土学习资源7 997讲。举办2013年宁波市全民终身学习活动周活动，全市共组织1 063项主题活动，参与人数达76万人。深入开展“百课下基层送社区”活动，已累计向基层送课60多场，受惠群众1万余人。

高 等 教 育

〔**提升综合办学水平**〕 宁波大红鹰学院进入教育部35所“应用科技大学改革试点学校”行列；浙江万里学院生物技术专业和浙江大学宁波理工学院机械设计制造及其自动化专业获本科第一批次招生权，各招收80名学生。在省教育厅首次发布的全省普通高校国际化水平排名中，宁波诺丁汉大学和宁波大学在硕博授权高校中分别居第2位和第5位；宁波城市职业技术学院、浙江纺织服装职业技术学院、浙江工商职业技术学院在高职高专院校中分别居第2位、第6位和第7位。9月，宁波工程学院与同济大学等合作共建的杭州湾新区汽车学院招收首届学生510人。

〔**加强内涵建设**〕 评审确定41个学科为第四批宁波市高校重点学科。宁波大学信息与通信工程获批浙江省重中之重一级学科，水产学科排名进入全国前三位。在全国职业院校信息化教学大赛中，全市6所高职院校参赛，共获2个一等奖、3个二等奖和4个三等奖。

〔**实施协同创新战略**〕 制发《宁波市人民政府关于实施协同创新战略全面提升高等教育服务经济社会发展能力水平的若干意见》，明确全市高等教育发展的指导思想、基本思路、目标任务和主要措施。推动全市高等教育协同创新工作向平台化、特色化、制度化建设深入发展，获批国家职业教育与产业协同创新试验区，区域协同、产业协同取得新进展，与杭州湾新区管理委员会、鄞州区政府相继签订共建国家级“教育与产业协同创新试验区”和“大学科技创新创业园”协议书。宁波大学“浙江海洋高效健康养殖协同创新中心”获批省级协同创新中心，宁波大学“浙江港航物流服务体系协同创新中心”“浙江非线性海气系统协同创新中心”和宁波工程学院“城市智慧交通协同创新中心”等一批市级协同创新中心建成运行。

撰稿 钟 颖 何健明 王 静 周贤丰 余晶晶

审稿 董 刚

安徽省教育

概　　况

〔基本情况〕

安徽省各级各类学校校数、教职工、专任教师情况

	学校数（所）	教职工数（人）	专任教师数（人）
一、高等教育	123	78 493	56 332
（一）研究生培养机构（不计校数）	21		
1. 普通高校	19		
2. 科研机构	2		
（二）普通高等学校	117	76 178	54 903
1. 本科院校	44	48 958	34 498
其中：独立学院	11	4 935	4 145
2. 高职（专科）院校	73	27 220	20 405
3. 其他机构（点）（不计校数）			
（三）成人高等学校	6	1 308	741
（四）民办的其他高等教育机构	7	1 007	688
二、中等教育	4 256	332 231	270 773
（一）高中阶段教育	1 247	164 777	112 543
1. 高中	698	116 811	73 844
普通高中	698	116 811	73 844
完全中学	377	59 579	29 806
高级中学	262	47 212	41 487
十二年一贯制学校	59	10 020	2 551
成人高中			
2. 中等职业教育	549	47 966	38 699
普通中专	115	13 613	10 444

续表

	学校数（所）	教职工数（人）	专任教师数（人）
成人中专	61	2 153	1 609
职业高中	287	23 579	20 464
技工学校	86	6 649	4 726
其他机构（教学点）（不计校数）	38	1 972	1 456
（二）初中阶段教育	3 009	167 454	158 230
1. 初中	2 902	167 320	158 168
初级中学	2 221	125 566	114 394
九年一贯制学校	680	41 729	19 925
十二年一贯制学校			2 495
完全中学			21 329
职业初中	1	25	25
2. 成人初中	107	134	62
三、初等教育	11 562	229 102	238 391
（一）普通小学	11 507	228 704	238 131
小学	11 507	228 704	220 050
九年一贯制学校			16 336
十二年一贯制学校			1 745
（二）成人小学	55	398	260
其中：扫盲班	55	398	260
四、工读学校	3	67	37
五、特殊教育	65	1 500	1 297
六、学前教育	6 075	83 663	51 120

注：①完全中学的学校数和教职工数计入高中阶段教育，九年一贯制学校的校数和教职工数计入初中阶段教育，十二年一贯制学校的校数和教职工数计入高中阶段教育，专任教师是按照教育层次划分归类；②“（　）”内数据为不计校数。

安徽省各级各类学历教育学生情况

	毕业生数（人）	招生数（人）	在校生数（人）
一、高等教育			
（一）研究生	13 205	16 312	46 506
博士	1 229	1 585	5 394
硕士	11 976	14 727	41 112
（二）普通本专科	280 106	296 557	1 052 123
本科	121 965	149 012	583 089
专科	158 141	147 545	469 034
（三）成人本专科	67 611	108 111	220 642

续表

	毕业生数（人）	招生数（人）	在校生数（人）
本科	26 328	46 239	91 939
专科	41 283	61 872	128 703
（四）其他各类高等学历教育			
1. 在职人员攻读硕士学位		3 523	9 812
2. 网络本专科生	209	427	2 118
本科	199	427	1 185
专科	10		933
二、中等教育	1 520 115	1 420 740	4 303 037
（一）高中阶段教育	759 318	768 145	2 272 004
1. 高中	416 723	380 526	1 255 132
普通高中	416 723	380 526	1 255 132
完全中学	154 938	142 597	475 459
高级中学	249 191	225 841	739 784
十二年一贯制学校	12 594	12 088	39 889
成人高中			
2. 中等职业教育	342 595	387 619	1 016 872
普通中专	89 586	87 825	256 912
成人中专	85 645	121 282	254 199
职业高中	149 696	159 942	456 635
技工学校	17 668	18 570	49 126
（二）初中阶段教育	760 797	652 595	2 031 033
1. 初中	723 950	652 595	1 997 091
初级中学	511 124	454 847	1 397 545
九年一贯制学校	80 494	80 351	237 805
十二年一贯制学校	13 388	13 211	39 560
完全中学	118 849	104 151	321 993
职业初中	95	35	188
2. 成人初中	36 847		33 942
三、初等教育	662 389	753 090	4 103 611
（一）普通小学	654 897	753 090	4 091 967
小学	592 354	697 104	3 748 146
九年一贯制学校	54 971	51 714	310 960
十二年一贯制学校	7 572	4 272	32 861
（二）成人小学	7 492		11 644
其中：扫盲班	7 492		11 644

续表

	毕业生数（人）	招生数（人）	在校生数（人）
四、工读学校	16	16	20
五、特殊教育	1 132	2 072	10 344
六、学前教育	646 059	950 067	1 679 511

注：特殊教育学生数中包括普通中小学随班就读的学生。

安徽省各级各类非学历教育学生情况

	结业生数（人）	注册学生数（人）
总计	1 543 059	1 233 492
一、高等教育	299 078	295 320
（一）研究生课程进修班	925	1 988
（二）自考助学班	469	1 191
（三）普通预科生		215
（四）进修及培训	297 684	291 926
其中：资格证书培训	68 162	73 644
岗位证书培训	40 437	34 688
二、中等职业教育	1 243 981	938 172
其中：资格证书培训	244 323	249 001
岗位证书培训	163 966	162 470
（一）中等职业学校	423 592	430 369
其中：资格证书培训	187 881	192 680
岗位证书培训	144 367	144 724
（二）职业技术培训机构	820 389	507 803
其中：资格证书培训	56 442	56 321
岗位证书培训	19 599	17 746

安徽省各级各类民办教育基本情况

	学校数（所）	毕业生数（人）	招生数（人）	在校生数（人）	教职工数（人）	专任教师数（人）	其他学生数（人）
一、民办高等教育							
（一）民办高校	31	44 400	51 909	178 033	11 989	8 927	7 466
硕士							
本科学生		17 674	27 278	103 016			
专科学生		26 726	24 631	75 017			
其中：独立学院	11	14 975	18 211	76 969	4 935	4 145	332
本科学生		14 975	18 211	76 969			

续表

	学校数（所）	毕业生数（人）	招生数（人）	在校生数（人）	教职工数（人）	专任教师数（人）	其他学生数（人）
专科学生							
（二）民办其他高等教育机构	7				1 007	688	14 806
二、民办中等教育							
（一）高中阶段教育	305	111 862	114 126	373 319	36 587	26 169	
1. 民办普通高中	178	61 118	54 267	200 139	27 998	19 536	
2. 民办中等职业教育	127	50 744	59 859	173 180	8 589	6 633	32 059
（二）初中阶段教育	313	127 742	141 203	414 131	23 111	16 909	
1. 民办普通初中	313	127 742	141 203	414 131	23 111	16 909	
2. 民办职业初中							
三、民办普通小学	231	44 611	29 233	218 475	6 345	4 596	
四、民办幼儿园	3 958	296 619	453 789	903 734	61 031	35 296	
另有：民办培训机构（不计校数）	21				330	162	21 098

注：①“其他学生数”包括自考助学班学生、预科生、进修及培训学生数；②民办普通高中的教职工数和专任教师数中包含民办普通初中的教职工数和专任教师数；③民办中等职业教育数据中未含技工学校数据；④“（ ）”内数据为不计校数。

〔**教育经费投入**〕 2013 年，全省地方教育总投入达 1 041.3 亿元，比 2012 年增长 5%，首次突破千亿元大关。其中财政性教育经费达 859.47 亿元，比 2012 年增长 5.89%。财政性教育经费占总投入的比例达 82.5%，占全省 GDP 的 4.51%。全省教育费附加、地方教育费附加和土地出让收益计提教育资金合计达 74 亿元，比 2012 年增长 12.3%。全省普通小学、普通初中、普通高中、中等职业学校和普通高等学校生均公共财政预算教育事业费支出分别为 6 437.96 元、8 830 元、7 039.9 元、7 414.91 元和 10 102.66 元，生均公共财政预算公用经费支出分别为 2 451.32 元、3 618.30 元、3 104.81 元、4 244.24 元和 5 940.13 元。全年争取中央财政性资金达 127 亿元。

〔**教师队伍建设**〕 9 月 6 日，省委、省政府召开全省教师工作会议。会后，省政府出台《安徽省人民政府关于加强教师队伍建设的意见》（皖政〔2013〕67 号）。在中小学教师资格考试和定期注册制度、中小学教师职称评审制度、中小学教师公开招聘、校长和教师定期交流、农村偏远地区教师待遇补助和住房、职业院校引进技术技能型人才和高校人才队伍建设等方面制定了一系列改革措施。为贫困地区新招聘“特岗教师”3 673 名，2 951 名服务期满的“特岗教师”继续留任，留任率达 97.2%。全省高校有 3 人当选中国科学院院士和中国工程院院士，19 人入选国家“青年千人计划”，15 人入选国家“万人计划”，4 人入选教育部“新世纪优秀人才支持计划”，9 人入选安徽省第三批“百人计划”。引进“皖江学者”15 人，引进安徽省“博士后工程”人选和博士 1 017 人，引进高水平人才团队 4 个。组织近 6 000 名高校教师参加新进教师岗前培训和高职院校教师素质提高计划培训。省属高校 8 人入选国家“万人特支计划”，1 人入选“百千万工程”国家级领军人才、2 人入选国家“青年拔尖人才”。2 个团队入选安徽省第 6 批“115”产业创新团队（建设 100 个左右“产业创新团队”，选聘 100 名左右“创新团队带头人”和 500 名左右“带头人助理”）。选派 72 名专业技术人员到民营企业挂职锻炼。

〔**教育督导**〕 加强教育督导机构和督导队伍

建设，率先在全国实现省、市、县政府教育督导委员会全覆盖。完成第三届省督学换届工作，遴选和聘任128名省督学。接受国家义务教育发展基本均衡县督导检查，合肥市、铜陵市的6个区首批通过国家认定。会同省委组织部，继续开展对全省105个县（市、区）党政领导干部教育工作督导考核。组织开展中小学校冬季取暖、财政教育投入等一系列专项督导。推进中小学校督学责任区建设，全省已建立1 337个督学责任区，1.2万所中小学和600所幼儿园实现责任督学挂牌督导。

〔**学生资助工作**〕　2013年，全省发放各项家庭经济困难学生补助资金20.8亿元，惠及各级各类学生92.8万人次；发放家庭经济困难教师补助资金6 060万元，惠及6 060人。会同有关金融机构，推动生源地助学贷款工作，全年累计发放生源地信用助学贷款15.8万人，合同金额9.3亿元。首次启动普通高中孤儿免学费政策及中央专项彩票公益金教育助学项目。基本建立起研究生奖助政策体系。

〔**素质教育**〕　通过研学旅行、节约教育、社团活动等体验式教育方式，进一步增强德育工作的针对性和实效性。中央电视台新闻联播报道了蚌埠市中小学开展节约粮食的教育活动，合肥市开展中小学生工业游活动得到教育部肯定。全省建成省级校外活动基地4个、青少年校外活动中心100个。在2013年全国中学“时事课堂”展示活动中，获初中组一等奖和高中组二等奖。在全国中小学“学科德育精品课程”和“育人精彩瞬间”征集评选中，分别有37节课和10件作品入选。

〔**体育、卫生、艺术与国防教育**〕　出台《安徽省学校体育三年行动计划（2013—2015年）》，深入开展阳光体育活动，首次将初中毕业体育考试总分值提高到不低于35分。举办第三届全省国家级重点和省级示范中等职业学校田径运动会。强化学校传染病防控和食品安全管理，全年没有发生群体性学校卫生安全事件。开展“同铸复兴路共圆中国梦”校园文艺活动，举办第四届全省中小学生艺术展演活动。开展“国防在我心中”演讲比赛和初级中学防空防灾网上知识竞赛，进一步加强学校国防教育。

〔**学校安全工作**〕　建立健全学校安全管理长效机制，落实安全工作包保责任、形势分析研判、重大事项社会稳定风险评估、校园及周边安全隐患定期排查、重大安全隐患督办、安全事故预警和通报等一系列制度。推进中小学校园安全防护工程，城乡中心学校监控系统配备率由2012年的49.3%提高到89.2%。加强高校校园安全保障，推进高校应急指挥平台建设，62%的高校建立了校园应急指挥系统。出台《关于进一步加强校车安全管理工作的意见》，全省经核准接送学生、幼儿专用车辆比2012年增加7 467辆。

〔**教育系统党风廉政和政风行风建设**〕　召开全省教育系统党风廉政建设工作视频会议，落实党风廉政建设责任制。对省属高校开展推进惩防体系建设暨落实党风廉政建设责任制情况考核和廉政风险防控工作测评。组织开展清房、会员卡专项清退、领导干部经商办企业专项清理等工作。严格执行中央政治局关于改进工作作风、密切联系群众的八项规定，全年以省委教育工委、省教育厅名义召开的会议数量减少30%，会议费下降近60%，文件简报减少15%，“三公”经费下降21.6%。深化行政审批制度改革，原有省级教育行政审批项目17项（含教育部下放的3项），通过清理保留4项，项目数量减少76.5%。推进党务公开、校务公开和信息公开，普通高校、成人高校和独立学院的信息公开年报公布率达100%。省教育厅政务微博关注用户数超过127万，影响力位居全省地方教育行政部门首位。省教育厅连续5年获全省政务公开工作先进单位称号，连续7年获省政务服务中心优秀窗口单位称号，被评为2011—2013年度省直机关文明单位。

〔**民办教育**〕　坚持大力支持和依法管理并重，鼓励和引导民间资金发展教育和社会培训事业，促进民办教育健康发展。开展民办高校和民办非学历高等教育机构年检，确定民办高校优秀等次6所、合格等次13所、基本合格等次2所；确定民办非学历高等教育机构合格等次5所、基本合格等次2所。开展民办高校和民办非学历高等教育机构招生简章和广告备案工作，规范实施民办学校办学许可证换证工作。全年未发生民办高校违背备案后的招生简章和广告材料进行虚假招生的行为。

〔**教育援疆工作**〕 全面推进教育对口支援新疆和田地区皮山县工作，完成第三批支教任务，派出第四批援疆教师40人，帮助培训皮山县教师400人次。全面推广使用“畅言智能双语教具系统”，应用科目从语文扩大到数理化等学科。投资1.85亿元的皮山县职业高级中学建成，遴选5所安徽省优质职业院校和普通高中与其进行结对帮扶，2013年招生1 021人。认真做好类型多样的内地新疆班教育管理工作，2 373名新疆学生在安徽学习，办班数量和学习人数位于19个援疆省市前列。不断加大对口招生、定向培养力度，最大限度地满足新疆地区考生到安徽高校学习深造的愿望。双语教育基础能力建设、双语教育激励机制建设、贫困生资助基金等项目均严格按照规划有序推进。开展全省教育援疆规划中期评估，形成评估报告并上报教育部。

〔**教育交流与合作**〕 2013年，全省16所高校招收来皖长期留学生1 219人，涉及58个专业类别。启动实施“留学安徽计划”，首次设立安徽省外国留学生政府奖学金，资助207名外国留学生来皖学习。省属高校5个国际合作项目获教育部批准，与美国普渡大学盖莱默校区、法国瓦岱勒国际酒店与旅游管理商学院等国际知名高校联合开展本科生或研究生学历教育。安徽大学和安徽师范大学在境外举办了4所孔子学院，安徽大学加拿大圣托马斯大学孔子学院第三次获“全球先进孔子学院”称号。举办第六届中德应用型高等教育研究与发展论坛。举办以“徽山、徽水、徽文化”为主题的外国留学生文化修学活动。深化与港澳台地区的教育合作。

〔**语言文字工作**〕 出台《〈国家中长期语言文字事业改革和发展规划纲要（2012—2020年）〉安徽省实施方案》。推进城市语言文字评估工作，安庆、黄山、宿州、亳州等市通过国家二类城市语言文字工作评估。推进学校语言文字工作，认定合肥市六安路小学等37所学校为全省语言文字规范化示范学校。省语言文字工作委员会联合省广播电视台举办了第二届以“魅力校园，童心飞扬”为主题的全省少儿新春文艺会演。合肥市第五十中学参加首届中国汉字听写大会，进入半决赛。

基础教育

〔**综述**〕 2013年，全省深入实施推进县域义务教育均衡发展、完善农民工子女教育体制机制和规范办学行为减轻学生课业负担三项改革，大力促进教育公平，全面推进素质教育，基础教育发展水平再上新台阶。

〔**全面完成学前教育三年行动计划**〕 截至2013年年底，全省累计投入学前教育建设资金45.5亿元，共新建、改扩建幼儿园3 128所，占总目标任务的153.7%；已竣工建设2 965所，占总目标任务的145.7%，超额完成学前教育三年行动计划。加强幼儿园教师队伍建设，核定公办园编制，多渠道配备专任教师和其他人员，分级开展市级培训、县级培训、园本培训，切实提高幼儿园教师队伍整体水平。积极扶持民办园普惠发展。完善学前教育的各类奖补政策。加强幼儿园管理，实施科学保教，将无证幼儿园纳入看护点管理，禁止使用幼儿教材等防止幼儿教育“小学化”的措施效果明显。

〔**提高义务教育均衡发展水平**〕 完成2 365所义务教育阶段学校标准化建设任务，覆盖率由2010年的不足10%提高到60%。农村义务教育薄弱学校校舍改造类项目累计投入资金41.5亿元，新建或改扩建项目5 895个，建设面积324.3万平方米。建立促进义务教育均衡发展的投入补偿机制，加大对经济欠发达市、县，特别是皖北地区的财政转移支付力度和项目支持倾斜力度。积极推进城区内教师交流，均衡师资资源配置。11月，国家教育督导检查组对安徽省开展义务教育发展基本均衡县（市、区）督导评估检查，合肥市包河区等6个申报区通过督导检查，成为首批通过国家认定的义务教育发展基本均衡区。

〔**完善城乡义务教育经费保障机制**〕 农村义务教育阶段学校生均公用经费补助标准，小学达到每生每年585元、初中达到每生每年785元，均比2012年提高60元。对不足100人的农村村小和教学点按100人核定追加公用经费。将《新华字典》纳入免费提供教科书范畴，从2013年起，每年向农村一年级新生免费提供《新华字典》。将农村义务教育阶段学校校舍抗震加固纳入校舍维修改造长效机制，校舍维修改造补助基本标准提高到每平方米600元。改革义务教育保障经费分配方式，实行按当年义务教育阶段学生学籍数核拨各地公用经费，从源头上防范虚报学生数套取教育经费问题的发生。会同省财政厅印发《安徽省义务教育经费保障工作绩效评价办法》，加强对各地义务教育经费保障工作实施及效益情况的评价。全省共投入义务教育保障资金57.01亿元，惠及城乡义务教育阶段在校学生605.8万名。

〔**推动普通高中发展**〕 组织实施国家集中连片特殊困难地区12个县普通高中改造计划。开展经费保障情况调研，提出了在取消择校生政策后调整收费标准和制定生均公用经费标准的建议。扩大高中优质教育资源，引导各地更新教育理念，加强学校管理，规范办学行为，强化内涵发展和特色发展。

〔**推进困难群体公平就学**〕 进一步完善随迁子女就学办法，坚持"三个一样"（一样就读、一样入学、一样免费），使其在流入地全部就近入学，此做法获第三届全国教育改革创新奖。制定随迁子女在皖参加高考的有关政策。探索实施"教育券"制度，实现义务教育保障经费随学生流动拨付。制定《2013年农村留守儿童之家管养考核办法》，按照"有场所设施、有图书器材、有亲情电话、有管理制度、有档案资料、有结对帮扶、有固定标牌"的"七有"要求，考核各地对项目工程的日常管理，发挥留守儿童之家的综合效益。

〔**中小学校舍安全工程**〕 组织对全省中小学校舍安全工程决算审计和档案建设进行"回头看"，做到不遗漏一所学校和一个教学点、不遗漏一个单体建筑物，确保所有工程档案完整准确。对地质灾害易发、频发的六安、安庆、黄山、芜湖等市，开展学校地质灾害隐患点调查摸底和整治工作。全省涉及地质灾害隐患点的68所学校中，已有53所学校得到治理，剩余13所学校也采取了必要的安全措施。省中小学校舍安全工程领导小组对在全省中小学校舍安全工程实施过程中涌现的50个先进单位和150名先进个人进行表彰，省教育厅被评为全省中小学校舍安全工程先进单位。

〔**规范中小学办学行为**〕 召开各市教育局局长和纪检组组长专题会议，深入部署规范办学行为、治理教育乱收费等工作。全年查处涉嫌教育乱收费的各级各类学校167所，涉及违规金额2 154.89万元，给予107人党纪政纪处分。城区内的择校生比例控制在5%以内，示范高中招生指标70%以上分配到区域内初中学校。进一步规范教学、收费行为，节假日补课明显得到遏制。中小学教辅材料管理得到加强，绝大多数学校做到了"一科一辅"（按照学生自愿选购的原则，确保一个学科只向学生推荐一套教辅材料）。

〔**推进教育信息化建设**〕 2013年，《安徽省教育信息化中长期发展规划（2013—2020年）》通过论证。开展在线课堂常态化教学试验工作，受到中央媒体高度关注并组织采访团实地给予宣传报道。开展基于云平台的安徽教育管理公共平台和安徽基础教育资源公共平台建设。加快“校校通”“班班通”建设。截至2013年年底，全省共有12 443所中小学实现宽带接入互联网，中小学校宽带接入率达82.4%；义务教育阶段学校有66 360间教室配备了多媒体教学设备，教室覆盖率达40.3%。开通教师空间11万余个，教师上传资源2.5万多件，累计访问量达300万人次。培训项目学校校长、技术管理人员和学科教师共10万余人。

职业教育与成人教育

〔**综述**〕 2013年，全省在职业教育办学模式改革、职业院校基础能力建设、专业规范化建设、制度建设与管理等方面积极探索，取得一定成效，为整体推进现代职业教育体系建设奠定了基础。全省高中阶段招生职普比为4.9∶5.1。中职学生生均占地、生均建筑、生均仪器设备值、生均图书四项主要办学指标分别达37.89平方米、16.82平方米、3 401.45元、30.65册。

〔**推进现代职业教育体系建设**〕 出台《安徽省职业院校升学考试改革试点方案（试行）》。加强对市级统筹职业教育工作的指导，全省共整合各类中职学校24所。进一步完善考核指标体系和考核评价办法，推动市、县政府和有关部门发展职业教育责任的落实。阜阳市成立职业教育局，统筹全市职业教育发展；滁州市不断创新职业教育工作体制，出台《区域职业教育五年行动计划》和《市级职业教育资源整合总体实施方案》，扎实推进市级统筹。

〔**职教办学模式改革**〕 召开2013年度全省皖江城市带职业教育办学模式改革及中职教育改革创新推进会。依托省经济和信息化委员会等有关行业主管部门，成立了安徽省加工制造等9个行业职业教育教学指导委员会和安徽省中等职业学校学前教育专业教学指导委员会，聘请行业主管部门负责人、职业院校校长和教师、职教研究人员、行业企业协会技术或管理方面的资深专家共293人，作为各行业指导委员会组成人员。联合马鞍山市政府举办第四届皖江城市带职业教育办学模式改革校企对接会，皖江8市教育行政部门与本地区产业集聚的经济开发区签署合作框架协议。支持和指导六安、滁州、芜湖、安庆、宣城等市组建区域性、专业性职业教育集团或职业教育联盟。截至2013年年底，全省已组建26个职教集团（含市级8个），涉及436所职业院校、588家企业、78个行业协会和科研机构。推进校企一体化办学，全省共有382所中职学校开展校企合作，涉及合作企业1 753家、合作专业点687个。优化完善职业院校技能大赛制度，在省级技能大赛中新增教师比赛项目，全省基本形成技能大赛“校校举办、人人参加”的竞赛机制。在2013年全国职业院校技能大赛中，中职组共获一等奖4个、二等奖14个、三等奖46个。完善中职学校学生就业服务体系，建设全省中职毕业生就业情况网上填报系统，做好2013年全省中职毕业生就业统计和分析工作。2013年，全省中职毕业生32.5万人，就业率达97.68%，对口就业率达82.08%。

〔**提升职业教育基础能力**〕 加强对国家中职教育改革发展示范校项目建设工作的督查和指导，组织开展第一批10所学校的省级检查验收。安徽省汽车工业学校作为首批通过验收的项目学校，在全国中职教育改革发展示范学校建设现场交流会上做典型交流发言。制定重点专业和重点实训基地评选条件，全省评选出重点专业点51个、重点实训基地50个。启动新一轮中职示范学校创建工作，推动学校办学条件和内涵建设共同提高。

〔**促进中职学校内涵发展**〕　以《安徽省中等职业学校专业设置管理实施细则（试行）》为抓手，引导职业学校建立适应产业发展需求的专业建设动态调整机制。2013 年，中职学校新增专业点 109 个、取消专业点 21 个。截至 2013 年年底，全省中职学校（含高职院校中专部）共设置专业点 3 159 个，涉及 203 个专业。组织 30 所职业院校研究开发机电技术应用等 10 个主干专业教学指导方案。以全国职业院校技能大赛为契机，在全省中职教师中广泛开展教师信息化教学大赛，并在 2013 年全国职业院校信息化教学大赛中获二等奖 2 个、三等奖 5 个。

〔**加强中职学校科学规范管理**〕　集中开展全省中职学校学生学籍管理工作检查，督促各地各校结合实际制定实施中职学校学生学籍管理实施细则或操作办法，提供学生学籍管理工作指南。建立中等职业学历学校办学资质清查公布制度，全省各地共对 427 所中职学校进行了办学资质审查，其中合格 422 所、基本合格 3 所、不合格 2 所。加强中职招生督查，完善中职招生情况网络旬报系统，全省共完成中职招生 36.9 万人，实现了职普比大体相当。

〔**加快发展农村职业教育和社区教育**〕　推荐合肥市长丰县等 5 个县（区）为国家级农村职业教育和成人教育示范县。指导安徽现代农业职业教育集团编写、出版涵盖各类农业科技知识丛书 22 册。全省共有合格县（区）级职教中心 70 所、省级示范乡镇成人文化技术学校 135 所。组织指导全国社区教育示范区创建工作，合肥市庐阳区等 4 个区被确定为第五批全国社区教育实验区，合肥市蜀山区、马鞍山市雨山区创建第三批全国社区教育示范区。全省创建省级社区教育实验区 34 个、示范街道 175 个。利用长三角社区教育联动发展机制平台，积极参加长三角教育资源建设共享联盟。组织并指导 4 个市、40 个区（县）举办 2013 年“全民终身学习活动周”活动。马鞍山市被列为首批全国建设学习型城市 26 个案例城市之一。

〔**获奖情况**〕　组织开展“文明风采”竞赛活动，推荐 180 件作品参加全国中等职业学校“文明风采”竞赛活动，获一等奖 4 件、二等奖 10 件、三等奖 11 件、优秀奖 147 件。开展中职学校“德能双优”学生评选活动，共评选出 2 781 名“德能双优”学生。

高 等 教 育

〔**综述**〕　2013 年，全省坚持“科学定位、分类指导、多元发展、特色办学”的总体思路，坚定走“地方性、应用型、合作式、一体化”特色鲜明的应用型地方高等教育发展道路，坚持改革创新，推动内涵发展，加快推进高等教育强省建设。经教育部批准，安徽中医学院更名为安徽中医药大学，安徽建筑工业学院更名为安徽建筑大学。经省政府批准和教育部备案，芜湖职业技术学院与芜湖信息技术职业学院合并成立新的芜湖职业技术学院；经省政府批准，组建独立设置的安徽大学艺术与传媒学院，纳入省属普通本科高校序列管理。省政府分别与教育部、农业部、国家林业局共建安徽大学、安徽师范大学、安徽农业大学，安徽医科大学工作取得实质性进展。全省高等教育毛入学率达 35%，比 2012 年提高 4.4 个百分点。

〔**高等教育综合改革**〕　推进高等教育管理体制改革，加强省级统筹和分类管理。精简 8 项直接涉及高校的省级教育行政审批项目，落实和扩大高校办学自主权。出台《安徽省高等学校教职工代表大会工作规程》，加快省属高校章程建设，安徽大学等试点高校完成章程草案起草工作。创新高校人事管理机制，深化事业单位分类改革，两所高校进行分类改革试点和法人治理结构试点。高校岗位设置方案核准率达100%，岗位聘用认定率达97%，专业技术二级岗位申报工作稳步推进。启动职业院校升学考试改革试点，对高职院校自主招生改革试点、对口升学考试、专升本考试和初中起点五年制招生考试等进行统筹和改革，自主招生改革试点高职院校由24所增至42所，申报招生专业（类）由145个增至310个，招生计划增加近一倍，实际录取新生16 157名。推进人才培养模式改革，启动实施高校与法律实务部门人员互聘“双千计划”和“卓越新闻传播人才教育培养计划”，强化开放合作，探索多领域、多层次人才培养模式。在扩大产学研联合培养研究生规模的基础上，新遴选17个产学研联合培养研究生示范基地。完善研究生教育投入机制，合理确定研究生学费标准。

〔**提高人才培养质量**〕　投入30多亿元，实施《安徽省支持本科高校发展能力提升计划》和《安徽省高等教育振兴计划》。推进质量工程项目建设，省级本科教学质量与教学改革工程项目新立项7 093项。新增119个本科专业、165个专科专业，取消或停招专业点278个。设立1亿元专业结构优化与专业改造项目专项资金，支持专业改造与新专业建设项目88个，停招停办专业49个。实施新一轮省级重点学科建设重大项目，遴选19个学科予以重点建设。33所高校的1 928个项目获2013年国家级大学生创新创业训练计划项目立项。高职代表团在2013年全国职业院校技能大赛上获10枚金牌、33枚银牌和37枚铜牌，获奖数位居全国高职院校前列。安徽工业大学、安徽中医药大学和阜阳师范学院通过国务院学位委员会学位建设验收，其中安徽工业大学、安徽中医药大学被国务院学位委员会批准增列为博士学位授予单位，阜阳师范学院被批准增列为硕士学位授予单位。启动安徽教育科研网升级改造工程，编制《安徽省高等教育信息化实施方案》，深化成人高等函授教育教学模式信息化改革，构建面向全社会的继续教育平台和远程教育网络体系，推进优质数字化资源共建共享，立项建设省级精品资源公开课55门、精品资源共享课202门。基本建成共享共用的高校数字图书馆。

〔**科学研究**〕　2013年，全省高校获国家自然科学基金项目927项、经费6.45亿元，分别比2012年增长14.9%、14.2%；获国家社会科学基金项目116项、经费2 393万元，分别比2012年增长26.1%、59%。高校取得发明专利授权571项，占全省的13.46%；实用新型专利授权1 708项，占全省的4.74%。中国科学技术大学“量子信息与量子科技前沿协同创新中心”成为全国首批14个国家级协同创新中心之一。中国科学技术大学与中国科学院物理研究所合作的研究成果获国家自然科学一等奖。安徽工业大学、安徽建筑大学研究成果分别获国家科技发明奖二等奖和国家科技进步奖二等奖。全省高校共获省级科学技术奖励87项。

〔**服务经济社会发展**〕　建立20个省级协同创新中心和12个产业共性技术研究院，服务区域创新发展，帮助解决产业发展过程中的共性技术问题。实施高等学校服务文化强省建设行动计划，加强省级人文社科重点研究基地建设和管理。举办全省高校服务旅游产业发展成果推介暨校企合作项目工作推进会。

〔**高等教育办学保障**〕　2013年，按照“生均加竞争性专项”的思路，改革高等教育财政拨款机制。加强高校预算资金和科研经费管理，切实把“花钱要有效，用钱必问责”的要求落到实处。高校办学条件持续改善，普通高校校舍建筑面积、教学仪器设备值、图书数分别比2012年增长3.5%、12.2%和4.9%。完善高校教学质量监控体系，安徽科技学院、皖西学院作为试点高校通过审核评估，得到教育部的肯定；巢湖学院、滁州学院、合肥师范学院、安徽新华学院等新建本科院校通过本科教学工作合格评估；组织开展新一轮高职高专院校人才培养评估工作调研。

〔**党建工作**〕　扎实开展党的群众路线教育实践活动，参加第一批活动的高校结合学校特点，聚焦“四风”问题，务求整改实效，作风建设长效机制逐步形成。加强干部教育培训，与国家教育行政学院联合开展党的十八大精神专题培训，高校处级以上干部5 100人参加培训。加强高校领导班子建设，提拔省管干部19人、平级调整29人。推进高校总会计师制度试点，在安徽商贸职业技术学院开展行政副院长和总会计师竞争上岗。做好在校大学生和青年教师发展党员工作，开展大学生党员发展质量调查研究，对《中国共产党普通高等学校基层组织工作条例》和实施办法贯彻落实情况进行检查，稳步推进高校党代会常任制工作。

〔**大学生思想政治教育**〕　加强高校意识形态工作，牢牢把握社会主义办学方向，开展“我的中国梦”主题教育活动。发挥思想政治理论课主渠道作用，全省29所本科院校和17所高职院校建立了独立的思想政治理论课二级教学科研管理机构，3名思想政治理论课教师入选2013年全国高校优秀中青年思想政治理论课教师择优资助计划。在第二届长三角高校思想政治理论课教学比赛中，获一等奖3个。开展全省高校辅导员业务培训和职业技能竞赛，促进辅导员工作能力提高，在第二届全国高校优秀辅导员博客评选中，6人获9项“优秀博文奖”，1人获“优秀博客奖”，获奖数位居全国高校首位。加强新媒体建设和管理，2所高校网站入选“全国高校百佳网站”，近30所高校开通实名认证的微博。首次对高校学报学刊进行质量评测。加强大学文化建设，举办“青春・理想”全省第二届大学生自创话剧展演活动，开展校园大舞台——徽风皖韵进高校活动和高雅艺术进校园活动。

〔**招生和就业**〕　争取到支援中西部地区招生协作计划3.7万名，争取到面向贫困地区定向招生专项计划1 140名。继续实施异地高考政策，符合条件的261名外省籍考生在皖报名参加高考。普通高考录取率达82.3%，比2012年提高1.5个百分点。各级各类高等教育招生计划增幅继续高于全国平均水平。扎实做好高校毕业生就业工作，全年举办省级招聘会16场、高校招聘会6 829场，累计提供就业岗位67万个。2013年，全省普通高校毕业生初次就业率达88.71%，高于全国平均水平11个百分点。

撰稿　高　原　邵　明

审稿　程　艺

福建省教育

概　　况

〔基本情况〕

福建省各级各类学校校数、教职工、专任教师情况

	学校数（所）	教职工数（人）	专任教师数（人）
一、高等教育	90	65 634	43 368
（一）研究生培养机构（不计校数）	15		
1. 普通高校	12		
2. 科研机构	3		
（二）普通高等学校	87	64 744	42 905
1. 本科院校	32	45 952	29 784
其中：独立学院	9	8 046	5 923
2. 高职（专科）院校	55	18 275	12 749
3. 其他机构（点）（不计校数）	1	517	372
（三）成人高等学校	3	890	463
（四）民办的其他高等教育机构			
二、中等教育	2 082	201 397	169 406
（一）高中阶段教育	844	123 320	72 444
1. 高中	545	96 963	51 602
普通高中	544	96 957	51 602
完全中学	418	73 469	34 561
高级中学	103	17 920	15 674
十二年一贯制学校	23	5 568	1 367
成人高中	1	6	
2. 中等职业教育	299	26 357	20 842
普通中专	230	21 614	17 187

续表

	学校数（所）	教职工数（人）	专任教师数（人）
成人中专			
职业高中			
技工学校	69	4 743	3 655
其他机构（教学点）（不计校数）			
（二）初中阶段教育	1 238	78 077	96 962
1. 初中	1 238	78 077	96 962
初级中学	1 079	66 781	59 786
九年一贯制学校	159	11 296	4 596
十二年一贯制学校			1 456
完全中学			31 124
职业初中			
2. 成人初中			
三、初等教育	6 225	160 050	156 497
（一）普通小学	5 228	157 126	154 490
小学	5 228	157 126	148 222
九年一贯制学校			5 194
十二年一贯制学校			1 074
（二）成人小学	997	2 924	2 007
其中：扫盲班	844	2 662	1 805
四、工读学校			
五、特殊教育	73	1 946	1 729
六、学前教育	7 419	112 862	65 227

注：①完全中学的学校数和教职工数计入高中阶段教育，九年一贯制学校的校数和教职工数计入初中阶段教育，十二年一贯制学校的校数和教职工数计入高中阶段教育，专任教师是按照教育层次划分归类；②“（ ）”内数据为不计校数。

福建省各级各类学历教育学生情况

各级各类学历教育学生情况	毕业生数（人）	招生数（人）	在校生数（人）
一、高等教育			
（一）研究生	10 179	12 620	38 190
博士	979	1 256	5 205
硕士	9 200	11 364	32 985
（二）普通本专科	187 230	213 564	730 510
本科	94 450	121 637	457 241
专科	92 780	91 927	273 269
（三）成人本专科	34 530	56 982	143 923

续表

各级各类学历教育学生情况	毕业生数（人）	招生数（人）	在校生数（人）
本科	15 171	20 557	53 904
专科	19 359	36 425	90 019
（四）其他各类高等学历教育			
1. 在职人员攻读硕士学位		4 089	14 099
2. 网络本专科生	24 598	29 634	61 206
本科	13 308	15 767	34 030
专科	11 290	13 867	27 176
二、中等教育	809 587	776 285	2 360 563
（一）高中阶段教育	438 214	390 218	1 252 337
1. 高中	231 857	209 370	656 622
普通高中	231 800	209 370	656 488
完全中学	156 695	139 137	439 670
高级中学	68 961	63 753	198 019
十二年一贯制学校	6 144	6 480	18 799
成人高中	57		134
2. 中等职业教育	206 357	180 848	595 715
普通中专	102 250	101 328	297 044
成人中专	48 561	53 712	228 007
职业高中			
技工学校	55 546	25 808	70 664
（二）初中阶段教育	371 373	386 067	1 108 226
1. 初中	371 373	386 067	1 108 226
初级中学	219 337	216 105	625 365
九年一贯制学校	14 710	16 992	46 803
十二年一贯制学校	8 641	8 604	26 491
完全中学	128 685	144 366	409 567
职业初中			
2. 成人初中			
三、初等教育	429 768	495 734	2 629 472
（一）普通小学	398 464	495 734	2 598 375
小学	382 793	473 992	2 490 570
九年一贯制学校	12 452	18 409	89 556
十二年一贯制学校	3 219	3 333	18 249
（二）成人小学	31 304		31 097
其中：扫盲班	21 441		23 051

续表

各级各类学历教育学生情况	毕业生数（人）	招生数（人）	在校生数（人）
四、工读学校			
五、特殊教育	3 441	4 203	25 142
六、学前教育	499 109	594 754	1 432 901

注：特殊教育学生数中包括普通中小学随班就读的学生。

福建省各级各类非学历教育学生情况

	结业生数（人）	注册学生数（人）
总计	1 383 290	1 301 971
一、高等教育	364 106	345 536
（一）研究生课程进修班	676	1 546
（二）自考助学班	3 889	6 301
（三）普通预科生		745
（四）进修及培训	359 541	336 944
其中：资格证书培训	67 600	49 251
岗位证书培训	143 554	129 205
二、中等职业教育	1 019 184	956 435
其中：资格证书培训	150 640	119 307
岗位证书培训	298 863	262 616
（一）中等职业学校	193 224	157 505
其中：资格证书培训	108 235	89 476
岗位证书培训	46 156	33 281
（二）职业技术培训机构	825 960	798 930
其中：资格证书培训	42 405	29 831
岗位证书培训	252 707	229 335

福建省各级各类民办教育基本情况

	学校数（所）	毕业生数（人）	招生数（人）	在校生数（人）	教职工数（人）	专任教师数（人）	其他学生数（人）
一、民办高等教育							
（一）民办高校	35	50 908	61 926	204 746	16 462	11 344	6 152
硕士							
本科学生		25 125	34 910	129 155			
专科学生		25 783	27 016	75 591			
其中：独立学院	9	20 271	26 118	101 887	8 046	5 923	
本科学生		20 271	26 118	101 887			

续表

	学校数（所）	毕业生数（人）	招生数（人）	在校生数（人）	教职工数（人）	专任教师数（人）	其他学生数（人）
专科学生							
（二）民办其他高等教育机构							
二、民办中等教育							
（一）高中阶段教育	122	35 058	34 586	108 311	16 423	12 227	
1. 民办普通高中	79	25 263	22 750	71 825	14 544	10 950	
2. 民办中等职业教育	43	9 795	11 836	36 486	1 879	1 277	4 464
（二）初中阶段教育	69	44 249	49 501	144 208	6 273	4 730	
1. 民办普通初中	69	44 249	49 501	144 208	6 273	4 730	
2. 民办职业初中							
三、民办普通小学	84	16 535	23 034	113 947	3 596	2 656	
四、民办幼儿园	5 248	251 172	306 199	777 489	79 882	42 811	
另有：民办培训机构（不计校数）	313				5 058	2 670	143 857

注：①“其他学生数”包括自考助学班学生、预科生、进修及培训学生数；②民办普通高中的教职工数和专任教师数中包含民办普通初中的教职工数和专任教师数；③民办中等职业教育数据中未含技工学校数据；④“（ ）”内数据为不计校数。

〔教育优先发展〕 2013 年，省级财政新增 8.6 亿元，专项支持 23 个省级扶贫开发工作重点县基础教育和职业教育发展；投入 20.6 亿元，确保完成中职免学费等 4 项省委、省政府为民办实事项目。全面实现“双高普九”，21 个县（市、区）通过国家义务教育基本均衡发展评估验收；学前教育入园率达 96.5%，高中阶段毛入学率达 92.5%，分别比 2012 年提高 1 和 1.5 个百分点；高等教育毛入学率达 37.7%，比 2012 年提高 4.2 个百分点。

〔为民办实事〕 一是继续解决进城务工人员随迁子女就学问题。省级（含中央）安排补助资金 6 亿元，规划改扩建校舍面积 58 万平方米，全省（不含厦门市）新增中小学学位 6.8 万个，新增学生宿舍等生活用房 20 万平方米。二是加快幼儿园发展。省级（含中央）安排补助资金 4.07 亿元，全省新增学位 10 万个，加快解决城乡接合部“入园难”和提高农村幼儿入园率问题。三是中小学校舍安全建设。省级（含中央）安排补助资金 4.5 亿元，规划改造面积 70 万平方米，逐步消除 2009 年以后新增的校舍安全隐患。四是实施中等职业教育免学费政策。省级安排补助资金 6.9 亿元，惠及中职学生 58 万人次（含技工学校）。

〔教育改革发展〕 闽台高校教育交流合作新模式、厦门市区域内实现义务教育较高水平均衡、晋江市“八个注重”（注重领导保障、注重经费保障、注重机制创新、注重品牌打造、注重校企合作、注重师资建设、注重培养质量、注重服务拓展）推进中等职业教育发展 3 项改革创新案例分获国家教育改革典型案例创新特别奖和优秀奖。逐步扩大校本作业、分层递进有效教学、减负高效课堂等教育教学新模式，基本建立起符合义务教育课程标准的学生学业水平监测制度。推行职业教育前厂后校和校中厂、厂中校等人才培养模式改革，开展现代学徒制改革试点，推进招生与招工互通、上课与上岗融合、毕业与就业衔接。继续实施“卓越工程师”等系列创新人才培养改革试点，校地、校所、校企产学研协同培养应用型人才。稳妥实施招生制度改革，继续坚持义务教育阶段就近入学、对口升学制度。扩大优质高中对口定向招生名额比例，基本面向随迁子女开放招生。设立高等职业教育入学考试，完善“五年专”招生录取办法、“专升本”等招考制度，开展高职院校与大中型企业招工招生一体化改革试点。

〔**教师队伍建设**〕　制定出台中小学师德建设工程实施意见和中小学教师教育教学行为规范，评选10名“最美乡村教师”等先进典型。研究出台高校教师专业技术职务聘任制实施办法，全面实行高校教师职务聘任制改革。继续实施“百千万人才工程”，遴选1 500名名师、名校长、学科带头人培养人选，进行重点培养。345名教师入选高层次人才培养与引进“三项计划”（百名领军人才资助计划、千名学科带头人培养计划、百名领导干部能力提升计划），实施高校青年教师成长计划、高职教师素质与教学能力提高计划等，启动民办高校“强师工程”，培训骨干教师100名、青年教师1 000名。新补充中小学教师5 800名、幼儿园教师2 500名，其中补充紧缺学科教师近40%。扩大经济困难县补充农村学校教师资助计划范围，为3 400名到农村任教的高校毕业生实施农村紧缺学科师资代偿学费计划。6 500多名骨干教师参加国家级培训，22 000名中小学、幼儿园教师参加省级培训。

〔**党建工作**〕　一是扎实推进党的十八大精神进教材、进课堂、进大学生头脑工作，广大师生普遍参加各类专题学习培训班，认真学习党的十八大、十八届三中全会和习近平总书记一系列重要讲话精神。组建教育系统理论宣讲团，举办报告会150余场、覆盖师生15万人。把党的十八大精神作为思想政治理论课和形势政策课的主要内容，评选出百个优秀教案、百件优秀课件、百篇优秀论文和百堂精彩一课，提升思想理论教育的实效性。实施高校校园文化建设计划，积极发挥高校3 000多个校级学生社团的作用，广泛开展“三爱”（爱学习、爱劳动、爱祖国）、“三节”（节粮、节水、节电）教育，200多万人次参加“我与中国梦”主题征文和演讲系列活动。建成8 680个高校社会实践基地、4 700余支实践队，20余万名师生深入基层开展“我为美丽福建做贡献”等主题社会实践活动，30多个高校团队、近千名师生参与龙岩市长汀县等地水土流失治理和研究。涌现出福建省第三届道德模范楚玉春等一批先进群体和个人。二是加强高校领导班子建设。20所高校深入开展第一批党的群众路线教育实践活动，认真查摆“四风”问题，立行立改，着力落实中央关于改进工作作风、密切联系群众的八项规定（简称“八项规定”）精神，在联系和服务师生、扩大民主管理、厉行节俭节约等方面加强整改。以贯彻落实《关于进一步支持高校加快发展的若干意见》为契机，积极推动内部人事分配制度改革，全面实现高校自主评聘教师职称，全面推进高校绩效工资改革。福州大学等12所高校相继召开党代会，进行党委换届，进一步明确发展目标和办学思路，凝聚师生力量。提高领导班子办学治校能力，举办高校领导干部办学治校能力专题研讨班，组织高校领导干部赴美国高校培训，依托北京大学、复旦大学等知名高校对校级领导进行专题培训。三是加强党风廉政建设。研究制订省委“四风”突出问题中损害群众利益行为专项整治工作方案，突出抓好高校落实“八项规定”精神，严肃查处滥用行政权力、利用职务非法干预学术资源配置行为。制定下发《关于推进福建省高校廉政风险防控机制建设的意见》，出台“三重一大”、基建工程及招标采购等制度，全面推进廉政风险防控机制建设。

〔**校园安全稳定**〕　全省96.7%以上的学校通过平安先行学校创建。开设安全教育地方课程，建立每日防溺水、防交通事故安全提示、提醒制度。坚持高校稳定形势月研判、季排查，实行重要时段校园稳定“日研判”“零报告”制度。集中3个月开展矛盾纠纷集中排查，共排查整治安全隐患2.5万余起。师生非正常死亡同比下降7.7%，及时稳妥处置群体性突发事件对校园的影响。

〔**民族教育**〕　恢复设立民族教育事业发展专项经费，会同省财政厅共同编制2013—2015年民族教育提升工程项目规划，推动民族教育优先发展。重点补助34所未实现标准化的民族中小学校（班）添置教学实验仪器、音体美等器材、图书和信息化设备配备，改善办学条件，加快学校标准化建设。做好内地西藏班、内地新疆班的服务和保障工作，完成中央下达福建省内地西藏高中班扩招任务。加强内地班学生的民族团结和爱国主义教育，关注学生的思想动态，确保内地民族班安全稳定。

〔**教育交流与合作**〕 建立教育部中外合作办学部省联合审批机制，以及政府外国留学生奖学金和出国留学奖学金项目。厦门大学在马来西亚建立分校，首开中国高校走出去的先河。推动闽台“校校企”联合培养人才项目，已在产业急需的70个专业培养学生2万余名。率先开展大陆高职院校毕业生赴台湾修读专升本课程试点。设立高校台湾学生奖学金，全省在校台湾学生达1 484人，约占大陆高校同期在校台湾学生总数的六分之一。举办第四届海峡两岸大学校长论坛。

基础教育

〔**学前教育**〕 落实普惠性民办幼儿园资助政策，省级下达补助资金近8 000万元，对2 200多所取得办园许可证、月保教费低于每生150元的普惠性民办幼儿园实施每生每年100元的专项经费补贴。省级财政安排专项资金5 238万元，对取得办园许可证、月保教费低于每生150元的1 746所普惠性民办园，给予每园一次性补助3万元，受益幼儿约30万人。扩大学前教育巡回支教试点，宁化、建宁、明溪等3个革命老区县作为全国农村学前教育巡回支教试点县，探索适合农村偏远地区有效增加幼儿接受基本学前教育机会的新模式。3个县共设置105个支教点，招募并选派174名志愿者赴边远农村支教。深入贯彻教育部《3—6岁儿童学习与发展指南》（简称《指南》），用两年时间通过省、市、县三级培训，实现《指南》培训全员覆盖。建立行政推动、科研引领、专家指导、典型示范的工作推进机制，深化学前教育改革。积极创建省、市、县三级示范性幼儿园，全年新增各级示范性幼儿园250多所，优质学前教育资源进一步扩大。

〔**义务教育**〕 省级财政安排2.55亿元，重点支持23个省级扶贫开发县和5个财政相对困难县推进农村中小学标准化建设；全省已有86%的中小学校通过“义务教育标准化学校”评估验收。所有县（市、区）均实现高水平、高质量普及九年义务教育，21个县（区）通过国家“义务教育基本均衡县”督导检查，通过数和通过率均居全国前列。落实省级财政专项补助资金4 500万元，为尚未开设信息技术课程的572所农村小学添置计算机，加强小学英语和信息技术课程的师资培训和配备，确保2014年春季开齐小学英语和信息技术课程。全面推行城区义务教育“小片区”和农村薄弱学校“委托管理”等管理模式，大力推广名校办分校、老校带新校、强校扶弱校的办学模式。推进实施县域内义务教育教师校际交流制度，师资配置更趋合理。加强农村小规模学校和教学点教育教学资源配备，为3 254所农村小规模学校及农民工子弟学校免费配送一批急需的教育教学光盘，全省2 455个教学点实现数字教育资源全覆盖。

〔**高中教育**〕 2013年，普通高中实际招生20.9万人，比2012年减少1万人，普通高中招生计划得到较好控制。扩大优质高中覆盖面，新增13所省一级达标高中，全省一级达标高中总数达112所，占全省普通高中的20%；全省达标高中364所，占普通高中的67%。鼓励开展公办高中联合办学和委托管理实验，提高普通高中办学层次和水平。启动实施普通高中多样化发展改革试点，在全省遴选26所高中作为试点学校，引领普通高中多样化特色化发展。

〔**教育改革试点**〕 以全省138个素质教育和

教育教学试点单位为抓手，扩大减轻中小学课业负担、提高质量教育教学新模式影响面。泉州、宁德、龙岩等地的改革覆盖面逐步扩大并初见成效。大田县“先学后教”高效课堂引起省内外教育界的持续关注。构建学业质量评价体系，完成第三次国家和首次省级义务教育阶段学生学业质量监测，加强教学质量监控和过程性管理。学科教学研究基地学校针对学科教学中的重难点问题集中破解，取得了一批典型经验。

〔**特殊群体保障**〕 2013 年秋季，全省共接收进城务工人员随迁子女 86.1 万名，比 2012 年增加 11 万余名，其中公办学校接收比例达 87.8%。省教育厅、省发展和改革委、省公安厅和省人力资源和社会保障厅出台《关于做好进城务工人员随迁子女接受义务教育后在当地参加升学考试工作的实施意见》，为随迁子女在流入地继续接受高中阶段教育和高等教育提供政策保障。关爱农村留守儿童，加大农村寄宿制学校建设力度，加强寄宿制学校学生管理人员的配备，推动实施“农村中小学生五四三幸福成长工程”，即“五创建”（创建“三房五室”、创建标准化食堂、创建实践基地、创建校园文化、创建安全环境），“四提高”（提高精细化管理水平、提高教师师德师能、提高课堂教学效率、提高学生综合素质），“三融合”（校内管理与校外参与相融合、学校教育与家庭配合相融合、学校关爱与社会关心相融合）。促进学生健康幸福成长，保证留守儿童“照顾有人、安全有保、亲情有爱、学业有教、活动有地”。

〔**科普教育**〕 组织开展“福建省科技教育基地学校”创建和评估工作，新增 39 所福建省科技教育基地学校，全省科技教育基地学校达 135 所。会同有关部门举办第 28 届福建省青少年科技创新大赛、第 11 届福建省青少年机器人竞赛、第 14 届福建省中小学电脑制作活动以及高中 5 个学科竞赛等活动。2013 年，学生在全国青少年科技创新大赛中取得好成绩，其中学生科技项目共获一等奖 4 项、二等奖 6 项、三等奖 9 项，获奖成绩位居全国第五位。泉州师范学院附属小学、福州第三中学获“全国十佳科技创新学校”称号，柘荣县城郊中心小学教师梅永来被评为“全国十佳优秀科技辅导员”。

〔**规范管理**〕 开展义务教育“减负万里行”活动，福州市积极推进实施“幸福教育”，切实减轻中小学生过重课业负担；推动构建“幸福课堂”；优化监督评价机制；提升学校体育、音乐、美术、综合实践教育水平；改进学校德育工作；改善教师工作软环境；关心关爱特殊群体学生；促进学校、家庭、社会和谐互动。厦门市取消义务教育课前早读，给学生休息和活动留下时间和空间。加强规范办学日常监察，及时纠正违规办学行为。治理义务教育择校乱收费，落实《治理义务教育阶段择校乱收费的八条措施》，完善义务教育学校“阳光招生”制度，落实义务教育免试就近入学政策。规范特长生招生学校管理，严禁以特长生名义跨区域考试择优招生。

职业教育与成人教育

〔**基础能力建设**〕 2013 年，省级安排 1.97 亿元资金，对 23 个扶贫开发工作重点县每县补助 400 万元，其余 35 个县每县补助 300 万元，支持县级职教中心重点专业实训基地和信息化实训教学项目建设。启动中等职业教育信息化建设推进计划，以“三通两平台”（宽带网络校校通、优质资源班班通、网络学习空间人人通，建设教育资源公共服务平台和教育管理公共服务平台）建设为抓手，构建省、市、县、校四级互联互通的职业教育信息化体系。确定 17 所中职学校为省级教育信息化试点学校，省级中职教学资源库总容量近500 G，仿真实训操作软件28个。在全国职业院校信息化教学大赛中获1个一等奖、4个二等奖、4个三等奖。

〔**职业教育改革**〕 加强对职业教育的统筹协调和过程指导，抓好项目落实，推动试点单位大胆创新，积极探索现代职业教育发展方式。挖掘改革试点阶段性成果，从试点专业中新评选20个省级特色课程，12个案例列入全省教育改革典型案例，晋江市职业教育综合改革试点入选第三届全国教育改革创新典型案例。加快国家中等职业教育改革发展示范校建设，第一批7所项目学校通过验收。启动实施省级中职示范校建设工作，确定第一批6所项目学校。

〔**校企合作**〕 成立6个省级和20个区域职业教育行业指导委员会，组建由近900名专家组成的省级职业教育专家库，其中行业、企业专家约占28%。推进职业教育集团化办学，参与集团化办学的中职学校174所，占总校数的76%。2013年，职业教育集团成员企业接收近2万名毕业生就业，4 000多名教师到企业实践锻炼，学校为企业培训职工8.7万余人次。深化人才培养模式改革，与企业联合举办冠名班、“订单”班，推行“校中厂、厂中校”等办学模式，167所中职学校与2 700家企业开展了多种形式的校企合作。

〔**服务产业发展**〕 印发《关于推进职业院校服务企业八项措施的通知》。2013年，中职学校为企业“订单”培养3.74万人，面向企业员工开展非全日制学历教育在校生6.2万人、职业技能鉴定5.7万人。全省中职学校承担企业员工培训、再就业培训和农村劳动力转移培训70万人次。会同省委农村工作领导小组办公室等部门实施新型职业农民素质提升工程，组织农业类中职学校招收1万名初中文化程度、具备规模经营准入条件的农民开展中职学历教育。

〔**实施高职院校水平提升计划**〕 省教育厅组织开展重大教学改革建设项目，遴选确定9所本科高校与15所高职院校联办电子信息等23个应用型本科专业、机电一体化技术等119个示范专业、电气自动化实训基地等60个生产性实训基地。推进示范性高职院校建设工作，福建信息职业技术学院、福建林业职业技术学院等2所国家级骨干高职院校通过国家验收，黎明职业大学通过省级示范性高职院校验收。推进中央财政支持实训基地建设工作，新增中央财政支持实训基地7个，获专项资金1 300万元。组织完成2013年全省职业院校技能大赛（高职组）竞赛工作，大赛设奖757项，其中一等奖128项、二等奖257项、三等奖372项。组织参加2013年全国职业院校技能大赛，获奖68项，其中一等奖8项、二等奖25项、三等奖35项。组织完成提升专业服务产业发展能力项目验收工作，51个专业通过省级验收、5个专业暂缓通过。

〔**终身教育**〕 新增国家社区教育示范区1个、实验区2个，省级社区教育实验区3个。截至2013年年底，国家和省级社区教育示范区和实验区达43个，占全省县（市、区）的51%。开展省级社区教育品牌创建活动，首批确认15个省级社区教育经典品牌。组建省级终身教育专家库，发挥专家、学者在终身教育科学管理中的作用。结合全国“全民终身学习周活动”，组织开展“9.28终身教育活动日”系列活动，全省93个市、县（区）全部申报为“全民终身学习活动周”举办城市，全省各类活动项目达300多个，直接参与活动的群众达20万人。全省有5人获全国“百姓学习之星”称号。加快终身学习平台建设，对“福建终身学习在线”进行改版升级，推出手机版，开发手机微型课程与短信，开通“福建省女职工周末学习网”。截至2013年年底，全省有“终身学习”类网站52个，学习论坛和各类学习平台43个。

〔**职业技能大赛**〕 举办全省职业院校技能大赛中职组比赛，设17个专业类别66个比赛项目，全省9个设区市和平潭综合实验区、省属中职学校、省属技工学校等12支代表队参加比赛，选手超过1 300人。组团参加2013年全国职业院校技能大赛，中职组获一等奖10项、二等奖51项、三等奖98项，总积分全国排名第5。在2013年全国职业院校学生技能作品展洽会上，5所中职学校的参展作品获一等奖1项、二等奖6项、三等奖9项。区域竞赛制度逐步建立，举办“厦漳泉”“福莆宁”职业院校技能竞赛。

高等教育

〔**提升本科教学质量**〕 2013年，实施本科教学质量与教学改革工程，组织开展专业综合改革试点、大学生创新创业训练计划、专业实验教学示范中心、教师教学发展中心、国家级精品视频公开课与精品资源共享课等项目建设。获批国家级实验中心4个、实践基地13个、精品视频公开课6门、精品资源共享课19门。实施一般本科院校办学水平提升计划，支持15所一般本科院校立项建设62项公共基础课实验教学平台、68项校企合作实践教学基地，在省重点建设高校与一般本科院校之间建立对口支援协作关系。组织开展第七届省级高等教育教学成果奖励评选工作，遴选确定特等奖25项、一等奖92项、二等奖180项。实施卓越工程师、卓越法律人才教育培养计划，厦门大学等5所高校的14个专业入选“教育部卓越工程师教育培养计划”第三批学科专业名单。联合省政法委、省高级人民法院等法律实务部门，实施高校与法律实务部门人员互聘“双千计划”（2013年至2017年，选聘1 000名左右法律实务部门专家到高校法学院系兼职或挂职任教，承担法学专业课程教学任务；选聘1 000名左右高校法学专业教师到法律实务部门兼职或挂职，参与法律实务工作）。2013年，互聘5人。推进福州地区大学新校区文献信息资源共建共享，开展共享平台系统与共享资源建设等工作。组织实施数学建模、电子设计等全省大学生课外竞赛活动。

〔**调整优化人才培养结构**〕 以工科为重点，调整专业设置重点。2013年，新增187个本、专科专业，工科类专业达97个，占51.9%，比2012年调增11.5个百分点。其中新增66个本科专业中，工科类专业达28个，占42.4%，比2012年调增1.6个百分点；新增121个专科专业中，工科类专业达69个，占57.0%，比2012年调增16.7个百分点。加强产业发展急需紧缺人才培养，协调落实福州大学在晋江建设科教园、在泉港区建设石油化工学院；协调华侨大学与南安市政府、行业企业联合培养石材产业急需人才；协调教育部科技发展中心和东华大学等高校支持“晋江市纺织服装人才培养与技术研发中心”建设；协调福建卫生职业技术学院、厦门医学高等专科学校、漳州卫生职业学院分别在宁德市闽东卫生学校、三明职业技术学院、漳州卫生职业学院设立教学点，举办临床医学、医学检验技术等专业，面向乡镇定向培养卫生人才。支持宁德职业技术学院与远东电机（宁德）有限公司等企业在电机电器领域合作开展“订单”培养。

〔**实施研究生教育创新计划**〕 新增博士学位授予单位（含项目试点单位）2个、硕士学位授予单位1个。提升专业学位研究生教育水平，推进泉州师范学院、闽江学院、厦门理工学院硕士专业学位人才培养项目试点工作，并将3所院校遴选为硕士学位授予培育单位。以工程硕士领域为重点，完成新增硕士专业学位授权点申报与审核工作。推进福州大学、福建师范大学、福建农林大学、福建医科大学4个专业学位研究生教育综合改革试点项目，以临床医学硕士专业学位教育与住院医师规范化培训相结合改革试点为突破口，积极推动专业学位与职业资格有机衔接。遴选建设省级研究生教育创新基地（培育项目）56个，推动产学研结合联合培养研究生。评选出省级优秀博士学位论文45

篇，其中12篇参评全国优秀博士学位论文。组织实施“闽江学者”奖励计划，遴选特聘教授19人、讲座教授30人。

〔**提升高水平大学办学质量**〕 积极推进高水平大学建设，重点推进厦门大学“985工程”和“211工程”建设、福州大学“211工程”建设、福建师范大学和福建农林大学省部（局）共建工作；推进福建省高校与清华大学、北京大学、复旦大学、中国人民大学等部属高校共建工作。新增福建工程学院、厦门理工学院等以工科专业为主的院校为省重点建设高校，新增重点建设高校经费5 000万元，主要用于支持重点建设高校加强工科、医科、农林类学科建设。推进20个省高校优势学科创新平台（培育项目）、55个省特色重点学科和210个省级重点学科建设。根据2013年教育部发布的全国第三轮一级学科评估结果，全省高校中进入国内前20名的学科共有40个，其中23个学科进入前10名。

〔**推动高校内涵发展、特色发展**〕 一是控制规模。以编制2014年高校招生计划为抓手，稳定招生数量，除中外合作办学机构外，不再增设新的高校，不再扩张建设规模，把办学资金更多转向提升教育教学质量和培养、引进名师方面。二是优化结构。启动调整高校规划布局工作，逐校重新核定办学规模和办学条件，推进兼并重组，做大做强，改善学科布局，优化资源配置，提升办学水平。三是提高质量。继续大力支持厦门大学、华侨大学建设高水平大学，启动省属高校高水平大学建设工程，支持福州大学、福建师范大学、福建农林大学通过若干年发展建设，在同类大学名列前茅。鼓励各级各类高校走特色发展的路子，采取“一校一策”（通过立足于课程、立足于教学技术、立足于校园文化与办学特色的研究，确立一所学校一个发展策略）的措施，明确办学层次和定位，以专项奖励等形式推动特色专业建设和人才培养。支持示范性高职院校在现代职业教育体系中发挥骨干带头作用。四是服务需求。明晰各设区市政府对所属地方高校办学的统筹权和对所属高校建设规划、办学规模、招生计划和学科专业设置的话语权和统筹力度，促进地方高校的建设规模、办学特色与本地经济社会发展对人才的需求相适应。五是加强监控。高校引入社会评价监督，推进由社会组织监测评价和教育满意度测评。加快建立行业企业评价机制，吸引行业企业参加教育质量评估。把学生就业创业能力、毕业生就业状况作为高校评估的重要内容。加快实现高校学生学籍信息和就业信息贯通，及时、准确、客观地反映各校各专业毕业生就业状况，并向社会公布。加快培育独立于教育部门的专业教育服务机构，不断提高评估监测质量水平。建立办学条件监测、办学质量监控、办学绩效评价、办学信息公开等四个省级监控平台，发布高校办学质量监测报告。

〔**完善办学质量评估和监管机制**〕 开展教学评估工作，配合教育部组织完成武夷学院本科教学工作合格评估。组织专家组完成对福建幼儿师范高等专科学校、厦门软件职业技术学院、厦门安防科技职业技术学院、泉州轻工职业学院、泉州海洋职业学院人才培养评估工作。组织专家组完成对福建江夏学院和宁德师范学院申请增列学士学位授予权的审核和25所高校的63个本科专业申请增列学士学位授予权的审核工作。组织开展成人高等教育检查评估工作，根据评估结果按规定做出相应处理。开展办学质量监控，分类修订完善内涵建设监测指标，公开发布2012年度普通高校内涵建设主要评价指标监测数据及分析报告，向社会公布全省首轮高职院校专业建设质量评价结果（包括交通运输等24个专业类）。加强重点项目专项资金绩效管理，会同省财政厅修订完善《福建省重点建设高校专项资金管理办法》，组织完成2012年度重点建设高校建设专项资金绩效评价工作，完成福建信息职业技术学院、福建林业职业技术学院、泉州医学高等专科学校3所国家级骨干高职院校专项经费支出绩效评价工作。建立办学质量年度报告制度，组织完成2013年度全省本科高校、高职院校人才培养质量报告编写及有关材料报送工作。

〔**成人高校招生考试**〕 10月26—27日，举行全省成人高等学校招生考试，共有 96 987 人报考，比 2012 年增加 5 307 人。全省共设置 27 个考区、92 个考点、3 284 个考场。考试全部安排在标准化考点进行，实行实时监控、全程录像，各考区考场秩序井然，考风考纪良好。共录取新生 78 344 人，录取率达 80.8%，其中专升本录取 30 802 人、高起本录取 647 人、高起专录取 46 895 人。

〔**自学考试**〕　2013 年，高等教育自学考试学历教育报考人数 179 211 人、346 713 科次，在考专业 147 个，其中本科 74 个、专科 73 个；面向社会开考的专业 73 个，开考体制改革试点专业 115 个；共有 52 所高校担任主考学校，与 11 个厅局、行业合作开考 23 个专业。非学历证书考试持续拓展，全年共组织全国计算机等级考试、全国英语等级考试、大学英语四级和六级考试、高等学校英语应用能力考试、全国中小学教师教育技术水平考试、教师“两学”（《教育学》和《心理学》）资格考试、非学历双证书考试共 13 个大项目 17 次考试，考生达 115 万人，比 2012 年增加近 17 万人。

撰稿　陈晓风　张伟礼　方八容
审稿　鞠维强

厦门市教育

概　　况

〔**基本情况**〕

厦门市各级各类学校校数、教职工、专任教师情况

	学校数（所）	教职工数（人）	专任教师数（人）
一、高等教育	17	16 237	9 639
（一）研究生培养机构	4		
1. 普通高校	3		
2. 科研机构	1		
（二）普通高等学校	17	16 237	9 639
1. 本科院校	6	12 817	7 367
2. 专科院校	11	3 420	2 272
其中：职业技术学院	10	3 125	2 052
3. 分校、大专班（点）（不计校数）			
（三）成人高等学校			
（四）民办的其他高等教育机构			
1. 学历文凭考试机构			
2. 非学历文凭考试机构			

续表

	学校数（所）	教职工数（人）	专任教师数（人）
二、中等教育	117	14 224	12 334
（一）高中阶段教育	55	9 192	7 889
1. 高中	34	7 113	6 283
普通高中	33	7 107	6 283
成人高中	1	6	
2. 中等职业教育	21	2 079	1 606
中等职业学校	18	1 800	1 411
技工学校	3	279	195
其他机构（教学点）（不计校数）	14	186	186
（二）初中阶段教育	62	5 032	4 445
1. 普通初中	62	5 032	4 445
2. 职业初中			
3. 成人初中			
三、初等教育	289	10 145	9 564
（一）普通小学	289	10 020	9 481
（二）成人小学		125	83
其中：扫盲班		125	83
四、工读学校			
五、特殊教育	3	130	112
六、学前教育	642	10 296	5 851

注：①普通高中包含十二年一贯制学校教职工数、专任教师数；②普通初中包含九年一贯制学校教职工数、专任教师数；③普通小学不含九年一贯制、十二年一贯制学校教职工数、专任教师数。

厦门市各级各类学历教育学生情况

	毕业生数（人）	招生数（人）	在校生数（人）
一、高等教育	52 494	63 643	200 304
（一）研究生	3 684	4 654	14 494
（二）普通本专科	40 678	46 651	152 546
（三）成人本专科	4 066	6 169	16 632
（四）其他各类高等学历教育	4 066	6 169	16 632
1. 在职人员攻读博士、硕士学位			
2. 网络本专科生	4 066	6 169	16 632
3. 学历文凭考试			
二、中等教育	48 381	62 045	171 420

续表

	毕业生数（人）	招生数（人）	在校生数（人）
（一）高中阶段教育	23 326	29 972	84 699
1. 高中	13 663	15 058	44 296
普通高中	13 627	15 058	44 196
成人高中	36		100
2. 中等职业教育	9 663	14 914	40 403
中等职业学校（机构）	7 910	12 502	33 837
技工学校	1 753	2 412	6 566
（二）初中阶段教育	25 055	32 073	86 721
1. 普通初中	25 055	32 073	86 721
2. 职业初中			
3. 成人初中			
三、初等教育	37 398	48 607	246 485
（一）普通小学	32 625	48 607	240 905
（二）成人小学	4 773		5 580
其中：扫盲班	4 773		5 580
四、工读学校			
五、特殊教育	132	69	440
六、学前教育	37 862	53 607	121 572

厦门市各级民办教育基本情况

	学校数（所）	毕业生数（人）	招生数（人）	在校生数（人）	教职工数（人）	专任教师数（人）
一、民办高等教育	11	16 275	22 885	68 844	5 275	3 607
（一）普通高校	11	16 275	22 885	68 844	5 275	3 607
（二）成人高校						
（三）民办的其他高等教育机构						
二、民办中等教育机构	26	2 677	4 058	11 153	2 171	1 681
（一）高中阶段教育	9	1 060	2 074	5 671	633	407
其中：民办普通高中	3	600	471	1 679	428	270
民办中等职业教育	6	460	1 603	3 992	205	137
（二）初中阶段教育	17	1 617	1 984	5 482	1 538	1 274
其中：民办普通初中	17	1 617	1 984	5 482	1 538	1 274

续表

	学校数（所）	毕业生数（人）	招生数（人）	在校生数（人）	教职工数（人）	专任教师数（人）
民办职业初中						
三、民办普通小学	24	6 067	9 723	43 682	1 085	843
四、民办幼儿园	353	21 797	33 718	72 213	8 232	4 302

〔**教育投入**〕 2013年，全市教育经费投入121.27亿元，同比增长18.01%，其中国家财政性教育经费105.49亿元，同比增长21.67%，占国内生产总值3.50%，同比增长0.42个百分点。政府预算内教育拨款80.24亿元，同比增长14.79%。全市中小学生均预算内公用经费，小学1 440元，同比增长6.60%；初中2 074元，同比增长8.77%；高中2 771元，同比增长4.15%；中等职业学校4 689元，同比增长2.26%。

〔**教育惠民政策**〕 继续加大教育财政投入，确保教育经费"三个增长"。在全省率先统一公办幼儿园预算内生均公用经费定额标准，生均每年500元。进一步提高全市中小学生均公用经费定额标准，小学由每年730元提高到每年840元、初中由每年1 110元提高到每年1 260元，普通高中由每年750元提高到每年910元，中职学校每年910元（不含免学费补助）。全面落实学前教育、义务教育、普通高中、中职学校及高校资助政策，发放各类资助金5 735万元。

〔**扩大教育资源**〕 2013年，开工建设公办幼儿园18所，年度投资1亿元，新增公办幼儿园学位5 490个。加大义务教育阶段校舍建设力度，重点实施中小学建设项目34个，年度投资6亿元，新增公办义务教育学位1.1万个以上。继续推进厦门城市职业学院集美分院、集美轻工业学校和福建化工学校整合提升改造项目及厦门市科技中学翔安校区和厦门演艺职业学院新校区前期工作。建成厦门实验中学、厦门市音乐学校通屿校区。

〔**教师队伍建设**〕 严密组织教师招聘，全市新招教师1 464名。组建"厦门市名师讲学团"，定期到农村学校和薄弱学校巡回讲学。加强岗位培训，举办中小学校长任职和提高培训班，实施新任教师岗前培训，举办中小学教师教育技术能力培训等专业化培训。加大专家型教师、市级学科带头人、骨干教师培养力度。落实教师支教和校际交流政策，选派4名教师分别赴宁夏回族自治区、新疆维吾尔自治区、西藏自治区和福建省平潭县支教。启动直属学校教师交流工作。承担中小学教师职称改革试点工作，统一中学和小学教师职称设置，实行评聘结合、推荐送评，评审出全市首批7位中小学正高级教师。组织1 625名教师参加全省晋升中学一级教师职称教育教学能力水平考试，合格率达93.6%。

〔**教育督导**〕 启动厦门市教育督导责任区制度和责任督学挂牌督导以及义务教育质量监测工作，开展第九轮中小学素质教育暨文明学校督导评估。首次以市政府名义发布《厦门市人民政府关于2012年县域义务教育基本均衡发展督导评估工作情况的通报》，对全市6个区义务教育均衡发展情况进行省级督查后跟踪回访，思明区、集美区、海沧区和同安区以优异成绩通过国家义务教育发展基本均衡区评估认定。

〔**推进学校安全建设**〕 开展"平安先行学校"创建和学校安全标准化建设，印发实施《深入推进校园平安创建和标准化建设实施方案》《厦门市学校综治安全目标管理责任制考评办法》，组织开展学校安全大检查百日行动和学校综合治理安全目标管理考核。实施中小学幼儿园校车安全工程，研究制订全市市级校车服务方案，完成校车更换任务达106%，开展校车安全管理专项督导检查工作。开展交通安全教育优秀教案、优秀宣传作品评选活动和交通安全宣传月活动。

〔**海峡两岸教育交流**〕　举办第七届海峡两岸百名中小学校长论坛，来自海峡两岸的约170名中小学校长围绕“家校合作”这一主题展开广泛和深入的研讨；举办第三届海峡两岸中学生闽南文化夏令营；首次承办2013两岸高校设计展。继续与台湾慈济基金会合作，资助海沧区、同安区和翔安区约200名贫困外来人员子弟。2013年，台湾地区的校长、教师和学生共8批378人来厦门学习交流，厦门市的校长、教师和学生共33批511人赴台湾地区学习交流。47名厦门市中学生赴台湾参加“2013年首届海峡两岸百名中学生手拉手”夏令营。厦门市教育科学研究院邀请王春燕等4名台湾专家学者来厦门参加“2013年厦门—台北幼教论坛”，分享两岸幼儿园在课程统整、幼儿游戏及教学研究等方面的经验。

基础教育

〔**学前教育**〕　2013年，加大学前教育财政投入，扩大接受限价补助民办幼儿园的数量，提升民办幼儿园办园质量。严格落实民办幼儿园年检及定级评估，继续清理整顿无证幼儿园。贯彻落实教育部《3—6岁儿童学习与发展指南》(简称《指南》)，厦门市被省教育厅确定为实施《指南》省级实验区。设立学前教育专门网页，开展学前教育宣传月活动，引导幼儿园科学保教。创优提质，积极推进各级示范性幼儿园的创建和管理。

〔**均衡发展义务教育**〕　开展义务教育学校标准化建设“回头看”工作，加大薄弱环节的整改力度，进一步均衡配置设施、图书、校舍等资源，改善岛外义务教育学校办学条件。加大义务教育阶段校舍建设力度，投资6亿元，重点实施中小学建设项目34个，新增公办义务教育学位1.1万个以上。改革普通高中招生考试报名和定向生招生政策，将优质普通高中招生名额的50%分配到区域内的初中学校。完善民办义务教育学校年检制度，定期评估并将评估结果向社会公布。完善初中教育质量综合评价工作，建立包含品德素养、学业水平、身心健康、学习兴趣和学习负担等因素构成的初中教育质量综合评价体系。挖潜扩容，提供更多的公办学校学位接收进城务工人员随迁子女入学，全年有17.5万名进城务工人员随迁子女在厦门市接受义务教育，占全市义务教育阶段学生的53.9%，符合条件的随迁子女就读公办学校的比例为82.52%。

〔**减负提质工作**〕　出台减轻学生过重课业负担的规定，取消义务教育阶段早读，推迟学生入校时间，严控学生在校时间、作业总量、考试次数和考试难度，确保学生运动和综合实践活动时间。扩大校本作业适用面，完善校本作业实施制度，创新考试形式，出台考试命题指导意见，以片区为单位组织小学毕业考试，努力减轻学生的课业负担。完善学生体质健康状况监测和公布机制，建立学校体育工作评估制度。清理义务教育学科竞赛活动，规范特长生招生，严禁各种竞赛、特长评级与入学挂钩的行为，推进初中随机阳光编班，杜绝择班现象。

〔**普通高中教育**〕　完善全市普通高中教育质量评价方案，推进高中教育评价改革。开展普通高中多样化有特色发展改革工作，创建4所省级试点学校。出台《厦门市普通高中新课程教学实施指导意见》，立足学生创新精神的培养，开好各类必修、选修课程，落实高中综合实践课程。加强考试管理和命题管理，做好高中教学质量检测工作。推动厦门市灌口中学、厦门市海沧中学、厦门市第三中学等学校创建省一级达标高中，推进厦门市国祺中学、厦门市东山中学进一步规范管理。

〔**科普教育**〕 开展省级科技教育基地学校、省级和市级知识产权普及教育试点学校、市级环境友好型学校创建工作，3 所中小学被确认为省级科技教育基地学校、6 所中小学被确认为省级知识产权普及教育试点学校、20 所中小学被确认为市级知识产权普及教育试点学校、17 所中小学被确认为市级环境友好型学校，评选表彰了 56 名环境教育先进工作者。组织部分中学生参加全国青少年高校科技夏令营，开展第五届厦门市十佳青少年学生优秀发明创造奖评选活动，组织全市中小学生电脑制作活动、科技创新大赛、青少年电脑机器人竞赛、信息学知识竞赛等活动，并选拔参加全国比赛。在第 28 届全国青少年科技创新大赛中，获一等奖 3 项、二等奖 6 项和三等奖 6 项，厦门双十中学获“基层赛事优秀组织单位奖”。

〔**承办全国第四届中小学生艺术展演**〕 全国第四届中小学生艺术展演活动厦门现场集中展演活动由教育部与厦门市政府主办、市教育局承办。展演活动历时 8 天，首次邀请香港、澳门和台湾地区的师生参加。来自全国 31 个省（区、市）、新疆生产建设兵团及港澳台地区的 726 所学校 7 947 名师生及厦门市的 5 500 余名师生，共计 14 000 多人参加了展演活动，创历届新高。厦门师生表现突出，入围参与展演的中学组 9 个节目有 8 个获一等奖、1 个获二等奖，20 个中小学艺术作品获一等奖。

职 业 教 育

〔**落实中职教育惠民政策**〕 继续实施中等职业教育免学费政策，完善中等职业教育国家助学金政策。

〔**中职示范校创建工作**〕 推进厦门工商旅游学校和福建化工学校争创首批国家中等职业教育改革发展示范学校。

〔**师资队伍建设**〕 2013 年，继续落实职业院校教师素质提高计划，共安排 13 名教师参加中等职业学校专业骨干教师国家级培训，10 名教师参加中等职业学校全国青年教师企业实践项目。开展 2013 年厦门市中等职业学校信息化教学大赛，组织中职教师参加 2013 年全国职业院校信息化教学大赛，获一等奖 1 个、二等奖 4 个、三等奖 2 个。举办 2013 年厦门市中等职业学校教师教学技能水平测试。推荐 21 名职业院校的教师和 14 名企业专家作为福建省中等职业教育专家候选人。

〔**职业院校技能大赛**〕 2013 年，组织 169 名选手参加在泉州市举办的全省职业院校技能大赛中职组 16 个类别 49 个竞赛项目的比赛，共获 30 个一等奖、38 个二等奖、36 个三等奖。组织 124 名选手参加 2013 年全国职业院校技能大赛的 92 个项目的比赛，共获 4 个一等奖、29 个二等奖、44 个三等奖，获奖率为 83.7%，比 2012 年提高 9.7 个百分点。

〔**举办第一届厦门市“感动校园”评选活动**〕 配合“我的中国梦”主题教育活动，开展首届厦门市中等职业学校“感动校园”评选活动。4 月 19 日，召开全市“感动校园”现场交流会，推广厦门工商旅游学校举办“感动校园”活动的经验和做法。共有 14 所中职学校提交了 30 个参评人物资料，经过评委初选和各校代表投票，评出“感动校园十大人物”。

高 等 教 育

〔落实市属高校办学自主权〕 出台《关于支持高职院校改革发展的若干意见》《厦门市人民政府关于进一步支持和规范民办高等教育发展的实施意见》。加大对市属高等院校支持力度，促成成立“厦门高职院校改革发展暨专升本工作领导小组”，协助厦门华厦职业学院做好专升本工作。市属11所高校已全部实施自主评聘教师等专业技术职务评聘制度，全面实行高校职务聘任制。各高校自主设置内设机构，自主根据办学条件和区域经济发展设置本、专科专业。厦门理工学院被增列为福建省重点建设高校。

〔实施中高职集团化办学体制改革〕 中高职集团化办学模式进一步深化，挂牌成立厦门市中高职集团化办学教育联盟。开展五年制高职、中职生免试推荐入学试点工作。

〔深化产教融合、校企合作机制〕 推进物流、软件等校企合作平台建设，新成立会计校企合作服务中心，新增5个中央财政支持的职业教育实训基地建设项目。支持和配合市邮政管理部门，总结推广厦门华厦职业学院“快递顺丰班”校企合作经验，推动开设快递课程和拓展学生就业途径。委托厦门市物流校企合作服务中心编写中高职物流专业系列教材工作进展顺利，其中5本教材已进入出版前准备阶段。

〔举办设计展及技能竞赛〕 已举办三届的福建省高校文化创意设计大赛升格为“两岸高校设计展”，作为第六届海峡两岸（厦门）文化产业博览交易会的重要板块，来自台湾艺术大学、台湾实践大学、台湾树德科技大学、东方设计学院、厦门大学、福州大学厦门工艺美术学院、集美大学、华侨大学、厦门理工学院等设计高校设置的独立展区和省内其他高校的综合展区，共同展示了海峡两岸高校新一代设计人才的高水平文化创意作品。继续举办厦门市第二届高职软件技能竞赛并取得成功。举办厦门市第一届高职会计技能和企业沙盘模拟经营技能竞赛。

撰稿　郑林群　王益民
审稿　郭献文

江西省教育

概　　况

〔基本情况〕

江西省各级各类学校校数、教职工、专任教师情况

	学校数（所）	教职工数（人）	专任教师数（人）
一、高等教育	100	76 669	53 680
（一）研究生培养机构（不计校数）	15		
1. 普通高校	15		
2. 科研机构			
（二）普通高等学校	92	74 396	52 434
1. 本科院校	40	51 133	35 910
其中：独立学院	13	6 778	5 359
2. 高职（专科）院校	52	23 263	16 524
3. 其他机构（点）（不计校数）			
（三）成人高等学校	8	1 561	894
（四）民办的其他高等教育机构	23	712	352
二、中等教育	3 131	236 905	197 623
（一）高中阶段教育	980	114 234	76 060
1. 高中	446	81 366	49 789
普通高中	436	81 328	49 762
完全中学	248	46 151	23 281
高级中学	138	27 385	24 439
十二年一贯制学校	50	7 792	2 042
成人高中	10	38	27
2. 中等职业教育	534	32 868	26 271
普通中专	78	8 035	5 462
成人中专	91	2 428	1 615

续表

	学校数（所）	教职工数（人）	专任教师数（人）
职业高中	260	11 806	9 081
技工学校	105	10 414	9 956
其他机构（教学点）（不计校数）	2	185	157
（二）初中阶段教育	2 151	122 671	121 563
1. 初中	2 101	122 575	121 483
初级中学	1 545	88 474	84 432
九年一贯制学校	555	34 056	15 855
十二年一贯制学校			2 281
完全中学			18 870
职业初中	1	45	45
2. 成人初中	50	96	80
三、初等教育	10 821	196 811	207 583
（一）普通小学	10 650	195 737	207 153
小学	10 650	195 737	191 392
九年一贯制学校			14 243
十二年一贯制学校			1 518
（二）成人小学	171	1 074	430
其中：扫盲班	79	222	178
四、工读学校	1		
五、特殊教育	85	1 158	1 042
六、学前教育	11 485	102 917	61 588

注：①完全中学的学校数和教职工数计入高中阶段教育，九年一贯制学校的校数和教职工数计入初中阶段教育，十二年一贯制学校的校数和教职工数计入高中阶段教育，专任教师是按照教育层次划分归类；②“（ ）”内数据为不计校数。

江西省各级各类学历教育学生情况

	毕业生数（人）	招生数（人）	在校生数（人）
一、高等教育			
（一）研究生	7 853	9 407	26 330
博士	140	224	920
硕士	7 713	9 183	25 410
（二）普通本专科	240 601	247 389	861 849
本科	101 020	122 658	481 211
专科	139 581	124 731	380 638
（三）成人本专科	36 835	69 529	184 042
本科	17 558	27 044	80 936
专科	19 277	42 485	103 106

续表

	毕业生数（人）	招生数（人）	在校生数（人）
（四）其他各类高等学历教育			
1. 在职人员攻读硕士学位		2 692	10 041
2. 网络本专科生			
本科			
专科			
二、中等教育	1 072 163	1 131 854	3 260 203
（一）高中阶段教育	442 915	521 090	1 502 463
1. 高中	242 763	310 514	878 578
普通高中	240 907	310 514	876 722
完全中学	113 647	150 314	416 328
高级中学	116 099	144 781	418 714
十二年一贯制学校	11 161	15 419	41 680
成人高中	1 856		1 856
2. 中等职业教育	200 152	210 576	623 885
普通中专	72 198	94 538	260 665
成人中专	3 645	3 909	16 894
职业高中	83 312	68 933	207 069
技工学校	40 997	43 196	139 257
（二）初中阶段教育	629 248	610 764	1 757 740
1. 初中	626 094	610 764	1 754 361
初级中学	429 738	408 308	1 172 132
九年一贯制学校	68 634	75 593	209 379
十二年一贯制学校	15 198	14 413	41 316
完全中学	112 438	112 322	331 222
职业初中	86	128	312
2. 成人初中	3 154		3 379
三、初等教育	667 628	789 067	4 094 115
（一）普通小学	655 898	789 067	4 081 086
小学	588 929	732 263	3 736 635
九年一贯制学校	58 706	51 931	308 841
十二年一贯制学校	8 263	4 873	35 610
（二）成人小学	11 730		13 029
其中：扫盲班	8 887		8 654
四、工读学校			
五、特殊教育	2 197	3 337	17 111
六、学前教育	661 272	944 893	1 563 241

注：特殊教育学生数中包括普通中小学随班就读的学生。

江西省各级各类非学历教育学生情况

	结业生数（人）	注册学生数（人）
总计	333 741	272 502
一、高等教育	67 211	69 247
（一）研究生课程进修班	151	445
（二）自考助学班	7 233	9 335
（三）普通预科生		4 475
（四）进修及培训	59 827	54 992
其中：资格证书培训	28 103	26 509
岗位证书培训	19 765	19 574
二、中等职业教育	266 530	203 255
其中：资格证书培训	64 029	46 509
岗位证书培训	104 629	74 238
（一）中等职业学校	169 860	97 755
其中：资格证书培训	54 362	36 833
岗位证书培训	68 433	33 401
（二）职业技术培训机构	96 670	105 500
其中：资格证书培训	9 667	9 676
岗位证书培训	36 196	40 837

江西省各级各类民办教育基本情况

	学校数（所）	毕业生数（人）	招生数（人）	在校生数（人）	教职工数（人）	专任教师数（人）	其他学生数（人）
一、民办高等教育							
（一）民办高校	29	53 475	65 428	221 973	17 574	12 565	9 786
硕士							
本科学生		25 577	36 133	138 048			
专科学生		27 898	29 295	83 925			
其中：独立学院	13	22 455	21 529	94 117	6 778	5 359	453
本科学生		22 455	21 529	94 117			
专科学生							
（二）民办其他高等教育机构	23				712	352	9 128
二、民办中等教育							
（一）高中阶段教育	267	65 875	74 168	215 342	19 359	13 634	
1. 民办普通高中	111	32 225	45 515	122 348	13 521	9 753	
2. 民办中等职业教育	156	33 650	28 653	92 994	5 838	3 881	6 031

续表

	学校数（所）	毕业生数（人）	招生数（人）	在校生数（人）	教职工数（人）	专任教师数（人）	其他学生数（人）
（二）初中阶段教育	157	48 142	50 262	140 791	10 823	7 069	
1. 民办普通初中	157	48 142	50 262	140 791	10 823	7 069	
2. 民办职业初中							
三、民办普通小学	56	26 415	17 538	120 501	2 305	1 541	
四、民办幼儿园	10 267	413 242	638 578	1 140 403	88 249	51 572	
另有：民办培训机构（不计校数）	31				411	350	11 100

注：①“其他学生数”包括自考助学班学生、预科生、进修及培训学生数；②民办普通高中的教职工数和专任教师数中包含民办普通初中的教职工数和专任教师数；③民办中等职业教育数据中未含技工学校数据；④“（ ）”内数据为不计校数。

〔**教育重大工程项目**〕 2013 年，全省教育投入实现稳定增长，财政教育支出 694.1 亿元，比 2012 年增长 6.9%。全省教育经费总量达 829.5 亿元，为一系列重大项目实施提供了有力保障。一是中小学校安工程二期建设。总投资 12.6 亿元，维修和改造校舍 172.8 万平方米，连续实现了第 13 个“校舍安全年”。二是农村义务教育薄弱学校改造工程。2010—2013 年，中央、省财政及地方配套投入改造资金 63.8 亿元，覆盖校舍改造类项目学校 932 所、教学设施装备类项目学校 8 200 余所、食堂类项目学校 6 000 余所。三是教育园区建设。省财政 3 年共安排 2.4 亿元，带动全省投入资金约 60 亿元，建设教育园区 93 个，新建、改扩建学校近 300 所，建筑面积达 480 万平方米。四是农村义务教育学校标准化建设。从 2013 年起，全省统筹安排 50 亿元资金，用 3 年时间推进农村义务教育学校标准化建设。五是普通高中维修改造。2013 年，在对 17 个集中连片特困县普通高中进行建设和改造的同时，省财政首次专项安排资金 5 亿元，支持其他市、县（区）普通高中维修改造校舍 85.6 万平方米，添置教学仪器设备 2.9 万套、图书 62 万册。学前教育三年行动计划、农村初中工程二期建设、特教学校建设工程、中职学校达标建设工程、“高等学校创新能力提升计划”等顺利推进，各级各类学校办学条件进一步改善。

〔**教育体制改革**〕 3 月 21 日，省政府召开省教育体制改革领导小组第二次会议，出台《江西省关于 2013 年深化教育领域综合改革的意见》；加强高等教育省级统筹，出台《关于设区市公办普通本科高校划归省管的实施意见》。6 月，省政府与工业和信息化部、教育部联合共建江西理工大学，全省共建高校达 13 所；先后与北京大学、清华大学、北京师范大学实现省校合作，省校合作高校达 7 所；出台《江西省本科师范生免费教育实施意见》，从 2013 年秋季开学起，在江西师范大学试行本科师范生免费教育试点；出台《江西省 2013 年普通高考分类考试实施方案》，首次实施高考分类考试，全省兼报、单报高职（专科）的考生达 98 816 人；推进现代大学制度改革试点和高校章程制定核准工作，召开全省高校章程制定工作推进会和高校章程核准委员会第一次会议，对江西财经大学等 3 所高校章程进行评议；制定出台《关于支持赣南等原中央苏区教育改革发展的意见》，设立赣州教育改革试验区，并实现与教育部共建；设立抚州基础教育综合改革实验区。积极推动南昌地区部分独立学院到共青城市办学，并签订框架协议。

〔**教育民生工程**〕 资助力度进一步加大，资助政策向学前教育和研究生教育延伸，初步构建起各级各类教育全覆盖的学生资助体系。2013 年，共资助各级各类贫困生 747 万人，发放各级各类资助金 73 亿元。所获中央奖励资金 1.68 亿元，全部安排用于奖补解决进城务工人员随迁子女接受义务教育较好的地区和学校，保障进城务工人员随迁子女平等接受义务教育。实施营养改善计划，17 个国家试点县（市）均实现开学全面开餐，3 783 所学校 91 万名农村义务教育学生受益，食堂供餐学校由 70 所增加到 374 所。拓展社会助学融资渠道，家庭经济困难大学新生入校报到资助项目筹集捐助资金 503.6 万元，惠及家庭经济困难新生 0.67 万人。新增设中央专项彩票公益金 3 个教育助学项目资金 7 540 万元，惠及学生 17 460 人。特殊教育公用经费达普通学校的 6 倍，寄宿生生活费标准达到小学每生每年 1 200 元、初中每生每年 1 450 元。向 2013 年春季全省农村义务教育阶段 540 万名学生和秋季农村学校一年级 89 万名学生免费发放《新华字典》。

〔**教师队伍建设**〕　省政府出台《关于加强教师队伍建设的意见》，健全教师培养补充、培训和交流制度。2013 年，全省统一招聘中小学教师 6 741 人、“特岗教师”2 990 人、招募学前支教志愿者 960 人、招收农村学校定向师范生 3 636 人，接收 407 名部属师范大学免费师范毕业生回省任教。全年远程培训中小学教师 36.35 万人，“国培计划”培训农村中小学（幼儿园）教师 5.18 万人次，“农村教师素质提升行动计划”培训教师 7.9 万人次。在全省 20 个县（区）城区试行组建教育共同体，通过上挂下派学校管理人员、骨干教师交流、送课到校、共同组织教育教学活动等，带动教师素质整体提升。在全省开展寻找“最美乡村教师”和“身边的‘张丽莉’”活动。完成首批 13 名“井冈学者”特聘教授续聘工作及第二批 17 名“井冈学者”特聘教授聘任工作；参与第三批“赣鄱英才 555 工程”人文社科类人才的遴选及选拔工作。教师待遇得到进一步改善，全省义务教育绩效工资财政保障全部到位，艰苦边远地区农村中小学教师特殊津贴增加到 3 亿元。2010—2013 年，投入资金 3.7 亿元，在 31 个项目县、600 所农村学校兴建教师周转宿舍 7 000 套。

〔**教育督导**〕　成立江西省政府教育督导委员会，印发《江西省教育督导事业发展规划（2013—2020 年）》，省督学由 40 名增至 91 名，全面实施责任督学挂牌督导制度，探索健全教育决策、执行、督导“三位一体”新机制，提升教育管理科学化水平。

〔**党的群众路线教育实践活动**〕　按照中央和省委的统一部署，从 7 月起，省委教育工委、省教育厅和省属 37 所高校、12 所民办高校作为第一批教育实践活动单位开展了党的群众路线教育实践活动。通过教育实践活动，省委教育工委、省教育厅共搜集意见、建议 3 241 条，梳理出“四风”方面存在的突出问题及事业发展问题 127 个，提出具体措施 132 条，建立健全规章制度 16 项。开展检查评比考核表彰项目清理，省教育厅原 138 个项目保留 11 个，减幅达 92%，进一步减轻基层负担。

〔**民族教育**〕　会同省财政厅下拨 1 000 万元资金，专项支持 8 个民族乡、6 个民族村建设学校教学楼、综合楼和运动场等，建筑面积达 21 240 平方米，改善了民族地区学校的办学条件。选择 8 所管理水平高、教育教学质量好、师资队伍强的中小学校和幼儿园与新疆克孜勒苏柯尔克孜自治州 8 所学校、幼儿园开展一对一帮扶。

〔**教育交流与合作**〕　2013 年，省政府将教育交流与合作专项资金由 150 万元增至 950 万元，较 2012 年增长 5 倍多。首次设立江西省政府外国留学生奖学金、江西省汉语国际推广专项资金，并分别制定出台管理办法，提高专项资金的使用效益。全省首个汉语国际推广基地——九江白鹿洞书院成立。2013 年，在赣来华留学生首次接近 4 000 人，外籍教师达 670 余人。全省中外合作办学项目新批设 8 个，总数达 100 个。10 月，省教育厅、省外事侨务办公室、省广播电视台举办了江西省首届外国留学生汉语大赛，展示江西外国留学生教育成果，搭建来华留学生交流平台。

基础教育

〔**完成学前教育三年行动计划**〕 2013年，争取中央财政学前教育专项资金8.33亿元，建设农村闲置校舍改建幼儿园项目1 181个、农村学校增设附属幼儿园项目2 248个。争取国家“中西部农村学前教育工程”项目资金1.4亿元，在14个贫困县建设公办乡镇中心幼儿园69所。省财政安排民生工程专项资金2亿元，支持建设农村公办幼儿园643所、扶持民办幼儿园882所。安排资助资金2 000万元，用于资助家庭经济困难儿童、孤儿和残疾儿童。出台《江西省幼儿园保教费收费标准以及管理的意见》，规范幼儿园收费，加强学前教育项目管理。进一步加强省级示范幼儿园建设和管理，全省省级示范幼儿园达150所。同时，开展幼儿“健康、快乐、发展”主题活动，组织以“倾听孩子，共同成长”为题的征文活动，促进科学保教。实施学前教育三年行动计划以来，共建设374所乡镇中心幼儿园、3 000余所农村闲置校舍改建幼儿园和6 000余所农村小学增设附属幼儿园，共增加学位60多万个。

〔**义务教育均衡发展**〕 制订全省农村义务教育学校布局专项规划。启动农村义务教育标准化建设工程，进一步实施农村义务教育薄弱学校改造计划，全面提升农村学校办学条件。制定下发《江西省县域义务教育均衡发展督导评估实施办法》及实施细则，完善工作规程，开展督导试评。启动农村留守儿童关爱服务体系试点工作，指导各地深化“两为主”为“两个全部纳入”，将常住人员全部纳入区域教育发展规划，将随迁子女全部纳入财政保障范围。完成《新华字典》免费发放工作。

〔**普通高中特色发展**〕 积极推行普通高中特色发展试验改革工作。召开全省普通高中特色发展试验工作研讨会，对推进全省普通高中特色发展试验、提高高中教育质量进行再部署。组织36名专家对32所学校试验工作进行专项视导，组织各设区市教育局负责人和44所试点学校校长共计110人次，分两批赴华东师范大学进行高中特色发展专题培训学习。继续深化普通高中新课程实验，开展“我的课改故事”等评比活动。组织编写地方课程教材《普通高中学生生涯发展规划指导》，加强对高中学生的生涯规划指导。

〔**中小学德育工作**〕 编写《江西省中小学学科德育指导纲要（征求意见稿）》，推进党的十八大精神进教材、进课堂、进头脑，把社会主义核心价值体系融入教学全过程。推进校外活动场所建设和管理，争取国家6 000万元资金，支持2个示范性综合实践基地建设项目。新增71个乡村学校少年宫建设项目，每个项目获20万元中央财政资金支持。开展青少年教育示范基地场所创建活动，有3个单位获批为国家级教育示范基地。同时，组织开展以“文明与美丽”为主题的第四届“素质教育月”活动和以“我的梦·中国梦”为主题的青少年书信文化活动。表彰全省百名优秀班主任，评选2012—2013学年度省级三好学生、优秀学生干部共1 659名。

〔**中小学信息化建设**〕 实施江西省农村义务教育薄弱学校改造计划多媒体远程教育设备项目建设。2013年，省财政安排1.2亿元专项资金，建设13 000间多媒体教室。从2013年秋季起，实施中小学生学籍信息化管理，660万名中小学生全面实行“一人一号”，并终身使用。

〔**规范办学行为**〕 针对义务教育阶段择校热、设立重点校（重点班）、学生课业负担过重以及考试次数过多等现象，制定出台《江西省规范义务教育办学行为若干规定》，提出“六严”举措，即坚持划片招生，严格实行义务教育免试就近入学；均衡配置资源，严禁分设重点校（班）和非重点校（班）；减少家庭作业，严格规范教辅材料订购；合理安排考试，严禁违规组织集体补课；坚持正确评价，严禁层层下达升学指标；强化监督检查，建立和完善问责机制。同时，把落实情况纳入对市、县（区）政府教育工作综合督导评估和义务教育均衡发展县（市、区）评估认定，督促各地加强中小学规范管理，办好每一所学校。

〔**安全教育与管理**〕 5月，组织全省中小学生收看江西电视台《中小学生安全教育第一课》专题讲座；6月，在江西教育网发布《江西省教育厅致全省中小学生家长的一封信》；落实中小学安全管理责任，针对暑期安全事故易发多发的特点，召开全省中小学幼儿园安全工作布置会；7月中下旬，省政府办公厅组织省教育厅、省公安厅、省交通运输厅和省安全生产监督管理局成立督查组，联合开展全省校园安全管理督查，重点督促各地加强预防学生溺水工作以及校车安全管理工作；9月，组织全省中小学校上好开学第一课。举办以“普及安全知识，确保生命安全”为主题的全省中小学校安全知识网络竞赛活动，200万名中小学校师生和家长参加。切实加强校车安全管理，建立健全校车安全管理协调机制。成立省级校车安全管理联席会议，出台《江西省校车服务方案》，明确工作目标和思路。2013年，省财政在新增教育经费中安排1亿元专项资金，对市县进行奖补，专项资金用于支持各地解决农村义务教育阶段学生上下学交通问题。9月，省直有关部门专门开展了全省校车专项整治行动，严查交通违法行为，全力确保学生出行安全。

〔**特殊教育**〕 加强特殊教育薄弱环节培训，举办全省随班就读资源教师培训班、全省自闭症康复教师专题培训班和全省特殊教育管理干部高级研修班。加强特殊教育基础能力建设，用好省政府“民生工程”1 000万元特殊教育专项资金，继续加强特殊教育学校建设，实现了30万以上人口县建有特殊教育学校的目标。做好“交通银行特教园丁奖”评选推荐工作，全省5名优秀特教教师获全国表彰。

职业教育与成人教育

〔**职业教育体制改革**〕 深化管理体制改革，成立了由省政府领导，省教育厅、省人力资源和社会保障厅、省财政厅等15个厅局组成的职业教育联席会议。在省委和省委统战部的大力推动下，成立了江西省中华职业教育社。探索人才培养模式改革，围绕构建现代职业教育体系，出台了《江西省教育厅关于推进中高职教育对接培养模式改革的意见》，启动中高职对接培养试点工作，21所高职院校、55所中职学校参加了首批试点工作。继续实施中职技能竞赛获奖选手免试就读省内单独招生高职院校制度。推动人事制度改革，开展全省中等职业学校机构编制调研，推动省人力资源和社会保障厅出台江西省中等职业学校高级讲师职称资格申报评审条件。

〔**基础能力建设**〕 启动达标中职学校建设工程。出台《江西省达标中等职业学校基本标准（试行）》，制订全省中职学校达标建设规划，按照“一县一校”要求，整合、调整职业教育资源，计划用3年时间，建设200所达标中职学校，并纳入县级政府教育督导评估范围。已安排1.54亿元专项资金，支持第一批通过达标审核确认的44所中职学校实训基地建设。继续推进中等职业教育基础能力二期项目建设。2013年，争取中央资金1.8亿元，将全省18所中职学校纳入中等职业教育基础能力建设规划（二期），每校获1 000万元基础能力建设资金。推进国家中等职业教育改革发展示范校建设，首批8所中职学校通过省级验收。抓好品牌专业、重点专业和特色专业建设，通过创建国家改革发展示范学校和省级重点中职学校建设以及精品专业建设等措施，全省8所国家中职改革发展示范学校建设了31个重点专业、11个特色项目。省财政投入资金3 125万元，重点支持获2013年全国职业院校技能竞赛三等奖以上或获全省中等职业学校技能竞赛二等奖以上的64所学校，实施64个省级精品专业建设。

〔**构建“双师型”教师培养培训体系**〕　逐步构建以省、市、县三级培训网络为主体，以青年教师企业实践为重点的“双师型”教师培养培训体系。一是认真组织实施中职教师素质提高计划。省财政投入资金300万元，依托高校对1 000名中职教师进行为期1个月、31名校长进行为期3个月的省级培训；选派310名骨干教师参加教育部组织的国家级培训、12名教师赴德国学习专业教学法和专业技能、43名校长参加教育部职业院校校长专题研修班或高级研修班赴德国进修、1名校长参加教育部中英职业教育“影子校长”培训。二是实施以企业实践为重点的教师培训制度。组织119名教师深入思创数码科技股份有限公司、江西联创电子有限公司、江西泰豪动漫有限公司等9家大型企业锻炼。三是畅通“双师型”教师引进渠道。省财政投入资金900万元，大力实施“特聘兼职教师”项目，资助169所中职学校聘请600名行业企业高技能专业技术人才到学校兼职任教。四是出台《江西省中等职业学校主要专业“双师型”教师非教师系列专业技术证书目录（试行）》，规范“双师型”教师培养标准。启动全省第二批“双师型”教师认定工作，982名教师通过认定。

〔**教育科研**〕　一是加强课题管理和立项评审。出台《江西省中等职业学校省级教育教学研究课题管理办法》，规范课题管理。2013年，共立项重点课题25项、一般课题106项。二是组织全省职业教育优秀论文评选。三是推动民族文化传承与创新示范专业点建设。景德镇第一中等专业学校的陶瓷工艺、江西艺术职业学院的赣南采茶戏被教育部、文化部、国家民族事务委员会确定为首批全国职业院校民族文化传承与创新示范专业点。四是指导成立江西省职业教育学会学术委员会、艺术专业委员会、交通运输专业委员会，举办职业教育研究高层论坛，充分发挥行业企业力量，推动全省中职教育教学改革。

〔**信息化建设**〕　召开第一次中职教育信息化专题研讨会，启动了“云立方”学习空间建设，认真组织“云立方”杯信息化教学比赛，全省近400名教师参加省级决赛。推荐7名教师入围教育部“凤凰创壹杯”全国职业院校信息化教学大赛总决赛，获二等奖1个、三等奖3个。加强教师应用平台建设，以全国教职工数据采集为基础，整合教师培训管理、各类竞赛、“双师型”教师认定、课题申报等功能，实现了信息终身有效、动态更新维护和一键申请功能。

〔**强化德育建设**〕　出台《关于加强中等职业学校班主任工作的意见》，组织开展优秀班主任评选。举办全省中职学校“文明风采”竞赛培训班，邀请中国职业技术教育学会德育工作委员会的专家为全省11个设区市教育局德育工作负责人、100多所中职学校近270名教师授课。开展以“中国梦·我的梦”为主题的第五届江西省中等职业学校“文明风采”竞赛活动，收到征文类、职业生涯规划类、摄影和微电影类、动漫设计类、展演类5大类13项共2 143件作品。推荐120件优秀作品参加2013年全国中等职业学校“文明风采”决赛，获全国一等奖5项、二等奖3项、三等奖10项、优秀奖62项，6人获杰出指导教师奖、24人获优秀指导教师奖。

〔**规范办学行为**〕　做好2014年具备学历教育招生资格中等职业学校名单汇总发布工作，全面梳理各级各类中职学校，淘汰不具备招生资质的职业学校。转发教育部《关于进一步加强中等职业学校学生学籍管理工作的通知》，建立健全学籍管理责任制度，加强校外教学点（班）的设置管理，切实规范各类联合招生、合作办学；明确学籍管理，做到六个“严禁”（严禁未经教育行政部门批准的、不具备办学条件的办学机构以中等职业学校名义招生并注册学生学籍；严禁不具备办学资质的办学机构在中等职业学校挂靠招生并注册学生学籍；严禁中等职业学校“一校两牌”注册学生“双重”学籍；严禁中等职业学校虚报学籍或保留流失学生学籍；严禁将普通高中、普通高校学生注册为中职学生学籍；严禁利用虚假注册学籍信息等手段冒领、套取国家助学金和免学费资金）。

〔**高等职业教育得到进一步加强**〕　进一步深化校企合作办学。全省高职院校新增校企合作企业3 345家、新增校外实训基地712个、新增校企共同开发课程439门。截至2013年年底，全省高职院校校企合作企业总数达5 811家、校外实习基地5 767个、校企共同开发课程1 125门，平均每个专业开发课程3.4门，有合作企业的专业数占专业设置总数的86.7%。强化“双师型”教学队伍建设。建立和完善教师到企业锻炼制度及从行业企业生产一线引进、聘请专家、技术人员担任兼职教师制度。截至2013年年底，从企业聘请的兼职教师3 474名，占高职专业教师的13.9%；“双师型”教师7 019名，占专任教师的58.76%。加强教学质量评价和保障体系建设。对江西生物科技职业学院等18所高职院校的人才培养工作进行评估，开展对39所高职院校的56个国家提升高职院校专业服务产业发展能力项目省级验收。推进高职院校数据采集和年度质量报告工作，引进第三方加强对高职院校办学质量和水平的评价与督促，逐步形成以学校为核心、教育行政部门为引导、社会参与的教学质量评价和保障体系。加大省级高职专业技能实训中心建设力度，安排1亿元专项经费，遴选了江西工业职业技术学院软件技术等32个省级高职技能实训中心予以重点建设。同时，加强和推动国家骨干高职院校和省级示范性高职院校项目建设，获项目建设经费8.78亿元。江西现代职业技术学院、江西财经职业学院通过国家骨干高职院校建设项目验收并获优秀。

〔**加强少数民族内地中职班管理**〕　一是办好内地中职班。2013年，全省9所职业学校承接了新疆维吾尔自治区、西藏自治区2 800余人的中职学生培养任务。二是建立健全管理制度。成立内地中职班教育教学管理协作会，下设6个专业委员会，为民族班的培养工作提供人才保障。三是建立毕业生对口就业扶助扶持工作小组，协调解决内地中职班毕业生就业问题，2010级内地西藏班毕业生回藏就业率达80%，受到教育部、西藏自治区政府的高度评价。

〔**中职技能大赛**〕　组织开展全省中等职业学校第十届技能竞赛节活动。全年共有1 642人参加18大类76个单项的省级决赛，形成了“校校有比赛、层层有选拔”的机制。在2013年全国职业院校技能大赛中，获一等奖3项、二等奖7项、三等奖32项。在同期举办的全国职业院校学生技能作品展洽会上，共获一等奖4项、二等奖2项、三等奖6项、优秀奖11项。

〔**成人继续教育和社区教育**〕　一是积极推进社区教育发展，全省有国家级社区教育示范区2个、国家级社区教育实验区2个、省级社区教育实验区4个。建立了以政府投入为主，多渠道投入的社区教育经费保障机制；初步建立了一支以兼职和志愿者为主体、适应社区教育工作需要、富有特色的管理队伍和师资队伍。二是积极开展农村劳动力转移培训。全省各级各类学校承担农村劳动力转移培训5万人、农村实用技术培训5万人、退伍士兵2万人的培养任务。职业学校采取“订单”、定点、定向的形式，开展家政服务、餐饮、缝纫、电子、建筑等行业的职业技能培训。三是充分利用江西省农村致富技术函授大学这个平台，开展农村成人职业教育培训和新型农村实用人才培养。创新农业产业化班、农村专业人才精品班、远程教学班、农村实用技术短期培训班等多种继续教育模式，开拓“学校＋部门＋学员”“学校＋农技协＋学员”“学校＋基地＋学员”“学校＋企业＋学员”等多种形式的继续教育渠道，培养了一大批懂技术、会经营、善管理、能致富的农村科技能手。举办贵溪市樟坪畲族乡农村党员（农村致富技术函授大学学员）农业科技异地培训班，重点培训葡萄种植、毛竹精深加工等技术及农村村务管理。

高 等 教 育

〔**教育教学改革**〕 深入实施“质量建设计划”和“质量与教学改革工程”。安排落实财政经费6 000万元，立项建设卓越工程师教育培养计划项目25个，遴选建设90门省级本科精品资源共享课程。获教育部“十二五”高等学校实验教学示范中心立项4个、国家级精品资源共享课程24门和国家精品视频公开课程4门。新增14个国家级大学生校外实践教育基地和12个本科专业教育部卓越工程师教育培养计划。8个“十一五”国家级实验教学示范中心通过教育部验收。加大专业建设调整力度，投入1 000万元专项经费，遴选建设40个省级高校专业综合改革试点专业。同时主动适应经济社会发展需要，加大优化专业结构力度，全省新增本科专业64个、专科专业56个，全省本、专科专业分别达1 608个和2 698个。深化高等教育教学研究，安排500多万元专项经费，采取网评方式，遴选立项881项高等学校教学改革研究课题。

〔**实施高等学校创新能力提升计划**〕 首批10个省级“2011协同创新中心”开始有效运行。1月18日，召开全省高等学校创新能力提升计划（简称“2011计划”）调度会，推进全省“2011计划”向纵深推进。6月，教育部副部长杜占元来赣调研，视察了江西农业大学牵头的“猪牛羊良种培育及高效扩繁协同创新中心”和南昌大学牵头的“江西省MOCVD（金属有机物化学气相沉机）装备与工艺协同创新中心”，对江西省“2011计划”实施工作给予了高度评价。9月26日，省政府召开全省“2011协同创新中心”建设座谈会，对“2011计划”做出新部署。开展第二批10个省级“2011协同创新中心”的遴选认定工作，实现了面向科学前沿、行业产业、区域发展、文化传承创新四种类型协同创新中心的全覆盖，省财政共投入专项经费3.26亿元。

〔**科研水平显著提升**〕 2013年，全省高校从事科研活动的人员共20 148人，其中科学家和工程师19 582人，占97.2%。全省高校共获科研经费145 894.1万元，比2012年增长6.6%。共承担各级各类科技项目8 775项，其中国家自然科学基金项目1 232项、“973”计划项目14项、“863”计划项目33项、国家科技支撑计划项目26项、科技部重大专项2项，项目经费达12.36亿元。全省高校共发表学术论文17 665篇，其中SCIE收录2 009篇，出版科技著作43部。申请专利1 762项，其中发明专利829项。获专利授权933项，其中发明专利242项。共获省部级以上科学技术奖励51项，江西农业大学参与的“两系法杂交水稻技术研究与应用”获国家科学技术进步特等奖。共签订技术转让合同67项，合同金额2 304万元。获教育部高校人文社会科学一等奖1项、三等奖7项。人文社科重点研究基地由1个增至3个。

〔**科技创新**〕 2011—2013年，每年安排4 000万元专项资金，遴选确定了230个高校科技落地计划项目。加强和完善高校科技创新平台体系建设，依托赣南师范学院的“国家脐橙工程技术研究中心”、依托江西理工大学的“国家离子型稀土资源高效开发利用工程技术研究中心”获批组建，全省高校国家级研发平台达9个，占全省总数的82%。新增教育部工程研究中心1个、省重点实验室11个、省工程技术研究中心2个，形成了比较完善的国家、省部、厅三级科技创新平台体系。高校科技成果丰硕，获省自然科学奖12项、技术发明奖2项、科技进步奖28项，分别占全省获奖总数的92.3%、25%和35%。有43篇研究报告获省领导批示，一批科研成果得到有关部门采纳。全省有40%的专业和学科为全省十大战略性新兴产业所需。65%的高校毕业生选择省内就业。共青城大学园区建设、教育援疆项目建设等得到有力推进。

〔**人才队伍建设**〕　加大教师培训力度。创新教师专业发展项目，推出名师引领、名企实践、教学范式改革与创新等一系列项目，分类推进全省高校教师专业发展，全年共开设本科中青年教师、高职院校教师素质提高培训和民办高校教师培训150多个班次，培训教师7 785人次。开展高校教师信息采集和统计工作。高层次优秀创新人才、团队建设成效显著。南昌大学教授江风益负责的“半导体照明技术”创新团队入选国家创新人才推进计划重点领域创新团队，东华理工大学教授陈焕文负责的“直接质谱分析”创新团队入选教育部创新团队。2013年，全省高校有1人入选“千人计划”，6人入选教育部“新世纪优秀人才支持计划”，12人入选江西省主要学科学术和技术带头人培养计划，33人入选江西省青年科学家培养对象。南昌大学教授刘耀彬入选“长江学者”，实现全省本土培养“长江学者”零的突破。

〔**研究生教育**〕　景德镇陶瓷学院、江西中医药大学和华东交通大学增列为博士学位授予单位，赣南医学院增列为硕士学位授予单位。截至2013年年底，全省博士研究生培养单位由6个增至9个，硕士研究生培养单位由15个增至16个。

〔**加强创新创业教育**〕　成立江西省普通高校创新创业教育和自主创业工作领导小组。投入资金1 500万元，继续建设20个大学生创新创业园和实施1 000个大学生创新创业训练项目。创办江西省大学生华南城电子商务创业孵化园，为大学生创业提供良好平台。2013年，全省高校共有328个项目立项为国家级大学生创新创业训练计划项目。在国家级专业技能赛事上屡获佳绩，共获奖项106项，其中个人项目一等奖17项、团体一等奖8项。在全国电子设计竞赛中，获3个一等奖，实现了全省高校在全国大学生电子设计竞赛中一等奖零的突破。

〔**毕业生就业工作**〕　2013年，全省高校毕业生共计246 356人，初次就业率为85.58%，比全国平均就业率高出8.1个百分点。全年举办8 768场招聘会，邀请用人单位19 946家，提供就业岗位625 924个。发挥区位优势和协作优势，签署《赣鄂湘高校毕业生就业资源与服务合作框架协议》和《江西、江苏两省高校毕业生就业服务合作协议》，探索省际高校毕业生就业资源与服务合作的新模式与新机制。推广地方政府联合招聘模式，拓宽了毕业生就业市场。组织16所工科类高职院校到浙江省杭州、舟山等地洽谈校企合作事宜，签订129项合作协议。邀请浙江省、江苏省的6个政府机构组团赴赣招聘，共组织了近200家单位参加校园招聘会，提供就业岗位约2万个。

撰稿　曹伴好　巫志刚　黄周村　张桂儿
彭宏博　熊礼森　张发杰　于江宾
秦智虹　吴章荣　张珊珊
审稿　虞国庆　喻晓社

山东省教育

概　　况

〔基本情况〕

山东省各级各类学校校数、教职工、专任教师情况

	学校数（所）	教职工数（人）	专任教师数（人）
一、高等教育	150	149 453	103 313
（一）研究生培养机构（不计校数）	32		
1. 普通高校	28		
2. 科研机构	4		
（二）普通高等学校	139	142 240	98 685
1. 本科院校	63	93 259	65 247
其中：独立学院	12	7 287	5 028
2. 高职（专科）院校	76	45 658	31 829
3. 其他机构（点）（不计校数）	1	3 323	1 609
（三）成人高等学校	11	2 843	1 982
（四）民办的其他高等教育机构	91	4 370	2 646
二、中等教育	4 246	564 346	457 107
（一）高中阶段教育	1 301	249 281	193 456
1. 高中	569	151 611	119 236
普通高中	547	151 362	119 011
完全中学	98	24 725	13 640
高级中学	421	122 139	104 392
十二年一贯制学校	28	4 498	979
成人高中	22	249	225
2. 中等职业教育	732	97 670	74 220
普通中专	247	36 832	27 555
成人中专	89	3 743	2 627

续表

	学校数（所）	教职工数（人）	专任教师数（人）
职业高中	189	24 088	18 564
技工学校	207	30 860	23 977
其他机构（教学点）（不计校数）	41	2 147	1 497
（二）初中阶段教育	2 945	315 065	263 651
1. 初中	2 917	314 726	263 329
初级中学	2 335	248 280	221 323
九年一贯制学校	582	66 446	33 758
十二年一贯制学校			1 310
完全中学			6 938
职业初中			
2. 成人初中	28	339	322
三、初等教育	11 175	384 072	387 642
（一）普通小学	11 151	383 692	387 312
小学	11 151	383 692	361 245
九年一贯制学校			25 014
十二年一贯制学校			1 053
（二）成人小学	24	380	330
其中：扫盲班	15	180	150
四、工读学校			
五、特殊教育	144	5 684	4 692
六、学前教育	18 528	202 288	132 518

注：①完全中学的学校数和教职工数计入高中阶段教育，九年一贯制学校的校数和教职工数计入初中阶段教育，十二年一贯制学校的校数和教职工数计入高中阶段教育，专任教师是按照教育层次划分归类；②“（ ）”内数据为不计校数。

山东省各级各类学历教育学生情况

	毕业生数（人）	招生数（人）	在校生数（人）
一、高等教育			
（一）研究生	22 623	26 404	72 962
博士	1 557	2 033	8 495
硕士	21 066	24 371	64 467
（二）普通本专科	475 858	491 557	1 698 545
本科	211 661	237 463	935 480
专科	264 197	254 094	763 065
（三）成人本专科	128 297	165 522	459 803
本科	59 724	85 437	240 234
专科	68 573	80 085	219 569

续表

	毕业生数（人）	招生数（人）	在校生数（人）
（四）其他各类高等学历教育			
1. 在职人员攻读硕士学位		9 605	30 187
2. 网络本专科生	37 808	56 271	124 139
本科	15 640	26 321	57 381
专科	22 168	29 950	66 758
二、中等教育	2 071 262	2 092 993	6 296 667
（一）高中阶段教育	1 015 188	1 096 609	3 111 885
1. 高中	514 780	588 897	1 710 378
普通高中	509 383	588 897	1 705 043
完全中学	67 255	76 734	219 876
高级中学	437 522	506 311	1 467 945
十二年一贯制学校	4 606	5 852	17 222
成人高中	5 397		5 335
2. 中等职业教育	500 408	507 712	1 401 507
普通中专	201 035	228 620	622 644
成人中专	54 475	39 775	108 346
职业高中	123 116	95 152	300 595
技工学校	121 782	144 165	369 922
（二）初中阶段教育	1 056 074	996 384	3 184 782
1. 初中	1 050 979	996 384	3 179 800
初级中学	890 438	827 720	2 640 937
九年一贯制学校	114 370	122 563	392 191
十二年一贯制学校	7 979	7 096	23 309
完全中学	38 192	39 005	123 363
职业初中			
2. 成人初中	5 095		4 982
三、初等教育	1 038 947	1 156 903	6 265 656
（一）普通小学	1 033 007	1 156 903	6 259 820
小学	960 284	1 075 816	5 825 985
九年一贯制学校	69 412	78 757	419 170
十二年一贯制学校	3 311	2 330	14 665
（二）成人小学	5 940		5 836
其中：扫盲班	2 700		2 647
四、工读学校			
五、特殊教育	2 887	3 340	20 946
六、学前教育	964 663	1 161 003	2 624 305

注：特殊教育学生数中包括普通中小学随班就读的学生。

山东省各级各类非学历教育学生情况

	结业生数（人）	注册学生数（人）
总计	2 785 704	2 351 927
一、高等教育	340 730	296 239
（一）研究生课程进修班	3 444	4 319
（二）自考助学班	5 802	11 933
（三）普通预科生		412
（四）进修及培训	331 484	279 575
其中：资格证书培训	132 280	81 812
岗位证书培训	139 259	78 812
二、中等职业教育	2 444 974	2 055 688
其中：资格证书培训	422 898	324 432
岗位证书培训	685 931	577 661
（一）中等职业学校	399 572	173 495
其中：资格证书培训	102 951	68 321
岗位证书培训	148 119	48 490
（二）职业技术培训机构	2 045 402	1 882 193
其中：资格证书培训	319 947	256 111
岗位证书培训	537 812	529 171

山东省各级各类民办教育基本情况

	学校数（所）	毕业生数（人）	招生数（人）	在校生数（人）	教职工数（人）	专任教师数（人）	其他学生数（人）
一、民办高等教育							
（一）民办高校	38	94 521	98 780	320 819	25 795	17 598	38 711
硕士							
本科学生		25 889	29 510	123 287			
专科学生		68 632	69 270	197 532			
其中：独立学院	12	25 653	22 811	92 822	7 287	5 028	5 932
本科学生		19 634	15 927	74 902			
专科学生		6 019	6 884	17 920			
（二）民办其他高等教育机构	91				4 370	2 646	19 075
二、民办中等教育							
（一）高中阶段教育	234	88 864	85 050	237 583	21 375	15 833	
1. 民办普通高中	94	37 232	41 380	117 293	13 584	10 467	
2. 民办中等职业教育	140	51 632	43 670	120 290	7 791	5 366	14 497

续表

	学校数（所）	毕业生数（人）	招生数（人）	在校生数（人）	教职工数（人）	专任教师数（人）	其他学生数（人）
（二）初中阶段教育	245	76 398	90 620	268 646	20 960	16 542	
1. 民办普通初中	245	76 398	90 620	268 646	20 960	16 542	
2. 民办职业初中							
三、民办普通小学	231	42 637	41 617	259 221	12 616	9 516	
四、民办幼儿园	7 332	321 081	403 846	981 053	94 449	58 201	
另有：民办培训机构（不计校数）	1 311				14 742	11 037	438 754

注：①“其他学生数”包括自考助学班学生、预科生、进修及培训学生数；②民办普通高中的教职工数和专任教师数中包含民办普通初中的教职工数和专任教师数；③民办中等职业教育数据中未含技工学校数据；④“（ ）”内数据为不计校数。

〔**教育经费保障**〕 2013年，各级政府积极落实教育经费投入政策，进一步完善教育经费投入机制，不断提高教育经费使用效益和经费保障水平。全年中央和省财政安排用于农村义务教育的公用经费达35.35亿元。投入8.93亿元，为733万名农村中小学生配备教科书。中央和省财政投入10.87亿元，支持和鼓励各地学前教育事业发展。中央和省财政安排专项经费26.61亿元，用于支持中小学办学条件标准化建设。出台中职学校生均公用经费基本拨款标准，全部免除公办中职学校学生学费，将中职学校纳入公共财政保障范围，提高了经费保障水平，增强了中职学校吸引力。中央和省财政投入2.9亿元，支持职业教育实训基地、省级实训中心和中职规范化学校建设。在稳定生均定额拨款1.2万元的基础上，中央和省财政安排高校化债奖补、高校创新能力提升计划等专项资金29.2亿元。进一步加大学生资助力度，全年各级财政共安排各类学生资助资金27.05亿元，资助学生175.5万人次，实现了不让一名学生因家庭经济困难而失学的目标。

〔**依法治教和教育督导**〕 出台《山东省教育厅法规规章规范性文件制定程序规定》，强化立法统筹力度，提高规范性文件质量。健全教育督导体制，成立山东省人民政府教育督导委员会。开展县域义务教育均衡发展督导评估工作，完成21个县（市、区）国家督导认定，着手建立中小学校责任督学挂牌督导制度。认真落实《校车安全管理条例》，促进校园安全管理工作的规范化和科学化。

〔**师资队伍建设**〕 继续实施高素质教师队伍建设系列工程。全年培训校长、教师36 847人次，组织50多万名中小学教师集中远程研修。推进青岛等地中小学校长职级制试点。评选出第八批省级特级教师390名。着力加强“双师型”师资队伍建设。出台中职学校教职工编制标准及《山东省高等职业院校专业兼职教师聘用管理办法》，明确20%的编制员额由学校自主聘任专业兼职教师。研究出台职业学校教师准入制度。深入实施“泰山学者建设工程”“山东省高等学校首席专家制度”“山东省高校青年教师成长计划”，高校新增“泰山学者”特聘教授和海外特聘专家30人、首席专家80人。启动“泰山学者优势特色学科人才团队支持计划”，评选出10个学科团队，省财政给予每个学科团队3 000万元经费支持。建立全省统一的教师职称制度体系，在中小学增设正高级职称。制定5%的教师机动编制，补充缓解农村中小学紧缺学科教师。

〔**学生管理**〕 切实做好师范类毕业生就业工作，全省师范类毕业生总体就业率达72.74%。完成大学生征兵工作，全省12 700多名大学生应征入伍。规范高等教育学籍学历注册及学生信息管理，共注册高等教育新生741 593人、高等教育在校生1 805 173人，组织2013年高等教育毕业生注册677 931人并制发毕业证书。积极推进全省中等职业学校学生管理信息系统建设。完成了系统研发的专家评估验收和政府采购及验收安装调试。

〔**考试招生制度改革**〕　出台《山东省2014年普通高校考试招生工作实施方案》《山东省春季高考“知识＋技能”考试工作实施方案（试行）》《山东省高等职业院校注册入学试点方案》等文件，实施了一系列改革举措。进一步建立和完善春季高考和夏季高考分类考试制度。确定春季高考考试科目，增加专业技能考试内容，公布专业技能考试17个专业类别和37个专业类目，评估确定了技能考试主考院校。完善“知识＋技能”春季高考制度，本科计划增至5 230人，高职院校自主招生试点增至29所，向社会释放出建立与普通高等教育招生考试制度并重的职业教育招生考试制度的强烈信号。高校考试招生录取开始实行平行志愿，合并调整了全省高校批次录取控制分数线。对全省137所普通高校招生章程进行集中审核发布，进一步规范了高校招生秩序。2013年，全省普通本专科招生计划48.77万人，其中本科20.17万人、高职（专科）28.06万人，计划总量继续居全国高校第一，完成了国家下达的招生计划。

〔**民办教育**〕　加强民办学校管理，严格民办学校年检制度，健全审批标准，加强社会参与民办学校的管理与监督，健全民办学校变更、退出机制，研究制定民办职业院校营利性和非营利性分类管理办法，完善民办学校办学风险防范机制和信息公开制度。

〔**教育交流与合作**〕　扩展教育交流与合作平台，全省外籍人员子女学校达13所。31所省属高校聘请外籍文教专家283人。中外合作办学、汉语国际推广工作取得新进展，全省共举办中外合作办学机构和项目205个，6所承办孔子学院的高校共接收孔子学院奖学金生132人。2013年，省教育厅与加拿大埃德蒙顿市合作建设的埃德蒙顿孔子学院再次当选先进孔子学院。与港澳台地区的教育交流与合作更加广泛，3所高校通过教育部备案，面向港澳台地区招收本科生。积极推动烟台市和中国农业大学与爱尔兰都柏林大学的合作办学，引进世界一流大学的优质资源。推进山东省高校与惠普（济宁）国际软件人才及产业基地的合作，并取得成效。

基础教育

〔**学前教育三年行动计划**〕　截至2013年年底，全省共投入资金154亿元，新建、改扩建幼儿园9 922所，增加学位108.3万个，“入园难”和“入园贵”问题进一步得到缓解。完善学前教育管理制度，出台《山东省学前教育规定》，完善修订了《山东省省级十佳幼儿园办园标准》和《山东省省级示范性幼儿园办园标准》，组织开展省级示范性幼儿园和十佳幼儿园的评估工作。加强学前教育质量监管，切实规范幼儿园教育教学活动，不断提高学前教育质量。

〔**义务教育均衡发展**〕　省政府办公厅转发《省教育厅等部门关于做好义务教育学校布局工作的意见的通知》（鲁政办发〔2013〕19号），明确了全省义务教育学校布局的基本原则和主要任务。借助山东省基础教育管理信息化平台，建立全省义务教育学校大班额通报制度，进一步完善了义务教育学校学生辍学通报制度、动员学生复学制度等。

〔**中小学办学条件**〕　推进普通中小学办学条件标准化建设，全省有51个县（市、区）完成建设任务并通过验收。截至2013年年底，中小学校舍安全工程累计筹集资金 335.79 亿元，新建、改建农村中小学校舍 4 802.64 万平方米。启动农村义务教育学校标准化建设工程，投入 139 亿元，消除农村中小学 2000 年以前建设存在安全隐患的校舍、旱厕，解决大班额问题，改建、新建学生食堂等。

〔**素质教育**〕 坚持落实德育课程的主渠道作用，落实全员育人导师制，增强德育的实效性和针对性。拓宽德育渠道，积极开展示范性综合实践基地项目建设工作，聊城市示范性综合实践基地和临沂市青少年示范性综合实践基地获批为国家级示范性综合实践基地项目，每个项目获国家 3 000 万元经费资助。实施“校外活动场所活动保障和能力提升工程”，合计使用财政专项彩票公益金近 1.5 亿元。持续推进素质教育长效机制建设，举办 2013 年山东素质教育论坛。不断深化基础教育课程改革，推进山东省普通中小学“1751”改革创新工程（选择 17 个县的 51 所普通中小学，经过 3—5 年的重点培育，形成一批县域层面的普通中小学改革创新样板学校）。以中小学家长委员会建设为突破口，大力推进现代学校制度建设。

〔**规范学校办学行为**〕 落实《山东省对违规从事普通中小学办学行为责任追究办法》（省政府第 255 号令），对违规办学行为进行纠正。落实普通中小学生课业负担监测、公告制度，对全省中小学生作息时间、学习时间、睡眠时间等情况进行抽样调查并将调查结果进行通报。

〔**中小学教材管理**〕 实施义务教育阶段教材和《新华字典》政府采购工作，年度采购金额 12.8 亿元。加强中小学教辅材料的管理，组织开展普通高中教辅材料评议、推荐和选用工作。

〔**体育卫生艺术与国防教育**〕 推动全省学校“阳光体育”运动深入、持续地开展，探索体育竞赛制度改革，强化教体结合，与省体育局共同举办山东省第十二届中学生运动会和 2013 年“中国体育彩票杯”山东省中学生体育联赛等竞赛活动。完成全省高校体育课程建设检查评估工作。不断加强学校卫生与健康教育，与省食品药品管理局共同出台了《山东省学校食堂餐饮服务食品安全监督管理办法》和《山东省学校食堂餐饮安全示范创建工作方案》，公布首批食堂安全示范校 121 所。举办全省中小学生健康体检校医培训，对中小学校医和保健教师进行学校安全救护技能培训。开展丰富多彩的学校艺术活动，不断提升全省学校艺术教育水平，使学生从艺术教育中受益。扎实推进学校国防教育，完成全省高校军事理论课教学检查评估，举办 2013 年全省普通高校军事理论课教师培训班和全省大中小学生国防知识竞赛。

〔**特殊教育**〕 启动特殊教育学校“康教结合”实验工作，投入省级财政专项彩票公益金 3 000 万元，建设 30 所实验学校，探索在特殊教育学校实施教育与康复相结合的教学模式改革，确定济南市泺源学校等 10 所特殊教育学校作为首批“康教结合”实验学校。

〔**内地民族班**〕 做好内地民族班工作，年内招收 100 名西藏学生插班就读。首期山东省海北高中班在威海一中开班。

职业教育与成人教育

〔**现代职业教育体系建设**〕 2013 年，省委、省政府分别将“建立现代职业教育体系研究”确定为省委常委重大调研课题和省政府教育专项调研课题，建立了省教育厅、省机构编制委员会办公室、省发展和改革委员会、省经济和信息化委员会、省财政厅、省人力资源和社会保障厅、省国税局、省地税局、省政府研究室9部门深度参与的职业教育联席会议制度，开展了4次专题调研、20余次研究调查，形成4篇调研报告，提出推进职业教育改革发展的对策。坚持改革创新、务实管用、整体规划、协同推进，努力破除制约职业教育发展的体制机制障碍，研究出台了《山东省人民政府办公厅关于贯彻落实鲁政发〔2012〕49号文件推进现代职业教育体系建设的实施意见》（鲁政办字〔2013〕126号）。同时，系统设计了30余项配套制度，涵盖职业教育规划与布局、财政保障、校企合作、"双师型"教师队伍建设、人才培养模式改革、招生考试制度、督导制度等，明确各项改革任务的路线图、时间表和责任主体，在省级层面形成了全方位支持职业教育改革发展的政策体系。按照加快建设现代职业教育体系的要求，对高等教育招生生源结构进行调整，扩大职业类高等教育招生规模。

〔**基础能力建设**〕 采取奖补结合方式，每个项目补助800万元，启动首批29所省级规范化中职学校建设工程。组建国家中等职业教育改革发展示范学校专业联盟，完成第一批示范学校省级验收和项目总结，第二批、第三批示范校创建工作顺利推进。全面推进中职学校分级认定，首批认定262所合格中职学校。推进全省职业院校实训基地建设，中央和省两级财政共投入9 060万元，建成一批示范性实训中心和国家级实训基地。争取国家发展和改革委中职学校基础能力建设项目扶持资金1.38亿元，扶持24所中职学校建设。省教育厅出台《关于编制各设区市职业教育发展规划的指导意见》，指导各设区市编制职业教育发展规划。

〔**教育教学改革**〕 完成首批开展的32个专业教学指导方案开发工作并向社会发布，安排专项资金1 000万元，启动开发34个五年制高等职业教育专业教学指导方案。推动各地统筹调整市域范围内中等职业教育专业结构，对全省4 040个专业点进行审核，停止了18个不合格专业点。完成2014年高职高专拟招生专业申报工作，新设置专业111个、调整专业14个、撤销专业36个。完成高职高专特色专业、精品课程评审，确定60个专业为省级特色专业建设点、500门课程为省级精品课程。成立旅游、财经、商业、交通运输、建筑、卫生类省级职业教育专业建设指导委员会。完善全省职业院校技能大赛制度，分专业成立了27个高水平技能训练协作组，发布全省职业院校技能大赛三年规划。在2013年全国职业院校技能大赛中，中职组获51枚金牌，列全国第三位，高职组获17枚金牌。

〔**各级各类职业教育衔接**〕 在全省8所中职学校、11所高职院校、12所应用型本科学校开展了中职与本科"3＋4"、高职与本科"3＋2"对口贯通分段培养试点，录取线分别超过二本线和普通高中线，打破了职业教育向上不能贯通的体制"天花板"，破解了长期以来"低分才进职校"的难题，进一步丰富了人才培养类型。设立专项资金2 200万元，启动应用型本科与中职、高职相衔接的人才培养方案制订工作，为对口贯通分段培养提供教学支持。全省统筹规划布点，推动551个专业点举办五年制高等职业教育。开展中职学校与普通高中学分互认、学籍互转试点，在学制设计方面为学生创建自主选择、适合自身成长的路径。探索专业教学考核与技能鉴定相结合的办法，将中职教育"双证互通"试点扩大到全省所有合格学校，将审批认定权限下放到各设区市。推进高职教育与技师教育合作培养试点，支持学生同时取得专科学历证书和三级以上职业资格证书。

〔**社区教育与培训**〕 启动国家级农村职业教育与成人教育示范县创建，召开全省城乡社区教育工作会议，推广诸城市社区教育经验。以技能扫盲为重点推进扫盲工作，开展农村劳动力转移培训和实用技术培训，为200余万名城乡劳动力提供各级各类职业培训。

高等教育

〔**教学质量工程**〕 加强特色专业建设，69个专业被确定为2013年度山东省本科高校特色专业建设点、37个专业获批教育部首批本科专业综合改革试点项目立项。5门课程入选第三批国家精品视频公开课、29门本科课程和30门高职课程入选第二批国家级精品资源共享课。评选表彰了35名在本科教育教学和人才培养领域做出突出贡献的省级教学名师。

〔**教学质量保障体系**〕 配合教育部做好烟台南山学院、枣庄学院2所新建本科院校合格评估工作和山东农业大学审核评估工作。组织专家对枣庄职业学院等11所高职院校进行人才培养工作评估。组织开展山东省高等学校学科专业水平评估试点，分门别类对各校的专业办学水平进行评估。部署高校编制发布2012年本科教学质量报告，形成了2012年度省级本科教学质量报告。

〔**名校建设工程**〕 开展全省第二批人才培养特色名校立项建设单位遴选，确立了全省第二批应用型人才培养特色名校立项建设单位5所、技能型人才培养特色名校立项建设单位7所、自筹建设人才培养特色名校立项建设单位11所。开展民办本科高等教育特色名校立项建设单位遴选，完成了申报评审立项工作。

〔**研究生教育**〕 经国务院学位办评审，济南大学、山东理工大学、山东财经大学新增为博士学位授予单位，山东工商学院新增为硕士学位授予单位。截至2013年年底，全省博士学位授予单位增至21个、硕士学位授予单位增至36个。新增博士一级学科授权点9个、硕士一级学科授权点3个，全省博士一级学科授权点达127个、硕士一级学科授权点达467个。对10个学科门类、47个单位、120个本科专业进行新增学士学位授予专业审核备案。继续做好研究生教育改革创新计划项目评审、结题等工作，确定对144个研究生教育改革创新项目予以立项资助。组织完成了优秀博士、硕士、学士学位论文以及省级研究生优秀科技创新成果评选奖励工作。组织评选了首届山东省专业学位研究生优秀实践成果奖。

〔**科研创新**〕 启动实施“山东省高等学校协同创新计划”，遴选建设了23个、培育建设了12个“山东省高等学校协同创新中心”。省财政设立专项资金进行支持，全年投入5 000万元。组织2013年高校科研计划项目申报评审工作，全省共确定立项721个，其中资助经费项目359个、自筹经费项目362个。全省高校共获批国家级项目1 600余项、经费近11亿元，省部级项目2 200余项、经费近2.5亿元，新增横向委托项目4 200余项、经费近10亿元。被SCI、EI、ISTP收录的科技论文1.6万余篇，被ISSHP、CSSCI收录的社科论文3 000余篇。申请发明实用型专利4 200余件，获授权专利2 800余件。做好全省高校优秀科研成果奖申报评审工作，645项成果获奖。高校重点实验室建设进展顺利，依托青岛理工大学建设的“工业流体节能与污染控制”省部共建教育部重点实验室通过教育部组织的验收，推荐“干细胞转化医学”等11个实验室申报2013年山东省重点实验室。省属高校6名教师入选教育部2013年度“新世纪优秀人才支持计划”。加强高校创新团队建设，山东大学2个团队、山东建筑大学1个团队入选2013年度教育部“创新团队发展计划”。

〔**高校学分制改革**〕 2013年，制定《山东省普通高等学校学分制管理规定》(鲁教高字〔2013〕14号)，首批遴选山东大学、中国海洋大学、山东农业大学、青岛大学、济南大学、鲁东大学、青岛理工大学为学分制改革试点单位。推进高等学校教育教学和人才培养模式改革，调动教师教学和学生学习的积极性，培养具有创新精神和实践能力的高级专门人才。

〔**高等教育布局结构**〕 扎实做好高校升格改建和更名工作，山东省工会管理干部学院改建升格为山东管理学院、山东省农业管理干部学院改建升格为山东农业工程学院、山东轻工业学院更名为齐鲁工业大学。组织指导申请升本的6所民办高职院校做好相关建设，2013年年底前迎接教育部全国高校设置专家组考察评估。菏泽职业学院正式备案、招生。

〔**大学生创业创新能力培养**〕 深化人才培养模式改革，积极推进卓越人才培养计划，培养应用型、复合型高素质人才。2013年，全省8所高校18个专业增列为教育部第三批卓越工程师教育培养计划改革试点。截至2013年年底，全省共有11所高校获批教育部卓越工程师教育培养计划改革试点，涉及本科专业60个。面向全省工程类本科专业和学生实施省级卓越工程师教育培养计划，全面推进卓越工程师培养，拟对41所本科高校申报的106个专业予以立项。加强实践教学，提高大学生创新精神和实践能力。全省23个“十一五”国家级实验教学示范中心立项单位通过教育部验收，5个省级实验教学示范中心经评审确定为国家级实验教学示范中心。推荐上报29个省属高校国家级大学生校外实践教育基地，推荐5个虚拟仿真实验教学中心参加国家级虚拟仿真实验教学中心评审。组织首届山东省师范类高校学生从业技能大赛，全省22所有师范生培养任务高校的182名选手参加了省级决赛，从教学设计、说课、模拟上课、答辩4个方面检验师范生培养质量和教学基本功，进一步提高师范生的从业能力和就业竞争力。

〔**成人高等教育**〕 全面启用“山东省成人高等教育、网络教育教学管理服务平台”，实现对教学过程的动态监控。完成了2009年立项的14个成人高等教育品牌专业建设点验收。成立山东省成人高等教育教学指导委员会。组织开展成人高等教育特色课程立项评选工作。

撰稿 崔升平
审稿 陈光华

青岛市教育

概　　况

〔**基本情况**〕

青岛市各级各类学校校数、教职工、专任教师情况

	学校数（所）	教职工数（人）	专任教师数（人）
一、高等教育	21	29 066	19 129
（一）研究生培养机构（不计校数）			
1. 普通高校	7	19 765	12 336

续表

	学校数（所）	教职工数（人）	专任教师数（人）
2. 科研机构			
（二）普通高等学校	21	29 066	19 129
1. 本科院校	12	24 347	16 102
2. 专科院校	8	4 611	2 964
其中：职业技术学院	8	4 611	2 964
（三）成人高等学校	1	108	63
（四）民办的其他高等教育机构			
二、中等教育	356		38 241
（一）高中阶段教育	122		16 563
1. 高中			
普通高中	59		10 135
成人高中			
2. 中等职业教育	63	8 618	6 428
普通中专	7	1 006	671
成人中专	5	195	143
职业高中	51	7 417	5 614
技工学校			
附设中职班（不计校数）	2		
（二）初中阶段教育			
1. 普通初中	234		21 678
2. 职业初中			
3. 成人初中			
三、初等教育			
（一）普通小学	806	33 888	32 770
（二）成人小学			
四、工读学校			
五、特殊教育	12	585	469
六、学前教育	2 411	23 420	15 150

注：普通高等学校中两所军事院校未做统计。

青岛市各级各类学历教育学生情况

	毕业生数（人）	招生数（人）	在校生数（人）
一、高等教育	118 344	137 926	433 421
（一）研究生	8 807	10 375	28 713
博士	515	728	3 182
硕士	8 292	9 647	25 531

续表

	毕业生数（人）	招生数（人）	在校生数（人）
（二）普通本专科	78 978	88 505	303 846
本科	44 914	53 694	203 086
专科	34 064	34 811	100 760
（三）成人本专科	30 559	39 046	100 862
本科	12 457	21 187	53 641
专科	18 102	17 859	47 221
二、中等教育	159 411	157 999	470 630
（一）高中阶段教育	74 712	76 956	231 036
1. 高中			
普通高中	39 397	41 341	125 516
成人高中			
2. 中等职业教育	35 315	35 615	105 520
普通中专	3 767	3 197	10 145
成人中专	1 828	2 742	6 210
职业高中	29 534	27 357	85 495
附设中职班	186	2 319	3 670
（二）初中阶段教育			
1. 普通初中	84 699	81 043	239 594
2. 职业初中			
3. 成人初中			
三、初等教育			
（一）普通小学	81 732	93 168	496 343
（二）成人小学			
四、工读学校			
五、特殊教育	314	298	1 528
六、学前教育	79 950	75 449	225 692

青岛市各级各类民办教育基本情况

	学校数（所）	毕业生数（人）	招生数（人）	在校生数（人）	教职工数（人）	专任教师数（人）
一、民办高等教育						
（一）民办高校（包含独立学院）	8	19 502	23 789	72 174	6 186	4 592
（二）民办其他高等教育机构						
二、民办中等教育						
（一）高中阶段教育						
1. 民办普通高中	16	3 056	4 222	11 270	1 183	1 181

续表

	学校数（所）	毕业生数（人）	招生数（人）	在校生数（人）	教职工数（人）	专任教师数（人）
2. 民办中等职业教育	22	6 238	4 566	11 396	938	631
（二）初中阶段教育						
1. 民办普通初中	16	3 889	5 307	13 821	1 563	982
2. 民办职业初中						
三、民办普通小学	9	1 462	2 136	9 661	473	405
另有：民办培训机构（不计校数）						

〔**推动教育综合改革**〕 2013年，设立教育改革创新奖和优先发展教育贡献奖。全面实行校长职级制改革，取消校长的行政级别，打破校长行政化管理模式。推进高校章程修订、校务委员会建设，构建现代学校制度，完善学校内部治理体系。改革普通高中招生考试，推行等级评价、多次考试、按学科等级组合录取和普通高中自主录取等招生改革。推进现代职业教育体系建设。义务教育均衡发展、现代职教体系建设等经验在全国、全省推广。2013年，市政府获第三届全国教育改革创新优秀奖，市教育局获全国职业教育先进单位。

〔**统筹城乡教育优质均衡发展**〕 统筹城乡教育优质均衡发展，完善基本公共教育服务体系。教育资源向薄弱地区、薄弱学校倾斜，投入2.7亿元，支持农村学校建设。推广名校集团化办学、镇域一体化管理、高校辐射中小学等办学形式，扩大优质教育资源覆盖面。加强农村中小学师资队伍建设，提升农村师资水平。教师公开招聘岗位设置向农村中小学紧缺学科倾斜，选派600名师范生教育（顶岗）实习，置换农村中小学教师330名到青岛大学师范学院进行为期10天的脱产培训，选派676名城区教师到农村支教，缓解农村中小学教师队伍结构性矛盾，促进城乡教师均衡配置。

〔**加快现代化学校建设**〕 全面启动《青岛市教育设施布局专项规划（2013—2020年）》编制工作，完善基本公共教育服务体系。全市新建中小学23所、改扩建220所，新建、改扩建校舍面积203万平方米。制发《青岛市普通中小学现代化学校评估方案》，明确中小学现代化学校评估验收标准和程序办法。2013年度，共有346所学校进入青岛市普通中小学现代化学校创建名单。经评估验收，332所中小学达到现代化学校建设标准。

〔**加强平安校园建设**〕 加强安全教育和管理，与中国教育学会合作建立“青岛市安全教育实验区”，开发网络安全教育课程，提升安全教育科学化水平；定期组织师生进行安全应急演练，开展校园及周边安全隐患排查整改工作。新增农村专用校车600辆，解决了6.2万名农村学生上下学期间交通安全问题。在“11·22”特别重大事故中，由于日常安全演练训练有素、疏散及时到位，事故周边19所中小学、幼儿园的9 703名学生无一伤亡。

〔**开展党的群众路线教育实践活动**〕 围绕“坚持党的群众路线，办好人民满意教育”主题，开展党的群众路线教育实践活动，结合教育实际，制定改进作风、提升效能十项规定。密切联系群众，开通青岛教育官方微博，建立“进学校访教师，进班级访学生，进社区访家长”的“三进三访”机制，开展教育名家讲堂等服务社会行动。加强教育行风建设，完善教师、学生、家长参与的学校办学满意度评价制度；聘请行风监督员全程参与体育中考、特长生考试等工作。完善学生就学保障制度，确保从学前教育到高等教育资助全覆盖，全年各级财政投入近4.3亿元，以“奖、助、贷、免、补”等多种形式，资助家庭经济困难儿童和学生。在2013年青岛市群众满意度电话民意调查中，教育满意率位居全市各领域第3位。

基础教育

〔**综述**〕　以改革创新为主线，以立德树人为根本，以公平均衡为重点，实施中小学标准化、现代化建设，推进教育资源优质均衡发展。据统计，全市小学、初中和普通高中起始年级班额不超过40人的学校分别占学校总数的50%、18%和32%。市南区、市北区、李沧区、崂山区通过国务院教育督导委员会专家组的义务教育发展基本均衡县评估认定，青岛市在全国义务教育均衡发展现场经验交流和工作推进会上做典型发言。在科学发展综合考核中，青岛义务教育均衡度居全省第一。探索体制机制改革，推进基础教育扩大优质教育资源改革、普通高中多样化发展、蓝色海洋教育、创新人才培养等改革项目。

〔**颁布实施学前教育条例**〕　2013年6月2日，《青岛市学前教育条例》（简称《条例》）经山东省人民代表大会常务委员会审议通过，正式颁布实施。《条例》共九章六十条，规定了总则、学前教育设施、幼儿园及其工作人员、保育与教育、早期教育指导、保障与扶持、管理与监督、法律责任和附则等内容。《条例》为全市学前教育发展提供了重要的法律保障。

〔**推进普惠性幼儿园建设**〕　推进幼儿园标准化建设。评估验收2012年新建、改扩建幼儿园253所。2013年，新建、改扩建幼儿园200所，其中镇（街道）中心和村（社区）幼儿园占90%，共提供学位约3.7万个。市财政按照平度市、莱西市每班8万元，即墨市、胶州市、黄岛区每班3万元的标准，对农村幼儿园标准化建设实行以奖代补。2013年，补助资金6 142万元。实施学前教育生均公用经费财政拨款、普惠性民办幼儿园经费补助等政策。按照不低于每生每年650元的标准向公办、镇（街道）中心和村（社区）幼儿园拨付生均公用经费，惠及14.1万名幼儿。拨付资金9 435.2万元，扶持普惠性民办幼儿园发展，按照不低于每生每年1 200元的标准拨付补助资金，并结合减免租金、派驻公办教师等方式予以支持。全年共认定普惠性民办幼儿园48所，提供学位13 043个，拨付补助资金1 701.3万元。

〔**启动0—3岁婴幼儿早期教育试点**〕　5月，印发《青岛市0—3岁婴幼儿早期教育试点工作方案》，研究0—3岁婴幼儿早期教育机构管理办法、教养大纲、家长指南等。各区（市）研究制定具体工作方案，启动0—3岁婴幼儿早期教育试点，依托幼儿园、妇幼保健机构、社区医院、和谐幸福家庭基本公共服务中心及青岛市家庭教育指导中心，因地制宜建立早期教育指导体系，向0—3岁婴幼儿家长（看护人）提供早教课程和公益课堂。

〔**提升幼儿教师专业素质**〕　围绕《3—6岁儿童学习与发展指南》解读等，分层次进行幼儿教育理论与实践培训。6月，举办青岛市学前教育国际交流论坛暨全市学前教育“名家季讲堂”。整合优质资源开展市级培训，全年共培训骨干幼儿园园长和幼儿教师800人、园长后备人才300人。指导各区（市）做好幼儿教师全员培训工作，并鼓励各幼儿园开展多种形式的园本培训。市、区（市）两级共培训幼儿园园长和幼儿教师1万余人次。青岛市“多措并举加强幼儿教师队伍建设”的经验被编入教育部部长袁贵仁任主编的“中国教育改革发展丛书”中的《学前教育跨越式发展》一书。

〔**义务教育均衡发展**〕　召开全市中小学拓展优质教育资源改革现场会，进一步推广青岛即墨市第二十八中学、青岛即墨德馨小学和青岛台东六路小学等优质学校集团化办学以及平度市镇域一体化发展经验；推出青岛经济技术开发区与珠江路小学、崂山区与崂山区第五中学等“探索高校和教科院所辐射中小学办学模式改革”的经验，以及胶州市城乡互动联盟实验等经验。青岛市义务教育均衡发展工作经验在全国会议上做典型发言。

〔**开展小学生托管试点**〕 自9月开始，青岛市家校合作促进会实施了以学校家长委员会为主导、学校配合的托管模式，按照“试点先行、稳步推开”的原则，陆续在11所学校开展试点。各学校结合各自实际，采取了以家长志愿者为主体的免费托管、以教师为主体的收费托管和第三方收费托管等三种托管模式。

〔**全面普及海洋教育**〕 进一步完善海洋教育课程体系，修改课程标准，充实完善课程内容，调整课程结构，完成小学阶段《蓝色的家园海洋教育篇》教材改版和初中海洋教育教材编写工作。制发《关于全市义务教育学校全面开设海洋教育地方课程的通知》（青教办字〔2013〕131号），规范提高课程实施水平。举办“2013年全国少年儿童海洋教育青岛论坛暨青岛市第二届中小学海洋教育论坛”，评选出30所海洋教育特色学校，鼓励支持学校全面深化海洋教育特色。

〔**普通高中多样化发展**〕 实施《青岛市普通高中多样化发展实验实施方案》，推动高校与特色高中通过联合开发课程、学术资源向高中生开放、高中生参与高校科学实验及课题研究等方式，对有特殊才能的高中生进行联合培养。全市共有17所公办普通高中探索多样化特色办学，超过全市公办普通高中总数的1/3，涵盖海洋教育、外语、艺术、美术、人文素养、科技素养、拔尖创新人才培养、普职融合、国际合作等多个领域，初步形成普通高中多样化发展格局。

〔**推进特殊教育发展**〕 全市特殊教育学校生均预算内公用经费拨款标准提高到每生每年8 000元。进一步改善随班就读残疾儿童教育条件，支持8区（市）建设50个残疾儿童随班就读资源教室。组织特教学校校长和部分干部、教师到华东师范大学参加自闭症儿童教育高端培训。发挥青岛市特殊教育研究会的作用，组织自闭症儿童教育干部、教师参加由美国专家主讲的专题培训，组织开展特教干部、教师论文评选活动。

职业教育与成人教育

〔**综述**〕 青岛市政府办公厅印发《关于落实鲁政办字〔2013〕126号文件推进现代职业教育体系建设的实施意见》（青政办发〔2013〕40号），推动现代职教体系建设、校企深度合作、对外交流合作、服务蓝色经济发展和职业教育综合保障建设。统筹规划五年制高等职业教育专业布局，增加“三二连读”高职院校数量；调整职业教育专业结构和布局，16所高职院校新增3D打印技术等30个专业。青岛市被教育部列为中德职业教育合作示范基地。青岛市代表团在2013年全国职业院校技能大赛中，共获22枚金牌、46枚银牌、25枚铜牌，金牌数量位列全国第6名。全市共有7名职业院校校长和13名教师被确定为“齐鲁名校长建设工程”培养人选和“齐鲁名师建设工程”培养人选，分别占全省的23％和19％。

〔**中职与本科“3＋4”贯通培养试点**〕 2013年，青岛市被山东省政府确定为首批开展中职与本科“3＋4”贯通培养试点工作城市。山东省轻工工程学校、青岛华夏职业教育中心、青岛电子学校的3个专业与青岛科技大学的机械设计制造及自动化专业等3个专业联合开展“3＋4”分段贯通培养招生试点工作，系统培养本科层次应用型人才。3所中职学校试点招生计划共140人，实际报名257人，报名人数与招生计划比达1.8∶1。试点共录取考生141人，录取分数比对应专业的普通中专学校高出200分。

〔推进中高职专业联盟建设〕 贯彻教育部《关于推进中等和高等职业教育协调发展的指导意见》（教职成〔2011〕9号）和《山东省五年制高等职业教育管理办法》（鲁教职〔2012〕3号），建立健全政府主导、行业指导、企业参与和学校自主办学的职业教育办学体制，建立完善的现代职业教育体系。启动中等和高等职业教育专业办学联盟建设工作，在人才培养目标、课程体系与教学内容、教学条件、人才培养模式、人才培养方案、教学计划等方面，加强联盟内中高职专业一体化设计与建设，深化产教融合、推进校企深度合作，建立校企合作共建机制。安排700万元资金，重点扶持青岛职业技术学院数控技术、山东外贸职业学院国际贸易实务、青岛酒店管理职业技术学院酒店管理3个中高职专业办学联盟建设工作。

〔成人教育〕 统筹教育资源，逐步完善区市、镇街、村居三级终身教育网络建设，推进城乡社区教育统筹发展，完成第四批31个社区数字化学习中心建设。截至2013年年底，全市共建成社区数字化学习中心75个，占全市各街镇总数的48%。结合新型农村社区建设，加快推进农村成人教育向社区教育转型。整合资源，实施校企联合、校校合作和校村互动等模式，举办社区大课堂、新农村大课堂等活动，实施“订单式”培训，“菜单式”教学，面向广大农民开展农村劳动力转移培训、农村实用技术培训、休闲娱乐、文化体育和医疗保健等各类文化教育科技培训，满足农民培训需求的多样化。

高等教育

〔综述〕 2013年，青岛地区各高校占地总面积3.35万亩，比2012年增加0.23万亩；建筑面积988.05万平方米；固定资产总值200.22亿元，比2012年增加3.9亿元；教学科研仪器设备总值42.26亿元，比2012年增加2.25亿元。高校图书馆藏书2 750万册。

〔学科建设〕 各高校共有博士后科研流动站44个。博士学位授权一级学科点42个、硕士学位授权一级学科点173个。有国家重点学科17个、国家重点（培育）学科5个、省部级重点学科93个，其中山东省“十二五”重点学科86个，省级特色重点学科28个。

〔开展在青高校重点学科（专业）遴选，启动市校共建工程〕 实施“在青本科高校重点学科市校共建工程”和“在青高职院校重点专业市校共建工程”，提高在青高校协同创新和面向青岛市的产学研用及成果转化能力，发挥高校在科技和人才等方面对青岛市重点产业的支撑作用。按照“加大投入，分类指导，提升质量，合作共赢”的思路，依据“扶需、扶特、扶强”的原则，遴选出本科高校和高职院校首批12个重点学科和10个重点专业分别开展市校共建。每个重点学科建设周期为3年，市政府将为每个学科投资500万元；每个重点专业建设周期为2年，市政府为每个专业投资200万元。

〔高层次人才队伍建设〕 高校专任教师中具有博士学位的有4 681人、具有硕士学位的有9 623人。共有全职中国科学院院士和中国工程院院士14人、外聘院士32人、国家有突出贡献的中青年专家21人；“长江学者”（包括特聘教授、讲座教授和“长江学者”成就奖获得者）17人；“千人计划”入选者11人；国家“百千万人才工程”第一、二层次人选11人，“新世纪百千万人才工程”国家级人选16人；国家杰出青年基金获得者18人；国家级教学名师3人；国家学位委员会学科评议组成员11人。享受国务院政府特殊津贴396人；省部级有突出贡献的中青年专家124人；设山东省“泰山学者”岗位78个，聘请“泰山学者”82人。

〔**科学研究**〕 在青高校共承担市级（含）以上纵向科技计划项目2 306项，共获纵向科研经费资助7.53亿元。其中国家级项目610项，获科研经费资助4.91亿元（包括“863”计划项目27项、“973”计划项目6项、国家自然科学基金项目423项、国家社科基金项目28项）；省部级项目842项，获科研经费资助2.28亿元。

〔**实验室建设**〕 全市有市级（含）以上各类重点实验室201个。其中国家重点实验室1个、国家工程实验室2个、省部共建国家重点实验室培育基地3个、国家部委设立的重点实验室16个、山东省重点实验室79个（其中山东省“十二五”高校重点实验室49个）、青岛市重点实验室35个；山东省“十二五”高校人文社会科学研究基地10个；国家工程技术研究中心5个、省部级工程技术研究中心59个。

〔**推进山东大学青岛校区建设工作**〕 协调、推进解决山东大学青岛校区建设资金补助及教职工住宅用地问题；配合做好校区建设的定期调度，及时搜集相关问题，加以协调解决。7月，市政府与山东大学签署《关于支持山东大学青岛校区建设补助资金的框架协议》，明确对山东大学青岛校区建设资金的补助金额和补助办法，为加快山东大学青岛校区建设进程提供资金支持。

撰稿 于立平 李 勇 石 阳
审稿 邓云峰 曲黎明

河南省教育

概　　况

〔基本情况〕

河南省各级各类学校校数、教职工、专任教师情况

	学校数（所）	教职工数（人）	专任教师数（人）
一、高等教育	140	128 857	93 238
（一）研究生培养机构（不计校数）	26		
1. 普通高校	18		
2. 科研机构	8		
（二）普通高等学校	127	125 170	90 949
1. 本科院校	50	79 897	58 685
其中：独立学院	8	7 836	6 375
2. 高职（专科）院校	77	45 273	32 264
3. 其他机构（点）（不计校数）			
（三）成人高等学校	13	3 352	2 158
（四）民办的其他高等教育机构	50	335	131
二、中等教育	6 900	546 532	453 415
（一）高中阶段教育	1 697	227 946	171 888
1. 高中	798	143 562	108 327
普通高中	776	143 263	108 063
完全中学	154	27 348	12 819
高级中学	563	107 666	93 224
十二年一贯制学校	59	8 249	2 020
成人高中	22	299	264
2. 中等职业教育	899	84 384	63 561
普通中专	145	22 583	16 152
成人中专	190	11 597	8 129

续表

	学校数（所）	教职工数（人）	专任教师数（人）
职业高中	381	34 157	27 560
技工学校	183	14 947	11 002
其他机构（教学点）（不计校数）	31	1 100	718
（二）初中阶段教育	5 203	318 586	281 527
1. 初中	4 550	316 504	279 942
初级中学	3 918	271 805	249 708
九年一贯制学校	632	44 699	17 650
十二年一贯制学校			2 046
完全中学			10 538
职业初中			
2. 成人初中	653	2 082	1 585
三、初等教育	29 048	503 442	497 380
（一）普通小学	26 086	499 445	494 515
小学	26 086	499 445	474 208
九年一贯制学校			18 361
十二年一贯制学校			1 946
（二）成人小学	2 962	3 997	2 865
其中：扫盲班	570	1 256	1 065
四、工读学校	3	75	57
五、特殊教育	137	3 799	3 264
六、学前教育	14 485	215 391	129 422

注：①完全中学的学校数和教职工数计入高中阶段教育，九年一贯制学校的校数和教职工数计入初中阶段教育，十二年一贯制学校的校数和教职工数计入高中阶段教育，专任教师是按照教育层次划分归类；②“（ ）”内数据为不计校数。

河南省各级各类学历教育学生情况

	毕业生数（人）	招生数（人）	在校生数（人）
一、高等教育			
（一）研究生	10 660	12 185	33 317
博士	250	415	1 380
硕士	10 410	11 770	31 937
（二）普通本专科	450 194	466 695	1 618 320
本科	184 178	235 931	910 156
专科	266 016	230 764	708 164
（三）成人本专科	105 871	154 106	336 395
本科	42 723	63 119	139 283
专科	63 148	90 987	197 112

续表

	毕业生数（人）	招生数（人）	在校生数（人）
（四）其他各类高等学历教育			
1. 在职人员攻读硕士学位		3 646	10 351
2. 网络本专科生	19 463	50 488	84 574
本科	8 116	18 042	37 430
专科	11 347	32 446	47 144
二、中等教育	2 816 538	2 560 875	7 367 869
（一）高中阶段教育	1 238 054	1 183 784	3 359 170
1. 高中	639 054	661 063	1 894 139
普通高中	631 289	661 063	1 892 306
完全中学	73 274	75 970	217 192
高级中学	546 857	570 276	1 639 050
十二年一贯制学校	11 158	14 817	36 064
成人高中	7 765		1 833
2. 中等职业教育	599 000	522 721	1 465 031
普通中专	231 438	233 108	637 875
成人中专	48 549	47 975	93 922
职业高中	231 707	141 126	461 308
技工学校	87 306	100 512	271 926
（二）初中阶段教育	1 578 484	1 377 091	4 008 699
1. 初中	1 403 358	1 377 091	3 850 493
初级中学	1 246 018	1 183 209	3 309 952
九年一贯制学校	87 067	115 948	310 600
十二年一贯制学校	10 251	12 700	35 532
完全中学	60 022	65 234	194 409
职业初中			
2. 成人初中	175 126		158 206
三、初等教育	2 087 500	1 810 567	9 790 111
（一）普通小学	1 644 760	1 810 567	9 399 771
小学	1 559 089	1 736 989	8 905 694
九年一贯制学校	79 126	67 707	457 685
十二年一贯制学校	6 545	5 871	36 392
（二）成人小学	442 740		390 340
其中：扫盲班	51 246		43 676
四、工读学校	15	59	217
五、特殊教育	1 735	3 312	16 697
六、学前教育	1 397 486	2 026 017	3 469 546

注：特殊教育学生数中包括普通中小学随班就读的学生。

河南省各级各类非学历教育学生情况

	结业生数（人）	注册学生数（人）
总计	3 393 376	3 044 593
一、高等教育	376 923	404 416
（一）研究生课程进修班	2 774	2 773
（二）自考助学班	3 764	14 829
（三）普通预科生		2 963
（四）进修及培训	370 385	383 851
其中：资格证书培训	259 540	255 851
岗位证书培训	88 355	85 868
二、中等职业教育	3 016 453	2 640 177
其中：资格证书培训	595 743	537 045
岗位证书培训	674 254	619 869
（一）中等职业学校	392 585	237 806
其中：资格证书培训	144 810	88 239
岗位证书培训	147 575	83 373
（二）职业技术培训机构	2 623 868	2 402 371
其中：资格证书培训	450 933	448 806
岗位证书培训	526 679	536 496

河南省各级各类民办教育基本情况

	学校数（所）	毕业生数（人）	招生数（人）	在校生数（人）	教职工数（人）	专任教师数（人）	其他学生数（人）
一、民办高等教育							
（一）民办高校	35	69 554	94 537	297 638	22 418	16 800	2 260
硕士							
本科学生		30 905	54 486	193 521			
专科学生		38 649	40 051	104 117			
其中：独立学院	8	23 524	35 553	122 334	7 836	6 375	76
本科学生		19 437	29 563	108 928			
专科学生		4 087	5 990	13 406			
（二）民办其他高等教育机构	50				335	131	12 144
二、民办中等教育							
（一）高中阶段教育	414	155 966	164 742	431 509	35 185	26 829	
1. 民办普通高中	196	80 593	93 468	245 446	24 841	19 530	
2. 民办中等职业教育	218	75 373	71 274	186 063	10 344	7 299	36 577

续表

	学校数（所）	毕业生数（人）	招生数（人）	在校生数（人）	教职工数（人）	专任教师数（人）	其他学生数（人）
（二）初中阶段教育	627	167 747	213 414	587 484	40 528	30 210	
1. 民办普通初中	627	167 747	213 414	587 484	40 528	30 210	
2. 民办职业初中							
三、民办普通小学	1 429	185 616	178 661	1 106 109	42 869	30 720	
四、民办幼儿园	11 686	638 201	1 092 161	2 094 167	168 963	98 648	
另有：民办培训机构（不计校数）	455				4 006	2 683	127 697

注：①“其他学生数”包括自考助学班学生、预科生、进修及培训学生数；②民办普通高中的教职工数和专任教师数中包含民办普通初中的教职工数和专任教师数；③民办中等职业教育数据中未含技工学校数据；④“（　）”内数据为不计校数。

〔**年度工作方针**〕　2013年，全省深入学习贯彻党的十八大精神，坚持以邓小平理论、“三个代表”重要思想、科学发展观为指导，全面落实教育规划纲要，全面贯彻党的教育方针，全面推进素质教育，坚持立德树人，深化改革创新。总体思路是：“围绕一个目标”，即服务中原经济区建设，办好人民满意的教育。“突出两个吻合”，即学校布局与人口分布相吻合，在吻合好的基础上推进均衡；学科专业和社会需求相吻合，在吻合好的基础上推进优化。“促进三个协调”，即实现教育与经济社会发展相协调；各级各类教育发展相协调；教育规模、结构、质量、效益相协调。“树立四种意识”，即站位全局谋教育、凝聚合力办教育、跳出教育看教育、改进作风促教育。

〔**教育投入**〕　2013年，全省财政教育支出1 173.4亿元，比2012年增长6%，扣除高校化债、义务教育化债等政策执行期结束因素后，同口径实际增长10.8%。财政教育支出占公共财政支出五分之一。

全省财政教育投入1 173.4亿元，其中中央转移支付资金达254.9亿元，占比21.7%；省级财政资金投入132.6亿元，占比11.3%；市县财力投入785.9亿元，占比67%。

农村生均公用经费再次提高60元，小学每年生均达590元、初中达790元（含取暖费30元）；城市义务教育生均公用经费标准从无到有；高职高专生均公用经费比2012年翻一番，增至最高达4 000元；本科高校生均公用经费比2012年翻一番，增至最高达5 000元；研究生新增硕士和博士生均公用经费，分别为6 000元、8 000元。截至2013年年底，基本完善了义务教育、职业教育、高校生均拨款或经费制度，建立健全了省属职业教育生均拨款制度。

中央和省级教育经费在地区分布中，贫困地区所占比重逐年增加，2013年占到近50%。在资金、项目、政策对贫困地区倾斜的基础上，针对贫困地区实施了一系列重大工程项目：2013年，安排普通高中学校改善条件补助资金2.86亿元，改造26个国家集中连片特殊困难地区重点县普通高中学校56所，改扩建校舍面积28万平方米，改扩建体育运动场地面积18万平方米，购置仪器设备16万件。同时，会同省财政厅免除了贫困地区义务教育生均公用经费地方配套资金，所需资金全部由中央和省级财政部门负担。

〔**教师队伍建设**〕　召开新中国成立以来第一次全省教师工作会议，出台了《河南省人民政府关于全面加强教师队伍建设的意见》，明确全省教师队伍建设的指导思想、目标任务和政策措施。教师教育课程改革、“国培计划”“中原名师”“特岗计划”等顺利进行，争取到1.6亿元“国培计划”专项资金，继续稳步实施“国培计划”和“省培计划”，培育一大批省级骨干教师，形成以教学名师为引领的教师梯队建设体系。中小学幼儿园教师培养体系不断完善，全年共培训农村中小学幼儿园教师12.5万人、高中教师2万余人，招聘特岗教师11 020人；评选了首批10名“中原名师”、培育了700名河南省中小学幼儿园名师。实施职业院校教师素质提高计划，拟定了《河南省中等职业学校“双师型”教师队伍建设的若干意见》；高等学校面向海内外引进30名省级特聘教授，选拔300名青年骨干教师进行重点培养。

〔**规范招生和收费行为**〕　招生阳光工程深入实施。2013年全省高考考生75.4万人，总录取率81.6%，比2012年提高4个百分点。开展高校招生执法监察工作，实现了“平安高考”和“阳光招生”。认真落实教育部等印发《治理义务教育阶段择校乱收费的八条措施》，治理义务教育择校乱收费。持续推进高中阶段改制学校清理规范工作，严格执行公办普通高中招收择校生政策，每所学校招收择校生的比例最高不得超过本校当年招生计划数(不含择校生数)的20%。重点治理中小学补课乱收费，将是否组织、参与补课乱收费作为对学校办学行为考核的重要内容，对于违反规定的进行通报，一律取消评优资格。

〔**开展专项治理工作**〕　对高校贯彻落实“三重一大”、“校务公开”制度执行情况进行监督检查。加强对重大教育项目、重要改革试点项目、重大工作举措实施和资金使用情况的监督检查，严肃查处在项目实施、工程质量、资金使用、政府采购中的违纪违法案件。开展对科研经费使用情况的专项检查。

〔**完善学生资助体系**〕　学生资助体系不断完善、投入持续增加。建立起了覆盖从学前教育到研究生教育各个阶段的学生资助政策体系，全年各级财政累计安排各级各类学校学生资助资金64.4亿元，资助家庭经济困难学生921万人次；发放国家助学贷款5.7亿元，资助高校家庭经济困难学生11.1万人，实现了“不让一名学生因家庭经济困难而失学”的资助目标。

〔**体育卫生与艺术教育**〕　5月，召开全省切实保证中小学生每天一小时校园体育活动经验交流现场会，全省中小学校统一建立每天两个大课间体育活动制度。增加体育成绩在中考成绩中的比重，发挥体育考试的导向作用，从2013年开始，全省中招体育考试分值由30分增加到50分。

继续实施农村义务教育学生营养改善计划，覆盖全省26个县260余万名农村中小学生。2013年，争取中央财政农村义务教育薄弱学校校舍改造计划食堂专项改造资金35亿元，专项用于全省农村义务教育薄弱学校食堂新建、改建工作。为保证更好地完成农村义务教育学生营养改善计划食品安全和食堂建设规划任务，举办了3期培训班。

组织实施第三轮、第四轮全省中小学食堂等级量化评定，修订《河南省中小学校食堂等级量化评分细则》，对“河南省中小学一级食堂”实施动态管理，发挥好省教育厅专项安排的奖励资金的引导性作用，引导各地加大学校食堂建设力度，提升学校食堂管理水平，有效减少集体食物中毒事故的发生。截至2013年年底，省级示范性高中共通过“一级食堂”评定184所。全年全省学校没有发生重大食品安全事故。

以“我的中国梦”为主题，举办全省第二届学生合唱节。围绕“走近大师，感受经典，陶冶情操，提高修养”的主题，继续组织开展高雅艺术进校园活动。全年国家级、省级、高校艺术院团共演出45场，教育部艺术教育专家讲学团讲学9场。

〔**学校安全和稳定**〕　严格落实安全稳定工作责任制和责任追究制，做好学校安全及周边治安综合治理工作和敏感时期高校稳定工作及教育系统信访工作。2013年，全省教育系统没有发生重大安全事故，教育系统持续稳定，为维护社会安全稳定大局做出了重要贡献。

〔**省部战略合作取得进展**〕　8月，教育部部长袁贵仁、副部长鲁昕及多位教育部司局长专程到河南与省主要领导进行省部会商，围绕河南省教育发展的重点、思路和做法，达成诸多共识，取得了重要成果，并形成了《河南省教育厅教育部会商纪要》。

〔**党风廉政建设**〕 坚持把加强党风廉政建设和落实党风廉政建设责任制列入省教育厅党组重要议事日程，坚持“谁主管、谁负责”的原则，突出“一岗双责”，明确省教育厅领导及机关各有关部门应承担的党风廉政建设工作任务，责任到人。大力推进全省教育系统“反腐倡廉制度建设年”活动，进一步查找制度漏洞，切实管好权力。结合党的群众路线教育实践活动，制定《省教育厅工作人员行为规范》《省教育厅机关作风建设约谈制度》等32项制度，建立一批既管当前又管长远的制度体系，建立健全反腐倡廉建设的长效机制。开展了权力公开规范运行工作。机关干部的廉洁自律意识不断增强。

〔**开展党的群众路线教育实践活动**〕 省教育厅党组对开展党的群众路线教育实践活动高度重视，将其作为加强党的执政能力建设、密切党群干群关系、转变工作作风、推进教育事业科学发展的重要举措和宝贵机遇。紧密结合教育实际，加强组织领导，精心安排部署，加强学习教育，提高思想认识，坚持真查实摆，切实改进作风，抓好整改落实，建立长效机制，教育实践活动各项工作扎实推进，党员和干部的思想认识进一步提高、作风进一步转变、党群干群关系进一步密切、为民务实清廉形象进一步树立。省委群众路线教育实践活动领导小组办公室、省委第二督导组对省教育厅教育实践活动给予充分肯定；在全省群众路线教育实践活动工作推进会上，省教育厅做了经验介绍；省教育厅领导班子民主生活会经验被省委群众路线教育实践活动领导小组办公室作为典型进行总结。

坚决改正“四风”问题。严格执行中央关于改进工作作风、密切联系群众的八项规定和省委、省政府若干意见，紧紧围绕查摆出的“四风”问题进行认真整改，取得良好成效。会议公文审批进一步规范，评比检查过多和文山会海等现象明显减少，省教育厅发文数量与2012年同比均下降15%以上；“三公”经费管理进一步完善，制定了省教育厅公务接待办法，加强差旅费管理和因公出国（境）经费管理，“三公”经费支出下降10%以上。省教育厅领导干部到基层调研，杜绝了层层陪同和超标准接待现象。办公用房按规定清理到位。

〔**民办教育**〕 继续按照“促发展、促规范、促提高”的工作思路，鼓励引导社会资本投资发展教育，省教育厅设立了2 500万元的民办教育发展专项资金，引导社会资本投资办学，全年全省民间投资教育的资金达75.3亿元。通过组织民办中小学举办者和校长培训班、召开教育行政部门民办教育管理负责人工作会议等，提升民办教育举办者的办学理念和管理者的治学能力。

〔**教育交流与合作**〕 全年新增中外合作办学项目31个，其中本科项目15个。截至2013年年底，全省本科层次中外合作办学项目达69个，位居全国高校前列。做好国际汉语推广和孔子学院建设，新增孔子学院（课堂）2所。4月，郑州航空工业管理学院与坦桑尼亚多多马大学合作建设的孔子学院揭牌。

〔**语言文字工作**〕 贯彻落实《国家中长期语言文字事业改革和发展规划纲要（2012—2020年）》，并发布河南省实施办法。城市语言文字评估工作有序开展，对新乡市和安阳市的城市语言文字工作进行检查评估。普通话水平测试工作稳步推进。组织开展丰富多彩的推广普通话宣传活动和“经典照亮人生”知识竞赛及诵读大赛，全省各级各类学校参加知识竞赛的学生达50多万人。

基础教育

〔**学前教育实现跨越式发展**〕 2013年，全省独立设置幼儿园达14 485所，比2012年增加1 573所，增幅12.18%；附设幼儿机构17 220所，比2012年增加111所；入园幼儿202.60万人，比2012年增加7.5万人，增幅3.84%；在园幼儿346.95万人，比2012年增加27.13万人，增幅8.48%。各地高度重视学前教育工作，为确保学前教育三年行动计划各项目标任务的完成，推动省政府把2013年的幼儿园建设任务纳入“十大民生工程”予以保障。中央学前教育专项资金投入13.06亿元，省级财政学前教育专项资金投入1.5亿元，对各地实施以奖代补。牵头组织由相关部门参加的督察组，对全省学前教育情况进行督导检查。2013年，全省完成学前教育投资30多亿元，开工新建、改扩建幼儿园3 000多所，学前三年毛入园率达75.43%。通过开展学前教育宣传月活动、组织送教下乡等，深入贯彻《3—6岁儿童学习与发展指南》，坚持并强化科学保教，防止和纠正幼儿园“小学化”“成人化”现象，促进保教质量稳步提升。

〔**推进义务教育学校标准化建设**〕 推动各地落实《河南省义务教育学校办学条件标准化建设规划》。继续组织实施农村义务教育薄弱学校改造计划，通过建立工作季报、通报、约谈制度和深入市（县）督察、调研、召开推进会等方式，确保工程进度与质量。2013年，按照省定标准共为7 908所农村义务教育学校配备图书、教学实验仪器、音体美器材和多媒体远程教学设备；对351所县镇义务教育薄弱学校进行了扩容改造或对农村寄宿制学校进行附属设施建设，超额完成了年度目标任务。

〔**抓好义务教育均衡发展国家教育体制改革试点工作**〕 重点是改革义务教育管理体制，实行学区制管理、集团化办学等模式，扩大优质教育资源覆盖面；探索城乡教育一体化发展的机制。2013年是试点工作的第三年，在前两年试点工作的基础上，总结出了一批试点工作成果。深入开展义务教育基本均衡县（市、区）创建工作，18个县（市、区）通过国家义务教育发展基本均衡县评估验收。组织力量先后多次深入各地，特别是对2013年实现义务教育基本均衡的县（市、区）进行督促、指导；义务教育均衡发展专家指导组成员不定期到所负责的片区进行督察；配合省教育督导团办公室对首批接受评估验收的县（市、区）进行了督导评估，参与了国家教育督导委员会对河南省的评估认定工作。

〔**稳步推进中小学布局调整**〕 指导各地对新一轮义务教育学校布局调整规划进行修订、完善，会同有关厅局对各地上报的义务教育学校布局规划进行审查，形成了全省农村义务教育学校布局专项规划。

〔**义务教育学校信息化建设**〕 加强中小学生学籍信息管理系统建设，组织全省1 500多万名中小学生学籍信息采集工作。结合实施农村义务教育薄弱学校改造计划，累计投入13亿元，为农村中小学校装备多媒体教室9.1万间。

〔**普通高中课程改革**〕 先后多次组织召开不同层面的普通高中课程改革研讨交流和课程改革科研创新活动，不断深化与学校、教研部门、行政部门的交流沟通，逐步形成以课程建设为核心突破，以教研部门为研究支撑，以课程改革样本校为示范引导，辐射带动各地普通高中课程改革深入发展的普通高中课程改革发展模式。全年安排400万元专项资金，对课程改革工作成效突出的学校和地区进行了奖励支持。

〔普通高中改造项目〕　协调省财政厅安排专项资金1亿元，同时从普通高中引导资金中列出400万元专项经费，引导支持各地普通高中改造项目建设。会同省财政厅、省发展和改革委完善项目统筹协调、组织实施和督促指导机制，推动各地强化责任，认真落实，确保全省普通高中改造项目规范有序推进。

〔中小学德育〕　坚持育人为本、德育为先，加强对中小学生的社会主义核心价值观教育，深入开展“我的中国梦”主题教育活动。加强心理健康教育，召开全省中小学心理健康教育工作会议。加强校外教育和校外活动场所建设，全省新增焦作、南阳、漯河3个市级中小学生示范性综合实践基地作为中央彩票公益金的支持项目。

〔深化中招制度改革〕　2013年，继续完善指标分配制度，全省各地分配生的比例均达50%以上，并逐步加大了分配指标向薄弱初中学校倾斜的力度。继续深化中招制度改革，全面实行网上报名、录取、学籍注册，将面向全省招生的普通高中宏志班、实验班、国际班作为全省提前批次进行网上录取，有效规范了面向全省范围招生学校乱招生、乱择校现象，实现了中招管理工作的科学化、规范化、网络化，建立了更加公开透明的中招招生运行体系，有效确保了中招工作的公平公开。

〔做好进城务工人员子女接受义务教育工作〕　坚持以流入地政府为主、以公办学校为主的原则，做好进城务工人员随迁子女入学工作。2013年，全省共安排进城务工人员义务教育阶段随迁子女28.22万人入学，入学率为99.93%，其中进入公办学校的比例达85%以上。加强对农村留守儿童的教育与管理，会同有关部门出台《关于加强义务教育阶段农村留守儿童关爱和教育工作的意见》。

〔实施特殊教育提升计划〕　2013年，省教育厅下发《关于印发河南省特殊教育学校标准化建设标准的通知》和《关于开展河南省示范性特殊教育学校创建活动的通知》。各地在全省统筹规划下，以特殊教育标准化学校建设和示范校创建为平台，认真组织，积极实施，不断加大投入力度，有效提升了全省特殊教育学校办学水平。加强特殊教育师资队伍建设，推动特殊教育教学质量的整体提升。

职业教育与成人教育

〔启动实施职业教育攻坚二期工程〕　召开全省职业教育工作推进会，全面启动实施职业教育发展攻坚二期工程，落实“三改一抓一构建”的职业教育工作思路，推动职业教育上水平、上台阶，更好地服务全省经济社会的发展。

〔基础能力建设〕　组织开展2013年度中央财政支持的职业教育实训基地建设备选项目的推荐和评审工作，共向教育部、财政部上报29个中等职业教育实训基地建设项目，争取经费1.5亿元，有效改善了全省中职学校的办学条件。建立了“河南省高中阶段教育招生信息服务平台”，考生通过该平台既可以选报普通高中，也可以选报中职学校。未采集信息的考生，也可以进入该平台“社会生”窗口报考职业学校。进一步完善中职学校学籍管理系统，全面实现全省中等职业学校学籍管理系统的数据与全省普通中专招生录取数据的对接，为学生学籍管理、毕业证办理、助学金发放、免学费和招生计划、在校生人数统计工作提供可靠的依据。启动第二批中德职业教育合作项目，先后遴选13所中职学校参与项目实施，拓宽了职业教育对外合作领域。

〔**职业教育品牌示范院校和特色院校项目建设**〕 成立河南省中等职业教育品牌示范院校和特色院校建设管理办公室，建立河南省职业教育品牌示范校和特色校项目建设专家库，组织专家对全省第一批 20 所国家中等职业教育改革发展示范校进行省级检查验收。评审确定了两批共 35 所省级品牌示范院校和 83 所特色院校。

〔**提高职业学校办学质量**〕 继续实施中等职业学校专业骨干教师省级培训，全省共完成 3 500 人的培训任务。组织实施中职学校青年教师企业实践活动，遴选 39 家企业作为实践基地，完成了 401 人的企业实践任务。组织实施中职学校专业骨干教师国家级培训，全省 697 人参加培训。举办 3 期全省中职学校班主任培训班，共计培训 400 人。举办现代制造技术类等 9 类 26 个项目的技能大赛活动。组织参加 2013 年全国职业院校技能大赛，共获大赛奖项 70 个，其中一等奖 8 个、二等奖 18 个。开展职业教育教学成果奖、优质课教学及优秀论文评选等活动。

〔**推进职业教育校企合作**〕 成立 9 个行业职业教育校企合作指导委员会，明确校企合作促进委员会的组织机构、职责、权利和义务，建立起校企合作良性运行机制，在专业建设、课程开发、教材编写、技能大赛等工作中发挥了作用，职业教育校企合作工作逐步推向深入。

〔**高等职业教育质量不断提升**〕 深入实施"高等职业院校提升专业服务产业发展能力"项目，对 54 所职业院校的 101 个项目进行验收，总结项目建设成效。优化专业布局，推动专业结构调整、凝练专业特色、打造专业品牌，整体提升高职专业发展水平和服务能力。促进中高职衔接，审核 2013 年对口招生、"3＋2"分段、五年一贯制招生专业，搭建中高职衔接"立交桥"。继续实施高职院校教师素质提升计划，培训"双师型"青年骨干教师。

〔**招生工作**〕 2013 年，全省中职学校招生 53.06 万人，比 2012 年减少 10.24 万人；在校生 147.19 万人，减幅 15.34％。中等职业教育的招生数和在校生数分别占高中阶段教育的 44.53％和 43.75％。

〔**加强农村职业教育和成人教育工作**〕 会同省发展和改革委、省财政厅、省扶贫开发办公室等六部门对 2010 年认定的职业教育强县进行复评，对封丘县等 3 个职业教育先进县进行评审认定。通过省辖市复评、资格审查、实地考察评估和集中评审 4 个阶段，从全省职业教育强县中遴选确定了汤阴县等 5 个示范县推荐上报国家级农村职业教育和成人教育示范县。举办"河南省全民学习活动周"活动，成立"河南省社区教育服务指导中心"，并召开全省社区教育工作研讨会，有效推动了社区教育工作的开展和终身教育体系的建设。

高 等 教 育

〔**继续实施高等学校教学质量工程**〕 遴选建设 32 个省级教学团队。推荐国家精品视频公开课 10 门、立项建设省级精品资源共享课 75 门、省级双语教学示范课程 20 门，评选省级精品视频公开课 15 门。评选表彰 27 名省级教学名师。获批 27 个国家级大学生校外实践教育基地、5 个"十二五"国家级实验教学示范中心。遴选确定第八批省级实验教学示范中心 31 个、首批虚拟仿真实验教学中心 10 个。推荐报送 2013 年国家级大学生创新创业训练计划立项项目 1 204 项。组织开展高等教育教学改革研究项目鉴定工作，336 项教改项目通过鉴定。开展教学成果奖励工作，遴选确定 2013

年度河南省教学成果奖200项，其中特等奖20项、一等奖80项、二等奖100项。加强教材建设，成立河南省普通高等教育教材建设指导委员会，立项河南省“十二五”普通高等教育规划教材300种。

〔**本科人才培养模式改革**〕 启动实施省级卓越新闻传播人才教育培养计划和卓越农林人才教育培养计划，深化与有关部门、科研院所、行业企业联合培养人才模式。加大工作力度，推动项目高校做好卓越工程师、卓越法律人才教育培养计划实施工作。

〔**推进人才强校工程**〕 加强高层次人才引进。深入实施“河南省特聘教授岗位制度”，面向海内外引进26名省级特聘教授人选，新上岗省级特聘教授9人、讲座教授2人，上岗特聘教授累计160人。实施青年骨干教师培养计划，面向全省高校教学科研一线，年龄在40周岁以下、具有硕士以上学位和副教授以上专业技术职务的专任教师，以项目为载体，选拔300名进行重点培养，全省青年骨干教师达2 500人。创新高校专业骨干教师培养模式，推动高校与新闻单位、法律实务部门从业人员互聘“双千计划”。评选表彰省级教学名师，健全国家、省、校三级教学名师培育体系。

〔**学位与研究生教育**〕 新增河南科技大学、华北水利水电大学、河南中医学院为博士授权单位，郑州航空工业管理学院为硕士授权单位；新增3所博士、1所硕士学位授予高校；全省博士培养单位由5个增至9个，硕士培养单位由15个增至19个。2013年，省属高校博士研究生招生计划增幅5.1%（全国为2.7%），实际增幅14.1%；硕士研究生招生计划增幅5.8%（全国为4.2%），实际增幅8.6%，均居全国高校前列。深化培养模式改革，做到工学结合、学用对接，增强人才培养的针对性和适应性。积极探索推进双学位、本硕连读试点，积极推动研究生教育从学术学位向专业学位改革，扩大专业学位培养单位和培养比例。

〔**科研水平进一步提升**〕 河南农业大学牵头申报的“河南粮食作物协同创新中心”入选国家首批14个协同创新中心，组织遴选了第二批12家省级协同创新中心。2013年，全省高校获国家自然科学基金项目631项，占全省的90.2%；获国家社科基金项目139项，占全省的92%。遴选高校31个工程实验室（工程研究中心）立项建设河南省产业集聚区产学研共建工程研发创新平台，围绕生物医药、装备制造等9大战略新兴产业和传统优势产业，切实增强产业集聚区创新能力；河南科技学院小麦育种项目获国家科技进步一等奖，实现全省高校在该奖项零的突破。该项目组培育的“矮抗58”成为全国种植面积最大的小麦品种，累计种植面积达2.3亿亩，增产86.7亿千克，增效170多亿元。

〔**推进高水平大学建设**〕 实施中西部高等教育振兴计划，加大对郑州大学、河南大学的财政投入，创建国内一流大学迈出坚实步伐；通过支持省部共建、实施中西部高校基础能力建设工程和加强博士学位授权和培育单位建设，推进了一批特色骨干高校建设；加强省部（局）共建工作，建立8所省部共建高校建设情况季报制度。重点和特色学科专业建设不断加强，增补16个重点学科，确定了150个省级“专业综合改革试点”。深入实施高校分类指导，引导高校合理定位，办出特色，应用型人才培养能力进一步提升，2所高校入选教育部应用科技大学改革战略研究试点院校。

〔**高校哲学社会科学工作繁荣发展**〕 2013年，共立项一般课题1 579项，其中人文社科重点研究基地项目36项、重点项目135项、规划项目638项、青年项目667项、学术著作资助项目21项和重大课题攻关项目13项。中标国家社科基金项目139项，获资助经费1 760万元。人才队伍建设成效显著，31人入选人文社会科学创新人才支持计划，遴选确定9个人文社会科学创新团队进入支持计划，表彰奖励25名在高校社科界起引领、示范作用的专家学者。实施新一轮哲学社会科学教学科研骨干研修计划（2010—2014年），举办2013年度哲学社会科学教学科研骨干研修班。截至

2013年年底，建立了43个人文社会科学重点研究基地，制定了《河南省高等学校人文社会科学重点研究基地管理办法》。

〔**积极发展高等继续教育**〕 加快河南开放大学筹建工作。推进继续教育综合改革。引导高校面向农村、面向行业举办学历和非学历继续教育。探索高校继续教育改革与发展的新途径、新方法，鼓励社会成员通过多样化、个性化方式参与学习，逐步建立和开放现代远程教育资源，构建开放型终身学习体系。加强普通高校成人高等教育管理，规范办学秩序。组织对现代远程教育校外学习中心进行检查评估。

〔**毕业生就业**〕 2013年，全省共有51.4万名毕业生。截至9月1日，毕业生初次就业率为80.16%，高于全国平均水平2.76个百分点。

撰稿 张小茜

审稿 韩 冰

湖北省教育

概　　况

〔基本情况〕

湖北省各级各类学校校数、教职工、专任教师情况

	学校数（所）	教职工数（人）	专任教师数（人）
一、高等教育	137	130 575	83 110
（一）研究生培养机构（不计校数）	48		
1. 普通高校	26		
2. 科研机构	22		
（二）普通高等学校	123	128 185	81 784
1. 本科院校	67	97 895	61 043
其中：独立学院	26	16 766	12 585
2. 高职（专科）院校	56	30 290	20 741
3. 其他机构（点）（不计校数）	1		
（三）成人高等学校	14	1 664	1 106
（四）民办的其他高等教育机构	19	726	220
二、中等教育	3 060	294 253	234 239
（一）高中阶段教育	1 010	131 330	98 578
1. 高中	571	91 933	69 774
普通高中	563	91 884	69 726
完全中学	89	13 474	5 697
高级中学	438	73 059	62 580
十二年一贯制学校	36	5 351	1 449
成人高中	8	49	48
2. 中等职业教育	439	39 397	28 804
普通中专	226	22 633	16 160
成人中专	13	1 384	738

续表

	学校数（所）	教职工数（人）	专任教师数（人）
职业高中	69	6 152	5 168
技工学校	131	8 778	6 420
其他机构（教学点）（不计校数）	21	450	318
（二）初中阶段教育	2 050	162 923	135 661
1. 初中	2 014	162 832	135 580
初级中学	1 597	132 465	115 498
九年一贯制学校	416	30 367	13 587
十二年一贯制学校			1 262
完全中学			5 233
职业初中	1		
2. 成人初中	36	91	81
三、初等教育	5 749	198 302	196 596
（一）普通小学	5 746	198 262	196 556
小学	5 746	198 262	183 293
九年一贯制学校			11 960
十二年一贯制学校			1 303
（二）成人小学	3	40	40
其中：扫盲班	2	25	25
四、工读学校	2	48	38
五、特殊教育	80	1 921	1 647
六、学前教育	6 011	110 376	57 736

注：①完全中学的学校数和教职工数计入高中阶段教育，九年一贯制学校的校数和教职工数计入初中阶段教育，十二年一贯制学校的校数和教职工数计入高中阶段教育，专任教师是按照教育层次划分归类；②“（　）”内数据为不计校数。

湖北省各级各类学历教育学生情况

	毕业生数（人）	招生数（人）	在校生数（人）
一、高等教育			
（一）研究生	34 585	39 027	112 707
博士	3 948	5 070	22 367
硕士	30 637	33 957	90 340
（二）普通本专科	361 572	398 854	1 421 434
本科	180 278	215 220	857 489
专科	181 294	183 634	563 945
（三）成人本专科	104 638	114 626	282 826
本科	34 969	42 105	104 897
专科	69 669	72 521	177 929

续表

	毕业生数（人）	招生数（人）	在校生数（人）
（四）其他各类高等学历教育			
1. 在职人员攻读硕士学位		15 328	48 521
2. 网络本专科生	55 404	73 796	183 149
本科	18 883	28 343	68 623
专科	36 521	45 453	114 526
二、中等教育	1 198 211	974 193	3 029 449
（一）高中阶段教育	630 291	486 352	1 506 788
1. 高中	394 627	316 471	991 609
普通高中	391 211	316 471	988 159
完全中学	36 772	26 845	84 193
高级中学	345 618	281 729	882 013
十二年一贯制学校	8 821	7 897	21 953
成人高中	3 416		3 450
2. 中等职业教育	235 664	169 881	515 179
普通中专	152 374	96 585	303 138
成人中专	4 205	3 304	12 016
职业高中	43 143	30 937	95 641
技工学校	35 942	39 055	104 384
（二）初中阶段教育	567 920	487 841	1 522 661
1. 初中	533 709	487 841	1 483 710
初级中学	452 979	405 576	1 239 035
九年一贯制学校	49 688	50 453	150 570
十二年一贯制学校	4 713	6 395	18 456
完全中学	26 329	25 417	75 649
职业初中			
2. 成人初中	34 211		38 951
三、初等教育	489 495	607 979	3 283 057
（一）普通小学	489 395	607 979	3 282 579
小学	451 662	566 113	3 042 700
九年一贯制学校	33 421	37 664	212 335
十二年一贯制学校	4 312	4 202	27 544
（二）成人小学	100		478
其中：扫盲班	50		298
四、工读学校	71	83	87
五、特殊教育	1 227	1 788	10 576
六、学前教育	572 085	825 253	1 473 371

注：特殊教育学生数中包括普通中小学随班就读的学生。

湖北省各级各类非学历教育学生情况

	结业生数（人）	注册学生数（人）
总计	937 659	945 993
一、高等教育	306 915	300 137
（一）研究生课程进修班	2 356	3 334
（二）自考助学班	24 623	83 825
（三）普通预科生		4 039
（四）进修及培训	279 936	208 939
其中：资格证书培训	103 468	86 577
岗位证书培训	66 024	52 867
二、中等职业教育	630 744	645 856
其中：资格证书培训	90 261	69 886
岗位证书培训	67 276	50 504
（一）中等职业学校	291 357	237 669
其中：资格证书培训	51 083	25 891
岗位证书培训	30 601	16 140
（二）职业技术培训机构	339 387	408 187
其中：资格证书培训	39 178	43 995
岗位证书培训	36 675	34 364

湖北省各级各类民办教育基本情况

	学校数（所）	毕业生数（人）	招生数（人）	在校生数（人）	教职工数（人）	专任教师数（人）	其他学生数（人）
一、民办高等教育							
（一）民办高校	43	104 155	113 132	413 689	26 959	19 823	7 021
硕士							
本科学生		52 233	68 736	266 457			
专科学生		51 922	44 396	147 232			
其中：独立学院	26	61 822	65 734	257 906	16 766	12 585	3 335
本科学生		40 608	51 176	203 809			
专科学生		21 214	14 558	54 097			
（二）民办其他高等教育机构	19				726	220	18 536
二、民办中等教育							
（一）高中阶段教育	193	61 348	42 129	134 709	16 191	11 338	
1. 民办普通高中	123	40 490	32 458	99 068	12 986	9 462	
2. 民办中等职业教育	70	20 858	9 671	35 641	3 205	1 876	2 975

续表

	学校数（所）	毕业生数（人）	招生数（人）	在校生数（人）	教职工数（人）	专任教师数（人）	其他学生数（人）
（二）初中阶段教育	108	34 668	40 333	117 092	8 203	5 812	
1. 民办普通初中	108	34 668	40 333	117 092	8 203	5 812	
2. 民办职业初中							
三、民办普通小学	60	14 561	16 511	102 516	3 111	2 039	
四、民办幼儿园	4 424	261 448	402 901	814 798	79 489	39 301	
另有：民办培训机构（不计校数）	187				2 289	1 488	63 310

注：①“其他学生数”包括自考助学班学生、预科生、进修及培训学生数；②民办普通高中的教职工数和专任教师数中包含民办普通初中的教职工数和专任教师数；③民办中等职业教育数据中未含技工学校数据；④“（ ）”内数据为不计校数。

〔**武汉城市圈教育综合改革**〕 2013年3月12日，省政府与教育部在北京举行了第五轮省部会商，教育部部长袁贵仁、省长王国生等出席会议。副省长郭生练汇报了省部共建5年来取得的成绩，提出了下一轮省部共建工作计划。完成了《省教育厅关于武汉城市圈教育综合改革国家试验区阶段性总结评估报告》。

〔**教育综合改革**〕 2013年，研究制定《省教育厅关于2013年深化教育领域综合改革的实施意见》，做好改革的顶层设计。基础教育主要是“扶贫、扶弱”；职业教育主要是“扶优、扶需”，强调市场和就业导向；高等教育主要是“扶强、扶特”，突出内涵发展、质量提升；特殊教育主要是“特教特办、重点扶持”，用特殊的政策和方式加快特殊教育的发展。

〔**学生资助**〕 2013年，共向全省41.2万名义务教育阶段家庭经济困难寄宿生补助生活费，通过中职国家助学金、免学费政策资助中职学生44.6万人次，向23.3万名高中家庭经济困难学生发放国家助学金，帮助3.4万名高校家庭经济困难新生通过“绿色通道”顺利入学，协助7.4万名家庭经济困难学生申请生源地信用助学贷款，向29.5万名高校大学生发放国家奖助学金，为1.4万名大学新生提供路费，帮助2 525名服义务兵役高校学生申请了学费资助。

〔**教育扶贫**〕 根据省委、省政府关于实施大别山革命老区、武陵山少数民族区、仙洪新农村试验区建设，推进三峡库区、丹江库区移民安置、脱贫奔小康、“616”工程［对民族地区10个县（市）实施对口支援，每个县（市）由1名省委、省政府领导负责，省直6个单位，其中4个省直部门、1个大中型企业、1所大专院校或科研单位，开展对口支援，每年至少为对口支援县（市）办6件实事］、中国农谷建设、竹房城镇带建设、黄梅小池开发开改、钟祥市柴湖振兴发展等一系列扶贫开发等重大专项工作，省教育厅内各相关业务处室加强协调与配合，形成分工负责、齐抓共管的教育扶贫工作格局；注重与省教育厅外相关牵头部门的沟通，研究制定教育扶贫工程实施意见，指导相关县（市、区）抓好教育扶贫工作，较好地完成了各项对口支援工作任务。2013年，在省政府组织的省直部门扶贫工作考核中，省教育厅被评为第一名。

〔**学生营养改善计划**〕 以食品安全和资金安全为重点，召开春季、秋季学期工作实施部署会议；举办学生营养与食品安全管理人员培训班，开展学生营养健康状况监测评估工作；完成26个国家试点县（市）83万余名学生、4个省级试点县27万余名学生的营养改善计划实施工作，未发生食品安全和资金安全事故。

〔**公开招聘农村教师**〕 2013年，全省计划招聘教师8 000人左右，4万多人报考。加强对市（州）的督办指导，大部分市（州）采取了县（市、区）交叉选派考官的办法，确保面试公平公正。8月，2013年招聘的7 549名新机制教师全部到岗。

〔**体育艺术教育**〕 组织举办湖北省第九届中小学体育教学评优活动，在市（州）评优活动的基础上，各地推荐97节优质体育课参加了在荆州市举办的省级展示活动。承办并组队参加全国中小学和高职院校体育教师教学技能大赛，提高全省体育教师队伍素质。推进初中毕业生升学体育考试工作，全省共有1 589所中学的42.5万名初中毕业生参加考试。首次组织对全省高校申报的60项体育类教学研究项目进行立项评审，为体育教师展示教学成果搭建平台。举办全省体育特色项目学校第二届篮球比赛和首届乒乓球比赛，共计60多所学校1 000名学生运动员参加了比赛。组织开展第七届学生阳光体育冬季长跑活动，全省有144所中小学校获“全国学生阳光体育冬季长跑先进单位”。举办中国大学生和高中生足球和篮球联赛、第十六届高校“校长杯”乒乓球比赛等20余项体育竞赛活动，85%的高校组队参加了比赛。在全省中小学开展第四届“大家唱 大家跳”艺术节活动，通过有关电视和网络媒体对艺术节的优秀文艺节目进行展播。组团参加全国第四届中小学生艺术展演，获一等奖13个；潜江市、洪湖市、恩施市、通山县和谷城县五个县（市、区）被教育部确定为全国农村学校艺术教育实验县。

〔**教育信息化“班班通”工程**〕 2013年，省、市、县三级教育行政部门共建设中小学多媒体教室7万余间，中小学“班班通”覆盖率突破66%。全省接入互联网学校5 092所，占比为55.1%，建设校园网（站）学校3 421所，占比为37%。其中接入互联网的学校中，70%通过ADSL接入宽带，30%通过光纤方式接入宽带。

〔**网上行政审批**〕 11月，省教育厅网上行政审批申报系统提前上线运行，实现了“外网申报、内网审批，一次注册、终身使用，进度公开、阳光透明”。申请人在申报系统注册后，可随时登录系统查询办件的办理状态，完成申报文档上传、意见反馈、查询进度、查看公示公告等操作；设计了专门网上监管功能，使行政审批工作接受纪检监察部门全过程监督，有效降低廉政风险。

〔**平安校园建设**〕 省教育厅印发《关于开展高校“平安校园”创建活动的实施方案》，将平安校园创建纳入2013年高校“两访两创”活动的重要内容。出台了《关于深入推进平安校园建设的意见》和《湖北省省级平安校园建设标准》。开展“四项专项行动”。省教育厅会同省综治办、省公安、省消防部门推进“护校安园”专项行动、消防安全专项整治行动、学校周边环境集中整治行动、“四警进校园”和“四网保平安”试点，实行月报制度，多次召开现场推进会和开展专项检查。加强学校安全工作检查督办，全年组织7次学校安全检查。

〔**做学生喜爱的好老师**〕 印发《省教育厅关于开展“做学生喜爱的好老师”主题活动的通知》，评选一批学生爱戴、家长尊重、业内认可、社会认同、影响广泛的好教师，树立一批教育一线的教师典型。全省各地、各学校按照标准和程序，层层宣传发动、推荐、评选，宣传了一大批优秀教师。经专家评审委员会评审，授予150名教师“学生喜爱的好老师”荣誉称号。

〔**教育对口援疆**〕 省教育厅会同省援疆办公室、省人力资源和社会保障厅研究布置新疆维吾尔自治区博尔塔拉蒙古自治州（简称博州）未就业大学生来鄂培训实习工作，安排522名学员赴各市（州）基层单位开展为期4个月的跟岗实习。协调湖北大学等高校安排230名定向博州招生计划。省教育厅与博州政府签订协议，全面推进博州职业教育改革发展，积极探索博州中职与湖北高职相衔接的人才培养模式改革，组织湖北省示范性高职院校按照“一对一”“多对一”援建模式，对口支援博州中职重点专业。暑期组织18名名师送教入疆，共培训博州、新疆生产建设兵团第五师中小学幼儿园教师1 591人。

〔**民办教育**〕 报请省政府印发《进一步促进民办普通高等教育发展的若干意见》，明确民办高校可自主确定年度分专业招生计划和跨省招生计划、自主设置和调整本专科专业、民办学校的收费标准按市场机制调节，以及在校园用地、房产、建设规划、用水、用电、用气、排污、资产过户等方面享受公平待遇和优惠政策。印发《湖北省民办高等教育非学历机构设置管理工作规定（试行）》，加强对民办高等教育非学历机构的依法管理。

〔**教育交流与合作**〕 2013年，全省外国留学生在校生人数达14 440人，比2012年增长21%，超额完成了年初制订的计划。全年共受理、审批外国留学人员来华签证申请材料5 000多份。全省2所高校被教育部列为首批来华留学示范基地，13门课程被教育部评为“2013年来华留学英语授课品牌课程”，3所省属高校获批为“承担中国政府奖学金生培养任务院校”。在教育部举办的“2012—2013年度留动中国——在华留学生阳光运动文化之旅”活动第五赛区比赛中，湖北省高校进入前5名。在“留动中国”总决赛中，华中师范大学从28支参赛队伍中脱颖而出，取得第2名。2013年，全年共受理各层次中外合作办学申报项目43个，批准大专项目2个、高中项目5个，审核并上报教育部24个。批准复核续办大专项目16个、高中（含中职）项目4个。截至2013年年底，全省共获批中外合作办学项目本科层次36个、硕士层次机构和项目3个。

〔**三类城市语言文字工作评估**〕 2013年，咸宁市下辖6个县（市、区）完成了全部6个三类城市语言文字工作评估任务。2013年，黄石市、荆州市、宜昌市、咸宁市下辖的33个县（市、区）中，共有14个城市完成三类城市语言文字工作评估。

〔**举办第五届高校普通话大赛**〕 6月18—19日，省语言文字工作委员会、省教育厅举办第五届湖北省高校普通话大赛决赛。大赛以“提升语言文字能力 构建和谐语言生活”为主题，历时3个多月，参赛高校数量为历届最多。全省79所高校选送的148名教师和学生通过初赛、复赛、决赛，评选出一等奖6人、二等奖17人、三等奖26人和优秀奖25人。

基础教育

〔**学前教育纳入省政府十件实事**〕 2013年，省政府将“新建、改扩建500所幼儿园，新增幼儿入园学位6万个”列入2013年十件实事。全年共获中央学前教育校舍改建类专项资金12.45亿元，用于全省84个农村县（市、区）改扩建幼儿园和在农村小学、教学点增设附属幼儿园。省教育厅、省财政厅、省发展和改革委批复学前教育校舍建设项目1 365个，其中新建幼儿园63所，利用农村闲置校舍改扩建幼儿园607所，在农村小学增设附属幼儿园695所。继续实行项目建设进展情况月报制度和月通报制度，将项目建设情况纳入对市（州）教育行政部门年度考核内容。2013年，完工502个项目，新增幼儿入园学位7.53万个，超额完成了省政府十件实事规定的任务。

〔**规范学前教育管理**〕 继续组织实施全省幼儿园年检公示制度。对全省幼儿园年检公示平台进行完善，强化对年检后问题整改情况的督办，全省合格幼儿园年检率实现100%。做好学前教育管理信息系统数据采集工作。按照教育部统一部署，基本完成全省幼儿园基础数据采集上报和学前教育各类项目实施情况月报工作。贯彻落实《3—6岁儿童学习与发展指南》，组织开展幼儿园课程研究，狠抓幼儿园去“小学化”工作。组织开展第二批学前教育示范县（市、区）评估验收。在各地自愿申报、市（州）推荐、专家组实地评估的基础上，评选出潜江市、赤壁市、武汉市江岸区、黄陂区和崇阳县等5个县（市、区），并进行表彰奖励。

〔**义务教育经费保障**〕 2013年，全省共落实城乡义务教育保障经费42.49亿元，其中中央资金28.77亿元、省级资金10.42亿元、市县级资金3.3亿元，中央和省级资金占资金总量的92.2%，其中省级承担了地方承担部分的76%，有效保障了中小学校的正常运转。2013年，共筹措中小学项目经费21.17亿元，推进实施薄弱学校改造等项目建设，改造校园、校舍面积140余万平方米，中小学办学条件得到进一步改善。

〔**推进义务教育均衡发展**〕 指导各地加强对义务教育的统筹管理，合理配置教育资源。指导和督促全省17个市（州）、54个县（市、区）的义务教育均衡发展改革试点工作，完成对全省72个试点项目的中期评估总结。以“比教学”为抓手，深化学校教学改革，完善“比教学”常态化机制，不断促进教师专业素养和教学质量的提升。

〔**义务教育均衡发展督导评估**〕 建立并完善义务教育均衡发展专项督导、评估监测、督导公告、满意度调查、奖惩问责五项工作机制，有力推动了县级政府优先发展、均衡发展义务教育。2013年，全省首批29个县（市、区）通过教育部实地评估认定。国家督导检查组认为湖北省探索出了“五个突出、五个同步”的具有湖北特色的经验和做法。对30个县（市、区）开展义务教育均衡发展省级评估。修订督导评估方案，增加标准课桌椅、食堂、宿舍等基本要求；完善评估程序，实行学校办学条件网上公示等。

〔**农村义务教育学校布局调整**〕 省教育厅印发《关于做好农村义务教育学校布局专项规划制订工作的通知》，组织各地对“十二五”中小学布局规划进行修订和完善，进一步明确保障措施。督促各县（市、区）以政府为主导，成立工作专班，认真开展相关的调研摸底和测算。对各地上报的专项规划，组织专家评审和现场调研，形成《湖北省农村义务教育学校布局专项规划（2013—2015年）》，经省政府批准，报国家教育体制改革领导小组备案。全省规划初中学校1 820所，其中县城394所、镇区1 012所、乡村414所；规划小学5 379所，其中县城602所、镇区1 240所、乡村3 537所；规划教学点3 143个。全省农村中小学撤并程序和行为进一步规范，各地均按要求在专项规划备案之前，暂停了农村义务教育学校撤并。

〔**高中教育**〕 抓好课程开设，对全省普通高中2012—2013学年度课程开设情况进行评估，将课程开设不齐的学校名单通报给各个市（州），起到了较好的推动作用。开展研究性学习论文的抽检，对不合格的学校予以通报。规范学籍注册，为30万名新生注册学籍。严格执行规定，对超计划招生的学校、没有承诺规范招生的学校、未在平台内招生和跨地区招录的学生不予注册学籍，并对超计划招生的3所省级示范高中给予亮黄牌、全省通报批评和媒体公开曝光的处罚。11月，对课程改革的全部课题进行了终结性评估。通过项目引领、样本校示范，全省高中课程改革取得了阶段性成果。

〔**中小学德育**〕 创新中小学德育内容，紧扣“中国梦”的宣传教育，重点开展了中小学校全民阅读、中学生收看神舟十号航天员太空授课及优秀传统文化进校园等系列主题教育活动。完善德育载体，以校外实践为抓手，研制《湖北省校外活动基地三年行动计划》。争取中央资金6 000万元，用于建设黄冈市、孝感市等国家示范性综合实践基地。举办全省校外活动基地负责人培训班，提升校外活动质量。以榜样引领为抓手，开展第十一届全国宋庆龄奖学金的申报评选工作。加强政策研究，引导全省中小学校参与德育研究与实验工作。关注中小学生心理健康教育，制定《湖北省中小学心理健康教育实施意见》。

〔**授予80名农村教师“楚天园丁奖”**〕 2013年教师节期间，以省政府名义评选表彰了80名在农村任教30年以上、对农村教育有突出贡献的教师，授予“楚天园丁奖”，并给予1万元的奖励，引导农村教师扎根基层，长期从教。

〔**农村教师补助制度**〕 省教育厅、省财政厅、省人力资源和社会保障厅印发《关于实行农村义务教育学校骨干教师补助制度的通知》，对农村义务教育阶段的特级教师、湖北省名师及遴选的骨干教师进行补助，骨干教师每3年遴选一次，每人每月补助600元；特级教师、湖北省名师每月补助1 000元。全省17个市（州）和江汉油田实施骨干教师补助计划，共计补助33 964人，其中湖北名师、特级教师共12人。

〔**农民工子女入学升学**〕 妥善解决约135万名农民工子女的教育问题，加强农村寄宿制学校建设与管理，优先解决农村留守儿童入学需求。实施贫困资助政策和营养餐计划，改善留守儿童的营养条件。完善义务教育随迁子女教育制度，按“两为主”（以流入地政府管理为主、以公办学校接收为主）原则全面落实外来务工人员随迁子女入学，使随迁子女受到平等对待。

〔**课外访万家活动**〕 发挥“比教学、访万家”工作在中小学教育教学中的重要作用，建立健全“比教学、访万家”工作常态化制度，印发《省教育厅关于中小学教师“课内比教学、课外访万家”工作常态化的指导意见》，在落实责任、创新方法、检查督办、考核措施、激励机制等方面提出指导性意见，促进工作常态化开展。12月，“比教学、访万家”活动获第三届全国教育改革创新典型案例推选活动特等奖。

〔**特殊教育**〕 积极与相关单位协调，落实特殊教育相关政策，增加特殊教育专项补助资金，提高生均公用经费标准，开展师资专业化培训，促进特殊教育学校办学质量的提高。

职 业 教 育

〔**教学改革**〕 印发《湖北省中等职业学校教学管理规程》。按照《省教育厅关于做好中等职业学校教学课程抽考工作的通知》要求，组织开展省属中职学校公共基础课程抽考工作。组织开展应用电子技术、建筑工程技术、会计、护理、数控技术、计算机应用6个专业的中高职衔接教学标准开发，共74所职业院校、20家行业企业参与标准研制工作，12个专业教学标准、121门专业基础课程和核心课程的课程标准通过专家评审验收。

〔**职业教育品牌**〕 主动服务全省重点产业（行业）发展，以省级行业性职业教育集团为载体，通过部门、行业、企业联动，发挥高职院校龙头作用和中职学校基础作用，整合重点学校、重点企业资源。2013年，新立项了湖北物流、湖北建筑工程、湖北公路交通3个职业教育品牌。同时继续推进湖北装备制造、湖北船舶、湖北轨道交通运营3个职业教育品牌的建设。

〔**“双师型”队伍建设**〕 建立中职学校骨干教师省级培训“考培分离”制度，按照年度工作目标，下达了中职学校骨干教师省级培训5个专业500名教师的培训计划，并分别在武汉职业技术学院、武汉市第二轻工业学校和武汉市仪表电子学校举办了培训班。扩大评聘“楚天技能名师”规模。鼓励和支持职业院校面向省内外相关行业企业生产、建设、管理一线的技术人员，公开招聘能工巧匠担任兼职教师。从2013年起，中高职“楚天技能名师”名额由各100人增加至各200人，全年共评聘398人，省教育厅每人每年补贴2万元。同时，按照《教育部财政部关于实施职业院校教师素质提高计划的意见》，组织推荐骨干专业教师参加国家级师资培训和到企业实践。

〔**中高职衔接专业标准**〕 积极探索职业教育人才系统培养路径。以技能高考的机械、电子、计算机、建筑技术、会计、护理6个专业大类为主，研制中高职衔接的专业教学标准，促进中高职在人才培养目标、专业内涵、课程教材、教育教学等方面的衔接。

〔**高职院校单独招生**〕 2013年，按照“院校负责、自我约束、加强监督”的原则，共有14所高职院校开展面向中职毕业生单独招生试点。确定2014年继续扩大高职院校单独招生规模，支持农林、水利、地矿等行业特色鲜明的7所高职院校开展单独招生。

〔**职业教育集团**〕 按照“资源共享、平等合作、优势互补、互惠共赢”的原则，以专业为纽带，由重点高职院校牵头，其他高职院校、中职学校、企业、行业组织参加，新组建了16个职业教育集团。截至2013年年底，全省各类职业教育集团总数达30余个，参加集团的学校达280余所、规模以上企业达300余家，使职业教育校企合作由传统的“点对点”向“面对面”转型，形成了职业教育服务区域产业（行业）发展新格局。

〔**对口帮扶**〕 10月，印发《省教育厅关于开展高等职业院校对口帮扶县级职教中心工作的通知》。通过办学质量相对较高、办学特色相对明显的高职院校对口支持县级职业教育中心，促进县级职教中心树立现代职业教育理念，加强专业建设和教学基础能力建设，深化教育教学改革，提升整体办学质量和办学水平，更好地为县域经济和社会发展服务，系统培养技术技能型人才。

〔**人文素质教育**〕 5月，印发《省教育厅关于加强职业院校人文素质教育工作的通知》，在抓好职业院校学生技能培养的同时，强化学生的人文素质培养，按照人人成才、个性化发展的要求，全面加强职业院校人文素质教育，改革职业学校思想政治课，夯实基础文化知识，开展以“阅读成就理想”为主题的文化读书活动，加强学校艺术教育，营造校园人文素质教育的氛围，努力培养适应现代社会发展需要的高素质技能型人才。

〔**技能高考**〕 7月，省教育厅印发《关于积极推进高等学校招收中等职业学校毕业生招生考试改革的通知》，进一步推进和完善“知识＋技能”的高校招收中职毕业生招生考试制度改革。2013年，全省共有1万余名中职毕业生通过参加技能高考进入高等学校学习，其中普通本科高校招收600人。

高 等 教 育

〔**学科建设**〕 建立学科建设新体系。2013年，完成了部属高校、军事院校省级重点学科遴选工作。全省高校有省级重点学科263个、省级重点培育学科83个。全省高校在全国第三轮学科评估中位居全国第1位、前5位和前10位的学科数量分别达10个、44个和80个，分别居全国高校同类学科第3名、第4名和第4名。加强学科建设投入。2013年，全省投入各类学科建设资金4.2亿元，引导高校特别是省属高校重点建设特色学科，助推全省经济建设和社会发展。经国务院学位委员会批准，三峡大学、武汉工程大学、湖北医药学院、湖北汽车工业学院通过立项建设验收，如期获得博士、硕士学位授权单位。新增博士、硕士一级学科点各4个。世界高水平学科建设取得新成效。2013年，全省高校进入ESI世界排名前1%的学科达34个，比2012年增加5个，居全国高校前5位；全省进入世界学科排名前100位的学科，由1个增加到3个，大部分学科位次都有所提升。湖北大学有2个学科进入世界学科排名。

〔**人才培养模式创新**〕 实施“湖北高校优秀大学生海外游学计划”，选派11所高校近200名优秀大学生赴海外高水平大学游学，推进全省高校人才培养模式国际化。推进校企合作育人模式，加大战略性新兴产业和传统支柱产业人才培养力度，新建55个“产业人才培养计划”项目。

〔**研究生教育创新计划**〕 进一步巩固和扩大研究生教育创新基地和工作站建设。2013年，已批准建立湖北省研究生教育创新基地30个，黄石市研究生教育创新人才基地被评为“湖北高校省级示范实习实训基地”。批准高校和企事业单位联合建设省级研究生工作站30个。形成了专兼结合的“双导师型”教学团队，开辟了培养专业硕士的实践基地。下发研究生暑期社会实践活动方案，全省36个研究生培养单位共计2 100余名研究生参与了暑期社会实践活动。开展三级学位论文省优评选工作，其中13篇学位论文获优秀奖、20篇获提名奖。进一步规范了三级学位信息审核与报送、认证与公开等管理工作。

〔**本科专业和课程建设**〕 建立学科专业动态调整机制，省教育厅印发《关于加快建立普通高等学校学科专业动态调整机制的指导意见》，明确专业结构调整的指导思想、基本原则、政策导向、调整机制与保障措施。建立专业预警、退出机制，指导高校立足省情，结合自身实际制定学科专业发展规划，优化学科专业结构与布局。推进本科重点专业建设工作，紧密结合国家需求和区域经济社会发展需要推进重点专业建设。立项114个省级“专业综合改革试点”建设项目。加强课程建设工作，指导高校结合自身办学特色和学科专业优势，以量大面广的公共基础课、专业基础课和专业核心课为重点，集中建设一批课程资源丰富、适合网络传播的精品视频公开课和精品资源共享课。完成37门省级精品视频公开课程建设任务，22门课程确定为第三、四批国家级精品视频公开课程。完成120门省级精品资源共享课程建设任务，105门课程确定为第二批国家级精品资源共享课程，居全国高校第三。

〔**实验教学示范中心建设**〕 对全省高校“十一五”国家级实验教学示范中心进行验收。遴选5个省属高校实验教学示范中心进行重点建设，并全部被确定为“十二五”国家级实验教学示范中心；推荐5个省属高校实验教学示范中心为国家级虚拟仿真实验教学中心。

〔**协同创新中心建设**〕 2013年，在学校申报、专家评审的基础上，经省政府专题研究，确定新增立项15个协同创新中心。

〔**青年骨干教师项目**〕 下达2013年度高校优秀中青年科技创新团队项目计划21项、青年教师科研计划重点项目123项、青年人才项目189项、指导项目302项。

〔**产学研合作**〕 组织实施高校青年教师深入企业行动计划项目，确定742名青年教师到全省700多家企事业单位从事岗位实践活动。协调筹建湖北省大学科技园取得实质性进展。武汉市部分高校与武汉市东湖高新技术开发区武汉未来科技城建设管理办公室签署《湖北省大学科技园项目投资协议书》，正式入驻大学科技园。10所高校成立大学科技园管理公司，武汉工程大学已有下属企业迁入大学科技园，并已在园区纳税。

〔**实习实训基地建设**〕 省教育厅联合省直有

关部门评审认定两批共93个省级实习实训基地；开展省级实习实训基地建设运营情况检查，加强实训基地建设质量监控，促进实习实训基地示范功能和作用的发挥。实施省直机关及事业单位接收大学生实习工作，从在武汉市的19所高校中，选派125种专业的434名在校大学生，到41家省政府部门、直属事业单位实习。

〔**大学生创新创业能力培养**〕 继续开展数学建模、电子设计等大学生课外科研和科技创新竞赛活动。实施1 412项省级大学生创新创业训练计划项目，其中966项确定为国家级大学生创新创业训练计划项目。开展年度大学生优秀科研成果评奖，促进大学生科研成果向市场转化。

〔**大学生自主创业**〕 坚持以大学生创新创业俱乐部建设为载体，大力推进大学生自主创业工作。4月，省教育厅在全国毕业生就业工作推进会上做大会发言。5月，教育部简报刊发了湖北省打造大学生创新创业平台、大力推进自主创业工作的经验和做法。截至2013年9月1日，全省1 269名毕业生自主创业，占2013年已就业毕业生的3.5%；在校生创业人数达4 260人。

〔**"两访两创"活动**〕 继续开展"两访两创"活动，制定并印发《省委高校工委、省教育厅关于2013年在全省高校开展"两访两创"活动的通知》。全年全省高校共访谈新生368 718人，访谈比例为89.43%；访谈年轻教师19 124人，访谈比例为85.37%；访谈"四难"学生154 301人，访谈比例为93.28%；访谈老党员、离退休老同志27 860人，访谈比例为66.39%；访谈学科（专业）带头人等拔尖人才2 802人，访谈比例为94.92%。

〔**主题教育活动**〕 深入开展"中国梦"系列主题教育活动。组织开展"中国梦·我的梦"主题征文大赛，共收到参赛作品700余件。经评审，有618件上网公示。组织开展高校研究生"我的中国梦"主题演讲比赛，举办"我的中国梦·梦想践行之旅"暨第四届武汉高校研究生校园文化探访活动。举办"追寻中国梦——延安精神与当代大学生"高校巡回报告。联合省直其他部门开展了"百万学子追寻中国梦""优秀女性进高校，共筑中国梦""助残圆梦高校行"等活动。开展"学雷锋、做好人、树新风"主题实践活动，推动高校学雷锋由3月5日1天向365天转变，打造一批高校学雷锋示范团队。武汉大学小亭爱心支教队、武汉理工大学郎坤志愿服务队、华中科技大学"小红帽"志愿服务队等6个高校团队被评为荆楚学雷锋示范团队。其中华中农业大学"本禹志愿服务队"得到习近平总书记高度肯定。

撰稿 邓 辉 邱月琴 黄 勇
审稿 徐雁冰

湖南省教育

概　　况

〔基本情况〕

湖南省各级各类学校校数、教职工、专任教师情况

	学校数（所）	教职工数（人）	专任教师数（人）
一、高等教育	134	98 663	64 950
（一）研究生培养机构（不计校数）	19		
1. 普通高校	15		
2. 科研机构	4		
（二）普通高等学校	122	96 915	63 869
1. 本科院校	47	61 214	39 192
其中：独立学院	15	6 028	4 904
2. 高职（专科）院校	75	35 701	24 677
3. 其他机构（点）（不计校数）			
（三）成人高等学校	12	1 492	976
（四）民办的其他高等教育机构	13	256	105
二、中等教育	4 540	346 595	270 684
（一）高中阶段教育	1 210	147 278	101 519
1. 高中	585	102 116	67 595
普通高中	577	101 873	67 420
完全中学	224	37 483	18 600
高级中学	310	55 585	46 762
十二年一贯制学校	43	8 805	2 058
成人高中	8	243	175
2. 中等职业教育	625	45 162	33 924
普通中专	46	5 886	4 197
成人中专	90	4 286	2 990

续表

	学校数（所）	教职工数（人）	专任教师数（人）
职业高中	360	22 126	16 977
技工学校	129	11 820	9 097
其他机构（教学点）（不计校数）	14	1 044	663
（二）初中阶段教育	3 330	199 317	169 165
1. 初中	3 301	199 171	169 041
初级中学	2 200	135 397	122 533
九年一贯制学校	1 101	63 774	30 805
十二年一贯制学校			2 309
完全中学			13 394
职业初中			
2. 成人初中	29	146	124
三、初等教育	9 302	226 700	246 343
（一）普通小学	9 270	226 630	246 273
小学	9 270	226 630	216 179
九年一贯制学校			27 989
十二年一贯制学校			2 105
（二）成人小学	32	70	70
其中：扫盲班	22	50	50
四、工读学校	1	46	41
五、特殊教育	69	1 733	1 403
六、学前教育	12 236	143 726	71 160

注：①完全中学的学校数和教职工数计入高中阶段教育，九年一贯制学校的校数和教职工数计入初中阶段教育，十二年一贯制学校的校数和教职工数计入高中阶段教育，专任教师是按照教育层次划分归类；②“（　）”内数据为不计校数。

湖南省各级各类学历教育学生情况

	毕业生数（人）	招生数（人）	在校生数（人）
一、高等教育			
（一）研究生	17 236	20 538	65 276
博士	1 491	2 065	10 822
硕士	15 745	18 473	54 454
（二）普通本专科	294 355	313 650	1 100 770
本科	142 030	163 936	651 789
专科	152 325	149 714	448 981
（三）成人本专科	101 180	105 921	232 228
本科	35 212	42 590	91 442
专科	65 968	63 331	140 786

续表

	毕业生数（人）	招生数（人）	在校生数（人）
（四）其他各类高等学历教育			
1. 在职人员攻读硕士学位		5 735	20 226
2. 网络本专科生	24 050	30 040	63 985
本科	9 131	11 998	25 193
专科	14 919	18 042	38 792
二、中等教育	1 279 955	1 409 736	4 030 648
（一）高中阶段教育	596 221	643 259	1 856 858
1. 高中	318 876	373 754	1 045 449
普通高中	316 720	373 754	1 041 044
完全中学	84 354	103 947	284 756
高级中学	219 205	255 310	714 641
十二年一贯制学校	13 161	14 497	41 647
成人高中	2 156		4 405
2. 中等职业教育	277 345	269 505	811 409
普通中专	63 037	82 674	219 464
成人中专	45 316	18 999	82 483
职业高中	128 744	126 954	348 622
技工学校	40 248	40 878	160 840
（二）初中阶段教育	683 734	766 477	2 173 790
1. 初中	666 508	766 477	2 142 847
初级中学	475 232	536 901	1 509 701
九年一贯制学校	104 512	124 432	344 870
十二年一贯制学校	14 515	20 341	52 485
完全中学	72 249	84 803	235 791
职业初中			
2. 成人初中	17 226		30 943
三、初等教育	770 762	847 605	4 678 391
（一）普通小学	770 482	847 605	4 678 102
小学	666 748	758 922	4 116 087
九年一贯制学校	95 226	80 788	512 425
十二年一贯制学校	8 508	7 895	49 590
（二）成人小学	280		289
其中：扫盲班	160		160
四、工读学校	210	50	70
五、特殊教育	1 286	2 240	10 097
六、学前教育	799 187	974 510	1 912 269

注：特殊教育学生数中包括普通中小学随班就读的学生。

湖南省各级各类非学历教育学生情况

	结业生数（人）	注册学生数（人）
总计	817 696	750 289
一、高等教育	249 248	238 546
（一）研究生课程进修班	358	2
（二）自考助学班	9 456	29 386
（三）普通预科生		2 210
（四）进修及培训	239 434	206 948
其中：资格证书培训	162 609	138 492
岗位证书培训	50 275	48 451
二、中等职业教育	568 448	511 743
其中：资格证书培训	224 234	225 333
岗位证书培训	223 447	140 316
（一）中等职业学校	224 134	106 270
其中：资格证书培训	103 730	58 435
岗位证书培训	81 770	30 951
（二）职业技术培训机构	344 314	405 473
其中：资格证书培训	120 504	166 898
岗位证书培训	141 677	109 365

湖南省各级各类民办教育基本情况

	学校数（所）	毕业生数（人）	招生数（人）	在校生数（人）	教职工数（人）	专任教师数（人）	其他学生数（人）
一、民办高等教育							
（一）民办高校	31	58 333	55 956	224 765	14 509	10 560	12 118
硕士							
本科学生		37 934	34 309	157 625			
专科学生		20 399	21 647	67 140			
其中：独立学院	15	30 047	23 412	115 191	6 028	4 904	
本科学生		30 047	23 412	115 191			
专科学生							
（二）民办其他高等教育机构	13				256	105	12 796
二、民办中等教育							
（一）高中阶段教育	304	67 972	64 891	183 389	17 198	12 684	
1. 民办普通高中	94	25 846	31 961	88 243	12 009	9 168	
2. 民办中等职业教育	210	42 126	32 930	95 146	5 189	3 516	7 897

续表

	学校数（所）	毕业生数（人）	招生数（人）	在校生数（人）	教职工数（人）	专任教师数（人）	其他学生数（人）
（二）初中阶段教育	182	67 238	90 203	240 632	11 382	9 208	
1. 民办普通初中	182	67 238	90 203	240 632	11 382	9 208	
2. 民办职业初中							
三、民办普通小学	129	31 836	32 999	191 613	5 498	4 124	
四、民办幼儿园	10 524	483 862	608 362	1 348 597	119 861	58 615	
另有：民办培训机构（不计校数）	121				1 175	839	71 052

注：①“其他学生数”包括自考助学班学生、预科生、进修及培训学生数；②民办普通高中的教职工数和专任教师数中包含民办普通初中的教职工数和专任教师数；③民办中等职业教育数据中未含技工学校数据；④“（ ）”内数据为不计校数。

〔**教育投入**〕 2013 年，全省教育财政投入 807.9 亿元。省本级财政教育投入累计达 96 亿元，较 2012 年增加 1.1 亿元。通过加大沟通协调力度和对业务专项的清理整合，与往年相比，教育财政资金的预算执行速度和资金使用效益进一步提高。

〔**开展“教育经费管理年”活动**〕 2013 年，省教育厅组织开展“教育经费管理年”活动，印发《湖南省关于开展“教育经费管理年”活动进一步用好管好教育经费的通知》和《关于印发〈湖南省教育厅“教育经费管理年”活动实施方案〉》，组织召开全省“教育经费管理年”活动部署工作视频会议，制定了《关于进一步加强“三公”经费管理的意见》和《关于做好省属高等学校财务信息公开工作的通知》等文件。

〔**县级教育工作“两项督导评估考核”、教育强县（市、区）视导及县级政府职业教育工作督导评估**〕 4—5 月，由省委组织部、省教育厅牵头，省政府教育督导室抽调部分省督学和教育督导评估专家，分两个阶段对最后一批 43 个县（市、区）政府的教育工作及其党政主要领导干部的教育工作实绩、33 个县（市、区）政府职业教育工作进行了督导评估考核，累计追补教育经费 9.1 亿元。共有 20 个县（市、区）政府及其党政主要领导干部被评为优秀等次、23 个县（市、区）政府及其党政主要领导干部被评为合格等次；有 14 个县（市、区）被评为教育强县（市、区）视导优秀单位，有 6 个县（市、区）被评为县级政府职业教育督导评估优秀单位。省委办公厅、省政府办公厅联合发文公布了评估考核结果。

〔**教师资格认定工作**〕 2013 年，全省分两个批次共认定各类教师资格 56 133 人，其中认定高校教师资格 3 408 人、中职学校教师资格 523 人、中职学校实习指导教师资格 13 人、高级中学教师资格 24 534 人、初级中学教师资格 6 635 人、小学教师资格 6 721 人、幼儿园教师资格 14 299 人。

〔**“三通工程”建设**〕 截至 2013 年年底，全省已有 7 411 所乡镇及以上学校完成宽带到校和网络条件下教学环境建设，占全省总数的 53%。有 40 个县（市、区）建成教育城域网，教育信息化条件保障建设已经初具规模。全省有 7 004 所乡镇及以上学校实现或基本实现优质资源“班班通”，占全省总数的 51%。同时共有 3 482 个农村教学点通过实施“教学点数字教育资源全覆盖项目”，基本解决了开课不齐的问题。依托世界大学城、湖南省基础教育资源网以及各地各校自建的空间交互平台，全省建设教师空间 41.85 万个、学生空间 118.77 万个、学校机构空间 1.15 万个，分别比 2012 年增长 112%、230% 和 45%，总体覆盖率达 29%。

〔**“特岗计划”教师招聘**〕 2013年，全省共有“特岗计划”设岗县75个，其中国家级计划设岗县（市、区）56个、省级计划设岗县（市、区）19个。按照“定县、定校、定岗”的设岗原则和“公开、公平、自愿、择优”的招聘原则，全省共面向全国招聘特岗教师6 011人，其中国家级计划4 222人、省级计划1 789人；招聘初中特岗教师1 980人、小学特岗教师4 031人。

〔**招生考试工作**〕 2013年，全省共组织各类教育考试40余次，考试总规模为224.1万人次，与2012年基本持平；组织录取各类新生45.8万人，比2012年增长6.5%。高考考生人数实现了连续4年下降后的首次回升，达37.3万人，录取新生31.8万人，录取率达85.3%，其中本科录取率为41.7%。成人高考考生人数15.1万人，录取新生12.1万人，录取率达80.1%。全省硕士研究生报考人数为7.5万人，全国报考在湘20个招生单位的考生为5.9万人，录取18 691人，较2012年增长5.2%。全年共组织两次自学考试，年度考试规模达42.7万人次，累计报考143万科次；高校毕业办证56 716人，其中本科50 501人、专科6 215人。社会考试考生累计达121.6万人次，其中全国计算机等级考试24.5万人、全国英语等级考试14.9万人次、全国大学英语四级和六级考试78.5万人、国内合作项目考试3.1万人、剑桥少儿英语考试1 900人次、国内高水平大学自主选拔考试（联考）4 700人。

〔**教育援藏援疆工作**〕 2013年，全省协调落实内地西藏班办班补助经费700万元，用于岳阳市第一中学、望城县第一中学、湖南民族职业学院和长沙师范学院办班补助，全面落实教育部对内地民族班生均经费的省级财政补助要求。2013年，省教育厅协调长沙、株洲、湘潭等地接收新疆维吾尔自治区吐鲁番地区“青年英才”骨干教师13人跟班学习，协调长沙市第一中学接收西藏自治区山南地区2名骨干教师挂职锻炼；委托长沙师范学校开办第二期西藏山南地区乡镇学前骨干教师培训班，为山南地区培训骨干幼儿教师40人；委托吉首大学预科学院举办了第四、第五期新疆维吾尔自治区吐鲁番地区双语骨干教师培训班，培训学员60人。

〔**民族地区师资培训**〕 2013年，全省继续实施“歆语工程”民族地区英语骨干教师培训项目。按照与北京外国语大学续签的新一轮《湖南省民族地区农村义务教育阶段英语教师培训项目协议》，全年从省内民族地区及内地西藏班、新疆班、民族预科基地学校选送了100名中学英语教师到北京外国语大学进行为期20天的集中培训；选派包括新疆维吾尔自治区吐鲁番地区5名教师在内的101名民族地区小学校长到长沙、株洲、湘潭、岳阳、常德、娄底6市的50所基地学校挂职培训。

〔**开展第十六届推广普通话宣传周活动**〕 9月12日，湖南省第十六届全国推广普通话宣传周活动开幕，副省长李友志出席并讲话。活动通过电视、电台、报纸、网络、手机、微博、微信、手机报等形式对年轻受众加强宣传。

基础教育

〔**学前教育**〕 2013年，全省学前三年毛入园率达69.2%，首次超过全国平均水平，分别比2010年增加幼儿园4 407所，增加教职工5.5万人，增加在园幼儿49万人。全年共完成435所农村公办幼儿园建设任务，其中实事项目园200所、自建项目园235所。总投入5.38亿元，其中实事项目园各级投资共计3.14亿元。省级投入3 000万元，对农村公办幼儿园建设实事项目园进行奖补。全年新增幼儿园园舍面积 41.5 万平方米，新增设施设备价值 1.029 亿元。全年全省共认定 3 186 所民办幼儿园为普惠性幼儿园。

〔**提高农村义务教育经费保障水平**〕 2013 年，全省累计投入农村义务教育经费保障机制改革资金 60.11 亿元，同时为 628 万名农村中小学生和城市最低生活保障家庭子女免费发放教科书和部分辅助学习资料；资助家庭经济困难寄宿生 72.83 万人次，提高全省农村中小学生均公用经费补助标准 60 元。省本级财政投入 2 亿元，用于提高农村寄宿制学校运行补助标准和改善学生寄宿条件，其中安排 8 500 万元，专门用于农村寄宿制学校购置学生用床。省本级财政投入 2.8 亿元，用于提高武陵山及罗霄山片区县农村教师的工资水平，9.05 万名农村教师享受人才津贴。

〔**义务教育合格学校建设**〕 2013 年，全省共完成 1 456 所义务教育合格学校建设任务，其中实事项目校 500 所、备案项目校 500 所、自建项目校 456 所。总投资 31.05 亿元，其中省级投入以奖代补资金 2 亿元。新增校舍面积 182.14 万平方米，新增设施设备 104.22 万余套，新增设施设备价值 3.9 亿元。500 所实事项目学校各级投资共计 1.54 亿元，新增校舍面积 87.46 万平方米，新增设施设备 46 万余套，新增设施设备价值 1.95 亿元。

〔**薄弱学校改造计划**〕 2013 年，中央下达湖南省薄弱学校改造计划校舍改造类和教学装备类资金 5.05 亿元，开工项目达 41.48%、竣工项目达 16.41%。2013 年，项目县教学装备类项目已基本完成招投标工作。

〔**推进农村义务教育学生营养改善计划**〕 2013 年，全省累计投入资金 19.96 亿元（2013 年年底，中央追加安排 3.23 亿元），推进学生食堂建设。当年，全省实施食堂供餐学校 3 164 所、享受食堂供餐学生 82.7 万人，分别占学校、学生总数的 45.39%和 55.64%。全年共调查和处理学校食品安全事件和工作举报 12 件。

〔**校车安全管理工作**〕 2013 年，湖南省校车安全管理领导小组成员单位由原来的 15 个扩展到 26 个厅（局、办）。省教育厅、省公安厅、省交通运输厅联合下发《关于进一步加强全省校车安全管理工作的通知》。设立校车专项奖补资金，综合考虑各市州、县（市、区）校车数、需乘车学生数、财政投入情况、地域经济状况、工作努力程度等因素，通过以奖代补的方式对各地中小学生和幼儿上下学乘车安全管理工作给予适当补助。由省政府办公厅、省教育厅、省公安厅、省交通运输厅、省财政厅、省安全生产监督管理局、省质量技术监督局等组成调研督察组，对全省 14 个市州 28 个县（市、区）校车安全管理工作进行了考核督查。

〔**普通高中教育**〕 2013 年，全省初中毕业生升入高中阶段教育的比例为 87.32%，比 2012 年提升 3.59 个百分点；高中阶段教育毛入学率为 88.2%，比 2012 年提升 0.2 个百分点。全年全省普通高中学业水平考试首次考试合格率为 88.75%。

职业教育与成人教育

〔**职业教育集团化办学**〕 2013 年，全省新成立湖南司法行政职业教育集团和中南有色金属职业教育集团，使全省职业教育集团达 30 家，加盟合作单位 2 458 家，其中省内外规模企业 1 525 家，几乎覆盖了所有在湘的大中型企业。2013 年，全省职教集团企校合作开展教师培养、“订单”培养、职工培训、集团共享实训设备等活动，相对 2012 年分别增长 55.7%、15.2%、269.4%、12.6%。

〔**职业教育信息化建设**〕 2013年，全省职业院校师生个人实名制教学或学习空间达72万个，占全国师生个人空间总数的四分之一左右，在空间上共发表教学文章2 390万篇，发布教学内容为主的视频145万个，视频浏览量达2 511万次，文章浏览总量达4.13亿人次。

〔**职业院校技能竞赛**〕 5月10—12日，省教育厅在长沙民政职业技术学院等23个赛点举办2013年全省职业院校学生技能竞赛，来自14个市州代表团的853名中职组选手参加了9个专业类32个赛项的比赛，来自67所高职院校的1 387名高职组选手参加了12个专业类33个赛项的比赛。比赛共决出一等奖137个、二等奖265个、三等奖397个。2013年，全省共派出中、高职（高专）47个代表队、350名选手参加全国职业院校学生技能大赛，共获一等奖9个、二等奖45个、三等奖87个。在2013年全国职业院校学生技能作品展洽会上，获一等奖3个、二等奖11个、三等奖15个。

〔**组织开展全省职业院校信息化教学大赛**〕 2013年，省教育厅组织了全省职业院校信息化教学大赛暨全国大赛选拔赛。来自全省33所高职院校的83名教师参加了高职组多媒体教学软件设计等3类7个项目的比赛，14个市州45所中职学校的66名教师参加了中职组信息化教学设计等3类9个项目的比赛。在2013年全国职业院校信息化教学大赛中，获一等奖2个、二等奖6个、三等奖10个，获奖率达72%，位居全国前列，并获得优秀组织奖。

〔**举办第四届黄炎培职业教育奖创业规划大赛**〕 2013年，省教育厅举办第四届湖南省黄炎培职业教育奖创业规划大赛。大赛共收到184个参赛项目，其中高职组121个、中职组63个。经过网上初评、半决赛和总决赛，共评选出一等奖8个、二等奖16个、三等奖26个、优胜奖134个、指导教师奖332个、竞赛组织奖10个。

〔**社区教育骨干体系与资源建设**〕 2013年，长沙市雨花区入选全国社区教育示范区，长沙市开福区、岳阳市岳阳楼区、衡阳市雁峰区、株洲市芦淞区入选第五批全国社区教育实验区，项目通过率均为100%，居全国第一。同时新遴选立项了湘潭市岳塘区、衡阳市蒸湘区、邵阳市双清区、常德市鼎城区、永州市冷水滩区5个省级社区教育实验区。截至2013年年底，全省共有国家级社区教育示范区2个、国家级社区教育实验区6个、省级社区教育实验区16个。

〔**举办"2013年湖南省全民终身学习活动周"活动**〕 2013年10月，省教育厅和岳阳市委、市政府共同在岳阳楼区举办了"2012年湖南省全民终身学习活动周"总开幕式。全省14个市州、72个县（市、区）也开展了"2013年湖南省全民终身学习活动周"活动，参与人数达190余万人次。其间，举办培训讲座类活动582场次、各类展示活动563场次。

高等教育

〔**高水平大学与重点学科建设**〕 2013年，中南大学、湖南大学、国防科技大学全面完成"985工程"三期建设任务，中南大学、湖南大学、国防科技大学、湖南师范大学"211工程"建设进展顺利。加强重点学科建设，全年投入重点学科建设经费1.437亿元，一批省重点学科达到国际先进水平，国防科技大学的物理学、湖南师范大学的临床医学两个省重点学科跻身基本科学指标数据库（ESI）全球排名前1%的行列，全省进入ESI全球排名前1%的学科达20个，其中省属高校6个。

〔**新增学士学位授权学科**〕 2013年，全省审核批准36所普通高等学校共102个本科专业获学士学位授予权。另有8个本科专业获学士学位授权资格一年，同时被要求整改，一年后进行复评。

〔**新增一批博士、硕士学位授予单位和授权学科**〕 7月，国务院学位委员会第三十次会议审议批准湖南科技大学新增为博士学位授予单位，学校应用经济学等4个一级学科新增为博士学位授权一级学科；湖南商学院和湖南理工学院新增为硕士学位授予单位。

〔**协同创新中心建设**〕 2013年，湖南省高校作为牵头单位的1个协同创新中心、作为主要参与单位的2个协同创新中心入选首批国家“2011协同创新中心”，入选数居全国第3位。按照“湖南急需、国内一流”的要求，全省培育建设了21个省级“2011协同创新中心”，其中16个认定的中心、5个培育的中心。全省高校共建设80多个校级协同创新中心，共吸纳40多所高校、20多个科研院所、70多家骨干企业参与。

〔**科技创新**〕 2013年，全省高校获国家自科基金项目1 114项，占全省立项总数的95.95%，居中部地区高校第2位，其中国家杰出青年科学基金项目2项；获国家社科基金年度项目159项，居全国高校第5位，占全省立项总数的92.9%，其中重点项目7项、青年项目70项；省教育厅共立项支持“湖南省教育厅科学研究项目”1 626项，其中重点项目133项、青年项目158项、一般项目1 177项、创新平台开放基金项目127项、产业化培育项目31项。重点支持在国内具有比较优势的基础理论研究和与全省“四化两型”建设密切相关的重大应用问题研究。全省高校共获国家科技奖励13项，获奖项次居全国高校第7位。由湖南师范大学参与完成的“两系法杂交水稻技术研究与应用”项目获国家科技进步特等奖。获教育部第六届高等学校科学研究优秀成果奖21项。由国防科技大学研制的“天河二号”超级计算机系统，荣登第41届世界超级计算机500强榜首。

〔**科技创新平台建设**〕 2013年，全省高校新增4个国家级创新平台，包括1个国家工程技术研究中心、1个国家地方联合工程研究中心和2个国家地方联合工程实验室；新增10个省级重点实验室、10个省级工程技术研究中心和2个省级应用基础研究基地。截至2013年年底，全省高校共有24个国家级重点实验室（其中6个国家重点实验室，7个国防重点实验室，11个国家工程实验室）、8个国家工程研究（技术）中心、27个教育部重点实验室、18个教育部工程研究中心、80个省级重点实验室、60个省级高校重点实验室、2个教育部人文社科重点研究基地、36个省级高校哲学社会科学重点研究基地。

〔**科技创新队伍建设**〕 2013年，全省高校新增国家自科基金创新群体1个、教育部“创新团队发展计划”创新团队3个；新增教育部“新世纪优秀人才支持计划”入选者46人，入选数居全国高校第6位，其中省属高校11人，居全国第1位。全省高校共有7个国家自科基金创新群体、71个湖南省高校科技创新团队，42人获国家杰出青年科学基金奖，51人受聘为教育部“长江学者”特聘教授。共有40个科研团队入选教育部“长江学者和创新团队发展计划创新团队”，居全国第6位，其中省属高校共9个，居全国高校第4位。共有516人入选教育部“新世纪优秀人才支持计划”，居全国高校第6位。

〔**学术梯队建设**〕 2013年，全省遴选普通高校青年骨干教师培养对象200人；192名青年骨干教师培养对象接受培养期满验收检查，其中28人被确定为优秀、159人被确定为合格、5人暂缓验收；107名学科带头人培养对象接受2011年度考核，均被确定为合格；385名青年骨干教师培养对象接受年度考核，其中384人确定为合格、1人确定为不合格。

〔**产学研结合创新**〕 2013年，立项“湖南省高校科技成果产业化培育项目”31项。对第三批湖南省高校产学研合作示范基地进行检查考核，14

个产学研合作示范基地全部通过检查考核，其中4个示范基地评定为优秀。2013年，全省高校共开展产学研项目6 000多项，使企业新增产值近1 000亿元。在2013年长沙科技成果转化交易会上，省内高校有1 582项成果参展。省教育厅与省政府经济协作办公室、省商务厅等部门联合承办湘商大会，举办“校企合作”专场活动，32所高校与42个省内外商会、57家湖南省大中型企业达成产学研合作协议；与省经济和信息化委员会等部门联合举办新材料产品合作对接会，20多所高校与企业签订了合作协议。

〔第十届湖南省高等教育教学成果奖评审〕 12月，省教育厅组织完成第十届湖南省高等教育教学成果奖评审工作，全省共有111所高校和独立学院推荐申报了516项教学成果。经组织专家网络、会议评审和现场答辩，共有312项成果获第十届湖南省高等教育教学成果奖，其中一等奖40项、二等奖92项、三等奖180项。

〔开展博士、硕士学位论文评优〕 2013年，全省共评选出200篇优秀硕士学位论文和50篇优秀博士学位论文，并推荐17篇博士学位论文参加2013年全国优秀博士学位论文评选，其中6篇博士学位论文获全国优秀博士学位论文，总数居全国第5位。

〔民族地区人才培养〕 2013年，全国各重点院校共录取湖南省骨干计划新生329人，其中硕士研究生301人、博士研究生28人。硕士研究生总数超出教育部下达湖南省计划121人，超录67.2%。2013年，全国面向湖南省贫困地区定向招生计划1 239人，其中本科计划1 139人、专科计划100人。年内，下达湖南省内7所高校省内民族预科计划1 640人，并根据少数民族人口分布，下达到市州及县（市、区）。

〔高职院校单独招生改革试点〕 2013年，全省新批准7所高职院校艰苦行业专业、优势学科专业等15个特殊类专业开展单独招生改革试点，试点院校共有31所，试点计划19 050人。

〔第二届全省大学生创新成果展暨创新论坛〕 10月，省教育厅举办第二届全省大学生创新成果展暨创新论坛。来自全省52所高校和独立学院的学生代表、指导教师和教学管理人员共300余人参加了活动。共有162个项目成果参展、148篇论文提交大会交流，经全省高校学生网上投票推荐和专家评审，从中评选了“十佳作品”和“十佳论文”。

〔召开毕业生就业校企对接暨供需见面会〕 3月20日，省教育厅与浙江省宁波保税区促进高校毕业生就业校企对接暨供需见面会在长沙市举行。宁波保税区近50家企业到场为湖南高校毕业生提供就业岗位1 600余个，1 800余名高校毕业生参与求职，现场600余人达成签约意向。中南大学、湘潭大学、长沙民政职业技术学院等近50所高等院校与宁波保税区有关企业签订“校企合作培养人才输送人才框架协议”。

审稿　肖国安

撰稿　石灯明

广东省教育

概　　况

〔基本情况〕

广东省各级各类学校校数、教职工、专任教师情况

	学校数（所）	教职工数（人）	专任教师数（人）
一、高等教育	153	139 546	94 450
（一）研究生培养机构（不计校数）	32		
1. 普通高校	24		
2. 科研机构	8		
（二）普通高等学校	138	133 719	91 099
1. 本科院校	58	88 398	58 879
其中：独立学院	17	15 456	11 953
2. 高职（专科）院校	80	45 321	32 220
3. 其他机构（点）（不计校数）			
（三）成人高等学校	15	4 685	2 742
（四）民办的其他高等教育机构	31	1 142	609
二、中等教育	5 114	626 836	487 024
（一）高中阶段教育	1 763	324 092	210 247
1. 高中	1 018	236 674	144 965
普通高中	1 015	236 437	144 756
完全中学	597	138 388	72 054
高级中学	330	76 805	68 163
十二年一贯制学校	88	21 244	4 539
成人高中	3	237	209
2. 中等职业教育	745	87 418	65 282
普通中专	384	45 327	34 201

续表

	学校数（所）	教职工数（人）	专任教师数（人）
成人中专	13	639	498
职业高中	105	11 813	9 910
技工学校	243	28 491	19 839
其他机构（教学点）（不计校数）	40	1 148	834
（二）初中阶段教育	3 351	302 744	276 777
1. 初中	3 351	302 744	276 777
初级中学	2 192	195 572	179 832
九年一贯制学校	1 159	107 172	39 103
十二年一贯制学校			4 889
完全中学			52 953
职业初中			
2. 成人初中			
三、初等教育	11 824	417 189	437 532
（一）普通小学	11 824	417 189	437 532
小学	11 824	417 189	380 146
九年一贯制学校			52 070
十二年一贯制学校			5 316
（二）成人小学			
其中：扫盲班			
四、工读学校	2	85	55
五、特殊教育	99	3 405	2 714
六、学前教育	13 793	336 666	188 182

注：①完全中学的学校数和教职工数计入高中阶段教育，九年一贯制学校的校数和教职工数计入初中阶段教育，十二年一贯制学校的校数和教职工数计入高中阶段教育，专任教师是按照教育层次划分归类；②“（ ）”内数据为不计校数。

广东省各级各类学历教育学生情况

	毕业生数（人）	招生数（人）	在校生数（人）
一、高等教育			
（一）研究生	24 353	29 255	85 180
博士	2 907	3 566	14 351
硕士	21 446	25 689	70 829
（二）普通本专科	412 315	516 866	1 709 881
本科	200 491	251 684	949 585
专科	211 824	265 182	760 296
（三）成人本专科	156 277	215 771	534 376

续表

	毕业生数（人）	招生数（人）	在校生数（人）
本科	54 973	61 436	164 096
专科	101 304	154 335	370 280
（四）其他各类高等学历教育			
1. 在职人员攻读硕士学位		6 272	19 162
2. 网络本专科生	24 698	37 773	94 952
本科	11 204	15 902	41 302
专科	13 494	21 871	53 650
二、中等教育	2 855 776	2 778 529	8 538 646
（一）高中阶段教育	1 339 224	1 478 673	4 490 740
1. 高中	723 833	730 784	2 205 692
普通高中	723 659	730 784	2 204 473
完全中学	359 795	364 690	1 097 144
高级中学	345 900	342 293	1 044 639
十二年一贯制学校	17 964	23 801	62 690
成人高中	174		1 219
2. 中等职业教育	615 391	747 889	2 285 048
普通中专	300 289	381 335	1 018 550
成人中专	107 415	19 463	176 924
职业高中	80 582	74 129	213 420
技工学校	127 105	272 962	876 154
（二）初中阶段教育	1 516 552	1 299 856	4 047 906
1. 初中	1 516 552	1 299 856	4 047 906
初级中学	996 135	783 736	2 514 012
九年一贯制学校	182 914	224 000	622 509
十二年一贯制学校	23 245	26 403	74 859
完全中学	314 258	265 717	836 526
职业初中			
2. 成人初中			
三、初等教育	1 370 411	1 500 473	8 079 381
（一）普通小学	1 370 411	1 500 473	8 079 381
小学	1 181 820	1 243 388	6 776 891
九年一贯制学校	173 757	236 561	1 203 004
十二年一贯制学校	14 834	20 524	99 486
（二）成人小学			
其中：扫盲班			

续表

	毕业生数（人）	招生数（人）	在校生数（人）
四、工读学校	124	123	203
五、特殊教育	2 527	3 862	21 799
六、学前教育	1 082 455	1 709 973	3 545 757

注：特殊教育学生数中包括普通中小学随班就读的学生。

广东省各级各类非学历教育学生情况

	结业生数（人）	注册学生数（人）
总计	3 036 503	3 262 035
一、高等教育	836 713	503 214
（一）研究生课程进修班	4 170	9 199
（二）自考助学班	6 660	14 448
（三）普通预科生		742
（四）进修及培训	825 883	478 825
其中：资格证书培训	98 697	73 854
岗位证书培训	593 142	279 755
二、中等职业教育	2 199 790	2 758 821
其中：资格证书培训	452 453	446 338
岗位证书培训	1 166 334	1 124 670
（一）中等职业学校	269 164	230 969
其中：资格证书培训	117 076	103 662
岗位证书培训	135 523	96 729
（二）职业技术培训机构	1 930 626	2 527 852
其中：资格证书培训	335 377	342 676
岗位证书培训	1 030 811	1 027 941

广东省各级各类民办教育基本情况

	学校数（所）	毕业生数（人）	招生数（人）	在校生数（人）	教职工数（人）	专任教师数（人）	其他学生数（人）
一、民办高等教育							
（一）民办高校	51	128 340	180 791	561 627	33 362	24 555	17 374
硕士							
本科学生		55 549	86 819	307 301			
专科学生		72 791	93 972	254 326			
其中：独立学院	17	55 447	75 719	276 580	15 456	11 953	80

续表

	学校数（所）	毕业生数（人）	招生数（人）	在校生数（人）	教职工数（人）	专任教师数（人）	其他学生数（人）
本科学生		49 873	74 376	269 152			
专科学生		5 574	1 343	7 428			
（二）民办其他高等教育机构	31				1 142	609	12 614
二、民办中等教育							
（一）高中阶段教育	266	115 699	105 931	312 824	38 322	26 972	
1. 民办普通高中	142	36 243	49 577	131 282	31 447	22 329	
2. 民办中等职业教育	124	79 456	56 354	181 542	6 875	4 643	7 911
（二）初中阶段教育	818	181 676	249 678	676 275	77 199	62 986	
1. 民办普通初中	818	181 676	249 678	676 275	77 199	62 986	
2. 民办职业初中							
三、民办普通小学	736	231 870	355 897	1 731 540	39 265	31 080	
四、民办幼儿园	10 016	585 788	910 566	2 171 356	244 126	134 380	
另有：民办培训机构（不计校数）	1 533				18 876	10 943	1 219 581

注：①“其他学生数”包括自考助学班学生、预科生、进修及培训学生数；②民办普通高中的教职工数和专任教师数中包含民办普通初中的教职工数和专任教师数；③民办中等职业教育数据中未含技工学校数据；④“（　）”内数据为不计校数。

〔**省级政府教育统筹**〕　2013年，省政府先后召开教育“创强争先建高地”动员部署会、教育“创强”工作现场会暨义务教育均衡优质标准化发展工作推进会、高等学校创新强校工作会议、民办教育工作会议、省教育体制改革领导小组会议、省部教育体制综合改革联席会议、珠三角地区推进教育现代化现场会暨义务教育均衡优质标准化工作推进会、教育信息化工作电视电话会议等重要会议，出台了《广东省人民政府关于推进我省教育“创强争先建高地”的意见》《关于进一步扩大和落实高校办学自主权促进高校加快发展若干意见》《关于加强高校“四重”建设实施意见》《关于引进世界知名大学来粤合作举办独立设置高等学校意见》《关于深入推进义务教育均衡优质标准化发展意见》《关于促进民办教育规范特色发展意见》《关于加快推进教育信息化发展的意见》等政策性文件。

〔**四项重点工作**〕　2013年，全省教育系统以四项重点工作为龙头，多措并举、统筹推进，取得显著成效。一是以推进义务教育均衡优质标准化发展为着力点，统筹城乡教育协调发展。印发《广东省人民政府办公厅转发省教育厅关于深入推进义务教育均衡优质标准化发展的意见和通知》，实行区域内城乡统一的义务教育学校建设标准、教职员工工资标准和公用经费标准，将义务教育标准化学校覆盖率纳入各市落实科学发展观实绩考核指标体系。2013年，全省小学和初中校际均衡系数下降的县（市、区）分别有94个和115个，校际间差距进一步缩小，教育资源配置更加合理。二是以扩大高校办学自主权为突破口，加快转变教育发展方式。从高校招生、学科专业设置、教育教学改革、对外交流合作、人事管理制度等11个方面进一步明晰和落实高校办学自主权的具体政策；遴选6所高校作为第一批深化高校自主办学综合改革试点单位，在高校章程建设、完善高校内部治理结构、建立现代大学制度等方面积极开展尝试、摸索积累经验。三是以推进高校“四重”建设为切入点，不断提升全省高校协同创新能力。2013年，全省高校有35个学科领域进入美国基本科学指标数据库（ESI）国际排名前1%，比2012年增加3个学科。新增国家级科研创新平台8个、教育部创新团队5个、教育部“新世纪优秀人才支持计划”42人，“珠江学者”24人。获国家科技奖励10项，比2012年增长67%。实到科研经费74.06亿元。四是以推进民办教育规范特色发展为支撑点，深化办学体制改革。召开全省民办教育工作会议，出台23条促进民办教育规范特色发展的意见，包括探索分类管理、鼓励设立年金和发放从教津贴、支持与境外知名高校合作办学等。2013年，安排7 000万元专项资金，对170多所民办大中小学校予以奖补。

〔**创强争先建高地**〕　2013年，教育创强争先工作全面铺开，全省各地累计投入“创强”资金89.22亿元，全省共有教育强市10个、强县（市、区）68个、强镇982个，覆盖率分别为47.6%、50.8%和62%。深圳、佛山两市率先成为首批教育现代化先进市。

〔**教育民生实事**〕　在粤东西北地区创建196个教育强镇（乡、街道）、12个教育强县（市、区），超额完成民生实事“创强”任务。中等职业教育免学费实施范围扩大至所有农村（含县镇）户籍全日制在校生，学生资助政策实现学前教育至研究生教育全覆盖。城乡免费义务教育公用经费补助标准提高至小学每生每学年750元、初中每生每学年1 150元。义务教育阶段非本地户籍学生达396.6万人，比2012年增加30.6万人，其中在公办学校就读208万人，占义务教育阶段非本地户籍学生总数的52.4%。全省21个市已出台异地中考方案，全省高中阶段教育共招收进城务工人员随迁子女10.6万人，其中外省户籍4.2万人。制定《进城务工人员随迁子女在广东省参加高校招生考试实施办法（试行）》。省补助的71个县（市、区）均按人均每月不低于500元的标准，落实了山区和农村边远地区义务教育学校教师岗位津贴。全年全省共有33万名山区和农村教师享受岗位津贴，人均岗位津贴每月565元。为此，全省各级财政共投入22.4亿元，其中省级财政投入13.1亿元。

〔**教育经费保障**〕　2013年，全省地方教育经费总投入2 477.55亿元，比2012年增长12.57%，其中财政性教育经费1 850.57亿元，比2012年增长13.82%，占总投入比例的74.69%。分别整合设立基础教育“创强”奖补资金和高校创新强校工程奖补资金，通过“综合考评、综合奖补”方式，由市县和高校统筹使用，自主规划建设重点、自主选择建设项目。打破行政管理部门“推动工作靠专项”的依赖，促进行政管理部门从过去重项目评审分配、轻指导监督向更加注重事中指导、事后监督转变，加快资金执行进度。

〔**教育督导工作**〕　截至2013年年底，全省所有市、县（市、区）均已初步建立了督学责任区制度，共设立市级督导责任区113个、县级督导责任区809个，实行挂牌督导制度的县（市、区）71个、中学2 136所、小学4 757所、幼儿园4 681所。研制全省标准化学校督导验收办法和督导验收方案，统一全省标准化学校督导验收的要求和标准。截至2013年年底，全省省一级幼儿园413所，省一级普通高中468所，其中205所普通高中通过示范性普通高中初期督导验收、174所普通高中通过示范性普通高中终期验收确认。

〔**学生助学工作**〕　学生资助政策实现学前教育至研究生教育的全覆盖。2013年，落实各级财政资金约30亿元，资助各级各类学生约258万人次。全省125所高校的5.16万名学生获国家助学贷款2.9亿元。

〔**教师队伍建设**〕　开展以“立德树人、立教圆梦”为主题的师德教育学习月活动和教书育人楷模先进事迹宣讲活动。2013年，新增到农村从教“上岗退费”高校毕业生近5 000名。组织全省中小学教师参加省级以上培训21.7万人次，建立并完善了以校本培训、网络学习相融合的全员培训，以名师引领、形成学习共同体为导向的骨干教师培训，以跟岗学习、置换培训、挂职锻炼为载体的农村教师培训的中小学教师培养新机制。各级各类学校教师队伍整体素质得到提升，高中、初中、小学教师学历达标率分别为96.0%、99.1%和99.9%，初中教师具有本科学历、小学教师具有大专以上学历的比例分别为67.3%和88.1%，职业学校“双师型”教师占比为49.79%，高校教师具有硕士研究生以上学历、博士学位的分别为64.6%和18.9%。中小学教师工资福利待遇保障水平进一步提高，县域内中小学教师平均工资水平与当地公务员实现大体相当，欠发达地区农村教师待遇略高于县镇教师。

〔**教育信息化**〕　截至2013年年底，全省中小学宽带网络“校校通”、优质资源“班班通”和网络学习空间“人人通”的覆盖率分别达84%、45%和56%。新增数字教学资源8万条，教师使用优质资源64.5万人次、学生使用优质资源293.5万人次。中小学生学籍信息录入率达99%以上，教职工基础信息录入率达100%。

〔**教育系统安全稳定工作**〕　印发《广东省平安校园创建工作方案》，全面推进创建平安校园工作，细化创建平安校园工作职责任务。充分发挥校园及周边治安综合治理专项工作机制的作用，全面实行学校重要时段见警察、见警灯、见警车“三见制度”。强化安全责任制，以体制机制建设为关键，切实加强学校应急管理，切实提升校园安全防范能力，切实提升校园周边防控能力，切实提升农村校园安全工作水平。充分发挥课堂安全教育的主渠道、主阵地作用，继续深入推进安全法制教育进教材、进课堂、进学生头脑“三进”工作。切实加强国家安全和抵御防范敌对势力斗争工作，确保学校政治稳定。

〔**思想政治教育工作**〕　深化学校德育课程教学研究和改革，充分发挥德育课主渠道作用，以成果推广发挥优质教学资源示范辐射作用，以比赛推动德育课教学质量上台阶。在第五届粤、桂、琼、赣、滇五省（区）思想政治理论课青年教师教学基本功联赛中，广东省获一等奖1个、二等奖2个。

强化学校德育队伍建设。开展全省高校思想政治理论课名教师、骨干教师培养中期考核及验收工作，8位骨干教师通过验收，21位培养对象通过中期考核；2位骨干教师入选全国高校优秀中青年思想政治理论课教师择优资助计划。建设分课程教学研究基地，依托基地举办6期思想政治理论课教师备课会，约2 500人次参加。加强高校辅导员队伍建设，全年培训高校辅导员约2 200人次。加强高校宣传思想工作队伍建设。近800人参加了6期全省高校哲学社会科学教学科研骨干研修班。加强中小学德育工作队伍建设，开展第三批名班主任培养对象培训，完成首批名班主任工作室建设工作中期检查，全面启动31个省级名班主任工作室建设。确定87人为第四批名班主任培养对象。培训乡镇（街道）德育管理干部600余人次，培训中职学校主管德育校长、骨干班主任、学生科长、团委书记（副书记）、德育课教师约1 500人。加强心理健康教育工作队伍建设，开展中小学心理健康教育A、B、C证培训。

深入开展大中小学生“我的中国梦”主题系列教育活动、“千万少年快乐阅读”学生读书活动和“千万留守流动儿童关爱行动”。推进校外活动场所建设，完善德育实践教育体系。立项中央专项彩票公益金支持示范校综合实践基地1个。建立中小学综合实践基地，其中国家级8个、省级27个。完成教育部全国大学生思想政治状况滚动调查活动。

〔**民族教育**〕　指导和支持民族县和民族乡以创建教育强县、强乡为抓手，进一步改善办学条件，提高教育教学质量，推进教育均衡协调发展。向教育部民族教育司推荐36份“荣达教育资助基金”民族教育研究课题和5位民族教育专家。

〔**召开全省民办教育工作会议**〕　7月18日，省政府召开全省民办教育工作会议，出台关于民办教育工作的专门性文件，并提出到2018年基本建成民办教育强省的目标。

按照省政府工作部署，省教育厅将“推进民办教育规范特色发展”纳入教育“创强争先建高地”考核内容，统一部署、统筹推进。为贯彻全省民办教育工作会议精神，省教育厅印发《委厅贯彻落实省政府办公厅转发〈省教育厅关于促进我省民办教育规范特色发展的意见〉重点任务分工方案》和《关于学习贯彻全省民办教育工作会议精神的通知》。省教育厅、省财政厅发挥省级民办教育专项资金的导向作用，将地方设立民办教育专项资金、义务教育民办学校学生享受免费政策情况、扶持民办教育发展措施等情况作为申报省级民办教育专项资金的考核指标；将年检结果、落实教师待遇、规范收费、安全管理等作为学校申报省级民办教育专项资金的条件。优先扶持民办高校特色专业、工科专业建设。为落实学校办学责任、稳定教师队伍，将学校生师比、为教职工购买社会保险、人员支出水平、培训经费安排、1∶1配套资金等作为“强师工程”专项资金分配的评审指标。

2013年，省级民办教育专项资金共5 000万元，其中学前教育2 000万元，共资助100所幼儿园；义务教育700万元，共资助35所初中；中等职业教育700万元，共资助14所中职学校；高等教育1 200万元，共资助15所高校；技工教育400万元。“强师工程”专项资金安排2 000万元，共资助13所民办高校（其中本科院校5所、高职院校8所）。

〔**教育交流与合作**〕 省政府设立来粤留学生奖学金，每年奖学金总额为800万元。2013年，596名来粤留学生获1万至3万元奖学金。汕头市政府、汕头大学与以色列理工学院就合作举办广东以色列理工学院达成三方框架协议。广东工业大学确定为中外合作办学机构。2013年，经教育部同意，新增北京大学深圳研究生院与香港科技大学合作举办工商管理硕士学位教育项目等5个中外合作办学项目。积极推动与欧洲国家、美国、澳大利亚、新西兰等国家的教育交流与合作，深化与港澳台地区的教育交流与合作。与英国、德国、美国、澳大利亚的职业教育合作稳步推进，在师资培训、专业课程标准开发等方面的合作日益密切。

基础教育

〔**学前教育**〕 截至2013年年底，全省公办幼儿园占比达30%；建成1所以上规范化公办中心幼儿园的乡镇比例为81.51%；常住人口超过4 000人的行政村，建成规范化村级幼儿园的比例为61.98%；无证幼儿园占比从2013年年初的11%下降到4.5%，全省不存在无证办园的市有佛山、惠州、中山等市，基本完成学前教育三年行动计划的总目标。全年全省争取国家资金4.553亿元，比2012年增加18.3%。

〔**义务教育均衡优质标准化工作**〕 相继印发《关于深入推进义务教育均衡优质标准化发展意见的通知》《关于推进义务教育均衡优质标准化发展意见重点任务分工落实方案》《广东省义务教育标准化学校标准》，推进全省义务教育均衡优质标准化工作。据初步统计，截至2013年年底，全省公办义务教育标准化学校覆盖率达68.5%，如期完成年度计划任务。

〔**农村义务教育工作**〕 印发《广东省农村义务教育学校布局专项规划（2013—2015年）》，规范农村义务教育学校布局调整，经省政府审批后报国家教育体制改革领导小组备案。省财政按每名寄宿生约165元的补助标准安排专项资金1.3亿元，重点扶持全省经济欠发达地区，保障农村寄宿制学校日常运转。

〔**素质教育**〕 集中力量研究制订义务教育质量提升计划。申报广州市、深圳市为国家中小学教育质量综合评价实验区。同时，加强对实验区工作的指导与服务，为实验区推进教育教学改革创造有利的环境和条件。

〔**进城务工人员随迁子女平等接受义务教育**〕坚持以“两为主”和“一市一策”原则，逐步推行义务教育阶段学籍与户籍分离的管理办法，稳步提高进城务工人员随迁子女入读义务教育公办学校比例，保障进城务工人员随迁子女平等接受义务教育。2013 年，全省非本地户籍义务教育阶段在校生为 396.6 万人，其中 52.4%就读公办学校。同时，自 2013 年春季学期起，在全省普通中小学（包括民办学校）就读的义务教育阶段学生（包括随迁子女在内）全部纳入省财政免费义务教育公用经费补助范围。2013 年，省财政共安排中央下拨的随迁子女接受义务教育奖励资金 6.048 亿元。

〔**农村留守儿童关爱和教育工作**〕　印发《广东省教育厅等 5 部门转发教育部等 5 部门关于加强义务教育阶段农村留守儿童关爱和教育工作意见的通知》，对加强留守儿童关爱和教育工作提出了具体要求。

〔**特殊教育**〕　出台《2013—2014 学年义务教育阶段残疾学生课本费公用经费补助方案》，落实特殊教育学校学生生均课本费和生均公用经费新标准。

〔**普通高中优质多样特色化发展**〕　2013 年，启动实施 50 所薄弱普通高中的改造工程。以建立具有广东省特色的普通高中课程体系为目标，以特色课程建设为切入点，推进普通高中多样特色化发展。开展建立以素质教育为核心、内涵发展为重点的普通高中教育质量标准体系和质量监测制度研究，同时全面推行公办优质普通高中招生指标到校政策，继续支持部分普通高中自主招生试点。

〔**巩固高中阶段教育普及成果**〕　2013 年，全省落实中等职业教育免学费扩大政策，受益学生占中职全日制学生总数的 81%。安排下达了湛江、揭阳、潮州三市的普及高中阶段教育基本建设补助资金 1.55 亿元。

职 业 教 育

〔**中职示范校建设**〕　2013 年，全省第一批 18 所国家中职示范学校建设项目通过省级验收。在制度机制建设方面，省级管理制度逐步完善，初步制定了具有广东省特色、体现示范校项目发展方向的省级验收指标体系和验收工作程序、方法等。学校管理制度建设成效突出，为学校的可持续发展提供了长效机制保障。在示范校建设成果方面，整体办学实力明显增强，学校建筑面积、教育仪器设备值、校内实训工位与省级以上品牌专业、实训基地等均增长了 30%—70%。与企业合作更加紧密，服务能力日益增强，其中校内职业技能鉴定机构和鉴定工种增加约 30%，合作企业和校外实训基地增长约 200%。

〔**内涵式优质化发展**〕　2013 年，新增 1 所省重点中职学校和 3 所省示范中职校。全省新增 35 个省级重点建设专业点，其中 4 个专业点入选首批 100 个全国职业院校民族文化传承与创新示范专业点。落实国家和广东省职业院校教师素质提高计划，省级中职师资培训基地建设进展明显，各类国家级、省级培训项目按计划推进，全年培训达数千人次。全面启动中职学校“百千万人才培养工程”，加快推进中职学校高层次人才队伍建设。投入省专项资金 3.337 亿元，通过竞争性分配支持 83 所学校 163 个专业实训中心建设，22 所中职学校职业教育实训基地建设项目获中央财政 3 780 万元奖补。加快推进集团化办学，筹建和成立了广东省外贸职业教育集团、广东省餐饮职业教育集团和广东省化工职业教育集团。

〔**高职基础能力建设**〕 顺德职业技术学院、广东交通职业技术学院国家骨干高职院校建设项目省级验收均获“优秀”等级。截至2013年年底，全省共有11所国家示范（骨干）校、25所省示范校。加强中央和省级实训基地建设，全省高职院校14个实训基地建设项目获中央财政支持、20个省级实训基地建设获省财政资金支持。14所高职院校的59门课程获国家高等职业教育精品资源共享课立项。

〔**高职教育国际化**〕 继续开展中英职业教育合作项目。在已开展4个专业标准研制的基础上，再选择商业零售（电子商务）、艺术设计、食品安全与检测3个专业启动专业标准研制；在数控技术和汽车应用技术两个专业重点推进职业教育等级证书试点，搭建等级证书标准体系。广东机电职业技术学院汽车制造与装配技术等专业开展了现代学徒制试点。加强粤德职业教育合作，将佛山职业技术学院、珠海城市职业技术学院、广东轻工职业技术学校作为粤德职业教育合作试点院校，分别建立粤德职业教育合作基地，重点引进德国“双元制”，开展教师培训，粤德校企双方共建专业和协同创新中心，推动教产融合。

高等教育

〔**教学质量工程**〕 遴选11门课程推荐评审国家级精品视频公开课，7个建设项目推荐评审国家级实验教学示范中心，1 000个项目推荐为2013年国家级大学生创新创业训练计划项目，5个项目推荐为国家级虚拟仿真实验中心，51门课程推荐为国家级精品资源共享课。将106项专业综合改革试点项目、387门精品开放课程、58个实验教学示范中心、151个大学生实践教学基地、440项高等教育教学改革项目、6个教师教学发展中心、4个试点学院纳入2013年省级质量工程立项建设项目。

〔**高等教育创新强校工程**〕 2013年，全面启动创新强校工程。印发《广东省高等教育创新强校工程实施方案（试行）》《广东省高等教育创新强校工程考核办法》等文件，完成2013年度建设资金分类试测，完成有关创新强校工程方案制订、经费测算、考核指标体系设计等工作。

〔**应用型本科人才培养模式改革**〕 继续开展省教育厅承担的应用型人才培养模式改革国家教育综合改革试点项目，全面推进和落实《广东省教育厅关于全面推进高校应用型本科人才培养工作的若干意见》。省教育厅会同省经济和信息化委员会、省国有资产监督管理委员会召开了首届校企协同育人交流会，来自17所高校、10多个行业42家企业的130多位代表参加会议。组织高职、应用型本科院校和行（企）业合作，开展协同一体化育人。4所应用型本科院校与4所高职院校在6个专业开展合作办学、联合培养、分段教学的职业教育本科试点，探索高级技术技能人才多样化培养模式。

〔**高校“四重”建设**〕 “四重”即重点学科、重点人才、重点平台、重大科研项目。重点学科建设方面，有9所高校共计35个学科进入全球科研机构排名前1%，比2012年增加了12个学科。重点人才方面，2013年，全省高校共新增教育部创新团队5个、入选教育部“新世纪优秀人才支持计划”42人。在重点平台方面，2013年，全省高校共获批8个国家级平台，包括省部共建国家重点实验室1个、国家工程中心1个、国家地方联合工程研究中心（工程实验室）3个、国家临床医学研究中心2个、国际联合研究中心1个。重大科研项目方面，2013 年，全省高校共获“973 计划”项目 4 项、获国家社会科学基金重大项目 7 项、获教育部重大课题攻关项目 1 项。2013 年，全省高校共获国家科技奖励 10 项，比 2012 年增加 42.86%，获中国专利优秀奖 7 项。

〔**高层次人才培养和引进**〕 2013 年，共评选出“珠江学者”岗位 37 个、“珠江学者”24 人，其中特聘教授 18 人、讲座教授 6 人。全省高校“珠江学者”总数达 135 人。全年对 226 名高层次人才给予项目资助 6 800 多万元，对 16 名引进高层次人才给予项目资助 413 万元。

〔**广东省高等学校创新能力提升计划**〕 2013 年，启动实施广东省高等学校创新能力提升计划。鼓励支持高校以协同创新为引领，通过系统或重点改革，突破内外部机制体制障碍，营造有利于协同创新的环境氛围，从而进一步激发办学活力，不断提高办学质量和水平。对于协同机制创新取得重点突破的高校，通过高等教育创新强校工程专项资金给予资助。搭建多层次、多类别的协同创新平台，全省组建了 360 多个校级协同创新中心。省教育厅、省财政厅按照组织申报、专家评审和综合咨询等程序，遴选认定和重点培育一批省级协同创新平台。建立广州地区校地协同创新联盟，继续推动协同创新联盟开展实质性运作。

〔**青年教师队伍建设**〕 2013 年，遴选 411 名中青年教师到“985 工程”高校、“211 工程”高校访学进修，资助金额 1 050 多万元。对符合资助条件的 2012 年到国外访学进修的 423 名教师给予 2 800 万元经费资助；对符合资助条件的 2013 年访学进修的 298 名教师给予 2 773 万元经费资助。与国家留学基金管理委员会联合实施国家公派出国留学地方合作项目，并按照 1∶1 比例联合资助。2013 年，共资助 47 名中青年教师，全省承担资助经费 360 万元。实施高校优秀青年教师培养计划，从 63 所高校中遴选出 208 名优秀青年教师进行培养，资助经费 7 166 万元。

〔**提高研究生教育质量和管理水平**〕 推进全省研究生教育综合改革，把思想和行动统一到“服务需求、提高质量”的改革主线上来。实施广东省研究生教育创新培养计划。批准 2013 年广东省研究生学术论坛 9 个、研究生暑期学校 3 个、广东省学位与研究生教育改革研究项目 63 项、广东省研究生示范课程 14 门、广东省优秀博士学位论文资助项目 28 项。2013 年，全省高校获全国优秀博士学位论文 5 篇。积极推进校地联合培养研究生试点工作，批准 45 家企事业单位为“广东省联合培养研究生示范基地”，首次面向前两批“示范基地”设立 33 项“联合培养研究生示范基地人才培养项目”。省教育厅与中山市政府共建校地联合培养研究生示范基地，支持省内具有研究生培养资格的高校与中山研究生院开展联合培养。继续开展研究生课程进修班登记备案工作，省教育厅同意 237 个研究生课程班的登记备案。

〔**学位授权单位建设**〕 2013 年，全省高校博士学位授权单位达 15 个、硕士学位授权单位达 24 个，共有一级学科博士学位授权点 139 个、一级学科硕士学位授权点 206 个。批准新增 85 个专业为学士学位授予专业。

〔**招生制度改革**〕 积极推行高职院校面向中职学生单独考试、自主招生、三二分段、五年制高职班等多种形式的考试招生制度改革。2013 年，高职院校自主招生共录取了 4 万多人。开展本科与高职院校联合培养应用型人才招生试点工作。在南方科技大学、西交利物浦大学、北京师范大学一香港浸会大学联合国际学院试行基于高考基础上的综合评价招生制度，采用以高考成绩（占 60%）为基础、平时成绩（占 10%）和学校测试（占 30%）相结合的多元化综合评价选拔方式，开展分类考试、综合评价改革探索。进一步扩大学校招生自主权，将深圳大学、广州大学、广东工业大学、广州医科大学等学校具有博士学位授权学科点的相关专业调整安排到第一批本科录取批次招生，进一步体现了高校选拔人才的主体地位。

〔**毕业生就业**〕 2013年，约70万名高校毕业生在广东省求职，针对“史上最难就业季”，省教育厅实施就业质量提升工程，取得了良好成效。截至9月1日，高校毕业生初次就业率达95.86%（其中研究生就业率为93.72%、本科生就业率为94.93%、专科生就业率为96.96%）。

撰稿 王 创 刘宏伟
审稿 王斌伟

深圳市教育

概 况

〔**基本情况**〕

深圳市各级各类学校校数、教职工、专任教师情况

	学校数（所）	教职工数（人）	专任教师数（人）
一、高等教育	11	8 148	4 384
（一）研究生培养机构（不计校数）	(4)		
普通高校	(4)		
（二）普通高等学校	10	7 603	4 184
1. 本科院校	7	4 197	2 207
其中：独立学院	3	3 042	1 758
2. 高职（专科）院校	3	3 406	1 977
（三）成人高等学校	1	545	200
二、中等教育	336	54 841	30 157
（一）高中阶段教育	92	54 841	12 163
1. 高中	70	50 332	9 054
普通高中	70	50 332	9 054
2. 中等职业教育	22	4 509	3 109
普通中专	3	382	266
成人中专	1	104	86
职业高中	8	1 476	1 165
调整后中等职业学校	3	828	553
技工学校	7	1 719	1 039
（二）初中阶段教育	244		17 994

续表

	学校数（所）	教职工数（人）	专任教师数（人）
普通初中	244		17 994
三、初等教育	335	25 476	35 546
普通小学	335	25 476	35 546
四、工读学校	1	37	18
五、特殊教育	1	258	174
六、学前教育	1 313	52 400	26 803

说明：①普通高等学校中，包含大学城引进的3所研究生院（清华大学深圳研究生院、北京大学深圳研究生院、哈尔滨工业大学深圳研究生院）、暨南大学深圳旅游学院，其他均为独立设置的高等学校；②“（　）”内数据不计校数；③中等职业学校15所，另有3所非独立法人的办学机构；④普通高中的教职工数中包含普通初中的教职工数。

深圳市各级各类学历教育学生情况

	毕业生数（人）	招生数（人）	在校生数（人）
一、高等教育	26 019	38 132	106 246
（一）研究生	3 364	4 652	12 994
博士	155	322	1 228
硕士	3 209	4 330	11 766
（二）普通本专科	15 254	22 961	69 407
本科	6 486	7 825	29 040
专科	8 768	15 136	40 367
（三）成人本专科	6 874	9 692	21 132
本科	1 961	3 437	8 475
专科	4 913	6 255	12 657
（四）其他各类高等学历教育	527	827	2 713
在职人员工读博士、硕士学位	527	827	2 713
二、中等教育	123 953	152 251	434 987
（一）高中阶段教育	48 399	60 728	176 891
1. 高中	34 062	39 637	113 639
普通高中	34 062	39 637	113 639
2. 中等职业教育	14 337	21 091	63 252
普通中专	164	628	1 763
成人中专	1 574	1 717	5 228
职业高中	4 283	6 296	17 322
调整后中等职业学校	2 916	3 435	9 305
技工学校	5 400	9 015	29 634
（二）初中阶段教育	75 554	91 523	258 096

续表

	毕业生数（人）	招生数（人）	在校生数（人）
普通初中	75 554	91 523	258 096
三、初等教育	98 650	143 792	730 232
普通小学	98 650	143 792	730 232
四、工读学校	44	23	63
五、特殊教育	96	102	806
六、学前教育	118 688	147 097	368 937

深圳市各级各类民办教育基本情况

	学校数（所）	毕业生数（人）	招生数（人）	在校生数（人）	教职工数（人）	专任教师数（人）
一、民办高等教育	1	458	1 922	3 617	224	148
（一）民办高校	1	458	1 922	3 617	224	148
本科学生						
专科学生	1	458	1 922	3 617	224	148
二、民办中等教育	178	33 262	50 283	131 606	22 861	7 579
（一）高中阶段教育	34	10 504	16 602	43 412	7 598	2 211
1. 民办普通高中	28	6 664	9 601	24 649	6 831	1 772
2. 民办中等职业教育	6	3 840	7 001	18 763	767	439
（二）初中阶段教育	144	22 758	33 681	88 194	15 263	5 368
1. 民办普通初中	144	22 758	33 681	88 194	15 263	5 368
三、民办普通小学	69	40 203	66 288	313 246	4 428	13 043
四、民办幼儿园	1 251	109 981	134 181	343 147	48 684	24 781

〔**综述**〕 2013年，在教育部、省教育厅和市委、市政府的领导下，全市以办好人民满意的教育为宗旨，坚持立德树人的总要求，以“做有使命感的领跑者”为使命，以深入开展党的群众路线教育实践活动为强大动力，突出均衡观念、质量观念、服务观念，推动教育转型发展，全面完成市政府各项重点工作和民生实事，各项工作提质提速，呈现出教育事业大发展的良好局面。

〔**教育经费投入**〕 建立教育经费支出保障协调机制。2013年，全市财政教育投入达280亿元，教育基建资金达73亿元；实施全市统一的义务教育公办学校运行经费生均拨款制度；继续落实免费义务教育政策，惠及61.8万名中小学生；建立从学前教育到研究生教育困难学生资助体系，全年资助学生17.1万人次。投入9亿元，用于建设普惠性幼儿园和发放各类学前教育补贴及奖励，惠及21.5万名在园儿童、近万名幼儿园教职员工。

〔**教育综合改革**〕 全市承担的3项国家教育体制改革试点通过省政府考核，被推荐为试点转示范项目。招生考试制度改革取得突破，在全市实施义务教育积分入学，阳光招生政策得到落实，招生期间信访投诉同比减少80%。首次开展民办普通高中和中职学校自主招生，优质普通高中指标生分配试点学校达到31所。出台了《深圳市非本市户籍就业人员随迁子女参加中考方案（征求意见稿）》。

〔**师资队伍建设**〕 实施师德建设工程，出台《关于进一步加强教育系统工作作风和师德师风建设的实施意见》和《深圳市中小学教师师德档案管理规定》。教师节期间，发动市民推选优秀教师，树立教师良好的社会形象。实施校长能力提升工程，名师工程建设制度化，充分发挥教育领军人才引领示范作用。开展全市第二届教育教学科研优秀成果奖评审，评出并奖励了67项成果。

〔**教育信息化**〕 推进深圳教育云建设立项。建立优质课例视频资源中心，收录优秀课例1万多节，收视量超过500万人次。举办全市首届微课大赛，征集作品3 470个，日均访问量15万人次。组织110所中小学开展智慧校园试点，探索网络环境下教育教学新模式。

〔**教育督导**〕 对58所义务教育学校开展办学水平评估，对366所公办义务教育学校进行规范化学校复核验收，促进教育教学水平的提高。实施挂牌督学制度，强化对学校的监督指导。全市5个行政区通过了广东省“全国义务教育发展基本均衡县（市、区）”督导验收。

〔**学校安全管理**〕 出台学校安全管理“一岗双责”（一个具体岗位兼有双重职责，包括本职工作职责和安全管理工作职责）实施意见。细化灾害天气预警发布及防御指引。排查整治学校安全隐患1 106处。开展学校安全风险评估试点工作。创建平安校园示范校、学校安全管理标准化试点学校、防震减灾示范学校共60所。完善学生安全风险保险机制，学生意外伤害险投保率约100%。实施中小学校舍安全工程，加固改造及拆建校舍60多栋，建筑面积约20万平方米。

〔**被省政府授予推进教育现代化先进市称号**〕 2013年，深圳市被省政府授予“广东省推进教育现代化先进市”称号，成为全省首批推进教育现代化先进市。

〔**教育交流与合作**〕 出台《深圳市推进教育国际化行动计划（2012—2020年）》，以六大行动打造教育国际化先锋城市。外籍教师首次实现10个区全覆盖，开展国际化课程试验的民办高中达12所。组织6批148名教师和校长赴美国、英国参加海外培训。与香港签署《深圳学校开设“港籍学生班”合作协议》，港人子弟校（班）招生扩大至双非儿童（出生在香港，但父母均非香港人）。新增12对深港、深澳姊妹学校。

〔**2013年亚太地区教育信息化高层专家会议**〕 11月26日，以“创造良好政策环境、促进可持续创新”为主题的2013年亚太地区教育信息化高层专家会议在深圳市召开。亚太地区27个国家的代表团、11位部长级教育官员参加了会议，促进了教育信息化国际交流合作，展示了深圳教育信息化建设成果，得到联合国教科文组织及亚太地区各国教育官员的好评。

〔**教育为民服务**〕 以提升教育质量和提升教育服务公众满意度为目标的“两提升”行动深入推进，全市中小学均设立综合服务窗口，为学生、家长和市民办事、咨询提供一站式便捷服务，建成率达100%。

基础教育

〔**构建学前教育公益普惠发展新模式**〕 投入资金1.8亿元，建成500所普惠性幼儿园，发放儿童健康成长补贴3.22亿元、发放保教人员长期从教津贴1亿元，奖励省、市一级幼儿园及100所规范化优质幼儿园。全市96%的幼儿园实现规范化管理，省一级幼儿园数量占全省四分之一。

〔**学位建设保障有力**〕 2013年，新增幼儿园70所，增加学位2万个；新改扩建18所公办中小学，新增学位2万个；3所高中立项建设，其中2所高中动工建设。

〔**中小学教育均衡优质发展**〕 组织101所学校参加第二批“百校扶百校”行动，通过教师双向交流、教研员挂点指导、帮扶督察和考评奖励等新举措，实现双方学校教育质量整体提升。

〔**素质教育特色学校创建活动**〕 持续开展素质教育特色学校创建活动，对首批获得创建资格的53所学校进行考评。启动第二批31所特色学校创建工作，扩大创建工作覆盖面和影响力，提升办学内涵。创新培养模式，制定《关于进一步提升中小学生综合素养的指导意见》，完成学生培养模式的顶层设计。组织开展关爱行动、微公益行动等德育品牌活动，深入开展阳光体育活动，全市中小学生参加《国家学生体质健康标准》测试，180多所学校的体育场馆假期向学生免费开放。

〔**课程改革**〕 开发一批精品课程，着力提升校长和教师的课程领导力。出台《关于切实减轻义务教育阶段学生课业负担指导意见》，对学生锻炼、作业量等进行严格规定，推出一批“轻负担、高质量”学校典型。

〔**扶持民办教育发展**〕 投入资金4.5亿元，落实民办学校义务教育学位补贴、教师长期从教津贴和优质办学奖励资助等三项政策，惠及97.7%的民办学校、6.48万名学生和1.38万名教师。

职业教育与成人教育

〔**促进职业教育校企合作**〕 2013年，出台《深圳市人民政府办公厅关于促进职业教育校企合作的意见》和《深圳市教育局深圳市人力资源和社会保障局深圳市财政委员会关于印发〈深圳市职业教育校外公共实训基地认定管理办法〉的通知》，首次对校企合作实行财政补贴。认定15家校外公共实训基地。

〔**国家中职教育改革发展示范学校创建工作**〕 深圳市第二职业技术学校和龙岗职业技术学校的国家中职教育改革发展示范学校建设方案和任务书通过教育部专家评审，同意正式实施；深圳市第一职业技术学校和深圳市宝安职业技术学校通过国家中职教育改革发展示范学校省级验收。

〔**职业技能大赛**〕 深圳市中职代表队获2013年全国职业院校技能大赛一等奖11项、二等奖23项、三等奖40项；获2013年全国职业院校学生技能作品展洽会暨全国职业院校技能大赛成果展一等奖2个、二等奖10个、三等奖9个。

〔**全球学习型城市创建工作**〕 建立市长挂帅的联席会议制度。组织对全市60个学习型社区督导评估，推动各类学习型组织建设。举办第九届全民终身学习活动周活动，130万名市民参加。深圳市作为中国向首届国际学习型城市大会推荐的5个中国学习型城市建设案例城市之一，向大会提交了经验材料《在学习中成长——深圳建设学习型城市的探索》，受到一致好评。同时，联合国教科文组织授予深圳市“全球全民阅读典范城市”称号。联合国教科文组织总干事向市长许勤颁发了“全球全民阅读典范城市”证书。

高等教育

〔**特色学院建设**〕 3月，市政府发布《深圳市人民政府关于加快特色学院建设发展的意见》，确定了特色学院的建设思路和支持政策。

〔**统筹推动高等教育内涵提升**〕 6月，市政府发布实施《关于鼓励社会捐赠促进高等学校发展的意见》，成为全市各高校吸引社会捐赠的指导性文件。著名慈善家余彭年先生向深圳大学、南方科技大学捐赠学生奖学金。

〔**加快高校发展**〕 2013年，深圳大学7个专业首次列入一本招生，并启动建设高等研究院、学府医院和西丽校区。南方科技大学迁入新校区，开展投入产出考核研究。深圳职业技术学院推进“文化育人、复合育人、协同育人”系统改革，着力提升高层次应用型人才培养质量。暨南大学深圳旅游学院成立新一届院务委员会，加快推进特色学院建设。广东新安职业技术学院迁入新校园开展教学科研工作。

〔**扩大“鹏城学者”计划规模**〕 2013年，市政府批准扩大“鹏城学者”计划规模，长期特聘教授由15人增至30人，短期特聘教授由45人增至60人。12月，开展了第二周期（3年）第一年的“鹏城学者”评审工作。

〔**成立高等教育发展办公室**〕 深圳市高等教育发展办公室（深圳市大学城管理办公室）挂牌成立，大学城配套建设进一步完善。

〔**香港中文大学（深圳）启动校区建设**〕 3月21日，教育部向省政府发出《教育部关于批准设立香港中文大学（深圳）的函》，同意正式设立香港中文大学（深圳）。香港中文大学（深圳）成立了理事会并召开三次会议，遴选确定中国工程院院士徐扬生为校长，启动校区建设。

〔**教育交流与合作**〕 2013年，共有48所境内外高校来深圳市洽谈合作办学事宜。深圳大学（盐田）工业设计特色学院挂牌启动筹建；天津大学与美国佐治亚理工学院合作举办电子与计算机工程硕士学位教育项目，经教育部批准落户深圳。

撰稿 邱成瑜 胡 鹏 王伟峰 肖盛生
审稿 郭雨蓉 吴 筠 钟志红

广西壮族自治区教育

概 况

〔基本情况〕

广西壮族自治区各级各类学校校数、教职工、专任教师情况

	学校数（所）	教职工数（人）	专任教师数（人）
一、高等教育	76	56 752	37 437
（一）研究生培养机构（不计校数）	12		
1. 普通高校	12		
2. 科研机构			
（二）普通高等学校	70	55 283	36 425
1. 本科院校	32	39 027	25 091
其中：独立学院	9	5 577	4 038
2. 高职（专科）院校	38	16 256	11 334
3. 其他机构（点）（不计校数）			
（三）成人高等学校	6	1 469	1 012
（四）民办的其他高等教育机构			
二、中等教育	2 650	231 101	189 280
（一）高中阶段教育	810	103 967	72 323
1. 高中	453	69 443	46 752
普通高中	453	69 443	46 752
完全中学	186	28 369	12 994
高级中学	254	39 060	33 202
十二年一贯制学校	13	2 014	556
成人高中			
2. 中等职业教育	357	34 524	25 571
普通中专	309	28 162	20 448

续表

	学校数（所）	教职工数（人）	专任教师数（人）
成人中专			
职业高中			
技工学校	48	6 305	5 112
其他机构（教学点）（不计校数）	2	57	11
（二）初中阶段教育	1 840	127 134	116 957
1. 初中	1 836	127 134	116 957
初级中学	1 613	113 884	100 181
九年一贯制学校	223	13 250	5 501
十二年一贯制学校			431
完全中学			10 844
职业初中			
2. 成人初中	4		
三、初等教育	13 955	230 051	215 629
（一）普通小学	13 499	229 534	215 570
小学	13 499	229 534	209 529
九年一贯制学校			5 656
十二年一贯制学校			385
（二）成人小学	456	517	59
其中：扫盲班	120	172	47
四、工读学校	3	36	26
五、特殊教育	65	1 600	1 141
六、学前教育	8 886	94 190	52 108

注：①完全中学的学校数和教职工数计入高中阶段教育，九年一贯制学校的校数和教职工数计入初中阶段教育，十二年一贯制学校的校数和教职工数计入高中阶段教育，专任教师是按照教育层次划分归类；②“（ ）”内数据为不计校数。

广西壮族自治区各级各类学历教育学生情况

	毕业生数（人）	招生数（人）	在校生数（人）
一、高等教育			
（一）研究生	7 518	8 787	24 905
博士	140	216	831
硕士	7 378	8 571	24 074
（二）普通本专科	169 543	198 528	656 127
本科	65 083	88 389	330 734
专科	104 460	110 139	325 393
（三）成人本专科	67 198	99 677	227 016

续表

	毕业生数（人）	招生数（人）	在校生数（人）
本科	26 742	37 644	86 969
专科	40 456	62 033	140 047
（四）其他各类高等学历教育			
1. 在职人员攻读硕士学位		1 170	4 026
2. 网络本专科生			
本科			
专科			
二、中等教育	1 182 208	1 333 065	3 696 378
（一）高中阶段教育	541 490	644 467	1 745 067
1. 高中	241 922	297 665	818 878
普通高中	241 922	297 665	818 878
完全中学	59 660	81 121	215 850
高级中学	178 727	213 117	593 181
十二年一贯制学校	3 535	3 427	9 847
成人高中			
2. 中等职业教育	299 568	346 802	926 189
普通中专	126 528	162 382	405 466
成人中专	140 943	141 219	416 775
职业高中			
技工学校	32 097	43 201	103 948
（二）初中阶段教育	640 718	688 598	1 951 311
1. 初中	640 168	688 598	1 950 761
初级中学	548 525	583 124	1 651 343
九年一贯制学校	25 608	30 007	83 639
十二年一贯制学校	2 037	2 720	6 968
完全中学	63 998	72 747	208 811
职业初中			
2. 成人初中	550		550
三、初等教育	720 039	752 867	4 281 841
（一）普通小学	700 641	752 867	4 262 624
小学	677 920	727 277	4 118 716
九年一贯制学校	21 157	24 254	136 061
十二年一贯制学校	1 564	1 336	7 847
（二）成人小学	19 398		19 217
其中：扫盲班	2 294		1 818

续表

	毕业生数（人）	招生数（人）	在校生数（人）
四、工读学校	4	15	25
五、特殊教育	1 193	2 132	12 913
六、学前教育	786 590	1 171 140	1 817 105

注：特殊教育学生数中包括普通中小学随班就读的学生。

广西壮族自治区各级各类非学历教育学生情况

	结业生数（人）	注册学生数（人）
总计	690 903	592 532
一、高等教育	210 685	153 225
（一）研究生课程进修班	1 141	3 954
（二）自考助学班	4 916	10 647
（三）普通预科生		1 549
（四）进修及培训	204 628	137 075
其中：资格证书培训	81 183	66 656
岗位证书培训	68 720	30 098
二、中等职业教育	480 218	439 307
其中：资格证书培训	218 677	212 876
岗位证书培训	122 422	101 341
（一）中等职业学校	161 480	117 019
其中：资格证书培训	78 094	66 018
岗位证书培训	55 668	31 997
（二）职业技术培训机构	318 738	322 288
其中：资格证书培训	140 583	146 858
岗位证书培训	66 754	69 344

广西壮族自治区各级各类民办教育基本情况

	学校数（所）	毕业生数（人）	招生数（人）	在校生数（人）	教职工数（人）	专任教师数（人）	其他学生数（人）
一、民办高等教育							
（一）民办高校	22	28 449	38 108	130 788	9 970	6 934	5 295
硕士							
本科学生		14 399	22 763	83 126			
专科学生		14 050	15 345	47 662			
其中：独立学院	9	14 399	20 119	78 716	5 577	4 038	29

续表

	学校数（所）	毕业生数（人）	招生数（人）	在校生数（人）	教职工数（人）	专任教师数（人）	其他学生数（人）
本科学生		14 399	20 119	78 716			
专科学生							
（二）民办其他高等教育机构							
二、民办中等教育							
（一）高中阶段教育	172	53 506	51 694	154 493	12 331	8 120	
1. 民办普通高中	80	16 324	23 386	63 201	8 023	5 348	
2. 民办中等职业教育	92	37 182	28 308	91 292	4 308	2 772	4 980
（二）初中阶段教育	140	24 377	31 353	85 220	6 414	4 673	
1. 民办普通初中	140	24 377	31 353	85 220	6 414	4 673	
2. 民办职业初中							
三、民办普通小学	170	23 132	25 290	145 133	5 046	3 522	
四、民办幼儿园	7 939	281 282	503 170	962 900	77 462	42 280	
另有：民办培训机构（不计校数）	4				8	6	980

注：①“其他学生数”包括自考助学班学生、预科生、进修及培训学生数；②民办普通高中的教职工数和专任教师数中包含民办普通初中的教职工数和专任教师数；③民办中等职业教育数据中未含技工学校数据；④“（　）”内数据为不计校数。

〔**教育经费投入和支出情况**〕　2013年，全区教育经费总投入为779.42亿元，比2012年增长5.39%。其中公共财政预算教育经费611.85亿元，比2012年增长3.74%。2013年，教育经费总支出753.36亿元，比2012年增长8.28%。其中事业性经费支出728.06亿元，比2012年增长7.75%。

〔**固定资产投资和中小学基本建设**〕　2013年，教育行业完成固定资产投资250.95亿元，完成自治区政府下达目标任务（220亿元）的113.6%，同比增长44.9%。统筹各级教育专项投入，继续推进中小学、高校各项基本建设工作，高质量完成农村中小学校舍维修改造项目、中西部农村初中校舍改造工程项目、薄弱学校改造计划县镇学校扩容改造和寄宿制学校及附属生活设施建设项目、进城务工人员随迁子女接受义务教育中央奖励经费项目、农村边远艰苦地区学校教师周转宿舍建设项目、农村义务教育薄弱学校改造计划食堂建设专项资金项目、民族地区教育基础薄弱县普通高中建设项目、邵氏基础教育赠款项目、明德小学建设项目等专项建设工作。投入年度教育专项工程资金34.5亿元，建设项目4 506个，建设面积292万平方米。

〔**教育政策研究与法制建设**〕　2013年，成立广西教育战略研究专家咨询委员会，制定咨询委员会章程，开展了12项重大课题研究，完成4份规范性文件的合法性审核、13部法律法规和规章的征求意见及修改工作、5份有关行政执法制度建设规范性文件的起草及征求意见工作。开展了8项教育专项调研，完成《广西实施〈校车安全管理条例〉办法》立法调研工作。开展教育政策法规梳理，编印发放《教育法律法规选编》。编撰出版《广西教育行政执法规程》。制定“六五”普法中期检查评估体系，并开展了教育系统“六五”普法中期检查工作。开展行政审批项目清理工作，共清理7个审批项目。办理人大代表建议50件和政协提案87件。自治区教育厅被评为自治区级依法行政示范点单位。

〔**教育科研**〕　编制《广西教育发展报告（2013）》和《广西教育数据分析（2013）》。编纂《广西社会科学年鉴（2013）》。完成国家教育体制改革试点项目义务教育学校生均经费标准研究、广西义务教育教学常规管理办法研制、《广西壮族自治区义务教育学校教学常规（试行）》及其他专项课题研究工作。完成上报自治区全国教育科学"十二五"规划2013年度课题181项。设立广西教育科学"十二五"规划2013年度课题727项，经费达52万元；设立各类专项课题225项，经费达412.115万元；设立广西教育科学重点研究基地重大课题15项，经费达85万元。

〔**教育督导**〕　继续组织开展县域义务教育均衡发展督导评估。指导龙胜各族自治县、蒙山县、合山市进行全面整改，做好迎接国家督导评估工作。2013年年底，龙胜各族自治区、蒙山县、合山市通过国家督导检查，成为全国首批认定的县域义务教育发展基本均衡县。2013年年底，自治区政府督导团分别对灵川县、鹿寨县、凭祥市进行义务教育均衡县（市）督导评估，并向国家申报义务教育发展基本均衡县。

建立健全督学责任区制度，全面推进全区中小学校责任督学挂牌督导工作。截至2013年年底，各地已根据本地实际合理规划督学责任区，全区基本实现了中小学校挂牌督导全覆盖。启动全区县级政府及党政主要领导干部2012年推进教育工作督导考核工作，通过县级自评、市级核验、省级审定的方式，对全区111个县（市、区，含贺州市平桂区）进行了全面考核，共有74个县级政府的教育工作和226名时任党政主要领导干部的教育工作实绩被评为优秀等次；37个县级政府的教育工作和113名时任党政主要领导干部的教育工作实绩被评为良好等次。

〔**教育绩效考评**〕　制定《关于加强和改进我委厅绩效考评管理工作的意见》，编制2013年度自治区教育厅本级和设区市为民办实事及教育专项工作绩效考评指标体系、评分细则及考核工作实施方案，进一步明确年度考评的目标任务、工作要求、完成时限以及责任分工。组成联合工作组分赴全区14个市、50多个县（市、区）和20多所高校进行绩效考评督查和核验。在2013年度全区绩效考评中，自治区教育厅获优秀等次。

〔**教师队伍建设**〕　举办2013年教师节系列活动及师德论坛暨优秀教师先进事迹报告会。推选玉林市博白县马塘小学教师蔡曾萍、桂平市西山镇碧滩小学坪冲分校教师周胜群入选全国"寻找最美乡村教师"；百色市凌云县下甲乡中心校弄怀小学教师阮文凭、北流市六麻镇上合小学水表分校教师黄业珍、桂林市第一中学教师董慧群获全国师德标兵称号；推选广西大学教师石德顺、南宁市人民东段小学教师李祥军为全国教书育人楷模候选人。评选表彰160名优秀教师、40名优秀教育工作者、300名"八桂优秀乡村教师"和100名优秀班主任。

继续实施"全区高校师范专业办学能力提升计划"。投入5 700万元，加强16个示范性教师教育基地和重点培育基地建设。加大学前教育师资培养力度，新批准5所中职学校举办学前教育专业，对52所中职学校举办的学前教育专业进行全面评估。2013年，学前教育专业共计招生10 166人。开展全区师范生教学技能大赛，5万多名师范生踊跃参与。组织开展全区中小学、幼儿园教师教学技能大赛和中职教师教学技能大赛。

实施"国培计划"和"区培计划"。投入1.29亿元，共培训农村中小学和幼儿园教师9万多人次。面向300名中小学班主任开展自治区级师德培训。组织开展中职教师"国培计划"，选派800余名骨干教师参加短期培训或到全国各大企业实践。组织实施中职教师"区培计划"培训专业骨干教师2 000多人次。投入100万元，资助自治区直属中职学校设置紧缺专业特聘教师岗位100个。新增广西柳工机械股份有限公司、柳州五菱汽车有限责任公司、广西有色金属集团有限公司等11家自治区内大型企业接收中职教师实践。

继续实施"特岗计划"。招聘农村特岗教师5 578名，年度转岗留任率达98.8%。启动实施农村小学全科教师定向培养计划，委托玉林师范学院等5所院校面向全区67个县招收500名高中起点两年制定向师范生。继续与天津职业技术师范大学开展合作，培养50名中职免费师范生。继续做好2013届免费师范毕业生就业工作，为355名免费师范毕业生提供就业岗位1 300多个。

启动实施“三区人才支持计划教师专项计划”和“中西部农村偏远地区学前教育巡回支教试点”工作，共选派教师673人次到边远贫困地区、边疆民族地区和革命老区受援县开展支教工作。确定隆林各族自治县、环江毛南族自治县、那坡县和忻城县为学前教育巡回支教试点县，安排100名学前教育巡回支教志愿者上岗支教。

〔**“双十”工程**〕 开展广西教育“双十”工程项目检查和总结工作，完成并申请结题36项，到期继续开展4项试点，建议转常规管理28项，建议撤销1项，未到期30项。完成11个国家教育体制改革试点项目信息月报工作，及时更新“双十”工程项目实施的时间表和线路图，完成县域农村学前教育发展机制改革等5个项目。

〔**体育卫生艺术与国防教育**〕 继续全面推行大课间体育活动制度，推进民族体育进校园、进课堂活动，广泛开展课外体育活动，落实学生每天锻炼一小时制度。开展《国家学生体质健康标准》测试数据上报和复核工作，测试上报率达96%以上。举办第十届自治区中学生运动会。组织开展广西高校大学生篮球比赛、第四届广西高校教职工羽毛球、网球、乒乓球等专项赛事，并组队参加全国“校长杯”乒乓球比赛。指导广西学校体育卫生艺术学会完成换届工作。继续开展自治区卫生优秀学校创建活动，评选自治区“卫生优秀学校”66所，其中58所学校通过复评达到优秀标准。继续开展公共卫生知识送培下乡活动，在10个市举办10期学校公共卫生知识培训班，培训农村中小学校长、校医和保健教师2 000多人。举办第四届中小学生艺术展演活动现场集中展演活动。继续开展高雅艺术进校园活动。召开全区学校国防教育工作现场会。

〔**学校安全稳定工作**〕 起草《自治区高校工委教育厅关于安全稳定工作“一岗双责”制度的实施意见》《广西壮族自治区实施〈校车安全管理条例〉办法》。组织全区学校开展“安全教育月”“安全生产月”等主题活动，全面普及安全知识。加大经费投入，积极推进“三防”建设，组织了4次学校安全隐患和矛盾纠纷排查。召开防范溺水工作专题研判及经验交流会。组织全区高校网络信息安全管理分管领导和相关人员开展专题培训活动，加强对校园网络信息安全的管理和监控。建立健全消防安全工作预案、消防安全责任制、消防安全报告制等项制度，与自治区公安厅联合命名26所“广西消防安全教育示范学校”。

〔**开展党的群众路线教育实践活动**〕 2013年，按照中央和自治区党委的部署和要求，成立教育实践活动领导小组和办公室，制定《自治区高校工委教育厅深入开展党的群众路线教育实践活动的实施意见》《自治区高校工委教育厅领导班子带头开展党的群众路线教育实践活动工作安排方案》《开展好委厅党的群众路线教育实践活动领导班子专题民主生活会和支部专题组织生活会的通知》等相关规范性文件，逐项推进各项教育实践活动，自治区教育工委、自治区教育厅领导班子、39个党支部近500名党员参加了教育实践活动。截至2013年年底，共开展专题学习、专题教育10余次(场)，征求“四风”方面以及教育发展方面的意见、建议1 098条，归纳梳理出合理化意见建议544条，制定出台22项反对“四风”制度，提出5个整改方面27项落实措施。

〔**教育交流与合作**〕 全区高校新招收来华留学生3 524人，留学生总数达10 112人，首次突破万人大关。新增桂林电子科技大学为接收中国政府奖学金来华留学生资格院校。印发《广西壮族自治区来桂外国留学生突发事件应急预案》。广西高校优秀教师出国留学项目录取101人，国家留学基金管理委员会西部地区特别项目录取75人，公派出国留学资助经费达2 000万元。举办2013中国—东盟职业教育联展暨论坛。自治区代表团赴台湾参加2013年桂台经贸文化合作论坛。其间，访问台湾大学等6所学校，签署合作协议4份。首批自治区4所高校的77人已赴台湾高校学习交流。自治区教育代表团赴香港、澳门开展“2013美丽广西港澳行”活动。其间，与香港职业训练局及高峰进修学院签署了合作协议。组织参加第九届两岸经贸文化论坛并发言。教育部批准广西医科大学、广西师范大学、广西科技大学、广西艺术学院本科层次中外合作办学项目各1个。截至2013年年底，自治区本科层次中外合作办学项目达7个。

〔开展全区教育系统“美丽广西·清洁乡村·美丽校园”活动〕 按照自治区党委、政府统一部署，开展了全区教育系统“美丽广西·清洁乡村·美丽校园”活动，成立领导小组，制订活动方案，召开活动启动视频会，部署相关工作。开展“美丽广西·清洁乡村”包点创示范活动，共派驻38支驻村工作队，联系190个村点，助推活动取得实效。开展“美丽广西·清洁乡村”环保小卫士活动，组织全区教育系统开展我讲文明树新风、我扫我家、环保卫生宣传员、环保卫生监督员等活动，强化卫生清洁意识、文明行为和社会责任感的渗透教育。开展“美丽广西·清洁乡村”美丽校园创建活动，结合教育专项工程、卫生及安全校园评比，开展创先评优活动。开展“美丽广西·清洁乡村”广西高校大学生志愿服务大行动，全区75所高校先后组织1 000余支志愿服务队共10万名在校大学生，到全区各地开展志愿服务活动。

〔语言文字工作〕 发布《广西壮族自治区贯彻〈国家中长期语言文字事业改革和发展规划纲要(2012—2020年)〉实施意见》。完成13个县“国家三类城市语言文字工作评估”。印发《广西语言文字信息化建设中长期工作方案》，筹建“语言文字工作信息化研究中心”。《广西语言文字工作信息化研究及平台构建》及《基于微信客户端的广西语言文字移动信息服务平台建设》课题被批准为国家语言文字工作委员会“十二五”科研规划项目。开发完成新版广西语言文字网络平台、广西中小学教师使用普通话教学调查统计软件、普通话水平测试网上报名系统。举办9次广西语言资源有声数据库建设培训班，完成8个市22个数据采集点的有声数据采集工作。组织开展“广西中小学教师使用普通话教学现状”调研。全年组织开展5 200多场经典诵读大赛活动，50多万人次参加。开展推普周活动，印制并发放宣传资料20万册。全年完成普通话培训测试17万人次。组织开展语言文字规范化示范校创建活动，评选出49所示范校。

基础教育

〔实施学前教育三年行动计划〕 实施学前教育三年行动计划重大项目，筹措中央、自治区2013年学前教育建设资金9.5亿元，支持各市县新建乡镇中心幼儿园38所、改建幼儿园583所、农村小学及教学点新增设附属幼儿园1 626所。续建2012年度学前教育校舍改建类项目2 882所，2013年年底完工2 509所，完工率达87%。筹措并下达中央、自治区学前教育综合奖补资金27 571.8万元，支持5 000余所普惠性民办幼儿园和城市幼儿园改善办园条件。实施学前教育保教改革，开展《3—6岁儿童学习与发展指南》解读培训，培训各市、县（市、区）管理干部、教研员、骨干园长和教师300人。开展第二个“学前教育宣传月”和学前教育三年行动计划网络巡展活动。出台《广西壮族自治区幼儿园办园基本条件》《广西壮族自治区幼儿园保育教育常规管理暂行办法》《广西壮族自治区学前教育机构审批管理办法（试行)》，修订《广西壮族自治区示范幼儿园评估验收标准》。年内，新评估确认自治区示范幼儿园22所。

〔**县域农村学前教育发展机制改革试点**〕　实施国家级“县域农村学前教育发展机制改革”试点，南宁市、柳州市及灵山县、凭祥市等12县（市）探索创新学前教育发展机制，形成了学前教育管理机制、园舍建设机制、经费筹措机制、幼儿园审批机制和学前教育督导机制等经验。

〔**义务教育经费保障机制改革**〕　2013年，全省投入义务教育保障机制改革财政补助资金82.64亿元，其中农村义务教育阶段78.33亿元、城市义务教育阶段4.31亿元。共有624万名中小学生享受免学杂费政策，555多万名中小学生领到免费教科书，145多万名家庭经济困难寄宿生享受寄宿生生活补助。在原有基础上，将农村义务教育学校生均公用经费提高60元，达到小学每生每年560元、初中每生每年760元。提高中小学校舍建设标准，新建校舍建设预算上限标准由每平方米1 500元提高到每平方米1 600元。

〔**义务教育均衡发展**〕　研究制定《广西壮族自治区政府关于深入推进义务教育均衡发展和规范农村义务教育学校布局调整的实施意见》。印发《广西壮族自治区义务教育学籍管理实施办法》和《广西壮族自治区义务教育学校常规管理规定（修订)》。修订完善全区农村义务教育学校布局专项规划并上报国家教育体制改革领导小组备案。继续实施农村义务教育薄弱学校改造计划，大力改善薄弱学校办学条件，有效提高农村教育质量。组织开展全区义务教育学校课程开设调研整改工作。研究校外托管机构管理工作，为规范全区校外托管机构管理奠定基础。组织开展为期1个月的全区义务教育阶段学校“减负万里行”自查自纠活动，切实减轻学生过重课业负担。推进中小学教育质量综合评价改革，组织玉林市申报全国中小学教育质量综合评价改革实验区。

〔**进城务工人员随迁子女及农村留守儿童义务教育工作**〕　2013年，全区共接收进城务工人员随迁子女接受义务教育约38万人，全部取消借读费。共接收农村留守儿童146万人，占义务教育阶段学生总数的23.5%。

〔**提高义务教育巩固率**〕　召开全区推进县域学校布局规划调整和重点项目建设工作电视电话会议，部署县域学校布局规划调整和启动教育重点项目前期工作。组织开展中小学“上学难”问题专项排查整治，解决中小学生“上学难”问题。初步建成全区中小学生学籍信息管理系统，为实现学生学籍动态监控、加强控辍保学工作奠定了基础。开展全区中小学春、秋季学期开学工作大检查，对全区义务教育阶段学校落实“控辍保学”各项措施进行全面检查。2013年，全区九年义务教育巩固率为90%，比2012年增加2个百分点。

〔**教学改革**〕　2013年，全区共有项目试点县（市、区）20个。完成800多名地方专家的培训、考核与认证，确定200多名省级专家培养对象，并对其中的120人进行两轮系统培训，确定了20多名教育家团队培养对象。开发完成项目管理信息系统。开展县级项目管理与规划能力培训，培训20个县（市、区）项目办公室的60名管理人员。开展省级专家班研修培训，初步形成以《教育部关于推进中小学教育质量综合评价改革的意见》（教基二〔2013〕2号）为核心、以教育效率与过程优化（MS—EEPO）体系为载体的中小学教育质量监测指标体系操作性方案。

〔**高中教育**〕　开展特色普通高中试点建设，召开两次广西特色高中试点建设项目学校现场经验交流会，举办特色高中学校校领导、骨干教师和学生系列培训和展示活动，组织26项科研课题研究，形成一批特色教学成果。筹措国家普通高中改造计划资金、自治区普通高中基础能力建设资金1.9亿元，支持49所普通高中新建、改扩建校舍及运动场地10.7万平方米，添置价值2 890万元的高中课程改革教学设施设备。修订《广西壮族自治区示范性普通高中验收评估、复查评估标准》，新增自治区示范性普通高中7所。截至2013年年底，全区示范性普通高中达132所，95%的县（市）建成自治区示范性普通高中。

〔**高中课程改革**〕 开展全区普通高中课程改革专项检查和高中课程改革样本学校调研、指导活动。组织两期特色高中、高中课程改革样本学校和示范性普通高中校长共200余人到江苏省的高中学校跟班学习。举办学生综合素质评价管理项目现场交流会。举办2013年暑期学科培训、学校管理培训、校长课程实施能力培训，参训人员达3万人。组织105项高中课程改革科研课题研究。

〔**中小学德育**〕 组织全区中小学校开展“我的中国梦”主题教育活动、勤俭节约教育活动等。联合共青团区委组织开展“我的梦·中国梦”2013年青少年书信文化活动。组织教师参加2013年全国中学“时事课堂”展示活动，获初中组二等奖和高中组二等奖。配合自治区妇女联合会、自治区精神文明建设指导委员会办公室开展家庭教育工作先进集体、先进个人和好家长评选表彰活动。组织开展全区中小学德育工作专题调研，研究制定《广西壮族自治区贯彻落实中小学生心理健康教育指导纲要的实施意见》。

〔**学生营养改善计划**〕 2013年，共投入农村义务教育学生营养膳食补助资金66 341.28万元（其中中央资金58 629万元、自治区资金6 169.83万元、县级资金1 542.45万元），覆盖41个试点县（其中国家试点县29个、自治区试点县12个），惠及学校6 921所、学生1 105 794人，全年所有试点学校食品安全零事故。全面推进营养改善计划食堂建设，投入资金63 780万元，建设中小学校食堂977个，试点学校基本达到“校校有食堂”的目标。完成全区2011—2015年农村义务教育营养改善计划学校食堂建设规划的调整审核及上报工作，调整后的建设规划总投资达87.6亿元、项目11 444个、建设面积530万平方米。

〔**校外教育**〕 教育部、财政部确定桂林市示范性综合实践基地为2013年中央专项彩票公益金支持示范性综合实践基地建设项目，获经费3 000万元。举办2013年全区未成年人校外活动场所管理人员培训班和骨干教师培训班，400多人参加学习培训。举办首届广西青少年科学节，设立广西青少年科技创新奖。联合自治区科学技术协会主办2013广西青少年科技创新大赛、青少年机器人竞赛，全区80多万名中小学生参与活动。

〔**特殊教育**〕 组织开展全区特殊教育发展情况专项调研。下达忻城县特殊教育学校等6所特殊教育学校2013年中央特殊教育补助经费600万元，改善特殊教育学校办学条件。新增梧州市特殊教育学校、玉林市特殊教育学校、百色市特殊教育学校、德保县特殊教育学校和河池市大化县特殊教育学校5所自治区示范性特殊教育立项建设学校。截至2013年年底，自治区示范性特殊教育立项建设学校达15所。桂林市培智学校通过自治区验收，成为全区第一所自治区示范性特殊教育学校。

职业教育与成人教育

〔**国家民族地区职业教育综合改革试验区**〕 7月31日，自治区政府与教育部签订《深化共建国家民族地区职业教育综合改革试验区协议》。协议明确提出，加快构建现代职业教育体系，加快推进职业教育制度改革创新，提升职业教育服务产业发展能力，提升职业教育扶贫富民能力，提升职业教育服务民族文化传承能力，提升重点面向东盟的职业教育开放合作水平。

〔**基础能力建设**〕 争取国家中职教育基础能力建设资金2.278亿元，支持19所中职学校和18个国家中职实训基地建设；继续开展自治区示范特色学校和实训基地项目建设，安排 1.11 亿元，支持 20 个自治区示范特色学校、40 个中职学校实训基地建设。认定广西理工职业技术学校等 17 所学校为首批广西中职学校民族文化技术技能人才培养培训基地，推动民族文化技艺传承与职业教育改革发展对接。指导各市开展职业教育园区建设，加快形成“一市一职教园区”的办学格局。

〔**中职教育体制机制改革**〕 联合自治区财政厅、自治区人力资源和社会保障厅出台《广西公办中等职业学校生均公用经费财政拨款标准》，明确自治区直属、市属、县级中职学校生均公用经费最低标准分别为每生每年 700 元、600 元、500 元，以 3 年为期逐步达到拨款标准，结束全区中职学校没有统一生均公用经费标准的历史，为建立经费投入长效保障机制奠定了基础。研制《广西职业教育校企合作促进办法（试行）》，并联合自治区财政厅等 7 部门报请自治区政府办公厅印发。开展中职学校招生制度改革，完善中职学校招生制度体系。

〔**现代职业教育体系建设**〕 大力发展五年制高等职业教育，全年共录取新生 1.4 万人，比 2012 年增加 27.3%。鼓励中高职联合举办五年制高等职业教育，全年五年制中高职联合办学招收初中起点新生 1.71 万人，比 2012 年增加 25.7%。首次实施普通本科院校对口招收中职毕业生试点，遴选广西师范大学等 4 所本科高校对口自主招收 32 所国家中职改革发展示范校重点专业毕业生，共录取新生 559 人，开通中职学生对口升读本科院校的新渠道，初步形成中职与高职、高职与本科、中职与本科衔接的人才培养体系。

〔**县级职业学校综合改革试点**〕 自治区教育厅印发《县级职业技术学校办学改革试点方案》，组织横县等 8 个县级职业学校和广西职业技术学院等 9 所示范高职院校开展办学综合改革试点，探索中高职招生、专业、课程和教学等有机衔接，将中职学历教育“2+1”学年制改为“2.5+0.5”学年制，推进中高职贯通培养技能型人才。

〔**学校结构布局调整**〕 优化调整学校结构布局，停止 35 所中职学校招生资格。优化调整中等职业教育专业设置，淘汰“空、少、差”专业点 1 035 个。全区中职学校设置专业 196 个、专业点 1 717 个（示范专业点 215 个），涵盖了三大产业、18 个行业大类，逐步形成了适应市场就业需求和产业结构调整的专业结构体系。

〔**高等职业教育示范建设**〕 2013 年，自治区财政安排 4 000 万元高职院校能力建设专项经费，支持 2 所国家骨干高职院校立项建设单位及 22 个自治区示范性高等职业教育实训基地建设。认定 19 个自治区示范性高等职业教育实训基地，其中 9 个高等职业教育实训基地获 1 800 万元中央财政经费支持。广西机电职业技术学院通过国家示范性骨干高职院校建设项目省级验收。自治区通过了高等职业学校提升专业服务产业发展能力项目验收。组织参加 2013 年全国职业院校技能大赛，获一等奖 5 项、二等奖 21 项、三等奖 46 项。

〔**技能竞赛和校园文化建设**〕 举办全区第八届中职学校技能比赛，承办 2013 年全国职业院校技能大赛广西赛区比赛，不断完善“校校有比赛、层层有选拔”的比赛新机制。印发《关于加强学生社团建设深化中等职业学校德育工作的指导意见》，促进学生全面发展和文明和谐校园建设。举办 2013 年全区中职学校学生技能作品展示会、第四届（2013 年）广西职业教育“新时代刘三姐”评选活动、第十届全区中等职业学校“文明风采”竞赛和“我的中国梦”主题教育活动。

〔**成人教育和社区教育**〕 指导 80 多所乡镇成人文化技术学校或中心校开展信息通信技术促进功能性扫盲工作。继续推进社区教育，新增百色、防城港、来宾、贵港 4 市和国家级实验区龙胜各族自治县为第二期发展社区教育机制试点。组织开展国家级农村职业教育和成人教育示范县创建工作。

高 等 教 育

〔**召开全面提高高等教育质量工作会议**〕 1月29日，自治区政府召开全区全面提高高等教育质量工作会议，印发《关于提高教育质量振兴广西高等教育的若干意见》及相关配套文件，提出全面提升高等教育质量，推动高等教育内涵式发展。

〔**教学质量和教学改革工程**〕 自治区财政共投入11 600万元，用于高等学校本科教学质量和教学改革工程建设。2013年，确定新世纪广西高等教育教学改革工程项目887项。新增高职高专专业66个，新增成人高考专业61个。8门课程获批国家级精品视频公开课，37门课程获批国家级精品资源共享课。8个实验教学中心通过教育部“十一五”国家级实验教学示范中心验收，3个实验教学中心获教育部批准为“十二五”国家级实验教学示范中心。确定24个自治区级大学生校外实践教育基地建设项目，其中15个实践教育基地经教育部批准为国家级大学生校外实践教育基地建设项目。16个项目入选教育部组织申报的专业综合改革试点项目。立项建设10个教师教学发展中心，确定15个项目为2013年广西高校教学名师项目。启动卓越新闻人才教育培养计划和高校与法律实务部门人员互聘“双千计划”。确认2013年自治区级大学生创新创业训练计划项目1 939项，其中664个项目获教育部批准为2013年国家级大学生创新创业训练计划项目。梧州学院、贺州学院通过教育部本科教学工作合格评估。广西工程职业学院、百色职业学院、广西经济职业学院和广西演艺职业学院通过高职高专院校人才培养工作评估。

〔**学位与研究生教育**〕 新增博士学位授权单位3个、硕士学位授权单位1个。新增博士学位一级学科授权点9个、硕士学位一级学科授权点2个。全区博士学位和硕士学位授权单位分别增至6个和12个，一级博士、硕士学位授权点分别增至22个和135个。安排资金5 000万元，支持自治区立项建设博士学位授予单位4个、硕士专业学位授予单位7个。安排资金1 300万元，支持50个博士、硕士学位授权点及学科建设。安排资金600万元，支持18个专业学位授权点项目。安排资金500万元，资助206个研究生教育创新计划项目。筹措600万元专项经费，支持12个研究生联合培养基地建设项目。

〔**科技创新和服务**〕 全区高校获得并主持国家“863”计划、“973”计划课题各1项，经费1 400多万元，参与国家“863”计划、“973”计划项目10余项。获科技部支撑计划项目1项，经费300万元。全区高校共获国家自然科学基金项目476项，资助经费21 790万元。获国家社会科学基金项目110项，资助经费近2 000万元。获横向项目1 300多项，经费近2亿元。认定全区高校重点学科180个。获2013广西工程技术研究中心3个，认定首批广西协同创新中心10个。全区高校科技成果共获省部级以上奖145项，其中国务院各部门奖5项、自治区科学技术奖55项。2013年，全区高校共申请专利2 691件，同比增长近20%。申请发明专利1 909件，比2012年增长24.3%。专利授权795件，其中发明专利授权355件。组织参加第二届广西发明创造成果展，并获最佳组织奖。举办广西高校科技服务贺州新发展科技活动。

〔**高等学校特色发展重大项目**〕 2013年，中央财政投入14 000万元、自治区财政投入2 000万元，支持广西大学实施中西部高校综合实力提升工程。中央财政投入9 000万元、自治区财政投入3 000万元，支持广西师范大学、广西民族大学、广西中医药大学实施中西部高校基础能力建设工程。自治区投入8 000万元，支持桂林电子科技大学等5所本科高校、广西交通职业技术学院等6所高职院校实施广西特色高校建设项目。自治区投入3 000万元，支持百色学院等6所高校实施广西高校教学设施提升项目。

〔**教师队伍建设六大工程**〕　启动广西高校高水平创新团队和“卓越学者”计划、广西高校引进海外高层次人才“百人计划”、广西高校优秀中青年骨干教师培养工程、广西高校优秀青年骨干教师国内访问学者计划、广西高校青年教师教学业务能力提升计划和广西高校教师社会践习计划六大工程。重点支持14个广西高校高水平创新团队及14名卓越学者开展研究，支持高校引进13名海外高层次人才回国创新创业，对100名高校中青年骨干教师进行重点培养，选派70名高校教师到国外访学，对1 200名高校青年教师开展教育能力培训，支持150名高校教师进行社会实践。

〔**党建工作**〕　完成2所高校党委换届，向3所民办高校重新选派党组织负责人兼督导专员，加强高校基层党组织和党员队伍建设。开展“党在我心中”主题实践活动优秀组织单位和“广西高校优秀学生党支部”评选活动。先后举办8期高校领导干部学习贯彻党的十八大精神专题培训班，与井冈山大学合作建立井冈山革命传统教育基地。全区高校共有基层党组织4 055个、党员124 134人，其中学生党支部2 128个、学生党员97 338人，教职工党支部1 927个、教职工党员26 796人。

〔**思想政治教育队伍建设**〕　依托广西师范大学承办第61期全国高校辅导员骨干培训班。举办10期各类高校培训班，共培训800多人。选送14名高校辅导员到中国政法大学等高校学习交流，选派29名思想政治理论课骨干教师参加教育部示范培训班、42名辅导员参加全国高校辅导员骨干培训班。开展2013年全区高校思想政治理论课教师教学基本功比赛暨“精彩一课”评选活动、第二届全区高校辅导员技能比赛。选派3名辅导员参加第二届全国高校辅导员职业能力大赛并获优秀奖。1名高校思想政治理论课教师入选第二届全国青年思想政治理论课教师择优资助计划。建立思想政治理论课教师队伍、辅导员队伍和心理健康教育队伍基本信息库。组织开展第二届全区高校优秀辅导员评选活动。

〔**思想政治教育工作**〕　出台《关于加强和改进广西高等医学院校大学生思想政治教育的指导意见》。组织全区高校网络文明传播志愿者和志愿服务活动。组织开展2013年全区高校优秀学生、三好学生、优秀学生干部、先进班集体评比表彰活动。组织开展2013年度广西高校共青团先进集体和先进个人评比表彰活动。组织开展2013年广西高校大学生社会实践优秀成果和优秀大学生社团评选表彰活动。

〔**高校理论学习和校园文化建设**〕　举办8期党的十八大精神进课堂示范培训班，组织全区高校理论骨干到基层开展党的十八大精神宣讲及社会实践活动，组织开展党的十八届三中全会宣讲及报告会活动。组织全区教育系统开展学习习近平总书记“五四”重要讲话精神等专题活动。联合自治区党委宣传部，举办“我的中国梦”——广西高校青年学生形势政策百场报告会。组织开展学习党的十八大精神征文比赛、“开启中国梦　建设美丽广西”知识竞赛等活动。开展全区大学生心理健康教育月活动，近5万名师生积极参与。印发《关于加强广西高等学校校园文化建设的意见》，举办全区高校宣传思想工作研修班和大学文化论坛，实施2013年广西高校校园文化创新项目。

〔**高等学校统一战线工作**〕　2013年，自治区高校工委单独设立统战部，加强全区高校统一战线工作指导。抓好高校统战干部队伍建设，对80名高校统战干部进行统战理论培训。开展高校统战工作摸底调研，全面总结高校党外干部培养选拔使用情况和主要经验。制定印发《广西壮族自治区学校教职工代表大会工作规程》。

撰稿　孙国友　黄华吉　胡春柳　王友保
　　　韦海韬　黄善强
审稿　秦　斌

海南省教育

概　　况

〔基本情况〕

海南省各级各类学校校数、教职工、专任教师情况

	学校数（所）	教职工数（人）	专任教师数（人）
一、高等教育	18	13 671	8 543
（一）研究生培养机构（不计校数）	3		
1. 普通高校	3		
2. 科研机构			
（二）普通高等学校	17	13 513	8 458
1. 本科院校	6	9 090	5 723
其中：独立学院			
2. 高职（专科）院校	11	4 423	2 735
3. 其他机构（点）（不计校数）			
（三）成人高等学校	1	158	85
（四）民办的其他高等教育机构			
二、中等教育	586	58 942	42 850
（一）高中阶段教育	199	31 859	17 583
1. 高中	102	23 137	11 444
普通高中	102	23 137	11 444
完全中学	75	18 550	9 419
高级中学	11	1 461	1 226
十二年一贯制学校	16	3 126	799
成人高中			
2. 中等职业教育	97	8 722	6 139
普通中专	29	3 514	1 998

续表

	学校数（所）	教职工数（人）	专任教师数（人）
成人中专	5	177	126
职业高中	53	3 436	2 554
技工学校	10	1 560	1 430
其他机构（教学点）（不计校数）	2	35	31
（二）初中阶段教育	387	27 083	25 267
1. 初中	387	27 083	25 267
初级中学	214	14 549	12 961
九年一贯制学校	173	12 534	4 833
十二年一贯制学校			661
完全中学			6 812
职业初中			
2. 成人初中			
三、初等教育	1 745	47 769	50 476
（一）普通小学	1 739	47 759	50 466
小学	1 739	47 759	44 423
九年一贯制学校			5 316
十二年一贯制学校			727
（二）成人小学	6	10	10
其中：扫盲班	6	10	10
四、工读学校			
五、特殊教育	7	247	184
六、学前教育	1 596	25 380	13 081

注：①完全中学的学校数和教职工数计入高中阶段教育，九年一贯制学校的校数和教职工数计入初中阶段教育，十二年一贯制学校的校数和教职工数计入高中阶段教育，专任教师是按照教育层次划分归类；②“（ ）”内数据为不计校数。

海南省各级各类学历教育学生情况

	毕业生数（人）	招生数（人）	在校生数（人）
一、高等教育			
（一）研究生	1 029	1 309	3 959
博士	23	37	174
硕士	1 006	1 272	3 785
（二）普通本专科	43 804	49 296	172 143
本科	19 986	25 655	102 993
专科	23 818	23 641	69 150
（三）成人本专科	7 407	8 011	23 701

续表

	毕业生数（人）	招生数（人）	在校生数（人）
本科	3 600	3 999	12 342
专科	3 807	4 012	11 359
（四）其他各类高等学历教育			
1. 在职人员攻读硕士学位		595	1 868
2. 网络本专科生			
本科			
专科			
二、中等教育	220 226	237 286	687 971
（一）高中阶段教育	99 726	120 329	341 181
1. 高中	53 651	60 171	179 047
普通高中	53 651	60 171	179 047
完全中学	46 046	47 882	144 735
高级中学	4 686	8 228	22 689
十二年一贯制学校	2 919	4 061	11 623
成人高中			
2. 中等职业教育	46 075	60 158	162 134
普通中专	25 821	30 657	84 080
成人中专	777	2 891	8 578
职业高中	13 788	18 208	47 567
技工学校	5 689	8 402	21 909
（二）初中阶段教育	120 500	116 957	346 790
1. 初中	120 500	116 957	346 790
初级中学	58 294	53 128	159 902
九年一贯制学校	19 041	20 575	58 344
十二年一贯制学校	3 777	3 322	11 138
完全中学	39 388	39 932	117 406
职业初中			
2. 成人初中			
三、初等教育	124 925	124 284	740 454
（一）普通小学	124 664	124 284	740 193
小学	106 524	107 223	637 045
九年一贯制学校	16 048	14 682	89 566
十二年一贯制学校	2 092	2 379	13 582
（二）成人小学	261		261
其中：扫盲班	261		261

续表

	毕业生数（人）	招生数（人）	在校生数（人）
四、工读学校			
五、特殊教育	178	425	1 708
六、学前教育	105 499	141 149	298 772

注：特殊教育学生数中包括普通中小学随班就读的学生。

海南省各级各类非学历教育学生情况

	结业生数（人）	注册学生数（人）
总计	98 941	83 378
一、高等教育	15 078	22 212
（一）研究生课程进修班		
（二）自考助学班	4 352	7 783
（三）普通预科生		118
（四）进修及培训	10 726	14 311
其中：资格证书培训	2 782	5 133
岗位证书培训		1 378
二、中等职业教育	83 863	61 166
其中：资格证书培训	62 312	53 767
岗位证书培训	12 370	3 101
（一）中等职业学校	41 133	17 458
其中：资格证书培训	19 582	11 037
岗位证书培训	12 370	3 101
（二）职业技术培训机构	42 730	43 708
其中：资格证书培训	42 730	42 730
岗位证书培训		

海南省各级各类民办教育基本情况

	学校数（所）	毕业生数（人）	招生数（人）	在校生数（人）	教职工数（人）	专任教师数（人）	其他学生数（人）
一、民办高等教育							
（一）民办高校	7	15 639	18 914	63 570	4 039	2 780	5 148
硕士							
本科学生		6 654	8 530	34 718			
专科学生		8 985	10 384	28 852			
其中：独立学院							

续表

	学校数（所）	毕业生数（人）	招生数（人）	在校生数（人）	教职工数（人）	专任教师数（人）	其他学生数（人）
本科学生							
专科学生							
（二）民办其他高等教育机构							
二、民办中等教育							
（一）高中阶段教育	55	9 998	15 219	40 671	5 137	3 429	
1. 民办普通高中	22	3 863	6 814	17 061	3 915	2 658	
2. 民办中等职业教育	33	6 135	8 405	23 610	1 222	771	1 851
（二）初中阶段教育	77	9 611	9 408	29 145	4 321	2 765	
1. 民办普通初中	77	9 611	9 408	29 145	4 321	2 765	
2. 民办职业初中							
三、民办普通小学	82	12 822	13 732	80 359	2 916	1 814	
四、民办幼儿园	1 425	76 097	102 489	234 737	21 755	10 785	
另有：民办培训机构（不计校数）	24				135	118	6 150

注：①“其他学生数”包括自考助学班学生、预科生、进修及培训学生数；②民办普通高中的教职工数和专任教师数中包含民办普通初中的教职工数和专任教师数；③民办中等职业教育数据中未含技工学校数据；④“（　）”内数据为不计校数。

〔**教育投入与支出**〕　2013 年，全省教育经费投入 229 亿元，比 2012 年增长 4.88%，其中国家财政性教育经费投入 189.28 亿元，比 2012 年增长 7.16%。国家财政性教育经费投入中，公共财政预算教育经费投入 175.12 亿元，比 2012 年增长 6.37%。

2013 年，全省教育经费总支出 223.04 亿元，比 2012 年增长 7.03%，其中全省高等教育经费支出 40.65 亿元、中等职业教育经费支出 17.69 亿元、高中教育经费支出 25.35 亿元、初中教育经费支出 44.83 亿元、小学教育经费支出 73.06 亿元、学前教育经费支出 14.65 亿元、其他教育经费支出 6.81 亿元。

〔**教育规划**〕　出台《海南省人民政府关于深入推进义务教育均衡发展的实施意见》《海南省人民政府办公厅关于“十二五”期间我省农村义务教育学校布局调整的实施意见》。编制完成《海南省农村义务教育学校布局专项规划》，并上报教育部。调整完成《海南省农村学前教育推进工程建设规划》。

〔**各级各类学校生均办学条件**〕　2013 年，全省小学生均占地面积 48.09 平方米，生均校舍面积 7.62 平方米，生均教学仪器设备 705.74 元，生均图书 15.47 册，百名学生拥有计算机 4.54 台；普通初中生均占地面积 48.96 平方米，生均校舍面积 10.59 平方米，生均教学仪器设备 1 194.22 元，生均图书 21.72 册，百名学生拥有计算机 7.46 台；普通高中生均占地面积 50.55 平方米，生均校舍面积 21 平方米，生均教学仪器设备 3 021.64 元，生均图书 31.32 册，百名学生拥有计算机 12.75 台；中等职业学校生均占地面积 22.72 平方米，生均校舍面积 12.29 平方米，生均教学仪器设备 3 097 元，生均图书 14.03 册，百名学生拥有计算机 11.86 台；普通高校生均教学行政用房 11.30 平方米，生均教学仪器设备 8 171 元，生均图书 70.66 册。

〔**教育扶贫移民工程**〕 继续实施教育扶贫移民工程，投入资金 1.3 亿元，其中省财政投入 1 亿元、市县配套 3 000 万元，在屯昌县、昌江县、乐东县、陵水县、白沙镇、五指山市、定安县、保亭县、琼中县、东方市 10 个市县实施教育扶贫移民工程思源学校对口帮扶项目。首批对口帮扶屯昌枫木中心小学等 10 所中小学校，建设 10 所帮扶学校，所有项目均已动工，10 所思源实验学校对口帮扶人员均已到位。教育扶贫移民工程获第三届全国教育改革创新优秀奖。

〔**教师素质提升工程**〕 2013 年，实施国家级、省级培训项目共 66 个，累计培训中小学、幼儿园教师 43 263 人次。通过国培置换脱产与“双五百”顶岗支教等形式，培训师范生 2 240 人，提升全省师范生的整体素质和专业化水平。继续实施“海南省中小学骨干教师赴天津市跟班培训项目”“上海对口支援海南基础教育计划”“海南省幼儿园、特殊教育教师赴广东省跟班培训项目”。“屯昌县教育研究培训中心”获评国家级示范性县级教师培训机构。

〔**师德师风建设**〕 深入开展为期 3 年的全省中小学教师师德师风建设活动，集中开展为期 2 个月的师德师风专项整治。开展“全国教书育人楷模”候选人推选暨海南省十佳师德标兵评选工作，全省涌现出一批优秀教师典型。海南省白沙黎族自治县第一小学教师张心芸获评“全国师德标兵”、儋州市兰洋镇番打小学教师王金花获评“全国十大最美乡村教师”，海口市第一中学教师卢国仁等 10 名教师获评海南省“十佳师德标兵”。

〔**教师职称评审**〕 2013 年，共有 7 099 人参加海南省教育教学能力考试，4 682 人通过考试取得合格证书，通过率约为 71.9%。完成对幼儿园、中小学、中专、高校等 4 000 余名教师的专业技术资格评审。以海口市为试点开展中小学教师职称制度改革。

〔**学生资助**〕 拨付寄宿生生活补助资金 1.52 亿元，受惠学生约 15.8 万人；下达教育扶贫移民中小学生交通补助资金 373 万元，受惠学生约 3.33 万人；下达中等职业教育免学费补助资金 2.96 亿元，实现全省中职学生全部免除学费；分别下达中职学校国家助学金、特别困难学生免住宿费补助资金 3 608 万元和 67 万元，受惠学生约 3.8 万人次；下达普通高中学生国家助学金 4 235 万元，受惠学生约 3.3 万多人；发放中央专项彩票公益金 1 690 万元，惠及 1 150 名家庭经济困难的中小学、幼儿园教师和 2 700 名普通高中家庭经济困难学生；下达普通高校国家助学金、国家奖学金和国家励志奖学金及海南省优秀贫困学生奖学金 1.39 亿元，受惠学生约 4.3 万多人；发放生源地助学贷款 2.3 亿元，受惠学生约 4 万多人。

〔**体育卫生与艺术教育**〕 成立海南省学生体育协会。做好初中毕业生升学体育考试工作。开展学校体育竞赛活动。加强体育课堂教学研究工作，举办全省第九届小学体育课堂教学评比观摩活动。在世界中学生沙滩排球锦标赛中，文昌中学男子排球队获学校组第二名、澄迈县第二中学男子排球队获组合组第二名、琼山中学女子排球队获组合组第三名。

以“社会共治、同心携手、维护食品安全”为主题，开展学校食品安全宣传周活动，开展学校食堂食品卫生督导检查；出台《海南省人民政府办公厅关于实施农村义务教育学生营养改善计划的意见》，完成农村义务教育学生营养改善计划试点工作的前期准备工作；举办 2013 年全省中小学健康课课件评选活动，开展学生健康体检，建立学生健康档案管理制度；在海口市美兰区、陵水县、保亭县、昌江县开展全省中小学生近视眼防控试点工作。

组织参加全国第四届中小学生艺术展演活动，其中舞蹈《阳光下田野上》《红蓝军》及合唱《铃儿响叮当》获一等奖；舞蹈《一片羽毛》《潜海姑娘》获二等奖；舞蹈《阳光下田野上》获优秀创作奖；省教育厅获优秀组织二等奖。开展全省第二轮校园集体舞试点市县推广工作。举办高雅艺术进校园活动、海南省大学生艺术歌曲演唱比赛、中小学生校园歌手舞蹈器乐比赛、“李岚清篆刻书法素描艺术作品巡展进校园、进课堂”活动和中国戏曲经典原创动画进校园活动。儋州市获评全国“农村学校艺术教育实验县”。

〔**德育和思想政治教育**〕　评选表彰2012—2013年度“海南省三好学生”和“海南省优秀学生干部”；加强未成年人思想道德教育，扎实开展“中国梦·海南梦·我的梦”“雷锋精神助我成长”等系列活动；加强高校思想政治理论课教师队伍和高校辅导员队伍建设，组队参加全国高校辅导员职业能力大赛，获一等奖1名；组织开展高校思想政治理论课青年教师教学基本功比赛，在粤、桂、琼、赣、滇五省（区）高校思想政治理论课青年教师教学基本功比赛中获一等奖1个、二等奖2个。

〔**招生考试**〕　2013年，全省中考报名人数109 649人；全省普通高考报名人数56 662人，本、专科录取率达94%，其中本科录取率达55%；开展高职高专单独招生改革试点，共录取3 654人。根据国家组织实施的面向贫困地区定向招生专项计划，全国28所高校首次面向海南省5个国家级贫困县（市）招收定向生71人。省政府出台《海南省进城务工人员随迁子女参加初中毕业生学业考试和高中阶段学校录取的暂行规定》《关于做好外省籍务工人员随迁子女在我省接受义务教育后参加我省普通高考工作实施方案（试行）》，解决了进城务工人员随迁子女在海南省接受义务教育后，在海南省参加中考和普通高考的问题；完成全省45个标准化考点共计3 235个标准化考场的建设、验收及管理员培训等工作。

〔**教育信息化建设**〕　开展“教学点数字教育资源全覆盖”项目建设，为全省652个教学点配备安装了卫星接收设备和多媒体设备。推动全省“三通两平台”（宽带网络校校通、优质资源班班通、网络学习空间人人通，建设教育资源公共服务平台、教育管理公共服务平台）建设，全省1 726所义务教育阶段学校接入互联网，占全部学校的60.7%，7 539间教室装备“班班通”多媒体教学设备，配备计算机网络教室1 787间，配备计算机6.5万台。为477所中小学校配备理科教学仪器设备和音体美器材，为378所中小学校配备多媒体远程教学设备，为257所中小学校配备图书馆图书。

〔**为艰苦边远地区教师办实事**〕　启动实施为艰苦边远地区教师发放生活补助等十件实事项目，建立边远贫困地区行政村以下农村小学教师生活补助制度。省财政自2013年9月起投入资金1 109.16万元，对9 243名教师发放每月300元生活补助，鼓励和吸引优秀人才到农村学校任教，稳定农村教师队伍。

〔**安全教育和管理**〕　省政府出台《海南省校车安全管理试行办法》，督促和指导各市县制订并报送县级校车服务方案。出台《海南省教育厅对市县教育行政部门学校安全工作考核指标与评分标准（试行）》。举办第十八个全国中小学生安全教育日启动暨交通安全知识读本等图书赠书活动，与各地各校签订学校安全工作责任书；与海南省消防总队联合举办全省中小学生以消防为主题的优秀作品评选活动。联合海南省质量监督所对全省校服生产企业开展检查和检验。完成校方责任保险投保工作，公办学校投保率达100%；组织全省校方责任保险业务培训，共培训教育行政部门和学校有关人员2 500人，加强全省教育风险防范管理工作。

〔**校外教育和中小学科普教育**〕　会同省科学技术协会、省科技厅开展科普教育工作，组织全省青少年科技创新大赛、机器人比赛、科技七巧板竞赛等。举办全省科技教师培训班，举办流动科技馆活动。会同省科技厅举办科技活动月活动、开展科普统计等工作。会同省文明办公室开展乡村学校少年宫建设。

〔**特殊教育**〕　加快特殊教育学校建设，指导海南（海口）特殊教育学校完成2013年中央预算内投资计划建议方案的编写和上报。配合省残疾人联合会开展2013年度“交通银行特教园丁奖”评选推荐工作和第23个全国助残日相关活动。组织全省特殊教育学校22名骨干教师到重庆师范大学特殊教育系培训学习。

〔**民族教育**〕 2013年招收150名少数民族高中生，开展民族歌曲传唱、民族舞蹈演出、民族特色文化展示等中小学民族团结宣传教育活动。

〔**教育督导评估**〕 4月28日，省政府成立海南省教育督导委员会，统筹领导全省教育督导工作。完成对文昌市、琼海市、海口市龙华区和洋浦经济开发区的“义务教育发展基本均衡县（市、区）”省级督导评估验收工作。建立县域义务教育均衡发展基础数据库，对各县（市、区）义务教育均衡发展工作进行适时监测。制定中等职业教育和学前教育督导评估指标体系和实施办法。继续开展督学责任区试点工作，在海口市等第一批4个市县督学责任区试点工作的基础上，在文昌市等9个市县开展第二批试点工作。

〔**教育法制**〕 探索建立教育行政执法体制机制，组织行政执法人员资格考证。落实《全面推进依法治校实施纲要》，指导各市县（单位）教育行政部门、各级各类学校（含幼儿园）成立依法治校领导小组。组织开展全省中小学校长和教师的法律知识考试，共计9.6万多名校长、教师参加普法考试，以考促学。开展“六五”普法规划中期检查督导。

〔**教育纪检监察**〕 继续深入开展整治“庸懒散奢贪”专项工作，扎实推进教育系统廉政风险防控工作；组织开展教育系统会员卡专项清退，省教育厅直属学校（单位）、各公办高校全体教职员工做到了“零持有、零报告”；重点治理教育乱收费，清退违规教育收费110.7万元。

〔**行政审批**〕 继续开展行政许可项目清理，取消4项教育行政审批事项，下放10项教育行政审批事项。2013年，共受理和办结审批事项7 143件，提前办结率达100%，为群众节省办事时间约15万个工作日，其中网上审批7 112件，占总办件量的99%。配合清理审批事项，省教育厅审批事项由75项减少至26项，精简率达65.3%。优化办事流程，共简化办事环节12项，约占总事项的21%，压缩审批时限18项，约占总事项的31%。

〔**教育信息和政务公开**〕 全年通过省教育厅门户网站公开发布教育信息1 488条，通过政务公开专栏公开省教育厅政策文件660份。连续两年获省政府组织的省直机关政务公开检查评比第一名。做好信息报送有关工作，被省政府办公厅评为全省政务信息公开先进单位。

〔**教育信访**〕 实行省教育厅领导包案解决积案，妥善处理民办教师养老待遇、教师申诉等教师信访疑难问题。2013年，共接待来访202批756人次，其中集体来访27批560人次；开通网上“厅长信箱”，共收到来信362件，其他来信总量为193件次。办理上级领导批示交办的信访事项26件，转办市县教育行政部门和高校、厅直属学校等单位办理的信访事项36件。

〔**党的群众路线教育实践活动**〕 严格执行中央和省委、省政府关于改进工作作风的要求，开展党的群众路线教育实践活动，在全省教育系统启动“百名干部走基层、万名教师访万家”活动。省教育厅领导下基层调研达47人次，召开63场征求意见座谈会，征集意见、建议1 108条；中小学教师开展家访近10万人次。修订《海南省教育厅工作规则》等工作制度26项。

〔**干部队伍建设**〕 配合省委组织部完成了1名省教育厅机关副巡视员和1名省考试局副局长的考察工作。提拔任用8名正处级领导干部、6名副处级领导干部、8名处级非领导干部。晋升11名科级干部，对2名试用期满的副处级领导干部进行转正考察。交流轮岗11名处级干部、4名科级干部。调入2名科员，调任5名处级干部，接收安置3名军转干部，招考1名公务员，办理4名干部退休。重新修订《厅机关年度考核工作实施方案》。组织直属单位（学校）统一公开招聘了91名教师和教辅人员。

〔**教育交流与合作**〕　三亚学院与美国中佛罗里达大学（UCF）签署合作办学备忘录；华南理工大学、英国伦敦大学与观澜湖集团三方签署合作举办海口华南伦敦大学的协议书。加强来华留学生管理，全年共审批来华留学生申请材料300余份，全省各类留学生共计754人，其中学历留学生362人。海南大学、海南师范大学获批为来华留学中国政府奖学金生接收院校；省政府每年投入110万元，设立海南省政府国际学生奖学金。做好汉语国际推广工作，共选派206名国际汉语教师志愿者到泰国、菲律宾、印度尼西亚、柬埔寨和蒙古等国家任教。

〔**语言文字工作**〕　组织开展第十六届全国推广普通话宣传周活动，承办第十六届全国推普周开幕式；启动三亚市、儋州市国家二类城市语言文字工作评估；举办第七期少数民族地区教师普通话培训班；全面开展计算机辅助普通话测试工作，修订完成《海南省普通话水平计算机辅助测试实施细则》。

基础教育

〔**学前教育**〕　2013年，继续实施公办乡镇中心幼儿园建设工程，下达资金1.98亿元，新建、改扩建公办乡镇幼儿园51所，新增学位1.86万个；投入4 188万元资金，用于小学附设幼儿园和乡镇中心幼儿园建设；组织开展10所省示范幼儿园对口帮扶20所公办乡镇中心幼儿园项目；起草《海南省幼儿园办园基本标准》和新一轮学前教育改革和发展三年行动计划（2014—2016年）；进一步规范学前教育机构办学行为。

〔**县域义务教育均衡发展**〕　首批海口市龙华区、文昌市、琼海市、洋浦经济开发区通过国家“县域义务教育发展基本均衡县（市）”评估。实施义务教育学校标准化建设工程和推进义务教育规范化学校创建工作，省政府每年设立1 000万元专项经费，用于奖补省级规范化学校建设，全年新建省级规范化学校19所，全省省级规范化学校累计达92所。

〔**进城务工人员随迁子女教育**〕　落实以流入地政府管理为主、以公办学校接收为主的原则，保障进城务工人员随迁子女与当地居民子女享受同等待遇。2013年春季学期，全省义务教育阶段进城务工人员随迁子女10.09万人，其中6.79万人在公办学校就读，在公办学校就读比例达67.2%。

〔**普通高中教育**〕　降低择校生比例，提高指标到校生比例，市县重点高中学校（非省一级高中学校）和省一级高中学校招生名额分配到区域内初级中学的比例分别提高至35%和40%。督促各市县加强普通高中学校建设，支持海口市设立华中师范大学海南附属中学、文昌市设立文昌市高级实验中学、陵水县设立中央民族大学附属中学海南陵水分校，东方市撤销港务中学高中部并入东方中学、东方市琼西中学高中恢复招生、三亚市第四中学列入中招第二批次录取、三亚市丰和学校新设高中招生，扩大了优质高中教育资源。

〔**规范中小学教材教辅管理**〕　印发《2013年秋季至2014年春季海南省普通中小学教学用书目录》。成立海南省中小学教辅材料评议委员会，制定《海南省中小学教辅材料评议推荐办法》，开展全省中小学教辅材料的评议推荐工作，印发《海南省2013年秋季学期至2016年春季学期中小学教辅材料评议推荐目录》。

〔规范中小学办学行为〕 督促各市县认真落实《海南省人民政府办公厅关于规范中小学办学行为的意见》。2013 年春秋两季，分别组织了 8 个工作检查组对海口市秀英区和三亚市的 16 个县（市、区）进行了开学检查，共抽查 133 所中小学和幼儿园，印发开学工作检查情况通报，督促各市县整改。加强控辍保学工作，抓好国家中小学电子学籍系统的使用，完成 130 多万名中小学生学籍信息采集和录入工作，摸清学生入学和流动等情况，对初中辍学率较高的地区进行重点督查。

〔改善中小学办学条件〕 推进中小学校舍安全工程、义务教育薄弱学校改造计划等重大项目，全年新建、加固改造中小学校舍 62.81 万平方米；投入 7 000 万元，建设 1 878 套农村教师周转宿舍，建设面积 71 000 平方米。继续抓好高中扩容工程项目建设工作，普通高中改善条件建设工程投入省级资金 5 000 万元，市县和学校配套资金 1 亿元，改扩建 5 所中学和完成 2 所思源中学收尾工程，提供优质高中学位 6 800 个；投入 500 万元，开展普通高中实验室建设和通用技术实验室建设。

〔中小学幼儿园教师队伍建设〕 协调编制部门统一了城乡义务教育教师编制标准；推进幼儿园、中小学教师资格定期注册制度改革试点工作；开展中小学省级骨干教师资格培训与选拔工作，评选中小学省级骨干教师，其中中学 450 名、小学 450 名；全年面向全国招聘特岗教师 493 名，为全省思源学校招聘学科骨干教师 85 名。2013 年，教育部直属师范大学海南籍生源免费师范毕业生 115 人，其中 112 名毕业生在海南省就业，签约率达 97%。

职 业 教 育

〔国家中职改革发展示范校建设〕 2013 年，新增 6 所国家中职改革发展示范校。截至 2013 年年底，全省共有 13 所学校被列为“国家中等职业教育改革发展示范学校建设计划”项目单位，其中 3 所通过省级验收。

〔基础能力建设〕 2013 年，续建 10 个、新建 8 个中职基础能力项目和实训基地项目；加大对重点专业、特色专业建设的支持力度，指导不同类型的学校错位发展，推进一校一特色一品牌；投入 420 万元，支持琼海市等 5 个市县职业学校的航空服务、休闲服务（高尔夫方向）、服装工艺设计等重点专业或特色专业建设。

〔教育教学改革〕 省教育厅与陵水县政府联合组织中职教育与产业对话论坛，深入推进职业教育与产业行业对接；在白沙县探索开展统筹城乡职业教育发展实验基地，继续深入实施海南职教“三段式”教学模式（三年中职，第一年在市县职教中心，第二年到省属或示范校学习，第三年顶岗学习）；以校企合作为主线，改革职业教育办学模式、培养模式、教学模式和评价模式，不断深化教育教学改革。举办 2013 年全省职业院校技能大赛中职组比赛，开设 14 个大类 56 个比赛项目，共有 1 357 名学生参赛；在 2013 年全国职业院校技能大赛中，中职组获一等奖 6 个、二等奖 18 个、三等奖 30 个；获黎族织锦作品项目一等奖 1 个、二等奖 1 个、三等奖 3 个。

〔中职师资队伍建设〕 继续推进国家教育体制改革试点项目“中等职业学校双师型教师队伍建设”；出台《海南省委托天津职业技术师范大学培养的免费中职师范毕业生就业工作解决方案》，联合天津职业技术师范大学继续招收海南籍免费中职师范生；遴选中职学校 125 名教师参加专业骨干教师国家级培训、2 名教师参加教育部出国进修、

160 名教师参加骨干教师省级培训、20 名中职学校校长参加校长高级研修班。

〔**中职招生和就业**〕　举办职业教育招生宣传月活动，完成 5.8 万人的招生任务。做好中职毕业生就业指工作导，中职毕业生就业率连续 7 年高于 95%，2013 年达 97%。

〔**职业院校技能大赛**〕　组织开展 2013 年全省职业院校技能大赛（高职组），全省共有 14 所高职院校 910 名选手参赛。组团参加 2013 年全国职业院校技能大赛，获 1 个特等奖、4 个二等奖、11 个三等奖。

高 等 教 育

〔**教学改革与质量工程**〕　组织 2013 年省级特色专业、教学团队、精品课程的遴选，评选出省级特色专业 17 个、省级教学团队 15 个、精品课程 25 个。组织“十二五”高等学校实验教学示范中心、精品视频公开课、大学生创新创业计划项目和国家级精品资源共享课的申报工作。

〔**学位与研究生教育**〕　海南师范大学、海南医学院分别通过新增博士、硕士学位授权单位整体验收，琼州学院旅游管理专业硕士学位试点工作通过验收并招生；全省新增 3 个硕士学位授权一级学科点、4 个博士学位授权一级学科点，博士学位授权一级学科点总数达 9 个、硕士学位授权一级学科点增至 38 个，实现了全省 4 所公办本科学校研究生教育的全覆盖。

〔**教师队伍建设**〕　组织开展教育部“长江学者奖励计划”申报、全国教师教育国家级精品资源共享课程申报和全省高校中青年骨干教师评选工作；总结 2012 年高等学校青年骨干教师国内访问学者项目；组织开展 2013 年高职高专院校骨干教师培训；启动高等学校与法律实务部门人员互聘“双千计划”；举办全省高校图书馆首届信息素质教育教学讲课比赛。

〔**科研工作**〕　加强高校科研工作，两位教师入选教育部“新世纪优秀人才支持计划”。2013 年，高校科研项目立项 204 个。组织开展 2013 年上半年高校科研项目结题验收前期工作，完成 2012 年海南省普通高等学校科技/社科统计年报汇总工作和科学研究项目中期检查、2013 年度教育部科学技术重点项目结题验收、2013 年海南省高等学校科学研究项目结题、2014 年海南省高等学校科学研究和教育教学改革项目立项申报工作。组织申报中国高等教育学会第八次优秀高等教育研究成果评选，获一等奖、三等奖和优秀奖各一个。

〔**高校建设**〕　推进海南大学“中西部高校基础能力建设工程”和“中西部高校综合实力提升工程”建设；推动省市共建琼州学院，琼州学院通过教育部本科教学工作合格评估；国家开放大学（海南）挂牌成立；海南经贸职业技术学院通过国家骨干院校建设验收；琼台师范高等专科学校通过省级骨干高职院校建设验收；推动厅市共建海南外国语职业学院和海南软件职业技术学院；开展海南科技职业学院、海南工商职业学院、三亚理工职业学院、三亚城市职业学院人才培养工作评估。

〔**党建工作**〕　各高校严格贯彻落实《中国共产党普通高等学校基层组织工作条例》和省委教育工委制定的《关于进一步规范高校党委领导下的校长负责制的若干意见（试行）》。省教育厅与省委组织部联合举办全省高校党政主要领导参加的专题培训班。配齐海南工商职业学院、海口经济学院等学校党委班子，指导海南科技职业学院、海口经济学院等学校做好党代会的换届选举工作。

〔**学籍学历管理**〕 完成2013年各类高等教育毕业生学历证书电子注册工作，共注册51 162人。其中研究生毕业生936人（博士14人、硕士922人），普通本专科毕业生42 815人（本科20 116人、专科22 699人），成人教育毕业生7 411人（本科3 561人、专科3 850人）。做好2013年普通高校本专科、研究生新生学籍电子注册工作和学年电子注册工作。

〔**大学生竞赛**〕 组织开展2013年第八届泛珠三角大学生计算机作品赛（海南赛区久其杯）、全国高校大学生电子设计大赛、全国大学生英语演讲比赛和全国高校数学建模竞赛等。

撰稿 王 波

审稿 曹献坤

重庆市教育

概　　况

〔基本情况〕

重庆市各级各类学校校数、教职工、专任教师情况

	学校数（所）	教职工数（人）	专任教师数（人）
一、高等教育	67	55 636	38 045
（一）研究生培养机构（不计校数）	14		
1. 普通高校	12		
2. 科研机构	2		
（二）普通高等学校	63	53 790	37 130
1. 本科院校	24	37 998	25 992
其中：独立学院	6	5 776	4 120
2. 高职（专科）院校	39	15 792	11 138
3. 其他机构（点）（不计校数）			
（三）成人高等学校	4	1 199	598
（四）民办的其他高等教育机构	7	647	317
二、中等教育	1 433	157 706	133 334
（一）高中阶段教育	484	89 650	57 133
1. 高中	263	65 826	37 710
普通高中	261	65 812	37 698
完全中学	240	59 862	32 417
高级中学	21	5 950	5 281
十二年一贯制学校			
成人高中	2	14	12
2. 中等职业教育	221	23 824	19 423
普通中专	23	3 960	2 871

续表

	学校数（所）	教职工数（人）	专任教师数（人）
成人中专	47	2 582	1 850
职业高中	71	11 603	9 790
技工学校	80	5 230	4 573
其他机构（教学点）（不计校数）	8	449	339
（二）初中阶段教育	949	68 056	76 201
1. 初中	939	68 026	76 182
初级中学	744	55 871	50 554
九年一贯制学校	195	12 155	5 063
十二年一贯制学校			
完全中学			20 565
职业初中			
2. 成人初中	10	30	19
三、初等教育	5 062	117 692	115 655
（一）普通小学	4 728	116 804	115 204
小学	4 728	116 804	109 032
九年一贯制学校			6 172
十二年一贯制学校			
（二）成人小学	334	888	451
其中：扫盲班	161	393	230
四、工读学校	3	33	23
五、特殊教育	36	971	852
六、学前教育	4 547	59 744	30 199

注：①完全中学的学校数和教职工数计入高中阶段教育，九年一贯制学校的校数和教职工数计入初中阶段教育，十二年一贯制学校的校数和教职工数计入高中阶段教育，专任教师是按照教育层次划分归类；②“（ ）”内数据为不计校数。

重庆市各级各类学历教育学生情况

	毕业生数（人）	招生数（人）	在校生数（人）
一、高等教育			
（一）研究生	14 189	16 324	48 210
博士	895	1 240	5 435
硕士	13 294	15 084	42 775
（二）普通本专科	148 684	184 909	659 400
本科	82 490	105 163	420 129
专科	66 194	79 746	239 271
（三）成人本专科	40 101	61 672	144 674

续表

	毕业生数（人）	招生数（人）	在校生数（人）
本科	9 787	12 490	32 588
专科	30 314	49 182	112 086
（四）其他各类高等学历教育			
1. 在职人员攻读硕士学位		8 179	19 581
2. 网络本专科生	51 105	73 978	137 060
本科	21 939	33 147	62 573
专科	29 166	40 831	74 487
二、中等教育	728 766	724 363	2 193 688
（一）高中阶段教育	350 099	394 205	1 174 636
1. 高中	214 179	221 024	661 677
普通高中	214 128	221 024	661 384
完全中学	180 059	186 682	556 671
高级中学	34 069	34 342	104 713
十二年一贯制学校			
成人高中	51		293
2. 中等职业教育	135 920	173 181	512 959
普通中专	27 590	30 509	99 335
成人中专	9 390	8 278	23 965
职业高中	65 538	83 367	239 527
技工学校	33 402	51 027	150 132
（二）初中阶段教育	378 667	330 158	1 019 052
1. 初中	377 479	330 158	1 017 592
初级中学	248 804	211 752	654 979
九年一贯制学校	20 696	16 948	52 155
十二年一贯制学校			
完全中学	107 979	101 458	310 458
职业初中			
2. 成人初中	1 188		1 460
三、初等教育	396 424	375 725	2 037 319
（一）普通小学	326 451	375 725	1 989 128
小学	308 888	355 830	1 887 090
九年一贯制学校	17 563	19 895	102 038
十二年一贯制学校			
（二）成人小学	69 973		48 191
其中：扫盲班	25 981		16 868

续表

	毕业生数（人）	招生数（人）	在校生数（人）
四、工读学校	8	13	35
五、特殊教育	2 101	3 316	15 622
六、学前教育	390 541	445 590	893 338

注：特殊教育学生数中包括普通中小学随班就读的学生。

重庆市各级各类非学历教育学生情况

	结业生数（人）	注册学生数（人）
总计	2 025 126	1 645 811
一、高等教育	552 536	138 496
（一）研究生课程进修班	383	555
（二）自考助学班	5 930	5 222
（三）普通预科生		1 175
（四）进修及培训	546 223	131 544
其中：资格证书培训	57 726	56 975
岗位证书培训	17 108	26 322
二、中等职业教育	1 472 590	1 507 315
其中：资格证书培训	133 086	125 105
岗位证书培训	516 878	597 405
（一）中等职业学校	123 790	69 434
其中：资格证书培训	59 855	41 404
岗位证书培训	39 257	18 190
（二）职业技术培训机构	1 348 800	1 437 881
其中：资格证书培训	73 231	83 701
岗位证书培训	477 621	579 215

重庆市各级各类民办教育基本情况

	学校数（所）	毕业生数（人）	招生数（人）	在校生数（人）	教职工数（人）	专任教师数（人）	其他学生数（人）
一、民办高等教育							
（一）民办高校	23	29 498	51 420	171 619	12 580	8 701	13 213
硕士							
本科学生		13 958	23 129	92 600			
专科学生		15 540	28 291	79 019			
其中：独立学院	6	13 613	20 941	81 594	5 776	4 120	1 760

续表

	学校数（所）	毕业生数（人）	招生数（人）	在校生数（人）	教职工数（人）	专任教师数（人）	其他学生数（人）
本科学生		10 871	19 275	75 760			
专科学生		2 742	1 666	5 834			
（二）民办其他高等教育机构	7				647	317	6 232
二、民办中等教育							
（一）高中阶段教育	42	20 706	25 574	71 355	7 102	5 137	
1. 民办普通高中	19	9 453	11 160	34 117	4 789	3 555	
2. 民办中等职业教育	23	11 253	14 414	37 238	2 313	1 582	4 154
（二）初中阶段教育	62	24 668	28 675	82 050	2 942	2 185	
1. 民办普通初中	62	24 668	28 675	82 050	2 942	2 185	
2. 民办职业初中							
三、民办普通小学	107	8 626	10 529	51 669	2 658	1 995	
四、民办幼儿园	3 734	165 686	224 913	505 054	49 357	23 349	
另有：民办培训机构（不计校数）	231				3 093	2 078	218 403

注：①“其他学生数”包括自考助学班学生、预科生、进修及培训学生数；②民办普通高中的教职工数和专任教师数中包含民办普通初中的教职工数和专任教师数；③民办中等职业教育数据中未含技工学校数据；④“（ ）”内数据为不计校数。

〔**教育经费投入**〕 2013 年，全市教育经费总投入 656.6 亿元，比 2012 年增长 0.31%。财政性教育投入 522.8 亿元，比 2012 年增加 1.6 亿元，其中预算内投入 480.7 亿元，同比增长 1.18%。市本级教育经费投入 173.7 亿元，同比增长 8.43%。启动研究生拨款机制改革，博士研究生生均拨款从 12 500 元提高到 17 000 元，硕士研究生生均拨款从 10 500 元提高到 12 800 元。公办中职生均拨款从 750 元提高到 1 000 元，本科生生均拨款保持 12 000 元，高职生生均拨款保持 6 000 元，基本建立起从学前教育到研究生教育的财政投入拨款机制标准。认真开展教育债务化解工作，农村义务教育化债 4.5 亿元。

〔**统筹城乡教育改革**〕 对统筹城乡教育改革 5 年来创新的体制机制进行全面总结，九大改革领域初步形成了 25 项重大体制机制创新。对开县探索山区县域统筹城乡教育发展新模式进行总结，《重庆市推进农村普通高中特色多样发展》《巫山县探索政府统筹职业教育新机制》等案例收入教育部编印的《中国教育改革发展丛书》。组织开展重庆市城乡教育一体化指标体系研究，探索并初步形成了城乡教育空间形态一体化、物质形态一体化、社会形态一体化、文化形态一体化、发展形态一体化等维度的城乡教育一体化发展形态理论，设计了“1+12”指标体系。

〔**教育民生工程**〕 2013 年，农村寄宿制学校和教师周转房建设、农村义务教育学生营养改善计划、城市新建小区配套学校建设被列入市委、市政府 22 件民生大事之中。全市开工建设农村寄宿制学校 274 所，已建成 149 所。建成教师周转房 3 347 套，入住教师 2 130 人。继续抓好在 12 个集中连片特困区县开展的农村义务教育学生营养改善计划试点实施工作，新增万州区、开县 2 个市级营养改善计划试点区县，14 个试点区县投入膳食资金 4.3 亿元，惠及学生 92.2 万人。城市新建小区配套学校竣工 86 所，交付使用 71 所。坚持“以输入地政府管理为主、全日制公办学校接收为主”的原则，将进城务工人员随迁子女纳入义务教育经费保障机制范围，1 328 所义务教育学校接收进城务工人员随迁子女 34 万人。在 40 个区县开展留守儿童关爱服务体系试点工作，建成“留守儿童之家”4 262 个、校外托管机构 983 个。

〔**教师队伍建设**〕 切实加强师德师风建设，8 名中小学师德典型人物入选教育部师德专家库，市教委联合市委宣传部拍摄的电影《守望一生》的原型张宗茂老师被教育部确定为全国师德教育典型。抓好农村教师队伍建设，“双特计划”（实施农村义务教育阶段学校教师特设岗位计划和重庆市中小学特色学科教师配备计划）新招聘教师 2 169 人，选派 1 592 名城镇教师到 18 个贫困区县支教，“农村全科教师培养计划”首批招生 632 人。评选认定首批重庆市学科教学名师 99 名，评定市级骨干教师 998 名（累计 4 812 人）、中高级“双师型”教师 575 名。积极推进高层次人才队伍建设，新增国家“百千万人才工程”人选 5 名，教育部“新世纪优秀人才支持计划”4 名，“两江学者”特聘教授 14 名。入选“长江学者”特聘教授 3 名，入选“外专千人计划”8 名。加大教师队伍培训力度，启动了“教师教育创新实验区”和“国家教师教育示范项目”试点；国家级培训、市级培训投入资金 1.57 亿元，培训教师 5.6 万人。启动中小学领导干部及教师交流试点工作。

〔**学生资助工作**〕 全年落实各类资助资金 60.56 亿元，惠及学生 405.1 万人次。资助家庭经济困难儿童、孤儿和残疾儿童接受普惠性学前教育，落实资金 1.67 亿元，惠及学前幼儿 7.76 万人。向农村家庭经济困难寄宿学生发放生活补助，为初中生按“一教一辅”原则免费提供教辅材料，为义务教育阶段学生免费提供作业本等，落实保障资金 36.5 亿元，惠及学生 304.4 万人。对家庭经济困难普通高中学生予以助学金资助，对城乡低保家庭普通高中学生予以免学费资助，落实经费 3.2 亿元，惠及学生 22.63 万人。实行一至三年级中职学生免学费政策，对符合国家助学金资助政策的学生给予助学金资助，对中职一、二年级家庭经济困难学生补助住宿费，落实资助经费 11.05 亿元，惠及中职生 40 万人。落实高校国家奖助学金、三峡移民高职学生助学金、学生服义务兵役国家资助资金、“你上学、我送行”新生入学资助项目资金等共计 5.61 亿元，惠及普通本专科学生 19.01 万人。拨付市属高校研究生奖学金 1 114 万元，惠及品学兼优的博士研究生、硕士研究生 539 人。此外，9.9 万名高校学生获生源地信用助学贷款 5.91 亿元，0.3 万人获校园地国家助学贷款 0.2 亿元。

〔**体育卫生艺术教育**〕 2013 年秋季开始，实施《重庆市中小学体育课程教学指导纲要及评价标准》，进一步建立完善学校体育课程工作的监管机制、评价机制和考核机制。深入推进“2＋2”项目工作。在全市大中小学广泛开展阳光体育活动，举办大中小学生体育比赛 13 项，参加人数达 7 000 余人。积极组队参加全国比赛，重庆大学闯入中国大学生足球联赛总决赛，南开中学学生彭婉婷获世界中学生田径锦标赛女子组跳远冠军。组织开展学校突发公共卫生事件防控工作专项检查和自备供水学校饮水卫生安全专项检查。深入开展艺术教育，成立重庆市学校艺术教育协会。组队参加全国第四届中小学生艺术展演活动，获全国一等奖 43 个、二等奖 28 个、三等奖 15 个、优秀创作奖 9 个。参加文化部、教育部主办的“第五届中国少年儿童合唱节”，获“云雀奖”第一名。举办大中小学生艺术展演和高雅艺术进校园活动 60 余场，受众达 20 万人次以上。

〔**招生考试制度改革**〕 2013 年，首次实施新高考方案，按照普通高中毕业生、中职毕业生两大类考生分别设置本科、专科两个层次，并设置相应考试科目，初步构建起普通高中学生“文化统考＋学业水平考试＋综合素质评价”和中职学生“文化统考＋技能＋综合素质评价”两个“三位一体”的多元化招生考试评价体系。按照教育部要求，按时出台并在全国率先平稳实施“异地高考”方案，异地来渝报考考生 256 人，录取 193 人。扩大高职专科单独招生试点规模，新增重庆工贸职业技术学院和重庆能源职业学院（民办）2所高职单招改革试点院校，并首次实施高职单招考生综合素质联考，将招生计划的30%用于招收中职学生，建立技能大赛获奖优秀学生免试入学制度。首次实施体育专业专项考试。探索在招生考试中开展以专业技能测试为重点的中职升高职招生考试改革。

〔**教育信息化建设**〕　继续加强“三通两平台”建设，中小学实施宽带网络“校校通”学校1 235所，覆盖率达66%；实施优质资源“班班通”教学班1.61万个，覆盖率达55%；参加网络学习空间“人人通”师生达12.95万人；重庆市教育资源公共服务平台与企业合作开发建设新型模式取得实效，重庆市教育数据中心建设方案获教育部审定通过。加强教育城域网及中小学数字校园建设，29个区县完成教育城域网升级改造，3个区县新建成教育城域网，全市累计完成局域网建设38个，完成率达95%。新建“数字校园”中小学校567所，完成率达56.1%。全市中小学已通网络的多媒体教室占教室总数的62%，计算机生机比提高到13∶1。推进中职教育信息化建设，重庆工商职业学院、重庆城市管理职业学院等8所职业院校纳入教育部首批教育信息化试点学校。加快建设大学城资源共享网络平台，建成重庆教育城域网大学城骨干节点、教育公共资源共享数据库和大学城用户基础数据库（SSO系统）。

〔**教育法制建设**〕　开展2013—2017年地方教育立法规划调研，确立地方教育法律法规立法计划。制定重庆市民主法治“五百”示范工程“依法治校示范学校”创建标准，市委法制建设领导小组命名了100所依法治校示范学校。重庆市永川区上游小学在贯彻落实《全面推进依法治校实施纲要》全国工作会上，作为唯一的小学代表做经验交流。推进行政审批制度改革，取消2项审批项目，向两江新区下放3项审批权。探索教育行政执法体制机制创新，在教育部举办的全国教育发展工作培训会上，梁平县介绍了教育行政执法经验。

〔**教育督导**〕　基本完成教育督导体制改革国家试点任务，重庆市教育督导体制改革案例收入教育部编印的《中国教育改革发展丛书（第二辑）》。组织大渡口区、渝北区、永川区、綦江区、忠县、云阳县开展农村地区中小学素质教育督导试点，綦江区被教育部督导办公室确定为全国试点区之一。组织北碚区、梁平县的36所样本校参加国家4年级和8年级语文学科质量监测。对全市40个区县开展4年级和8年级语文、数学市级质量监测，涉及义务教育学校719所、师生85 097人。加强督学责任区建设，40个区县共建督学责任区343个、选聘责任督学1 354名，全市3 360所中小学校悬挂责任督学公示牌，覆盖区县100%，覆盖中小学校89.4%。教育部以《重庆市着力推进教育督导责任区建设》为题印发简报，推广重庆市的经验。市教委作为省级教育行政部门代表参加教育部新闻发布会并做经验交流。

〔**党建工作**〕　开展第一批党的群众路线教育实践活动，市教委机关、市属高校、市教委直属单位“三条线”协调推进，着力解决“四风”问题，进一步转变工作作风。召开全市高校党的建设工作会议，出台《关于加强和改进高校青年教师思想政治工作的实施意见》，将民办高校党建工作纳入年检内容。首次召开全市中小学党建工作会议。在市教委年度人文科研项目中设立党建和统战工作研究专项，批准立项12个项目。召开全市高校统战工作会议，加强新形势下高校党外人士队伍建设。加大反腐倡廉工作力度，进一步加强对基建工程、招生考试等领域的监督。积极推行“三重一大”决策内容目录化和决策事项报告备案制度，推动“三重一大”制度向高校二级院（系）延伸。

〔**干部队伍建设**〕　出台进一步加强市属高校、市教委直属单位中层领导干部选拔任用工作的指导意见和直属单位委管领导干部职务管理意见，下发《关于加强委管处级领导干部因私出国（境）管理的通知》。选派第四批高校“4050”工程后备干部8人到北京大学等高校挂职锻炼。组织举办2013年高校领导干部暑期读书班，举办3期高校新任处级干部和教育系统基层党组织书记培训班。培训全市中小学（幼儿园）教育管理干部 2 143 人，举办 2 期基础教育高层次人才高级研修班。市委教育工委在教育部召开的全国教育系统干部培训工作视频会议上做经验交流。

〔安全稳定工作〕 会同市气象局在全国率先开展学校气象灾害敏感单位认证及安全管理工作，全市建立减灾防灾示范校 67 所，认证学校气象灾害敏感单位 3 441 所。在大中小学落实每周 0.5 学时的公共安全课，对全市 9 000 余名公共安全工作人员进行免费培训，安全教育经验得到中央社会管理综合治理委员会的肯定，并下发简报在全国推广。继续推进校园安保机制建设，全市校园重点部位视频监控基本实现全覆盖。

〔民办教育〕 2013 年，全市投入教育领域的新增社会资金 12 亿元，其中民办高校新增开办资金 3.3 亿元、新增固定资产 5.7 亿元；民办高校新增占地 95 万平方米、新增校舍 35 万平方米、新增图书 260 万册、新增教学仪器设备值 1 亿元。市政府新审批设立了重庆服装工程职业学院，市教委新审批设立了重庆市南丁卫生职业学校、重庆市巴川国际高级中学校，区县教委新审批设立了民办义务教育学校 3 所、民办幼儿园 196 所。截至 2013 年年底，全市民办学校达 4 000 所，占学校总数的 31%，在校学生达 89 万人，占在校学生总数的 13.6%。西南大学育才学院转设为全市第一所民办本科院校，更名为重庆人文科技学院；重庆正大软件职业技术学院“专升本”工作接受了教育部专家验收。市教委出台《关于进一步促进民办中小学发展的意见》。

〔教育交流与合作〕 2013 年，新增博士项目 1 个、硕士项目 3 个、本科机构及项目 3 个、专科机构及项目 2 个（累计 9 个）、中等学历教育项目 9 个、非学历教育培训项目 5 个。首次实施“巴渝海外引智计划”，完成立项 31 项，引进包括多名国外院士在内的高水平海外专家，弥补了全市高等教育领域海外高端人才引智项目的空白。新增 2 所中国政府奖学金生招生资格院校，高校留学生注册人数从 2012 年的 4 146 人增加至 4 916 人，增幅达 18.6%，其中学历生比例达 50%，超过全国平均水平。“留学重庆”品牌进一步提升，4 门留学生课程获批教育部来华留学英语授课品牌课程，重庆大学、重庆医科大学被教育部评为首批来华留学示范基地。加强汉语国际推广，新建 1 所孔子学院，获批 6 所孔子课堂，孔子学院（课堂）数量居西部高校第一。承办“中国—中东欧国家教育政策对话”活动，14 个中东欧国家参加会议，签署了中国－中东欧国家教育合作《重庆宣言》。

〔语言文字工作〕 举办“第十六届全国推广普通话宣传周”活动，组织开展了“中华经典诵写讲”活动、“我的中国梦”征文活动、“我的中国梦”规范汉字书写活动和“我的中国梦”演讲活动等。石柱县、忠县通过城市语言文字工作市级评估。全市评出 20 所市级语言文字规范化示范校。评估验收 3 个、新批建 6 个语言文字水平智能测试站。完成 14 万余人次普通话水平培训、11 万余人次普通话水平测试。在黔江区、江津区和綦江区全面开展初中毕业生英语听说智能测试。

基础教育

〔学前教育发展〕 2013 年，全面完成学前教育三年行动计划，累计投入资金 20.3 亿元。全市新建、改扩建幼儿园 360 所，学前三年教育毛入园率达 76%；认定普惠性幼儿园 3 601 所，普惠性幼儿园在园幼儿覆盖率达 69%。完成学前教育管理信息系统（一期）建设和数据收集审核上报工作。

研制完成并向全市幼儿园免费发放教师保育教育工作参考用书。承办2013年全国学前教育宣传月启动仪式。

〔**义务教育均衡发展**〕 合理调整中小学布局，推进义务教育免试就近入学，小学、初中“大班额”现象得到缓解。不断规范办学行为，基本解决义务教育阶段择校乱收费问题。全面推进中小学标准化建设，改造农村薄弱学校493所。继续实施农村中小学“领雁工程”，组织城镇优质学校对800所农村薄弱学校进行帮扶。对渝北区、巴南区开展义务教育发展基本均衡区县专项督导，对北部新区、万盛经济开发区开展了义务教育发展基本均衡区县综合督导，召开义务教育均衡发展工作推进会。沙坪坝区、南岸区、北部新区、万盛经济开发区通过国家义务教育发展基本均衡督导认定。

〔**课程改革**〕 广泛开展“卓越课堂”行动计划，出台中小学25个学科“卓越课堂”评价试行标准，探索出近200种课堂教学模式。沙坪坝区“学本式卓越课堂改革”、重庆市广益中学“以学导学”课堂教学改革、重庆巴蜀小学“学科课程综合改革”等经验被广泛推广。北碚区被教育部确定为“全国中小学教育质量综合评价改革实验区”。推进高中新课程实验，全市95%的普通高中学校建成通用技术教室，开设校本课程2 970门，组建学生社会团体2 190个。重庆市凤鸣山中学“四环导学魅力课堂”、江津中学“三维动态课堂”等经验在市内外产生广泛影响。适度开展普职融合改革实验，全市17所普通高中学校开设中职教育班，117所普通高中开设219门职业技术选修课程，400余名普通高中学生获国家技能等级证书，超过3 000名普通高中毕业生参加职业教育类高考。

〔**普通高中优质发展**〕 全市取消了重点高中评选。普通高中招生22.1万人，优质高中70%的指令性招生计划分配到初中学校，初中毕业生升入高中阶段教育的比例达95%，优质普通高中教育覆盖率达68%。加快高中扩容建设，39所高中改扩建校舍面积9.54万平方米。推动特色普通高中建设，全市建成体育、艺术、科技等特色项目学校134所。全面启动第二轮普通高中学校捆绑发展工作，组织124所重点中学结对帮扶139所一般高完中，优质高中累计向一般高完中选派支教教师2 115名、捐赠资金1 777.15万元、捐赠价值1 002.56万元的仪器设施和图书，帮助培训教师4.52万人次，资助贫困学生1.63万人。

〔**素质教育**〕 继续实施“1＋5”行动计划，建成六大功能室8 589间，学生阅读、书法、演讲、外语、科学能力全面提高，中小学生科技作品获国家级奖励462件、国家专利2 379件。稳步实施重庆市青少年创新人才培养“雏鹰计划”，建成由9所高等院校、11所基地中学、11所项目中学、36个高等院校重点实验室、49个校外教育基地组成的学员培训基地，建立起由28名二级教授、180余名高等院校专家、110余名中学优秀教师组成的学员指导团队。指导团队开发“先修课程”50多门，开展专题课题研究127项，学员取得专题研究成果80余项，获国家、重庆市科技创新表彰奖励70余项。加快实践基地建设，全市建成乡村学校少年宫156个，推进万州区、铜梁县、巴南区、荣昌县国家级示范性综合实践基地建设。研究制定《重庆市中小学生生涯发展指导纲要》。

〔**中小学德育**〕 市教委出台《关于进一步加强和改进中小学德育工作的意见》《关于加强中小学心理健康教育的通知》等指导性文件。组织369万名中小学生参加“我的中国梦”教育实践活动，30件作品入选教育部“学科德育”精品课程，95件作品在全国第四届中小学生艺术展演中获奖。不断提高德育工作水平，开展首届心理健康活动优质课竞赛，评选优质课136节、评选表彰100名市级优秀班主任。开展了有3万名学生参与的全市中小学生涯发展规划能力网络专题调查。深入开展“中国梦想，健康成长——青少年远离毒品”系列主题教育实践活动。

〔**特殊教育**〕 全市30万人口以上的区县均建立了特殊教育学校，初步形成以重庆市特殊教育中心为骨干、36所区县特殊教育学校为中心、3 300所随班就读中小学为基础的特殊教育服务体系。1.56万名适龄“三残”（视力、听力、智力）儿童免费接受义务教育，“三残”儿童义务教育阶段入学率达95%以上。市财政按照不低于普通学生5倍标准拨付残疾学生生均公用经费，对残疾幼儿接受普惠性学前教育给予生活补助。重庆第一套特殊教育教材编辑出版，心理健康教育、青春期教育、升学就业指导等内容被纳入特殊教育课程体系。

职业教育与成人教育

〔**办学模式改革**〕 加快现代职教体系建设，着力打通职业教育通道，启动重庆科技学院、重庆三峡学院、重庆人文科技学院、重庆大学城市科技学院、重庆邮电大学移通学院、重庆第二师范学院向应用科技大学转型试点。推进“园校互动”项目研究，加快建设16个职业教育园区。加强产教互动，开展3次市级职业教育与行业对话、20余次职业学校与行业对话。促进集团化办学，新增信息技术、汽车、学前教育3个行业引领性职业教育集团。

〔**布局和专业调整**〕 通过新建、改造、整合、提升等方式，全市撤并中职学校14所，中职学校总数减少到221所。8所职业院校签订入驻重庆职业技术教育城协议，初步形成1+2+4+N的职业院校布局。积极调整专业结构，22所中职学校新增38个专业，其中信息技术类6个、农林牧渔类6个、旅游服务类6个、财经商贸类6个、加工制造类3个、土木水利类3个、交通运输类3个、文化艺术类4个、医药卫生类1个，基本实现重点专业对重点产业全覆盖。

〔**基础能力建设**〕 新增中等职业教育基础能力建设项目15个，投入资金1.3亿元。新增实训基地建设项目29个（不含技工学校），投入中央、市级支持资金0.77亿元。国家示范中职学校建设项目，中央投入资金1.11亿元、市级投入资金5 545万元。重庆工商学校、重庆市渝北职业教育中心、重庆市立信职业教育中心、重庆女子职业高级中学、重庆市龙门浩职业中学、重庆市旅游学校、重庆市巫山县职业教育中心、重庆五一高级技工学校作为全市第一批国家中等职业教育改革发展示范学校通过教育部检查验收；聘请专家对全市第二批12所国家中等职业教育改革发展示范学校建设进行过程指导；全面启动全市第三批8所国家中等职业教育改革发展示范学校建设。全市中职学校新增教师519人、新认定“双师型”教师575人。中职教师参加全国教师信息化教学大赛获一等奖1个、二等奖1个、三等奖3个。

〔**办学质量提升**〕 深化职业教育教学改革创新，组织开展中等职业学校教育质量监测试点工作，对全市18个区县的27所学校进行抽样监测，评选出29个重点专业、2个特色专业。组队参加2013年全国职业院校技能大赛，获17个一等奖、24个二等奖、41个三等奖，总成绩和金牌总数均居全国第8位，连续4年保持中西部第一。在全国中职学校“文明风采”竞赛活动中，获“卓越贡献奖”和“十年成就奖”；同时获一等奖11个、二等奖18个、三等奖11个。

〔**高职高专建设**〕 新设立重庆幼儿师范高等专科学校、重庆服装工程职业学院、重庆文化艺术职业学院3所高职高专院校。增设高职高专专业点90个，高职高专专业点总数达1 564个，专业种类数达410种。全市有国家示范性高等职业院校3所、国家骨干高等职业院校3所、市级示范性高等职业院校8所、市级骨干高等职业院校3所。组队参加2013年全国职业院校技能大赛，获一等奖10个、二等奖23个、三等奖31个。

〔**终身教育体系建设**〕　沙坪坝区申报全国社区教育示范区通过教育部审定。评选出九龙坡区、江北区为重庆市社区教育示范区，垫江县为重庆市社区教育实验区。截至2013年年底，全市共有社区教育示范区5个、实验区1个。组织开展国家级农村职业教育与成人教育示范县省级评选，推荐江津、黔江、垫江3个区县参加教育部审定。组织重庆市2013年“全民终身学习活动周”活动，进一步完善重庆终身学习网，推动学习型城市建设。

高等教育

〔**专业和学科建设**〕　全面启动特色学校、特色专业、特色学科“三特行动”计划，评选出24所本科高校的93个特色专业。在渝高校结合全市支柱产业发展，调整设置本专科专业，23所高校新增本科专业点69个（含部属高校7个专业点）。截至2013年年底，全市高校本科专业点总数达962个，专业种类数达249种。全市高校有国家一级重点学科3个、国家二级重点学科21个（不含一级学科覆盖）、国家重点培育学科8个、“十二五”市级重点学科180个（含立项建设30个）。

〔**质量工程**〕　全市高校新增国家级实验教学示范中心3个，推荐3个虚拟教学示范中心申报国家级项目。继续实施第二轮重庆市高等教育质量工程项目，新增13门国家级精品视频公开课，20门精品资源共享课上线。组织实施重庆市高等教育教学改革研究项目立项工作，批准教改项目478项，其中重大项目21项（1项为委托项目）、重点项目133项、一般项目324项。国家级大学生创新创业训练计划项目达128项，市级大学生创新创业训练计划项目达753项。

〔**学位建设**〕　新增重庆邮电大学、四川外国语大学为博士学位授予单位，重庆三峡学院为硕士学位授予单位。学士学位授予单位达25所。新增博士学位授权一级学科3个、硕士学位授权一级学科3个。14所在渝高校拥有专业学位授予资格，共计有31类硕士专业学位75个专业学位授权点，3类博士专业学位3个授权点。

〔**研究生教育**〕　组织13所研究生培养单位制定深化研究生教育改革实施方案。批准立项研究生教育教改项目154项，其中重大项目10项、重点项目31项、一般项目113项。完成第二批60门重庆市研究生教育优质课程验收和第三批63门优质课程评选工作，并提供两年建设期的经费支持。评选2012年重庆市优秀博士学位论文55篇、优秀硕士学位论文127篇，向教育部推荐11篇博士学位论文参加全国优秀博士学位论文评选。举办重庆市第五届“科慧杯”研究生创新实践大赛，评选出一等奖6名、二等奖14名、三等奖22名。

〔**科技工作**〕　2013年，全市高校新增国家重点实验室1个、教育部重点实验室7个、市级重点实验室27个，基本完成普通高校重点实验室布点工作。新增重庆工商大学为教育部工程研究中心，全市高校国家技术工程研究中心达11个。验收2个市级工程研究中心。新认定重庆市“2011协同创新中心”18个。有16个国家级高校创新团队，19人入选教育部“新世纪优秀人才支持计划”，3人入选国家“万人计划”中的首批青年拔尖人才。全市高校中有731个国家自然科学基金项目被批准立项，获国家资助经费3.65亿元。重庆大学教授刘庆牵头的“低成本、高延展性高强镁合金材料基础研究”、第三军医大学教授叶丽林牵头的“持续性感染防治疫苗和佐剂的基础研究”和第三军医大学教授阴正勤牵头的“胚胎干细胞治疗致盲性眼病的基础与临床转化研究”被列入国家重点基础研究发展计划项目。在渝高校6项成果获国家科学技术奖。在教育部科技奖励中，获自然科学二等奖1项，获科技进步一等奖1项、二等奖4项。全市产学研合作机构和联盟达249个，签订技术转让合同366个，合同金额1.94亿元，科研成果转化率位居全国高校前列。

〔**人文社科研究管理**〕 2013年，全市高校获批国家社科基金资助项目157项、教育部人文社会科学研究资助项目150项、中央其他部门社科专门项目329项、市社科基金项目292项，共获资助经费7 044万元。市教委人文社科项目立项212项，批准和配套经费300万元；市级人文社科重点基地项目立项19项，批准经费86万元。新增西南历史地理研究中心等13个研究机构为市级人文社科重点研究基地。培训高校哲学社会科学教学科研骨干200余人，发放问卷调查1万份。

〔**布局结构调整**〕 2013年，四川外语学院更名为四川外国语大学，在渝高校增至70所。全市高校在校生达95万人，高等教育毛入学率达35%，超过全国平均水平。

〔**思想政治教育**〕 启动实施“2013年重庆市高校优秀中青年思想政治理论课教师择优资助计划”，10人入选该计划并获连续3年资助。选派35名辅导员参加5期全国高校辅导员骨干培训，推荐16名辅导员参加2013年全国高校辅导员年度人物评选，8人获入围奖。开展“我的中国梦”教育系列活动，重庆师范大学音诗画作品《我爱你，中国》在中央电视台一频道“我们的中国梦”全国大学生文艺会演中直播。发挥校园文化育人作用，参加全国高校校园文化建设优秀成果展示，获优秀成果奖5项。组织开展重庆市大学生心理健康教育教学优质课程资源评选，向各高校推荐优秀教学资源近万篇（课）。推动高校心理之家建设工作“进院校、进班级、进宿舍”。组织大学生深入城市社区、农村农户，开展党的十八大精神宣讲和社会调查和实践活动。

〔**招生与就业**〕 2013年，全国普通高校在渝录取普通本、专科学生19.8万人，录取率达83%。在渝高校招收普通本、专科学生19.2万人，研究生1.63万人。市政府出台《关于做好普通高等学校毕业生就业工作的实施意见》，制定了18条促进高校毕业生就业的工作措施。积极搭建创业平台，全市新建3个市级孵化基地，创业基地总面积达6万平方米，入驻学生创业团队1 000余家、孵化项目371个。筹措大学生创业专项资金近2 000万元，发放创业财政资本金补助1.6亿元。加强就业指导，全市51所高校开设了就业指导课。西南大学的《大学生职业发展与就业指导》课程被教育部评选为全国高校职业发展与就业指导示范课程。在渝高校共计160人获人力资源和社会保障部、教育部认证的职业指导师资格，130人获教育部认证的创业指导师资格，200人获全球职业生涯规划师（GCDF）资格。2013年，全市高校毕业生达16.42万人，初次就业率达85.43%，年底就业率达91.76%。

撰稿 杨文豪

审稿 邱 可

四川省教育

概 况

〔基本情况〕

四川省各级各类学校校数、教职工、专任教师情况

	学校数（所）	教职工数（人）	专任教师数（人）
一、高等教育	121	116 632	78 583
（一）研究生培养机构（不计校数）	42		
1. 普通高校	23		
2. 科研机构	19		
（二）普通高等学校	103	113 553	76 795
1. 本科院校	48	82 768	54 865
其中：独立学院	12	14 521	10 059
2. 高职（专科）院校	55	30 785	21 930
3. 其他机构（点）（不计校数）			
（三）成人高等学校	18	2 468	1 427
（四）民办的其他高等教育机构	16	611	361
二、中等教育	5 262	447 539	339 269
（一）高中阶段教育	1 325	214 142	136 551
1. 高中	735	153 098	89 964
普通高中	735	153 098	89 964
完全中学	546	112 300	60 362
高级中学	145	30 478	27 179
十二年一贯制学校	44	10 320	2 423
成人高中			
2. 中等职业教育	590	61 044	46 587
普通中专	249	25 888	17 564

续表

	学校数（所）	教职工数（人）	专任教师数（人）
成人中专	23	1 539	1 020
职业高中	231	24 809	21 360
技工学校	87	8 354	6 295
其他机构（教学点）（不计校数）	14	454	348
（二）初中阶段教育	3 937	233 397	202 718
1. 初中	3 895	233 295	202 665
初级中学	1 873	114 594	106 318
九年一贯制学校	2 019	118 561	53 364
十二年一贯制学校			3 101
完全中学			39 749
职业初中	3	140	133
2. 成人初中	42	102	53
三、初等教育	7 818	262 198	306 110
（一）普通小学	7 257	261 493	305 619
小学	7 257	261 493	247 103
九年一贯制学校			56 551
十二年一贯制学校			1 965
（二）成人小学	561	705	491
其中：扫盲班	354	519	305
四、工读学校	7	183	134
五、特殊教育	119	2 315	2 055
六、学前教育	11 759	132 832	77 336

注：①完全中学的学校数和教职工数计入高中阶段教育，九年一贯制学校的校数和教职工数计入初中阶段教育，十二年一贯制学校的校数和教职工数计入高中阶段教育，专任教师是按照教育层次划分归类；②“（ ）”内数据为不计校数。

四川省各级各类学历教育学生情况

	毕业生数（人）	招生数（人）	在校生数（人）
一、高等教育			
（一）研究生	24 384	28 123	88 237
博士	2 243	2 953	13 405
硕士	22 141	25 170	74 832
（二）普通本专科	318 407	357 802	1 270 818
本科	164 906	182 840	735 441
专科	153 501	174 962	535 377
（三）成人本专科	124 910	165 198	369 218

续表

	毕业生数（人）	招生数（人）	在校生数（人）
本科	33 337	39 682	98 592
专科	91 573	125 516	270 626
（四）其他各类高等学历教育			
1. 在职人员攻读硕士学位		7 475	27 856
2. 网络本专科生	79 325	109 826	234 086
本科	29 296	43 164	96 267
专科	50 029	66 662	137 819
二、中等教育	1 979 053	1 919 204	5 563 804
（一）高中阶段教育	930 504	1 040 618	2 824 518
1. 高中	485 487	511 492	1 516 027
普通高中	485 487	511 492	1 516 027
完全中学	337 623	350 905	1 037 298
高级中学	137 133	145 324	438 946
十二年一贯制学校	10 731	15 263	39 783
成人高中			
2. 中等职业教育	445 017	529 126	1 308 491
普通中专	163 943	177 021	507 182
成人中专	105 205	163 481	273 209
职业高中	145 065	149 467	414 694
技工学校	30 804	39 157	113 406
（二）初中阶段教育	1 048 549	878 586	2 739 286
1. 初中	1 026 649	878 586	2 717 198
初级中学	547 883	457 249	1 436 588
九年一贯制学校	235 817	193 008	596 899
十二年一贯制学校	12 158	16 821	45 809
完全中学	227 857	210 979	636 454
职业初中	2 934	529	1 448
2. 成人初中	21 900		22 088
三、初等教育	916 136	950 346	5 292 607
（一）普通小学	886 816	950 346	5 259 536
小学	704 069	778 300	4 259 344
九年一贯制学校	177 094	166 378	968 504
十二年一贯制学校	5 653	5 668	31 688
（二）成人小学	29 320		33 071
其中：扫盲班	24 917		27 153

续表

	毕业生数（人）	招生数（人）	在校生数（人）
四、工读学校	150	271	1 074
五、特殊教育	9 191	8 230	43 731
六、学前教育	991 574	1 301 954	2 314 907

注：特殊教育学生数中包括普通中小学随班就读的学生。

四川省各级各类非学历教育学生情况

	结业生数（人）	注册学生数（人）
总计	4 019 725	2 826 407
一、高等教育	1 266 083	300 724
（一）研究生课程进修班	1 262	910
（二）自考助学班	5 776	10 283
（三）普通预科生		2 750
（四）进修及培训	1 259 045	286 781
其中：资格证书培训	106 394	92 325
岗位证书培训	108 019	78 702
二、中等职业教育	2 753 642	2 525 683
其中：资格证书培训	410 187	377 148
岗位证书培训	515 766	583 651
（一）中等职业学校	285 379	225 743
其中：资格证书培训	157 806	125 773
岗位证书培训	104 093	83 198
（二）职业技术培训机构	2 468 263	2 299 940
其中：资格证书培训	252 381	251 375
岗位证书培训	411 673	500 453

四川省各级各类民办教育基本情况

	学校数（所）	毕业生数（人）	招生数（人）	在校生数（人）	教职工数（人）	专任教师数（人）	其他学生数（人）
一、民办高等教育							
（一）民办高校	32	62 506	89 071	312 332	25 983	17 694	39 244
硕士							
本科学生		28 810	36 727	154 829			
专科学生		33 696	52 344	157 503			
其中：独立学院	12	33 618	47 358	182 764	14 521	10 059	6 576
本科学生		25 411	30 931	134 879			

续表

	学校数（所）	毕业生数（人）	招生数（人）	在校生数（人）	教职工数（人）	专任教师数（人）	其他学生数（人）
专科学生		8 207	16 427	47 885			
（二）民办其他高等教育机构	16				611	361	9 308
二、民办中等教育							
（一）高中阶段教育	312	151 566	177 195	457 375	34 774	24 028	
1. 民办普通高中	82	24 141	33 156	90 090	18 793	13 465	
2. 民办中等职业教育	230	127 425	144 039	367 285	15 981	10 563	69 503
（二）初中阶段教育	174	65 016	73 100	216 524	14 534	10 840	
1. 民办普通初中	174	65 016	73 100	216 524	14 534	10 840	
2. 民办职业初中							
三、民办普通小学	282	40 496	40 131	227 017	8 458	5 863	
四、民办幼儿园	9 803	404 962	596 330	1 223 614	106 676	58 760	
另有：民办培训机构（不计校数）	821				2 747	1 903	104 077

注：①“其他学生数”包括自考助学班学生、预科生、进修及培训学生数；②民办普通高中的教职工数和专任教师数中包含民办普通初中的教职工数和专任教师数；③民办中等职业教育数据中未含技工学校数据；④“（　）”内数据为不计校数。

〔**年度工作方针**〕　2013 年，全省教育工作的总体要求是：全面贯彻落实党的十八大和省第十次党代会精神，紧紧围绕全省工作大局，把握科学发展、加快发展的工作基调，坚持“两个服务”（教育为社会主义现代化建设服务、为人民服务），坚持立德树人，以促进公平为导向，以改革创新为动力，以提高质量为核心，以素质教育为主题，以转变作风为保证，深入实施教育规划纲要，扎实推进教育内涵发展，全面加强教师队伍建设，切实维护学校安全稳定，进一步加快教育强省建设，努力办好人民满意的教育，为与全国同步全面建成小康社会提供人才保障和智力支撑。

〔**教育投入与支出**〕　2013 年，全省教育经费投入总额为 1 508.36 亿元，比 2012 年增长 4.21%。其中在四川的中央所属学校经费 127.81 亿元，比 2012 年减少 2.27%；地方所属学校经费 1 380.55 亿元，增长 4.85%。全省公共财政预算教育经费 1 093.82亿元，比 2012 年增长 3.83%。多渠道投入的经费总额为 414.54 亿元，比 2012 年增长 5.23%。省属本科院校生均公共财政预算教育经费支出达 12 170 元。高职院校生均拨款水平进一步提高。完成省属高校三年化债目标总任务，财务风险得到有效控制。

〔**教育体制改革**〕　继续深化教育体制改革，基本建立起上下联动、部门协同、整体推进的工作机制。以国家和省级改革试点为抓手，教育部与四川省共建广安教育改革发展试验区、国家高等职业教育综合改革试验区、省教育厅与甘孜州共建甘孜州教育综合改革发展试验区等重大项目取得阶段性成效。对 6 项国家级教育体制改革试点项目和 25 项省级试点项目进行中期评估和总结。两个国家级试点项目（成都市“深入推进城乡教育一体化，促进‘全域成都’教育优质均衡发展”和四川省“开展民族地区中等职业教育‘9＋3’免费试点”）以及两个省级试点项目（四川师范大学“拔尖创新人才培养改革试点”、成都中医药大学“以大学章程推进高校内部治理结构改革”）作为典型，被国家教育体制改革领导小组编撰的《中国教育改革发展丛书》收录。

〔**教学综合改革**〕 按照中央关于深化教育领域综合改革的重大决策部署和教育部的具体要求，研究谋划全省教育领域综合改革方案。在全省全面推行人才培养机制、均衡配置城乡教育资源、推进考试招生改革、改革办学体制、深化教育管理体制改革等5个方面的20项改革；开展中高职衔接培养等3项试点；在全省高校考试招生制度改革、拓宽终身学习通道、扩大地方政府教育统筹权、推进现代学校制度建设、完善民办教育发展机制等方面开展改革论证研究并适时开展试点。

〔**教育民生工程**〕 在2013年原定教育民生工程的基础上，新增四项内容。一是在民族地区义务教育学校全面实施营养改善计划。从2013年秋季学期起，把民族地区60个县的实施范围扩大到县城义务教育学校，覆盖民族地区县城义务教育阶段学生26.45万人。二是在民族地区幼儿园全面实行保教费减免资助政策。从2013年秋季学期起，把民族地区幼儿园资助面扩大到100%，每人每月减免保教费60元（一年600元），为民族地区60个县（市、区）的18.9万名在园幼儿免除保教费。三是实施全省农村中小学教师定向免费培养计划。从2013年秋季入学起，在全省119个民族地区、集中连片特殊困难地区和革命老区、艰苦边远地区县（市、区）开展免费师范生培养工作，每年招收培养定向免费师范生2 000名。2013年，首批培养2 001人。四是加大对农村义务教育学校食堂建设的投入力度。在省财政预算1亿元的基础上，再增加0.5亿元，开工建设农村义务教育学校食堂21.4万平方米。

继续实施“两免一补”和全面免除中职学生学费等学生资助政策。2013年，累计投入学生资助资金143亿元，惠及学生约2 709万人次。为131.9万名城市义务教育学生免费提供教科书，为2.8万名家庭经济困难寄宿学生发放生活费补助。省级财政投入5 876万元，解决29.4万名高海拔学校学生的取暖问题。在125个县（市、区）实施营养改善计划，覆盖所有“老少边穷”县，覆盖面达68%，惠及农村义务教育学生391.7万人，约占全省义务教育学生总数的一半。建设农村义务教育学校食堂72.7万平方米。实施特殊教育学校建设工程，义务教育阶段在校残疾学生达4.44万人。

〔**教育信息化建设**〕 实施《四川省教育信息化发展十年行动计划（2010—2020年）》，制订全省教育信息化“十二五”期间八项重点工作方案。建立完善统筹协调的领导和工作机制，探索构建政府、学校、社会等各方面协同的推进机制。以“三通两平台”（宽带网络校校通、优质教育资源班班通、网络学习空间人人通，建设国家教育资源公共服务平台和国家教育管理公共服务平台）重点建设为抓手，促进优质教育资源开发、应用与共享，提高教育管理和服务的现代化水平。启动实施36个区域、420个单位的信息化试点工作，推动“宽带网络校校通”，加强教育信息化基础设施建设，完成全省“教学点数字教育资源全覆盖”项目，8 820个教学点已安装了数字教育资源接收和播放设备并投入使用。完成全省教育资源公共服务平台建设，汇聚优质数字教材资源920套、相关知识点课件资源30余万条，完成师生实名制网络学习空间研发工作。全面完成中小学生学籍信息管理系统建设工作，实现了与全国学籍管理系统的互联互通，完成全省946万名中小学生相关学籍信息采集录入。

〔**教师队伍建设**〕 制定出台《四川省人民政府关于加强教师队伍建设的实施意见》，提出了全面加强教师队伍建设的十五条意见措施。深入推进教师管理体制改革，成都等地积极探索“县管校用”（教师全部归教育主管部门统一管理，由教育主管部门派教师到学校任教）的中小学教师管理体制，进一步统筹了城乡教师资源配置。完成攀枝花市、泸州市中小学教师职称制度改革试点工作，中小学教师首次评聘正高级专业技术职务。推进中小学教师培养补充机制改革，开展省属免费师范生定向培养工作，加大农村义务教育学校“特岗教师”招聘力度，全年招聘“特岗教师”4 000名，为1 770所农村边远学校补充了紧缺师资。

首次实施“贫困地区、民族地区、革命老区教师支教专项计划”，选派1 300名城镇骨干教师到92个“老少边穷”县学校支教。改善教师的工作、学习和生活条件，开工建设农村教师周转宿舍3 663套。健全省、市、县、校四级教师培训体系，组织实施“百千万人才培养计划”、中小学校长培训、“国培计划”、省级中小学教师培训等，组织“4·20”地震灾区教师心理调适专项培训，全年共培训校长、教师10万余人次。加强高层次人才队伍建设，全省教职工中有中国科学院院士、中国工程院院士17人，“长江学者奖励计划”71人次。

〔**依法治教**〕　《四川省〈中华人民共和国义务教育法〉实施办法（草案）》经省政府常务会原则通过，提请省人大常委会审议；完成《四川省〈校车安全管理条例〉实施办法》的制定并上报省政府。清理行政审批项目，细化行政权力运行流程，查找权力运行环节的廉政风险，制定防控措施，实现行政权力网上公开透明运行。做好全省教育系统“六五”普法中期检查，修订完善《四川省依法治校示范校评估标准》，推进高校章程建设工作，将成都市、攀枝花市列入“现代学校制度改革”试点单位。

〔**德育和大学生思想政治工作**〕　加强中小学德育工作，组织全省中小学生开展以“我的中国梦”为主题的征文比赛、书信文化活动等。广泛开展爱国主义教育、社会主义核心价值体系教育和民族团结进步宣传教育。开展“三节”（节粮、节水、节电）教育。积极推进校外活动场所建设和管理，全省已建6个示范性综合实践基地，所有县（市、区）实现青少年活动场所全覆盖。开展党的十八大精神“走基层”宣讲活动，在高校宣讲100场，4万余名师生聆听报告。在高校组织“4·20”芦山地震先进事迹报告会20余场。加强高校思想政治理论课建设，拓展大学生思想政治教育途径和方法。召开廉政文化进高校暨大学生廉政教育现场会，开展高校优秀校园文化成果评选、“中国梦·四川梦·我的梦”大学生演讲比赛和高校心理健康教育课程教学比赛等活动。

〔**体育艺术与国防教育**〕　深入开展“阳光体育运动”，评选首批195所省“阳光体育示范学校”，电子科技大学和129所中小学获“开展阳光体育冬季长跑活动先进单位”称号。加强学校艺术教育管理，探索以县域为单位推进学校艺术教育工作，积极开展高雅艺术进校园及艺术专家讲学等活动。组团参加全国第四届中小学生艺术展演活动，获艺术表演类一等奖9个、艺术作品类一等奖37个、艺术教育科研论文一等奖2篇，省教育厅获省级优秀组织奖一等奖。

〔**学校安全工作**〕　省教育厅主要负责人与市（州）教育局局长和高校校长签订安全稳定工作责任书，层层落实责任。以校车安全监管、防震减灾宣传教育、应急示范学校建设等为重点，切实加强学校安全教育管理工作。抓好消防、交通、食品饮水卫生等安全工作，做好传染病防控及学校突发公共卫生事件应急处置。向全省各中小学校发放3万本《中小学校岗位安全工作指南》。在全省中小学校开展“应急教育示范学校”创建活动。加强校车安全管理，完成《四川省〈校车安全管理条例〉实施办法》的起草工作，开展全省校车、接送学生车辆及非专用校车数量统计核查。

〔**民族地区教育**〕　继续实施第二轮《四川省民族地区教育发展十年行动计划（2011—2020年）》（简称《行动计划》），落实《行动计划》2013年实施方案。全年省级共投入5亿元专项资金，用于中小学及幼儿园校舍建设、教师周转房建设及师资培训、寄宿制学生生活补助、教学仪器设备购置、双语教育等。2013年，安排校舍建设项目192个，安排教师周转房建设项目515户。安排2 475万元资金，用于1.8万名师资培训。建设18个小农（牧）场，为32.96万名义务教育阶段学生提供生活补助，购置免费卧具1.17万套。抓好寄宿制学校建设和管理，民族地区义务教育阶段寄宿制学生达42.5万人。

研究制订民族地区、藏区教育与全省教育同步发展规划方案，积极争取中央特殊政策支持，努力推进民族地区教育与全省教育同步发展。全面完成“易地育人”“富民安康”“大小凉山综合扶贫开发”等教育年度项目。深入开展教育对口支援，研究出台《四川省边远贫困地区、民族地区和革命老区人才支持计划教师专项计划实施方案》，从2013年开始，每年选派1 300名具有中级以上职称的优秀幼儿园、中小学和中职学校教师到边远贫困地区、民族地区和革命老区支教。大力推进民族地区双语教育改革创新，扩大远程教育试点覆盖面，成都七中等优秀教育资源已覆盖民族地区168所中小学校。

〔**学习贯彻党的十八届三中全会精神**〕 采取专题会、报告会、研讨会等形式，组织全省教育系统及时传达学习贯彻党的十八届三中全会精神。组织党的十八届三中全会精神高校宣讲分团，深入高校宣讲15场。

〔**党的群众路线教育实践活动**〕 按照中央和省委的部署，省教育厅机关、直属事业单位和省属高校共60个单位于7月5日启动开展了第一批党的群众路线教育实践活动。按照“照镜子、正衣冠、洗洗澡、治治病”的总要求，紧扣“坚持党的群众路线、办好人民满意教育”活动主题，以聚焦“四风”查找、解决问题为主线，以处级以上领导班子、领导干部为重点，把改进工作作风，密切联系群众作为办好人民满意教育的重要基础性工作和推动教育事业改革发展的重要保证。坚持分类指导，设立4个督导组督导高职高专和直属事业单位开展活动，出台党的群众路线教育实践活动实施意见、实施方案和指导意见。成立14个调研组，深入教育教学、招生考试、地震和洪涝灾区一线，深入调研查找“四风”方面存在的突出问题。层层召开专题民主生活会，组织制订整改落实方案，建立健全了教育系统作风建设的长效机制。同时，集中开展“走基层、解难题、办实事、惠民生”活动，扎实开展了省教育厅机关联村帮户（单位联系贫困村、干部联系特困户工作）、“挂包帮”（“领导挂点、部门包村、干部帮户”）和“双联”（党政机关联系困难企业、机关干部联系困难职工）工作。

〔**“4·20”芦山地震抗震救灾和灾后重建**〕 4月20日，雅安市芦山县发生里氏7.0级强烈地震后，省委教育工委、省教育厅第一时间启动应急预案，全力投入抗震救灾。成立抗震救灾工作领导小组，及时进行安排部署，加强灾区学校抗震救灾工作的组织领导；省教育厅领导多次赶赴雅安地震灾区一线，实地查看学校灾情，看望慰问师生，指导学校抗震救灾；抓紧制订工作方案，妥善转移安置灾区师生，全力做好灾区学校复学复课工作。5月6日，全省因灾停课学校全面复学复课。组成心理抚慰和党员服务工作小分队，前往雅安市及天全县、芦山县、宝兴县开展抗震救灾和心理抚慰工作。同时，要求全省高校发挥各自优势，积极参与异地复课、医疗救治、心理辅导和校舍鉴定等工作。高考招生录取中，积极争取政策向地震灾区倾斜，录取灾区考生达4 370人。科学编制灾后教育重建规划，及时启动学校恢复重建工作。规划恢复重建学校641所，规划建设面积291.74万平方米，及时下达中央和省教育重建资金30.2亿元。截至2013年年底，极重灾区和重灾区累计开工学校241所，开工率73%；78.87万平方米校舍维修加固任务全部完成。

〔**教育交流与合作**〕 设立四川省外国留学生政府奖学金，落实专项经费600万元。2013年，扩大“西部地区人才培养特别项目”选派规模，由720/人月增至1 800/人月，省配套经费由500万元增至1 280万元。组织雅安市芦山县地震灾区近300名师生赴俄罗斯开展为期10天的疗养活动。完成“第四届台湾学生天府夏令营”活动。抓好公派留学及海外进修、培训工作。四川师范大学分别与韩国延世大学、巴基斯坦卡拉奇大学合作建设的两所孔子学院正式揭牌。在西南科技大学、四川师范大学等10所高校建立第一批共12个“四川省区域和国别重点研究基地”，为全省各级各行业对外交流合作提供了重要的理论支持和政策咨询。

〔**语言文字工作**〕 开展学校语言文字规范化示范校创建工作评估，对26所中小学、幼儿园进行检查评估。调研指导德阳、广元等市开展二类城市语言文字工作评估，指导推动绵阳市安县、江油市、北川县等县市启动三类城市语言文字工作评估。深入开展中华经典诵写讲活动，编印《四川省中华经典诵读指导大纲（试行）》，举办“2013年中秋全省中华经典诵读电视晚会”。对500名少数民族双语教师、骨干教师开展国家级和省级普通话培训。

基础教育

〔**综述**〕　进一步巩固提高“两基”水平，大力推进义务教育均衡发展，全面实施素质教育，基础教育质量和办学水平不断提高。2013年，全省学前三年毛入园率达70%以上，九年义务教育巩固率达92.64%，小学适龄儿童入学率达99.38%，初中学龄人口入学率达99.06%，初中毕业生升学率达90.61%，高中阶段毛入学率达86.16%。小学、初中、普通高中和中等职业学校教师学历达标率分别为99.97%、99.65%、96.21%、81.43%，较2012年均有提高。

〔**学前教育**〕　坚持政府主导、社会参与、公民办并举，大力发展公办幼儿园，积极扶持普惠性民办幼儿园发展。2013年，新建、改扩建公办幼儿园513所，发展民办幼儿园860所。加强幼儿教师队伍建设，全年参加省级以上培训的幼儿园园长、骨干教师7 456人。组织开展《3—6岁儿童学习与发展指南》省级培训，180名幼教专干、幼教教研员、幼儿园园长参加培训。规范幼儿园办园行为，坚决防止和纠正幼儿园“小学化”倾向。截至2013年年底，超额完成省政府学前教育三年行动计划确定的69%的目标任务。

〔**义务教育均衡发展**〕　出台《四川省人民政府办公厅关于规范农村义务教育学校布局调整的实施意见》，切实规范农村义务教育学校布局调整，全省所有涉农县（市、区）完成并上报了农村义务教育学校布局专项规划。继续实施农村义务教育薄弱学校改造计划等建设项目，改善农村和薄弱地区学校的办学条件。安排并追加下达县镇义务教育大班额化解省级财政资金1亿元。印发《四川省人民政府关于深入推进义务教育均衡发展的实施意见》，完善义务教育均衡发展政策，积极开展督导评估，指导各地完成均衡发展目标任务。成都市的19个县（市、区）全部率先实现县域内义务教育基本均衡并通过国家验收，绵竹市等7个县（市、区）通过省级督导评估。积极开展义务教育阶段学校“减负万里行”活动，进一步规范学校的办学行为，切实减轻学生过重课业负担。

〔**普通高中教育**〕　组织开展省级以上示范性普通高中复核确认，对7个市州的14所省级以上示范性普通高中进行调研检查。继续推进高中课程改革，课程改革年级首次高考平稳进行，社会各方面反映良好。启动普通高中学费调整工作。完成2013年省级以上示范性普通高中招生计划切块分配到校工作，大多数市州定向分配比例达50%。

职业教育与成人教育

〔**综述**〕　保持中等职业教育发展规模，更加重视职业教育内涵发展，积极推进职业教育改革，加强中职基础能力建设，提高全省职业教育发展水平，大力培养高素质技能人才。2013年，中职招生53.12万人，职普比达5.1∶4.9；中职在校生稳定在130万人以上。2013年，中职毕业生44.7万人，就业率达97%以上。

〔**深化职业教育改革**〕　大力推进国家职业教育综合改革实验区各项改革，推进中职学校布局结构调整和县级职教中心转型升级。积极推进中高职衔接试点工作，在继续实施对口高职、五年制高职、探索“知识+技能”考试办法的基础上，深入推进20所国家示范性高职院校、骨干高职院校和省级示范高职院校的单独招生工作，单独招生的高职院校自主制定了招生政策，扩大了学校的招生自主权。2013年，录取五年制高职生16 703人、对口高职生7 298人、高职单招生9 570人。推进办学体制改革，促进民办职业教育发展，全省民办中职学校230所、民办高职院校17所，分别占全省中、高职学校的44.72%和34.67%。支持各地各校开展职业教育办学模式改革，建立教育与行业合作、学校与企业一体推进的职业教育办学模式。全省建成职业教育集团32个，覆盖350所中职学校、27所高职院校、10所本科院校和549个行业企业、科研机构及其他组织，覆盖中高职学生100万人。

〔**专业建设**〕　加强中职学校专业建设指导，强化专业规范管理，对全省中职学校专业开设情况进行全面清查，为2014年向社会全面公示专业开设情况奠定基础。全省中职学校（不含技工学校）开设19个专业大类，共有218个专业。2013年，招生专业195个。在校生规模最多的5个专业依次是计算机应用、护理、学前教育、电子技术应用、汽车应用与维修。

〔**基础能力建设**〕　争取国家发改委中职学校基础能力建设工程项目26个，资助建设资金9 660万元；争取中央财政支持6 700万元，建设职业教育实训基地31个。投入职业教育基础能力建设资金3.06亿元，共支持70所学校加强基础设施和教学设备建设。加强国家示范性中等职业学校项目建设，对首批15所学校进行了国家级建设项目评估验收，对第二批15所学校进行了过程督查。第三批18所学校开始立项建设。

〔**藏区“9+3”免费职业教育计划**〕　继续推进“9+3”免费教育计划。2013年，招生10 074人，以“五项教育”（以国情为重点的爱国主义教育、以树立多元化文化理念为重点的民族团结教育、以学习法律知识遵循法规校纪为重点的遵纪守法教育、以加强文明礼仪和行为规范为重点的文明行为教育、以感恩教育为重点的励志成才教育）和“三禁两不”（在校学生严禁饮酒酗酒、严禁携带隐藏管制刀具、严禁在校内抽烟，不准结伙抱团、不准不假外出）等活动为抓手，强化学生教育管理。开展内务管理示范学校评定工作，先后命名109所中职学校为“中等职业教育学生内务管理示范学校”。发展“9+3”学生党员120人，入党积极分子1 152人。加强就业指导，转变就业观念，合理规划职业生涯，2010级“9+3”学生就业率达98.6%。总结完善制度措施和经验，编辑出版《四川藏区“9+3”教育模式探索》。国家级试点项目“开展民族地区中等职业教育‘9+3’免费试点”经验，被《中国教育改革发展丛书》收录。

〔**教师队伍建设**〕　实施教师素质提高计划，制发《四川省中等职业学校教师企业实践项目实施办法（试行）》，建立完善青年教师企业实践制度，强化教师培训，全年共培训校长、教师2 500人次。其中组织国家级骨干教师培训、青年教师企业实践项目和校长培训895人次；选派20名校长和教师赴德国考察学习；组织省级教师培训1 600人次。

〔**职业教育资助**〕　继续实施全面免除中职学生学费政策，惠及学生83.6万人，省级财政投入资金5.4亿元，地方财政配套投入8 258万元，资助贫困中职学生34.23万人。

〔**学校管理**〕　省高等教育招生考试委员会、省教育厅、省人力资源和社会保障厅联合印发《关于公布四川省2013年具有中职学历教育招生资格学校的通告》，向社会、考生及家长公示具有招生资格的中职学校507所。对未列入公示名单的学校或教育机构，不承认其中等职业学历教育招生资格，所招学生不承认学历，不予注册学籍。制发《加强管理规范中等职业学校办学行为的意见》，对中职学校校外教学点设置、招生宣传和收费、学籍注册、教学行为和顶岗实习等提出要求，规范中职学校办学行为。

〔高等职业教育〕　推进省级示范（骨干）职业院校建设。乐山职业技术学院等5所高职院校确定为2013年度省级示范性高等职业院校建设计划立项建设单位，四川工商职业技术学院等5所高职院校确定为2013年度省级示范性高等职业院校建设计划重点培育院校。绵阳职业技术学院的物流管理实训基地等10个项目获批2013年中央财政支持的职业教育实训基地建设项目。完成教育部、财政部“支持高等职业学校提升专业服务产业发展能力”项目建设，全省39所高职院校的79个专业办学条件明显改善。

〔优化高职院校布局结构〕　适应全省产业发展需求，加强统筹规划，调整布局结构。巴中职业技术学院、四川希望汽车职业学院、四川文轩职业学院、四川电子机械职业技术学院由省政府批准设置并经教育部备案。全省21个市州实现了高校全覆盖。

〔参加全国职业院校技能大赛〕　组队参加2013年全国职业院校技能大赛，共获一等奖13个、二等奖37个、三等奖82个。其中学生技能竞赛获一等奖6个、二等奖21个、三等奖63个；在2013年全国职业院校学生技能作品展洽会上，获一等奖6个、二等奖13个、三等奖19个；民族地区技艺大赛获一等奖1个、二等奖3个。

〔成人教育〕　成都市锦江区、成华区成功创建全国社区教育示范区。评估推荐成都市双流县、温江区、蒲江县、宜宾市宜宾县和广元市剑阁县申报国家级农村职业教育和成人教育示范县。

高 等 教 育

〔综述〕　2013年，全省高等教育以提高质量为核心，切实增强高等教育服务经济社会发展能力。全省高等教育毛入学率达29.52%。有“985工程”高校2所、“211工程”高校5所，国家示范性高职院校6所、国家骨干高职院校5所。博士学位授予单位24个、硕士学位授予单位44个，博士、硕士学位授权一级学科分别为118个、219个。

〔质量工程〕　引导高校主动适应国家战略和地方经济社会发展需要，继续实施高等学校教学质量与教学改革工程（简称质量工程），启动2013—2016年省级质量工程与教学改革项目申报工作，实施省级本科专业综合改革，开展应用型本科教育改革试点，首批招生600人。立项建设省级专业综合改革项目61个、高校教师教学发展示范中心8个、精品资源共享课程204门、大学生创新创业训练计划项目1 465项、大学生校外实践基地82个。实施系列卓越教育培养计划，推动本科人才培养模式改革。确定22所高校的75个项目作为第二批省级卓越工程师教育培养计划试点项目立项建设、6所高校作为省级卓越法律人才培养基地项目建设、8所高校的10个项目作为省级卓越新闻传播人才教育培养计划项目立项建设、7所高校的12个项目作为省级卓越医生教育培养计划项目立项建设。获批国家级高等学校实验教学示范中心4个、大学生校外实践教育基地20个。

〔**学位与研究生教育**〕　贯彻落实全国研究生教育工作会议精神，推进研究生教育培养机制改革，启动了研究生教育改革创新项目，加强专业学位研究生教育实践基地建设。制定研究生教育奖助金管理办法，加强导师队伍的建设和管理，出台《四川省教育厅关于科学核实研究生指导教师招收、培养研究生数量的试行意见》。新增西南科技大学、成都体育学院2所博士学位授予单位，新增四川民族学院、西南交通大学希望学院2所学士学位授予单位；新增博士学位授权一级学科4个、学士学位授权专业64个，启动硕士专业学位授权学科点申报工作。贯彻落实《学位论文作假行为处理办法》，加强研究生学术道德规范和诚信教育，组织举办全省科学道德和学风建设宣讲教育报告会。全省6篇博士学位论文入选全国优秀博士学位论文。

〔**科技创新及成果转化**〕　在“十二五”国家重大科技基础设施建设16个项目中，四川大学列入建设1项，已通过国家论证及预立项。在首批14个“国家协同创新中心”建设中，四川大学、西南交通大学牵头2项，主要参与1项。省教育厅与省财政厅联合建设首批13个四川省协同创新中心。围绕全省战略性新兴产业、重点支柱优势产业和高新技术产业，进一步全面加强成果转化协同共建的重点转化平台建设、创新团队、转化团队、重点项目立项建设等。与省发展和改革委员会、省经济和信息化委员会、省科技厅等行业主管部门联合开展与行业、产业、企业共建一批协同创新产业技术联盟、产业技术重点实验室和工程中心等。全年通过实施高校科技成果转化工程，实现直接经济效益55亿元，拉动产业投入200亿元以上，实现产值700亿元左右，占全省科技成果转化带动实现产值的29%。

〔**毕业生就业工作**〕　2013年，全省95所高校共有毕业生34.2万人（其中研究生2.3万余人、本科生16.5万余人、高职高专生15.4万余人）。截至8月底，全省高校毕业生已有29.5万人就业，就业率达86.3%（其中研究生就业19 593人，就业率84.19%；本科生就业138 496人，就业率83.81%；高职高专生就业137 163人，就业率89.3%）。高校毕业生就业呈现出“四持续、两稳定”特点，即在省内就业的毕业生人数持续增长，在公有制单位就业的毕业生人数持续增长，到非公有制单位就业的人数持续增长，到基层就业的毕业生人数持续增长；自主创业或灵活就业的人数稳定增长，升学的毕业生人数稳定增加。

审稿　何　浩

撰稿　王　挚

贵州省教育

概　　况

〔基本情况〕

贵州省各级各类学校校数、教职工、专任教师情况

	学校数（所）	教职工数（人）	专任教师数（人）
一、高等教育	56	35 682	25 719
（一）研究生培养机构（不计校数）	9		
1. 普通高校	8		
2. 科研机构	1		
（二）普通高等学校	52	35 102	25 351
1. 本科院校	26	24 116	16 918
其中：独立学院	8	3 825	2 984
2. 高职（专科）院校	26	10 986	8 433
3. 其他机构（点）（不计校数）			
（三）成人高等学校	4	580	368
（四）民办的其他高等教育机构			
二、中等教育	2 971	211 813	179 454
（一）高中阶段教育	732	89 624	64 088
1. 高中	448	67 569	46 964
普通高中	448	67 569	46 964
完全中学	232	31 512	15 644
高级中学	189	33 568	30 462
十二年一贯制学校	27	2 489	858
成人高中			
2. 中等职业教育	284	22 055	17 124
普通中专	58	6 506	4 816

续表

	学校数（所）	教职工数（人）	专任教师数（人）
成人中专	14	1 712	1 265
职业高中	146	9 912	8 209
技工学校	66	3 867	2 798
其他机构（教学点）（不计校数）	1	58	36
（二）初中阶段教育	2 239	122 189	115 366
1. 初中	2 216	122 158	115 345
初级中学	1 592	96 151	89 726
九年一贯制学校	607	25 409	11 823
十二年一贯制学校			770
完全中学			12 464
职业初中	17	598	562
2. 成人初中	23	31	21
三、初等教育	14 801	203 444	195 742
（一）普通小学	10 632	194 500	192 953
小学	10 632	194 500	181 598
九年一贯制学校			10 846
十二年一贯制学校			509
（二）成人小学	4 169	8 944	2 789
其中：扫盲班	3 813	8 396	2 358
四、工读学校	6	99	88
五、特殊教育	60	1 267	1 093
六、学前教育	4 016	54 996	34 188

注：①完全中学的学校数和教职工数计入高中阶段教育，九年一贯制学校的校数和教职工数计入初中阶段教育，十二年一贯制学校的校数和教职工数计入高中阶段教育，专任教师是按照教育层次划分归类；②“（ ）”内数据为不计校数。

贵州省各级各类学历教育学生情况

	毕业生数（人）	招生数（人）	在校生数（人）
一、高等教育			
（一）研究生	4 093	4 937	14 057
博士	52	97	340
硕士	4 041	4 840	13 717
（二）普通本专科	88 060	119 734	419 040
本科	43 091	66 804	257 209
专科	44 969	52 930	161 831
（三）成人本专科	22 657	38 368	101 698

续表

	毕业生数（人）	招生数（人）	在校生数（人）
本科	12 080	15 962	47 026
专科	10 577	22 406	54 672
（四）其他各类高等学历教育			
1. 在职人员攻读硕士学位		840	2 772
2. 网络本专科生			
本科			
专科			
二、中等教育	979 209	1 315 492	3 477 375
（一）高中阶段教育	317 411	599 259	1 373 574
1. 高中	210 409	330 212	857 077
普通高中	210 409	330 212	857 077
完全中学	72 946	119 928	305 364
高级中学	134 369	204 026	537 768
十二年一贯制学校	3 094	6 258	13 945
成人高中			
2. 中等职业教育	107 002	269 047	516 497
普通中专	50 400	91 983	204 053
成人中专	5 000	43 930	50 574
职业高中	44 881	111 222	220 885
技工学校	6 721	21 912	40 985
（二）初中阶段教育	661 798	716 233	2 103 801
1. 初中	658 485	716 233	2 103 033
初级中学	511 963	559 865	1 635 022
九年一贯制学校	60 849	67 787	198 336
十二年一贯制学校	3 974	4 878	13 779
完全中学	79 297	81 610	249 484
职业初中	2 402	2 093	6 412
2. 成人初中	3 313		768
三、初等教育	823 412	510 554	3 665 540
（一）普通小学	723 478	510 554	3 555 333
小学	672 669	478 474	3 314 096
九年一贯制学校	48 566	30 357	229 864
十二年一贯制学校	2 243	1 723	11 373
（二）成人小学	99 934		110 207
其中：扫盲班	84 838		88 986

续表

	毕业生数（人）	招生数（人）	在校生数（人）
四、工读学校	588	538	623
五、特殊教育	1 378	2 684	12 712
六、学前教育	491 678	694 176	1 077 687

注：特殊教育学生数中包括普通中小学随班就读的学生。

贵州省各级各类非学历教育学生情况

	结业生数（人）	注册学生数（人）
总　计	1 994 042	1 986 102
一、高等教育	81 438	64 649
（一）研究生课程进修班	97	120
（二）自考助学班	2 153	5 287
（三）普通预科生		2 914
（四）进修及培训	79 188	56 328
其中：资格证书培训	24 965	16 195
岗位证书培训	19 605	16 115
二、中等职业教育	1 912 604	1 921 453
其中：资格证书培训	235 007	203 702
岗位证书培训	266 323	295 353
（一）中等职业学校	171 783	165 588
其中：资格证书培训	64 331	59 330
岗位证书培训	59 245	53 085
（二）职业技术培训机构	1 740 821	1 755 865
其中：资格证书培训	170 676	144 372
岗位证书培训	207 078	242 268

贵州省各级各类民办教育基本情况

	学校数（所）	毕业生数（人）	招生数（人）	在校生数（人）	教职工数（人）	专任教师数（人）	其他学生数（人）
一、民办高等教育							
（一）民办高校	11				4 655	3 520	2 001
硕士							
本科学生		10 520	15 513	63 925			
专科学生		1 175	5 163	9 925			
其中：独立学院	8	10 520	15 513	63 925	3 825	2 984	273
本科学生		10 520	15 513	63 925			

续表

	学校数（所）	毕业生数（人）	招生数（人）	在校生数（人）	教职工数（人）	专任教师数（人）	其他学生数（人）
专科学生							
（二）民办其他高等教育机构							
二、民办中等教育							
（一）高中阶段教育	157	28 387	39 917	102 434	9 913	6 769	
1. 民办普通高中	93	17 578	24 785	63 377	7 750	5 438	
2. 民办中等职业教育	64	10 809	15 132	39 057	2 163	1 331	8 323
（二）初中阶段教育	311	39 469	44 186	135 633	10 580	8 137	
1. 民办普通初中	311	39 469	44 186	135 633	10 580	8 137	
2. 民办职业初中							
三、民办普通小学	260	35 029	21 558	160 602	4 454	3 631	
四、民办幼儿园	2 422	137 213	227 922	422 853	34 105	17 696	
另有：民办培训机构（不计校数）	153				2 016	1 239	42 419

注：①“其他学生数”包括自考助学班学生、预科生、进修及培训学生数；②民办普通高中的教职工数和专任教师数中包含民办普通初中的教职工数和专任教师数；③民办中等职业教育数据中未含技工学校数据；④“（ ）”内数据为不计校数。

〔**教育经费投入**〕 2013 年，全省教育经费总收入 679.98 亿元，比 2012 年增长 13.33%。其中国家财政性教育经费 595.41 亿元，比 2012 年增长 12.39%，占教育经费总收入的 87.57%。其中公共财政预算教育经费 551.23 亿元，比 2012 年增长 11.80%。其中公共财政预算教育事业费拨款 511.26 亿元，比 2012 年增长 9.70%。各级政府征收用于教育的税费 43.11 亿元，比 2012 年增长 21.30%。民办学校中举办者投入经费 2.54 亿元，比 2012 年降低 40.38%。社会捐赠办学经费 1.06 亿元，比 2012 年增长 76.67%。事业收入 67.86 亿元，比 2012 年增长 15.33%。其他收入 13.11 亿元，比 2012 年增长 100.77%。

〔**2013 年预算情况**〕 2013 年年初，省财政厅下达省教育厅总预算指标 884 080.00 万元，比 2012 年增长 25.08%。全省压缩各级党政机关行政经费 5%，投入“9＋3”计划。其中基本支出 90 306.30 万元，比 2012 年增长 4.48%；项目支出预算 576 345.70 万元，比 2012 年增长 27.35%；原预算外管理转公共财政管理非税收入资金安排支出 32 907.00 万元，比 2012 年增长 146.18%；专户管理非税收入 184 521.00 万元，比 2012 年增长 19.46%。

〔**“两个比例”“三个增长”情况**〕 2013 年，全省国家财政性教育经费占国内生产总值的比例为 7.44%；全省公共财政预算教育经费占财政支出的比例为 18.51%；全省公共财政预算教育拨款 551.23 亿元，比 2012 年增长 11.79%。2013 年，全省各级各类生均公共财政教育事业费支出大多实现稳步增长。具体情况如下：幼儿园生均公共财政预算教育事业费支出 2 360.25 元，比 2012 年减少 18.07%；普通小学生均公共财政预算教育事业费支出 5 975.72 元，比 2012 年增长 18.61%；普通初中生均公共财政预算教育事业费支出 6 140.45 元，比 2012 年增长 13.64%；普通高中生均公共财政预算教育事业费支出 6 312.89 元，比 2012 年增长 2.07%；中职学校生均公共财政预算教育事业费支出 9 060.32 元，比 2012 年增长 30.17%；

普通高校生均公共财政预算教育事业费支出14 957.26元，比2012年增长24.58%，其中普通本科高校生均公共财政预算教育事业费支出19 288.68元，比2012年增长39.91%。2013年，全省各级各类生均公共财政预算公用经费支出大体呈增长趋势。具体情况如下：幼儿园生均公共财政预算公用经费支出1 005.91元，比2012年减少31.76%；普通小学生均公共财政预算公用经费支出1 400.32元，比2012年增长13.30%；普通初中生均公共财政预算公用经费支出1 887.40元，比2012年增长8.49%；普通高中生均公共财政预算公用经费支出1 608.22元，比2012年减少2.59%。中职学校生均公共财政预算公用经费支出5 526.92元，比2012年增长74.16%；普通高校生均公共财政预算公用经费支出7 598.55元，比2012年增长59.81%，其中普通本科高校生均公共财政预算公用经费支出10 550.63元，比2012年增长92.24%。

〔**基本建设情况**〕 计划投资情况：2013年，全省教育事业基本建设年度投资计划共安排183.8亿元，比2012年增长16.5%；其中国家投资152.4亿元，比2012年增长29.2%。上述投资按高等教育、中等职业教育、基础教育分类：高等教育共安排投资59.5亿元，比2012年增长58.5%；中等职业教育共安排投资22.1亿元，比2012年增长20.8%；基础教育共安排投资102.1亿元，比2012年增长0.3%。

实际完成投资情况：2013年，实际完成投资202.3万元，比2012年增长36%。上述完成投资情况按高等教育、中等职业教育、基础教育分类：高等教育实际完成投资84.9亿元，比2012年增长85.1%；中等职业教育实际完成投资22.3亿元，比2012年增长43.8%；基础教育实际完成投资95.1亿元，比2012年增长8.8%。

新增固定资产情况：2013年，新增固定资产共计165.6亿元。其中高等教育59.3亿元、中等职业教育15.9亿元、基础教育90.4亿元。

房屋建设情况：2013年，全省教育事业房屋施工建筑面积1 245.3万平方米，比2012年增长28.8%；竣工房屋建筑面积969.9万平方米，比2012年增长24.8%。其中高等教育房屋施工建筑面积335.8万平方米，比2012年增长76.2%；竣工房屋建筑面积214.8万平方米，比2012年增长39.7%。中等职业教育房屋施工建筑面积118.9万平方米，比2012年增长20.7%；竣工房屋建筑面积84.6万平方米，比2012年增长51.3%。基础教育在建房屋建筑面积790.6万平方米，比2012年增长16.7%；竣工房屋建筑面积659.4万平方米，比2012年增长16.1%。

〔**“4+2”教育突破工程**〕 2013年，继续推进“4+2”教育突破工程，省教育厅积极整合中央和省级资金共51.16亿元，全省办学条件得到明显改善。一是学前教育突破工程。建成440所乡镇（街道办事处）公办幼儿园。二是农村寄宿制学校建设攻坚工程。建成132万平方米学生宿舍，农村初中生、小学生寄宿率分别达62%、18%；建成3.7万套乡镇教师公租房，积极促进农村教师“安居乐教”；在市（州）、县政府所在地开工建设95所大型城镇义务教育学校，实现以县为单位全覆盖，已建成33所；启动实施塑胶运动场项目，开工建设559个，建成440个。三是高中阶段教育突破工程。建成高中阶段学校项目40个，累计建成140个。四是高等教育突破工程。花溪大学城5所高校累计竣工面积187.6万平方米，占规划面积的61.6%，入住学生4.36万人；贵州大学二期扩建工程、贵州民族大学新校区已开工建设；遵义医学院新蒲新校区建成20万平方米并入驻办学。启动建设中高等院校公租房3.2万套，建成1.1万套。五是优美教室和安全围墙工程。建设优美教室5.7万间、安全围墙27.9万米。

〔**教育“9+3”计划**〕 2013年初，省委、省政府决定实施教育“9+3”计划，即巩固提高九年义务教育水平和实行三年免费中等职业教育。出台《省人民政府关于实施教育“9+3”计划的意见》（黔府发〔2013〕1号），制发《省人民政府办公厅关于印发贵州省教育“9+3”计划实施方案的通知》（黔府办发〔2013〕18号），并将其列入2013

年十大民生工程、省政府50项重点工作予以推动。成立贵州省实施教育“9＋3”计划工作领导小组，并制订了“月调度、季检查、半年通报、年终考核”工作方案，采用调度、督办、检查、通报、排名、考核和约谈等方式，着力提高执行力。

〔进一步健全学生资助体系〕　全省投入40.08亿元，资助各级各类学生265.5万人次。其中资助高校学生30.7万人次，资助资金13.97亿元；资助普通高中学生23.2万人次，发放国家助学金3.48亿元；资助中职学生82.6万人次，免学费和发放国家助学金7.42亿元；资助农村义务教育寄宿生126.3万人，发放生活费补助14.99亿元；资助在园幼儿2.7万人，发放资助资金2 186万元。

〔农村学生营养餐实现以县为单位全覆盖〕　2013年，按照“校校有食堂、人人吃午餐”的要求，全省全面实施以学校食堂供应午餐为基本特征的“贵州特色”农村学生营养餐。农村义务教育学生营养改善计划在87县1.43万所学校实施，惠及398万名农村学生。其中国家试点惠及全省集中连片特困地区65个县1.28万所学校357万名农村学生。其他22个县进行了地方试点，惠及1 524所学校41万名农村学生。除贵阳市云岩区因无农村学校未实施外，实现了全省营养改善计划以县为单位全覆盖的目标。

〔招生考试〕　2013年，全省普通高校招生最低投档控制分数线为：第一批次本科录取院校理工类449分、文史类522分；第二批次本科录取院校理工类360分、文史类446分。全省普通高考考生247 895人、艺术类考生18 799人、中职单考及中职推优生14 873人。

2013年，在贵州省招生的院校共计1 672所，其中省外1 620所、省内52所（含8所独立院校），共录取考生213 221人，录取率为86.01%，较2012年上升2.97个百分点。继续完善计划编制和志愿填报改革。2013年，全省报考总人数66 332人，较2012年增长11.6%；共录取56 627人，录取率85.3%；其中完成省内院校招生任务47 332人，完成年度目标的143%。

2013年，全省自学考试开考专业85个，其中专科26个、本科59个；新开考专业6个。全年累计报考127 367人次、报考307 079科次，其中统考课程报考104 234人次、报考科次23 4219；衔接课程报考15 984人次，报考53 853科次；实践考核报考7 149人次、报考19 007科次。办理免考6 933人、16 672科次。论文评审8 573人。毕业审核办证8 966人，其中专科1 625人、本科7 341人。全年共审核、注册、登记助学机构26个，其中有6个助学机构为省级学习服务中心，全省参加助学考生3.9万余人。

2013年，省教育厅完成了高考英语听力考试、大学英语四级和六级考试、全国计算机等级考试等11项考试项目，累计20次考试的组织与实施，全年各项考试考生833 488人次，比2012年增加259 326人次，增幅为45%。其中高考英语听力考试报考478 832人次；大学英语四级、六级报考227 925人次，比2012年增加17 245人次；全国计算机等级考试报考105 072人次，比2012年增加1 211人次；高校英语应用能力考试全年报考16 840人次；剑桥少儿英语考试全年报考1 555人次；全国英语等级考试报考1 297人次；全国青少年计算机考试报考750人次；中国书画等级考试报考250人次；中国物流职业经理资格证书考试报考174人次；首次开考中国销售管理证书考试，全年报考108人次；高校自主招生联考685人。2013年，新增贵州师范大学花溪新校区、贵阳医学院花溪新校区2个分考场。全年承办非学历考试的考点共有296个，形成覆盖全省的非学历教育考试服务体系。

〔第六届“中国—东盟教育交流周”〕　9月16—22日，承办了以“务实合作，和谐发展，共创繁荣”为主题的第六届“中国—东盟教育交流周”（简称交流周）。全国人大常委会原副委员长路甬祥出席开幕式并致辞，国务院原国务委员戴秉国出席开幕式。省委书记赵克志会见与会嘉宾，省长陈敏尔、外交部亚洲司司长罗照辉、文莱驻华大使张慈祥、中国—东盟教育培训中心秘书长马明强、东南亚教育部长组织秘书长维塔亚出席开幕式并致辞，教育部部长助理陈舜在开幕式上做主旨演讲。省政协主席王富玉等省领导和外交部、教育部有关司局负责人以及东盟国家的部分政府官员和驻华使节、高校校长、专家学者、留学生代表、我国部分高校、科研院所负责人及专家学者和留学生代表出席开幕式。交流周期间，参与单位、与会代表广泛开展了双边、多边交流。据统计，国（境）内外学校共签订协议116份。协议签署方覆盖东盟10国，协议层次涉及本科、高职、基础教育，协议内容涵盖大、中小学校长交流、教师交流、科研合作、医学创新研究等各个方面。

〔编译制作学前民汉双语有声读物〕 为使少数民族儿童准确掌握汉语语音、尽快掌握普通话，同时传承本民族语言，省教育厅民族教育处委托组织相关专家编译制作苗族（黔东、黔中、黔西）、布依族、侗族、彝族四语种六种方言学前双语有声读物。读物精选了国内外图文并茂的儿童读本，聘请少数民族地区发音较准确的师生参与制作有声读物，免费送给民族地区儿童使用。

〔评选第四批民族民间文化教育项目学校〕 由省教育厅和省民族宗教事务委员会共同组织，逐级申报，评选出遵义县臻坚民族学校等28所大中小学校为第四批民族民间文化教育项目学校。截至2013年年底，全省已评选84所民族民间文化教育项目学校，带动各级各类学校民族民间文化教育活动的开展。

〔实施“三区”人才支持计划教师专项计划〕 2013年，省教育厅、省委组织部、省财政厅、省人力资源和社会保障厅、省扶贫开发办公室联合印发《贵州省贫困地区、民族地区和革命老区人才支持计划教师专项计划实施方案》。8月31日，贵州省“三区”人才支持计划教师专项计划工作启动视频会在毕节市黔西县召开。自9月1日起，从省会城市、中心城市和县城选派2300名优秀教师到全省88个县（市、区、特区）农村学校支教一年。

基础教育

〔实施学前教育三年行动计划评估验收〕 2013年，省教育厅组织评估验收团分别对9个市（州）的学前教育三年行动计划完成情况进行了评估验收。评估验收以贵阳市南明区等45个县（市、区、特区）为重点，进行实地查看和印证，查阅了其余43个县的自查报告和相关资料。经查阅，学前教育三年行动计划实施以来，各地党政高度重视，积极落实保障措施，扩大学前教育资源，强化教师队伍建设，提高办学质量，加强督导考核管理，完成了自定学前教育三年行动计划目标任务。

〔省级示范性幼儿园评估工作〕 12月，省教育厅组织全省学前教育专家，对16所幼儿园进行复查、评估。其中对2所幼儿园进行了正式评估、对11所幼儿园进行了复查、对3所幼儿园进行了申报省级示范幼儿园的第一次评估。截至2013年年底，全省共创建省级示范幼儿园26所，其中省级示范一类幼儿园1所、二类幼儿园15所、三类幼儿园10所。

〔民办幼儿园授牌工作试点〕 9月23日，下发《省教育厅关于启动民办幼儿园授牌工作试点的通知》（黔教民办发〔2013〕411号），启动民办幼儿园分类授牌工作，选取贵阳市南明区、安顺市普定县、毕节市黔西县为试点单位，鼓励其他有条件的市（州）先行开展。11月11日，下发《省教育厅关于印发〈贵州省民办幼儿园授牌基本标准（试行）〉的通知》（黔教民办发〔2013〕473号），确保授牌工作有章可循、标准统一、顺利开展。

〔**第二届学前教育宣传月**〕 5月20日至6月20日，举办了第二届学前教育宣传月活动，按照教育部统一部署，省教育厅开展了以“实施《学前教育三年行动计划》，学习《3—6岁儿童学习与发展指南》（简称《指南》），了解孩子，帮助孩子”为主题的学前教育宣传月活动。通过开展教师培训、举办公益讲座、组织学习竞赛等，帮助全省幼儿园教师、教研员及家长学习《指南》，树立正确的教育观、儿童观。

〔**编制《贵州省农村义务教育学校布局调整专项规划（2013—2015年）》**〕 2013年，在各地制订专项规划方案的基础上，省教育厅编制了《贵州省农村义务教育学校布局调整专项规划（2013—2015年）》，布局调整工作以县为主分步分年度实施，按照“科学配置资源、改革办学模式、提高质量效益、保障就近入学”的原则，整合农村教育资源，逐步形成教学点、村小学、中心小学、初中学校合理布局，寄宿制和非寄宿制学校比例适当的农村义务教育学校新格局。

〔**义务教育均衡发展督导评估**〕 8月，省政府召开全省深入推进义务教育均衡发展工作电视电话会，将原定2015年开展义务教育均衡发展督导评估工作提前到2013年实施。为保质保量如期全面完成全省义务教育均衡发展的各项目标任务，会议明确了义务教育均衡发展的路线图和时间表。10月，经省政府同意，省教育厅、省财政厅、省人力资源和社会保障厅印发《关于深入推进全省义务教育均衡发展实施意见的通知》（黔教基发〔2013〕453号）。《通知》规定，从2013年起，省政府负责义务教育基本均衡发展工作督导评估并报国家审核认定。2013年，省政府启动了对白云区、余庆县、麻江县、丹寨县4县（区）的义务教育基本均衡评估验收工作；同时对贵阳市乌当区和开阳县、遵义市遵义县和仁怀市、铜仁市江口县和石阡县、毕节市金沙县、黔东南州凯里市、黔东南苗族侗族自治州天柱县和锦屏县共10个县（市、区）的义务教育初步均衡发展进行督导评估。通过评估，乌当等10个县达到义务教育初步均衡发展目标。

〔**推进教育质量综合评价改革**〕 遴选推荐贵阳市为全国中小学教育质量综合评价改革试点。组织开展四类示范校（学科渗透法制教育、减负增效提质、三生四爱五心五好、农村寄宿制管理）评选活动。开展“减轻中小学生课业负担”活动：一是实施基础教育课程改革，提高课堂教学质量，减轻学生课业负担；二是开展了义务教育阶段择校乱收费和中小学教辅材料散滥问题专项检查；三是规范中小学教学用书，禁止学校为学生乱征订、乱摊派教辅用书；四是下发《贵州省教育厅关于严禁中小学校利用节假日组织学生补课的紧急通知》，纠正了中小学利用节假日补课和随意侵占学生休息时间的违规行为，切实减轻学生课业负担。

〔**普通高中教育**〕 2013年，全省完成普通高中招生32万人的任务，高中阶段毛入学率达68%。新增4所省级示范性普通高中，完成对绥阳中学、关岭县民族高级中学申报省级示范性普通高中一评、二评和复查工作。下达普通高中专项补助资金1 500万元，用于省级示范性普通高中优质资源建设。推进普通高中课程改革实验和素质教育，即开展全省普通高中地方课程和校本课程优秀教学课例评比；对贵阳市第一中学等12所课程改革先进学校进行表彰；完成对贵阳市第五中学等学校举办艺术体育特色班招生批复。下发《省教育厅关于进一步加强普通高中毕业证书发放管理工作的通知》（黔教基发〔2013〕64号），规范普通高中毕业证书发放管理工作。

〔**完成中小学生学籍信息管理系统建设**〕 3月29—30日，全国中小学生学籍信息管理系统建设启动现场会在贵阳市召开。贵州省作为试点单位，已于2月先期完成了中小学生学籍信息管理系统建设工作。3月，全省1.8万所中小学校、658万中小学生近5亿条学籍信息字段入库。

〔**首次建立名师工作室**〕 通过各级教育行政

部门选拔、推荐、评审，在全省首次建立了27个中小学、幼儿园名师工作室。名师工作室由名师以专业引领的方式，发挥名师的带动辐射作用，促进中青年骨干教师专业成长。

〔**继续大力实施“特岗计划”**〕 2013年，全省面向社会公开招聘录用了14 056名大学毕业生到威宁彝族回族苗族自治县等70个边远贫困县的农村小学和初中任教，其中国家“特岗计划”教师11 099名、县“特岗计划”教师2 957名，招聘数居全国第一。

〔**实施“国培计划”**〕 2013年，全省“国培计划”获专项资金6 400万元，采取法定招投标程序，遴选了14家优质培训机构承担培训任务。在培训模式上，加强实践性课程开设和校本研修；在培训对象上，加大对中小学心理教师、中小学校长、骨干班主任培训力度。全年共培训农村中小学、幼儿园教师57 544人。

〔**实施“省培计划”**〕 继续深入推进中小学继续教育工程和农村师资素质能力提升工程等“省培计划”项目。启动实施“贵州万名农村中小学校长培训行动”和宋庆龄基金会幼儿园骨干园长培训项目，大力开展名校长培养工程、中小学校长海外研修培训和中职学校校长培训。全年共培训中小学幼儿园、中职学校校长5 000余人。采取“送教上门”的方式，对安龙县、六枝特区、黔西县等5个县（区、市）部分边远乡镇骨干教师开展全员培训。

职业教育与成人教育

〔**现代职业教育体系建设规划**〕 编制出台《贵州省现代职业教育体系建设规划（2013—2020年）》，从调整空间布局、加强基础能力建设、优化专业结构、加强校企合作、开展技能培训、发展民办教育、推进区域合作、健全人才培养体系、强化师资队伍建设和改革体制机制10个方面入手，分两个阶段推进实施。

〔**职业教育内涵建设**〕 安排专项资金1 440万元，支持24个省级示范性中职专业建设。争取2013年度中央实训基地项目14个，预算金额1 760万元。安排4 800万元，支持20所中职学校实训基地建设。预算资金3 000万元，支持60所学校建设理实一体化实训教室。贵州省建设学校等4所中职学校已通过省级“国家级示范性中职学校”验收并上报教育部、财政部、人力资源和社会保障部审定。贵州省旅游学校等14所中职学校通过“省级示范中职学校”评估验收。完成教育部、财政部2011年启动的21所高职院校“支持高等职业学校提升专业服务能力”的41个项目建设工作。安排4 000万元，支持高职院校实训基地建设。铜仁职业技术学院“国家级骨干示范学校”通过省教育厅、省财政厅和教育部、财政部两级验收，并获优秀等次；贵阳职业技术学院、贵阳护理职业学院11月底通过“省级示范高职院校”评估。

〔**中等职业教育学籍学历管理工作**〕 开展省属中等职业学校学生学籍信息审核工作，对37 892名省属中职学校2013级新生学籍进行审核和注册，审批2 000余名省属中职学校学生的信息变更、转学、退学等学籍异动申请。开展省直中专毕业证书验印工作，完成2013年省属中专学历证书验印16 087人。

〔**成人继续教育**〕 完成2012年度68个普通高校成人教育函授辅导站的年检工作，安排部署2013年度函授站和在黔校外学习中心年检工作。同意贵阳幼儿师范高等专科学校、铜仁幼儿师范高等专科学校开办成人教育，备案成立函授站 9 个、现代远程教育试点高校校外学习中心 3 个。省内 10 所高校新增继续教育专业 42 个。按照“谁审批、谁负责”的原则，下放现代远程教育试点高校校外学习中心管理权限。

高等教育

〔新成立 3 所高等学校〕　2013 年，经教育部批准，成立贵州理工学院；经省政府批准，成立贵阳幼儿师范高等专科学校、铜仁幼儿师范高等专科学校。

〔编制发布 2012 年本科教学质量年度报告〕全省普通本科高校均编制并发布了 2012 年《本科教学质量年度报告》，逐步形成社会广泛参与的高校教学质量监督和评价机制。省教育厅委托省高等教育评估与质量监控指导委员会、贵州大学教育教学评估中心和贵州大学高等教育研究所，对各高校公布的质量报告进行认真梳理汇总，研制编写《贵州省普通高等学校本科教学质量分析报告（2012 年）》。

〔高层次人才培养和科技创新工作〕　贵州师范大学新增为博士学位授予单位，新增马克思主义理论、中国语言文学、数学和地理学 4 个一级学科博士点，实现了全省文科博士一级学科“零”的突破。贵州师范大学“喀斯特石漠化防治工程技术研究中心”获批国家工程技术研究中心，填补了国家石漠化防治工程技术研究平台的空白。首个国家级“新农村发展研究院”落户贵州大学。新增教育部重点实验室 5 个（含 2 个培育）、教育部工程研究中心 1 个（含 4 个培育）、教育部创新团队 2 个（含培育团队 1 个）；7 人入选教育部“新世纪优秀人才支持计划”。截至 2013 年年底，全省高校共有 8 个教育部重点实验室、7 个教育部工程研究中心、5 个教育部创新团队、33 人入选教育部“新世纪优秀人才支持计划”。新增教育部科学技术研究项目 2 项、博士学科点专项科研基金博士生导师类项目 2 项、新教师类联合资助项目 1 项。

〔启动建设首批贵州省研究生工作站〕　从 2013 年起，省教育厅启动贵州省研究生工作站建设工作，推动高校与企业、行业、科研院所联合共建研究生实践基地。首批批准建设贵州大学“计算机控制技术专业学位研究生工作站”等 8 家贵州省研究生工作站。

〔高等教育学历证书即时电子注册〕　2013 年，共完成普通高等教育、成人高等教育毕业生共 119 255 人的学历证书即时电子注册。普通高等教育共计 96 528 人，其中博士毕业生 43 人、硕士毕业生 4 009 人、本科毕业生 47 678 人、专科（高职）毕业生 44 781 人、第二学士学位毕业生 17 人；成人高等教育共计 22 727 人，其中本科毕业生 12 849 人、专科毕业生 9 878 人。

〔高等教育新生学籍电子注册和在校生学年电子注册〕　2013 年，全省 52 所普通高等学校共报到注册新生 133 884 人，报到率达 85.51%，其中研究生报到率达 95.73%、本科生报到率达 94.07%、专科生报到率达 75.71%。成人高等教育新生学籍注册 39 299 人，报到率达 94%。新生学籍注册信息在教育部中国高等教育学生信息网予以公布，供新生本人查询、核对，新生查询率达 100%。此外，对普通高等教育在校生 438 717 人和成人高等教育在校生 92 473 人进行了学年电子注册。

〔毕业生就业〕　2013 年，全省普通高校毕业生共 96 168 人，其中研究生毕业生 3 977 人、本科毕业生 47 674 人、专科毕业生 44 517 人。截至 9

月1日，全省高校毕业生就业签约率为87.03%，比2012年同期上升1.36%，高于全国平均水平。2013年，全省共有教育部直属师范大学免费师范毕业生566人，截至9月1日，免费师范毕业生就业率为100%。

撰稿 潘 龄 常 青 曹宝杰 黄烈峰
郭健雄 周忆江 糜 丹 周学文
谢 旌 王艳梅 叶学仕 段志茹
杨景钊 吴 婷 吴 西 路 斤
冯发金 周 明 黄 燕 詹中志
雷 伟 姜 敏 周玉林 任明勇
丁兴华 周元江

审稿 赵廷昌

云南省教育

概　　况

〔基本情况〕

云南省各级各类学校校数、教职工、专任教师情况

	学校数（所）	教职工数（人）	专任教师数（人）
一、高等教育	69	47 805	34 494
（一）研究生培养机构（不计校数）	18		
1. 普通高校	12		
2. 科研机构	6		
（二）普通高等学校	67	47 592	34 421
1. 本科院校	29	33 462	23 699
其中：独立学院	7	5 702	4 314
2. 高职（专科）院校	38	14 130	10 722
3. 其他机构（点）（不计校数）			
（三）成人高等学校	2	213	73
（四）民办的其他高等教育机构			
二、中等教育	2 564	225 135	194 372
（一）高中阶段教育	866	106 740	72 379
1. 高中	440	74 988	47 285
普通高中	440	74 988	47 285
完全中学	287	49 292	26 647
高级中学	135	22 801	19 855
十二年一贯制学校	18	2 895	783
成人高中			
2. 中等职业教育	426	31 752	25 094
普通中专	83	10 636	7 560

续表

	学校数（所）	教职工数（人）	专任教师数（人）
成人中专	130	3 307	2 713
职业高中	177	12 676	10 614
技工学校	36	4 729	3 947
其他机构（教学点）（不计校数）	12	404	260
（二）初中阶段教育	1 698	118 395	121 993
1. 初中	1 685	118 218	121 875
初级中学	1 469	104 885	97 480
九年一贯制学校	205	13 217	5 874
十二年一贯制学校			698
完全中学			17 716
职业初中	11	116	107
2. 成人初中	13	177	118
三、初等教育	13 913	235 147	230 736
（一）普通小学	12 845	233 400	230 220
小学	12 845	233 400	223 329
九年一贯制学校			6 186
十二年一贯制学校			705
（二）成人小学	1 068	1 747	516
其中：扫盲班	739	1 234	328
四、工读学校	1	49	40
五、特殊教育	53	1 361	1 156
六、学前教育	5 326	66 948	40 123

注：①完全中学的学校数和教职工数计入高中阶段教育，九年一贯制学校的校数和教职工数计入初中阶段教育，十二年一贯制学校的校数和教职工数计入高中阶段教育，专任教师是按照教育层次划分归类；②“（ ）”内数据为不计校数。

云南省各级各类学历教育学生情况

	毕业生数（人）	招生数（人）	在校生数（人）
一、高等教育			
（一）研究生	8 933	10 411	30 595
博士	426	576	2 562
硕士	8 507	9 835	28 033
（二）普通本专科	127 932	162 911	548 577
本科	64 950	99 176	358 914
专科	62 982	63 735	189 663
（三）成人本专科	52 510	68 943	195 297

续表

	毕业生数（人）	招生数（人）	在校生数（人）
本科	24 521	28 098	85 344
专科	27 989	40 845	109 953
（四）其他各类高等学历教育			
1. 在职人员攻读硕士学位		5 147	15 040
2. 网络本专科生			
本科			
专科			
二、中等教育	1 077 464	1 169 059	3 211 586
（一）高中阶段教育	447 701	487 056	1 332 702
1. 高中	209 987	267 407	737 426
普通高中	209 987	267 407	737 426
完全中学	118 820	155 052	423 214
高级中学	87 733	108 540	303 893
十二年一贯制学校	3 434	3 815	10 319
成人高中			
2. 中等职业教育	237 714	219 649	595 276
普通中专	107 167	109 455	301 317
成人中专	1 217	2 012	5 781
职业高中	101 807	68 218	187 005
技工学校	27 523	39 964	101 173
（二）初中阶段教育	629 763	682 003	1 878 884
1. 初中	625 128	682 003	1 874 418
初级中学	500 177	538 389	1 481 924
九年一贯制学校	25 900	28 611	78 540
十二年一贯制学校	3 001	3 588	10 645
完全中学	95 755	111 015	302 237
职业初中	295	400	1 072
2. 成人初中	4 635		4 466
三、初等教育	766 031	613 507	3 962 654
（一）普通小学	713 770	613 507	3 920 782
小学	690 026	593 684	3 793 100
九年一贯制学校	21 501	17 272	113 801
十二年一贯制学校	2 243	2 551	13 881
（二）成人小学	52 261		41 872
其中：扫盲班	28 664		27 743

续表

	毕业生数（人）	招生数（人）	在校生数（人）
四、工读学校	110	71	85
五、特殊教育	2 825	3 829	17 421
六、学前教育	583 260	728 977	1 190 192

注：特殊教育学生数中包括普通中小学随班就读的学生。

云南省各级各类非学历教育学生情况

	结业生数（人）	注册学生数（人）
总计	5 618 882	4 582 254
一、高等教育	169 628	119 627
（一）研究生课程进修班	393	1 047
（二）自考助学班	444	860
（三）普通预科生		2 458
（四）进修及培训	168 791	115 262
其中：资格证书培训	60 075	28 416
岗位证书培训	47 837	31 185
二、中等职业教育	5 449 254	4 462 627
其中：资格证书培训	446 987	278 220
岗位证书培训	732 258	440 797
（一）中等职业学校	409 352	199 089
其中：资格证书培训	178 561	77 293
岗位证书培训	119 665	53 537
（二）职业技术培训机构	5 039 902	4 263 538
其中：资格证书培训	268 426	200 927
岗位证书培训	612 593	387 260

云南省各级各类民办教育基本情况

	学校数（所）	毕业生数（人）	招生数（人）	在校生数（人）	教职工数（人）	专任教师数（人）	其他学生数（人）
一、民办高等教育							
（一）民办高校	20	31 191	43 212	137 078	11 567	8 458	14 203
硕士							
本科学生		15 074	26 632	90 131			
专科学生		16 117	16 580	46 947			

续表

	学校数（所）	毕业生数（人）	招生数（人）	在校生数（人）	教职工数（人）	专任教师数（人）	其他学生数（人）
其中：独立学院	7	15 074	24 427	84 901	5 702	4 314	4 562
本科学生		15 074	24 427	84 901			
专科学生							
（二）民办其他高等教育机构							
二、民办中等教育							
（一）高中阶段教育	102	39 974	56 056	141 577	8 435	5 991	
1. 民办普通高中	50	10 266	14 427	38 648	5 203	3 868	
2. 民办中等职业教育	52	29 708	41 629	102 929	3 232	2 123	25 418
（二）初中阶段教育	80	16 434	19 714	52 607	2 963	2 383	
1. 民办普通初中	80	16 434	19 714	52 607	2 963	2 383	
2. 民办职业初中							
三、民办普通小学	112	13 604	12 499	78 761	2 562	2 017	
四、民办幼儿园	3 841	219 160	293 147	581 557	47 566	25 892	
另有：民办培训机构（不计校数）	146				1 088	636	46 935

注：①“其他学生数”包括自考助学班学生、预科生、进修及培训学生数；②民办普通高中的教职工数和专任教师数中包含民办普通初中的教职工数和专任教师数；③民办中等职业教育数据中未含技工学校数据；④“（ ）”内数据为不计校数。

〔成立省政府教育督导委员会〕 2013年9月15日，由副省长高峰任主任，省政府分管副秘书长、省教育厅厅长、省政府教育督导团总督学为副主任，省发展和改革委、省科技厅、省公安厅、省监察厅、省财政厅、省人力资源和社会保障厅、省国土资源厅、省住房和城市建设厅、省卫生厅、省人口和计划生育委员会和省审计厅11个部门的分管厅长（主任）为委员的云南省人民政府教育督导委员会成立。督导委员会办公室设在省教育厅，承担督导委员会的日常工作，办公室主任由总督学廖晓珊兼任。

〔《云南省少数民族教育促进条例》发布实施〕 7月24日，省第十二届人民代表大会第四次会议审议通过《云南省少数民族教育促进条例》，并于10月1日起实行。《条例》共5章27条，包括总则、办学形式与教育教学、教师和学生、教育投入与保障、附则。

〔教育综合改革〕 6月4日，云南省推进实施国家教育体制改革试点项目工作情况阶段总结和云南强化省级政府统筹实现农村义务教育两个“全覆盖”等13项典型案例上报国家教育体制改革领导小组办公室。贫困地区教师津补贴发放、教育统计决策服务体系建设、完善民办教育发展环境、探索开放大学建设模式等改革试点项目在全国产生积极影响。6月17—21日，开展8个州（市）、8所地方高校教育体制改革试点专项调研，形成《关于进一步推进省级试点学院改革发展的若干意见（征求意见稿）》。10月10日，印发《云南省实施国家教育体制改革试点项目方案（修订稿）》。12月，省委把“加快教育体制改革”确定为“围绕促进基本公共服务均等化，推动社会事业改革创新”的重要内容，相关调研成果被纳入《中共云南省委关于贯彻落实〈中共中央关于全面深化改革若干重大问题的决定〉的意见》。

〔**教育信息化建设**〕 发布《云南省教育信息化发展规划（2013—2015 年）》《云南省基础教育信息化三年行动计划》；6 月 14 日，省政府在昆明市召开首届全省教育信息化工作会议，明确提出教育信息化发展的战略目标和措施；7 月，启动云南教育数据中心建设，编制《云南省教育数据中心建设方案》，完成全国中小学学籍信息管理系统、学前教育管理系统、校舍安全系统和教职工管理系统的部署及数据采集。“宽带网络校校通”接入学校 7 694 所，“优质资源班班通”实现班级 73 442 个。实施“云南省教学点数字教育资源全覆盖”和“农村义务教育薄弱学校改造计划——多媒体远程教学设备”项目，分别为 4 078 个教学点和 2 493 所农村义务教育学校配备 1.55 多万套多媒体远程教学设备。

〔**滇西人力资源开发扶贫示范区建设**〕 1 月 21 日，教育部协调召开部际联席会议，推动相关部委落实滇西片区规划。3 月 28—29 日，教育部首批赴滇西挂职干部岗前培训班在昆明市开班，来自教育部机关、直属事业单位和直属高校的 55 名干部在滇西 10 州（市）的 49 个县（市、区）挂职工作 1 年。5 月 21 日，《教育部云南省人民政府加快滇西边境山区教育改革和发展共同推进计划（2012—2017 年）》正式印发，明确提出建设教育改革先行区、教育开放试验区、教育对口支援示范区和人力资源开发扶贫示范区的目标和 36 项具体任务。7 月 16 日，云南省校企合作促进会成立并召开第一次会员代表大会。同日，滇西应用技术大学筹建工作研讨会在昆明市举行，筹建特色学院的滇西 10 州市政府和相关企业、参与特色学院对口支援或合作办学的 22 所教育部直属高校及 8 所省属高校，就滇西应用技术大学筹建和特色学院申办进行了沟通对接。10 月 14—19 日，第一期滇西领导干部经济管理研修班在对外经济贸易大学举办，来自滇西 10 州（市）的 64 名领导干部听取了 8 场专题报告，并到北京顺鑫农业发展集团有限公司、北京奔驰汽车有限公司等考察学习。11 月 4—8 日，教育部副部长鲁昕率队到滇西边境山区大理、临沧等州（市）调研，并联合召开部省会商会议、教育部定点联系滇西边境山区扶贫经验交流会、直属高校对口帮扶大理学院相关学科建设座谈会和东部 10 个职业教育集团与滇西 10 州（市）战略合作座谈会；其间，“滇西学习网”正式开通，滇西青年创业学院在云南工商学院挂牌成立。北京大学、清华大学、复旦大学、同济大学、上海交通大学、北京师范大学、中央音乐学院对口支援大理学院学科建设。上海交通大学“滇西民族医药协同创新中心”建设工作正式启动。

〔**民族教育**〕 截至 2013 年年底，全省有正式挂牌的民族中小学 496 所、民族中等专业学校 6 所、民族大学 1 所。全省少数民族在园幼儿 37.96 万人、小学少数民族在校生 145.45 万人，少数民族学龄儿童入学率为 97.48%。普通初级中学少数民族在校生 63.78 万人、普通高完中少数民族在校生 22.05 万人、中等职业教育学校少数民族在校生 15.22 万人、普通高等学校少数民族在校生 20.43 万人。全省共派出“三区”支教教师 1 499 人，“三区”受惠学校 679 所，下拨支教教师工作经费 2 060 万元。明德小学建设项目实验学校达 75 所，分布在全省 9 个州（市）、36 个县（市、区），受益学生达 4.9 万人。实施少数民族高层次骨干人才培养计划，招收 228 名硕士研究生、68 名博士研究生。开展沪滇对口培训工作。推进学校民族团结教育工作。培训双语教师 1 200 多人次。审查审定 55 本民文教材，出版后免费发放到民族地区双语教学校（点）。省政府重点咨询课题《云南与周边三国边境教育比较研究》结题，理论成果《云南与周边三国边境地区教育比较研究》《云南省名校长治校方略》由云南民族出版社出版。

〔**民办教育**〕 2013 年，初步建立了民办教育公共财政资助制度，2 000 万元的省民办教育专项资金奖补扶持了 272 所民办学校，中央财政普惠性幼儿园奖补资金 5 460 万元和省财政单列 500 万元，专项用于扶持民办学前教育，惠及全省 563 所幼儿园。此外，7 个州（市）设立州（市）级民办教育发展专项资金。新审批成立 3 所民办学校和 3 个教育集团，完成昆明市西山新东方学校上划省管和组建云南新东方培训学校的工作。分别培训民办幼儿园园长、中小学校长621人次，民办学校财务人员、民办学校董事长1 200多人次。民办学校学生首次纳入校方责任保险统保范围。

〔**教育交流与合作**〕 3月，省教育厅组团访问瑞典期间，楚雄市政府代表和瑞典卡尔斯克鲁纳市市长签署《伙伴关系及开展友好交往协议书》。4月31日至5月6日，分别在法国巴黎高等电子工程师学院（ISEP）、意大利佩鲁贾市政厅、德国柏林工程会议厅举办教育推介会，全省14所高校用PPT对各自院校进行推介，并签署26份合作备忘录。5月2日，举行云南省教育合作交流协会国际合作与交流意大利工作处揭牌仪式。9月17—23日，组织9所高校参加“七彩云南宝岛行”大型交流活动，两岸高校之间共签署9份合作谅解备忘录。省教育厅厅长何金平与云南师范大学校长杨林共同出席“云南师范大学—台湾教学研究及实习重点基地”揭牌仪式。10月12日，与老挝教育体育部在昆明市举行座谈会，并签署《中华人民共和国云南省教育厅与老挝人民民主共和国教育体育部谅解备忘录补充条款》。11月11—14日，意大利CEPU教育集团执行总裁皮耶罗·波里杜利到昆明市考察，访问云南师范大学、云南艺术学院、云南交通职业技术学院、昆明市西山区实验中学；11月14日，组织4所被访学校及云南教育国际合作与交流协会驻马来西亚工作处与意大利CEPU教育集团召开合作交流研讨会，签署谅解备忘录。12月30日，在老挝举行《云南省教育厅与老挝工商联合会教育合作谅解备忘录》《云南省教育厅与老挝科技部教育合作谅解备忘录》《云南省教育厅与老挝教育体育部教育合作谅解备忘录》签字仪式。签字仪式后，老挝教育部副部长显登、省教育厅厅长何金平等出席云南教育国际合作与交流协会驻老挝工作处揭牌仪式。

基础教育

〔**综述**〕 2013年，正式实施《云南省学前教育条例》，完成学前教育第一期三年行动计划，开展学前教育巡回支教试点工作。全省九年义务教育巩固率达91.6%，初中毕业生升学率达77.9%；高中阶段毛入学率达72.1%。进一步规范农村义务教育学校布局调整工作，发布实施《云南省义务教育学校办学条件标准》和《关于规范农村义务教育学校布局调整的实施意见》，出台《云南省农村义务教育学校布局专项规划》；加强对农村留守儿童的关爱和教育工作；进一步落实进城务工人员随迁子女接受义务教育之后参加升学考试的政策；探索县域内教师、校长合理流动机制，进一步缩小校际、城乡和区域间的差距；实施“云南省基础教育未来教育家成长计划”项目；普通高中定向择优生按不少于30%的比例合理分配到辖区内初中学校，缓解“择校热”问题。启动实施普通高中特色化实验学校建设，首批立项建设25所，新增一级高级完全中学2所。8.58万名中小学幼儿园教师接受国家级、省级免费培训。首次获彩票公益金教育项目“励耕计划”资助资金4 500万元。

〔**专项督查学前教育三年行动计划落实情况**〕 10月，省政府教育督导团对全省学前教育三年行动计划（2011—2013年）落实情况进行督导检查。全省学前教育三年行动计划目标完成情况良好。一是在全省490个未建有幼儿园的乡镇，建设了462所幼儿园或安排学前教育项目，目标完成率达94%，同时在部分人口较集中的村社举办了一批幼儿园。二是省一级示范幼儿园达337所，比2011年增加72所，每个县至少创建1所省级示范幼儿园，全面实现“县县都有示范园”的目标。三是学前教育三年毛入园率达54.2%，超额完成

50％的既定目标。四是师资队伍建设成效明显，教职工总数比2011年增加12 531人，3年共培训幼儿教师11 904人。

〔**建设中小学幼儿园名师工作室**〕 在全省幼儿园、义务教育学校、普通高中、特殊教育学校和部分县级教师培训机构、县级教研部门建设200个“云南省中小学幼儿园名师工作室”。探索形成教学实践、教学示范、教学研究、专业服务、专业培训有机结合的中小学幼儿园教师培训模式。“工作室”实行届期制，期限原则上为3年。项目经费由省级每年补助资金5万元，有条件的州、县、校（园）按一定比例配套资金。各级补助经费拨付到“工作室”主持人所在单位，严格按照财务管理制度的规定执行，由主持人统筹安排，专款专用。

〔**两个“全覆盖”新举措**〕 2013年，省政府统筹推进农村义务教育学生营养改善计划和寄宿生生活补助两个“全覆盖”。一是加快中小学食堂建设。全省地方财政共安排资金19.2亿元，用于农村中小学食堂建设；12 484所农村义务教育学校的学生食堂由学校直接管理，实行食堂供餐的学校超过82％。二是开展勤工俭学。要求各地有条件的地方，对长期保留的农村义务教育学校按照小学不少于5亩地、初中不少于10亩地的标准配备勤工俭学基地，全省共有6 602所学校开展勤工俭学，基地达8 256个，面积7.35万亩，纯收入达3.45亿元。三是配备工勤人员。为确保中小学食堂零利润经营，要求按照每50名学生配备1名工勤人员的标准，通过购买服务性岗位等方式配备工勤人员，农村义务教育学校新增食堂工勤人员7 131人，其中地方政府购买服务性岗位6 482人，投入资金9 723万元。截至2013年年底，全省农村义务教育学生营养改善计划“全覆盖”共投入补助资金32.32亿元，其中中央资金23.78亿元、省级资金3.42亿元、州（市）配套资金5.12亿元，惠及129个县（市、区）18 110所中小学校520.9万名学生；农村义务教育阶段家庭经济困难寄宿学生生活费补助“全覆盖”共下达资金31.22亿元，其中中央资金15.61亿元、省级资金10.42亿元、州（市）配套资金5.19亿元，惠及277万名农村义务教育寄宿学生。

〔**优先建设学校饮水安全设施**〕 4月7日，省委书记秦光荣在昆明市宜良县调研抗旱保教工作时强调，力争用3年时间解决全省学校用水困难和饮水安全问题。6月28日，省教育厅与省水利厅、省财政厅、省卫生厅联合下发《关于开展全省农村学校饮水安全摸底调查和规划编制工作的通知》，组织各地以县（市、区）为单位、以学校为单元开展相关工作。10月17日，中央下达云南省农村义务教育薄弱学校改造计划中小学校用水及学生饮水安全基础设施建设专项资金2.15亿元。12月11日，省教育厅与省水利厅、省财政厅联合下发《关于抓紧开展云南省中小学校用水及学生饮水安全基础设施建设2013年度实施方案编制工作的通知》，对实施范围、编制要求、完成时限等做出明确的规定。

〔**举办小学教师岗位技能竞赛**〕 9月21—28日，省总工会、省人力资源和社会保障厅、省教育厅、省教育卫生科研工会联合举办2013年云南省小学教师岗位技能竞赛活动。经过县（市、区）、州（市）两级选拔，98名选手进入总决赛，通过综合素质测试、课堂教学展示、教学反思3项综合评比，昆明市五华区文林小学教师毕雪燕、呈贡区龙街小学教师肖唐娜分获语文、数学学科教学状元，被授予“云南省小学语文（数学）教学技术状元”“云南省五一巾帼标兵”称号；18名教师获“云南省小学语文（数学）教学技术能手”称号。进入总决赛的教师被纳入“国培计划”和省级中小学教师培训项目专家库，并给予2013年度中小学教师继续教育学分。

职业教育

〔**综述**〕 2013年，全省国家中等职业教育改革发展示范学校增至28所，共争取到中央财政支持职业教育实训基地建设项目123个。实施高职院校省级质量工程，新增省级特色骨干高职院校2所。12个区域性职业教育园区累计完成投资144.77亿元，完成征地2.96万亩，竣工建筑面积501.43万平方米。7个职业教育园区已投入使用，入驻学校56所、入驻学生22.59万人。成立云南省校企合作促进会，组建34个职业教育集团，基本对接全省主要支柱产业、优势产业和特色产业。启动实施高等职业教育分类考试招生改革，新增8个高职院校单独考试招生改革试点。实施高职院校对口中职学校招生改革试点。扩大高等职业本科招收“三校生”改革试点院校范围。

〔**单列实施高职院校质量工程项目**〕 从2013年起，省财政每年安排1亿元高等职业教育专项资金，首次单列实施高职院校质量工程项目。针对高职院校发展的特色和实际，实施省级特色骨干高职院校建设工程、提升专业服务产业能力工程、实践能力提升工程、国门大学建设工程等8大工程项目。其中提升专业服务产业能力项目20项、专业实习实训基地项目12项、公共实习实训基地项目2项。对2所州（市）高职院校开展基础能力工程建设，立项开展高职教学研究项目70项。

〔**东西部职业教育战略合作**〕 根据《东部地区10个职教集团与滇西10州（市）人民政府战略合作协议》，天津交通职业学院分两批次捐助实训设备，帮助怒江州民族中等专业学校建设汽车专业实训中心。天津职业大学出资20万元购置设备，装配石屏职业中学组培实验室和两套多媒体设备。楚雄彝族自治州派出72名职业学校骨干教师和管理人员到上海电子信息职业技术学院免费培训15天；上海电子信息职业教育集团派出13名专家到楚雄职业教育园区，帮助培训职业学校骨干教师、管理人员206名；该集团还出资选派10名教师和管理人员到德国培训学习。丽江市政府每年选派10名职业教育专业课教师和2名校长或管理人员到北京交通职业教育集团进行培训。江苏发那科数控职业教育集团与祥云县职业高级中学合作开展联合招生、师资培训、实训基地建设、校企合作及学生就业等方面的合作。

高等教育

〔**综述**〕 2013年，全省积极推进区域高水平大学建设，实施国家中西部高校提升综合实力工程、基础能力建设工程，云南师范大学进入省部共建高校行列。深入推进高校省级质量工程，新增3所全国卓越工程师教育培养计划高校，12个专业入选该计划学科专业。高校东南亚南亚人才培养成效明显。高校化债工作稳步推进。积极实施“高等学校创新能力提升计划”，新认定省级协同创新中心9个，推荐3个协同创新中心参加国家评审认定。新增3个国家级实验教学示范中心，共有8门课程入选国家级精品资源共享课立项建设，263项大学生创新创业训练计划项目获教育部立项。新增

1个国家新农村发展研究院。2个创新团队入选“教育部创新团队发展计划”，2人入选“教育部新世纪优秀人才支持计划”。新增部（委）人文社科基地1个、省级科技创新平台14个。启动实施博士研究生学术新人奖试点工作。全省高校科学研究基金立项1 139项；教育部人文社会科学项目立项47项，其中重点研究基地重大项目1项。获省政府科技奖励23项。组织实施面向集中连片贫困地区91个县（市、区）定向招生专项计划近1 800个。实施部分本科院校面向藏区专项扶贫招生计划，对8个人口较少的少数民族开辟“绿色通道”，最大限度保证其考生进入高校学习。

〔**印发《云南省普通高等学校本科专业设置管理实施细则》**〕 6月25日，省教育厅印发《云南省普通高等学校本科专业设置管理实施细则》，明确将省级教育主管部门对本科专业设置由审批式的直接管理转变为以指导、服务、监督为主的间接管理。同时，建立“云南省高校专业设置管理平台”，有效实现对全省高校专业分布情况的信息化管理，加大对专业人才需求的预测、预警力度，引导高校坚持办学传统和优势，彰显办学特色。

〔**学位授予工作**〕 经国务院学位委员会第三十次全体委员会议审议批准，云南民族大学、西南林业大学、云南财经大学被批准为博士学位授予单位；云南民族大学民族学、社会学，西南林业大学林业工程、风景园林学、林学，云南财经大学应用经济学、统计学、工商管理为博士学位授权一级学科。截至2013年年底，全省高校博士学位授予单位达8个，博士学位授权一级学科点达34个。第7次省委高校工委、省教育厅党组会议审议通过，省学位委员会审核同意文山学院和保山学院新增列为学士学位授予单位，并审核同意文山学院的汉语言文学、历史学、食品科学与工程、数学与应用数学4个本科专业和保山学院的汉语言文学、英语、思想政治教育、数学与应用数学、物理学、化学6个本科专业为学士学位授权专业。截至2013年年底，全省学士学位授予单位达26个。

〔**成立高校教师教育联盟**〕 2月28日，“云南省高等学校教师教育联盟”在云南师范大学举行成立大会。该联盟是经省教育厅批准成立，由云南师范大学牵头，省内14所师范类高校缔约加盟，邀请省外教育部直属师范大学指导和支持，以教师教育为主题自愿参加的非营利性的、非法人的教师教育共同体。联盟致力于构建协同、共生、共赢的区域性教师教育发展机制，探索教师教育人才协同培养机制，合作开展教师教育学科建设、科学研究、队伍建设、课程开发、技能培养等工作，推进优质教师教育资源共建共享。联盟制定了《云南省高等学校教师教育联盟章程》，签署《云南省高等学校教师教育联盟协议书》，选举出第一届理事会及成员。省委常委、省委高校工委书记李培与省教育厅厅长何金平共同为联盟揭牌。

〔**毕业生就业工作**〕 2013年，全省共有高校毕业生13.8万人，毕业生初次就业率为86.6%，比2012年同期增长1.5个百分点；年终就业率为96.8%，比2012年同期增长0.5个百分点。5月30日，省政府出台《关于进一步加强普通高等学校毕业生就业工作的通知》。5月31日，召开2013年全省普通高等学校毕业就业工作电视电话会议。全省大力实施“走下去”服务基层、“走出去”就业、支持校园招聘活动、创业促就业、质量提升和就业帮扶六项计划，全力促进高校毕业生就业。截至2013年年底，在已就业的毕业生中，到县及以下基层和中小企业就业的毕业生超过7.5万人，占已就业毕业生总数的56.7%。近2.5万名毕业生进入党政机关和国家事业单位就业，4 096名毕业生通过“大学生志愿服务西部计划”“农村特岗教师计划”“三支一扶计划”等基层就业项目就业，585名免费师范毕业生全部完成签约，1 468名毕业生通过专家指导和政策扶持实现创业就业。省教育厅和各高校举办各类专场和校园招聘会3 500多场。省财政设立500万元高校校园招聘活动专项资金，按全覆盖、重激励、重效益的原则下达各高校。共有5 802名低保家庭、3个藏区县和8个人口较少少数民族的毕业年度高校毕业生，享受到省级财政每人500元的一次性求职补贴。昆明理工大学进入教育部50所2012—2013年度高校毕业生就业典型经验高校行列。西南林业大学、曲靖师范学院、云南大学滇池学院、云南林业职业技术学院、昆明工业职业技术学院成为2013年度云南省高校毕业生就业典型经验高校。

〔**召开首届高校东南亚南亚语种人才培养推进会**〕 6月28日，首届全省高等学校东南亚南亚语种人才培养工作推进会在昆明市召开。会议明确提出：力争通过3年努力，全省高校学习东南亚南亚语种学生要达到10万人左右，各高校学习东南亚南亚语种人数要尽快达到在校生的20%，并创新性提出启动一系列项目。截至2013年年底，全省67所普通高校中有43所高校开设62个东南亚南亚语种专业，学习该专业的学生达5.5万人。

撰稿 刘会平 晏照华 纳 梅 徐忠祥 陶田麟 李宇飞 吴昌银 马 用 李 舜 曾莉琼 冯 霞 杨 翠 李竹贤 吴晓东 杜 刚 司慧迎 杨 伟 赵 纯 白玉兵 郭云龙 卢 明 赵 春 王文婷

审稿 王建颖 杨红琼 杨志军

西藏自治区教育

概　　况

〔基本情况〕

西藏自治区各级各类学校校数、教职工、专任教师情况

	学校数（所）	教职工数（人）	专任教师数（人）
一、高等教育	6	3 623	2 472
（一）研究生培养机构（不计校数）	3		
1. 普通高校	3		
2. 科研机构			
（二）普通高等学校	6	3 623	2 472
1. 本科院校	3	2 175	1 463
其中：独立学院			
2. 高职（专科）院校	3	773	574
3. 其他机构（点）（不计校数）	2	675	435
（三）成人高等学校			
（四）民办的其他高等教育机构			
二、中等教育	134	14 492	13 684
（一）高中阶段教育	35	5 321	4 523
1. 高中	29	4 558	3 871
普通高中	29	4 558	3 871
完全中学	4	458	157
高级中学	23	3 801	3 598
十二年一贯制学校	2	299	116
成人高中			
2. 中等职业教育	6	763	652
普通中专	6	763	652

续表

	学校数（所）	教职工数（人）	专任教师数（人）
成人中专			
职业高中			
技工学校			
其他机构（教学点）（不计校数）			
（二）初中阶段教育	99	9 171	9 161
1. 初中	95	9 067	9 060
初级中学	92	8 896	8 622
九年一贯制学校	3	171	76
十二年一贯制学校			100
完全中学			262
职业初中			
2. 成人初中	4	104	101
三、初等教育	1 217	19 670	19 296
（一）普通小学	841	18 998	18 834
小学	841	18 998	18 679
九年一贯制学校			85
十二年一贯制学校			70
（二）成人小学	376	672	462
其中：扫盲班	367	456	246
四、工读学校			
五、特殊教育	5	161	136
六、学前教育	613	2 822	2 091

注：①完全中学的学校数和教职工数计入高中阶段教育，九年一贯制学校的校数和教职工数计入初中阶段教育，十二年一贯制学校的校数和教职工数计入高中阶段教育，专任教师是按照教育层次划分归类；②“（ ）”内数据为不计校数。

西藏自治区各级各类学历教育学生情况

	毕业生数（人）	招生数（人）	在校生数（人）
一、高等教育			
（一）研究生	274	517	1 244
博士	3	4	15
硕士	271	513	1 229
（二）普通本专科	9 139	9 286	33 562
本科	4 818	5 702	21 388
专科	4 321	3 584	12 174
（三）成人本专科	3 187	5 441	12 241

续表

	毕业生数（人）	招生数（人）	在校生数（人）
本科	1 698	3 506	8 167
专科	1 489	1 935	4 074
（四）其他各类高等学历教育			
1. 在职人员攻读硕士学位		6	28
2. 网络本专科生			
本科			
专科			
二、中等教育	65 156	68 565	197 830
（一）高中阶段教育	21 146	26 119	70 583
1. 高中	14 734	19 648	53 092
普通高中	14 734	19 648	53 092
完全中学	1 751	770	2 365
高级中学	12 645	18 427	49 497
十二年一贯制学校	338	451	1 230
成人高中			
2. 中等职业教育	6 412	6 471	17 491
普通中专	6 276	6 471	17 377
成人中专	136		114
职业高中			
技工学校			
（二）初中阶段教育	44 010	42 446	127 247
1. 初中	43 729	42 446	126 117
初级中学	41 969	40 508	121 166
九年一贯制学校	134	223	547
十二年一贯制学校	377	483	1 285
完全中学	1 249	1 232	3 119
职业初中			
2. 成人初中	281		1 130
三、初等教育	60 311	51 567	310 552
（一）普通小学	46 118	51 567	294 799
小学	45 803	51 045	292 598
九年一贯制学校	88	287	852
十二年一贯制学校	227	235	1 349
（二）成人小学	14 193		15 753
其中：扫盲班	13 745		12 927

续表

	毕业生数（人）	招生数（人）	在校生数（人）
四、工读学校			
五、特殊教育	37	213	835
六、学前教育	31 386	46 229	73 405

注：特殊教育学生数中包括普通中小学随班就读的学生。

西藏自治区各级各类非学历教育学生情况

	结业生数（人）	注册学生数（人）
总计	10 765	8 146
一、高等教育	6 577	4 257
（一）研究生课程进修班		
（二）自考助学班		
（三）普通预科生		
（四）进修及培训	6 577	4 257
其中：资格证书培训	1 613	258
岗位证书培训	3 494	2 563
二、中等职业教育	4 188	3 889
其中：资格证书培训	868	1 656
岗位证书培训	530	530
（一）中等职业学校	4 188	3 889
其中：资格证书培训	868	1 656
岗位证书培训	530	530
（二）职业技术培训机构		
其中：资格证书培训		
岗位证书培训		

西藏自治区各级各类民办教育基本情况

	学校数（所）	毕业生数（人）	招生数（人）	在校生数（人）	教职工数（人）	专任教师数（人）	其他学生数（人）
一、民办高等教育							
（一）民办高校							
硕士							
本科学生							
专科学生							

续表

	学校数（所）	毕业生数（人）	招生数（人）	在校生数（人）	教职工数（人）	专任教师数（人）	其他学生数（人）
其中：独立学院							
本科学生							
专科学生							
（二）民办其他高等教育机构							
二、民办中等教育							
（一）高中阶段教育							
1. 民办普通高中		402		750			
2. 民办中等职业教育							
（二）初中阶段教育	2	76	125	293	46	39	
1. 民办普通初中	2	76	125	293	46	39	
2. 民办职业初中							
三、民办普通小学	2	10	223	550	50	32	
四、民办幼儿园	48	4 334	6 013	14 091	876	404	
另有：民办培训机构（不计校数）							

注：①“其他学生数”包括自考助学班学生、预科生、进修及培训学生数；②民办普通高中的教职工数和专任教师数中包含民办普通初中的教职工数和专任教师数；③民办中等职业教育数据中未含技工学校数据；④“（ ）”内数据为不计校数。

〔**综述**〕 2013年，在自治区党委、政府的领导下，全区教育系统坚持以邓小平理论、“三个代表”重要思想、科学发展观为指导，深入学习领会习近平总书记“治国必治边，治边先稳藏”的重要战略思想，深入学习贯彻党的十八大和十八届二中、三中全会精神，努力落实教育规划纲要，全面推动教育事业科学发展，着力保障和改善教育民生，稳步推进教育领域综合改革，切实抓好教书育人、管理育人、服务育人和环境育人，呈现出学生健康成长、学校科学发展、教育和谐进步的良好局面。

截至2013年年底，全区有各级各类学校1 598所，教学点496个，在校学生总数达60.02万人。学前教育毛入园率达51.98%、小学教育阶段毛入学率达99.59%、初中教育阶段毛入学率达98.75%、高中教育阶段毛入学率达72.23%、高等教育阶段毛入学率达27.71%。全区人均受教育年限达8.4年，青壮年文盲率下降到0.63%。

〔**教育投入与支出**〕 2013年，全区教育经费投入达110亿元，同比增长14.6%。对“十二五”规划内项目年度计划进行进一步梳理，将其中的19.8亿元列入2013重点项目建设计划。投资5 000万元，完成64所中小学太阳能澡堂建设；投资2 000万元，完成那曲地区、日喀则地区西部、昌都地区丁青县和山南地区浪卡子县等高寒地区学校暖廊建设；投资1.9亿元，完成115所边远艰苦地区学校1 465套教师周转宿舍建设。实施“教学点数字教育资源全覆盖”项目，完成408个教学点优质资源接收设备项目；启动实施了“三通两平台”建设（宽带网络校校通、优质资源班班通、网络学习空间人人通），启动省级教育数据中心和共享服务平台建设；建设104间中小学多媒体计算机教室；为全区37所中小学配备了488套多媒体交互式电子白板，满足教师运用信息化手段开展课堂教学的需要；全区约40%的义务教育学校仪器设备得到补充更新。

〔**教育惠民政策**〕 一是落实各类资助资金18.91亿元，资助教师、学生达103.34万人次，涉及资助政策43项，涵盖从学前教育到研究生教育。二是从2013年秋季学期起，“三包”及助学金再次提高200元，达到年生均2 700元，全年落实资金13.81亿元，惠及学生52万余人。三是在全区全面推行农牧区义务教育学生营养改善计划，落实资金1.25亿元，惠及学生21万人，政策和资金覆盖率均达100%。四是进一步提高中小学教师公用经费标准，达到年人均3 900元。五是将部队所办学校的学前至高中阶段学生公用经费纳入财政保障范围，经费标准同地方学校一致。

〔**教育科研**〕 组织27人申报全国教育科学“十二五”规划2013年度课题，遴选56人申报“荣达教育资助基金”民族教育研究课题，自治区“十二五”教育科研规划课题进入收集、整理、结题阶段。积极探索特色学校建设路径，在拉萨市第一小学开设跆拳道小学班、课外音乐班；在拉萨市第三中学开设跆拳道中学班，在拉萨市第二高中开设美术班；在拉萨市第三高中开设艺术类高考培训班、美术类高考培训班。参与由国家民族事务委员会统筹的《中国少数民族双语教育实践》编写工作。《西藏教育（汉文版）》与中国知网开展合作，开通“腾云”期刊采编协同系统，方便广大作者在线投稿和查询审稿情况。

〔**师资队伍建设**〕 全年共招录、引进教师2 770名，实施“三区”人才支持计划教师专项计划，从对口援藏省（市）选派73名教师到自治区支教。安排“国培计划”和“区培计划”10 080人和1 340人，首次实施“国培计划”送培下乡，其中“中西部项目”送培下乡到阿里地区，培训小学语文和数学教师共80人，“幼师国培计划”送培下乡到日喀则、林芝、那曲、山南、昌都等地区，共培训400人。举办全区首届初中教师教学大赛，比赛分藏文、汉语（语文）、数学和英语四个学科，来自内地西藏班（校）的15位教师与自治区内85位教师同台比拼，加强了区内外教师交流学习。选派165名校长参加农村校长助力工程培训；确定拉萨市城关区为教师网络研修社区建设试点单位；投入800万元，加强教工之家建设。实施“园丁关爱行动计划”，下拨150万元，资助150名家庭经济困难教师。330名教师和教育工作者获自治区优秀教师荣誉称号、1名教师获全国“2013年最美乡村教师”、1名教师获中央电视台感动中国2013年度人物、2名教师被评为全国师德标兵、13名教师被评为自治区特级教师。

〔**加强教育教学管理**〕 印发自治区教育厅《关于加强中小学教学工作提高教学质量的意见》，对中小学教研教改和学校管理提出指导性意见，引导各学校加强教育教学管理和学校日常管理，坚持走内涵式发展道路。确定曲水县中学为自治区教研基地（校），确定拉萨市第一中学、拉萨市第三中学为自治区中小学学业质量评价改革实验区。以学校体育、美育为重点，突出抓好校园文化工作，培育良好的校风、学风、教风，把德育与智育、体育、美育有机结合起来，寓教育于文化活动之中。积极开展专题创建活动，培育学生健康的心理和健全的人格，培养学生良好的社会公德和职业道德意识。

〔**道德教育**〕 一是深入推进党的十八大精神进教材、进课堂、进学生头脑，开展爱国主义、社会主义、民族团结进步教育，广泛开展“道路自信、理论自信、制度自信”教育和“爱学习、爱劳动、爱祖国”教育。二是重视校园文化建设，在所有学校开展“我的中国梦”主题教育活动，发出“青春智慧献高原，同心共筑中国梦”倡议，认真开展创建节约型校园和“光盘行动”计划。三是开展民族团结和反分裂斗争教育，举办西藏百万农奴解放54周年纪念活动，深化新旧西藏对比宣传教育，加强正面引导、深度引导，唱响主旋律。四是进一步加强内地西藏班（校）学生的感恩教育。五是加强校园网络和社团管理，营造良好的校园环境和舆论氛围。

〔**体育卫生艺术与国防教育**〕 自治区政府办公厅印发了《关于西藏自治区学校体育行动计划

(2013—2015年)的通知》和《关于进一步加强学校体育工作若干意见的通知》,为进一步加强体育卫生与艺术教育工作奠定了政策基础。继续开展阳光体育运动,全区有28所大中小学获全国亿万学生阳光体育冬季长跑活动优秀学校称号。把《学生体质健康标准》测试成绩作为学生成长记录的重要内容,鼓励有条件的学校和家庭组织学生参加阳光体育官方网上注册,参加网上日记、摄影及征文等系列活动。

高度重视学校安全卫生工作。建立健全学校安全卫生工作制度,认真落实一把手负责制和安全卫生责任追究制,开展学校安全卫生教育工作,加强学校风疹、手足口病、水痘、流感等传染病防控工作,确保学生生命安全,促进学生健康成长。

开展高雅艺术进校园活动,全区有43件学生作品在全国第四届中小学生艺术展演中分获一、二、三等奖,拉萨市林周县、林芝地区林芝县被教育部确定为全国农村学校艺术教育实验县。组织参加2013年全国职业院校技能大赛、民族地区才艺展示活动和少数民族地区文艺会演活动。

将军训作为对学生进行国防教育、爱国主义教育和入学纪律教育的重要载体,全区7所高校、32所高中共38 125名新生参加了为期15—20天的军训和国防教育活动。

〔**全面维护学校安全稳定**〕 一是及时调整充实教育系统突发事件应急处置领导小组,建立部门联席会议协调机制、联合行动机制、定期整治机制和部门汇报制度,把学校安全工作纳入教育系统年终考核,做到工作有计划、有部署、有检查、有总结。二是与各处室、直属单位、7个地(市)教育行政部门和7所高校签订了安全稳定工作目标责任书,严格执行“一岗双责”和维稳责任追究制,全年全时段严格落实领导24小时带班,教师、干部和门卫值班制度。三是以“三月维稳工作”和反自焚斗争为重点,从细微处入手、从基础工作入手、从日常管理入手,做到环环相扣、无缝连接,从课堂教学、课外活动、日常管理、后勤保障、制度落实、政策效应等方面全面加强,使安全维稳工作的各项措施从应急变成常态。四是突出学校教育特点和阶段性特征,在毕业生就业指导服务、各类招生考试工作、内地西藏班学生返藏、夏季传染病防治和自然灾害防范等方面制定专项预案,加强工作。五是加强维稳舆情研判和督查,自治区教育工委、自治区教育厅定期召开工作会议,传达自治区维稳部署和安排,分析研判教育维稳形势和特点,有重点地安排维稳工作,并加强明察暗访工作力度,督促各项维稳工作落到实处。六是主动加强与政法、公安部门的联系,经常性地开展法制宣传教育,提高师生公民意识和法制观念,净化校园及周边环境,努力预防和减少青少年犯罪事件的发生。七是加强全区义务教育阶段学校校园电子监控系统建设,通过中央和自治区两级投入1 200多万元,在全区495所义务教育阶段中小学和幼儿园安装了校园监控设备,实行全天候、全方位管理,进一步增强了学校安全防范能力。八是深入推进“平安校园”“平安单位”创建和“打非治违”专项行动,开展安全生产大检查、大治理和专项整治工作,认真检查事故易发的重点区域、重点场所、重点部位和关键环节,确保教育系统和谐稳定。

〔**招生考试**〕 认真组织实施国家教育考试标准化考点建设项目,完成1个自治区级指挥平台、9个地市级指挥平台建设和9个保密室建设;完成9个考区、25个考点、880个考场的国家教育考试标准化考点建设,并多方协调升级拉萨国家教育考试指挥平台及标准化考点。形成了集网络视频巡查系统、应急指挥系统、作弊防控系统、身份认证系统、考务综合管理系统于一体的综合服务系统。

2013年,18 949人报名参加普通高考,高校录取新生13 289人,其中文史类5 641人、理工类6 553人、军警类292人、对口高职803人。自治区外院校录取新生6 336人(少数民族新生5 217人、汉族新生1 119人),区内院校录取新生6 953人(少数民族新生6 203人、汉族新生750人)。农牧民子女占录取新生总数的66%。落实自治区内高校跨省招生计划2 913名。34 450人报名参加普通中专(高中)考试,录取新生25 841人。自治区内高校研究生招生532名。

〔**党建工作**〕　高度重视学校党建科学化水平，研制《西藏自治区普通高等学校党建工作标准》及评价体系。加强教育系统党员干部培训工作，建立健全教育系统区、地、县三级培训体系。党组织的服务功能不断增强，坚持为教学科研服务、为广大党员服务、为师生员工服务，特别是在完成学校重要任务、资助生活困难大学生、帮助毕业生就业、维护校园安全与稳定等方面发挥了党员的表率和核心作用。西藏大学、西藏民族学院等高校实行校级领导和干部进班入舍、结对帮扶，建立“三联两进”工作机制，山南地区在学校党建、常规管理及安全稳定方面积极探索，取得了一定成效。

〔**开展党的群众路线教育实践活动**〕　按照中央和自治区党委的部署要求，自治区教育厅机关和区内各高校按照“照镜子、正衣冠、洗洗澡、治治病”的总要求，紧扣“为民、务实、清廉”主题，推进教育实践活动稳步开展。一是把加强制度建设作为教育实践活动取得实效的根本性措施，共修订完善和建立了《中共西藏自治区教育工作委员会议事规则》等各类制度39项，基本形成了一套内容科学、运行有效的机关作风建设制度体系。二是认真贯彻落实中央政治局关于改进工作作风、密切联系群众的八项规定、自治区“约法十章”（坚持立场坚定、保持一致；坚持旗帜鲜明、反对分裂；坚持加强学习、解放思想；坚持总揽全局、民主集中；坚持同心同德、维护团结；坚持牢记宗旨、服务群众；坚持求真务实、真抓实干；坚持恪尽职守、勤政高效；坚持艰苦奋斗、清正廉洁；坚持精文简会、转变作风）和“九项要求”，严格执行办公用房和公务用车规定，“三公”经费同比下降5%，会议经费较2012年减少20%以上，发文数量同比下降6%。三是以“领导干部进村入户、结对认亲交朋友”活动为载体，自治区教育工委和自治区教育厅厅、县、处级以上领导深入基层，住农家屋、和教师谈、吃学生餐，结对174户，发放“结对认亲交朋友结对卡”500余册、“民族团结结对卡”1 500余册，主动捐款14万多元为群众办实事解难事。并争取资金30万元，对结对户中上高中、大学的子女予以资助。四是以“创先争优强基础惠民生”活动为载体，7个驻村点围绕“建强基层组织、维护社会稳定、寻找致富门路、进行感恩教育、办实事解难事”5项工作任务，解决基层各族群众最关心的问题。

〔**教育受援和内地办学**〕　进一步调整办学层次和学校布局。截至2013年年底，开办内地西藏初中班学校17所、内地西藏高中学校14所（含5所完中）、内地中职班48所，招收内地西藏班学生的内地高校增加到190多所。积极推进内地民族班与当地学生合校混班工作，招收援藏干部子女的内地西藏初中班基本实行了混班教学。

推行信息化管理。开发内地西藏初、高中学生学籍管理系统和远程报名、填报志愿及录取系统，实现初、高中学生网上报名、填报志愿及局域网录取，全年共完成2 282名内地西藏班（校）高校招生计划、4 300名内地西藏高中班（校）招生计划、1 540名内地西藏初中班（校）招生计划和654名内地中职班招生计划。

推进内地西藏高中班学制改革。从2013年秋季开始，内地西藏班普通高中学制由三年改为四年，增加一年预科学习；与广东省达成在珠海市第四中学举办西藏班的共识，开展珠海内地西藏班2014年开班的筹备工作。

加强内地西藏班管理。选派70名藏文教师赴内地西藏初、高中班任教，选派10名管理教师到散插班学校协助开展学生教育管理工作、65名管理教师到内地西藏中职班学校协助开展学生教育管理工作；开展内地西藏班藏文教师及藏语文课开设情况摸底调研工作，组织开展内地西藏班藏语文教师和内地中职班管理人员培训。

〔**语言文字工作**〕　制定贯彻《国家中长期语言文字事业改革和发展规划纲要（2012—2020年）》的实施意见，举办第六期省级普通话水平测试员培训班，林芝地区启动三类城市语言文字工作评估，昌都地区、日喀则地区通过了二类城市语言文字工作评估验收。

基础教育

〔**综述**〕 2013年，基础教育以促进基本公共教育服务均等化为目标，以推进县域义务教育均衡发展为重点，统筹城乡义务教育资源均衡配置，规范办学行为、加强教学管理，进一步扩大优质教育资源覆盖面。

〔**学前教育加快发展**〕 一是新建276所双语幼儿园，全区幼儿园增至613所。二是认真贯彻《3—6岁儿童学习与发展指南》，组织60名幼儿教师参加省级培训。举办“学前教育三年行动计划网络巡展”，继续加强对国家教育体制改革试点项目——山南地区学前双语教育改革试点工作的指导。三是加强学前双语教育，着重培养幼儿普通话听说能力。四是加大学前双语教师配备工作，妥善处理自治区内外中职幼儿教育专业毕业生聘用问题，将他们充实到学前双语教师岗位。着手制定并完善幼儿教师的培养、上岗、管理、培训、进退留转等方面的制度。

〔**义务教育均衡发展**〕 推进学校标准化建设，新建校舍30余万平方米，办学条件进一步改善，全面提高普及义务教育水平，促进义务教育均衡发展。深化双语教育课程体系和分层目标教学建设，在小学阶段强化藏语文、汉语文、数学和行为习惯养成教育；在初、高中阶段重视汉语文、藏语文、数学和思想品德4门基础骨干课程教学，加强藏语文课程教学与其他学科教育的衔接。按照自治区推进县域内义务教育基本均衡发展规划的时间表和路线图，合理为中小学配置教学仪器设备。开展义务教育均衡发展评估验收县专题培训，促进“迎评县”学校管理科学、教学规范、制度健全。拉萨市曲水县、山南地区乃东县通过义务教育均衡发展国家督导评估验收。组织开展义务教育阶段学校“减负万里行”活动，切实减轻中小学生课业负担。

〔**中小学生学籍信息管理系统建设**〕 研究出台《西藏自治区中小学生学籍信息管理系统建设工作方案》，并做了全面部署，积极做好全区中小学生学籍信息管理系统建设工作。

〔**高中教育**〕 以培养学生创新精神和实践能力为重点，稳步推进新课程改革，全面落实课程改革方案，着力提高普通高中学生综合素质，促进学生全面而有个性的发展。召开全区普通高中教育教学工作研讨会。完成10所普通高中办学水平评估，进一步推动高中教育规范发展、内涵发展、特色发展。

〔**特殊教育**〕 重视新建特殊教育学校的办学、业务指导，重视特教师资成长。9月，选派日喀则地区特殊教育学校校长参加第七期“全国特殊教育学校校长研修班”。开展好“全国助残日”活动。5月19日，开展以“关心贫困残疾人，支持残疾人事业”为主题的残疾人就学、就业、资助等方面的宣传咨询活动。

职业教育与成人教育

〔**综述**〕 2013年，紧紧抓住大力发展职业教育，提高劳动者素质这个关键，调整专业结构，优化课程设置，大力培养高素质劳动者和技能型人才，职业教育基础能力建设取得新突破。

〔**推进职业教育教学改革**〕 继续实施职业院校教师素质提高计划自治区级培训项目，249 名骨干教师分别参加工艺美术、计算机应用技术、植物生产技术、旅游管理与服务、汽车运用与维修、职业技术教育学等专业培训。结合自治区农牧业、旅游服务业以及青藏铁路建设对技能型人才的需求，加快建设畜牧兽医、计算机、电工电子、铁路运输、建筑、旅游等重点专业，改革创新教学内容、教学方法和评价体系，加强教学管理，全面提高教学质量。

〔**进一步改善办学条件**〕 新建校舍 5 万余平方米，拉萨市第一中等职业技术学校、拉萨市第二中等职业技术学校和阿里地区中等职业学校批准建设。截至 2013 年年底，全区中等职业技术学校达 9 所。制定下发《自治区教育厅关于加快发展职业教育的意见》。开展第一批国家中等职业教育改革发展示范学校建设，对日喀则地区职业技术学校和山南地区职业技术学校进行了省级检查验收。

〔**中职生就业指导与服务**〕 按照“面向市场、自主择业、双向选择”的原则，建立中等职业学校毕业生就业服务信息网络平台和工作机制，加强与企业和人才劳务市场的紧密联系，广泛收集市场需求信息，为中职毕业生提供准确、快捷的就业信息服务和就业指导。在自治区人力资源和社会保障厅网站公布适合中职毕业生就业的招聘岗位 7 500 余个。

〔**抓好农牧民培训工作**〕 紧紧围绕“国家技能型人才培养培训工程”“农村劳动力转移培训工程”“农村实用技术培训工程”“成人继续教育和再就业培训工程”，加强农牧民培训工作。2013 年，累计开展 3 万人次的各类职业教育培训。

高 等 教 育

〔**综述**〕 2013 年，高等教育抓住“稳定规模，优化结构，内涵发展，提高质量”这个关键，引导高校科学定位、特色办学、提升内涵、提高质量，促进高校教学、科研协调发展，努力提升高等教育服务经济社会发展的能力。

〔**创新高校人才培养模式**〕 西南交通大学和西藏大学在“1＋2＋1”人才联合培养模式的基础上，建立了校企联合培养人才模式。

〔**加强学位和学科建设**〕 国务院学位委员会正式确定西藏大学为博士学位授权单位；西藏大学民族学、中国语言文学、生态学 3 个一级学科获博士学位授予权；新增 6 个学士学位授予专业；建设 50 个教学实验室、1 个教育信息化试点专项；进一步加强国家级重点学科、国家级重点（培育）学科建设。

〔**创新中心和示范中心建设**〕 认定“西藏信息化协同创新中心”、“西藏特色农牧资源研发协同创新中心”和“西藏民族文化传承发展协同创新中心”为自治区级“2011 协同创新中心”。西藏民族学院基础医学教学实验室被确定为国家级实验教学示范中心，西藏大学临床技能综合培训中心、西藏藏医学院药学实践教育基地成为教育部“本科教学工程”大学生校外实践教育基地。设立大学生创新实验计划 400 项，其中 100 项申报国家级大学生创新创业训练计划项目。开展高校教师专业实践实战能力提高计划，立项建设 200 项；新增高校教改项目 50 项。

〔**筹建西藏国际登山旅游学院**〕 协调自治区体育局、自治区旅游局和西藏大学筹建西藏国际登山旅游学院，并形成了《关于在西藏大学成立国际登山旅游学院的初步方案》。

〔**就业工作**〕 2013年，全区共有高校毕业生1 4379人，通过基层公务员和基层事业单位专业技术人员招录、专场招聘会等形式，95%以上的毕业生实现就业，其中85%是通过西藏基层公务员和事业单位专业技术人员的招录解决就业问题。

积极拓宽就业渠道。一是加强就业援藏工作力度。2013年，北京、浙江、辽宁、重庆、上海、江苏、福建等17个援藏省市举办10余场不同规模的高校毕业生专场招聘会，提供就业岗位5 700个；国务院国有资产监督管理委员会在西藏扶贫的17家中央企业招收2013届西藏籍高校毕业生近100人。二是拓宽自治区内就业渠道。自治区所属高校举办2场大型招聘会，提供就业岗位1 343个；通过西藏高校毕业生就业网网络招聘457人到中国农业银行西藏分行、中国烟草公司西藏分公司、中国人寿保险公司西藏分公司等驻藏中直单位工作。

撰稿 虞典墨 江长州

审稿 马升昌

陕西省教育

概　　况

〔基本情况〕

陕西省各级各类学校校数、教职工、专任教师情况

	学校数（所）	教职工数（人）	专任教师数（人）
一、高等教育	108	104 835	65 910
（一）研究生培养机构（不计校数）	52		
1. 普通高校	26		
2. 科研机构	26		
（二）普通高等学校	92	102 017	64 171
1. 本科院校	54	80 726	50 192
其中：独立学院	12	7 553	5 025
2. 高职（专科）院校	38	21 291	13 979
3. 其他机构（点）（不计校数）	2		
（三）成人高等学校	16	2 818	1 739
（四）民办的其他高等教育机构			
二、中等教育	2 821	247 542	195 553
（一）高中阶段教育	1 039	126 182	84 842
1. 高中	519	85 115	56 995
普通高中	511	85 059	56 952
完全中学	212	30 289	14 230
高级中学	261	48 516	41 042
十二年一贯制学校	38	6 254	1 680
成人高中	8	56	43
2. 中等职业教育	520	41 067	27 847
普通中专	45	5 649	3 464

续表

	学校数（所）	教职工数（人）	专任教师数（人）
成人中专	8	1 308	740
职业高中	263	19 380	14 128
技工学校	204	14 693	9 479
其他机构（教学点）（不计校数）	3	37	36
（二）初中阶段教育	1 782	121 360	110 711
1. 初中	1 741	121 109	110 505
初级中学	1 317	96 757	86 201
九年一贯制学校	424	24 352	11 685
十二年一贯制学校			1 702
完全中学			10 917
职业初中			
2. 成人初中	41	251	206
三、初等教育	9 091	166 696	164 623
（一）普通小学	7 356	163 908	162 841
小学	7 356	163 908	151 744
九年一贯制学校			9 746
十二年一贯制学校			1 351
（二）成人小学	1 735	2 788	1 782
其中：扫盲班	988	2 003	1 108
四、工读学校	1	40	20
五、特殊教育	50	1 173	956
六、学前教育	6 356	10 0518	57 583

注：①完全中学的学校数和教职工数计入高中阶段教育，九年一贯制学校的校数和教职工数计入初中阶段教育，十二年一贯制学校的校数和教职工数计入高中阶段教育，专任教师是按照教育层次划分归类；②“（ ）”内数据为不计校数。

陕西省各级各类学历教育学生情况

	毕业生数（人）	招生数（人）	在校生数（人）
一、高等教育			
（一）研究生	27 566	32 326	97 014
博士	2 269	3 562	16 785
硕士	25 297	28 764	80 229
（二）普通本专科	253 823	297 854	1 077 627
本科	136 062	171 768	687 369
专科	117 761	126 086	390 258
（三）成人本专科	69 467	57 005	180 967

续表

	毕业生数（人）	招生数（人）	在校生数（人）
本科	20 555	24 604	69 129
专科	48 912	32 401	111 838
（四）其他各类高等学历教育			
1. 在职人员攻读硕士学位		9 284	42 183
2. 网络本专科生	45 415	72 527	129 312
本科	20 217	30 889	55 115
专科	25 198	41 638	74 197
二、中等教育	1 036 301	897 426	2 716 131
（一）高中阶段教育	575 751	513 686	1 505 795
1. 高中	318 150	299 383	900 226
普通高中	317 569	299 383	899 424
完全中学	74 541	75 598	218 964
高级中学	233 956	214 806	653 762
十二年一贯制学校	9 072	8 979	26 698
成人高中	581		802
2. 中等职业教育	257 601	214 303	605 569
普通中专	44 145	30 374	107 875
成人中专	3 983	1 587	7 398
职业高中	129 191	132 023	339 585
技工学校	80 282	50 319	150 711
（二）初中阶段教育	460 550	383 740	1 210 336
1. 初中	455 934	383 740	1 201 851
初级中学	344 821	277 042	879 757
九年一贯制学校	39 968	35 484	111 252
十二年一贯制学校	9 117	10 040	28 668
完全中学	62 028	61 174	182 174
职业初中			
2. 成人初中	4 616		8 485
三、初等教育	505 242	388 081	2 367 826
（一）普通小学	400 469	388 081	2 273 275
小学	366 994	360 108	2 098 081
九年一贯制学校	27 837	22 895	145 060
十二年一贯制学校	5 638	5 078	30 134
（二）成人小学	104 773		94 551
其中：扫盲班	36 173		40 230

续表

	毕业生数（人）	招生数（人）	在校生数（人）
四、工读学校	10	13	42
五、特殊教育	1 109	1 278	6 494
六、学前教育	429 786	705 001	1 271 034

注：特殊教育学生数中包括普通中小学随班就读的学生。

陕西省各级各类非学历教育学生情况

	结业生数（人）	注册学生数（人）
总计	1 721 414	1 676 504
一、高等教育	148 878	114 733
（一）研究生课程进修班	438	400
（二）自考助学班	62	588
（三）普通预科生		509
（四）进修及培训	148 378	113 236
其中：资格证书培训	53 955	41 156
岗位证书培训	60 294	56 945
二、中等职业教育	1 572 536	1 561 771
其中：资格证书培训	229 354	194 728
岗位证书培训	277 769	298 938
（一）中等职业学校	185 057	101 234
其中：资格证书培训	59 793	47 760
岗位证书培训	50 531	29 947
（二）职业技术培训机构	1 387 479	1 460 537
其中：资格证书培训	169 561	146 968
岗位证书培训	227 238	268 991

陕西省各级各类民办教育基本情况

	学校数（所）	毕业生数（人）	招生数（人）	在校生数（人）	教职工数（人）	专任教师数（人）	其他学生数（人）
一、民办高等教育							
（一）民办高校	30	72 011	85 309	308 559	23 296	14 664	11 479
硕士			26	54			
本科学生		28 748	44 063	185 996			
专科学生		43 263	41 220	122 509			

续表

	学校数（所）	毕业生数（人）	招生数（人）	在校生数（人）	教职工数（人）	专任教师数（人）	其他学生数（人）
其中：独立学院	12	18 606	21 440	98 197	7 553	5 025	
本科学生		17 578	20 770	95 964			
专科学生		1 028	670	2 233			
（二）民办其他高等教育机构							
二、民办中等教育							
（一）高中阶段教育	207	66 200	61 897	174 675	18 396	12 434	
1. 民办普通高中	91	27 118	29 959	85 897	12 022	8 696	
2. 民办中等职业教育	116	39 082	31 938	88 778	6 374	3 738	15 973
（二）初中阶段教育	95	44 223	45 534	135 414	6 990	5 106	
1. 民办普通初中	95	44 223	45 534	135 414	6 990	5 106	
2. 民办职业初中							
三、民办普通小学	189	22 769	21 868	129 751	6 747	4 885	
四、民办幼儿园	4 598	227 738	393 933	772 885	70 217	37 821	
另有：民办培训机构（不计校数）	822				10 264	6 242	317 238

注：①“其他学生数”包括自考助学班学生、预科生、进修及培训学生数；②民办普通高中的教职工数和专任教师数中包含民办普通初中的教职工数和专任教师数；③民办中等职业教育数据中未含技工学校数据；④“（ ）”内数据为不计校数。

〔**召开全省教师工作大会**〕 2013年9月9日，全省教师工作大会召开，副省长庄长兴出席并讲话。会议全面落实了全国教师工作会议精神，明确了全省教师队伍建设的战略任务和工作要求。会议就加强全省中小学师德建设和骨干体系建设、校（园）长及教师培训和高校教师发展中心建设等出台了一系列政策。

〔**师德师风建设**〕 2013年，省教育厅下发《关于加强中小学师德师风建设工作的意见》《关于集中开展中小学师德师风专项教育学习和整顿活动的通知》等一系列文件，要求各地、各校建立健全教师职业道德建设和规范教育教学行为的工作、考核、监督和奖惩等四项机制，通过制定师德建设工作方案、完善师德考核标准和办法、建立师德档案和公开师德承诺、设立师德师风监督信箱和举报电话、实行师德校长负责制和“一票否决制”等，进一步加强师德师风建设。

开展评选师德先进个人、师德标兵、师德楷模、教书育人楷模以及中小学、幼儿园及特殊教育教学能手等多项活动；组织开展师德楷模进校园宣讲活动、寻找身边“张丽莉”大型公益活动，大力宣传和弘扬师德典型和先进事迹，创新了推荐遴选优秀教师的新机制。商洛中学教师刘占良当选2013年“全国教书育人楷模”，受到国务院副总理刘延东接见；陕西工业职业技术学院教授卢庆林、西安市大雁塔小学高级教师田延获“全国师德标兵”称号，受到教育部和中华全国总工会表彰；省教育厅还评选出全省首批16名师德楷模，并进行了表彰。

〔**普法宣传教育**〕 落实教育部等5部门《关于进一步加强青少年学生法制教育的若干意见的通知》，开展了“大力弘扬法治精神，共筑伟大中国梦”为主题的法制宣传活动。省教育厅印发《关于2013年在全省中小学校开展依法治校示范校创建活动的通知》，命名42所依法治校示范校。举办全省中小学依法治校示范校校长培训班，195名校长参加培训。组织全省62名法制教育业务骨干参加教育部培训。

〔**创建教育强县**〕 2013年，榆林市府谷县、商洛市山阳县、宝鸡市太白县、安康市宁陕县的教育强县创建工作通过验收；榆林市靖边县、宝鸡市渭滨区、安康市旬阳县教育强县（区）创建工作通过复查；认定38个教育强乡（镇）。截至2013年年底，全省被省政府命名的教育强县（区）共25个，被省教育厅命名的教育强乡镇共506个。

〔**县级学生资助管理中心标准化建设**〕 2013年，全省11个市（区）34个县级学生资助管理中心接受省级验收，全部达到规定的标准。

〔**体育卫生与艺术教育**〕 2013年，印发《陕西省人民政府办公厅转发省教育厅等部门关于进一步加强学校体育工作实施意见的通知》，省教育厅、省发展和改革委、省财政厅、省体育局联合编制《陕西省加强学校体育工作三年行动计划（2013—2015年）》，对未来三年全省学校体育工作提出明确目标任务和具体措施。试点中国传统体育项目（中国武术）、柔力球、学生智力运动、校园集体舞等新兴体育运动项目，丰富阳光体育运动内容，深入推进学校每天“两操两活动”、每天锻炼1小时和体育艺术2+1活动的落实。2013年，省教育厅运用学校突发公共卫生事件预警制度，全年发布5次预警，并及时上报教育要情，指导处置突发群体性事件。建立省教育厅、省卫生厅联席会议制度，定期研究学校卫生工作。2013年，继续组织高雅艺术进校园活动，共有国家京剧院、中央歌剧院、浙江昆剧团和省内西安音乐学院、西安音乐厅当代戏剧中心、陕西艺术职业学院、西安曲江文化演出集团等7个院团在20所学校演出22场，8万多名学生观看演出。2013年，命名13所学校为省级艺术示范学校；推荐西安市周至县、汉中市洋县、渭南市临渭区、延安市志丹县、商洛市洛南县为“全国农村学校艺术教育实验县”。

〔**实行民办学校分类管理与退出机制**〕 2013年，结合非营利性民办高校（助学机构）分类登记管理工作和完善民办高校法人治理结构，分别对18所民办普通高校决策机构及其组成人员进行备案，并确定为非营利性民办高校。9月，将陕西科技卫生学校等20所省管民办中职学校移交市级教育部门管理。制定“吊销办学许可证告知书”，清理丧失办学能力的民办学校，有5所办学活动停滞多年的民办教育机构被清理。

〔**成立陕西省民办教育协会**〕 1月6日，召开陕西省民办教育协会筹备成立暨第一次代表大会，中国民办教育协会会长王佐书、原副省长朱静芝出席会议并为协会揭牌。大会通过了《陕西省民办教育协会章程》《陕西省民办教育协会会费征收和管理办法》，选举产生了第一届理事会成员和领导机构。

〔**举办中华诵经典诵写讲活动**〕 2013年，全省教育系统举办了“中国梦・爱国情・成才志”中华诵经典诵写讲系列活动，评选出一等奖3个、二等奖6个、三等奖9个。另设中专组一等奖1个、二等奖1个、三等奖2个，并对获奖节目和优秀组织单位进行通报表彰。最终确定20个优秀节目于“第十六届全国推广普通话宣传周”活动期间进行汇报演出。本次活动历时近10个月，各级各类学校共举办2 000余场次诵读活动，7万余人参加。

〔**教育交流与合作**〕 完成教育部“千名中西部大学校长海外研修计划”第三期研修项目人员遴选工作，选派省属高校8名校级领导参加。组织实施“通过人文相见——中韩青年论坛”，从全省10所高校选拔100名优秀大学生及教师赴韩国交流学习。根据与新加坡淡马锡基金会、南洋理工学院国际部签署的合作协议，组织30所中职、高职院校实施了4期“陕西省职业教育师资赴新加坡培训项目”，先后选派128名教师赴新加坡培训。与美国美中校际交流组织合作，组织实施第二期“中美校长跟班互学项目”，推荐选拔7所中学校长赴美国俄勒冈州与当地7所学校校长或学区教育局局长结对交流。

2013 年，完成“中英校际连线”英国教育代表团和牙买加教育部长代表团的接待工作。全年共接待国（境）外教育代表团 20 批，合计 283 人。全年审批国际会议 8 个。全年共审批教育系统出国（境）团组 240 批、878 人次。2013 年，向国家汉语国际推广领导小组办公室申请西安外国语大学与美国普文农工大学合作建立孔子学院，获得批准。完成赴美国、泰国、菲律宾、西班牙、俄罗斯等国家汉语教师及志愿者的遴选、推荐工作，共推荐 171 人，录取 92 人。其中向国家汉办推荐公派汉语教师和孔子学院教师 38 人，录取 21 人；推荐汉语志愿者 133 人，录取 71 人。根据省教育厅与韩国江原道教育厅的协议，完成赴韩国汉语教师的选派工作，共选派 5 名教师赴韩国任教。

组织评审西安交通大学与香港科技大学合作设立非独立法人办学机构的申请，报请省政府同意并上报教育部审批。选派 3 名小学教师赴香港担任教学指导，同意延长 1 名教师在澳门担任指导教师 1 年。支持西北政法大学举办海峡两岸法律文化节活动。接待澳门劳工子弟学校访问团。鼓励高校接收港澳台地区的学生。教育部同意西北大学等 5 所高校招收港澳台地区的本科学生备案，3 所省属高校共招收 22 名港澳台地区的学生。加强高校赴台湾交换生的审核管理工作，共派出 445 名学生赴台湾高校学习。

〔语言文字工作〕　编制《陕西省贯彻〈国家中长期语言文字事业改革和发展规划纲要（2012—2020 年）〉实施方案》。18 个普通话水平测试站通过验收，使全省具备开展计算机辅助测试工作能力的测试站达 46 个。全年抽查普通话水平测试声音样本 10 000 多个，复审测试样本 4 000 个。完成安康市、延安市国家二类城市语言文字工作评估和 77 所学校语言文字规范化示范校评估。举办全省第五届普通话水平测试站站长研修班、第 42 期省级普通话水平测试员培训班和研修班。

基础教育

〔贯彻落实《3—6 岁儿童学习与发展指南》〕　2013 年，全省开展分层逐级培训，全面贯彻《3—6 岁儿童学习与发展指南》。制订培训方案，构建“行政推动、科研引领、专家指导、典型示范”为一体的省、市、县、园四级培训网络；坚持“以省级培训为指导，市、县培训为重点，园本培训为中心”的原则，采取骨干培训、远程培训、自学、专家指导、集体研修等多种方式，开展覆盖各级教育部门、教研部门及各级各类幼儿园管理者和教职工的全员培训。6 月，在陕西师范大学开展了两期共 200 余人参加的省级专项培训，并指导各市、县和幼儿园开展本级培训。

〔扶持普惠性民办幼儿园发展〕　2013 年，增加财政资金，大力扶持普惠性民办幼儿园发展，切实落实学前教育发展公办和民办并举措施。起草《普惠性民办幼儿园认定和管理办法（试行）》，对普惠性民办幼儿园的认定条件、申报程序、保障措施、管理监督等做出明确规定。印发《关于加强无证幼儿园、教育培训机构管理的通知》，对幼儿园和教育培训机构实行分类管理和预警机制，规范无证幼儿园和培训机构的办学行为。

〔推进义务教育均衡发展〕　2013 年，出台《陕西省人民政府关于贯彻〈国务院关于深入推进义务教育均衡发展的意见〉的实施办法》。积极推动西安市实施“大学区制改革”；在全省市辖区和有条件的地方启动实施了以义务教育为重点的基础教育学校管理机制改革实验；开展优质学校结对帮扶薄弱学校活动；进一步加强义务教育阶段农村留守儿童工作。

〔**普通高中骨干体系建设**〕 2013 年，继续按照“梯次推进、内涵发展、整体提高”的工作思路，积极推进普通高中骨干体系建设。对 11 所学校创建省级标准化高中进行评估，对 4 所学校创建省级示范高中工作进行初评，对 8 所学校创建省级示范高中工作进行复验。开展普通高中标准化学校联合督校活动，组织 64 名专家分 8 组对 8 个市的 27 所省级标准化高中进行督查，对每个市和每所学校形成督查报告，规范了办学行为，促进了普通高中的多样化和特色化发展。截至 2013 年年底，全省省级标准化高中达 310 所，占高中总数的 58.5%；省级示范高中达 45 所，占高中总数的 8.4%。

〔**启动“春笋计划”培养创新人才**〕 省教育厅启动 2012—2013 年度“春笋计划”。本期“春笋计划”实施范围由西安市扩大到全省 10 个市(区)、16 所高校、24 所普通高中，70 名高校专家、110 名高中教师、112 名高中学生参与其中。据统计，高校开放国家级、省级重点实验室 67 个，参观学生数累计超过 3 万人次，高校专家、院士和国外知名学者为 3 万余名高中学生做了 150 余场科普和学术报告，开展课题研究 95 项，5 篇课题研究报告在中文核心期刊发表，多名学生的工程应用类设计获第 28 届青少年科技创新大赛奖项。

〔**完善普通高中家庭经济困难学生资助体系**〕 2013 年，省教育厅将普通高中学生资助工作纳入学校办学水平评估，明确高中学校校长是学生资助工作第一责任人，学校争先评优及校长的考核奖励实行资助工作一票否决制。各普通高中成立了学校资助工作领导小组，配备专职工作人员；建立健全困难学生档案库，严格受助学生评选标准；规范助学金发放；足额提取使用校内资助经费、强化责任意识，逐步完善资助工作问责制。为督促落实普通高中助学金政策，重点抽查了榆林市榆阳区第一中学等 8 所学校的学生资助情况，对存在的问题提出整改要求。

〔**中小学骨干教师队伍建设**〕 2013 年，出台《关于加强中小学教师队伍骨干体系建设的意见》《关于改进和加强中小学校长、幼儿园园长培训工作的意见》《关于加强中小学教师培训工作的实施意见》《关于加强省属高等院校教师发展中心建设的指导意见》，对建立健全中小学教师队伍三级骨干体系建设，加强校长和教师培训提出了宏观规划和指导性意见。2013 年，省教育厅评选命名省级教学能手 851 名、省级特级教师 145 名，建立“优秀教学能手工作站”150 个。启动省级学科带头人建设项目，推荐培养学科带头人 220 名。加强骨干教师的专业培训，重点依托“国培计划”和省级培训项目，采取短期集中、脱产置换、送教下乡、省外研修等形式，为实施素质教育培养种子教师 5 万余名。启动教学能手和学科带头人的选拔培训，对 2 208 名省级教学能手进行了专项培训，为“优秀教学能手工作站”和“教学名师工作室”项目建设奠定了基础，项目投入经费达 937 万元；启动后备特级教师及骨干教师海外研修项目，第一次在全省遴选 42 名优秀教师赴新加坡开展高级研修。以特级教师、省级教学名师、学科带头人、教学能手为主体组建讲师团，组织实施“名师大篷车”行动计划，到基层学校特别是农村地区偏远学校开展“创新课堂大讲堂”活动，以骨干引领带动全员教育素质提升。

〔**中小学正高级教师职称评审**〕 作为全国中小学正高级教师职称评审 3 个试点省份之一，宝鸡市率先评出全国第一批 12 名中小学正高级教师。4 月，召开“陕西省深化中小学教师职称制度改革扩大试点工作视频会议”，决定从 2013 年起，在全省范围内扩大中小学教师职称制度改革试点，对改革内容、实施范围、工作重点、方法步骤等做出明确规定。2013 年，全省评审正高级中小学教师 94 名。

〔**学生营养改善计划**〕 截至 2013 年 10 月底，全省营养改善计划和“蛋奶工程”覆盖义务教育阶段学生 226.6 万人，占义务教育阶段学生总数的 68.3%。扩大 40 个县区实施营养改善计划地方试点，其余 24 个县区继续实施“蛋奶工程”。印发《陕西省农村义务教育学生营养餐配送中心试点项目规划建设指导意见》，在 15 个试点县区开展运行工作。7 月，在商洛市商州区召开学生营养餐配送中心现场推进会。进一步改进“蛋奶工程”实施工作，对以蛋奶为主的供餐模式进行适度调整，解决蛋奶食品单一、学生厌食现象。进一步完善月报表、实名制系统填报要求，建立营养改善计划月通报制度、志愿者服务制度等。

〔**全面实施中小学电子学籍管理**〕　2013 年，全面完成了全省中小学电子学籍管理数据采集工作，实现了全省自建系统和全国系统的数据交换，近 1 万所中小学、450 多万名学生全部实现电子学籍管理，成为全国第二个全面实施电子学籍管理的省份。

〔**12 个“双高双普”县（区）通过评估验收**〕　截至 2013 年年底，西安市户县、未央区，宝鸡市千阳县，延安市吴起县，榆林市靖边县、神木县、榆阳区，汉中市佛坪县、宁强县，安康市白河县，商洛市柞水县，渭南市合阳县等 12 个县（区）的“双高双普”工作通过评估验收。

〔**电子书包专题研究**〕　2013 年，全省加强中小学电子书包专题研究，推动电子书包试点项目。召开全省中小学电子书包应用交流现场会，有关市区教育局负责人、20 所试点学校校长、实验教师参会。开展全省电子书包试点项目阶段成果评选活动，评选出优秀课堂案例 43 节、教学设计 41 份、主题论文 64 篇。设立 24 个电子书包科研课题，聘请高校专家参与指导，试点学校开展实验，针对教学方式创新、思维发展、媒体应用、视力影响等热点问题进行研究。陕西省电子书包项目被教育部列入全国教育技术研究“十二五”规划重点课题。

〔**青少年校外教育**〕　2013 年，建成 5 所青少年校外活动中心；延安、渭南、安康 3 市获教育部、财政部批准的 2013 年市级青少年校外综合活动基地建设项目，共争取国家彩票公益金 9 000 万元；完成了对全省 33 所县级青少年校外活动中心能力提升项目评估工作，争取项目资金 1 900 万元；对延安市因暴雨受灾的青少年活动中心进行灾情统计和灾后援助。全年举办 11 期青少年校外活动中心骨干教师培训班，培训学员 1 160 余人次。

职业教育与成人教育

〔**中职示范校建设**〕　省教育厅印发《关于加快推进陕西省国家中等职业教育改革发展示范学校建设项目的意见》，召开国家中等职业教育改革发展示范学校建设工作推进会，对首批立项建设的 9 所国家中职示范校建设工作进行检查评估，并接受了国家评估验收。同时对第二批立项建设的国家中职示范校进行了中期评估，全面指导各立项学校的建设工作。

〔**调整中等职业教育体系**〕　重点建设 51 所县级职业教育中心。省级财政投入 5 680 万元，用于县级职教中心实施专业性实训基地、示范学校、示范专业及农业示范县等项目建设。省教育厅印发《关于支持重点建设的县级职业教育中心的若干意见》，提出在职业教育建设项目、资金、中职与高职合作办学等方面给予重点支持。推进中等职业教育资源整合，省教育厅出台《关于推进职业教育资源整合的实施意见》，以市为主整合职业教育资源，进一步优化中职学校布局结构。依据《中等职业学校设置标准》，开展了中职学校达标验收活动。

〔**基础能力建设**〕　全年安排综合性实训基地

建设项目5个、专业性项目12个，支持11所省级示范性中职学校建设数字化校园。建设省级示范专业30个、省级精品课程38门，支持示范性职业教育集团化办学6个。

〔**启动现代农业职业教育改革试验区建设**〕 省教育厅、省农业厅等5厅局共同印发《陕西省现代农业职业教育改革试验区的实施意见》，启动了现代农业职教改革试验区工作。开展现代农业职业教育发展工程示范县创建工作，省级财政下达项目资金1 000万元，推动10个现代农业职教发展工程示范县建设。先后印发《关于督查2013年陕西省现代农业职业教育发展工程示范县创建工作的通知》《关于开展2013年陕西省现代农业职业教育发展工程示范县评估验收的通知》，组织专家对现代农业职教发展工程示范县进行督查及评估验收。

〔**推进职业教育集团化办学**〕 一是组织开展试点及试点项目的检查评估。二是加快职业教育集团化办学制度建设，起草《陕西省职业教育校企合作促进条例》。三是加强职业教育集团化办学研究，16项职业教育集团化办学试点项目课题结题，编辑出版《陕西职业教育集团化办学试点项目实施方案集》和《职业教育专项课题研究集》。2013年，新组建宝鸡、延安、渭南等3个区域性职业教育集团。

〔**加强五年制高等职业教育管理**〕 省教育厅印发《陕西省五年制高等职业教育管理暂行办法》，对五年制高职教育管理提出规范要求，重点加强中职、高职教育在培养目标、专业内涵、教学条件等方面的延续与衔接。完善五年制高职教学管理与评价方案，省教育厅印发《关于开展"三二连读"五年制高职教育质量评估工作的通知》，组织开展对中职、高职五年制连读教学质量评估。

〔**高等职业院校建设**〕 全省继续加强高等职业院校基础能力建设，对省级高职示范性实训基地和省级高职重点专业建设进行审核遴选，确定28个省级高职示范性实训基地和42个重点专业。持续开展示范性高职院校建设，对陕西国防工业职业技术学院申报的"国家级骨干高职院校建设项目"进行省级验收，指导学校按照省级验收专家组意见改进工作，最终在教育部、财政部组织的国家级验收中取得了"优秀"等级。开展人才培养工作的评估，完成对陕西经济管理职业技术学院等5所高职院校人才培养的评估回访；对陕西电子科技职业学院和陕西旅游烹饪职业学院人才培养工作进行了评估。

〔**高职院校单独招生**〕 全省6所国家示范性高职院校单独招生5 521名。首次允许"三校生"（中等专业学校、职业高中、技工学校）毕业生参加国家示范性高职院校单独招生考试录取；对"三校生"中参加国家及省级技能大赛获奖的毕业生放宽入学条件，录取结果均在各学校网站进行公示。

〔**社区教育实验项目建设**〕 确定省级社区教育实验项目43个，有11个实验项目进入全国社区教育实验项目。西安市未央区、宝鸡市渭滨区成为全国社区教育实验区，西安市莲湖区成为全国社区教育示范区。

〔**开展全民终身学习活动周活动**〕 全省19个市、区、县开展了全民终身学习活动周活动。宝鸡市首次开展评选表彰"百姓学习之星"活动，推荐的5名"百姓学习之星"受到全国表彰。

高 等 教 育

〔**学科建设**〕 省教育厅组织高校积极参加教育部学位与研究生教育发展中心组织的学科评估，

共有20所高校、198个学科申请参评，其中博士学位授权学科72个。评估结果表明，全省通过高水平大学建设和重点学科专项资金的支持，学科整体水平得以提升。

〔**专业建设**〕　印发《陕西省普通高等学校本科专业设置与管理实施办法（试行）》。组织专家对41所高校申报的147个拟新增专业进行审核审议，最终确定向教育部报送113个专业进行备案审批，其中备案专业108个、审批专业5个。组织专家对全省37所高职院校报送的118个目录内专业（含医学类）进行审议，最后批准2014年度增设会计等74个高职高专专业；撤销陕西工业职业技术学院等3所院校的6个专业；批准陕西交通职业技术学院等6所院校增设会展策划与管理专业等8个目录外专业，推荐西安职业技术学院等11所院校增设学前教育等14个国家控制专业并报教育部审批。组织专家对高校申报的124个拟新增高等继续教育专业进行审核和论证，最终审批37所高校的83个本、专科专业。

〔**巩固本科教学基础地位**〕　专业综合改革试点项目建设。各本科高校共报送专业综合改革试点项目315项，经专家审核，遴选出省级项目91项，推荐申报国家级项目26项。围绕专业综合改革试点项目建设内容细化工作，遴选出省级教学团队104个、省级人才培养模式创新实验区54个、省级实验教学中心51个、省级精品资源共享课154门。推荐申报国家级精品资源共享课64门、国家级实验教学示范中心5个。培育大学生校外实践教育基地。各本科高校共报送省级大学生校外实践教育基地建设项目73个，经专家审核，遴选出省级大学生校外实践教育基地48个。确定西北农林科技大学博览园为大学生农业标准化实践教育基地。培育建设虚拟仿真实验教学中心。全省本科高校共申报国家级虚拟仿真实验教学中心14个，经专家审核，推荐西安理工大学工程实践虚拟仿真教学中心等5个示范中心申报国家级仿真实验教学示范中心。精品视频公开课建设。各本科高校共报送精品视频公开课17门，经专家审核，推荐申报国家级精品视频公开课7门。组织实施大学生创新创业训练计划。各本科高校共报送大学生创新创业训练计划省级项目2 144项、国家级项目680项。经专家审核，遴选出省级项目2 107项，推荐申报国家级项目450项。开展优秀教材评选工作。各高校共报送教材209种，经专家审核，遴选出省级优秀教材一等奖34种、二等奖71种。

〔**本专科教学改革研究项目**〕　2013年，开展2011年度全省普通本科高校教学改革研究项目验收工作，验收省级教改项目302项，其中本科项目182项、高职项目75项、高等继续教育项目45项。在此基础上，开展2013年省级教改项目立项，审核遴选出普通本科高校（含民办高校）教改项目185项、高等职业教育教改项目67项、高等继续教育教改项目32项。

〔**推进“卓越人才培养计划”项目**〕　一是督促实施“卓越工程师教育培养计划”的12所高校落实相关政策和配套经费。二是指导实施“卓越医生培养计划”的相关高校制订科学的工作方案。三是指导相关高校做好“卓越法律人才培养计划”，实施高等学校与法律实务部门人员互聘“双千计划”，遴选出西北政法大学等6所高校的10位教师到政法部门兼职或挂职，同时安排政法部门的10位法务工作人员到9所高校兼职或挂职；四是组织实施高校与新闻单位从业人员互聘“双千计划”。

〔**学位授权**〕　2013年，西安工业大学、西安外国语大学获批博士学位授权单位，宝鸡文理学院获批硕士学位授权单位。西安工业大学的机械工程、光学工程、材料科学与工程和西安外国语大学的外国语言文学获批博士学位授权一级学科；宝鸡文理学院的中国语言文学、化学、地理学获批硕士学位授权一级学科。开展学士学位授权单位新增学士学位授权审核工作，有35所高校82个专业新增为学士学位授权专业。截至2013年年底，全省共有51个学士学位授权单位、1 617个学士学位授权专业。

〔**实施高校哲学社会科学繁荣计划**〕 召开第二批陕西（高校）哲学社会科学重点研究基地的工作座谈会，总结交流全省首批高校哲学社会科学重点研究基地工作经验，学习《陕西（高校）哲学社会科学重点研究基地评估方案（试行）》，并对研究基地下一步的工作进行部署。对第三批陕西（高校）哲学社会科学重点研究基地进行验收，8 个研究基地全部通过验收。组织高校开展哲学社会科学学报名栏建设第三批申报工作，共向教育部申报 6 个学报名栏。

〔**科技成果转化**〕 组织西安交通大学、西北工业大学、西安电子科技大学等 13 所高校参加第十七届中国东西部合作与投资贸易洽谈会，将具有高科技和引领性的先进科技成果进行展示。举办第二十一届科技之春宣传月活动。组织 40 多所高校参加第八届中国西安科学技术产业博览会暨首届陕西省家庭机器人竞赛。省教育厅与省科技厅、省环保厅联合组织陕西省科普日宣传活动，以西安交通大学为主会场，组织 5 所高校参加科普宣传活动。11 月 26 日，组织西安交通大学等 17 所高校参加宝鸡市“引进高层次人才暨产学研项目对接会”。11 月 22—23 日，组织西安交通大学等 20 余所高校与江苏省如东县在西安市举行了人才科技对接会，与企业签订合作项目，金额达 1 760 万元。如东县政府与西安工程大学签署了全面战略性合作协议，如东县人力资源与社会保障局与西北大学签署了人才引进培养战略性合作协议。11 月 27 日，省教育厅联合省工业和信息化厅、省国有资产监督管理委员会、省知识产权局等部门在西北大学举办了“校企合作科技成果对接洽谈会”。

〔**推动高校创新能力提升计划**〕 印发《陕西高等学校创新能力提升计划实施方案》，积极落实“2011 协同创新中心”建设资金。开展 2013 年省级“2011 协同创新中心”评审认定工作，经组织专家评审，认定 18 个协同创新中心。开展“2011 协同创新中心”建设情况调研，根据调研结果，向教育部提交了 3 个区域建设协同创新中心的需求计划。

〔**实施“新世纪优秀人才支持计划”**〕 完成 2013 年“新世纪优秀人才支持计划”和创新团队发展计划的组织申报工作，向教育部推荐优秀人才 19 名、创新团队 4 个。

〔**高层次人才培养**〕 推荐西安建筑科技大学教授王晓昌和西安科技大学教授伍永平为中国工程院院士候选人，推荐 22 人参评重点领域顶尖人才。全省有 7 位教授入选 2012 年度“长江学者”特聘教授，7 位教授入选 2012 年度“长江学者”讲座教授，7 人入选国家“百千万人才工程”人选。西安邮电大学、西安石油大学和陕西中医学院附属医院等 3 家单位获批陕西省博士后创新基地。

〔**实施民办高校能力提升工程**〕 全省各民办高校实施办学能力提升工程，利用省财政 3 亿元专项资金，设立工程实施项目，狠抓教育教学质量、科研能力、教师队伍三项建设。西安外事学院、西安欧亚学院、西安培华学院、西安翻译学院先后接受了教育部本科教学水平合格评估。推动民办高校和公办高校之间的交流与合作。2013 年，西安外事学院与陕西师范大学，西安翻译学院与西安通信学院、西北大学，西安思源学院与西安交通大学等签订对口帮扶协议，公办高校在教师培训、学科建设、科学研究和教育教学管理等方面对民办高校进行帮扶。

〔**推进高校章程建设**〕 召开陕西省高等学校章程核准委员会专家咨询小组会议，对 9 所高校章程进行了审查。召开两次省高等学校章程核准委员会会议，对西北大学等 6 所高校章程进行评议，已正式行文核准并向教育部报送备案。增加西北大学等 4 所高校为大学章程制定试点单位。

〔**高校招生制度改革**〕 省教育厅、省发展和改革委、省公安厅、省人力资源和社会保障厅印发《进城务工人员随迁子女接受义务教育后在陕参加升学考试方案》和实施细则，对 6 所高职院校单独招生工作提出具体要求，草拟了《陕西省高等职业教育考试招生制度改革方案》征求意见稿。

〔**高校结对帮扶县级资助中心工作**〕 截至2013年10月底，全省88所普通高校为县级资助中心投入总价值321.56万元的设备。

〔**实施“春晖计划”**〕 做好教育部“春晖计划”2013全法中国科协陕西行活动，接待法国多所高校和实验室共11名旅法华人专家；与全法中国科技工作者协会签订5年期合作协议，双方建立“春晖计划”中法学者陕西合作创新基地。接待美国首个州级华人教授协会——罗得岛州华人教授协会6名教授，利用教育部“春晖计划”项目资助其回国服务，与省内6所高校开展对口交流。

〔**留学生工作**〕 2013年，在陕西省就读的外国留学生达7 000余人。西北大学获教育部批准，成为来华留学中国政府奖学金招生资格院校。截至2013年年底，全省共有9所高校获“接受中国政府奖学金留学生院校资格”。参与教育部组织的“留动中国——在华留学生阳光运动文化之旅”活动，西安交通大学获九州赛区第一名并进入全国总决赛。举办“我与‘中国梦’”征文活动，开展了以“我在中国的留学生活”为主题的全省第八届外国留学生演讲比赛。下发《关于做好外国留学生管理工作的通知》，要求学校做好外国留学生的管理工作。

〔**成人高等继续教育优质教学资源建设**〕 全省继续推进课程认证、学分积累和转换机制改革试点，不断扩大成人高等继续教育优质教学资源。制定《陕西高等继续教育学分银行院校公约》，组织协调省内17所省属、部属高校在陕西师范大学共同签署了学分银行院校公约。召开“陕西省高等继续教育学会筹备成立大会暨第一次会员代表大会”。大会通过了《陕西省高等继续教育学会章程》《陕西省高等继续教育学会会费收缴使用管理办法》，选举产生了陕西省高等继续教育学会第一届理事会成员和领导机构。近30所高校及有关机构从事高等继续教育的负责人、专家共120多人参加了大会。

撰稿 杨建文 刘 民
审稿 曹普选 石光华 齐管社

甘肃省教育

概　　况

〔基本情况〕

甘肃省各级各类学校校数、教职工、专任教师情况

	学校数（所）	教职工数（人）	专任教师数（人）
一、高等教育	48	36 644	25 029
（一）研究生培养机构（不计校数）	18		
1. 普通高校	10		
2. 科研机构	8		
（二）普通高等学校	42	35 582	24 384
1. 本科院校	21	26 613	17 626
其中：独立学院	5	3 556	2 601
2. 高职（专科）院校	21	8 969	6 758
3. 其他机构（点）（不计校数）			
（三）成人高等学校	6	619	436
（四）民办的其他高等教育机构	30	443	209
二、中等教育	2 376	175 121	147 582
（一）高中阶段教育	770	86 237	62 191
1. 高中	430	60 852	42 912
普通高中	428	60 400	42 469
完全中学	217	25 528	12 079
高级中学	199	33 875	30 039
十二年一贯制学校	12	997	351
成人高中	2	452	443
2. 中等职业教育	340	25 385	19 279
普通中专	125	13 705	10 440

续表

	学校数（所）	教职工数（人）	专任教师数（人）
成人中专	33	1 691	923
职业高中	102	5 332	4 570
技工学校	80	4 560	3 271
其他机构（教学点）（不计校数）	12	97	75
（二）初中阶段教育	1 606	88 884	85 391
1. 初中	1 561	87 759	84 348
初级中学	1 041	63 202	59 701
九年一贯制学校	519	24 549	13 739
十二年一贯制学校			241
完全中学			10 661
职业初中	1	8	6
2. 成人初中	45	1 125	1 043
三、初等教育	14 601	143 696	145 342
（一）普通小学	9 640	134 468	140 414
小学	9 640	134 468	130 375
九年一贯制学校			9 809
十二年一贯制学校			230
（二）成人小学	4 961	9 228	4 928
其中：扫盲班	3 916	6 780	2 929
四、工读学校			
五、特殊教育	32	784	692
六、学前教育	3 141	30 370	20 621

注：①完全中学的学校数和教职工数计入高中阶段教育，九年一贯制学校的校数和教职工数计入初中阶段教育，十二年一贯制学校的校数和教职工数计入高中阶段教育，专任教师是按照教育层次划分归类；②“（ ）”内数据为不计校数。

甘肃省各级各类学历教育学生情况

	毕业生数（人）	招生数（人）	在校生数（人）
一、高等教育			
（一）研究生	8 629	10 116	29 412
博士	762	973	3 746
硕士	7 867	9 143	25 666
（二）普通本专科	109 192	122 285	442 963
本科	60 848	71 619	280 071
专科	48 344	50 666	162 892
（三）成人本专科	28 978	33 450	93 056

续表

	毕业生数（人）	招生数（人）	在校生数（人）
本科	10 904	13 166	39 600
专科	18 074	20 284	53 456
（四）其他各类高等学历教育			
1. 在职人员攻读硕士学位		1531	5 033
2. 网络本专科生	11 267	21 345	46 518
本科	5 066	9 647	23 406
专科	6 201	11 698	23 112
二、中等教育	806 395	668 437	2 117 933
（一）高中阶段教育	377 061	334 149	1 043 549
1. 高中	225 171	218 143	674 516
普通高中	216 530	218 143	666 556
完全中学	63 886	61 257	187 396
高级中学	151 323	154 826	473 949
十二年一贯制学校	1 321	2 060	5 211
成人高中	8 641		7 960
2. 中等职业教育	151 890	116 006	369 033
普通中专	64 896	63 627	191 223
成人中专	13 240	12 049	32 805
职业高中	26 907	22 928	65 503
技工学校	46 847	17 402	79 502
（二）初中阶段教育	429 334	334 288	1 074 384
1. 初中	419 502	334 288	1 035 940
初级中学	295 389	234 387	732 708
九年一贯制学校	60 577	48 928	146 906
十二年一贯制学校	894	1 372	3 523
完全中学	62 629	49 590	152 763
职业初中	13	11	40
2. 成人初中	9 832		38 444
三、初等教育	507 241	320 908	2 023 355
（一）普通小学	370 601	320 908	1 867 268
小学	339 286	299 033	1 724 008
九年一贯制学校	30 781	21 219	139 487
十二年一贯制学校	534	656	3 773
（二）成人小学	136 640		156 087
其中：扫盲班	102 986		149 960

续表

	毕业生数（人）	招生数（人）	在校生数（人）
四、工读学校			
五、特殊教育	831	1 409	8 396
六、学前教育	225 828	307 644	549 800

注：特殊教育学生数中包括普通中小学随班就读的学生。

甘肃省各级各类非学历教育学生情况

	结业生数（人）	注册学生数（人）
总计	768 336	771 598
一、高等教育	186 833	196 376
（一）研究生课程进修班	258	333
（二）自考助学班	1 129	5 053
（三）普通预科生		2 202
（四）进修及培训	185 446	188 788
其中：资格证书培训	151 365	151 496
岗位证书培训	33 007	34 423
二、中等职业教育	581 503	575 222
其中：资格证书培训	178 341	169 321
岗位证书培训	102 269	91 326
（一）中等职业学校	86 404	41 166
其中：资格证书培训	49 507	26 838
岗位证书培训	20 134	4 433
（二）职业技术培训机构	495 099	534 056
其中：资格证书培训	128 834	142 483
岗位证书培训	82 135	86 893

甘肃省各级各类民办教育基本情况

	学校数（所）	毕业生数（人）	招生数（人）	在校生数（人）	教职工数（人）	专任教师数（人）	其他学生数（人）
一、民办高等教育							
（一）民办高校	6				4 077	2 982	47
硕士							
本科学生		10 760	11 793	51 281			
专科学生		2 189	2 870	9 168			

续表

	学校数（所）	毕业生数（人）	招生数（人）	在校生数（人）	教职工数（人）	专任教师数（人）	其他学生数（人）
其中：独立学院	5	10 760	11 793	51 281	3 556	2 601	47
本科学生		10 760	11 793	51 281			
专科学生							
（二）民办其他高等教育机构	30				443	209	5 614
二、民办中等教育							
（一）高中阶段教育	89	20 358	17 354	51 847	3 718	2 746	
1. 民办普通高中	57	13 049	10 848	33 946	2 348	1 816	
2. 民办中等职业教育	32	7 309	6 506	17 901	1 370	930	1 229
（二）初中阶段教育	17	4 913	4 841	14 583	983	737	
1. 民办普通初中	17	4 913	4 841	14 583	983	737	
2. 民办职业初中							
三、民办普通小学	8	1 581	891	7 202	169	123	
四、民办幼儿园	1 528	77 808	106 461	223 969	14 714	8 677	
另有：民办培训机构（不计校数）	138				1 073	650	38 628

注：①“其他学生数”包括自考助学班学生、预科生、进修及培训学生数；②民办普通高中的教职工数和专任教师数中包含民办普通初中的教职工数和专任教师数；③民办中等职业教育数据中未含技工学校数据；④“（ ）”内数据为不计校数。

〔**综述**〕 全省教育系统深入学习贯彻党的十八大、十八届三中全会精神，认真落实教育规划纲要，着力深化教育改革，努力提升教育质量，不断促进教育公平，结合党的群众路线教育实践活动，助推经济转型跨越和富民兴陇事业，各级各类教育发展水平稳步提升，全省教育事业呈现出持续健康协调发展的良好局面。

〔**教育体制改革**〕 整合优化原有12项国家教育体制改革项目和5项省级教育体制改革项目，从7个综合改革方向有序推进。启动现代大学制度建设和探索政校分开、管办分离的改革试点，扎实推进各级各类教育协调发展。制定普通高校生均经费基本标准和生均财政拨款基本标准、完善寄宿制学校管理体制与机制、创新高校产学研结合等试点工作。探索多渠道筹措教育经费长效机制、探索政府收入统筹用于支持教育的办法。组织专家对各试点项目进行阶段性总结分析，进一步完善项目后续工作，着手对重点成果进行二次挖掘，打造全省教育改革亮点。

〔**教师队伍建设**〕 确定2013年为全省师德师风建设年，以八项活动为载体，深入开展师德师风建设年系列活动。评选出“陇原师德标兵”“陇原最美乡村教师”“陇原最美乡村校长”各10名，评选出“陇原师德先进个人”“陇原优秀乡村教师”“陇原优秀乡村校长”各100名。省委书记王三运、省长刘伟平出席全省庆祝第29个教师节优秀教师暨爱心基金会代表座谈会，对德美教师和爱心基金会进行表彰。组织330名德美教师到北京市、上海市、福建省接受培训。2013年，1名教师获“全国教书育人楷模”称号、2名教师获“全国师德标兵”称号，实现了这2项荣誉零的突破。强化师德建设，把师德表现纳入教师日常行为规范和年度考核体系，逐步构建起“三纳入两渗透一否决”（把师德表现纳入教师日常行为规范、纳入年度考核指标、纳入评价监督体系，将师德和心理健康及法制教育内容渗透在各级各类培训中、将德育教育渗透在教师日常教育教学行为中，实行师德师风表现一票否决制）师德师风建设长效机制。制定印发《甘肃省教师公约》《甘肃省师德师风十查十看》《甘肃省新教师入职宣誓誓词》。广泛开展主题艺术、征文等赛事活动，汇编出版《陇原师魂》德美教师先进事迹集和《中国梦·我心目中的好老师》获奖文集。推进新教师入职宣誓仪式长效化。组织“实现价值·成就梦想”德美教师先进事迹报告团下基层巡回演讲活动，广泛宣传先进经验和感人事迹。全年补充招录各级各类教师 6 717 名，各类培训及公益基金投入达 8 100 万元，培训各级各类教师达 9.2 万人。

〔**学生资助工作**〕　为 19.4 万名学生办理生源地信用助学贷款 10.4 亿元，助学贷款人数较 2012 年增长 6.6%，贷款金额年度同比增长 8 个百分点。共拨付 8.03 亿元国家奖助学金，惠及品学兼优和家庭经济困难普通高中学生 19.9 万人次、中职学生 13.3 万人次、普通高校学生 12.3 万人、硕士研究生 350 人、博士研究生 41 人。下达中职免学费补助金 2.36 亿元，受益学生达 19.95 万人次。建立学前一年教育资助制度，下达生活补助资金 790 万元，1.32 万名家庭经济困难幼儿获补助。其他各类资助计划和基金会项目投入 5 031 万元，资助学生 1.8 万人、教师 3 000 人。加强硬件保障，累计在 83 个县建立了标准化学生资助管理中心。全省高校积极统筹经费，发放校内奖、助学金 7 940 万元，享受学生达 18.15 万人次。设立 1.07 万个勤工助学岗位，为家庭经济困难学生提供助学经费 730 万元，为 453 名家庭经济特别困难学生减免学费。685 名应征入伍的省属高校学生享受到 802 万元学费补偿或国家助学贷款代偿。

〔**教育督导**〕　筹建成立甘肃省基础教育质量监测与评价指导委员会和甘肃省基础教育质量监测与评价中心，加强基础教育质量监测工作。全省中小学实行责任督学挂牌督导制度，加强对中小学校监督指导。印发《甘肃省学前教育督导评估实施方案》，制定《甘肃省义务教育学校办学基本标准督导评估实施办法（试行）》《甘肃省县域义务教育基本均衡发展县督导评估实施细则》，建立起县域义务教育均衡发展督导评估制度体系。组织专家对全省高职高专开展督导调研，对承担“国培计划”任务的教师培训机构进行专项检查。完成市（州）政府教育目标责任考核和县级政府教育工作督导评估。

〔**体育与艺术教育**〕　实施“建立阳光体育运动长效机制”国家级试点项目，大力推广张掖市甘州区“一校一品牌”“一班一品牌”阳光体育运动的经验和做法，以点带面推进全省中小学阳光体育运动。举办全省第二届中学生运动会。组织参加全国第四届中小学生艺术展演活动，共获各类一等奖 16 个、二等奖 23 个。组织开展高雅艺术进校园活动，中央歌剧院等艺术团体先后到省内 11 所高校巡回演出。

〔**教育信息化建设**〕　建成全省国家教育考试标准化考点，考点网上巡查监控系统覆盖 14 个市级平台、108 个保密室监控、308 个考点和 1.5 万个考场。建成甘肃省教育资源公共服务平台和教育管理公共服务平台。建成贯通省、市、县、学前机构四级学前教育信息管理系统。全面完成全省中小学学籍管理信息系统的建立和数据采集工作，学生学籍管理实现电子化。通过宽带网络接入、无线接入、配送数字教育资源等方式，全省 3 142 个教学点实现数字教育资源全覆盖，建成 552 个“班班通”示范学校省级教学资源平台。

〔**学校安全工作**〕　召开全省市（州）教育局长会议，专题部署学校安全工作。春季、秋季开学前分别对学校开学前准备工作进行检查。3 月和 9 月，开展了“综治宣传月”活动。指导各地加强学校公共卫生防疫工作，先后多次开展学校安全大检查、专项督查和暗访，全面消除安全隐患。采用广覆盖宣传、多形式教育和针对性演练，全方位进行安全知识教育。实行重大节假日和敏感节点领导带班和 24 小时值班制度及“零报告”制度，全年报送应急信息49期。层层落实营养餐安全管理责任，各地各校普遍建立了学生健康档案。制订平安校园创建活动实施方案和评估标准，启动全省平安校园创建活动。推动校车管理工作制度化、规范化，以省政府名义印发《甘肃省校车安全管理办法》，做到校车管理有法可依。

〔**民族教育**〕　就加快甘南藏族自治州学前教育、中职教育和双语教育发展提出3个方案，并积极争取教育部支持。出台《甘肃省教育厅支持临夏回族自治州教育跨越发展行动计划（2013—2020年）》和《甘肃省教育厅支持甘南藏族自治州教育跨越发展行动计划（2013—2020年）》，重点解决学前教育、职业教育发展滞后和教师队伍建设问题。继续实施藏区“9＋3”免费职业教育项目，完成藏区1 000人招生计划。认真实施2013年少数民族高层次骨干人才研究生培养计划。积极开展与新疆维吾尔自治区、内蒙古自治区和青海省普通高校对等招生，招生72人。全面开展少数民族双语教师和骨干教师培训，累计培训民族地区教师1 780人。开展学校民族团结教育，省教育厅被评为“全省民族团结进步创建活动示范单位”。

〔**民办教育**〕　2013年，全省新建民办学校（含非学历培训机构）58所，民办学校达2 269所，在校生50.3万人，专职教师1.89万人，年培训达18.5万人次。制定《甘肃省民办幼儿园管理暂行办法》，引导规范民办学前教育健康发展。举办民办幼儿园园长培训班，培训340人。开展民办学校办学质量监测、招生简章、广告备案及办学许可证年检工作。将民办教育纳入全省教育督导体系，加强民办教育督导检查，进一步规范民办学校办学行为。

〔**党的群众路线教育实践活动**〕　从7月开始，在省教育厅和28家直属单位深入开展了党的群众路线教育实践活动，完成活动三个环节的各项任务。全面落实中央政治局关于改进工作作风、密切联系群众的八项规定和《中共甘肃省委办公厅甘肃省人民政府办公厅关于贯彻落实习近平总书记重要批示厉行勤俭节约反对铺张浪费的实施意见》，出台《中共甘肃省委关于改进工作作风密切联系群众的十项规定》及实施意见。把群众路线与推进效能风暴相结合，认真落实省教育厅“1185”学习计划（每年召开1次省教育厅党组务虚会、举办1次中层干部理论研讨班、举办8次省教育厅党组中心理论组学习、选印5本学习材料）、“2212”联系群众计划（正处级以上干部建立2个联系点、正处级以上干部每年提交1份调查报告和做1次报告、各处室每年至少召开1次座谈会、正处级以上干部要与2位教育系统以外人员建立长期交流关系，征求意见建议），制订整改落实方案，采取51项措施，全面推进整改工作。实行领导班子“十带头”集体承诺，面向社会公开做出5项承诺，下决心解决师德师风、教育收费、学生课业负担过重、“上好学”难、校园安全等突出问题。大力改进会风文风，着力转变作风。2013年，省教育厅下发文件数比2012年减少38.4％，各类信息简报整合为1种，各类全省性会议比2012年减少45％，“三公”经费比2012年降低15.1％。省教育厅直属单位发文比2012年减少28.64％，会议减少31.3％。一律停止新建楼堂馆所，清理腾退办公用房。因公出国（境）比2012年下降50％。受理各类来访309件，按期办结273件，办结率达88.3％。及时办理人民网网络留言16条，两次“阳光在线”受理咨询投诉66件全部办结，满意率达100％，效能风暴年度民主评议效果较2012年有明显提升。通过教育实践活动，省教育厅新制定制度8项，修订完善6项，保留11项，废止8项，建立起巩固活动成果、转变作风的长效机制。

〔**党风廉政建设**〕　组织各级教育行政部门和学校层层签订《党风廉政建设责任书》《教育收费治理工作责任书》，加强督导检查和责任考核，形成了教育系统反腐倡廉责任体系。着力构建权责清晰的廉政风险防控机制，梳理职权“清单”、规范权力流程、排查廉政风险点、确定风险等级等各阶段工作全面完成。召开全省高校反腐倡廉工作座谈会，确保“三重一大”决策制度等各项制度措施落到实处。

〔**依法行政**〕　推进教育领域行政审批改革，再次清理下放现行审批项目，只保留行政许可项目9项。全面梳理涉及教育行政处罚项目，细化处罚标准，制定适用办法、实施标准和行政执法责任制实施方案。配合省人大常委会对新修订的《中华人民共和国义务教育法》和《甘肃省义务教育条例》贯彻实施情况进行全面检查。开展学前教育和民办教育立法调研，草拟《甘肃省学前教育条例（草案）》和《甘肃省民办教育发展条例（草案）》。开展"减负万里行"活动，整治违规补课行为，通报违规补课学校和个人。采取8项措施整治教育乱收费，梳理出省级教育部门收费项目17类96项，涉及教育社团收费项目11项，开展教育乱收费专项治理，通报乱收费典型案例7起、查处案件35起，涉案金额439.8万元，处理35人。

〔**信息公开**〕　不断加大政府信息公开力度，主动公开"三公"经费预决算和招生考试信息，全面做到政策规定、职责权限、办事流程、收费标准、办事结果、监督电话和责任追究"七公开"，接受社会各界监督。通过省教育厅门户网站公开信息6 847条，网站访问量达204.62万人次。

〔**"双联"行动**〕　深入推进实施"联村联户、为民富民"行动，把"双联"行动作为深入基层、联系群众的重要抓手，充分发挥教育行业优势，打出"组合拳"，积极推进教育扶贫。按照教育先导和全县整体推进的思路，整合优质教育培训资源，为农民群众提供政策、知识、技术、信息等全方位服务，分批次培训相关学科教师，全力协助各类发展规划和水利开发、道路维修、村容改貌、道路亮化等基础性、公益性、民生性建设项目的落地实施。编发《教育惠民政策问答》10万册，引导群众学好用足教育惠民政策。组织高校专家学者深入碌曲县等17个国家级贫困县，帮助编制当地县域经济产业和行业发展规划，梳理论证108个招商项目。2013年，省教育厅系统的22个工作组278名党员干部深入到19个县（区）22个贫困村、478个特困户，培训农民2 000余人次。安排教育项目资金8.3亿元，对"双联"县学校改扩建、教师培训等进行重点帮扶。为22个"双联"点下达专项资金110万元，建设"农村社区学习中心"。实施进村项目80项，建立旱作农业等试验基地22个、农业科技示范点5个、发展牛羊养殖户113户。集中力量帮助文县推进实施《文县教育振兴三年行动计划（2013—2015年）》，安排各类专项资金4 493万元，加强文县教育基础建设和教育装备配置。

〔**教育交流与合作**〕　国家留学基金全额资助项目和"西部地区人才培养特别项目"录取101人，录取人数为历年最多。继续做好中国政府奖学金和孔子学院奖学金到甘肃省留学生的招生培养工作，全年招收185人，在甘肃省学习的各类留学生突破1 000人。获得国家经费2 479万元，西北民族大学与美国犹他州立大学合作本科生培养项目招生31人，选派26名优秀中学生赴国外学习交流，遴选16名高校毕业生赴泰国、尼泊尔等国家开展对外汉语教学，公派10名教师作为对外汉语教师赴中亚国家工作。加强语言文字学习交流，28名外国志愿者受聘到甘肃省高校和中学任教。推进甘肃省汉语国际推广中心建设，积极支持和指导西北师范大学在苏丹喀土穆大学和摩尔多瓦自由国际大学设立孔子学院。"国侨办西北师范大学华文教育基地"运转良好。

〔**灾后重建**〕　岷县、漳县6.6级地震使全省5个市（州）13个县（重灾区）1 326所学校严重受灾，校舍受损面积72.90万平方米，经济损失共计23.04亿元。地震发生后，省教育厅立即启动抢险救灾应急预案，第一时间赶赴震区实施救援，紧急下拨应急救灾资金100万元，争取教育部支持救灾资金5 690万元。出台灾区高考学生照顾录取政策，尽最大可能录取灾区考生。印发《甘肃省岷县漳县6.6级地震岷县中小学秋季正常开学实施方案》，督促协调市县教育、财政、民政等部门拆除受灾学校危房、搭建活动板房和帐篷，1.61万名学生如期复课。研究编制《岷县漳县6.6级地震灾后重建教育专项规划》，争取学校灾后重建资金14亿元。督促各地教育部门和学校及时按标准、足额拨付取暖资金，省教育厅主要领导带队先后多次专程前往岷县、漳县、宕昌县等地，检查学校供暖情况，确保学生在温暖的教室学习，把党和政府以及全国人民对地震灾区的关爱落到实处。

〔**语言文字工作**〕 制定《甘肃省贯彻〈国家中长期语言文字事业改革和发展规划纲要（2012—2020年）〉的实施意见》。举办普通话推广宣传系列活动，扩大语言文字社会知晓度和影响力。迭部、舟曲、环县、正宁4县通过国家三类城市语言文字工作评估。截至2013年年底，全省有9市（州）全面完成三类城市语言文字评估任务，建成国家级语言文字规范化示范校36所、省级示范校161所、市级示范校706所。继续组织开展“中华诵·经典诵读行动”，掀起诵读、学习古典诗文的热潮。加大语言文字培训测试力度，96人获省级普通话水平测试员资格，全年语言文字测试达10.5万人。

基础教育

〔**学前教育**〕 2013年，争取专项资金5.5亿元，实施城乡幼儿园建设工程，新建、改扩建城乡幼儿园500所，全省乡镇幼儿园覆盖率达67.59%。全面落实《3—6岁儿童学习与发展指南》，提高科学保育教育水平。成立全省学前教育专业指导委员会，命名17所省级示范性幼儿园，发挥示范辐射带动作用。持续扩大学前教育资源并加强管理，着力提升全省幼儿园整体办园水平。

〔**义务教育均衡发展**〕 印发《关于规范农村义务教育学校布局调整的实施意见》，加大学校布局调整指导力度。召开全省义务教育均衡发展工作座谈会和全省县域义务教育均衡发展督导评估工作培训会，指导各地改善办学条件、优化教师资源配置。实施县域义务教育均衡发展推进方案，进一步提高义务教育均衡发展水平。组织专家对2013年规划实现义务教育均衡发展目标的10个县（市、区）进行省级督导评估。根据教育部义务教育学科课程标准，制定16个学科教学和评价指导意见并进行试点，促进学生学习方式和评价方式的转变。出台《关于做好进城务工人员随迁子女接受义务教育后在我省参加升学考试工作的实施方案（试行）》，将进城务工人员随迁子女教育纳入公共教育保障范畴。

〔**义务教育经费管理**〕 落实《甘肃省人民政府关于进一步加大财政教育投入的意见》，确保教育经费的“三个增长”。义务教育经费保障机制力度加大，投入32.29亿元，为农村义务教育阶段学校补助公用经费、免除学生学杂费、免费提供教科书，为家庭经济困难寄宿学生补助生活费；投入3.03亿元，免除城市义务教育阶段学生学杂费，其中安排进城务工人员随迁子女接受义务教育经费1.33亿元。通过市（州）政府教育目标责任考核和县级政府教育工作督导评估，各市、县补拨教育经费8亿多元。

〔**农村义务教育学生营养改善计划**〕 省委、省政府将农村义务教育学生营养改善计划列为2013年政府为民办实事项目。按照省政府办公厅印发的《2013年农村义务教育学生营养改善计划实施方案》，在嘉峪关市和28个非连片特困县（市、区）启动实施农村义务教育学生营养改善计划省级试点，省、市、县按比例投入资金2.34亿元，44万名农村义务教育学生吃上了由政府提供的营养餐。继续在58个连片特困县（市、区）实施农村义务教育学生营养改善计划，中央财政全额提供所需资金11.12亿元。农村义务教育学生营养改善计划在全省实现了全覆盖，受惠学生达228万人。

〔**教育工程项目**〕 继续推进农村义务教育薄弱学校改造计划，中央财政下达专项资金10.10亿元，为全省931所农村学校新建或改扩建食堂（伙房），按照国家二类标准为农村义务教育阶段学校配备教学实验仪器、音体美器材、图书、多媒体远程教学设备。农村初中校舍改造工程二期建设项目下达资金2.3亿元，安排项目学校57所。民族地区教育基础薄弱县项目下达专项资金1.03亿元，支持4所普通高中建设。边远艰苦地区农村学校教师周转宿舍建设项目下达中央专项资金2.4亿元，安排项目147个。省政府决定，从2013年起，将中小学校舍危房改造纳入长效机制，按照“市县为主、省级奖补”的原则，计划用3年时间彻底消除全省中小学危房。

〔**普通高中教育**〕 印发《甘肃省普通高中新课程“学科教学改革研究与实验基地”建设与管理办法（试行）》等系列配套文件，建立20个省级学科教学与研究实验基地，加强课堂教学改革实验与研究指导。印发《甘肃省创建省级普通高中特色实验学校指导意见（试行）》，推动普通高中多样化、特色化发展。新命名省级示范性普通高中3所。加快普通高中扩容改造，中央财政下达贫困地区普通高中改善办学条件项目专项资金1.77亿元，安排项目学校36所，已竣工项目11所。探索建立新的考试与评价制度，通过印制《甘肃省普通高校招生考生综合信息表》，全面反映高中新课程实施后，普通高中学生在校期间的综合素质评价、学业修习等情况，为高校招生录取提供参考依据。

〔**中小学德育**〕 切实抓好党的十八大精神进教材、进课堂、进学生头脑工作。广泛开展“我的梦·中国梦”青少年书信文化大赛，收到作品173.18万件。启动实施“中小学德育示范校”创建工程，在全省创建100所中小学德育示范校。5月30日，在兰州市实验小学举办了以“放飞梦想，快乐成长”为主题的庆祝“六一”儿童节主题队会活动。开展了“甘肃省十佳少先队员”和“甘肃省优秀少先队员”评选、“童心向党”歌咏活动、“青少年科技创新大赛”“青少年机器人竞赛”“节约粮食，从我做起”等主题教育活动，参与人数近百万人次。加强中小学社会实践教育，安排部署各地有计划、有组织地开展社会实践活动。组织开展中小学生心理健康教育巡回辅导和标准化心理咨询辅导室创建活动。

〔**特殊教育**〕 全省累计新建、改扩建特殊教育学校28所，投入专项经费300万元，支持特殊教育学校基础设施建设、教学仪器设备购置及特殊教育专业实验室建设。完善部门各负其责、社会共同参与的关爱服务体系和工作格局，关爱农村留守儿童，保障残疾儿童受教育权利。

职业教育与成人教育

〔**基础能力建设**〕 积极改善职业学校办学条件，争取中央和省级财政专项资金3.66亿元，建设实训基地35个，支持28所职业学校加强基础能力建设。

〔**构建现代职业教育体系**〕 率先提出并着手建立职业教育助推城镇化建设国家级改革试验区，并获教育部立项，积极探索经济欠发达地区职业教育发展的新途径。推进“3341”（打造三大战略平台、实施三大基础建设、瞄准四大产业方向，确保到2016年全省固定资产投资规模超过1万亿元）项目工程的实施。参与兰州新区职业教育园区建设规划的制定，鼓励中职学校在兰州新区设立新校区。

〔**中等职业教育**〕 推进中职学校招生考试制

度改革，全省有1.56万名中职学生被本科和高职院校录取，升学率达80%以上。在14所高职院校和90所中职学校的32个专业进行“2+2+1”中高职一体化培养模式试点。以赛促学，举办全省中等职业学校技能大赛。加强中职专业课教师培训，通过国家培训、省级培训、企业实践、技能比赛、观摩考察等多种方式，培训骨干专业教师1 000多人次、教学管理人员60多人次，在天津职业技术师范大学免费培养职教师资50名。贯彻落实《甘肃省委省政府关于深入实施“1236”扶贫攻坚行动的意见》，加大教育扶贫工作力度。对集中连片特困地区58个县的10万名初中毕业生实行免费中职教育，带动经济困难家庭脱贫。累计对14.3万名“两后生”实施学历性免费中职教育，其中8.3万人实现就业。

〔农民培训与扫盲工作〕 实施贫困地区劳动力职业技能培训和转移就业“124”工程，即为每个贫困户培训并输转1人，人均年收入2万元以上，每年稳定培训转移就业达40万人。下达扫盲教育专项补助资金，支持省级扫盲工作示范县（市、区）创建工作。

高等教育

〔教育质量工程〕 立项国家级大学生创新创业项目296项，建成国家级实验教学示范中心2个。启动实施“飞天学者特聘计划”，推进研究生培养模式改革。1人入选“长江学者奖励计划”，2人入选国家“百千万人才工程”，4人入选教育部“新世纪优秀人才支持计划”。制定出台《关于支持高校深化产学研结合更好服务甘肃经济社会发展的意见（试行）》。争取资金1.06亿元，实施高等学校创新能力提升计划。推动省级协同创新中心建设，省属高校国家级创新团队达7个。

〔专业结构调整与建设〕 推动高校优化专业结构，召开2013年全省高等学校专业设置评议委员会会议和优化学科专业结构，提高教育质量推进会，新设75个本科和高职高专专业。甘肃中医学院成为博士学位授予单位，中医学、中药学、中西医结合3个学科成为博士学位授权一级学科。天水师范学院成为培养教育硕士专业学位研究生试点单位，招收首届教育硕士研究生。新增西北师范大学等15所院校共35个本科专业的学士学位授权。

〔战略合作〕 深化地校、校际之间战略合作，省政府与天津大学签署战略合作协议，继续推进与北京大学、复旦大学的战略合作。成立河西高等学校协作发展联盟，安宁5所高校战略联盟、甘肃高校教师教育联盟组团发展，推进优质教育资源共享共建。

〔资金投入与监管〕 争取中央和省级财政加大对省属高校化债投入，全年下达奖补资金3.7亿元。加强财务运行监督和收支审计，组织开展《高等学校财务制度》培训，加强省教育厅系统财务和内部控制管理工作。

〔高校思想政治教育〕 组织全省高校深入学习宣传党的十八大、十八届三中全会精神，组织学习全国宣传工作会议精神和习近平总书记“8·19”重要讲话，组织开展“我的中国梦”主题教育活动。召开全省高校党建工作会，评选产生“高校思想政治理论课教学能手”15名，表彰省级“三好学生”632名、“优秀学生干部”210名。启动全省大学生诚信档案建设，组织开展思想政治理论课教师“走基层”活动。指导高校在思想政治理论课和教学中及时更新补充教学内容，切实做到党的十八大精神进教材、进课堂、进头脑。组织开展高校青年教师思想政治状况和辅导员队伍建设情况调研，加强高校校园文化建设，向教育部重点推荐10所院校的校园文化建设成果。

〔**学校管理**〕　甘肃联合大学升格更名为兰州文理学院。国家民族事务委员会与省政府共建甘肃民族师范学院。

〔**高校招生**〕　积极争取招生计划，全省高考录取率达77%。研究生录取10 055人。在58个连片特困县（市、区）实行扶贫专项定向招生计划，省内外高校共录取特困县考生2 186人（其中本科2 083人、专科生103人）。

撰稿　华　伟　张　金
审稿　王嘉毅

青海省教育

概　　况

〔基本情况〕

青海省各级各类学校校数、教职工、专任教师情况

	学校数（所）	教职工数（人）	专任教师数（人）
一、高等教育	11	7 115	3 951
（一）研究生培养机构（不计校数）	5		
1. 普通高校	3		
2. 科研机构	2		
（二）普通高等学校	9	6 851	3 785
1. 本科院校	4	5 001	2 861
其中：独立学院	1	281	216
2. 高职（专科）院校	5	1 850	924
3. 其他机构（点）（不计校数）			
（三）成人高等学校	2	264	166
（四）民办的其他高等教育机构			
二、中等教育	423	36 089	27 905
（一）高中阶段教育	161	18 510	12 301
1. 高中	105	12 855	7 996
普通高中	105	12 855	7 996
完全中学	46	5 577	2 652
高级中学	37	4 993	4 508
十二年一贯制学校	22	2 285	836
成人高中			
2. 中等职业教育	56	5 655	4 305
普通中专	32	2 772	2 227

续表

	学校数（所）	教职工数（人）	专任教师数（人）
成人中专	2	396	295
职业高中	4	66	45
技工学校	18	2 421	1 738
其他机构（教学点）（不计校数）			
（二）初中阶段教育	262	17 579	15 604
1. 初中	260	17 541	15 602
初级中学	102	7 889	7 343
九年一贯制学校	158	9 652	4 925
十二年一贯制学校			724
完全中学			2 610
职业初中			
2. 成人初中	2	38	2
三、初等教育	1 722	23 906	27 214
（一）普通小学	1 250	23 044	26 974
小学	1 250	23 044	22 016
九年一贯制学校			4 364
十二年一贯制学校			594
（二）成人小学	472	862	240
其中：扫盲班	454	860	238
四、工读学校			
五、特殊教育	12	161	139
六、学前教育	1 245	8 047	4 668

注：①完全中学的学校数和教职工数计入高中阶段教育，九年一贯制学校的校数和教职工数计入初中阶段教育，十二年一贯制学校的校数和教职工数计入高中阶段教育，专任教师是按照教育层次划分归类；②“（ ）”内数据为不计校数。

青海省各级各类学历教育学生情况

	毕业生数（人）	招生数（人）	在校生数（人）
一、高等教育			
（一）研究生	820	1 136	3 074
博士	22	45	135
硕士	798	1 091	2 939
（二）普通本专科	12 447	14 805	50 675
本科	6 813	8 848	33 308
专科	5 634	5 957	17 367
（三）成人本专科	5 120	5 751	12 825

续表

	毕业生数（人）	招生数（人）	在校生数（人）
本科	2 705	2 908	7 069
专科	2 415	2 843	5 756
（四）其他各类高等学历教育			
1. 在职人员攻读硕士学位		432	978
2. 网络本专科生			
本科			
专科			
二、中等教育	129 021	152 264	418 318
（一）高中阶段教育	62 395	75 535	208 475
1. 高中	33 081	39 592	109 026
普通高中	33 081	39 592	109 026
完全中学	11 021	13 033	35 021
高级中学	19 329	22 767	64 145
十二年一贯制学校	2 731	3 792	9 860
成人高中			
2. 中等职业教育	29 314	35 943	99 449
普通中专	19 679	20 807	56 815
成人中专	2 558	8 196	20 243
职业高中	149	274	726
技工学校	6 928	6 666	21 665
（二）初中阶段教育	66 626	76 729	209 843
1. 初中	65 029	76 729	208 095
初级中学	31 078	39 115	103 169
九年一贯制学校	18 126	20 767	56 541
十二年一贯制学校	3 047	3 490	9 928
完全中学	12 778	13 357	38 457
职业初中			
2. 成人初中	1 597		1 748
三、初等教育	93 216	78 634	490 800
（一）普通小学	83 487	78 634	474 638
小学	63 966	65 636	381 068
九年一贯制学校	17 293	11 449	84 056
十二年一贯制学校	2 228	1 549	9 514
（二）成人小学	9 729		16 162
其中：扫盲班	9 174		15 237

续表

	毕业生数（人）	招生数（人）	在校生数（人）
四、工读学校			
五、特殊教育	289	368	2 120
六、学前教育	69 609	92 257	166 659

注：特殊教育学生数中包括普通中小学随班就读的学生。

青海省各级各类非学历教育学生情况

	结业生数（人）	注册学生数（人）
总计	104 415	69 830
一、高等教育	14 130	8 888
（一）研究生课程进修班		
（二）自考助学班	383	1 271
（三）普通预科生		1 098
（四）进修及培训	13 747	6 519
其中：资格证书培训	3 570	144
岗位证书培训	2 346	
二、中等职业教育	90 285	60 942
其中：资格证书培训	12 087	5 729
岗位证书培训	28 841	11 684
（一）中等职业学校	38 650	5 374
其中：资格证书培训	10 314	3 678
岗位证书培训	19 959	381
（二）职业技术培训机构	51 635	55 568
其中：资格证书培训	1 773	2 051
岗位证书培训	8 882	11 303

青海省各级各类民办教育基本情况

	学校数（所）	毕业生数（人）	招生数（人）	在校生数（人）	教职工数（人）	专任教师数（人）	其他学生数（人）
一、民办高等教育							
（一）民办高校	1				281	216	
硕士							
本科学生		642	975	3 417			
专科学生							
其中：独立学院	1	642	975	3 417	281	216	

续表

	学校数（所）	毕业生数（人）	招生数（人）	在校生数（人）	教职工数（人）	专任教师数（人）	其他学生数（人）
本科学生		642	975	3 417			
专科学生							
（二）民办其他高等教育机构							
二、民办中等教育							
（一）高中阶段教育	15	1 558	2 046	5 198	527	354	
1. 民办普通高中	10	1 016	1 412	3 643	355	280	
2. 民办中等职业教育	5	542	634	1 555	172	74	
（二）初中阶段教育	1	259	236	915	16	7	
1. 民办普通初中	1	259	236	915	16	7	
2. 民办职业初中							
三、民办普通小学	4	333	146	1 357	37	18	
四、民办幼儿园	470	24 558	33 164	75 654	5 169	2 872	
另有：民办培训机构（不计校数）	2						604

注：①“其他学生数”包括自考助学班学生、预科生、进修及培训学生数；②民办普通高中的教职工数和专任教师数中包含民办普通初中的教职工数和专任教师数；③民办中等职业教育数据中未含技工学校数据；④“（ ）”内数据为不计校数。

〔**年度工作总体思路**〕 2013 年，全省教育工作的总体思路是：全面贯彻党的十八大和省委第十二次党代会精神，以邓小平理论和“三个代表”重要思想、科学发展观为指导，全面贯彻党的教育方针，以认真贯彻落实教育规划纲要为主线，准确把握省委、省政府的工作部署和教育工作的阶段性特征，按照优先发展、育人为本、改革创新、促进公平、提高质量的要求，坚持“全面推进抓规划，制度创新抓政策，外延发展抓项目，内涵发展抓质量”，积极推进教育发展方式转变，以更大的力度，解决突出问题，缩小发展差距，深化教育改革，打造若干亮点，努力开创全省教育事业改革发展新局面。

〔**教育投入**〕 2013 年，全省预算内教育经费拨款 136 亿元，比 2012 年降低 23.46%；经常性财政收入 174 亿元，比 2012 年增长 10.13%；预算内教育经费拨款比例低于财政经常性收入 33.59 个百分点。

〔**重点项目建设**〕 实施中小学标准化建设项目、教育基础薄弱县高中建设项目、青海师范大学新校区建设、农村初中学校工程、特殊教育建设项目、中职教育建设项目、教师周转宿舍建设工程、学前教育工程和中西部高校基础能力建设工程等一系列教育建设项目。截至 2013 年年底，省级下达各类教育项目计划资金 26.43 亿元，其中中央专项 7.68 亿元、省级筹措 11.65 亿元、地方配套 7.1 亿元，建设学校 735 所（含幼儿园），建筑面积 114.5 万平方米；青海师范大学新校区建设完成投资 1.7 亿元。两项合计筹措资金总额 28.13 亿元。

〔**师资队伍建设**〕 省委、省政府出台《关于加强中小学校教师队伍建设的实施意见》，明确今后一个时期中小学教师队伍建设的指导思想、总体目标、重点任务和工作措施；研究制定《青海省师范类毕业生农牧区基层学校任教学费奖补暂行办法》，明确全日制师范类高校毕业生到乡及以下学校任教学费补偿具体办法；召开全省教育系统师德师风视频报告会，6位优秀教师代表结合教育教学工作实际做了先进事迹报告，全省11名教师入选全国“师德教育专家库”；全年落实教师培训资金4 700万元，其中中央财政3 200万元、省级财政1 500万元，比2012年增加1 600万元，培训教师16 885名；组织实施“国家特岗教师计划”和省级教师招聘工作，全省招聘特岗教师168名、招聘省级中小学教师1 833名，共补充教师2 001名，缓解了教师紧缺矛盾，在一定程度上改善了教师学科结构；组织青海师范大学和青海民族大学1 714名师范生分2个批次在春季和秋季学期轮换赴农牧区24个县参加顶岗支教实习；开展中小学教师职称制度改革试点工作，按照《青海省深化中小学教师职称制度改革试点工作实施方案》及配套的《青海省中小学教师专业技术职称（职务）评价标准（试行）》《青海省中小学教师职称评审办法（试行）》《青海省中小学教师职称制度改革试点工作人员过渡办法》4个文件，完成西宁市、海北州等试点地区和省直部门所属学校及教育机构过渡审核等工作。

〔**学生资助工作**〕　下达普通高中国家助学金4 767.3万元，资助人数达3.2万人；下达中职学生免费提供教材资金547.4万元，享受人数2.9万人；下达高校国家奖学金56.8万元，享受人数71人；下达高校国家励志奖学金973.5万元，享受人数1 947人；下达高校国家助学金4 088.1万元，资助人数13 627人；下达研究生国家奖学金129万元，享受人数64人；下达地方高校学生应征入伍服义务兵役学费补偿和国家助学贷款代偿及学费资助资金119.7万元，享受人数140人。实施三江源地区教育补偿政策和六州异地办学奖补政策。

〔**体育艺术教育**〕　举办2013首届“青海青”杯大中学生体质技能展示大会，全省共有8所高校、8个市州教育局及石油局教育中心所属的18所学校，共计5 200名大中学生参加展示活动。组织开展高雅艺术进校园活动。在青海师范大学举办了“2013年高雅艺术进校园活动启动仪式暨畅东云独唱音乐会”；组织山西省话剧院在青海师范大学演出4场大型话剧《立秋》，青海师范大学、青海大学等近1 600名学生观看了演出；组织中央芭蕾舞团在青海大剧院演出4场经典剧目《红色娘子军》，全省8所高校近4 000名师生观看了演出；6—9月，组织西宁艺术剧院有限公司、青海黄河民族乐团、青海河湟情曲艺团、青海爱乐合唱团等院团为全省高校学生和部分中学生演出10场歌舞及民乐。参加全国第四届中小学生艺术展演活动，玉树县第三民族中学的表演唱《酒歌》获声乐一等奖、精神风貌奖和优秀创作奖，玉树县第三民族中学原生态歌舞艺术团的群舞《玉树吉祥》获舞蹈二等奖和精神风貌奖，青海师范大学附中的朗诵《大美青海》获朗诵二等奖和精神风貌奖。

〔**学校安全稳定**〕　全年共组织召开各类维稳工作会议12次，制定印发《关于做好寒假期间学校稳定工作的通知》《关于认真落实学校反自焚宣传教育和维护稳定各项工作的通知》《关于做好春草采挖期藏区学校稳定工作的通知》《关于做好近期及寒假期间学校维稳工作的通知》等各类维稳文件近10份，指导督促各地各校实行联点承包制度，层层落实维稳责任，与全体学生签订维稳承诺书，组织维稳应急小分队，开展校园巡逻值守，加强对重点院系和重点部位的防控，特别是敏感时段、节点提前组织召开会议安排部署，包班盯人、昼夜值班，严防死守。组织校园安全交叉检查组等共计5种不同类型的25个督导检查组，对全省197所学校维稳工作进行了为期5轮、累计一个月的全面督导检查；组织专家对全省5个州（地）、5个县教育工委（教育局）和3所高校的31个应急预案进行抽查评估。2013年，全省共有1 829所学校对应急预案进行了修订，1 803所学校开展了应急预案演练；省教育厅会同省社会治安综合治理委员会办公室、省公安厅、省工商局等单位联合印发《全省校园安全整治专项行动工作方案》，在全省范围内开展针对校园周边交通环境、经营环境、食品安全、文化场所、涉校违法犯罪活动等方面的专项整治行动，净化校园周边环境；制定印发《关于建立健全教育系统矛盾纠纷排查调处情况统计报告制度的通知》，明确了矛盾纠纷排查调处登记制度、分析研判制度和情况报告制度。

〔党建工作〕 全面推进学校党的思想建设、组织建设、作风建设、反腐倡廉建设和制度建设，不断提高学校党的建设科学化水平。一是省委印发了《关于进一步改进和加强新形势下中小学校党的建设和思想政治工作的意见》，进一步明确了全省中小学校党建和思想政治工作的重点任务、对策措施、保障机制。二是加强学校基层党组织建设。全省 1 653 所中小学校（中职）中，622 所学校单独成立了党组织，692 所学校联合组建了 147 个党组织，中小学党组织覆盖率达 79.5%；安排部署高校开展基层党组织示范点创建活动，共选树 10 个高校基层党组织示范点；全年培养大学生入党积极分子 10 559 人、发展大学生党员 2 781 人，学生党员占在校生总数的 16.49%，比 2012 年提高 1.04 个百分点，申请入党大学生人数占非党员学生总数的 47.08%。三是加强干部队伍建设。建立高校党建业务工作“联述联评联考”制度，分别对省属各高校 2012 年度目标责任完成情况进行考核，对成绩突出的青海大学党委和青海广播电视大学党委等领导班子进行奖励；夯实中小学党团组织基础，进行学校领导班子思想工作状况评估，加强班主任和学生干部队伍建设，指导各地各高校出台班主任和学生干部选配、管理和激励制度。同时，对不合格的班主任和学生干部进行调整。

〔党的群众路线教育实践活动〕 以“坚持为民务实清廉，办好人民满意的教育”为载体，以实施“教育为民行动计划”为抓手，深入开展省教育厅系统党的群众路线教育实践活动，推进学习教育、听取意见，查摆问题、开展批评，整改落实、建章立制等工作，努力解决工作作风方面存在的突出问题。先后组织党员领导干部参加党的群众路线专题学习研讨会、到中国工农红军西路军纪念馆接受理想信念和革命传统教育、邀请省延安精神研究会负责人做弘扬延安精神的专题报告等专题学习会和辅导报告会 14 次。通过设立意见箱、发放征求意见函、深入基层调研、开展机关干部下基层进学校活动、召开专题座谈会等多种方式和渠道，广泛征求服务对象、基层单位和有关部门的意见建议，省教育厅党组共征求意见建议 181 条，经归纳梳理为 21 条。认真开展谈心谈话活动，虚心听取大家的意见，坦诚指出对方身上存在的问题与不足，力求谈开谈透谈通。开展批评与自我批评，相互查找思想认识、工作作风、方式方法、政策业务等方面存在的问题和不足，自我批评主动揭短亮丑，触及思想深处、触及问题实质，相互批评知无不言、言无不尽，勇于指出问题，真诚帮助提高。及时开展正风肃纪专项行动和效能提升行动，新建、修订完善 13 项规章制度，实施“教育为民行动计划”，着力抓好十项重点工作，努力解决人民群众关注的教育问题。

〔双语教学〕 基本形成了从学前教育到高等教育双语教育公共服务体系，建立了从学前教育到高等教育的奖补和资助政策，政策覆盖六州藏区（海南藏族自治州、海北藏族自治州、海西蒙古族藏族自治州、黄南藏族自治州、果洛藏族自治州、玉树藏族自治州）；采取省内、省外两种培训模式，通过短期集中、置换脱产、跟岗培训、种子培训等多种形式，重点加强民族地区小学数学、汉语文和初中理科双语教师培训，全年共培训双语骨干教师 2 000 余名；编译完成了中小学国家课程藏文版教材，满足了西藏及四省藏区（青海省、四川省、云南省、甘肃省藏区）民族中小学开展双语教学的需求。2013 年，共编译出版基础教育课程改革的民族文字教材 43 种，共计 890.18 万字，制订了“百部藏汉双语教材建设规划”方案，分 3 年完成民族高校 10 个专业近 100 本双语教材的编译工作，《数学分析》《普通物理实验》《有机化学》《动物学实验》等 18 本高校藏文编译教材被确定为 2013 年民族教育中央补助专项资金资助教材；给六州藏区学前幼儿和小学阶段学生配备藏汉双语点读设备。

〔对口支援工作〕 积极协调六州与六省市（海南藏族自治州与江苏省、海北藏族自治州与山东省、海西蒙古族藏族自治州与浙江省、黄南藏族自治州与天津市、果洛藏族自治州与上海市、玉树藏族自治州与北京市）开展教育对口支援工作。截至2013年年底，六省市共落实教育援青项目103个，援助资金近5亿元。2013年，共向省外输送高中生660余名、中职生540余名。10月中旬，教育部组织召开2013年教育援青工作会议，印发《2013年教育援青工作会议纪要》，为进一步推动教育援青工作奠定了基础。组织编写《2014—2018年教育援青项目五年需求汇编》，及时报送教育部及六个对口支援省市教育部门。六州部分幼儿园、中小学校与各对口支援省市部分幼儿园、中小学校进行“手拉手、一对一”结对帮扶活动，在教学教研、跟岗培训、挂职锻炼和开展支教服务活动等方面进行深度合作交流。

〔**创建民族团结进步先进区活动**〕　海南州中职学校学生多杰宽在湖北省武汉市学习期间勇救落水同学的先进事迹经媒体报道后，及时做出追认多杰宽“青海省民族团结进步优秀学生”的决定，号召全省教育系统学习多杰宽的先进事迹；开展全省学校“大美青海”合唱节暨民族团结歌曲进校园活动，参加学生达12万人；开展涉藏维稳思想教育引导宣讲工作，宣讲工作覆盖全省所有高校、中职和中学，共宣讲1 974场，参与学生达70余万人次，实现了宣讲工作全覆盖；7—12月，全省教育系统通过组织发动、排查化解、总结自查和检查考核四个阶段，开展教育系统矛盾纠纷大下访、大排查、大调处行动。

〔**教育交流与合作**〕　增加15名“国家公派出国留学西部项目”青海省项目计划，申报录取公派留学48人，专业涵盖了农林、畜牧、大气环境、医学、生物、教育等领域；办理教育系统出访团组56批165人次，接待来访37批178人次；举办2013—2014年度小岛奖学金、奖励金颁奖仪式，并组织了由日本小岛冲压工业株式会社主办，省教育国际交流协会协办的2013年青海日本文化交流节；加大引智力度，提高全省聘请外籍教师质量。省教育厅会同省外国专家局、省公安厅及省外事办公室对西宁十四中等4家申请聘请外国文教专家资质的单位进行了实地考察和评估，批准西宁五中、西宁十四中、湟川中学一分校开设国际班。截至2013年年底，全省聘请外籍教师达78人次；接收留学生197人次；向教育部申报批准53个“春晖计划”项目，拨付经费113万元。

基础教育

〔**学前教育**〕　组织开展2013年全省学前教育宣传月活动，加强全省学前教育信息管理系统的管理和运行，省教育厅门户网站设立了学前教育网站，展示学前教育三年行动计划成果。出台《青海省学前教育事业中长期发展规划（2014—2020年）》。全年累计投入学前教育资金47 482.2万元，新建幼儿园149所，改扩建幼儿园203所，增设小学附属幼儿园32所，学前教育资源进一步扩大。在全省范围内实现了学前一年资助政策的全面实施，全年共下达资助资金11 929.8万元，147 840名适龄幼儿享受资助。开展了由北京学前教育专家为培训团队、以送教上门为主要方式、面向农牧区1 500名学前教育教师的培训工作，举办中国宋庆龄基金会“起跑线计划”青海省幼儿园园长培训班，205名幼儿园园长接受为期一周的专业培训。完成学前教育国家级培训、省级培训400余人。印发《青海省幼儿园基本办园标准（试行）》《青海省幼儿园等级评定办法（试行）》，促进幼儿园办园标准化、规范化建设。印发《青海省教育厅关于加强对各类学前教育办学机构管理的通知》，对独立设置幼儿园、小学附设幼儿园和巡回支教点进行规范。截至2013年年底，全省幼儿园达1 245所，较2012年增加102所，幼儿园在园人数由2012年的153 340人增至166 659人，教职工由2012年的

7 243 人增至 8 047 人，专任教师由 2012 年的 4 361人增至 4 668 人，员生比达 20.7∶1，生师比达 35.7∶1。全省三年毛入园率达 73.9%，较 2012 年提高 4.81 个百分点。

〔**义务教育均衡发展**〕 2013 年年初，省政府与 8 个州（市）政府签订了《关于推进义务教育均衡发展目标责任书》，明确了各县区实现县域内义务教育均衡发展的时间表、任务书、路线图和目标任务。以省政府名义成立了青海省推进义务教育均衡发展工作领导小组，印发《青海省义务教育均衡发展办学基本标准（试行）》和《青海省农村义务教育学校布局专项规划》。关注学习困难学生、农民工随迁子女、留守儿童等群体的健康成长，省教育厅与各州（市）教育行政部门签订了流动人口子女入园入学目标管理责任书，印发《关于做好 2013 年流动人口子女入园入学及流动人口计划生育服务管理工作的通知》，落实户籍改革后新落户人口和暂住人口子女接受教育的相关政策，保障进城务工人员随迁子女接受教育的权益。西宁市城西区、城中区和海西州茫崖、冷湖、大柴旦三行委 5 个县级地区的义务教育均衡发展工作，通过国家教育督导检查组的评估验收。

〔**义务教育经费保障机制改革**〕 进一步提高义务教育经费保障机制标准。2013 年，全省农村义务教育阶段学校公用经费和取暖费补助标准生均提高 95 元，其中公用经费基准定额提高 60 元，提标后西宁市、海东市、海西蒙古族藏族自治州、海北藏族自治州达到小学 560 元、初中 760 元，玉树藏族自治州、果洛藏族自治州、黄南藏族自治州、海南藏族自治州达到小学 760 元、初中 960 元。取暖费补助标准生均提高 35 元，提标后东部农业区、环湖地区、青南地区分别达到 115 元、145 元和 195 元。2013 年，安排寄宿生生活补助资金 31 304.2 万元、学生营养改善计划资金 22 914.6 万元、中小学公用经费 43 509.7 万元、农村义务教育免费教科书资金 6 389 万元。

〔**“两基”巩固提高工作**〕 配合省人大常委会完成全国人大常委会《义务教育法》执法检查组来青海省检查的相关工作；省教育厅与省人大教育科学文化卫生委员会联合对省内部分地区进行“两基”巩固提高工作专项调研；完成了省政府领导在青海省第十二届人民代表大会常务委员会第六次会议上所做的《关于全省“两基”巩固提高工作情况的报告》及教师队伍建设应询中的相关工作；完成了全省义务教育阶段择校乱收费和中小学教辅材料散滥问题自查工作，并接受了教育部专项检查组来青海省实地进行专项检查的工作。

〔**深化中小学改革**〕 推进中小学生学籍信息管理系统建设，完成全省中小学学籍管理基础数据采集、录入和上传工作，全省中小学学籍信息管理系统正式进入运行阶段。印发《青海省实施普通高中新课程改革后普通高等学校招生考试方案（试行）》，初步建立了普通高中学业水平和综合素质评价制度。组织全省开展国家中小学教育质量综合评价改革实验区申报工作，完成《青海省教育厅关于申报国家中小学教育质量综合评价改革实验区的报告》，开展全省“快乐学习、幸福成长”主题教育实践活动。在全省范围内组织开展了义务教育阶段学校“减负万里行”活动；印发《关于严禁中小学在职教师从事有偿家教的通告》，中小学办学和教师教学行为得到有效规范。印发《关于进一步加强民办学校管理的通知》，对民办学校办学进行规范。

职业教育与成人教育

〔**基础能力建设**〕 2013 年，全省中等职业学校中央、省级财政建设资金总投入 22 844 万元，加强11所国家中等职业教育改革发展示范学校建设，印发《青海省第一批国家中等职业教育改革发展示范学校建设项目省级检查验收工作方案》，对全省第一批示范立项建设学校——西宁市世纪职业技术学校项目建设终期进行省级检查验收，并报财政部、国家发展和改革委、教育部。下达第二批、第三批10所国家中职示范校省级配套资金1 400万元，并对其进行过程质量监测；加强重点专业和实训基地建设，省级投入5 900万元，加强15所中职学校的煤化工、电气运行与控制等15个重点专业建设。同时，玉树州职业技术学校等6所学校旅游服务与管理等专业的实训基地建设项目得到中央财政1 180万元的支持；落实中央预算内资金5 000万元，用于大通县职业技术学校等5所学校基础能力建设；青海省职业教育建设科威特贷款项目学校全面开工建设，西宁市第一职业技术学校等3所项目学校已完成第一次提款报账1 192.8万美元，折合人民币7 253.12万元。

〔**专业结构**〕 继续通过采取调控招生计划、加强重点专业建设等措施，不断优化中等职业教育专业结构，使其专业设置更加紧贴全省产业结构。加强能源与新能源、化工、加工制造等重点专业建设，扶持民间传统工艺、旅游服务与管理等特色专业建设，加快传统专业改造，控制医药卫生类和教育类专业招生。2013年，农林牧渔类、资源环境类、土木水利类、加工制造类、轻纺食品类、交通运输类、休闲保健类和公共管理与服务类专业比2012年有所增长；医药卫生类、教育类等出现负增长，其中医药卫生类招生比2012年减少385人，在校生由2012年的10 922人减至8 580人，学前教育专业招生比2012年减少1 450人。

〔**教师队伍建设**〕 印发《青海省中等职业学校教师素质提高培训计划》，以“双师型”教师培养为重点，大力开展全省中等职业学校教师国家级和省级培训。2013年，全省中等职业学校教师有180人参加了国家级培训，333名专业骨干教师参加了在全国职教师资培训基地举办的全省中职学校专业骨干教师“以学生为中心教学法”培训以及全省中职学校专业骨干教师暑期培训、全省中职学校信息技术培训、全省中职学校骨干班主任培训和全省中职学校专业骨干教师行为导向教学法培训；17所中等职业学校的180名教师参加了为期2个月的企业实践活动，提高了中职学校教师的实践教学能力。

〔**非学历职业技能培训**〕 全省中职学校在开展学历教育的同时，根据市场需求，广泛开展非学历职业技能培训，不断增强服务经济社会的功能。据统计，2013年，全省中职学校面向社会共培训147 624人，其中农村劳动力转移培训（阳光工程）80 054人；农牧民实用技术培训48 126人；省扶贫项目“雨露计划”培训2 316人；下岗职工就业、再就业培训1 739人；培训小型、微型企业员工3 324人。另外，还开展了特种作业安全、军地两用人才、农民工、企业员工岗前培训等各种培训，共培训12 065人。

高 等 教 育

〔**质量提升工程**〕 争取省财政3 000万元资金，全面启动实施了青海建筑职业技术学院、青海卫生职业技术学院两所省级重点高职院校建设项目；积极推进高校协同创新计划，在推荐国家级“2011协同创新中心”的基础上，经过专家组评审，认定青海大学“盐湖资源化学与过程工程”等4个协同创新中心为2013年省级“2011协同创新中心”；青海师范大学博士立项建设单位通过教育部专家组建设期满验收，中国史、地理学、计算机科学及技术3个学科获批为一级学科博士授权点，国务院学位委员会批准青海师范大学为博士授权单位；启动实施“中西部高校基础能力建设工程”和“中西部高校综合实力提升工程”，青海大学、青海民族大学基础能力建设工程开工建设，青海大学综合实力提升工程项目资金规划通过了教育部、财政部的审核批准，国家总投入 3.5 亿元。2013 年，已到位 1.2 亿元，部分项目已启动实施。

〔**学科专业结构调整**〕 省政府印发《关于优化全省高等教育和职业教育布局及学科专业结构的意见》，进一步加强高校学科专业结构调整力度，科学确定 3 所本科高校的办学定位、发展规划和学科专业结构，即青海大学建成教学研究型综合大学、青海师范大学建成青海应用型综合大学、青海民族大学建成综合型民族大学。采取停招、限招、减招等调控手段，重点压缩就业率长期偏低专业的招生规模，增加工科等应用型专业的招生数量，通过改革使工科等应用型专业比例增至 50%左右，推动高校学科专业优化调整。

〔**师资队伍建设**〕 加大高层次人才培养和引进工作力度，启动实施青海省高等学校第四批“昆仑学者”计划（由省财政厅和省教育厅共同组织实施，计划每年招聘特聘教授和讲座教授各 5 人，聘任范围包括自然科学和哲学社会科学，特聘教授聘期为 3 年，讲座教授聘期为 6 个月），面向清华大学、北京大学、香港教育学院等知名高校聘任特聘教授 11 人、讲座教授 10 人，对“昆仑学者”和“135 高层次人才培养工程”（从省属各高校选拔 10 名学术领军人才、30 名拔尖学科带头人和 50 名创新教学科研骨干进行重点培养，使其成为全省高层次中青年拔尖创新人才）入选者进行了中期考核；实施第七批高校省级骨干教师培养计划，选派 16 名高校教师作为高级访问学者赴省外高校开展为期一年的学习深造；实施高职院校教师素质提高计划，有 123 名教师参加了国家和省级培训；青海大学特聘教授马宏伟入选“长江学者奖励计划”，实现了全省“长江学者”特聘教授零的突破。青海师范大学教授叶拉太、青海民族大学教授张海云入选教育部 2013 年度“新世纪优秀人才支持计划”，青海大学教授李希来的“三江源生态演变与环境保护”团队入选 2013 年度教育部“创新团队发展计划”。

〔**高校思想政治教育工作**〕 开展学习宣传贯彻党的十八大和十八届三中全会精神，开展“中国梦”学习宣传工作，在高校组织开展近千余场次征文、演讲、主题班会、社会实践、校园文化等活动；以开展高校党建和思想政治工作“三创三树”活动为载体，创建了 10 个大学生社会实践示范基地，10 个高校优秀校园文化品牌，树立了 5 名高校思想政治理论课教学能手、5 名高校辅导员标兵。积极开展法制教育进校园活动，组织全省“百名法学家百场报告会”高校专场，600 余名师生参加了报告会，会同省依法治省工作领导小组办公室等部门举办“法律在我心中”大学生演讲比赛。加强高校思想政治教育队伍建设，选派 78 名高校哲学社会科学教学科研骨干、思想政治理论课教师、辅导员、班主任参加教育部举办的 12 期骨干培训班，并举办 3 期省级培训班，培训全省高校哲学社会科学教学科研骨干 133 人，对 167 名高校思想政治理论课教师开展了新修订教材和教学大纲的全员培训。组织参加全国高校辅导员职业能力大赛，3 名辅导员获优秀奖。3 名教师获“2012 年全国高校辅导员年度人物”评选活动提名奖和入围奖。

〔**招生制度改革**〕 科学调整省内外普通院校招生计划和专业结构，在编制招生计划时，控制省属高校跨省招生计划比例，适当向黄南、果洛、玉树等地区下达定向招生计划，审核省属各高校安排的专业计划，青海大学理工类专业调整到 60.15%，青海师范大学理工类专业调整到 44.8%，青海民族大学理工类专业调整到 43.23%，全年共核减 20 个省（区）180 所院校的 2 647 名招生计划，其中本科 385 名、专科 2 262 名；实施招生“阳光工程”，全年计划招生 35 122 名，实际招生 34 243 人，高考录取率为 86.79%，比 2012 年提高 0.79%；研究生录取 1 065 名（含博士 14 名）。

〔**毕业生就业指导工作**〕 全省共有高校毕业

生共计 13 537 人，比 2012 年增加 641 人。截至 2013 年 9 月 1 日，毕业生初次就业率为 87.20%，比全国平均就业率高出近 10 个百分点，完成了省政府规定的 80%以上的就业指标。实际就业人数比 2012 年增加 371 人，就业质量比 2012 年明显提高，灵活就业的人数比 2012 年有较大幅度的下降。首次发表了面向全社会的分专业就业情况白皮书。

撰稿　丁生东

审稿　朱小杰

宁夏回族自治区教育

概　　况

〔基本情况〕

宁夏回族自治区各级各类学校校数、教职工、专任教师情况

	学校数（所）	教职工数（人）	专任教师数（人）
一、高等教育	17	10 603	7 181
（一）研究生培养机构（不计校数）	4		
1. 普通高校	4		
2. 科研机构			
（二）普通高等学校	16	10 486	7 111
1. 本科院校	8	7 981	5 271
其中：独立学院	2	1 219	884
2. 高职（专科）院校	8	2 505	1 840
3. 其他机构（点）（不计校数）			
（三）成人高等学校	1	117	70
（四）民办的其他高等教育机构			
二、中等教育	358	39 282	33 333
（一）高中阶段教育	116	18 407	13 938
1. 高中	62	12 811	10 006
普通高中	62	12 811	10 006
完全中学	21	3 879	2 107
高级中学	41	8 932	7 899
十二年一贯制学校			
成人高中			
2. 中等职业教育	54	5 596	3 932
普通中专	19	1 937	1 342

续表

	学校数（所）	教职工数（人）	专任教师数（人）
成人中专	3	185	112
职业高中	13	1 215	1 069
技工学校	19	2 122	1 321
其他机构（教学点）（不计校数）	2	137	88
（二）初中阶段教育	242	20 875	19 395
1. 初中	242	20 875	19 395
初级中学	177	16 779	15 796
九年一贯制学校	65	4 096	2 326
十二年一贯制学校			
完全中学			1 273
职业初中			
2. 成人初中			
三、初等教育	2 108	33 955	34 406
（一）普通小学	1 850	33 244	34 113
小学	1 850	33 244	32 524
九年一贯制学校			1 589
十二年一贯制学校			
（二）成人小学	258	711	293
其中：扫盲班	258	711	293
四、工读学校			
五、特殊教育	8	259	246
六、学前教育	634	11 233	6 624

注：①完全中学的学校数和教职工数计入高中阶段教育，九年一贯制学校的校数和教职工数计入初中阶段教育，十二年一贯制学校的校数和教职工数计入高中阶段教育，专任教师是按照教育层次划分归类；②“（ ）”内数据为不计校数。

宁夏回族自治区各级各类学历教育学生情况

	毕业生数（人）	招生数（人）	在校生数（人）
一、高等教育			
（一）研究生	1 232	1 516	4 012
博士	22	34	88
硕士	1 210	1 482	3 924
（二）普通本专科	22 221	30 664	104 451
本科	12 574	18 188	67 369
专科	9 647	12 476	37 082
（三）成人本专科	12 328	13 460	33 550

续表

	毕业生数（人）	招生数（人）	在校生数（人）
本科	3 130	3 425	8 826
专科	9 198	10 035	24 724
（四）其他各类高等学历教育			
1. 在职人员攻读硕士学位		446	1 266
2. 网络本专科生			
本科			
专科			
二、中等教育	176 107	184 976	549 821
（一）高中阶段教育	83 194	88 056	265 063
1. 高中	49 770	55 779	165 240
普通高中	49 770	55 779	165 240
完全中学	10 011	13 392	37 817
高级中学	39 759	42 387	127 423
十二年一贯制学校			
成人高中			
2. 中等职业教育	33 424	32 277	99 823
普通中专	19 219	20 479	56 265
成人中专	4 610	1 172	9 960
职业高中	7 707	8 697	27 725
技工学校	1 888	1 929	5 873
（二）初中阶段教育	92 913	96 920	284 758
1. 初中	92 913	96 920	284 758
初级中学	75 365	78 942	232 395
九年一贯制学校	8 203	9 155	25 436
十二年一贯制学校			
完全中学	9 266	8 815	26 838
职业初中	79	8	89
2. 成人初中			
三、初等教育	109 453	100 194	609 506
（一）普通小学	101 909	100 194	603 947
小学	96 626	95 165	573 974
九年一贯制学校	5 283	5 029	29 973
十二年一贯制学校			
（二）成人小学	7 544		5 559
其中：扫盲班	7 544		5 559

续表

	毕业生数（人）	招生数（人）	在校生数（人）
四、工读学校			
五、特殊教育	188	305	1 908
六、学前教育	81 597	81 684	169 080

注：特殊教育学生数中包括普通中小学随班就读的学生。

宁夏回族自治区各级各类非学历教育学生情况

	结业生数（人）	注册学生数（人）
总计	95 971	122 822
一、高等教育	23 900	28 811
（一）研究生课程进修班	78	114
（二）自考助学班		
（三）普通预科生		3 565
（四）进修及培训	23 822	25 132
其中：资格证书培训	10 008	10 802
岗位证书培训	11 749	12 128
二、中等职业教育	72 071	94 011
其中：资格证书培训	28 378	25 976
岗位证书培训	5 015	4 290
（一）中等职业学校	35 074	31 070
其中：资格证书培训	20 322	16 878
岗位证书培训	5 015	4 290
（二）职业技术培训机构	36 997	62 941
其中：资格证书培训	8 056	9 098
岗位证书培训		

宁夏回族自治区各级各类民办教育基本情况

	学校数（所）	毕业生数（人）	招生数（人）	在校生数（人）	教职工数（人）	专任教师数（人）	其他学生数（人）
一、民办高等教育							
（一）民办高校	4	5 794	9 980	32 683	2 196	1 647	5 273
硕士							
本科学生		3 595	6 944	23 485			
专科学生		2 199	3 036	9 198			

续表

	学校数（所）	毕业生数（人）	招生数（人）	在校生数（人）	教职工数（人）	专任教师数（人）	其他学生数（人）
其中：独立学院	2	2 881	4 263	16 529	1 219	884	
本科学生		2 881	4 263	16 529			
专科学生							
（二）民办其他高等教育机构							
二、民办中等教育							
（一）高中阶段教育	15	3 461	5 449	19 260	962	675	
1. 民办普通高中	9	1 882	2 188	5 699	532	413	
2. 民办中等职业教育	6	1 579	3 261	13 561	430	262	
（二）初中阶段教育	4	4 268	4 385	12 536	209	171	
1. 民办普通初中	4	4 268	4 385	12 536	209	171	
2. 民办职业初中							
三、民办普通小学	5	877	717	3 984	365	224	
四、民办幼儿园	421	32 650	33 886	86 922	8 129	4 509	
另有：民办培训机构（不计校数）	198				1 995	1 153	59 742

注：①“其他学生数”包括自考助学班学生、预科生、进修及培训学生数；②民办普通高中的教职工数和专任教师数中包含民办普通初中的教职工数和专任教师数；③民办中等职业教育数据中未含技工学校数据；④“（ ）”内数据为不计校数。

〔**教育经费保障机制**〕 2013年，中央和自治区共安排全区义务教育阶段学校公用经费48 751.69万元；寄宿生生活费补助资金10 048万元；国家和地方免费教科书采购资金9 285万元。增加免费教科书目录，免费为全区义务教育阶段学生配备《新华字典》。

〔**教育惠民计划**〕 学生营养改善计划深入推进，首次将全区所有独立设置的特殊教育学校学生纳入营养改善计划范围，惠及学生32万余人。农村中小学办学条件持续改善，实施数字教育资源建设工程，为全区12个县（区）283个教学点配备地面卫星接收设备和数字教育教学资源播放设备；为100所农村中小学按标准配齐教学实验仪器设备和图书；实施农村中小学暖气改造工程，完成118所农村中小学35万平方米供暖设施改造；为103所农村中小学改建体育运动场。

〔**学生资助工作**〕 2013年，资助全区高等学校、中职学校、普通高中学校、试点地区学前一年教育阶段的家庭经济困难学生（包括社会资助部分）共计约40万人次，国家、自治区以及社会慈善组织共投入资助金（包括助学贷款）6.2亿余元，其中中央财政（包括助学贷款）投入4.79亿元、自治区财政投入7 117.5万余元、社会资助6 992.25万元，实现所有学生不因家庭经济困难而失学、辍学的目标。学生资助工作成绩突出，筹集各类资金近6.23亿元，资助学生40.1万人次，对全区所有中职全日制在校生免除学费，基本建立起从学前教育到研究生教育全覆盖、无缝隙政策资助链。

〔**社会资助**〕 2013年，共接受社会慈善组织（单位）捐资6 992.25万元，资助高等学校、中职学校、普通高中学生24 844人，资助资金和资助学生数比2012年分别增长90%和49%。资金量占全年学生资助金总量的14%。中国教育发展基金会在自治区实施3个项目：一是高校新生入学资助项目，资助宁夏籍考入高校的学生1 365人，发放资助金106.25万元；二是“滋蕙计划”项目，奖励全区品学兼优、家庭经济困难的普通高中生2 400人，发放资金480万元；三是《新华字典》捐赠项目，为全区中小学学生发放《新华字典》6万册。

〔**民族教育特色发展**〕 加强民族骨干中小学标准化建设。加快实施第二期“百所标准化回民中小学建设工程”，全年建成标准化回民中小学14所，一、二期累计建成标准化回民中小学163所，占全区回民中小学校总数的75%。民族教育帮扶力度不断加大。选派15个市、县（区）所属学校的414名教师到农村学校支教；启动实施“全区民族中小学校教师跟岗实践培训计划”，发挥优质学校教育资源优势，提高偏远农村民族中小学教师教学实践能力。举办民族中小学校教师跟岗实践第二期培训班，分别在银川市第二十一小学、银川唐徕回民中学、宁夏六盘山高级中学对30名跟岗教师进行实践培训。实施“少数民族高层次骨干人才计划”，录取硕士研究生、博士研究生184名，签订定向培养协议。

〔**艺术与国防教育**〕 5—9月，继续在部分高等院校和普通中学组织开展“2013年全区高雅艺术进校园交响音乐会”，演出活动由宁夏演艺集团歌舞剧院交响乐团和银川市实验中学管弦乐团共同承担，共举办16场交响音乐会，约3万人次观看演出。邀请教育部艺术教育委员会知名艺术教育专家到宁夏举办9场高雅艺术专题讲座，内容涵盖美术、音乐、影视鉴赏等方面。5—6月，中央芭蕾舞团和山西省话剧院到宁夏高校演出“经典芭蕾剧目赏析”和话剧《立秋》，共演出8场，约4万人观看演出。2013年，自治区教育厅与宁夏军区司令部联合印发《2013年学生军训工作指示》，对2013年学生军训工作进行部署。5—8月，由宁夏军区学生军训办公室派遣2人到自治区教育厅合署办公80天。在2012年全区3所高校开设军事理论课的基础上，2013年增加到10所，开课率为62%，配备专职军事教师19人。

〔**教育交流与合作**〕 加强与阿拉伯国家高校联合人才培养互派教师、留学生工作，较2012年国家公派出国留学人数增加34%、来华留学生增加71%、聘请外籍教师增加43%。批准银川能源学院为接收外国留学生高校，增加宁夏医科大学为接收中国政府奖学金来华留学生高校。出台自治区《自费出国留学中介资格认定管理办法》和《孔子学院工作计划（2013—2017）》。组织实施“塞上名师”海外培训项目以及美国英语学会对彭阳县120名中小学英语教师暑期培训工作。

基 础 教 育

〔**学前教育**〕 2013年，学前教育三年行动计划全面完成，新建幼儿园56所，改建、增设幼儿园96所，新增幼儿学位2.3万个，学前三年入园率比2012年增加2.19个百分点。按照《教育部办公厅关于举办学前教育三年行动计划网络巡展的通知》要求，积极征集各市、县（区）实施学前教育三年行动计划以来在落实国家和自治区学前教育重点工作、普及学前保育教育知识、加强学前教育管理、解决“入园难”等方面积累的成功经验和优秀案例，在自治区教育厅网站上开辟专栏，设计制作宁夏学前教育三年行动计划网络展示页面进行宣传展示，并将页面链接至教育部网站专栏，在全国进行巡展。组织开展学前教育宣传月活动。5月20日至6月20日，组织全区各级各类幼儿园通过开展印发科学保育教育知识宣传册（单）、举办家长开放日、科学育儿知识讲座等形式，深入宣传

《3—6 岁儿童学习与发展指南》（简称为《指南》），帮助家长理解《指南》的教育理念、教育内涵和各年龄段幼儿发展的基本规律和主要特点。举办《指南》与幼儿园活动实践研讨会，邀请《指南》编写成员、全国知名学前教育专家为全区幼儿园园长解读《指南》的具体内容。

〔**学前教育资助**〕 2013 年，共资助试点地区接受学前一年教育儿童 6 474 人次，发放资金 323.7 万元，每人每学年 1 000 元，覆盖面占试点地区在园学前一年儿童的 30%。2013 年，教育部、财政部向自治区下达以奖代补专项补助金 1 000 万元，用于后续学前教育资助工作。

〔**义务教育均衡发展**〕 4 月中旬和 9 月下旬，自治区教育厅组织专家深入金凤区、西夏区、惠农区、利通区和青铜峡进行推进义务教育均衡发展过程性督导检查，帮助协调解决推进义务教育均衡发展过程中的突出问题和实际困难。6 月 19 日，在灵武市召开全区义务教育均衡发展现场会暨业务培训会，安排部署下一阶段全区推进义务教育均衡发展工作。贺兰县、灵武市和大武口区 3 个县（市、区）义务教育基本均衡发展工作通过国家验收认定。组织开展推进义务教育均衡发展评估验收工作。按照自治区县域义务教育均衡发展督导评估实施方案和评估指标体系，组织相关专家代表自治区政府对金凤区、西夏区、惠农区、利通区和青铜峡市推进义务教育均衡发展工作进行评估验收。

〔**巩固基本普及高中阶段教育成果**〕 为巩固全区 22 个县（市、区）全部实现基本普及高中阶段教育工作的成果，经自治区政府同意，以自治区基本普及高中阶段教育工作领导小组名义，表彰奖励各地推进基本普及高中阶段教育工作的 56 个先进集体和 81 名先进个人。进一步明确普通高中发展目标，研究制定《全面普及高中阶段教育推动普通高中多样化发展的实施意见》，要求各地结合本地实际，制订具体实施方案，推进全区普通高中多样化发展。

〔**普通高中学生资助**〕 2013 年，资助普通高中学生 98 026 人次，平均每生每学年资助 1 500 元，共发放资助金 6 213 万元，资金由中央、自治区和川区市、县（区）按照比例承担。山区、川区资助覆盖面分别占在校生总数的 40%和 20%。

〔**中小学德育工作**〕 坚持育人为本、德育为先，将“我的中国梦”主题教育活动融入中小学校德育工作全过程，印发《关于教育系统深入开展“我的中国梦”主题教育活动的通知》，联合自治区环境保护厅、自治区精神文明建设指导委员会办公室、自治区共青团委员会、自治区妇女联合会和自治区关心下一代工作委员会，分别开展“欢乐童年 美丽中国”图文和征文大赛、“童心向党”歌咏比赛、“我的梦·中国梦”青少年书信文化活动、“学雷锋做美德少年”网上签名寄语活动等。印发《全区中小学校 2013 年节能宣传周及低碳日活动实施方案》，以“践行节能低碳，建设美丽家园”为主题，组织全区中小学校开展“美丽宁夏、绿色家园”环保嘉年华征文、绘画等活动，参加学生达 10 万人次。

〔**教师队伍建设**〕 2013 年，招聘特岗教师 2 920 名，全区特岗教师招聘总数达 16 700 人，约占全区农村学校专任教师总数的 25%；签约国家免费师范生 297 人，签约率 99.7%；在宁夏师范学院启动地方免费师范生培养试点工作，首批招生 100 名。不断加大教师培训工作力度，自治区通过实施“国培计划”，培训中小学、幼儿园教师 3 万余人，其中乡村教师 0.9 万人；完成第四期 775 名区级骨干教师遴选培训任务；加强中小学校长培训，培训校长 605 名；实施“塞上名师”工程，选拔培养 48 人；认真贯彻教育部《关于建立健全中小学师德建设长效机制的意见》，组织开展“寻找身边的张莉莉”走进宁夏访谈活动，师德师风建设得到进一步加强。

〔**中小学骨干教师培训**〕 2013 年，通过市、县推荐、遴选和自治区评审，共确定第四批自治区级骨干教师培养对象 610 名，其中中小学一线教师占80%以上、乡村教师占70%。对幼儿园、义务教育阶段教师采取“置换脱产研修+远程学习+岗位实践+综合考核”的培训方式；对高中教师采取“集中培训+远程培训+岗位实践+课题研修+综合考核”和研究性学习的培训方式。全年完成新一轮第三期自治区级骨干教师培养对象522名第三、第四阶段的远程学习、课题答辩、集中综合测试和综合考评工作，其中480名骨干教师培养对象进入认定阶段。7月，在四川都江堰瀚海博雅培训学院举办为期10天的自治区级以上骨干教师高级研修班，全区160名骨干教师参加研修。

〔**中小学教师全员岗位培训**〕 2013年，组织中小学教师分别参加以《课堂练习设计与命题技术实践研究》《义务教育阶段学科教学指导》《高中阶段学科有效教学指导》为重点内容的培训学习。自治区分期为各市、县（区）培训师资1 242名。2013年，全区有45 867名中小学教师参加培训、考核，合格率达99%。同时，为解决工学矛盾，避免教师重复参加培训，将中小学教师全员岗位培训与“国培计划”有效结合，建立互认学时制度。

〔**“国培计划”项目**〕 2013年“国培计划”项目坚持“前期调研、统筹规划、突出重点、按需施训”的原则，确定3个项目类别，内含17个子项目22个学科（领域）的培训任务。采取招（邀）标方式，确定区内外15家院校（培训机构）为承办单位。对全区28 010名中小学校及幼儿园教师进行培训。其中置换脱产研修710名、短期集中培训1 500名、远程培训25 800名。置换脱产研修以自治区级骨干教师培养对象为主要参训对象，增设100名幼儿教师全能培训项目；短期集中培训以音乐、体育、美术和小学科学学科等薄弱学科教师以及中小学（幼儿园）校（园）长高级研修为主要项目；远程培训以中小学义务教育阶段教师教育技术培训、网络社区研修与校本教研两个专题研修为主要内容，分步实施，全员受训。2013年，首批确定银川市、石嘴山市所属市、县（区）全员教师参与教育技术（初级）远程培训，吴忠市利通区和同心县开展网络社区与校本教研研修。

〔**特殊教育**〕 为贯彻落实《关于加强特殊教育教师队伍建设的意见》，结合全区特殊教育发展实际，制定《宁夏回族自治区关于进一步加强特殊教育教师队伍的意见》。按照教育部、国家发展和改革委员会“中西部地区特殊教育学校建设工程”实施要求，对吴忠市同心县、中卫市海原县和中宁县特殊教育学校建设情况进行检查。

职业教育

〔**中职改革发展示范校建设工程**〕 2013年，平罗县职教中心等5所学校跻身第三批国家级中职教育改革发展示范校。截至2013年年底，全区共有14所学校申报国家级中等职业教育改革发展示范校项目，争取国家专项资金1.344亿元，第一批建设的两所学校已进入国家验收阶段。

〔**职教园区建设**〕 出台《宁夏回族自治区职业教育园区管理运行实施方案》和《中国（宁夏）现代职业技能公共实训中心建设方案》，从优化管理、整合资源入手，启动职业教育园区集团化办学体制机制改革试点项目。承担国家确定的《职业教育园区集团化办学体制机制改革试点》项目，在广泛调研论证的基础上，出台《宁夏回族自治区职业教育园区管理运行实施方案》《宁夏回族自治区职业教育园区师资整合方案》《宁夏回族自治区职业教育园区后勤社会化运行方案》。

〔**职教师资培训**〕 2013年，由自治区地方财政出资300万元，组织330名专业课教师和“双师型”教师到天津职业技术师范大学和宁夏理工学院等国家级职业教育教师培训基地培训。组织50名教师、20名校长参加教育部举办的国家级骨干教师培训和国外进修。

〔**中职资助工作**〕 2013年，扩大中职免学费政策覆盖面，超额完成确定的目标任务，规定从2013年秋季学期开始，对全区所有中职学校全日制在校生全部免除学费。国家和自治区投入资金1.09亿元，中职学校学生资助共投入1.46亿元，全年享受免学费政策的学生达109 890人次。自治区成为以省为单位全部免除中职学生学费的西部唯一省份。按照国家、自治区资助政策，全年全区有49 365人次中职学生享受助学金资助，每生每年1 500元，全年发放助学金3 702万元，资助面占职业学校一、二年级正式学籍在校生的70%。

〔**中职招生**〕 2013年，如期完成教育部下达的4万人的中职招生计划。针对全区初中毕业生人数下降、招生难度加大的现状，继续扩大中职学校的招生服务范围，拓宽生源渠道，积极争取应届高中毕业生、往届初高中毕业生、回乡青年、返乡农民工、企业员工、退役士兵等各类人员。各级教育行政部门层层抓落实，将招生工作细化到每所学校、每个班级、每位班主任和教师，宣传职业教育，让普通学校的教师、学生更加深入了解职业教育。2013年，完成东西部联合招生合作办学1万多人的招生任务。

〔**高等职业学校提升专业服务能力项目**〕 2013年，按照《教育部财政部关于支持高等职业学校提升专业服务产业发展能力的通知》要求，评选推荐8所高职院校的学前教育等14个专业为高等职业学校提升专业服务能力项目专业，并通过教育部、财政部评审，申请到专业建设专项资金3 100万元。通过2年建设，各项目学校已完成建设任务，并接受了教育部验收。

〔**职业教育技能大赛**〕 5月，举办第五届全区职业教育技能大赛，选拔代表参加2013年全国职业院校技能大赛，获一等奖1个、二等奖2个、三等奖18个。

高 等 教 育

〔**质量工程项目**〕 2013年，宁夏大学食品科学与工程、宁夏医科大学临床医学、宁夏师范学院数学与应用数学3个本科专业被教育部列入第一批本科专业综合改革试点名单。获教育部批准立项国家级大学生创新创业训练计划项目50项。完成国家级精品资源共享课、精品视频公开课的遴选上报工作。实施卓越法律人才教育培养计划，建设2个法学实践教学基地；实施高等学校与法律实务部门人员互聘“双千计划”，完成首批10名人员的推荐和互聘工作。与自治区党委宣传部共同实施卓越新闻人才教育培养计划，推荐高校新闻传播院系骨干教师到新闻单位兼职或挂职。

〔**本科教学工程建设**〕 完成宁夏大学“211工程”建设任务，正式启动“一省一校”建设；宁夏医科大学成为博士学位授予单位，并新增3个一级学科博士点；宁夏师范学院培养硕士专业学位研究生试点通过国家验收评估。组织召开座谈会，听取高校对本科教学工程的意见和建议。安排部署2013年度自治区级本科教学工程立项申报工作，建设自治区大学生校外实践教育基地7个，立项自治区教学团队11个、自治区本科重点建设专业10个；建设自治区精品资源共享课10门、实验教学示范中心8个、立项自治区教改项目30项；支持高校举办或参与各类大学生竞赛10余项；立项建设自治区大学生创新创业计划项目190个。组织专家对高校新开设专业进行评估检查；制订自治区内高校本科专业评估方案。宁夏大学食品科学与工程、宁夏医科大学临床医学、宁夏师范学院数学与应用数学 3 个本科专业被教育部列入第一批本科专业综合改革试点名单，并在宁夏大学进行试点。组织高校教师申报国内访问学者，派出 22 名教师赴国内一流大学访学，支持高校聘请一批国内外知名专家来宁讲学。

〔**学位与研究生教育**〕　2013 年，遴选推荐 1 篇博士学位论文参加全国优秀博士学位论文评选，宁夏大学培养的博士生首次获此殊荣。开展学士学位授权审核，审核批准宁夏师范学院等 4 所本科院校的 8 个本科专业学士学位授予权。组织宁夏医科大学申报全国第一批临床医学硕士专业学位研究生培养模式改革试点高校，并获教育部、国家卫生和计划生育委员会批准。组织开展学位与研究生教育专题调研，总结全区研究生教育创新计划实施情况，听取师生的意见和建议。

〔**科研工作**〕　2013 年，在自治区教育厅网站开辟学风建设专栏，公布全区高校 2012 年学风建设年度报告。组织完成 2012 年高等学校科学研究项目结题工作，共有 6 项教育部重点项目按期结题、84 项自治区高校科学研究项目按期结题，评选出优秀项目 13 项。安排部署 2013 年自治区高校科学研究项目申报工作。对在繁荣发展高校哲学社会科学研究中做出突出成绩的 16 个先进集体和 37 名先进个人进行表彰。

〔**协同创新中心建设**〕　2013 年，重点建设“阿拉伯世界与中国内陆向西开放协同创新中心”和“回医药协同创新中心”。评选立项自治区高校科研项目 143 项，资助经费 270 万元。1 人入选教育部“新世纪优秀人才支持计划”、获教育部立项重点科研项目 1 项。

〔**国家级实验教学示范中心通过教育部验收**〕　2013 年，宁夏师范学院大学生教师教育技能实验教学中心获批国家级实验教学示范中心。该中心下设 10 个训练室，主要承担大学生教师教育各项技能的训练、培养与资格鉴定，同时还承担在岗教师（职后）教学技能的继续教育和训练工作。2013 年，宁夏大学牵头组建的宁夏大学—宁夏宝丰能源集团有限公司工程实践教育中心和宁夏医科大学—宁夏医科大学附属总医院临床技能综合培训中心获批国家级大学生校外实践教育基地。

〔**学生学籍学历管理**〕　全面完成 2013 年新生学籍、在校生学年、毕业生学历电子注册工作，全年共注册新生学籍 47 568 人，注册在校生 89 543 人，注册毕业生学历 37 641 人，采集毕业生图像信息 39 400 人次。加强高等教育学历证书审核认证工作，共出具学历认证报告 6 600 份。组织开展全区高校学籍学历管理工作专项督查，对全区高校学籍学历遗留问题进行清查和整改。

〔**学生资助**〕　2013 年，资助高校学生近 10.25 万人次，发放奖助学金和助学贷款 3.4 亿元。其中国家奖学金奖励区属高校博士研究生 3 人，每人 3 万元；奖励硕士研究生 82 名，每人 2 万元；奖励普通本科、高职学生 108 名，每人 8 000 元，所需资金全部由中央财政承担。国家励志奖学金奖励区属普通本科、高职学生 2 381 人，发放资金 1 190.5 万元，资金由中央财政和自治区财政按 8∶2 的比例承担。国家助学金资助普通本科、高职学生 42 325 人次，发放资金 6 348.75 万元，资金由中央财政和自治区财政按 8∶2 的比例承担。为 255 名高校学生服义务兵役学费代偿补偿 238 万元。

〔**生源地助学贷款**〕　2013 年，全区共有 46 892 名宁夏籍区内外大学生获贷款资助，发放贷款额度 2.46 亿余元，获贷率达 95%，人均贷款 5 200 元左右。2013 年，还款率连续 4 年达 100%，在全国各省（区、市）中名列第一。2013 年，共有 10 524 名新生通过“绿色通道”入学，入学后根据家庭经济困难程度给予不同程度的资助。

〔**招生就业工作**〕　2013 年，继续完善制度建设，按照自治区招生工作委员会印发的《深入实施高校招生阳光工程进一步推进高校招生诚信体系建设实施方案》要求，推进以集正面教育、制度约束、违规处罚为一体的教育考试招生诚信体系建设。深入推进“阳光招生”，严格高考招生政策，稳步推进高考招生工作。2013 年，共录取 48 664 人，录取率达 82.57%，高等教育毛入学率达 29.3%。严格执行国家招生有关规定，连续 5 年招生工作实现“零投诉”。举办全区高校毕业生就业工作人员系统培训（中级）班，培训 90 人次。会同自治区人力资源和社会保障厅建立家庭经济困难毕业生求职补贴制度，对家庭经济困难毕业生给予一次性 1 000 元的求职补贴。会同有关部门组织实施入伍预征、“三支一扶”等就业项目，组织高校举办校园专场招聘会，拓宽就业渠道。截至 2013 年 8 月底，全区高校毕业生就业率达 75.28%。

〔**开展党的群众路线教育实践活动**〕 召开自治区教育工委、自治区教育厅和高校党的群众路线教育实践活动动员大会，制发高校党的群众教育实践活动实施方案及时间进度表。举办专题读书班，组织高校利用暑假开展个人自学、交流讨论、专题研讨等学习活动。建立自治区教育工委、自治区教育厅领导联系高校教育实践活动制度，专门成立督查组，多次召开经验交流、工作督查和征求意见会，加强对活动各个环节的指导。指导并参加隶属自治区教育工委督导的 9 所高校的教育实践活动专题民主生活会。

〔**高校党建工作**〕 指导宁夏大学等 7 所学校完成党委换届工作，宁夏大学和宁夏医科大学成立党委常委会，进一步扩大党内民主。全区 4 所民办院校完善党委书记列席学校董事会和行政会议等相关制度。加强高校院系基层党组织建设和学生党建工作。指导高校科学设置院系党组织形式，推进“组织进公寓”“党员进班级”工作，配齐配强党支部书记，建立健全学生党员培养质量评估机制和党性修养考核等工作制度。

〔**加强学生思想政治教育和德育工作**〕 指导高校认真做好中国特色社会主义理论体系进教材、进课程、进头脑工作，把社会主义核心价值体系教育融入大学生思想政治教育工作和师德师风建设的全过程，坚持育人为本、德育为先，努力拓展新形势下大学生思想政治工作的有效途径。推广宁夏大学等高校“教师育人评价体系”和“大学生修身评价体系”建设。

〔**开展思想政治理论课教学名师评选活动**〕 2013 年，组织开展全区高校思想政治理论课教学名师（教学能手）评选活动，选拔确定第一批 5 名教学名师，每人给予 10 万元经费支持。开展提素质、做科研、搞示范、带队伍、建平台等工作。

〔**开设民族宗教政策与理论课程**〕 2013 年，自治区教育工委、教育厅组织有关方面的专家编写完成《中国民族宗教理论与政策教程》统编教材，在自治区高校正式开设了民族宗教理论与政策课程。举办全区高校民族宗教理论与政策课师资培训班，邀请自治区民族事务委员会（宗教局）和教材编写组的有关专家对 60 余名课程师资进行全员培训。成立全区高校民族宗教理论与政策课程建设委员会，加强对民族宗教理论与政策课课程建设的专业指导。

〔**对口支援工作**〕 宁夏理工学院、银川能源学院分别与东北大学、福州大学建立对口支援关系，实现全区所有高校对口支援全覆盖。

〔**平安校园建设**〕 2013 年，先后 6 次召开全区高校维稳工作信息联络、文件传达、协调沟通等会议，对各个敏感节点的维稳工作进行安排部署。组织开展全区高校清真食堂集中检查，指导高校严格落实清真食堂核准制度，强化清真食堂内部管理。加强对高校师生特别是宁夏大学、北方民族大学、宁夏师范学院等新疆维吾尔族学生的教育引导和管理工作，确保高校校园持续稳定和谐。全区高校连续 23 年保持稳定。加强校园周边环境整治和应急演练，强化学校人防、物防、技防措施。开展安全管理规范化示范校创建活动，聘请 74 名学校安全监督员，保证了学校师生的安全。

〔承办第二届中国·阿拉伯国家大学校长论坛〕 9月11日，由教育部和自治区政府共同举办的第二届“中国·阿拉伯国家大学校长论坛”在银川市开幕。自治区教育厅作为承办方认真制订工作方案，成立组委会办公室，密切与自治区政府、教育部、自治区博览局、国内外有关大学的联系和协调，邀请阿拉伯及伊斯兰地区17个国家的27所大学和埃及高等教育部、苏丹高等教育和科学研究部、伊拉克高等教育与科学研究部、埃及驻华使馆、苏丹驻华使馆、伊拉克驻华使馆、阿拉伯国家大学校长联盟的校长、专家学者及官员52人以及国内36所大学校长、学者参加论坛。论坛期间，中阿高校共签署校际合作协议书103份，内容涉及学生联合培养、教师培训、联合开展学术研究和共同建立学术研究机构、扩大留学生规模和加强人文交流等诸多方面。

撰稿　陈惠英
审稿　陈晓东

新疆维吾尔自治区教育

概　　况

〔基本情况〕

新疆维吾尔自治区各级各类学校校数、教职工、专任教师情况

	学校数（所）	教职工数（人）	专任教师数（人）
一、高等教育	48	33 031	21 027
（一）研究生培养机构（不计校数）	13		
1. 普通高校	10		
2. 科研机构	3		
（二）普通高等学校	41	28 781	18 327
1. 本科院校	18	18 608	11 528
其中：独立学院	5	941	718
2. 高职（专科）院校	23	10 173	6 799
3. 其他机构（点）（不计校数）			
（三）成人高等学校	7	4 250	2 700
（四）民办的其他高等教育机构			
二、中等教育	1 766	193 341	138 873
（一）高中阶段教育	654	88 103	52 567
1. 高中	366	63 488	35 020
普通高中	366	63 488	35 020
完全中学	182	32 277	13 404
高级中学	121	21 135	18 650
十二年一贯制学校	63	10 076	2 966
成人高中			
2. 中等职业教育	288	24 615	17 547
普通中专	93	9 769	6 778

续表

	学校数（所）	教职工数（人）	专任教师数（人）
成人中专	18	1 073	775
职业高中	69	3 253	2 478
技工学校	108	10 520	7 516
其他机构（教学点）（不计校数）			
（二）初中阶段教育	1 112	105 238	86 306
1. 初中	1 102	104 940	86 109
初级中学	446	47 659	43 181
九年一贯制学校	656	57 281	24 972
十二年一贯制学校			2 794
完全中学			15 162
职业初中			
2. 成人初中	10	298	197
三、初等教育	4 342	124 785	141 158
（一）普通小学	3 533	123 160	140 561
小学	3 533	123 160	112 110
九年一贯制学校			25 551
十二年一贯制学校			2 900
（二）成人小学	809	1 625	597
其中：扫盲班	758	1 362	513
四、工读学校	5	354	138
五、特殊教育	26	660	547
六、学前教育	3 864	41 454	28 214

注：①完全中学的学校数和教职工数计入高中阶段教育，九年一贯制学校的校数和教职工数计入初中阶段教育，十二年一贯制学校的校数和教职工数计入高中阶段教育，专任教师是按照教育层次划分归类；②“（ ）”内数据为不计校数。

新疆维吾尔自治区各级各类学历教育学生情况

	毕业生数（人）	招生数（人）	在校生数（人）
一、高等教育			
（一）研究生	4 775	6 222	16 867
博士	172	311	1 129
硕士	4 603	5 911	15 738
（二）普通本专科	69 983	80 984	278 425
本科	32 020	37 926	151 321
专科	37 963	43 058	127 104
（三）成人本专科	19 090	31 460	80 050

续表

	毕业生数（人）	招生数（人）	在校生数（人）
本科	6 265	9 566	24 038
专科	12 825	21 894	56 012
（四）其他各类高等学历教育			
1. 在职人员攻读硕士学位		1 111	3 842
2. 网络本专科生			
本科			
专科			
二、中等教育	568 924	579 834	1 680 179
（一）高中阶段教育	226 348	266 241	729 357
1. 高中	139 843	163 582	447 540
普通高中	139 843	163 582	447 540
完全中学	53 305	59 401	165 378
高级中学	73 901	89 973	242 462
十二年一贯制学校	12 637	14 208	39 700
成人高中			
2. 中等职业教育	86 505	102 659	281 817
普通中专	50 028	57 447	160 368
成人中专	7 575	4 503	14 955
职业高中	17 257	21 943	53 971
技工学校	11 645	18 766	52 523
（二）初中阶段教育	342 576	313 593	950 822
1. 初中	311 432	313 593	918 473
初级中学	159 180	159 946	471 786
九年一贯制学校	80 533	79 990	229 787
十二年一贯制学校	10 061	10 656	31 909
完全中学	61 658	63 001	184 991
职业初中			
2. 成人初中	31 144		32 349
三、初等教育	385 286	348 643	1 966 705
（一）普通小学	321 294	348 643	1 894 401
小学	247 715	276 304	1 491 591
九年一贯制学校	65 380	64 496	357 693
十二年一贯制学校	8 199	7 843	45 117
（二）成人小学	63 992		72 304
其中：扫盲班	50 700		66 936

续表

	毕业生数（人）	招生数（人）	在校生数（人）
四、工读学校	496	861	2 422
五、特殊教育	680	1 473	5 229
六、学前教育	311 907	373 343	718 958

注：特殊教育学生数中包括普通中小学随班就读的学生。

新疆维吾尔自治区各级各类非学历教育学生情况

	结业生数（人）	注册学生数（人）
总计	1 700 396	1 909 417
一、高等教育	69 884	51 589
（一）研究生课程进修班	271	601
（二）自考助学班	566	1 161
（三）普通预科生		
（四）进修及培训	69 047	49 827
其中：资格证书培训	31 938	15 396
岗位证书培训	28 663	25 840
二、中等职业教育	1 630 512	1 857 828
其中：资格证书培训	133 563	177 213
岗位证书培训	330 600	450 302
（一）中等职业学校	73 372	42 260
其中：资格证书培训	46 096	25 132
岗位证书培训	16 510	10 614
（二）职业技术培训机构	1 557 140	1 815 568
其中：资格证书培训	87 467	152 081
岗位证书培训	314 090	439 688

新疆维吾尔自治区各级各类民办教育基本情况

	学校数（所）	毕业生数（人）	招生数（人）	在校生数（人）	教职工数（人）	专任教师数（人）	其他学生数（人）
一、民办高等教育							
（一）民办高校	8				1 787	1 350	281
硕士							
本科学生		3 624	4 797	19 483			
专科学生		2 704	3 635	9 793			
其中：独立学院	5	3 624	4 797	19 483	941	718	

续表

	学校数（所）	毕业生数（人）	招生数（人）	在校生数（人）	教职工数（人）	专任教师数（人）	其他学生数（人）
本科学生		3 624	4 797	19 483			
专科学生							
（二）民办其他高等教育机构							
二、民办中等教育							
（一）高中阶段教育	35	8 850	9 150	24 551	2 483	1 699	
1. 民办普通高中	27	6 254	5 566	16 159	2 278	1 582	
2. 民办中等职业教育	8	2 596	3 584	8 392	205	117	1 093
（二）初中阶段教育	19	3 707	3 626	11 332	747	584	
1. 民办普通初中	19	3 707	3 626	11 332	747	584	
2. 民办职业初中							
三、民办普通小学	21	3 749	4 300	20 816	468	340	
四、民办幼儿园	777	44 330	53 307	129 335	12 225	6 260	
另有：民办培训机构（不计校数）	154				2 238	1 126	188 379

注：①“其他学生数”包括自考助学班学生、预科生、进修及培训学生数；②民办普通高中的教职工数和专任教师数中包含民办普通初中的教职工数和专任教师数；③民办中等职业教育数据中未含技工学校数据；④“（ ）”内数据为不计校数。

〔**教育投入**〕 2013年，全区教育经费总支出589.2亿元，比2012年增长14.07%，其中事业性经费支出564.1亿元，比2012年增长14.3%；基本建设支出25.04亿元，比2012年增长9.1%。2013年，全区学前教育支出30.48亿元，保障学前双语教育投入，扶持边远地州学前双语教育的发展。2013年，下达农村义务教育经费保障机制资金32.6亿元。其中公用经费资金11.8亿元、取暖费资金2.4亿元、校舍维修改造资金9.25亿元、免费教科书资金3.25亿元、农村家庭经济困难寄宿生生活费补助资金5.9亿元。

〔**教育工程项目资金**〕 2013年，全区实施农村义务教育薄弱学校改造、中小学校舍安全、普通高中改造、农村双语寄宿制学校建设、薄弱学校食堂建设以及农村教师周转宿舍建设等8个项目，共计171.21万平方米，投资25.04亿元。

〔**农村义务教育学生营养改善计划**〕 2013年，实施新疆农村义务教育阶段学生营养改善计划，国家和自治区拨付资金5.71亿元，资助国家和自治区试点县35个，享受营养改善计划的学生达97.52万人，占全区义务教育阶段学生总数的34%，实施营养餐计划的学校达2 414所，占全区义务教育学校总数的52%。

〔**学生资助工作**〕 2013年，自治区拨付高校奖助学金4.11亿元，资助高校学生约15.5万名；拨付高校少数民族预科学生学费和住宿费补助资金6 602万元，资助学生1.79万人；中国教育发展基金会拨付“滋蕙计划”资金1 141.4万元，资助学生5 707人；2 201名学生通过“绿色通道”办理入学手续。2013年，共拨付普通高中国家助学金2.48亿元，资助学生16.67万人。2013年，共拨付中职学校资助资金5.46亿元，资助学生51.07万人次。

〔**教师职称改革**〕 向新疆大学、新疆农业大学、新疆医科大学、新疆师范大学和新疆财经大学下放高校副教授评审权。向新疆工程学院、新疆警察学院下放高校讲师评审权，向新疆师范高等专科学校、和田师范专科学校、新疆维吾尔医学专科学校、新疆农业职业技术学院、克拉玛依职业技术学院、乌鲁木齐职业大学、新疆轻工职业技术学院下放助教评审权。在试点基础上，评选产生自治区首批16名中小学正高级教师，修订完善中小学教师任职资格条件，在全区范围内组织开展小学、幼儿园教师评聘中小学高级教师职务（副高级职称）的有关工作。

〔**教师资格认定**〕　组织认定高等学校教师资格898人，其中非师范类毕业参加教育教学能力测试的教师778人，其中707人通过测试，通过率为91%。指导各地做好中小学和幼儿园教师资格认定工作，全年共认定教师资格32 287人。

〔**“国培计划”**〕　落实2013年“国培计划”中西部项目和幼师“国培计划”项目培训规划和方案，确定区内外28家单位承担培训任务。蒙古语、锡伯语、柯尔克孜语等少数民族母语学科教师培训以及校长、教务主任、实验课教师培训首次进入“国培计划”项目。2013年，“国培计划”资金增至5 700万元，通过集中培训、远程培训和“送教上门”等多种形式，培训教师近5万名。完成“国培计划”示范性项目1 924名教师的培训任务。

〔**“区培计划”**〕　研究制订年度“区培计划”和实施方案，申请经费1 200余万元。组织完成2012年度双语特设岗位计划（空岗）招聘教师岗前培训、2013年中小学和双语幼儿园新招聘教师岗前培训、中小学教师培训者培训、中小学教师教育技术能力培训、中小学教师送教培训、随班就读特殊教育教师培训，共培训教师2.04万名。

〔**新一轮双语教师培训**〕　启动实施第三期《国家支援新疆汉语教师工作方案》和第二期《新疆少数民族双语教师培训工程》，选送364名双语骨干教师和182名汉语骨干教师赴内地院校参加一年制培训，选送494名双语骨干教师到自治区院校参加两年制培训，选送1 041名双语骨干教师参加地州级两年制培训。

〔**教师培训**〕　截至2013年年底，受援地区共有3.72万名教师参加对口援疆省市的培训，其中约0.66万人参加半年至2年培训，占培训总人数的17.75%；0.8万人参加1周（含）至3个月培训，占培训总人数的21.51%；2.25万人参加1周以下培训，占培训总人数的60.48%。19个对口援疆省市培训的教师中，在自治区内接受培训的教师占77.70%，在自治区外（对口支援省市）接受培训的教师占22.30%，共投入资金2.21亿元。

〔**双语教育质量建设**〕　加强双语课堂教学指导，组织20余名双语教育专家、骨干教师赴7个县（市）34所城镇和农村学校，围绕使用各套双语教材的重点、难点开展双语课堂教学指导。开展双语教育质量监测，在全区实施少数民族小学段汉语、数学教学质量监测，监测范围为全疆15个地州98个县（市），抽样比例为10%，抽样人数2万人，总参测人数4万人次。制定双语教育激励政策，结合双语教育工作实际，制订农村学前教育和义务教育阶段双语教学班办班激励方案，对农村学校每个双语班每年补贴3.2万元。规范双语教育办学行为，制定下发《自治区义务教育阶段双语教育规范化办学行为检查细则》，组织双语教育专家组对8个县（市）的30所中小学双语教育规范化办学行为进行专项抽查，围绕双语教育普及、衔接、质量、管理和教师队伍建设等问题进行交流、分析，提出规范双语教学的建议。

〔**少数民族汉语水平等级考试**〕　2013年上半年，在喀什、阿克苏、伊犁地区开展面向社会考生的中国少数民族汉语水平等级考试（MHK）。2013年下半年，在阿勒泰、克拉玛依、巴州、哈密等7个地州开展少数民族汉语水平等级考试（MHK）。全年全区共有87 476人报考。

〔**区内初中班、高中班**〕　2013年，自治区区内初中班办班城市达13个，办班学校26所，在校生2.23万人。2013年，自治区区内初中班报名49 553人，录取新生8 700人（较2012年扩招1 300人），其中少数民族学生7 830人、汉族学生870人、农牧民子女录取比例连续6年保持在90%。自治区区内初中班第七届毕业生共4 454人，其中3 510人升入内地新疆高中班，占79%；592人升入区内高中班，占13%；24人升入内地新疆中职班；50人录取到“五年一贯制”大专。2013年，自治区内高中班办班城市8个、办班学校8所、在校生1 262人。

〔**内地新疆中职班**〕 2013年，内地新疆中职班报名13 907人，录取新生3 300人（含兵团300人）。2013年，南疆四地州考生录取人数占录取总人数的55.0%，少数民族考生录取人数占录取总人数的81.2%，农牧区户籍考生录取人数占录取总数的76.5%。

〔**内地新疆高中班**〕 2013年，内地新疆高中班报名37 619人，共录取新生9 122名（含兵团330人），比2012年扩招792人，农牧民子女录取比例达77%。内地新疆高中班办班城市增至45个、办班学校91所、在校生近3.1万人。

〔**内地高校支援新疆协作计划**〕 2013年，教育部和19个对口援疆省（市）进一步加大协作计划招生力度，累计投放招生计划7 502名，其中部属高校计划2 066名、省属院校计划5 436名。后追加本、专科计划1 300名［本科1 000名，高职（专科）300名］，实际完成招生8 802名。

〔**教育援疆基础建设项目实施情况**〕 2013年，自治区对近3年教育援疆工作进行了中期评估，19个援疆省市实施教育基础建设项目244项，规划投入资金58.73亿元，实际投入53.03亿元，占5年教育项目规划总投入的59.98%，占基础建设项目规划内总投入的68.44%。在受援地区新建学校222所，改扩建学校22所。其中实施双语教育项目139个，投入资金24.05亿元，实施中等职业教育项目32个，投入资金10.45亿元，双语教育项目和中等职业教育项目投入的规划内资金分别占已投入规划内项目资金总量的37.06%和17.54%。

〔**未就业大学生培训**〕 援疆省市积极落实中央五部委《关于做好新疆未就业普通高等学校毕业生赴对口支援省市培养计划组织实施工作的通知》精神，接收新疆选派2.2万名（80%以上为少数民族学生）未就业高校毕业生到对口援疆的19个省市145所高校接受一年再就业培训，均已返疆就业。

〔**对口帮扶**〕 从学前教育、中小学教育、中等职业教育到高等教育，援疆省市在做好“规定动作”的同时，根据受援地教育发展需求，开展了许多有创意的“自选动作”，帮助受援县（市）学校在教育管理、课程改革、教学资源库建设、名师讲座、学校标准化建设、干部人才培养等方面提升水平。截至2013年年底，内地援疆学校达369所，新疆受援学校达401所；实施计划外教育帮扶项目130个，计划外筹措援疆资金1.9亿元。

〔**高校援疆工作**〕 2013年，清华大学教育研究院与自治区教育厅启动“推进新疆义务教育均衡发展”合作项目。项目从2013年开始至2015年结束，每年为新疆教育系统培养教育硕士40名、教育博士1—2名。北京电影学院与新疆大学合作成立影视人才培养中心协调创新平台，为新疆本土培养影视文化及管理人才。4月中旬，清华大学、西安交通大学、武汉大学、中南大学4所高校的主要领导指导帮助新疆大学。5月中旬，国家开放大学依托新疆广播电视大学开办残疾人教育新疆学院，向新疆残疾人和残疾人工作者提供本、专科学历教育。2013年，先期开设社会工作本、专科专业，共招收113名学员。9月中旬，启动了由北京大学、北京师范大学、华东师范大学、北京语言大学、中国农业大学、天津大学、西安交通大学、西南大学8所高校承担的第三期国家支援新疆汉语教师培训工作项目，自治区725名双语骨干教师分别到上述高校学习培训。

〔**汉语国际推广**〕 全区共有4所高校在4个国家开办7所孔子学院。组织第六届“汉语桥”大赛乌鲁木齐赛区比赛。汉语国际推广中亚基地培训231名中亚国家本土汉语教师，招收132名孔子学院奖学金学生。启动第三批“丝绸之路学汉语系列教材”研发工作。

〔**来华留学生教育**〕 截至2013年年底，在新疆的外国留学生总数达6 888人，其中本年度留学毕业生、结业生1 377人，本年度来华留学生2 354人，继续学习的留学生5 511人。新疆师范大学被教育部列为全国来华留学示范基地。配合自治区外事侨务办公室开展第五批外国专家和留学生代表“认识新疆感受发展”活动。

基础教育

〔**学前教育**〕 2013年年初，自治区下拨各地2012年学前教育奖补资金1.42亿元，重点用于幼儿园教玩具设备购置、园舍修缮等。完成2013年国家奖补资金2.98亿元及闲置校舍改建和农村附设幼儿园建设资金3.2亿元的申报工作，争取自治区学前教育发展配套资金5 000万元。落实《3—6岁儿童学习与发展指南》培训任务，印发汉语、维吾尔语、哈萨克语3种语言的培训手册，对全区300多名幼教专干、教研员、幼儿园园长、骨干教师、保教主任进行培训。

〔**学前双语教育保障工程**〕 深入67个县（市）近500所双语幼儿园及施工现场了解工程进展及设备配备情况，加强监管。统一为2008—2012年由自治区自筹经费扶持新建的各类双语幼儿园配备生活设施、教学模（用）具、电教设备、玩具及厨房和卫生用具并投入使用。在做好一期双语幼儿园建设项目的基础上，争取国家扶持资金3.48亿元，新建学前双语幼儿园120所。截至2013年年底，自治区下达建设2 237所双语幼儿园的任务全部完成，并将2 237所学前双语幼儿园纳入软件统一管理。

〔**义务教育**〕 深入各地进行义务教育学校标准化建设、义务教育均衡发展和“教育强县”创建工作推进情况督导调研。分批约请9个地（州、市）的15个县（市、区）教育局，听取义务教育学校标准化建设和均衡发展工作督查意见建议及整改落实情况的汇报。自治区政府召开全区义务教育均衡发展督查情况通报暨工作推进视频会议。下发《新疆维吾尔自治区义务教育教学点办学基本标准（试行）》，加强对教学点的管理，确保各地村小学和教学点达到区域内均衡发展的条件。印发《关于推进县域义务教育学校联盟捆绑发展的指导意见》，发挥优质学校的资源优势，带动薄弱学校、农村学校整体水平的提升。

〔**课程改革**〕 正式启动使用自治区基础教育教师专业发展网络研修平台，首批遴选655名网络教研学科专家，经培训后，按照单周安排义务教育阶段16个学科60节直播课、双周安排13个学科52节直播课的方式正式运行。首批选取30个农牧县所属学校在岗教师及教研员参加资源平台的网络教研活动，已有550名教研员和1 100所学校的9万名教师注册参与网络研修。启动自治区首届中小学教学能手和基础教育教学成果奖评选活动。推进中小学质量提升工程，召开自治区基础教育课堂教学改革研讨会，开展自治区首届校本课程（文本资料、视频）征集评优活动。

〔**中小学及民语课程教材建设**〕 做好义务教育阶段免费教科书出版发行和地方特色教材、民族团结教育读物的编译、出版工作，共编译出版维吾尔语、汉语、哈萨克语、蒙古语、柯尔克孜语、锡伯族语6种义务教育阶段教材和高中必修、选修各文种教材、教辅总计3 296种，其中新版513种、再版修订2 793种，总册数7 778.86万册，切实保证“课前到书”。组织编写并正式出版供汉语授课小学使用的维吾尔语、哈萨克语教材。召开设置少数民族语言课程汉语授课试点学校的校长和地区教育行政部门负责人参加的座谈会，听取试点地区和学校的建议、意见。

〔**高中教育**〕 继续完善自治区普通高中学籍管理信息系统，加强高中学籍过程监管，集中清查高三学生学籍，为2014年高考报名学籍审核工作做好准备。协调做好高中学籍与高考的相关政策衔接工作，理顺高中学籍、高中学考、高考三者的关系。下发《关于进一步做好中小学生学籍信息管理系统建设工作的通知》以及《关于做好普通高中学籍信息录入工作的通知》。参与自治区人民代表大会代表对自治区高中阶段教育工作的调研，对14所学校进行评估验收。下发《关于做好2013年南疆三地州普通高中招生与学生资助工作的通知》。

〔**普通高中学业水平考试**〕 分两次进行普通高中学业水平考试，12门学科的考试分5个语种(汉语、维吾尔语、哈萨克语、蒙古语、柯尔克孜语)同时开考，共有462 448名考生报名参加考试。

〔**学前和中小学教师招聘**〕 全年共招聘教师11 567人，其中中小学教师9 243人、农村双语幼儿园教师2 324人。组织实施在岗不在编农村代课教师第二次定向招聘考试工作，全区11个地州报名参加考试2 835人，录取2 041人。

〔**规范中小学办学行为**〕 严格全区中小学竞赛活动管理，审批公布全区中小学生竞赛活动13项，比2012年减少3项。开展义务教育阶段学校“减负万里行”活动。

〔**校外教育**〕 规范校外管理工作，研究制定《自治区青少年校外活动场所管理办法》，对全区95个青少年校外教育活动场所共计313名专兼职科技教师进行18天的理论及实践培训，并制成教学光盘，配发给全区青少年活动中心。选派60名校外教育管理人员分赴内地进行为期一个月的学习培训。完成教育部、财政部2013年中央专项彩票公益金支持示范性综合实践基地项目的实地考察、申报材料的审查和上报等工作。

〔**特殊教育**〕 召开2013年自治区特殊教育教学研讨会和特殊教育第二届理事会年会，表彰自治区首届特殊教育获奖论文。对13个地州（市）21个县（市）的特殊教育工作进行督查调研，召开特殊教育工作督查情况通报视频会，组织筹建自治区特殊教育专家库，遴选38名从事特殊教育教学、科研、康复和培训工作且经验丰富的教师为自治区首届特殊教育专家。

国际克里斯多夫协会（CBM）国际组织项目官员和南京特殊教育职业技术学院专家对“新疆全纳教育支持保障体系建设项目”实施专业培训，并召开研讨会。选派项目试点学校的骨干教师到重庆师范大学重点实验室参加全纳教育培训，推进CBM项目开展。

职业教育

〔**基础能力建设**〕 落实2013年度中职教育基础能力建设资金5.385亿元，开展对2011—2012年中职教育基础能力建设项目工程进度监测工作。组织实施2013年中央财政支持的职业教育实训基地建设项目的申报、评审和推荐工作，14所学校的14个专业获教育部、财政部批准立项。组织自治区煤炭煤电煤化工等11所能源项目学校开展建设。

〔**内涵建设**〕 实施2013年自治区职业教育教

学改革和质量工程，评审立项精品专业22个（高职7个、中职15个），精品课程39门（高职12门、中职27门）。实施“自治区支持职业学校专业服务产业能力建设计划”，评审立项13个项目（高职3个、中职10个）。完成2013年中职学校新增专业备案审核和首批14册职业教育地方特色教材出版工作。实施自治区示范性职业学校对口帮扶南疆职业教育项目。

〔**高等职业教育招生制度改革**〕　制定自治区《关于加快发展五年制高等职业教育促进中高职教育融通的意见》及《新疆维吾尔自治区五年制高等职业教育专业设置办法（试行）》；评审通过32个新增五年制高职专业，组织11所高职院校与21所示范性中职学校举办五年制高职教育合作办学。

〔**招生与就业**〕　截至2013年年底，全区中职学校招生9.27万人（含兵团、技工），完成2013届毕业生资格审核和就业情况统计。2013年，全区有中职学校毕业生86 860人（含兵团、技工），就业率为85.52%。

〔**技能大赛**〕　举办2013年度自治区职业院校技能大赛暨全国职业院校技能大赛新疆区预赛，共有319支代表队、3 000余名选手参赛。选拔205名选手、指导教师及领队组成新疆代表团，参加2013年全国职业院校技能大赛，获3个一等奖、6个二等奖（含团体）、13个三等奖。在学生实操技能比赛中，获1个二等奖、1个三等奖。在学生技能作品展洽会上，获2个二等奖、3个三等奖。

高等教育

〔**专业建设**〕　2013年，自治区8所高校申请新增专业26个，其中工学专业13个。截至2013年年底，自治区本科高校设置本科专业193种、布点478个，其中工学53种、布点109个，分别占27.46%和22.8%。新疆大学、新疆医科大学等8所高校的能源化学工程、临床医学等9个专业被教育部批准为专业综合改革试点专业；新疆大学等3所高校的机械工程、计算机科学与技术等6个专业获批教育部卓越工程师教育培养专业；新疆医科大学获批教育部、卫生部卓越医生教育培养计划试点高校；新疆大学获批教育部西部基层法律人才教育培养基地。

〔**科学研究**〕　指导首批4个自治区级高等学校创新能力提升计划协同创新中心加强体制机制建设，积极申报第二批国家级协同创新中心。新疆师范大学“中亚区域跨境有害生物联合控制国际研究中心”被科技部认定为国家国际科技合作基地。2013年，自治区高校获各类科研项目3 204项，经费5.44亿元，其中边远地区高校获得的项目和经费数大幅度增加。新疆大学成立了中国西部经济发展与改革研究院，新疆农业大学成立了马产业研究院等研究机构。

〔**学位授权审核和管理**〕　新疆师范大学、新疆艺术学院通过授权一级学科的学科组评议和新增博士、硕士学位授予单位整体验收，并获国务院学位委员会正式批准。截至2013年年底，自治区已有博士学位授予单位6个、硕士学位授权单位11个。组建专家组开展2013年全区普通高校学士学位授权专业评审，有6所高校10个专业新增为学士学位授权专业。

〔**“天山学者”计划**〕　完成2012年度“天山学者高层次人才特聘计划”聘任工作，首批77名专家学者被聘为自治区“天山学者”。启动2013年“天山学者”选聘工作。截至2013年年底，9所高校已初步选聘101人，完成专家审核工作。

〔**学生学籍管理**〕 2013年，共审核和完成学历电子注册普通高校毕业生92 459人，其中研究生4 533人、本专科69 345人；成人高校毕业生18 581人，其中本科生5 652人、专科生12 929人。完成普通高校新生学籍电子注册88 446人，其中博士231人、硕士5 619人、普通本科37 490人、普通专科42 534人、五年一贯制转段1 950人、直升本622人。

〔**标准化考点建设**〕 在为期两年的自治区国家教育考试标准化考点工程建设中，投入资金1.28亿元，其中中央财政6 800万元、自治区财政6 000万元。2013年，完成自治区16个地州（市）、50个县（区）、226个考点共四级指挥中心平台和10 163个巡查考场建设任务。

〔**招生与就业**〕 2013年，全区共有15.87万人报名参加普通高考，比2012年增加4 000人；全疆16个地州（市）共设56个考区、177个考点、6 593个考场；区内外1 436所院校计划在新疆招生13.01万余人，比2012年增加5 000余人；共录取考生12.55万余人，录取率79.08%，比2012年提高0.76个百分点。其中本科录取7.1万人、专科录取5.45万人。2013年，全区有普通高校毕业生73 768人，其中少数民族毕业生25 539人。截至2013年年底，普通高校毕业生实现就业65 243人，年终就业率为88.44%。其中少数民族毕业生实现就业20 529人，就业率为80.36%。

〔**高等教育自学考试及社会考试**〕 2013年，组织实施4次高等教育自学考试，共报考100 915人次、254 363科次，全年审核专、本科毕业生7 835人。2013年，全区社会考试共计报考351 597人次、396 347科次，主要是全国英语等级考试、全国计算机等级考试、教师资格认证“教育学、心理学”考试等。

撰稿 程公炎 贺 峰
审稿 唐晓冰

新疆生产建设兵团教育

概 况

〔**基本情况**〕

新疆生产建设兵团各级各类学校校数、教职工、专任教师情况

学校类别	学校数（所）	教职工数（人）	专任教师数（人）
一、普通高等学校	5	4 264	2 858
二、成人高等学校	2	629	428
普通高校成教院	3		
三、中等职业学校	24	1 750	1 186
其中：中等技术学校	21	1 565	1 044
中等师范学校	1	101	72
成人中专学校	1	84	70

续表

学校类别	学校数（所）	教职工数（人）	专任教师数（人）
职业高中	1		
高校附设中职机构	2		
四、普通中学	243		14 113
完全中学	16		
高级中学	13		
十二年一贯制	17		
初级中学	12		
九年一贯制学校	185		
五、小学	55		11 955
一贯制学校小学部	202		
教学点	24		2 600
六、幼儿园	234	4 518	
合计	563	41 786	33 140

新疆生产建设兵团各级各类学历教育学生情况

学校类别	毕业生数（人）	招生数（人）	在校生数（人）
一、研究生（培养单位）	991	1 253	3 317
其中：博士生	31	57	147
硕士生	960	1 196	3 170
二、普通本专科	11 381	12 244	45 418
其中：本科	8 024	8 725	35 485
三、成人高校	3 613	7 612	19 403
其中：普通高校成教院	3 056	5 919	16 608
四、中等职业学校	12 477	13 491	37 887
其中：中等技术学校	8 807	10 847	31 298
中等师范学校	198	247	526
成人中专学校	3 374	2 258	5 437
职业高中			
高校附设中职机构	98	139	626
五、普通中学	55 873	51 107	152 926
高中	20 016	18 803	57 143
初中	35 857	32 304	95 783
六、小学	34 277	28 178	167 150
七、幼儿园	25 302	24 384	55 241
合计	143 914	138 269	481 342

〔**综述**〕 2013年，兵团教育局深入贯彻落实党的十八大和十八届三中全会精神，统筹推进各级各类教育协调发展。实施《学前教育三年行动计划》，扩大学前教育资源。推进义务教育均衡发展，实施中小学布局调整，大力推进义务教育学校标准化建设，启动师域义务教育均衡发展督导评估，进一步缩小了城乡和校际间办学差距。普通高中教育进一步发展，自2013年秋季学期起，在南疆三地州兵团垦区实行免费高中教育。组织开展示范性高中复评工作。启动现代职业教育体系建设，完成《兵团现代职业教育体系建设专项规划》的编制工作，成立2个兵团职业教育集团，推进职业教育校企合作、产教融合，形成行业企业深度参与职业教育的运行机制。扩大中高职招生计划，举办2013年兵团职业院校信息化教学大赛、职业教育成果展示和优秀毕业生巡回报告会，加强职业院校内涵建设。高等教育内涵建设取得进展，高校科技创新能力进一步提升，兵团2所本科院校毕业生就业率在全区11所本科高校中分列第一位和第三位。

〔**重大教育项目**〕 2013年，实施中小学校舍安全工程项目128个（其中校安工程专项97个、师直属学校项目31个），加固改造校舍面积33.14万平方米，计划投资2.101亿元（其中中央专项资金1.102亿元、师安排资金0.999亿元），项目已全部竣工；实施义务教育薄弱学校改造工程项目28个，新建面积4.1万平方米，计划投资0.9亿元，全年有9个项目竣工，竣工面积1.22万平方米；实施初中（二期）校舍改造工程项目29个，建设面积2.18万平方米，计划投资0.726亿元，全年有12个项目竣工，竣工面积0.7万平方米；实施团场学前教育推进工程项目17个，投入专项资金0.858 1亿元，其中中央资金0.7亿元，全年有9个项目竣工，竣工面积2.17万平方米；实施团场学校教师周转宿舍建设项目23个，投入专项资金0.7亿元。竣工面积2.65万平方米；实施南疆普通高中建设项目，投入资金2 530万元，新建校舍1万平方米，购置图书设备530万元。

〔**义务教育经费保障**〕 团场中小学经费保障水平显著提高。2013年，提高农村义务教育阶段学校公用经费补助标准，小学每生每年680元、初中每生每年880元，下拨中小学公用经费1.909亿元。2013年，免除城市4.6万名义务教育阶段中小学生学杂费，总资金770.5万元；对城市3.83万名义务教育阶段家庭经济困难学生免费提供国家课程教科书，总资金537.2万元；对团场22.8万名义务教育阶段中小学生免费提供教科书，资金达3 972.75万元，其中国家课程教科书3 111.64万元、地方课程教科书861.11万元，同时对部分课程免费教科书实施循环使用。

〔**教师队伍建设**〕 启动“三区”（贫困地区、民族地区和革命老区）人才支持计划教师专项计划，选派兵团及各师共100名教师赴第三师和第十四师22个团场开展为期一年的支教工作，协助教育部落实支教教师补助经费198万元，出台“三区”支教教师考核管理办法，授予10名教师“2013年度兵团优秀‘三区’支教教师”称号。组织实施农村义务教育阶段学校教师特设岗位计划，印发《2013年兵团特设岗位教师招聘方案》，完成1 087名特岗教师的招聘和岗前培训工作，进一步改善了团场教师队伍的结构。组织专家对14个师、2所院校和兵团直属单位申请材料进行审核、认定，累计认定3 717人次。举办兵团教职工数据采集工作培训班，完成35 522名教职工基本信息数据采集工作。全年在疆内外各级各类学校广泛开展培训活动，累计培训10 111人次。其中培训中小学校长198人次、中小学教师9 211人次、幼儿园园长102人次和幼儿教师600人次。

〔**治理教育乱收费**〕 6月，召开治理教育乱收费局际联席会议。出台《关于2013年规范教育收费治理教育乱收费工作的实施意见》和《关于进一步明确兵团治理教育乱收费局际联席会议成员单位分工的通知》，聘请了新一届兵团教育系统行风监督员，在全兵团范围内开展了治理义务教育阶段择校乱收费和中小学教辅材料散滥问题的专项检查。

〔**教育督导评估**〕 11月7日，成立兵团教育督导委员会，制定了兵团中小学校责任督学挂牌督导工作的时间表和路线图，启动并实施中小学校责任督学挂牌督导工作。出台《新疆生产建设兵团义务教育学校办学基本标准督导评估实施办法》，开展义务教育学校办学基本标准督导评估工作，对第一师、第二师、第四师、第五师、第七师、第八师、第十二师的9所师直属和27所团场义务教育学校的办学条件达标情况进行检查和评估，共有67个团场和26所直属学校达标，达标率占当年规划的88.07%。2013年，对2012年兵团15岁以上人口平均受教育年限和兵团主要劳动力受教育年限两项教育常用指标进行了监测统计测算，15岁以上人口平均受教育年限达10.58年，比2011年增长1.24%；主要劳动力平均受教育年限达10.93年，比2011年增长2.34%。

〔**教育信息化建设**〕 印发《兵团关于加快推进教育信息化工作的意见》《兵团教育信息化建设规划》《兵团省级数据中心建设方案》，与中国移动、中国电信新疆分公司签署了战略合作协议。完成301所中小学校接入10 Mbps互联网宽带、75所学校10 Mbps宽带提速建设工作。在第二师、第三师、第十二师、建工师开展“优质资源班班通”和“网络学习空间人人通”的试点工作。

〔**开展党的群众路线教育实践活动**〕 7—12月，兵团教育局深入开展党的群众路线教育实践活动，认真完成了学习教育、听取意见，查摆问题、开展批评，整改落实、建章立制三个环节的主要任务。活动期间，共征求意见475人次，收集意见、建议281条，查摆出14个方面的问题，确定了12个方面的专项整治重点，完善了16项制度，清理、精简文件简报和会议数量，合并或取消会议3个，配合兵团清理以兵团党委或兵团名义印发的党内法规和规范性文件，宣布失效2件。严格执行《兵团教育局（体育局）会议管理规定》和《公务接待工作规定》，会议及接待费支出分别比2012年减少33.42%和47.11%。从严审批出国（境）项目，比2012年减少1个自组团。对办公用房及时进行清理，改善处室办公条件。规范行政审批行为，按照“简政放权”要求，清理行政审批事项，下放行政审批事项1项。

基础教育

〔**开展示范性幼儿园评估**〕 4月，对申报“兵团示范性幼儿园”的单位进行评估验收，兵团机关幼儿园等17所幼儿园被命名为“兵团示范性幼儿园”，每园给予20万元的奖励。

〔**实施新一轮中小学布局调整**〕 通过深入调研，广泛征求意见，以兵团名义制定下发《关于规范兵团中小学校布局调整的实施意见》，对各师上报的中小学布局调整规划进行逐师审核，形成了《兵团中小学布局调整规划方案》。2013年，第一师一团中心小学、五团中学扩建工程完工；第三师叶城二牧场学校初中部、第七师130团中学高中部、第十四师一牧场学校初中部恢复办学；第八师石河子总场第一中学实现义务教育阶段与高中分离，石河子总场高级中学挂牌成立。

〔**召开基础教育课程改革经验交流视频会**〕 12月27日，组织召开兵团基础教育课程改革经验交流双向视频会议，兵师教育局、教研室、教学仪器装备站及有关学校共约300人参加了会议。会议总结了兵团基础教育课程改革工作，交流课程改革典型经验，提出解决存在问题的办法与措施，并明确了课程改革工作重点任务与目标。

〔**开展基础教育质量监测工作**〕 2013 年，兵团抽取第六师、第九师共 25 所小学、12 所中学作为全国基础教育质量监测样本学校，共选取 37 个监测点，累计培训监测工作人员、监测教师 290 余人次，共有 1 386 名学生、238 名教师和 29 名校长参加了全国义务教育阶段 4 年级和 8 年级学生语文阅读与写作学习质量以及影响学生学习质量的相关因素的监测。兵团教育局获国家基础教育质量监测工作“优秀组织奖”。

〔**实施高中阶段免费教育**〕 8 月 28 日，司令员专题办公会议决定，自 2013 年秋季学期起，对南疆三地州兵团垦区中职学校的全日制正式学籍学生一律实现“三免一补”，即在免学费和享受国家助学金的基础上，将按年人均 900 元的补助标准(住宿费 600 元、教材费 300 元）实行免住宿费、免教材费补助。对南疆三地州兵团垦区普通高中免学费、免教材费，实行寄宿生生活费补助和国家助学金。

〔**开展双语教育专项督查**〕 10 月，组织督查组对第三师、第十四师等重点师进行了双语教育实地督查，对其他师进行书面督查。兵团有母语为非汉语的中小学少数民族在校学生 43 009 人，其中接受双语教育的学生 38 223 人，占 88.87%，比 2012 年提高 7.64 个百分点；母语为非汉语的少数民族适龄幼儿 14 616 人，其中接受学前双语教育的适龄幼儿 12 850 人，占 87.92%，比 2012 年提高 0.45 个百分点，基本实现兵团双语教育工作目标。

〔**开展第三批兵团德育示范学校评估**〕 5—6 月，对第一师高级中学、第五师高级中学、第六师五家渠市芳草湖农场高级中学、第十三师红星高级中学开展评估验收工作，4 所学校通过评估，被授牌命名为“兵团德育示范学校”。

〔**参加第四届全国中小学生艺术展演**〕 2 月 19—26 日，兵团教育局组织参加了在厦门市举办的全国第四届中小学艺术展演，兵团建工师高级中学的舞蹈《冬不拉之恋》获展演一等奖，第二师华山中学的舞蹈《少女沙吾尔登》获展演二等奖。在书法类、绘画类、摄影类、舞蹈类、声乐类、器乐类、朗诵类、校园剧、艺术论文等参赛项目中共获一等奖 8 个、二等奖 23 个、三等奖 40 个。兵团教育局获全国教育行政部门优秀组织奖。

〔**参加电脑制作大赛和机器人锦标赛**〕 7 月 23—28 日，组队参加在湖南省长沙市举办的第十四届全国中小学电脑制作活动暨第二届中国国际学生信息科技创意大赛，有 8 件作品获全国一等奖、23 件作品获二等奖、38 件作品获三等奖；11 月 29 日，组队参加第七届亚洲机器人锦标赛，第十师北屯高级中学获金奖和 BDS 机器人工程挑战赛烽火战斗项目组季军。

〔**召开校园及周边治安综合治理专项组第二次会议**〕 2 月 27 日，兵团社会管理综合治理委员会校园及周边治安综合治理专项组召开第二次工作会议。教育局、社会治安综合治理委员会办公室、宣传部、公安局、司法局、工业和信息化委员会等成员单位领导及联络员参加会议。会议总结了 2012 年校园及周边治安综合治理工作情况，研究制定 2013 年工作要点。会议要求，要继续支持配合校园及周边治安综合治理工作，维护学校及周边治安稳定，确保学校师生生命财产安全。

职业教育与成人教育

〔**基础能力建设**〕 4 月，中央预算内投资3 000 万元，兵团配套资金 520 万元，支持第四师伊犁职业技术学校综合教学楼建设、第七师奎屯职业技术学校学生食堂等设施建设及设备购置和第十四师职业技术学校学生宿舍及食堂建设等；10 月，中央财政安排预算内投资 1 090 万元，支持第十四师职业技术学校等 6 所职业院校的民族风味食品加工与制作、双语学前教育、果树花卉生产技术、水利水电工程施工、社会文化艺术、物流管理等专业实训基地建设。

〔**成立职业教育集团**〕　6 月 6 日，兵团召开职业教育集团化办学推进会暨兵团工程技术职业教育集团成立大会。9 月 25 日，由 49 家行业企业、院校、科研机构共同组建的兵团工贸职业教育集团挂牌成立。

〔**兴新职业技术学院成立**〕　11 月 28 日，自治区人民政府批复兵团兴新职业技术学院成立。截至 2013 年年底，兵团高职院校达 3 所。

〔**举办“我的中国梦”演讲比赛**〕　5 月 24 日，兵团教育局、兵团文明办、兵团共青团团委和兵团妇联联合举办了兵团职业院校“我的中国梦”主题演讲比赛，24 名师生获奖。兵团工贸学校学生谢木西尔代表兵团参加了全国“我的中国梦”演讲比赛。

〔**职业院校技能大赛**〕　5 月，组队参加自治区职业院校技能大赛，兵团获一等奖 36 个、二等奖 64 个、三等奖 45 个。6 月 13—27 日，兵团工贸学校等 13 所职业院校的 82 名学生组成兵团代表队，参加全国职业院校技能大赛，获一等奖 3 个、二等奖 3 个、三等奖 10 个、优秀奖 52 个。

〔**参加第十届全国中等职业学校文明风采竞赛**〕　8 月，兵团教育局、兵团文明办、兵团共青团团委、兵团妇联、兵团关工委共同组织兵团中职学校参加了第十届全国中等职业学校文明风采竞赛活动，获一等奖 2 个、二等奖 6 个、三等奖 5 个、优秀奖 26 个，杰出指导教师奖 1 个、优秀指导教师奖 8 个，卓越组织奖 2 个、优秀组织奖 4 个。

〔**举办优秀毕业生巡回报告会**〕　4 月 24—26 日，兵团职业院校“青春践行中国梦”优秀毕业生巡回报告会分别在乌鲁木齐市、库尔勒市和石河子市举行，5 名报告团成员介绍了追寻“成才梦”、践行“中国梦”的奋斗历程，兵团 9 所职业院校的 3 000 余名师生聆听了报告。

〔**举办全民终身学习活动周活动**〕　9—10 月，首次举办了兵团全民终身学习活动周活动，近 3 000人参与了“学习之星”评选以及摄影、书画篆刻、百姓理财、广场舞等比赛活动，共评选出 9 名“学习之星”、6 名“学习型先进个人”，69 件优秀书画、篆刻、摄影作品。第八师教育局推荐的张远厚、杨芳孝在 2013 年全民终身学习活动周活动中获“百姓学习之星”称号。

高 等 教 育

〔**实施本科教学改革工程项目**〕　石河子大学“教育研究方法”获教育部“教师教育国家级精品资源共享课”立项；教育部公布 2013 年国家级大学生创新创业训练计划项目，石河子大学获立项 80 项、塔里木大学获立项 38 项，两校共获支持建设经费 76 万元；石河子大学“化学工程与工艺”、“农业水利工程”两个本科专业列入教育部“卓越工程师教育培养计划”。

〔**启动学科专业调整**〕　2013 年，兵团组织高校完成本科专业的整理工作，共整理出 142 个本科专业，报教育部审核备案。按照教育部《普通高等学校本科专业设置管理规定》，经兵团高校本科专业设置评审委员会审议，确定新增社会工作、视觉传达设计、物流管理、应用统计学、电气工程及自动化 5 个本科专业。

〔**实施高等学校创新能力提升计划**〕 推动实施高等学校创新能力提升计划（简称“2011 计划”），成立兵团“2011 计划”领导小组，召开领导小组会议，审议通过《新疆生产建设兵团高等学校创新能力提升计划的实施方案》，认定石河子大学的“兵团棉花生产技术现代化协同创新中心”和“西部地区高发人畜共患传染性疾病防治协同创新中心”为 2013 年兵团级“2011 协同创新中心”。认定石河子大学的“氯碱化工清洁生产与产品高值化技术协同创新中心”“中亚文明与西向开放协同创新中心”，塔里木大学的“西域文化与丝路文明共享协同创新中心”“环塔里木生态农业协同创新中心”为 2013 年兵团级“2011 协同创新（培育）中心”。

〔**获“中西部高校基础能力建设工程”和“综合实力提升工程”资金支持**〕 石河子大学进入国家“支持中西部高校提升综合实力”项目，建设周期为 4 年，获国家支持资金 4 亿元，到位资金 1.1 亿元。石河子大学、塔里木大学进入国家“中西部高校基础能力建设”工程，获国家支持资金 1 亿元，到位资金 2 000 万元，建设周期为 5 年。

〔**石河子大学“211 工程”后期建设**〕 3 月，兵团召开石河子大学“211 工程”后期建设推进会，对“211 工程”三期检查结论中提出的问题进行梳理并提出解决方案。11 月，兵团教育局、兵团财务局、兵团发改委组成联合检查组，对石河子大学“211 工程”后期建设情况进行检查，并提出反馈意见。

〔**兵团实验教学示范中心建设**〕 4 月，召开兵团高校实验教学示范中心现场会，推动“十二五”兵团高校实验教学示范中心建设。6 月，石河子大学“经济与管理实验中心”获批为“国家级实验教学示范中心”。7 月，塔里木大学“动物医学实验教学中心”获批为“国家级实验教学示范中心”。

〔**思想政治理论课教师队伍建设**〕 2—3 月，举办兵团高校思想政治理论课教师贯彻落实党的十八大精神和形势与政策课教师全员培训，200 余名教师参加了四期培训。4 月，举办兵团高校思想政治理论课教学能手大赛。10 月，石河子大学教师张洁入选“2013 年全国高校优秀中青年思想政治理论课教师择优资助计划”。

〔**召开兵团马克思主义理论研究和建设工程研讨会**〕 9 月 5 日，兵团党委宣传部、兵团教育局、兵团组织部、兵团党校及石河子大学等召开兵团马克思主义理论研究和建设工程座谈会，对加强高校思想政治理论教育，推进马克思主义理论研究和建设工程进行安排部署。

〔**高等教育招生计划**〕 2013 年，教育部、国家发展和改革委下达给兵团的博士研究生招生计划 57 人，比 2012 年增长 14%；下达硕士研究生招生计划 1 213 人，比 2012 年增长 6.4%，其中学术型 656 人、专业学位 557 人，学术型与专业学位招生计划比例由 2012 年的 1.38∶1 调整为 1.18∶1。2013 年，下达本专科招生计划 13 110 人，比 2012 年增长 210 人；下达成人招生计划 8 700 人，比 2012 年增长 11.54%，其中本科 2 100 人、专科 6 600人。

〔**高校辅导员队伍建设**〕 4 月，举办兵团高校辅导员职业技能竞赛。5 月，选派 3 名教师参加全国辅导员职业能力大赛，获优秀奖；石河子大学辅导员王虎挺获“2012 全国高校辅导员年度人物提名奖”；塔里木大学胡松林、石河子职业技术学院吕洁获“2012 全国高校辅导员年度人物入围奖”；在井冈山大学举办了一期辅导员培训班，20 名辅导员参加培训。

〔**开展高校立德树人活动**〕 从 5 月开始，历时 4 个月，开展了兵团高校立德树人、加强师德师风教育活动。组织 3 名高校优秀教师和辅导员赴兵团 5 所高校进行了 7 场先进事迹巡回演讲，3 000 多名师生听取了报告。

撰稿　刘国栋
审稿　郑立峰

香港特别行政区教育情况简介

〔**幼稚园**〕 幼稚园为3—5岁学童提供幼稚园教育服务，由志愿机构或私人团体营办，全属私营性质。所有幼稚园均须向教育局注册，并受教育局监管。2013—2014学年，香港共有幼稚园969所，学生169 843人，教师12 384人，本地幼稚园学生与教师比为9.3∶1。

〔**小学教育**〕 香港儿童约由6岁开始接受六年制的小学教育，上课模式分为上午班、下午班和全日制三种。大多数小学都使用中文授课，并以英文为第二语言。2013—2014学年，香港共有小学569所，学生320 918人，每班平均27.1人，教师22 651人，学生与教师比为14.2∶1。

〔**中学教育**〕 学生完成小学课程后，可通过所在小学参加"中学学位分配办法"获得分配资助中一学位。2013—2014学年，香港共有中学514所，学生395 345人，每班平均31人，教师29 594人，学生与教师比为13.5∶1。

〔**特殊教育**〕 为视障、听障、肢体伤残、有情绪和行为问题及智障的儿童提供学额。2013—2014学年，香港共有特殊教育学校61所，普通学校中开办特殊教育班的有4所，学生7 904人，教师1 639人，学生与教师比为4.8∶1。

〔**师资培训**〕 香港教育学院为大学教育资助委员会资助的院校之一，开设多个副学位、学士学位课程及研究院课程，供职前及在职教师修读。

香港大学、香港中文大学和香港浸会大学也设有学位及研究院课程，供职前和在职教师修读。香港公开大学则开办学位课程供职前教师修读，并开办学位教师教育文凭课程供职前及在职教师修读。

〔**高等教育**〕 香港有16所颁授学位的高等教育院校，其中8所由大学教育资助委员会资助，分别是香港大学、香港中文大学、香港科技大学、香港理工大学、香港城市大学、香港浸会大学、岭南大学和香港教育学院。这8所院校中，7所为大学，另外一所是师资培训学院。2013—2014学年，7所大学共有全日制学生95 456人，其中香港大学17 888人，香港中文大学18 742人，香港科技大学10 146人，香港理工大学17 293人，香港城市大学13 004人，香港浸会大学7 051人，岭南大学2 645人，香港教育学院8 687人。8所非大学教育资助委员会资助的颁授学位院校分别是：由政府拨款的香港演艺学院，以及财政自给的香港公开大学、香港树仁大学、珠海学院、恒生管理学院、东华学院、明爱专上学院和明德学院。

〔**成人教育**〕 香港教育局推行"指定夜间成人教育课程资助计划"，资助成年学员修读合格办学机构在指定校舍开办的夜间课程。此外，职业训练局、多所大学及私人机构也提供成人教育课程。

〔**职业教育**〕 职业训练局负责向政府建议所需的各项措施，以确保香港具备完善的职业教育及培训制度，配合最新的发展及人力需要。

撰稿 王志伟 朱 果
审稿 赵灵山

澳门特别行政区教育情况简介

〔澳门非高等教育概况〕　澳门《非高等教育制度纲要法》颁布实施后，非高等教育分为正规教育和持续教育两个教育类型。正规教育主要包括幼儿教育、小学教育、中学教育和特殊教育，持续教育则包括回归教育、家庭教育、小区教育和职业培训。

教育暨青年局非高等教育范畴的统计数据显示，2013—2014 学年，按发出学校执照计算，澳门共有 77 所学校，其中公立学校 10 所，私立学校 67 所；提供正规教育的学校有 66 所，提供回归教育的学校有 3 所，同时提供正规和回归教育的学校有 8 所。

2013—2014 学年，接受非高等教育的学生总数为 71 048 人，其中接受正规教育的学生为 68 923 人，包括幼儿教育 13 395 人（18.8%）、小学教育 22 862 人（32.2%）；中学教育 32 054 人（45.1%），其中职业技术教育 1 416 人（2.0%）、特殊教育 612 人（0.9%）。而回归教育学生人数为 2 125 人，包括小学教育 121 人（0.2%）、中学教育 2 004 人（2.8%），其中职业技术教育 249 人（0.4%）。

2013—2014 学年，非高等教育领域教师总数为 5 766 人，较 2012—2013 学年增加 3.1%。

（1）义务教育。义务教育是指对年龄介于 5—15 岁的未成年人强制实施的普及教育，家长有义务每学年为义务教育范围内的未成年人在学校进行就读登记，特区政府和教育机构有责任保障义务教育范围内的未成年人完成义务教育。

（2）免费教育。免费教育自 2007—2008 学年起，拓展至整个正规教育内的 15 个年级，包括 3 年幼儿教育、6 年小学教育、3 年初中教育以及 3 年高中教育。

特区政府于 2013—2014 学年为纳入免费教育学校系统的私立学校调升免费教育津贴金额，高中教育阶段的津贴金额为 114.3 万元/班（澳门元，下同；35—45 人一班计），初中教育阶段为 100.8 万元/班（35—45 人一班计），小学教育阶段为 80.7 万元/班（25—35 人一班计），幼儿教育阶段为 75.5 万元/班（25—35 人一班计）。

对在没有提供免费教育学校就读学生所发放的学费津贴亦有所提升，幼儿教育阶段每个学生的津贴金额提高至 1.58 万元，小学教育阶段每个学生的津贴提升至 1.76 万元，中学教育阶段每个学生的津贴金额提升至 1.96 万元。此外，于 2013—2014 学年向每个就读正规教育的澳门居民学生继续发放书本津贴，由于中学和小学教育的书本费开支较大，故把中学和小学教育每个学生的津贴金额提升至 2 400 元，幼儿教育每个学生的津贴金额为 2 000 元，减轻家长的经济负担。

班师比方面，2013—2014 学年幼儿、小学和中学教育阶段进一步优化至每班平均不少于 1.7、2.0 和 2.6 位教师。师生比方面，2013—2014 学年幼儿、小学和中学教育阶段进一步优化至每位教师教导不多于 16.0、13.7 和 12.2 个学生。

（3）职业技术教育。为进一步支援职业技术教育的发展，教育发展基金持续资助私立学校开办适应经济适度多元化发展并具备校本特色的职业技术课程，2013—2014 学年共发放资助 1 500 万元，共有9所学校开办36门课程，合计87个班。另外，有6所学校参加“学以致用——校本应用课程”先导计划，开办了10个与应用技能相关的学科，合计33个班，共发放资助112万元。

（4）特殊教育。2013—2014学年，全澳共有1 317名有特殊教育需要的学生，其中705人就读融合班，612人就读特殊教育小班及特殊教育班级。

（5）终身学习。澳门特区政府于2011年7月推出“持续进修发展计划”，为每个年满15岁的符合资格的澳门居民提供5 000元进修资助。截至2013年12月，共有144 562名居民通过该计划参与进修，使用资助已超过5.2亿元。共有323个本地机构申请开办共58 413个高等教育课程、持续教育课程及证照考试，通过评审并获准纳入该计划，共提供超过1 119 514个学习名额；而参加外地高等教育、持续教育课程及证照考试的资助申请个案约有13 797个。

〔澳门高等教育概况〕 澳门有10所高等院校，其中澳门大学、澳门理工学院、旅游学院、澳门保安部队高等学校为公立学校，澳门城市大学、圣若瑟大学、澳门镜湖护理学院、澳门科技大学、澳门管理学院、中西创新学院为私立学校。2013—2014学年，各院校教学人员共1 941人，高等教育课程注册学生共29 521人，并有278个高等教育课程运作。

（1）澳门大学。澳门大学于1981年成立，前身为私立东亚大学。经过30多年的发展，澳门大学在教学、研究和社群服务领域均取得卓越贡献，并已发展成为澳门本地区最优秀的国际化、唯一一所综合性公立大学。2013年，学校开设博士学位、硕士学位、学士学位及学位后文凭课程共101个。有教学人员561人，高等教育课程注册学生8 956人。

（2）澳门理工学院。2013年，澳门理工学院开设学士学位（包括补充课程）及高等专科学位课程共38个。有教学人员378人，高等教育课程注册学生2 969人。

（3）旅游学院。旅游学院于1995年8月成立，是一所公立高等院校，下设有旅游高等学校、专业及延续教育学校两所学校，提供一系列旅游范畴的学位课程和专业培训。2013年，学院开设学士学位（包括补充课程）、高等专科学位、高等教育文凭课程共20个，另开设专业文凭、证书及其他培训课程。有教学人员108人，高等教育课程注册学生1 594人。

（4）澳门保安部队高等学校。澳门保安部队高等学校于1988年7月成立，是保安司辖下负责培训警官和消防官的公立高等院校。2013年，学校开设5个学士学位课程，另有一系列在职专业培训课程。有教学人员31人，高等教育课程注册学生67人。

（5）澳门城市大学。澳门城市大学前称亚洲（澳门）国际公开大学，于1992年9月成立，2010年9月更换拥有人，2011年2月1日更名为澳门城市大学。2013年，学校开设博士学位、硕士学位、学士学位、高等教育文凭课程共29个。澳门城市大学有教学人员153人，高等教育课程注册学生2 990人。

（6）圣若瑟大学。圣若瑟大学前身是成立于1996年的澳门高等校际学院，2009年12月更名为圣若瑟大学。2013年，学校开设博士学位、硕士学位及学士学位课程36个。有教学人员144人，高等教育课程注册学生1 642人。

（7）澳门镜湖护理学院。澳门镜湖护理学院前身为1923年成立的澳门镜湖护士助产学校，于1999年11月成为私立高等院校，专门培训护理人员。2013年，学院开设学士学位课程及专科深造课程共3个。有教学人员31人，高等教育课程注册学生319人。

（8）澳门科技大学。澳门科技大学于2000年3月成立，是澳门特区成立后首所创办的非牟利综合性大学，以培养应用型人才为主。2013年，学校开设博士学位、硕士学位及学士学位共40个课程。有教学人员462人，高等教育课程注册学生10 452人。

（9）澳门管理学院。澳门管理学院是2000年7月成立的私立高等院校，专门培养管理学专才。2013年，学院开设学士学位（补充课程）及高等专科学位课程共 4 个。有教学人员 27 人，高等教育课程注册学生 334 人。

（10）中西创新学院。中西创新学院是 2001 年 8 月成立的私立高等院校。2013 年，学院开设学士学位、高等教育文凭课程共 2 个。有教学人员 46 人，高等教育课程注册学生 198 人。

撰稿　王志伟　朱　果
审稿　赵灵山

台湾省教育情况简介

〔**教育体系**〕 台湾省拥有较为完整的教育体系，主要包括幼儿教育、“国民”教育、中等教育、师资教育、技术教育、高等教育、特殊教育等。

按照台湾省的教育体系，各级学校学习年限分别是：学前教育（幼儿教育）通常为两年；强制性义务教育为九年，包括小学（“国小”）六年、初中（“国中”）三年；高中阶段分为高中和高职，均为三年；大学一般为四年；硕士和博士研究生修学年限为两年，最长可达七年。台湾的师范院校学制为五年、牙科学制为六年、医科学制为七年。台湾省高级中等教育主要包括高级中学和高级职业学校。在台湾省的教育体系中，高等教育包括专科学校、独立学院、大学及研究所。台湾省社会教育涵盖家庭、学校、社会等，包括社区大学、补习学校、远程教育、社教机构等。

〔**各级各类学校概况**〕 据台湾省教育主管部门统计，2013学年台湾各级各类学校共有11 428所，其中幼儿园6 560所，小学2 650所，初中（台称“国中”）738所，高中344所（公立198所、私立146所），高职（全称“高级职业学校”，学历与高中相同）155所（公立92所、私立63所），专科学校14所，大学及独立学院147所，宗教研修学院3所，补校及特教学校817所。大学院校附设研究所3 384所，其中博士班839所、硕士班3 312所。

撰稿 余彬 张萌 吴娟

审稿 赵灵山

教育部直属高校

北 京 大 学

〔**习近平给学校学生回信**〕　2013 年 5 月 2 日，习近平总书记给学校考古文博学院 2009 级本科团支部本科全体同学回信。习近平在回信中表达了他对学生们的关怀和嘱托，并致以节日的问候。5 月 4 日，学校召开学习贯彻习近平总书记给考古文博学院 2009 级本科生团支部全体同学回信精神座谈会。

〔**刘延东看望徐光宪**〕　9 月 8 日，国务院副总理刘延东亲切看望国家最高科技奖获得者、中国科学院院士、学校教授徐光宪。刘延东代表国家主席习近平、国务院总理李克强和党中央、国务院向徐光宪致以诚挚的祝福和节日的问候，并听取他对建设创新型国家、人力资源强国的意见和建议。教育部部长袁贵仁、国务院副秘书长江小涓以及学校党委书记朱善璐、校长王恩哥等陪同看望。

〔**原创歌剧《为你而来・王选之歌》首演**〕　9 月 8 日，原创歌剧《为你而来・王选之歌》在学校举办首场演出。该剧是学校响应中国科学技术协会和教育部共同发起的科学家主题宣传活动“共和国的脊梁——科学大师名校宣传工程”的一大力作，生动呈现了中国科学院、中国工程院院士、学校教授王选成长成才、投身科学、报国奉献的壮丽生命乐章，大力弘扬了以爱国主义为核心的民族精神和以改革创新为核心的时代精神。国务院副总理刘延东等与 1 400 名本科新生一同观看。演出前，刘延东还会见了王选夫人陈堃銶。

〔**学科评估**〕　1 月 29 日，教育部学位与研究生教育发展中心发布 2012 年学科评估结果。学校有 16 个一级学科排名第一，数量位居全国高校之首。这 16 个学科集中在人文科学、理学和基础医学领域，分别是数学、物理、化学、地球物理、力学、中文、外文、中国史、世界史、考古学、哲学、政治学、艺术理论、基础医学、药学及护理学。其中哲学、历史学（中国史、世界史、考古学）、外国语言文学、数学、化学、政治学 6 个学科连续 3 次名列全国高校第一。

〔**“量子物质科学协同创新中心”入选“2011 计划”**〕　4 月 11 日，教育部、财政部公布了“高等学校创新能力提升计划”（“2011 计划”）的首批入选名单。学校物理学院作为牵头单位申报的北京大学—清华大学—中国科学院物理研究所“量子物质科学协同创新中心”名列首位。

〔**获批国家社科基金重大项目**〕　11 月 15 日，国家社科基金重大项目（第二批）立项名单公布。学校本批次申报的国家社科重大项目共 9 项，9 项全部立项。其中 7 项为重大项目、2 项为重点项目。

〔**自然科学基金项目评审再创佳绩**〕　8 月 16

日，国家自然科学基金委员会公布了2013年度自然科学基金项目（集中受理期）评审结果，学校获批各类项目总计604项，批准总经费4.7亿元。其中面上项目338项、青年科学基金项目146项、重点项目29项、创新研究群体项目3个、优秀青年科学基金项目28项、国家重大科研仪器设备研制专项自由申请项目2项、海外及港澳学者合作研究基金项目4项、国家基础科学人才培养基金项目2项、国际（地区）合作研究项目30项、联合基金项目2项。学校在项目总体批准率、人才团队项目等方面继续保持优势，其中优秀青年科学基金获批28人，居全国首位。截至2013年年底，学校获批立项的创新研究群体（不含延续资助）共计26个，继续保持全国领先优势。

〔**多项成果获国家奖励**〕　1月18日，2012年度中国国家科学技术奖励大会在北京举行。学校共有11个项目获国家科学技术奖励，其中4项国家自然科学奖、7项国家科技进步奖。3月22日，教育部公布了第六届“高等学校科学研究优秀成果奖（人文社会科学）”获奖名单，学校共有61项成果获奖，其中一等奖5项、二等奖23项、三等奖28项、成果普及奖5项，获奖总数稳居全国高校第一。

〔**国家治理协同创新中心成立**〕　12月21日，由学校牵头、复旦大学和吉林大学作为主要协同合作单位的协同创新机构——国家治理协同创新中心在学校举行签约、揭牌仪式。该中心以教育部人文社科重点研究基地——学校政治发展与政府管理研究所为依托，会同3所高校的相关研究机构及政府相关部门和机构，培养国家治理人才，研究和解决国家治理、改革理论与实际问题。

〔**医学部17个学科获批国家临床重点专科建设项目**〕　2013年，学校医学部新增17个学科进入国家临床重点专科建设项目行列，包括第一医院感染病科、临床药学、老年病科、消化内科、神经内科，人民医院肿瘤科、感染病科、风湿免疫科，第三医院康复医学科、整形外科、运动医学科，口腔医院口腔正畸专业、口腔种植专业、儿童口腔专业、口腔黏膜专业，肿瘤医院肿瘤科、病理科。

〔**3人当选发展中国家科学院院士**〕　10月1日，第24届发展中国家科学院（TWAS）大会新选举出52名院士，教授高松、梅宏和朱玉贤当选。

〔**高松获何梁何利基金科学与技术进步奖**〕　10月30日，2013年度何梁何利基金颁奖大会举行。副校长高松获2013年度何梁何利基金科学与技术进步奖。

〔**5人当选中国科学院院士**〕　12月19日，中国科学院公布了2013年新当选院士名单，教授陈十一、欧阳颀、龚旗煌、程和平、方岱宁当选为中国科学院院士。

〔**林毅夫受聘国务院参事**〕　11月8日，国务院总理李克强在中南海向新聘任的国务院参事、中央文史研究馆馆员颁发聘书。教授林毅夫被聘为国务院参事。

〔**学校世界排名列第45位**〕　10月3日，英国《泰晤士高等教育》（*Times Higher Education*）发布2013—2014世界大学排名（THE排名）。学校名列第45位，较2012年提升1位，继续在中国内地高校中位居首位。

〔**加入在线课程（edX）项目**〕　5月21日，美国哈佛大学和麻省理工学院在线课程项目宣布新增15所高校的在线课程项目。首次增加了包括学校在内的6所亚洲高校。学校与国际上先进的在线课程支持平台合作，对于提升人才培养和社会服务能力、促进学校优质教育资源向全社会开放、加快创建世界一流大学的步伐具有重要意义。

〔**王恩哥任校长**〕　3月22日，学校召开全校教师干部大会，宣布中共中央、国务院任命王恩哥为学校校长的决定。因年龄原因，周其凤不再担任校长职务。中央组织部副部长潘立刚、教育部部长袁贵仁、北京市委教育工委书记赵凤桐等出席会议并讲话。

〔**金鑫获2012年度全国高校辅导员年度人物**〕　2013年，学校教师金鑫获“2012年度全国高校辅导员年度人物”。

〔**成立社会经济史研究所**〕　9月27日，学校经济学院社会经济史研究所成立大会暨首届经济史学研讨会在学校举行。该研究所由学校经济学院和剑桥大学博士王章卫合作成立的一个学术研究机构，旨在发挥学校教育研究资源优势，推进中国经济史学的理论研究、方法研究和知识传播。

〔**成立国际战略研究院**〕　10月23日，学校国际战略研究院成立大会举行。学校在原有的国际战略研究中心的基础上，集合校内外各方面力量，正式组建了北京大学国际战略研究院（实体）。该研究院旨在进一步凝聚校内外的学术力量，整合资源，在开展好应急的现状研究和对策研究的同时，致力于从事中长期、综合性的战略研究，充分发挥高校智库的作用，努力为国家的外交和外事工作建言献策。研究院聘请戴秉国担任名誉院长。

〔**成立医学部血液病学学系**〕　6月18日，学校医学部血液病学学系成立大会举行。人民医院教授黄晓军任北京大学医学部血液病学学系第一任系主任。

〔**医学部完成临床医学专业认证**〕　10月底，学校医学部接受教育部临床医学专业认证专家组的现场考察。认证专家组对医学部的办学宗旨及目标、教育计划、学生成绩评定、学生、教师、教育资源、教育评价、科学研究、行政管理及改革与发展等方面给予了高度评价。

〔**成立医学部睡眠医学中心**〕　5月11日，学校医学部睡眠医学中心成立。该中心由基础医学院、北京大学第一医院、人民医院、第三医院、口腔医院、精神卫生研究所等6家二级单位组成。该中心整合医学部多学科医学专家，开展多种形式的学术交流和科研合作；特别注重在青年医师和研究生中培养睡眠医学人才；促进产业创新与成果转化；探索建立新型医学学科的诊疗模式和培训模式。

〔**成立医学部近距离放疗研究中心**〕　5月25日，学校医学部近距离放疗研究中心成立大会在学校举行。来自全国各地的300余名代表参会，来自美国、加拿大、日本、韩国的国际专家做学术演讲。该中心是国内首家关于肿瘤体内近距离放疗和研究中心，集学校医学部6家附属医院和教学医院人才、设备和资源优势于一体。

〔**成立医学部药品上市后安全性研究中心**〕　9月24日，学校医学部药品上市后安全性研究中心成立。该中心整合学校公共卫生学院、药学院、第三医院药物安全性研究方面的专家，致力于为国家药品上市后安全性研究提供技术指导和支撑，开展药品相关政策研究，为国家制定相关法律法规提供依据；开发培训教材，系统培训相关技术队伍；与有关机构合作制定适合中国国情的药品上市后研究方法学指南，开展药物流行病学方法学研究；围绕创新药物和基本药物、中药注射剂、高风险药品开展安全性评价。

〔**成立医学部疼痛医学中心**〕　11月15日，学校医学部疼痛医学中心成立。该中心以北京大学神经科学研究所为依托，联合学校附属第一医院、人民医院、第三医院、口腔医院、肿瘤医院和中日友好医院从事疼痛基础研究和临床诊治的多学科专家，搭建一个集疼痛医学基础研究、临床研究和治疗、教育及国际学术交流于一体的综合疼痛医学学科平台，旨在促进学校医学部乃至全国疼痛医学的发展，加强临床工作者与基础研究者之间的科研合作，实践转化医学的理念，促进国内外疼痛医学的交流。

〔**医学部全面推行本、专科及长学制学生综合素质评价方案**〕　2013年，学校本、专科及长学制学生综合素质评价方案在医学部范围内全面推行。新版方案全面关注医学教育的宗旨、理念和方法，遵循全人教育理念，强调以学生为本的原则，从医学教育标准的视角引入科学的评价方法，是医学部育人工作和方法上的重要改革和全面提升。

〔**多名专家获医学领域荣誉**〕　学校精神卫生研究所（第六医院）教授黄悦勤当选世界艺术与科学学院院士、中国残疾人联合会第六届主席团副主席，学校附属人民医院教授冯传汉获第十四届吴阶平—保罗·杨森特殊贡献奖，学校附属第三医院教授乔杰获第十四届吴阶平—保罗·杨森医学药学奖，学校附属人民医院教授王杉获评2013年度卫生系统“改革创新人物”，学校附属第三医院教授陈仲强、附属口腔医院教授俞光岩获全国卫生系统先进工作者称号，学校附属第三医院教授田得祥获全国医德标兵。田得祥、学校附属第一医院教授万远廉当选第四届“首都十大健康卫士”，田得祥、学校附属肿瘤医院教授陈敏华获“医药卫生界30年‘生命英雄’”称号。

〔**12篇论文获北京市优秀博士论文**〕　8月30日，市教委公布了2013年北京市优秀博士学位论文名单。学校有12篇论文名列其中，获奖论文数再次位居全市高校之首。

〔**韩启德当选第十二届全国政协副主席**〕　3月11日，全国政协十二届一次会议第四次全体会议在北京举行，学校医学部主任韩启德当选全国政协副主席。

〔**医学部助力国家新周期等级医院评审工作**〕学校医学部成立了医院评审评价技术支持项目组，首次创造性地将病案首页数据信息与医院现场评价有机结合，设计出适合中国医院特点的医院检查路径。同时，构筑了医院医疗综合能力评价模型，得到国家卫生和计划生育委员会的高度肯定。

〔**开展党的群众路线教育实践活动**〕　学校多次召开会议传达中央精神、部署党的群众路线教育实践活动并成立了领导小组办公室，印发《北京大学党的群众路线教育实践活动实施方案（草案）》等。学校领导班子和领导干部在教育实践活动中充分发挥带头作用，认真听取群众心声，在实践活动中确保不走过场、不拘形式，真正为广大师生解决实际问题。

〔**与多省（区）签订合作协议**〕　1月20—21日，学校党委书记朱善璐率代表团赴甘肃省访问，并举行省校战略合作协议签约仪式。1月31日至2月1日，校长周其凤率代表团赴福建省访问，并举行省校战略合作协议签约仪式。3月18日，学校与包头市签订人才及科技合作协议。11月11日，江西省党政代表团到校访问，双方签署了江西省政府与学校新一轮战略合作协议。12月13日，贵州省党政代表团到校访问，双方签署了贵州省政府与学校战略合作协议。

〔**医学部与北大方正集团签署战略合作协议**〕5月，学校医学部与北大方正集团签署战略合作协议，双方在人才培养、学术交流、医疗管理、品牌联合等多方面展开深度合作。双方还签署了共建北医健康产业园的协议，整合技术、资本、医药和医疗资源，建立贯穿医药科技企业研发、人才培养、投融资、市场拓展等环节的创新服务体系，建设国际一流的软硬件环境，探索“政产学研介”协同共赢的园区运营服务模式，使北医健康产业园成为辐射全国、具有国际影响力的医疗医药科研服务商。

〔**医学部与天津市塘沽区政府共建天津市第五中心医院**〕　10月8—11日，天津市卫生局对学校医学部与天津市塘沽区政府共建的天津市第五中心医院进行了三甲综合医院评审。组织医院等级评审专家采取书面评价、医疗信息统计评价、现场评价和社会评价等方式，最终通过了评审。

〔**学校第三医院海淀院区揭牌**〕　12月29日，北京海淀区政府公共服务委员会、学校第三医院、海淀医院合作协议签署暨学校第三医院海淀院区揭牌仪式在海淀医院举行。

〔**医学部与英国伦敦大学国王学院签署谅解合作备忘录**〕 12月，学校医学部与英国伦敦大学国王学院举行双方合作谅解备忘录签字仪式。国家卫生和计划生育委员会主任李斌、英国卫生大臣出席了签字仪式。根据谅解备忘录，双方在教师和学生交换、联合科研项目以及MD-PhD联合培养项目方面开展合作。

〔**医学部完成多项抗震救灾任务**〕 四川省雅安地震发生后，学校医学部第一时间投入抗震救灾工作，先后选派了12个专业的39名专家及医护人员奔赴抗震救灾第一线，并在最短时间内备齐救灾物资，完成党和国家交给的重任。在甘肃省定西地震、青岛市爆炸、吉林6·3火灾等一次次危难面前，医学部人员勇敢无畏地奔赴前线，开展医疗救治和心理援助工作。

〔**诺贝尔奖获得者对话学校学生**〕 5月15日，“众芳所在”系列讲座——“科学与文学的对话”在学校举行。诺贝尔物理学奖获得者杨振宁、诺贝尔文学奖获得者莫言等参加。

〔**第十届北京论坛举行**〕 11月1—3日，由学校、北京市教育委员会和韩国高等教育财团联合主办的第十届北京论坛举行。论坛以“文明的和谐与共同繁荣———回顾与展望”为主题，既回望了10年可喜成绩，又寻求新时期发展的新要求；既探讨国际关系、文化与经济发展大问题，又聚焦教育、环境与可持续发展新热点。

〔**多国政要到校访问**〕 3月13日，法国驻华特命全权大使白林（S. Bermann）与德国驻华大使施明贤（M. Schaefer）到校访问。4月7日，泰国公主玛扎哈克里·诗琳通到校访问。4月11日，新西兰总理约翰·基到校访问并发表演讲。5月23日，泰国副总理兼教育部长蓬帖·帖甘扎纳一行到校访问。10月14日，英国财政大臣乔治·奥斯本（George Osborne）及伦敦市市长鲍里斯·约翰逊（Boris Johnson）一行到校访问并发表演讲。

〔**国外高校代表团、学者到校访问**〕 3月27日，加拿大蒙特利尔大学校长居伊·布雷顿（Guy Breton）率代表团到校访问。4月8日，2011年诺贝尔生理学或医学奖得主、美国得克萨斯西南医学中心“宿主防御遗传研究中心”主任布鲁斯·博伊特勒（Bruce A. Beutler）到校访问。4月16日，美国耶鲁大学校长理查德·莱文率代表团到校访问。5月14日，以色列耶路撒冷希伯来大学校长梅纳赫姆·本·萨松教授率团到校访问。7月1日，美国明尼苏达大学埃里克·卡拉尔（Eric Kaler）校长率代表团到校访问并签署学术交流协议。9月4日，澳大利亚国立大学校长伊恩·杨（Ian Young）一行到校访问。11月1日，美国普林斯顿大学校长克里斯托弗·伊斯格鲁布一行到校访问。

〔**雷声获2012年度中国大学生年度人物**〕 学生雷声获“2012中国大学生年度人物”。

〔**举行数学学科创建100周年庆典**〕 10月11日，学校举行数学学科创建100周年庆典。

〔**举行物理学科创建100周年庆典**〕 10月19日，学校举行物理学科建立100周年庆祝大会。

〔**城市与环境大楼捐赠仪式举行**〕 6月18日，学校铁汉城市与环境大楼捐赠仪式举行。深圳铁汉生态环境股份有限公司董事长刘水与校长王恩哥共同签署了捐赠协议。根据协议，刘水以个人名义捐赠5 000万元人民币，用于支持学校城市与环境学院绿色大楼的建设。

撰稿 胡少诚 刘 鹏 李海峰 张妙妙 陈 捷 蔡曦亮 王 浩 孙启明 王 雪 余 浚 周 婧 李 喆 陈子豪

审稿 胡少诚

清 华 大 学

〔**习近平会见学校经管学院顾问委员会海外委员**〕 2013年10月23日，国家主席习近平在北京会见了学校经管学院顾问委员会海外委员，听取顾问委员会主席、美国凯雷投资集团董事总经理大卫·鲁宾斯坦（David M. Rubenstein）和华盛顿布鲁金斯研究院理事会主席约翰·桑顿（John L. Thornton）关于委员会工作情况的介绍，并发表重要讲话。

〔**刘云山看望吴良镛**〕 1月30日，中共中央政治局常委、中央书记处书记刘云山看望国家最高科技奖获得者、两院院士、学校建筑学院教授吴良镛。

〔**李源潮视察OLED产业化基地**〕 2月16日，中共中央政治局委员李源潮到学校OLED（有机发光材料显示技术）项目产业化基地——昆山维信诺显示技术有限公司视察。

〔**张高丽视察清华科技成果**〕 3月28日，国务院副总理张高丽到北京中关村国家自主创新示范区展示中心视察，观看了由学校与北京普罗吉生物科技发展有限公司共同组建的抗肿瘤蛋白质药物国家工程实验室关于重组蛋白质药物和肿瘤诊断试剂研发工作的展示。

〔**郭金龙调研学校科技产业**〕 12月16日，北京市委书记郭金龙一行到学校脑起搏器产业化基地调研，充分肯定了学校在全球建立继美国之后第二个脑起搏器产业的创新贡献。

〔**14个学科位列全国高校第一名**〕 2月，学校生物学、力学、材料科学与工程、动力工程与工程热物理、电气工程、控制科学与工程、计算机科学与技术、建筑学、核科学与技术、环境科学与工程、城乡规划学、软件工程、管理科学与工程、设计学14个学科在教育部学位与研究生教育发展中心发布的2012年一级学科评估结果中位列全国高校第一名。

〔**4人当选院士**〕 12月19日，2013年中国科学院院士和中国工程院院士增选结果揭晓。教授施一公、邱勇当选中国科学院院士，教授尤政、聂建国当选中国工程院院士。

〔**入选教育部高等学校教学指导委员会**〕 5月30日，学校78人次入选新一届教育部高等学校教学指导委员会，教授陈吉宁、谢维和、袁驷、康克军、孙家广、施一公、周东华、陈国青当选教学指导委员会主任委员。

〔**多位教师获国外学术荣誉**〕 3月，中国科学院院士、学校教授雒建斌获2013年美国摩擦学者和润滑工程师学会（STLE）国际奖，成为中国大陆首位获此殊荣的学者。4月，教授施一公当选美国人文与科学院外籍院士和美国科学院外籍院士。9月，教授王宁当选为欧洲科学院外籍院士，这是大陆人文学者首次入选。9月13日，施一公获2014年度爱明诺夫奖，该奖项设立35年来首次颁发给中国科学家。10月20日，教授汪晖被授予卢卡·帕西奥利奖（Luca Pacioli Prize），成为首位获奖的中国学者。

〔**17项科技成果获国家科技奖**〕 1月18日，学校17项科技成果获2012年度国家科技奖。其中自动化系教授戴琼海等完成的“立体视频重建与显示技术及装置”项目、土木系教授聂建国等完成的“大跨建筑钢—混凝土组合结构新技术及其应用”

项目获国家技术发明奖一等奖。

〔**多项科技成果取得突破性进展**〕　5月5日，学校电子系利用自行研制的全频段多系统实时GNSS软件接收机成功接收欧洲伽利略（Galileo）4颗在轨卫星信号，并实现三维定位。7月，教授魏飞研究组与微纳米力学中心联合研究团队发文报道，成功制备出世界上最长的、单根长度达半米以上的碳纳米管。11月17日，教授罗永章研究组自主研发的Hsp90α定量检测试剂盒通过临床试验验证，获准进入中国和欧盟市场。

〔**2项成果入选2012年度“中国科学十大进展”**〕　3月，学校医学院教授颜宁研究组、生命学院教授施一公研究组，生命学院教授俞立研究组在“TAL效应蛋白特异识别DNA的分子机理”和“揭示营养匮乏引发细胞自噬的分子机制”方面的研究成果入选2012年度“中国科学十大进展”。

〔**1项成果获中国高等学校十大科技进展**〕　3月15日，中国科学院院士、学校物理系主任薛其坤研究组在《科学》（*Science*）杂志在线发文，首次报道在实验中观测到量子反常霍尔效应。此项成果获2013年度“中国高等学校十大科技进展”。

〔**牵头组建6个协同创新中心**〕　2013年，学校牵头组建了区域环境质量协同创新中心、人居科学协同创新中心、微纳制造和器件与系统协同创新中心、尖端装备跨尺度设计制造协同创新中心、创新发展与公共治理协同创新中心、城镇化与城乡统筹协同创新中心6个协同创新中心，围绕国家重大问题开展协同攻关研究。

〔**成立多个研究机构**〕　1月3日，学校社会网络研究中心成立；5月9日，学校大规模在线教育研究中心成立；5月9日，学校燃气轮机研究院成立；11月24日，清华大学—IDG/麦戈文脑科学研究院揭牌。

〔**在顶级学术期刊上发表多篇论文**〕　2013年，教授王晓锋、薛其坤、施一公、祁海、柴继杰、颜宁等带领的研究组和物理系研究组分别在《科学》（*Science*）、《自然》（*Nature*）上发表9篇研究论文。

〔**科技论文影响力持续提升**〕　9月，在中国科学技术信息研究所的评定中，学校6篇论文入选“2012年度百篇最具影响的国内学术论文”；7篇论文入选“2012年度百篇最具影响的国际学术论文”。

〔**“清华大学苏世民学者项目”启动**〕　4月21日，“清华大学苏世民学者项目”启动仪式在北京举行。国家主席习近平、美国总统奥巴马分别致贺信。国务院副总理刘延东出席仪式并致辞。该项目由学校和苏世民合作设立，面向全球顶尖大学选拔优秀本科毕业生到学校进行研究生学习。11月21日，“苏世民学者项目论坛”在美国华盛顿举行。国务院副总理刘延东出席并发表题为《开创中美人文交流新境界》的演讲，指出清华大学与美国黑石集团合作的苏世民学者项目是中美教育交流的典型代表，相信该项目的顺利进行，会成为实现“中国梦”“美国梦”乃至“世界梦”的良好基石。

〔**实施x-lab项目**〕　4月25日，学校x-lab启动仪式暨2013创新创业论坛举行。x-lab中的“x”寓意探索未知（unknown）和学科交叉（cross），“lab”代表体验式学习（action-learning）和团队工作（teamwork）。12月13日，清华x-lab发起了学校首届“校长杯”创新挑战赛。

〔**加盟edX**〕　5月21日，学校正式加盟由美国麻省理工学院和哈佛大学联手创办的非营利在线教育平台——edX，成为edX首批亚洲高校成员之一。10月10日，学校基于edX的“学堂在线”大规模开放在线课程（MOOC）平台正式发布。

〔**清华简在联合国展出**〕　8月27—30日，“写在竹简上的中国经典——清华简与中国古代文明”专题展览在美国纽约联合国总部大楼举行。这是清华简首次走出国门，也是中国首次在海外举办古文献学领域的展览。

〔第二届世界和平论坛举行〕 6月27日，由学校主办、中国外交学会协办的第二届世界和平论坛举行。国家副主席李源潮出席开幕式并以《同心求和平 携手促安全》为题发表讲话。李源潮指出，各国应坚持互利共赢，努力促进世界持久和平、共同繁荣。马来西亚原总理巴达维、巴基斯坦原总理阿齐兹、法国原总理德维尔潘、日本原首相鸠山由纪夫、美国原国家安全事务助理布热津斯基、欧盟原共同外交与安全政策高级代表索拉纳等外国前政要出席论坛。塞拉利昂总统科罗马、苏里南总统鲍特瑟做主题演讲。

〔举行学校艺术教育百年暨清华大学艺术教育中心成立20周年纪念活动〕 12月22日，学校举行艺术教育百年暨清华大学艺术教育中心成立20周年纪念活动。截至2013年年底，清华通识类艺术教育课程容量达到每年6 000余人次，艺术类演出和讲座受益学生超过10万人次。

〔召开教育扶贫10年回顾与展望研讨会〕 12月7日，学校召开教育扶贫10年回顾与展望研讨会。截至2013年年底，学校在全国1 086个县级教育机构、2 520个乡镇中小学建立教育扶贫现代远程教学站，覆盖522个国家级贫困县，每年提供远程及面授课程超过2 000学时，累计培训约160万人次。

〔召开深入开展党的群众路线教育实践活动动员大会〕 7月10日，学校召开深入开展党的群众路线教育实践活动动员大会。中央第42督导组组长李延保，督导组副组长、教育部思想政治工作司副巡视员俞亚东出席。会议就深入开展党的群众路线教育实践活动做了全面动员和部署。

〔召开党的群众路线教育实践活动专题民主生活会〕 11月16日，学校领导班子召开党的群众路线教育实践活动专题民主生活会。中纪委驻教育部纪检组组长王立英，中央第42督导组组长、中山大学原党委书记李延保等出席。会上，领导班子做了对照检查，深入分析了学校党委和班子成员自觉遵守党的政治纪律、认真贯彻中央政治局关于改进工作作风、密切联系群众的八项规定的情况，提出了在“四风”方面存在的突出问题，明确了今后的努力方向和改进措施。

〔开展党的群众路线教育实践活动〕 2013年，学校积极开展党的群众路线教育实践活动，学校领导班子和全校52个院系（直附属单位）党委和直属总支、85个院系部处单位领导班子、1 100多个党支部、2万多名党员参加，完成学习教育、听取意见，查摆问题、开展批评，整改落实、建章立制3个环节的任务。

〔第四届清华三亚国际数学论坛举行〕 12月18日，第四届清华三亚国际数学论坛举行。诺贝尔物理学奖得主戴维·格罗斯（David Gross）、诺贝尔经济学奖得主埃里克·马斯金（Eric Maskin）和詹姆斯·莫里斯（James A. Mirrlees）等出席。

〔与政府部门签订合作协议〕 2013年，学校与贵州省政府、福建省政府、江西省政府、宁夏回族自治区政府、中国气象局签署战略合作协议。

〔与企业签订合作协议〕 2013年，学校分别与中国兵器工业集团公司、恒大地产集团有限公司、上海电气（集团）总公司、中国建设银行、中国电子信息产业集团有限公司签署合作框架协议。

〔与部队开展合作〕 2013年，学校分别与中国人民解放军海军、成都军区、兰州军区、第二炮兵、解放军总医院签署合作框架协议。学校与部队在战略研究、装备研制、人才培养、信息化建设等领域展开深入合作。

〔陈吉宁等当选全国人大常务委员会委员〕 3月14日，教授陈吉宁、袁驷当选第十二届全国人民代表大会常务委员会委员。

〔王光谦等当选全国政协委员〕 2月1日，教授欧阳明高等20人当选政协第十二届全国委员会委员。3月11日，教授王光谦、王梅祥、吴国祯、欧阳明高、顾秉林、韩美林和程津培7人当选政协第十二届全国委员会常务委员。

〔启动主题教育活动〕 3月，学校启动了“行健新百年，共筑中国梦”新一轮主题教育活动，引导广大青年学生为实现中华民族的伟大复兴做出自己的贡献。

〔CERNET主干网通过验收〕 12月31日，以学校为第一承担单位实施的“中国教育和科研计算机网CERNET主干网和重点学科信息服务体系升级扩容工程”通过教育部验收。这标志着中国第一个100G主干网诞生，CERNET也成为世界上规模最大的100G学术网络。

〔纪念辅导员制度建立60周年〕 11月17日，学校举行“双肩挑”政治辅导员制度建立60周年纪念大会。

〔学生获奖情况〕 8月，学校自动化系“Throne”代表队在2013国际空中机器人大赛（亚太赛区）上获亚太赛区“最佳任务完成奖”“最佳静态展示奖”。10月17日，学校在第十三届“挑战杯”全国大学生课外学术科技作品竞赛中第5次捧起“挑战杯”。11月10日，在2013年国际射联世界杯总决赛上，学校经管学院2012级本科生易思玲获女子10米气步枪金牌，并打破该项目的世界纪录。

〔韩国总统朴槿惠访问学校〕 6月29日，韩国总统朴槿惠访问学校，并发表题为《韩中心信之旅共创新20年》的主题演讲。

〔多位诺贝尔奖获得者访问学校〕 1月、4月和11月，2012年诺贝尔化学奖得主布赖恩·科比尔卡（Brain K. Kobilka）、1991年诺贝尔生理学奖获得者埃尔文·内尔（Erwin Neher）和2001年诺贝尔化学奖得主巴里·夏普莱斯（Barry Sharpless）分别到校访问，并与师生探讨国际学术前沿问题。

〔纪念蒋南翔诞辰100周年〕 11月5日，纪念学校原校长蒋南翔诞辰100周年座谈会举行。国务院副总理刘延东出席并讲话，高度评价了蒋南翔的历史功绩和崇高品德。

〔原创话剧《马兰花开》公演〕 4月26日，由学校师生创作并排演、以邓稼先为主题的原创校园话剧《马兰花开》在学校首演，“共和国的脊梁——科学大师名校宣传工程”会演活动同期启动。国务院副总理刘延东、教育部部长袁贵仁、北京市市长王安顺等出席仪式并观看演出。刘延东指出，有关部门和高校要推出更多富有思想性、艺术性的精品力作。同时，希望广大青年学生和科技工作者以老一辈科学家为楷模，为实现中华民族伟大复兴的“中国梦”做出应有贡献。《马兰花开》首演后，又于5月和10月在校内进行了两轮公演，并赴青海大学和新疆总装某基地进行演出，共有校内外近3万人次观看了演出。该剧获北京大学生戏剧节最佳剧目奖。

撰稿 邓 倩 张 治
审稿 王 岩

中国人民大学

〔9个一级学科排名全国第一〕 2013年1月29日，教育部学位与研究生教育发展中心发布全

国第三轮一级学科评估结果。学校 9 个一级学科排名全国第一，分别是理论经济学、应用经济学、法学、政治学、社会学、新闻传播学、统计学、工商管理、公共管理。排名第一的一级学科总数位居全国高校第三，排名前三的一级学科总数居全国高校第三，排名第一的人文社会科学类一级学科总数位居全国高校之首。与第二轮一级学科评估相比，学校新增全国排名第一的一级学科 2 个，新增全国排名前三的一级学科 3 个。

〔**实施本科人才培养路线图**〕 4 月 22 日，学校召开动员大会，部署实施本科人才培养路线图，面向本科教育教学推进“研究型学习制度体系”建设。该培养体系以“立德树人”为理念，路线图着眼于“研究型学习制度体系”建设，通过精实课程等 8 项制度，完善人才培养模式。学校成立了本科人才培养委员会，同时组织制订 2013 级本科生培养方案，调整职称评聘方面的人才培养工作要求，以配合培养路线的实施。

〔**5 人入选“长江学者”特聘教授**〕 12 月 27 日，学校马克思主义学院教授刘建军、商学院教授王化成、历史学院教授包伟民、经济学院教授刘元春、物理系教授卢仲毅入选“长江学者”特聘教授。

〔**授予 13 位学者荣誉一级教授称号**〕 1 月 23 日，学校举行仪式，授予黄顺基、孙国华、陈共、许征帆、周诚、何沁、李占祥、周升业、王作富、胡钧、许崇德、庄福龄、严瑞珍荣誉一级教授称号。

〔**获 26 项北京市哲学社会科学优秀成果奖**〕 3 月 14 日，北京市第十二届哲学社会科学优秀成果奖颁奖大会举行。学校共有 26 项科研成果获奖，其中一等奖 8 项、二等奖 18 项，一等奖获奖数居全市高校首位。学校获一等奖的成果是哲学学院教授吴琼的《雅克·拉康——阅读你的症状》、社会与人口学院教师刘谦的《面对艾滋风险的自律与文化：对低交易价格商业性行为的人类学研究》、财政金融学院教授陈雨露的《中国农村金融论纲》、经济学院副教授谢富胜的《马克思主义危机理论和 1975—2008 年美国经济的利润率》、马克思主义学院教授张雷声的《马克思主义理论学科体系建构与建设研究》、劳动人事学院教授郑功成的《中国社会保障改革与发展战略（总论卷、养老保险卷、医疗保障卷、救助与福利卷）》、新闻学院教授喻国明的《微博：一种新传播形态的考察——影响力模型和社会性应用》、信息资源管理学院教授冯惠玲的《北京奥运的人文价值》。

〔**举行第二届吴玉章人文社会科学终身成就奖颁奖典礼**〕 12 月 17 日，第二届吴玉章人文社会科学终身成就奖颁奖典礼在学校举行。本届终身成就奖分别授予著名历史学家、学校教授戴逸，著名经济学家、中国社会科学院研究员张卓元。

〔**中央决定靳诺任学校党委书记**〕 4 月 11 日，中央批准靳诺任学校党委书记（副部长级）。由于年龄原因，免去程天权学校党委书记职务。4 月 18 日，学校党委书记任免宣布大会在学校举行。中央组织部副部长潘立刚宣读了《中共中央关于中国人民大学党委书记调整的决定》并讲话，教育部部长袁贵仁、北京市委教育工委书记赵凤桐等分别讲话。

〔**靳诺当选全国妇联副主席**〕 10 月 30 日，中华全国妇女联合会第十一届执行委员会举行第一次全体会议，以无记名投票方式选举全国妇联主席、副主席和常务委员。学校党委书记靳诺当选全国妇联副主席。

〔**发布《中国人民大学章程》**〕 11 月 28 日，教育部第 1 号高等学校章程核准书发布，正式核准了《中国人民大学章程》。《中国人民大学章程》分为总则，学生，教职员工，管理体制和组织机构，教学科研机构，财务、资产、后勤、学校与社会，学校标识和附则共 9 章、74 条。

〔**实施“1320 行动计划”**〕 3 月 8 日，学校印发《中国人民大学“1320 行动计划”工作方案》。该计划包括“落实中央八项规定，改进工作作风，密切联系群众；加强学校形象系统建设；构建提升人才培养质量的政策保障体系；改善学生学习和生活条件”以及解决包括“建立广泛有效的干群沟通交流渠道”“改善学生居住环境，拓展课外活动空间”在内的师生关心的20个问题。

〔**中央第十巡视组驻校巡视**〕　6月3日至8月29日，中央第十巡视组对学校两任领导班子任期情况进行了巡视。巡视组认真贯彻落实习近平总书记关于巡视工作的重要指示精神，围绕党风廉政建设和反腐败工作这个中心，把发现问题、形成震慑作为主要任务，广泛开展个别谈话，调阅有关文件资料，受理群众来信来访，深入了解情况，完成了巡视任务，并向教育部党组和学校分别通报和反馈了巡视情况。

〔**部市共建学校高校新校区协议**〕　1月18日，教育部与北京市政府签署共建学校新校区协议。根据协议，学校新校区建设围绕如何进一步提升、带动和服务区域经济社会发展水平这一任务进行，通过新校区建设，突出特色、强化优势，积极创造具有更强国际影响力的北京高等教育品牌。

〔**与福建省政府签订人才战略合作协议**〕　1月22日，学校与福建省政府签订了人才战略合作协议。根据协议，学校为福建省经济社会发展和重大战略规划提供决策咨询，积极协助加快建设两岸区域性金融服务中心、泉州金融服务实体经济综合改革试验区等，为福建省金融服务业发展出谋献策；积极参与福建省的课题项目及文化产业发展实践，协助推进福建文化强省建设；为福建省城乡建设规划、城镇化发展及实施生态省份战略贡献力量；扩大福建籍学生招生规模，为福建省培养更多高素质人才。福建省政府将学校作为干部教育培训基地，鼓励支持各部门、各地市到学校举办专场人才招聘会；每年定向招录、优先录用学校选调生和其他优秀毕业生。

〔**与北京工业大学签署校际合作协议**〕　12月25日，学校与北京工业大学高等学校创新能力提升计划协同创新中心校际合作协议签约仪式暨学术研讨会在学校举行。根据协议，两校按照“国家急需、世界一流”的要求，以国家重大需求为牵引，以体制机制创新为核心，共同建设“社会转型与社会治理协同创新中心”和“首都社会建设与社会管理协同创新中心”，积极联合创新力量，聚集创新要素和资源，形成协同创新的新优势，服务于地方区域经济发展和社会建设。

〔**发布中国发展指数**〕　12月30日，学校中国调查与数据中心向社会发布了2013年中国发展指数与中国发展信心调查结果。发展指数显示，中国在保持经济高速增长的同时，健康、教育、生活水平、社会环境4项指数逐年提高，社会发展综合水平逐年提升，其中公共事业和农村建设增长较快，中国大陆民众整体发展信心较强。与此同时，多年粗放式发展造成环境污染成为重大的民生问题。

〔**成立中国共产党历史与理论研究院**〕　6月30日，学校中国共产党历史与理论研究院成立。该研究院依托学校马克思主义学院中共党史系和相关教学科研单位组建，是集学术研究、政策咨询与人才培养为一体的综合性研究机构，其研究团队主要来自学校、中央研究机构和高等院校、科研院所有关研究领域的专家学者。旨在整合校内优势资源，发挥学校在党史研究领域的优势，打造党史党建领域一流智库。

〔**成立公共治理研究院**〕　4月22日，学校公共治理研究院揭牌成立。该研究院是学校跨学科、跨学院的综合性研究机构，旨在服务中国公共治理的改进与提升，通过公共治理的理论、模式、方法的探讨与研究，为中国公共治理实践提供战略指导、政策咨询、人才培养等高端服务。

〔**成立首个老年体验中心**〕　10月12日，学校成立了“中国人民大学老年体验中心”。该中心是中国成立的首个老年体验中心，根据老年人特点配备相关模拟器具，为学生、教师、研究者和老龄服务者提供教育与实践、教学与研究为一体的多功能平台，旨在更好地宣传尊老、爱老、敬老文化。

〔**共建学校恒大足球学院**〕 11月20日，学校与恒大地产集团有限公司（简称恒大集团）签署合作协议，共建学校恒大足球学院。根据协议，学校充分利用自身的体育教学和科研力量并广泛争取外部力量支持，在原有的基础上组建足球学院。学校负责足球学院招生、教学和学生日常管理等工作。恒大集团董事局主席许家印担任足球学院名誉院长，恒大集团负责提供办学经费与设施，并负责足球专业训练工作。此次合作旨在充分发挥双方在高等教育和足球事业方面的领先地位及优势作用，以“思想坚定、体魄强健、人格完善”为标准，努力培养高水平青少年足球人才、高水平足球师资和教练，振兴中国的足球事业。

〔**庆祝信息学院成立35周年**〕 12月22日，学校信息学院成立35周年暨“信火相传”第五届萨师煊精英基金颁奖会在学校举行。

〔**举办中国宏观经济论坛**〕 6月15日，学校举办中国宏观经济论坛（2013年中期）。论坛上，学校经济研究所课题组发布了《中国宏观经济形势分析与预测报告（2013年中期）——扭曲加剧、复苏乏力与改革重启的中国宏观经济》。

〔**召开大金融、大合作、大治理国际智库研讨会**〕 8月21—22日，由学校主办、学校重阳金融研究院承办的“大金融、大合作、大治理”国际智库研讨会在学校召开。这是中国首次举办20国智库会议，国家政要、驻华使节、国际组织代表、专家学者、中外企业家代表以及来自美国、欧盟、“金砖国家”、韩国、日本、拉美和中东地区的20个国家的代表出席，探讨如何构建更加有效稳定的金融体系，研究和完善全球经济治理的对策，为世界治理与中国发展贡献智慧。

〔**召开“弘扬华北大学光荣传统”群众路线教育实践主题活动座谈会**〕 8月25日，“弘扬华北大学光荣传统”群众路线教育实践主题活动座谈会在学校前身华北大学旧址河北省正定县召开。旨在纪念华北大学成立65周年，弘扬学校“始终奋进在时代前列，始终与党和国家同呼吸、共命运”的光荣传统。此外，学校与河北省政府共建学校华北研究院，打造河北省及华北地区区域发展的智库，助力河北省“五位一体、四化同步”建设。

〔**董建华到校发表演讲**〕 10月10日，全国政协副主席、香港首任特首董建华到学校发表题为《中美交流及中美关系的重要性》的演讲。

〔**承办中国人文社会科学论坛**〕 10月19日，中国人文社会科学论坛（2013）在学校举行，论坛的主题是“挑战与创新——社会转型与社会管理”。来自北京大学、复旦大学、南京大学、中国政法大学、中国传媒大学、美国芝加哥大学等海内外院校的专家学者分别就“流动人口与城镇化问题”“网络媒体与社会发展”“社会冲突治理”等问题进行了分论坛研讨及对话。

〔**陈锡文受聘农业与农村发展学院名誉院长**〕 12月30日，学校聘任中央农村工作领导小组副组长陈锡文为学校农业与农村发展学院名誉院长。

〔**学校形象片亮相纽约时报广场**〕 美国东部时间8月30日至9月3日，学校形象片在美国纽约时报广场纳斯达克广告屏上播出，形象片强调人文精神与中国元素，以“厚、德、雅、博、是”5个书法汉字为主角，以水墨风格逐字展示了学校的办学理念和大学精神。形象片中还嵌入了学校景观，深刻解读了学校的办学理念和大学精神。

〔**芬兰总理卡泰宁到校访问**〕 9月10日，芬兰共和国总理于尔基·卡泰宁到学校访问，并发表题为“芬兰与欧盟前景展望”的演讲。卡泰宁在演讲中介绍了芬兰的自然环境、人文环境、教育情况及政治经济发展的基本情况。校长陈雨露会见卡泰宁，就进一步推进中芬两国的教育、文化交流进行了交谈。

撰稿　段　蕾
审稿　万　静

北京师范大学

〔**5个一级学科评估排名全国第一**〕　2013年1月29日，教育部学位与研究生教育发展中心公布了2012年一级学科评估（第三轮）排名结果。学校教育学、心理学、中国史、地理学、生态学5个一级学科排名全国高校第一；中国语言文学、戏剧与影视、系统科学3个一级学科排名第二；有17个一级学科排名前十，24个一级学科排名前二十。

〔**3个学科领域进入ESI世界排名前1%**〕　5月1日，美国ESI（Essential Science Indicators，基本科学指标库）公布最新结果，学校又有3个学科领域进入ESI世界排名前1%，分别是：分子生物学与遗传学、神经科学与行为科学、临床医学。

〔**精神病学与心理学进入ESI世界前1%**〕　9月，美国ESI公布最新结果，学校精神病学与心理学的论文引用次数进入世界前1%。

〔**获批7项教育部教师队伍建设示范项目**〕　4月，教育部教师工作司下发《关于实施教师队伍建设示范项目的通知》。由学校教师或有关单位承担的《建立协同创新的高水平教师培养机制》《教师教育质量评估的理论与实践研究》《特殊教育“复合型”人才培养的创新研究》《教师培训评估体系建设及应用》《信息化背景下教师教育区域联合和资源共享》《基于免费师范生培养的教师培养体系改革与实践》《高等学校教师队伍建设的体制机制改革》7个示范项目获准立项。

〔**43人受聘教育部高等学校教学指导委员会委员**〕　5月，教育部公布了2013—2017年高等学校教学指导委员会委员名单。学校共有43名教师（44人次）入选42个教育部高等学校教学指导委员会委员，委员总数位列北京地区高校第3位。其中主任委员2位，分别是马克思主义理论类专业教学指导委员会主任杨耕、戏剧与影视学类专业教学指导委员会主任周星。副主任委员10位，秘书长3位。

〔**4人获北京市教学名师奖**〕　9月，学校4名教授获第九届北京市教学名师奖，分别是环境学院教授赵烨、物理学系教授包景东、数学科学学院教授刘永平、经济与工商管理学院教授沈越。

〔**方维海当选中国科学院院士**〕　12月19日，中国科学院公布了2013年院士增选结果。学校化学学院教授方维海当选中国科学院院士。

〔**9门课程获准教师教育国家级精品资源共享课程立项**〕　5月，教育部公布了教师教育国家级精品资源共享课立项建设课程名单，学校有9门教师教育课程获准立项，每门课程资助经费10万元，建设周期为1年半。

〔**获批1个北京市重点实验室**〕　6月，学校城市绿色发展科技创新战略北京市重点实验室获北京市科学技术委员会认定。实验室紧密围绕建设“科技北京”和“绿色北京”的战略任务，结合首都城市发展和产业技术发展，尤其是战略性新兴产业发展的需要，开展首都科技战略、科技支撑、科技评估系统、科技政策法规等方面的研究，为北京市科技发展提供科学决策支持。

〔**获准35项国家社科基金项目**〕　6月，2013年度国家社科基金项目评审结果公布，学校共有35项课题获准立项，其中重点项目5项、一般项目19项、青年项目11项。

〔**1项成果获国家科技进步奖二等奖**〕　1月18日，以学校为第一完成单位、教授杨志峰为第一完成人的"城市及区域生态过程模拟与安全调控技术体系创建和应用"项目，获2012年度国家科技进步奖二等奖。

〔**14项成果获北京市第六届教育科学研究优秀成果奖**〕　4月，北京市第六届教育科学研究优秀成果奖揭晓，学校14项成果获奖，其中一等奖、二等奖各6项、三等奖2项。获奖总数及一等奖获奖数均位列北京高校首位。

〔**26项成果获全国高等学校科学研究优秀成果奖**〕　5月，教育部公布第六届高等学校科学研究优秀成果奖（人文社会科学）评选结果。学校26项成果获奖，其中一等奖4项、二等奖12项、三等奖9项、成果普及奖1项。获奖总数在全国高校中位列第六，一、二等奖获奖数均位列第三。

〔**成立脑与学习协同创新中心**〕　12月13日，学校成立脑与学习协同创新中心。该中心由学校牵头，联合北京大学、华东师范大学、中国科学院心理所、中国科学院自动化所及美国麻省理工学院麦戈文脑科学研究所，形成"三校三所"的协同创新体系。中心的总体研究目标是：以脑科学研究为基础，以儿童、青少年为主要研究和应用对象，从理解脑、开发脑和保护脑三个层面开展脑与学习的基础与应用基础研究。

〔**2013年度国家自然科学基金项目资助获佳绩**〕　10月，2013年度国家自然科学基金集中受理期项目评审结果公布，学校获批各类项目总计149项，获资助金额11 012.74万元。其中创新研究群体项目1项、国家杰出青年科学基金项目2项、优秀青年科学基金项目4项、面上项目87项、青年科学基金项目47项、重点项目7项、海外及港澳学者合作研究基金项目1项。

〔**召开深化研究生教育改革大会**〕　12月20日，学校召开深化研究生教育改革大会。会议的主题为"深化改革，提升质量，建设与世界一流大学目标相适应的研究生教育新体系"。会上，对全国优秀博士学位论文和北京市优秀博士学位论文的指导教师进行了表彰。

〔**成立京版集团人才培养基地**〕　8月9日，由学校出版科学研究院与北京出版集团共建的京版集团人才培养基地揭牌。该基地旨在服务"中国特色社会主义先进文化之都"和"全国文化中心"建设的需要，为推动北京出版集团事业的跨越发展提供人才支撑和智力支持。同时探索学校出版科学研究院"走出校园培养人才、注重实践服务社会"的新型办学模式。

〔**成立系统科学学院**〕　9月17日，学校举行系统科学与社会管理学术论坛暨系统科学学院揭牌仪式。学校中国社会管理研究院院长魏礼群担任学术论坛主席，全国人大常委会原副委员长、中国科学院管理学院院长成思危出席活动。系统科学学院的成立，标志着系统科学学科建设进入到新的阶段。

〔**成立首都教育经济研究基地**〕　1月12日，北京师范大学首都教育经济研究基地成立。

〔**成立瀚德学院**〕　1月21日，学校与钟瀚德基金会签署捐赠协议，成立"北京师范大学瀚德学院"。该学院采取国际合作，校企协同培养等新模式，培养复合型国际化创新人才。根据协议，钟瀚德基金会通过中国国际文化交流基金会向学校捐资1.2亿元，支持学校人才培养模式改革试验。

〔**成立高中教育研究中心**〕 3月22日，学校成立高中教育研究中心。该中心围绕中国高中教育发展的一些关键因素开展理论、政策和实践等多个层面的探讨、交流与对话，旨在搭建一个大学和大学之间、大学和高中之间、高中与高中之间、国内国外之间的协作创新平台，为中国政府开展高中教育的研究、决策提供重要的政策咨询。

〔**成立兴隆天文学市级校外人才培养基地**〕 5月3日，学校兴隆天文学市级校外人才培养基地揭牌。截至2013年年底，学校共获3个市级校外人才培养基地立项。

〔**国际写作中心揭牌**〕 5月13日，学校国际写作中心揭牌。诺贝尔文学获得者莫言出任该中心主任，中国作家协会主席铁凝担任中心理事长，学校文学院教授童庆炳出任中心学术委员会主任。国际写作中心的职能包括：定期邀请世界级的作家或诗人来中心交流、创作和讲学；定期邀请著名汉学家、翻译家交流和讲学；定期邀请国内知名作家或诗人作为“驻校作家”到中心开展写作、研究、讲学与交流工作；组织开展中外文学交流活动，举办“国际文学论坛”，邀请国内外著名作家、翻译家与学者开展主题对话与研讨。

〔**倡议发起基础教育合作办学工作研究会**〕 7月17—19日，由学校倡议发起的高等师范院校基础教育合作办学工作研究会成立，并举行首届年会。全国20所高等师范院校参与了发起活动。研究会以引领基础教育改革发展为使命，旨在搭建师范院校之间、师范院校与政府之间及合作单位之间的协同创新平台，为基础教育的优质均衡发展做出贡献。

〔**召开国际河流科学学会第三届年会**〕 8月5—9日，学校主办了国际河流科学学会第三届年会，会议主席由学校环境学院教授杨志峰担任。该学会是河流领域最主要的国际学术组织，每两年召开一次大规模年会。来自中国、澳大利亚、美国、英国、加拿大、德国、日本等20多个国家的专家学者围绕“维持河流健康与活力”的主题进行了交流。

〔**开展党的群众路线教育实践活动**〕 7月4日，学校召开党的群众路线教育实践活动动员大会。学校党委书记刘川生做了题为《转变作风凝聚人心办人民满意的世界一流大学》的动员讲话。中央第42督导组组长、原中山大学党委书记李延保及督导组成员出席大会。会议下发了《中共北京师范大学委员会关于深入开展党的群众路线教育实践活动的实施方案》。全体参会人员对学校领导班子作风情况进行了民主评议。按照中央要求，学校从7月到11月集中开展以反对“形式主义、官僚主义、享乐主义和奢靡之风”为主题的党的群众路线教育实践活动。

〔**召开暑期党建暨工作研讨会**〕 8月9—30日，学校召开以“转变作风，深化改革，办人民满意的世界一流大学”为主题的暑期党建暨工作研讨会。会议围绕党的群众路线教育实践活动、落实学校第十二次党代会报告精神和“十二五”规划进行专题研讨，集中进行干部培训，交流各学院改革发展和群众路线教育实践活动经验，部署新学期重点工作。

〔**举办“首届小学教育国际会议”**〕 6月14—16日，“首届小学教育国际会议”在北京举办。会议由学校中国基础教育质量评价与提升协同创新中心、学校教育学部、教育部小学校长培训中心和全国小学课程改革联盟主办，旨在搭建教育全球化背景下的专业国际交流平台，审视小学教育实践，探索学校未来的发展和改革。

〔**与承德市签署战略合作协议**〕 10月12日，学校与河北省承德市政府签署了《承德市人民政府与北京师范大学战略合作框架协议书》及有关协同创新、合作办学、实验室共建等项目的协议书。

〔**与平谷区签署战略合作协议**〕 11月30日，学校与北京市平谷区政府签署了《北京市平谷区人民政府与北京师范大学合作协议》和《北京市城乡中小学建设项目合作协议》。根据协议，双方在区域教育质量提升、人才培养及新校区绿植培育基地建设等方面开展合作，并按照北京市城乡教育一体化发展模式，创办北京师范大学附属中学平谷分校。

〔**与江西省政府签署战略合作协议**〕 12月9日，学校与江西省人民政府签署战略合作框架协议。根据协议，学校与江西省在人才培养、重点学科和科研平台建设、基础教育改革发展和教育信息化、经济和科技领域等方面，开展全面务实的深度合作，进一步完善合作机制，拓宽合作领域，提升合作层次。

〔**签约四方合作办学协议**〕 7月5日，学校与澳大利亚南澳大学、江苏省财政厅、江苏省连云港市政府四方合作签约仪式举行。签署了《四方合作备忘录》《北京师范大学与南澳大学学生交换协议》《连云港市政府与北京师范大学合作框架协议》。

〔**《中国教育大百科全书》出版**〕 4月21日，由学校教授顾明远主编的《中国教育大百科全书》出版。该书分为四卷，共700余万字，1 100余条条目，涵盖21个教育学分支学科，编撰历经12年。它以解决中国的教育问题为核心议题，以教育领域改革与发展的主要问题为立目原则，通过辞书的形式，用准确、精练的语言深度诠释教育学科基本理论，总结历史经验，介绍最新教育研究成果。该书和1998年出版的《教育大辞典（增订合编本）》构成了完整的姊妹篇，基本覆盖了教育学科和教育实践领域的架构体系。

〔**承办北京高校辅导员职业能力大赛**〕 5月19日，由市委教育工作委员会主办、学校承办的2013年北京高校辅导员职业能力大赛决赛举行。来自北京各高校的辅导员和学生代表共200余人观摩比赛。经过评委综合评定，评出一等奖1名、二等奖2名、三等奖5名，8所高校获优秀组织奖。

〔**召开纪念毛泽东诞辰120周年研讨会**〕 12月27日，学校召开纪念毛泽东诞辰120周年师生研讨会，缅怀毛泽东同志的光辉思想和伟大实践，深入学习贯彻习近平总书记在毛泽东诞辰120周年座谈会上的重要讲话精神。

〔**设立创元教育基金**〕 3月9日，祥兴（福建）箱包集团有限公司总裁薛行远捐资1亿元，在学校设立创元教育基金，主要用于支持学校中国基础教育质量评价与提升协同创新中心的相关研究及开展人才培养、基础教育质量管理创新模式与示范等方面工作。

〔**设立国际写作中心发展基金**〕 6月26日，学校国际写作中心发展基金捐赠仪式举行。祥兴（福建）箱包集团有限公司总裁薛行远捐赠1 000万设立“国际写作中心发展基金”，支持中心开展学术研究、文学创作、国际交流、作家培养，推动中外文学与文化的交流和探索。

〔**承办英国名校大学生“体验动感中国”活动**〕 1月4日，学校与英国曼彻斯特大学共同承办的英国名校大学生“体验动感中国”活动落幕。该项目由英国政府的商业、创新和技能部提供资助，旨在增进英国青年对中国的了解，体验中华五千年文化精粹，培养他们成为两国文化交流的使者。来自牛津大学等多所英国知名大学的56名学生参加。

〔**获女子篮球全国总冠军**〕 4月8—15日，2013年第八届中国大学生女子篮球超级联赛在秦皇岛市举行。学校女子篮球队获全国总冠军。

〔**女篮蝉联中国大学生篮球联赛五连冠**〕 6月11—13日，第十五届CUBA中国大学生篮球联赛四强赛在福建集美大学开赛。学校女子篮球队在决赛中战胜北京大学代表队，第五次获CUBA大学生篮球联赛全国总冠军。

〔**第20届北京大学生电影节开幕**〕 4月11

日，由学校和北京市广播电影电视局主办，学校艺术与传媒学院承办的第20届北京大学生电影节开幕式暨新闻发布会在北京举行。本届电影节为期一个月，在全国各高校举行形式多样的评选、展映、研讨和交流活动。

撰稿　王鹏皓
审稿　魏书亮

中国农业大学

〔**6个一级学科评估排名全国第一**〕　2013年1月，教育部公布2012年学科评估结果，学校共有16个一级学科参评，6个一级学科排名第一。分别是作物学、农业资源与环境、植物保护、畜牧学、兽医学和农业工程。排名第一的学科总数在全国高校中位列第四，还有7个一级学科位列前十。

〔**博士生招生制度改革**〕　2013年，学校实行博士研究生招生制度改革。①按照“硕士应用型、博士学术型”的基本精神改革招生计划，修订研究生培养方案，提高博士研究生培养质量，全面提高博士研究生学术水平。②对博士研究生导师资格进行改革，逐步取消博士研究生导师“教授化”的传统，使副教授和教授按照学术水平和科研状况在同等起跑线上竞争博士研究生导师资格。③实行博士研究生招考“申请考核制”，并将博士研究生培养年限增至4年，提高人才培养的连续性。主要措施是：由学校制定报考资格，考生提交各种申请材料，学院分学科进行初审，通过初审的考生到校参加考核。考核以学院为单位，制定具体的考试办法，包括考核内容和程序。考核时，充分听取招生导师的意见，并通过学科或专业考核组进行规范的考核。突出考查申请人科研训练背景、科研工作经历、培养潜力与学术创新能力；以学科综合考核为主要依据，突出导师及研究团队的招生自主权，以此选拔出具有科研潜质、学术态度端正、积极进取、身心健康的博士研究生候选人。2013年，学校招收博士研究生765人，其中通过校内选拔硕博连读生、直博生录取363人，通过申请考核制招收的博士研究生共402人。

〔**获8项国家科技奖**〕　1月18日，学校8项成果获国家科技奖，其中技术发明奖二等奖1项，科技进步奖一等奖1项、二等奖6项。分别是：教授段留生主持完成的“基于胺鲜酯的玉米大豆新调节剂研制与应用”项目获国家技术发明奖二等奖；教授韩振海主持完成的“苹果矮化砧木新品种选育与应用及砧木铁高效机理研究”项目获国家科技进步奖二等奖；教授马占鸿参与完成的“中国小麦条锈病菌源基地综合治理技术体系的构建与应用”项目获国家科技进步一等奖；教授杨培岭参与完成的“都市型现代农业高效用水原理与集成技术研究”，教授曹薇、李保明参与完成的“猪鸡病原细菌耐药性研究及其在安全高效新兽药研制中的应用”，教授李胜利、副教授杨红建参与完成的“优质乳生产的奶牛营养调控与规范化饲养关键技术及应用”，教授赵德明参与完成的“P3和P4实验室生物安全技术与应用”，教授董仁杰参与完成的“畜禽粪便沼气处理清洁发展机制方法学和技术开发与应用”5个项目分别获国家科技进步二等奖。

〔**姜沛民任学校党委书记**〕　7月1日，中共中央组织部副部长潘立刚受中央领导委托，在学校教师干部大会上宣布党中央对中共中国农业大学党委书记任免决定：姜沛民担任中国农业大学党委书记（副部长级）；因年龄原因，瞿振元不再担任中国农业大学党委书记职务。

〔**李德发当选为中国工程院院士**〕　12月19日，学校教授李德发当选为中国工程院农业学部院士。

〔**评选首届“（大北农）中国农业大学教学名师奖”**〕　7月，学校举行首届“（大北农）中国农业大学教学名师奖”教学观摩暨评审会。各学院选拔推荐15名从事本科教学的在职教师，分别授课20分钟。由校内外19名专家从申报人的教学业绩和现场教学演示两个方面进行打分，其中教学业绩包括对教学工作量、教学改革与创新、全方位教学责任等方面的考察。通过评委投票，评选出了首届10名（大北农）教学名师。该奖由北京大北农集团股份有限公司资助设立，每年奖励10人，每人奖励10万元。同时，评选活动与学校精品示范课程建设和教育部精品课程资源共享平台工作配套，与北京市教学名师评选工作相衔接，形成了国家级、市级和校级教学名师体系。

〔**开展“添翼工程”系列课程培训**〕　2—6月，学校开展“添翼工程”系列课程，对家庭经济困难学生进行培训。“添翼工程”各类课程由学生工作部学生资助管理中心主导开设，聘请校内外有责任心的教师任教，同时配备教学助理辅助教学。开设的“英语四级培训”、“外教英语口语培训”及“计算机高级技术培训”均采取小班授课方式，家庭经济困难学生可自主、自愿报名参加。此次共有102名学生参加培训。

〔**在《科学》《自然》《自然·遗传学》上发表5篇论文**〕　2013年，学校师生在《科学》《自然》《自然·遗传学》(*Nature Genetics*）上发表5篇论文。①教授李建生课题组研究论文《全基因组关联分析剖析玉米籽粒油分合成的遗传结构》(Genome-wide Association Study Dissects the Genetic Architecture of Oil Biosynthesis in Maize Kernels）收录在《自然·遗传学》第一期。该论文利用包含高油玉米的368份玉米自交系为材料，利用RNA-seq方法进行了籽粒发育期的转录组大规模测序，挖掘了103万SNP，获得了28 769个基因的表达量数据，同时分析了两年4点的籽粒油分相关性状。②学校资环学院教授刘学军、张福锁等有关中国氮沉降的研究论文“Enhanced Nitrogen Deposition over China”《中国氮沉降显著增加》在《自然》网站在线发表。该论文系统揭示了过去30年来中国氮沉降动态及其与人为活性氮排放的关系。③教授张福锁、陈新平和美国斯坦福大学教授P. Vitousek关于中国农业高产高效现代农业科技发展的文章在《自然》杂志发表。该论文题为《对世界的成功经验》(An Experiment for the World)，阐述了进入21世纪以来中国农业在“高产高效”科学研究和应用方面取得的重要进展与成就。④中国工程院院士、学校教授李宁与深圳华大基因研究院、哈尔滨兽医研究所、英国爱丁堡大学等共同完成的论文“The Duck Genome and Transcriptome Provide Insight into an Avian Influenza virus Reservoir Species”《鸭基因组和转录组图谱揭开禽流感天然宿主免疫机制》在 *Nature Genetics*《自然·遗传学》杂志在线发表，报道了鸭基因组与禽流感的最新研究进展。⑤学校理学院副教授张葳葳以第一完成人身份与美国纽约州立大学石溪分校、美国华盛顿—卡内基研究院及其他欧美国外科研机构科研人员合作完成的“Unexpected Stable Stoichiometries of Sodium Chlorides”(《钠氯间反常计量比化合物》）在《科学》杂志发表。文章打破了基础化学的基本规律之一——八电子规则，革命性地开创了科学研究的新领域。

〔**召开第一届全球磷大会暨第五届国际养分管理大会**〕　6月18—20日，由学校和德国弗劳恩霍夫研究所、国际肥料发展中心共同主办的第一届全球磷大会暨第五届国际养分管理大会在北京召开。会议主题是“资源高效利用与粮食安全的科学、技术与政策”。会议期间，来自工业界、科学界和政府部门的与会者就如何对磷资源的可持续管理与利用展开跨学科的学习与对话，共同交流了各个国家在磷资源开采—加工—利用—再循环的高新技术研究与污染控制途径方面取得的成果，关注了磷肥工业生产转型和政策决策过程中的问题，探讨了农业生产方式和政策在土壤养分资源利用与粮食安全中的作用，为养分管理支撑粮食安全所面临的挑战和机遇提供了新的思路。会议包括14个分会场，与会专家与生产实践者进行了互动式学习交流。

〔**承办第10届国际植物病理学大会**〕 8月26—30日，学校承办了第10届国际植物病理学大会。会议主题为“植物病理学在全球经济中的作用：生物安全，食品安全和人类健康”。内容涉及植物病理研究前沿进展、植物病害综合治理、植物—病原物互作的分子生物学及遗传学、植物抗病育种、生物防治、植物病原学、采后病害与种子病理学、有害生物入侵与植物检疫、生物技术与食品安全等。会议设置2次全体会议、5次主题会议，26位知名植物病理学家应邀在主会场做主旨报告；设立了66个学科特色的分会场会议、9个专题研讨会，共有303个邀请报告和196个简短学术报告。大会以《中国植物病理学报》增刊编辑出版会议论文摘要集，收录摘要1 591篇。同时有1 066份科研成果墙报在会议期间进行展示。期间，还举行了植物病理学新技术、新产品的展示展览。

大会由国际植物病理学会主办，每5年召开一次。这是首次在发展中国家举行的全球性植物病理学盛会。大会前后在北京及其他省市举办9个卫星会议，围绕谷物线虫、大豆疫病、镰刀菌、丝核菌、核盘菌属及根健康等开展专题研讨。会议完成了国际植物病理学大会新一届执行委员会的换届。来自全球76个国家或地区的1 700名研究者就植物病理学和植物病害治理技术进行交流。

〔**与瓦赫宁根大学签署战略合作伙伴协议**〕 9月27日，学校与荷兰瓦赫宁根大学签署战略合作伙伴协议。根据协议，双方携手推进研究，应对涉及食品、农业和城乡可持续发展的全球性挑战。双方商定，与产业界合作建立奶业发展研究中心，设立研究基金；双方还在奶业、食品质量、经济发展、可再生能源和环境等方面开展合作研究，在国际经济等4个方向设立联合教育项目，互派学生到对方大学学习。学校把9月27日命名为“瓦赫宁根大学日”，标志着两校开启实质性合作的新篇章。

撰稿 钟占蓉
审稿 李冬梅

北京外国语大学

〔**新增4个本科专业**〕 根据教育部下发《关于公布2012年度普通高等学校本科专业设置备案或审批结果的通知》，公布了2 610个经教育部备案的专业，53个经教育部审批同意设置的国家控制布点的专业和7个经教育部审批同意设置的新专业。其中，学校2012年申报的梵语巴利语和普什图语为教育部备案专业、阿姆哈拉语和吉尔吉斯语为教育部同意设置的普通高等学校新专业。截至2013年年底，学校本科专业增至71个，外语语种达58种。

〔**7部教材获评北京市精品教材**〕 根据《北京市教育委员会关于公布2013年北京高等教育精品教材、经典教材评审结果的通知》，学校共有7部教材获评北京市精品教材，分别是曹大峰教授主编的《基础日语综合教程》三、四册，傅荣教授主编的《全媒体时代的法语报刊导读教程》，冯玉培教授主编的《新编斯瓦希里语》三、四册，郑书九教授、王磊副教授主编的《现代西班牙语阅读教程》第一册，张在新教授主编的《批判思维与议论文》。

〔**李莎获“法兰西共和国荣誉军团”勋章**〕 7月8日上午，法国驻华大使白林代表法国政府向学校99岁高龄的老专家李莎教授颁发“法兰西共和国荣誉军团”（军官勋位）勋章。李莎是无产阶级革命家、中国工人运动的杰出领导人之一李立三的夫人，是学校资深俄语老专家，为新中国建设和俄语教学事业做出了巨大贡献。

〔毕业生英语工作能力全国第一〕 12月12日，ATA研究院正式发布《2013中国高校通用就业力白皮书》，推出2013年度中国高校通用就业力排行榜等七大榜单。在中国大陆地区高校通用就业力排行榜中，学校英语工作能力排名位列全国第一，通用就业力总排名全国第四，各项排名均位于外语外贸类高校前列。

〔网络与继续教育学院获"腾讯网十年最具影响力外语品牌"〕 12月5日，学校网络与继续教育学院在中国腾讯网教育年度盛典上获"最具影响力外语品牌"奖。本次盛典中所颁发的各奖项由网友历经一个月时间的投票，结合专家评审团的意见而最终产生，具有较高的权威性和说服力。

〔全国外语外贸院校学生工作协作会第十七届年会召开〕 10月10—11日，全国外语外贸院校学生工作协作会第十七届年会在学校召开。全国14所外语外贸院校的相关负责人及教师共70余人参加会议。本届年会首创"年会公报"和"全国外语外贸院校辅导员队伍建设状况和大学生思想动态调研"两项制度，对进一步提升外语外贸院校大学生思想政治教育科学化水平起到了积极作用。

〔承办2013海外孔子学院年会〕 12月4—6日，由学校承办的"2013海外孔子学院年会"举行。来自阿尔巴尼亚、奥地利、比利时、保加利亚、捷克、德国、匈牙利、意大利、马来西亚、波兰、韩国、俄罗斯、西班牙、阿联酋、英国和美国的19所孔子学院近80位中外方院长、理事和嘉宾参加会议。截至2013年年底，学校共承办了20所孔子学院，分布在亚洲、欧洲、美洲等16个国家，承办数量位居中国高校之首。

〔蝉联"先进中方承办院校"〕 12月7—8日，在第八届全球孔子学院大会上，学校蝉联"先进中方承办院校"称号，国务院副总理刘延东向校长韩震颁发了荣誉牌匾。学校承办的夏威夷大学孔子学院、纽伦堡孔子学院、罗兰大学孔子学院、马来亚大学孔子汉语学院4所孔子学院荣获"先进孔子学院"称号。维也纳大学孔子学院外方院长李夏德教授、巴塞罗那孔子学院中方院长常世儒教授获"先进个人"称号。

〔校级领导班子副职调整〕 9月27日，学校召开教师干部大会，宣布校级领导班子副职调整情况。大会由校长韩震主持。党委书记杨学义宣读了中共教育部党组的通知：赵旻任中共北京外国语大学委员会委员、常委、副书记，闫国华、贾德忠、贾文键任中共北京外国语大学委员会委员、常委；免去曹文泽、文君中共北京外国语大学委员会委员、常委、副书记职务，免去钟美荪中共北京外国语大学委员会常委职务。任命彭龙、闫国华、贾德忠、贾文键为北京外国语大学副校长；免去曹文泽、钟美荪、金莉北京外国语大学副校长职务。

〔接待多名外国政要〕 2月26日，秘鲁外交部部长拉斐尔·龙卡利奥洛访问学校并发表题为《秘鲁外交政策》的演讲。3月6日，马来西亚驻华大使达图·伊斯甘达·萨鲁丁访问学校并发表题为《马中关系：外交与青年的作用》的演讲。3月25日，阿拉伯联合酋长国国民议会议长穆罕默德·莫尔率团访问学校。5月27日，正在中国进行工作访问的乌拉圭总统何塞·穆希卡访问学校并发表演讲。6月14日，正在中国进行访问的非盟轮值主席、埃塞俄比亚总理海尔马里亚姆·德萨莱尼访问学校并发表演讲，并为学校非洲语言与文化研究中心揭牌。7月2日，泰国上议院第一副议长素拉猜率议员19人访问学校。10月29日下午，伊朗伊斯兰议会议长阿里·拉里贾尼博士一行访问学校并发表主题演讲。

〔学生多项外语比赛获奖〕 3月，学校俄语学院学生任雅雯在第三届国际俄文写作比赛中获诗歌组一等奖。3月25日，英语学院翻译系学生刘珮文在第四届海峡两岸口译中获一等奖。10月26日，俄语学院学生李重洋在全国口译大赛——"永旺杯"第六届多语种邀请赛中获俄语组第一名。11月2日，学校代表队在第十七届"外研社杯"全国大学生英语辩论赛中获一等奖，学生谢雅琪与其他参赛队伍的5名学生一并获“最佳辩手”称号。11月14—17日，德语系学生张斌、朱璧在第七届全国高校德语专业大学生辩论赛中获冠军，并囊括该项赛事的所有特别大奖即最佳男、女辩手奖和最佳语音奖及最具说服力奖。11月22日，阿语系学生郑倩倩在第三届“CRI—KAICAL杯”全国高校阿拉伯语演讲比赛中获高年级组一等奖。

撰稿 丁 夕
审稿 黄 勃

北京语言大学

〔**自主增设汉语国际教育博士学位授权二级学科**〕 2013年12月27日，学校自主增设汉语国际教育博士学位授权二级学科。汉语国际教育是学校自主设置的第一个博士学位授权二级学科，也是全国同类高校在该领域自设博士点的首创。

〔**科学研究**〕 截至2013年年底，学校共获4项第六届高等学校科学研究优秀成果奖（人文社会科学），其中教授曹志耘主编的《汉语方言地图集》获语言学著作奖一等奖。入选教育部哲学社会科学研究重大课题攻关项目1项、教育部哲学社会科学研究后期资助项目2项、科技部国家科技支撑计划课题1项、国家社会科学基金项目后期资助项目2项、国家社会科学基金项目重点项目1项、国家社会科学基金重大项目1项、北京市哲学社会科学规划项目9项。获北京市第十二届哲学社会科学优秀成果奖二等奖1项、国内发明奖1项、2013年度教育部人文社会科学研究一般项目7项、北京市第六届教育科学研究优秀成果奖1项。获2013年北京市优秀博士学位论文1篇。《中国文化英文系列讲座》被评为国家级精品视频公开课和来华留学英文授课品牌课程；1人获霍英东教育基金青年教师奖、1人获“全国新闻出版行业领军人才”、1人获“第九届北京市高等学校教学名师奖”、2人获“北京市优秀教师”称号、4人获教育部“新世纪优秀人才支持计划”、32名教师入选2013年北京市高校“青年人才计划”。

〔**成立汉语国际教育学部**〕 12月13日，学校成立汉语国际教育学部。该学部着重培养知华友华的留学生，培养世界公民，为全世界和平与发展做贡献。学部共设4个学院、1个事业部、1个研究基地，有336位教师，其中教授14人、副教授110人。

〔**成立“2011协同创新中心”**〕 11月11日，学校“中国周边语言文化协同创新中心”揭牌。该中心以“睦邻戍边”为根本使命，通过四大工程、九大任务、十余个支撑平台，努力建设成为具有国际一流水平的中国周边语言文化研究中心、中国周边语言文化人才培养基地、中国周边外交和安全支持系统，打造国家语言战略智库。

〔**成立中国—东盟语言文化中心**〕 12月18日，学校成立中国—东盟语言文化中心。该中心的建立顺应区域国际形势发展，符合中国积极开展周边外交的指导思想，是促进双边相互了解、开展互惠互利合作的重要举措，为中国与东盟在多领域的交流提供一个重要的平台。

〔**成立国际教育中心**〕 12月6日，学校与辽宁省东戴河新区签约建设学校国际教育中心。该中心在发挥学校特色优势的同时，整合资源，与校本部错位发展，以“高起点、新模式、国际化”的办学方针，通过加强国际性、综合性、交叉性等领域的探索与实践，建设独具特色的高水平国际教育合作与交流基地，努力培养大批优秀人才，为促进东戴河新区乃至辽宁省经济社会发展贡献力量。

〔**召开“新时期语言文字规范化问题研究”研讨会**〕　1月21日，学校召开“新时期语言文字规范化问题研究”课题研讨会。该课题是国家社会科学基金重大项目，项目涉及为国家需求服务、为社会需求服务和为学术需求服务三个层面目标。

〔**举办首届汉字书写与传承高峰论坛**〕　9月6日，学校与中央电视台等联合举办首届中国汉字书写和传承高峰论坛，论坛主题为“信息化时代汉字的书写和传承问题”。

〔**举办全国高校汉语国际教育/对外汉语本科专业建设研讨会**〕　10月26—27日，学校举办“2013年全国高校汉语国际教育/对外汉语本科专业建设研讨会”，国内92所高校的183位代表就新形势下汉语国际教育专业的定位和发展、课程体系与教材建设、师资培养与师资队伍建设等主题展开深入的研讨。

〔**举办首届中小学国际汉语教师职业能力提升论坛**〕　11月2日，学校举办首届中小学国际汉语教师职业能力提升论坛，来自美国、中国香港等20个国家和地区的100位中小学国际汉语教学专家和教师参加论坛。

〔**举办首届语言文化建设学术论坛**〕　11月30日，学校举办首届语言文化建设学术论坛，论坛主题是语言文化建设和城市发展。来自北京、上海、天津、山东等省市高校和语言文字工作部门的50位专家学者参加论坛。

〔**举办书法名家进校园活动**〕　12月12日，学校举办书法名家进校园启动仪式暨首场活动。活动旨在落实《语言文字规划纲要》和教育部《关于中小学开展书法教育的意见》，解决中小学书法教育师资短缺的突出问题。教育部副部长李卫红到会并指出，书法名家进校园活动的启动实施，是语言文字战线学习贯彻党的十八大和十八届三中全会精神的重要举措，是落实《语言文字规划纲要》、提升国民汉字书写能力的关键环节，同时也是贯彻党的群众路线教育实践活动要求，搭建平台，引导书法家服务师生、服务基层的重要手段。

〔**出版《中国语言生活状况》英文版**〕　4月8日，教育部语言文字信息管理司、德古意特出版社、商务印书馆和学校联合举行了《中国语言生活状况》第1卷英文版发布会。该书从中文版改造到专业翻译审校，在“中国学术、国际表达”上做了探索和尝试，向世界传递了中国语言学、中国学术、中国政府的正能量声音，它的出版在中国语言学界具有里程碑的意义。4月，《中国语言生活状况》第1卷在德国柏林和美国纽约同时出版。

〔**深化中外学生融合教育**〕　2013年，学校取消留学生处，由学生处统一负责中国学生与国际学生的教育管理。截至2013年年底，学校共召开学生专场、教师专场、职能部门专场、专家咨询会和研讨会等6次专题会议，深入研讨中外学生融合教育。

〔**开展党的群众路线教育实践活动**〕　按照中央和教育部党组统一部署，学校开展了党的群众路线教育实践活动。6月，学校党委成立专门领导小组和办公室，制订活动方案及实施计划。7月12日，学校召开动员大会，对教育实践活动进行总体部署。9月，学校党委邀请校外专家，为全校干部做专题辅导报告。9月16—18日，教育部直属高校督导组第一组驻校听取全校师生对学校领导班子的意见。通过问卷调查和走访座谈，学校教育实践活动领导小组办公室梳理出群众意见和建议91条。11月22日，学校领导班子召开专题民主生活会。12月5日，学校领导班子召开情况通报会。根据对照检查出的突出问题，《学校领导班子整改落实方案》确定了13类43项整改举措，《专项整治方案》确定了4项整治任务和具体整治举措，《制度建设计划》明确了在一年时间内，出台33项制度、修订39项制度。

〔**召开党委常委扩大会**〕　11月21日，学校召开党委常委扩大会，学校党政领导班子及党委相关部门负责人集体学习了《中国共产党第十八届中央委员会第三次全体会议公报》《中共中央关于全面深化改革若干重大问题的决定》，并就全校学习贯彻十八届三中全会精神进行部署。

〔联合培养汉语国际教育硕士〕 5月17日，学校与美国西肯塔基大学就联合培养汉语国际教育硕士项目签署执行协议，旨在培养能胜任在美国教授汉语及传播中国文化工作的持证汉语教师。这是全球范围内首例将汉语国际教育硕士学位与美国教师资格认证相结合，同时获得国家汉办支持的联合培养项目。

〔与多国大学签订合作协议〕 截至2013年年底，学校与35所国外大学签订38项合作协议，其中亚洲15份、欧洲14份、美洲9份、非洲7份；与7家政府或教育机构签订7份合作协议。

〔聘任14名中国文化传播大使〕 9月17日，学校举办北京高校国际学生中国文化传播大使聘任仪式暨中秋文化体验活动。经各高校推荐，产生首批22名中国文化传播大使，其中包括学校14名学生。

〔培训646名汉语教师志愿者〕 截至2013年年底，学校共为国家汉办/孔子学院赴美国、韩国等国家汉语教师志愿者进行4次培训，共646人次。

〔举办“中国阿拉伯语月”活动〕 10月25日至11月22日，学校举办“中国阿拉伯语月”活动。该活动是由沙特阿卜杜拉·本·阿卜杜勒·阿齐兹国王阿拉伯语国际服务中心主办的1项国际性活动，学校是此次“中国阿拉伯语月”活动的起始站和终点站。活动期间，学校承办了首届全国高校阿拉伯语书法比赛、第三届CRI—Kaical杯全国高校阿拉伯语演讲比赛和首届中沙阿拉伯语教育论坛等系列活动。

〔成立土耳其奥坎大学孔子学院〕 5月14日，学校土耳其奥坎大学孔子学院举行揭牌仪式。

〔校友穆拉图·特肖梅当选总统〕 10月7日，学校校友穆拉图·特肖梅当选埃塞俄比亚总统。穆拉图·特肖梅于1976—1977年在学校学习汉语。

撰稿　田列朋
审稿　李志坚

北京科技大学

〔教育教学〕 截至2013年年底，学校共获国家级教育教学成果奖4项、精品课程8门、精品教材1部、教学名师2人、教学团队2个、优秀博士学位论文8篇。学校拥有国家重点学科17个。2013年，学校共授予3 233名本科生学士学位，授予1 836名研究生硕士学位，授予395名研究生博士学位。

〔3门课程入选“国家级精品资源共享课”拟立项项目名单〕 2013年，学校有3门课程入选全国拟入选国家级精品资源共享课立项项目名单。分别是：机械工程学院教授张欣欣负责的《传热传质学》、冶金与生态工程学院教授郭汉杰负责的《冶金物理化学》和土木与环境工程学院教授李长洪负责的《岩石力学与工程》。

〔师资队伍建设〕 截至2013年年底，学校有专任教师1 791人，有中国科学院院士6人、中国工程院院士3人、国家“千人计划”入选者9人、“长江学者”17人、国家杰出青年科学基金获得者16人、国家“百千万人才工程”入选者11人。

〔蔡美峰、张学记分别当选为中国工程院院士、俄罗斯工程院外籍院士〕 2013年，学校土木与环境工程学院教授蔡美峰当选中国工程院能源与矿业工程学部院士；学校化学与生物工程学院院长、生物工程与传感技术研究中心主任张学记当选俄罗斯工程院外籍院士。

〔王戈、姜建壮入选2013年国家“百千万人才工程”〕 “长江学者”、材料科学与工程学院教授王戈，“长江学者”、国家杰出青年科学基金获得者、化学与生物工程学院教授姜建壮入选2013年国家“百千万人才工程”，并被授予“有突出贡献中青年专家”称号。

〔16项成果获2012年北京市高等教育教学成果奖〕 10月，学校共有16项教育教学成果获2012年北京市高等教育教学成果奖。其中教授杨炳儒等申报的“认知结构教学论的构造与实践——国际视野中教学理论体系的研究与实践”等6项成果获一等奖，教授薛庆国等申报的“以学生为本的教学管理机制的构建”等10项成果获二等奖。

〔科研产业〕 2013年，学校科研经费到账总额7.22亿元。获国家科学技术奖2项、省部级科技奖励41项。在人文社会科学方面，获北京市第十二届哲学社会科学优秀成果奖一等奖和二等奖各1项。新增6个省部级基地，与企业、政府签订13项产学研合作协议。学校全年投资企业总资产为20.6亿元，实现收入总额14.8亿元，缴纳各类税费1 524.52万元。

〔获批“生物工程与传感技术北京市重点实验室”〕 7月，学校“生物工程与传感技术北京市重点实验室”获批。

〔与2个钢铁集团共建国家级工程实践教育中心〕 9月6日，北京科技大学—河北钢铁集团国家级工程实践教育中心揭牌仪式在石家庄市举行。9月24日，北京科技大学—太原钢铁（集团）有限公司国家级工程实践教育中心揭牌仪式在太原市举行。

〔举办6期材料名师讲坛〕 2013年，学校共举办中国材料名师讲坛6期。邀请来自加拿大麦克马斯特大学教授大卫·安伯瑞（David Embury）、德国亚琛工业大学教授沃尔夫冈·布勒克（Wolfgang Bleck）、中国工程院院士王国栋和舒兴田、美国田纳西大学教授史蒂夫（Steve J. Zinkle）、日本东京大学教授月桥文孝，分别做了《RAL轧制技术研究思路和现状》《沸石分子筛多孔材料及其应用开发研究的进展》《钢铁冶金过程的物理化学》等6场报告。

〔招生与就业〕 2013年，学校录取本科生3 357人，专科（高职）生99人，少数民族预科生24人和新疆民考汉生20人。截至2013年8月30日，学校研究生就业率达98.61%，本科生就业率达92.74%。

〔与云南冶金集团股份有限公司签署全面战略合作协议〕 4月28日，学校与云南冶金集团股份有限公司签订全面战略合作协议，共建“北京科技大学—云南冶金集团金属新材料技术研究开发中心”。

〔学生竞赛获奖情况〕 2013年，学校学生在国际大学生数学建模竞赛中，2支队伍获一等奖、9支队伍获二等奖。在第四届“安吉杯”全国大学生物流设计大赛决赛中，2支队伍分获一等奖和二等奖。在第八届智能车大赛中，学校代表队光电组、摄像头组、电磁组获特等奖，其中光电组、摄像头组获冠军，电磁组获亚军。在国际智能车冠军赛中，学校智能车队代表中国参赛，夺得国际赛冠军。在2013年全国大学生“西门子杯”工业自动化挑战赛全国总决赛中，1支参赛队获工程应用型赛项的第一名。学校计算机与通信工程学院殷绪成博士团队在国际文档分析与识别竞赛（Robust Reading Competition）中，获“自然场景文本检测”“网络图片文本检测”“网络图片文本提取”3项冠军。在第四届北京大学生艺术展演中，学校艺术团取得4个一等奖、3个二等奖、1个三等奖。学校东凌经济管理学院管理1004班获2013年北京高校“十佳示范班集体”称号。

〔**教育交流与合作**〕　2013年，学校新签约14所海外合作高校，并与4所海外高校续签了合作协议。共执行62项学生海（境）外交流项目，达成学生项目10个。在校留学生857人，全年派出学生556人次。

〔**举办2013年海峡两岸教育论坛**〕　10月14日，“追求卓越　发展共赢”2013年海峡两岸教育论坛在学校举办。两岸学者围绕“新形势下海峡两岸教育的合作与发展”、“全球化创新型人才的培养”和“大学在推动社会可持续发展中的角色与作用”等主题展开讨论。

〔**举办2013年海峡两岸青年研习交流营**〕　2013年海峡两岸青年研习交流营于7月11日在学校结束。该活动以“可持续发展与青年责任”为主题，组织了“青年与社会可持续发展”“生态文明与可持续发展”“科技与可持续发展”3个专题报告。

〔**与德蒙福特大学签署关于合作建设孔子学院协议**〕　2月4日，学校与英国德蒙福特大学合作建设孔子学院签约仪式在国家汉办举行。双方签署了《德蒙福特大学与北京孔子学院总部、香港新华集团、北京科技大学谅解备忘录》以及《两校合作建设新华德蒙福特北科大创意产业技术孔子学院的执行协议》。

〔**学校获多项荣誉**〕　2013年，学校实践育人平台建设成果《以大学生社会实践为载体，探索实践育人长效机制，引领青年学生“向实践学习、向人民群众学习”》获第七届高校校园文化建设优秀成果一等奖。在中共北京市委教育工作委员会、北京市教育委员会主办的“第三届首都大学生思想政治教育工作交流展示暨实效奖评审会”上，学校《分类培养、注重实践，切实提高学生党员教育培训工作的实效性》获一等奖。学校安心社区居委会在最高人民法院、司法部联合举办的全国人民调解工作会议上，获“全国模范人民调解委员会”奖牌。

〔**举行北科大—中科院“黄昆班”签约仪式**〕　3月16日，北科大—中科院“黄昆班”签约暨郑厚植院士特聘教授聘任仪式在北京举行。

〔**主办第十六届国际聚变堆材料大会**〕　10月21日，由学校主办的第十六届国际聚变堆材料大会（ICFRM16）在北京召开。国际聚变堆材料会议是国际大型的学术会议，是聚变堆相关材料的最高级别会议，中国第一次获得该会的承办权。

〔**党的群众路线教育实践活动**〕　7月8日，学校召开党的群众路线教育实践活动动员大会，认真学习贯彻中央精神，对全校教育实践活动进行动员部署。7月19日，中央组织部常务副部长、中央党的群众路线教育实践活动领导小组副组长兼办公室主任陈希一行到校开展调研并召开座谈会。

〔**召开校长任免宣布大会**〕　1月27日，学校校长任免宣布大会举行。大会宣读了《教育部关于张欣欣、徐金梧职务任免的通知》和《中共教育部党组关于徐金梧同志职务任免的通知》。宣布任命张欣欣为学校校长，徐金梧因年龄原因不再担任学校校长职务。

〔**举行建团60周年主题团会**〕　9月14日，“铸梦青春”学校建团60周年主题团会举行，200余名老团干们组成临时团支部，重温了学校共青团的青春时光。

撰稿　赵亚楠

审稿　李　凯

北京化工大学

〔**启动“学科与创新能力提升计划”**〕 2013年12月18日，学校召开“学科与创新能力提升计划”启动大会，明确提出学校学科与创新能力提升计划的实施方案。方案确定的学科建设的基本思路是：坚持特色发展，形成优势学科新增长点；推动协同创新，打造工装信“一体化”（通过学科创新能力提升计划，重点支持一些面向国家和行业重大需求的关键技术，鼓励工艺装备和信息控制等领域，通过协同创新使得学校在一些行业关键技术上行成自己独有的、有影响力的“一条龙”成套生产工艺和技术包）的核心竞争力；优化体制机制，加强创新与新兴交叉学科；鼓励智库建设，提升人文学科新发展。2013年起，学校投入不低于1.1亿元的资金，用于学科创新能力提升计划。

〔**启动“学科交叉人才培养计划”**〕 5月13日，学校“学科交叉人才培养计划”——学科交叉班启动仪式举行。首批开设8个学科交叉班，共120名学生，预建500平方米的科研面积用于建设交叉学科平台。该计划实行“学院制”与“科研团队指导制”相结合的培养模式。招生对象面向全校各本科专业的大二、大三学生，学生至少来自3个不同的学院，以保证学生个体培养的交叉性以及整个团队构成的交叉性，其目的是探索一种新的人才培养模式，培养一批创新型人才。

〔**汤华燊入选国家第九批“千人计划”**〕 5月3日，学校申报的澳大利亚联邦科学与工业研究院汤华燊（San H. Thang）院士入选国家第九批“千人计划”创新人才长期项目。

〔**获批高等学校学科创新引智计划立项**〕 11月8日，学校“有机无机复合材料绿色制造引智基地”获高等学校学科创新引智计划立项。该基地旨在有机无机复合材料绿色制造领域与美国、英国和德国的科学家开展合作，优势互补，共同针对有机无机复合材料的前沿方向——生物医用和能源用纳米复合材料的绿色制造技术展开理论基础和应用基础研究，通过解决此类材料分子设计和绿色可控制备中的关键科学问题，阐明材料结构与性能关系、制备过程与结构可调性及工程放大规律，构建材料分子设计到宏量可控绿色制备和应用评价的创新体系，发展生物医用纳米复合材料和能源材料制造的新理论、新方法、新技术，创制出新型有机无机复合材料，为国家战略新兴产业的发展和学科建设提供支撑。

〔**1个科研团队获国家自然科学基金委创新研究群体项目资助**〕 学校“高性能烯烃基高分子材料的先进制备及功能化”科研团队，经教育部筛选推荐、国家自然科学基金委员会同行专家评议和实地考核等环节，获2012年度国家自然科学基金委员会创新研究群体项目资助。该项目在发展国家急需的高新产品及制备技术，如汽车、家用电器用功能聚烯烃、锂离子电池用聚烯烃功能隔膜、高性能生物芯片、节油轮胎用SSBR、采油用高效PAM驱油剂及大飞机用高性能复合材料等方面提供科技支持。

〔**成立化工资源有效利用国家重点实验室青海工作站**〕 9月12日，学校化工资源有效利用国家重点实验室与青海省工程咨询中心联合成立的青海工作站揭牌仪式在西宁市举行。根据协议，双方在青海盐湖循环经济、盐湖镁资源有效利用、节能环保、化工新材料等领域的规划咨询、课题研究、技术研发及产业化方面开展广泛合作。青海工作站的成立，为实验室在盐湖资源有效利用方面的成果推广及应用提供了更大的发展空间，标志着实验室在突出自身特色、更好满足国家重大需求等方面创造了新的机遇。

〔**成立教师发展中心**〕　1月9日，学校教师发展中心成立仪式举行。该中心作为一个面向全校教师专业化发展的服务机构，致力于以提升人才培养质量为核心，以服务广大教师为主旨，以加强师资队伍建设和提高教育教学质量为具体目标，搭建具有专业性、针对性和广泛性的教师能力提升平台。先后开展了青年教师暑期工程实践、青年教师教学基本功大赛、公派出国归国人员经验交流会、教职工申请出国研修和访问等活动，还开创了名师面对面等学校教师工作坊系列活动。

〔**成立人力资源管理研究中心**〕　11月20日，学校人力资源管理研究中心成立大会举行。该中心以现代制造业，尤其是大化工产业的中国特色高端新型智库为发展愿景，以服务党和政府科学决策为目标，以深化综合改革为动力，以提高建言献策质量为根本，组织大学、院所和企业开展协同创新，为人力资源强国建设做出理论贡献和提供政策咨询。

〔**与秦皇岛市政府签订合作协议**〕　8月13日，学校与河北省秦皇岛市政府签订战略合作协议。协议规定：秦皇岛市利用区域优势、产业优势、政策优势，与学校的人才、科研、成果转化优势相结合，打造河北省新的经济增长点。秦皇岛市设立学校科技成果孵化器和科技成果转化中心，支持学校具有市场前景的高新技术成果孵化器孵化，并优先向秦皇岛市企业转化。学校重点围绕微生物转化、高效生物催化合成、生物材料及生物基化学品等领域，加强共性技术和关键技术攻关，为秦皇岛市相关产业的发展提供技术支撑，共同破解产业升级中的关键技术难题。

〔**学校成立海外第一所孔子学院**〕　8月24日，学校海外第一所孔子学院揭牌仪式及落成庆典在匈牙利米什科尔茨大学举行。2013年秋季学期，在孔子学院接受汉语培训的匈牙利学生共计86人，包括54名米什科尔茨大学学生和7名教职工、16名米什科尔茨地区的中学生。

〔**举办建校55周年校庆大会暨首届“北化国际论坛”**〕　9月16日，学校55周年校庆暨“北化国际论坛2013”在学校举行。学校邀请了150余名海外教授和学者参加“北化国际论坛”的12个论坛，开设21门小学期国际化课程，聘任25名海外特邀专家为学校名誉学衔教授。

〔**首次承办全国青少年高校科学营活动**〕　7月24日，2013年青少年高校科学营北京化工大学分营迎来了第一批营员。青少年高校科学营由中国科学技术协会和教育部主办，学校首次入选为承办高校。在科学营期间，学校教授、中国工程院院士谭天伟做的《美丽化工》报告，被评为全国10个《名家大师精彩报告》之一，并被确定为“2013高校科学营特色活动资源”。同时，学校获青少年高校科学营优秀组织奖。

〔**学生一站式服务大厅运行**〕　10月15日，学校学生一站式服务大厅正式运行。一站式服务大厅内设接待咨询区、事务办理区和自助服务区。咨询区有专人为学生提供咨询。事务办理区面向学生设立本科生综合服务岗、教学管理服务岗、研究生管理服务岗、学生公寓售电服务岗等8个岗位，提供各类奖助学金咨询与受理、国家助学贷款咨询与受理、学业发展咨询与辅导预约、成绩单制作、四级英语、六级英语考试相关手续、团籍注册与组织关系办理、教室和学生活动场地借用、公寓售电等30余项服务。学生还可以通过自助打印系统、校园一卡通圈存机进行打印成绩单、圈存校园卡等自助服务。

撰稿　孙忠博　李宇鹏
审稿　董振兴

北京交通大学

〔**刘延东到校观看话剧演出**〕 2013年1月14日，上海交通大学原创话剧《钱学森》在学校举行专场演出。国务委员刘延东、钱学森家属及师生代表近千人观看了演出。

〔**杨传堂到校考察指导工作**〕 9月26日，交通运输部部长杨传堂到学校考察指导工作，参观校史博物馆，考察轨道交通控制与安全国家重点实验室，听取学校服务国家交通事业发展情况汇报，充分肯定了学校为经济社会和交通运输发展做出的突出贡献。

〔**苟仲文到校考察**〕 12月28日，北京市委常委、教育工委书记苟仲文到学校考察指导工作。他考察了校史博物馆和轨道交通控制与安全国家重点实验室，听取了学校服务首都区域经济社会发展情况汇报，肯定了学校为北京市经济社会发展和轨道交通行业发展所做的贡献，并表示北京市在“两部一市”共建框架下，继续加大对学校的支持力度，希望学校继续发挥在交通、信息和管理等领域的学科优势和特色，为国家和北京市经济社会发展多做贡献。

〔**基础与交叉科学研究院正式启动**〕 5月3日，学校基础与交叉科学研究院正式启动。该研究院是为加强学校基础科学与信息、管理、交通等优势特色学科以及生命科学与生物工程等新兴学科交叉融合，由学校理学院、电信学院、计算机学院、运输学院、经济管理学院等长期从事基础与交叉科学研究的优势力量构成，设有随机结构与数据科学研究中心、组合与优化研究中心、生命信息与交叉科学研究中心3个研究中心。

〔**出台人才队伍建设文件**〕 11月29日，出台《北京交通大学关于加强人才队伍建设的若干意见》及卓越百人计划、青年英才培育计划、海外学者短期聘任计划、师资补充管理办法等4个配套文件。文件重构了学校人才引进与培育支持体系，健全了人才工作体制机制，拓宽了各类人才施展才华的发展通道，明确了人才队伍建设的指导思想、建设目标、主要措施、组织保障、条件保障和氛围保障。

〔**新增3个研究中心**〕 截至2013年年底，学校新增3个研究中心。分别是：国家轨道交通培训认证研究中心、国家轨道交通安全评估研究中心、综合交通运输发展研究中心。

〔**新增4个省部级科研平台**〕 截至2013年年底，学校新增4个省部级科研平台。分别是：结构风工程与城市风环境北京市重点实验室、交通数据分析与挖掘北京市重点实验室、北京市轨道交通线路安全与防灾工程技术研究中心、北京市轨道交通电气工程技术研究中心。

〔**获国家科学技术奖**〕 1月18日，在2012年度国家科技奖励大会上，学校2项主持完成的成果和2项参与完成的成果获国家科学技术奖。分别是：由教授宁滨主持，教授唐涛、郜春海等参与完成的“基于通信的城轨列车运行控制系统关键技术及其应用”成果获国家科技进步二等奖；由教授李德才主持，教师何新智、副教授张志力等参与完成的“复杂工况下磁性液体密封关键技术与应用”成果获国家技术发明二等奖；教授张欣参加完成的“重型高速发动机关键技术及产业化”和副教授王艳辉参加完成的“地下工程开挖诱发灾害防控关键技术开发及应用”2项成果分获国家科技进步二等奖。

〔**1个协同创新中心入选国家首批“2011计划”**〕　4月11日，由学校牵头，联合西南交通大学、中南大学以及中国铁道科学研究院、中国北车股份有限公司、中国铁建股份有限公司等协同单位共同组建的“轨道交通安全协同创新中心”，通过专家初审、会议答辩、现场考察、综合咨询等评审环节，被教育部、财政部认定为首批14家协同创新中心之一。

〔**新增1个高水平国家级平台**〕　6月21日，“国家能源主动配电网技术研发中心”在学校成立。该中心经国家能源局批复设立，由学校牵头，许继集团有限公司、北京市电力公司和南车株洲电力机车研究所有限公司共同建设。该中心主要依托学校电气工程学院开展建设，拥有一支由中青年科技骨干组成的科研团体和先进的教学科研设备，团队已完全掌握了动力电池应用技术、风电和光伏发电技术、动力锂电池管理系统和充电机的设计、制造和检验和新能源发电的核心技术，并在电动汽车动力电池成组应用、电动汽车充电站设计、新能源发电储能以及微网等方面取得了显著的成果。

〔**1个项目获评中国高等学校十大科技进展**〕由教授高亮主持的项目“高速铁路跨区间无缝线路理论体系、关键技术及工程应用”获评2013年“中国高等学校十大科技进展”。该项目形成相关规范标准七项、取得知识产权数十项，在国内外学术刊物发表论著上百篇，其中专著《高速铁路无缝线路关键技术研究与应用》被专家认为“具有重要的学术价值及应用价值”。该研究成果整体处于国际先进水平，在国内多条高速铁路及泰国、伊朗等国家的铁路建设中被广泛应用，经济效益显著，对中国乃至世界高速铁路大规模建设具有重要意义。

〔**举办第七届交通大学全球校友商界领袖峰会**〕5月16—19日，学校举办第七届交通大学全球校友商界领袖峰会，主题是“交融四海通天下，思源致远共方圆”。峰会期间，学校举办了8场商界领袖大讲堂、林毅夫教授学术报告、4场主题分论坛、交通大学校长论坛、交通大学战略发展研讨会、5所交通大学的党委书记和校长“共护同根树，校友见面会”、学生艺术团交响乐团专场演出及赴顺义参观访问等活动。

〔**举办第八届中国交通高层论坛**〕　10月26日，学校以“中国综合交通的新形势与新任务”为主题举办第八届中国交通高层论坛。国家发展和改革委基础产业司司长黄民，交通运输部规划研究院院长李兴华，交通运输部科技司司长赵冲久，中国铁路总公司运输局副局长赵海宽，德国环境政策、基础设施和基本政策司副司长 Birgitta Worringen 做了主题报告。12名特邀嘉宾围绕“大部制形势下的综合交通体系建设”“新时期综合交通系统协同创新机制与政策”“城镇化发展中的交通规划与服务管理模式”等专题与学校师生进行了分组讨论和交流。

〔**举办中欧城镇化伙伴关系论坛——城市交通分论坛**〕　11月21日，由国家发展和改革委、交通运输部、欧盟交通总司主办，学校承办的中欧城镇化伙伴关系论坛——城市交通分论坛举行，主题为“绿色交通畅通城市”。来自欧盟各国和中国各地城市管理者以及交通领域的200余名专家学者聚焦城市交通发展历程，交流城镇化发展经验，为中欧双方在城市交通领域的合作出谋划策。专家学者就城市交通规划、城市交通安全、城市拥堵管理、城市交通收费、公共交通运营与管理领域的新趋势新战略和中欧城市交通发展形势、面临的挑战及合作重点进行了广泛深入的探讨与交流。

〔**与威海市政府共建威海校区**〕　11月26日，学校与山东省威海市政府签署共建北京交通大学威海校区战略合作协议。威海校区主要以国际联合办学为主，坚持“高起点、新模式、国际化”办学方针，重点发展城市轨道交通、海洋科学与技术、生命科学与技术等相关学科及专业，并开展产学研合作、科技成果孵化、重大决策咨询服务等工作。

〔**平谷新校区建设取得新进展**〕　截至2013年年底，学校现代轨道交通创新基地暨新校区项目总体规划方案征集工作，经过设计单位审查邀请、任务书编制发布、方案成果展示和两轮综合评审（专家评审和网络投票）等环节，评选出优胜方案。北京市交通委员会、北京市地震局、北京市水务局分别批复学校平谷新校区项目交通影响评价审查意见、抗震设防要求（标准）审查意见和规划水资源论证报告。该项目控制性详细规划编制完成并报批。

〔**获批1项中外合作办学项目**〕　3月7日，学校与澳大利亚卧龙岗大学合作举办的机械电子工程专业本科教育项目获教育部批准，纳入国家普通高等学校招生计划，每年计划招生90人。该项目是4年学制的标准学士学位项目，采用灵活的培养模式，学生可以在学校按照双方共同制订的培养计划完成4年学业，符合毕业要求授予学校学历学位证书；也可以选择在学校学习3年并达到澳大利亚卧龙岗大学要求后，赴澳大利亚完成最后一年的学习，完成学业并满足中澳双方大学授予学位要求者，可被授予双方学士学位证书。

〔**与美国得克萨斯南方大学合办孔子学院**〕　4月10日，北京交通大学—得克萨斯南方大学孔子学院成立。孔子学院是学校在海外成立的第二所孔子学院，同时也是美国休斯敦大区的第一所孔子学院。

〔**获评首都高校“平安校园”**〕　6月4—5日，由北京市委教育工委副书记唐立军一行24人组成的专家组进驻学校，对学校“平安校园”创建工作进行检查验收。通过听取汇报、查阅材料、抽查走访、实地考察、召开座谈会、观摩逃生演练、现场命题考察应急预案的桌面推演等方式，全面考察了学校“平安校园”创建工作。学校以优异成绩通过检查验收，获评首都高校“平安校园”。

〔**校园文化建设规划实施方案出台**〕　7月12日，学校《校园文化建设规划实施方案（2013—2020年）》正式出台。该《方案》主要从校风建设、文化产品制作、文化载体建设、文化活动、校园景观、文化设施和制度文化体系建设7个方面，针对需要完成的具体工作做出部署。

〔**启动住宅区改造工程**〕　6月13日，学校住宅区改造工程开工。该工程项目总投资5.58亿元，建筑面积121 450平方米，主要使用功能为住宅及配套用房。该项目是近10年来学校改善教职工居住条件的首个项目。

撰稿　高　杰
审稿　陈　峰

北京邮电大学

〔**俞正声到校视察工作**〕　2013年11月28日，全国政协主席俞正声到校视察工作，他详细了解了学校各项事业的发展情况，充分肯定了学校各方面的工作成绩，并对学校未来的工作提出希望。

〔**学科建设**〕　学校信息与通信工程、电子科学与技术、计算机科学与技术、管理科学与工程4个学科在2012年全国学科评估中排名靠前；学校经济管理学院获新浪网“2013年度最具品牌影响力MBA院校”、EMBA项目入选网易教育“金翼奖”十佳商学院；2篇博士学位论文获2013年“全国优秀博士学位论文”提名，1篇博士论文获北京市优秀博士学位论文奖。

〔**质量工程**〕　2013年，学校获北京市高等教育教学成果奖15项，其中一等奖7项、二等奖8项；4门课程获“国家级精品资源共享课”首批立项支持，4本教材被评为“北京市高等教育精品教材”；2位教师获“北京市教学名师”，4位教师获“北京市优秀教师”；在首届“全国高校微课教学比赛”中，学校获国家级二等奖 1 个、三等奖 1 个，获北京市优秀作品奖 6 个。

〔**科学研究**〕 2013 年，学校共获国家技术发明二等奖 1 项、省部级奖 5 项、社会力量奖 8 项、其他奖项 1 项；共有 17 项国家科技重大专项申报成功；教授张平主持的国家“973 计划”项目“认知无线网络基础理论和关键技术研究”课题结题验收；以教授刘元安为首席科学家的国家“973 计划”项目“无线接入网高能效微波集成器件的基础研究”获科技部批准立项。全年共组织申报各类国家自然科学基金项目 285 项，获资助牵头项目 87 项，总资助经费同比 2012 年度增长 7.3%。获国家社会科学基金资助项目 2 项；新立项国防科研项目 120 项，其中纵向 69 项、横向 51 项，国防科研到账经费达 1.07 亿元。

〔**重点实验室建设**〕 2013 年，学校 2 个教育部（B 类）重点实验室分别以 93 分和 97 分的成绩通过教育部组织的验收；“信息光子学与光通信”国家重点实验室通过验收，进入运行期；“网络与交换技术”国家重点实验室在本轮评估期获批仪器设备购置经费 3 036 万元，是上一评估期的 3.5 倍。

〔**获国家技术进步一等奖**〕 1 月 18 日，教授张平参与完成的“TD-SCDMA 关键工程技术研究及产业化应用”项目获 2012 年度国家科学技术进步一等奖。

〔**获国家技术发明奖二等奖**〕 1 月 18 日，教授纪越峰主持完成的“光电交叉联动与跨层灵活疏导的光传送技术及设备”项目获 2012 年度国家技术发明二等奖。

〔**获 2013 年度中国产学研合作促进会创新成果奖**〕 12 月 9 日，由教授邓中亮主持完成的“星地一体室内外无缝位置服务平台与应用”项目获 2013 年度中国产学研合作促进会创新成果奖。

〔**电子信息创新实践基地获北京市奖励**〕 学校电子信息创新实践基地被评为“2013 年北京高等学校示范性校内创新实践基地建设单位”。

〔**推进“2011 计划”并组建可信网络通信协同创新中心**〕 2013 年，学校成立高等学校创新能力提升计划（“2011 计划”）领导小组和工作组，进一步推进“2011 计划”相关工作；牵头培育组建可信网络通信协同创新中心，该中心瞄准网络安全与信息化的重大需求，通过承担基础研究和共性关键技术攻关任务，培养拔尖创新人才。

〔**3 个国家工程实验室获批立项**〕 学校牵头申报的“移动互联网安全技术”国家工程实验室和参与建设的“电子政务云计算应用技术”、“工业控制系统安全技术”国家工程实验室获国家发展和改革委批复立项。

〔**行政领导班子换届**〕 8 月 28 日，学校召开行政领导班子换届大会。教育部党组成员、中纪委驻教育部纪检组组长王立英出席会议并宣布任免决定；根据《教育部关于乔建永等职务任免的通知》，任命乔建永为学校校长，免去方滨兴学校校长职务。

〔**启动“院级教授委员会”成立工作**〕 2013 年，学校启动“院级教授委员会”成立工作。全年共有 10 个学院（研究院）成立了教授委员会。

〔**举办 2013 年亚洲光纤通信与光电国际会议暨信息光子学与光通信国际学术会议**〕 11 月 12—15 日，学校承办了 2013 年亚洲光纤通信与光电国际会议暨信息光子学与光通信国际学术会议（ACP/IPOC’2013）。

〔**主持召开曹妃甸区政产学研对接会**〕 12 月 5—6 日，学校党委书记王亚杰率团参加并主持召开“北京高科大学联盟”建设工作——曹妃甸区政产学研对接会。会上，签订 4 项具体协议，达成 26 项合作意向。

〔**组建“北邮—易鼎天成”联合实验室**〕 2013年，学校组建“北邮—易鼎天成联合实验室”。该实验室是学校与海南易鼎天成电子科技有限公司合作成立，是学校科技创新的承载平台和服务现代信息社会的实践基地之一。

〔**组建“北邮—世纪互联”联合实验室**〕 2013年，学校成立“北邮—世纪互联”联合实验室。该实验室是学校与世纪互联数据中心有限公司合作成立，双方共同开展宽带网络建设重大需求关键通信技术的开发研究和人才培养工作。实验室隶属学校信息光子学与光通信研究院，共有42名教学科研人员，其中4人拥有高级职称。

〔**开展对口扶贫工作**〕 2013年，学校对贵州省黔南布依族苗族自治州长顺县开展扶贫工作，并与长顺县民族高级中学共同签署《北京邮电大学与长顺县民族高级中学共建优秀生源基地》合作协议，开展支教共建、志愿服务、文化交流等活动。

〔**教育部“银龄温暖工程·资源共享平台”启动**〕 5月9日，教育部“银龄温暖工程·资源共享平台”建设启动仪式在学校举行。教育部副部长李卫红出席会议并讲话。

〔**招生与就业**〕 2013年，学校全日制毕业生5 836人，其中全日制研究生2 757人（博士研究生248人、硕士研究生2 509人），普通本科毕业生3 079人；全日制招生6 671人，其中全日制研究生3 132人（博士研究生328人、硕士研究生2 804人），普通本科生3 539人；全日制在校生23 014人，其中全日制研究生9 520人（博士研究生1 337人、研究研究生8 183人），普通本科生13 494人。学校在职研究生毕业生1 312人，在职研究生招生2 521人，在职研究生在校生9 319人。学校成人教育本科生毕业生1 298人，网络教育本、专科生毕业生7 209人（本科生2 970人、专科生4 239人）；网络教育本、专科生招生16 637人（本科生9 950人、专科生6 687人）；成人教育本、专科在校生5 404人（本科生2 888人、专科生2 516人），网络教育本、专科在校生46 784人（本科生26 563人、专科生20 221人）。本科生初次就业率达99.16%，研究生就业率达100%。

〔**九三学社北京邮电大学委员会成立**〕 9月7日，九三学社北京邮电大学委员会成立。会议选举产生了第一届九三学社北京邮电大学委员会。

〔**孔子学院汉语学分课程班开班**〕 2月18日，学校南太平洋孔子学院首届汉语学分课程班开班。全年共开设各类课程班42个，注册学员480余人次。

〔**与加拿大皇家大学签署学术合作意向书**〕 11月27日，学校与加拿大皇家大学签署学术合作意向书。两校在学历教育、科研合作、学术互访、学术培训等方面积极探索，寻求合作机遇，建立平等互惠的合作伙伴关系。

〔**举办大学生创新实践成果展示交流会**〕 5月14日，学校第五届大学生创新实践成果展示交流会暨创新论坛开幕。此次论坛参展项目150个，分为12个主题展区，举办创新论坛6场，共有52个创新项目参加了创新论坛。

〔**学生工作**〕 2013年，学校党委学生工作部获“北京市思想政治工作优秀单位”；学校2011211123班获2013年北京高校“我的集体我的家”优秀班集体评选“十佳示范班集体”称号，学校获优秀组织奖；学校共有18人次获北京市三好学生、北京市优秀学生干部等市级以上奖励；学校制作的《格桑梅朵》获2013年首都大学生心理健康节之心理“微电影”比赛一等奖。

〔**学生获奖情况**〕 2013年，在国际大学生数学建模竞赛中，学校2支代表队获特等奖、2支代表队获提名奖、31支代表队获一等奖、92支代表队获二等奖。全年共计有1 223人次获各类竞赛奖励，其中375人次在国际性竞赛中获奖、282人次在国家级竞赛中获奖、566人次在市级竞赛中获奖。

撰稿 吴 昊
审稿 马启华

中国地质大学（北京）

〔**2个学科评估第一**〕 2013年3月，教育部学位与研究生教育发展中心发布了2012年学科评估结果。学校地质学、地质资源与地质工程连续三次全国学科评估排名第一。

〔**获多项教学成果奖**〕 2013年，学校获多项教学成果奖。1个国家级大学生校外实践基地获批。1人获北京市教学名师、2人获北京市优秀教师。1门课程入选国家级精品自选共享课。4本教材入选北京市高等教育精品教材、5个项目获批北京高等学校教育教学改革立项、6个项目获北京市第七届高等教育教学成果奖。

〔**获国家科学技术进步奖**〕 1月18日，国务院在北京召开国家科学技术奖励大会。学校教授、中国科学院院士翟裕生主持完成的“成矿系统理论创立与华北古陆找矿实践”项目成果，获国家科学技术进步奖二等奖。这是学校首次以第一完成单位和第一完成人获得该奖项。

〔**成立首个教育部工程研究中心**〕 11月，经立项评审、现场考察和建设方案可行性论证，学校申报的“金属矿产勘查与评价”工程研究中心获教育部批准立项建设，这是学校获批立项建设的首个教育部工程研究中心。

〔**3个北京市高等学校实验教学示范中心通过验收**〕 11月26—27日，学校组织校内外专家对2006年获批的物理实验教学中心、2007年获批的基础地学实验教学中心和计算机实验教学中心3个北京市高校实验教学示范中心进行了验收。专家组通过听取建设汇报、交流提问、查阅材料、现场考察、综合评议、独立打分等环节，对各实验教学示范中心进行了评审，形成了专家组最终评议意见，一致同意3个实验教学示范中心通过验收。

〔**王成善当选中国科学院院士**〕 12月19日，中国科学院2013年院士增选结果公布，学校教授王成善当选中国科学院院士。

〔**多名教师获荣誉奖励**〕 2013年，学校教师在多项评选中获奖。教授朱弟成入选“长江学者奖励计划”特聘教授、教授张招崇入选2013年“国家百千万人才工程”、教授韩贵琳获2013年度国家杰出青年基金资助、教授颜丹平获李四光地质科学奖教师奖。另有9人入选教育部“新世纪优秀人才支持计划”和第一批国土资源高层次创新科技人才培养工程。

〔**发现两种新矿物**〕 9月，学校科学研究院教授李国武等于2013年6月提交的两种新矿物：氟钙烧绿石和氟钠烧绿石，获国际矿物学会新矿物及矿物分类命名委员会（IMA-CNMNC）批准。

〔**2篇论文入选北京市优秀博士学位论文**〕 9月，学校有2篇博士学位论文入选北京市优秀博士学位论文。分别是：地球科学与资源学院博士研究生程彦博的论文《个旧超大型锡多金属矿区成岩成矿时空演化及一些关键问题探讨》，指导教师毛景文；水资源与环境学院博士研究生陈男的论文《天

然及合成多孔性黏土材料对地下水中氟化物的吸附性能研究》，指导教师冯传平。

〔**《地学前缘》入选中国最具国际影响力学术期刊**〕 1月，学校《地学前缘》杂志入选“2012中国最具国际影响力学术期刊”。《地学前缘》是学校与北京大学合办的、在国内外公开发行的主题性学术期刊（双月刊），主要发表国内外地学前缘成果、发展态势的学术论文，是集综述信息和前缘成果为一体的地学期刊。中国科学院院士翟裕生担任主编。

〔**签订6项合作协议**〕 1月24日，学校与国土资源部人力资源开发中心签订合作协议。双方依托各自优势，借助开放实验室平台，在国土资源人才领域进行联合研究、联合培养、联合服务和联合办会。5月10日，学校与山西省朔州市政府签订合作协议。根据协议，学校以朔州产学研基地为平台，在土地规划、矿山还林保护、地质灾害防治和资源经济持续发展方面对朔州市加强指导，推动朔州市率先走出资源型地区转型跨越发展的新路。6月18日，学校与国土资源部实物地质资料中心签订合作协议。6月26日，学校与中国地质科学院地质力学研究所签订合作协议。根据协议，双方在人才培养、科学研究、实验室建设等方面进行全面合作，为国家地学高层次人才培养和高水平科学研究做出贡献。7月19日，学校与北京市延庆县政府签订合作协议，共建教学科研基地。12月25日，学校与成都理工大学签订校际合作协议。根据协议，两校在人才联合培养与学生交流、科技合作及师资干部交流培训等方面深化合作。

〔**教育交流与合作**〕 2013年，学校继续推进国际交流与合作。全年接待来访国（境）外专家、学者和学术机构领导等351人次，派出教师赴国（境）外进行短期学术交流、合作研究130个团组、266人次。学校领导率团出访美国、英国、日本等6国12所大学或研究机构，与美国、英国、新西兰、罗马尼亚等国家的8所高校签署了双边合作协议。积极实践“1+1+N”捆绑式中非大学合作模式，扎实推进“中非大学20+20合作计划”项目的实施。积极推进引智工作，特色项目运行顺利。8月23日，学校与纳米比亚大学合作建设的纳米比亚大学孔子学院揭牌。

〔**首届本科创新实验班开班**〕 9月9日，学校首届本科创新实验班开班。创新实验班共21名学生，面向学校优势学科本科专业学生选拔，给予特殊政策支持，集中学校优质教育资源，充分发挥地学学科的整体优势，着力培养学生的学习能力、实践能力和创新能力。

〔**学生在美国数学建模竞赛中获奖**〕 2月1—5日，由学校39名学生组成的13支代表队参加美国大学生数学建模竞赛。经过4天的比赛，由数理学院教师陈瑞阁指导，赵汉卿、曾洋、王曦3位学生组成的代表队获国际一等奖。其他代表队分别获5个国际二等奖和7个成功参赛奖。

〔**在多项体育比赛中夺冠**〕 6月1日，在首都高等学校第二届校园铁人三项赛暨2013年全国高校校园铁人三项邀请赛上，学校10名运动员夺得3项冠军，并荣获团体总分第一名。7月25—29日，在第十一届全国大学生攀岩锦标赛上，学校6名攀岩运动员参赛并获得专业组团体第三名，学生马自达获男子专业组难度赛、攀石赛双冠军。8月15—21日，在2013年全国学生定向越野锦标赛上，学校夺得9金、6银、6铜，并获高校精英组团体总分第一名。10月17日，在2013年中国瓮安全国山地户外运动锦标赛上，学校户外队夺得冠军。12月1日，在2013年第二十一届全国攀岩锦标赛上，学生马自达获男子难度赛、攀石赛以及速度赛三冠王。

〔**当选北京高校“十佳示范班集体”**〕 12月17日，学校地球科学与资源学院地质学基地班10011010班获北京高校“十佳示范班集体”称号。该班有29名学生，学习成绩平均85分以上，英语四级一次通过率达100%，科技立项通过率达90%。4人获国际级奖励、10人次获国家级奖励、

60人次获校级奖励。

〔**启动“职业小超市”项目**〕 5月15日，学校“职业小超市”项目正式启动。“职业小超市”产品分为常驻产品和特惠产品。常驻产品分为书籍类、视听类、座谈类、咨询类、信息类等，包括20多个模块。特惠产品包括：模拟面试、企业体验日、读书分享会、专项讲座、电影分享会等。所有产品供学生免费“选购”，帮助学生增强职业生涯规划意识，拓展职业素质，激发职业潜能。

〔**召开2013年国际地下水会议**〕 6月28—29日，2013年国际地下水会议“城镇化与生态保护——地下水科学的机遇与挑战”在学校召开。大会共设“地下水污染调查与防控”“地下水循环——演化与气候变化”等7个议题。8位与会代表做主题发言，37位与会代表做专题报告，来自国内外共200余名学者参加。

〔**召开第十次党代会**〕 1月20—21日，学校召开第十次党代会。学校党委书记王鸿冰做题为《加快建设高水平研究型大学，不断开创地球科学领域世界一流大学事业新局面》的工作报告。会议进一步明确了学校的奋斗目标，提出了加快建设高水平研究型大学、不断开创地球科学领域世界一流大学事业新局面的要求。

〔**开展党的群众路线教育实践活动**〕 9月4—6日，学校召开处级以上领导干部专题学习会，围绕党的群众路线教育实践活动开展集中培训。会上，北京大学教授郭建宁做了题为《群众路线与当代中国发展》的报告，中央党校教授辛鸣做了题为《坚持马克思主义群众观 找回党的最大优势》的报告。11月21日，学校领导班子召开党的群众路线教育实践活动专题民主生活会，各位党员校领导紧密联系思想实际和岗位职责，结合征求到的意见建议，按照“照镜子、正衣冠、洗洗澡、治治病”的总要求，认真开展批评和自我批评，深刻剖析产生问题的原因，明确提出整改方向和措施。12月5日，学校召开校级领导班子专题民主生活会情况通报会。

〔**7名学生积极投身甘肃地震救灾**〕 7月22日上午7点45分，甘肃省岷县—漳县交界地带发生6.6级地震。正在中国人民武装警察部队黄金第五支队寨上金矿区进行实习的学校博士研究生余超、国防硕士生苏佳以及国防本科生常铭、薛仲凯、吴桐、冯嘉，在灾情发生后积极投身抗震救灾工作，在部队的统一指挥领导下，与黄金部队在卓落村就地展开救援，成为进入震中的第一支救援队伍。

〔**成立校友会**〕 6月22日，北京中国地质大学校友会成立并召开第一届校友代表大会，来自全国的校友代表100余人参加了大会。大会讨论通过了《北京中国地质大学校友会章程（草案）》和北京中国地质大学校友会第一届理事会建议名单，中国地质大学首任校长朱训任校友会荣誉理事长，中国地质大学原校长、中国科学院院士赵鹏大任理事长，中国地质大学（北京）校长邓军任常务副理事长。

撰稿 李媛媛
审稿 段 翔

中国矿业大学（北京）

〔**2个学科在教育部学科评估中排名全国第一**〕 2013年1月29日，教育部学位与研究生教育发展中心发布了第三轮学科评估结果。由学校两地共同支撑的多个学科参加了评估，其中12个一级博

士学科、1个二级博士学科和4个一级硕士学科参评。经过评估，4个一级博士学科位列全国前五，其中矿业工程、安全科学与工程2个学科排名全国第一，并列全国高校第十一；测绘科学与技术学科位列第三；地质资源与地质工程学科位列第四。

〔**2项科技成果获国家科技奖励**〕 2013年，学校获2项国家科学技术奖，其中以学校为第一完成单位、由力学与建筑工程学院教授杨仁树主持完成的科研项目“煤矿岩巷全断面高效掘进关键技术与装备”获国家科技进步二等奖；学校排名为第二完成单位、由力学与建筑工程学院教授龙志飞参加的科研成果“广义协调与新型自然坐标法主导的高性能有限元及结构分析系列研究”获国家自然科学二等奖。

〔**深部岩土力学与地下工程国家重点实验室被科技部评为“优秀实验室”**〕 11月13日，科技部下发《关于发布2013年材料领域与工程领域国家重点实验室评估报告的通知》（国科发基〔2013〕650号），依托中国矿业大学和学校共同建设的“深部岩土力学与地下工程国家重点实验室”在此次评估中被评为工程领域“优秀实验室”。该实验室于2008年立项建设，是唯一首次参加评估就获“优秀实验室”称号的国家重点实验室。

〔**多个项目被教育部列为2013年度“本科教学工程”项目**〕 4月1日，教育部公布批准实施“十二五”期间“高等学校本科教学质量与教学改革工程”2013年建设项目名单，学校煤炭安全开采与地质保障实验教学中心项目、大学生创新创业训练计划项目被列为2013年度“本科教学工程”项目，分别获100万元和80万元的项目经费。

〔**何满潮当选中国科学院院士**〕 12月19日，中国科学院正式公布2013年增选院士名单，学校力学与建筑工程学院教授何满潮当选为中国科学院院士。

〔**王家臣入选国家“百千万人才工程”**〕 11月25日，教育部办公厅公布了2013年国家“百千万人才工程”入选人员名单，学校资源与安全工程学院教授王家臣入选，是教育部直属高校88位入选者之一。

〔**5篇论文被评为中国精品科技期刊顶尖学术论文**〕 9月27日，中国科学技术信息研究所公布2012年度“领跑者5000——中国精品期刊顶尖学术论文（F5000）”评选结果，学校副校长孙继平的5篇论文被评为2012年度中国精品科技期刊顶尖学术论文（F5000），居全国煤炭系统第一。

〔**2篇论文入选“2012年中国百篇最具影响国际学术论文”**〕 9月27日，中国科学技术信息研究所在北京公布了“2012年度中国科技论文统计结果”，以学校教授代世峰为第一作者的2篇论文入选“2012年中国百篇最具影响国际学术论文”。

〔**代世峰当选国际Ralph Gray Award委员会主席**〕 2月26日，Ralph Gray Award委员会推选学校教授代世峰担任该委员会主席。Ralph Gray Award是国际有机岩石学学会为纪念著名的美国岩石学家Ralph Gray（1923—2009）在有机岩石学和煤岩学领域所做出的突出贡献而设置的。该委员会由世界范围有机岩石学和煤岩学领域知名专家组成，其职责是每年根据有机岩石学和煤岩学家对科学的贡献，评选出Ralph Gray Award论文获奖者。

〔**代世峰当选为国际有机岩石学学会副主席和候任主席**〕 8月7日，学校教授代世峰经世界范围内30多个国家的会员投票选举，当选为国际有机岩石学学会（TSOP）副主席和候任主席。按照国际有机岩石学学会的章程，代世峰担任TSOP副主席的期限为2013—2015年，担任TSOP主席的期限为2015—2017年。截至2013年年底，代世峰是首位入选国际有机岩石学学会副主席和候任主席的华人。

〔**姜耀东当选第十二届全国政协委员**〕　2月1日，中国人民政治协商会议第十一届全国委员会常务委员会第二十次会议通过了中国人民政治协商会议第十二届全国委员会委员名单，学校副校长姜耀东名列其中，是教育界108名委员之一。

〔**姜耀东当选第十二届全国政协人口资源环境委员会委员**〕　3月12日，全国政协第十二届全国委员会举行第一次主席会议，讨论通过了中国人民政治协商会议第十二届全国委员会各专门委员会委员名单，学校副校长姜耀东当选政协第十二届全国委员会人口资源环境委员会委员，是该委员会79名委员之一。

〔**刘波获“北京市优秀教师”称号**〕　9月16日，“北京市优秀教师”评选结果揭晓，学校力学与建筑工程学院教授刘波获“北京市优秀教师”称号。

〔**陆明心获“2012年首都十大教育新闻人物”**〕　2月27日，在“2012年首都十大教育新闻人物”颁奖典礼上，学校资源与安全工程学院援疆教师陆明心获这一殊荣。

〔**成立中国煤炭经济与管理研究中心**〕　3月24日，中国煤炭经济与管理研究中心在北京成立。其宗旨是：凝聚业界精英，促进协同创新，开展重大问题研究，服务煤炭行业发展。研究中心设管理委员会和工作委员会。管理委员会是研究中心的决策机构，负责审议决定研究中心的重大事项。工作委员会负责研究中心的日常工作，设在学校管理学院。研究中心开展的主要活动有：结合煤炭及能源行业发展形势和需要，组织开展重要经济与管理问题的研究；每年组织召开一次“中国煤炭经济与管理高峰论坛”；围绕煤炭及能源行业发展的热点问题，不定期组织召开专家专题研讨会；不定期与国内外煤炭及能源经济与管理领域的相关学术机构进行交流互访，并开展合作研究等。

〔**与神华宝日希勒能源有限公司签署战略联盟合作协议**〕　6月28日，学校与神华宝日希勒能源有限公司（简称神宝公司）签署战略联盟合作协议。根据协议，学校进一步创造为神宝公司服务的空间和平台，在人才培养、科研成果、技术攻关等方面，为神宝公司的发展提供支持。同时双方在职工培训、学历教育以及科研技术方面加强沟通合作，使神宝公司尽早实现“科学发展，对标一流，打造五千万吨级煤炭生产基地”的战略目标。

〔**与国投新集能源股份有限公司签署战略联盟合作协议**〕　7月11日，学校与国投新集能源股份有限公司签署战略联盟合作协议。根据协议，校企双方在人才开发、科技创新、教育培训等方面展开深入合作，进一步拓展合作空间和领域，不断探索在新形势下校企合作的新途径、新方式，积极推动校企协同创新。

〔**与甘肃省庆阳市签订产学研合作协议**〕　7月31日，学校与甘肃省庆阳市合作协议签字仪式在庆阳市举行。根据协议，学校充分发挥科研优势，为庆阳市油煤气资源开发把诊问脉，帮助解决庆阳市煤炭开发及工业发展中急需解决的技术难题和攻关项目，推荐符合实际的新技术、新工艺、新产品等科技成果，培训科技和管理人才，开展信息、人才、智力交流，不断提升庆阳市环境质量，促使和保障该市经济更好的转型，实现跨越发展。

〔**与陕西省凤翔县政府洽谈科技战略合作**〕　9月29日，学校地球科学与测绘工程学院与陕西省凤翔县政府在学校举行科技战略合作座谈会暨科技合作协议签字仪式。双方围绕凤翔县土壤重金属污染、菌根修复技术等进行了详细交流，达成了科技合作的共识。

〔**第二届北京高科大学联盟研究生高端论坛暨“学海无涯”启动仪式举行**〕　5月30日，第二届北京高科大学联盟研究生高端论坛暨“学海无涯”启动仪式在学校举行。论坛旨在加强北京高科大学联盟研究生校际交流，营造良好的学术氛围，启迪研究生的学术思想，推动校园文化建设。论坛以邀请校内外知名教授、科学家等到校定期举办讲座的形式，为学生讲授专业领域的最前沿知识，达到为学生服务、开拓研究生视野、激发学术兴趣的目的，并在教授和研究生之间搭建一个学术经验传授和交流的平台。

〔召开 2013 年全国博士生学术论坛——厚煤层科学开采技术及装备〕 10 月 12 日，“2013 年全国博士生学术论坛——厚煤层科学开采技术及装备”在学校举行。论坛旨在为全国采矿工程专业，尤其是厚煤层开采技术及装备领域的在校博士生提供高水平的学术交流平台，聆听院士、专家的学术报告，帮助博士生开阔视野、启迪智慧、增强创新意识，提高创新能力和学术交流能力。

〔教育部对学校行政领导班子进行换届考察〕 9 月 11 日，以教育部人事司副司长吕杰为组长，成员包括教育部人事司、中共北京市委组织部、中共北京市委教育工作委员会等有关人员组成的考察组一行 8 人，到校对学校行政领导班子换届进行考察。考察采取民主测评、民主推荐和个别谈话的形式进行。

〔逸夫科研实验楼正式投入使用〕 8 月 30 日，学校逸夫科研实验楼正式投入使用。逸夫科研实验楼于 2010 年 11 月 29 日开工，总建筑面积 38 000 平方米，获邵逸夫基金资助 550 余万元。该项目先后两次通过北京市结构“长城杯”专家组验收，获 2012 年“AAA 级安全文明标准化诚信工地”。此奖是住房与城乡建设部批准的安全生产最高奖项。

〔正式启用沙河校区〕 5 月 26 日，学校正式启用沙河新校区，成为北京沙河高教园区的 6 所全国重点大学之一。

撰稿　苏　欢
审稿　杨洪兵

中国石油大学（北京）

〔5 个学科位列全国高校前 10 位〕 2013 年 1 月，根据教育部学位与研究生教育发展中心发布的 2012 年全国学科评估结果，学校共有 5 个一级学科位列全国高校前 10 位。其中石油与天然气工程学科蝉联全国高校第 1，地质资源与地质工程学科位列全国高校第 2，安全科学与工程学科位列全国高校第 7，地质学学科位列全国高校第 8，化学工程与技术学科位列全国高校第 10。此外，机械工程学科进入全国排名前 30%，在 102 个参评单位中名列第 29 位。

〔修订本科生培养方案〕 截至 2013 年年底，学校全面修订了本科生培养方案。一是调整学分及结构。压缩课内总学时，将选修课比例由原来的 28%提升到 34%，为学生自主开展课外探究性学习提供了时间，提升实践环节占总学分的比例。二是优化课程体系。构建以专业基础课和专业主干课为主的专业核心课程组。部分专业按照职业面向、学科特点划分了专业方向。三是增设特色课程。增设新生研讨课 16 门、课内研讨课 74 门、双语课 49 门、全英文课 13 门和创新创业类基础课程 2 门。

〔试行“321”大类培养模式〕 2013 年，学校在工商管理学院试行“321”大类培养模式，旨在实现厚基础、宽口径、复合型的人才培养目标。“3”是指将各专业所有课程分设成三大模块：第一模块为全院同修课程，第二模块为专业培养课程，第三模块为专业拓展课程。“2”是指 2 个培养目标：专业型人才和复合型人才。学生在满足一定条件的情况下，可以自主选择两个方向毕业，即其所在专业或学院内其他专业，选择其所在专业毕业的学生按照专业型人才培养，跨专业申请学位毕业的学生按照复合型人才培养。“1”是指1个自选毕业专业。学生毕业时，根据自己的个性特点、发展规划及修满的专业课程情况，选择其中1个专业作为毕业专业，取得毕业证书和学位证书。

〔**高德利当选中国科学院院士**〕　12月19日，学校教授高德利当选为中国科学院院士。

〔**邱楠生受聘“长江学者”特聘教授**〕　11月，学校教授邱楠生受聘为教育部年度“长江学者”特聘教授。

〔**9人入选教育部“新世纪优秀人才支持计划”**〕　1月，学校5名青年教师入选教育部2012年度“新世纪优秀人才支持计划”，分别是石油工程学院教师黄中伟、化学工程学院教师刘蓓、孟祥海及机械与储运工程学院教师胡瑾秋、王玮。9月，学校4名青年教师入选教育部2013年度“新世纪优秀人才支持计划”，分别是：化学工程学院教师王刚、蓝兴英，石油工程学院教师姚约东，机械与储运工程学院教师刘书海。

〔**2人获国家杰出青年科学基金项目资助**〕　10月，学校石油工程学院教授金衍、机械与储运工程学院教授宇波获国家自然科学基金委员会2013年度国家杰出青年科学基金项目资助。

〔**科学研究**〕　2013年度，学校获省部级奖等共38项，其中一等奖14项，以第一完成单位获奖17项。获第十五届“中国专利奖”优秀奖1项、北京市昌平区专利奖2项。申请专利290项，其中发明申请211项、新型申请79项；获专利授权175项，其中发明专利100项、实用新型专利75项。获北京市科学技术奖4项，其中一等奖1项；获高等学校科学研究优秀成果奖（科学技术）一等奖1项；获中国石油和化学工业联合会科学技术奖15项，其中获创新团队奖1项、一等奖7项、二等奖6项；获商务部全国商务发展研究成果奖2项；获国家能源局软科学研究优秀成果奖2项；1人获“李四光地质科技奖”。2013年，获省部级及社会力量科研奖励中，石油工程学院获奖13项、地球科学学院获奖9项、化学工程学院获奖5项、工商管理学院获奖5项、机械与储运学院和地球物理与信息工程学院各获奖3项。

〔**1项目获国家社科基金重大项目资助**〕　11月，学校工商管理学院教授张宝生申报的“非常规油气开发利用对国家能源安全及社会经济的影响”获2013年度国家社科基金重大项目立项资助。该课题的研究核心是以煤层气、页岩气、重油、致密油等为主，实现对非常规油气整体系统的研究，并把非常规油气系统置于能源—经济—社会—资源—环境的大系统中，进行各子系统内部发展规律、子系统间相互影响关系、子系统对总体系统影响程度等方面的综合分析，在更广的范围和更高的层次上为国家产业发展及相关政策制定提供决策支持。

〔**首次作为依托单位承担2项“863计划”主题项目**〕　4月，学校首次作为依托单位承担2项“863计划”主题项目，并获立项资助。分别是：以学校石油工程学院教授蒋官澄为首席专家的“致密砂岩气高效钻井与压裂改造关键技术”和以提高采收率研究院副教授郭继香为首席专家的“超深稠油油藏井筒降黏关键技术”项目。

〔**新增1个北京市重点实验室**〕　6月13日，学校申报的“生物燃气北京市重点实验室”通过认定。该实验室共定位3个主要研究方向：城市废弃物处理产沼气、农林废弃物处理产沼气和沼气高值综合利用。

〔**16个项目获教育部博士点基金项目资助**〕　10月，学校有16个项目获教育部2013年度博士点基金项目资助。包括博导类课题7项、新教师类课题9项。获博导类课题资助的教师分别是：石油工程学院教授金衍、张广清，理学院教授张瑛、刘坚，地球科学学院教授刘洛夫，地球物理与信息工

程学院教授谢然红，化学工程学院教授张鑫。获新教师课题资助的青年教师分别是：石油工程学院教师王庆、曹仁义，机械与储运工程学院教师王文明、王懿，理学院教师韦岳长、李煜璟，地球科学学院教师孙海涛，地球物理与信息工程学院教师刘国昌，化学工程学院教师王庆宏。

〔**在 *Science*（《科学》）上发表首篇论文**〕 2013 年，SCIE 收录学校论文 496 篇，EI 收录学校论文 638 篇，CPCI 收录学校论文 80 篇。正式出版学术专著、教材、编著、译著等 66 部。3 月 8 日，学校教授崔立山研究组以第一作者单位撰写的论文在 *Science*（《科学》）上发表，论文题目为"A Transforming Metal Nanocomposite with Large Elastic Strain，Low Modulus and High Strength"（《一种超大弹性应变、低弹性模量及高屈服强度的相变金属纳米复合材料》）。这是学校首次在 *Science*（《科学》）期刊上发表论文。该论文填补了传统三大类材料（金属、陶瓷及高分子材料）力学性能的空白区，被 *Science* 期刊审稿人评价为"诸多方面的伟大工作（a great work in many aspects），对材料科学具有重大而新颖的贡献（the article makes a significant and novel contribution to materials science）"。该论文共 23 名作者，其中前三位作者分别为：学校博士研究生郝世杰，教师崔立山、姜大强。主要合作单位为北京工业大学、美国 Argonne 国家实验室、澳大利亚西澳大学、西安交通大学及麻省理工学院。

〔**成立海洋能源联合研究院**〕 12 月 29 日，学校与中国船舶重工集团第 702 研究所（中国船舶科学研究中心）共建的"海洋能源联合研究院"揭牌。校企双方在海洋能源工程领域开展实质性合作，围绕海洋能源积极开展前瞻性课题研究，建立人才合作培养长效机制，为对方青年科技人员提供实习及培训，配备合作伙伴或指导教师。双方还探索建立学校无锡海洋能源工程产业园，联合成立创新型高科技产业公司，促进科技成果转化。

〔**成立北京工程师学院**〕 11 月，学校与中国石油天然气股份有限公司、中国石油化工集团公司和中国海洋石油总公司的 4 家研究院（中国石油集团钻井工程技术研究院、中国石油集团安全环保技术研究院、中国石化石油工程技术研究院、中海油研究总院）签署了共建北京工程师学院协议，旨在进一步改善学校专业学位研究生培养条件和实践教学环境，提高专业学位研究生工程实践能力和培养质量。

〔**新设 8 项教育基金**〕 3 月 25 日，学校举行"王鸿勋石油工程奖学金"项目捐赠协议签署仪式。该项基金接受学校教授王鸿勋遗赠 30 万元作为永久性留本式基金，凡学校石油工程专业在校研究生均可申请。4 月 12 日，北京建工集团向学校捐赠人民币 96 万元，设立"北京建工集团教育基金"，旨在资助奖励学校的优秀教师和学生，支持学校的建设和发展。9 月 27 日，学校与北京国融红杉石油技术有限公司（简称国融红杉）签署长期合作协议。根据协议，国融红杉出资 100 万元，在学校设立"国融红杉奖学金"，奖励品学兼优的学生。10 月 1 日，学校与北京佳莲伟业房地产开发集团公司（简称佳莲集团）签署战略合作协议。根据协议，佳莲集团出资 1 000 万元用于学校的建设发展。10 月 1 日，学校机械电子工程专业 1993 级全体校友向学校捐资设立留本基金，首期注入资金 21 万元，用于资助在机械电子等专业领域表现优秀的学生。这是学校首个以班级为单位捐赠设立的基金。10 月 2 日，宏华集团有限公司向学校捐资 100 万元，重点支持学生的社会实践、大学生科技创新和社团活动等。10 月 9 日，安东石油技术（集团）有限公司捐赠 105 万元，赞助学校主办全国石油工程设计大赛。11 月 20 日，雪佛龙中国能源公司与学校签署奖学金资助协议。根据协议，雪佛龙中国能源公司设立"雪佛龙奖学金"，每年 20 万元，用于奖励优秀学生。除奖学金外，该公司还资助学生参加石油石化行业国际会议或到企业进行实习实践，同时为研究生全英语教学班和全国研究生暑期学校提供教学支持。

〔**举行东亚能源安全国际研讨会**〕 1 月 8 日，

由学校与美国乔治·华盛顿大学国际关系学院共同举办的东亚能源安全研讨会在学校举行。会议分别就国际油气市场、东亚能源治理机制、中亚与中国能源安全、日美关系与能源安全、中国能源安全问题演变与趋势等问题进行了探讨。来自美国的 11 位专家及国内高校的 40 余位专家学者参加了研讨会。

〔召开第一次国际化工作会议〕　1 月 10 日，学校首次召开国际化工作会议。会议分析了国际化战略实施面临的新形势、新机遇和新挑战；对实施国际化战略的指导思想、目标和任务进行了部署；明确了国际化战略的重点是提升学生的国际竞争力，提升师资队伍的国际化水平，提升国际科研合作和学科建设水平，大力发展留学生教育，加强国际化条件保障建设；并提出与中国石油天然气集团公司联合共建全球培训中心。学校各部门领导和学生代表 300 余人参加了会议。

〔承办油气成藏机理与油气资源评价国际学术研讨会〕　9 月 26—27 日，学校承办了第六届油气成藏机理与油气资源评价国际研讨会。会议围绕含油气盆地分析、叠合盆地油气成藏、非常规油气成藏、深部油气藏成因机理、碳酸盐岩层系油气成藏、油气资源评价新方法新理论等 6 个国际前沿科学问题深入研讨，在区域油气资源分布规律和控制因素、非常规油气藏成藏机理、流体和油气运移机理和深部油气成藏机理分析与资源评价方法技术等方面展示了重要进展，并在油气成藏机理及资源评价领域提出了值得重视的科学发展方向。

〔招生与就业〕　2013 年，学校招收全日制研究生 2 204 人、普通本科生 2 023 人。2013 年，学校毕业全日制研究生 1 778 人、普通本科生 1 676 人。研究生一次就业率达 97.71%，本科生一次就业率达 97.94%。

〔学生获奖情况〕　学校学生在国际、国内各种学科竞赛中共获奖 602 项，其中国际奖 26 项、国家奖 404 项、北京市奖 172 项。

〔举办 60 周年校庆系列活动〕　10 月 2 日，学校举办建校 60 周年庆祝大会暨校友师生联谊会。围绕“甲子积淀，共创辉煌”的校庆主题，联谊会以“梦”贯穿始终，从“创业梦”“奋斗梦”到“石油梦”“中国梦”，按照“北京石油学院”“华东石油学院”“石油大学”“中国石油大学”4 个发展阶段进行板块划分，全面展现了学校发展历程、学科建设、师资队伍、人才培养、科学研究、教育交流等各项成果。15 000 余名校友、师生参加了庆祝大会。校庆期间，学校举行了学术论坛、校友工作座谈会、王进喜事迹展、书画摄影展、国际文化节等活动。

〔举办首届泰纳瑞斯校园论坛〕　11 月 20 日，学校举办首届泰纳瑞斯校园论坛。论坛以“从校园走向社会”为主题，邀请专家就研究生如何做好校园、社会角色的转变做了专题报告。

撰稿　许　博
审稿　文永红

北京林业大学

〔林学、风景园林学排名全国第一〕　2013 年 1 月 29 日，教育部学位与研究生教育发展中心公布 2012 年一级学科评估结果，学校林学、风景园林学两个学科排名全国第一，林业工程排名全国第三，生态学得分位次进入全国前 20%，农林经济管理得分位次进入全国前 30%。

〔增加多名高层次领军人才〕　2013 年，学校

“千人计划”特聘教授邬荣领获“国家特聘专家”称号。自然保护区学院教授刘俊国入选国家特殊人才支持计划（“万人计划”）青年拔尖人才。环境科学与工程学院教授王强入选“青年千人”计划人选，系“青年千人计划”启动以来全国林业大学中第一个入选者。材料科学与技术学院教授李建章入选教育部“长江学者奖励计划”特聘教授、入选“国家百千万工程”人选并被授予“有突出贡献中青年专家”称号。材料科学与技术学院、国家杰出青年基金获得者许凤获“第十届中国青年女科学家奖”。生物科学与技术学院教授张德强获第十三届中国青年科技奖。林学院教授冯仲科入选“科技北京”百名领军人才培养工程。

〔**4项成果获高校科研优秀成果奖**〕 学校作为第一完成单位有4项科研成果获教育部2013年度高等学校科学研究优秀成果奖（科学技术）。其中教授戴思兰的《菊花品种及其近缘种间亲缘关系的遗传研究》获自然科学二等奖，教授冯仲科的《森林信息化调查装备技术与平台开发及其应用》获技术发明二等奖，教授余新晓的《防护林体系多尺度系统经营关键技术研究》获科技进步二等奖，教授张启翔的《百合良种选育与繁殖栽培关键技术及应用》获科技进步二等奖。

〔**新增2个中外合作办学本科专业**〕 学校与加拿大不列颠哥伦比亚大学合作举办木材科学与工程、生物技术3+2本科专业获教育部批准。从2013年开始正式招生，每年每专业招生30人，达到毕业要求可同时获得两校颁发的本科学士学位。

〔**新增1个教育部创新团队**〕 11月，学校生物学院“树木发育遗传调控与抗逆分子机制”研究团队，成功入选教育部2013年度“创新团队发展计划”，获项目经费300万元。

〔**课程建设取得佳绩**〕 学校4门课程成为国家级精品视频公开课，分别是：由副校长张启翔、园林学院教授刘燕和副教授陈瑞丹主讲的《中国名花》，由人文学院教授严耕、林震、徐平主讲的《令人憧憬而困惑的生态文明》，由副校长骆有庆、林学院教授田呈明和温俊宝主讲的《森林有害生物控制》，由水保学院教授张洪江、副教授王云琦和程金花主讲的《土壤侵蚀原理》。

2门课程成为国家级精品资源共享课，分别是：由教授张洪江主讲的《土壤侵蚀原理》和教授马履一主讲的《森林培育学》课程。

4门微课获奖，分别是：理学院教师罗宝华的《斐波那契数列》获全国微课程大赛理工组一等奖第一名，水保学院教授丁国栋的《沙漠化防治的基本原理》获全国微课程大赛理工组二等奖，理学院副教授赵玉英的《稳定婚姻问题》和副教授汪沛的《指令流水线中的线性流水线技术》微课作品获“北京赛区优秀作品奖”。

〔**首创数量性状基因定位新方法**〕 学校计算生物学中心教授邬荣领带领团队首创一种新型计算方法——数量性状基因定位法，能显著提高数量性状基因发现与定位的精度。

〔**成立国家木材储备战略联盟**〕 12月27日，学校和国家林业局速丰办发起成立国家木材储备战略联盟，联盟秘书处设在学校科技园。该联盟经过半年多的筹建，明确了组织机构，成立了专家咨询委员会，研究并制定了决策执行机制、协作促进机制、利益分享和共管机制。首批会员80余家。

〔**学校科技园入选全国高校学生科技创业实习基地**〕 3月，学校大学科技园被教育部、科技部列为全国高校学生科技创业实习基地。科技园内有30余个创业团队，其中成功落地注册的企业18家，都是本校大学生自主创业的企业。发起成立了北林生态环保创投基金。

〔**获中国政府奖学金留学生自主招生资格**〕学校于2013年起正式成为中国政府奖学金来华留学自主招生院校。

〔**与北京市海淀区东升镇共建“北林东升科技园”**〕 11月29日，学校与北京市海淀区东升镇举行共建“北林东升科技园”签字仪式。海淀区人大常委会主任关成启、海淀区副区长龚宗元、学校校长宋维明出席签字仪式。

〔**新建北林辽宁宽甸实验林场**〕　11月27日，学校与辽宁省林业厅签署合作协议，建设“北林辽宁宽甸实验林场”。该林场建在辽宁省宽甸满族自治县国营泉山林场内，设北林辽宁宽甸实验林场，开展林下种植、林下养殖、苗木繁育栽培、林下产品采集和深加工工艺及森林经营、森林景观综合利用。设立林产品认证、经营、销售网络、智能交易平台，开展人才培养合作，建立科研实验基地。实验林场面积约1 400万平方米（其中人工林近400万平方米），合作期限为50年。

〔**学生获国际风景园林竞赛大奖**〕　4月16—18日，第50届国际风景园林师联合会（IFLA）世界大会在新西兰奥克兰召开。由学校园林学院教授李雄指导，林辰松、肖遥、张海天、刘济姣、贾赢5名学生共同完成的《蓝色祈愿——以水为中心进行阿富汗战后地区重建》设计作品，获国际风景园林师联合会学生竞赛一等奖。

〔**举办2013年林业领域全国博士生学术论坛**〕　11月27—28日，2013年林业领域全国博士生学术论坛在学校举行。中国工程院院士沈国舫、中国科学院院士傅伯杰、学校校长宋维明等出席开幕式。来自东北林业大学、华南农业大学、河北农业大学等近30所院校共计169人参加了论坛。收到参会论文和摘要129篇，85篇参加分会场报告。论坛分为4个小组：林木花卉遗传育种、水土保持与生态环境建设、森林生态培育与经营管理、动植物保护与灾害防控。论坛共评出一等奖论文8篇、二等奖论文8篇、三等奖论文20多篇。

〔**主办生态文明贵阳分论坛**〕　7月20日，学校与贵州省林业厅联合举办的“绿色增长与美丽中国梦——对话西部林业生态建设之路”在贵阳市举行。中国工程院院士、国际欧亚科学院院士李文华，北京市政协原副主席、北京大学中国持续发展研究中心主任叶文虎等出席论坛。论坛设置了国家政策、国际经验、地方实践、论坛互动四个板块。采取高端互动形式，秉承学术性、高端性、贴近性，从林业生态建设对绿色增长的支撑作用切入，积聚国际组织、政府部门、高校和高端企业等方面的政产学研用智力资源，针对中国西部林业生态建设的重大政策实践问题进行深入研讨，提出了完善政策体系的实现路径。论坛发布了《我国西部林业生态建设政策评价与体系完善研究》成果进展报告。

〔**成立艺术设计学院**〕　学校整合艺术学门类的相关专业和学科，将原材料学院艺术设计系、工学院工业设计系和信息学院动画系优化合并，成立了独立建制的艺术设计学院。该学院由“环境设计系、工业设计系、视觉传达设计系、数字艺术系、造型基础部”四系一部构成，开设数字媒体艺术、动画、视觉传达设计、环境艺术设计、工业设计（工科）、产品设计本科专业。截至2013年年底，已拥有1个设计艺术学一级学科硕士学位授权点，1个动画二级学科授权硕士点。

〔**校友崔鹏当选中科院院士**〕　12月19日，中国科学院公布了2013年院士增选名单，学校校友、中国科学院水利部成都山地灾害与环境研究所研究员崔鹏当选。

〔**成立校友会**〕　10月12日，学校校友会获教育部、民政部批复，正式成立并召开第一次会员代表大会。会上，审议通过了《北京林业大学校友会章程》，表决通过了校友会理事人选，校友会常务理事会、会长、副会长、秘书长、副秘书长人选，宣读了校友会顾问名单。

撰稿　高　斌
审稿　张　勇

中国传媒大学

〔**新闻传播学、戏剧与影视学排名全国第一**〕 2013年1月29日，教育部公布2012年学科评估结果。学校新闻传播学、戏剧与影视学排名全国高校第一；艺术学理论排名第6、设计学排名第9，均进入本学科全国十强；美术学排第名17，得分位次也进入了前35%。信息与通信工程学科在本次评估中进步最为突出，排名第26，得分位次首次进入前35%，比2009年学科评估结果上升了9个位次。

〔**成立4个学部1个中心**〕 7月，学校成立新闻传播学部、艺术学部、理工学部、文法学部4个学部和1个协同创新中心。新闻传播学部由学校电视学院、新闻学院、传播研究院及亚洲传媒研究中心（挂靠）、媒介与女性研究中心（挂靠）、中国纪录片研究中心（挂靠）等单位组成，艺术学部由学校动画与数字艺术学院、戏剧影视学院、音乐与录音艺术学院、艺术研究院、艺术教育中心和传媒艺术与文化研究中心（挂靠）组成，理工学部由学校信息工程学院、计算机学院、理学院、京隆广播技术研究所、广芯数字系统集成研究所、广播电视数字化教育部工程研究中心及媒介音频教育部重点实验室（挂靠）等单位组成，文法学部由学校文学院、政治与法律学院、汉语国际教育学院及思想政治理论课教研部（挂靠）、有声媒体中心（挂靠）等单位组成。协同创新中心由文化发展研究院、新媒体研究院、传媒科学研究所及广播电视研究中心（挂靠）、脑科学与传媒艺术研究院（挂靠）、崔永元口述历史研究中心（挂靠）等单位组成。

〔**隋岩入选2013年国家“百千万人才工程”**〕 12月，学校新闻传播学部电视学院教授、博士生导师隋岩入选国家“百千万人才工程”，并被授予“有突出贡献中青年专家”称号。

〔**新增2名“长江学者”特聘教授、讲座教授**〕 12月，学校教授高晓虹当选“长江学者”特聘教授，外聘教授弗朗索瓦·汉德雷克斯当选“长江学者”讲座教授。

〔**4人入选2012年度“新世纪优秀人才支持计划”**〕 2月，学校教师曾祥敏、杨成、杨旭东、吴炜华入选2012年度教育部“新世纪优秀人才支持计划”。此次入选的4名教师涉及新闻学、智能服务媒体安全关键技术、教育哲学、创意媒体4个不同研究方向。

〔**2人被评为全国新闻出版行业领军人才**〕 5月，学校教授胡智锋、蔡翔被评为全国新闻出版行业第三批领军人才。

〔**13人当选教育部高等学校教学指导委员会委员**〕 4月23日，教育部下发《教育部关于成立2013—2017年教育部高等学校教学指导委员会的通知》，学校共13人当选教育部高等学校教学指导委员会委员，其中主任委员2人、副主任委员6人。校长苏志武担任动画、数字媒体专业教学指导委员会主任委员，副校长胡正荣担任新闻传播学类专业教学指导委员会主任委员。

〔**黄志洵获“华夏高科技产业创新奖”特别创新奖**〕 5月18日，第五届华夏高科技产业创新奖颁奖大会在北京举行。学校教授黄志洵主持的“超光速的理论与实验研究”项目获本届“华夏高科技产业创新奖”的最高奖项——特别创新奖。

〔**赵月枝获国际传播学会（ICA）“贝克”学术奖**〕 9月，学校“长江学者”讲座教授、传播政治经济学研究所所长赵月枝获国际传播学会

(ICA) 2014年度“贝克”学术奖。赵月枝是获此奖项的首位女性及非英美背景学者。

〔丁文华当选中国工程院院士〕 12月19日，中国工程院公布2013年院士增选结果，学校78级校友丁文华当选中国工程院院士。

〔成立“全国领导干部媒介素养培训基地”及“媒介与公共事务研究院”〕 4月11日，由学校和中国公共关系协会联合建立的首个“全国领导干部媒介素养培训基地”及“中国传媒大学媒介与公共事务研究院”正式挂牌成立，旨在推动学校在相关领域开展教育、培训、研究和咨询工作。

〔入选中华全国妇女联合会“妇女/性别研究与培训基地”〕 9月16日，学校入选中华全国妇女联合会、中国妇女研究会“妇女/性别研究与培训基地”。该基地与中华全国妇女联合会、中国妇女研究会共建平台，整合资源，加强和促进性别研究的理论发展和实践运用。

〔成为高校校园网络文化建设专项试点单位〕 11月，教育部办公厅发布了《关于开展高校校园网络文化建设专项试点工作的通知》，学校被确定为试点单位。

〔主持完成教育部动画、数字媒体专业教学指导委员会教学质量国家标准制订工作〕 12月27日，教育部高等学校动画、数字媒体专业教学指导委员会主任委员，校长苏志武主持召开了教育部高等学校动画、数字媒体专业教学指导委员会主任、副主任委员工作会议。会议审议了《教育部高等学校动画、数字媒体本科专业教学质量国家标准》(第六稿)，并完成了正式提交前的最后修正工作。

〔举行首届东西方文化融通与传播论坛〕 10月30日，由学校和中外新闻社主办，传媒高等教育国际联盟及22个国家的驻华使馆协办的“首届东西方文化融通与传播论坛”在学校举行。论坛旨在以国际合作推动东西方文化的融通与传播，同时通过多国驻华使馆推动学校与各国使馆文化使节的国际合作。来自匈牙利、巴基斯坦、希腊、罗马尼亚、埃及、哥斯达黎加、毛里求斯、赞比亚、乌克兰、韩国、尼泊尔等国家的驻华大使或副大使及22个国家的文化新闻参赞参加了论坛。本届论坛围绕“推动文化融通，加强国际合作”的主题，共同探讨了文化多样性保护和文化传播与融通的关系。

〔与英国威斯敏斯特大学合作举办国际媒体商务硕士学位项目〕 3月14日，“传媒大学与英国威斯敏斯特大学合作举办国际媒体商务硕士学位项目”获教育部批准。该项目学制两年，其中一年半在学校学习，最后半年赴英国威斯敏斯特大学完成部分课程。学生毕业后，获威斯敏斯特大学颁发的硕士学位证书及威斯敏斯特大学和学校共同颁发的联合学习证明。

〔图书馆项目获国家优质工程奖〕 7月30日，国家优质工程奖专家组对学校图书馆工程进行现场验收，一致认为图书馆工程建设手续齐全、设计理念先进、过程管理到位、施工质量精良。经过多轮评选竞争，学校图书馆项目获中国工程质量最高荣誉——国家优质工程奖。

〔电视剧《国家审计》举行开机仪式〕 4月18日，由国家审计署监制、学校与河北省审计厅联合出品的25集电视连续剧《国家审计》在河北省邯郸市举行开机仪式。该剧由学校戏剧影视学院副院长蒲剑担任编剧，并与学校教授赵宁宇联合执导，全部主创人员均由学校戏剧影视学院教师担任。来自教育部传媒艺术人才培养创新试验区的20多名本科生和研究生也进入剧组实习。

撰稿　陈莹峰
审稿　姜纳新

中央财经大学

〔**在全国第三轮学科评估中获佳绩**〕 2013年1月29日，教育部学位与研究生教育发展中心发布全国第三轮学科评估结果，学校应用经济学一级学科以整体水平85分的成绩位列全国高校第2。

〔**3项成果获第六届高等学校科学研究（人文社会科学）优秀成果奖**〕 4月，教育部公布了第六届高等学校科学研究（人文社会科学）优秀成果奖获奖名单。学校马克思主义学院教授胡树祥等撰写的著作《大学生社会实践教育理论与方法》、金融学院教授李建军等撰写的著作《未观测金融与经济运行——基于金融经济统计视角的未观测金融规模及其对货币经济运行影响研究》、教务处研究员林光彬撰写的著作《私有化理论的局限》获三等奖。

〔**13人获聘2013—2017年教育部高等学校教学指导委员会委员**〕 4月，教育部下发了《关于成立2013—2017年教育部高等学校教学指导委员会的通知》（教高函〔2013〕4号），学校有13名教师获聘2013—2017年教育部高等学校教学指导委员会委员。他们是：王广谦获聘经济学类专业教学指导委员会主任委员，胡树祥获聘马克思主义理论类专业教学指导委员会副主任委员，李俊生获聘财政学类专业教学指导委员会副主任委员，史建平获聘实验教学指导委员会副主任委员，孟焰获聘会计学专业教学指导分委员会副主任委员和工商管理类专业教学指导委员会委员，李健获聘金融学类专业教学指导委员会副主任委员，杨运杰获聘经济学类专业教学指导委员会秘书长，唐宜红获聘经济与贸易类专业教学指导委员会委员，孙宝文获聘电子商务类专业教学指导委员会委员，马燕林获聘文科计算机基础教学指导分委员会委员，郭锋获聘法学类专业教学指导委员会委员，杨敏获聘社会学类专业教学指导委员会委员，王晓红获聘大学外语教学指导委员会委员。

〔**2门课程入选“国家级精品资源共享课”**〕 6月，学校《金融学》课程入选教育部“首批120门中国大学资源共享课”，正式通过爱课程网（www.icourses.edu.cn）向社会大众免费开放。12月，教育部公布《关于公布第三批国家级精品资源共享课立项项目名单及有关事项的通知》（教高司函〔2013〕132号），学校《营销风险管理（含实验）》课程获准立项，并获10万元经费补贴。

〔**1门课程入选教育部2013年来华留学英语授课品牌课程**〕 7月11日，教育部下发《关于公布2013年度来华留学英语授课品牌课程评选结果的通知》，公布了本年度获批的150门课程，学校财政学院教授李贞负责的《外国财政制度》入选。

〔**4门课程入选教育部精品视频公开课**〕 截至2013年年底，学校共有4门课程被列入教育部精品视频公开课资助建设名单。分别是会计学院教授孟焰等讲授的《会计及价值创造》、保险学院教授郝演苏等讲授的《保险与民生》、财政学院教授马海涛讲授的《财政学专业导论》以及税务学院教授刘桓等讲授的《中国税制——理论与实务》。4门课程已在爱课程网、中国网络电视台及网易等3个网站以“中国大学视频公开课”形式免费向社会开放。

〔**入选教育部“教师队伍建设示范项目”**〕 3月，教育部教师工作司下发《关于实施教师队伍建设示范项目的通知》，评选出部分地区和高校实施45类教师队伍建设示范项目，学校申报的《创新机制推动青年教师队伍建设》项目入选《高校青年教师成长发展的管理机制与制度》示范项目。

〔11 人入选教育部 2013 年度“新世纪优秀人才支持计划”〕 10 月，教育部公布了“新世纪优秀人才支持计划”2013 年度入选人员名单，学校教师冯秀军、高秦伟、何其春、林嵩、刘志东、苏治、王存同、王辉、王遥、徐兆铭、张苏名列其中。其中经济学 5 人、管理学 3 人、法学 1 人、社会学 1 人、思想政治理论教育 1 人。截至 2013 年年底，学校共有 55 位教师入选教育部“新世纪优秀人才支持计划”，占专任教师总数的 5.1%，涉及经济学、管理学、法学、社会学、马克思主义、心理学、艺术学等学科领域。

〔5 项成果获北京市第十二届哲学社会科学优秀成果奖〕 3 月 14 日，学校 5 项科研成果获北京市第十二届哲学社会科学优秀成果奖。其中经济学院教授李涛撰写的论文《中国城市居民的金融受排斥状况研究》获一等奖；财政学院教授白彦锋撰写的专著《落实科学发展观的财税政策体系研究》、商学院教授肖海林撰写的著作《企业管理范式转型研究》、政府管理学院副教授曹堂哲撰写的著作《公共行政执行的中层理论——政府执行力研究》、信息学院教授章宁撰写的著作《我国对美离岸服务外包影响因素与竞争力研究》获二等奖。

〔6 人入选 2012 年度北京市中青年社科理论人才“百人工程”〕 5 月，北京市委宣传部、市社会科学界联合会、市社会科学规划办公室下发《关于确定 2012 年度北京市中青年社科理论人才“百人工程”新增培养人选的通知》，学校 6 名教师入选，分别为财政学院教授王俊、经济学院教授李涛、商学院副教授傅晓霞、法学院教授高秦伟、社会发展学院教授辛自强、马克思主义学院教授冯秀军。截至 2013 年年底，学校共有 8 名“百人工程”入选者。

〔2 人获第九届北京市高等学校教学名师奖〕 8 月，北京市教委下发《北京市教育委员会关于公布第九届北京市高等学校教学名师奖获奖名单的通知》，学校信息学院教授朱建明和马克思主义学院教授冯秀军被授予第九届北京市高等学校教学名师奖。截至 2013 年年底，学校共有 11 人获北京市高等学校教学名师奖。

〔4 部教材被评为北京市精品教材〕 11 月，北京市教育委员会公布了 2013 年北京高等教育精品教材评审结果，学校 4 部教材被确认为市级精品教材，分别是：教授章宁主编的《信息系统管理与研究方法》、教授杨金观主编的《高级财务会计》（第二版）、教授崔新健主编的《国际市场营销》（第二版）、教授柴庆春主编的《国际物流管理》。

〔49 人入选北京高校“青年英才计划”〕 11 月，北京市教育委员会公布了北京高等学校“青年英才计划”［“青年英才计划”自 2013 年开始在北京地区普通高等学校范围内实施，以 3 年为一周期，每周期一次性遴选 2 000 名左右 35 岁（含）以下的优秀青年教师，并给予一定项目经费资助，连续支持 3 年，以促进教师职业发展，全面提高高等学校的教学质量］入选人员名单。学校共有 49 位青年教师入选，其中经济学 17 人，管理学 11 人，统计学和数学 5 人，法学 4 人，文学 4 人，哲学、社会学 4 人，教育学、艺术学、体育学和计算机各 1 人。

〔加入“中国—俄罗斯经济类大学联盟”〕 11 月 23 日，学校加入“中国—俄罗斯经济类大学联盟”。“中国—俄罗斯经济类大学联盟”由 13 所俄罗斯著名高校和 13 所中国财经类高校组成，成员包括圣彼得堡国立经济大学、莫斯科国立国际关系学院、中央财经大学、对外经济贸易大学、上海财经大学等高校。联盟的成立既是中俄两国政府加强教育领域合作的全新战略，又是两国经济类高校推进国际化发展的内在需求，旨在为中国和俄罗斯两国经济类高等教育和研究机构搭建学术合作平台，联合开展科研和人才培养等方面的深入合作。

〔学校成立首所孔子学院〕 10 月，学校承办的第一所孔子学院正式获国家汉办批准。该院由学校与巴西伯南布哥大学合办，旨在为伯南布哥州以及巴西东北部搭建一个中巴语言文化交流的平台，从而促进两国间教育、文化、经济以及贸易等方面的合作。11月26日，学校与伯南布哥大学在伯南布哥州累西腓市举行了孔子学院揭牌仪式，学校校长王广谦、副校长李俊生率代表团参加揭牌仪式。中国驻巴西大使李金章、文化参赞郑柯军、巴西伯南布哥州州长爱德华·堪佩斯、累西腓市副市长鲁西阿诺·斯盖拉、伯南布哥州科技厅厅长马尔塞利诺·格兰伽到会祝贺。

〔学生获美国大学生数学建模竞赛ICM特等奖提名〕　4月3日，2013年美国大学生数学建模竞赛成绩揭晓，学校学生再创佳绩。1支队伍获ICM特等奖提名、13支队伍获一等奖、40支队伍获二等奖。这是学校自参赛以来首次获ICM特等奖提名，取得了历史性的突破。

撰稿　罗　茜

审稿　王　琨

中国政法大学

〔获高等学校学科创新引智计划立项〕　2013年10月14日，学校证据科学创新引智基地获2014年度“高等学校学科创新引智计划”立项。该引智基地以学校证据科学教育部重点实验室和“高等学校创新能力提升计划”司法文明协同创新中心为依托，建立多个中国证据科学海外研究中心，建设证据科学国际一流师资队伍和国际领先的Y-单倍型数据库，联合培养博士研究生，在中国开办证据科学国际暑期学校，并为中国证据科学相关立法工作提供智力支持。

〔入选全国首批高等学校创新能力提升计划协同创新中心〕　5月17日，学校牵头创建的司法文明协同创新中心成为教育部首批认定的14个协同创新中心之一。该协同创新中心由学校牵头，联合吉林大学、武汉大学共同创建，并以教育部重点研究基地为研究实体，开展司法文明理论、司法文明史、诉讼法学等学科建设和创新团队建设。

〔出台《中国政法大学中长期发展规划评估指南》〕　12月，学校出台《中国政法大学中长期发展规划评估指南》（简称《指南》）。《指南》对评估项目、评估指标、评估方式、评估计算、评估奖励等进行了量化和质化说明，并据此对学校中长期发展规划的编制水平和实施效果进行有侧重的科学评估，成为学校中长期发展规划及其中期检查、终期总结等规划评估工作的重要依据。

〔科研成果得到市领导批示〕　2013年，学校《完善北京城市应急机制的对策建议》得到北京市有关领导批示。该建议是副校长、教授马怀德承担的北京市社科规划项目“北京市城市应急机制的法律问题研究”的科研课题，从城市应急预防机制、协调联动机制及决策指挥机制的完善入手，以提升北京市应对各种自然灾害、事故灾难、突发公共卫生事件和社会安全事件的整体能力为重点进行了阐述。此外，学校报送4篇立法建议稿，4篇咨询报告被收入全国哲学社会科学规划办公室《成果要报》，2篇咨询报告被收入北京社科规划项目《成果要报》，1篇咨询报告被全国人大常委会法制工作委员会立法规划室采用。

〔9项成果获高校科学研究优秀成果奖〕　3月22日，学校9项成果获第六届高等学校科学研究优秀成果奖（人文社会科学）。

〔当选教育部法学专业类教学指导委员会秘书处单位〕　4月9日，学校当选2013—2017年教育部高等学校法学类专业教学指导委员会（简称教指委）秘书处单位，牵头制订法学类专业教学质量国家标准，该标准于10月获教指委批准。

〔**获评全国法律专业学位研究生教育综合改革优秀试点单位**〕 4月13日，学校在全国法律专业学位研究生教育综合改革试点项目验收汇报会上，获评优秀试点单位。

〔**实施优秀中青年教师培养支持计划**〕 6月17日，学校实施优秀中青年教师培养支持计划。该计划旨在培养学科带头人和学术骨干，激励教师潜心学术，取得标志性、高水平学术成果，入选者成为学校国家高层次人才支持计划的后备人选。2013年，共有15位教师入选高层次人才支持计划。

〔**启动“虚拟第三学期”课程运行模式与平台系统**〕 学校在全国首创的集网络课程、学分修读、辅学资源、师生互动等多功能为一体的“虚拟第三学期”课程运行模式与平台系统于7月启动。该模式以网络课程教学为主要载体，采用“循环开课、自主修读、统一考核”的修读模式，延展了教学运行周期。

〔**试运行暑期国际小学期**〕 7月14日，学校启动暑期国际小学期试运行工作。学校在传统的春秋两个学期之外增设暑期国际小学期，使实体“第三学期”正式进入教学管理和教学组织流程。暑期国际小学期为期1个月，主要由5个校内暑期学校、17个暑期国际游学项目、4个留学生访学项目、2个暑期国际实习实践项目组成；共开设18门专业国际课程，21名外籍专业教师到校授课，240余人次参加学习实践。

〔**启动全国首个高校移动教务系统**〕 9月5日，学校启动全国首个高校移动教务系统——“移动教务APP”。该系统对综合教务信息查询功能进行拓展，增加“师生互动”“学业预警”“消息推送”“课堂点名”功能，不仅支持实时查询教务信息，还可以通过“移动课堂”模块实现师生的双向互动。

〔**开设涉外法律人才培养模式实验班**〕 9月，学校开设涉外法律人才培养模式实验班。实验班在培养方案中增设国际化学习学分、同步实践教学学分和创新学分，培养过程采取“3+1”模式，即前3年在学校进行专业学习，第4年到与学校有合作关系的海外学校学习，毕业时获得学校法学学士学位以及海外高校法律硕士学位。实验班首届招生50人。

〔**签署“卓越法律人才教育培养基地”共建协议**〕 2013年，学校分别与云南省人民检察院、河南省高级人民法院签署《“卓越法律人才教育培养基地”共建协议》。协议内容包括：实务机关接受学校学生实习，实习培养采取双导师制；学校为实务机关人员接受继续教育、研究生教育及提高业务水平等提供支持；双方互聘学者和专家到对方单位工作交流，共同开展课题研究等。

〔**建立本科生国际交流培养基金**〕 2月，学校建立了主要用于资助本科生国际交流与培养的国际交流培养基金。同时制定了《本科生国际交流培养资助办法》《本科生参加国际学术会议资助办法》等规章制度，鼓励和支持本科生到海外高水平大学交流学习。

〔**开展本科生暑期国际联合实习**〕 6月24日至7月28日，学校与11所国外大学共同开展本科生暑期国际联合实习。学校15名本科生与来自美国哈佛大学、耶鲁大学和英国剑桥大学等11所国外高校的15名外籍大学生采取“一对一”的方式联合实习，在北京“致诚公益律师”法律服务机构进行为期2个月的暑期国际联合实习。

〔**举办首届大学生公益法国际学术研讨会**〕 7月20日，学校举行2013年首届大学生公益法国际学术研讨会。学校45名学生与20名来自美国哈佛大学、耶鲁大学和英国牛津大学等世界一流大学法学专业学生对公益法律援助问题开展研讨。研讨会是中国首个以本科生为会议参与主体的国际学术研讨会。

〔试点招录审核录取制博士研究生〕 9月，学校完成审核录取制博士研究生试点首批招录工作。该项试点工作尝试取消初试环节，旨在扩大博士生导师招生自主权，首次在学校中欧法学院、法和经济学研究中心开展试点工作，招录专业为法学理论、民商法学、经济法学、证据法学、法与经济学。经过导师审核、面试等环节，共录取博士研究生 6 人。

〔启动联合 EMBA 高端教育项目〕 10 月 18 日，学校与加拿大西安大略大学举行“法大商学院—毅伟商学院联合 EMBA 高端教育项目”合作启动仪式。该项目首次针对中国市场推出 EMBA 学位项目，原版引进加拿大西安大略大学毅伟商学院（Richard Ivey School of Business）的全案例教学方法，结合学校商学院法商管理专业的教育模式，整合中国大陆、中国香港和北美法商跨界资源，为学员提供“以学习参与者为中心”的全新 EMBA 课程体系。

〔启动首届大学生职业教练计划〕 10 月 29 日，学校启动首届大学生职业教练计划。该计划聘任 13 名大学生职业教练，采用 1 名教练带领 1 个 8 人学生小组的形式，通过 3 次深入的交流活动帮助学生了解教练所在行业的职业信息，提升学员职业素质，科学规划职业生涯。

〔停办博士生课程高级研修班〕 8 月 1 日，学校停止招收博士生课程高级研修班学员。已招收的在读学员按照原教学计划培训结业，已签订合作合同未执行的立即终止，招生广告停止发布。

〔停办研究生课程班〕 11 月 10 日，学校停止研究生课程班申报与审批工作。各办学单位不再与合作单位新签订、延展合作合同，各类招生广告停止发布，在读学员按照原教学计划培训结业。

〔石亚军受聘普通高校本科教学工作评估专家委员会委员〕 6 月 3 日，学校党委书记、教授石亚军受聘教育部 2013—2017 年普通高等学校本科教学工作评估专家委员会委员。

〔加入全球法学院联盟〕 7 月 26 日，学校成为全球法学院联盟成员学校。该联盟聚集了 26 所来自世界各国的法学领域顶尖院校，联盟成员单位之间通过开展各层次多种类的交流项目，实现教学及科研的多边密切合作。

〔举办首届“中国—欧洲法律论坛”〕 10 月 25 日，学校举办首届“中国—欧洲法律论坛”。论坛由学校、中国法学会和国家开发银行联合主办，共有来自英国、法国、德国等 16 个国家的 80 余位代表参加论坛。论坛主题为“加强法律交流，促进经贸合作”。与会人员围绕法律在中欧经贸交流中的作用及中欧经贸合作相关法律问题进行了研讨。论坛通过《中国—欧洲法律论坛北京宣言》，学校、学校中欧法学院、奥地利奥中法律协会、法国比较立法协会及西班牙嘉理盖斯律师事务所等加入“法律外交战略合作伙伴计划”，学校、学校中欧法学院与中国法学会对外联络部签署了《学生实习基地协议》。

〔建立公益法律援助案例卷宗副本阅览室〕 1 月 15 日，学校建立公益法律援助案例卷宗副本阅览室。该阅览室收藏了 6 000 套公益法律援助案卷，主要内容涉及 6 个省、市和 13 个地级市中级人民法院或基层法院公益援助案卷的相关诉讼内容和证据等。

〔建立网络犯罪侦查实验室〕 4 月 23 日，学校网络犯罪侦查实验室揭牌。该实验室以学校与信息安全共性技术国家工程研究中心共同创立的网络犯罪侦查专业共建中心为基础，是国内首个以网络犯罪行为全网络数据传输过程为对象的虚拟仿真实验平台。

〔建立庭审录像资料库〕 2013 年，学校建立了庭审录像资料库。该资料库接收 52 家基层司法机关提供的庭审录像 3 120 部，包括 25 家省市高级人民法院、中级人民法院和基层法院的庭审录像及案卷的电子资料等。师生可以自由调阅庭审录像，进行课堂教学和辅助学习。

〔开展正能量学生访谈系列活动〕 2013 年，学校开展“CUPL 正能量”学生访谈系列活动。该活动挖掘一批具有家庭、学校、社会责任感，在学习生活等不同领域发挥和传递“正能量”的普通学生作为典型，提升学生自我育人实效，促进大学生全面发展。全年开展活动 25 期。学校“学生视角 发掘同伴教育新思路”；“德育典型 实践思想引领 E 路径——中国政法大学‘CUPL 正能量’人物访谈系列活动”项目获北京市委教育工作委员会、北京市教育委员会主办的“第三届首都大学生思想政治教育工作实效奖”特等奖。

〔承办首届全国大学生模拟法庭竞赛〕 5 月 31 日至 6 月 2 日，学校承办首届全国大学生模拟法庭竞赛。竞赛共有来自 12 所高校的代表队参赛，经过 3 个轮次的竞赛，学校获一等奖，教授刘艳敏获优秀指导教师奖。

〔举办首届“中华法学硕博英才奖”颁奖仪式〕 9 月 17 日，学校举办首届“中华法学硕博英才奖”颁奖仪式。该奖项由学校设立，与法制日报社共同主办，是面向全国（含港澳台地区）高等学校、科研院所全日制在读法学专业研究生和法律硕士专业学位研究生开放申报的学术成果奖。该奖项每两年评选一次，首届评选历时 4 个月，征集到来自全国 36 所大学或研究机构的法学院（所）的论文 168 篇，其中 2 篇论文获一等奖、10 篇论文获二等奖、20 篇论文获三等奖。

〔于飞获北京市青年五四奖章〕 4 月 30 日，学校教授于飞获第 27 届北京市青年五四奖章。

〔举办首届辅导员职业技能大赛〕 6 月 19 日，学校举行首届辅导员职业技能大赛。该项比赛旨在提升辅导员的职业技能和工作水平，推动辅导员职业化、专业化发展。全校 50 名辅导员参加比赛，1 人获一等奖、3 人获二等奖、7 人获三等奖。

〔首次获全国大学生数学建模比赛全国一等奖〕 9 月 15 日，学校获“2013 年高教社杯全国大学生数学建模竞赛”全国一等奖、二等奖各 1 项。学校组织 5 支队伍参赛并首次获得该奖项全国一等奖。年内，学校还获得美国大学生数学建模竞赛一等奖 1 项，实现了该赛事国际奖项零的突破。

〔举办全国大学生羽毛球赛〕 10 月 10—13 日，学校举办“佛雷斯杯”第三届“全国亿万学生阳光体育运动”大学生羽毛球挑战赛。比赛设男子团体赛和女子团体赛 2 个项目，共有来自全国 34 所高校的 272 名运动员报名参赛，参赛高校及人数均创造历史新高。

〔学校成立第二所孔子学院〕 11 月 22 日，学校与罗马尼亚布加勒斯特大学共同组建布加勒斯特大学孔子学院。该学院集基础汉语教学、学术研究及法学特色为一体，旨在打造两校乃至中罗交流的重要平台。教授薛小建担任孔子学院首任中方院长，年内学生规模达 90 人。

撰稿 刘 旭
审稿 李秀云

中央音乐学院

〔获教育部学科评估第一名〕 2013 年 1 月 29 日，教育部学位与研究生教育发展中心发布 2012

年学科评估结果。学院参评的“音乐与舞蹈学”一级学科以94分的成绩在38所参评院校中位列第一名。

〔举办《李岚清音乐作品集》首发式暨作品音乐会〕 10月20日，《李岚清音乐作品集》首发式暨作品音乐会在学院举行。本书作者、中共中央政治局原常委、国务院原副总理李岚清莅临首发式，为全国部分高校、院团、图书馆、出版社及媒体等单位赠书。《李岚清音乐作品集》收录了李岚清不同时期作词、作曲的各种版本的音乐作品，包括《蓓蕾之歌》(1999年)、《鉴真东渡》(2006年)、《二泉——为阿炳画像》(2005年)、《北国之恋》、《张开银幕的翅膀——中国国际儿童电影节节歌》(2007年)、《相约在明天》(2008年)、《题清照抚琴图》等13首声乐器乐作品，该书由学院出版社出版。作品音乐会上，学院交响乐团、合唱团、少年合唱团，优秀教师张立萍、张建一、张璋、于红梅、谢天、李国玲、袁晨野、由熹等在指挥家胡咏言、杨鸿年的指挥下，倾情演奏（唱）了李岚清作词、作曲的9部声乐和管弦乐作品。来自全国13所重点综合性大学、15所知名艺术院校及14家文艺团体的代表700百余人参加了本次首发式及音乐会。

〔叶小钢获“艺文奖”〕 12月19日，第二届中华艺文奖颁奖典礼在北京举行，副院长叶小钢获“艺文奖”。该奖项是国家级学术机构主办的最高艺术奖，旨在表彰具有高尚精神、卓越才华和杰出成就的中华文化艺术英才。

〔于润洋获金钟奖〕 11月25日，第九届中国音乐金钟奖颁奖典礼暨闭幕式音乐会在广州市举行。学院原院长于润洋获金钟奖终身成就奖，钢琴系学生鹿尧在钢琴比赛中获冠军，民乐专业的学生在民乐组合、古筝、二胡比赛中获金、银、铜等多个奖项。

〔青年国乐团首演音乐会〕 9月9—10日，“传统与现代——中央音乐学院青年国乐团首演音乐会”在学院举行。首演音乐会的曲目广泛涉猎传统与现代极具代表性的作品，包括谭盾的《英雄》、周龙的《空谷流水》、陈怡的《中国寓言故事》、邹航的《醉舞金刚》、朱毅的《咏南》、陈雷激改编的《酒狂》、顾冠仁的《三六》等。这些或传统或现代的作品都是根据中国传统故事素材创作而成，具有中国气质，在青年演奏家们的诠释和演绎下，成为一次传统音乐立足当代最好的展示。

〔举办中国近现代著名词曲作家作品音乐会〕 11月15日，学院与韩国首尔国立大学在韩国举办“永远记住他们——中国近现代著名词曲作家作品音乐会”暨李岚清著作赠书仪式。本场音乐会是根据李岚清的倡议，为尊重和纪念中国近现代音乐史上一批卓越的词曲创作者和音乐家而举办的，由中国驻韩国大使馆、中国印·李岚清篆刻书法艺术展组委会主办，学院与韩国首尔国立大学承办，属于“中国印·李岚清篆刻书法艺术展”（韩国展）系列文化、艺术、教育和商贸活动的重要组成部分。

〔歌剧《阿伊达》赴三市巡演〕 11月19日至12月3日，为纪念意大利著名作曲家威尔第诞辰200周年，学院歌剧中心携威尔第的著名歌剧《阿伊达》赴宁波、福州、深圳三市巡演。

〔与国外高校签署合作协议〕 4月26日，应瑞士日内瓦高等音乐学院和德国汉堡国立音乐与戏剧大学的邀请，院长王次炤率领代表团一行6人赴瑞士和德国，对两校进行友好访问，并分别签署了合作交流协议和项目协议。

〔“音乐孔子学院首届音乐节暨启动仪式”系列活动〕 4月30日，由学院与丹麦皇家音乐学院合作建设的全球首家以教授、宣传和展示中国音乐文化为核心的“音乐孔子学院首届音乐节暨启动仪式”系列活动在丹麦皇家音乐学院拉开帷幕。为期5天的活动包括9个大师班、1个远程教学讲座、2场音乐会和“音乐孔子学院作曲比赛发布仪式”等内容。此次系列活动标志着音乐孔子学院投入了全面运行。

〔**与香港、台湾4所艺术高校签署合作协议**〕 5月28日至6月5日，院长王次炤率领由管弦系、民乐系及钢琴系部分师生组成的代表团赴香港演艺学院、台湾艺术大学、台北艺术大学及台南艺术大学进行访问和交流，并分别签署和续签了校际交流合作协议，共同探讨未来校际间合作发展的新方向，将交流活动推向实质化。其间，代表团在台北艺术大学和台南艺术大学举行了两场音乐会，完成了此次访问和演出的任务。

〔**与阿姆斯特丹音乐学院签署合作协议**〕 9月26日，学院与荷兰阿姆斯特丹音乐学院签署合作协议。根据协议，两校建立多种多样的交流方式，包括开展课程设置的探讨、学生联合培养及教师互访、派教授代表团或学生代表团互访、学生乐团联合演出及进行爵士乐交流等项目。

〔**学院中国青年交响乐团赴德奥巡演**〕 3月20—27日，学院中国青年交响乐团赴德国、奥地利进行了为期8天的巡演，共演出5场，其中交响音乐会3场、室内乐音乐会2场。此次演出的曲目由学院精心挑选，主要曲目为穆索尔斯基作曲、拉拉威尔配器的交响乐《图画展览会》、柴可夫斯基第一交响乐和小提琴协奏曲、叶小钢的小提琴协奏曲《失去的乐园》、王斐南管弦乐《弗雷德里希的梦呓》及室内乐《圣山上的舞铃》作品等。

〔**获国际手风琴比赛大奖**〕 5月6—12日，第50届克林根塔尔国际手风琴比赛在德国举行，学院学生在四个组别中共获3项第一名和1项第三名，其中钢琴系手风琴专业学生王寒之获艺术家组第三名；学院附属中学学生毛俊潞获青年组第一名；钢琴系手风琴专业学生田佳男、管弦系小提琴专业学生巩媛获室内乐组第一名；钢琴系手风琴专业学生田佳男获流行音乐组第一名。

〔**获美国GFA国际吉他比赛大奖**〕 6月30日，在由美国吉他基金会（Guitar Foundation of America）举办的国际吉他艺术节及比赛中，学院附属中学学生濮小博获第九届GFA国际青年吉他大赛冠军、刘北妍获少年组季军。

〔**"琥珀四重奏"组合获国际室内乐大奖**〕 7月14日，在澳大利亚墨尔本举行的2013年亚太国际室内乐比赛决赛中，学院"琥珀四重奏"组合夺得"四重奏组金奖""最佳现代作品诠释奖""所有组合类别总冠军"3个最高奖项，成为第一支在国际室内乐大赛上获冠军的中国四重奏组合，实现了中国室内乐界零的突破。

〔**民族管弦乐团首次赴欧洲巡演**〕 7月21日至8月2日，学院民族管弦乐团应邀赴保加利亚、马其顿、奥地利和斯洛伐克访问演出。演出曲目包括《闹洞房》（《西北组曲》第二乐章，谭盾作曲）、《高山流水》《百鸟朝凤》《月儿高》《飞歌》（唐建平作曲）、《日月山》（郭文景作曲）、《太阳祭》（张朝作曲）等。

〔**管弦系学生获国际低音提琴艺术节多项大奖**〕 8月20—28日，在匈牙利和奥地利举办的"布达佩斯—维也纳国际低音提琴艺术节"上，学院管弦系教授陈子平受邀担任艺术节专家和比赛评委，并带领多名学生参加了比赛。在布达佩斯大赛中，学生李赓沛获第一名、王苓沣获第二名、于翰逊获第三名；在维也纳大赛中，学生李赓沛获第一名、王梓获第二名、常静怡和张晨阳获第三名。

〔**举办布里顿百年诞辰系列纪念活动**〕 11月12—16日，由学院、布里顿—皮尔斯基金会和英国大使馆文化教育处联合举办的布里顿百年诞辰系列纪念活动在学院举行。此次活动为期5天，包括邀请英国布里顿研究的学者和中国学者参加的"布里顿学术研讨会"；由学院附属中学交响乐团和室内乐团演出的《布里顿弦乐队作品音乐会》、学院中国青年交响乐团演出的《布里顿管弦乐作品音乐会》、声乐歌剧系学生和管弦系学生演出的《布里顿声乐及室内乐作品音乐会》和作曲系专门举行的《向布里顿致敬——中央音乐学院教师生作品音乐会》。

〔举办首届弹拨音乐节〕　12 月 1—6 日，由学院主办，民乐系承办、音乐研究所协办的首届弹拨音乐节在学院举行。此次音乐节是建院以来首次以琵琶、阮、三弦、柳琴为主要展示内容的大型学术活动，共举办了 10 场讲座音乐会、3 场专场音乐会。讲座音乐会采用主讲专家边讲授边演奏的方式，并且每场都有一位“对话嘉宾”与其交流，与传统讲座相比增加了互动性与趣味性；讲座音乐会均来自民间，以演奏为主、讲述为辅，重在让大家感受民间乐种乐器的独特风韵。

〔马泽尔应邀到院访问〕　5 月 3 日，应院长王次炤邀请，德国慕尼黑爱乐乐团音乐总监、前纽约爱乐乐团音乐总监洛林·马泽尔（LorinMaazel）到院参观访问，并举办大师公开课。

〔举行“英才艺术实践基金”捐赠仪式〕　5 月 12 日，“中央音乐学院英才艺术实践基金”捐赠仪式在学院举行。该基金由汉能控股集团有限公司捐赠。

〔举行校外音乐水平考级 20 周年庆典活动〕
10 月 18 日，学院考级委员会在学院举行校外音乐水平考级设立（开展）20 周年庆典活动，来自全国 30 多家省地市考级承办机构的负责人出席了庆典仪式。截至 2013 年年底，学院考级委员会已先后编写和开设了 25 个专业的教材和考试，在全国 24 个省（区、市），近 40 个城市设立了考级点。学院考级委员会已发展成为国内具有权威性、国际上有一定影响力的国际性音乐考试机构。

〔招生与就业〕　2013 年，学校招生 1 933 人，其中学历教育学生中全日制研究生 192 人（博士研究生 26 人、硕士研究生 166 人），普通本科生 349 人，网络教育本、专科生 1 392 人（本科生 779 人、专科生 613 人）。毕业生 1 731 人，其中学历教育学生中全日制研究生 141 人（博士研究生 30 人、硕士研究生 111 人），普通本科生 326 人，网络教育本、专科生 1 261 人（本科生 695 人、专科生 569 人）。本科毕业生就业率达 95.64%。

撰稿　王天红
审稿　赵　海　王　歆

中央戏剧学院

〔教育部领导到院视察〕　2013 年 3 月 21 日，教育部副部长杜玉波到学院视察。杜玉波一行观看了音乐剧系 2011 级表演班教学汇报，与学院领导班子进行了会谈，肯定了学院取得的成就，对学院未来的发展提出了指导意见和建议。

〔获联合国教科文组织戏剧教育席位〕　12 月 25 日，联合国教科文组织总干事伊琳娜·博科娃和学院院长徐翔共同签署协议，学院正式获联合国教科文组织戏剧教育席位（A UNESCO CHAIR ON THEATRE EDUCATION）。

〔开展访谈模拟教学〕　3 月，学院电影电视系开展访谈模拟教学活动。该活动是电影电视系播音主持专业的一个教学环节。通过访谈模拟教学，提高学生对演播空间的熟悉程度及访谈现场的把握能力，树立了栏目意识，提高了对不同电视节目的认知。

〔加强青年教师队伍建设〕　2013 年，不断采取措施，切实加强青年教师队伍建设。6 月 8 日，召开 35 岁以下青年教师座谈会。12 月 28 日，召开青年教师队伍建设工作会，全院百余名 40 岁以下的青年教师参加会议。学院制定了相关制度，对青年教师的学习、教学和学术研究提出了具体要求。

〔**获文华奖**〕　11月，在由文化部主办的中国艺术节上，学院多位教师获第十四届文华奖。其中教授廖向红为中国儿童艺术剧院执导的《特殊作业》获第十四届文华奖导演奖；教授刘杏林为北京北方昆曲剧院设计的昆曲《红楼梦》、副教授罗江涛为陕西戏曲研究院设计的秦腔《西京故事》、副教授修岩为湖北省戏曲艺术剧院设计的黄梅戏《妹娃要过河》、教授胡耀辉为北京儿童艺术剧院设计的儿童剧《想飞的孩子》获第十四届文华奖舞美设计奖。

〔**获全国戏剧文华奖**〕　4月，在第八届全国戏剧文华奖评比中，学院舞台美术系教授边文彤凭借京剧《飞虎将军》和淮剧《宝剑记》获两项舞台美术金奖；戏剧文学系副教授胡薇凭借《喜剧为何要忧伤?》获论文金奖。

〔**获戏剧节大奖**〕　5月3—7日，学院代表团赴摩洛哥菲斯参加第八届大学戏剧文化节。学院获得本届戏剧节最高奖——戏剧节大奖，京剧系学生高逊获最佳男演员奖。

〔**搭建制作人校外实践平台**〕　4月，学院戏剧管理系分别与中国国家话剧院演出中心、江苏省演艺集团有限公司签署“校外实践基地合作协议”，进一步推进戏剧管理系的教学改革。根据教学规划，戏剧管理系进一步拓展更多形式的实践平台，如剧场院线等。深入研究制作人运作模式，继续完善制作人培养机制，为行业打造更多具有核心竞争力的优秀演出制作人。

〔**承办全国编导类省统考标准制订工作研讨会**〕　1月9日，全国编导类省统考标准制定工作研讨会在学院召开。来自北京、河北、江苏、山东、河南、湖南、四川7个省市教育考试院招生工作负责人参加了研讨会。各省招生工作负责人分别介绍了本省艺术类考试的情况，对编导类省统考的考务管理及评分办法等提出了具体修改意见。

〔**承办中国音乐剧教学与创作研讨会**〕　5月17日，第六届中国音乐剧教学与创作研讨会在学院举行。本次研讨会由中国音乐剧研究会教学专业委员会主办，学院音乐剧系、音乐剧教学与创作中心承办，来自22所院校的专家、师生参加了研讨会。研讨会期间，有20篇论文在大会上发表，3所院校进行了音乐剧剧目教学展演。

〔**第一届国际剧院团管理大师班**〕　6月2—5日，由中国戏剧文化管理协同创新中心主办的“第一届国际剧院团管理大师班”在学校举行，主题是：以“全球视野内的剧院团经营和管理”。邀请美国、德国、俄罗斯、英国、奥地利等13个国家和地区的17名专家进行了为期4天的专题讲座，与全国19个省（区、市）的40余家剧院团的院团长共同分享剧院团经营管理的经验与成果。

〔**举办高级研修班**〕　7月3日，学院继续教育中心与黑龙江省文化厅联合举办的黑龙江省戏剧创作、舞台美术高级研修班结业。本次高级研修班是学院继续教育中心与各省级文化部门合作，面向在职人员举办非学历教育的首次尝试。研修班自3月开始，完成了两个班共41名学员的教学任务和结业工作。

〔**参加中国高等戏剧教育联盟会议**〕　9月23—25日，中国高等戏剧教育联盟主席、学院院长徐翔一行赴济南市参加由中国高等戏剧教育联盟主办、山东艺术学院承办的首届中国高等戏剧教育联盟交流会议。来自全国（含港澳台地区）的23所高等艺术院校及开设戏剧类专业的普通高等学校及一些获邀的非加盟院校参加了会议。其间，举行了主席团会议和“斯坦尼斯拉夫斯基体系研究专题论坛”。

〔**举办谭霈生戏剧理论学术研讨会**〕　10月19日，学院举办“谭霈生戏剧理论学术研讨会”，共有来自北京、上海、浙江、湖南、河北、云南、福建、香港、台湾等地的戏剧界专家、教授近150余人出席会议。会议期间，与会专家围绕“回归戏剧本体：谭霈生戏剧思想研究”“借鉴与创造：谭霈生戏剧思想与现代西方戏剧理论”“继承与发展：谭霈生戏剧思想与中国传统戏剧理论”“创作与评论：谭霈生戏剧思想与中国当代戏剧创作”“对话与论争：谭霈生戏剧思想与当代戏剧批评”等5个主题及中国新时期戏剧理论发展问题进行了探讨和交流。

〔举办学院奖系列活动〕　11月1—4日，学院举办全国话剧优秀剧目片断展演暨第三届学院奖（戏剧表演）颁奖活动。本届学院奖共收到全国各剧院团报送的33台剧目，评选出10台优秀剧目进行展演。通过展演，评选出了10位最佳主角和10位最佳配角。

〔举办演艺企业经营管理人才培训班〕　11月27日至12月1日，由文化部改革办公室主办、中国戏剧文化管理协同创新中心承办的“第二期全国演艺企业经营管理人才培训班（试验班）暨大中型演艺企业专业团体负责人培训班”在学院举办。培训班以“艺术创作与市场推广”为核心，围绕“国有文艺院团体制改革历程与政策解读”“新媒体营销”“演艺企业运营模式创新与实践”“演出项目的创意与策划”“百老汇戏剧运作方式案例研究”“美国演出项目的创意与制作”“演艺产业的发展战略与创意领导力”“戏剧艺术的创作与生产”等主题展开教学与讨论。

〔举办人物造型设计大赛〕　1—5月，学院承办的“麒麟杯”第二届北京市大学生人物造型设计大赛举行。本届大赛以“城市”为主题，分为时装设计组、戏剧影视人物造型设计组和数字虚拟人物造型设计组。大赛期间，共收到来自学院、中央美术学院、清华大学美术学院等13所高校的上百件作品，选出42件优秀作品进入决赛。最终评选出一等奖3名、二等奖6名、三等奖9名、优秀奖24名。

〔参加婆罗多戏剧节〕　1月4—10日，学院党委副书记宋英率代表团赴印度参加第十五届婆罗多戏剧节，并演出剧目《华沙旋律》。

〔英国伦敦艺术大学温布尔顿艺术学院院长到访〕　3月12日，英国伦敦艺术大学温布尔顿艺术学院院长西蒙·贝茨访问学院，并与院长徐翔就开展舞台美术设计领域的教育教学合作等相关事宜交换了意见和看法。

〔参加亚洲戏剧教育研究国际论坛〕　5月17—19日，亚洲戏剧教育研究中心理事长、学院院长徐翔一行赴新加坡参加第八届亚洲戏剧教育研究国际论坛。本届论坛的主题是“经典剧目的当代演出及其与戏剧院校的教学与训练的关系”。来自亚洲及世界其他地区的22所戏剧院校和戏剧团体参加了论坛，共计120人。

〔参加戏剧奥林匹克系列活动〕　2013年，学院发挥自身专业优势，积极协助北京市申办戏剧奥林匹克。成立了戏剧奥林匹克中国组委会执行委员会中央戏剧学院办公室，为此次活动提供学术支持，并协助活动主办机构北京市文化局开展相关工作。

8月22—27日，学院党委书记刘立滨一行应日本戏剧奥林匹克国际委员会委员铃木忠志邀请，赴日本参加戏剧奥林匹克国际委员会会议。刘立滨向国际委员会详细汇报了北京申办2014年第六届戏剧奥林匹克工作的进展情况，并介绍了北京市关于举办戏剧奥林匹克的筹备方案，得到了与会委员们的一致认可和赞赏。委员会还对演出剧目的选择等筹备工作进行了讨论。

11月26日，戏剧奥林匹克国际委员会与戏剧奥林匹克中国组委会主要成员在北京举行正式会晤，共同商讨本届活动筹备的相关事宜。学院党委书记刘立滨作为国际委员出席会议。11月27日，刘立滨出席了第六届“戏剧奥林匹克”新闻发布会，北京市新闻办公室偕同戏剧奥林匹克国际委员会共同发布了活动消息。

〔**圣彼得堡国立戏剧学院副院长到访**〕 10月16日，俄罗斯圣彼得堡国立戏剧学院副院长尼古拉·别索钦斯基一行访问学院，与院长徐翔就在两校之间开展合作办学的意向进行了深入探讨。

〔**香港演艺学院到访**〕 10月22日，香港演艺学院代表团一行7人访问学院。

〔**签订合作培养协议**〕 7月18日，学院与中国歌剧舞剧院签订《中国歌剧舞剧院与中央戏剧学院合作培养2014级舞剧表演本科班协议》。根据协议，双方本着“联合招生、共同培养”的原则，面向全国招收30名学生，学制5年，学院负责培养并对符合条件的学生颁发毕业证和授予学位。学生毕业时，中国歌剧舞剧院将秉持“双向选择、择优录用”的原则，对成绩优异的学生进行招录。

〔**开展党的群众路线教育实践活动**〕 7月12日，学院召开开展党的群众路线教育实践活动动员大会。会上，党委书记刘立滨做了题为《坚定理想信念、践行群众路线、培养创新人才、建设特色鲜明、世界一流的艺术院校》动员报告，就学院深入开展党的群众路线教育实践活动进行了全面部署。教育部直属高校第三督导组组长孙武学对学院开展教育实践活动提出了具体要求。动员大会结束后，与会代表对学院领导班子进行了民主测评。

学院先后召开了深入开展党的群众路线教育实践活动教职工代表座谈会、学生座谈会、民主党派代表座谈会和教师代表座谈会等，听取基层意见。按照教育部党组的要求，召开学院领导班子专题民主生活会，开展对照检查，进行批评与自我批评。要求各支部积极召开民主生活会，不断推动学院深入开展党的群众路线教育实践活动。

〔**赴越南交流访问**〕 12月4—8日，院长徐翔一行应越南河内戏剧电影大学校长陈青侠邀请，赴越南进行交流访问。访问期间，徐翔与陈青侠就戏剧人才培养、两校合作等问题进行了深入探讨，并参观了河内戏剧电影大学教学楼、黑匣子剧场、实验剧场、排练室等基础设施，观摩了该校传统戏剧系三年级学生的舞蹈教学课及舞台美术系学生作品展。

〔**举办国际大学生戏剧节**〕 9月18—28日，学院举办第三届世界戏剧院校联盟国际大学生戏剧节。来自中国、保加利亚、德国、日本、韩国、墨西哥、乌克兰的7所艺术院校共100多名师生参加。戏剧节期间，举行了第三届世界戏剧院校联盟国际大学生戏剧节通报会，上演了11台剧目，评选出6名“优秀表演奖”和7名“最佳表演奖”。

〔**演出教学实习剧目《小井胡同》**〕 4月19—27日，学院表演系2010级学生上演教学实习剧目《小井胡同》，该剧目由郝戎执导。

〔**演出教学实习剧目《拜访森林》**〕 11月30日，学院音乐剧系2011级本科班教学剧目《拜访森林》上演。《拜访森林》的上演是学院继引进和制作百老汇经典音乐剧《名扬四海》《为你疯狂》之后，又一次将百老汇的经典名剧进行本土化再创作的重大成果，也是该剧在国内的首场演出。

〔**学生在国际声乐大赛获奖**〕 4月19—23日，学院音乐剧系2009级学生钟艺赴俄罗斯圣彼得堡参加第八届国际声乐大赛暨安德列·彼得诺夫“歌唱面具”音乐节并获音乐剧演员独唱组第二名。

〔**承办第四届北京大学生戏剧节**〕 10月16—26日，由北京市委教育工作委员会、北京市教育委员会主办，学院承办的第四届北京大学生戏剧节在学院举行。共收到34所高校选送的62台剧目，并从中选出了22台剧目进行展演。本次戏剧节共评选出最佳剧目奖、最佳导演奖、最佳编剧奖、最佳男女演员等10余个奖项。戏剧节期间，还举办了北京第四届大学生戏剧节戏剧研讨会。

〔**举办校园歌手大赛**〕 11月29日，学院举办2013年“乐动我心”校园歌手大赛，共有14组选手参加，最终评选出冠军1名、亚军1名、季军2名。

〔举办学生影像展〕　12 月 30 日，学院举办第九届学生影像展。本次影像展共放映了学生创作的 18 部共计 380 分钟的作品。通过专家评审和观众评选相结合的方式，评选出最佳短片奖、最佳编剧奖、最佳导演奖、最受观众欢迎短片奖等 10 余个奖项。

撰稿　王晓辉
审稿　徐　贞

中央美术学院

〔侯一民、詹建俊获中国美术奖终身成就奖〕 2013 年 1 月 29 日，学院教授侯一民、詹建俊获第二届“中国美术奖·终身成就奖”。该奖是经中宣部批准设立，由文化部、中国文联、中国美术家协会主办的国家级美术最高奖，旨在表彰为推动中国美术事业的发展做出卓越贡献、德高望重的著名美术家。

〔承办教育系统微博工作交流研讨会〕　1 月 22 日，学院承办教育系统微博工作交流研讨会。研讨会邀请了新媒体研究领域专家做了关于微博发展趋势以及如何运用新媒体做好教育宣传工作的辅导报告，与会代表就教育系统官方微博工作的开展进行了研讨和交流。来自全国各省（区、市）教育厅（教委）以及教育部所属高校的 120 多位代表参加了此次研讨会。会上成立了教育系统官方微博联盟。

〔召开全国高等艺术院校山水画教学研讨会〕 3 月 1 日，全国高等艺术院校山水画教学研讨会暨师生作品展在学院开幕。10 家全国著名山水画教学单位参加，共展出了 31 位专业教师及各院校学生作品。会议总结了新时期山水画教学的经验，对山水画教学面临的新形势进行了探讨。

〔学生获首届国际“铜与家居”创意设计大赛奖〕　3 月 1 日，第一届国际“铜与家居”创意设计大赛（亚洲区）颁奖典礼在北京 798 艺术区落幕。学院 6 名学生在大赛中斩获佳绩，共摘得 1 个一等奖、2 个三等奖、3 个优秀奖。本届设计大赛主题为“铜·情感”，吸引了包括中国、日本、印度、马来西亚等国家和地区设计机构、设计师和设计高校学生的广泛参与。

〔举办“潘公凯——弥散与生成”展〕　3 月 9 日，学院院长“潘公凯——弥散与生成”展览在北京今日美术馆开幕。展览分为水墨画、装置、史论和建筑四个板块，展示空间中还穿插相关影像、文献和手稿，从各种角度全面呈现潘公凯艺术思考与实践。配合展览，学院出版了一套四本的展览文献图录，这是系统研究潘公凯艺术思行的重要参考文献。

〔驻京艺术学子齐聚学院共筑“中国梦”〕　5 月 8 日，“中国梦·艺术梦·百年梦”中央美术学院研究生主题演讲会暨在京艺术学子“筑梦行动”启动仪式在学院举行。学院研究生以“梦”为主题，讲述了对“中国梦”“艺术梦”的理解。中央音乐学院、中央戏剧学院和中国音乐学院学生带来了钢琴、话剧和民乐演奏。随后，四校学生代表共同发起“筑梦行动”倡议，开展文化普及与社会实践活动。这是首都艺术院校首次联合举行的大规模艺术惠民活动。

〔举办《国际高等美术院校教育质量比较》调研项目汇报会〕　6 月 5 日，《国际高等美术院校教育质量比较》调研项目（美国组）汇报会在学院举行。此次调研系统考察了罗德岛设计学院、芝加哥艺术学院、纽约视觉艺术学院、纽约艺术学院、加州艺术学院、耶鲁大学和哥伦比亚大学，旨在对国际高水平艺术院校的办学特色、教学理念、教育质量等问题进行深入了解的基础上，明确学院教育教学现状，在比较与借鉴中为学院制定发展蓝图。

〔**举办北平艺专精品陈列展**〕　6月6日，学院美术馆藏：北平艺专精品陈列（中国画部分）展正式向公众开放。展览展出近40件作品，涉及作者30余人，创作年代自1917年至1949年，贯穿了国立北平艺专发展的各个重要时期，其中包括中国画教学骨干徐悲鸿、林风眠、齐白石、张大千、黄宾虹、宗其香、李可染、李苦禅等国画大家的作品。

〔**主办金属雕塑创作营**〕　8月24日，由学院主办的“2013钢铁之夏——金属雕塑创作营”创作任务圆满完成。“教学强调与社会实践相结合”是活动的理念，这种由全国十大美术学院推选学生共同学习、创作的模式是一次合作教学的有益尝试。该活动也是学院“国家艺术发展策略研究协同创新中心”与太原市政府合作的首个项目。

〔**举办张立辰教学40年教学文献暨师生作品展**〕　9月29日，“笔墨传承——张立辰教学40年”教学文献暨师生作品展在学院开幕。展览旨在展现张立辰从教40年的教育理念、教学方法和教学成果。师生作品展共展出150人的200多幅具有代表意义的中国画，呈现出张立辰与其学生对中国画笔墨传统的坚守。张立辰是当代大写意花鸟画家的杰出代表、中国画教育家。

〔**启动95周年校庆季系列活动**〕　10月18日，学院正式启动校友返校日暨95周年校庆季系列活动，活动当天公布了“尽精微致广大”作为学院的校训。《中央美术学院校史陈列》同期展出，《走向百年——中央美术学院建校95周年专题片》正式首映。校庆系列活动启动后，国际高等美术院校比较研究学术研讨会、世界高等美术学院校长论坛、校史研讨会以及CAFA教师作品展、教学成果展等95周年校庆季活动也陆续展开。

〔**签约中国南极维多利亚地考察站概念设计**〕　11月4日，由学院院长潘公凯牵头负责的“中国南极维多利亚地考察站概念设计”合作签约仪式在中国极地研究中心举行。此项工程是继2008年北京奥运会、2010年上海世博会之后，学院又一次独立承接和参与的国家重大工程项目。

〔**举行蒋采萍从艺60周年画展**〕　11月13日，“蒋采萍从艺60周年画展”在中国美术馆开幕。展览共展出学院教授蒋采萍的130余件作品，包括工笔画、重彩画、水墨小写意画、色粉笔写生画多种画种，以及人物画、花卉画、山水画多种画科。蒋采萍是在新中国成长的第一代工笔重彩人物画家，也是开创中国现代重彩画的学术带头人。代表作有《宋庆龄光辉一生》《老芭蕉与小芭蕉》《教室》等。

〔**举办CAFA教师：中央美术学院教师创作特展**〕　11月22日，CAFA教师：学院教师创作特展开幕。展览集中展出了290余位教师近300件（组）入选作品，几乎涵盖了学院全部学科，包括国画、书法、篆刻、油画、版画、雕塑、影像、装置、数码多媒体、交互设计、平面设计、产品设计、首饰设计、时装设计、动画设计、建筑设计、景观设计等，全面展示了教师的创作实力。

〔**主办全国高等美术院校建筑与环境艺术设计专业教学年会**〕　11月23—24日，学院主办了第十届全国高等美术院校建筑与环境艺术设计专业教学年会。来自国内外39所高校的代表参加会议。会议内容包括主题发言、院长论坛、分组研讨三个部分。

〔**召开艺术管理学系成立10周年国际研讨会**〕　11月27日，学院艺术管理学系成立10周年学术活动之一“艺与脑——艺术管理思考”国际研讨会召开。此次研讨会为国内外的艺术管理学者提供了一个良好的交流平台及思想交锋的机会。

〔**微博与微信获殊荣**〕 11月28日，“大数据时代的中国教育”新浪2013中国教育盛典在北京举行，学院官方微博荣获“教育官微影响力奖”。与此同时，由学院学生工作部开发的“中央美院学生工作”微信订阅号也喜获“2013年度全国高校微信应用领衔奖”。

〔**举行国际艺术学院院长研讨会**〕 12月5日，学院举行“国际艺术学院院长网络（IPAM）研讨会”，邀请全球11所著名艺术院校校长围绕“全球化趋势下的多元化艺术教育”话题展开讨论。多位院长就“身份与特色——新办法”“新传统——好办法”两个板块的内容进行了讨论。

〔**举办时装10年作品联演**〕 12月6日，学院举办时装十年作品联演活动。学院时装设计专业的往届毕业生共10位原创中国服装品牌的新生力量，携各自创造的时装品牌作品汇聚学院，与在场师生一起见证时装专业和自我成长过程。该专业已拥有逐渐完善的学科教学体系，成为设计教育行业中独具特色的设计专业。

〔**教师作品获中国电影华表奖**〕 12月26日，学院教师、电影导演宁瀛导演的《警察日记》获中国电影的最高荣誉——第15届中国电影华表奖“优秀故事片”奖。

撰稿 陆英明
审稿 杨 杰

北京中医药大学

〔**第三轮学科评估结果公布**〕 2013年1月29日，教育部公布了第三轮学科评估结果：学校中医学、中西医结合排名第一，中药学并列第二。

〔**2门课程入选教育部2013年度来华留学英语授课品牌课程**〕 7月11日，由教授赵百孝负责的“针灸学”和由教授贾德贤负责的“中药学”2门课程入选教育部“2013年度来华留学英语授课品牌课程。

〔**首次开办“卓越中医师培养计划”中医学专业（京华传承班）**〕 2013年，学校首次开办“卓越中医师培养计划”中医学专业（京华传承班）。该班招收中医学专业学生30人，由学校和北京中医医院联合培养，充分发挥北京市名医工作站的作用，实行全程导师制。

〔**开设药学专业**〕 2013年，学校开设药学专业，培养具备药学学科基本理论、基本知识和一定实验技能，能在药学领域从事药物研究与开发、药物生产、药物质量控制、药物临床应用和监督管理等方面的专门人才。该专业学制4年，授予理学学士学位。

〔**首门国家级精品资源共享课上线**〕 10月中旬，学校国家级精品资源共享课——《伤寒论》在“爱课程”网（www.icourses.edu.cn）及其合作网站中国网络电视台、网易（公开课）网络平台上线。该课程由学校教授王庆国主讲，是学校首门国家级精品资源共享课。

〔**首门国家级精品视频公开课上线**〕 11月20日，学校国家级精品视频公开课——《望闻问切话中医》在“爱课程”网（www.icourses.edu.cn）及其合作网站中国网络电视台、网易等网络平台上线。该课由学校基础医学院教授陈家旭负责、副教授赵歆主讲。《望闻问切话中医》是教育部第二批国家级精品视频公开课之一，也是学校首门国家级精品视频公开课。

〔**陈家旭入选“长江学者”特聘教授**〕　3月5日，教授陈家旭入选2011年度教育部“长江学者”特聘教授。

〔**12人当选教育部高等学校教学指导委员会委员**〕　5月6日，教授田金洲、刘建平、翟双庆、王琦、高思华、王伟、马长华、乔延江、郝玉芳、杨洁、侯俊玲和谷晓红当选2013—2017年教育部高等学校教学指导委员会委员。

〔**赵吉平获第九届北京市高等学校教学名师奖**〕　9月11日，第九届北京市高等学校教学名师奖获奖名单公布，学校东直门医院教授赵吉平被评为第九届北京市高等学校教学名师。

〔**4人入选2013年度“新世纪优秀人才支持计划”**〕　10月8日，教师郭淑贞、李军、刘兆兰、鲁艺入选教育部2013年度“新世纪优秀人才支持计划”。

〔**王琦获2013年度何梁何利科学与技术进步奖**〕　10月29日，终身教授、博士生导师王琦获何梁何利科学与技术进步奖。

〔**获2项2012年度国家科学技术进步奖二等奖**〕　1月18日，学校教授田金洲主持的“补肾化痰法治疗阿尔茨海默病及其应用技术”、教授王伟主持的“病证结合动物模型的制备方法与应用”分别获国家科学技术进步奖二等奖。

〔**获9项中华中医药学会科技奖**〕　2月28日，学校获2012年度中华中医药学会科学技术奖8项，其中一等奖2项、二等奖4项、三等奖2项，分别为：教授倪健主持的《中药粉针剂现代技术适宜性与设备工程化研究》、教授张允岭主持的《脑梗死急性期火毒证辨证规范的初步建立及验证》获一等奖，教授丁霞主持的《中医药防治酒精性肝纤维化的基础与临床研究》、教授刘铜华主持的《中药复方及其有效部位干预糖耐量异常作用机制研究》、教授翟华强主持的《中药升降浮沉作用特征及其临床应用示例研究》、教授王天芳主持的《疲劳的量化评定及疲劳性亚健康（肝郁脾虚型）的中医药干预研究》获二等奖，教授李平主持的《调理脾胃法诊疗冠心病心绞痛方案的挖掘与应用》、教授李峰主持的《艾滋病常见机会性感染与HAART毒副作用的中医证候研究》获三等奖。教授高颖主持的《中风病证候诊断及病证结合评价体系的研究与应用》获李时珍医药创新奖一等奖。

〔**8项成果获第七届北京市高等教育教学成果奖**〕　9月11日，学校8项成果获第七届北京市高等教育教学成果奖。其中一等奖3项、二等奖4项。此外，由北京师范大学牵头、学校参与合作完成的1项成果获一等奖。

〔**获2012年度医学教育优秀论文一等奖**〕　12月6日，学校人文学院教师裘梧和王梅红的论文《基于中医思维培养的中国古代哲学课程改革研究与实践》获2012年度医学教育优秀论文一等奖。

〔**签订“订单式”培养合作协议**〕　9月25日，学校与北京康仁堂药业有限公司正式签署中药实用技术实验班“订单式”培养合作协议，同时举行“北京中医药大学康仁堂教学基地”挂牌仪式。双方合作采取“企业委托、学校招生、合作培养、定向使用”的“订单式”培养方式，每年招收中药高职专业学生40人，按照“2＋1”人才培养模式，即前两年在学校学习基础知识，第三年到企业进行实习，公司按照技能考核成绩择优录用。

〔**“中医理论起源、形成与发展的内在规律研究”课题启动会举行**〕　3月28日，“973计划”课题“中医理论起源、形成与发展的内在规律研究”启动会举行。该项目首席科学家是学校中国中医科学院基础所所长潘桂娟。课题以中医理论体系框架结构研究为主线，开展中医理论体系起源、形成与发展的历史沿革研究。研究《黄帝内经》理论框架的思想文化基础、临床实践基础与科学思想内涵。开展中医经典理论框架的形成与发展研究、历代官修医学名著及医家与学者论著中的理论框架研究、现行中医理论体系框架的分析与研究，并提炼和总结中医理论起源、形成与发展的内在规律。

〔**成立中医内科学临床学系**〕 5月17日，学校举行中医内科学临床学系成立大会。学校直属医院和主要临床教学医院共14家医院成为中医内科学临床学系共建单位。东直门医院教授高颖任首届中医内科学临床学系主任，东方医院教授焦扬、中日友好医院教授黄力、中国中医科学院广安门医院教授姚魁武、中国中医科学院西苑医院教授李浩任副主任，来自14家医院的29名临床教师任委员。

〔**心动脉应脉诊训练仪研制成功**〕 9月23日，学校生物工程实验室发布一款心动脉应脉诊训练仪。该装置为远程传输收集的四诊合参数据信号（包括望诊信息、望体态、望面色等，闻、问、切的信号）之脉诊信号驱动仿真心泵系统，复现远端的脉动、心电、指容积、温度等信息，以“位”“数”“形”“势”属性为纲，模拟输出单一脉动信息或组合，实现心动脉应脉诊训练。主工作平台、数据库均可嵌入 Windows 和 iOS 操作系统及在平板等智能移动媒体运行，实现其便携功能。该训练仪在原四诊合参操作系统的基础上嵌入位数形势属性分类的操控键盘，控制仿真心泵系统工作。

〔**“基于病症特点的中药组分释药系统设计与评价”项目启动**〕 9月27日，第一批协同创新建设计划资助项目“基于病症特点的中药组分释药系统设计与评价”启动会举行。清华大学等16家协同单位的代表出席了启动仪式。该项目是学校第一批协同创新建设计划资助项目，由学校中药学院教授倪健负责。中药学院作为依托单位，学校东直门医院、东方医院作为处方设计协同单位，北京大学医学部、中国医学科学院协和医科大学和军事医学科学院作为理论支撑协同单位，清华大学生物医学测试中心、中央民族大学中国少数民族传统医学研究院作为药物评价协同单位，江苏康缘药业股份有限公司、天士力制药集团股份有限公司、颈复康药业集团有限公司、亚宝药业集团股份有限公司、贵州信邦制药股份有限公司、上海景峰制药股份有限公司、北京亚东生物制药有限公司、哈药集团中药二厂、河南宛西制药作为产业化支撑协同组，共同进行本项目的研究。

〔**教育部来华留学英语师资培训中心（中医药学）成立大会举行**〕 6月18日，教育部来华留学英语师资培训中心（中医药学）成立大会在学校举行。同时举行的还有由学校培训中心主办、学校承办的第一届中医药英文教学工作研讨会。

〔**入选首批来华留学示范基地**〕 7月8日，学校入选首批来华留学示范基地。在首批入选的38所高校中，学校是唯一一所入选的中医药院校。其中承担教育部来华留学英语授课师资培训的高校仅2所，学校是其中之一。

〔**徐安龙任学校校长**〕 1月27日，徐安龙被任命为学校校长。

〔**《北京中医药大学学报》获2012年“百种中国杰出学术期刊”称号**〕 9月27日，《北京中医药大学学报》获2012年“百种中国杰出学术期刊”称号。2012年《中国科技期刊引证报告》（核心版）共收录中国科技核心期刊1 994种，《北京中医药大学学报》2012年核心影响因子0.769，核心总被引频次2 188。综合评价总分91.6，排名第24位。

〔**创办《中医科学杂志》（英文版）**〕 12月11日，*Journal of Traditional Medical Sciences*［《中医科学杂志》（英文版）］获批创办。国家新闻出版广播电影电视总局就学校创办英文版中医科技期刊的申请做出批复，同意创办，新编国内同意连续出版物号 CN10-1218/R，英文，季刊，大16开，公开发行。该杂志由教育部主管，学校和清华大学出版社有限公司主办，其中学校为主要主办单位，出版单位为清华大学出版社有限公司。办刊宗旨为：刊发中医药实验、临床和理论研究成果，反映中医科学新动态、新进展，促进中医药科技进步和国际学术交流。

〔获批汉语国际推广中医药文化基地（北京）〕 12月30日，学校汉语国际推广中医药文化基地（北京）获批建设，首批经费的80%已拨至学校。基地的主要任务为中医药文化展示与体验中心建设、中医药文化读物研发、中医药文化推广网站建设、选派专家和志愿者赴非洲巡讲、巡诊及培养培训非洲中医药人才。

〔航空航天中医药协同创新中心项目论证会召开〕 12月6日，学校中药学院召开航空航天中医药协同创新中心项目论证会。学校、解放军空军总医院、中国航天员科研训练中心医监医保研究室等协同单位的全体成员参加会议。

〔中医药博物馆再次被确认为北京市科普基地〕 6月6日，学校中医药博物馆再次被确认为北京市科普基地。市科学技术委员会、市科学技术协会为学校中医药博物馆颁发证书并授牌。

〔学校东直门医院国家药物临床试验机构获资格认定〕 5月30日，学校东直门医院获国家食品药品监督管理总局颁发的国家药物临床试验机构资格认定批件和证书。中医心血管、中医神经内科、中医呼吸、中医消化、中医肾病、中医妇科、中医儿科、内分泌（乳腺）、中医外科、感染、中医老年病、中医内分泌、中医肿瘤、中医肛肠、中医周围血管、中医皮肤、中医骨科、中医耳鼻喉、中医眼科共19个专业获批药物临床试验资格。

〔学校东方医院与西藏藏医学院附属医院对口支援协议签字暨协作医院挂牌〕 6月29日，学校东方医院与西藏藏医学院附属医院支援协议签字暨协作医院挂牌仪式在西藏藏医学院附属医院举行。与会人员参观了东方医院帮助建设的远程医疗及教学服务中心，并现场与东方医院进行视频对接，开启了藏医学院远程医疗、远程教育、高端学术交流等的技术先河。

〔学校东方医院与琼海市中医院签署协议〕 8月21日，学校东方医院与海南省琼海市中医院举行对口支援协议签字仪式。两院在共同发展、互利互惠、友好进步的基础上，推动基层医疗卫生机构中医技术水平快速发展，旨在为琼海市人民群众提供优质的中医药医疗和健康服务。

〔学校东方医院与门头沟中医院签订协作医院协议〕 9月12日，学校东方医院与北京市门头沟区中医医院举行协作医院签订仪式。两院在人才培养、技术交流、专科建设、中医特色等方面进行合作。重点以东方医院肿瘤科为依托，创建门头沟中医医院肿瘤科，打造京西地区肿瘤诊疗中心，为门头沟区建设国家生态文明示范区提供医疗保障。

〔中德就联合培养中医研究生签署协议〕 5月29日，学校与德国迪根道夫应用科技大学就联合培养中医研究生签署合作协议。根据协议，学校派出20人为在德国迪根道夫应用科技大学就读研究生的西医学生进行中医教育，完善他们的中医药知识结构。

〔与美国桑福德大学签署合作协议〕 10月23日，学校与美国桑福德大学（Sanford University）签署《北京中医药大学与桑福德大学谅解备忘录》《桑福德大学药学院与北京中医药大学研究生联合培养协议》。根据《联合培养协议》，学校药学方向研究生在完成学校规定的课程后，经桑福德大学药学院评估，可前往美国学习药学博士课程，完成学习并达到桑福德大学药学博士授予标准的学生，桑福德大学授予其药学博士学位（Doctor of Pharmacy，Pharm. D.）。

〔学校东方医院与鹤壁市中医院协作医院揭牌〕 10月11日，学校东方医院与鹤壁市中医院协作揭牌仪式举行，力争为鹤壁市创建中原最大的康复、养生、养老基地。

〔学校东方医院通过ISO15189现场评审〕 12月15日，学校东方医院通过ISO15189认可现场评审。评审是由中国合格评定国家认可委员会（CNAS）组织的。东方医院成为继2008年奥运会定点医院通过ISO15189认可活动以来，北京地区三级甲等医院中首批通过ISO15189认可现场评审的医院。在获CNAS颁发的ISO15189认可证书后，东方医院检验科出具的检验报告，在国际实验室认可合作组织和亚太地区实验室认可合作组织多边互认协议成员国中，均能相互认可，在世界各地医院就医时不需再做类似的重复检查。

〔日本中医学会会长平马直树访问学校〕 6月27日，日本中医学会会长平马直树访问学校并做《日本汉方医学的发展》的专题报告。他在报告中介绍了日本古代、近代以及现代的汉方医学发展史，着重讲解了在此过程中后世派、古方派的演变过程，并提出进一步促进、加强中日医学的交流和发展，向世界推广中医学知识的建议。

〔南非科技部代表团访问学校〕 10月14日，南非科技部国际合作司副总司长恩波涅尼·莫斐（Mmboneni Muofhe）率团访问学校。双方希望在中医药、植物资源利用、中医药防治艾滋病、糖尿病等方面展开合作。

〔欧盟国驻华使节代表团体验中医药〕 10月17日，来自奥地利、比利时、立陶宛、荷兰、希腊、保加利亚等17个欧盟国家共20名驻华使馆第二外交官参加体验中医药活动。活动主要由中医知识讲座、中医健康咨询、中医治法体验、中医药膳品尝等部分组成。学校针灸推拿学院院长赵百孝为外国使节做了中医基础知识、针灸方面的讲座。学校中医药专家代表为来宾们提供了中医健康咨询服务，针灸推拿学院青年教师团队提供了中医治法体验的服务。

撰稿　杨　苏
审稿　王　伟

对外经济贸易大学

〔获批5个本科专业〕 2013年，学校获批经济统计学、税收学、经济与金融、波斯语、财政学5个本科专业。

〔人才培养模式创新〕 学校启动2013级本硕连读国际人才培养基地实验班；开展卓越法律人才培养计划；开设中俄联合培养实验班等。举办2013国际化暑期学校，47名外籍教师共开设78门课、14场高端暑期学校专题学术讲座，2 200余名中外学生参加了学习。

〔高层次人才队伍建设〕 2013年，教育部公布2012年度“长江学者”特聘教授、讲座教授名单，学校国际商学院教授汤谷良获“长江学者”特聘教授，这是学校第一位获此殊荣的教师。国际商学院教授王永贵入选2013年国家“百千万人才工程”，同时被授予国家级有突出贡献中青年专家称号；国际经济贸易学院教授洪俊杰、公共管理学院副教授廉思入选国家首批“青年拔尖人才支持计划”；8名教授入选教育部2013年度“新世纪优秀人才支持计划”；3名教授入选北京市中青年社科理论人才“百人工程”。

〔12部教材获北京高等教育精品教材〕 2013年，学校12部教材获北京高等教育精品教材称号。

〔科学研究成果及获奖情况〕 2013年，学校产出各类科研成果1 638项，发表各类论文1 381篇，SSCI收录58篇，出版各类著作170部。获省部级奖励27项，其中第六届高等学校科学研究优秀成果奖（人文社会科学）10 项、2012—2013 年度全国商务发展研究成果奖 16 项、第十一届全国统计科研优秀成果奖 1 项。

〔16 个项目获北京市哲学社会科学规划项目〕 2013 年度，学校共有 16 个项目获北京市哲学社会科学规划项目立项，同比增长 60%，其中年度项目 12 项、研究基地项目 4 项。从项目类型来看，含特别委托项目 1 项、重点项目 2 项、一般项目 7 项、青年项目 6 项。

〔29 个国家社科基金项目获准立项〕 2013 年度，学校共有 29 个项目获国家社科基金年度项目和青年项目立项。其中含重点项目 1 项、一般项目 17 项、青年项目 11 项。29 个项目涉及法学、应用经济、国际问题研究、管理学、外国文学、中国文学、理论经济、语言学、统计学、新闻学与传播学、图书馆·情报与文献学、体育学 12 个学科，学科分布面为学校历年最广。除传统优势学科立项外，还新增了体育学、图书馆·情报与文献学立项学科。

〔纵向科研课题数量及经费再获丰收〕 2013 年，共获各类纵向课题 137 项，其中国家社会科学基金项目 32 项（包括重点项目 3 项、决策咨询点项目 1 项）；国家自然科学基金项目 27 项（包括重点项目 1 项、应急项目 4 项）；教育部人文社会科学各类研究项目 39 项（包括重大课题攻关项目 1 项）；其他中央部委项目 7 项；北京市各类科研项目 32 项。各级各类纵向课题经费达 2 320 余万元，较 2012 年增长 5.4%。学校承担各类横向课题 134 项（含国际合作项目 5 项），横向课题经费达 1 697 余万元。

〔14 项成果获北京市高等教育教学成果奖〕 9 月，2012 年度北京市高等教育教学成果奖名单揭晓，学校作为第一完成单位获市级教学成果奖 12 项，其中一等奖 4 项、二等奖 8 项；作为非第一完成单位获北京市级教学成果奖 2 项，其中一等奖 1 项、二等奖 1 项。

〔8 项成果获北京市第十二届哲学社会科学优秀成果奖〕 3 月 14 日，北京市举行第十二届哲学社会科学优秀成果奖颁奖典礼。学校有 8 项成果获奖，其中一等奖 2 项、二等奖 6 项，在全市财经外语类高校中位居第一，获奖数量、等级创历届最好成绩。

〔2 项成果获北京高校青年教师思想政治工作优秀项目〕 6 月 27 日，北京高校青年教师思想政治工作座谈会召开。会议表彰了 50 个北京高校青年教师思想政治工作优秀项目。学校申报的《举办青年教师成长发展论坛，创新高校青年教师思想政治工作新模式》和《新老教师结对子，薪火相传共成长》获优秀项目。

〔联合组建中国（上海）自贸区协同创新中心〕 10 月 26 日，由学校和上海财经大学、华东政法大学、上海对外经贸大学联合组建的中国（上海）自由贸易试验区协同创新中心签约揭牌仪式暨首届申江论坛在上海财经大学举行。会上，4 校共同签署了协同创新中心框架协议。

〔百名法律界精英受聘学校法学院实践导师〕 3 月 23 日，学校法学院举行 2012 级专业学位硕士研究生校外实践导师聘任大会。学校党委书记王玲为受聘的 106 位导师颁发证书。

〔成立台湾经济研究中心〕 1 月 5 日，全球化进程中海峡两岸企业合作机制构建学术研讨会暨对外经济贸易大学台湾经济研究中心成立仪式在学校举行。该中心旨在为两岸企业界与学术界提供自由、开放的交流与合作平台，以期为两岸企业全球化经营提供理论指导和实践借鉴。

〔获“中国高校通用就业力排行榜”第五〕 2013 年，学校毕业生就业仍然保持就业率和就业质量双高的优势，本科生就业率达 97.64%、研究生就业率达 99.17%。在《2013 年度中国高校通用就业力排行榜》通用就业力总排名中，学校名列全国高校第五，英语工作能力排名列全国高校第四，各项排名均列全国财经类高校首位。学校就业工作的亮点和特色得到了国务院副总理刘延东的肯定和批示。

〔获 2013 年度最具品牌影响力 MBA 院校〕 11 月 29 日，由新浪网主办的大数据时代的中国教育年度盛典在北京举行。学校国际商学院获 2013 年度最具品牌影响力 MBA 院校称号。

〔发布《世界贸易组织发展报告（2012）》〕 8 月 3 日，学校中国 WTO 研究院举行《世界贸易组织发展报告（2012）》新书发布研讨会。《世界贸易组织发展报告（2012）》是教育部哲学人文社会科学发展报告项目的阶段性成果，由高等教育出版社出版。该项目主要是为持续跟踪研究 WTO 的发展演变情况，了解主要成员对 WTO 的态度和政策调整，为中国更好地参与全球经济治理提出应对之策。

〔全面启动 6 项改革〕 9 月 5 日，学校召开新学期工作部署会，提出深化 6 项改革，即深化人才培养体制改革、深化人力资源体制改革、深化科研体制改革、深化校院两级体制改革、深化运行保障系统改革、深化开放式办学体制改革。

〔施建军赴哈萨克斯坦参加国际科学教育合作论坛〕 4 月 16 日，校长施建军参加了在哈萨克斯坦阿拉木图市举行的独联体与上海合作组织各成员国国际科学教育合作论坛。论坛由哈萨克斯坦共和国教育部、独联体成员国语言与文化基地、上海合作组织成员国人文大学联盟联合主办。4 月 17 日，施建军被授予哈萨克斯坦阿布莱汗国际关系与外国语大学荣誉教授头衔。

〔承办 2013 年中国竞争政策论坛〕 7 月 31 日至 8 月 1 日，由国务院反垄断委员会专家咨询组主办、学校竞争法中心承办的中国竞争政策论坛在北京召开。在为期两天的会议中，来自国内外的反垄断执法官员、法官、专家学者、企业界和律师界近 400 名代表围绕中国《反垄断法》实施 5 年来取得的成就、积累的经验和遇到的问题进行了研讨。

〔举办首届首都高校博士研究生经贸论坛〕 5 月 11 日，首届首都高校博士研究生经贸论坛在学校举行。本次论坛以中国融入世界——中国的开放、改革和发展为主题，从来稿中选出来自清华大学、中国社会科学院研究生院、中国人民大学、中央财经大学、中国地质大学及学校学生撰写的共 8 篇优秀论文，并邀请上述论文的作者到学校进行论文宣讲和讨论。结合宣讲论文的内容与现场展示以及教师现场点评，评出一等奖 2 名、二等奖 3 名、三等奖 3 名，学校学生张超锋的《基于 Pair-Copula 构造的多元相依结构模型分析》的论文获一等奖。

〔党建活动〕 2013 年，学校党委认真贯彻落实党的十八大、十八届三中全会精神，成立专门工作领导小组，制订详细工作方案，学校领导班子带头，认真查摆"四风"问题，边查边改，取得实效。深入开展"我的中国梦"教育实践活动。"校领导带头宣讲十八大基层学院学习全覆盖"被评为北京市优秀活动；"中国梦"宣讲活动获北京市教育工作委员会"我的梦·中国梦"主题宣讲活动优秀组织奖；学校党委理论中心组学习获评北京高校学习型党组织品牌活动；创办青年教师讲堂，青年教师思想政治工作取得新成效。青年教师发展论坛、新老教师结对拜师活动被授予北京高校青年教师思想政治工作优秀项目；"搭建国际化实践平台 探索实践育人新模式"获教育部第七届高校校园文化建设优秀成果三等奖。

〔获北京市 2012—2013 年度招生工作先进集体〕 2013 年，学校被授予北京市 2012—2013 年度招生工作先进集体和北京市 2013 年高考工作特殊贡献奖。2013 年，学校录取各类硕士、博士研究生突破 2 000 人，招生规模继续扩大，生源质量不断提高。

〔中国—俄罗斯经济类大学联盟成立〕 11 月 23 日，中国—俄罗斯经济类大学联盟在学校成立，学校是中方牵头高校。校长施建军与俄方牵头高校俄罗斯圣彼得堡国立经济大学副校长卡尔利克共同签署联盟成立声明，中俄26所高校结成战略合作伙伴关系，组建中俄经济类大学联盟。该联盟以培养复合型高端人才为宗旨，依托对外经济贸易大学自身的学科特色，在人才培养、教师互换、科研等多个领域加大合作力度。

〔俄罗斯国立人文大学孔子学院获优秀孔子学院称号〕 在12月7日开幕的全球孔子学院大会上，学校与俄罗斯国立人文大学共同合办的俄罗斯孔子学院获优秀孔子学院称号，学校获孔子学院先进中方合作院校称号。国务院副总理刘延东向校长施建军颁发先进中方合作院校奖章。

〔安娜受聘中国文化传播大使〕 9月17日，学校8名2013级孔子学院奖学金留学生同北京各高校近200名孔子学院奖学金留学生参加了来华留学生中国文化传播大使聘任仪式暨中秋文化体验活动。来自格鲁吉亚的留学生安娜受聘为中国文化传播大使。

〔招生与就业〕 2013年，学校招生8 191人。2013年，学校有毕业生7 765人，其中本科毕业生就业率97.64%。留学生招生805人，毕业576人。

〔首届金融专业硕士研究生实现100%就业〕 2013年，学校金融学院首届金融硕士研究生实现100%就业。

〔建立贫困大学生就业帮扶基金〕 5月22日，学校召开2013年就业工作推进会。学校党委书记王玲针对贫困大学生就业帮扶基金的建立提出了指导性意见，校长施建军带头捐赠1万元，作为学校贫困大学生就业帮扶基金的种子资金。

〔校市、校企合作〕 6月21日，学校与青岛市政府签署《青岛市政府与对外经贸大学合作框架协议》；7月15日，学校国际经济研究院与内蒙古自治区牙克石市签署战略合作协议；10月10日，学校与国家外国专家局培训中心签署战略合作协议；10月22日，学校与海关总署教培中心续签合作培养海关MPA协议；11月16日，学校深圳研究院宣布启动；举办中国海洋石油总公司国际化人才培训班、商务部2013年第3期金融知识专题培训班。学校广泛吸纳社会力量合作办学，支持加快建设国际贸易中心城市，提升开放型经济发展水平；以资本管理和财务管理为办学特色的研究生课程班，依托学校优质教学资源和国际化背景，加强国际竞争力；坚持以项目开发、实验室建设和人才培养为目标，培养高层次外经贸人才，持续打造校市、校企合作的精品。

〔“心理健康与自我成长”必修课首次开课〕 11月4日，面向全体本科新生开设的“心理健康与自我成长”必修课首次开课。全校2 100多名2013级本科新生分布在10个大课堂，一起开启了为期8周，令人期待的心理健康启蒙课之旅。

〔35名学生获CIMA企业会计证书（CBA）〕 5月16日，学校国际商学院举行英国特许管理会计师协会（CIMA）的CBA证书颁证仪式，35名学生获此证书。

〔大学生运动会创佳绩〕 5月16—19日，首都高等学校第51届学生田径运动会举行。学校学生洪毓吟获女子乙组百米大战冠军；学校留学生坎波斯获留学生男子组标枪和铁饼双料冠军、留学生海丽获留学生女子组100米和200米双项第一名。

〔学生获奖情况〕 2013年，学校学生600余人获全国大学生英语竞赛（北京）、全国（北京）大学生数学竞赛、全国大学生数学建模竞赛、美国大学生数学建模竞赛、华北五省及港澳台地区大学生计算机应用大赛和北京市大学生英语演讲比赛等奖项。在2013年美国数学建模竞赛中，学校32支代表队获一等奖。在全国大学生英语竞赛中51人获奖，其中3人获特等奖。参加2013年“挑战杯”竞赛取得市级特等奖1个、全国决赛三等奖1个；

83个国家级大学生创新创业训练计划项目结项。在第四届北京大学生艺术展演中，学校选送的10个节目全部获奖，其中一等奖3个、二等奖7个。128个学生科研项目结项。8 000人次志愿者参与各类志愿服务活动，近300个团学组织、个人获市级以上奖项。全年研究生科研创新项目107项（A类1篇、B类9篇、C类33篇），被EI检索4篇。

〔**校友及社会各界捐赠突破亿元**〕 截至2013年6月30日，学校教育基金会收到校友及社会各界捐赠的金额突破1亿元。2013年，学校成立了义乌校友会、美国北加州校友会和美国、法国、缅甸等国际校友分会，校友及社会各界为学校捐赠设立奖（助）学金、奖教金、教育发展基金等共2 840多万元。

〔**暑期社会实践活动**〕 2013年暑假，由3 424名学生组成的367支实践团队陆续奔赴各地开展活动，实践地点遍及全国各省（区、市）及欧洲、美洲、亚洲、非洲和澳大利亚等地区的27个国家和地区。6支团队获选北京市级重点团队、10支团队获评北京市优秀团队、10篇报告入选北京市优秀实践成果；研究生寒假社会实践调研活动共24支团队，500人参与。

〔**获北京高校“美丽校园”称号**〕 12月，学校在北京高校“美丽校园”推选展示活动中，获“美丽校园”称号。

撰稿 曹亚红
审稿 赵忠秀

华北电力大学

〔**1教师受到李克强接见**〕 2013年10月12日，国务院总理李克强访问泰国期间接见了学校公派孔子学院教师商静。陪同李克强参观的泰国总理英拉对商静的工作表示感谢。

〔**新增2个省级重点学科**〕 4月，河北省2012年重点学科评估和新增遴选结果揭晓，学校参评学科全部通过评估，并新增2个省级重点学科。截至2013年年底，学校二级学科省部级重点学科达23个。

〔**学科整体实力持续攀升**〕 3月，教育部公布2012年学科评估结果，学校电气工程学科得分位次进入全国前20%，动力工程及工程热物理、工商管理得分位次进入全国前30%。与2009年一级学科评估相比，电气工程由第9位上升至第6位，动力工程及工程热物理由第12位上升至第11位，控制科学与工程、工商管理、管理科学与工程等3个具有一级学科博士点的学科排名也有明显提升。

〔**师资队伍建设**〕 2013年，学校有教职工2 952人，其中专任教师1 806人。有中国工程院院士1人、双聘院士4人、国家“千人计划”6人、国家教学名师获得者1人、“长江学者”特聘教授3人、国家有突出贡献专家3人、获国家“杰出青年科学基金”资助6人、入选国家“百千万人才工程”7人、“973计划”首席科学家5人、教育部“新世纪优秀人才支持计划”40人。外籍教师203人，其中长期聘用的外籍教师19人。

〔**聘任国家“千人计划”特聘专家**〕 6月5日，学校聘任国家“千人计划”特聘专家王海风、黄永章。

〔**徐进良入选教育部“长江学者”特聘教授**〕 12月16日，教育部公布2012年度“长江学者”奖励计划遴选结果，学校能源动力与机械工程学院教授徐进良入选“长江学者”特聘教授。

〔2篇原创性案例入选全国“百篇优秀管理案例”〕　8月，由全国MBA教育指导委员会主办、中国管理案例共享中心承办的第四届全国“百篇优秀管理案例”评选结果公布。教授李彦斌、副教授李晓宇等撰写的原创性案例《鞍山供电公司社会责任“三维”践行体系》，副教授何平林、余忠福等撰写的原创性案例《国家电网河北衡水供电公司应收账款保理》入选。其中李彦斌等撰写的案例为12篇主题案例之一。

〔1项“973”计划项目通过课题验收〕　9月14—15日，由学校牵头，西安交通大学、浙江大学、清华大学、华中科技大学、中国科学院工程热物理研究所等单位共同承担的“973”计划项目“大型燃煤发电机组过程节能的基础研究”在北京召开课题验收会议并一致通过专家组验收。

〔招生与就业〕　2013年，学校招生12 659人，其中学历教育学生中全日制研究生2 410人（博士研究生189人、硕士研究生2 221人），普通本科生5 519人，成人教育本、专科生4 730人（本科生2 964人、专科生1 766人）。在校生44 922人，其中学历教育学生中全日制研究生7 478人（博士研究生989人、硕士研究生6 489人），普通本科生21 302人，成人教育本、专科生16 142人（本科生10 464人、专科生5 678人）。外国留学生毕业246人，招生306人，在校生268人。2013年，学校毕业生11 799人，其中学历教育学生中全日制研究生2 138人（博士研究生145人、硕士研究生1 993人），普通本科生5 054人，成人教育本专科生4 607人（本科生3 209人、专科生1 398人）。

〔举办中国农村贫困与社会发展论坛〕　4月20日，学校与中国人民大学联合主办中国农村贫困与社会发展论坛。论坛围绕“中国农村贫困与社会发展”的主题，设6个分论坛，分别研讨了农村贫困理论与实践、农村贫困与社会保障、农村贫困与弱势群体、农村贫困与能源环境、农村贫困与劳动力转移等问题。来自国内外高校及研究机构的代表100人参加论坛。

〔与新疆生产建设兵团签署战略合作协议〕　7月14—18日，学校与新疆生产建设兵团签署战略合作协议。根据协议，双方在人才培养、科研合作、能源工程建设、干部培养援助等方面进行合作。学校充分利用自身优势，在人才培养、跨师联网工程建设、微网工程建设、新能源城市建设等方面为新疆生产建设兵团提供人力、智力支持及外围公关服务。双方共建学术、科研、教学机构，建立援疆干部培养机制，实现援疆人才规模化、科研发展目标化、绿色能源现代化的发展目标。

〔召开碳捕集、利用及封存（CCUS）国际研讨会〕　8月27日，学校召开碳捕集、利用及封存（CCUS）国际研讨会。会议以“碳捕集、利用及封存”为主题，研讨CCUS技术所涉及的一系列实际挑战和所采取的解决方法。来自中国、加拿大两国高校师生及企业代表100人参加会议。

〔成立全球可持续发展中心〕　9月12日，“剑桥大学—华北电力大学全球可持续发展中心”成立。该中心以全球可持续发展为目标，立足于国际领先技术开展绿色电力的科学研究，以现代人力资源管理的6P（Position，Performance，Payment，Placement，People，Proficiency）模式培养人才，建立人才发展的良好氛围，发挥其最大的优势，努力为打造中国乃至世界可持续发展一流智库提供人才支撑，为全球的可持续发展献计献策。

〔设立张保衡励学基金〕　12月26日，学校设立张保衡励学基金。该基金由退休教授张保衡及其学生共同捐资设立，旨在奖励和资助学校家庭经济困难、学习刻苦的全日制本科生、硕士研究生，支持学校尊师重教的传统校园文化建设，弘扬与传承老教师勤勉工作、严谨治学等优良品格。

〔与建设银行北京分行签署战略合作协议〕　7

月 5 日，学校与建设银行北京分行签署战略合作暨校园一卡通项目合作协议。根据协议，双方充分利用各自优势和资源，在金融服务、资金结算、银行卡、代理业务、咨询服务、理财等方面开展深度合作，促进互利共赢。

〔**刘吉臻当选中国人民政治协商会议第十二届全国委员会委员**〕 2 月 1 日，经中国人民政治协商会议第十一届全国委员会常务委员会第二十次会议通过，选出中国人民政治协商会议第十二届全国委员会委员 2 237 人，学校校长刘吉臻当选。

〔**与加拿大电力企业及高校签署合作协议**〕 8 月 26 日，学校与加拿大萨斯喀彻温电力公司、加拿大里贾纳大学签署三方战略合作协议。根据协议，三方共同努力促进研究机构及人员的合作研究，积极探讨在电力企业能源、环境、清洁能源、气候变化、污染物减排以及碳捕集、利用和封存等领域的互利合作。

〔**与英利集团签订战略合作框架协议**〕 9 月 25 日，学校与英利集团有限公司签订战略合作框架协议。根据协议，双方共同在科技创新、人才培养等领域深化产学研合作，进一步提高优质技术人才培养质量，助推光伏产业的发展，共同开发绿色能源。

〔**西肯塔基大学孔子学院获评先进**〕 12 月 6—8 日，第八届全球孔子学院大会在北京举行，学校西肯塔基大学孔子学院获评 2013 年全球先进孔子学院。国务院副总理刘延东为获奖学校颁奖。

〔**台湾大学代表团到访**〕 3 月 21 日，由台湾大学副校长赵永茂带队的台湾大学代表团到学校访问，双方就校际合作等有关问题进行了友好交流，并在学生交流、生物质发电等领域，由点及面，搭建更多的合作平台。

〔**迈克尔·格雷策尔被聘为客座教授**〕 9 月 6 日，学校聘请瑞士洛桑联邦理工学院光子学和界面中心主任、国际化学界著名科学家迈克尔·格雷策尔为学校客座教授。

〔**欧阳中石为学校题写校训**〕 10 月，应校长刘吉臻邀请，著名书法家欧阳中石为学校建校 55 周年题写校训——“团结勤奋，求实创新”。

〔**绘制中国可再生能源版图**〕 9 月，由学校 500 多名研究生组成的科研团队历时 8 个月，实地走访沿海发达地区、中部及东北地区、西部地区、人口分散地区 4 个区域，摸清了中国可再生能源资源分布和利用现状，初步完成了中国可再生能源版图的绘制，并完成了“中国可再生能源推进行动”项目报告书。

〔**学生创新成果获环保大赛金奖**〕 6 月 2 日，学校“最爱地沟油”团队获第四届全国高校环保科技创新设计大赛金奖。该团队的研究成果填补了国内在地沟油回收利用上的空白，得到来自联合国环境规划署等国内外专家的高度评价。

〔**获全国大学生工程训练综合能力一等奖**〕 2013 年 6 月，学校代表队在第三届全国大学生工程训练综合能力竞赛中获一等奖。

〔**蓝色动力合唱团获艺术节金奖**〕 1 月 7—14 日，学校蓝色动力合唱团赴台湾地区参加由中国和平统一促进会（台湾）和中国戏曲音乐协会主办的首届“激情梦想·两岸同心”大型艺术节并获金奖。同时还获最佳指挥奖及最佳钢琴伴奏奖。

〔**学生体育比赛获佳绩**〕 5 月 22—29 日，首届中国大学生足球联赛（校园组）北区决赛在延边大学开赛。学校足球队作为河北赛区冠军参赛，并夺得北区决赛冠军。7 月 18 日，学校学生干雪获全国群众登山健身大会女子专业组第一名；11 月 3 日，干雪获全国登高挑战赛女子组冠军；11 月 10 日，干雪获全国半程马拉松女子组冠军。

〔**获评“中国大学生自强之星”**〕　5月，由中国共产主义青年团中央委员会、中华全国学生联合会主办的2012年度寻访“中国大学生自强之星”活动获奖名单揭晓，学校学生张涛获“中国大学生自强之星”称号。

撰稿　王振华
审稿　陈　军

南开大学

〔**学科建设**〕　2013年，学校召开专题会议深入总结新一轮学科评估情况，积极谋划学科发展思路。针对学科建设重大问题，开展专题务虚研讨、专题咨询调研，各专业学院围绕本学科发展进行积极研讨反思，并选择化学、经济学等6个重点学科进行集中研讨分析。在各层面总结的基础上，酝酿全校新的学科布局调整和学科发展思路，凝聚“建高原、起高峰、收缩握拳式发展”的战略共识。进一步优化学科布局和资源配置，积极稳妥地完成对学校原信息技术科学学院的拆分，组建电子信息与光学工程学院、计算机与控制工程学院。明确其他学科调整和学院组建的整体进度及具体分工。强化学科建设的绩效管理，在“985工程”项目的分层次建设上，进一步落实动态管理调整和年度绩效考评。对“985工程”三期建设及改革实施情况进行系统总结。学校有硕士点231个、博士点172个，博士学位授权一级学科29个、博士后科研流动站27个，一级学科国家重点学科6个（覆盖35个二级学科）、二级学科国家重点学科9个、国家重点（培育）学科2个，天津市一级重点学科27个。

〔**教育教学**〕　全面落实素质教育要求，加强对学校特色“公能”素质教育的具象化探索。举办学校“公能”讲坛，实施“公能”英才选拔计划，启动“立公增能”素质发展辅学体系建设，推广试行学生综合素质测评体系，实施研究生创新、实践、文化“三大素质教育工程”。承办“2013大学素质教育研究年会暨高层论坛”，加强学生创新创业教育。着眼德智体美融合并进，抓体育改革，调整成立体育工作委员会，召开体育工作会议，出台加强体育工作的若干意见，承办第六届东亚运动会排球比赛项目。倡导美育融入校园第二课堂，举办首届“荷花节”，拓展学生美育空间。学校宿舍文化建设成果获第七届高校校园文化建设优秀成果特等奖。学校周恩来政府管理学院2011级本科生郭鑫获评2013年度中国大学生年度人物。

把实施夏季学期作为创新人才培养的重要举措，制定《夏季学期实施办法》，抓好各环节的全面衔接保障。首个夏季学期为期四周，总体运行良好，近8 000名学生选课，占本科生总数的83%。提倡课堂讲授与问题讨论相结合，探索“讲一练二考三”的方式方法，特别加强国际化、实践类、创新类、专业导论类、研讨互动类课程的安排，调动“教与学”两方面的能动性，初见成效。

围绕夏季学期和深化教学改革，开展“课程改革年”活动，以立项形式推动公共课程改革，提倡每个学院抓好1门示范课程。启动课程教学数字资源库建设，31门课程入选国家级精品资源共享课。制定《本科教学课程导则》，完善各学科的专业课程体系，规范所有本科课程的教学大纲。完成按学科大类进行本科招生的基础工作。进行按学分收费机制的改革论证，稳步推进国家教育改革试点项目，基础学科拔尖学生培养计划正在进行第一个培养周期的系统总结。新增物联网工程、国际商务和城市管理3个本科专业。截至2013年年底，本科专业达79个。

以导师资助体系建设为突破点，全面推进研究生教育综合改革。实施“奖助酬”三位一体的研究生培养资助机制，体现了“突出科研导向、强化导师责权”的特点，为提高研究生培养质量奠定基础。推动形成以导师资助为主渠道、学校资助为补充的新型研究生助研津贴体系，全年研究生导师利用科研经费提供助研津贴 1 400 余万元。同时，充分考虑部分基础学科的实际，设立专项经费给予适当支持。

〔**师资队伍建设**〕 以“百名高端人才支持计划”为依托，加大高层次人才工作力度，统筹设置高端人才岗位，全年申请落实各类人才经费近 2 600 万元，40 余名教师分别入选国家“千人计划”、国家高层次人才特殊支持计划、“长江学者”特聘教授、“973 计划”和“863 计划”首席科学家、国家杰出青年科学基金项目及教育部“新世纪优秀人才支持计划”等。启动实施“百名青年学科带头人培养计划”，不设职称、名额等硬性门槛，打破学科间的平衡，首批 40 名入选者中来自海外的比例达 32.5%。出台《讲座教授聘任暂行办法》，整合完善高层次人才短期聘用机制。积极推动以国家重点学科、国家重点研究基地和协同创新中心为载体的人才特区建设，在部分单位试行一揽子“特区政策”，采取更具吸引力的人才待遇、更严格的人才遴选标准、更国际化的培养与考核方式，引育高水平优秀师资，初步显现出“特区”创新活力和人才集聚效应。打造“公能兼济”的教职工队伍，积极推动实施教师发展学习计划，大兴教育研究之风。启动全覆盖全周期的教师培训工作，通过研究生导师专题培训、教学工作坊等多种形式，引导教师学习世界先进教育方法，更新转变教育观念。全方位、多层次地鼓励教师境外研修、学习交流，提升师资队伍的综合素质和业务水平。校长龚克获聘联合国“科学咨询理事会”成员。教授龙以明获 2013 年度“何梁何利基金”科学与技术进步奖，教授叶嘉莹获 2013“中华之光”传播中华文化年度人物奖。

〔**科学研究**〕 积极推动落实学校 2012 年科研工作会议精神，制定《关于进一步促进科技创新工作的指导意见》和系列配套文件，以培育大项目、好项目为抓手，大力推进科技创新和哲学社会科学繁荣。围绕高等学校创新能力提升计划，研究出台专门文件，从管理服务、人才培养、资源优化配置等 9 个方面大力支持协同创新中心综合改革，推动学校天津化学化工、生物治疗这两个首批入选高等学校创新能力提升计划协同创新中心的培育发展。多次专题研究、协调推动，全力抓好由学校牵头的中国特色社会主义经济协同创新中心的培育建设。按照学科、项目、人才一体化的思路，成立重大科技创新平台建设指导委员会，统筹协调各方资源，推动重大科技创新工作发展。支持学校药物化学生物学国家重点实验室建设，进一步理顺工作机制，配齐工作队伍。深入探索质量为先的科研评价体系，推动完善学校科研奖励办法，加大标志性成果奖励力度，注重科技论文质量的提升，鼓励学院探索符合自身特点的科研管理服务机制，充分调动基层科研的积极性。严格科研经费使用监管，成立科研经费管理工作领导小组，设立科研经费管理专门机构，制定出台《科研经费预算调整管理办法》等一揽子制度文件，开展科研经费使用自查自纠活动。抓好科研诚信教育和学术规范引导，严肃查处学术不端行为。

〔**党建工作**〕 围绕学习贯彻党的十八大精神和习近平总书记一系列重要讲话精神，大力推动“中国梦”宣传教育，组织开展了数十项、上百场次的主题教育活动，用党的十八大精神武装师生头脑、推动学校工作，用中华民族伟大复兴的“中国梦”托举“教育梦”和“南开梦”。着眼深化学习型党组织建设，依托党员干部学习网创新干部学习教育模式，举办中层管理骨干专题培训班、举办党的十八届三中全会精神报告会和理论学习专题报告会等，重点加强马克思主义群众观点的学习教育。

认真贯彻习近平总书记“8·19”讲话精神，探索新形势下宣传思想工作和高校意识形态工作的有效途径，狠抓新媒体平台建设，着力提高舆论引导权、话语权。继续抓好思想政治理论课改革，不断强化中国特色社会主义理论体系进课堂、进教材、进头脑的效果。重视对课堂教学、讲座论坛、学生社团的引导管理，增强社会主义核心价值观的传播力、凝聚力。坚持把固本强基作为党建工作的重中之重，深化基层党建研究与实践创新立项，激发基层组织活力。认真做好党员发展、管理、教育工作，修订完善学校发展党员工作程序，突出强化发展质量和党员意识，全年发展新党员 2 085 人。

继续加强干部队伍建设，增强干部工作活力。组织 2 批次、8 个岗位的处级干部公选，开展机关部门和基层单位青年干部双向换岗挂职，举办中青年管理骨干培训班。落实党委主体责任，强化对党风廉政建设的领导。加强对政治纪律执行情况的监督检查，坚持把执行政治纪律、强化作风建设与落实中央政治局关于改进工作作风、密切联系群众的八项规定整体推进，集中开展清退会员卡和拒收学生家长礼品、礼金专项治理，在中层以上干部和重点领域负责人中开展党风廉政专题学习教育。制定加强廉洁自律和厉行节约工作的若干导向性文件，积极营造廉洁自律、厉行节约、反对奢侈浪费的廉政氛围。

〔**开展党的群众路线教育实践活动**〕　按照中央统一部署，在中央第 44 督导组的指导下，学校坚持以“为民、务实、清廉”为主要内容，把“照镜子、正衣冠，洗洗澡、治治病”总要求贯穿始终，深入开展党的群众路线教育实践活动。活动自 7 月上旬启动，分 3 个环节推进。在学习教育、听取意见环节，重点抓好组织动员、集中学习、广泛征询，调动党员干部和师生群众两个积极性，真学、真问、真听；在查摆问题、开展批评环节，重点抓好问题梳理、对照检查和专题民主生活会，边查边改，力求实效；在整改落实、建章立制环节，重点抓好整改方案制订、专项整治推动、制度建设落实，确保群众看到变化、见到成效。坚持统筹兼顾，以开展活动促进学校发展，用发展成效检验活动成效，通过把教育实践活动与深化教学改革、推进素质教育紧密结合，与加强人才队伍建设和学科建设、科研创新紧密结合，与抓好新校区建设的重大工程紧密结合，与引导党员干部履职尽责紧密结合，实现两手抓、两不误、两促进，做到规定动作不走样、自选动作有创新，达到了活动预期的目的。

〔**教育交流与合作**〕　全年接待 42 个国家和地区的到访团组 205 批次、1 300 余人次，同比增加 30%；与 24 所海外高校签署合作交流协议 37 份；举办国际学术会议 19 场，参会近 2 000 人次。国际公立大学联盟（IFPU）秘书处落户学校。举办国际公立大学联盟第七届年会，继续深度参与达沃斯全球大学领导者论坛，扩大学校的国际高端影响。积极推动与英国格拉斯哥大学共建联合研究生院项目。深入推进与港澳台地区的交流工作，举办两岸产经合作与创新发展论坛，学校首批入选“香港与内地高校师生交流计划”。参与国家“孔子新汉学计划”，孔子学院办学质量进一步提升。

推动实施师生“走出去工程”。全年教师出国（境）846 人，较 2012 年稳中有升，中长期出国人数比例较 2012 年提高 10%。拓展各类学生交流项目，进一步增加学生海外学习机会，全年学生出国（境）772 人，较 2012 年增长 5%，其中本科生比例达 52.7%。

推动实施“留学南开计划”。完善留学生管理服务机制，推动留学生趋同化管理与融合发展，酝酿制定相关政策文件。获评全国首批来华留学示范基地。加大留学生招生宣传力度，扩大留学生教育规模，全年留学生数量近 2 900 人，比 2012 年增长 7.6%，国籍分布由 2012 年的 73 个增至 82 个。

〔**管理服务和支撑保障**〕　启动《南开大学章程》制定。召开全校教师大会，面对面向教职工通报学校重点工作情况。制定出台《教职工代表大会规定实施办法》，坚持校长向教职工代表大会报告制度，认真推动办理教职工代表大会提案，完成 31 个基层教职工代表大会和工会换届工作。召开学校共青团第十四次代表大会，明确未来 5 年以培养“公能”素质为核心的青年成长计划和工作任务。完善学代会相关制度建设，加强学生代表提案的收集、落实与反馈力度，全年举办 5 次“校领导接待日”活动。深化校务公开、信息公开，全年公开通报重要校情 30 余次，公示、公告有关工作事项百余次。召开学校校友总会第六次校友代表大会，完成校友总会理事会的换届。举办 1979 级本科生、1980 级研究生毕业 30 周年纪念活动。围绕新校区建设，加强发展募捐工作，修订发布新的募集和接受社会捐赠管理办法，完成学校教育基金会理事会换届。重建校史研究室，启动建校100周年的校史编研工作。进一步规范中央专项资金管理和使用，落实按项目执行进度下达预算额。加强房产资源统筹管理，启动教学科研用房资源收费改革调研，优化整合公房使用。提升后勤服务质量，加强学生膳食服务。大力推动节约型校园建设和校园节能监管系统建设。全面实施校园网基础设施改造。进一步健全与招标采购制度相互衔接、相互配套的具体制度。推进大型仪器共享系统、网上采购信息系统建设。优化仪器设备等固定资产的综合管理，提高资源规范使用水平。落实实验室安全管理规范化、法制化建设，严格执行实验室安全准入制。开展消防安全专项检查整治，推动多部门联动依法处置发生的事故事件，确保全年校园总体安全稳定。学校获评2012年度全国“五一劳动奖状”先进集体。

〔**服务社会**〕 制定出台文件，将教育部人文社会科学基地作为科研综合改革“试验区”，全力打造一批在国内外具有重要影响的高端智库，提高研究成果服务经济社会发展的水平。围绕重大理论和现实问题，学校滨海开发研究院、当代中国问题研究院、国家经济战略研究院等积极发挥思想库、智囊团作用，取得了一批新成果。“公能南开：打造‘知中国服务中国’智库群”获第三届全国教育改革创新特别奖。成立科技成果转化中心，开拓产学研结合的新局面。举办第四届周恩来研究国际学术研讨会。按照国家要求，启动定点扶贫甘肃省庄浪县的工作。

撰稿 王 森

审稿 李向阳

天津大学

〔**学科建设**〕 2013年，学校继续完善综合性学科布局，巩固工科传统学科优势，大力发展基础学科和新兴交叉学科。成立生命科学学院，与武警后勤学院联合签订办学协议。在环境科学与工程一级学科下设置环境生态学、海洋环境科学与技术2个二级学科；在教育学一级学科下设置艺术教育学二级学科。继续全力推进协同创新中心建设，学校与南开大学联合组建的天津化学化工协同创新中心成为全国首批14个高等学校创新能力提升计划协同创新中心之一。积极推进学校牵头的“中国传统村落与建筑遗产保护”“高效环保内燃动力”2个协同创新中心的申报认定工作，培育建设“测量科学与高端仪器”等4个协同创新中心。

〔**教育教学**〕 学校召开第七次教学工作会议，出台《关于进一步提高本科教学质量的若干意见》，探索更加有利于“教”与“学”的措施和办法。深入推进“本科教学工程”建设项目，新增2个本科专业获批为教育部专业综合改革试点项目。土木工程专业通过住房和城乡建设部专业评估，化学工程与工艺、材料成型与控制工程专业通过教育部专业认证。“物联网与现代生活”课程获批为精品视频公开课建设课程，“化工原理及实验”等13门课程获批为国家精品资源共享课建设项目。31人入选教育部高等学校教学指导委员会，其中主任委员4人，7人入选住房和城乡建设部土建学科教学指导委员会。获第七届高等教育天津市教学成果奖一等奖13项。4名教师被评为天津市教学名师，6个团队获2013年天津市教学团队。

强化实践教学环节，学校化学化工虚拟仿真实验教学中心首批入选国家级虚拟仿真实验教学示范中心。2013年度，获批国家级大学生创新创业训练计划项目立项115个，经费210余万元。继续推进“卓越大学联盟”工作，组织召开“2013年卓越大学联盟高校教务处长联席会议”。通过“卓越大学联盟”自主招生联考、“中学校长实名推荐”、夏令营和冬令营等形式，深化招生制度改革。6个研究生层次学科领域获批加入卓越工程师教育培养计划。制订工程博士个性化培养方案，探索符合工程博士特点的考核方式和教学模式。制定导师考核培训制度。完善和加强学位论文督导制度，推进研究生学位申请标准的修订调整。2篇论文入选2013年度全国优秀博士学位论文。创办青年政治领袖培训“含英班”。进一步完善“四位一体”的心理健康教育机制，获批全国高校心理健康教育示范中心，成为天津地区唯一一家为专业心理咨询师提供督导的单位。学校2013届毕业生就业率达98.68%。

〔**师资队伍建设**〕 2013年，新增国家“千人计划”入选者2人、天津市“千人计划”入选者18人，9人进入第五批国家“青年千人计划”公示名单、8人入选天津市第八批“青年千人计划”，3人入选“长江学者”特聘教授、1人入选“长江学者”讲座教授，新增国家杰出青年科学基金获得者3人、优秀青年科学基金获得者2人，3人入选国家“百千万人才工程”、3人入选科技部“科技创新领军人才”。获批2个教育部创新团队、1个科技部“重点领域创新团队”。落实4名“北洋学者·海外杰出青年人才引进计划”入选者到校工作。实施“北洋学者人才计划”，17人入选“北洋青年学者计划”、99人入选“北洋学者青年骨干教师计划”。成立天津大学教师发展中心，完善师资培训与发展支持体系，为青年教师发展提供全方位支持。建立优秀青年教师正高级职务特别晋升机制，促进35岁以下优秀青年教师脱颖而出，全年共计5人受聘特聘研究员。加强辅导员队伍建设，1名辅导员获全国高校辅导员年度人物提名奖。

〔**科学研究**〕 2013年，学校获批“973”计划项目4项、牵头承担国家重大科学仪器设备开发专项项目1项；获2013年度教育部哲学社会科学研究重大课题攻关项目1项；获批国家自然科学基金257项、国家杰出青年科学基金项目3项；无人机发动机专项、3D打印专项和大数据专项获天津市立项支持；2013年度科技总经费达20.01亿元；发表SCI论文1 973篇；国内专利申请1 692项；4项科技成果获国家科技进步二等奖、4项成果获教育部科学技术奖、12项成果获天津市科学技术奖；中国工程院院士、学校教授叶声华获天津市科技重大成就奖；教授王成山、夏长亮获何梁何利基金奖；获第六届高等学校科学研究优秀成果奖（人文社会科学）一等奖1项、三等奖1项；21项成果获天津市第十三届社会科学优秀成果奖。获批天津市专利金奖2项、中国专利优秀奖1项。新增1个天津市工程中心。获批国家知识产权战略实施研究基地，成立学校遥感研究中心和海洋交叉学科研究中心。

〔**现代大学制度建设**〕 学校继续完善现代大学制度建设，形成《天津大学章程（核准稿）》，深入推进“学校内部管理体制改革”“产学研深度合作机制改革”两项国家教育体制改革试点工作，扎实推进学校精仪学院国家级试点综合改革、经济与管理学部改革。

〔**党建工作**〕 2013年，学校深入开展学习宣传党的十八大精神活动。加强党建工作研究，启动第三期党建立项。组织开展学校基层党组织建设工作“十大优秀品牌”评选，促进长效机制建设。继续推动“三强工程”，加强基层教工党支部书记队伍建设。开展离退休干部党支部示范点推选和建设工作。学校教师冯翠玲先进事迹在《人民日报内参》刊发，并被中央领导同志批示。严格贯彻落实中央政治局关于改进工作作风、密切联系群众的八项规定精神和有关文件要求，制定《天津大学关于改进工作作风、密切联系群众、厉行勤俭节约的实施办法》《天津大学会议费管理办法》等，加强科研经费监督管理，营造风清气正的良好氛围。

开展党的群众路线教育实践活动，完成了教育实践活动的各项任务。学校领导班子把学习教育贯穿始终，切实提高思想认识，结合学习体会和对学校办学的思考，撰写理论文章在《中国高等教育》、光明日报、中国教育报、《中国监察》等报刊上发表。坚持开门搞活动，召开师生座谈会170多场，直接听取了3 000多位师生的意见和建议。开展谈心谈话活动，召开专题民主生活会，认真查摆班子在“四风”方面存在的14个突出问题，并对问题产生的原因进行深刻分析，制订详细的整改方案。加强制度建设的顶层设计，开展对学校规章制度的全面清理，努力建立健全“为民、务实、清廉”的长效机制。

〔**教育交流与合作**〕　2013年，学校深入实施国际化战略。89名学生获录2013年国家公派研究生项目，通过各类项目共派出700余名学生赴海外交流、学习。92名教师获国家留学基金资助。教师长期出国（境）共计111人次。获批3个高端外国专家项目，聘请长期外籍教师55人次，包括诺贝尔奖得主等7位教授。2位外籍教师获天津市“海河友谊奖”。与意大利大学5校联合体签署《中意教育合作项目意向书》，与澳大利亚南澳大学、冰岛雷克雅未克大学等8所院校签署学生交换项目合作协议。新建中澳德地下火联合研发中心。“水利工程仿真与安全创新引智基地”获批教育部、国家外国专家局高等学校学科创新引智计划。受教育部委托，制订理工类预科留学生培养方案。学校作为中国政府奖学金预科教育牵头高校之一，编制的科技汉语、数学、物理、化学教学大纲被国家留学基金委员会采用为全国标准。

〔**服务社会**〕　2013年，学校与省（区、市）新签订科技合作协议8个，成立学校技术转移中心，成立学校东北研究院和（东丽）产业技术研究院，区校科技深度合作示范基地“天津大学（武清）前沿技术研究院”正式运行，新建校企联合研发机构12个，新加入技术创新战略联盟3个，与甘肃省宕昌县开展定点扶贫帮扶工作。学校600余支社会实践队赴各地开展志愿服务。

〔**校园文化**〕　2013年，学校与光明日报等单位共同举办首届“当代中国大学精神高层论坛”。召开张太雷诞辰115周年暨《张太雷文集》首发式及纪念座谈会。组织开展“马寅初入学110周年”系列纪念活动。举办第二届“天大海棠季”活动。获批教育部“网络文化建设试点学校”，获评教育部优秀校园文化成果评选特等奖。学校北洋艺术团在仲夏之布拉格第二届国际青少年艺术节中获2项金奖、5项单项奖。举办第十届世界校友代表大会。新媒体建设进一步加强，学校官方微博分别获“教育部教育系统十佳官方微博”“2013年度教育官微影响力奖”“高校微博综合影响力十强”称号。

〔**保障体系**〕　贯彻实施《学校教职工代表大会规定》，构建校园民主管理体系。继续推动学生代表大会制度改革，完善学生参与学校建设管理的机制。加强校院两级决策制度建设，修订完善院级党组织（单位）“三重一大”制度。开通中国建设银行网银专线，保证学生学宿费代扣通道畅通。开通支付宝在线缴纳学费。设立招投标管理办公室，整合全校招投标工作，对工程和设备招标进行统一管理，优化招投标模式。完成天津化学化工协同创新中心大型仪器共享平台建设。新校区图书馆、综合实验楼、机械教学组团3个国拨资金项目相继开工建设，并相继实现主体结构封顶。融资项目共12个建筑组团约54万平方米，已开工建设。

撰稿　刘　一
审稿　金　旋

大连理工大学

〔**王志伟受到习近平接见**〕　2013年5月4日，2012全国高校辅导员年度人物、学校化工与环境生命学部党委副书记兼副部长王志伟同各界优秀青年代表一起，参加了“实现中国梦、青春勇担当”主题团日活动，受到国家主席习近平的亲切接见。

〔刘云山参观白俄罗斯孔子学院〕 9月4日，中央政治局常委、中央书记处书记刘云山率代表团在国务院参事、孔子学院总部总干事许琳，白俄罗斯教育部长马斯耶维奇，中国驻白俄罗斯大使宫建伟，学校副校长宁桂玲等人的陪同下访问了学校与白俄罗斯合作共建的白俄罗斯国立大学共和国孔子学院，并与师生亲切交谈。

〔蹇锡高当选中国工程院院士〕 12月19日，中国工程院公布2013年当选院士名单，学校化工与环境生命学部教授蹇锡高当选中国工程院化工、冶金与材料工程学部院士。

〔高文当选美国计算机学会会士〕 12月，美国计算机学会（Association of Computing Machinery，简称ACM）在纽约公布了50位新增会士名单，学校双聘院士、软件学院名誉院长高文以其在视频技术方面的贡献及推进计算技术在中国的发展而被遴选为会士（ACM Fellow）。高文是自美国计算机学会成立以来中国大陆高校获此殊荣的第一人。

〔贾金青当选“当代中国杰出工程师”〕 11月，中国建筑学会2013年会暨学会成立60周年纪念大会在北京召开，学校建设工程学部教授贾金青获“当代中国杰出工程师”称号，是全国高校中唯一获此殊荣的科研工作者。

〔程耿东获第八届周培源力学奖〕 5月22日，教授程耿东由于在结构拓扑优化基础理论与应用领域的突出成就及对力学教育的杰出贡献，获第八届周培源力学奖。

〔贾振元团队入选国家创新人才推进计划〕 6月，国家科技部公布了2012年创新人才推进计划入选名单，教授贾振元负责的精密/特种加工与微制造创新团队入选国家科技部首批创新人才推进计划重点领域创新团队。

〔获批1个国家地方联合工程研究中心〕 11月，依托学校申报的先进装备设计与CAE软件开发国家地方联合工程研究中心获国家发展和改革委批准建设。

〔新增1个学科创新引智基地〕 10月，教育部网站公布了“关于高等学校学科创新引智计划2014年度建设项目立项通知”，教授、中国科学院院士申长雨牵头申报的橡塑制品成型数值模拟与优化学科创新引智基地获批立项。

〔获2个国家级国际科技合作基地〕 10月，由大连市科技局推荐，学校牵头的“天然气水合物安全高效开采研究国际合作基地”“国际结构优化理论与应用联合研究中心”分别被科技部认定为国家级国际科技合作基地。

〔获高校科学研究优秀成果奖（人文社会科学）〕 4月，第六届高等学校科学研究优秀成果奖（人文社会科学）公布，学校共有5项成果获奖，获奖数创历史新高，并首次获二等奖1项。获奖成果分布在经济学、马克思主义研究、管理学和交叉学科等学科，体现出鲜明的文理交叉特色。

〔在化学模拟生物固氮研究领域取得新进展〕 学校化工与环境生命学部精细化工国家重点实验室的“小分子活化与仿生催化”研究团队，在化学模拟生物固氮研究方面取得新进展。相关研究成果以“Ammonia Formation by a Thiolate-bridged diiron Amide Complex as a Nitrogenase Mimic”为题，发表在《自然》（*Nature*）系列期刊的《自然·化学》（*Nature Chemistry*）杂志上。

〔获高校校园文化建设优秀成果一等奖〕 3月，由教育部思想政治工作司主办的2012年高校校园文化建设优秀成果评选结果揭晓。学校申报的《七彩校园　梦想之旅——大连理工大学校园嘉年华活动》，被评为2012年高校校园文化建设优秀成果一等奖。

〔**学校船舶制造国家工程研究中心通过验收**〕 1月16日，学校船舶制造国家工程研究中心建设项目通过国家验收，标志着该工程研究中心进入国家级战略部署系列，成为全国仅有的2家具有此项殊荣的造船科研单位之一。

〔**1篇论文在《自然》子刊发表**〕 学校精细化工国家重点实验室教授段春迎研究团队在世界著名学术期刊《自然》（*Nature*）子刊《自然·通讯》（*Nature Communications*）上发表题为《一种光诱导自旋交叉驱动的单链磁体》的论文。

〔**1项研究成果被《自然·光子学》（*Nature Photonics*）报道**〕 11月，世界著名的物理和光学学术期刊 *Nature photonics*（《自然·光子学》）杂志对学校生物医学工程系教师曹暾等人发表的论文“Rapid Phase Transition of a Phase-change Metamaterial Perfect Absorber”（《具有快速相位变化的吸收器》）进行了报道。

〔**1项研究成果发表在国际著名期刊《科学》（*Science*）杂志**〕 学校国家高层次“千人计划”学者、日本理化学研究所教授侯召民与学校合作，在金属氢化物常温常压下活化氮气的研究领域取得了突破性进展。相关研究成果以“Dinitrogen Cleavage and Hydrogenation by a Trinuclear Titanium Polyhydride Complex”为题，发表在国际期刊《科学》（*Science*）杂志上。

〔**自然出版指数中国排名学校列内地高校第15位**〕 根据“自然亚洲”（natureasia）网站最新发布的亚太地区“自然出版指数”（Nature Publishing Index：NPI）中国排名，学校学者在《自然》（*Nature*）及其系列期刊上共发表论文4篇，总贡献点数（Corrected Counts：CC）为1.64，在内地高校中列第15位，在全国科研机构中列第20位。

〔**高水平科技论文全国高校排名继续保持前列**〕 9月27日，2013年中国科技论文统计结果新闻发布会在北京召开，会上公布了2012年度论文统计结果。学校2012年度收录科技论文多项指标在全国高校排名中位于前列。2012年度学校被科学引文索引扩展版（SCIE）收录文献1 891篇，其中论文1 875篇，相比2012年度增长了20.5%，在全国高校排名中位列第15；学校SCI论文增长速度在科技论文影响较高的前20所高校中位列第2；被工程索引核心部分（EI）收录论文1 880篇，在全国高校中位列第7。

〔**入围英国《泰晤士报》亚洲大学百强榜**〕 4月10日，英国《泰晤士报高等教育副刊》公布了首期亚洲大学前100名排行榜，学校名列第80名。

〔**研制出国内首台承载式车身自动挡房车**〕 9月，学校房车工程技术研究中心研制出集“衣、食、住、行”于一身，实现“生活中旅行，旅行中生活”的时尚产品——国内首台承载式车身底盘自动挡自行式房车。

〔**研发出世界最大激光3D打印机**〕 2013年，由教授姚山及其团队与大连优利特科技发展有限公司共同研发出世界上最大的激光3D打印机，最大加工尺寸达1.8米，可以制作大型工业样件及结构复杂的铸造模具。由于其采用了“轮廓线扫描”的独特技术路线，比其他激光3D打印机加工时间缩短35%，制造成本降低40%。

〔**亚洲模具技术教育及研究联盟成立**〕 9月25日，由学校、日本岩手大学、韩国韩巴大学和马来西亚彭亨大学共建的“亚洲模具技术教育及研究联盟”在学校成立。

〔**召开郭明义事迹报告会**〕 12月5日，由大连市团市委、大连市学生联合会主办，学校团委承办的郭明义事迹报告会在学校举行，4 000余名师生现场聆听报告，学习“当代雷锋”郭明义的精神。全国道德模范郭明义在报告会上为大连理工大学师生解读了《中共中央关于全面深化改革若干重大问题的决定》。郭明义爱心团队办公室副主任吴峥以《崇高的境界，永恒的追求》为题，讲述了郭明义工作和生活中的感人事迹。

〔**申长雨出席“全球大学峰会”**〕　5月28—30日，校长申长雨应邀出席在英国伦敦召开的“2013 Global University Summit”（“2013全球大学峰会”）并做主旨发言。

〔**教育部正式批准学校建设盘锦新校区**〕　1月8日，学校收到教育部批复，同意学校使用盘锦市无偿提供的131公顷土地、相关用房及配套设施建设盘锦新校区。

〔**王珉到学校盘锦校区调研**〕　9月24日，辽宁省委书记王珉到学校盘锦校区进行调研。王珉强调，盘锦校区要突出办学特色，提高教学质量，为辽宁省创新办学模式进行有益探索，为地方经济社会发展提供强有力的人才保证和智力支撑。

〔**定点扶贫云南省龙陵县**〕　4月，学校召开定点扶贫云南省龙陵县专题工作会议。8月，学校领导前往龙陵县开展实地考察调研，落实对口扶贫工作，签署了《大连理工大学—云南省龙陵县对口扶贫框架协议》《大连理工大学爱心包裹协议》《大连理工大学龙陵优秀学生夏令营协议》等。

〔**召开校企合作委员会2013年年会**〕　11月12日，新疆—大连理工大学校企合作委员会2013年年会在学校召开。

〔**校友崔占峰、李琳当选英国皇家工程院院士**〕　7月25日，英国牛津大学教授、学校“长江学者”讲座教授崔占峰，英国曼彻斯特大学教授李琳两位学校校友当选英国皇家工程院院士。

〔**获“挑战杯”科技作品竞赛“优胜杯”**〕　10月，学校获第13届“挑战杯”全国大学生课外学术科技作品竞赛“优胜杯”，并获高校优秀组织奖；推荐的参赛作品《交互式声光显示屏》获全国特等奖。学校成为东北地区在该项赛事上捧杯次数最多及首度蝉联“优胜杯”的高校。

撰稿　杨春平
审稿　刘晓梅

东 北 大 学

〔**学科建设**〕　2013年，学校完成自主设置二级学科工作，增设交叉学科1个；完成本科专业对应整理，本科专业由65个增至66个。研究并起草学校重点建设项目绩效评估管理办法和评估指标体系。开展新一轮“985工程”（2010—2013年）阶段检查总结工作。做好2013年中国科学院、中国工程院院士增选工作，有3人成为两院院士有效候选人。进一步明确学术力在学校治理结构中的地位。发布学校学风建设年度报告，形成学术不端行为查处工作细则。组织召开中国冶金教育学会学科建设研究会2013年会，学校被评为冶金高校学科建设先进单位。

〔**本科生教育**〕　深化本科生人才培养模式改革，实施大类招生学生专业分流，共70名学生转入新专业。实施卓越工程师教育培养计划，全面制订了7个卓越计划专业工程教育人才培养方案。创新人才培养模式，制定《东北大学本科生“拔尖创新型”人才培养实验班学生选拔、培养与管理办法》和《东北大学本科生跨专业选课与学分认定办法》。建成国家级精品资源共享课程15门、国家级精品视频公开课程4门。获省规划立项教材25种。

从5个大类专业中遴选出200余门课程，研究确定82门课程为第一批学校“双百计划”的建设课程。完成4个国家级大学生校外实践教育基地、5个国家级工程实践教育中心建设工作的合作协议签约、基地挂牌和学生进驻。新增国家级大学生校外实践基地1个、省级大学生实践教育基地2个、省级实验教学示范中心2个。学校困难学生资助工作成效显著，困难学生受助比例达100%，贷款毕业生还款率达97.04%。学校连续3年获教育部特别绩效一等奖励1 000万元，被评为首批“辽宁省大学生心理健康教育示范学校”。

〔**研究生教育**〕　学校研究生院组织实施优秀研究生学位论文奖励计划。2013年，有51篇论文获校级优秀硕士学位论文、20篇论文获校级优秀博士学位论文；13篇论文获辽宁省优秀硕士学位论文、3篇论文获辽宁省优秀博士学位论文。为加强优秀博士研究生培养力度，学校研究生院实施了优秀博士学位论文培育项目，在1—4年级的博士研究生中，分别选拔一定数量的优秀博士研究生进行重点培养，给予每人每月500元至7 000元的奖学金资助，通过建立“塔式”连续资助体系，鼓励博士研究生刻苦钻研，产出创新性成果。全年共有202名博士研究生获优秀博士培育项目资助。年内55名已结题的博士研究生在资助期间人均发表SCI论文2.4篇。

〔**师资队伍建设**〕　以高水平领军人才建设为核心，依托国家人才项目，实施高层次人才培养计划，推进高水平人才队伍建设。引进国家“千人计划”入选者2人、“青年千人计划”入选者3人、“双百计划”外籍教师3人，入选国家“百千万人才工程”1人，入选“海外优秀青年人才百人引进计划”2人。全年引进各类人才48人，其中教授12人。推进“东北大学高层次人才培养计划”，确定35人该计划首批培养人选。加强团（梯）队建设，完善教师考核机制，对6支团（梯）队实施聘期整体考核。强化岗位聘任，加强师资培训，提升人才队伍建设水平。完成2013年专业技术岗位的补聘工作，254人获职务或岗位晋升，其中聘任教授14人、晋升教授三级岗4人。通过国家留学基金委提供全额资助、青年骨干教师出国研修项目和“985工程”等途径，共派出41名教师到国外高校研修。

〔**科学研究与社会服务**〕　2013年，学校科技经费保持快速增长，全口径科技经费达15.5亿元，与2012年相比增长23%。获省部级以上奖励46项，其中国家科学技术奖4项，包括技术发明二等奖1项、科技进步二等奖3项。发表SCIE论文706篇，授权专利275件。组织申报国家自然科学基金各类项目663项，获批170项，资助总额达1.09亿元。组织申报“863计划”、国家科技支撑计划和重大专项课题102项，获批28项，资助总额达7 130.2万元。组织申报总装备部预研基金项目、探索项目、国家国防科技工业局军品配套科研项目、国防基础科研项目和军口863-701专项等各类项目30项，获批20项；2013年，到账经费2 200万元。加强校企合作，全年共签订合同566项，其中技术合同494项，合同总额36 126万元。学校科技产业经营业绩稳步增长，实现销售收入110亿元，净利润6亿元。加紧建设学校云计算科技园、金属材料产业园，为学校在沈阳“两化融合实验区”建设及产业结构调整和转型升级中起到支撑和引领作用。

〔**基地建设**〕　2013年，学校新增的科技基地有：医学成像与智能分析教育部工程研究中心、辽宁朝阳日隆钒钛工程技术研究中心、沈阳市工业生态学重点实验室、沈阳市生物机械与表面工程重点实验室。完成航空动力装备振动及控制教育部重点实验室（B类）的验收工作，实验室进入正式运行建设阶段；“轧制技术及连轧自动化国家重点实验室”通过科技部评估，评估结果良好；“流程工业综合自动化国家重点实验室”通过科技部验收，并获沈阳市配套资金200万元；“医学成像与智能分析教育部工程研究中心”通过教育部论证，进入筹建期。学校与陕西绥德臻梦镁合金有限公司成立镁合金产业化基地；与绍兴电力设备有限公司成立新型铝合金电线电缆材料研发中心；与洛阳大智实业有限公司共建学校中原技术成果转移中心。学校成立鞍山激光应用技术研究院和中天钢铁研究院。

〔**党建工作**〕 2013年，学校深入开展党的群众路线教育实践活动，继续推进贯彻落实《中国共产党普通高等学校基层组织工作条例》，开展基层党建工作创新奖评选活动和特色支部创建工作。切实加强党员发展和教育管理工作，全年共发展党员901人。继续在学生党员中开展述责测评及“两先两优”评选表彰工作。全面实施学生党建质量工程，印制了《东北大学学生党建质量工程之质量监督、典型引路子工程手册》，进一步推进学生党建工作制度化、规范化建设。深入开展党建理论研究工作，在2013年学校党建理论研究课题立项工作中，经评审，确定资助课题31项。

〔**教育交流与合作**〕 学校首个孔子学院建设协议签署；加强留学生教育教学工作，在校留学生达831人，比2012年增长37.6％；继续加大学生派出力度，派出长期交流学生203名、短期交流学生180名，分别比2012年增长66.4％和18.4％；举办俄罗斯、美国、德国文化日等系列活动，建成美国文化中心及歌德语言中心两个文化交流平台。学校全英语授课专业达到4个。全年共派出296个访问团组，613人次，团组数及人次数均比2012年增长20％。完成建校90周年校庆海外大学的邀请和接待等外事工作任务。完成了与境内8所学校合作交流任务，派出交流生126人，接收交流生141人。

〔**就业工作**〕 全年到校招聘单位共2 749家，其中中央企业487家、世界500强企业186家。本科、硕士毕业生一次就业率分别为95.2％、92.2％，本科、硕士毕业生就业重点率分别为52.52％、68.64％，本科毕业生出国留学比例为5.57％。学校《职业发展与就业指导》课程被教育部评为首批“全国高校职业发展与就业指导示范课程”。

撰稿　李国华
审稿　钱丽丽

吉 林 大 学

〔**学科建设**〕 2013年，学校对46个学科建设单位的全部75个一级学科及所涵盖的302个二级学科的建设情况进行了全面调研，制订了学科内涵建设实施方案。完成“985工程”（2010—2013年）阶段建设任务，以优秀成绩通过国家检查验收，获互评院校专家的好评。

〔**教育教学工作**〕 制订实施2013年本科人才培养方案，深入推进“拔尖计划”和“卓越工程师教育培养计划”，着力构建在“三种环境”（学科综合环境、创新环境和开放环境）下培养“五种类型”（学术型、工程应用型、管理型、国际型和创业型）人才的创新人才培养体系和培养机制。成立创新与创业教育学院。通过“慕课”（MOOC）建设，满足学生自主学习的个性化需求。全面深化研究生教育改革，推进直博生、硕博连读研究生及专业学位研究生培养模式改革，调整并确定了新的研究生奖助政策体系。

〔**师资队伍建设**〕 学校有教师6 568人，其中教授2 058人、博士研究生指导教师1 186人。新增中国工程院院士1人，学校两院院士达22人（双聘13人）。新增哲学社会科学资深教授2人，学校哲学社会科学资深教授达6人。入选国家“千人计划”专家4人、国家“万人计划”专家1人、第五批“青年千人计划”项目2人。新增国家杰出青年科学基金获得者 1 人、“长江学者”特聘教授 1 人、教育部“长江学者和创新团队发展计划”创新团队 1 个。入选“中青年科技创新领军人才”计划 3 人，入选人数居全国高校第五位。入选国家“百千万人才工程”3 人、教育部“新世纪优秀人才支持计划”14 人。

〔**李元元当选中国工程院院士**〕　12 月 19 日，学校材料科学与工程学院教授李元元当选为 2013 年中国工程院院士。

〔**科学研究**〕　自然科学研究立项近 1 800 项，总经费达 9.73 亿元，其中千万元级的重大项目 6 项。申请的专利数首次过千，达 1 116 项。获第十五届中国专利奖优秀奖 1 项、第八届发明创业奖·人物奖 1 项。SCI 收录论文数全国排名第 11 位。学校入选国家创新人才培养示范基地，成为首批入选的 6 所高校之一。

教授、中国科学院院士任露泉团队的仿生耦合多功能表面构建原理与关键技术项目获国家技术发明奖二等奖。教授、中国科学院院士邹广田承担的总额 8 700 万元的“新一代大型超高压产生装置”项目正式启动。“千人计划”入选者、教授于晓方团队在世界上首次证明了人 SAMHD1 具有调控内源逆转录转座子活性的能力，成功揭示了 SAMHD1 蛋白在人体内的重要细胞学功能。教授任露泉、孙友宏等带领团队承担的“国家潜在油气资源（油页岩勘探开发利用）产学研用合作创新项目”国家油页岩原位开采先导试验工程顺利开工。“千人计划”入选者、教授黄大年、孙友宏等带领团队自主研制的首台“地壳一号”万米钻机运达施工现场，并完成吊装，使中国成为世界上第三个拥有实施万米大陆科学钻探计划专用装备和相关技术的国家。教授李建桥科研团队进入月面巡视探测器移动系统研发工作，承担了“嫦娥三号”探月“模拟月壤研制”等项目，作为教育部所属唯一高校为“玉兔号”探月做出了贡献。

学校哲学社会科学研究全年立项 463 项，经费总额首次突破 7 000 万元。获国家社科基金年度项目 42 项，立项数量位列全国高校第一位。11 项成果获第六届高等学校人文社科研究优秀成果奖。3 部书稿入选《国家哲学社会科学成果文库》，入选数量位列全国高校第 2 位。中国社会科学引文索引（CSSCI）收录的论文数量位列全国高校第 6 位。由学校作为主要协同单位的司法文明协同创新中心被认定为高等学校创新能力提升计划首批获认定的全国 14 个协同创新中心之一。

〔**学校珠海学院入选“2013 中国品牌影响力独立学院”**〕　学校珠海学院在 2013 年新华网主办的“大国教育之声”评选活动中，被评为“2013 中国品牌影响力独立学院”并位列第 2 名。

〔**《仿生工程学报》（*Journal of Bionic Engineering*）获中国科技期刊国际影响力提升计划支持**〕　由学校主办的英文期刊 *Journal of Bionic Engineering*（《仿生工程学报》）获中国科技期刊国际影响力提升计划 B 类项目支持。

〔**《亚洲考古》（*Asian Archaeology*）正式出版**〕　8 月，学校首个哲学社会科学英文刊 *Asian Archaeology*（《亚洲考古》）正式出版。*Asian Archaeology* 是由教育部人文社会科学重点研究基地吉林大学边疆考古研究中心主办的英文学术年刊，设有中国考古、东亚考古、科技考古、考古新发现简讯等 4 个栏目。

〔**国家知识产权培训（吉林）基地正式挂牌**〕　6 月 17 日，国家知识产权培训（吉林）基地在学校正式挂牌。该基地是吉林省第一个国家知识产权培训基地，是国家知识产权局在东北地区布局的唯一一个综合性国家知识产权培训基地。

〔**党的群众路线教育实践活动**〕　学校党的群众路线教育实践活动扎实开展，66 个二级党组织、1 108 个党支部、26 297 名党员全程参加。学校领导班子专题民主生活会成效显著，落实 35 项整改任务、10 项专项整治任务、40 项建章立制任务和 11 项校园民生专项工作。

〔**国内合作**〕 学校开展与部委行业、校地、校企、校校、校所的重大合作项目共57项；与省政府和长春市政府分别签署了战略合作协议；推进与广东省珠海市、深圳市和汕头市3个经济特区在相关领域的合作；与省纪律检查委员会合作共建学校廉政研究与教育中心；与四川省川威集团有限公司共建吉川威集团—吉林大学钒钛新材料研究中心；与海尔集团签署校企合作协议。学校科技园高科技产业孵化大厦落成，学校国家大学科技园四平分园奠基并开始建设。

〔**综合改革工作**〕 学校对人事制度改革、财务管理体制改革、后勤管理体制改革及公用房管理改革等改革方案进行了重新梳理，开展了学校综合改革的调研论证和方案起草工作，提出以学术发展、制度创新和管理重心下移为重点领域和关键环节推进综合改革，为全面深化改革做好充分准备。对《吉林大学章程》进行了修订完善并报送教育部核准。继续深化大规模多校区办学管理体制机制改革，不断完善区域综合办公室职能。调整医学教育教学发展规划，优化医学管理体制机制，推进医学教育教学改革。着力加强学术委员会建设，不断完善以学术委员会为核心的学术管理组织体系建设。完成国家教育体制改革试点项目阶段总结和试点转示范申报工作。

〔**文化传承与创新**〕 学校为中国汽车工业杰出奠基人和开拓者饶斌塑像。召开纪念原经济系主任、经济管理学院名誉院长关梦觉先生诞辰100周年暨学术思想研讨会。考古与艺术博物馆开馆并面向社会开放。拓展微信、微博等校园文化建设新渠道。“唱响吉大、放飞梦想”主题合唱比赛活动凝聚力量、振奋人心。学校青年文化书院获教育部优秀校园文化建设一等奖。

〔**招生就业**〕 2013年，招收本科生10 360人、硕士研究生6 103人、博士研究生1 562人。在严峻的就业形势下，着力加强毕业生就业指导工作，年终就业率达94%。

〔**教育交流与合作**〕 与世界一流大学的合作取得新进展，在与学校合作的院校中，排名世界前100的达22所；学校分别与澳大利亚昆士兰大学、深圳市政府达成在深圳共建合作办学机构协议；获批与俄罗斯托木斯克理工大学应用物理专业本科中外合作办学项目；与美国佐治亚理工学院等11所世界名校共建中外联合研究院或研究中心，启动了一批双学位项目或联合培养项目。2013年，参与境外学习和研修经历的学生达1 000多人。学校成立了国内高校首家公共外交学院。

〔**获先进孔子学院称号**〕 12月7日至8日，学校与美国新泽西州立罗格斯大学共建的孔子学院在第八届孔子学院大会上获先进孔子学院称号。

〔**学生获奖情况**〕 2013年，本科生获各类国家级奖91项，其中一等奖35项，较2012年有显著提高。在第十三届“挑战杯”全国大学生课外学术科技作品竞赛中，获特等奖2项、二等奖3项，以总成绩全国第六再次捧得“优胜杯”，创造了东北地区高校历史最好成绩。

〔**民生工作与支撑保障**〕 对16栋师生宿舍进行了维修，完成了近3万件家具维修和更换工作，为近5 000名学生与教职工改善住宿条件。投入2 700万元，对学校鸣放宫进行外部维修。启动建筑面积近7万平方米、总投资3.3亿元的图书信息综合楼的建设。教职工收入水平持续、明显提高，离退休政策全面落实。为万余名学生办理了国家助学贷款，开辟勤工助学岗位5 200余个。扎实开展节能平台、信息化和安全校园建设等。积极推进青年教职工周转房、中心校区附近中小学、幼儿园建设、家属区物业管理社会化改革和校园门禁系统设立等民生工作。

撰稿　高恒飞

审稿　王利锋

东北师范大学

〔**学校建设**〕 2013年，学校以学科建设统合四大功能和中心工作，以人才培养、科学研究和师资队伍的协同建设推动学科建设。在教育部第三轮学科评估中，学校共7个一级学科进入全国高校排名前20%，3个学科进入全国高校排名前5%。此外，学校有4个学科（数学、化学、材料学、工程学）进入ESI全球排名前1%。“211工程”三期8个重点学科建设项目通过国家验收，一批特色优势学科正在加快培育建设。

〔**教育教学改革**〕 围绕“立德树人”的根本任务，学校不断创新人才培养模式，推进教育教学改革，提升人才培养质量。在“教师教育创新东北实验区”建设的基础上，学校继续加强教师教育协同创新，“师范大学—地方政府—中小学校”（U-G-S）办学模式进一步拓展深化；实施学科创新人才基地班计划，新建4个基地班，完善基地班相关培养方案及选拔、管理办法；完成学校1 200名首届免费师范生到校攻读教育硕士的工作，制订完善免费师范生教育硕士培养方案；5门课程入选教师教育国家级精品资源共享课立项建设课程，3个实验教学中心获批国家级实验教学示范中心。

学校学生在国际大学生程序设计竞赛、全国舞蹈比赛中，屡获佳绩。学生在中国大学生男子篮球超级联赛中获全国总冠军。毕业生就业率保持在98%以上。

〔**师资队伍建设**〕 学校持续推进“人才强校”战略，在深入实施“高端人才计划”基础上，推动阶梯式人才“引育”格局的形成。2013年，制订实施“仿吾特聘教授”和“仿吾青年学者”聘任计划，启动实施师资博士后制度、职员统一招聘和人事代理等人事管理制度，首次面向全国公开招考选拔职员。2013年，学校新增“长江学者”2人，23名教师当选新一届教育部高等学校教学指导委员会委员，11名教师入选2013年度教育部“新世纪优秀人才支持计划”。

〔**科学研究**〕 2013年，学校深入推进“十二五”科研分规划、哲学社会科学繁荣计划、文理科重大基础性研究和应用性研究“双十”项目培育计划，进一步完善以质量为导向的科研评价制度；哲学社会科学全年共获国家社会科学基金年度项目、全国教育科学规划项目、教育部人文社会科学规划项目等近百项立项，获国家社会科学基金重大项目和教育部重大攻关项目3项；自然科学论文质量稳步提升，在全年发表的562篇SCI论文中，超学科平均影响因子论文占54.4%，“表现不俗”论文213篇，占发表论文总数的37.9%。1项成果获2012年度国家自然科学奖二等奖，7项成果获第六届高等学校科学研究（人文社会科学）优秀成果奖。

〔**开展党的群众路线教育实践活动**〕 2013年，按照中央和教育部的统一部署，学校作为第一批党的群众路线教育实践活动单位，分两个阶段集中开展了党的群众路线教育实践活动。经过学习教育、听取意见、查摆问题、开展批评与自我批评、整改落实和建章立制等多个环节的推进，全校党员干部思想觉悟进一步提高，作风进一步转变，积极回应和解决了一批师生关心关注的突出问题，为学校全面深化改革奠定了基础。以深入开展党的群众路线教育实践活动为契机，深入贯彻落实党的十八大、十八届三中全会精神，完成了学校党政领导班子换届和干部队伍集中聘任调整工作。加强意识形态工作和党风廉政建设，为学校事业内涵式发展提供了政治保障、思想保障和组织保障。

〔**现代大学治理**〕 学校高度重视现代大学制度建设，不断推进大学治理结构和治理能力现代化。基本完成《东北师范大学章程（草案）》制定，并上报教育部核准。修订完成《东北师范大学党委常委会工作规则》和《东北师范大学校长办公会工作规则》，实行重大问题决策票决制，进一步推进学校决策的制度化、民主化和科学化。完成"现代大学制度建设"和"卓越教育培养"两项国家教育体制改革试点项目的阶段总结工作，"卓越教育培养"项目被转为示范项目在全国推广。2013年，学校还推进了管理机构的调整和管理体制机制的改革，实现了校区管理、附校管理、招标采购和信息化建设等方面工作的一体化。

〔**社会服务**〕 学校围绕国家"振兴东北老工业基地"、长吉图开发开放先导区、"高教强省"等战略实施的需要，发挥教育资源优势和科研成果转化优势，服务于地方基础教育、生物医药、资源环境等领域的建设发展。2013年，学校通过远程与继续教育、中小学教师国家级培训计划、教育部幼儿园园长培训中心等多种途径和载体，全年培养、培训各类中小学幼儿园教师5万余人次。学校还充分发挥文化底蕴厚重的优势，通过自然博物馆、东北民族民俗馆和综合体育馆等文化场馆设施建设、孔子学院与孔子课堂建设和牵头组建吉林省高校文艺创作联盟等途径，发挥大学文化传承创新功能。

撰稿 李德锋
审稿 严蔚刚

东北林业大学

〔**领导视察**〕 2013年3月1日，教育部副部长杜占元一行到学校检查指导2013年春季开学工作。4月12日，省委副书记陆昊一行就加强政产学研一体化、加快科技成果产业化问题到学校调研并参观了生物质材料科学与技术教育部重点实验室和生物资源生态利用国家地方联合工程实验室（黑龙江），对学校科研工作给予了较高评价。11月7日，教育部副部长李卫红到学校就思想政治理论课建设情况进行调研。

〔**通过第三轮学科评估**〕 2013年，学校通过教育部组织的第三轮学科评估。在参评的8个一级学科中，林业工程排名第一位，林学排名第二位，生态学进入该一级学科前20%，生物学、风景园林学进入相应一级学科前30%。学校新增"刑法学"二级学科硕士点。

〔**师资队伍建设**〕 10月，教师李英、李鹏、郭垂根、高彩球、魏志刚入选教育部"新世纪优秀人才支持计划"，副教授李明泽获2013—2014年度中加学者交换项目赞助。

〔**1个项目入围省级领军人才梯队**〕 12月，学校木材科学与技术领军人才梯队项目入围省级领军人才梯队，标志着学校实现该领域零的突破。

〔**1个团队入选教育部创新团队计划**〕 11月7日，以学校"长江学者"特聘教授柳参奎为带头人的"后备耕地修复技术与盐碱逆境分子育种基础"研究团队，入选2013年教育部创新团队发展计划。

〔**新增1个博士后科研流动站**〕 8月，学校工程咨询设计研究院博士后科研工作站获批建立，这是学校首个博士后科研工作站。截至2013年年底，学校共有博士后站10个，其中流动站9个、工作站1个，涵盖学校8个一级学科博士点和1个二级学科博士点。

〔**国家“863”计划项目获批立项**〕 2013年，由校长杨传平担任首席科学家主持的国家“863”计划项目“林木花卉转基因育种研究”获批立项，填补了学校国家层面“863”计划项目的空白。

〔**获批国家级和省级实验教学示范中心**〕 2013年，学校林学和森林工程实验教学中心获批为国家级实验教学示范中心。生物科学实验教学中心、化学实验教学中心、土木工程实验教学中心、交通运输实验教学中心、材料科学与工程实验教学中心及园林实验教学中心被确定为省级实验教学示范中心。

〔**科研获奖情况**〕 2013年，学校共获各级各类科研立项436项，获各类科技奖励113项，其中获国家科技进步奖二等奖1项、黑龙江省科技奖19项、第五届梁希林业科学技术奖5项、黑龙江省高校科学技术奖12项。申请专利214件，授权专利312件。

〔**精品课程建设**〕 2013年，室内花卉与装饰、木材与人类生活、森林与人类、走进毛发世界4门课程被教育部确定为精品视频公开课。走进毛发世界、家居装饰面面观2门课程被确定为省级首批精品视频公开课。动物生理学、保护生物学、毛皮学、木材学、资源昆虫学5门课程入选国家级精品资源共享课立项项目。

〔**成立国家林业局红松工程技术研究中心**〕 11月21日，国家林业局批准学校成立国家林业局红松工程技术研究中心。该中心致力于整合中国红松研究与应用资源，打造国内红松研究领域的信息与合作平台，引进国际先进的保护和研究理念，推广先进的研究和应用技术，培养高水平的专业研究人才，推动中国红松领域相关事业的快速发展。

〔**黑龙江省林下经济资源研发与利用协同创新中心正式启动**〕 11月23日，由学校牵头的黑龙江省林下经济资源研发与利用协同创新中心正式启动。该中心下设7个研究平台，核心任务是面向林区、林业、林工，围绕全省林区林下经济发展战略规划、产业升级路径；围绕林下经济资源抚育、栽培、养殖、品种选育、初加工、精深加工、完整产业链构建；围绕林下经济资源开发、利用的装备及装备产业化等方向开展体制改革与协同创新，构建全省林下经济产业提升协同创新体系。

〔**《林业研究》（英文版）被SCI收录**〕 2013年，学校《林业研究》（英文版）被SCI收录，成为中国林业科学领域首个被SCI收录的期刊。10月，《林业研究》（英文版）获“中国科技期刊国际影响力提升项目”（B类）支持，成为中国林业领域首个获国家经费支持的英文学术期刊。

〔**开展党的群众路线教育实践活动**〕 7月9日，学校召开党的群众路线教育实践活动动员大会，教育部第三督导组参加会议。学校党委书记吴国春做了题为《践行党的群众路线 全面加强作风建设 创一流林业大学 办好人民满意教育》的动员讲话。

〔**思想政治教育工作**〕 2013年，《高教领导参考》连续三期对学校学生思想政治教育工作进行刊登报道。获省高校校园文化建设优秀成果一等奖1项。1人获黑龙江省大学生道德模范人物奖、1人获大学生年度人物提名奖；1人获第二届全国高校辅导员职业能力大赛二等奖和省高校辅导员职业技能竞赛一等奖、1人获全国辅导员职业大赛十佳优秀博客；1人获2013年度“中国大学生自强之星标兵”称号，成为2013年度全省唯一一名获此称号大学生。

〔**1人获全国高校辅导员年度人物**〕 5月9日，学校辅导员郭婷婷获2012年全国高校辅导员年度人物。郭婷婷作为获奖代表，在全国高校辅导员现场工作会上发言，并参加了“实现中国梦、青春勇担当”主题团日活动，受到习近平总书记的接见。

〔**教育部任命副校级干部**〕 7月3日，教育部任命学校党委宣传部部长周宏力为副校级干部。8月26日，教育部任命伍海泉为学校总会计师。8月29日，西藏自治区党委组织部任命周宏力为西藏农牧学院副院长。

〔**招生情况**〕　2013年，全日制在校生达23 040人，其中博士研究生924人，硕士研究生3 219人，本、专科生18 846人，留学生51人。

〔**教育交流与合作**〕　2013年，学校有100人次外籍专家到校访问。与美国科罗拉多大学丹佛分校、日本岛根大学、俄罗斯乌拉尔国立林业工程大学续签了校际合作协议，并增加了新的合作内容；与我国台湾首府大学、台湾元智大学、台湾屏东教育大学签署了校际学术交流合作协议；与教育部留学服务中心签署了战略合作协议。学校共有48个代表团92人次出国访问。

〔**媒体报道学校木材单板功能化改良技术**〕　4月11日，中央电视台报道了学校教授谢延军和他的团队研究的木材单板功能化改良技术。

〔**学生获奖情况**〕　3月16日，学校学生在黑龙江省第二届大学生工程训练综合能力大赛中获一等奖3项、二等奖1项；4月，获首届全国学生“国家资助　助我成长”主题征文活动优秀征文二等奖及优秀组织奖；6月8日，在第22届时报“金犊奖”广告竞赛中，8件作品获奖，其中银犊奖1件、铜犊奖1件、优选奖2件、优秀奖4件；7月21日，在2013全国大学生管理决策模拟大赛中获全国总决赛一等奖；8月16日，在“中荣杯”第四届全国大学生包装结构设计大赛中获一等奖；8月22日，在第八届全国大学生智能汽车竞赛中获全国一等奖；9月29日，在全国大学生电子设计竞赛中，获13项奖励，其中国家级二等奖1项，黑龙江省赛区一等奖5项、二等奖1项、三等奖6项；10月19—20日，在第38届ACM/ICPC国际大学生程序设计竞赛亚洲赛区中获银牌1枚、铜牌6枚；10月28日，师生的压花画作品在第八届中国花卉博览会获金奖4项、银奖3项、铜奖4项、优秀奖5项；11月9日，在2013中国教育机器人大赛中获全国特等奖2项、一等奖6项、二等奖3项；11月28—29日，在2013年林业领域全国博士生学术论坛上，获优秀论文一等奖1项、三等奖7项；12月，学生设计的作品获中国工业设计创新大赛“金钩奖”；12月1日，学生在第二届全国“TRIZ”杯大学生创新方法大赛中获一等奖3项、二等奖1项、三等奖2项，同时学校获得“优秀组织单位”称号。

〔**中国（哈尔滨）森林博物馆启动运行**〕　6月9日，学校与国家林业局携手全行业共建的中国（哈尔滨）森林博物馆举行试运行启动仪式。作为国内首家专题类森林博物馆，其布展面积8 000多平方米，有化石、动物、植物、昆虫、岩石、文物等各类标本3 000余件。7月，博物馆被命名为黑龙江省青少年科普基地。

撰稿　朱立明
审稿　雒文虎

复旦大学

〔**发展规划与学科建设**〕　2013年，完成《复旦大学上海医学院中长期发展规划纲要（2013—2020年）》起草；完成《复旦大学章程》初稿；完成《复旦大学服务上海行动计划》初稿。截至2013年年底，学校共入选上海高校一流学科（A类）10个、上海高校一流学科（B类）17个。

〔**教育教学改革**〕　2013年，学校招收本科生

3 253 人，学校上海医学院第一次实施分代码招生。全年招收学历教育研究生 5 663 人，其中硕士研究生 4 155 人、博士研究生 1 508 人；招收非学历教育硕士研究生 2 029 人。

全年开设本科课程共 6 012 门次，其中通识教育核心课程六大模块开课 319 门次、视频课程 30 门次、上海市共享课程 3 门。其中 19 门课程被选为国家级精品资源共享课程、8 门获批 2013 年度上海高校市级精品课程、12 门立项为上海市教委重点课程项目、7 门入选教育部来华留学品牌课程。此外，开设 13 门复旦暑期国际课程，共有 130 名来自 22 个国家的留学生报名。完善本科生创新教育平台。继续实施“莙政项目”“望道项目”“曦源项目”“登辉计划”，全年合计资助各类研究课题 333 项，资助学生 446 人，资助实验类项目 17 项，资助创业类项目 5 项。全年参与学校“本科生学术研究资助计划”（FDUROP）的学生在国内外学术期刊发表论文 19 篇，其中第一作者论文 11 篇。

全年共授予硕士学位 4 978 人，其中专业学位 2 890 人；授予博士学位 1 165 人，其中专业学位 154 人。开设各类研究生课程 2 600 多门，30 项重点课程建设项目立项。有 17 部教材入选第 1 批至第 7 批教育部研究生教学用书，21 项研究生教育课程获省部级研究生课程与教学改革优秀教学成果奖。打破传统研究生课程模式，推出研究生课程——FIST 集中式夏季授课项目。

〔师资队伍建设〕　2013 年，新增国家“千人计划”20 人，教育部“长江学者”特聘教授、讲座教授 7 人，国家“百千万人才工程”4 人，上海市领军人才 11 人，上海市“千人计划”14 人，上海市“东方学者”12 人。全年共引进各类高层次人才 83 人。共招聘新进教职员工 336 人，其中教学科研人员 126 人、管理人员 93 人、思想政治工作人员 23 人、其他人员 94 人。推进实施《复旦大学关于加强教学科研岗位招聘工作的实施意见》，放权院系自主进行学术评议、薪酬确定、工作考核等；创新新进教师分类管理体系，设置青年研究员岗位系列，建立 Tenure-track 教师选聘机制；完善与校内人才接轨的引进人才薪酬体系，加大投入和支持力度。首次实施非教学科研岗位学校统一公开招聘，探索建立管理、科研和实验技术队伍建设机制，统筹各支队伍发展。制定《复旦大学文科资深教授遴选暂行办法》，实施文科资深教授遴选工作。扩大学校新江湾城校区尚景园整体租赁规模，采取学校补贴的方式，缓解青年教职员工住房难问题。

〔新增 3 名院士〕　12 月 19 日，学校物理学系教授孙鑫和数学科学学院教授陈恕行当选中国科学院数学物理学部院士，生命科学学院教授金力当选中国科学院生命科学和医学学部院士。

〔科学研究和科技成果转化〕　全年理科、医科科研经费到账 122 455 万元。获各类科研项目立项 1 800 项，其中国家重大科学研究计划青年专题项目 1 项；“973 计划”和重大科学研究计划课题 7 项；“863 计划”项目 1 项、课题 10 项；国家科技支撑计划课题 1 项；国家科技重大专项课题 6 项。获批国家自然科学基金 599 项，其中国家自然科学基金面上项目 332 项、青年科学基金 184 项、国家杰出青年科学基金项目 3 项、优秀青年科学基金项目 15 项，重点项目 15 项、重大国际（地区）合作研究项目 3 项、海外及港澳学者合作研究基金项目 4 项、重大研究计划培育项目 3 项、重点项目 3 项、集成项目 1 项。获教育部博士学科点专项基金（博导类）项目 39 项、新教师类项目 33 项，优先发展领域课题 3 项；教育部“新世纪优秀人才支持计划”13 项、教育部创新团队 4 项；教育部留学回国人员科研启动基金项目 19 项。功能纳米材料系统工程创新引智基地获批立项建设。获上海市科学技术委员会基础研究计划重点项目 17 项、自然科学基金面上项目 27 项、青年项目 5 项；“浦江人才计划”20 项；“青年科技启明星计划”8 项；“优秀学术带头人计划”11 项；产学研类项目 29 项。2013 年度，获上海市科学技术委员会总资助经费 10 099 万元。新增 1 个教育部重点实验室、3 个上海市重点实验室、1 个国家林业局定位观测研究站、1 个上海市工程技术研究中心和 1 个教育部工程研究中心。申请国内专利632项，授权专利348项，其中发明专利307项。全校累计有效专利1 400项。完成计算机软件著作权登记39项。

全年文科科研经费达1.452亿元。获省部级以上立项课题193项，其中国家社会科学基金项目42项；获教育部人文社会科学规划项目74项、上海市哲学社会科学规划项目40项。出版著作309部、发表论文2 527篇，其中在国外学术刊物发表论文63篇，提交研究报告72篇。1项成果入选国家社会科学基金成果文库。获省部级以上科研成果奖励29项，其中获第六届高等学校科学研究优秀成果奖（人文社会科学）17项。获第九届上海市决策咨询研究成果奖10项，获奖总数位列上海市第一。获2012—2013年度全国商务发展研究成果奖2项。成立上海自贸区综合研究院。受上海市教委委托，建设上海市高校智库管理研究中心。经教育部批准，“中国高校智库论坛组委会”落户学校。

与地方和企业合作的科研项目经费到账达1.97亿元（不含附属医院），比2012年增长8%；签订产学研合同464个，签订合同额大于50万元的项目65个，比2012年增长10%；专利转让/许可14项。对接国内外大型骨干企业，重点推进学校与中国航空工业集团公司及下属企业、中国电子信息产业化集团有限公司、福建省电子信息（集团）有限责任公司、中国银行卡联合组织、三一重工股份有限公司、徐州工程机械集团有限公司等企业的对接交流。与宁波市政府共建学校宁波研究院，与上海市浦东新区和上海张江（集团）有限公司筹建学校张江研究院，并与江苏省海门市、徐州市和山东省滨州市签署全面合作协议。推进分布式光伏发电技术在江苏南通市的产业化，物联网技术在山东省滨州市的应用及环境生态设计技术在安徽省蚌埠市的应用。

〔获国家重大科学研究计划青年专题项目1项〕 学校物理学系教授吴施伟主持的“能谷—自旋耦合量子态的光电作用机理和操控研究”获国家重大科学研究计划青年专题项目资助，资助经费500万元，其领衔的科研团队由学校和中国科学院上海技术物理研究所组成。

〔多篇论文在国际顶级学术刊物发表〕 1月，《神经学年报》（*Annals of Neurology*）在线发表了学校教授赵冰樵研究团队论文。《细胞》（*Cell*）发表Alastair Murchie和学校教授陈东戎课题组研究论文《新型氨基糖苷类抗生素核糖开关的发现》。3月，《抗氧化与还原信号》（*Antioxidants & Redox Signaling*）在线发表了学校教授朱依纯科研团队研究成果。4月，学校教授袁正宏和中国疾控中心研究员舒跃龙为共同通信作者的论文《一种源自禽的新甲型流感病毒对人的感染》在国际医学期刊《新英格兰医学杂志》发表。8月，《科学》（*Science*）刊登了学校教授张卫领衔课题组研究成果，该成果提出并实现了一种新型的微电子基础器件——半浮栅晶体管。10月，《自然·神经科学》（*Nature Neuroscience*）在线刊登了学校教授杨振纲研究团队成果。12月，《细胞》刊登了学校教授徐彦辉团队研究成果。《应用化学》（*Angew. Chem. Int. Ed.*）在线刊登了学校教授彭慧胜团队研究成果，该成果首次成功制备出可拉伸的线状超级电容器。

〔直播第一门上海市高校共享课程〕 3月5日，学校哲学学院教授王德峰主讲的《哲学导论》通过上海高校共享课程平台，向全市1 000多名大学生授课，学校现代教育技术中心和校园信息化办公室联合进行了网络现场直播。

〔3篇论文入选全国优秀博士学位论文〕 学校历史地理学2008级博士研究生马孟龙的学位论文《西汉侯国地理》、微生物学2005级博士研究生王启军的学位论文《Salmonella enterica中心代谢关键酶的赖氨酸可逆乙酰化修饰研究》、药剂学2005级博士研究生李翀学位论文《抑制p53与MDM2结合的抗肿瘤多肽设计与靶向递送》获2013年全国优秀博士学位论文。

〔召开中国共产党复旦大学第14次代表大会〕 9月26—27日，中国共产党复旦大学第14次代表大会召开。大会选举产生了新一届学校党委和纪委，审议通过了中共复旦大学第13届委员会报告和纪律检查委员会工作报告。

〔**举行 2013 年复旦管理学奖励基金会颁奖典礼**〕 10 月 21 日，2013 年复旦管理学奖励基金会在清华大学举行颁奖典礼。该基金会名誉会长李岚清出席活动并为获奖者颁奖。国家自然科学基金委员会管理科学部主任吴启迪应邀出席颁奖典礼，并做题为《信息技术助力中国改革创新》的主旨演讲。

〔**学生获奖情况**〕 9 月，学生在全国大学生数学建模竞赛上，获全国二等奖 3 项，获上海赛区一等奖 3 项、二等奖 4 项、三等奖 11 项；在 2013 年全国大学生电子设计竞赛，学校信息科学与工程学院 4 个参赛队获全国二等奖；在第 30 届全国部分地区大学生物理竞赛中，获上海市特等奖 4 名、一等奖 9 项；在第 30 届全国部分地区大学生物理竞赛中，获优胜奖 4 项；在 2013 年 Green Tech 东元科技创意竞赛中，学校环境科学与工程系参赛队获国际赛季军；在第四届中国大学生服务外包创新创业大赛中，获一等奖 4 项；在 2013 年第四届全国高等医学院校大学生临床技能竞赛（华东赛区）中，获三等奖 4 项；在 2013 年第一届学生实践创新论坛中，学校基础医学院吴海培获全国组“最佳创新奖”；在 2013 年第三届全国医药院校药学/中药学大学生实验技能竞赛中，获特等奖 1 项、二等奖 1 项；在 2013 年首届大学生基础医学创新论坛中，获最佳设计奖 3 项、优秀表达奖 2 项。在沈阳市举行的第 12 届全运会女子 1 500 米决赛中，代表上海队比赛的学校中长跑运动员赵婧以 4 分 12 秒 32 的成绩获金牌；在女子 800 米决赛中，赵婧以 2 分 02 秒 36 的成绩获金牌。

〔**教育交流与合作**〕 全年到访各类境外代表团共 380 批次、2 835 人次。派出交流学生 2 364 人，接收各类外籍留学生 6 782 人。获教育部审批主办或承办的国际及地区学术会议 65 个。来访长期专家 103 人、各类短期专家 120 人。新增“名誉教授”“顾问教授”“兼职教授”等称号的专家 17 人。执行高等学校学科创新引智计划 4 个、教育部海外名师项目 2 个、上海市智力引进项目 24 个及学校海外优秀学者授课项目 34 个。2013 年度，申报由国家外国专家局组织的“外专千人计划”1 个、高端外国专家项目 7 个。1 名外国专家获中国政府友谊奖、3 名外国专家获上海市“白玉兰”奖。与 18 所境外大学或机构签署校际协议，发展与英国埃克塞特大学、日本上智大学等境外大学和机构的合作。

〔**对外联络与发展工作**〕 2013 年，学校在甘肃省兰州市举行第 13 届世界校友联谊会。学校财务处捐赠收入达 6 584.15 万元；学校教育发展基金会接受社会捐赠收入 5 700.01 万元；学校教育发展基金会（海外）接受社会捐赠收入 200.94 万美元，折合人民币约 1 216.42 万元。学校财务处的捐赠支出达 5 586.05 万元；学校教育发展基金会项目支出 4 812.42 万元；学校教育发展基金会（海外）项目支出 161.42 万美元，折合人民币约 977.00 万元。捐赠支出主要用于奖学金、奖教金及各类奖励等。

〔**举行“复旦大学学子基层行、西部行、国家重点单位行”活动**〕 学校学生职业发展教育服务中心在 2013 年主题教育“中国之梦、理想之光”系列活动中，推出“复旦学子西部行”“复旦学子基层行”“复旦学子重点单位行”等活动。共计 20 个“基层行、西部行、国家重点单位行”项目获学校支持，各院系利用寒暑假时间组织学生到基层、西部和国家重点单位参观、考察、实践，包括与在这些领域工作的校友进行访谈、座谈等。

〔**亨利·基辛格到访**〕 7 月 2 日，美国前国务卿亨利·基辛格（Henry Kissinger）到校访问。

〔**学校附属医院工作**〕 学校附属医院共有职工 18 457 人，核定床位 9 646 张。有国家重点学科 30 个、国家临床重点专科 56 个，上海市临床医学中心 10 个、上海市医学重点学科 13 个、上海市医学重点专科 11 个、上海市临床医疗质量控制中心 20 个。有中国科学院院士 3 人、中国工程院院士 4 人。全年门、急诊服务量达 19 157 347 人次。全面推进住院医师规范化培养工作，共招收住院医师535名。

撰稿 甄炜旎
审稿 许 平

上海交通大学

〔**有关领导到校视察调研**〕 2013年4月11日，共青团中央书记处第一书记秦宜智等到校参观钱学森图书馆，并与上海高校共青团干部代表座谈。6月1日，全国人民代表大会常务委员会副委员长、中国农工民主党中央主席陈竺到学校医学院附属上海儿童医学中心视察。6月8日，国务院副总理、国务院深化医药卫生体制改革小组组长刘延东一行到学校医学院附属仁济医院南院视察。10月14日，国务院原副总理李岚清和上海市委书记韩正参加在学校举办的“高雅音乐进校园”之满天星交响乐团上海交通大学音乐沙龙，并视察学校海洋工程国家重点实验室和新图书馆，与学校师生代表交流。11月5日，教育部副部长鲁昕等视察学校洱海研究基地。

〔**学科建设**〕 在第三轮学科评估中，学校船舶海洋与工程、机械工程和临床医学3个学科全国排名第一，9个学科排名前三，15个学科排名前五，29个学科排名前十，6个学科进入全国前5%，16个学科进入全国前10%，39个学科进入全国前1/3。3个学科入选上海高校一流学科（A类）建设计划。启动新一轮学科建设行动计划。完成对学校物理系和基础医学院学科发展国际评估。学校医学院通过上海市教委“十大工程”中期绩效考评。

〔**人才培养**〕 2013年，学校深入推进国家教育体制改革试点项目，新增8个“卓越工程师教育培养计划”试点专业，新增“基础学科拔尖学生培养试验计划”化学专业并首次招生。启动拔尖创新医学和五年制临床医学人才培养模式改革试点。工业工程、机械工程及自动化、生物技术、临床医学（长学制）4个专业入选国家重点专业。制订“钱学森特班”培养方案并首次招生。推进落实学位与研究生教育8项改革措施，获批教育部博士生招生计划弹性管理改革试点。推出在线“南洋学堂”。作为中国内地第一所高校加盟全球最大在线课程联盟（Coursera）并成为其全球百家合作伙伴，首批4门网络公开课程（MOOCs）上线。牵头成立“在线开放课程”共享平台全国联盟。

本科理科招生分数线在所有省市继续保持全国高校前四名，文科招生总体排名位列全国第四，医学招生在19个省市名列前十。来自“985工程”高校和国家重点学科的生源比例博士生达68%、硕士生达61%。完成国家级精品视频公开课8门，新增国家级精品视频公开课4门、上海市精品课程9门。3篇论文入选全国优秀博士学位论文、9篇论文入选提名论文；34篇博士学位论文、26篇硕士学位论文入选上海市研究生优秀成果，位居上海市首位。新增“国家级大学生创新创业训练计划”115项。毕业生赴国家重要行业及关键领域就业比例达55.1%、博士生学术就业比例达36.2%、本科毕业生继续深造比例达58.9%。2013年，学生蝉联全国“挑战杯”竞赛冠军并获1个可永久保存的“挑战杯”。获全国大学生节能减排社会实践与科技竞赛特等奖、美国数学建模竞赛特等奖、第37届ACM国际大学生程序设计总决赛金牌等。

〔**师资队伍建设**〕 2013年，学校访问讲席教授、美国工程院院士何志明入选中央组织部“顶尖千人计划”，为全国高校唯一；新增全职院士 2 人，双聘院士 2 人；“千人计划”入选 14 人（含“外专千人计划”2 人）；新增“国家高层次人才特殊支持计划”教学名师 1 人；“青年千人计划”入选 17 人；新增“长江学者”10 人，其中特聘教授 7 人；新增讲席教授 16 人、特聘教授 43 人、特别研究员 65 人。出台《上海交通大学关于加强青年教师队伍建设的实施意见》，继续实施“新进青年教师启动计划”，推进实施“青年骨干教师出国研修计划”和优秀博士毕业生“海外博士后计划”。

〔**张杰获全国教育改革创新杰出校长奖**〕 12 月 14 日，第三届全国教育改革创新典型案例推选活动颁奖暨中国教育创新论坛在北京做论坛报告《制度激励——大学变革的选择》。张杰获奖的颁奖词是“探索建设一个能够全方位、系统地激励和培育师生创新能力的‘制度激励’现代大学管理体系”。

〔**科技创新能力**〕 学校国家自然科学基金总经费数连续三年居全国高校第一，总项目数、面上项目数、青年基金连续四年居全国高校第一；“973 计划”和重大科学研究计划取得历史最好成绩，以学校教授为首席科学家的团队共获 8 项资助，居全国高校前列。转化医学国家重大科技基础设施获准立项。机械系统与振动、金属基复合材料、海洋工程 3 个国家重点实验室通过评估，其中机械系统与振动国家重点实验室获评“优秀”。精神疾病和高温材料 2 个上海市重点实验室立项建设。学校成为入选科技部“国家创新人才培养示范基地”首批高校和全国 10 所“高校大型仪器设备（设施）开放共享”试点高校。积极推进高等学校创新能力提升计划，已重点培育 6 个协同创新中心。4 项成果获 2013 年国家科学技术奖，其中获国家自然科学奖二等奖 2 项、国家科学技术奖二等奖 1 项、国际科学技术合作奖 1 项。1 项成果入选《科学》（*Science*）杂志“2013 年世界十大科技突破”。国内科技论文和被引数继续双双保持全国高校第一。入选《科学引文索引》（SCI）论文 4 147 篇，继续保持全国高校第二。四大名刊（*Science*、*Nature*、*Cell* 和 *Pnas*）论文 4 篇，居全国高校第三。“表现不俗”论文（超过所在学科论文被引次数世界均值）1 041 篇，继续保持全国高校第三。文科科研获国家哲学社会科学基金重大项目 4 项、重点项目 8 项，获教育部哲学社会科学研究重大项目 1 项。获教育部人文社会科学奖 8 项。海洋权益与战略研究院、高校学科发展与评价研究中心、高校知识服务平台获上海高校智库建设立项支持。

〔**1 名教授 2 名校友当选中国工程院院士**〕 12 月 19 日，中国工程院公布 2013 年院士增选结果，学校材料科学与工程学院教授丁文江当选化工、冶金与材料工程学部院士。同时，学校 1958 届校友徐芑南当选机械与运载工程学部院士，1968 届校友蔡美峰当选能源与矿业工程学部院士。

〔**物理系更名为物理与天文系**〕 6 月 1 日，学校物理系更名为“物理与天文系”。学校教授季向东担任系主任，其建设目标是：到 2020 年，进入世界一流物理与天文系行列；建立若干学术高地，有一群活跃在科学前沿的物理学大师、一批对物理研究充满热情的青年学生和一批重要的研究成果。

〔**党建与文化建设**〕 学习贯彻党的十八大精神，围绕“改进作风促发展、凝心聚力创一流”的主线，深入开展党的群众路线教育实践活动。以“五个一”为抓手，提炼重点整改举措 72 项、建章立制 56 条，改进机关工作作风。举办院长书记专题研讨班和第五期“世界一流大学建设”海外研修班。完善院（系）班子选拔配备机制。开展基层党组织建设“三工程两活动”（基层党支部建设创新示范工程、支部书记培育工程、强基工程；汇聚凝聚活动、主题组织生活活动）。完善“三重一大”集体决策制度，推进廉政风险防控长效机制的建设。

举行建校 117 周年庆祝大会及系列活动。李政道数字资源中心开通。人文学院思想政治课教师汪雨申当选“2012 全国高校辅导员年度人物”。学生原创话剧《钱学森》首批入选中国科学技术协会

“科学大师名校宣传工程”项目，并在北京公演。学校本部、医学院及附属医院均获上海市文明单位称号。“全国高校校园文化建设优秀成果特等奖”三连冠。完成学校中文主页改版并上线。承担教育部高校网络文化建设专项试点工作。举办中国学术出版“走出去”高端论坛，推出《论中国信息技术产业发展》和《中国能源问题研究》泰文版、《远东国际军事法庭庭审记录》等一批学术著作，出版口述史系列丛书《思源·起航》。

〔**管理与服务能力**〕　完成《上海交通大学章程》修订工作。推进办学质量工程建设，完成学校、院系质量分析报告。形成校部机关管理职能调整与改革方案并落实推进。形成院系综合预算试点方案，7 个院系开始试点。研究制定院系公用房产分配原则与面积核定管理办法。开展校内科研经费自查，并通过了教育部科研经费管理检查。建成高性能计算中心和云计算应用服务平台。

成立燃气轮机研究院和海洋研究院。新增浦东校区。与云南省签订全面战略合作协议。与云南省大理白族自治州、河南省郑州市等合作共建地方研究院。学校医学院获全国援外医疗工作先进集体。组织捐赠援建四川省雅安地震灾区，学校附属医院圆满完成雅安灾区救治工作。

〔**学校附属第六人民医院 1 项成果入选《科学》(*Science*)“2013 年世界十大科技突破”**〕　12 月，美国《科学》(*Science*) 2013 年第 342 卷评出 2013 年世界十大科技突破。其中 1 项科技突破列出了 2012 年 4 个有关肠道菌—人类健康的研究工作，首先报道的是有关三聚氰胺致肾毒性的机制性研究。这一结果刊登于《科学》杂志的子刊《科学：转化医学》，学校附属第六人民医院转化医学中心为第一单位，学校附属第六人民医院转化医学中心郑晓皎和赵爱华为共同第一作者，贾伟和赵爱华为共同通讯作者。

〔**教育交流与合作**〕　学校推进与美国约翰·霍普金斯大学、南加州大学在公共卫生和文化创意产业领域的合作；与比利时鲁汶大学、澳大利亚新南威尔士大学等分别设立联合发展基金；深化与法国巴黎第五大学在生命科学和医学等领域的合作。新增与法国斯特拉斯堡大学“八年制医学教育（医学博士学位）”中外合作办学项目。本科生海外游学比例达 32.92%，研究生国家公派留学 152 名，海外访学 1 295 人次。12 人获高端外国专家项目资助，新增 2 个高等学校学科创新引智基地。“抗结核及艾滋病毒组合药物优化研究临床试验”项目获美国盖茨基金会立项资助。上海交大全球交流活动项目——“Global SJTU”（“全球交大”项目）在英国、澳大利亚举行。

〔**交通大学机械工程教育百年纪念举行**〕　3 月 31 日，由中国工程院、中国机械工程学会主办，中国工程院机械与运载工程学部、西安交通大学和学校承办的中国工程科技论坛“高端制造装备”暨交通大学机械工程教育百年纪念在北京举行。全国人大常委会副委员长、学校机械与动力工程学院原院长严隽琪，中国工程院院长、中国机械工程学会理事长周济，“两弹一星”元勋、中国工程院院士王希季和来自机械工程领域的 700 多位院士、专家、学者、校友一起探讨未来中国高端制造装备的发展，共同回顾学校机械工程教育的百年办学历程。

〔**举行机械与动力工程学院百年庆典**〕　4 月 6 日，学校举行机械与动力工程学院百年庆典。学校新老领导、国内外嘉宾、校友代表以及师生等 3 700 余人出席。

〔**法国总统、英国首相先后到访**〕　4 月 26 日，法兰西共和国总统弗朗索瓦·奥朗德到访，发表题为《法国和中国面临的全球化挑战》的演讲，并为上海交通大学—巴黎高科卓越工程师学院揭牌。12 月 3 日，英国首相戴维·卡梅伦到学校徐汇校区访问，并与师生互动交流。

〔**学校附属同仁医院成立**〕　12 月 8 日，上海市长宁区最大的综合性医疗机构——长宁区中心医院和具有百年历史的长宁区同仁医院正式合并为“上海市同仁医院”，并依托学校医学院，成立了

"上海交通大学医学院附属同仁医院"。

撰稿　章玲苓
审稿　盛　懿

同济大学

〔编制完成《同济大学教育教学质保体系发展规划暨三年行动计划（2013—2015年）》〕 2013年4月，教育部审核评估专家到校对学校的本科教学工作进行检查，为下一步工作做出指导。学校根据专家的评估反馈，逐步启动各项整改和建设工作，编制完成了《同济大学教育教学质保体系发展规划暨三年行动计划（2013—2015年）》。

〔持续推进以章程为编制核心的现代大学制度建设〕 《同济大学章程》编制完成并提交教育部核准，同时形成了一套相对完整的制度体系，基本形成现代大学治理架构。

建立完善《党委常委会议事规则》《校长办公会议事规则》《关于贯彻落实"三重一大"决策制度的实施办法》等重要议事规则，制定完善《学术委员会章程》并组建新一届委员会，明确科学民主的决策制度与程序，凸显学术主导权。

健全《校务委员会章程》、《董事会章程》，组建新一届校务委员会，修订《教职工代表大会实施办法》。学校的重大决策与事项更加充分地听取校董事会、校务委员会、教职工代表大会、学生代表大会等各方面的意见和建议。

根据机构运行情况与发展需要，学校坚持"废、改、立"并举，开展规章制度梳理工作。梳理完善与校级制度相衔接的部门、院系规章共1 082项，建成目标明确、条理清晰、可操作性强的机制与制度体系。

〔师资队伍建设〕 学校有教职工6 287人，其中专任教师2 786人，专任教师中正高职人员855人、副高职人员997人。教师中有中国科学院院士7人、中国工程院院士7人、第三世界科学院院士2人、美国工程院外籍院士1人、瑞典皇家工程科学院外籍院士1人、法国建筑科学院院士1人；入选中共中央组织部"千人计划"23人，教育部"长江学者"特聘教授18人、讲座教授3人、国家杰出青年科学基金获得者27人、国家"百千万人才工程"入选者19人；5人被评为国家级教学名师。有国家自然科学基金创新群体2个、教育部创新团队6个、国家级教学团队6个。

〔2项重要研究成果在《自然》（*Nature*）发表〕 2月，学校教授周怀阳作为第一作者，联合美国伍兹霍尔海洋研究所教授迪克（Henry J. B. Dick）共同撰写的论文《支撑马里安隆起亏损地幔的薄洋壳证据》发表于《自然》（*Nature*）杂志。这是学校教授作为第一作者在《自然》杂志发表的第一篇论文，也是中国海洋地质学者以第一作者首次在《自然》杂志发表的论文。8月，《自然》杂志刊出学校教授薛志刚为第一作者和共同通信作者的研究论文 Genetic Programs in Human and Mouse Early Embryos Revealed by Single-Cell RNA-Sequencing。薛志刚等利用单细胞RNA测序（RNA-seq）技术，在国际上首次对人及其他哺乳动物胚胎着床前发育的转录调控网络进行系统分析，阐明了胚胎早期发育过程中的相关重要科学问题。

〔2个创新联盟获批国家产业技术创新联盟〕 11月，科技部发布"2013年度国家产业技术创新

战略试点联盟名单”，由学校牵头建立的“燃料电池汽车产业技术创新战略联盟”以及“污泥处理处置产业技术创新战略联盟”获批国家产业技术创新战略联盟。

〔**“中欧城镇化协同创新中心”揭牌成立**〕　11月15日，由学校“高密度区域智能城镇化协同创新中心”联合瑞典皇家工程科学院、德国工程院、荷兰工程院、德国柏林工业大学等多所欧洲工程院和著名高校，以及上海、浙江、江苏、广东、安徽、辽宁等一批协同城市，共同举办“2013中欧城镇化协同创新研讨会”。会上，揭牌成立了“中欧城镇化协同创新中心”。该中心致力于推动中欧城镇化学术伙伴协同研究、攻克智能城市可持续发展关键问题。

〔**赵劲获“年轻杰出学者奖”**〕　3月，教授赵劲获德国洪堡基金会“年轻杰出学者奖”，以表彰她多年来持续不断取得的高质量研究成就、研究视野的不断扩展和提升以及对德语应用语言学做出的杰出贡献。赵劲由此成为迄今为止国内文科领域该奖项唯一的获奖者。

〔**范立础获第三届“上海市教育功臣”**〕　9月，中国工程院院士、学校土木工程学院教授范立础获第三届“上海市教育功臣”称号。

〔**李风亭获“南南合作特殊贡献奖”**〕　10月，联合国南南合作局授予学校环境与可持续发展学院教授李风亭“南南合作特殊贡献奖”，以表彰其在促进南南合作，特别是中非合作方面的突出贡献。

〔**举行“纪念李国豪诞辰100周年”系列活动**〕李国豪是杰出的科学家、教育家、社会活动家、著名桥梁与土木工程大师、两院院士、同济大学名誉校长。4—6月，学校开展了以“学之师表，国之英豪”为主题的纪念李国豪诞辰100周年系列活动，表达对这位前辈泰斗的敬仰和缅怀。

〔**召开第十次党代会，开展党的群众路线教育实践活动**〕　7月，学校召开第十次党代会，选举产生了中共同济大学第十届委员会和中共同济大学纪律检查委员会。大会明确提出，到21世纪中叶，把学校建设成为“以可持续发展为导向的世界一流大学”的目标愿景，明确了分两个阶段实施的发展战略；建设“以可持续发展为导向的世界一流大学”目标，要求以优势学科为龙头，努力将可持续发展理念和实践渗透到人才培养、科学研究、社会服务、文化传承创新以及校园建设与管理等各个领域，建立面向可持续发展的高等教育模式，在理念与实践、技术与方法、知识与理论、文化与文明等方面推动社会进步。

7月，启动党的群众路线教育实践活动，全校39个基层党组织的党员和各级领导干部围绕群众这个中心，抓住作风建设这个关键，组织落实各项工作，不断提高思想认识，切实改进工作作风。学校共征集到师生员工提出的574条意见建议，梳理出59条整改事项，涵盖战略谋划、服务师生、干部管理、节约型校园、监督问责制度和领导班子自身建设六大方面，每条整改事项明确责任人、责任单位和整改时限，确保教育实践活动取得实效。

〔**同济创业谷开工**〕　5月2日，学校举行同济创业谷开工仪式。同济创业谷是在校内建设的一个“讲述创业故事、分享创业经验、畅谈创业感悟、汇集创业力量”的大学生创业实践平台；征选大学生创新创业项目入驻，促进以创新为基础的创业和以创业为导向的创新，覆盖更多的师生和学科；积极调动企业参与，引入市场资源，推进产教结合；主动配合区域政府产业布局，推动创新创业政策落地；与学校教学、资产、产业以及同济科技园等相关部门原有工作结合，打造大学生创新创业孵化新链条，建成“从大学校区到科技园区的最后一公里工程”。

〔**招生与就业**〕　2013年，录取本科生4 340人、硕士研究生4 276人、博士研究生901人。学校有全日制在校学生约36 813人，其中本科生18 581人、硕士和博士研究生18 041人。另有在职攻读专业学位硕士研究生 9 669 多人、各类留学生 4 047 人、成人和网络高等教育学生 12 441 人。2013 届毕业生总就业率超过 96%。

〔**举办国际学生环境与可持续发展大会**〕 6 月 5 日是“世界环境日”，由学校和联合国环境规划署共同举办的主题为“食品、健康与可持续发展”2013 国际学生环境与可持续发展大会开幕。来自全球近 50 个国家的 300 名青年学子参会，聚焦食品、健康、生态系统、绿色城市、绿色消费五大专题，分享他们在这些领域的最新实践与思考。

〔**学生获“中国好作业”金奖**〕 9 月 19 日，在上海教育新闻网等单位主办的公益活动“中国好作业”展示交流活动上，由同济大学校长裴钢出题、张达丰等学生共同完成的“世上无难事，‘纸’怕有心人——纸质资源回收利用与再生纸使用情况调查与研究”实践项目，获“中国好作业”金奖。

〔**3D 打印微型飞机成功试飞**〕 10 月 19 日，学校航空航天与力学学院微小飞机实验室的师生成功放飞了一架最新研制的微型飞机。该塑料小飞机采用最新的 3D 打印制造技术，其机翼和尾翼分别为一个整体，各个部件由胶接或棉线/胶水固接到一起。

〔**《一点儿北京》获评“中国最美的书”**〕 11 月 17 日，2013 年度“中国最美的书”评选结果揭晓。由学校出版社首次出版，描绘北京三里屯、七九八和南锣鼓巷 3 个最时尚街区的《一点儿北京》丛书，与另 20 种图书共同获得本年度“中国最美的书”称号。

〔**上海国际汽车城同济科技园项目启动**〕 12 月 16 日，上海国际汽车城同济科技园项目启动，“同济大学国家大学科技园（嘉定园区）”和“张江嘉定园汽车城同济科技园”同时揭牌。

〔**志远车队刷新中国节能竞技大赛纪录**〕 10 月 26—27 日，学校志远车队共派出的 132 号、130 号、127 号三辆节能车参加 2013 第 7 届 Honda 中国节能竞技大赛，包揽了本次大赛的第一、三、四名。其中 132 号节能赛车以 2 689.621km/L 的战果与获第二名跑出的 1 237.385 km/L 拉开差距，刷新了大赛举办以来的最高纪录，将综合优胜奖一并收入囊中。

撰稿 虞 兰
审稿 吴健民

华东理工大学

〔**杜玉波到校视察**〕 2013 年 2 月 26 日，教育部副部长杜玉波、教育部高等教育司司长张大良等一行到校视察新学期开学的相关工作。杜玉波一行视察了学校国家盐湖资源技术研究中心、化工学院“985”大型仪器测试平台、煤气化及能源化工教育部重点实验室、学生一食堂、学生第 22 宿舍楼和第四教学楼等地。

〔**人才培养**〕 学校改善实验实践基地条件，本科系统共有 8 个项目获国家修购基金资助，资助金额达 3 562 万元，学校同时投资 6 000 余万元，全部经费用于学校奉贤校区本科实验室建设，并于 2013 年秋季学期投入使用。大学生创新实践活动（USRP）课题立项 464 项，参与学生 1 134 人。大学生创新创业训练计划立项 299 项，其中国家级项目 80 项、市级项目 120 项、校级项目 99 项。学生获上海市第三届大学生创新活动论坛优秀展示奖 2 项、优秀报告奖 1 项、最佳报告奖 1 项。在国内外各类学术竞赛中，学生获奖 242 项，其中国际奖项 21 项、国家奖项 70 项。

实施 2013 研究生教育质量年工程，夯实学业基础。全面修订了 13 个博士学位一级学科、25 个硕士学位及部分二级学科的培养方案。2013 版培养方案加强了理论教学，理工科总学分由 27 学分增加至 37 学分。加强核心课程和精品课程建设，积极推进研究生全英文授课，累计建设了 16 门精品课程和 37 门全英文课程，有力促进了研究生培养的国际化。注重工程实践或社会实践能力的培养，建设了一支由企业工程技术人才兼职的工程导师队伍，形成了一批市、校两级工程硕士培养基地。实施研究生学位论文全盲审，出台了《硕士学位匿名评审规定》及《学术型硕士研究生申请学位学术成果要求的暂行规定》，改革了研究生的学制和学习年限。

〔**人才强校战略**〕 2013 年，学校召开人才工作会议，发布《关于加快推进人才强校战略实施工作的决定》《关于进一步加强青年教师队伍建设的意见》《“重点领域杰出人才培养与引进计划”实施办法》《“重点领域创新团队培育与发展计划”实施办法》《“教学名师培育计划”实施办法》等政策文件。2013 年，引进、调入专任教师 65 人，其中中央组织部“千人计划”获得者 1 人、“青年千人计划”获得者 1 人，学校特聘教授 2 人、教授 4 人、副教授 7 人，具有博士学位的教师 64 人、具有海外留学经历的教师 32 人。

〔**科研实力提升**〕 2013 年，学校承担各类科研课题 1 300 余项，科研项目经费到账总额达 50 839.1 万元，纵向经费 31 243.6 万元，横向经费 19 595.5 万元，其中人文社会科学经费 2 085.64 万元。2013 年度，新签订科研项目合同 1 379 项，合同金额 57 835 万元。其中纵向项目 742 项，合同金额 33 373 万元；横向项目 637 项，合同金额 24 462 万元；人文社会科学新立项项目 191 项，合同金额 2 175 万元。

《科学引文索引》扩展版（SCIE）收录学校 2012 年度论文 1 232 篇，在全国高校排第 26 位；《工程索引》（EI）收录学校论文 798 篇，在全国高校排第 39 位。“2007—2011 光盘版 SCI”累计被引用篇数为 1 995 篇，被引用次数 7 556 次，在全国高校排第 19 位。国际论文篇均被引次数为 3.79 次，在全国高校排第 3 位。“表现不俗论文”479 篇，在全国高校中排名第 17 位。爱思唯尔（Elsevier）数据显示，学校 24 个特色研究方向的论文总量世界第一，其中 16 个高被引论文数世界第一。共申请专利 360 件，其中发明专利 330 件；公开专利 528 件；授权专利 424 件，其中发明专利 368 件、实用新型专利 53 件。获各类奖项 24 项，其中国家级奖项 2 项、市级奖项 13 项、其他省部级奖项 8 项、人物奖 1 项。获第九届上海市决策咨询研究成果奖 1 项。

积极组织申报教育部及上海市人文社科研究基地，上海市社会工作与社会管理研究中心高校智库获准立项建设（培育）。学校生物采油教育部工程研究中心及生物材料与工程创新引智基地获准立项建设。学校结构可控先进功能材料及其制备教育部重点实验室评估取得优秀成绩，学校化学生物学（芳香杂环）上海市重点实验室及市新药设计重点实验室在市科委组织的评估中取得良好成绩。学校特种功能高分子材料及相关技术教育部重点实验室（B 类）通过教育部验收。依托学校建设的上海煤气化工程技术研究中心通过市科委验收。

积极推进工业技术研究院建设，新签千万元以上横向项目 3 个。与上海市奉贤区政府共建上海生物制造产业技术研究院签约；分别与常州市高新区、苏州市高新区签署共建华东理工大学常州工业技术研究院合作协议和建设华东理工大学苏州工业技术研究院合作协议；重新组建的学校深圳研究院各项工作扎实推进。

〔**ABET 国际工程教育专业认证**〕 11 月 17—20 日，美国工程与技术鉴定委员会（简称 ABET）认证专家小组对学校化学工程与工艺专业的建设和运行情况进行了现场考查和评估。认证专家小组详细考查了化学工程与工艺专业教育的基础设施、图书资源、实验条件、资金投入等支撑条件，以及入学就业、学生指导、课程建设、师资队伍、质量监控和持续改进的情况，并与化学工程与工艺专业的几十位教师及学生进行了广泛而深入的交流。11月20日，ABET工程认证委员会执行委员会前任主席、评估专家小组组长戴维·比斯利（David Beasley）宣读了专家小组的意见，对学校化学工程与工艺专业各方面的情况给予了高度评价。

〔党建工作〕　举办学习宣传党的十八大精神、两会精神解读、上海市党的十八届三中全会精神解读等多场报告会，制定学校党委中心组学习制度、教职工理论学习制度和《中共华东理工大学委员会关于深入学习贯彻习近平总书记系列讲话精神的通知》，依托“东方讲坛”“海湾大讲坛”等平台开展学习，全年共组织师生政治学习13场。

根据中共中央和教育部党组的部署，从7月3日起，学校以校院领导班子、机关职能部处和党员领导干部为重点，在全体党员中深入开展党的群众路线教育实践活动。把教育实践活动作为提高思想认识、加强作风建设、解决突出问题、推进学校发展的重要机遇。以“改进作风树形象，服务师生促发展”为主题，聚焦作风建设，坚持“严”字当头，精心组织实施，认真抓好“学习教育、听取意见；查摆问题、开展批评；整改落实、建章立制”3个环节的各项工作。

召开学校反腐倡廉建设干部大会，会议学习贯彻党的十八大精神和中央纪委二次全会精神，部署2013年学校党风廉政建设工作。制定并发布执行《华东理工大学关于改进工作作风、密切联系群众的若干规定》《华东理工大学进一步加强机关作风建设的规定》，选编了违反中央政治局关于改进工作作风、密切联系群众的八项规定的典型案例，提供给各二级单位和中心组成员对照学习检查。成立了廉政文化研究中心。

积极组织广大学生党员学习党的十八大、十八届三中全会精神和党的重大理论，加强学生党员思想理论教育。通过党员定岗明责机制，在学生生活园区建立学生党员服务工作站，实施党员承诺制，充分发挥学生党支部和学生党员的先锋模范作用和战斗堡垒作用。2013年，学生对学生党员的满意度达99.68%。不断优化多校区党建工作，探索书院党建机制，建立党员工作站、学生党员工作团队，促进党建工作“进社区、进公寓、进社团、进网络”，积极构建多校区党建工作格局。建立基层党建网络平台，实施多校区网络组织生活、手机党校等新实践，不断开拓网络党建新局面。

〔教育交流与合作〕　组织召开学校国际交流与合作战略研讨会，制定学校《国际化战略实施办法》，资助学校贫困学生出国访学，梳理优化系列管理办法，发布教育合作交流工作现状分析。

加强高层教育交流，加快推进学校与世界高校的交流互访和实质性合作。与法国19所化学工程师学校联盟合作，在学校举办中法教育与科技研讨会，与美国里海大学在学校联合举办2013地球村—中国项目，承办中德国际工程教育双边研讨会。先后接待国外到访团组337批，共计724人次（不包括学校资助的国际会议），与6个国家和地区的高校或科研单位签署校际协议15份。

加强师生的国（境）内外交流。2013年，出国交流教师达470人次，其中派出中青年教师到国外大学培训达52人次；赴国外（境外）学习交流的学生470人，其中10%为新录取的本科学生。

〔诺丁汉高等科学院举行招生宣讲会〕　5月2日，学校上海诺丁汉高等科学院本科“2+1+1”双学位联合培养项目宣讲会在学校奉贤校区举行。“2+1+1”项目是学校和英国诺丁汉大学首次推出的联合培养新模式，合作领域囊括了绿色科技、航空航天、生命科学3大领域的8个相关专业。

〔乒乓球女队揽金夺银〕　在第27届世界大学生运动会上，学校乒乓球女队获1金2银3铜。

〔青少年高校科学营华东理工大学分营开营〕　7月13日，2013年青少年高校科学营“寄梦科学、逐梦华理”华东理工大学分营开营仪式在奉贤校区举行。248名营员分别来自四川、宁夏、新疆兵团、上海、山东、安徽、广西、西藏、贵州、河南、福建、新疆、重庆、云南、江西、浙江及香港的重点高中。

〔**学校首推学生荣誉制度**〕 2013 年，学校在国内高校中率先推出学生荣誉制度。旨在通过对学生的知识、能力、素质等方面的认可，彰显崇尚荣誉、追求卓越的价值、观念和文化，鼓励和引导学生在追求世俗名利之时，更加注重追求道德和荣誉的完美。

撰稿 杜龙兵

审稿 欧阳红忠

东华大学

〔**学科建设**〕 2013 年，学校围绕国家发展战略和上海产业布局，构建以“纺织”为一体，“材料”和“设计”为两翼的发展新格局；深化协同创新机制体制改革，继续培育“纺织产业关键技术协同创新中心”和“民用航空复合材料协同创新中心”；推进“环东华时尚创意产业集聚区”建设，学校上海国际时尚创意学院进入最后审批阶段，出版两季海派时尚流行趋势，建设海派时尚网络平台。学校生物医学工程等 11 个学科入选新一轮校级重点学科；在第三轮学科评估中，学校纺织科学与工程学科继续保持全国第 1，设计学学科首次参评，列全国高校第 6，材料科学与工程学科列全国高校第 18，参评的 6 个具有博士一级授权学科排名均进入前 1/3。

〔**人才培养**〕 在本科教学方面，继续实施“应用型人才培养综合改革”。“复合材料与工程”“自动化”“服装设计与工程”3 个专业入选卓越工程师教育培养计划，本科实施专业达 10 个，研究生层次实施领域 6 个；持续推进“质量工程”，教授郭建生、丁辛主持的“纺织的科技奥秘—纺织专业导论”获评国家级精品视频公开课，教授郁崇文主持的“纺纱学”获评国家级精品资源共享课。现代纺织教育实验教学中心通过国家级实验教学示范中心验收，材料科学与工程实验教学中心获批建设国家级实验教学示范中心。入选上海市精品课程 5 门、上海市重点课程 8 门；入选“国家大学生创新创业训练项目”80 项、“上海市大学生创新创业训练项目”150 项；获“中国纺织工业联合会纺织教育教学成果奖”20 项。在研究生培养机制改革方面，学校纺织、材料学院先行试点开展硕博贯通的“长学制”培养模式，创新研究生培养组织结构，完善交叉学科导师组制度，推进以课程建设、基地建设和实践为主体的应用型人才培养综合改革，专业学位研究生教育继续深化，获批 7 个上海市专业学位研究生实习实践基地。在易班（网络大学生交流平台）资源建设方面，“基于易班的教学资源整合”项目立项；“基于易班的手机客户端应用”立项为上海高校网络文化特色创建项目。学校易班获评 2012—2013 年度上海教育系统优秀网站、第六届全国高校百佳网站并获最佳学研促进奖。在继续教育方面，新增培训基地 3 个；新建网上学习平台，推进课程资源建设与共享，《省道造型》《人物巧换衣》分获 2013 年全国首届微课程大赛二等奖和优秀奖。在帮困助学方面，全年发放学生奖学金、助学金等各类资助 7 313 余万元，实现家庭经济困难学生全覆盖；新增社会奖助学金 15 项。在体育方面，入选中国大学生体育协会攀岩分会主席单位，举办了第 11 届全国大学生攀岩锦标赛。

〔**师资队伍建设**〕 高层次人才队伍建设方面，教授俞建勇当选中国工程院院士；教授丁永生入选国家“百千万人才工程”；研究员丁彬获国家优秀青年基金；教授陈南梁、研究员张清华入选“上海领军人才”；教授胥波入选国家第十批“千人计划”青年人才；教师何春菊、蔡正国、王荣武、郑斐峰、洪枫、刘亚男入选 2012 年度教育部“新世纪优秀人才支持计划”。青年教师发展方面，入选上海市教委“教师专业发展工程”各类计划30人、“上海高校青年教师培养资助计划”29人、国家留学基金管理委员会等各类全额资助公派访学46人、“上海高校实验技术队伍建设计划”11人。专任教师队伍中，具有博士学位的比例达54.3%，具有海外经历一年以上的占28.2%。

〔**科学研究**〕 2013年，学校科研经费近2.17亿元，其中纵向经费1.10亿元、横向经费1.07亿元；承接“863”计划课题、国家科技支撑计划课题7项；获国家自然基金资助项目57项，首次获优秀青年科学基金资助1项；获上海市重点基础研究项目7项，上海市自然科学基金资助21项。研究员王朝生为第一完成人的“超大容量高效柔性差别化聚酯长丝成套工程技术开发”获国家科技进步二等奖；获省部级科技奖29项，其中一等奖5项；获桑麻纺织科技奖3项。海派时尚设计及价值创造知识服务中心作为第三批上海高校知识服务平台之一立项建设；纵向项目62项，经费增长36.6%；获国家社会科学基金立项资助2项、教育部人文社会科学研究项目资助8项、上海哲学社会科学基金项目3项。纤维材料改性国家重点实验室通过科技部评估；现代服装设计与技术教育部重点实验室和高性能纤维及制品教育部重点实验室（B类）通过教育部验收，上海市轻质结构复合材料重点实验室获立项建设。发表SCIE论文804篇、EI论文564篇、SSCI论文10篇；申请专利1359项，授权专利940项，其中授权发明专利371项，占总数的39.4%。通过军工保密专项检查、武器装备质量体系第四次监督审核、武器装备科研生产许可认证现场审查。学校科技园新增14家企业，其中5家为大学生创业企业，园区全年税收增长10%。

〔**与杨浦区签订战略合作框架协议**〕 10月29日，学校与上海市杨浦区政府签订战略合作框架协议。依托学校在纺织、服装及创意设计领域的优势资源，提升杨浦区现代纺织业、时尚产业的发展水平。

〔**招生与就业**〕 2013年，全校各类学生28 273人，其中本科生14 890人、研究生5 404人、继续教育学生3 417人、留学生4 562人。招收本科生3 743人；招收硕士研究生1 944人，其中全日制专业学位生819人。2013年，学生就业率达93.86%，其中本科生达91.76%、硕士研究生达98.03%、博士研究生达100%。学校获“上海市促进就业先进集体”称号。

〔**开展党的群众路线教育实践活动**〕 学校领导班子按照“照镜子、正衣冠、洗洗澡、治治病”的要求，聚焦领导班子及领导干部“四风”问题，转变工作作风，突破“瓶颈”障碍，推动内涵发展。推出“即知即改”事项22项，扎实推进整改落实。

〔**管理改革**〕 《东华大学章程》被教育部首批核准；以校院两级管理改革试点为基础，在全校范围内全面实施管理改革，下发《东华大学深化校院两级管理改革实施办法（试行）》等文件，完善学院党政联席会、教授委员会、教职工代表大会等决策形式，与各学院签订目标责任书，实施绩效评价和目标考核。完成新一轮岗位设置和聘任；根据“坚持目标导向性、注意整体平衡、逐步推进改革”的原则，改革人事收入分配制度，提高全校教职工收入；制定《关于进一步加强师资队伍建设的若干意见》《东华大学励志计划实施办法（试行）》《东华大学特聘研究员岗位设置及聘任管理办法》；加快非教师人才派遣用工的转编，改进新进人员录用方式。制定《东华大学关于进一步加强科研管理工作的意见》，规范全校的科研行为；推进财务审计，接受高校科研经费管理、校长任中经济责任审计及基建、企业、直属高校购房补贴资金预算及执行情况、捐赠配比执行情况等专项检查，落实整改措施。制定《东华大学切实加强和改进学风建设实施细则》，强化学术组织的作用。

〔**教育交流与合作**〕 学校与英国爱丁堡大学、美国加州大学河滨分校和欧文分校等高校签署11份合作协议，与日本文化学园、德国劳特林根应用技术大学、加拿大卡尔顿大学的合作项目通过教育部评估。全年派出交流生 408 人，接待到访 487 人，因公出访 755 人次，其中学生 377 人次。举办学术等会议 380 余次，承办第 8 届国际薄膜物理与应用会议（TFPA 2013）、第 12 届亚洲纺织会议暨 2013 中国纺织学术年会、全国高分子学术论文报告会和 2013 上海国际服装文化节国际时尚论坛等学术会议。2013 年，来自 140 多个国家的 4 562 名留学生在校学习，其中学历留学生 948 人，比 2012 年增长 27%。

〔**办学条件**〕 完成松江校区教学楼等建筑的整修和学校两个校区供电扩容及宿舍电气改造；更新延安路校区第一、第二学生宿舍家具 1 348 套；改造松江校区第一食堂，改善操作间及用餐环境；确保食品安全卫生，控制饭菜价格和质量，发放各级各项补贴 334 余万元；启动松江大学园区学生公寓回购，完成所涉及地块、房屋等分割方案及回购协议的签订；办理松江校区土地证；推进青年教职工租赁松江区政府华亭公租房工作，签约房源 42 套，入住 24 人；改造“松江校区网络中心机房”和“数据中心硬件平台”，推进图书智能化管理，完成“智能射频识别技术”“数据中心虚拟整合服务平台”“密集书库”等项目建设；推进数字档案馆建设和档案信息服务。

撰稿　高兰兰
审稿　宋立群　周婉婉

华东师范大学

〔**包起帆受到习近平接见**〕 2013 年 4 月 28 日，学校国际航运物流研究院院长包起帆作为全国劳模代表，赴北京接受表彰，并受到国家主席习近平的接见。

〔**领导到校视察调研**〕 2 月 25 日，教育部副部长杜玉波一行到校视察开学情况并调研招生工作，还实地调研了上海纽约大学办学进展情况；3 月 28 日，上海市副市长翁铁慧一行到校调研师范教育和学科建设工作；6 月 9 日，外交部副部长程国平到校调研周边合作与发展协同创新中心建设工作，并做专题报告；7 月 5 日，九三学社中央副主席、上海市副市长赵雯一行到校调研，听取九三学社学校委员会的工作汇报。

〔**学科建设**〕 学校先后成立数据科学与工程研究院、城市发展研究院。积极发挥协同创新优势，对接国家重大需求，全力做好高等学校创新能力提升计划项目的培育工作。学校作为牵头单位先后成立了可信信息物理融合系统协同创新中心、周边合作与发展协同创新中心、网络空间文明建设协同创新中心（筹）、国家教育决策研究协同创新中心（筹）等协同创新中心。学科综合实力进一步提升，学校在教育部公布的第三轮一级学科评估中，进入前 5%、10%和 30%的学科数量排名均为全国第 18 位。根据上海市公布的高校一流学科建设计划，学校拥有 4 个 A 类上海市一流学科、13 个 B 类上海市一流学科。

〔**深化本科教学改革**〕 深化本科人才培养改革试验田——孟宪承书院的改革，推进“大类招生、分层培养、多种学习途径”的人才培养模式创新，继续拓宽课程资源，本科生开课总量达 6 016 门次。教学质量工程成果丰硕，完成 8 门原国家精品课程的转型升级工作，4 门课程被教育部列入第二批国家级精品资源共享课立项项目名单，3 门课程进入国家精品课程公开课建设名单，6 门课程入选上海市级精品课程，2 门课程入选上海高校示范性全英语课程建设项目。实施“拔尖创新人才培养计划”，促进学生个性培养和多元发展。优化免费师范生培养体系，打造教师教育精品课程，13 门教师教育课程入选国家级教师教育精品资源共享课程建设项目，入选课程门数居全国高校第一。举办学校第六届“师范生教学技能训练周”活动，选聘 23 位基础教育名师担任特聘教授，继续做好“卓越教师培养计划”，进一步发挥教师教育特色。

〔**提升研究生培养质量**〕　以夏令营和探索博士研究生申请考核制入学机制为契机，吸引优秀生源。2013 年，学校共举办 13 个夏令营活动，吸引 475 名营员参加，其中 41 人成为学校推免研究生。在 5 个单位试点博士研究生申请考核制入学。提高博士研究生培养质量，全面实施博士研究生论文预答辩工作。获全国优秀博士学位论文 1 篇、提名 2 篇，获上海市研究生优秀成果（博、硕士学位论文）各 12 篇，10 人入选全国优秀博士学位论文培育资助项目。深化专业学位综合改革试点，教育硕士、工商管理硕士和汉语国际教育硕士 3 个专业学位授权点在教育部验收中全部获“优秀”。

〔**强化师资队伍建设**〕　加强高层次人才队伍建设，1 人入选国家“千人计划”，2 人入选“青年千人计划”，1 人入选“长江学者”特聘教授，1 人入选“长江学者”讲座教授，3 人获国家自然科学基金委员会优秀青年基金资助，2 人入选中央组织部“青年拔尖人才”计划。“统计应用与理论研究”入选国家外国专家局高等学校学科创新引智计划，12 人入选教育部“新世纪优秀人才支持计划”。31 人次入选上海市优秀学科带头人、“浦江人才计划”、上海市青年科技启明星计划、上海市曙光计划等人才计划。中国科学院院士、学校教授何积丰获“上海市教育功臣”称号。召开青年教师队伍建设工作会议，出台《华东师范大学促进青年教师发展的若干意见》，推出加强青年教师队伍建设的系统举措。积极探索完善人才人事管理制度。健全青年教师培训进修制度，成立学校高级研修学院，推出多种培训项目，加强青年教师培训工作。

〔**推进科研体制机制创新**〕　科研经费稳步增长，重大科研任务承接能力有所提高。获国家自然科学基金项目 131 项，新增“973”课题 3 项，承担“863”项目 7 项，航天合作项目 2 项，主持上海市科委重大项目 2 项；获上海市科委、市教委重点项目 12 项，上海市自然基金面上项目 15 项。获国家社会科学基金各类项目 50 项、社会科学基金重大项目 5 项，首次获国家社会科学基金决策咨询点 1 项；获教育部社会科学项目 31 项，上海市社会科学项目 29 项，国家社会科学基金年度项目批准数连续两年排名上海第一。科研基地建设取得新突破。正式获批筹建上海市核心数学与实践重点实验室。学校上海数字化教育装备工程技术研究中心通过上海市科委组织的专家评估，获优秀。学校申请专利 224 项，专利授权 138 项。在高水平期刊发表论文数量显著增加，多篇论文在《自然》（*Nature*）及其系列期刊发表。作为第一完成单位分别获上海市自然科学奖一等奖 2 项，二、三等奖各 1 项。中国科学院院士、学校教授何积丰获 2013 年度何梁何利基金“科学与技术进步奖”。获教育部全国高校第六届人文社会科学优秀成果奖 21 项，其中一等奖 1 项，获奖总数位居全国高校第八，上海高校第一。2 部作品入选国家社会科学基金成果文库。5 个学科入选上海高校创新能力提升计划竞争性引导项目，其中文科 3 项、理科 2 项。落实各类学术研究计划项目，立项国家创新创业训练计划项目 122 个、上海市创新活动计划项目 150 个、学校大夏大学生科研基金项目 535 个。

〔**推进现代大学制度建设**〕　通过修订完善《华东师范大学章程（试行）》，进一步总结办学理念、体制机制改革经验，确立和完善学校基本制度。学校以第七届学术委员会换届为契机，完善学校及院（系）学术委员会组织架构，增加教授对学校学术事务管理工作的参与度，共有 151 人参与到学校学术委员会和各专门委员会中，占全校教授总数的 26%。通过成立学校发展咨询委员会和学校校友会，健全社会支持和监督学校发展的长效机制。

〔**国家可信嵌入式软件工程技术研究中心成立**〕　5 月 8 日，在“2013 中国国际嵌入式大会”开幕式上，由学校与中国电子科技集团公司第三十二研究所联合组建的“国家可信嵌入式软件工程技术研究中心”正式落户上海。中国科学院院士、学校教授何积丰担任中心首席科学家。

〔**教育战略协同创新中心成立**〕　7月9日，学校教育战略协同创新中心成立暨首届教育战略研究学术研讨会召开。中国教育科学研究院、北京师范大学、浙江大学和学校4家协同单位在会上签署《共建教育战略协同创新中心协议》。

〔**华师教育云研究院成立**〕　7月29日，学校与华中师范大学、上海华师京城集团股份有限公司签署战略合作框架协议，共同成立华师教育云研究院。该研究院是国内首家由知名高等院校及领先教育云解决方案提供商联合成立的并对教育云进行系统化研究及推广的专门机构。

〔**数据科学与工程研究院揭牌成立**〕　9月26日，学校大数据科学与工程研究院成立暨揭牌仪式在学校举行。该研究院以有效推进“学科交叉”战略的具体落实和产学研用协同创新为目的，以利用大数据理论和技术成果提升学科发展高度，使学科发展更好地对接国家重大需求为使命。

〔**城市发展研究院成立**〕　10月19日，学校城市发展研究院成立大会暨中国（上海）自由贸易试验区与城市发展论坛在学校举行。

〔**成立考试与评价研究院、国际慕课研究中心**〕　10月29日，学校成立考试与评价研究院、国际慕课研究中心。

〔**与虹口区签订教育合作协议**〕　5月16日，学校与上海市虹口区政府签订《上海市虹口区人民政府与华东师范大学教育战略合作框架协议》和《上海市虹口区人民政府与华东师范大学关于合作共建华东师范大学第一附属中学、华东师范大学第一附属初级中学的协议》。

〔**发展咨询委员会成立暨区校签约仪式举行**〕　7月6日，学校首届发展咨询委员会成立大会暨学校—紫竹高新技术产业开发区签约仪式举行。

〔**召开第五十三届国际河口海岸学大会**〕　10月13—17日，由学校参与承办的第五十三届国际河口海岸学大会在上海市召开。大会围绕“快速变化下的河口海岸响应与管理”的主题，就世界河口海岸面临的挑战及其可持续性发展进行深入探讨。会议期间，中国工程院院士、学校教授陈吉余被国际河口海岸学会授予“终身成就奖”。

〔**学校举行第七届学术委员会及各专门委员会委员聘任仪式**〕　5月28日，学校举行第七届学术委员会及各专门委员会委员聘任仪式。校长陈群被聘为新一届学术委员会主任，教授冯绍雷、杨国荣、张经被聘为学术委员会副主任。

〔**世界学前教育组织第六十五届国际学术研讨会召开**〕　7月11—7月13日，由世界学前教育组织（OMEP）中国委员会、中国学前教育研究会和学校共同承办的世界学前教育组织第六十五届国际学术研讨会在上海市召开。OMEP主席英格里德・塞缪尔森、教育部副部长刘利民及1 200余名来自57个国家和地区的学前教育负责人、学前教育知名专家学者与会。

〔**教育交流与合作**〕　2013年，学校与美国纽约大学合作建立的上海纽约大学正式招生，并与上海纽约大学建立协同工作机制，两校合作共建4个联合研究中心。中法联合培养博士研究生项目持续发展。为支持上海市闵行区紫竹国际教育园区建设，启动了与北京华大基因研究中心、丹麦哥本哈根大学合作办学项目的谈判工作。在虹桥临空港地区与瑞士洛桑酒店管理学院联合开展酒店管理硕士合作办学项目筹备工作有序进展。进一步加深与美国康奈尔大学和威尔逊国际学者中心、法国里昂商学院、比利时鲁汶大学的合作，开拓并落实与南美洲和非洲高校的合作。出席第七届全球大学校长专题研讨会，学校作为中方15所高校代表之一赴美国芝加哥参加落实中美人文交流机制重要活动——中美高水平大学校长圆桌会议。依托学校自身优质资源，加强孔子学院综合文化交流平台建设，新增1所孔子学院，与国外教育机构合作建立的孔子学院达8所。聘请泰国公主玛哈扎克里·诗琳通为学校荣誉教授。学生跨国交流活动进一步丰富。国家公派研究生录取110人，选派交换生115人赴外校学习，到学校学习的各类交换生、短期生达4 000余人次。23位学生参加了与美国科罗拉多州立大学“2+2”联合培养双学士学位项目，新启动与美国密苏里哥伦比亚大学“2+2”联合培养项目。选派学生赴英国曼彻斯特大学、德国洪堡大学等40多所高校进行交流学习。启动学校与美国马里兰大学和亚利桑那大学的博士双学位项目。

〔**瑞士巴塞尔大学孔子学院揭牌**〕 9月21日，由学校和瑞士巴塞尔大学合作创办的瑞士巴塞尔大学孔子学院揭牌仪式在瑞士巴塞尔举行。巴塞尔大学孔子学院是学校参与建立的第八所孔子学院，也是继日内瓦大学孔子学院之后中国在瑞士建立的第二所孔子学院，填补了瑞士德语区孔子学院的空白，成为瑞士汉语教学推广和中瑞人文交流的又一座桥梁。

〔**学生获多项奖项**〕 学校学生获第十三届“挑战杯”全国大学生课外学术科技作品竞赛一、二、三等奖各两项和“累进创新奖”金奖。《上海大学生科学商店的探索和实施》成果获2013年上海科普教育创新奖科普贡献奖二等奖。

〔**成立校友会**〕 9月20日，学校校友会成立大会举行。大会审议通过《华东师范大学校友会章程（草案）》，并选举产生了校友会会长、副会长等。

〔**加大服务社会力度**〕 做好对口支援高校工作，承担“国培计划”项目、新疆汉语骨干教师培训、西部中小学校长培训等，支援西部基础教育发展。深化与上海市闵行、普陀、宝山等区县的教育合作关系，辐射带动区域基础教育事业持续发展。通过与山东、浙江、江苏等多地的合作，拓展教师教育创新成果实践推广范围。加强与各类社会公益基金的交流与合作，与北京永源公益基金会、上海真爱梦想公益基金会、上海华信公益基金等深入开展合作，促进社会公益项目及校内公益活动的开展。

〔**俞立中被授予“法国荣誉军团骑士”勋章**〕 7月24日，法国驻上海领事馆总领事受法国总统委托，向学校前任校长俞立中颁发法国政府最高荣誉勋章——“法国荣誉军团骑士”勋章。

〔**乌夫·哈格诺夫被授予学校名誉博士学位**〕 6月24日，丹麦数学家乌夫·哈格诺夫（Uffe Haagerup）被授予学校名誉博士学位，成为首位获得学校名誉博士学位的全球知名学者。校长陈群为其颁发名誉学位证书并致辞，副校长朱自强宣读了国务院学位委员会同意授予其名誉博士学位的决定。

〔**庆贺徐中玉先生百岁寿辰**〕 11月7日，上海市人大常委会主任殷一璀专程到学校看望著名文艺理论家、学校中文系名誉主任徐中玉先生，为他祝贺百岁寿辰。学校党委书记童世骏、上海市人大教科文卫委员会副主任委员张辰等陪同看望。11月8日，徐中玉先生百岁华诞庆祝会暨“中玉教育基金”成立，《徐中玉文集》首发仪式在学校举行。

撰稿 汪 海 夏 冰
审稿 赵 健

上海外国语大学

〔教育部核准《上海外国语大学章程》〕 2013年11月28日，教育部在北京举行新闻发布会，介绍高校章程建设有关情况并宣布核准包括上海外国语大学在内的6所高校章程。《上海外国语大学章程》继承了学校办学传统，明确了办学定位、治学模式，彰显了办学特色，体现了学校办学自主和发展战略目标。

〔学校规划与学科建设〕 学校外国语言文学学科在全国第三次学科评估中得分并列第二，被列入上海高校一流学科（A类）建设范围；完成全国第三轮一级学科评估及分析报告，进一步夯实学科基础，促进外国语言文学和复合型学科协同发展。完成“211工程”三期总结交流及成果汇总、学科点“十二五”规划汇编、学校发展定位规划编写等。制定《上海外国语大学“十二五”学科建设管理办法》，拟定《上海外国语大学“十二五”学科建设管理办法实施细则》。召开学校学术委员会会议，审核《上海外国语大学第六届学科骨干申报选拔条例》《上海外国语大学第六届学科骨干考核条例》等。

〔新增“网络与新媒体”专业〕 4月，学校获准新增“网络与新媒体”专业。该专业归属文学学科门类、新闻传播学专业类，属特设专业。该专业致力于培养能够熟练掌握网络新媒体、新媒体信息传播的基本理论与实践运用，熟练运用网络与新媒体技术进行网络新闻的采写编、有效处理网络信息文本和音像内容，并熟练掌握英语、具有宽广的国际知识和敬业精神的复合型信息国际传播人才。

〔教育教学改革〕 加强高级翻译人才、国际公务员、多语种国际新闻人才、卓越法律人才培养等特色办学平台建设。完成10大模块通识教育课程开发整合和基本布局，全学年开设170门通识课程，选修人数达6 646人次。“建立校级基本状态数据库，完善教学自我评估”等5个项目完成验收；“基于校友调查的外语院校学生就业力培养研究”等3个项目获2013年上海市高校本科重点教学改革项目立项；启动首批校级教学改革项目。10个国家级特色专业建设点和3个优秀教学团队通过检查。日语写作、俄语口译、棒球3门课程入选上海市精品课程，公共关系学概论、跨国文化交际理论与实践、管理学3门课程成为第二批上海市示范性全英语教学课程，网络传播和人力资源管理2门课程入选上海市高校示范性全英语教学课程建设项目；“课程中心”教学互动平台得到进一步应用推广。已建成实验室11个，在建实验室4个，其中1个为国家级实验室。大学生创新创业训练计划80个项目获国家级立项、67个项目获市级立项。

〔科研规划与管理〕 成功申报“上海高等学校创新能力提升计划竞争性引导项目”，“中东研究智库”获准成为上海市教委设立的首批18个“上海高校智库”之一。“全球多语种信息文本监测与分析辅助平台”、科研战略合作协议等一批以学校优势为基础的合作科研项目开始运行。2013年，共获国家级社科基金项目立项10项、国家社科基金后期资助项目1项、国家中华学术外译项目1项；获教育部“新世纪优秀人才支持计划”项目2项、教育部重点研究基地重大项目4项、留学回国人员基金项目2项；获上海市各类社科项目22项；获横向科研项目22项。设立校级重大科研项目9项；设立研究生科研基金项目43项；设立上海市中华学术精品外译项目2项。3项成果获第六届高等学校科学研究优秀成果奖（人文社会科学）。全校共计发表学术论文690篇，其中CSSCI论文260

篇、北大核心期刊论文 23 篇、其他国内期刊论文 183 篇，EI 期刊论文 3 篇、SCI 期刊论文 1 篇、SSCI 期刊论文 5 篇、其他海外期刊论文 68 篇；出版专著 43 部、编著 4 部、教材 38 部、译著 37 部、出版各类工具书 16 本和学术论文集 7 本，提交咨询报告 5 份。修订《上海外国语大学优秀科研成果奖励办法（草案）》《上海外国语大学重大科研项目管理办法》《上海外国语大学一般科研项目管理办法》《上海外国语大学区域和国别研究基地管理办法》《“外国文化政策”研究基地管理办法》。

〔**师资队伍建设**〕　学校引进 6 名高层次人才，获批“东方学者”1 人、“上海领军人才”1 人、“浦江人才”1 人、人才发展资金资助 1 人。修订《上海外国语大学引进高层次紧缺人才的实施意见》，制定并试行《上海外国语大学师资博士后管理办法》，实施行政教辅实习生制度。采集上报全校 1 360 名教职工的基础信息；建立人事管理数字化系统，为打通科研、教务、人事数据奠定基础；启动政治学博士后招聘，实现 2 个博士后科研流动站共同运行。建立第二届青年教师教学科研培育团队，共计 206 名青年教师、36 名团队指导参与；举办“第二届非英语专业教学科研骨干教师英语能力培训班”；推动教师产学研践习计划；举办学校海归青年博士论坛 13 场。评聘及认定初级职务 23 人、中级职务 35 人、校聘高级专业技术岗位 13 人；进一步修订《2013 年教师高级专业技术职务评聘工作方案》，引入答辩评审制度，完善学科点、学科组及校内外同行专家三级评审制度。制定《上海外国语大学援派挂职干部生活待遇实施细则》，修订《上海外国语大学因公出国（境）管理条例》，为教职工提供“一站式”服务。

〔**8 篇论文获上海市研究生优秀成果**〕　根据《上海市教育委员会上海市学位委员会关于公布 2012 年上海市研究生优秀成果（学位论文）的通知》，学校有 8 篇学位论文获 2012 年上海市研究生优秀成果。

〔**三方合作共建国内首个专业语言服务基地**〕　10 月 31 日，主题为“语言服务与文化贸易”的“2013 中国国际语言服务业大会”在学校举行。上海外国语大学、中国翻译家协会和上海市虹口区政府等与会有关各方就建设上海文化贸易语言服务基地等签订了合作协议。副市长周波，学校校长曹德明，市文联副主席、市翻译家协会会长谭晶华，商务部服务贸易司副司长吕继坚，中国翻译协会第一常务副会长、中国外文局常务副局长郭晓勇，虹口区区委书记吴清、区政协主席管维镛以及学校高级翻译学院院长柴明颎等出席大会开幕式。会议旨在探讨语言服务作为一项基础性服务，更好地推动中国对外贸易，特别是文化贸易的发展。

〔**党建和精神文明建设**〕　学校深入开展党的群众路线教育实践活动，成立领导小组与工作小组，制订活动实施方案、专项整治方案、制度建设计划，组织召开动员大会、工作推进会、民主生活会等，安排青年教师座谈会、离退休老同志座谈会等，形成即知即改专项报告和教育实践活动总结。

〔**校园文化建设**〕　学校艺术教育中心承办了第 26 届文化艺术节并推出“拾艺沙龙”项目，力邀国内具有较大影响力的艺术家走进校园，为学生普及艺术知识。学校合唱团在上海音乐厅举办第二场专场音乐会，西乐团在毕业季推出草地音乐会，并应国家汉办邀约赴摩洛哥、葡萄牙、西班牙三国孔子学院演出 8 天共 6 场次。学校艺术团获上海市首批市级艺术团称号，以西乐团的学生为主力，承担了各类音乐会志愿服务工作，充分展示了学生多语种沟通能力和艺术素养。在第十三届“挑战杯”全国大学生课外学术科技作品竞赛中，获全国铜奖 1 项（上海市金奖 1 项），上海市银奖 2 项、铜奖 4 项。同时获上海市青少年科普创新优秀组织奖和优秀项目奖。

〔**教育交流与合作**〕　开设 18 门全英语专业课程，满足校际交换留学生需求。共接待国外来访人员 177 批次，780 人次，包括多个国家的官员、学者以及合作高校代表团；访问多国知名大学和孔子学院。新签校际合作交流协议 43 项、续签 14 项，国际交流合作伙伴学校和机构总数达 55 个国家和地区的 283 所高校；韩国社会与文化硕士研究生教育项目获教育部批准，实现学校在研究生教育层面上中外合作办学工作的突破。聘请长期外籍专家 89 人、短期外籍专家 93 人，获国家资助外专项目 369 万元。设立学生海外交流基金，成立基金管理工作小组，制定《基金管理条例》，确定资助项目 37 项，资助 149 名学生开展海外交流；遴选公布 34 名学生参加 4 个世界一流大学的暑期课程项目。获批教育部重点项目“香港与内地高等学校师生交流计划”，共接待此项目来访师生 2 批共 36 人；接待台湾文藻外语大学、香港城市大学等多个访问团，组织各类学生交流和评奖活动；与台湾文藻外语大学签署合作协议。

〔第三届联合国合作备忘录签约高校年会召开〕 4 月 22 日，第三届联合国合作备忘录签约高校年会在学校举行。本届年会由联合国总部大会及会议管理部和学校主办、学校高级翻译学院承办，来自联合国总部及各分支机构、欧洲委员会、欧洲议会的官员和专业译员等全球 21 所联合国签约高校代表出席。与会代表围绕“远程学习”和“评价标准”等主题，就高端专业翻译人才的培养、强化提高口笔译工作语言的措施和手段、如何突显和落实与联合国大会事务部密切合作的方案和实践及加强签约高校间的平行合作与交流等议题，展开了深入研讨。

〔举办第十四届东亚日语暨日本文化国际研讨会〕 3 月 16 日，由学校日本文化经济学院主办的第十四届东亚日语暨日本文化国际研讨会在学校召开。来自中国、日本、韩国 10 余所高校的日语和日本学研究者、研究生 70 余人参加。与会的专家学者以及部分博士研究生对日语、日语教学、日本文学、日本文化等领域的最新研究成果进行了深入探讨。

〔语言教育政策国际学术研讨会召开〕 3 月 28—30 日，以“语言教育政策：国际比较与本土实践”为主题的 2013 年语言教育政策国际学术研讨会在学校召开。来自中国大陆和台湾、美国、加拿大、法国、西班牙、比利时、卢森堡、澳大利亚、新加坡、韩国等国家和地区的近百位专家学者出席研讨会。

〔举行国际新闻专业 30 周年庆典年启动仪式〕 5 月 17 日，学校举行了国际新闻专业成立 30 周年庆典年启动仪式。学校新闻学院的党政领导、教师、退休老教师代表与会，来自各行业近 20 名知名校友到会庆祝。院长郭可教授向与会来宾介绍了新闻学院的发展历程，明确提出学院要顺应人才培养需求，培养学生创新务实态度、动手能力和适应能力。学院通过搭建校友交流沟通的平台，凝聚学界、业界、校友、师生的力量，为学科发展和人才培养提供更多的创新思路。

〔大阪产业大学孔子学院举行 5 周年庆典〕 3 月 24 日，日本大阪产业大学孔子学院举行成立 5 周年庆祝典礼。学院于 2007 年开始正式运营，期间共开设各类汉语课程近 400 次，学生人数近 3 000 人次，举办演出、演讲会、本土教师培训等活动近 50 次，参加者逾 4 000 人。

〔第八次蝉联“上海市文明单位”荣誉称号〕 5 月，学校获“2011—2012 年度（第十六届）上海市文明单位”称号，这是学校第八次蝉联此项荣誉称号。同时，“融汇东西文明，构架中外桥梁——上海外国语大学‘语之魅’外语文化节”被评为“2012 年度上海市教育系统校园文化建设优秀项目奖”。

撰稿　潘　旻
审稿　冯　辉　孙　键

上海财经大学

〔**杜占元一行到校考察**〕　2013年6月28日，教育部副部长杜占元一行莅临学校，先后考察了学生中心、统计与管理学院和会计学院，并就学校进一步加强人才培养和学科建设等方面提出了指导意见。

〔**学科建设**〕　2013年，学校统计学增补列入上海高校一流学科（A类）建设范围，法学、公共管理学入围上海市“学位点引导布局与建设培育项目”。在教育部学位与研究生教育发展中心最新公布的一级学科排名中，学校统计学位列第4、应用经济学位列第6、工商管理位列第8、理论经济学位列第10。根据QS2013年世界大学学科排行榜，学校进入“会计与金融专业”全球前150名。根据荷兰蒂尔堡大学（Tilburg）“全球经济学研究机构排名”最新结果，学校在国际经济学顶尖期刊论文发表位居中国（含港澳台）第1、亚洲第6、世界第61。根据美国亚利桑那州立大学对金融学顶尖期刊发文全球及中国排名的最新结果显示，学校在全球排名第104、在大陆高校排名第1。在中国教育科学研究院发布的教育部直属高校绩效排名中，学校在大文科类高校中产出得分排序第1，投入得分排序第6，属于“绩效偏高类”高校。

〔**师资队伍建设**〕　召开2013年学校师资队伍建设工作会议，继续探索开放环境下师资队伍建设模式，研究制定《上海财经大学关于进一步加强师资队伍建设的实施意见（2013—2017年）》及一系列配套政策，实施讲席教授和副教授制度、学术骨干支持计划、创新团队支持计划，全面启动“1351人才工程”（新增10名左右国际知名的学术领军人才，新增30名左右具有国内影响力的学科带头人和培育50名左右创新能力突出的学术骨干，打造10个以上国内有影响力、国际有竞争力的创新团队）。依托海外高层次人才创新创业基地建设，坚持引进与培养并重，继续做好海内外优秀博士和高层次人才引进工作。2013年，新增国家“千人计划”2人、“长江学者”1人、“东方学者”3人、上海“千人计划”4人、教育部“新世纪优秀人才支持计划”9人；学校统计与管理学院教授黄坚团队入选教育部“创新团队支持计划”；受聘教育部新一届高等学校教学指导委员会委员14人（其中主任委员2人、副主任委员3人、秘书长2人）。成立教师教学发展中心，开设新进教师研习营，建立青年教师职业导师制，组织教师参加教育部、上海市各类骨干教师培训班，举办面向校内外的各类暑期师资培训班，启动实施管理人员海外培训项目。

〔**人才培养**〕　深入实施国家教育体制改革试点项目“财经类创新人才培养模式改革”。召开本科教学改革研讨会，研讨2014级本科培养方案，形成本科教学改革路线图，推出拓宽招生口径、压缩总学分、增加选课自由、强化通识教育、加强实践育人，构筑多元成长路径等改革新举措。推进研究生分类培养模式改革试点，完善硕博连读制度。获全国优秀博士学位论文1篇，上海市优秀博士论文3篇、优秀硕士论文2篇。全方位推进专业学位研究生教育改革，与多家企事业单位建立联合培养基地，合作培养应用型专业学位研究生。公共管理硕士（MPA）在国务院学位委员会办公室组织的教学评估中评为A等。获全国MPA优秀学位论文1篇、提名1篇，并正式启动MPA国际认证工作。持续发布本科教育质量报告并首次发布研究生教育质量报告。实施本科教学质量与教学改革工程，新增教育部卓越法律人才教育培养基地，新增国家级精品课程3门、上海市级精品课程4门，开设新生研讨课14门。积极参与国际商学三大论证，通过中国高质量MBA教育认证，先后完成欧洲质量改进体系（EQUIS）和国际高等商学院协会（AACSB）国际认证资格审查。

加强德育教育和创新实践教育。进一步丰富通识课程资源，打造“科学·人文”大讲堂，先后邀请多名院士、专家到学校举办讲座，着力提升学生的思想品德、科学精神和人文素养。学校鼓励和支持学生参与科研创新和创业实践活动，培养学生的创新精神和实践能力。2013年，获教育部大学生创新创业训练计划项目80个。组织开展“千村调查”6期项目，“千村调查”项目建设经验入选教育部部长袁贵仁主编的《教育改革典型案例》。

〔**科学研究**〕 积极培育建设高等学校创新能力提升计划（简称“2011计划”）协同创新中心，建立健全协同创新中心建设管理体制和组织架构，设立“2011计划”工作领导小组，成立“2011计划办公室”。抓住上海自贸区建设的重大契机，牵头组建培育中国（上海）自由贸易实验区协同创新中心。进一步加强“经济学与中国转型发展协同创新中心”和“会计改革与发展协同创新中心”的培育建设工作。

2013年，学校共承担国家和省部级科研项目179项，承接企业委托及其他课题165项。学校全年科研经费5 164.88万元，完成科研项目166项，发表论文958篇，其中SSCI论文69篇、SCI论文58篇、EI论文14篇、CSSCI论文192篇。获第六届教育部人文社会科学优秀成果奖4项、获上海市第十一届哲学社会科学优秀成果奖18项、获第九届上海市政府决策咨询奖9项、获上海市第九届邓小平理论研究和宣传优秀成果奖。

对接共建机制，深入组织实施《上海财经大学服务财税行动计划》和《上海财经大学服务上海行动计划》。学校上海国际金融中心研究院入选上海高校知识服务平台，公共政策与治理研究院入选上海市教委重点建设的十大高校智库，中国产业经济发展研究院入选上海市教委培育智库建设。学校《预算法》修订系列研究成果、“第二轮分税制财政体制改革框架性思路”专家建议等多篇决策咨询研究成果获国家和上海市领导重要批示。

〔**成立会计改革与发展协同创新中心**〕 3月2日，依托学校会计学国家重点学科及教育部重点研究基地——会计与财务研究院，协同财政部人事教育司、会计司，中国注册会计师协会、中国人民大学和香港中文大学等多方优势资源，成立会计改革与发展协同创新中心。

〔**成立公共政策与治理研究院**〕 9月22日，学校举行公共政策与治理研究院揭牌仪式。该研究院作为上海市教委重点建设的十大高校智库之一，致力于以中国各类重大社会经济政治问题为研究方向，破解发展难题，服务政府决策和社会需求。

〔**成立学校自由贸易区研究院、上海发展研究院**〕 10月12日，学校自由贸易区研究院、上海发展研究院揭牌。学校致力于把这两个研究院打造成为中国（上海）自由贸易试验区和上海转型发展的思想库、人才库和信息库。

〔**组建中国（上海）自由贸易试验区协同创新中心**〕 10月26日，学校协同有关政府主管部门和高校，牵头组建了中国（上海）自由贸易试验区协同创新中心。中心成立以来，积极参与自贸试验区各项改革制度的设计，一系列决策咨询建议得到有关领导和部门的高度肯定，并在自贸区的国际比较研究、人才培养模式创新等方面取得了阶段性成果。

〔**召开中共上海财经大学第七次党员代表大会**〕 7月8—9日，中共上海财经大学第七次党员代表大会以“凝心聚力、追求卓越，为建设具有鲜明财经特色的高水平研究型大学而努力奋斗”为主题，提出了“1＋6＋3”学校事业发展蓝图。这包括：“一个战略目标”，即到2020年左右，初步建成具有鲜明财经特色的高水平研究型大学；“六大提升计划”，即人才培养质量提升计划、学科竞争力提升计划、科研能力提升计划、师资素养提升计划、国际化水平提升计划和办学保障能力提升计划；“三大保障工程”，即卓越工程、凝聚工程和党建工程。

〔**深入开展党的群众路线教育实践活动**〕 7月，根据党中央和教育部党组的统一部署，学校参加了第一批党的群众路线教育实践活动。在教育部第四督导组的指导下，学校围绕“为民、务实、清廉”主题，按照“照镜子、正衣冠，洗洗澡、治治病”的总要求，不断深化学习教育，广泛听取群众意见，聚焦“四风”突出问题，严肃认真地开展批评和自我批评，扎实抓好整改落实、专项整治和建章立制各环节工作，群众路线教育实践活动取得显著成效。

〔**教育交流与合作**〕 全面推进学校全球化(Global SUFE)国际化战略。2013年，学校先后与10个国家或地区的22所学校签订了31份协议，其中17所学校为新签院校。成立海外学习中心，设立海外学术活动专项经费，大力推进学生海外学习经历，学校22%左右的本科学生具有海外学习经历。留学生规模保持稳定，高层次公费留学生人数稳步增长，留学生生源国超过90个。推进和完善留学生二级管理体制改革，启动国家商务汉语教学与资源开发基地（上海）三期建设。

〔**积极探索与社会各界合作共赢发展模式**〕 召开第一届学校董事会二次会议。以学校董事会为纽带，深化拓展校地、校企合作，先后与上海市虹口区政府、上海及周边多家金融机构、企业签署战略合作协议，推进实质性项目合作。完成学校教育发展基金会换届工作。2013年，学校接受各类捐赠2 300多万元，经济科学出版社向学校捐赠4 000种、价值30万元的图书。加强校友会组织建设，新增地方校友会4个、地区联络处3个，积极推进校友总会注册工作。

〔**学生获奖情况**〕 2013年，学生参加各类竞赛成绩优异，学校创行团队作为中国站总冠军成功跻身2013年创行世界杯八强；获2013年德勤税务精英挑战赛个案分析比赛全国冠军；获2013年“花旗杯”金融创新应用大赛全国总冠军；获2013全英商务实践大赛全国总冠军；获第十三届“挑战杯”全国大学生课外学术科技作品竞赛“交叉创新奖”三等奖1个、“累进创新奖”银奖1个；获2013年度上海市明星社团2个、优秀社团2个、优秀社团指导教师2人及上海高校学生社团工作先进单位等。

〔**启动实施服务师生16项实事项目**〕 8月，学校印发《关于着力推进落实上海财经大学2013年服务师生实事项目的通知》，正式启动实施服务师生16项实事项目。截至2013年年底，完成或基本完成6项，其余10项需长期建设的实事项目也完成了阶段性目标任务。

撰稿 吴怀莉
审稿 蒋 萍 丛树海

南京大学

〔**学科内涵明显提升**〕 2013年，学校继续实施学科发展与提升战略，学科建设进一步优化。全校有13个学科进入世界“基本科学指标”(ESI)前1%。新增社会科学和计算机科学两个学科。在教育部公布的第三轮学科评估结果中，学校3个学科名列全国高校第一，4个学科名列全国高校第二，2个学科名列全国高校第三，16个学科进入前5名，27个学科进入前10名，评估结果在全国高校位列前茅。学校“985工程”三期建设通过教育部、财政部验收，完成了“985工程”三期建设目标和任务，建设绩效突出，总体评价优秀。

〔**教学改革不断深化**〕 2013年，学校率先完成教育部本科教学工作审核评估。学校有18项成果获江苏省教学成果奖，其中特等奖 4 项、一等奖 10 项；58 名教师入选新一届教育部高等学校教学指导委员会委员；在 2013 年中国教育报和中国教育新闻网联合举办的第三届全国教学改革典型案例评选中，学校“三三制”本科创新人才培养改革案例以最高分获得杰出校长奖；4 篇论文获全国优秀博士学位论文；学生在“挑战杯”全国总决赛中分别摘得全国决赛一等奖和“交叉创新奖”一等奖，并首次获美国大学生数学建模竞赛特等奖和国际遗传工程机器设计竞赛亚洲赛区金奖；本科生作品《蒋公的面子》获“紫金人民文学之星”剧本奖，该话剧在国内外公演超过百场。

〔**启动博士研究生培养机制改革**〕　2013 年，学校博士生培养机制改革全面启动。改革以全面提高博士生培养质量为核心，以面向研究生全过程的质量管理为主线，建立具有学校特色的“四三三”博士研究生培养体系（“四阶段分类”，指博士生阶段分为预锁定、硕士生、博士生和弹性延长四个阶段；“三质量控制”，具体指入口优化、过程把关和出口弹性；“三激励机制”，指分阶段、分类型、分层次的激励机制）。学校博士生培养机制改革的总体目标在于形成一套以全面提升博士生培养质量为核心，面向博士生培养全过程的培养模式，建立一种以择优选拔、特色培养、分流淘汰、多层激励为基本特征的运行机制，构建一种以弹性资源分配为导向的学校与院系（学科）的良性互动机制。

〔**师资队伍建设**〕　2013 年，学校新增中国科学院院士 2 人、外籍院士 1 人；入选国家“万人计划”6 人、“千人计划”3 人、“青年千人计划”8 人、国家“百千万人才工程”4 人、“长江学者”特聘教授 6 人。新增科技部重点领域创新团队 2 个及教育部创新团队 2 个、科技部中青年科技创新领军人才 2 人。入选教育部“新世纪优秀人才支持计划”23 项，名列全国第二。入选江苏省创新团队 1 个、“双创”人才（高层次创新创业人才）7 人、省特聘教授 4 人、省突出贡献中青年专家 2 人。学校进一步推进“登峰人才支持计划”，即以培育成果为导向，坚持培育成果与培养人才相统一，分为 A、B 两个层次培养高层次领军人才和青年杰出人才。7 人入选首批“登峰”A 层次人才计划，68 人入选首批“登峰”B 层次人才计划。

〔**科研能力大幅增强**〕　2013 年，由学校牵头的“中国南海研究协同创新中心”入选教育部首批“2011 计划”，并有 3 家协同创新中心入选首批江苏省高校协同创新中心；获国家自然科学奖二等奖 1 项、国家技术发明奖二等奖 1 项，获部省级科技进步奖一等奖 7 项；新增国家重大科技项目 7 项，其中国家科技部“973”计划与“重大科学研究计划”项目 5 项、国家基金委重大科研仪器设备研制专项项目和重大研究计划项目各 1 项；新增国家杰出青年科学基金项目 3 项、优秀青年科学基金项目 12 项、江苏省杰出青年科学基金项目 4 项。获国家社科基金项目 42 项，立项总数位居全国高校第一；新增国家社科基金重大招标项目 3 项；首次获国家自然基金重大项目 1 项；获第六届全国高等学校人文社会科学研究优秀成果奖 28 项；获第三届中国出版政府奖 1 项、提名奖 2 项；在学科群一流期刊发表的 SCI 论文 55 篇，是 2012 年发表数的 2.4 倍；在文科顶级期刊《中国社会科学》发文数位居全国高校第二；完成生命分析化学国家重点实验室评估、国家有机有毒污染物控制与资源化工程技术研究中心验收、介观化学教育部重点实验室评估和江苏省机动车尾气污染控制重点实验室验收。

〔**教育交流与合作**〕　2013 年，学校荣誉博士、加拿大总督戴维·约翰斯顿到校访问并发表演讲；荣誉博士、中国国民党荣誉主席吴伯雄到校与学生面对面交流；联合英国南安普顿大学和约克大学举行了首届南京大学国际学术周活动；与美国华盛顿大学共建孔子学院；积极开拓重大国际引智项目，成功申请 5 个“111”重点基地的继续资助，数量位居全国高校第一，获批引智经费 1 089 万元，再创历史新高；共聘请包括 7 位诺贝尔奖得主在内的 1 091 人次长短期外国专家到校从事授课或开展合作研究；13 位国外专家担任学校院系或科研机构实职负责人；诺贝尔文学奖得主勒克莱齐奥受聘担任学校中法文化研究中心主任，并为学生开设课程；由学校创制的中文人文社会科学引文索引（CSSCI）港澳台及海外版数据库建成上网；由学校牵头的《孔子新汉学丛书》已与美国夏威夷大学出版社、美国宾州大学出版社等签署出版协议。

〔**条件支撑全面改善**〕 2013年，学校实现了节能减排水电资源人均下降20%的管理目标，获江苏省高校节能工作先进院校、南京市节水管理一等奖等荣誉；积极实施无线网二期工程建设，扩展全校无线网络覆盖区域，继续做好教师统一身份认证系统和学生在校全周期综合信息管理系统建设，进一步提升了校园信息化水平；加强财政资金预算执行和专项经费的跟踪管理，积极构建符合科研工作规律的项目经费管理体制，强化立项、预算和经费使用全过程监管，切实保证经费使用的安全高效；制订了为期5年、总额度10亿元的“一流大学建设工程”筹资计划，努力实现学校发展工作的转型与提升，积极争取海内外校友和社会各界人士的支持。

〔**开展党的群众路线教育实践活动**〕 2013年，学校深入学习贯彻党的十八大和十八届三中全会精神，扎实开展党的群众路线教育实践活动，各项整改措施和制度建设顺利推进，中央督导组对学校党的群众路线教育实践活动工作给予充分肯定。

撰稿 骆 威
审稿 李 斌

东南大学

〔**刘延东到校视察**〕 2013年8月17日，国务院副总理刘延东视察了“无线谷”东南大学实验室，并与学校党委书记郭广银进行了亲切交谈。

〔**《东南大学章程》获准颁布**〕 11月28日，教育部向东南大学、中国人民大学、东华大学、上海外国语大学、武汉理工大学和华中师范大学首批6所高校颁发了高等学校章程核准书。至此，制定过程历时6年的《东南大学章程》终于正式面世。这是教育部《高等学校章程制定办法》实施以来核准的第一批高校章程，是全省高校唯一率先公布的大学章程，也是学校在新中国建立后公布的第一部大学章程。

〔**学科内涵得到新提升**〕 学校进入ESI的7个学科排名均大幅提升，其中工程学上升至第83位。在“十二五”江苏省重点学科建设评估中，学校3个学科获评优秀，位列全省高校第一。

〔**人才培养**〕 新增国家级综合改革试点项目1个、教育部第三批卓越工程师教育培养计划学科专业1个。获国家级精品视频公开课2门，获首批国家级资源共享课立项建设课程19门。获江苏省教学成果奖特等奖4项、一等奖7项、二等奖6项。13篇论文获江苏省优秀博士学位论文奖，为历史最好成绩。

〔**人才队伍建设**〕 学校新增“千人计划”国家特聘专家2人，“青年千人计划”3人；入选“万人计划”8人；新增“长江学者”讲座教授1人、“百千万人才工程”国家级人选2人。引进具有博士学位的教师117人，其中具有海外博士学位45人，专任教师具有博士学位比例达74.7%。

〔**8位教授入选第一批“万人计划”**〕 2013年，学校有8位教授入选第一批“万人计划”。其中信息科学与工程学院教授高西奇、尤肖虎，材料科学与工程学院教授刘加平，仪器科学与工程学院

教授王庆入选科技创新领军人才；人文学院教授樊和平入选哲学社会科学领军人才；自动化学院教授戴先中、交通学院教授王炜入选教学名师；能源与环境学院教授钟文琪入选青年拔尖人才。

〔**孙伟院士荣获“全国师德标兵”称号**〕　在第29个教师节前夕，中国工程院院士、学校材料科学与工程学院教授、博士生导师孙伟，荣获由中国教科文卫体工会全国委员会和教育部办公厅颁发的“全国师德标兵”称号。

〔**尤肖虎首获“陈嘉庚科学奖”**〕　12月16日，2014年度陈嘉庚科学奖和陈嘉庚青年科学奖在北京揭晓。教授尤肖虎的“通信容量逼近传输与分布式组网”项目获陈嘉庚信息技术科学奖。这是学校首次获得陈嘉庚科学奖。

〔**获6项2013年度国家科学技术奖励**〕　作为第一完成单位，学校共获4项二等奖，获奖数并列全国高校第5位，其中获国家自然科学奖二等奖1项、国家技术发明奖二等奖1项、国家科技进步奖二等奖2项，项目涵盖三大奖项。此外，由教授、中国工程院院士黄卫参与完成的项目获国家科技进步奖一等奖，由学校教授、中国工程院院士吕志涛参与完成的项目获国家科技进步奖二等奖。

〔**科技工作**〕　学校以第一完成单位获省部级科技奖励一等奖9项。获“973”项目（青年科学家专题）1项，获重大专项15项，获国家自然科学基金项目资助284项，经费达1.75亿元。获国家杰出青年科学基金项目资助3项、优秀青年科学基金项目资助6项，获资助数再创新高。获江苏省杰出青年基金8项，位列全省高校第一。SCI收录论文1 475篇，位列全国高校第16位，较2012年提升1位；EI收录论文1 618篇，位列全国高校第12位。科研经费达15.36亿元，较2012年增长了12.9%。申请发明专利1 611项，较2012年增长了近20%；发明专利授权668项；申请PCT（国际专利）32件，较2012年增长了158%。获各类国家社科基金项目18项，其中国家社科重大投标项目1项。获教育部第六届高等学校科学研究优秀成果奖（人文社会科学）一等奖1项、二等奖1项、三等奖3项。

〔**1篇论文在《科学》（*Science*）上发表**〕　1月25日，《科学》（*Science*）杂志刊发了以学校为第一完成单位的关于分子铁电晶体的重要阶段性研究进展的论文。学校有序物质科学研究中心教授熊仁根、教师付大伟分别为该文通信作者之一和第一作者。

〔**学校被列入《苏南现代化建设示范区规划》**〕2013年，《苏南现代化建设示范区规划》经国务院同意获国家批复，这是继《江苏沿海地区发展规划》之后，江苏省又一个上升到国家层面的战略规划，也是中国第一个以区域现代化建设为主题的战略规划。《规划》明确提出，要支持东南大学建设世界一流大学，加快中国（南京）无线谷、通信技术实验室等重大基础研究平台建设，充分体现了学校在苏南现代化建设示范区推进过程中的重要地位。

〔**4篇论文入选全国优秀博士学位论文**〕2013年，学校有4篇论文入选全国优秀博士学位论文，分别是建筑学院博士生朱渊（指导教师王建国）的论文《现世的乌托邦——基于“中介”（in-between）视角的“十次小组”（Team 10）城市建筑理论研究》、能源与环境学院博士生张勇（指导教师金保昇）的论文《气固流化床非球异质颗粒介观混合特性的实验研究与三维DEM直接数值模拟》、信息科学与工程学院博士生蒋卫祥（指导教师崔铁军）的论文《变换光学及其应用》和李潇（指导教师高西奇）的论文《利用统计信道状态信息的MIMO闭环传输理论研究》。

另有3篇论文入选全国优秀博士学位论文提名论文，分别是数学系博士生王俊（指导教师徐君祥）的论文《强不定问题的变分方法与同宿轨问题》、经济管理学院博士生李守伟（指导教师何建敏）的论文《基于复杂网络的银行间传染风险及其演化模型研究》、医学院博士生柏峰（指导教师张志珺）的论文《遗忘型轻度认知障碍患者多模态磁共振成像研究》。

〔**国际化水平大幅提高**〕　学校与国（境）外25所大学正式建立合作关系。与白俄罗斯明斯克国立语言大学共建的孔子学院获“2013年度全球先进孔子学院”称号。全年派出赴国（境）外攻读学位、短期学习、交流的学生1 575人，较2012年增长50%；派出赴国（境）外参加国际学术会议、学术交流、合作的教师905人次。聘请来校讲学、合作研究的外籍专家900余人，聘请来校开设全英文授课专业课程的外籍教授近百人。召开国际学术会议23个。在校留学生达1 622人，较2012年增长了17.6%，其中学历生1 201人，占总人数的74%。

〔**国内首家中外联合研究生院成立**〕　10月24日，“东南大学—蒙纳士大学苏州联合研究生院暨联合研究院”成立仪式在苏州市举行。研究生院是2012年3月27日经教育部正式批准的国内首所研究生培养层次的中外合作办学机构，也是澳大利亚高校与中国高校联合建立的首个研究生院。澳大利亚总理阿博特发来贺信。当天下午，蒙纳士大学在联合研究院举行仪式，向学校校长易红等5位名誉毕业生授予名誉博士学位。

〔**国内首家工程法学研究会成立**〕　12月28日，江苏省工程法学研究会成立大会在学校举行，国内首家横跨工程与法学两个学科领域的研究会宣告诞生。研究会由江苏省法学会主办、学校法学院承办，学校法学院院长、第六届全国十大青年法学家周佑勇当选首任会长。

〔**被授予“2013中国最具魅力高校”称号**〕　12月4日，由新华社新华网主办的2013年新华教育论坛——“大国教育之声”活动在北京举行。学校与北京大学、浙江大学、大连理工大学等12所高校被授予“2013中国最具魅力高校”称号。

〔**入选“新媒体影响力十强”高校**〕　11月15日，由腾讯网、腾讯微博主办，学校承办的“2013全国高校新媒体发展论坛”在学校举行。2013年度全国高校新媒体综合影响力十强出炉，学校与天津大学、重庆大学、华中科技大学、中山大学、上海交通大学等高校分享了这一殊荣，学校成为全省唯一获奖高校。

〔**首次成功研制出粒子支架系统**〕　2013年，学校附属中大医院介入与血管外科教授滕皋军团队在国内外首次成功研制出粒子支架系统，使肝癌门静脉癌栓治疗有了“新武器”。该团队与南京微创医疗设备公司合作，陆续研发了食管放射性粒子支架和胆管放射学粒子支架系统，并广泛应用于临床。

〔**首次发现孤独症儿童睡眠障碍关联基因**〕　学校生命科学研究院“发育与疾病相关基因”教育部重点实验室的研究者，在寻找失眠的致病基因上取得突破，首次发现儿童孤独症关联基因会影响睡眠。该项成果发表在国际著名神经科学期刊《神经科学杂志》（*The Journal of Neuro Science*）上。这项成果的发现有助于解释孤独症儿童睡眠障碍的致病因，为进一步开发治疗睡眠障碍的药物提供了模型，这使得通过药物来干预睡眠、解决人类的睡眠障碍困扰具有了可能性。

〔**成功研制高吸附率石墨烯海绵**〕　东南大学—FEI纳皮米中心用废棉花成功研制出吸附率达自重约600倍的石墨烯海绵结构材料。该材料不吸水却可以吸附油脂等无机物，可用于清理海上原油泄漏、化学品污染、室内空气除臭等。

〔**作风建设取得阶段性成果**〕　学校按照中央统一部署，在中央督导组的指导和学校党委的领导下，结合学校实际，深入开展党的群众路线教育实践活动，制订并实施党的群众路线教育实践活动实施方案，全面推进建章立制，梳理现行规章制度和管理办法共计1 415件，拟废除文件331件，新制定文件99件。通过制度的费、改、立、行，巩固了教育实践活动成果。

〔**孔子学院获评“全球先进”**〕　12月7—8日，第八届全球孔子学院大会在北京召开，来自120个国家和地区的2 000多位大学校长、孔子学院代表出席大会。由学校与白俄罗斯明斯克国立语言大学合作共建的明斯克国立语言大学孔子学院在本届大会上获“2013年度全球先进孔子学院”称号。

〔**学校附属中大医院跻身全国百强**〕　11月23日，复旦大学医院管理研究所发布了《2012年度中国最佳医院排行榜》《2012年度中国医院最佳专科声誉排行榜》，学校附属中大医院跻身全国百强，排名第89位。医院放射科以并列20名在最佳专业的竞争中获提名。

撰稿　宋业春
审稿　姜平波

中国矿业大学

〔**学科建设**〕　2013年1月29日，在教育部学位与研究生教育发展中心公布的第三轮学科评估结果中，学校矿业工程、安全科学与工程2个学科位列全国第一，测绘科学与技术学科位列全国第三，地质资源与地质工程学科位列全国第四。在江苏省重点学科中期检查中，安全科学与工程被评为优秀，地质学、力学、管理科学与工程学科评为良好。

〔**人才培养质量**〕　2013年，学校毕业研究生2 065人、本科生6 841人。毕业生总体就业率达98.33%，位居全国和全省高校前列。国务院副总理刘延东回信对学校毕业生立足基层建功立业给予亲切勉励。在江苏省本科生毕业设计（论文）评比中，学校获奖数再次名列全省高校第一。3篇博士学位论文、5篇硕士学位论文被评为2013年省级优秀论文。学校向社会发布《2012年度本科教学质量报告》，公开接受社会监督。

〔**专业内涵建设**〕　2013年，学校采矿工程等3个专业通过中国工程教育认证协会的专业认证。安全工程等8个本科专业和地质工程等6个研究生层次学科领域入选国家卓越工程师教育培养计划。24个本科专业入选江苏省重点建设专业，2个专业入选江苏省卓越工程师教育培养计划。

〔**师资队伍建设**〕　学校有教职工3 096人，专任教师中正高级职称347人、副高级职称564人、博士生导师327人、硕士生导师812人，中国工程院和中国科学院院士15人（含外聘7人），167人享受国务院颁发的政府特殊津贴。

2013年，学校有4人分别入选“长江学者”特聘教授、“长江学者”讲座教授、国家杰出青年科学基金、国家自然科学基金优秀青年基金。1人入选国家“百千万人才工程”、6人获教育部“新世纪优秀人才支持计划”资助，1人入选“江苏特聘教授”、6人获江苏省第十批“六大人才高峰”项目资助。

2013年，学校引进中国科学院“百人计划”1人、美国工程院院士1人。引进国家杰出青年基金获得者1人、“长江学者”奖励计划特聘教授1人。全年引进具有博士学位教师105名，其中70%达优秀博士A类标准，具有海外学习经历26人。选聘14名语言类外籍教师到校任教。

〔**教学科研**〕　2013年，学校新增国家级精品资源共享课2门，获江苏省教学成果奖7项，6部教材获江苏省“十二五”高校重点教材建设立项。2个国家级、4个省级实验教学示范中心通过验收。获批1个国家级、5个省级实验教学示范中心。获“973”计划项目1项、课题4项，“863”计划重大项目课题 1 项，国家科技支撑计划项目 1 项、课题 2 项；获国际科技合作与交流专项课题 1 项、国家重大科学仪器设备开发专项课题 1 项。新上纵向科技项目 385 项，其中国家级项目（课题）149 项。全年实到科研经费 5.71 亿元，其中纵向经费 1.77 亿元。获省部级科技奖一等奖 1 项、二等奖 5 项，SCI 收录论文 359 篇、SSCI 收录论文 9 篇，授权国内外发明专利 209 件。

〔**4 项科研成果获国家奖励**〕　学校作为第一单位完成的《多流态梯级强化浮选技术开发及应用》，作为第三单位完成的《面向数字化采矿的软件关键技术及应用》《0.6m—1.3m 复杂薄煤层自动化综采成套技术与装备》，作为第五单位完成的《煤与瓦斯突出矿井深部动力灾害一体化预测与防治关键技术》4 项成果获国家科技进步奖二等奖。在教育部公布的高校获 2013 年度国家三大科技奖励通用项目统计排序中，学校在全国高校中排名第 13，在江苏省高校中排名第 2。

〔**科研平台建设**〕　2013 年，学校深部岩土力学与地下工程国家重点实验室通过科技部评估，获“优秀级实验室”称号；国土环境与灾害监测国家测绘地理信息局重点实验室、江苏省土木工程环境灾变与结构可靠性重点实验室通过验收和评估。获准立项煤矿充填开采国家工程实验室、国家煤炭智能开采装备工程技术研究中心培育点。学校联合中国煤炭地质总局成立了页岩气重点实验室。学校国际能源政策研究中心被列为江苏省高校哲学社会科学重点研究基地。学校被批准为国家安全生产科技支撑平台创建单位。

〔**科研团队建设**〕　2013 年，学校新增“高等学校学科创新引智计划”项目 1 个、教育部创新团队 1 个。入选江苏省高等学校优秀科技创新团队、哲学社会科学创新团队各 1 个。获江苏省产学研联合创新资金重大创新载体项目 1 项。

〔**协同创新中心建设**〕　5 月，学校牵头组建的矿山智能采掘装备协同创新中心被认定为首批江苏高校协同创新中心并获授牌。12 月，老工业基地资源利用与生态修复协同创新中心获准认定为第二批江苏高校协同创新中心。

〔**招生工作**〕　2013 年，学校有各类在校生 54 300 余人。其中全日制普通本科生 25 300 余人，各类硕士、博士研究生 10 700 余人，留学生 170 余人，成人教育学生和培训生 18 100 余人。

〔**完成煤矿高层管理人员和总工程师培训工作**〕学校按照国家安全生产监督管理总局、国家煤矿安全监察局的要求，先后在徐州、长沙、成都、昆明、南京、贵阳等地举办 27 期培训班（含两期师资培训班），培训煤矿高层次管理人员和师资 2 232 人次，考核优良率达 99.8%。11 月，完成全国“万名煤矿总工程师安全培训工程”的任务。

〔**教育交流与合作**〕　2013 年，学校与澳大利亚国立大学等一批高校密切了合作关系，与 17 所海外高校新签或续签了合作协议。新增 13 个校际国际交流项目和 3 个优秀本科生国际交流项目，拓宽了国际合作办学渠道。设立 1 000 万元的来华留学及出国访学奖学金，选派 126 名本科生赴海外访学。派出教师 296 人次赴海外学习培训和考察交流。国际知名学者、专家 200 余人次到校交流。新增海外高层次文教专家重点支持计划项目 2 项，“非洲研究中心”项目获批建设。

〔**开展党的群众路线教育实践活动**〕　2013 年，学校党的群众教育实践活动紧紧围绕“为民、务实、清廉”这一主题，牢牢把握“照镜子、正衣冠、洗洗澡、治治病”的总要求，紧密结合学校工作实际，以“学习理论提高认识、深入实际调查研究、查摆问题深挖根源、转变作风见诸行动、建章立制狠抓落实”为基本目标，经历了学习教育、听取意见，查摆问题、开展批评，整改落实、建章立制 3 个环节。教育实践活动的扎实开展，为学校发展增添了新动力。

〔**旅游孔子学院获国家汉办表彰**〕　12 月 7

日，第八届孔子学院大会在北京举行。大会表彰了2013年10所先进孔子学院（课堂）和30名孔子学院先进个人。学校与澳大利亚格里菲斯大学联合共建的旅游孔子学院中方院长刘韶方获“孔子学院先进个人”称号。

〔**《中国矿业大学学报》取得新荣誉**〕　9月27日，科技部中国科学技术信息研究所在北京召开2013年中国科技论文统计结果发布会，《中国矿业大学学报》（自然科学版）综合评价总分为91.9分，居全国高校学报第1位，总被引频次、影响因子、综合评价总分均位居21种矿山工程类第1位，获“2012年百种中国杰出学术期刊”称号。12月30日，《中国矿业大学学报》（自然科学英文版）入选“2013中国最具国际影响力学术期刊”，并入选由清华大学图书馆、中国学术期刊（光盘版）电子杂志社、中国科学文献计量评价研究中心联合评出的“2013中国国际影响力优秀学术期刊”。

〔**多措并举，改善民生**〕　2013年，学校完成了地下工程中心、文昌校区体育馆改造等项目建设，推动了附属中学新校园、南湖校区综合体育馆及室外游泳池项目立项建设。数字化校园一期建设取得实质性进展，建成办公自动化系统等18个应用管理系统。投入1 200余万元，购置图书和建设数据库。完成南湖校区3 874套学生宿舍的空调安装工作，进行了学生公寓热水供应改造模式试点。加强学生食堂伙食价格与质量的监管，保证学生伙食平稳供应。为本科生发放各级各类奖学金、助学金3 900余万元，受益学生达17 000余人次；为5 000余名学生办理国家助学贷款2 700余万元，为已经毕业学生办理基层就业学费补偿和国家助学贷款代偿2 600余万元。

撰稿　蔡治华　朱正中
审稿　王增国　方跃平

河海大学

〔**温家宝向校党委书记和校长赠书**〕　2013年11月中旬，国务院原总理温家宝将《温家宝谈教育》一书亲笔题字后分别赠予学校党委书记朱拓和校长徐辉，表达了对学校的关爱之情。

〔**杜占元到校调研研究生教育改革**〕　5月24日，教育部副部长杜占元专程来到学校与南京市水利局、南京市水利规划设计院共建的研究生联合培养基地，对全日制专业学位教育综合改革工作进行调研指导。杜占元听取了3个单位负责人的工作汇报，观看了联合培养基地成果展览，考察了研究生实践工作室，与学生们进行了亲切交谈。对学校改革研究生培养模式、紧密结合行业需求培养工程型高层次应用性人才方面进行的有益探索和取得的成效给予了充分肯定。

〔**水利工程学科蝉联全国第一**〕　1月29日，教育部举行新闻发布会，公布2012年学科评估结果，学校的水利工程学科以95分的优异成绩再次名列全国高校第一。位居前列或获得较高分数的还有海洋科学、土木工程、测绘科学与技术、农业工程、地质资源与地质工程以及力学、马克思主义理论、社会学、工商管理等学科。

〔**水文水资源与水利工程科学国家重点实验室获评优秀**〕　11月，科技部发布2013年材料领域与工程领域国家重点实验室评估报告，学校与南京水利科学研究院共建的水文水资源与水利工程科学国家重点实验室被评为优秀。

〔**实施高等学校创新能力提升计划**〕　2013年，学校申报的“水安全与水科学协同创新中心”

和“沿海开发与保护协同创新中心”入选首批江苏高校协同创新中心。两个中心均由学校牵头，与有关高校、科研院所和大型国有企业共同组建，以“国家目标、世界一流”为宗旨，瞄准国家经济建设与社会发展的重大战略需求，汇聚优势学科、人才队伍等创新要素，打破各创新体之间的壁垒，构建多元、开放、动态的组织运行模式与机制，协同打造水资源安全、洪旱灾害防治、水利水电工程安全、大规模围垦工程、淤泥质港口航道工程、近海可再生能源、环境生态保护、产业与区域发展等创新平台，开展重大基础研究，获得支撑国家、行业、区域发展的重大创新成果，努力成为特色鲜明、国际一流的学术创新、技术领先、人才拔尖的高地。

〔**教学质量与教学改革工程**〕 学校新增国家级实验教学示范中心 2 个、国家级卓越工程师教育培养计划专业 2 个、国家精品视频公开课 3 门、国家精品资源共享课 12 门。获江苏省高等教育教学成果奖 11 项，其中特等奖 2 项。学生参加国家级大学生学科竞赛获奖 139 项，参加省级竞赛获奖 612 项。积极推进研究生培养的规范化和精细化管理，完善研究生培养质量保障体系，提高研究生培养质量。继续加强与水利等行业重点单位的联系与合作，新增研究生培养基地 38 家，同时大力推进研究生培养基地的内涵建设，积极探索“校内培养＋基地培养”“知识构建＋工程实践”以及实行“双导师制”的培养模式。2013 届本科生就业率达 96.23％，研究生就业率达 96.46％，就业质量进一步提升，学校入选全国高校毕业生就业工作“50 强”高校。

〔**科技工作**〕 2013 年，学校获部省级以上科技奖励首次突破百项。学校作为主持单位或主要完成单位的科研项目获部省级以上奖励 101 项（其中国家科技奖 3 项，教育部、水利部、江苏省等部省级科技奖和哲学社会科学奖 98 项），比 2012 年增长 29.5％；获国家发明专利授权 254 件，比 2012 年增长 25.7％。获科技奖励数和发明专利数均创历史新高。同时，学校的科技平台建设也取得了新的进展，疏浚淤泥处理利用国家工程技术研究中心培育点、江苏省水工新材料及防护工程技术研究中心、江苏省公民道德发展与人的现代化研究基地等获省立项建设。

〔**实施人才强校战略**〕 学校新增“长江学者”特聘教授 2 人，国家“青年千人计划”特聘教授 2 人，国家“百千万人才工程”培养人选 1 人，国家有突出贡献中青年专家 1 人，国家自然科学基金优秀青年科学基金项目资助对象 1 人，教育部“新世纪优秀人才支持计划”培养人选 2 人，江苏省有突出贡献中青年专家 1 人，江苏省“十大杰出青年”1 人，江苏省“优秀青年法学家”1 人，江苏省“双创计划”（创新创业人才引进计划）引进人才 1 人，“江苏特聘教授”2 人，江苏省“333 工程”（培养 30 名左右研究成果具有国际先进、国内领先水平的国家级科学家、工程技术专家和理论家；培养 300 名左右具有省内领先水平的省级优秀人才；培养 3 000 名左右成绩显著的市级优秀人才）第一层次培养对象 1 人、第二层次培养对象 8 人、第三层次培养对象 14 人，南京市“十大科技之星”1 人。大力加强创新团队建设，新增教育部创新团队 2 个，江苏省创新团队 1 个，江苏高校优秀科技创新团队 1 个；新增教育部、国家外国专家局“111”计划学科创新引智基地 1 个。

〔**调整学校领导班子**〕 9 月 11 日，教育部党组成员、中纪委驻教育部纪检组组长王立英在学校教师干部大会上宣布了教育部党组的任免决定：徐辉任河海大学党委委员、常委和校长；免去王乘的校党委常委、委员和校长职务，免去徐卫亚的校党委常委、委员和副校长职务。6 月 5 日，教育部党组发出通知：郭继超任河海大学党委常委、副书记，王超任河海大学党委常委、副校长，陈星莺任河海大学副校长；免去李乃富的校党委委员、常委和副校长职务。

〔**设立钱家欢教育基金**〕 9 月 21 日，学校举行钱家欢教育基金成立仪式。校长徐辉，校党委副书记陈德奎、王济干，中国工程院院士、浙江大学教授龚晓南，学校老领导和钱家欢先生的亲属及学生代表以及来自全国有关高校、科研院所及企事业单位的专家学者、师生代表共400人参加了仪式。钱家欢教育基金内设钱家欢岩土工程奖学金、钱家欢励志奖学金、钱家欢奖教金和钱家欢学术交流奖，每年评选奖励一次。

〔**获“江苏省文明单位标兵”称号**〕 10月，学校被省委、省政府授予2010—2012年度“江苏省文明单位标兵”称号。

〔**彭世彰被追授为江苏省优秀共产党员称号**〕 12月15日，节水灌溉专家、学校教授彭世彰在工作中突发疾病，经抢救无效不幸去世。为表彰先进，弘扬正气，省委教育工委决定追授彭世彰教授“江苏省高等学校优秀共产党员”称号。

〔**推出20项举措支持淮海工学院建设**〕 学校积极响应省委、省政府关于实施对口支持苏北高校计划的决策部署，于10月31日与淮海工学院签订了《2013—2015年河海大学对口支持淮海工学院合作协议》，推出20项举措支持淮海工学院的建设与发展。主要内容有：重点帮扶淮海工学院海洋科学、水利工程、测绘科学与技术学科建立学术带头人培养制度，相关学术带头人每年至少2次到淮海工学院进行交流指导，帮助组建学术创新团队；指导淮海工学院修订人才培养方案，每年选派2—3门课程的教师到淮海工学院进行示范教学，每年接收淮海工学院10名中青年教师和30名本科生到学校进行半年进修和一年学习，并联合培养研究生；指导淮海工学院开展国家及省重点学科申报与建设工作，支持两校教师联合申报国家及省重大科技项目、联合建立科研平台；学校选派一批业务能力强、综合素质高的优秀干部到淮海工学院挂职，举办管理干部专题研修学习班，组织管理干部开展工作交流；双方共建“河海大学—淮海工学院海洋科学与工程联合研究院”等。

撰稿 朱庭菊
审稿 曹 翀

江 南 大 学

〔**学科建设**〕 2013年，学校加强重点优势学科建设，确保学科均衡发展。根据教育部学位与研究生教育发展中心2013年公布的评估结果，学校食品科学与工程蝉联第一，轻工技术与工程排名第二，设计学并列第四，纺织科学与工程排名第五；加强对学科评估结果的分析，召开院长联席（扩大）会议，专题研讨学科建设，研究制订学科提升计划，建立了学科评估长效机制；继续推进江苏高校优势学科建设工程一期项目建设工作；纺织科学与工程学科通过“十二五”省重点学科建设情况中期检查；基本科学指标（ESI）学科国际排名保持稳步提升，化学、农学、生物学与生物化学、工程学4个学科的被引次数进入全球大学和科研机构排名前1%。1月7日，中国管理科学研究院公布《2013中国大学评价》，学校排名提升至第49位。获批国家精品视频公开课和资源共享课12门，10项成果获江苏省教学成果奖。

〔**人才培养**〕 学校进一步加强人才培养和教学工作的宏观指导，全面提升人才培养质量。一方面，着力深化本科教育教学改革。全面推进研究型教学模式，启动了“新生研讨课”“卓越课程”建设项目。新增3个教育部“卓越工程师教育培养计划”专业。强化实践教学环节，落实纺织工程等6个教育部“卓越工程师教育培养计划”专业的企业培养方案。在第十三届“挑战杯”全国大学生课外学术科技作品竞赛上获一等奖2项。学校北美学院、网络教育学院获新浪“2013中国教育盛典”

十佳。6月7日，学校君远书院成立。另一方面，努力提高研究生培养质量。切实加强研究生自主设置点建设，优化学位点布局；改革招生制度，完善博士研究生选拔机制，开展优秀生源校际交流；创新培养模式，教育部专业学位研究生教育综合改革试点项目通过验收；健全导师遴选制度，优化导师队伍建设。

〔**师资队伍建设**〕　学校加大人才队伍建设力度，深入推进“人才强校”战略，加快高层次人才及创新团队的引进和培育工作。截至2013年年底，新增中央组织部“万人计划”“青年千人计划”、“长江学者”等国家级高层次人才5人，新增部省级优秀人才30人、部省级创新团队4个；23名教授入选教育部新一届教学指导委员会；关注青年拔尖人才培养，创新青年教师培养路径和方式，组织召开青年人才培养座谈会、至善青年学者交流座谈会等，完成了第二批“至善青年学者”申报评选工作；加大教师海外研修支持力度，分层次完善人才培养模式。新增英语语言文学、教育学、数学3个学科的教授评审权。

〔**科研创新**〕　学校积极参与国家和地区创新体系建设，切实加强科研团队、创新平台建设。“国家功能食品工程技术研究中心”“光响应功能材料国际联合研究中心”“江南大学新农村发展研究院”获科技部、教育部立项；3个省级基地获省科技厅、省教育厅批准建设；2个团队入选江苏省创新团队。5月27日，市校共建基地——江南大学开放创新设计研究院在无锡国家工业设计园揭牌。2013年，取得了教育部哲学社会科学研究重大课题攻关项目零的突破；学校纺织服装学院教授崔荣荣的《近代汉族民间服饰全集》、教授张竞琼的《从一元到二元——近代中国服装的传承经脉》两部著作获第六届“高等学校科学研究优秀成果奖（人文社会科学）”三等奖。全年共获包括3项国家科学技术奖、1项国际科技合作奖、1项何梁何利奖在内的部、省、行业协会科研奖励82项，到校科研总经费4.41亿元。多项研究成果在国际著名期刊发表。

〔**协同创新工作**〕　学校积极推进政产学研合作，主动对接国家和地方经济产业转型需求，建立协同创新战略联盟。8月21日，学校与无锡市签署“十二五”合作共建协议，协议金额3.8亿元；加强校市对接协调，推进学校医学院建设；与河南省郑州、漯河等10个市（区、县）政府签订多层次合作协议，推动双方优势互补、互利共赢；切实做好对口支援工作，选派高层次人才参加江苏省“科技镇长团”；积极发挥决策咨询作用，两位教师撰写和主编的《农村食品安全消费的对策建议》等报告被国家相关部委采纳，提升了学校的社会影响力；学校教育发展基金会获评5A级大学基金会；学校大学科技园被授予“江苏省创业示范基地无锡基地大学生创业园”称号。

〔**党的群众路线教育实践活动**〕　学校党委根据中央和教育部的统一部署，紧扣“为民、务实、清廉”的主题和“照镜子、正衣冠、洗洗澡、治治病”的总体要求，确立了“凝心聚力谋发展，同心共筑‘江南梦’”的实践载体；成立了党的群众路线教育实践活动领导小组及办公室，扎实推进各环节工作；加强宣传教育，开设“群众路线教育专题网”，组织召开专题辅导报告会。学校领导班子共查找“四风”方面的突出问题18个，先后召开专题民主生活会和相关通报会，校院两级领导班子分别制订了整改落实方案、专项整治方案、制度建设计划等；全校219名处级干部按照计划均参加了专题民主生活会，制定了个人整改措施；545个党支部召开了专题组织生活会。

〔**思想政治教育工作**〕　2013年，学校落实党建教育培训工作的相关经验在全省高校党建工作会议上做交流发言；贯彻落实《中国共产党普通高等学校基层组织工作条例》，巩固“基层党建工作示范点”建设成果；完成《2012年无锡党建研究论丛》的出版发行；组织开展基层党支部活动创新案例征集、“道德讲堂”等活动，3个基层党组织被授予“无锡市先进基层党组织”称号。坚持校院两级理论中心组学习制度；初步完成中层干部换届工作；组织开展为期4个月的后备干部教育培训班，

190 位处级后备干部参加培训；加强干部培训制度执行情况的督查；2013 年，选送和接收 15 名干部挂职锻炼。举办首届“辅导员职业技能大赛”，共选派辅导员 8 人次进行海内外挂职锻炼；加强大学生就业指导和创业教育，其相关经验在教育部经验交流视频会议上做交流发言；不断优化勤工助学模式，加强分类培训、指导和考核；扎实推进大学生国防教育，接受江苏省“国防教育示范校”专家组检查评估。认真贯彻中央政治局关于改进工作作风、密切联系群众的八项规定及省市相关文件精神，制定出台相关文件；贯彻落实党风廉政建设责任制，做好重点部位和关键环节风险点防控工作；修订《江南大学领导干部责任追究规定》等制度；举办首届青年教工廉洁教育主题演讲比赛等活动；组织廉政风险防控工作专项检查；修订完善《江南大学教职工代表大会暂行条例》等规章制度。1 月 19 日，学校召开第三次党员代表大会，研究确定了建设“特色鲜明研究型大学”的发展目标。

〔**文化建设**〕　学校以社会主义核心价值体系为指导，开展校园文化建设和文化传承创新。出版《江南大学文化书系》著作《绿色情怀》，积极参与全国高校文化展馆网建设；加大新闻宣传和舆论引导，创新网络阵地建设，做好对外宣传工作。截至 2013 年年底，学校被国家级媒体报道 174 篇次、海外媒体报道 14 篇次；深化师德师风、学术道德和学风建设，打造“轻工特色”和“江南特质”的精品文化活动，获“2013 年全国高校校园文化建设优秀成果一等奖”；召开体育精神培育总结推广会，依托学校女子足球、棒球等高水平运动队，推动全校学生体育活动的开展。

〔**教育交流与合作**〕　学校积极搭建国际科研合作平台，启动了“功能分子学科创新引智基地”建设工作；12 月 12 日，“中德马普伙伴联合实验室”揭牌；9 月 16 日，学校与美国加利福尼亚大学戴维斯分校（UC Davis）共同建立的以食品文化为主题的孔子学院正式启动；不断加大学生海外交流力度，学生海外交流比例达 17.66%；积极推动全英文优质教学资源建设，设立专项吸引海外名师到校开设优质全英文授课课程；两位外籍客座教授分别获首届江苏省国际科学技术合作奖和 2013 年度“江苏友谊奖”。

〔**管理体制改革**〕　学校从服务全校师生员工出发，不断探索和深化管理体制改革，营造良好的校园“软环境”。组织调研学习，有序推进《江南大学章程》制定工作；深化财务预决算管理制度，提高预算管理的执行率，启用一卡通项目经费管理系统；提高教职工收入，共增加人员经费支出 4 975 万元；加强校园综合治理和周边安全隐患排查，切实做好安全稳定工作；完成数媒经管大楼建设项目，协调完成了公用房调配和青山湾校区搬迁搬家工作；加强数字化校园建设，优化“e 江南”和校园智能卡功能，无线网络覆盖率达 80%；加强图书馆建设，馆藏 70 多万种中文图书全部实现数字化。

撰稿　钱　锋
审稿　金征宇

南京农业大学

〔**学科建设**〕　2013 年，学校推进国家重点学科、江苏省高校优势学科及江苏省“十二五”重点学科建设，发展了生物信息学、设施农业、海洋科学、生物安全和农村发展等交叉学科。3 个基本科学指标（ESI）学科排名继续稳步提升，农业科学排名 104 位，植物学与动物学排名 143 位，环境生态学排名 389 位，农业资源与环境学科首次在农学门类实现一级学科排名全国第一。

〔**人才培养**〕 学校实施“教学年”活动，深入开展教育思想大讨论，加强教风学风建设。与中国科学院上海生命科学院、南京分院联合设立“菁英班”，设立草业科学“国际班”。3 门课程入选国家精品视频公开课，9 门课程获国家级精品资源共享课立项。9 种教材入选首批江苏省“十二五”重点教材建设项目，获江苏省教育教学成果奖特等奖 1 项、一等奖 3 项。推进研究生招生改革，试行博士生招生申请审核制，进一步降低招收在职博士生比例，“硕博连读生”和“直博生”比例提高至 58.5%。推进专业学位研究生实践基地建设，获批建设省级企业研究生工作站 20 个。深入实施学生工作“三大战略”，组织开展“中国梦”等各类教育活动，学生综合素质不断提高。全年授予博士学位 381 人、硕士学位 1 563 人，获全国优秀博士学位论文 1 篇、提名论文 4 篇。全年招收本科生 4 499 人、硕士生 2 092 人、博士生 448 人、留学生 563 人。本科生就业率达 97.5%、升学率达 25.6%，研究生就业率达 96.4%。

〔**师资队伍建设**〕 新增“长江学者”1 人、杰出青年基金获得者 2 人，40 余人次入选教育部“新世纪优秀人才支持计划”和江苏省特聘教授等各类人才工程，1 个团队入选教育部“创新团队发展计划”。聘任“钟山学者”特聘教授 2 人，遴选第二批“钟山学术新秀”31 人。引进高层次人才 33 人，其中教授 16 人。海内外公开招聘 84 人。建立非编人事代理制度，对非教学科研岗位人员实行合同制管理。

〔**科学研究**〕 2013 年度立项科研经费 3.68 亿元，到账科研经费 5.36 亿元，国家自然科学基金立项经费突破 1 亿元。以第一单位获部省级及以上科技成果奖 9 项，其中国家科技进步奖二等奖 1 项、高等学校科学研究优秀成果奖（人文社会科学）一等奖 1 项。以第一通信作者单位被科学引文索引（SCI）收录学术论文 868 篇、被社会科学引文索引（SSCI）收录学术论文 8 篇，获专利、品种权、软件著作权等授权 238 项。在 2013 年世界大学科研论文质量排名中，学校农业领域排名较 2012 年上升 32 名，居世界 109 位。与自然出版集团合作创办英文国际期刊 *Horticulture Research*（《园艺研究》）。牵头组建协同创新中心 7 个，其中 1 个入选首批江苏高校协同创新中心。新增国家有机类肥料工程技术研究中心、绿色农药创制与应用技术国家地方联合工程研究中心（江苏）等 2 个国家级科研平台和猪链球菌病诊断国际参考实验室。

〔**研究成果在《自然》（*Science*）期刊上发表**〕 学校教授万建民课题组的研究论文 D14-SCFD3-dependent degradation of D53 regulates strigolactone signaling 在《自然》（*Science*）期刊上发表。该研究结果首次在遗传和生化层面证实了 D53 蛋白作为独脚金内酯信号途径的抑制子参与调控植物分枝（蘖）的生长发育，是学校在《自然》期刊上发表的第一篇研究文章。

〔**学术治理**〕 2013 年，通过修订学校章程，不断推进现代大学制度建设。成立植物科学、动物科学、生物与环境、食品与工程、人文社会科学 5 大学部，充分发挥教授在学科建设、学术评价和学术发展中的重要作用。构建以学术委员会统一领导，职称评定和学术人员招聘委员会、学位委员会、本科教学指导委员会、学术规范委员会 4 个专门委员会分工负责，5 大学部分类评价的学术管理格局，进一步完善学术治理结构。

〔**成立江苏农村发展学院**〕 2013 年，学校与省教育厅、省财政厅、省农业委员会共建江苏农村发展学院。该学院以服务江苏“三农”工作为目标，创新人才培养、科学研究和服务社会模式，培养农业科技管理人才，培训新型农业经营管理者及职业农民。

〔**党建工作**〕 2013 年，学校开展党的群众路线教育实践活动，紧紧围绕“治四风、聚力量、集民智、促发展”的活动主题，认真贯彻各项要求，扎实推进各环节工作，顺利完成教育实践任务，取得了显著成效。深入开展党的十八届三中全会精神学习宣传贯彻工作。加强基层党组织建设和队伍建设，完善院级党委、基层党支部设置，新选拔任用处级干部 61 人，发展学生党员 1 357 人、教职工党员 14 人，培训新党员、入党积极分子 3 600 余人。推进党风廉政建设，落实中央政治局关于改进工作作风、密切联系群众的八项规定等作风要求，筑牢党员干部思想道德防线。

〔**教育交流与合作**〕 2013 年，学校新签校际合作协议 17 个，与澳大利亚悉尼大学签订共建“中澳安全联合实验室”备忘录，与美国康奈尔大学共建全国农业高校首个国际技术转移中心。新增肉类食品质量安全控制及营养学创新引智基地，1 位引智项目海外专家获“中国政府友谊奖”。举办农业及生命科学教育与创新的世界对话国际学术研讨会等 7 个国际会议和 17 期援外培训班，接待海外代表团 54 个。设立学生国际交流专项基金，全年派出学生 470 余人次出国（境）学习交流。与肯尼亚埃格顿大学共建的全球首个农业特色孔子学院在中肯建交 50 周年之际正式揭牌。

〔**首届世界农业奖颁奖典礼举行**〕 10 月 20—21 日，全球农业与生命科学高等教育协会联盟（GCHERA）世界对话暨首届世界农业奖颁奖典礼在学校举行，美国康奈尔大学国际植物育种专家罗尼·科夫曼（Ronnie Coffman）因其为促进作物改良领域的全球合作所做出的卓越贡献而获首届世界农业奖。世界农业奖由学校倡导设立，由 GCHERA 组织的国际委员会评选，每年授予 1—2 位在全球农业和生命科学领域做出突出贡献的教育或科研人员。

〔**服务社会**〕 2013 年，学校设立科研项目开展江苏农村研究，出版《江苏新农村发展系列报告》，获社会良好反响。全面推进新农村发展研究院建设，新建 1 个综合示范基地、3 个特色产业基地、2 个专家工作站，与地方政府合作建立南京农业大学常熟新农村发展研究院有限公司。承办全国科普日江苏主场活动，实施各类科技兴农工程，获“江苏省科技富民突出贡献单位”称号。

撰稿　刘志斌
审稿　刘　勇

中国药科大学

〔**学科建设**〕 2013 年，学校天然药物活性组分与药效国家重点实验室圆满完成建设计划任务书规定的任务，顺利通过科技部验收。完成了“江苏高校优势学科建设工程”一期项目实施与验收准备工作，开展二期项目的立项准备工作。中西医结合学科顺利通过江苏省重点学科建设中期检查。“生物医药协同创新中心”获江苏省 2 000 万元的立项资助。

〔**教育教学改革工作**〕 2013 年，学校获江苏省教学成果特等奖 1 项、一等奖 3 项、二等奖 2 项。9 门课程获国家精品开放课程立项，1 门课程入选教育部精品视频公开课。6 本教材成功入选省级“十二五”高等学校重点教材立项建设项目，获江苏省优秀多媒体课件奖励 3 项。2013 年，学校再次当选教育部药学类专业教学指导委员会主任委员单位，并起草了五年工作方案、全国药学类专业教学质量国家标准编制工作方案等报告。

〔**研究生教育改革**〕 学校全面启动研究生教育改革，出台《中国药科大学研究生教育综合改革方案（试行）》。创新专业学位研究生培养模式，与中国食品药品检定研究院联合培养全日制专业学位研究生。出台《专业学位研究生实践基地建设管理办法》，推进专业学位研究生实践基地建设，新增专业学位研究生校外指导教师 137 人。

〔科研活动与成果奖励〕　2013 年，学校申报或签订科研课题 1 109 项。其中申报纵向课题 779 项，立项经费达 2.26 亿元，比 2012 年增长 139.6%。其中申报国家自然科学基金 177 项，获批 54 项，经费达 3 579 万元。获批新药创制重大专项 9 项，总经费达 13 186 万元。纵向课题经费获批百万元以上的项目 20 项，签订横向项目 330 项。合同总经费达 1.68 亿元。其中 1 个项目转让合同经费达 1.1 亿元，是 2012 年之后学校又一个突破亿元的科技合作项目。2013 年，学校获省部级科技奖 5 项，其中一等奖 3 个、二等奖 1 个、三等奖 1 个。1 项科研成果在国际权威杂志 *Blood*（《血液》）上发表。全年申报专利 238 件，专利授权 81 件。

〔1 项科研成果在国际权威杂志 *Blood*（《血液》）上发表〕　教授郭青龙带领的科研团队通过研究发现，中药黄芩的有效单体成分汉黄芩苷能抑制急性髓系白血病（AML）的细胞增殖，其相关研究成果发表在国际权威科研杂志 *Blood*（《血液》）上。教育部科技发展中心网站和生物通网站对此做了报道。

〔人才队伍建设〕　2013 年，学校新增德国科学院院士 1 人、中国工程院院士 1 人；新增国家杰出青年科学基金获得者 1 人；入选全国首批“万人计划”1 人、国家优秀青年科学基金获得者 1 人、教育部“新世纪优秀人才支持计划”5 人；新增“江苏省特聘教授”3 人、江苏省杰出青年科学基金获得者 3 人、江苏省“六大高峰计划”4 人、第四期江苏省“333 工程”增选 19 人，江苏省“创新团队计划”1 个。

〔王广基当选中国工程院院士〕　12 月 19 日，中国工程院公布 2013 年新增院士名单，教授王广基当选中国工程院医药卫生学部院士。王广基长期从事药代动力学研究及药学教育，主持国家“863”计划项目、“973”计划子项目、国家自然科学基金重点项目及面上项目等 20 余项，为“863”计划重大专项“临床前药代动力学关键技术及平台研究”的全国牵头人和教育部药物代谢动力学博士学位授权点学科带头人。

〔李萍当选“江苏省十大女杰”〕　3 月 8 日，由江苏省妇女联合会举办的“巾帼弄潮”——第七届江苏省十大女杰宣传展示活动举行。教授李萍在此次活动中当选“第七届江苏省十大女杰”，是全省高校中唯一获此殊荣的女教师代表。

〔成立国家药物政策与医药产业经济研究中心〕　4 月 28 日，由学校、中国药学会、中国医药工业科研开发促进会共同发起和组建的“国家药物政策与医药产业经济研究中心”在学校成立。全国人大常委会副委员长、中国工程院院士桑国卫受聘为中心主任。国家药物政策与医药产业经济研究中心是集医药政策与产业经济研究、学术交流合作为一体的非营利性、实体性学术研究机构，致力于对“药物政策研究”“医药产业经济研究”“医药产业发展研究”“医药知识产权研究”“药物经济学评价”“医药物联网研究”等国家药物政策与医药产业发展生态环境相关热点问题进行探讨，以期为政府及有关部门建言献策，为行业发展提供战略咨询。

〔校企合作开发药物安替安吉肽获国家食品药品监督管理总局临床批件〕　由学校教授徐寒梅带队的课题组与内蒙古奇特生物高科技术（集团）有限公司合作开发的 1.1 类化学新药——安替安吉肽，经过近 8 年研究，于 2013 年 8 月通过国家食品药品监督管理总局（CFDA）审批，并获得临床批件。安替安吉肽为自主创新药物，拥有国际及国内专利，曾得到“重大新药创制”科技重大专项“十一五”计划以及“十二五”计划“863”国家高技术研究发展计划的资助。

〔成立中国药科大学连云港研究院〕　5 月 9 日，中国药科大学连云港研究院建设洽谈会在学校举行。连云港市委常委、连云港经济技术开发区党工委书记关永健，江苏恒瑞医药股份有限公司董事长孙飘扬分别从政府和企业的角度阐述了与学校加强合作的必要性与可行性。校地双方围绕中国药科大学连云港研究院建设的相关事宜进行洽谈，在协议书框架等方面达成初步共识。12 月 9 日，中国药科大学连云港研究院（副处级建制）成立，挂靠学校科学技术处。

〔**学术交流**〕 2013 年，学校邀请诺贝尔奖获得者穆拉德博士、辛格纳吉博士和中国工程院院士桑国卫、巴德年、樊代明、丁健和中国科学院院士饶子和等多位业内著名专家学者到校开展学术交流。承办科技部生物医药产业技术创新支撑体系建设研讨会、国际生物医药研发创新亚洲峰会以及中国科协第 266 次青年科学家论坛等。

〔**桑国卫到校视察**〕 2 月 23 日，全国人大常委会副委员长桑国卫一行到学校视察指导工作，并就成立中国药科大学国家药物政策与医药产业经济研究中心的筹备情况进行座谈交流。桑国卫对国家药物政策与医药产业经济研究中心的筹备工作表示高度肯定，强调医药产业既是关乎国民健康保障的具有公益性的经济产业，又是关系到国家安全和生产力的战略性产业，成立专门的药物政策与产业经济发展研究机构十分必要。

〔**曹卫星到校视察**〕 4 月 21 日，江苏省副省长曹卫星一行莅临学校视察指导工作。曹卫星对学校的发展给予了充分肯定，同时提出四点建议：一是完善学校发展规划，在学科发展上提升水平、拓展空间、强化特色；二是培育高端人才、拔尖人才，同时面向海内外招聘高水平人才；三是进一步推进协同创新，更好地服务区域经济社会发展；四是深化管理改革，以开放促改革，以改革促发展。

〔**期刊影响力提升**〕 由学校和中国药学会共同主办的《中国天然药物》在 SCI 数据库中被引次达 1 603 次，全球同学科排名第 7 位，获“中国百强科技期刊”称号；获“中国科技期刊国际影响力提升计划”B 类资助，资助经费达 300 万元。登载在《中国天然药物》上的 3 篇论文入选中国科学技术信息研究所发布的“领跑者 5000——中国精品科技期刊顶尖论文”榜单。《中国药科大学学报》再次入选中国科学引文数据库核心库（CSCD）。2013 年，中国出版协会年鉴工作委员会公布了第七届全国年鉴编校质量检查评比结果，学校编撰的《中国药学年鉴》荣获一等奖。

〔**开展学校转型发展大讨论活动**〕 6—11 月，学校围绕思想观念、学科建设、人才队伍建设等十八项内容，分三个阶段深入推进转型发展大讨论活动。活动旨在深化对学校发展目标的认识，走内涵式发展道路，培养高水平的人才，争取科研工作的突破，带动学科建设水平的提高，实现教学研究型大学向高水平研究型大学的转身。活动期间，共召开各层面研讨会 90 多场、专题调研活动 70 余次，3 000 余人次参与。

〔**召开“2013 年中国新药研发战略高峰会”**〕 6 月 21—23 日，由学校期刊编辑部、校科技协会共同主办的“2013 年中国新药研发战略高峰会”在南京市召开。会议旨在为医药企业高管搭建交流切磋的平台，开拓前沿视角，分享权威观点，把握行业走向，把脉技术关键，整合优势资源。

〔**宣传舆论引导工作**〕 学校建立和完善了新闻中心规章制度。先后在中央电视台、人民日报等省级以上媒体刊发新闻或专题报道 168 篇（不含网络转载）。其中校长公选和新生教育入选“2013 高教十大热点”，2013 届毕业典礼被央视一套以《毕业季又至，师生温情告别》为题进行专题报道和点评。在 2013 年全国高校校报好新闻评选中，校报 1 篇评论文章获一等奖。

〔**教育部网站专题报道学校毕业生就业工作**〕 教育部网站以《中国药科大学“三项工程”扎实推进就业工作》为题，报道了学校推进毕业生就业工作的各项举措，充分肯定了学校的相关做法和具体实效。2013 年，面对国内严峻的毕业生就业形势，学校紧紧围绕“实现毕业生充分就业、优质就业”的目标，采取一系列积极措施，全力推进毕业生就业工作。截至2013年年底，学校2013届毕业生总就业率为99.47%，其中研究生就业率为99.51%、本科生就业率为99.40%、专科生就业率为100%。

〔**召开第九次党代会**〕 12月27日，中国共产党中国药科大学第九次代表大会召开。教育部人事司副司长廖舒力、省委组织部副部长盛克勤、江苏省委教育工委副书记潘漫以及东南大学党委书记郭广银等亲临大会祝贺。由全校2 596名党员选举产生的155名代表出席了大会。会议选举产生了学校第九届党委会委员和纪律检查委员会委员，表决通过了《关于中共中国药科大学第八届委员会工作报告的决议》和《关于中共中国药科大学第八届纪律检查委员会工作报告的决议》。

〔**数模队获第三届全国统计建模大赛一等奖**〕 学校数模队在第三届全国统计建模大赛中喜获佳绩。其中由研究生陶禹希、本科生刘昊晨和杨森组成的代表队荣获研究生组全国一等奖。另有3支代表队获三等奖1项、优秀奖2项，获奖数在全国参赛高校中名列前茅。

〔**获第十三届“挑战杯”全国总决赛一等奖**〕 学校选送的作品《“热拔插”基因插座》获第十三届“挑战杯”全国总决赛一等奖。

撰稿 刘 睿
审稿 杜文清

合肥工业大学

〔**学科建设**〕 2013年，学校在国家第三轮学科评估中，有3个学科排名前十，1个学科位于前10%，2个学科位于前25%，2个学科位于前30%，3个学科位于前1/3。3个一级学科获安徽省学科重大建设项目。全年投入2 000多万元，对学校3个学院和10个团队的学科平台建设进行资助。建立学科建设目标责任制，推进学科分层建设。制定《合肥工业大学学科建设目标管理实施办法》《合肥工业大学学科建设评估指标体系》《合肥工业大学学科分层建设目标和内容》等文件，进一步完善了学科建设政策体系。

〔**师资队伍建设**〕 2013年，学校教授杨善林当选为中国工程院院士，实现学校自主培养院士零的突破。1个团队入选教育部“创新团队发展计划”，1人入选“千人计划”，1人入选“长江学者”讲座教授，3人获国家自然科学基金优秀青年基金资助，6人入选教育部“新世纪优秀人才支持计划”。引进“千人计划”入选者2人、“长江学者”特聘教授1人、“长江学者”讲座教授1人、“黄山学者”特聘教授3人、“黄山青年学者”12人。2013年度，继续实施“三种经历”［即教师到国（境）外留学访学进修、到国内高水平大学（院、所）访学进修和到国内大中型企（事）业单位挂职的三种不同的继续深造学习形式］，共遴选国家公派出国留学23人，“1+2+1中美人才培养计划”2人，公派出国留学3人、国内1年期进修访学12人；继续实施学校师资队伍博士化工程。

〔**本科生培养**〕 2013年，学校共有2个本科专业通过了国家工程教育认证，1个专业通过了住房和城乡建设部组织的专业评估，8个专业进行了校内评估，5个专业列入第三批卓越工程师教育培养计划；获批84项国家级创新创业计划项目，新增4部国家级规划教材。在全省本科教学质量工程项目评审中，获批5个专业综合改革试点、2个特色专业、7门精品开放课程、2个教学团队、2项卓越人才教育培养计划、2个校企合作实践教育基地、1个省级示范实验实训中心；5位教师获安徽省教学名师奖、5位教师获安徽省教坛新秀奖。在第十三届“挑战杯”全国大学生课外学术科技作品竞赛中，学校获二等奖1个、三等奖4个和交叉创新三等奖1个，并获高校优秀组织奖；在第二届中国创新创业大赛中，由学校7名研究生组成的“合肥工大泰拓团队”获全国优秀团队奖；学生梅占龙获第八届中国青少年科技创新奖；建筑与艺术学院学生作品获国际工业设计3项最高奖之一——“红点设计概念大奖”；在2013中国大学生方程式汽车大赛中，学校获电动车组团体第二名；在全国工程训练综合能力竞赛中，学校工业培训中心连续三届获一等奖；在第五届“挑战杯”安徽省大学生课外学术科技作品竞赛中，学校获4个特等奖、2个一等奖，综合排名第一。

〔**研究生培养**〕 学校改革研究生招生和导师聘任制度，严把导师资格审核关；制定、修订《合肥工业大学授予博士学位工作办法》等4个文件，认真落实学位论文查重、盲审制度，全面推行“三统一”（在所有学院试行按二级学科统一答辩时间、统一答辩地点及统一答辩委员）集中答辩方式，试行研究生学位论文评估制度；加强产学研合作培养研究生，获批2个安徽省联合培养研究生示范基地；18名学生被国家留学基金管理委员会录取为公派留学人员。

〔**教学管理和教学质量监控**〕 学校推进均衡排课，各专业均衡排课率达90%以上。放宽学生转专业条件，扩大转专业人数。探索小学期教学新模式。加强教学质量监控、规范管理流程。通过多种方式对教学各环节实施全员监督，打造教学质量监控的闭环体系。

〔**科学研究**〕 2013年，学校科研到账总经费4.47亿元。获安徽省科学技术奖励17项，其中科学技术奖一等奖4项。申报专利564项，获授权专利323项，实现专利与科技成果转化119项。获批国家科技支撑计划项目课题1项，国家青年“863”计划课题1项，国家“973”计划青年科学家专项子课题1项。获批国家自然科学基金项目152项（其中获批优秀青年科学基金项目3项）；获批科技部重大仪器专项2项；获批国家社会科学基金项目9项；获批国家软科学计划重大项目1项、国家科技支撑计划文化创新专项课题1项。学校组织的“春华计划”“秋实计划”取得阶段性成果。获批国防“863”计划重点项目1项、一般项目4项，获批总装预先研究项目3项；获批国防科技工业局基础科研项目1项、技术基础项目1项、民用航天“十二五”技术预先研究1项；获批中航工业产学研专项3项、航空科学基金2项；获批安徽省军民结合高技术专项3项、安徽省军区革新项目1项。“老人福祉信息科技创新引智基地”获批“高等学校学科创新引智计划”基地，“安徽省有色金属材料与加工工程研究中心”获批国家地方联合工程研究中心，新能源汽车协同创新中心、有色金属材料与加工技术协同创新中心、现代显示协同创新中心获批安徽省协同创新中心，农产品精加工技术研究院、工业安全信息技术研究院获批安徽省高校产业共性技术研究院，工业信息与经济研究中心、两型社会建设研究中心获批安徽省高校人文社会科学重点研究基地。与河南省安阳市、海南省澄迈县、广东省佛山市三水区、江苏省扬州市、中国资源综合利用协会、中国地质科学研究院、云南有色地质局、东风汽车公司、深圳市大富科技股份有限公司等政府、行业、企业开展战略合作。积极筹建智能制造技术研究院、赛普工业研究院（安阳）等科研创新平台。

〔**部省共建工作**〕 4月，教育部、工业和信息化部、安徽省政府与学校签订共建协议，实现两部一省共建，积极落实部分共建内容。

〔**教育交流与合作**〕 学校与英国卡迪夫大学续签了专业合作协议，与俄罗斯俄中经贸人文合作中心签订了《关于筹建“中俄高校汽车院系联盟”的合作意向书》。学校获中教国际教育交流中心“1+2+1中美人才培养计划特别贡献奖”。与台湾中国文化大学、台湾科技大学签署学术交流协议。举办“第七届大学生徽文化研习营”活动。获批国家“高端外国专家”、教育部“学校特色项目”、安徽省“外专百人”项目等83个外国专家项目，总经费达554万元；聘请中长期外国专家20人次。学校聘请的“外专千人计划”特聘教授诺尔·怀特(Noel White)被国务院批准授予2013年度中国政府“友谊奖”。组织参加国家留学基金管理委员会举办的国际教育展3次；全年共招收政府奖学金来华留学生25名。

〔**学生教育与管理**〕 学校共建频道“人人空间”“硅谷精英”分别获教育部2012—2013年度“十佳共建频道”和“优秀共建频道”称号。加强对特殊群体学生的安全管理，对800余名重点关注学生实施“一人一策”制度。搭建多种平台推进学生民主参与管理。全年共有7 239人获国家助学金、221人获研究生国家奖学金，合肥校区共有3 571人申请到国家助学贷款，9 105人次参加校内外勤工助学。积极开拓就业市场，加强就业指导和服务。2013年，本科生就业率达96.2%、研究生就业率达92.7%。

〔**管理改革**〕 修订《合肥工业大学章程》和《合肥工业大学学术委员会章程》；完成校务委员会改组为学校理事会工作；进一步推进多校区办学模式，适时优化校内机构设置。继续促进人事制度改革。

〔**财务工作**〕 2013年，学校财务总收入达168 066.81万元，制定和修订《合肥工业大学财务管理办法》等10多个文件。加强国有资产管理，优化资产的管理配置。加强审计工作，全年共完成大、中、小型基建工程预（结）算审计599项。积极推进财务信息化建设。

〔**校办产业**〕 加强校办产业规范化建设和经营性资产管理。制定《合肥工业大学全资和控股企业的管理办法（暂行）》《合肥工业大学对外投资管理规定》等文件，建立和完善校办产业和经营性资产监管体系；推进土建类企业资源整合；妥善处理校办产业中债权债务及历史遗留问题；拓展市场，加强对3D打印、生物质能源等新兴产业的投入。获国家财政文化产业专项资金500万元。全年校办产业实现上缴学校资金1 500万元。

〔**宣城校区工作**〕 2013年，学校宣城校区交付7.2万平方米的建筑，新进60名教职工。制定《2013版合肥工业大学（宣城校区）本科专业指导性教学计划的原则意见》，做好多层次的教学监控，保证教学质量。稳步推进2012级学生专业分流工作。加强产学研合作，服务宣城经济社会发展。

〔**后勤管理改革**〕 进一步规范劳动用工制度，逐步健全外聘工社会保险机制；实施物业服务中心岗位分流工作；积极推进物业服务社会化改革；开通水电气网上报修平台；实行餐饮主要原材料统一采购，降低原材料供应价格。

〔**基础设施和公共服务体系建设**〕 学校实施了学生食堂改造及设施更新、平安校园安防系统建设、公共楼宇渗漏综合治理（二期）项目；完成了翡翠湖校区综合管理服务中心、铸造实验室改造等19项维修改造工程；翡翠科教楼、新能源汽车研发中心开工建设；推进屯溪路校区电能远程监控系统建设工作，完成了翡翠湖校区学生宿舍空调安装和空调电能计量收费系统的安装工作。加强校内外实践基地和创新基地建设，共建校外实习基地217家。启动实验室达标建设工作，出台《合肥工业大学危险化学药品安全管理办法》，加强实验室环境和条件建设，强化实验室安全管理。加强分析测试中心建设和管理，做好相应资质的申报工作。加强网上预约，提高仪器设备利用率，全年完成21 000个样品的测试工作。完成图书馆RFID项目一期（屯溪路校区馆西楼）建设。加强教育部部级科技查新站建设，探寻对外合作查新机制，全年完成190项科技查新项目。完成数字化校园一期工程建设和数字资源虚拟平台一期建设，推进一卡通工作，逐步在学生宿舍楼和部分学科楼办公室安装门禁系统。

撰稿 徐财松

审稿 冷桥勋

浙 江 大 学

〔**构建“六高强校”战略体系**〕　2013 年 7 月，学校立足高等教育和学校改革发展全局，在充分研究论证和听取意见建议的基础上，系统提出并实施培育时代高才、构建学科高峰、打造科研高地、汇聚名师高人、积累文化高度、探索改革高招的“六高强校”战略，明确了学校加快建设世界一流大学的战略路径。

〔**林建华出任学校校长**〕　6 月 26 日，学校召开中层干部大会，中共中央组织部有关负责人在会上宣布了中共中央、国务院关于林建华出任学校校长的任命决定。

〔**师资队伍建设**〕　2013 年，学校教授杨华勇当选为中国工程院院士。新增双聘院士 2 人、国家“千人计划”入选者 5 人、“长江学者”6 人、国家杰出青年科学基金获得者 4 人、国家“青年千人计划”入选者 18 人；10 人入选“国家高层次人才特殊支持计划”科技创新领军人才，12 名青年教师入选首批“青年拔尖人才支持计划”。

〔**科学研究**〕　全年到账科研经费 30.9 亿元，在研千万级科研项目达 116 项。科研品质和学术影响力显著提升，SCI 论文、发明专利等主要科研指标保持全国高校领先地位。据 ESI 数据显示，学校 10 年累积引文居世界学术机构排名第 159 位，进入世界前 1%的学科达 16 个，其中 8 个学科进入世界前 100 位（居全国高校第 1 位）。据中国科学技术信息研究所 2012 年年底公布的统计数据，学校 2012 年度被 SCI 收录论文 4 912 篇，10 年累积论文被引 29 482 篇（236 302 次）；“表现不俗”论文 1 429 篇，均居全国高校第 1 位。获国家科技奖励一等奖 2 项、二等奖 9 项，1 项成果入选“中国高校十大科技进展”。文科学术竞争力不断增强，被 SSCI 收录论文 288 篇、艺术与人类科学引文索引（A&HCI）收录论文 21 篇，社会科学进入 ESI 全球学术机构排名前 1%。

〔**科研成果在《科学》（*Science*）和《细胞》（*Cell*）上发表**〕　7 月 26 日，学校生命科学研究院叶升课题组第一次解析的细胞分裂蛋白 FtsZ 所形成的原丝纤维的三维结构的研究论文发表在美国《科学》（*Science*）杂志上，第一作者为生命科学研究院博士研究生李颖。12 月 20 日，学校生命科学研究院范衡宇课题组揭示了维持女性生育能力新机制，其相关成果发表在美国《科学》杂志上，第一作者为生命科学研究院博士研究生余超。1 月 31 日，学校医学院曹雪涛课题组发现天然免疫调控新机制，其相关成果发表在《细胞》（*Cell*）杂志上，第一作者为学校副教授陈玮琳。另外，学校还在《自然》（*Nature*）子刊发表 6 篇论文。

〔**获国家科技奖数居全国高校第一**〕　以学校为第一完成单位承担的 11 个项目获 2013 年度国家科技奖励，获奖数在全国高校中位列第一。其中学校控制科学与工程学系教授、中国工程院院士孙优贤领衔的“高端控制装备及系统的设计开发平台研究与应用”项目、学校医学院附属第一医院教授、中国工程院院士李兰娟领衔的“重症肝病诊治的理论创新与技术突破”项目获国家科技进步一等奖。获国家自然科学二等奖 3 项、国家技术发明二等奖 3 项、国家科技进步二等奖 3 项。此外，学校作为参与单位完成的 7 个项目获 2013 年度国家科技奖。

〔**2 项成果入选 2013 年度中国十大科技进展**〕　学校 2 项科研成果入选 2013 年度中国十大科技进展。一是由学校高分子系教授高超课题组研制出的一种被称为“全碳气凝胶”的固态材料，密度仅每

立方厘米 0.16 毫克，是空气密度的六分之一，是世界上最轻的材料。2 月 18 日，该研究成果被在线发表于《先进材料》杂志，并被《自然》杂志在“研究要闻”栏目中重点配图评论。二是由学校医学院附属第一医院联合香港大学、中国疾病预防控制中心、中国食品药品检定研究院和中国医学科学院协同攻关完成的首例人感染 H7N9 禽流感病毒疫苗株。

〔**完善教学激励机制**〕　学校设立 2 000 万元教学促进津贴，组织开展了第二届“心平奖教金”评选活动。

〔**社会服务**〕　新建了一批产学研合作平台和技术转移机构，签订技术转让合同 87 项，许可实施或转让科技成果 134 项，全年横向科研经费达 10.64 亿元。一批校地合作平台和项目顺利推进。贯彻落实对口支援西部高校和定点扶贫任务，获“中央国家机关等单位定点扶贫先进集体”称号。积极推进附属医院与省内一批基层医院合作办院，6 家附属医院全年业务总收入 95 亿元。

〔**教育交流与合作**〕　快速推进教育国际化，本科毕业生海内外深造率达 57.26%，比 2012 年增长 2.1 个百分点；启动由海外教师主导的研究生全英文课程建设，首批 55 门全英文课程陆续开设；攻读学位的留学生达 2 499 人，比 2012 年增长 13.6%；师生赴海外学习交流的人数达 7 137 人次，比 2012 年增长 12.8%。

〔**学生获奖情况**〕　学科竞赛获得丰硕成果，参赛学生获国际特等奖 1 项、一等奖 34 项；全国特等奖 4 项、一等奖 10 项。

〔**获 2013 年机器人世界杯足球赛冠军**〕　6 月 30 日，2013 年机器人世界杯足球赛（Robocup）决赛在荷兰埃因霍温落幕。经过激烈角逐，学校“ZJUNlict 队”战胜美国卡内基梅隆大学，获小型组机器人冠军。

〔**与帝国理工学院签约建立海外校区**〕　5 月 15 日，学校与英国帝国理工学院举行“浙江大学—帝国理工联合学院合作谅解备忘录”签约仪式。根据协议，学校在英国帝国理工学院西校区建立海外校区。该联合学院在伦敦和浙江两地办学，开展深度战略合作。这是国内高校首次在海外高校建立海外校区，实现了中国高校走出去的重大突破。

〔**话剧《求是魂》首演**〕　5 月 3 日，学校黑白剧社的话剧《求是魂》在北京举行了首场演出。该剧属“共和国的脊梁——科学大师名校宣传工程”项目，全剧共四幕九场，表现了中国著名气象学家、教育家竺可桢坚定的爱国情怀和高尚而求真的科学精神。

〔**获邵逸夫基金捐赠**〕　9 月 24 日，2013 年度邵逸夫基金捐赠内地高校项目仪式在香港举行。学校获邵逸夫基金 2 亿元港币捐赠（2013—2015 年），主要支持学校邵逸夫医疗中心和邵逸夫医学研究中心的建设。

〔**《中华礼藏》《元画全集》出版**〕　由学校古籍研究所、礼学研究中心主持的《中华礼藏》项目首批十八册中的部分成果已由学校出版社出版。学校中国古代书画研究中心与浙江省文物局合作的《元画全集》由学校出版社出版 12 册，为元代各绘画类别的研究做了重要的基础工作。

〔**启用行政服务办事大厅**〕　2 月 27 日，学校行政服务办事大厅正式启用。共有 15 个部门和单位进驻服务，设立服务窗口 22 个，可办理服务事项 254 项，实现网上办理事项 97 项。全年共受理事项 104 460 件，办结 103 900 件，师生满意度达 99.85%。

〔**学校财力**〕　学校财力不断增强，全年财务收入达 83.34 亿元，比 2012 年增长 13.59%；接受社会捐赠签约金额 6.76 亿元，到账 3.19 亿元，分别比 2012 年增长 162% 和 54%，学校教育基金会规模达 11.9 亿元。

撰稿　张　黎
审稿　王志强

厦 门 大 学

〔**学科评估**〕　2013 年，教育部学位与研究生教育发展中心公布第三轮全国高校学科评估工作结果，学校海洋科学、统计学、应用经济学、民族学、工商管理 5 个一级学科进入前 5 名；教育学、戏剧与影视学、化学、理论经济学、中国史、世界史、法学、外国语言文学、考古学、生态学、公共管理 11 个学科进入了前 10 名。

〔**1 项成果入选高校十大科技进展**〕　2013 年，学校化学化工学院教授夏海平团队研究的“过渡金属导致物质从反芳香性向芳香性的突变”成果，入选教育部 2013 年度“高校十大科技进展”项目。该团队通过在反芳香环内嵌入金属的方法，首次合成并分离出全新芳香性物质金属杂戊搭炔，这类新芳香体异常稳定，其光电特性与传统有机芳香体截然不同，在生物医学、光电材料和太阳能利用等领域应用前景广阔。该团队还围绕金属杂芳香体系发表 10 篇相关论文。

〔**获教育部第七届高校校园文化建设优秀成果一等奖**〕　2013 年，教育部第七届高校校园文化建设优秀成果揭晓，学校申报的《深入挖掘历史文化资源精心打造校园文化建设精品》获一等奖。这是学校首次在该项目中获一等奖。

〔**1 项合作研究成果入选美国《科学》（*Science*）杂志 2013 年十大科学突破**〕　12 月 19 日，美国《科学》（*Science*）杂志公布了 2013 年十大科学突破。美国国立卫生研究院国家过敏症和传染病研究所疫苗研究中心与学校国家传染病诊断试剂与疫苗工程技术研究中心合作的“结构生物学指导疫苗设计”被列为十大科学突破之一，成为中国团队做出直接贡献并上榜的唯一重大科学突破。该项研究成果利用结构生物学技术对最常见的儿童呼吸道病毒——呼吸道合胞病毒进行操控，设计出一种免疫原，据此研制的新型疫苗已在小鼠及恒河猴试验中表现出效果。该研究部分受到国家自然科学基金—美国国立卫生研究院生物医学合作试点项目的资助。系列研究结果分别于 5 月 31 日和 11 月 1 日先后发表于《科学》杂志。

〔**师资队伍建设**〕　2013 年，学校有专任教师 2 678 人，其中教授、副教授 1 713 人，占专任教师总数的 64.0%；有博士学位的教师 1 918 人，占学校教师总数的 71.6%。两院院士 22 人（其中双聘院士 10 人），国家“973 计划”、国家重大研究计划项目首席科学家 7 人，中央引进海外高层次人才“千人计划”入选者 38 人（其中“青年千人计划”入选者 10 人），“长江学者”特聘教授 15 人、讲座教授 14 人，国家杰出青年科学基金获得者 38 人，国家高层次人才特殊支持计划科技创新领军人才 2 人、青年拔尖人才 3 人，入选国家“百千万人才工程”人选 16 人，全国高校教学名师奖获得者 6 人，国务院学科评议组成员 10 人，入选教育部“新世纪优秀人才支持计划”151 人；国家创新研究群体 5 个、教育部创新团队 7 个。

〔**韩家淮当选中国科学院院士**〕　12 月，中国科学院公布 2013 年院士增选和外籍院士选举结果，学校生命科学学院医学与生命科学学部主任韩家淮当选为中国科学院院士。

〔**朱崇实获特拉华大学最高荣誉**〕 6月，应美国特拉华大学校董会主席和特拉华大学校长的邀请，校长朱崇实赴美国出席特拉华大学第164期毕业典礼并接受特拉华大学授予的荣誉法学博士学位。朱崇实是特拉华大学历史上授予该荣誉的第一位中国大学校长。

〔**召开第十次党代表大会**〕 6月18—19日，中国共产党厦门大学第十次代表大会召开。会议审议通过了学校党委书记杨振斌代表学校第九届党委做的题为《解放思想改革创新坚定自信奋勇争先为全面建成世界知名高水平研究型大学而奋斗》的报告和纪律检查委员会工作报告，选举产生新一届党委和纪律检查委员会。6月20日，在第一次全体会议上，分别选出学校党委书记杨振斌，党委副书记李建发、赖虹凯、林东伟，纪委书记赖虹凯、副书记林金枝。

〔**招生情况**〕 截至2013年年底，学校有在校本科生19 570人、硕士研究生17 490人、博士研究生2 919人，其中外国留学生及香港、澳门特别行政区和台湾地区学生2 800余人。

〔**获孔子学院先进中方合作院校称号**〕 12月7日，在第八届孔子学院大会上，学校获孔子学院先进中方合作院校称号。大会还正式宣布在学校建立孔子学院院长学院。

〔**举办中日大学校长论坛**〕 11月1—2日，由学校主办、北京大学和日本东京大学协办的第八届中日大学校长论坛在学校举行。来自中国17所高校、日本16所高校的校长、专家学者，围绕“我眼中的世界一流大学”的主题，就中国和日本两国大学如何携手共同推进高等教育、推进两国大学更好的交流合作展开讨论。

〔**创办马来西亚分校**〕 1月21日，马来西亚高教部部长拿督斯里莫哈末卡立向学校校长朱崇实移交马来西亚高教部邀请学校到马来西亚创办分校的信函，马来西亚首相拿督斯里纳吉亲自出席并见证授信仪式。国务委员刘延东做专门批示，为学校在马来西亚设立校区明确了原则和方向。

〔**获中国机器人大赛双冠军**〕 10月19—20日，由中国自动化学会机器人竞赛工作委员会、机器人世界杯（Robo Cup）中国委员会、科技部高技术研究发展中心及合肥市政府联合主办的中国机器人大赛暨机器人世界杯（Robo Cup）公开赛在安徽省合肥市举行。学校物理与机电工程学院9名学生组成的两支团队，获自主传球机器人、自主投篮机器人双项冠军，并在12月台湾举行的2013国际机器人实作竞赛（IRHOCS：International Robot Hands-On Competition）中，获决赛排名国际第3名的好成绩。

〔**实践队获大学生年度人物提名奖**〕 5月4日，“2012中国大学生年度人物”评选活动结果揭晓，学校“爱在乌蒙”实践队获“大学生年度人物提名奖”。

〔**女子垒球队获全国高校联赛冠军**〕 7月27日，2013年全国高校棒垒球联赛（总决赛）在天津市举行。学校女子垒球队在总决赛中夺冠，队员叶彩晴获女垒最佳击球奖、洪明雅获最佳投手奖，教师覃干宝获最佳教练奖。

〔**首届“我最喜爱的十位老师”评选**〕 2013年，学校首次开展“我最喜爱的十位老师”评选活动。学校学生会、研究生会联合各院学生组织，提名推选2013年“我最喜爱的十位老师”候选人，报学校党委审批同意后在全校通过网络投票、现场投票的方式选出了“我最喜爱的十位老师”，他们是潘懋元、林鹭、于杨丽、何丽新、赖小琼、许庆欣、王晓红、李琳、张侃和Robin Mitchell。

〔**演出《长征组歌》**〕 6月，学校组织《长征组歌》交流演出团赴新加坡、马来西亚演出取得成功，反响热烈。

〔**成立英国校友会**〕 5月19日，学校第一个欧洲校友会——英国校友会成立大会在英国伦敦举行，近200名旅英校友出席大会。校友会的成立旨在为广大旅英校友提供一个平台，为海外游子适应异国生活、获得更加广阔的发展空间提供帮助与支撑，同时增进旅英校友与母校之间的联系。

〔**庆祝嘉庚学院建院10周年**〕 10月20日，学校嘉庚学院建院10周年庆祝大会在漳州校区举行。大会由嘉庚学院党委书记邱伟杰主持，学校党委副书记、副校长李建发宣读了全国人大常委会原副委员长陈至立的贺信。陈至立在贺信中对学校嘉庚学院的办学成就给予高度评价，并希望嘉庚学院弘扬嘉庚精神，发挥优势，办出特色，深化改革，开拓创新，为国家经济社会发展和海峡西岸经济区建设培养更多高素质人才。

撰稿 池 骋 唐拥华
审稿 黄宝秋

山东大学

〔**学科建设**〕 2013年，学校组织完成“985工程”2010—2013年建设总结与评估工作，整体评价优秀。学校计算机科学学科进入世界ESI前1%，使学校进入世界ESI前1%的学科总数达10个。在教育部新一轮一级学科评估中，学校共有10个学科进入全国高校前10名，其中数学、考古学2个学科排名第三，中国语言文学排名第五。

〔**本科人才培养**〕 2013年，学校本科招生拓展工作取得新突破，首次列入教育部对香港特别行政区免试招生计划，生源结构进一步优化；全国生源基地覆盖23个重点省份，生源质量进一步提高。落实《山东大学进一步提高本科教学质量实施办法》，重点强化教授上课制度，教授上课率近90%。推进学分制改革，印发《山东大学本科学生学分制管理暂行规定》。推进协同人才培养，完成“国家级工程实践教育中心”建设，与中国科学院签署8个协同育人计划项目，列全国高校第一。本科教学工程建设成果显著，3门课程入选国家级精品视频公开课，15门课程入选国家级精品资源共享课，2门课程入选全国来华留学品牌课程建设项目。继续深化人格培育工程，启动“新生成长计划”，加强学生心理健康教育。辅导员队伍建设成效显著。

〔**研究生培养**〕 学校“研究生生源质量年”成效显著，本科毕业于“985”工程高校及高水平专业类高校的生源占招生总量的比重由45%提升至51%。启动博士研究生招生申请审核制改革，扩大博士研究生导师的招生自主权。全英文课程建设初见成效，已开设全英语教学课程系列20个，建设课程193门。学校投入2 000万元，将硕士研究生助研奖学金由每人每月300元提高至500元。

〔**师资队伍建设**〕 聘任诺贝尔文学奖获得者莫言、瑞典皇家理工学院教授罗纳德、丹麦皇家科学与文学院院士颜斯乌斯特普为学校教授。学校教授、中国工程院院士张运当选为美国超声心动图学会荣誉会员、欧洲心脏病学会会员、首届亚太超声心动图协会副主席。面向全球公开招聘海内外4位杰出学者担任学院院长、1位担任国家重点实验室主任。新增双聘院士5人，新增国家“千人计划”特聘教授、“青年千人计划”入选者、“长江学者”特聘教授、“长江学者”讲座教授、国家杰出青年基金获得者等各类高层次人才15人，19人入选教育部“新世纪优秀人才支持计划”。2个创新研究群体获国家自然科学基金委员会的延续资助，2个团队入选教育部“创新团队发展计划”。教授、中国科学院院士彭实戈领衔的金融数学团队被评为

"科技部创新人才推进计划重点研究团队"。

提高新入职教师标准，教师学历结构和学缘结构明显优化。截至2013年年底，学校教师中具有一年以上海外经历者占37.5%，具有一年以上其他高校学习经历的教师占54.2%，具有博士学位教师的比例提高到69.2%，其中海外博士占7.4%。推进人事制度改革，稳步推进定编工作，推行招聘研究员、副研究员评审聘任工作，完善岗位津贴分配制度。加强青年教师培训，教师队伍整体素质得到提高。

〔**科学研究**〕 学校晶体材料国家重点实验室免评获优秀评价；"儒学与中华文化复兴""金融风险定量计算与控制"2个国家级协同创新中心培育工作进展良好；数字媒体创意设计教育部工程研究中心获批立项建设，2个教育部国防科技重点实验室通过验收；热科学、新药创制、"中国虹计划"、山东区域经济发展4个协同创新中心获山东省高等学校协同创新中心立项建设。2013年，学校科研经费达7.6亿元，较2012年增长3.05%。

〔**自然科学研究实力**〕 学校获各类基金项目617项，其中国家自然科学基金各类项目417项；获国家及省部级各类纵向计划项目441项；国防基础重大研究计划获得立项。签订横向技术合同851项。专利申请量增长10.6%，专利授权量增长17.3%。科研论文质量继续保持较高水平，科学引文索引扩展版（SCIE）排名全国高校第9位；在SCI收录中国学科领域科技论文机构排名中，学校数学领域列第4位、生物领域列第6位、医学领域列第9位。学校参与的国际科研项目阿尔法磁谱仪（AMS）取得重要阶段性进展。

〔**社会科学领域创佳绩**〕 人文社科经费比2012年增加5%。国家社科基金重大项目、年度项目等共立项38项，教育部重大项目、年度项目等共立项45项。CSSCI收录论文1 192篇。国家社科基金重大委托项目"《子海》整理与研究"首批重大成果在山东省济南市和台湾省台北市两地发布，获学术界好评。《文史哲》杂志入选中国"百强报刊"。

〔**教育交流与合作**〕 学校推进实施"世界名校合作计划"，新签校级合作协议15个、续签协议10个。与德国亥姆霍兹联合会、瑞典卡罗林斯卡医学院、澳大利亚麦考瑞大学、香港中文大学等高校（机构）建立或巩固实质性合作关系。与澳大利亚南澳州大学共建"中澳健康研究中心"并开展项目合作。学生国际流动实现结构性转变，接受学生数量首次超过派出数量。留学生录取专业日趋多元，结构更加合理。引智工作成效显著，国家外专局引智专项获国家909万元经费支持，高等学校学科创新引智计划增至5个，均创历史新高。推动实施"孔子新汉学计划"，获评全球"孔子学院先进中方合作院校"。授予或聘任美国哈佛大学教授约瑟夫·奈和麦克尔·赫兹菲尔德、我国台湾星云大师等学者共10人各类名誉学衔。

〔**继续（网络）教育工作**〕 学校与国家食品药品监督管理总局合作，发起成立第一届全国执业药师项目管理委员会，确立学校执业药师培养优势。数字化学习资源建设取得成效，录制视频课件近700门，获国家精品视频一等奖1项、全国多媒体课件大赛一等奖2项。培训品牌影响力不断提升，承担高端培训100余项，实现收入2亿元。

〔**学生竞争力明显提升**〕 拔尖创新人才培养成效明显，"泰山学堂"2名学生考取法国巴黎综合理工大学。本科生在各类创新竞赛中获国家特等奖1项、一等奖31项、二等奖80项、三等奖29项。本科毕业生一次就业率达91.62%，较2012年增长1.02%，学校被评为"2012—2013年度全国毕业生就业典型经验高校"。在第十届全国研究生数学建模竞赛中，综合成绩位居第8位。2011级博士研究生马衍东获"中国青少年科技创新奖"；2010届博士研究生王朋的博士学位论文获"2013年全国优秀博士学位论文"；2011届博士研究生郭江峰的学术论文入选"2012年中国百篇最具影响优秀国内学术论文"。毕业研究生一次就业率达92.38%，较2012年增长11.23%。

〔**社会服务**〕　继续推动与济南、青岛、威海、济宁、临沂等地市的校地合作，积极推动与国家电网公司、海信集团有限公司、潍柴动力股份有限公司、北汽福田汽车股份有限公司等大型企业集团的校企合作。推进学校社会筹资工作，建立完善校院两级筹资工作长效机制。完善基金会资金运作机制，完成筹资总额 10 860 万元，获国家捐赠配比奖励资金 1 221 万元。推进科技成果转化，与北汽福田汽车股份有限公司共建“山东大学福田汽车研究院”，与 14 家企业建立产学研合作关系。学校深圳研究院、苏州研究院、东营研究院建设进展顺利，初步成为学校在珠江三角洲、长江三角洲、黄河三角洲重要的对外合作窗口。

〔**校园文化**〕　创新宣传方式，推出学校新闻网全新栏目“山大日记”，完成《山东大学报》改版。启动制作系列纪录片《山东大学在青岛三十年》，制作《为国育贤》宣传片并在中央电视台播出，引起社会广泛关注。举办“高雅艺术进校园”“中国创业榜样”走进学校等高层次文化活动。成立学校青年联合会和青年校友联谊会，为青年搭建交流、合作、服务平台。组织开展“学生宿舍文化节”评选等一系列社区文化活动，大学生公寓的文化育人功能进一步显现。

〔**管理服务能力**〕　学校后勤“一站式”服务平台建设不断推进。资产管理信息化建设取得实效。科研经费管理逐步规范。廉政风险防范管理工作全面推进，首次全面开展中层领导干部经济责任审计。教学科研文献和电子资源保障水平进一步提高。推动管理信息化，新版办公自动化系统开始试运行。强化督办能力，规范办文办会，加强安全稳定、保密工作。推进校办企业内涵发展，出版社内部管理机制进一步完善。

〔**青岛校区建设**〕　学校青岛校区一期建设项目可行性研究报告通过教育部评审并全部获准立项。积极争取中央专项、山东省补助及青岛市共建经费支持，确保一期建设项目资金需求。基本完成校区土地划拨工作。成立青岛校区建设指挥部，充实和加强青岛校区建设工作力量。教学楼 E 区建设进入收尾阶段，启动学生公寓、食堂、室外工程等校园基本建设工作，图书馆、体育馆、博物馆、教学科研综合楼群等建设项目前期工作有序展开；教工住宅的市场化开发建设工作进展顺利。校区学科规划、学术机构设置、人事制度建设同步推进。

〔**威海校区建设**〕　学校威海校区本科教学工程建设再创佳绩，“旅游管理”与“海洋资源与环境”两个专业获评省级特色专业。学生创新创业教育势头良好。特色学科逐步向纵深发展，学校韩国学院组织编写的《韩国蓝皮书》入选“中国社会科学院创新工程学术出版项目”；海洋学科完成学科整合与调整；海洋牧场工程技术实现向海洋应用技术方面的新拓展。空间科学技术方面取得了新的进展。与澳大利亚皇家墨尔本理工大学合作办学项目获批并招生。

〔**民生工程**〕　全年投入 9 136.82 万元，用于学生宿舍、教学楼、浴室、食堂等基础设施改造维修，部分公寓楼安装洗浴及饮用开水设施。完成中心校区音乐厅（科学会堂）和马克思主义学院教学楼改造。医疗条件和医疗保障水平明显改善，完成省直医疗保险登记和信息采集工作。教师公租房项目拆迁工作基本完成。教职员工工资收入有较大幅度增长。积极协调解决信访诉求，校长热线、校长信箱回复率达 100%。

〔**附属医院稳步发展**〕　学校齐鲁医院品牌效应进一步扩大，在“中国最佳医院综合排行榜”的排名由第 29 位提升至第 27 位；齐鲁医院青岛院区正式开诊，实现了“济南—青岛”双核驱动，影响力辐射全省。学校第二医院积极探索建立医疗协作模式，与临清市人民医院、山东玲珑集团等单位建立医疗协作关系。学校口腔医院、生殖医院经济效益和社会效益同步增长。

撰稿　王明良　马　勇
审稿　井海明

中国海洋大学

〔**学科建设**〕 2013年，学校环境学与生态学学科进入ESI全球科研机构前1%，学校的学术影响力和国际影响力继续提升。在教育部第三轮学科评估中，学校海洋科学学科和水产科学学科第三次蝉联桂冠。经过三轮评估，学校共有7个一级学科进入全国前10位、11个一级学科进入全国前20位、14个一级学科进入全国前30位。新增1个博士二级学科，另有2个博士二级学科通过公示并备案。

〔**师资队伍建设**〕 稳步推进人才强校战略，积极探索灵动、求实的人事管理机制改革，不断完善专业技术职务评聘和人才评价与选拔机制，深化实施“青年英才工程”，加大教师国际化培养力度，人才队伍整体水平稳步提高。高层次人才引进和培养卓有成效，教授吴立新当选为中国科学院院士，1人入选国家“百千万人才工程”、2人获国家自然科学基金杰出青年科学基金资助、3位“青年英才工程”人才获国家自然科学基金优秀青年基金资助、1个团队入选首批科技部人才推进计划重点领域创新团队，1人入选首批科技部人才推进计划创新创业人才、11人入选教育部“新世纪优秀人才支持计划”。引进国家“千人计划”入选者2人、山东省“泰山学者海外特聘专家”1人、学校“筑峰人才工程”特聘教授4人、“绿卡人才工程”客座教授2人、“青年英才工程”12人。1人被评为第八届山东省教学名师。

〔**人才培养**〕 学校教学基本建设进一步加强，勘查技术与工程等2个专业入选教育部“卓越工程师教育培养计划”试点专业，4个专业入选山东省“卓越工程师教育培养计划”试点专业，2个专业接受国家工程教育专业认证，3个专业获批山东省特色专业，3门课程入选国家级精品视频公开课，7门原国家级精品课程转型升级为国家级精品资源共享课程。创新精神和实践能力培养进一步强化，3个国家级实验教学示范中心全部通过教育部验收并正式挂牌，1个基地入选“国家大学生校外实践教育基地”，启动国家级大学生创新创业训练项目103项、学校本科生研究发展计划项目414项，参与学生达1 900余人。学生参加各类学科和科技竞赛获国际一等奖2项、二等奖5项，亚洲区金奖1项，国家特等奖11项、一等奖18项、二等奖42项、三等奖33项。新增境内外校际本科生交流项目8个，赴国内外高校交流学生达184人，4个项目获批国家留学基金管理委员会“2013年优秀本科生国际交流资助项目”。深入实施研究生创新计划，以海洋科学学科为试点，推进一级学科下培养研究生工作；开展新增招生专业学位培养方案制定工作，完成23个硕士新增招生专业和20个博士新增招生专业研究生培养方案；1篇论文获全国优秀博士学位论文提名奖，6篇博士学位论文、6篇硕士学位论文获山东省优秀学位论文，10项成果获山东省研究生优秀科技创新成果奖。学校国防生参加中央电视台《五月的鲜花——我们的中国梦》全国大学生文艺会演，赢得广泛赞誉。毕业生总体就业率达90.31%。

〔**科学研究**〕 全年实到科技经费突破6亿元。获3项国家重大基础研究规划项目（含2项“973计划”项目和1项国家重大科学研究计划项目），位列全国所有申报单位第8位，是全省仅有的3项获批项目。“863计划”新立项课题经费近亿元，在海洋技术领域承担课题数及获资助经费数均居全国所有申报单位首位。获国家自然科学基金资助项目130项，经费突破1亿元，连续5年获国家自然科学基金重大国际合作项目资助。获批学校首个国家级国际科技合作基地和第4个高等学校学科创新引智计划创新引智基地，入选国家知识产权局评定的国家级知识产权示范高校。获省部级奖励5项，SCI、EI、ISTP收录论文达1 700余篇，其中SCI收录论文920余篇。人文社会科学高层次项目取得重大突破，获批教育部哲学社会科学研究重大攻关项目1项、国家社会科学基金项目17项、教育部哲学社会科学发展报告培育项目2项。

〔**重点工程**〕 在一流大学建设总体框架下，学校聚焦发展目标和建设任务，科学统筹建设资源，完成“985工程”（2010—2013年）阶段总结及验收评审工作，获绩效奖励6 100万元；完成青岛市三期共建项目执行情况自查工作。协同创新工作稳步推进，学校牵头筹建的海洋科学与技术青岛协同创新中心协同整合、提升能力功能逐步显现，海洋药物研究开发协同创新中心和海水养殖良种培育与种业工程协同创新中心获批山东省首批高等学校协同创新中心。学校牵头建设的青岛海洋科学与技术国家实验室被科技部作为深化科技体制改革的试点先行先试，力争通过3—5年的时间，将其建成海洋科学与技术领域国际一流的科学研究平台和国际科技交流合作基地。学校新型深远综合科学考察实习船（“东方红3”船）获批立项建设，设计排水量5 000吨，建设资金6.898亿元，为中国培养从事深海大洋研究与开发的创新型人才、提升中国海洋创新人才的深海大洋实训能力和服务海洋强国建设奠定坚实的基础。

〔**党建工作**〕 认真学习贯彻党的十八大和十八届二中、三中全会精神，开展中层以上领导干部深入学习贯彻党的十八大精神集中轮训工作。根据教育部党组的统一部署，深入开展党的群众路线教育实践活动，累计汇总征求意见表和调研报告、调研记录1 786份，梳理了9方面37条意见和建议，形成了23项整改措施、12项专项整治任务和14项制度建设计划，明确了各项工作的责任领导、完成时间等。加强领导班子和干部队伍建设，坚持德才兼备、以德为先的用人标准和民主、公开、竞争、择优的原则，完成干部选拔、调整等工作，完成部分院系行政班子换届调整工作。加强基层党组织和党员队伍建设，有序推进并完成对部分基层党组织的换届工作，培训入党积极分子2 249人，发展党员1 000余人，预备党员转正856人。积极推进学习型党组织建设，继续加强党委中心组（扩大）专题学习，邀请中央党校、国家海洋局等单位的专家到校讲座，积极推荐干部参加校内外学习培训；继续加强“干部在线学习中心”资源建设和管理，获“高校干部远程培训工作优秀单位”；坚持“凡晋必竞”“凡晋必考”的原则，干部队伍的学习风气进一步好转；举办党政管理干部研修班、赴延安党性教育培训班，提高党员队伍素质。扎实推进党风廉政建设，不断完善和推进教育、制度、监督、惩处四位一体的惩治与预防腐败体系建设，推动贯彻落实《中国共产党党员领导干部廉洁从政若干准则》、中央政治局关于改进工作作风、密切联系群众的八项规定等廉洁自律政策法规，制定纠正节日期间不正之风等系列规定。严肃专业技术职务评聘、职员岗位聘任、干部职务晋升等工作纪律，加强反腐倡廉制度建设，提高制度执行力。严格执行“三重一大”决策制度，完善决策机制，优化决策程序，规范学校领导班子决策行为，切实提高科学民主决策水平。

〔**服务社会**〕 积极服务海洋强国建设和地方经济社会发展，由学校自主研制的国内首台100千瓦潮流能发电装置成功运行，标志着中国在百千瓦级海洋能海岛独立供电系统示范工程方面取得重大突破。签订横向项目合同经费总额和实到经费总额均约1.1亿元。科技成果转化工作取得新突破，实到转让成果经费超千万元，为青岛本土高新技术企业提供了核心技术，2个单位入选青岛市技术转移服务机构。大力推进产业化工作，学校生物工程开发有限公司正式更名为青岛海大生物集团，青岛海洋生物医药研究院股份有限公司完成注册；青岛国家大学科技园主园区主体工程建设完工，获批首个国家级国际技术转移中心，首次获青岛市重点孵化器支持。对接山东半岛蓝色经济区建设，获山东省“蓝黄两区”（山东半岛蓝色经济区和黄河三角洲高效生态经济区）重大课题研究项目8项。围绕海洋强国建设，为政府提供咨询服务，2份建议分别获党和国家领导人重要批示，多项建议通过新华社内参提交国家高层领导决策参考。

〔**教育交流与合作**〕　深入实施国际化战略，构建全球合作平台与网络，与8个国家的9所院校签署合作协议或备忘录，友好机构超过170余个。不断深入与美国伍兹霍尔海洋研究所、德克萨斯州农工大学等著名科研机构和大学的战略合作，学校中德海洋科学中心、中澳海岸带管理研究中心等科教合作平台取得新成果。积极拓展与国际知名海洋研究机构、海洋岛国的密切合作，筹建中英海洋环境科学联合研究中心，与佛得角共和国共建“中佛海洋生命科学联合实验室”。获准成为“北极大学联盟”（在北极理事会领导和支持下成立的、主要由北极国家的大学和研究组织共同组建的联盟）准成员，成为中国首批加盟北极大学联盟的教育机构。举办“边界流动力学国际学术研讨会”等10个国际或双边学术会议，新增多项与国际高校博士研究生、硕士研究生、本科生联合培养项目，1门课程入选来华留学生英语授课品牌课程建设，学校成为首批“中国政府海洋奖学金”留学研究生招收培养院校。来自64个国家和地区的1 241名留学生到校学习，其中学历生370人。首次获批并完成教育部深化香港与内地高校师生交流项目，与台湾“中山大学”签署合作交流协议，举办“第九届海峡两岸大学生海洋文化夏令营”。

〔**校园建设**〕　稳步推进基本条件建设，学校法政经管学院楼正式启用，海洋科技中心项目完成初步设计，崂山校区主运动场完成主体结构施工，学校与青岛市崂山区南龙口社区的东区学生公寓合作协议正式签订。完成“移动图书馆”无线网络测试、座位管理系统上线和读报机调试，完善校园网基础设施和数据资源共享平台建设，推进校园无线网络和办公自动化系统建设。制订在职人员基础性绩效工资实施方案和离退休人员共享费调整方案，较大幅度提高了教职工的收入水平。组织文化引领战略项目申报及创意征集，加强对学校精神、学校文化的挖掘与宣传，增强师生对学校和学校文化的认同感。加强提升对内、对外宣传，获全国好新闻奖5项、山东省好新闻奖16项，获2013新华教育论坛“中国最具魅力高校”奖、全国高校“新媒体创新之星”奖、山东省高校“十佳新闻奖”等多个奖项。学校学报自然版被评为“中国科技论文在线优秀期刊”。举办人文讲坛66期，邀请中国当代作家王蒙、外交部原部长李肇星等专家学者到校做报告，聆听报告的师生达15 000人次。党务公开、信息公开工作规范开展，应急预案体系进一步健全，切实维护国家秘密不受侵害。深入推进平安校园建设，全面提升后勤服务质量。

撰稿　杜军华
审稿　解玮玮

中国石油大学（华东）

〔**概况**〕　截至2013年年底，学校有全日制在校本科生19 235人、研究生5 336人、留学生702人、函授网络在籍生76 000余人。有专任教师1 610人，其中两院院士6人，教授、副教授906人。

〔**学科实力**〕　2013年，学校进一步完善三级学科体系，强化学科内涵建设。在教育部第三轮学科评估中，学校5个学科进入全国前十名。其中石油与天然气工程学科蝉联全国第一，地质资源与地质工程学科位居全国第二，安全科学与工程学科位居全国第七，地质学学科全国排名第八，化学工程与技术学科列全国第十。

〔**教育教学改革**〕　着力推进“三三三”本科人才培养体系建设，即办学定位的三条主线：一是实施精英型本科教育，二是实施特色型本科教育，三是推进研究型本科教育；培养目标的三条主线：一是促进全体学生的全面化成长，二是促进学生的个性化成长，三是促进优秀学生的最大化成长；教学方式的三条主线：一是倡导教师的教学是学习性教学，二是倡导学生的学习是研究性学习，三是倡导师生之间是开放性交流。2013 年，学校落实“三三三”培养体系建设要求，完成新版本科培养方案修订并付诸实施。深化研究生教育改革，出台《深化研究生教育改革实施方案》及相关配套文件，全面启用新版研究生培养方案。

〔**创新性人才队伍建设**〕　“复杂油藏开发和提高采收率的理论与技术”创新团队入选教育部“长江学者”创新团队，成为学校第 5 个省部级科技创新团队。引进中国科学院“百人计划”入选者 1 人、全国优秀博士学位论文获得者 1 人。新增教育部“新世纪优秀人才支持计划”1 人、“泰山学者”特聘教授 1 人、山东省自然科学杰出青年基金获得者 1 人。六措（上岗培训、助教锻炼、教学过关、工程实践、团队支持、跟踪指导）并举，大力提升青年教师教学素养。

〔**创新人才培养**〕　2013 年，新立项国家“大学生创新创业训练计划”项目 80 项、“山东省研究生教育创新计划”项目 9 项。学生参加第十三届“挑战杯”全国大学生课外学术科技作品竞赛、全国大学生数学建模竞赛、全国大学生电子设计竞赛、第七届全国大学生化工设计竞赛等学科、科技竞赛获国家级和国际奖项 282 项。研究生以第一作者发表的高水平论文被科学引文索引（SCI）、工程索引（EI）收录和在中国社会科学引文索引（CSSCI）来源期刊发表 251 篇，其中 SCI 一、二区文章 27 篇。学生全年获批国家专利 435 项。24 篇学士、硕士、博士学位论文被评为山东省优秀学位论文，6 项成果获山东省研究生创新成果奖，1 名学生获李四光优秀博士研究生奖。

〔**科技创新**〕　2013 年，学校获 1 项国家技术发明二等奖，1 项成果转化项目获“第六届中国技术市场协会金桥奖”优秀项目，授权职务发明专利 107 件，其中“超临界井筒多相流动实验装置”项目获中国专利优秀奖，与合作单位联合研制的“3 000米深水防喷器组及控制系统”获第十三届中国国际石油石化技术装备展览会最高奖项——“展品创新金奖”。

〔**开展党的群众路线教育实践活动**〕　按照中央和教育部党组的部署，全校扎实开展了以“为民、务实、清廉”为主题的党的群众路线教育实践活动。通过学习教育、听取意见，查摆问题、开展批评，整改落实、建章立制等工作，在转变作风、服务师生、促进发展上取得了实效，广大党员干部服务师生的自觉性、改革创新的主动性和干事创业的积极性进一步增强。

〔**教育交流与合作**〕　2013 年，学校与 14 个国家和地区的 30 所大学和教育机构签署了 48 份框架协议和师生交流协议，为学术交流、人才培养等项目的开展搭建了良好的平台。主办 13 场国际及海峡两岸学术会议，加强与世界高校的学术交流。留学生教育规模显著扩大，招生国别增至 61 个，各类在校留学生达 723 人。1 门留学生课程获批教育部品牌课程，协办教育部首届“留动中国”大型文化活动。

〔**远程教育与继续教育**〕　学校远程教育直建站点达 112 个，建成 10 门中国大学视频公开课。国际化战略取得突破，建成首个继续教育海外培训中心，实施涉外培训项目 30 个。学校成为教育部“高等学校继续教育示范基地”。学校网络教育学院获“2013 中国十大网络教育学院”称号。

〔**举办建校 60 周年庆祝活动**〕　经过认真筹备，学校成功举办了 60 周年校庆系列活动。校庆活动突出学术与文化特色，贯彻节俭务实的原则，达到了“弘扬传统、凝心聚力、推动发展”的目的。通过举行庆祝大会、文艺晚会、“杨光华办学思想研讨会”、中外大学校长论坛、百所中学校长论坛及系列学术和文化活动，全面展示了学校 60

年来的发展成就，扩大了学校的社会影响力。

撰稿　王春艳
审稿　郭　文

武汉大学

〔**习近平视察学校科研成果**〕　7月21—22日，国家主席习近平在湖北考察工作期间，视察了学校北斗卫星和杂交水稻的科研成果，并给予高度评价。

〔**学科建设**〕　2013年，学校学科整体实力全面提升，4个学科被教育部评估为全国高校第一，11个学科进入基本科学指标数据库（ESI）世界排名前1%，其中社会科学总论和农学实现零突破，化学首次跨入世界百强；学校“985工程”建设在教育部评审中获“全优”。1月29日，教育部公布全国第三轮学科评估结果，学校学科水平全面提升，共有23个学科排名前十位、4个学科排名第一、9个学科进入前三、14个学科进入前五。在教育部公布的三批国家级精品资源共享课立项项目名单中，学校共有61门课程入选，总数居全国高校第一。

〔**师资队伍建设**〕　学校继续实施“人才强校”战略，6人入选“长江学者”奖励计划特聘教授，4人获批国家“杰出青年科学基金”，4人获批“优秀青年科学基金”，均创历史新高；3人入选国家“百千万人才工程”，并被授予“有突出贡献中青年专家”称号，55位教师入选2013—2017年教育部高等学校教学指导委员会成员；启动“珞珈杰出学者”首批遴选工作，并将各级各类人才统一纳入“351人才计划”（在2010年到2015年期间，以“985工程”“211工程”为平台，遴选资助30名左右学术造诣高深，已取得所在学科国内外公认重要成就的杰出人才——珞珈杰出学者；50名左右引领学科发展方向，在国内外具有一定学术影响的学科带头人——珞珈特聘教授；100名左右学术基础扎实、具有突出创新能力和发展潜力的青年学术骨干——珞珈青年学者）体系。

〔**人才培养**〕　学校以培育地球空间信息技术、国家领土主权与海洋权益等协同创新平台为契机，推进人才制度、科研体制、资源配置等综合改革，引领创新能力全面提升。学校通过调整本科生院、就业指导与服务中心等机构，通过推进按大类招生和宽口径培养，促进教育与教学、招生与培养、通识教育与专业教育相结合，人才培养体制不断优化。“本科教学质量与教学改革工程”建设取得明显成效，39门课程入选第三批国家级精品资源共享课程、3门课程入选国家级精品视频公开课程，8个专业入选国家“卓越工程师教育培养计划”、5个专业入选湖北省专业综合改革试点项目、2个专业入选湖北省战略性新兴（支柱）产业人才培养计划，38个教学改革项目入选湖北省教学改革研究项目。学校以优化博士研究生生源结构为重点，严格控制委培生招生规模，完善学术学位研究生培养模式，促进了研究生创新能力的提高，3篇论文入选全国优秀博士学位论文，学生频频发表高水平研究成果。在美国大学生数学建模竞赛、第七届全国大学生结构设计竞赛、第六届全国大学生软件创新大赛、首届天地图应用开发大赛、全国大学生智能汽车竞赛等多项国内外赛事中摘得桂冠。本科生和研究生的就业率和就业质量稳居全国高校前列。

〔**科学研究**〕　学校科学研究取得新进展，合校以来首次获国家科技进步特等奖，并获湖北省科技进步特等奖；高水平论文持续增长，一批高科技标志性成果已接近或达到世界先进水平；教育部人文社科成果获奖数位列全国高校第二，向政府提交的咨询报告和被采纳数在全国高校中均排名第一。学校人文社科继续保持全国高校前三地位，并成为国家“新型智库”的重要力量。科技成果转化能力不断增强，组建武汉导航与位置服务工业技术研究院有限责任公司与武汉遥感与空间信息工业技术研究院，以武汉武大科技园有限公司为主体单位的空间信息智能服务产业技术创新战略联盟成为国家级联盟试点，国家地球空间信息及应用服务创新型产业集群成为全国首批十家创新型产业集群试点之一。学校 43 项成果获第六届高等学校科学研究优秀成果奖（人文社会科学），获奖总数居全国高校第二，其中一等奖 3 项、二等奖 15 项、三等奖 25 项。

〔**党建工作**〕　学校结合实际，深入开展党的群众路线教育实践活动，突出作风建设，着力解决师生员工反映的突出问题。进一步加强党风廉政建设，认真贯彻落实中央政治局关于改进工作作风、密切联系群众的八项规定，完善财务监督，严控“三公”经费支出，公务接待费用和出国、出境费用较 2012 年大幅下降。12 月 19—21 日，中国共产党武汉大学第八次代表大会召开。通过全面总结办学经验、认真分析发展形势，进一步明确了实现“武大梦”的新“三步走”战略（第一步，到 2015 年，稳固提升学校在中国高等教育第一方阵的位置；第二步，到 2020 年，初步建成中国特色世界一流大学；第三步，到 2043 年建校 150 周年时，全面建成中国特色世界一流大学），为加快建设中国特色世界一流大学做出了改革发展的重大部署。

〔**教育交流与合作**〕　学校积极推进国际化办学进程，昆山杜克大学正式获批成立，与英国邓迪大学合作举办的中英建筑学中外合作办学项目正式获批招生；美国匹兹堡大学孔子学院第三次获“先进孔子学院”称号，开设英国阿伯丁大学孔子学院，并首次将孔子学院建设与国外高校的专业学习相结合；新签订校际合作协议 57 份，开拓学生交换项目 22 个、联合培养项目 11 个，举办国际学术会议 35 场，邀请包括 33 名“诺贝尔奖”获得者和其他国家的科学院院士在内的外籍高端专家到校讲学；完成“高等学校学科创新引智计划”4 项、“高端外国专家项目”4 项、“海外名师项目”4 项、学校特色项目 3 项；选派学生 1 818 人次出国交流学习，同时与英国剑桥大学、美国加州大学伯克利分校等合作开办学生暑期课程班，与美国杜克大学、俄亥俄州立大学开展教职人员和学生交换项目，并举办了中外学生暑期班和新加坡国立大学冬令营。

〔**法国总理让—马克·埃罗访问学校**〕　12 月 7 日，法国总理让—马克·埃罗到学校访问并发表演讲，向学校赠送银质纪念奖章。

〔**学校管理**〕　学校不断完善责权统一的校院两级管理体制，进一步落实和扩大了院系的办学自主权，基层办学活力进一步激发。学校通过资源配置与绩效管理，使二级单位更加注重发展质量和建设效益。

〔**陶德麟入选 2013 年光明日报十大典型人物**〕　著名哲学家、学校人文社科资深教授陶德麟入选 2013 年光明日报十大典型人物。他在全国理论界倡导“让马克思主义说中国话”；他的文章《践行马克思主义的实践观，为实现中国梦而奋斗》在湖北日报、光明日报等报刊发表后，在全国引发了实践观大讨论。11 月 21 日，光明日报发表题为《笔有雷鸣道不孤》的长篇通讯，报道了陶德麟毕生追求真理、献身马克思主义理论研究的感人经历，受到中共中央政治局常委刘云山批示肯定。刘云山还委托湖北省委常委、宣传部部长尹汉宁专程到校看望陶德麟。

〔**周恩来故居正式开放**〕　11 月 21 日，学校周恩来故居经修缮后，作为历史文化教育基地和爱国主义教育基地正式开放，成为学校新的文化品牌。

〔**举办120周年校庆活动**〕　学校以“弘扬学术、彰显成就、反思差距、开创未来”为主题，举办了特色鲜明的学术校庆、文化校庆、师生校友互动和大众参与的系列校庆活动。

〔**学生获“救死扶伤先进集体”称号**〕　6月4日，学校医学部2011级5位硕士研究生江山、张敏、乐林莉、郭伟和马小峰，在公交车上抢救患病乘客，受到普遍赞誉。学校授予5位学生“武汉大学见义勇为优秀大学生”和“武汉大学见义勇为优秀大学生群体”，湖北省卫生厅授予他们“救死扶伤先进集体”称号。

〔**改善办学条件**〕　学校加大基础设施建设投入力度，一批教学楼和学生公寓落成，校史馆和别墅群“十八栋”历史文化基地建成，艺术博物馆封顶。校园综合治理成效显著，校园环境大为改观，公有周转住房清理工作取得突破性进展，文物建筑修缮完成阶段性目标。学校大门牌坊和汉林广场延续历史文脉并形成新的发展轴线和文化空间。在市政府的支持下，八一路下穿通道按期完工，长期以来因校区分割带来的校园管理问题得到解决。学校坚持以民生为本，让全校师生员工分享改革与发展的成果，分别设立了学生与教职工“一站式”服务中心，大幅增加学生奖学金发放额度，为35岁以下的青年教师发放特殊津贴；除樱园宿舍（文物建筑）外，为校内所有学生宿舍和教室安装了热水器和空调，惠及学生3万余人。

撰稿　杨　敏
审稿　胡庆方

华中科技大学

〔**学科建设**〕　2013年，学校积极开展学科发展规律与状态研究，形成ESI学科基本情况分析、学科评价体系比较研究等系列报告。“985工程”通过国家阶段检查，获评成绩为A。做好“211工程”验收结果分析和评价工作。调整文科管理体制，成立文科工作领导小组，文科处独立设置。制订哲学社会科学繁荣发展计划，出台社会科学ESI论文奖励暂行办法，着力提升人文社会科学影响力。

在教育部第三轮学科评估中，学校3个学科排名第一，并列全国高校前七位；排名前三的学科5个、前十的17个。工科、医科优势进一步凸显，机械工程、光学工程、公共卫生与预防医学学科居全国高校第一位。相比2012年，生物学提升了11位，物理学提升了7位，化学提升了6位；新闻传播学、公共管理排名全国高校第5，社会学排名全国高校第10。在新一轮湖北省重点学科评选中，34个学科获评省一级重点学科。

〔**人才培养**〕　学校坚持育人为本，坚定推进“以学生为中心的教育”，成立了本科教学管理工作委员会。首次设立教学研究重大专项3项，着力解决本科教学中存在的普遍问题。首次提高双学位修读条件，推动“七校联合办学”，从规模发展向质量提升转变。继续推行本科生教师班主任工作，一批“千人计划”入选者、“长江学者”、教学名师等高层次人才担任本科生的班主任，成为学生成长成才的引路人和领航者。

坚持质量导向，推动研究生培养模式改革。完善学术学位研究生培养模式，构建课程体系优化机制，全年评估验收111门高水平国际化课程，36门课程获评优秀；修订全日制专业学位研究生培养方案，启动专业学位课程建设；强化专业学位校内外实践基地建设，继续深化“卓越医生教育培养计划”改革。2篇博士学位论文入选2013年全国优秀博士学位论文。

〔**师资队伍建设**〕　学校机械学院教授丁汉荣膺为中国科学院院士，学校院士人数增至12位；2个团队入选教育部“创新团队发展计划”；2人入选“百千万人才工程”；3人入选中央组织部首批“青年拔尖人才支持计划”；6人入选教育部“长江学者”；17人入选中央组织部第五批“青年千人计划”；20人入选教育部“新世纪优秀人才支持计划”；3人获国家杰出青年科学基金、8人获国家优秀青年科学基金。举办2013年度“国际青年学者东湖论坛”。继续实施“华中学者”计划，开展学校“学术新人奖”评选。持续推进教师出国研修和培训，33人获批国家公派出国访问学者面上项目，25人获批青年骨干教师出国研修项目。

〔**科研工作**〕　2013年，学校获国家三大科技奖4项，居全国高校第5位；获第六届高等学校人文社科优秀成果奖6项，创历史最好成绩；1项成果首次入选《国家哲学社会科学成果文库》；获批国家重大专项20项、国家重点基础研究发展计划首席科学家项目2项，3人获第四届“973计划”领域咨询专家；首次主持国家基金重大研究计划；3D打印专项项目、痕量灌溉技术支撑计划项目获批立项；新增国家社科基金重大项目1项、教育部哲学社会科学重大课题攻关项目和发展报告项目各1项。科学引文索引扩展版（SCI-E）收录学校论文2 468篇，居全国高校第8位；社会科学引文索引（SSCI）收录学校论文68篇，居全国高校12位；教授刘静宇及团队在《自然·遗传》杂志发表的论文入选“中国百篇最具影响国际学术论文”。学校数字制造装备与技术国家重点实验室通过国家评估，获评优秀，实现了学校国家重点实验室评优零的突破；学校国家脉冲强磁场科学中心承建的国家重大科技基础设施通过国际评估和工艺验收，90.6特斯拉的峰值磁场刷新了中国脉冲磁场的最高强度纪录，跻身世界三强；进一步推进精密重力测量研究设施项目建设。

〔**党建工作**〕　按照中央统一部署，学校深入开展党的群众路线教育实践活动，坚决反对“四风”。学校领导班子成员开展了批评和自我批评，通过对照检查，明确了四个方面共16项整改任务，形成了切实可行的整改方案、专项整治计划和制度建设计划。充分发挥党委中心组学习的带头示范作用，重点围绕贯彻中央精神和学校发展相关内容，先后组织了11次学校党委中心组学习（扩大）会议。中央电视台新闻联播、人民日报等中央媒体先后报道学校教育实践活动的典型做法、典型人物和典型群体。

教育实践活动开展以来，学校领导班子的思想政治、作风和民主集中制建设进一步增强。基层党组织建设进一步加强，围绕中心工作，服务发展大局。完善中层干部选拔、考核和激励机制，加大党员干部教育培训力度。加强反腐倡廉建设，严肃查处违纪违规问题。开展机关工作民主评议，建立“首问责任制”投诉机制，机关干部作风进一步转变。参加“万名干部进万村洁万家”活动（“三万”活动），“三万”工作组获评湖北省“先进工作组”。推动网络文化育人，探索思想政治课互动教学，大学生党建和思想政治工作呈现新面貌。学校获教育部高校校园文化建设优秀成果一等奖、湖北省思想政治工作先进高校和基层党建工作先进单位称号。

〔**教育交流与合作**〕　学校实施“大外事”战略。积极拓展来华留学渠道，招收外国留学生总数达2 600余人，较2012年增加400余人，生源质量进一步提高。理顺留学生教学管理机制，提出趋同化管理目标。学校获评教育部首批“来华留学示范基地”。与巴西米纳斯联邦大学共建孔子学院。扩大与香港特别行政区、台湾地区高校的交流，并获教育部资助58万余元。依托学校光电国家实验室，筹建国际化示范学院。

推动教育交流与合作。与国际知名大学开展人才培养、科学研究领域合作，全年签署校际合作协议20余份。诺贝尔物理学奖获得者皮特·克鲁伯格、诺贝尔化学奖获得者艾伦·黑格尔等受聘为学校名誉教授。4人获批“外专千人计划”；获批12项“高端外国专家项目”和5项优秀本科生国际交流项目；国际科技合作计划项目获批立项，资助经费1 129万元。1名外籍专家获2013年湖北省政府“编钟奖”。新增高等学校学科创新引智计划基地1个，使学校同类基地数达到6个，总数并列全国高校第1位。

〔**社会服务**〕　学校坚持“服务乃支持，贡献即发展”的工作思路，瞄准国家战略、面向区域需求，主动融入创新型国家和区域创新体系建设。学校光电国家实验室显微光学切片断层成像系统专利拍卖成交，是教育部直属高校首个公开挂牌交易的科研成果；自动化学院科研团队参与了“嫦娥三号”软着陆关键技术的攻关工作；由学校牵头组建的智能制造技术与应用协同创新中心成立，实现“人才—学科—科研”三位一体协同创新。3MW碳捕获与封存示范工程建设完成，成为学校科技成果展示的重要窗口；积极推动智能制造装备协同创新中心等的申报工作。进一步深化与湖北、江苏、福建、广东、武汉等省市及企业的横向合作。东莞华中科技大学制造工程研究院所属的松湖华科产业孵化园成为国家级科技企业孵化器培育单位。学校成立科技成果转化领导小组，出台进一步促进科技成果转化意见，明确了成果完成人及其研发创业团队权益奖励比例最高可达70%。学校同济医学院附属协和医院新门诊大楼投入使用，学校光谷同济医院建设取得实质性进展。

〔**内部治理与和谐校园建设**〕　推动民主管理，提高治校水平。学校大学章程编制工作进入征求意见阶段。充分发挥学术委员会作用，切实履行学校教职工代表大会专门委员会职责，听取人事、财务等职能部门工作汇报，维护教职工合法权益。启动教职工代表大会代表巡视工作，开辟民主监督新途径。推进第一批5个院系信息公开试点，扩大财务和招生信息公开。在学校网站主页公开党委常委会和校长办公会审议内容。探索医科教育管理体制改革。强化督办职能，不断提高管理工作执行力。

规范行政管理，增强发展活力。以审计署审计、科研经费专项检查工作中发现的问题为切入点，着力加强科研、资产等财务管理制度建设。探索实行绩效考核评估和全成本管理模式，加大试点工作力度，赋予基层单位经费使用自主调配权。以年度目标为导向，编制财务预算，国库资金执行进度明显提高。改变传统核算模式，引入不等待报账。学校教育发展基金会在2013年省民政厅组织的社会组织评估中，获最高等级——5A级。

学校党委坚持以人为本，调动各方积极性，注重解决民生问题，为师生办实事。加强大学生思想政治教育，促进校园稳定和谐。以学习贯彻党的十八大精神为契机，加强爱国主义教育，繁荣校园文化，开展“贯彻十八大、争创发展新业绩”主题实践活动，组织教工合唱团参加主题为“中国梦·教师美”的全省高校第五届“教工杯”文艺会演等活动。

撰稿　唐　萍
审稿　胡艳华

中国地质大学（武汉）

〔**召开教育教学工作会议**〕　2013年年底，学校召开学科建设、教育教学与国际化办学工作会议，进一步明确了学校教育教学改革方向。

〔**学科建设**〕　在教育部公布的第三轮学科评估结果中，学校地质学、地质资源与地质工程2个学科继续排名全国第一位，排名全国第一的学科数并列全国高校第十一位；16个一级学科获批为湖北省重点学科；环境/生态学通过ESI统计排名进入全球环境/生态学学科领域前1%的行列，成为学校第3个进入全球前1%的学科领域。

〔**课程和专业建设**〕　2013年，学校8门课程入选教育部国家级精品资源共享课立项项目；5个本科专业获批卓越工程师教育培养计划建设立项，3个专业入选湖北省普通本科高校专业综合改革试点，2个专业获批湖北省高等学校战略性新兴（支柱）产业人才培养计划项目；3门国家级精品视频公开课上线；11位教授入选教育部高等学校教学指导委员会；周口店野外地质实践中心和固体矿产勘查实验教学中心获批国家级实验教学示范中心。

〔**科研立项再有突破**〕　2013年，学校新增立项科研项目1 323项，合同经费5.42亿元，实到经费4.59亿元。国家自然科学基金获资助116项，其中国家杰出青年科学基金1项、国家优秀青年科学基金2项、重点项目1项。人文社科合同经费约4 600万元，项目总数250余项，其中国家级项目11项。

〔**科研成果**〕　2013年，学校共发表论文2 051篇，入检SCI659篇，在TOP期刊发表论文40篇。"基于演化过程的滑坡地质灾害防控技术与应用""非线性矿产预测理论方法创立与应用"分别获国家科技进步二等奖（均为第一完成单位）。获湖北省发明一等奖1项、科技进步一等奖2项、自然科学二等奖1项。获国土资源部科技二等奖2项、第六届高等学校科学研究优秀成果奖（人文社会科学）二等奖1项、中国地质调查局地质调查成果一等奖2项。学校地质调查研究院在全国高校地质调查研究院能力建设和质量管理评估中排名第一。

〔**科研平台建设**〕　国家地理信息系统工程技术研究中心获批立项建设，实现了学校国家级高新技术产业化工科平台的历史性突破；生物地质与环境地质国家重点实验室通过科技部验收；"矿产资源定量评价及信息系统"国土资源部重点实验室、"岩土钻掘与防护教育部工程中心"通过验收。启动"学术创新基地建设计划"。

〔**获湖北省"十强人才高校"称号**〕　学校大力推进"人才强校"战略，出台《"十二五"人才队伍建设计划》，实施"人才工作优先谋划、人才结构优先调整、人才资源优先开发、人才投入优先保证、人才制度优先创新"五个优先政策，人才工作取得显著成效。2013年，学校获湖北省首批"十强人才高校"称号。

〔**高层次人才队伍建设**〕　新增国家"千人计划"2人、国家杰出青年科学基金获得者2人、"长江学者"2人、优秀青年科学基金项目资助2人、湖北省"百人计划"1人、教育部"新世纪优秀人才支持计划"6人，"楚天学子"9人。3人获"湖北五一劳动奖章"，1人入选2013年度"湖北名师"。

〔**入选全国百强科技期刊**〕　学校《地球科学》（中文版）获国家新闻出版广电总局"全国百强科技期刊"，《中国地质大学学报（社科版）》首次入选中国人文社会科学核心期刊（2013年版）。《地球科学学刊》（英文版）连续三届获教育部"中国高校精品科技期刊"和"湖北省优秀期刊"称号。《地球科学》编辑部获教育部"高校科技期刊优秀团队"和"优秀主编"称号。

〔**推进试点学院改革**〕　学校出台《关于推进试点学院改革的意见》，提出要把试点学院建设成为体制改革的先行区、人才培养的试验区、学院特色发展的示范区和协同发展的创新区，并从改革学生招录与选拔方式、人才培养模式、教师遴选、考核与评价、学院管理、经费筹措与管理、激励约束等方面建章立制，积极推进试点学院改革。

〔**思想政治教育**〕　学校持续开展"党徽照我行""中国梦·我的梦""社会调查与社会实践""青年马克思主义者培养工程"等主题教育实践活动。开展学习雷锋精神、"三爱"教育和"三节"等主题教育活动。2013年，学校被评为湖北省思想政治教育先进高校。1人被评为湖北省高校十佳班主任，1人被评为湖北省高校十佳思想政治理论课教师，6 人被评为湖北省高校思想政治教育先进工作者，学校有 4 个学院被评为湖北省高校思想政治教育工作先进基层单位。

〔**助学贷款实现“一站式”服务**〕 大学生助学贷款工作实现“一站式”服务。全年审批奖励资助资料 1 600 余份，发放金额 585 万元；评审助学金 4 959 人次，发放金额 1 319.6 万元。全年审核学生贷款、代偿 3 957 人次；安排勤工助学岗位 2 000 人次；继续做好困难补助、学费减免、重大疾病救助等工作，共资助 22 218 人次；持续推进发展型资助工作，发放院级“英才资助工程计划”7 317项。

〔**招生与就业**〕 2013 年，学校录取本科生 4 707 人、硕士研究生 1 930 人、博士生研究生 305 人。本科录取分数超过一本线的平均分数 41 分。“教授选才”自主选拔录取模式得到教育部肯定，在全国高校自主选拔录取招生改革试点工作会议上做典型发言。学校本科生、研究生一次性就业率分别为 91.2%、94.9%，继续保持较好水平。12 月，武汉市“青桐计划”工作座谈会在学校举行，200 余名大学生创业先锋、创业代表参加。学校 4 个项目获 2013 年度湖北省高校毕业生创业扶持计划首批资助，总金额 14 万元。

〔**心理健康教育**〕 学校继续开展“心理健康教育月”活动，指导班级开展相关活动 30 次，评选并奖励“成长与发展”为主题的班级活动 36 项；全年接待咨询学生 218 人，655 人次，危机干预 32 人次；进一步完善《学生心理档案》和《关注对象关键数据库》。大学生心理咨询中心获批湖北省首批大学生心理健康教育示范中心，形成了“危机事件全员参与”等六全心理健康教育模式和“构建丰富的课外活动体系”等八大建设体系。

〔**成立地质资源环境工业技术研究院**〕 学校与武汉市政府共建武汉地质资源环境工业技术研究院，旨在通过知识产权交易、技术转移、孵化高新技术企业，打造资源环境战略性新兴产业集群，为区域经济发展做贡献。成立“知识产权与技术转移中心”，提出“中国宝谷”概念性建设规划。

〔**服务地方经济社会**〕 学校与湖北地矿局、十堰市政府、黄冈市政府、中建三局等多家单位签署战略合作协议。与中国地质调查局、贵州省地矿局、安徽省地矿局等多家单位合作，开展在职业务培训。成立“国家级专业技术人员继续教育基地”，继续教育培训人数为 2012 年度的 4.4 倍。学校地质调查研究院获批事业单位法人，承办了武警黄金部队区调矿调业务骨干集训。加大“紧缺战略矿产资源湖北省协同创新中心”建设力度，融入地方经济社会发展。

〔**贯彻落实中央八项规定精神**〕 按照中央政治局关于改进工作作风、密切联系群众的八项规定、《教育部贯彻落实中央改进工作作风、密切联系群众八项规定和〈实施细则〉的实施办法》的具体要求，学校领导班子多次传达、学习中央八项规定精神和习近平总书记系列重要讲话精神，并通过党委理论学习中心组学习扩大会议、开展专题学习活动等方式，及时组织全校副处级以上干部学习，提高思想认识，增强宗旨意识。

〔**开展群众路线教育实践活动**〕 学校以“为民、务实、清廉”为主要内容，深入开展包括学习教育、听取意见，查摆问题、开展批评，整改落实、建章立制等环节的党的群众路线教育实践活动，党员干部宗旨意识、责任意识、使命意识和奉献精神进一步加强，校风学风持续好转。

〔**处级机构调整和干部换届**〕 根据学校第十一次党代会精神和学校党委工作部署，学校集中进行了部分处级机构调整和专职处级干部换届。认真落实湖北省委组织部和统战部要求，做好科技副职选派工作，获评“湖北省科技副职选派管理工作先进单位”；选派民主党派骨干成员到地方挂职；选派博士服务团成员服务地方；认真做好第四轮“三万活动”（“万名干部进万村惠万民”）。

〔**推进国际化进程**〕　学校加快推进“地球科学国际大学联盟”制度化和信息化建设；加大区域和国别研究基地培育工作，筹建了泰国研究中心、南美洲研究中心、俄罗斯和中亚地质资源环境研究中心、新丝绸之路沿线地质矿产研究中心。学校国际合作处获评“湖北省外事侨务工作先进集体”。

〔**教育合作与交流**〕　2013 年，学校共执行国家外国专家局项目 37 项。教师出国、赴港澳台人员 150 人次，接待各类来访专家（含国际会议）420 余人次。完成 5 项教育部“海外名师项目”和“学校特色项目”年度检查工作；新增海外名师、“学校特色项目”两项国家级高层次外籍专家引智项目。“沉积盆地动力学与油气富集机理创新引智基地”被列入教育部、国家外国专家局高等学校学科创新引智计划。

〔**出国留学培训与研究中心获批成立**〕　学校“教育部出国留学培训与研究中心”获批成立，成为湖北省首个“出国留学培训与研究中心”试点高校。开通“来华留学英语授课品牌课程建设平台”，3 门课程入选湖北省“来华留学英语授课品牌课程”。与中国地质调查局多个地调中心和中海油安全技术服务有限公司签订“来华留学生教育培养合作协议”。

〔**参加“五四”主题团日活动**〕　2013 年“五四”青年节，学校 2011 级硕士研究生陈晨在团中央举办的“实现中国梦、青春勇担当”主题团日座谈会上，代表全国大学生发言，受到习近平总书记的勉励。

〔**开展社会合作工作**〕　成立校友与社会合作处，完善校友会、基金会、董事会规章制度和长效工作机制。召开全国校友联谊会。学校基金会官网 FTI 排名跃居全国第 79 位，被湖北省民政局评定为 5A 级基金会。

〔**管理与保障工作**〕　学校多方筹措资金，启动事业单位职工绩效工资改革，较大幅度提高了教职工收入水平，调高了离退休人员津贴，全年共支出工资福利 4.13 亿元，同比增长 19%。充分发挥预算工作的统领作用，优先保障人员、学科、平台建设等支出，努力压缩“三公”经费和行政经费支出。

〔**校园文化建设取得新成绩**〕　学校紧紧围绕“立德树人、培养德智体美全面发展的社会主义建设者和接班人”的根本任务，创新文化育人模式。“建设特色体育文化，促进学生健康发展”获教育部第七届高校校园文化建设优秀成果特等奖。学校再次获湖北省最佳文明单位称号。

〔**话剧《大地之光》赴京公演**〕　4 月 26 日至 5 月 5 日，以李四光为原型创作的话剧《大地之光》入选中国科技协会发起的“共和国的脊梁——科学大师名校宣传工程”首批项目并赴北京公演，获得社会各界广泛好评。

撰稿　魏海勇

审稿　刘彦博　徐　超

武汉理工大学

〔**学校章程获教育部核准发布**〕　2013 年 11 月 28 日，教育部召开高等学校章程核准新闻发布会，学校章程作为教育部第一批核准的高等学校章程，予以发布。该章程体现了学校办学历史与文化内涵，完善了学校内部治理结构，突出了教师和学生在办学活动中的主体地位，彰显了学术权力在治学中的主导地位，明确了学校办学自主权与监督机制，体现了“建设让人民满意、让世人仰慕的优秀大学”的理想与价值追求和以大学四项职能为“经”、大学治理内在要求为“纬”的体系和内容创新。

〔**国家自然科学基金重大项目启动会召开**〕 1月22日，由学校牵头，联合成都电子科技大学、香港理工大学、哈尔滨工程大学和华中科技大学等高校共同承担的中国光纤传感技术研究领域首个国家自然科学基金重大项目“光纤传感网关键器件与技术研究”项目启动会在学校召开。

〔**国家自然科学基金委报道姜德生的研究成果**〕 国家自然科学基金委员会简报2013年第4期报道了中国工程院院士、学校教授姜德生课题组在国家自然科学基金委的支持下，对本质安全的光纤火灾报警技术进行的系统研究。该研究打破了国外的技术封锁，研究出基于波分复用技术的光纤光栅感温火灾报警技术，并研制成功“新一代火灾报警技术系统产品”，在国际上首次实现了20公里无中断的火灾报警，解决了石化领域事关中国石油战略储备安全和隧道、地下设施等长距离、大规模工程的火灾监控报警难题，提升了中国公安消防火灾报警技术水平。

〔**2位教授在国际著名期刊上发表研究成果**〕 1月28日，《自然·科学报告》（*Scientific Reports*）刊发了材料复合新技术国家重点实验室燃料电池研究团队、教授木士春在无定形碳化硅（SiC）转化为石墨烯方面的创新性研究成果。该成果由学校材料复合新技术国家重点实验室独立完成。

2013年，材料学领域国际著名期刊《先进材料》（*Advanced Materials*）发表了教授麦立强课题组的最新研究成果。该课题组在动力电池研究方面取得新进展，即通过巧妙合理地设计具有缓冲膨胀应力的纳米结构，大大提高电极材料寿命和改善倍率性能，为进一步开发动力电池提供了新思路、新技术。

〔**3项成果获2012年国家科学技术奖**〕 1月18日，在国家科学技术奖励大会上，学校教授严新平主持完成的“船舶动力装置磨损状态在线监测与远程故障诊断技术及应用”项目和教授傅正义主持完成的“结构/功能复合化新型导电陶瓷的设计、成套制备技术与应用”项目以第一完成单位获通用项目类国家技术发明二等奖；教授丁庆军等参与完成的“沥青路面状态设计法与结构性能提升技术及工程应用”项目以第三完成单位获通用项目类国家科技进步二等奖。

〔**余家国入选汤森路透“2012年度最热门研究者”**〕 2013年，全球信息服务公司汤森路透旗下的Science Watch网站公布了2012年度最热门研究者和最热点研究论文。全球共有21名研究者入选，其中华人科学家6位。教授余家国以12篇热点研究论文入选。

〔**进入世界大学400强排名榜**〕 10月3日，英国《泰晤士高等教育》发布了2013—2014年度世界大学排名榜，学校进入世界大学400强，位居301—350名。

〔**多个研究机构获批、揭牌**〕 2013年，学校硅酸盐建筑材料国家重点实验室获批为国家国际科技合作基地，成为示范型国际科技合作基地入选单位；学校牵头申报的“汽车零部件技术湖北省协同创新中心”获批为湖北省首批认定的18个省级协同创新中心之一。学校武汉新能源汽车工业技术研究院、武汉理工大学—伯明翰大学智能机械联合重点实验室相继揭牌。

〔**“三项教育”成果显著**〕 2013年，学校继续开展“责任、诚信、成才”三项特色教育活动，培育学生的“社会责任感、创新精神、实践能力”，成果显著。学校团委获“全国五四红旗团委”称号；“中国青年志愿者第十三届研究生支教团”队长、学校管理学院学生杨雅茹获“中国大学生自强之星”称号；学校管理学院团委副书记郎坤和华夏学院学生刘普林获第四届“湖北省道德模范”称号。在教育部召开的“2012—2013年度全国毕业生就业典型经验高校”座谈会上，学校作为教育部直属高校唯一代表在大会上做典型发言；在全国大学生志愿服务西部计划实施十周年座谈会上，学校青年教师郎坤作为全国优秀志愿者代表发言，并受到中共中央政治局委员李源潮、张春贤等与会领导的接见；在共青团中央召开的全国高校团委书记电视电话培训会上，学校团委作为全国6所高校团委之一做典型发言。

〔**期刊获评首届“中国最具国际影响力学术期刊”**〕　《2012年中国学术期刊影响因子年报&国际引证报告》暨“2012中国最具国际影响力学术期刊”发布会在北京举行。学校主办的《武汉理工大学学报》获评“2012中国最具国际影响力学术期刊”。

〔**第二届教职工代表大会第三次会议召开**〕　5月16日，学校召开第二届教职工代表大会第三次会议。会议从国际影响、学科建设水平、人才培养质量、学校办学保障能力等方面回顾了2012年学校工作，明确了2013年学校的重点工作，即以全面完成“十二五”发展规划中期任务为主线，继续推进“2011协同创新中心”建设工作，加快实施人才队伍国际化战略，深化教育教学改革、后勤管理体制与运行机制改革、国有资产优化配置与高效利用机制改革，切实做好学校发展的重点保障工作与惠民实事，加快建设特色鲜明高水平大学的步伐。

〔**召开第二次人才工作会议**〕　1月9日，学校召开第二次人才工作会议。会议强调，将卓越追求、卓越能力、卓越贡献作为认识人才、培育人才、使用人才、评价人才、造就人才的根本标准，树立“业尽其人、人尽其才、才尽其用”的人才工作理念，确立了到2020年学校人才工作的战略目标：教师队伍中具有国际知名大学博士学位的比例达20%以上，教授队伍中按国际标准面向全球招聘的比例达20%以上，教师队伍中具有国外知名大学一年以上研修经历的比例达50%以上。

〔**召开第二次研究生教育工作会议**〕　12月14日，学校召开第二次研究生教育工作会议，会议形成了“把卓越教育理念贯穿研究生教育，以高水平研究生教育引领学校迈向卓越”的研究生教育发展思路，明确了“创新引领、以质图强”的研究生工作理念，确定了到2020年学校研究生教育目标：博士研究生以第一作者在本领域高水平国际学术刊物发表学术论文的比例达80%；获全国优秀博士学位论文5—8篇；学术学位硕士研究生以第一作者在本领域重要学术刊物发表学术论文的比例达40%；专业学位硕士研究生获专利、软件著作权及相应职业资格的比例达40%；培养100名左右面向学术前沿具有原始创新能力的拔尖人才、1 000名左右引领行业和区域科技创新和文化传承创新的创新人才。

〔**1人获评“2012中国大学生年度人物”**〕　4月，学校材料科学与工程学院2012级学生赵云龙获评“2012中国大学生年度人物”。5月4日，在共青团中央举行的“实现中国梦、青春勇担当”主题团日活动中，赵云龙受到国家主席习近平等中央领导的接见。8月22日，在第八届中国青少年科技创新奖颁奖大会上，赵云龙获第八届中国青少年科技创新奖。

〔**大学生科技与文体比赛成绩突出**〕　2013年，学校本科生学科竞赛获省级以上奖项共364项，其中国家级奖251项。获2013年湖北省大学生科技成果奖一等奖3项、二等奖15项、三等奖14项，获奖总数居全省高校首位。获全国大学生工程训练技能大赛一等奖1项、二等奖1项，居全省第一。获全国大学生节能减排社会实践与科技竞赛全国一等奖2项、三等奖3项。在第十三届“挑战杯”全国大学生课外学术科技作品竞赛中获特等奖1项、一等奖1项、二等奖4项，获大赛“优胜杯”。在湖北省第九届“挑战杯”大学生课外学术科技作品竞赛中获特等奖4项、一等奖5项、二等奖2项、三等奖1项，并以总分第一获“挑战杯”。在全国大学生电子设计竞赛ARM-STM32校园创新大赛中获一等奖。

2013 年，在全国大学生桥牌锦标赛中，获公开组团体赛冠军、混合双人赛第二名、公开双人赛第八名。在第十二届全运会上勇夺 2 金 1 银。在第十三届全国大学生田径锦标赛中，获 3 金、2 银、1 铜，夺得全国团体总分第八名。

撰稿　牟凯旋
审稿　李兆荣

华中师范大学

〔**学科建设**〕　2013 年，学校切实抓好“211 工程”四期校内预建设以及“教师教育创新平台”二期预建设工作。22 个一级学科获评湖北省一级重点学科。在全国第三轮学科评估中，全校有 5 个一级学科排名全国前 5，有 4 个学科在 ESI 国际学科排名中进入世界前 1%，其中化学学科进入前 0.5%。

〔**教育教学**〕　学校高度重视教学工作，不断提高人才培养质量。出台并实施《2013 版本科人才培养方案》，修订学术型研究生培养方案（2013 版），并对免费师范生教育硕士研究生培养工作进行全面调研评估。完成教育部本科教学工作审核评估，迎评工作得到教育部高等教育教学评估中心的高度认可。新增省级专业综合改革试点 3 个、省级试点学院 1 个。立项建设国家精品资源共享课程 11 门，与北京师范大学并列全国师范大学第一。新增国家精品视频公开课 1 门。立项研究生课程资源建设 104 门。新增省级实习实践示范基地 2 个、省级教学名师 2 人，新增 4 篇全国优秀博士学位论文。在第十三届“挑战杯”全国大学生课外学术科技作品竞赛中，获特等奖 1 项、二等奖 1 项、三等奖 4 项。在全国大学生电子设计大赛中，获一等奖 2 项、二等奖 1 项；在数学建模竞赛中获国家二等奖 2 项，获奖总数名列全省高校第一位。2013 届毕业生一次性就业率达 91.94%，比 2012 年提高 0.3 个百分点。

〔**师资队伍建设**〕　学校出台“十二五”教师队伍建设实施方案、关于加强青年教师队伍建设的实施意见及专职科研队伍、兼职教师管理办法，启动师资博士后培养制度建设，建立健全人才队伍长效机制。新增国家“千人计划”3 人、“长江学者”特聘教授 2 人（含外聘）、国家杰出青年基金获得者 1 人、国家优秀青年基金获得者 1 人、“青年千人计划”2 人、“万人计划”青年拔尖人才 1 人，引进人才 99 人。新增国家自然科学基金委员会创新群体 1 个、教育部创新团队 1 个。

〔**科研工作**〕　截至 2013 年 12 月 23 日，全校科研经费达 2.05 亿元，实际到账经费 1.54 亿元。获国家社会科学项目 53 项、国家自然科学项目 62 项。艺术学、法学重点项目实现突破，首获国家社会科学基金中华外译项目。获教育部项目共计 48 项，其中一般项目立项数在全国高校排名第二。获省级项目立项 28 项，排名全省高校第一。全年发表在南京大学中国社会科学研究评价中心（CSSCI）论文数，在全国高校中排名第七。发表科学引文索引（SCI）论文 545 篇，授权发明专利 34 项，获软件著作权 81 项。获湖北省自然科学奖 3 项、科技进步奖 1 项。科研基地建设取得新突破。建立健全高等学校创新能力提升计划协同创新体制与机制，重点支持培育了 4 个 A 类协同创新中心，引导性支持 3 个 B 类协同创新中心。新增湖北省人文社会科学重点研究基地 2 个，总数位居全省第一。化学学院农药与化学生物学教育部重点实验室通过运行评估。数字化学习工程技术研究中心完成建设评估验收工作。

〔**信息化建设**〕　学校完成无线校园建设工程，

实现了所有教学科研活动场馆的覆盖。建成并投入运行“云端一体化”教学平台，400余门课程在云平台上开设教学空间，实现年度三分之一信息化课程资源建成的目标。首次引进台湾师范大学和中原大学课程，与北京师范大学和台湾师范大学联合签署《关于共建教师教育大型开放式网络课程备忘录》，实现两岸共享优质课堂。实行新生入学网上自主报到。出台数据采集管理使用办法，建立质量评估信息系统，建成并启用研究生教育综合管理信息系统。启动了节能监管平台和房产管理平台建设。

〔**管理改革**〕 学校承担的国家教育体制改革试点工作取得重大进展。经教育部核准，学校正式出台《华中师范大学章程》。各项改革稳步推进，以两级财务管理体制改革为突破口，全面实施校院两级管理改革。深入开展科研经费管理自查自纠工作，建立健全科研经费管理体制和运行机制。召开学校第二届实验室工作会议，进一步推进实验室工作科学发展。强化国有资产管理流程，规范招标工作，内部审计质量控制进一步完善。启动后勤社会化改革方案起草工作，不断完善后勤服务运行机制。

〔**党建与思想政治教育工作**〕 学校认真开展了以“为民、务实、清廉”为主要内容的党的群众路线教育实践活动，对群众反映强烈的问题进行集中治理，加强了学校各级领导班子建设。深入推进校院两级党委理论学习中心组学习制度，使学校中层干部进一步解放和统一思想，提高解决突出问题的能力。加强基层党组织建设和党员教育管理，学校被湖北省省委授予“全省基层党建工作先进单位”。深入开展党风廉政建设，完善惩防体系，加强专项治理。大力培育学生思想政治教育特色与品牌，重点建设了11个学生思想政治教育特色基地。学生社团联合会获“全国高校优秀社联奖”，“心心火义教之家”获“湖北十佳青年志愿公益组织”称号。

〔**教育交流与合作**〕 学校与20多所境外高校或机构签署或更新了近30份交流协议，接待80余个国外来访团组。举办加拿大“华师国际合作与宣介周”活动。聘请外籍文教专家244名，其中长期专家45名、短期专家199名。全年共计派出学生220人次。377名教师通过国家和单位公派出国项目赴国外访问交流，学习深造。成立孔子学院工作处，不断扩大汉语国际推广影响力。学校留学生达2 720人，其中学历生占57%，位居全省高校首位。在2013年首次发布的教育部直属高校国际化水平排行榜上，学校位列第25名。

〔**110年校庆**〕 举办110周年校庆，有力凝聚学校发展力量。校庆期间，学校及各学院共策划和完成文化项目65项，开展“情满桂子山”文艺晚会、“桂花魂”舞剧等文化活动40场次，举办高端学术活动103场次。推出《不朽的文华》《百年华大与百年记忆》《华大精神与人文底蕴》等一批校庆丛书。出版《校友风采丛书》，举办校友风采展，整理制作《校友通讯录》，举办建校110周年大型校史展。开展博雅校友论坛、中外大学校长论坛及中学校长论坛，50余所国内外知名大学校长、100余所重点中学校长齐聚桂子山，并签署了《武汉宣言》。筹集捐款协议金额1.1亿元。

〔**条件保障**〕 积极拓展学校收入渠道，全年总收入突破18亿元。完成220千伏元宝山变电站项目的规划选址，并与国家电力公司武汉供电公司签订共建变电站协议。完成9栋学生宿舍的改造维修工作，建成学生事务服务大厅，启动教学楼和学生宿舍空调安装工程。完成校医院建设项目。文献信息资源建设与服务能力进一步增强。建成人文艺术教育中心。探索实施社区社会化物业管理，开展“百名大学生志愿者进社区”活动，做好为老服务工作，建设社区“四点半学校”。开设法律咨询室，为师生无偿提供法律咨询服务。

撰稿 陶光胜

审稿 付义朝

华中农业大学

〔**志愿服务获习近平肯定**〕 2013年，学校持续推动志愿服务活动的项目化、品牌化、功能化和常态化。开展“我们的年度公益坐标”、第八届乡村教师来汉培训等系列活动。12月5日，国家主席习近平给学校“本禹志愿服务队”回信，对“本禹志愿服务队”在徐本禹的感召下，积极加入青年志愿者队伍，走进西部，走进社区，走进农村，用知识和爱心热情服务需要帮助的困难群众，坚持高扬理想、脚踏实地、甘于奉献、服务他人、奉献社会的行动给予了充分肯定和热情赞扬，并对广大青年志愿者寄予了厚望。

〔**学科建设**〕 在全国第三轮学科评估中，学校6个学科进入前3，其中园艺学名列第1，畜牧学、兽医学名列第2，作物学、水产、农林经济管理名列第3。获批省重点学科13个，新增省一级重点学科6个。改善学位授权点基本条件，优化学科专业结构。编制《人文社会科学学科发展中长期规划（2013—2023年）》。组织编制作物学等20个一级学科发展（2013—2017年）规划，绘制了未来5年发展的线路图。

〔**本科生培养**〕 精品视频公开课建设有效推进，获批国家精品视频公开课2门。入选国家级精品资源共享课32门，居全国农林高校之首。获批国家级实验教学示范中心、大学生校外实践教育基地4个。新增国家专业综合改革试点建设项目、“卓越工程师教育培养计划”项目4个。“专业改革建设年”有效推进，修订新一轮人才培养方案。新立项创新性实验教学项目46项。面向社会公布《华中农业大学2012年本科教学质量报告》。推进素质教育，新开通识课程11门、开设体育课程32门。组织本科生体质测试。积极开展阳光体育运动，推进全民健身运动，承办2013年全省普通高等学校校长杯暨体育教师羽毛球比赛等。本科生发表论文70余篇，申报专利19项。

〔**研究生培养**〕 完成研究生人才培养方案与教学大纲修（制）订工作，评选建设研究生示范性课程。获批湖北省研究生工作站。推进研究生教育国际化，国家建设高水平大学公派研究生项目获批33人。构建研究生导师信息化管理平台，深入推进研究生指导教师绩效考核。实施学位论文评价结果的追溯问责制度。继续实施导师分类遴选。开展优秀研究生导师典型宣传。加强学术道德和学术规范建设，出台《华中农业大学研究生学术道德规范管理实施细则（试行）》。入选首届全国风景园林专业学位研究生优秀学位论文6篇，入选湖北省优秀博士学位论文15篇、优秀硕士学位论文23篇，入选全国优秀博士学位论文2篇。

〔**科学研究**〕 全年新批科研项目1 155项，新批经费总额6.48亿元，到账经费4.78亿元。其中国家自然科学基金获批168项，获批经费近1.14亿元，创历史新高，资助率达28.6%，高于全国面上项目平均资助率6个百分点。学校首次获批国家自然科学基金重大研究计划项目2项；获批建设学校首个国家级国际联合研究中心，获批国家发展和改革委国地共建工程研究中心1个、农业部专业性实验室1个。获批建设湖北省农村社会管理研究中心、湖北省中国特色社会主义研究中心。获湖北省教育科学研究优秀成果奖3项，其中一等奖1项。

〔**师资队伍建设**〕 继续坚持以才引才、以才聚才、以才育才，充分发挥国家、省部级各类人才计划的平台作用，进一步强化高层次人才队伍建设。学校新增高层次人才37人次，其中“千人计划”特聘专家 1 人，“长江学者”特聘教授 2 人，“长江学者”讲座教授 1 人，“国家高层次人才特殊支持计划”2 人，“青年千人计划”1 人，新世纪“百千万人才工程”国家级人选 1 人、教育部“新世纪优秀人才支持计划”7 人，湖北省“百人计划”特聘专家 1 人，“楚天学者计划”特聘教授 1 人、主讲教授 7 人、讲座教授 5 人，“楚天学子”6 人，湖北省名师 2 人。引进专任教师 74 名。开展第 11 届青年教师讲课竞赛。获湖北省教学成果奖 17 项，其中一等奖 6 项。22 人受聘为教育部高等学校教学指导委员会委员，居全国农林高校首位。

〔**招生与就业**〕 2013 年，学校录取高出一本线 30 分以上的高分考生所占比例较 2012 年增加 17.82 个百分点。研究生招生质量和规模稳步提升，共录取硕士研究生 1 936 名、博士研究生 386 人。2013 届本科毕业生就业率达 93.08%、研究生就业率达 90.97%。搭建职业生涯规划月活动、求职模拟大赛、公务员招录培训、“一对一”个性化咨询服务、校友职场沙龙 5 个就业能力提升平台，切实提升学生的职业素养和就业能力。

〔**开展党的群众路线教育实践活动**〕 根据中央和教育部党组部署，学校启动党的群众路线教育实践活动。精心制订活动方案，认真组织实施，校院两级领导班子和党员干部认真开展理论学习，听取师生意见，查准找实“四风”问题，深入开展批评与自我批评，着力抓好整改落实工作。围绕查找出的问题，认真研究制订整改落实方案，按照聚焦“四风”的要求，制订专项整治方案，着眼于建立长效机制，制订制度建设计划。在教育实践活动中，学校党委始终坚持牢牢把握活动总要求，高标准、严要求、高质量地完成各环节的工作，在办人民满意的大学、转变工作作风、解决实际问题和推动学校事业发展等方面初见成效，受到教育部第六督导组的肯定。

〔**召开第九次党代会**〕 学校召开第九次党代会，会议审议并通过了第八届党委工作报告和纪律检查委员会工作报告，选举产生了中共华中农业大学第九届委员会和纪律检查委员会，为学校发展提供组织保障。会议提出了建设“五个一流”（优势特色学科一流，高端领军人才一流，人才培养质量一流，自主创新能力一流，校园环境一流）的具体工作目标，为学校的发展明晰了方向。

〔**党建工作**〕 深入贯彻落实党的十八大、十八届三中全会精神，开展党员教育活动，通过开展支部活动立项、“我的中国梦”等主题教育实践活动，加强党员党性修养。创新党校授课形式，加强党建工作研究。适时调整基层党组织结构，创新基层组织建设，不断提高基层党组织战斗力。对 6 个单位的党委（党总支）班子进行换届调整，成立了公共管理学院党委，撤销了资产经营公司党总支。全校共设置基层党委（党总支、直属党支部）25 个、党支部 523 个。全年共发展党员 1 920 人，其中研究生党员 262 人、本科生党员 1 653 人，本科生党员比例达 19.3%。学校党委获评湖北省基层党建工作先进单位。继续推进教育、制度、监督并重的惩治和预防腐败体系建设。推进廉政文化进校园，开展反腐倡廉主题教育，开展警示教育和岗位廉政教育，加强重点部位和关键环节工作人员的风险防范教育。健全廉政风险防控制度体系，开展专项检查，重点加强对“三重一大”事项决策、人才引进、职称评审、干部选任、特殊类招生、招投标、科研经费使用和工程监管等 50 余个重点风险监督检查。

〔**思想政治教育**〕 加强辅导员、班主任基本队伍和班级、寝室基本组织建设，建设学习型、研究型学生工作队伍，构建适应不同青年群体的思想政治教育体系。深入开展理想信念教育，抓好政治理论学习和形势政策教育。深入推进主题教育活动，开展新生入学感恩、毕业生文明离校、“读讲学写”活动，探索开展生命教育。注重发掘和树立典型人物，发挥典型示范作用。组建 229 支团队到全国各地开展暑期社会实践活动，获湖北省优秀组织单位称号。全面推进研究生党的建设、队伍建设、理论学习、群体活动、就业服务等日常思想教育、事务管理和服务。

〔**教育交流与合作**〕　获批国际合作研究经费2 292.89万元；获批“作物健康生产理论与技术创新引智基地”1个，截至2013年年底，学校学科创新引智基地达5个。承办中澳生物技术与能源等系列国际及双边学术会议。提高教师国际化素质，全年有34人被国家留学基金管理委员会全额资助项目录取，录取率居全国高校前列；获批资助青年骨干教师项目20人，获批优秀本科生国际交流项目1项。全年公派研究生出国留学、学术交流120人。新增与中国文化大学学生交换项目1项。拓展招生渠道，新录取留学生135人，在校留学生达282人。启动中英国际农产品营销本科教育项目招生和培养工作，招录学生62人。建设全英文课程，新立项全英文课程20门。

〔**学生获奖情况**〕　在全国各级各类竞赛中，学校学生获国家级奖项57项，其中一等奖12项。

〔**社会服务**〕　全面启动学校新农村发展研究院建设。继续推进“111”计划（一院带一村，辐射一个县）和“双百”计划（百名教授进百企）。启动实施对建始县定点扶贫工作。进一步深化校地、校企产学研合作。新签合作协议524项，新批经费8 890.97万元。转让科技成果38项，合同金额3 069.3万元。学校被国务院扶贫开发领导小组办公室评为2013年度全国对口扶贫工作先进单位，是湖北省唯一获奖单位。

〔**办学条件**〕　树立大学经营理念，强化师生员工的节约和勤俭办学意识。成立节能领导小组，启动校园节能监管平台建设，推进校园节能减排工作。推进水电节约，回收水电费2 205万元，回收率为47%。加强环保宣传教育，落实实验室安全责任制，实施实验室考核准入制度。回收实验室危废物品约13吨，规范辐射安全管理，推进学校污水入市政管网工作。积极筹措办学经费，保障学校事业发展。积极争取国家经费支持，获批经费较2012年有较大幅度增长。提高资金预算执行效率，全年获教育部预算执行绩效奖励、综合财务能力建设绩效奖励共1 880万元。全年本科生学费收缴率达98%以上。盘活沉淀资金，为学校增加利息收入2 600万元，比2 012年增长25%。配合国家审计署、财政部完成资金监督检查，健全财务监管体系，提升财务管理水平。完成审计项目2 470个，其中工程项目审计265个，审计金额17 498万元，审减1 672万元，审减率为9.56%；开展合同审计2 079份，合同审计工作量比2012年增长18.53%。强化科研经费抽查审计力度，规范科研经费使用和管理。强化大额购置项目论证，审减不合理预算7 100万元。合理调配公用房屋，改善校内有关单位的办公条件。完成1.63亿元的物资集中采购任务，管理效益率为10.8%。全面推行零星物资网上竞价采购，成交设备2 400台、金额1 145万元，采购效益率在8%以上。完成大型设备使用和管理信息化平台建设，467台大型设备加入信息化平台开始运行。启动试剂和耗材集中采购管理、无形资产及企业国有资产管理工作。全年实施基建项目11项共15.78万平方米，其中交付4.6万平方米、续建4.14万平方米、新建7.03万平方米、新增室外绿化2.82万平方米。

撰稿　瞿明丽
审稿　余　斌

中南财经政法大学

〔**学科建设**〕　在省教育厅2013年重点学科评比中，学校哲学等10个一级学科获评为湖北省重点一级学科。6月，学校组织召开了第二次学科建设工作大会，全面深入总结了教育部第三轮学科评估和“211 工程”三期验收结果，科学部署了下一阶段学校的学科建设工作，确立了以一级学科为单位的建设理念，为进一步推动学科建设征集了大量的意见和建议。出台《学科建设管理办法》，比照“211 工程”项目建设方式，将学科建设经费划分为基本建设经费和项目竞争经费，实行年度零基预算、预算审批制度和刚性预算管理，提高了经费使用效率。

〔**人才培养**〕　2013 年，学校承办了全国政法大学“立格联盟”第四届高峰论坛，与会代表对法学专业综合改革和卓越法律人才培养进行了深入探讨。

学校继续深入推进本科教学“专业综合改革”，获批国家级专业综合改革试点项目 1 项、省级专业综合改革项目 6 项、校级专业综合改革项目 15 项；在第七届湖北省高校教学成果奖评选中，获一、二、三等奖各 3 项；课程建设力度加大，12 门课程获国家级精品资源共享课立项；资助和指导了 10 个新办专业的发展，进行立项研究和专项检查，确保新专业的教学质量；调整修订《本科专业全程培养方案》，并正式发布实施修订版；旅游管理和经济学两个专业入选湖北省普通高等学校战略性新兴（支柱）产业人才培养计划。

学校修订了《研究生学位论文撰写规范》，制定了《研究生教育自我评价体系》等 10 余个规范性文件；首次实施“文澜优秀大学生夏令营”计划；建立招生动态奖惩机制，推进博士研究生导师遴选制度改革，试点博士研究生“申请—审核制”招生选拔等方式，研究生培养单位与导师的质量意识得到强化。拔尖创新人才培养与选拔方式探索社会反响良好，研究生教育结构调整实现新突破，专业硕士教育培养取得一系列新成就。

规范化、市场化和信息化的改革全面展开，初步实现了非学历继续教育“归口管理”和学历继续教育“统一办学”，建立起成人教育中心和自考教育中心，与培训教育和网络教育形成“四位一体”的格局。初步产生教育模块联动效应，成人教育规模稳中有升，培训教育品牌影响力不断提升，承担多个财政部首次与共建院校合作举办的全国财政系统干部培训班等，共举办各类高端培训班 20 余期，培训生源遍及安徽、江苏、浙江、广西、湖北等省（区），社会服务成效显著。

〔**科学研究**〕　2013 年，学校共获各级各类科研项目立项 483 项，新立项的课题经费总量达 3 929 万元（不含基本科研业务费）。教授姚莉领衔的“社会管理法治建设”团队入选教育部组织实施的国家重点人才项目“创新团队发展计划”，获资助经费 150 万元。在 2013 年国家社会科学基金项目申报中，学校获项目立项 38 项，获重大项目 1 项、后期资助项目 4 项，立项数再创历史新高，同比增长 40.74%，位居全国高校第 6 位、全省高校第 2 位，项目涉及研究领域拓宽至 12 个学科；获教育部人文社会科学研究项目 25 项，位居全国高校前列；获国家自然科学基金项目 20 项、数学天元基金专项项目 2 项、湖北省社会科学基金项目 25 项和湖北省自然科学基金项目 5 项。

横向课题方面，学校全年共获各类企事业单位委托及国际合作课题 362 项，立项经费达 2 200 余万元，其中包括国家发展和改革委、中华全国妇女联合会、共青团中央、国家知识产权局、省市等有关部门和企业委托的各类课题及美国自然资源保护委员会、英国迪蒙福特大学等委托的国际合作课题。

2013 年，学校获教育部第六届高校科研优秀成果奖 9 项、第八届湖北省社会科学奖 21 项、湖北发展研究奖 6 项、湖北省委决策支持工作优秀成果奖 3 项和湖北省第六届教育科研奖 2 项。学校多项专家建议、咨询决策报告被中央、地方有关机构采纳转化，充分发挥了人文社科的智库作用。

〔**师资队伍建设**〕　2013 年度，学校召开了人才引进专题会议，制定了《关于加强高层次人才引进工作的若干意见》，遴选并签约了首批 19 名“文澜青年学者”；加大青年教师人才队伍建设和培养力度，制定了《师资博士后制度实施办法》，首次从新进博士教师中选录 12 名师资博士后进入博士后流动站；学校共引进教师 54 人，其中海归博士 8 人、学科带头人 3 人；各类专家、各项津贴、各类基金的推荐、选拔和考核等工作全面推进；获批“长江学者”讲座教授1人、“楚天学者”4人；教师岗位培训进修和岗前培训、教师出国外语培训和出国研修工作全面开展，完成31名教师出国研修管理和回国考核工作。2013年，学校被评为“湖北省人才工作先进单位”。

〔**干部队伍建设**〕　2013年，通过教育部公开选拔任命了1名总会计师，对学校领导班子成员及其责任分工进行调整，并接受了教育部对校长接替人选、党委副书记增补人选的考察和两位公选副校长的试用期考核；深化干部选拔任用制度改革，优化干部选任程序，全年完成16个二级党组织委员选举增补工作；调整设置处级机构3个，调整正副处职干部25人、选任正处职干部12人、副处职干部36人；调整完善领导干部考核评价机制，修改考核测评指标与等次设置，将干部考核与干部管理相结合，改进中层领导干部试用期考核工作；推进职员制度建设，完成了三级职员聘任工作，并初步启动新一轮三级至六级职员的聘任工作。

〔**文化传承创新**〕　2013年，学校文化建设获多项重要奖项，文化品牌特色显著。学校知识产权文化品牌活动获“2013年全国高校校园文化建设优秀成果一等奖”和“2013年湖北省高校校园文化优秀成果一等奖”；在教育部中国大学生在线2013年度评奖中，学校夺得6个奖项，获奖总数在全国高校中排名第一；学校法律援助网、中国大学生在线中部崛起网双获“十佳频道”；学生创作表演的舞蹈《遨游太空》亮相中央电视台“五月的鲜花”全国大学生大型文艺会演，是湖北省非文艺专业高校第一次参加该会演活动。

〔**招生就业工作**〕　2013年，学校文科录取分数高出全省重点批次线29分，理科录取分数高出47分，连续4年文理双科均位列湖北省部属高校第3名。截至2013年年底，全校2013届毕业生就业率达92.21％，其中研究生就业率为95.09％、本科生就业率为90.72％。

〔**教育交流与合作**〕　学校共办理短期出访49批次，出访总人数达155人次；接受境外短期到访129人次，分别来自美国、澳大利亚、韩国、新西兰等国家；通过各类项目派出26名教师和25名学生出国留学，并聘请长期外籍教师45人；各类型来华留学生达400人次，其中获中国政府奖学金来华留学生达200余人次。学校新增与美国纽约州立石溪大学本硕连读项目，与土耳其马尔马拉大学、芬兰拉普兰大学等国外高校签署了合作协议，并与冰岛大学、德国萨尔大学等高校进行了办学交流，达成了合作意向；与美国纽约州立大学石溪分校合作建设的石溪大学孔子学院再次获美国纽约州萨福克郡政府、议会和社区的三重嘉奖。2013年，学校举办了知识产权南湖论坛国际研讨会和《会计国际期刊》2013年年会等重要国际学术研讨会。

〔**校庆工作**〕　学校本着“创新办校庆、节俭办校庆”的原则，以“学术校庆、校友校庆”为主题，举办了系列学术讲座、名家论坛、学术会议和校友返校日等活动，以学术盛宴和校友欢聚的形式庆祝办学65周年。“学术校庆”为期2个月，学校及各院系举办了包括20余场高层次学术讲座、报告、多场大型国际国内学术会议在内的系列学术活动。10月，学校举办了以“中国特色现代大学制度建设”为主题的校长论坛，国内10余所财经政法类高校校长出席论坛，就构建具有中国特色的现代大学制度和推动中国高等教育发展等问题进行了深度探讨。“校友校庆”以“聚焦发展、凝聚师生、汇聚校友、继往开来”为主题，34个地方校友会的200余名校友代表返校，举办了教室命名、校友专场招聘会、校史回顾展和校友总会年会等活动。

〔**两校区规划建设**〕　2013年，学校首义校区恢复本科办学功能工作持续推进，全年完成40余项综合修缮项目，保障了2 800余名2013级本科学生入住校区，同时学校多个部门配合，安全、平稳、有序地完成了1 400余名2012级学生的跨校区搬迁；首义校区总体规划于11月正式获批，重点规划了教育综合区、配套功能区、活动功能区、职工生活区及以科技研发和学术交流为主的科研孵化区5大功能板块，并对校园道路交通、管网、绿化、体育设施进行了合理规划和科学布局，奠定了首义校区下一步建设与发展的良好基础。初步形成了南湖校区校园校貌总体规划思路，并先期启动了院系综合楼和青年教职工周转房项目的建设。

〔**内部建设**〕　2013年，学校大学章程的修订工作进入最后的修改完善阶段。学校编制并公布了《“十二五”事业发展规划年度实施进展报告》，以大量直观的数据呈现学校全年在人才培养、科学研究、学科建设、师资队伍建设、教育交流与合作和社会服务等方面取得的主要成绩，并对年度指标完成情况与“十二五”规划预期目标进行了对比分析，为学校下一阶段各项工作的安排与实施提供了有效的实际参考数据。民生建设方面，学校完成首义校区“空调进学生宿舍”工程，启动南湖校区“空调进学生宿舍”工程，启动地埋式压缩垃圾站建设，校园生活条件和环境大大改善；校园综合治理方面，集中精力整治了校园消防安全隐患、校园治安和环湖片区土地清理等重点难点问题，获“全省社会管理综合治理优胜单位”称号；后勤管理方面，推进后勤体制机制改革，宿教、膳食、水电、商贸、绿化等多个部门被湖北省高校后勤服务中心授予“先进单位”称号；资产管理方面，国有资产管理更加规范，办公用房管理、公有住房租赁管理和周转房管理等房产管理工作全面推进，获“湖北省高校房地产管理工作先进单位”称号。

撰稿　熊　灯
审稿　阮世喜

湖 南 大 学

〔**科学研究和学科建设**〕　2013年，学校科研经费到账3.9亿元，其中人文社会科学科研经费到账3 249万元。出台《湖南大学科研经费管理办法》《湖南大学科研项目间接费用管理办法（试行）》，继续实施青年教师成长资助计划。全年新增各类自然科学项目941项，其中获国家自然科学基金资助项目143项。新增国家杰出青年科学基金项目2项、优秀青年科学基金项目1项，新增省部级人才计划21项，新增国家电气信息与控制技术实验室等3个国家级基地。首次新增国家级国际联合研究中心1个，新增“教育部创新引智基地”1个、省级科研基地2个，完成国家电能变换与控制工程技术研究中心组建工作。获国家科技进步二等奖1项、教育部科技奖2项、湖南省科技奖15项(其中科技进步一等奖2项)、中国机械工业科技奖3项。SCIE收录学校论文773篇，全国排序43位；EI收录学校论文1 057篇，全国排序29位。

新增人文社科项目立项290项，其中国家社会科学基金重点项目4项、重大项目3项。获教育部人文社会科学研究重大攻关课题1项。获高等学校科学研究优秀成果奖6项，教授乔海曙的研究成果《建议划定“生态环境保护红线”》被国家社会科学基金《成果要报》编发。成立湖南省国学研究与传播中心。

完成新一轮“985工程”检查验收和湖南省“十二五”重点学科中期检查，所有“985工程”学科建设项目都经立项评审，共削减预算经费20%。根据教育部第三轮学科评估结果，学校马克思主义理论、机械工程、土木工程、环境科学与工程4个一级学科进入全国前10%，应用经济学、外国语言文学、化学、工商管理4个一级学科进入全国前20%。

〔**人才培养**〕　学校先后出台《湖南大学本科学生学籍预警实施办法》等7个文件。推进课程标准化建设并付诸实施。建立助教制度，稳步推行“大班授课小班指导”“多次考试考查”等教学方式，引导学生自主学习。推进本科公共基础实验室平台建设。全年新增2门国家级精品视频公开课程、4门国家级精品资源共享课程，“宏观经济学”课程被教育部批准立项为国家级来华留学英语授课品牌课程。做好卓越工程师教育培养计划，创建校企联合培养新机制，先后与海马汽车集团股份有限公司、中国石油化工股份有限公司巴陵分公司、中国建筑第五工程局共建了3个国家级工程实践教育中心。加大教学改革立项和教学成果奖申报力度，获省级教学成果奖12项、省级教学改革项目27项、校级教学改革立项50项；获国家级大学生创新性实验计划立项107项，参加各类学科竞赛共获国家级奖励147项。

积极推进研究生教育综合改革，研究生培养质量稳步提高。新增2篇全国优秀博士学位论文、7篇省级优秀博士学位论文。继续实施研究生教育创新计划，获教研教改课题资助6项、研究生科研创新基金项目42项、研究生创新论坛1项、研究生暑期学校1项、研究生培养创新基地3个。全面推行博士研究生招生资格审核制，由导师组对考生专业学术潜质、科研创新能力及综合素质进行全面考查，使有突出学术专长和培养潜质的优秀人才脱颖而出。完善研究生资助体系，资助22名博士研究生参加国际学术会议。47名研究生获国家公派研究生出国留学计划。

招生质量稳步提升，首次尝试面向数学与应用数学、应用物理学、化学、生物技术、工程力学、汉语言文学、历史学、英语8个基础学科专业开展自主选拔录取。2013年，毕业生就业率达92.2%，居全省高校前列。

〔**师资队伍建设**〕 加大高层次人才引进，全年引进高层次人才21人，其中包括美籍院士4人、“千人计划”入选者11人、“长江学者”讲座教授1人；1人获聘为“长江学者”讲座教授，5人入选湖南省“百人计划”。教师队伍结构明显优化，高层次人才占专任教师比例提高到4%，博士学位比例达61%，其中具有海外博士学位的教师比例达8%，具有一年以上海外经历的教师比例达39.6%。共招收博士后50人，博士后进站人数比2012年增长4.2%。着力拓宽教师国际视野。全年学校共有国家公派出国人员61人，教职工赴海外参加国际学术会议、交流访问或合作研究336人，短期出国交流学习人数较2012年增长58.4%。

〔**党建和思想政治工作**〕 深入学习贯彻党的十八大精神，深入开展党的群众路线教育实践活动，认真贯彻落实中央政治局关于改进工作作风、密切联系群众的八项规定精神，开展“四风”问题对照检查，校领导班子坚持带头开展学习教育，坚持广开言路听取意见，开好学校领导班子民主生活会，认真开展批评与自我批评，以实际行动转变作风。对教育部巡视组、督导组反馈的意见以及师生关注的热点问题，进行深刻剖析和认真整改，落实学校第八次党员代表大会精神。

认真抓好2013年党风廉政建设工作的研究部署，抓好党风廉政建设责任制职责分解，加大招生和教育乱收费治理力度。继续深化“小金库”专项治理，组织开展“节庆、论坛、展会摸底普查和规范管理”专项清理检查。发挥监察部门的职能作用，切实加强对干部人事、招生录取、职级职称评审等全过程监督。

加强基层组织规范建设，将学习党的十八大精神作为各类干部培训、基层党员组织生活的重要内容，深化开展基层党建示范点创建活动，24个单位被授予学校基层党建示范点。

组织开展全校青年教职工思想状况调研活动。深入开展“我的中国梦”主题教育活动、网络思想政治教育、少数民族学生教育、生涯发展教育等，开展“坚定信念、铸牢军魂”主题教育及公益创业教育等特色教育。积极树立先进典型，教授胡遂获评2013年度“全国教书育人楷模”。活用书院责任文化项目获全国高校校园文化成果一等奖。

〔**社会服务**〕 不断拓展科技合作平台，与重庆市签订《重庆市两江新区管理委员会湖南大学战略合作协议》；与10余家企业签订共建联合实验室或工程技术中心协议。推进国家超级计算长沙中心建设（简称超算长沙中心），与湖南省国防科技工业局联合申报的国家高分辨率对地观测系统湖南数据与应用中心正式落户超算长沙中心，这是学校服务国家领域的一个重大突破。作为责任主体单位，学校承担了韶山月球和其他深空探测样品异地存储基地的建设和运营任务。学校与湖南省隆回县开展为期8年的定点扶贫工作，启动10项具体扶贫项目。继续开展与西南民族大学对口支援工作。

努力当好“智库”，服务地方建设。为省委、省政府决策提供理论支持和政策咨询，多次参加湖南省省情研讨，撰写相关调研报告，为长沙市两型社会发展、武陵山片区发展、县域经济发展等提供了重要的政策支撑。

〔**教育交流与合作**〕　与国外院校合作，成立了国家级建筑安全与环境国际联合研究中心。引进美国西北大学理查德·莫肯团队到校工作，成立了“生物化学与纳米医学研究所”。与美国亚利桑那州立大学、罗切斯特理工学院、凯瑟西储大学和日本北海道大学及澳大利亚莫纳什大学等10所国外高校建立了实质性的合作与交流关系，合作院校的层次不断提高，合作领域不断扩大。

〔**内部治理**〕　深入推进依法治校，初步完成《湖南大学章程（草案）》。切实加强民主管理，加强学校教职工代表大会制度建设，完善教职工代表大会工作细则，制定《关于进一步加强教职工代表大会建设的意见》，修订《湖南大学二级教（职）代会工作规程》。组织开展校务公开和院务公开督查工作，规范校务、院务公开内容和形式。对校内薪酬分配方案、学校征地方案等学校发展重大问题和涉及教职工利益的实际问题均提交教职工代表大会讨论通过，切实保障师生的知情权、参与权、表达权和监督权。建立健全信息沟通机制，召开校情通报会，面向师生员工、党外人士和离退休人员主动公开学校发展建设基本情况和教职工普遍关注的热点问题，积极吸纳师生参与学校的民主管理和民主监督。

进一步明晰学校党委与行政的权力与职责。制定《湖南大学关于“三重一大”决策制度的实施意见》《湖南大学“三重一大”决策制度实施细则》，完成学校党委全委会、党委常委会、校长办公会、书记办公会议事规则的修订。通过切实可行的制度规范，依法落实党委职责和校长职权，处理好决策与执行的关系。

强化学术权力。建立教授年会制度，制定并由全体教授审定《湖南大学学术委员会章程》《湖南大学学术委员会遴选办法》，积极推进重要学术事务的决策权完全回归学术委员会，落实教授治学制度。

〔**支撑和服务体系**〕　2013年，学校完成了研究生院楼主体、工程孵化中心与德智园研究生公寓建设；启动理工科教学楼、游泳馆建设和土木工程学院大楼修缮改造；本科实验室基地维修改造竣工验收；完成天马、德智园学生公寓，天马留学生公寓的移交工作。实施宿舍热水进寝室工程。启动学校公共场所电力增容工作。完成学生食堂空调安装，改善就餐环境。

完成“湖南大学综合信息数据平台”建设并试运行。完成财务信息系统等应用系统的集成。启动了校园无线网建设，信息化服务更加多元化。

学校加大投入，提升校园安全技防质量，创新面上防控体系，落实高要求，规范消防安全管理，在全国首届平安校园建设优秀成果评选中获一等奖。

撰稿　成　希　左　鑫
审稿　黄梓根

中南大学

〔**习近平到校考察**〕　11月4日，国家主席习近平到学校考察指导，肯定了学校的工作。

〔**学科建设**〕 完成8个目录外二级学科的自主设置工作。完成“985工程”阶段检查互评和“211工程”总结工作。进一步扩大研究生导师的录取权、培养权和淘汰权。获评全国优秀博士学位论文1篇、提名4篇。承办第十届全国研究生数模竞赛，学校一等奖获奖数并列全国第1位，总成绩名列全国第5位。

夯实研究生“朋辈互助”成长平台，出台《中南大学研究生朋辈心理互助队实施办法》。陆续开通研究生“朋辈互助网”、“创新园”微信与微博、研究生“缘来友你”等互动网络平台。组建了15支社会实践团队开展科技服务等活动。举办第二届研究生“最喜爱的导师”评选活动。加强15个研究生德育示范基地建设，立项70余项教育活动，投入资金36.6万元。

〔**本科生教育**〕 学校18门课程入选国家资源共享课专家建议立项名单，居全国高校第3位；39位专家入选新一届教育部高等学校教学指导委员会，其中主任、副主任委员7人；3个专业获批“卓越工程师教育培养计划”；获湖南省教学成果奖一等奖5项、二等奖10项、三等奖7项。学生全年共获国际级奖项34项、国家级奖项281项、省级奖项359项；2013届本科毕业生初次就业率达92.53%。

2013年，学校理工科录取分数线高于各省第一批次录取控制分数线70分以上的新生比例达67.3%，远高于2012年的49.5%；5个省的理科投档线高出当地第一批次控制线90分以上，比2012年增加3个省；文科新生录取平均分和投档线加权平均分高出全国第一批次控制线加权平均分45.23分和39分，比2012年分别提高7.4分和5.72分。

开展交互式、讨论式、主动式教学改革，启动“开放式精品示范课堂计划”，首批建设12门示范课程。加强教学过程规范管理，狠抓学生到课率和考试秩序，教风、学风明显好转；推出20门考试改革试点课程；开展“无人监考”试点。教授、副教授为本科生授课制度进一步确立，全年给本科生上课的教授、副教授比例达95.12%。

本科教学经费持续增加，直接用于二级学院的基本教学业务费同比增长5.3%；各类专项投入同比增长13.4%。全年累计投入4 600余万元，用于实验室配套条件建设。实验室向本科生开放的比例达70%，专门设立实验室开放基金，支持本科生各类创新实践项目1 000余项。

〔**研究生教育**〕 实行“有项目、有经费、有学术水平、有博士学位”的“四有”博士研究生导师资格遴选制度；制订研究生招生名额分配新方案，根据科研经费、科研效益、学术声望和研究平台的加权分值下达研究生招生指标。实行无项目、无经费、无成果的导师不招生的改革政策。将博士研究生的生活补助由2007年的每生每月600元提高到每生每月1 000元以上。发布实施《中南大学科研经费设立优秀博士生创新奖学金实施方案（试行）》，经考核入选的博士研究生每月可新增收入2 000元，最高每月新增8 000元，并可获持续资助3年，最长5年。

〔**科学研究**〕 学校牵头组建的“有色金属先进结构材料与制造协同创新中心”、参与组建的“轨道交通安全协同创新中心”入选全国首批14个高等学校创新能力提升计划项目。国家自然科学基金资助立项经费达3.26亿元，比2012年增长1.06亿元，全国排名第10位；首次牵头主持国家重大科研仪器设备研究专项1项，经费达7 600万元；全年到账科研经费达7.79亿元，与2012年基本持平。强化科研预算管理，落实学校、院系和项目负责人三级责任制，严格规范科研经费支出；落实横向科研经费提成和奖励政策，完善纵向科研经费的绩效使用办法。

获国家科学技术奖励7项，其中主持3项、参与4项，获奖总数在全国高校排名第3位，主持项目获奖数在全国高校排名（通用项目）第8位。其中教授吴敏主持的项目获国家自然科学二等奖，实现了合校以来自然科学奖的首次突破。

根据中国科学技术信息研究所2013年发布的中国国际科技论文统计结果显示，2012年学校在世界各学科高影响力期刊上发表论文129篇，居全国高校第 4 位；2012 年 SCIE 收录论文 1 932 篇、EI 收录论文 1 806 篇，分别位居全国高校第 14 位和第 8 位。

〔**师资队伍建设**〕　教授桂卫华当选为中国工程院院士，新入选国家“千人计划”1 人、“青年千人计划”2 人、全国首批“国家高层次人才特殊支持计划”1 人、“长江学者”特聘教授和讲座教授 2 人。2 名青年教师获“优秀青年科学基金”支持、19 名青年教师入选新一批教育部“新世纪优秀人才支持计划”，111 人获国家公派出国留学资格。

全年学校用于人才队伍建设经费达 1.4 亿元。继续实施“531”人才队伍建设工程，投入 1 854 万元，聘任第一、二、三层次人才共 792 名；7 人入选“升华学者计划”特聘教授、8 人入选第八批“升华猎英计划”、9 人入选第八批“升华育英计划”；设立教师研究基金，投入 1 000 万元，资助项目 56 项。

启动实施“中南大学千人计划”，首批聘任 7 人。全面启动和实施青年教师“2＋6”（两年的博士后培养，再加上 6 年的青年教师阶段培养）培养政策，全年共有 82 名青年教师获得资助，投入经费 2 435 万元。

〔**党建工作**〕　认真开展党的群众路线教育实践活动，开展四轮征求意见工作，梳理归总出各类意见 4 635 条。召开学校领导班子专题民主生活会，出台综合整改、专项整改和制度建设三大整改方案，明确 6 个方面 30 项整改措施共 98 项具体任务；各项工作得到中央巡视督导组肯定，中央《党的群众路线教育实践活动简报》第 25 期和 99 期分别介绍了学校的经验和做法。

着眼于年轻干部培养，在不提高津贴待遇的前提下，启动增设 35 岁左右二级学院副院长岗位工作并基本完成选拔；首次启动管理人员职级晋升工作。

学校在第 22 次全国高校党建工作会议上做网络思想政治教育经验典型发言；学校被评为湖南省“创建学习型党组织先进单位”。

〔**其他获奖情况**〕　学校工会获评全国教科文卫体系统“先进工会组织”；学校龙狮文化建设项目获 2013 年全国高校“校园文化建设优秀成果奖”一等奖；学校田径队获第十三届全国大学生田径锦标赛男女团体总分第一名；构建了离退休工作“八位一体”（“霞满天”离退休网站、“青山松”特色博客、“夕照明”一键通手机、“黄昏颂”手机报、“秋风劲”信息服务站、“飞花雨”短信平台、“自奋蹄”通讯联群、“彩虹桥”志愿服务系统）信息化服务平台。

〔**医学教育和医疗**〕　完成第二届“湘雅名医”评选工作，评选出 35 人；开展首届“湘雅最美护士”评选，评选出 35 人。

启动湘雅临床大数据系统项目建设，计划 5 年投入 1 亿元，101 个项目获首批资助。启动湘雅实验动物大楼建设，总投资 4 700 万元。投资 2 000 万元的湘雅口腔医院获批准，门诊部通过验收正式运行。与爱尔眼科医院集团国有股份有限公司合作，成立爱尔眼科学院，采用新的运营模式，开展研究生培养层面产学研合作的新尝试。选派 51 名临床八年制学生赴美国康奈尔大学、埃默里大学、匹兹堡大学、南加利福尼亚大学和加拿大渥太华大学等国外大学学习。

国家代谢性疾病临床医学研究中心、精神疾病诊治技术国家地方联合工程实验室落户学校。学校附属医院新入选 17 个国家临床重点专科，总数达 59 个，居全国高校前列。断臂寄养再植、器官异种移植、植物人复苏等领域的医学研究和医疗技术取得新突破。

学校湘雅二医院等附属医院通过设立“一站式”投诉接待中心、举办社会开放日、给予及时心理干预、改进服务流程等举措，增进医患沟通，化解医疗纠纷，患者投诉率大幅下降。

〔**完善内部治理**〕　学校出台教授委员会工作条例，重新选举和规范运行各学院教授委员会，成立校院两级学生工作委员会。扩大学院在岗位设置、人员聘用、新进教师遴选、职称评审、津贴分配等方面的办学自主权；在加强党委统一领导的基础上，初步形成了院校两级分层治理的管理体制。

加强学校规范性文件管理制定进程，集中清理规范性文件 548 件，学校行政发文与 2012 年同比减少 16%，党群部门发文与 2012 年同比减少 15%。非涉密性文件 100%实现网上流转和电子发布，会议减少 20%。

严格预算管理，严控行政经费，在其他各项开支有所增加的情况下，按教育部统计口径计算，全校管理机构“三公”经费支出比 2012 年下降 24.6%；推进公务用车和办公用房改革，取消领导相对固定用车 15 台，清理和封存校内一般公务用车 91 台，清退各类超标办公用房 945 平方米。

〔**改善办学条件**〕 全年学校总收入 34.55 亿元，比 2012 年增长 3.36%，其中各类培训收入 3 亿元，比 2012 年增长 33%；实现捐赠收入 7 000 余万元。

完善津贴分配办法，实施向教学、青年教师倾斜的分配激励政策。全年学生奖助金额达 32 319 万元，比 2012 年增长 17.51%，其中本科生 9 950 万元、研究生 22 369 万元。学校附属中小学办学经费来源得到初步解决，首次获教育部 2 200 多万元专项经费支持。

投入资金约 1 亿元，启动学生宿舍空调安装和电力增容、线路改造工程，完成三校区主教学楼等公共设施的空调安装工作。将学校补助食堂营业额的比例由 2012 年的 4%增至 10%，全年补贴资金 1 000 万元。中国电信集团公司投入 1.7 亿元，基本建成“数字中南”校园网，网络服务更加方便、快捷和安全；与 6 家银行合作共建“校园一卡通”，引入建设资金 5 800 多万元。

完善校长信箱、书记信箱网络管理系统，对师生群众来信来访实行专人管理、限期回复、及时处理，全年共处理群众来信 1 200 余件，总办结率达 90%以上。

撰稿 金红艳
审稿 王海东

中 山 大 学

〔**新增 4 位国家“973 计划”首席科学家**〕 2013 年，学校新增 4 位国家“973 计划”首席科学家。他们是：物理科学与工程技术学院教授余思远、杨国伟，环境科学与工程学院教授杨崧，生命科学学院教授徐安龙。研究领域分别涉及集成光电子器件及其在光信息系统中的应用，低维材料物理与器件、材料生长的热力学和动力学理论，气候特别是季风气候的研究、监测和预测工作，免疫学等。

〔**成立超级计算学院**〕 2013 年，全球最快超级计算机——天河二号一期主机系统进驻学校东校区的广州超级计算中心。

学校围绕广州超级计算中心在人才培养和超算行业应用等两个方面的核心需求，依托完备的学科、科研和人才培养体系，相继成立了超级计算学院、超级计算应用研究院和大数据研究院，组建了“超算工程软件教育部工程技术研究中心”。学校通过 3 至 5 年的时间，布局多个重点实验室和工程中心等一批科研平台，形成较为完备的超算技术人才培养体系，推动生命科学、医学、药学、海洋、材料、环境等相关学科与超算的交叉与结合。开展高水平的教育交流与合作，引入超算领域高端的国际科技资源，将广州超级计算中心打造成国际一流水平的超算中心。

〔**学校转化医学国际联合研究中心被认定为国家国际科技合作基地**〕 2013 年，学校转化医学国际联合研究中心被认定为国家国际科技合作基地（国家级国际联合研究中心类），这是全省第一个国家级国际联合研究中心。该中心是在临床与转化医学研究院广东省国际科技合作基地的基础上，以美国约翰·霍普金斯大学作为核心合作伙伴而建立的。中心聚焦转化医学研究，按照“以我为主、高起点、实质性投入、机构与机构之间”的国际合作理念和“高起点、全方位、建体系、求长远、分阶段”的国际合作策略，与美国约翰·霍普金斯大学等国外高水平研究机构开展实质性合作，分阶段达到有选择地解决中国所面临的主要健康问题，从而实现医学科技创新能力与卓越拔尖人才培养能力的同步跨越，建设世界一流水平的医学学科群的目标。

〔**2 项成果获国家自然科学二等奖**〕 2013 年，学校有 2 项科研成果获国家自然科学二等奖。分别是：化学与化学工程学院教授苏成勇研究团队完成的“纳微配位空间的金属—有机超分子组装行为及构效关系”和物理科学与工程技术学院教授沈培康研究团队完成的“纳米电催化能源材料的功能定向制备和协同效应机理研究”。

〔**科学研究**〕 2013 年度，学校科研总经费超过 11 亿元，30 项科研成果获省部级以上奖项。拥有 9 个国家级实验室或研究中心、6 个国家地方联合工程实验室、15 个教育部重点实验室或研究中心、6 个教育部人文社会科学重点研究基地、4 个卫生部重点实验室或研究中心和 58 个省级实验室、研究中心、研究基地。此外，学校参与美国实验物理学家丁肇中团队的阿尔法磁谱仪（AMS）项目，负责“硅微条轨迹探测器热控系统”研发，是 AMS 中研制用于太空的实验装置的唯一一所中国高校。

〔**招生工作**〕 2013 年，学校有全日制学生 49 289 人，其中博士研究生 4 783 人、硕士研究生 11 943 人、本科生 32 563 人，有在职攻读硕士学位研究生 3 714 人，来自各个国家、地区的留学生 1 797 人，成人本、专科生 10 900 人，网络本、专科生 15 872 人。

〔**博雅学院首届本科生毕业**〕 博雅学院是学校为探索高等教育大众化时代的精英教育模式而专门设置的学院。6 月，博雅学院首届 32 位本科生毕业。

〔**中山大学—卡内基梅隆大学联合工程学院启动招生**〕 2013 年，中山大学—卡内基梅隆大学联合工程学院启动首批硕士、博士研究生招生，首批招收全日制双学位硕士研究生 80 人、博士研究生 5 人。

撰稿　林婵玉
审稿　王　琤

华南理工大学

〔**学科建设**〕 2013 年，在教育部开展的网络验收评审中，学校“985 工程”建设成效获优秀，并获教育部资助奖励。集中优势资源，加强重点学科和优势学科群建设。继化学、材料学、工程学、农业科学和物理学之后，生物学与生物医学进入国际 ESI 全球排名前 1%。16 个学科参加全国第三轮一级学科评估，5 个学科进入前 5 位，7 个学科进入前 10 位。在上海交通大学发布的 2013 年“世界大学学科领域排名”和“世界大学学科排名”中，学校工科领域入围世界 150 强，化学学科入围世界 200 强。

〔**专业和特色课程建设**〕 2013 年，学校投入 1 000 万元，重点建设新兴学科专业、交叉学科专业及特色专业实验室、共享实验室、薄弱实验室等。

加强专业内涵建设。从增强人才培养的社会适应性和学科建设需要出发，完成本科专业目录调整，并建立起专业招生预警及设置优化机制。推进重点专业综合改革，承担国家综合改革试点专业 4 个、省级综合改革试点专业 8 个。强化一般专业特色发展，有国家特色专业 18 个、省级特色专业 23 个；全英文本科专业 5 个。学校化学工程与工艺、电气工程及其自动化专业通过全国工程教育专业认证现场考查，建筑学专业连续第五次以优秀等级通过专业教育评估。

加强新型特色课程建设。全面开设通识教育课程 158 门、全英文教学课程 126 门、新生研讨课程 32 门、创业教育课程 15 门，以学校“教学在线”网站和教育部“爱课程网”为平台，推进一批优质课程资源共享。

〔多样化创新人才培养模式改革〕 学校以培养高素质、高层次、多样化的“三创型”（创新、创造、创业）人才为目标，通过改革培养机制，实现优才优育。2013 年，共设置各类创新班、强化班和教学改革试点班 30 个。学校对这些创新班实行因材施教、优才优育的个性化教育。截至 2013 年年底，基因组科学创新班有 39 人次以并列第一或署名作者的身份在 *Nature*（《自然》）、*Science*（《科学》）、*Cell*（《细胞》）等世界学术刊物上发表 27 篇学术论文，其中学生金鑫作为并列第一作者、学校作为第三完成单位的研究成果在 *Nature Genetics*（《自然·遗传学》）上公开发表。

〔学生实践创新能力培养〕 构建实践育人体系，加快实践教学改革，构建起“国家—省级—学校—学院”四级学生科研体系。2013 年，学校投入 365 万元，共立项学生科研项目 1 024 项，参与学生达 4 000 人，本科生参与科研人数约占在校生总人数的 50%。加强大学生校外实践教育基地建设，共建有 8 个国家级工程教育实践中心、15 个省级大学生校外实践教育基地、345 个校级实践教学基地和一大批专业实践实习基地。2013 年，以建筑专业为主的学生代表队参加国际太阳能十项全能竞赛，获亚军，是国内高校参赛以来的最好成绩。

〔关注教师教学能力提升，全面加强教学质量管理〕 以国家级教师教学发展示范中心为依托，全面启动实施“教师教学能力提升计划”，面向中青年教师开展教学技能培训工作，建立在岗教师常态培训机制。严格执行教学检查及通报制度，建设优良教风、学风、考风。完善质量评价体系，建立学院本科教学质量基本状况数据库，发布《学院本科教学质量状况白皮书》和《本科教学质量报告（2012 年）》。

〔研究生教育改革〕 2013 年，硕士研究生中专业学位学生占 58.5%，其中全日制硕士研究生中专业学位生占 38.6%；工程博士研究生已招生两届。

启动研究生生源质量提升计划，探索博士研究生招生申请考核制试点，实施多学科交叉培养招生方案。改革完善导师遴选机制，建立破格制度，建立健全导师约束和退出机制，探索实施导师培养绩效与招生资源分配挂钩的动态管理。

健全以优秀博士学位论文创新基金、优秀硕士研究生创新基金为重点，以质量为导向的多元化资助体系，进一步激励研究生尤其是博士研究生潜心科研，研究生创新意识和创新能力得到显著提升。2013 年，获全国优秀博士学位论文 2 篇、提名 5 篇。1 名博士研究生获第八届中国青少年科技创新奖，1 名博士研究生获“感动南粤校园”博学类年度人物。

2013 年，学校共投入 134 万元，重点从课程教学、实践基地等方面推进研究生教育改革，获批 8 个省级示范基地。截至 2013 年年底，学校共有 22 个省联合培养研究生示范基地。开展工程硕士专业领域自评估工作，加强在职专业学位研究生培养。

〔师资队伍建设〕 引进与培育并举，推进实施高层次人才队伍建设“三大计划”，开辟人才引进“绿色通道”，从引进标准、待遇、培养计划等方面进一步为高层次人才尤其是青年拔尖人才拓宽政策空间。2013 年，新增“长江学者”1 人、国家“百千万人才工程”人选 2 人、“千人计划”青年项目入选者 2 人、“千人计划”短期入选者 1 人、高端外专项目入选者 1 人、广东省领军人才 1 人。

〔**科学研究**〕　2013 年，学校到账科研经费超过 12 亿元。获批建设国家移动超声探测工程技术研究中心；新增 8 个工程技术研究中心等省级平台，自然科学类部省级及以上科研机构增至 88 个；3 个国家重点实验室通过 5 年一次的评估。承担国家重大项目能力进一步增强，理工类纵向项目新立项 849 项，包括“973 计划”（首席科学家单位）1 项、国家杰出青年基金 2 项、优秀青年科学基金 4 项、“863 计划”2 项、国家科技支撑计划项目 2 项等。获 3 项国家级科技奖励，其中获技术发明奖二等奖 1 项、科技进步二等奖 2 项。2013 年，申请专利 1 939 件，比 2012 年增长 12.6%；专利授权量 1 344 件，比 2012 年增长 35.2%。3 项专利获第十五届中国专利优秀奖。截至 2013 年年底，学校发明专利授权量居全国高校第 7 位，有效发明专利拥有量居全国高校第 6 位。

〔**产学研合作**〕　2013 年，学校新立项理工类横向项目 1 468 项，合同总经费达 5.77 亿元。选派近百位优秀中青年教师作为省部企业科技特派员到广东省各地市企业。学校华南协同创新研究院引进和孵化企业 5 家，运行 8 个建设项目。学校广州现代产业技术研究院承担科研项目 66 项，面向企事业单位推广科技成果 21 项，获批为国家技术转移示范机构。学校工业技术研究总院及各地分院积极搭建服务平台，一批科技成果得到实施转化。

〔**召开第十六次党代会**〕　6 月，学校召开第十六次党代会。会议明确提出了“坚持内涵发展，全面提高质量”的总要求，确立了“加快建成国内一流，世界知名高水平研究型大学”的奋斗目标，学校高水平大学建设进入更加注重内涵发展、加快提升办学质量和水平的新阶段。

〔**开展党的群众路线教育实践活动**〕　2013 年，学校党委按照中央和教育部党组的要求，深入开展党的群众路线教育实践活动，贯彻中央政治局关于改进工作作风、密切联系群众的八项规定，围绕“为民、务实、清廉”主题，聚焦“四风”问题，以整风精神、从严要求和务实作风，着力解决师生反映强烈的突出问题，建立健全党员领导干部作风建设的长效机制，扎实推进作风建设，推动学校科学发展。

活动开展以来，通过收集师生的意见和建议，梳理成 117 项整改任务，由学校党政负责人牵头负责完成整改任务。切实抓好沟通反馈，回应师生诉求和关切，拓宽沟通的途径和方式，举行多场校情通报会，通报问题解决进展情况。着力抓好建章立制环节，在全校范围内开展了规章制度“废改立”工作，切实加强制度建设。着力加强民生建设，校园环境等基础建设得到了进一步改善，后勤服务水平得到进一步提升，教职工收入和学生奖助学金稳步增长。学校“三公”经费支出、全校性会议数量、常规工作发文分别比 2012 年减少 15.1%、29.2%、8.0%；清理简报刊物、评比表彰和议事协调机构，精简率分别达 52.3%、40.9%、55.7%。

〔**人事制度改革**〕　加强学校“兴华人才工程”团队建设，修订教学科研人员考核办法，注重教学与科研工作的平衡。完善学校岗位设置、职员制改革等系列管理制度和办法，推进各类人员专业技术职务晋升工作，教学科研人员晋级条件更加科学，管理人员职员制晋级转向常态化。首次启动工勤技能人员岗位晋级，全面打通各系列人员专业发展通道。改革聘用模式，制定并实施《公开招聘事业编制非教学科研岗位人员实施办法》，提高人员素质，推进人事管理科学化、制度化和规范化。

〔**教育交流与合作**〕　以平台建设和项目为重点推进国际化办学。依托学校中美创新学院和中法工程师学院，积极拓展和实施国际班项目、学生联合培养和交换项目。2013 年，全校各类学生交流和学位项目达 82 项，覆盖全校所有本科专业。全年共派出本科学生 494 人、研究生 369 人，接收学生近 100 人，实现学生的双向流动。留学生教育稳步发展，全年共有来自 123 个国家的 2 028 名留学生在校学习，其中学历生占 60%。2013 年，学校入选全国首批来华留学示范基地。

撰稿　曾雪丽

审稿　陶韶菁

重庆大学

〔**陈小娅到校视察指导工作**〕　2013 年 9 月 11 日，科技部副部长陈小娅到学校视察指导工作，充分肯定了学校鲜明的办学特色，对学校在服务国家重大战略需求方面所做的创新工作给予了高度评价。

〔**傅振邦到校调研**〕　12 月 12 日，共青团中央书记处书记傅振邦一行到学校调研高校共青团工作，并出席了重庆高校共青团工作座谈会。傅振邦对学校共青团工作及取得的成效给予了充分肯定。

〔**完善本科生培养方案**〕　完成 2014 级本科生培养方案修订工作，首次从“知识、能力、素质”三方面明确培养要求；制订大类培养方案，在公共管理等学院推进大类招生培养；新增国家级卓越工程师教育培养计划专业 6 个，获批卓越法律人才教育培养计划。

〔**召开研究生教育工作会**〕　11 月 7—8 日，学校召开研究生教育工作会议。会议的主要任务是：贯彻落实全国研究生教育工作会议和《教育部国家发改委财政部关于深化研究生教育改革的意见》精神，深化研究生教育改革，提高研究生培养质量，开创学校研究生教育的新局面。

〔**物理学科进入 ESI 全球前 1%**〕　根据 2013 年 3 月 1 日更新的 ESI 基本科学指标（Essential Science Indicators）显示，学校物理学科进入世界 ESI 排名前 1%，标志着学校物理学科的研究实力和国际影响力迈入国际知名行列。

〔**获多项国家科学技术奖**〕　作为主要参研单位之一，教授陈蓉等的“燃料电池中多相能质传递与电化学反应的相互作用机理”获国家自然科学二等奖，教授蒋兴良等的“电网大范围冰冻灾害预防治理关键技术及成套装备”获国家科技进步一等奖，教授钱觉时等的“混凝土裂缝分龄期防治新材料和新技术及其应用”获国家科技进步二等奖。

〔**首获教育部哲学社会科学研究重大课题攻关项目**〕　学校公共管理学院教授刘渝琳申报的“建设人口均衡型社会研究”获 2013 年教育部哲学社会科学研究重大课题攻关项目，实现了学校在此项目上零的突破。

〔**1 门课程入选国家级精品视频公开课**〕　经过教育部组织专家评审遴选，学校经济与工商管理学院教授龙勇、孟卫东主讲的“企业合作的奥秘”视频课，入选第三批国家级精品视频公开课。

〔**获 3 个重庆市协同创新中心**〕　学校组建的汽车协同创新中心、山地城镇建设协同创新中心、深空探测协同创新中心获准成为重庆市协同创新中心。

〔**获批数字影视艺术理论与技术重庆市重点实验室**〕　3 月 20 日，数字影视艺术理论与技术重庆市重点实验室揭牌仪式在学校举行。该实验室是重庆市科学技术委员会认定的文理学科交叉的重庆市重点实验室。实验室的建成会为重庆市影视制作、大型演出、会展、主题公园等产业的发展提供强有力的理论和技术支撑。

〔**师资队伍建设**〕　2013 年，学校新增中国工程院院士 1 人、教育部创新团队 1 个、“长江学者” 1 人、国家杰出青年科学基金获得者 2 人、国家“百千万人才工程”入选者 3 人、国家高层次人才特殊支持计划（“万人计划”）国家教学名师 1 人、“百千万工程”领军人才 1 人、“青年拔尖人才支持计划”入选者 1 人，教育部“新世纪优秀人才支持计划” 13 人；引进加拿大工程院院士 1 人、国家“千人计划” 6 人、“长江学者”并国家杰出青年科学基金获得者 1 人、“百人计划”青年学者 29 人。

〔**组织工作创新活动入选中央组织部创新案例**〕　由学校党委推荐报送、党委组织部撰写的《重庆大学开展现代大学制度下的固本强基党支部项目建设》案例，被《组织工作改革创新案例》收录，并公开出版发行。该案例从背景、事例、主要做法、思考与启示 4 个方面介绍了学校在现代大学制度建设中加强党建工作特别是党支部建设的整体情况。

〔**成立航空航天学院**〕　12 月 26 日，学校第一个行业型学院——航空航天学院成立。学校聘请中国工程院院士刘人怀为航空航天学院名誉院长、教授胡宁为院长。

〔**任命周绪红为校长**〕　6 月 25 日，中央组织部干部三局巡视员、副局长赵凡受中央组织部委托，在学校干部大会上宣布了中共中央、国务院关于学校校长调整的决定。任命周绪红为重庆大学校长，林建华不再担任重庆大学校长职务。

〔**MBA 教育通过 AMBA 国际认证**〕　11 月 20 日，学校经济与工商管理学院接到英国工商管理硕士协会（AMBA，The Association of MBAs）总部发来的正式通知函和贺信，祝贺学院 MBA 教育通过 AMBA 国际认证，并取得了 5 年认证资格的最好成绩。这是学校经济与工商管理学院获得的第一个国际商学院权威认证资格。

〔**多渠道培养人才**〕　学校与美国辛辛那提大学联合办学，首批招生 66 人；学校博雅学院首批招生 26 人；扩大优异生培养范围，比例由 2% 调整到 5%。

〔**成为首批“来华留学示范基地”**〕　2013 年，学校被教育部评选为首批“来华留学示范基地”，成为西南地区唯一一所入选的教育部直属高校。

〔**启动安特卫普大学联合培养物流工程硕士项目**〕　12 月 21 日，“重庆大学—比利时安特卫普大学物流工程硕士联合培养班开学典礼”在学校举行。学校与安特卫普大学运输与海运管理学院合办联合物流学院，双方共享教育资源，培养具有国际视野与高水平的运输与物流管理高级专业人才，为重庆市乃至全国提供物流运输管理专业人才。

〔**国际战略合作**〕　学校建筑学部与英国伦敦大学学院（UCL）建筑环境学院、美国明尼苏达大学建筑学院，学校材料学院与加拿大英属哥伦比亚大学（UBC）材料科学与工程系，学校自动化学院与新西兰奥克兰大学工程学部，学校建管学院与澳大利亚昆士兰理工大学理工学院分别建立了国际战略合作伙伴关系。

〔**承办中国研究生院院长联席会 2013 年年会**〕　11 月 8—10 日，由中国研究生院院长联席会秘书处主办、学校承办的中国研究生院院长联席 2013 年年会在学校召开。会议围绕研究生培养质量监督与保障体系建设、研究生教育收费制度下的高校奖助体系变化及人才培养机制的转变等主题进行了研讨。

〔**德国开姆尼茨工业大学校长访问学校**〕　10 月 18 日，校长周绪红会见了德国开姆尼茨工业大学校长阿诺德·范泽尔（Anrold van Zyl）。两校拓展在材料、机械、计算机、通信、电气等领域的科研合作，同时增进教师交流互访，共同推进学生国际化课程建设，联合举办国际学术会议及实施双边教育项目。

〔**网络文化建设与管理工作获佳绩**〕 1月10日，学校官方微博获评教育部“2013年度教育系统十佳官方微博”。10月11日，学校获评重庆市“高校网络文化建设与管理十佳优秀成果”。11月15日，学校官方微博获“2013年度全国高校新媒体综合影响力十强”。12月12日，学校当选全国高校校园网站联盟暨中国大学生在线理事会副理事长单位，并负责网络思想政治教育专门委员会工作。

〔**蒋孝严访问学校**〕 10月17日，中国国民党副主席蒋孝严到学校参观访问，党委书记欧可平会见了蒋孝严。

〔**获第九届中国舞蹈“荷花奖”古典舞银奖**〕 8月16日，学校艺术学院舞蹈系选送的群舞《汉风俪影》获第九届中国舞蹈“荷花奖”古典舞表演银奖；独舞《醉伶人》《冷夜清秋舞清愁》和三人舞《乐舞伎》获第九届中国舞蹈“荷花奖”古典舞十佳作品称号。学校同时还获得了第九届中国舞蹈“荷花奖”古典舞评奖组委会特别奖。

〔**获第十三届“挑战杯”全国大学生课外学术科技作品竞赛特等奖**〕 在第十三届“挑战杯”全国大学生课外学术科技作品竞赛中，学校城市建设与环境工程学院学生王颖等的作品《新型低水损管道混合器》获特等奖，这是西部地区高校获得的唯一一个特等奖；学校经济工商管理学院学生诸宏博等的作品《武陵山连片贫困地区扶贫攻坚“探索者”——黔江区扶贫移民政策实施情况调研》和生物工程学院学生余璨等的作品《3D/nano-QSAR技术实现多靶点抗AD分子建模与设计》获二等奖；生物工程学院学生史博智等的作品《3D/nano-QSAR技术实现多靶点抗AD分子建模与设计》、建筑城规学院学生伍利君等的作品《室内空间集约利用的微型住宅设计》和经济工商管理学院学生任康等的作品《西南民族社区的“脱贫梦”——贵州省西江苗寨旅游扶贫“包容性”调查》获三等奖；第十二届“挑战杯”特等奖作品《冲击我国城市化进程“瓶颈”的一项变革——基于重庆市户籍制度改革的调查》荣获累进创新奖铜奖；学校获优秀组织奖。

〔**获中国大学生足球联赛全国第三名**〕 在2013年中国大学生足球联赛上，学校足球队获第三名。

撰稿 张旭东 李四维
审稿 肖铁岩

西南大学

〔**学科建设**〕 2013年，学校6个研究型学部（院）及创新平台建设基本达到中期目标。发表SCI/SSCI论文426篇，争取纵向科研经费超过2.5亿元；12月13日，学校成立材料与能源学部；完成“十二五”期间市级重点学科中期检查，37个学科以优良成绩通过验收；建立按年度发布学科评估报告的评价体制，发布《西南大学2012—2013年度学科建设发展报告》。

〔**教育教学改革**〕 完善本科专业培养方案和相关管理制度，60个本科专业接受分类评估；本科教学改革取得多项成果，获教育部教师队伍建设示范项目3项，重庆市教学成果奖24项（其中一等奖8项），获重庆市教育教学改革项目29项；新增国家级精品开放课程11门；制订公共课教学改革方案，启动公共课教学专项改革；学生获全国大学生数学建模竞赛一等奖、第十三届“挑战杯”全国大学生课外学术科技作品竞赛一等奖和全国大学生健美操艺术体操锦标赛冠军等多项奖励。

获重庆市研究生教育教学改革研究项目16项（其中重大项目3项），获批重庆市研究生教育优质课程7门；完成主文献资源服务平台及首批试点博士学科专业主文献资源库建设；获全国优秀博士学位论文1篇、重庆市优秀博士学位论文13篇和优秀硕士学位论文27篇，发表A1以上高水平论文603篇（其中SCI及SSCI一区以上论文180篇）。

〔**科研工作**〕 学校获国家自然科学基金项目106项；获重大科技项目11项，获国家社会科学基金重大项目2项、重点项目3项；新增省部级以上科研平台5个、市级“高等学校创新能力提升计划”协同创新中心2个，完成中国基础教育质量评价与提升协同创新中心西南大学分中心组建工作；获国家科技进步二等奖1项、重庆市科技进步一等奖3项、高校科学研究优秀成果奖（人文社会科学）11项、第四届中华优秀出版物图书奖1项及中国产学研合作创新奖，入选《国家哲学社会科学成果文库》成果1项；获取专利211项，较2012年增长54.4%，其中国家发明专利170项；2013年，到校科研经费达3.45亿元。

〔**体制机制改革**〕 完成《西南大学章程》修订工作；印发并实施《柑橘研究所体制机制改革方案》；实施绩效分配制度改革；完成“十二五”发展规划中期检查，撰写形成《西南大学“十二五”发展规划中期检查报告》。

〔**人才队伍建设**〕 学校引进国家“千人计划”长期项目专家2人，40人通过特别评聘通道晋升或确认职务，新进专任教师108人；1人入选国家“万人计划”第一批青年拔尖人才，9人入选首批“重庆市高层次人才特殊支持计划”；新增“长江学者”特聘教授1人、教育部“新世纪优秀人才支持计划”8人、“两江学者”（在重庆市重点产业、重点学科、重点建设领域设立100个特聘岗位，面向海内外延揽一流精英，以带动重庆市重大项目、支柱产业和优势学科发展）2人、重庆市青年突出贡献专家1人、“巴渝学者”9人；获准国家留学基金管理委员会项目计划93项；专任教师中具有博士学位的比例达49.75%，较2012年增长3.52%，其中有出国留学经历的达24.41%，较2012年增长3.3%。

〔**干部队伍建设**〕 修订《西南大学干部管理规定》；调整提拔处级干部20余名、科级干部20余名；组织处级以上干部参加国家教育行政学院、重庆市委教育工作委员会的培训20余人次；实施干部远程学习培训；完成40名辅导员的晋级、定级工作，首次确定副处级专职辅导员1名，选聘辅导员25名。

〔**党建工作**〕 2013年，学校进一步完善两级党委中心组学习制度，学校党委中心组开展学习6次，各二级党组织开展中心组学习均不少于2次。

全年发展党员2 828名（其中教职工党员19名），培训入党积极分子7 800余名；举办二级党组织党委秘书业务培训1期；召开党建研究会年会；调整党建与思想政治工作研究基地设置，基地立项17项；增设国际学院党总支；成立材料与能源学部党委。

开展“三公”经费、领导干部会员卡清退、办公用房及公车使用等4项专项检查，开通网络举报“直通车”；制定《西南大学科研行为监管实施办法》；启动廉政风险防控试点工作，校内6个试点单位绘制权力运行流程图206份，查找廉政风险点484个，制定廉政风险防控措施487条；与北碚区纪委共同成立“缙云党风廉政研究中心”。

〔**党的群众路线教育实践活动**〕 学校按照“照镜子、正衣冠、洗洗澡、治治病”的总要求，以“为民、务实、清廉”为主要内容，以学校领导班子和中层领导干部为重点，扎实开展党的群众路线教育实践活动，制订了领导班子党的群众路线教育实践活动整改方案、专项整治方案和制度建设计划，确定整改措施33条、专项整治任务6项36条及制度建设计划34条，明确了整改落实的目标任务、责任人、路线图和时间表。

〔**统战群团工作**〕　学校召开二届四次工会会员代表大会暨教职工代表大会、教职工代表大会2013年第二次会议；完成部门工会、二级教职工代表大会换届工作，举办专、兼职工会、教职工代表大会干部培训班1期；向民主党派市委推荐高层次人才2人，向市知识分子联谊会推荐“青年千人计划”1人；学校社会主义学院举行第11期新成员培训班和第12期干部培训班；成立学校青年志愿者联合会；学校关心下一代工作委员会获“中华魂”主题教育活动全国先进集体奖；国防生模拟营二连团支部被评为全国“五四”红旗团支部。

〔**思想政治教育**〕　制定《中共西南大学委员会关于加强和改进青年教师思想政治工作的实施意见》；开展学校青年教师思想状况专题调研，举办专题培训2期，培训青年教师600余人；实施35岁以下青年教师一对一“传帮带”，开展40岁以下研究生导师专题培训；组织“青年教师成才奖”评选，举办师德师风报告会；落实35岁以下青年教师兼任学生辅导员、班主任工作。

开展以“推动调研工作、推动交流联系、推动实事办理和建设制度规范”为主要内容的“三推一建”主题活动；开展“我的中国梦”“三爱三节”“美化校园人人参与”“光盘行动从我做起”等活动。《教育部简报》2013年第31期以《西南大学着力加强免费师范生教育，以“中国梦”引领“教师梦”》为题，报道了学校“中国梦”主题教育活动的开展情况；依托《西大学子手机报》、辅导员博客、辅导员微博、青春缙云网站等，开展学生网络思想政治教育；开展学雷锋等社会实践活动，推进“千百硕博进基层”，其中“传媒之眼”研究生社会实践服务团队获全国优秀公益团队一等奖。

〔**文化宣传工作**〕　建设“崇德先锋”党的群众路线教育实践活动专题网站，在学校手机报、青春缙云网、学校官方微博等平台开设教育实践活动专栏；在学校樟树林论坛开设“青教天地”板块，开通“西南大学青教天地”官方微信；学校官方微博入选“2013年度全国高校新媒体综合影响力十强”，获“2013教育官微影响力奖”；2013年，向教育部办公厅、重庆市委办公厅、重庆市教委办公室报送《情况简报》225期，在教育部属高校信息工作积分榜上排名第6，居西部高校第一；在重庆市委办公厅和重庆市教委信息采用排名中，位居重庆市高校第一；在各级各类平面媒体刊发新闻400余篇次。

〔**招生与就业**〕　2013年，学校招收本科生10 021人、研究生3 674人；研究生生源质量显著提升，国内重点院校生源比例达41%，较2012年增长9%，录取的非在职博士生比例达73.1%，较2012年增长27.1%；学校毕业生年终就业率本科生达95.3%、研究生达94.92%；学校被评为“2012—2013年度全国毕业生就业典型经验高校”“重庆市普通高校毕业生就业示范中心”；“大学生职业发展与就业指导”课程被评为全国高校首批职业发展与就业指导示范课程。

〔**教育交流与合作**〕　学校与北美、欧洲等地高校签订合作协议书或备忘录25份；招收各类留学生907人，较2012年增长21.26%；623名交换、实习学生赴国（境）外学习；与澳大利亚迪肯大学、西澳大学分别联合申报的软件工程专业和自动化专业本科教育项目获批；与越南国立教育管理学院在越南合作举办的教育硕士（教育管理方向）专业学位教育项目招收硕士研究生30名；加入欧盟伊拉斯谟“中欧博士生教育合作项目”，启动学校与欧盟国家高校博士研究生教育的合作与交流。

〔**社会服务**〕　新签合作项目307项，到校合作经费较2012年增长17%；与重庆建工集团股份有限公司等10家规模企业建立战略联盟关系；与四川凯基化工集团合作建设新型肥料研究所，获企业投资1 000万元；推进服务现代农业发展“重庆行动”，建立产学研基地、试验示范基地20余个；

200余份研究咨询报告被各级地方政府部门和企事业单位采纳，其中有2份被教育部《专家建议》采纳、8份被教育部相关司室采纳；对口支援质量提高，帮助毕节学院等受援高校提升师资队伍建设和科学研究水平。

撰稿　韦　俊
审稿　张卫国

四川大学

〔**学科建设**〕　2013年，在国家新一轮学科评估中，学校口腔医学学科连续第3次排名全国高校第一，护理学、轻工技术与工程学科排名全国高校前3，有9个学科排名全国高校前5，有20个学科排名全国高校前10。召开全校学科发展论坛、人文社会科学发展论坛、华西医学学科振兴计划专题会和工科发展论坛，结合文、理、工、医学科特点，出台了《人文社科振兴计划》《医学学科振兴计划》，明确了文、理、工、医各学科的发展思路。探索建立学科改革创新发展新模式，开展学科建设目标责任制试点工作。

〔**师资队伍建设**〕　截至2013年年底，学校有专任教师4 882人，具有正高级职称的1 370人。有中国科学院和中国工程院院士15人，“四川大学杰出教授”6人，国家“千人计划”入选者42人（其中“青年千人计划”入选者14人、“外专千人计划”2人），“长江学者”特聘教授31人、讲座教授10人，国家自然科学杰出青年科学基金获得者42人，“973计划”首席科学家9人、国家社科基金重大招标（委托）项目获得者21人（22项），国家教学名师奖获得者12人。

〔**王红宁获何梁何利奖**〕　10月30日，学校生命科学学院教授王红宁获2013年度何梁何利基金“科学与技术创新奖”。

〔**冯小明当选中国科学院院士**〕　12月19日，学校化学学院教授冯小明新增选为中国科学院院士。

〔**创新中心获“2011计划”首批认定**〕　4月11日，教育部公示了首批14个协同创新中心名单。学校牵头组建的生物治疗协同创新中心获准成为国家首批14个高等学校创新能力提升计划（“2011计划”）建设项目之一，也是4个科学前沿类创新中心之一；学校参与的中国南海问题研究协同创新中心获准成为教育部首批认定的两个“文化传承创新类协同创新中心”之一。

〔**获4项国家科学技术奖**〕　2013年，学校有4项优秀科技成果获2013年度国家科学技术奖，分别是数学学院教授张旭完成的“无限维控制系统的结构理论”获国家自然科学二等奖，计算机学院教授游志胜等完成的“面向高端训练和体验服务的全景互动视觉合成技术与应用”获国家科技进步二等奖，华西第二医院教授母得志等参与完成的“新生儿脑损伤预防、诊断和治疗技术的研究与应用”获国家科技进步二等奖，华西临床医学院教授李廷谦等参与完成的“参附注射液品质控制与产业化关键技术应用”获国家科技进步二等奖。

〔**科研经费和项目发展**〕　2013年，全校科研总经费首次突破20亿元，达20.15亿元，其中理、工、医科研经费达18.696亿元、社会科学科研经费达1.454亿元。获准国家自然科学基金各类项目385项，经费达3.55亿元；获国家科技支撑计划2项、“863计划”3项、科技部创新方法工作专项1项、重大仪器专项1项；获国防军工项目138项，经费达6 797万元，其中首次获国家国防科技工业局军品配套规划项目1项。获国家社会科学基金项目52项，其中重大招标项目6项。学校牵头“973计划”重大基础研究项目12项。

〔社科招标项目取得历史性突破〕　11月25日，2013年度国家社科基金重大项目（第二批）立项名单公布，学校有6个项目获得立项，取得历史性突破。

〔全球首个CCU及CO_2矿化利用研究院成立〕　5月17日，四川大学—中国石化CCU及CO_2矿化利用研究院科技合作框架协议和共建研究院方案签字仪式暨研究院揭牌仪式在成都市举行，标志着世界首个CCU及CO_2矿化利用研究院正式成立。校长谢和平与中国石油化工集团公司董事长傅成玉代表双方签署合作协议，并为中国石化—四川大学CCU及CO_2矿化利用研究院揭牌。

〔召开2013年研究生教育工作会〕　7月2日，学校召开2013年研究生教育工作会。会议认真分析了近年来学校研究生教育工作取得的成绩和存在的差距，提出要抓住国家推动高等教育内涵式发展、大力发展专业学位研究生教育和国家对研究生教育投入机制改革的机遇，推动学校研究生教育工作更好更快地发展。

〔深入学习贯彻党的十八大、十八届三中全会精神和习近平总书记系列重要讲话精神〕　学校开展了党的十八大精神进教材、进课堂、进头脑等系列活动。举办中层领导干部学习贯彻党的十八大精神培训班，举行6场培训报告会，组织了5次视频学习和分组讨论，402名中层干部参加培训。召开深入学习贯彻党的十八届三中全会精神和习近平总书记系列重要讲话精神座谈会，成立四川大学党的十八届三中全会精神宣讲团，向广大师生做宣讲报告40余场。设立中国特色社会主义理论研究年度课题并面向全校师生征集学术论文，加强对习近平总书记系列重要讲话精神和党的十八届三中全会精神的理论研究。

〔开展党的群众路线教育实践活动〕　出台《深入开展党的群众路线教育实践活动的实施方案》，校院两级领导班子紧密联系实际，认真查摆“四风”问题，召开了70场专题民主生活会。学校领导班子深入基层调研121次，召开各类座谈会81场；校院两级领导班子共开展交心谈心活动4 342人次，发放并回收调查问卷5 106份、共收集意见建议947条。针对查摆出来的问题和师生员工普遍关心的热点难点问题，制订了涵盖5个方面、57项具体措施的整改落实方案。

〔深入贯彻落实中央政治局关于改进工作作风、密切联系群众的八项规定〕　出台《四川大学贯彻落实中央改进工作作风、密切联系群众〈八项规定〉和〈实施细则〉的实施办法》《关于规范津贴补贴发放管理的实施细则》《“三公”经费管理使用细则》《公务接待管理办法》等规章制度，严格规范津补贴发放，严控“三公”经费支出，学校全年“三公经费”支出较2012年降低了43.4%。

〔落实中央巡视组反馈意见〕　先后召开20余次专题会议，对整改工作进行研究和督促检查，推动11个大方面174个小项的整改任务逐项落实到位。修订完善或新建制度90余项，形成依靠制度解决问题和推动工作的长效机制。做好巡视整改总结工作，形成巡视反馈意见整改落实的总报告和11个整改落实的专项报告，并按期上报。

〔现代大学制度建设〕　2013年，学校明确提出“完善内部治理结构，推进现代大学制度建设”的任务，形成了现代大学制度建设的具体方案和举措。制定了《四川大学章程》并报送教育部预审，制定与章程相适应的专项配套制度和具体实施细则；制定了《关于教授代表、统一战线人士代表、学生代表列席学校校务会的实施办法》，进一步加大师生参与学校民主管理的力度；制定《机关部门文化理念和服务公约》《机关部门和业务单位职责与服务指南汇编》《四川大学规章制度汇编》，进一步完善机关服务流程；制定完善《四川大学学院教授委员会章程》和《四川大学学术委员会章程》，为保障教授在学术问题上的参与权、管理权、决策权和监督权提供了有力支撑；制定并实施《关于加强学术诚信体系建设的实施办法》，强化了诚信教育。

〔**成翼娟获第44届南丁格尔奖章**〕　8月24日，第44届南丁格尔奖章颁奖仪式在北京举行，国家主席习近平出席大会，为6名中国获奖者颁发奖章。学校华西医院护理部原主任、华西医院管理研究所教授成翼娟获第44届“南丁格尔奖章”，成为四川省获此殊荣的第4位护理工作者。

〔**地震救灾和重建工作**〕　4月20日8时2分，四川省雅安市芦山县发生7.0级地震。地震发生后，学校立即组织全校师生特别是各附属医院积极投入抗震救灾和灾后重建工作。4月21日，国务院总理李克强到学校华西医院，看望地震伤员并慰问医护职工。5月8日，在“5·12”汶川地震5周年暨中国第4个防灾减灾日之际，由学校与香港理工大学、汶川县政府联合主办的“灾后振兴与国际减灾论坛——汶川灾后重建五周年与4·20芦山地震的经验与启示”开幕。

〔**灾后重建与管理学院正式揭牌**〕　5月8日，香港马会大楼暨四川大学—香港理工大学灾后重建与管理学院揭牌仪式举行。这是全球首个减灾应急管理领域专门学院。

〔**共建四川大学—匹兹堡学院**〕　5月24日，校长谢和平访问美国匹兹堡大学，并与匹兹堡大学签署两校全面合作协议。根据协议，双方将共同尝试创建“四川大学—匹兹堡学院”，以4＋0、2＋2、3＋1、3＋X等模式，通过引进并整合两校的优质教育资源、先进的办学理念和设施，培养既熟悉中国国情，又具备专业知识、管理理论基础知识和英语语言交流能力及国际市场开拓能力的适应新世纪国际竞争环境的高素质复合型人才。2013年，学校完成四川大学—匹兹堡学院的申报工作。

〔**启动2013年“实践及国际课程周”**〕　7月1日，学校第二届“实践及国际课程周”拉开帷幕。在3周的时间里，来自美国、加拿大等国外高校的50余名外籍专家、教授为全校学生开设了文、理、工、医各个学科门类、共70余门全英文国际课程；“课程周”同时包括美国哈佛大学、英国牛津大学等国外大学的300多名外籍留学生参与组成的28个“国际交流营”活动。此外，还举办了“首届四川大学大学生创新创业论坛”“第四期大学生创业操盘实践项目”等活动。

〔**加拿大、澳大利亚总督到校访问**〕　10月22日，加拿大总督戴维·约翰斯顿到校访问，出席了“创新论坛”并发表了主旨演讲。22日，澳大利亚总督布赖斯一行到校访问，并专程到华西校区参观考察澳大利亚科利尔公司与华西医院合作的科研项目。

〔**学校校园形象标识系统方案公布**〕　1月，经学校校务会决定，公示了学校标准色、校旗和校歌方案。学校的标准色为锦绣红和优雅灰，萃取于学校老建筑的色彩元素，寓意着对学校百年历史文化的传承弘扬；校旗采用标准色锦绣红的衍伸色中国红与优雅灰搭配；校歌为张澜先生修改的原《国立成都大学校歌》。同时还公布了学校校园道路、楼宇、景观命名方案。

撰稿　杜小军　汤　彦
审稿　罗中枢

西南财经大学

〔**优化学科建设机制**〕　2013年，学校通过学科调研、对标定位和规划制订，进一步强化学科建设的龙头地位及质量优先、内涵发展、绩效导向的学科建设指导思想。组织未参评的一级学科参加评估，强化“211 工程”等重点项目建设绩效导向。“金融安全协同创新中心”获批四川省首批“2011 协同创新中心”。建立学科自主设置论证答辩制度，设立“应用社会学”“政策科学与公共管理创新”两个二级学科。

〔**人才培养**〕　学校优化人才培养方案，推进总学时控制和学分优化，加强本科教学工程建设。“计量经济学”等 9 门课程获批 2013 年国家级精品资源共享课立项；“企业领导的法律思维”获批国家级精品视频公开课，并在爱课程网上线；“货币金融学”等 9 门课程获批 2013 年省级精品资源共享课。法学专业入选教育部“专业综合改革试点”项目；人力资源管理专业获批省级“专业综合改革试点”项目；“涉外法律人才教育培养基地”获批四川省卓越法律人才教育培养计划项目；法学综合实验教学中心获批四川省 2013 年高等学校省级实验教学示范中心建设项目。获省级教学成果一等奖 6 项，二等奖、三等奖各 2 项。积极推动实践教学建设，入选教育部大学生创新创业训练计划项目 114 项。现代金融虚拟仿真实验教学中心获批 2013 年国家级虚拟仿真实验教学中心。2013 年，学校文理科本科录取分数线位居省内高校第一。2013 届本科毕业生就业率达 93.94%，其中考研、出国率达 34.13%。

〔**实施《学位与研究生教育改革与发展三年行动计划》**〕　在综合分析国内外研究生教育发展形势及学校研究生教育发展实际的基础上，学校发布了《学位与研究生教育改革与发展三年行动计划》。《计划》提出“一条主线、二个平台、四大战略、四个转变”的发展思路，提出未来 3 年的十大行动计划，具体包括 40 项改革措施。启动构建以提升职业能力为导向的专业学位研究生培养新模式；出台《全日制专业学位研究生校外导师遴选及聘任办法》；新增专业学位实习实践基地 6 个，新开设实务类课程 19 门。完善博士生导师和校外导师遴选及聘任办法，健全以导师为第一责任人的责权机制。实行博士研究生招生计划动态调节，完善优质生源选拔机制；博士生来自重点院校比例升至 73.39%。提高博士生毕业科研成果基本要求。实施“优秀博士学位论文建设项目”。由学校教授甘犁指导的 2007 级数量经济学专业博士生徐舒的学位论文《中国劳动者收入不平等的演化——技术进步与高校扩招政策的影响》入选 2013 年全国优秀博士学位论文。

〔**实施《西南财经大学哲学社会科学繁荣计划（2013—2020 年）》**〕　学校强化科研成果创新和质量导向，启动实施国家课题预申报工作，系统推进科研组织载体和管理制度建设。发布实施《西南财经大学哲学社会科学繁荣计划（2013—2020 年）》。该《计划》包含十大行动计划和 16 个重大建设项目，是学校哲学社会科学发展的纲领性文件。制定《金融安全协同创新中心媒体影响力奖励规范》等，探索教师社会服务类成果评价和奖励办法。创办《金融创新》（*Financial Innovation*）英文国际学术期刊。全年科研经费达 4 235.5 万元。获国家社会科学项目立项 22 项、自然科学项目立项 38 项，省部级以上项目共计 130 余项。国家自然科学基金重大项目实现零的突破，国家自然科学基金管理学部青年项目居全国第一，国家社会科学基金重大项目立项 2 项。全年共发表中文社会科学引文索引（CSSCI）论文 349 篇。新增省校级重点研究基地和创新团队 22 个。设立“国家全面深化改革”等 3 批次应急研究专项 104 项。召开留美经济学会、中国经济学会年会、西部金融论坛等重要学术会议。完成中国家庭金融第二轮调查。

〔**人才队伍建设**〕　2013 年，学校首次面向校内外公开选聘工商管理学院、公共管理学院院长。做好中层干部换届工作，加强优秀年轻干部和党外干部的选拔任用，加强干部轮岗交流，干部交流比例达 35.7%，建立处级领导班子任期目标责任制并签订责任书。实施《教师工作业绩评价及奖励暂行办法》，修订《西南财经大学人才引进与管理办法》，出台《西南财经大学辅导员培训规划》，完善人事人才管理制度。设立“青年拔尖人才支持计划”，继续实施“管理干部境外培训计划”，加强青年人才和管理干部培养。引进国内外博士 59 人，26 人入选“千人计划”、国务院政府特殊津贴专家、教育部“新世纪优秀人才支持计划”等人才项目。新增 4 名国家社会科学基金项目评审专家。14 名教师入选新一届高等学校教学指导委员会委员。

〔**优化校内机构设置**〕　成立北京研究院、西部商学院，组建光华校区管理委员会，设立学校法律事务室。

〔**党建和思想政治工作**〕　扎实开展党的群众路线教育实践活动，以处级以上领导班子、领导干部和管理服务部门为重点，聚焦作风建设，集中解决“四风”问题，扎实深入开展以“为民、务实、清廉”为主要内容的党的群众路线教育实践活动，深入推进整改落实、建章立制环节的工作。根据中央政治局关于改进工作作风、密切联系群众的八项规定和教育部《贯彻落实中央改进工作作风、密切联系群众〈八项规定〉和〈实施细则〉的实施办法》，制定学校“八项规定”（加强调查研究、热情服务师生、精简会议活动、精简文件简报、规范出访活动、厉行勤俭节约、严明组织纪律、加强督促检查），加强督促落实，取得明显成效。积极开展“中国梦・西财梦”主题教育活动，认真开展“三爱”（爱学习、爱劳动、爱祖国）、“三节”（节粮、节水、节电）活动。成立机关党委，学院设立分党委，基层党组织设置进一步优化。充分发扬民主，严格组织程序，完成基层委员会换届工作。提升学生党员发展质量，学校全年新发展党员 1 558 人。加强党员教育培训，组织分党委书记、党务工作者到延安等地进行党性教育专题培训，举办“首届学生党支部书记论坛”。持续推进党建创新项目。抓好统战工作，建立党外代表人士动态人才库。加强团建理论研究，成立“西财青年发展研究中心”。实施“廉政风险防控工程”、“监督机制建设工程”和“阳光治校工程”，建立特邀监察员制度，开展廉政文化系列活动。

〔**招生工作**〕　截至 2013 年年底，学校普通高等教育在校生 23 006 人，其中本科生 16 187 人、硕士研究生 5 871 人、博士研究生 948 人、成人高等教育学生 7 513 人，网络教育学生 14 738 人，留学生 628 人。全年招生 6 421 人，其中本科生 3 990 人、硕士研究生 2 198 人、博士研究生 233 人。毕业生 6 520 人，其中本科生 4 041 人、硕士研究生 2 325 人、博士研究生 154 人。

〔**教育交流与合作**〕　修订教师因公出国（境）、外事接待、学生交流项目等教育交流合作管理制度。拓展优势交流项目，新增教育（包括港澳台）交流项目 22 个。整合学生出国（境）交流项目，为学生提供权威项目选择平台。成立中欧商校联盟（ACE）秘书处。派出国家公派访学留学项目师生 59 人。聘请高级别外籍专家 240 余人，其中诺贝尔经济学奖得主 3 人。与 19 所国外高校签署校际合作协议。

〔**挂牌成立两所孔子学院**〕　学校与马其顿麦托迪大学合作创办的孔子学院、与美国纽约州立奥尔巴尼大学合作创办的孔子学院挂牌成立。

〔**学生管理服务平台及机制建设**〕　学校建成学生实践活动网络管理平台，建设学生事务一体化管理平台。成立学生资助管理中心，优化和统筹学生资助管理工作。建立“志愿服务育人”长效机制，积极组织参与“经世济民公益基金”、财富全球论坛等志愿活动，学校青年志愿者协会获“四川省雷锋式优秀志愿服务组织”称号。构建就业市场体系和实习实践平台，学校获“全国高校就业工作 50 强”称号。完善大学生心理健康服务体系。制订并实施学校辅导员培训规划。

〔**校园文化建设**〕　学校完成柳林校区校园文化建设总体方案设计，继续推进一期工程建设。在学校济民广场树立教育家、财政经济家张寿镛，著名经济学家、学校教授陈豹隐塑像，出版《陈豹隐全集（一、二卷）》，进一步弘扬大师文化。师生原创校史话剧“光华 1938”成功首演。启动“口述校史”工作。加强学校视觉识别系统工程建设。

“弘扬校园主旋律，传递青春正能量”等一批文化建设成果获省部级优秀成果奖。举办1983级校友入校30周年纪念活动，利用新媒体加强校友服务。投身“4·20”芦山地震抗震救灾和灾后重建工作，建立首个“灾区帐篷学校”。成立“西南财经大学芦山地震灾区爱心学校”，先后接收、安置芦山中学师生共计440人及社会高考考生和领队24人。

撰稿　陈奇志　卿太祥　金元平
审稿　李　雪

西南交通大学

〔**学科建设**〕　2013年，学校厘清了工科、理科、人文社会科学、生命学科四大板块在学校发展中的地位、作用和内在关系，进一步明确了学科发展布局与方向，研究出台了《西南交通大学学科提升计划——工科登峰、理科强基与文科跨越行动计划（2014—2020年）》，提出了学科建设的具体目标、举措、线路图和时间表，形成了学校学科发展与建设的行动纲领。

〔**人才培养**〕　不断深化人才培养模式改革，继续推进承担的3项国家教育体制改革项目，进一步完善多层次多类型的创新人才培养体系，强化本科生、研究生培养课程的衔接和贯通式培养。学校制定的《卓越工程师人才培养专业规范》《城市轨道交通人才培养专业规范》在80余所高校和40多家轨道交通行业企业广泛推广，相关教学改革材料被国家教育体制改革领导小组办公室列为典型材料和专报信息上报中央。2篇博士学位论文入选全国优秀博士学位论文。

〔**教学资源建设**〕　加强教学资源建设，重点推进通识教育课程、大规模在线开放课程的建设，完成首批10门校级通识课程的中期检查工作，分别确定和规划了第二批、第三批通识课程建设名单。新增国家级精品视频公开课1门、国家级就业指导示范课1门、国家级精品资源共享课14门，首批3门MOOCs课程在5所交通大学MOOCs课程联盟EWANT平台上线，其中“机械设计”课程成为西部高校首门MOOCs课程。

〔**科学研究**〕　学校牵头建设的“轨道交通安全协同创新中心”入选国家首批14个“2011计划”认定中心。“云服务平台技术协同创新中心”入选四川省首批“高等学校创新能力提升计划”培育项目名单。学校作为第二单位参与了清华大学牵头的“尖端装备跨尺度设计制造协同创新中心”培育项目。土木、中文等学科参与了2个校外协同创新中心培育项目。学校牵头的“铁道运输装备技术协同创新中心”完成项目申报准备工作。新增国家科技支撑计划主持项目1项、首次主持国家科技惠民计划项目1项。获国家自然科学基金立项138项，其中首次获煤炭联合基金重点项目；获批社会科学基金立项10项。

〔**科研经费及平台建设**〕　2013年，学校全年科技活动经费7.9亿元，其中到账科研经费3.38亿元。进一步规范科研项目和经费管理，开展了3轮科研经费自查自纠工作。学校轨道交通国家实验室（筹）一期建设工程基本完工，整体建设进入初步验收阶段。学校高速铁路运营安全空间信息技术国家地方联合工程实验室获国家发展和改革委批准立项建设，成为学校第6个国家级创新平台。学校安全评价中心建设工作顺利推进，与成都铁路局合作成立了公司实体。此外，学校文科基地数量显著增加，获批现代设计与文化研究中心、美国研究中心、越南研究中心3个省级科研平台，与美国康奈尔大学联合成立了“科技与社会创新国际中心”。启动了学校智库建设。2013年，学校加入了国家高速列车产业技术创新战略联盟、国家重载机车车辆产业技术创新战略联盟、四川省北斗卫星导航产业联盟、四川省航空发动机产业联盟等行业产业联盟，为学校立足行业和服务区域经济建设奠定了基础。

〔**获奖情况**〕　学校获省部级以上科技奖项17项，其中获国家科技进步二等奖、四川省科技进步一等奖、教育部科技进步二等奖各1项。

〔**召开人才强校主战略推进大会**〕　12月16日，学校召开人才强校主战略推进大会，出台了《西南交通大学关于实施人才强校主战略的若干意见》及系列配套文件，进一步夯实教师队伍建设系列计划，落实相关举措，明确了人才队伍建设在学校各项发展战略中的主体地位。

〔**师资队伍建设**〕　2013年，学校新增双聘院士1人、国家“千人计划”入选者2人、国家杰出青年科学基金获得者3人、国家“百千万工程”入选者1人、教育部“新世纪优秀人才支持计划”入选者6人、四川省“千人计划”入选者4人。学校兼职教授崔鹏、杜彦良分别当选中国科学院、中国工程院院士，教授、中国科学院院士翟婉明获全国五一劳动奖章和2012年四川省科技杰出贡献奖，学校牵引动力国家重点实验室研究员王开云获“中国青年科技奖”。学校高速铁路运营安全空间信息技术团队入选教育部创新团队。

〔**青年教师培养**〕　推进学校教师发展中心建设，加大青年教师培养力度，选派490人次参加各类海内外培训及研修；注重青年教师思想政治工作，聘任10名青年教师担任兼职辅导员。

〔**创新创业教育**〕　学校大学生创新创业教育中心正式投入使用，入选四川省首批创业俱乐部。学校实验竞赛月活动品牌效应凸显，吸引了其他5所高校的学生参加，参与学生超过12 000人次。学生踊跃参加国家大学生创新创业训练项目、大学生科研训练计划（SRTP）项目、重点实验室开放项目及校内外各类学科创新竞赛，共获省级以上奖励近700项，其中国家级一等奖28项、二等奖34项、三等奖40项。学校艺术与传播学院研究生团队获世界工业设计最高奖“德国红点至尊奖”，学校机械学院学生刘丛志获第八届中国青少年科技创新奖。

〔**发布教育部直属高校国际化水平排行榜**〕　11月21日，学校高等教育研究所发布了教育部直属高校国际化水平排行榜，清华大学、北京大学、复旦大学分别位于排行榜前3名。本次研究是首次对教育部直属高校进行国际化水平排名，填补了大学排行榜中大学国际化的空白。

〔**大学章程建设**〕　2013年，学校大学章程建设取得阶段性成果。12月，章程制定工作秘书组在西南交通大学章程制定工作组第二次全体会议上提交了《西南交通大学章程（初稿建议稿）》。

〔**内部改革**〕　不断深化人事和分配制度改革，推进岗位分类管理，完成学校机关及试点学院岗位编制方案核定工作；大力推进学校土木工程学院综合改革试点、经济管理学院海外人才特区试点、峨眉校区办学体制改革试点；启动资产处机关改革试点；大力加强学术组织建设，推进教授治学，重点加强学风建设和师德师风建设，学校“四个热爱”（“热爱教育、热爱教学、热爱学生、热爱学术”）推进师德师风建设的做法获四川省高校校园文化建设优秀成果奖第一名；合并组建了远程与继续教育学院；学校峨眉校区召开了第五次党员代表大会，明确了校区未来5年的办学总方针、奋斗目标和主要任务。

〔**学生管理**〕　加强学生教育管理，国防生培养经验材料分别受到国务院副总理刘延东、解放军总政治部主任张阳批示；学生党建材料被中宣部简报单篇转发；第二课堂建设经验在全国高校共青团研讨会上交流。

〔**对口支援工作**〕　进一步完善对口支援西藏大学工作体系，与西藏大学合作共建的“西藏大学工程应用技术学院”正式挂牌，全国首创“1+2+1”（学生第一、四年在西藏大学工学院就读，第二、三年在西南交通大学交通运输与物流学院学习；毕业证书和学位证书由西藏大学颁发，并注明两校联合培养）联合培养模式并示范推广，援藏工作的做法和建议得到了全国政协主席俞正声的肯定。

〔**干部工作**〕　加大竞争性选拔干部力度，实施了两轮中层干部校内公开竞聘、4 个学院院长海内外公开招聘和干部海外培训工作；启动了海外院长聘任工作。

〔**举办“中国高铁走出去战略高峰论坛”**〕　12 月 14 日，学校与光明日报联合举办“中国高铁走出去战略高峰论坛”，来自政府、高校、研究机构以及企业的中国高铁行业领军人物汇聚一堂，共同为中国高铁如何“走出去”建言献策。论坛发表了《中国高铁走出去成都宣言》。经济学家厉无畏出席论坛，发表了题为《高速铁路：加快中国走向世界经济舞台中心步伐》的主旨演讲。

〔**党的建设**〕　深入开展党的群众路线教育实践活动，收集了 400 多条意见和建议，梳理出在“四风”上存在的 25 个方面的问题，结合教育部对学校的巡视整改意见，制订整改方案，落实 42 大项具体整改举措。通过校院两级的切实整改，进一步增强了党员领导干部提升能力、推进改革的紧迫感和联系群众、心忧民生的自觉性，着力解决了若干制约学校发展的关键问题和群众反映的突出问题。深入推进党风廉政建设，认真贯彻执行中央政治局关于改进工作作风、密切联系群众的八项规定，加强惩治和预防腐败体系建设，健全校院两级“三重一大”决策保障机制，加强督察督办和执行力建设。强化领导干部经济责任审计，出台《西南交通大学审计结果运用实施办法》。

〔**领导班子调整**〕　教育部党组对学校领导班子进行了调整，任命徐飞为学校校长，委派张兵担任总会计师。

〔**招生与就业**〕　2013 年，学校本科招生规模得到有效控制，本科生和研究生生源质量进一步提高，共录取本科生 7 317 人，硕士研究生、博士研究生 3 549 人。2013 年，全校各层次毕业生共计 9 813 人，毕业生就业率达 95.9%，首次突破 90% 大关。

〔**安全稳定工作**〕　认真落实《西南交通大学安全稳定工作规定》，成立学校安稳应急处置专家组，编制安稳突发事件处置典型案例，加强常规安全隐患排查、处置和敏感时期维稳相关工作，确保学校全年安全稳定。

〔**教育交流与合作**〕　2013 年度，学校有来自 65 个国家和地区的 682 名留学生。其中学校轨道交通相关专业高层次硕士和博士研究生“中国政府奖学金”留学生增至 187 名，另有百余名国外铁路工程师和高校教师在学校长期进修。2013 年，学校“高端国际名校学术伙伴”数目不断增加，学校参与国际交流和访学人数增至 590 人次，较 2012 年增长 20%。学校与美国西北大学、英国诺丁汉大学、加拿大渥太华大学、德国慕尼黑工业大学等新的交换项目进展顺利。首次与美国康奈尔大学等高校开展联合培养人才。与英国利兹大学共建西南交大—利兹学院。

〔**财务工作**〕　全年实现决算收入 21.69 亿元。其中获财政拨款 11.26 亿元，同比增长 0.8%；争取到上级部门竞争性增量拨款 1.1 亿元；学校基金会共获社会筹资收入 2 800 余万元。

〔**校园文化建设**〕　推进《西南交通大学校史》编撰工作和老教授、老校友“口述历史”工作，《漫游中国大学——西南交通大学卷》《走进交大每一天》等校史类书籍相继出版。举办黄万里、张维等著名校友雕塑揭幕暨纪念活动，学校犀浦校区机车博物园一期工程完工，校园文化景观愈加丰富。一大批专家、学者相继到校讲学，校园文化活动蓬勃开展，毕业微电影《如未相见 3》获全国大学生微电影创作大赛最佳编剧奖，学校艺术与传播学院研究生钟秋获第29届中国电视剧飞天奖。学校官方微博获2013年度全国高校新媒体“创新之星”奖。

〔**校友会情况**〕 以各地校友会为点，以行业校友会为线，以校友所在的区域联席会为面，“点、线、面”结合搭建校友与母校、校友与校友之间的互动平台。2013年，成立5个校友会，2家成为董事单位。

撰稿 蒋罗林

审稿 郝辽钢

电子科技大学

〔**着力提升人才培养质量**〕 2013年，学校出台了《提高人才培养质量的若干意见》，就“重构本科人才培养体系”和“打造核心教学骨干队伍”提出了具体要求，有力地推动了学校的人才培养工作，人才培养的中心地位越发突显。学校面向2013级本科、全日制研究生和留学研究生，启动实施了新的人才培养方案和教学大纲。出台了骨干教学队伍建设办法、专职实验队伍管理办法，积极制订教学首席教授的选聘方案，着力打造一线教学队伍。学校博士生在国际顶级期刊和顶级学术会议上发表论文的人数和篇数均有所增长。1篇博士学位论文入选全国优秀博士学位论文、2篇博士学位论文入选全国优秀博士学位论文提名。新增国家本科教学工程项目21项、国家级精品课程7门、国家级实验教学示范中心2个、国家大学生工程实践教育中心1个。8个专业入选卓越工程师教育培养计划。

新增国家大学生创新创业训练计划115项，开展各类创新创业竞赛50余项，吸引8 000余名学生参与。学生第三次摘得亚太大学生机器人国内选拔赛冠军，首次参加国际基因工程大赛即获得全球总决赛软件组金奖。在全国性的学科竞赛和ACM全球总决赛等多项科技竞赛中，学生都有突出表现。

〔**以电子信息为特色的多科性研究型大学建设稳步推进**〕 在省政府的大力支持下，学校和省人民医院合作共建的电子科技大学医学院正式挂牌成立。学校将以信息医学为切入点，积极推动医学、生命和电子信息等学科的交叉融合，力争培养一批拔尖创新人才，取得一批创新科技成果，进一步探索符合学校实际的多科性发展之路。同时，学校继续加大力度支持能源、资源环境、航空航天等新学院的建设，巩固和提升前一阶段的学科拓展成果，立足国家战略需求和国际学术前沿，坚持“入主流有特色”的办学思路，着力打造优势、特色学科。

〔**坚持“质量与规模”并重，科技工作保持良好势头**〕 学校在原科技处的基础上成立了科学技术发展研究院。2013年，学校科技经费总量再次超过10亿元，其中新增国家自然科学基金180项，项目经费近亿元。新增国家技术发明二等奖1项、省部级一等奖5项。国家级工程技术创新平台建设取得重要突破，“国家电磁辐射控制材料工程技术研究中心”获批立项建设。学校“隐身材料与技术”团队入选教育部创新团队，“神经信息国际联合研究中心”认定为国际科技合作基地，“光纤传感与通信学科创新引智计划基地”成为学校第5个“111”引智计划项目。持续做好“高等学校创新能力提升计划”协同创新中心的培育认定工作，不断凝练方向、整合资源、落实措施。学校制订了哲学社会科学繁荣发展计划，新立国家社科基金项目5项、教育部人文社科项目7项。成都研究院在建项目进展顺利，东莞、无锡研究院在促进成果转化、深化校地合作方面取得了新进展。

〔**坚持实施人才强校战略，师资队伍建设取得新进展**〕 2013年，新增“千人计划”专家9人（其中“青年千人计划”专家4人）、“长江学者”3人、国家杰出青年科学基金1人、“万人计划”领军人才1人、“国家百千万人才”专家1人、教育部新世纪优秀人才支持计划13人，累计获得国家科研资助1 640万元。

积极延揽国际人才。2013年，学校应美国麻省理工学院（MIT）邀请，参加了该校首届亚洲招聘会；赴我国香港以及新加坡等华人人才相对集中的高校开展招聘；承办了国家青年千人联谊会信息组2013年年会，吸引了近30位“青年千人计划”入选者以及近百位专家学者参会。学校重点引进海外优秀人才，全年新增博士教师82人，其中具有一年以上海外研修经历的58人、海外博士及博士后34人。

积极实施青年教师出国行动计划，全年派出179人，出国研修的教师人数较2012年增长159%。143人获公派出国项目资助，其中96人获国家资助。新增在站博士后101人，获得各类博士后资助项目32项。

〔**不断加强现代大学制度建设和校园文化建设**〕 以制定《电子科技大学章程》为核心，推进现代大学制度建设。截至2013年年底，《章程》已形成征求意见稿，与之配套的各项规章制度建设陆续启动。召开第六届教代会、第十一届工代会第四次会议。推进教代会执委巡视制度，发挥教代会民主管理、民主监督作用。积极支持各民主党派做好自身建设。首次大范围开展寒暑假实地走访困难学生家庭活动，165人次参与走访活动，遍及23个省（区、市），走访慰问435名学生。关心离退休老同志的生活，开展多种形式的教职工文化体育活动。

作为教育部网络文化建设专项试点工作单位，学校成立了网络文化建设领导小组和工作组，明确了目标任务、方法措施、工作重点、时间进度、条件保障等，努力加强网络平台建设，增强内容的吸引力、影响力和掌控力，激发师生参与热情，打造文化精品。全年共举办“成电讲坛”等高水平讲座60余场，参与学生近2万人次。组织文艺演出37场，参与学生3万余人次。组织开展“中国梦·成电梦”教职工演讲比赛，进一步增强广大师生员工的自信心、自豪感。以“寻梦·铸梦”为校庆纪念周主题，组织了一系列校园开放日活动。积极开展走廊文化展评、公寓文化等活动，推动各基层单位的文化建设。完成了日晷、校友园门廊、校友林等校园景观建设工作。启动《电子科技大学志（1956—2015年）》的编纂工作，开展了“口述成电”活动，加强校史的编写、宣传和研究。

〔**积极实施国际化战略，国际化办学呈现新局面**〕 2013年，学校与世界百强名校英国格拉斯哥大学合作举办的格拉斯哥学院顺利完成招生工作，首届144名学生正式入学。与法国蒙彼利埃第二大学合作举办的孔子学院正式揭牌，已招收9个班级50多名学生，并开展了多场文化活动。新增留学生151名，师生出国交流学习近2 000人次。与新西兰奥克兰大学、伦敦大学、玛丽女王大学等名校签署启动的交流项目进展顺利。全年接待国（境）外来访411批次，包括葡萄牙驻华大使、英国格拉斯哥大学校长、美国威廉玛丽学院校长、法国蒙彼利埃大区学区长等重要来访27批次。以诺贝尔经济学奖得主为代表的近百名世界著名专家学者到校访问。主办、承办了高水平国际会议14场。

〔**招生与就业**〕 2013年，本科新生录取提档线高出当地重点线70分以上的省份达13个。面对严峻的就业形势，学校继续保持了较高的就业率和就业质量，本科生和研究生就业率分别为94.2%和97.3%。学生到国防重点单位就业的比例达9.6%，到世界500强企业和电子信息领域百强企业就业的比例达30.0%。本科生继续深造比例超过50%，本科生出国（境）深造比例持续上升，首次超过10%。

〔**开展党的群众路线教育实践活动**〕 自7月开始，学校按照中央和教育部党组的安排部署，紧紧把握“为民、务实、清廉”的核心要求，认真组织开展了党的群众路线教育实践活动。整个活动历时8个多月，经历了学习教育、听取意见，查摆问题、开展批评，整改落实、建章立制三个环节。

在党员干部队伍的作风建设方面，学校出台了以《学校领导班子成员改进工作作风、密切联系群众、厉行勤俭节约若干规定》和《学校领导班子整改落实方案》为代表的一系列文件，召开了各级领导班子民主生活会，党员干部队伍和机关职能部门的工作作风持续改善，工作效能不断增强。在党风廉政建设方面，围绕落实中共中央政治局关于改进工作作风、密切联系群众的八项规定等文件精神，采取了宣传教育、监督检查等多项措施，努力营造风清气正的校园环境。

在服务师生方面，校医院数字化诊疗系统投入使用，优化了医院服务流程，方便了患者就医。清水河校区体育场馆区域的教工食堂建成并投入使用。投入预算资金 1 700 余万元，启动实施学校东院教职工住宅区域的水电气管网等基础设施改造工程。清水河校区学生宿舍全部安装了空调。加大资金投入，开通了两个校区之间的公交专线。

〔**进一步改善办学条件**〕　修订学校国有资产管理办法，增加了资产管理的内容，进一步明确了学校各类资产的归口管理及职能部门的职责。在全校范围内推广网上预约报账业务，有效节省了报账等候时间。教师个人信息中心上线试运行。自主开发的“节约型校园建筑节能监管平台”项目成果入选高等教育信息化创新应用案例。教育科研骨干网“211”三期建设所有项目顺利完成并通过最终验收。图书工作面向科研一线，跟踪重点团队的研究方向，提供课题跟踪及学术动态服务。继续积极探索和实践高校体育场馆运营和开放的管理模式，提升使用效益。在威海市建立了电子科技大学数字出版基地。学校出版社的社会经济效益继续提升。学报质量和学术影响力进一步提高。档案规范化管理成果进一步巩固。推进教育发展基金会普捐工作，全年新增捐赠协议及申报财政配比资金总额达 7 300 余万元。“4・20”芦山地震后，学校各单位迅速反应、果断处置，维护了校园正常的工作和生活秩序。

撰稿　闫　勇
审稿　周　鹏

西安交通大学

〔**学科建设**〕　2013 年，学校继续深化学科内涵建设，对各学科建设状况进行了全面梳理和深入分析；完成“985 工程”阶段建设任务，并通过了国家阶段性检查验收，有效提升了办学能力和水平。在教育部学位与研究生教育发展中心组织的第三轮学科评估中，学校工商管理一级学科保持全国第 1 位，动力工程与工程热物理、电气工程学科位列第 2 位，机械工程学科进入前 4 位。学校进入世界基本科学指标（ESI）全球前 1%的学科达 8 个。

学校与爱思唯尔公司合作，开展对机械、能动、电气、材料和电子 5 个学科的评估。通过评估，总结学科的办学经验，找出影响与制约学科发展的“瓶颈”问题。学校结合国际评估，对教育部第三轮学科评估结果进行了系统分析和总结，从学校层面总结经验教训，进一步确立了加强学科建设的体制与机制，进一步落实学科建设任务，建立责、权、利相统一的工作机制，学校先后出台《关于实施学科建设责任制的若干意见》《学科建设责任人一级岗位设置与管理办法（试行）》，完成第一批学科建设责任人（一级岗位）的国际评审工作。

〔**教育教学**〕　获全国优秀博士学位论文 3 篇，新增国家精品视频公开课 4 门、国家精品资源共享课 24 门，位居全国高校前列。

〔**本科教育**〕 认真贯彻落实《关于全面提高本科教育质量的实施意见》，加强本科阶段通识教育核心课程建设，进一步理顺拔尖学生培养管理和服务体系，在2013年教育部首次举行的基础学科拔尖学生培养试验计划19所高校阶段性评价中，学校获得了较好的评价。在学校首次毕业的40名数学、物理拔尖班学生中，有38人进入国内外一流高校攻读博士或硕士学位。进一步强化本科教学质量的评估、监督和监控，首次实施学院（中心）本科教学质量年报制度。首次实施夏季小学期工作。加强数字化精品课程资源和实验教学示范中心的建设，新增国家级虚拟仿真实验教学中心1个，有7个国家级教学示范中心通过教育部验收，数量位居全国高校第五。

〔**研究生教育**〕 学校深入贯彻落实全国研究生教育工作会议精神，建立了有利于选优分流的长学制研究生招生、培养制度，深入推进博士研究生招生改革；加强各级各类研究生课程体系建设，深化教学改革；探索专业学位研究生培养新途径，落实工程博士培养方案；进一步推进研究生教育的教育交流与合作。2013年，学校研究生招生首次实现了“双超千”（博士研究生年度招生数超千名，接受校内外推荐免试研究生数超千名）。18篇论文被评为省级优秀博士学位论文，3篇论文入选2012年度全国优秀博士学位论文。

〔**师资队伍建设**〕 学校按照“厚待重用现有人才，坚定引进急需人才，着力培养未来人才”的总体思路，积极实施各类人才计划项目，实现了高层次人才总量的新增长。2013年，学校新增中国工程院院士1人，获批国家“千人计划”“青年千人计划”“长江学者”国家“百千万人才”19人；新增国家杰出青年基金获得者3人、优秀青年科学基金获得者3人，国家基金委创新群体1个。深化人事聘用制度改革，在新聘教师中全面实行世界一流大学普遍采用的Tenure-track（终身教职评定）制度。对新聘教师实行年薪制并进行严格的合同管理，经过一个聘期考核，能够晋升者转为长期聘用，不能晋升者则予以解聘，真正实现“非升即走”。2013年，学校共聘用新教师188人，其中理工医学科教师人均发表SCI论文4.48篇，人均发表最具影响力期刊论文2篇。加强教师教育教学能力培养，全年共培训青年教师及研究生助教365人，对277名教师进行了逐个试讲和专家点评指导。在教师的管理与考核中，制定了教师分类管理办法，明确了各类岗位的职责。同时强化聘期考核，为进一步深化教师队伍改革奠定了良好基础。

〔**科研体制机制改革**〕 2013年，学校电力设备电气绝缘、动力工程多相流和机械制造系统工程3个国家重点实验室被评估为优秀；获9项国家科学技术奖，其中以学校为主持单位获奖5项，获奖数量均列全国高校第3位；首次获国家自然科学基金重大研究计划集成项目；延续国家自然科学基金委员会创新研究群体1个、资助创新群体1个；获教育部“新世纪优秀人才支持计划”22人，居全国高校第3位；获教育部“创新团队”2个，居全国高校第5位；授权发明专利543项，较2012年增长20%；获软件著作权授权112项，较2012年增长120%；以第一完成单位发表SCI论文2 342篇，较2012年增长15.8%。高等学校创新能力提升计划协同创新中心培育组建及申报工作稳步推进。召开学校科技工作会议，在优化科技成果评价、创新校企合作、加强基础研究等方面迈出新的一步。

2013年，学校获教育部哲学社会科学优秀成果奖10项，其中二等奖3项；获陕西省哲学社会科学优秀成果奖28项，其中一等奖3项；学校社会科学·综合（Social Sciences，General）首次进入ESI全球前1%。围绕“丝绸之路经济带”建设，策划成立了“欧亚经济论坛研究院”，发布了由学校主编的《2013欧亚经济论坛发展报告》蓝皮书。

成立校地合作委员会，切实加强与西安市、西咸新区等地方政府的合作，在协同创新、工业发展、社会治理、统筹科技资源等方面开辟广阔的合作领域；同时进一步深化与省内企业的合作，与陕西延长石油（集团）有限责任公司等大型企业签订全面合作框架协议。2013年，学校与陕西企事业单位签订的横向合同金额共计 8 490 万元。拓展与行业龙头企业的合作，与平高集团有限责任公司、永济新时速电机电器有限责任公司等大型企业签订实质性战略合作协议；与沈阳鼓风集团合作，正式启动沈鼓—西安交大研究院，并就建立校企合作特区达成共识。

〔**推进医学教育改革**〕 2013 年，学校进一步深化医学教育管理体制与运行机制改革，稳步推进医学部各院系和职能部门的组建。全面推进“拔尖创新医学人才培养模式改革”与“五年制临床医学人才培养模式改革”，启动教育部临床医学专业“5＋3”人才培养模式改革试点工作，积极探索和创新学校临床医学专业学位研究生培养模式。2013 年，学校在医学方面获国家科技进步二等奖 1 项、陕西省科技成果一等奖 3 项；3 所附属医院通过国家卫生和计划生育委员会创建优质医院现场评审；新增 8 个国家重点建设专科项目，其中学校附属口腔医院实现重点专科零的突破。截至 2013 年年底，学校国家临床重点建设专科项目达 25 个。

〔**招生与就业**〕 2013 年，学校学生总数 29 913 人，其中本科生 15 714 人、学历教育硕士生 9 773 人、博士生 4 426 人。本科生、硕士研究生和博士研究生的就业率分别达 96.7%、98.5% 和 96.83%，继续保持全国高校前列。

〔**教育交流与合作**〕 2013 年，学校积极拓展与美国麻省理工学院、芝加哥大学和卡内基梅隆大学、意大利米兰理工大学、法国巴黎高等电力大学、澳大利亚新南威尔士大学及澳大利亚八校联盟、中俄工科大学联盟、欧洲一流工程师院校协会等的实质性合作，相继成立多个国际化高水平联合研究中心。同时与俄罗斯莫斯科动力工程学院、加拿大卡尔加里大学等知名高校或机构签署或续签有关合作协议。学生出国（境）交流人数持续增长，其中本科生 543 人次、研究生 766 人次。同时，到校留学生规模不断扩大，同期增幅达 19%，结构进一步优化，层次与质量得到新的提高，硕士留学生规模同比增长 26.88%。新增电信、能源管理 2 个全英文授课硕士项目，学校有 6 个学院举办全英文授课硕士班。医学留学生教育通过教育部专项评估，“运营管理”课程入选教育部“2013 年度来华留学英语授课品牌课程”。获批国家级首批来华留学示范基地。西安交大—香港科大可持续发展学院筹建顺利，通过教育部“内地与香港合作办学机构”专家组评审，并在积极申报“中国高校国际化示范学院”。

〔**学生获奖情况**〕 2013 年，学生获全国航空航天（科研类）模型锦标赛团体冠军及个人冠军；在第三届全国数字化设计大赛、第六届大学生创新创业年会评比等大型赛事中成绩优异；在第十八届全国大学生乒乓球锦标赛上获女子团体冠军；在第十三届全国大学生游泳锦标赛上勇夺 7 金 5 银 5 铜，获团体总分第二名。

〔**校园文化建设**〕 各类校园文化活动丰富多彩。原创话剧《抉择》《我和你在一起》等深受欢迎；《跳舞吧，交大》《前沿》《我们——交大人的 24 小时》等一批新媒体作品崭露头角；校史、学科史、西迁史的研究工作全面推开，初获成效。

撰稿 陈 晨
审稿 蒲 伟

西北农林科技大学

〔**学科建设**〕 2013 年，学校农业科学、植物与动物科学两个学科进入 ESI 全球前 1%，排名较

2012年大幅提升。在全国第三轮学科评估中，有关学科排名稳中有升，部分学科呈现出较强的发展势头。完成“985工程”三期建设项目总结验收，获国家奖励和过渡资金1.2亿元。举办杨凌国际农业科技论坛等重要国际学术会议9个、学术报告会400场。

〔**人才队伍建设**〕 进一步完善现代大学治理结构，开展了人员分类管理改革和津贴分配制度改革。引进副教授以上人才13人。获批“长江学者”讲座教授1人、教育部“新世纪优秀人才支持计划”13人，1人选者国家“百千万人才”工程人。启动“学术院长”聘任工作，高标准接收毕业生99人。继续实施青年骨干教师出国研修项目，选派52名教职工赴国内知名大学进修、69人出国研修。支持教师参加培训和学历提升，14人在职攻读博士研究生，103人获研究生学位，其中博士学位59人。

〔**人才培养**〕 全面落实本科教学质量工程，在7个专业开展国家教育体制改革项目试点，推进“千门课程上网工程”。大学生获各类奖项592项，其中国家级奖项49项。获批国家级大学生创新创业训练计划项目112项。实施本科生国际视野拓展计划，133人参加海外访学项目。实行招收研究生资格年度审核制，出台《研究生指导教师招生资格年度审核办法》。研究生以第一作者单位发表SCI、EI、SSCI论文511篇。获省级优秀博士学位论文4篇，博士点基金项目26项。

〔**科技创新**〕 获批科研项目541项，合同经费5.24亿元，到账3.5亿元。获批主持“863”计划项目课题4项，国家自然科学基金项目172项，项目经费9 000多万元。获国家科技进步二等奖4项，获2013年度陕西省科学技术一等奖5项、二等奖6项。全年发表SCI、EI、SSCI论文1 797篇。获批省部级科研平台2个。选育植物新品种23个，其中国审品种3个。获批国家授权专利240件，其中发明专利125项。

〔**党建工作**〕 深入贯彻党的十八大、十八届三中全会及习近平总书记系列讲话精神，以党的群众路线教育实践活动为契机，广泛开展调查研究，转变工作作风，加强内部管理。开展机关作风满意度测评专题调研，不断改进完善机关作风建设考核考评体系。以能力建设为核心，全面加强干部教育培训工作。严把党员发展审核关，确保发展质量，全年发展党员1 353人。加强对基建（修缮）工程、物资采购招（投）标、招生考试等重点岗位、重要环节的监督和廉政风险防范工作，强化科技项目的经费管理和内部审计。在党的群众路线教育实践活动、“中国梦”主题教育、人才强校战略、学科规划、科技创新、国际学术会议、校园文化建设等方面宣传成效显著。

〔**大学生思想政治教育工作**〕 选聘专、兼职辅导员92人，班主任733人。坚持教育、管理、服务并重，持续开展大学生思想工作“面对面”活动。坚持统筹做好全校形势政策教育工作，共审核举办相关报告会与讲座32场次。举办大学生素质教育讲座106场。校园文化建设获陕西高校校园文化建设优秀成果一等奖和全国高校校园文化优秀成果一等奖。启动第二届大学生“田园使者”活动，新建大学生社会实践基地70余个，组织78支暑期服务队赴全国各地基层开展实践活动，“百千万实践育人工程”成效显著。

〔**教育交流与合作**〕 全面实施国际化战略。新建校级合作关系6个，与学校签订校际合作协议的国（境）外大学和科研机构已达135所，国际科技合作平台9个。271人出国参加学术交流。获批教育部和国家外国专家局项目经费531万元，聘请长期外籍教师41人，1人获2013年陕西省“三秦友谊奖”。在研国际合作项目32项，总经费1 365万元。派出学生360人，其中国家公派研究生项目125人。招收留学生119人，留学生规模达230人。

〔**社会服务**〕 启动建设河南荥阳小麦、甘肃靖远蔬菜等15个试验示范站（基地），正式成立陕西榆林马铃薯试验站。与有关地市签订试验示范站合作共建协议 18 份。获批各类推广项目 176 项，到账经费 6 504 万元。以学校新农村发展研究院为平台，申报立项国家科技支撑计划项目获批 1 019 万元。获 2013 年全国农牧渔业丰收奖、农业技术推广成果奖 2 项，其中一等奖 1 项、二等奖 1 项。在湖北、河南、安徽、陕西、甘肃、江苏等地建立小麦新品种示范园 18 个、油菜示范园 10 个、玉米示范园 8 个，主要农作物新品种累计推广面积超过 3 000 万亩，增产粮食 3.6 亿公斤。

〔**办学条件建设**〕　全年实现办学收入 19.89 亿元，接受社会捐赠 1 161 万元。固定资产总值为 29.78 亿元，其中仪器设备总值 9.91 亿元，土地 44 267 亩，校舍建筑面积 95.67 万平方米。竣工交付建设项目 14 项，交付使用面积 5 万平方米，实际完成工程投资 3.62 亿元。完成文科楼、湿地公园、南校区西大门等 30 多个项目可行性研究报告和设计方案，总面积达 10 万平方米，预算总投资近 4 亿元。

〔**和谐校园建设**〕　全校 7 229 名教职工一次性加入陕西省机关事业单位职工医疗保险。调整离退休老同志生活补贴标准，全年增发 3 000 多万元。为在岗教职工发放一次性浮动津贴 2 000 万元，发放住房补贴 2 531 万元。为 31 629 人次学生发放各类资助学金 1.32 亿元。彻底解决理科大楼实验室有害气体排放问题。完善“人防、物防、技防”安防体系，保持校园秩序稳定安全。继续推进校园绿化、美化、亮化工程，新增绿地面积 4 万平方米。

撰稿　李春祖
审稿　赵　曼

陕西师范大学

〔**签署《中国陕西师范大学与阿富汗喀布尔大学交流合作谅解备忘录》**〕　2013 年 9 月 27 日，校长房喻在北京与阿富汗驻华大使穆罕默德·卡比尔·法拉希签署了《中国陕西师范大学与阿富汗喀布尔大学交流合作谅解备忘录》。国家主席习近平和阿富汗总统卡尔扎伊作为见证嘉宾出席了签署仪式。

〔**协同创新中心建设**〕　由学校牵头申报的国际长安学协同创新中心被认定为省级“2011”协同创新中心。同时，学校和省文化厅签署了合作框架协议，共建陕西文化资源开发协同创新中心。

〔**科学研究**〕　自然科学方面，学校在国际顶尖期刊《物理评论快报》上发表论文，实现了零的突破。全年共争取省部级以上纵向科研项目 179 项；发表高层次科技论文 1 700 篇，获准专利 71 项；获陕西省科学技术奖 6 项、陕西省高等学校科学技术奖 13 项；全年共获自然科学科研经费 11 127.38 万元。人文社会科学方面，全年共获省部级以上各类科研项目 220 项，其中国家社科基金重大招标项目 2 项、国家社科基金重点项目 3 项、国家社科基金中华学术外译项目 2 项、国家社科基金艺术学科 3 项；获陕西省第十一次哲学社会科学研究优秀成果奖 42 项、陕西高校人文社会科学研究优秀成果奖 73 项；全年共获文科科研经费约 3 003 万元。组建国际长安学研究院和中国西部边疆研究院。“应用表面与胶体化学”引智基地项目获批立项，成为学校首个“高等学校学科创新引智计划”项目。

〔**人才培养**〕　启动本科信息化教学改革，召开本科教学工作会议，出台《陕西师范大学信息化教学 2013—2020 年行动计划》，以信息化为突破口，全力推动本科教学内涵式发展；启动大学英语教学改革工作，制订大学英语教学改革方案，以课程组为主要教学组织形式，以基于网络与课堂的混合式分级教学和模块化教学为教学模式，利用多种综合教学手段，让学生根据自身特点找到合适的学习内容和方法，从而提升学生英语自主学习和英语终身学习的能力。

加强本科教学基本建设。2013 年，学校获批省级专业综合改革试点项目建设点 3 个、国家级精品视频公开课 2 门、国家级精品资源共享课 3 门：省级精品资源共享课 9 门：省级校外实践基地建设项目 2 个、省级教学团队 2 个、省级高等教育改革研究项目 7 项：国家级大学生创新创业训练计划项目立项 80 项、省级大学生创新创业训练计划项目立项 80 项：入选全国第五届大学生创新论坛项目 2 项。

深入推进研究生教育教学改革。进一步完善研究生招生工作制度，首次推行“英才培养计划”，试行博士招生“申请—审核”制，扩大培养单位招生自主权，拓宽研究生优质生源渠道，优化研究生生源质量和学缘结构。

2013 年，学校本科生和研究生的就业率分别达 93.02％和 84.91％。2013 届免费师范毕业生就业率达 100％。

〔**师资队伍建设**〕 2013 年，学校新聘“长江学者”讲座教授 3 人，续聘“长江学者”特聘教授 1 人、讲座教授 2 人，引进“青年千人计划”特聘教授 1 人，聘任“曲江学者”特聘教授 1 人，引进优秀学术团队 2 个。全年新增专任教师 59 人，其中具有博士学位的教师比例达 95％，具有海外学习经历的教师比例达 46％；实施“教师学历提升计划”和“教师出国研修计划”，做好青年骨干教师出国研修项目和教师校际交流项目。截至 2013 年年底，教师中共有在读博士研究生 137 人，具有博士学位教师比例达 72.1％。

〔**2 项目入选国家社科基金重大招标项目**〕 11 月 15 日，2013 年度国家社科基金重大招标项目（第二批）评审结果公示，学校文学院教授张新科投标的课题“中外〈史记〉文学研究资料整理与研究”和教授赵学清投标的课题“中国西北地区戏曲歌谣语言文化研究”名列其中。

〔**3 人入选教育部“新世纪优秀人才支持计划”**〕 11 月，学校历史文化学院教师李化成、化学化工学院教师刘静、新闻与传播学院教师朱清河入选 2013 年度教育部“新世纪优秀人才支持计划”。

〔**开展党的群众路线教育实践活动**〕 7 月，学校在全校党员中深入开展以“为民、务实、清廉”为主要内容的党的群众路线教育实践活动，扎实有效地做好学习教育、听取意见，查摆问题、开展批评，整改落实、建章立制三个重要环节工作，取得了预期效果。

〔**召开繁荣发展哲学社会科学工作会议**〕 3 月 29 日，学校召开进一步繁荣发展哲学社会科学工作会议。教育部副部长李卫红、副省长庄长兴等出席会议。

〔**教育部毕业生就业总结宣传工作专家组到校调研**〕 4 月 8 日，以北方民族大学党委书记张京泽为组长的教育部毕业生就业总结宣传工作专家组到校开展就业总结宣传工作实地调研。专家组向学校反馈了学校 2012—2013 年度就业总结宣传工作社会满意度调查结果。调查显示，学校毕业生对学校课程建设、专业设置、教育教学水平及就业工作的满意度在进入调查的 14 所部属高校中排名第一，用人单位对学校毕业生专业知识、职业道德、团队意识及学校就业工作整体满意度排名第三。

〔**游旭群当选中国心理学会副理事长**〕 在 11 月召开的第十一次中国心理学会会员代表大会上，教授游旭群当选为中国心理学会副理事长，是中西部地区唯一当选该学会副理事长的大会代表。

〔**召开西北教师教育联盟成立大会暨理事会第一次会议**〕 11 月 23 日，西北教师教育联盟成立大会暨理事会第一次会议在学校召开。教育部教师工作司副司长葛振江，省教育厅副厅长张雄强，学校党委书记甘晖、校长房喻、副校长赵彬，以及西北五省区承担教师教育人才培养任务的21所高等院校的相关领导和代表出席会议。

〔**教育交流与合作**〕　先后组织8个校级代表团出访澳大利亚、新西兰、印度、韩国、日本等国家及我国台湾、香港和澳门地区。全年共接待来自美国、加拿大、英国、芬兰、比利时等国家到访团组80余批次865人。全年共派遣学生出国学习和交流335人次，共聘请各类外籍专家（长、短期）167人次，其中长期专家31人次、短期专家136人次。学校与美国亚利桑那大学签署合作建立孔子学院协议，标志着学校首个孔子学院正式成立，实现了学校海外孔子学院建设零的突破。2013年，学校俄语中心被俄罗斯世界基金会评为全球最佳的5个俄语中心之一。

〔**社会服务**〕　首次承担“国培计划”陕西省公办、民办幼儿园园长高级研修项目和《3—6岁儿童学习与发展指南》园长专题培训项目4期。争取到新疆维吾尔自治区、西藏自治区、陕西省中小学校长、幼儿园园长、培训管理者“国培项目”8项，完成北京市、深圳市、杭州市、合肥市、甘肃省临夏回族自治州、山东省、四川省中小学校长、骨干班主任及培训者培训委托项目8项。先后与地方政府或企业创办了陕西师范大学锦园国际学校、西安市曲江第一中学等8所中小学及幼儿园，有效地解决了陕西省及西安市开发区对基础教育优质资源迫切需求的问题。2013年，学校还与甘肃省成县政府联合举办了陕西师范大学成州中学。

对口支援工作的组织与管理进一步加强，有效提升了青海师范大学、新疆昌吉学院等受援高校服务区域经济社会发展的能力。

〔**学生获奖情况**〕　4月26—28日，全国高等师范院校历史教师教育本科生教学技能竞赛活动在上海师范大学举行。学校历史文化学院学生谭晓梅获讲课组一等奖、学生魏丹获说课组一等奖、学生初金辉获说课组优秀奖，历史文化学院获优秀组织奖。5月10日，西北地区第三届研究生英语演讲邀请赛暨陕西省第九届研究生英语演讲比赛落下帷幕。学校外国语学院研究生王婷婷获专业组一等奖、国际商学院研究生薛晨菁和生命科学学院研究生冯晓磊获非专业组一等奖。

〔**基本建设**〕　学校新勇学生活动中心落成，完成长安校区国际教育学院大楼主体封顶，教育博物馆建设已进入设备安装阶段。教育基金会全年募集资金758.26万元人民币。学校建成了校级大型科学仪器共享平台，构建了大型仪器“分散放置、集中管理、共享共用”的管理模式。

撰稿　张艳兵
审稿　辛省平

西安电子科技大学

〔**全力推进“本科教育质量提升计划”**〕　2013年，学校召开近百场教育教学研讨会，更新教育教学理念。推动本科教育教学综合改革。一是创新人才培养模式，开展学院本科教育考核评价，修订本科培养方案；提出人才培养框架，构建课程梯次图、知识能力矩阵，建立学生的第二张成绩单——能力素质成绩单。二是加强试点改革，8项全校战略研究项目、14项学院整体改革项目立项，11个“大班授课、小班辅讲”试点项目、开展16门“探究式”教学试点课。三是加强实践教学，启动“竞赛纳入课程体系”试点，开展实验课程体系建设及实验教学改革，启动建设西电—中兴国家级工程实践教育中心、“雷达系统平台”和“嵌入式无线传感器平台”专业实验教学平台建设，积极拓展生产实习基地和校外实践基地。四是关爱学生成长，实施本科生导师制。五是推进教改班、卓越计划试点班、菁英班等拔尖创新人才培养，新设立信息科学英才班、空间科学与技术实验班。

〔**深化研究生教育综合改革**〕 学校新增1篇全国优秀博士学位论文，总数达7篇。改革导师评聘制度，强化博士生导师是一种岗位的观念，打破终身制，评聘分离；出台研究生奖助体系方案，奖助覆盖面和力度明显提高；吸引优秀生源力度加大，突出培养与科研紧密结合的导向；改革招生选拔机制，设立西安电子科大昆山研究生院，推进专业学位与学术硕士生分类培养。

〔**协同创新中心建设**〕 学校与中国电子科技集团公司等协同单位共同投资成立西安中电科西电科大雷达技术创新研究院有限公司，该公司隶属于“雷达协同创新中心”。学校大数据智能感知与计算协同创新中心、高功率半导体器件和固态照明协同创新中心获批省级协同创新中心。

〔**科研基地建设**〕 学校获陕西省科技厅优先支持，入选国家创新人才培养示范基地；新增科技部智能感知与计算国际联合研究中心、教育部分子与神经影像教育部工程研究中心；成立综合测试分析中心、高性能计算中心；上海超级计算中心西电分中心挂牌，是学校一次性投入最大、直接用于科研教学的仪器设备共享平台。其一期计算性能居西安市高校前列，二期居全国高校前列。

〔**科研创新**〕 学校获国家奖3项，成为2013年度信息领域同时囊括国家三大奖的唯一单位；“临近空间高速飞行器等离子鞘套信息传输理论”项目获科技部立项资助，成为学校首个牵头申请并立项的“973计划”项目；获国家重大科技专项牵头项目1项；获国家自然科学基金立项146项，项目平均资助率为26.3%，获批资助项目数位居国家自然科学基金委信息学部第一；国家社会科学基金获批数创学校历史最好成绩；科研经费同比增长39.43%；发表SCI论文1 099篇，同比增长11.57%；申请专利670项，同比增长20.07%；授权专利443项，同比增长35.89%。

〔**产学研成果转化加快**〕 学校与地方政府共建的宁波产业园开园，宁波信息技术研究院、昆山北斗产业园揭牌；依托学校等多家单位组建的陕西电子工业研究院承担陕西北斗卫星应用示范项目；学校国家大学科技园通过国家评估，并进入免税名单，成功获批“高校学生科技创业实习基地”；学校与陕西社会科学院共同成立“丝绸之路经济带”研究院。

〔**新增1个引智基地**〕 新增“高等学校学科创新引智计划”引智基地1个，即高性能电子装备机电耦合基础理论与关键技术创新引智基地。

〔**郝跃当选为中国科学院信息学部院士**〕 2013年，教授郝跃当选中国科学院信息学部院士。截至2013年年底，学校先后培养出16名院士。

〔**推进大学章程建设**〕 学校全面启动大学章程建设，深入开展规章制度“废改立”工作，进一步完善内部治理结构，促进依法治校。

〔**推进人事制度综合改革**〕 尊重教师发展，实施“学术特区＋师资博士后”的教师用人机制和“事业编制聘用＋非事业编制聘用”的管理干部聘任机制；尊重教师选择，开展定编定岗、分类聘用工作；尊重教师劳动，建立以贡献、水平和绩效为依据的评价激励机制。2013年，学校增加近4 000万元调整岗位津贴。

〔**成立学院教授委员会**〕 学校积极推进教授治学，切实发挥学术委员会、学位委员会作用，实行教授委员会制度，15个学院（部）成立了教授委员会，发挥专家学者在科学研究、学科建设、教师引进等各个方面的积极作用。

〔**开源节流，加大教育教学投入**〕 学校压缩“三公”经费，机关办公经费实现零增长。同时加大教育教学投入，3年增加投入1亿元，教学业务支出预算生均定额翻了二番。

〔**思想政治教育工作**〕 学校将社会主义核心价值体系融入思想政治教育全过程，开展“社会主义核心价值体系引领工程”“学生党员先锋工程”“辅导员能力提升工程”“道德实践在行动”“两做”（做优良校风学风传承者、做新校区优良校风学风建设者）活动等；改革毕业典礼与学位授予仪式。2013年，学校进入国家首批6个大学生心理健康教育示范中心行列，学校物理与光电工程学院辅导员傅超获“全国高校辅导员年度人物”提名奖。

〔**招生与就业**〕 2013年，学校本科生优秀生源基地中学达237所。研究生录取优秀科研人才选拔计划141人；接收校外推免生132人，其中“985工程”高校、“211工程”高校推免生49人，同比增长44%。2013年，学校本科生和研究生一次性就业率分别为96.52%和99.08%；毕业生到十大军工集团、电子信息行业一流标志性单位就业比例均创历史新高。

〔**调整并成立4个新学院**〕 学校调整并成立了空间科学与技术学院、物理与光电工程学院、数学与统计学院、先进材料与纳米科技学院4个新学院，进一步优化学科布局，拓展学科方向。

〔**党的群众路线教育实践活动**〕 一是坚持把学习教育贯穿活动始终。学校党委中心组通过集体学习、辅导报告等多种形式，将学习教育活动不断引向深入。二是广泛征求意见建议。多层次、多渠道的广泛征集广大师生意见和建议，边查边改，为剖析检查、开展批评找准切入点。三是深刻进行剖析检查，着力形成发展共识。学校领导班子紧扣主题，突出重点，以整风精神开展批评和自我批评，开展谈心谈话活动，召开专题民主生活会，形成发展共识。四是精心制订整改方案。明确整治措施和具体任务、责任人和落实部门，列出时间表和路线图，确保可执行、可监督、可检查、可问责，维护制度的严肃性和权威性。

〔**召开四届八次学校教职工代表大会**〕 召开四届八次学校教职工代表大会，确定了“全心全意为人民服务”的办学宗旨和“研究型大学”的发展定位，以及“立足西部、育人育才、强军拓民、服务引领、团结实干”的基本思路。全面启动实施“拓展提升战略”，重点落实“质量提升”“华山学者”“学科实力拓展”“大学文化建设”四大计划，安排部署组织、制度、管理和综合四大保障。

〔**教育交流与合作**〕 学校与法国南特大学综合理工学院共同举办的首个中外合作办学项目获批，每年招生100人。获批教育部首批来华留学示范基地，获中国政府奖学金来华留学生自主招生资格。截至2013年年底，来华留学生总数同比增长43%。

〔**各类学生竞赛成绩突出**〕 2013年，学校共获省级以上奖项355项，同比增长22.41%，其中国际奖27项、国家奖64项、省级奖共264项。其中通信工程学院2010级本科生葛卓琛、刘仁俊组成的跨校团队Imagine the World完成的作品Mental Care Plus获2013年微软创新杯中国区决赛第一名；电子工程学院2010级本科生金杰获第八届中国青少年科技创新奖；以电子工程学院2010级本科生李小双为代表的团队获2013年全国大学生电子设计竞赛“瑞萨”特别奖；经济与管理学院2010级本科生武超等人的“基于O2O的大学生团购网站运营研究”获第六届全国创新创业年会推介。

〔**推进“大学文化建设”计划**〕 学校设计形象标识系统，推进校园文化景观规划；开展中国思想理论反思与创新四刊论坛，成立终南文化书院、跨文化研究中心；组建大学生交响乐团，完善大学生艺术团建设。

〔**加强校园民主管理**〕 学校深入实施信息公

开，重点公开财务、招生以及党委常委会、校长办公会、各类座谈会等重要信息；完善学校教职工代表大会制度，畅通民主渠道，保障教职工的知情权、参与权和监督权；建立院长联席会制度、学生“相约校长”制度。

〔**强化综合服务与保障**〕 学校压缩调整办公用房5 700余平方米，整合南北校区公用房资源，保障教师教学用房；构建综合信息共享平台和综合管理服务平台；完成南北校区视频会议系统建设；开展安全“大巡防”，发案率同期下降32.48%；南校区综合体育馆项目立项；启动学生公寓安装空调工程；成立基础教育集团；建设后勤“一站式”服务平台。

撰稿 柳 潇

审稿 潘 瑾

长安大学

〔**学科建设**〕 2013年，学校持续加强平台和创新团队建设，学科实力进一步提升。公路养护装备国家工程实验室挂牌；旧桥检测与加固技术交通行业重点实验室、西部矿产资源与地质工程教育部重点实验室通过验收；完成了一批大型设备购建任务。“地质灾害高精度监测预警与防治创新团队”入选教育部培育团队，“地裂缝地面沉降减灾科技创新团队”入选第一批国土资源科技创新团队培育计划。

〔**教育教学**〕 深化教育教学改革，人才培养质量显著提高。全面实施卓越人才培养计划，实施优质教育教学资源建设计划，组织开展专业规划工作，进一步优化了专业结构。进一步完善卓越工程师教育培养计划试点专业培养方案，完善实践环节质量监控体系，着力培养学生的社会责任感、创新精神和实践能力。1门课程被评为国家级精品视频公开课，2门课程入选国家级精品资源共享课立项项目。共实施230项国家级、120项省级和40项校级创新创业项目。获批80项国家级大学生创新创业训练计划项目。组织学生参加各类学科竞赛和科技创新竞赛，获国际性竞赛奖励3项、全国性竞赛奖励148项、省和区域性竞赛奖励133项。学生获专利授权748项。加大研究生教育改革力度，出台《关于提高研究生培养质量的实施意见》。加强研究生培养工作，实施卓越研究生培养计划。全面启动“全国优秀博士学位论文支持计划”。

〔**师资队伍建设**〕 2013年，学校稳步实施“卓越人才队伍建设计划”，教师队伍结构进一步优化。加大各类高层次人才引进工作力度，向教育部、陕西省报送各类高层次人才计划人选18名，7人入选“百千万人才工程”国家级人选、国土资源科技领军人才培养计划等。接收国内外高校和科研机构博士74人，具有博士学位的教师达1 000人，占专任教师的52.3%，完成“千名博士工程”。全年全校评审通过教授、副教授81人。选派180余名中青年骨干教师到国外高校、研究机构和国内一流高校进修、培训。46位博士后获资助，资助金额达260万元。

〔**科学研究**〕 实施“卓越科研提升计划”，科技创新能力稳步提升。全年签订科技合同1 299项，合同额7.61亿元，到账7.01亿元，比2012年增加12%。教师申报国家“973计划”。“863计划”和国家基金项目800余项，其中申报国家自然科学基金项目419项，获国家自然科学基金项目76项，资助经费3 060万元。签订100万元以上科技项目77项，高层次项目数量有所增加，横向、纵向科技项目所占比例趋于合理。全年学校获国家科技进步奖 1 项。全校共发表论文 2 000 余篇，被 SCI、EI、ISTP（科技会议录索引）收录 1 279 篇。教师取得授权专利 481 项，其中发明专利 98 项。“西部交通安全与智能控制协同创新中心”获批陕西省“高等学校创新能力提升计划协同创新中心”。注册成立了长安大学科技园有限公司。

人文社科研究实现新突破。全年新签项目 144 项，合同额 2 189 万元，到账 1 867 万元，较 2012 年有大幅增长。首次获教育部人文社会科学专项任务重大项目，国家、省部级基金类项目达 47 项，其中国家社科基金 7 项。

〔1 项成果获 2012 年度国家科技进步奖〕 1 月 18 日，教授彭建兵主持完成的“西安地裂缝成因与减灾关键技术”项目，获 2012 年度国家科学技术进步二等奖。

〔两部共建长安大学〕 2 月 5 日，教育部与住房和城乡建设部联合下发《关于共建长安大学的意见》。住房和城乡建设部在相关政策、科技项目、基地建设、高层次人才培养、产学研合作等方面对学校给予支持。

〔积极推动落实“四部一省”共建学校协议〕 学校成为教育部与交通运输部、国土资源部、住房和城乡建设部、陕西省“四部一省”共建高校，争取到交通主干学科建设专项资金 2 580 万元、陕西省高水平大学专项资金 2 000 万元。

〔教育部巡视组到校开展巡视工作〕 5 月 4—31 日，按照 2013 年教育部巡视工作的总体部署和安排，以山东大学原党委书记朱正昌为组长的教育部巡视组到学校开展了为期 4 周的巡视工作。巡视工作以学风建设、科研经费管理、党风廉政建设 3 个专题为重点，以听取汇报、民主测评、问卷调查、个别谈话、列席有关会议、调阅资料、召开座谈会、实地考察、接受来信来访等多种方式，对学校领导班子和整体工作进行全面检阅和考察。学校召开党委常委会，传达了沟通意见并部署有关巡视整改工作；下发《对巡视工作中反映问题整改工作任务分解表》的通知，对整改工作任务进行分解，对各分党委、党总支、校属各单位整改工作提出明确要求。9 月 5 日，巡视组到校反馈意见，在充分肯定学校加强内涵发展、建设特色鲜明的高水平大学和领导班子建设等各项工作的同时，指出了学校需要解决的 8 个方面的问题，提出了 7 个方面的建议，通报了民主评议情况。学校党委高度重视反馈意见，将整改落实与扎实开展党的群众路线教育实践活动相结合，进一步完善整改方案，采取切实措施，加强整改，并将整改落实情况上报教育部巡视工作领导小组。

〔党的群众路线教育实践活动〕 2013 年，学校深入开展以“为民、务实、清廉”为主要内容的党的群众路线教育实践活动。在教育部第 7 督导组的指导下，学校各级党组织、校属各单位、全体共产党员和广大师生员工以认真贯彻“照镜子、正衣冠，洗洗澡、治治病”为总要求，以坚持反对“四风”，认真落实中央政治局关于改进工作作风、密切联系群众的八项规定精神为重点，以“践行群众路线、弘扬优良作风、凝聚发展力量、推进学校科学发展”为主题，着力查摆和解决各级领导班子和班子成员在“四风”方面存在的突出问题，努力解决师生反映强烈的问题。

一是及早谋划，抓好学习教育，广泛听取群众意见。学校党委高度重视，成立了党的群众路线教育实践活动领导小组，认真研制了《长安大学深入开展党的群众路线教育实践活动实施方案》，召开教育实践活动动员大会进行全面部署。党委坚持学习在前、调研在前，充分听取意见，下发了《关于认真做好党的群众路线教育实践活动调研工作的通知》，共召开校、院（处）两级班子座谈会 276 场，收集意见和建议 1 170 条。校党委采用集体学习与自学相结合的形式，学习了《中共中央关于在全党深入开展党的群众路线教育实践活动的意见》、习近平总书记系列讲话精神、《党的群众路线教育实践活动学习文件选编》及自行编印的 4 册学习资料。各分党委、党总支，校属各单位高度重视，准确领会和把握教育实践活动的精神和要求，制订部门活动实施方案，认真组织实施。

二是聚焦“四风”，查摆问题，深入开展批评。领导班子和成员在广泛听取意见、认真查摆问题的基础上，深入开展自我剖析，紧密联系工作实际、总结经验教训，认真撰写对照检查材料。为开好专题民主生活会，党委书记、校长带头与班子成员一对一谈心谈话，领导班子成员之间、班子成员与分管部门、联系学院的领导之间深入开展谈心谈话。11 月 20 日，校级领导班子召开了教育实践活动专题民主生活会，10 位班子成员分别做对照检查、自我批评和互相批评，教育部人事司和第 7 督导组对学校领导班子民主生活会给予了高度评价。各分党委、党总支，校属各单位按照学校教育实践活动领导小组的要求，分别召开了本单位领导班子民主生活会。12 月，学校将民主生活会情况向全校通报，并召开党委常委会，集体进行“回头看”，对教育实践活动进行逐项检查和集体会诊，查找差距，改进提高。

三是回应期盼，加强整改落实，着力建章立制。学校党委坚持一把手负责主持制订整改方案，针对查摆剖析出来的问题进行梳理、归类，进一步理清整改思路，明确整改的指导思想、基本原则、目标任务、努力方向和具体要求，以严肃的态度、严格的标准、严明的纪律抓好整改落实工作。出台了《长安大学党的群众路线教育实践活动整改方案》《长安大学党的群众路线教育实践活动专项整治方案》《长安大学党的群众路线教育实践活动制度建设计划》，确定了 84 项专项整治任务，明确了 58 项需要修订、补充和完善的规章制度，39 项需要重新制定的规章制度，18 项需要废止的规章制度。明确整改措施、完成时限、牵头部门和责任人，逐级落实整改责任制。各相关单位和职能部门按照专项整治任务和制度建设计划，制订部门实施方案，明确责任主体。坚持边学边改，边查边改，使教育实践活动取得实效。

〔**杜向民任学校党委书记**〕 9 月 13 日，教育部党组成员、中纪委驻教育部纪检组组长王立英代表教育部党组宣布了《中共教育部党组关于杜向民、雷达同志职务任免的通知》。任命杜向民为中共长安大学委员会书记，免去雷达的中共长安大学委员会书记、常委职务。

〔**中国共产党长安大学第三次代表大会**〕 12 月 22—23 日，学校召开中国共产党长安大学第三次代表大会。大会听取了学校党委书记杜向民代表第二届党委做的题为《深化改革创新 推进内涵发展，为加快建设特色鲜明的高水平大学而奋斗》工作报告；审议并通过了《中共长安大学第三次代表大会关于党委工作报告的决议》和《中共长安大学第二次代表大会关于纪律检查委员会工作报告的决议》；选举产生了第三届委员会委员 25 人、纪律检查委员会委员 13 人。

〔**改革与管理**〕 召开学校改革发展研讨会，对新时期学校发展中的若干重大问题进行集中深入的研讨，取得了重要共识，为学校全面深化改革，促进内涵发展奠定了思想基础。完成了《长安大学章程》的制定并上报教育部。起草了《长安大学学术绩效考核办法》和《长安大学扩大二级学院办学自主权方案》征求意见稿。

认真贯彻落实中央政治局关于改进工作作风、密切联系群众的八项规定，出台具体实施意见，完善相关制度，在加强调查研究、压缩办公经费、规范公车使用、简化对外接待等方面取得了明显成效。加强校属机关工作作风建设，机关服务质量和水平有一定的提升。

2013 年，学校预算总收入 18.3 亿元，争取到各类专项经费 2.3 亿元，贷款余额减少到 2.19 亿元。全年收取公用房资产占用费 383 万元。学校注重财务管理制度改革，加强财务调控、监督和风险控制职能。完成审计 97 项，审计资金总额达 19.27 亿元。

校办产业规范建设稳步推进，上缴学校收入 1 840.6 万元，上缴国家税收 2 727.6 万元。

完成渭水校区新征地工作。2013 年，在建项目 6 个，建筑面积 7 万平方米，全年累计完成基建投资 9 238 万元。渭水校区第三教学楼已交付使用，学校梁山野外教学实习基地综合楼主体工程完工。太白山实习基地、渭水实习基地完成了学生实习任务。全年签订仪器设备购置合同 248 份，总金额 5 495.76 万元。学校设备总值达 7.79 亿元，新增 6 800 万元。学校投资 8 500 万元，安排了一批基础设施改造和房屋修缮项目，进一步改善了办学条件。

全年发放教职工福利和困难补贴 571 万元。为 4 703 位在职和离退休教职工及 15 987 名大学生做了健康体检，为 5 667 名在职和退休教职工办理了医疗保险参保手续。多方筹措资金，保证教职工收入的稳步增长。全面整合各类奖助项目，全年奖励资助学生 25 397 人次，金额达 6 982 万元。在学校 7 个大门口安装了车辆出入智能收费系统。学生食堂和学生公寓管理工作平稳有序。校园安全管理水平进一步提高。稳步推进附属学校办学管理体制改革，停收了借读费，给教师发放平衡收入奖金，稳定了附属学校教师队伍。

〔**招生与就业**〕　2013 年，学校有在籍学生 4.46 万余人，其中本、专科生 3.49 万余人，博士、硕士研究生 9 344 人，德国、韩国、坦桑尼亚、澳大利亚等国留学生 411 人。2013 年，招生 13 342 人，其中本科生 6 007 人、研究生（含在职）2 943 人、成人教育学生 4 207 人、留学生 185 人。毕业生 12 810 人，其中博士研究生 130 人、硕士研究生 2 186 人、在职研究生 272 人、本科生 6 001 人、成人教育本科生 3 297 人、成人教育专科生 790 人、留学生 134 人。2013 年，毕业生就业率达 93.06%，其中研究生就业率达 92.27%、本科生就业率达 93.32%。

〔**教育交流与合作**〕　学校与陕西省汉中市政府及其他 20 余家企事业单位签署了合作协议。与美国、韩国等国家和地区的 7 所院校签署了校际合作协议书，各项本科生、研究生教育交流项目进展顺利。“车—路信息感知与智能交通系统创新引智基地”成为学校第二个获批的高等学校学科创新引智计划基地。在校留学生共 411 人，其中学历生占 63.3%。获批引智专项 64 项，经费 594 万元。组建“长安大学—仁荷大学物流研究中心”。举办高水平国际学术会议和各类学术讲座、报告共 293 场。邀请 20 多个国家和地区的专家学者 390 余人到校讲学、交流和合作科研。132 名校内人员出国交流、开展研究。

撰稿　吕建辉
审稿　吴永红

兰 州 大 学

〔**李克强到校视察**〕　2013 年 8 月 18 日，国务院总理李克强到校视察，亲切看望在校师生，深入了解大学生就业情况，寄语广大学生要勇于创新、敢于创业，成为能够服务社会、创造财富的人才。

〔**重点工程和学科建设**〕　学校完成“985 工程”阶段检查工作。结合全省发展战略和重大需求，突出应用导向，印发《兰州大学第五批省级重点学科建设与发展规划》。

〔**人才培养**〕　学校完成新一轮本科生人才培养方案修订工作。制定《兰州大学本科生实践教学质量提升计划专项建设项目相关管理细则》，强化实践教学管理。建立校院两级质量管理体制，实施学院本科教学工作状态评估。“卓越医生教育培养计划”“卓越法律人才教育培养计划”项目进展顺利。获批港澳台地区招生资格。2 门课程获批国家精品视频公开课、1 门课程获批国家级精品资源共享课。27 位教师当选教育部新一届专业教学指导委员会委员。新增甘肃省高等学校教学团队 1 个、高校特色专业 2 个、精品课程 9 门、高校大学英语教学改革项目2项，3位教师获甘肃省高等学校教学名师奖。

研究生培养机制改革不断深入。编制《兰州大学第三轮学科评估结果分析报告》，加强学科内涵建设与发展。积极推进研究生招生机制改革，加大互换推免生力度，优秀生源数量稳步增加。完善导师选聘与招生资格审查制度，修订《兰州大学研究生指导教师选聘与管理暂行办法》。营造研究生学术创新氛围，推动研究生国际学术交流，提升研究生教学质量和国际化程度。完善研究生奖学金、助学金管理办法，启动学位与研究生教育改革。

创新育人取得新突破。“国家级大学生创新创业训练计划”项目立项178项、大学生创新创业行动计划项目立项657项。组建社会实践团队431支，建立起志愿服务、科技创新、就业创业融入社会实践的“四位一体”实践育人体系。获第十三届“挑战杯”全国大学生课外学术科技作品竞赛一等奖1项、二等奖2项、交叉创新二等奖和累进创新银奖各1项。获第九届“挑战杯”甘肃省大学生课外学术科技作品竞赛特等奖1项、一等奖7项、二等奖8项。1名学生获全国第八届青少年科技创新奖、1名学生获“全国优秀共青团员”称号，2名学生在世界级武术赛事中获冠军。

〔**科学研究**〕 学校获批“973计划”项目2项、国家科技支撑计划项目1项、国家自然科学基金项目173项、教育部科研项目25项、甘肃省科技计划项目77项。获批国家社会科学基金项目23项、教育部社会科学基金项目32项、甘肃省社会科学基金项目14项。新增2个国家国际科技合作基地、2个甘肃省重点实验室、2个甘肃省工程实验室、3个甘肃省高校人文社会科学重点研究基地。4个省部级重点研究基地通过验收评估，2个省部级重点实验室通过建设计划论证。

获国家自然科学二等奖1项。获教育部高等学校科学研究优秀成果奖（科学技术）自然科学一等奖2项、二等奖1项。获甘肃省科技奖励8项，其中一等奖2项、二等奖2项。获教育部第六届高等学校科学研究优秀成果奖（人文社会科学）著作类二等奖1项。获甘肃省第十三次哲学社会科学优秀成果奖一等奖4项、二等奖8项。授权专利141项，11项科技成果成功转化。“草地农业系统耦合与管理”团队入选教育部“长江学者”创新团队，“复杂环境下介质与结构的非线性力学创新引智基地”获准立项建设。围绕西部生态安全屏障建设，培育组建“西部生态安全协同创新中心”。推动“敦煌与新丝路文明协同创新中心”建设工作。

服务区域经济社会功能不断增强。学校与江苏省淮安、连云港两市市政府及敦煌市政府等签署合作协议，积极开展产学研合作。签署科技项目合同711份。学校大学科技园技术转移中心通过国家技术转移示范机构考核评价。充分发挥医疗、人才、学科优势，全力以赴参与岷县、漳县“7·22”地震抢险救灾工作。继续深入开展“联村联户，为民富民”行动，服务社会领域和范围继续扩大。

〔**师资队伍建设**〕 制定《兰州大学“长江学者”管理办法》《兰州大学“千人计划”和“青年千人计划”管理办法》《兰州大学年薪制人员管理办法》《兰州大学新来校教师科研启动费资助办法》。新增国家“千人计划”特聘教授1人、国家杰出青年科学基金获得者1人、优秀青年科学基金获得者4人、教育部“新世纪优秀人才支持计划”13人。新聘任教授31人、副教授77人，其他系列副高职13人。聘任三级职员1人、四级职员7人。聘任专职辅导员系列讲师4人、助教10人。制定《其他系列专业技术职务正高职聘任办法》。引进聘任教授7人、副教授15人，选聘博士毕业生47人，聘任“萃英”讲席教授6人，聘任兼职教授、副教授42人。选拔12名青年教师、6名实验技术人员、2名管理人员攻读博士研究生学位，16人从事博士后研究工作。

〔**学习宣传贯彻党的十八大和习近平总书记系列讲话精神**〕 学校通过中心组、理论宣讲等各种方式，系统学习党的十八大、十八届二中、三中全会精神，不断增强党员干部的理想信念和“三个自信”。编印《党的十八大以来习近平总书记重要讲话专题摘编》和专题《学习材料》，举办“中国特色社会主义建设热点问题大讲堂”，引导广大党员、干部、师生把思想认识统一到党的十八大精神和中央决策部署上来。

〔**开展党的群众路线教育实践活动**〕 按照中央统一部署，学校把开展教育实践活动作为重要政治任务，高度重视、广泛动员、精心组织。各级领导班子和领导干部带头贯彻“照镜子、正衣冠、洗洗澡、治治病”的总要求，进一步坚定了理想信念，解决了一批“四风”突出问题和群众关注的热点问题，工作作风明显改善，各项工作有了新的进展，教育实践活动取得阶段性成效。

〔**深化体制机制改革，完成学校部分机构调整**〕 推进学校治理结构改革项目。修订完成《兰州大学章程》和《兰州大学医学教育管理体制改革实施方案》。按照统筹兼顾、精简统一、适应发展、效能为先的总体思路，以撤销、合并、合署、调整职能和隶属关系等方式对学校部分机构进行改革调整。成立了学校教育发展基金会。

〔**教育交流与合作**〕 成立旱地农业生态系统国际联合研究中心（CDAE）。“上合组织大学生态学中方研究中心”在学校揭牌。坚持科研导向，派出各类出国出境访问人员 795 人。主办各类国际会议 9 场，参会 1 357 人。全年引进长、短期外籍专家和外籍教师近 200 人。4 人受聘为“客座教授”，2 人受聘为“名誉教授”。1 名外籍专家获 2013 年甘肃省“敦煌奖”。到校参加国际会议、短期讲学、合作科研、交流考察、共同指导研究生及参加培训的国（境）外人员 1 404 人。新签校际合作协议 25 份、续签协议 3 份。赴国外学习交流学生 718 人，接收到校交流学生 46 人。学校在读留学生 454 人，攻读学位留学生达 73.5%，生源国别达 52 个。

〔**调整完善薪酬分配体系**〕 修订《兰州大学校内岗位业绩津贴分配方案》，进一步加大校内业绩津贴总量，津贴分配向教学科研人员倾斜。调整在职及离、退休人员艰苦边远地区津贴标准。修订《关于榆中校区工作补贴发放等问题的补充规定》，提高榆中校区工作人员补贴额度。

〔**办学条件**〕 学校收入稳步增长，办学条件持续改善。严格控制“三公”经费支出，强化对关键领域和重点环节的审计。学生活动中心、2 号生物楼及 5 栋教职工公寓交付使用，完成维修改造项目 95 项。实施“网络惠民”工程，完成数字化校园一期工程。启动数字化校园二期工程，推进基础信息资源建设与数据共享，文献信息资源建设和服务水平进一步提高。

撰稿 曹 茜
审稿 张稳刚

文件选编

国务院办公厅转发教育部等部门关于实施教育扶贫工程意见的通知

（2013 年 7 月 29 日）

各省、自治区、直辖市人民政府，国务院各部委、各直属机构：

教育部、发展改革委、财政部、扶贫办、人力资源社会保障部、公安部、农业部《关于实施教育扶贫工程的意见》已经国务院同意，现转发给你们，请认真贯彻执行。

附件：

关于实施教育扶贫工程的意见
（教育部　发展改革委　财政部　扶贫办　人力资源社会保障部　公安部　农业部）

为贯彻党的十八大精神，落实中央扶贫开发工作会议要求和《中国农村扶贫开发纲要（2011—2020 年）》《国家中长期教育改革和发展规划纲要（2010—2020 年）》的战略部署，充分发挥教育在扶贫开发中的重要作用，培养经济社会发展需要的各级各类人才，促进集中连片特殊困难地区（以下简称片区）从根本上摆脱贫困，现就组织实施教育扶贫工程提出以下意见。

一、总体要求

（一）指导思想

以邓小平理论、“三个代表”重要思想、科学发展观为指导，落实国家扶贫攻坚总体部署，把教育扶贫作为扶贫攻坚的优先任务，以提高人民群众基本文化素质和劳动者技术技能为重点，推进教育强民、技能富民、就业安民，为全面建成小康社会奠定坚实基础。

（二）总体目标

按照党的十八大提出的基本公共服务均等化总体实现和进入人力资源强国行列的目标，加快教育发展和人力资源开发，到 2020 年使片区基本公共教育服务水平接近全国平均水平，教育对促进片区人民群众脱贫致富、扩大中等收入群体、促进区域经济社会发展和生态文明建设的作用得到充分发挥。

提高基础教育的普及程度和办学质量。到 2015 年，学前三年毛入园率达到 55%以上，少数民族双语地区基本普及学前一至两年双语教育，义务教育巩固率达到 90%以上，高中阶段毛入学率达到80%以上，视力、听力、智力三类残疾儿童义务教育入学率达到80%。到2020年，基本普及学前教育，义务教育水平进一步提高，基本普及视力、听力、智力三类残疾儿童义务教育，普及高中阶段教育，基础教育普及程度和办学质量有较大提升。

提高职业教育促进脱贫致富的能力。到2015年，初、高中毕业后新成长劳动力都能接受适应就业需求的职业教育和职业培训，力争使有培训需求的劳动者都能得到职业技能培训。到2020年，职业教育体系更加完善，教育培训就业衔接更加紧密，培养一大批新型农民和在二、三产业就业的技术技能人才。

提高高等教育服务区域经济社会发展能力。通过调整优化高等学校空间布局和学科专业结构，改革人才培养模式，促进高等教育与当地经济、社会、科技发展和城镇化建设深度融合，使高等教育能为当地传统产业改造升级、新兴产业培育发展和基本公共服务提供有效的人才支撑和智力支持。通过多种途径，增加片区群众接受高等教育的机会。

提高继续教育服务劳动者就业创业能力。通过教育培训与当地公共服务、特色优势产业有效对接，大力提高就业创业水平。完善毕业生和接受培训人员就业服务政策，通过带技能转移、带技能进城、带技能就业，使转移劳动力在城镇多渠道、多形式、稳定就业。

（三）基本原则

一是以省为主，加强统筹。按照“省负总责、县抓落实、扶持到校、资助到生”的教育扶贫工作要求，省级人民政府对本行政区域内教育扶贫工程负总责，把教育扶贫纳入经济社会发展战略和总体规划，统筹各方面资源，加大教育扶贫工程的实施力度。

二是以人为本，尊重群众。围绕“人人受教育，个个有技能，家家能致富”的要求，着力解决群众最关心最直接最现实的问题，让广大人民群众真正得到看得见的实惠。工程实施的重大政策和关键环节要充分尊重群众意愿，做好政策解释和引导工作，确保工程有序稳步推进。

三是改革创新，加快发展。针对制约贫困地区教育发展的瓶颈因素和关键领域，加大改革力度，着力破除制约发展的体制机制障碍，深化人才培养模式改革，调整培养结构，加快发展步伐。

四是因地制宜，分类指导。结合各个片区的实际情况，确定教育扶贫工程的重点任务和政策范围，做到“一区一策，一省一策”，不搞“一刀切”。根据各级各类教育的特点，实事求是确定规划目标，落实政策措施，科学组织实施。

五是规划引导，分步实施。加强与国家主体功能区规划、集中连片特困地区区域发展与扶贫攻坚规划相衔接，推动片区人口和劳动力通过教育向重点开发区和优化开发区转移。制订教育扶贫工程的实施方案和年度计划，明确重点，分步实施。

（四）实施范围

实施教育扶贫工程的范围为《中国农村扶贫开发纲要（2011—2020年）》所确定的连片特困扶贫攻坚地区，具体是：六盘山区、秦巴山区、武陵山区、乌蒙山区、滇桂黔石漠化区、滇西边境山区、大兴安岭南麓山区、燕山—太行山区、吕梁山区、大别山区、罗霄山区等区域的片区和已明确实施特殊政策的西藏、四省藏区、新疆南疆三地州。

二、主要任务

（一）全面加强基础教育

1. 切实巩固提高义务教育水平。进一步加大片区义务教育投入力度，推进义务教育阶段学校标准化建设。农村义务教育学校布局要保障学生就近上学的需要。改善保留的村小学及教学点，特别是改善边境一线学校及教学点基本办学条件。完善农村义务教育薄弱学校教学用房、学生宿舍等附属设施，加强图书、教学仪器设备、多媒体远程教学设备和体育卫生、艺术教育器材的配备。进一步强化中小学幼儿园安全管理。开齐开足中小学课程，全面实施素质教育。切实保障特殊困难地区学校正常运转。对片区不足100人的小规模学校（含教学点）按100人核定公用经费补助资金，特别是要加大地处高原或寒冷地区的小规模学校（含教学点）公用经费保障水平，确保学校正常运转。

2. 加快发展学前教育。根据片区自然环境、适龄人口分布等情况，做好当地学前教育规划。按照“政府主导、社会参与、公办民办并举”的原则，充分利用中小学布局调整的富余资源及其他资源发展学前教育。在乡镇和人口较集中的行政村建设普惠性幼儿园，在人口分散的边远地区设立支教点、配备专职巡回指导教师，形成县、乡、村学前教育网络。

3. 推动普通高中多样化发展。民族地区教育基础薄弱县普通高中建设项目和普通高中改造计划优先支持片区普通高中教育。改善普通高中的办学条件，加强图书馆（室）、实验室、体育场所建设和教学仪器设备配备。支持片区推进人才培养模式多样化，鼓励普通高中办出特色、促进学生全面有个性地发展。

4. 重视发展特殊教育。改善片区特殊教育学校和接受残疾学生融合教育的普通学校办学条件。建立普惠和特惠政策相结合的资助体系，保证每一个残疾儿童不因贫困而失学。

5. 保障移民搬迁学生就学。配合实施片区区域发展与扶贫攻坚规划提出的异地扶贫搬迁、生态移民搬迁、地质灾害搬迁等措施，优先在移民安置区建设好学校并保障正常运转。

6. 加强双语教育和民族团结教育。片区的少数民族双语地区要将双语教育摆在重要位置。大力推广国家通用语言文字，尊重和保障少数民族使用本民族语言文字接受教育的权利。加大对双语寄宿制学校、双语幼儿园的支持力度。各地要通过扩大特岗教师规模、加强民语教师培训和增加核定编制的办法加快补充双语教师。在各级各类学校深入开展形式多样的民族团结教育活动，将党和国家的民族理论和民族政策教育作为教师培养培训的重要内容。

7. 鼓励教师到片区从教。研究制定教师到片区农村边远学校工作的奖励措施。各地要研究完善符合片区村小学和教学点实际的职务（职称）评定标准，职称晋升、荣誉奖励和绩效工资分配向村小学和教学点专任教师倾斜；城镇中小学教师在评聘高级职务（职称）时，同等条件下有在片区农村学校任教经历的优先。设立专项资金，对在片区乡、村学校和教学点工作的教师给予生活补助。边远艰苦地区农村学校教师周转宿舍建设工程优先在片区实施。实施好边远贫困地区、边疆民族地区和革命老区人才支持计划教师专项计划，选派优秀教师到连片特困地区支教，推动地方开展城乡教师交流活动并形成制度。鼓励免费师范生到片区从教。幼儿园和中小学教师国家和省级培训计划、农村学校教育硕士师资培养计划进一步向片区倾斜。合理配备寄宿制学校生活管理人员。

（二）加快发展现代职业教育

1. 大力发展服务当地特色优势产业和基本公共服务的现代职业教育。在人口相对密集、当地产业发展具有一定潜力的地区，由省级人民政府统筹规划，结合城镇化规划，在产业集聚区、工业园区、经济开发区等区域办好一批中、高等职业学校。重点支持一批社会有需求、办学有质量、就业有保障的特色优势专业，更好满足片区产业发展对技术技能人才的需求。加大职业学校教师素质提高计划的倾斜支持力度。

2. 实施中等职业教育协作计划。支持东部和中西部城市职业院校扩大招收片区学生的规模，对口支持片区职业院校，培养片区经济社会发展急需人才。有计划地支持片区内限制开发和禁止开发区初中毕业生到省（区、市）内外经济较发达地区重点中等职业学校接受教育。加大对承担对口招生任务学校的支持。对西藏、新疆南疆三地州和青海藏区的对口招生任务，原则上由中央确定的对口支援省（市）承担，按程序纳入对口支援规划后组织实施。

3. 传承创新民族文化、民族技艺。结合片区民族地区的发展需要和文化遗产保护的要求，将民族文化、民族技艺传承创新纳入职业教育体系。重点支持一批体现片区民族文化特点、具有产业化前景的民间传统技艺专业。鼓励民间艺人、技艺大师、非物质文化遗产传承人参与职业教育办学。支持民族贸易企业、文化旅游企业参与校企合作。各级教育、文化、旅游、贸易等部门加大对民族文化、民族技艺职业教育的支持力度。

4. 广泛开展职业技能培训。各地人力资源社会保障、教育、扶贫、农业等部门要联合制订培训计划，安排有学习意愿的未升入普通高中和高等学校的毕业生、具备一定文化素质的社会青年进入职业院校、培训机构等学习。鼓励通过发放“教育券”“培训券”等方式，让学习者自主选择培训项目和培训方式，增强培训效果。

（三）提高高等教育服务能力

1. 提高片区高等教育质量。根据当地工业化、信息化、城镇化、农业现代化总体布局，优化片区高等学校布局，加快调整学科专业结构。片区高等学校要明确服务当地经济社会发展的办学定位，重点发展支撑当地特色优势产业的学科、专业。中央相关高等教育项目和资金要对片区给予适当倾斜。将片区高等学校纳入东部高等学校对口支援西部高等学校计划，建立对口支援长效机制。

2. 加大高等学校招生倾斜力度。实施面向贫困地区定向招生专项计划，扩大片区学生接受优质高等教育的机会。高校招生计划和支援中西部地区招生协作计划向片区所在省（区、市）倾斜。普通高等学校举办的民族预科班、民族班向片区中的民族地区倾斜。

3. 开展高等学校定点扶贫工作。发挥高等学校在人才扶贫、科技扶贫、智力扶贫、信息扶贫等方面的积极作用。中央部（委）属高校主要参与国家扶贫开发工作重点县的定点扶贫工作，省属高校根据省级人民政府统一安排参加本省级行政区域内的定点扶贫工作。

（四）提高学生资助水平

1. 稳步推进农村义务教育学生营养改善计划。加强农村义务教育学生营养改善计划的组织管理，确保学生得到实惠。逐步完善青少年营养标准，建立学生营养监测网络，加强营养干预，提高学生的营养健康水平。加快片区农村义务教育学校伙房或食堂等生活配套设施的建设。

2. 健全家庭经济困难学生资助政策。完善农村义务教育家庭经济困难寄宿生生活费补助政策，加大对家庭经济困难幼儿、孤儿、残疾幼儿入园和普通高中家庭经济困难学生的资助力度。高等学校对来自片区农村家庭经济困难的学生优先予以资助，做到应助尽助，从制度上保障每一个学生不因家庭经济困难而失学。

3. 完善职业教育资助政策。实施好对片区中等职业学校符合条件的学生按国家规定实行免学费和给予国家助学金补助的政策。对有计划转移到省（区、市）外符合条件的中等职业学校学生，在按国家规定免学费和给予国家助学金的基础上，由生源地人民政府和接收地人民政府通过统筹教育、扶贫、农业和对口支援等资金落实住宿费、交通费等补助，中央财政对转移就学工作做得较好的接收地政府予以适当奖补。对未升学的农村初、高中毕业生免费提供农业技术技能培训。“农村劳动力转移培训计划”“阳光工程”等各项资金，按国家规定优先对当地农民或已进城的农民工接受技术技能培训予以补贴。在国家奖助学金等资助政策上对高等职业院校涉农、艰苦、紧缺专业的农村家庭经济困难学生给予倾斜。

（五）提高教育信息化水平

1. 加快学校信息基础设施建设。加快片区学校信息基础设施建设，到 2015 年基本解决片区内义务教育学校和普通高中、职业院校的宽带接入问题。

2. 推广优质数字教育资源应用。通过卫星、电视、互联网等远程教育平台将优质教育资源输送到片区学校，实现优质资源共享。开放大学和高等学校继续教育机构要开发适合片区的教育资源。加强片区学校教育信息技术应用能力培训。优先为村小学和教学点配置数字化优质教育资源。

3. 推进教育管理信息化建设。“国家教育管理信息系统建设”相关项目优先在片区实施。开展片区教育行政干部信息化管理能力培训，提高学校信息化管理的标准化、规范化水平。加强学生学籍、资助等重要基础信息管理系统的应用。

三、保障措施

（一）经费保障

1. 加大教育扶贫工程资金保障力度。中央和省级人民政府加大对教育扶贫工程的投入，省级人民政府加强各项教育经费统筹，经费安排向扶贫开发任务较重的地区倾斜。加大中央一般性转移支付、教育专项转移支付等的增量资金向教育扶贫工程投入力度。

2. 加强教育扶贫工程资金的使用管理。完善管理办法，对重大事项实行公告公示制度，强化审计监督，坚决查处挪用、截留和贪污教育扶贫工程资金的行为。

（二）学生就业

1. 切实加强毕业生就业工作。加强对学生的社会实践教育和就业创业教育，注重对学生进行职业生涯规划和就业指导。对转移就学的毕业生在就学地就业的，就学地政府人力资源社会保障部门按规定免费为其提供公共就业服务，将其纳入有关社会保险制度，并在人事档案、职称评定、教育培训、人员流动等方面予以政策保障。公安部门依照规定为转移就学就业学生办理户口迁移手续。鼓励就学地企事业单位优先接受转移学生实习和就业，按照国家有关规定对接受转移学生就业较多的用人单位予以表彰。完善转移学生就业创业帮扶和劳务输出组织工作机制，探索统一派送、劳务派遣、劳务外包等输出安置新模式。

2. 引导和支持高校、中等职业学校毕业生到贫困地区就业创业。制定为贫困地区培养人才的激励政策。加大各类国家级基层就业项目对片区的倾斜力度，鼓励地方政府设立省级基层就业项目。教育部门会同有关部门按国家规定落实到片区就业创业的高校毕业生学费补偿和助学贷款代偿办法，鼓励优秀高校和中等职业学校毕业生到贫困地区工作服务。

（三）对口支援

1. 把人才培养作为对口支援的优先领域。承担对口支援西藏、新疆和青海藏区任务的省（市）、中央企业、高校和中等职业学校要把支持片区教育发展作为工作重点，按照结对关系和对口支援规划，加大教育帮扶力度。

2. 完善教育对口支援工作机制。将教育对口支援纳入到国家对口支援工作总体部署中统筹推进。国家和省级教育行政部门加强对教育对口支援的政策支持和业务指导，建立绩效评价机制。

（四）人才引进

组织大中城市和东部地区学校的专家学者、优秀教师、离退休专业技术人员和志愿者到片区学校服务。制定优惠政策，吸引东部地区人才到片区从教，特别是对片区高校引进人才要予以倾斜支持。

四、组织领导

（一）落实各级政府的责任

在国务院统一领导下，教育部、发展改革委、财政部、扶贫办、人力资源社会保障部、公安部、农业部等部门建立工作协调机制，研究解决教育扶贫工程实施过程中的重大问题，完善实施工程的配套措施和办法。鼓励和支持片区所属省级人民政府建立跨省级行政区域的组织协调机制。建立省、市、县级政府领导定点联系学校制度。

（二）动员社会力量支持

鼓励社会各界参与教育扶贫工程。支持中国扶贫基金会、中国教育发展基金会等公益组织积极参与教育扶贫工程。引导各类企业、社会团体、非政府组织和有关国际组织在片区开展捐资助学活动。大力支持民办教育发展。鼓励共青团、妇联、工会和各类社会团体有序组织志愿者到贫困地区扶贫支教、培训当地技术技能人才。鼓励高等学校加强扶贫理论和政策研究，为扶贫开发科学决策提供依据。把扶贫纳入基本国情教育范畴，加大教育扶贫宣传力度，营造全社会参与支持教育扶贫的氛围。

（三）加强考核评估

建立教育扶贫工程实施考核机制。省级政府要建立工作协调机制，统筹推进教育扶贫工程，对工程实施进展、质量和成效进行考核，作为对各级政府绩效考核和落实《中国农村扶贫开发纲要（2011—2020年）》《国家中长期教育改革和发展规划纲要（2010—2020年）》、片区区域发展与扶贫攻坚规划的重点内容。对工程重点项目作为督查督办的重要事项，实行行政问责制。建立教育扶贫工作信息系统，跟踪监测教育扶贫工作。建立健全评估机制，开展第三方评估。

国务院办公厅转发教育部等部门关于建立中小学校舍安全保障长效机制意见的通知

（2013 年 11 月 7 日）

各省、自治区、直辖市人民政府，国务院各部委、各直属机构：

教育部、发展改革委、公安部、监察部、财政部、国土资源部、住房城乡建设部、水利部、审计署、安全监管总局、地震局、气象局《关于建立中小学校舍安全保障长效机制的意见》已经国务院同意，现转发给你们，请认真贯彻执行。

附件：

关于建立中小学校舍安全保障长效机制的意见

（教育部　发展改革委　公安部　监察部　财政部　国土资源部　住房城乡建设部　水利部　审计署　安全监管总局　地震局　气象局）

为贯彻落实《中华人民共和国防震减灾法》和《国家中长期教育改革和发展规划纲要（2010—2020 年）》，进一步提高全国中小学校舍防震减灾能力，实现城乡中小学校舍安全达标，现就建立中小学校舍安全保障长效机制（以下简称长效机制）提出如下意见。

一、充分认识建立长效机制的重要意义

校舍安全直接关系师生生命安全，社会关注度高、影响面广。党中央、国务院历来高度重视校舍安全工作，新世纪以来，先后部署实施了一系列校舍建设工程，建立了农村义务教育中小学校舍维修改造长效机制，特别是从 2009 年起，部署实施了全国中小学校舍安全工程，在各级各类城乡中小学开展校舍抗震加固和提高综合防灾能力建设，校舍安全隐患大幅减少，安全状况进一步改善。但我国中小学的学生规模大、农村学校多、基础条件差，保障校舍安全是一项长期的艰巨任务。建立长效机制，为提高中小学校舍安全管理水平和防灾减灾能力提供制度保障，是坚持以人为本、落实国家防灾减灾总体部署的必然要求，是坚持教育优先发展、办好人民满意教育的重要内容。各地区、各有关部门要统一思想，提高认识，按照国务院决策部署，切实把保障校舍安全的各项任务落实到位。

二、覆盖范围和总体要求

（一）覆盖范围。全国城镇和农村、公立和民办、教育系统和非教育系统的所有中小学（含幼儿园）。

（二）总体要求。明确和落实各级政府及其相关部门责任，综合考虑城镇化发展、人口变化等因素，紧密结合教育事业发展、防灾减灾、校园建设等规划和各类教育建设专项工程，统筹实施校舍安全保障长效机制。坚持建管并重，通过维修、加固、重建、改扩建等多种形式，逐步使所有校舍满足国家规定的建设标准、重点设防类抗震设防标准和国家综合防灾要求，同时加强对校舍的日常管理和定期维护。加强对中小学校舍规划布局、安全排查、施工建设、使用维护、信息公告、责任追究等各环节的管理，建立健全符合国情的中小学校舍安

全保障制度体系。

三、长效机制的主要内容

（一）建立校舍安全年检制度。对城乡各级各类中小学现有校舍每半年要组织一次安全隐患排查。经排查后需要鉴定的，由当地教育行政部门委托有资质的专业机构及时进行相关鉴定。对未达到重点设防类抗震设防标准或达到设计使用年限仍需继续使用的校舍，每年进行一次鉴定；达到重点设防类抗震设防标准的，每5年进行一次鉴定。校舍排查鉴定结果要及时录入中小学校舍信息管理系统以便查询。

（二）完善校舍安全预警机制。地方各级政府要将校舍安全纳入当地防灾减灾总体规划，对本行政区域内中小学校舍灾害风险进行综合评估，指导学校编制相应的应急预案，并组织师生开展应急演练。地方各级教育、公安、国土资源、水利、地震、气象等部门要建立联动机制，及时向学校发出灾害预警信息，妥善做好师生应急避险和转移安置；对存在重大安全隐患、影响安全使用的校舍，要及时发布安全预警。

（三）建立校舍安全信息通报公告制度。教育部会同统计局、住房城乡建设部、发展改革委、财政部、国土资源部、公安部等部门对全国中小学校舍信息数据进行统计分析，向各省级政府通报可能存在安全隐患的校舍信息，并每年定期向社会发布全国中小学校舍安全信息公告。地方各级政府也要建立相应的信息通报和公告制度。

（四）完善校舍安全隐患排除机制。对经鉴定存在安全隐患、影响安全使用的校舍要及时排除隐患，由省级政府综合考虑行政区域内各市、县面临自然灾害的危险程度以及校舍状况等因素，区分轻重缓急制订相应的年度实施计划；县级政府结合本地实际，分类分步组织实施。优先考虑将部分有条件的中小学建成应急避难场所。

（五）严格校舍安全项目管理制度。中小学校舍维修、加固、重建、改扩建项目，必须严格执行项目法人责任制、招投标制、工程监理制、合同管理制。项目勘察、设计、施工和工程监理单位必须具有相应资质，严格执行国家质量安全有关法律法规和工程建设强制性标准。项目竣工后，应由建设单位按规定组织勘察、设计、施工、监理等单位及项目学校进行竣工验收并备案。位于洪泛区、蓄滞洪区、山区高原等地质灾害易发区的学校，其防险自保设施应通过水利、国土资源等主管部门验收合格，否则不得交付使用。

（六）健全校舍安全责任追究制度。对发生因校舍倒塌或其他因防范不力造成安全事故导致师生伤亡的地区，要依法追究当地政府主要负责人责任。如因校舍选址不当或建筑质量问题导致垮塌的，评估鉴定、勘察设计、施工监理等单位负责人要依法承担责任。对挤占、挪用、克扣、截留、套取长效机制专项资金、违规乱收费或玩忽职守影响校舍安全的，要依法追究相关负责人的责任。

四、工作要求和保障措施

（一）加强组织领导。地方政府是保障中小学校舍安全的责任主体，主要负责人要亲自抓、负总责，分管负责人具体负责。建立长效机制由省级政府统筹组织、市级政府协调指导、县级政府组织实施。教育、发展改革、公安、监察、财政、国土资源、住房城乡建设、水利、审计、安全监管、地震、气象等部门要各司其职，加强协调，密切配合。

（二）合理分担资金投入。各级政府要将保障中小学校舍安全资金纳入财政预算，统筹各类校舍建设项目，加大对经济落后地区的支持力度。保障农村义务教育阶段中小学校舍安全资金由中央和地方共同承担。省级政府负责统筹落实地方资金，制定省、市、县三级政府具体分担办法。中央财政通过农村中小学校舍维修改造长效机制，重点支持中西部地区农村义务教育阶段学校，对东部地区给予适当奖补。其他教育阶段保障校舍安全资金由地方及其他渠道安排。民办、外资和企（事）业办中小学所需资金由投资方和本单位负责落实，当地政府给予支持指导并监管。建立长效机制的资金实行分账核算，专款专用，资金支付按照财政国库管理制度有关规定执行。

（三）落实扶持鼓励政策。校舍建设项目涉及的行政事业性收费和政府性基金，应予以免收；涉及的经营服务性收费，在服务双方协商基础上可适当予以减收或免收。鼓励社会各界捐资捐物支持中小学校舍建设。企业通过公益性社会团体或者县级以上政府及其部门对中小学校舍建设的捐赠支出，按照相关税收政策规定予以税前扣除。

（四）提高管理信息化水平。中小学校舍信息管理系统是提高校舍安全管理水平的重要保障和技术支撑，各地要及时更新数据，加强维护，完善功能，充分发挥信息管理系统在年检、预警、信息发布、隐患排除、责任追究等方面的作用，切实提高校舍安全管理科学化、精细化水平。

（五）加强监督检查。中小学校舍安全工作实行国家重点督查、省市定期巡查、县级经常自查的监督检查机制。地方政府要把中小学校舍安全工作作为教育督导的重要内容，每年向同级人大、政协报告、通报工作情况，接受法律监督和民主监督。设置监督举报电话和公众意见箱，广泛接受社会监督。

（六）加大安全教育和宣传力度。各级各类学校要严格落实国家教学计划规定的安全教育时间和课程，对学生开展防灾和安全教育，向师生普及安全知识。要培养师生良好的安全行为习惯，掌握应急避险技能，提高师生防灾安全意识和自救互救能力。要采取多种形式向全社会宣传中小学校舍安全保障政策，认真总结、宣传推广典型经验，努力营造全社会支持、监督和推进中小学校舍安全工作的良好氛围。

教育部关于印发《幼儿园教职工配备标准（暂行）》的通知

（2013年1月8日）

各省、自治区、直辖市教育厅（教委），新疆生产建设兵团教育局：

为贯彻落实《国家中长期教育改革和发展规划纲要（2010—2020年）》《国务院关于加强教师队伍建设的意见》（国发〔2012〕41号）和《教育部中央编办财政部人力资源社会保障部关于加强幼儿园教师队伍建设的意见》（教师〔2012〕11号），进一步规范各类幼儿园用人行为，我部研究制订了《幼儿园教职工配备标准（暂行）》（以下简称《标准》）。现印发给你们，并提出如下要求。

一、明确执行时间。自印发之日起，各地新设幼儿园教职工配备按照《标准》执行，已设幼儿园在三年内逐步达到《标准》要求。

二、制订实施方案。《标准》为基本标准，各地可根据当地经济社会发展水平和学前教育发展的实际情况，制订适合本地的具体实施方案。

三、加强动态监管。各地要高度重视幼儿园教师队伍建设，将《标准》作为办园的基本标准之一，补足配齐幼儿园教师，切实加强对各类幼儿园教职工配备情况的动态监管。

附件：

幼儿园教职工配备标准（暂行）

幼儿园教职工配备标准是幼儿园办园标准的重要内容，是促进幼儿园教师队伍建设的重要手段。为规范幼儿园办园行为，促进幼儿园教师队伍建设，满足幼儿在园生活、游戏和学习的需要，确保幼儿接受基本的、有质量的学前教育，促进幼儿健康成长，特制订本标准。

一、教职工与幼儿的比例。幼儿园教职工包括专任教师、保育员、卫生保健人员、行政人员、教辅人员、工勤人员。幼儿园保教人员包括专任教师和保育员。幼儿园应当按照服务类型、教职工与幼儿以及保教人员与幼儿的一定比例配备教职工，满足保教工作的基本需要。不同服务类型幼儿园教职工与幼儿的配备比例见表1。

表1 不同服务类型幼儿园教职工与幼儿的配备比例

服务类型	全园教职工与幼儿比	全园保教人员与幼儿比
全日制	1∶5—1∶7	1∶7—1∶9
半日制	1∶8—1∶10	1∶11—1∶13

二、专任教师和保育员配备。幼儿园应根据服务类型、幼儿年龄和班级规模配备数量适宜的专任教师和保育员，使每位幼儿在一日生活、游戏和学习中都能得到成人适当的照顾、帮助和指导。

全日制幼儿园每班配备2名专任教师和1名保育员，或配备3名专任教师；半日制幼儿园每班配备2名专任教师，有条件的可配备1名保育员。

寄宿制幼儿园至少应在全日制幼儿园基础上每班增配1名专任教师和1名保育员。

单班学前教育机构，如村学前教育教学点、幼儿班等，一般应配备2名专任教师，有条件的可配备1名保育员。

对所辖社区或村级幼儿园（班）负有管理和指导职责的中心幼儿园，应根据实际工作任务和需要增配巡回指导教师。

招收特殊需要儿童的幼儿园应根据特殊需要儿童的数量、类型及残疾程度，配备相应的特殊教育教师，并增加保教人员的配备数量。

幼儿园应根据当地学前教育发展的实际情况，增设教师岗位类别和数量，满足本园发展和保教工作的需要，并确保在教师进修、支教、病产假等情况下有可供临时顶岗的保教人员。

不同服务类型幼儿园各年龄班和混龄班班级规模、专任教师和保育员的配备标准见表2。寄宿制幼儿园每班幼儿人数酌减。

表2 幼儿园班级规模及专任教师和保育员配备标准

年龄班	班级规模（人）	全日制		半日制	
		专任教师	保育员	专任教师	保育员
小班（3—4岁）	20—25	2	1	2	有条件的应配备1名保育员
中班（4—5岁）	25—30	2	1	2	
大班（5—6岁）	30—35	2	1	2	
混龄班	<30	2	1	2—3	

三、其他人员配备。

园长：6个班以下的幼儿园设1名，6—9个班的幼儿园不超过2名，10个班及以上的幼儿园可设3名。

卫生保健人员：根据《托儿所幼儿园卫生保健工作规范》配备。

炊事人员：幼儿园应根据餐点提供的实际需要和就餐幼儿人数配备适宜的炊事人员。每日三餐一点的幼儿园每40—45名幼儿配1名；少于三餐一点的幼儿园酌减；在园幼儿人数少于40名的供餐幼儿园（班）应配备1名专职炊事员。

财会人员：根据国家和地方有关财会工作规定配备。

安保人员：根据国家和地方有关安保工作规定配备。

幼儿园应根据实际需要配备数量适宜的教职工，积极实行一岗多责，提高用人效益。

四、本标准为各级各类幼儿园的合格标准。各地可根据当地经济社会发展水平和学前教育发展的实际情况，制订适合本地的具体实施方案。

五、本标准自发布之日起实行。

教育部关于2013年深化教育领域综合改革的意见

（2013年1月26日）

各省、自治区、直辖市教育厅（教委），新疆生产建设兵团教育局，部属各高等学校：

为深入贯彻落实党的十八大关于深化教育领域综合改革的要求和部署，现提出以下意见。

一、充分认识深化教育领域综合改革的紧迫性

教育规划纲要发布实施以来，国务院成立国家教育体制改革领导小组，发布开展国家教育体制改革试点总体方案，召开全国教育体制改革工作电视电话会议，按照顶层设计、试点先行、有序推进的原则，对教育改革进行系统部署，形成了在培养模式、办学体制、管理体制、保障机制四个方面，从国家统一实施、地方承担试点和基层自主改革三个层面推进教育改革的总体格局。目前，教育改革稳步推进，一些改革已取得明显进展，各地涌现出了许多好的经验和做法，成效开始显现，人民群众对教育的满意度明显提高，以改革促发展的势头良好，我国教育正站在新的起点上。

随着我国教育改革进入深水区、攻坚期，涉及面更广、关联度更高，破解深层次矛盾和问题难度更大，许多问题解决起来往往涉及多个部门职责，涉及多种政策配套，涉及多方利益调整，靠原来的单项改革办法或局部突破套路已难以奏效。教育改革仍存在亟待解决的问题，主要是各地改革进展不平衡，一些热点难点问题尚未有效解决，一些保障政策措施还不到位。党的十八大报告提出深化教育领域综合改革，是对教育改革提出的新要求，重点在深化，关键在综合。要用系统思维、全局意识和全球视野认识改革，用普遍联系观点设计改革，用统筹兼顾办法推进改革，进一步增强改革的系统性、整体性、协同性；要不断增强教育改革的自觉性、紧迫性、坚定性，在继续深入实施国家教育体制改革试点的基础上，牢固树立改革意识，提振教育改革信心，冲破思想观念束缚，突破利益固化藩篱，将改革贯穿教育工作始终，扎实把教育改革不断引向深入。

二、准确把握深化教育领域综合改革的总要求

（一）指导思想

高举中国特色社会主义伟大旗帜，深入学习贯彻党的十八大精神，以邓小平理论、“三个代表”重要思想、科学发展观为指导，全面落实教育规划纲要，以加快推进教育现代化、努力办好人民满意的教育为目标，以破解制约教育科学发展的关键领域和薄弱环节为突破口，以加快转变教育发展方式、完善推进教育改革的体制机制为着力点，不失时机深化教育领域综合改革。

（二）基本原则

——坚持正确方向。立足社会主义初级阶段基本国情，坚定不移走中国特色社会主义教育发展道路，坚持按规律办事，不断推动教育制度自我完善和发展，坚持服务大局，更加突出民生，把促进学生全面发展、健康成长作为改革出发点和落脚点，以改革增添活力，促进教育事业科学发展。

——加强整体谋划。综合考虑经济、社会对教育的影响，强化顶层设计，以发展出题目，以改革做文章，以稳定为前提，统筹改革力度、发展速度和社会可承受度；坚持全局和局部相配套、治标和治本相结合、渐进和突破相促进，进一步优化改革整体布局，系统推进改革。

——尊重基层首创。从基层实践创造和人民群众对教育多样化选择要求中完善政策，尊重实践，尊重基层，鼓励试验，大胆突破，保护基层改革积极性；从实际出发，分类指导，有序推进；深入实

施改革试点，总结推广成功经验，以点带面，扩大改革成效。

——增强政策协调。凝聚改革共识，更加注重各级各类教育的相互联系及教育各要素的相互影响，更加注重上下左右各部门的相互配合和改革政策措施的相互促进，更加注重理论创新、制度创新和机制创新的有机衔接，更加注重社会各方参与，形成合力，顺利推进改革。

三、进一步聚焦深化教育领域综合改革突破口，在重点领域和关键环节取得重要进展

从人民群众反映强烈、制约教育事业科学发展的热点难点问题出发，深入分析问题产生的深层次体制机制障碍，聚焦改革重点；从工作有基础、社会有共识、群众能感知的环节入手，找准突破口；组织力量攻坚克难，尽快取得更具标志性、更具显示度的成效。

（一）改革人才培养模式

1. 推进考试招生制度改革。研究制定高考改革的总体目标和基本框架。推进普通本科与高职教育分类考试。督促各地落实进城务工人员随迁子女接受义务教育后在当地参加升学考试的方案。做好高中学业水平考试及综合素质评价改革试点。深化高校自主选拔录取改革试点；完善高校招生考试综合评价改革试点。研究提出高考英语科目一年多次考试实施办法。加大普通高校招生计划向中西部民族地区、贫困地区倾斜力度。实施好国家扶贫定向招生专项计划。积极推进研究生招生改革试点。推进普通高中考试招生制度改革。清理和规范高考加分政策，加强艺术、体育类等特殊类型招生和自主招生的监管，坚决查处违法违规行为。

2. 深化课程内容改革。坚持立德树人，加强小学、中学、大学语文和历史课程的整体设计和基本建设，完成大中小学相衔接的德育课程体系建设，探索语文、历史等学科渗透思想品德教育的方式方法，挖掘各门课程蕴含的德育资源，整合法制教育内容，增强德育工作针对性和实效性。深化中小学课程改革，加强课标制订、教材使用与考试评价的衔接。

3. 探索创新人才培养途径。深化高中办学模式多样化试验，加强高中学校特色建设，启动中小学与高校科研院所合作开展创新人才培养试验。落实试点学院改革指导意见，加大支持力度，深入推进高校拔尖创新人才培养综合改革。鼓励和支持高校结合实际，探索通识教育新模式。开展地方高校技能型人才培养试点。组织实施科教结合协同育人行动计划。切实加强实践教学和创新创业教育。全面启动研究生教育综合改革。

4. 完善职业教育人才培养模式。建设现代职业教育体系，加快发展现代职业教育，推进技术技能人才系统培养的体系、制度、政策和机制建设。制定职业学校学生顶岗实习管理办法。开展委托培养、定向培养、订单式培养改革试点；选择示范性职业院校与重点行业企业合作开展现代学徒制试点。推动职业院校开展社区教育服务。大力发展面向农村的职业教育，服务“三农”，培养新型农民、职业农民。

5. 落实人才成长立交桥支撑措施。研究提出加强开放大学建设的指导意见，深化开放大学改革。统筹专业、课程和教材体系建设，推进职业教育学制改革。完善职业教育层次结构，建立多种形式中高职衔接的制度。制定学习成果认证和“学分银行”相关制度。

（二）改革办学体制

1. 改善民办教育发展环境。出台鼓励和支持民办教育发展的意见，落实支持民办教育发展的政策措施。吸引社会资金进入教育领域。出台营利性和非营利性民办学校分类管理的指导意见。全面清理针对民办教育的歧视政策。探索公办学校多种办学形式，完善独立学院管理办法。

2. 完善职业教育产教融合制度。研究制定职业教育校企合作促进办法。出台职业教育集团化办学的指导意见。提升行业指导职业教育的能力。建立健全行业企业参与办学的体制机制。建立职业学校与行业企业联动开发课程机制。

3. 落实高校办学自主权。进一步减少和严格规范政府对高等学校的行政审批，减少行政干预，落实高校办学自主权。加快大学章程建设，理顺大学、政府和社会的关系，规范高校办学行为。2013年所有试点高校都要制定章程。扩大公开选拔大学校长试点。

4. 扩大教育对外开放。扩大来华留学规模，落实《留学中国计划》，出台外国留学生招收和管理有关规定，提高来华留学教育水平。完善市场选择和淘汰机制，建立中外合作办学质量保障体系，支持办好一批高起点中外合作办学机构。实施《孔子学院发展规划（2012—2020年）》，充分发挥孔子学院综合文化交流平台作用。加强与港澳台地区的教育合作与交流。推进教育国家合作交流综合改革试验区建设。扩大省级教育行政部门在教育涉外管理方面职权。

（三）改革管理体制

1. 完善均衡发展义务教育机制。建立健全教育资源配置机制，重点向农村、边远、贫困、民族地区倾斜。加快推进义务教育学校标准化建设。全面启动实施集中连片地区教育扶贫工程。全面推行中小学教师交流制度。逐步消除义务教育薄弱校、大班额。着力解决大城市的中小学择校问题，各省（区、市）分别制订实施方案。开展义务教育均衡发展督导评估，国家公布各省（区、市）实现义务教育基本均衡县名单和比例。建立义务教育均衡发展奖励机制。

2. 落实省级政府教育统筹。健全中央和地方统筹有力、责权明确的教育管理体制。坚决实行简政放权，进一步推进中央向地方放权，扩大省级政府教育统筹权。对试点省份，有序下放学校设置、招生计划、学位点评审、学科建设等方面权限。分省制订省级政府加强教育统筹的工作方案，进一步细化目标任务。省级人民政府要切实负起加大教育统筹的职责，统筹落实推进各级各类教育协调发展职责，统筹落实城乡教育协调发展职责，统筹编制办学条件、教师编制、招生规模等基本标准，统筹确定合理教育支出结构。开展省级政府履行教育职责评价。

3. 健全教育监测评价机制。研制学生综合评价标准，探索建立中国特色教育质量监测评价办法。启动中小学生课业负担、学生体质健康状况、人民群众教育满意度的监测评估，2013年年底前，各县（市、区）公布辖区内所有学校监测结果。建立健全政府、行业、企业和第三方机构深度参与的职业教育质量监测评估体系。发挥社会组织、中介机构的教育评价作用。推广中小学“绿色评价”，组织开展试点。以质量、创新、贡献为导向，改进高校科研评价体系。健全教育质量监测评估机构。

4. 推进教育督导体制改革。发挥国务院教育督导委员会作用，建立健全教育决策、执行、监督既相互制约又相互协调的权力结构和运行机制，尽快完善县级以上人民政府负责教育督导的机构。全面落实《教育督导条例》，扩大督导范围，实现各级各类教育督导全覆盖，依法对各级各类教育进行督导。

5. 完善高校治理结构。加强高校教职工代表大会、学术委员会等相关机构建设，完善决策程序，规范高校内部权力运行，推进科学民主决策。全面落实校务公开，建立社会参与和监督高校办学的有效机制，加快形成高校自我发展、自我约束的良性机制。

（四）改革保障机制

1. 改革教师管理制度。设立专项资金，大幅提高中西部贫困地区、民族地区村小和教学点教师待遇，吸引优秀人才在村小和教学点长期从教。完善教师评价办法，全面落实师德表现一票否决制。完善教师资格制度，扩大教师“国标、省考、县聘、校用”改革试点。拓宽用人视野，多渠道补充教师。制定吸引政策，扩大职业学校“双师型”教师比例。建立教师退出机制。

2. 完善投入保障机制。健全各级政府教育经费分担机制，进一步明晰中央和地方的教育事权和财政支出责任。加快研究制订高等职业学校生均财政拨款标准。加强教育经费使用绩效评价和审计监督。

3. 改进教育信息化推进策略。以教育信息化带动教育现代化。引入市场机制，调动各方积极性，探索形成政府引导、市场驱动、多方参与、共建共享的教育信息化推进格局。推进信息技术与教学深度融合，改进教育教学方式和教育管理方式，促进教育公平与教育质量提升。研究制订相关标准，将信息技术应用能力纳入教师资格认证体系。

四、进一步完善推进机制，形成推进教育领域综合改革的整体合力

推进“深水区”的教育改革，必须采取综合改革的办法，统筹兼顾，上下结合，部门协调，建立健全强有力的推进机制，凝聚共识，减少阻力，增强引力，形成合力。

（一）加强统筹协调

中央有关部门要在国家教育体制改革领导小组的领导下，各负其责，切实承担起推进教育改革的责任，积极支持教育改革。要采取联合调研、部门会商等方式，共同研究解决教育改革重大问题，加强政策协调，建立改革重大政策突破机制。要发挥国家教育咨询委员会、国家教育考试指导委员会等机构的作用，完善工作机制，加强决策咨询，提高决策水平。发挥教育领域学会、协会在教育综合改革中的作用。各省（区、市）也要结合实际，充分发挥本地区教育体制改革领导小组的作用，建立健全改革领导协调机制。

（二）加大激励引导

加大对国家教育体制改革试点的政策支持力度，支持改革条件成熟地区和学校先行先试。研究出台改革试点转示范的办法，确立一批改革示范项目，加大推广力度，充分发挥试点的引领和带动作用。动态调整国家教育体制改革试点项目，及时淘汰一批毫无进展、有名无实甚至发生偏差的项目，补充一批基础好、积极性高且初显成效的项目。通过召开座谈会或现场推进会等方式，在更大范围推广典型做法和经验。把改革试点成效作为资源配置的重要依据，对成效显著的地区和学校，以适当方式予以奖励。

（三）强化检查监督

组织完成国家教育体制改革试点项目中期评估，形成评估意见。密切跟踪改革试点进展，定期通报情况，加大督查力度，加快实施进度。各地、各部门要建立健全深化教育领域综合改革目标责任制，强化责任意识和责任约束，将任务分解到具体部门，明确分管领导，落实责任人，确保可衡量、可检查。建立健全重大改革决策稳定风险评估机制，切实维护教育系统和谐稳定。

（四）营造良好氛围

全面深入宣传教育改革，最大限度凝聚改革共识，争取各方理解支持，合理引导改革预期，进一步坚定改革信心，为改革营造良好舆论氛围。建立媒体深度参与宣传报道教育改革的机制。集中力量对改革取得重大成效的典型经验进行重点宣传。建立教育改革新闻通气和发布制度，及时发布改革信息，主动通报改革进展，掌握舆论主动权。建立教育改革新闻会商制度，加强舆情监测、研判，提高热点舆情应对能力。

教育部关于印发《义务教育学校校长专业标准》的通知

（2013 年 2 月 4 日）

各省、自治区、直辖市教育厅（教委），新疆生产建设兵团教育局：

为贯彻党的十八大精神，落实教育规划纲要和《国务院关于加强教师队伍建设的意见》（国发〔2012〕41 号），构建教师队伍建设标准体系，建设高素质义务教育学校校长队伍，教育部研究制订了《义务教育学校校长专业标准》（以下简称《专业标准》），现印发给你们，请结合实际认真贯彻执行。

《专业标准》是国家对义务教育学校合格校长专业素质的基本要求。各地教育行政部门、有关高等学校以及校长培训机构要把贯彻落实《专业标准》作为加强义务教育学校校长队伍建设的重要任务和举措，认真制订工作方案和具体措施，精心组织实施，务求取得实效。要采取多种形式组织开展《专业标准》专题学习活动，帮助广大义务教育学校校长准确理解《专业标准》的基本理念，全面把握《专业标准》的内容要求，把《专业标准》作为开展学校管理、提升专业发展水平的行为准则。要将《专业标准》作为义务教育学校校长管理的重要依据，进一步完善校长任职资格条件和考核评价指标。要依据《专业标准》调整校长培训课程计划，编写校长培训教材，将《专业标准》作为义务教育学校校长培训的重要内容。

各地教育行政部门、有关高等学校以及校长培训机构学习宣传和贯彻落实《专业标准》情况要及时报送我部教师工作司。

附件：

义务教育学校校长专业标准

为促进义务教育学校校长专业发展，建设高素质义务教育学校校长队伍，深入推进义务教育均衡发展，根据教育法和义务教育法，特制订本标准。

校长是履行学校领导与管理工作职责的专业人员。本标准是对义务教育学校合格校长专业素质的基本要求，是制订义务教育学校校长任职资格标准、培训课程标准、考核评价标准的重要依据。

一、基本理念

（一）以德为先。坚持社会主义办学方向，贯彻党和国家的教育方针政策，将社会主义核心价值体系融入学校教育全过程，依法履行法律赋予的权利和义务；热爱教育事业和学校管理工作，具有服务国家、服务人民的社会责任感和使命感；履行职业道德规范，立德树人，为人师表，公正廉洁，关爱师生，尊重师生人格。

（二）育人为本。坚持育人为本的办学宗旨，把促进每个学生健康成长作为学校一切工作的出发点和落脚点，扶持困难群体，推动平等接受教育；遵循教育规律，注重教育内涵发展，始终把全面提高义务教育质量放在重要位置，使每个学生都能接受有质量的义务教育；树立正确的人才观和科学的质量观，全面实施素质教育，为每个学生提供适合的教育，促进学生生动活泼地发展。

（三）引领发展。校长作为学校改革发展的带头人，担负着引领学校和教师发展，促进学生全面发展与个性发展的重任；将发展作为学校工作的第一要务，秉承先进教育理念和管理理念，建立健全学校各项规章制度，完善学校目标管理和绩效管理机制，实施科学管理、民主管理，推动学校可持续发展。

（四）能力为重。将教育管理理论与学校管理实践相结合，突出学校管理的实践能力和创新能力；不断提高与完善规划学校发展、营造育人文化、领导课程教学、引领教师成长、优化内部管理和调适外部环境等方面的能力；坚持实践、反思、再实践、再反思，强化专业能力提升。

（五）终身学习。牢固树立终身学习的观念，将学习作为改进工作的不竭动力；优化知识结构，提高自身科学文化素养；与时俱进，及时把握国内外教育改革与发展的趋势；注重学习型组织建设，使学校成为师生共同学习的家园。

二、基本内容

专业职责	专业要求	
一　规划学校发展	专业理解与认识	1. 明确学校办学定位，履行实施义务教育的工作使命，保障适龄儿童、少年平等接受有质量的义务教育，着力保障农民工子女、残疾儿童少年、家庭经济困难学生的受教育权利。 2. 注重学校发展的战略规划，凝聚师生智慧，建立学校发展共同目标，形成学校发展合力。 3. 尊重学校传统和学校实际，提炼学校办学理念，办出学校特色。

续表

专业职责		专业要求
一　规划学校发展	专业知识与方法	4. 熟悉国家的法律法规、教育方针政策和学校管理的规章制度。 5. 把握国内外学校改革和发展的基本趋势，学习借鉴优秀校长办学的成功经验。 6. 掌握学校发展规划制订、实施与测评的理论、方法与技术。
	专业能力与行为	7. 诊断学校发展现状，及时发现和研究分析学校发展面临的主要问题。 8. 组织社区、家长、教师、学生多方参与制订学校发展规划，确立学校中长期发展目标。 9. 落实学校发展规划，制订学年、学期工作计划，指导教职工制订具体行动方案，并提供人、财、物等条件支持。 10. 监测学校发展规划的实施，根据实施情况修正学校发展规划，调整工作计划，完善行动方案。
二　营造育人文化	专业理解与认识	11. 把德育工作摆在素质教育的首要位置，全面加强学校德育体系建设。 12. 将学校文化建设作为学校德育工作的重要方面，重视学校文化潜移默化的教育功能，把文化育人作为办学治校的重要内容与途径。 13. 热爱祖国优秀传统文化，充分发挥优秀传统文化的时代意义与教育价值，重视地域文化的重要作用。
	专业知识与方法	14. 广泛涉猎自然科学与人文社会科学知识，具有良好的艺术修养和相应的艺术欣赏与表现的知识。 15. 了解校园文化建设的基本理论，掌握促进优秀文化融入学校教育的方法和途径。 16. 掌握不同年龄阶段学生思想品德形成和健康心理发展的特点与规律，了解学生思想与品行养成过程及其教育方法。
	专业能力与行为	17. 绿化、美化校园环境，精心营造人文氛围，建设优良的校风、教风、学风，设计体现学校特点和教育理念的校训、校歌、校徽、校标。 18. 精心设计和组织艺术节、科技节等校园文化活动，充分利用好重大节庆日、传统节日等有特殊意义的日子以及学校组织特有的仪式，开展主题教育活动。 19. 建设绿色健康的校园信息网络，向师生推荐优秀的精神文化作品和先进模范人物，努力防范不良的流行文化、网络文化和学校周边环境对学生的负面影响。 20. 凝聚学校文化建设力量，发挥教师、学生及社团的主体作用，为共青团、少先队、学生社团、班集体活动开展提供必要条件，保证活动时间。
三　领导课程教学	专业理解与认识	21. 坚持面向全体学生，因材施教，全面提高教育教学质量。 22. 尊重教育教学规律，注重培养学生的责任意识、创新精神和实践能力。 23. 尊重教师的教学经验和智慧，积极推进教学改革与创新。
	专业知识与方法	24. 掌握学生不同发展阶段的培养目标和课程标准。 25. 了解课程编制、课程开发与实施、课程评价的相关知识和教材、教辅使用的政策以及国内外课程教学改革的经验。 26. 掌握课堂教学以及教育信息技术应用的一般原理与方法。
	专业能力与行为	27. 有效统筹国家、地方、学校三级课程，确保国家课程、地方课程的落实，推动校本课程的开发与实施，为学生提供丰富多样的课程教学资源。 28. 认真落实义务教育课程标准，切实减轻学生过重课业负担，不得随意提高课程难度，不得挤占体育、音乐、美术及少先队活动等课程的课时，确保学生每天一小时校园体育活动。

续表

专业职责	专业要求	
三　领导课程教学	专业能力与行为	29. 建立听课与评课制度，深入课堂听课并对课堂教学进行指导，每学期听课不少于地方教育行政部门规定的课时数量。 30. 积极组织开展教研活动和教学改革，建立完善促进学生全面发展的教育教学评价制度，不片面追求学生考试成绩和升学率。
四　引领教师成长	专业理解与认识	31. 教师是学校改革发展最宝贵的人力资源，尊重、信任、团结和赏识每一位教师。 32. 校长是教师专业发展的第一责任人，将学校作为教师实现专业发展的主阵地。 33. 尊重教师专业发展的规律，激发教师发展的内在动力。
	专业知识与方法	34. 把握教师职业素养要求，明确教师的权利与义务。 35. 掌握教师专业发展的理论以及指导教师开展教育教学实践与研究的方法。 36. 掌握学习型组织建设的方法以及激励教师主动发展的策略。
	专业能力与行为	37. 建立健全教师专业发展的制度，推行校本教研，完善教研训一体的机制，落实每位教师五年一周期不少于360学时的培训要求。 38. 关注每一位教师的发展，指导教师根据自身发展特点制订专业发展计划，加强青年教师培养，支持教师轮岗交流，推进信息技术在教师专业发展中的应用。 39. 扎实开展师德师风教育，落实教师职业道德规范要求，严禁教师体罚或变相体罚学生，严禁教师从事有偿补课。 40. 维护和保障教师合法权益和待遇，关爱教师身心健康，建立优教优酬的激励制度。
五　优化内部管理	专业理解与认识	41. 坚持依法治校，自觉接受师生员工和社会的监督。 42. 崇尚以德立校，处事公正、严格律己、廉洁奉献。 43. 倡导民主管理和科学管理，坚持教书育人、管理育人、服务育人。
	专业知识与方法	44. 把握国家相关政策对校长的职责定位和工作要求。 45. 掌握学校管理的基本理论与方法，了解国内外学校管理的变化趋势。 46. 熟悉学校人事财务、资产后勤、校园网络、安全保卫与卫生健康等管理实务。
	专业能力与行为	47. 形成学校领导班子的凝聚力，认真听取党组织对学校重大决策的意见，充分发挥党组织的政治核心作用。 48. 尊重和支持教职工代表大会参与学校管理的民主权利，定期向教职工代表大会报告工作，实行校务会议等管理制度。 49. 建立健全学校人事、财务、资产管理等规章制度，提高学校管理规范化水平，不得违反国家规定收取费用，不得以向学生推销或者变相推销商品、服务等方式谋取利益。 50. 努力打造平安校园，建立和完善学校各种应急管理机制，定期实施安全演练，正确应对和妥善处置学校突发事件。
六　调适外部环境	专业理解与认识	51. 坚持把服务社会（社区）作为学校的重要功能，勇于承担社会责任。 52. 坚持把合作共赢作为学校对外关系准则，积极开展校内外合作与交流。 53. 坚信学校与家庭、社会（社区）的良性互动是办学水平的重要体现。
	专业知识与方法	54. 掌握学校公共关系及家校合作的理论与方法。 55. 了解所在社区、学生家庭的基本情况，积极获取与学生成长、学校发展相关的信息。 56. 熟悉各级各类社会公共服务机构的教育功能。
	专业能力与行为	57. 优化外部育人环境，努力争取社会（社区）的教育资源对学校教育的支持。

续表

专业职责	专业要求	
六　调适外部环境	专业能力与行为	58. 充分发挥家长委员会支持学校工作的积极作用，引导社区和有关专业人士参与学校管理和监督，接受改进学校工作的合理建议。 59. 建立健全家校合作育人机制，建立教师家访制度，通过家长学校、家长会、家长开放日等形式，指导和帮助家长了解学校工作情况和学生身心发展特点，掌握科学育人方法。 60. 积极发挥学校在社区建设中的作用，鼓励并组织学校师生参与服务社会（社区）的有益活动。

三、实施要求

（一）本标准适用于国家和社会力量举办的全日制义务教育学校的正、副校长。幼儿园园长、普通高中、中等职业学校校长专业标准另行制订。鉴于全国不同地区的差异，各省、自治区、直辖市教育行政部门可以依据本标准制定符合本地区实情的实施意见。本标准可在执行的过程中逐步完善。

（二）各级教育行政部门要将本标准作为义务教育学校校长队伍建设和校长管理的重要依据。根据教育改革发展的需要，充分发挥本标准引领和导向作用，制订义务教育学校校长队伍建设规划，严格义务教育学校校长任职资格标准，完善义务教育学校校长选拔任用制度，推行校长职级制，建立义务教育学校校长培养培训质量保障体系，形成科学有效的义务教育学校校长队伍建设与管理机制，为实现义务教育均衡发展提供制度保障。

（三）有关高等学校和校长培养培训机构要将本标准作为义务教育学校校长培养培训的主要依据。重视义务教育学校校长职业特点，加强相关学科和专业建设。根据义务教育学校校长发展阶段的不同需求，完善培养培训方案，科学设置校长培养培训课程，改革教育教学方式。注重校长职业理想与职业道德教育，增强校长教书育人、管理育人的责任感和使命感。加强校长培养培训的师资队伍建设，开展校长专业成长的科学研究，促进校长专业发展。

（四）义务教育学校校长要将本标准作为自身专业发展的基本准则。制订自我专业发展规划，爱岗敬业，增强专业发展自觉性；大胆开展学校管理实践，不断创新；积极进行自我评价，主动参加校长培训和自主研修，不断提升专业发展水平，努力成为教育教学和学校管理专家。

教育部关于勤俭节约办教育建设节约型校园的通知

（2013 年 2 月 26 日）

各省、自治区、直辖市教育厅（教委），各计划单列市教育局，新疆生产建设兵团教育局，有关部门（单位）教育司（局），部属各高等学校：

最近，中央制定了改进工作作风、密切联系群众的八项规定。为深入贯彻落实中央关于厉行勤俭节约、反对铺张浪费的精神，在教育系统大力弘扬中华民族勤俭节约的优秀传统，勤俭节约办教育，建设节约型校园，现就有关事项通知如下。

一、充分认识勤俭节约办教育，建设节约型校园的重要意义。各级各类学校承担着培养社会主义建设者和接班人的任务。勤俭节约办教育，建设节约型校园，有利于营造良好的育人环境，促使广大学生树立勤俭节约意识，养成勤俭节约习惯，促进青少年一代健康成长；有利于促进学校节约能源资源，降低办学成本，提高办学效益；对于推动全社会形成勤俭节约的文明风尚，建设资源节约型、环境友好型社会，实现中华民族伟大复兴的“中国梦”都具有重要意义。

二、加强制度建设，建立健全促进节约的规章制度。各级各类学校都要因校制宜，制定针对性、操作性强的办法和措施，大力推动节约型校园建设。要在教学实验、科学研究、行政办公、基建后勤等各方面，建立严格、科学、合理的管理制度。在节约用水、节约用电、节约粮食、节约办公用品、节约经费等各个环节制定具体实施办法。完善评价、监管措施，形成有利于节约的制约和激励机制。

三、严格开支标准，控制各项经费支出。要按照朴素、实用、适用和节约资源的原则建设学校校舍，严格控制校舍建设项目的造价标准，不得搞豪华装修，坚决杜绝“豪华校门”　“豪华办公楼（室）”“豪华宾馆”和“豪华电梯”等。严格执行住房、用车以及各种生活待遇的有关规定。实行固定资产最低使用年限制度，严禁随意或超标配置办公用房、设备和家具。公务接待一般在学校餐厅安排工作餐，在学校招待所安排住宿。减少会议数量，控制会议规模，降低会议成本。严格控制各类剪彩、奠基活动和庆祝会、纪念会、表彰会、研讨会及各类论坛。

四、抓住关键环节，实行精细化管理。严格伙食成本核算及成本管理，加强食堂管理。制定文明用餐规范，大力倡导吃完所购食物、不留剩饭剩菜的“光盘行动”。加强校园采暖、空调、照明等主要用能设备维护管理，强化节能措施。对学校的大型物业实行专业化、现代化管理，促进节能减排。广泛开展节水节电节纸活动，以实际行动降低能源资源消耗。

五、加强宣传教育，培育节约型校园文化。各级各类学校要在广大师生员工中大力开展艰苦奋斗、勤俭节约的宣传教育活动，使师生员工牢固树立节约光荣、浪费可耻的思想观念，自觉做到艰苦朴素、勤俭节约，自觉抵制奢侈浪费行为，努力形成“崇尚节约、摒弃浪费”的校园文化风尚。积极举办节约能源、循环利用、环境保护等科普讲座，普及节约知识。组织开展“节水节电周”“节粮周”“节约校园倡议书”等主题活动，充分运用校园网络阵地，多形式、多途径宣传节约文明。引导广大师生员工身体力行，从我做起、从点滴做起，营造节约型校园的良好环境。支持和引导学生积极参与节能环保社会实践活动，深入社区、社会开展宣传，带动家庭、社会树立节约文化。

六、加强组织领导和监督检查，狠抓工作落实。各级教育行政部门和各级各类学校要高度重视，认真部署勤俭节约办教育，建设节约型校园工作。要抓住制度建设这个重点，着力形成制度、形成风气、形成习惯，一抓到底，常抓不懈，常抓常新，防止搞成新的形式主义。各级领导干部要以身作则，率先垂范，带头厉行勤俭节约。要把执行情况纳入教职员工管理和考核，对浪费现象进行批评处罚，对违反规定的开支不予报销，对违反规定的单位和个人进行严肃处理。

各地和各直属高校要注意发现和总结勤俭节约办教育，建设节约型校园的先进经验和典型材料，并随时上报。

请迅速将本通知传达到本地区各级各类学校。

教育部　国家发展改革委　财政部关于深化研究生教育改革的意见

（2013年3月29日）

各省、自治区、直辖市教育厅（教委）、发展改革委、财政厅（局），新疆生产建设兵团教育局、发展改革委、财务局，有关部门（单位）教育司（局），中国社会科学院研究生院，中共中央党校学位评定委员会，中国人民解放军学位委员会，教育部直属各高等学校：

研究生教育是培养高层次人才的主要途径，是国家创新体系的重要组成部分。改革开放以来，我国研究生教育取得了重大成就，基本实现了立足国内培养高层次人才的战略目标。但总体上看，研究生教育还不能完全适应经济社会发展的多样化需求，培养质量与国际先进水平相比还有较大差距。为全面贯彻落实党的十八大精神和《国家中长期教育改革和发展规划纲要（2010—2020年）》，进一步提高研究生教育质量，现就深化研究生教育改革提出以下意见。

一、指导思想和总体要求

1. 指导思想：高举中国特色社会主义伟大旗帜，以邓小平理论、“三个代表”重要思想、科学发展观为指导，全面贯彻党的教育方针，把立德树人作为研究生教育的根本任务。深入实施教育、科技和人才规划纲要，坚持走内涵式发展道路，以服务需求、提高质量为主线，以分类推进培养模式改革、统筹构建质量保障体系为着力点，更加突出服务经济社会发展，更加突出创新精神和实践能力培养，更加突出科教结合和产学结合，更加突出对外开放，为提高国家创新力和国际竞争力提供有力支撑，为建设人才强国和人力资源强国提供坚强保证。

2. 总体要求：优化类型结构，建立与培养目标相适应的招生选拔制度；鼓励特色发展，构建以研究生成长成才为中心的培养机制；提升指导能力，健全以导师为第一责任人的责权机制；改革评价机制，建立以培养单位为主体的质量保证体系；扩大对外开放，实施合作共赢的发展战略；加大支持力度，健全以政府投入为主的多渠道投入机制。通过改革，实现发展方式、类型结构、培养模式和评价机制的根本转变。到2020年，基本建成规模结构适应需要、培养模式各具特色、整体质量不断提升、拔尖创新人才不断涌现的研究生教育体系。

二、改革招生选拔制度

3. 优化人才培养类型结构。基本稳定学术学位授予单位和学位授权学科总体规模，建立学科动态调整机制，鼓励学科交叉与融合，进一步突出学科特色和优势。积极发展硕士专业学位研究生教育，稳步发展博士专业学位研究生教育，重视发展非全日制研究生教育。

4. 深化招生计划管理改革。根据国家发展需要和高层次人才培养规律，合理确定研究生招生规模。加强和改进招生计划管理，对全日制和非全日制研究生招生计划实行统一管理，改革全日制研究生招生计划形式，取消国家计划和自筹经费“双轨制”。加强宏观管理，逐步建立研究生教育规模、结构、布局与经济社会发展相适应的动态调整机制。进一步完善计划分配办法，通过增量安排和存量调控，积极支持优势学科、基础学科、科技前沿学科和服务国家重大需求的学科发展。

5. 建立健全科学公正的招生选拔机制。以提高研究生招生选拔质量为核心，积极推进考试招生改革，建立与培养目标相适应、有利于拔尖创新人才和高层次应用型人才脱颖而出的研究生考试招生制度。优化初试，强化复试，发挥和规范导师作用，注重对考生专业基础、综合素质和创新能力的考察。

6. 完善招生选拔办法。推进学术学位与专业学位硕士研究生分类考试。完善专业学位研究生考试办法，注重选拔具有一定实践经验的优秀在职人员。建立博士研究生选拔“申请—审核”机制，发挥专家组审核作用，强化对科研创新能力和专业学术潜质的考察。建立博士研究生中期分流名额补充机制。对具有特殊才能的人才建立专门的选拔程序。加强对考试招生工作的管理和监督。强化考试安全工作。

三、创新人才培养模式

7. 拓展思想政治教育的有效途径。加强中国特色社会主义理论体系教育，把社会主义核心价值体系融入研究生教育全过程，把科学道德和学风教育纳入研究生培养各环节。广泛开展社会实践和志愿服务活动，着力增强研究生服务国家、服务人民的社会责任感。加强人文素养和科学精神培养，培育研究生正直诚信、追求真理、勇于探索、团结合作的品质。认真组织实施研究生思想政治理论课课程新方案。加强研究生党建工作。加强研究生心理健康教育和咨询工作。

8. 完善以提高创新能力为目标的学术学位研究生培养模式。统筹安排硕士和博士培养阶段，促进课程学习和科学研究的有机结合，强化创新能力培养，探索形成各具特色的培养模式。重视对研究生进行系统科研训练，要求并支持研究生更多参与前沿性、高水平的科研工作，以高水平科学研究支撑高水平研究生培养。鼓励多学科交叉培养，支持研究生更多参与学术交流和国际合作，拓宽学术视野，激发创新思维。

9. 建立以提升职业能力为导向的专业学位研究生培养模式。面向特定职业领域，培养适应专业岗位的综合素质，形成产学结合的培养模式。引导和鼓励行业企业全方位参与人才培养，充分发挥行业和专业组织在培养标准制订、教学改革等方面的指导作用，建立培养单位与行业企业相结合的专业化教师团队和联合培养基地。加强实践基地建设，强化专业学位研究生的实践能力和创业能力培养。大力推动专业学位与职业资格的有机衔接。

10. 加强课程建设。重视发挥课程教学在研究生培养中的作用。建立完善培养单位课程体系改进、优化机制，规范课程设置审查，加强教学质量评价。增强学术学位研究生课程内容前沿性，通过高质量课程学习强化研究生的科学方法训练和学术素养培养。构建符合专业学位特点的课程体系，改革教学内容和方式，加强案例教学，探索不同形式的实践教学。

11. 建立创新激励机制。根据研究生的学术兴趣、知识结构、能力水平，制订个性化的培养计划。发掘研究生创新潜能，鼓励研究生自主提出具有创新价值的研究课题，在导师和团队指导下开展研究，由培养单位提供必要的条件支持。制定配套政策，支持研究生为完成高水平研究适当延长学习时间。加强研究生职业发展教育和就业指导，提高研究生就业创业能力。

12. 加大考核与淘汰力度。加强培养过程管理和学业考核，实行严格的中期考核和论文审核制度，畅通分流渠道，加大淘汰力度。建立学风监管与惩戒机制，严惩学术不端行为，对学位论文作假者取消学位申请资格或撤销学位。完善研究生利益诉求表达机制，加强研究生权益保护。

四、健全导师责权机制

13. 改革评定制度。改变单独评定研究生导师资格的做法，强化与招生培养紧密衔接的岗位意识，防止形成导师终身制。根据年度招生需要，综合考虑学科特点、师德表现、学术水平、科研任务和培养质量，确定招生导师及其指导研究生的限额。完善研究生与导师互选机制，尊重导师和学生选择权。

14. 强化导师责任。导师是研究生培养的第一责任人，负有对研究生进行学科前沿引导、科研方法指导和学术规范教导的责任。完善导师管理评价机制。全面落实教师职业道德规范，提高师德水平，加强师风建设，发挥导师对研究生思想品德、科学伦理的示范和教育作用。研究生发生学术不端行为的，导师应承担相应责任。

15. 提升指导能力。加强导师培训，支持导师学术交流、访学和参与行业企业实践，逐步实行学术休假制度。加强高校、科研院所和企业之间人才交流与共享，建设专兼结合的导师队伍，完善校所、校企双导师制度。重视发挥导师团队作用。

五、改革评价监督机制

16. 改革质量评价机制。发布培养单位质量保证体系建设规范。按照一级学科和专业学位类别分别制定博士、硕士学位基本要求。学术学位注重学术创新能力评价，专业学位注重职业胜任能力评价。研究生教育质量评价要更加突出人才培养质量，人才培养质量评价要坚持在学培养质量与职业发展质量并重。强化质量在资源配置中的导向作用。

17. 强化培养单位质量保证的主体作用。培养单位要加强培养过程的质量管理。按照一级学科和专业学位类别，分别设立研究生培养指导委员会，负责制订培养标准和方案、建设课程体系、开展质量评价等。专业学位研究生培养指导委员会应有一定比例的行业和企业专家参加。定期开展自我评估，加强国际评估。建立毕业生跟踪调查与用人单位评价的反馈机制，主动公开质量信息。

18. 完善外部质量监督体系。加快建设以教育行政部门监管为主导，行业部门、学术组织和社会机构共同参与的质量监督体系。加强研究生教育质量评估，加大学位论文抽检力度，改进优秀博士学位论文评选办法，统筹学科评估。对评估中存在问题的单位，视情做出质量约谈、减少招生计划、停止招生直至撤销学位授权的处理。建立专业学位教育质量认证体系，鼓励培养单位参与国际教育质量认证。

19. 建立质量信息平台。建设在学研究生学业信息管理系统，建立研究生教育质量信息分析和预警机制。加大信息公开力度，公布质量标准，发布质量报告和评估结果，接受社会监督。

20. 规范在职人员攻读硕士专业学位和授予同等学力人员硕士、博士学位工作的管理。进一步强化培养单位办学责任，加强统一管理，建立定期检查机制。将在职人员攻读硕士专业学位纳入研究生学业信息管理系统。同等学力人员申请学位，须将学位论文在研究生教育质量信息平台上公示。研究生培养单位不得以“研究生”和“硕士、博士学位”等名义举办课程进修班。

六、深化开放合作

21. 推进校所、校企合作。进一步加强高等学校与科研院所和行业企业的战略合作，支持校所、校企联合建设拔尖创新人才培养平台，完善校所、校企协同创新和联合培养机制。紧密结合国家重大科研任务，通过跨学科、跨院校、产学研联合培养等多种途径，培养和造就科技创新和工程技术领域领军人才。

22. 增强对外开放的主动性。服务国家对外开放战略，加快建设有利于国际互认的学位资历框架体系，继续推动双边和多边学位互认工作，加强与周边国家、区域的研究生教育合作。完善来华留学研究生政策，适时提高奖学金标准，扩大招生规模，提高生源质量，创新培养方式。扩大联合培养博士生出国留学规模，继续实施“国家建设高水平大学公派研究生”项目。支持有条件的学校建设海外教学实践基地。

23. 营造国际化培养环境。加强国际化师资队伍建设，吸引国外优秀人才来华指导研究生。推动中外合作办学，支持与境外高水平大学合作开展“双学位”、“联合学位”项目，合作开发研究生课程。加大对研究生访学研究、短期交流、参加国际学术会议的资助力度，提高具有国际学术交流经历的研究生比例。提高管理与服务的国际化水平，形成中外研究生共学互融、跨文化交流的校园环境。

七、强化政策和条件保障

24. 完善投入机制。健全以政府投入为主、受教育者合理分担培养成本、培养单位多渠道筹集经费的研究生教育投入机制。培养单位要按国家有关规定加大纵向科研经费和基本科研业务费支持研究生培养的力度，统筹财政投入、科研经费、学费收入、社会捐助等各种资源，确保对研究生教学、科研和资助的投入。

25. 完善奖助政策体系。建立长效、多元的研究生奖助政策体系。强化国家奖学金、学业奖学金和国家助学金等对研究生的激励作用。健全研究生助教、助研和助管制度。提高研究生国家助学贷款年度最高限额，确保符合条件的研究生应贷尽贷。加大对基础学科、国家急需学科研究生的奖励和资助力度。奖助政策应在培养单位的招生简章中予以公开。

26. 加强培养条件和能力建设。在国家高等教育重点建设项目中，突出对研究生教育改革和发展的支持。建立优质资源共享机制，国家各类重大项目投资的仪器设备与平台，应向研究生开放。培养单位要改善培养条件，支持研究生教育教学改革。对生均资源过低的培养单位，减少其招生规模。对参与研究生培养和建设实践基地的企业，按规定落实税收优惠等政策。

27. 鼓励改革试点。着力破除制约研究生教育质量提高的体制机制障碍和政策瓶颈，营造良好的政策环境。鼓励有条件的地区和培养单位开展研究生教育综合改革试点，建设拔尖创新人才和高层次应用型人才培养示范平台，积极探索提高质量的新机制。

八、加强组织领导

28. 深化改革、提高研究生教育质量是贯彻落实党的十八大精神和教育规划纲要的一项重要任务。各级教育部门要转变职能，加强宏观指导和监督，加大地方统筹力度，扩大培养单位的自主权。研究生培养单位要高度重视研究生教育工作，认真制订本单位改革方案，强化改革的主体和责任意识，重视发挥基层学术组织在学科建设、研究生培养和质量评价中的作用。各地区和培养单位要重视宣传引导，加强风险评估，处理好推进改革与维护稳定的关系，保证改革顺利进行。

中共教育部党组关于印发《普通高等学校辅导员培训规划（2013—2017年）》的通知

（2013年5月3日）

各省、自治区、直辖市党委教育工作部门、教育厅（教委），新疆生产建设兵团教育局，部属各高等学校党委：

现将我部《普通高等学校辅导员培训规划（2013—2017年）》印发给你们，请结合本地本校实际情况，认真贯彻执行。各地制订的实施方案和政策措施请及时报送我部思想政治工作司。

附件：

普通高等学校辅导员培训规划（2013—2017年）

高校辅导员是高校教师队伍和管理干部队伍的重要组成部分，是开展大学生思想政治教育、促进校园和谐稳定的骨干力量。党中央、国务院历来高度重视高校辅导员队伍建设。党的十六大以来，按照《中共中央国务院关于进一步加强和改进大学生思想政治教育的意见》和《普通高等学校辅导员队伍建设规定》要求，全面加强辅导员队伍建设，取得积极成效。通过实施《2006—2010年普通高等学校辅导员培训计划》，辅导员思想政治素质、职业素养、业务水平大幅提升，为大学生思想政治教育的科学发展提供了有力支撑。

为深入贯彻落实党的十八大精神，全面落实教育规划纲要，进一步提高辅导员培训质量，推进辅导员队伍建设，制订本规划。

一、指导思想

高举中国特色社会主义伟大旗帜，以邓小平理论、“三个代表”重要思想、科学发展观为指导，全面贯彻党的教育方针，落实立德树人根本任务，以促进辅导员专业化、职业化和可持续发展为导向，以构建完善的培训体系为基础，以提高培训能力为重点，以创新培训方式为手段，以提高培训质量为目标，努力造就一支政治强、业务精、纪律严、作风正的高水平辅导员队伍，为不断提升大学生思想政治教育科学化水平，全面提高高等教育质量提供坚强的思想政治保障和人才支持。

二、主要目标

到 2017 年，基本形成适应高等教育发展需要、符合辅导员成长成才规律、规范科学的培训机制，基本构建起内容完善、形式多样、科学合理的培训体系，为全面提高辅导员队伍服务高等教育质量提升和高校学生全面发展的能力奠定坚实基础。

——培训规模稳步提升。国家、省级、高校三级辅导员培训有序开展，国家级骨干示范培训 5 年达到 1 万人次，省级培训 5 年内实现轮训一遍，校级培训实现全员化、全覆盖要求。

——培训质量显著提高。符合辅导员职业特点、成长规律、发展需求的辅导员能力标准基本建立，培训课程体系更加规范完备，学历提升、社会实践、国内交流、海外研修等培训项目更加丰富，培训方式创新不断深入，培训评估制度更加成熟完善。

——培训基础能力建设不断加强。优质培训资源得到高效利用，网络培训平台和资源建设不断加强，培训基地功能进一步发挥，师资队伍水平显著提高，持续有效的经费投入机制建立健全，保障更加有力。

——高校辅导员整体素质全面提升。辅导员理想信念更加坚定，育人能力显著提高，作风修养持续提升，共同职业目标和价值追求进一步深化，培养社会主义建设者和接班人的自觉性坚定性不断增强。

三、培训内容

1. 思想政治理论教育

马克思主义基本理论和党的创新理论教育。以学习贯彻党的十八大精神，掌握中国特色社会主义理论体系为重点，加强邓小平理论、“三个代表”重要思想、科学发展观学习教育，加深对当代中国马克思主义实践特色、理论特色、民族特色、时代特色的理解，准确把握建设中国特色社会主义的总依据、总布局、总任务，进一步坚定道路自信、理论自信、制度自信，为实现中国特色社会主义共同理想而奋斗。

形势与政策教育。以正确认识中国特色社会主义建设面临的形势任务和当代大学生的使命责任为重点，加强对改革开放和社会主义现代化建设的形势、任务和成就教育，对党和国家重大方针政策、重大改革措施教育，对当前国际形势、国际关系状况和我国对外政策的教育，对教育改革发展稳定形势和任务教育。

2. 专业素养提升

职业道德素质提升。以树立爱生敬业的职业理想为重点，抓住辅导员职业道德培养重要环节，教育引导辅导员牢固树立正确的世界观、人生观、价值观，忠诚于党的教育事业，形成坚定的政治信念、高尚的精神追求、良好的职业操守。

科学文化素质提升。分层分类进行政治学、教育学、社会学、心理学、民族学、传播学、哲学、历史学、法学、经济学、管理学、艺术学等多学科知识教育，提高辅导员的综合素质和能力。

思想政治教育专业素质提升。进行思想政治教育基本原理方法、思想政治教育历史发展、比较思想政治教育、思想政治教育研究方法等专业素质教育，指导辅导员把握高等教育规律和思想政治教育规律，围绕辅导员工作专业化建设以及大学生思想政治教育发展中的理论和实际问题开展研究，推进理论探索和工作方式创新。

3. 职业能力培养

思想政治教育基本能力培训。开展思想政治教育基本工作方法和能力培训，帮助辅导员掌握主题教育、个别谈心、党团活动、社会实践活动等思想政治教育的基本方法，提高辅导员开展思想政治教育的基本能力。

大学生党建工作培训。加强大学生党员教育、管理和发展工作培训，提高辅导员把握党员发展质量和开展基层党支部活动的能力。引导辅导员开展高校基层党建工作重要问题和热点难点问题以及前沿问题研究，提高党建工作针对性实效性。

学生事务管理培训。学习国内外高校学生事务管理成果经验，通过知识教育和职业能力教育相结合，提升辅导员团学与班级工作的管理能力、学业辅导与就业创业指导能力，提高辅导员学生事务工作能力。

心理健康教育培训。开展大学生心理健康教育基本理论、基本方法和基本技能培训，加强讨论式、案例式、模拟式、体验式实践教学，提高辅导员疏导心理困惑开展心理咨询的能力、辅导学生发展的能力、参与应对和处理心理危机的能力。

运用网络能力培训。围绕网络社区运用、网络舆情管理、网上思想教育引导等内容，提高辅导员开展网上教育、管理、服务及网络引导能力。

职业生涯规划培训。开展职业生涯规划基础知识、基本理论和常用方法的培训，提高辅导员指导学生进行职业生涯规划的能力，以更好地帮助学生树立正确的职业观、择业观、创业观、成才观，尽快适应社会、融入社会。

四、主要任务

1. 建立健全多级培训网络

健全完善以教育部举办的全国高校辅导员示范培训为龙头，以教育部、省（区、市）高校辅导员培训和研修基地举办的专题培训、高级研修为重点，以高校举办的岗前培训、日常培训等各类培训为基础，分层次、全覆盖的三级辅导员培训体系。

2. 不断扩大培训覆盖面

继续依托国家教育行政学院、教育部高校辅导员培训和研修基地等单位举办全国高校辅导员示范培训，每年培训 2 000 人次，重点向中西部地区、民族地区高校和民族院校倾斜。

各省（区、市）教育工作部门要加大省级辅导员培训力度，确保每一名专职辅导员每 5 年参加 1 次国家级或省级培训。教育部高校辅导员培训和研修基地在办好国家级示范培训和本省（区、市）培训外，要积极承担外省（区、市）委托的培训项目，发挥基地辐射作用。

高校要加强辅导员系统培训，每年开展不少于 4 次的校级培训，积极选送辅导员参加校外培训。

新任辅导员上岗前，要参加不少于 40 个学时的岗前培训。辅导员在岗期间每年要参加不少于 16 个学时的在岗培训。

3. 加强基地建设和师资队伍建设

在稳步发展、保证质量的基础上，扩大教育部高校辅导员培训和研修基地布局。健全科学规范的基地工作评估机制，定期对基地建设情况进行检查考核。各省（区、市）要从政策、资源、项目等方面，支持教育部高校辅导员培训和研修基地建设，各省（区、市）要设立省级高校辅导员培训和研修基地，满足辅导员接受高层次培训的需要。

建立全国辅导员培训专家库。把思想政治教育等学科专家和中青年理论骨干吸收到师资库中，注重从学校党政领导、相关部门负责同志、离退休教授和优秀辅导员中选聘培训师资，构建理论与实践指导相结合的培训专家库，不断优化师资配置。有条件的省（区、市）要建立省级师资库，构建开放型师资格局，加强资源共享。

4. 加强课程和教材建设

积极吸收国内外研究最新成果和大学生思想政治教育有益经验，组织编写贴近工作实际的系列教材，制作课件和教案，逐步建立理论学习、能力训练和案例教学相结合的培训教材和课程体系。重点打造 5 本精品教材，形成 10 门精品课程。

5. 推动辅导员开展工作和学术研究

继续在教育部人文社会科学研究专项任务项目中设立辅导员专项，逐步加大项目经费支持力度。鼓励辅导员积极参与“思想政治教育研究文库”建设，结合实践工作和理论研究，形成一批具有决策咨询价值和推广示范意义的研究成果。

6. 积极推进辅导员学历提升

继续选拔辅导员在职攻读思想政治教育专业博士学位，到 2017 年在职攻读思想政治教育专业博士学位的辅导员总数达到 1 000 名。鼓励和支持辅导员攻读思想政治教育和马克思主义一级学科其他相关学位、开展业务进修。到 2017 年，专职辅导员队伍中具有硕士以上学位比例由目前的 40%增长到 60%，具有博士学位比例有明显提高。各地各高校要将辅导员在职攻读学位纳入教师培训计划，享受有关鼓励政策。

7. 强化实践教育

组织辅导员到爱国主义教育基地和国防教育基

地、城市社区、农村乡镇、工矿企业、驻军部队、社会服务机构等开展社会考察和假期实践，深入了解国情、民情、社情。广泛组织辅导员假期家访，切实解决学生实际需求。推进辅导员国内高校交流研修活动，省级教育工作部门统筹规划，相关高校协调沟通，落实辅导员在相关岗位参与3—6个月工作，鼓励东部地区高校接收中西部辅导员开展交流研修活动。鼓励有条件的高校选派辅导员在县、乡、村等基层单位进行挂职锻炼。

8. 推进网络培训平台建设

不断提高辅导员培训的现代化和信息化水平。充分利用网络平台开展远程培训，发挥国家教育行政学院、国家开放大学和高校的优势，开发网络培训平台，建设一批网络培训精品课程，促进优质培训资源共享，面向不同类别辅导员学习需求，建设便捷灵活和个性化的学习环境。

9. 组织海外考察培训

组织辅导员赴境外短期考察。继续设立国家公派出国留学高校学生工作者培训项目，将辅导员海外培训纳入国家公派留学计划。

五、保障措施

1. 完善评价机制

完善辅导员培训证书制度。建立全国统一的辅导员在岗培训证书制度，规范培训记录。加强培训与任（聘）用的有机衔接。把培训情况和学习成效作为辅导员任职、晋升的重要依据。新任辅导员要进行入职培训，做到持证上岗。

2. 加强质量监控

形成辅导员培训质量评估机制，开展评估工作试点。省级教育工作部门要分步骤、分类别、分层次对省级辅导员培训和研修基地及本行政区域内高校的培训情况进行全面质量检查。

3. 保证经费投入

加强辅导员培训工作必须有相应的经费予以保障。全国高校辅导员国家级示范培训所需经费列入全国教师培训专项经费计划。各地各高校要把辅导员培训纳入教师培训计划，并落实培训经费。在安排全国教育干部培训专项经费时，要对辅导员培训工作给予一定支持。建立健全示范培训项目招（邀）标机制，通过公开、竞争、择优的方式，遴选确定培训任务、承担机构，确保经费投入。

4. 加强组织领导

各地各高校要高度重视辅导员培训工作，完善领导体制，把辅导员培训纳入干部培训和教师培训规划。加强分类指导，根据不同类型高校实际情况和学生特点，确立培训具体要求。加强整体设计，制订年度辅导员培训规划，组织、协调、科学合理地安排辅导员分期分批参加培训。加强检查监督，定期开展督查，确保辅导员培训各项任务落到实处。

中共中央组织部　中共中央宣传部
中共教育部党组关于加强和改进高校青年教师思想政治工作的若干意见

（2013年5月4日）

各省、自治区、直辖市党委组织部、宣传部、教育工作部门、教育厅（教委），新疆生产建设兵团党委组织部、宣传部、教育局，有关部门（单位）教育司（局），教育部直属各高等学校党委：

为深入贯彻落实党的十八大精神，加强高校青年教师队伍建设，提高青年教师思想政治素质，促进青年教师全面发展，引导广大高校青年教师为实现中华民族伟大复兴的中国梦贡献力量，根据《中国共产党普通高等学校基层组织工作条例》等有关规定，结合高等学校实际，现就进一步加强和改进高校青年教师思想政治工作提出以下意见。

一、高度重视青年教师思想政治工作

青年教师是高校教师队伍的重要组成部分，是推动高等教育事业科学发展、办好人民满意高等教育的重要力量。青年教师与学生年龄接近，与学生接触较多，对学生的思想行为影响更直接，他们的思想政治素质和道德情操对学生的健康成长具有重要的示范引导作用。加强和改进高校青年教师思想政治工作，对于全面贯彻党的教育方针、确保高校坚持社会主义办学方向、培养德智体美全面发展的社会主义建设者和接班人，具有重大而深远的意义。

当前，高校青年教师主体积极健康向上，拥护党的领导，对坚持和发展中国特色社会主义充满信心，热爱教书育人事业，关心关爱学生，为高等教育事业发展做出重要贡献。同时也应看到，少数青年教师政治信仰迷茫、理想信念模糊、职业情感与职业道德淡化、服务意识不强，个别教师言行失范、不能为人师表；一些地方和高校对青年教师思想政治工作重视不够、工作方法不多、工作针对性和实效性不强。各地各高校党组织要充分认识新形势下加强和改进青年教师思想政治建设的重要性，切实把加强青年教师思想政治工作摆到更加突出的位置，进一步增强工作的主动性、积极性和创造性，通过政治上主动引导、专业上着力培养、生活上热情关心，促进广大青年教师坚定理想信念、练就过硬本领、勇于创新创造、矢志艰苦奋斗、锤炼高尚品格，全面提高思想政治素质和业务能力。

二、切实加强青年教师思想教育引导

（一）强化政治理论学习。深入开展马克思列宁主义、毛泽东思想、中国特色社会主义理论体系教育，深入学习实践科学发展观。加强理想信念教育，组织青年教师学习党的基本理论、基本路线、基本纲领、基本经验、基本要求，努力提高青年教师政治理论素养，进一步增强对中国特色社会主义的理论认同、政治认同、情感认同，坚定道路自信、理论自信、制度自信，自觉践行社会主义核心价值体系，坚持正确政治方向。加强中国梦的宣传教育，组织青年教师深入学习领会中国梦的精神实质，凝聚起实现中国梦的强大精神力量。

（二）开展形势政策教育。结合国际国内形势发展变化、党和国家重大政策措施的出台，宣传我国各项事业的新进展新成就，分析经济社会发展面临的机遇和挑战，讲解中央和上级党委的决策部署，帮助青年教师准确了解国情、正确把握形势。努力回答青年教师关心的热点难点问题，加强正面引导、深度引导，做好解疑释惑、增进共识工作。

（三）丰富政治理论学习方式。充分运用高校学科和人才优势，发挥马克思主义理论研究和建设工程的作用，健全青年教师政治理论学习制度，坚持报告会、座谈会、研讨会、培训班、读书班等行之有效的学习方式，建设信息化学习平台，增强政治理论学习的吸引力感染力。建立青年教师思想状况定期调查分析制度，准确把握青年教师思想动态和学习需求，不断提高政治理论学习效果。

三、推进青年教师师德师风建设

（四）强化青年教师职业理想和职业道德教育。深入贯彻落实《高等学校教师职业道德规范》，建立健全师德建设长效机制。把学习师德规范纳入青年教师培训计划，作为新教师岗前培训和在职培训的重要内容，激发青年教师树立崇高的职业理想，严守教育教学纪律和学术规范，切实肩负起立德树人、教书育人的光荣职责。坚持学术研究无禁区、课堂讲授有纪律，杜绝有损国家利益和不利于学生健康成长的言行。定期开展教书育人楷模和师德标兵评选等活动，大力宣传优秀教师先进事迹，营造优良校风教风学风，激励青年教师爱岗敬业，以高尚师德、人格魅力、学识风范教育感染学生。

（五）完善青年教师师德考核机制。把师德建设作为学校工作考核和办学质量评估的重要指标，将师德表现作为教师年度考核、岗位聘任（聘用）、职称评审、评优奖励的首要标准，建立健全青年教师师德考核档案，实行师德“一票否决制”。完善师德评价内容和方法，健全学术不端行为预防查处机制，探索构建学校、教师、学生、社会参与的师德监督体系。对师德表现突出的青年教师，予以重点培养、表彰奖励；对师德表现不良的，及时劝诫、督促整改；对师德失范的，依法依规严肃处理。

四、加大青年教师党员队伍建设力度

（六）做好青年教师党员教育管理和服务工作。以增强党性、提高素质为目标，制订青年教师党员培训规划，发挥党校主渠道作用，构建多层次、多渠道的党员教育培训体系，每年面向青年教师党员开展的党员集中教育应不少于24学时。加强青年教师党员日常管理，严格党内组织生活。建立健全党内激励、关怀、帮扶机制，选树青年教师党员先进典型，充分发挥青年教师党员的先锋模范作用。尊重党员主体地位，扩大高校党内民主，提高青年教师党员的党内事务参与度，增强党内生活透明度。

（七）提高青年教师发展党员质量。重视从优秀青年教师中发展党员，始终把政治标准放在首位，把一贯表现和对重大问题的态度作为重要考察内容，坚持标准，严格程序，严把党员入口关。主动帮助和引导青年教师向党组织靠拢，注重把政治素质好、道德品行好，以高度的社会责任感坚持教书育人、为人师表的青年教师列为重点培养对象，由党性观念强、业务水平高、在青年教师中有影响的党员专家教授和党员领导干部加强联系培养，及时把他们中的优秀分子吸收入党。重视在科研骨干、学术带头人、留学归国人员中培养入党积极分子，把各类优秀青年教师凝聚在党的周围。

（八）发挥教师党支部在青年教师思想政治工作中的作用。选好配强教师党支部班子，注重从优秀青年教师党员中选拔党支部书记，注重通过教育培训不断增强教职工党支部书记的工作能力。创新党支部设置和活动方式，丰富活动内容，使党支部工作更加贴近青年教师思想、工作和生活实际。创建基层服务型党组织，充分发挥教师党支部在服务青年教师成长发展中的作用，提升党组织对青年教师的亲和力感染力凝聚力。

五、拓宽青年教师思想政治工作途径

（九）开展青年教师社会实践活动。坚持与青年教师专业特长、职业发展、服务社会等相结合，创造条件，加大投入，积极为青年教师开展社会实践搭建平台，保证每名青年教师每年至少参加1次社会实践活动。积极选派青年教师挂职锻炼，鼓励青年教师参与产学研结合项目，深入基层参加生产劳动，开展调查研究、学习考察、志愿服务，进一步了解国情、社情、民情，正确认识国家前途命运，正确认识自身社会责任。

（十）组织青年教师参与学生思想政治教育工作。鼓励优秀青年教师兼任学生辅导员、班主任，完善有关聘任、管理和考核制度，落实相关待遇。健全青年教师参与学生思想政治教育的有效途径和长效机制，引导青年教师发挥自身优势，主动参与学生思想政治教育实践。青年教师晋升高一级专业技术职务（职称），原则上应具有从事学生思想政治教育工作经历。

（十一）创新青年教师网络思想政治工作。加强网络道德建设，引导青年教师正确使用网络工具，强化网上言行的法律意识和责任意识。通过网络掌握高校思想理论动向和网络舆情，及时发现倾向性、苗头性问题，有效应对涉及青年教师的舆论事件。充分运用电视、校园网、手机报、微博等渠道，主动占领网络思想政治工作阵地，积极搭建网络教育服务平台，提升运用网络开展青年教师思想政治工作的能力。

六、着力解决青年教师实际问题

（十二）关心解决青年教师实际困难。建立健全领导干部联系青年教师、与青年教师谈心谈话制度，及时发现他们在工作和生活上面临的困难，花大力气帮助解决住房、收入、子女入托入学等实际问题，在关心关爱中增强教育效果。推行老教师与青年教师“结对子”“传帮带”等活动，加强对青年教师业务发展上的指导。关心留学归国青年教师，为他们的工作、成长创造良好条件。

（十三）关注青年教师心理健康。建立完善青年教师人文关怀和心理疏导机制，加强青年教师心理健康教育，提高青年教师自我调适能力，帮助青年教师更好应对工作压力、舒缓职业倦怠。组织开展丰富多彩的文化活动，加强青年教师之间的信息沟通和思想交流，为青年教师提供心理支持和情感支持。建立健全青年教师心理健康教育和心理咨询机构，健全青年教师心理问题预警、干预机制，为他们提供及时有效的心理健康指导与服务。

（十四）搭建青年教师成长发展平台。建立健全符合高等教育发展规律和青年教师成长特点的高校用人机制，完善重师德、重教学、重育人、重贡献的考核评价机制，促进优秀青年教师脱颖而出。创造有利条件，搭建发展平台，为学术水平和教学科研业绩特别突出的青年教师创造破格晋升机会，纳入学科领军人才和后备干部培养体系。深化高校收入分配制度改革，制定分配政策时适当向青年教师倾斜，逐步提高青年教师的收入水平。通过教职工代表大会等渠道，支持和引导青年教师参与学校管理，涉及青年教师切身利益的决策要充分听取青年教师意见。

七、强化青年教师思想政治工作的组织领导

（十五）构建齐抓共管工作机制。各地党委组织、宣传和教育工作部门要加强对青年教师思想政治工作的统筹协调和检查督促。建立健全高校党委统一领导，党政齐抓共管的工作格局，构建党委宣传部门牵头，组织、人事、教务、工会等部门协同配合，院（系）级单位党组织具体实施，广大干部师生共同参与的领导体制和工作机制，努力形成青年教师思想政治工作合力。高校党委要定期听取青年教师思想政治工作情况汇报，研究和落实相关政策及工作要求，创造性地做好青年教师思想政治工作。

（十六）落实工作基础保障。切实保障青年教师思想政治工作经费投入，根据工作需要配备青年教师思想政治工作专兼职工作人员，充分发挥学科带头人及离退休老同志作用。加强全局性、前瞻性问题研究，把握青年教师思想政治工作规律，为做好工作提供理论支持和决策依据。定期开展青年教师思想政治工作督促检查，形成长效机制，全面提高高校青年教师思想政治工作科学化水平。

教育部关于推进中小学教育质量综合评价改革的意见

（2013年6月3日）

各省、自治区、直辖市教育厅（教委），新疆生产建设兵团教育局：

为深入贯彻落实党的十八大精神和教育规划纲要，现就推进普通中小学教育质量综合评价改革提出如下意见。

一、充分认识推进评价改革的重要性和紧迫性

教育质量评价具有重要的导向作用，是教育综合改革的关键环节。推进中小学教育质量综合评价改革，是推动中小学全面贯彻党的教育方针、全面实施素质教育、落实立德树人根本任务的重要举措，是引导社会和家长树立科学的教育质量观、营造良好育人环境的迫切需要，是基本实现教育现代化、加强和改进教育宏观管理的必然要求。改革开放特别是新世纪以来，随着基础教育课程改革的实施，各地在改进中小学教育质量评价方面进行了积极探索，取得了一些进展。但总体上看，由于教育内外部多方面的原因，单纯以学生学业考试成绩和学校升学率评价中小学教育质量的倾向还没有得到根本扭转，突出表现为：在评价内容上重考试分数忽视学生综合素质和个性发展，在评价方式上重最终结果忽视学校进步和努力程度，在评价结果使用上重甄别证明忽视诊断和改进。这些问题严重影响了学生的全面发展、健康成长，制约了学生社会责任感、创新精神和实践能力的培养。要解决这些突出问题，适应经济社会和教育事业发展的新形势新要求，必须大力推进中小学教育质量综合评价改革。

二、准确把握推进评价改革的总体要求

（一）指导思想

全面贯彻党的教育方针，落实立德树人根本任务，遵循学生身心发展规律和教育教学规律，坚持科学的教育质量观，充分发挥评价的正确导向作用，推动形成良好的育人环境，促进素质教育深入实施。

（二）基本原则

1. 坚持育人为本。综合考查学生发展情况，既要关注学业水平，又要关注品德发展和身心健康；既要关注共同基础，又要关注兴趣特长；既要关注学习结果，又要关注学习过程和效益。

2. 坚持促进发展。更加注重发挥评价的引导、诊断、改进、激励等功能，改变过于强调甄别和简单分等定级的做法，改变单纯强调结果和忽视进步程度的倾向，推动中小学提高教育教学质量、办出特色。

3. 坚持科学规范。遵循教育评价的基本要求，评价内容和评价方法科学合理，评价过程严谨有序，评价结果真实有效，不断提高评价的专业化水平。

4. 坚持统筹协调。整体规划评价的各个环节，整合和利用好相关评价力量和评价资源，充分发挥各方面优势。协同推进相关改革，使各项政策措施相互配套，形成合力。

5. 坚持因地制宜。鼓励各地和学校结合实际，针对存在的突出问题和薄弱环节，完善评价指标体系，积极探索适宜的评价方式方法和工作机制，逐步形成各具特色的评价模式。

（三）总体目标

基本建立体现素质教育要求、以学生发展为核心、科学多元的中小学教育质量评价制度，切实扭转单纯以学生学业考试成绩和学校升学率评价中小学教育质量的倾向，促进学生全面发展、健康成长。

三、建立健全中小学教育质量综合评价体系

（一）建立综合评价指标体系

要依据党的教育方针、相关教育法律法规、国家课程标准等有关规定，突出重点，注重导向，把学生的品德发展水平、学业发展水平、身心发展水平、兴趣特长养成、学业负担状况等方面作为评价学校教育质量的主要内容，着力构建中小学教育质量综合评价指标体系。

1. 品德发展水平。主要考查学生品德认知和行为表现等方面的情况，可以通过行为习惯、公民素养、人格品质、理想信念等关键性指标进行评价，促进学生逐步形成正确的世界观、人生观、价值观。

2. 学业发展水平。主要考查学生对各学科课程标准所要求内容的掌握情况，可以通过知识技能、学科思想方法、实践能力、创新意识等关键性指标进行评价，促进学生打好终身学习和发展的基础。

3. 身心发展水平。主要考查学生身体素质和心理素质等方面的情况，可以通过身体形态机能、健康生活方式、审美修养、情绪行为调控、人际沟通等关键性指标进行评价，促进学生形成健康的体魄和良好的心理适应能力。

4. 兴趣特长养成。主要考查学生学习的主动性、积极性和个人爱好等方面的情况，可以通过好奇心求知欲、爱好特长、潜能发展等关键性指标进行评价，促进学生个性发展和可持续发展。

5. 学业负担状况。主要考查学生的客观学习负担和主观学习感受，可以通过学习时间、课业质量、课业难度、学习压力等关键性指标进行评价，促进减轻学生过重的课业负担，提高学习的有效性和学习乐趣。

各地要在涵盖以上5个方面评价内容的基础上，对照20项关键性指标，按照小学、初中和普通高中教育的不同性质和特点，细化评价指标、考查要点和评价标准的内容要求，完善综合评价指标框架（见附件）。要收集学校教师队伍、设施设备、教育教学管理等影响教育质量相关因素的数据资料，为全面分析教育质量成因提供参考。

（二）健全评价标准

要依据国家中小学课程方案、课程标准、学生体质健康标准和办学行为的要求等开展质量评价。对于目前操作性还不强的评价标准，要积极研究探索，通过监测跟踪、积累数据等方式，逐步调整充实和完善。

（三）改进评价方式方法

1. 评价方式。要通过直接考查学生群体的发展情况评价学校的教育质量。将定量评价与定性评价相结合，注重全面客观地收集信息，根据数据和事实进行分析判断，改变过去主要依靠经验和观察进行评价的做法。将形成性评价与终结性评价相结合，注重考查学生进步的程度和学校的努力程度，改变单纯强调结果不关注发展变化的做法。将内部评价与外部评价相结合，注重促进学校建立质量内控机制，改变过于依赖外部评价而忽视自我诊断、自我改进的做法。注重发挥各方面的作用，逐步建立政府主导、社会组织和专业机构等共同参与的外部评价机制。

2. 评价方法。主要通过测试和问卷调查等方法进行评价，辅之以必要的现场观察、个别访谈、资料查阅等。测试和调查都要面向学生群体采取科学抽样的办法实施，不针对学生个体，不得组织面向全体学生的县级及以上统考统测，避免加重学校和学生负担。要充分利用已有的学生成长记录、学业水平考试、基础教育质量监测等成果和教育质量监测和评价机构的评价工具。要科学设计评价流程，有序开展评价工作。

（四）科学运用评价结果

1. 结果呈现。对评价内容和关键性指标进行分析诊断，分项给出评价结论，提出改进建议，形成学校教育质量综合评价报告。综合评价报告要注重对学校优势特色和存在的具体问题的反映，不简单对学校教育质量进行总体性的等级评价。

2. 结果使用。要把教育质量综合评价结果作为完善教育政策措施、加强教育宏观管理的重要参考，作为评价考核学校教育工作的主要依据。要指导学校正确运用评价结果，改进教育教学，发挥以评促建的作用。对于在办学中存在困难的学校，要给予帮助和扶持。对于存在违规行为且在规定时间内不落实整改要求的学校，要进行通报批评、取消各类评优奖励资格、追究学校主要负责人的责任。要逐步将评价结果向社会公布，接受社会监督。

四、完善推进评价改革的保障机制

（一）协同推进相关改革

深化课程改革，推动中小学全面落实国家课程方案和课程标准，开齐开足课程，加强体育、艺术教育教学。强化实践育人功能，加强综合实践活动课程，组织开展丰富多彩的校园文化活动。改进和完善教学方法，提高教学效率，减轻学生过重的课业负担。加快建立分类考试、综合评价、多元录取的考试招生制度，更加注重对学生综合素质和兴趣特长的考查。

（二）加强专业基础能力建设

将中小学教育质量评价纳入有关人文社科重点研究基地的研究范围。依托有条件的高等学校、教育科研、教研部门建立中小学教育质量专业评价、监测机构。逐步培养和建设一支具有先进评价理念、掌握评价专业技术、专兼职相结合的专业化评价队伍。

教育部建立评价资源平台，组织专业机构开发科学的评价工具，促进资源共享。各地要充分利用现代信息技术，建立和完善教育质量综合评价数字化管理平台，开发评价工具，为开展评价、改进工作提供技术支撑。

（三）保障经费投入

各地要将评价所需经费纳入当地教育经费预算，保障评价工具开发、专业培训、专门测试和调查、评价日常工作等必要的经费。

五、认真组织实施

（一）加强组织领导

中小学教育质量综合评价改革是一项涉及面广、专业性强的系统工程，各地要高度重视，精心组织，周密部署。省级教育部门要加强对评价改革工作的统筹规划，制订具体的实施方案，明确改革的具体任务、实施步骤和进度安排，建立有效工作机制，切实抓好各项工作的落实。

（二）完善工作机制

教育部将建立中小学教育质量综合评价改革实验区，各地教育部门也要抓好一批实验区，进一步完善评价指标、标准和相关配套政策，发挥其示范带动作用。各地教育部门要组织中小学校按照评价指标的内容和要求，开展对照检查，切实改进学校教育教学工作。各地教育督导部门要将中小学教育质量综合评价纳入学校督导评估范围，避免交叉重复评价，防止加重中小学校负担。要充分发挥教育质量监测、评价（评估）、教研等机构的专业支持和服务作用。要通过现场推进会、经验交流会等形式，及时总结、推广典型经验。教育部将对各地改革工作进行指导、检查和评估。

（三）加强宣传引导

各地要充分利用各种新闻媒介，通过多种形

式，全面深入宣传推进评价改革的重要意义和主要内容，为评价改革营造良好的舆论氛围。要及时发布改革信息，主动通报改革进展，大力宣传取得积极进展和显著成效的典型经验。

各地可依据本意见精神组织对区域中小学教育质量进行评价。

附件：

中小学教育质量综合评价指标框架（试行）

评价内容	关键指标	指标考查要点	评价主要依据
品德发展水平	行为习惯	学生在文明礼貌、勤俭节约、热爱劳动、爱护环境等方面的认知和表现情况。	社会主义核心价值观、义务教育课程方案和相关学科课程标准、普通高中课程方案和相关学科课程标准、《中小学德育工作规程》《中共中央国务院关于进一步加强和改进未成年人思想道德建设的若干意见》《中小学生守则》《小学生日常行为规范（修订）》《中学生日常行为规范（修订）》《中小学文明礼仪教育指导纲要》等。
	公民素养	学生在珍爱生命、遵纪守法、诚实守信、团结友善、乐于助人等方面的认知和表现情况。	
	人格品质	学生在自尊自信、自律自强、尊重他人、乐观向上等方面的认知和表现情况。	
	理想信念	学生的爱国情感、民族认同、社会责任、集体意识、人生理想等方面的情况。	
学业发展水平	知识技能	学生对各学科课程标准要求的基础知识、基本技能的理解和掌握情况。	义务教育课程方案和各学科课程标准、普通高中课程方案和各学科课程标准以及其他相关规范性文件等。
	学科思想方法	学生对各学科思想和方法的理解和掌握情况。	
	实践能力	学生关注现实生活、参加社会实践和志愿服务活动、解决实际问题、进行职业准备等方面的情况。	
	创新意识	学生独立思考、批判质疑、钻研探究，解决问题的思路、方式方法等方面的情况。	
身心发展水平	身体形态机能	学生身高、体重、肺活量和身体运动能力等达到《国家学生体质健康标准》要求的情况以及视力状况等。	义务教育课程方案和相关学科课程标准、普通高中课程方案和相关学科课程标准、《国家学生体质健康标准》《国务院办公厅转发教育部等部门关于进一步加强学校体育工作若干意见的通知》《中小学学生近视眼防控工作方案》《中小学健康教育指导纲要》《中小学心理健康教育指导纲要（2012 年修订）》《学校艺术教育工作规程》《教育部办公厅关于在义务教育阶段中小学实施“体育、艺术 2＋1 项目”的通知》以及其他相关规范性文件等。
	健康生活方式	学生对健康知识与技能的了解和掌握情况，生活与卫生习惯、参加课外文娱体育活动等方面的情况。	
	审美修养	学生在审美情趣和艺术修养等方面的发展情况。	
	情绪行为调控	学生对自己情绪的觉察与排解、对行为的自我约束情况，应对和克服学习、生活中遇到的困难的态度和表现情况。	
	人际沟通	师生关系、同伴关系、亲子关系等方面的情况。	

续表

评价内容	关键指标	指标考查要点	评价主要依据
兴趣特长养成	好奇心求知欲	学生对某些知识、事物和现象的专注、思考和探求情况。	
	爱好特长	学生课余生活的丰富性，在文学、科学、体育、艺术等领域表现出的喜好、付出的努力和表现的结果。	
	潜能发展	学生在某些方面表现出的突出素质和进一步发展的能力。	
学业负担状况	学习时间	学生上课时间、作业时间、补课时间、睡眠时间等。	义务教育课程方案和各学科课程标准、普通高中课程方案和各学科课程标准、《中共中央国务院关于加强青少年体育增强青少年体质的意见》《中小学学生近视眼防控工作方案》《教育部关于当前加强中小学管理规范办学行为的指导意见》以及其他相关规范性文件等。
	课业质量	课程教学、作业和考试（测验）的有效程度以及学生的感受和看法。	
	课业难度	课程教学、作业和考试（测验）的难易程度以及学生的感受和看法。	
	学习压力	学生在学习过程中表现出的快乐、疲倦、焦虑、厌学等状态。	

教育部　司法部　中央综治办　共青团中央　全国普法办关于进一步加强青少年学生法制教育的若干意见

（2013 年 6 月 13 日）

各省、自治区、直辖市教育厅（教委）、司法厅（局）、综治办、团委、普法办，各计划单列市教育局、司法局、综治办、团委、普法办，新疆生产建设兵团教育局、司法局、综治办、团委、普法办，有关部门（单位）教育司（局）：

为深入贯彻落实党的十八大精神，全面实施《国家中长期教育改革和发展规划纲要（2010—2020 年）》和国家教育普法规划，整体提升青少年学生法律素质，现对进一步加强青少年学生法制教育工作提出以下意见。

一、深刻认识整体提升青少年学生法律素质的重要性和紧迫性。法律素质是现代社会公民健康成长、参与社会、幸福生活的核心素质之一。党中央、国务院转发的“六五”普法规划把领导干部和青少年作为法制宣传教育的重中之重。加强青少年学生法制教育是贯彻党的教育方针、实施素质教育、培养社会主义合格公民的客观要求，是落实依法治国基本方略、建设社会主义法治国家的基础工程。

国家实施普法规划以来，各地、各学校越来越重视青少年学生法制教育工作，广大青少年学生法律素质有了明显提高。但从总体上看，青少年学生法制教育仍然存在定位不够明确、思想认识不够到位、教育内容不够系统、保障条件不够有力等问题，直接影响了青少年学生法制教育的效果。党的十八大关于立德树人、全面推进依法治国的目标任务对青少年学生法制教育工作提出了新的更高要求。各级教育行政、司法行政、综治、共青团组织和各级各类学校要把青少年学生法制教育放在基础性、全局性、战略性地位，切实提高思想认识，完善工作机制，加大工作力度，全面提升青少年学生法制教育工作水平。

二、青少年学生法制教育的总体要求。法律意识需要从小启蒙，法律素质需要系统培养。青少年学生法制教育要以弘扬社会主义法治精神，树立社会主义法治理念，培养知法遵法守法用法的合格公民为根本目标；要自觉遵循青少年学生成长规律和法制教育规律，坚持规则教育、习惯养成与法治实践相结合，坚持课堂教学主渠道，积极开拓第二课堂，深入开展“法律进学校”活动，统筹发挥学校、家庭、社会各方作用。

把社会主义法治理念贯穿于大中小学法制教育全过程。小学阶段要重点开展法律启蒙教育，让学生初步了解宪法、法律的地位和作用，了解未成年人权利的基本内容和未成年人保护的法律法规，具备自我保护的意识，初步掌握自我保护的方法，初步树立规则意识、平等意识、权利义务观念。初中阶段要让学生进一步学习宪法的基本知识，了解法治的精神，理解公民权利与义务的关系，学习与其生活密切相关的民事、刑事、行政管理等方面的法律知识，了解预防未成年人犯罪法的有关内容，养成遵纪守法的习惯，提高依法保护合法权益的意识、能力。高中阶段要让学生形成法律意识和法治观念，懂得法治是治国理政的基本方式，知道法律的功能、作用，了解我国政治、经济、文化生活等方面的主要法律以及国际法的基本原则、我国批准的重要国际公约。高等学校要进一步培养学生法律意识，使学生了解现代法学的基本理论和中国特色社会主义法律体系中的基本法律原则、法律制度及民事、刑事、行政法律规范，提高运用法律知识分析、解决实际问题的意识和能力。

健全学校、家庭、社会“三位一体”的青少年学生法制教育格局，充分发挥社会教育在青少年学生法制教育中的作用。要重视对特殊青少年群体的法制教育。教育行政部门要会同有关部门，推动家庭、学校有针对性地对有不良行为学生开展法制教育。专门学校要适当增加法制教育的内容，通过多种教育形式对学生进行矫治。要特别重视开展好未成年犯管教所、强制隔离戒毒所、劳教所、拘留所、看守所等特殊场所内青少年的法制教育。

三、落实法制教育相关课程和活动。将法制教育纳入学校总体教育计划。普通中小学要落实好《品德与社会》《思想品德》《思想政治》中的法制教育内容；中等职业学校要落实好《职业道德与法律》中的法制教育内容，会同实习单位有针对性地做好实习学生的法制教育；高等学校要开好《思想道德修养与法律基础》课程，开设法律选修课和法治讲座。支持中小学在语文、历史、地理等课程中有针对性地渗透法制教育，在安全、环境保护、禁毒、国防等专题教育中突出法制教育内容。学校可利用新生入学教育、主题班会等形式开展法制教育活动。学校要保证法制教育时间，不得挤占、减少法制教育课时和法制教育活动时间。

四、加强法制教育资源建设。鼓励和支持地方编写出版符合中小学学生认知特点和理解接受能力的法制教育课件、音像资料等法制教育教学资源，并积极创造条件免费提供给中小学校。加快建设好教育部全国青少年普法网。推进青少年法制教育校外实践基地建设。鼓励利用学校结构布局调整闲置的校舍场地，规划建设专门的青少年法制教育基地。各地教育行政、司法行政、综治办、共青团等部门、组织之间要加强协作，推动各类法制教育基地免费对青少年学生开放，并不断增加和完善法治实践模拟内容，完善法制教育功能。

五、增强法制教育的实践性。鼓励学校组织模拟法庭、法制征文、法制绘画等活动。把情感、时尚、艺术元素引入法制宣传教育活动当中，充分运用传统媒体和互联网、手机等新媒介，提升青少年学生的参与积极性。要创造条件，为学校组织学生参观各类国家机关、观摩执法、司法活动提供便利。让学生参与学校建章立制过程和社会公共事务，提高学生的公民意识和法律运用能力。鼓励各地开发网络教育课程，征集法制教育精品课件、视频，推进远程教育，使农村和边远贫困地区学生都能够受到法制教育。充分利用全国法制宣传日、禁毒日等时间节点，集中开展相关的法制宣传教育主题活动。

六、加强法制教育工作力量。积极探索在中小学设立法制教育专职岗位。中小学要聘用1—2名法制教育专任或兼任教师，鼓励高校法律专业毕业生到中小学任教，鼓励其他教师参与法制教育。暂不具备条件的学校，县级教育行政部门可采取多校共同聘用法制课教师的方式。加强对校长和教师的法制培训，将法制教育内容纳入“国培计划”。省级教育行政部门要有针对性地组织专门的法制课骨干教师、专任教师培训班，在其他各类教师培训中增加法制教育内容。完善兼职法制副校长（辅导员）制度，进一步明确其职责，完善相关工作机制。加强法律志愿者、专业社工队伍建设，充分发挥本地高等学校法律院系教师和大学生、离退休法律工作者等专业人员的专长，为学校法制教育服务。

七、强化经费保障。各级教育行政部门和有关部门要统筹安排相关经费，支持青少年学生法制教育，支持法制教育基地、教育普法网站建设和教师法制培训、法制教育教学研究工作。学校要将法制教育纳入学校工作总体规划和年度计划，将所需经费纳入年度预算。地方各级教育行政部门及其他有关部门，要积极创造条件为青少年学生免费提供法制教育资源。积极动员全社会力量、整合各种资源支持青少年学生法制教育。

八、健全法制教育考核与督导制度。将法律素质纳入学生综合素质评价体系。教育行政部门要把青少年学生法制教育工作情况纳入依法治校工作指标体系，将学生法制教育作为对学校年度考核的重要内容。各级人民政府教育督导机构要将学校法制教育纳入教育督导范围。对法制宣传教育工作相对滞后的学校，有关部门要予以督促和帮扶。

九、加强组织领导、完善工作机制。各地要建立党委、政府统一领导，教育行政部门牵头，司法、综治、共青团等部门共同参与的青少年法制教育工作机制。有关职能部门和社会组织要充分发挥各自资源优势，做好相关领域内的青少年法制教育工作。各级各类学校要建立和完善青少年学生法制教育领导体制和工作机制，学校主要领导负责学校法制教育工作，有一名校级领导主抓学生法制教育，明确学校法制教育带头人和业务骨干，将法制教育落实到相应的岗位职责，纳入工作计划，纳入日常管理，纳入绩效考核。引导大众传媒切实承担起法制宣传教育的社会责任，把青少年学生作为法制宣传教育的重点人群，通过多种形式，开展适合青少年学生特点的公益法制宣传活动。

地方各级教育行政部门要按照本意见的要求，结合实际，制定具体办法和配套措施，明确责任分工，确定工作重点，将国家教育普法规划和本意见的有关要求落到实处。贯彻落实中的典型经验，及时报送教育部全国教育普法领导小组办公室。

教育部关于印发《普通高等学校思想政治理论课教师队伍培养规划（2013—2017年）》的通知

（2013年6月25日）

各省、自治区、直辖市教育厅（教委），新疆生产建设兵团教育局，部属各高等学校：

现将《普通高等学校思想政治理论课教师队伍培养规划（2013—2017年）》印发给你们，请结合本地本校实际情况，认真贯彻执行。各地制订的实施方案和政策措施请及时报送我部社会科学司。

附件：

普通高等学校思想政治理论课教师队伍培养规划

（2013—2017年）

为贯彻落实党的十八大精神和《国家中长期教育改革和发展规划纲要（2010—2020年）》，建设一支高素质的高校思想政治理论课教师队伍，根据《中共中央宣传部教育部关于进一步加强高等学校思想政治理论课教师队伍建设的意见》（教社科〔2008〕5号）精神，结合高校思想政治理论课教师队伍建设实际，特制订本规划。

一、指导思想

坚持以邓小平理论、“三个代表”重要思想、科学发展观为指导，紧密结合教育规划纲要实施，紧紧围绕深入推进中国特色社会主义理论体系进教材、进课堂、进学生头脑，实现高校思想政治理论课教学状况明显改善的目标，不断增强思想政治理论课教师推进中国特色社会主义理论体系“三进”的责任感、使命感和荣誉感，建设一支“让党放心、让学生满意”的高校思想政治理论课教师队伍。

二、建设目标

进一步完善教育部、地方、高校三级既分工负责又相互衔接的思想政治理论课教师培养培训体系，以加强师德建设和提高教师业务水平为中心，以提高理论素养为基础，以创新方法为载体，以强化科研能力为支撑，以完善制度措施为保障，以提高教育教学质量为目的，通过全员培训、骨干研修、在职攻读学位、国内考察、国外研修、以项目选人和选人给项目等多种途径，努力造就数百名政治坚定、理论功底扎实、善于联系实际、具有较高教学水平和科研能力的领军人物、中青年学术带头人；培养数千名思想政治理论素质高、业务精湛、具有发展潜力的教学一线骨干教师；建设数万名坚持正确方向、师德高尚、业务熟练、结构合理的专业化教师队伍，为加强和改进大学生思想政治教育，培养德智体美全面发展的中国特色社会主义事业合格建设者和可靠接班人做出贡献。

三、培养途径和措施

（一）培训计划

1. 骨干教师研修项目

（1）国内研修项目。以中宣部、教育部名义每年联合举办6期高校思想政治理论课骨干教师研修班，分别面向本专科和研究生层次的思想政治理论课骨干教师，并开展培训方案研究、培训核心课程建设。每期规模为100人，培训时间为3周，年培训600人，5年共培训3 000人。

（2）国外研修项目。每年组织40名左右高校思想政治理论课骨干教师，以公派访问学者身份赴国外进行为期3个月的学习研修，5年选派200人。

2. 示范培训项目

教育部和省级教育部门，通过部级示范培训和省级教育部门培训两级培训方式，对全国高校承担本专科和研究生相关课程的思想政治理论课教师进行全员培训。其中，教育部负责部级示范培训，2013年进行新修订教材和教学大纲培训，培训2 000人左右；2014—2016年培训任务根据工作需要逐年确定；每年举办2期全国高校“形势与政策”课骨干教师培训班，每期培训教师200人，5年共培训2 000人。

3. 专项研修项目

加强分类指导，针对高职高专院校和中西部地区高校及各种类型高校思想政治理论课教学工作的特殊性，组织开展专项研修。每两年举办一次高职高专“毛泽东思想和中国特色社会主义理论体系概论”“思想道德修养与法律基础”课程培训班，适时举办中西部地区高校及各种类型高校思想政治理论课教师专题研修班。

4. 社会考察项目

根据高校思想政治理论课教学需要，建立一批高校思想政治理论课教师社会实践研修基地，推动骨干教师国内社会考察活动规范化、制度化建设。每年暑期教育部组织200—300名高校思想政治理论课骨干教师赴我国重要革命纪念地、改革开放前沿地区和西部地区等进行国内社会考察，时间7天，5年共组织1 000—1 500人。各地各高校要依托社会实践研修基地广泛组织思想政治理论课教师开展社会考察。

5. 攻读博士项目

每年依托全国高校第一批19个马克思主义理论一级学科博士点，招收100名从事高校思想政治理论课教学5年以上的在岗教师攻读马克思主义理论博士学位。启动高校思想政治理论课教师博士后培训项目，依托部分高校马克思主义理论学科博士后流动站培养思想政治理论课青年学术专家和教学带头人。

（二）项目资助计划

1. 思想政治理论课教学研究项目

针对思想政治理论课教学中的重点、难点、热点问题，设立相应课题，重点加强教学内容深化拓展研究、教学方法创新研究，开展精彩系列评选、思想政治理论课教学资源网站建设等，推动教材体系转化为教学体系，教学体系转化为学生的知识体系和信仰体系，不断增强教学的针对性和实效性。

2. 优秀中青年教师择优资助项目

遴选教学科研成绩突出、勇于创新的中青年教师，以课题项目资助等方式，予以重点培养。通过持续性的经费资助、课题支持和成果展示，为中青年骨干教师成长搭建平台。每年选出50人，连续组织3年，共资助150人，每人共资助10万元。

3. 拔尖教师国内高级访学资助项目

遴选理论素养较高、教学科研成绩突出、教学效果较好、有志于思想政治理论课建设的拔尖教师赴马克思主义理论一级学科博士点做高级访问学者，选配高水平马克思主义理论学科专家进行1—2个学期的一对一全程指导。每年选出20人，组织5年，共资助100人，每人资助5万元。

4. “马克思主义理论教学与研究文库”出版资助项目

每年组织一次马克思主义理论学科专著、思想政治理论课建设理论研究著作成果评选和资助出版工作。围绕重大理论和现实问题以及学生关心的热点问题，组织联合攻关、成果评选，每年以专著方式资助出版。

（三）宣传推广计划

1. 先进单位宣传推广

每两年组织开展一次思想政治理论课教学科研组织机构先进经验宣传推广活动，推动教学科研组织机构建设。5年共宣传推广120个单位，分别在2013年、2015年、2017年度开展。

2. 教学团队宣传推广

每两年组织开展一次优秀教学团队先进经验交流宣传活动。5年共宣传推广100个具有明确发展目标和良好合作精神，年龄职称结构合理、思想政治理论素质高、业务能力强、教学效果好的优秀教学团队。分别在2014年、2016年度开展。

3. 教学展示活动

每年组织开展一次全国高校思想政治理论课示范性教学展示活动，5年共推出250名思想政治理论素质高、教学效果好、受学生欢迎的全国高校思想政治理论课教学名师。

四、组织领导和实施

本规划由教育部负责组织实施。各地各高等学校要切实落实教社科〔2008〕5号文件，从实际出发，参照本规划制订本地本校思想政治理论课教师五年培养规划，重点落实项目资助、社会考察、宣传推广等计划，并纳入本地本校教师培养培训工作中，通过形式多样的途径和方式，努力提高教师的思想理论素养、教学水平和科研能力。

教育部 财政部 人力资源社会保障部关于进一步加强教育管理信息化工作的通知

（2013 年 7 月 18 日）

各省、自治区、直辖市教育厅（教委）、财政厅（局）、人力资源社会保障厅（局），新疆生产建设兵团教育局、财务局、人力资源社会保障局，教育部直属各高等学校：

为深入贯彻党的十八大精神，按照全国教育信息化工作电视电话会议和《教育部等九部门关于加快推进教育信息化近期几项重点工作的通知》要求，尽快建成国家教育管理公共服务平台，教育部、财政部、人力资源社会保障部就进一步加强教育管理信息化的工作要求通知如下。

一、明确建设目标，突出工作重点。“十二五”期间教育管理信息化的工作重点是建设覆盖全国学前教育、中小学教育、中等和高等职业教育（含技工院校）、高等教育的学生、教师、经费、资产及办学条件等管理信息系统和数据库，实现学生、教师、学校基本业务和日常管理信息化，基本建成国家教育管理公共服务平台，为重大项目实施提供监管和支撑。上述管理信息系统由教育部统一组织开发（其中，技工院校管理信息系统由人力资源社会保障部组织开发，并与教育部数据共享），分级（国家、省、地市、县和学校）部署使用。2013 年重点建设全国学生管理、教师管理和学生资助管理等信息系统，建成全国学生数据库和教师数据库；2014 年重点建设全国学校经费、资产及办学条件管理等信息系统，建成全国学校经费、资产及办学条件数据库。各地和学校要高度重视，根据统一部署，结合本地区本单位实际情况，积极做好系统的部署实施工作，保障系统的全面长期应用。

二、加强两级建设，推动五级应用。构建“两级建设、五级应用”体系是教育管理信息化工作的关键。两级建设是指在教育部和各省级教育行政部门分别建立国家级和省级数据中心，建设数据集中、系统集成的统一应用环境。各地要参照教育部教育信息化推进办公室《省级数据中心建设指南》，整合本地现有教育信息化基础设施资源，于 2013 年年底初步建成统一的省级数据中心，满足国家、本地教育管理信息化建设和应用的要求，实现本地区教育管理信息化基础设施、信息系统和数据集中、集成及统一运行维护，支撑本地区各级教育行政部门和学校的系统应用。五级应用是指各类教育管理信息系统均同步统一部署国家、省、地市、县、学校五级系统，其中国家级系统部署在国家级数据中心，省、地市、县、学校级系统部署在省级数据中心，技工院校国家级系统、省级系统分别与教育部国家级系统、省级系统对接，供国家（教育部、财政部、人力资源社会保障部等部门）、地方和学校使用，实现系统在全国的全面覆盖，确保系统数据的准确和完整。

三、强化组织领导，理顺工作机制。教育管理信息化工作涉及多部门的协调与合作。各地和学校要加强组织协调，按照“统筹规划、统一建设、集中运行、分步推进”的原则推进管理信息化工作。各地要在教育信息化统筹管理框架下，由教育、财政、人力资源社会保障等部门共同建立的教育管理信息化工作领导机制，全面负责本地区教育管理信息化工作。逐步建立由领导小组统一组织推进、教育业务部门应用推动、财政部门经费支持、教育技术保障部门实施的工作机制。

四、做好整体设计，完善配套制度。教育管理信息化工作是一项系统性工程，教育部编制的《国家教育管理信息系统建设总体方案》（另文印发）对信息系统和技术路线进行了顶层设计。各地和学校要按照该方案要求，进行本地区本单位的管理信息系统规划和整体设计，建设数据集中、系统集成的应用环境。要结合教育部教育管理信息系统应用的工作部署，实现学生、教师、经费、资产及办学条件等各类数据管理的信息化和数据交换的规范化。建立配套电子档案制度，严格规范电子数据管理，通过系统应用和数据电子签章、电子签名等技术手段保证系统数据的全面、及时、准确和安全。

五、健全责任体系，加强队伍建设。教育管理信息化工作是一项长期的任务。教育管理信息系统的开发与应用必须与教育管理过程紧密结合，通过系统应用完成管理流程，进而完成数据的采集及更新。各地和学校要指定专门机构，确定专职人员，建立各层次相互配合与补充的系统应用和技术支持服务体系，依托各级教育业务部门推动系统应用，明确系统应用责任单位和人员，明确各级教育、人力资源社会保障行政部门和每一所学校系统应用和管理的责任人员；各地应统筹安排部署数据中心和系统建设，配备充足的专职技术和服务人员，保障系统建设与应用、系统运行维护和技术服务的需求。各单位要建立健全责任制度，将责任落实到人，将教育管理信息化建设、管理工作作为教育督查重要内容，强化监督检查。

六、加大推进力度，保证经费投入。各地和学校要加快管理信息系统实施进度，各级财政部门按规定统筹现行相关经费渠道、增加经费支持等方式，做好省级数据中心建设、教育部配发管理信息系统的部署实施和培训应用、信息系统开发与升级、信息安全建设等工作，并将系统建设、系统应用和日常运行维护与服务费用纳入年度预算，保障系统建设和运行维护的需求。中央财政将对各地信息化建设工作给予适当奖补。

教育部关于印发《中小学生学籍管理办法》的通知

（2013 年 8 月 11 日）

各省、自治区、直辖市教育厅（教委），新疆生产建设兵团教育局：

现将《中小学生学籍管理办法》（以下简称《办法》）印发给你们，请遵照执行，并就贯彻落实工作通知如下。

一、建立统一规范的学籍信息管理制度。出台《办法》是加快推进教育现代化、提高科学管理水平、深入实施素质教育的客观要求，是转变管理方式、改进工作作风的重要内容。要按照《办法》要求加快建设全国中小学生学籍信息管理系统，建立全国统一、规范的学籍信息管理制度，提高学籍管理服务工作水平。学生学籍号是学籍信息的核心要素，以学生居民身份证号为基础，从幼儿园入园或小学入学初次采集学籍信息后开始使用，基础教育、高等教育、职业教育、成人教育有机衔接，终身不变。

二、抓紧制定或完善《办法》实施细则。《办法》确定了省级统筹、属地管理的基本原则。已出台省级学籍管理办法的省份要按照《办法》的规定进行完善和调整，尚未出台省级学籍管理办法的省份要根据《办法》要求抓紧研究出台实施细则，明确各类学籍变动的具体条件和操作办法。

三、有效开展《办法》教育培训。要按照职责划分组织对学籍管理人员和学籍系统技术支持人员进行培训。主要内容是加强学籍管理的重要意义、《办法》的基本内容、学籍系统的基本功能、学籍信息采集的基本要求、学籍变动操作办法等。对省级培训由教育部教育管理信息中心实施。

四、建立加强学籍管理的长效机制。要加快制订实施工作方案，明确责任人、工作任务和时间表。要建立学籍核准制度、信息保密制度、责任追究制度，严肃追究违反规定人员的责任。各级教育督导部门要对《办法》实施情况进行专项督导。我部安排教育管理信息化经费和其他经费时将与《办法》实施情况和成效挂钩。

五、营造实施《办法》的良好舆论环境。要利用报纸、电视、互联网、家长通知书等多种方式进行政策解读和宣传，重点介绍必要性、重要性和预期成果。要取得家长理解和支持，使《办法》家喻户晓。要让教育部门认识到《办法》对于科学决策的价值，让学校感受到对于提高整体管理水平的作用，让家长和社会体会到教育部门促进教育公平、提升服务水平的坚定决心。

有关进展情况请及时报我部基础教育一司。

附件：

中小学生学籍管理办法

第一章　总则

第一条　为规范中小学生学籍管理，提高新形势下基础教育科学管理水平，保障适龄儿童、少年受教育的权利，根据《中华人民共和国教育法》《中华人民共和国义务教育法》等有关法律，制定本办法。

第二条　本办法适用于我国所有由政府、企业事业组织、社会团体、其他社会组织及公民个人依法举办的小学、初中、普通高中、特殊教育学校、工读学校（以下简称学校）和在这些学校就读的学生（以下简称学生）。

第三条　学生学籍管理采用信息化方式，实行分级负责、省级统筹、属地管理、学校实施的管理体制。

国务院教育行政部门宏观指导各地学生学籍管理工作，负责组织建设全国联网的学生电子学籍信息管理系统（以下简称电子学籍系统），制订相关技术标准和实施办法。

省级教育行政部门统筹本行政区域内学生学籍管理工作，制定本省（区、市）学籍管理实施细则，指导、监督、检查本行政区域内各地和学校学生学籍管理工作；按照国家要求建设电子学籍系统运行环境和学生数据库，确保正常运行和数据交换；作为学籍主管部门指导其直管学校的学籍管理工作并应用电子学籍系统进行相应管理。

地（市）级教育行政部门负责指导、督促县级教育行政部门认真落实国家和本省（区、市）关于学生学籍管理的各项规定和要求，作为学籍主管部门指导其直管学校的学籍管理工作并应用电子学籍系统进行相应管理。

县级教育行政部门具体负责本行政区域内学校的学生学籍管理工作，应用电子学籍系统进行相应管理，督促学校做好学生学籍的日常管理工作。

学校负责学籍信息收集、汇总、校验、上报，应用电子学籍系统开展日常学籍管理工作，确保信息真实、准确、完整。

第二章　学籍建立

第四条　学生初次办理入学注册手续后，学校应为其采集录入学籍信息，建立学籍档案，通过电子学籍系统申请学籍号。

学籍主管部门应通过电子学籍系统及时核准学生学籍。

第五条　学籍号以学生居民身份证号为基础生成，一人一号，终身不变。学籍号具体生成规则由国务院教育行政部门另行制定。

逐步推行包含学生学籍信息的免费学生卡。

第六条　学校不得以虚假信息建立学生学籍，不得重复建立学籍。学籍主管部门和学校应利用电子学籍系统进行查重。

学籍管理实行“籍随人走”。除普通学校接收特殊学校学生随班就读、特殊教育学校、工读学校外，学校不接收未按规定办理转学手续的学生入学。残疾程度较重、无法进入学校学习的学生，由承担送教上门的学校建立学籍。

第七条　学校应当从学生入学之日起1个月内为其建立学籍档案。

学生学籍档案内容包括：

一、学籍基础信息及信息变动情况；

二、学籍信息证明材料（户籍证明、转学申请、休学申请等）；

三、综合素质发展报告（含学业考试信息、体育运动技能与艺术特长、参加社区服务和社会实践情况等）；

四、体质健康测试及健康体检信息、预防接种信息等；

五、在校期间的获奖信息；

六、享受资助信息；

七、省级教育行政部门规定的其他信息和材料。

学籍基础信息表由国务院教育行政部门统一制定。

第八条　学籍档案分为电子档案和纸质档案。电子档案纳入电子学籍系统管理，纸质档案由学校学籍管理员负责管理。

逐步推进学籍档案电子化，同时保留必要的纸质档案。

第九条　学生转学或在基础教育阶段升学时，学籍档案应当转至转入学校或升入学校，转出学校或毕业学校应保留电子档案备份，同时保留必要的纸质档案复印件。学生最后终止学业的学校应当归档永久保存学生的学籍档案，或按相关规定办理。

学校合并的，其学籍档案移交并入的学校管理。

学校撤销的，其学籍档案移交县级教育行政部门指定的单位管理。

第十条　如学生父母或其他监护人提出修改学生基础信息的，凭《居民户口簿》或其他证明文件向学校提出申请，并附《居民户口簿》复印件或其他证明复印件，由学校核准变更学籍信息，并报学籍主管部门核准。

第三章　学籍变动管理

第十一条　各学段各类学籍变动的具体条件和要求由省级教育行政部门根据国家法律法规和当地实际统筹制定。

第十二条　正常升级学生的学籍信息更新，由电子学籍系统完成。

第十三条　学生学籍信息发生变化，学籍进行转接或学生毕业（结业、肄业）时，学校应及时维护电子学籍系统中的有关信息，并将证明材料归入学生学籍档案。学籍主管部门应及时对学生学籍变动信息进行更新。

第十四条　学生转学或升学的，转入学校应通过电子学籍系统启动学籍转接手续，转出学校及双方学校学籍主管部门予以核办。

转入、转出学校和双方学校学籍主管部门应当分别在10个工作日内完成学生学籍转接。

第十五条　学生办理学籍转接手续后，转出学校应及时转出学籍档案，并在1个月内办结。

第十六条　学生转学或升学后，转入学校应当以收到的学籍档案为基础为学生接续档案。

第十七条　特教学校学生转入普通学校随班就读，或普通学校随班就读残疾学生转入特教学校就读的，其学籍可以转入新学校，也可保留在原学校。

进入工读学校就读的学生，其学籍是否转入工读学校，由原学校与学生的父母或其他监护人商定。

第十八条　省（区、市）直管学校、设区的市直管学校学生的转入转出情况，由学校每学期书面告知所在地县（区）教育行政部门。

第十九条　学生休学由父母或其他监护人提出书面申请，学校审核同意后，通过电子学籍系统报学籍主管部门登记。复学时，学校应及时办理相关手续。

学生休学期间学校应为其保留学籍。

第二十条　学生到境外就读的，应当凭有效证件到现就读学校办理相关手续。回到境内后仍接受基础教育的，应接续原来的学籍档案。

第二十一条　学生死亡，学校应当凭相关证明在10个工作日内通过电子学籍系统报学籍主管部门注销其学籍。

第二十二条　学校应将义务教育阶段学生辍学情况依法及时书面上报当地乡镇人民政府、县级教育行政部门和学籍主管部门，在义务教育年限内为其保留学籍，并利用电子学籍系统进行管理。

义务教育阶段外来务工人员随迁子女辍学的，

就读学校的学籍主管部门应于每学期末将学生学籍档案转交其户籍所在地县（区）教育行政部门。

第四章 保障措施

第二十三条 地方教育行政部门和学校应当为学籍管理提供必要的保障条件，配备或指定学籍管理员，完善管理制度，建立工作机制。

对学籍管理员当实行先培训后上岗，并保持相对稳定。各级学籍管理员的基本信息须报送上一级教育行政部门。

第二十四条 地方教育行政部门和学校应当每学期复核学生学籍，确保学籍变动手续完备、学生基本信息和学籍变动信息准确。

第二十五条 各级教育行政部门和学校要建立严格的保密制度。非经学籍主管部门书面批准，学籍信息一律不得向外提供，严防学籍信息外泄和滥用。

第二十六条 教育行政部门违反本办法的规定，由上一级教育行政部门责令改正；情节严重的，对直接负责的主管人员和其他直接责任人员依法处理。

第二十七条 学校违反本办法的规定，有下列情形之一的，由主管部门责令改正；情节严重的，依法追究校长和相关人员责任：

一、不为已接收学生建立学籍档案的；

二、以虚假信息建立学籍或学籍档案的；

三、不及时把学籍变动信息纳入学籍档案的；

四、不及时报告义务教育阶段学生辍学情况的；

五、接收学生不为其办理转学手续的；

六、不按规定为学生转接学籍档案的；

七、泄露或非法使用学生学籍信息的；

八、违反本办法规定的其他行为。

第五章 附则

第二十八条 学校的外籍学生和港澳台学生学籍管理，参照本办法执行。

第二十九条 省级教育行政部门应制定或完善实施细则。

第三十条 本办法自 2013 年 9 月 1 日起施行。

教育部关于印发《中小学教师资格考试暂行办法》《中小学教师资格定期注册暂行办法》的通知

（2013 年 8 月 15 日）

各省、自治区、直辖市教育厅（教委），新疆生产建设兵团教育局：

为确保中小学教师资格考试和定期注册改革扩大试点工作平稳顺利实施，现将《中小学教师资格考试暂行办法》《中小学教师资格定期注册暂行办法》印发给你们，请结合本地实际情况，认真执行。扩大改革试点实施过程中遇有重要情况，请及时报送我部教师工作司。

附件一：

中小学教师资格考试暂行办法

第一章　总则

第一条　为建立国家教师资格考试制度，严格教师职业准入，保障教师队伍质量，依据《教师法》《教师资格条例》和《国家中长期教育改革和发展规划纲要（2010—2020年）》，制定本办法。

第二条　中小学教师资格考试（以下简称教师资格考试）是评价申请教师资格人员（以下简称申请人）是否具备从事教师职业所必需的教育教学基本素质和能力的考试。

第三条　承担教师资格考试改革试点的省（区、市）组织实施教师资格考试，适用本办法。

第四条　参加教师资格考试合格是教师职业准入的前提条件。申请幼儿园、小学、初级中学、普通高级中学、中等职业学校教师和中等职业学校实习指导教师资格的人员须分别参加相应类别的教师资格考试。

第五条　教师资格考试实行全国统一考试。考试坚持育人导向、能力导向、实践导向和专业化导向，坚持科学、公平、安全、规范的原则。

第二章　报考条件

第六条　符合以下基本条件的人员，可以报名参加教师资格考试：

（一）具有中华人民共和国国籍；

（二）遵守宪法和法律，热爱教育事业，具有良好的思想品德；

（三）符合申请认定教师资格的体检标准；

（四）符合《教师法》规定的学历要求。

普通高等学校在校三年级以上学生，可凭学校出具的在籍学习证明报考。

第七条　申请人应在户籍或人事关系所在地报名参加教师资格考试。普通高等学校在校生可在就读学校所在地报名参加教师资格考试。

第八条　试点省份试点工作启动前已入学的全日制普通高校师范类专业学生，可以持毕业证书申请直接认定相应的教师资格。试点工作启动后入学的师范类专业学生，申请中小学教师资格应参加教师资格考试。

第九条　被撤销教师资格的，5年内不得报名参加考试；受到剥夺政治权利，或故意犯罪受到有期徒刑以上刑事处罚的，不得报名参加考试。曾参加教师资格考试有作弊行为的，按照《国家教育考试违规处理办法》的相关规定执行。

第三章　考试内容与形式

第十条　教师资格考试包括笔试和面试两部分。

第十一条　笔试主要考查申请人从事教师职业所应具备的教育理念、职业道德、法律法规知识、科学文化素养、阅读理解、语言表达、逻辑推理和信息处理等基本能力；教育教学、学生指导和班级管理的基本知识；拟任教学科领域的基本知识，教学设计实施评价的知识和方法，运用所学知识分析和解决教育教学实际问题的能力。

第十二条　笔试主要采用计算机考试和纸笔考试两种方式进行。采用计算机考试和纸笔考试的范围和规模，根据各省（区、市）实际情况和条件确定。

第十三条　幼儿园教师资格考试笔试科目为《综合素质》《保教知识与能力》2科；小学教师资格考试笔试科目为《综合素质》《教育教学知识与能力》2科；初级中学、普通高级中学教师和中等职业学校文化课教师资格考试笔试科目为《综合素质》《教育知识与能力》《学科知识与教学能力》3科；中等职业学校专业课教师和实习指导教师资格考试笔试科目为《综合素质》《教育知识与能力》《专业知识与教学能力》3科。

中等职业学校教师的《专业知识与教学能力》科目测试，暂由各省（区、市）自行命题和组织实施。

第十四条　面试主要考查申请人的职业认知、心理素质、仪表仪态、言语表达、思维品质等教师基本素养和教学设计、教学实施、教学评价等教学基本技能。

第十五条　面试采取结构化面试、情景模拟等方式，通过抽题、备课（活动设计）、回答规定问题、试讲（演示）、答辩（陈述）、评分等环节进行。

第十六条　国家确定笔试成绩合格线，省级教育行政部门确定面试成绩合格线。

第十七条　考生在笔试和面试成绩公布后，可通过教师资格考试网站查询本人的考试成绩。考生如对本人的考试成绩有异议，可在考试成绩公布后10个工作日内向本省（区、市）教师资格考试机构提出复核申请。

第十八条　笔试单科成绩有效期为2年。笔试和面试均合格者由教育部考试中心（教育部教师资格考试中心）颁发教师资格考试合格证明。教师资格考试合格证明有效期为3年。教师资格考试合格证明是考生申请认定教师资格的必备条件。

第四章　考试实施

第十九条　笔试一般在每年3月和11月各举行一次。面试一般在每年5月和12月各举行一次。

第二十条　省级教师资格考试机构按照《中小学教师资格考试考务工作规定》《中小学教师资格考试机考考务细则》组织实施笔试考务工作；按照《中小学教师资格考试面试工作规程》，制定面试实施细则，组织实施面试工作。

第二十一条　省级教师资格考试机构使用教师资格考试考务管理信息系统进行笔试和面试的报名受理、考点设置、考场编排等考务管理工作。

第二十二条　笔试和面试考生通过教师资格考试网站进行报名后，需携带省级教师资格考试机构规定的相关材料，到指定考点进行报名审核，并现场确认报考信息。

考生笔试各科成绩合格并在有效期内的，方可报名参加面试。

第二十三条　省级教师资格考试机构组织开展本省（区、市）考务相关人员的安全保密教育和考务流程培训工作。

第二十四条　笔试和面试机考软件系统的使用实行首席技术负责人制度，采取分级培训方式进行。

第二十五条　面试一般按学科分组进行。每个考评组由不少于3名考官组成，设主考官1名。

第二十六条　面试考官由高校专家、中小学和幼儿园优秀教师、教研机构专家等组成。面试考官须具备以下条件：

（一）熟悉教师资格考试相关政策；

（二）具有良好的职业道德，公道正派，身体健康；

（三）具有扎实的专业知识、较强的分析概括能力、判断能力和语言表达能力；

（四）从事相关专业教学或研究工作5年以上，一般应具有副高级以上专业技术职务（职称）；

（五）参加省级或国家级教师资格考试机构组织的培训并获得证书。

第二十七条　各级教育行政部门及教师资格考试机构不得组织教师资格考试培训。

第五章　考试安全与违规处罚

第二十八条　省级教师资格考试机构根据《中小学教师资格考试应急处置预案实施办法（试行）》处置和应对考试期间的突发事件。

第二十九条　对试题命制、考务管理、监考等考试相关人员发生的违规行为按照《保守国家秘密法》《国家教育考试违规处理办法》进行处罚。情节严重，构成犯罪的，由司法机关依法追究刑事责任。

第三十条　对考生违规行为按照《国家教育考试违规处理办法》认定和处理。

第六章　组织管理

第三十一条　教育部依据教师专业标准和教师教育课程标准，制订教师资格考试标准，组织审定教师资格考试大纲。教育部考试中心（教育部教师资格考试中心）负责教师资格考试的组织实施。主要职责是：

（一）依据考试标准拟定考试大纲；

（二）组织命制笔试和面试试题，建设试题库；

（三）制定考务管理规定，研发和维护考试管理系统；

（四）组织考务工作，培训技术人员；

（五）组织阅卷，负责考试成绩管理与评价；

（六）指导、监督、检查各省、自治区、直辖市考试实施工作。

第三十二条 省级教育行政部门全面负责本行政区域内教师资格考试工作。可成立教师资格考试领导小组，由省级教育行政部门的主要领导兼任领导小组组长。指定专业化教育（教师资格）考试机构，在省级教育行政部门领导下具体负责考务组织工作，主要职责是：

（一）制定本地区考务管理具体措施；

（二）组织本地区考务工作；

（三）组织面试考官及考务工作人员培训；

（四）管理、指导、监督本行政区域各考区工作；

（五）负责本行政区域教师资格考试安全保密工作。

第三十三条 教师资格考试以市（地、州、盟）为单位设立考区。各考区的教师资格考试的组织实施由市（地、州、盟）教育行政部门和教师资格考试机构负责。

第三十四条 教师资格考试费用按照财政部、国家发展改革委《关于同意收取教师资格考试考务费等有关问题的通知》（财综〔2012〕41号）规定收取。

第七章 附则

第三十五条 省级教育行政部门可以依据本办法制定实施细则，并抄送教育部。

第三十六条 本办法自发布之日起实施。

附件二：

中小学教师资格定期注册暂行办法

第一章 总则

第一条 为完善教师资格制度，健全教师管理机制，建设高素质专业化教师队伍，根据《教师法》《教师资格条例》和《国家中长期教育改革和发展规划纲要（2010—2020年）》，制定本办法。

第二条 教师资格定期注册是对教师入职后从教资格的定期核查。中小学教师资格实行5年一周期的定期注册。定期注册不合格或逾期不注册的人员，不得从事教育教学工作。

第三条 承担中小学教师资格定期注册改革试点的省（区、市）组织实施教师资格定期注册工作，适用本办法。

第四条 中小学教师资格定期注册的对象为公办普通中小学、中等职业学校和幼儿园在编在岗教师（以下简称教师）。

省级教育行政部门可根据本地教师队伍建设的实际需要，将依法举办的民办普通中小学、中等职业学校和幼儿园教师纳入定期注册范围。

第五条 教师资格定期注册应与教师人事管理工作紧密结合，将严格教师考核和促进教师专业发展作为重要的工作目标。定期注册应坚持以人为本、科学规范和公开公平公正原则，客观体现教师职业道德、业务水平和工作业绩情况。

第六条 国务院教育行政部门主管教师资格定期注册工作。县级以上地方教育行政部门负责本地教师资格定期注册的组织、管理、监督和实施。

第二章 注册条件

第七条 申请首次注册的，应当具备下列条件：

（一）具有与任教岗位相应的教师资格；

（二）聘用为中小学在编在岗教师；

（三）省级教育行政部门规定的其他条件。

对于首次任教人员须试用期满且考核合格。

第八条 满足下列条件的，定期注册合格：

（一）遵守国家法律法规和《中小学教师职业道德规范》，达到省级教育行政部门规定的师德考核评价标准，有良好的师德表现；

（二）每年年度考核合格以上等次；

（三）每个注册有效期内完成不少于国家规定的360个培训学时或省级教育行政部门规定的等量学分；

（四）身心健康，胜任教育教学工作；

（五）省级教育行政部门规定的其他条件。

第九条 有下列情形之一的，应暂缓注册：

（一）注册有效期内未完成国家规定的教师培训学时或省级教育行政部门规定的等量学分；

（二）中止教育教学和教育管理工作一学期以上，但经所在学校或教育行政部门批准的进修、培训、学术交流、病休、产假等情形除外；

（三）一个注册周期内任何一年年度考核不合格。

暂缓注册者达到定期注册条件后，可重新申请定期注册。具体办法由省级教育行政部门根据实际情况制定。

第十条　有下列情形之一的，注册不合格：

（一）违反《中小学教师职业道德规范》和师德考核评价标准，影响恶劣；

（二）一个定期注册周期内连续两年以上（含两年）年度考核不合格；

（三）依法被撤销或丧失教师资格。

第三章　注册程序

第十一条　取得教师资格，初次聘用为教师的，试用期满考核合格之日起 60 日内，申请首次注册。经首次注册后，每 5 年应申请一次定期注册。

第十二条　教师资格定期注册须由本人申请，所在学校集体办理，按照人事隶属关系报县级以上教育行政部门审核注册。

第十三条　教师应当在定期注册有效期满前 60 日内，申请办理下一次教师资格定期注册。定期注册实行网上申请。

第十四条　申请教师资格定期注册，应当提交下列材料：

（一）《教师资格定期注册申请表》一式 2 份；

（二）《教师资格证书》；

（三）中小学或主管部门聘用合同；

（四）所在学校出具的师德表现证明；

（五）5 年的各年度考核证明；

（六）省级教育行政部门认可的教师培训证明；

（七）省级以上教育行政部门根据当地实际要求提供的其他材料。

申请首次注册的，应当提交上述（一）（二）（四）（七）项材料，同时提交试用期考核合格证明。

第十五条　对于本办法实施之日前已获得教师资格证书的中小学在编在岗教师，首次注册的办法由省级教育行政部门规定。

第十六条　定期注册工作不收取教师和学校任何费用。

第十七条　县级以上教育行政部门在受理注册申请终止之日起 90 个工作日内，对申请人提交的材料进行审核并给出注册结论。注册结论应提前进行公示。

第十八条　县级教育行政部门负责申报材料的初审，提出注册结论的建议；地市级教育行政部门负责申报工作的复核；省级教育行政部门对注册申请进行终审，并在全国中小学教师资格定期注册管理信息系统中填报注册结论及有关信息。

第十九条　县级以上教育行政部门将申请人的《教师资格注册申请表》一份存入个人人事档案，一份归档保存。同时在申请人《教师资格证书》附页上标明注册结论。

第四章　罚则

第二十条　申请人隐瞒有关情况或提供虚假材料申请教师资格注册的，视情况暂缓注册或注册不合格，并给予相应处罚；已经注册的，应当撤销注册。

第二十一条　所在学校未按期如实提供申请人定期注册证明材料的，上级教育行政部门应当责令改正，对直接负责的主管人员和其他直接责任人依法给予行政处分。

第二十二条　地方教育行政部门实施定期注册，有下列情形之一的，由其上级教育行政部门或者监察机关责令改正，对直接负责的主管人员或者其他直接责任人员依法给予行政处分：

（一）对不符合教师定期注册条件者准予定期注册的；

（二）对符合教师定期注册条件者不予定期注册的。

第二十三条　注册范围内的教师无故逾期不申请定期注册，按照注册不合格处理。

第五章　附则

第二十四条　教师资格定期注册申请人对定期注册结果有异议的，可依法提出申诉或者行政复议。

第二十五条　省级教育行政部门可以依据本办法制定实施细则，并抄送教育部。

第二十六条　本办法自发布之日起施行。

教育部关于建立健全中小学师德建设长效机制的意见

（2013年9月2日）

各省、自治区、直辖市教育厅（教委），新疆生产建设兵团教育局，部属师范大学：

教师是教育的根本，师德是教师的灵魂。长期以来，全国广大中小学教师教书育人，敬业奉献，为我国教育事业改革和发展做出了重要贡献，赢得了全社会的广泛赞誉和普遍尊重。但是，近年来极少数教师严重违反师德的现象时有发生，引起社会广泛关注，损害了教师队伍的整体形象。为贯彻落实《国务院关于加强教师队伍建设的意见》，以社会主义核心价值体系为引领，充分尊重教师主体地位，大力弘扬高尚师德，切实解决当前出现的师德突出问题，引导教师立德树人，为人师表，不断提升人格修养和学识修养，努力建设一支师德高尚、业务精湛、结构合理、充满活力的中小学教师队伍。现就建立健全教育、宣传、考核、监督与奖惩相结合的中小学师德建设长效机制提出如下意见。

一、创新师德教育，引导教师树立远大职业理想。将师德教育纳入教师教育课程体系。师范生培养必须开设师德教育课程，新任教师岗前培训开设师德教育专题，在职教师培训把师德教育作为重要内容，记入培训学分。重视法制教育、心理健康教育和民族团结教育。创新师德教育内容、模式和方法，突出针对性和实效性。采取实践反思、师德典型案例评析、情境界教学等丰富师德教育形式，把教书育人楷模、一线优秀教师等请进课堂，用优秀教师的感人事迹诠释师德内涵。结合教育教学、社会实践活动开展师德教育，切实增强师德教育效果。

二、加强师德宣传，营造尊师重教社会氛围。将师德宣传作为教育行政部门和学校重点工作。坚持正确舆论导向，大力宣传教师的地位和作用，让全社会广泛了解教师工作的重要性和特殊性。大力树立和宣传优秀教师先进典型，通过组织举办形式多样、务实有效的活动，深入宣传优秀教师先进事迹，充分展现当代教师的精神风貌，弘扬高尚师德，弘扬主旋律，增强正能量。针对师德建设中出现的热点、难点问题，要及时应对并加以引导。充分利用教师节等重大节庆日、纪念日的契机，联合电视、广播、报纸、网络等多种媒体集中宣传优秀教师先进事迹，努力营造尊师重教的浓厚社会氛围。

三、严格师德考核，促进教师自觉加强师德修养。将师德考核作为教师考核的核心内容，摆在首要位置。各级教育行政部门要制定师德考核办法，学校制定具体的实施细则。师德考核应充分尊重教师主体地位，符合教师职业性质，促进教师专业发展；坚持公平、公正、公开原则；采取教师个人自评、家长和学生参与测评、考核工作小组综合评定等多种方式进行。考核结果一般分为优秀、合格、基本合格、不合格四个等次。考核结果公示后存入师德考核档案并报学校主管部门备案。师德考核不合格者年度考核应评定为不合格，并在教师资格定期注册、职务（职称）评审、岗位聘用、评优奖励和特级教师评选等环节实行一票否决。

四、突出师德激励，促进形成重德养德良好风气。将师德表彰奖励纳入教师和教育工作者奖励范围。完善师德表彰奖励制度。把师德表现作为评选教书育人楷模，模范教师、教育系统先进工作者，优秀教师、优秀教育工作者，中小学优秀班主任、中小学德育先进工作者等表彰奖励的必要条件。在同等条件下，师德表现突出的，优先评选特级教师和晋升教师职务（职称）、选培学科带头人和骨干教师。

五、强化师德监督，有效防止失德行为。教育行政部门和学校要建立健全师德年度评议制度，师德问题报告制度，师德状况定期调查分析制度和师德舆情快速反应制度，及时研究加强和改进师德建设的政策和措施。构建学校、教师、学生、家长和社会广泛参与的师德监督体系。教育行政部门和学校要建立行之有效的多种形式的师德投诉、举报平台，及时获取掌握师德信息动态，及时发现并纠正不良倾向和问题，将违反师德行为消除在萌芽状态。要将师德建设纳入教育督导评估体系。

六、规范师德惩处，坚决遏制失德行为蔓延。建立健全违反师德行为的惩处制度。依据有关法律法规和《中小学教师职业道德规范》，教育部研究制定《中小学教师违反职业道德行为处理办法》，明确教师不可触犯的师德禁行性行为，并提出相应处理办法。对危害严重、影响恶劣者，要坚决清除出教师队伍。建立问责制度。对教师严重违反师德行为监管不力、拒不处分、拖延处分或推诿隐瞒，造成不良影响或严重后果的，要追究学校或教育主管部门主要负责人的责任。对涉及违法犯罪的要及时移交司法部门。

七、注重师德保障，将师德建设工作落到实处。建立师德建设领导责任制度。地方各级教育行政部门负责对师德建设工作的指导和监管，主要负责人是师德建设工作第一责任人，有关职责要落实到具体的职能机构和人员。各地要结合实际，制订本地师德建设规划和实施方案。充分发挥教育工会等教师行业组织在师德建设中的积极作用。中小学校要把师德建设摆在教师工作首位，贯穿于管理工作全过程。中小学校长要亲自抓师德建设。学校基层党组织、广大党员教师要充分发挥政治核心和先锋模范作用。学校教代会和群团组织紧密配合，形成加强和推进师德建设合力。

教育部关于印发《中等职业学校教师专业标准（试行）》的通知

（2013年9月20日）

各省、自治区、直辖市教育厅（教委），各计划单列市教育局，新疆生产建设兵团教育局：

为贯彻党的十八大关于加快发展现代职业教育的重大部署，落实教育规划纲要和《国务院关于加强教师队伍建设的意见》（国发〔2012〕41号）精神，构建教师队伍建设标准体系，建设高素质“双师型”中等职业学校教师队伍，教育部制订了《中等职业学校教师专业标准（试行）》（以下简称《专业标准》）。现印发给你们，请结合实际认真贯彻执行。并就有关事项通知如下。

《专业标准》是国家对合格中等职业学校教师专业素质的基本要求，是中等职业学校教师开展教育教学活动的基本规范，是引领中等职业学校教师专业发展的基本准则，是中等职业学校教师培养、准入、培训、考核等工作的基本依据。各地教育行政部门、中等职业学校师资培养培训院校（机构）、中等职业学校要把贯彻落实《专业标准》作为加强教师队伍建设的重要任务和举措，认真制订工作方案，精心组织实施，务求取得实效。

各地、各校要采取多种形式组织开展《专业标准》学习宣传活动，帮助广大中等职业学校教师和师范生准确理解《专业标准》的基本理念，全面把握《专业标准》的内容要求，把《专业标准》作为开展教育教学实践、提升专业发展水平的行为准则。要紧密结合实际，抓紧制定贯彻落实《专业标准》的具体措施。依据《专业标准》调整中等职业学校教师培养方案，科学设置教师教育课程，改革教育教学方式。将《专业标准》作为教师培训的重要内容，依据《专业标准》制定教师培训课程指南。将《专业标准》作为中等职业学校教师考核的重要依据，进一步完善考核的内容和指标。

附件：

中等职业学校教师专业标准（试行）

为促进中等职业学校教师专业发展，建设高素质“双师型”教师队伍，根据《中华人民共和国教师法》《中华人民共和国职业教育法》《中华人民共和国劳动法》，特制订《中等职业学校教师专业标准（试行）》（以下简称《专业标准》）。

中等职业学校教师是履行中等职业学校教育教学工作职责的专业人员，要经过系统的培养与培训，具有良好的职业道德，掌握系统的专业知识和专业技能，专业课教师和实习指导教师要具有企事业单位工作经历或实践经验并达到一定的职业技能水平。《专业标准》是国家对合格中等职业学校教师专业素质的基本要求，是中等职业学校教师开展教育教学活动的基本规范，是引领中等职业学校教师专业发展的基本准则，是中等职业学校教师培养、准入、培训、考核等工作的基本依据。

一、基本理念

（一）师德为先

热爱职业教育事业，具有职业理想、敬业精神和奉献精神，践行社会主义核心价值体系，履行教师职业道德规范，依法执教。立德树人，为人师表，教书育人，自尊自律，关爱学生，团结协作。以人格魅力、学识魅力、职业魅力教育和感染学生，做学生职业生涯发展的指导者和健康成长的引路人。

（二）学生为本

树立人人皆可成才的职业教育观。遵循学生身心发展规律，以学生发展为本，培养学生的职业兴趣、学习兴趣和自信心，激发学生的主动性和创造性，发挥学生特长，挖掘学生潜质，为每一个学生提供适合的教育，提高学生的就业能力、创业能力和终身学习能力，促进学生健康快乐成长，学有所长，全面发展。

（三）能力为重

在教学和育人过程中，把专业理论与职业实践相结合、职业教育理论与教育实践相结合；遵循职业教育规律和技术技能人才成长规律，提升教育教学专业化水平；坚持实践、反思、再实践、再反思，不断提高专业能力。

（四）终身学习

学习专业知识、职业教育理论与职业技能，学习和吸收国内外先进职业教育理念与经验；参与职业实践活动，了解产业发展、行业需求和职业岗位变化，不断跟进技术进步和工艺更新；优化知识结构和能力结构，提高文化素养和职业素养；具有终身学习与持续发展的意识和能力，做终身学习的典范。

二、基本内容

维度	领域	基本要求
专业理念与师德	（一）职业理解与认识	1. 贯彻党和国家教育方针政策，遵守教育法律法规。 2. 理解职业教育工作的意义，把立德树人作为职业教育的根本任务。 3. 认同中等职业学校教师的专业性和独特性，注重自身专业发展。 4. 注重团队合作，积极开展协作与交流。

续表

维度	领域	基本要求
专业理念与师德	（二）对学生的态度与行为	5. 关爱学生，重视学生身心健康发展，保护学生人身与生命安全。 6. 尊重学生，维护学生合法权益，平等对待每一个学生，采用正确的方式方法引导和教育学生。 7. 信任学生，积极创造条件，促进学生的自主发展。
	（三）教育教学态度与行为	8. 树立育人为本、德育为先、能力为重的理念，将学生的知识学习、技能训练与品德养成相结合，重视学生的全面发展。 9. 遵循职业教育规律、技术技能人才成长规律和学生身心发展规律，促进学生职业能力的形成。 10. 营造勇于探索、积极实践、敢于创新的氛围，培养学生的动手能力、人文素养、规范意识和创新意识。 11. 引导学生自主学习、自强自立，养成良好的学习习惯和职业习惯。
	（四）个人修养与行为	12. 富有爱心、责任心，具有让每一个学生都能成为有用之才的坚定信念。 13. 坚持实践导向，身体力行，做中教，做中学。 14. 善于自我调节，保持平和心态。 15. 乐观向上、细心耐心，有亲和力。 16. 衣着整洁得体，语言规范健康，举止文明礼貌。
专业知识	（五）教育知识	17. 熟悉技术技能人才成长规律，掌握学生身心发展规律与特点。 18. 了解学生思想品德和职业道德形成的过程及其教育方法。 19. 了解学生不同教育阶段以及从学校到工作岗位过渡阶段的心理特点和学习特点，并掌握相关教育方法。 20. 了解学生集体活动特点和组织管理方式。
	（六）职业背景知识	21. 了解所在区域经济发展情况、相关行业现状趋势与人才需求、世界技术技能前沿水平等基本情况。 22. 了解所教专业与相关职业的关系。 23. 掌握所教专业涉及的职业资格及其标准。 24. 了解学校毕业生对口单位的用人标准、岗位职责等情况。 25. 掌握所教专业的知识体系和基本规律。
	（七）课程教学知识	26. 熟悉所教课程在专业人才培养中的地位和作用。 27. 掌握所教课程的理论体系、实践体系及课程标准。 28. 掌握学生专业学习认知特点和技术技能形成的过程及特点。 29. 掌握所教课程的教学方法与策略。
	（八）通识性知识	30. 具有相应的自然科学和人文社会科学知识。 31. 了解中国经济、社会及教育发展的基本情况。 32. 具有一定的艺术欣赏与表现知识。 33. 具有适应教育现代化的信息技术知识。
专业能力	（九）教学设计	34. 根据培养目标设计教学目标和教学计划。 35. 基于职业岗位工作过程设计教学过程和教学情境。 36. 引导和帮助学生设计个性化的学习计划。 37. 参与校本课程开发。

续表

维度	领域	基本要求
专业能力	（十）教学实施	38. 营造良好的学习环境与氛围，培养学生的职业兴趣、学习兴趣和自信心。 39. 运用讲练结合、工学结合等多种理论与实践相结合的方式方法，有效实施教学。 40. 指导学生主动学习和技术技能训练，有效调控教学过程。 41. 应用现代教育技术手段实施教学。
	（十一）实训实习组织	42. 掌握组织学生进行校内外实训实习的方法，安排好实训实习计划，保证实训实习效果。 43. 具有与实训实习单位沟通合作的能力，全程参与实训实习。 44. 熟悉有关法律和规章制度，保护学生的人身安全，维护学生的合法权益。
	（十二）班级管理与教育活动	45. 结合课程教学并根据学生思想品德和职业道德形成的特点开展育人和德育活动。 46. 发挥共青团和各类学生组织自我教育、管理与服务作用，开展有益于学生身心健康的教育活动。 47. 为学生提供必要的职业生涯规划、就业创业指导。 48. 为学生提供学习和生活方面的心理疏导。 49. 妥善应对突发事件。
	（十三）教育教学评价	50. 运用多元评价方法，结合技术技能人才培养规律，多视角、全过程评价学生发展。 51. 引导学生进行自我评价和相互评价。 52. 开展自我评价、相互评价与学生对教师评价，及时调整和改进教育教学工作。
	（十四）沟通与合作	53. 了解学生，平等地与学生进行沟通交流，建立良好的师生关系。 54. 与同事合作交流，分享经验和资源，共同发展。 55. 与家长进行沟通合作，共同促进学生发展。 56. 配合和推动学校与企业、社区建立合作互助的关系，促进校企合作，提供社会服务。
	（十五）教学研究与专业发展	57. 主动收集分析毕业生就业信息和行业企业用人需求等相关信息，不断反思和改进教育教学工作。 58. 针对教育教学工作中的现实需要与问题，进行探索和研究。 59. 参加校本教学研究和教学改革。 60. 结合行业企业需求和专业发展需要，制订个人专业发展规划，通过参加专业培训和企业实践等多种途径，不断提高自身专业素质。

三、实施要求

（一）各级教育行政部门要将《专业标准》作为中等职业学校教师队伍建设的基本依据

根据中等职业学校教育改革发展的需要，充分发挥《专业标准》的引领和导向作用，深化教师教育改革，建立教师教育质量保障体系，不断提高教师培养培训质量。制订中等职业学校教师准入标准，严把教师入口关；制定中等职业学校教师聘任（聘用）、考核、退出等管理制度，保障教师合法权益，形成科学有效的中等职业学校教师队伍管理和督导机制。

（二）开展中等职业学校教师教育的院校要将

《专业标准》作为教师培养培训的主要依据

重视中等职业学校教师职业特点，加强专业建设，深化校企合作；完善教师培养培训方案，科学设置教师教育课程，改革教育教学方式；重视教师职业道德教育，重视职业实践、社会实践和教育实习；加强从事中等职业学校教师教育的师资队伍建设，建立科学的质量评价制度。

（三）中等职业学校要将《专业标准》作为教师管理的重要依据

制订中等职业学校教师专业发展规划，注重教师职业理想与职业道德教育，增强教师育人的责任感与使命感；开展校本研修，促进教师专业发展；完善教师岗位职责和考核评价制度，健全中等职业学校教师绩效管理机制。

（四）中等职业学校教师要将《专业标准》作为自身专业发展的基本依据

制订个人专业发展规划，爱岗敬业，增强专业发展自觉性；大胆开展教育教学改革，不断创新；积极进行自我评价，主动参加教师培训和自主研修，逐步提升专业发展水平。

教育部关于印发《中央部委所属高等学校章程建设行动计划（2013—2015年）》的通知

（2013年9月22日）

有关部门（单位）教育司（局）、部属各高等学校：

为贯彻落实《国家中长期教育改革和发展规划纲要（2010—2020年）》，明确中央部门所属高等学校章程建设的目标任务与时间要求，根据教育部直属高校工作咨询委员会第二十三次会议的要求和各高校章程建设的进展情况，我部研究制订了《中央部委所属高等学校章程建设行动计划（2013—2015年）》，现印发给你们，请各中央部委所属高校按照计划要求，依据《高等学校章程制定暂行办法》（教育部令第31号），细化、落实章程建设的目标要求，进一步明确章程建设的工作方案和时间节点，保证按时完成章程建设任务，形成以章程建设引领和促进高等学校内部综合改革，推动现代大学制度建设的良好局面。

各高校、各部门章程建设的进展情况、工作经验，以及计划实施中面临的问题与困难等，请及时报我部政策法规司（法制办公室）。

附件：

中央部委所属高等学校章程建设行动计划

（2013—2015年）

为深入推进教育部及中央部属高等学校章程建设，加快现代大学制度建设，根据《高等教育法》以及《教育部高等学校章程制定暂行办法》等相关规定，制订本计划。

一、计划目标

计划自2013年9月起实施，2015年年底完成。

到2015年年底，教育部及中央部门所属的114所高等学校，分批全部完成章程制定和核准工作。

“985 工程”建设高等学校原则上于 2014 年 6 月前完成章程制定。

“211 工程”建设高等学校原则上于 2014 年底前完成章程制定。

二、实施步骤

1. 2013 年 10 月，完成中国人民大学、东南大学、东华大学、上海外国语大学、武汉理工大学、华中师范大学 6 所第一批申请核准高校章程的核准与发布工作。

2. 2013 年 11 月底前，同济大学、西北农林科技大学、西南大学、中国矿业大学、东北师范大学、四川大学、长安大学 7 所教育部直属高校，以及中华女子学院、南京森林警察学院 2 所中央部门所属高校的章程完成起草，报送核准。

3. 2013 年 12 月底前，北京外国语大学、北京语言大学、中国政法大学、北京中医药大学、天津大学、东北大学、吉林大学、上海交通大学、华东师范大学、上海财经大学、浙江大学、山东大学、中国石油大学（华东）、武汉大学、重庆大学、西南财经大学、陕西师范大学、兰州大学 18 所高校的章程完成起草，报送核准。

4. 2014 年 6 月底前，北京大学、清华大学、北京师范大学、中国农业大学、南开大学、大连理工大学、复旦大学、南京大学、厦门大学、中国海洋大学、华中科技大学、湖南大学、中南大学、中山大学、华南理工大学、电子科技大学、西安交通大学、北京理工大学、北京航空航天大学、哈尔滨工业大学、西北工业大学、中央民族大学、中国科学技术大学 23 所 985 工程高校的章程完成起草，报送核准。

5. 2014 年年底前，北京科技大学、北京化工大学、北京交通大学、北京邮电大学、中国地质大学（北京）、中国矿业大学（北京）、中国石油大学（北京）、中国传媒大学、北京林业大学、中央音乐学院、中央财经大学、对外经济贸易大学、华北电力大学、东北林业大学、华东理工大学、河海大学、江南大学、南京农业大学、中国药科大学、合肥工业大学、中国地质大学（武汉）、华中农业大学、中南财经政法大学、西南交通大学、西安电子科技大学 25 所教育部属的 211 工程建设高校的章程完成起草，报送核准。

2014 年年底前，北京体育大学、南京理工大学、南京航空航天大学、暨南大学 4 所其他部委所属 211 工程建设高校的章程完成起草，报送核准。

6. 2015 年 6 月底前，中央戏剧学院、中国科学院大学、中国人民公安大学、外交学院、北京协和医学院、中国青年政治学院、华侨大学、西北民族大学、大连海事大学、中国民航大学、西南民族大学、大连民族学院、北方民族大学、铁道警察学院、广州民航职业技术学院 15 所高校的章程完成起草，报送核准。

7. 2015 年年底前，中央美术学院、哈尔滨工程大学、中南民族大学、中国刑事警察学院、中国人民武装警察部队学院、公安海警学院、北京电子科技学院、中央司法警官学院、中国劳动关系学院、中国民用航空飞行学院、防灾科技学院、华北科技学院、上海海关学院、长沙航空职业技术学院 14 所高校的章程完成起草，报送核准。

教育部高等学校章程核准委员会将于 2013 年 10 月、2013 年 12 月，以及 2014 年 3 月、5 月、7 月、9 月和 11 月，分别召开会议，每次评议 10 所左右高校章程，在 2014 年年底前完成 70 所左右高校章程的核准；2015 年再召开 3—4 次会议，完成其余高校章程的核准工作。

三、工作要求

1. 高等学校要加强对章程建设工作的组织领导，提高章程质量。各高校要健全章程建设工作机制，主要领导要亲自主持章程制定工作，明确工作机构、人员，加强条件保障。要严格按照《高等学校章程制定暂行办法》的规定，组织章程起草工作，保证章程内容和起草程序符合要求。要以创建世界一流大学或者高水平、有特色大学为目标，充分借鉴国外知名大学章程建设的经验，深入结合自身实际，制定出具有中国特色、符合学校实际与改革发展要求的高质量章程。要按照本计划的时间安排，制订章程起草工作方案，明确校内起草程序各个环节的时间节点，保证按时完成章程起草工作。

2. 教育部和有高校管理职能的国务院有关部门要加强对高校章程建设工作的指导。高校主管部门要结合简政放权、转变职能和落实高校办学自主权的改革要求，通过章程建设，推动高校健全完善法人治理结构和自我监督机制，以章程赋权的方式，明确高校办学自主权的内涵，以及主管部门与高校之间权利义务和管理职权的边界。

3. 充分发挥高等学校章程核准委员会的作用。教育部章程核准委员会定期召开会议，对提交核准的高校章程从不同角度进行评议、提出意见。为保证章程核准的工作效率和评议质量，章程核准委员会采取书面评议与会议集中评议相结合的方式开展评议、核准工作。高校申请核准章程，应当同时提交章程起草说明，对起草过程、章程内容、主要特点和制度创新等内容做出说明。章程核准委员会召开会议集中评议高校章程的，被评议高校的主要负责人应当到会做出说明、回应提问。

4. 进一步健全章程核准程序。要提高章程核准的专业性与权威性。经评议，章程核准委员会对提请核准的高校章程原则同意但提出修改意见的，高等学校应逐条予以回应并做出说明。高校修改后的章程核准稿，经公开征求意见，再由教育部政策法规司会同相关司局核定后，提交教育部部长办公会议审议。通过后，将以教育部令发布颁布。

5. 加强章程核准后的执行机制建设。教育部及有关主管部门要会同高校建立、健全章程执行机制，形成高校依据章程自主办学、主管部门对章程执行情况进行监督并作为实施管理依据的新格局。各高校要健全校内章程监督机制，依据章程统一规章制度、健全组织机构、规范管理职能、完善民主监督机制。章程执行情况要形成年度报告或者作为学校年度工作报告的内容之一，向教职工代表大会以及主管部门报告。

四、保障机制

1. 加强章程建设经验交流。教育部建立高校章程建设经验交流平台和工作机制，总结已核准高校章程在结构框架、内容表述、制度创新方面的特色，通过不同方式，及时组织高校之间的经验交流与信息共享。

2. 组织章程建设的培训与研讨。实施高校章程建设能力培训计划，利用教育部干部培训工作平台，邀请部领导、已核准高校的校领导以及相关专家，对各高校负责章程制定的校领导、相关负责人进行全面培训。

3. 建立高校章程建设指导工作机制。教育部章程核准工作成员单位涉及的有关司局要结合群众路线教育实践活动，组成工作小组，选择若干高校，就章程建设的进展与问题进行深入调研。

4. 加强专家咨询指导。根据高校章程建设的进展情况，组织对高校章程建设有深入研究的专家、学者，以及章程建设方面有实践经验的相关负责人，成立教育部高校章程建设专家咨询组，对高校章程制定工作提供咨询意见。

5. 设立高校章程建设专项经费。将高校章程建设纳入教育部的立法整体规划当中，建立专项经费，支持章程核准、章程建设试点、研讨、征求意见以及经验交流等工作，并以适当方式对高校章程建设予以支持或者奖励。

教育部等五部门关于将在内地（大陆）就读的港澳台大学生纳入城镇居民基本医疗保险范围的通知

（2013 年 10 月 10 日）

各省、自治区、直辖市人民政府，国务院各部委、各直属机构，教育部直属各高等学校：

为了更好地保障在内地（大陆）就读的港澳台大学生权益，经国务院同意，现就将其纳入城镇居民基本医疗保险范围相关事宜通知如下。

一、根据《国务院办公厅关于将大学生纳入城镇居民基本医疗保险试点范围的指导意见》（国办发〔2008〕119号），决定自2013年9月起，将在内地（大陆）各类全日制普通高等学校（包括民办高校）、科研院所接受普通高等学历教育的全日制港澳台学生（含本、专科生及硕士、博士研究生，以下简称港澳台大学生）纳入城镇居民基本医疗保险范围。

二、港澳台大学生按照属地原则，自愿参加高等教育机构所在地城镇居民基本医疗保险，按照与所在高等教育机构内地（大陆）大学生同等标准缴费，并享受同等的基本医疗保险待遇。同时按照现有规定继续做好港澳台大学生日常医疗工作，方便其及时就医。

三、各级财政对港澳台大学生参加城镇居民基本医疗保险按照与所在高等教育机构内地（大陆）大学生相同的标准给予补助。港澳台大学生参加城镇居民基本医疗保险所需政府补助资金以及日常医疗所需资金，与所在高等教育机构内地（大陆）大学生所需资金一并从现有渠道安排。

四、尚未将大学生纳入城镇居民基本医疗保险范围的高等教育机构，原则上应向港澳台大学生提供与所在高等教育机构内地（大陆）大学生同样的医疗保障。

五、请各地区、各有关部门高度重视，切实加强组织领导和宣传工作。各有关高等教育机构要切实抓好港澳台大学生就医工作，为其提供优质服务。

教育部　财政部

人力资源社会保障部　国务院港澳事务办公室

国务院台湾事务办公室

教育部关于实施全国中小学教师信息技术应用能力提升工程的意见

（2013年10月25日）

各省、自治区、直辖市教育厅（教委），新疆生产建设兵团教育局：

教师队伍建设是教育信息化可持续发展的基本保障，信息技术应用能力是信息化社会教师必备专业能力。近年来，各地通过多种途径开展教师信息技术相关培训，取得积极成效，但也存在着项目分散、标准不全、模式单一、学用脱节等突出问题。为贯彻落实国家教育信息化总体要求，充分发挥“三通两平台”效益，全面提升教师信息技术应用能力，决定实施全国中小学教师信息技术应用能力提升工程（以下简称提升工程）。现就提升工程的实施提出如下意见。

一、提升工程的总体目标和任务

建立教师信息技术应用能力标准体系，完善顶层设计；整合相关项目和资源，采取符合信息技术特点的新模式，到2017年年底完成全国1 000多万中小学（含幼儿园）教师新一轮提升培训，提升教师信息技术应用能力、学科教学能力和专业自主发展能力；开展信息技术应用能力测评，以评促学，激发教师持续学习动力；建立教师主动应用机制，推动每个教师在课堂教学和日常工作中有效应用信息技术，促进信息技术与教育教学融合取得新突破。

二、建立教师信息技术应用能力标准体系

围绕深入推进基础教育课程改革和促进教师转变教育教学方式的现实需求，吸收借鉴国内外信息技术应用经验和最新成果，研究制订教师信息技术应用能力标准、培训课程标准和能力测评指南等，建立信息技术应用能力标准体系，有效引领广大教师学习和应用信息技术，规范指导各地建设资源、

实施培训、开展测评、推动应用等环节的工作。

三、按照教师需求实施全员培训

各地要将信息技术应用能力培训纳入教师和校长培训必修学时（学分），原则上每五年不少于50学时。试行教师培训学分管理，开展信息技术应用能力培训学分认定，推动学分应用，激发教师参训动力。教育部整合信息技术应用能力相关培训项目，发挥示范引领作用。推动“英特尔未来教育”“微软携手助学”“乐高技术教育创新人才培养计划”“中国移动中小学教师信息技术能力培训”等项目与各地教师培训的融合，通过提供课程资源、培训骨干培训者和共建培训平台等方式，扩大优质资源辐射范围。

省级教育行政部门组织实施本地区教师信息技术应用能力新一轮全员提升培训。利用信息管理系统，整合本地区项目和资源，建设教师选学服务平台，推动各地按照教师需求实施全员培训。完善专项培训体系，做好与中小学教师教育技术能力建设计划相关培训的有机衔接，重点加强中小学校长、专兼职培训者和教研员等骨干队伍以及农村教师的培训。地市及区县级教育行政部门要通过专项培训和专题教研，组织开展区域性教师全员培训。健全中小学校本研修管理制度，确保研修质量。中小学校要将信息技术应用能力培训作为校本研修的重要内容，将教研与培训有机结合，重点通过现场诊断和观课磨课等方式，帮助教师解决实际问题，促进学用结合。

四、推行符合信息技术特点的培训新模式

各地要根据信息技术环境下教师学习特点，有效利用网络研修社区，推行网络研修与现场实践相结合的混合式培训；强化情境体验环节，确保实践成效，使教师边学习、边实践、边应用、边提升；建立学习效果即时监测机制，确保培训质量。坚持底部攻坚，积极推动网络研修与校本研修整合培训，建立以校为本的常态化培训机制。推行移动学习，为教师使用手机、平板电脑等移动终端进行便捷有效学习提供有力支持。加强薄弱环节，采取“送教下乡”和“送培上门”等方式，为不具备网络条件的农村教师提供针对性培训。

五、遴选一线教师满意的培训资源

教育部依托现有资源，建设资源共建共享服务平台，汇聚各地培训课程资源和培训服务信息，建立优质资源遴选机制，推动资源交易与交换。对通用性强的优质资源进行加工升级，启动教师培训MOOC（大规模开放在线课程）建设工作，利用合作项目引进和开发优质资源，建立优质课程资源库。各地要重点建设典型案例资源，支持中小学与高校及教师培训机构合作，加工生成性资源，开发微课程资源，满足教师个性化学习需求。充分利用已有平台汇聚本地资源，与国家平台实现互联互通。

六、开展教师信息技术应用能力测评

省级教育行政部门组织本地区中小学教师信息技术应用能力全员测评，主要采取教师网上自测方式，通过案例开展情境测评，以评促学、以评促用。根据能力测评指南，开发适合本地实际的测评工具，建立网络测评系统，为教师提供便捷有效的测评服务。各地要根据测评数据及时调整提升工程实施计划，确保全体教师应用能力得到提升。培训机构要根据测评数据制订完善培训方案，确保按需施训。中小学校要分析测评数据，找准短板，有针对性地开展校本研修。教师要根据测评结果，明确自身不足，查漏补缺，合理选学。

七、推动教师主动应用信息技术

各地要将教师信息技术应用能力作为教师资格认定、资格定期注册、职务（职称）评聘和考核奖励等的必备条件，列入中小学办学水平评估和校长考评的指标体系。中小学校要将信息技术应用成效纳入教师绩效考核指标体系，促进教师在教育教学中主动应用信息技术。各地要通过示范课评选、教学技能比赛和优秀课例征集等活动，发掘推广应用成果，形成良好应用氛围。通过建立信息技术应用创新实验区、示范性网络研修社区和示范校等举措，推动信息技术应用综合创新。

八、加强组织保障确保提升工程取得实效

统筹安排各项工作。各省要开展专项调研，分析现状和问题，摸清教师需求，明确工作重点和思路，做好整体设计，制定提升工程主要实施工作的时间表和路线图，形成规划方案，2013 年年底前

报送教育部。2014年起，分年度组织教师全员培训工作，原则上每年培训人数不少于本地区中小学教师总数的20%。完善管理制度，出台配套政策，开发测评工具，尽快建立教师主动应用的机制。

加强组织领导。教育部负责提升工程实施的统筹管理和监督评估等工作。成立执行办公室（设在华东师范大学），负责组织管理的具体工作。成立专家委员会，负责研究、指导和评审等工作。省级教育行政部门负责本省提升工程实施的组织管理。成立领导小组，整合相关部门力量，确定专门机构负责组织管理具体工作。采取招投标机制，遴选具备资质的院校（机构）承担培训任务。建立信息管理平台，实施精细化管理。地市及区县级教育行政部门负责本地提升工程的组织管理。制定管理办法，落实相关政策。整合教师培训、教研、电教和科研等部门的力量，加强对中小学校的指导，做好全员培训。中小学校长是本校提升工程实施的第一责任人，要完善制度、健全机制、整合资源，为教师信息技术应用能力提升奠定坚实基础。

落实保障经费。各省份要安排专项经费，支持管理平台建设、专项培训、资源开发和能力测评等工作。中西部省份要在“国培计划”专项经费中切块用于农村教师信息技术应用能力培训。地市及区县要安排专项经费，支持本地教师全员培训。中小学校要在学校公用经费中安排资金，为本校教师学习和应用信息技术创造良好条件。

做好监管评估。教育部审核各省规划方案，通过信息管理平台对各地工作进行动态监测，定期通报监测结果。省级教育行政部门要采取专家评估、网络评估和第三方评估等方式，做好提升工程实施的监管评估工作。地市及区县级教育行政部门要重点加强中小学校推动信息技术应用工作的监管评估。

教育部　人力资源社会保障部关于深入推进专业学位研究生培养模式改革的意见

（2013年11月4日）

各省、自治区、直辖市教育厅（教委）、人力资源社会保障厅（局），新疆生产建设兵团教育局、人力资源社会保障局，中国人民解放军学位委员会，各专业学位研究生教育指导委员会，教育部直属各高等学校：

专业学位研究生教育是研究生教育体系的重要组成部分，是培养高层次应用型专门人才的主要途径。积极发展专业学位研究生教育，是全面建成小康社会、建设创新型国家的必然要求，也是研究生教育服务国家经济建设和社会发展的必然选择。发展专业学位研究生教育，要深入推进培养模式改革，加快完善体制机制，不断提高教育质量。根据《教育部国家发展改革委财政部关于深化研究生教育改革的意见》，现就深入推进专业学位研究生培养模式改革提出如下意见。

一、明确改革目标

以职业需求为导向，以实践能力培养为重点，以产学结合为途径，建立与经济社会发展相适应、具有中国特色的专业学位研究生培养模式。

二、改革招生制度

坚持招生制度改革为人才培养服务的方向。积极推进专业学位与学术学位硕士研究生分类考试、分类招生。建立符合专业学位研究生教育特点的选拔标准，完善专业学位研究生招生办法，重点考查考生综合素质、运用基础理论和专业知识分析解决实际问题的能力以及职业发展潜力。拓宽和规范在职人员攻读硕士专业学位的渠道。

三、完善培养方案

专业学位研究生的培养目标是掌握某一特定职业领域相关理论知识、具有较强解决实际问题的能力、能够承担专业技术或管理工作、具有良好职业素养的高层次应用型专门人才。

培养单位应依据特定职业领域专门人才的知识能力结构和职业素养要求，以及全日制或非全日制学习方式，科学制订培养方案并定期修订。全日制研究生和非全日制研究生须分别制订培养方案。培养方案应合理设置课程体系和培养环节，加大实践性课程的比重。鼓励培养单位结合区域经济社会发展特点和自身优势，制订各具特色的培养方案。培养方案的制（修）订工作应有相关行（企）业专家参与。

四、改进课程教学

培养单位应紧密围绕培养目标，优化课程体系框架，优选教学内容，突出课程实用性和综合性，增强理论与实际的联系。创新教学方法，加强案例教学、模拟训练等教学方法的运用。完善课程教学评价标准，转变课程考核方式，注重培养过程考核和能力考核，着重考查研究生运用所学基本知识和技能解决实际问题的能力和水平。

五、加强实践基地建设

培养单位应积极联合相关行（企）业，建立稳定的专业学位研究生培养实践基地。共同建立健全实践基地管理体系和运行机制，明晰各方责任权利。明确研究生实践内容和要求，健全实践管理办法，加强实践考核评价，保证实践质量。促进实践与课程教学和学位论文工作的紧密结合，注重在实践中培养研究生解决实际问题的意识和能力。

六、强化学位论文应用导向

培养单位应根据各专业学位研究生教育指导委员会意见，分类制订专业学位论文标准，规范专业学位论文要求。专业学位论文选题应来源于应用课题或现实问题，要有明确的职业背景和行业应用价值。专业学位论文应反映研究生综合运用知识技能解决实际问题的能力和水平，可将研究报告、规划设计、产品开发、案例分析、管理方案、发明专利、文学艺术作品等作为主要内容，以论文形式表现。专业学位论文应与学术学位论文分类评阅。专业学位论文评阅人和答辩委员会成员中，应有不少于三分之一的相关行业具有高级职称（或相当水平）的专家。

七、推进与职业资格衔接

对具备条件的专业学位类别或培养单位，积极推进专业学位研究生课程和实践考核与特定职业人才评价标准有机衔接，推进专业学位研究生培养内容与特定职业人才工作实际有效衔接，推进专业学位授予与获得相应职业资格有效衔接。

八、充分调动研究生积极性主动性

促进研究生全面发展，着力增强研究生服务国家服务人民的社会责任感、勇于探索的创新精神和善于解决问题的实践能力。鼓励培养单位引导研究生制订职业发展规划、提高对职业领域及岗位的认识。鼓励培养单位开展互动式、探究式教学，激发研究生自主学习的积极性主动性；鼓励研究生早实践，多实践，在实践中提升职业胜任力。加强专业学位研究生创业能力培养，完善就业指导。加快完善专业学位研究生奖助体系，创造有利于研究生成长成才的氛围。

九、加强教师队伍建设

培养单位应根据不同专业学位类别特点，聘请相关学科领域专家、实践经验丰富的行（企）业专家及国（境）外专家，组建专业化的教学团队。加强教师培训，选派青年教师到企业或相关行业单位兼职、挂职，提高实践教学能力。

鼓励培养单位对研究生导师按专业学位和学术学位分类制定评定条件，分类评聘，逐步形成稳定的专业学位研究生导师队伍。大力推广校内外双导师制，以校内导师指导为主，重视发挥校外导师作用。根据不同专业学位类别特点，探索导师组制，组建由相关学科领域专家和行（企）业专家组成的导师团队共同指导研究生。

完善教师考核评价体系，突出育人责任。根据专业学位研究生教育特点，科学合理制订考核评价标准。将优秀教学案例、教材编写、行业服务等教学、实践、服务成果纳入专业学位教师考核评价体系。

十、完善质量保障体系

培养单位是质量保证体系的主体。培养单位应完善校内质量监督机制，建立招生、培养、学位授予等全过程质量保障制度，加强专业学位毕业生就业质量和职业发展跟踪。根据专业学位类别，分别设立培养指导委员会，负责指导、规范本单位专业学位研究生培养工作。委员会中应有一定比例来自行（企）业的专家。

国家按专业学位类别（或领域）制定博士、硕士专业学位基本要求，建立与特定职业岗位要求相适应的质量评价标准，完善质量监管制度，加快建立管理服务平台，推进招生、培养、就业信息公开。

十一、鼓励开展联合培养

鼓励培养单位加大校企合作力度，按照“优势互补、资源共享、互利共赢、协同创新”的原则，选择具备一定条件的行（企）业开展联合招生和联合培养，构建人才培养、科学研究、社会服务等多元一体的合作培养模式，提高专业学位研究生培养质量。

十二、支持开展改革试点

支持省级学位与研究生教育管理部门和培养单位结合行（企）业和区域人才需求，开展培养模式改革试点，树立专业学位特色品牌。案例教学、实践基地建设等改革试点成效将作为培养单位申请新增专业学位授权点及专业学位授权点定期评估的重要内容。

支持各专业学位研究生教育指导委员会开展培养模式改革研究，加强对培养单位的指导，统筹编写教材、制定课程教学基本要求、建设案例库、定期开展教学研讨等工作，推动本类别专业学位研究生实践基地建设、案例库建设和师资培训。

教育部　农业部　国家林业局关于推进高等农林教育综合改革的若干意见

（2013年11月22日）

各省、自治区、直辖市教育厅（教委）、农业（农牧、农村经济）厅（委、局、办）、林业厅（局），新疆生产建设兵团教育局、农业局、林业局，内蒙古、龙江、大兴安岭森工（林业）集团公司，教育部直属有关高等学校：

为深入贯彻党的十八大、十八届三中全会精神，落实《国家中长期教育改革和发展规划纲要（2010—2020年）》和《中共中央国务院关于加快推进农业科技创新持续增强农产品供给保障能力的若干意见》，进一步深化高等农林教育综合改革，提升高等农林院校服务生态文明、农业现代化和社会主义新农村建设的能力与水平，现提出如下意见。

1. 高度重视高等农林教育发展。解决好农业农村农民问题是全党工作的重中之重。高等农林教育在实现农业现代化进程中处于基础性、前瞻性、战略性地位。各级教育、农业、林业行政部门和高等学校要充分发挥高等农林教育在解决“三农”问题中的重要作用，为农林教育改革与发展提供政策支持和制度保障，大力推进综合改革，进一步提升高等农林院校为农输送人才和服务能力，形成多层次、多类型、多样化的具有中国特色的高等农林教育人才培养体系。

2. 着力办好一批涉农专业。要主动适应国家、区域经济社会和农业现代化需要，建立以行业、产业需求为导向的专业动态调整机制，优化学科专业结构，促进多学科交叉和融合，培植新兴学科专业，用现代生物技术和信息技术提升、改造传统农林专业。实施“卓越农林人才教育培养计划”。适应农林业创新、国际竞争和交流合作的战略需求，着力开展国家农林教学与科研人才培养改革试点，培养一批高层次、高水平拔尖创新型人才；立足现代农林业发展需要，提升、改造传统农林专业，培养一大批复合应用型人才；面向农林业生产一线以及现代农业和新农村建设需要，深化面向基层的农林教育改革，培养数以万计下得去、留得住、用得上、懂经营、善管理的实用技能型人才。

3. 加强创新创业能力培养。强化实践育人环节，研究制订专业实践能力标准，加强农林专业大学生创业平台建设，新建一批涉农涉林国家级、省级实验教学示范中心，与行业、科研院所和企业联合重点建设500个农科教合作人才培养基地，遴选建设一批国家大学生校外实践教育基地。扩大国家大学生创新创业训练计划资助范围，加大资助力度。突出学生实践能力和创新创业能力培养。

4. 提升教师队伍整体水平。坚持“师德为先、教学为要、科研为基”，着力建设高水平教师队伍。依托高水平农林大学，重点建设教师教学发展中心，积极开展教师培训、教学改革、质量评估、咨询服务等工作，满足教师职业发展需要。以中青年教师和教学团队为重点，健全人才引进和培养机制，遴选一批具有生产一线实践经验的中青年教师出国研修，支持教师获得校外工作或研究经历，促进中青年优秀教师脱颖而出。完善高等农林院校与科研院所、涉农涉林企业合作机制，聘请一批生产、科研、管理一线专家做兼职教师，加大“双师型”教师建设力度。

5. 大力推进协同创新。坚持以国家和区域农林业发展的重大需求为牵引，以协同创新中心建设为契机，深化体制机制改革，努力提升高校创新能力，实现农林业科学前沿重大基础理论和重大技术问题的突破。支持高等农林院校与农科院、林科院等开展战略合作，支持高等农林院校与农业龙头企业建立战略联盟，多途径建设农科教合作平台，构建分工协作、优势互补、协同发展的创新体系，推进农林业人才、学科发展与科学研究三位一体的创新能力跨越式提升。

6. 深入推进农林院校科技创新。转变高等农林院校科学研究考核与评价方式，建立健全以原始创新、集成创新和产业发展为导向的新机制。围绕农林业科技发展前沿，推动自由探索与服务农林业重大需求的有机结合，努力实现高等农林院校科学研究由注重数量的外延式发展向注重质量的内涵式发展转变。高等农林院校要根据现代农林业发展与新农村建设的新需求，构建知识创造、技术研发和成果应用转化的高校科技创新体系，发挥多学科综合优势，紧密结合“三农”实际，加快农林业科技创新。

7. 探索建立服务“三农”新模式。高等农林院校要紧密围绕区域创新发展和新农村建设实际需求，以新农村发展研究院建设为契机，转变服务方式，逐步建立面向农村基层的服务基地和信息化服务平台，构建以大学为依托、农科教相结合的综合服务新模式。探索建立高等农林教育服务补偿长效机制，实行“推广教授”制度，支持高等农林院校开展科技成果转化与推广工作。主动承担农村实用人才培训工作，积极开展基层农林业技术推广人才知识更新和新型职业农民培训。加强农村区域规划、农业经济政策、生态环境保护等方面的研究工作，为各级政府提供咨询、决策服务。

8. 强化涉农专业招生和就业政策支持。吸引优质生源报考农科专业。鼓励有条件的地方实施涉农专业免费教育。适度增加相关具有推免资格的涉农高校推荐免试硕士研究生名额和研究生招生计划，支持高等农林院校开展国家农林教学与科研改革试点。适度增加高等职业院校涉农专业学生对口升学比例。拓宽高等农林院校毕业生基层就业渠道，支持地方政府提供就业岗位，开展订单定向培养。在“大学生志愿服务西部计划”中优先选调涉农专业毕业生、在“农技推广特岗计划”中要选拔高素质的涉农专业毕业生。加大国家励志奖学金和助学金对高等学校涉农专业学生倾斜力度，对符合条件的基层就业毕业生实行学费补偿和国家助学贷款代偿政策，吸引更多的高素质人才学农、爱农、兴农，长期服务农林业、终身服务农林业。

9. 加大高等农林教育投入。各地教育行政部门要积极协商本级财政主管部门在普遍提高高等教育生均拨款标准的基础上，科学核定、逐步提高涉农专业生均拨款标准。在重大改革、建设项目中加大高等农林教育支持力度。在“985工程”“211工程”“2011计划”“本科教学工程”以及重点学科建设、重点实验室建设、优势学科创新平台建设等项目中，加大对高等农林教育的支持力度。

10. 统筹高等农林教育发展。教育部、农业部、国家林业局建立部际协调机制，协同研究和解决高等农林教育改革与发展中的重大问题，规划和领导高等农林教育服务新农村建设工作，确保高等农林教育工作健康有序发展。推进部部共建、部省共建高等农林院校，在学科建设、人才培养、科学研究、成果转化、技术服务等方面加强指导和支持。各级教育行政部门和高等农林院校要主动加强与政府其他职能部门和产业机构的沟通与合作，争取政策、项目和经费等方面的支持，建立教育、科研、推广紧密衔接、良性互动、共同发展的长效机制，推进高等农林教育更好地为现代农业和区域经济社会发展服务，强化现代农业发展和新农村建设的人才支撑。

教育部　国家发展改革委　财政部关于全面改善贫困地区义务教育薄弱学校基本办学条件的意见

（2013 年 12 月 31 日）

各省、自治区、直辖市人民政府：

为深入贯彻党的十八大和十八届三中全会精神，全面落实《国家中长期教育改革和发展规划纲要（2010—2020 年）》，统筹城乡义务教育资源均衡配置，加快缩小区域、城乡教育差距，促进基本公共教育服务均等化，经国务院同意，现就全面改善贫困地区义务教育薄弱学校基本办学条件提出以下意见。

一、充分认识改善贫困地区义务教育薄弱学校基本办学条件的重要意义

近些年来，国家逐步健全农村义务教育经费保障机制，实施了农村义务教育薄弱学校改造计划、农村初中改造工程等一系列教育重大工程项目，改善了农村义务教育学校办学条件。但是，农村、边远、贫困和民族地区特别是集中连片特困地区经济社会发展相对滞后，办学成本较高，教学条件较差，寄宿制学校宿舍、食堂等生活设施不足，村小和教学点运转比较困难，教师队伍不够稳定，辍学率相对较高，仍然是我国义务教育事业发展的薄弱环节。全面改善贫困地区薄弱学校基本办学条件，推进义务教育学校标准化建设，不让贫困家庭孩子输在成长“起点”，既是守住“保基本”民生底线、推进教育公平和社会公正的有力措施，也是增强贫困地区发展后劲、缩小城乡和区域差距、推动义务教育均衡发展的有效途径，关乎国家长远发展。

二、改善贫困地区义务教育薄弱学校基本办学条件的总体要求

（一）指导思想。贯彻落实党的十八大和十八届三中全会精神，按照均衡发展九年义务教育的要求，统筹规划，突出重点，因地制宜，循序渐进，加强科学化精细化管理，着力提高资金使用绩效，全面改善薄弱学校基本办学条件，深入推进义务教育学校标准化建设，整体提升义务教育发展水平。

（二）实施原则。

覆盖贫困地区，聚焦薄弱学校。从困难地方做起，从薄弱环节入手，主要面向农村，立足改善薄弱学校基本办学条件，不得将教育资金资源向少数优质学校集中。

坚持勤俭办学，满足基本需要。按照勤俭办教育和“缺什么补什么”的原则，改善基本办学条件，满足教育教学和生活的基本需要，杜绝超标准建设。

加强省级统筹，分步逐校实施。由省级人民政府统筹使用中央、省级财政投入资金，根据省域内改善薄弱学校基本办学条件的任务和完成时限等因素合理分配；地市和县级人民政府以校为单位制定年度工作目标和分步实施计划，确保按期完成任务。

（三）实施范围和主要目标。以中西部农村贫困地区为主，兼顾东部部分困难地区；以集中连片特困地区为主，兼顾其他国家扶贫开发工作重点地区、民族地区、边境地区等贫困地区。经过3—5年的努力，使贫困地区农村义务教育学校教室、桌椅、图书、实验仪器、运动场等教学设施满足基本教学需要；学校宿舍、床位、厕所、食堂（伙房）、饮水等生活设施满足基本生活需要；留守儿童学习和寄宿需要得到基本满足，村小学和教学点能够正常运转；县镇超大班额现象基本消除，逐步做到小学班额不超过45人、初中班额不超过50人；教师配置趋于合理，数量、素质和结构基本适应教育教学需要；小学辍学率努力控制在0.6％以下，初中辍学率努力控制在1.8％以下。

三、改善贫困地区义务教育薄弱学校基本办学条件的重点任务

（一）保障基本教学条件。要保障教室坚固、适用、通风，符合抗震、消防安全要求，自然采光、室内照明和黑板材料符合规范要求。按照学校规模和教育教学要求配备必要的教学仪器设备、器材。每个学生都有合格的课桌椅。配备适合学生身心发展特点的图书，激发和培养学生阅读兴趣，有条件的地方逐步达到小学生均图书不低于15册，初中生均图书不低于25册。根据学校地理条件和农村体育特点，因地制宜地建设运动场地和配备体育设施，保障学生活动锻炼的空间和条件。

（二）改善学校生活设施。保障寄宿学生每人1个床位，消除大通铺现象。根据实际需要配备必要的洗浴设施和条件。食堂或伙房要洁净卫生，满足学生就餐需要。设置开水房或安装饮水设施，确保学生饮水安全便捷。厕所要有足够厕位。北方和高寒地区学校应有冬季取暖设施。设置必要的安全设施，保障师生安全。

（三）办好必要的教学点。对确需保留的教学点要配备必要设施，满足教学和生活基本需求。中心学校统筹教学点课程和教师安排，保障教学点教学质量。优先安排免费师范生和特岗教师到教学点任教。职称晋升和绩效工资分配向教学点专任教师倾斜。农村教师周转宿舍建设和使用要优先考虑教学点教师需要。对学生规模不足100人的村小学和教学点按100人的标准单独核定公用经费，由县级财政和教育部门按时足额拨付，不得截留挪用。

（四）妥善解决县镇学校大班额问题。要适应城镇化发展趋势，充分考虑区域内学生流动、人口出生和学龄人口变化等情况，科学规划学校布局，并充分利用已有办学资源，首先解决超大班额问题，逐步消除大班额现象。必要情况下，可以采取新建、扩建、改建等措施，对县镇义务教育学校进行改造。加强新建住宅区配套学校建设。对教育资源较好学校的大班额问题，积极探索通过学区制、学校联盟、集团化办学等方式扩大优质教育资源覆盖面，合理分流学生。对于大班额现象严重的学校，要限制其招生人数。

（五）推进农村学校教育信息化。要逐步提升农村学校信息化基础设施与教育信息化应用水平，加强教师信息技术应用能力培训，推进信息技术在教育教学中的深入应用，使农村地区师生便捷共享优质数字教育资源。稳步推进农村学校宽带网络、数字教育资源、网络学习空间建设。要为确需保留的村小学和教学点配置数字教育资源接收和播放设备，配送优质数字教育资源。加快学籍管理等教育管理信息系统应用，并将学生、教师、学校资产等基本信息全部纳入信息系统管理。

（六）提高教师队伍素质。要特别抓好农村教师队伍建设，通过实施农村义务教育学校教师特岗计划等多种方式，完善农村教师补充机制。推进县域内校长教师交流轮岗，提高城镇中小学教师到乡村学校任教的比例。面向乡镇以下农村学校培养能承担多门学科教学任务的小学教师和“一专多能”的初中教师。提高中小学教师国家级培训计划的针对性和有效性，省级教师培训要向农村义务教育教师、校长倾斜。要结合实际制定农村教师职称评审条件、程序和办法，农村学校教师职称晋升比例应不低于当地城区学校教师。要落实对在连片特困地区的乡、村学校和教学点工作的教师给予生活补助的政策。要积极推进农村教师周转宿舍建设，努力改善农村教师生活条件。

四、有关工作要求

（一）明确责任。全面改善贫困地区义务教育薄弱学校基本办学条件工作由国家统一部署、省级人民政府统筹安排、县级人民政府具体实施。教育部、发展改革委、财政部要加强组织协调，及时跟踪了解各地工作进展等情况，加强指导和推动。地方各级教育、发展改革、财政等部门要各负其责、加强协作、形成合力，确保各项工作落到实处。

（二）摸清底数。县级人民政府要在科学制定农村义务教育学校布局专项规划基础上，以校为单位，清查教室、桌椅、运动场地、体育设施等教学设施和宿舍、食堂、厕所等生活设施，立足“保基本、兜网底”，对照基本办学需要，分析确定每个学校（含教学点）办学条件缺口，列出现状和需求清单并编制账册，做好改善办学条件的基础工作。

（三）制订方案。县级人民政府及其教育、发展改革、财政等部门要根据在国家教育体制改革领导小组备案的农村义务教育学校布局专项规划，针对每一所存在基本办学条件缺口的学校制订专门方案，明确弥补缺口的途径、时间安排和资金来源，形成本地区改善薄弱学校基本办学条件的时间表、路线图。地市级人民政府要做好指导和协调工作。省级人民政府要从实际出发，分清轻重缓急，在汇总各县（区）方案的基础上制订本省（区、市）改善贫困地区薄弱学校基本办学条件的实施方案，并于2014年4月30日前将实施方案报送教育部、发展改革委、财政部。

（四）保障经费。中央通过完善农村义务教育经费保障机制、适当调整薄弱学校改造计划、继续实施初中改造工程等措施，加大项目统筹与经费投入力度，按照“总量控制、突出重点、动态调整、包干使用”的原则，对中西部贫困地区和东部部分困难地区改善薄弱学校基本办学条件予以倾斜支持。农村义务教育经费保障机制重点保障学校基本运行需要和校舍维修；在原有基础上扩充薄弱学校改造计划内容，将信息化建设和农村小学必要的运动场、学生宿舍、食堂、饮水设施、厕所、澡堂等教学和生活设施纳入支持范围；初中改造工程重点支持农村初中必要的运动场、学生宿舍、食堂、饮水设施、厕所、澡堂等教学和生活设施建设。省级人民政府要加大省级财政投入，优化财政支出结构，最大限度地向贫困地区义务教育倾斜，做好改善基本办学条件建设需求与相关资金的统筹和对接，防止资金、项目安排重复交叉或支持缺位。地市和县级人民政府要加大经费投入、严格经费管理，按规划确保各项资金落实到位和管理使用安全高效，抓好项目实施。

（五）规范实施。要运用信息技术加强基础数据管理，对每所学校的建设内容和项目实行动态监控和全程管理。新建工程项目要严格履行基本建设程序，确保工程质量和安全。要落实政府采购、招投标和国库集中支付等相关制度，确保各项工作“阳光操作”。要把“补短板”、满足基本需要放在首位，坚持勤俭节约，杜绝超标准建设和奢华浪费，不得将财政资金向少数学校过度集中，拉大教育差距。严禁举债建设义务教育学校和改善义务教育办学条件。要加强资金监管，保证专款专用，防止发生套取、挪用、截留资金等问题，切实提高资金使用效益。

（六）加强监督检查评估。教育部、发展改革委、财政部要对各地相关工作开展情况进行专项督查。省级人民政府要加强过程检查，及时发现和协调解决有关问题，督促地市和县级人民政府按照实施方案要求，依法依规实施工程项目，确保按时完成改善薄弱学校基本办学条件工作。对套取、挪用、截留资金以及举债建设、项目管理失职渎职等违纪违规问题，要严肃查处并依法依规追究相关单位和责任人的责任。各地要采取适当方式公开有关信息，自觉接受社会监督。各省（区、市）对改善薄弱学校基本办学条件工作要适时开展评估，并将评估报告报送教育部、发展改革委、财政部。

教育部办公厅关于印发《初中思想品德课和高中思想政治课贯彻党的十八大精神的教学指导建议》的通知

（2013 年 1 月 30 日）

各省、自治区、直辖市教育厅（教委），新疆生产建设兵团教育局：

为指导中小学校进一步学习宣传贯彻党的十八大精神，切实抓好党的十八大精神进教材、进课堂、进学生头脑的工作，我部组织制定了《初中思想品德课和高中思想政治课贯彻党的十八大精神的教学指导建议》，现印发给你们，请在教育教学中做好实施工作。

教学指导建议分为两部分。第一部分是指导初中思想品德课和高中思想政治课教学的总体建议。初中思想品德课，可依据新修订的课程标准，结合道德、心理健康、法律和国情等方面的教学内容，针对使用不同教材的教学实际，采用浅显易懂的方式，把总体建议贯彻到各年级的教学中。高中思想政治课，应基于各模块的具体内容，统筹安排，将总体建议贯彻到教学中。第二部分是对高中思想政治各必修模块教学的具体补充建议。各必修模块应基于课程标准的相关要求，结合相应的教学内容贯彻指导建议。高中各选修模块，可结合各自的教学内容，贯彻指导建议中的有关精神。

附件：

初中思想品德课和高中思想政治课贯彻党的十八大精神的教学指导建议

第一部分　总体建议

一、知道党的十八大的主题

中国共产党第十八次全国代表大会，是在我国进入全面建成小康社会决定性阶段召开的一次十分重要的大会。大会的主题是：高举中国特色社会主义伟大旗帜，以邓小平理论、“三个代表”重要思想、科学发展观为指导，解放思想，改革开放，凝聚力量，攻坚克难，坚定不移沿着中国特色社会主义道路前进，为全面建成小康社会而奋斗。

提示：

党的十八大主题，回答了关系党和国家工作全局的四个根本问题：举什么旗，走什么路，秉持什么样的精神状态，朝着什么样的目标继续前进。

中国特色社会主义，是党和人民团结的旗帜、奋进的旗帜、胜利的旗帜，是党和人民长期实践取得的根本成就。以毛泽东同志为核心的党的第一代中央领导集体，为新时期开创中国特色社会主义提供了宝贵经验、理论准备、物质基础；以邓小平同志为核心的党的第二代中央领导集体，成功开创了中国特色社会主义；以江泽民同志为核心的党的第三代中央领导集体，成功把中国特色社会主义推向21世纪；新世纪新阶段，以胡锦涛同志为总书记的党中央，成功在新的历史起点上坚持和发展了中国特色社会主义。

坚持和发展中国特色社会主义是贯穿十八大报告的一条主线。我们要紧紧抓住这条主线，把坚持和发展中国特色社会主义作为学习贯彻十八大精神的聚焦点、着力点、落脚点。

二、领会中国特色社会主义的丰富内涵

在改革开放三十多年一以贯之的接力探索中，我们坚定不移高举中国特色社会主义伟大旗帜，既不走封闭僵化的老路、也不走改旗易帜的邪路。中国特色社会主义道路，中国特色社会主义理论体系，中国特色社会主义制度，是党和人民九十多年奋斗、创造、积累的根本成就，必须倍加珍惜、始终坚持、不断发展。

中国特色社会主义道路是实现途径，中国特色社会主义理论体系是行动指南，中国特色社会主义制度是根本保障，三者统一于中国特色社会主义伟大实践。这是党领导人民在建设社会主义长期实践中形成的最鲜明特色。

我们要坚定对中国特色社会主义的道路自信、理论自信、制度自信。

提示：

中国特色社会主义是由道路、理论体系、制度三位一体构成的。

中国特色社会主义道路，就是在中国共产党领导下，立足基本国情，以经济建设为中心，坚持四项基本原则，坚持改革开放，解放和发展社会生产力，建设社会主义市场经济、社会主义民主政治、社会主义先进文化、社会主义和谐社会、社会主义生态文明，促进人的全面发展，逐步实现全体人民共同富裕，建设富强民主文明和谐的社会主义现代化国家。

中国特色社会主义理论体系，就是包括邓小平理论、“三个代表”重要思想、科学发展观在内的科学理论体系，是对马克思列宁主义、毛泽东思想的坚持和发展。

中国特色社会主义制度，就是人民代表大会制度的根本政治制度，中国共产党领导的多党合作和政治协商制度、民族区域自治制度以及基层群众自治制度等基本政治制度，中国特色社会主义法律体系，公有制为主体、多种所有制经济共同发展的基本经济制度，以及建立在这些制度基础上的经济体制、政治体制、文化体制、社会体制等各项具体制度。

中国特色社会主义是实践、理论、制度的紧密结合。中国特色社会主义特就特在其道路、理论体系、制度上，特就特在其实现途径、行动指南、根本保障的内在联系上，特就特在这三者统一于中国特色社会主义伟大实践上。

三、明确科学发展观是党必须长期坚持的指导思想

科学发展观是马克思主义同当代中国实际和时代特征相结合的产物，是马克思主义关于发展的世界观和方法论的集中体现，对新形势下实现什么样的发展、怎样发展等重大问题做出了新的科学回答，把我们对中国特色社会主义规律的认识提高到新的水平，开辟了当代中国马克思主义发展新境界。科学发展观是中国特色社会主义理论体系最新成果，是中国共产党集体智慧的结晶，是指导党和国家全部工作的强大思想武器。科学发展观同马克思列宁主义、毛泽东思想、邓小平理论、“三个代表”重要思想一道，是党必须长期坚持的指导思想。

提示：

把科学发展观确立为党必须长期坚持的指导思想，是十八大的一个历史性决策和历史性贡献，实现了党的指导思想的又一次与时俱进。

深入贯彻落实科学发展观，对坚持和发展中国特色社会主义具有重大现实意义和深远历史意义。必须把科学发展观贯彻到我国现代化建设全过程、体现到党的建设各方面。必须更加自觉地把推动经济社会发展作为深入贯彻落实科学发展观的第一要义，必须更加自觉地把以人为本作为深入贯彻落实科学发展观的核心立场，必须更加自觉地把全面协调可持续作为深入贯彻落实科学发展观的基本要求，必须更加自觉地把统筹兼顾作为深入贯彻落实科学发展观的根本方法。解放思想、实事求是、与时俱进、求真务实，是科学发展观最鲜明的精神实质。

四、懂得建设中国特色社会主义的总依据、总布局、总任务

建设中国特色社会主义，总依据是社会主义初级阶段，总布局是社会主义经济建设、政治建设、文化建设、社会建设、生态文明建设五位一体，总

任务是实现社会主义现代化和中华民族伟大复兴。

提示：

强调总依据，是因为社会主义初级阶段是当代中国的最大国情、最大实际。我们在任何情况下都要牢牢把握这个最大国情，推进任何方面的改革发展都要牢牢立足这个最大实际。党在社会主义初级阶段的基本路线是党和国家的生命线。要始终坚持“一个中心、两个基本点”不动摇，既不偏离“一个中心”，也不偏废“两个基本点”；坚决抵制抛弃社会主义的各种错误主张，自觉纠正超越阶段的错误观念和政策措施。

强调总布局，是因为中国特色社会主义是全面发展的社会主义。我们要牢牢抓好党执政兴国的第一要务，始终代表中国先进生产力的发展要求，坚持以经济建设为中心，在经济不断发展的基础上，协调推进政治建设、文化建设、社会建设、生态文明建设以及其他各方面建设。随着我国经济社会发展不断深入，生态文明建设地位和作用日益凸显。十八大把生态文明建设纳入中国特色社会主义事业总布局，使生态文明建设的战略地位更加明确，有利于把生态文明建设融入经济建设、政治建设、文化建设、社会建设各方面和全过程。这是我们党对社会主义建设规律在实践和认识上不断深化的重要成果。

强调总任务，是因为我们党从成立那天起，就肩负着实现中华民族伟大复兴的历史使命。我们党领导人民进行革命建设改革，就是要让中国人民富裕起来，国家强盛起来，振兴伟大的中华民族。按照现代化建设“三步走”的战略部署，建设富强民主文明和谐的社会主义现代化国家，是我们党和国家在整个社会主义初级阶段的奋斗目标。我们党的庄严使命、改革开放的根本目的、我们国家的奋斗目标，都聚焦于这个总任务、归结于这个总任务。

这“三个总”的概括，高屋建瓴，提纲挈领，言简意赅。深刻领会和把握这个新概括，有助于我们深刻领会和把握中国特色社会主义的真谛和要义。

五、理解夺取中国特色社会主义新胜利的基本要求

必须坚持人民主体地位，必须坚持解放和发展社会生产力，必须坚持推进改革开放，必须坚持维护社会公平正义，必须坚持走共同富裕道路，必须坚持促进社会和谐，必须坚持和平发展，必须坚持党的领导。这是在新的历史条件下夺取中国特色社会主义新胜利必须牢牢把握的基本要求。

提示：

十八大提出的夺取中国特色社会主义新胜利必须牢牢把握的基本要求，是根据党的基本理论、基本路线、基本纲领、基本经验，深刻总结六十多年来我国社会主义建设特别是中国特色社会主义建设实践提出的，是最本质的东西，是体现共产党执政规律、社会主义建设规律、人类社会发展规律的东西，表明我们党对中国特色社会主义规律的认识达到了新水平。

中国特色社会主义是亿万人民自己的事业，所以必须发挥人民主人翁精神，更好保证人民当家做主。解放和发展社会生产力是中国特色社会主义的根本任务，所以必须坚持以经济建设为中心，以科学发展为主题，实现以人为本、全面协调可持续的科学发展。改革开放是坚持和发展中国特色社会主义的必由之路，所以必须始终把改革创新精神贯彻到治国理政各个环节，不断推进我国社会主义制度自我完善和发展。公平正义是中国特色社会主义的内在要求，所以必须在全体人民共同奋斗、经济社会发展的基础上，加紧建设对保障社会公平正义具有重大作用的制度，逐步建立社会公平保障体系。共同富裕是中国特色社会主义的根本原则，所以必须使发展成果更多更公平惠及全体人民，朝着共同富裕方向稳步前进。社会和谐是中国特色社会主义的本质属性，所以必须团结一切可以团结的力量，最大限度增加和谐因素，增强社会创造活力，确保人民安居乐业、社会安定有序、国家长治久安。和平发展是中国特色社会主义的必然选择，所以必须坚持开放的发展、合作的发展、共赢的发展，扩大同各方利益汇合点，推动建设持久和平、共同繁荣的和谐世界。中国共产党是中国特色社会主义事业的领导核心，所以必须加强和改善党的领导，充分发挥党总揽全局、协调各方的领导核心作用。

十八大提出的八个“必须坚持”的基本要求，是对当前我国经济社会发展中存在的突出问题、改

革攻坚和加快转变经济发展方式面临的难点问题、干部群众普遍关注的热点问题的积极回应，是对我国进入全面建成小康社会决定性阶段改革发展稳定、内政外交国防、治党治国治军的正确指引。

六、了解全面建成小康社会的目标

根据我国经济社会发展实际，要在十六大、十七大确立的全面建设小康社会目标的基础上努力实现新的要求：经济持续健康发展，人民民主不断扩大，文化软实力显著增强，人民生活水平全面提高，资源节约型、环境友好型社会建设取得重大进展。

提示：

我们党在不同历史时期，总是根据人民意愿和事业发展需要，提出富有感召力的奋斗目标，团结带领人民为之奋斗。十八大根据国内外形势新变化，顺应我国经济社会新发展和广大人民群众新期待，从经济、政治、文化、社会民生、生态文明五方面对全面建设小康社会目标进行了充实和完善，提出了更具明确政策导向、更加针对发展难题、更好顺应人民意愿的新要求。

这些目标要求，与十六大提出的全面建设小康社会奋斗目标和十七大提出的实现全面建设小康社会奋斗目标新要求相衔接，也与中国特色社会主义事业总布局相一致。“在发展平衡性、协调性、可持续性明显增强的基础上，实现国内生产总值和城乡居民人均收入比2010年翻一番”等新要求，既鼓舞人心又切实可行。

确保到2020年实现全面建成小康社会的宏伟目标，需要全党全国同心同德、埋头苦干，锐意创新、开拓进取。

七、体会党对青年一代的关爱

中国特色社会主义事业是面向未来的事业，需要一代又一代有志青年接续奋斗。全党都要关注青年、关心青年、关爱青年，倾听青年心声，鼓励青年成长，支持青年创业。

提示：

青年是国家和民族的未来，党寄希望于青年一代。当代青年要感受党对青年的关爱，明确自己的使命，立志成为中国特色社会主义事业的合格建设者和可靠接班人。

广大青年要积极响应党的号召，树立正确的世界观、人生观、价值观，永远热爱我们伟大的祖国，永远热爱我们伟大的人民，永远热爱我们伟大的中华民族，在投身中国特色社会主义伟大事业中，让青春焕发出绚丽的光彩。

第二部分　普通高中思想政治必修模块教学指导建议

《经济生活》贯彻党的十八大精神的建议

一、理解必须坚持解放和发展社会生产力，必须坚持走共同富裕道路的基本要求

解放和发展社会生产力是中国特色社会主义的根本任务。要坚持以经济建设为中心。共同富裕是中国特色社会主义的根本原则。要坚持社会主义基本经济制度和分配制度。

建议：

十八大报告提出了夺取中国特色社会主义新胜利必须牢牢把握的八个基本要求，其中包括必须坚持解放和发展社会生产力，必须坚持走共同富裕道路。教学中可依据课程标准中“收入与分配”“面对市场经济”等专题的相关要求，结合教材有关内容，帮助学生领会这两个基本要求。

讲“大力发展生产力”，可运用基本国情材料引导学生进一步理解目前我国的基本国情没有变，社会主要矛盾没有变，我国是世界最大发展中国家的国际地位没有变；领会发展仍是解决我国所有问题的关键，解放和发展社会生产力是中国特色社会主义的根本任务，以经济建设为中心是兴国之要。

讲“个人收入的分配”，要帮助学生进一步明确“共同富裕是中国特色社会主义的根本原则”，理解公有制为主体、多种所有制经济共同发展的基本经济制度和按劳分配为主体、多种分配方式并存的分配制度是实现共同富裕的根本保证。可运用相关材料，让学生通过探究，理解要“调整国民收入分配格局，加大再分配调节力度，着力解决收入分配差距较大问题，使发展成果更多更公平惠及全体人民，朝着共同富裕方向稳步前进”。

二、明确实现全面建成小康社会宏伟目标的有关要求

要实现经济持续健康发展，人民生活水平全面提高，资源节约型、环境友好型社会建设取得重大

进展。

建议：

十八大报告根据我国经济社会发展实际，在十六大、十七大确立的全面建设小康社会目标的基础上提出了要努力实现的新要求。教学中可依据课程标准中“面对市场经济”这一专题的相关要求，运用丰富多样的教学手段帮助学生明确全面建成小康社会宏伟目标中与本课程有关的要求。

讲“全面建设小康社会的经济目标”，可引导学生思考由全面“建设”小康社会到全面“建成”小康社会的重大变化，增强坚持中国特色社会主义的自信；可通过计算，让学生明确“在发展平衡性、协调性、可持续性明显增强的基础上，实现国内生产总值和城乡居民人均收入比2010年翻一番”的目标，理解其可行性；运用事例和数据，让学生明白全面建成小康社会关于“人民生活水平全面提高”的新要求，包括基本公共服务均等化总体实现，就业更加充分，收入分配差距缩小，社会保障全民覆盖等；运用相关材料，让学生探究在全面建成小康社会目标的新要求中提出“资源节约型、环境友好型社会建设取得重大进展”的意义。

三、把握坚持社会主义基本经济制度和完善社会主义市场经济体制的要求

要坚持和完善社会主义基本经济制度。要毫不动摇地巩固和发展公有制经济，深化国有企业改革，不断增强国有经济活力、控制力、影响力。毫不动摇地鼓励、支持、引导非公有制经济发展。完善社会主义市场经济体制，处理好政府和市场的关系，更加尊重市场规律，更好发挥政府作用。

建议：

教学中可依据课程标准中“面对市场经济”这一专题的相关要求，结合“我国的基本经济制度”的教学，通过摆事实讲道理，使学生进一步明确基本经济制度适合我国基本国情，具有巨大优越性，引导学生认识坚持和完善基本经济制度对夺取中国特色社会主义新胜利的重大意义。运用具体事例与数据，帮助学生进一步理解两个“毫不动摇”。运用典型事例与数据，帮助学生理解要深化国有企业改革，不断增强国有经济活力、控制力、影响力。结合实际材料说明为什么要保证各种所有制经济依法平等使用生产要素、公平参与市场竞争、同等受到法律保护。

结合“走进社会主义市场经济”的教学，通过具体事例和探究活动，说明经济体制改革的核心问题是处理好政府和市场的关系，必须更加尊重市场规律，更大程度更广范围发挥市场在资源配置中的基础性作用；更好发挥政府作用，完善宏观调控体系。

四、领会以科学发展为主题、以加快转变经济发展方式为主线的战略抉择

坚持发展是硬道理的本质要求就是坚持科学发展。要加快形成新的经济发展方式，把推动发展的立足点转到提高质量和效益上来。坚持走中国特色新型工业化、信息化、城镇化、农业现代化道路，促进工业化、信息化、城镇化、农业现代化同步发展。实施创新驱动发展战略；推进经济结构战略性调整；推动城乡发展一体化；全面提高开放型经济水平。

建议：

十八大报告在阐述经济建设时指出：“以科学发展为主题，以加快转变经济发展方式为主线，是关系我国发展全局的战略抉择。”教学中可依据课程标准中“面对市场经济”这一专题的相关要求，结合教材有关内容，帮助学生了解相关部署和要求。

讲“贯彻落实科学发展观”，要借助典型事例，引导学生通过探究领会坚持发展是硬道理的本质要求就是坚持科学发展，理解必须更加自觉地把推动经济社会发展作为深入贯彻落实科学发展观的第一要义，必须更加自觉地把以人为本作为深入贯彻落实科学发展观的核心立场，必须更加自觉地把全面协调可持续作为深入贯彻落实科学发展观的基本要求，必须更加自觉地把统筹兼顾作为深入贯彻落实科学发展观的根本方法。

讲“促进国民经济又好又快发展”，可运用具体事例和数据，引导学生探究如何把推动发展的立足点转到提高质量和效益上来，领会创新驱动发展战略，懂得科技创新是提高社会生产力和综合国力的战略支撑，处于国家发展全局的核心位置，理解经济发展要更多依靠科技进步、劳动者素质提高、

管理创新驱动，激励学生为将来参与社会主义现代化建设而努力学习，提高自身素质。通过探究，帮助学生理解为什么要坚持走中国特色新型工业化、信息化、城镇化、农业现代化道路，如何促进工业化、信息化、城镇化、农业现代化同步发展。理解推进经济结构战略性调整是加快转变经济发展方式的主攻方向。讲解继续实施区域发展总体战略，充分发挥各地区比较优势，优先推进西部大开发，全面振兴东北地区等老工业基地，大力促进中部地区崛起，积极支持东部地区率先发展。结合十六大以来解决“三农”问题、推动城乡一体化的重大政策措施，帮助学生领会解决好农业农村农民问题是全党工作重中之重，城乡发展一体化是解决“三农”问题的根本途径。

讲“发展生产，满足消费”，要帮助学生领会“使经济发展更多依靠内需特别是消费需求拉动”，“要牢牢把握扩大内需这一战略基点”。

讲“提高开放型经济水平”，可运用 2008 年国际金融危机以来的事例，说明“适应经济全球化新形势，必须实行更加积极主动的开放战略，完善互利共赢、多元平衡、安全高效的开放型经济体系”，领会着力培育开放型经济发展新优势，加快转变对外经济发展方式，提高抵御国际经济风险能力。

五、关注以保障和改善民生为重点的社会建设中的相关内容

提高人民物质文化生活水平，是改革开放和社会主义现代化建设的根本目的。要推动实现更高质量的就业，千方百计增加居民收入，统筹推进城乡社会保障体系建设，提高人民健康水平。

建议：

十八大报告“在改善民生和创新管理中加强社会建设”的论述中，有许多内容与本课程相关。教学中可依据课程标准中“面对市场经济”“收入与分配”等专题的相关要求，将有关论述贯彻到教学中去。

结合“发展生产，满足消费”的教学，说明提高人民物质文化生活水平是改革开放和社会主义现代化建设的根本目的，使学生懂得党把人民对美好生活的向往当作自己的奋斗目标。

结合“新时代的劳动者”的教学，引导学生为成为中国特色社会主义事业的建设者做准备。帮助学生理解就业是民生之本，领会推动实现更高质量就业的重要意义，理解劳动者自主就业、市场调节就业、政府促进就业和鼓励创业的方针，了解国家实施就业优先战略和更加积极的就业政策，认识加强职业技能培训、提升劳动者就业创业能力、增强就业稳定性的意义；按照“引导劳动者转变就业观念”的要求，对学生进行正确的就业择业观教育；让学生知道如何构建和谐劳动关系。

结合“收入分配与社会公平”的教学，帮助学生理解实现发展成果由人民共享，必须深化收入分配制度改革，努力实现居民收入增长和经济发展同步、劳动报酬增长和劳动生产率提高同步，提高居民收入在国民收入分配中的比重，提高劳动报酬在初次分配中的比重；可运用各种事例，讲解“初次分配和再分配都要兼顾效率和公平，再分配更加注重公平”，引导学生探究如何完善初次分配和再分配调节机制，理解“规范收入分配秩序，保护合法收入，增加低收入者收入，调节过高收入，取缔非法收入”的重要性。

结合“国家财政”的教学，运用十六大以来的事例和数据，帮助学生懂得社会保障是保障人民生活、调节社会分配的一项基本制度，了解国家全面建成覆盖城乡居民的社会保障体系的方针和重点，感受社会主义制度的优越性；运用十六大以来财政支出数据及学生身边的事例，帮助学生感受党和国家坚持为人民健康服务的方向。

六、关注大力推进生态文明建设中的相关内容

建设生态文明，是关系人民福祉、关乎民族未来的长远大计。要把生态文明建设放在突出地位，融入经济建设、政治建设、文化建设、社会建设各方面和全过程。坚持节约资源和保护环境的基本国策，着力推进绿色发展、循环发展、低碳发展。优化国土空间开发格局，全面促进资源节约，加大自然生态系统和环境保护力度。

建议：

十八大报告把生态文明建设放在突出地位，形成了中国特色社会主义建设五位一体的总布局。教学中可依据课程标准中“面对市场经济”“生活与消费”等专题的相关要求，运用各种教学手段，帮

助学生理解生态文明建设中与本课程有关的重大部署，培养学生热爱祖国的情感，努力建设美丽中国。

结合“又好又快，科学发展”的教学，运用事例帮助学生理解“建设生态文明，是关系人民福祉、关乎民族未来的长远大计”，加强“坚持节约资源和保护环境的基本国策”和“节约资源是保护生态环境的根本之策”的教育，引导学生思考把生态文明建设放在突出地位、融入中国特色社会主义建设事业的各方面和全过程的重要意义；帮助学生探究如何推进绿色发展、循环发展、低碳发展，理解加大自然生态系统和环境保护力度的重要性。

结合社会必须合理配置有限资源的教学，帮助学生树立“国土是生态文明建设的空间载体，必须珍惜每一寸国土”的观念，激发学生珍惜宝贵资源的情感。

结合“做理智的消费者”的教学，运用各种正反事例，引导学生增强节约意识、环保意识、生态意识，形成合理消费的正确消费观。

《政治生活》贯彻党的十八大精神的建议

一、明确中国特色社会主义的科学内涵

中国特色社会主义是由道路、理论体系、制度三位一体构成的。

中国特色社会主义道路，就是在中国共产党领导下，立足基本国情，以经济建设为中心，坚持四项基本原则，坚持改革开放，解放和发展社会生产力，建设社会主义市场经济、社会主义民主政治、社会主义先进文化、社会主义和谐社会、社会主义生态文明，促进人的全面发展，逐步实现全体人民共同富裕，建设富强民主文明和谐的社会主义现代化国家。

中国特色社会主义理论体系，就是包括邓小平理论、“三个代表”重要思想、科学发展观在内的科学理论体系，是对马克思列宁主义、毛泽东思想的坚持和发展。

中国特色社会主义制度，就是人民代表大会制度的根本政治制度，中国共产党领导的多党合作和政治协商制度、民族区域自治制度以及基层群众自治制度等基本政治制度，中国特色社会主义法律体系，公有制为主体、多种所有制经济共同发展的基本经济制度，以及建立在这些制度基础上的经济体制、政治体制、文化体制、社会体制等各项具体制度。

中国特色社会主义道路是实现途径，中国特色社会主义理论体系是行动指南，中国特色社会主义制度是根本保障，三者统一于中国特色社会主义伟大实践，这是党领导人民在建设社会主义长期实践中形成的最鲜明特色。中国特色社会主义是当代中国发展进步的根本方向，只有中国特色社会主义才能发展中国。要坚定对中国特色社会主义的道路自信、理论自信、制度自信。

建议：

可依据课程标准中“建设社会主义政治文明”这一专题的相关要求，结合“中国共产党领导和执政地位的确立”“坚持中国特色社会主义理论体系”等内容，以中国特色社会主义为主线展开教学。

首先，结合“中国共产党领导和执政地位的确立”的教学，简要回顾党九十多年来坚持独立自主走自己的路，取得革命建设改革的伟大胜利，开创并发展中国特色社会主义的历史进程，说明以毛泽东同志为核心的党的第一代中央领导集体为当代中国一切发展进步奠定了根本政治前提和制度基础，为新的历史时期开创中国特色社会主义提供了宝贵经验、理论准备、物质基础；以邓小平同志为核心的党的第二代中央领导集体成功开创了中国特色社会主义；以江泽民同志为核心的党的第三代中央领导集体成功把中国特色社会主义推向21世纪；新世纪新阶段，以胡锦涛同志为总书记的党中央成功在新的历史起点上坚持和发展了中国特色社会主义。

其次，引导学生领会中国特色社会主义的科学内涵。结合“坚持中国特色社会主义理论体系”的教学，帮助学生弄清中国特色社会主义道路、理论体系、制度三者之间的关系。明确中国特色社会主义道路是实现途径，中国特色社会主义理论体系是行动指南，中国特色社会主义制度是根本保障，三者统一于中国特色社会主义伟大实践，这是党领导人民在建设社会主义长期实践中形成的最鲜明特色。

最后，通过阐明中国特色社会主义的实践创造了中国历史乃至世界历史上发展奇迹的事实，帮助学生明确并坚信中国特色社会主义是中国实现民族复兴、国家富强、人民幸福的根本途径。

通过上述教学活动，引导学生明确中国特色社会主义道路、中国特色社会主义理论体系、中国特色社会主义制度是党和人民长期实践取得的根本成就，坚信我国要全面建成小康社会、加快推进社会主义现代化、实现中华民族伟大复兴，必须坚定不移地坚持和发展中国特色社会主义。

二、明确科学发展观是党必须长期坚持的指导思想

科学发展观是马克思主义同当代中国实际和时代特征相结合的产物，是马克思主义关于发展的世界观和方法论的集中体现，对新形势下实现什么样的发展、怎样发展等重大问题做出了新的科学回答，把我们对中国特色社会主义规律的认识提高到新的水平，开辟了当代中国马克思主义发展新境界。科学发展观是中国特色社会主义理论体系最新成果，是中国共产党集体智慧的结晶，是指导党和国家全部工作的强大思想武器。科学发展观同马克思列宁主义、毛泽东思想、邓小平理论、“三个代表”重要思想一道，是党必须长期坚持的指导思想。

深入贯彻落实科学发展观，对坚持和发展中国特色社会主义具有重大现实意义和深远历史意义，必须把科学发展观贯彻到我国现代化建设全过程、体现到党的建设各方面。

建议：

把科学发展观作为党的指导思想的重要组成部分是十八大的历史性贡献。教学中可依据课程标准中“建设社会主义政治文明”这一专题的相关要求，结合“坚持中国特色社会主义理论体系”的教学，说明科学发展观的历史地位和指导意义。

把科学发展观同马克思列宁主义、毛泽东思想、邓小平理论、“三个代表”重要思想一道确定为党的指导思想，实现了党的指导思想又一次与时俱进。教学中要引导学生认识科学发展观是中国特色社会主义理论体系的最新成果，要通过科学发展观提出以来中国特色社会主义事业取得的历史性成就，阐明科学发展观是指导党和国家全部工作的强大思想武器。

通过上述教学活动，引导学生了解科学发展观的历史地位，明确落实科学发展观对发展中国特色社会主义的重大现实意义和深远历史意义。

三、全面理解中国特色社会主义政治制度

中国特色社会主义政治制度，包括人民代表大会制度这一根本政治制度，中国共产党领导的多党合作和政治协商制度、民族区域自治制度以及基层群众自治制度等基本政治制度，以及建立在这些制度基础上的政治体制等各项具体制度。

中国特色社会主义政治制度符合我国国情，集中体现了中国特色社会主义的特点和优势，是中国发展进步的根本保障。要充分发挥我国社会主义政治制度优越性，积极借鉴人类政治文明有益成果，绝不照搬西方政治制度模式。

中国特色社会主义事业不断发展，中国特色社会主义政治制度也需要不断完善，从而为夺取中国特色社会主义新胜利提供更加有效的制度保障。

建议：

可依据课程标准中“建设社会主义政治文明”“公民的政治生活”等专题的相关要求，结合“人民民主专政：本质是人民当家做主”“我国的人民代表大会制度”“共产党领导的多党合作和政治协商制度：中国特色的政党制度”“民族区域自治制度：适合国情的基本政治制度”“民主管理：共创幸福生活”等内容进行教学。

中国特色社会主义政治制度，坚持把根本政治制度同基本政治制度、各项具体制度结合起来，把国家层面的民主制度同基层民主制度结合起来，集中体现了中国特色社会主义制度的特点和优势。应结合教材有关内容，让学生明确中国特色社会主义政治制度的内容，要引用富有说服力的事例，分析说明中国特色社会主义政治制度的优越性，说明它是中国发展进步的根本保障，同时也要说明社会主义制度还需进一步完善。

通过上述教学活动，引导学生理解中国特色社会主义政治制度具有特色鲜明、富有效率等优势，明确中国特色社会主义制度是适合我国国情的好制度，提升学生的制度自信。

四、坚持走中国特色社会主义政治发展道路

坚持中国特色社会主义政治发展道路，必须坚持党的领导、人民当家做主、依法治国有机统一，以保证人民当家做主为根本，以增强党和国家活力、调动人民积极性为目标，扩大社会主义民主，加快建设社会主义法治国家，发展社会主义政治文明。人民民主是我们党始终高扬的光辉旗帜。人民民主是社会主义的生命。我国成功开辟和坚持了中国特色社会主义政治发展道路，为实现最广泛的人民民主确立了正确方向。必须继续积极稳妥推进政治体制改革，发展更加广泛、更加充分、更加健全的人民民主。更加注重健全民主制度、丰富民主形式，保证人民依法实行民主选举、民主决策、民主管理、民主监督；保证人民依法享有广泛权利和自由。社会主义协商民主是我国人民民主的重要形式，要健全社会主义协商民主制度。

建议：

可依据课程标准中“建设社会主义政治文明”这一专题的相关要求，结合“广泛、真实的民主”“必须坚持人民民主专政”“我国公民的政治参与”“中国共产党科学执政、民主执政、依法执政”“执政参政，特色鲜明”“社会主义民主政治的特点和优势”等内容，以坚持人民的主体地位为主线展开教学。

通过分析我国在发展社会主义民主政治方面取得的重大进展和成就，引导学生认识坚持走中国特色社会主义政治发展道路的意义。例如，讲“中国共产党科学执政、民主执政、依法执政”，可阐释“更加注重改进党的领导方式和执政方式，保证党领导人民有效治理国家”的观点；讲“我国公民的政治参与”，可联系实际说明我们国家应“更加注重健全民主制度、丰富民主形式，保证人民依法实行民主选举、民主决策、民主管理、民主监督”；讲“社会主义民主政治的特点和优势”，可列举实例，让学生明确坚持中国特色社会主义政治发展道路，关键是要坚持党的领导、人民当家做主、依法治国有机统一。

通过回顾历史和列举实例，说明社会主义协商民主是我国人民民主的重要形式，引导学生认识发展社会主义协商民主符合我国国情，符合中国特色社会主义政治制度要求，对于发挥民主党派参政议政的作用、对于充分调动人民积极性具有重要意义。例如，讲“民主管理：共创幸福生活”，可收集近期各地召开民情恳谈会、民主恳谈会、民主理财会、民情直通车、社区议事会、居民论坛、乡村论坛等事例，说明“积极开展基层民主协商”的重要意义；讲“民主决策：做出最佳选择”，可通过分析现实生活中的生动事例，阐述我国如何“就经济社会发展重大问题和涉及群众切身利益的实际问题广泛协商，广纳群言、广集民智，增进共识、增强合力”；讲“共产党领导的多党合作和政治协商制度：中国特色的政党制度”，可通过分析实例，探讨“加强同民主党派的政治协商，把政治协商纳入决策程序，坚持协商于决策之前和决策之中，增强民主协商实效性”的意义。

通过上述教学活动，帮助学生确信中国特色社会主义政治发展道路为实现最广泛的人民民主确立了正确方向，理解坚持中国特色社会主义政治发展道路关键是要坚持党的领导、人民当家做主、依法治国有机统一。

五、全面理解建设人民满意的服务型政府

要深化行政体制改革。建设职能科学、结构优化、廉洁高效、人民满意的服务型政府。推动政府职能向创造良好发展环境、提供优质公共服务、维护社会公平正义转变。创新行政管理方式，提高政府公信力和执行力。坚持科学决策、民主决策、依法决策，健全决策机制和程序，建立健全决策问责和纠错制度。

建议：

可依据课程标准中“为人民服务的政府”这一专题的相关要求，结合“政府的职能：管理与服务”“政府的责任：对人民负责”“政府的权力：依法行使”“权力的行使：需要监督”等内容展开教学。

建设服务型政府是我们党执政为民的必然要求，是由人民政府的性质决定的。十八大报告明确提出的“建设职能科学、结构优化、廉洁高效、人民满意的服务型政府”是对服务型政府特点的准确概括，也是对政府职能和责任的科学定位。教学中可结合政府职能和责任的内容，列举近年来我国深化行政体制改革，政府加大服务力度、关注民生、提供更多惠民措施等事例，说明政府职能正逐步朝着创造良好发展环境、提供优质公共服务、维护社会公平正义转变。例如，讲“政府的权威从何而来”，可列举实例，说明政府在决策方面正逐步实现民主化、规范化，要进一步“创新行政管理方式，提高政府公信力和执行力”；又如，讲“对政府权力进行制约和监督的意义”，可列举近期实例，说明我国政府在决策问责纠错方面的进展，理解健全权力运行制约和监督体系的重要意义。

通过上述教学活动，帮助学生认识我国政府是为人民服务的政府。

六、进一步明确中国始终不渝走和平发展道路

当今世界正在发生深刻复杂变化，和平与发展仍然是时代主题。同时，世界仍然很不安宁。要和平不要战争，要发展不要贫穷，要合作不要对抗，推动建设持久和平、共同繁荣的和谐世界，是各国人民共同愿望。中国将继续高举和平、发展、合作、共赢的旗帜，坚定不移致力于维护世界和平、促进共同发展。

中国将始终不渝走和平发展道路，坚定奉行独立自主的和平外交政策。中国坚决维护国家主权、安全、发展利益，决不会屈服于任何外来压力。要根据事情本身的是非曲直决定自己的立场和政策，秉持公道，伸张正义，反对各种形式的霸权主义和强权政治。坚持把中国人民利益同各国人民共同利益结合起来，以更加积极的姿态参与国际事务，发挥负责任大国作用，共同应对全球性挑战。

建议：

可依据课程标准中“当代国际社会”这一专题的相关要求，结合我国对外政策、主张和对外活动等内容，以坚持和平发展为主线展开教学。

教学中要按照科学发展观关于统筹内政外交、国内国际两个大局的要求，阐述我国将始终不渝走和平发展道路，说明我国对外政策的一系列问题。例如，讲“维护和平、促进发展的有效途径”，可引导学生认识当今世界的时代主题是和平与发展，国际力量对比朝着有利于维护世界和平方向发展，但是世界仍然很不安宁，国际金融危机影响深远，霸权主义、强权政治和新干涉主义有所上升。引导学生认识我国“在国际关系中弘扬平等互信、包容互鉴、合作共赢的精神，共同维护国际公平正义”的主张。讲中国的对外活动时，可列举中国支持联合国、二十国集团、上海合作组织、金砖国家等发挥积极作用的实例，说明我国“在国际事务中的代表性和话语权进一步增强”，“中国人民热爱和平、渴望发展”，“为人类和平与发展的崇高事业而不懈努力”。

通过上述教学活动，帮助学生认识和平发展是中国特色社会主义的必然选择，坚持和平发展是在新的历史条件下夺取中国特色社会主义新胜利必须牢牢把握的一项基本要求。

《文化生活》贯彻党的十八大精神的建议

一、理解建设社会主义文化强国的重大意义

文化是民族的血脉，是人民的精神家园。全面建成小康社会，实现中华民族伟大复兴，必须推动社会主义文化大发展大繁荣，兴起社会主义文化建设新高潮，提高国家文化软实力，发挥文化引领风尚、教育人民、服务社会、推动发展的作用。建设社会主义文化强国，必须走中国特色社会主义文化发展道路，关键是增强全民族文化创造活力。我们一定要坚持社会主义先进文化前进方向，树立高度的文化自觉和文化自信，向着建设社会主义文化强国宏伟目标阔步前进。

建议：

建设社会主义文化强国，是我们党做出的重大战略决策。教学中可依据课程标准中“文化与生活”“发展先进文化”等专题的相关要求，结合教材有关内容，讲述建设社会主义文化强国的重大意义。

一是说明为什么要建设社会主义文化强国。可结合“文化与经济、政治”“走进文化生活”等内容，讲解当今世界各种思想文化交流交融交锋更加频繁，文化在综合国力竞争中的地位和作用更加凸显，维护国家文化安全任务更加艰巨，增强国家文化软实力、中华文化国际影响力要求更加紧迫；文化越来越成为民族凝聚力和创造力的重要源泉，越来越成为综合国力竞争的重要因素，越来越成为经济社会发展的重要支撑，丰富精神文化生活越来越成为我国人民的热切愿望。

二是说明建设社会主义文化强国必须走中国特

色社会主义文化发展道路。可结合“推动社会主义文化大发展大繁荣”“文化发展的中心环节”等内容进行讲解，帮助学生理解“坚持为人民服务、为社会主义服务的方向，坚持百花齐放、百家争鸣的方针，坚持贴近实际、贴近生活、贴近群众的原则，推动社会主义精神文明和物质文明全面发展，建设面向现代化、面向世界、面向未来的，民族的科学的大众的社会主义文化”。

三是说明建设社会主义文化强国的关键在于增强全民族文化创造活力。可结合“发展教育、科学和文化事业”的教学，帮助学生理解“深化文化体制改革，解放和发展文化生产力，发扬学术民主、艺术民主，为人民提供广阔文化舞台，让一切文化创造源泉充分涌流，开创全民族文化创造活力持续迸发、社会文化生活更加丰富多彩、人民基本文化权益得到更好保障、人民思想道德素质和科学文化素质全面提高、中华文化国际影响力不断增强的新局面”。

四是强调树立高度的文化自觉和文化自信。这是坚持社会主义先进文化前进方向、建设社会主义文化强国的必然要求。在本课程各部分内容的教学中，都应从各自的角度引导学生树立对中国特色社会主义文化、中华民族文化的自觉和自信。

二、进一步阐述加强社会主义核心价值体系建设的意义

社会主义核心价值体系是兴国之魂，决定着中国特色社会主义发展方向。要深入开展社会主义核心价值体系学习教育，用社会主义核心价值体系引领社会思潮、凝聚社会共识。要倡导富强、民主、文明、和谐，倡导自由、平等、公正、法治，倡导爱国、敬业、诚信、友善，积极培育和践行社会主义核心价值观。

建议：

十八大报告从扎实推进社会主义文化强国建设的战略高度，对加强社会主义核心价值体系建设提出了更高要求，提出了“积极培育和践行社会主义核心价值观”。教学中可依据课程标准中“文化与民族精神”“发展先进文化”等专题的相关要求，结合“我们的中华文化”“我们的民族精神”“推动社会主义文化大发展大繁荣”“文化发展的中心环节”等内容，帮助学生理解这些精神。

一是说明加强社会主义核心价值体系建设必须坚持马克思主义指导思想，树立中国特色社会主义共同理想，弘扬以爱国主义为核心的民族精神和以改革创新为核心的时代精神，倡导社会主义荣辱观，增强民族自尊、自信和自强精神，抵御资本主义和封建主义腐朽思想的侵蚀，扫除各种社会丑恶现象，努力使我国人民成为有理想、有道德、有文化、有纪律的人民。

二是理解积极培育和践行社会主义核心价值观是加强社会主义核心价值体系建设的重要举措，它为夺取中国特色社会主义新胜利提供了正确的价值引领和有力的精神支撑。

三、进一步阐明全面提高公民道德素质的任务

全面提高公民道德素质，是社会主义道德建设的基本任务。要坚持依法治国和以德治国相结合，加强社会公德、职业道德、家庭美德、个人品德教育，弘扬中华传统美德，弘扬时代新风。

建议：

十八大报告从建设社会主义文化强国的全局出发，提出了全面提高公民道德素质的任务，要求推进公民道德建设工程、深入开展道德领域突出问题专项教育和治理、加强和改进思想政治工作、深化群众性精神文明创建活动。

教学中可依据课程标准中“发展先进文化”这一专题的相关要求，结合“文化生活的‘喜’与‘忧’”“阳光下的阴影”“直面生活中的思想道德冲突”等内容，收集整理有关资料，引导学生认识到我国高度重视思想道德建设，社会思想道德主流是好的，但也存在不少亟待解决的突出问题，必须切实加以解决，从而理解当前全面提高公民道德素质的重要性、紧迫性。结合“建设和谐文化，培育文明风尚”“我心目中的道德典范”等内容，鼓励学生积极参加学雷锋活动、志愿服务活动，为形成“知荣辱、讲正气、做奉献、促和谐”的良好风尚贡献自己的力量。

通过上述教学活动，帮助学生理解加强社会主义核心价值体系建设、全面提高公民道德素质是发展中国特色社会主义文化的重要内容和中心环节。

四、进一步了解丰富人民精神文化生活的内容

让人民享有健康丰富的精神文化生活，是全面建成小康社会的重要内容。要坚持以人民为中心的创作导向，提高文化产品质量，为人民提供更多更好的精神食粮。

建议：

教学中可依据课程标准中“文化传承与创新”“文化与民族精神”“发展先进文化”等专题的相关要求，结合“中华文化与民族精神”“推动社会主义文化大发展大繁荣”“文化发展的中心环节”等内容，讲述十八大报告提出的丰富人民精神文化生活的任务和要求。

讲授“文化创新”，可引导学生进一步认识人民群众是文化创作的主体，文化创作必须坚持为人民服务、为社会主义服务的方向，坚持贴近实际、贴近生活、贴近群众的原则，帮助学生领会“要坚持以人民为中心的创作导向”的精神。结合“文化的继承性与文化发展”“我们的中华文化”等内容，帮助学生理解建设优秀传统文化传承体系、弘扬中华优秀传统文化是丰富人民精神文化生活的必然要求。讲授“建设社会主义精神文明”“思想道德修养与科学文化修养”，可结合具体事例，帮助学生理解普及科学知识、弘扬科学精神、提高全民科学素养的重要意义。

通过上述教学活动帮助学生认识：建设社会主义文化强国，必须以满足人民精神文化需求为出发点和落脚点，坚持文化发展为了人民、文化发展成果由人民共享，切实保障人民基本文化权益。

五、进一步认识增强文化整体实力和竞争力的要求

文化实力和竞争力是国家富强、民族振兴的重要标志。要坚持把社会效益放在首位、社会效益和经济效益相统一，推动文化事业全面繁荣、文化产业快速发展。

建议：

教学中可依据课程标准中“文化与生活”“文化传承与创新”“发展先进文化”等专题的相关要求，结合教材有关内容，联系我国文化事业、文化产业发展中的成就和不足，讲述增强文化整体实力和竞争力的要求。

讲授“文化在综合国力的竞争中”，可结合案例帮助学生理解深化文化体制改革、增强文化整体实力和竞争力的重要性。讲授“发展教育、科学和文化事业”，可结合我国近年来公共文化服务体系建设、现代文化产业发展的有关资料，帮助学生领会“推动文化事业全面繁荣、文化产业快速发展”的精神。讲授“大众传媒：现代文化传播的手段”，可结合大众传媒的发展，引导学生认识先进的文化传播手段和强大的文化传播能力对提高社会主义先进文化辐射力和影响力的重要作用。讲授“文化创新的途径”，可结合具体事例帮助学生理解扩大文化领域对外开放、积极吸收借鉴国外优秀文化成果对于促进我国文化事业和文化产业发展、提高国家文化软实力的重要意义。

通过上述教学活动，帮助学生认识文化实力和竞争力是国家富强、民族振兴的重要标志，建设社会主义文化强国必须解放和发展文化生产力，不断增强文化整体实力和竞争力。

六、关注努力办好人民满意的教育的要求

教育是民族振兴和社会进步的基石。要坚持教育优先发展，全面贯彻党的教育方针，坚持教育为社会主义现代化建设服务、为人民服务，把立德树人作为教育的根本任务，培养德智体美全面发展的社会主义建设者和接班人。

建议：

努力办好人民满意的教育，是十八大报告阐述民生问题的首要内容。教学中可依据课程标准中“文化传承与创新”“发展先进文化”等专题的相关要求，结合“文化在交流中传播”“教育在文化传承中”“发展教育、科学和文化事业”等内容，重点讲述努力办好人民满意的教育的意义和有关要求。

一是通过讲述教育在社会主义现代化建设中的重要作用，帮助学生理解教育是民族振兴和社会进步的基石，努力办好人民满意的教育是全面建成小康社会、实现中华民族伟大复兴的客观要求。

二是帮助学生了解要全面实施素质教育，深化教育领域综合改革，着力提高教育质量，培养学生社会责任感、创新精神、实践能力，这是办好人民满意的教育的重要任务。

三是明确立德树人是教育的根本任务，要培养

学生正确的世界观、人生观、价值观，促进学生全面发展。

通过上述教学活动，引导学生自觉按照党的教育方针的要求，为成为德智体美全面发展的社会主义建设者和接班人而努力学习。

《生活与哲学》贯彻党的十八大精神的建议

一、说明科学发展观是中国特色社会主义理论体系最新成果，是马克思主义关于发展的世界观和方法论的集中体现

科学发展观是马克思主义同当代中国实际和时代特征相结合的产物，是马克思主义关于发展的世界观和方法论的集中体现，对新形势下实现什么样的发展、怎样发展等重大问题做出了新的科学回答，把我们对中国特色社会主义规律的认识提高到新的水平，开辟了当代中国马克思主义发展新境界。科学发展观是中国特色社会主义理论体系最新成果，是中国共产党集体智慧的结晶，是指导党和国家全部工作的强大思想武器。科学发展观同马克思列宁主义、毛泽东思想、邓小平理论、“三个代表”重要思想一道，是党必须长期坚持的指导思想。

建议：

可依据课程标准中“生活智慧与时代精神”这一专题的相关要求，结合“马克思主义中国化的重大理论成果”的教学，说明科学发展观是马克思主义同当代中国实际和时代特征相结合的产物，是中国特色社会主义理论体系最新成果，它同马克思列宁主义、毛泽东思想、邓小平理论、“三个代表”重要思想一道，是党必须长期坚持的指导思想。

可依据课程标准中“思想方法与创新意识”这一专题的相关要求，结合“唯物辩证法的发展观”的教学，说明科学发展观是马克思主义关于发展的世界观和方法论的集中体现，着重说明：(1)解放思想、实事求是、与时俱进、求真务实，是科学发展观最鲜明的精神实质；(2)坚持发展是硬道理的本质要求就是坚持科学发展，坚持唯物辩证法就要坚持科学发展观；(3)坚持科学发展观，必须把推动经济社会发展作为第一要义，把以人为本作为核心立场，把全面协调可持续作为基本要求，把统筹兼顾作为根本方法。

二、说明中国特色社会主义道路、理论体系、制度，是党和人民九十多年奋斗、创造、积累的根本成就

在改革开放三十多年一以贯之的接力探索中，我们坚定不移高举中国特色社会主义伟大旗帜，既不走封闭僵化的老路、也不走改旗易帜的邪路。中国特色社会主义道路，中国特色社会主义理论体系，中国特色社会主义制度，是党和人民九十多年奋斗、创造、积累的根本成就，必须倍加珍惜、始终坚持、不断发展。

建议：

可依据课程标准中“探索世界与追求真理”这一专题的相关要求，结合“追求真理是一个过程”的教学，说明党和人民对中国特色社会主义道路、中国特色社会主义理论体系、中国特色社会主义制度的认识和探索是一个不断前进的历史过程。

结合“社会历史发展的总趋势”的教学，说明“坚定不移走中国特色社会主义道路”是我们“回首近代以来中国波澜壮阔的历史，展望中华民族充满希望的未来”得出的坚定结论，着重说明：(1)道路关乎党的命脉，关乎国家前途、民族命运、人民幸福，中国特色社会主义道路，是实现我国现代化的必由之路，是创造人民美好生活的必由之路；(2)中国特色社会主义道路，就是在中国共产党领导下，立足基本国情，以经济建设为中心，坚持四项基本原则，坚持改革开放，解放和发展社会生产力，建设社会主义市场经济、社会主义民主政治、社会主义先进文化、社会主义和谐社会、社会主义生态文明，促进人的全面发展，逐步实现全体人民共同富裕，建设富强民主文明和谐的社会主义现代化国家；(3)中国特色社会主义道路，既坚持以经济建设为中心，又全面推进经济建设、政治建设、文化建设、社会建设、生态文明建设以及其他各方面建设；既坚持四项基本原则，又坚持改革开放；既不断解放和发展社会生产力，又逐步实现全体人民共同富裕、促进人的全面发展。

三、说明树立尊重自然、顺应自然、保护自然的生态文明理念的重要性

建设生态文明，是关系人民福祉、关乎民族未来的长远大计。面对资源约束趋紧、环境污染严

重、生态系统退化的严峻形势，必须树立尊重自然、顺应自然、保护自然的生态文明理念，把生态文明建设放在突出地位，融入经济建设、政治建设、文化建设、社会建设各方面和全过程，努力建设美丽中国，实现中华民族永续发展。

建议：

可依据课程标准中“探索世界与追求真理”“思想方法与创新意识”等专题的相关要求，结合“认识运动，把握规律”和“唯物辩证法的联系观”的教学，着重说明：（1）尊重规律就必须树立尊重自然、顺应自然、保护自然的生态文明理念；（2）生态文明建设关系人民福祉、关乎民族未来，体现在社会发展的各个方面，必须把生态文明建设放在突出地位，融入经济建设、政治建设、文化建设、社会建设各方面和全过程；（3）坚持节约资源和保护环境的基本国策，自觉地珍爱自然，更加积极地保护生态，努力走向社会主义生态文明新时代。

四、说明在新的历史条件下夺取中国特色社会主义新胜利，必须坚持人民主体地位，保证人民当家做主

必须坚持人民主体地位。中国特色社会主义是亿万人民自己的事业。要发挥人民主人翁精神，坚持依法治国这个党领导人民治理国家的基本方略，最广泛地动员和组织人民依法管理国家事务和社会事务、管理经济和文化事业、积极投身社会主义现代化建设，更好保障人民权益，更好保证人民当家做主。只有植根人民、造福人民，党才能始终立于不败之地。

建议：

可依据课程标准中“价值判断与行为选择”这一专题的相关要求，结合“群众观点和群众路线”的教学，着重说明：（1）人民群众是社会历史的主体，是我们国家的主人；（2）为人民服务是党的根本宗旨，以人为本、执政为民是检验党一切执政活动的最高标准；（3）党只有植根人民、造福人民，才能始终立于不败之地；党同人民保持血肉联系，相信群众，依靠群众，服务群众，国家就繁荣稳定，人民就幸福安康；（4）为民、务实、清廉对于坚持党的群众路线具有重要意义。

五、说明社会主义核心价值体系是兴国之魂，决定着中国特色社会主义发展方向

社会主义核心价值体系是兴国之魂，决定着中国特色社会主义发展方向。要深入开展社会主义核心价值体系学习教育，用社会主义核心价值体系引领社会思潮、凝聚社会共识。

建议：

可依据课程标准中“价值判断与行为选择”这一专题的相关要求，结合“价值与价值观”的教学，着重说明：（1）树立正确的价值观，就要坚持马克思主义指导思想，树立中国特色社会主义共同理想，弘扬以爱国主义为核心的民族精神和以改革创新为核心的时代精神，倡导社会主义荣辱观；（2）社会主义核心价值体系具有引领社会思潮、凝聚社会共识的功能，对于人们认识和改造世界的活动，对于人生道路的选择，对于培养有理想、有道德、有文化、有纪律的社会主义建设者和接班人具有重要导向作用。

六、说明对马克思主义的信仰，对社会主义和共产主义的信念，是共产党人的政治灵魂

坚定理想信念，坚守共产党人精神追求。对马克思主义的信仰，对社会主义和共产主义的信念，是共产党人的政治灵魂，是共产党人经受住任何考验的精神支柱。

建议：

可依据课程标准中“价值判断与行为选择”这一专题的相关要求，结合“坚定理想，铸就辉煌”的教学，帮助学生理解“对马克思主义的信仰，对社会主义和共产主义的信念，是共产党人的政治灵魂，是共产党人经受住任何考验的精神支柱”。我们党正是依靠这样的信念，紧紧依靠人民，从根本上改变了中国人民和中华民族的历史命运，使中华民族以崭新的姿态屹立于世界民族之林。通过教学，引导学生努力学习马克思主义，树立中国特色社会主义共同理想和共产主义远大理想。

教育部办公厅关于中小学幼儿园安全工作2013年第1号预警通知

（2013年3月2日）

各省、自治区、直辖市教育厅（教委），新疆生产建设兵团教育局：

随着春季到来，各类气象和地质灾害高发，社会安全事故隐患增多，为认真落实《教育部关于做好2013年春季开学工作的通知》（教办〔2013〕1号）精神，确保广大中小学生和幼儿园幼儿安全，现就有关工作通知如下。

一、积极预防和应对自然灾害。今年以来，四川、辽宁、云南、广西等地相继发生多起4.5级以上的地震，给当地人民生命安全带来威胁。春季又是雾霾、雷击、暴雨、山洪、泥石流、山体滑坡等各类气象和地质灾害多发期。各地教育行政部门要针对本地容易出现的自然灾害，主动加强与气象、地质等部门的沟通，及时发布预警，指导学校提高防灾减灾能力，不断完善安全工作应急预案，及时采取有效措施，积极应对自然灾害。各地可根据重大气象和地质灾害预测信息，适当调整学生上课时间或地点，严防学生在学校和上下学路上遭遇灾害侵袭伤亡事故，保障学生在自然灾害中的安全。

二、严格落实校园安全防范措施。春季是学生伤害事故多发期。各地要落实校园人防、物防、技防措施和各项管理制度，特别是加强门卫、值班、巡逻工作，严防校外无关人员闯入校园。要加强与有关部门协作，充分发挥基层组织的作用，整合社会管理力量，全面形成校园安全工作合力。进一步强化校园周边有潜在暴力倾向的重性精神病人、可能实施极端行为的严重心理病人等各类易肇事肇祸重点人员的管控，严防涉校伤害事故。

三、努力保障学生上下学交通安全。非法校车、无证办园校车问题在一些地方仍然存在，安全隐患严重。各地要深入贯彻落实《校车安全管理条例》，充分发挥当地校车安全管理协调机制的作用，进一步推进校车安全管理工作，加强对学生接送车辆的安全监管，加强对校车驾驶人、随车照管人员的教育管理，加强对校车行驶路线的维修养护，严禁非法营运学生车辆和车辆超载、超速等现象，确保车况良好、驾驶员合格、路段安全、行驶合法。学校要教育提醒中小学生注意道路交通安全，自觉遵守交通安全法律法规，做到文明乘车、文明骑车、文明步行。要提醒家长提高安全意识，不送孩子乘坐存在安全隐患的车辆，共同维护中小学生、幼儿上下学安全。

四、加强防范学生溺水事故。春季气候转暖，冰雪开始融化，在冰面玩耍十分危险，因此在冰面、水边玩耍等学生溺水事故增多。各地教育行政部门要积极协调当地公安、安监、建设、水利、通讯等部门关注学生生命安全，建立预防溺水工作联动机制，排查学生上下学路边水域安全隐患，设立安全警示标识，加强重点水域的安全巡查与监管。学校要切实开展有针对性的预防溺水安全教育，强调冰面和水域的危险性，提高学生预防溺水安全意识，让每个中小学生都充分认识到预防溺水事关生命安全的严重性，让学生掌握在水中遇到紧急情况的自救自护知识。告知家长必须承担起监护人的责任，在节假日、周末和放学后加强对孩子的安全教育和监管。

五、深入开展安全教育和演练。各校要在新学期开学初，充分利用班团队会、升旗仪式、专题讲座、墙报板报、校园网络等方式，采取多种途径和方法，对学生开展交通安全、集体活动安全、食品卫生安全、防火、防盗、防溺水、防传染病、防拥挤踩踏、防校园伤害等安全知识以及预防自然灾害等安全教育活动。今年3月25日是第18个全国中小学生安全教育日，主题为“普及安全知识，确保生命安全”。各地教育行政部门要根据当地易发多发安全事故的规律和特点确定活动主题，有针对性地开展安全宣传教育和疏散演练活动，不断增强师生的安全意识和防范能力。

各地接到本通知后，要迅速把通知内容传达到本行政区域内每一所中小学和幼儿园，切实做好各项工作。

教育部办公厅关于全面加强教师法制教育工作的通知

（2013年9月26日）

各省、自治区、直辖市教育厅（教委），各计划单列市教育局，新疆生产建设兵团教育局：

为贯彻落实《国家中长期教育改革和发展规划纲要（2010—2020年）》（以下简称《教育规划纲要》）和全国教育普法规划，全面提高各级各类学校教师法律素质和依法从教意识，切实增强教师保护青少年学生人身权、受教育权等合法权益的能力，现就加强教师法制教育工作有关事项通知如下。

一、加强教师法制教育十分急迫。党的十八大报告明确提出，要深入开展法制宣传教育，弘扬社会主义法治精神，树立社会主义法治理念，增强全社会学法遵法守法用法意识。教师是社会上特殊而崇高的职业群体，应当成为学法遵法守法用法、弘扬社会主义法治理念的典范。教师的法律素质是提高青少年法制教育质量的关键。

经过20多年的努力，教师法制教育工作取得了积极进展。但是，一些地方和学校对教师法制教育工作的重要性认识还不足，缺乏有力的工作举措；有的教师学法的积极性、自觉性不够，依法执教、依法维权能力不强。特别是近期出现个别教师严重侵害学生人身权益的违法犯罪案件，产生了恶劣的社会影响，暴露了个别教师缺乏基本的法律素质，反映出教师法制教育工作不能适应新的形势与任务。

二、教师法制教育工作的总体要求。要紧密结合党的十八大精神的学习贯彻，按照《教育规划纲要》要求和国家教育普法规划的部署，切实做好新时期教师法制教育工作。要把社会主义法治理念贯穿教师法制教育工作全过程，使广大教师牢固树立民主法治、自由平等、公平公正的法治精神。要始终结合学校依法治理的需要，贴近教师工作生活的实际，服务教育改革发展的大局，提高针对性，突出实效性，提高广大教师依法执教、依法参与学校管理、依法维护自身和学生合法权益的能力。要特别提高校长和管理人员队伍的法律素质和运用法律思维、法治方式解决学校改革发展中各种问题的能力。要大力弘扬社会主义法治文化，努力营造浓厚的校园法治氛围，以法治文化熏陶人、感染人。

三、教师法制教育的主要任务。要重点加强中小学教师的法制教育，突出未成年人权益保护法律法规的学习宣传，切实增强教师尊重学生、爱护学生、平等对待学生的意识，提高依法维护学生权益和抵制侵害学生行为的能力。要在各级各类学校教师中深入开展宪法的宣传教育，使教师深入了解宪法的基本精神、原则和制度，维护宪法权威，进一步增强公民意识和责任意识，树立权利义务相统一的观念。要在广大教师中系统、深入地宣传教育法、义务教育法、教师法等教育法律法规的基本制度、重要规定和行为规范，有针对性地宣传民商法、行政法、社会法、刑法、诉讼与非诉讼程序法等方面的法律原则与一般规则。培养一批青少年法制教育教师，使他们系统掌握中国特色社会主义法律体系主要法律制度和法律规范，具备一定的处理法律事务的能力，成为青少年法制教育的骨干和依法维护学校、师生合法权益的法律工作者。

四、探索教师法制教育的多种形式。在教师资格考试中进一步加强法律相关内容的考核。实施中小学教师全员法制培训，通过国家和地方分级培训的方式，争取用 3 年的时间，确保全体教师接受不同层次、不同形式的法制培训。中小学校长国家级培训和中小学教师国家级培训将法制内容列入培训课程，地方各级教育行政部门分级组织培训班，确保全部中小学校长和法制教育教师都能接受系统的法制培训。积极推进校长依法治校能力培训基地和法制教育教师培训基地建设，为教师法制培训提供支持和服务。县级以上教育行政部门要积极组织开展法律知识竞赛、法制演讲比赛、法律教学比赛、法律课件评选等形式多样的法制教育活动，提高教师学习法律的积极性。中小学校要通过专题培训、法制报告会、研讨会等多种方式，确保每位教师每年接受不少于 10 课时的法制培训。教师要主动学法、自觉用法，履行教书育人义务，维护学生合法权益，制止有害于学生的行为或者其他侵犯学生合法权益的行为，批评和制止有害于学生健康成长的现象；依法规范自身言行，依法维护自身权益。

五、完善教师法制教育工作考核机制。教育行政部门要把是否建立工作制度、是否制订工作计划、是否落实工作经费、是否有序开展工作、是否取得工作成效等情况作为对学校综合评价的重要指标。各级各类学校要进一步健全考核、评价制度，把校长法律素质和依法治校能力作为校长任职和工作考核的重要内容，把教师树立社会主义法治理念、掌握法律知识、提高法律素质以及依法开展教育教学能力、维护学生合法权益等情况作为教师师德和业绩考核、岗位聘用、评优奖励的重要内容。

六、构建教师法制教育工作保障体系。各级教育行政部门和各级各类学校要高度重视教师法制教育工作，加强组织领导和统筹规划，紧密结合教师职业特点以及教师工作、生活的实际，制订切实可行的教师法制教育工作计划，确定工作进度，精心组织实施。教育行政部门和学校要加强与司法机关、相关专业机构的合作，建立沟通、协作机制，充分利用多种组织资源、实践资源、教学资源和科研优势等开展教师法制教育工作，凝聚工作合力，提升工作效果；要统筹安排相关经费，支持教师法制教育工作，保障教师法制教育工作的正常开展。教育行政部门工作人员要严格依法行政，切实尊重、维护学校合法权益，为教师法制教育工作营造良好氛围。

各地要及时将教师法制教育工作的先进做法和典型经验报送教育部全国教育普法领导小组办公室，我部将对成熟、有效的工作经验和成果进行宣传推广。

教育部办公厅关于进一步加强职业院校关心下一代工作委员会建设的若干意见

（2013 年 12 月 21 日）

各省、自治区、直辖市教育厅（教委），各计划单列市教育局，新疆生产建设兵团教育局，有关单位：

为深入贯彻落实党的十八大精神、十八届三中全会精神和《国家中长期教育改革和发展规划纲要（2010—2020 年）》，充分发挥离退休老同志在现代职业教育体系建设、高素质劳动者和技能型人才培养中的作用，根据《中共教育部党组关于加强全国教育系统关心下一代工作委员会建设的意见》（教党〔2009〕20号），现就进一步加强职业院校关心下一代工作委员会（以下简称关工委）建设提出如下意见。

1. 进一步提高思想认识。职业教育是我国教育事业的重要组成部分，3 100多万职业院校在校生是我国未来产业大军的重要来源。加强职业院校学生思想政治教育，对于全面实施科教兴国战略和人才强国战略，提高劳动者素质，培养中国特色社会主义事业合格建设者和可靠接班人，具有重大而深远的战略意义。关工委是职业院校学生德育工作的重要力量和组成部分。各地各职业院校要高度重视和充分发挥关工委组织在职业院校学生思想政治教育中的独特优势和作用，切实加强关工委组织建设，大力支持关工委开展工作，为促进职业院校学生健康成长创造良好条件。

2. 把握对象特点。当前职业院校在校学生思想主流积极向上、思维活跃、动手能力强，但少数学生团结协作、艰苦奋斗精神不足，心理素质欠佳，抗挫折能力较弱。职业院校关工委应认真研究职业教育规律和学生身心成长规律，准确把握工作对象的特点，提高工作的针对性和实效性。

3. 突出工作重点。职业院校关工委要充分发挥老同志的政治、威望、阅历、经验等优势，为加强职业院校德育工作，形成德育工作的合力，促进学生全面发展和健康成长贡献力量。要突出社会主义核心价值观教育，大力加强中国特色社会主义教育，坚持以社会主义核心价值观教育引领青少年，引导职业院校学生树立正确的世界观、人生观和价值观，为实现中华民族伟大复兴的“中国梦”而奋斗。要注重职业道德教育，帮助学生树立崇高的职业理想，突出以诚信、敬业、奉献为重点的职业道德教育。要重视文化传承创新，弘扬中华优秀传统文化，加强革命传统教育，加强民族精神和时代精神教育，培养学生健康高雅的审美情趣。要加强心理健康教育，做好学生关爱和心理疏导工作，培养学生健全人格。

4. 拓展工作领域。深入推进实施“青蓝工程”，继续在德育课教学、技能实训指导、校园文化建设、法制教育、民族团结进步教育、学生党团建设和社团指导、社会实践、职业生涯规划、家庭教育指导、扶贫助困等方面发挥作用，不断创新活动载体和工作平台，实现学校、家庭、社会教育的有机结合。

5. 完善职业院校关工委组织机构。各职业院校要有现职领导担任关工委领导职务；各职业院校党组织要根据实际，及时调整充实关工委领导班子和日常办事机构，特别要选配好领导班子和日常办事机构主要负责同志，要选派经验丰富、热心关工委工作的同志负责日常工作。

6. 进一步加强职业院校关工委队伍建设。积极联系本区域老龄工作部门，准确掌握本单位本区域离退休老同志情况，打破部门、行业、区域和校际界限，根据各职业院校自身特点，积极组织各行业离退休老干部、老战士、老教师、老专家、老模范参加关工委工作，及时联系新退休的老同志加入关工委工作，不断改善关心下一代工作队伍的年龄结构、知识结构、专业结构。

7. 健全关工委工作长效机制。各级关工委要从实际出发，以建设学习型、服务型、创新型关工委为目标，逐步建立健全适合职业院校特点的制度办法、保障机制和考核机制，加强与业务部门的沟通联络与工作协调，实现关工委工作的常态化、规范化。

8. 加强关工委工作的交流宣传。要加大宣传力度，积极选树典型，深入挖掘和推广各地各职业院校关工委工作经验，宣传报道参加关工委工作的老同志们的先进事迹，为职业院校关工委工作创造良好的舆论环境。要加强各地各职业院校关工委工作信息交流平台建设，定期组织关工委工作交流培训。

9. 加强对职业院校关工委工作的领导。职业院校党组织要把关工委工作列入议事日程和工作计划，定期听取汇报，及时研究解决工作中的困难和问题。各级教育关工委领导班子要有专人分管职业院校关工委工作，加强分类指导，积极扶持职业院校关工委工作，推动职业院校关工委与其他单位关工委工作的交流，积极宣传和推广职业院校关工委工作的典型经验和先进事迹。

10. 大力支持职业院校关工委开展工作。各地各职业院校要为关工委开展工作提供必要的工作条件和经费支持，要及时传达通报有关重要文件和工作，重要工作会议和有关德育、思想政治工作、学生党建等的专题性会议，应请关工委负责同志列席。学校团委、学生工作部门、德育课教学单位、老龄工作等与关工委工作联系密切的部门要相互协调、积极支持关工委工作，努力形成做好职业院校德育和思想政治工作的合力。要从政治上、思想上和生活上关心参加关工委工作的老同志，对承担关工委工作的离退休老同志给予适当补助；对因工作需要经批准返聘的秘书处（办公室）工作人员，应执行本单位返聘人员待遇的有关规定；对工作成绩突出的老同志和工作人员要给予表扬和奖励，充分保护和发挥参与关心下一代工作的老同志的积极性。

教育部办公厅关于进一步加强和规范高校人才引进工作的若干意见

（2013 年 12 月 23 日）

各省、自治区、直辖市教育厅（教委），新疆生产建设兵团教育局，有关部门（单位）教育司（局），部属各高等学校：

近年来，各地各校认真落实国家教育规划纲要和人才发展规划，深入推进人才强教、人才强校，高校人才引进工作取得显著成效，有力地推动了高等教育内涵发展和创新能力提升，为建设创新型国家做出了重要贡献。但是，部分高校在人才引进工作中也存在着缺乏科学规划，片面追求数量，审核把关不严，程序不健全，机制不完善，以及少数高层次人才流动频繁、到岗不足、兼职过多等现象。

为贯彻落实党的十八届三中全会精神，建立集聚人才体制机制，加快形成具有竞争力的高校人才制度优势，现就进一步加强和规范当前高校人才引进工作提出如下意见。

一、加强人才队伍建设的统筹。紧紧围绕国家发展战略需要和经济社会发展需求，统筹人才引进、培养和使用，开发利用好国际国内人才资源，走育引并举之路。科学制订引才规划，结合学科建设和队伍建设实际，明确引才目标任务、重点领域和优先次序，注重学术梯队建设，促进人才队伍结构不断优化，整体水平不断提升。用好用活引进人才，既要待遇留人，更要事业留人、感情留人，真正做到按需引进、以用为本。

二、大力引进海外高层次人才。充分发挥学校的主体作用，集成各类人才计划项目与政策资源，进一步加大海外引才工作力度。重点引进学科领军人才、青年拔尖人才和高水平创新团队，注重引进新兴学科、交叉学科及重点领域急需紧缺人才。优先保证国家实验室、国家大科学工程、协同创新中心等重大平台人才需求。

三、加大引才审核工作力度。严格引进人才审核，全方位核准核实其教育背景、工作经历、任职资格、师德师风、学术业绩、学术道德、政治方向和政治立场等，确保信息真实性，防止弄虚作假。规范引才审核工作，明确责任主体、工作规则和审核程序，建立审核工作责任追究制。充分发挥海内外同行专家在人才评价中的重要作用，科学评估引进人才综合素质和能力水平。完善人才引进风险评估、预防和处置机制。

四、规范招才引才行为。全面实行公开招聘制度，坚持“双方自愿、平等协商、程序规范、手续完备”的原则，促进人才合理流动和有效配置，支持高层次人才向中西部高校流动，东部高校不得到中西部高校招聘长江学者。加强引才自律和约束，严格按照国家有关规定和程序办理人才引进手续，禁止采取“不要人事档案、不要户口、不要流动手续”或另建人事档案的违规做法招揽和引进全职人才。

五、加强聘用合同管理。聘用合同要明确学校与受聘人的权利义务关系，做到格式规范、内容完备、条款明晰、目标合理。强化法制意识和契约意识，学校应认真履行合约，及时兑现承诺，因学校责任导致合同终止的，不得以扣压档案等形式阻止人才流动。聘期内主动提出离职或有其他违约行为的，当事人应承担相应责任。国家重大人才计划引进的高层次人才应成为履行合同的典范，原则上聘期内不得变更工作单位，对于不到岗或到岗时间不足、不履行合同的，学校应及时终止合同，并将有关情况报主管部门。完善人事争议处理机制，依法维护双方合法权益。

六、改进和完善聘期考核制度。健全以岗位职责为基础，以品德、能力和业绩为导向的考核评价机制，克服单纯以论文、专利、项目和经费数量评价人才的倾向。严格执行考核制度，年度考核主要考核到岗时间和工作进展情况，聘期考核以师德师风、创新质量、服务贡献和队伍建设为重点，考核合同履行及作用发挥情况，并将考核结果作为是否续聘或薪酬调整的重要依据。对学术不端、违反师德规范行为实行一票否决。

七、做好引进人才服务和支撑工作。围绕引进人才实际需要，加强配套条件保障和团队建设，使人才尽快开展科学研究和人才培养工作。根据国家有关政策和学校实际情况，合理确定引进人才薪酬标准，制定有效的激励机制，激发人才工作积极性。积极帮助引进人才解决好住房、医疗等方面的实际困难，关心其配偶工作、子女入学等问题，解除人才后顾之忧。加强人文关怀，营造引进人才安心工作、舒心生活的良好环境。

八、严格规范兼职兼薪行为。按照“本职优先、分类管理、突出重点、逐步规范”的原则，加强对全职人才兼职兼薪行为的规范管理和监督检查。兼职须经学校审批，鼓励在做好本职工作情况下，从事与教学科研相关，有利于增强学校办学实力、提高学校声誉，且不获取薪酬的兼职活动；禁止从事影响教学科研工作的兼职。“千人计划”国家特聘专家、长江学者特聘教授等在同一时间内应只有一个全职工作岗位，不得兼职；长江学者特聘教授在聘期内不得担任学校领导职务或调离受聘岗位。

九、加强对人才引进工作的领导。落实党管人才原则，学校党委要加强对引才工作的领导、统筹和协调，明确学校、院系和职能部门的职责权限，健全人才工作机构，加强人才工作队伍建设。健全引才工作议事规则和决策程序，充分发挥学术委员会重要作用，推进民主决策、科学决策。深化高校人事管理制度改革，统筹建立高层次人才收入分配体系，正确处理人才引进、培养和使用的关系，努力营造各类人才共同发展的良好局面。加强高层次人才职业道德教育，倡导潜心科研、静心育人、淡泊名利、诚实守信的良好风气。

2013年教育大事记

1月

1月4日，五部门联合部署加强农村留守儿童关爱教育工作。

教育部、中华全国妇女联合会、中央社会管理综合治理委员会办公室、共青团中央、中国关心下一代工作委员会联合印发《关于加强义务教育阶段农村留守儿童关爱和教育工作的意见》。《意见》提出了留守儿童关爱和教育工作的基本原则，明确了当前的主要任务，要求切实改善留守儿童教育条件，优先满足留守儿童教育基础设施建设，优先改善留守儿童营养状况，优先保障留守儿童交通需求；不断提高留守儿童教育水平，加强留守儿童受教育全程管理，加强留守儿童心理健康教育，加强留守儿童法制安全教育，加强家校联动组织工作；逐步构建社会关爱服务机制，支持做好留守儿童家庭教育工作，支持做好留守儿童社区关爱服务，支持做好留守儿童社会关爱活动。

《意见》下发后，教育部会同有关部门在江苏常州召开全国农村留守流动儿童关爱服务体系推进会部署有关工作。将加强关爱和教育纳入全国电子学籍系统建设，预防性侵，加强心理教育工作。继续实施薄弱学校改造计划、学生营养改善计划等重大项目，对留守儿童集中地区给予适当倾斜，改善农村学校办学条件，充分贯彻留守儿童优先原则，夯实关爱和教育工作的物质基础。

1月8—9日，第二十一次全国高校党的建设工作会议在京召开。

会议的主要任务是：深入学习贯彻党的十八大精神和习近平总书记系列讲话精神，全面推进高校党的建设，为促进高等教育事业科学发展、办好人民满意的高等教育提供坚强保证。刘延东主持会议，刘奇葆出席会议，赵乐际出席会议并讲话。

会议充分肯定了十七大以来特别是去年以来高校党建工作取得的成绩，强调高校学习贯彻十八大精神，加强党的建设，最根本的是培养造就中国特色社会主义事业合格建设者和可靠接班人。要坚持以科学理论为根本指导，以服务大局为根本原则，以立德树人为根本任务，以健全制度为根本保障，推动高等教育走内涵式发展之路。要培养选拔社会主义政治家教育家，建设善于办学理校的高素质领导班子，加强思想政治建设，推进基层服务型党组织建设，健全党建工作责任制，提高高校党的建设科学化水平，开创高等教育事业科学发展新局面。各地各高校要以高度的责任感和紧迫感，更加自觉地学习宣传贯彻党的十八大精神，更加自觉地为深化高等教育改革、推动内涵式发展保驾护航，更加自觉地担负起立德树人的根本任务，更加自觉地抓基层打基础，更加自觉地转变工作作风。

会议讨论了中组部、中宣部、教育部党组《关于进一步加强高校学生党员发展和教育管理服务工作的若干意见》《关于加强和改进高校基层党支部建设的意见》《关于加强和改进高校青年教师思想政治工作的若干意见》三个文件。

12月24—25日，第二十二次全国高校党的建设工作会议在京召开。会议的主要任务是：深入学习贯彻党的十八大和十八届二中、三中全会精神，深入学习贯彻习近平总书记系列讲话精神，总结工作，分析形势，研究部署高校思想理论建设，加强意识形态工作，推动高校党的建设工作上台阶上水平。刘延东主持会议，刘奇葆出席会议并讲话，赵乐际出席会议。

会议指出，要抓好大学生理想信念教育这个核心任务，把学习习近平总书记系列讲话精神作为重点内容，增强大学生走中国道路、建设中国特色社会主义的信心信念，焕发投身改革开放的巨大热情，在实现中国梦的奋斗中追逐青春梦想。要加强大学生社会主义核心价值观教育，在结合融入上下功夫，弘扬中华优秀传统文化，加强和改进高校思想政治工作，办好思想政治理论课，发挥校园文化熏陶作用，提高大学生思想道德素质。要强化和落实领导责任，加强教师队伍建设，牢牢掌握高校意识形态工作的领导权管理权话语权。

会议强调，各地各高校要深入学习十八大、十八届三中全会和习近平总书记系列讲话精神，把思想统一到中央的部署上来，坚定不移深化高等教育领域综合改革，围绕中心、突出重点，切实抓好高校党建工作，扎实推进高校党的群众路线教育实践活动，为推动改革发展奠定坚实基础。

与会代表对《关于进一步加强和改进新形势下高校宣传思想工作的意见》征求意见稿进行讨论。会前，围绕高校宣传思想工作特别是意识形态工作，教育部、中宣部等 10 部委组成联合调研组，到 10 多个省份联合组织开展专题调研。

1 月 21 日，全国职业院校技能大赛三年规划发布。

教育部印发的《全国职业院校技能大赛三年规划（2013—2015 年）》指出，全国职业院校技能大赛要坚持政府主导、行业指导、企业参与的办赛模式，健全比赛制度，创新办赛机制，提升赛项质量，把大赛办成面向职业院校在校学生、基本覆盖职业院校主要专业群，对接产业需求、反映国家职业教育水平，国内一流、国际有影响的学生技能赛事。要进一步提升技能大赛的社会影响；完善全国大赛的办赛机制；提升技能大赛与产业发展相同步的水平。

5 月 25 日至 6 月 28 日，教育部联合天津市政府、国家有关部委、社会团体和行业组织，举办 2013 年度全国职业院校技能大赛。刘延东出席大赛闭幕式并在讲话中指出，加快发展现代职业教育，要以服务经济社会发展为宗旨，以解决青年就业为导向，系统设计职业教育体系框架和专业结构，实现与现代产业、公共服务和终身教育体系融合发展。全国 4 000 余支代表队、6 000 余名指导教师、9 183 名选手参加了 14 个专业大类 100 个比赛项目。比赛同期还举办了“我的中国梦”主题演讲会、学生技能作品展洽会、民族地区职业院校学生技艺比赛展演、技能大赛成果展、技能大赛获奖选手招聘会等系列活动。

1 月 26 日，全面部署 2013 年深化教育领域综合改革任务。

为落实党的十八大报告关于“深化教育领域综合改革”的要求和部署，针对人民群众反映强烈的热点难点问题和制约教育事业科学发展的关键问题，教育部印发《关于 2013 年深化教育领域综合改革的意见》，提出 2013 年深化教育领域综合改革的重点领域和关键环节，并作为教育部“1 号文件”发布。

《意见》提出，要以努力办好人民满意的教育为目标，以破解制约教育科学发展的关键领域和薄弱环节为突破口，以完善推进教育改革的体制机制为着力点；坚持正确方向，加强整体谋划，尊重基层首创，增强政策协调，不失时机深化教育领域综合改革。2013 年深化教育领域综合改革的重点任务是：围绕考试招生、课程内容、创新人才培养、职业教育人才培养等方面，推进人才培养模式改革；围绕改善民办教育发展环境、完善职业教育产教融合制度、落实高校办学自主权、扩大教育对外开放等方面，推进办学体制改革；围绕完善均衡发展义务教育机制、落实省级政府教育统筹、改革教育监测评价机制、推进教育督导体制改革、完善高校治理结构等方面，推进管理体制改革；围绕教师管理制度改革、完善投入保障机制、改进教育信息化推进策略等方面，推进保障机制改革。

《意见》颁布后，教育部协同有关部门，进一步加快教育改革步伐。在培养模式改革方面，着力营造有利于学生全面发展的制度环境，加快构建国家、地方、高校三级“本科教学工程”体系，探索建立健全高校自我评估、合格评估、审核评估、专业认证及评估、国际评估“五位一体”的教学评估制度，深入实施基础学科拔尖学生培养试验计划、系列卓越人才教育培养计划，深入推进试点学院综合改革，积极推进职业教育产学结合、工学结合，加大力度培养经济社会发展急需的技术技能人才和拔尖创新人才。在办学体制改革方面，深入实施民办教育改革试点，加快推进高起点、高层次中外合作办学，大力推进职业教育集团化办学，推动高等学校进一步完善治理结构。在管理体制改革方面，加快推进政府职能转变和简政放权，系统研究进一步落实和扩大高校办学自主权，加快大学章程建设步伐，稳步推进教育督导体制改革，全面启动义务教育均衡发展督导评估认定工作，教育管办评分离迈出重要步伐。在保障机制改革方面，进一步完善农村义务教育经费保障机制，提高高等学校生均拨款水平，出台中等职业学校教师专业标准，启动了乡村教师生活补助，完成了中小学教师资格考试与定期注册制度改革试点，加快了教育信息化推进步伐，教育保障水平不断提高。

1月31日，首届全国教育科研工作会议明确教育科研主攻方向。

会议指出，教育科研要在办好人民满意教育过程中发挥创新理论、服务决策、指导实践、引导舆论的功能，全面提升创新能力和服务水平。要突出教育科研工作的主攻方向，深入研究中国特色社会主义教育发展规律，为教育事业科学发展提供智力支持，服务地方、学校教育改革发展，宣传先进理念，回应群众关切，为教育持续健康发展营造良好氛围；要不断增强教育科研能力和服务水平，增强大局意识，坚持理论联系实际，大力推进协同创新，高度重视成果转化；要营造有利于教育科研事业发展的良好环境，把教育科研作为教育改革发展重要的基础工作来抓，着力建设一支充满活力的高素质专业化教育科研队伍；要努力成为探索教育规律、创新教育理论的“思想库”，成为提出政策建议、服务教育决策的“智囊团”，成为研究教育策略、服务教育实践的“设计师”，成为引导教育舆论、更新教育观念的“宣传队”，努力开创教育科学研究新局面。

2月

2月4日，《义务教育学校校长专业标准》发布。

为贯彻落实《国务院关于加强教师队伍建设的意见》，进一步明确和规范教师专业素质要求，着力提高教师师德水平和业务能力，教育部印发《义务教育学校校长专业标准》。《标准》提出了“以德为先、育人为本、引领发展、能力为重、终身学习”五个基本理念，明确了校长的道德使命、办学宗旨、角色定位以及专业发展的实践导向和持续提升要求；首次系统建构了我国义务教育学校校长“规划学校发展、营造育人文化、领导课程教学、引领教师成长、优化内部管理、调适外部环境”六项专业职责，体现了倡导教育家办学的要求。

1月8日，教育部印发《幼儿园教职工配备标准（暂行）》。该标准明确了幼儿园教职工的范围，对不同类型幼儿园教职工与幼儿的配备比例进行了确定；明确了各年龄层次的班级规模及每班保教人员配备标准，全日制幼儿园每班应配备“两教一保”或“三教轮保”；明确了幼儿园园长、卫生保健人员、炊事人员、财会人员、安保人员及其他人员的配备标准。

9月20日，教育部印发《中等职业学校教师专业标准（试行）》。《标准》在内容和结构上突出体现中等职业学校教师“双师型”特色。基本理念是“师德为先、学生为本、能力为重、终身学习”。基本内容包括“专业理念与师德、专业知识、专业能力”三个维度，分为15个领域，细化为60个条目。《标准》还对各级教育行政部门、职业教师培养培训院校、中等职业学校如何运用以及职业学校教师专业发展提出了具体实施要求。

2月20日，三部门联合部署中西部高等教育振兴计划。

教育部、国家发展改革委、财政部联合印发《中西部高等教育振兴计划（2012—2020年）》，确定中西部高等教育总体发展目标：到2020年，中西部高等教育结构更加合理，特色更加鲜明，办学质量显著提升，建成一批有特色、高水平的高等学校，为整体提升我国高等教育发展水平、建设高等教育强国奠定坚实基础。《计划》细化为加强优势特色学科专业建设、加强人才队伍建设、深化教育教学改革、提升科研创新水平、增强社会服务能力、促进优质资源共享、扩大中西部学生入学机会、优化院校布局结构、加强交流与合作、健全投入机制10个方面26项主要任务。明确了中西部高校在办学条件、人才队伍、学科专业、人才培养、科学研究、社会服务、文化传承创新等方面的具体改革目标，包括“中西部高校基础能力建设工程”“中西部高校提升综合实力工作”“对口支援西部地区高等学校计划”等内容。

2月，教育部、国家发展改革委印发了《中西部高校基础能力建设工程规划（一期）》，在2012—2015年，支持24个中西部省区100所地方本科高校基础能力建设，主要加强面向本科生的教学实验室、综合实验训练中心、图书馆等设施建设和配置必要的设备，以提高本科教学的实验基础能力。工程以五年为一个周期，实行滚动实施。4月18日，教育部、财政部印发了《关于中西部高校提升综合实力工作的实施意见》，在没有教育部直属高校的中西部省区，支持一所有特色、高水平的地方大学建设，全面提升综合实力，有效增加区域优质高等教育资源，更好地满足人民群众接受优质高等教育的现实需求，为中西部地区经济社会发展做出更大贡献。

2013年“对口支援西部地区高等学校计划”的实施取得新进展。进一步扩大了实施范围，受援高校已达75所、支援高校共有100所。其中，支援高校共接收受援高校647名教师和管理干部进修锻炼，为受援高校定向培养博士研究生计划387名、硕士研究生计划139名。

2月22日，各级各类学校深入开展“我的中国梦”主题教育活动。

教育部党组印发《关于在全国各级各类学校深入开展“我的中国梦”主题教育活动的通知》，提出要通过丰富多彩、生动活泼的形式，教育引导广大学生深刻领会实现中华民族伟大复兴是中华民族近代以来最伟大的梦想；深刻领会每个人的前途命运都与国家和民族的前途命运紧密相连；深刻领会空谈误国，实干兴邦，“中国梦”的实现需要广大学生坚定理想信念，励志刻苦学习，积极投身实践，为把我们的国家建设好、发展好而努力奋斗。《通知》强调，各地各校要高度重视、精心组织，广泛宣传、深化影响，明确责任、有序推进，确保“我的中国梦”主题教育活动取得实效。3月25日、27日和4月2日，教育部分别召开高等教育、基础教育、职业教育系统“中国梦”教育活动三个座谈会，针对不同教育领域、不同阶段学生的特点，分类推进宣传教育活动。

9月3日，教育部党组印发《关于在全国各级各类学校深入开展“爱学习、爱劳动、爱祖国”教育的意见》。《意见》指出，爱学习、爱劳动、爱祖国，简明清新地明确了青少年健康成长的要求，充分体现了以习近平为总书记的党中央对青少年的亲切关怀和殷切希望。开展“三爱”教育对于培育和践行社会主义核心价值观，深化“中国梦”宣传教育，帮助学生树立正确的世界观、人生观、价值观具有重要意义。10月，教育部在天津召开“三爱”教育座谈交流会，围绕推进“三爱”教育，进一步研讨工作思路，交流工作经验。

3月

3月1日，教育部党组部署加强教育系统党风廉政建设工作。

3月1日，全国教育系统党风廉政建设工作视频会议召开。会议强调要坚决贯彻落实中央关于党风廉政建设和反腐败工作的新部署新要求，进一步增强忧患意识、风险意识、责任意识，扎实推进教育系统党风廉政建设。要加强纪律建设，严把政治关；加强作风建设，严把风气关；加强反腐倡廉建设，严把廉洁关。会议要求，要加强和改进巡视监督检查、科研经费监督检查、择校乱收费和教辅材料的监督检查；要改进工作作风，认真贯彻落实“八项规定”，厉行勤俭节约，制止奢侈浪费，严格执行廉洁自律有关规定。

3月11日，教育部党组印发《关于进一步加强和改进巡视工作的意见》，明确要把发现问题的能力作为巡视工作的重点内容。4—6月，教育部对8所直属高校和4家直属单位开展了巡视。5—6月，教育部对38所直属高校开展了科研经费管理情况专项检查，进一步督促高校落实科研监管责任。5—7月，教育部开展治理义务教育阶段择校乱收费和中小学教辅材料散滥问题专项检查。同时，开展高校招生录取工作监督检查，特别是对“点招”进行了专项治理。

3月12日，部署深化职能转变工作，提高管理科学化水平。

按照中央部署要求和“两会”精神，教育部把职能转变工作摆在特别重要位置，坚持进一步简政放权，进一步优化机构设置和职能配置，进一步提高服务能力和管理科学化水平，努力建设职能科学、结构优化、廉洁高效的服务型政府机关，努力办好人民满意的教育。要求对现有各项行政权力进行全面梳理，积极稳妥推进放权。要向地方政府放权，尽快制定加强省级政府教育统筹的指导意见；要向学校放权，尽快制定落实扩大高校办学自主权的意见。综合运用立法、拨款、规划、信息服务、政策指导和必要的行政措施等手段加强宏观管理，充分发挥、调动地方和学校积极性，进一步加大省级政府对区域内各级各类教育的统筹，激发学校办学活力。加大审批改革工作力度，在新一届政府成立以来已明确宣布取消、下放4项教育行政审批事项基础上，已上报将再取消、下放9项行政审批项目，使我部行政审批改革比例达到总体审批事项的43.3%。

教育部组织研制了《教育现代化进程监测评价指标体系》，用于监测评价国家和各地区教育现代化整体发展水平与进步程度。组织研制了教育满意度测评工作方案，对政府和学校的教育工作进行满意度测评。

3月14日，加快推进以“三通两平台”为核心的教育信息化建设。

为落实全国教育信息化工作电视电话会议各项部署，教育部印发了《2013年教育信息化工作要点》，确定了2013年教育信息化工作的思路、方式，以及五大核心目标和九项重点工作。

经过一年多的努力，初步形成各方面联合推进教育信息化的工作机制，教育信息化工作取得重大进展。一是完成“教学点数字教育资源全覆盖”项目。为农村义务教育学校布局调整中确需保留和恢复的教学点配备数字教育资源接收和播放设备，配送优质数字教育资源并培训教师，到2013年底已有4.7万个教学点应用项目配备的设备和数字资源开出国家规定课程，超过项目教学点总数的80%。二是“宽带网络校校通”比例不断提高。全国义务教育阶段学校实现网络接入的比例达57%，已建设多媒体教室160多万间，占教室总数的41%，50%以上的学校已实现至少拥有一间多媒体教室。三是“优质资源班班通”有效推进。8—9月，全国中小学信息技术教学应用成果在北京及中西部8省巡展；9月24日，全国基础教育信息化教学现场观摩活动在哈尔滨举办；10月18—21日，2013年全国职业院校信息化教学大赛在南京举办。四是“网络学习空间人人通”逐步扩大。师生实名网络学习空间已超过600万个，应用范围已从职业教育扩展到基础教育和高等教育领域。五是教育资源公共服务平台建设取得新进展。国家教育资源公共服务平台2.0版开通运行，已具备为1万所学校、100万名教师和1 000万名学生提供网络学习空间和数字教育资源服务的能力。六是教育管理公共服务平台建设全面推进。7月31日，教育部、财政部、人力资源和社会保障部联合在京召开全国教育管理信息化工作电视电话会议，并印发《关于进一步加强教育管理信息化工作的通知》；在全国推行学生和教师“一人一号”、学校“一校一码”，全国中小学生学籍、学前教育、教师管理等信息系统建设快速推进，实现了全国1.5亿名中小学生、3 000多万名幼儿和1 800万名教职工基本信息集中入库。七是教师信息技术应用能力培训及教育行政部门负责人专题培训工作全面展开。6—8月，教育部举办7期“教育局长教育信息化专题培训班”，培训地市、县区级教育局长近千人；10月25日，教育部启动“全国中小学教师信息技术应用能力提升工程”。

3月29日，三部门联合推进深化研究生教育改革。

教育部、国家发展改革委、财政部联合印发《关于深化研究生教育改革的意见》，提出把立德树人作为研究生教育的根本任务，坚持走内涵式发展道路，以服务需求、提高质量为主线，以分类推进培养模式改革、统筹构建质量保障体系为着力点，更加突出服务经济社会发展、创新精神和实践能力培养、科教结合和产学结合、对外开放，为提高国家创新力和国际竞争力提供有力支撑，为建设人才强国和人力资源强国提供坚强保证。

《意见》要求，优化类型结构，建立与培养目标相适应的招生选拔制度；鼓励特色发展，构建以研究生成长成才为中心的培养机制；提升指导能力，健全以导师为第一责任人的责权机制；改革评价机制，建立以培养单位为主体的质量保证体系；扩大对外开放，实施合作共赢的发展战略；加大支持力度，健全以政府投入为主的多渠道投入机制。通过改革，实现发展方式、类型结构、培养模式和评价机制的根本转变。到2020年，基本建成规模结构适应需要、培养模式各具特色、整体质量不断提升、拔尖创新人才不断涌现的研究生教育体系。

7月10日，刘延东副总理在全国研究生教育工作暨国务院学位委员会第三十次会议上强调，要深化综合改革，创新人才培养模式，健全质量保障体系，促进研究生教育质量提升和内涵发展，为全面建成小康社会提供高端人才支撑。7月11日，国务院学位委员会决定开展学位授权点动态调整工作。11月4日，教育部、人力资源和社会保障部印发《关于深入推进专业学位研究生培养模式改革的意见》。此前，财政部、国家发展改革委、教育部印发《关于完善研究生教育投入机制的意见》，提出完善研究生教育投入机制“三位一体”的政策体系，包括财政拨款制度、奖助政策体系、建立健全收费制度。

4月

4月15日，开展“教育经费管理年”活动。

国家财政性教育经费占GDP比例实现4%目标后，用好管好教育经费的任务更突出，要求更迫切，社会关注度更高。每年2万多亿财政性教育经费支出中，地方支出所占比重达到80%以上，要想用好管好教育经费，中央和地方必须共同努力，其中大部分经费管理责任在地方。为推动、指导各地进一步用好管好教育经费，促进事业科学发展，教育部印发了《关于开展“教育经费管理年”活动进一步用好管好教育经费的通知》，对各地提出了具体要求。各地也都就加强教育经费管理印发了文件，制订了工作计划，开展了督查和宣传。

9月12—13日，全国教育财务工作暨“教育经费管理年”现场推进会在云南召开。会议全面总结交流了各地典型经验，研究分析了教育财务工作面临的主要形势和任务，部署巩固4%成果、落实法定增长、保持教育经费稳定增长、加强教育经费使用和管理等方面的工作。

4月15日，推进高等职业教育考试招生制度改革。

为着力构建现代职业教育体系和技术技能人才培养“立交桥”，提高我国高素质技术技能人才培养水平和国际竞争力，教育部印发《关于积极推进高等职业教育考试招生制度改革的指导意见》，提出要逐步使高等职业教育考试招生与普通本科考试分离，重点探索“知识＋技能”的考试评价办法，为学生提供多样化入学形式；逐步形成省级政府为主统筹管理，学生自主选择、学校多元录取、社会有效监督的中国特色高等职业教育考试招生制度。2013年，改革工作取得积极进展，高职分类考试招生人数达到144万名，较2012年增加11万名，占高职招生计划总量的43%。

5月

5月18日，全国县域义务教育均衡发展督导评估认定正式启动。

教育部在江苏省张家港市召开全国县域义务教育均衡发展督导评估认定现场会，对张家港、常熟、太仓三市义务教育均衡发展进行评估认定，正式启动全国县域义务教育均衡发展评估认定工作。现场会后，国家教育督导检查组陆续对江苏、浙江、四川、河北、湖北、黑龙江、湖南、陕西、新疆、天津、山西、辽宁、重庆、西藏、青海、宁夏、安徽、山东、河南、广西、海南、福建22个省（区、市）325个申报义务教育发展基本均衡县的县（市、区）开展了督导评估认定工作，293个县（市、区）达到国家认定标准，成为首批义务教育发展基本均衡县（市、区）。

6月24日，教育部召开全国义务教育均衡发展现场经验交流和工作推进会。会议总结了近年来义务教育均衡发展工作进展情况，重点推介了晋中市均衡发展义务教育的经验，对今后一个时期的义务教育均衡发展进行了全面部署。会后，各地积极学习借鉴先进地区的经验和做法，结合实际开展工作，形成了上下联动、协同推进的良好局面，义务教育均衡发展进入了新阶段。

5月30日，扩大实施农村贫困地区定向招生专项计划。

为贯彻落实国务院常务会议精神，让更多勤奋好学的农村孩子进入重点高校学习深造，教育部会同有关部门，印发《关于2013年扩大实施农村贫困地区定向招生专项计划的通知》。一是扩大规模，由2012年的一万名重点高校招生专项计划增至三万名。二是扩大区域，由2012年的680个集中连片特殊困难县，扩大到832个贫困县以及重点高校录取比例相对较低的河南、广东、广西等10省区。三是增加高校，由2012年的222所扩大到263所，覆盖所有“211工程”高校和108所中央部属高校。四是鼓励地方采取措施，在国家扩大实施专项计划基础上，依据本地实际情况，制定地方所属重点高校进一步提高招收农村学生比例的政策措施。

2013年扩大实施专项计划取得成效，农村户籍学生上重点高校的人数和机会有一定增加。在实施专项计划的22个省（区、市），2013年重点高校录取农村户籍学生27.8万名，较2012年增加了8.5%；农村户籍学生上重点高校录取率达到7.2%（全国平均为9.6%），较2012年增加0.6个百分点。重点高校录取比例偏低的河南等十省区本科一批录取人数较2012年增加了12.6%。

5月30日，召开中国特色新型智库建设座谈会。

刘延东副总理主持座谈会并强调，要深入贯彻落实党的十八大精神和中央领导同志有关要求，充分发挥高校学科齐全、人才密集的优势，繁荣发展高校哲学社会科学，努力打造一批在国内外具有重要影响的高端智库。

会后，教育部研制了《中国特色新型高校智库建设推进计划》，从主攻方向、机构和队伍建设、体制机制改革等方面对高校智库建设进行了总体规划，提出了一系列重点举措。以“2011协同创新中心”和高校人文社会科学重点研究基地建设为抓手，整合优质资源，创新组织模式和运行机制，培育成立了一批以服务国家重大需求为导向的高校智库型研究机构。加强《高校哲学社会科学委员会专家建议》采编和报送工作，完善哲学社会科学发展报告项目研究和发布机制，形成较为有效的决策咨询呈报和信息发布渠道。各地各高校努力深化社科领域综合改革，积极探索新型高校智库的组织模式和管理方式，在提升咨政服务能力方面取得了新进展。

5月，教育部、财政部公布“2011协同创新中心”首批认定结果。

为全面贯彻实施“高等学校创新能力提升计划”（简称“2011计划”），2013年1月中旬至5月，教育部、财政部组织了首批“2011协同创新中心”认定工作。认定工作坚持全面开放、择优认定的原则，按照高起点、高水准、有特色、宁缺毋滥的标准，突出改革，注重实效。认定过程面向社会开放，在会议答辩环节设立旁听席和媒体观摩席，并邀请媒体全程跟踪采访现场考察工作。最终从167个申报的中心中，遴选出14个认定为首批“2011协同创新中心”。首批认定的协同创新中心共有69个主要单位参与组建，其中高校31所，科研院所和骨干企业38家。认定工作得到了社会各界的广泛关注和支持，产生了积极影响和带动作用。

在“2011计划”的推动下，高校在岗位设置、人员聘用、评价考核、成果转化、资源投入等方面，制定和实施新的改革措施与政策近300项，新出台相关规章制度和办法逾1 500个，有效推动了高等教育模式和高校科技体制的深化改革。

6月

6月5日，国务院发布《关于公布〈通用规范汉字表〉的通知》。

《通知》指出，《通用规范汉字表》是贯彻《中华人民共和国国家通用语言文字法》，适应新形势下社会各领域汉字应用需要的重要汉字规范，对提升国家通用语言文字的规范化、标准化、信息化水平，促进国家经济社会和文化教育事业发展具有重要意义。《通用规范汉字表》公布后，社会一般应用领域的汉字使用应以《通用规范汉字表》为准，原有相关字表停止使用。10月9日，教育部等12部门印发《关于贯彻实施〈通用规范汉字表〉的通知》，要求相关领域认真组织开展宣传培训工作，大力推动《通用规范汉字表》在基础教育、信息产业、新闻出版等领域的贯彻实施。

8—10月，为弘扬传承中华优秀文化，提高国民汉字书写能力和使用规范汉字意识，国家语委联合中央电视台主办了首届“中国汉字听写大会”，得到广大群众的广泛好评和中央领导的高度肯定，激发了全社会对书写汉字的热情。

6月8日，发布推进中小学教育质量综合评价改革意见，启动中小学绿色评价。

为了切实扭转单纯以学生学业考试成绩和学校升学率评价中小学教育质量的倾向，促进学生全面发展、健康成长，教育部印发了《关于推进中小学教育质量综合评价改革的意见》，推出配套的《中小学教育质量综合评价指标框架》。

《意见》构建了体现素质教育要求、以学生发展为核心的绿色评价指标体系，包括学生品德发展水平、学业发展水平、身心发展水平、兴趣特长养成、学业负担状况5个方面20个关键性指标。指标体系强调综合考查学生发展状况，既关注学生的学业水平，又关注品德发展和身心健康；既关注共同基础，又关注兴趣特长；既关注学习结果，又关注学习过程和学习效益。

为抓好落实，7月19日教育部印发《关于组织申报国家中小学教育质量综合评价改革实验区的通知》，决定选择部分地区开展实验。经组织专家评审，确定上海市等30个地区为国家中小学教育质量综合评价改革实验区。实验区将先行先试，进一步完善评价指标、标准和相关配套政策，发挥示范带动作用。

6月18日，教育部会同有关部门实施卓越人才教育培养计划。

教育部、中宣部印发《关于加强高校新闻传播院系师资队伍建设　实施卓越新闻传播人才教育培养计划的意见》。《意见》提出了加强马克思主义新闻观教育、加强人才培养基地建设、推动高校与新闻单位从业人员互聘、推动人才培养模式改革创新、推动优质教学资源共建共享等五个方面的改革措施；启动实施了高等学校与新闻单位从业人员互聘“千人计划”，2013年从新闻单位选聘214名编辑记者、从相关高校选聘100名骨干教师进行互聘；下发《关于地方党委宣传部门与高等学校共建新闻学院的意见》，在上海召开现场会，总结推广上海市委宣传部与复旦大学共建新闻学院的做法经验，指导10个省市党委宣传部门与高等学校签署共建协议。

7月18日，教育部、中央政法委员会、最高人民法院、最高人民检察院、公安部、司法部印发《关于实施高等学校与法律实务部门人员互聘“双千计划”的通知》，加强高校与法律实务部门的合作，探索建立高校与法律实务部门人员互聘制度，促进高等法学教育与社会主义法治国家建设实践的结合，提高法律人才培养质量。2013—2017年，计划选聘1 000名左右有较高理论水平和丰富实践经验的法律实务部门专家到高校法学院系兼职或挂职任教，承担法学专业课程教学任务；选聘1 000名左右高校法学专业骨干教师到法律实务部门兼职或挂职，参与法律实务工作。

12月3日，教育部、农业部、国家林业局印发《关于推进高等农林教育综合改革的若干意见》，要求充分发挥高等农林教育在解决“三农”问题中的重要作用，为农林教育改革与发展提供政策支持和制度保障。同时印发《关于实施卓越农林人才教育培养计划的意见》，通过开展拔尖创新型、复合应用型、实用技能型三类人才培养模式改革试点，形成多层次、多类型、多样化的具有中国特色的高等农林教育人才培养体系。

6月19日，中国加入《华盛顿协议》，高等工程教育取得突破。

在韩国首尔召开的国际工程联盟大会上，《华盛顿协议》全会一致通过接纳中国为该协议签约成员。《华盛顿协议》提出的工程专业教育标准，是国际工程界对工科毕业生能力的权威要求。加入《华盛顿协议》，表明我国工程教育的质量得到了国际社会的认可，意味着我国通过工程教育专业认证的学生将来可以在相关的国家或地区按照注册工程师的要求，取得工程师执业资格，获得走向世界所需具备的国际互认质量标准通行证。

2013年，高等工程教育的本科在校生452.3万人，研究生60万人，占高校本科以上在校生规模的32%。工程教育经过多年发展已经具备良好基础，层次结构逐渐趋于合理、人才培养类型多样，工程技术人才培养体系逐步完善。

6月19日，启动实施“孔子新汉学计划”。

为贯彻落实《孔子学院发展规划（2012—2020年)》关于建设孔子学院综合文化交流平台的要求，国家汉办制订并实施“孔子新汉学计划”，主要包括中外合作培养博士、来华攻读博士学位、“理解中国”研修学者、“青年领袖”来华访问、资助国际会议和翻译出版6个项目。该计划联合北京大学、复旦大学、北京师范大学等14所国内高校，首批招收来自30个国家70名人文学科博士生，其中绝大部分来自世界著名高校。2013年，组建首批300人的中方专职教师队伍，加大中方教师选派规模，支持10所外国高校建立汉语师范专业，资助80多所孔子学院设立骨干教师岗位，挑选成绩优异的“孔子学院奖学金”来华留学生回国任教，并与美国孟菲斯大学、英国牛津大学出版社等外国著名高校和出版机构合作研发本土教材，为孔子学院和汉语教学本土化发展开辟了新渠道。

12月7—8日，第八届孔子学院大会在京举行。刘延东副总理出席孔子学院大会开幕式并发表主旨演讲，为70所先进孔子学院（课堂）、个人和中方院校颁奖。来自120个国家孔子学院所在大学校长、中外院长等1 200多名代表，围绕“回顾过去，展望未来”主题，分优秀办学案例论坛和校长论坛进行了热烈讨论，为提高孔子学院办学质量和水平建言献策。

6月20日，神舟十号航天员太空授课活动成功举行。

为激发青少年学生的民族自豪感和爱国主义精神，增强学习兴趣，提高科学素质，教育部与中国载人航天工程办公室、中国科学技术协会共同主办神舟十号航天员太空授课活动。在大约40分钟的授课中，航天员王亚平通过质量测量、单摆运动、陀螺运动、水膜和水球5个基础物理实验，展示了失重环境下物体运动特性等物理现象，并通过视频与设在中国人民大学附属中学的地面课堂进行互动交流，包括少数民族学生、进城务工人员随迁子女及港澳台地区学生代表在内的330余名中小学生参加了地面课堂活动。全国6 000余万名中小学生通过电视直播同步收看，其余学生通过教育网视频收看。授课活动的成功举办，展示了中华儿女“敢上九天揽月”的豪情壮志，体现了我国科技进步的日新月异和综合国力的不断提升，极大地激发了青少年学生的爱国热情和民族自豪感，有助于促进他们弘扬科学精神，树立远大理想，立志为实现中国梦而努力学习、奋发向上。

7月

7月8日，深入开展党的群众路线教育实践活动。

2013年7月至2014年1月，根据中央统一部署，教育部党组及机关司局、直属单位、部属高校参加第一批党的群众路线教育实践活动。半年来，在中央第25督导组的指导下，在部教育实践活动领导小组领导下，根据《教育部深入开展党的群众路线教育实践活动实施方案》，各项活动扎实推进，顺利完成了各项任务。

7月8日，部党组召开了党的群众路线教育实践活动动员部署大会。活动开展后，按照三个环节顺利推进。一是学习教育、听取意见。认真学习习近平总书记系列重要讲话，原原本本学习中央印发的学习材料，先后召开了4次党组扩大会，邀请有关专家、领导和模范人物作11次专题报告，各司局和直属单位组织集体学习交流150多场次。二是查摆问题、开展批评。通过发放征求意见函、开通邮箱、设立24小时电话、召开座谈会、深入基层等方式，广泛听取教育系统内外各方面意见，查准找实“四风”问题。将对部党组和部机关的意见建议梳理为1 274条。10月28日，教育部党组用2个半天和1个晚上的时间，召开专题民主生活会，认真学习贯彻习近平总书记参加河北省委常委班子专题民主生活会时重要讲话精神，按照“照镜子、正衣冠、洗洗澡、治治病”的总要求，坚持严肃认真、实事求是、民主团结、触及灵魂，开展积极健康的批评和自我批评，认真查摆“四风”方面的突出问题，深刻剖析产生问题的原因，明确提出整改方向和措施。三是整改落实、建章立制。研制了《教育实践活动整改方案》，确定了11类56项整改举措；针对群众反映最突出的“四风”问题，印发了《“四风”突出问题专项整治工作方案》，共提出6类15项专项整治任务；出台了《制度建设计划》，提出了6类50项需要完善的制度。组织开展了部党组整改情况通报评议。部党组总体整改情况、专项整治工作情况、制度建设情况“好”与“较好”的比例均达到98%。2014年1月23日，教育部召开了党的群众路线教育实践活动总结大会。

教育实践活动在加强思想政治建设及反对形式主义、反对官僚主义、反对享乐主义、反对奢靡之风方面取得了明显成效，在解决人民群众关心的教育热点问题上取得了重要进展。

7月26日，国务院教育督导委员会召开第一次全体会议，构建“政府管教育、学校办教育、社会评教育”新格局。

刘延东副总理主持会议，研究深化教育督导体制改革、转变教育管理职能等问题。会议强调，深化教育督导体制改革，是转变政府职能的必然要求，也是提高教育质量的有力保障和解决教育热点难点问题的重要抓手。要按照党的十八大提出的“构建系统完备、科学规范、运行有效的制度体系”要求，建立健全管办评分离的教育管理体制，完善督政、督学和监测工作体系，加强监督指导、监测评估和考评问责，引导地方政府依法履行教育职责，促进各级各类学校规范办学，推动教育质量全面提高。

9月17日，国务院教育督导委员会印发《中小学校责任督学挂牌督导办法》，明确规定县级教育督导部门为区域内中小学校设置责任督学，在校门以标牌的形式公布责任督学信息和督导事项，对学校进行经常性督导。12月19日，印发《中小学校责任督学挂牌督导规程》和《中小学校责任督学工作守则》，进一步规范中小学校责任督学挂牌督导工作。

8—12月，国务院教育督导委员会陆续组织开展了一系列专项督导工作。8月28—31日，甘肃省教育督导部门对13个受灾县的1326所学校开学复课情况进行了全面督查。9月1—3日，由国家督学和有关专家组成的国家督导组，深入岷县、漳县、陇西县、渭源县等受灾地区，重点督查了39所学校的开学复课情况。11月上中旬，对北方地区集中供暖的18个省（区、市）和新疆生产建设兵团中小学校冬季取暖进行了专项督导。11月13—15日，对媒体报道的河南省台前县中小学校办学条件进行专项督导，督促当地政府和学校及时整改。12月上中旬，对各省（区、市）教育财政投入的使用管理情况进行专项督导，推动地方政府切实履行教育职责，落实好财政投入的使用管理，保障教育事业优先发展。

7月29日，七部门部署实施教育扶贫工程。

为落实中央扶贫开发工作会议精神和《中国农村扶贫开发纲要（2011—2020年）》与教育规划纲要的战略部署，教育部会同发展改革委、财政部、扶贫办、人社部、公安部、农业部等部门研究制定了《关于实施教育扶贫工程的意见》，强调要充分发挥教育在扶贫开发中的重要作用，培养经济社会发展需要的各级各类人才，促进连片特困地区从根本上摆脱贫困。《意见》提出，到2020年，使片区基本公共教育服务水平接近全国平均水平，教育对促进片区人民群众脱贫致富、扩大中等收入群体、促进区域经济社会发展和生态文明建设的作用得到充分发挥。《意见》明确了提高基础教育的普及程度和办学质量、提高职业教育促进脱贫致富的能力、提高高等教育服务区域经济社会发展的能力、提高继续教育服务劳动者就业创业的能力四个方面的目标，并从经费保障、学生就业、对口支援、人才引进四个方面提出了保障措施。

8月

8月11日，中小学生学籍管理办法发布。

为规范中小学生学籍管理，提高新形势下基础教育科学管理水平，保障适龄儿童、少年受教育的权利，教育部印发《中小学生学籍管理办法》。这是我国首部全国性的中小学生学籍管理办法。

《办法》分为总则、学籍建立、学籍变动管理、保障措施、附则五章30条，对基础教育阶段学生学籍的建立、审核、转接和监管提出了规范性要求。《办法》规定，每个中小学生拥有唯一学籍号，实行“籍随人走、终身不变”。学生学籍号是学籍信息的核心要素，以学生居民身份证号为基础，从幼儿园入园或小学入学初次采集学籍信息后开始使用。《办法》还确立了学籍管理省级统筹、属地管理，动态监管、全程跟踪等基本原则。2013 年年底，全国 31 个省份和新疆生产建设兵团已全部完成系统的安装部署，绝大多数省份系统运行稳定，这标志着全国中小学生学籍信息管理系统基本建成。预计 2014 年春季学期全国联网试运行。

8 月 15 日，扩大中小学教师资格考试与定期注册制度改革。

中小学教师资格考试改革和定期注册试点是国家教改领导小组确定的国家层面重大教育改革之一，是提升教师队伍来源质量、严格教师考核管理的重大制度创新。教育部印发《关于扩大中小学教师资格考试与定期注册制度改革试点的通知》，全面总结 2011 年以来六省试点的成功经验，研究解决改革中遇到的若干重要政策问题，决定进一步扩大中小学教师资格考试和定期注册改革试点范围。在河北、上海、浙江、湖北、广西、海南六个省份试点基础上，新增山西、安徽、山东、贵州四个省为试点省，将试点工作扩大到十个省份。新增试点省份从 2013 年下半年开始参加中小学教师资格考试，并选择一个地级市开展中小学教师资格定期注册试点。原有的试点省份要继续完善中小学教师资格考试的组织实施工作，并可适当扩大中小学教师资格定期注册试点的区域，逐步在各省（区、市）全面实施。

同时，教育部颁布《中小学教师资格考试暂行办法》和《中小学教师资格定期注册暂行办法》，明确了 2015 年前全面实施教师资格考试和定期注册制度的时间表和路线图，确立了改革的基本制度规范，并将教师资格考试和定期注册制度纳入《教师法》修订范围，从立法层面为改革的深入推进提供制度保障，标志着改革进入依法依规逐步全面实施的新阶段。还健全中职教师资格考试制度，启动中职教师 18 个专业大类的考试标准、大纲和题库的研制与建设工作。

2013 年，顺利举行了两次全国性中小学教师资格考试，37.4 万人参加考试；上海等三个省市 10.3 万教师申请首次注册，通过率 99.61%，不予注册或暂缓注册了一批不合格教师。

8 月 30 日，进城务工人员随迁子女在当地参加高考工作取得积极进展。

2012 年 8 月，国务院办公厅转发了教育部等四部委《关于做好进城务工人员随迁子女接受义务教育后在当地参加升学考试工作的意见》。教育部积极会同有关部门采取多项措施指导督促各地制定出台具体办法，截至 2012 年年底，全国 30 个省（区、市）按时向社会公布了方案。

2013 年，河北、辽宁、吉林、黑龙江、江苏、浙江、安徽、河南、湖北、湖南、重庆、云南 12 省市开始解决随迁子女在当地参加高考问题，普遍采取细化报考办法、补办报考手续等人性化措施，确保有关政策落实到位。据统计，共有 4 440 名符合条件的随迁子女在当地参加高考。截至 8 月 30 日，共录取 2 770 名，录取率 62.4%，其中 66% 为农村户籍学生。此项工作得到社会各界好评，浙江随迁子女家长感恩浙江为第二故乡，一些政协委员赞赏此举对促进教育公平、引导人口合理有序流动等方面产生了积极影响。

9 月

9 月 2 日，建立健全中小学师德建设长效机制。

2013 年，媒体集中报道极个别中小学教师严重违反师德和法律的事件，引起了社会高度关注，教师队伍整体形象和声誉受到很大损害。为大力弘扬高尚师德，切实解决师德突出问题，教育部印发《关于建立健全中小学师德建设长效机制的意见》，就建立健全教育、宣传、考核、监督与奖惩相结合的中小学师德建设长效机制提出七条意见：创新师德教育，引导教师树立远大职业理想；加强师德宣传，营造尊师重教社会氛围；严格师德考核，促进教师自觉加强师德修养；突出师德激励，促进形成重德养德良好风气；强化师德监督，有效防止失德行为；规范师德惩处，坚决遏制失德行为蔓延；注重师德保障，将师德建设工作落到实处。这是首部关于中小学师德建设长效机制和违反师德行为的处理办法，通过建章立制及时回应社会重大关切。

教育部还研制了《中小学教师违反师德行为处

理办法》，明确中小学教师不可触犯的师德禁行行为和相应处理程序，为学校及地方教育部门处理严重违反师德的教师提供依据和指导；建立了重大舆情响应工作机制，对师德先进典型大力宣传表彰，对违反师德特别是恶性犯罪事件依法依规及时查处；创新了师德教育方式，将“寻找身边的张丽莉”大型公益活动中发现的400名师德表现优秀的教师纳入“国培计划”师德教育专家库，请他们走进课堂言传身教，生动诠释师德内涵。

9月10日，国家教育体制改革领导小组审议并原则通过《国务院关于加快发展现代职业教育的决定》和《现代职业教育体系建设规划》。

为推进职业教育改革发展，更好地服务国家经济发展方式转变，按照中央要求，教育部会同发展改革委、财政部、人社部、农业部、扶贫办等部门筹备召开全国职业教育工作会议。在系统调研行业、企业、学校及社会等方面需求基础上，研究起草了《国务院关于加快发展现代职业教育的决定》与《现代职业教育体系建设规划》。这两个文件共同构成今后一个时期指导职业教育改革创新的基本文件，提出了发展中国现代职业教育的总目标，即“到2020年，形成适应发展需求、产教深度融合、中职高职衔接、职普相互沟通，体现终身教育理念，具有中国特色、世界水平的现代职业教育体系”。

4月15日，教育部发布《关于积极推进高等职业教育考试招生制度改革的指导意见》，要求高等职业教育考试招生逐步与普通高校本科考试分离，重点探索“知识＋技能”的6种考试评价办法，为学生提供多样化入学形式。5月15日，教育部、文化部、国家民委联合印发《关于推进职业院校民族文化传承与创新工作的意见》，并遴选了首批100个全国职业院校民族文化传承与创新示范专业点。6月28日，为引导地方本科高校向应用技术类型高校转型发展，加快现代职业教育体系建设，促进高等教育结构调整和高校分类管理，35所以应用技术类型高校为办学定位的地方本科高校成立应用技术大学（学院）联盟。8月，1 000所国家中等职业教育改革发展示范学校建设完成布点；首批276所项目学校于下半年进行了验收，重点建设了1 103个专业点、430个特色项目，形成了近1 200个典型案例，毕业生就业率达到98.06％，面向企业和社区开展了6 400多个技术服务项目，开展职业培训近1 000万人次。10月，首批39所国家骨干高等职业院校立项建设单位顺利通过验收。11月28日，教育部批复同意在宁波市设立国家职业教育与产业协同创新试验区。12月，高等职业学校提升专业服务产业发展能力项目顺利完成验收，中央财政支持建设全国31个省、自治区、直辖市以及新疆生产建设兵团和计划单列市的977所独立设置公办高职院校的1 816个专业，惠及全日制在校学生近90万人，整体提升了高职院校的专业发展水平和社会服务能力。

9月13日，教育部、财政部对实施乡村教师生活费补助政策的连片特困地区给予综合性奖补。

根据《中共中央国务院关于加快发展现代农业进一步增强农村发展活力的若干意见》中关于“对在连片特困地区乡、村学校和教学点工作的教师给予生活补助”的要求，教育部、财政部印发《关于落实2013年中央1号文件要求对在连片特困地区工作的乡村教师给予生活补助的通知》，决定从2013年起，中央财政对实施乡村教师生活费补助政策的连片特困地区给予综合性奖补。2013年，中央财政对已实施乡村教师补助的205个县给予了综合性奖补，共安排资金9.15亿元。这一政策，对于进一步提高农村教师生活待遇，加强农村教师队伍建设，促进义务教育均衡发展有着重要意义。

9月30日，厦门大学马来西亚分校筹建。

这是我国985高校首次赴境外独立开办分校。分校计划于2015年招生，招收外籍学生，实施本科和研究生教育。优先开设中医学、汉语言文字、电子信息工程等专业。截至2013年，我国高校赴境外办学项目共计89个，机构2个。

9—11月，建立《国家学生体质健康标准》上报数据抽查复核机制。

为贯彻落实《国务院办公厅转发教育部等部门关于进一步加强学校体育工作若干意见的通知》，完善学生体质健康监测评价制度，努力建成科学规范的学校体育评价机制，教育部首次对全国各级各类学校实施《国家学生体质健康标准》测试上报数据进行逐级审核和抽查复核。全国共抽查128个地（市、州），近310多个县（区、市），抽查大中小学校近4 000所，学生总量达45万人。教育部组织专家开展抽查复核数据统计分析工作，形成《2013年国家学生体质健康标准测试数据统计分析报告》《2013年国家学生体质健康标准测试数据抽查复核报告》，有关结果向社会公示。

10月

10月13日，2013年全民终身学习活动周举行。

活动周的主题是“为实现中国梦——终身学习·人人成才”。开幕式展示了2013年全国“百姓学习之星”代表的风采，公布了“第二届全国社区教育特色课程（通识课程）”优秀教学资源，面向社区居民举办了摄影、书法篆刻作品、茶具创意设计、音乐活动、中国画、百姓理财等竞赛活动的成果。各地活动周推出了一批内容丰富、形式多样的终身学习和教育培训活动。

近年来，参与全民终身学习周的城市数量和群众数量不断增多，成为推进终身教育体系建设和学习型社会建设的重要载体。2013年全国24个省（区、市）的690多个城市陆续开展了全民终身学习活动周，比2012年增加了100多个。

10月14日，首次在全国所有公办高校开展本科教学质量年度报告编制发布工作，并鼓励民办高校参与。

为把《教育规划纲要》“建立高等学校质量年度报告发布制度”落到实处，教育部印发《关于普通高等学校编制发布2012年〈本科教学质量报告〉的通知》，启动2013年本科教学质量年度报告编制发布工作。《本科教学质量报告》主要含本科教育基本情况、师资与教学条件、教学建设与改革、质量保障体系、学生学习效果、特色发展、需要解决的问题七个方面。这是在2011年“985工程”高校、2012年“211工程”高校公布本科教学质量年度报告的基础上，教育部首次要求全国所有公办高校开展本科教学质量年度报告编制发布工作，并鼓励民办高校参与；首次实行属地化管理，加强省级教育行政部门统筹，要求各省级教育行政部门按《通知》要求，并结合本地区实际情况，组织完成本地区高校本科教学质量年度报告的编制发布工作。

9月30日，高等教育教学评估中心发布了《全国“211工程”高校本科教学质量报告（2012年）》《全国新建本科院校教学质量监测报告（2012年）》《全国新建本科院校合格评估报告（2012年）》三种高校本科教育质量监测系列报告。

10月21—23日，首届国际学习型城市大会在北京召开。

会议围绕“全民终身学习：城市包容、繁荣与可持续发展”的主题，从民主、民生、公平和改革的视角进行了广泛交流和深入探讨。会议通过了《建设学习型城市北京宣言》和《学习型城市主要特征》。来自102个国家的500余名代表参加了大会，其中包括来自世界40多个城市的市长。

刘延东副总理出席会议开幕式并致辞指出，城市越来越成为终身学习的主要阵地。本次大会推动城市整合资源、发挥潜力，促进全民终身学习，顺应了时代发展要求，有助于推进公平正义、促进社会和谐、增进民众福祉、创造更加美好的未来。

11月

11月7日，建立中小学校舍安全保障长效机制。

国务院办公厅转发教育部、发展改革委、公安部、监察部、财政部、国土资源部、住房城乡建设部、水利部、审计署、安全监管总局、地震局、气象局《关于建立中小学校舍安全保障长效机制的意见》，明确和落实各级政府及其相关部门责任，综合考虑城镇化发展、人口变化等因素，紧密结合教育事业发展、防灾减灾、校园建设等规划和各类教育建设专项工程，统筹实施校舍安全保障长效机制。坚持建管并重，通过维修、加固、重建、改扩建等多种形式，逐步使所有校舍满足国家规定的建设标准、重点设防类抗震设防标准和国家综合防灾要求，同时加强对校舍的日常管理和定期维护。《通知》在认真总结实施校舍安全工程成功经验的基础上，提出通过建立健全包括校舍年检、安全预警、信息发布、隐患排除、项目管理、责任追究在内的制度体系，构建保障中小学校舍安全的长效机制。

11月16日，首次核准中国人民大学等6所高等学校章程，切实推进高校依章程自主办学。

为加强高校章程建设，进一步完善现代大学制度，根据2011年颁布实施的《高等教育章程制定暂行办法》，教育部遴选了中国人民大学等12所高校作为章程建设试点学校，并于2013年成立了教育部高校章程核准委员会。

中国人民大学、东南大学、上海外国语大学、东华大学、华中师范大学、武汉理工大学率先完成了章程校内起草和审议程序，形成章程核准稿报送教育部。7月11日，教育部高校章程核准委员会召开第一次会议，原则上审议通过了6所高校章程核准稿，并提出了修改意见。8月12日，教育部网站公布了6所高校修订后的章程核准稿（征求意见稿），向社会公开征求意见。

9月22日教育部印发了《中央部委所属高等学校章程建设行动计划（2013—2015年）》，明确了教育部及中央部门所属的114所高等学校章程建设的目标任务与时间要求。11月16日，教育部核准了第一批6所高校章程。这进一步确立了高校章程的法律地位和作用，标志着落实扩大高校办学自主权、推动高校依法治校、完善现代大学制度、依章程自主管理迈出了实质性的一步。

11月25日，学习贯彻党的十八届三中全会精神，切实做好深化教育领域综合改革各项工作。

教育部专门印发了《中共教育部党组关于认真学习贯彻党的十八届三中全会精神的通知》。《通知》指出，学习贯彻十八届三中全会精神，是当前和今后一个时期教育系统重大政治任务。要重点组织学习习近平总书记重要讲话和十八届三中全会《决定》，深刻领会全面深化改革的重大意义，准确把握全面深化改革的指导思想、总体目标和基本原则，准确把握全会对经济体制、政治体制、文化体制、社会体制、生态文明体制和党的建设制度改革的系统部署，深刻认识全面深化改革必须加强和改善党的领导，全面准确地把握全会的基本精神。要通过学习宣传，把广大干部师生的思想和行动统一到全会的决策部署上来，把智慧和力量凝聚到实现全会确定的各项任务上来，进一步增强道路自信、理论自信、制度自信，进一步增强进取意识、机遇意识、责任意识，坚定改革信心，锐意进取，攻坚克难，扎实推进教育领域综合改革，以实际行动把全会精神落到实处。

《通知》要求，全面深化教育领域综合改革，体现以改革推动发展、提高质量、促进公平、增强活力的总体思路，主动适应经济社会发展需要，自觉遵循教育规律和人才成长规律，进一步突出重点，明确攻坚方向，找准着力点，完善配套政策，不断取得新突破。全面贯彻党的教育方针，坚持立德树人基本导向，促进学生全面发展；要优化资源配置，大力促进教育公平，提高教育质量；深化考试招生制度改革，拓宽学生发展通道；加快职能转变和简政放权，构建政府学校社会新型关系。

11月28日，教育系统深入学习贯彻习近平总书记系列讲话精神。

党的十八大以来，习近平总书记围绕改革发展稳定、内政外交国防、治党治国治军发表了一系列重要讲话，对教育改革发展也做出了一系列重要论述。“五四”青年节，习近平对广大青年提出“要坚定理想信念、练就过硬本领、勇于创新创造、矢志艰苦奋斗、锤炼高尚品格”五点殷切期望；“六一”儿童节，习近平寄语全国少年儿童“立志向、有梦想，爱学习、爱劳动、爱祖国”；教师节前夕，习近平向全国教师致慰问信勉励教师“做学生健康成长的指导者和引路人，努力成为业务精湛、学生喜爱的高素质教师”；在联合国“教育第一”全球倡议行动一周年纪念活动上，习近平发表视频贺词承诺“努力让每个孩子享有受教育的机会，努力让13亿人民享有更好更公平的教育，获得发展自身、奉献社会、造福人民的能力”；在会见清华大学经管学院顾问委员会海外委员时，习近平强调“我们将秉持科技是第一生产力、人才是第一资源的理念，兼收并蓄，吸取国际先进经验，推进教育改革，提高教育质量，培养更多、更高素质的人才”；在欧美同学会成立100周年庆祝大会上发表重要讲话时，习近平要求“各级党委和政府要认真贯彻党和国家关于留学人员工作的方针政策，更大规模、更有成效地培养我国改革开放和社会主义现代化建设急需的各级各类人才，为留学人员回国工作、为国服务创造良好环境”。习近平关于教育工作的系列重要论述，充分体现了中央对教育工作的高度重视和殷切期望，为推进教育改革发展、努力办好人民满意的教育指明了方向。

为进一步深入学习贯彻习近平总书记系列重要讲话精神，中共教育部党组印发《关于教育系统深入学习贯彻习近平总书记系列讲话精神的意见》。《意见》指出，教育系统党员干部和广大师生要充分认识深入学习贯彻习近平总书记系列讲话精神的重大意义，切实增强学习贯彻的自觉性主动性。要全面准确学习领会习近平总书记系列讲话精神的基本内涵，深刻把握贯穿其中的立场观点方法，要深入学习领会习近平总书记关于教育工作的重要论述，着力推进教育事业科学发展。

教育部各司局和直属单位认真贯彻《意见》要求，将习近平总书记系列讲话特别是关于教育工作的重要论述，作为党委（党支部）学习的重中之重，各单位主要负责人带头学、带头讲，开展学习心得交流，将学习讲话精神体现到各单位的工作谋划中，体现到高素质干部队伍建设中。同时，将学习讲话精神和党的群众路线教育实践活动紧密结合，认真查摆“四风”方面存在的突出问题，抓好整改落实工作，切实推动转变工作作风。各地教育部门和各级各类学校结合本地本校实际，切实加强组织领导，推动学习贯彻习近平总书记系列讲话精神不断向深度和广度拓展。

11月29日，推进高等学校科技评价改革创新。

教育部印发《关于深化高等学校科技评价改革的意见》，强调要按照“鼓励创新、服务需求、科教结合、特色发展”的原则，通过评价机制改革和价值导向调整，把高校和广大科技工作者的目标追求凝聚到创新质量和实际贡献上来，突出围绕科学前沿和现实需求催生重大成果产出的导向，产学研协同创新加快创新驱动发展的导向，推进科教结合提升人才培养质量的导向。

《意见》结合高校特点对分类评价做了进一步细化，充分尊重科学研究的探索性和不确定性，不以同一把尺子去量不同类型的人才。明确了教育部将修改完善各类科研基地和人才项目评价体系及评价机制，地方教育行政部门要对本部门各类科技项目、人才项目和科技奖励做相应改革，高校承担科技评价改革的主体责任。

12月

12月4日，国务院部署全面改善贫困地区义务教育薄弱学校基本办学条件。

国务院召开常务会，审议通过教育部、发改委、财政部《关于全面改善贫困地区义务教育薄弱学校基本办学条件的意见》。会议确定，以中西部农村贫困地区尤其是集中连片特困地区为主，兼顾其他国家扶贫开发重点地区、民族地区、边境地区和东部部分困难地区，按照勤俭办学的原则，把满足基本需求放在首位，调整中央和省级财政教育支出结构，最大限度地向贫困地区义务教育薄弱环节倾斜，由省级政府统筹使用资金，因地制宜、分步逐校实施。力争经过3—5年，使学校教室坚固适用，符合抗震、消防等安全要求，桌椅、图书、实验仪器、运动场地等满足基本教学需求，学校宿舍、厕所、食堂、饮水、洗浴等设施满足基本生活需求，教师队伍素质、结构等基本满足义务教育要求，办好必要的教学点，解决县镇学校大班额问题，提升农村教育信息化水平。

按照教育规划纲要的部署，2010年国家启动实施了农村义务教育薄弱学校改造计划。2011年财政部、教育部印发《关于实施农村义务教育薄弱学校改造计划的通知》，计划主要包括教学装备类项目（2010—2013年）和校舍建设类项目（2010—2015年）。项目地区包括中西部23个省份和东部地区福建、山东、辽宁三个困难省份。按照“科学规划、明确目标，统筹兼顾、合理安排，地方为主、中央奖补，明确责任、确保质量，重在利用、避免浪费”的原则，集中力量解决农村义务教育发展过程中的薄弱环节和突出问题，推进义务教育均衡发展。三年来，在各级政府和有关部门的共同努力下，教学装备类项目任务目标圆满完成。2010—2013年农村义务教育薄弱学校改造计划的教学装备类项目共投入中央专项资金218.6亿元，其中教学仪器设备142.2亿元，图书31.2亿元，多媒体设备45.2亿元。

12月5日，高校审核评估启动。

为落实教育规划纲要，切实推进高等教育内涵式发展，提高本科教学水平和人才培养质量，教育部印发《关于开展普通高等学校本科教学工作审核评估的通知》，决定从2014年至2018年开展普通高等学校本科教学工作审核评估，并公布了审核评估方案。

本次审核评估坚持“以评促建、以评促改、以评促管、评建结合、重在建设”的方针；突出内涵建设，突出特色发展；强化办学合理定位，强化人才培养中心地位，强化质量保障体系建设，不断提高人才培养质量。评估的核心是对学校人才培养目标与培养效果的实现状况进行评价。重点考察办学定位和人才培养目标与国家和区域经济社会发展需求的适应度、教师和教学资源条件的保障度、教学和质量保障体系运行的有效度、学生和社会用人单位的满意度等。

本次审核评估实行中央和省级政府分级负责，按照管办评分离的原则组织实施。中央部委所属高等学校的审核评估由教育部高等教育教学评估中心负责实施，地方所属院校的审核评估由省级教育行政部门负责，逐步形成管办评分离的评估机制。在审核评估过程中实行信息公开制度，严肃评估纪律，开展“阳光评估”，确保评估工作有序、规范、公平、公正。

12月31日，第一期学前教育三年行动计划圆满完成，学前三年毛入园率达到65%。

按照《国务院关于当前发展学前教育的若干意见》的部署，2011—2013年，各地以县为单位实施学前教育三年行动计划，同时，国家启动实施8个学前教育重大项目，重点支持中西部农村地区和城市学前教育薄弱环节，并在14个省（区、市）开展了17项学前教育体制改革试点，探索完善学前教育体制机制。

三年来，在各级政府和有关部门的共同努力下，学前教育改革发展取得历史性成就。学前教育资源快速增加，“入园难”问题初步得到缓解。各地共新建幼儿园3.1万所，改扩建幼儿园4.4万所，增设小学附属幼儿园5.6万所，2013年全国学前三年毛入园率超过65%，提前两年实现“十二五”教育规划目标。学前教育经费大幅增加，长期投入不足问题开始扭转。截至2013年，中央财政共下拨经费500亿元，带动地方投入1 000多亿元。全国学前教育财政投入占教育财政投入的比例从2010年的1.67%提高到2012年的3.23%。教师队伍持续壮大，幼儿园用人机制不断创新。2012年全国共有幼儿园教职工249万人，比2010年增加64万人，增长了34.6%，其中专任教师147.9万人，比2010年增加了33.5万人，增长了29.3%。长期制约幼儿园教师队伍建设的编制、待遇、培养培训等突出问题开始得到破解。

前进中的
中国教育事业

广州颐和实验小学

广州颐和实验小学是一所小区配套全日制小学。以“培养名师、造就名人、创建名校”为办学宗旨，坚持“养成习惯、夯实基础、发展个性”的教育理念，坚持“科研立校、质量强校、创新发展”的办学思路，深入开展课堂教学改革和创新教育实验。7年来，学校承担了国家“十一五”“有效教学的行动与策略”课题；国家“十二五”“新课程高效课堂下教师队伍梯队建设”课题的研究与实验。

原国家教委领导视察学校并与学校董事长李江莲、校长李兴球合影

在中国教育科学研究院的指导下，按照“分科实验、稳步推进、确保成效”的实验原则，在语文、数学、英语学科中全面开展新课程“课堂高效教与学”实验。学校创建了以“三十二五”课堂结构为特征的“SQC问题导学”型课堂学习模式，回归了学生自主学习的课堂价值本位，转变了学生依赖教师的被动性学习局面，学生整体成绩提高迅速，后进生的提高尤其明显。“轻负高效”的优质教育效果受到教育部、中国教育科学研究院等领导、专家的高度评价。

学校自创办以来，一直坚持“三不”原则，即不留家庭作业、不集体补课（毕业班也不例外）、学生不请家教（教师不准家教），把检验学习效果的练习放在课堂完成。学生轻松、高效地学习，把学习当成一种快乐，把读书当作一种享受。这一做法受到了家长的一致拥护和社会的好评，学校被誉为广州地区第一所不留家庭作业的优质教育学校。

学校先后获“白云区特色教育学校”“广州市名校”“广东省教育创新优秀学校”“全国百强民办学校”“全国科教兴校示范学校”“全国教育科研特色学校”。其课程改革成果在省内外得到广泛推广。

学生小组讨论学习

教师观摩课堂教学

高效课堂教学展示

中国南海研究协同创新中心

中心培育启动仪式

中心管委会主任、南京大学副校长杨忠赴英国剑桥大学招聘国际公法（海洋法）人才

中国南海研究协同创新中心成立于2012年7月，于2013年5月获批为首批国家级协同创新中心。该中心由南京大学牵头，外交部、海南省、国家海洋局支持，联合中国南海研究院、海军指挥学院、中国人民大学、四川大学、中国科学院、中国社会科学院等单位，以国家重大战略需求为导向，以实现南海权益最大化为目标，以多学科协同创新为主体，以文理-军地-校所-校校协同为路径，以体制机制改革为保障，全面推动南海问题综合研究，服务国家南海战略决策。该中心依托南京大学地理信息、海洋海岛研究、边疆史学、文献情报、国际关系、政治学、宗教学等多学科优势，协同国内外相关研究力量，通过创新机制，带动南海问题的政治、经济、军事、外交、科技、文化等方面的应用和基础性研究，为国家有关部门提供决策支持服务，将中心创建成为国际一流的南海研究学术创新体、南海战略决策的高端智库、南海国际交流对话平台和涉海事务高端人才培养基地。

中心主任、中国科学院院士王颖与加拿大Dalhousie大学等涉海大学商谈合作事宜

中心执行主任、南京大学教授朱锋为学生做专题学术报告

2013年，中心围绕国家重大需求，以南海研究新型智库建设为抓手，进一步完善了中心管理架构与运行机制；以重大任务为牵引，初步推进了协同体跨单位、跨平台协同创新研究；以南海研究合作交流对话平台建设为纽带，促进了南海研究的国际化，初步实现了人才培养、学科建设、科学研究三位一体的良性互动发展。

2014年，中心进一步落实中长期重大任务，深化文理交叉、军地合作、研究与应用部门结合的跨学科、跨单位、多平台式协同机制，以任务为牵引，完成一批面向国家战略需求，具有一定显示度的科学研究、决策咨询、应急响应成果。

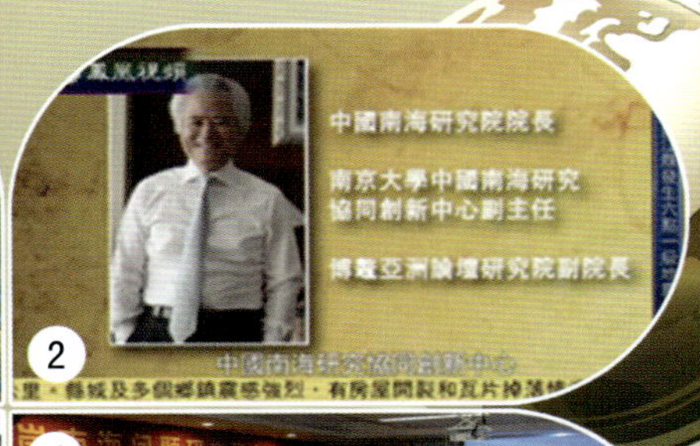

1. 中心兼职教授、国际海洋法法庭大法官高之国在中心“祭甲午海战 建海洋强国”专题学术论坛上做报告

2. 中心副主任、南京大学教授吴士存针对“南海问题如何破局”接受凤凰卫视专访

3. 两岸“南边的蔚蓝——南海主题夏令营”营员合影

4. 中心举办“中国南海研究2013年度论坛”暨两岸南海问题圆桌会议

贵州民族大学

【概况】

贵州民族大学创建于1951年5月17日，隶属贵州省政府，是新中国创建最早的民族院校之一，是贵州省重点建设高校，贵州省政府和国家民委共建高校，是教育部本科教学工作水平评估优秀高校。

自建校以来，已经为社会输送了8万多名各级各类人才。学校四次被国务院评为“全国民族团结进步模范单位”，并获“全国‘三五’法制宣传教育先进单位”“全国‘四五’法制宣传教育先进单位”“教育部依法治校示范校”“贵州省‘五五’法制宣传教育先进单位”“贵州省民族团结进步先进集体”“贵州省精神文明建设先进集体”“贵州省文明单位”“贵州省优美校园”“贵州省绿色大学”“贵州省特色文化学校”“贵阳市红旗文明单位”，先后12年被中国共产党中央委员会宣传部、共青团中央和教育部评为“全国大学生优秀志愿者服务队”和“全国大学生社会实践先进单位”，是国家事务管理局、国家发展和改革委员会、财政部联合发文的“第一批节约型公共机构示范单位”。

【党建工作】

2013年4月12日，召开第三届教职工代表大会暨第四届工会会员代表大会第三次会议。

2013年4月15日至5月13日，省委巡视一组对学校2010年以来的工作情况进行了巡视。

2013年5月15日，召开全校处级以上领导干部会议。会上宣布省委决定，高万能同志不再担任学校党委书记职务，调任省政协科技教育委员会副主任；王凤友同志任学校党委书记，免去校长职务；张学立同志任校长、党委副书记，免去毕节学院院长、党委副书记职务。

2013年11月24日，中央宣讲团成员、中宣部领导莅临学校调研指导工作，并与青年马克思主义者协会的师生就教育改革、生态文明建设等问题进行了交流。中央电视台《新闻联播》进行了报道，贵州电视台《新闻联播》进行了重点报道。

2013年12月7日，学校召开民盟总支成立暨第一届总支委员会选举大会。

2013年学校党委被评为贵州省教育系统“先进党委”。

2013年4月，召开第三届教职工代表大会暨第四届工会会员代表大会

省委巡视一组巡视学校工作反馈会

2013年11月，中宣部领导莅临学校调研指导工作，并与师生交流

学生党员活动会议

贵州民族大学

【教学工作】

2013年4月17日，省教育厅党组成员、省教育工会主席代其平等专家组一行莅临学校，对学校实验教学示范中心进行审评。

2013年9月27日，举行2013年研究生工作会暨研究生院成立揭牌仪式。9月，启动了第五届教学骨干聘任工作，共聘请40名教师为第五届教学骨干。

2013年12月25日，贵州省特色文化学校评估专家组一行莅临学校开展评估工作。

2013年，完成社会工作等8个自主设置二级学科硕点申报工作。

2013年，学校获批国家级“专业综合改革”项目1项，省级教学内容和课程体系改革项目3项，省教育改革发展研究十大招标课题2项，国家民族事务委员会教改课题6项，省级卓越人才培养项目2项，省级教学成果二等奖6项、三等奖4项，省级精品视频公开课建设项目2项。审批校级教学改革项目25项。视频课《中国人的传统精神》被评为2013年国家级精品视频公开课。

2013年9月，研究生工作会暨研究生院成立揭牌仪式

学校召开教学工作会议

学子风采

【科研工作】

2013年5月10日，学校召开西南民族地区社会管理博士人才培养项目实施指导委员会成立暨第一次工作会议。

2013年6月17日，学校承办中国西南民族论坛，全国60多位民族学专家莅临学校。

2013年6月27日，省委书记赵克志和省长陈敏尔考察学校大学生科技创业展示区。

2013年6月29日，学校“贵州民族民间文化科技园”正式挂牌成立。

2013年7月1日， 省人大副主任谢庆生率调研组莅临学校调研贵州省高等教育发展情况。

2013年10月8日，学校“文化产业发展研究中心”挂牌成立。

2013年12月5日，学校“贵州省教育厅地质灾害防治工程技术研究中心”挂牌。

2013年12月12日，教育部专家组莅临学校考察贵州省两江流域环境地质灾害防治工程研究中心。

学校申报的“多彩贵州文化协同创新中心”项目获批，成为全省文化传承类“2011”计划项目。

学校“基于信息融合的贵州水资源质量智能监控平台研究”特色科研平台挂牌成立。

设立博士点学科建设办公室，并完成了初步设计方案。

完成分子生物技术与制药工程实验室、喀斯特湿地生态监测实验室、矿业工程实验室、过程控制实验室及电工实验室等12个实验室建设工作。

2013年5月，学校召开西南民族地区社会管理博士人才培养项目实施指导委员会成立暨第一次工作会议

2013年6月，省领导参观学校大学生科技创业展示区

2013年12月，省教育厅地质灾害防治工程技术研究中心在学校建筑工程学院挂牌

贵州民族大学

【师资队伍建设】

新增博士38人，全职引进博士26人，引进“候鸟型”人才3人。

推荐青年骨干教师3人参加国内访问学者学习，推荐优秀教师5人出国进修，选派青年骨干教师5人到华南理工大学进修。

推荐上报省教育厅评审职称106人，其中正高级21人、副高级80人。组织评审中级职称37人，初级职称14人。国家9部委评审批准“百千万人才工程”国家级人选和国家“有突出贡献中青年专家”1人。

【国际交流工作】

第六届中国—东盟教育交流周系列活动之“中国—东盟跨文化教育暨第十届国际双语学研讨会”

华南理工大学、贵州民族大学2013年对口支援工作例会

2013年9月15日，国家汉办孔子学院总部理事会2013年贵阳年会的50多名代表到学校考察

非洲国家政党青年领袖代表团一行到学校参观考察

2013年全年接受海外留学申请80人，获批74人，其中学历留学生64人、非学历留学生10人。

2013年3月27日，世界自然保护联盟主席、生态文明贵阳国际论坛秘书长、中国教育国际交流协会会长、教育部原副部长章新胜一行莅临学校指导工作。

2013年5月9日，日本京进株式会社董事长立木贞昭、该会社日语教育事业部部长藤井孝史等一行到校访问。

2013年7月29日，国家汉办孔子学院总部理事会2013年贵阳年会的50多名国内外代表到校考察。

2013年9月15日，非洲国家政党青年领袖代表团一行到学校参观考察。马来西亚理工大学与学校签署合作协议。

2013年9月16—17日，由学校与国际双语学学会、省民族事务委员会共同主办的“第六届中国—东盟教育交流周”系列活动之“中国—东盟跨文化教育暨第十届国际双语学研讨会”在学校举行。

2013年9月16日，学校与老挝Souphanouyong大学校长Khamphay Sisavanh、老挝总理办公室政治培训部主任占达就老挝与学校的本科、硕士教育问题达成两项协议。

2013年9月17日，学校校长张学立与马来西亚泰勒大学校长Hasshn Bznshid签署了两校学术合作备忘录。

2013年9月22日，新西兰毛利事务部联络官卿太行、亚太文化交流中心官员张培军、新西兰顺德同乡会会长苏霭琏一行人莅临学校考察。

2013年10月28日，学校承办的2013年马来西亚高等教育论坛（贵州）开幕。

【招生就业】

2013年，学校获批新专业5个。

2013年9月1日，学校应届毕业生初次就业率为80.82%，高于全国平均初次就业率3个百分点。

【学生工作】

学校全年共有27名在校生入伍。

学校大学生网站参加教育部主办的“第六届全国高校百佳网站网络评选活动”，获“百佳网站称号”。

2013年4月23日，学校与云南大益茶业集团合作，成立省内高校首个大益爱心茶室。

2013年5月4日，学校召开第九次团员代表大会。

2013年5月19日，学校学生谭诗雨夺得2013国际旅游小姐中国赛区总决赛冠军。

2013年5月19日，学校旅游航空服务学院夺得2013国际旅游小姐中国赛区总决赛冠军

贵州民族大学

2013年6月，学校男子足球队在全国大学生足球联赛中荣获全国第四名，创全省大学生参加全国性足球比赛的最好成绩。

2013年10月，学校学生作品获全国“挑战杯”三等奖2项。学校代表队获2013年全国全民健身操大赛总决赛3项特等奖。

【基础建设】

2013年5月28日，省教育厅副厅长王碧海及检查组专家莅临学校，督查2013年度固定资产投资、重大工程和重点项目、公租房项目进度情况。

2013年5月30日，学校新校区1 300亩土地征收工作基本完成。

2013年6月27日，省政府划拨学校30 000万元征地专项补助资金到位。

2013年7月18日，召开学校与华南理工大学对口支援工作例会，讨论通过了5个对口支援工作制度。

2013年8月21日至9月27日，国家财政部驻贵州专员办对学校预算、资产和财务管理工作进行检查。

2013年9月25日，学校新校区总体性规划方案及一期单体建筑设计方案可行性研究报告获省发改委批复。

2013年9月26日，招标方案获省发改委批复。

2013年9月28日，新校区建设EPC招标工作完成。

2013年10月14日，省级财政承担学校新校区建设资金60%的文件正式下发。

2013年10月15日，党武校区建设指挥部调整，进入施工建设前期阶段。

2013年11月2日，学校校领导及相关部门负责人赴黔南独山县考察大学城建设情况。

学校先后与岑巩、丹寨、兴义、大方、龙里、雷山、白云、六盘水师院、铜仁职院、贵州电子信息职院、黔东南民族职院、北京中科汉天下电子有限公司等12个县（市、区）及高校、企业签订了战略合作协议。

学校荣誉

文明单位
中共贵州省委 贵州省人民政府
二〇〇八年十二月

全省文明单位
中共贵州省委 贵州省人民政府
二〇一一年十二月

贵州省2006—2010年普法依法治理
先进单位
贵州省依法治省工作领导小组
二〇一一年五月

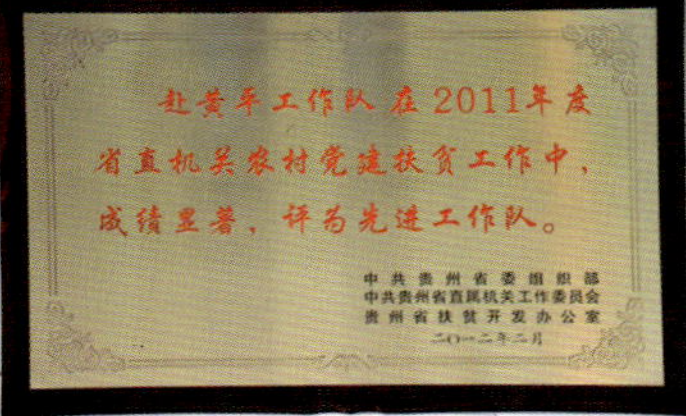

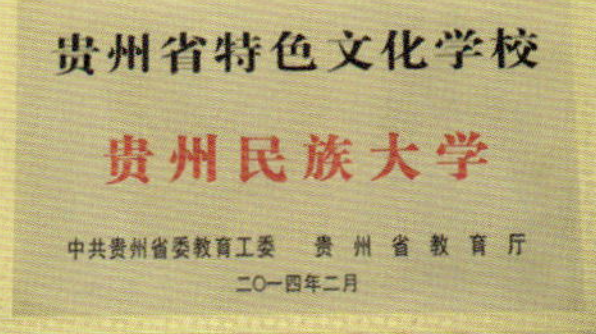

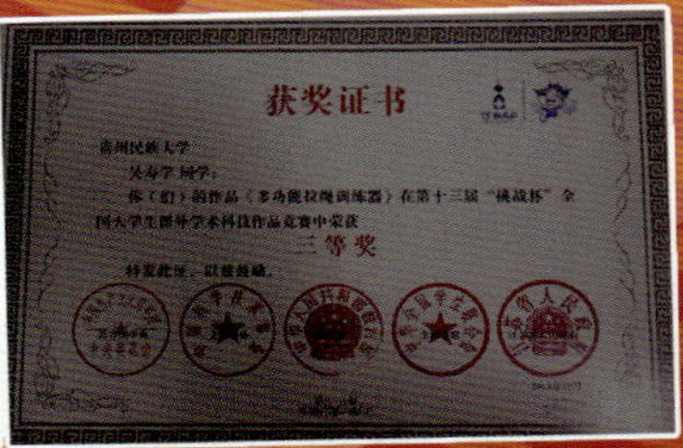

怡海教育集团

怡海教育集团

怡海教育集团成立于1997年12月，是在怡海置业集团、怡海花园房地产开发有限公司董事长王琳达领导下创办的。

王琳达创造性地提出“教育地产”新思路和“以教育为核心竞争力”的企业发展战略，以创办“一流学校、一流教育”和“精英教育”为目标，打造了从幼儿教育、小学教育、初中教育、高中教育到国际教育的一批优秀学校：北京怡海幼儿园、北京第二实验小学怡海分校、北京八中怡海分校及国际部，怡雅中学、长沙怡海小学和长沙怡海幼儿园等。在师资建设、学校管理、教学管理、校风建设、校园文化、教育服务、教育产业管理与运营及儿童和青少年心理教育、综合素质教育、国际化教育、感恩慈善教育、社会实践教育等方面形成独有模式，特色鲜明。

集团积极参与援建四川北川中学，援助湖南湘西冰雪灾区人民和吉首小学，在江苏盐城明达中学、甘肃景泰一中、四川西昌一中举办“树人班”，资助家境贫困的优秀高中学生完成学业。集团获“中国教育公益贡献奖”“全国十大社会公益之星”“最具综合实力教育集团”“中国品牌教育集团二十强” 等称号。

北京市第八中学怡海分校

北京市第八中学怡海分校创建于1998年，是由北京怡海花园房地产有限公司投资，与北京市第八中学合作创办的一所“民办公助”体制寄宿制完全普通中学。2008年，经批准改为全日制民办中学。

学校校长尹小凤曾任北京市第八中学教师、办公室主任、党总支书记兼副校长、北京市教育工会副主席、北京市对外友协理事、香港航天科技国际集团人力资源部副总经理等职，现任北京八中怡海分校校长兼党支部书记、北京怡海教育集团理事会理事。

学校贯彻中央“育人为本，德育为先”的教育宗旨，校训为“勤俭勤奋，敢拼敢赢”。注重学生良好习惯及文明行为的培养，通过各种生动有趣的实践活动让学生综合素质得到全面发展。

一流的师资，坚持走素质教育路线，取得了丰硕的成果：怡海学子遍布国内外140多所大学，包括北京大学、清华大学、中国人民大学、美国斯坦福大学、英国伦敦大学等知名学府。另外，学校一直以来践行以德育人，感恩教育与文体教育并重；颇多的对外交流机会，培养学生放眼世界的能力与习惯。

17年来，学校各项工作取得了优异成绩，在北京教育调查活动中被评为 “北京最具影响力的学校”“市民满意度最高的学校”“毕业生最具竞争力的学校”“北京最具品牌影响力的学校”“中国教育改革创新示范学校” “中国素质教育先进示范校”。

北京八中怡海分校

升旗仪式

学校健美操队参加比赛

学校始终坚持教学工作中心地位，大力倡导“为人师表、诲人不倦”的教风和“德业双修、学而不厌”的学风。近年来，学校获得省级以上教学成果奖28项；入选国家级教学团队1个，省级教学团队5个；国家级特色专业2个，省级品牌、特色专业14个；国家级精品课程3门，国家级双语示范课程1门，省级精品课程37门；国家“十一五”“十二五”规划教材27部。深入实施大学生研究与创新训练计划，2006年以来在“挑战杯”全国大学生课外学术科技作品竞赛等重大赛事中获省部级以上奖励3 500余项。学校获山东省普通高校毕业生就业工作先进集体、首届山东省研究生教育管理与学科建设先进单位。

山东省教育厅主办、学校承办的“泰山学术论坛——智能配电网专题”举行

学校坚持“出人才、出成果、出效益”的科研工作方针，基础研究与应用研究并重，积极为区域经济社会发展服务。学校有国家级工程技术研究中心2个、省级工程技术研究院1个、省级工程技术研究中心14个、省级重点实验室6个、省级重点学科11个、省级人文社科研究基地4个。学校积极参与山东制造业强省建设，与企业、科研院所联合设立了科技研发机构80余个。“十一五”以来，学校先后承担省部级以上课题1 300余项；获各级科研奖励1 200余项，其中2006年、2007年各获国家技术发明二等奖1项，2008年以来，获国家科技进步二等奖5项。

山东理工大学—东岳集团校企合作“高分子氟硅材料班”开班仪式举行

学校召开第二届教职工代表大会第六次会议，表决通过了《山东理工大学章程（草案）》

学校坚持开放办学，加强国际交流与合作，已与美国、英国、韩国、俄罗斯、澳大利亚、新西兰等国家的60余所高校建立友好合作关系，达成交流合作协议。与多个国家的有关高校开展了中外合作办学项目7个，培养留学生2 800余人。

学校举办以“立德树人 筑梦理工”为主题的2014年科技文化艺术节

面对高等教育发展的新形势和新机遇，学校秉承“厚德、博学、笃行、至善”的校训，紧紧围绕人才培养这一根本任务，以学科建设为龙头，以提高质量为核心，以科研工作为重点，以队伍建设为关键，全面实施质量立校、科研强校、人才兴校、特色名校、开放活校战略，着力提升内涵，着力打造特色，解放思想、开放办学，创新体制、科学发展，为早日建成国内知名的教学研究型大学而努力奋斗！

河北师范大学

中科院院士孙大业教授（右二）指导学生

学校图书馆

党委书记李建强（左六）调研泥河湾科考工作

河北师范大学坐落在河北省省会石家庄市，是一所具有百年历史和光荣传统的省属重点骨干大学。学校的主源可追溯到1902年创建于北京的顺天府学堂和1906年创建于天津的北洋女子师范学堂。1996年6月，原河北师范大学、河北师范学院、河北教育学院、河北职业技术师范学院四校合并，组建成新的河北师范大学。近年来，学校围绕“教学研究型、综合性、高水平、有特色新型师范大学”的办学目标，不断深化教育教学改革，积极推进教育创新，推动了各项事业的快速发展。

在113年的发展历程中，学校积淀了深厚的文化底蕴，铸就了“怀天下、求真知”的校训精神。校友中有老一辈革命家邓颖超、刘清扬、郭隆真等，有学界名人梁漱溟、张申府、汤用彤等。新中国成立以来，学校已为社会输送了20余万名各类专业人才。

学校设有21个专业学院和1个独立学院。有教职工2 856名，其中教授405人，中国科学院院士1人，省级以上各类优秀专家106人；全日制在校本、专科生36 371人，研究生4 191人，成人教育学生14 760人。图书馆建筑面积45 000平方米，馆藏图书340余万册，电子数据库40个。

学校坚持以学科建设为龙头，不断加强内涵建设。近10年来，学科建设实现了快速发展，学科专业结构布局不断优化。学校拥有国家重点学科1个，河北省高校强势特色学科4个，省级重点学科14个，省级重点实验室7个；拥有博士后科研流动站9个；有博士学位授权一级学科8个，可招收培养博士生的专业50余个；硕士学位授权一级学科26个，可招收培养硕士生的专业130余个；本科专业103个。学科专业覆盖了哲学、经济学、法学、教育学、文学、历史学、理学、工学、管理学、艺术学10个学科门类。学校先后承担了一批国家“973计划”“863计划”项目和国家自然科学基金重点项目、国家社科基金重大招标项目、国家社科基金重点项目、国家清史纂修工程主体类项目等一批具有较大影响的科研项目，年平均承担国家基金50余项。2010年，中国科学院院士、学校教授孙大业课题组获得国家自然科学二等奖，填补了河北省的空白；教授蒋春澜指导的博士论文入选“全国百篇优博”行列，结束了地方高校数学学科没有全国优秀博士论文的历史。一些自然科学研究成果发表在*Advances in Mathematics*，*Nature Cell Biology*，*Physical Review Letters*等国际权威学术期刊上，人文社会科学研究成果分获国家辞书奖、鲁迅文学奖、全国高校人文社科优秀成果奖等。

学校倾力打造教师教育特色，构建了基础教育师资、职业教育师资和高等教育师资培养“三教并举”、培养培训一体化的教师教育体系。系统开展了顶岗实习支教工程，形成了“3.5+0.5”的教师教育新模式。顶岗实习支教已历时8年，

校长蒋春澜（前排左一）出席科教合作签字仪式

海外孔子学院揭牌仪式

学生在农村中学参加顶岗支教

受到了基层中学的普遍欢迎，得到了各级领导和教育部的充分肯定，国务院副总理刘延东就此项工作曾两次做出批示予以推广。2013年6月，国务院总理李克强到校视察工作时，对学校在基层锻炼学生的做法和学生愿意到基层就业的人生选择给予了高度评价。在强化教师教育特色的同时，学校积极发展非师范教育，为经济社会发展培养急需人才。学校坚持“高起点、严要求、厚基础、重实践”的教学理念，全面实施“大类招生”改革，强化宽口径培养，尊重学生学术兴趣和选择专业的权利。学校已建成非师范专业70个，形成了师范专业与非师范专业协调发展的格局。软件工程、空乘、新闻传播、商学院等非师范专业积极开展与社会联合办学，取得了良好办学成效。

2013年“感动中国”十大人物：学校毕业生格桑德吉

学校发挥多学科优势，积极推进校企联合和协同创新的办学探索，主动为经济建设和社会发展做贡献。已建成“生物适应环境的细胞信号调节机制”和 “数字教育”2个省级协同创新中心。整合数学、信息技术等优势学科资源，与中国移动公司联合组建了移动物联网研究院，在智能视频、数据分析与挖掘、智能信息处理技术、数字旅游等应用开发方面取得了突破性进展。与河北省文物局等单位联合组建了泥河湾考古研究院，承担了河北省重大科技项目——“东方人类探源工程”，并取得了重要的阶段性研究进展。西柏坡精神研究基地发挥政治学等学科优势，已取得丰硕理论研究成果，被纳入国家人文社科研究基地建设系列。燕赵文化研究中心以燕赵文化遗产研究与保护为研究对象，在60多个课题领域开展了研究和探索。此外，学校在小麦新品种、生物制药、信息技术等研究领域，多项研究成果获得专利授权，服务经济建设和社会发展能力明显增强。

学校一贯重视与海外的交流与合作，坚持国际化发展战略。学校是经原国家教委批准的具有招收外籍留学生资格的高校，可招收国外留学生和港澳台学生。学校已与美国、俄罗斯、乌克兰、比利时、韩国等国家的40余所大学和科研机构建立了合作关系，在秘鲁和印度尼西亚建有2所孔子学院。2013年，学校被教育部确定为“中国政府奖学金学生招生单位”。

2011年，占地1 829亩、以“百年学府、现代书院”为设计理念的新校区已全面投入使用，数字化、信息化、智能化的新校园为学校发展奠定了坚实的硬件基础。新校区、新起点、新风貌、新发展，学校将继续全面深化改革，推进内涵式发展，稳步提高办学质量和科技创新能力，向着高水平大学的目标阔步前行！

石河子大学

2008年12月31日，学校进入“211工程”重点建设高校行列

2010年5月，学校被评为“全国毕业生就业典型经验高校”

2010年8月，北京大学、华中科技大学、华东理工大学、华中农业大学、重庆大学、江南大学等9所高校对口支援石河子大学签约仪式

石河子大学位于荣获“联合国人居环境改善最佳范例迪拜奖”的新疆石河子市。是国家“211工程”重点建设高校、国家西部重点建设高校和“中西部高校综合实力提升工程”重点建设高校，由教育部和新疆生产建设兵团（以下简称兵团）共建。学校诞生于兵团、发展于兵团、植根于兵团，大学前身第一兵团卫生学校1949年诞生于中国人民解放军进疆途中。1996年，石河子农学院、石河子医学院、兵团师范专科学校和兵团经济专科学校合并成立石河子大学。

学校拥有21个学院，涵盖经济、法学、教育、文、史、理、工、农、医、管理、艺术11大学科门类，82个本科专业。学校有16个省级以上重点（培育）学科，拥有5个一级学科博士学位授权点，23个一级学科硕士学位授权点，9个专业学位授权点，3个博士后流动站（科研工作站），2个省部共建国家重点实验室培养基地，2个教育部重点实验室。设有国家大学生文化素质教育基地和国家大学生创新实验基地。学校涌现出了国家级教学名师、全国五一劳动奖章获得者曹连莆教授、拥有“百姓教授”称号的全国模范教师代江生教授和被胡锦涛同志誉为“为人师表，品德高尚”的全国模范教师孟二冬教授（北大支教老师）。

学校坚持“以服务为宗旨，在贡献中发展”的办学理念，积极为边疆经济社会发展服务，形成了“以兵团精神育人，为屯垦戍边服务”的办学特色。2014年，学校有在校生34 651人，其中普通本专科生23 596人，国防生406人，硕士、博士研究生3 843人。学校始终坚持“立足兵团、服务新疆、面向全国、辐射中亚”的

办学定位，以培养高素质复合应用型人才作为根本任务，稳步发展本科教育，大力发展研究生教育，积极推进留学生教育，构建了“多样化、高素质、强应用、重创新”的人才培养体系。学校先后培养各类毕业生10余万人，为兵团和全国农垦系统培训各类管理和专业人才20多万人。毕业生就业率连续多年保持在90%以上，学校荣获“全国普通高校毕业生就业工作先进集体”和“全国毕业生就业典型经验50所高校”等荣誉称号。

2012年12月，学校入选“中西部高校提升综合实力建设工程”启动仪式

学校在荒漠绿洲区高效农业与生态、动物遗传改良与疾病控制、新疆地方与民族高发病防治、新疆农产品高效贮藏与深加工、新疆特种植物药资源与开发、化工绿色工艺及新型材料技术、新疆特色农业生产机械化技术与装备、兵团经济社会发展等具有区位优势和特色的研究领域取得了丰硕的成果。

2013年10月，学校参加第十三届“挑战杯”全国大学生课外学术科技作品竞赛决赛，荣获2个二等奖、4个三等奖

学校广泛开展对外交流与合作，先后与14个国家30余所大学和科研机构开展多层次、宽领域的交流合作，在哈萨克斯坦建立了孔子学院，成立了石河子大学俄罗斯语言文化中心。

乘着振兴中西部高校和贯彻落实第二次中央新疆工作座谈会精神的春风，学校正朝着建设“西部先进，中亚一流，国际知名的有特色、高水平大学”的目标迈进。

民汉学生共同学习，互帮互助

诺贝尔化学奖获得者阿龙–西查诺瓦教授到学校讲学

学生参加由教育部主办的“五月的鲜花”全国大学生大型校园文艺演出

中国青年政治学院

中国青年政治学院是共青团中央直属的唯一一所普通高等学校，由教育部和共青团中央共建。中国青年政治学院在1948年成立的中央团校的基础上开办，与中央团校两块牌子、一套机构，承担普通高等教育和共青团干部培训的双重职能。历任院长均由共青团中央书记处第一书记兼任，冯文彬、胡耀邦、韩英、王兆国、胡锦涛、宋德福、李克强、周强、胡春华、陆昊等先后兼任院长。现任院长秦宜智、党委书记倪邦文、常务副院长王新清。

社工学院师生赴美国福特汉姆大学参加暑期课程

中国青年政治学院成立以来，坚持“质量立校、特色兴校”的办学思想，艰苦奋斗、开拓创新，教育质量和办学水平不断提高。2006年，接受教育部本科教学工作水平评估，获评优秀。学院是国家首批卓越法律人才教育培养基地，是教育部批准的国家大学生文化素质教育基地，是中华全国青年联合会和国际劳工组织命名的大学生KAB创业教育基地，是首批民政部社会工作专业人才培训基地。学院与中央编译局共建青年政治人才培养研究基地，与北京市共建社会工作人才发展研究院和青少年生命教育基地，与国家图书馆共建国家图书馆团中央分馆。

“历奇辅导”教学

学院已建立起包括本科教育、研究生教育、留学生教育、继续教育和团干部培训等在内的多形式、多层次的教育格局。专业以人文社会科学为主，其中社会工作、思想政治教育、法学、政治学与行政学为教育部特色专业；社会工作专业、法学专业为教育部首批“专业综合改革试点”项目专业点。

社会工作专业综合改革注重更新教育理念

学院社会工作专业自1993年创建以来，形成了教师专业背景强、教学效果良好、实践经验丰富、学生规模大、社会影响好、办学条件先进等相对优势。该专业在教学、研究和社会服务三位一体的教育模式下，积极坚持开放式办学，注重更新教育理念。

积极吸纳更新教育理念

请进来交流。2013年，学院邀请美国福特汉姆大学社会服务研究生院教授钱恩举办“能力为本课程建设工作坊”，邀请美国北卡罗来纳大学教授郭申阳讲授“倾向值分析”课程，邀请香港注册社工、尚志培训有限公司专业培训顾问吴国雄讲授初级和中级“历奇辅导”课程。

走出去学习。派出骨干教师赴台湾东海大学社会工作系等学习考察“能力为本”课程开发实施情况，参加“萨提亚培训班”和中国社会工作教育协会举办的年会。

注重拓展学生视野

邀请美国及我国香港、台湾地区的专家学者为学生授课、培训，组织实施“香港圣公会福利协会社会工作专业实习项目”“香港浸会大学暑期学术交流营项目”“美国福特汉姆大学暑期课程项目”“社会工作专业顶尖学生培养项目”等多项有利于拓展学生视野和专业能力的项目，每年约有50多名学生赴境外学习交流。

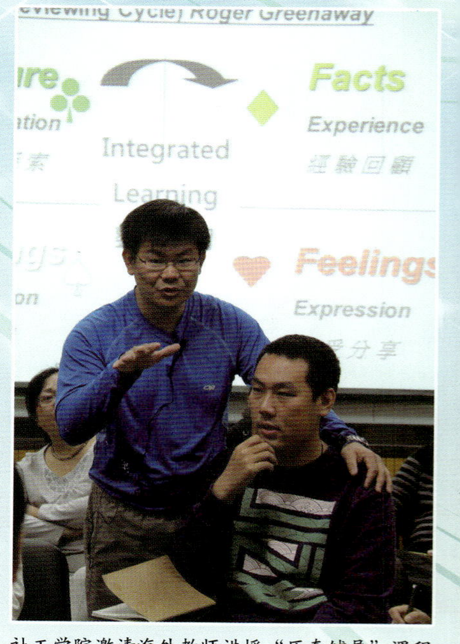

社工学院邀请海外教师讲授“历奇辅导”课程

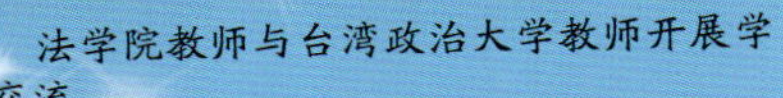
法学院教师与台湾政治大学教师开展学术交流

“宣言杯”法律论坛

法学专业综合改革注重学生实践实训能力培养

学院法学专业秉承“强化理论基础、培养司法能力、具备开放视野”的办学理念，毕业生综合素质较高，涌现出全国十佳公诉人2人、全国十佳侦查监督能手1人。

注重学生司法实践能力培养

联合院外力量开设审判实务课程、检察实务课程和律师实务课程。

开设案例研习课程，努力培养学生的动手能力和法律思维能力。

鼓励学生参加各种学科竞赛和院内模拟法庭活动，包括Jessup国际模拟法庭竞赛、国际刑事法院模拟法庭竞赛、北京市大学生法学辩论赛等。

推进校外实习实践基地建设

为建设好法学教育实践基地，法学院与北京市海淀区人民法院、西城区人民法院、海淀区人民检察院、石景山区人民检察院、北京市人民检察院第二分院、北京市尚权律师事务所、北京岳成律师事务所等多家单位签订实践教学基地合作协议，深化拓展实习实践教学。

开展校际学术交流

致力于加强学生的教育交流与合作。每年选派学生参加新加坡管理大学、台湾政治大学、台湾世新大学的学生交流项目；与美国俄克拉荷马州城市大学法学院开展全面合作，选派学生参加各类美国法学院举办的暑期项目。与西南政法大学建立战略合作关系，每年选派学生到西南政法大学进行一个学期的交换学习等。

学生辩论社成立

法学院学生获北京市大学生模拟法庭竞赛一等奖

学生辩论赛

安康学院

笃学 尚行 砺志 创新

安康学院是陕西省安康市唯一一所省属全日制普通本科院校，以培养具有较高综合素质和创新精神的应用型人才为主要任务。其前身是创建于1958年的安康大学，1963年停办，1978年8月恢复办学。1984年6月，经陕西省政府批准，更名为安康师范专科学校。2006年2月，经教育部批准改建为安康学院。

学院分为江南、江北两个校区，校园占地813亩，校舍总面积269 352.7平方米，馆藏纸质图书93.84万册、电子图书3 140GB、中外期刊1 108种，校园网主干带宽为电信联通双千兆，教学仪器设备总值5 929.7万元。有全日制本、专科学生11 369人，学科涵盖法学、教育学、文学、理学、工学、农学、管理学和艺术学8个门类，设有电子与信息工程系等12个教学院系，开设有32个本科专业，形成了以陕南民间文化研究、秦巴资源保护与开发、农业资源与环境为重点的特色学科方向。

召开党的群众路线教育实践活动动员大会

学院有教职工760人，其中专任教师522人，副高以上职称教师158人，具有博士、硕士学位的教师339人，占专任教师比例的65%，具有“双师型”及行业工程背景的教师134人，省级教学名师5人，国内知名作家1人，受聘为外校博士生导师、硕士生导师14人，外籍教师4人，聘有包括院士、国内知名专家学者、行业企业管理技术人员在内的110人为办学顾问、客座教授和兼职教师。7名教师被聘为陕西省中小企业首席工程师、首席农艺师，60余位教师获国务院政府特殊津贴、全国优秀教师、陕西省突出贡献专家、陕西省劳动模范、陕西省师德标兵、陕西省“四个一批”人才等称号。

教育部高等教育教学评估中心领导调研教师职业技能实训室

学院建有6个省级科研平台、6个市级科研平台和9个校级研究中心，组建科技创新团队8个。升本以来，教师承担国家社会科学基金、国家自然科学基金、国家农业科技成果转化等各级各类科研项目895项，科研经费2 601万元；出版著作、教材177部；发表学术论文3 811篇；取得国家专利9项；获各级科技进步奖、社会科学成果奖、教学成果奖等329项。《安康学院学报》被评为陕西省高等学校优秀社科学报，其中“汉水文化研究”栏目被评为全国高校社科期刊特色栏目。

学校中层干部赴外学习交流开班典礼

学院建有国家级特色专业、综合改革试点专业各1个，省级重点学科1个，省级教学团队4个，省级精品课程7门，省级特色专业、综合改革试点专业各2个，省级实验教学示范中心1个，省级人才培养模式创新实验区3个，是国家级大学生创新创业训练计划高校。升本以来，学校承担省部级教改项目14项，获省级教学成果奖14项，国家级、省级大学生创新创业训练计划40项，建有国家级、省级职业技能鉴定平台27个。近3年，学生在数学建模、挑战杯赛等各类学科专业竞赛、创新与技能竞赛和文体竞赛中，获得国家级奖426个、省部级奖346个；学生发表论文91篇，发表作品200篇。园林专业2007级1班被共青团中央、教育部评为国家先进班集体。学校面向全国22个省（区、市）招生，连续3年学院本科生就业率始终保持在90％以上，被陕西省教育厅授予毕业生就业工作先进集体。

学院与省、市政府签订共建协议，与北京大学等高校建立对口支援、干部培训和合作办学友好关系，与安康市各县（区）和地方企业建立校地、校企合作办学关系，与国内外多家公司和当地企事业单位共建10个实验室。与英国、美国等国家和我国台湾地区的17所高校开展了实质性合作教育，已有近百名学生出国、出境学习深造。

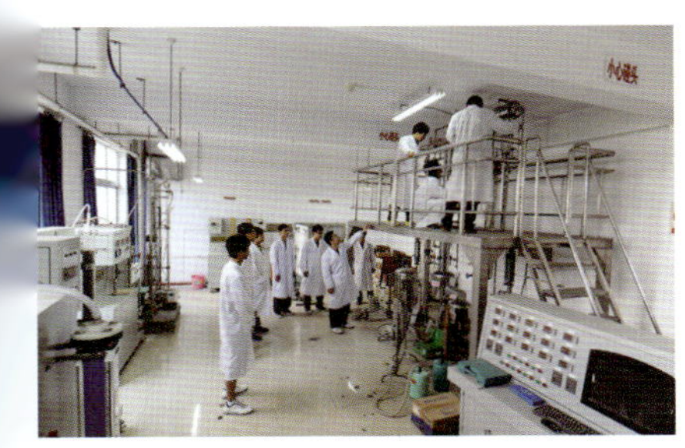

教师指导学生实训

青少年认知中国特色社会主义制度优越性实践基地揭牌仪式

【教育思想观念大讨论活动圆满完成】学院开展了以“大力培养高素质应用型人才，全面提升服务区域发展能力”为主题的教育思想观念大讨论活动，选派20名中层干部赴南京金陵科技学院等4所高校进行考察学习培训，积极探索应用型人才培养模式，进一步解放了领导干部思想，拓宽了办学视野，促进了教育思想观念的转变，为学校改革创新注入了思想活力。

【党的群众路线教育实践活动取得实效】一是开展了以“为民、务实、清廉”为主题的党的群众路线教育实践活动，党员领导干部宗旨意识、党性修养明显增强。广泛征集群众意见，坚持问题导向，集中解决了一批突出问题。制定和完善了一批管理制度，巩固教育实践活动成果，建立了长效机制。创新群众工作方法，开发了校情民意电子信息网络管理系统，拓宽了师生诉求渠道，群众工作水平显著提高。二是认真贯彻落实中央“政治局关于改进工作作风、密切联系群众的八项规定”，加大公务接待、公务用车、行政办公用房整改力度，狠抓党员领导干部作风建设，促进校风、教风和学风转变。全面落实党风廉政建设责任制和“一岗双责”制度，通过开设“曝光栏”，深入开展廉政主题教育活动，强化廉政风险防范与监督机制。

【顺利完成教育部本科教学工作合格评估】围绕以评促建，通过自评自查与专项评估检查等，整体推进、重点突破，教学管理规范化水平不断提高，基本建立起了符合本科院校教学管理质量保障和监控体系。2014年4月14日至17日，学院顺利完成了教育部本科教学工作合格评估专家组进校实地考察工作。

【校地融合 转型发展】学院积极与当地政府联系，建立经常性沟通会商机制，结合区域行业需求，优化专业结构，培养应用型人才。加深融合发展，开展协同创新，在城市发展决策咨询、旅游规划、社会管理、教育培训、科技兴农、文化传承、地方大型文体活动等多个方面做出了显著成绩。

师生参加“通过人文相见——韩中青年论坛”

秦巴生物标本馆

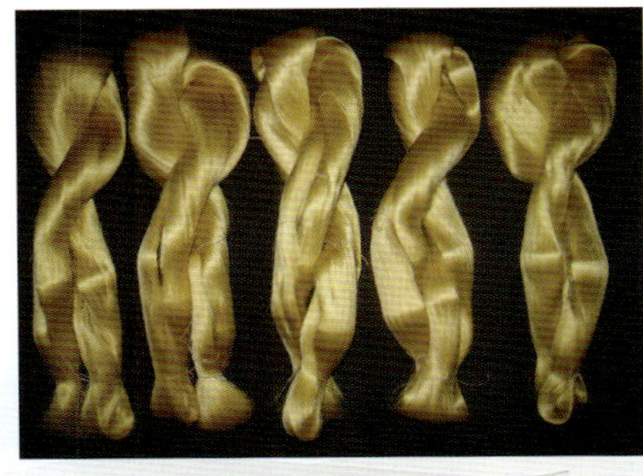
天然彩色蚕丝

西安医学院

【教育工作综述】 西安医学院是陕西省政府举办的一所全日制普通本科院校，创建于1951年，其前身是陕西省卫生学校。1994年，成立陕西医学高等专科学校。2006年，更名为西安医学院。

教育部评估中心领导到学院指导工作

陕西省领导参观学院大学生事务中心

学院由含光校区、未央校区和高新校区组成，总占地面积62.39万平方米，建筑面积56.89万平方米，固定资产总值9.69亿元，其中教学科研仪器设备总值8 212.06万元。图书馆纸质藏书91.19万册、电子图书230多万册。有直属附属医院3所、校外实践基地66个。

学院有临床医学院、护理学院、药学院等12个教学单位。开办有临床医学、护理学、药学、预防医学、口腔医学等17个本科专业(专业方向)。有教职工1 480名，其中专任教师755人；具有副高级及其以上职称的253人，占专任教师总数的33.51%；具有研究生学历的483人，占专任教师总数的63.97%。有陕西省教学名师、享受政府特殊津贴专家、陕西省“百人计划”特聘专家、享受“三秦人才津贴”专家、陕西省“青年科技新星”等人才12人。学院有全日制在校生16 135人，其中本科生12 701人。学院升为本科院校以来，共为国家培养医药卫生人才1万余人，毕业生就业率一直保持在90%以上。

教育部专家指导学院实验教学

学院坚持“面向基层，立足陕西，服务全国，开拓海外，培养高素质应用型医药卫生人才”的办学理念，不断深化教育教学改革，创新人才培养模式，提高人才培养质量，教育教学水平逐年提高。有国家级“卓越医生教育培养计划”试点项目3项，国家级大学生校外实践教育基地1个，省级大学生校外实践教育基地2个，省级特色专业3项，省级专业综合改革试点2项，省级优秀教学团队4个，省级人才培养模式创新实验区3个，省级实验教学示范中心4个，省级中医药科研二级实验室3个，省级精品课程6门，省级教改课题13项，省级优秀教学成果奖7项。学院积极实施科研强校战略，科研实力逐年提升。近3年来，共承担包括国家自然科学基金项目在内的各类科研项目313项，发表学术论文1 945篇。

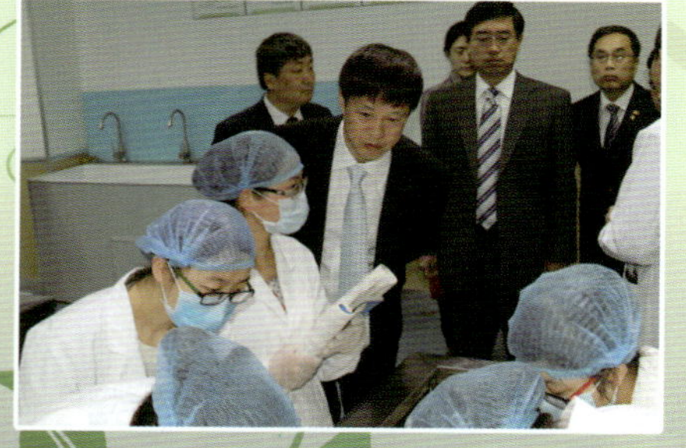

教育部专家考察学院实验教学

学院坚持开放式办学，与美国韦伯州立大学、韩国庆熙大学、意大利罗马生物医学自由大学和帕多瓦大学等国外院校建立了合作办学关系，为进一步加强教育交流与合作打下了基础。

坚持服务地方经济和社会发展，学院先后被确定为陕西省全科医生培训基地、陕西省乡村医生培训中心，为陕西省基层医疗卫生事业的发展做出了重要贡献。

学院大力实施“质量立校、人才强校、特色兴校”战略，全面提高教育教学质量、科研水平和社会服务能力，进入了以内涵式发展为主的新阶段，学院各项事业呈现出蓬勃发展的良好局面。

学院领导干部在延安学习

【深入开展“我的中国梦”主题教育活动】 学院党委制定下发了《关于深入开展“我的中国梦”主题教育活动的通知》。组织开展了“书香校园”阅读主题活动，“西医人、中国梦、赞美党、迎新年”摄影展和以坚定大学生追逐伟大“中国梦”的理想信念为主题的系列校园文化活动等，通过丰富多彩的活动，教育引导广大师生树立实现“中国梦”的坚定理想信念。

召开创建西北医科大学专题会议

【深入开展党的群众路线教育实践活动】 学院印发了《深入开展党的群众路线教育实践活动实施方案》，成立了党的群众路线教育实践活动领导小组，采取集中学习、个人自学、专题辅导、中心组学习等形式抓好学习教育。广泛开展调查研究和征求意见活动，认真召开校、院系两级领导班子专题民主生活会，制订整改方案，按要求完成了群众路线教育实践活动。

【接受教育部本科教学工作合格评估】 为迎接教育部本科教学工作合格评估，学校出台了《西安医学院迎接教育部本科教学工作合格评估实施方案》，全院按照《西安医学院本科教学工作合格评估指标支撑材料分解目录》《西安医学院附属医院和教学基地合格评估支撑材料目录》《西安医学院本科教学合格评估材料整理规范》的要求，扎实做好评建工作，认真组织评估材料。

【筹建西北医科大学工作】 省政府决定将学院逐步发展建设成为西北医科大学，并把筹建西北医科大学当作民生工程写进了2013年陕西省政府工作报告。省委、省政府有关领导多次召开专题会研究西北医科大学建设工作。

省委书记赵正永到校调研，要求学院强化内涵式发展，全力以赴推进西北医科大学建设。副省长王莉霞在省人民医院召开创建西北医科大学专题会议，并为省人民医院成为“西安医学院附属医院”揭牌，西北医科大学建设迈出实质性步伐。

教育部本科合格评估反馈会

高雅艺术进校园

护士节文艺汇演

北京市第八十中学

北京市第八十中学坐落于北京市朝阳区望京科技创业园，是北京市普通高中示范校、北京市拔尖创新人才培养实验学校。学校在“一人一天地，一木一自然——让生命因教育而精彩”的办学理念引领下，取得了丰硕的育人成果，先后获全国教育科研先进单位、全国田径传统项目学校、全国艺术教育先进单位、全国科技教育创新十佳学校、北京市翱翔计划信息技术领域基地校、北京市金帆管乐团、北京市金帆舞蹈团、北京市金鹏科技团等称号。2011年，在中奥建交40周年之际，学校金帆管乐团在维也纳金色大厅举行专场音乐会，受到世界的关注。2011年，时任国家主席胡锦涛到学校亲切看望师生员工，对学校坚持正确的办学方向，培养出一批又一批优秀毕业生所取得的成绩给予了充分肯定。

在“把学校建成研究性、示范性、国际化、现代化的国内外知名学校”的办学目标鼓舞下，在“正身育德、宽容大爱、严谨治教、恒学善研”的教师发展目标引领下，学校拥有一支“师德高尚，师风优良，师能精湛”的优秀教师队伍。有正高级教师2名、在职特级教师22人、市区级学科带头人和骨干教师117人。

学校具有向北京大学、清华大学等多所重点大学校长实名制推荐资格，高考成绩连续7年持续攀升。2014年，学校一本率达98.8%。在美国华盛顿“中国研究中心”推出的2013年中国260大最佳高中的榜单中，北京有17所中学上榜，其中列入前50名的有9个，学校师资单项排名北京市第6位，综合排名北京市第8位。

学校立足北京，接轨国际，铸造“中国灵魂”，培育“世界眼光”。学校国际部中英高中课程项目班自2006开办至今，全部毕业生均以优异的成绩升入英国、美国、加拿大的大学。2010年，又增开了中美课程项目班。学校有来自世界37个国家近400名留学生在读。

学校与祖国共鸣，与世界同在，她正在走向未来，也在回归生命。在这里生命与它最本真的状态正在蓬勃而有生机地幸福成长，在这里金星、银星、星星闪烁；金奖、银奖、个个闪亮；书声、笑声、声声入耳。学校正像她所在的地理位置，面向朝阳。

[2014国家大剧院青少年新年系列音乐会]　12月11日，学校金帆乐团参加“2014国家大剧院青少年新年系列音乐会”——“我们梦想一定实现”的专场演出。乐团演奏了《勃兰登堡》《小夜曲》《庆典》《亚伯兰的追求》《晴朗天空》等古典、现代管弦乐作品，最后全场高唱《红星歌》《我们梦想一定实现》，再一次将音乐会推向高潮。《红星歌》和学校校歌《我们梦想一定实现》的曲作者傅庚辰也到现场观看了演出，他的心灵与孩子们的心灵搭起一座音乐的桥梁，走向彼此。学校温榆河分校合唱团的学生也参加了本次演出。

学校金帆乐团参加“我们梦想一定实现”专场演出现场

[北京市第十七届学生艺术节室内乐展演]　2014年4月23日，学校金帆管乐团附属弦乐室内乐团参加了在解放军军乐厅举办的北京市第十七届学生艺术节室内乐展演。展演中，弦乐室内乐团乐手以整齐统一的团队风貌和端庄稳重、微笑自信的精神面貌，对莫扎特的《嬉游曲》和经典中国乐曲《良宵》进行了完美诠释，博得了评委们的一致好评并获得展演一等奖。

学校金帆管乐团参加北京市第十七届学生艺术节室内乐展演

全国冬令营开幕式在学校报告厅举行

［举办全国信息学冬令营］ 2014年2月7日，由中国计算机学会主办、学校承办的全国青少年信息学奥林匹克冬令营在学校举办。来自全国各地共500余人参加冬令营。

学校校长田树林与全国联赛普及组师生合影

参加全国信息学奥林匹克的学校学生合影

［参加全国信息学奥林匹克竞赛］ 2014年7月26日，学校有5名学生进入信息学奥林匹克北京队，代表北京参加了第31届全国青少年信息学奥林匹克竞赛，获银牌1枚和铜牌4枚的优异成绩。该活动恰逢NOI创建30周年之际，学校获由中国计算机学会颁发的“信息学奥林匹克特色学校”铜牌，教师贾志勇获全国信息学金牌教师、杰出社会服务奖等称号。

［参加全国信息学奥林匹克联赛］ 2014年11月8日，学校参加了全国信息学奥林匹克联赛，共有33人获全国联赛和市级证书，其中提高组一等奖7人、二等奖1人、三等奖5人，普及组一等奖4人、二等奖7人、三等奖9人。

2014年5月，在西班牙FLL机器人挑战赛欧洲公开赛中学校学生与外国学生在一起交流

2014年5月，在西班牙FLL机器人挑战赛欧洲公开赛中学校获奖学生合影

学生在2014年4月美国VEX机器人工程挑战赛世界锦标赛上合影

［参加国际机器人比赛］ 2014年4月，学校机器人社团在美国举行的2014年VEX机器人世界锦标赛中获第4名的优异成绩。此次比赛由美国机器人教育基金会主办，共有20多个国家，700多支代表队参加。2014年5月，学校机器人社团在西班牙举行的2014年FLL机器人欧洲公开赛中获国际金牌。此次比赛共有46个国家，96支代表队参加。

EPD教育项目国家级公开课《生态系统的能量流动》在学校举行

［教育科研成果获奖］ 2014年9月，“创建生物情境教室，促进生物教学改革”研究项目获国家基础教育教学成果一等奖。该项目旨在为学生提供丰富的学习资源，变被动学习为主动学习，提高学生的科学素养，教师改变教学方式，开展探究教学。该项目自启动以来，学生在全国、市、区级各种科技比赛中有300多人获奖，制作模型2 000多件，收集资料1 000份。学生主动学习、探究能力得到充分发展。教师研究课及论文有多项在国家、市级获奖，教师专业化水平得到有效提升。该项研究成果多次在全国范围内进行交流，接待国内外几万人参观。获联合国环境规划署评价“情境教室是献给世界的最好礼物”。

EPD项目主持人学校教师江建敏在做公开课《转基因食品是否安全》辩论赛

东莞职业技术学院

东莞市领导走访慰问学院教师

广东省教育厅领导与大学生超市学生进行交流

东莞市领导到学院调研职业教育情况

广东省教育厅领导莅临学院调研考察，指导工作

东莞职业技术学院是2009年4月经广东省政府批准、教育部备案、由东莞市政府投资13.5亿元兴建的一所全日制普通高等职业院校。学院占地面积62万平方米，有教职工500多人，其中具有正高职称的26人、博士46人，具有硕士及以上学位教师占青年教师总数的90%以上。学院对接东莞5大支柱产业和4大特色产业，开设了机械制造与自动化等25个专业，全日制在校生9 600余人。拥有2个中央财政支持高等职业学校提升专业服务能力项目的专业。2013年，在学院党委的领导下，各项工作取得了可喜的成绩。

【党建工作】

1.党建工作呈现新气象。作为第一批党的群众路线教育实践活动单位，全院在活动中共收集到意见、建议198条，查摆梳理主要问题30个，整改落实工作取得明显成效。

2.党风廉政建设取得新成效。认真开展反腐纪律教育月、党风廉政宣传教育等活动。组织项目验收130项，提出整改意见50条。

【创省示范高职院校】

1.加强顶层设计。学院被确定为第三批省示范性高职院校建设项目立项建设单位。教育部副部长鲁昕莅临学院考察，对学院短时期内取得的成绩表示肯定。

2.突出工作重点。务实、高效地推进7大项目建设进度，建立市纺织服装职教集团、电子商务及培训中心。

【内涵建设】

1.优化专业结构，专业设置紧紧对接区域经济发展需求。结合示范校建设，以重点项目为引领，重点建设四大“专业群”。完成学前教育、电子商务、国际航运业务管理、物联网4个新专业的申报工作。

2.政校行企协同创新，人才培养模式改革成效明显。牵头组建东莞纺织服装职业教育集团，稳步推进政校行企协同创新平台建设。新增4个校内创业基地、4个定向班。2013届毕业生初次就业率达99.17%，在全省高校位居第6，在全省高职高专院校位居第3；最终就业率达99.85%，同比增加0.37%，受到省教育厅表彰。

3.深入推进教育教学改革，人才培养质量快速提高。确定省重点培育专业项目1个；院级教学改革项目29个，校本教材5部等。承办“2013年全国电商和物流职业院校技能大赛（高职组）”国家级技能竞赛。学生在各类技能大赛中获省部级以上奖项60多项，在全省83所高职院校技能竞赛获奖排名进入前十名。

【服务社会】

1.科研水平有新提升。获院级科研基金项目立项104项，省（市）级以上科研项目立项52项，各类纵横向项目立项45项；制定国家行业标准1项。

2.服务地方有新贡献。承担社会各种培训项目52项，培训9 904人次，10多万学时。

3.对口支援有新进展。与茂名职业技术学院开展深度合作，学院多名教师被聘为客座教授；与黔南民族职业技术学院在优势专业的招生方面开展深度合作；与新疆生产建设兵团第三师图木舒克市初步达成合作意向。

4.引领东莞职业教育的发展。承办第二届东莞职业技术教育改革与发展论坛。面向东莞理工学校等中职学校举行中高职衔接自主招生。

省委组织部领导与学院贫困学生座谈

民盟东莞市委员会莞盟助学基金启动仪式暨首期助学项目在学院拉开帷幕

学院举行第三届运动会

【师资队伍建设】

1.加大人才引进力度。共开展了4次招聘工作，招聘教职工46人。

2.提升人才培养高度。组织12名教师下企业锻炼，37名教师参加高校教师岗前培训，选派教职工参加国内培训达861人次，参加国（境）外培训与交流24人次，进入企业挂职锻炼持续半年以上的18人次。用于职工的培训经费达370多万元。

3.拓展人才服务广度。申报高校教师资格证26人，参加职称评审96人，认定13人，高级职称评审通过率较2012年有所提高。做好150人次教职工住房津贴申报工作，为460名教职工办理社保卡换卡工作。

【管理水平】

1.强化制度建设,形成长效机制。公开征求民意，收集意见70多条，出台《教学事故的认定及处理办法》等新制度20多项。

2.适时调整管理机构，激发管理活力。成立创建省示范高职院校办公室和群众路线教育实践活动办公室，提高了工作效率，加强了部门协作，激发了学院的管理活力。

3.推进信息化管理，增强管理科学化。优化内部管理流程，实现行政办事、教学管理、后勤服务等业务的信息化管理。

4.优化行政管理，提高办事效率。认真开展办文、办会、办事各项工作，整理分解各部门督查工作任务。扩大学院宣传力度，提高学院在省市及全国的知名度。

【教育交流与合作】

1.合作广度进一步扩大。全年境外出访40多人次，接待德国、新加坡等地来宾5批；承办广东省高职院校“机械制造与自动化”“电子信息”“汽车检测与维修”专业教师赴台湾培训班。

2.合作领域进一步深化。与香港专业进修学校签订合作框架协议，确定合作办学计划；拓展与新加坡教育机构的合作空间，并初步达成合作意向。

【校园文化】

1.以德为先，加强学生政治思想教育。开展“创先争优”“推优”等工作，增强了团建凝聚力，加强了学生政治思想教育。

2.以人为本，提高学生服务水平。2471人次获得国家奖学金、新生奖学金等奖励，为1 369名经济困难学生解决后顾之忧。心理辅导中心接待学生到访12人次，干预严重心理危机4例。

3.以校为家，提升校园幸福指数。完成了学生宿舍区绿化提升工程，学院被评为“东莞市园林式单位”。

学院2013级新生军训总结大会举行

颁奖现场

歌舞《祖国万岁》

广州铁路职业技术学院

广州市领导与广铁集团领导签署共建学院协议

学院领导慰问春运志愿服务学生

学院基本情况

广州铁路职业技术学院于2000年6月由广州铁路运输职工大学、广州铁路机械学校、广州铁路成人中专校合并组建。2005年8月，由广州铁路（集团）公司正式移交广州市政府主办，是广东省唯一一所以培养轨道交通、铁路等特有专业人才为主的公办全日制普通高职院校。2010年11月，被教育部、财政部确立为“国家示范性高等职业院校建设计划”骨干高职院校立项建设单位。

学院座落在广州原羊城八景之一的“石门返照”风景区，占地322亩，在校生近8 000人。按照“依托行业，适应学生、适应市场、适应政府”的办学理念，秉承“创新每一天”的校训，践行“精益求精”的校风，坚持立足广州，面向全国，辐射华南及港澳的区位定位，充分发挥行业背景深厚和政府管理支持的双重优势，坚持服务轨道交通行业和区域经济社会发展并重，做优轨道交通类专业，做强先进制造类专业，做精电子信息类专业，做实现代服务类专业，大力培养品德高尚、技能精湛、创新奋进的高素质技能型人才。先后获“全国德育先进集体”“广东省普通高校毕业生就业先进集体”“广州市依法治校示范校”等称号。

国家骨干校建设凸显五大亮点

学院自2010年11月获“国家骨干高职院校”建设立项至今，完成了各项项目建设的任务和指标，成果凸显出五大亮点。

亮点一：“政校行企”四方联动，构建紧密型合作办学体制机制

政、校、行、企多方参与，打出了“123”组合拳，构建了“人才共育、过程共管、责任共担、成果共享”的紧密型合作办学体制机制。一是牵头组建广州工业交通职业教育集团，实行理事会制，成员单位达220余家。二是推进两个共建，即广州市政府和广铁集团共建学院，广州市教育局、广州市花都区政府和学院共建“花都工学结合示范园”。三是联合广铁集团车辆段等站段共建机车司机、电气化和现代运输等3个合作学院。

亮点二：省市政府大力支持，辐射带动与示范效应增强

广州市政府在经费投入、新校区建设、政策支持等方面对给予学院大力支持，全力支持学院首批入驻广州教育城，学院占地面积增至800亩以上。自2011年起，学院被广东省教育厅列入广东省自主招生试点院校，招生形式由单一普高统招转变为普高统招、自主招生、中高职三二分段招生并举。跨省招生计划逐年扩大，2013年，面向全国15个省（区）招生，西部省份招生比例提高到15.14%。

广州市政府与广州铁路（集团）公司签署协议共建学院

广州市教育局、花都区政府和学院共建花都工学结合示范园签约暨“管委会”挂牌仪式

亮点三：优化专业结构布局，践行“产教一体、寓学于工”人才培养模式

以城市轨道交通车辆、电气化铁道技术、城市轨道交通运营管理、数控技术 4 个重点专业为龙头，组建了 4 个专业集群，辐射带动全院 7 大专业群 31 个专业发展。建成国家、省、市重点专业 25 个，精品课程 22 门，校企共建特色教学资源库 4 个，优质核心专业课程 76 门，网络课程 120 门；出版工学结合教材 70 部。校内外实训室达 207 个，校外与广铁集团及广州地铁、深圳地铁等企业共建实训基地 96 个。共组建广铁集团、广州地铁等企业冠名“订单”班 97 个，培养“订单”毕业生 4 000 多人，占学院毕业生总数的 64.9%。毕业生总体就业率连续 8 年达 99% 以上，位居全省同类院校前列。

亮点四：专业教师“双师”能力得到提升，兼职教师承担 50% 专业课

学院通过实施“2+1”校企交替工作制度，推行“8+4”教学工作量改革，大大提升了专业教师的实践能力，“双师”素质专业教师达 90% 以上。校企 1∶1 混编组建教学团队，结对互助、合作教学，促进校企教师实践技能和教学能力双提升，兼职教师授课比例达 50%。建成市级创新学术团队 4 支、市级教学团队 3 支；学院有专业带头人 59 人、骨干教师 140 人；培养省市级“教学名师”“羊城学者”5 人，广东省高等学校“千百十”工程培养对象 11 人。

亮点五：社会服务能力得到提升，学生志愿服务成为品牌

一是专任教师服务企业的能力大大提升。学院组建了 31 个“双师工作室”。两年内“双师”教师先后指导学生获国家、省市技能竞赛奖 149 项，为企业提供技术服务 145 项，获专利 100 项。学院与广州火车站等共建了 31 个专业教师“企业工作站”，互派互聘专业教师和企业技术骨干近百人。二是技术研发与服务硕果累累。学院服务行业企业，开展“四技服务”221 项；师生以合作企业中的技术难题为基础，开发专利 168 项；合作研发的“智能交通信息采集系统”等 10 余项科技成果均已投产使用。三是提供员工培训、技能鉴定成倍增长。为企业培训员工 26 000 人次，技能鉴定 8 775 人次。四是学生志愿服务成为品牌。开辟志愿服务基地 23 个，大规模组织学生参与广州亚运会、广交会等活动；连续 14 年服务广州春运，参与学生达 3 万人次，学院连年被评为“广州地区春运工作先进单位”。

学院与加拿大社区学院签署合作协议

学院与广铁集团车辆段共建的机车司机、电气化、现代运输 3 个合作学院授牌仪式

学院牵头组建的广州工业交通职业教育集团挂牌成立

重庆科技学院

重庆科技学院是一所全日制公办普通本科院校，始建于1951年，坐落于重庆大学城。学院有全日制在校生20 000余人，教职工1 500余人；教学院（部）13个，专业硕士学位点2个，本科专业46个；校园占地2 200余亩，建筑总面积76万平方米，教学科研仪器设备总值2.6亿元。图书馆面积4.2万多平方米，藏书226万册。

石油与天然气工程国家级实验教学示范中心

学院坚持“发展方略、发展机制、发展环境”三位一体的办学总布局和“行业性、地方性、开放性、应用型”三性一型的办学总定位，立足石油行业、冶金行业、重庆区域、安全领域，深入实施“特色立校、文化兴校、人才强校”的发展战略，开放合作，与时俱进，朝着建设高水平应用型特色科技大学的宏伟目标奋力迈进。

石油井控实验室

学院牢固树立人才培养中心地位，全面深化教育教学改革，努力培养“德优品正、业精致用、拓新笃行”的应用型高级专门人才。在国家级质量工程建设上，拥有特色专业2个；卓越工程师教育培养计划学科专业5个；实验教学示范中心1个；虚拟仿真实验教学中心1个；精品课程1门；双语教学示范课程1门；精品视频公开课1门。学校坚持立德树人，构建了“以学生为本，全面发展，遵循规律，依法治校”的工作理念，建立了“教育为本，服务为核，管理为基”的“ESM”学生工作模式，形成了全员、全过程、全方位的“三全”育人格局，树立了“阳光、自信、包容、进取”的新时代大学生形象。学院为社会输送了10万余名合格建设者和可靠接班人。近年来，学院毕业生初次就业率和第一志愿录取率均保持在90%以上，产生了良好的育人效果和社会影响。

学院深入实施“人才强校”战略，整体布局，引培并举，先后引进中国科学院院士都有为、中国工程院院士苏义脑等一批大师级领军人物。人才队伍建设以“调结构、强能力、打造领军人物”为重点，大力实施“11121”工程，为学院聚

垃圾焚烧发电研究院中试基地

冶金实习实训基地

钢铁制造国家级虚拟仿真实验教学中心

力前行，全面升级人才队伍奠定了扎实的基础。学院有教授150人，副教授391人，博士231人。

学院坚持完善优化学科布局，科学凝练学科方向，形成了以石油与化工、冶金与材料、机械与电子、安全与环保为特色，理、工、经、管、法、文、艺协调发展的学科群。建成重庆市重点学科4个，获批国家级安全研发基地，建成省部级重点实验室4个、省部级科研平台9个。海洋深水表层钻井工艺技术及装备成功应用于“海洋石油981”平台；航空磁性材料成功应用于“嫦娥”“天宫”“神舟”系列。国家基金项目、国家科技支撑计划项目、国家“863计划”重大项目等高级别项目持续增长。

学院积极推进协同创新，努力构建政产学研合作共赢模式，促成重庆市政府与中石油、中石化、中海油联合共建重庆科技学院战略协议，与武钢、西南铝、重钢等冶金企业签署战略合作协议，与政府、企业联合共建了垃圾焚烧发电技术研究院、安全生产科学研究院，以及油气井控及安全技术研究与培训中心和功能磁性材料研发中心，形成了“两院两中心”为载体的产学研合作发展品牌。学院先后与20余个国家和港台等地区的高校和企业建立了合作关系，与30余所国（境）外高校签署了合作协议。建立起了稳定的来华留学生渠道和学生赴国（境）外学习、进修和暑期社会实践的合作交流机制。

学院大力实施“文化兴校”战略。树学术之风，长大学之气，扬人文之道，展艺术之美的环境不断升华，形成了以艺术文化、科技文化、体育文化和民族传统系列文化、现代大学系列文化为主要内容的“三节两系列”文化活动特色。

学院正站在新的历史起点，肩负新的历史使命，以推进强本建硕、打造学科特色、扩大合作开放、合力造就名师、凝练大学文化为重点任务，奋力谱写科学发展的新篇章，为早日建成特色鲜明、国内知名、走向国际的高水平应用型特色科技大学而努力奋斗！

学院强化“学历教育+职业技能+素质拓展”的培养模式，注重学生职业技能和职业素养的培养；积极借鉴军事院校学生管理模式，坚持准军事化管理；实施“两个无缝对接”工程（企业文化与校园文化无缝对接、课内教学与课外活动无缝对接），打造特色校园文化，提高学生综合素质能力。组织学生积极参加专业技能竞赛、文化体育比赛，获得市级以上奖项30余个。企业对学院毕业生的满意率达96.3%以上。

学院坚持“服务企业、服务社会”的办学宗旨，努力办好人民满意的高等职业教育院校，朝着特色鲜明、品牌突出、西部一流的应用技术型大学的奋斗目标不断迈进！

举办就业政策现场宣传会，为学生就业铺路搭桥

英姿飒爽的女子国旗班在田径运动会上展现青春风采

开展丰富多彩、寓教于乐的校园文化活动

学院网址：www.cqnt.net
学院地址：重庆市江津区双福新区福星大道2号
邮政编码：402260
联系电话：023-63430310（学院办公室）
023-63430323（党委工作部）
023-63430366 63430380 （招生处）

北京轻工技师学院

Beijing Light Industry Polytechnic College

食品检验专业连续为首都食品生产企业、流通行业和食品安全执法部门等开展食品安全培训

北京轻工技师学院的前身为北京一轻高级技术学校，始建于1964年。2014年9月，经北京市政府同意，北京市人力资源和社会保障局批复，学校晋升为北京轻工技师学院。学院拥有角门、东坝、门头沟、天桥4个教学区，在校生5 000余人，年社会培训规模10 000人以上，固定资产总值近3亿元。学院是集学制教育、职业培训、公共实训、技师研修、技能竞赛等多功能为一体的高技能人才综合培养基地，成为国家首批中等职业教育改革发展示范校、国家级高技能人才培训基地和国家一体化课程改革试点单位，达到全国示范、引领发展。

食品烘焙中心长期以来作为华北地区烘焙比赛场地

职业技能，术业专攻。为适应首都功能定位和经济社会的发展，学院以文化产业和高端服务业为统领，不断优化专业设置，形成了食品工程、玉石雕刻、现代服务、电工电子四大教研平台，16个专业。食品检验专业实训设备齐全、设施先进，连续为首都食品生产企业、流通行业和食品安全执法部门等开展了食品安全培训。食品烘焙实训中心底蕴深厚，是华北地区设施完备、教学领先的烘焙专业。玉雕专业由中国玉雕大师孟庆东担任专业主任，开创了玉雕业内校企合作、紧密办学的典例。电工电子专业拥有国内领先、国际一流的14个“教、学、做”一体化实训室，为深入推广一体化教学课程改革提供了硬件保障。

玉雕专业开创了玉雕业内校企合作、紧密办学的典例

十年树木，百年树人。学院拥有一大批德技双馨的优秀教师，有2人获得国务院政府特殊津贴，2人被授予“全国技术能手”，1人被授予“北京市职教名师”，2人被授予“北京市工业和信息化最佳操作能手”，3人被授予“北京市青年岗位能手”，4人被授予“北京市技术能手”，21名师生被授予“北京市工业和信息化高级技术能手”称号。毕业生就业率达98%以上，先后培养出全国政协委员、北京一轻食品集团总经理李奇、国务院特殊津贴获得者毛懋、中央电视台糖艺比赛冠军王欢、和谐号动车组乘务长李冲等一大批高技能人才，走出了一条以“就业出口”拉动“招生入口”的健康、持续、发展之路。

电工电子专业拥有国内领先、国际一流的14个“教、学、做”一体化实训室

校企双制，工学一体。学院人才培养模式突出产教融合、校企合作，先后邀请了中国焙烤大师曹继桐、王兰柱等多位行业专家指导学院焙烤专业建设；聘请中国玉雕大师孟庆东、苏然、张铁成、崔奇铭为玉雕专业客座教授；聘请贵宾楼饭店厨师长、淮扬菜大师郑秀生，四川饭店厨师长、川菜大师于建民，鲁菜大师于晓波，湘菜大师黄宝奎，烹饪大师李建国等为烹饪专业客座教授，使专业建设做到大师引领、高起点发展。同时，学院还成立了职教集团，与中国全聚德集团、北京红星股份有限公司、北京星海钢琴股份有限公司、中国联通、海南航空公司、北京中鼎元玉雕公司、北京紫气东来玉雕公司等百余家企业合作，建立校企人才共享、技术共享、成果共享和优势互补的互惠共赢合作关系，实现了校企集团化发展，整体提升了区域、行业技能人才培养能力。

改革开放，交流融通。学院以国际视野开放办学，加强国际交流与合作，先后派出40余位教师赴德国等职业教育发达国家学习先进职教理念和办学经验，与德国、奥地利等国家的有关院校建立了良好的合作关系。学院承接了第二届APEC青年技能夏令营交流活动，为亚太经合组织各经济体的青年学生搭建了传播友谊、沟通交流的桥梁。

多元发展，为民服务。学院坚持双轮驱动发展战略，积极推行学制教育与职业培训并举、学校教育与企业培养相结合的办学模式，组织了食品检验、维修电工和机械设备维修等技师研修。承接了北京市政府折子工程，对全市150家大中型食品企业、流通行业和食品医药安检执法人员进行了近万人次的培训。学院发挥专业优势，连续多年举办校园开放日活动，举行食品营养与安全、红酒文化、玉雕鉴赏等专题讲座，为社会尽力，为百姓服务。

现代物流专业为北京代表队提供备战全国高职物流竞赛的训练场地

学院承接第二届APEC青年技能夏令营活动

高端引领，展翅翱翔。在未来的发展中，学院将会形成以丰台区角门校区为主体、门头沟区和朝阳区两个分院为两翼的“一体两翼”发展格局。

丰台区角门主校区以不断加强食品检验、食品烘焙、中式烹调和电工电子等特色专业建设为基点，做到以特色专业为龙头，辐射带动学院各专业协同发展。

朝阳东坝校区以改扩建的形式，规划为北京轻工技师学院玉雕分院，建筑面积5万平方米，以此培养后继断档的工艺美术高技能人才。学院充分挖掘校内和敬公主历史遗迹，形成以玉文化为核心，以学制教育、研究交流、玉器展示于一体的高端引领、独具特色的玉雕分院，使学院成为既富有浓厚的中国文化底蕴，又具北京特色的文教产业区，最终形成朝阳区新的文化亮点和玉文化的新地标。

学院合唱团获得北京市技工院校合唱比赛一等奖

为服务门头沟区域经济发展，在京西设立北京轻工技师学院门头沟分院。围绕门头沟区旅游文化、休闲服务等重点发展产业，利用学院已有的优质教育资源和实训条件，不断拓展新的社会服务功能。逐步开设花丝镶嵌、食品烘焙、导游与酒店管理、西餐烹调、机雕与设计、宝石鉴定、钢琴调律、调酒师及红酒生产等高端特色专业。同时，根据门头沟经济发展和劳动力就业培训需求，开展电工、食品检验工等12个工种的短期技能培训项目。既满足学院未来发展需要，又服务于门头沟的区域经济发展、高技能人才培养和劳动力就业培训。

职业教育肩负着为实现中华民族伟大复兴提供技能人才保障的历史使命，学院将以贡献社会为目标，以人才培养为己任，着眼未来、立足当下，通过“一体两翼”的发展格局，积极创新培养模式，不断深化校企合作，继续加强产教融合，剖璞琢玉，点石成金，让更多的学生成为社会需要、企业需求的高技能人才。

服务教育行业 15 years

锐捷网络致力于为中国教育用户提供优质的网络设备和具有行业特色的网络解决方案。自2000年成立以来，已经服务教育行业15年。

15年来，锐捷始终坚持“自主研发，探索和研究教育特色应用场景中用户对网络的需求，为提升用户体验而不断创新和优化产品和解决方案”的理念，服务于全国众多的中小学、教育局、高等院校、职业院校。

坚持“基于应用而创新”的理念被教育领域的良师益友们所认可和传递，并成就了今天锐捷在教育行业连续八年市场占有率第一的良好成绩。在高教领域，锐捷特色产品和解决方案大规模覆盖了以清华大学为首的近2 000所高校，在“211工程”高校市场覆盖率达100%。在普教领域，共承建230个教育城域网，300个“班班通”项目，20 000所中小学数字校园网络建设，建成全国最大“班班通”项目，首个虚拟云桌面教育城域网，首创实名制教育城域网，独特的无线教育城域网；在实验室领域，全国有2 000多所院校使用锐捷实验室开展教学，在本科、高职、中职均有较高的用户占有率和良好的口碑。

锐捷助力中国教育信息化十五年【大事记】

2014

推出重新定义计算机教室的云课堂产品，并在全国范围内迅速普及。2014年4月，在云南省昆明市召开千人规模的云课堂应用成果研讨会，推进云技术在教育应用场景中的落地。

针对园区网建设需求，发布“极简网络”解决方案，将“极简”的理念融入校园网建设和管理场景中，实现“强核心轻接入”的网络扁平组网模式。

2013

“三通两平台”网络解决方案助力郑州教育城域网“班班通”工程，帮助全市1 330所中小学，近19 000个班级实现了“班班通”。

不断推进与运营商合作建设高校校园网的业务模式，实现昆明理工大学、九江学院等多所院校无线校园网的建设和运营。

加入全国电子课本与电子书包标准专题组，主导电子书包无线标准的制订。

2012

无线智分解决方案服务对外经济贸易大学亚洲最大宿舍网，添翼信息智能化校园网战略。

创新性提出疏堵结合的网络出口解决方案，并在百余所高校部署应用。节约了学校网络带宽，提升了师生在校上网体验。

2011

为中国最高学府清华大学开展整体IT运维咨询，搭建运维服务体系。

率先推出云校园网解决方案，承建业界首个云校园网——中国刑警学院云校园网。

服务国内最大规模省级数字党校——江苏省委党校新校区建设。

2010

推出校园网五位一体解决方案，帮助高校实现网络安全运营管理，彰显高校校园网价值。

2009

全面入围中国下一代互联网示范工程（CNGI）校园网IPv6技术升级与应用示范项目，与入围高校共同进行IPv6领域的科研探索，推进中国下一代互联网建设进程。

2008

面对发展迅速的高校无线网建设，开展“高校无线校园网建设与应用”研讨会。

第三届高教用户大会在广东省珠海市召开。

2007

推出RGOS模块化操作系统，产品在清华大学实现规模应用。与教育部合作，向全国百所中职捐赠2 000万网络设备。

2006

推出86系列十万兆新一代IPv6核心路由交换机，在吉林大学规模应用。

GSN全局安全网络方案在集美大学大规模部署。

再次携手华中科技大学，推出LIMP和第三代实验室解决方案。

第二届教育行业用户大会和全国实验室用户大会。

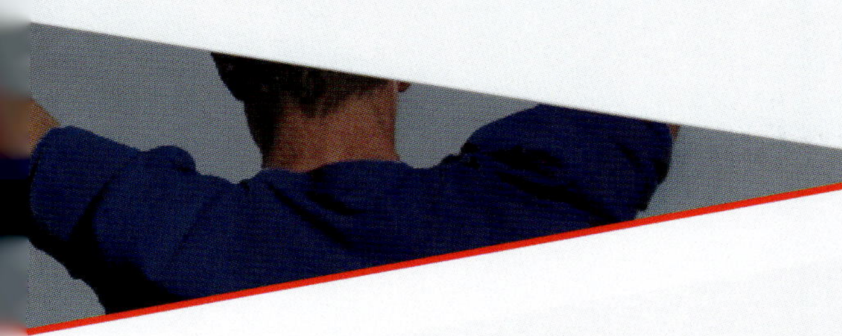

【教育云·中国梦】

教育信息化是信息化的核心，教育教学是启蒙人心的开始。作为一家民族厂商，锐捷始终怀揣着壮烈的民族情怀和强大的民族使命感。不断创新，是锐捷持续发展的动力。今天的锐捷，通过PowerGet优质资源分发解决方案为实现教育均衡而努力，希望让每个孩子都能享受到优质的教学资源，无论他是否身处农村或偏远地区；今天的锐捷，推进着连接城市中各学校和区县的教育云联盟建立，以加速区域教育教学资源的共享和流动；今天的锐捷，推出了Coffice云办公系统并得到广泛应用，以保障教育管理者对移动办公效率和质量的需求；今天的锐捷，实现云技术落地课堂教学，推出重新定义计算机教室标准的“云课堂”，加速教育教学方式的改变；今天的锐捷，借助云教学实验室帮助动手能力强的青年学子，成长为网络技术的实践专家。这些组成了新时代下锐捷追寻的 “教育云”的美丽梦想！

梦想在前，路在脚下。下一个十五年，锐捷将继续为教育用户而创新和服务，帮助广大师生尽享信息技术的丰硕成果，让信息化建设的步伐紧跟时代脉搏！

2005

推出GSN全局安全网络解决方案，业界首个针对高校校园网安全提出的整体解决方案，实现由设备供应商向解决方案供应商的转变。

2004

与大连海事大学合作建成国产设备组网最大规模万兆校园网，推动了万兆校园网在高校的普及。

RCMS和第二代集中管理实验室，在江汉大学成功应用。

承接的“山西阳泉教育城域网建设”获得“第五届网络大会”评选的教育行业优秀典范奖。

第一届高教用户大会在大连胜利召开。

2003

推出第二代万兆交换机S6800系列，打破教育行业核心设备国外品牌一统天下的局面，扛起民族品牌进军高校校园网核心的大旗。

2002

SAM解决方案推出，并在华中科技大学实现大规模部署，是首个满足高校规模建设宿舍网需求的解决方案，帮助高校实现“以网养网”。

开始服务于北京、上海、天津、广州、深圳、江苏、浙江等地大量的“校校通”建设。

2001

推出国内首款网管型交换机RG-S1926F；推出国内第一款模块化交换机RG-S2800-L3；规模降低高校校园网、中小学“校校通”建设投资成本。

2000

锐捷网络成立，确定将教育行业市场作为首要服务的市场，并集中资源投入研发。

【不断深化与教育部合作，共同推进中国教育信息化】

2013年4月郑州，联合教育部教育管理信息中心，举办“新教育·新网络——区域教育信息化‘三通两平台’建设研讨会”。来自全国的400多位教育系统专家领导共同探讨“三通两平台”网络建设经验，分享优秀成果及经验。

2013年7月昆明，联合教育部科技发展中心，举办“创新·合作——2013高校数字化校园建设研讨会”。无线校园网与运营商投资建设高校校园网的主题探讨，赢得与会来宾的高度认可。

2013年9月石家庄，由锐捷提供的会场无线环境，为参加第十三届教育信息化创新与发展论坛的1 300多位教育界参会代表提供的优质上网体验。

2013年10月福州，联合教育部科技发展中心，以“探索移动互联·引领无线创新”为主题，召开高校无线校园网研讨会。教育部领导、业内专家以及福州大学、东北财经大学、常熟理工学院、九江学院等学校的代表，与全国500多位教育系统领导和专家一起，就无线校园网的建设和应用进行了深入探讨。

思来氏 业务覆盖和影响力

2008—2014年，思来氏已为全国各地20余家市区级教育局（上海9个区县），200余所学校提供专业服务。学生评估总规模已超过8万人次（包括对特殊教育学校学生的公益关爱项目），调研学校数量超过220所，受各教育局委托分析的学生数据超过80万人次。“教育大数据培训课程”受邀在全国各地开展，年均培训人数超过7 000人。

2012年起，思来氏投身公益事业，远赴云南省、贵州省山区，为上海市宋庆龄基金会提供了“爱心书库”公益项目的专项调研；向更多社会教育项目提供专业支持，例如，对上海电视台“超级家长会”栏目进行专业指导等。

教育交流方面，思来氏与比尔与梅林达盖茨基金会等机构深入合作，致力于教育国际比较研究，拥有大量先进的评估资源。

思来氏 服务与产品体系精选

思来氏主打IOS端的科学评估及课堂研究工具，这些产品不但经过了国内顶尖高校专家鉴定，还获得了上海市教育委员会颁发的“十佳信息化产品奖”等荣誉。

大类	名称	简介	适宜学段：学前	小学	初中	高中
学生评估	学习基础素养评估	对学生而言，决定其长期过程学习能力及表现的核心素养是他们的学习基础素养，即认知、语言、身体机能和社会性发展，这些综合能力决定了某学科或专项表现。 长期积累全校学生的学习基础素养数据，能够为个性化教育、课程管理与调整提供数据依据，让学校管理事半功倍。 50余所学校积累了3年多的数据，并使自身的管理卓有成效。	●	●	●	●
	学科起点评估	入学前后，正是学生学科学习的重要启蒙时期。 积累学生学科知识起点数据，为每一届学生的校本化教学提供支持。 有200余名教师根据学生学科知识，针对性地备课及开展课程计划。		●		
	创新素养评估	培养未来创新人才，了解学生创新类型。 创新思维、创新个性、创新实践三大能力，彰显未来创新可能。 2 000余名学生拥有自身创新模型，使其学习生涯规划更为立体。	●	●	●	●
学校评估	办学质量评估	参考国际领先办学标准，引入先进办学理念及质量评估体系。 从校级到班级层面，分解管理、课程计划与评价、学习环境、师生关系、家校互动、教职工发展等现状。 252项指标，5层水平，清晰规划幼儿园发展的下一步。	●	●	●	●
课堂评估	活动室评估	结构化设计活动区玩法，让学生自主探究、自我表达，留下珍贵的学习过程性数据，便于深入分析学习过程、优化个性化教学方案设计。	●	●		
	课堂深入观察	在课堂环境中，实时数据呈现学生的课堂浸润度、学习风格比；教师的课堂利用率、节奏掌控力；师生互动中的材料呈现感及互动有效性，让教研有数据支持。		●	●	
品牌培训	大数据系列	2013年起，教育走向大数据时代，大数据让教育研究有机会走向科学实证。 面向未来学生的教育应该是怎么样的？我们真的了解学生吗？数据如何影响教育决策、教育评价与教育研究？精彩案例与信息化工具体验尽在其中。	●	●	●	●
区域合作	战略规划	在国际数据库的坐标系中，帮助区域定位自己，进行大规模学生全面评价（包括学习状态、身心健康、校内校外的个性学习经历等）、发现区域教育优势与问题，并设定改革目标、进行专项布局。 另外，为区域电子书包等课堂转型项目提供数据挖掘服务，提升项目实效。	●	●	●	●

湖北省咸宁市咸安区教育局

教育部领导考察咸安区信息化建设情况

召开党的群众路线教育实践活动动员大会

咸安区政府与省信息化基础教育均衡发展协同创新中心签署战略合作协议

【概况】咸宁市咸安区位于湖北省东南部，是全国著名的桂花之乡、温泉之都。全区有各级各类学校132所，其中高中2所、完中1所、特教学校1所、九年一贯制学校5所、初中16所、完小56所、初小22所、教学点29个。全区学生人数72 766人，其中小学生42 246人、初中生22 428人、高中生8 024人、特校生68人。在职教职工3 794人、离退休教师1 723人。

【党的群众路线教育实践活动】自党的群众路线教育实践活动特别是教育部副部长杜占元挂点咸安区教育局党的群众路线教育实践活动以来，咸安区教育局高度重视，迅速成立了实践活动领导小组和工作专班，召开动员大会，制订工作方案。在第一和第二阶段的活动中，创新学习形式，广泛开展活动。党委、股室负责人带头利用夜学上讲台，开展“教育人讲教育”微型党课活动3次，举办专题辅导讲座6期，组织党员干部开展“我是谁、为了谁、依靠谁”大讨论活动30余场次，组织开展“三进三同三联”活动，78名党员干部下沉到基层学校和农村联系点同吃、同住、同工作，收到意见建议65条，帮助解决实际困难13个。精心筹备民主生活会，召开专题会议，制订局党委班子专题民主生活会实施方案。对照检查材料深刻剖析，严谨把关。局党委班子对照检查材料修改完善8次；班子成员个人对照检查材料修改完善达6次以上。2014年5月7日和7月24日，杜占元先后两次到咸安区调研，并亲自参加了教育局党委班子专题民主生活会，对咸安区教育系统第一、二阶段党的群众路线教育实践活动给予充分肯定。

【信息化建设】全面启动与省“信息化与基础教育均衡发展协同创新中心”的合作。2014年6月25日，咸安区政府与湖北省“信息化与基础教育均衡发展协同创新中心”签署战略合作协议，投入6 600万元，共建信息化与基础教育均衡发展协同创新实验区。按照优质资源全覆盖的原则，建成了从华师数字中心到咸安外国语实验小学和桂花镇刘祠、苏家坊两个教学点的空中互动课堂，开设了定时的音乐、美术两门专业课和不定时的其他优质课。在中央电教馆和省电教馆的支持下，注册开通了教师“网络学习空间人人通”。启动了“一师一优课、一课一名师、一校一门课”活动，并建立了地方优质教育资源建设激励机制。与中国电信、中国移动公司合作，全区学校实现了光纤网络校校通。

【学校标准化建设】2013年，咸安区按照“达标、适用、够用、均衡”的总体要求和“保基本、保安全、广覆盖”的基本原则，投入资金1.5亿元，全面启动学校标准化项目建设。经过两年的建设，完成110所（含32个初小教学点）学校的维修改造和新建任务。拆除D级危房9 894平方米；维修改造校舍34.7万平方米；新建校舍28栋，面积达29 962平方米；新建食堂17家，面积达5 360平方米；新建厕所27个，面积达4 228平方米；道路刷黑26 554平方米；新建运动场和塑胶跑道73个，新建篮球场和排球场145个；新建“班班通”教室405个、计算机室34个、理化生实验室及小学科学实验室86个，配备图书92万册，添置标准化课桌椅8 335套；新添钢琴、电子琴60台、画板600副、篮球271个、足球160个、大小体操垫570块。

山西省晋城市教育局

晋城市教育局领导干部积极走进晋城广播电台“阳光工程”上线直播节目，解答有关教育政策及具体问题

近年来，山西省晋城市着眼当前，长远谋划，确定了未来10年的教育改革发展10项目标任务，力争到2020年前在全省率先实现教育现代化，建成教育强市。晋城市委、市政府坚持教育优先发展，逐年加大财政性教育投入力度，除足额征收地方教育附加专款外，又从土地出让净收益中提取10%用于教育，推进学校项目建设和基础设施建设。晋城市教育局坚定不移地落实教育优先发展战略，立足实际定目标，多措并举抓落实，使全市教育事业呈现出快速发展的良好势头。

晋城市李寨中学学生在民间艺术室上剪纸综合实践活动课

3年来，晋城市教育局以提升农村义务教育水平为重点，以教育均衡发展为主线，以提高教育教学质量为中心，大力推进农村义务教育学校标准化建设，积极缩小城乡义务教育学校办学条件和质量差距；广泛开展校长教师交流工作，切实推动县域内校长教师交流的制度化、常态化；进一步提高山区及农村边远地区教师津贴补助，稳定山区及农村边远地区骨干教师队伍，全面促进城乡义务教育均衡优质发展，各项工作都取得了新进展、新成绩。

晋城爱物学校一年级师生在展示新课堂

一是率先在全省实施普通高中免学费工程。全市每年投入约8 000万元，6.6万名普通高中生全部受益。二是率先在全省实施中等职业教育免学费全覆盖。全市每年投入约5 700万元，2.6万名中职在校生全部受益。三是率先在全省扩大中职助学金资助范围。全市每年投入约3 700万元，1.4万名中职一、二年级学生全部受益。四是率先在全省实施中职学生免住宿费。全市每年投入约300万元，5 000余名中职住宿生受益。五是率先在全省高标准为农村义务教育寄宿制学校配备首批76辆校车。六是率先在全省实现城乡义务教育阶段学生教科书全免费。全市每年投入700余万元，惠及约7万名城市义务教育阶段学生。七是率先在全省教育系统通过“社情民意”调查平台，以电话访问随机调查的方式对全市各级各类学校的重点工作开展测评活动。

晋城市高平实验小学学生在课间集体诵读国学

晋城市教育局先后获得“全国职业教育先进单位”“全国教育系统纪检监察工作先进集体”“全国未成年人思想道德建设工作先进市”“全国‘两基’工作先进集体”“全国教育宣传先进单位”等多项国家级荣誉。

走出校园天地宽

——江苏省无锡未成年人社会实践基地

江苏省无锡未成年人社会实践基地位于宜兴市张渚镇，成立于2001年11月，由省、市、县三级政府共同投入8 500多万元建设而成，为无锡市普通中小学校集中开展综合社会实践活动提供系统的课程支持和服务，承担区域内不同年级段的学生集中开展综合实践活动任务。基地占地近200亩，建筑面积3.36万平方米，教职工76人，床位1 500多张，年均接待学生11万人/天•次。基地已成为一所集社会实践、国防教育、素质拓展、文化游学，融思想性、实践性、教育性、娱乐性于一体的国家级未成年人校外活动场所。

基地在区域建设上采用“1+X”模式，即以基地为中心积极向四周辐射，努力实现区域建设网络化。基地已与善卷洞、龙池山、竹海、云湖、陶博馆、善卷村、祝陵村、宜兴监狱等8家单位建立了战略合作关系，作为基地的联动营地，共同开展综合实践活动。

在课程建设上，通过“行政推动联动开发模式”开发出“素质拓展”“科学考察”“实践创作”“农事劳作”“文化鉴赏”“专题教育”“晚间活动”七大模块，涵盖“洞”“竹”“茶”“陶”“社会考察”“素质拓展”“心理体验”“文化游学”“国防教育”“人防科普教育”“法制教育”“晚间活动”十二大主题近百门活动课程。

基地自2001年成立以来，始终遵循“延伸学校教育、衔接社会教育、实践素质教育”的办学理念，确立“经历体验、感受成功、尝试创新”的办学目标，累计接待各类参训人员130多万人/天•次，先后协办“中央专项彩票公益金支持示范性综合实践基地项目培训会”“全国德育年会”“全国中小学社会实践基地建设现场会”“江苏省学党史、唱赞歌、树美德”教育实践活动总决赛等大型活动，荣获“全国青少年校外活动示范基地”“全国未成年人思想道德建设工作先进单位”“全国中小学德育工作优秀案例”等荣誉70多项。

“全国一流、江苏示范、无锡窗口”是我们的行动目标和崇高追求。在这里，学生可以放飞梦想，体验生活，感悟天、地、人和谐之美。

地址：宜兴市张渚镇善卷西路56号
电话：0510-87395803、87391153（传真）
邮箱：jswxjd@163.com
网址：www.jswxjd.com
邮编：214233

2011年，基地协办江苏省“学党史、唱赞歌、树美德”教育实践活动总决赛

宜兴市2014级高一新生在基地开展国防教育活动

学生在基地开展多米诺骨牌码放竞赛

学生在基地翻越毕业墙

学生在校外联动营地开展采茶劳动

南京市教育装备与勤工俭学办公室

2010年，南京市教育装备与勤工俭学办公室确立了“规范、专业、创新，努力做最好的事业单位”的单位文化理念和“全省领先，全国有较大影响力”的奋斗目标，经过近5年的努力，单位从比较落后的状况进入到全国教育装备行业的先进行列。连续4年被评为全市教育系统“先进基层党组织”，连续3年全省装备工作考核名列第二、第一。多项工作在全国领先，多次被指定在全国相关研讨会上做先进经验交流，获得了江苏省“节能先进单位”称号。接待多家来自全国各省、市的同行交流和相互学习。

小学数字化科学实验室
让数字和传统充分融合

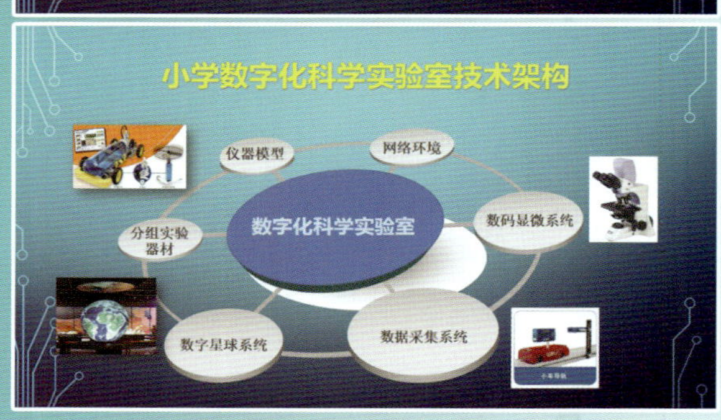

事业单位的根本是做事规范、专业和创新，其基础是加强专业队伍和干部队伍建设。单位确立了3年一个任期的中层干部竞争聘任规范和任期目标考核办法，变“任命制”为“竞聘制”，“终身制”为“任期制”；建立了“真干肯干为德，能干会干是才”的德能考核和用人标准；构建了科室与职工的考核评价细则，先进科室与先进个人评选细则，把笼统的德能勤绩考核量化为具体的指标。建立了以《科室工作规范》《职工外出工作规范》《财务管理制度》等一系列的规章制度。

5年来，南京市教育装备与勤工俭学办公室打造出一个品牌项目，构建出四大工作机制，创新了多个教育技术装备项目，推动了南京市教育的发展，促进了学科教学改革。

南京市教育装备勤工俭学办公室建立了政府采购与教育装备工作深度整合的工作机制，立足技术、管理两个基本元素，确立了“采购最好的与性价比最高的，采购优质的产品同时采购优质的服务”两条基本原则，创立了“实物样品评测”“系统集成现场展演”“三方信息不对称评审”“样品封样验收”等多个招标方法，在全国教育装备系统实现了“质量最好”和“性价比最优”的南京市装备形象。

南京市教育装备与勤工俭学办公室构建了一个团队协作策略、二个工作规程、三个信息化网络平台的程序管理工作机制，实现了教育装备的项目与产品从“生”到“死”的网络与数字化管理。打造出了标准规范建设、技术方案论证、合同履约管理技术化、优质项目评比激励和违约责任处罚，以及运维服务的质量管理工作机制。建立了“管理人员”“教学应用”“装备干部”的培训工作体系，开展了“三年一个周期”的“百所绩效管理示范学校”评比活动、“二年一度”的区（县）教育装备工作绩效考核评估工作和“一年一度”的教育装备督导工作。装备绩效领先全国，在全省、全国的各类实验技能竞赛活动中成绩显著。常年开展教育装备应用课题研究和教研活动，为全市培养出一批有较高专业技能水平的教师。

南京市教育装备勤工俭学办公室从单位内部到全市系统，构建了廉政风险防控机制，通过廉政风险节点排查和监督、每月工作推进与问题分析预警、装备数据分析和质量检查、警示教育活动等，将廉政风险防控落实到管理过程中。

南京市教育装备勤工俭学办公室创新开展了“数字校园”“科技校园”“书香校园”的智慧校园装备工程，数字化数学实验室、美术实验室、理科实验室等学科实验室创新装备，其标准、规范和成果成为全国的示范。率先建立了“装备质量与技术测评中心”，承接了国家、省、市多个课题，在国家级核心期刊上发表的专业学术论文遥遥领先于全国省地级装备单位。2014年，在教育部成立的14个协同创新研究机构中，南京市教育装备勤工俭学办公室是唯一一个获得授权的基础教育装备部门。

规范、专业、创新，努力做最好的事业单位

南华大学是一所由工业和信息化部、国家国防科技工业局、中国核工业集团公司、中国核工业建设集团公司与湖南省政府共建，具有56年办学历史的综合性大学。学校由原隶属中国核工业部的中南工学院、核工业第六研究所与原隶属湖南省的衡阳医学院合并组建而成，座落在历史文化名城湖南省衡阳市市区，占地面积近3 000亩，交通便捷，环境优美，是读书治学的理想园地。

学校大门

学校有直属学院26个，4所直属型附属医院，13所协作型附属医院。学校设有本科专业73个，博士学位授权学科、专业点18个，硕士学位授权学科、专业点124个，专业硕士学位授权点79个，并设有一级学科博士后科研流动站3个。具有推荐优秀本科生免试攻读硕士研究生和硕博连读资格。在校学生37 000余名，其中全日制本科生33 000余名，博士、硕士研究生4 000余名。中国核工业集团公司授予学校“十五”“十一五”期间为中国核工业培养和输送人才突出贡献奖。

学校有30个国家级特色、国家国防重点、国防紧缺、省级特色专业，有20个中央与地方共建高校基础实验室，14个中央与地方共建高校特色优势学科专业实验室，17个中央支持地方高校发展专项资金项目实验室，5个国家级专业综合改革试点、国家级示范实验教学中心、国家级实践教学基地、国家级工程实践教育中心等。

2011年，国家国防科技工业局与湖南省政府签署协议，共建南华大学

学校是教育部批准的卓越工程师、卓越医生教育培养计划单位，是国家级大学生创新创业训练基地，是中国人民解放军（海军）后备军官选拔培训基地，是湖南省政府批准的本科一批招生院校。

学校本部有教职工2 300余名，其中教授350余名，副教授800余名；有国家级突出贡献中青年专家、享受国务院政府特殊津贴专家88名，有省部级学科学术带头人、教学名师、中青年专家220余名；特聘两院院士10名。

学校是全国普通高等学校招生工作先进集体、全国普通高等学校毕业生就业工作先进集体、全国青年就业创业教育先进集体、全国普通高等学校毕业生预征工作先进集体、全国军工文化教育基地，是湖南省文明单位、湖南省园林式单位、湖南省学生资助工作先进单位。

学校历年来共获全国科学大会奖5项、国家科技进步二等奖6项、国家科技进步三等奖4项、国家发明三等奖1项、国际发明金奖2项、国家发明专利50多项、国防科学技术奖130多项、省部级科技奖励120多项。

56年来，学校为国家及地方输送了14余万名高素质专门人才，培养了一批以中国科学院院士、省部级领导、大型企业负责人为代表的学界巨子、政界精英和行业领军人才。

学校正在为创建省内一流、国内知名、具有国际影响、特色鲜明的高水平教学研究型大学而努力奋斗。

南华大学雨母校区总体规划鸟瞰图

四川师范大学

四川师范大学是四川省人民政府举办的全日制综合性省属重点大学，是四川省举办师范类本科专业最早、师范类院校中办学历史最为悠久的大学。学校位于成都市，校园占地面积3 300余亩，全日制本专科学生38 000余人，博士、硕士研究生4 000余人，各类教学、科研人员3 000余人，其中具有高级专业技术职务的教师近1 000人，具有博士和硕士学位的教师1 600余人。

自1946年建校至今，学校已发展成为覆盖11个学科门类的综合性师范大学。学校有2个国家级基地，27个学院，83个本科专业。1979年，被批准为全国首批硕士学位授权单位；2006年，被批准为博士学位授权单位。学校有2个博士学位授权一级学科和22个博士学位授权点、2个博士后流动站，21个硕士学位授权一级学科、114个硕士学位授权点以及11个专业硕士学位授予类别。有4个省级重点学科建设项目，2个一级学科省级重点学科，17个二级学科省级重点学科，8个省部级研究机构和重点实验室，4个国家级及省级人才培养模式创新实验区，17个省级本科人才培养基地，4个国家级及省级实验教学示范中心，1个国家级专业综合改革试点项目，12个国家级特色专业，1个国家级大学生校外实践教育基地，是国家级大学生创新创业计划实施学校。学校先后获国家级教学成果奖6项，四川省教学成果奖58项。2006年，学校被教育部评为本科教学优秀单位。

学校拥有一支发展潜力大、学缘结构好、学历结构合理、爱岗敬业、艰苦奋斗的教师队伍，先后有13人获“国家有突出贡献专家”称号、入选“国家百千万人才工程”和教育部“新世纪优秀人才支持计划”；有46名国务院政府津贴获得者，21名四川省有突出贡献专家，95名四川省学术和技术带头人和后备人选及四川省杰出青年学科带头人计划人选；有12名四川省高等学校教学名师，1个国家级本科教学团队，7个省级本科教学团队。

“十二五”以来，学校的科研工作成效显著，共承担了各类科研项目800余项。其中科技部科技支撑项目1项，国家自然科学基金、国家社会科学基金(含重大、重点项目)项目106项，省部级项目180余项，综合科研经费1.12亿元。发表高级别论文477篇，授权发明专利50项，实施科研成果转化项目300余项。学校巴蜀文化研究中心是教育部人文社会科学重点研究基地，学校“国土资源开发与保护协同创新中心”是四川省首批“2011协同创新中心”，学校科技园是四川省首批省级大学科技园，也是西部地区唯一以文化创意为主要特色的大学科技园。

学校设有四川省高校师资培训中心、四川省高校干部培训中心、教育部全国高校教师网络培训四川省分中心、四川省教师资格认定指导中心、四川省教育厅四川师范大学基础教育课程研究中心、四川省教师继续教育四川师范大学培训中心、四川省教师教育网络联盟管理中心、四川省“国培计划”项目执行办公室、四川省教育厅中小学教师信息技术等级检测中心等省级培训及研究机构。

学校是四川省高校对外交流中心之一，已同20多个国家和地区的院校建立了广泛的学术交流和人才培养关系。经国家汉办批准，学校分别与韩国延世大学、巴基斯坦卡拉奇大学合作建立了孔子学院。

如今，全校师生员工团结和谐，朝气蓬勃，为进一步提高教育教学质量和科研水平、为把学校建设成国内一流的教师培养培训基地和特色鲜明的教学研究型大学而奋斗！

图书馆

碧云湖

综合楼

广西大学坐落于风景如画，有着“绿城”美誉的广西首府南宁市，是广西办学历史最悠久、规模最大的综合性大学，也是广西唯一的国家“211工程”重点建设高校、教育部和广西共建高校、中西部高校提升综合实力工程建设高校。

学校创办于1928年，首开广西高等教育之先河。首任校长是中国著名教育家、科学家、民主革命家马君武。1939年，广西大学成为国立大学，是当时国内有较大影响的综合性大学之一。1952年，毛泽东亲笔为广西大学题写了校名。同年，广西大学农学院独立建制，成立广西农学院。1953年，广西大学在全国高校院系调整中被停办，师生以及设备和图书资料被调整到中南和华南地区的19所大学，为新中国高等教育的发展做出了重大的牺牲和贡献。1958年，广西大学恢复重建。1997年，广西大学与广西农学院合并，组建新的广西大学，迈上了创建高水平大学的新征程。

学校设有30个学院，学科涵盖哲、经、法、文、理、工、农、管、教、艺10大学科门类，有94个本科专业，36个一级学科硕士点，186个二级学科硕士点，8个一级学科博士点，58个二级学科博士点和9个博士后科研流动站。

学校注重科技创新，努力服务社会，建设了一批高端学术平台，汇聚了一些高水平研究团队，产生了一批有重大影响的原创性成果。其中，学校教授王丕建长期从事牛、猪杂交改良研究工作，在国际水牛会议上获“科学先驱者”奖，1978年获全国科学大会先进个人奖；学校研究员张先程主持的“籼型杂交水稻”项目获1981年国家特等发明奖；学校教授卢克焕主持的“牛体外受精技术的研究与开发”项目获2000年国家科技进步二等奖（作为第二完成人）；学校教授黄日波主持的“高活力-乙酰乳酸脱羧酶的研制与应用”项目获2007年国家科技进步二等奖。学校还紧密结合区域和地方重大战略需求，开展重大科技问题和关键技术的科学研究和联合攻关，深化校市、校厅、校地、校企开展科技合作，为地方经济社会发展提供有力的科技支撑。

学校有在职在编教职工3 555人，其中专任教师2 263人，具有正高级专业技术职务574人，副高级专业技术职务855人，有专业技术二级岗位人员57人，终身教授6人。博士生导师233人，硕士生导师1 557人。学校有各类在校学生8万余人，其中全日制本科生23 677人，全日制硕士、博士研究生7 061人，在站博士后研究人员65人，来自40多个国家的留学生1 328人，各类在职教育学生5.2万余人。

今天的广西大学，正牢牢抓住实施中西部高校提升综合实力工程的重大历史发展机遇，努力建设高水平区域特色研究型大学。学校将继续秉持“勤恳朴诚，厚学致新”的校训，致力于知识创造与传播、文明传承和创新、社会引领与服务，推动国家富强、社会发展和人类进步，为实现中华民族伟大复兴的中国梦做出应有的贡献。

贵州师范大学

学校宝山校区全景图

环境优美的白云校区一角

贵州师范大学的前身——“国立贵阳师范学院”创建于1941年，新中国成立后更名为“贵阳师范学院”；1985年，改名为“贵州师范大学”；1996年，被贵州省政府确定为省属重点大学；2004年，原贵州理工职业技术学院并入；2006年，被列入教育部“对口支援西部高校计划”，与厦门大学结成对口支援关系；2008年，接受教育部本科教学工作水平评估，获“优秀学校”称号；2013年7月，正式获批博士学位授权单位。

学校地处有“中国避暑之都”美誉的林城——贵州省省会贵阳市，建有3个校区，分别坐落在云岩区、白云区和花溪区，占地面积3 000亩。有全日制在校学生37 500余人，其中本专科学生25 000余人、硕士研究生2 600余人。设有19个学院、1所继续教育学院、1所独立学院（求是学院）和1个教学部。

学校有4个一级学科博士学位授权点，16个一级学科硕士学位授权点、92个二级学科硕士学位授权点，3个硕士专业学位点（含19个专业领域），73个本科专业，具备应届本科生攻读硕士学位推免权。有7个全国高校本科特色专业建设点、5个国家级本科专业综合改革试点项目、8个省级特色重点学科、8个省级重点学科、19个省级高校示范性本科专业（特色专业），学科专业涵盖哲学、经济学、法学、教育学、文学、历史学、理学、工学、农学、管理学、艺术学11个学科门类，形成了以教师教育为特色的多科性学科布局。

学校教育教学资源较为丰富，是全省高素质创新型人才培养的重要基地。有1个国家级大学校外实践基地、1个国家级实验教学示范中心、1个省级教师教学发展示范中心、2个省级重点学科人才培养基地、20门省级精品课程、6个省级实验教学示范中心。学校有1个院士工作站、1个国家级工程技术研究中心、1个国家与地方共建工程实验室、1个省部共建国家重点实验室培育基地、1个教育部科技创新人才团队、4个省高校人文社科研究基地、5个省级重点实验室、3个省级工程研究中心、1个省级工程实验室、1个国家遥感中心贵州分部、8个省级科技创新人才团队和1个省级大学科技园。

学校历经70余年风雨，代代学人以振兴国家、民族为己任，修身治学，殚精竭虑，形成了特有的学人品质和学校品格，熔铸了“爱国、奉献、敬业、自强”的大学精神，凝练了“慎思笃行、博学致新”的校训，培养了近20万名各条战线的优秀人才，成为各项事业蓬勃发展、综合实力稳步提升、以教师教育为特色的多科性师范大学，为推动贵州省经济社会发展尤其是基础教育的发展做出了积极贡献。

雄关漫道真如铁，而今迈步从头越。站在新的历史起点上，学校将继续深入贯彻落实科学发展观，抢抓机遇，加快发展，突出特色，推动跨越，为建设教师教育特色鲜明、多学科协调发展的教学研究型大学而努力奋斗。

延边大学

学校长白山生物资源与功能分子教育部重点实验室

延边大学是国家“211工程”重点建设大学、教育部和吉林省政府共同重点支持建设的大学。学校始建于1949年，是中国共产党最早在少数民族地区建立的高校之一。1996年，经原国家教委批准，原延边大学、延边医学院、延边农学院、延边师范高等专科学校、吉林艺术学院延边分院和延边科技大学（筹）合并组建成新的延边大学。

学校坐落在吉林省延边朝鲜族自治州首府延吉市，占地面积318万平方米，校舍建筑面积近68万平方米，图书馆各类纸质藏书达200多万册。学校设有21个学院，73个本科专业，6个一级博士学位授权学科（含50多个二级博士学位授权点），24个一级硕士学位授权学科（含149个二级硕士学位授权点），11个专业硕士学位授权点，4个博士后科研流动(工作)站，涵盖了除军事学之外的12个学科门类。拥有1个国家级重点学科、12个省级优势特色重点建设学科。有全日制在校学生23 000余人，其中本科生18 000余人。

学生文艺演出

学校有教师2 338人，其中专任教师1 318人，具有副高级以上职称的786人。享受国务院特殊津贴专家37人，国务院学科评议组成员1人，教育部高等教育教学指导委员会成员2人，国家教学名师1人，吉林省教学名师4人，全国模范教师和优秀教师5人，全国五一劳动奖章获得者2人，全国劳动模范2人，教育部新世纪优秀人才4人，全国优秀留学回国人员2人。获得宝钢教学奖特等奖提名奖1人、优秀奖11人；获得曾宪梓教师奖和霍英东教师奖19人。吉林省特聘教授、首席教授等省部级各类专家、教学名师、学科带头人100余人。学校引进、推荐的1名韩国籍科学家成功入选第二批“外专千人计划”。

近年来，学校全面实施“人才培养质量工程”，大力推进特色专业建设，有7个专业被列为国家级特色专业、8个专业被列为省级特色专业；学校还建设了1个国家级教学团队、13个省级教学团队；3门国家级精品课，22门省级精品课和57门省级优秀课程，获国家级教学成果奖4项、省级教学成果奖40项。

学校设有长白山生物资源与功能分子教育部重点实验室、教育部人文社会科学重点研究基地——朝鲜－韩国研究中心、国家民委人文社科重点研究基地——中国朝鲜语言文字信息化基地、民族研究院等几十所科研机构。近三年，学校共承担国家“973”前期重大专项、科技部重大专项、农业部重大专项、国家自然科学基金项目、社会科学基金项目159项，省部级项目113项、地厅级项目111项、国际合作项目225项。共发表学术论文5 784篇，获得专利70项。主办了中文核心期刊《汉语学习》《东疆学刊》，设有中国朝鲜语学会等4个国家级学会，成为学校对外学术交流与合作的重要平台和基地。

学校坚持国际化战略，在保持与东北亚国家和地区交流的基础上，不断拓展与欧美国家高校的合作交流。先后与俄罗斯远东大学、日本明治大学、韩国首尔大学、朝鲜金日成综合大学、美国匹兹堡大学等世界知名高校建立了校际关系。学校在韩国忠北大学建有一所孔子学院。

面向未来，学校将以传承民族文化、推动区域经济社会发展、造福人类为己任，秉承“求真、至善、融合”的校训精神，努力把学校建设成国外有一定影响、国内有重要地位，具有鲜明民族特色的高水平综合性大学。

学校科技图书馆

学校逸夫艺术楼

学校教学楼

江西财经大学

2012年5月15日，财政部、教育部、江西省人民政府在南昌市签署协议，共建江西财经大学

学校与江西省财政厅签署全面战略合作协议

江西财经大学是一所财政部、教育部、江西省人民政府共建，以经济、管理类学科为主，法、工、文、理、农、教育、哲学、历史、艺术等学科协调发展的高等财经学校。2008年2月6日，时任中共中央政治局常委、国务院总理温家宝与学校师生共度除夕，发表了重要讲话，并称赞说："你们学校是所很好的学校。"这激励着学校永葆奋斗精神，办好人民满意的教育。

学校前身为1923年秋创办的江西省立商业学校，1958年成立江西财经学院，"文革"期间几经更名并停办，1978年复校，1980年成为财政部部属院校，1996年更名为江西财经大学，2000年学校管理体制由财政部主管转变为由江西省主管，2012年成为财政部、教育部、江西省人民政府共建高校，2013年成为"中西部高校基础能力建设工程"高校。

办学以来，学校秉承"信、敏、廉、毅"的校训和"敬业乐群、臻于至善"的大学精神，形成了培养具有"信敏廉毅"素质的创业型人才的办学特色。学校坚持质量立校、特色兴校、人才强校、法德治校，形成了在红土地上培育创业型人才的办学模式，走出了在欠发达地区办人民满意高校的路子，努力朝着建设特色鲜明的高水平财经大学、创建"百年名校"的发展目标迈进。

学校有应用经济学、理论经济学、管理科学与工程、工商管理、统计学5个博士后流动站；应用经济学、理论经济学、管理科学与工程、工商管理和统计学5个一级学科博士学位授权点，28个二级学科博士学位授权点，16个一级学科硕士学位授权点，82个二级学科硕士学位授权点，15个专业硕士学位授权点，58个本科专业。1998年，学校获批江西省首家MBA办学权；2009年，获批江西省首家EMBA办学权。

学校就业工作保持良好态势。2013年，学校普通本科、硕士研究生和专科毕业生等层次的初次就业率和就业质量均居全省高校前列，获江西省"普通高校毕业生就业工作先进集体""普通高校毕业生就业工作评估优秀等级"等荣誉。2010年，学校被教育部评为首批"全国就业典型经验高校50强"。2012年，获国务院表彰的"全国就业先进工作单位"称号。

美国斯坦福大学"最受欢迎教授"Tom Kosnik应邀来校讲学

2009年12月，江西财经大学校友会在北京成立

学校荣获国务院表彰的"全国就业先进工作单位"称号

2008年10月28日，江西省人民政府、教育部共同重点支持井冈山大学建设签约仪式隆重举行

音乐舞蹈史诗《井冈山》在教育部、科技部举行专场演出

从2010年开始，同济大学选派大批专家、学者到学校开展“同济学术周”活动，已连续举办了四届

2013年11月26日，“江西省生物多样性与生态工程重点实验室”博士后科研工作站揭牌

学校利用井冈山及周边地区的红色资源举办“红色励志教育培训班”，对在校大学生进行红色励志教育

井冈山大学是一所综合性普通本科院校，是江西省人民政府和教育部共同重点支持建设的高校，也是同济大学对口支援、南京军区委托培养军队干部的高校。井冈山大学创办于1958年，历经数易校名和撤并，2007年8月正式恢复更名为井冈山大学。

学校位于中国革命摇篮井冈山所在地——江西省吉安市中心城区。校园占地面积2 554亩，校舍建筑面积63万多平方米，教学科研设备总值1.96多亿元，图书馆藏书182万余册，“三级甲等”附属医院1所。学校有21个学院、78个本科专业，全日制在校生1.7万余人，留学生近300人。

学校有专任教师1 030人，具有正高、副高级职称教师556人，具有博士、硕士学位教师722人；有享受国务院特殊津贴教师3名、享受省政府特殊津贴教师5名，当选教育部科学技术委员会管理学部委员教师1名，入选“国家新世纪百千万人才工程” 教师1名、“教育部新世纪优秀人才计划” 教师3名、“江西省新世纪百千万人才工程” 教师 5名、“江西省青年科学家（井冈之星）”培养对象教师4名、“赣鄱英才555工程”计划人才教师4名；有“井冈学者”特聘教授1人、省教学名师9人、省高校中青年学科带头人9人、省高校中青年骨干教师38人。

学校坚持以学科建设为龙头，打造科研平台，促进产学研结合，提升协同创新能力。有江西省“十二五”高水平学科1个，省重点一级学科1个，省重点二级学科3个；有教育部高校人文社科重点研究基地1个，江西省“2011协同创新中心”1个，博士后科研工作站1个，教育部循证医学网上合作研究中心分中心1个，省重点实验室2个，省教育厅重点实验室1个，省软科学研究基地1个，省高校人文社科重点研究基地2个，省研究生教育创新基地1个。自2005年以来，学校获国家社会科学基金、国家自然科学基金、国家科技支撑计划、国家重大专项四大类国家级科研项目共127项，获省部级科研项目653项，教师发表学术论文8 610余篇，出版学术专著、教材392部。

学校紧紧围绕人才培养中心工作，坚持以井冈山精神办学育人，扎实推进教学改革和人才培养模式创新，大力实施“本科教学工程”。学校有国家特色专业4个、省级特色专业7个、精品课程12门、双语教学示范课程3门、实验教学示范中心4个、人才培养模式创新实验区3个、教学团队6个；有国家级专业综合改革试点项目1个、卓越人才教育培养计划项目1个、大学生实践教学基地1个、大学生创新创业项目40个；有省级专业综合改革试点项目6个、卓越人才教育培养计划项目5个、精品资源共享课17门、大学生创新创业园1个、大学生创新创业项目80个、各类教学实习基地295个。

学校坚持开放办学，积极推进对外合作与交流。与同济大学、中国人民大学、厦门大学、武汉大学、中央音乐学院、上海体育学院、广东外语外贸大学等国内知名高校，以及美国、英国、俄罗斯、澳大利亚、韩国、日本等十多个国家的20多所高等院校建立了密切合作的办学关系。

甘肃民族师范学院

甘肃民族师范学院建于1984年，前身是合作民族师范高等专科学校。2009年3月，经教育部批准改建为甘肃民族师范学院。

2014年9月24日，教育部领导到学院调研指导工作

学院以教师教育为主体，民族学科为特色，建有覆盖法学、教育学、文学、历史学、理学、管理学、工学、农学、艺术学9个学科门类，有23个本科专业8个专业方向，涵盖了师范类主体专业，并逐步形成了面向区域内经济社会发展需求的应用型专业，其中中国少数民族语言文学专业（藏语言文学）为国家级特色专业、数学与应用数学（藏汉双语）和思想政治教育（民族团结教育方向）为省级特色专业。学院有15个教学系（部）、12个校级科研机构，其中西北少数民族教育发展研究中心为国家民委重点研究基地，安多藏文化研究中心和河洮岷文化研究中心为省级人文社科重点研究基地，“藏学”“生物化学与分子生物学”为国家民委重点建设学科，民族教育学、高寒生物化学为省级重点学科，“藏区非物质文化遗产数字化保护技术研究实验室”为甘肃省高校重点实验室。学院有教职工651人，专任教师496人，高级职称教师占33%，硕士研究生占50%。教职工先后承担厅、部级以上科研课题百余项，在各类学术刊物发表论文2 000余篇，出版专（译）著百余部，主参编教材近百部，承担国家级项目10余项，获得国家技术专利3项，厅、部级以上教学科研成果奖70余项。学院占地887亩，建筑面积32万平米，教学仪器设备总值近7 800万元，各类图书110万册，其中纸质图书52万册，固定资产4.3亿多元。

2014年9月20日，学院隆重举行建院30周年庆典

学院以甘肃省为主，面向青海、四川、云南、西藏、内蒙、宁夏、陕西、山西、贵州等省区招生，有各类普通在校学生11 000人，由20个民族组成，少数民族学生占70%，其中藏族学生占30%，为内地藏族学生规模较大的高校之一。建院以来，已为民族地区输送各类人才两万余名，在民族教育基层一线工作的毕业生达90%以上，极大地充实了民族地区基础教育师资队伍，成为藏区维护稳定的重要力量。同时，学院在促进民族团结、维护民族地区社会稳定，加快民族地区经济社会发展、构建和谐社会中做出了应有的贡献。2009年9月，学院被甘肃省委、省政府授予“民族团结进步模范集体”荣誉称号；2012年，被命名为甘肃省首批“民族团结进步教育基地”；2013年，被确定为国家民委与甘肃省人民政府共建学校和全省第十一批精神文明建设先进单位。

2014年9月23日，院长张俊宗参加教育部“千名中西部大学校长研修计划”中期成果汇报会并做主题汇报

浙江大学基础医学院

学院领导班子成员

浙江大学基础医学院是国家教育体制改革17所“试点学院”之一，也是唯一一所涉医类的“国家试点学院”建设单位，是国家基础科学研究和教学人才培养理科基地。2014年，学院与英国爱丁堡大学正式签订协议共建“浙江大学—爱丁堡大学联合学院”并将于2016年招收生物医学学生。2014年9月，学院获国家人力资源和保障部、教育部联合授予的“教育系统先进单位”称号。

学院承担着浙江大学医学类专业前期教学主体，是浙江大学基础医学研究创新人才培养的主要基地，在研国家自然科学基金项目157项。学院有教职员工181人，其中正高职59人，中国科学院院士1人，国家基金委创新团队1个，国家千人计划入选者1人，国家万人计划入选者1人，“长江奖励学者”1人，国家杰出青年基金获得者4人，“973计划”首席科学家3人，青年千人计划入选者6人，国家优秀青年基金获得者3人，教育部新世纪优秀人才支持计划15人，省级教学名师1人，省级有突出贡献专家2人。

研究生墙报日活动

自2011年承担“试点学院”改革以来，学院围绕优化创新人才培养体系，在提升人才培养质量、创建生物医学新专业、改革人才选拔与招录方式、建设一流师资队伍、构建高质量的国际化核心课程平台、创新教育教学方式和新颖导师制体系、搭建国际化培养平台、优化育人人文环境等方面已形成多个亮点。

教育系统先进集体

“试点学院”综合改革的成效显著。（1）通过新专业设置和招生方式改革，学院本科生和研究生的生源质量持续提升，已成为浙江大学37个学院中生源最好的学院之一。（2）培养模式改革后，人才培养质量大幅提升。2014年，全院研究生发表126篇SCI论文，其中高影响SCI论文35篇，达到国际同领域学院的先进水平。生物医学专业本科生在竺院6个求是班中排名第一。（3）通过师资分类管理，以及实施教学、科研和服务并重的考评机制，学院在追求学术品质的基础上，重构了教师队伍的教育和服务意识，教授热心于主干课程建设，核心课程建设责任到人。（4）学院探索并形成了由“教代会、教授委员会、党政联席会议和综合办公室”组成的“三会一办”形式的高效精干的学院治理机构，完善了科学、民主和规范化的运行机制。（5）启动了与英国爱丁堡大学国际联合办学项目。在教育部上报中央的第51期《工作简报》中受到关注和推荐，中国教育报、浙江教育报等多家媒体全文报道，形成了学院人文文化的名片，建成“学院咖啡”屋、组织研究生墙报日活动、举办基础医学学术年会等。学院正在逐步建成一个“由杰出师生组成、教育和科研卓越、具有学府气质”的大学学院。

南方粮油作物协同创新中心

南方粮油作物协同创新中心(Collaborative Innovation Center of Grain and Oil Crops in South China)是根据“2011计划”的精神与要求，由湖南农业大学牵头，湖南杂交水稻研究中心、江西农业大学作为核心协同单位，华南农业大学、中国科学院亚热带农业生态研究所、湖南省农业科学院、袁隆平农业高科技股份有限公司、现代农装科技股份有限公司、湖南金健米业股份有限公司等作为主要参与单位，于2012年7月组建。

中心以作物栽培与耕作学等国家重点学科及国家杂交水稻工程技术实验室、水稻国家工程实验室、土肥资源高效利用国家工程实验室等国家级创新平台为依托，围绕国家粮油安全战略需求，充分利用南方丰富的温、光、水资源，重点开展南方粮油作物种质资源创新、多熟制种植模式与高效安全种植技术创新、多熟制全程机械化生产配套技术与装备研制创新，重点突破南方粮油作物多熟制生产增产增效与质量安全的重要科学问题和共性关键技术，为促进南方粮油生产经营方式转变、实现高效化、安全化、可持续化发展，提供关键性支撑。

中心为相对独立运行的非法人实体机构，实行中心理事会领导下的主任负责制。中国工程院院士袁隆平任中心理事长、中国工程院院士官春云任中心主任、中国工程院院士方智远任中心科学咨询委员会主任委员，中国工程院院士傅廷栋、中国工程院院士吴孔明任副主任委员。中心有聘任人员193人，其中全职研究人员79人、兼职研究人员96人、访问与流动人员5人、管理人员13人。研究人员中包括院士3人以及“长江学者”、国家杰出青年基金获得者等高层次人才17人，广泛汇聚了国内外优秀创新人才。

中心理事长袁隆平院士

中心主任官春云院士

中心工作推进会

中心组建以来，建成了2个500亩综合试验基地、4个千亩技术集成示范基地、8个万亩技术辐射基地，形成了技术创新—集成示范—推广应用的基地支撑体系，承担了一批国家、行业、地方、企业的重大重点科技项目，取得了一批重要创新成果。两系法杂交水稻技术研究与应用获2013年度国家科技进步特等奖；育成的特早熟油菜新品系，填补了中国特早熟油菜空白；培育的超级杂交稻组合“Y两优900”百亩高产攻关示范片，平均亩产1 026.7公斤，成功实现了中国超级杂交稻第四期攻关目标；研发的长江流域双季稻全程机械化生产技术创造了早晚两季全年亩产1 276公斤的高产记录。

中心着力开展人才培养改革探索，创办了本科生“隆平创新实验班”（本—硕—博连读）和“春耘现代农业实验班”，培养拔尖创新型人才和复合应用型人才。中心单独招收研究生108人，均已进入创新团队，将科学研究与技术创新贯穿培养全过程。

中心学生实习场景

中心秉持“国家急需、世界一流、制度先进、贡献重大”的宗旨，努力建设成为粮油领域高水平成果创新的重要平台、人才集聚和学术交流的重要基地、机制体制改革的示范样板，为保障国家粮油安全做出重要贡献。

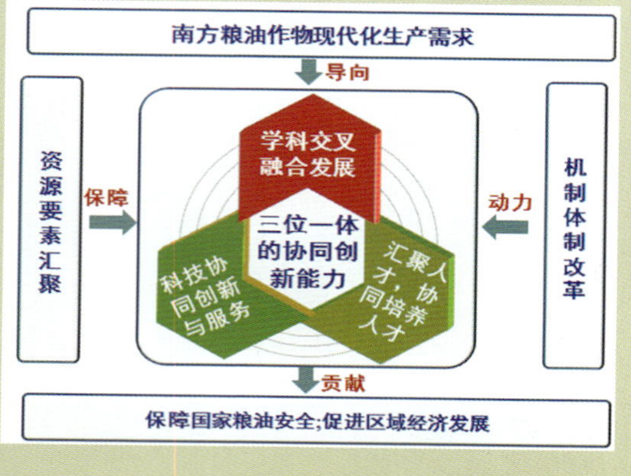

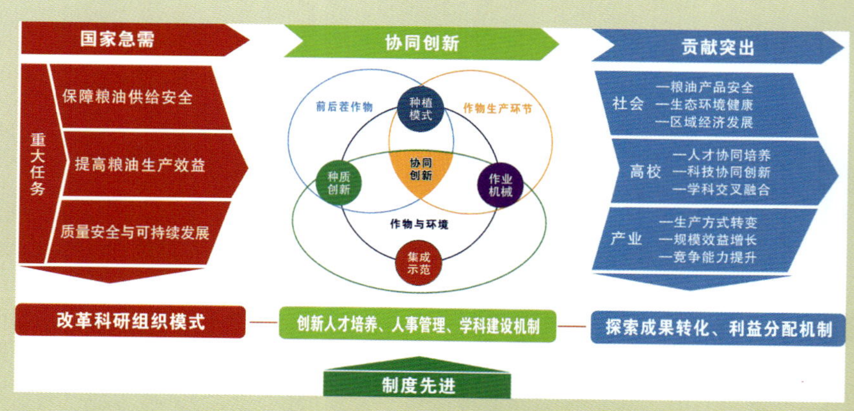

能源材料化学协同创新中心

诺贝尔奖得主Novoselov在中心进行合作科研

能源材料化学协同创新中心（Collaborative Innovation Center of Chemistry for Energy Materials，简称“协同中心”，iChEM）是由厦门大学、复旦大学、中国科学技术大学和中国科学院大连化学物理研究所以“2011计划”总体精神为指导组成核心层，由中国科学院化学研究所、中国科学院福建物质结构研究所、清华大学、牛津大学、美国加州大学伯克利分校等能源材料化学领域杰出人才团队作为外围层，以化学为基础、材料为载体、能源为核心，开展中国能源领域人才、学科、科研三位一体的协同创新中心。

目标定位。协同中心携物理化学、材料化学和催化化学与工程之学科优势，依托12个国家级科研平台，围绕国家能源战略性新兴产业和逐步替代石油的目标，发展非石油化石能源的高效清洁利用技术、高效新能源化学和储能技术，开展载能分子的高效定向转化和能源材料表/界面物理化学过程研究，解决非石油路线的碳资源等能源优化清洁利用的关键科学技术问题。面向中国经济发展对能源的近中期需求，重点研究煤基合成气高效转化、天然气低碳转化、二氧化碳资源化利用，通过创制新型催化材料和电极材料，探索实现热、光、电的协同耦合，发展物质-能量转化新途径，打造一流的能源材料与能源化学学科，为能源新兴战略产业的健康快速发展提供关键性基础支撑。

诺贝尔奖得主J.-M. Lehn　厦门大学主会场　大连化物所分会场　中国科技大学分会场　复旦大学分会场

机制体制。协同中心实行理事会领导和国际化学术委员会指导下的中心主任负责制，中心主任全面负责协同中心的工作。中心聘任中国科学院院士田中群担任中心主任、院士赵东元和院士李灿担任联合主任，聘请美国科学院院士、中国科学院外籍院士、斯坦福大学教授Richard N. Zare为学术委员会主任。截至2014年年底，中心已聘任研究人员108人（含外围科学家15人），包括中国科学院院士10人（其中年龄60岁以下9人）、国家“千人计划”入选者9人、“长江学者”11人、国家杰出青年科学基金获得者39人。中心研究人员先后获国际重要奖项30余次、国家级奖励11项集中了中国在能源材料化学领域的优势力量。

协同成效。协同中心提出并建立了多层次、全方位创新的“iChEM流动-协同增效机制体系”，建成6个交互式分平台的异地协同新模式，协同成效显著。2014年，在*Science*和*Nature*期刊及*Nature*子刊发表中心署名论文9篇，由中心成员牵头且多个核心单位共同承担的国家重大科研项目4项（经费总额达1.57亿元）；设立诺贝尔奖获得者研究室；建立全员服务与激励机制；建成多方同步视频系统以协同异地管理；创立本硕博一体化的能源化学学科专业并推动进入ESI国际学科评价体系；主办并打造国际一流的能源化学期刊（*Energy Chemistry*）。

协同中心秉持“追求卓越、促进交叉、国际接轨、世界一流”的宗旨，努力建成国际一流的能源研究中心，为中国引领国际未来能源科技革命奠定基础。

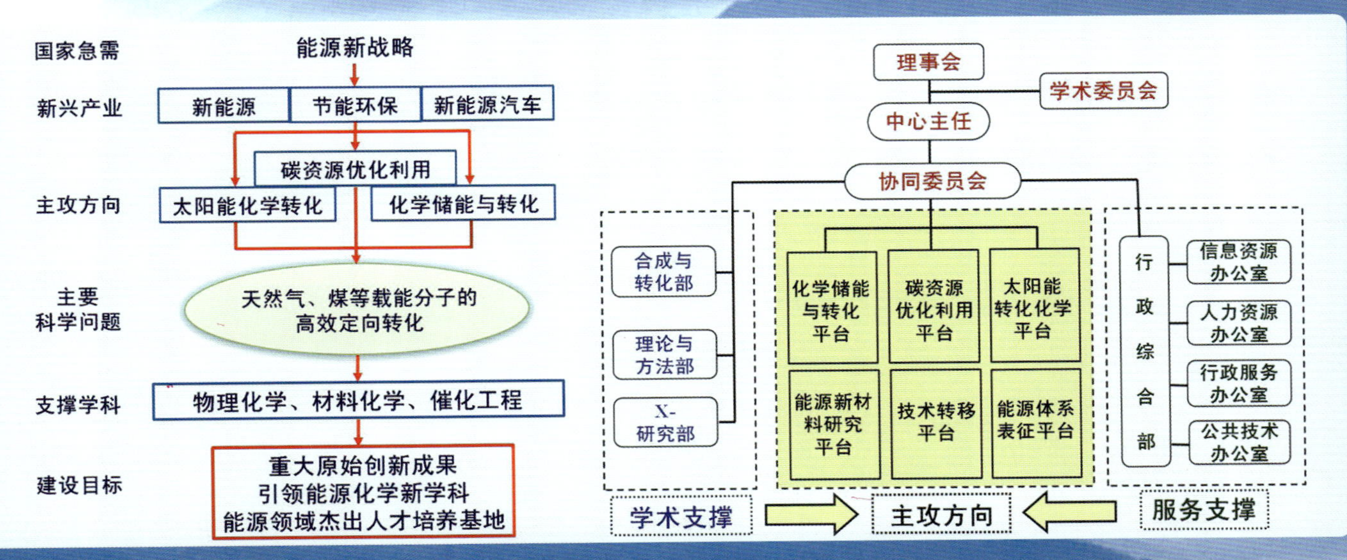

感染性疾病诊治协同创新中心

浙江大学、清华大学、香港大学、中国疾病预防控制中心领导签订感染性疾病诊治协同创新中心章程

感染性疾病诊治协同创新中心成立于2012年6月，由浙江大学牵头，联合香港大学、清华大学、中国疾病预防控制中心（CDC）三个核心协同单位组建，中国工程院院士李兰娟出任中心主任。2014年10月，被教育部、财政部认定为2014年度国家“2011协同创新中心”科学前沿之一，是医学领域唯一获得认定的协同创新中心。

中心紧密围绕中国急需解决的感染性疾病早期诊断、有效救治和防控的重大问题，围绕“国家急需、世界一流、制度先进、贡献突出”的总体要求，以“追求卓越、促进交叉、国际接轨、世界一流”为宗旨，结合中心的基础和发展方向，对中心进行了顶层设计和统筹规划，汇聚大批高端人才，开展创新性集群研究。中心围绕病毒性肝炎等重大传染病和新型流感等新发突发感染性疾病两大研究领域，全面提升“人才、学科、科研”三位一体的三大创新能力，建立了感染性疾病抗感染新药评价、动物实验、新理论新技术培训和临床诊治四大转化与服务基地，创建了感染性疾病病原、发病机制、预警预测、诊断、治疗、生物信息大数据六大研究平台。

中国工程院院士李兰娟人工肝研究团队获奖合影

在抗击H7N9中，由李兰娟领衔，协同攻关创建了一套从快速新病原鉴定、发病机制发现到临床救治新技术建立的协同创新科学应对体系。成果入选2013年“中国十大科技进展”和“中国高等学校十大科技进展”，得到政府和世界卫生组织（WHO）的高度评价。在《柳叶刀》和《新英格兰医学》发表的文章入选2013年度“中国百篇最具影响国际学术论文”。

在攻克重症肝病高病死率的科学难题中，李兰娟研究团队取得了一系列重大理论创新和技术突破，“重症肝病诊治的理论创新与技术突破”获2013年国家科技进步一等奖。

在感染微生态研究领域，李兰娟研究团队揭示了肠道菌群与肝硬化的秘密，成果《肝硬化中肠道菌群的改变》发表于国际顶尖期刊《自然》杂志，入选2014年“中国高等学校十大科技进展”。李兰娟获中央电视台2014年度科技创新人物。

荣誉证书

浙江大学：

你校 李兰娟 主持完成的“H7N9禽流感的病原学及临床诊治研究”入选2013年度“中国高等学校十大科技进展”，特发此证。

二〇一三年十二月二十五日

荣誉证书

“禽流感病毒研究获突破”入选“两院院士评选 2013 年中国十大科技进展新闻”

中国科学院学部工作局 中国工程院办公厅 中国科学报社

二〇一四年一月二十四日

国家科学技术进步奖

证　书

为表彰国家科学技术进步奖获得者，特颁发此证书。

项目名称：重症肝病诊治的理论创新与技术突破

获 奖 者：李兰娟

奖励等级：一等

2013年12月25日

证书号：2013-J-23301-1-01-R01

中心将建成中国感染性疾病诊治的科学研究和临床诊疗的中心，成为国际领先的学术高地。传染病、病原微生物等学科力争进入ES前1%，引领中国乃至国际感染性疾病诊治领域的研究。

感染性疾病诊治协同创新中心

汇聚学术大师，创新机制体制

国家重大需求

整合资源，搭建国际一流的科研平台

领域1：新型流感等新突发感染性疾病

领域2：病毒性肝炎等重大感染病

人才：培养具有国际竞争力的拔尖人才

学科：学科排名进入世界前10名

科研：科学研究取得重大理论突破与技术创新

转化：降低重大感染性疾病的发病率和病死率

提升四位一体的创新能力
建成国际领先的学术中心和人才高地
为控制感染病、促进经济发展和社会稳定做出卓越贡献

中心的建设使命与目标

以浙江大学为核心的，联合清华大学、香港大学、中国疾病预防控制中心的感染性疾病诊治协同创新链

数字中医药协同创新中心

数字中医药是中医药学与信息科学交叉发展所形成的一个新兴学科领域，是传统中医药学研究人体复杂巨系统的思路、方法的数字化重现。数字中医药协同创新中心的构建，是推进中医药标准化、规范化的必然选择，成为湖南省中医药行业产业创新发展的引领阵地。2012年9月26日，在湖南中医药大学与国内兄弟院校、企事业单位前期合作的基础上，由湖南中医药大学牵头的“2011数字中医药协同创新中心”在湖南省长沙市成立。

中心依托于湖南中医药大学中医诊断学国家重点学科等4个国家级平台及基地，以中国中医科学院、湖南大学、湖南汉森制药股份有限公司为核心参与单位。中心组建单位按照强强联合、优势互补、合作基础良好的原则进行选择，建立“数字中医药协同创新中心理事会”，湖南中医药大学为首届理事会理事长单位。主要基础研究平台设在学校，部分中试平台和人才培养实训基地放在企业，实现人才流动不调动的管理形式，在协同创新中充分发挥协同各方人才、技术和平台优势，深度整合资源，以资源共享、优势互补、风险共担、共同受益为基础，以合作研究数字中医药为研究目标，通过协议明确各成员的责、权、利，形成建立在长期战略合作契约模式基础上行业急需、国内一流的研究创新中心。2014年9月30日，湖南省教育厅及湖南省财政厅联合下文（湘教通〔2014〕405号），数字中医药协同创新中心获湖南省高等学校认定为“2011协同创新中心”。

数字中医药协同创新中心专家论证会

中心以中医药数字化表达研究为共同目标，下设四个分平台，制定有利于促进协同体优势互补、资源共享、协调互助、责权利明确、积极开拓、优质高效的机制体制，提高中医药行业现代化服务能力与产业化水平。

中医药数字化技术基础研究平台：主要完成中医药信息标准体系构建、中医医院信息系统集成与管理、中医药临床数据采集分析与挖掘方法研究。中医药数字化技术基础研究平台以中医药信息学科建设为核心任务，针对中医药临床信息的收集、临床决策、疗效评价等方面的关键技术与思路方法开展科研活动，旨在支持中医药学更好地应用现代信息技术开展科研活动与临床服务，具体包括中医药信息基础理论与技术研究、中医药信息技术与临床应用研究、中医药知识管理与挖掘技术研究三大方向。

中医诊断数字化与应用研究平台：开展中医心病证素辨证的规范化、客观化研究、计量诊断研究、现代生物学基础研究，开展中医诊断学数字资源库建设。该平台的主要工作为中医诊断数字化进一步发展奠定了基础。

方药标准数字化与应用研究平台：从来源、炮制、药性、功效、质量标准、常用方法和剂量以及临床应用等方面进行全方位的信息整理，建立400种常用中药饮片及1 000种常用中药制剂的数据库，为炮制和制剂生产以及临床应用提供科学规范标准。建立方剂在线查询及量化系统，开发方剂电子词典，为临床处方提供便利和依据。

中医临床数字化与应用研究平台：主要完成中医药临床科研信息一体化方法及数字化中医医院示范的研究。建立中医药防治慢性肝病技术文献数据库、诊疗方案与临床路径技术库。实现中医药防治慢性肝病技术资源的数据化、可分析化。最终组建和培育的数字中医药研究技术团队构建数字中医药研究技术平台、构建中医药信息标准体系和中医药本体知识库，实现软件、专利、仪器、规范、标准、新药的产业化运作。

希望通过数字中医药协同创新中心建设，打造中医药跨学科研究的平台，多学科结合开展中医药理论的数字化系统研究，吸引和凝聚、培养创新人才，形成多学科交叉中医药创新研究团队，深入认识和挖掘中医药的科学内涵，解决制约中医药创新发展和医疗服务能力提高的关键性问题，显著提升中医药科技创新能力和水平，深入贯彻落实教育部、财政部《关于实施高等学校创新能力提升计划的意见》（教技〔2012〕6号）精神，最终提升中医药行业现代化服务能力与产业化水平，推动湖南区域经济发展，让作为中医药服务和产业大省的湖南率先为中医药行业数字化做出贡献。

2014年中心人员参加现场答辩合影

福州外语外贸学院

福州外语外贸学院创办于2004年。2011年，经教育部批准，升格为民办本科普通高等学校，是全国非营利性民办高等学校联盟的发起单位和副主席单位。

学校地处福建省会福州门户、素有海滨邹鲁美誉的福州长乐市。校园依山而建，错落有致，占地面积1 200余亩。校内设有物流与供应链实验室、美术馆与演播厅等各类实验室86间，教学科研仪器设备总值达4 500多万元，拥有纸质图书130余万册和丰富的电子文献。教学科研、体育活动与师生生活区域布局合理，设施完善，是一所现代化的美丽校园。

学校立足海西、面向全国，全面贯彻党的教育方针，坚持公益办学、规范办学、特色办学的原则。秉承举办者吴钦明先生“教育是一种大爱”的情怀，以“仁爱兴教、公益办学、化育英才、服务社会”为己任，积极倡导“善心、善言、善行”的教育理念，善心办学，至善树人。在这些理念指导下，学校全面实施“质量立校，人才强校，特色兴校”的发展战略，努力把学校建设成为特色鲜明、综合实力强、办学水平高、全国知名的应用型民办大学，着力培养基础理论扎实、实践能力强、道德优良、具有创新精神的高素质应用型人才。

学校设有外国语学院、经济学院、财会学院、管理学院、艺术学院、公共教学部（马列主义教研部）6个教学单位，19个本科专业，专兼职教师800多人，境外教师45人，其中国家级教学名师、福建省杰出人民教师1人，省级优秀教师1人，省级教学名师3人，省级学科带头人1人。全日制在校生1.2万余人。

学校重视国际交流与闽台合作，是福建省首批与台湾高校开展合作办学的试点院校。先后与新西兰梅西大学、英国普利茅斯大学、纽约州立大学石溪分校、泰国博仁大学以及台湾中原大学、明道大学、树德科技大学等国（境）外高校建立教学与科研合作关系。

学校注重加强内涵发展，不断推进质量工程，拥有省级重点学科建设项目2个，省级专业综合改革试点项目2个，国家级大学生创新创业训练计划项目60个，省级大学生创新创业训练计划项目90个，省级公共基础课实验教学平台项目4个，省级校企合作实践教学基地项目4个。获省级高等教育教学成果奖5项。

经过不懈努力，学校卓越的办学品质和丰硕的办学成果获得了社会各界的广泛认可，知名度和美誉度不断提升。学校先后获“中国民办高校教育优秀学校”“福建省第十届、第十一届文明学校”“全省高校毕业生就业工作先进单位”“福建省职业教育先进单位”“平安校园”等诸多殊荣。中央电视台、中国教育报等媒体对学校的办学经验做了多角度的报道。

学校继续秉承“融会中外，经世致用”的校训和“崇德、勤学，求实、创新”的校风，发扬敢拼会赢的创业激情，敢为人先、勇当第一，向着建设“百年福外，一流学府”的宏伟目标奋勇前行！

学校与台湾中原大学签订校际学术交流合作协议

学校获第十届全国大学生“用友新道杯”企业沙盘模拟经营大赛全国总决赛一等奖

实验室

图书馆

陕西国际商贸学院

陕西国际商贸学院由步长制药有限公司于1997年5月创办；2008年经教育部批准，升格为民办本科院校；2012年5月，获得学士学位授予权。

学院秉持步长制药有限公司“坚韧爬坡，逆境崛起”的奋斗精神，立志为人民办大学，办人民满意的大学。学院遍寻贤达，广纳建言，联外修内，肃纪建伍，在陕西开创了企业办学的先河。学院以应用技术型本科教育为教育类型定位，以提高质量为核心，以内涵发展、校企合作、对外开放为路径，以“规范，特色，品质”为学校管理达标方向，以“崇德，勤学，励志，践行”为校训，形成了“以社会需求设置专业，以人才适用制定培养模式”的教育教学改革思路，建立了与之配套的教育教学运行机制。

学院西安时装艺术学院2013届本科生毕业设计展

学院占地500余亩，建筑总面积254 790平方米。2014年，建成并投入使用的塑胶田径场、篮球场、网球场、羽毛球场共占地3.3万平方米。图书馆藏书72万余册。设备齐全的大学生活动中心，一流的学术报告厅；名震北京城的奥运火炬石，高雅的音乐喷泉广场；洁美的学生餐厅和公寓楼，优雅的校园人文和自然景观环境，为学生提供了良好的学习和生活条件。

西咸一体化与咸阳区域经济发展论坛

学院形成了以商（经济和管理）学类、医药学类学科为重点，商药结合为特色的学科专业集群。设有商学院、金融与会计学院、国际经济学院、医药学院、信息与工程学院、文化与艺术学院、珠宝学院、服装学院、创新学院9个二级学院。学院本科专业21个、专科（高职）专业24个，涵盖了经济学、管理学、医学、工学、文学、艺术学、教育学等学科门类。建有营销、金融、物流、财务、医药、珠宝、服装、文化艺术8个实验中心，88个实验室， 86个校内外实训基地。此外，学院还附设有一个中等职业技术学校。

学院实行专家治校、教授治学、人才强校战略，重视师资队伍建设，重视强化内涵建设、规范教学和科研管理。有教师768名，其中正高级职称62名，副高级职称192名，讲师257名， “双师型”教师156名。教师在国内外刊物和学术会议上发表和交流学术论文1 400多篇，出版著作70多部，承担各级各部门研究课题150多项，其中教育部课题4项，通过省部级鉴定或评审60余项。学院药物制剂专业被评为省级本科重点专业，中药药剂学、药理学等课程被评为省级精品课程，电子商务实验室被列为陕西省重点实验室，医药、珠宝等实验室达到了国内先进水平。学院建有药学试验中心、文化创意试验中心、商务财经类实验中心等。

学院坚持以先进文化引领校园文化建设，以“健康、向上、有益”为原则，以提高学生的综合素质和创新能力为宗旨，大力开展形式多样的校园文化活动。艺术团、舞蹈队、话剧社青春激扬；商鹰社、阳光商社、实训社锻炼了大批欲进入商界奋斗的学子；特训队、记者团、商院文艺、读书协会多次获省级奖励。

2012年，学院为实现“为区域经济和社会发展服务”的定位，协同咸阳市政府成立了西咸区域经济发展研究协同创新中心。2013年，成立了陕西中药制药工程技术协同创新中心。

学院以《章程》制定为抓手，以转型发展为契机，努力把学院建成学科专业结构合理、特色鲜明、国际化程度较高、在省内外有一定影响的民办本科院校而奋斗。

陕西廣播電視大學

陕西广播电视大学成立于1978年，由教育部批准，陕西省政府主办，省教育厅主管，是陕西省唯一一所且最早运用现代信息技术开展远程开放教育的新型高校。

学校确定了“1233”发展目标，即创建“国际知名、国内一流”的广播电视（开放）大学和高等职业学院；开放教育和职业教育“双轮驱动”；逐步建设陕西开放大学、陕西工商职业学院应用本科和手机学院升级国际开放大学三所大学；实现“好学校、好教师、好学生”的“大三好”目标，实施四大战略，启动四大工程，办人民满意的教育。

学校设有10所市级广播电视大学分校、4所直属学院和6个系，校本部教职工435人，教师中博士、硕士以上学历人员占70%以上；全省广播电视大学系统教职工2 743人，其中专职教师1 705人，同时从省内外高校科研院所和企业聘请了兼职教授130多人。学校有本专科学历教育在册学生16万余人，办学规模超世界巨型大学10万人标准。

办学35年来，学校凝练出“1357”办学特色。“1”指省内唯一一所远程开放新型高校、争创一流；“3”指系统、资源、技术三大优势；“5”指学校除具有普通高校四项基本功能外的第五项功能，即服务大学；“7”指7项办学指标创在陕高校第一，即办学系统、学科门类总数、专业总数、在校生人数、年招生人数、年毕业生人数、校友人数等。

学校是陕西（高校）哲学社会科学重点研究基地之一，是陕西省远程教育研究中心的挂靠单位，是陕西省高等继续教育学会会长单位。2012年，学校开发的“陕西高等继续教育学分银行平台”与“陕西高等继续教育学习平台”启动运行。

2013年12月，学校筹建了国际首个以“5A”（Anyone, Anytime, Anywhere, Anyway, Anycourse）泛在学习为理念的手机学院，被陕西省政府列入“信息消费新型业态发展工程”。学校是陕西省教育信息化本科院校试点单位和住房与城乡建设部“数字校园与社区”创新示范院校。

2014年，学校与国家开放大学共同牵头成立中国移动智能教育创新战略联盟，并于11月15日得到中国产学研合作促进会正式授牌。

2014年，学校和国家开放大学共同主办中国微课及手机智能教育校长论坛，并发起成立“丝绸之路”教科文研究院，联合国内13所省级广播电视大学与俄罗斯—塔吉克斯坦斯拉夫大学合作建立“丝绸之路经济带”智能远程教育联合研究中心/实验室，研究、推广智能远程教育技术，促进“丝绸之路经济带”沿线国家教科文交流合作。

学校先后被教育部评为“全国电大教学工作先进学校”“全国电化教育先进单位”；被中共陕西省委、省政府授予“文明校园”称号；被中共陕西省委教育工委、省教育厅评为“电化教育先进院校”“民主管理先进单位”。

全校教职工在校党政领导班子的带领下，人心凝聚，干劲十足，认真贯彻习近平总书记系列讲话和党的十八届三中、四中全会精神，认真贯彻落实省委省政府的有关部署，创新驱动，以提高教育教学质量为核心，全面深化教育教学综合改革，为实现“1233”目标，更好地服务全民终身学习、社区学习和国际开放学习，为办人民满意的高等教育而奋勇前进。

陕西工商職業學

陕西工商职业学院是由陕西省政府主办、省教育厅主管、教育备案、陕西广播电视大学举办的公办全日制现代创新型普通高等职学院。

学院提出“以父母的情怀和一日为师、终身为父母”的理念立德人，改进“三风”，即校风、教风、学风，创建“大三好”，即好学校好教师、好学生，办人民满意的大学，培养时代需要的人才。

学院地处古城西安，占地面积360余亩，校舍建筑面积25万多平米。学院有教职工359人，专任教师237人，其中副高以上职称人员11人，占校内教师总数的36%；教师中博士、硕士以上学历人员占70%上，居西部高职院校前列。学院生均多媒体教室、工商管理类等实实训室、计算机、馆藏图书等教学服务设施和体育运动场等均位居全高职院校前列。

学院设有工商管理、工程管理、现代服务与管理、公共管理、手与网络信息管理和艺术6个教学系，开设有26个专业，以工商、经济、程管理和现代服务类专业为主要特色，其中中央财政支持重点建设专业2个、重点实训基地1个，省级重点专业5个、省级示范性实训基地3个省级综合改革试点专业1个，校级重点专业13个、重点实训基地10个。

学院面向全国招生，培养工商界的高技术管理人才。有在校生7 36多人。毕业生深受用人单位的欢迎，2013届毕业生一次性就业率达98%。

2014年以来，学院奋起跨越，六步并作一步走，先后取得学科专业建设与质量工程、学科专业建设数据平台建设、教育部人才培养合格性评估、省级专业综合改革、省级示范高职院校创建、省属高校巡视诊断工作等六方面工作的突破。

学院高度重视内涵发展和质量工程建设，积极发挥科研对教学创新的引领和支撑作用，成立了学科专业建设委员会、科学技术协会，坚持创新驱动、项目带动战略，承担省厅级以上教学科研项目100余项，校级以上教学科研项目210余项；公开发表论文500余篇，获省部级以上奖励56项。2013年，学校参加的高职院校技能大赛获奖等级和数量居全省前列。

学院重视体育运动和校园文化，成立了文体工作委员会，强化艺术教育中心、艺术社团、民歌研究院、书画研究院等工作职能。积极开展“卫生校园”“节约型校园”“绿色校园”“文明校园”“平安校园”创建活动，获得了“陕西省文明校园”“陕西省平安校园”“陕西高等学校阳光体育优秀单位”等称号，是陕西省网球训练基地。

学院积极开展教学交流与合作，与美国托马斯大学、韩国圣洁大学、台湾侨光科技大学等20多所国（境）外大学签署了合作办学协议，与洲际酒店管理集团共建了英才培养学院和冠名班，与西安皇冠假日酒店、西安创业物业发展有限公司、中国海程邦达物流集团公司等50多家知名企业开展合作办学。

学院正在争创省级和国家示范高职及应用本科，为早日把学院建设成为特色鲜明的“国际知名、国内一流”的创新型现代高等院校而努力奋斗。

上海应用技术学院

上海应用技术学院是一所有60年办学历史的以工为主，理、管、经、文、法、农、艺等多学科协调发展，特色鲜明的全日制普通本科高等学校，由全国示范性高等学校工专科学校——上海轻工业高等专科学校、上海冶金高等专科学校、上海化工高等专科学校及原国家轻工业部所属上海香料研究所合并组建而成。学院先后取得了学士学位授予权、硕士学位授予权及工程硕士培养单位资格。

学院有奉贤校区和徐汇校区两个校区，19个二级学院（部），全日制在校学生18 017人，其中本科生15 499人、研究生923人。设有本科专业48个，一级学科硕士学位点2个，二级学科硕士学位点11个，专业硕士学位（化学工程）授予领域1个。2013年，毕业生就业率达98.27%，人才培养质量受到社会各界普遍认可。

学院有上海市重点学科3个，上海市教委重点学科5个，国家级特色专业1个，上海市特色专业1个，上海高校高水平特色发展项目2个；国家“卓越工程师教育培养计划”本科专业6个；国家级实验教学示范中心1个，国家级工程实践教育中心1个，市级实验教学示范中心2个；国家级精品课程1门，上海市级精品课程15门，上海市级全英语教学示范课程1门；上海市本科教育高地7个；学生实践实习教育教学基地251个。

学院拥有实力雄厚的师资力量，有一批优秀的学科带头人和专业骨干教师，包括国家“973计划”项目首席科学家、国家百千万人才、东方学者、各级教学名师及一批国家、省部级教学、科技成果奖项获得者。有双聘院士1名，教授127名，副教授388名，具有硕士、博士学历的专任教师达78%，博士生导师21名，硕士研究生导师313名。

学院坚持走国际化办学的道路，先后与亚洲、欧洲、美洲、非洲、大洋洲及港澳台等20多个国家和地区的75所高等院校、科研机构及企业建立了广泛的交流合作关系。有市场营销、机械设计制造及其自动化、电气工程及其自动化、应用化学4个本科中外合作办学项目。经教育部批准，学院自2007年开始招收外国留学生，有来自17个国家的外国留学生到校学习。

学院举办“应用型本科院校发展战略”中外大学校长论坛

学生暑期赴台湾大叶大学交流访学

学院承办2013全国大学生“西门子杯”工业自动化挑战赛总决赛

贵州工程应用技术学院

贵州工程应用技术学院创建于1938年，历经贵州省立毕节师范学校、毕节半耕半读师范学校、毕节师范专科学校等时期。2005年3月，毕节师范高等专科学校与毕节教育学院合并组建毕节学院，成为全日制普通本科高等学校。2009年，学校成为学士学位授予权单位。同年，被列为“东部高校对口支援西部高校计划”项目学校，由西南大学和中国矿业大学（北京）对口支援。2014年5月，经教育部批准，毕节学院更名为贵州工程应用技术学院。

杏园

艺术楼

鹤园

乌蒙书画院

抢抓发展机遇，推进转型发展。2013年，学院根据国家教育部对新建本科院校实行分类管理和构建高等教育职教体系的战略部署以及《国务院办公厅关于同意深入推进毕节试验区改革发展规划的函》（国办函〔2013〕35号）等文件精神，针对贵州高等教育总量不足、结构不合理的现状，结合贵州省“两加一推”主基调、“四化同步”主战略以及毕节试验区产业结构调整与发展需要和学院实际，经过反复研究、充分论证，学院做出了由单一传统师范院校向多科性应用技术大学转型发展的战略决策和将学校更名为“贵州工程应用技术学院”的决定，在全省高校中率先转型，示范引领全省地方本科院校转型发展。

明确办学目标，提升服务能力。根据转型发展的决策，学院进一步明确了“把学院建成区域经济社会发展需要的应用技术人才培养培训基地、科技研发基地、文化传承基地、咨询服务基地，成为同类院校中水平较高、特色鲜明的应用型大学”的发展目标，进一步提升学校服务地方经济社会发展的能力。明确了学院的服务定位为立足毕节、服务贵州、面向全国；人才培养目标为培养专业基础扎实，应用能力、实践能力、创业能力强，综合素质高的高层次应用型人才；学科专业发展定位为构建服务地方基础教育、职业教育、重点产业、支柱产业的文理工相互渗透、协调发展并具有区域特色的学科专业体系；办学特色为培养“卓越两师”，即培养服务教育一线的卓越教师和服务生产、管理一线的卓越工程师。

坚持产教融合，创新人才培养模式。学院以培养服务工业化、城镇化建设等需要的一线工程师和服务基础教育、职业教育需要的一线教师为目标，坚持产教融合、校企合作的人才培养模式。先后与大唐移动通信公司合作举办专业，共同制订培养方案，共建3G/4G实验室，共同承担课程教学任务，在校企合作方面走出了新路子；与贵州北斗卫星技术有限公司签订大数据研发中心及教学实训基地合作协议，进一步推进专业共建、课程融合、“双师”培养、实训基地建设、技能认证、实习实训等方面的深度合作。学院还与毕节市人力资源和社会保障局等单位商定共建毕节市公共实训基地等相关事宜，进一步创新人才培养模式，提高人才培养质量。

加强平台建设，提高办学实力。学院建成省级重点学科——生态学，省级特色重点学科——应用化学，省级重点支持学科——逻辑学、特殊教育、采矿工程、计算机科学与技术，省级特色重点实验室——应用化学特色重点实验室、矿井瓦斯特色重点实验室、生物资源开发与生态修复特色重点实验室，省级工程中心——贵州省新能源汽车工程研究中心、煤基新材料工程中心，省级“2011”协同创新中心——贵州省煤化工工程协同创新中心，以及国家级大学生校外实践教育基地1个，省级科技创新人才团队3个、省级优秀教学团队2个、省级综合改革专业1个、特色专业1个、省级精品课程2门。

面向未来，学院秉承“艰苦创业、不断进取”的办学精神，以“两师”人才培养为中心，不断深化产教融合、校企合作，深化教学改革、提升教学质量和办学水平，努力把学校建设成为特色鲜明的高水平应用技术大学。

安阳师范学院

安阳师范学院是一所省属普通高等学校，始于1908年彰德府安阳师范传习所，历经平原省立安阳师范学校、安阳师范高等专科学校。2000年，经教育部批准升格为安阳师范学院。2007年，以同类院校并列第一的成绩通过教育部本科教学工作水平评估。2011年，被国务院学位办批准成为硕士专业学位研究生培养试点单位。

首届研究生毕业

安阳师范学院坐落在国家级历史文化名城、中国优秀旅游城市、中国八大古都之一的河南省安阳市。这里是甲骨文的故乡、《周易》的发源地，也是红旗渠精神的诞生地。世界上最大的青铜器——司母戊大方鼎在这里出土问世，世界文化遗产——殷墟、举世闻名的“人工天河”——红旗渠、中国文字博物馆、曹操高陵都坐落于此，素有“殷商故都”“文字之都”之美誉。安阳地处晋、冀、豫三省交汇处，京广铁路、京广高铁、京港澳高速、107国道南北贯通，交通十分便利。

相约西部扎根基层

学院占地1 909亩，建筑面积84.3万平方米，仪器设备总值1.82亿元，图书文献202万册。有教职工1 342人，其中具有高级专业技术职务教师440人，具有硕士、博士学位教师874人。学校设有20个学院，2个教学部，1个继续教育学院和1所独立学院。开设有1个硕士专业、60个本科专业，涵盖文学、历史学、理学、工学、教育学、法学、经济学、管理学、艺术学9大学科门类。

学院有国家级特色专业2个、国家级大学生实践教学基地1个，省级重点学科4个、省级特色专业8个、省级专业综合改革试点3个、省级本科工程教育人才培养模式改革试点专业1个、省级精品课程8门、省级精品资源共享课程6门，有省级教学团队3个、省级实验教学示范中心6个。入选“教育部新世纪优秀人才支持计划”省级教学名师2人、河南省高校创新团队5个、河南省高校创新人才12人、河南省高校哲学社会科学优秀学者4人。

汉字文化体验中心

学院利用地域特色，发挥文化传承创新优势，建有河南省“2011计划”汉语海外传播省级协同创新中心、河南省汉语国际推广基地、河南省重点社科研究基地（中原文化研究中心）、河南省非物质文化遗产研究基地、河南省高校人文社科重点研究培育基地（汉字文化研究中心）、河南省高校人文社科重点研究基地（甲骨学与殷商文化研究中心）、河南省宗教问题研究基地、河南省高校重点实验室培育基地（甲骨文信息处理、中美智能信息处理联合实验室）、河南省工程实验室（化学节能材料开发与应用、先进机器人研发）等研究机构。公开出版的《殷都学刊》2012年入选教育部名栏建设和全国社科规划办资助工程。2009年，学院获得招收来华留学生资格。先后派出186名师生到美国、德国、意大利等14个国家从事汉语国际推广工作，并与加拿大等国的大学开展合作办学。

学院始终把人才培养质量视为学校发展的生命线。在校生思想活跃、勇于创新、综合能力强，在全国大学生电子设计、数学建模、英语、“挑战杯”等竞赛中屡获佳绩。本科生就业率、硕士研究生考取率处在同类院校前列。学院先后获“河南高等教育质量社会满意院校”和“值得推荐的20张河南教育名片”高校。学院有13万余名毕业生活跃在教育、文化等多个领域，以良好的政治素质、扎实的理论基础和严谨的工作作风为学校赢得了良好的社会声誉，为基础教育、经济建设和社会发展做出了重要贡献。

湖南医药学院

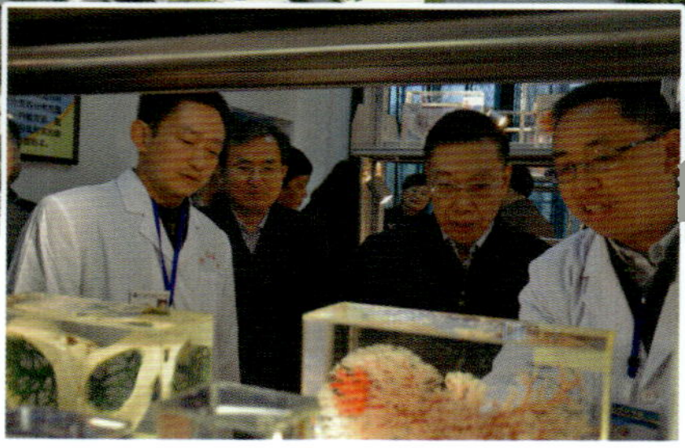

领导和专家参观学院人体科学馆

湖南医药学院（前身怀化医专）是一所国家公办的全日制普通医学本科院校，1924年创立于湖南长沙（仁术护病学校）。学院占地面积1 635亩，校舍建筑总面积22.5万平方米。有专任教师453人，正高职称教师83人，其中教授55人；副高职称教师139人；研究生学历教师182人，其中博士研究生22人。享受政府特殊津贴专家2人，省级教学名师1人，省级教学奉献奖获得者1人，省级优秀教师3人，省级青年教学能手4人，省级青年骨干教师16人。学院面向全国26个省（区、市）招生，有在校生6 800余人。图书馆馆藏纸质图书62.5万册。有直属附属医院2所（三甲医院、三级医院各1所），非直属附属医院4所，共有编制病床5 800余张，有教学医院10所、实习基地70个。学院设有临床医学系、护理系、药学系、医学检验系、针灸推拿美容系、基础医学部、公共课部、成教部8个教学系部及医学形态实验中心等13个教科研机构。开设有临床医学、口腔医学、医学影像技术、护理学、助产、药学、医药营销、医学检验技术、卫生检验与检疫技术、针灸推拿、医疗美容技术11个本、专科专业。

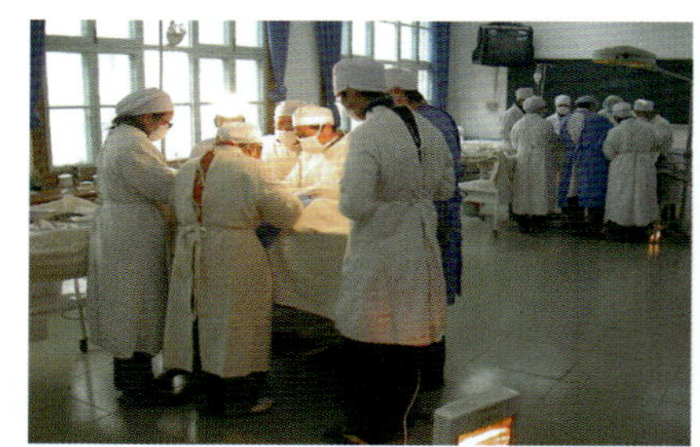
临床医学系与护理系学生联合进行模拟手术

学院十分重视毕业生就业工作，积极开拓就业市场，广辟就业渠道，千方百计做好就业服务工作。从2002年开始，毕业生就业率连续保持在90%以上。学院先后获“全国卫生系统先进单位”“全国五四红旗团委”“湖南省文明标兵单位”“湖南省文明高等学校”“湖南省普通高校毕业生就业工作先进单位”“怀化市文明红旗单位”等称号。

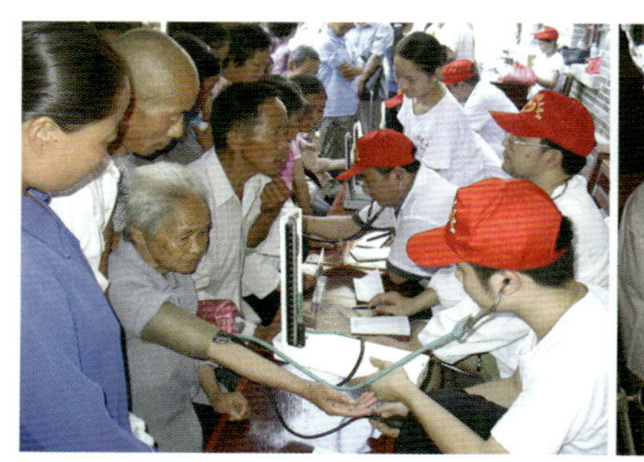
学校开展三下乡活动

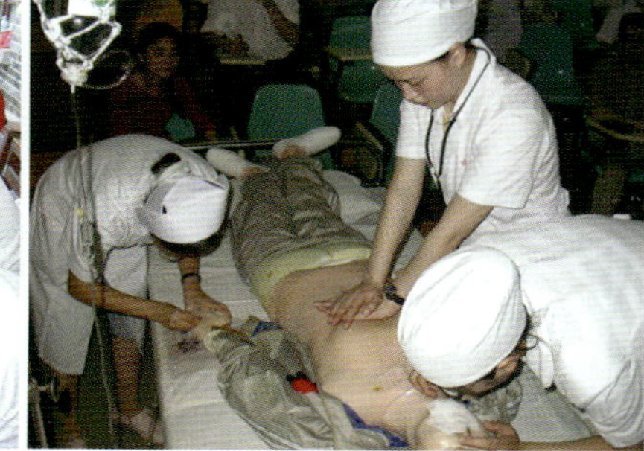
护理专业学生在比武

南昌理工学院

南昌理工学院是经教育部批准设立的普通本科高等学校。1999年5月建校时名称为江西航天科技专修学院。2001年4月，经江西省政府批准为江西航天科技职业学院。2005年5月，组建为本科高校，定名为南昌理工学院。2009年4月，学校获准为学士学位授予单位。

学院占地面积286.25万平方米，总建筑面积119万平方米；教学仪器设备总值达1.62亿元；馆藏图书文献资料274万册。本、专科在校学生30 374人。办学以来，为社会培养输送了60 981名合格毕业生。

学院以“航天科教，兴我中华”为办学宗旨，秉承“科学、务实、厚德、创新”的校训。

学院有专任教师1 667名，副高以上职称教师比率为34.5%、硕士以上学历教师比率为56.5%。在专任教师中，有博士研究生和硕士研究生导师32人、博士9人，获国务院特殊津贴10人、省“新世纪百千万人才工程”获得者1人、省“赣鄱英才555工程”获得者1人、省级教学名师1人、省高校中青年学科带头人2人、省中青年骨干教师19人，省级教学团队2个。学院聘请中国探月工程首席科学家、中国科学院院士欧阳自远为荣誉院长，中国科学院院士王梓坤为学术委员会名誉主任，中国工程院院士K8飞机总设计师、石屏为学科建设委员会名誉主任。

学院有本科专业42个、专科专业62个。计算机、科学与技术专业获批为国家级特色专业建设点，新能源科学与工程、军事法学2个专业被列为江西省高校“十二五”重点学科。学院有国家级实训基地1个，省级卓越工程师教育培养计划建设点1个，专业综合改革试点项目建设点1个，省级特色专业建设点6个，省级精品课程9门，省级人才培养模式创新实验区2个，省级实验示范教学中心3个。学院获国家社科基金项目立项2项，获江西省优秀教学成果一等奖2项，江西省科技进步二等奖2项，江西省教育科学优秀成果二等奖1项，省社科优秀成果一、二、三等奖各1项，国家专利19项。

学院本着“厚实基础、强化应用、对接市场、服务地方”的原则，制定了符合学院发展的定位和培养目标、体现办学特色和贴近社会经济发展的“3平台+接口”的应用型人才培养方案。设计了“课程实验（实践）+每学期集中职业技能实训+专业实习和课堂（社会）实践”的“三实”实践教学模式。

由于重视对应用型人才的培养，学生应用实践能力和科技素养得到了有效提高。近3年来，学生参加各类学科竞赛获奖173项，其中获国家级奖项15项、省级奖项129项，学生创新活动、技能竞赛获奖22项。在全面反映学生专业知识与应用能力的全国大学生数学建模赛中，学校有37项111人次获省级以上奖励，其中获全国一等奖2项、二等奖5项。由于学生基础知识扎实，应用技能较强，受到用人单位的欢迎，一次性就业率稳定在90%以上，高于全省平均水平。毕业生就业岗位与所学专业相关度达89%。

2012年11月，学院通过本科教学合格评估。专家组通过进校实地考察，从六个方面对学院工作给予了充分肯定：一是学院办学人具有强烈的责任心和使命感；二是学院办学定位清晰，发展愿望强烈，具有改革精神和创新意识；三是学院积极探索应用型人才培养模式改革；四是学院积极探索转型发展之路；五是学院“以评促建”效果显著；六是学院在学生指导和服务方面形成了特色。专家组认为，经过建设和发展，学院办学条件基本达到国家标准，教学管理基本规范，教学质量基本得到保障，达到了本科教学合格评估的基本要求，达到了全国民办高校的先进水平，为探索中国民办教育的改革和发展做出了突出的贡献。

1. 金融工程实训中心
2. 学校太阳能光电工程学院装备的全国高校第一台多晶硅铸锭炉
3. 空乘专业学生模拟机舱实训
4. 学生自主创新研究设计的激光等离子火箭发动机地面真空实验系统

南昌工学院

南昌工学院创办于1988年，是经教育部批准的一所全日制普通本科高校，也是华东地区唯一的全国高校民族预科教育基地。

学校获全国民族团结进步模范集体荣誉

在20余载的艰苦创业中，南工人以白手起家，秉承“忠信笃行，自强不息”的校训精神，与时俱进，不断探索、尝试、创新，一路风雨，一路跨越，蓬勃发展。截至2013年年底，学院校园占地面积1 168亩，校舍建筑面积50余万平方米，总资产近16亿元。设有民族教育学院、机械工程学院等10个二级学院，先后培养了来自全国各地的学生60 000余人。其中面向民族地区招收并培养了54个少数民族的各层次学生40 000余名，在民族小省办了民族大教育，为加快民族地区经济社会发展，促进民族团结共荣和边疆稳定做出了重要贡献。2009年，被国务院授予“全国民族团结进步模范集体”。2012年，被中央宣传部、中央统战部、国家民委授予“全国民族团结进步创建活动示范学校”。2013年，江西省委书记强卫批示：“办好民族预科教育首先是一种责任，对支持民族地区人才培养、发展稳定有着积极的作用和深远的意义。同时，办好民族预科教育，对江西来讲，也是树立对外形象、扩大对外影响、促进对外开放的一个重要窗口。因此，一定要更加重视，继续关心支持南昌工学院民族预科教育基地建设、办学和管理工作。”

创新教学模式，理论教学与实践教学融为一体

分组实训

学院作为全国民族预科教育基地和教育部以增强就业能力为导向的少数民族本、专科应用型人才培养改革试点院校，在党的十八届三中全会精神指引下，以二次创业的精神和魄力，不断加大投入，强化校企合作，补充完善办学条件，并从社会发展和少数民族学生成长实际出发，以思想政治教育为核心，以学习能力和就业能力为重点，坚持顶层设计与摸着石头过河相结合，全面推进与重点突破相结合，立足江西，紧贴中西部产业发展需求，特别是新疆、西藏地区人才需求，深度推进以增强就业能力为导向的应用型人才模式，致力于培养社会需要、专业技能突出、理论知识到位、综合素质优良的应用型人才。学校围绕“突出民族团结，追求思想进步；突出语言及人际交流训练，追求适应大学生活的健全人格；突出文化知识学习和训练，追求达到对接院校入学水平”的目标，全面实施民族预科教育综合改革，努力构建优良的民族预科教育体系，倾情倾力为民族学生成才搭建“金色桥梁”。

地址：江西省南昌市红谷滩新区创业南路998号　邮编：330108
咨询电话：0791-87583758 87583759　传真：0791-87583755
学校官网：http://www.ncgxy.com

宁夏工商职业技术学院

自治区领导关心学院发展建设

宁夏工商职业技术学院是宁夏办学规模较大的综合性高职院校之一，于2013年通过首批百所国家骨干高职院校建设验收。回首学院国家骨干院校建设之路，不禁感慨万千。“宝剑锋从磨砺出，梅花香自苦寒来”，经过全院上下3年的砥砺奋斗，学院在创新体制机制、优化办学环境、丰富教师资源、提升人才培养质量、拓展社会服务功能、增强辐射带动能力等方面取得了丰硕成果，创造了一条骨干引领、特色育人的新路。

骨干院校建设硕果累累

国家骨干高职院校验收组到学院考察

在国家骨干院校建设过程中，有8项建设成果为学院发展奠定了坚实的基础。一是以重点支持建设专业为龙头，创新实践了“三段阶梯、知训融合、学工轮替、循序顶岗”和“多能并重、学做一体、校企融通”等校企合作、工学结合的人才培养模式。二是以“教师流动中心”为平台，建立起多功能的融学生实习就业、教师实践、兼职教师参与教学的校企合作长效机制。三是构建起校企共同参与的教学质量组织保障机制，建成了“全过程一闭环式”教学质量监控机制，形成了政府、学院、企业、社会参与的多元化教学质量评价体系。四是建成了信息共享、性能优良的数字化信息服务平台。五是制定了一批与区域产业发展对技术技能人才需求的适配度进一步吻合的人才培养方案。六是构建了素质与技术技能并重的课程体系，建成了一批工学结合的校本教材和课程资源，带动了教学模式的创新，教学质量明显提高。七是结合国家级骨干教师培训、自治区级骨干教师培训和校本培训，建立了一支专兼职结合的专业教师团队和“双师型”教师队伍，实现了教师思想观念的大转变和教学能力的大幅度提高。建成了多个自治区级专业教学团队。八是找准在区域发展中的定位，确立了“立足现代服务业，面向能源化工与装备制造业，培养生产、建设、服务和管理一线的具有良好职业道德和职业精神的高素质技术技能人才”的办学目标，为区域经济社会发展培养输送了一大批技术技能人才。

国家骨干高职院校建设项目验收汇报会

特色育人品牌成绩显著

通过国家骨干院校建设，学院特色育人的3个能力形成了品牌。一是专业发展能力。清真烹饪工艺与营养、物流管理、应用化工技术、机电一体化等重点建设专业及专业群同区域经济发展方式转变、产业升级紧密对接，创新实践了各具特色的工学结合人才培养模式，构建了以职业素质养成、职业能力培养为主线，工作过程与职业能力提升有机结合的完整的课程体系，建成13门区级精品课程、视频公开课与优质核心课，54门院级精品课程、50门院级优质核心课。开发建设了56部校本教材、特色讲义及培训教程等，其中21部已出版发行。依托新建的数字化校园平台，建成了4个共享型专业教学资源库，有力的提升了专业发展能力。二是人才培养能力。骨干校建设期间，学院共选派教师451人次到国内外职业教育发达地区进修培训，选派教师420人次下企业挂职锻炼，学院具有“双师”素质的专业教师达90%。培养、聘用了25名专业带头人、77名骨干教师。建成了5个院级、3个自治区级专业教学团队。学院申报各级各类教科研课题184项，其中国家级和区级课题41项，横向课题8项，取得发明专利2项。学院在与同宁夏职业教育实训基地一体化的管理运行过程中注重资源共享，建成了融教学、生产、培训、鉴定、科研五位一体的现代服务、能源化工、装备制造、电子信息等四大实训中心、7个校中厂、100个教学做一体化实训室，配备了6 870台（套）实训教学仪器，设备总值达8 494万元，一次性可提供4 170个实训工位，实践教学能力明显提升。三是社会服务能力。在国家骨干校项目建设的强力拉动下，学院的综合办学实力不断增强，对区域经济社会发展的贡献与辐射成效日益显著。学院注重为宁夏生态移民战略工程、民族地区发展和国家重大活动服务，相继承担了“自治区生态移民就业培训援助”“南部山区中小学免费营养午餐从业人员培训”“回族厨师轮训”等10多项“民生工程”，为民族地区经济发展方式转变和产业结构调整升级培养了大批技术技能人才。同时，主动担当社会责任，在圆满完成北京奥运会、第24届世界大冬会清真餐饮服务工作的基础上，又相继承担了上海世博会、广州亚运会以及中阿博览会等社会服务工作，为自治区民生发展和民族团结进步贡献了力量。学院搭建了“资源信息共享平台”“对口支援示范平台”“对外交流合作平台”，通过联合办学、送示范课、师资培训、经验交流、学生职业技能培训与鉴定等，在专业建设、师资培训、课程开发、实训基地建设等方面进行合作，发挥了骨干校建设成果的辐射带动作用，引领兄弟院校共同进步。

成都纺织高等专科学校

[基本情况]

成都纺织高等专科学校前身为创立于1939年的国立中央技艺专科学校，是四川省政府举办的全日制普通高等学校，直属四川省教育厅，是中国西南地区唯一独立建制的纺织服装类高等学校，国家首批骨干高等职业院校、四川省首批示范性高等职业院校、四川省首批高端技术技能型本科招生院校、中国纺织服装高技能人才培训基地。

学校地处四川省成都市犀浦镇，校园面积616亩，在校生9 000余人。学校坚持以社会对人才的需求为导向，适时调整专业结构，不断加强专业课程建设，形成了以纺织、服装、染化为龙头，以机械、电气、电子信息、建筑为骨干，艺术、经贸、管理和外语并举的专业格局。

学校毕业生连续20年初次就业率保持在95%以上，学校连续7次被四川省教育厅评为“普通高等学校毕业生就业工作先进集体”，被四川省人才服务就业协会评为“2013年高校毕业生就业服务先进单位”。

2006年，学校党委被中共四川省委授予“先进基层党组织”称号；2007年，学校被省委组织部、省委教育工作委员会授予“四川高校领导班子开展‘四好’活动先进单位”称号；2008年，学校获“四川省教育系统抗震救灾先进集体”称号，同年被中共四川省委、省委教育工作委员会列为四川省第二批深入学习实践科学发展观活动试点单位；2009年，学校作为全省地方高校代表参加了全国高校第18次党建工作会议，学校党委书记受到了国家副主席习近平接见；2010年，学校先后被四川省和国家遴选为四川省首批示范性高职院校建设单位和国家首批骨干高职院校建设单位；2012年，学校被中国青年报社授予全国职业院校“魅力校园”称号。

学校牵头成立西南纺织服装职业教育联盟

学校参加纺织科技成果产业化研讨会开幕式并签署合作协议

学校与德国巴符州职业技术学院签订合作协议

[国家骨干高职院校建设示范与辐射成效]

一、“多方嵌入，三化五联动”的校企合作模式，对高职院校构建校企合作办学体制机制起到示范引领作用

深化校内管理体制改革，搭建了“西南纺织服装职业教育联盟”和“四川省纺织服装产业发展高峰论坛”两个校企合作交流平台，深度融入国内纺织服装产业园区建设，建立了系列体现合作共赢的校企合作制度，形成了“多方嵌入，三化五联动”的校企合作办学体制机制，实现了“资源共享、优势互补、相互依存、共谋发展”的校企合作愿景。为高职院校如何构建具有行业、区域特色的办学体制机制，实现校企合作由松散型向紧密型的转变起到示范引领作用。

二、以职教联盟为平台，以单独招生改革为突破口，多措并举实现中高衔接，为高职院校推进中高职衔接起到示范引领作用

以西南纺织服装职业教育联盟校企合作平台为基础，搭建了四川纺织服装中高职教育“立交桥”，通过与联盟内中职学校共同探索中高职一体化办学新机制、优化单独招生方案、合作举办职业技能大赛、校企合作展示中高职工学结合教育教学成果等举措，实现了中高职在人才培养、课程体系、升学机制等方面的有效衔接，为高职院校推进中高职实质性衔接起到示范引领作用。

三、建立一个专业建设机制、制订两套专业评审标准，为高职院校专业建设提供参考

建立“培养方案共定、培养过程共管、质量评价多元”的校企合作专业建设机制，制订人才培养方案评审标准和课程改革验收评审标准，开展百门课程教学改革等，为高职院校专业建设提供参考。先后有30余所省内外中高职院校到学校交流专业建设和课程改革经验，有20余人次被6所高职院校邀请做专业建设专题报告，并进行示范教学。在教育部高等学校纺织服装教学指导委员会召开的骨干教师培训会和中国纺织教育学会学术年会上做骨干专业建设专题报告4次，专业带头人和骨干教师多次赴对口支援院校进行教学指导和交流。

四、建立新进教师企业经历准入制度，为高职院校从入口把关，为提升教师“双师”素质提供借鉴

建立教师定期工程实践考核制度和新进教师企业经历准入制度，实施“实职互派、双向兼职”的“双师”队伍建设工程，加大校内教师培训力度，完善兼职教师队伍聘任及培训制度，着力提升师资团队“双师”素质和能力，为高职院校从入口把关，提升教师“双师”素质提供借鉴。

五、“规划+双中心”的服务模式，为高职院校服务产业发展提供借鉴

学校主动融入产业园区建设，采用“规划+双中心”服务模式，即帮助园区制订产业发展规划，参与园区建设和管理，共同组建“服装纺织技术创新（西南）中心”和“纺织服装人力资源服务与培训中心”。为纺织服装产业园区企业的产品开发和技术进步服务，针对纺织服装产业园区企业用工和农村劳动力开展就业技能培训，针对中职毕业生开展高等学历教育升学和就业前职业技能培训等服务，为高职院校服务产业发展提供借鉴。

六、项目建设的矩阵管理体系，被兄弟院校广泛借鉴

新加坡义安理工学院师生84人到学校学习蜀绣文化与技艺

成都纺织高等专科学校·雷迪波尔时尚之夏——2012届毕业生服装暨艺术优秀设计作品展示会

成都纺织高等专科学校·雷迪波尔时尚之夏——2013届毕业生服装设计作品展

云南工商学院

连续五年获“云南省高校就业工作一等奖”

云南工商学院坐落于“春城”昆明，占地1 103亩，校舍建筑面积25万平方米，是经国家教育部批准、具有独立颁发本科学历文凭资格的普通高等院校。

学院始创于1999年，2004年经云南省政府批准开始举办专科教育。2006年，学院领导选址昆明杨林，主导策划了“昆明杨林职教园区”概念，成为入驻园区的第一所建设校本部的高校。2007年学院一期建设完成，师生顺利入住。2009年，学院获首届“云南青年创业省长奖”，同时启动了专科升本科工作。2011年4月，学院获教育部批准升格为本科院校。2012年，学院连续获“专升本”和“二本”招生资格，成为西南地区民办高校中唯一一所具有两项招生资格的学校。

学院严守“自强、卓越、报国”的校训，在历届学人的精心铸造下，逐渐形成了“团结、勤奋、严谨、朴实”的优良校风和自强不息、兼容并包、严谨朴实的精神，在推动社会发展、科技进步、经济建设和教育振兴的过程中实现自身的价值。

学院创办以来，坚持“应用型”大学的发展方向，以服务为宗旨、以就业为导向，走产学结合的道路，培养“动手能力强、职业素质高”的专业人才，毕业生就业率连续5年达97%以上。2013年，毕业生就业率达98.7%。学院连续5年获云南省教育厅颁发的“就业工作目标责任考核一等奖”，被用人单位誉为高素质人才的摇篮，并被推选为教育部全国应用技术大学（学院）联盟副理事长单位。2013年，教育部直属项目“滇西青年创业学院”在学院挂牌成立。

学院的快速发展得到了各级领导的肯定，国务院副总理刘延东，民进中央主席严隽琪，教育部部长袁贵仁、副部长鲁昕，云南省委书记秦光荣、省长李纪恒、副省长高峰、省委高校工委书记李培及省教育厅厅长何金平等领导到学院调研指导工作，对学院发展“应用型”教育所取得的成果给予高度评价。学院还先后获“云南省文明学校”“云南省高校大学生创业示范园”“云南省优秀高校”等称号。

学院地址：云南昆明杨林职教园区

联系电话：0871—67978799　67978800

建筑工程专业学生在实训

学生获第七届“用友杯”全国大学生会计信息化技能大赛个人一等奖及团队二等奖

综合布线实训室

常州机电职业技术学院

常州机电职业技术学院坐落于全国首个以高职教育为显著特色的常州科教城内，创办于1963年，2002年，独立升格；2008年，获批为江苏省高职教育示范园区建设单位，为国家骨干高职院校。

学院积极探索“四方三层、一园八站、共建共赢”的校企合作办学模式，充分发挥校企合作理事会的资源优势，校内建立江南装备制造技术产教园，校外设立校企合作工作站，打造校企合作平台。

学院围绕现代产业体系建设，以专业群对接区域装备制造产业群，建有专业群9个，形成了以优势特色专业为龙头、相关专业为支撑的专业集群优势。

学院不断深化改革，创新“三合一、全过程”工学结合人才培养模式，构建了“以工作任务为中心、以项目课程为主体”的专业课程体系。

学院坚持内培外引，不拘一格吸纳和培养优秀人才，创设工作氛围，搭建发展平台。通过实施专业带头人培养、骨干教师培养、兼职教师队伍建设三大工程，构建“骨干引领、专兼结合”教学团队。专业教师中具有“双师”素质的比例达90. 41%，兼职教师承担的专业课学时比例达50. 35%。有国家级教学团队1个，省级优秀教学团队3个。

学院构建“多方位、立体化”社会服务体系，组建124个社会服务团队，打造了10个国家、省市级技术服务平台，形成技术服务特色。3年来，开展江苏省科技厅工业支撑项目“双臂机器人本体结构与关键功能部件研制”等技术研究，获专利137件，其中发明专利11项。开展“逆向工程”等社会培训70 161人次，社会服务到账经费5 380. 05万元。“常州机器人及智能装备应用技术研究中心”获科技部立项，学院成为2013年度国家创新基金项目主持单位中唯一一所高职院校。

学院创新“对接式”学生教育管理模式，开发学生素质教育校本教材，获“江苏省高等学校学生教育管理创新奖”一等奖2项。学院以辅导员基础能力建设“六个一”工程为载体，构建了“辅导员共同体”，开辟了辅导员队伍建设新途径。学院积极推进江苏省高校首批“心理健康教育与研究示范中心”建设，打造心理健康教育品牌。学院形成了“五彩”校园文化活动体系，连续两年获教育部校园文化成果优秀奖。在全国职业院校技能大赛上获一等奖6项、二等奖6项、三等奖4项。

国家级教学团队——模具设计与制造专业教学团队

学生在安川电机工业机器人中心对点焊工业机器人进行操作编程

近年来，学院毕业生年终就业率连续3年保持在98%以上，就业岗位专业对口率85%以上。学院获“江苏省高校毕业生就业工作先进集体”。

学院秉承“知行并进”的校训精神，创新“以人为本、崇尚技术、开放共享、追求卓越”的办学理念，办学50年来，学院为装备制造业培养了4万名专门人才，是常州市及江苏省装备制造业人才培养和社会服务的重要基地。

在第八届花卉博览会上常州机电职业技术学院志愿者“小水滴”合影

博世力士乐（常州）有限公司连续3年与学院开展“订单”培养

模具技术系教师利用海克斯康逆向工程与精密检测实训中心柔性关节臂为周边企业进行检测技术服务

常州機電職業技術學院
CHANGZHOU INSTITUTE OF MECHATRONIC TECHNOLOGY

浙江交通职业技术学院

浙江交通职业技术学院创建于1958年，隶属于浙江省交通运输厅，是交通运输部与浙江省政府共建的公办院校、国家骨干高职院校建设单位、全国交通职业教育示范院校、浙江省示范高等职业学院、教育部首批“中德汽车机电技能型人才培养培训项目”试点院校。

学院位于杭州市，毗邻浙江大学紫金港校区，集“西湖”“西溪”自然之灵秀，合现代化、职业化人文之特色，享有全国高职“魅力校园”称号。学院占地622亩，在校生8 800余名，教职员工500余名，拥有一只由国家级教学名师、全国五一劳动奖章获得者、省级教学名师、省级技术能手领衔的一流师资队伍。有现代化、数字化的教育和生活设施，质量管理体系覆盖全校，是省级治安安全示范单位，也是浙江省唯一一所获“全国高校后勤十年社会化改革先进院校”称号的高职院校。

学院路桥专业学生实训操作

● “依托交通，服务社会”是学院坚持的办学特色。学院主动服务海洋经济国家战略和浙江现代交通“大港口、大路网、大航空、大水运、大物流”五大建设，设有路桥学院、汽车学院、海运学院、机电与航空学院、信息学院、运输管理学院、人文学院7个教学分院和继续教育学院。设置37个全日制高职专业和16个成人高职专业，是浙江省交通类专业最齐全的高职院校，其中路桥、汽车、海运、船舶、通信、物流、铁道、地铁类专业是省内开设较早的优势品牌专业。学院设有14个科学研究机构，其中浙江省交通科学研究院具有独立法人资格。

学院海运分院半军事化管理

● “校企合作，开放办学”是学院发展的核心战略。在教育部与德国五大汽车生产商合作的中德汽车职业教育项目中，学院是首批入选的高职院校；与丰田汽车（中国）有限公司合作开展T-TEP项目（丰田教育）；与德国外贸交通学院、澳大利亚西海岸科技学院、台湾龙华科技大学等国外院校开展专业开发、师生交流等教育交流与合作项目；与路桥、汽车、海运、船舶、物流、铁路、地铁、机电、IT、通信、外贸、旅游等相关企事业单位合作紧密，共建校外实践教学基地230个。

中德汽车职业教育项目落户学院

● “为学生提供最优教育，为社会提供最佳服务”是学院肩负的使命。学院倡导“学思并重，知行合一”的优良学风。历届毕业生以“素质高、适应快、留得住、动手强”的特点深受用人单位欢迎，毕业生初次就业率达98%以上，为浙江省现代交通建设和社会经济发展提供了强有力的人才支撑。

● “励志力行”是学院的校训。学院遵循“以人为本，提供优质教育服务，培养交通建设和社会需要的高素质技术技能型人才”的质量方针，坚持“文化引领，培育特色，打造品牌，面向市场”的办学方向，致力于把学院建成为办学理念先进、行业特色鲜明、人才培养质量高、社会服务能力强、具有可持续发展能力的一流高等职业技术院校。

学院和台州五星海运有限公司校企合作

学校地址：杭州市莫干山路1515号　　邮政编码：311112
院办电话：0571-88481798　　传真：0571-88172538
网址：http:zjvtit.edu.cn

北京市第三十五中学

2013年9月，世界著名天文学家贝尔女士带领学校科技班学生领略宇宙奥妙

2013年2月，学校科技班学生在中国科学院专家带领下在云南科考

如何奠基学生全面而个性化的发展，同时满足未来社会发展和国家建设的需要，兼顾教育的人文性与社会性？为求解这个难题，北京市第三十五中学秉承开放教育理念，整合社会各界资源，开展了系列课程改革。

2010年，学校联手中国科学院京区科协创办“科技创新人才培养班”。由此，教育界与科技界联手基于学生发展需求设计科技特色课程，包括专家报告、科考实践、课题研究等，突破传统课堂边界，引领学生在学习与实践中拓展科学视野、提升科学素养、锻炼创新能力。

为探索拔尖创新人才培养模式，开展“六年一贯制”课改项目，尝试打通初高中六年课程，打破学段与学科边界，加以整合优化，力求减负增效，整合资源提供全面教育，包括基础类学科课程、挑战性学科课程、社会实践类课程、国际理解课程、中国科学院实验探究课程等，培养学生伟大的责任心和伟大的创造力。

基于对教育国际化的独特思考，2012年，学校与美国知名中学合作开办“中美双文凭国际高中课程”，进行中美高中课程融合与学分互认，兼容中西方教育优势，培养“具有中国情怀的世界人、具有世界胸怀的中国人”。同时，将学校国际部作为“课改实验田”，计划用5—10年时间打造自己的国际课程，让95%没有机会出国的孩子在国内也能接受国际教育。

2013年8月，学校六年一贯制课改项目班学生开展社会实践

2013年5月，学校国际部学生向美国来访学生介绍中国文化

在打造兼具多元性、选择性、针对性课程体系的基础上，学校大力创新育人模式，为个体发展提供定制服务。2013年，开始逐步启动“五制”教育教学管理模式改革，包括学部制、走班制、学分制、学长制、导师制。所谓学部制是通过实施分类教育，设立科技学部、艺术学部、六年一贯制学部、志成学部等，为不同潜能的学生提供针对性的课程和资源；学分制和走班制的管理模式是让学生根据自己的兴趣、程度自主选择课程，组合成专属课表，满足不同类型、不同层次学生的需求；学长制和导师制旨在加强指导的针对性，培养学生的归属感。

2014年8月31日，学校校长朱建民向学部代表授旗

2014年11月14日，学校学生作为第一批中学生代表参加首场“青少年走进中国工程院”活动

首都师范大学附属红螺寺中学

“十二五”课题“新疆内高生生涯教育研究”开题会

与首都师范大学音乐学院学生同台演出

学校健身操队参加全国、市、区展演

荣誉证书

授予：首都师范大学附属红螺寺中学

全国教育系统先进集体荣誉称号

全国教育系统先进集体证书

首都师范大学附属红螺寺中学建于1949年4月，是怀柔第一所公办寄宿制中学。1988年从红螺寺内迁至现址，1999年恢复为普通高中。学校占地26 000平方米，建筑面积34 000平方米。有高中教学班32个，学生1 234人。其中普通班15个、北京市音美艺术实验班9个、新疆班8个。新疆生共297人，来自新疆14个地州市，共13个民族。住宿生近1 000人。学校共有教职工198人，专任教师138人。近3年，学校干部教师编写出版了25本经验著作、校本教材，每年发表及获奖文章达150篇以上，全国和市级的科研课题及项目达13个。

学校坚持“开放办学、多样发展，人本治校、文化建校，民主理校、以德立校，科研兴校、特色强校”的发展思路，倡导“德为才之帅，才为德之资，体为人之本”的育人策略，树立了“丰富学生的知识，让学生飞得更高；培养学生素质，让学生走得更远；提高学生品位，让学生生活得更好”的培养理念。形成了艺术教育、国际教育、民族教育为特色的多元培养模式，全校师生走上了创办“全国高中特色名校”的奋斗之路。

一、课程多样化

学校已经开设学科竞赛类、科技类、音乐类、美术类、戏曲影视类、体育类、国际交流类、社会文化类八类校本课程，还要继续开发德育、学科、传统文化、国学四大类校本课程，形成完备的校本课程体系。

二、培养模式多元化

办好美术、音乐实验班，新疆班和新疆生艺术特色班，开展国际教育。

三、教育方式多样化

以“大成智慧教育实验”为统领，以“自主学习，小组探究”为模式，以“友善用脑”为辅助，建构六环节课堂教学新方式：讨论、展示、点拨、质疑、练习、导学，配合健脑操、思维导图等多样方法，打造多彩的高效课堂。

四、教学方法多样化

引入、讨论、展示、点拨、质疑、练习、自主研究，把课堂还给学生，体现学主体地位。

学校和北京大学附中、北京师范大学附中结成牵手合作学校；与美国加州的中学和大学拟建立友好交流关系；学校是国家教育部“十一五”规划项目“友善用脑教育教学实践的基本理论研究”课题实验基地；2012年9月1日，成功创办首都师范大学附属红螺寺中学。

学生会考、高考成绩连续提升，2012年、2013年、2014年本科上线率分别达71.4%、88%、90%。2014年，高考艺术生本科上线率达96%，学生袁秀龙以687分的优异成绩获得怀柔区高考理科状元，考入清华大学。

学校先后获“怀柔区教育工作先进单位”“怀柔区艺术教育示范校”“首都平安示范单位”“北京市艺术教育特色校”“北京市教科研先进单位”“全国学校文化建设金奖”“全国学校管理创新品牌学校”“全国德育实验校”“全国平安和谐校园”“全国特色品牌校”“全国百所特色高中建设校”。2014年9月，学校被人力资源和社会保障部、教育部授予“全国教育系统先进集体”称号。

一、整体情况

2013年，学校深入贯彻落实党的十八大精神，围绕教育教学发展中心积极开展教育实践探索，学校发展取得突破性进展。学校发展规划得到进一步完善，办学体系有了新的突破，教育教学质量稳步提升，连续9年获广州市普通高中毕业班工作一等奖。学校被评为广州市节能减排先进单位、广州市垃圾分类示范基地、华南师范大学中小学教师培训实践基地、华南师范大学中小学校长培训实践基地、广东省首批教育部和财政部“国培计划”实践教育基地学校。学校获中国可持续发展教育（ESD）项目创新奖，地理科组被评为广州市优秀科组，多个科组获高考突出贡献奖。

广州市领导视察学校

二、办学成绩和亮点

1. 抓住学校发展主要矛盾，逐步完善办学体系。2013年，为解决广州教育城基础教育配套问题，在学校的积极争取和努力下，学校进驻教育城办学，并得到了市教育局和广州教育城建设指挥部的肯定和支持。为此，学校配合有关部门扎实做好教育城2015年招生准备工作，为完善学校完全中学办学体系奠定了基础。

有关领导到校调研

2.抓实教育教学中心工作，学校办学水平不断提升。坚持“德育为先”理念，思想道德教育成绩显著。学生获广东省宋庆龄基金奖励1人，获省、市三好学生、优秀学生和优秀学生干部奖励26人。2013年，学校高考再创新高，750人参加高考，重点分数线上线125人，超广州市高考预测目标58人；本科线上线642人，超广州市预测目标79人。学生廖菁、黄锐、颜海莹、陈汝慧分别以优异成绩被北京大学、清华大学、中国人民大学和中国科技大学录取；学生冼依俐、陈新欣、白羽婷、梁诗慧被“宋氏三姐妹”母校美国威斯里安女子学院录取。

3.借助校友交流平台，扎实开展学校文化建设。10月，学校举行了“粤港澳马协和校友（学校）联谊活动”启动仪式，初步构建起4地协和校友（学校）长效交流合作机制。举行首届教师书法作品展览、开展全员心理健康教育C证培训，与美国威斯里安女子学院建立了定期交流合作机制。

举行百年校庆

全国单排轮滑球锦标赛在学校举行

德山楼（教学与实验楼）

绿园与道恩堂

协和堂（行政办公楼）

星河湾·广州市番禺执信中学

星河湾·广州市番禺执信中学是一所规模宏大、实行小学至初中九年一贯制的现代化学校。创办于2001年，是享誉全国的高端优质品牌民办学校。有在校学生3 300多人（其中初中36个教学班，学生1 500多人；小学43个教学班，学生1 800多人）。校园占地面积和建筑面积均为8万多平方米，办学硬件设施按照广东省一级学校标准设计和建设。学校依法依规办学，实行校董事会领导下的校长负责制，民主科学管理。

学校烹饪基地

办学13年来，学校坚持“让每一个学生对现在和未来充满信心和希望，快乐学习、阳光成长”的办学理念；谨记“崇德瀹智”的校训，秉承“执德至弘、信道至笃”之执信精神；融合“舍得、用心、创新”之理念；坚持以办中国最出色的品牌民办学校为目标，以出色的办学业绩，先后被各级政府部门评为全国自律与诚信建设先进学校、全国优秀民办中小学、广东省一级学校、广东省安全文明校园、广东省绿色学校、广州市先进民办中小学、广州市5A等级（AAAAA）学校、广州市依法治校示范学校等。在教学上坚持“研学后教”，创造和实施了“动、懂、悟——学生主动发展课堂教学模式”，推进因材施教，授人以渔，形成肯学习、会学习、乐学习的良好氛围。每年初中毕业班中考成绩均位居广州市和番禺区前列。学生积极参加全国、省市各级各类竞赛和科技创新小发明竞赛，均获得优异成绩，大部分初中毕业生均考上了广州市执信中学、华师大附中、广东省实验中学、广雅中学、广东仲元中学等国家级示范性高中。在历届中考中，学校产生了物理、化学、英语、政治等学科共23名广州市中考单科第一名，学校连续5年荣获广州市番区初中毕业班工作一等奖。

初一新生校园体验周之趣味水上运动会

学校射击俱乐部

学校坚持以朱执信先生“薄身厚志，砥节砺行”的高尚情操，教育学生以“新、活、实、爱、勤、博”六字方针为指引，构建了“快乐学习、快乐生活、快乐成长”的快乐德育模式；以丰富多彩的校园活动为德育载体，打造了步步是文化的校园文化环境；坚持尽善尽美为学生服务，以服务促教，以服务育人；实施以德修智，以智弘德，上品教化，立德树人，有效的促进了学生德、智、体、美、劳全面发展。

在教师队伍中，确立了爱岗敬业、爱生如子、爱校如家的良好师德师风。涌现出一批深受学生喜欢和敬佩的教坛新秀和教学能手。学校“校风好、班风好、老师好、服务好、质量好”在家长和社会上形成良好口碑。

学校星学广场

学校陶艺坊

2014年，学校被广州市民政局、广州市民间社会组织、广州市教育局联合评为广州市唯一的“5A等级（AAAAA）学校”

广东仲元中学

GUANGDONGZHONGYUANHIGHSCHOOL

校长古殷陪同区领导视察校园

学校校门

广东仲元中学位于广州市番禺区，是广东省历史名校、中国百强中学、广东省首批国家级示范性普通高中。始建于1934年春，是为纪念孙中山先生的得力助手、著名民主革命家邓仲元先生而命名的一所纪念中学。建校80年以来，培养了近5万名优秀学子，其中科学家彭加木被评为100位新中国成立以来感动中国人物之一；人民公仆梁国聚成为久经考验的忠诚的共产主义战士。学校成为广东省教育的一面旗帜，是一所名符其实的全国品牌高中。

学校占地面积约100亩，有60个教学班，在校学生3 080人，在职全国名校长、广州市名校长1人，特级教师2人，广东省名师工作室主持人1人，广州市名师工作室主持人3人。近年来，学校在校长古殷的带领下，先后进行“有效性”教学改革和“五环学习法”课堂改革，真正做到“把时间还给学生，把方法教给学生，把机会让给学生”，促进学生全面发展。高考重点率、高分人数、各科平均分稳居广州市、广东省前列。其中2007年、2008年、2010年和2011年均获广州市高三毕业班工作一等奖总分第1名。2007年，学生颜晖皓获全国高考广东省化学类五科总分状元；2010年，学生周于敬以709分勇夺全国高考广东省理科总分状元，被清华大学建筑设计学院优先录取。2014届重点本科上线人数584人，重点本科上线率达59.3%，比广州市重点本科预测478人多106人；本A上线人数883人，上线率达90%，均创历史新高，重点本科上线率和本A上线率位居广州市各区属中学之首。

学校品牌特色活动：历史话剧节

由于办学成绩显著，学校被评为“广东省国家级示范性普通高中”“中国百强中学”“全国体育传统项目先进学校”“全国消防安全教育示范学校”“广东省普教系统先进单位”“广东省依法治校示范校”“广东省绿色学校”“广东省中小学校本培训示范学校”“广州市文明单位”“广州市创先争优先进基层党组织”等。

学校获2009中国百强中学

广州市香江中学

以生为本　面向世界

广州市香江中学自2008年创办以来，在全体香江人的共同努力下，学校锐意改革，不断创新，已成为一所理念先进、管理规范、教育质量高、辐射能力强的广州名校，其高中部已成为享誉国内外的AP美式高中。

图书馆

生本课堂

香江中学一直秉承“以生为本，精育人才”的办学理念，全面贯彻生本教育。学校作为全国生本教育研究中心总部基地，6年来，先后接待了澳门、香港、云南、吉林、新疆、海南等地的100多所学校领导、教师到学校交流学习。积极推进生本教育，促进学生全面发展。学校的生本实验使学生精神面貌发生了翻天覆地的变化，学生由“他律”变为“自律”，由“被动完成”变为“积极进步”，由“要我学”变为“我要学”，由“怕考”变为“敢考”“爱考”。“激扬生命，唤醒本能”的生本教育不仅在学生的心田播撒下自信阳光的种子，更引领学生自由幸福地徜徉于知识的殿堂，发现更美的自我。办学以来，学校被评为“中国办特色学校”“全国科研兴教特色单位”和教育部重点科研项目以生本教育研究推进素质教育实验学校。

外教在上课

高中国际化是学校办学的另一重要特色。2009年，香江高中按照国际化发展战略，与美国加州海岸线学院合作，协作开发了“中美联合办学EBUS”项目，引进了该校的大学学分课程，成为国内第一所运作该项目的学校；2011年，又成功引进美国加州大学欧文分校的AP课程，学校成为UCI向海外输出AP课程的第一所高中学校；2012年，获得了美国大学理事会的国际AP学校认证，独立开设AP课程；2013年，与美国顶尖中学伊斯特莱慕高中合作，建立“XJ-EL合作项目”，全面引进全美式高中课程体系与管理模式，让学生在中国也能接受纯正的美国高中教育，学习与美国学生同步的知识体系、思维方式和综合能力。

毕业庆典颁奖活动

2013年，学校首届AP班毕业生中，65%的学生被美国综合排名前50的大学录取，100%的学生进入美国综合排名前100的大学。2014届高三AP班毕业生中，68%的学生被美国综合排名前50的大学录取，100%的学生进入美国综合排名前100的大学。毕业生陈思羽以托福113分、SAT2310分的高分，被全美文理学院排名第7的卫斯理学院录取。

近年来，学校还大胆尝试，积极稳步推进初中部国际化的进程。在七、八、九三个年级共6个直升班的基础上，大胆尝试与伊斯特莱慕初中部的合作，不断完善香江特色国际课程体系的建构，为学校全面实现国际化发展战略奠定了坚实的基础。

伟人母校 英才摇篮

——湖南省湘乡市东山学校

东山书院北阙屋

在湖南省湘乡市东台山麓、涟水之滨，有一座古朴典雅又不乏现代气息的建筑群，这就是一代伟人毛泽东的母校——东山学校。

东山学校始建于1895年，时名“东山精舍”，是湖南省最早的新式学堂。学校历经东山书院、东山高等小学堂等名称更迭。1958年9月10日，毛泽东亲笔为母校题写校名“东山学校”并沿用至今。学校是湖南省示范性普通高级中学、全国重点文物保护单位、全国爱国主义教育示范基地、国家AAAA级旅游景区、湖南省学习型党组织建设实践基地、湖南省红色旅游线路“毛泽东成长之路”的重要节点。

一百多年来，学校秉承“公诚勤俭”的校训，陶铸群英，弦歌不辍，孕育了毛泽东、陈赓、谭政、易礼容、萧三、萧子升、黄国璋、毛泽覃、杨幼麟等大批英才俊杰。学校百周年校庆时，教育部发来贺信盛赞东山学校“为中国革命做出了特殊的贡献”。近年来，成思危、毛致用、刘永治、沈一之、陈小娅、张春贤、周强、徐守盛、杜家毫等领导和毛主席亲属邵华、毛新宇等曾亲临视察，指导学校工作。

学校办学条件优越，办学成果显著。学校占地300余亩，拥有教职工270多人，学生近4 000人，设施齐全，环境幽雅，校风淳朴。学校坚持“德育为先，素质为本，尊重个性，追求卓越”的办学理念，面向全体学生，全面实施素质教育，培养学生社会责任感、创新精神和实践能力，取得了显著的成绩，是中国发明协会中小学创造教育实验基地、湖南省青少年科技活动示范基地。近10年来，学校高考本科上线人数、本科上线率稳居湘潭市前茅，多次受到湖南省教育厅通报表彰，年年荣获湘潭市高考、学考综合评价一等奖。中央电视台、湖南教育电视台、湘潭电视台、湖南日报、湘潭日报等媒体多次对学校教育教学成果和办学特色进行了专题报道。2014年，学校获评为“全国教育系统先进集体”。

学校人文资源丰富，教育辐射功能强，是湖南省重要的爱国主义教育基地和红色旅游景点。东山书院作为重要的历史文化遗产，具有厚重的人文科学价值、珍贵的文物资源价值、独特的观赏游憩价值，具有较高的影响力和知名度。2010年，学校拍摄了21集红色青春励志电视连续剧《东山学堂》。该剧已在中央电视台、湘潭电视台播出，在全国青少年中产生了广泛而积极的影响。东山书院已成为了广大游客，特别是青少年进行爱国励志教育的重要场所。每年来校参观、学习的游客达20多万人。

园林式的育人环境，深厚的人文底蕴，先进的教育理念为学校的发展提供了源源不竭的动力。公诚勤俭，敢为人先的东山人正以锐意创新的思想和严谨科学的态度，辛勤耕耘，倾力打造知名教育品牌，为基础教育发展做出更大的贡献。

北京市工贸技师学院

北京市工贸技师学院是国内第一所由三家跨行业的国家级重点技工学校组建的培养中高级技能型人才的大型综合职业院校，是北京市政府重点扶持的国家级重点学校，是全国技工院校一体化师资培训基地、国家级高技能人才培训基地、第43届世界技能大赛时装技术项目中国集训基地、北京市公共实训基地、中英就业技能项目合作学校、国家示范性职业学校数字化资源共建共享计划学校、全国技工院校一体化课程教学改革试点实验学校。办学60多年来，学院连续多年被授予“全国职业教育先进单位”“首都文明单位”“北京市技工学校教育教学先进单位”等荣誉称号。2011年，学院被教育部、人力资源和社会保障部、财政部确定为“国家中等职业教育改革发展示范校建设项目”建设单位。该项目已顺利通过省级验收。

中英世界技能大赛巡回交流活动

学院占地面积299.71亩，建筑面积14.39万平方米，拥有现代化的办学条件，专业设备总资产3.5余亿元，校内实训室222个，重点专业的实训设备达到国内一流水平。

参加全国职业院校技能大赛现代制造技术装备钳工技能比赛的学生获得冠军归来

学院有专兼职教师400余人，“双师型”教师比例达96%。拥有1名北京市职教名师、1名北京市专业带头人、3名北京市骨干教师、13名人力资源和社会保障部一体化师资培训师、4名北京市技工院校一体化课程负责人和2个一体化团队、15名校级专业带头人和47名骨干教师。建有4个“北京市首席技师工作室”、5个校企双导师工作室。近两年，教师取得北京市级以上教科研成果奖项155个，12名教师获得职业技能大赛18个奖项，35名教师的42篇论文在核心期刊发表，主编参编教材65本，获得5个国家发明专利。

学院常设20个专业33个专门化方向，涵盖了加工制造类、商贸与旅游类、文化艺术与体育类、信息技术类等专业门类，其中11个专业具备学制培养预备技师（技师）的资质。

学院创新校企合作长效运行机制，与北京京城机电控股有限责任公司、中国全聚德股份有限公司等388家单位建立了长期稳定的校企合作关系，在不同专业分别实施了“订单培养、引企入校、顶岗实习、工学交替、现代学徒制”等培养模式。通过“协同育人、共建基地、共培师资、技术互助”等多形式的合作，实现了职业教育与产业、专业建设与企业、课程设置与岗位、教学内容与工作任务的有效对接。

学院遵循职业教育的发展规律和技能人才的成长特点，初步构建起以工作过程为导向的“工学结合一体化”课程体系；同时积极推进“行动导向”教学模式的实践，探索了任务驱动、项目教学等教学方法；完善了以评价学生综合职业能力为核心的“过程性与终结性相结合”的多元评价体系，促进了教学质量的全面提高。

学院顺应教育国际化的潮流，与英国巴奈特-萨尔斯盖特学院建立校际合作关系，开展了课程开发、师资培养、学生交流等方面的合作。

在办好学制教育的同时，学院积极开展职业培训技能鉴定工作。学院是北京市首批职业技能培训公共实训基地，年培训规模达21 000人次、年鉴定规模达24 000人次，其中高级工、技师、高级技师的培训鉴定规模占培训鉴定总规模近50%。同时还积极承担为中央国家机关和在京部队的服务任务，实现了“技能培训进入中南海”。

学院全面实行“双证书”制度，各专业毕业生“双证”率达100%，就业率长期保持在98%以上。高质量的毕业生得到学生家长、用人单位的好评。许多毕业生已经成为各类用人单位的生产、技术骨干，有的还获得了“全国劳动模范”称号。

学院将继续实施“名校、名师、名学生”的品牌战略，精品专业和精品课程战略，校企合作伙伴关系战略，学制教育与社会培训并举战略；努力把学院办成“全国一流，世界知名”，与世界职业教育接轨的职业教育院校和多层次、多功能、宽领域的职业技能综合培训基地！

学院学生参加运动会

烹饪专业学生实训

数控加工专业学生实训

北京市丰台区职业教育中心学校

北京市丰台区职业教育中心学校创建于1982年，是一所拥有9个校区、1所附属幼儿园和6个培训机构的公办职业高中学校。励精图治30余载，学校已经逐步形成以校区骨干专业为龙头的交通运输、旅游服务、文化艺术、信息技术和学前教育五大专业群。学校规模大，实力强，知名度高，影响力广，办学成果显著，先后被北京市教委、国家教育部评为国家级重点职业学校、北京市现代化标志性学校、国家中等职业教育改革发展示范学校项目建设单位。

学校拥有一支有理想信念、有道德情操、有扎实学识、有仁爱之心，专业技能强的教师队伍。学校有教职员工357人，专任教师215人，高级职称95人；有北京市专业创新团队1个，市级专业带头人、市级骨干教师6人；区级骨干教师37人、区级科研骨干教师15人、区级骨干班主任11人、区级青年新秀教师4人；“双师型”教师比例达89.42%。学校承担有国家级、市级、区级课题30个。

学校始终坚持贯彻落实党的教育方针，坚持德育为首，全面发展；坚持以服务为宗旨，以就业为导向，全面实施素质教育。

学校以“厚德、远志、尚能、重技”为校训，办学定位旨在服务与贡献，发展思路重在优质和创新。

学校深化校企合作，建立了“首都厚德精工校企联盟”，搭建合作平台、确定合作项目、共享合作资源。

学校聘请了企业领导和行业专家，成立专业建设指导委员会，指导专业建设、课程建设、实训基地建设、师资队伍建设。

学校有9个专业与24家单位签订了“订单”培养或定向培养协议。校企共同设计专业发展与人才培养，把学生培养纳入企业员工队伍建设规划；设置企业冠名班，如“长城班”“北京现代班”“全聚德班”“联想芯片维修班”等。校企协同构建了“基础课程+核心课程+企业特色课程”的课程体系。行业与学校同规划，企业与学校共建设，共同开展“员工式”人才培养，推动了人才培养模式创新，培养了一大批品德高尚、基础扎实、素养全面、技艺精湛的优秀人才。

近3年中，学校学生参加各类技能大赛，获国家级特金奖1项、一等奖33项、二等奖42项、三等奖13项、团体金奖1项；市级特金奖及金奖5项、一等奖15项、二等奖38项、三等奖63项、团体一等奖4项。学校获国家级集体荣誉奖励和称号44项、市级43项、区级36项。

在建设国家级中等职业教育改革发展示范校的过程中，职教在发展，学校在前进。

学校地址：北京市丰台区方庄小区芳古园二区9号　　邮编：100078

学校网址：www.ftzj.com　　电话：67628098　67633369

侧耳聆听抒我心声——学前专业声乐教学

校企联盟合作共赢——首都厚德精工校企联盟成立

基础夯实固本荣枝——公共基础课改革研讨会

校企合作重点建设——物联网专业研讨会

天津市宝坻区示范性综合实践基地

天津市宝坻区示范性综合实践基地始建于1999年，前身是天津市宝坻区第一职业中等专业学校。基地自创办以来，累计完成宝坻区高中学生25万人次的军训和劳动实践任务。

一、基地基本情况

基地于2013年7月开工建设，占地384亩，建筑面积3 0000平方米，总投资4 000万元。

基地可一次性同时接纳2 000名学生进驻活动。活动功能区划分为主题教育园区、生活技能训练区、农事体验园区、生命安全教育区、通用技术教育区和军事训练园区。

二、基地教育功能

1. 主题教育园区：按照宝坻区委宣传部、政法委和科委、公安局、红十字会、人防办等部门的要求建立爱家乡教育展馆、法制教育展馆和人防教育展馆等，使学生掌握国防、人防知识，提高法律意识，激发学生热爱家乡和建设家乡之情。

2. 生活技能训练区：开设食品和菜品制作、花卉种植、手工艺品制作、家庭摄影技术等课程，使学生掌握基本的生活技能，提高生活品味。

3. 农事体验园区：由80亩试验田、30亩果园、2个日光温室和20亩鱼塘构成，开设传统农耕、作物种植、温室栽培、果木嫁接等科目，让学生走进农村，亲近田园，拥抱自然。

4. 生命安全教育园区：由安全教育展馆和相应的应急演练活动区构成，开展防震减灾、交通安全、禁毒教育、紧急救护和心理健康教育，让学生升华生命质量，彰显生命尊严。

5. 通用技术教育区：由汽车驾驶与保养、服装裁剪与设计、电子控制技术、建筑施工与设计等7个专业教室组成，解决高中学校通用技术教师和场地短缺问题，集中资金，优化资源配置，实现资源共享。

6. 军事训练园区：由40亩操场、球场、10亩激光靶场和10亩拓展训练园组成，让学生增强国防观念、练就军事本领。同时通过拓展训练，让学生挑战极限，提高团队意识。

三、2014年工作

2014年，基地在完成好全区高中学生劳动实践、军事训练任务的同时，不断完善和拓展基地教育功能。着力提升基地文化品位，从精神文化建设入手，在课程文化、建筑文化、餐厅文化、宿舍文化上下功夫，彰显育人特色，创造良好的育人环境。着力加快教师的转型工作，选派部分优秀教师到全国各地的综合实践基地学习和培训，学习各种手工技能和课程开发方面的经验，邀请专家来校讲学、指导，提高专业教师的教学水平。着力提高教师的服务水平，以“崇德向善，全民修身”行动为抓手，认真落实《公职人员规范化服务守则》和《教师职业道德规范》，加强师德师风建设，增强服务意识，提高服务水平。努力吸引大、中专院校和市区高中学校到基地军训和劳动实践。积极承担行政事业单位和一些大型企业的培训任务，发挥基地最大综合效益。

广东交通职业技术学院

在广东交通职业技术学院办学理念引领下，汽车与工程机械学院创新了校企合作体制机制和“企业订单先导、国际标准融入、三方考核评价、校企合作共育”的人才培养模式，在校企合作、专业建设、课程建设、师资建设、社会服务及学生管理、招生就业等方面成效显著，引领了广东省高职教育教学改革，人才培养质量得到行业企业高度认同，在全国产生了重大影响。2014年，学院获教育部、国家发展改革委、财政部、人力资源和社会保障部、农业部、国务院扶贫办6部门联合颁发的“全国职业教育先进单位”称号。

1. 创新“三元融合”的校企合作模式，实现了紧密型校企合作

学院与宝马、丰田、博世、日产等汽车品牌企业和广州市汽车维修行业协会等建立了长期稳定的合作关系，成立了专业合作发展理事会、专业教学指导委员会、校企合作部，出台了专业校企合作实施制度和细则，保障了汽车专业深层次校企合作的顺利实施。在实践中，形成了以“院内汽车品牌培训中心”为纽带，“学院+品牌汽车企业+院外4S店”三元融合的紧密型校企合作模式，带动了160余家汽车品牌4S店的紧密合作。

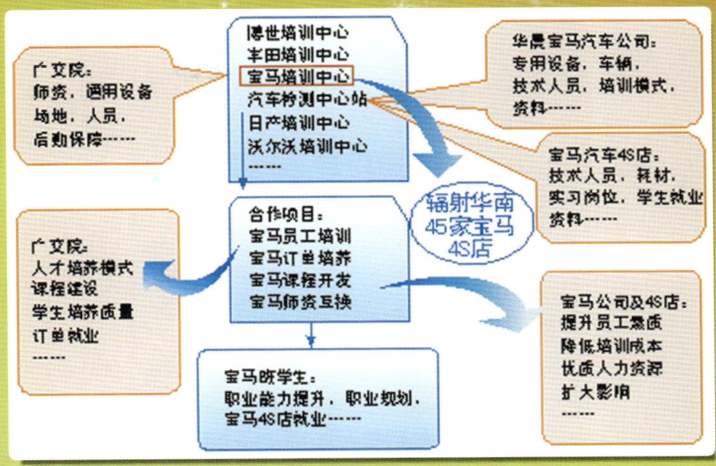

以“院内汽车品牌培训中心”为纽带的“学院+品牌汽车企业+院外4S店”三元融合的校企合作模式

2. 创新工学结合人才培养模式，全面实现了“能力核心，订单先导”

学院借鉴国际先进的教学与培训标准，形成了具有广东特色的汽车专业6级职业能力体系，进一步明确了汽车专业培养3—4级职业能力、具有创新精神的发展型技术技能人才的目标定位。实施“企业订单先导、国际标准融入、三方考核评价、校企合作共育”工学结合人才培养模式，实现了“能力核心，订单先导”，与品牌企业签订人才培养品牌“订单”，共同制订人才培养方案。

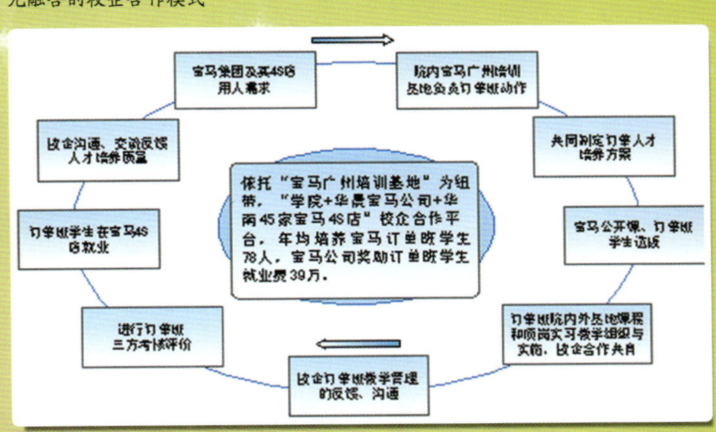

“订单式”人才培养流程图

3. 借鉴国际标准，构建专业课程体系，实现了“订单”培养和中高职衔接

学院结合中国汽车维修行业的实际，借鉴国际先进教学标准和培训标准，进行工作过程导向的专业课程体系构建，实现毕业证、职业资格证书和企业培训合格证书“三证融通”，构建了具有“模块化、平台化、特色化”和“基本、综合、专项”的课程体系。受广东省教育厅委托，牵头开展“汽车维修职业教育等级证书的探索与实践”“‘3+2’中高职衔接教学标准和课程标准开发”等重点教改项目的研究与实践。

4. 校企合作，建设课程和教学资源库，优化了实践教学条件

学院建设了工作过程导向的汽车专业优质核心课程和教学资源库。密切校企合作，建设校内外实践教学基地，建成了一体化教室4个、企业培训中心5个和汽车检测中心、企业教学基地（厂中校）2个及紧密型校外实习基地88家，形成了集汽车维护、检测、诊断、修理为一体的“汽车医院”。

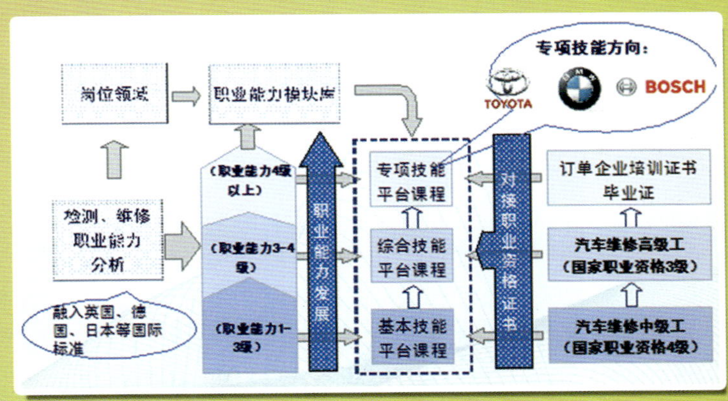

汽车检测与维修技术专业课程体系框架

5. 携手国际品牌，建设项目化优秀教学团队

学院联合国际汽车品牌企业，形成了专兼结合的丰田、宝马、博世、日产、利泰等项目教学团队。一批教师在各级各类汽车类教学指导委员会以及行业协会中担任职位，成为汽车检测与维修、汽车职业教育领域有一定影响的专家。

6. 建设成效显著，成为行业人才培养和技术服务基地

建成丰田班、宝马班、利泰班、博世班、日产班等一批“订单”班，学生在各种国家级技能大赛、科技竞赛中屡获殊荣。专业调查机构“麦可思-中国”数据显示，学院毕业生初次就业率达99.80%，岗位专业对口率达96.40%，平均月收入达3 300元，超过全国骨干院校平均水平，供需比例达1:3。

学院在汽车检测、节能减排、安全监控、职业教育等方面形成了特色和优势，成为技术服务基地和广东省级中高职师资培训高地。学院还承担了广东省教育厅中英职业教育合作项目、粤德职教合作项目、广东省汽车职业教育等级证书及广东省人力资源和社会保障厅的汽车维修“一试三证”改革工作，得到政府、企业、同行院校的高度认同。

广东普宁职业技术学校

广东普宁职业技术学校是由旅泰侨领张锦程先生独具慧眼、乐捐巨资倡建的一所公立国家级重点学校和国家中职改革发展示范学校。2014年，学校被评为全国教育系统先进集体。1992年，学校落成开办之际，时任国务院总理的李鹏亲笔题词："希望普宁技术学校为祖国四化培养更多的人才"。学校占地面积近300亩，校舍建设面积约15万平方米，有教职工500多名，全日制在校生11 000多人。

学校南校区大门

学校坚持以服务为宗旨、以就业为导向、以能力为本位，高度重视学生职业道德和职业能力的培养，主动适应人才市场需求，大胆创新人才培养模式，努力深化教育教学改革，不断优化专业设置，努力搞好课程建设。学校开设了服装设计、数控技术应用、汽车运用与维修、电子商务、计算机、学前教育、电子电工等40多个专业。学校多形式多层次办学，设置了全日制中职班、高技大专班、技师本科班、半工半读班和各类培训班。学历教育与职业培训、岗位培训并举，办出了自己的特色。

汽修专业企业化实训场景

学校办学20多年来，效益显著，声誉日隆，多次被评为普宁市、揭阳市文明单位，先后荣获"广东省职业教育先进单位""广东省群众体育先进单位""广东省绿色学校""广东省诗教先进单位"等称号。学生多次参加全国中职学校文明风采竞赛、全国和广东省中职生技能大赛等，均获得优异的比赛成绩。2013年，学校参加广东省中职学校技能大赛，共有25个项目42人分获一、二、三等奖，其中两名学生代表广东省参加全国服装技能大赛，分别荣获二、三等奖；2014年，学校参加广东省中职学校技能大赛，共有20个项目37人分别荣获省一、二、三等奖。近年来，毕业生就业率都在99%以上，部分专业的毕业生供不应求。

学生在校办服装厂实训

学校坚持走国际化办学的道路。与泰国顺和成集团合作，先后成功举办了九期"泰国学员中文培训班"，培训了泰国华侨子弟近1 000人次，还接待了多批次侨团的参观访问。学校先后与泰国北柳府皇家大学和北柳府职业技术学院、新西兰南方理工学院签订合作协议。

中国教育报、中国经济导报、广东省电视台、揭阳电视台等媒体多次报道了学校先进的办学经验。

如今，学校生机勃勃，以其"万人规模的国家中职改革发展示范学校"的独特魅力，跻身于全国职业教育的先进行列。

2014年学校招聘会现场

广西北部湾职业技术学校

广西北部湾职业技术学校坐落在广西壮族自治区北部湾经济开发区，是自治区级示范性中等职业学校，是钦州市委、市政府重点建设的中职学校。学校占地面积425亩，总建筑面积11.3万平方米，有教职工410人，在校生6 518人。学校设有机电、汽车、经济、艺术四大学部，开设17个专业，其中会计、电子技术应用、机电设备安装与维修、汽车运用与维修4个专业是自治区示范专业，民族工艺品制作和精细化工是特色专业。近年来，学校获得了“全国教育系统先进集体”“自治区职业教育攻坚示范性中等职业教育学校”“自治区和谐学校”“自治区级卫生优秀学校”“自治区中等职业学校招生工作先进单位”“自治区扶贫培训先进单位”“全国中等职业学校‘文明风采’竞赛优秀组织奖”等荣誉称号。

通过实施“三个五”德育新模式和“三个七”教学新模式，学校获得了突破性、跨越式的发展。学校以“送教入企、引企入校”的方式，先后与多家企业达成合作关系，让学生在“学中做、做中学”。学校技能比赛水平走在全区前列，2013年、2014年共培养出4位“广西技术状元”（项目比赛成绩第一名），代表广西参加全国职业院校技能大赛并获二、三等奖。同时，学校作为“广西贫困村劳动力转移就业培训基地”，长期承接社会培训、考证和考试等多项业务，为经济社会发展做出了贡献。

有关领导到学校调研、指导，学校党委书记冯思明（左二）、校长梁燕清（左一）进行了学校办学情况介绍

教育部领导到坭兴陶拉坯实验室与学生进行交谈

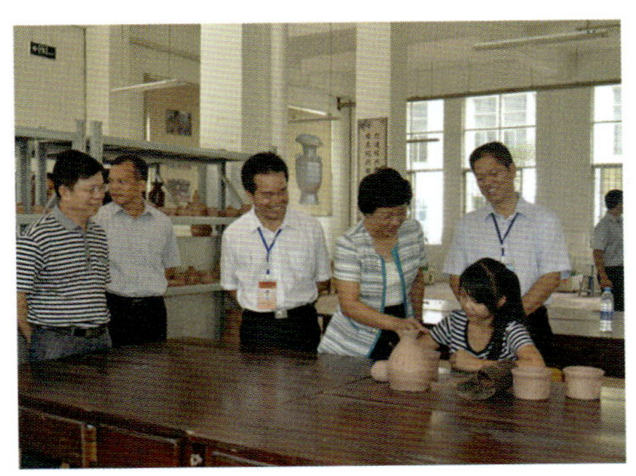

钦州市领导深入坭兴陶实训室，称赞学生高超的雕刻技法

钦州市领导到学校指导工作，对学校取得的成绩给予了充分的肯定

自治区教育厅领导在学校汽车实训基地指导工作

钦州市领导到学校膳食中心了解学生就餐情况

钦州市领导到学校调研指导

自治区教育厅领导到坭兴陶实训室与学生亲切交谈

广西岑溪市中等职业技术学校

通过岑溪市委、市政府整合职教培训资源，岑溪市职业教育中心于2005年8月成立。岑溪市中等职业技术学校是岑溪市职业教育中心的主体，是全国职业教育先进单位，“国家中等职业教育改革发展示范学校建设计划”立项建设学校，广西中等职业教育示范特色学校，广西重点中专，广西示范性中专，全国农村成人教育先进学校。

学校规划用地38万平方米，已累计投资2亿元，校舍面积9.88万平方米，教学实训设备2 500多万元，在校学生5 500多人，教职员工300多人。学校乘职教攻坚的东风实现了跨越式发展，形成了鲜明的办学特色。

岑溪市领导到校调研

服务地方产业发展，积极开展校企合作

学校为当地承接东部产业转移服务，对接地方产业设置专业，对接企业岗位培养技能人才，形成人力资源优势，服务东部转移企业落户岑溪。学校被誉为当地招商引资的“强力磁场”和工业发展的“孵化器”。学校开设有电机电器制造与维修、制冷和空调设备运行与维修、模具制造技术、数控技术应用、计算机应用、汽车运用与维修、学前教育、音乐、服装设计与工艺、旅游服务与管理、中餐烹饪、工艺美术、现代农艺技术、畜牧兽医14个专业。拥有自治区示范性专业3个、自治区示范性实训基地2个、“十二五”广西中等职业教育立项建设实训基地3个。

学校在搞好全日制学历教育的同时，年均开展社会培训超过8 500人次，并积极开展技术服务，技术下乡，服务“三农”，促进 “四化”，促进就业和创业，助推县域经济包容性增长。

学校以特色德育为切入点，努力打造农村职校德育工作的示范特色品牌，为当地工业化、信息化、城镇化、农业现代化培养更多德技双馨人才。学校十分重视学生综合素质的培养，努力创设健康向上的文化氛围和多彩的校园文化生活，创办了书法协会、软件爱好者协会、英语爱好者协会、演讲与交际协会、吉他协会、篮球协会和艺术团、宣讲团等30多个学生社团，以丰富多彩的校园文化作为德育和促进学生综合素质提高的重要载体。一年一度的文体技能竞赛周、校园文化节为师生展示技能和青春风采提供了平台。

学校坚持厚德精技、知行合一校训，实行校校合作、校企合作、“订单”办学和产学研结合的办学模式。

积极开展校校合作，搭建职业教育人才成长立交桥

推选理实一体化教学

每年都有一批学生在各级技能大赛中获奖

广西南宁技师学院

校长与企业签订合作协议

全国青年岗位能手标兵学校教师罗启典指导学生龚相吉参加全国数控技能大赛获奖

广西玉柴机械股份有限公司向学校赠送发动机模型

《红梅颂》获第二届全国茶艺技能竞赛优秀奖

广西南宁技师学院坐落于广西首府——南宁市，2009年由始建于1978年的原南宁技工学校、南宁市一轻技工学校、南宁医药技工学校、南宁市民族技工学校、南宁市财经学校和南宁市二轻技工学校合并组建而成，是国家级重点技工院校、国家级高技能人才实训基地、自治区和南宁市品牌培训基地，也是南宁市唯一一所技师学院。

学院占地面积57.32万平方米，建筑面积31.23万平方米；新校区占地面积295.3亩，总投资5.15亿元。在校生9 000多人，教职员工560人。学院设有15个科室和5个教学系，即汽车技术与应用系、机械制造加工系、医药化工系、电子信息与电工系、商贸服务系。开设有数控加工、药物制剂等60多个高、中级专业。拥有国家职业技能鉴定所，每年培训、鉴定量达4 000多人次。

学院固定资产总额1.17亿元，教学设备总额9 959万元，实训车间110间，实训设备10 908台（套）。数控机械加工、模具钳工、汽车维修、电工、计算机应用、药物制剂6个实训基地为自治区技工学校公共实训基地，列入2012年国家级高技能人才培训基地建设项目。

2012年以来，学院承担人力资源和社会保障部数控加工制造、电气自动化设备安装与维修专业一体化课程改革试点任务；2012年和2013年分别有4个课题列为广西中等职业学校教育教改项目立项。近年来，教师参加全国、区市等各类技能大赛获奖87人次，学生获奖共300多项。

学院先后与武汉大学等多所高等院校联合办学，与东莞三星电机有限公司、广西玉柴机器股份有限公司等300多家企业建立合作关系，实行“订单”培养，毕业生就业率年平均达98%以上，培养了近5万名高素质技能人才。

学院坚持以“特色文化立校，内涵发展强校，人文关爱兴校”的办学理念，不断促进学校内涵发展、高端发展、规模发展，力争成为国家一流的示范性技工院校。

国家级重点中专

曲靖应用技术学校

国家级电工电子实训基地

云南省曲靖应用技术学校

学校党政领导班子

云南省曲靖应用技术学校创办于1979年，前身为云南省曲靖农业机械化学校，2002年更为现名。学校始终坚持科学发展观，树立以人为本的办学理念，发挥应用技术特色优势，已发展成为一所立足曲靖，服务全省，面向全国，办学实力雄厚，设施设备齐全，培养汽车、机电、电力、商贸、信息和建筑等行业中、高级职业技能人才，集学历教育、短期培训、技能鉴定为一体，全日制中职教育与函授高等教育、开放高等教育、网络高等教育协调发展，工科特色鲜明的全日制国家级重点中等职业学校。2013年，被教育部批准为“国家中等职业教育改革发展示范学校”项目建设单位。

学校占地273亩，总投资2.72亿元，建筑面积15.2万平方米，建有办公综合楼、教学楼、实训楼、学生公寓、食堂、超市、医务室、多媒体教室、塑胶田径运动场、人工草坪标准足球场、硅PU篮球场。有计算机905台，藏书12万册。有教职工350人，省市学科带头人26人，“双师型”教师占80%以上。在籍大、中专学生8 877人，学生来自云南、贵州、四川、江西、广西等地。

学校设有云南省第26职业技能鉴定所和云南省机关事业单位工人技术等级考核培训站，可进行机动车驾驶、汽车修理、电工维修等26个工种的技能培训和46个工种的技能鉴定。校内建有汽车构造、摩托车修理、数控模拟实习实训室共58个，有校办工厂、机动车驾驶员培训站、国家级电工电子公共实训基地及投资4 243万元的滇东北最大的汽车营销和维修实训基地；校外建有上海大众、大理力帆、一汽大众等数十个“校企合作人才培训基地”；与多家企业签订“订单”培养校企合作协议，招收“中德诺浩”“浩龙”“吉利”等汽车“订单”班，帝安电梯“订单”班，鹏博士校企合作冠名班等；学校与南通大地电气有限公司签订校企深度合作协议，校内建成南通大地电气有限公司曲靖分厂，为滇东北乃至西南省区人才培养和校企合作创立了新的模式，实现了学校与市场“零距离”对接，理论教学与实践操作完美结合的“前校后厂”职教办学模式。

学校连续两年协助云南省教育厅、曲靖市政府成功承办了“云南省中职学校汽修技能大赛”，并在各级各类技能大赛中佳绩频传，代表云南省参加全国中职学校汽修技能大赛并获个人三等奖。获云南省中职学校汽修技能大赛团体二等奖2次、团体三等奖2次，获电工电子技能大赛团体三等奖2次并获烹饪技能大赛团体三等奖；在“博导前程杯”全国电子商务技能大赛中，5名学生获优秀奖；在云南省中职学校“创新杯”教学设计及说课比赛中，学校获优秀组织奖，参赛教师获一等奖1项、二等奖2项、三等奖1项；教师代表云南省参加全国中职学校“创新杯”说课比赛获二等奖1项。

学校探索创新办学之路，实现了上挂下联、多层次多形式多渠道办学，先后与昆明理工大学、云南农业大学、云南开放大学、华南理工大学、重庆大学等高校联合开办成人函授教育、开放式教育和网络教育等本、专科高等教育；与县级中等职业学校联合办学；和曲靖市、县乡镇企业局、农业局等联合开办汽车拖拉机驾驶、农机修理、电工维修等技能培训；大力开展农村实用技术培训，先后成立了“云南省农村劳动力转移培训基地”和“云南省新型农民科技培训学校”。

学校办学成果得到了农业部的肯定，被誉为“滇东高原上的一颗明珠”。学校先后获全国德育管理先进学校、云南省文明学校、云南省农机系统先进单位、云南省关心下一代工作先进集体、云南省用延安精神办学育人先进学校、曲靖市文明单位、曲靖职教先进单位等称号。

学校正全力以赴建设国家中等职业教育改革发展示范学校，将建设成为管理规范、条件优良、特色鲜明、办学质量高、示范作用强、设施设备先进、师资力量雄厚，在全省起示范引领作用的国家中等职业教育改革发展示范学校。

学校电子商务实训课

2014年，学生参加全国汽修大赛

学生在南通大地电气有限公司曲靖分厂实训

学校汽车运用与维修专业实训基地

云南临沧师范高等专科学校

教育部领导到学校视察

省领导到学校视察

云南临沧师范高等专科学校创建于1978年；1984年，成立临沧教育学院；1999年，经云南省教育厅批准招收全日制专科生；2006年，成立临沧师范高等专科学校，实行“省市共建，以省管为主”的管理体制；2010年10月，通过了全国高职高专人才培养工作评估，是临沧市唯一的全日制普通高等学校。

截至2013年年底，学校内设党委办公室、组织（统战）部、宣传部、纪检监察审计处、学生工作部（处）、工会、团委7个党群部门；设有校长办公室（与党委办合署）、人事处、教务处、科技处、财务处、保卫处（武装部合署）、后勤管理处、对外合作与交流处、招生就业处9个行政职能部门；设有思想政治部和中文系、数理系、政法系、外语系、信息科学与技术系、艺术系、体育系、农学系、管理与经济系、亚洲微电影学院11个教学系部；有图书馆、教育技术中心2个教辅单位。

学校占地1 084亩，生均占地面积130.96平方米；有全日制在校学生7 260人（含与云南民族大学联合办班本科学生1 200人）；开办各类专业50个；总建筑面积26.16万平方米，教学行政用房面积16.98万平方米，生均建筑面积和生均教学行政用房面积分别为46.5平方米和29.33平方米，均达到教育部普通本科院校设置标准；有馆藏图书67.56万册，建有现代电子图书系统和计算机网络服务体系及物理实验室、化学实验室、生物实验室、多媒体语音室、电教演播厅、音像资料室、电子阅览室、琴房、画室、种植实验室、模拟实验室、茶艺茶道实验室等实验实训设施；共有校内实验、实训场所126个，校外实训基地156个，附属实验小学1所、二星级实训酒店1个。

全校共有在职在编教职工399人，其中专任教师329人，具有硕士及以上研究生学位教师234人（其中博士7人），占专任教师数的71%；副高级职务以上教师101人（其中教授24人），占专任教师数的30.7%。其中临沧籍专任教师116人，占专任教师数的35.2%；“双师型”教师160人，占48.6%。有省级二级教授1人、省委联系专家1人、省级教学名师5人，获云南省突出贡献奖1人、省政府特殊津贴4人，教育功勋奖2人。

办学36年来，学校共培养了1.64万名全日制专科毕业生。2009年至2013年毕业生平均就业率达97.8%，高于云南省专科类院校平均就业率2.58个百分点。毕业生对口就业率和云南省“教学质量与教学改革工程”项目均位居云南省同类学校前茅。

2012年，学校举办首届“同饮一江水”澜沧江—湄公河流域教育与区域发展校长论坛签字仪式

2013年，学校与韩国东国大学庆州校区签署框架性合作协议

2013年，学校与中央影视集团、中国电视艺术家协会、临沧市人民政府联合创办亚洲微电影学院

河北省三河市职业技术教育中心

河北省三河市职教中心是一所集职业教育、中短期技能培训于一体的国办中等职业学校。学校始建于1991年9月，校园占地面积155 330平方米，建筑面积127 333平方米；有专业19个，教学班125个，在校生4 573人，教职工280人。

［校园布局合理］ 设有行政教学区、实验实训区、生活服务区、文体活动区。教学楼、实验楼、图书馆、宿舍楼、实训生产车间、运动场所等坐落其中，既相对独立，又相互衔接，功能齐全。

［设备设施完善］ 建有数字化校园信息中心；装配有报告厅、录播室、专业实训室等86个，多媒体教室90个，生产实训车间5个；藏书49万册；计算机1 020台；教学实训设备价值达4 180万元。

［校园环境优美］ 主路、甬路四通八达；绿化面积达33%；带状水系连接着小桥、环岛、亭台；塔灯、路灯、景观灯覆盖整个校园。“花草香、书墨香、饭菜香”三香浓郁，为学生创建了健康成长的生态家园。

［管理措施到位］ 建有“二室、四系、七处、一个中心”。机构健全，结构合理，信息畅通，业务水平高；分工明确，流程规范，职责清晰，管理水平高；制度完善，措施得力，工作有序，育人质量高。

［德育氛围浓厚］ 把“人格高尚、行为规范、技能过硬、知识全面、特长突出、终生发展”作为培养学生的标准，力推“先进文化进校园，专业文化进课堂，企业文化进车间、创业文化伴终身”，通过定期举办艺术节、体育节、技能大赛等文化活动，为学生搭建挖掘潜能、素质提升的平台，形成了“励志、自强、和善、乐群”的校风。

［改革创新成效显著］ 学校坚持正确的办学方向，围绕“立足长远、积累经验、形成模式、不断改良”的办学策略，坚持内抓管理提质量，外树形象促就业，大力推行“校校联合”和“校企合作”的“订单式”培养，构建了适合学生技能发展的“三模块、六阶段”人才培养模式。学校先后成立了“比特数控技术应用有限公司”“高斯数控机床制造股份有限公司”“邦士吉轻钢结构制造有限公司”“多维空间机器人系统有限公司”等校内企业，组建了“三河市机械加工职业教育集团”和“三河市民办幼儿教育学会”。公司和机构大力推行“专业加公司”“公司化运作”的经营管理模式。通过“订单”培养，使绝大多数毕业生找到了就业出路，累计为社会输送合格人才近万人。

［服务社会作用突出］ 利用优质资源，依托行业企业用人机制，加大“岗前、岗上、岗下”人员培训力度，开展农村劳动力转移、阳光工程、中小企业员工、“两后生”（即在初中或高中毕业后没有继续升学但又没有复读的学生）等培训，种类全、规模大，年培训12 000多人次，合格率达100%。被百姓称之为“利在当代、功在千秋”的惠民事业。

历经20余载，学校获“国家级重点中等职业学校”“全国职业教育先进单位”等称号20余项；先后有联合国教科文组织及多国的教育考察团到校参观访问，来自13个省市的50多所学校的领导到校考察交流；中国教育报等多家媒体专题报道了学校的办学经验。全校上下正满怀信心，积极建设国家中等职业教育改革发展示范学校。

校园园艺

焊接钳工实训车间

实验楼

唐山工业职业技术学院

唐山工业职业技术学院是经河北省政府批准建立的普通高等专科学校，与河北省唐山市技师学院一体化管理。学院是国家优秀骨干高等职业院校，设有自动化工程系、机械工程系、管理工程系、艺术传媒系、建筑化工系、汽车工程系和学前教育系，面向装备制造业和现代服务业开设40个专业，有各类全日制在校生9 200名。

多年来，学院依托产业，联合企业，先后兼并、买断、托管了15家企业和职业院校，实现“产教一体”集团化办学，形成了“前校后厂，产学一体；贴近区域，开放办学”的办学特色。建有中央财政支持的国家重点建设专业7个，拥有国家职业教育实训基地4个、国家行业培训中心5个，建有河北省级院士工作站和快速制造技术、省高校骨质瓷技术、电动汽车技术3个省级研发中心。先后与瑞士、爱尔兰、德国、荷兰、美国、比利时等国家和我国台湾地区的机构开展对等交流与合作。与爱尔兰都柏林理工学院（DIT）共建机电一体化专业，与德国IB集团、台湾稻江学院共建国家海（境）外师资培训基地。

唐山市政府投资16亿元，为学院代建了占地1 644亩、建筑面积32万平方米的“生态型、数字化、开放型、国际化”的曹妃甸新校园，已于2014年10月投入使用。

数控加工中心比赛现场

动车组专业实训教学

组织教师赴德国IB集团参加教育部海外师资培训

南通工贸技师學院

【概况】

南通工贸技师学院（南通市工贸高级技工学校）是经江苏省政府批准成立的公办全日制学校，创建于1979年，以培养中、高级技术工人和技师、高级技师为主，集学历教育、职业培训、技能鉴定为一体，系国家重点技工学校、全国职工职业（工种）技能实训基地、国家级高技能人才培训基地建设项目单位、“国家中等职业教育改革发展示范学校建设计划”项目建设学校、江苏省技工院校教学管理示范院校、江苏省首批创业培训定点机构、江苏省高级技师统一鉴定定点机构、南通职业技能公共实训中心、南通市高技能人才培养基地。学院占地221亩，建筑面积近10万平方米，在校生5 000余人。学院拥有价值5 285万元的各种教学设备设施，开设专业20多个，其中省级技工院校示范专业1个、重点专业10个、精品课程6门。学院师资力量雄厚，有省级技工院校教学名师3人、省级专业带头人11人、省级技术能手8人，多名教师获多项荣誉称号。

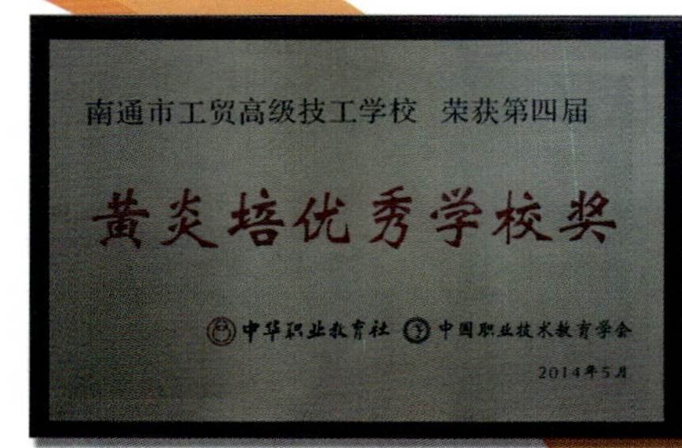
南通市工贸高级技工学校 荣获第四届
黄炎培优秀学校奖
中华职业教育社 中国职业技术教育学会
2014年5月

获第四届黄炎培优秀学校奖

近年来，学院先后获第四届黄炎培优秀学校奖、2013中国职业教育百强、江苏省文明单位、江苏省技工院校教学管理示范院校、江苏省技工院校招生就业工作先进院校、江苏省技工院校社会培训工作先进单位、南通市职业教育先进单位、南通市“长安学校创建先进校”等各项称号。

【教学与教研】

2013年，学院根据“国家中等职业教育改革发展示范学校建设计划”项目要求，探索“订单”培养、冠名办班、工学交替等人才培养模式，形成“专业建设紧贴市场、技能训练学做合一、校企合作深度融合”的办学特色。有校企合作单位100多家，校内教学实习基地7个，校外学生实习、师资培训定点基地13个。学院教师参加各级优秀科研成果评选，有58个教研成果获奖。4项省级教育教学课题结题，其中1项被省人力资源和社会保障厅评为优秀奖。组织学生参加各级技能大赛取得优异成绩，学院被省人力资源和社会保障厅授予第五届全国数控技能大赛江苏选拔赛“优秀组织奖”。

【招生与就业】

2013年，学院超额完成南通市人力资源和社会保障局下达的招生任务，被省人力资源和社会保障厅表彰为“江苏省技工院校招生工作成绩突出院校”。举办大型广场招聘会，学生推荐就业率达98%以上。2013年，1361名学生通过成人高考进入专科、本科院校深造。

【励志教育】

2013年，学院加强和改进学生德育工作，“励志教育”取得成效。12月4—5日，南通市职业教育协会德育工作委员会2013年年会暨南通工贸技师学院“励志教育”现场会召开。学院的励志教育经验交流、主题班会课、文艺汇演、展板、校本教材《张謇的筑梦人生》、宣传画册、校园环境及学生精神面貌等得到与会领导和同行的高度评价。

【社会培训】

2013年，学院服务全市产业发展，承担了社会就业困难群体的免费培训工作。完成创业培训、等级工技能培训等各类社会培训7051人次，完成在校生和社会人员技能鉴定5 596人次，培训合格率、职业技能鉴定通过率分别达98%、95%以上。

“订单”培养

校园生活

实训场所

江苏扬州技师学院

全省154名教师来校进行培训

【概况】

江苏省扬州技师学院（江苏省扬州市高级技工学校）始建于1959年，是一所公办副厅级建制的重点技师学院，是全国、全省高技能人才培养示范基地，国家重点技工学校，国家级综合职业培训基地，全省技工院校师资培训基地，“国家中等职业教育改革发展示范学校建设计划”项目建设学校。学院设有6个系、中德学院和3个中心共20个专业。其中省示范专业2个、省特色专业1个、省重点专业19个，在全省技工院校中名列前茅。

机器人大赛

【国际视野，特色鲜明】

学院是国内较早实现以德国“双元制”培养模式先进职教理念培养技能人才的技工院校。学院多个专业参照国家职业标准和德国工商联合会（IHK）职业标准组织教学，毕业生可获得德国工商联合会颁发的IHK职业资格证书。学院是德国IHK职业资格证书在中国的总代理，建有IHK职业资格证书中国考试中心。2014年，扬州市职业教育集团正式成立，学院成为电气自动化专业中心牵头学校，为推进产教深度融合，探索校企一体化职业教育办学模式做出了贡献。

技能大赛

【创新驱动，开放办学】

学院主动适应区域产业发展需要，动态调整专业设置、创新人才培养方案，在扩大校企合作数量的同时，注重提高校企合作层次。学院以技能大赛为契机，以赛促教，以赛促技，在国家级、省级技能大赛中屡次获奖。学院连续四届获全国交通系统职业院校测量工技能大赛团体一等奖；2014年，学院有3名学生在第五届江苏省大学生机器人大赛中获冠军；同期，学院在全国交通运输系统师生技能竞赛汽车检测工种中获团体三等奖。

德国专家多格尼茨在考试现场

【职业素养】

学院进行“树型职业道德素养”体系课题研究，积极探索“树型”思想道德素质教育课堂教学新模式。“树型”特色项目获江苏省哲学社会科学优秀成果奖三等奖、全国技工教育研究课题优秀成果一等奖。正式出版江苏省技工院校一体化教材1套。

学生围着圆桌上素质课

苏州健雄职业技术学院
Suzhou Chien-Shiung Institute of Technology

苏州健雄职业技术学院是2004年7月经江苏省人民政府批准建立的公办全日制普通高等学校，以出生在太仓的“中国居里夫人”——吴健雄的名字命名。学院位于苏州太仓科教新城，毗邻国际大都市上海，占地700亩，建筑面积20万平方米，教职员工400余人，专任教师中高级职称达30%、硕士以上学位达73%，专业课教师中具有“双师”素质的教师达88%。全日制在校生5 000余人，每年开展社会培训约6 000人次，与多所著名高校联合培养应用型本科、研究生近600人。不断深化与德国、美国、加拿大等国家的教育合作，建立了以全日制高职教育为主体，应用型本科、专业硕士教育和继续教育为补充的区域技术应用型人才培养体系。

学院设有中德工程学院、软件与服务外包学院、电气工程学院、现代港口与物流管理系、生物与化学工程系、应用外语系、艺术设计系、职业素质教育中心、联合研究院、继续教育学院10个教科研单位，与地方政府、行业企业联合建设太仓市企业联合大学、江苏省太仓大学科技园和国家级高校学生科技创业实训基地。根据区域产业发展需要设置专业近30个，其中中央财政支持专业2个（物流管理、机电一体化技术）、省级特色专业1个（机电一体化技术）、重点专业群2个（机电一体化技术专业群、信息技术服务外包专业群）、苏州市优秀专业1个（工业分析与检验），建有中央财政支持的实训基地2个（计算机应用与软件技术实训基地、电气自动化技术实训基地）、省级实训基地3个（数控实训基地、国际服务外包人才培训基地、中德机电“双元制”工程中心）、省级人才培养模式创新实验基地1个（“定岗双元”高职人才培养模式创新实验基地），拥有省级精品课程3门、精品教材5部、重点教材1部、多媒体课件2个，省级教改项目14个。

建院10年来，学院大力发挥地方高职体制机制优势、中德企业合作基地优势、吴健雄精神资源优势和沿江沿海沿沪区位优势，形成了“政行企校”融合发展特色、“定岗双元”人才培养特色、“健雄精神”素质教育特色、“集聚资源”服务地方特色。近年来，与学院紧密合作企业近百家，学生在省级以上技能大赛中获奖50多项，德国AHK资格证书的通过率连续4年保持97%以上，毕业生就业率连续5年超过98%，毕业生就业竞争力位居省内同类院校前列，学院为地方发展提供了重要的人才支撑、科技服务、智力支持和文化传承。学院与地方伴生发展成为中国高等职业教育人才培养质量年度报告典型案例，在江苏省高等教育教学成果评比中连获一等、特等奖。2014年，学院获得职业教育国家级教学成果奖，在高职教育体制机制创新和德国“双元制”教育本土化探索中均取得了显著成效。

中德培训中心德国专家指导学生实训

生化制药技术专业学生在进行单元操作技能训练

码头岗位操作实训课

学校知识广场一角

南京市莫愁中等专业学校

南京市莫愁中等专业学校是一所享有盛名的国家级重点职业学校、江苏省四星级职业学校和江苏省高水平示范性职业学校。近年来，学校先后获国家绿色学校表彰、江苏省职教先进单位、江苏省模范学校、江苏省德育先进学校、江苏省职业教育课程改革实验学校、江苏省职业院校技能大赛先进单位和南京市师德先进群体等数十项称号。在近三年的南京市职业学校年度发展性评估中，学校均名列前茅。

学校有安国村和莫愁湖两个校区，有教职工近300人，其中硕士研究生近30%，“双师型”教师约占80%。学校拥有南京市名校长1人、全国模范教师1人、全国“十一五”教育科研先进工作者1人、南京市“十佳”“双师型”教师2人、市和区学科带头人28人、市和区优秀青年教师37人、江苏省职教课程研究中心组成员4人和南京市职教兼职教研员14人。学校教师群体德艺双馨，多次获南京市及建邺区“师德先进集体”称号，在职教领域享有良好声誉。

学校有全日制在校生3 000余人，成考大专在读学生449人，拥有中专、高职和中高职“3+3”分段培养模式三个办学层次，设有药学系、电子信息系、现代服务系、古籍修复中心四个系部。学校通过多年的全面质量建设，逐步形成了自己的专业特色和优势及累积式的品牌效应。

2014年，学校文物鉴定与修复专业获全国职业院校民族文化传承与创新示范专业点。学校成功举办江苏省职校德育特色工作观摩与交流现场会和第六届宁台职教论坛，均取得了良好的效果。第二届青年奥林匹克运动会在南京市举行期间，学校青奥志愿者100人到青奥会注册中心服务，得到青奥组委会领导的高度赞扬。8月17日，在青奥会橄榄球赛场，学校炫风啦啦操体育展演团队的专场表演在中央电视台第五套节目中予以现场直播。11月，学校还承办了南京市学校管理者信息化领导力研修班，举办了第17届全国古籍修复技术培训班。扬子晚报、南京日报、南京教育电视台等多家媒体进行了报道，展现了浓郁的学校文化氛围和外部影响力。教育部职业教育与成人教育司副司长王扬南，江苏省副省长曹卫星、江苏省文化厅厅长徐耀新、江苏省省教育厅副厅长杨湘宁、南京市政协主席沈健、南京市副市长胡万进、南京市教育局局长吴晓茅先后到校调研，关心学校发展。

1. 学校志愿者在青奥会注册中心承担制作青奥会运动员、工作人员和志愿者身份卡的工作

2. 第十七期全国古籍修复技术培训班

3. 第六届宁台职教论坛

4. 青奥志愿者风采

5. 学校旋风啦啦操队获全国啦啦操冠军赛中学组花球、街舞两个第一名

辽宁省沈阳市外事服务学校

辽宁省沈阳市外事服务学校始建于1982年，是首批国家级重点中等职业学校，国家中等职业教育改革发展示范学校立项建设单位。有教职工296人，在校生4 260人。学校先后获全国教育科研先进单位、辽宁省模范学校等50余项称号。在国家中职示范校建设项目的推动下，学校进入了办学模式多元化、专业建设品牌化、教学环境现代化、师资队伍精品化、德育管理特色化的跨越式发展阶段，成为享誉辽沈乃至全国的一流中职学校。

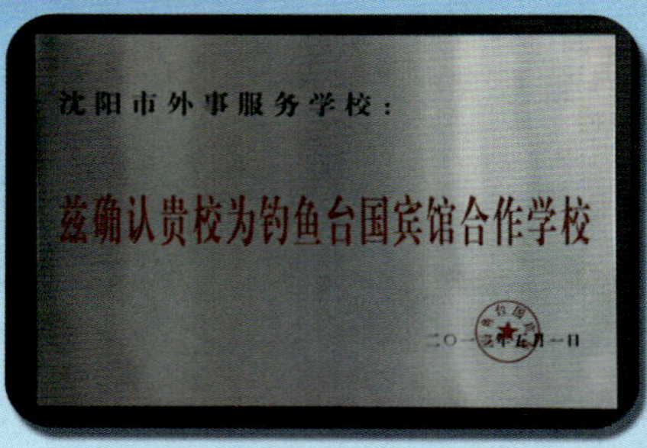

学校成为钓鱼台国宾馆指定人才培养（输送）基地

一、校企融合，办学活力增强

学校牵头成立了沈阳市餐饮与旅游职业教育集团、沈阳市学前教育职业教育集团、沈阳市美容美发与形象设计职业教育集团，与辽沈地区260多家企业建立了合作关系；与钓鱼台国宾馆等80家高端企业签订了“订单培养”协议，“订单”学生占在校学生的60%，就业率达100%。

学校牵头召开沈阳市餐饮与旅游职业教育集团2013年会

二、课程重构，教学特色鲜明

学校各专业彻底打破学科型教学体系，构建了以职业能力为主线、以实践课程为主体、以综合素质提升为目标的课程体系；充分利用校内实训基地的有利条件，积极实施校企联动的“实战式”实践教学模式。学生在全国职业院校技能大赛中获8金、12银、10铜的佳绩，成绩显赫。

三、环境创新，办学实力提升

学校建设了6个覆盖企业工作环境的校内“实战型”实训基地，实现“教学研”三位一体。不断拓展实训基地功能，开展技能鉴定和职业培训。2013年，中华全国总工会授予学校“全国职工职业技能实训基地”。

参加2013年全国职业院校技能大赛的学校获奖选手及指导教师合影

四、内培外引，“双师”队伍优化

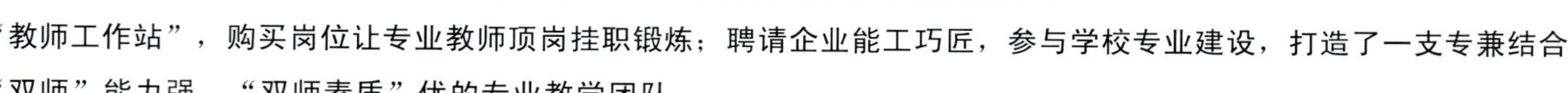

学校开展了以研代训、以赛代训等多种形式的系列校本培训；在企业建立了“教师工作站”，购买岗位让专业教师顶岗挂职锻炼；聘请企业能工巧匠，参与学校专业建设，打造了一支专兼结合、“双师”能力强、“双师素质”优的专业教学团队。

五、礼仪引领，育人成效显著

学校始终坚持育人为本、德育为先，建立起“五化、七平台”的德育管理体系。结合服务类专业的特点，根据“外事服务”特色，进行礼仪师资培训、课程改革、教材研发、礼仪大赛，着力打造“礼仪校园”。

美容美体专业学生进行实操

高星级饭店运营与管理专业实训室——中餐厅

学前教育专业学生在形体教室上课

辽宁省朝阳工程技术学校

辽宁省朝阳工程技术学校是国家首批中等职业教育改革发展示范学校，国家重点中等职业学校，辽宁省中等职业示范学校。

学校占地260亩，建筑面积11万平方米。图书馆藏书14.43万册。有在校生4 203人，教职工320人。开设四大类18个专业，有6个省级示范专业。在示范校建设项目的助推下，学校在校企合作、人才培养模式改革、教学模式改革、师资队伍建设和校园文化建设等方面卓有成效。

一、办学理念与时俱进

学校牢固树立“质量立校、科研强校、和谐建校、技能兴校”的办学理念，坚持“为企业服务、为学生服务、为家长服务、为‘三农’服务”的办学宗旨，创新办学体制机制，深入开展校企合作与融合。学校实行校企合作、工学结合的人才培养模式改革，着力内涵建设，建设高水平、高素质的专兼结合的“双师型”教师队伍，全力打造“肯吃苦、能力强、有后劲”的学生品牌。

校企战略合作签字仪式

二、校企合作深度融合

由学校牵头组建的朝阳现代技术职教集团，联合了鞍钢集团朝阳鞍凌钢铁有限公司、东风朝柴动力有限公司、朝阳温氏农牧有限公司等38家企事业单位，实现了职业教育与社会经济的联动，促进了职业教育资源的共享和互补，促进了校校合作和校企合作。

教师编写的校本教材和获得的成果

三、培养模式优化创新

学校进行人才培养模式改革，将原来的“2+1”模式改革为“0.5+1+1+0.5”工学结合、能力递进、素养提升模式，建设项目化、基于工作过程导向的课程体系。

四、师资队伍力量雄厚

学校有专任教师263人，其中教授级高级讲师19人、高级讲师99人。“双师型”教师比例达90%以上。有朝阳市优秀专家3人、首席教师1人、职教名师1人。

五、教研科研成果丰硕

获辽宁省职业教育和成人教育教学成果奖二等奖1项、三等奖6项。编写、出版校本教材22部，实训教材3部，公开发表省级以上论文26篇。开设9门精品课程和15门网络课程。完成省级教育科学研究课题2项。正在进行1个国家级课题和2个省级重点课题研究。

焊接专业学生在车间实习

六、环境建设跨越发展

学校有63个实验、实训室，有国家汽车维修技术实训基地、国家数控技术实训基地、省工程质量检测实训基地。建设完善了校内实训基地4个，实验、实训室12个、多媒体专业教室6个，多媒体教室36个；建设了教育教学管理平台。

七、职业培训成效显著

学校是辽宁省农业技术人员培训基地、普惠制就业培训基地、退伍士兵培训基地，汽车驾驶员培训基地，年开展各级各类人员培训6 000多人次。

为农民技术员培训班优秀学员颁发证书

学校先后获辽宁省“职业教育先进单位”“毕业生就业指导安置工作先进单位”“思想道德建设先进学校”“朝阳市教育工作先进集体”等称号。具有60多年教育底蕴的朝阳工程技术学校，正着力打造文化校园、数字校园、健康校园、绿色校园，努力把学校建设成高标准、高质量、高水平的中等职业学校。

四川国际标榜职业学院

2013年7月7日，时尚设计系人物形象设计专业学生胡已雪（右一）获第42届世界技能大赛银牌

四川国际标榜职业学院于2013年迎来20周年校庆。20年来，学院在国家民办教育发展的大潮中求索创新，特色鲜明，独领风骚。在2007年高职高专人才培养水平评估中获优秀等级。2012年，被四川省教育厅和财政厅批准为省级示范高职院校；2013年，被四川省人力资源和社会保障厅批准建立省级高技能人才培养基地。

勇立教育教学改革潮头。学院针对国家主导的城镇化建设中大量的农业人口转移就业，传统服务业向现代服务业转型升级的社会发展特征，在全国率先设置“人物形象设计专业”和“医疗美容技术专业”，并在先后设置了各具特色的7系1部23个专业的基础上，不断致力于教育教学改革创新。

学院坚持“德育为先”的育人方针，在保证以专业知识学习为核心的第一课堂基础上，创建了以综合素质教育为主的第二课堂，以生活课程教育为主的第三课堂，将3个课堂结合起来，为培养德才兼备的新型人才走出一条新路。

学院坚持以学习者为中心，将教学质量保障体系建设作为学院建设的重中之重，将全面持续提高学院教学质量作为可持续发展的核心任务，全面实践“有教无类”“因材施教”的教育理念，创立了“二维三分”人才培养模式和“三三教学组织”模式，长期坚持“三段三级教学检查”模式。同时注重民办高等职业教育发展的科学研究，在国家、省级精品课程与教材建设，国家、省级重点科研项目等学术研究上取得了突破。

学院举办的服装毕业秀

体育系社会体育专业学生在进行训练

校园文化建设特色突出。学院着力于建设“明德、尚美、崇真”的人文校园，竭力培养“精、专、博、雅”之人才，与当地政府合作，首次在学院建成“成都市市民服务中心”，建成兼容东西方文化精髓的书院式图书馆，在全国创立了集教、研、藏、展为一体的“成都标榜川西古典家具博物馆”“成都标榜当代土陶艺术博物馆”“成都标榜古今发艺博物馆”“成都标榜民间传统养生技艺博物馆”“成都标榜女红工艺博物馆”5个博物馆，成为全国唯一一所以田园式学堂为主体的国家级AAA旅游景区。

办学成果丰硕。学院先后获国家、省级、市级荣誉30多项，师生参与世界和国家级大型赛事争金夺银500余项。2013年，学院时尚设计系学生胡已雪代表中国参加“第42届世界技能大赛”获大赛银奖，这是中国在世界技能大赛美发项目上获得的最好成绩；在2013年全国职业院校技能大赛高职组“高教社杯”英语口语比赛中，学院外语系学生陈家锌获一等奖。学院毕业生遍及全国各地，因其综合素质好、专业素质高深受用人单位好评。学院还不断为国家外交部输送驻世界各国使领馆服务人员。根据第三方调查机构麦可思公司调查报告显示，学院毕业生就业率连年达96%以上。

2013年9月27日，学院举办2013级新生迎新晚会

外语系学生陈家锌在2013年全国职业院校技能大赛中获一等奖

2013年9月28日，宝洁（中国）营销有限公司和学院联合举办2014校园趋势发布秀

2013年4月10日，学院时尚设计系化妆专业毕业展

地址：成都市龙泉驿区同安街道同策路3号

四川省商业服务学校

代表四川省参加2012年全国中职学生烹饪技能大赛

中餐实训课堂

教育教学成果丰硕

烹饪专业学生技能竞赛

四川省商业服务学校是1976年经四川省政府批准建立，由省财政全额拨款，隶属于四川省商务厅的一所全日制国家重点中等职业学校。学校办学成绩突出，专业特色鲜明，是教育部首批7所“全国烹饪示范专业学校”之一；是四川省劳务培训基地，国家职业技能鉴定所；是北京人民大会堂定点选调川菜厨师和服务员的学校。2012年，学校被批准为国家中等职业教育改革发展示范学校建设单位。

学校师资力量雄厚，办学成绩显著。近年来，学校师生参加国际国内技能大赛获50多枚金牌，多次代表四川省参加全国烹饪技能大赛，共获15个一等奖、14个二等奖和8个三等奖。烹饪专业毕业生出国从事餐饮工作遍及世界40多个国家和地区，学校数百名学生在北京人民大会堂、国家商务部、四川驻京办事处等单位工作、实习。学校赢得了“川菜第一校，美名五洲扬”“川菜第一校，桃李满天下”等美誉。

学校专业特色突出，开设有普通中专、五年高职、成人大专教育和短期培训项目，是一所“以烹饪专业为龙头，以酒店管理、信息经贸专业为骨干，其他专业相配套”的西部名校，是培养优秀商务人才的摇篮。

学校新校址位于四川省成都市郫县安靖镇，占地166.3亩，建筑面积6万多平方米，有教职工150余人、在校生3 000余人。学校着力打造文化校园、绿色校园。校园“三区”分布合理、功能齐全。教学区除有图书馆、实训室、阶梯教室、学术报告厅等外，还设置有一流的热菜、冷拼、雕刻等烹饪实训设备，拥有模拟学生就业实际环境的调酒室、咖啡厅、客房、餐厅等实训设施，以及综合布线、计算机网络、计算机组装与维护等实训设备，为教育教学的改革和发展创造了良好条件；运动区拥有环形塑胶跑道、足球场、篮球场、羽毛球场、乒乓球场等宽敞的活动场地，为开展全校性体育活动搭建了平台；生活区师生食堂、生活服务超市、学生公寓、多功能厅等生活配套设备设施齐全，为丰富师生的生活提供了保障。

浙江省永康市职业技术学校

地址：浙江省永康市九龙北路396号(城北十里牌)　邮编：321301　电话(传真)：0579-87153341
网址：www.zjx.ykedu.net　Email:ykzjxxb@126.com

【学校概况】

浙江省永康市职业技术学校始建于1983年4月，学校占地260余亩，建筑面积8万多平方米。学校有教职工234人，拥有高级教师、研究生、高级技师等专业人才100多人；全日制在校生3 600多人，成人“双证”制学生580余人。

手狮非遗社团

【办学成果】

一、示范校建设

作为第二批国家级中职改革发展示范校建设单位，学校拥有机电技术应用、电子电器应用与维修、汽修、模具、财会等多个省市级示范性专业。建有以中央财政支持的数控技术为主干专业的职业教育实训基地和以机电、电子电器为主干专业的两个省级实训基地。拥有47个实习实训实验室，实训设备总值超过3 000多万元，设施已达到浙江省领先水平。同时学校也是第一批浙江省“数字校园”示范校建设单位。

二、产学研联合

学校联合企业、政府、高校科研机构等部门成立了“产学研联合机制和运营的实践研究”省重点课题组。2013年，学校启用占地6 000多平方米的“产学研中心”，与当地的众泰、超人等10多家企业开展“订单”培养与广泛合作。学校还与浙江大学、浙江工业大学、浙江师范大学等高校紧密合作。截至2013年年底，学校教师有各类发明专利140多项。此外，学校承办了金华市机电职教集团第二届理事会、浙江省中职机械年会暨全国中职模具课改论坛、浙江省国家级中职改革发展示范校建设工作会议。

三、科研兴校

学校实施科研兴校战略。近年来，学校有14个科研项目在国家、浙江省获奖，并连续4年获省政府教学成果一等奖，公开出版专著10余部，并获浙江省教科研先进单位、浙江省教育科研100强称号。学校推进浙江省模具课程改革，带动示范校各重点专业开展项目课程改革，推动产学研联合研究和实施工作，组建了5个名师工作室。学校以课程体系改革推进专业建设，2013年，课题结题22项，其中省级课题2项、地级市课题16项。

四、技能比武

在各级技能比武中，2013年，学校教师获国家级一等奖1人，省一等奖6人、二等奖11人、三等奖9人；学生获国家级二等奖1人、三等奖2人，省金奖3人、省一等奖14人、二等奖23人、三等奖40人。

【社会影响】

人民日报、光明日报、中国教育报、浙江日报等40多家新闻媒体350余次报道了学校改革创新的亮点，学校领导100多次应邀在全国性职业教育会议上介绍办学经验。

【学校荣誉】

- 国家中等职业教育改革发展示范创建学校
- 全国先进制造业技能型人才培养培训示范基地
- 全国首批工读交替实训基地
- 全国创建绿色学校活动先进学校
- 全国教育系统先进集体
- 全国楹联教育基地
- 中央职业教育实训基地
- 全国职工教育培训示范点
- 全国法制宣传教育先进单位
- 全国职业教育先进单位

2013年全国中职模具论坛在学校召开

学校九狮图社团元旦文艺汇演

剪纸非遗社团

学校开发的锡雕非遗校本教材

以创新定位的职教先行者
——浙江省绍兴市职教中心

浙江省绍兴市职业教育中心是历史文化名城绍兴建校历史最长的中职学校，是首批国家级重点职业学校、首批国家级中职改革发展示范学校、省一级重点中职学校。继2007年被表彰为“全国教育先进集体”后，2014年再获“全国职业教育先进集体”殊荣。

多年来，中心以科学发展观为指导，坚持社会主义办学方向，以立德树人为根本，以服务发展为宗旨，以促进就业为导向，以改革创新为动力，以提升质量为核心，走以德治校、技能强校、科研兴校、品牌立校的内涵发展之路，以“身正技高”为校风，坚持“德育为先，教学为主，安全第一，和谐至上”的办学策略，勇于开拓进取，不断深化改革，一直走在职业教育改革前列，书写了精彩职教新传奇。

“四育”联动，创新德育管理新模式

中心坚持德育为先。实施全校教职工一岗（所在岗位）四责（本岗工作、育人、安全、行风优化之责）制、全员家访等制度，形成全员育人局面。在学生中全面深入开展中华礼仪教育，着力实行自我管理、自我服务、自我实践、自我教育的“四自”教育；努力搭建社区共建、青年志愿者、下企业顶岗实习等多种平台，培养学生以敬业、诚信为重点的职业道德和社会主义核心价值观。构建了以“礼仪教育、‘四自’教育、活动德育、综合职业能力教育”为内容的“四育”联动特色。2014年，被确定为省级中职教育德育工作实验基地和省级校外实习实训示范基地。

深化改革，创新人才培养新途径

推进美术设计、餐饮旅游、机械电子和数控技术4个省级骨干示范专业人才培养模式的改革；完善专业课程体系，做实人才培养基础，适应行业企业转型升级，实施课程改革。创新“多彩工学结合”新模式，接轨现代学徒制等新型教学手段和方法改革。逐步形成评价主体由学校转向学校、社会、行业企业多方参与的多元评价体系，使学校人才培养更贴近行业和职业岗位需求，促进职业与岗位的零对接。

“四桥”联通，创新产教融合新路径

中心真正实现教产无界融合。架设行业基地、校企合作委员会、产学研园、职教集团等4大合作桥梁，由浅入深、联动共通推进校企合作，不断提升产教融合的深度和广度。创设校内职场环境，使学生实现从校园到职场的及时转变。开设校园“无界化创业园区”，企业出题、教师析题、学生解题，提高学生创业创新能力。创立“一体双管三链”为特征的职教集团模式，促进校企深度融合。2011年、2013年由中心牵头组建了绍兴市旅游职教集团和机电职教集团，成为浙江省“一所中职牵头两个集团”的先行者。

品质办学，创新职教服务新格局

中心招生就业进出两旺。确立以“技能领雁工程”为抓手的技能提升计划，师生专业技能大幅提升，技能大赛成绩大幅跨越，年年位于全国前列。2012—2014年，学生在全国中职学生技能大赛中获得10金、11银、9铜的优异成绩；教师获省级以上技能奖项23人次。学生高考成绩优异，提前实现“十二五”规划中毕业生有30%上大学的目标。出色完成了绍兴市旅游人才调研报告和绍兴市未来五年旅游人才队伍建设规划。组建PLC技术支持中心，为中小型企业提供设备的PLC改造。多形式做好在岗职工专业培训、新技术培训、上岗资格等各类社会培训，培训规模每年在5 200人次以上。直接服务“两富”战略实施，学校在当地极具美誉度。

勇于创新，引领示范作用更加突出

因材施教办好青川班和新疆中职班。无界化创新创业培养模式受到教育部门高度评价。“中职尝试教学法”“技能领雁工程教学模式”等教学科研成果全省领先；“中职学校基于‘一核两翼’的‘技能领雁工程’建设的探索与实践”于2012年获浙江省政府颁发的职业教育成果一等奖；2014年，被教育部评为首届职业教育国家级教学成果二等奖。信息化校园建设居全省前列，形成了教材多媒体化、资源网络化、学习自主化、活动协同化的新模式教学，实现了教学管理现代化。学生创新创业成果灿烂精彩，学校继被列入浙江省首批创新创业基地学校后，2013年又被确定为浙江省中职创新创业课程教学试点学校。

由中心牵头组建的绍兴市旅游职教教育集团成立

在绍兴市机械电子职业教育集团成立大会上，校长钱金星与成员单位签约

中心学生在全国大赛上获得金奖

中心学生活动

重庆市黔江区民族职业教育中心

重庆市黔江区民族职业教育中心是渝东南地区唯一的一所国家中等职业教育改革发展示范项目学校，是全国职业教育管理创新学校、重庆市文明单位、重庆市德育工作先进集体、重庆市依法治校示范校、重庆市大中专毕业生就业工作先进集体、重庆市校企合作办学先进单位、重庆市职业教育德育特色学校、中德（重庆）汽车职业资格培训与认证中心联盟单位。

学校与重庆老寨子手工织锦股份合作社共建校企合作实践基地

学校坐落在黔江新城科教园区，占地506亩，建筑面积16万平方米。开设有数字媒体技术应用、电子技术应用、数控技术、服装制作与生产管理、汽车运用与维修、建筑工程施工等19个专业，建有各类实习实训室（车间）120余间，按规定配置了6 000多万元的设施设备，并在英业达（重庆）有限公司、重庆广达集团有限公司、三星电子有限公司等30余家世界500强企业及国内知名企业建立了校外实训基地。

学校艺术团成员参加中西文化交流活动

学校始终走规模发展与内涵提升、特色品牌发展与文化发展并举并重之路，坚持理念导航、管理科学、关系和谐和制度保驾治校。理念思路创新，管理精细规范，育人质量高，就业渠道畅通，服务社会能力强，核心竞争力不断提升，呈现出强劲的发展势头。教职工队伍从2007年初的150余人发展到2013年的600余人，学生规模从2007年初的1 000余人发展到2013年的10 000余人；毕业生就业率达98%以上，稳定就业率达90%以上，高考升学率达95.8%以上，参加市级以上技能大赛成绩均位于全市前列。5年时间，学校实现了从“市级重点”到“国家级重点”到“国家改革发展示范校”两大跨越。

学校始终把服务地方社会经济发展，传承民族文化，辐射带动渝东南，示范全国中职改革作为己任。年均为各行各业输送中职实习就业学生近4 000人，培训中短期学员4 000人以上。2011年，学校牵头开展“园校互动”办学模式改革，黔江区成为了全市16个“园校互动”办学模式改革试点区之一。几年来，学校积极与重庆正阳工业园区内的企业对接，实行“淡旺互补”“前校后厂”“订单培训”等方式，深度校企融合，互惠共赢，为黔江区实施“工业强区”战略贡献力量。2013年，学校牵头组建成立了跨重庆、湖北、湖南和贵州4省市的武陵山职教集团，吸纳了世界500强及全国知名企业66家、职业院校33所加盟，在籍学生近15万人。职教集团搭建了校际合作、校企合作、教育与产业互动3个平台，以大职教、大开放、大发展的思路促进武陵山区融合发展。学校以武陵山民族文化艺术研究中心和学校民族艺术团为依托，积极弘扬传承民族文化。特别是学校编排的苗族舞蹈《银色山脊》代表重庆市参加2013年全国职业院校技能大赛民族技艺比赛，获一等奖。2013年，学校艺术团成员参加中国—巴西文化艺术交流活动，走向了国际舞台。

2015年前，学校将建成设备一流、管理一流、师资一流、质量一流、特色鲜明的国家中等职业教育改革发展示范校，为黔江打造重庆市职业技术教育区域性中心和武陵山教育高地做出新的更大贡献。

数控专业学生实训

电子技术专业实训教学

重庆工商学校

【学校概况】

重庆工商学校位于聂荣臻元帅的故里——江津，创办于1987年，占地516亩，建筑面积20万平方米，开设有建筑、电子、机械、汽车等9大类28个专业，有来自12个省（区、市）的在籍学生15 000余人。学校无论是在规模、质量、师资等硬实力，还是科学规范管理、校园文化建设等软实力上，全面领跑重庆中职教育，成为重庆市职教领域一张靓丽"名片"。

【工作概况】

学校深入贯彻落实党的十八大和十八届三中全会精神，坚持走内涵式发展道路，着力践行"做强做精"的品牌发展战略，领导班子科学谋划、勤政务实，全体教职员工锐意进取、开拓创新，在示范校建设、教育教学管理、教学科研、招生就业以及社会培训等方面均跃上了新的台阶，取得了丰硕成果。

【所获荣誉】

2014年8月，学校被国家人力资源和社会保障部、教育部授予"全国教育系统先进集体"荣誉称号，这是学校获得的第6块国家级金字招牌。重庆电视台、重庆日报、华龙网等主流媒体聚焦学校并对其进行了深度报道，其先进的办学经验在全市范围内推广。

【示范校建设圆满收官】

2013年是国家中职示范校建设的攻坚之年和收官之年。学校严格按照《实施方案》和《任务书》的承诺，全力推进示范校建设进程。通过艰苦卓绝的努力和卓有成效的工作，在深化教育教学改革、创新人才培养模式、提高社会服务能力等方面有了长足的进步，在人才培养质量、管理水平以及办学实力等方面得到显著提高，发挥了示范和辐射带动作用，以优异的成绩通过国家人力资源和社会保障部、教育部、财政部检查验收。

【"园团融合"办学模式成就经典】

2009年，学校牵头组建了跨区域、跨行业的重庆工商职业教育集团。集团坚持"互动"发展理念，探索建立校企利益链和利益共同体，实现了与工业园区发展规划、资源配置、园团管理、校企活动、培训就业的五个"一体化"以及园团、区域、校际、校企、产教五大良性互动。2013年12月，集团化办学的成功经验在教育部主持召开的上海会议上做经验交流，探索创新的"园团融合"集团化办学模式被教育部职教中心研究所推介为全国七大办学模式之一。

【创新师资建设模式】

学校在示范校建设过程中创新了"4599"师资队伍建设模式。即对专业带头人、骨干教师、"双师"型教师、兼职教师"四类教师"开展出国培训、国家级培训、市级培训、区级培训和校本培训"五级培训"；通过专业建设、课程设计、教材开发、基地建设、示范教学、技能大赛、企业实践、课题研究、论文撰写"九条途径"，提升职业道德教育、行业联系、课程设计、教学组织和实施、鉴定、交流与合作、健康安全保障与教育、学生服务与管理、专业发展"九种能力"。"4599"师资队伍建设模式对中职学校的师资队伍建设具有深远的影响和有益的借鉴。

千人诵习《弟子规》活动

汽车工程系实训室

机械专业数控实训室

【社会培训喜获丰收】

学校充分利用人力资源和设备资源优势开展各类培训，紧紧围绕地方政府的工作重点，研究重庆以及江津支柱产业发展状况，自觉担负起行业人员继续教育、微创（SYB）培训、下岗工人、失地农民、三峡移民以及农村劳动力转移培训等各类培训任务。本年度共举办了150多个培训班，培训各类人员10 853人，实现了经济效益和社会效益双丰收。

聊城职业技术学院

山东聊城职业技术学院是2000年成立的高等职业院校，设有中原现代农业商学院、护理学院、医学院、农牧科技学院、工程学院、汽车学院、经济管理学院、信息学院、旅游管理学院等12个教学院部。有招生专业36个，招生范围覆盖全国14个省（区、市），在校生近1.2万人。教职工740人，副高以上职称198人，具有博士、硕士学位238人，聘请86位海内外知名学者为客座教授。学院先后被教育部等部委确定为全国技能型紧缺人才培训基地，被评为山东省示范性高职院校、山东省高等教育特色名校建设单位、国家语言文字规范化示范校。

医学专业学生实训操作

数控专业学生实训操作

学院有3个中央财政支持专业，7个省级特色专业；3名山东省教学名师，3个省级教学团队；1门国家级精品课程、1门国家级精品资源共享课，36门省级精品课程。建有13个市级工程技术中心和重点实验室，123个高层次实习就业一体化基地。承担全国教育规划办教育部重点课题3项、科技部星火计划项目2项，获省部级科研奖励近百项。

承办山东社科论坛

学院坚持“以人为本、质量立校”，以培养高端技术技能人才为目标，以服务学生全面发展为主线，走“政、行、企、校四方联动，校企双进互利共生”的办学之路，实行“产学研一体，做学教合一”的办学模式，努力打造高级技能人才培养基地、职业技能培训基地、技术研发服务基地和先进文化传播基地。

与上海大众汽车有限公司共建实训基地

学院积极开展校企合作，与解放军总医院等各大军区医院、中国重汽、中通客车、网易、阿里巴巴、凤祥集团、思科公司、歌尔声学、齐鲁制药、钓鱼台国宾馆等企事业单位举办60个班次“订单”班。2013年，与政府、企业签约建设总投资150亿元的“中荷国际健康农业生态城”项目。学院积极推进基于工作过程的项目化课程改革，组织学生参加各类技能大赛，不断提高教学质量。学院加强实训基地建设，改造“做学教”一体化教室，建设了汽车、物联网、现代物流、电子商务、先进制造、建筑、餐饮服务、人体形态学等实训中心。学院注重师资队伍建设，建立了“校培、省培、国培”三级师资培训体系，构建了“教学新秀—骨干教师—专业带头人—教学名师”的选拔成长激励机制。学院大力构建特色素质教育体系，开展职业核心能力培训等。中国教育报、《中国职业技术教育》杂志多次在头版头条报道了学院的办学成绩。

新生军训掠影

西安工程技师（技术）学院

西安工程技师（技术）学院是一所公办的国家重点技工院校，创建于1958年，与陕西省明德职业中等专业学校两校一体，拥有明德和长安两个校区。学院占地243亩，校舍面积15余万平方米，教学、科研、实习设备总资产值近6 000万元。拥有装备精良的微机室，多媒体电教室，数控仿真室，机械性能、电工电子、电力拖动、金相、物理实验室，电气类职业技能训练考评中心，铆焊钳工类职业技能训练考评中心，机加工类职业技能训练考评中心，酒店服务类专业职业技能考评中心，快速制造技能训练考评中心，计算机职业技能训练考评中心，有三维测量、快速成型等主要设备1 870余台（件），各专业实习、实验操作工位共3 770个。

元旦师生联欢会

学院拥有一支以享受国务院政府特殊津贴专家、陕西省有突出贡献专家、陕西省首席技师、陕西省“新世纪三五人才工程”人选为学科带头人，高级讲师、高级技师、高级实习指导教师为骨干的水平高、素质优、年龄结构合理的教师队伍。有教职工350余人，专职教师180人，其中“双师型”教师占68%以上。

学院有9个教学院系，26个专业。其中焊接加工专业为全国机械行业技能人才培养特色专业，机修钳工专业和电器设备维修工专业为陕西省名牌专业，食品营养与安全专业为示范性专业，模具设计与制造、焊接加工、计算机应用、电气维修、机电一体化、数控机床加工、学前教育和酒店服务与管理为主干专业。

学院以培养预备技师、中、高级技能人才为主要目标，面向全国招生，以应届和往届初、高中毕业生源为主体，有在校生6 000余名。学院毕业生可取得学院毕业证书和职业资格证书，参加大专、本科业余学习的学生，成绩合格者可取得由联合办学单位国家开放大学、西安交通大学、西安科技大学、西安文理学院等院校颁发的国家承认的大专、本科学历证书。

学院根据复杂多变的市场用工情况，及时科学地调整工作思路，转变就业服务理念，增强就业服务意识。学院先后与陕西重汽集团、陕西龙门钢铁集团、富士康科技集团有限公司、中钢集团西安重机有限公司、蒂森克虏伯股份公司、陕西康明斯发动机有限公司等企业开展深层次合作，成立了“龙钢班”“西矿班”“美涛班”“可成班”“德昌班”“乐荣班”“蒂森电梯班”等，积极实施“订单式”培养方案，建立长期稳固的实习就业网络，为企业和毕业生提供全方位优质服务。

学院先后为社会培养和输送了合格技术技能人才4万余人，毕业生遍布各个行业，历届毕业生大部分已成为企业生产骨干和管理人员。毕业生就业率始终保持在98%以上，用人单位满意率达96%以上。

学院多年来为企业培养了大批合格的技能人才，为经济建设和社会发展做出了突出贡献，办学实力和办学质量得到社会广泛认可，先后被评为“全国职业教育先进单位”“陕西省职业培训教育先进单位”“陕西省高技能人才先进单位”。学院被确定为“国家级高技能人才培训基地”“食品安全师职业资格认证培训中心”“国家级示范性职业培训教师培训基地”“全国青少年道德培养实验基地”“陕西省农民工培训示范基地”“国家首批中等职业教育改革发展示范学校”。

海南省农业学校

海南省农业学校、海南省科技学校两块牌子一套人马，直属海南省教育厅，是国家级重点中等职业学校。

畜牧兽医专业理实一体化教学

种植专业学生在农场实习

学校位于海南省海口市城西路41号，占地面积105亩，另有美兰、道美两个实习农场，占地约820亩。学校办学基础条件较好，有教学和学生生活用房近7万平方米，有15个固定实习基地、27个实验室、9个实训中心。学校开设种植技术、养殖技术、农村经济管理、观光农业、农村电气、生物技术及信息工程7大类20多个专业。在校学生8 000多人，农业类在校生规模居全国中职校前茅。学校有教职员工247人，另外还特邀、特聘行业专家型兼职教师81人。

2008年以来，在省政府的重点扶持和省教育厅的正确领导下，学校围绕服务“三农”，加大改革力度，突出农校特色，创新农业职业学校发展模式。一方面，努力把更多的农村青年学生吸引到学校来，在“自信、自觉、自强”的校风熏陶下，把他们培养成有职业道德、有实用技术、有献身农业发展愿望的中职毕业生，成为海南“三农”发展的实用型技术人才。另一方面，学校与市县组织部门和乡镇政府合作，开办村官班，把45岁以下初中学历的农村两委干部、党员、示范户及积极分子组织起来，开展为期3至5年的系统农业专业中职学历教育，通过多方努力，使这些学生成为农村基层组织和脱贫致富的双带头人。学校坚持“面向农业、走进农村、服务农民”的办学宗旨，坚持咬定“农”字不放松，取得了优异的办学成绩，获得了社会的一致好评，得到了各级领导的一致肯定与支持。

海南省农业学校、海南省科技学校以建设国家中等职业教育改革发展示范学校为契机，秉承“有德、有才、有为”的校训，聚精会神，积极进取，科学发展，全面提升办学水平，为海南省经济社会建设服务，为海南省农业发展培养高素质、实用型人才。

特色烹饪培养实用专业人才

学生在上艺术插花课

度假村服务教学实习

南京市艺术小学

2014年2月，小红花艺术团团员在英国贝尔法斯特市市政厅合影

南京市艺术小学（南京小红花艺术团）是一所校团合一并隶属于南京市文化广电新闻出版局的全日制公办学校，发展至今已近60年，是全国首创的集文化教育、艺术教育与舞台表演于一体的少儿艺术学校。学校以“和谐教育，艺术修身，为每一个孩子的可持续发展奠定素质基础”为办学理念，经过不懈的努力和拼搏，已形成了“文明、上进、和谐、自立”的校风和“为人师表，求新存真，关爱学生，激励进步”的教风，铸炼出了“堂堂正正做人，踏踏实实做事”的学校精神，铸就了学校既是南京市的教育名片，也是南京的文化名片。

全面实行小班化教育，文化与艺术齐抓并举，形成学校独特的教育教学风格。

2014年5月，小红花艺术团在中国驻津巴布韦大使馆合影

1.小班化教学深受喜爱，让孩子得到个性化发展

学校历年来追求小班化的教育教学，每班人数控制在30人以内，每位教师在课堂上以最优秀的教育效果为追求目标，把课标理念真正地落实到每一堂课中，每一个孩子的身上，注重孩子的自信心和能力的培养，让孩子的每一种潜能获得个性发展，让每一个孩子的学习动力得到激活。学校的课堂时时充满欢声笑语，让孩子学得快乐，学得扎实，是每位学校教师的追求！

2.艺术课程丰富多样，让孩子得到多元化发展

学校将校本课程分设3类：舞蹈、声乐和器乐，艺术教学严格、规范成为学校独特的风景线。学生多次参加国内外重大比赛和演出并获各项全国大奖，成绩斐然。党和国家领导人如周恩来、邓小平、江泽民、胡锦涛等都看过小红花艺术团的演出。艺术团曾到许多国家和地区出访60次，曾为世界上40多个国家的元首做过专场演出。艺术团的演出精彩纷呈，具有很高的艺术水准和很强的观赏性，曾多次在各类艺术节上推出少儿音乐歌舞晚会，如中国第六届艺术节、上海第八届、第十届国际艺术节等，评价很高。由艺术团所担纲的“2005年北京现代音乐节”闭幕式上的演出，在当晚中央电视台《新闻联播》中所获的评价是：“演出展示了当代中国少儿艺术的新水平。”

3、教育教学成绩斐然，文化艺术人才辈出

长期以来，学校在南京市文化广电新闻出版局的领导下及教育部门的关怀下，学生多次获国家、省、市各级征文比赛一等奖等，多次在南京市美诗文诵读及英语短剧比赛中获金奖。在培养艺术人才的平台上，学校也被誉为“艺术家的摇篮”，如著名音乐制作人卞留念、二胡演奏家朱昌耀、打击乐大师李飚、影视演员梅婷和薛白等都出自小红花艺术团。由于成绩卓著，学校多次被评为南京市的有功单位，两次被文化部授予“全国少儿文化工作先进集体”的称号。

“让学生成长，让家长放心，打造最有特色的艺术学校！” 南京市艺术小学（南京小红花艺术团）在校长（团长）邓玲的带领下，在全体师生的共同努力奋斗下，一定会走向更加辉煌的明天！

学生在上信息技术课

第二届夏季青年奥林匹克运动会开幕式演出《青奥节拍》

学生在表演《鼓趣》节目

教育的沃土 民族的摇篮
——吉林省延吉市中央小学

校长与孩子们进行读书交流

学校设有礼仪课，自编“礼仪操”，弘扬孝礼的传统美德

每周四的中午，学生在“明星闪亮”露天大舞台上展示自己的才艺

“民族文化日”活动，在传承和发展本民族优秀传统文化的同时，激励孩子们学习其他民族的文化精髓

吉林省延边朝鲜族自治州延吉市中央小学创建于1915年，是延吉市历史最悠久的朝鲜族小学。学校占地面积15 565平方米，有教职工106名、教学班35个、学生1 300多人。在近百年的教育发展历程中，学校积淀了丰富的文化底蕴，创造了辉煌的教育业绩，培养了数以万计的民族人才，开拓了创新的教育之路，被誉为“教育的沃土，民族的摇篮”。

得益于多年的民族教育改革，学校无论是教育特色还是教学质量，在延边教育乃至全国朝鲜族教育中都起着引领与辐射的作用。学校先后被评为“全国教育系统先进集体”“全国民族团结进步模范集体”“全国未成年人思想道德建设先进单位”“2012年度全国十佳现代学校”“全国艺术教育先进学校”“全国学校规范化管理示范单位”“全国少数民族双语教育先进单位”“全国跨世纪雏鹰大队部”“全国科学教育基地”“全国文明礼仪教育示范基地”“全国学习型班组”等诸多荣誉。

小学不小，六年不短。学校秉承“六年为六十年奠基”的办学理念，在直指心灵的德育体系下，以理想信念教育为核心教育，以道德修养教育为根本教育，以文化素质教育为关键教育，把一些别人看来平凡至极的小事做到极致，实现了高质量的内涵发展。

漫步校园，环境清新，现代化的教学楼，一流的教学设施，功能齐全的活动室，优雅别致的楼层文化，每一面墙壁都会说话，每一个学生都是学校的主人。“读书做人”的校训像空气一样弥漫在校园的每一个角落，而生活学习于其间的学生又让校园充满了生机与活力，全体师生在弥漫着人文、艺术气息的校园中幸福地成长着。

每天学习生活开始前的晨唱，振奋着学生一天的精神；升旗仪式、幸福的入学典礼、感动的毕业式、别样的入队仪式、德育六道门宣誓仪式以及各个节日的庆祝活动，让学生坚定着信仰，凝聚着精神；礼仪民俗馆、文化陈列室、礼仪教室等，彰显着学校立志传承民族优秀文化的承诺与实践，坚持多年的“雅行教育”，传承着优秀民族文化，弘扬着民族孝礼传统美德；“中央小学小公民实践日”“民族文化日”等教育实践活动，将共产主义、爱国主义等信仰教育与行为习惯养成教育和情感教育相结合，为学生从小树立民族自豪感、民族自信心、民族责任感以及民族复兴使命感起到了积极作用。

学校始终以培养优秀的高素质民族人才为目标，创新教育模式，积极推进双语教学改革，提高教育教学质量，积极开发兴趣课堂，努力提高学生的综合素质。以“艺术之花”著称的学校蓓蕾艺术团曾多次赴澳大利亚、韩国、俄罗斯、美国等参加国际艺术交流活动，弘扬了民族文化，发展了民族艺术，为展现朝鲜族的文化魅力贡献了应有的力量。如今，学校兴趣活动小组已发展为7大学生社团，40多个课外活动项目供学生自由选择。每周星期四中午，在操场上搭建的“明星闪亮”露天大舞台上，孩子们尽情展示着自身的才艺，坚信着每个人都有一个出彩的人生。

给学生最美好的童年，给人生最坚实的起步。面向未来，学校做出了庄严的承诺——为孩子们的智慧与人格的发展创造出最佳的环境和最优的条件，用最优质的教育教学业绩来为孩子实现梦想奠基，努力将学校办成“全国一流的具有民族特色的现代化幸福学校”。

在2014上海国际艺术节上，学校蓓蕾艺术团的学生表演舞蹈

“小公民实践日”是以培育和践行社会主义核心价值观为主要内容的教育实践活动

“雅行教育”追求行为方式合于美，行为动机指向善

明博教育科技有限公司

明博教育科技有限公司创立于2009年，由北大方正集团、新华文轩出版传媒股份有限公司和中国地图出版集团联合发起、共同投资组建。公司依托三大股东在技术研发、内容出版及教育服务等领域的优势资源，以“为教学成就卓越”为使命，致力于为用户提供可持续发展的信息化教学应用生态平台解决方案，旨在成为中国专业权威的教育应用系统软件提供商和服务平台运营商。

优课系列产品介绍

优课智慧教学系统V3，专为教学而设计！

优课智慧教学系统V3是国内首家以正版教材内容为核心的教学应用系统，由云服务平台及教师、学生、机构管理三大客户端软件组成。以海量的教学资源和丰富的客户端应用，为终端用户提供教学应用、教学互动及资源管理共享等全环节服务支撑，为教育机构快速构建智能、高效、开放、易用的教学应用平台。

教师端： 包含备授课、资源管理、交互式教材、虚拟仿真实验室、班级空间、作业管理等功能模块。帮助教师轻松实现个性化备课授课，提升数字化教学效果，指导学生有序开展课堂内外互动学习。

移动学生端（支持Windows8/Android两种操作系统）： 定位于满足学生自主学习，包含学知识、写作业、查错题、查班级和查成绩等功能模块，满足学生课前、课中、课后的全环节数字化学习需求。

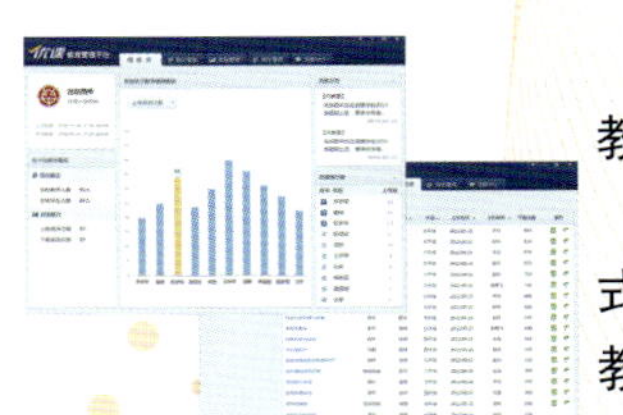

机构管理端： 包含师生管理、公告管理、资源管理、统计报表等功能模块，实现数字化教学的统一整合，统一服务。

优课系列产品还包括： 优课数字化教学应用系统V2。优课V2整合正版数字化教材、嵌入式教学资源、数字化教学工具软件及基于网络的后台管理软件于一体，帮助教师实现数字化教学的常态应用，同时支持省、市、区县、学校分级管理，实现教学资源共建共享。

平台项目介绍

2013年8月，由明博教育承接建设的“国家教育资源公共服务平台东阳中心”项目正式启动。该平台为浙江省东阳市中小学师生利用信息技术提升教学效果提供资源和技术支持。该项目被列为东阳市“十大民生实事工程”“十大创新工作”，其先进经验先后在全省教育局长会议和全国试点工作会议上做典型介绍，并在第十届上海教育博览会亮相展出。

▲ 在首届全国中小学信息技术教学应用展上，教育部领导莅临优课展位指导工作

在教育资源建设与共享产品展示会上，教育部科技司领导莅临明博教育展位指导工作 ➤

欢迎关注优课微信公众平台

官网：www.mainbo.com
地址：北京市海淀区上地三街嘉华大厦C座801-803
邮编：100085
电话：010-82781868
传真：010-62164501
服务热线：400-898-5166

奥鹏远程教育中心

奥鹏远程教育中心（简称奥鹏教育），是由教育部高等教育司2001年12月批准立项试点，2005年4月正式批准运营的远程教育公共服务体系，也是教育部门批准成立的远程教育内容服务运营机构。经过多年的发展，得到了国家有关部委及远程教育业内人士的广泛认可，先后承担了教育部“数字化学习港与终身学习社会的建设与示范”教改项目、教育部“数字化学习示范中心建设”项目、科技部“数字教育公共服务示范工程”项目、科技部“虚拟实验应用示范工程”项目、科技部“全球汉语言文化传播服务平台及应用示范”、发展与改革委“支持IPv6的移动学习终端研发及产业化”项目、发展与改革委“2013国家技术改造项目——继续教育平台”、工信部“国产基础软件在数字教育领域的适配研究及重大应用示范”、经信委“远程教育学习云”等国家重大项目和课题的研究与实践。基于互联网平台，以灵活、方便、个性化的技术手段，为不同年龄、不同职业的人提供数字化的学习机会和全天候“一站式”学习支持服务。

奥鹏远程教育中心揭牌仪式

[学历教育]

奥鹏教育已经与北京大学、中国人民大学、东北财经大学等国内50多所高校开展远程学历教育合作，为各类学习者提供高中起点专科、高中起点本科、专科起点本科、本科第二学历和辅修专业等不同层次和专业的学历教育服务。

首批奥鹏远程教育学习中心授权

[政府与企业培训]

奥鹏教育致力于通过整合国内外优质教育资源及自有资源，搭建一个集信息沟通、人脉拓展和资源共享三位一体的交流平台，为客户提供具有前瞻性的经营理念、策略规划、管理技术、IT技能等培训。奥鹏教育拥有国内独一无二的体验式培训研发团队和专业理论及课程体系。截至2014年年底，已经研发并退出300余门专业课程，课程范围涉及企业定制服务、人力资源服务、企业能力提升、个人技能提升以及国际交流合作等。所有课程均以“体验”为核心特色，具有高度的趣味性和实践性，其培训效果具有传统室内课程难以比拟的优势。

教育部领导对奥鹏远程教育中心展区进行指导

[教师培训]

奥鹏教育于2010年入选教育部“国培计划”教师远程培训机构推荐名单，开始全面进军中小学教师继续教育和培训领域。已建设了面向学前教育、义务教育、高中课改等各级师资和覆盖全部23个学科的全套课程体系，并承担了“国培计划”教育部示范性项目、中西部项目等多项国家级教师远程培训任务，培训教师近10万人次。

奥鹏教育首创网络教育平台上的学历课程与职业培训项目“兼容”，让学生在学习专业知识的同时，获得国家权威机构的行业资历认可，已有130多万名学生正通过奥鹏教育网络平台和全国1 700多家奥鹏远程教育学习中心、400家培训中心，选择学历教育和职业教育课程，范围涉及师范、医护、建筑工程、财经、管理等9大门类300多个专业。在这里，每个学生都有机会“比别人快一步”。

我们努力奉献，旨在让更多的求学者拥有最朴实、最自然、最轻松的生活方式；我们孜孜以求，用全部的热忱和执著，和您一起绽放生命脉动中不断向上的力量。

教育部“数字化学习示范中心建设”项目未央区示范学习中心揭牌仪式